Legislación básica de Derecho internacional privado

Legislación básica de Derecho internacional privado

Edición preparada por
ALEGRÍA BORRÁS RODRÍGUEZ
Catedrática de Derecho Internacional Privado
Universidad de Barcelona

NÚRIA BOUZA VIDAL
Catedrática de Derecho Internacional Privado
Universidad Pompeu Fabra de Barcelona

FRANCISCO J. GARCIMARTÍN ALFÉREZ
Catedrático de Derecho Internacional Privado
Universidad Rey Juan Carlos de Madrid

JULIO D. GONZÁLEZ CAMPOS

MIGUEL VIRGÓS SORIANO
Catedrático de Derecho Internacional Privado
Universidad Autónoma de Madrid

DECIMONOVENA EDICIÓN

tecnos

1.ª edición, 1991
19.ª edición, 2009

Diseño de cubierta: J. M. Domínguez y J. Sánchez Cuenca

Juan Ignacio Luca de Tena, 15 - 28027 Madrid
ISBN: 978-84-309-4924-3
Depósito Legal: B-33.407-2009

Printed in Spain. Impreso en España por Liberduplex

ÍNDICE SISTEMÁTICO

I. NORMAS FUNDAMENTALES

II. NORMAS DE DERECHO PROCESAL Y DE COOPERACIÓN DE AUTORIDADES

A) Normas generales

III. ARBITRAJE

IV. NORMAS DE CONFLICTO DE LEYES: DIMENSIÓN INTERNACIONAL Y DIMENSIÓN INTERNA

A) Normas básicas

B) Persona física

E) Persona jurídica

F) Obligaciones contractuales

H) OBLIGACIONES EXTRACONTRACTUALES

I) DERECHOS REALES Y GARANTÍAS

J) BIENES CULTURALES

K) PROPIEDAD INTELECTUAL E INDUSTRIAL

N) DERECHO CONCURSAL

PRÓLOGO A LA DECIMONOVENA EDICIÓN

1. Este volumen de *Legislación básica de Derecho internacional privado* constituye ya su 19.ª edición, con una edición anual y en algunos casos con necesidad de una reimpresión durante el año. Los autores tratan de introducir mejoras en cada una de las ediciones y se han visto animados en su empeño no sólo por la amplia acogida de las precedentes en España[1], sino también, muy especialmente, porque esta obra haya servido, junto a la excelente colección de textos de E. Jayme y R. Hausmann[2] , para la elaboración de obras extranjeras con similares objetivos, como es el caso de la de P. Picone y C. Focarelli[3], de la de A. Bucher[4] o la de P. Nielsen[5]. Del mismo modo, en la presentación más reciente de su obra por cuatro profesores españoles[6], reconocen que la presente *Legislación básica* es el «imprescindible precedente» de la suya y atribuyen a los autores de ésta la condición de «auténticos pioneros de una versión compendiada de las dispersas reglas del Derecho internacional privado».

De ahí que, de forma sucesiva, se trate en los apartados siguientes del origen de la obra, las características de la misma y su estructura, los cambios en la vida internacional que han tenido trascendencia en su contenido y algunos aspectos puntuales relativos al mismo.

2. El origen de esta obra se encuentra en otra que, de forma mucho más modesta, se inició en 1989 en la Universidad de Barcelona[7]. La buena acogida que esta idea tuvo entre los profesores de otras Universidades y, en particular, en la Universidad Autónoma de Madrid, condujo a la preparación de una selección de «*Legislación básica*» de Derecho internacional privado por los autores que, año tras año, se han esforzado en mejorar la utilidad del volumen que ahora se presenta. El propósito esencial era y es el de ofrecer una respuesta —aunque no comple-

---

[1] Desde la 1.ª edición, aparecida en 1991.

[2] E. Jayme y R. Hausmann, *Internationales Privat- und Verfahrensrecht,* 13.ª ed., Munich, 2006.

[3] P. Picone y C. Focarelli, *Codice del Diritto internazionale privato,* Nápoles, 1996.

[4] A. Bucher, *Droit international privé, Loi fedérale et Conventions internationals. Recueil des textes,* 6.ª ed., Basilea-Ginebra-Munich, 2005.

[5] P. Nielsen, *International Privat- og Procesret- Love og Konventioner,* Copenhague, 1998.

[6] Desde su primera edición, S. Álvarez, C. Esplugues, P. Rodríguez Mateos y S. Sánchez, *Legislación de Derecho internacional privado,* Granada, 1998 y en la 10.ª ed., 2007.

[7] En la *Legislación básica de Derecho internacional privado,* para los cursos 1989-1990 y 1990-1991, seleccionada y coordinada por Alegría Borrás y Núria Bouza.

ta, por el carácter básico de esta selección de textos— a dos de los problemas que suscita el Derecho internacional privado como conjunto de normas en vigor en nuestro ordenamiento. En primer lugar, su radical dispersión normativa, pues sus normas se encuentran fragmentadas en la Constitución y en distintas leyes y disposiciones de inferior rango dictadas por el legislador español, normas que constituyen el llamado Derecho internacional privado autónomo. Lo que suscita una evidente dificultad al tratar de seleccionar e individualizar la norma aplicable en cada supuesto[8], a diferencia de lo que ocurre en otros ordenamientos de nuestro entorno en los que se han dictado leyes generales de Derecho internacional privado. No obstante, la perspectiva de una creciente comunitarización del Derecho internacional privado, a que más adelante se hará referencia, suscita dudas sobre la conveniencia y viabilidad de elaboración de una Ley española de Derecho internacional privado.

El segundo problema, más complejo, tiene su origen en la pluralidad de fuentes de producción jurídica[9] de las normas que integran un sistema estatal de Derecho internacional privado. Pues junto a las normas de fuente estatal, el operador jurídico ha de tener presentes, además, las contenidas en numerosos Tratados o Convenios internacionales, multilaterales o bilaterales, de los que España es parte y cuyo número se ha incrementado considerablemente en los últimos tiempos, ya que crecen como las setas después de la lluvia, en la conocida frase de Kegel. Y, tras la incorporación de España a la Comunidad Europea y, en particular, tras la entrada en vigor del Tratado de Ámsterdam el 1.º de mayo de 1999, a las dos anteriores se agregan las normas de Derecho internacional privado establecidas a través de los actos adoptados por las instituciones comunitarias.

3. Como resulta de los propios orígenes de la obra, su finalidad fue en un principio esencialmente docente: facilitar a estudiantes y profesores la consulta o las referencias diarias al conjunto de normas —internas, internacionales o comunitarias— existentes en los grandes sectores de materias de Derecho internacional privado.

---

[8] Al respecto, notas de G. Palao sobre las Jornadas sobre la reforma del sistema español de Derecho internacional privado celebradas el 7 de junio de 2002, en *REDI,* 2002, 1, pp. 520-522, y el 11 de febrero de 2005, en *REDI,* 2005, 1, pp. 536-539, y el artículo de J. D. González Campos que abrió este proceso, «La reforma del sistema español de Derecho internacional privado. Algunas propuestas para un debate», *REDI,* 2000, 2, pp. 351-370, y para la dimensión interna, S. Álvarez, «Igualdad, competencia y deslealtad en el sistema español de Derecho interregional (y en el de Derecho internacional privado)», *REDI,* 2001, 1, pp. 49-74.

[9] Al respecto, J. D. González Campos, «Diversification, spécialisation, flexibilisation et matérialisation des regles de droit international privé. Cours general», *Recueil des Cours,* tomo 287 (2000), en especial, pp. 67-155.

Hemos sido conscientes, sin embargo, de que, junto a sus destinatarios iniciales, esta obra ha sido y es utilizada por los operadores jurídicos, esencialmente por jueces y abogados. Por lo que también hemos querido facilitarles, en lo posible, la respuesta a los problemas que suscita la aplicación de las normas de Derecho internacional privado. De un lado, mediante la misma estructura de la obra, ya que sus grandes rúbricas permiten conocer, respecto a cada uno de los grandes sectores de materias, cuales son las normas básicas de Derecho internacional privado. De otro, más fundamentalmente, mediante las notas de pie de página, que van más allá de la simple indicación de antecedentes o de concordancias normativas. Su contenido sitúa cada uno de los textos en la estructura normativa a la que pertenece y, cuando es conveniente, indica las relaciones existentes entre dos estructuras.

4. La pluralidad de fuentes de creación de normas ha de ponerse en relación con otro dato: las distintas estructuras normativas existentes en un sistema estatal de Derecho internacional privado. Estructuras en cuyo vértice existe un texto fundamental, en torno al cual se agrupa una parte de las normas que integran el sistema de Derecho internacional privado. De suerte que cada una de las estructuras está orientada a la regulación de un sector específico de las relaciones de tráfico externo, aunque en muchos casos también se produzca una interacción mutua entre ellas.

En el sistema español de Derecho internacional privado, son tres las estructuras normativas básicas.

En primer lugar, la estructura interna, dado que la Constitución de 1978 configuró un Estado complejo, en el que el reparto competencial entre el Estado y las Comunidades Autónomas determina que las segundas sean titulares de la potestad legislativa en ciertas materias. De lo que resulta una diversidad de ordenamientos jurídicos de base territorial en España y, consiguientemente, la posibilidad de que en las relaciones entre nacionales españoles, sujetos a dos ordenamientos distintos puedan surgir «conflictos internos» de leyes. Fenómeno que adquiere una creciente importancia bien en la dimensión tradicional, derivada de la coexistencia en España de diferentes Derechos civiles (arts. 13 a 16 del Código civil) por el desarrollo de los ordenamientos civiles de las Comunidades Autónomas, bien en la de otras materias —el Derecho público económico[10]— reguladas por el Derecho autonómico. La amplitud

[10] J. D. González Campos, «El marco constitucional de los conflictos internos en España», *Europäischer Binnenmarkt, Internationales Privatrecht und Rechtsangleichung* (P. Hommelhoff, E. Jayme, W. Mangold, dir. Publ.), Heidelberg, 1995, pp. 7-34.

y particular dispersión de las reglas de Derecho interregional ha llevado a que, en atención a los objetivos perseguidos por esta obra, se hayan incluido únicamente las normas generales de Derecho interregional contenidas en el Código civil.

La segunda estructura normativa es la comunitaria. Un importante sector de las relaciones privadas internacionales, en efecto, se establece entre personas cuyo domicilio o centro de actividad se halla en el ámbito espacial de la Comunidad Europea. Relaciones que, en atención a su contenido, pueden estar reguladas por normas comunitarias: tanto las incluidas en los Tratados constitutivos, que son el vértice de esta estructura normativa, como en el llamado Derecho derivado, es decir, los actos con eficacia obligatoria adoptados por ciertos órganos. Y las normas comunitarias ya no se limitan a ordenar de manera uniforme los intercambios económicos o a tratar de armonizar las legislaciones nacionales en estas materias, sino que han recibido un impulso decisivo a partir del Tratado de Ámsterdam y el nuevo artículo 65 del Tratado de la Comunidad Europea y, pese a coexistir con el artículo 293 (antes art. 220), se ha producido una marginación de este último, con la consecuencia lógica de su desaparición en el Tratado de Lisboa[11].

Por último, el Derecho internacional privado español ha de ofrecer una respuesta jurídica a las relaciones privadas internacionales que se establecen más allá de los dos ámbitos espaciales que antes se han indicado. Esto es, las que surgen respecto a los demás Estados que forman parte de la Comunidad internacional. Y dada la amplitud geográfica de tales relaciones, el grupo de normas que las regulan, predominantemente de fuente interna pero también de fuente internacional, integra lo que puede considerarse como estructura general del sistema español de Derecho internacional privado. Una estructura normativa en cuyo vértice se halla, al igual que en la primera, la Constitución española, pero que como consecuencia de la comunitarización del Derecho internacional privado, implica que progresivamente sea la Comunidad Europea quien tenga la competencia para celebrar Convenios con terceros Estados en las materias para las que se ha dictado una norma comunitaria.

5. La concepción científica del Derecho internacional privado que inspira esta obra podría prolongarse poniendo de relieve otros datos relevantes. Entre ellos, la dualidad existente en cualquier sistema, al

---

[11] A. Borrás, «La cooperación judicial en materia civil», *El Tratado de Lisboa. La salida de la crisis constitucional* (J. Martín y Pérez de Nanclares, Coordinador), Madrid , 2008, pp. 437-450.

contar con normas que tienen una finalidad puramente «localizadora» de los supuestos de tráfico externo y también con normas que persiguen un resultado material, para hacer efectivos los valores jurídicos del ordenamiento en el sector de las relaciones de tráfico externo. Al igual que la interacción existente en Derecho internacional privado entre las normas de la dimensión judicial y las que resuelven los «conflictos de leyes», así como entre normas reguladoras de una materia y normas de aplicación.

No obstante, aunque esta obra pueda facilitar la construcción científica a partir del examen de las normas de Derecho internacional privado, es evidente que posee una limitación intrínseca, ya que sólo pretende ser una selección básica de textos legales. Lo que ha supuesto prescindir de la jurisprudencia, pese a su importancia tanto para el desarrollo de un sistema de Derecho internacional privado[12], como para la misma construcción científica, pues son las circunstancias presentes en un caso del tráfico externo las que permiten valorar la mayor o menor bondad de las soluciones legales y, en muchos casos, para apreciar cómo el juez, aun estando sometido al «imperio de la ley», completa la obra del legislador por vía de interpretación.

6. Debe procederse, en primer lugar, a acotar el contenido de esta obra por razón de la materia. Al igual que en ediciones anteriores, se han excluido las normas de Derecho penal y fiscal internacionales, omisión deliberada, en atención a las materias a las que de ordinario se extiende el examen de la llamada Parte Especial dentro de un curso general de Derecho internacional privado. Puede considerarse también que es reducido el número de las normas incluidas que se encuadran en el ámbito del Derecho económico internacional, pero el hecho de que en muchas Universidades españolas sea objeto de un curso especial[13] y la

---

[12] Vid. E. Pecourt García, *Derecho internacional privado español. Jurisprudencia sistematizada y comentada,* Pamplona, 1976; J. Puente Egido, *Derecho internacional privado español. Doctrina legal del Tribunal Supremo (1841-1977)*, Barcelona, 1981, y a las crónicas de jurisprudencia española de Derecho internacional privado publicadas en la *REDI* y, desde fecha más reciente, en el *Anuario Español de Derecho internacional privado*, en ambos casos bajo la dirección de J. C. Fernández Rozas. Sobre la Jurisprudencia del Tribunal de Justicia de las Comunidades Europeas, vid. la sección de Jurisprudencia comunitaria en la *Revista Jurídica de Catalunya,* coordinada desde 1986 por A. Borrás y B. Vilá y desde 2003 por A. Borrás y C. Pellisé. La jurisprudencia del Tribunal relativa al Convenio de Bruselas de 1968, aplicable en gran medida al Reglamento 44/2001, en M. Virgós y E. Rodríguez Pineau, *Espacio judicial europeo en materia civil y mercantil: jurisprudencia del Tribunal de Justicia de las Comunidades Europeas,* Madrid, 2005.

[13] Así, la *Legislación de los negocios internacionales,* edición preparada por F. Esteban de la Rosa, G. Esteban de la Rosa y R. Rueda, bajo la dirección de S. Sánchez Lorenzo y coordinación de F. Esteban de la Rosa, Madrid (Editorial Tecnos), 2008.

finalidad esencialmente docente de la obra ha conducido a adoptar esta opción.

Quizá pueda sorprender al lector que desde la cuarta edición (1994) se hayan excluido las normas sobre nacionalidad y extranjería, pese a que constituyan sectores que se integran en la llamada «concepción amplia» del contenido del Derecho internacional privado. Ahora bien, conviene advertir que su exclusión no expresa en modo alguno una posición científica de los autores de esta obra sobre dicho contenido. Sólo se ha tenido en cuenta, de un lado, que nacionalidad y extranjería no forman parte del Derecho internacional privado como «materia troncal» en los planes de estudios de las Facultades de Derecho de las Universidades españolas. De otro, que, siendo objeto en muchas Universidades de disciplinas «optativas», ya cuentan en esta misma colección con otras que recogen los textos legales básicos de nacionalidad y de extranjería[14]. No obstante, a partir de la 18.ª edición se consideró conveniente introducir las normas relativas a la nacionalidad contenidas en el Código civil —y las pertinentes de la Ley y el Reglamento del Registro civil— por el uso que de ellas se hace en la explicación de determinadas materias.

Pero estas limitaciones de la obra, es obvio, no expresan en modo alguno una posición científica sobre el contenido: son, sencillamente, consecuencias, por una parte, de la finalidad docente de la obra y, por otra parte, del carácter básico de esta selección.

7. En principio, la selección de textos de Derecho internacional privado en esta obra sólo incluye aquellos que se encuentran en vigor en el ordenamiento español. Criterio que ha entrañado determinadas renuncias. De una parte, por excluirse de ese modo el rico material que ofrece el Derecho internacional privado comparado, cuando a fines docentes tal vez hubiera sido apropiado incluir alguna de las recientes Leyes generales de otros Estados, así como disposiciones extranjeras de indudable interés para ciertas materias[15].

De otra parte, también se ha prescindido de aquellos Convenios internacionales en los que España todavía no es parte, aun cuando puede serlo en un futuro próximo y que presentan un interés teórico y docente, como es el caso del *Convenio de La Haya de 1.º de agosto de 1989*

[14] En esta misma colección de Editorial Tecnos, *Ley de extranjería y legislación complementaria,* preparada por J. C. Fernández Rozas y A. Fernández Pérez, 4.ª ed, Madrid, 2005; *Legislación sobre nacionalidad,* preparada por M. T. Echezarreta Ferrer, 4.ª ed., Madrid, 2003.

[15] Vid. la información anual publicada en la sección de «Información del Derecho extranjero», de la *Revista Jurídica de Catalunya,* a cargo de N. Bouza y A. Quiñones.

sobre ley aplicable a las sucesiones por causa de muerte, del *Convenio de La Haya relativo a la competencia, la ley aplicable, el reconocimiento, la ejecución y la cooperación en materia de responsabilidad parental y de medidas de protección de los niños,* hecho el 19 de octubre de 1996, firmado por todos los Estados miembros de la Comunidad el 1.º de abril de 2003 y pendiente de ratificación, en nombre propio y de la Comunidad como consecuencia de la comunitarización y del denominado «efecto AETR», resultante de la adopción del Reglamento 1347/2000 y, actualmente, de la existencia del Reglamento 2201/2003 que ha sustituido al anterior. El Consejo adoptó recientemente la Decisión 2008/431/CE, relativa a la ratificación por los Estados miembros del Convenio en interés de la Comunidad Europea[16]. La expectativa es que puedan concluirse los procedimientos internos de ratificación en un plazo de dos años, que permita depositar simultáneamente los instrumentos de ratificación o adhesión a ser posible antes del 5 de junio de 2010, intercambiando información antes del 5 de diciembre de 2009 sobre el estado del procedimiento parlamentario necesario. Tampoco se incluye el *Convenio de La Haya de 1.º de julio de 1985 sobre ley aplicable al* trust *y a su reconocimiento* ni el *Convenio de La Haya de 13 de enero de 2000 sobre protección internacional de adultos,* pese a que se considere que España debiera iniciar en ambos casos el proceso de firma y ratificación.

En tercer lugar, pese a su indudable interés para poder apreciar la evolución del sistema español de Derecho internacional privado se han excluido, como en ediciones anteriores, los anteproyectos de leyes y las proposiciones de ley.

Pero, finalmente, se trata de una selección de legislación «básica», sin pretender que constituya una recopilación completa de las normas de Derecho internacional privado del ordenamiento español[17], ni tampoco en un ámbito determinado[18]. Por consiguiente, únicamente se han incluido las normas que se han estimado más relevantes dentro de cada sector de materias; prescindiéndose de otras que tienen carácter más específico, como cabría mencionar, por ejemplo, la no inclusión del Con-

---

[16] *DO* L 151, de 11-6-2008. Diversos Estados miembros, entre ellos España, han iniciado el proceso interno necesario para la ratificación.

[17] Para una recopilación más extensa, vid. C. Esplugues, *Código de Derecho internacional privado español,* Madrid, 1989.

[18] Así, en el ámbito tan importante como es el del Derecho judicial internacional, J. D. González Campos y J. C. Fernández Rozas, *Derecho internacional privado español. Textos y materiales - vol. I: El Derecho judicial internacional,* 2.ª ed., Madrid, 1992; F. Ramos Méndez, *Código procesal civil internacional,* Barcelona, 1992.

venio de Montreal de 28 de mayo de 1999 sobre transporte aéreo internacional, que fue ratificado por España el 29 de abril de 2004[19]. Sin embargo, las notas contienen las referencias necesarias a otros textos complementarios o que guardan directa relación con los incluidos y, en ciertos casos, se han recogido los preceptos pertinentes de estos últimos en nota a pie de página.

8. La sistematización de la obra ha sufrido algunos cambios en relación a ediciones anteriores. Al igual que en ellas se ha partido de las «Normas fundamentales» —las de la Constitución española y las de la Comunidad Europea y la Unión Europea—, para establecer a continuación tres grandes rúbricas: la consagrada a las «Normas de Derecho procesal y de cooperación internacional de autoridades», la consagrada al «Arbitraje» y la consagrada a las «Normas de conflicto de leyes: dimensión internacional y dimensión interna», para dejar constancia de la doble dimensión, internacional e interna, de nuestra disciplina.

El objetivo de simplificación perseguido desde la 18.ª edición, ha llevado a diversas modificaciones en el contenido de cada una de estas rúbricas y en la presentación de los textos.

En primer lugar, por lo que se refiere al contenido de cada una de estas rúbricas se han introducido una serie de apartados para facilitar la localización de los textos. Así, la primera parte que contiene las «Normas de Derecho procesal y de cooperación de autoridades» está dividida en normas generales, límites a la jurisdicción, régimen del proceso y asistencia judicial, procedimientos especiales, reconocimiento y ejecución de resoluciones, transacciones y documentos públicos y, finalmente, regímenes especiales, que comprende los relativos a la persona, familia y protección de menores, alimentos y sucesiones. Por lo que se refiere al apartado que contiene las «Normas de conflicto de leyes: dimensión internacional y dimensión interna» se divide en normas básicas, seguidas de otros apartados dedicados a la persona física, familia y sucesiones, protección de menores, persona jurídica, obligaciones contractuales, forma de los actos y negocios jurídicos, obligaciones extracontractuales, derechos reales y garantías, bienes culturales, propiedad intelectual e industrial, títulos valores, mercado y competencia y Derecho concursal.

En segundo lugar, se ha llevado a cabo una modificación en la presentación de los textos, que va vinculada a la anterior modifica-

[19] *BOE* de 20-5-2004.

ción. En efecto, se ha tratado de reducir o suprimir los casos en que, por razones sistemáticas, un texto aparecía fragmentado en diferentes partes de la obra. En este caso, se ha procedido a unificar ciertos textos y a situarlos en aquel apartado de la obra al que se encuentren más vinculados o en que se considera que el usuario de la obra tendrá tendencia a buscarlos. Así, por ejemplo, los Reglamentos comunitarios sobre la marca comunitaria, sobre las obtenciones vegetales y sobre los dibujos y modelos comunitarios aparecen en el apartado de «Propiedad intelectual e industrial» dentro de la parte dedicada a las «Normas de conflicto de leyes: dimensión internacional y dimensión interna», pese a integrar también normas que pertenecen a las normas de Derecho procesal. De la misma forma, todas las normas relevantes del Código civil aparecen al inicio de las «Normas básicas» de las «Normas de conflicto de leyes: dimensión internacional y dimensión interna», cuando en ediciones anteriores determinados artículos aparecían dispersos en otros apartados.

Esta modificación en la presentación de los textos incluye también la supresión de la distinción en cada apartado entre normas de fuente autónoma, comunitaria y convencional. En efecto, en cada uno de los apartados *ratione materiae* se incluyen, siempre por este orden, las normas de fuente interna, de fuente comunitaria y, finalmente, de fuente convencional, ya sea multilateral o bilateral.

9. Además de estas modificaciones estructurales, debe destacarse, a continuación y como en ediciones anteriores, las modificaciones derivadas de la actividad legislativa. Puede decirse que en este caso no son muy numerosas, pero son relevantes, como se verá a continuación. Pero debe justificarse, en primer lugar, la razón por la que algunas disposiciones no se han introducido.

En este sentido, debe señalarse que no se han introducido las nuevas normas del Tratado de Lisboa, considerando que debe esperarse la conclusión del proceso de ratificación que permitirá su entrada en vigor. En segundo lugar, hay normas que no es oportuno incluir, como ocurre con la Directiva 2008/52/CE, de 21 de mayo de 2008, sobre ciertos aspectos de la mediación en asuntos civiles y mercantiles[20] o la reciente Directiva sobre *timesharing* 2008/122, de 14 de enero[21], ya que, tratándose de Directivas, hay que esperar a su trasposición al Derecho español, como se ha hecho en otros casos, como, por ejemplo, respecto a la asistencia jurídica gratuita. Finalmente, hay normas que, pese a ser de

---

[20] *DO* L 136, de 24-5-2008.
[21] *DO* L 33, de 3-2-2009.

interés, no deben aparecer en esta obra, como es el caso de la Directiva 2006/123/CE , de 12 de diciembre de 2006, relativa a los servicios en el Mercado interior[22], ya que, además de tratarse de una Directiva, la única disposición que nos interesa desde la perspectiva del Derecho internacional privado es la contenida en el apartado 15 del artículo 17, en que se dice que sus normas no se aplicarán «a las disposiciones aplicables a las obligaciones contractuales y extracontractuales, incluida la forma de los contratos, determinadas de conformidad con las normas de Derecho internacional privado».

En esta edición se ha suprimido el Reglamento 1348/2000 sobre notificación y traslado en los Estados miembros de documentos judiciales y extrajudiciales en materia civil y mercantil, ya que a partir del 13 de noviembre de 2008 se aplica el Reglamento 1393/2007, de 13 de noviembre de 2007, sobre la misma materia[23], que modifica y sustituye al anterior. Ya no existe, por tanto, razón para mantener ambos textos.

10. Por el contrario, se han introducido algunas normas aprobadas y que todavía no se aplican o no están en vigor. La justificación de la introducción se encuentra en su interés e importancia, tanto para los estudiantes como para los operadores jurídicos que, en un plazo más o menos breve de tiempo, deberán aplicar tales normas.

En el ámbito de las normas de Derecho procesal, debe destacarse la inclusión del Convenio de Lugano revisado, de 30 de octubre de 2007, relativo a la competencia judicial y a la ejecución de resoluciones judiciales en materia civil y mercantil, destinado a sustituir al Convenio de Lugano sobre la misma materia de 1988. La razón para la introducción de este texto, aunque todavía no se encuentre en vigor, deriva, esencialmente, de que puede producirse en un período relativamente breve, ya que, existiendo competencia exclusiva de la Comunidad para la conclusión del mismo[24], ha conducido a la adopción de la decisión del

---

[22] *DO* L 376, de 27-12-2006.

[23] *DO* L 324, de 10-12-2007.

[24] Sobre el Dictamen relativo a la competencia exclusiva de la Comunidad para la conclusión, A. Borrás, «Competence of the Community to conclude the revised Lugano Convention on jurisdiction and the recognition and enforcement of judgments in civil and commercial matters. Opinion C-1/03 of 7 February 2006: Comments and immediate consequences», *Yearbook of Private International Law,* volumen 8 (2006), pp. 37-52 y también en *Revista Jurídica de Catalunya,* 2006, 3, pp. 879 ss. y en *Revista General de Derecho Europeo,* n.º 10, mayo de 2006, Revista electrónica que se encuentra en *http://www.iustel.com/revistas/*. Más amplios comentarios sobre el tema en A. Borrás, «Le droit international privé communautaire: réalités, problèmes et perspectives d'avenir», *Recueil des Cours,* volumen 317 (2005), en particular, pp. 467-522. A. Borrás, «La firma del Convenio de Lugano revisado», *REDI,* 2007, 2, pp. 851-855.

Consejo de 27 de noviembre de 2008[25], relativa a la ratificación por la Comunidad. Habiendo depositado recientemente la Comunidad Europea su instrumento de ratificación (y realizando las declaraciones que constan como anexo a la decisión), falta por ver qué hacen los Estados y si en un período breve entra en vigor. Tiene, pues un estatus diferente y por esto aparece juntamente con el vigente Convenio de Lugano de 1988.

11. En el ámbito de las normas de conflicto de leyes, se ha mantenido el Convenio de Roma de 1980 sobre ley aplicable a las obligaciones contractuales, pese a que desde el 17 de diciembre de 2009 se aplica el Reglamento 593/2008 del Parlamento Europeo y del Consejo de 17 de junio de 2008 sobre la misma materia (Reglamento «Roma I»[26]). La razón para ello, además del indudable interés para los estudiantes y los estudiosos, estriba en el número de contratos a los que se continuará aplicando el Convenio de 1980.

12. Otros nuevos textos han sido introducidos en esta nueva edición. En primer lugar, el Reglamento 4/2009, de 18 de diciembre de 2008, relativo a la competencia, la ley aplicable, el reconocimiento y la ejecución de las resoluciones y la cooperación en materia de obligaciones de alimentos[27], pese a que su aplicación sólo se producirá (art. 76) a partir del 18 de junio de 2011 «siempre y cuando el Protocolo de La Haya de 2007 sea aplicable en la Comunidad en esa fecha»[28].

Asimismo, el antiguo Reglamento sobre la marca comunitaria ha sido sustituido por el Reglamento 207/2009, de 26 de febrero de 2009[29], que contiene una versión codificada del mismo, tomando en consideración las numerosas modificaciones que había sufrido.

Finalmente, se ha introducido la importante Ley 3/2009, de 3 de abril, sobre modificaciones estructurales de las sociedades mercantiles[30],

---

[25] Decisión relativa a la celebración del Convenio sobre la competencia judicial, el reconocimiento y la ejecución de resoluciones judiciales en materia civil y mercantil, *DO* L 147, de 10-6-2009, en que se hace la corrección de los términos en la versión española y una más amplia corrección de la lengua finlandesa. En el caso de España, se señalaron las necesarias correcciones en Borrás, A.; Bouza, N.; Garcimartín, F. J.; González Campos, J. D., y Virgos, M., *Legislación básica de Derecho internacional privado,* 18.ª ed, Madrid, 2008, en relación al artículo 19 (cuyo encabezamiento dice «el trabajador» y debe decir «el empresario» y al artículo 21.2 (donde dice «el consumidor» y debe decir «el trabajador»).

[26] *DO* L 177, de 4-7-2008

[27] *DO* L 7, de 10-1-2009.

[28] Sobre el complicado sistema de los instrumentos de La Haya en materia de alimentos de 2007, A. Borrás, «Dos nuevos instrumentos en materia de alimentos: el Convenio y el Protocolo de La Haya de 23 de noviembre de 2007», *Anuario Español de Derecho internacional privado,* tomo VII, 2007, pp. 1305-1318.

[29] *DO* L 78, de 24-3.

[30] *BOE* de 4-4-2009.

consistentes en la transformación, fusión, escisión o cesión global del activo y pasivo, incluido el traslado internacional del domicilio social.

13. Debe decirse que también se han hecho algunas adiciones de preceptos a textos legales ya incluidos en ediciones precedentes, para facilitar su examen sistemático, aunque cabe destacar que la mayor parte de la labor de revisión ha estado consagrada a ampliar y actualizar las notas que contienen remisiones internas entre dos o más textos, pues éste ha sido desde la primera edición, y debe seguir siendo, un rasgo característico de esta obra.

En el caso de los Convenios internacionales, los objetivos de las notas a pie de página son amplios, dados los problemas específicos que dichos textos suscitan. En primer lugar, es preciso indicar los Estados obligados por los tratados multilaterales en vigor en el ordenamiento español, para que el operador jurídico pueda determinar si un supuesto de tráfico externo queda o no comprendido en su ámbito de aplicación *inter partes*. Y, en otros casos, señalar que el tratado posee un alcance «universal», con el efecto de sustitución que ello produce en las normas internas relativas a la materia objeto del mismo. Como puede apreciarse, por ejemplo, en el supuesto del Convenio de Roma sobre ley aplicable a las obligaciones contractuales (y en su sucesor el Reglamento «Roma I») en relación con el artículo 10.5 del Código civil.

En segundo término, para determinar el alcance de la obligación asumida se han incluido las reservas y declaraciones formuladas por España a los tratados multilaterales[31]. Pero salvo en los casos en que se ha considerado especialmente importante, como es el caso del mencionado Convenio de Roma de 1980 sobre ley aplicable a las obligaciones contractuales y el del Convenio de Lugano de 1988 sobre competencia judicial y ejecución de decisiones, se ha optado por no hacer lo mismo en relación con las reservas formuladas por otros Estados para no extender excesivamente el volumen de la obra. De suerte que, al margen de dichos supuestos, será inevitable la consulta al propio *Boletín Oficial del Estado* donde se ha publicado el tratado multilateral

[31] La importante participación de España en Convenios internacionales de Derecho internacional privado ha conducido a la elaboración de diversas recopilaciones por la Secretaría General Técnica del Ministerio de Justicia, como es el caso de *Tratados multilaterales de cooperación jurídica internacional,* recopilación y selección por J. de Miguel Zaragoza, Madrid, 1988; *Convenios multilaterales relativos a la competencia judicial y a la ejecución de resoluciones judiciales en materia civil y mercantil,* nota de introducción de J. de Miguel Zaragoza, Madrid, 1989; *Convenios y recomendaciones de la Comisión internacional de Estado civil,* Madrid, 1991; A. Borrás y C. Bas, *Guía práctica de los Convenios de La Haya de que España es parte*, Madrid, 1996.

y a las posteriores resoluciones que periódicamente se publican por la Secretaría General Técnica del Ministerio de Asuntos Exteriores en aplicación del artículo 32 del Decreto 801/1972, de 24 de marzo, para constatar si existe o no una reserva o declaración de otros Estados a las normas de los Convenios y si la misma ha sido o no retirada. Extremo este último que puede ser decisivo en ciertos supuestos, como se aprecia en el caso resuelto por la Sentencia del Tribunal Constitucional 141/1998, de 29 de junio[32].

En tercer lugar, la precisión del ámbito de aplicación *inter partes* de un tratado multilateral puede entrañar una dificultad adicional en atención a un fenómeno de sucesión de Estados. Por lo que para facilitar la labor de los operadores jurídicos se ha procurado incluir en cada caso la situación actual y, asimismo, la posición de España respecto a la continuidad o no del tratado, tras consultar a los depositarios de los tratados o a las Organizaciones en cuyo seno se han adoptado. Aunque cabe advertir que la situación de algunos tratados afectados por un fenómeno de sucesión de Estados no es enteramente clara (por ej., los Convenios bilaterales de España con Checoslovaquia o con la Unión de Repúblicas Socialistas Soviéticas). Y un caso particular es el relativo a Hong Kong y a Macao tras su retrocesión a la R.P. China, pues ésta ha sucedido al Reino Unido y a Portugal en los tratados en los que estos Estados eran parte y cuya aplicación extendieron a dichos territorios. De suerte que la R.P. China aparece como Estado parte en varios tratados multilaterales, aun cuando éstos sólo sean aplicables a las regiones administrativas especiales de Hong Kong y Macao y no a la *mainland*.

Por último, puede suscitarse otro problema específico cuando el texto en castellano de un tratado multilateral no es el texto auténtico, pues fue adoptado en otro u otros idiomas. En este caso, la versión publicada en el *Boletín Oficial del Estado* sólo es, en puridad, una versión oficial, destinada a la aplicación del tratado por las Autoridades españolas. Pero tanto el respeto del *consensus ad idem* de los Estados contratantes, expresado en el texto auténtico del tratado, como la necesidad de su aplicación uniforme por todos los Estados parte, requieren que la traducción al castellano sea fiel y exacta respecto al idioma original. Lo que, de no ocurrir en algún caso, exige la consulta del texto auténtico del tratado. De suerte que, cuando se ha estimado que en la versión oficial española existen errores de traducción que pueden incidir en el enten-

---

[32] *BOE* de 30-7-1998. Dictada por la Sala 2.ª, de la que formaba en aquel momento parte Julio D. González Campos.

dimiento de sus disposiciones y dichos errores no han sido corregidos en el *BOE* [33], este dato se ha hecho constar expresamente en las notas a pie de página. Igualmente, en algunos casos, se han señalado los errores de la versión española no corregidos en su publicación en español.

Como una novedad desde la 9.ª edición (1999) se incluyen una serie de direcciones de Internet en las que puede consultarse la situación de los Convenios, jurisprudencia o cualquier otra información útil y complementaria de la contenida en este volumen. En esta ocasión, y gracias a la generosa ayuda del Gobierno español, debe destacarse la inauguración, en abril de 2009, de la página web de la Conferencia de La Haya de Derecho internacional privado en español[34].

Y como una novedad desde la 17.ª edición (2007) se han añadido al índice sistemático y al índice analítico un índice cronológico y un índice de disposiciones en atención a su fuente de origen.

14. La estructura general de la obra, los textos seleccionados y el contenido de las notas de pie de página han sido una tarea compartida por los autores en la presente edición, al igual que en las anteriores. Por lo que también es común la responsabilidad científica respecto al resultado alcanzado, así como por las deficiencias y errores que, pese a nuestro empeño en evitarlos, el lector pudiera advertir. Al igual que en la edición anterior, se mantiene entre los autores el nombre del Prof. Julio D. González Campos, ya que una parte del contenido de la obra proviene de ediciones anteriores y su huella permanece en esta obra que ahora se presenta.

Es de justicia señalar que en esta ocasión como en las anteriores se ha contado con el desinteresado esfuerzo de diversos colaboradores para diversas tareas. Por señalar únicamente aquellos que han intervenido

---

[33] La creciente participación en la Conferencia de La Haya de Derecho internacional privado de países de lengua española pone de relieve, además, la importancia de la unificación de esta traducción. Sobre el problema, vid. la nota de A. Borrás, «Unificación de la traducción al castellano de los Convenios de La Haya de Derecho internacional privado», *REDI,* 1990, 2, pp. 703 ss. El resultado de los trabajos de unificación de la traducción castellana, realizada en cooperación con los representantes de los Estados americanos hispanohablantes miembros de la conferencia de La Haya, pueden verse en *Recopilación de los Convenios de la Conferencia de La Haya de Derecho internacional privado (1951-1993). Traducción al castellano,* con estudio introductorio de Julio D. González Campos y Alegría Borrás, Madrid, 1996 y 2.ª edición, Borrás y J. D. González Campos (coordinación y estudio preliminar), *Recopilación de Convenios de la Conferencia de La Haya de Derecho Internacional privado (1951-2007),* 2.ª edición revisada y puesta al día, Madrid (Marcial Pons), 2008.

[34] Sobre el acto, ver en la página web de la Conferencia «Noticias & acontecimientos», 31-3-2009, «*Oficial launching of the Spanish section of the HCCH website by Mrs. Alegría Borrás*». Igualmente, nota en el *Anuario Español de Derecho internacional privado (2008)*, en prensa.

en esta 19.ª edición, se ha de mencionar la colaboración de la Dra. Mónica Vinaixa, de la Universidad Pompeu Fabra y de la Dra. Diana Sancho de la Universidad Rey Juan Carlos para la preparación de algunos textos, y de las Sras. María Álvarez y Natacha González Viada, de la Universidad de Barcelona, en la preparación del texto final para la imprenta, en la corrección de pruebas y en el ajuste de los índices, en particular, del índice analítico, tarea particularmente ingrata. En esta ocasión, debe también agradecerse al Prof. Dr. Ramón Viñas, Catedrático de Derecho internacional privado en la Universidad de Barcelona, su ayuda en relación a las normas sobre nacionalidad española.

A todos ellos queremos manifestar aquí nuestro sincero agradecimiento por su inestimable ayuda y su buen hacer en las respectivas tareas. Agradecimiento que es mayor en atención a una circunstancia: que la preparación de la presente edición, como de las anteriores, ha debido hacerse en el período en que termina el curso académico y, por tanto, otras tareas son prioritarias e ineludibles. De suerte que, al asumir con entusiasmo también las relativas a esta obra, es evidente que ello les ha supuesto una penosa sobrecarga en su trabajo.

ALEGRÍA BORRÁS
NÚRIA BOUZA
FRANCISCO J. GARCIMARTÍN
MIGUEL VIRGÓS

Barcelona y Madrid, 15 de julio de 2009.

SELECCIÓN DE DIRECCIONES DE INTERNET

Se incluye una selección de direcciones de Internet que pueden resultar de especial utilidad en materia de Derecho internacional privado. Algunas de ellas aparecen también a pie de página de los Convenios multilaterales para facilitar la consulta de la situación actual.

— Academia Internacional de Derecho comparado: http://www.iuscomparatum.org/iACL
— Boletín Oficial del Estado: http://www.boe.es
— Cámara de Comercio Internacional (CCI): http://www.iccwbo.org
— Centro Internacional de Arreglo de Diferencias Relativas a Inversiones: http://www.worldbank.org/icsid/
— Commission on European Contract Law: http://frontpage.cbs.dk/law/commission_on_european_contract_law
— Comisión Internacional del Estado Civil (CIEC): http://www.ciec1. org
— Conferencia de La Haya de Derecho internacional privado: http://www.hcch.net
— Conferencia Interamericana especializada de Derecho internacional privado (CIDIP): http://www.oas.org
— Consejo de Europa: http://www.coe.int
— Consejo General del Poder Judicial: http://www.poderjudicial.es
— Consejo Nórdico: http://www. norden.org
— Grupo Europeo de Derecho Internacional Privado (GEDIP): http://www.gedip-egpil.eu
— Institut de Droit international: http://www.idi-iil.org
— Max-Planck-Institut für ausländisches und internationales Privatrecht: http://www.mpipriv.de
— MERCOSUR: http://www.mercosur.org
— Ministerio de Asuntos Exteriores y Cooperación: http://www.maec.es
— Ministerio de Justicia: http:// www.mjusticia.es
— Ministerio de Trabajo y Asuntos Sociales: http://www.mtas.es
— Naciones Unidas: http://www. un.org
— Naciones Unidas (Tratados internacionales): http://untreaty.un.org
— Organización Mundial del Comercio (OMC): htt://www.wto.org
— OMPI: http://www.ompi.org
— ONUDI: http://www.unido.org
— Société de Legislation comparée/ section de droi international privé: http://www.slc-dip.com
— Tribunal Constitucional: http://www.tribunalconstitucional.es
— Tribunal Europeo de Derechos humanos: http://echr.coe.int
— Tribunal de Justicia de las Comunidades Europeas: http://curia.europa.eu
— UNCITRAL: http://www.uncitral.org
— UNIDROIT: http://www.unidroit.org
— Unión Europea (instituciones varias): http:/europa.eu

I. NORMAS FUNDAMENTALES

1. CONSTITUCIÓN ESPAÑOLA DE 27 DE DICIEMBRE DE 1978

(Arts. 1.º, 2.º, 3.º, 9.º, 10-16, 18, 19, 24, 32, 33, 35, 38, 39, 42, 49, 51, 93, 94, 96, 117, 118, 137, 139 y 149)

(*BOE* núm. 311, de 29 de diciembre de 1978)

TÍTULO PRELIMINAR

Artículo 1.º 1. España se constituye en un Estado social y democrático de Derecho, que propugna como valores superiores de su ordenamiento jurídico la libertad, la justicia, la igualdad y el pluralismo político.

2. La soberanía nacional reside en el pueblo español, del que emanan los poderes del Estado.

3. La forma política del Estado español es la Monarquía parlamentaria.

Art. 2.º La Constitución se fundamenta en la indisoluble unidad de la Nación española, patria común e indivisible de todos los españoles, y reconoce y garantiza el derecho a la autonomía de las nacionalidades y regiones que la integran y la solidaridad entre todas ellas.

Art. 3.º 1. El castellano es la lengua española oficial del Estado. Todos los españoles tienen el deber de conocerla y el derecho a usarla.

2. Las demás lenguas españolas serán también oficiales en las respectivas Comunidades Autónomas de acuerdo con sus Estatutos.

3. La riqueza de las distintas modalidades lingüísticas de España es un patrimonio cultural que será objeto de especial respeto y protección.

....

Art. 9.º 1. Los ciudadanos y los poderes públicos están sujetos a la Constitución y al resto del ordenamiento jurídico.

2. Corresponde a los poderes públicos promover las condiciones para que la libertad y la igualdad del individuo y de los grupos en que se integra sean reales y efectivas; remover los obstáculos que impidan o difi-

culten su plenitud y facilitar la participación de todos los ciudadanos en la vida política, económica, cultural y social.

3. La Constitución garantiza el principio de legalidad, la jerarquía normativa, la publicidad de las normas, la irretroactividad de las disposiciones sancionadoras no favorables o restrictivas de derechos individuales, la seguridad jurídica, la responsabilidad y la interdicción de la arbitrariedad de los poderes públicos.

TÍTULO PRIMERO

De los derechos y deberes fundamentales

Art. 10. 1. La dignidad de la persona, los derechos inviolables que le son inherentes, el libre desarrollo de la personalidad, el respeto a la ley y a los derechos de los demás son fundamento del orden político y de la paz social.

2. Las normas relativas a los derechos fundamentales y a las libertades que la Constitución reconoce, se interpretarán de conformidad con la Declaración Universal de Derechos Humanos y los tratados y acuerdos internacionales sobre las mismas materias ratificados por España.

CAPÍTULO PRIMERO

DE LOS ESPAÑOLES Y LOS EXTRANJEROS

Art. 11. 1. La nacionalidad española se adquiere, se conserva y se pierde de acuerdo con lo establecido por la ley.

2. Ningún español de origen podrá ser privado de su nacionalidad.

3. El Estado podrá concertar tratados de doble nacionalidad con los países iberoamericanos o con aquellos que hayan tenido o tengan una particular vinculación con España. En estos mismos países, aun cuando no reconozcan a sus ciudadanos un derecho recíproco podrán naturalizarse los españoles sin perder su nacionalidad de origen.

Art. 12. Los españoles son mayores de edad a los dieciocho años.

Art. 13. 1. Los extranjeros gozarán en España de las libertades públicas que garantiza el presente título en los términos que establezcan los tratados y la ley.

2. Solamente los españoles serán titulares de los derechos reconocidos en el artículo 23, salvo lo que, atendiendo a criterios de reciprocidad, pueda establecerse por tratado o ley para el derecho de sufragio activo y pasivo en las elecciones municipales.

3. La extradición sólo se concederá en cumplimiento de un tratado o de la ley, atendiendo al principio de reciprocidad. Quedan excluidos de la extradición los de-

litos políticos, no considerándose como tales los actos de terrorismo.

4. La Ley establecerá los términos en que los ciudadanos de otros países y los apátridas podrán gozar del derecho de asilo en España.

CAPÍTULO II

DERECHOS Y LIBERTADES

Art. 14. Los españoles son iguales ante la ley, sin que pueda prevalecer discriminación alguna por razón de nacimiento, raza, sexo, religión, opinión o cualquier otra condición o circunstancia personal o social.

SECCIÓN 1.ª

De los derechos fundamentales y de las libertades públicas

Art. 15. Todos tienen derecho a la vida y a la integridad física y moral, sin que, en ningún caso, puedan ser sometidos, a tortura ni a penas o tratos inhumanos o degradantes. Queda abolida la pena de muerte, salvo lo que puedan disponer las leyes penales militares para tiempos de guerra.

Art. 16. 1. Se garantiza la libertad ideológica, religiosa y de culto de los individuos y las comunidades sin más limitación, en sus manifestaciones, que la necesaria para el mantenimiento del orden público protegido por la ley.

2. Nadie podrá ser obligado a declarar sobre su ideología, religión o creencias.

3. Ninguna confesión tendrá carácter estatal. Los poderes públicos tendrán en cuenta las creencias religiosas de la sociedad española y mantendrán las consiguientes relaciones de cooperación con la Iglesia Católica y las demás confesiones.

....

Art. 18. 1. Se garantiza el derecho al honor, a la intimidad personal y familiar y a la propia imagen.

2. El domicilio es inviolable. Ninguna entrada o registro podrán hacerse en él sin consentimiento del titular o resolución jurídica, salvo en caso de flagrante delito.

3. Se garantiza el secreto de las comunicaciones y, en especial, de las postales, telegráficas y telefónicas, salvo resolución judicial.

4. La Ley limitará el uso de la informática para garantizar el honor y la intimidad personal y familiar de los ciudadanos y el pleno ejercicio de sus derechos.

Art. 19. Los españoles tienen derecho a elegir libremente su residencia y a circular por el territorio nacional.

Asimismo, tienen derecho a entrar y salir libremente de España en los términos que la ley establezca. Este derecho no podrá ser limitado por motivos políticos o ideológicos.

....

Art. 24. 1. Todas las personas tienen derecho a obtener la tutela efectiva de los jueces y tribunales en el ejercicio de sus derechos e intereses legítimos, sin que, en ningún caso, pueda producirse indefensión.

2. Asimismo, todos tienen derecho al Juez ordinario predeterminado por la ley, a la defensa y a la asistencia de letrado, a ser informados de la acusación formulada contra ellos, a un proceso público sin dilaciones indebidas y con todas las garantías, a utilizar los medios de prueba pertinentes para su defensa, a no declarar contra sí mismos, a no confesarse culpables y a la presunción de inocencia.

La ley regulará los casos en que, por razón de parentesco o de secreto profesional, no se estará obligado a declarar sobre hechos presuntamente delictivos.

....

Art. 32. 1. El hombre y la mujer tienen derecho a contraer matrimonio con plena igualdad jurídica.

2. La ley regulará las formas de matrimonio, la edad y capacidad para contraerlo, los derechos y deberes de los cónyuges, las causas de separación y disolución y sus efectos.

Art. 33. 1. Se reconoce el derecho a la propiedad privada y a la herencia.

2. La función social de estos derechos delimitará su contenido, de acuerdo con las leyes.

3. Nadie podrá ser privado de sus bienes y derechos, sino por causa justificada de utilidad pública o interés social, mediante la correspondiente indemnización y de conformidad con lo dispuesto por las leyes.

....

Art. 35. 1. Todos los españoles tienen el deber de trabajar y el derecho al trabajo, a la libre elección de profesión y oficio, a la promoción a través del trabajo y a una remuneración suficiente para satisfacer sus necesidades y las de su familia, sin que en ningún caso pueda hacerse discriminación por razón del sexo.

2. La ley regulará un estatuto de los trabajadores.

....

Art. 38. Se reconoce la libertad de empresa en el marco de la economía de mercado. Los poderes públicos garantizan y protegen su ejercicio y la defensa de la productividad, de acuerdo con las exigencias de la economía general y, en su caso, de la planificación.

CAPÍTULO III

De los principios rectores de la política social y económica

Art. 39. 1. Los poderes públicos aseguran la protección social, económica y jurídica de la familia.

2. Los poderes públicos aseguran, asimismo, la protección integral

de los hijos, iguales éstos ante la ley con independencia de su filiación, y de las madres, cualquiera que sea su estado civil. La ley posibilitará la investigación de la paternidad.

3. Los padres deben prestar asistencia de todo orden a los hijos habidos dentro o fuera del matrimonio, durante su minoría de edad y en los demás casos en que legalmente proceda.

4. Los niños gozarán de la protección prevista en los acuerdos internacionales que velan por sus derechos.

....

Art. 42. El Estado velará especialmente por la salvaguardia de los derechos económicos y sociales de los trabajadores españoles en el extranjero y orientará su política hacia su retorno.

....

Art. 49. Los poderes públicos realizarán una política de previsión, tratamiento, rehabilitación e integración de los disminuidos físicos, sensoriales y psíquicos a los que prestarán la atención especializada que requieran y los ampararán especialmente para el disfrute de los derechos que este Título otorga a todos los ciudadanos.

....

Art. 51. 1. Los poderes públicos garantizarán la defensa de los consumidores y usuarios, protegiendo, mediante procedimientos eficaces, la seguridad, la salud y los legítimos intereses económicos de los mismos.

2. Los poderes públicos promoverán la información y la educación de los consumidores y usuarios, fomentarán sus organizaciones y oirán a éstas en las cuestiones que puedan afectar a aquéllos, en los términos que la ley establezca.

3. En el marco de lo dispuesto por los apartados anteriores, la ley regulará el comercio interior y el régimen de autorización de productos comerciales.

....

TÍTULO III

De las Cortes Generales

CAPÍTULO III

DE LOS TRATADOS INTERNACIONALES

....

Art. 93. Mediante la ley orgánica se podrá autorizar la celebración de tratados por los que se atribuya a una organización o institución internacional el ejercicio de competencias derivadas de la Constitución. Corresponde a las Cortes Generales o al Gobierno, según los casos, la garantía del cumplimiento de estos tratados y de las resoluciones emanadas de los organismos internacionales o supranacionales titulares de la cesión.

Art. 94. 1. La prestación del consentimiento del Estado para obligarse por medio de tratados o convenios requerirá la previa autorización de las Cortes Generales, en los siguientes casos:

a) Tratados de carácter político.

b) Tratados o convenios de carácter militar.

c) Tratados o convenios que afecten a la integridad territorial del Estado o a los derechos y deberes fundamentales establecidos en el Título I.

d) Tratados o convenios que impliquen obligaciones financieras para la Hacienda Pública.

e) Tratados o convenios que supongan modificaciones o derogación de alguna ley o exijan medidas legislativas para su ejecución.

2. El Congreso y el Senado serán inmediatamente informados de la conclusión de los restantes tratados o convenios.

Art. 96. 1. Los tratados internacionales válidamente celebrados, una vez publicados oficialmente en España, formarán parte del ordenamiento interno. Sus disposiciones sólo podrán ser derogadas, modificadas o suspendidas en la forma prevista en los propios tratados o de acuerdo con las normas generales del Derecho internacional.

2. Para la denuncia de los tratados y convenios internacionales se utilizará el mismo procedimiento previsto para su aprobación en el artículo 94.

....

TÍTULO VI

Del Poder Judicial

Art. 117. 1. La justicia emana del pueblo y se administra en normbre del Rey por Jueces y Magistrados integrantes del poder judicial, independientes, inamovibles, responsables y sometidos únicamente al imperio de la Ley.

2. Los Jueces y Magistrados no podrán ser separados, suspendidos, trasladados ni jubilados, sino por alguna de las causas y con las garantías previstas en la ley.

3. El ejercicio de la potestad jurisdiccional en todo tipo de procesos, juzgando y haciendo ejecutar lo juzgado, corresponde exclusivamente a los Juzgados y Tribunales determinados por las leyes, según las normas de competencia y procedimiento que las mismas establezcan.

4. Los Juzgados y Tribunales no ejercerán más funciones que las señaladas en el apartado ante-

rior y las que expresamente les sean atribuidas por ley en garantía de cualquier derecho.

5. El principio de unidad jurisdiccional es la base de la organización y funcionamiento de los Tribunales. La ley regulará el ejercicio de la jurisdicción militar en el ámbito estrictamente castrense y en los supuestos de estado de sitio, de acuerdo con los principios de la Constitución.

6. Se prohíben los Tribunales de excepción.

Art. 118. Es obligado cumplir las sentencias y demás resoluciones firmes de los Jueces y Tribunales, así como prestar la colaboración requerida por éstos en el curso del proceso y en la ejecución de lo resuelto.

....

TÍTULO VIII

De la Organización Territorial del Estado

CAPÍTULO PRIMERO

PRINCIPIOS GENERALES

Art. 137. El Estado se organiza territorialmente en municipios, en provincias y en las Comunidades Autónomas que se constituyan. Todas estas entidades gozan de autonomía para la gestión de sus respectivos intereses.

....

Art. 139. 1. Todos los españoles tienen los mismos derechos y obligaciones en cualquier parte del territorio del Estado.

2. Ninguna autoridad podrá adoptar medidas que directa o indirectamente obstaculicen la libertad de circulación y establecimiento de las personas y la libre circulación de bienes en todo el territorio español.

....

Art. 149. 1. El Estado tiene competencia exclusiva sobre las siguientes materias:

1.ª La regulación de las condiciones básicas que garanticen la igualdad de todos los españoles en el ejercicio de los derechos y en el cumplimiento de los deberes constitucionales.

2.ª Nacionalidad, inmigración, emigración, extranjería y derecho de asilo.

3.ª Relaciones internacionales.

....

5.ª Administración de Justicia.

6.ª Legislación mercantil, penal y penitenciaria, legislación procesal, sin perjuicio de las necesarias especialidades que en este orden se deriven de las particularidades del derecho sustantivo de las Comunidades Autónomas.

7.ª Legislación laboral, sin perjuicio de su ejecución por los órganos de las Comunidades Autónomas.

8.ª Legislación civil, sin perjuicio de la conservación, modificación y desarrollo por las Comunidades Autónomas de los derechos civiles, forales o especiales, allí donde existan. En todo caso, las reglas relativas a la aplicación y eficacia de las normas jurídicas, relaciones jurídico-civiles relativas a las formas de matrimonio, ordenación de los registros e instrumentos públicos, bases de las obligaciones contractuales, normas para resolver los conflictos de leyes y determinación de las fuentes del Derecho con respeto, en este último caso, a las normas de derecho foral o especial.

9.ª Legislación sobre propiedad intelectual e industrial.

10.ª Régimen aduanero y arencelario; comercio exterior.

11.ª Sistema monetario: divisas, cambio y convertibilidad; bases de la ordenación de créditos, banca y seguros.

....

17.ª Legislación básica y régimen económico de la Seguridad Social, sin perjuicio de la ejecución de sus servicios por las Comunidades Autónomas.

....

3. Las materias no atribuidas expresamente al Estado por esta Constitución podrán corresponder a las Comunidades Autónomas, en virtud de sus respectivos Estatutos. La competencia sobre las materias que no se hayan asumido por los Estatutos de Autonomía corresponderá al Estado, cuyas normas prevalecerán, en caso de conflicto, sobre las de las Comunidades Autónomas en todo lo que no esté atribuido a la exclusiva competencia de éstas. El Derecho estatal será, en todo caso, supletorio del Derecho de las Comunidades Autónomas.

....

2. TRATADO DE LA UNIÓN EUROPEA, HECHO EN NIZA EL 26 DE FEBRERO DE 2001*

(Arts. 1.º, 2.º, 5.º-7.º y 11)

(*BOE* núm. 267, de 7 de noviembre de 2001)

TÍTULO PRIMERO

Disposiciones comunes

Artículo 1.º Por el presente Tratado, las ALTAS PARTES CONTRATANTES constituyen entre sí una UNIÓN EUROPEA, en lo sucesivo denominada «Unión».

El presente Tratado constituye una nueva etapa en el proceso creador de una unión cada vez más estrecha entre los pueblos de Europa, en la cual las decisiones serán tomadas de la forma más abierta y próxima a los ciudadanos que sea posible.

La Unión tiene su fundamento en las Comunidades Europeas completadas con las políticas y formas de cooperación establecidas por el presente Tratado. Tendrá por misión organizar de modo coherente y solidario las relaciones entre los Estados miembros y entre sus pueblos.

Art. 2.º La Unión tendrá los siguientes objetivos:

— promover el progreso económico y social y un alto nivel de empleo y conseguir un desarrollo equilibrado y sostenible, principalmente mediante la creación de un espacio sin fronteras interiores, el fortalecimiento de la cohesión económica y social y el establecimiento de una unión económica y monetaria que implicará, en su momento, una mo-

* Entrado en vigor el 1 de febrero de 2003. Texto resultante de las modificaciones realizadas en el Tratado de la Unión Europea por el Tratado hecho en Maastricht el 7 de febrero de 1992, por el Tratado de adhesión de 1994 de Austria, Finlandia y Suecia, por el tratado hecho en Amsterdam el 2 de octubre de 1997 y por el Tratado hecho en Atenas el 16 de abril de 2003. Recogemos la versión consolidada del Tratado publicada en el *DO* C 321, de 29-12-2006. El texto consolidado que se reproduce no tiene valor oficial, aunque presenta una ventaja al integrar en un solo texto todas las modificaciones sucesivamente operadas en el Tratado original. *Texto auténtico*: alemán, búlgaro, checo, danés, eslovaco, español, estonio, finés, francés, griego, húngaro, inglés, irlandés, italiano, letón, lituano, maltés, neerlandés, polaco, portugués, rumano y sueco. *Estados parte*: Alemania, Austria, Bélgica, Chipre, Dinamarca, Eslovaquia, Eslovenia, España, Estonia, Finlandia, Francia, Grecia, Hungría, Irlanda, Italia, Letonia, Lituania, Luxemburgo, Malta, Países Bajos, Polonia, Portugal, Reino Unido, República Checa y Suecia. Por el Tratado de adhesión de 25 de abril de 2005 (*DO* L 157, de 21-6-2005, y *BOE* de 19-1-2007), a partir de 1.º de enero de 2007, son también Estados miembros Bulgaria y Rumania.

neda única, conforme a las disposiciones del presente Tratado;

— afirmar su identidad en el ámbito internacional, en particular mediante la realización de una política exterior y de seguridad común que incluya la definición progresiva de una política de defensa común que podría conducir a una defensa común, de conformidad con las disposiciones del artículo 17;

— reforzar la protección de los derechos e intereses de los nacionales de sus Estados miembros, mediante la creación de una ciudadanía de la Unión;

— mantener y desarrollar la Unión como un espacio de libertad, seguridad y justicia, en el que esté garantizada la libre circulación de personas conjuntamente con medidas adecuadas respecto al control de las fronteras exteriores, el asilo, la inmigración y la prevención y la lucha contra la delincuencia;

— mantener íntegramente el acervo comunitario y desarrollarlo con el fin de examinar la medida en que las políticas y formas de cooperación establecidas en el presente Tratado deben ser revisadas, para asegurar la eficacia de los mecanismos e instituciones comunitarios.

Los objetivos de la Unión se alcanzarán conforme a las disposiciones del presente Tratado, en las condiciones y según los ritmos previstos y en el respeto del principio de subsidiariedad tal y como se define en el artículo 5 del Tratado constitutivo de la Comunidad Europea.

....

Art. 5.º El Parlamento Europeo, el Consejo, la Comisión, el Tribunal de Justicia y el Tribunal de Cuentas ejercerán sus competencias en las condiciones y para los fines previstos, por una parte, en las disposiciones de los Tratados constitutivos de las Comunidades Europeas y de los Tratados y actos subsiguientes que los han modificado o completado y, por otra parte, en las demás disposiciones del presente Tratado.

Art. 6.º 1. La Unión se basa en en los principios de libertad, democracia, respeto de los derechos humanos y de las libertades fundamentales y el Estado de Derecho, principios que son comunes a los Estados miembros.

2. La Unión respetará los derechos fundamentales tal y como se garantizan en el Convenio Europeo para la Protección de los Derechos Humanos y de las Libertades Fundamentales firmado en Roma el 4 de noviembre de 1950, y tal y como resultan de las tradiciones constitucionales comunes a los Estados miembros como principios generales del Derecho comunitario.

3. La Unión respetará la identidad nacional de sus Estados miembros.

4. La Unión se dotará de los medios necesarios para alcanzar sus objetivos y para llevar a cabo sus políticas.

Art. 7.º 1. A propuesta motivada de un tercio de los Estados miembros, del Parlamento Europeo o de la Comisión, el Consejo, por mayoría de cuatro quintos de sus miembros y previo dictamen conforme del Parlamento Europeo, podrá constatar la existencia de un riesgo claro de violación grave por parte de un Estado miembro de principios contemplados en el apartado 1 del artículo 6 y dirigirle recomendaciones adecuadas. Antes de proceder a esta constatación, el Consejo oirá al Estado miembro de que se trate y, con arreglo al mismo procedimiento, podrá solicitar a personalidades independientes que presenten en un plazo razonable un informe sobre la situación en dicho Estado miembro.

El Consejo comprobará de manera periódica si los motivos que han llevado a tal constatación siguen siendo válidos.

2. El Consejo, reunido en su formación de Jefes de Estado o de Gobierno, por unanimidad y a propuesta de un tercio de los Estados miembros o de la Comisión y previo dictamen conforme del Parlamento Europeo, podrá constatar la existencia de una violación grave y persistente por parte de un Estado miembro de principios contemplados en el apartado 1 del artículo 6, tras invitar al Gobierno del Estado miembro de que se trate a que presente sus observaciones.

3. Cuando se haya efectuado la constatación contemplada en el apartado 2, el Consejo podrá decidir, por mayoría cualificada, que se suspendan determinados derechos derivados de la aplicación del presente Tratado al Estado miembro de que se trate, incluidos los derechos de voto del representante del gobierno de dicho Estado miembro en el Consejo. Al proceder a dicha suspensión, el Consejo tendrá en cuenta las posibles consecuencias de la misma para los derechos y obligaciones de las personas físicas y jurídicas. Las obligaciones del Estado miembro de que se trate derivadas del presente Tratado continuarán, en cualquier caso, siendo vinculantes para dicho Estado.

4. El Consejo podrá decidir posteriormente, por mayoría cualificada, la modificación o revocación de las medidas adoptadas de conformidad con el apartado 3 como respuesta a cambios en la situación que motivó su imposición.

5. A los efectos del presente artículo, el Consejo decidirá sin tener en cuenta el voto del representante del gobierno del Estado miembro de que se trate. Las abstenciones de miembros presentes o representadas no impedirán la adopción de las decisiones contempladas en el apartado 2. La mayoría cualificada se definirá guardando la misma proporción de los votos ponderados de los miembros del Consejo concernidos que la establecida en el apartado 2 del artículo 205 del Tratado constitutivo de la Comunidad Europea.

El presente apartado se aplicará asimismo en el supuesto de suspensión de los derechos de voto con arreglo al apartado 3.

6. A los efectos de los apartados 1 y 2, el Parlamento Europeo decidirá por mayoría de dos tercios de los votos emitidos, que representen la mayoría de los miembros que lo componen.

....

TÍTULO V

Disposiciones relativas a la política exterior y de seguridad común

Art. 11. 1. La Unión definirá y realizará una política exterior y de seguridad común, que abarcará todos los ámbitos de la política exterior y de seguridad y cuyos objetivos serán los siguientes:

— la defensa de los valores comunes, de los intereses fundamentales y de la independencia e integridad de la Unión, de conformidad con los principios de la Carta de las Naciones Unidas;

— el fortalecimiento de la seguridad de la Unión en todas sus formas;

— el mantenimiento de la paz y el fortalecimiento de la seguridad internacional, de conformidad con los principios de la Carta de las Naciones Unidas, con los principios del Acta final de Helsinki y con los objetivos de la Carta de París, incluidos los relativos a las fronteras exteriores;

— el fomento de la cooperación internacional;

— el desarrollo y la consolidación de la democracia y del Estado de Derecho, así como el respeto de los derechos humanos y de las libertades fundamentales.

2. Los Estados miembros apoyarán activamente y sin reservas la política exterior y de seguridad de la Unión, con espíritu de lealtad y solidaridad mutua.

Los Estados miembros trabajarán conjuntamente para intensificar y desarrollar su solidaridad política mutua. Se abstendrán de toda acción contraria a los intereses de la Unión o que pueda perjudicar su eficacia como fuerza de cohesión en las relaciones internacionales.

El Consejo velará por que se respeten estos principios.

....

3. TRATADO CONSTITUTIVO DE LA COMUNIDAD EUROPEA, HECHO EN ROMA EL 25 DE MARZO DE 1957*

(Arts. 1.º-25, 28-32, 39-71, 81-82, 86-87, 94-95, 244, 256, 288, 291, 293, 299-304, 307 y 308)

(*BOE* núm. 1, de 1 de enero de 1986)

PRIMERA PARTE

Principios

Artículo 1.º Por el presente Tratado, las ALTAS PARTES CONTRATANTES constituyen entre sí una COMUNIDAD EUROPEA.

Art. 2.º La Comunidad tendrá por misión promover, mediante el establecimiento de un mercado común y de una unión económica y monetaria y mediante la realización de las políticas o acciones comunes contempladas en los artículos 3 y 4, un desarrollo armonioso, equili-

* Texto resultante de las modificaciones sucesivamente realizadas sobre el Tratado de Roma por el Acta Única Europea, hecha en Luxemburgo el 17 de febrero de 1986 y en La Haya el 28 de febrero de 1986 (*DO* L 169, de 29-6-1987, y *BOE* de 3-7-1987) y, después, por el Tratado de la Unión Europea hecho en Maastricht el 7 de febrero de 1992 (*supra* núm. 2), modificado a su vez por el Tratado de Amsterdam de 2 de octubre de 1997 (*BOE* de 7-5-1999; corr. de errores, *BOE* de 7-8-1999), por el Tratado de Niza de 26 de febrero de 2001 (*BOE* de 7-11-2001) y por el Tratado de Atenas de 16 de abril de 2003 (*BOE* de 1-5-2004). Recogemos la versión consolidada del Tratado publicada en el *DO* C 321, de 29 de diciembre de 2006. El texto consolidado que se reproduce no tiene valor oficial, aunque presenta una ventaja al integrar en un solo texto todas las modificaciones sucesivamente operadas en el Tratado original. *Texto auténtico*: alemán, búlgaro, checo, danés, eslovaco, español, estonio, finés, francés, griego, húngaro, inglés, irlandés, italiano, letón, lituano, maltés, neerlandés, polaco, portugués, rumano y sueco. *Estados parte*: Alemania, Austria, Bélgica, Chipre, Dinamarca, Eslovaquia, Eslovenia, España, Estonia, Finlandia, Francia, Grecia, Hungría, Irlanda, Italia, Letonia, Lituania, Luxemburgo, Malta, Países Bajos, Polonia, Portugal, Reino Unido, República Checa y Suecia. Por el Tratado de adhesión de 25 de abril de 2005 (*DO* L 157, de 21-6-2005, y *BOE* de 19-1-2007), a partir de 1.º de enero de 2007, son también Estados miembros Bulgaria y Rumania. Vid. además los cuatro Protocolos y las veinticuatro Declaraciones adoptadas en el Acta Final de la Conferencia de los representantes de los Gobiernos de los Estados miembros. Ténganse en cuenta también las disposiciones del Tratado de la Comunidad Europea de la Energía Atómica, así como, las disposiciones del *Acuerdo sobre el Espacio EconómicoEuropeo* por el que se extiende a los países parte el sistema de libertades básicas comunitarias, en vigor para España desde el 1 de enero de 1994 (*BOE* de 25-1-1994, suplemento núm. 21).

Arts. 1 a 308: Los arts. del Tratado CEE que a continuación se reproducen han sido desarrollados por una abundante serie de normas de origen comunitario (Derecho derivado). Dado su número y la naturaleza de esta obra, omitimos su referencia expresa. Una enumeración completa de dichas normas puede consultarse en el *Repertorio de la legislación comunitaria vigente* periódicamente publicado por el *DO*.

brado y sostenible de las actividades económicas en el conjunto de la Comunidad, de un alto nivel de empleo y de protección social, la igualdad entre el hombre y la mujer, un crecimiento sostenible y no inflacionista, un alto grado de competitividad y de convergencia de los resultados económicos, un alto nivel de protección y de mejora de la calidad del medio ambiente, la elevación del nivel y de la calidad de vida, la cohesión económica y social y la solidaridad entre los Estados miembros.

Art. 3.º 1. Para alcanzar los fines enunciados en el artículo 2, la acción de la Comunidad implicará, en las condiciones y según el ritmo previstos en el presente Tratado:

a) la prohibición, entre los Estados miembros, de derechos de aduana y de restricciones cuantitativas a la entrada y salida de las mercancías, así como de cualesquiera otras medidas de efecto equivalente;

b) una política comercial común;

c) un mercado interior caracterizado por la suspensión, entre los Estados miembros, de los obstáculos a la libre circulación de mercancías, personas, servicios y capitales;

d) medidas relativas a la entrada y circulación de personas, conforme a las disposiciones del título IV;

e) una política común en los ámbitos de la agricultura y de la pesca;

f) una política común en el ámbito de los transportes;

g) un régimen que garantice que la competencia no será falseada en el mercado interior;

h) la aproximación de las legislaciones nacionales en la medida necesaria para el funcionamiento del mercado común;

i) el fomento de la coordinación entre las políticas en materia de empleo de los Estados miembros, con vistas a aumentar su eficacia mediante el desarrollo de una estrategia coordinada para el empleo;

j) una política en el ámbito social que incluya un Fondo Social Europeo;

k) el fortalecimiento de la cohesión económica y social;

l) una política en el ámbito del medio ambiente;

m) el fortalecimiento de la competitividad de la industria de la Comunidad;

n) el fomento de la investigación y del desarrollo tecnológico;

o) el fomento de la creación y del desarrollo de redes transeuropeas;

p) una contribución al logro de un alto nivel de protección de la salud;

q) una contribución a una enseñanza y a una formación de calidad, así como al desarrollo de las culturas de los Estados miembros;

r) una política en el ámbito de la cooperación al desarrollo;

s) la asociación de los países y territorios de ultramar, a fin de incrementar los intercambios y continuar en común el esfuerzo por el desarrollo económico y social;

t) una contribución al fortalecimiento de la protección de los consumidores;

u) medidas en los ámbitos de la energía, de la protección civil y del turismo.

2. En todas las actividades contempladas en el presente artículo, la Comunidad se fijará el objetivo de eliminar las desigualdades entre el hombre y la mujer y promover su igualdad.

Art. 4.º 1. Para alcanzar los fines enunciados en el artículo 2, la acción de los Estados miembros y de la Comunidad incluirá, en las condiciones y según el ritmo previstos en el presente Trabajo, la adopción de una política económica que se basará en la estrecha coordinación de las políticas económicas de los Estados miembros, en el mercado interior y en la definición de objetivos comunes, y que se llevará a cabo de conformidad con el respeto al principio de una economía de mercado abierta y de libre competencia.

2. Paralelamente, en las condiciones y según el ritmo y procedimientos previstos en el presente Tratado, dicha acción implicará la fijación irrevocable de tipos de cambio con vistas al establecimiento de una moneda única, el ecu, la definición y la aplicación de una política monetaria y de tipos de cambio única cuyo objetivo primordial sea mantener la estabilidad de precios y, sin perjuicio de dicho objetivo, el apoyo a la política económica general de la Comunidad, de conformidad con los principios de una economía de mercado abierta y de libre competencia.

3. Dichas acciones de los Estados miembros y de la Comunidad implican el respeto de los siguientes principios rectores: precios estables, finanzas públicas y condiciones monetarias sólidas y balanza de pagos estable.

Art. 5.º La Comunidad actuará dentro de los límites de las competencias que le atribuye el presente Tratado y de los objetivos que éste le asigna.

En los ámbitos que no sean de su competencia exclusiva, la Comunidad intervendrá, conforme al principio de subsidiariedad, sólo en la medida en que los objetivos de la acción pretendida no puedan ser alcanzados de manera suficiente por los Estados miembros, y, por consiguiente, puedan lograrse mejor, debido a la dimensión o a los efectos de la acción contemplada, a nivel comunitario.

Ninguna acción de la Comunidad excederá de lo necesario para alcanzar los objetivos del presente Tratado.

Art. 6.º Las exigencias de la protección de medio ambiente deberán integrarse en la definición y en la realización de las políticas y acciones de la Comunidad a que se refiere el artículo 3, en particular con objeto de fomentar un desarrollo sostenible.

Art. 7.º 1. La realización de las funciones asignadas a la Comunidad corresponderá a:

— un PARLAMENTO EUROPEO,

— un CONSEJO,
— una COMISIÓN,
— un TRIBUNAL DE JUSTICIA,
— un TRIBUNAL DE CUENTAS.

Cada institución actuará dentro de los límites de las competencias atribuidas por el presente Tratado.

2. El Consejo y la Comisión estarán asistidos por un Comité Económico y Social y por un Comité de las Regiones, con funciones consultivas.

Art. 8.º Con arreglo a los procedimientos previstos en el presente Tratado, se crean un Sistema Europeo de Bancos Centrales (denominado en lo sucesivo «SEBC») y un Banco Central Europeo (denominado en lo sucesivo «BCE»), que actuarán dentro de los límites de las atribuciones que les confieren el presente Tratado y los Estatutos del SEBC y del BCE anejos (denominados en lo sucesivo «Estatutos del SEBC»).

Art. 9.º Se crea un Banco Europeo de Inversiones que actuará dentro de los límites de las competencias que le atribuyen el presente Tratado y los Estatutos anejos.

Art. 10. Los Estados miembros adoptarán todas las medidas generales o particulares apropiadas para asegurar el cumplimiento de las obligaciones derivadas del presente Tratado o resultantes de los actos de las instituciones de la Comunidad. Facilitarán a esta última el cumplimiento de su misión.

Los Estados miembros se abstendrán de todas aquellas medidas que puedan poner en peligro la realización de los fines del presente Tratado.

Art. 11. 1. Los Estados miembros que se propongan establecer entre sí una cooperación reforzada en cualquiera de los ámbitos contemplados en el presente Tratado dirigirán una solicitud a la Comisión, que podrá presentar al Consejo una propuesta en tal sentido. Si no presenta ninguna propuesta, la Comisión comunicará los motivos a los Estados miembros interesados.

2. La autorización para llevar a cabo una cooperación reforzada a que se refiere el apartado 1 será concedida por el Consejo, dentro del respeto a los artículos 43 a 45 del Tratado de la Unión Europea, por mayoría cualificada, a propuesta de la Comisión y previa consulta al Parlamento Europeo. Cuando la cooperación reforzada se refiera a un ámbito que se rija por el procedimiento previsto en el artículo 251 del presente Tratado, se requerirá el dictamen conforme del Parlamento Europeo.

Cualquier miembro del Consejo podrá solicitar que el asunto se remita al Consejo Europeo. Una vez suscitado dicho asunto ante este último, el Consejo podrá decidir de conformidad con lo dispuesto en el párrafo primero del presente apartado.

3. Los actos y decisiones necesarios para el desarrollo de las acciones de cooperación reforzada deberán ajustarse a todas las dis-

posiciones del presente Tratado, salvo disposición en contrario del presente artículo y de los artículos 43 a 45 del Tratado de la Unión Europea.

Art. 11. A. Cualquier Estado miembro que desee participar en una cooperación reforzada establecida en virtud del artículo 11 notificará su intención al Consejo y a la Comisión, que transmitirá su dictamen al Consejo en un plazo de tres meses a partir de la fecha de recepción de la notificación. En un plazo de cuatro meses a partir de la fecha de recepción de la notificación, la Comisión se pronunciará al respecto, así como sobre las posibles disposiciones particulares que pueda considerar necesarias.

Art. 12. En el ámbito de aplicación del presente Tratado, y sin perjuicio de las disposiciones particulares previstas en el mismo, se prohibirá toda discriminación por razón de la nacionalidad.

El Consejo, con arreglo al procedimiento previsto en el artículo 251, podrá establecer la regulación necesaria para prohibir dichas discriminaciones.

Art. 13. 1. Sin perjuicio de las demás disposiciones del presente Tratado y dentro de los límites de las competencias atribuidas a la Comunidad por el mismo, el Consejo, por unanimidad, a propuesta de la Comisión y previa consulta al Parlamento Europeo, podrá adoptar acciones adecuadas para luchar contra la discriminación por motivos de sexo, de origen racial o étnico, religión o convicciones, discapacidad, edad u orientación sexual.

2. No obstante lo dispuesto en el apartado 1, cuando el Consejo adopte medidas comunitarias de estímulo, con exclusión de toda armonización de la disposiciones legales y reglamentarias de los Estados miembros, para apoyar las acciones de los Estados miembros emprendidas con el fin de contribuir a la consecución de los objetivos enunciados en el apartado 1, decidirá de conformidad con el procedimiento previsto en el artículo 251.

Art. 14. 1. La Comunidad adoptará las medidas destinadas a establecer progresivamente el mercado interior en el transcurso de un período que terminará el 31 de diciembre de 1992, de conformidad con las disposiciones del presente artículo, de los artículos 15 y 26, del apartado 2 del artículo 47 y de los artículos 49, 80, 93 y 95 y sin perjuicio de lo establecido en las demás disposiciones del presente Tratado.

2. El mercado interior implicará un espacio sin fronteras interiores, en el que la libre circulación de mercancías, personas, servicios y capitales estará garantizada de acuerdo con las disposiciones del presente Tratado.

3. El Consejo, por mayoría cualificada y a propuesta de la Comisión, definirá las orientaciones y condiciones necesarias para asegurar un progreso equilibrado en el conjunto de los sectores considerados.

Art. 15. En el momento de formular sus propuestas encaminadas a la consecución de los objetivos enunciados en el artículo 14, la Comisión tendrá en cuenta la importancia del esfuerzo que determinadas economías, que presenten un nivel de desarrollo diferente, tendrán que realizar durante el período de establecimiento del mercado interior, y podrá proponer las disposiciones adecuadas.

Si dichas disposiciones adoptaren la forma de excepciones, deberán tener carácter temporal y perturbar lo menos posible el funcionamiento del mercado común.

Art. 16. Sin perjuicio de los artículos 73, 86 y 87, y a la vista del lugar que los servicios de interés económico general ocupan entre los valores comunes de la Unión, así como de su papel en la promoción de la cohesión social y territorial, la Comunidad y los Estados miembros, con arreglo a sus competencias respectivas y en el ámbito de aplicación del presente Tratado, velarán por que dichos servicios actúen con arreglo a principios y condiciones que les permitan cumplir su cometido.

SEGUNDA PARTE

Ciudadanía de la Unión

Art. 17. 1. Se crea una ciudadanía de la Unión. Será ciudadano de la Unión toda persona que ostente la nacionalidad de un Estado miembro. La ciudadanía de la Unión será complementaria y no sustitutiva de la ciudadanía nacional.

2. Los ciudadanos de la Unión serán titulares de los derechos y sujetos de los deberes previstos en el presente Tratado.

Art. 18. 1. Todo ciudadano de la Unión tendrá derecho a circular y residir libremente en el territorio de los Estados miembros, con sujeción a las limitaciones y condiciones previstas en el presente Tratado y en las disposiciones adoptadas para su aplicación.

2. Cuando una acción de la Comunidad resulte necesaria para alcanzar este objetivo, y a menos

---

Art. 17: Según la Declaración de la Conferencia Intergubernamental de 1992 (TUE), relativa a la nacionalidad de un Estado miembro: «La Conferencia declara que, cuando en el Tratado constitutivo de la Comunidad Europea se haga referencia a los nacionales de los Estados miembros, la cuestión de si una persona posee una nacionalidad determinada se resolverá únicamente remitiéndose al Derecho nacional del Estado miembro de que se trate. Los Estados miembros podrán declarar, a efectos informativos, quiénes deben considerarse sus nacionales a efectos comunitarios mediante una declaración presentada a la Presidencia, la cual podrá modificarse en caso necesario.»

que el presente Tratado haya previsto los poderes de acción al respecto, el Consejo podrá adoptar disposiciones destinadas a facilitar el ejercicio de los derechos contemplados en el apartado 1. Decidirá de conformidad con el procedimiento previsto en el artículo 251.

3. El apartado 2 no se aplicará a las disposiciones referentes a los pasaportes, los documentos de identidad, los permisos de residencia o cualquier otro documento asimilado, ni a las disposiciones referentes a la seguridad social o la protección social.

Art. 19. 1. Todo ciudadano de la Unión que resida en un Estado miembro del que no sea nacional tendrá derecho a ser elector y elegible en las elecciones municipales del Estado miembro en el que resida, en las mismas condiciones que los nacionales de dicho Estado. Este derecho se ejercerá sin perjuicio de las modalidades que el Consejo adopte, por unanimidad, a propuesta de la Comisión y previa consulta al Parlamento Europeo; dichas modalidades podrán establecer excepciones cuando así lo justifiquen problemas específicos de un Estado miembro.

2. Sin perjuicio de lo dispuesto en el apartado 4 del artículo 190 y en las normas adoptadas para su aplicación, todo ciudadano de la Unión que resida en un Estado miembro del que no sea nacional tendrá derecho a ser elector y elegible en las elecciones al Parlamento Europeo en el Estado miembro en el que resida, en las mismas condiciones que los nacionales de dicho Estado. Este derecho se ejercerá sin perjuicio de las modalidades que el Consejo adopte, por unanimidad, a propuesta de la Comisión y previa consulta al Parlamento Europeo; dichas modalidades podrán establecer excepciones cuando así lo justifiquen problemas específicos de un Estado miembro.

Art. 20. Todo ciudadano de la Unión podrá acogerse, en el territorio de un tercer país en el que no esté representado el Estado miembro del que sea nacional, a la protección de las autoridades diplomáticas y consulares de cualquier Estado miembro, en las mismas condiciones que los nacionales de dicho Estado. Los Estados miembros establecerán entre sí las normas necesarias y entablarán las negociaciones internacionales requeridas para garantizar dicha protección.

Art. 21. Todo ciudadano de la Unión tendrá el derecho de petición ante el Parlamento Europeo, de conformidad con lo dispuesto en el artículo 194.

Todo ciudadano de la Unión podrá dirigirse al Defensor del Pueblo instituido en virtud de lo dispuesto en el artículo 195.

Todo ciudadano de la Unión podrá dirigirse por escrito a cualquiera de las instituciones u organismos contemplados en el presente artículo o en el artículo 7 en una de las lenguas mencionadas en el artículo 314 y recibir una contestación en esa misma lengua.

Art. 22. Cada tres años la Comisión informará al Parlamento Europeo, al Consejo y al Comité Económico y Social sobre la aplicación de las disposiciones de la presente parte. Dicho informe tendrá en cuenta el desarrollo de la Unión.

Sobre dicha base, y sin perjuicio de las restantes disposiciones del presente Tratado, el Consejo, por unanimidad, a propuesta de la Comisión y previa consulta al Parlamento Europeo, podrá adoptar disposiciones encaminadas a completar los derechos previstos en la presente parte y recomendar su adopción a los Estados miembros con arreglo a sus respectivas normas constitucionales.

TERCERA PARTE

Políticas de la Comunidad

TÍTULO PRIMERO

Libre circulación de mercancías

Art. 23. 1. La Comunidad se basará en una unión aduanera, que abarcará la totalidad de los intercambios de mercancías y que implicará la prohibición, entre los Estados miembros, de los derechos de aduana de importación y exportación y de cualesquiera exacciones de efecto equivalente, así como la adopción de un arancel aduanero común en sus relaciones con terceros países.

2. Las disposiciones del artículo 25 y las del capítulo 2 del presente título se aplicarán a los productos originarios de los Estados miembros y a los productos procedentes de terceros países que se encuentren en libre práctica en los Estados miembros.

Art. 24. Se considerarán en libre práctica en un Estado miembro los productos procedentes de terceros países respecto de los cuales se hayan cumplido, en dicho Estado miembro, las formalidades de importación y percibido los derechos de aduana y cualesquiera otras exacciones de efecto equivalente exigibles, siempre que no se hubieren beneficiado de una devolución total o parcial de los mismos.

CAPÍTULO 1

UNIÓN ADUANERA

Art. 25. Quedarán prohibidos entre los Estados miembros los derechos de aduana de importación y exportación o exacciones de efecto equivalente. Esta prohibición se aplicará también a los derechos de aduana de carácter fiscal.

....

CAPÍTULO 2

PROHIBICIÓN DE LAS RESTRICCIONES CUANTITATIVAS ENTRE LOS ESTADOS MIEMBROS

Art. 28. Quedarán prohibidas entre los Estados miembros las restricciones cuantitativas a la importación, así como todas las medidas de efecto equivalente.

Art. 29. Quedarán prohibidas entre los Estados miembros las restricciones cuantitativas a la exportación, así como todas las medidas de efecto equivalente.

Art. 30. Las disposiciones de los artículos 28 y 29 no serán obstáculo para las prohibiciones o restricciones a la importación, exportación o tránsito justificadas por razones de orden público, moralidad y seguridad públicas, protección de la salud y vida de las personas y animales, preservación de los vegetales, protección del patrimonio artístico, histórico o arqueológico nacional o protección de la propiedad industrial y comercial. No obstante, tales prohibiciones o restricciones no deberán constituir un medio de discriminación arbitraria ni una restricción encubierta del comercio entre los Estados miembros.

Art. 31. 1. Los Estados miembros adecuarán los monopolios nacionales de carácter comercial de tal modo que quede asegurada la exclusión de toda discriminación entre los nacionales de los Estados miembros respecto de las condiciones de abastecimiento y de mercado.

Las disposiciones del presente artículo se aplicarán a cualquier organismo mediante el cual un Estado miembro, *de iure* o *de facto*, directa o indirectamente, controle, dirija o influya sensiblemente en las importaciones o las exportaciones entre los Estados miembros. Tales disposiciones se aplicarán igualmente a los monopolios cedidos por el Estado a terceros.

2. Los Estados miembros se abstendrán de cualquier nueva medida contraria a los principios enunciados en el apartado 1 o que restrinja el alcance de los artículos relativos a la prohibición de los derechos de aduana y de las restricciones cuantitativas entre los Estados miembros.

3. En caso de que un monopolio de carácter comercial implique una regulación destinada a facilitar la comercialización o a mejorar la rentabilidad de los productos agrícolas, deberán adoptarse las medidas necesarias para asegurar, en la aplicación de las normas del presente artículo, garantías equivalentes para el empleo y el nivel de vida de los productores interesados.

TÍTULO II

Agricultura

Art. 32. 1. El mercado común abarcará la agricultura y el comercio de los productos agrícolas. Por productos agrícolas se entienden los productos de la tierra, de la ganadería y de la pesca, así como los productos de primera transformación directamente relacionados con aquéllos.

2. Salvo disposición en contrario de los artículos 33 a 38, ambos inclusive, las normas previstas para el establecimiento del mercado común serán aplicables a los productos agrícolas.

3. Los productos a los que serán de aplicación los artículos 33 a 38, ambos inclusive, son los que figuran en la lista del anexo I del presente Tratado.

4. El funcionamiento y desarrollo del mercado común para los productos agrícolas deberán ir acompañados del establecimiento de una política agrícola común.

....

TÍTULO III

Libre circulación de personas, servicios y capitales

CAPÍTULO 1

Trabajadores

Art. 39. 1. Quedará asegurada la libre circulación de los trabajadores dentro de la Comunidad.

2. La libre circulación supondrá la abolición de toda discriminación por razón de la nacionalidad entre los trabajadores de los Estados miembros, con respecto al empleo, la retribución y las demás condiciones de trabajo.

3. Sin perjuicio de las limitaciones justificadas por razones de orden público, seguridad y salud públicas, la libre circulación de los trabajadores implicará el derecho:

a) de responder a ofertas efectivas de trabajo;

b) de desplazarse libremente para este fin en el territorrio de los Estados miembros;

c) de residir en uno de los Estados miembros con objeto de ejercer en él un empleo, de conformidad con las disposiciones legales, reglamentarias y administrativas aplicables al empleo de los trabajadores nacionales;

d) de permanecer en el territorio de un Estado miembro después de haber ejercido en él un empleo, en las condiciones previstas en los reglamentos de aplicación establecidos por la Comisión.

4. Las disposiciones del presente artículo no serán aplicables a los empleos en la administración pública.

Art. 40. El Consejo, con arreglo al procedimiento previsto en el artículo 251 y previa consulta al Comité Económico y Social, adoptará, mediante directivas o reglamentos, las medidas necesarias a fin de hacer efectiva la libre circulación de los trabajadores, tal como queda definida en el artículo 39, en especial:

a) asegurando una estrecha colaboración entre las administraciones nacionales de trabajo;

b) eliminando aquellos procedimientos y prácticas administrativos, así como los plazos de acceso a los empleos disponibles, que resulten de la legislación nacional o de acuerdos celebrados con anterioridad entre los Estados miembros, cuyo mantenimiento suponga un obstáculo para la liberación de los movimientos de los trabajadores;

c) eliminando todos los plazos y demás restricciones previstos en las legislaciones nacionales o en los acuerdos celebrados con anterioridad entre los Estados miembros, que impongan a los trabajadores de los demás Estados miembros condiciones distintas de las impuestas a los trabajadores nacionales para la libre elección de un empleo;

d) estableciendo los mecanismos adecuados para poner en relación las ofertas y las demandas de empleo y facilitar su equilibrio en condiciones tales que no se ponga en grave peligro el nivel de vida y de empleo en las diversas regiones e industrias.

Art. 41. Los Estados miembros facilitarán, en el marco de un programa común, el intercambio de trabajadores jóvenes.

Art. 42. El Consejo, con arreglo al procedimiento previsto en el artículo 251, adoptará, en materia de seguridad social, las medidas necesarias para el establecimiento de la libre circulación de los trabajadores, creando, en especial, un sistema que permita garantizar a los trabajadores migrantes y a sus derechohabientes:

a) la acumulación de todos los períodos tomados en consideración por las distintas legislaciones nacionales para adquirir y conservar el derecho a las prestaciones sociales, así como para el cálculo de éstas;

b) el pago de las prestaciones a las personas que residan en los territorios de los Estados miembros.

El Consejo se pronunciará por unanimidad durante todo el procedimiento previsto en el artículo 251.

CAPÍTULO 2

DERECHO DE ESTABLECIMIENTO

Art. 43. En el marco de las disposiciones siguientes, quedarán prohibidas las restricciones a la libertad de establecimiento de los nacionales de un Estado miembro en el territorio de otro Estado miembro. Dicha prohibición se extenderá igualmente a las restricciones relativas a la apertura de agencias, sucursales o filiales por los nacionales de un Estado miembro establecidos en el territorio de otro Estado miembro.

La libertad de establecimiento comprenderá el acceso a las actividades no asalariadas y su ejercicio, así como la constitución y gestión de empresas y, especialmente, de sociedades, tal como se definen en el párrafo segundo del artículo 48, en las condiciones fijadas por la legislación del país de establecimiento para sus propios nacionales, sin perjuicio de las disposiciones del capítulo relativo a los capitales.

Art. 44. 1. A efectos de alcanzar la libertad de establecimiento en una determinada actividad, el Consejo decidirá, mediante directivas, con arreglo al procedimiento previsto en el artículo 251 y previa consulta al Comité Económico y Social.

2. El Consejo y la Comisión ejercerán las funciones que les atribuyen las disposiciones precedentes, en particular:

a) ocupándose, en general, con prioridad, de las actividades en las que la libertad de establecimiento contribuya de manera especialmente útil al desarrollo de la producción y de los intercambios;

b) asegurando una estrecha colaboración entre las administraciones nacionales competentes a fin de conocer las situaciones particulares, dentro de la Comunidad, de las distintas actividades afectadas;

c) eliminando aquellos procedimientos y prácticas administrativos que resulten de la legislación nacional o de acuerdos celebrados con anterioridad entre los Estados miembros, cuyo mantenimiento suponga un obstáculo para la libertad de establecimiento;

d) velando por que los trabajadores asalariados de uno de los Estados miembros, empleados en el territorio de otro Estado miembro, puedan permanecer en dicho territorio para emprender una actividad no asalariada, cuando cumplan las condiciones que les serían exigibles si entraran en el citado Estado en el momento de querer iniciar dicha actividad;

e) haciendo posible la adquisición y el aprovechamiento de propiedades inmuebles situadas en el territorio de un Estado miembro por un nacional de otro Estado miembro, en la medida en que no se contravengan los principios establecidos en el apartado 2 del artículo 33;

f) aplicando la supresión progresiva de las restricciones a la libertad de establecimiento, en cada rama de actividad contemplada, tanto en lo que respecta a las condiciones de apertura, en el territorio de un Estado miembro, de agencias, sucursales o filiales, como a las condiciones de admisión del personal de la sede central en los órganos de gestión o de control de aquéllas;

g) coordinando, en la medida necesaria y con objeto de hacerlas equivalentes, las garantías exigidas en los Estados miembros a las sociedades definidas en el párrafo segundo del artículo 48, para proteger los intereses de socios y terceros;

h) asegurándose de que las condiciones para el establecimiento no resultan falseadas mediante ayudas otorgadas por los Estados miembros.

Art. 45. Las disposiciones del presente capítulo no se aplicarán, en lo que respecta al Estado miembro interesado, a las actividades que, en dicho Estado, estén relacionadas, aunque sólo sea de manera ocasional, con el ejercicio del poder público.

El Consejo, por mayoría cualificada y a propuesta de la Comisión, podrá excluir determinadas actividades de la aplicación de las disposiciones del presente capítulo.

Art. 46. 1. Las disposiciones del presente capítulo y las medidas adoptadas en virtud de las mismas no prejuzgarán la aplicabilidad de las disposiciones legales, reglamentarias y administrativas que prevean un régimen especial para los extranjeros y que estén justificadas por razones de orden público, seguridad y salud públicas.

2. El Consejo, con arreglo al procedimiento previsto en el artículo 251, adoptará directivas para la coordinación de las mencionadas disposiciones.

Art. 47. 1. A fin de facilitar el acceso a las actividades no asalariadas y su ejercicio, el Consejo, con arreglo al procedimiento previsto en el artículo 251, adoptará directivas para el reconocimiento mutuo de diplomas, certificados y otros títulos.

2. Con el mismo fin, el Consejo, con arreglo al procedimiento previsto en el artículo 251, adoptará directivas para la coordinación de las disposiciones legales, reglamentarias y administrativas de los Estados miembros relativas al acceso y ejercicio de las actividades no asalariadas. Será necesaria la unanimidad durante todo el procedimiento previsto en el artículo 251 para aquellas directivas cuya ejecución en un Estado miembro al menos implique una modificación de los principios legales vigentes relativos al régimen de las profesiones en lo que se refiere a la formación y a las condiciones de acceso a las mismas de las personas físicas. En los demás casos, el Consejo decidirá por mayoría cualificada.

3. En cuanto a las profesiones médicas, paramédicas y farmacéuticas, la progresiva supresión de las restricciones quedará subordinada a la coordinación de las condiciones exigidas para su ejercicio en los diferentes Estados miembros.

Art. 48. Las sociedades constituidas de conformidad con la legislación de un Estado miembro y cuya sede social, administración central o centro de actividad principal se encuentre dentro de la Comunidad quedarán equiparadas, a efectos de aplicación de las disposiciones del presente capítulo, a las personas físicas nacionales de los Estados miembros.

Por sociedades se entiende las sociedades de Derecho civil o mercantil, incluso las sociedades cooperativas, y las demás personas jurídicas de Derecho público o privado, con excepción de las que no persigan un fin lucrativo.

CAPÍTULO 3

SERVICIOS

Art. 49. En el marco de las disposiciones siguientes, quedarán prohibidas las restricciones a la libre prestación de servicios dentro de la Comunidad para los nacionales de los Estados miembros establecidos en un país de la Comunidad que no sea el del destinatario de la prestación.

El Consejo, por mayoría cualificada y a propuesta de la Comisión, podrá extender el beneficio de las disposiciones del presente capítulo a los prestadores de servicios que sean nacionales de un tercer Estado y se hallen establecidos dentro de la Comunidad.

Art. 50. Con arreglo al presente Tratado, se considerarán como servicios las prestaciones realizadas normalmente a cambio de una remuneración, en la medida en que no se rijan por las disposiciones relativas a la libre circulación de mercancías, capitales y personas.

Los servicios comprenderán, en particular:

a) actividades de carácter industrial;

b) actividades de carácter mercantil;

c) actividades artesanales;

d) actividades propias de las profesiones liberales.

Sin perjuicio de las disposiciones del capítulo relativo al derecho de establecimiento, el prestador de un servicio podrá, con objeto de realizar dicha prestación, ejercer temporalmente su actividad en el Estado donde se lleve a cabo la prestación, en las mismas condiciones que imponga ese Estado a sus propios nacionales.

Art. 51. 1. La libre prestación de servicios, en materia de transportes, se regirá por las disposiciones del título relativo a los transportes.

2. La liberalización de los servicios bancarios y de seguros vinculados a los movimientos de capitales se realizará en armonía con la liberalización de la circulación de capitales.

Art. 52. 1. A efectos de alcanzar la liberalización de un servicio determinado, el Consejo, a propuesta de la Comisión y previa consulta al Comité Económico y Social y al Parlamento Europeo, decidirá mediante directivas, por mayoría cualificada.

2. Las directivas previstas en el apartado 1 se referirán, en general, con prioridad, a los servicios que influyan de forma directa en los costes de producción o cuya liberalización contribuya a facilitar los intercambios de mercancías.

Art. 53. Los Estados miembros se declaran dispuestos a proceder a una liberalización de los servicios más amplia que la exigida en virtud de las directivas adoptadas en aplicación del apartado 1 del artículo 52, si su situación económica general y la del sector afectado se lo permiten.

La Comisión dirigirá, a este fin, recomendaciones a los Estados miembros interesados.

Art. 54. En tanto no se supriman las restricciones a la libre prestación de servicios, cada uno de los Estados miembros aplicará tales restricciones, sin distinción de nacionalidad o residencia, a todos los prestadores de servicios a que se refiere el párrafo primero del artículo 49.

Art. 55. Las disposiciones de los artículos 45 a 48, ambos inclusive, será aplicables a las materias reguladas por el presente capítulo.

CAPÍTULO 4

CAPITAL Y PAGOS

Art. 56. 1. En el marco de las disposiciones del presente capítulo, quedan prohibidas todas las restricciones a los movimientos de capitales entre Estados miembros y entre Estados miembros y terceros países.

2. En el marco de las disposiciones del presente capítulo, quedan prohibidas cualesquiera restricciones sobre los pagos entre Estados miembros y terceros países.

Art. 57. 1. Lo dispuesto en el artículo 56 se entenderá sin perjuicio de la aplicación a terceros países de las restricciones que existan el 31 de diciembre de 1993 de conformidad con el Derecho nacional o con el Derecho comunitario en materia de movimientos de capitales, con destino a terceros países o procedentes de ellos, que supongan inversiones directas, incluidas las inmobiliarias, el establecimiento, la prestación de servicios financieros o la admisión de valores en los mercados de capitales. Respecto de las restricciones existentes en virtud de la legislación nacional en Estonia y Hungría, la fecha aplicable será el 31 de diciembre de 1999.

2. Aunque procurando alcanzar el objetivo de la libre circulación de capitales entre Estados miembros y terceros países en el mayor grado posible, y sin perjuicio de lo dispuesto en los demás capítulos del presente Tratado, el Consejo podrá, por mayoría cualificada y a propuesta de la Comisión, adoptar medidas relativas a los movimientos de capitales, con destino a terceros países o procedentes de ellos, que supongan inversiones directas, incluidas las inmobiliarias, el establecimiento, la prestación de servicios financieros o la admisión de valores en los mercados de capitales. Se exigirá unanimidad para adoptar medidas en virtud del presente apartado que supongan un retroceso respecto de la liberalización contemplada en la legislación comunitaria sobre movimientos de capi-

tales con destino a terceros países o procedentes de ellos.

Art. 58. 1. Lo dispuesto en el artículo 56 se aplicará sin perjuicio del derecho de los Estados miembros a:

a) aplicar las disposiciones pertinentes de su Derecho fiscal que distingan entre contribuyentes cuya situación difiera con respecto a su lugar de residencia o con respecto a los lugares donde esté invertido su capital;

b) adoptar la medidas necesarias para impedir las infracciones a su Derecho y normativas nacionales, en particular en materia fiscal y de supervisión prudencial de entidades financieras, establecer procedimientos de declaración de movimientos de capitales a efectos de información administrativa o estadística o tomar medidas justificadas por razones de orden público o de seguridad pública.

2. Las disposiciones del presente capítulo no serán obstáculo para la aplicación de restricciones del derecho de establecimiento compatibles con el presente Tratado.

3. Las medidas y procedimientos a que se hace referencia en los apartados 1 y 2 no deberán constituir ni un medio de discriminación arbitraria ni una restricción encubierta de la libre circulación de capitales y pagos tal y como la define el artículo 56.

Art. 59. Cuando en circunstancias excepcionales los movimientos de capitales con destino a terceros países o procedentes de ellos causen, o amenacen causar, dificultades graves para el funcionamiento de la unión económica y monetaria, el Consejo, por mayoría cualificada, a propuesta de la Comisión y previa consulta al BCE, podrá adoptar respecto a terceros países, por un plazo que no sea superior a seis meses, las medidas de salvaguardia estrictamente necesarias.

Art. 60. 1. Si, en los casos contemplados en el artículo 301, se considerare necesaria una acción de la Comunidad, el Consejo, con arreglo al procedimiento previsto en el artículo 301, podrá tomar las medidas urgentes que sean necesarias sobre movimiento de capitales y sobre pagos respecto de los países de que se trate.

2. Sin perjuicio de lo dispuesto en el artículo 297 y hasta tanto el Consejo no haya tomado medidas con arreglo al apartado 1, un Estado miembro podrá, por razones políticas graves y por motivos de urgencia, tomar medidas unilaterales contra un tercer país en lo relativo a los movimientos de capitales y a los pagos. La Comisión y los demás Estados miembros deberán ser informados de dichas medidas a más tardar en la fecha de entrada en vigor de las mismas.

El Consejo, por mayoría cualificada y a propuesta de la Comisión, podrá acordar que el Estado miembro de que se trate deba modificar o suprimir tales medidas. El Presidente del Consejo informará al Parlamento Europeo de las medidas que tome el Consejo.

TÍTULO IV

Visados, asilo, inmigración y otras políticas relacionadas con la libre circulación de personas

Art. 61. A fin de establecer progresivamente un espacio de libertad, de seguridad y de justicia, el Consejo adoptará:

a) en un plazo de cinco años a partir de la entrada en vigor del Tratado de Amsterdam, medidas destinadas a garantizar la libre circulación de personas de conformidad con el artículo 14, conjuntamente con las medidas de acompañamiento directamente vinculadas con aquélla y relativas a los controles en las fronteras exteriores, el asilo y la inmigración, de conformidad con lo dispuesto en los puntos 2 y 3 del artículo 62, en la letra *a*) del punto 1 y en la letra *a*) del punto 2 del artículo 63, así como medidas para prevenir y luchar contra la delincuencia de conformidad con lo dispuesto en la letra *e*) del artículo 31 del Tratado de la Unión Europea;

b) otras medidas en los ámbitos del asilo, la inmigración y la protección de los derechos de los nacionales de terceros países, de conformidad con lo dispuesto en el artículo 63;

c) medidas en el ámbito de la cooperación judicial en materia civil, de conformidad con el artículo 65;

d) medidas adecuadas para fomentar e intensificar la cooperación administrativa, de conformidad con el artículo 66;

e) medidas en el ámbito de la cooperación policial y judicial en materia penal destinadas a garantizar un alto grado de seguridad mediante la prevención y la lucha contra la delincuencia dentro de la Unión, de conformidad con lo dispuesto en el Tratado de la Unión Europea.

Art. 62. El Consejo, con arreglo al procedimiento previsto en el artículo 67, adoptará, en el plazo de cinco años a partir de la fecha de entrada en vigor del Tratado de Amsterdam:

1) medidas encaminadas a garantizar, de conformidad con el artículo 14, la ausencia de controles sobre las personas en el cruce de las fronteras interiores, tanto de los ciudadanos de la Unión como de los nacionales de terceros países;

2) medidas sobre el cruce de las fronteras exteriores de los Estados miembros en las que se establezcan:

a) las normas y los procedimientos que deben aplicar los Estados miembros para la realización de controles sobre las personas en dichas fronteras;

b) las normas sobre visados aplicables a las estancias cuya duración no supere los tres meses, que incluirán:

i) la lista de los terceros países cuyos nacionales tengan la obligación de ser titulares de visado para cruzar una frontera exterior, y de aquellos cuyos nacionales estén exentos de esa obligación,

ii) los procedimientos y las condiciones para la expedición de visados por los Estados miembros,

iii) un modelo uniforme de visado,

iv) normas para un visado uniforme;

3) medidas que establezcan las condiciones en las que los nacionales de terceros países puedan viajar libremente en el territorio de los Estados miembros durante un período no superior a tres meses.

Art. 63. El Consejo, con arreglo al procedimiento previsto en el artículo 67, adoptará, en el plazo de cinco años a partir de la fecha de entrada en vigor del Tratado de Amsterdam:

1) medidas en materia de asilo, con arreglo a la Convención de Ginebra de 28 de julio de 1951 y al Protocolo de 31 de enero de 1967 sobre el estatuto de los refugiados y a otros tratados pertinentes, en los siguientes ámbitos:

a) criterios y mecanismos para determinar el Estado miembro que asume la responsabilidad de examinar una solicitud de asilo presentada en uno de los Estados miembros por un nacional de un tercer país;

b) normas mínimas para la acogida de los solicitantes de asilo en los Estados miembros;

c) normas mínimas para la concesión del estatuto de refugiado a nacionales de terceros países;

d) normas mínimas para los procedimientos que deben aplicar los Estados miembros para conceder o retirar el estatuto de refugiado;

2) medidas relativas a los refugiados y personas desplazadas, en los siguientes ámbitos:

a) normas mínimas para conceder protección temporal a las personas desplazadas procedentes de terceros países que no pueden volver a su país de origen y para las personas que por otro motivo necesitan protección internacional;

b) fomento de un esfuerzo equitativo entre los Estados miembros en la acogida de refugiados y personas desplazadas y en la asunción de las consecuencias de dicha acogida;

3) medidas sobre política de inmigración en los siguientes ámbitos:

a) condiciones de entrada y de residencia, y normas sobre procedimientos de expedición por los Estados miembros de visados de larga duración y de permisos de residencia, incluidos los destinados a la reagrupación familiar;

b) la inmigración y la residencia ilegales, incluida la repatriación de residentes ilegales;

4) medidas que definan los derechos y las condiciones con arreglo a los cuales los nacionales de terceros países que residan legalmente en un Estado miembro pueden residir en otros Estados miembros.

Las medidas adoptadas por el Consejo en virtud de los puntos 3 y 4 no impedirán a cualquier Estado miembro mantener o introducir en los ámbitos de que se trate disposiciones nacionales que sean compatibles con el presente Tratado y con los acuerdos internacionales.

Las medidas que deben adoptarse con arreglo a la letra *b*) del punto 2, a la letra *a*) del punto 3 y al punto 4 no estarán sometidas al plazo de cinco años mencionado.

Art. 64. 1. El presente título se entenderá sin perjuicio del ejercicio de las responsabilidades que incumben a los Estados miembros en materia de mantenimiento del orden público y salvaguardia de la seguridad interior.

2. En el caso de que uno o más Estados miembros se enfrenten a una situación de emergencia caracterizada por la llegada repentina de nacionales de terceros países, y sin perjuicio de apartado 1, el Consejo podrá adoptar, por mayoría cualificada y a propuesta de la Comisión, medidas provisionales por un período máximo de seis meses en beneficio de los Estados miembros afectados.

Art. 65. Las medidas en el ámbito de la cooperación judicial en materia civil con repercusión transfronteriza que se adopten de conformidad con lo dispuesto en el artículo 67 y en la medida necesaria para el correcto funcionamiento del mercado interior, incluirán:

a) mejorar y simplificar:

— el sistema de notificación o traslado transfronterizo de documentos judiciales y extrajudiciales,

— la cooperación en la obtención de pruebas,

— el reconocimiento y la ejecución de resoluciones en asuntos civiles y mercantiles, incluidos los extrajudiciales;

b) fomentar la compatibilidad de las normas aplicables en los Estados miembros sobre conflictos de leyes y de jurisdicción;

c) eliminar obstáculos al buen funcionamiento de los procedimientos civiles fomentando, si fuera necesario, la compatibilidad de las normas de procedimiento

---

Art. 65: Con base jurídica en este precepto, vid. el Reglamento 44/2001, relativo a la competencia judicial, el reconocimiento y la ejecución de resoluciones judiciales en materia civil y mercantil (*infra* núm. 7); el Reglamento 1346/2000, sobre procedimientos de insolvencia (*infra* núm. 147); el Reglamento 2201/2003, relativo a la competencia, el reconocimiento y la ejecución de resoluciones en materia matrimonial y responsabilidad parental sobre hijos comunes, por el que se deroga el Reglamento 1347/2000; el Reglamento 1393/2007, relativo a la notificación y al traslado en los Estados miembros de documentos judiciales y extrajudiciales en materia civil o mercantil (*infra* núm. 13), el Reglamento 1206/2001, relativo a la cooperación entre los órganos jurisdiccionales de los Estados miembros en el ámbito de la obtención de pruebas en materia civil o mercantil (*infra* núm. 15), el Reglamento 805/2004, por el que se crea un título ejecutivo europeo para créditos no impugnados (*infra* núm. 24), y el Reglamento 1896/2006, por el que se establece un proceso monitorio europeo (*infra* núm. 25), el Reglamento 861/2007, por lo que se establece un proceso europeo de escasa cuantía (*infra* núm. 26), y el Reglamento 864/2007, relativo a la Ley aplicable a las obligaciones extracontractuales (*infra* núm. 118).

civil aplicables en los Estados miembros.

Art. 66. El Consejo, con arreglo al procedimiento previsto en el artículo 67, tomará las medidas necesarias para garantizar la cooperación entre los servicios pertinentes de las administraciones de los Estados miembros en los ámbitos previstos en el presente título, así como entre dichos servicios y la Comisión.

Art. 67. 1. Durante un período transitorio de cinco años a partir de la entrada en vigor del Tratado de Amsterdam, el Consejo decidirá por unanimidad, a propuesta de la Comisión o a iniciativa de un Estado miembro y previa consulta al Parlamento Europeo.

2. Tras dicho período de cinco años:

— el Consejo decidirá a propuesta de la Comisión; ésta estudiará cualquier petición que le haga un Estado miembro para que presente una propuesta al Consejo,

— el Consejo, por unanimidad y previa consulta al Parlamento Europeo, adoptará una decisión con vistas a que todos o parte de los ámbitos cubiertos por el presente título se rijan por el procedimiento previsto en el artículo 251 y a adaptar las disposiciones relativas a las competencias del Tribunal de Justicia.

3. Como excepción a lo dispuesto en los apartados 1 y 2, a partir de la entrada en vigor del Tratado de Amsterdam, el Consejo, por mayoría cualificada, a propuesta de la Comisión y previa consulta al Parlamento Europeo, adoptará las medidas mencionadas en los incisos i) y iii) de la letra *b*) del punto 2 del artículo 62.

4. Como excepción a lo dispuesto en el apartado 2, transcurrido un período de cinco años a partir de la entrada en vigor del Tratado de Amsterdam, el Consejo, con arreglo al procedimiento previsto en el artículo 251, adoptará las medidas mencionadas en los incisos ii) y iv) de la letra *b*) del punto 2 del artículo 62.

5. Como excepción a lo dispuesto en el apartado 1, el Consejo adoptará de conformidad con el procedimiento establecido en el artículo 251:

— las medidas previstas en el punto 1 del artículo 63 y en la letra *a*) del punto 2 del artículo 63, siempre y cuando el Consejo haya adoptado previamente y de conformidad con lo dispuesto en el apartado 1 del presente artículo una legislación comunitaria que defina las normas comunes y los principios esenciales que rijan estas materias.

— las medidas previstas en el artículo 65, con exclusión de los aspectos relativos al Derecho de familia.

Art. 68. 1. El artículo 234 será de aplicación al presente título en las siguientes circunstancias y condiciones: cuando una cuestión sobre la interpretación del presente título o sobre la validez o la interpretación de actos de las instituciones comunitarias basados en el presente título se plantee en un asunto pendiente ante un órgano jurisdiccional nacional, cuyas decisiones no sean susceptibles de ulterior recurso judicial de Derecho interno, dicho órgano jurisdiccional pedirá al Tribunal de Justicia que se pronuncie sobre la misma, si estima necesaria una decisión al respecto para poder emitir su fallo.

2. El Tribunal de Justicia no tendrá en ningún caso competencia alguna sobre las medidas o decisiones adoptadas con arreglo al punto 1 del artículo 62 relativas al mantenimiento del orden público y a la salvaguardia de la seguridad interior.

3. El Consejo, la Comisión o un Estado miembro podrá pedir al Tribunal de Justicia que se pronuncie sobre una cuestión de interpretación del presente título o de actos de las instituciones comunitarias basados en el presente título. El fallo emitido por el Tribunal de Justicia en respuesta a tal petición no se aplicará a sentencias de órganos jurisdiccionales de los Estados miembros que tengan fuerza de cosa juzgada.

Art. 69. La aplicación del presente título quedará sometida a lo dispuesto en el Protocolo sobre la posición del Reino Unido y de Irlanda así como al Protocolo sobre la posición de Dinamarca, y se entenderá sin perjuicio del Protocolo sobre la aplicación de determinados aspectos del artículo 14 del Tratado constitutivo de la Comunidad Europea al Reino Unido y a Irlanda.

TÍTULO V

Transportes

Art. 70. Los Estados miembros perseguirán los objetivos del presente Tratado, en la materia regulada por el presente título, en el

---

Art. 69: El Protocolo núm. 4 de 1997, sobre la posición del Reino Unido y de Irlanda, aunque excluye en principio que estos dos Estados miembros participen «en la adopción por el Consejo de medidas propuestas en virtud del Título IV del Tratado constitutivo de la Comunidad Europea» (art. 1), sin embargo les permite que, en un plazo de tres meses a partir de la presentación al Consejo de una propuesta o iniciativa en virtud de dicho Título del Tratado, puedan notificar por escrito al Presidente del Consejo «su deseo de participar en la adopción y aplicación de la medida propuesta de que se trate, tras lo cual tendrá derecho a hacerlo» (art. 3.1). Y si, transcurrido un tiempo razonable, una medida «no pudiera adoptarse con la participación del Reino Unido o de Irlanda», el Consejo podrá adoptar dicha medida sin la participación de uno o de otro Estado miembro (art. 3.2). Lo que se ha calificado como facultad de *opting in/opting out*. Vid. además lo dispuesto en los arts. 4 y 7 del Protocolo. En cambio, el Protocolo núm. 5 de 1997, sobre la posición de Dinamarca, excluye la participación de este Estado miembro en la adopción por el Consejo de medidas propuestas en virtud del Título IV (arts. 1, 2 y 3), sin contener la facultad de opción prevista en el Protocolo núm. 4. Como excepción, respecto a las medidas adoptadas en virtud del Título IV del Tratado que desarrollen el acervo de Schengen, el art. 5 permite a este Estado miembro decidir, tras un período de seis meses desde su adopción, si incorpora dicha medida a su Derecho interno.

marco de una política común de transportes.

Art. 71. 1. Para la aplicación del artículo 70, y teniendo en cuenta las peculiaridades del sector de los transportes, el Consejo, con arreglo al procedimiento previsto en el artículo 251 y previa consulta al Comité Económico y Social y al Comité de las Regiones, establecerá:

a) normas comunes aplicables a los transportes internacionales efectuados desde el territorio de un Estado miembro o con destino al mismo o a través del territorio de uno o varios Estados miembros;

b) condiciones con arreglo a las cuales los transportistas no residentes podrán prestar servicios de transportes en un Estado miembro;

c) medidas que permitan mejorar la seguridad en los transportes;

d) cualesquiera otras disposiciones oportunas.

2. No obstante el procedimiento previsto en el apartado 1, las disposiciones relativas a los principios del régimen de transportes cuya aplicación pueda afectar gravemente al nivel de vida y empleo en algunas regiones, así como a la explotación del material de transporte, serán adoptadas por el Consejo, por unanimidad, a propuesta de la Comisión y previa consulta al Parlamento Europeo y al Comité Económico y Social, teniendo en cuenta la necesidad de una adaptación al desarrollo económico que resulte del establecimiento del mercado común.

....

TÍTULO VI

Normas comunes sobre competencia, fiscalidad y aproximación de las legislaciones

CAPÍTULO 1

NORMAS SOBRE COMPETENCIA

SECCIÓN 1.ª

Disposiciones aplicables a las empresas

Art. 81. 1. Serán incompatibles con el mercado común y quedarán prohibidos todos los acuerdos entre empresas, las decisiones de asociaciones de empresas y las prácticas concertadas que puedan afectar al comercio entre los Estados miembros y que tengan por objeto o efecto impedir, restringir o falsear el juego de la competencia dentro del mercado común y, en particular, los que consistan en:

a) fijar directa o indirectamente los precios de compra o de venta u otras condiciones de transacción;

b) limitar o controlar la producción, el mercado, el desarrollo técnico o las inversiones;

c) repartirse los mercados o las fuentes de abastecimiento;

d) aplicar a terceros contratantes condiciones desiguales para prestaciones equivalentes, que ocasionen a éstos una desventaja competitiva;

e) subordinar la celebración de contratos a la aceptación, por los otros contratantes, de prestaciones suplementarias que, por su naturaleza o según los usos mercantiles, no guarden relación alguna con el objeto de dichos contratos.

2. Los acuerdos o decisiones prohibidos por el presente artículo serán nulos de pleno derecho.

3. No obstante, las disposiciones del apartado 1 podrán ser declaradas inaplicables a:

— cualquier acuerdo o categoría de acuerdos entre empresas;

— cualquier decisión o categoría de decisiones de asociaciones de empresas;

— cualquier práctica concertada o categoría de prácticas concertadas, que contribuyan a mejorar la producción o la distribución de los productos o a fomentar el progreso técnico o económico, y reserven al mismo tiempo a los usuarios una participación equitativa en el beneficio resultante, y sin que:

a) impongan a las empresas interesadas restricciones que no sean indispensables para alcanzar tales objetivos;

b) ofrezcan a dichas empresas la posibilidad de eliminar la competencia respecto de una parte sustancial de los productos de que se trate.

....

Art. 86. 1. Los Estados miembros no adoptarán ni mantendrán, respecto de las empresas públicas y aquellas empresas a las que concedan derechos especiales o exclusivos, ninguna medida contraria a las normas del presente Tratado, especialmente las previstas en los artículos 12 y 81 a 89, ambos inclusive.

2. Las empresas encargadas de la gestión de servicios de interés económico general o que tengan el carácter de monopolio fiscal quedarán sometidas a las normas del presente Tratado, en especial a las normas sobre competencia, en la medida en que la aplicación de dichas normas no impida, de hecho o de derecho, el cumplimiento de la misión específica a ellas confiada. El desarrollo de los intercambios no deberá quedar afectado en forma tal que sea contraria al interés de la Comunidad.

3. La Comisión velará por la aplicación de la disposiciones del presente artículo y, en tanto fuere necesario, dirigirá a los Estados miembros directivas o decisiones apropiadas.

SECCIÓN 2.ª

Ayudas otorgadas por los Estados

Art. 87. 1. Salvo que el presente Tratado disponga otra cosa, serán incompatibles con el mercado común, en la medida en que afecten a los intercambios comerciales entre Estados miembros, las ayudas otorgadas por los Estados o mediante fondos estatales, bajo cualquier forma, que falseen o amenacen falsear la competencia, favoreciendo a determinadas empresas o producciones.

2. Serán compatibles con el mercado común:

a) las ayudas de carácter social concedidas a los consumidores individuales, siempre que se otorguen sin discriminaciones basadas en el origen de los productos;

b) las ayudas destinadas a reparar los perjuicios causados por desastres naturales o por otros acontecimientos de carácter excepcional;

c) las ayudas concedidas con objeto de favorecer la economía de determinadas regiones de la República Federal de Alemania, afectadas por la división de Alemania, en la medida en que sean necesarias para compensar las desventajas económicas que resultan de tal división.

3. Podrán considerarse compatibles con el mercado común:

a) las ayudas destinadas a favorecer el desarrollo económico de regiones en las que el nivel de vida sea anormalmente bajo o en las que exista una grave situación de subempleo;

b) las ayudas para fomentar la realización de un proyecto importante de interés común europeo o destinadas a poner remedio a una grave perturbación en la economía de un Estado miembro;

c) las ayudas destinadas a facilitar el desarrollo de determinadas actividades o de determinadas regiones económicas, siempre que no alteren las condiciones de los intercambios en forma contraria al interés común;

d) las ayudas destinadas a promover la cultura y la conservación del patrimonio, cuando no alteren las condiciones de los intercambios y de la competencia en la Comunidad en contra del interés común;

e) las demás categorías de ayudas que determine el Consejo por decisión, tomada por mayoría cualificada, a propuesta de la Comisión.

....

CAPÍTULO 3

Aproximación de las legislaciones

Art. 94. El Consejo adoptará por unanimidad, a propuesta de la Comisión y previa consulta al Parlamento Europeo y al Comité Económico y Social, directivas para la aproximación de las disposiciones legales, reglamentarias y administrativas de los Estados miembros que incidan directamente en el establecimiento o funcionamiento del mercado común.

Art. 95. 1. No obstante lo dispuesto en el artículo 94 y salvo que el presente Tratado disponga otra cosa, se aplicarán las disposiciones siguientes para la consecución de los objetivos enunciados en el artículo 14. El Consejo, con arreglo al procedimiento previsto en el artículo 251 y previa consulta al Comité Económico y Social, adoptará las medidas relativas a la aproximación de las disposiciones legales, reglamentarias y administrativas de los Estados miembros que tengan por objeto el establecimiento y el funcionamiento del mercado interior.

2. El apartado 1 no se aplicará a las disposiciones fiscales, a las disposiciones relativas a la libre circulación de personas ni a las relativas a los derechos e intereses de los trabajadores por cuenta ajena.

3. La Comisión, en sus propuestas previstas en el apartado 1 referentes a la aproximación de las legislaciones en materia de salud, seguridad, protección del medio ambiente y protección de los consumidores, se basará en un nivel de protección elevado, teniendo en cuenta especialmente cualquier novedad basada en hechos científicos. En el marco de sus respectivas competencias, el Parlamento Europeo y el Consejo procurarán también alcanzar ese objetivo.

4. Si, tras la adopción por el Consejo o por la Comisión de una medida de armonización, un Estado miembro estimare necesario mantener disposiciones nacionales, justificadas por alguna de las razones importantes contempladas en el artículo 30 o relacionadas con la protección del medio de trabajo o del medio ambiente, dicho Estado miembro notificará a la Comisión dichas disposiciones así como los motivos de su mantenimiento.

5. Asimismo, sin perjuicio del apartado 4, si tras la adopción de una medida de armonización por el Consejo o la Comisión, un Estado miembro estimara necesario establecer nuevas disposiciones nacionales basadas en novedades científicas relativas a la protección del medio de trabajo o del medio ambiente y justificadas por un problema específico de dicho Estado miembro surgido con posterioridad a la adopción de la medida de armonización, notificará a la Comisión las disposiciones previstas así como los motivos de su adopción.

6. La Comisión aprobará o rechazará, en un plazo de seis meses a partir de las notificaciones a que se refieren los apartados 4 y 5, las disposiciones nacionales mencionadas, después de haber comprobado si se trata o no de un medio de discriminación arbitraria o de una restricción encubierta del comercio entre Estados miembros y si constituyen o no un obstáculo para el funcionamiento del mercado interior.

Si la Comisión no se hubiera pronunciado en el citado plazo, las disposiciones nacionales a que se refieren los apartados 4 y 5 se considerarán aprobadas.

Cuando esté justificado por la complejidad del asunto y no haya riesgos para la salud humana, la Comisión podrá notificar al Estado miembro afectado que el plazo mencionado en este apartado se amplía por un período adicional de hasta seis meses.

7. Cuando, de conformidad con el apartado 6, se autorice a un Estado miembro a mantener o establecer disposiciones nacionales que se aparten de una medida de armonización, la Comisión estudiará inmediatamente la posibilidad de proponer una adaptación a dicha medida.

8. Cuando un Estado miembro plantee un problema concreto relacionado con la salud pública en un ámbito que haya sido objeto de medidas de armonización previas, deberá informar de ello a la Comisión, la cual examinará inmediatamente la conveniencia de proponer al Consejo las medidas adecuadas.

9. Como excepción al procedimiento previsto en los artículos 226 y 227, la Comisión y cualquier Estado miembro podrá recurrir directamente al Tribunal de Justicia si considera que otro Estado miembro abusa de las facultades previstas en el presente artículo.

10. Las medidas de armonización anteriormente mencionadas incluirán, en los casos apropiados, una cláusula de salvaguardia que autorice a los Estados miembros a adoptar, por uno o varios de los motivos no económicos indicados en el artículo 30, medidas provisionales sometidas a un procedimiento comunitario de control.

....

QUINTA PARTE

Instituciones de la Comunidad

TÍTULO PRIMERO

Disposiciones institucionales

CAPÍTULO 1

INSTITUCIONES

....

SECCIÓN 4.ª

El Tribunal de Justicia

....

Art. 244. Las sentencias del Tribunal de Justicia tendrán fuerza ejecutiva en las condiciones que establece el artículo 256.

....

CAPÍTULO 2

DISPOSICIONES COMUNES A VARIAS INSTITUCIONES

....

Art. 256. Las decisiones del Consejo o de la Comisión que impongan una obligación pecuniaria a personas distintas de los Estados serán títulos ejecutivos.

La ejecución forzosa se regirá por las normas de procedimiento civil vigentes en el Estado en cuyo territorio se lleve a cabo. La orden de ejecución será consignada, sin otro control que el de la comprobación de la autenticidad del título, por la autoridad nacional que el Gobierno de cada uno de los Estados miembros habrá de designar al respecto y cuyo nombre deberá comunicar a la Comisión y al Tribunal de Justicia.

Cumplidas estas formalidades a instancia del interesado, éste podrá promover la ejecución forzosa conforme al Derecho interno, recurriendo directamente al órgano competente.

La ejecución forzosa sólo podrá ser suspendida en virtud de una decisión del Tribunal de Justicia. No obstante, el control de la conformidad a Derecho de las medidas de ejecución será competencia de las jurisdicciones nacionales.

....

SEXTA PARTE

Disposiciones generales y finales

....

Art. 288. La responsabilidad contractual de la Comunidad se regirá por la ley aplicable al contrato de que se trate.

En materia de responsabilidad extracontractual, la Comunidad deberá reparar los daños causados por sus instituciones o sus agentes en el ejercicio de sus funciones, de conformidad con los principios generales comunes a los Derechos de los Estados miembros.

El segundo párrafo se aplicará en las mismas condiciones a los daños causados por el Banco Central Europeo o por sus agentes en el ejercicio de sus funciones.

La responsabilidad personal de los agentes ante la Comunidad se regirá por las disposiciones de su Estatuto o el régimen que les sea aplicable.

....

Art. 291. La Comunidad gozará en el territorio de los Estados miembros de los privilegios e inmunidades necesarios para el cumplimiento de su misión, en las condiciones establecidas en el Protocolo de 8 de abril de 1965 sobre los privilegios y las inmunidades de sus Comunidades Europeas. Lo mismo se aplicará al Banco Central Europeo, al Instituto Monetario Europeo y al Banco Europeo de Inversiones.

....

Art. 293. Los Estados miembros entablarán, en tanto sea necesario, negociaciones entre sí, a fin de asegurar en favor de sus nacionales:

— la protección de las personas, así como el disfrute y la tutela de los derechos, en las condiciones reconocidas por cada Estado a sus propios nacionales,

— la supresión de la doble imposición dentro de la Comunidad,

— el reconocimiento recíproco de la sociedades definidas en el párrafo segundo del artículo 48, el mantenimiento de la personalidad jurídica en caso de traslado de su sede de un país a otro, y la posibilidad de fusión de sociedades sujetas a legislaciones nacionales diferentes,

— la simplificación de las formalidades a que están sometidos el reconocimiento y la ejecución recíprocos de las decisiones judiciales y de los laudos arbitrales.

....

Art. 299. 1. El presente Tratado se aplicará al Reino de Bélgica, a la República Checa, al Reino de Dinamarca, a la República Federal de Alemania, a la República de Estonia, a la República Helénica, al Reino de España, a la República Francesa, a Irlanda, a la República Italiana, a la República de Chipre, a la República de Letonia, a la República de Lituania, al Gran Ducado de Luxemburgo, a la República de Hungría, a la República de Malta, al Reino de los Países Bajos, a la República de Austria, a la República de Polonia, a la República Portuguesa, a la República de Eslovenia, a la República de Eslovaquia, a la República de Finlandia, al Reino de Suecia y al Reino Unido de Gran Bretaña e Irlanda del Norte.

2. Las disposiciones del presente Tratado se aplicarán a los departamentos franceses de ultramar, las Azores, Madeira y las islas Canarias.

No obstante, teniendo en cuenta la situación estructural social y económica de los departamentos franceses de ultramar, las Azores, Madeira y las islas Canarias, caracterizada por su gran lejanía, insularidad, reducida superficie, relieve y clima adversos y dependencia económica de un reducido número de productos, factores cuya persistencia y combinación perjudican gravemente a su desarrollo, el Consejo, por mayoría cualificada, a propuesta de la Comisión y previa consulta al Parlamento Europeo, adoptará medidas específicas orientadas, en particular, a fijar

---

Art. 293: Con base jurídica en este precepto, vid. el Convenio de Bruselas de 29 de *septiembre de 1968*, relativo a la competencia judicial y a la ejecución de resoluciones judiciales en materia civil y mercantil (*infra* núm. 9) y el Convenio de Bruselas de 23-7-1990 relativo a la supresión de la doble imposición en caso de corrección de los beneficios de empresas asociadas (*BOE* de 21-12-1994). El Convenio de Bruselas de 29 de febrero de 1968 sobre reconocimiento mutuo de las sociedades y personas jurídicas no ha llegado a entrar en vigor; tampoco el Convenio de Roma de 6 de noviembre de 1990 entre los Estados miembros de las Comunidades Europeas sobre la simplificación de los procedimientos relativos al cobro de créditos alimentarios.

Vid. además el art. 65 de este mismo texto.

las condiciones para la aplicación del presente Tratado en dichas regiones, incluidas las políticas comunes.

El Consejo, al adoptar las medidas pertinentes contempladas en el párrafo segundo, tendrá en cuenta ámbitos tales como las políticas aduanera y comercial, la política fiscal, las zonas francas, las políticas agrícola y pesquera, las condiciones de abastecimiento de materias primas y de bienes de consumo esenciales, las ayudas públicas y las condiciones de acceso a los fondos estructurales y a los programas horizontales comunitarios.

El Consejo adoptará las medidas contempladas en el párrafo segundo teniendo en cuenta las características y exigencias especiales de las regiones ultraperiféricas, sin poner en peligro la integridad y coherencia del ordenamiento jurídico comunitario, incluido el mercado interior y las políticas comunes.

3. Los países y territorios de ultramar, cuya lista figura en el anexo II del presente Tratado, estarán sometidos al régimen especial de asociación definido en la cuarta parte de este Tratado.

El presente Tratado no se aplicará a los países y territorios de Ultramar no mencionados en la lista antes citada que mantengan relaciones especiales con el Reino Unido de Gran Bretaña e Irlanda del Norte.

4. Las disposiciones del presente Tratado se aplicarán a los territorios europeos cuyas relaciones exteriores asuma un Estado miembro.

5. Las disposiciones del presente Tratado se aplicarán a las islas Åland de conformidad con las disposiciones del Protocolo n.º 2 del Acta relativa a las condiciones de adhesión de la República de Austria, de la República de Finlandia y del Reino de Suecia.

6. No obstante lo dispuesto en los apartados precedentes:

a) el presente Tratado no se aplicará a las islas Feroe;

b) el presente Tratado no se aplicará a las zonas de soberanía del Reino Unido de Akrotiri y Dhekelia en Chipre salvo en la medida que sea necesaria para garantizar el cumplimiento de las disposiciones establecidas en el Protocolo relativo a las zonas de soberanía del Reino Unido de Gran Bretaña e Irlanda del Norte en Chipre adjunto el Acta relativa a las condiciones de adhesión de la República Checa, la República de Estonia, la República de Chipre, la República de Letonia, la República de Lituania, la República de Hungría, la República de Malta, la República de Polonia, la República de Eslovenia y la República Eslovaca a la Unión Europea y de conformidad con lo dispuesto en dicho Protocolo;

c) las disposiciones del presente Tratado sólo serán aplicables a las islas del Canal y a la isla de Man en la medida necesaria para asegurar la aplicación del régimen previsto para dichas islas en el Tratado relativo a la adhesión de nuevos Estados miembros a la Comunidad Económica Europea y a la Comunidad Europea de la Energía Atómica, firmado el 22 de enero de 1972.

Art. 300. 1. En los casos en que las disposiciones del presente Tratado prevean la celebración de acuerdos entre la Comunidad y uno o más Estados u organizaciones internacionales, la Comisión presentará recomendaciones al Consejo, el cual autorizará a aquélla la apertura de las negociaciones necesarias. Dichas negociaciones serán llevadas a cabo por la Comisión, en consulta con los comités especiales designados por el Consejo para que la asistan en dicha función y de acuerdo con las directrices que el Consejo pueda marcarle.

En el ejercicio de las competencias que le atribuye el presente apartado, el Consejo decidirá por mayoría cualificada, excepto en los casos en los que el párrafo primero del apartado 2 dispone que el Consejo decidirá por unanimidad.

2. Sin perjuicio de las competencias reconocidas a la Comisión en este ámbito, la firma, que podrá ir acompañada de una decisión sobre la aplicación provisional antes de la entrada en vigor, y la celebración de los acuerdos serán decididas por el Consejo, por mayoría cualificada, a propuesta de la Comisión. El Consejo decidirá por unanimidad cuando el acuerdo se refiera a un ámbito en el que sea necesaria la unanimidad para la adopción de reglas internas o se trate de uno de los mencionados en el artículo 310.

No obstante lo dispuesto en el apartado 3, se aplicarán los mismos procedimientos para la decisión de suspender la aplicación de un acuerdo y para el establecimiento de posiciones que deban adoptarse en nombre de la Comunidad en un organismo creado por un acuerdo, cuando dicho organismo deba adoptar decisiones que surtan efectos jurídicos, excepto las decisiones que completen o modifiquen el marco institucional del acuerdo.

Se informará de forma plena e inmediata al Parlamento Europeo acerca de toda decisión adoptada con arreglo al presente apartado, relativa a la aplicación provisional o la suspensión de acuerdos, o al establecimiento de la posición de la Comunidad en algún organismo creado por un acuerdo.

3. Salvo para los acuerdos contemplados en el apartado 3 del artículo 133, el Consejo concluirá los acuerdos previa consulta al Parlamento Europeo, incluso cuando se trate de un ámbito en el que resulte necesario el procedimiento contemplado en el artículo 251 o el contemplado en el artículo 252 para la adopción de reglas internas. El Parlamento Europeo emitirá su dictamen en un plazo que el Consejo podrá fijar según la urgencia. De no mediar dictamen al término de dicho plazo, el Consejo podrá pronunciarse sin él.

No obstante lo dispuesto en el párrafo anterior, se concluirán previo dictamen conforme del Parlamento Europeo los acuerdos contemplados en el artículo 310 así como los demás acuerdos que creen un marco institucional específico al organizar procedimientos de cooperación, los acuerdos que tengan implicaciones presupuestarias importantes para la Comunidad y los acuerdos que impliquen una modificación de un acto aprobado con arreglo al procedimiento previsto en el artículo 251.

En caso de urgencia, el Consejo y el Parlamento Europeo podrán fijar un plazo para la emisión del dictamen conforme.

4. Al concluir un acuerdo, el Consejo, no obstante lo dispuesto en el apartado 2, podrá autorizar a la Comisión para que apruebe en nombre de la Comunidad las adaptaciones para cuya adopción dicho acuerdo prevea un procedimiento simplificado o la intervención de un órgano creado por el acuerdo, sometiendo, si procede, dicha autorización a condiciones específicas.

5. Cuando el Consejo tenga intención de celebrar acuerdos que impliquen enmiendas al presente Tratado, éstas deberán adoptarse previamente según el procedimiento previsto en el artículo 48 del Tratado de la Unión Europea.

6. El Parlamento Europeo, el Consejo, la Comisión o un Estado miembro podrán solicitar el dictamen del Tribunal de Justicia sobre la compatibilidad de cualquier acuerdo previsto con las disposiciones del presente Tratado. Cuando el dictamen del Tribunal de Justicia sea negativo, el acuerdo sólo podrá entrar en vigor en las condiciones establecidas en el artículo 48 del Tratado de la Unión Europea.

7. Los acuerdos celebrados en las condiciones mencionadas en el presente artículo serán vinculantes para las instituciones de la Comunidad, así como para los Estados miembros.

Art. 301. Cuando una posición común o una acción común, adoptadas con arreglo a las disposiciones del Tratado de la Unión Europea relativas a la política exterior y de seguridad común, impliquen una acción de la Comunidad para interrumpir o reducir parcialmente o en su totalidad las relaciones económicas con uno o varios terceros países, el Consejo adoptará las medidas urgentes necesarias. El Consejo decidirá por mayoría cualificada a propuesta de la Comisión.

Art. 302. La Comisión deberá asegurar el mantenimiento de todo tipo de relaciones adecuadas con los órganos de las Naciones Unidas y de sus organismos especializados.

La Comisión mantendrá también relaciones apropiadas con todas las organizaciones internacionales.

Art. 303. La Comunidad establecerá todo tipo de cooperación adecuada con el Consejo de Europa.

Art. 304. La Comunidad establecerá con la Organización de Cooperación y Desarrollo Económico una estrecha colaboración, cuyas modalidades se determinarán de común acuerdo.

....

Art. 307. Las disposiciones del presente Tratado no afectarán a los derechos y obligaciones que resulten de convenios celebrados, con anterioridad al 1 de enero de 1958 o, para los Estados que se hayan adherido, con anterioridad a la fecha de su adhesión, entre uno o varios Estados miembros, por una parte, y uno o varios terceros Estados, por otra.

En la medida en que tales convenios sean incompatibles con el presente Tratado, el Estado o los Estados miembros de que se trate recurrirán a todos los medios apropiados para eliminar las incompatibilidades que se hayan observado. En caso necesario, los Estados miembros se prestarán ayuda mutua para lograr tal finalidad y adoptarán, en su caso, una postura común.

En la aplicación de los convenios mencionados en el párrafo primero, los Estados miembros tendrán en cuenta el hecho de que las ventajas concedidas en el presente Tratado por cada uno de los Estados miembros son parte integrante del establecimiento de la Comunidad y están, por ello, inseparablemente ligadas a la creación de instituciones comunes, a la atribución de competencias en favor de estas últimas y a la concesión de las mismas ventajas por parte de los demás Estados miembros.

Art. 308. Cuando una acción de la Comunidad resulte necesaria para lograr, en el funcionamiento del mercado común, uno de los objetivos de la Comunidad, sin que el presente Tratado haya previsto los poderes de acción necesarios al respecto, el Consejo, por unanimidad, a propuesta de la Comisión y previa consulta al Parlamento Europeo, adoptará las disposiciones pertinentes.

....

II. NORMAS DE DERECHO PROCESAL Y DE COOPERACIÓN DE AUTORIDADES

A) NORMAS GENERALES

4. LEY ORGÁNICA 6/1985, DE 1 DE JULIO, DEL PODER JUDICIAL

(Arts. 4.º, 21-25, 56.4 y 276-278)

(*BOE* núm. 157, de 2 de julio; corr. de errores, *BOE* núm. 264, de 4 de noviembre de 1985)

TÍTULO PRELIMINAR

Del Poder Judicial y del ejercicio del poder jurisdiccional

....

Art. 4.º La jurisdicción se extiende a todas las personas, a todas las materias y a todo el territorio español, en la forma establecida en la Constitución y en las leyes.

....

LIBRO PRIMERO

De la extensión y límites de la jurisdicción y de la planta y organización de los Juzgados y Tribunales

TÍTULO PRIMERO

De la extensión y límites de la jurisdicción

....

Art. 21. 1. Los Juzgados y Tribunales españoles conocerán de los juicios que se susciten en territorio español entre españoles, entre extranjeros y entre españoles y extranjeros con arreglo

---

Art. 4.º: Vid. art. 21 LOPJ y art. 51 LEC (*infra* núm. 6) que resulta derogado por los dos anteriores.

Art. 21.1: Vid. *supra* nota al art. 4.º Ténganse en cuenta las normas sobre arbitraje contenidas *infra* en núms. 68-71.

Sobre los Tratados suscritos por España con normas sobre competencia (vid. *infra*

a lo establecido en la presente Ley y en los tratados y convenios internacionales en los que España sea parte.

2. Se exceptúan los supuestos de inmunidad de jurisdicción y de ejecución establecidos por las normas del Derecho Internacional Público.

Art. 22. En el orden civil, los Juzgados y Tribunales españoles serán competentes:

---

núms. 7-9, 54, 134 y 144) y los arts. 1, 4-6 y 8-9 del Convenio sobre competencia de autoridades y la ley aplicable en materia de protección de menores, hecho en La Haya el 5 de octubre de 1961 (*infra* núm. 90). Ténganse en cuenta: Convenio núm. 10 de la Comisión Internacional del Estado Civil, relativo a la constatación de ciertas defunciones, hecho en Atenas el 14 de septiembre de 1966 (*BOE* de 22-3-1980; corr. de errores, *BOE* de 16-7-1980); con relación al Convenio sobre concesión de patentes europeas hecho en Múnich el 5 de octubre de 1973 (*BOE* de 30-9-1986), su Protocolo sobre la competencia judicial y el reconocimiento de decisiones relativas al derecho de obtención de la patente Europea; Convenio para la unificación de ciertas reglas relativas a la competencia civil en materia de abordaje, hecho en Bruselas el 10 de mayo de 1952 (*BOE* de 3-1-1954); Convenio sobre daños causados a terceros en la superficie por aeronaves extranjeras, hecho en Roma el 7 de octubre de 1952 (*BOE* de 17-5-1957), art. 20; Convenio sobre responsabilidad civil en materia nuclear hecho en París el 29 de julio de 1960 (*BOE* de 2-2-1967), art. 13; Convenio internacional sobre responsabilidad civil por daños causados por la contaminación de las aguas del mar por hidrocarburos, hecho en Bruselas el 29 de noviembre de 1969 (*BOE* de 8-3-1976), art. 9; Convenio sobre ciertas reglas relativas al embargo preventivo de buques de navegación marítima, hecho en Bruselas el 10 de mayo de 1952 (*BOE* de 5-1-1954), art. 7; Convenio internacional relativo al transporte de pasajeros y sus equipajes por mar, hecho en Atenas el 13 de diciembre de 1974 (*BOE* de 6-5-1987), art. 17; Convenio para la unificación de ciertas reglas relativas al transporte aéreo internacional, hecho en Varsovia el 12 de octubre de 1929 (*Gaceta de Madrid* de 21-8-1931), arts. 28 y 32; Convenio relativo al transporte internacional de mercancías por carretera (CMR), hecho en Ginebra el 19 de mayo de 1956 (*BOE* de 7-5-1973), art. 31; Convenio internacional sobre transporte de viajeros y equipajes por ferrocarril (CIV) hecho en Berna el 7 de febrero de 1970 (*BOE* de 24-1-1975), arts. 40 y 48; Convenio Internacional sobre transporte de mercancías por ferrocarril (CIM), hecho en Berna el 7 de febrero de 1970 (*BOE* de 6-9 y 11 a 18-8-1975), arts. 44 y 52; Convenio internacional relativo a los transportes internacionales por ferrocarril (COTIF), hecho en Berna el 9 de mayo de 1980 (*BOE* de 18-1-1986), arts. 52 (con relación al 51) y 60 de su Apéndice A (reglas uniformes relativas al contrato de transporte internacional de viajeros y equipajes por ferrocarril —CIV— de 9 de mayo de 1980), y arts. 56 (con relación al 55) y 63 de su Apéndice B (reglas uniformes relativas al contrato de transporte internacional de mercancías por ferrocarril —CIM— de 9 de mayo de 1980).

Art. 21.2: Las inmunidades de jurisdicción y de ejecución de los Estados extranjeros y sus bienes, determinadas por normas consuetudinarias internacionales, han sido objeto de codificación y desarrollo progresivo por la Comisión de las NU. Véase la *Legislación básica de Derecho internacional publico*, VI. Las de las Organizaciones internacionales, se determinan en sus tratados constitutivos y acuerdos de sede. Sobre las de los agentes diplomáticos y funcionarios consulares, véanse *infra* núms. 10 y 11. Véase asimismo el art. 36.2.1.ª de la LEC.

Art. 22: Téngase en cuenta el art. 9.º2 LOPJ: «Los Tribunales y Juzgados del orden civil conocerán, además de las materias que les son propias, de todas aquellas que no estén atribuidas a otro orden jurisdiccional.» Vid. art. 16 de la Convención de Ginebra de 1951 sobre Estatuto del Refugiado:

«*Art. 16. Acceso a los Tribunales.*—1. En el territorio de los Estados Contratantes, todo refugiado tendrá libre acceso a los Tribunales de Justicia.

2. En el Estado Contratante donde tenga su residencia habitual, todo refugiado recibirá el mismo trato que un nacional en

1.º Con carácter exclusivo, en materia de derechos reales y arrendamientos de inmuebles que se hallen en España; en materia de constitución, validez, nulidad o disolución de sociedades o personas jurídicas que tengan su domicilio en territorio español, así como respecto de los acuerdos y decisiones de sus órganos; en materia de validez o nulidad de las inscripciones practicadas en un Registro español; en materia de inscripciones o de validez de patente y otros derechos sometidos a depósito o registro cuando se hubiere solicitado o efectuado en España el depósito o registro; en materia de reconocimiento y ejecución en territorio español de resoluciones judiciales y decisiones arbitrales dictadas en el extranjero.

2.º Con carácter general, cuando las partes se hayan sometido expresa o tácitamente a los Juzgados o Tribunales españoles, así como cuando el demandado tenga su domicilio en España.

3.º En defecto de los criterios precedentes y en materia de declaración de ausencia o fallecimiento, cuando el desaparecido hubiere tenido su último domicilio en territorio español; en materia de incapacitación y de medidas de protección de la persona o de los bienes de los menores o incapacitados, cuando éstos tuvieren su residencia habitual en España; en materia de relaciones personales y patrimoniales entre cónyuges, nulidad matrimonial, separación y divorcio, cuando ambos cónyuges posean residencia habitual en España al tiempo de la demanda o el demandante sea español y tenga su residencia habitual en España, así como cuando ambos cónyuges tengan la nacionalidad española, cualquiera que sea su lugar de residencia, siempre que promuevan su petición de mutuo acuerdo o

---

cuanto al acceso a los Tribunales, incluso la asistencia judicial y la exención de la *cautio judicatum solvi*.

3. En los Estados Contratantes distintos de aquel en que tenga su residencia habitual, y en cuanto a las cuestiones a que se refiere el párrafo 2, todo refugiado recibirá el mismo trato que un nacional del país en el cual tenga su residencia habitual.»

Téngase en cuenta también, con relación a la competencia sobre auxilios, salvamentos, remolques, hallazgos y extracciones marítimas, la Disp. Trans. 10.ª de la Ley 27/1992, de 24 de noviembre, de puertos del Estado y de la Marina Mercante, que deja subsistir las competencias de los órganos de la Armada previstos en la Ley 60/1962, de 24 de diciembre.

Art. 22.3.º: Téngase en cuenta los arts. 51 y 57 del Cc, pues la DGRN viene atribuyendo al segundo valor para fijar la competencia internacional en materia de celebración del matrimonio:

«*Art. 57.* El matrimonio deberá celebrarse ante el juez, alcalde o funcionario correspondiente al domicilio de cualquiera de los contrayentes y dos testigos mayores de edad.

La prestación del consentimiento podrá también realizarse, por delegación del instructor del expediente, bien a petición de los contrayentes o bien a de oficio ante un juez, alcalde o funcionario de otra población distinta.» *Add.* art. 238 RRC.

En relación con los Estados miembros de la Unión Europea, vid. Regl. 2201/2003 (*infra*, núm. 13).

Con relación a la declaración de herederos abintestato, téngase en cuenta la competencia que establece el art. 209 bis del Reglamento Notarial, introducido por RD 1368/1992, de 13 de noviembre (*BOE* de 18-12-1992; vid. *infra* núm. 93).

uno con el consentimiento del otro; en materia de filiación y de relaciones paterno-filiales, cuando el hijo tenga su residencia habitual en España al tiempo de la demanda o el demandante sea español o resida habitualmente en España; para la constitución de la adopción, cuando el adoptante o el adoptado sea español o tenga residencia habitualmente en España; en materia de alimentos, cuando el acreedor de los mismos tenga su residencia habitual en territorio español; en materia de obligaciones contractuales, cuando éstas hayan nacido o deban cumplirse en España; en materia de obligaciones extracontractuales, cuando el hecho del que derivan haya ocurrido en territorio español o el autor del daño y la víctima tengan su residencia habitual común en España; en las acciones relativas a bienes muebles, si éstos se encuentran en territorio español al tiempo de la demanda; en materia de sucesiones, cuando el causante haya tenido su último domicilio en territorio español o posea bienes inmuebles en España.

4.º Asimismo, en materia de contratos de consumidores, cuando el comprador tenga su domicilio en España si se trata de una venta a plazos de objetos muebles corporales o de préstamos destinados a financiar su adquisición; y en caso de cualquier otro de prestación de servicio o relativo a bienes muebles, cuando la celebración del contrato hubiere sido precedida por oferta personal o de publicidad realizada en España o el consumidor hubiera llevado a cabo en territorio español los actos necesarios para la celebración del contrato; en materia de seguros, cuando el asegurado y asegurador tengan su domicilio en España; y en los litigios relativos a la explotación de una sucursal, agencia o establecimiento mercantil, cuando éste se encuentre en territorio español. En materia concursal se estará a lo dispuesto en su ley reguladora.

5.º Cuando se trate de adoptar medidas provisionales o de aseguramiento respecto de personas o bienes que se hallen en territorio español y deban cumplirse en España.

Art. 23. 1. En el orden penal corresponderá a la jurisdicción española el conocimiento de las causas por delitos y faltas cometidas en territorio español o cometidos a bordo de buques o aeronaves españoles, sin perjuicio de lo previsto en los tratados internacionales en los que España sea parte.

2. Asimismo conocerá de los hechos previstos en las leyes penales españolas como delitos, aunque hayan sido cometidos fuera del territorio nacional, siempre que los criminalmente responsables fueren españoles o extranjeros que hubieren adquirido la nacionalidad española con posterioridad a la comisión del hecho y concurrieran los siguientes requisitos:

Art. 22.4.º: Vid. *infra*, Ley Concursal (núm. 145).

Art. 23: Vid. art. 9.º3 LOPJ.

a) Que el hecho sea punible en el lugar de ejecución.

b) Que el agraviado o el Ministerio Fiscal denuncien o interpongan querella ante los Tribunales españoles.

c) Que el delincuente no haya sido absuelto, indultado o penado en el extranjero, o, en este último caso, no haya cumplido la condena. Si sólo la hubiere cumplido en parte, se le tendrá en cuenta para rebajarle proporcionalmente la que le corresponda.

3. Conocerá la jurisdicción española de los hechos cometidos por españoles o extranjeros fuera del territorio nacional cuando sean susceptibles de tipificarse, según la ley penal española, como alguno de los siguientes delitos:

a) De traición y contra la paz o la independencia del Estado.

b) Contra el titular de la Corona, su Consorte, su Sucesor o el Regente.

c) Rebelión y sedición.

d) Falsificación de la firma o estampilla reales, del sello del Estado, de las firmas de los Ministros y de los sellos públicos u oficiales.

e) Falsificación de moneda española y su expedición.

f) Cualquier otra falsificación que perjudique directamente al crédito o intereses del Estado, e introducción o expedición de lo falsificado.

g) Atentado contra autoridades o funcionarios públicos españoles.

h) Los perpetrados en el ejercicio de sus funciones por funcionarios públicos españoles residentes en el extranjero y los delitos contra la Administración Pública española.

i) Los relativos al control de cambios.

4. Igualmente será competente la jurisdicción española para conocer de los hechos cometidos por españoles o extranjeros fuera del territorio nacional susceptibles de tipificarse, según la ley penal española, como alguno de los siguientes delitos:

a) Genocidio.

b) Terrorismo.

c) Piratería y apoderamiento ilícito de aeronaves.

d) Falsificación de moneda extranjera.

e) Los delitos relativos a la prostitución y los de corrupción de menores o incapaces.

f) Tráfico ilegal de drogas psicotrópicas, tóxicas y estupefacientes.

g) Los relativos a la mutilación genital femenina, siempre que los responsables se encuentren en España.

h) Y cualquier otro que, según los tratados o convenios internacionales, deba ser perseguido en España.

Art. 23.4: Modificado por la Ley Orgánica 13/2007, de 19 de noviembre, para la persecución extraterritorial del tráfico ilegal o la inmigración clandestina de personas.

5. En los supuestos de los apartados 3 y 4 será de aplicación lo dispuesto en la letra *c*) del apartado 2 de este artículo.

Art. 24. En el orden contencioso-administrativo será competente, en todo caso, la jurisdicción española cuando la pretensión que se deduzca se refiera a disposiciones de carácter general o a actos de las Administraciones públicas españolas. Asimismo conocerá de las que se deduzcan en relación con actos de los poderes públicos españoles de acuerdo con lo que dispongan las leyes.

Art. 25. En el orden social, los Juzgados y Tribunales españoles serán competentes:

1.º En materia de derechos y obligaciones derivados de contrato de trabajo, cuando los servicios se hayan prestado en España o el contrato se haya celebrado en territorio español; cuando el demandado tenga su domicilio en territorio español o una agencia, sucursal, delegación o cualquier otra represen-

---

Art. 24: Vid. art. 9.º4 LOPJ.

Art. 25: Téngase en cuenta el art. 9.º5 LOPJ: «Los [tribunales] del orden jurisdiccional social conocerán de las pretensiones que se promueven dentro de la rama social del Derecho, tanto en conflictos individuales como colectivos, así como las reclamaciones en materia de Seguridad Social o contra el Estado cuando le atribuya responsabilidad la legislación laboral.» Téngase en cuenta, en relación con litigios surgidos en aplicación de la Ley 10/1997 sobre derechos de información y consulta de los trabajadores en las empresas de dimensión comunitaria, el art. 36 de esta Ley: «1. Los órganos jurisdiccionales españoles del orden social serán competentes para conocer de los litigios a que se refiere el artículo anterior cuando las partes se hayan sometido expresa o tácitamente a los mismos o, en su defecto, cuando el demandado tenga su domicilio en España o cuando la obligación que sirviese de base a la demanda hubiese sido o debiese ser cumplida en territorio español.

2. La competencia de los órganos jurisdiccionales españoles del orden social se determinará de acuerdo con las reglas contenidas en los artículos 6 a 10 de la Ley de Procedimiento Laboral. En su aplicación, en los procesos de conflictos y sobre tutela de los derechos de libertad sindical se atenderá a la extensión de sus efectos en territorio español.

3. A los efectos previstos en los apartados anteriores, y en ausencia de acuerdo o de determinación expresa al respecto, se entenderá que el domicilio de la comisión negociadora y del comité de empresa europeo es el de la dirección central.»

La Ley 31/2006, de 18 de octubre, sobre implicación de los trabajadores en las sociedades anónimas y cooperativas europeas (*BOE* de 19-10-2006), ha introducido en el art. 34 la siguiente norma de competencia: «1. Los órganos jurisdiccionales españoles del orden social serán competentes para conocer de los litigios a los que se refiere el artículo anterior cuando las partes se hayan sometido expresa o tácitamente a ellos o, en su defecto, cuando el demandado tenga su domicilio en España o cuando la obligación que sirviese de base a la demanda hubiese sido o debiese ser cumplida en territorio español.

2. La competencia de los órganos jurisdiccionales españoles del orden social se determinará de acuerdo con las reglas contenidas en los artículos 6 a 11 del Texto Refundido de la Ley de Procedimiento Laboral, aprobado por el Real Decreto Legislativo 2/1995, de 7 de abril. En su aplicación, en los procesos de conflictos colectivos, sobre impugnación de convenios colectivos y sobre tutela de los derechos de libertad sindical se atenderá a la extensión de sus efectos en territorio español.

3. A los efectos previstos en los apartados anteriores, y en ausencia de acuerdo o de determinación expresa al respecto, se entenderá que el domicilio de la comisión negociadora y del órgano de representación es el de registro de la SE.»

tación en España; cuando el trabajador y el empresario tenga nacionalidad española, cualquiera que sea el lugar de prestación de los servicios o de celebración del contrato; y además, en el caso de contrato de embarque, si el contrato fue precedido por oferta recibida en España por trabajador español.

2.º En materia de control de legalidad de los convenios colectivos de trabajo celebrados en España y de pretensiones derivadas de conflictos colectivos de trabajo promovido en territorio español.

3.º En materia de pretensiones de Seguridad Social frente a entidades españolas o que tengan domicilio, agencia, delegación o cualquier otra representación en España.

....

TÍTULO IV

De la composición y atribuciones de los órganos jurisdiccionales

....

CAPÍTULO V

DE LOS JUZGADOS DE PRIMERA INSTANCIA E INSTRUCCIÓN, DE LO CONTENCIOSO-ADMINISTRATIVO, DE LO SOCIAL, DE LOS DE VIGILANCIA PENITENCIARIA Y DE MENORES

....

Art. 85. Los Juzgados de Primera Instancia conocerán en el orden civil:

....

5. De las solicitudes de reconocimiento y ejecución de sentencias y demás resoluciones judiciales y arbitrales extranjeras, a no ser que, con arreglo a lo acordado en los tratados y otras normas internacionales, corresponda su conocimiento a otro juzgado o tribunal.

....

Art. 86. 1. El Registro Civil estará a cargo de los Jueces de Primera Instancia y, por delegación de éstos, de los de Paz, de conformidad con lo que establezca la ley, sin perjuicio de lo que se disponga en ella para los demás Registros Civiles, en su caso.

2. La Ley de Planta determinará las poblaciones en las que uno o varios Jueces desempeñarán con exclusividad funciones de Registro Civil, y en las ciudades en que hubiere más de un Juzgado de Primera Instancia, cuál o cuáles de entre ellos se encargarán del Registro Civil.

Art. 25.2.º: Cfr. arts. 36 y 37 de la Ley 10/1997, de 24 de abril, sobre derechos de información y consulta de los trabajadores en las empresas y grupos de empresas de dimensión comunitaria (*BOE* de 25-4-1997), modificado por Ley 45/1999, de 29 de noviembre (*BOE* de 30-11-1990). Vid. *infra* núm. 82 y nota a Disp. Adic. 1.ª

Art. 85: Ha sido modificado por el artículo único de la Ley Orgánica 19/2003, de 23 de diciembre (*BOE* de 26-12-2003).

Art. 86 bis. 1. Con carácter general, en cada provincia, con jurisdicción en toda ella y sede en su capital, habrá uno o varios juzgados de lo mercantil.

2. También podrán establecerse en poblaciones distintas de la capital de provincia cuando, atendidas la población, la existencia de núcleos industriales o mercantiles y la actividad económica, lo aconsejen, delimitándose en cada caso el ámbito de su jurisdicción.

3. Podrán establecerse juzgados de lo mercantil que extiendan su jurisdicción a dos o más provincias de la misma Comunidad Autónoma, con la salvedad de lo previsto en el apartado 4 de este artículo.

4. Los juzgados de lo mercantil de Alicante tendrán competencia, además, para conocer, en primera instancia y de forma exclusiva, de todos aquellos litigios que se promuevan al amparo de lo previsto en los Reglamentos números 40/1994, del Consejo de la Unión Europea, de 20 de diciembre de 1993, sobre la Marca Comunitaria, y 6/2002, del Consejo de la Unión Europea, de 12 de diciembre de 2001, sobre los Dibujos y Modelos Comunitarios. En el ejercicio de esta competencia dichos Juzgados extenderán su jurisdicción a todo el territorio nacional, y a estos solos efectos se denominarán Juzgados de Marca Comunitaria.

Art. 86 ter. 1. Los juzgados de lo mercantil conocerán de cuantas cuestiones se susciten en materia concursal, en los términos previstos en su Ley reguladora. En todo caso, la jurisdicción del juez del concurso será exclusiva y excluyente en las siguientes materias:

1.º Las acciones civiles con trascendencia patrimonial que se dirijan contra el patrimonio del concursado con excepción de las que se ejerciten en los procesos sobre capacidad, filiación, matrimonio y menores a las que se refiere el título I del Libro IV de la Ley de Enjuiciamiento Civil. Con el mismo alcance conocerá de la acción a que se refiere el artículo 17.1 de la Ley Concursal.

2.º Las acciones sociales que tengan por objeto la extinción, modificación o suspensión colectivas de los contratos de trabajo en los que sea empleador el concursado, así como la suspensión o extinción de contratos de alta dirección, sin perjuicio de que cuando estas medidas supongan modificar las condiciones establecidas en convenio colectivo aplicable a estos contratos se requerirá el acuerdo de los representantes de los trabajadores. En el enjuiciamiento de estas materias, y sin perjuicio de la aplicación de las normas específicas de la Ley Concursal, deberán tenerse en cuenta los principios inspiradores de la ordenación normativa estatutaria y del proceso laboral.

Art. 86 bis: Añadido por el art. 2.6 de la Ley Orgánica 8/2003, de 9 de julio (*BOE* de 10-9-2003).

Art. 86 ter: Añadido por el art. 2.7 de la Ley Orgánica 8/2003, de 9 de julio (*BOE* de 10-9-2003).

3.º Toda ejecución frente a los bienes y derechos de contenido patrimonial del concursado, cualquiera que sea el órgano que la hubiera ordenado.

4.º Toda medida cautelar que afecte al patrimonio del concursado, excepto las que se adopten en los procesos civiles que quedan excluidos de su jurisprudencia en el número 1.º

5.º Las que en el procedimiento concursal debe adoptar en relación con la asistencia jurídica gratuita.

6.º Las acciones tendentes a exigir responsabilidad civil a los administradores sociales, a los auditores o, en su caso, a los liquidadores, por los perjuicios causados al concursado durante el procedimiento.

2. Los juzgados de lo mercantil conocerán, asimismo, de cuantas cuestiones sean de la competencia del orden jurisdiccional civil, respecto de:

a) Las demandas en las que se ejerciten acciones relativas a competencia desleal, propiedad industrial, propiedad intelectual y publicidad, así como todas aquellas cuestiones que dentro de ese orden jurisdiccional se promuevan al amparo de la normativa reguladora de las sociedades mercantiles y cooperativas.

b) Las pretensiones que se promuevan al amparo de la normativa en materia de transportes, nacional o internacional.

c) Aquellas pretensiones relativas a la aplicación del Derecho Marítimo.

d) Las acciones relativas a condiciones generales de la contratación en los casos previstos en la legislación sobre esta materia.

e) Los recursos contra las resoluciones de la Dirección General de los Registros y el Notariado en materia de recurso contra la calificación del Registro Mercantil, con arreglo a lo dispuesto en la Ley Hipotecaria para este procedimiento.

f) De los procedimientos de aplicación de los artículos 81 y 82 del Tratado de la Comunidad Europea y de su derecho derivado.

g) De los asuntos atribuidos a los Juzgados de Primera Instancia en el artículo 8 de la Ley de Arbitraje cuando vengan referidos a materias contempladas en este apartado.

3. Los juzgados de lo mercantil tendrán competencia para el reconocimiento y ejecución de sentencias y demás resoluciones judiciales y arbitrales extranjeras, cuando éstas versen sobre materias de su competencia, a no ser que, con arreglo a lo acordado en los tratados y otras normas internacionales, corresponda su conocimiento a otro juzgado o tribunal.

Art. 86 ter.2.g): Modificado por el art. 1 de la Ley Orgánica 20/2003, de 23 de diciembre (*BOE* de 26-12-2003).

LIBRO III

Del régimen de los Juzgados y Tribunales

....

TÍTULO III

De las actuaciones judiciales

....

CAPÍTULO VIII

DE LA COOPERACIÓN JURISDICCIONAL

....

Art. 276. Las peticiones de cooperación internacional serán elevadas por conducto del Presidente del Tribunal Supremo, del Tribunal Superior de Justicia o de la Audiencia al Ministerio de Justicia, el cual las hará llegar a las Autoridades competentes del Estado requerido, bien por la vía consular o diplomática o bien directamente si así lo prevén los Tratados internacionales.

Art. 277. Los Juzgados y Tribunales españoles prestarán a las autoridades judiciales extranjeras la cooperación que les soliciten para el desempeño de su función jurisdiccional, de conformidad con lo establecido en los tratados y convenios internacionales en los que España sea parte y, en su defecto, en razón de reciprocidad según lo previsto en el artículo siguiente.

Art. 278. 1. Si se acredita la existencia de reciprocidad o se ofrece ésta por la autoridad judicial extranjera requirente, la prestación de cooperación internacional sólo será denegada por los Juzgados y Tribunales españoles:

1.º Cuando el proceso de que dimane la solicitud de cooperación sea de la exclusiva competencia de la jurisdicción española.

Art. 276: Vid. Convenios contenidos *infra* en núms. 13-21. Téngase en cuenta las normas sobre cooperación judicial internacional contenidas en los convenios bilaterales (*infra* núms. 38-48). Téngase en cuenta que la Ley del Notariado de 28 de mayo de 1862 (*Gaceta de Madrid* de 29-5-1862) en su art. 35 redactado según la Disp. Adic. de la Ley 18/1990, de 17 de diciembre, de Reforma del Código Civil en materia de nacionalidad (*BOE* de 18-12-1990) dispone: «Salvo que otra cosa dispongan los Convenios Internacionales, las comisiones rogatorias extrajudiciales, de carácter civil o mercantil que tengan por objeto la notificación o entrega de documentos podrán practicarse notarialmente en los términos que reglamentariamente se establezcan.»

Art. 278.1.1.º: Vid. art. 22.1.º LOPJ; art. 22 del Reglamento 44/2001 (*infra* núm. 7); art. 16 Convenio de Lugano de 1988 (*infra* núm. 9).

2.º Cuando el contenido del acto a realizar no corresponda a las atribuciones propias de la autoridad judicial española requerida. En tal caso, ésta remitirá la solicitud a la autoridad judicial competente, informando de ello a la autoridad requirente.

3.º Cuando la comunicación que contenga la solicitud de cooperación no reúna los requisitos de autenticidad suficiente o se halle redactada en idioma que no sea el castellano.

4.º Cuando el objetivo de la cooperación solicitada sea manifiestamente contrario al orden público español.

2. La determinación de la existencia de reciprocidad con el Estado requirente corresponderá al Gobierno, a través del Ministerio de Justicia.

....

5. LEY 1/2000, DE 7 DE ENERO, DE ENJUICIAMIENTO CIVIL*

(Arts. 3.º, 36, 38, 39, 50, 54, 63-66, 143, 144, 169, 177, 281, 323, 523, 525, 577, 722, 724, 778, 786.1, Disp. Derog. única y Disps. Finales 19.ª-23.ª)

(*BOE* núm. 7, de 8 de enero de 2000; corr. de errores, *BOE* núm. 90, de 13 de abril)

....

TÍTULO PRELIMINAR

De las normas procesales y su aplicación

Art. 3.º *Ámbito territorial de las normas procesales civiles.*— Con las solas excepciones que puedan prever los Tratados y Convenios internacionales, los procesos civiles que se sigan en el territorio nacional se regirán únicamente por las normas procesales españolas.

....

Art. 278.1.3.º: Vid. Convenio de La Haya de 1961 (*infra* núm. 27).

Art. 278.1.4.º: Vid. art. 33.*b*) de la Ley Orgánica 5/1992, de 29 de octubre, de regulación del tratamiento automatizado de datos de carácter personal (*BOE* de 31-10-1992, *supra* núm. 1, nota al art. 18.4).

* Conforme a la Disp. Final 21.ª, la presente Ley entró en vigor el 8-1-2001.

Art. 3.º: Vid. Convenios contenidos *infra*, núms. 16-21.

LIBRO PRIMERO

De las disposiciones generales relativas a los juicios civiles

....

TÍTULO II

De la jurisdicción y de la competencia

CAPÍTULO PRIMERO

DE LA JURISDICCIÓN
DE LOS TRIBUNALES CIVILES
Y LAS CUESTIONES PREJUDICIALES

SECCIÓN 1.ª

De la extensión y límites de la jurisdicción de los tribunales civiles

Art. 36. *Extensión y límites del orden jurisdiccional civil. Falta de competencia internacional.*—1. La extensión y límites de la jurisdicción de los tribunales civiles españoles se determinará por lo dispuesto en la Ley Orgánica del Poder Judicial y en los tratados y convenios internacionales en los que España sea parte.

2. Los tribunales civiles españoles se abstendrán de conocer de los asuntos que se les sometan cuando concurra en ellos alguna de las circunstancias siguientes:

1.ª Cuando se haya formulado demanda o solicitado ejecución respecto de sujetos, o bienes que gocen de inmunidad de jurisdicción o de ejecución conforme a las normas del Derecho Internacional Público.

2.ª Cuando, en virtud de un tratado o convenio internacional en el que España sea parte, el asunto se encuentre atribuido con carácter exclusivo a la jurisdicción de otro Estado.

3.ª Cuando no comparezca el demandado emplazado en debida forma, en los casos en que la competencia internacional de los tribunales españoles únicamente pudiera fundarse en la sumisión tácita de las partes.

....

Art. 38. *Apreciación de oficio de la falta de competencia internacional y de jurisdicción.*—La abstención a que se refieren los dos artículos precedentes se acordará de oficio, con audiencia de las partes y del Ministerio Fiscal, tan pronto como sea advertida la falta de competencia internacional o la falta de jurisdicción por pertenecer el asunto a otro orden judisdiccional.

Art. 39. *Apreciación de la falta de competencia internacional o de jurisdicción a instancia de parte.*—El demandado podrá denunciar mediante declinatoria la falta de competencia

---

Art. 36: Véase el art. 21.2 de la LOPJ (*supra* núm. 4) y la nota a dicho precepto.

internacional o la falta de jurisdicción por pertenecer el asunto a otro orden jurisdiccional o por haberse sometido a arbitraje la controversia.

....

CAPÍTULO II

DE LAS REGLAS PARA DETERMINAR LA COMPETENCIA

....

SECCIÓN 2.ª

De la competencia territorial

Art. 50. *Fuero general de las personas físicas.*—1. Salvo que la Ley disponga otra cosa, la competencia territorial corresponderá al tribunal del domicilio del demandado y si no lo tuviere en el territorio nacional, será Juez competente el de su residencia en dicho territorio.

2. Quienes no tuvieren domicilio ni residencia en España podrán ser demandados en el lugar en que se encuentren dentro del territorio nacional o en el de su última residencia en éste y, si tampoco pudiera determinarse así la competencia, en cualquiera de ellos a elección del actor.

3. Los empresarios y profesionales, en los litigios derivados de su actividad empresarial o profesional, también podrán ser demandados en el lugar donde se desarrolle dicha actividad y, si tuvieren establecimientos a su cargo en diferentes lugares, en cualquiera de ellos a elección del actor.

....

Art. 52. *Competencia territorial en casos especiales.*—1. No se aplicarán los fueros establecidos en los artículos anteriores y se determinará la competencia de acuerdo con lo establecido en el presente artículo en los casos siguientes:

....

4.º En los juicios sobre cuestiones hereditarias, será competente el tribunal del lugar en que el finado tuvo su último domicilio y si lo hubiere tenido en país extranjero, el del lugar de su último domicilio en España, o donde estuviere la mayor parte de sus bienes, a elección del demandante.

....

16.º En los procesos en los que se ejercite la acción de cesación en

Art. 52.1.16.º: Introducido por Ley 39/2002, de 28 de octubre, de transposición al ordenamiento jurídico español de diversas directivas comunitarias en materia de protección de los intereses de los consumidores y usuarios, específicamente, la Directiva 98/27/CE, de 19 de mayo de 1998, relativa a las acciones de cesación en materia de protección de los intereses de los consumidores, la Directiva 98/7/CE, de 16 de febrero de 1998, que modifica la Directiva 87/102/CEE, relativa a la aproximación de las disposiciones legales, reglamentarias y administrativas de los Estados miembros en materia de crédito al consumo, y la Directiva 97/55/CE, de 6 de octubre de 1997, que modifica la Directiva 84/450/CEE, sobre publicidad engañosa.

Además de diversas modificaciones en la Ley de Enjuiciamiento civil, se modifican la Ley 7/1998, de 13 de abril, de condiciones generales de la contratación; la Ley 26/1984, de 19 de julio, general para la defensa de los consumidores y usuarios; la Ley 26/1991, de 21 de noviembre, sobre contratos celebrados fuera de los establecimientos mercantiles; la Ley 21/1995, de 6 de julio, reguladora de los

defensa de los intereses tanto colectivos como difusos de los consumidores y usuarios, será competente el Tribunal del lugar donde el demandado tenga su establecimiento, y, a falta de éste, el de su domicilio; si careciere de domicilio en territorio español, el del lugar del domicilio del actor.

....

Art. 54. *Carácter dispositivo de las normas sobre competencia territorial.*—1. Las reglas legales atributivas de la competencia territorial sólo se aplicarán en defecto de sumisión expresa o tácita de las partes a los tribunales de una determinada circunscripción. Se exceptúan las reglas establecidas en los números 1 y 4 a 15 del apartado 1 y en el apartado 2 del artículo 52 y las demás a las que ésta u otra Ley atribuya expresamente carácter imperativo. Tampoco será válida la sumisión expresa o tácita en los asuntos que deban decidirse por el juicio verbal.

2. No será válida la sumisión expresa contenida en contratos de adhesión, o que contengan condiciones generales impuestas por una de las partes, o que se hayan celebrado con consumidores o usuarios.

3. La sumisión de las partes sólo será válida y eficaz cuando se haga a tribunales con competencia objetiva para conocer del asunto de que se trate.

....

CAPÍTULO III

DE LA DECLINATORIA

Art. 63. *Contenido de la declinatoria, legitimación para proponerla y tribunal competente para conocer de ella.*—1. Mediante la declinatoria, el demandado y los que puedan ser parte legítima en el juicio promovido podrán denunciar la falta de jurisdicción del tribunal ante el que se ha interpuesto la demanda, por corresponder el conocimiento de ésta a tribunales extranjeros, a órganos de otro orden jurisdiccional o a árbitros.

También se propondrá declinatoria para denunciar la falta de competencia de todo tipo. Si la declinatoria se fundare en la falta de competencia territorial, habrá de indicar el tribunal al que, por considerarse territorialmente competente, habrían de remitirse las actuaciones.

2. La declinatoria se propondrá ante el mismo tribunal que esté conociendo del pleito y al que se considere carente de jurisdicción o de competencia. No obstante, la declinatoria podrá presentarse también ante el tribunal del domicilio del

---

viajes combinados; la Ley 42/1998, de 15 de diciembre, sobre derechos de aprovechamiento por turno de bienes inmuebles de uso turístico y normas tributarias; la Ley 25/1990, de 20 de diciembre, del medicamento; la Ley 25/1994, de 12 de julio, por la que se incorpora al ordenamiento español la Directiva 89/552/CEE, sobre la coordinación de disposiciones legales, reglamentarias y administrativas de los Estados miembros relativas al ejercicio de actividades de radiodifusión televisiva; la Ley 34/1998, de 11 de noviembre, general de publicidad, y la Ley 7/1995, de 23 de marzo, de crédito al consumo.

demandado, que la hará llegar por el medio de comunicación más rápido posible al tribunal ante el que se hubiera presentado la demanda, sin perjuicio de remitírsela por oficio al día siguiente de su presentación.

Art. 64. *Momento procesal de proposición de la declinatoria y efectos inmediatos.*—1. La declinatoria se habrá de proponer dentro de los diez primeros días del plazo para contestar a la demanda, o en los cinco primeros días posteriores a la citación para la vista, y surtirá el efecto de suspender, hasta que sea resuelta, el plazo para contestar, o el cómputo para el día de la vista, y el curso del procedimiento principal.

2. La suspensión del procedimiento principal producida por la alegación previa de declinatoria no obstará a que el tribunal ante el que dependa el asunto pueda practicar, a instancia de parte legítima, cualesquiera actuaciones de aseguramiento de prueba, así como las medidas cautelares de cuya dilación pudieran seguirse perjuicios irreparables para el actor, salvo que el demandado presentase caución bastante para responder de los daños y perjuicios que derivaran de la tramitación de una declinatoria desprovista de fundamento.

La caución podrá otorgarse en dinero efectivo, mediante aval solidario de duración indefinida y pagadero a primer requerimiento emitido por entidad de crédito o sociedad de garantía recíproca o por cualquier otro medio que, a juicio del tribunal, garantice la inmediata disponibilidad, en su caso, de la cantidad de que se trate.

Art. 65. *Tramitación y decisión de la declinatoria.*—1. Al escrito de declinatoria habrán de acompañarse los documentos o principios de prueba en que se funde, con copias en número igual al de los restantes litigantes, que dispondrán de un plazo de cinco días, contados desde la notificación de la declinatoria, para alegar y aportar lo que consideren conveniente para sostener la jurisdicción o la competencia del tribunal, que decidirá la cuestión dentro del quinto día siguiente.

Si la declinatoria fuese relativa a la falta de competencia territorial, el actor, al impugnarla, podrá también alegar la falta de competencia territorial del tribunal en favor del cual se pretendiese declinar el conocimiento del asunto.

2. Si el tribunal entendiese que carece de jurisdicción por corresponder el conocimiento del asunto a los tribunales de otro Estado, lo declarará así mediante auto, absteniéndose de conocer y sobreseyendo el proceso.

Del mismo modo procederá el tribunal si estimase la declinatoria fundada en haberse sometido el asunto a arbitraje.

3. Si el tribunal considera que carece de jurisdicción por corresponder el asunto de que se trate a los tribunales de otro orden jurisdiccional, el auto en el que se abstenga de conocer señalará a las partes ante qué órganos han de usar de su derecho. Igual resolución se dictará cuando el tribunal entienda que carece de competencia objetiva.

4. Si se hubiere interpuesto declinatoria relativa a la competencia terri-

torial y ésta no viniere determinada por reglas imperativas, el tribunal, para estimarla, habrá de considerar competente al órgano señalado por el promotor de la declinatoria.

5. El tribunal, al estimar la declinatoria relativa a la competencia territorial, se inhibirá en favor del órgano al que corresponda la competencia y acordará remitirle los autos con emplazamiento de las partes para que comparezcan ante él en el plazo de diez días.

CAPÍTULO IV

DE LOS RECURSOS EN MATERIA DE JURISDICCIÓN Y COMPETENCIA

Art. 66. *Recursos en materia de competencia internacional, jurisdicción, sumisión a arbitraje y competencia objetiva.*—1. Contra el auto absteniéndose de conocer por falta de competencia internacional, por pertenecer el asunto a tribunal de otro orden jurisdiccional, por haberse sometido el asunto a arbitraje o por falta de competencia objetiva, cabrá recurso de apelación.

2. Contra el auto por el que se rechace la falta de competencia internacional, de jurisdicción o de competencia objetiva, sólo cabrá recurso de reposición, sin perjuicio de alegar la falta de esos presupuestos procesales en la apelación contra la sentencia definitiva.

Lo dispuesto en el párrafo anterior será también de aplicación cuando el auto rechace la sumisión del asunto a arbitraje.

....

Art. 143. *Intervención de intérpretes.*—1. Cuando alguna persona que no conozca el castellano ni, en su caso, la lengua oficial propia de la Comunidad Autónoma hubiese de ser interrogada o prestar alguna declaración, o cuando fuere preciso darle a conocer personalmente alguna resolución, el tribunal, por medio de providencia, podrá habilitar como intérprete a cualquier persona conocedora de la lengua de que se trate, exigiéndosele juramento o promesa de fiel traducción.

De las actuaciones que en estos casos se practiquen se levantará acta, en la que constarán los textos en el idioma original y su traducción al idioma oficial, y que será firmada también por el intérprete.

2. En los mismos casos del apartado anterior, si la persona fuere sorda, se nombrará siempre, conforme a lo que se dispone en el expresado apartado, al intérprete de lengua de signos adecuado.

De las actuaciones que se practiquen en relación con las personas sordas se levantará la oportuna acta.

....

Art. 143: Redacción conforme a la Disp. Adic. 12.ª de la Ley Orgánica 19/2003, de 23 de diciembre, de modificación de la Ley Orgánica 6/1985, de 2 de julio (*BOE* de 26-12-2003).

TÍTULO V

De las actuaciones judiciales

....

CAPÍTULO III

De la inmediación, la publicidad y la lengua oficial

Art. 144. *Documentos redactados en idioma no oficial.*—1. A todo documento redactado en idioma que no sea el castellano o, en su caso, la lengua oficial de la Comunidad Autónoma de que se trate, se acompañará la traducción del mismo.

2. Dicha traducción podrá ser hecha privadamente y, en tal caso, si alguna de las partes la impugnare dentro de los cinco días siguientes desde el traslado, manifestando que no la tiene por fiel y exacta y expresando las razones de la discrepancia, se ordenará, respecto de la parte que exista discrepancia, la traducción oficial del documento, a costa de quien lo hubiese presentado.

No obstante, si la traducción oficial realizada a instancia de parte resultara ser sustancialmente idéntica a la privada, los gastos derivados de aquélla correrán a cargo de quien la solicitó.

....

CAPÍTULO VI

Del auxilio judicial

....

Art. 177. *Cooperación judicial internacional.*—1. Los despachos para la práctica de actuaciones judiciales en el extranjero se cursarán conforme a lo establecido en los Tratados internacionales en que España sea parte y, en su defecto, en la legislación interna que resulte aplicable.

2. A lo dispuesto por dichas normas se estará también cuando las autoridades extranjeras soliciten la cooperación de los juzgados y tribunales españoles.

....

LIBRO II

De los procesos declarativos

TÍTULO PRIMERO

De las disposiciones comunes a los procesos declarativos

....

CAPÍTULO V

DE LA PRUEBA: DISPOSICIONES GENERALES

SECCIÓN 1.ª

Del objeto, necesidad e iniciativa de la prueba

Art. 281. *Objeto y necesidad de la prueba.*—1. La prueba tendrá como objeto los hechos que guarden relación con la tutela judicial que se pretenda obtener en el proceso.

2. También serán objeto de prueba la costumbre y el Derecho extranjero. La prueba de la costumbre no será necesaria si las partes estuviesen conformes en su existencia y contenido y sus normas no afectasen al orden público. El Derecho extranjero deberá ser probado en lo que respecta a su contenido y vigencia, pudiendo valerse el tribunal de cuantos medios de averiguación estime necesarios para su aplicación.

3. Están exentos de prueba los hechos sobre los que exista plena conformidad de las partes, salvo en los casos en que la materia objeto del proceso esté fuera del poder de disposición de los litigantes.

4. No será necesario probar los hechos que gocen de notoriedad absoluta y general.

....

SECCIÓN 2.ª

De los documentos públicos

Art. 323. *Documentos públicos extranjeros.*—1. A efectos procesales, se considerarán públicos los documentos extranjeros a los que, en virtud de tratados o convenios internacionales o de leyes especiales, haya de atribuírseles la fuerza probatoria prevista en el artículo 319 de esta Ley.

2. Cuando no sea aplicable ningún tratado o convenio internacional ni ley especial, se considerarán

---

Art. 281.2: Vid. Convenio europeo relativo a la información sobre el derecho extranjero, hecho en Londres el 7 de junio de 1968 (*infra* núm. 22) y la Convención Interamericana sobre prueba e información acerca del Derecho extranjero, hecha en Montevideo el 8 de mayo de 1979 (*infra* núm. 23). Sobre la aplicación extrajudicial del derecho extranjero, vid. art. 91 del Reglamento de Registro civil de 1958 (*infra* núm. 75); art. 36 del Reglamento hipotecario de 1947 (*infra* núm. 122); art. 168.4 del Reglamento del Notariado de 1944 (*infra* núm. 116).

documentos públicos los que reúnan los siguientes requisitos:

1.º Que en el otorgamiento o confección del documento se hayan observado los requisitos que se exijan en el país donde se hayan otorgado para que el documento haga prueba plena en juicio.

2.º Que el documento contenga la legalización o apostilla y los demás requisitos necesarios para su autenticidad en España.

3. Cuando los documentos extranjeros a que se refieren los apartados anteriores de esta artículo incorporen declaraciones de voluntad, la existencia de éstas se tendrá por probada, pero su eficacia será la que determinen las normas españolas y extranjeras aplicables en materia de capacidad, objeto y forma de los negocios jurídicos.

....

LIBRO III

De la ejecución forzosa y de las medidas cautelares

TÍTULO PRIMERO

De los títulos ejecutivos

....

CAPÍTULO II

DE LOS TÍTULOS EJECUTIVOS EXTRANJEROS

Art. 523. *Fuerza ejecutiva en España. Ley aplicable al procedimiento.*—1. Para que las sentencias firmes y demás títulos ejecutivos extranjeros lleven aparejada la ejecución en España se estará a lo dispuesto en los Tratados internacionales y a las disposiciones legales sobre cooperación jurídica internacional.

2. En todo caso, la ejecución de sentencias y títulos ejecutivos extranjeros se llevará a cabo en España conforme a las disposiciones de la presente Ley, salvo que se dispusiere otra cosa en los Tratados internacionales vigentes en España.

....

Art. 523: Vid. *infra* núm. 6, arts. 951 a 958 de la LEC de 3-2-1881.

TÍTULO II

De la ejecución provisional de resoluciones judiciales

Art. 525. *Sentencias no provisionalmente ejecutables.*—1. No serán en ningún caso susceptibles de ejecución provisional:

1.ª Las sentencias dictadas en los procesos sobre paternidad, maternidad, filiación, nulidad de matrimonio, separación y divorcio, capacidad y estado civil y derechos honoríficos, salvo los pronunciamientos que regulen las obligaciones y relaciones patrimoniales relacionadas con lo que sea objeto principal del proceso.

2.ª Las sentencias que condenen a emitir una declaración de voluntad.

3.ª Las sentencias que declaren la nulidad de títulos de propiedad industrial.

4.ª Tampoco procederá la ejecución provisional de las sentencias extranjeras no firmes, salvo que expresamente se disponga lo contrario en los Tratados internacionales vigentes en España.

....

TÍTULO IV

De la ejecución dineraria

CAPÍTULO PRIMERO

DE LA EJECUCIÓN DINERARIA: DISPOSICIONES GENERALES

....

Art. 577. *Deuda en moneda extranjera.*—1. Si el título fijase la cantidad de dinero en moneda extranjera, se despachará la ejecución para obtenerla y entregarla. Las costas y gastos, así como los intereses de demora procesal, se abonarán en la moneda nacional.

2. Para el cálculo de los bienes que han de ser embargados, la cantidad de moneda extranjera se computará según el cambio oficial al día de la ejecución.

En el caso de que se trate de una moneda extranjera sin cotización oficial, el cómputo se hará aplicando el cambio que, a la vista de las alegaciones y documentos que aporte el ejecutante en la demanda, el tribunal considere adecuado, sin perjuicio de la ulterior liquidación de la condena, que se efectuará conforme a lo dispuesto en los artículos 714 a 716 de esta Ley.

....

TÍTULO VI

De las medidas cautelares

CAPÍTULO PRIMERO

De las medidas cautelares: disposiciones generales

....

Art. 722. *Medidas cautelares en procedimiento arbitral y litigios extranjeros.*—Podrá pedir al tribunal medidas cautelares quien acredite ser parte de un proceso arbitral pendiente en España; o, en su caso, haber pedido la formalización judicial a que se refiere el artículo 38 de la Ley de Arbitraje; o en el supuesto de un arbitraje institucional, haber presentado la debida solicitud o encargo a la institución correspondiente según su Reglamento.

Con arreglo a los Tratados y Convenios que sean de aplicación, también podrá solicitar de un tribunal español la adopción de medidas cautelares quien acredite ser parte de un proceso jurisdiccional o arbitral que se siga en país extranjero, en los casos en que para conocer del asunto principal no sean exclusivamente competentes los tribunales españoles.

....

Art. 724. *Competencia en casos especiales.*—Cuando las medidas cautelares se soliciten estando pendiente un proceso arbitral o la formalización judicial del arbitraje, será tribunal competente el del lugar en que el laudo deba ser ejecutado, y, en su defecto, el del lugar donde las medidas deban producir su eficacia.

Lo mismo se observará cuando el proceso se siga ante un tribunal extranjero, salvo lo que prevean los Tratados.

....

LIBRO IV

De los procesos especiales

TÍTULO PRIMERO

De los procesos sobre capacidad, filiación, matrimonio y menores

....

CAPÍTULO IV

De los procesos matrimoniales y de menores

....

Art. 778. *Eficacia civil de resoluciones de los tribunales eclesiásticos o de decisiones pontificias sobre matrimonio rato y no consumado.*—1. En las demandas en solicitud de la eficacia civil de las resoluciones dictadas por los tribunales eclesiásticos sobre nulidad de matrimonio canónico o las decisiones pontificias sobre matrimonio rato y no consumado, si no se pidiera la adopción o modificación de medidas, el tribunal dará audiencia por plazo de diez días al otro cónyuge y al Ministerio Fiscal y resolverá por medio de auto lo que resulte procedente sobre la eficacia en el orden civil de la resolución o decisión eclesiástica.

2. Cuando en la demanda se hubiere solicitado la adopción o modificación de medidas, se sustanciará la petición de eficacia civil de la resolución o decisión canónica conjuntamente con la relativa a las medidas, siguiendo el procedimiento que corresponda con arreglo a lo dispuesto en el artículo 770.

....

TÍTULO II

De la división judicial de patrimonios

CAPÍTULO PRIMERO

De la división de la herencia

SECCIÓN 1.ª

Del procedimiento para la división de la herencia

....

Art. 786. *Práctica de las operaciones divisorias.*—1. El contador realizará las operaciones divisorias con arreglo a lo dispuesto en la ley aplicable a la sucesión del causante; pero si el testador hubiere establecido reglas distintas para el inventario, avalúo, liquidación y división de sus bienes, se atendrá a lo que resulte de ellas, siempre que no perjudiquen las legítimas de los herederos forzosos. Procurará, en todo caso, evitar la indivisión, así como la excesiva división de las fincas.

....

DISPOSICIÓN DEROGATORIA

Única. 1. Se deroga la Ley de Enjuiciamiento Civil, aprobada por Real Decreto de 3 de febrero de 1881, con las excepciones siguientes:

1.ª Los Títulos XII y XIII del Libro II y el Libro III, que quedarán en vigor hasta la vigencia de la Ley Concursal y de la Ley sobre Jurisdicción Voluntaria, respectivamente, excepción hecha del artículo 1.827 y los artículos 1.880 a 1.900, inclusive, que quedan derogados.

....

3.ª Los artículos 951 a 958, sobre eficacia en España de sentencias dictadas por tribunales extranjeros, que estarán en vigor hasta la vigencia de la Ley sobre cooperación jurídica internacional en materia civil.

2. Quedan también derogados los siguientes preceptos, leyes y disposiciones:

1.º El apartado segundo del artículo 8.º; el párrafo segundo del apartado sexto del artículo 12. [...].

....

DISPOSICIONES FINALES

....

19.ª *Proyecto de Ley Concursal.*—En el plazo de seis meses a contar desde la fecha de entrada en vigor de esta Ley, el Gobierno remitirá a las Cortes Generales un Proyecto de Ley Concursal.

20.ª *Proyecto de Ley sobre cooperación jurídica internacional en materia civil.*—En el plazo de seis meses a contar desde la fecha de entrada en vigor de esta Ley, el Gobierno remitirá a las Cortes Generales un Proyecto de Ley sobre cooperación jurídica internacional en materia civil.

21.ª *Medidas para facilitar la aplicación en España del Reglamento (CE) n.º 805/2004 del Parlamento Europeo y del Consejo, de 21 de abril de 2004, por el que se establece un título ejecutivo europeo para créditos no impugnados.*—1. La certificación judicial de un título ejecutivo europeo se adoptará de forma separada y mediante providencia, en la forma prevista en el anexo I del Reglamento (CE) n.º 805/2004.

La competencia para certificar un título ejecutivo europeo corresponde al mismo tribunal que dictó la resolución.

El procedimiento para la rectificación de errores en un título ejecutivo europeo previsto en el artículo 10.1.*a*) del Reglamento (CE) n.º 805/2004 se resolverá en la forma prevista en los tres primeros apartados del artículo 267 de la Ley Orgánica 6/1985, de 1 de julio, del Poder Judicial.

El procedimiento para la revocación de la emisión de un certificado de un título ejecutivo europeo a que se refiere el artículo 10.1.*b*) del Reglamento (CE) n.º 805/2004 se tramitará y resolverá de conformidad con lo previsto para el recurso de reposición regulado en la Ley 1/2000, de 7 de

---

Disp. Final 19.ª: Vid. Ley 22/2003, de 19 de julio, Concursal (*infra* núm. 145).

Disp. Final 20.ª: No se ha remitido aún a las Cortes Generales el proyecto de Ley.

Disps. Finales 21.ª y 22.ª: Introducidas por la Ley 19/2006, de 5 de junio, por la que se amplían los medios de tutela de los derechos de propiedad intelectual e industrial y se establecen normas procesales para facilitar la aplicación de diversos reglamentos comunitarios (*BOE* de 6-6-2006). Vid. Reglamento 805/2003 (*infra* núm. 24) y Reglamento 2201/2003 (*infra* núm. 54).

enero, de Enjuiciamiento Civil, con independencia del orden jurisdiccional al que pertenezca el tribunal.

La denegación de emisión de un certificado de título ejecutivo europeo se adoptará de forma separada y mediante providencia, y podrá impugnarse por los trámites del recurso de reposición.

2. Para la certificación como título ejecutivo europeo de resoluciones judiciales que aprueben u homologuen transacciones se aplicará el apartado anterior, y se efectuará en la forma prevista en el anexo II del Reglamento (CE) n.º 805/2004.

3. Compete al notario autorizante, o a quien legalmente le sustituya o suceda en su protocolo, la expedición del certificado previsto en el artículo 25.1 y en el anexo III del Reglamento (CE) n.º 805/2004. De dicha expedición dejará constancia mediante nota en la matriz o póliza, y archivará el original que circulará mediante copia.

Corresponderá al notario en cuyo protocolo se encuentre el título ejecutivo europeo certificado expedir el relativo a su rectificación por error material y el de revocación previstos en el artículo 10.1 del Reglamento (CE) n.º 805/2004, así como el derivado de la falta o limitación de ejecutividad, según se establece en el artículo 6.2 y en el anexo IV del mismo reglamento.

Se exceptúa la pérdida de ejecutividad derivada de una resolución judicial, para cuya certificación se estará al apartado 1 de esta disposición adicional.

En todo caso, deberá constar en la matriz o póliza la rectificación, revocación, falta o limitación de ejecutividad.

La negativa del notario a la expedición de los certificados requeridos podrá ser impugnada por el interesado ante la Dirección General de los Registros y del Notariado por los trámites del recurso de queja previsto en la legislación notarial. Contra la resolución de este órgano directivo podrá interponerse recurso, en única instancia, ante el juez de primera instancia de la capital de la provincia donde tenga su domicilio el notario, el cual se resolverá por los trámites del juicio verbal.

4. La certificación a la que se refiere el anexo V del Reglamento (CE) n.º 805/2004 se expedirá por el órgano administrativo o jurisdiccional que hubiera dictado la resolución.

5. La competencia territorial para la ejecución de resoluciones, transacciones judiciales y documentos públicos certificados como título ejecutivo europeo corresponderá al juzgado de primera instancia del domicilio del demandado o del lugar de ejecución.

6. El Gobierno adoptará las normas precisas para el desarrollo de esta disposición adicional.

22.ª *Medidas para facilitar la aplicación en España del Reglamento (CE) n.º 2201/2003 del Consejo, de 27 de noviembre de 2003, relativo a la competencia, el reconocimien-*

to y la ejecución de resoluciones judiciales en materia matrimonial y de responsabilidad parental, por el que se deroga el Reglamento (CE) n.º 1347/2000.—1. La certificación judicial relativa a las resoluciones judiciales en materia matrimonial y en materia de responsabilidad parental, prevista en el artículo 39 del Reglamento (CE) n.º 2201/2003, se expedirá de forma separada y mediante providencia, cumplimentando el formulario correspondiente que figura en los anexos I y II del reglamento citado.

2. La certificación judicial relativa a las resoluciones judiciales sobre el derecho de visita, previstas en el apartado 1 del artículo 41 del Reglamento (CE) n.º 2201/2003, se expedirá de forma separada y mediante providencia, cumplimentando el formulario que figura en el anexo III de dicho reglamento.

3. La certificación judicial relativa a las resoluciones judiciales sobre la restitución del menor, previstas en el apartado 1 del artículo 42 del Reglamento (CE) n.º 2201/2003, se expedirá de forma separada y mediante providencia, cumplimentando el formulario que figura en el anexo IV del reglamento citado.

4. El procedimiento para la rectificación de errores en la certificación judicial, previsto en el artículo 43.1 del Reglamento (CE) n.º 2001/2003, se resolverá de la forma establecida en los tres primeros apartados del artículo 267 de la Ley Orgánica 6/1985, de 1 de julio, del Poder Judicial. Igual procedimiento se observará para la rectificación de la certificación judicial a la que se refiere el apartado 1 de esta disposición final.

No cabrá recurso alguno contra la resolución en que se resuelva sobre la aclaración o rectificación de la certificación judicial a que se refieren los tres anteriores apartados.

5. La denegación de la expedición de la certificación judicial a la que se refieren los apartados 1, 2 y 3 de esta disposición final se adoptará de forma separada y mediante providencia, y podrá impugnarse por los trámites del recurso de reposición.

23.ª *Entrada en vigor.*—La presente Ley entrará en vigor al año de su publicación en el *Boletín Oficial del Estado*.

....

6. LEY DE ENJUICIAMIENTO CIVIL, DE 3 DE FEBRERO DE 1881*

(Arts. 951-958 y 1.901-1.909)

(*Gaceta de Madrid* de 5-22 de febrero de 1881; corr. de errores, *Gaceta de Madrid* de 5 de marzo de 1881)

LIBRO II

De la jurisdicción contenciosa

....

TÍTULO VIII

De la ejecución de las sentencias

....

SECCIÓN 2.ª

De las sentencias dictadas por tribunales extranjeros

Art. 951. Las sentencias firmes pronunciadas en países extranjeros tendrán en España la fuerza que establezcan los Tratados respectivos.

Art. 952. Si no hubiere Tratados especiales con la nación en que se hayan pronunciado, tendrán la misma fuerza que en ella se diere a las ejecutorias dictadas en España.

---

* Los arts. 951-958 y 1.901-1.909 se mantienen en vigor en tanto no se adopten las leyes de cooperación jurídica internacional y jurisdicción voluntaria, respectivamente (Disps. Finales 18.ª y 20.ª de la nueva Ley de Enjuiciamiento Civil, *supra* núm. 5).

Art. 951: Vid. los Convenios contenidos *infra* núms. 30-51, así como los arts. 18 y 19 del Convenio de La Haya sobre procedimiento civil de 1954 (*infra* núm. 16). Ténganse en cuenta los arts. 16-17 del Convenio tendente a facilitar el acceso internacional a la justicia, hecho en La Haya el 25 de octubre de 1980 (*infra* núm. 20). *Add.* art. 31 (apartados 3 y 4) del Convenio relativo al transporte internacional de mercancías por carretera (CMR), hecho en Ginebra el 19 de mayo de 1956 (*BOE* de 7-5-1973); art. 52 del Convenio internacional sobre transporte de viajeros y equipajes por ferrocarril (CIV), hecho en Berna el 7 de febrero de 1970 (*BOE* de 24-1-1975); art. 56 del Convenio internacional sobre transporte de mercancías por ferrocarril (CIM), hecho en Berna el 7 de febrero de 1970 (*BOE* de 6-9 y 11-18-8-1975); art. 18 del Convenio internacional relativo a los transportes internacionales por ferrocarril (COTIF), hecho en Berna el 9 de mayo de 1980 (*BOE* de 18-1-1986).

Art. 953. Si la ejecutoria procediere de una nación en que por jurisprudencia no se dé cumplimiento a las dictadas por los Tribunales españoles, no tendrán fuerza en España.

Art. 954. Si no estuviere en ninguno de los casos de que hablan los tres artículos que anteceden, las ejecutorias tendrán fuerza en España si reúnen las circunstancias siguientes:

1.º Que la ejecutoria haya sido dictada a consecuencia del ejercicio de una acción personal.

2.º Que no haya sido dictada en rebeldía.

3.º Que la obligación para cuyo cumplimiento se haya procedido sea lícita en España.

4.º Que la carta ejecutoria reúna los requisitos necesarios en la nación en que se haya dictado para ser considerada como auténtica, y los que las leyes españolas requieren para que haga fe en España.

Art. 955. Sin perjuicio de lo dispuesto en los tratados y otras normas internacionales, la competencia para conocer de las solicitudes de reconocimiento y ejecución de sentencias y demás resoluciones judiciales y arbitrales extranjeras corresponde a los Juzgados de Primera Instancia del domicilio o lugar de residencia de la parte frente a la que se solicita el reconocimiento o ejecución, o del domicilio o lugar de residencia de la persona a quien se refieren los efectos de aquéllas; subsidiariamente la competencia territorial se determinará por el lugar de ejecución o donde aquellas sentencias y resoluciones deban producir sus efectos.

Art. 956. Previa la traducción de la ejecutoria hecha con arreglo a derecho, después de oír, por término de nueve días, a la parte con-

Art. 955: Modificado por la Ley 62/2003, de 30 de diciembre, de medidas fiscales, administrativas y del orden social (*BOE* de 31-12-2003).

Cfr. art. 56.4 LOPJ (*supra* núm. 4) arts. 39, 43 y 44 del Reglamento 44/2001 (*infra* núm. 7); arts. 32, 37, 40 y 41 del Convenio de Lugano de 1988 (*infra* núm. 9); art. 2 (según interpretación constante del TS) del Tratado entre España y Suiza de 1896 (*infra* núm. 28); art. 5.2 del Convenio entre el Reino de España y el Estado de Israel de 1989 (*infra* núm. 37); art. 19 del Convenio entre los Estados Unidos Mexicanos y el Reino de España de 1989 (*infra* núm. 36); art. 22 del Convenio de cooperación jurídica entre el Reino de España y el Gobierno de la República federativa de Brasil de 1989 (*infra* núm. 38); art. 18 del Convenio de asistencia judicial entre el Reino de España y la República Popular China de 1992 (*infra* núm. 39); art. 20 del Convenio de asistencia judicial en materia civil entre el Reino de España y la República de Bulgaria de 1993 (*infra* núm. 40); Convenio entre el Reino de España y la *Unión de Repúblicas Socialistas Soviéticas* sobre asistencia judicial en materia civil de 1990, art. 24 (*infra* núm. 41); Convenio de cooperación judicial en materia civil, mercantil y administrativa entre el Reino de España y el Reino de Marruecos, art. 25 (*infra* núm. 42); Convenio de cooperación jurídica entre el Reino de España y la República Oriental de Uruguay, art. 9.º (*infra* núm. 43); y Convenio sobre competencia judicial, reconocimiento y ejecución de decisiones entre España y Rumania, art. 14 (*infra* núm. 44); vid. nota al art. 951 LEC.

Art. 956: Vid. art. 142 a 144 LEC, *supra* núm. 5; art. 231 LOPJ, *supra* núm. 4 en relación a idiomas oficiales de las Comunidades Autónomas.

tra quien se dirija y al Fiscal, el Tribunal declarará si debe o no darse cumplimiento a dicha ejecutoria.

Contra este auto no habrá ulterior recurso.

Art. 957. Para la citación de la parte a quien deba oírse, según el artículo anterior, se librará certificación a la Audiencia en cuyo territorio esté domiciliada.

El término para comparecer será el de treinta días.

Pasado dicho término, el Tribunal proseguirá en el conocimiento de los autos, aunque no haya comparecido el citado.

Art. 958. Denegándose el cumplimiento, se devolverá la ejecutoria al que la haya presentado.

....

LIBRO III

Jurisdicción voluntaria

....

TÍTULO IV

Medidas relativas al retorno de menores en los supuestos de sustracción internacional*

Art. 1.901. En los supuestos en que, siendo aplicable un convenio internacional, se pretenda la restitución de un menor que hubiera sido objeto de un traslado o retención ilícita, se procederá de acuerdo con lo previsto en esta Sección.

Art. 1.902. Será competente el Juez de Primera Instancia en cuya demarcación judicial se halle el menor que ha sido objeto de un traslado o retención ilícitos.

Podrá promover el procedimiento la persona, institución u organismo que tenga atribuido el derecho de custodia del menor, la autoridad central española encargada del cumplimiento de las obligaciones impuestas por el correspondiente convenio y, en

Art. 958: El párrafo 2.° ha sido suprimido por la Disp. Derog. única de la Ley Orgánica 19/2003, de 23 de diciembre (*BOE* de 26-12-2003).

* Vid. *infra* núm. 72, arts. 103 y 158.

Art. 1.901: Arts. 1.901-1.909 redactados según la Ley Orgánica 1/1996, de 15 de enero, de protección jurídica del menor, de modificación parcial del Código civil y de la Ley de Enjuiciamiento Civil (*BOE* de 17-1-1996).

representación de ésta, la persona que designe dicha autoridad.

Las actuaciones se practicarán con intervención del Ministerio Fiscal y los interesados podrán actuar bajo la dirección de Abogado.

La tramitación del procedimiento tendrá carácter preferente y deberá realizarse en el plazo de seis semanas desde la fecha en que se hubiere solicitado ante el Juez la restitución del menor.

Art. 1.903. A petición de quien promueva el procedimiento o del Ministerio Fiscal, el Juez podrá adoptar la medida provisional de custodia del menor prevista en la Sección siguiente de esta Ley y cualquier otra medida de aseguramiento que estime pertinente.

Art. 1.904. Promovido el expediente mediante la solicitud a la que se acompañará la documentación requerida por el correspondiente convenio internacional, el Juez dictará, en el plazo de veinticuatro horas, resolución en la que se requerirá a la persona que ha sustraído o retiene al menor, con los apercibimientos legales, para que en la fecha que se *determine*, que no podrá exceder de los tres días siguientes, comparezca en el juzgado con el menor y manifieste:

a) Si accede voluntariamente a la restitución del menor a la persona, institución y organismo que es titular del derecho de custodia; o, en otro caso.

b) Si se opone a la restitución por existir alguna de las causas establecidas en el correspondiente convenio cuyo texto se acompañará al requerimiento.

Art. 1.905. Si no compareciese el requerido, el Juez dispondrá a continuación del procedimiento de su rebeldía citando a los interesados y al Ministerio Fiscal a una comparecencia que tendrá lugar en plazo no superior a los cinco días siguientes y decretará las medidas provisionales que juzgue pertinentes en relación con el menor.

En la comparecencia se oirá al solicitante y al Ministerio Fiscal y en su caso y separadamente, al menor sobre su restitución. El Juez resolverá por auto dentro de los dos días siguientes a contar desde la fecha de la comparecencia, si procede o no la restitución, teniendo en cuenta el interés del menor y los términos del correspondiente convenio.

Art. 1.906. Si compareciese el requerido y accediere a la restitución voluntaria del menor, se levantará acta, acordando el Juez, mediante auto, la conclusión del procedimiento y la entrega del menor a la persona, institución y organismo titular del derecho de custodia, así como lo procedente en cuanto a costas y gastos.

Art. 1.907. Si en la primera comparecencia el requerido formulase oposición a la restitución del menor, al amparo de las causas establecidas en el correspondiente convenio, no será de aplicación lo dispuesto en el artículo 1.817 de esta Ley, ventilándose la oposición ante el mismo Juez por los trámites del juicio verbal. A este fin:

a) En el mismo acto de comparecencia serán citados todos los interesados y el Ministerio Fiscal, para que expongan lo que estimen procedente y, en su caso, se practiquen las pruebas, en ulterior comparecencia, que se celebrará de conformidad con lo dispuesto en el artículo 730 y concordantes de esta Ley dentro del plazo improrrogable de los cinco días a contar desde la primera.

b) Asimismo, tras la primera comparecencia el Juez oirá, en su caso, separadamente al menor sobre su restitución y podrá recabar los informes que estime pertinentes.

Art. 1.908. Celebrada la comparecencia y, en su caso, practicadas las pruebas pertinentes dentro de los seis días posteriores, el Juez dictará auto dentro de los tres días siguientes, resolviendo, en interés del menor y en los términos del convenio, si procede o no su restitución. Contra dicho auto sólo cabrá recurso de apelación en un solo efecto, que deberá resolverse en el improrrogable plazo de veinte días.

Art. 1.909. Si el Juez resolviese la restitución del menor, en el auto se establecerá que la persona que trasladó o retuvo al menor abone las costas del procedimiento así como los gastos en que haya incurrido el solicitante, incluidos los del viaje y los que ocasione la restitución del menor al Estado de su residencia habitual con anterioridad a la sustracción, que se harán efectivos por los trámites previstos en el artículo 928 y concordantes de esta Ley.

En los demás supuestos, se declararán de oficio las costas del procedimiento.

....

7. REGLAMENTO (CE) NÚMERO 44/2001 DEL CONSEJO, DE 22 DE DICIEMBRE DE 2000, RELATIVO A LA COMPETENCIA JUDICIAL, EL RECONOCIMIENTO Y LA EJECUCIÓN DE RESOLUCIONES JUDICIALES EN MATERIA CIVIL Y MERCANTIL*

(*DO* núm. L 012, de 16 de enero de 2001; corr. de errores, *DO* núm. L 307, de 24 de noviembre; *DO* núm. L 176, de 5 de julio de 2002; modif. *DO* núm. L 225, de 22 de agosto de 2002; modif. *DO* núm. L 236, de 23 de septiembre de 2003; modif. *DO* núm. L 381, de 28 de diciembre de 2004; modif. *DO* núm. L 363, de 20 de diciembre de 2006; modif. *DO* núm. L 93, de 7 de abril de 2009)

EL CONSEJO DE LA UNIÓN EUROPEA,

Visto el Tratado constitutivo de la Comunidad Europea y, en particular, la letra *c*) de su artículo 61 y el apartado 1 de su artículo 67,

Vista la propuesta de la Comisión[1],

Visto el dictamen del Parlamento Europeo[2],

---

* Este Reglamento sustituye al Convenio de Bruselas de 1968; vid. «versión codificada» en (*DO* C 27, de 26-1-1998), salvo por lo que se refiere a los territorios de los Estados miembros excluidos del Reglamento en virtud del art. 299 TC (vid. art. 68 del Reglamento) art. 68. Con relación a Dinamarca, vid. *infra* núm. 8. Con relación al territorio de Gibraltar, España se opuso inicialmente a la extensión a dicho territorio del Convenio de Bruselas modificado y del Convenio de Lugano [Resoluciones de 24 de febrero de 1999 (*BOE* de 18-3-1999)]. No obstante, España y el Reino Unido llegaron a unos acuerdos el 19 de abril de 2000 sobre un régimen relativo a las autoridades de Gibraltar en el contexto de los instrumentos de la UE y de la CE y tratados conexos (contenidos en el documento 7988/00 del Consejo). Véase Resolución de la Secretaría General Técnica del Ministerio de Asuntos Exteriores de 20 de febrero de 2001 (*BOE* de 8-3-2001). Respecto al Reglamento 44/2001, véase la Declaración del Reino Unido (*DO* C 13, de 16-1-2001), en virtud de la cual «las resoluciones judiciales de un tribunal de Gibraltar deben ser ejecutadas directamente por el tribunal u otra autoridad de ejecución de la ley de otro Estado miembro de acuerdo con las disposiciones pertinentes del presente reglamento. El gobierno del Reino Unido (Unidad de Enlace de Gibraltar para Asuntos de la Unión Europea, adscrita al Ministerio de Asuntos Exteriores y para la Commonwealth y con sede en Londres) certificará como auténticos los documentos que contengan dichas resoluciones del tribunal gibraltareño. A tal efecto, el tribunal de Gibraltar formulará la necesaria solicitud a la mencionada Unidad. La certificación se expedirá en forma de nota».

Modificado por el Acta relativa a las condiciones de adhesión de la República Checa, la República de Estonia, la República de Chipre, la República de Letonia, la República de Lituania, la República de Hungría, la República de Malta, la República de Polonia, la República de Eslovenia y la República Eslovaca, y a las adaptaciones de los Tratados en los que se fundamenta la Unión [Anexo II: Lista contemplada en el artículo 20 del Acta de adhe-

Visto el dictamen del Comité Económico y Social[3],

Considerando lo siguiente:

(1) La Comunidad se ha fijado el objetivo de mantener y desarrollar un espacio de libertad, de seguridad y de justicia en el que esté garantizada la libre circulación de personas. A fin de establecer progresivamente tal espacio, la Comunidad adopta, entre otras cosas, las medidas en el ámbito de la cooperación judicial en materia civil que son necesarias para el buen funcionamiento del mercado interior.

(2) Ciertas diferencias en las normas nacionales sobre competencia judicial y reconocimiento de las resoluciones judiciales hacen más difícil el buen funcionamiento del mercado interior. Son indispensables, por consiguiente, disposiciones mediante las que se unifiquen las normas sobre conflictos de jurisdicción en materia civil y mercantil, simplificándose los trámites para un reconocimiento y una ejecución rápidos y simples de las resoluciones judiciales de los Estados miembros obligados por el presente Reglamento.

(3) Esta materia se encuentra dentro del ámbito de la cooperación judicial en materia civil a efectos del artículo 65 del Tratado.

(4) De conformidad con el principio de susbsidiariedad y el principio de proporcionalidad, tal como se enuncian en el artículo 5 del Tratado, los objetivos del presente Reglamento no pueden ser alcanzados de manera suficiente por los Estados miembros y, por consiguiente, pueden lograrse mejor a nivel comunitario. El presente Reglamento se limita al mínimo requerido para alcanzar dichos objetivos y no excede de lo necesario a tal efecto.

(5) Los Estados miembros celebraron el 27 de septiembre de 1968, en el marco del cuarto guión del artículo 293 del Tratado, el Convenio de Bruselas relativo a la competencia judicial, el reconocimiento y la ejecución de resoluciones judiciales en materia civil y mercantil, en la versión modificada por los Convenios de adhesión de los nuevos Estados miembros a dicho Convenio[4] (denominado en lo sucesivo «el Convenio de Bruselas»). El 16 de septiembre de 1988, los Estados miembros y los Estados de la AELC celebraron el Convenio de Lugano, relativo a la competencia judicial y al reconocimiento de resoluciones judiciales en materia civil y mercantil, paralelo al Convenio de Bruselas de 1968. Estos Convenios han sido objeto de revisión y el Consejo ha manifestado su acuerdo sobre el contenido del texto revisado. Procede garantizar la conti-

---

sión; 18. Cooperación en los ámbitos de la justicia y de los asuntos de interior; A. Cooperación judicial en materia civil y mercantil (*DO* L 236, de 23-9-2003)].

[1] *DO* C 376, de 28-12-1999.

[2] Dictamen emitido el 21 de septiembre de 2000 (aún no publicado en el *Diario Oficial*).

[3] *DO* C 117, de 26-4-2000.

[4] *DO* L 299, de 31-12-1972; *DO* L 304, de 30-10-1978; *DO* L 388, de 31-12-1982; *DO* 285, de 3-10-1989; *DO* C 15, de 15-1-1997.

Para la versión consolidada, véase el *DO* C 27, de 26-1-1998.

nuidad de los resultados obtenidos en el marco de esta revisión.

(6) Para alcanzar el objetivo de la libre circulación de las resoluciones judiciales en materia civil y mercantil, es necesario y oportuno que las reglas relativas a la competencia judicial, al reconocimiento y a la ejecución de las resoluciones se determinen por un instrumento jurídico comunitario vinculante y directamente aplicable.

(7) El ámbito de aplicación material del presente Reglamento debe abarcar lo esencial de las materias civil y mercantil, salvo determinadas materias claramente determinadas.

(8) Los litigios a los que se aplica el presente Reglamento deben presentar un nexo con el territorio de los Estados miembros sujetos a dicho Reglamento. Por consiguiente, las reglas comunes sobre competencia judicial se aplicarán, en principio, cuando el demandado esté domiciliado en uno de dichos Estados miembros.

(9) Los demandados no domiciliados en un Estado miembro estarán generalmente sujetos a las reglas nacionales de competencia aplicables en el territorio del Estado miembro del tribunal ante el que se presente la demanda y los demandados domiciliados en un Estado miembro no sujeto al presente Reglamento deberán seguir estando sujetos al Convenio de Bruselas.

(10) A los efectos de la libre circulación de las resoluciones judiciales, las dictadas en un Estado miembro obligado por el presente Reglamento deberán reconocerse y ejecutarse en otro Estado miembro obligado por el presente Reglamento, aun cuando el deudor condenado esté domiciliado en un tercer Estado.

(11) Las reglas de competencia judicial deben presentar un alto grado de previsibilidad y deben fundamentarse en el principio de que la competencia judicial se basa generalmente en el domicilio del demandado y esta competencia debe regir siempre, excepto en algunos casos muy concretos en los que la materia en litigio o la autonomía de las partes justifique otro criterio de vinculación. Respecto de las personas jurídicas, debe definirse el domicilio de manera autónoma para incrementar la transparencia de las reglas comunes y evitar los conflictos de jurisdicción.

(12) El foro del domicilio del demandado debe completarse con otros foros alternativos a causa del estrecho nexo existente entre el órgano jurisdiccional y el litigio o para facilitar una buena administración de justicia.

(13) En cuanto a los contratos de seguros, de los celebrados por los consumidores o de trabajo, es oportuno proteger a la parte más débil mediante reglas de competencia más favorables a sus intereses de lo que disponen las reglas generales.

(14) Debe respetarse la autonomía de las partes de un contrato, que no sea de seguros, de los celebrados por los consumidores o de trabajo, en los que sólo se prevé una autonomía limitado en cuanto a la elección del órgano jurisdiccional competente, sin perjuicio de los criterios de competencia exclusiva establecidos en el presente Reglamento.

(15) El funcionamiento armonioso de la justicia exige reducir al máximo la posibilidad de procedimientos paralelos y evitar que se dicten en dos Estados miembros resoluciones inconciliables. Es conveniente prever un mecanismo claro y eficaz con objeto de resolver los casos de litispendencia y conexidad y de obviar los problemas derivados de las divergencias nacionales sobre la fecha en la que un asunto se considera pendiente. A efectos del presente Reglamento, es oportuno definir esta fecha de manera autónoma.

(16) La confianza recíproca en la justicia dentro de la Comunidad legitima que las resoluciones dictadas en un Estado miembro sean reconocidas de pleno Derecho, sin que sea necesario, excepto en caso de oposición, recurrir a ningún otro procedimiento.

(17) Esta misma confianza recíproca justifica que sea eficaz y rápido el procedimiento para hacer ejecutoria, en un Estado miembro, una resolución dictada en otro Estado miembro. A tal efecto, el otorgamiento de la ejecución de una resolución debería producirse de manera casi automática, previo mero control formal de los documentos aportados, sin que el tribunal pueda invocar de oficio ninguno de los motivos de denegación de la ejecución previstos en el presente Reglamento.

(18) El respeto del derecho de defensa impone, no obstante, que el demandado pueda, llegado el caso, interponer un recurso que se examine con arreglo al principio de contradicción contra el otorgamiento de ejecución, si considera que se da alguno de los motivos para su denegación. Asimismo, debe reconocerse al demandante el derecho a recurrir si se deniega el otorgamiento de la ejecución.

(19) Procede garantizar la continuidad entre el Convenio de Bruselas y el presente Reglamento y, a tal efecto, es oportuno establecer disposiciones transitorias. La misma continuidad debe aplicarse por lo que respecta a la interpretación de las disposiciones del Convenio de Bruselas por el Tribunal de Justicia de las Comunidades Europeas, por lo que el Protocolo de 1971[5] deberá seguir aplicándose también a los procedimientos que ya estuvieran pendientes en la fecha de entrada en vigor del Reglamento.

(20) De conformidad con el artículo 3 del Protocolo sobre la posición del Reino Unido e Irlanda que figura en el anexo al Tratado de la Unión Europea y al Tratado constitutivo de la Comunidad Europea, estos Estados han comunicado su deseo de participar en la adopción y en la aplicación del presente Reglamento.

(21) De conformidad con los artículos 1 y 2 del Protocolo sobre la posición de Dinamarca que figura en anexo al Tratado de la Unión Europea y al Tratado constitutivo de la Unión Europea, Dinamarca no participa en la aprobación del presente Reglamento, por lo que ni está

[5] *DO* L 204, de 2 de agosto de 1975; *DO* L 304, de 1978; *DO* L 388, de 31-12-1982; *DO* L 285, de 3-10-1989; *DO* C 15, de 15-1-1997. Para la versión consolidada, véase *DO* C 27, de 26-1-1998.

sujeta al presente Reglamento ni le es aplicable.

(22) Habida cuenta de que está en vigor el Convenio de Bruselas en las relaciones entre Dinamarca y los Estados miembros sujetos al presente Reglamento, tanto el Convenio de Bruselas como el Protocolo de 1971 siguen aplicándose entre Dinamarca y los Estados miembros sujetos al presente Reglamento.

(23) El Convenio de Bruselas sigue también aplicándose en lo que respecta a los territorios de los Estados miembros que entran en su ámbito de aplicación territorial y que están excluidos del presente Reglamento en virtud del artículo 229 del Tratado.

(24) Un mismo afán de coherencia explica que el presente Reglamento no afecte a las reglas sobre la competencia judicial y el reconocimiento de las resoluciones judiciales contenidas en instrumentos comunitarios específicos.

(25) El respeto de los compromisos internacionales contraídos por los Estados miembros justifican que el presente Reglamento no afecte a los convenios en los que son parte los Estados miembros y se refieren a materias especiales.

(26) Debe introducirse en las reglas de principio previstas por el presente Reglamento la flexibilidad necesaria para tener en cuenta las particularidades procesales de determinados Estados miembros. A tal efecto conviene incluir en el presente Reglamento algunas disposiciones previstas en el Protocolo anexo al Convenio de Bruselas.

(27) Para permitir una transición armoniosa en determinados ámbitos sobre los que existían disposiciones particulares en el Protocolo anexo al Convenio de Bruselas, al presente Reglamento establece, durante un período transitorio, disposiciones que tienen en cuenta la situación específica en determinados Estados miembros.

(28) A más tardar cinco años después de la entrada en vigor del presente Reglamento, la Comisión presentará un informe sobre su aplicación y, en su caso, propondrá las modificaciones necesarias.

(29) La Comisión deberá modificar los anexos I a IV relativos a las reglas de competencia nacionales, a los tribunales y autoridades competentes y a los recursos basándose en las modificaciones transmitidas por el Estado miembro de que se trate. Las modificaciones de los anexos V y VI deberán adoptarse de acuerdo con la Decisión 1999/468/CE del Consejo, de 28 de junio de 1999, por la que se establecen los precedimientos para el ejercicio de las competencias de ejecución atribuidas a la Comisión[6].

HA ADOPTADO EL PRESENTE REGLAMENTO:

CAPÍTULO PRIMERO

ÁMBITO DE APLICACIÓN

Artículo 1.º 1. El presente Reglamento se aplicará en materia

[6] *DO* L 184, de 17-7-1999.

civil y mercantil con independencia de la naturaleza del órgano jurisdiccional. No incluirá, en particular, las materias fiscal, aduanera y administrativa.

2. Se excluirá del ámbito de aplicación del presente Reglamento:

a) el estado y la capacidad de las personas físicas, los regímenes matrimoniales, los testamentos y las sucesiones;

b) la quiebra, los convenios entre quebrado y acreedores y demás procedimientos análogos;

c) la seguridad social;

d) el arbitraje.

3. En el presente Reglamento por la expresión «Estado miembro» se entenderá cualquier Estado miembro excepto Dinamarca.

CAPÍTULO II

COMPETENCIA*

SECCIÓN 1.ª

Disposiciones generales

Art. 2.º 1. Salvo lo dispuesto en el presente Reglamento, las

---

Art. 1.º2: En materia de quiebra y procedimientos concursales vid. el Reglamento 1346/2000, sobre procedimiento de insolvencia; en materia de Derecho de familia, el Reglamento (CE) 2201/2003 del Consejo, relativo a la competencia, el reconocimiento y la ejecución de resoluciones judiciales en materia matrimonial y de responsabilidad parental, por el que se deroga el Reglamento (CE) 1347/2000. Téngase en cuenta el Reglamento CE 2271/96 del Consejo, relativo a la protección contra los efectos de la aplicación extraterritorial de la legislación de un tercer país y el derecho a una compensación por los daños derivados (*DO* L 309, de 29-11-1996). Vid. *infra* nota al Título II.

Art. 1.º3: Téngase en cuenta el Acuerdo entre la Comunidad Europea y el Reino de Dinamarca relativo a la competencia judicial, el reconocimiento y la ejecución de las resoluciones en materia civil y mercantil (*infra* núm. 8).

* En materia de *Patentes comunitarias* establecen un régimen especial, aunque integrado con el Convenio de Bruselas, el Convenio relativo a la patente europea para el mercado común (Convenio sobre la patente comunitaria), arts. 66-68, y su Protocolo sobre resolución de los litigios en materia de violación de patentes comunitarias, arts. 13, 14 y 17, ambos contenidos en el Acuerdo sobre patentes comunitarias hecho en Luxemburgo el 15 de diciembre de 1989 (*DO* L 401, de 30-12-1989). En materia de *Marca comunitaria* establecen un régimen especial, aunque también integrado con el Convenio de Bruselas, los arts. 90-103 del Reglamento CE 40/94, sobre marca comunitaria. En materia de *Obtenciones vegetales* establecen un régimen especial los arts. 101, 102 y 106 del Reglamento CE 2100/94, relativo a la protección comunitaria de las obtenciones vegetales (*DO* L 227, de 1-9-1994), que, a diferencia de los dos anteriores textos mencionados en esta nota, se remite al Convenio de Lugano (*infra* núm. 9). En materia de *dibujos y modelos comunitarios*, el Reglamento CE 6/2002 del Consejo establece un régimen propio en los arts. 79 ss. En materia de *Bienes culturales* protegidos téngase en cuenta el art. 2 de la Ley 36/1994, de 23 de diciembre, de incorporación al ordenamiento jurídico español de la Directiva 93/7/CE, relativa a la restitución de bienes culturales que hayan salido de forma ilegal del territorio de un Estado miembro de la Unión Europea (*infra* núm. 127). Téngase en cuenta el art. 6.º del Reglamento CE 2271/96 del Consejo, relativo a la protección contra los efectos de la aplicación extraterritorial de la legislación adoptada por un tercer país: «Toda persona contemplada en el artículo 11 que vaya a emprender una de las actividades que cita el artículo 1 tendrá derecho a compensación por cualquier daño, incluidas las costas procesales, que se le cause al amparo de la aplicación de los textos legislativos que se enumeran en el Anexo o de acciones basadas en ellos o derivadas de ellos.

Dicha compensación podrá reclamarse a la persona física o jurídica, o a cualquier otra entidad, que haya causado los daños, o

personas domiciliadas en un Estado miembro estarán sometidas, sea cual fuere su nacionalidad, a los órganos jurisdiccionales de dicho Estado.

2. A las personas que no tuvieren la nacionalidad del Estado miembro en que estén domiciliadas les serán de aplicación las reglas de competencia judicial que se aplicaren a los nacionales.

Art. 3.º 1. Las personas domiciliadas en un Estado miembro sólo podrán ser demandadas ante los tribunales de otro Estado miembro en virtud de las reglas establecidas en las secciones 2 a 7 del presente capítulo.

2. No podrán invocarse frente a ellas, en particular, las reglas de competencia nacionales que figuran en el anexo I.

Art. 4.º 1. Si el demandado no estuviere domiciliado en un Estado miembro, la competencia judicial se regirá, en cada Estado miembro, por la ley de este Estado miembro, sin perjuicio de la aplicación de lo dipuesto en los artículos 22 y 23.

2. Toda persona, sea cual fuere su nacionalidad, domiciliada en el territorio de un Estado miembro, podrá invocar contra dicho demandado, del mismo modo que los nacionales de este Estado, las reglas de competencia judicial vigentes en el mismo y, en particular, las previstas en el anexo I.

SECCIÓN 2.ª

Competencias especiales

Art. 5.º Las personas domiciliadas en un Estado miembro podrán ser demandadas en otro Estado miembro:

1) *a)* en materia contractual, ante el tribunal del lugar en el que hubiere sido o debiere ser cumplida la obligación que sirviere de base a la demanda;

b) A efectos de la presente disposición, y salvo pacto en contrario, dicho lugar será:

— cuando se tratare de una compraventa de mercaderías, el lugar del Estado miembro en el que, según el contrato, hubieren sido o debieren ser entregadas las mercaderías;

— cuando se tratare de una prestación de servicios, el lugar del

---

a cualquier persona que actúe en su nombre o como intermediario.

El Convenio de Bruselas, de 27 de septiembre de 1968, relativo a la competencia judicial y a la ejecución de resoluciones judiciales en materia civil y mercantil se aplicará a los procedimientos judiciales entablados y a las resoluciones judiciales dictadas con a rreglo al presente artículo. La compensación se podrá obtener sobre la base de las disposiciones de las secciones 2 a 6 del título II de dicho Convenio, así como, de acuerdo con el apartado 3 del artículo 57 de dicho Convenio, mediante un procedimiento judicial entablado ante los tribunales de cualquier Estado miembro en el que dicha persona, entidad, persona que actúe en su nombre o intermediario posea activos.

Sin perjuicio de otros medios utilizables y de conformidad con la legislación aplicable, la compensación podrá revestir la forma de incautación y venta de activos en poder de esas personas, entidades, personas que actúen en su nombre o intermediarios dentro de la Comunidad, incluidas las acciones que posean en una persona jurídica constituida en sociedad en la Comunidad.»

Art. 2.º: Vid. arts. 59 y 60.

Estado miembro en el que, según el contrato, hubieren sido o debieren ser prestados los servicios;

c) cuando la letra *b*) no fuere aplicable, se aplicará la letra *a*).

2) En materia de alimentos, ante el tribunal del lugar del domicilio o de la residencia habitual del acreedor de alimentos o, si se tratare de una demanda incidental a una acción relativa al estado de las personas, ante el tribunal competente según la ley del foro para conocer de ésta, salvo que tal competencia se fundamentare exclusivamente en la nacionalidad de una de las partes.

3) En materia delictual o cuasidelictual, ante el tribunal del lugar donde se hubiere producido o pudiere producirse el hecho dañoso.

4) Si se tratare de acciones por daños y perjuicios o de acciones de restitución fundamentadas en un acto que diere lugar a un procedimiento penal, ante el tribunal que conociere de dicho proceso, en la medida en que, de conformidad con su ley, dicho tribunal pudiere conocer de la acción civil.

5) Si se tratare de litigios relativos a la explotación de sucursales, agencias o cualquier otro establecimiento, ante el tribunal del lugar en que se hallaren sitos.

6) En su condición de fundador, trustee o beneficiario de un trust constituido ya en aplicación de la ley, ya por escrito o por un acuerdo verbal confirmado por escrito, ante los tribunales del Estado miembro en cuyo territorio estuviere domiciliado el trust.

7) Si se tratare de un litigio relativo al pago de la remuneración reclamada en razón del auxilio o el salvamento de los que se hubiere beneficiado un cargamento o un flete, ante el tribunal en cuya jurisdicción dicho cargamento o flete:

a) hubiere sido embargado para garantizar dicho pago; o

b) hubiere podido ser embargado a tal fin, pero se haya prestado una caución o cualquier otra garantía.

Esta disposición sólo se aplicará cuando se pretendiere que el demandado tiene un derecho sobre el cargamento o el flete o que tenía tal derecho en el momento de dicho auxilio o salvamento.

Art. 6.º Las personas a la que se refiere el artículo anterior también podrán ser demandadas:

1) si hubiere varios demandados, ante el tribunal del domicilio de cualquiera de ellos, siempre que las demandas estuvieren vinculadas entre sí por una relación tan estrecha que sería oportuno tramitarlas y juzgarlas al mismo tiempo a fin de evitar resoluciones que podrían

---

Art. 5.º2: En relación a Dinamarca, vid. *infra* núm. 8, art. 3, apdo. 2 del Acuerdo con Dinamarca. Dinamarca acepta aplicar el Reglamento 4/2009 (vid. *infra* núm. 62) en tanto dicho Reglamento modifica el Reglamento 44/2001 (*DO* L 149, de 12-6-2009).

Art. 5.º3: En relación con las acciones derivadas del Derecho de la Competencia téngase en cuenta el art. 13 de la Ley de Defensa de la Competencia de 1989 (*infra* núm. 144) y la Comunicación relativa a la cooperación entre la Comisión CE y los órganos jurisdiccionales nacionales para la aplicación de los arts. 81 y 82 del Tratado CE.

ser inconciliables si los asuntos fueren juzgados separadamente,

2) si se tratare de una demanda sobre obligaciones de garantía o para la intervención de terceros en el proceso, ante el tribunal que estuviere conociendo de la demanda principal, salvo que ésta se hubiere formulado con el único objeto de provocar la intervención de un tribunal distinto del correspondiente al demandado,

3) si se tratare de una reconvención derivada del contrato o hecho en que se fundamentare la demanda inicial, ante el tribunal que estuviere conociendo de esta última,

4) en materia contractual, si la acción pudiere acumularse con otra en materia de derechos reales inmobiliarios dirigida contra el mismo demandado, ante el tribunal del Estado miembro en el que estuviere sito el inmueble.

Art. 7.º Cuando, en virtud del presente Reglamento, un tribunal de un Estado miembro fuere competente para conocer de acciones de responsabilidad derivadas de la utilización o la explotación de un buque, dicho tribunal o cualquier otro que le sustituyere en virtud de la ley interna de dicho Estado miembro conocerá también de la demanda relativa a la limitación de esta responsabilidad.

SECCIÓN 3.ª

Competencia en materia de seguros

Art. 8.º En materia de seguros, se determinará la competencia con arreglo a las disposiciones de la presente sección, sin perjuicio de lo dispuesto en el artículo 4 y en el punto 5 del artículo 5.

Art. 9.º 1. El asegurador domiciliado en un Estado miembro podrá ser demandado:

a) ante los tribunales del Estado miembro donde tuviere su domicilio; o

b) en otro Estado miembro, cuando se trate de acciones entabladas por el tomador del seguro, el asegurado o un beneficiario, ante el tribunal del lugar donde tuviere su domicilio el demandante; o

c) si se tratare de un coasegurador, ante los tribunales del Estado miembro que entendiere de la acción entablada contra el primer firmante del coaseguro.

2. Cuando el asegurador no estuviere domiciliado en un Estado miembro pero tuviere sucursales, agencias o cualquier otro establecimiento en un Estado miembro se le considerará, para los litigios relativos a su explotación, domiciliado en dicho Estado miembro.

Art. 10. El asegurador podrá, además, ser demandado ante el tribunal del lugar en que se hubiere producido el hecho dañoso cuando se tratare de seguros de responsabilidad o de seguros relativos a inmuebles. La misma regla será de aplicación cuando se tratare de seguros que se refieren a inmuebles y a bienes muebles cubiertos por una misma póliza y afectados por el mismo siniestro.

Art. 11. 1. En materia de seguros de responsabilidad civil, el asegurador podrá ser demandado ante el tribunal que conociere de la acción de la persona perjudicada contra el asegurado, cuando la ley de este tribunal lo permitiere.

2. Las disposiciones de los artículos 8, 9 y 10 serán aplicables en los casos de acción directa entablada por la persona perjudicada contra el asegurador cuando la acción directa fuere posible.

3. El mismo tribunal será competente cuando la ley reguladora de esta acción directa previere la posibilidad de demandar al tomador del seguro o al asegurado.

Art. 12. 1. Salvo lo dispuesto en el apartado 3 del artículo 11, la acción del asegurador sólo podrá ser ejercitada ante los tribunales del Estado miembro en cuyo territorio estuviere domiciliado el demandado, ya sea tomador del seguro, asegurado o beneficiario.

2. Las disposiciones de la presente sección no afectarán al derecho de interponer una reconvención ante el tribunal que estuviere conociendo de una demanda inicial de conformidad con la presente sección.

Art. 13. Únicamente prevalecerán sobre las disposiciones de la presente sección los acuerdos atributivos de competencia:

1) posteriores al nacimiento del litigio, o

2) que permitieren al tomador del seguro, al asegurado o al beneficiario formular demandas ante tribunales distintos de los indicados en la presente sección, o

3) que, habiéndose celebrado entre un tomador de seguro y un asegurador, domiciliados o con residencia habitual en el mismo Estado miembro en el momento de la celebración del contrato, atribuyeren, aunque el hecho dañoso se hubiere producido en el extranjero, competencia a los tribunales de dicho Estado, a no ser que la ley de éste prohibiere tales acuerdos, o

4) celebrados con un tomador de seguro que no estuviere domiciliado en un Estado miembro, a no ser que se tratare de un seguro obligatorio o se refiriere a un inmueble sito en un Estado miembro, o

5) que se refirieren a un contrato de seguro que cubriere uno o varios de los riesgos enumerados en el artículo 14.

Art. 14. Los riesgos contemplados en el punto 5 del artículo 13 son los siguientes:

1) todo daño a:

a) buques de navegación marítima, instalaciones costeras y en alta mar o aeronaves, causado por hechos sobrevenidos en relación con su utilización para fines comerciales;

b) mercancías distintas de los equipajes de los pasajeros, durante un transporte realizado por dichos buques o aeronaves, bien en su totalidad o bien en combinación con otros modos de transporte,

2) toda responsabilidad, con excepción de la derivada de los daños corporales a los pasajeros o de los daños a sus equipajes:

a) resultante de la utilización o

la explotación de los buques, instalaciones o aeronaves, de conformidad con la letra *a*) del punto 1 del presente artículo, cuando la ley del Estado miembro en el que estuviere matriculada la aeronave no prohibiere los acuerdos atributivos de competencia en el aseguramiento de tales riesgos;

b) por las mercancías durante uno de los transportes contemplado en la letra *b*) del punto 1,

3) toda pérdida pecuniaria ligada a la utilización o a la explotación de buques, instalaciones o aeronaves de conformidad con la letra *a*) del punto 1, en particular la del flete o el beneficio del fletamento,

4) todo riesgo accesorio a cualquiera de los contemplados en los puntos 1 a 3,

5) no obstante lo dispuesto en los anteriores puntos 1 a 4, todos los «grandes riesgos» industriales y comerciales, tal como se enumeran en la Directiva 73/239/CEE del Consejo[7], modificada por las Directivas 88/357/CEE[8] y 90/618/CEE[9], en su última versión en vigor.

SECCIÓN 4.ª

Competencia en materia de contratos celebrados por los consumidores

Art. 15. 1. En materia de contratos celebrados por una persona, el consumidor, para un uso que pudiere considerarse ajeno a

[7] *DO* L 228, de 16-8-1973, Directiva cuya última modificación la constituye la Directiva 2000/26/CE del Parlamento Europeo y del Consejo (*DO* L 181, de 20-7-2000).

[8] *DO* L 172, de 4-7-1988, Directiva cuya última modificación la constituye la Directiva 2000/26/CE.

[9] *DO* L 330, de 29-11-1990, p. 44.

Art. 15: Téngase en cuenta la Declaración del Consejo y la Comisión a los arts. 15 y 73, no publicada, y que se refiere a las intenciones futuras en torno a la incidencia del comercio electrónico en las reglas de competencia:

«1. El Consejo y la Comisión son conscientes de que el desarrollo del comercio electrónico en la sociedad de la información facilita el crecimiento económico de las empresas. El Derecho comunitario constituye una baza esencial para que los ciudadanos, los operadores económicos y los consumidores puedan beneficiarse de las posibilidades que ofrece el comercio electrónico.

Consideran que el desarrollo de nuevas técnicas de comercialización a distancia basadas en la utilización de Internet se funda en parte en la confianza recíproca que pueda instaurarse entre las empresas y los consumidores. Uno de los elementos importantes de esta confianza es la posibilidad que el artículo 16 del reglamento ofrece a los consumidores de entablar posibles acciones ante los tribunales del Estado miembro en el que estén domiciliados cuando el contrato celebrado por el consumidor esté comprendido en el ámbito de aplicación del artículo 15.

El Consejo y la Comisión recuerdan a este respecto que, para la letra *c*) del apartado 1 del artículo 15 sea aplicable, no basta que una empresa dirija sus actividades hacia el Estado miembro del domicilio del consumidor, o hacia varios Estados miembros entre los que se encuentre este último, sino que además debe haberse celebrado un contrato en el marco de tales actividades. Esta disposición se refiere a varios métodos de comercialización, entre los que se encuentran los contratos celebrados a distancia a través de Internet.

En este contexto, el Consejo y la Comisión subrayan qu el mero hecho de que un sitio Internet sea accesible no basta para que el artículo 15 sea aplicable, puesto que se exige además que dicho sitio invite a la celebración de contratos a distancia y que se haya celebrado efectivamente uno de estos contratos, por el medio que fuere. A este respecto, la lengua o la divisa utilizada por un sitio Internet no constituye un elemento pertinente.

su actividad profesional, la competencia quedará determinada por la presente sección, sin perjuicio de lo dispuesto en el artículo 4 y en el punto 5 del artículo 5:

a) cuando se tratare de una venta a plazos de mercaderías;

b) cuando se tratare de un préstamo a plazos o de otra operación de crédito vinculada a la financiación de la venta de tales bienes;

c) en todos los demás casos, cuando la otra parte contratante ejerciere actividades comerciales o profesionales en el Estado miembro del domicilio del consumidor o, por cualquier medio, dirigiere tales actividades a dicho Estado miembro o a varios Estados miembros, incluido este último, y el contrato estuviere comprendido en el marco de dichas actividades.

2. Cuando el cocontratante del consumidor no estuviere domiciliado en un Estado miembro, pero poseyere una sucursal, agencia o cualquier otro establecimiento en un Estado miembro, se considerará para todos los litigios relativos a su explotación que está domiciliado en dicho Estado.

3. La presente sección no se aplicará al contrato de transporte, salvo el caso de los que, por un precio global, ofrecen una combinación de viaje y alojamiento.

Art. 16. 1. La acción entablada por un consumidor contra la otra parte contratante podrá interponerse ante los tribunales del Estado miembro en que estuviere domiciliada dicha parte o ante el tribunal del lugar en que estuviere domiciliado el consumidor.

2. La acción entablada contra el consumidor por la otra parte contratante sólo podrá interponerse ante los tribunales del Estado miembro en que estuviere domiciliado el consumidor.

3. El presente artículo no afectará al derecho de presentar una re-

---

2. El Consejo y la Comisión consideran que, por regla general, los consumidores y las empresas tienen interés en procurar resolver amistosamente sus litigios sin acudir a los tribunales.

El Consejo y la Comisión subrayan a este respecto que el reglamento, y en particular sus artículos 15 y 17, no tiene por finalidad prohibir a las partes acudir a modalidades alternativas de solución de litigios.

El Consejo y la Comisión desean pues reiterar su interés en que prosigan los trabajos, en el seno de la Comunidad Europea, sobre las modalidades alternativas de solución de litigios en materia civil y mercantil, conforme a las conclusiones del Consejo de 29 de mayo de 2000.

Son conscientes de la gran importancia de dichos trabajos y subrayan la función complementaria útil de las modalidades alternativas de solución de litigios en materia civil y mercantil, en particular en relación con el comercio electrónico.

3. Con arreglo al artículo 73 del reglamento, la Comisión deberá presentar al Parlamento Europeo, al Consejo y al Comité Económico y Social un informe sobre su aplicación, acompañado, si procede, de propuestas destinadas a adaptar el reglamento.

El Consejo y la Comisión consideran que, al elaborarse dicho informe, debería prestarse especial atención a la aplicación de las disposiciones del reglamento en relación con los consumidores y las pequeñas y medianas empresas, en particular en el marco del comercio electrónico. A este respecto, la Comisión propondrá, si procede, adaptaciones del reglamento antes de la expiración del plazo mencionado en el artículo 73 del reglamento.»

convención ante el tribunal que entendiere de una demanda principal de conformidad con la presente sección.

Art. 17. Únicamente prevalecerán sobre las disposiciones de la presente sección los acuerdos atributivos de competencia:

1. posteriores al nacimiento del litigio; o
2. que permitieren al consumidor formular demandas ante tribunales distintos de los indicados en la presente sección; o
3. que habiéndose celebrado entre un consumidor y su cocontratante, domiciliados o con residencia habitual en el mismo Estado miembro en el momento de la celebración del contrato, atribuyeren competencia a los tribunales de dicho Estado miembro, a no ser que la ley de éste prohibiere tales acuerdos.

SECCIÓN 5.ª

*Competencia en materia de contratos individuales de trabajo**

Art. 18. 1. En materia de contratos individuales de trabajo,

---

* Téngase en cuenta el art. 6.º de la Directiva 96/71, de 16 de diciembre de 1996, sobre el desplazamiento de trabajadores efectuado en el marco de una prestación de servicios (*DO* L 18, de 21-1-1997): «A fin de salvaguardar el derecho a las condiciones de trabajo y de empleo garantizadas en el artículo 3, se podrá entablar una acción judicial en el Estado miembro en cuyo territorio esté o haya estado desplazado el trabajador, sin perjuicio, en su caso, de la facultad de entablar una acción judicial en otro Estado, de conformidad con los convenios internacionales vigentes en materia de competencia judicial.» Téngase en cuenta asimismo el art. 16 y la Disp. Adic. 1.ª6 de la Ley 45/1999, de 29 de noviembre, sobre desplazamiento de trabajadores en el marco de una prestación de servicios transnacional (*BOE* de 30-11-1999):

«*Art. 16. Competencia.*—1. Los órganos jurisdiccionales españoles del orden social serán competentes para conocer de los litigios a los que se refiere el artículo anterior cuando el trabajador esté o haya estado desplazado temporalmente en España, de acuerdo con el artículo 25 de la Ley Orgánica 6/1985, de 1 de julio, del Poder Judicial, y sin perjuicio de la plena vigencia de los criterios de competencia que establecen el artículo 5.1 del Convenio relativo a la competencia judicial y a la resolución de resoluciones judiciales en materia civil y mercantil, firmado en Bruselas el 27 de septiembre de 1968, y el artículo 5.1 del Convenio relativo a la competencia judicial y a la ejecución de resoluciones judicial en materia civil y mercantil, firmado en Lugano el 16 de septiembre de 1988.

2. La competencia de los órganos jurisdiccionales españoles del orden social se determinará de acuerdo con las reglas contenidas en los artículos 6 a 10 de la Ley de Procedimiento Laboral.

Disp. Adic. 1.ª Desplazamientos de trabajadores en el marco de una prestación de servicios transnacional efectuados por empresas establecidas en España.—[...]

6. De acuerdo con la Ley Orgánica 6/1985, de 1 de julio, del Poder Judicial, los órganos jurisdiccionales españoles del orden social serán competentes para conocer de los litigios a que se refiere esta disposición adicional producidos con ocasión del desplazamiento, sin perjuicio de la posibilidad de entablar una acción judicial en el territorio del Estado miembro en el que esté o haya estado desplazado el trabajador, de conformidad con lo que dispongan al respecto las legislaciones nacionales por las que se dé aplicación a lo establecido en el artículo 6 de la Directiva 96/71/CE, del Parlamento Europeo y del Consejo de 16 de diciembre, sobre el desplazamiento de trabajadores efectuado en el marco de una prestación de servicios.»

la competencia quedará determinada por la presente sección, sin perjuicio del artículo 4 y del punto 5 del artículo 5.

2. Cuando un trabajador celebrare un contrato individual de trabajo con un empresario que no tuviere su domicilio en un Estado miembro, pero poseyere una sucursal, agencia o cualquier otro establecimiento en un Estado miembro, se considerará, para todos los litigios derivados de la explotación de la sucursal, agencia o establecimiento, que tiene su domicilio en dicho Estado miembro.

Art. 19. Los empresarios domiciliados en un Estado miembro podrán ser demandados:

1) ante los tribunales del Estado en que estuvieren domiciliados, o

2) en otro Estado miembro:

a) ante el tribunal del lugar en el que el trabajador desempeñare habitualmente su trabajo o ante el tribunal del último lugar en que lo hubiere desempeñado; o

b) si el trabajador no desempeñare o no hubiere desempeñado habitualmente su trabajo en un único Estado, ante el tribunal del lugar en que estuviere o hubiere estado situado el establecimiento que hubiere empleado al trabajador.

Art. 20. 1. Los empresarios sólo podrán demandar a los trabajadores ante el tribunal del Estado miembro en el que estos últimos tuvieren su domicilio.

2. Los dispuesto en la presente sección no afectará al derecho de presentar una reconvención ante el tribunal que entendiere de una demanda principal de conformidad con la presente sección.

Art. 21. Únicamente prevalecerán sobre las disposiciones de la presente sección los acuerdos atributivos de competencia:

1) posteriores al nacimiento del litigio, o

2) que permitieran al trabajador formular demandas ante tribunales distintos de los indicados en la presente sección.

SECCIÓN 6.ª

Competencias exclusivas

Art. 22. Son exclusivamente competentes, sin consideración del domicilio:

1) en materia de derechos reales inmobiliarios y de contratos de arrendamiento de bienes inmuebles, los tribunales del Estado miembro donde el inmueble se hallare sito.

No obstante, en materia de contratos de arrendamiento de bienes inmuebles celebrados para uso particular durante un plazo máximo de seis meses consecutivos, serán igualmente competentes los tribunales del Estado miembro donde estuviere domiciliado el demandado, siempre que el arrendatario fuere una persona física y que propietario y arrendatario estuvieren domiciliados en el mismo Estado miembro,

2) en materia de validez, nulidad o disolución de sociedades y personas jurídicas, así como en

materia de validez de las decisiones de sus órganos, los tribunales del Estado miembro en que la sociedad o persona jurídica estuviere domiciliada; para determinar dicho domicilio, el tribunal aplicará sus reglas de Derecho internacional privado,

3) en materia de validez de las inscripciones en los registros públicos, los tribunales del Estado miembro en que se encontrare el registro,

4) en materia de inscripciones o validez de patentes, marcas, diseños o dibujos y modelos, y demás derechos análogos sometidos a depósito o registro, los tribunales del Estado miembro en que se hubiere solicitado, efectuado o tenido por efectuado el depósito o registro en virtud de lo dispuesto en algún instrumento comunitario o en algún convenio internacional.

Sin perjuicio de la competencia de la Oficina Europea de Patentes según el Convenio sobre la patente europea, firmado en Múnich el 5 de octubre de 1973, los tribunales de cada Estado miembro serán los únicos competentes, sin consideración del domicilio, en materia de registro o validez de una patente europea expedida para dicho Estado,

5) en materia de ejecución de las resoluciones judiciales, los tribunales del Estado miembro del lugar de ejecución.

SECCIÓN 7.ª

Prórroga de la competencia

Art. 23. 1. Si las partes, cuando al menos una de ellas tuviere su domicilio en un Estado miembro, hubieren acordado que un tribunal o los tribunales de un Estado miembro fueren competentes para conocer de cualquier litigio que hubiere surgido o que pudiere surgir con ocasión de una determinada relación jurídica, tal tribunal o tales tribunales serán competentes. Esta competencia será exclusiva, salvo pacto en contrario entre las partes.

Tal acuerdo atributivo de competencia deberá celebrarse:

a) por escrito o verbalmente con confirmación escrita; o

b) en una forma que se ajustare a los hábitos que las partes tuvieren establecido entre ellas; o

c) en el comercio internacional, en una forma conforme a los usos que las partes conocieren o debieren conocer y que, en dicho comercio, fueren ampliamente conocidos y regularmente observados

---

Art. 22.4: Téngase en cuenta la existencia de regímenes de competencia especiales en las materias señaladas en la nota introductoria al Título II de este Reglamento. En este sentido, en materia de patente comunitaria vid. arts. 8.º, 55-58 y 66-68 del Convenio sobre patente comunitaria de 1989 y los arts. 13 y 14 [en relación con el art. 15.1.*d*)] y 28 del Protocolo sobre litigios en materia de violación y validez de patentes comunitarias de 1989. En materia de marca comunitaria vid. los arts. 91-105 del Reglamento CE 40/94 (*infra* núm. 134). En materia de protección comunitaria de obtenciones vegetales, vid. los arts. 101-106 del Reglamento CE 2100/94 (*infra* núm. 135).

por las partes en los contratos del mismo tipo en el sector comercial considerado.

2. Se considerará hecha por escrito toda transmisión efectuada por medios electrónicos que proporcione un registro duradero del acuerdo.

3. Cuando ninguna de las partes que hubieren celebrado un acuerdo de este tipo estuviere domiciliada en un Estado miembro, los tribunales de los demás Estados miembros sólo podrán conocer del litigio cuando el tribunal o los tribunales designados hubieren declinado su competencia.

4. El tribunal o los tribunales de un Estado miembro a los que el documento constitutivo de un trust hubiere atribuido competencia serán exclusivamente competentes para conocer de una acción contra el fundador, el trustee o el beneficiario de un trust si se tratare de relaciones entre personas o de sus derechos u obligaciones en el marco del trust.

5. No surtirán efecto los acuerdos atributivos de competencia ni las estipulaciones similares de documentos constitutivos de un trust si fueren contrarios a las disposiciones de los artículos 13, 17 y 21 o si excluyeren la competencia de tribunales exclusivamente competentes en virtud del artículo 22.

Art. 24. *Con independencia* de los casos en los que su competencia resultare de otras disposiciones del presente Reglamento, será competente el tribunal de un Estado miembro ante el que compareciere el demandado. Esta regla no será de aplicación si la comparecencia tuviere por objeto impugnar la competencia o si existiere otra jurisdicción exclusivamente competente en virtud del artículo 22.

SECCIÓN 8.ª

Comprobación de la competencia judicial y de la admisibilidad

Art. 25. El tribunal de un Estado miembro, que conociere a título principal de un litigio para el que los tribunales de otro Estado miembro fueren exclusivamente competentes en virtud del artículo 22, se declarará de oficio incompetente.

Art. 26. 1. Cuando una persona domiciliada en un Estado miembro fuere demandada ante un tribunal de otro Estado miembro y no compareciere, dicho tribunal se declarará de oficio incompetente si su competencia no estuviere fundamentada en las disposiciones del presente Reglamento.

2. Este tribunal estará obligado a suspender el procedimiento en tanto no se acreditare que el demandado ha podido recibir el escrito de demanda o documento equivalente con tiempo suficiente para defenderse o que se ha tomado toda diligencia a tal fin.

3. El artículo 19 del Reglamento (CE) n.º 1348/2000 del

Art. 26.3: Vid. *infra* núm. 13.

Consejo, de 29 de marzo de 2000, relativo a la notificación y al traslado en los Estados miembros de documentos judiciales y extrajudiciales en materia civil o mercantil[10] será de aplicación en lugar de lo dispuesto en el apartado 2 si el escrito de demanda o documento equivalente hubiere de ser remitido de un Estado miembro a otro en virtud de dicho Reglamento.

4. Cuando no sea de aplicación lo dispuesto en el Reglamento (CE) n.º 1348/2000 será aplicable el artículo 15 del Convenio de La Haya, de 15 de noviembre de 1965, relativo a la notificación o traslado en el extranjero de documentos judiciales y extrajudiciales en materia civil o comercial si el escrito de demanda o documento equivalente hubiere de ser remitido en virtud de dicho Convenio.

SECCIÓN 9.ª

Litispendencia y conexidad

Art. 27. 1. Cuando se formularen demandas con el mismo objeto y la misma causa entre las mismas partes ante tribunales de Estados miembros distintos, el tribunal ante el que se formulare la segunda demanda suspenderá de oficio el procedimiento en tanto no se declarare competente el tribunal ante el que se interpuso la primera.

2. Cuando el tribunal ante el que se interpuso la primera demanda se declarare competente, el tribunal ante el que se interpuso la segunda se inhibirá en favor de aquél.

Art. 28. 1. Cuando demandas conexas estuvieren pendientes ante tribunales de Estados miembros diferentes, el tribunal ante el que se hubiere presentado la demanda posterior podrá suspender el procedimiento.

2. Cuando tales demandas conexas estuvieren pendientes en primera instancia, cualquier tribunal ante el que se hubiere presentado la demanda posterior podrá de igual modo inhibirse, a instancia de una de las partes, a condición de que el tribunal ante el que se hubiere presentado la primera demanda fuere competente para conocer de las demandas de que se trate y de que su ley permita su acumulación.

3. Se considerarán conexas, a los efectos del presente artículo, las demandas vinculadas entre sí por una relación tan estrecha que sería oportuno tramitarlas y juzgarlas al mismo tiempo a fin de evitar resoluciones que podrían ser inconciliables si los asuntos fueren juzgados separadamente.

Art. 29. Cuando en demandas sobre un mismo asunto los tribunales de varios Estados miembros se declararen exclusivamente competentes, el desistimiento se llevará a cabo en favor del tribunal ante el que se hubiere presentado la primera demanda.

[10] *DO* L 160, de 30-6-2000.

Art. 26.4: Vid. *infra* núm. 17.

Art. 30. A efectos de la presente sección, se considerará que un tribunal conoce de un litigio:

1) desde el momento en que se le hubiere presentado el escrito de demanda o documento equivalente, a condición de que posteriormente el demandante no hubiere dejado de tomar todas las medidas que se le exigieren para que se entregare al demandado la cédula de emplazamiento, o

2) si dicho documento hubiere de notificarse al demandado antes de su presentación al tribunal, en el momento en que lo recibiere la autoridad encargada de la notificación, a condición de que posteriormente el demandante no hubiere dejado de tomar todas las medidas que se le exigieren para presentar el documento al tribunal.

SECCIÓN 10.ª

Medidas provisionales y cautelares

Art. 31. Podrán solicitarse medidas provisionales o cautelares previstas por la ley de un Estado miembro a las autoridades judiciales de dicho Estado, incluso si, en virtud del presente Reglamento, un tribunal de otro Estado miembro fuere competente para conocer sobre el fondo.

CAPÍTULO III*

RECONOCIMIENTO Y EJECUCIÓN

Art. 32. Se entenderá por «resolución», a los efectos del presente Reglamento, cualquier decisión adoptada por un tribunal de un Estado miembro con independencia de la denominación que recibiere, tal como auto, sentencia, providencia o mandamiento de ejecución, así como el acto por el cual el secretario judicial liquidare las costas del proceso.

SECCIÓN 1.ª

Reconocimiento

Art. 33. 1. Las resoluciones dictadas en un Estado miembro serán reconocidas en los demás Estados miembros, sin que fuere necesario recurrir a procedimiento alguno.

2. En caso de oposición, cualquier parte interesada que invocare el reconocimiento a título principal podrá solicitar, por el procedimiento previsto en las secciones

* En materia de resoluciones relativas a patentes comunitarias téngase en cuenta los arts. 66, 69 y 70 del Convenio sobre patente comunitaria de 1989 y los arts. 13, 20 y 25 del Protocolo sobre litigios en materia de violación y validez de patentes comunitarias de 1989. En materia de marca comunitaria vid. art. 90 del Reglamento CE 40/94 (*infra* núm. 134). En materia de obtenciones vegetales vid. art. 101 del Reglamento CE 2100/94 (*infra* núm. 135).

2 y 3 del presente capítulo, que se reconozca la resolución.

3. Si el reconocimiento se invocare como cuestión incidental ante un tribunal de un Estado miembro, dicho tribunal será competente para entender del mismo.

Art. 34. Las decisiones no se reconocerán:

1) si el reconocimiento fuere manifiestamente contrario al orden público del Estado miembro requerido,

2) cuando se dictaren en rebeldía del demandado, si no hubiere entregado al mismo la cédula de emplazamiento o documento equivalente de forma tal y con tiempo suficiente para que pudiera defenderse, a menos que no hubiere recurrido contra dicha resolución cuando hubiera podido hacerlo,

3) si la resolución fuere inconciliable con una resolución dictada entre las mismas partes en el Estado miembro requerido,

4) si la resolución fuere inconciliable con una resolución dictada con anterioridad en otro Estado miembro o un Estado tercero entre las mismas partes en un litigio que tuviere el mismo objeto y la misma causa, cuando esta última resolución reuniere las condiciones necesarias para su reconocimiento en el Estado miembro requerido.

Art. 35. 1. Asimismo, no se reconocerán las resoluciones si se hubieren desconocido las disposiciones de las secciones 3, 4 y 6 del capítulo II, o en el caso previsto en el artículo 72.

2. En la apreciación de las competencias mencionadas en el párrafo anterior, el tribunal requerido quedará vinculado por las apreciaciones de hecho sobre las cuales el tribunal del Estado miembro de origen hubiere fundamentado su competencia.

3. Sin perjuicio de lo dispuesto en el apartado 1, no podrá procederse a la fiscalización de la competencia del tribunal del Estado miembro de origen. El orden público contemplado en el punto 1 del artículo 34 no afectará a las reglas relativas a la competencia judicial.

Art. 36. La resolución extranjera en ningún caso podrá ser objeto de una revisión en cuanto al fondo.

Art. 37. 1. El tribunal de un Estado miembro ante el que se hubiere solicitado el reconocimiento de una resolución dictada en otro Estado miembro podrá suspender el procedimiento si dicha resolución fuere objeto de un recurso ordinario.

2. El tribunal de un Estado miembro ante el que se hubiere invocado el reconocimiento de

---

Art. 34.2: El texto que se incluye es la versión revisada después de la corrección de errores, publicada en el *DO* L 176, de 5 de julio de 2002, ya que la versión española, a diferencia de otras versiones lingüísticas, decía: «o documento equivalente de forma *regular* y con tiempo suficiente para...».

una resolución dictada en Irlanda o en el Reino Unido y cuya ejecución hubiere quedado en suspenso en el Estado miembro de origen por haberse interpuesto un recurso podrá suspender el procedimiento.

SECCIÓN 2.ª

Ejecución

Art. 38. 1. Las resoluciones dictadas en un Estado miembro que allí fueren ejecutorias se ejecutarán en otro Estado miembro cuando, a instancia de cualquier parte interesada, se hubiere otorgado su ejecución en este último.

2. No obstante, en el Reino Unido, esas resoluciones se ejecutarán en Inglaterra y el País de Gales, en Escocia o en Irlanda del Norte, previo registro con fines de ejecución, a instancia de la parte interesada, en una u otra de esas partes del Reino Unido, según el caso.

Art. 39. 1. La solicitud se presentará ante los tribunales o las autoridades competentes indicados en la lista que figura en el anexo II del presente Reglamento.

2. La competencia territorial se determinará por el domicilio de la parte contra la que solicitare la ejecución o por el lugar de ejecución.

Art. 40. 1. Las modalidades de presentación de la solicitud se determinarán con arreglo a la ley del Estado miembro en el que se solicitare la ejecución.

2. El solicitante deberá elegir domicilio para notificaciones en un lugar que correspondiere a la competencia del tribunal o de la autoridad que conociere de la solicitud. No obstante, si la ley del Estado miembro en el que se solicitare la ejecución no conociere la elección de domicilio, el solicitante designará un mandatario *ad litem*.

3. Se adjuntarán a la solicitud los documentos mencionados en el artículo 53.

Art. 41. Se otorgará inmediatamente la ejecución de la resolución una vez cumplidas las formalidades previstas en el artículo 53, sin proceder a ningún examen de acuerdo con los artículos 34 y 35. La parte contra la cual se solicitare la ejecución no podrá, en esta fase del procedimiento, formular observaciones.

Art. 42. 1. La resolución dictada sobre la solicitud de otorgamiento de la ejecución se pondrá de inmediato en conocimiento del solicitante de conformidad con las modalidades determinadas por la ley del Estado miembro requerido.

2. El otorgamiento de la ejecución se notificará a la parte contra la que solicitare la ejecución, adjuntándose la resolución, si ésta no hubiere sido ya notificada a dicha parte.

Art. 43. 1. La resolución sobre la solicitud de ejecución podrá ser recurrida por cualquiera de las partes.

2. El recurso se interpondrá ante los tribunales indicados en la lista que figura en el anexo III del presente Reglamento.

3. El recurso se sustanciará según las normas que rigen el procedimiento contradictorio.

4. En el caso de incomparecencia de la parte contra la que se solicitare la ejecución ante el tribunal que conociere de un recurso, se aplicarán las disposiciones establecidas en los apartados 2 a 4 del artículo 26 aunque dicha parte no estuviere domiciliada en uno de los Estados miembros.

5. El recurso contra el otorgamiento de la ejecución se interpondrá dentro del plazo de un mes a partir de la fecha de notificación. Si la parte contra la que se solicitare la ejecución estuviere domiciliada en un Estado miembro distinto de aquel en el que se hubiere otorgado la ejecución, el plazo será de dos meses y correrá a partir de la fecha de notificación, tanto si ésta se hizo en persona como en su domicilio. Dicho plazo no admitirá prórroga en razón de la distancia.

Art. 44. La resolución que decidiere sobre el recurso sólo podrá ser objeto de los recursos previstos en el anexo IV.

Art. 45. 1. El tribunal que conociere del recurso previsto en los artículos 43 ó 44 sólo podrá desestimar o revocar el otorgamiento de la ejecución por uno de los motivos previstos en los artículos 34 y 35. Se pronunciará en breve plazo.

2. La resolución del Estado miembro de origen en ningún caso podrá ser objeto de una revisión en cuanto al fondo.

Art. 46. 1. El tribunal que conociere del recurso previsto en los artículos 43 ó 44 podrá, a instancia de la parte contra la que se solicitare la ejecución, suspender el procedimiento si la resolución extranjera hubiese sido objeto de recurso ordinario en el Estado miembro de origen o si el plazo para interponerlo no hubiese expirado; en este último caso, el tribunal podrá especificar el plazo en el que deba interponerse dicho recurso.

2. Cuando la resolución se hubiere dictado en Irlanda o en el Reino Unido, cualquier recurso previsto en el Estado miembro en el que se dictó será considerado recurso ordinario a los efectos de la aplicación del apartado 1.

3. Dicho tribunal podrá igualmente subordinar la ejecución a la constitución de una garantía que él mismo determinará.

Art. 47. 1. Cuando debiere reconocerse una resolución con arreglo al presente Reglamento, nada impedirá al solicitante instar la adopción de medidas provisionales, incluidas las medidas cautelares, de conformidad con la legislación del Estado miembro requerido, sin que resulte necesario el otorgamiento de la ejecución conforme al artículo 41.

2. El otorgamiento de la ejecución incluirá la autorización

para adoptar cualesquiera medidas cautelares.

3. Durante el plazo del recurso previsto en el apartado 5 del artículo 43 contra el otorgamiento de la ejecución y hasta que se hubiere resuelto sobre el mismo, solamente se podrán adoptar medidas cautelares sobre los bienes de la parte contra la que se hubiere solicitado la ejecución.

Art. 48. 1. Cuando la resolución del Estado miembro de origen se hubiere pronunciado sobre varias pretensiones de la demanda y el otorgamiento de la ejecución no pudiere concederse para la totalidad de ellas, el tribunal o la autoridad competente concederá la ejecución para una o varias de ellas.

2. El solicitante podrá instar una ejecución parcial.

Art. 49. Las resoluciones extranjeras que condenaren al pago de multas coercitivas solamente podrán ejecutarse en el Estado miembro requerido cuando la cuantía hubiere sido fijada definitivamente por el tribunal del Estado miembro de origen.

Art. 50. El solicitante que en el Estado miembro de origen hubiere obtenido total o parcialmente el beneficio de justicia gratuita o una exención de costas y gastos gozará, en el *procedimiento* previsto en la presente sección, del beneficio de justicia gratuita más favorable o de la exención más amplia prevista por el Derecho del Estado miembro requerido.

Art. 51. A la parte que instare en un Estado miembro la ejecución de una resolución dictada en otro Estado miembro no podrá exigírsele caución o depósito alguno, sea cual fuere su denominación, por su condición de extranjero o por no estar domiciliado o no ser residente en el Estado miembro requerido.

Art. 52. El Estado miembro requerido no percibirá impuesto, derecho ni tasa alguna, proporcional al valor del litigio, en los procedimientos relativos al otorgamiento de la ejecución.

SECCIÓN 3.ª

Disposiciones comunes

Art. 53. 1. La parte que invocare el reconocimiento o solicitare el otorgamiento de la ejecución de una resolución deberá presentar una copia auténtica de dicha resolución.

2. La parte que solicitare el otorgamiento de la ejecución deberá presentar asimismo la certificación a la que se refiere el artículo 54, sin perjuicio de lo dispuesto en el artículo 55.

Art. 54. El tribunal o la autoridad competente del Estado miembro en el que se hubiere dictado una resolución expedirá, a instancia de cualquier parte interesada, una certificación conforme al formulario normalizado que figura en el anexo V del presente Reglamento.

Art. 55. 1. De no presentarse la certificación a la que se refiere el artículo 54, el tribunal o la autoridad competente podrán fijar un plazo para su presentación, aceptar documentos equivalentes o dispensar de ellos si considerase que dispone de suficiente información.

2. Si el tribunal o la autoridad competente lo exigiere, se presentará una traducción de los documentos. La traducción estará certificada por una persona autorizada a tal fin en uno de los Estados miembros.

Art. 56. No se exigirá legalización ni formalidad análoga alguna en lo que se refiriese a los documentos mencionados en el artículo 53, o en el apartado 2 del artículo 55, ni, en su caso, el poder para pleitos.

CAPÍTULO IV

DOCUMENTOS PÚBLICOS CON FUERZA EJECUTIVA Y TRANSACCIONES JUDICIALES

Art. 57. 1. Los documentos públicos con fuerza ejecutiva, formalizados en un Estado miembro, serán declarados ejecutorios, a instancia de parte, en otro Estado miembro, con arreglo al procedimiento previsto en los artículos 38 y siguientes. El tribunal ante el que se presentare un recurso con arreglo a los artículos 43 ó 44 sólo desestimará o revocará el otorgamiento de la ejecución cuando la ejecución del documento fuere manifiestamente contraria al orden público del Estado miembro requerido.

2. También se considerarán documentos públicos con fuerza ejecutiva, en el sentido del apartado 1, los acuerdos en materia de obligaciones alimentarias celebrados ante las autoridades administrativas o formalizados por las mismas.

3. El documento presentado deberá reunir las condiciones necesarias de autenticidad en el Estado miembro de origen.

4. Serán aplicables, en la medida en que fuere necesario, las disposiciones de la sección 3 del capítulo III. La autoridad competente del Estado miembro en el que se hubiere formalizado el documento público con fuerza ejecutiva expedirá, a instancia de cualquier parte interesada, una certificación conforme al formulario normalizado que figura en el anexo VI del presente Reglamento.

Art. 58. Las transacciones celebradas ante el tribunal durante un proceso y ejecutorias en el Estado miembro de origen serán ejecutorias en el Estado miembro requerido, en las mismas condiciones que los documentos públicos con fuerza ejecutiva. El tribunal o la autoridad competente del Estado miembro en el que se haya celebrado la transaccción expedirá, a instancia de cualquier parte interesada, una certificación conforme al formulario normalizado que figura en el anexo V del presente Reglamento.

CAPÍTULO V

Disposiciones generales

Art. 59. 1. Para determinar si una parte está domiciliada en el Estado miembro cuyos tribunales conocieren del asunto, el tribunal aplicará su ley interna.

2. Cuando una parte no estuviere domiciliada en el Estado miembro cuyos tribunales conocieren del asunto, el tribunal, para determinar si dicha parte lo está en otro Estado miembro, aplicará la ley de dicho Estado miembro.

Art. 60. 1. A efectos del presente Reglamento, se entenderá que una sociedad u otra persona jurídica está domiciliada en el lugar en que se encuentre:

a) su sede estatutaria;
b) su administración central;
c) su centro de actividad principal.

2. Para el Reino Unido y para Irlanda, la expresión «sede estatutaria» se equipará al *registered office* y, en caso de que en ningún lugar exista una *registered office* al *place of incorporation* (lugar de constitución) o, a falta de tal lugar, el lugar conforme a cuya legislación se hubiere efectuado la *formation* (creación) de la sociedad o persona jurídica.

3. *Para determinar si un trust* está domiciliado en el Estado contratante cuyos tribunales conocen del asunto, el tribunal aplicará las reglas de su Derecho internacional privado.

Art. 61. Sin perjuicio de las disposiciones nacionales más favorables, las personas domiciliadas en un Estado miembro y perseguidas por infracciones involuntarias ante los órganos jurisdiccionales sancionadores de otro Estado miembro del que no fueren nacionales podrán, aunque no comparecieren personalmente, defenderse por medio de las personas autorizadas a tal fin. No obstante, el tribunal que conociere del asunto podrá ordenar la comparecencia personal; si ésta no tuviere lugar, la resolución dictada sobre la acción civil sin que la persona encausada hubiere tenido la posibilidad de defenderse podrá no ser reconocida ni ejecutada en los demás Estados miembros.

Art. 62. En Suecia, en los procedimientos sumarios de requerimiento de pago (*betalningsföreläggande*) y de solicitud de ayuda (*handräckning*), los términos «juez», «tribunal» y «jurisdicción» comprenderán el Servicio público sueco de cobro forzoso (*kronofogdemyndighet*).

Art. 63. 1. Una persona domiciliada en el territorio de Luxemburgo y demandada ante el tribunal de otro Estado miembro en aplicación del apartado 1 del artículo 5, con arreglo a compromisos internacionales que vinculen a Luxemburgo con dicho Estado miembro, podrá rechazar la competencia de este tribunal cuando el lugar final de entrega de la mercancía o del servicio estuviere situado en Luxemburgo.

2. Cuando en aplicación del apartado 1, el lugar final de entrega de la mercancía o del servicio estuviere situado en Luxemburgo, cualquier acuerdo atributivo de competencia deberá, para ser válido, celebrarse por escrito o verbalmente con confirmación escrita, según el sentido de la letra *a*) del apartado 1 del artículo 23.

3. Las disposiciones del presente artículo no serán aplicables a los contratos relativos a servicios financieros.

4. Las disposiciones del presente artículo serán aplicables durante un período de seis años a partir de la entrada en vigor del presente Reglamento.

Art. 64. 1. En los litigios entre el capitán y un miembro de la tripulación de un buque matriculado en Grecia o Portugal, relativos a las remuneraciones o a las demás condiciones del servicio, los tribunales de un Estado contratante deberán comprobar si el agente diplomático o funcionario consular competente respecto al buque ha sido informado de litigio. Podrán pronunciarse desde el momento en que se haya informado a dicho agente.

2. Las disposiciones del presente artículo serán aplicables durante un período de seis años a partir de la entrada en vigor del presente Reglamento.

Art. 65. 1. La competencia judicial prevista en el punto 2 del artículo 6 y en el artículo 11 para la demanda sobre obligaciones de garantía o para la intervención de terceros en el proceso no podrá ser invocada ni en Alemania ni en Austria ni en Hungría. Toda persona domiciliada en otro Estado miembro podrá ser demandada ante los tribunales de:

a) Alemania, en aplicación de los artículos 68, 72, 73 y 74 de la Ley de Enjuiciamiento Civil (*Zivilprozessordnung*) sobre la litis denuntiatio;

b) Austria, de conformidad con el artículo 21 de la Ley de Enjuiciamiento Civil (*Zivilprozessordnung*) sobre la litis denuntiatio.

c) Hungría, en aplicación de los artículos 58 a 60 de la Ley de Enjuiciamiento Civil (*Polgári perrendtartás*) sobre la litis denuntiatio.

Art. 63.4: Téngase en cuenta la Declaración conjunta del Gran Ducado de Luxemburgo y de la Comisión, no publicada, relativa al llamado «privilegio luxemburgués»:

«El Gobierno del Gran Ducado de Luxemburgo se compromete a actuar con diligencia durante el plazo previsto en el apartado 4 del artículo 63 para preparar a los agentes económicos del Gran Ducado de Luxemburgo a que se adapten a la nueva realidad derivada de lo previsto en el punto 1 del artículo 5 y en el artículo 23 del reglamento.

La Comisión se compromete a examinar más especialmente en su informe relativo a la aplicación del reglamento, previsto en el artículo 73, la evolución de la situación en Luxemburgo. A la vista de ese informe la Comisión tomará las iniciativas que resulten necesarias para que el Consejo pueda tomar una decisión antes de que transcurra el plazo señalado en el apartado 4 del artículo 63.»

2. Las resoluciones dictadas en los demás Estados miembros en virtud del punto 2 del artículo 6 y el artículo 11 se reconocerán en Alemania, en Austria y en Hungría con arreglo a lo dispuesto en el capítulo III. Los efectos producidos frente a terceros, conforme al apartado 1, por resoluciones dictadas en estos Estados también se reconocerán en los demás Estados miembros.

CAPÍTULO VI

Disposiciones transitorias

Art. 66. 1. Las disposiciones del presente Reglamento solamente serán aplicables a las acciones judiciales ejercitadas y a los documentos públicos con fuerza ejecutiva formalizados con posterioridad a la entrada en vigor del presente Reglamento.

2. No obstante, las resoluciones dictadas después de la fecha de entrada en vigor del presente Reglamento como consecuencia de acciones ejercitadas en el Estado miembro de origen con anterioridad a esta fecha serán reconocidas y ejecutadas con arreglo a las disposiciones del capítulo III,

a) si la acción se hubiere ejercitado en el Estado miembro de origen tras la entrada en vigor del Convenio de Bruselas o del Convenio de Lugano en el Estado miembro de origen *y en el Estado* miembro requerido;

b) en todos los demás casos, si las reglas de competencia aplicadas se ajustaren a las previstas en el capítulo II o en un convenio en vigor entre el Estado miembro de origen y el Estado miembro requerido al ejercitarse la acción.

CAPÍTULO VII

Relaciones con otros instrumentos

Art. 67. El presente Reglamento no prejuzgará la aplicación de las disposiciones que, en materias particulares, regularen la competencia judicial, el reconocimiento o la ejecución de las resoluciones contenidas en los actos comunitarios o en las legislaciones nacionales armonizadas en ejecución de dichos actos.

Art. 68. 1. El presente Reglamento sustituirá, entre los Estados miembros, a las disposiciones del Convenio del Bruselas de 1968, salvo en lo que respecta a los territorios de los Estados miembros comprendidos en el ámbito de aplicación territorial de dicho Convenio y que están excluidos del presente Reglamento en virtud del artículo 299 del Tratado constitutivo de la Comunidad Europea.

2. En la medida en que el presente Reglamento sustituye entre los Estados miembros a las disposiciones del Convenio de Bruselas de 1968, se entenderá que toda remisión a dicho Convenio se refiere al presente Reglamento.

Art. 67: Vid. arts. 11, 65 y 73.

Art. 69. Sin perjuicio de lo dispuesto en el apartado 2 del artículo 66, y en el artículo 70, el presente Reglamento sustituirá, entre los Estados miembros, a los Convenios y al Tratado siguientes:

— el Convenio entre Bélgica y Francia sobre competencia judicial y sobre valor y ejecución de las resoluciones judiciales, laudos arbitrales y documentos públicos con fuerza ejecutiva, firmado en París el 8 de julio de 1899,

— el Convenio entre Bélgica y los Países Bajos sobre competencia judicial territorial, quiebra, y sobre valor y ejecución de resoluciones judiciales, laudos arbitrales y documentos públicos con fuerza ejecutiva, firmado en Bruselas el 28 de marzo de 1925,

— el Convenio entre Francia e Italia sobre ejecución de resoluciones judiciales en materia civil y mercantil, firmado en Roma el 3 de junio de 1930,

— el Convenio entre el Reino Unido y Francia sobre ejecución recíproca de sentencias en materia civil y mercantil, acompañado de un Protoclo, firmado en París el 18 de enero de 1934,

— el Convenio entre el Reino Unido y Bélgica sobre la ejecución recíproca de sentencias en materia civil y mercantil, acompañado de un Protocolo, firmado en Bruselas el 2 de mayo de 1934,

— el Convenio entre Alemania e Italia sobre reconocimiento y ejecución de resoluciones judiciales en materia civil y mercantil, firmado en Roma el 9 de marzo de 1936,

— el Convenio entre Bélgica y Austria sobre reconocimiento y ejecución recíprocos de resoluciones judiciales y documentos públicos con fuerza ejecutiva en materia de obligaciones alimentarias, firmado en Viena el 25 de octubre de 1957,

— el Convenio entre Alemania y Bélgica relativo al conocimiento y la ejecución recíprocos en materia civil y mercantil de las resoluciones judiciales, laudos arbitrales y documentos públicos con fuerza ejecutiva, firmado en Bonn el 30 de junio de 1958,

— el Convenio entre los Países Bajos e Italia sobre reconocimiento y ejecución de resoluciones judiciales en materia civil y mercantil firmado en Roma el 17 de abril de 1959,

— el Convenio entre Alemania y Austria sobre reconocimiento y ejecución recíprocos de las resoluciones y las transacciones judiciales, y de los documentos públicos con fuerza ejecutiva en materia civil y mercantil, firmado en Viena el 6 de junio de 1959,

— el Convenio entre Bélgica y Austria sobre reconocimiento y ejecución recíprocos de resoluciones judiciales, laudos arbitrales y documentos públicos con fuerza ejecutiva en materia civil y mercantil, firmado en Viena el 16 de junio de 1959,

— el Convenio entre el Reino Unido y la República Federal de Alemania sobre el reconocimiento y la ejecución recíproca de sentencias en materia civil y mercantil, firmado en Bonn el 14 de julio de 1960,

— el Convenio entre el Reino Unido y Austria sobre reconocimiento y ejecución recíprocos de resoluciones judiciales en materia civil y mercantil, firmado en Viena el 14 de julio de 1961, acompañado de un Protocolo firmado en Londres el 6 de marzo de 1970,

— el Convenio entre Grecia y Alemania relativo al reconocimiento y la ejecución recíprocos de resoluciones judiciales, transacciones judiciales y documentos públicos con fuerza ejecutiva en materia civil y mercantil, firmado en Atenas el 4 de noviembre de 1961,

— el Convenio entre Bélgica e Italia relativo al reconocimiento y la ejecución de resoluciones judiciales y otros títulos ejecutivos en materia civil y mercantil, firmado en Roma el 6 de abril de 1962,

— el Convenio entre los Países Bajos y Alemania sobre reconocimiento y ejecución mutuos de resoluciones judiciales y otros títulos ejecutivos civil y mercantil, firmado en La Haya el 30 de agosto de 1962,

— el Convenio entre los Países Bajos y Austria sobre reconocimiento y ejecución recíprocos de resoluciones judiciales y documentos públicos con fuerza ejecutiva en materia civil y mercantil, firmado en La Haya el 6 de febrero de 1963,

— el Convenio entre el Reino Unido y la República Italiana sobre *el reconocimiento* y la ejecución recíprocos de sentencias en materia civil y mercantil, firmado en Roma el 14 de julio de 1970,

— el Convenio entre Francia y Austria sobre reconocimiento y ejecución de resoluciones judiciales y documentos públicos con fuerza ejecutiva en materia civil y mercantil, firmado en Viena el 15 de julio de 1966,

— el Convenio entre el Reino Unido y el Reino de los Países Bajos sobre el reconocimiento y la ejecución recíproca de sentencias en materia civil, firmado en La Haya el 17 de noviembre de 1967,

— el Convenio entre España y Francia sobre reconocimiento de decisiones judiciales y arbitrales y actas auténticas en materia civil y mercantil, firmado en París el 28 de mayo de 1969,

— el Convenio entre Luxemburgo y Austria sobre reconocimiento y ejecución de resoluciones judiciales y documentos públicos con fuerza ejecutiva en materia civil y mercantil, firmado en Luxemburgo el 29 de julio de 1971,

— el Convenio entre Italia y Austria sobre reconocimiento y ejecución recíprocos de resoluciones y transacciones judiciales y de documentos públicos con fuerza ejecutiva en materia civil y mercantil, firmado en Roma el 16 de noviembre de 1971,

— el Convenio entre España e Italia sobre asistencia judicial y reconocimiento y ejecución de resoluciones judiciales en materia civil y mercantil, firmado en Madrid el 22 de mayo de 1973,

— el Convenio entre Dinamarca, Finlandia, Islandia, Noruega y Suecia sobre reconocimiento y ejecución de resoluciones judiciales en materia civil, firmado en Copenhague el 11 de octubre de 1977,

— el Convenio entre Suecia y Austria sobre reconocimiento y ejecución de resoluciones judiciales en materia civil, firmado en Estocolmo el 16 de septiembre de 1982,

— el Convenio entre España y Alemania sobre reconocimiento y ejecución de resoluciones judiciales, transacciones judiciales y documentos públicos con fuerza ejecutiva en materia civil y mercantil, firmado en Bonn el 14 de noviembre de 1983,

— el Convenio entre España y Austria sobre reconocimiento y ejecución recíprocos de resoluciones y transacciones judiciales y documentos públicos con fuerza ejecutiva en materia civil y mercantil firmado en Viena el 17 de febrero de 1984,

— el Convenio entre Finlandia y Austria sobre reconocimiento y ejecución de resoluciones judiciales en materia civil, firmado en Viena el 17 de noviembre de 1986, y

— el Tratado entre Bélgica, los Países Bajos y Luxemburgo sobre competencia judicial, quiebra y valor y ejecución de resoluciones judiciales, laudos arbitrales y documentos públicos con fuerza ejecutiva, firmado en Bruselas el 24 de noviembre de 1961, en tanto esté en vigor.

— el Convenio entre la República Checoslovaca y Portugal sobre reconocimiento y ejecución de resoluciones judiciales, firmado en Lisboa el 23 de noviembre de 1927, aún en vigor entre la República Checa y Portugal,

— el Convenio entre la República Popular Federativa de Yugoslavia y la República de Austria sobre cooperación judicial mutua, firmado en Viena el 16 de diciembre de 1954,

— el Convenio entre la República Popular de Polonia y la República Popular de Hungría sobre asistencia judicial en materia civil, familiar y penal, firmado en Budapest el 6 de marzo de 1959,

— el Convenio entre la República Popular Federativa de Yugoslavia y el Reino de Grecia sobre reconocimiento mutuo y ejecución de resoluciones judiciales, firmado en Atenas el 18 de junio de 1959,

— el Convenio entre la República Popular de Polonia y la República Popular Federativa de Yugoslavia sobre asistencia judicial en materia civil y penal, firmado en Varsovia el 6 de febrero de 1960, actualmente en vigor entre Polonia y Eslovenia,

— el Acuerdo entre la República Popular Federativa de Yugoslavia y la República de Austria sobre reconocimiento mutuo y ejecución de laudos arbitrales y convenios arbitrales en materia mercantil, firmado en Belgrado el 18 de marzo de 1960,

— el Acuerdo entre la República Popular Federativa de Yugoslavia y la República de Austria sobre reconocimiento mutuo y ejecución de decisiones relativas a la pensión alimenticia, firmado en Viena el 10 de octubre de 1961,

— el Convenio entre Polonia y Austria sobre relaciones mutuas en materia civil y sobre documentación, firmado en Viena el 11 de diciembre de 1963,

— el Tratado entre la República Socialista de Checoslovaquia y la República Federativa Socialista de Yugoslavia sobre conciliación de relaciones jurídicas en materia civil, familiar y penal, firmado en Belgrado el 20 de enero de 1964, aún en vigor entre la República Checa, Eslovaquia y Eslovenia,

— el Convenio entre Polonia y Francia sobre el Derecho aplicable, la competencia judicial y la ejecución de resoluciones judiciales en el ámbito del Derecho de las personas y el Derecho de familia, celebrado en Varsovia el 5 de abril de 1967,

— el Convenio entre los Gobiernos de Yugoslavia y Francia sobre el reconocimiento y la ejecución de resoluciones judiciales en materia civil y mercantil, firmado en París el 18 de mayo de 1971,

— el Convenio entre la República Federativa Socialista de Yugoslavia y el Reino de Bélgica sobre reconocimiento y ejecución de resoluciones judiciales relativas a la pensión alimenticia, firmado en Belgrado el 12 de diciembre de 1973,

— el Convenio entre Hungría y Grecia sobre asistencia judicial en materia civil y penal, firmado en Budapest el 8 de octubre de 1979,

— el Convenio entre Polonia y Grecia sobre asistencia judicial en materia civil y penal, firmado en Atenas el 24 de octubre de 1979,

— el Convenio entre Hungría y Francia sobre asistencia judicial en cuestiones de Derecho civil y de familia, reconocimiento y ejecución de resoluciones judiciales y asistencia judicial en materia penal y extradición, firmado en Budapest el 31 de julio de 1980,

— el Tratado entre la República Socialista de Checoslovaquia y la República Helénica sobre asistencia judicial en materia civil y penal, firmado en Atenas el 22 de octubre de 1980, aún en vigor entre la República Checa, Eslovaquia y Grecia,

— el Convenio entre la República de Chipre y la República Popular de Hungría sobre asistencia judicial en materia civil y penal, firmado en Nicosia el 30 de noviembre de 1981,

— el Tratado entre la República Socialista de Checoslovaquia y la República de Chipre sobre asistencia judicial en materia civil y penal, firmado en Nicosia el 23 de abril de 1982, aún en vigor entre la República Checa, Eslovaquia y Chipre,

— el Acuerdo entre la República de Chipre y la República de Grecia sobre cooperación judicial en cuestiones de Derecho civil, de familia, mercantil y penal, firmado en Nicosia el 5 de marzo de 1984,

— el Tratado entre el Gobierno de la República Socialista de Checoslovaquia y el Gobierno de la República Francesa sobre asistencia judicial y reconocimiento y ejecución de sentencias en materia civil, familiar y mercantil, firmado en París el 10 de mayo de 1984, aún en vigor entre la República Checa, Eslovaquia y Francia,

— el Acuerdo entre la República de Chipre y la República Federativa Socialista de Yugoslavia sobre asistencia judicial en materia civil y penal, firmado en Nicosia el 19 de septiembre de 1984, aún en vigor entre Chipre y Eslovenia,

— el Tratado entre la República Socialista de Checoslovaquia y la República Italiana sobre asistencia judicial en materia civil y penal, firmado en Praga el 6 de diciembre de 1985, aún en vigor entre la República Checa, Eslovaquia e Italia,

— el Convenio entre la República Socialista de Checoslovaquia y el Reino de España sobre asistencia jurídica, reconocimiento y ejecución de sentencias en asuntos civiles, firmado en Madrid el 4 de mayo de 1987, aún en vigor entre la República Checa, Eslovaquia y España,

— el Tratado entre la República Socialista de Checoslovaquia y la República Popular de Polonia sobre asistencia judicial y conciliación de relaciones jurídicas en materia civil, familiar, laboral y penal, firmado en Varsovia el 21 de diciembre de 1987, aún en vigor entre la República Checa, Eslovaquia y Polonia,

— el Tratado entre la República Socialista de Checoslovaquia y la República Popular de Hungría sobre asistencia judicial y conciliación de relaciones jurídicas en materia civil, familiar y penal, firmado en Bratislava el 28 de marzo de 1989, aún en vigor entre la República Checa, Eslovaquia y Hungría,

— el Convenio entre Polonia e Italia sobre asistencia judicial y reconocimiento y ejecución de resoluciones judiciales en materia civil, firmado en Varsovia el 28 de abril de 1989,

— el Tratado entre la República Checa y la República Eslovaca sobre la asistencia judicial prestada por órganos judiciales y la conciliación de determinadas relaciones jurídicas en materia civil y penal, firmado en Praga el 29 de octubre de 1992,

— el Acuerdo entre la República de Letonia, la República de Estonia y la República de Lituania sobre asistencia judicial y relaciones jurídicas, firmado en Tallin el 11 de noviembre de 1992,

— el Acuerdo entre la República de Polonia y la República de Lituania sobre asistencia judicial y relaciones jurídicas en materia civil, familiar, laboral y penal, firmado en Varsovia el 26 de enero de 1993,

— el Acuerdo entre la República de Letonia y la República de Polonia sobre asistencia judicial y relaciones jurídicas en materia civil, familiar, laboral y penal, firmado en Riga el 23 de febrero de 1994,

— el Acuerdo entre la República de Chipre y la República de Polonia sobre cooperación judicial en materia civil y penal, firmado en Nicosia el 14 de noviembre de 1996,

— el Acuerdo entre Estonia y Polonia sobre prestación de asistencia judicial y relaciones jurídicas en materia civil, laboral y penal, firmado en Tallin el 27 de noviembre de 1998,

— el Convenio entre Bulgaria y Bélgica sobre determinadas cuestiones judiciales, firmado en Sofía el 2 de julio de 1930,

— el Acuerdo entre la República Popular de Bulgaria y la República Popular Federativa de Yugoslavia sobre asistencia judicial, firmado en Sofía el 23 de marzo de 1956, aún en vigor entre Bulgaria y Eslovenia,

— el Tratado entre la República Popular de Rumanía y la República Popular de Hungría sobre asistencia judicial en materia civil, familiar y penal, firmado en Bucarest el 7 de octubre de 1958,

— el Tratado entre la República Popular de Rumanía y la República de Checoslovaquia sobre asistencia judicial en materia civil, familiar y penal, firmado en Praga el 25 de octubre de 1958, aún en vigor entre Rumanía y Eslovaquia,

— el Acuerdo entre la República Popular de Bulgaria y la República Popular de Rumanía sobre asistencia judicial en materia civil, familiar y penal, firmado en Sofía el 3 de diciembre de 1958,

— el Tratado entre la República Popular de Rumanía y la República Popular Federativa de Yugoslavia sobre asistencia judicial, firmado en Belgrado el 18 de octubre de 1960 y su Protocolo, aún en vigor entre Rumanía y Eslovenia,

— el Acuerdo entre la República Popular de Bulgaria y la República Popular de Polonia sobre asistencia judicial y relaciones jurídicas en materia civil, familiar y penal, firmado en Varsovia el 4 de diciembre de 1961,

— el Convenio entre la República Socialista de Rumanía y la República de Austria sobre asistencia judicial en cuestiones de Derecho civil y de familia y sobre validez y notificación o traslado de documentos, y su Protocolo anejo, firmados en Viena el 17 de noviembre de 1965,

— el Acuerdo entre la República Popular de Bulgaria y la República Popular de Hungría sobre asistencia judicial en materia civil, familiar y penal, firmado en Sofía el 16 de mayo de 1966,

— el Convenio entre la República Socialista de Rumanía y la República Helénica sobre asistencia judicial en materia civil y penal y su Protocolo, firmados en Bucarest el 19 de octubre de 1972,

— el Convenio entre la República Socialista de Rumanía y la República Italiana sobre asistencia judicial en materia civil y penal, firmado en Bucarest el 11 de noviembre de 1972,

— el Convenio entre la República Socialista de Rumanía y la República Francesa sobre asistencia judicial en materia civil y mercantil, firmado en París el 5 de noviembre de 1974,

— el Convenio entre la República Socialista de Rumanía y el Reino de Bélgica sobre asistencia judicial en materia civil y mercantil, firmado en Bucarest el 30 de octubre de 1975,

— el Acuerdo entre la República Popular de Bulgaria y la República Helénica sobre asistencia judicial en materia civil y penal, firmado en Atenas el 10 de abril de 1976,

— el Acuerdo entre la República Popular de Bulgaria y la República Socialista de Checoslovaquia sobre asistencia judicial y conciliación de relaciones en materia civil, familiar y penal, firmado en Sofía el 25 de noviembre de 1976,

— el Convenio entre la República Socialista de Rumanía y el Reino Unido de Gran Bretaña e Irlanda del Norte sobre asistencia judicial en materia civil y mercantil, firmado en Londres el 15 de junio de 1978,

— el Protocolo Adicional al Convenio entre la República Socialista de Rumanía y el Reino de Bélgica sobre asistencia judicial en materia civil y mercantil, firmado en Bucarest el 30 de octubre de 1979,

— el Convenio entre la República Socialista de Rumanía y el Reino de Bélgica sobre reconocimiento y ejecución de resoluciones en materia de obligaciones alimentarias, firmado en Bucarest el 30 de octubre de 1979,

— el Convenio entre la República Socialista de Rumanía y el Reino de Bélgica sobre reconocimiento y ejecución de resoluciones de divorcio, firmado en Bucarest el 6 de noviembre de 1980,

— el Acuerdo entre la República Popular de Bulgaria y la República de Chipre sobre asistencia judicial en materia civil y penal, firmado en Nicosia el 29 de abril de 1983,

— el Acuerdo entre el Gobierno de la República Popular de Bulgaria y el Gobierno de la República Francesa sobre asistencia judicial en materia civil, firmado en Sofía el 18 de enero de 1989,

— el Acuerdo entre la República Popular de Bulgaria y la República Italiana sobre asistencia judicial y ejecución de decisiones en materia civil, firmado en Roma el 18 de mayo de 1990,

— el Convenio de asistencia judicial en materia civil entre el Reino de España y la República de Bulgaria, firmado en Sofía el 23 de mayo de 1993,

— el Tratado entre Rumanía y la República Checa sobre asistencia judicial en materia civil, firmado en Bucarest el 11 de julio de 1994,

— el Convenio entre Rumanía y el Reino de España sobre competencia judicial, reconocimiento y ejecución de decisiones en materia civil y mercantil, firmado en Bucarest el 17 de noviembre de 1997,

— el Convenio entre Rumanía y el Reino de España complementario del Convenio relativo al procedimiento civil concluido en La Haya el 1 de marzo de 1954, firmado en Bucarest el 17 de noviembre de 1997,

— el Tratado entre Rumanía y la República de Polonia sobre asistencia judicial y relaciones jurídicas en materia civil, firmado en Bucarest el 15 de mayo de 1999.

Art. 70. 1. Los Convenios y el Tratado mencionados en el artículo 69 continuarán surtiendo sus efectos en las materias a las que no se aplicare el presente Reglamento.

2. Dichos Convenios y dicho Tratado continuarán surtiendo sus efectos en lo relativo a las resoluciones dictadas y los documentos públicos con fuerza ejecutiva formalizados antes de la entrada en vigor del presente Reglamento.

Art. 71. 1. El presente Reglamento no afectará a los convenios en que los Estados miembros fueren parte y que, en materias particulares, regularen la competencia judicial, el reconocimiento o la ejecución de las resoluciones.

2. Con el fin de asegurar su interpretación uniforme, el apartado 1 se aplicará como sigue:

a) el presente Reglamento no impedirá que un tribunal de un Estado miembro que fuere parte en un convenio relativo a una materia particular, pudiera fundamentar su competencia en dicho convenio, aunque el demandado estuviere domiciliado en un Estado miembro no parte en tal convenio. El tribunal que conociere del asunto aplicará, en todo caso, el artículo 26 del presente Reglamento;

b) las resoluciones dictadas en un Estado miembro por un tribunal

---

Art. 71: Téngase en cuenta la Declaración sobre los arts. 71 y 72 y sobre negociaciones en el marco de la Conferencia de La Haya de Derecho Internacional Privado, no publicada y que se refiere a las competencias externas de la Comunidad en un ámbito determinado:

«1. De lo dispuesto en el artículo 4 y en el Capítulo III del reglamento se desprende que, frente a un demandado no domiciliado en el territorio de ningún Estado miembro, las resoluciones de un tribunal de un Estado miembro dictadas conforme a un criterio de competencia extraído del Derecho nacional de dicho Estado miembro gozan en los demás Estados miembros del régimen de reconocimiento y ejecución que establece el reglamento.

Esta regla puede, en determinados casos, crear una situación desfavorable respecto de las personas no domiciliadas en el territorio de ningún Estado miembro. En el Convenio de Bruselas de 27 de septiembre de 1968, dicha regla quedaba mitigada por el artículo 59, que brindaba a los Estados contratantes la facultad de celebrar con terceros Estados acuerdos que permitiesen no reconocer las resoluciones dictadas conforme a determinados criterios de competencia extraídos del Derecho nacional.

El Consejo y la Comisión prestarán especial atención a la posibilidad de emprender negociaciones encaminadas a la celebración de acuerdos internacionales que permitan aminorar, respecto de las personas domiciliadas en territorio de terceros Estados, las consecuencias del Capítulo III del reglamento por lo que se refiere a las resoluciones dictadas conforme a determinados criterios de competencia nacionales.

2. Según su artículo 57, el Convenio de Bruselas de 27 de septiembre de 1968 no afectaba a los convenios que en materias particulares regulaban la competencia judicial, el reconocimiento y la ejecución de las resoluciones.

Habida cuenta de la utilidad que a veces puede tener la eleboración de reglas específicas para materias particulares, el Consejo y la Comisión prestarán especial atención a la posibilidad de emprender negociaciones encaminadas a la celebración de acuerdos internacionales en algunos de estos ámbitos.

3. El reglamento responde al objetivo, expresado en el Título IV de la tercera Parte del Tratado constitutivo de la Comunidad Europea, de establecer progresivamente un espacio de libertad, de seguridad y de justicia. El Consejo y la Comisión consideran que el establecimiento de ese espacio europeo no debe tener por consecuencia que se excluya la celebración, con terceros Estados o con organizaciones internacionales, de acuerdos internacionales con un ámbito geográfico de aplicación más amplio, que en particular puedan permitir la creación a nivel mundial o regional, de un entorno jurídico favorable a la circulación de las resoluciones judiciales en materia civil y mercantil.

A este respecto, el Consejo y la Comisión consideran imprescindible que se conceda una importancia muy especial a los trabajos de la Conferencia de Derecho internacional privado de La Haya. En este marco, parece necesario, en particular, proseguir los esfuerzos que permitan llevar a un buen tér-

que hubiere fundado su competencia en un convenio relativo a una materia particular serán reconocidas y ejecutadas en los demás Estados miembros con arreglo al presente Reglamento.

Cuando un convenio relativo a una materia particular en el que fueren parte del Estado miembro de origen y el Estado miembro requerido estableciere las condiciones para el reconocimiento y la ejecución de resoluciones, se aplicarán dichas condiciones. En todo caso, podrán aplicarse las disposiciones del presente Reglamento relativas al procedimiento de reconocimiento y ejecución de resoluciones.

Art. 72. El presente Reglamento no afectará a los acuerdos por los que los Estados miembros se hubieren comprometido antes de su entrada en vigor, en virtud del artículo 59 del Convenio de Bruselas, a no reconocer una resolución dictada en otro Estado contratante del citado Convenio contra un demandado que tuviere su domicilio o su residencia habitual en un tercer Estado cuando, en el caso previsto en el artículo 4 del citado Convenio, la resolución

---

mino en un plazo razonable la negociación de un convenio sobre la competencia judicial y las resoluciones judiciales extranjeras en materia civil y mercantil.

4. Los trabajos de elaboración del Convenio de La Haya sobre la competencia y las resoluciones extranjeras en materia civil y mercantil comenzaron hace varios años. Hasta la fecha las negociaciones han sido llevadas por los Estados miembros. Al objeto de continuar la negociación de este convenio una vez adoptado el Reglamento, el Consejo y la Comsión están de acuerdo para seguir el método de trabajo que se describe a continuación.

Este método, que en nada prejuzga el alcance de las competencias externas de la Comunidad, persigue el objetivo de garantizar la continuidad de las negociaciones actualmente en curso sin dejar de preservar la coherencia de las posiciones de la Comunidad y la participación eficaz de los Estados miembros en dichas negociaciones.

Este método de trabajo es el siguiente:

— En el transcurso de las negociaciones se podrán ajustar y completar las directrices de negociación de la Comunidad previamente definidas por el Consejo, según la marcha de los trabajos. A tal fin se celebrarán, cuantas veces sea necesario, reuniones de coordinación convocadas por la Presidencia en ejercicio del Consejo, a iniciativa de un Estado miembro o a iniciativa de la Comisión.

— La Presidencia en ejercicio del Consejo y la Comisión expresarán las posiciones de la Comunidad contenidas en las directrices de negociación. A tal fin podrán, en particular, proponer textos. Los Estados miembros podrán expresar sus propios puntos de vista si no son incompatibles con las directrices de negociación definidas por el Consejo. Podrán hacer sugerencias y responder a las sugerencias que en el transcurso de las negociaciones presenten otros Estados. Las sugerencias escritas de los Estados miembros se comunicarán previamente a la Presidencia en ejercicio del Consejo y a la Comisión.

— En caso de dificultad grave, motivada en particular por la existencia de desacuerdos o por la necesidad de tomar orientaciones nuevas que se aparten de las directrices de negociación de la Comunidad, se someterá la cuestión al Consejo.

Al concluir las negociaciones el Consejo y la Comisión estudiarán los resultados de este método de trabajo.

5. En relación con la jurisprudencia del Tribunal de Justicia de las Comunidades Europeas, el Consejo y la Comisión consideran que el reglamento no obsta para que un Estado miembro celebre acuerdos con terceros Estados sobre materias cubiertas por el mismo, siempre que se trate de acuerdos que no afecten al reglamento.»

Art. 72: Vid. nota al art. 71.

sólo hubiere podido fundamentarse en un criterio de competencia contemplado en el apartado 2 del artículo 3 de dicho Convenio.

CAPÍTULO VIII

DISPOSICIONES FINALES

Art. 73. A más tardar, cinco años después de la fecha de entrada en vigor del presente Reglamento, la Comisión presentará al Parlamento Europeo, al Consejo y al Comité Económico y Social un informe sobre la aplicación del presente Reglamento. Este informe se acompañará, si procede, de propuestas destinadas a adaptar el Reglamento.

Art. 74. 1. Los Estados miembros comunicarán a la Comisión los textos que modifican las listas que figuran en los anexos I a IV y de los procedimientos que figuran en el anexo IV. La Comisión adaptará dichos anexos en consecuencia.

2. La actualización o adaptación técnica de los formularios, cuyos modelos figuran en los anexos V y VI, se llevarán a cabo de acuerdo con el procedimiento consultivo al que se refiere el apartado 2 del artículo 75.

Art. 75. 1. La Comisión estará asistida por un Comité.

2. En los casos en que se haga referencia al presente apartado, serán de aplicación los artículos 3 y 7 de la Decisión 1999/468/CE.

3. El Comité aprobará su reglamento interno.

Art. 76. El presente Reglamento entrará en vigor el 1 de marzo de 2002.

El presente Reglamento será obligatorio en todos sus elementos y directamente aplicable en todos los Estados miembros con arreglo al Tratado constitutivo de la Comunidad Europea.

Hecho en Bruselas, el 22 de diciembre de 2000.

ANEXO I

Reglas de competencia nacionales mencionadas en el artículo 3, apartado 2, y en el artículo 4, apartado 2

— En Bélgica: artículos 5 a 14 de la Ley de 16 de julio de 2004 sobre Derecho internacional privado.

— En Bulgaria: artículo 4, apartado 1, del Código de Derecho internacional privado.

Art. 73: Vid. nota al art. 15.

Art. 74: Vid. *Atlas judicial europeo en materia civil*, http://www.europa.eu.int/comm/justice_home/judicialatlascivil

Anexos I, II, III y IV: Modificados por el Reglamento 2245/2004 de la Comisión, de 27 de diciembre de 2004 (*DO* L 381, de 28-12-2004), y el Reglamento (CE) 1791/2006 del Consejo, de 20-11-2006 (*DO* L 363, de 20-12-2006) y por el Reglamento (CE) 280/2009 (*DO* L 93, de 7-4-2009).

— En la República Checa: artículo 86 de la Ley n.º 99/1963 Coll., Ley de enjuiciamiento civil (občanský soudní řád), tal como ha sido modificada.

— En Alemania: artículo 23 de la Ley de enjuiciamiento civil (*Zivilprozeßordnung*).

— En Estonia: artículo 86 de la Ley de enjuiciamiento civil (tsiviilkohtumenetluse seadustik);

— En Grecia: artículo 40 de la Ley de enjuiciamiento civil (Κώδικζ πολιτικήζ δικονομίαζ).

— En Francia: artículos 14 y 15 del Código civil (*Code civil*).

— En Irlanda: normas que permiten basar la competencia judicial en el documento por el que se incoa el procedimiento y que se ha notificado al demandado durante su estancia temporal en Irlanda.

— En Italia: artículos 3 y 4 de la Ley 218 de 31 de mayo de 1995.

— En Chipre: apartado 2 del artículo 21 de la Ley de tribunales de justicia n.º 14 de 1960, en su versión modificada.

— En Letonia: artículo 27 y apartados 3, 5, 6 y 9, del artículo 28 de la Ley de enjuiciamiento civil (*Civilprocesa likums*).

— En Lituania: artículo 31 del Código de Enjuiciamiento Civil (*Civilinio proceso kodeksas*).

— En Luxemburgo: artículos 14 y 15 del Código civil (*Code civil*).

— En Hungría: artículo 57 del Decreto ley n.º 13 de 1979 sobre Derecho internacional privado (*a nemzetközi magánjogról szóló 1979. évi 13. törvényerejü rendelet*).

— En Malta: artículos 742, 743 y 744 del Código de procedimiento civil – Cap. 12 (*Kodici ta' Organizzazzijoni u Procedura Civili - Kap. 12*) y artículo 549 del Código mercantil – Cap. 13 (*Kodici tal-kummerc - Kap. 13*).

— En Austria: artículo 99 de la Ley sobre la competencia de los tribunales (*JJurisdiktionsnorm*).

— En Polonia: artículos 1103 y 1110 de la Ley de enjuiciamiento civil (*Kodeks postepowania cywilnego*), en la medida en que determinan el tribunal competente según los criterios siguientes: que el demandado resida en Polonia, posea bienes en Polonia o tenga derechos de propiedad en Polonia, que el objeto del litigio se encuentre en Polonia y que una de las partes sea nacional de Polonia.

— En Portugal: artículo 65 y artículo 65A de la Ley de enjuiciamiento civil (*Código de Processo Civil*) y artículo 11 del Código de procedimiento laboral (*Código de Processo de Trabalho*).

— En Rumanía: artículos 148 a 157 de la Ley n.º 105/1992 sobre relaciones de Derecho internacional privado.

— En Eslovenia: artículo 48, apartado 2, de la Ley de procedimiento y Derecho internacional privado (*Zakon o meda-rodnem zasebnem pravu in postopku*), en relación con el artículo 47, apartado 2, de la Ley de enjuiciamiento civil (*Zakon o pravdnem postopku*) y el artículo 58 de la Ley de procedimiento y Derecho internacional privado (*Zakon o medarodnem zasebnem pravu in postopku*), en relación con el artículo 59 de la Ley de enjuiciamiento civil (*Zakon o pravdnem postopku*).

— En Eslovaquia: artículos 37 a 37 *sexties* de la Ley n.º 97/1963 sobre Derecho internacional privado y las normas de procedimiento correspondientes.

— En Finlandia: segunda, tercera y cuartas frases, apartado 1, artículo 1, capítulo 10, de la Ley de enjuiciamiento civil (*oikeudenkäymiskaari/rättegångsbalken*).

— En Suecia: primera frase, apartado 1, artículo 3, capítulo 10, del Código procesal (*rättegångsbalken*).

— En el Reino Unido: las disposiciones relativas a la competencia basadas en:

a) una cédula de emplazamiento notificada al demandado que se encuentre temporalmente en el Reino Unido, o

b) la existencia en el Reino Unido de bienes de propiedad del demandado, o

c) el embargo por el demandante de bienes situados en el Reino Unido.

ANEXO II

Los tribunales o autoridades competentes ante los que se presentarán las solicitudes a las que se refiere el artículo 39 son los siguientes:

— en Bélgica, el *tribunal de première instance* o *rechtbank van eerste aanleg* o *erstinstanzliches Gericht*,

— en Bulgaria, el "Софийски градски съд",

— en la República Checa, el *okresní soud* o *soudní exekutor*,

— en Alemania,

a) el Presidente de una Sala del *Landgericht*,

b) un notario en un procedimiento de otorgamiento de la ejecución de un instrumento auténtico,

— en Estonia, el *maakohus* (tribunal de condado),

— en Grecia, el Μονομελζ Πρωτοδικείο,

— en España, el «*Juzgado de Primera Instancia*»,

— en Francia,

a) el *greffier en chef du tribunal de grande instance*;

b) el *président de la chambre départementale des notaires* en caso de solicitud de otorgamiento de la ejecución de un instrumento notarial auténtico,

— en Irlanda, la *High Court*,

— en Italia, la *Corte d'appello*,

— en Chipre, el Επαρχιακό Δικαστήριο o si se tratare de una resolución sobre pensiones alimenticias, el Οικογενειακό Δικαστήριο,

— en Letonia, el *rajona (pilsētas) tiesa*,

— en Lituania, el *Lietuvos apeliacinis teismas*,

— en Luxemburgo, el Presidente del *tribunal d'arrondissement*,

— en Hungría, el *megyei bíróság székhelyén müködö helyi bíróság*, y en Budapest, el *Budai Központi Kerületi Bíróság*,

— en Malta, el *Prim' Awla tal-Qorti Civili* o *Qorti tal-Magistrati ta' Ghawdex filgurisdizzjoni superjuri taghha*, o, si se tratare de una resolución sobre pensiones alimenticias, el *Registratur tal-Qorti* una vez que el *Ministru responsabbli ghall-Gustizzja*,

— en los Países Bajos, el *voorzieningenrechter van de rechtbank*,

— en Austria, el *Bezirksgericht*,

— en Polonia, el *Sąd Okręgowy*,

— en Portugal, el *Tribunal de Comarca*,

— en Rumanía, el *Tribunal*,

— en Eslovenia, el *okrožno sodišče*,

— en Eslovaquia, el *okresný súd*,

— en Finlandia, el *käräjäoikeus/tingsrätt*,

— en Suecia, el *Svea hovrätt*,

— en el Reino Unido:

a) en Inglaterra y Gales, la *High Court of Justice*, o si se tratare de una resolución en materia de alimentos, la *Magistrates' Court*, previa transmisión por el Secretario de Estado;

b) en Escocia, la *Court of Session*, o si se tratare de una resolución en materia de alimentos, la *Sheriff Court*, previa transmisión por el Secretario de Estado;

c) en Irlanda del Norte, la *High Court of Justice*, o si se tratare de una resolución en materia de alimentos, la *Magistrates' Court*, previa transmisión por el Secretario de Estado;

d) en Gibraltar, la *Supreme Court of Gibraltar*, o si se tratare de una resolución en materia de alimentos, la *Magistrates' Court*, previa transmisión por el *Attorney General* de Gibraltar.

ANEXO III

Los tribunales ante los que se interpondrán los recursos a los que se refiere en el apartado 43, apartado 2, son los siguientes:

— en Bélgica:

a) cuando se trate de un recurso interpuesto por la parte contra la que se solicitare la ejecución, *tribunal de première instance/rechtbank van eerste aanleg/erstinstanzliche Gericht*;

b) cuando se trate de un recurso interpuesto por el demandante: la *Cour d'apppel* o *hof van beroep*,

— En Bulgaria, el Апелативен съд — София,

— en la República Checa, el tribunal de apelación a través del tribunal del distrito,

— en Alemania, el *Oberlandesgericht*,

— en Estonia, el *ringkonnakohus*,

— en Grecia, el Εφετείο,

— en España, el «Juzgado de Primera Instancia» que dictó la resolución recurrida para ser resuelto el recurso por la «Audiencia Provincial»;

— en Francia:

a) *cour d'appel* para las decisiones que conceden la aplicación;

b) el juez que presida el *tribunal de grand instance,* sobre las decisiones que desestiman la aplicación,

— en Irlanda, la *High Court*,

— en Islandia *heradsdomur*,

— en Italia, la *corte d'apello*,

— en Chipre, el Επαρχιακό Δικαστήριο o si se tratare de una resolución sobre pensiones alimenticias, el Οικογενειακό Δικαστήριο,

— en Letonia, el *Apgabaltiesa*, a través del *rajona (pilsētas) tiesa*,

— en Lituania, el *Lietuvos apeliacinis teismas*,

— en Luxemburgo, la *Cour supérieure de Justice* reunida para entender en materia de apelación civil,

— en Hungría, el órgano jurisdiccional local situado en la sede del tribunal de distrito (en Budapest, el tribunal central de distrito de Buda); el recurso es asignado por el tribunal de distrito (en Budapest, el Tribunal de la capital),

— en Malta, *Qorti ta' l-Appell* de conformidad con el procedimiento establecido para los recursos en el *Kodici ta' Organizzazzjoni u Procedura Civili - Kap. 12,* o si se tratare de una resolución en materia de alimentos, mediante *citazzjoni* ante *Prim' Awla tal-Qorti ivili jew il-Qorti tal-Magistrati ta' Ghawdex fil-gurisdizzjoni superjuri taghha*,

— en los Países Bajos:

a) para el demandado: *arrondissementsrechtbank*;

b) para el demandante: *gerechtsho*,

— en Austria, *Landesgericht* a través del *Bezirksgericht*,

— en Polonia, *sąd apelacyjny* a través del *sąd okręgowy.*

— en Portugal, el Tribunal competente es el *Tribunal da Relação*. Los recursos se interponen, en las condiciones previstas en la legislación nacional vigente, mediante un escrito de recurso dirigido al tribunal que dictó la resolución objeto del recurso,

— en Rumanía, *Curte de Apel*,

— en Eslovenia, *okrožno sodišče*,

— en Eslovaquia, el tribunal de apelación a través del tribunal de distrito cuya resolución se recurre,

— en Finlandia, el *hovioikeus/hovrätt*,

— en Suecia, la *Svea hovrätt*,

— en el Reino Unido:

a) en Inglaterra y Gales, la *High Court of Justice*, o si se tratare de una resolución en materia de alimentos, la *Magistrates' Court*;

b) en Escocia, la *Court of Session*, o si se tratare de una resolución en materia de alimentos, la *Sheriff Court*;

c) en Irlanda del Norte, el *High Court of Justice*, o si se tratare de una resolución en materia de alimentos, la *Magistrates' Court*;

d) en Gibraltar, la *Supreme Court of Gibraltar*, o si se tratare de una resolución en materia de alimentos, la *Magistrates' Court*.

ANEXO IV

Los recursos que podrán interponerse en virtud del artículo 44 son los siguientes:

— en Bélgica, Grecia, España, Francia, Italia, Luxemburgo y los Países Bajos, un recurso de casación,
— en Bulgaria, el обжалване пред Върховния касационен съд,
— en la República Checa, un «*dovolání*» y un «*žaloba pro zmatečnost*»,
— en Alemania, el «*Rechtsbeschwerde*»,
— en Estonia, el «*kassatsioonikaebus*»,
— en Irlanda, un recurso sobre una cuestión de derecho ante la *Supreme Court*,
— en Islandia, un recurso ante el «*Hæstiréttur*»,
— en Chipre, un recurso ante el Tribunal Supremo,
— en Letonia, un recurso ante el «*Augstākās tiesas Senāts*» a través de «*Apgabaltiesa*»,
— en Lituania, un recurso ante el «*Lietuvos Aukščiausiasis Teismas*»,
— en Hungría, un «*felülvizsgálati kérelem*»,
— en Malta, ningún otro tribunal admite un recurso de casación; si se tratare de una resolución en materia de alimentos, «*Qorti ta' l-Appell*» de conformidad con el procedimiento establecido para recurrir en el «*kodici ta Organiz-zazzjoni u Procedura Civili - Kap. 12*»,
— en Austria, un «*Revisionsrekurs*»,
— en Polonia, «*skarga kasacyjna*»,
— en Portugal, un recurso sobre una cuestión de Derecho,
— en Rumanía, un «*contestatie in anulare*» o un «*revizuire*»,
— en Eslovenia, un recurso ante el «*Vrhovno sodišče Republike Slovenije*»,
— en Eslovaquia, el «*dovolanie*»,
— en Finlandia, un recurso ante el «*korkein oikeus/högsta domstolen*»,
— en Suecia, un recurso ante el «*Högsta domstolen*»,
— en el Reino Unido, un recurso único sobre una cuestión de Derecho.

ANEXO V

Certificación contemplada en los artículos 54 y 58 del Convenio sobre resoluciones y transacciones judiciales

(Español, *spanish*, *espagnol*, *spagnolo*, …)

1. Estado miembro de origen
2. Tribunal o autoridad competente que expide la certificación
2.1. Denominación
2.2. Dirección
2.3. Tel./fax/correo electrónico
3. Tribunal que dictó la resolución/ratificó la transacción judicial(*)
3.1. Tipo de tribunal
3.2. Sede de tribunal
4. Resolución/transacción judicial(*)
4.1. Fecha
4.2. Número de referencia
4.3. Parte(s) de la resolución/transacción judicial
4.3.1. Nombre(s) y apellidos de la(s) parte(s) demantante(s)
4.3.2. Nombre(s) y apellidos de la(s) parte(s) demandada(s)

(*) Táchese lo que no proceda.
(*) Táchese lo que no proceda.

4.3.3. Nombre(s) y apellidos de otra(s) parte(s), en su caso

4.4. Fecha de notificación o traslado de la cédula de emplazamiento cuando la resolución haya sido dictada en rebeldía

4.5. Texto de la resolución/transacción judicial en anexo a la presente certificación

La resolucion/transacción judicial(*) es ejecutoria en el Estado miembro de origen (artículos 38 y 58 del Reglamento) frente a:

Nombre

Hecho en …, el …

Firma y/o sello …

ANEXO VI

Certificación contemplada en al apartado 4 del artículo 57 del Reglamento sobre documentos públicos con fuerza ejecutiva

(Español, *espanish*, *espagnol*, *spagnolo*, …)

1. Estado miembro de origen

2. Autoridad que expide la certificación

2.1. Denominación

2.2. Dirección

2.3. Tel./fax/correo electrónico

3. Autoridad que otorgó fuerza ejecutiva al documento

3.1. Autoridad ante la que se formalizó el documento público con fuerza ejecutiva (en su caso)

3.1.1. Nombre y designación de autoridad

3.1.2. Sede de la autoridad

3.2. Autoridad que registró el documento público con fuerza ejecutiva (en su caso)

3.2.1. Tipo de autoridad

3.2.2. Sede de la autoridad

4. Documento público con fuerza ejecutiva

4.1. Denominación del documento

4.2. Fecha

4.2.1. En la que se redactó el documento

4.2.2. En otro caso: en la que se registró el documento

4.3. Número de referencia

4.4. Partes del documento público con fuerza ejecutiva

4.4.1. Designación del acreedor

4.4.2. Designación del deudor

5. Texto de la obligación ejecutoria en anexo a la presente certificación

El documento público con fuerza ejecutiva es ejecutoria en el Estado miembro de origen (apartado 1 del artículo 57 del Reglamento) frente al deudor:

Hecho en …, el…

Firma y/o sello …

(*) Táchese lo que no proceda.

8. ACUERDO ENTRE LA COMUNIDAD EUROPEA Y EL REINO DE DINAMARCA RELATIVO A LA COMPETENCIA JUDICIAL, EL RECONOCIMIENTO Y LA EJECUCIÓN DE RESOLUCIONES EN MATERIA CIVIL Y MERCANTIL, HECHO EN BRUSELAS EL 19 DE OCTUBRE DE 2005

(*DO* núm. L 299, de 16 de noviembre de 2005)

LA COMUNIDAD EUROPEA, en lo sucesivo, «la Comunidad»,

por una parte, y

EL REINO DE DINAMARCA, en lo sucesivo, «Dinamarca»,

por otra parte,

DESEOSOS de unificar las normas de conflicto de competencias en materia civil y mercantil, y de agilizar las formalidades con vistas a acelerar y simplificar el reconocimiento y la ejecución de las resoluciones judiciales en la Comunidad,

CONSIDERANDO que el 27 de septiembre de 1968 los Estados miembros, actuando de conformidad con lo dispuesto en el artículo 293, cuarto guión, del Tratado constitutivo de la Comunidad Europea, celebraron el Convenio de Bruselas relativo a la competencia judicial y a la ejecución de resoluciones judiciales en materia civil y mercantil, en su versión modificada por los Convenios de adhesión de los nuevos Estados miembros a dicho Convenio (en lo sucesivo, «el Convenio de Bruselas»)[1]. El 16 de septiembre de 1988 los Estados miembros y los Estados de la AELC celebraron el Convenio relativo a la competencia judicial y a la ejecución de resoluciones judiciales en materia civil y mercantil[2] (en lo sucesivo, «el Convenio de Lugano»), que es un Convenio paralelo al Convenio de Bruselas,

CONSIDERANDO que las principales disposiciones del Convenio de Bruselas se han recogido en el Reglamento (CE) n.º 44/2001 del Consejo, de 22 de diciembre de 2000, relativo a la competencia judicial, el reconocimiento y la ejecución de resoluciones judiciales en materia civil y mercantil[3] (en lo sucesivo, «el Reglamento de Bruselas I»),

REFIRIÉNDOSE al Protocolo sobre la posición de Dinamarca anexo

---

[1] *DO* L 299, de 31-12-1972, p. 32. *DO* L 304, de 30-10-1978, p. 1. *DO* L 388, de 31-12-1982, p. 1. *DO* L 285, de 3-10-1989, p. 1. *DO* C 15, de 15-1-1997, p. 1. Para un texto consolidado, véase el *DO* C 27, de 26-1-1998, p. 1.

[2] *DO* L 319, de 25-11-1988, p. 9.

[3] *DO* L 12, de 16-1-2001, p. 1. Reglamento modificado en último lugar por el Reglamento (CE) 2245/2004 de la Comisión (*DO* L 381, de 28-12-2004, p. 10).

al Tratado de la Unión Europea y al Tratado constitutivo de la Comunidad Europea (en lo sucesivo, «el Protocolo sobre la posición de Dinamarca»), con arreglo al cual el Reglamento de Bruselas I no será vinculante ni aplicable en Dinamarca,

DESTACANDO que es preciso encontrar una solución a la insatisfactoria situación jurídica resultante de las diferencias existentes en las normativas aplicables en materia de competencia judicial y de reconocimiento y ejecución de resoluciones judiciales en la Comunidad,

DESEOSOS de que tanto las disposiciones del Reglamento de Bruselas I como las futuras modificaciones de este Reglamento y las correspondientes normas de desarrollo se apliquen, en el marco del Derecho internacional, a las relaciones entre la Comunidad y Dinamarca, que es un Estado miembro con una posición especial por lo que se refiere al título IV del Tratado constitutivo de la Comunidad Europea,

DESTACANDO la necesidad de garantizar la continuidad entre el Convenio de Bruselas y el presente Acuerdo, y de que las disposiciones transitorias recogidas en el Reglamento de Bruselas I se apliquen asimismo al presente Acuerdo; que esta misma necesidad de continuidad se plantea en relación con la interpretación del Convenio de Bruselas por el Tribunal de Justicia de las Comunidades Europeas y con el Protocolo de 1971[4], que deberán seguir siendo aplicables a los asuntos pendientes cuando el presente Acuerdo entre en vigor,

SUBRAYANDO que el Convenio de Bruselas también seguirá aplicándose a los territorios de los Estados miembros incluidos en su ámbito de aplicación territorial que están excluidos del presente Acuerdo,

DESTACANDO la importancia de una apropiada coordinación entre la Comunidad y Dinamarca por lo que se refiere a la negociación y celebración de acuerdos internacionales que puedan afectar o alterar al ámbito de aplicación del Reglamento de Bruselas I,

DESTACANDO que Dinamarca debería tratar de adherirse a acuerdos internacionales firmados por la Comunidad en los que la participación danesa sea relevante para la aplicación coherente del Reglamento de Bruselas I y del presente Acuerdo,

DECLARANDO que el Tribunal de Justicia de las Comunidades Europeas debería tener competencia para garantizar la aplicación e interpretación uniformes del presente Acuerdo, incluidas las disposiciones del Reglamento de Bruselas I y cualquier norma de desarrollo comunitaria que forme parte del presente Acuerdo,

REFIRIÉNDOSE a la competencia atribuida al Tribunal de Justicia de las Comunidades Europeas,

---

[4] *DO* L 204, de 2-8-1975, p. 28. *DO* L 304, de 30-10-1978, p. 1. *DO* L 388, de 31-12-1982, p. 1. *DO* L 285, de 3-10-1989, p. 1. *DO* C 15, de 15-1-1997, p. 1. Para un texto consolidado, véase el *DO* C 27, de 26-1-1998, p. 28.

de conformidad con el artículo 68, apartado 1, del Tratado constitutivo de la Comunidad Europea, para pronunciarse con carácter prejudicial sobre cuestiones relativas a la validez e interpretación de actos de las instituciones comunitarias basados en el título IV del Tratado, incluidas la validez e interpretación del presente Acuerdo, y a la circunstancia de que esta disposición no será vinculante ni aplicable en Dinamarca, como resultado del Protocolo sobre la posición de Dinamarca,

CONSIDERANDO que el Tribunal de Justicia de las Comunidades Europeas debería tener competencia en las mismas condiciones para pronunciarse con carácter prejudicial sobre cuestiones referentes a la validez e interpretación del presente Acuerdo planteadas por un órgano jurisdiccional danés, y que los órganos jurisdiccionales daneses deberían solicitar las decisiones prejudiciales en las mismas condiciones que los órganos jurisdiccionales de otros Estados miembros en lo referente a la interpretación del Reglamento de Bruselas I y sus normas de desarrollo,

REFIRIÉNDOSE a la disposición según la cual, con arreglo al artículo 68, apartado 3, del Tratado constitutivo de la Comunidad Europea, el Consejo de la Unión Europea, la Comisión Europea y los Estados miembros podrán pedir al Tribunal de Justicia de las Comunidades Europeas que se pronuncie sobre la interpretación de actos de las instituciones de la Comunidad basados en el Título IV del Tratado, incluida la interpretación del presente Acuerdo, y a la circunstancia de que esta disposición no será vinculante ni aplicable en Dinamarca, como consecuencia del Protocolo sobre la posición de Dinamarca,

CONSIDERANDO que debería otorgarse a Dinamarca, por lo que se refiere al Reglamento de Bruselas I y a sus normas de desarrollo, la posibilidad de pedir al Tribunal de Justicia de las Comunidades Europeas que se pronuncie sobre cuestiones relativas a la interpretación del presente Acuerdo en las mismas condiciones que otros Estados miembros,

DESTACANDO que, de conformidad con la legislación danesa, los órganos jurisdiccionales de Dinamarca, al interpretar el presente Acuerdo —incluidas las disposiciones del Reglamento de Bruselas I y cualquier norma de desarrollo comunitaria que forme parte del presente Acuerdo—, deberían tener debidamente en cuenta la jurisprudencia del Tribunal de Justicia de las Comunidades Europeas y de los órganos jurisdiccionales de los Estados miembros de las Comunidades Europeas por lo que se refiere a las disposiciones del Convenio de Bruselas, del Reglamento de Bruselas I y de cualquier norma de desarrollo comunitaria,

CONSIDERANDO que debería ser posible pedir al Tribunal de Justicia de las Comunidades Europeas que se pronuncie sobre cuestiones relativas al cumplimiento de las obligaciones que impone el presente Acuerdo de conformidad con las disposiciones del Tratado constitutivo de la Comunidad Europea que regulan el procedimiento ante el Tribunal de Justicia,

CONSIDERANDO que, en virtud del artículo 300, apartado 7, del Tratado constitutivo de la Comunidad Europea, el presente Acuerdo vincula a los Estados miembros; que, por lo tanto, es oportuno que Dinamarca, en caso de incumplimiento por un Estado miembro, pueda acudir a la Comisión en su calidad de guardiana del Tratado,

HAN CONVENIDO EN LO SIGUIENTE:

Artículo 1.º *Objetivo.*—1. El objetivo del presente Acuerdo es aplicar las disposiciones del Reglamento de Bruselas I y sus normas de desarrollo a las relaciones entre la Comunidad y Dinamarca, de conformidad con lo dispuesto en el artículo 2, apartado 1, del presente Acuerdo.

2. El propósito de las Partes contratantes es lograr una aplicación e interpretación uniformes de las disposiciones del Reglamento de Bruselas I y de sus normas de desarrollo en todos los Estados miembros.

3. Lo dispuesto en el artículo 3, apartado 1, en el artículo 4, apartado 1, y en el artículo 5, apartado 1, del presente Acuerdo se deriva del Protocolo sobre la posición de Dinamarca.

Art. 2.º *Competencia judicial y reconocimiento y ejecución de resoluciones judiciales en materia civil y mercantil.*—1. Las disposiciones del Reglamento de Bruselas I, anexo al presente Acuerdo y parte integrante del mismo, así como sus normas de desarrollo que se adopten con arreglo a lo dispuesto en el artículo 74, apartado 2, de dicho Reglamento y —por lo que se refiere a las normas de desarrollo que se adopten tras la entrada en vigor del presente Acuerdo— aplicadas por Dinamarca con arreglo a lo dispuesto en el artículo 4 del presente Acuerdo, y las normas adoptadas de conformidad con el artículo 74, apartado 1, del Reglamento, se aplicarán, en el marco del Derecho internacional, a las relaciones entre la Comunidad y Dinamarca.

2. No obstante, a efectos del presente Acuerdo, la aplicación de las disposiciones de dicho Reglamento se modificará del siguiente modo:

a) no se aplicará el apartado 3 del artículo 1;

b) el artículo 50 se completará con el siguiente apartado (apartado 2):

«2. No obstante, un solicitante que pida la ejecución de una decisión adoptada por una autoridad administrativa de Dinamarca en relación con una concesión de pensión alimenticia puede, en el Estado miembro requerido, solicitar el beneficio a que se refiere el párrafo primero si presenta una declaración del Ministerio danés de Justicia en el sentido de que cumple los requisitos financieros para gozar total o parcialmente del beneficio de justicia gratuita o de una exención de costas y gastos.»;

c) el artículo 62 se completará con el siguiente apartado (apartado 2):

«2. En los asuntos relativos a una pensión alimenticia, los términos "juez", "tribunal" y "jurisdicción" comprenderán las autoridades administrativas danesas.»;

d) el artículo 64 se aplicará a los buques registrados en Dinamarca, Grecia y Portugal;

e) se aplicará la fecha de entrada en vigor del presente Acuerdo en vez de la fecha de entrada en vigor del Reglamento según lo dispuesto en su artículo 70, apartado 2, y en sus artículos 72 y 76;

f) se aplicarán las disposiciones transitorias del presente Acuerdo en sustitución del artículo 66 del Reglamento;

g) en el anexo I se añadirá el siguiente texto: «en Dinamarca: el artículo 246, apartados 2 y 3, del Acto de Administración de Justicia (*lov om rettens pleje*)»;

h) en el anexo II se añadirá el siguiente texto: «en Dinamarca, el "*byret*"»;

i) en el anexo III se añadirá el siguiente texto: «en Dinamarca, el "*landsret*"»;

j) en el anexo IV se añadirá el siguiente texto: «en Dinamarca, un recurso ante el "*Højesteret*" previa autorización del "*Procesbevillingsnævnet*"».

Art. 3.º *Modificaciones del Reglamento de Bruselas I.*—1. Dinamarca no participará en la adopción de las modificaciones introducidas en el Reglamento de Bruselas I y dichas modificaciones no serán vinculantes ni aplicables en Dinamarca.

2. Cuando se adopten modificaciones del Reglamento, Dinamarca notificará a la Comisión su decisión de aplicar o no el contenido de tales modificaciones. La notificación se hará en el momento de la adopción de las modificaciones o en el plazo de los treinta días subsiguientes.

3. Si Dinamarca decide aplicar el contenido de las modificaciones, la notificación indicará si la aplicación puede operarse por la vía administrativa o si requiere aprobación parlamentaria.

4. Si la notificación indica que la aplicación puede operarse por la vía administrativa, también establecerá que todas las medidas administrativas necesarias entran en vigor en la fecha de entrada en vigor de las modificaciones del Reglamento o han entrado en vigor en la fecha de la notificación, según cuál de estas fechas sea la última.

5. Si la notificación indica que la aplicación requiere aprobación parlamentaria en Dinamarca, se observarán las siguientes normas:

a) las medidas legislativas en Dinamarca entrarán en vigor en la fecha de entrada en vigor de las modificaciones del Reglamento o en el plazo de seis meses tras la notificación, según cuál de estas fechas sea la última;

Art. 3.º2: Sobre la aplicación de esta disposición, vid. *supra*, núm. 7, art. 5.º2; y también *infra*, núm. 62, considerando 47.

b) Dinamarca notificará a la Comisión la fecha en que entren en vigor las normas legislativas de aplicación.

6. La notificación de Dinamarca comunicando la aplicación del contenido de las modificaciones en Dinamarca de conformidad con los apartados 4 y 5 creará obligaciones recíprocas en el marco del Derecho internacional entre Dinamarca y la Comunidad. Las modificaciones del Reglamento constituirán en tal caso modificaciones del presente Acuerdo y se considerarán anejas al mismo.

7. En caso de que:

a) Dinamarca notifique su decisión de no aplicar el contenido de las modificaciones, o

b) Dinamarca no haga ninguna notificación en el plazo de treinta días establecido en el apartado 2, o

c) las normas legislativas adoptadas en Dinamarca no entren en vigor en los plazos establecidos en el apartado 5,

el presente Acuerdo se considerará terminado a menos que las Partes decidan lo contrario en el plazo de noventa días o, en la situación mencionada en la letra *c*), las normas legislativas adoptadas en Dinamarca entren en vigor dentro del mismo plazo. La terminación surtirá efecto dentro de los tres meses siguientes a la expiración del plazo de noventa días.

8. Los procesos judiciales incoados y los documentos públicos con fuerza ejecutiva formalizados o registrados con anterioridad a la fecha de terminación del presente Acuerdo según lo establecido en el apartado 7 no se verán afectados por ésta.

Art. 4.º *Normas de desarrollo.*— 1. Dinamarca no participará en la adopción de dictámenes por el Comité mencionado en el artículo 75 del Reglamento de Bruselas I. Las normas de desarrollo que se adopten de conformidad con lo establecido en el artículo 74, apartado 2, de dicho Reglamento, no serán vinculantes ni aplicables en Dinamarca.

2. Cuando se adopten normas de desarrollo de conformidad con lo dispuesto en el artículo 74, apartado 2, del Reglamento, las normas de desarrollo se comunicarán a Dinamarca. Dinamarca notificará a la Comisión si aplica o no el contenido de las normas de desarrollo. La notificación tendrá lugar tras la recepción de las normas de desarrollo o en el plazo de los treinta días subsiguientes.

3. La notificación también establecerá que todas las medidas administrativas necesarias en Dinamarca entran en vigor en la fecha de entrada en vigor de las normas de desarrollo o que han entrado en vigor en la fecha de la notificación, según cuál de estas fechas sea la última.

4. La notificación de Dinamarca comunicando la aplicación del contenido de las normas de desarrollo en Dinamarca creará obligaciones recíprocas en el marco del Derecho internacional entre Dinamarca y la Comunidad. Las normas de desarrollo formarán en tal caso parte del presente Acuerdo.

5. En caso de que:

a) Dinamarca notifique su decisión de no aplicar el contenido de las normas de desarrollo, o

b) Dinamarca no haga ninguna notificación en el plazo de treinta días establecido en el apartado 2, el presente Acuerdo se considerará terminado a menos que las partes decidan lo contrario en un plazo de noventa días. La terminación surtirá efecto dentro de los tres meses siguientes a la expiración del plazo de noventa días.

6. Los procesos judiciales incoados y los documentos públicos con fuerza ejecutiva formalizados o registrados con anterioridad a la fecha de terminación del presente Acuerdo según lo establecido en el apartado 5 no se verán afectados por ésta.

7. Si, en casos excepcionales, la aplicación requiere aprobación parlamentaria en Dinamarca, la notificación de Dinamarca con arreglo al apartado 2 así lo indicará y se aplicará lo previsto en el artículo 3, apartados 5 a 8.

8. Dinamarca transmitirá a la Comisión los textos por los que se modifican las disposiciones del artículo 2, apartado 2, letras *g*) a *j*), del presente Acuerdo. La Comisión adaptará en consecuencia el artículo 2, apartado 2, letras *g*) a *j*).

Art. 5.º *Acuerdos internacionales que afectan al Reglamento de Bruselas I.*—1. Los acuerdos internacionales celebrados por la Comunidad con arreglo a las normas del Reglamento de Bruselas I no serán vinculantes ni aplicables en Dinamarca.

2. Dinamarca se abstendrá de celebrar acuerdos internacionales que puedan afectar o alterar el ámbito de aplicación del Reglamento de Bruselas I anexo al presente Acuerdo, a menos que se haga con el consentimiento de la Comunidad y se hayan tomado medidas satisfactorias sobre la relación entre el presente Acuerdo y los acuerdos internacionales en cuestión.

3. Cuando negocie acuerdos internacionales que puedan afectar o alterar el ámbito de aplicación del Reglamento de Bruselas I anexo al presente Acuerdo, Dinamarca coordinará su posición con la Comunidad y se abstendrá de toda acción que comprometa los objetivos de una posición de la Comunidad dentro de su esfera de competencia en tales negociaciones.

Art. 6.º *Competencia del Tribunal de Justicia de las Comunidades Europeas en relación con la interpretación del Acuerdo.*—1. Cuando en un asunto pendiente ante un órgano jurisdiccional danés se suscite una cuestión de validez o interpretación del presente Acuerdo, dicho órgano jurisdiccional solicitará al Tribunal de Justicia que se pronuncie al respecto siempre que en las mismas circunstancias un órgano jurisdiccional de otro Estado miembro de la Unión Europea debiera hacerlo con arreglo al Reglamento de Bruselas I y a sus normas de desarrollo mencionadas en el artículo 2, apartado 1, del presente Acuerdo.

2. De conformidad con la legislación danesa, cuando los órganos jurisdiccionales de Dinamarca interpreten el presente Acuerdo, tendrán debidamente en cuenta la jurisprudencia del Tribunal de Justicia de las Comunidades Europeas por lo que respecta a las disposiciones del

Convenio de Bruselas, el Reglamento de Bruselas I y cualesquiera otras normas de desarrollo comunitarias.

3. Dinamarca podrá, al igual que el Consejo, la Comisión y cualquier Estado miembro, pedir al Tribunal de Justicia que se pronuncie sobre una cuestión de interpretación del presente Acuerdo. El fallo emitido por el Tribunal de Justicia en respuesta a tal petición no se aplicará a sentencias de órganos jurisdiccionales de los Estados miembros que tengan fuerza de cosa juzgada.

4. Dinamarca podrá formular observaciones al Tribunal de Justicia cuando un órgano jurisdiccional de un Estado miembro le haya remitido una cuestión prejudicial sobre la interpretación de cualquier disposición mencionada en el artículo 2, apartado 1.

5. Serán aplicables el Protocolo sobre el Estatuto del Tribunal de Justicia de las Comunidades Europeas y su Reglamento de Procedimiento.

6. Si las disposiciones del Tratado constitutivo de la Comunidad Europea relativas a los fallos del Tribunal de Justicia se modifican con consecuencias para las resoluciones relativas al Reglamento de Bruselas I, Dinamarca podrá notificar a la Comisión su decisión de no aplicar las modificaciones relativas al presente Acuerdo. La notificación tendrá lugar en el momento de la entrada en vigor de las modificaciones o en el plazo de los sesenta días subsiguientes.

En tal caso, el presente Acuerdo se considerará terminado. La terminación surtirá efecto a los tres meses de la notificación.

7. Los procesos judiciales incoados y los documentos públicos con fuerza ejecutiva formalizados o registrados con anterioridad a la fecha de terminación del presente Acuerdo según lo establecido en el apartado 6 no se verán afectados por ésta.

Art. 7.º *Competencia del Tribunal de Justicia de las Comunidades Europeas en relación con el cumplimiento del Acuerdo.*—1. La Comisión podrá someter al Tribunal de Justicia asuntos contra Dinamarca referentes al incumplimiento de cualquier obligación que le incumba en virtud del presente Acuerdo.

2. Dinamarca podrá denunciar ante la Comisión el incumplimiento por un Estado miembro de las obligaciones que le incumben en virtud del presente Acuerdo.

3. Se aplicarán las disposiciones pertinentes del Tratado constitutivo de la Comunidad Europea que regulan los procedimientos ante el Tribunal de Justicia, así como el Protocolo sobre el Estatuto del Tribunal de Justicia de las Comunidades Europeas y su Reglamento de Procedimiento.

Art. 8.º *Aplicación territorial.*—1. El presente Acuerdo se aplicará a los territorios mencionados en el artículo 299 del Tratado constitutivo de la Comunidad Europea.

2. En el caso de que la Comunidad decida ampliar la aplicación

del Reglamento de Bruselas I a los territorios actualmente regulados por el Convenio de Bruselas, la Comunidad y Dinamarca cooperarán para que esta aplicación también se extienda a Dinamarca.

Art. 9.º *Disposiciones transitorias.*—1. Las disposiciones del presente Acuerdo sólo serán aplicables a los procesos judiciales incoados y a los documentos públicos con fuerza ejecutiva formalizados o registrados con posterioridad a la entrada en vigor del Acuerdo.

2. No obstante, cuando los procesos en el Estado miembro de origen se hayan incoado antes de la entrada en vigor del presente Acuerdo, las resoluciones dictadas después de esa fecha se reconocerán y ejecutarán de conformidad con lo dispuesto en el presente Acuerdo:

a) cuando los procesos en el Estado miembro de origen se hayan incoado posteriormente a la entrada en vigor del Convenio de Bruselas o del Convenio de Lugano tanto en el Estado miembro de origen como en el Estado miembro requerido;

b) en todos los demás casos, cuando la competencia judicial se haya basado en normas que concuerdan con las establecidas en el presente Acuerdo, o en un Convenio celebrado entre el Estado miembro de origen y el Estado miembro requerido que estuviera vigente en el momento de incoarse el proceso.

Art. 10. *Relación con el Reglamento de Bruselas I.*—1. El presente Acuerdo no prejuzgará la aplicación por los Estados miembros de la Comunidad, con excepción de Dinamarca, del Reglamento de Bruselas I.

2. No obstante, el presente Acuerdo se aplicará en cualquier caso:

a) en materia de competencia judicial, cuando el demandado esté domiciliado en Dinamarca, o cuando los tribunales de Dinamarca sean competentes de conformidad con el artículo 22 ó 23 del Reglamento, aplicable a las relaciones entre la Comunidad y Dinamarca en virtud del artículo 2 del presente Acuerdo;

b) en materia de litispendencia o conexidad, en los términos previstos en los artículos 27 y 28 del Reglamento de Bruselas I, aplicable a las relaciones entre la Comunidad y Dinamarca en virtud del artículo 2 del presente Acuerdo, cuando el proceso se haya incoado en un Estado miembro distinto de Dinamarca y en Dinamarca;

c) en materia de reconocimiento y ejecución, siempre que Dinamarca sea el Estado de origen o el Estado requerido.

Art. 11. *Terminación del Acuerdo.*—1. El presente Acuerdo terminará si Dinamarca comunica a los otros Estados miembros que ya no desea invocar las disposiciones de la parte I del Protocolo sobre la posición de Dinamarca, de conformidad con el artículo 7 de dicho Protocolo.

2. El presente Acuerdo podrá ser terminado por cualquier Parte contratante que lo notifique a la otra Parte contratante. La terminación

será efectiva a los seis meses de la fecha de tal notificación.

3. Los procesos judiciales incoados y los documentos públicos con fuerza ejecutiva formalizados o registrados con anterioridad a la fecha de terminación del presente Acuerdo según lo establecido en los apartados 1 ó 2 no se verán afectados por ésta.

Art. 12. *Entrada en vigor.*—1. El presente Acuerdo será adoptado por las Partes de conformidad con sus procedimientos respectivos.

2. El presente Acuerdo entrará en vigor el primer día del sexto mes tras la notificación de las Partes contratantes de la culminación de sus respectivos procedimientos requeridos al efecto.

Art. 13. *Autenticidad de los textos.*—El presente Acuerdo está redactado por duplicado en lenguas alemana, checa, danesa, eslovaca, eslovena, española, estonia, finlandesa, francesa, griega, húngara, inglesa, italiana, letona, lituana, maltesa, neerlandesa, polaca, portuguesa y sueca, siendo cada uno de estos textos igualmente auténtico.

Hecho en Bruselas, el diecinueve de octubre de dos mil cinco.

ANEXO

Reglamento (CE) n.º 44/2001 del Consejo, de 22 de diciembre de 2000, relativo a la competencia judicial, el reconocimiento y la ejecución de resoluciones judiciales en materia civil y mercantil, en su versión modificada por el Reglamento (CE) n.º 1496/2002 de la Comisión, de 21 de agosto de 2002, por el que se modifican el anexo I (las normas de jurisdicción mencionadas en el artículo 3, apartado 2, y en el artículo 4, apartado 2) y el anexo II (la lista de tribunales competentes y autoridades) del Reglamento (CE) n.º 44/2001 del Consejo, relativo a la competencia judicial, el reconocimiento y la ejecución de resoluciones judiciales en materia civil y mercantil, y por el Reglamento (CE) n.º 2245/2004 de la Comisión, de 27 de diciembre de 2004, por el que se modifican los anexos I, II, III y IV del Reglamento (CE) n.º 44/2001 del Consejo, relativo a la competencia judicial, el reconocimiento y la ejecución de resoluciones judiciales en materia civil y mercantil.

Art. 12: Entrada en vigor el 1.º de julio de 2007 (*DO* L 94, de 4-4-2007).

9. CONVENIO RELATIVO A LA COMPETENCIA JUDICIAL Y A LA EJECUCIÓN DE RESOLUCIONES JUDICIALES EN MATERIA CIVIL Y MERCANTIL, HECHO EN LUGANO EL 16 DE SEPTIEMBRE DE 1988*

(*BOE* núm. 251, de 20 de octubre de 1994; corr. de errores, *BOE* núm. 8, de 10 de enero de 1995)

PREÁMBULO

Las Altas Partes contratantes en el presente Convenio,

Preocupadas por fortalecer en sus territorios la protección jurídica de las personas en ellos establecidas,

Considerando que es importante, a este fin, determinar la competencia de sus jurisdicciones en el orden internacional, facilitar el reconocimiento y establecer un procedimiento rápido al objeto de garantizar la ejecución de las resoluciones judiciales, de los documentos públicos con fuerza ejecutiva y de las transacciones judiciales,

Conscientes de los vínculos existentes entre ellas, vínculos sancionados en el ámbito económico por acuerdos de libre cambio celebrados entre la Comunidad Económica Europea y los Estados miembros de la Asociación Europea de Libre Cambio,

Tomando en consideración el Convenio de Bruselas de 27 de

---

* Habiéndose producido la ratificación de España, entró en vigor para nuestro país el 1 de noviembre de 1994. Este Convenio celebrado entre los Estados miembros de las Comunidades Europeas y los Estados miembros de la Asociación Europea de Libre Cambio (AELC: Islandia, Liechtenstein, Noruega y Suiza) se basa en principios fundamentales idénticos al Convenio de Bruselas de 1968, que toma como *modelo* y cuyas disposiciones sustancialmente reproduce. *Texto auténtico*: alemán, danés, español, finés, francés, griego, inglés, irlandés, islandés, italiano, neerlandés, noruego, portugués y sueco. *Estados parte*: Alemania, Austria, Bélgica, Dinamarca, España, Finlandia, Francia, Gran Bretaña, Grecia, Irlanda, Islandia, Italia, Luxemburgo, Noruega, Países Bajos, Polonia, Portugal, Suecia y Suiza. Sobre su *interpretación*, vid. Protocolo núm. 2 sobre interpretación uniforme del convenio (*infra* nota al art. 65) y la Declaración de los Representantes de los Estados signatarios del Convenio de Lugano miembros de la Asociación Europea de Libre Cambio, ambos contenidos *infra* nota al art. 65. Sobre las reservas permitidas y otras soluciones particulares, vid. el Protocolo núm. 1 relativo a determinados problemas de competencia, procedimiento y ejecución (*infra* nota al art. 65). El *informe oficial* (o comentario autorizado) sobre el Convenio puede consultarse en el *DO* C 189, de 28-7-1990.

Con relación a Gibraltar, véase la nota a la cabecera del Reglamento 44/2001 (vid. *supra* núm. 7), aplicable al presente Convenio.

septiembre de 1968 relativo a la competencia judicial y a la ejecución de resoluciones judiciales en materia civil y mercantil, modificado por los Convenios de Adhesión en virtud de las sucesivas ampliaciones de las Comunidades Europeas,

Convencidas de que la extensión de los principios de dicho Convenio a los Estados contratantes en el presente instrumento reforzará la cooperación en los ámbitos judicial y económico en Europa,

Deseosas de garantizar una interpretación lo más uniforme posible del mismo,

Han decidido, por todo ello, celebrar el presente Convenio y

Han convenido las disposiciones siguientes:

TÍTULO PRIMERO

Ámbito de aplicación

Artículo 1.º El presente Convenio se aplicará en materia civil y mercantil con independencia de la naturaleza del órgano jurisdiccional. No incluirá, en particular, las materias fiscal, aduanera y administrativa.

Se excluirá del ámbito de aplicación del presente Convenio:

1. El estado y la capacidad de las personas físicas, los regímenes matrimoniales, los testamentos y las sucesiones;
2. La quiebra, los convenios entre quebrado y acreedores y demás procedimientos análogos;
3. La Seguridad Social;
4. El arbitraje.

TÍTULO II

Competencia judicial

SECCIÓN 1.ª

Disposiciones generales

Art. 2.º Salvo lo dispuesto en el presente Convenio, las personas domiciliadas en un Estado contratante estarán sometidas, sea cual fuere su nacionalidad, a los órganos jurisdiccionales de dicho Estado.

A las personas que no tuvieren la nacionalidad del Estado en que estén domiciliadas les serán de aplicación las reglas de competencia judicial que se aplicaren a los nacionales.

Art. 3.º Las personas domiciliadas en un Estado contratante sólo podrán ser demandadas ante los Tribunales de otro Estado contratante en virtud de las reglas establecidas en las secciones 2 a 6 del presente Título.

En particular, no podrá invocarse frente a ellas:

— En Bélgica: El artículo 15 del Código civil (Code civil-Burgerlijk Wetboek) y el artículo 638 de la Ley de Enjuiciamiento (Code Judiciaire-Gerechtelijk Wetboek);

— En Dinamarca: El artículo 246, apartados 2 y 3, de la Ley de Enjuiciamiento Civil (Lov om rettens pleje);

— En la República Federal de Alemania: El artículo 23 de la Ley de Enjuiciamiento Civil (Zivilprozeβordnung);

— En Grecia: El artículo 40 de la Ley de Enjuiciamiento Civil (Κώδικας Πολιτικής Δικονομίας);

— En Francia: Los artículos 14 y 15 del Código civil (Code civil);

— En Irlanda: Las reglas que atribuyen la competencia judicial con fundamento en una cédula de emplazamiento entregada al demandado que se encontrare ocasionalmente en Irlanda;

— En Islandia: El artículo 77 de la Ley de Enjuiciamiento Civil (lög um me fer einkamála í hérai);

— En Italia: Los artículos 3 y 4 *de la Ley de 31 de* mayo de 1995, número 218;

— En Luxemburgo: Los artículos 14 y 15 del Código Civil (Code Civil);

— En los Países Bajos: El artículo 126, párrafo tercero y el artículo 127 de la Ley de Enjuiciamiento Civil (Wetboek van Burgerlijke Rechtsvordering);

— En Noruega: El artículo 32 de la Ley de Enjuiciamiento Civil (Tvistemålsloven);

— En Austria: El artículo 99 de la Ley sobre la competencia judicial (Jurisdiktionsnorm);

— En Portugal: Los artículos 65 y 65 A de la Ley de Enjuiciamiento Civil (Código de Processo Civil) y el artículo 11 de la Ley de Procedimiento Laboral (Código de Processo de Trabalho);

— En Suiza: Le for du lieu du séquestre / Gerichtsstand des Arrestortes / foro de luogo del sequestro en el sentido del artículo 4 de la Loi Fédérale sur le Droit International Privé / Bundesgesetz über das internationale Privatrecht / Legge Federale sul Diritto Internazionale Privato;

— En Finlandia: La segunda, tercera y cuarta frases del artículo I del capítulo 10 de la Ley de Enjuiciamiento Civil (oikeudenkäymiskaaril / rättegängsbalken);

— En Suecia: La primera frase del artículo 3 del capítulo 10 de la Ley de Enjuiciamiento Civil (Rättengångsbalken);

— En el Reino Unido: Las reglas que atribuyen la competencia judicial con fundamento en:

Art. 3.º: Cfr. art. 3.º del Reglamento 44/2001 (*supra* núm. 7).

a) Una cédula de emplazamiento entregada al demandado que se encontrare ocasionalmente en el Reino Unido;

b) La existencia en el Reino Unido de bienes pertenecientes al demandado;

c) El embargo por el demandante de bienes sitos en el Reino Unido.

Art. 4.º Si el demandado no estuviere domiciliado en un Estado contratante, la competencia judicial se regirá, en cada Estado contratante, por la ley de este Estado, sin perjuicio de la aplicación de lo dispuesto en el artículo 16.

Toda persona, sea cual fuere su nacionalidad, domiciliada en el territorio de un Estado contratante podrá invocar contra dicho demandado, del mismo modo que los nacionales de este Estado, las reglas de competencia judicial vigentes en el mismo y, en particular, las previstas en el artículo 3.º, párrafo segundo.

SECCIÓN 2.ª

Competencias especiales

Art. 5.º Las personas domiciliadas en un Estado contratante podrán ser demandadas en otro Estado contratante:

1. En materia contractual, ante el Tribunal del lugar en el que hubiere sido o debiere ser cumplida la obligación que sirviere de base a la demanda; en materia de contrato individual de trabajo, dicho lugar será aquél en el que el trabajador desempeñare habitualmente su trabajo y, si el trabajador no desempeñare habitualmente su trabajo en un único Estado, ese lugar será aquel en que estuviere situado el establecimiento que le hubiere contratado.

2. En materia de alimentos, ante el Tribunal del lugar del domicilio o de la residencia habitual del acreedor de alimentos, o si se tratare de una demanda incidental a una acción relativa al estado de las personas, ante el tribunal competente según la Ley del Foro para conocer de éste, salvo que tal competencia se fundamentare exclusivamente en la nacionalidad de una de las partes.

3. En materia delictual o cuasidelictual, ante el Tribunal del lugar donde se se hubiere producido el hecho dañoso.

4. Si se tratare de acciones por daños y perjuicios o de acciones de restitución fundamentadas en un acto que diere lugar a un procedimiento penal, ante el Tribunal que conociera de dicho proceso, en la

---

Art. 5.º: Téngase en cuenta asimismo en materia marítima el régimen transitorio previsto por el art. 54 bis de este Convenio y el régimen especial previsto para litigios entre el capitán y los miembros de la tripulación previsto en el art. V ter de su Protocolo núm. 1. Téngase también en cuenta el art. 54, párrafo tercero, de este Convenio.

Art. 5.º1: Cfr. art. 5.º1 del Reglamento 44/2001 (*supra* núm. 7). Vid. arts. 1 y 1 bis del Protocolo núm. 1 del Convenio de Lugano, relativo a determinados problemas de competencia, procedimiento y ejecución (*infra* nota al art. 65).

Art. 5.º2: Vid. art. V bis del Protocolo núm. 1 del Convenio de Lugano (*infra* nota al art. 65).

Art. 5.º4: Vid. art. II del Protocolo núm. 1 del Convenio de Lugano (*infra* nota al art. 65).

medida en que, de conformidad con su ley, dicho Tribunal pudiere conocer de la acción civil.

5. Si se tratare de litigios relativos a la explotación de sucursales, agencias o cualesquiera otros establecimientos, ante el Tribunal en que se hallaren sitas.

6. En su condición de fundador, *trustee* o beneficiario de un *trust* constituido ya en aplicación de la ley, ya por escrito o por acuerdo verbal confirmado por escrito, ante los Tribunales del Estado contratante en cuyo territorio estuviere domiciliado el *trust*.

7. Si se tratare de un litigio relativo al pago de la remuneración reclamada en razón del auxilio o el salvamento de los que se hubiere beneficiado un cargamento o un flete, ante el Tribunal en cuya jurisdicción dicho cargamento o flete:

a) Hubiere sido embargado para garantizar dicho pago, o

b) Hubiere podido ser embargado a tal fin, pero se ha prestado una caución o cualquier otra garantía.

Esta disposición sólo se aplicará cuando se pretendiere que el demandado tiene un derecho sobre el cargamento o el flete o que tenía tal derecho en el momento de dicho auxilio o salvamento.

Art. 6.º Las personas a las que se refiere el artículo anterior podrán *también ser demandadas*:

1. Si hubiere varios demandados, ante el Tribunal del domicilio de cualquiera de ellos.

2. Si se tratare de una demanda sobre obligaciones de garantía o para la intervención de terceros en el proceso, ante el Tribunal que estuviere conociendo de la demanda principal, salvo que ésta se hubiere formulado con el único objeto de provocar la intervención de un Tribunal distinto del correspondiente al demandado.

3. Si se tratare de una reconvención derivada del contrato o hecho en que se fundamentare la demanda inicial, ante el Tribunal que estuviere conociendo de esta última.

4. En materia contractual, si la acción pudiere acumularse con otra en materia de derechos reales inmobiliarios dirigida contra el mismo demandado, ante el Tribunal del Estado contratante en el que estuviere sito el inmueble.

Art. 6.º bis. Cuando, en virtud del presente Convenio, un Tribunal de un Estado contratante fuere competente para conocer de acciones de responsabilidad derivada de la utilización o la explotación de un buque, dicho Tribunal o cualquier otro que le sustituyere en virtud de la ley interna de dicho Estado conocerá también de la demanda relativa a la limitación de esta responsabilidad.

Art. 6.º2: Vid. art. V del Protocolo núm. 1 del Convenio de Lugano (*infra* nota al art. 65).

Art. 6.º4: Cfr. art. 6.º4 del Reglamento 44/2001 (*supra* núm. 7).

SECCIÓN 3.ª

Competencia en materia de seguros

Art. 7.º En materia de seguros, se determinará la competencia con arreglo a las disposiciones de la presente Sección, sin perjuicio de lo dispuesto en el artículo 4 y en el artículo 5, apartado 5.

Art. 8.º El asegurador domiciliado en un Estado contratante podrá ser demandado:

1. Ante los Tribunales del Estado donde tuviere su domicilio, o
2. En otro Estado contratante, ante el Tribunal del lugar donde tuviere su domicilio el tomador del seguro, o
3. Si se tratare de un coasegurador, ante los Tribunales del Estado contratante que entendiere de la acción entablada contra el primer firmante del coaseguro.

Cuando el asegurador no estuviere domiciliado en un Estado contratante pero tuviere sucursales, agencias o cualquier otro establecimiento en un Estado contratante se le considerará, para los litigios relativos a su explotación, domiciliado en dicho Estado.

Art. 9.º El asegurador podrá, además, ser demandado ante el Tribunal del lugar en que se hubiere producido el hecho dañoso cuando se tratare de seguros de responsabilidad o de seguros relativos a inmuebles. La misma regla será de aplicación cuando se tratare de seguros que se refirieren a inmuebles y a bienes muebles cubiertos por una misma póliza y afectados por el mismo siniestro.

Art. 10. En materia de seguros de responsabilidad civil, el asegurador podrá ser demandado igualmente ante el Tribunal que conociere de la acción de la persona perjudicada contra el asegurado, cuando la ley de este Tribunal lo permitiere.

Las disposiciones de los artículos 7, 8 y 9 serán aplicables en los casos de acción directa entablada por el perjudicado contra el asegurador cuando la acción directa fuere posible.

El mismo Tribunal será competente cuando la ley reguladora de esta acción directa previere la posibilidad de demandar al tomador del seguro o al asegurado.

Art. 11. Salvo lo dispuesto en el artículo 10, párrafo tercero, la acción del asegurador sólo podrá ser ejercitada ante los Tribunales del Estado contratante en cuyo territorio estuviere domiciliado el demandado, ya sea tomador del seguro, asegurado o beneficiario.

Art. 10: Vid. art. V del Protocolo núm. 1 del Convenio de Lugano (*infra* nota al art. 65).

Las disposiciones de la presente Sección no afectarán al derecho de interponer una reconvención ante el Tribunal que estuviere conociendo de una demanda inicial de conformidad con la presente Sección.

Art. 12. Únicamente prevalecerán sobre las disposiciones de la presente Sección los convenios:

1. Posteriores al nacimiento del litigio, o
2. Que permitieren al tomador del seguro, al asegurado o al beneficiario formular demandas ante Tribunales distintos de los indicados en la presente Sección, o
3. Que, habiéndose celebrado entre un tomador de seguro y un asegurador, domiciliados o con residencia habitual en el mismo Estado contratante en el momento de la celebración del contrato, atribuyeren, aunque el hecho dañoso se hubiere producido en el extranjero, competencia a los Tribunales de dicho Estado, a no ser que la Ley de éste prohibiere tales convenios, o
4. Celebrados con un tomador de seguro que no estuviere domiciliado en un Estado contratante, a no ser que se tratare de un seguro obligatorio o se refirieren a un *inmueble sito en un* Estado contratante, o
5. Que se refirieren a un contrato de seguro que cubriere uno o varios de los riesgos enumerados en el artículo 12 bis.

Art. 12 bis. Los riesgos contemplados en el artículo 12, punto 5, son los siguientes:

1. Todo daño a:

a) Buques de navegación marítima, instalaciones costeras y en alta mar o aeronaves, causado por hechos sobrevenidos en relación con su utilización para fines comerciales.

b) Mercancías distintas de los equipajes de los pasajeros, durante un transporte realizado por dichos buques o aeronaves, bien en su totalidad o bien en combinación con otros modos de transporte.

2. Toda responsabilidad, con excepción de la derivada de los daños corporales a los pasajeros o de los daños a sus equipajes:

a) Resultante de la utilización o la explotación de los buques, instalaciones o aeronaves de conformidad con la letra *a*) del punto 1, cuando la ley del Estado contratante en el que estuviere matriculada la aeronave no prohibiere los convenios atributivos de jurisdicción en el aseguramiento de tales riesgos;

b) Por las mercancías durante uno de los transportes contemplados en la letra *b*) del punto 1.

3. Toda pérdida pecuniaria ligada a la utilización o a la explotación de buques, instalaciones o aeronaves de conformidad con la letra *a*) del punto 1, en particular la del flete o el beneficio del fletamento.

4. Todo riesgo accesorio a cualquiera de los contemplados en los puntos 1 a 3.

SECCIÓN 4.ª

Competencia en materia de contratos celebrados por los consumidores

Art. 13. En materia de contratos celebrados por una persona para un uso que pudiere considerarse ajeno a su actividad profesional, en lo sucesivo denominada «el consumidor», la competencia quedará determinada por la presente Sección, sin perjuicio de lo dispuesto en el artículo 4 y en el artículo 5, punto 5:

1. Cuando se tratare de una venta a plazos de mercaderías.
2. Cuando se tratare de un préstamo a plazos o de otra operación de crédito vinculada a la financiación de la venta de tales bienes.
3. Para cualquier otro contrato que tuviere por objeto una prestación de servicios o un suministro de mercaderías, si:

a) La celebración del contrato hubiese sido precedida, en el Estado del domicilio del consumidor, de una oferta, especialmente hecha o de publicidad, y

b) El consumidor hubiere realizado en este Estado los actos necesarios para la celebración de dicho contrato.

Cuando el cocontratante del consumidor no estuviere domiciliado en un Estado contratante, pero poseyere una sucursal, agencia o cualquier otro establecimiento en un Estado contratante, se considerará para todos los litigios relativos a su explotación que está domiciliado en dicho Estado.

La presente Sección no se aplicará al contrato de transporte.

Art. 14. La acción entablada por un consumidor contra la otra parte contratante podrá interponerse ante los Tribunales del Estado contratante en que estuviere domiciliada dicha parte o ante los Tribunales del Estado contratante en que estuviere domiciliado el consumidor.

La acción entablada contra el consumidor por la otra parte contratante sólo podrá interponerse ante los Tribunales del Estado contratante en que estuviere domiciliado el consumidor.

Estas disposiciones no afectarán al derecho de presentar una reconvención ante el Tribunal que entendiere de una demanda principal de conformidad con la presente Sección.

Art. 15. Únicamente prevalecerán sobre las disposiciones de la presente Sección los convenios:

1. Posteriores al nacimiento del litigio, o
2. Que permitieren al consumidor formular demandas ante Tribunales distintos de los indicados en la presente Sección, o
3. Que habiéndose celebrado entre un consumidor y su cocontratante, domiciliados o con residencia habitual en el mismo Estado contratante en el momento de la celebración del contrato, atribuyeren competencia a los Tribunales de dicho Estado, a no ser que la ley de éste prohibiere tales convenios.

SECCIÓN 5.ª

Competencias exclusivas

Art. 16. Son exclusivamente competentes, sin consideración del domicilio:

1. *a*) En materia de derechos reales inmobiliarios y de arrendamiento de bienes inmuebles, los Tribunales del Estado contratante donde el inmueble se hallare sito.

b) No obstante, en materia de contratos de arrendamiento de bienes inmuebles celebrados para uso particular durante un plazo máximo de seis meses consecutivos, son igualmente competentes los Tribunales del Estado contratante donde estuviere domiciliado el demandado, siempre que el arrendatario fuere una persona física y que ninguna de las partes estuviere domiciliada en el Estado contratante en el que el inmueble se hallare sito.

2. En materia de validez, nulidad o disolución de sociedades y personas jurídicas que tuvieran su domicilio en un Estado contratante, o de decisiones de sus órganos, los Tribunales de dicho Estado.

3. En materia de validez de las inscripciones en los registros públicos, los Tribunales del Estado contratante en que se encontrare el registro.

4. En materia de inscripciones o validez de patentes, marcas, diseños o dibujos y modelos y demás derechos análogos sometidos a depósito o registro, los Tribunales del Estado contratante en que se hubiere solicitado, efectuado o tenido por efectuado el depósito o registro en virtud de lo dispuesto en algún convenio internacional.

5. En materia de ejecución de las resoluciones judiciales, los Tribunales del Estado contratante del lugar de la ejecución.

SECCIÓN 6.ª

Prórroga de la competencia

Art. 17. 1. Si las partes, cuando al menos una de ellas tuviere su

---

Art. 16.1.b: Vid. art. 22.1 del Reglamento 44/2001 (*supra* núm. 7). Vid. art. I ter del Protocolo núm. 1 del Convenio de Lugano (*infra* nota al art. 65).

Grecia, al ratificar el Convenio de Lugano el 17 de julio de 1997, y en aplicación del art. 1.º ter del Protocolo núm. 1, declaró que se reservaba «el derecho a no reconocer ni ejecutar las resoluciones dictadas en los demás Estados parte cuanto la competencia del órgano judicial de origen se funde, en aplicación del artículo 16.1.*b*), únicamente en el domicilio del demandado en el Estado de origen aunque el inmueble esté situado en territorio de Grecia» (*BOE* núm. 37, de 12-2-1988).

Art. 16.4: Vid. art. V quinquies del Protocolo núm. 1 del Convenio de Lugano (*infra* nota al art. 65), y téngase en cuenta que el Convenio de Luxemburgo de 1975 ha sido sustituido por el Convenio de 1989 y sus Protocolos complementarios, contenidos en el Acuerdo sobre patentes comunitarias hecho en Luxemburgo el 15 de diciembre de 1989 (*DO* L 401, de 30-12-1989), aún no en vigor. Vid. arts. 90 ss. del Reglamento sobre marca comunitaria (*infra* núm. 136).

Art. 17: Vid. art. I del Protocolo núm. 1 del Convenio de Lugano (*infra* nota al art. 65).

domicilio en un Estado contratante, hubieren acordado que un Tribunal o los Tribunales de un Estado contratante fueren competentes para conocer de cualquier litigio que hubiere surgido o que pudiere surgir con ocasión de una determinada relación jurídica, tal Tribunal o tales Tribunales serán los únicos competentes. Tal convenio atributivo de competencia deberá celebrarse:

a) Por escrito o verbalmente con confirmación escrita, o

b) En una forma que se ajustare a los hábitos que las partes tuvieren establecidos entre ellas, o

c) En el comercio internacional, en una forma conforme a los usos que las partes conocieren o debieren conocer y que, en dicho comercio, fueren ampliamente conocidos y regularmente observados por las partes en los contratos del mismo tipo en el sector comercial considerado.

Cuando ninguna de las partes que hubieren celebrado un acuerdo de este tipo estuviere domiciliada en un Estado contratante, los Tribunales de los demás Estados contratantes sólo podrán conocer del litigio cuando el Tribunal o los Tribunales designados hubieren declinado su competencia.

2. El Tribunal o los Tribunales de un Estado contratante a los que el documento constitutivo de un *trust* hubiere atribuido competencia serán exclusivamente competentes para conocer de una acción contra el fundador, el *trustee* o el beneficiario de un *trust* si se tratare de relaciones entre estas personas o de sus derechos u obligaciones en el marco del *trust*.

3. No surtirán efectos los convenios atributivos de competencia ni las estipulaciones similares de documentos constitutivos de un *trust* si fueren contrarios a las disposiciones de los artículos 12 y 15 o si excluyeren la competencia de Tribunales exclusivamente competentes en virtud del artículo 16.

4. Cuando se celebrare un Convenio, atributivo de competencia en favor de una sola de las partes, ésta conservará su derecho de acudir ante cualquier otro Tribunal que fuere competente en virtud del presente Convenio.

5. En materia de contratos individuales de trabajo, los Convenios atributivos de competencia sólo surtirán efectos si son posteriores al nacimiento del litigio.

Art. 18. Con independencia de los casos en los que su competencia resultare de otras disposiciones del presente Convenio, será competente el Tribunal de un Estado contratante ante el que compareciere el demandado. Esta regla no será de aplicación si la comparecencia tuviere por objeto impugnar la competencia o si existiere otra jurisdicción exclusivamente competente en virtud del artículo 16.

SECCIÓN 7.ª

Comprobación de la competencia judicial y de la admisibilidad

Art. 19. El Tribunal de un Estado contratante, que conociere a título principal de un litigio para el que los Tribunales de otro Estado contratante fueren exclusivamente competentes en virtud del artículo 16, se declarará de oficio incompetente.

Art. 20. Cuando el demandado domiciliado en un Estado contratante fuere emplazado por un Tribunal de otro Estado contratante y no compareciere, dicho Tribunal se declarará de oficio incompetente si su competencia no estuviere fundamentada en las disposiciones del presente Convenio.

Este Tribunal estará obligado a suspender el procedimiento en tanto no se acreditare que el demandado ha podido recibir la cédula de emplazamiento o documento equivalente con tiempo suficiente para defenderse o que se ha tomado toda diligencia a tal fin.

Las disposiciones del párrafo precedente se sustituirán por las del artículo 15 del Convenio de La Haya de 15 de noviembre de 1965, relativo a la notificación o traslado en el extranjero de documentos judiciales y extrajudiciales en materia civil o comercial, si la cédula de emplazamiento hubiere de ser remitida al extranjero, en cumplimiento del presente Convenio.

SECCIÓN 8.ª

Litispendencia y conexidad

Art. 21. Cuando se formularen demandas con el mismo objeto y la misma causa entre las mismas partes ante Tribunales de Estados contratantes distintos, el Tribunal ante el que se formulare la segunda demanda suspenderá de oficio el procedimiento en tanto no se declarare competente el Tribunal ante el que se interpuso la primera.

Cuando el Tribunal ante el que se interpuso la primera demanda se declarare competente, el Tribunal ante el que se interpuso la segunda se inhibirá en favor de aquél.

Art. 22. Cuando se presentaren demandas conexas ante Tribunales de Estados contratantes diferentes y estuvieren pendientes en primera instancia, el Tribunal ante el que se hubiere presentado la demanda posterior podrá suspender el procedimiento.

Este Tribunal podrá de igual modo inhibirse, a instancia de una de las partes, a condición de que su ley permita la acumulación de asuntos conexos y de que el Tri-

---

Art. 20: Vid. art. IV del Protocolo núm. 1 del Convenio de Lugano (*infra* nota al art. 65). Vid. el Convenio de La Haya de 1965 sobre notificación o traslado en el extranjero de documentos judiciales y extrajudiciales en materia civil o comercial (*infra* núm. 17).

bunal ante el que se hubiere presentado la primera demanda fuere competente para conocer de ambas demandas.

Se considerarán conexas, a los efectos del presente artículo, las demandas vinculadas entre sí por una relación tan estrecha que sería oportuno tramitarlas y juzgarlas al mismo tiempo a fin de evitar resoluciones que podrían ser inconciliables si los asuntos fueren juzgados separadamente.

Art. 23. Cuando en demandas sobre un mismo asunto los Tribunales de varios Estados contratantes se declararen exclusivamente competentes, el desistimiento se llevará a cabo en favor del Tribunal ante el que se hubiere presentado la primera demanda.

SECCIÓN 9.ª

Medidas provisionales y cautelares

Art. 24. Podrán solicitarse medidas provisionales o cautelares previstas por la ley de un Estado contratante a las autoridades judiciales de dicho Estado, incluso si, en virtud del presente Convenio, un Tribunal de otro Estado contratante fuere competente para conocer sobre el fondo.

TÍTULO III

Reconocimiento y ejecución

Art. 25. Se entenderá por «resolución», a los efectos del presente Convenio, cualquier decisión adoptada por un Tribunal de un Estado contratante, con independencia de la denominación que recibiere, tal como auto, sentencia, providencia o mandamiento de ejecución, así como el acto por el cual el Secretario judicial liquidare las costas del proceso.

SECCIÓN 1.ª

Reconocimiento

Art. 26. Las resoluciones dictadas en un Estado contratante serán reconocidas en los demás Estados contratantes, sin que fuere necesario recurrir a procedimiento alguno.

En caso de oposición, cualquier parte interesada que invocare el

Art. 23: Aunque la versión española del Convenio es auténtica, no es correcto el término «desistimiento», sino que debería usarse el término «inhibición», correspondiente a las otras versiones auténticas.

reconocimiento a título principal podrá solicitar, por el procedimiento previsto en las Secciones 2 y 3 del presente título, que se reconozca la resolución.

Si el reconocimiento se invocare como cuestión incidental ante un Tribunal de un Estado contratante, dicho Tribunal será competente para entender del mismo.

Art. 27. Las resoluciones no se reconocerán:

1. Si el reconocimiento fuere contrario al orden público del Estado requerido.
2. Cuando se dictaren en rebeldía del demandado, si no se hubiere entregado o notificado al mismo la cédula de emplazamiento o documento equivalente, de forma regular y con tiempo suficiente para defenderse.
3. Si la resolución fuere inconciliable con una resolución dictada en un litigio entre las mismas partes en el Estado requerido.
4. Si el Tribunal del Estado de origen, para dictar su resolución, hubiere desconocido al decidir de una cuestión relativa al estado o capacidad de las personas físicas, a los regímenes matrimoniales, a los testamentos o a las sucesiones, una regla de Derecho internacional privado del Estado requerido, a menos que se hubiere llegado al mismo resultado mediante la aplicación de las normas de Derecho internacional privado del Estado requerido.
5. Si la resolución fuere inconciliable con una resolución dictada con anterioridad en un Estado no contratante entre las mismas partes en un litigio que tuviere el mismo objeto y la misma causa, cuando esta última resolución reuniere las condiciones necesarias para su reconocimiento en el Estado requerido.

Art. 28. Asimismo, no se reconocerán las resoluciones si se hubieren desconocido las disposiciones de las secciones 3, 4 y 5 del Título II, así como en el caso previsto en el artículo 59.

También podrá denegarse el reconocimiento de las resoluciones en uno de los casos previstos en el artículo 54 ter, apartado 3, y en el artículo 57, apartado 4.

En la apreciación de las competencias mencionadas en los párrafos anteriores, el Tribunal requerido quedará vinculado por las apreciaciones de hecho sobre las cuales el Tribunal del Estado de origen hubiere fundamentado su competencia.

Sin perjuicio de las disposiciones de los párrafos primero y segundo, no podrá procederse a la fiscalización de la competencia del Tribunal del Estado de origen; el orden público contemplado en el punto 1 del artículo 27, no afecta-

Art. 27: Vid. art. II del Protocolo núm. 1 del Convenio de Lugano (*infra* nota al art. 65).

Art. 28: Vid. arts. I ter y V del Protocolo núm. 1 del Convenio de Lugano (*infra* nota al art. 65). Vid. también arts. 54 ter.3, 57.4 y 59 del mismo Convenio.

rá a las reglas relativas a la competencia judicial.

Art. 29. La resolución extranjera en ningún caso podrá ser objeto de una revisión en cuanto al fondo.

Art. 30. El Tribunal de un Estado contratante ante el que se hubiere solicitado el reconocimiento de una resolución dictada en otro Estado contratante podrá suspender el procedimiento si dicha resolución fuere objeto de un recurso ordinario.

El Tribunal de un Estado contratante ante el que se hubiere solicitado el reconocimiento de una resolución dictada en Irlanda o en el Reino Unido podrá suspender el procedimiento si la ejecución estuviere suspendida en el Estado de origen como consecuencia de la interposición de un recurso.

SECCIÓN 2.ª

Ejecución

Art. 31. Las resoluciones dictadas en un Estado contratante que allí fueren ejecutorias se ejecutarán en otro Estado contratante cuando, a instancia de cualquier parte interesada, se hubiere otorgado su ejecución en este último Estado.

No obstante, en el Reino Unido, estas resoluciones se ejecutarán, en Inglaterra y el País de Gales, en Escocia o en Irlanda del Norte, previo registro con fines de ejecución, a instancia de la parte interesada, en una u otras de esas partes del Reino Unido, según el caso.

Art. 32. 1. La solicitud se presentará:

— En Bélgica, ante el «Tribunal de Première Instance» o «Rechtbank van eerste Aanleg»,

— En Dinamarca, ante el «Byret»,

— En la República Federal de Alemania, ante el Presidente de la sala del «Landgericht»,

— En Grecia, ante el «Μονομελές πρωτοδικείο»;

— En España, ante el Juzgado de Primera Instancia,

— En Francia, ante el Presidente del «Tribunal de Grande Instance»,

— En Irlanda, ante la «High Court»,

— En Islandia, ante el «Héraosdómari»,

— En Italia, ante la «Corte d'Appello»,

Art. 31: Cfr. art. 38 del Reglamento 44/2001 (*supra* núm. 7). Vid. art. III del Protocolo núm. 1 del Convenio de Lugano (*infra* nota al art. 65).

Art. 32: Cfr. art. 39 y Anexo I y del Reglamento 44/2001 (*supra* núm. 7). Vid. art. VI del Protocolo núm. 1 del Convenio de Lugano (*infra* nota al art. 65). Téngase en cuenta que, en virtud de este artículo, Portugal (Declaración de 2 de mayo de 1999) ha comunicado la modificación a introducir en la mención relativa a su legislación contenida en este artículo.

— En Luxemburgo, ante el Presidente del «Tribunal d'Arrondissement»,

— En los Países Bajos, ante el Presidente del «Arrondissementsrechtbank»,

— En Noruega, ante el «Herreds» o «Byrett» en calidad de *Namsrett*,

— En Austria, ante el «Landesgericht» o el «Kreisgericht»,

— En Portugal, ante el «Tribunal de Comarca»,

— En Suiza:

a) Si se tratare de resoluciones por las que se condenare al pago de una cantidad de dinero, ante el «Juge de la Mainlevée» / «Rechtsöffnungsrichter» / «Giudice Competente a Pronunciare sul Rigetto dell'opposizione», de conformidad con el procedimiento de levantamiento de embargo regulado por los artículos 80 y 81 de la ley federal sobre el Proceso de Reclamación de Cantidad y sobre la Quiebra / «Bundesgesetz über Schuldbeitreibung und Konkurs» / «Legge Federale sulla Esecuzione e sul Fallimento»,

b) Si se tratare de resoluciones por las que no se condenare al pago de una cantidad de dinero, ante el «Juge Cantonal d'Exequatur Compétent» / «Zuständiger Kantonaler Vollstreckungsrichter» / «giudice cantonale competente a pronunciare l'*exequatur*»,

— En Finlandia, ante el «Ulosotonhaltija / överexekutor»,

— En Suecia, ante el «Svea hovrätt»,

— En el Reino Unido:

a) En Inglaterra y el País de Gales, ante la «High Court of Justice» o, si se tratare de una resolución en materia de alimentos, ante la «Magistrates'Court», por mediación del «Secretary of State».

b) En Escocia, ante la «Court of Session» o, si se tratare de una resolución en materia de alimentos, ante la «Sheriff Court», por mediación del «Secretary of State».

c) En Irlanda del Norte, ante la «High Court of Justice» o, si se tratare de una resolución en materia de alimentos, ante la «Magistrates'-Court», por mediación del «Secretary of State»;

2. La competencia territorial se determinará por el domicilio de la parte contra la que se solicitare la ejecución. Si dicha parte no estuviere domiciliada en el Estado requerido, la competencia se determinará por el lugar de ejecución.

Art. 33. Las modalidades de presentación de la solicitud se determinarán con arreglo a la ley del Estado en el que se solicitare la ejecución.

El solicitante deberá elegir domicilio para la notificación del procedimiento en un lugar que correspondiere a la competencia judicial de la autoridad que conociere de la solicitud. No obstante, si la Ley del Estado en el que se solicitare la ejecución no conociere la elección de domicilio, el solicitante designará un mandatario *ad litem*.

Se adjuntarán a la solicitud los documentos mencionados en los artículos 46 y 47.

Art. 34. El Tribunal ante el que se presentare la solicitud se pronunciará en breve plazo sin que la parte contra la cual se solicitare la ejecución pueda, en esta fase del procedimiento, formular observaciones.

La solicitud sólo podrá desestimarse por alguno de los motivos previstos en los artículos 27 y 28.

La resolución extranjera en ningún caso podrá ser objeto de una revisión en cuanto al fondo.

Art. 35. El secretario judicial notificará de inmediato la resolución al solicitante de conformidad con las modalidades determinadas por la ley del Estado requerido.

Art. 36. Si se otorgare la ejecución, la parte contra la cual se hubiere solicitado podrá interponer recurso contra la resolución dentro del mes siguiente a la fecha de su notificación.

Si dicha parte estuviere domiciliada en un Estado contratante distinto de aquel en el que se dictare la resolución por la que se otorgare la ejecución, el plazo será de dos meses a partir del día en que tuviere lugar la notificación, ya fuere personal, ya en su domicilio. Dicho plazo no admitirá prórroga en razón de la distancia.

Art. 37. 1. El recurso contra la resolución que otorgare la ejecución se presentará, según las normas que rigen el procedimiento contradictorio:

— En Bélgica, ante el «Tribunal de Première Instance» o «Rechtbank van eerste Aanleg»;

— En Dinamarca ante el «Landsret»;

— En la República Federal de Alemania, ante el «Oberlandesgericht»;

— En Grecia, ante el «Εφετείο»;

— En España, ante la «Audiencia Provincial»;

— En Francia, ante la «Cour d'Appel»;

— En Irlanda, ante la «High Court»;

— En Islandia, ante el «Héraosdómari»;

— En Italia, ante la «Corte d'Appello»;

— En Luxemburgo, ante la «Cour Supérieure de Justice» reunida para entender en materia de apelación civil;

— En los Países Bajos, ante el «Arrondissementsrechtbank»;

— En Noruega, ante el «Lagmannsrett»;

— En Austria, ante el «Landesgericht» o el «Kreisgericht»;

— En Portugal, ante el «Tribunal da Relação»;

Art. 37: Cfr. art. 43 y Anexo III y del Reglamento 44/2001 (*supra* núm. 7).

— En Suiza, ante el «Tribunal Cantonal» / «Kantonsgericht» / «Tribunale cantonale»;

— En Finlandia, ante el «Hovioikeus / Hovrätt»;

— En Suecia, ante el «Svea Hovrätt»;

— En el Reino Unido:

a) En Inglaterra y País de Gales, ante la «High Court of Justice» o, si se tratare de una resolución en materia de alimentos, ante la «Magistrates' Court»;

b) En Escocia, ante la «Court of Session» o, si se tratare de una resolución en materia de alimentos, ante la «Sheriff Court»;

c) En Irlanda del Norte, ante la «High Court of Justice» o, si se tratare de una resolución en materia de alimentos, ante la «Magistrates'-Court».

2. La resolución dictada sobre el recurso sólo podrá ser objeto:

— En Bélgica, Grecia, España, Francia, Italia, Luxemburgo y los Países Bajos, de un recurso de casación;

— En Dinamarca, de un recurso ante el «Højesteret», previa autorización del Ministro de Justicia;

— En la República Federal de Alemania, de una «Rechtsbeschwerde»;

— En Irlanda, de un recurso sobre una cuestión de derecho ante la «Supreme Court»;

— *En Islandia*, de un recurso ante el «Hastiréttur»;

— En Noruega, de un recurso (kjaremael o anke) ante el «Hoyesteretts Kjaermalsutvalg» o «Hoyesterett»;

— En Austria, en el supuesto de un recurso, de un «Revisionrekurs» y, en el supuesto de una oposición, de un recurso («Berufung») con la facultad eventual de una «Revision»;

— En Portugal, de un recurso sobre una cuestión de derecho;

— En Suiza, de un «recours de droit public devant le Tribunal fédéral» / «staatsrechtlicht Beschwerde beim Bundesgerich» / «ricorso di diritto pubblico davanti al Tribunale federale»;

— En Finlandia, de un recurso ante el «Korkein oikeus / Högsta Domstolen»;

— En Suecia, de un recurso ante el «Högsta Domstolen»;

— En el Reino Unido, de un recurso único sobre una cuestión de derecho.

Art. 38. El Tribunal que conociere del recurso podrá, a instancia de la parte que lo hubiese interpuesto, suspender el procedimiento, si la resolución extranjera hubiere sido objeto de recurso ordinario en el Estado de origen o si el plazo para interponerlo no hubiere expirado; en este último caso, el Tribunal podrá conceder un aplazamiento a efectos de la interposición de dicho recurso.

Cuando la resolución se hubiere dictado en Irlanda o en el Reino Unido, toda vía de recurso prevista en el Estado de origen será considerada como un recurso ordinario a los efectos de la aplicación del párrafo primero.

Dicho Tribunal podrá igualmente subordinar la ejecución a la constitución de una garantía que él mismo determinará.

Art. 39. Durante el plazo del recurso previsto en el artículo 36 y hasta que se hubiere resuelto sobre el mismo, solamente se podrán adoptar medidas cautelares sobre los bienes de la parte contra la que se hubiere solicitado la ejecución.

La resolución que otorgare la ejecución comportará autorización para adoptar tales medidas cautelares.

Art. 40. 1. Si la solicitud fuere desestimada, el solicitante podrá interponer recurso:

— En Bélgica, ante la «Cour d'Appel» o el «Hof van Beroep»;

— En Dinamarca, ante el «Landsret»;

— En la República Federal de Alemania, ante el «Oberlandesgericht»;

— En Grecia, ante el «Εφετείο»;

— En España, ante la «Audiencia Provincial»;

— En Francia, ante la «Cour d'Appel»;

— En Irlanda, ante la «High Court»;

— En Islandia, ante el «Hérasosdómari»;

— En Italia, ante la «Corte d'Appello»;

— En Luxemburgo, ante la «Cour Supérieure de Justice» reunida para entender en materia de apelación civil;

— En los Países Bajos, ante el «Gerechtshof»;

— En Noruega, ante el «Lagmannsrett»;

— En Austria, ante el «Landesgericht» o el «Kreisgericht»;

— En Portugal, ante el «Tribunal da Relação»;

— En Suiza, ante el «Tribunal Cantonal»/«Kantonsgericht» / «Tribunale Cantonale»;

— En Finlandia, ante el «Hovioikeus/Hovrätt»;

— En Suecia, ante el «Svea Hovrätt»;

— En el Reino Unido:

a) En Inglaterra y País de Gales, ante la «High Court of Justice» o, si se tratare de una resolución en materia de alimentos, ante la «Magistrates' Court»,

b) En Escocia, ante la «Court of Session», o, si se tratare de una resolución en materia de alimentos, ante la «Sheriff Court»,

c) En Irlanda del Norte, ante la «High Court of Justice» o, si se tratare de una resolución en materia de alimentos, ante la «Magistrates'Court».

2. La parte contra la que se hubiere solicitado la ejecución será citada de comparecencia ante el Tribunal que conociere del recurso. En caso de incomparecencia se aplicarán las disposiciones del artículo 20, párrafos segundo y tercero, aunque dicha

---

Art. 40: Cfr. art. 43 y Anexo III y del Reglamento 44/2001 (*supra* núm. 7).

parte no estuviere domiciliada en uno de los Estados contratantes.

Art. 41. La resolución que decidiere del recurso previsto en el artículo 40 sólo podrá ser objeto:

— En Bélgica, Grecia, España, Francia, Italia, Luxemburgo y los Países Bajos, de un recurso de casación;

— En Dinamarca, de un recurso ante el «Højesteret», previa autorización del Ministro de Justicia;

— En la República Federal de Alemania, de una «Rechtsbeschwerde»;

— En Irlanda, de un recurso sobre una cuestión de derecho ante la «Supreme Court»;

— En Islandia, de un recurso ante el «Hastiréttur»;

— En Noruega, de un recurso (kjaremal o anke) ante el «Hoyesteretts kjaeremalsutvalg» o «Hoyesterett»;

— En Austria, de un «Revisionrekurs»;

— En Portugal, de un recurso sobre una cuestión de derecho;

— En Suiza, de un «recours de droit public devant le Tribunal fédéral» / «staatsrechtliche Beschwerde beim Bundesgericht» / «ricorso di diritto pubblico davanti al Tribunale federale»;

— En Finlandia, de un recurso ante el «Korkein oikeus / Högsta Domstolen»;

— En Suecia, de un recurso ante el «Högsta Domstolen»;

— En el Reino Unido, de un recurso sobre una cuestión de derecho.

Art. 42. Cuando la resolución extranjera se hubiere pronunciado sobre varias pretensiones de la demanda y la ejecución no pudiere otorgarse para la totalidad de ellas, el Tribunal concederá la ejecución para una o varias de las mismas.

El solicitante podrá instar una ejecución parcial.

Art. 43. Las resoluciones extranjeras que condenaren al pago de multas coercitivas solamente podrán ejecutarse en el Estado requerido cuando la cuantía hubiere sido fijada definitivamente por el Tribunal del Estado de origen.

Art. 44. El solicitante que en el Estado de origen hubiere obtenido total o parcialmente el beneficio de justicia gratuita o una exención de costas y gastos gozará, en el procedimiento previsto en los artículos 32 a 35, del beneficio de justicia gratuita más favorable o de la exención más amplia prevista por el derecho del Estado requerido.

El solicitante que instare la ejecución de una resolución dictada en Dinamarca o en Islandia por una autoridad administrativa en materia de alimentos podrá invocar en el Estado requerido el bene-

---

Art. 41: Cfr. art. 44 y Anexo IV del Reglamento 44/2001 (*supra* núm. 7).

ficio de las disposiciones del párrafo primero si presentare un documento expedido por el Ministerio de Justicia danés o por el Ministerio de Justicia islandés que acreditare que cumple los requisitos económicos para poder beneficiarse total o parcialmente de la justicia gratuita o de una exención de costas y gastos.

Art. 45. A la parte que instare en un Estado contratante la ejecución de una resolución dictada en otro Estado contratante no podrá exigírsele caución o depósito alguno, sea cual fuere su denominación, por su condición de extranjero o por no estar domiciliado o no ser residente en el Estado requerido.

SECCIÓN 3.ª

Disposiciones comunes

Art. 46. La parte que invocare el reconocimiento o instare la ejecución de una resolución deberá presentar:

1. Una copia auténtica de dicha resolución.

2. Si se tratare de una resolución dictada en rebeldía, el original o una copia auténtica del documento que acreditare la entrega o notificación de la demanda o de documento equivalente a la parte declarada en rebeldía.

Art. 47. La parte que instare la ejecución deberá presentar además:

1. Cualquier documento que acreditare que, según la ley del Estado de origen, la resolución es ejecutoria y ha sido notificada.

2. Un documento justificativo de que el solicitante goza, en su caso, del beneficio de justicia gratuita en el Estado de origen.

Art. 48. De no presentarse los documentos mencionados en el artículo 46, apartado 2 y en el artículo 47, apartado 2, el Tribunal podrá fijar, un plazo para la presentación de los mismos, aceptar documentos equivalentes o dispensar de ellos si se considerare suficientemente ilustrado.

Si el Tribunal lo exigiere, se presentará una traducción de los documentos; la traducción estará certificada por una persona autorizada a tal fin en uno de los Estados contratantes.

Art. 49. No se exigirá legalización ni formalidad análoga alguna en lo que se refiriere a los documentos mencionados en los artículos 46, 47 y en el artículo 48, párrafo segundo, y en su caso, al poder para pleitos.

TÍTULO IV

Documentos públicos con fuerza ejecutiva y transacciones judiciales

Art. 50. Los documentos públicos con fuerza ejecutiva, formalizados en un Estado contratante, serán declarados ejecutorios, a instancia de parte, en otro Estado contratante, con arreglo al procedimiento previsto en los artículos 31 y siguientes. La solicitud sólo podrá desestimarse cuando la ejecución del documento fuere contraria al orden público del Estado requerido.

El documento presentado deberá reunir las condiciones necesarias de autenticidad en el Estado de origen.

Serán aplicables, en la medida en que fuere necesario, las disposiciones de la sección 3.ª del Título III.

Art. 51. Las transacciones celebradas ante el Tribunal durante un proceso y ejecutorias en el Estado de origen serán ejecutorias en el Estado requerido, en las mismas condiciones que los documentos públicos con fuerza ejecutiva.

TÍTULO V

Disposiciones generales

Art. 52. Para determinar si una parte está domiciliada en el Estado contratante cuyos Tribunales conocieren del asunto, el Tribunal aplicará su ley interna.

Cuando una Parte no estuviere domiciliada en el Estado cuyos Tribunales conocieren del asunto, el Tribunal, para determinar si dicha parte lo está en otro Estado contratante, aplicará la ley de dicho Estado.

Art. 53. *A los efectos* del presente Convenio, la sede de las sociedades y de otras personas jurídicas quedará asimilada al domicilio. Sin embargo, para determinar dicha sede, el Tribunal que conociere del asunto aplicará las reglas de su Derecho internacional privado.

Para determinar si un *trust* está domiciliado en el Estado contratante cuyos Tribunales conocen del asunto, el Tribunal aplicará las reglas de su Derecho internacional privado.

TÍTULO VI

Disposiciones transitorias

Art. 54. Las disposiciones del presente Convenio solamente serán aplicables a las acciones judiciales ejercitadas y a los documentos públicos con fuerza ejecutiva formalizados con posterioridad a la entrada en vigor del presente Convenio en el Estado de origen y a las solicitudes de reconocimiento o ejecución de una resolución o de un documento público con fuerza ejecutiva en el Estado requerido.

Sin embargo, las resoluciones dictadas después de la fecha de entrada en vigor del presente Convenio entre el Estado de origen y el Estado requerido como consecuencia de acciones ejercitadas con anterioridad a esta fecha serán reconocidas y ejecutadas en el Estado requerido con arreglo a las disposiciones del Título III, si las reglas de competencia aplicadas se ajustaren a las previstas en el Título II o en un Convenio en vigor entre el Estado de origen y el Estado requerido al ejercitarse la acción.

Si, mediante escrito anterior a la entrada en vigor del presente Convenio, las partes en litigio a propósito de un contrato hubieren acordado aplicar a este contrato el derecho irlandés o el derecho de una parte del Reino Unido, los Tribunales de Irlanda, o de esta parte del Reino Unido conservarán la competencia para conocer de este litigio.

Art. 54 bis. Durante los tres años siguientes a la entrada en vigor del presente Convenio en Dinamarca, Grecia, Irlanda, Islandia, Noruega, Finlandia y Suecia, respectivamente, la competencia en materia marítima en cada uno de estos Estados se determinará no sólo con arreglo a las disposiciones del Título II sino también con arreglo a los apartados 1 a 7 del presente artículo. Sin embargo, estas disposiciones dejarán de ser aplicables en cada uno de estos Estados cuando el Convenio internacional para la unificación de ciertas reglas en materia de embargo preventivo de buques, firmado en Bruselas el 10 de mayo de 1952, entrare en vigor con respecto a cada uno de ellos.

1. Una persona domiciliada en un Estado contratante podrá ser demandada por un crédito marítimo ante los Tribunales de uno de los Estados antes mencionados cuando el buque al que se refiriere el crédito o cualquier otro buque de su propiedad hubiere sido objeto de embargo judicial en el territorio de este último Estado en garantía del crédito, o hubiere podido ser objeto de embargo pero se

---

Art. 54 bis: La disposición contenida en este artículo produce efecto únicamente con relación a Islandia, ya que para todos los demás Estados mencionados ha entrado en vigor el Convenio de 1952.

hubiere prestado fianza u otra garantía, en los casos siguientes:

a) Si el demandante estuviere domiciliado en ese Estado.

b) Si el crédito marítimo hubiere nacido en ese Estado.

c) Si el crédito marítimo hubiere nacido en el curso de un viaje durante el cual se hubiere practicado o hubiere podido practicarse el embargo.

d) Si el crédito proviniere de un abordaje o un daño causado por un buque, por ejecución u omisión de una maniobra o por inobservancia de los reglamentos, bien a otro buque, o bien a las cosas o personas que se encontraren a bordo de cualquiera de ellos.

e) Si el crédito se derivare de auxilio o salvamento.

f) Si el crédito estuviere garantizado por una hipoteca naval u otra forma de garantía semejante sobre el buque embargado.

2. El acreedor podrá embargar el buque al que se refiriere el crédito marítimo o cualquier otro buque perteneciente a quien fuere propietario del buque al que se refiriere el crédito cuando se originó el crédito marítimo. No obstante, cuando se tratare de los créditos previstos en las letras *o*), *p*) o *q*) del apartado 5, sólo podrá ser embargado el buque al que se refiriere el crédito.

3. Se reputará que los buques tienen el mismo propietario cuando todas las partes de la propiedad pertenecieren a una misma persona o a las mismas personas.

4. En el caso de fletamento de un buque con cesión de la gestión náutica, cuando el fletador fuere el único responsable de un crédito marítimo relativo a dicho buque, podrá el demandante embargar dicho buque o cualquier otro que perteneciere al fletador, pero no podrá ser embargado en virtud de tal crédito marítimo ningún otro buque perteneciente al propietario. La misma regla será de aplicación en los casos en que de un crédito marítimo respondiere una persona distinta del propietario.

5. Se entenderá por «crédito marítimo» la alegación de un derecho o de un crédito que tuviese una o varias de las causas siguientes:

a) Daños causados por un buque, sea por abordaje, sea de cualquier otro modo.

b) Pérdidas de vidas humanas o daños corporales causados por un buque o provenientes de la explotación de un buque.

c) Asistencia y salvamento.

d) Contratos relativos a la utilización o al arriendo de un buque mediante póliza de fletamento o de otro modo.

e) Contratos relativos al transporte de mercancías por un buque en virtud de una póliza de fletamento, de un conocimiento o de cualquier otra forma.

f) Pérdidas o daños a las mercancías y equipajes transportados por un buque.

g) Avería común.

h) Préstamo a la gruesa.

i) Remolque.

j) Pilotaje.

k) Suministro de productos o de material, cualquiera que sea el lugar en que se realizaren, hechos a un buque para su explotación o su conservación.

l) Construcción, reparaciones, equipo de un buque o gastos de dique.

m) Salarios del capitán, oficialidad o tripulación.

n) Desembolsos del capitán y los efectuados por los cargadores, los fletadores o los agentes por cuenta del buque o de su propietario.

o) La propiedad impugnada de un buque.

p) La copropiedad de un buque o su posesión, o su explotación o los derechos a los productos de explotación de un buque en condominio.

q) Cualquier hipoteca naval y cualquier otra forma de garantía semejante.

6. En Dinamarca, la expresión «embargo judicial» incluirá, en lo relativo a los créditos marítimos previstos en las letras *o*) y *p*) del apartado 5, el «forbud», siempre que este procedimiento fuere el único admitido respecto de tal crédito en los artículos 646 a 653 de la Ley de Enjuiciamiento Civil («Lov om rettens pleje»).

7. En Islandia, en lo referente a los créditos marítimos contemplados en las letras *o*) y *p*) del apartado 5 del presente artículo se considerará que la expresión «embargo» incluye el «lögbann», siempre que este procedimiento fuere el único admitido respecto de tal crédito en virtud del Capítulo IV de la ley en materia de embargo y mandamiento («lög um kyrrsetningu og lögbann»).

TÍTULO VII

Relaciones con el Convenio de Bruselas y con los demás Convenios

Art. 54 ter. 1. El presente Convenio no impedirá la aplicación por parte de los Estados miembros de las Comunidades Europeas del Convenio relativo a la competencia judicial y a la ejecución de resoluciones judiciales en materia civil y mercantil, firmado en Bruselas el 27 de septiembre de 1968, y del Protocolo relativo a la interpretación de dicho Convenio por el Tribunal de Justicia, firmado en Luxemburgo el 3 de junio de 1971, modificados por los Convenios de Adhesión a dicho Convenio y a dicho Protocolo de los Estados adheridos a las Comunidades Europeas. Dichos Convenios y Protocolo se denominarán en lo sucesivo «Convenio de Bruselas».

2. No obstante, el presente Convenio se aplicará en cualquier caso:

a) En materia de competencia, cuando el demandado estuviere

Art. 54 bis.7: Téngase en cuenta que el referido Capítulo ha sido sustituido por el Capítulo IV por la Ley de 1 de julio de 1992.

Art. 54 ter: La referencia al Convenio de Bruselas puede ahora entenderse hecha al Reglamento 44/2001 (vid. *supra* núm. 7).

domiciliado en un Estado contratante del presente Convenio que no fuere miembro de las Comunidades Europeas o cuando los artículos 16 ó 17 del presente Convenio otorgaren competencia a los tribunales de dicho Estado contratante.

b) En los supuestos de litispendencia o conexidad previstos en los artículos 21 y 22 del presente Convenio, cuando se presentaren las demandas en un Estado contratante que no fuere miembro de las Comunidades Europeas y en un Estado contratante miembro de las Comunidades Europeas.

c) En materias de reconocimiento y ejecución, cuando el Estado de origen o el Estado requerido no fuere miembro de las Comunidades Europeas.

3. Además de por las causas contempladas en el Título III, podrá denegarse el reconocimiento o la ejecución cuando la regla de competencia judicial en que se hubiere basado la resolución difiriere de la resultante del presente Convenio y la persona contra la que se pidiere el reconocimiento o la ejecución tuviere su domicilio en un Estado contratante no miembro de las Comunidades Europeas, a menos que la resolución pudiere ser reconocida o ejecutada con arreglo al derecho del Estado requerido.

Art. 55. Sin perjuicio de lo dispuesto en el artículo 54, párrafo segundo, y en el artículo 56, el presente Convenio sustituirá, entre los Estados que son partes del mismo, a los convenios celebrados entre dos o varios de estos Estados, a saber:

— El Convenio entre la Confederación Suiza y Francia sobre competencia judicial y ejecución de sentencias en materia civil, firmado en París el 15 de junio de 1869.

— El Tratado entre la Confederación Suiza y España sobre ejecución recíproca de las sentencias definitivas o firmes en materia civil y mercantil, firmado en Madrid el 19 de noviembre de 1896.

— El Convenio entre la Confederación Suiza y el Reich alemán relativo al reconocimiento y ejecución de resoluciones judiciales y laudos arbitrales, firmado en Berna el 2 de noviembre de 1929.

— El Convenio entre Dinamarca, Finlandia, Islandia, Noruega y Suecia sobre reconocimiento y ejecución de sentencias, firmado en Copenhague el 16 de marzo de 1932.

— El Convenio entre la Confederación Suiza e Italia sobre el reconocimiento y ejecución de resoluciones judiciales, firmado en Roma el 3 de enero de 1933.

— El Convenio entre Suecia y la Confederación Suiza sobre reconocimiento y ejecución de resoluciones judiciales y laudos arbitrales, firmado en Estocolmo el 15 de enero de 1936.

— El Convenio entre el Reino de Bélgica y Austria sobre reconocimiento y ejecución recíprocos de resoluciones judiciales y documentos públicos con fuerza ejecutiva en materia de obligaciones alimentarias, firmado en Viena el 25 de octubre de 1957.

— El Convenio entre la Confederación Suiza y Bélgica sobre reconocimiento y ejecución de resoluciones judiciales y laudos arbitrales, firmado en Berna el 29 de abril de 1959.

— El Convenio entre la República Federal de Alemania y Austria sobre reconocimiento y ejecución recíprocos de las resoluciones y las transacciones judiciales, y de los documentos públicos con fuerza ejecutiva en materia civil y mercantil, firmado en Viena el 6 de junio de 1959.

— El Convenio entre el Reino de Bélgica y Austria sobre reconocimiento y ejecución recíprocos de resoluciones judiciales, laudos arbitrales y documentos públicos con fuerza ejecutiva en materia civil y mercantil, firmado en Viena el 16 de junio de 1959.

— El Convenio entre Austria y la Confederación Suiza sobre reconocimiento y ejecución de resoluciones judiciales, firmado en Berna el 16 de diciembre de 1960.

— El Convenio entre Noruega y el Reino Unido sobre reconocimento recíproco y ejecución de sentencias en materia civil, firmado en Londres el 12 de junio de 1961.

— El Convenio entre el Reino Unido y Austria sobre reconocimiento y ejecución recíprocos de resoluciones judiciales en materia civil y mercantil, firmado en Viena el 14 de julio de 1961, acompañado de un Protocolo firmado en Londres el 6 de marzo de 1970.

— El Convenio entre el Reino de los Países Bajos y Austria sobre reconocimiento y ejecución recíprocos de resoluciones judiciales y documentos públicos con fuerza ejecutiva en materia civil y mercantil, firmado en La Haya el 6 de febrero de 1963.

— El Convenio entre Francia y Austria sobre reconocimiento y ejecución de resoluciones judiciales y documentos públicos con fuerza ejecutiva en materia civil y mercantil, firmado en Viena el 15 de julio de 1966.

— El Convenio entre Luxemburgo y Austria sobre reconocimiento y ejecución de resoluciones judiciales y documentos públicos con fuerza ejecutiva en materia civil y mercantil, firmado en Luxemburgo el 29 de julio de 1971.

— El Convenio entre Italia y Austria sobre reconocimiento y ejecución recíprocos de resoluciones y transacciones judiciales y de documentos públicos con fuerza ejecutiva en materia civil y mercantil, firmado en Roma el 16 de noviembre de 1971.

— El Convenio entre Noruega y la República Federal de Alemania sobre reconocimiento y ejecución de sentencias y documentos ejecutivos en materia civil y mercantil, firmado en Oslo el 17 de junio de 1977.

— El Convenio entre Dinamarca, Finlandia, Islandia, Noruega y Suecia sobre reconocimiento y ejecución de sentencias en materia civil, firmado en Copenhague el 11 de octubre de 1977.

— El Convenio entre Austria y Suecia sobre reconocimiento y ejecución de sentencias en materia civil, firmado en Estocolmo el 16 de septiembre de 1982.

— El Convenio entre Austria y España sobre reconocimiento y ejecución recíprocos de resoluciones y transacciones judiciales, y documentos públicos con fuerza ejecutiva en materia civil y mercantil, firmado en Viena el 17 de febrero de 1984.

— El Convenio entre Noruega y Austria sobre reconocimiento y ejecución de sentencias en materia civil, firmado en Viena el 21 de mayo de 1984 y

— El Convenio entre Finlandia y Austria sobre reconocimiento y ejecución de sentencias en materia civil, firmado en Viena el 17 de noviembre de 1986.

Art. 56. El Tratado y los Convenios mencionados en el artículo 55 continuarán surtiendo sus efectos en las materias a las que no se aplicare el presente Convenio.

Dicho Tratado y dichos Convenios continuarán surtiendo sus efectos en lo relativo a las resoluciones dictadas y los documentos públicos con fuerza ejecutiva formalizados antes de la entrada en vigor del presente Convenio.

Art. 57. 1. El presente Convenio no afectará a los convenios en que los Estados contratantes fueren o llegaren a ser parte y que, en materias particulares, regularen la competencia judicial, el reconocimiento o la ejecución de las resoluciones.

2. El presente Convenio no impedirá que un tribunal de un Esta-

---

Art. 57: El Protocolo núm. 3 del Convenio de Lugano relativo a la aplicación del art. 57 dispone:

«Las Altas Partes contratantes han convenido lo siguiente:

1. A los efectos del Convenio, las disposiciones que en materias particulares regulen la competencia judicial, el reconocimiento o la ejecución de resoluciones y que estuvieren o llegaren a estar contenidas en actos de las Instituciones de las Comunidades Europeas quedarán asimiladas a los convenios contemplados en el apartado 1 del artículo 57.

2. Si, a juicio de un Estado contratante, una disposición de un acto de las Instituciones de las Comunidades Europeas no fuere compatible con el Convenio, los Estados contratantes considerarán sin demora la posibilidad de enmendarlo con arreglo a lo dispuesto en el artículo 66, sin perjuicio de la aplicación del procedimiento establecido por el Protocolo número 2.»

A este Protocolo se refiere la Declaración Común de los Estados CEE signatarios del Convenio de 16 de septiembre de 1988, hecha en el momento de su firma:

«Los representantes de los gobiernos de los Estados miembros de las Comunidades Europeas,

Tomando en consideración los compromisos contraídos con los Estados de la Asociación Europea de Libre Cambio,

Preocupados por no perjudicar la unidad del sistema jurídico establecido por el Convenio,

Declaran que, en la elaboración de los actos comunitarios contemplados en el apartado 1 del Protocolo número 3 relativo a la aplicación del artículo 57, adoptarán todas las medidas a su alcance para garantizar el respeto de las reglas de competencia judicial y de reconocimiento y ejecución de resoluciones judiciales establecidas por el Convenio.»

Cfr. art. 57 Convenio de Bruselas de 1968 (*supra* núm. 9). Vid. Acuerdo sobre patentes comunitarias de 1989 (cit. *supra* nota al art. 16.4).

do contratante que fuere parte en un Convenio contemplado en el apartado 1 pudiera fundamentar su competencia en dicho Convenio, aunque el demandado estuviere domiciliado en un Estado contratante no parte en tal Convenio. El tribunal que conociere del asunto aplicará, en todo caso, el artículo 20 del presente Convenio.

3. Las resoluciones dictadas en un Estado contratante por un tribunal que hubiere fundado su competencia en un Convenio de los contemplados en el apartado 1 serán reconocidas y ejecutadas en los demas Estados contratantes de conformidad con el Título III del presente Convenio.

4. Sin perjuicio de las causas comprendidas en el Título III, el reconocimiento o la ejecución podrán denegarse si el Estado requerido no fuere parte en un Convenio de los contemplados en el apartado 1 y la persona respecto de la que se pidiere el reconocimiento o la ejecución estuviere domiciliada en dicho Estado, a menos que la resolución pudiere ser reconocida o ejecutada con arreglo a la ley del Estado requerido.

5. Cuando un Convenio de los comprendidos en el apartado 1 en el que fueren parte el Estado de origen y el Estado requerido estableciere las condiciones para el reconocimiento o la ejecución de resoluciones, se aplicarán dichas condiciones. En todo caso, podrán aplicarse las disposiciones del presente Convenio relativas al procedimiento de reconocimiento y ejecución de resoluciones.

Art. 58. [*Sin contenido.*]

Art. 59. El presente Convenio no impedirá que un Estado contratante se comprometa con un Estado tercero, en virtud de un Convenio sobre reconocimiento y ejecución de resoluciones judiciales, a no reconocer una resolución dictada en otro Estado contratante contra un demandado que tuviere su domicilio o su residencia habitual en un Estado tercero cuando, en el caso previsto en el artículo 4, la resolución sólo hubiere podido fundamentarse en un criterio de competencia contemplado en el artículo 3, párrafo segundo.

Sin embargo, ningún Estado contratante podrá comprometerse con un Estado tercero a no reconocer una resolución dictada en otro Estado contratante por un tribunal cuya competencia se hubiere fundamentado en la existencia en dicho Estado de bienes pertenecientes al demandado o en el embargo por parte del demandante de bienes existentes en dicho Estado:

1. Si la demanda se refiriere a la propiedad o a la posesión de

---

Art. 58: El art. 58 del Convenio de Bruselas de 1968 no se introdujo en el presente Convenio. Su texto era: «Hasta el momento en que el Convenio de Lugano de 16 de septiembre de 1988 relativo a la competencia judicial y a la ejecución de resoluciones judiciales en materia civil y mercantil surta efecto con respecto a Francia y a la Confederación Suiza, las disposiciones del presente Convenio no afectarán a los derechos reconocidos a los nacionales suizos por el Convenio entre Francia y la Confederación Suiza sobre competencia judicial y ejecución de sentencias en materia civil, firmado en París el 15 de junio de 1869.»

dichos bienes, persiguiere obtener la autorización de disponer de los mismos o se relacionare con otro litigio relativo a dichos bienes, o

2. Si los bienes constituyeren la garantía de un crédito que hubiere sido objeto de la demanda.

TÍTULO VIII

Disposiciones finales

Art. 60. Podrán ser partes en el presente Convenio:

a) Los Estados que, en el momento de la apertura a la firma del presente Convenio, fueren miembros de las Comunidades Europeas o de la Asociación Europea de Libre Cambio;

b) Los Estados que, después de la apertura a la firma del presente Convenio, lleguen a ser miembros de las Comunidades Europeas o de la Asociación Europea de Libre Cambio;

c) Los Estados invitados a adherirse con arreglo a la letra *b*) del apartado 1 del artículo 62.

Art. 61. 1. El presente Convenio quedará abierto a la firma de los Estados miembros de las Comunidades Europeas o de la Asociación Europea de Libre Cambio.

2. El Convenio será sometido a la ratificación de los Estados signatarios. Los instrumentos de ratificación se depositarán ante el Consejo Federal Suizo.

3. El Convenio entrará en vigor el primer día del tercer mes siguiente a la fecha en que dos Estados, uno de ellos miembro de las Comunidades Europeas y el otro miembro de la Asociación Europea de Libre Cambio, hubieren depositado sus instrumentos de ratificación.

4. Con respecto a cualquier otro Estado signatario, el Convenio surtirá efectos el primer día del tercer mes siguiente al depósito de su instrumento de ratificación.

Art. 62. 1. Podrán adherirse al presente Convenio, tras su entrada en vigor:

a) Los Estados contemplados en la letra *b*) del artículo 60,

b) Los demás Estados que hubieren sido invitados a adherirse a instancia de un Estado contratante dirigida al Estado depositario. El Estado depositario sólo invitará a adherirse al Estado de que se tratare si, tras haber puesto en conocimiento de los Estados signatarios así como de los Estados contratantes señalados en las letras

---

Art. 62.1.b): Téngase en cuenta que los Estados signatarios del Convenio de Lugano aceptaron la adhesión al mismo de Polonia.

a) y *b*) del artículo 60 el contenido de las comunicaciones que ese Estado se propusiere hacer en aplicación del artículo 63, hubiere obtenido el acuerdo unánime de dichos Estados.

2. Si un Estado adherente deseare introducir especificaciones con arreglo a las disposiciones del Protocolo número 1, se entablarán negociaciones a tal fin. El Consejo Federal Suizo convocará una conferencia de negociación.

3. Respecto de cualquier Estado adherente, el Convenio surtirá sus efectos el primer día del tercer mes siguiente al depósito del instrumento de adhesión.

4. No obstante, cuando se tratare de un Estado adherente de los contemplados en las letras *a*) o *b*) del apartado 1, el Convenio sólo surtirá efectos en las relaciones entre el Estado adherente y los Estados contratantes que no hubieren formulado objeciones a dicha adhesión antes del primer día del tercer mes siguiente a la fecha del depósito del instrumento de adhesion.

Art. 63. Todo Estado que se adhiere deberá efectuar, en el momento del depósito de su instrumento de adhesión, las comunicaciones procedentes en virtud de los artículos 3, 32, 37, 40, 41 y 55 del presente Convenio e indicar, en su caso, las precisiones que se establecieren en la negociación del Protocolo número 1.

Art. 64. 1. El presente Convenio tendrá una duración inicial de cinco años a partir de la fecha de su entrada en vigor, de conformidad con el artículo 61, apartado 3, incluso para los Estados que lo ratificaren o se adhirieren al mismo posteriormente.

2. Transcurrido el período inicial de cinco años, el Convenio se renovará tácitamente de año en año.

3. Transcurrido el período inicial de cinco años, cualquier Estado parte podrá, en cualquier momento, denunciar el Convenio, mediante notificación a tal efecto, dirigida al Consejo Federal Suizo.

4. La denuncia surtirá efecto al término del año siguiente a la expiración de un período de seis meses a partir de la fecha de recepción de la notificación de la denuncia por el Consejo Federal Suizo.

Art. 65. Se adjuntan al presente Convenio:

Art. 65: Reproducimos a continuación los Protocolos núms. 1 y 2 (el Protocolo núm. 3 se reproduce en nota al art. 57):

«PROTOCOLO NÚMERO 1 RELATIVO A DETERMINADOS PROBLEMAS DE COMPETENCIA, PROCEDIMIENTO Y EJECUCIÓN:

Las Altas Partes contratantes han convenido las siguientes disposiciones anejas al convenio:

Art. I. Cualquier persona domiciliada en Luxemburgo que fuere emplazada ante un tribunal de otro Estado contratante, en aplicación del apartado 1 del artículo 5, podrá impugnar la competencia de dicho tribunal. Este tribunal se declarará de oficio incompetente si no compareciere el demandado.

Cualquier convenio atributivo de jurisdicción en el sentido del artículo 17 sólo producirá efectos con respecto a una persona domi-

— Un Protocolo número 1, relativo a determinados problemas de competencia, procedimiento y ejecución;

---

ciliada en Luxemburgo cuando ésta lo hubiere expresa y especialmente aceptado.

Art. I bis. 1. La Confederación Suiza se reserva el derecho de declarar, en el momento de depositar su instrumento de ratificación, que una resolución dictada en otro Estado contratante no será reconocida ni ejecutada en Suiza cuando se reunieren las condiciones siguientes:

a) Que la competencia del tribunal que hubiere dictado la resolución estuviere fundada exclusivamente en el artículo 5, apartado 1, del presente Convenio.

b) Que el demandado estuviere domiciliado en Suiza en el momento de la presentación de la demanda; a efectos del presente artículo, una sociedad o cualquier otra persona jurídica se considerará con domicilio en Suiza cuando tuviere en este Estado su sede estatutaria y el centro efectivo de sus actividades, y

c) Que el demandado se opusiere al reconocimiento o a la ejecución de la resolución en Suiza, en tanto en cuanto no hubiere renunciado a acogerse a la declaración a que se refiere el presente apartado.

2. Esta reserva no se aplicará cuando, en el momento de solicitarse el reconocimiento o la ejecución, se hubiere producido una excepción al artículo 59 de la Constitución Federal Suiza. El Gobierno suizo comunicará tales excepciones a los Estados signatarios y a los que se adhirieren.

3. Esta reserva quedará sin efecto el 31 de diciembre de 1999. Podrá retirarse en cualquier momento.

Art. I ter. Cualquier Estado contratante podrá, mediante declaración hecha en el momento de la firma o del depósito de su instrumento de ratificación o de adhesión, reservarse, no obstante las disposiciones del artículo 28, el derecho de no reconocer ni ejecutar resoluciones dictadas en otros Estados contratantes cuando la competencia del tribunal de origen se hubiere fundado, en aplicación del artículo 16, apartado 1, letra *b*), exclusivamente en el hecho de que el demandado tuviere su domicilio en el Estado de origen y el inmueble estuviere situado en el Estado que hubiere formulado la reserva.

Art. II. Sin perjuicio de las disposiciones nacionales más favorables, las personas domiciliadas en un Estado contratante y perseguidas por infracciones involuntarias ante las jurisdicciones sancionadoras de otro Estado contratante del que no fueren nacionales podrán, aunque no comparecieren personalmente, defenderse por medio de las personas autorizadas a tal fin.

No obstante, el tribunal que conociere del asunto podrá ordenar la comparecencia personal; si ésta no tuviere lugar, la resolución dictada sobre la acción civil sin que la persona encausada hubiere tenido la posibilidad de defenderse podrá no ser reconocida ni ejecutada en los demás Estados contratantes.

Art. III. El Estado requerido no percibirá impuesto, derecho ni tasa alguna, proporcional al valor del litigio, en el procedimiento de exequátur.

Art. IV. Los documentos judiciales y extrajudiciales extendidos en un Estado contratante y que debieren ser notificados a personas que se encontraren en el territorio de otro Estado contratante, se transmitirán del modo previsto por los convenios o acuerdos celebrados entre los Estados contratantes.

A no ser que el Estado de destino se oponga a ello mediante declaración formulada al Consejo Federal Suizo, tales documentos también podrán ser enviados directamente por las personas autorizadas al efecto en el Estado en que se extendieren los documentos, a las personas autorizadas al efecto en el Estado en que se encontrare el destinatario o la persona habilitada al efecto en el Estado requerido que sea competente para hacerla llegar al destinatario. Esta entrega se hará en la forma prevista por la ley del Estado requerido. Se dejará constancia de la misma mediante certificación enviada directamente a la persona autorizada al efecto en el Estado de origen.

Art. V. La competencia judicial prevista en el artículo 6, apartado 2, y en el artículo 10, para la demanda sobre obligaciones de garantía o para la intervención de terceros en el proceso, no podrá ser invocada en la República Federal de Alemania, en España, en Austria ni en Suiza. Toda persona domiciliada en otro Estado contratante podrá ser demandada ante los tribunales de:

— La República Federal de Alemania, en aplicación de los artículos 68 y 72, 73 y 74 de

— Un Protocolo número 2, relativo a la interpretación judicial uniforme del Convenio;

— Un Protocolo número 3, relativo a la aplicación del artículo 57.

---

la Ley de Enjuiciamiento Civil ("Zivilprozessordnung" sobre *litis denuntiatio*);

— España, en aplicación del artículo 1.482 del Codigo civil;

— Austria, de conformidad con el artículo 21 de la Ley de Enjuiciamiento Civil ("Zivilprozessordnung" sobre *litis denuntiatio*);

— Suiza, en aplicación de las disposiciones apropiadas sobre la *litis denuntiatio* de las Leyes de Enjuiciamiento Civil cantonales.

Las resoluciones dictadas en los demás Estados contratantes en virtud del artículo 6, apartado 2, y del artículo 10 serán reconocidas y ejecutadas en la República Federal de Alemania. En España, en Austria y en Suiza de conformidad con el Título III. Los efectos frente a terceros producidos en aplicación de las disposiciones mencionadas en el párrafo anterior, por resoluciones dictadas en dichos Estados, serán igualmente reconocidos en los demás Estados contratantes.

Art. V bis. En materia de alimentos, los terminos "juez", "tribunal" y "jurisdicción" comprenderán las autoridades administrativas danesas, islandesas y noruegas.

En materia civil y mercantil, los términos "juez", "tribunal" y "jurisdicción" comprenderán al «ulosotonhalltija / överexekutor» finlandés.

Art. V ter. En los litigios entre el capitán y un miembro de la tripulación de un buque matriculado en Dinamarca, Grecia, Irlanda, Islandia, Noruega, Portugal o Suecia, relativos a las remuneraciones y demás condiciones del servicio, las jurisdicciones de un Estado contratante deberán comprobar si el agente diplomático o funcionario consular competente respecto al buque, ha sido informado del litigio. Deberán suspender el procedimiento en tanto no se haya informado a dicho agente. Deberán, incluso de oficio, inhibirse si este agente, debidamente informado, hubiere ejercitado las competencias que en la materia le reconozca un convenio consular o, a falta de tal convenio, hubiere formulado objeciones sobre la competencia en el plazo fijado.

Art. V quáter. [*Sin contenido*.]

Art. V quinquies. Sin perjuicio de la competencia de la Oficina Europea de Patentes según el Convenio sobre la patente europea, firmado en Múnich el 5 de octubre de 1973, los tribunales de cada Estado contratante serán los únicos competentes, sin consideración del domicilio, en materia de registro o validez de una patente europea expedida para este Estado y que no fuere una patente comunitaria por aplicación de las disposiciones del artículo 86 del Convenio relativo a la patente europea para el mercado común, firmado en Luxemburgo el 15 de diciembre de 1975.

Art. VI. Los Estados contratantes comunicarán al Consejo Federal Suizo los textos de sus disposiciones legales que modifiquen los artículos de sus leyes que se mencionan en el Convenio o los juzgados y Tribunales designados en el Título III, Sección segunda.

PROTOCOLO NÚMERO 2 SOBRE LA INTERPRETACIÓN UNIFORME DEL CONVENIO:

PREÁMBULO.

Las Altas Partes contratantes,

Visto el artículo 65 del presente Convenio.

Considerando la íntima vinculación que existe entre este Convenio y el Convenio de Bruselas,

Considerando que el Tribunal de Justicia de las Comunidades Europeas, en virtud del Protocolo de 3 de junio de 1971, es competente para pronunciarse sobre la interpretación de las disposiciones del Convenio de Bruselas,

Plenamente conscientes de las resoluciones dictadas por el Tribunal de Justicia de las Comunidades Europeas sobre la interpretación del Convenio de Bruselas hasta el momento de la firma del presente Convenio,

Considerando que las negociaciones quecondujeron a la celebración de este Convenio se fundamentaron en el Convenio de Bruselas interpretado por dichas resoluciones,

Deseando, con pleno respeto de la independencia judicial, impedir interpretaciones divergentes y conseguir una interpretación lo más uniforme posible de las disposiciones del presente Convenio, así como de dichas disposiciones y de las del Convenio de Bruselas que se reproducen en esencia en este Convenio,

Han acordado lo siguiente:

Art. I. Los tribunales de cada Estado contratante tendrán debidamente en cuenta, en la aplicación y la interpretación de las disposi-

Dichos Protocolos forman parte integrante del Convenio.

Art. 66. Cualquier Estado contratante podrá solicitar la revisión del presente Convenio. A tal fin, el Consejo Federal Suizo convocará una conferencia de revisión en el plazo de seis meses a partir de la fecha de la solicitud de revisión.

Art. 67. El Consejo Federal Suizo notificará a los Estados que

---

ciones del presente Convenio, los principios definidos por cualquier resolución pertinente, relativa a disposiciones de dicho Convenio, dictada por los tribunales de los otros Estados contratantes.

Art. II. 1. Los Estados contratantes acuerdan arbitrar un sistema de intercambio de informaciones relativas a las resoluciones dictadas en aplicación del presente Convenio y a las resoluciones pertinentes dictadas en aplicación del Convenio de Bruselas. Dicho sistema comprenderá:

— La transmisión a un organismo central por parte de las autoridades competentes de las resoluciones dictadas por un órgano jurisdiccional nacional cuyas resoluciones no sean susceptibles de ulterior recurso judicial de derecho interno y por el Tribunal de Justicia de las Comunidades Europeas, así como de otras resoluciones firmes particularmente importantes dictadas en aplicación del presente Convenio o del Convenio de Bruselas;

— La clasificación de dichas resoluciones por parte del organismo central, incluidas, en la medida necesaria, la elaboración y la publicación de traducciones y de resúmenes;

— La comunicación, por el organismo central, del material documental a las autoridades nacionales competentes de todos los Estados signatarios del presente Convenio, a los que se adhirieren así como a la Comisión de las Comunidades Europeas.

2. El organismo central será el secretario del Tribunal de Justicia de las Comunidades Europeas.

Art. III. 1. Se crea un Comité permanente a los fines del presente Protocolo.

2. El Comité se compondrá de representantes designados por cada uno de los Estados signatarios y Estados que se adhieran.

3. En las reuniones podrán participar como observadores las Comunidades Europeas (Comisión, Tribunal de Justicia y Secretaría del Consejo) y la Asociación Europea de Libre Cambio.

Art. IV. 1. A instancia de una parte contratante, el depositario del presente Convenio convocará reuniones del Comité para que se proceda a cambios de impresiones sobre el funcionamiento del Convenio y en particular sobre:

— El desarrollo de la jurisprudencia comunicada de conformidad con el artículo II, apartado 1, primer guión,

— La aplicación del artículo 57 de este Convenio.

2. A la vista de dichos cambios de impresiones, el Comité podrá examinar asimismo la conveniencia de que se emprenda una revisión del presente Convenio sobre cuestiones particulares y podrá formular recomendaciones.»

En el momento de la firma del Convenio, los representantes de los gobiernos de los Estados miembros de las Comunidades Europeas, hicieran la siguiente declaración:

«[...] declaran que consideran apropiado que el Tribunal de Justicia de las Comunidades Europeas, al interpretar el Convenio de Bruselas, tenga debidamente en cuenta los principios contenidos en la jurisprudencia de los Estados contratantes derivada de las disposiciones del Convenio de Lugano».

En el momento de la firma del Convenio, los representantes de los gobiernos de los Estados miembros de la Asociación Europea de Libre Cambio hicieron, por su parte la siguiente declaración:

«[...] declaran que consideran apropiado que sus juzgados y tribunales al interpretar el Convenio de Lugano tengan debidamente en cuenta los principios contenidos en la jurisprudencia del Tribunal de Justicia de las Comunidades Europeas y de los tribunales de los Estados miembros de las Comunidades Europeas relativa a las disposiciones del Convenio de Bruselas sustancialmente reproducidas en el Convenio de Lugano».

Art. 67: Las reservas y declaraciones recibidas son las siguientes:

1) Países Bajos:

hubieren estado representados en la Conferencia diplomática de Lugano y a los Estados que se adhirieren al Convenio posteriormente:

a) El depósito de cada uno de los instrumentos de ratificación o de adhesión.

b) Las fechas de entrada en vigor del presente Convenio para los Estados contratantes.

c) Las denuncias recibidas de conformidad con el artículo 64.

d) Las declaraciones recibidas en aplicación del artículo I bis del Protocolo número 1.

e) Las declaraciones recibidas en aplicación del artículo I ter del Protocolo número 1.

f) Las declaraciones recibidas en aplicación del artículo IV del Protocolo número 1.

El Convenio se aplica para el Reino en Europa.

2) Francia: «Al ratificar este Convenio y los Protocolos que lo acompañan, conforme al artículo 1 ter del Protocolo número 1, la República francesa declara que se reserva el derecho a no reconocer ni ejecutar las resoluciones dictadas en los Estados Partes cuando la competencia de la jurisdicción de origen se funde en aplicación del artículo 16, punto 1, letra *b*), únicamente en el domicilio del demandado en el Estado de origen aun cuando el inmueble se encuentre situado en el territorio de la República francesa.»

3) Reino Unido: Por todo ello el gobierno del Reino Unido de Gran Bretaña e Irlanda del Norte, habiendo examinado el Convenio mencionado, por la presente lo confirma y ratifica con respecto al Reino Unido de Gran Bretaña e Irlanda del Norte únicamente, pero reservándose el derecho a hacer extensivo dicho Convenio en fecha posterior a cualquier territorio de cuyas relaciones internacionales sea responsable el gobierno del Reino Unido y se compromete fielmente a cumplir y aplicar todas las estipulaciones contenidas en el mismo.

4) Suecia: Suecia declara que formula objeción al procedimiento expuesto en el artículo IV, párrafo 2, del Protocolo número 1, en virtud del cual los funcionarios públicos competentes del Estado en que se haya expedido el documento podrán enviarlo también directamente a los funcionarios públicos correspondientes del Estado en que deba encontrarse el destinatario.

5) Suiza: «De conformidad con el artículo 1 bis del Protocolo número 1, la Confederación Suiza se reserva el derecho a no reconocer ni ejecutar en Suiza una sentencia dictada en otro Estado Contratante:

a) La competencia del Tribunal que haya dictado la resolución se funde únicamente en el artículo 5, punto 1, del presente Convenio.

b) El demandado tuviere su domicilio en Suiza en el momento de iniciarse la acción; a efectos del presente artículo, se considerará domiciliada en Suiza a una sociedad o persona jurídica cuando tenga su domicilio social y el centro efectivo de sus actividades en Suiza.

c) El demandado se oponga al reconocimiento o a la ejecución del reconocimiento en Suiza en la medida en que no haya renunciado a invocar la declaración a la que se refiere el presente apartado.

De conformidad con el artículo IV, párrafo 2, del Protocolo número 1, la Confederación Suiza se reserva el derecho a exigir que se sigan otras modalidades de transmisión, entre agentes judiciales y funcionarios, de los documentos procedentes de Suiza o destinados a ella.»

6) Alemania: «Los documentos judiciales y extrajudiciales extendidos en el territorio de un Estado contratante que deban notificarse o trasladarse a personas que se encuentren en el territorio de la República Federal de Alemania se transmitirán del modo previsto en los Convenios o Acuerdos celebrados entre los dos Estados contratantes, y no podrán ser enviados directamente por los funcionarios del Estado en el que se extendieron los documentos a los funcionarios de la República Federal de Alemania.»

7) Austria: «La República de Austria formula la objeción prevista en el artículo IV, apartado 2, del Protocolo número 1 relativo a determinados problemas de competencia, procedimiento y ejecución.»

g) Las comunicaciones hechas en aplicación del artículo VI del Protocolo número 1.

Art. 68. El presente Convenio, redactado en un solo ejemplar en las lenguas alemana, danesa, española, finesa, francesa, griega, inglesa, irlandesa, islandesa, italiana, neerlandesa, noruega, portuguesa y sueca, cuyos catorce textos son igualmente auténticos, será depositado en los archivos del Consejo Federal Suizo, que remitirá una copia autenticada conforme a cada uno de los gobiernos de los Estados que hubieren estado representados en la Conferencia diplomática de Lugano y a cada uno de los Estados que se adhirieren.

9 BIS. CONVENIO RELATIVO A LA COMPETENCIA JUDICIAL Y A LA EJECUCIÓN DE RESOLUCIONES JUDICIALES EN MATERIA CIVIL Y MERCANTIL, HECHO EN LUGANO EL 30 DE OCTUBRE DE 2007*

(*DO* núm. L 339, de 21 de diciembre de 2007)

PREÁMBULO

LAS ALTAS PARTES CONTRATANTES DEL PRESENTE CONVENIO,

DETERMINADAS a reforzar la protección legal de las personas establecidas en sus territorios;

CONSIDERANDO que es importante, a este fin, determinar la competencia de sus jurisdicciones en el orden internacional, facilitar el reconocimiento y establecer un procedimiento rápido al objeto de garantizar la ejecución de las resoluciones judiciales, de los documentos públicos con fuerza ejecutiva y de las transacciones judiciales;

CONSCIENTES de los vínculos existentes entre ellas, vínculos sancionados en el ámbito económico por acuerdos de libre cambio celebrados entre la Comunidad Europea y determinados Estados miembros de la Asociación Europea de Libre Cambio;

TENIENDO EN CUENTA:

— el Convenio de Bruselas, de 27 de septiembre de 1968, relativo a la competencia judicial y a la ejecución de resoluciones judiciales en materia civil y mercantil, tal como ha sido modificado por los Convenios de Adhesión en virtud de las sucesivas ampliaciones de la Unión Europea,

— el Convenio de Lugano, de 16 de septiembre de 1988, relativo a la competencia judicial y a la ejecución de resoluciones judiciales en materia civil y mercantil, que amplía el ámbito de aplicación de las normas del Convenio de Bruselas de 1968 a determinados Estados miembros de la Asociación Europea de Libre Comercio,

— el Reglamento (CE) n.º 44/2001 del Consejo, de 22 de diciembre de 2000, relativo a la competencia judicial, el reconocimiento y la ejecución de resoluciones judiciales en materia civil y mercantil,

* El Convenio fue firmado por la Comunidad Europea (autorizada por Decisión del Consejo de 15 de octubre de 2007, publicada en el mismo *DO* que el Convenio). Por Decisión del Consejo de 27-11-2008 (*DO* L 147, de 10-6-2009 que incluye nuevamente el texto del Convenio y corrige los errores que aparecieron en el *DO* en el momento de la firma) queda aprobada la celebración del Convenio de Lugano de 30-10-2007. En cuanto a la entrada en vigor de este Convenio, se producirá en los términos del art. 69.

— el Acuerdo entre la Comunidad Europea yel Reino de Dinamarca relativo a la competencia judicial, el reconocimiento y la ejecución de resoluciones judiciales en materia civil y mercantil, que ha sido sustituido por el más arriba mencionado Convenio de Bruselas, firmado en Bruselas el 19 de octubre de 2005;

CONVENCIDAS de que la extensión de los principios establecidos en el Reglamento (CE) n.º 44/2001 a las Partes contratantes del presente instrumento reforzará la cooperación legal y económica;

DESEOSAS de garantizar la interpretación más uniforme posible del presente instrumento,

HAN DECIDIDO, por todo ello, celebrar el presente Convenio, y

HAN CONVENIDO EN LO SIGUIENTE:

TÍTULO PRIMERO

Ámbito de aplicación

Artículo 1.º 1. El presente Convenio se aplicará en materia civil y mercantil con independencia de la naturaleza del órgano jurisdiccional. No incluirá, en particular, las materias fiscal, aduanera y administrativa.

2. Se excluirá del ámbito de aplicación del presente Convenio:

a) el estado y la capacidad de las personas físicas, los regímenes matrimoniales, los testamentos y las sucesiones;

b) la quiebra, los procedimientos de liquidación de empresas o de otras personas jurídicas insolventes, los convenios entre quebrado y acreedores y demás procedimientos análogos;

c) la seguridad social;

d) el arbitraje.

3. Con arreglo al presente Convenio, el término «Estado vinculado por el presente Convenio» se refiere a cualquier Estado que es Parte contratante del presente Convenio o a un Estado miembro de la Comunidad Europea. También puede referirse a la Comunidad Europea.

TÍTULO II

Competencia judicial

SECCIÓN 1.ª

Disposiciones generales

Art. 2.º 1. Salvo lo dispuesto en el presente Convenio, las personas domiciliadas en un Estado vinculado por el presente Convenio estarán sometidas, sea cual fuere su nacionalidad, a los órganos jurisdiccionales de dicho Estado.

2. A las personas que no tuvieren la nacionalidad del Estado vinculado por el presente Convenio en el que estén domiciliadas les serán de aplicación las reglas de competencia judicial que se aplicaren a los nacionales.

Art. 3.º 1. Las personas domiciliadas en un Estado vinculado por el presente Convenio sólo podrán ser demandadas ante los tribunales de otro Estado vinculado por el presente Convenio en virtud de las reglas establecidas en las Secciones 2 a 7 del presente título.

2. En particular, no podrán invocarse frente a ellas las normas de competencia nacionales que se establecen en el Anexo I.

Art. 4.º 1. Si el demandado no estuviere domiciliado en un Estado vinculado por el presente Convenio, la competencia judicial se regirá, en cada Estado vinculado por el presente Convenio, por la ley de este Estado, sin perjuicio de la aplicación de lo dispuesto en los artículos 22 y 23.

2. Toda persona, sea cual fuere su nacionalidad, domiciliada en un Estado vinculado por el presente Convenio podrá invocar contra dicho demandado, del mismo modo que los nacionales de este Estado, las reglas de competencia judicial vigentes en el mismo y, en particular, las previstas en el Anexo I.

SECCIÓN 2.ª

Competencias especiales

Art. 5.º Las personas domiciliadas en un Estado vinculado por el presente Convenio podrán ser demandadas en otro Estado vinculado por el presente Convenio:

1) *a*) en materia contractual, ante los tribunales del lugar en el que hubiere sido o debiere ser cumplida la obligación que sirviere de base a la demanda;

b) a efectos de la presente disposición, salvo pacto en contrario, dicho lugar será:

— cuando se trate de una compraventa de mercaderías, el lugar del Estado vinculado por el presente Convenio en el que, según el contrato, hubieren sido o debieren ser entregadas las mercaderías,

— cuando se trate de prestación de servicios, el lugar del Estado vinculado por el presente Convenio en el que, según el contrato, hubiere sido o debiere ser prestado el servicio;

c) si la letra *b*) no fuere aplicable, se aplicará la letra *a*);

2) en materia de alimentos:

a) ante el tribunal del lugar del domicilio o de la residencia habitual del acreedor de alimentos;

b) si se trata de una demanda incidental a una acción relativa al estado de las personas, ante el tribunal competente según la ley del foro para conocer de ésta, salvo que tal competencia se fundamente exclusivamente en la nacionalidad de una de las partes, o

c) si se trata de una demanda incidental a una acción relativa a la responsabilidad parental, ante el tribunal competente según la ley del foro para conocer de ésta, salvo que tal competencia se fundamente exclusivamente en la nacionalidad de una de las partes;

3) en materia delictual o cuasidelictual, ante el tribunal del lugar donde se hubiere producido o hubiere podido producirse el hecho dañoso;

4) si se tratare de acciones por daños y perjuicios o de acciones de restitución fundamentadas en un acto que diere lugar a un proceso penal, ante el tribunal que conociere de dicho proceso, en la medida en que, de conformidad con su ley, dicho tribunal pudiere conocer de la acción civil;

5) si se tratare de litigios relativos a la explotación de sucursales, agencias o cualquier otro establecimiento, ante el tribunal en que se hallaren sitos;

6) en su condición de fundador, *trust* o beneficiario de un *trust* constituido ya en aplicación de la ley, ya por escrito o ya por un acuerdo verbal confirmado por escrito, ante los tribunales del Estado vinculado por el presente Convenio en cuyo territorio estuviere domiciliado el *trust;*

7) si se tratare de un litigio relativo al pago de la remuneración reclamada en razón del auxilio o el salvamento de los que se hubiere beneficiado un cargamento o un flete, ante el tribunal en cuya jurisdicción dicho cargamento o flete:

a) hubiere sido embargado para garantizar dicho pago, o

b) hubiere podido ser embargado a tal fin, pero se ha prestado una caución o cualquier otra garantía.

Esta disposición sólo se aplicará cuando se pretendiere que el demandado tiene un derecho sobre el cargamento o el flete o que tenía tal derecho en el momento de dicho auxilio o salvamento.

Art. 6.º Las personas a las que se refiere el artículo anterior podrán ser demandadas:

1) si hubiere varios demandados, ante el tribunal del domicilio de cualquiera de ellos, siempre que las demandas estuvieren vinculadas entre sí por una relación tan estrecha que sería oportuno tramitarlas y juzgarlas al mismo tiempo a fin de evitar resoluciones que podrían ser incompatibles si los asuntos fueren juzgados separadamente;

2) si se tratare de una demanda sobre obligaciones de garantía o para la intervención de terceros en el proceso, ante el tribunal que estuviere conociendo de la demanda principal, salvo que ésta se hubiere formulado con el único objeto de provocar la intervención de un tribunal distinto del correspondiente al demandado;

3) si se tratare de una reconvención derivada del contrato o hecho en que se fundamentare la demanda inicial, ante el tribunal que estuviere conociendo de esta última;

4) en materia contractual, si la acción pudiere acumularse con otra en materia de derechos reales inmobiliarios dirigida contra el mismo demandado, ante el tribunal del Estado vinculado por el presente Convenio en el que estuviere sito el inmueble.

Art. 7.º Cuando, en virtud del presente Convenio, un tribunal de un Estado vinculado por el presente Convenio fuere competente para conocer de acciones de responsabilidad derivadas de la utilización o la explotación de un buque, dicho tribunal o cualquier otro que le sustituyere en virtud de la ley interna de dicho Estado miembro conocerá también de la demanda relativa a la limitación de esta responsabilidad.

SECCIÓN 3.ª

Competencia en materia de seguros

Art. 8.º En materia de seguros, se determinará la competencia con arreglo a las disposiciones de la presente sección, sin perjuicio de lo dispuesto en el artículo 4 y en el artículo 5, punto 5.

Art. 9.º 1. El asegurador domiciliado en un Estado vinculado por el presente Convenio podrá ser demandado:

a) ante los tribunales del Estado miembro donde tuviere su domicilio, o

b) en otro Estado vinculado por el presente Convenio, cuando se trate de acciones entabladas por el tomador del seguro, el asegurado o un beneficiario, ante el tribunal del lugar donde tuviere su domicilio el demandante, o

c) si se tratare de un coasegurador, ante los tribunales del Estado vinculado por el presente Convenio que entendiere de la acción entablada contra el primer firmante del coaseguro.

2. Cuando el asegurador no estuviere domiciliado en un Estado vinculado por el presente Convenio pero tuviere sucursales, agencias o cualquier otro establecimiento en un Estado vinculado por el presente Convenio se le considerará, para los litigios relativos a su explotación, domiciliado en dicho Estado.

Art. 10. El asegurador podrá, además, ser demandado ante el tribunal del lugar en que se hubiere producido el hecho dañoso cuando se tratare de seguros de responsabilidad o de seguros relativos a inmuebles. La misma regla será de aplicación cuando se tratare de seguros que se refieren a inmuebles y a bienes muebles cubiertos por una misma póliza y afectados por el mismo siniestro.

Art. 11. 1. En materia de seguros de responsabilidad civil, el asegurador podrá ser demandado igualmente ante el tribunal que conociere de la acción de la persona perjudicada contra el asegurado, cuando la ley de este tribunal lo permitiere.

2. Las disposiciones de los artículos 8, 9 y 10 serán aplicables en los casos de acción directa entablada por el perjudicado contra el asegurador cuando la acción directa fuere posible.

3. El mismo tribunal será competente cuando la ley reguladora de esta acción directa previere la posibilidad de demandar al tomador del seguro o al asegurado.

1) Salvo lo dispuesto en el artículo 11, apartado 3, la acción del asegurador sólo podrá ser ejer-

citada ante los tribunales del Estado vinculado por el presente Convenio en cuyo territorio estuviere domiciliado el demandado, ya sea tomador del seguro, asegurado o beneficiario.

2) Las disposiciones de la presente sección no afectarán al derecho de interponer una reconvención ante el tribunal que estuviere conociendo de una demanda inicial de conformidad con la presente sección.

Art. 13. Únicamente prevalecerán sobre las disposiciones de la presente sección los convenios:

1) posteriores al nacimiento del litigio, o

2) que permitieren al tomador del seguro, al asegurado o al beneficiario formular demandas ante tribunales distintos de los indicados en la presente sección, o

3) que, habiéndose celebrado entre un tomador de seguro y un asegurador, domiciliados o con residencia habitual en el mismo Estado vinculado por el presente Convenio en el momento de la celebración del contrato, atribuyeren, aunque el hecho dañoso se hubiere producido en el extranjero, competencia a los tribunales de dicho Estado, a no ser que la ley de éste prohibiere tales convenios, o

4) celebrados con un tomador de seguro que no estuviere domiciliado en un Estado vinculado por el presente Convenio, a no ser que se tratare de un seguro obligatorio o se refiera a un inmueble sito en un Estado vinculado por el presente Convenio, o

5) que se refirieren a un contrato de seguro que cubriere uno o varios de los riesgos enumerados en el artículo 14.

Art. 14. Los riesgos contemplados en el artículo 13, punto 5, son los siguientes:

1) todo daño a:

a) buques de navegación marítima, instalaciones costeras y en alta mar o aeronaves, causado por hechos sobrevenidos en relación con su utilización para fines comerciales;

b) mercancías distintas de los equipajes de los pasajeros, durante un transporte realizado por dichos buques o aeronaves, bien en su totalidad o bien en combinación con otros modos de transporte;

2) toda responsabilidad, con excepción de la derivada de los daños corporales a los pasajeros o de los daños a sus equipajes:

a) resultante de la utilización o la explotación de los buques, instalaciones o aeronaves, de conformidad con el punto 1, letra *a*), cuando la ley del Estado vinculado por el presente Convenio en el que estuviere matriculada la aeronave no prohibiere los convenios atributivos de jurisdicción en el aseguramiento de tales riesgos;

b) por las mercancías durante uno de los transpor tes contemplados en el punto 1, letra *b*);

3) toda pérdida pecuniaria ligada a la utilización o a la explotación de buques, instalaciones o aeronaves de conformidad con el punto 1, letra *a*), en particular la del flete o el beneficio del fletamento;

4) todo riesgo accesor io a cualquiera de los contemplados en los puntos 1 a 3;

5) no obstante lo dispuesto en los puntos 1 a 4, todos los riesgos mayores.

SECCIÓN 4.ª

Competencia en materia de contratos celebrados por los consumidores

Art. 15. 1. En materia de contrato celebrado por una persona para un uso que pudiere considerarse ajeno a su actividad profesional, la competencia quedará determinada por la presente sección, sin perjuicio de lo dispuesto en el artículo 4 y en el artículo 5, punto 5:

a) cuando se tratare de una venta a plazos de mercaderías;

b) cuando se tratare de un préstamo a plazos o de otra operación de crédito vinculada a la financiación de la venta de tales bienes;

c) en todos los demás casos, cuando la otra Parte contratante ejerciere actividades comerciales o profesionales en el Estado vinculado por el presente Convenio del domicilio del consumidor o, por cualquier medio, dirigiere tales actividadesa dicho Estado o a varios Estados, incluido este último, y el contrato estuviere comprendido en el marco de dichas actividades.

2. Cuando el cocontratante del consumidor no estuviere domiciliado en un Estado vinculado por el presente Convenio, pero poseyere una sucursal, agencia o cualquier otro establecimiento en un Estado vinculado por el presente Convenio, se considerará para todos los litigios relativos a su explotación que está domiciliado en dicho Estado.

3. La presente sección no se aplicará al contrato de transporte, salvo el caso de los que, por un precio global, ofrecen una combinación de viaje y alojamiento.

Art. 16. 1. La acción entablada por un consumidor contra la otra Parte contratante podrá interponerse ante los tribunales del Estado miembro vinculado por el presente Convenio en que estuviere domiciliada dicha parte o ante el tribunal del lugar en que estuviere domiciliado el consumidor.

2. La acción entablada contra el consumidor por la otra Parte contratante sólo podrá interponerse ante los tribunales del Estado vinculado por el presente Convenio en que estuviere domiciliado el consumidor.

3. El presente artículo no afectará al derecho de presentar una reconvención ante el tribunal que entendiere de una demanda principal de conformidad con la presente sección.

Art. 17. Únicamente prevalecerán sobre las disposiciones de la presente sección los convenios:

1) posteriores al nacimiento del litigio, o

2) que permitieren al consumidor formular demandas ante tri-

bunales distintos de los indicados en la presente sección, o

3) que habiéndose celebrado entre un consumidor y su cocontratante, domiciliados o con residencia habitual en el mismo Estado vinculado por el presente Convenio en el momento de celebración del contrato, atribuyeren competencia a los tribunales de dicho Estado, a no ser que la ley de este prohibiere tales convenios.

SECCIÓN 5.ª

Competencia en materia de contratos individuales de trabajo

Art. 18. 1. En materia de contratos individuales de trabajo, se determinará la competencia con arreglo a las disposiciones de la presente sección, sin perjuicio de lo dispuesto en el artículo 4 y en el artículo 5, punto 5.

2. Cuando un trabajador celebrare un contrato individual de trabajo con un empresario que no tuviere su domicilio en un Estado vinculado por el presente Convenio, pero poseyere una sucursal, agencia o cualquier otro establecimiento en un Estado vinculado por el presente Convenio, se considerará, para todos los litigios derivados de la explotación de la sucursal, agencia o establecimiento, que tiene su domicilio en dicho Estado.

Art. 19. El empresario domiciliado en un Estado vinculado por el presente Convenio podrá ser demandado:

1) ante los tribunales del Estado donde tuviere su domicilio, o

2) en otro Estado vinculado por el presente Convenio:

a) ante el tribunal del lugar en el que el trabajador desempeñare habitualmente su trabajo, o ante el tribunal del último lugar en que lo hubiere desempeñado, o

b) si el trabajador no desempeñare o no hubiere desempeñado habitualmente su trabajo en un único Estado, ante el tribunal del lugar en que estuviere o hubiere estado situado el establecimiento que hubiere empleado al trabajador.

Art. 20. 1. Los empresarios sólo podrán demandar a los trabajadores ante el tribunal del Estado vinculado por el presente Convenio en el que estos últimos tuvieren su domicilio.

2. Las disposiciones de la presente sección no afectarán al derecho de interponer una reconvención ante el tribunal que estuviere conociendo de una demanda inicial de conformidad con la presente sección.

Art. 21. Únicamente prevalecerán sobre las disposiciones de la presente sección los acuerdos atributivos de competencia:

1) posteriores al nacimiento del litigio, o

2) que permitieren al trabajador formular demandas ante tribunales distintos de los indicados en la presente sección.

SECCIÓN 6.ª

Competencias exclusivas

Art. 22. Son exclusivamente competentes, sin consideración del domicilio:

1) en materia de derechos reales inmobiliarios y de contratos de arrendamiento de bienes inmuebles, los tribunales del Estado vinculado por el presente Convenio donde el inmueble se hallare sito.

No obstante, en materia de contratos de arrendamiento de bienes inmuebles celebrados para un uso particular durante un plazo máximo de seis meses consecutivos, serán igualmente competentes los tribunales del Estado vinculado por el presente Convenio donde estuviere domiciliado el demandado, siempre que el arrendatario fuere una persona física y que arrendador y arrendatario estuvieren domiciliados en el mismo Estado vinculado por el presente Convenio;

2) en materia de validez, nulidad o disolución de sociedades y personas jurídicas, así como en materia de decisiones de sus órganos, los tribunales del Estado vinculado por el presente Convenio en que la sociedad o persona jurídica estuviere domiciliada; para determinar dicho domicilio, el tribunal aplicará sus reglas de Derecho internacional privado;

3) en materia de validez de las inscripciones en los registros públicos, los tribunales del Estado vinculado por el presente Convenio en que se encontrare el registro;

4) en materia de inscripciones o validez de patentes, marcas, diseños o dibujos y modelos y demás derechos análogos sometidos a depósito o registro, independientemente de que el asunto haya sido el resultado de una acción o de la defensa, los tribunales del Estado sujeto al Convenio en que se hubiere solicitado, efectuado o tenido por efectuado el depósito o registro en virtud de lo dispuesto en algún convenio internacional o instrumento comunitario.

Sin perjuicio de la competencia de la Oficina Europea de Patentes según el Convenio sobre la patente europea, firmado en Múnich el 5 de octubre de 1973, los tribunales de cada Estado vinculado por el presente Convenio serán los únicos competentes, sin consideración del domicilio, en materia de registro o validez de una patente europea expedida para dicho Estado, independientemente de que el asunto haya sido el resultado de una acción o de la defensa;

5) en materia de ejecución de las resoluciones judiciales, los tribunales del Estado vinculado por el presente Convenio del lugar de ejecución.

SECCIÓN 7.ª

Prórroga de la competencia

Art. 23. 1. Si las partes, cuando al menos una de ellas tuviere su domicilio en un Estado vinculado por el presente Convenio, hubieren acordado que un tribunal o los tribunales de un Estado vinculado por el presente Convenio fueren competentes para conocer de cualquier litigio que hubiere surgido o que pudiere surgir con ocasión de una determinada relación jurídica, tal tribunal o tales tribunales serán competentes. Esta competencia será exclusiva, salvo pacto en contrario entre las partes. Tal convenio atributivo de competencia deberá celebrarse:

a) por escrito o verbalmente con confirmación escrita, o

b) en una forma que se ajustare a los hábitos que las partes tuvieren establecidos entre ellas, o

c) en el comercio internacional, en una forma conforme a los usos que las partes conocieren o debieren conocer y que, en dicho comercio, fueren ampliamente conocidos y regularmente observados por las partes en los contratos del mismo tipo en el sector comercial considerado.

2. «Por escrito» equivaldrá a toda comunicación realizada por medios electrónicos que proporcione un registro duradero del acuerdo.

3. Cuando ninguna de las partes que hubieren celebrado un acuerdo de este tipo estuviere domiciliada en un Estado vinculado por el presente Convenio, los tribunales de los demás Estados vinculados por el presente Convenio sólo podrán conocer del litigio cuando el tribunal o los tribunales designados hubieren declinado su competencia.

4. El tribunal o los tribunales de un Estado vinculado por el presente Convenio a los que el documento constitutivo de un *trust* hubiere atribuido competencia serán exclusivamente competentes para conocer de una acción contra el fundador, el *trustee* o el beneficiario de un *trust* si se tratare de relaciones entre estas personas o de sus derechos u obligaciones en el marco del *trust.*

5. No surtirán efecto los convenios atributivos de competencia ni las estipulaciones similares de documentos constitutivos de un *trust* si fueren contrarios a las disposiciones de los artículos 13, 17 o 21, o si excluyeren la competencia de tribunales exclusivamente competentes en virtud del artículo 22.

Con independencia de los casos en los que su competencia resultare de otras disposiciones del presente Convenio, será competente el tribunal de un Estado vinculado por el presente Convenio ante el que compareciere el demandado. Esta regla no será de aplicación si la comparecencia tuviere por objeto impugnar la competencia o si existiere otra jurisdicción exclusivamente competente en virtud del artículo 22.

SECCIÓN 8.ª

Comprobación de la competencia y de la admisibilidad

Art. 25. El tribunal de un Estado vinculado por el presente Convenio, que conociere a título principal de un litigio para el que los tribunales de otro Estado miembro fueren exclusivamente competentes en virtud del artículo 22, se declarará de oficio incompetente.

Art. 26. 1. Cuando el demandado domiciliado en un Estado sujeto al Convenio fuere emplazado por un tribunal de otro Estado vinculado por el presente Convenio y no compareciere, dicho tribunal se declarará de oficio incompetente si su competencia no estuviere fundamentada en las disposiciones del presente Convenio.

2. Este tribunal estará obligado a suspender el procedimiento en tanto no se acreditare que el demandado ha podido recibir la cédula de emplazamiento o documento equivalente con tiempo suficiente para defenderse o que se ha tomado toda diligencia a tal fin.

3. Las disposiciones del apartado 2 se sustituirán por las del artículo 15 del Convenio de La Haya, de 15 de noviembre de 1965, relativo a la notificación o traslado en el extranjero de documentos judiciales y extrajudiciales en materia civil o comercial, si la cédula de emplazamiento hubiere de ser remitida al extranjero, en cumplimiento de ese Convenio.

4. Los Estados miembros de la Comunidad Europea sujetos al Reglamento (CE) n.º 1348/2000 del Consejo, de 29 de mayo de 2000, o al Acuerdo entre la Comunidad Europea y el Reino de Dinamarca sobre la notificación y el traslado de documentos judiciales y extrajudiciales en materia civil y mercantil, firmado en Bruselas el 19 de octubre de 2005, aplicarán en sus relaciones recíprocas el artículo 19 de dicho Reglamento, si la cédula de emplazamiento o un documento equivalente hubiere de ser remitido en cumplimiento de dicho Reglamento o de dicho Acuerdo.

SECCIÓN 9.ª

Litispendencia-conexidad

Art. 27. 1. Cuando se formularen demandas con el mismo objeto y la misma causa entre las mismas partes ante tribunales de diferentes Estados vinculados por el presente Convenio, el tribunal ante el que se formulare la segunda demanda suspenderá de oficio el procedimiento en tanto no se declarare competente el tribunal ante el que se interpuso la primera.

2. Cuando el tribunal ante el que se interpuso la primera demanda se declarare competente, el tribunal ante el que se interpuso la segunda se inhibirá en favor de aquél.

Art. 28. 1. Cuando demandas conexas estuvieren pendientes ante tribunales de diferentes Estados vinculados por el presente Convenio, el tribunal ante el que se hubiere presentado la demanda posterior podrá suspender el procedimiento.

2. Cuando tales demandas conexas estuvieren pendientes en primera instancia, cualquier tribu-

nal ante el que se hubiere presentado la demanda posterior podrá de igual modo inhibirse, a instancia de una de las partes, a condición de que el tribunal ante el que se hubiere presentado la primera demanda fuere competente para conocer de ambas demandas y de que su ley permita su acumulación.

3. Se considerarán conexas, a los efectos del presente artículo, las demandas vinculadas entre sí por una relación tan estrecha que sería oportuno tramitarlas y juzgarlas al mismo tiempo a fin de evitar resoluciones que podrían ser inconciliables si los asuntos fueren juzgados separadamente.

Art. 29. Cuando en demandas sobre un mismo asunto los tribunales de varios Estados miembros se declararen exclusivamente competentes, el desistimiento se llevará a cabo en favor del tribunal ante el que se hubiere presentado la primera demanda.

Art. 30. A efectos de la presente sección, se considerará que un tribunal conoce de un litigio:

1) desde el momento en que se le hubiere presentado el escrito de demanda o documento equivalente, a condición de que posteriormente el demandante no hubiere dejado de tomar toda diligencia necesar ia para que se entregare al demandado la cédula de emplazamiento, o

2) si dicho documento hubiere de notificarse al demandado antes de su presentación al tribunal, en el momento en que lo recibiere la autoridad encargada de la notificación, a condición de que posteriormente el demandante no hubiere dejado de tomar toda diligencia necesaria para presentar el documento al tribunal.

SECCIÓN 10.ª

Medidas provisionales y cautelares

Art. 31. Podrán solicitarse medidas provisionales o cautelares previstas por la ley de un Estado vinculado por el presente Convenio a las autoridades judiciales de dicho Estado, incluso si, en virtud del presente Convenio, un tribunal de otro Estado vinculado por el presente Convenio fuere competente para conocer sobre el fondo.

TÍTULO III

Reconocimiento y ejecución

Art. 32. Se entenderá por «resolución», a los efectos del presente Convenio, cualquier decisión adoptada por un tribunal de un Estado vinculado por el presente Convenio con independencia de la denominación que recibiere, tal como auto, sentencia, providencia o mandamiento de ejecución, así como el acto por el cual el secretario judicial liquidare las costas del proceso.

SECCIÓN 1.ª

Reconocimiento

Art. 33. 1. Las resoluciones dictadas en un Estado vinculado por el presente Convenio serán reconocidas en los demás Estados contratantes, sin que fuere necesario recurrir a procedimiento alguno.

2. En caso de oposición, cualquier parte interesada que invocare el reconocimiento a título principal podrá solicitar, por el procedimiento previsto en las secciones 2 y 3 del presente título, que se reconozca la resolución.

3. Si el reconocimiento se invocare como cuestión incidental ante un tribunal de un Estado vinculado por el presente Convenio, dicho tribunal será competente para entender del mismo.

Art. 34. Las resoluciones no se reconocerán:

1) si el reconocimiento fuere manifiestamente contrario al orden público del Estado requerido;

2) cuando se dictaren en rebeldía del demandado, si no se hubiere entregado o notificado al mismo la cédula de emplazamiento o documento equivalente, con tiempo suficiente y de forma tal que pudiere defenderse, a menos que no hubiere recurrido contra dicha resolución cuando hubiera podido hacerlo;

3) si la resolución fuere inconciliable con otra dictada en un litigio entre las mismas partes en el Estado requerido;

4) si la resolución fuere inconciliable con una resolución dictada con anterioridad en otro Estado vinculado por el presente Convenio o un tercer Estado entre las mismas partes en un litigio que tuviere el mismo objeto y la misma causa, cuando esta última resolución reuniere las condiciones necesarias para su reconocimiento en el Estado requerido.

Art. 35. 1. Asimismo, no se reconocerán las resoluciones si se hubieren desconocido las disposiciones de las secciones 3, 4 y 6 del Título II, así como en el caso previsto en el artículo 68. También podrá denegarse el reconocimiento de las resoluciones en uno de los casos previstos en el artículo 64, apartado 3, o en el artículo 67, apartado 4.

2. En la apreciación de las competencias contempladas en el apartado anterior, el tribunal o la autoridad que conociere del recurso quedará vinculado por las apreciaciones de hecho sobre las cuales el tribunal del Estado miembro de origen hubiere fundamentado su competencia.

3. Sin perjuicio de las disposiciones de los apartados 1 y 2, no podrá procederse a la fiscalización de la competencia del tribunal del Estado de origen. El orden público contemplado en el artículo 34, punto 1, no afectará a las reglas relativas a la competencia judicial.

Art. 36. La resolución extranjera en ningún caso podrá ser objeto de una revisión en cuanto al fondo.

Art. 37. 1. El tribunal de un Estado vinculado por el presente

Convenio ante el que se hubiere solicitado el reconocimiento de una resolución dictada en otro Estado vinculado por el presente Convenio podrá suspender el procedimiento si dicha resolución fuere objeto de un recurso ordinario.

2. El tribunal de un Estado vinculado por el presente Convenio ante el que se hubiere solicitado el reconocimiento de una resolución dictada en Irlanda o en el Reino Unido podrá suspender el procedimiento si la ejecución estuviere suspendida en el Estado de origen como consecuencia de la interposición de un recurso.

SECCIÓN 2.ª

Ejecución

Art. 38. 1. Las resoluciones dictadas en un Estado vinculado por el presente Convenio que allí fueren ejecutorias se ejecutarán en otro Estado vinculado por el presente Convenio cuando, a instancia de cualquier parte interesada, se hubiere otorgado su ejecución en este último.

2. No obstante, en el Reino Unido, estas resoluciones se ejecutarán en Inglaterra y el País de Gales, en Escocia o en Irlanda del Norte, cuando, a instancia de cualquier parte interesada, hayan sido registradas con vistas a su ejecución en una de estas partes del Reino Unido.

Art. 39. 1. La solicitud se presentará ante los tribunales o las autoridades competentes indicados en la lista que figura en el Anexo II.

2. La competencia territorial se determinará por el domicilio de la parte contra la que se solicitare la ejecución o por el lugar de ejecución.

Art. 40. 1. Las modalidades de presentación de la solicitud de ejecución se determinarán con arreglo a la ley del Estado en el que se solicitare la ejecución.

2. El solicitante deberá elegir domicilio para notificaciones en un lugar que correspondiere a la competencia del tribunal o de la autoridad que conociere de la solicitud. No obstante, si la ley del Estado en el que se solicitare la ejecución no conociere la elección de domicilio, el solicitante designará un mandatario *ad litem*.

3. Se adjuntarán a la solicitud los documentos mencionados en el artículo 53.

Art. 41. Se otorgará inmediatamente la ejecución de la resolución una vez cumplidas las formalidades previstas en el artículo 53, sin proceder a ningún examen de acuerdo con los artículos 34 y 35. La parte contra la cual se solicitare la ejecución no podrá, en esta fase del procedimiento, formular observaciones.

Art. 42. 1. La resolución dictada sobre la solicitud de otorgamiento de la ejecución se pondrá de inmediato en conocimiento del solicitante de conformidad con las modalidades determinadas por la ley del Estado requerido.

2. El otorgamiento de la ejecución se notificará a la parte con-

tra la que solicitare la ejecución, adjuntándose la resolución y la certificación si no hubieren sido ya notificados a dicha parte.

Art. 43. 1. La decisión sobre la solicitud de ejecución podrá ser recurrida por cualquiera de las partes.

2. El recurso se interpondrá ante los tribunales que figuran en el Anexo III.

3. El recurso se substanciará según las normas que rigen el procedimiento contradictorio.

4. En caso de incomparecencia de la parte contra la que se solicitare la ejecución ante el tribunal que conociere de un recurso, se aplicarán las disposiciones del artículo 26, apartados 2 a 4, aunque dicha parte no estuviere domiciliada en ningún Estado miembro vinculado por el presente Convenio.

5. El recurso contra el otorgamiento de la ejecución se interpondrá dentro del plazo de un mes a partir de la fecha de notificación. Si la parte contra la que se solicitare la ejecución estuviere domiciliada en un Estado vinculado por el presente Convenio distinto de aquel en el que se hubiere otorgado la ejecución, el plazo será de dos meses y correrá a partir de la fecha de notificación, tanto si ésta se hizo en persona como en su residencia. Dicho plazo no admitirá prórroga en razón de la distancia.

Art. 44. La resolución que decidiere sobre el recurso solo podrá ser objeto de los recursos previstos en el Anexo IV.

Art. 45. 1. El tribunal que conociere del recurso previsto en los artículos 43 o 44 solo podrá desestimar o revocar el otorgamiento de la ejecución por uno de los motivos previstos en los artículos 34 y 35. Se pronunciará en breve plazo.

2. La resolución extranjera en ningún caso podrá ser objeto de una revisión en cuanto al fondo.

Art. 46. 1. El tribunal que conociere del recurso previsto en los artículos 43 o 44 podrá, a instancia de la parte contra la que se solicitare la ejecución, suspender el procedimiento si la resolución extranjera hubiese sido objeto de recurso ordinario en el Estado de origen o si el plazo para interponerlo no hubiese expirado; en este último caso, el tribunal podrá especificar el plazo en el que deba interponerse dicho recurso.

2. Cuando la resolución se hubiere dictado en Irlanda o en el Reino Unido, cualquier recurso previsto en el Estado miembro en el que se dictó será considerado recurso ordinario a los efectos de la aplicación del apartado 1.

3. Dicho tribunal podrá igualmente subordinar la ejecución a la constitución de una garantía que él mismo determinará.

Art. 47. Cuando debiere reconocerse una resolución con arreglo al presente Convenio, nada impedirá al solicitante instar la adopción de medidas provisionales, incluidas las medidas cautelares, de conformidad con la legislación del Estado requerido, sin que resulte necesario el otorgamiento de la ejecución a efectos del artículo 41.

2. El otorgamiento de la ejecución incluirá la autorización para adoptar cualesquiera medidas cautelares.

3. Durante el plazo del recurso previsto en el artículo 43, apartado 5, contra el otorgamiento de la ejecución y hasta que se hubiere resuelto sobre el mismo, solamente se podrán adoptar medidas cautelares sobre los bienes de la parte contra la que se hubiere solicitado la ejecución.

Art. 48. 1. Cuando la resolución extranjera se hubiere pronunciado sobre varias pretensiones de la demanda y el otorgamiento de la ejecución no pudiere concederse para la totalidad de ellas, el tribunal concederá la ejecución para una o varias de ellas.

2. El solicitante podrá pedir que el otorgamiento de la ejecución se limite a determinadas partes de una resolución.

Art. 49. Las resoluciones extranjeras que condenaren el pago de multas coercitivas solamente podrán ejecutarse en el Estado requerido cuando la cuantía hubiere sido fijada definitivamente por el tribunal del Estado de origen.

Art. 50. 1. El solicitante que en el Estado de origen hubiere obtenido total o parcialmente el beneficio de justicia gratuita o una exención de costas y gastos gozará, en el procedimiento previsto en la presente sección, del beneficio de justicia gratuita más favorable o de la exención más amplia prevista por el Derecho del Estado requerido.

2. Ahora bien, el solicitante de la ejecución de una decisión sobre alimentos dictada por una autoridad administrativa en Dinamarca, Islandia o Noruega, podrá reclamar en el Estado requerido el beneficio a que se refiere el apartado 1 si presenta un certificado del Ministerio danés, islandés o noruego de Justicia que declare que cumple los requisitos económicos para obtener asistencia jurídica gratuita parcial o total, o una exención de costas y gastos.

Art. 51. A la parte que instare en un Estado miembro la ejecución de una resolución dictada en otro Estado miembro no podrá exigírsele caución o depósito alguno, sea cual fuere su denominación por su condición de extranjero o por no estar domiciliado o no ser residente en el Estado miembro requerido.

Art. 52. El Estado miembro requerido no percibirá impuesto, derecho ni tasa alguna, proporcional al valor del litigio, en los procedimientos relativos al otorgamiento de la ejecución.

SECCIÓN 3.ª

Disposiciones comunes

Art. 53. 1. La parte que invocare el reconocimiento o solicitare el otorgamiento de la ejecución de una resolución deberá presentar una copia auténtica de dicha resolución.

2. La parte que solicitare el otorgamiento de la ejecución deberá presentar asimismo la certificación a que se refiere el artículo 54, sin perjuicio de lo dispuesto en el artículo 55.

Art. 54. El tribunal o autoridad competente del Estado vinculado por el presente Convenio en el que se hubiere dictado una resolución expedirá, a instancia de cualquier parte interesada, una certificación conforme al formulario normalizado que figura en el Anexo V.

Art. 55. 1. De no presentarse la certificación a la que se refiere el artículo 54, el tribunal o la autoridad competente podrán fijar un plazo para su presentación, aceptar documentos equivalentes o dispensar de ellos si se considerare suficientemente ilustrado.

2. Si el tribunal o la autoridad lo exigiere, se presentará una traducción de los documentos. La traducción será compulsada por una persona facultada para hacerlo en uno de los Estados vinculados por el presente Convenio.

Art. 56. No se exigirá legalización ni formalidad análoga alguna en lo que se refiriere a los documentos mencionados en el artículo 53 y en el artículo 55, apartado 2, ni, en su caso, al poder para pleitos.

TÍTULO IV

Documentos públicos con fuerza ejecutiva y transacciones judiciales

Art. 57. 1. Los documentos públicos con fuerza ejecutiva, formalizados en un Estado vinculado por el presente Convenio, serán declarados ejecutorios, a instancia de parte, en otro Estado vinculado por el presente Convenio, con arreglo al procedimiento previsto en los artículos 38 y siguientes. El tribunal ante el que se presentare un recurso con arreglo a los artículos 43 o 44 sólo desestimará o revocará el otorgamiento de la ejecución cuando la ejecución del documento fuere manifiestamente contraria al orden público del Estado requerido.

2. También se considerarán documentos públicos con fuerza ejecutiva, en el sentido del apartado 1, los acuerdos en materia de obligaciones alimentarias celebrados ante las autoridades administrativas o legalizados por las mismas.

3. Los documentos presentados deberán reunir las condiciones necesar ias de autenticidad en el Estado de origen.

4. Serán aplicables, en la medida en que fuere necesar io, las disposiciones de la sección 3 del Título III. La autoridad competente del Estado vinculado por el presente Convenio en el que se hubiere for-

malizado el documento público con fuerza ejecutiva expedirá, a instancia de cualquier parte interesada, una certificación conforme al formulario normalizado que figura en el Anexo VI del presente Convenio.

Art. 58. Las transacciones celebradas ante el tribunal durante un proceso y ejecutorias en el Estado vinculado por el presente Convenio serán ejecutorias en el Estado miembro requerido, en las mismas condiciones que los documentos públicos con fuerza ejecutiva. El tribunal o la autoridad competente del Estado vinculado por el presente Convenio en el que se haya celebrado la transacción expedirá, a instancia de cualquier parte interesada, una certificación conforme al formulario normalizado que figura en el Anexo V del presente Convenio.

TÍTULO V

Disposiciones generales

Art. 59. 1. Para determinar si una parte está domiciliada en el Estado vinculado por el presente Convenio cuyos tribunales conocieren del asunto, el tribunal aplicará su ley interna.

2. Cuando una parte no estuviere domiciliada en el Estado cuyos tribunales conocieren del asunto, el tribunal, para determinar si dicha parte lo está en otro Estado vinculado por el presente Convenio, aplicará la ley de dicho Estado.

Art. 60. 1. A efectos del presente Convenio, se entenderá que una sociedad u otra persona jurídica está domiciliada en el lugar en que se encuentre:

a) su sede estatutaria, o

b) su administración central, o

c) su centro de actividad principal.

2. Para el Reino Unido y para Irlanda, la expresión «sede estatutar ia» se equiparará al *registered office* y, en caso de que en ningún lugar exista una *registered office,* al *place of incorporation* (lugar de constitución) o, a falta de tal lugar, el lugar conforme a cuya legislación se hubiere efectuado la *formation* (creación) de la sociedad o persona jurídica.

3. Para determinar si un *trust* está domiciliado en el Estado vinculado por el presente Convenio cuyos tribunales conocieren del asunto, el tribunal aplicará las reglas de su Derecho internacional privado.

Art. 61. Sin perjuicio de las disposiciones nacionales más favorables, las personas domiciliadas en un Estado vinculado por el presente Convenio y perseguidas por infracciones involuntarias ante los órganos jurisdiccionales sancionadores de otro Estado vinculado por el presente Convenio del que no fueren nacionales podrán, aunque no comparecieren personalmente, defenderse por medio de las personas autorizadas a tal fin. No obstante, el tribunal que conociere del asunto podrá ordenar la comparecencia personal; si ésta no tuviere lugar, la resolución dictada sobre la acción civil sin que la persona encausada hubiere tenido la posibilidad de defenderse podrá no ser reconocida ni ejecutada en los demás Estados vinculados por el presente Convenio.

Art. 62. A los fines del presente Convenio, el término «tribunal» abarcará las autoridades designadas por un Estado vinculado por el presente Convenio que sean competentes en las materias reguladas por éste.

TÍTULO VI

Disposiciones transitorias

Art. 63. 1. Las disposiciones del presente Convenio solamente serán aplicables a las acciones judiciales ejercitadas y a los documentos públicos con fuerza ejecutiva formalizados con posterioridad a su entrada en vigor en el Estado de origen y, cuando se solicite el reconocimiento o la ejecución de resoluciones o documentos públicos con fuerza ejecutiva, en el Estado requerido.

2. No obstante, las resoluciones dictadas después de la fecha de entrada en vigor del presente Convenio como consecuencia de acciones ejercitadas en el Estado de origen con anterioridad a esta fecha serán reconocidas y ejecutadas con arreglo a las disposiciones del Título III:

a) si la acción se hubiere ejercitado en el Estado de origen tras la entrada en vigor del Convenio de Lugano de 16 de septiembre de 1988, en el Estado de origen y en el Estado requerido;

b) en todos los demás casos, si las reglas de competencia aplicadas se ajustaren a las previstas en el Título II o a un convenio en vigor entre el Estado de origen y el Estado miembro requerido al ejercitarse la acción.

TÍTULO VII

Relaciones con el Reglameento (CE) n.º 44/2001 y con otros instrumentos

Art. 64. 1. El presente Convenio no prejuzgará la aplicación por los Estados miembros de la Comunidad Europea del Reglamento (CE) n.º 44/2001 del Consejo, relativo a la competencia judicial, el reconocimiento y la ejecución de resoluciones judiciales en materia civil y mercantil, y de sus modificaciones, del Convenio relativo a la competencia judicial y a la ejecución de resoluciones judiciales en materia civil y mercantil, firmado en Bruselas el 27 de septiembre de 1968, y del Protocolo relativo a la interpretación de dicho Convenio por el Tribunal de Justicia de las Comunidades Europeas, firmado en Luxemburgo el 3 de junio de 1971, modificados por los Convenios de Adhesión a dicho Convenio y a dicho Protocolo de los Estados adherentes a las Comunidades Europeas, así como del Acuerdo entre la Comunidad Europea y el Reino de Dinamarca relativo a la competencia judicial, el reconocimiento y la ejecución de resoluciones judiciales en materia civil y mercantil, firmado en Bruselas el 19 de octubre de 2005.

2. No obstante, el presente Convenio se aplicará en cualquier caso:

a) en materia de competencia, cuando el demandado estuviere domiciliado en un Estado donde se aplique el presente Convenio y no se aplique ninguno de los instrumentos mencionados en el apartado 1, o cuando los artículos 22 o 23 del presente Convenio otorgaren competencia a los tribunales de dicho Estado;

b) en los supuestos de litispendencia o conexidad previstos en los artículos 27 y 28, cuando se presentaren las demandas en un Estado donde se aplique el Convenio y no se aplique ninguno de los instrumentos mencionados en el apartado 1, y en un Estado donde se aplique el Convenio y un instrumento mencionado en el apartado 1;

c) en materias de reconocimiento y ejecución, cuando el Estado de origen o el Estado requerido no aplicaren ninguno de los instrumentos mencionados en el apartado 1.

3. Además de por las causas contempladas en el Título III, podrá denegarse el reconocimiento o la ejecución cuando la regla de competencia judicial en que se hubiere basado la resolución difiriere de la resultante del presente Convenio y la persona contra la que se pidiere el reconocimiento o la ejecución tuviere su domicilio en un Estado donde se aplique el presente Convenio y no se aplique ninguno de los instrumentos mencionados en el apartado 1, a menos que la resolución pudiere ser reconocida o ejecutada con arreglo al derecho del Estado requerido.

Art. 65. Sin perjuicio de lo dispuesto en el artículo 63, apartado 2, y en los artículos 66 y 67, el presente Convenio sustituirá, entre los Estados por él vinculados, a los convenios celebrados entre dos o varios de estos Estados que regulen las mismas materias a las que se aplica el presente Convenio. En particular, los convenios mencionados en el Anexo VII son sustituidos por el presente Convenio.

Art. 66. 1. Los convenios mencionados en el artículo 65 continuarán surtiendo sus efectos en las materias a las que no se aplicare el presente Convenio.

2. Dichos convenios continuarán surtiendo sus efectos en lo relativo a las resoluciones dictadas y los documentos públicos con fuerza ejecutiva formalizados antes de la entrada en vigor del presente Convenio.

Art. 67. 1. El presente Convenio no afectará a los convenios aplicables a los Estados contratantes o a los Estados vinculados por el presente Convenio que, en materias particulares, regulen la competencia judicial, el reconocimiento o la ejecución de las resoluciones judiciales. Sin perjuicio de las obligaciones derivadas de otros acuerdos entre determinadas Partes contratantes, el presente Convenio no impedirá que éstas se adhieran a dichos convenios.

2. El presente Convenio no impedirá que un tribunal de un Estado vinculado por el presente Convenio que fuere parte en un convenio relativo a una materia particular pudiera fundamentar su competencia en este Convenio, aunque el demandado estuviere domiciliado en otro Estado vinculado por el presente Convenio que no sea parte en tal Convenio. El tribunal que conociere del asunto aplicará, en todo caso, el artículo 26 del presente Convenio.

3. Las resoluciones dictadas en un Estado vinculado por el presente Convenio por un tribunal que hubiere fundado su competencia en un Convenio relativo a una materia particular serán reconocidas yejecutadas en los demás Estados vinculados por el presente Convenio con arreglo al Título III del mismo.

4. Sin perjuicio de las causas comprendidas en el Título III, el reconocimiento o la ejecución podrá denegarse si el Estado requerido no fuere parte de un Convenio relativo a una materia particular y la persona respecto de la que se pidiere el reconocimiento o la ejecución estuviere domiciliada en dicho Estado, o si el Estado requerido fuere un Estado miembro de la Comunidad Europea, y con respecto a convenios que deberá celebrar la Comunidad Europea, en cualquiera de sus Estados miembros, a menos que la resolución pudiere ser reconocidao ejecutada con arreglo a la ley del Estado requerido.

5. Cuando un Convenio relativo a una materia particular en el que fueren parte el Estado de origen y el Estado requerido, estableciere las condiciones para el reconocimiento o la ejecución de resoluciones, se aplicarán dichas condiciones. En todo caso, podrán aplicarse las disposiciones del presente Convenio relativas al procedimiento de reconocimiento y ejecución de resoluciones.

Art. 68. 1. El presente Convenio no afectará a los acuerdos por los que los Estados vinculados por el presente Convenio, antes de la entrada en vigor de éste, se hubieren comprometido a no reconocer las resoluciones dictadas en otros Estados vinculados por el presente Convenio contra demandados domiciliados o residentes habituales en un tercer Estado cuando, en los casos previstos en el artículo 4, la resolución sólo pueda fundamentarse en los criterios de competencia especificados en el artículo 3, apartado 2. Sin perjuicio de las obligaciones derivadas de otros acuerdos entre determinadas Partes contratantes, el presente Convenio no impedirá que estas se adhieran a dichos convenios.

2. Sin embargo, ningún Estado contratante podrá comprometerse con un tercer Estado a no reconocer una resolución dictada en otro Estado vinculado por el presente Convenio por un tribunal cuya competencia se hubiere fundamentado en la existencia en dicho Estado de bienes de propiedad del demandado o en el embargo por parte del demandante de bienes existentes en dicho Estado:

a) si la demanda se refiriere a la propiedad o a la posesión de dichos bienes, persiguiere obtener la autorización de disponer de lo mismos o se relacionare con otro litigio relativo a dichos bienes, o

b) si los bienes constituyeren la garantía de un crédito que hubiere sido objeto de la demanda.

TÍTULO VIII

Disposiciones finales

Art. 69. 1. El presente Convenio quedará abierto a la firma de la Comunidad Europea, Dinamarca, y los Estados que, en el momento de la apertura a la firma, fueren miembros de la Asociación Europea de Libre Cambio.

2. El Convenio será sometido a la ratificación de los Estados signatarios. Los instrumentos de ratificación se depositarán en poder del Consejo Federal Suizo, que actuará como depositario del presente Convenio.

3. En el momento de la ratificación, las Partes contratantes podrán presentar declaraciones de conformidad con los artículos I, II y III, del Protocolo n.º 1.

4. El Convenio entrará en vigor el primer día del sexto mes siguiente a la fecha en que la Comunidad Europea y un miembro de la Asociación Europea de Libre Cambio, hubieren depositado sus instrumentos de ratificación.

5. Con respecto a cualquier otra Parte, el Convenio entrará en vigor el primer día del tercer mes siguiente al depósito de su instrumento de ratificación.

6. Sin perjuicio de lo dispuesto en el artículo 3, apartado 3, del Protocolo n.º 2, el presente Convenio sustituirá al Convenio relativo a la competencia judicial y a la ejecución de resoluciones judiciales en materia civil y mercantil, celebrado en Lugano el 16 de septiembre de 1988, a partir de la fecha de su entrada en vigor con arreglo a los apartados 4 y 5. Cualquier referencia al Convenio de Lugano de 1988 en otros instrumentos se entenderá como una referencia al presente Convenio.

7. En lo que respecta a las relaciones entre los Estados miembros

de la Comunidad Europea y los territorios no europeos a los que se refiere el artículo 70, apartado 1, letra *b*), el Convenio sustituirá al Convenio relativo a la competencia judicial ya la ejecución de resoluciones judiciales en materia civil y mercantil, firmado en Bruselas el 27 de septiembre de 1968, y al Protocolo relativo a la interpretación de dicho Convenio por el Tribunal de Justicia de las Comunidades Europeas, firmado en Luxemburgo el 3 de junio de 1971, modificados por los Convenios de Adhesión a dicho Convenio y a dicho Protocolo por los Estados adherentes a las Comunidades Europeas, a partir de la fecha de entrada en vigor del presente Convenio por lo que se refiere a estos territorios, de conformidad con el artículo 73, apartado 2.

Art. 70. 1. Tras su entrada en vigor, podrán adherirse al presente Convenio:

a) los Estados que, tras la apertura a la firma del presente Convenio, se conviertan en miembros de la Asociación Europea de Libre Cambio, en las condiciones previstas en el artículo 71;

b) los Estados miembros de la Comunidad Europea que actúen en nombre de determinados territorios no europeos que formen parte del territorio de ese Estado miembro o que sean responsables de las relaciones exteriores de dichos territorios, en las condiciones previstas en el artículo 71;

c) cualquier otro Estado, en las condiciones previstas en el artículo 72.

2. Los Estados a los que se refiere el apartado 1 que deseen convertirse en Parte contratante del presente Convenio dirigirán su solicitud al depositario. A la solicitud, junto con la información a que se refieren los artículos 71 y 72, deberán adjuntarse traducciones al inglés y al francés.

Art. 71. 1. Los Estados a que se refiere el artículo 70, apartado 1, letras *a*) y *b*), que deseen ser Partes contratantes del presente Convenio:

a) comunicarán la información requerida para solicitar la adhesión al presente Convenio;

b) podrán presentar declaraciones de conformidad con los artículos I y III del Protocolo n.º 1.

2. El depositario transmitirá la información recibida con arreglo al apartado 1 a las demás Partes contratantes antes de que el Estado interesado deposite su instrumento de adhesión.

Art. 72. 1. Los Estados a que se refiere el artículo 70, apartado 1, letra *c*), que deseen ser Partes contratantes del presente Convenio:

a) comunicarán la información requerida para solicitar la adhesión al presente Convenio;

b) podrán presentar declaraciones de conformidad con los artículos I y III del Protocolo n.º 1, y

c) suministrarán al depositario información sobre:

i) su sistema judicial, incluidas la designación y la independencia de los jueces,

ii) sus normas internas de procedimiento civil y ejecución de resoluciones, y

iii) sus reglas de Derecho internacional privado en materia de procedimiento civil.

2. El depositario transmitirá toda la información recibida con arreglo al apartado 1 a las demás Partes contratantes, antes de solicitar al Estado en cuestión que se adhiera al Convenio con arreglo al apartado 3 del presente artículo.

3. Sin perjuicio de lo dispuesto en el apartado 4, el depositario sólo solicitará al Estado en cuestión que se adhiera al Convenio cuando hubiere recibido el acuerdo unánime de las Partes contratantes. Las Partes contratantes procurarán dar su consentimiento en el plazo de un año como máximo a partir de la solicitud del depositario.

4. El Convenio solo entrará en vigor para las relaciones entre el Estado adherente y las Partes contratantes que no hubieren formulado objeciones a la adhesión antes del primer día del tercer mes siguiente al depósito del instrumento de adhesión.

Art. 73. 1. Los instrumentos de adhesión se depositarán ante el depositario.

2. En lo que respecta al Estado adherente mencionado en el artículo 70, el Convenio entrará en vigor el primer día del tercer mes siguiente al depósito de su instrumento de adhesión. A partir de este momento, el Estado adherente será considerado Parte contratante del Convenio.

3. Cualquier Parte contratante podrá presentar al depositario un texto del presente Convenio en la lengua o las lenguas de esa Parte contratante, que será auténtico si así lo acuerdan las Partes contratantes de conformidad con el artículo 4 del Protocolo n.º 2.

Art. 74. 1. El presente Convenio se celebra por un período de tiempo ilimitado.

2. Cualquier Parte contratante podrá, en cualquier momento, denunciar el Convenio, mediante notificación a tal efecto, dirigida al depositario.

3. La denuncia surtirá efecto al término del año siguiente a la expiración de un período de seis meses a partir de la fecha de recepción de la notificación de la denuncia por el depositario.

Art. 75. Se adjuntan al presente Convenio:

— un Protocolo n.º 1, relativo a determinados problemas de competencia, procedimiento y ejecución,

— un Protocolo n.º 2, relativo a la interpretación judicial uniforme del Convenio y al Comité permanente,

— un Protocolo n.º 3, relativo a la aplicación del artículo 67 del presente Convenio,

— los Anexos I a IV y el Anexo VII, que contienen información sobre la aplicación del presente Convenio,

— los Anexos V y VI, que contienen las certificaciones mencionadas en los artículos 54, 57 y 58 del presente Convenio,

— el Anexo VIII, que indica las lenguas auténticas a que se refiere el artículo 79 del presente Convenio, y

— el Anexo IX, relativo a la aplicación del artículo II del Protocolo n.º 1.

Los Protocolos y los anexos forman parte integrante del presente Convenio.

Art. 76. Sin perjuicio de lo dispuesto en el artículo 77, cualquier Estado contratante podrá solicitar la revisión del presente Convenio. A tal fin, el depositario convocará al Comité permanente establecido en el artículo 4 del Protocolo n.º 2.

Art. 77. 1. Las Partes contratantes comunicarán al depositario el texto de las disposiciones legislativas que modifiquen las listas que figuran en los Anexos I a IV, así como las supresiones o adiciones a la lista que figura en el Anexo VII, y la fecha de su entrada en vigor. Dicha comunicación se efectuará con suficiente antelación a la entrada en vigor y deberá adjuntar traducciones al inglés y al francés. El depositario adaptará los anexos en consecuencia, tras consultar al Comité permanente de conformidad con el artículo 4 del Protocolo n.º 2. A tal fin, las Partes contratantes suministrarán las traducciones de las adaptaciones a sus lenguas.

2. Cualquier modificación de los Anexos V a VI y los Anexos VIII a IX del presente Convenio deberá ser aprobada por el Comité permanente, de conformidad con el artículo 4 del Protocolo n.º 2.

Art. 78. 1. El depositario notificará a las Partes contratantes:

a) el depósito de cada uno de los instrumentos de ratificación o de adhesión;

b) las fechas de entrada en vigor del presente Convenio para las Partes contratantes;

c) las declaraciones recibidas de conformidad con los artículos I a IV del Protocolo n.º 1;

d) las comunicaciones realizadas de conformidad con el artículo 74, apartado 2, artículo 77, apartado 1, y apartado 4, del Protocolo n.º 3.

2. A las notificaciones se adjuntarán traducciones al inglés y al francés.

Art. 79. El presente Convenio, redactado en un solo ejemplar en las lenguas enumeradas en el Anexo VIII, cuyos textos son igualmente auténticos, será depositado en los archivos federales suizos. El Consejo Federal Suizo remitirá una copia autenticada conforme a cada una de las Partes contratantes.

EN FE DE LO CUAL, los plenipotenciarios abajo firmantes suscriben el presente Convenio.

Hecho en Lugano el treinta de octubre de dos mil siete.

PROTOCOLO N.º 1

Relativo a determinados problemas de competencia, procedimiento y ejecución

Las partes contratantes han convenido en lo siguiente:

Artículo 1.º 1. Los documentos judiciales y extrajudiciales extendidos en un Estado vinculado por el presente Convenio y que debieran ser notificados a personas que se encontraren en otro Estado vinculado por el presente Convenio, se transmitirán del modo previsto por los convenios y acuerdos aplicables entre dichos Estados.

2. A no ser que la Parte contratante de destino se oponga a ello mediante declaración formulada al depositario, tales documentos también podrán ser enviados directamente por las personas autorizadas al efecto en el Estado en que se extendieron los documentos, a las personas autorizadas al efecto en el Estado en que se encontrare el destinatario del documento. En este caso, la persona autorizada al efecto en el Estado de origen, transmitirá una copia del documento a la persona habilitada a tal efecto en el Estado requerido, que sea competente para hacerla llegar al destinatario. Esta entrega se hará en la forma prevista por la ley del Estado requerido. Se dejará constancia de la misma mediante certificación enviada directamente a la persona autorizada al efecto en el Estado de origen.

3. Los Estados miembros de la Comunidad Europea vinculados por el Reglamento (CE) n.º 1348/2000 del Consejo, de 29 de mayo de 2000, o por el Acuerdo entre la Comunidad Europea y el Reino de Dinamarca sobre la notificación y el traslado de documentos judiciales y extrajudiciales en materia civil y mercantil, firmado en Bruselas el 19 de octubre de 2005, aplicarán en sus relaciones recíprocas dicho Reglamento y dicho Acuerdo.

Art. 2.º 1. La competencia judicial prevista en el artículo 6, punto 2, y en el artículo 11, para la demanda sobre obligaciones de garantía o para la intervención de terceros en el proceso, no podrá ser invocada plenamente en los Estados vinculados por el presente Convenio a que se refiere el Anexo IX. Las personas domiciliadas en otro Estado vinculado por el presente Convenio podrán ser demandadas ante los tribunales de estos Estados, con arreglo a las normas a que se refiere el Anexo IX.

2. En el momento de la ratificación, la Comunidad Europea podrá declarar que, en determinados Estados miembros, no se podrá recurrir a los procedimientos a que se refieren el artículo 6, punto 2, yel artículo 11, e informará sobre las normas aplicables.

3. Las resoluciones dictadas en los demás Estados vinculados por el presente Convenio en virtud del artículo 6, punto 2, o del artículo 11, serán reconocidas y ejecutadas en los Estados mencionados en los apartados 1 y 2, de conformidad con el Título III. Los efectos frente a terceros producidos en aplicación de

las disposiciones mencionadas en los apartados 1 y 2, por resoluciones dictadas en dichos Estados, serán igualmente reconocidos en los demás Estados vinculados por el presente Convenio.

Art. 3.º 1. Suiza se reserva el derecho de declarar, en el momento de la ratificación, que no aplicará la parte siguiente del artículo 34, punto 2:

«a menos que no hubiere recurrido contra dicha resolución cuando hubiera podido hacerlo».

Si Suiza formulare tal declaración, las demás Partes contratantes aplicarán la misma reser va en lo que respecta a las resoluciones dictadas por los tribunales de Suiza.

2. En lo que respecta a las resoluciones dictadas en un Estado adherente mencionado en el artículo 70, apartado 1, letra *c*), las Partes contratantes podrán declarar que se reservan:

a) el derecho mencionado en el apartado 1, y

b) el derecho de que la autoridad mencionada en el artículo 39, no obstante lo dispuesto en el artículo 41, examine de oficio si existen motivos para denegar el reconocimiento o la ejecución de una resolución.

3. Si una Parte contratante formulare tal reserva respecto del Estado adherente a que se refiere el apartado 2, este Estado adherente podrá declarar que se reser va el mismo derecho con respecto a las resoluciones dictadas por los tribunales de dicha Parte contratante.

4. Con la excepción de la reserva mencionada en el apartado 1, las declaraciones tendrán un período de validez de cinco años y serán renovables al término de dicho período. La Parte contratante notificará la renovación de la declaración a que se refiere el apartado 2 al menos seis meses antes del término del período mencionado. El Estado adherente sólo podrá renovar la declaración formulada con arreglo al apartado 3 después de la renovación de la declaración prevista en el apartado 2.

Art. 4.º Las declaraciones a que se refiere el presente Protocolo podrán ser retiradas en cualquier momento mediante notificación al depositario. A la notificación se adjuntarán traducciones al inglés y al francés. Las Partes contratantes proporcionarán las traducciones a sus lenguas. La retirada surtirá efecto el primer día del tercer mes siguiente a la notificación.

PROTOCOLO N.º 2

Relativo a la interpretación judicial uniforme del Convenio y al Comité permanente

PREÁMBULO

Las altas partes contratantes,

Considerando el artículo 75 del presente Convenio;

Considerando la estrecha vinculación que existe entre el presente Convenio, el Convenio de Lugano de 1988 y los instrumentos a que se refiere el artículo 64, apartado 1, del presente Convenio;

Considerando que el Tribunal de Justicia de las Comunidades Europeas es competente para pronunciarse sobre la interpretación de las disposiciones de los instrumentos a que se refiere el artículo 64, apartado 1, del presente Convenio;

Considerando que el presente Convenio se convertirá en parte integrante de las normas comunitarias y que, en consecuencia, el Tribunal de Justicia de las Comunidades Europeas es competente para pronunciarse sobre la interpretación de las disposiciones del presente Convenio, en lo que respecta a su aplicación por los tribunales de los Estados miembros de la Comunidad Europea;

Plenamente conscientes de las resoluciones dictadas por el Tribunal de Justicia de las Comunidades Europeas sobre la interpretación de los instrumentos a que se refiere el artículo 64, apartado 1, del presente Convenio, hasta el momento de su firma, y de las resoluciones dictadas por los tribunales de las Partes contratantes del Convenio de Lugano de 1988 sobre este Convenio hasta el momento de su firma;

Considerando que la revisión paralela de los Convenios de Bruselas y de Lugano de 1988 que condujo a la celebración de un texto revisado de ambos Convenios se basó esencialmente en las resoluciones anterior mente mencionadas sobre los Convenios de Bruselas de 1968 y de Lugano de 1988;

Considerando que el texto revisado del Convenio de Bruselas fue incorporado, tras la entrada en vigor del Tratado de Ámsterdam, en el Reglamento (CE) n.º 44/2001;

Considerando que dicho texto revisado también ha constituido la base del texto del presente Convenio;

Deseando, con pleno respeto de la independencia judicial, impedir interpretaciones divergentes y conseguir una interpretación lo más uniforme posible de las disposiciones del presente Convenio, así como de las del Reglamento (CE) n.º 44/2001, que se reproducen en esencia en este Convenio, y de los demás instrumentos a que se refiere el artículo 64, apartado 1, del presente Convenio,

Han acordado lo siguiente:

Artículo 1.º 1. Los tribunales que apliquen e interpreten el presente Convenio tendrán debidamente en cuenta los principios establecidos en las decisiones relevantes sobre la(s) disposición(es) de que se trate, la(s) disposición(es) similares del Convenio de Lugano de 1988, y los instrumentos a que se refiere el artículo 64, apartado 1, del presente Convenio, dictadas por los tribunales de los Estados vinculados por el presente Convenio y por el Tribunal de Justicia de las Comunidades Europeas.

2. Los tribunales de los Estados miembros de la Comunidad Europea estarán sujetos a la obligación establecida en el apartado 1, sin perjuicio de sus obligaciones con respecto al Tribunal de Justicia de las Comunidades Europeas derivadas del Tratado constitutivo de la Comunidad Europea o del Acuerdo entre la Comunidad Europea y el Reino de Dinamarca relativo a la

competencia judicial, el reconocimiento y la ejecución de resoluciones judiciales en materia civil ymercantil, firmado en Bruselas el 19 de octubre de 2005.

Art. 2.º Cualquier Estado vinculado por el presente Convenio que no sea Estado miembro de la Comunidad Europea podrá presentar memorias u observaciones escritas, de conformidad con el artículo 23 del Protocolo sobre el Estatuto del Tribunal de Justicia de las Comunidades Europeas, cuando un órgano jurisdiccional de un Estado miembro someta al Tribunal de Justicia una cuestión prejudicial sobre la interpretación del presente Convenio o de los instrumentos a que se refiere el artículo 64, apartado 1, del mismo.

Art. 3.º 1. La Comisión de las Comunidades Europeas establecerá un sistema de intercambio de información sobre las resoluciones relevantes dictadas en virtud del presente Convenio, así como de las resoluciones relevantes dictadas en virtud del Convenio de Lugano de 1988 y de los instrumentos a que se refiere el artículo 64, apartado 1, del presente Convenio. El sistema será accesible al público y contendrá las resoluciones dictadas por los tribunales de última instancia y el Tribunal de Justicia de las Comunidades Europeas, así como las resoluciones especialmente importantes que hayan adquirido fuerza de cosa juzgada y hayan sido dictadas de conformidad con el presente Convenio, el Convenio de Lugano de 1988 y los instrumentos a que se refiere el artículo 64, apartado 1, del presente Convenio. Las resoluciones serán clasificadas y resumidas.

El sistema incluirá la transmisión a la Comisión por las autoridades competentes de los Estados vinculados por el presente Convenio, de las resoluciones anteriormente mencionadas que hayan dictado los tribunales de estos Estados.

2. El Secretario del Tribunal de Justicia de las Comunidades Europeas seleccionará asuntos de especial interés para la aplicación adecuada del Convenio, y presentará la jurisprudencia seleccionada en la reunión de expertos prevista en el artículo 5 del presente Protocolo.

3. Hasta el establecimiento por las Comunidades Europeas del sistema previsto en el apartado 1, el Tribunal de Justicia de las Comunidades Europeas mantendrá el sistema de intercambio de información establecido en el Protocolo n.º 2 del Convenio de Lugano de 1988 para las resoluciones dictadas con arreglo al presente Convenio y al Convenio de Lugano de 1988.

Art. 4.º 1. Se creará un Comité permanente compuesto por los representantes de las Partes contratantes.

2. A instancia de una Parte contratante, el depositario del Convenio convocará reuniones del Comité que tratarán de lo siguiente:

— consulta sobre la relación entre el presente Convenio y otros instrumentos internacionales,

— consulta sobre la aplicación del artículo 67, incluidas las adhesiones previstas a instrumentos sobre materias particulares con arreglo al artículo 67, apartado 1, y la legislación propuesta con arreglo al Protocolo n.º 3,

— consideración de la adhesión de nuevos Estados. En particular, el Comité podrá formular preguntas a los Estados adherentes a que se refiere el artículo 70, apartado 1, letra c), sobre sus sistemas judiciales y la aplicación del Convenio. El Comité también podrá considerar posibles adaptaciones al Convenio que sean necesarias para su aplicación en los Estados adherentes,

— aceptación de nuevas versiones lingüísticas auténticas con arreglo al artículo 73, apartado 3, del presente Convenio, y las modificaciones necesar ias del Anexo VIII,

— consulta sobre la revisión del Convenio con arreglo al artículo 76,

— consulta sobre las modificaciones de los Anexos I a IV y del Anexo VII, con arreglo al artículo 77, apartado 1,

— adopción de modificaciones de los Anexos V y VI, con arreglo al artículo 77, apartado 2,

— retirada de las reservas y declaraciones formuladas por las Partes contratantes con arreglo al Protocolo n.º 1 y modificaciones necesar ias del Anexo IX.

3. El Comité establecerá las normas de procedimiento que regulen su funcionamiento y toma de decisiones. Estas normas preverán la posibilidad de realizar consultas y adoptar decisiones por el procedimiento escrito.

Art. 5.º 1. Siempre que sea necesario, el depositario podrá convocar una reunión de expertos para intercambiar puntos de vista sobre la aplicación del Convenio y, en particular, sobre la evolución de la jurisprudencia y la nueva legislación que pueda influir en la aplicación del Convenio.

2. En dicha reunión participarán expertos de las Partes contratantes, de los Estados vinculados por el presente Convenio, del Tribunal de Justicia de las Comunidades Europeas y de la Asociación Europea de Libre Cambio. También podrán participar otros expertos cuya presencia se considere conveniente.

3. Los problemas derivados de la aplicación del Convenio se podrán someter al Comité permanente previsto en el artículo 4 del presente Protocolo, a fin de que adopte medidas adicionales.

PROTOCOLO N.º 3

Relativo a la aplicación del artículo 67 del Convenio

Las partes contratantes han convenido en lo siguiente:

1. A los efectos del Convenio, las disposiciones que en materias particulares regulen la competencia judicial, el reconocimiento o la ejecución de resoluciones y que estuvieren o llegaren a estar contenidas en actos de las instituciones de las Comuni-

dades Europeas quedarán asimiladas a los convenios mencionados en el artículo 67, apartado 1.

2. Si, a juicio de una Parte contratante, una disposición de un acto de las instituciones de las Comunidades Europeas no fuese compatible con el Convenio, las Partes contratantes considerarán sin demora la posibilidad de enmendarlo con arreglo a lo dispuesto en el artículo 76, sin perjuicio de la aplicación del procedimiento establecido por el Protocolo n.º 2.

3. Cuando una o más Partes contratantes incorporen conjuntamente algunas o la totalidad de las disposiciones contenidas en los actos de las instituciones de la Comunidad Europea a que se refiere el apartado 1 a sus ordenamientos internos, estas disposiciones de Derecho nacional serán consideradas del mismo modo que los convenios a que se refiere el artículo 67, apartado 1.

4. Las Partes contratantes comunicarán al depositario el texto de las disposiciones mencionadas en el apartado 3. A la comunicación se adjuntarán traducciones al inglés y al francés.

ANEXO I

Las normas de competencia nacionales mencionadas en el artículo 3, apartado 2, y en el artículo 4, apartado 2, del Convenio, son las siguientes:

— en Bélgica: artículos 5 a 14 de la Ley de 16 de julio de 2004 sobre Derecho internacional privado,

— en Bulgaria: artículo 4, apartado 1, del Código de Derecho internacional privado,

— en la República Checa: artículo 86 de la Ley n.º 99/1963 Coll., Ley de enjuiciamiento civil *(občanský soudní řád)*, tal como ha sido modificada,

— en Dinamarca: artículo 246, apartados 2 y 3, de la Ley sobre la administración de justicia *(Lov om rettens pleje)*,

— en Alemania: artículo 23 de la Ley de enjuiciamiento civil *(Zivilprozeßordnung)*,

— en Estonia: apartado 86 de la Ley de enjuiciamiento civil *(tsiviilkohtumenetluse seadustik)*,

— en Grecia: artículo 40 de la Ley de enjuiciamiento civil (*Κδικας Πολιτικης Δικονομίας*),

— en Francia: artículos 14 y 15 del Código civil *(Code civil)*,

— en Islandia: artículo 32, apartado 4, de la Ley de enjuiciamiento civil *(Lög um meðferd einkamála nr. 91/1991)*,

— en Irlanda: normas que permiten basar la competencia judicial en el documento por el que se incoa el procedimiento y que se ha notificado al demandado durante su estancia temporal en Irlanda,

— en Italia: artículos 3 y 4 de la Ley 218 de 31 de mayo de 1995,

— en Chipre: artículo 21, apartado 2, de la Ley n.º 14 sobre los tribunales de justicia de 1960, tal como ha sido modificada,

— en Letonia: artículo 27, y artículo 28, apartados 3, 5, 6 y 9, de la Ley de enjuiciamiento civil *(Civilprocesa likums)*,

— en Lituania: artículo 31 de la Ley de enjuiciamiento civil *(Civilinio proceso kodeksas)*,

— en Luxemburgo: artículos 14 y 15 del Código civil *(Code civil)*,

— en Hungría: artículo 57 del Decreto-ley n.º 13 de 1979 sobre Derecho internacional privado *(a nemzetközi magánjogról szóló 1979. évi 13. törvényereju rendelet)*,

— en Malta: artículos 742, 743 y 744 del Código de organización y enjuiciamiento civil — Cap. 12 *(Kodiä ta' Organizzazzjoni u Prozedura Civili-Kap. 12)* y artículo 549 del Código mercantil — Cap. 13 *(Kodihi tal-kummerh-Kap. 13),*

— en Noruega: artículos 4 y 3, apartado 2, segunda frase, de la Ley de conflictos *(tvisteloven),*

— en Austria: artículo 99 de la Ley sobre la competencia de los tribunales *(Jurisdiktionsnorm),*

— en Polonia: artículos 1103 y 1110 de la Ley de enjuiciamiento civil *(Kodeks postpowania cywilnego),* en la medida en que determinan el tribunal competente según los criterios siguientes: que el demandado resida en Polonia, posea bienes en Polonia o tenga derechos de propiedad en Polonia, que el objeto del litigio se encuentre en Polonia y que una de las partes sea nacional de Polonia,

— en Portugal: artículo 65 y artículo 65A de la Ley de enjuiciamiento civil *(Código de Processo Civil)* y artículo 11 del Código de procedimiento laboral *(Código de Processo de Trabalho),*

— en Rumanía: artículos 148-157 de la Ley n.º 105/1992 sobre relaciones de Derecho internacional privado,

— en Eslovenia: artículo 48, apartado 2, de la Ley de procedimiento y Derecho internacional privado *(Zakon o mednarodnem zasebnem pravu in postopku),* en relación con el artículo 47, apartado 2, de la Ley de enjuiciamiento civil *(Zakon o pravdnem postopku)* y el artículo 58 de la Ley de procedimiento y Derecho internacional privado *(Zakon o mednarodnem zasebnem pravu in postopku),* en relación con el artículo 59 de la Ley de enjuiciamiento civil *(Zakon o pravdnem postopku),*

— en Suiza: *le for du lieu du séquestre/Gerichtsstand des Arrestortes/foro del luogo del sequestro,* en el sentido del artículo 4 de la *loi fédérale sur le droit international privé/Bundesgesetz über das internationale Privatrecht/legge federale sul diritto internazionale privato,*

— en Finlandia: frases segunda, tercera y cuarta, apartado 1, artículo 1, capítulo 10, de la Ley de enjuiciamiento civil *(oikeudenkäymiskaari/rättegångsbalken),*

— en Suecia: primera frase, apartado 1, artículo 3, capítulo 10, Código procesal *(rättegångsbalken),*

— en el Reino Unido: las disposiciones relativas a la competencia basadas en:

a) una cédula de emplazamiento notificada al demandado que se encuentre temporalmente en el Reino Unido;

b) la existencia en el Reino Unido de bienes propiedad del demandado;

c) el embargo por el demandante de bienes situados en el Reino Unido.

ANEXO II

Los tribunales o autoridades competentes ante los que se presentará la solicitud a que se refiere el artículo 39 del Convenio son los siguientes:

— en Bélgica: *tribunal de première instance/rechtbank van eerste aanleg/erstinstanzliches Gericht,*

— en Bulgaria: *Coouucku zvdcku c6d,*

— en la República Checa: *okresní soul* o *soudní exekut,*

— en Dinamarca: *byret,*

— en Alemania:

a) el Presidente de una Sala del *Landgericht;*

b) un notario en un procedimiento de otorgamiento de la ejecución de un instrumento auténtico,

— en Estonia: *maakohus* (tribunal de condado),

— en Grecia: (*Μονομες Πρωτδικείο*),

— en España: Juzgado de Primera Instancia,
— en Francia:
a) el *greffier en chef du tribunal de grande instance;*
b) el *président de la chambre départementale des notaires* en caso de solicitud de otorgamiento de la ejecución de un instrumento auténtico,
— en Irlanda: *High Court,*
— en Islandia: *hérasdómur,*
— en Italia: *corte d'appello,*
— en Chipre: *Επαρχιακο Δικαστηριο*, en caso de resoluciones en materia de alimentos, el *Οικογενειακο Δικαστηριο*,
— en Letonia: *rajona (pilsiītas) tiesa;*
— en Lituania: *Lietuvos apeliacinis teismas,*
— en Luxemburgo: Presidente del *tribunal d'arrondissement,*
— en Hungría: *megyei bíróság székhelyén muködo helyi bíróság* y, en Budapest el *Budai Központi Kerületi Bíróság,*
— en Malta: *Prim'Awla tal-Qorti Civili, Qorti tal-Magistrati ta' Ghawdex filzurisdizzjoni superjuri taghha*, o si se tratare de una resolución en materia de alimentos, *Rezistratur tal-Qorti,* previa transmisión por el *Ministru responsabbli ghall-Gustizzja,*
— en los Países Bajos: *voorzieningenrechter van de rechtbank,*
— en Noruega: *tingrett,*
— en Austria: *Bezirksgericht,*
— en Polonia: *sàd okregowy,*
— en Portugal: *Tribunal de Comarca,*
— en Rumanía: *Tribunal,*
— en Eslovenia: *okrozno sodisce,*
— en Eslovaquia: *okresny' súd,*
— en Suiza:
a) en lo que respecta a resoluciones que ordenan el pago de una cantidad de dinero, el *juge de la mainlevée/* Rechtsöffnungsrichter/giudice competente a pronunciare sul rigetto dell'opposizione, en el marco del procedimiento regulado por los artículos 80 y 81 de la *loi fédérale sur la poursuite pour dettes et la faillite/ Bundesgesetz über Schuldbetreibung und Konkurs/legge federale sulla esecuzione e sul fallimento;*
b) en lo que respecta a las resoluciones que ordenan hacer algo distinto del pago de una cantidad, el *juge cantonal d'exequatut compétent/zuständiger kantonaler Vollstreckungsrichter/giudice cantonale competente a pronunciare l'exequatur;*
— en Finlandia: *käräjäoikeus/tingsrätt,*
— en Suecia: *Svea hovrätt,*
— en el Reino Unido:
a) en Inglaterra y Gales, la *High Court of Justice,* o si se tratare de una resolución en materia de alimentos, la *Magistrates' Court*, previa transmisión por el Secretario de Estado;
b) en Escocia, la *Court of Session,* o si se tratare de una resolución en materia de alimentos, la *Sheriff Court,* previa transmisión por el Secretario de Estado;
c) en Irlanda del Norte, la *High Court of Justice,* o si se tratare de una resolución en materia de alimentos, la *Magistrates' Court*, previa transmisión por el Secretario de Estado;
d) en Gibraltar, la *Supreme Court of Gibraltar,* o si se tratare de una resolución en materia de alimentos, la *Magistrates' Court*, previa transmisión por el Attorney General de Gibraltar.

ANEXO III

Los tribunales o autoridades competentes ante los que se interpondrán los recursos a los que se refiere en el artículo 43, apartado 2, del Convenio, son los siguientes:

— en Bélgica:
a) cuando se trate de un recurso interpuesto por la parte contra la que se solicitare la ejecución, *tribunal de première instance/rechtbank van eerste aanleg/erstinstanzliche Gericht;*
b) cuando se trate de un recurso interpuesto por la parte que solicitare la ejecución, *cour d'appel/hof van beroep,*
— en Bulgaria: *Coouucku zvdcku c6d,*
— en la República Checa: el tribunal de apelación a través del tribunal de distrito,
— en Dinamarca: *landsret,*
— en la República Federal de Alemania: *Oberlandesgericht,*
— en Estonia: *ringkonnakohus,*
— en Grecia: *Ερετείο,*
— en España: el Juzgado de Primera Instancia que dictó la resolución recurrida para ser resuelto el recurso por la Audiencia Provincial,
— en Francia:
a) *cour d'appel* para las decisiones que conceden la aplicación;
b) el juez que presida el *tribunal de grand instance,* sobre las decisiones que desestiman la aplicación,
— en Irlanda: *High Court,*
— en Islandia: *hérasdómur,*
— en Italia: *corte d'appello,*
— en Chipre: *Δικαστηριο Επαρχιακο* o, si se tratare de una resolución en materia de alimentos, el *Οικογενειακο Δικαστηριο,*
— en Letonia: *Apgabaltiesa* a través del *rajona (pilsītas) tiesa,*
— en Lituania: *Lietuvos apeliacinis teismas,*
— en Luxemburgo: la *Cour supérieure de justice* reunida para entender en materia de apelación civil,
— en Hungría: el órgano jurisdiccional local situado en la sede del tribunal de distrito (en Budapest, el tribunal central de distrito de Buda); el recurso es asignado por el tribunal de distrito (en Budapest, el Tribunal de la capital),
— en Malta: *Qorti ta' l-Appell* de conformidad con el procedimiento establecido para los recursos en el *Kodici ta' Organizzazzjoni u Procedura Civili-Kap.12,* o si se tratare de una resolución en materia de alimentos, mediante *Zitazzjoni* ante *Prim' Awla tal-Qorti ivili jew il-Qorti tal-Magistrati ta' Ggawdex fil-gurisdizzjoni superjuri taggha,*
— en los Países Bajos: *rechtbank,*
— en Noruega: *lagmannsrett,*
— en Austria: *Landesgericht* a través del *Bezirksgericht,*
— en Polonia: *sààd apelacyjny* a través del *sààd okr''gowy,*
— en Portugal: el tribunal competente es el *Tribunal da Relação.* Los recursos se interponen, en las condiciones previstas en la legislación nacional vigente, mediante un escrito de recurso dirigido al tribunal que dictó la resolución objeto del recurso,
— en Rumanía: *Curte de Apel,*
— en Eslovenia: *okrozno sodisce,*
— *en Eslovaquia:* el tribunal de apelación a través del tribunal de distrito cuya resolución se recurrre,
— en Suiza: *tribunal cantonal/Kantonsgericht/tribunale cantonale,*
— en Finlandia: *hovioikeus/hovrätt,*
— en Suecia: *Svea hovrätt,*
— en el Reino Unido:
a) en Inglaterra y Gales, la *High Court of Justice,* o si se tratare de una resolución en materia de alimentos, la *Magistrates' Court;*

b) en Escocia, la *Court of Session* o, si se tratare de una resolución en materia de alimentos, la *Sheriff Court;*

c) en Irlanda del Norte, la *High Court of Justice,* o si se tratare de una resolución en materia de alimentos, la *Magistrates' Court;* d) en Gibraltar, la *Supreme Court* de Gibraltar o, si se tratare de una resolución en materia de alimentos, la *Magistrates' Court.*

d) en Gibraltar, la *Supreme Court* de Gibraltar o, si se tratare de una resolución en materia de alimentos, la *Magistrates' Court;*

ANEXO IV

Los recursos que podrán interponerse en virtud del artículo 44 del Convenio son los siguientes:

— en Bélgica, Grecia, España, Francia, Italia, Luxemburgo y en los Países Bajos, un recurso de casación,
— en Bulgaria: *o6xanbahe npeд Bepxoehuk kacauuoheh c6d,*
— en la República Checa: *dovolání* y *Ïľaloba pro zmateããnost,*
— en Dinamarca: un recurso al *højesteret,* previa autorización del *Procesbevillingsnævnet,*
— en la República Federal de Alemania: una *Rechtsbeschwerde,*
— en Estonia: *kassatsioonkaebus,*
— en Irlanda: un recurso sobre una cuestión de Derecho ante la *Supreme Court,*
— en Islandia: un recurso ante el *Hæstiréttur,*
— en Chipre: un recurso ante la *Supreme Court,*
— en Letonia: un recurso ante *Augstakas tiesas Senats* a través de *Apgabaltiesa,*
— en Lituania: un recurso ante *Lietuvos Auksciausiasis Teismas,*
— en Hungría: *felülvizsgálati kérelem,*
— en Malta: no se puede interponer recurso ante ningún tribunal; si se tratare de una resolución en materia de alimentos, el *Qorti ta«l-Appell,* de conformidad con el procedimiento establecido para recurrir en el *kodici ta»Organizzazzjoni u Procedura Civili-Kap. 12,*
— en Noruega: un recurso ante *Høyesterett,*
— en Austria: *Revisionsrekurs,*
— en Polonia: *skarga kasacyjna,*
— en Portugal: un recurso sobre una cuestión de Derecho,
— en Rumanía: *contestacie în anulare* o *revizuire,*
— en Eslovenia: un recurso ante *Vrhovno sodice Republike Slovenije,*
— en Eslovaquia: *dovolanie,*
— en Suiza: *recours devant le Tribunal fédéral/Beschwerde beim Bundesgericht/ricorso davanti al Tribunale federale,*
— en Finlandia: un recurso ante *korkein oikeus/högsta domstolen,*
— en Suecia: un recurso ante *Högsta domstolen,*
— en el Reino Unido: un recurso único sobre una cuestión de Derecho.

ANEXO V

Certificación sobre resoluciones y transacciones judiciales a que se refieren los artículos 54 y 58 del Convenio relativo a la competencia judicial, el reconocimiento y la ejecución de resoluciones judiciales en materia civil y mercantil.

1. Estado de origen
2. Tribunal o autoridad competente que expide la certificación
   2.1. Denominación
   2.2. Dirección
   2.3. Tel./fax/correo electrónico

3. Tribunal que dictó la resolución/ratificó la transacción judicial (*)
   3.1. Tipo de tribunal
   3.2. Sede del tribunal
4. Resolución/transacción judicial (*)
   4.1. Fecha
   4.2. Número de referencia
   4.3. Parte(s) de la resolución/transacción judicial (*)
      4.3.1. Nombre(s) y apellidos de la(s) parte(s) demandante(s)
      4.3.2. Nombre(s) y apellidos de la(s) parte(s) demandada(s)
      4.3.3. Nombre(s) y apellidos de otra(s) partes(s), en su caso
   4.4. Fecha de notificación o traslado de la cédula de emplazamiento cuando la resolución haya sido dictada en rebeldía
   4.5. Texto de la resolución/transacción judicial (*) en anexo a la presente certificación
5. Nombre(s) y apellido(s) de las partes a las que se ha concedido el beneficio de justicia gratuita La resolución/transacción judicial (*) es ejecutoria en el Estado de origen (artículo 38/58 del Convenio) frente a:
   Nombre:

Hecho en..................., a .... Firma y/o sello

(*) Táchese lo que no proceda.

ANEXO VI

Certificación sobre documentos públicos con fuerza ejecutiva a que se refiere el artículo 57, apartado 4, del Convenio, relativo a la competencia judicial, el reconocimiento y la ejecución de resoluciones judiciales en materia civil y mercantil.

1. Estado de origen
2. Tribunal o autoridad competente que expide la certificación
   2.1. Denominación
   2.2. Dirección
   2.3. Tel./fax/correo electrónico
3. Autoridad que otorgó fuerza ejecutiva al documento
   3.1. Autoridad ante la que se formalizó el documento público con fuerza ejecutiva (en su caso)
      3.1.1. Nombre y designación de la autoridad
      3.1.2. Sede de la autoridad
   3.2. Autoridad que registró el documento público con fuerza ejecutiva (en su caso)
      3.2.1. Tipo de autoridad
      3.2.2. Sede de la autoridad
4. Documento público con fuerza ejecutiva
   4.1. Denominación del documento
   4.2. Fecha
      4.2.1. en la que se redactó el documento
      4.2.2. en otro caso: en la que se registró el documento
   4.3. Número de referencia
      4.4. Partes del documento público con fuerza ejecutiva
      4.4.1. Designación del acreedor
      4.4.2. Designación del deudor

5. Texto de la obligación ejecutoria en anexo a la presente certificación

El documento público con fuerza ejecutiva es ejecutorio en el Estado de origen (artículo 57, apartado 1, del Convenio) frente al deudor:

Hecho en.................., a .... Firma y/o sello

ANEXO VII

Los convenios sustituidos a que se refiere el artículo 65 del Convenio son los siguientes:

— el Tratado entre la Confederación Suiza y España sobre ejecución recíproca de las sentencias definitivas o firmes en materia civil y mercantil, firmado en Madrid el 19 de noviembre de 1896,

— el Convenio entre la República Checoslovaca y la Confederación Suiza sobre el reconocimiento y la ejecución de resoluciones judiciales con su Protocolo adicional, firmado en Berna el 21 de diciembre de 1926,

— el Convenio entre la Confederación Suiza y el Reich alemán relativo al reconocimiento y la ejecución de resoluciones judiciales y laudos arbitrales, firmado en Berna el 2 de noviembre de 1929,

— el Convenio entre Dinamarca, Finlandia, Islandia, Noruega y Suecia sobre reconocimiento y ejecución de sentencias, firmado en Copenhague el 16 de marzo de 1932,

— el Convenio entre la Confederación Suiza e Italia sobre el reconocimiento y ejecución de sentencias, firmado en Roma el 3 de enero de 1933,

— el Convenio entre Suecia y la Confederación Suiza sobre el reconocimiento y ejecución de resoluciones judiciales y laudos arbitrales, firmado en Estocolmo el 15 de enero de 1936,

— el Convenio entre la Confederación Suiza y Bélgica sobre reconocimiento y ejecución de resoluciones judiciales y laudos arbitrales, firmado en Berna el 29 de abril de 1959,

— el Convenio entre Austria y la Confederación Suiza sobre reconocimiento yejecución de sentencias, firmado en Berna el 16 de diciembre de 1960,

— el Convenio entre Noruega y el Reino Unido sobre reconocimiento recíproco y ejecución de sentencias en materia civil, firmado en Londres el 12 de junio de 1961,

— el Convenio entre Noruega y la República Federal de Alemania sobre reconocimiento y ejecución de sentencias y documentos ejecutivos en materia civil y mercantil, firmado en Oslo el 17 de junio de 1977,

— el Convenio entre Dinamarca, Finlandia, Islandia, Noruega y Suecia sobre reconocimiento yejecución de sentencias en materia civil, firmado en Copenhague el 11 de octubre de 1977, y

— el Convenio entre Noruega y Austria sobre reconocimiento y ejecución de sentencias en materia civil, firmado en Viena el 21 de mayo de 1984.

ANEXO VIII

El artículo 79 del Convenio se refiere a las lenguas alemana, búlgara, checa, danesa, eslovaca, eslovena, española, estonia, finesa, francesa, griega, húngara, inglesa, irlandesa, islandesa, italiana, letona, lituana, maltesa, neerlandesa, noruega, polaca, portuguesa, rumana y sueca.

ANEXO IX

Estados y normas a que se refiere el artículo II del Protocolo n.º 1:

— Alemania: artículos 68, 72, 73 y 74 de la Ley de enjuiciamiento civil *(Zivilprozessordnung)* sobre *litis denuntiatio,*

— Austria: artículo 21 de la Ley de enjuiciamiento civil (Zivilprozeßordnung) sobre *litis denuntiatio,*

— Hungría: artículos 58 a 60 de la Ley de enjuiciamiento civil *(Polgári perrendtartás)* sobre *litis denuntiato,*

— Suiza, con respecto a los cantones cuyas Leyes de enjuiciamiento civil aplicables no prevean la competencia judicial a que se refieren el artículo 6, punto 2, y el artículo 11 del Convenio: las disposiciones pertinentes sobre *litis denuntiatio* de la Ley de enjuiciamiento civil aplicable.

B) LÍMITES A LA JURISDICCIÓN

10. CONVENIO SOBRE RELACIONES DIPLOMÁTICAS, HECHO EN VIENA EL 16 DE ABRIL DE 1961*

(Arts. 31 y 32)

(*BOE* núm. 21, de 24 de enero de 1968)

....

Art. 31. 1. El Agente diplomático gozará de inmunidad de la jurisdicción penal del Estado receptor. Gozará también de inmunidad de su jurisdicción civil y administrativa, excepto si se trata:

a) De una acción real sobre bienes inmuebles particulares radicados en el territorio del Estado receptor, a menos que el Agente diplomático los posea por cuenta del Estado acreditante para los fines de la misión;

b) De una acción sucesoria en la que el Agente diplomático figure, a título privado y no en nombre del Estado acreditante, como ejecutor testamentario, administrador, heredero o legatario;

c) De una acción referente a cualquier actividad profesional o comercial ejercida por el Agente diplomático en el Estado receptor fuera de sus funciones oficiales.

2. El Agente diplomático no está obligado a testificar.

3. El Agente diplomático no podrá ser objeto de ninguna medida de

* *Texto auténtico*: chino, español, francés, inglés y ruso.

Estados parte: Afganistán, Alemania, Albania, Andorra, Angola, Arabia Saudí, Argelia, Argentina, Armenia, Australia, Austria, Azerbayán, Bahamas, Bahrein, Bangladesh, Barbados, Bélgica, Belice, Benin, Bielorrusia, Bhután, Bolivia, Bosnia-Herzegovina, Botswana, Brasil, Bulgaria, Burkina Faso, Burundi, Cabo Verde, Camboya, Camerún, Canadá, Colombia, Comores, Congo, Costa Rica, Costa de Marfil, Croacia, Cuba, Chad, Chile, China, Chipre, Dinamarca, Djibouti, Dominica, Ecuador, Egipto, El Salvador, Emiratos Árabes Unidos, Eritrea, Eslovaquia, Eslovenia, España, Estados Unidos de América, Estonia, Etiopía, Ex-República Yugoslava de Macedonia, Fiji, Filipinas, Finlandia, Francia, Gabón, Georgia, Ghana, Grecia, Granada, Guatemala, Guinea, Guinea Bissau, Guinea Ecuatorial, Guyana, Haití, Honduras, Hungría, Islandia, India, Indonesia, Irán, Irak, Irlanda, Israel, Italia, Jamaica, Japón, Jordania, Kazajstán, Kenia, Kiribati, Kirguizistán, Kuwait, Laos, Letonia, Lesotho, Líbano, Liberia, Libia, Liechtenstein, Lituania, Luxemburgo, Madagascar, Malawi, Malasia, Maldivas, Mali, Malta, Marruecos, Islas Marshall, Isla Mauricio, Mauritania, México, Mónaco, Montenegro, Estados Federales de Micronesia, Mongolia, Mozambique, Myanmar, Namibia, Nauru, Nepal, Nueva Zelanda, Nicaragua, Níger, Nigeria, Noruega, Omán, Países Bajos, Pakistán, Panamá, Papúa Nueva Guinea, Paraguay, Perú, Polonia, Portugal, Qatar, Reino Unido de Gran Bretaña e Irlanda del Norte, República Centroafricana, Repúbli-

ejecución, salvo en los casos previstos en los incisos *a*), *b*) y *c*), párrafo 1, de este artículo y con tal de que no sufra menoscabo la inviolabilidad de su persona o de su residencia.

4. La inmunidad de jurisdicción de un Agente diplomático en el Estado receptor no le exime de la jurisdicción del Estado acreditante.

Art. 32. 1. El Estado acreditante puede renunciar a la inmunidad de jurisdicción de sus Agentes diplomáticos y de las personas que gocen de inmunidad conforme al artículo 37.

2. La renuncia ha de ser siempre expresa.

3. Si un Agente diplomático o una persona que goce de inmunidad de jurisdicción conforme al artículo 37 entabla una acción judicial no le será permitido invocar la inmunidad de jurisdicción respecto de cualquier reconvención directamente ligada a la demanda principal.

4. La renuncia a la inmunidad de jurisdicción respecto de las acciones civiles o administrativas no ha de entenderse que entraña renuncia a la inmunidad en cuanto a la ejecución del fallo, para lo cual será necesaria una nueva renuncia.

....

ca Democrática del Congo, República de Corea, República Checa, República Dominicana, República de Moldova, República Popular Democrática de Corea, Ruanda, Rumania, Federación Rusa, Samoa, San Marino, San Vicente y Granadinas, Santa Sede, Santa Lucía, Santo Tomé y Príncipe, Senegal, Serbia, Seychelles, Sierra Leona, Singapur, Siria, Somalia, Sri Lanka, Sudáfrica, Sudán, Suecia, Suiza, Surinam, Swazilandia, Tailandia, Tanzania, Tayikistán, Timor-Leste, Togo, Tonga, Trinidad y Tobago, Túnez, Turquía, Turkmenistán, Tuvalu, Ucrania, Uganda, Uruguay, Uzbekistán, Venezuela, Vietnam, Yemen, Zambia y Zimbabwe.

Vid. art. 21.2 de la LOPJ (*supra* núm. 4). Téngase en cuenta, en primer lugar, que junto a la inmunidad de jurisdicción de las oficinas consulares y de sus miembros (*infra* núm. 11) ésta se atribuye también a otros órganos exteriores del Estado, como las misiones especiales y las representaciones, misiones o delegaciones permanentes de los Estados ante Organizaciones internacionales. En segundo término, comprende al Estado extranjero y sus órganos centrales (Jefe de Estado, Gobierno y Departamentos ministeriales, subdivisiones políticas del Estado y otros organismos o entidades que actúan como órganos del Estado extranjero; vid. Proyecto de artículos de la CDI sobre las inmunidades jurisdiccionales de los Estados y sus bienes, art. 3). Por último, se extiende a las Organizaciones internacionales. Téngase en cuenta, al respecto, los acuerdos de sede con Organizaciones internacionales firmados por España y los tratados constitutivos o acuerdos sobre privilegios e inmunidades de las instituciones en las que España es Estado miembro. Así, por ejemplo, vid., Convención sobre Privilegios e Inmunidades de las Naciones Unidas, hecho en Londres el 13 de febrero de 1946 (*BOE* de 17-10-1974); Convenio sobre privilegios e inmunidades de los organismos especializados de Naciones Unidas, hecho en Nueva York el 21 de noviembre de 1947 (*BOE* de 25-11-1974); Acuerdo General sobre Privilegios e inmunidades del Consejo de Europa, firmado en París el 2 de septiembre de 1949 (*BOE* de 11-5-1981; corr. de errores, 18-6 y 16-7); Protocolo sobre los privilegios y las inmunidades de las Comunidades Europeas, adoptado en Bruselas el 8 de abril de 1965 (*BOE* de 1-1-1986), modificado por el TUE de 7 de febrero de 1992 (*BOE* de 13-1-1994; corr. de errores, 14-1, 10-6; y 18-3-1997).

11. CONVENIO SOBRE RELACIONES CONSULARES, HECHO EN VIENA EL 24 DE ABRIL DE 1963*

[Arts. 5.º*f*), 43 y 45]

(*BOE* núm. 56, de 6 de marzo de 1970)

....

Art. 5.º Las funciones consulares consistirán en:

....

f) Actuar en calidad de notario, en la de funcionario de registro civil, y en funciones similares y ejercitar otras de carácter administrativo siempre que no se opongan las leyes y reglamentos del Estado receptor;

....

Art. 43. *Inmunidad de jurisdicción.*—1. Los funcionarios consulares y los empleados consulares no estarán sometidos a la jurisdicción de las autoridades judiciales y administrativas del Estado receptor por los actos ejecutados en el ejercicio de las funciones consulares.

2. Las disposiciones del párrafo 1 de este artículo no se aplicarán en el caso de un procedimiento civil:

a) que resulte de un contrato que el funcionario consular, o el

* *Texto auténtico*: chino, español, francés, inglés y ruso. *Estados parte*: Afganistán, Alemania, Albania, Andorra, Angola, Antigua y Barbuda, Arabia Saudí, Argelia, Argentina, Armenia, Australia, Austria, Azerbayán, Bahamas, Bahrein, Bangladesh, Barbados, Bélgica, Belice, Benin, Bielorrusia, Bhután, Bolivia, Bosnia-Herzegovina, Brasil, Bulgaria, Burkina Faso, Cabo Verde, Camboya, Camerún, Canadá, Colombia, Congo, Costa Rica, Costa de Marfil, Croacia, Cuba, Chile, China, Chipre, Dinamarca, Djibouti, Dominica, Ecuador, Egipto, El Salvador, Emiratos Árabes Unidos, Eritrea, Eslovaquia, Eslovenia, España, Estados Unidos de América, Estonia, Etiopía, Ex-República Yugoslava de Macedonia, Fidji, Filipinas, Finlandia, Francia, Gabón, Georgia, Ghana, Granada, Grecia, Guatemala, Guinea, Guinea Ecuatorial, Guyana, Haití, Honduras, Hungría, Islandia, India, Indonesia, Irán, Irak, Irlanda, Israel, Italia, Jamaica, Japón, Jordania, Kazajstan, Kenia, Kiribati, Kirguizistán, Kuwait, Laos, Letonia, Lesotho, Líbano, Liberia, Libia, Liechtenstein, Lituania, Luxemburgo, Macao, Madagascar, Malawi, Malasia, Maldivas, Malí, Malta, Marruecos, Islas Marshall, Isla Mauricio, Mauritania, México, Estados Federales de Micronesia, Mónaco, Mongolia, Montenegro, Mozambique, Myanmar, Namibia, Nepal, Nueva Zelanda, Nicaragua, Níger, Nigeria, Noruega, Omán, Países Bajos, Pakistán, Panamá, Papúa Nueva Guinea, Paraguay, Perú, Polonia, Portugal, Quatar, Reino Unido de Gran Bretaña e Irlanda del Norte, República Centroafricana, República Democrática del Congo, República de Corea, República Checa, República Dominicana, República de Moldova, República Popular Democrática de Corea, Ruanda, Rumania, Federación Rusa, Samoa, San Marino, Santa Sede, Santa Lucía, Santo Tomé y Príncipe, San Vicente y Granadinos, Senegal, Serbia, Seychelles, Sierra Leona, Singapur, Siria, Somalia, Sudáfrica, Sudán, Suecia, Suiza, Surinam, Sri Lanka, Tailandia, Tanzania, Tayikistán, Timor Leste, Togo, Tonga, Trinidad y Tobago, Túnez, Turquía, Turkmenistán, Tuvalu, Ucrania, Uganda, Uruguay, Uzbekistán, Vanuatu, Venezuela, Vietnam, Yemen y Zimbabwe.

empleado consular, no haya concertado, explícita o implícitamente, como agente del Estado que envía, o

b) que sea entablado por un tercero como consecuencia de daños causados por un accidente de vehículo, buque o avión, ocurrido en el Estado receptor.

....

Art. 45. *Renuncia a los privilegios e inmunidades.*—El Estado que envía podrá renunciar, respecto de un miembro de la oficina consular, a cualquiera de los privilegios e inmunidades establecidos en los artículos 41, 43 y 44.

2. La renuncia habrá de ser siempre expresa, excepto en el caso previsto en el párrafo 3 de este artículo, y habrá de comunicarse por escrito al Estado receptor.

3. Si un funcionario consular o un empleado consular entablase una acción judicial en una materia en que goce de inmunidad de jurisdicción conforme al artículo 43, no podrá alegar esa inmunidad en relación con cualquier demanda reconvencional que esté directamente ligada a la demanda principal.

4. La renuncia a la inmunidad de jurisdicción respecto de acciones civiles o administrativas no implicará, en principio, la renuncia a la inmunidad en cuanto a las medidas de ejecución de la resolución que se dicte, que requerirán una renuncia especial.

....

C) RÉGIMEN DEL PROCESO Y ASISTENCIA JUDICIAL

12. LEY 1/1996, DE 10 DE ENERO, DE ASISTENCIA JURÍDICA GRATUITA, MODIFICADA POR LEY 16/2005, DE 18 DE JULIO, PARA REGULAR LAS ESPECIALIDADES DE LOS LITIGIOS TRANSFRONTERIZOS CIVILES Y MERCANTILES EN LA UNIÓN EUROPEA*

(Arts. 2.º, 44-45 y 46-54)

(*BOE* núm. 11, de 12 de enero de 1996; modif. *BOE* núm. 171, de 19 de julio de 2005)

CAPÍTULO PRIMERO

DERECHO A LA ASISTENCIA JURÍDICA GRATUITA

....

Art. 2.º En los términos y con el alcance previstos en esta ley y en los tratados y convenios internacionales sobre la materia en los que España sea parte, tendrán derecho a la asistencia jurídica gratuita:

a) Los ciudadanos españoles, los nacionales de los demás Estados miembros de la Unión Europea y los extranjeros que se encuentren en España, cuando acrediten insuficiencia de recursos para litigar.

b) Las Entidades Gestoras y Servicios Comunes de la Seguridad Social, en todo caso.

c) Las siguientes personas jurídicas cuando acrediten insuficiencia de recursos para litigar:

1.º Asociaciones de utilidad pública, previstas en el artículo 32 de la Ley Orgánica 1/2002, de 22 de marzo, reguladora del Derecho de Asociación.

2.º Fundaciones inscritas en el Registro Público correspondiente.

d) En el orden jurisdiccional social, además, los trabajadores y beneficiarios del sistema de Seguridad Social, tanto para la defensa en juicio como para el ejercicio de acciones para la efectividad de los derechos laborales en los procedimientos concursales.

Asimismo, el derecho a la asistencia jurídica gratuita se reconoce a los trabajadores y beneficiarios de la Seguridad Social para los litigios que sobre esta materia se sustancien ante el orden contencioso-administrativo.

e) En el orden contencioso-administrativo, así como en la vía

* Modificada por Ley 16/2005, de 18 de julio (*BOE* de 19-7-2005). Incorpora al Ordenamiento español la Directiva 2003/8/CE del Consejo, de 27 de enero de 2003, destinada a mejorar el acceso a la justicia en los litigios transfronterizos mediante el establecimiento de reglas mínimas comunes relativas a la justicia gratuita para dichos litigios (*DO* L 26, de 31-1-2003).

administrativa previa, los ciudadanos extranjeros que acrediten insuficiencia de recursos para litigar tendrán derecho a la asistencia letrada y a la defensa y representación gratuita en los procedimientos que puedan llevar a la denegación de su entrada en España, a su devolución o expulsión del territorio español, y en todos los procedimientos en materia de asilo.

f) En los litigios transfronterizos en materia civil y mercantil, las personas físicas contempladas en el Capítulo VIII de esta ley, en los términos que en él se establecen.

....

CAPÍTULO VII

Aplicación en España de tratados y convenios internacionales sobre asistencia jurídica gratuita

Art. 44. *Autoridad Central.*—El Ministerio de Justicia e Interior, a través de la Autoridad Central receptora de la aplicación en España del Convenio Europeo relativo a la transmisión de solicitudes de asistencia jurídica gratuita de 27 de enero de 1977, y del Convenio de La Haya de acceso internacional a la Justicia de 25 de octubre de 1980, formulará ante las Comisiones de Asistencia Jurídica Gratuita las solicitudes de justicia gratuita formuladas al amparo de dichos Convenios.

Art. 45. *Tramitación.*—La tramitación de las solicitudes de justicia gratuita a que se refiere el artículo anterior, se ajustará a las reglas de procedimiento establecidas en esta ley, con las siguientes excepciones:

a) El plazo para la impugnación prevista en el artículo 20 será de dos meses.

b) El plazo para la subsanación de deficiencias contemplado en el artículo 14 será de dos meses, contados a partir de la fecha en que la Comisión de Asistencia Jurídica Gratuita notifique la insuficiencia documental.

c) Los documentos presentados estarán redactados o traducidos al castellano, quedando dispensados de cualquier formalidad de legalización o apostilla.

Art. 2.ºf): El art. 22 de la Ley Orgánica 8/2000, de 22 de diciembre, de reforma de la Ley Orgánica 4/2000, de 11 de enero, sobre derechos y libertades de los extranjeros en España y su integración social (*BOE* de 23-12-2000), *dispone que:*

«1. Los extranjeros que se hallen en España y que carezcan de recursos económicos suficientes según los criterios establecidos en la normativa de asistencia jurídica gratuita tienen derecho a ésta en los procedimientos administrativos o judiciales que puedan llevar a la denegación de su entrada, a su devolución o expulsión del territorio español y en todos los procedimientos en materia de asilo. Además, tendrán derecho a la asistencia de intérprete si no comprenden o hablan la lengua oficial que se utilice.

2. Los extranjeros residentes que acrediten insuficiencia de recursos económicos para litigar tendrán derecho a la asistencia jurídica gratuita en iguales condiciones que los españoles en los procesos en los que sean parte, cualquiera que sea la jurisdicción en la que se sigan.»

CAPÍTULO VIII

ASISTENCIA JURÍDICA GRATUITA EN LOS LITIGIOS TRANSFRONTERIZOS DE LA UNIÓN EUROPEA*

SECCIÓN 1.ª

Normas generales

Art. 46. *Ámbito de aplicación.*—1. En los litigios transfronterizos tendrán derecho a la asistencia jurídica gratuita regulada en este Capítulo exclusivamente las personas físicas, que sean ciudadanos de la Unión Europea o nacionales de terceros países que residan legalmente en uno de los Estados miembros. A los efectos de este Capítulo, se entenderá por Estado miembro de la Unión Europea todos los Estados miembros excepto Dinamarca.

2. El beneficio de asistencia jurídica gratuita se reconocerá únicamente en los litigios en materia civil o mercantil, así como en los procedimientos extrajudiciales en estas mismas materias cuando la ley los imponga a las partes o el Juzgado o Tribunal remita a éstas a dichos procedimientos.

En aplicación del Reglamento (CE) n.º 44/2001 del Consejo, de 22 de diciembre de 2000, relativo a la competencia judicial, el reconocimiento y la ejecución de resoluciones judiciales en materia civil y mercantil, el beneficio de asistencia jurídica gratuita se reconocerá, igualmente, en los litigios transfronterizos derivados de un contrato de trabajo.

La asistencia jurídica gratuita podrá concederse también, cuando se cumplan los requisitos que se exigen en esta ley, para:

a) La ejecución de sentencias dictadas por los Tribunales de otros Estados miembros de la Unión Europea en los que se hubiera obtenido el beneficio de la justicia gratuita.

b) La ejecución de documentos públicos con fuerza ejecutiva.

3. En las relaciones con los Estados que no sean miembros de la Unión Europea, la aplicación de este Capítulo no afectará a los restantes convenios y tratados multilaterales y bilaterales ratificados por España.

Art. 47. *Litigios transfronterizos.*—1. A los efectos de esta ley, se entiende por litigio transfronterizo aquel en el que la parte que solicita la asistencia jurídica gratuita reside habitualmente o está domiciliada en un Estado miembro de la Unión Europea distinto de aquel otro donde se halle el Juzgado o Tribunal competente para su conocimiento o en el que deba ejecutarse la resolución.

2. Para la determinación del Estado miembro en el que está domiciliada una parte del litigio transfronterizo, se aplicará lo dispuesto en el artículo 59 del Reglamento (CE) n.º 44/2001 del Consejo, de 22 de diciembre de 2000, relativo a la

* Adicionado por la nueva Ley.

competencia judicial, el reconocimiento y la ejecución de resoluciones judiciales en materia civil y mercantil.

3. El momento que se tendrá en cuenta para determinar si existe un litigio transfronterizo será el de presentación de la solicitud con arreglo a este Capítulo.

Art. 48. *Autoridades expedidoras y receptoras.*—En el ámbito de aplicación de este Capítulo, serán autoridades expedidoras y receptoras de las solicitudes de asistencia jurídica gratuita a que se envíen o se reciban en España los Colegios de Abogados.

SECCIÓN 2.ª

Reconocimiento del derecho en España

Art. 49. *Requisitos para el reconocimiento del derecho.*—1. Quien solicite asistencia jurídica gratuita al amparo de esta Sección habrá de residir o estar domiciliado en un Estado miembro de la Unión Europea distinto de España. Para el reconocimiento de este derecho se observarán los requisitos establecidos en los artículos 3 a 5 de esta ley.

2. Los límites económicos establecidos en esta ley no impedirán que el solicitante que los supere pueda obtener el beneficio si prueba que no puede hacer frente a los gastos procesales debido a las diferencias en el coste de la vida entre el Estado miembro de su residencia o domicilio y España. En tal caso, se tendrá en cuenta el cumplimiento por el solicitante de los criterios de carácter económico aplicables en el Estado miembro de su domicilio o residencia habitual para conceder la justicia gratuita.

Art. 50. *Contenido material del derecho.*—1. El derecho de asistencia jurídica gratuita reconocido al amparo de esta Sección comprende todas las prestaciones indicadas en el artículo 6, con excepción de su apartado 2, con la extensión temporal del artículo 7, y, además:

a) Los servicios de interpretación.

b) La traducción de los documentos presentados por el beneficiario a instancias del Juzgado o Tribunal o de la autoridad competente y que sean necesarios para resolver el asunto.

c) Los gastos de desplazamiento que corran por cuenta del solicitante, cuando las normas aplicables o el Juzgado o Tribunal requieran su comparecencia personal para la defensa de su pretensión, y el Juzgado o Tribunal decida que no existen otros medios satisfactorios de tomar declaración. Al objeto de considerar si es necesaria la asistencia personal del solicitante, de un testigo o de un perito, los Juzgados y Tribunales tendrán en cuenta lo previsto en el Reglamento (CE) número 1206/2001 del Consejo, de 28 de mayo de 2001, relativo a la cooperación entre los órganos jurisdiccionales de los Estados miembros en el ámbito de la obtención de pruebas en materia civil o mercantil, así como, en su caso, otros convenios o normas aplicables.

d) La defensa y representación gratuitas por Abogado y Procurador en el procedimiento judicial cuando, no siendo legalmente preceptiva la intervención de estos profesionales, sea expresamente requerida por el Juzgado o Tribunal mediante Auto motivado en vista de la complejidad del asunto o para garantizar la igualdad de las partes en el proceso.

2. Los documentos remitidos por las autoridades expedidoras competentes en aplicación de este Capítulo estarán exentos de legalización y de cualquier otra formalidad equivalente.

Art. 51. *Solicitud del derecho.*—1. Las solicitudes de asistencia jurídica gratuita que provengan de otro Estado miembro de la Unión Europea para un litigio transfronterizo se presentarán ante el Colegio de Abogados del lugar donde se halle el Juzgado o Tribunal que haya de conocer del proceso principal para el que aquélla se solicita o ante el que se solicite el reconocimiento o ejecución de una resolución.

Cuando el Colegio de Abogados que recibe la solicitud estime que es incompetente para su tramitación, la remitirá al Colegio que considere competente, de manera razonada. Si éste rechazara también la solicitud, la enviará al Consejo General de la Abogacía Española para que decida cuál es el Colegio de Abogados de la circunscripción del Juzgado o Tribunal al que corresponde su tramitación, determinado éste de acuerdo con las reglas de los artículos 44 y siguientes de la Ley 1/2000, de 7 de enero, de Enjuiciamiento Civil, o, en su caso, en las normas internacionales que resulten de aplicación.

Cuando se solicite el reconocimiento excepcional del derecho por concurrir cualesquiera de las circunstancias previstas en el artículo 5 de esta ley o cuando se alegue la imposibilidad de hacer frente a los gastos procesales prevista en su artículo 49.2, el Colegio de Abogados remitirá inmediatamente a la Comisión de Asistencia Jurídica Gratuita la solicitud y documentación para que resuelva sobre la pretensión deducida.

Las solicitudes se cumplimentarán en el modelo oficial establecido al efecto, y podrán presentarse bien directamente por el interesado, bien a través de la autoridad expedidora competente del Estado miembro en que el solicitante tenga su residencia habitual o su domicilio. Las solicitudes se acompañarán de los documentos en los que se funde la pretensión.

2. En el supuesto de concurrencia de litigantes en un mismo proceso, el reconocimiento del derecho deberá ser instado de manera individualizada para cada uno de los interesados, de acuerdo con lo dispuesto en el artículo 12.

3. El Ministerio de Justicia, a través del órgano competente en virtud de lo dispuesto en el artículo 10 de la Ley de Régimen Jurídico de las Administraciones Públicas y del Pro-

cedimiento Administrativo Común, notificará a la Comisión Europea los nombres y direcciones de las autoridades receptoras o expedidoras competentes en España, los ámbitos geográficos sobre los que tienen competencia, los medios para recibir las solicitudes y, en su caso, la lengua o las lenguas oficiales de las instituciones de la Comunidad, además del español y, en su caso, de las lenguas oficiales de la Comunidad Autónoma en la que tengan su sede las autoridades expedidoras y receptoras, en las cuales se aceptará que se cumplimenten las solicitudes de justicia gratuita así como la documentación acreditativa correspondiente.

Cuando una solicitud o la documentación correspondiente se reciban en una lengua no aceptada en España, serán inmediatamente devueltas a quien los hubiera presentado para que proceda a su traducción y presentación en el plazo de quince días contados desde la recepción del requerimiento.

4. Una vez presentada la solicitud, se seguirán en estos casos las normas previstas en los artículos 13 a 21 con la especialidad de que el plazo de subsanación de deficiencias del artículo 14 será de quince días. Asimismo, se observarán las normas recogidas en el Capítulo IV, en lo que resulten de aplicación.

En todo caso, deberá informarse al solicitante sobre la tramitación de su solicitud, cuya resolución será motivada en caso de denegación total o parcial.

5. En los casos en que haya de tener lugar en España el reconocimiento o ejecución de una resolución judicial dictada por un Juzgado o Tribunal de otro Estado miembro de la Unión Europea en el que se hubiera obtenido el beneficio de la justicia gratuita, el derecho a la asistencia jurídica gratuita se instará mediante solicitud en la que se acredite el reconocimiento del derecho en ese Estado y el cumplimiento de los requisitos del artículo 49.

Se podrá conceder, asimismo, el beneficio de la asistencia jurídica gratuita para la ejecución en España de documentos públicos con fuerza ejecutiva cuando el solicitante acredite el cumplimiento de los requisitos del artículo 49.

SECCIÓN 3.ª

Reconocimiento del derecho en otros Estados miembros

Art. 52. *Derechos en España.*—Las personas físicas que tengan su residencia habitual o su domicilio en España que pretendan beneficiarse de asistencia jurídica gratuita en otro Estado miembro de la Unión Europea para un litigio transfronterizo de los previstos en este Capítulo podrán acceder en España a los siguientes derechos:

a) Asistencia de los servicios de orientación jurídica del Colegio de Abogados correspondiente a la residencia o domicilio del solicitante hasta que se presente la solicitud de justicia gratuita en el Estado miembro donde se halle el Tribunal. Esta asistencia incluirá el asesoramiento al solicitante para que la solicitud vaya acompañada de toda la documentación acreditativa que sea necesaria para que pueda resolverse sobre ella.

b) Traducción de la solicitud y de la documentación acreditativa necesaria que deba presentarse a las autoridades de dicho Estado miembro.

Art. 53. *Tramitación.*—1. Los derechos contemplados en el artículo 52 podrán solicitarse ante el Colegio de Abogados que corresponda a la residencia habitual o domicilio del solicitante.

Si el Colegio de Abogados estimara que la petición carece de modo manifiesto de fundamento o no entra dentro del ámbito de aplicación de este Capítulo, se lo notificará al solicitante en el plazo de cinco días, y trasladará la solicitud a la Comisión de Asistencia Jurídica Gratuita para que decida de manera definitiva sobre la negativa a remitir la solicitud.

2. Corresponderá al Colegio de Abogados transmitir la solicitud de asistencia jurídica gratuita a las autoridades receptoras del Estado miembro de la Unión Europea donde se encuentre el Tribunal competente para el litigio de que se trate. Se remitirá en el plazo de quince días a partir de la fecha en que la solicitud se encuentre cumplimentada en la lengua o en una de las lenguas aceptadas por el Estado miembro de la autoridad receptora y también los documentos acreditativos, traducidos, si fuera necesario, a alguna de dichas lenguas.

3. Sin perjuicio de lo previsto en el apartado anterior, el solicitante podrá beneficiarse de los derechos contemplados en el artículo 52 y presentar por sí mismo la solicitud de justicia gratuita ante la autoridad receptora competente del Estado miembro en el que se halle el Tribunal o en el que deba ejecutarse la resolución.

Art. 54. *Denegación del derecho.*—Cuando la autoridad competente de otro Estado miembro deniegue la solicitud de justicia gratuita realizada desde España con ejercicio de los derechos del artículo 52, se exigirá, si concurren las circunstancias previstas en el artículo 19, el reintegro de los gastos correspondientes a las traducciones.

13. REGLAMENTO (CE) NÚMERO 1393/2007, DEL PARLAMENTO EUROPEO Y DEL CONSEJO, DE 13 DE NOVIEMBRE DE 2007, RELATIVO A LA NOTIFICACIÓN Y AL TRASLADO EN LOS ESTADOS MIEMBROS DE DOCUMENTOS JUDICIALES Y EXTRAJUDICIALES EN MATERIA CIVIL Y MERCANTIL*

(*DO* núm. L 324, de 10 de diciembre de 2007)

El Parlamento Europeo y el Consejo de la Unión Europea

Visto el Tratado constitutivo de la Comunidad Europea y, en particular, su artículo 61, letra c), y su art. 67, apartado 5, segundo guión.

Vista la propuesta de la Comisión.

Visto el dictamen del Comité Económico y Social Europeo [1],

De conformidad con el procedimiento establecido en el art. 251 del Tratado [2].

Considerando lo siguiente:

(1) La Unión se ha fijado el objetivo de mantener y desarrollar un espacio de libertad, seguridad y justicia en el que esté garantizada la libre circulación de personas. Para establecer progresivamente tal espacio, la Comunidad adopta, entre otras, medidas en el ámbito de la cooperación judicial en materia civil necesarias para le buen funcionamiento del mercado interior.

(2) El buen funcionamiento del mercado interior exige mejorar y acelerar la transmisión entre los Estados miembros de documentos judiciales y extrajudiciales en materia civil o mercantil a efectos de su notificación o traslado.

(3) El Consejo, por el Acto de 26 de mayo de 1997 [3], adoptó el texto del Convenio relativo a la notificación o traslado en los Estados miembros de la Unión Europea de documentos judiciales y extrajudiciales en materia civil o mercantil y recomendó su adopción por los Estados miembros según sus normas constitucionales respectivas. Dicho Convenio no ha entrado en vigor; procede garantizar la continuidad de los resultados alcanzados en el marco de la celebración del Convenio.

---

* Este Reglamento deroga al Reglamento 1348/2000 y, según su art. 26, se aplica a partir del 13 de noviembre de 2008, salvo el art. 23, que se aplica desde el 13 de agosto de 2008.

[1] *DO* C 88, de 11 de abril de 2006, p. 7.

[2] Dictamen del Parlamento Europeo de 4 de julio de 2006 (*DO* C 303 E, de 13-12-2006, p. 69), Posición Común del Consejo de 28 de junio de 2007 (*DO* C 193 E, de 21-8-2007, p. 13) y Posición del Parlamento Europeo de 24 de octubre de 2007.

[3] *DO* C 261, de 27-8-1997, p. 1. El mismo día en que se elaboró el Convenio, el Consejo tomó nota del informe explicativo de dicho Convenio, recogido en la página 26 del mencionado *Diario Oficial*.

(4) El 29 de mayo de 2000 el Consejo adoptó el Reglamento (CE) núm. 1348/2000 [4], relativo a la notificación y al traslado en los Estados miembros de documentos judiciales y extrajudiciales en materia civil o mercantil. El principal contenido de dicho Reglamento se basa en el Convenio.

(5) El 1 de octubre de 2004 la Comisión adoptó un informe sobre la aplicación del Reglamento (CE) núm. 1348/2000. El informe concluye que la aplicación del Reglamento (CE) núm. 1348/2000 en general ha mejorado y acelerado la transmisión, notificación y traslado de documentos entre Estados miembros, desde su entrada en vigor en 2001, pero que, sin embargo, la aplicación de ciertas disposiciones no es completamente satisfactoria.

(6) La eficacia y la rapidez de los procedimientos judiciales en el ámbito civil requieren que la transmisión de los documentos judiciales y extrajudiciales se efectúe directamente y por medios rápidos entre los organismos locales designados por los Estados miembros. Sin embargo, los Estados miembros pueden manifestar su intención de designar únicamente un organismo transmisor o un organismo receptor, o un organismo encargado de ambas funciones, por un período de cinco años, designación que, no obstante, podrá renovarse cada cinco años.

(7) La rapidez de la transmisión justifica la utilización de cualquier medio que sea adecuado siempre que se respeten determinadas condiciones en cuanto a la legibilidad y la fidelidad del documento recibido. La seguridad de la transmisión exige que el documento que debe transmitirse vaya acompañado de un formulario que debe cumplimentarse en la lengua oficial o una de las lenguas oficiales del lugar donde la notificación o el traslado tienen lugar o en otra lengua aceptada por el Estado miembro requerido.

(8) El presente Reglamento no se aplicará a la notificación o el traslado de un documento al representante autorizado de una parte en el Estado miembro en el que tiene lugar el procedimiento, independientemente del lugar de residencia de dicha parte.

(9) La notificación o traslado de un documento debe efectuarse cuanto antes y, en cualquier caso, en el plazo de un mes desde su llegada al organismo receptor.

(10) Con el fin de garantizar la eficacia del presente Reglamento, la posibilidad de rechazar la notificación o el traslado de los documentos se limita a situaciones excepcionales.

(11) Para facilitar la transmisión, notificación y traslado de documentos entre Estados miembros, deben utilizarse los formularios establecidos en los anexos del presente Reglamento.

(12) Conviene que el organismo receptor informe al desti-

---

[4] *DO* L 160, de 30-6-2000, p. 37.

natario, por escrito y mediante el formulario, de que puede negarse a aceptar el documento que haya de ser notificado o trasladado en el momento de dicha notificación o traslado o enviando el documento al organismo receptor en el plazo de una semana si no se encuentra en una lengua que entienda el destinatario o en una lengua oficial o una de las lenguas oficiales del lugar de notificación o traslado. Esta norma debe aplicarse asimismo a la notificación o traslado subsiguientes una vez que el destinatario haya ejercido su derecho de negarse a aceptar el documento. Estas normas sobre la negativa de aceptación de documentos deben aplicarse también a la notificación o el traslado directos, mediante agentes diplomáticos o consulares o mediante servicios postales. Conviene establecer que la notificación o traslado de un documento no aceptado pueda subsanarse mediante la notificación o traslado de una traducción del documento al destinatario.

(13) La rapidez de la transmisión justifica que la notificación o el traslado del documento tenga lugar en los días siguientes a la recepoción del documento. No obstante, si pasado un mes no ha podido tener lugar la notificación o el traslado, procede que el organismo receptor informe de ello al organismo transmisor. La expiración de este plazo no implica que la solicitud deba devolverse al organismo transmisor cuando todo indique que es posible satisfacerla en un plazo razonable.

(14) El organismo receptor seguirá adoptando todas las medidas necesarias para efectuar la notificación o traslado del documento también en casos en que no haya sido posible efectuar la notificación o el traslado en el plazo de un mes, por ejemplo, debido a la ausencia del domicilio del demandado por vacaciones o del lugar de trabajo por desplazamiento profesional. No obstante, con el fin de evitar que corresponda al organismo receptor una obligación ilimitada de adoptar medidas para efectuar la notificación o traslado del documento, el organismo transmisor debe poder especificar un plazo en el formulario normalizado a partir del cual deja de requerirse la notificación o el traslado.

(15) Habida cuenta de las diferencias existentes en los distintos Estados miembros en cuanto a sus normas de procedimiento, la fecha que se tiene en consideración a los efectos de notificación o traslado varía de un Estado miembro a otro; a la vista de tal situación y de eventuales dificultades que pueden surgir, procede que el presente Reglamento establezca que es la legislación del Estado miembro requerido la que determine la fecha de notificación o traslado. No obstante, cuando, de conformidad con el ordenamiento de un Estado miembro, deba notificarse o trasladarse un documento dentro de un plazo determinado, conviene que la fecha a tener en cuenta respecto del requerente sea la fijada por el Derecho de ese Estado miembro. Este sistema de doble fecha existe solamente en un número limitado de

Estados miembros. Los Estados miembros que apliquen este sistema deben comunicarlo a la Comisión, que publicará esta información en el *Diario Oficial de la Unión Europea* y en la Red Judicial Europea en materia Civil y Mercantil establecida en la Decisión 2001/470/CE del Consejo [5].

(16) Para facilitar el acceso a la justicia, conviene que los gastos ocasionados por la intervención de un funcionario judicial o de una persona competente conforme al ordenamiento del Estado miembro requerido correspondan a una tasa fija única establecida por adelantado por ese Estado miembro que respete los principios de proporcionalidad y no discriminación. El requisito de una tasa fija será sin perjuicio de la posibilidad de que los Estados miembros fijen diversas tasas poara distintos tipos de notificación o traslado siempre que respeten estos principios.

(17) Conviene que cada Estado miembro tenga la facultad de efectuar la notificación o traslado de documentos directamente por correo a las personas que residan en otro Estado miembro mediante carta certificada con acuse de recibo o equivalente.

(18) Cualquier persona interesada en un proceso judicial debe tener la posibilidad de efectuar la notificación o traslado de documentos judiciales directamente por medio de los agentes judiciales, funcionarios u otras personas competentes del Estado miembro requerido, siempre que tal notificación o traslado directos estén permitidos con arreglo a la legislación de dicho Estado miembro.

(19) La Comisión elaborará un manual con la información pertinente para la adecuada aplicación del presente Reglamento. Este manual se publicará a través de la Red Judicial Europea en materia civil y mercantil. La Comisión y los Estados miembros deben hacer todo lo posible para garantizar que esta información se encuentre actualizada y completa por lo que se refiere a todos los datos de contacto con los organismos receptores y transmisores.

(20) Para calcular los períodos y plazos pre vistos en el presente Reglamento, debe aplicarse el Reglamento (CEE, Euratom) núm. 1182/71 del Consejo, de 3 de junio de 1971, por el que se determinan las normas aplicables a los plazos, fechas y términos [6].

(21) Procede aprobar las medidas necesarias para la ejecución del presente Reglamento con arreglo a la Decisión 1999/468/CE del Consejo, de 28 de junio de 1999, por la que se establecen los procedimientos para el ejercicio de las competencias de ejecución atribuidas a la Comisión [7].

---

[5] *DO* L 174, de 27-6-2001, p. 25.

[6] *DO* L 124, de 8-6-1971, p. 1.

[7] *DO* L 184, de 17-7-1999, p. 23. Decisión modificada por la Decisión 2006/512/CE (*DO* L 200, de 22-7-2006, p. 11).

(22) Conviene, en particular, conferir competencias a la Comisión para actualizar o introducir enmiendas técnicas a los formularios normalizados establecidos en los anexos. Dado que estas medidas son de alcance general y están destinadas a modificar o suprimir elementos no esenciales del presente Reglamento, deben adoptarse con arreglo al procedimiento de reglamentación con control previsto en el art. 5 bis de la Decisión 1999/468/CE.

(23) El presente Reglamento prevalece sobre las disposiciones contenidas en acuerdos o arreglos bilaterales o multilaterales que tengan el mismo ámbito de aplicación celebrados por los Estados miembros, en particular, el Protocolo anejo al Convenio de Bruselas de 27 de septiembre de 1968 [8] y el Convenio de La Haya de 15 de noviembre de 1965 [9], en las relaciones entre los Estados miembros que sean Partes en ellos. El presente Reglamento no se opone al mantenimiento o arreglos dirigidos a acelerar o simplificar la transmisión de los documentos, siempre que sean compatibles con él.

(24) Los datos transmitidos en aplicación del presente Reglamento deben estar amparados por un adecuado régimen de protección. Esta materia entra en el ámbito de aplicación de la Directiva 95/46/CE del Parlamento Europeo y del Consejo, de 24 de octubre de 1995, relativa a la protección de las personas físicas en lo que respecta al tratamiento de datos personales y a la libre circulación de estos datos [10], y de la Directiva 2002/58/CE del Parlamento Europeo y del Consejo, de 12 de julio de 2002, relativa al tratamiento de los datos personales y a la protección de la intimidad en el sector de las telecomunicaciones (Directiva sobre la privacidad y las comunicaciones electrónicas) [11].

(25) A más tardar el 1 de junio de 2011 y, después, cada cinco años, la Comisión debe revisar la aplicación del presente Reglamento y proponer las enmiendas que resulten necesarias.

(26) Dado que los objetivos del presente Reglamento no pueden ser alcanzados de manera suficiente por los Estados miembros y, por consiguiente, pueden lograrse mejor, debido a las dimensiones o efectos de la acción, a nivel comunitario, la Comunidad puede adoptar medidas, de acuerdo con el principio de subsidia-

---

[8] Convenio de Bruselas de 27 de septiembre de 1968 relativo a la competencia judicial y la ejecución de resoluciones judiciales en materia civil y mercantil (*DO* L 299, de 31-12-1972, p. 32. Versión consolidada en el *DO* C 27, de 26-1-1998, p. 1).

[9] Convenio de La Haya de 15 de noviembre de 1965 relativo a la notificación o traslado en el extranjero de documentos judiciales y extrajudiciales en materia civil o comercial.

[10] *DO* L 281, de 23-11-1995, p. 31. Directiva modificada por el Reglamento (CE) núm. 1882/2003 (*DO* L 284, de 31-12-2003, p. 1).

[11] *DO* L 201, de 31-7-2002, p. 37. Directiva modificada por la Directiva 2006/24/CE (*DO* L 105, de 13-4-2006, p. 54).

riedad consagrado en el artículo 5 del Tratado. De conformidad con el principio de proporcionalidad enunciado en dicho artículo, el presente Reglamento no excede de lo necesario para alcanzar este objetivo.

(27) Con el fin de que las disposiciones sean más fácilmente accesibles y legibles, el Reglamento (CE) núm. 1348/2000 debe ser derogado y sustituido por el presente Reglamento.

28) De conformidad con el artículo 3 del Protocolo sobre la posición del Reino Unido e Irlanda anejo al Tratado de la Unión Europea y al Tratado constitutivo de la Comunidad Europea, el Reino Unido e Irlanda participan en la adopción y aplicación del presente Reglamento.

(29) De conformidad con los artículos 1 y 2 del Protocolo sobre la posición de Dinamarca anejo al Tratado de la Unión Europea y al Tratado constitutivo de la Comunidad Europoea, Dinamarca no participa en la adopción del presente Reglamento y, por tanto, no está vinculada por el mismo ni sujeta a su aplicación.

HAN ADOPTADO EL PRESENTE REGLAMENTO

CAPÍTULO PRIMERO

Disposiciones generales

Ámbito

Artículo 1.º 1. El presente Reglamento será de aplicación en materia civil o mercantil cuando un documento judicial o extrajudicial deba transmitirse de un Estado miembro a otro para ser notificado o trasladado en este último. No se aplicará, en particular, a los asuntos fiscales, aduaneros o administrativos, o a la responsabilidad del Estado por acciones u omisiones en el ejercicio de su autoridad (*«acta iure imperii»*).

2. El presente Reglamento no se aplicará cuando el domicilio de la persona a la que haya de notificarse o trasladarse el documento sea desconocido.

3. En el presente Reglamento, se entenderá por «Estado miembro» cualquier Estado miembro con excepción de Dinamarca.

Art. 2.º *Organismos transmisores y receptores.*—1. Cada Estado miembro designará a los funcionarios públicos, autoridades u otras personas, en lo sucesivo denominados «organismos transmisores», competentes para transmitir los documentos judiciales o extrajudiciales que deban ser notificados o trasladados en otro Estado miembro.

2. Cada Estado miembro designará a los funcionarios públicos, autoridades u otras personas, en lo sucesivo denominados «organismos receptores», competentes para recibir los documentos judiciales o extrajudiciales que procedan de otro Estado miembro.

3. Cada Estado miembro podrá designar bien un organismo transmisor y un organismo receptor, bien un único organismo encargado de ambas funciones. Los Estados federales, los Estados en los que rijan varios ordenamientos jurídicos y los Estados que cuenten con entidades

territoriales autónomas tendrán la facultad de designar más de uno de los organismos mencionados. La designación tendrá efecto durante un período de cinco años y podrá renovarse cada cinco años.

4. Cada Estado miembro facilitará a la Comisión la siguiente información:

a) los nombres y direcciones de los organismos receptores previstos en los apartados 2 y 3;

b) el ámbito territorial en el que sean competentes;

c) los medios de recepción de documentos a su disposición, y

d) las lenguas que pueden utilizarse para rellenar el formulario normalizado que figura en el anexo I.

Los Estados miembros notificarán a la Comisión toda modificación posterior de la citada información.

Art. 3.º *Entidad central.*—Cada Estado miembro designará una entidad central encargada de:

a) facilitar información a los organismos transmisores;

b) buscar soluciones a cualquier dificultad que suscite la transmisión de documentos a efectos de notificación o traslado;

c) cursar, en casos excepcionales y a petición de un organismo transmisor, una solicitud de notificación o traslado al organismo receptor competente.

Los Estados federales, los Estados en los que rijan varios ordenamientos jurídicos y los Estados que cuenten con unidades territoriales autónomas tendrán la facultad de designar más de una entidad central.

CAPÍTULO II

DOCUMENTOS JUDICIALES

SECCIÓN 1.ª

Transmisión y notificación o traslado de documentos judiciales

Art. 4.º *Transmisión de documentos.*—1. Los documentos judiciales se transmitirán directamente y lo antes posible entre los organismos designados con arreglo al artículo 2.

2. La transmisión de documentos, demandas, certificaciones, resguardos, fes públicas y de cualquier otro documento entre los organismos transmisores y los organismos receptores podrá realizarse por cualquier medio adecuado siempre que el contenido del documento recibido sea fiel y conforme al del documento expedido y que todas las indicaciones que contenga sean legibles sin dificultad.

3. El documento que deba transmitirse irá acompañado de una solicitud formulada en el formulario normalizado que figura en el Anexo I. El formulario se cumplimentará en la lengua oficial del Estado miembro requerido, o cuando haya varias lenguas oficiales en dicho Estado miembro, en la lengua oficial o en una de las lenguas oficiales del lugar en el que deba efectuarse la notificación o el traslado, o en otra lengua que el Estado miembro requerido haya indicado que puede aceptar. Cada Estado miembro deberá indicar la lengua o las lenguas oficiales de las instituciones de la Unión Europea distintas de la suya o de las suyas en

que aceptará que se complete dicho formulario.

4. Todos los documentos transmitidos estarán exentos de legalización o de cualquier trámite equivalente.

5. Cuando el organismo transmisor desee que se le devuelva una copia del documento acompañado del certificado citado en el artículo 10, deberá enviar el documento por duplicado.

Art. 5.º *Traducción de documentos.*—1. El organismo transmisor al que el requirente expida el documento a efectos de transmisión comunicará al requirente que el destinatario puede negarse a aceptar el documento por no estar en una de las lenguas previstas en el artículo 8.

2. El requierente asumirá los posibles gastos de traducción previa a la transmisión del documento, sin perjuicio de una posible decisión posterior, en su caso, del tribunal o autoridad competentes sobre la responsabilidad de dichos gastos.

Art. 6.º *Recepción de los documentos por un organismo receptor.*—1. Una vez recibido el documento, el organismo receptor remitirá el organismo transmisor, un acuse de recibo por el medio más rápido posible, cuanto antes y, en cualquier caso, en un plazo de siete días, utilizando el formulario normalizado que figura en el Anexo I.

2. Si no se pudiera dar curso a la solicitud de notificación o traslado debido a deficiencias de la información o de los documentos transmitidos, el organismo receptor se pondrá en contacto, por el medio más rápido posible, con el organismo transmisor con el fin de obtener la información o los documentos que falten.

3. Si la solicitud de notificación o traslado estuviera manifiestamente fuera del ámbito de aplicación del presente Reglamento, o si el incumplimiento de las condiciones formales exigidas hiciera imposible la notificación o el traslado, se devolverán al organismo transmisor la solicitud y los documentos transmitidos en cuanto se reciban, junto con la comunicación de devolución por medio del formulario normalizado que figura en el Anexo I.

4. Un organismo receptor que reciba un documento para cuya notificación o traslado carezca de competencia territorial deberá expedirlo, junto con la solicitud, al organismo receptor territorialmente competente del mismo Estado miembro si la solicitud reúne las condiciones establecidas en el artículo 4, apartado 3, e informará de ello al organismo transmisor utilizando el formulario normalizado que figura en el Anexo I. El organismo receptor territorialmente competente informará al organismo transmisor cuando reciba el documento, de conformidad con lo dispuesto en el apartado 1.

Art. 7.º *Notificación o traslado de los documentos.*—1. El organismo receptor procederá a efectuar o a que se efectúe la notificación o traslado del documento, bien de conformidad con el Derecho interno del Estado miembro requerido o bien según la forma particular solicitada por el organismo transmisor, siempre que esta no sea incompatible con el Derecho interno de ese Estado miembro.

2. El organismo receptor realizará todas las diligencias necesarias para efectuar la notificación o el traslado en el más breve plazo posible y, en cualquier caso, dentro de un plazo de un mes contado a partir de la recepción. Si no hubiera sido posible proceder a efectuar la notificación o traslado en el plazo de un mes a partir de la recepción, el organismo receptor.

a) lo comunicará inmediatamente al organismo transmisor por medio del certificado contenido en el formulario normalizado que figura en el Anexo I, que se cumplimentará según las reglas contempladas en el artículo 10, apartado 2, y

b) continuará realizando todas las diligencias necesarias para efectuar la notificación o el traslado del documento, a menos que el organismo transmisor indique otra cosa, cuando la notificación o el traslado parezcan ser posibles en un plazo razonable.

Art. 8.º *Negativa a aceptar un documento.*—1. El organismo receptor informará al destinatario, mediante el formulario normalizado que figura en el Anexo II, de que puede negarse a aceptar el documento que deba notificarse o trasladarse, bien en el momento de la notificación o traslado, o bien devolviendo el documento al organismo receptor en el plazo de una semana, si no está redactado en una de las lenguas siguientes o no va acompañado de una traducción a dichas lenguas:

a) una lengua que el destinatario entienda, o bien

b) la lengua oficial del Estado miembro requerido, o la lengua oficial o una de las lenguas oficiales del lugar en el que deba efectuarse la notificación o el traslado si existen varias lenguas oficiales en dicho Estado miembro.

2. Cuando el organismo receptor reciba la información de que el destinatario se niega a aceptar el documento con arreglo a lo dispuesto en el apartado 1, informará inmediatamente de ello al organismo transmisor por medio del certificado previsto en el artículo 10 y devolverá la solicitud y los documentos cuya traducción se requiere.

3. Si el destinatario se hubiere negado a aceptar el documento de conformidad con el apartado 1, podrá subsanarse la notificación o traslado del documento mediante lanotificación o traslado al destinatario del documento acompañado de una traducción en una lengua prevista en el apartado 1, de conformidad con lo dispuesto en el presente Reglamento. En este caso, la fecha de notificación o traslado del documento será la fecha en que el documento acompañado de la traducción haya sido notificado o trasladado de conformidad con el Derecho interno del Estado miembro requerido. No obstante, cuando, de acuerdo con el Derecho interno de un Estado miembro, un documento deba notificarse o trasladarse dentro de un plazo determinado, la fecha a tener en cuenta

respecto del requierente será la fecha de la notificación o traslado del documento inicial, determinada con arreglo al artículo 9, apartado 2.

4. Los apartados 1, 2 y 3 también se aplicarán a los medios de la transmisión y notificación o traslado de documentos judiciales a que se refiere la sección 2.

5. A efectos del apartado 1, los agentes diplomáticos o consulares, cuando se efectúe la notificación o traslado con arreglo al artículo 13, o la autoridad o la persona, cuando se efectúe con arreglo al artículo 14, informarán al destinatario de que puede negarse a aceptar el documento y que cualquier documento rechazado debe enviarse a esos agentes o esa autoridad o persona, respectivamente.

Art. 9.º *Fecha de notificación o traslado.*—1. La fecha de notificación o traslado de un documento, realizados en aplicación del artículo 7, será la fecha en que este haya sido notificado o trasladado de conformidad con el Derecho interno del Estado miembro requerido, sin perjuicio del artículo 8.

2. No obstante, cuando, de conformidad con el Derecho interno de un Estado miembro, deba notificarse o trasladarse un documento dentro de un plazo determinado, la fecha que deberá tenerse en cuenta respecto del requirente será la establecida por el Derecho interno de ese Estado miembro.

3. Los apartados 1 y 2 también se aplicarán a los medios de la transmisión y notificación o traslado de documentos judiciales a que se refiere la sección 2.

Art. 10. *Certificado y copia del documento notificado o trasladado.*—1. Una vez cumplidos los trámites de notificación o traslado del documento, se expedirá un certificado relativo al cumplimiento de dichos trámites por medio del formulario normalizado que figura en el Anexo I y se remitirá al organismo transmisor, junto con una copia del documento notificado o trasladado en caso de que sea de aplicación el artículo 4, apartado 5.

2. El certificado se cumplimentará en la lengua oficial o en una de las lenguas oficiales del Estado miembro de origen o en otra lengua que el Estado miembro de origen haya indicado que puede aceptar. Los Estados miembros deberán indicar la lengua o lenguas oficiales de las instituciones de la Unión Europea distintas de la suya o de las suyas en que aceptarán que se cumplimente dicho formulario.

Art. 11. *Gastos de notificación o traslado.*—1. La notificación o traslado de documentos judiciales procedentes de un Estado miembro no darán lugar al abono o reembolso de tasas o costas por los servicios prestados por el Estado miembro requerido.

2. Sin embargo, el requirente abonará o reembolsará los gastos ocasionados por:

a) la intervención de un funcionario judicial o de una persona competente conforme a la legislación del Estado miembro requerido;

b) la utilización de un método especial de notificación o traslado.

Los gastos ocasionados por la intervención de un funcionario judicial o de una persona competente conforme al Derecho interno del Estado miembro requerido corresponderán a una tasa fija única establecida por adelantado por ese Estado miembro que respete los principios de proporcionalidad y no discriminación. Los Estados miembros comunicarán dicha tasa fija a la Comisión.

SECCIÓN 2.ª

Otros medios de transmisión, notificación o traslado de documentos judiciales

Art. 12. *Transmisión por vía consular o diplomática.*—Cada Estado miembro tendrá la facultad, en circunstancias excepcionales, de utilizar la vía consular o diplomática para enviar documentos judiciales, con fines de notificación o traslado, a los organismos de otro Estado miembro designados con arreglo a los artículos 2 o 3.

Art. 13. *Notificación o traslado de documentos por medio de agentes diplomáticos o consulares.*—1. Cada Estado miembro tendrá la facultad de realizar directamente, por medio de sus agentes diplomáticos o consulares, sin coacción alguna, las notificaciones o traslados de documentos judiciales a las personas que residan en otro Estado miembro.

2. Todo Estado miembro podrá comunicar, de conformidad con el artículo 23, apartado 1, que se opone a tal notificación o traslado en su territorio, a menos que los documentos vayan a notificarse o trasladarse a nacionales del Estado miembro de origen.

Art. 14. *Notificación o traslado por correo.*—Cada Estado miembro tendrá la facultad de efectuar la notificación o tralsado de documentos judiciales directamente por correo a las personas que residan en otro Estado miembro mediante carta certificada con acuse de recibo o equivalente.

Art. 15. *Solicitud directa de notificación o traslado.*—Cualquier persona interesada en un proceso judicial podrá efectuar la notificación o traslado de documentos judiciales directamente por medio de los agentes judiciales, funcionarios u otras personas competentes del Estado miembro requerido, cuando tal notificación o traslado directos estén permitidos conforme al Derecho interno de ese Estado miembro.

CAPÍTULO III

DOCUMENTOS EXTRAJUDICIALES

Art. 16. *Transmisión.*—Los documentos extrajudiciales podrán transmitirse a efectos de notificación o traslado en otro Estado miembro de acuerdo con las disposiciones del presente Reglamento.

CAPÍTULO IV

DISPOSICIONES FINALES

Art. 17. *Disposiciones de aplicación.*—Las medidas destinadas a modificar elementos no esenciales del presente Reglamento en lo que respecta a la actualización o la introducción de modificaciones técnicas en los formularios normalizados establecidos en los Anexos I y II se adopotarán de conformidad con el procedimiento de reglamentación con control contemplado en el artículo 18, apartado 2.

Art. 18. *Comité.*—1. La Comisión estará asistida por un comité.

2. En los casos en que se haga referencia al presente apartado, serán de aplicación el artículo 5 bis, apartados 1 a 4, y el artículo 7 de la Decisión 1999/468/CE, observando lo dispuesto en su artículo 8.

Art. 19. *Incomparecencia del demandado.*—1. Cuando un escrito de demanda o un documento equivalente haya sido remitido a otro Estado miembro a efectos de notificación o traslado, según las disposiciones del presente Reglamento, y el demandado no comparece, se aguardará para proveer hasta que se establezca que:

a) el documento ha sido notificado o se ha dado traslado del mismo según una forma prescrita por el Derecho interno del Estado miembro requerido para la notificación o traslado de los documentos en causas internas y que están destinados a personas que se encuentran en su territorio, o bien

b) el documento ha sido efectivamente entregado al demandado o a su residencia según otro procedimiento previsto por el presente Reglamento, y en cualquiera de estos casos, sea notificación o traslado, sea entrega, la misma haya tenido lugar en tiempo oportuno para que el demandado haya podido defenderse.

2. Cada Estado miembro tendrá la facultad de comunicar, de conformidad con el artículo 23, apartado 1, que sus jueces, no obstante lo dispuesto en el apartado 1, podrán proveer a pesar de no haberse recibido comunicación alguna acreditativa, bien de la notificación o traslado, bien de la entrega, si se dan los requisitos siguientes:

a) el documento ha sido remitido según alguno de los modos previstos por el presente Reglamento;

b) ha transcurrido, desde la fecha de envío del documento, un plazo que el juez apreciará en cada caso particular y que será, al menos, de seis meses, y

c) no obstante las diligencias oportunas ante las autoridades competentes o entidades del Estado miembro requerido, no se ha podido obtener certificación alguna.

3. Lo dispuesto en los apartados 1 y 2 no impedirá que, en caso de urgencia, el juez ordene cualesquiera medidas provisionales o cautelares.

4. Cuando un escrito de demanda o un documento equivalente debió remitirse a otro Estado miembro a efectos de notificación o traslado según las disposiciones del presente Reglamento y se ha dictado resolución contra el demandado que no haya comparecido, el juez tendrá la facultad de

eximir a dicho demandado de la preclusión resultante de la expiración de los plazos del recurso, si se reúnen las condiciones siguientes:

a) el demandado, sin mediar culpa de su parte, no tuvo conocimiento en tiempo oportuno de dicho documento para defenderse o de la resolución para interponer recurso, y que

b) las alegaciones del demandado aparecen provistas, en principio, de algún fundamento.

La demanda tendente a la exención de la preclusión solo será admisible si se formula dentro de un plazo razonable a partir del momento en que el demandado tuvo conocimiento de la resolución.

Cada Estado miembro tendrá la facultad de especificar, de conformidad con el artículo 23, apartado 1, que tal demanda no será admisible si se formula después de la expiración de un plazo de tiempo que habrá de precisar en su comunicación, siempre que dicho plazo no sea inferior a un año, que se computará desde la fecha de la resolución.

5. El apartado 4 no se aplicará a resoluciones relativas al estado o capacidad de las personas.

Art. 20. *Relación con los acuerdos o arreglos en los que sean Partes los Estados miembros.*—1. Por lo que se refiere a la materia de su ámbito de aplicación, el presente Reglamento prevalecerá sobre las disposiciones de los acuerdos o arreglos bilaterales o multilaterales celebrados por los Estados miembros, en particular el artículo IV del Protocolo anejo al Convenio de Bruselas de 1968 y el Convenio de La Haya de 15 de noviembre de 1965.

2. El presente Reglamento no se opone a que algunos Estados miembros mantengan o celebren acuerdos o arreglos dirigidos a acelerar o simplificar en mayor medida la transmisión de documentos, siempre que sean compatibles con las disposiciones del presente Reglamento.

3. Los Estados miembros transmitirán a la Comisión:

a) una copia de los acuerdos o arreglos celebrados entre los Estados miembros, indicados en el apartado 2, así como los proyectos de tales acuerdos o arreglos que se propongan celebrar, y

b) toda denuncia o modificación de tales acuerdos o arreglos.

Art. 21. *Asistencia jurídica gratuita.*—El presente Reglamento no afectará a la aplicación, en las relaciones entre los Estados miembros Partes en dichos Convenios, del artículo 23 del Convenio de 17 de julio de 1905 relativo al procedimiento civil, del artículo 24 del Convenio de 1 de marzo de 1954 relativo al procedimiento civil, ni del artículo 13 del Convenio de 25 de octubre de 1980 tendente a facilitar el acceso internacional a la justicia.

Art. 22. *Protección de la información transmitida.*—1. La información, y en particular los datos de carácter personal, transmitida en el marco del presente Reglamento será utilizada por el organismo receptor solo para los fines para los que se transmitió.

2. Los organismos receptores, de acuerdo con su legislación na-

cional, garantizarán la confidencialidad de la mencionada información.

3. Lo dispuesto en los apartados 1 y 2 no afectará a los derechos que las personas afectadas puedan tener, de acuerdo con la legislación nacional pertinente, a ser informados sobre el uso de la información transmitida en el marco del presente Reglamento.

4. El presente Reglamento no prejuzga la aplicación de las Directivas 95/46/CE y 2002/58/CE.

Art. 23. *Comunicación y publicación.*—1. Los Estados miembros comunicarán a la Comisión la información a que se refieren los artículos 2, 3, 4, 10, 11, 13, 15 y 19. Los Estados miembros informarán a la Comisión en caso de que su legislación prescriba que los documentos deban notificarse o trasladarse dentro de un plazo determinado, tal como se indica en el artículo 8, apartado 3, y el artículo 9, apartado 2.

2. La Comisión publicará la información comunicada de conformidad con el apartado 1 en el *Diario Oficial de la Unión Europea*, exceptuando las direcciones y otros datos de contacto de los organismos y entidades centrales y las zonas geográficas sobre las que tienen jurisdicción.

3. La Comisión elaborará y actualizará regularmente un manual con las informaciones a que se refiere el apartado 1, que estará disponible electrónicamente, en particular a través de la Red Judicial Europea en materia civil y mercantil.

Art. 24. *Revisión.*—A más tardar el 1 de junio de 2011, y a continuación cada cinco años, la Comisión presentará al Parlamento Europeo, al Consejo y al Comité Económico y Social Europeo un informe sobre la aplicación del presente Reglamento, en el que se prestará especial atención a la eficacia de los organismos designados de conformidad con lo establecido en el artículo 2, así como sobre la aplicación práctica del artículo 3, letra *c*), y del artículo 9. De ser necesario, dicho informe irá acompañado de propuestas de adaptación del presente Reglamento acordes con la evolución de los sistemas de notificación.

Art. 25. *Derogación.*—1. El Reglamento (CE) núm. 1348/2000 queda derogado a partir de la fecha de aplicación del presente Reglamento.

2. Las referencias al Reglamento derogado se entenderán hechas al presente Reglamento con arreglo a la tabla de correspondencias que figura en el Anexo III.

Art. 26. *Entrada en vigor.*—El presente Reglamento entrará en vigor a los veinte días de su publicación en el *Diario Oficial de la Unión Europea.*

Se aplicará a partir del 13 de noviembre de 2008, con excepción del artículo 23, que se aplicará a partir del 13 de agosto de 2008.

El presente Reglamento será obligatorio en todos sus elementos y directamente aplicable en cada Estado miembro, de conformidad con el Tratado constitutivo de la Comunidad Europea.

Hecho en Estrasburgo el 13 de noviembre de 2007.

ANEXO I

SOLICITUD DE NOTIFICACIÓN O TRASLADO DE DOCUMENTOS

[Artículo 4, apartado 3, del Reglamento (CE) nº 1393/2007 del Parlamento Europeo y del Consejo, de 13 de noviembre de 2007, relativo a la notificación y al traslado en los Estados miembros de documentos judiciales y extrajudiciales en materia civil o mercantil (')]

Nº de referencia: ....

1. ORGANISMO TRANSMISOR

1.1. Nombre:

1.2. Dirección:

1.2.1. Calle y número/apartado de correos:

1.2.2. Lugar y código postal:

1.2.3. País:

1.3. Tel.:

1.4. Fax (*):

1.5. Correo electrónico (*):

2. ORGANISMO RECEPTOR

2.1. Nombre:

2.2. Dirección:

2.2.1. Calle y número/apartado de correos:

2.2.2. Lugar y código postal:

2.2.3. País:

2.3. Tel.:

2.4. Fax (*):

2.5. Dirección electrónica (*):

3. REQUIRENTE

3.1. Nombre:

3.2. Dirección:

3.2.1. Calle y número/apartado de correos:

3.2.2. Lugar y código postal:

3.2.3. País:

3.3. Tel. (*):

3.4. Fax (*):

3.5. Dirección electrónica (*):

(') *DO* L 324 de 10-12-2007, p. 79.
(*) Punto facultativo.

4. DESTINATARIO

4.1. Nombre:

4.2. Dirección:

4.2.1. Calle y número/apartado de correos:

4.2.2. Lugar y código postal:

4.2.3. País:

4.3. Tel. (*):

4.4. Fax (*):

4.5. Dirección electrónica (*):

4.6. Número de identificación/número de seguridad social/número de sociedad/o equivalente (*):

5. MODO DE NOTIFICACIÓN O TRASLADO

5.1. Según el Derecho interno del Estado miembro requerido

5.2. Del siguiente modo particular:

5.2.1. Si este modo es incompatible con el Derecho interno del Estado miembro requerido, el documento debe notificarse o trasladarse de acuerdo con el Derecho interno de dicho Estado miembro:

5.2.1.1. sí

5.2.1.2. no

6. DOCUMENTO QUE DEBE NOTIFICARSE O TRASLADARSE

6.1. Tipo de documento:

6.1.1. judicial

6.1.1.1. citación

6.1.1.2. sentencia

6.1.1.3. recurso

6.1.1.4. otros

6.1.2. extrajudicial

6.2. Fecha o plazo transcurrido tras el cual ya no se requiere la notificación o traslado (*):

… (día) … (mes) … (año)

6.3. Lengua del documento

6.3.1. original (BG, ES, CS, DE, ET, EL, EN, FR, GA, IT, LV, LT, HU, MT, NL, PL, PT, RO, SK, SL, FI, SV, otras):

6.3.2. traducción (*) (BG, ES, CS, DE, ET, EL, EN, FR, GA, IT, LV, LT, HU, MT, NL, PL, PT, RO, SK, SL, FI, SV, otras):

6.4. Número de piezas:

7. DEBE DEVOLVERSE UN EJEMPLAR DEL DOCUMENTO CON EL CERTIFICADO DE NOTIFICACIÓN O TRASLADO [artículo 4, apartado 5, del Reglamento (CE) nº 1393/2007]

7.1. Sí (en este caso, el documento que debe notificarse o trasladarse debe enviarse en doble ejemplar)

7.2. No

(*) Punto facultativo.

1. De conformidad con lo dispuesto en el artículo 7, apartado 2, del Reglamento (CE) nº 1393/2007, está usted obligado a realizar todas las diligencias necesarias para la notificación o el traslado en el más breve plazo posible y, en cualquier caso, dentro del mes siguiente a la recepción de la solicitud. Si no hubiera sido posible proceder a efectuar la notificación o traslado dentro del mes siguiente a la recepción de la solicitud, deberá informar a este organismo indicándolo en el punto 13 del certificado de cumplimiento o incumplimiento de los trámites de notificación o traslado de los documentos.

2. Si no pudiera satisfacer la solicitud de notificación o traslado sobre la base de la información o documentos transmitidos, está usted obligado, en virtud de lo dispuesto en el artículo 6, apartado 2, del Reglamento (CE) nº 1393/2007, a ponerse en contacto, por el medio más rápido posible, con este organismo con el fin de obtener la información o documentos que falten.

Hecho en: ....

Fecha: ....

Firma y/o sello: ....

Nºde referencia del organismo transmisor: ....

Nº de referencia del organismo receptor: ....

ACUSE DE RECIBO

[Artículo 6, apartado 1, del Reglamento (CE) nº 1393/2007 del Parlamento Europeo y del Consejo, de 13 de noviembre de 2007, relativo a la notificación y al traslado en los Estados miembros de documentos judiciales y extrajudiciales en materia civil o mercantil]

Este acuse de recibo debe ser enviado por el medio de transmisión más rápido posible y cuanto antes tras la recepción del documento y, en cualquier caso, dentro de los siete días siguientes a la recepción.

8. FECHA DE RECEPCIÓN

Hecho en: ....

Fecha: ....

Firma y/o sello: ....

Nº de referencia del organismo transmisor: ....

Nº de referencia del organismo receptor: ....

COMUNICACIÓN DE DEVOLUCIÓN DE LA SOLICITUD Y DEL DOCUMENTO

[Artículo 6, apartado 3, del Reglamento (CE) nº 1393/2007 del Parlamento Europeo y del Consejo, de 13 de noviembre de 2007, relativo a la notificación y al traslado en los Estados miembros de documentos judiciales y extrajudiciales en materia civil o mercantil (1)]

La solicitud y el documento deben devolverse en cuanto se reciban.

9. MOTIVO DE LA DEVOLUCIÓN

9.1. La solicitud está manifiestamente fuera del ámbito de aplicación del Reglamento:

9.1.1. El documento no es de naturaleza civil ni mercantil

9.1.2. La notificación o el traslado no se pide por un Estado miembro a otro Estado miembro

9.2. El incumplimiento de las condiciones de forma requeridas imposibilita la notificación o el traslado:

9.2.1. El documento es difícil de leer

9.2.2. La lengua utilizada al cumplimentar el formulario es incorrecta

9.2.3. El documento recibido no es una copia fiel y conforme

9.2.4. Otros (se ruega precisar):

9.3. El modo de notificación o traslado es incompatible con el Derecho interno de este Estado miembro [artículo 7, apartado 1, del Reglamento (CE) nº 1393/2007]

Hecho en: ....

Fecha: ....

Firma y/o sello: ....

(*) *DO* L 324 de 10-12-2007, p. 79.

Nº de referencia del organismo transmisor: ....

Nº de referencia del organismo receptor: ....

COMUNICACIÓN DE RETRANSMISIÓN DE LA SOLICITUD Y EL DOCUMENTO AL ORGANISMO RECEPTOR TERRITORIALMENTE COMPETENTE

[Artículo 6, apartado 4, del Reglamento (CE) nº 1393/2007 del Parlamento Europeo y del Consejo, de 13 de noviembre de 2007, relativo a la notificación y al traslado en los Estados miembros de documentos judiciales y extrajudiciales en materia civil o mercantil (¹)]

La solicitud y el documento se han enviado al siguiente organismo receptor territorialmente competente para su notificación o traslado:

10. ORGANISMO RECEPTOR TERRITORIALMENTE COMPETENTE

10.1. Nombre:

10.2. Dirección:

10.2.1. Calle y número/apartado de correos:

10.2.2. Lugar y código postal:

10.2.3. País:

10.3. Tel.:

10.4. Fax (*):

10.5. Dirección electrónica (*):

Hecho en: ....

Fecha: ....

Firma y/o sello: ....

(¹) *DO* L 324 de 10-12-2007, p. 79.
(*) Punto facultativo.

Nº de referencia del organismo transmisor: ....

Nº de referencia del organismo receptor competente: ....

ACUSE DE RECIBO DEL ORGANISMO RECEPTOR TERRITORIALMENTE COMPETENTE AL ORGANISMO TRANSMISOR

[Artículo 6, apartado 4, del Reglamento (CE) nº 1393/2007 del Parlamento Europeo y del Consejo, de 13 de noviembre de 2007, relativo a la notificación y al traslado en los Estados miembros de documentos judiciales y extrajudiciales en materia civil o mercantil (*)]

Este acuse de recibo debe enviarse por el medio de transmisión más rápido, lo antes posible después de la recepción del documento y, en cualquier caso, dentro de los siete días siguientes a la recepción.

11. FECHA DE RECEPCIÓN

Hecho en: ....

Fecha: ....

Firma y/o sello: ....

(*) *DO* L 324 de 10-12-2007, p. 79.

Nº de referencia del organismo transmisor: ....

Nº de referencia del organismo receptor: ....

CERTIFICADO DE CUMPLIMIENTO O INCUMPLIMIENTO DE LOS TRÁMITES DE NOTIFICACIÓN O TRASLADO DE LOS DOCUMENTOS

[Artículo 10 del Reglamento (CE) nº 1393/2007 del Parlamento Europeo y del Consejo, de 13 de noviembre de 2007, relativo a la notificación y al traslado en los Estados miembros de documentos judiciales y extrajudiciales en materia civil o mercantil (*)]

La notificación o el traslado se efectuará lo antes posible. Si no hubiera sido posible proceder a efectuar la notificación o traslado dentro del plazo de un mes a partir de la recepción de la solicitud, el organismo receptor lo comunicará al organismo transmisor [de acuerdo con el artículo 7, apartado 2, del Reglamento (CE) nº 1393/2007]

12. CUMPLIMIENTO DE LOS TRÁMITES DE NOTIFICACIÓN O TRASLADO

12.1. Fecha y dirección en la que se efectuó la notificación o traslado:

12.2. El documento fue:

12.2.1. notificado o trasladado según el Derecho interno del Estado miembro requerido, en particular:

12.2.1.1. entregado:

12.2.1.1.1. al propio destinatario

12.2.1.1.2. a otra persona:

12.2.1.1.2.1. Nombre y apellidos:

12.2.1.1.2.2. Dirección:

12.2.1.1.2.2.1. Calle y número/apartado de correos:

12.2.1.1.2.2.2. Lugar y código postal:

12.2.1.1.2.2.3. País:

12.2.1.1.2.3. Vínculo con el destinatario:

familia ... empleado ... otros

12.2.1.1.3. en el domicilio del destinatario

12.2.1.2. notificado por correo

12.2.1.2.1. sin acuse de recibo

12.2.1.2.2. con el acuse de recibo adjunto

12.2.1.2.2.1. del destinatario

12.2.1.2.2.2. de otra persona:

12.2.1.2.2.2.1. Nombre y apellidos:

12.2.1.2.2.2.2. Dirección:

12.2.1.2.2.2.2.1. Calle y número/apartado de correos:

12.2.1.2.2.2.2.2. Lugar y código postal:

12.2.1.2.2.2.2.3. País:

12.2.1.2.2.2.3. Vínculo con el destinatario:

familiar ... empleado ... otros

(*) *DO* L 324 de 10-12-2007, p. 79.

12.2.1.3. otro modo (se ruega precisar):

12.2.2. notificado o trasladado por el modo particular siguiente (se ruega precisar):

12.3. Se informó al destinatario del documento por escrito de que puede negarse a aceptarlo si no está redactado en una lengua que el destinatario entienda o en la lengua oficial o una de las lenguas oficiales del lugar de notificación, o si no va acompañado de una traducción a alguna de estas lenguas.

13. INFORMACIÓN FACILITADA DE ACUERDO CON EL ARTÍCULO 7, APARTADO 2, del Reglamento (CE) 1393/2007

No ha sido posible proceder a efectuar la notificación o traslado en el plazo de un mes desde la recepción.

14. RECHAZO DEL DOCUMENTO

El destinatario se ha negado a aceptar el documento debido a la lengua utilizada. Se adjunta el documento al presente certificado.

15. MOTIVO DE LA FALTA DE NOTIFICACIÓN O TRASLADO DEL DOCUMENTO

15.1. Dirección desconocida

15.2. Destinatario en paradero desconocido

15.3. El documento no ha podido notificarse o trasladarse antes de la fecha o en el plazo indicados en el punto 6.2

15.4. Otros (se ruega especificar):

Se adjunta el documento al presente certificado.

Hecho en: ....

Fecha: ....

Firma y/o sello: ....

ANEXO II

INFORMACIÓN AL DESTINATARIO SOBRE EL DERECHO A NEGARSE A ACEPTAR UN DOCUMENTO

[Artículo 8, apartado 1, del Reglamento (CE) nº 1393/2007 del Parlamento Europeo y del Consejo, de 13 de noviembre de 2007, relativo a la notificación y al traslado en los Estados miembros de documentos judiciales y extrajudiciales en materia civil o mercantil (1)]

BG:

Приложеният документ се връчва съгласно Регламент (ЕО) № 1393/2007 на Европейския парламент и на Съвета относно връчване в държавите-членки на съдебни и извънсъдебни документи по граждански или търговски дела.

Можете да откажете да приемете документа, ако не е написан или придружен от превод на някой от езиците, които разбирате, на официалния език или на един от официалните езици на мястото на връчването.

Ако желаете да упражните това си право, трябва да откажете да приемете документа по време на самото връчване направо на връчващото документа лице или да го върнете в едноседмичен срок на посочения по-долу адрес, като заявите, че отказвате да го приемете.

АДРЕС:

1. Наименование:
2. Адрес:
2.1. Улица и номер/п.к.:
2.2. Населено място и пощенски код:
2.3. Държава:
3. Телефон.:
4. Факс (*):
5. Адрес за електронна поща (*):

ДЕКЛАРАЦИЯ НА АДРЕСАТА:

Отказвам да приема приложения документ, защото не е написан или придружен от превод на някой от езиците, които разбирам, на официалния език или на един от официалните езици на мястото на връчването.

Разбирам следния(те) език(ци):

английски	☐	нидерландски	☐
български	☐	полски	☐
гръцки	☐	португалски	☐
естонски	☐	румънски	☐
ирландски	☐	словашки	☐
латвийски	☐	фински	☐
литовски	☐	френски	☐
малтийски	☐	чешки	☐
немски	☐	шведски	☐
друг	☐	(моля пояснете):	

Съставено във: ....

Дата: ....

Подпис и/или печат: ....

(1) *DO* L 324 de 10-12-2007, p. 79.

(*) Тази информация не е задължителна.

CS:

Přiložená písemnost je doručována v souladu s nařízením Evropského parlamentu a Rady (ES) č. 1393/2007 o doručování soudních a mimosoudních písemností ve věcech občanských a obchodních v členských státech.

Můžete odmítnout přijetí písemnosti, není-li vyhotovena v jazyce, kterému rozumíte, nebo v úředním jazyce nebo v jednom z úředních jazyků místa doručení nebo k ní není přiložen překlad do jednoho z těchto jazyků.

Přejete-li si využít tohoto práva, musíte odmítnout přijetí písemnosti v okamžiku doručení přímo osobě, která písemnost doručuje, nebo písemnost zaslat zpět na níže uvedenou adresu ve lhůtě jednoho týdne s prohlášením, že tuto písemnost odmítáte převzít.

ADRESA:

1. Jméno:

2. Adresa:

2.1 Ulice a číslo/poštovní přihrádka:

2.2 Místo a poštovní směrovací číslo:

2.3 Země:

3. Telefon:

4. Fax (*):

5. E-mail (*):

PROHLÁŠENÍ ADRESÁTA:

Odmítám přijetí připojené písemnosti, neboť není vyhotovena v jazyce, kterému rozumím, nebo v úředním jazyce nebo v jednom z úředních jazyků místa doručení, ani k ní není přiložen překlad do jednoho z těchto jazyků.

Rozumím tomuto jazyku (těmto jazykům):

bulharština	☐	litevština	☐
španělština	☐	maďarština	☐
čeština	☐	maltština	☐
němčina	☐	nizozemština	☐
estonština	☐	polština	☐
řečtina	☐	portugalština	☐
angličtina	☐	rumunština	☐
francouzština	☐	slovenština	☐
irština	☐	slovinština	☐
italština	☐	finština	☐
lotyština	☐	švédština	☐
ostatní	☐	prosím upřesněte:	

Vyhotoveno v: ....

Dne: ....

Podpis nebo razítko: ....

(*) Tato položka je volitelná.

DE:

Die Zustellung des beigefügten Schriftstücks erfolgt im Einklang mit der Verordnung (EG) Nr. 1393/2007 des Europäischen Parlaments und des Rates über die Zustellung gerichtlicher und außergerichtlicher Schriftstücke in Zivil- oder Handelssachen in den Mitgliedstaaten.

Sie können die Annahme dieses Schriftstücks verweigern, wenn es weder in einer Sprache, die Sie verstehen, noch in einer Amtssprache oder einer der Amtssprachen des Zustellungsortes abgefasst ist, oder wenn ihm keine Übersetzung in einer dieser Sprachen beigefügt ist.

Wenn Sie von Ihrem Annahmeverweigerungsrecht Gebrauch machen wollen, müssen Sie dies entweder sofort bei der Zustellung gegenüber der das Schriftstück zustellenden Person erklären oder das Schriftstück binnen einer Woche nach der Zustellung an die nachstehende Anschrift mit der Angabe zurücksenden, dass Sie die Annahme verweigern.

ANSCHRIFT:

1. Name/Bezeichnung:

2. Anschrift:

2.1. Straße und Hausnummer/Postfach:

2.2. PLZ und Ort:

2.3. Staat:

3. Tel.

4. Fax (*)

5. E-Mail (*):

ERKLÄRUNG DES EMPFÄNGERS

Ich verweigere die Annahme des beigefügten Schriftstücks, da es entweder nicht in einer Sprache, die ich verstehe, oder nicht in einer Amtssprache oder einer der Amtssprachen des Zustellungsortes abgefasst ist oder da dem Schriftstück keine Übersetzung in einer dieser Sprachen beigefügt ist.

Ich verstehe die folgende(n) Sprache(n):

Bulgarisch	☐	Litauisch	☐
Spanisch	☐	Ungarisch	☐
Tschechisch	☐	Maltesisch	☐
Deutsch	☐	Niederländisch	☐
Estnisch	☐	Polnisch	☐
Griechisch	☐	Portugiesisch	☐
Englisch	☐	Rumänisch	☐
Französisch	☐	Slowakisch	☐
Irisch	☐	Slowenisch	☐
Italienisch	☐	Finnisch	☐
Lettisch	☐	Schwedisch	☐
Sonstige	☐	bitte angeben:	

Geschehen zu: ....

am: ....

Unterschrift und/oder Stempel: ....

(*) Angabe freigestellt.

EL:

Το συνημμένο έγγραφο σας επιδίδεται ή κοινοποιείται σύμφωνα με τον κανονισμό (ΕΚ) αριθ. 1393/2007 του Ευρωπαϊκού Κοινοβουλίου και του Συμβουλίου περί επιδόσεως και κοινοποιήσεως στα κράτη μέλη δικαστικών και εξωδίκων πράξεων σε αστικές ή εμπορικές υποθέσεις.

Έχετε δικαίωμα να αρνηθείτε την παραλαβή της πράξης εφόσον δεν είναι συνταγμένη ή δεν συνοδεύεται από μετάφραση σε γλώσσα την οποία κατανοείτε ή στην επίσημη γλώσσα ή σε μία από τις επίσημες γλώσσες του τόπου επίδοσης ή κοινοποίησης.

Εάν επιθυμείτε να ασκήσετε αυτό το δικαίωμα, πρέπει είτε να δηλώσετε την άρνηση παραλαβής κατά τη χρονική στιγμή της επίδοσης ή κοινοποίησης απευθείας στο πρόσωπο που επιδίδει ή κοινοποιεί την πράξη, είτε να την επιστρέψετε εντός μιας εβδομάδας στη διεύθυνση που αναφέρεται κατωτέρω, δηλώνοντας ότι αρνείστε την παραλαβή της.

ΔΙΕΥΘΥΝΣΗ:

1. Όνομα:

2. Διεύθυνση:

2.1. Οδός και αριθμός/ταχυδρομική θυρίδα:

2.2. Τόπος και ταχυδρομικός τομέας:

2.3. Χώρα:

3. Τηλέφωνο:

4. Φαξ (*):

5. Ηλεκτρονικό ταχυδρομείο (*):

ΔΗΛΩΣΗ ΤΟΥ ΠΑΡΑΛΗΠΤΗ:

Αρνούμαι να παραλάβω την πράξη διότι δεν είναι συνταγμένη ή δεν συνοδεύεται από μετάφραση σε γλώσσα την οποία κατανοώ ή στην επίσημη γλώσσα ή σε μια από τις επίσημες γλώσσες του τόπου επίδοσης ή κοινοποίησης.

Κατανοώ την ακόλουθη/ες γλώσσα/ες:

Βουλγαρικά	☐	Λεττονικά	☐
Ισπανικά	☐	Λιθουανικά	☐
Τσεχικά	☐	Ουγγρικά	☐
Δανικά	☐	Μαλτέζικα	☐
Γερμανικά	☐	Ολλανδικά	☐
Εσθονικά	☐	Πολωνικά	☐
Ελληνικά	☐	Πορτογαλικά	☐
Αγγλικά	☐	Ρουμανικά	☐
Γαλλικά	☐	Σλοβακικά	☐
Ιρλανδικά	☐	Σλοβενικά	☐
Ιταλικά	☐	Σουηδικά	☐
Φινλανδικά	☐	(Παρακαλώ προσδιορίστε):	
Άλλες	☐		

Τόπος: ....

Ημερομηνία: ....

Υπογραφή ή/και σφραγίδα: ....

(*) Προαιρετικό.

EN:

The enclosed document is served in accordance with Regulation (EC) No 1393/2007 of the European Parliament and of the Council on the service in the Member States of judicial and extrajudicial documents in civil or commercial matters.

You may refuse to accept the document if it is not written in or accompanied by a translation into either a language which you understand or the official language or one of the official languages of the place of service.

If you wish to exercise this right, you must refuse to accept the document at the time of service directly with the person serving the document or return it to the address indicated below within one week stating that you refuse to accept it.

ADDRESS

1. identity

2. address

2.1. street and number/PO box

2.2. place and post code

2.3. country

3. tel.

4. fax (*)

5. e-mail (*)

DECLARATION OF THE ADDRESSEE:

I refuse to accept the document attached hereto because it is not written in or accompanied by a translation into either a language which I understand or the official language or one of the official languages of the place of service.

I understand the following language(s)

Bulgarian	☐	Lithuanian	☐
Spanish	☐	Hungarian	☐
Czech	☐	Maltese	☐
German	☐	Dutch	☐
Estonian	☐	Polish	☐
Greek	☐	Portuguese	☐
English	☐	Romanian	☐
French	☐	Slovak	☐
Irish	☐	Slovene	☐
Italian	☐	Finnish	☐
Latvian	☐	Swedish	☐
Other	☐	(please specify):	

Done at: ....

Date: ....

Signature and/or stamp: ....

(*) This item is optional.

ES:

El documento adjunto se notifica o traslada de conformidad con el Reglamento (CE) nº 1393/2007 del Parlamento Europeo y del Consejo, relativo a la notificación y al traslado en los Estados miembros de documentos judiciales y extrajudiciales en materia civil o mercantil.

Puede usted negarse a aceptar el documento si no está redactado en una lengua que usted entienda o en una lengua oficial o una de las lenguas oficiales del lugar de notificación o traslado, o si no va acompañado de una traducción a alguna de esas lenguas.

Si desea usted ejercitar este derecho, debe negarse a aceptar el documento en el momento de la notificación o traslado directamente ante la persona que notifique o traslade el documento o devolverlo a la dirección que se indica a continuación dentro del plazo de una semana, declarando que se niega a aceptarlo.

DIRECCIÓN

1. Nombre:

2. Dirección:

2.1. Calle y número/apartado de correos:

2.2. Lugar y código postal:

2.3. País:

3. Tel.:

4. Fax (*):

5. Dirección electrónica (*):

DECLARACIÓN DEL DESTINATARIO:

Me niego a aceptar el documento adjunto porque no está redactado en una lengua que yo entienda o en la lengua oficial o una de las lenguas oficiales del lugar de notificación o traslado, o por no ir acompañado de una traducción a alguna de esas lenguas.

Las lenguas que entiendo son las siguientes:

búlgaro	☐	lituano	☐
español	☐	húngaro	☐
checo	☐	maltés	☐
alemán	☐	neerlandés	☐
estonio	☐	polaco	☐
griego	☐	portugués	☐
inglés	☐	rumano	☐
francés	☐	eslovaco	☐
irlandés	☐	esloveno	☐
italiano	☐	finés	☐
letón	☐	sueco	☐
Otra	☐	(se ruega precisar):	

Hecho en: ....

Fecha: ....

Firma y/o sello: ....

(*) Punto facultativo.

ET:

Lisatud dokument toimetatakse kätte vastavalt Euroopa Parlamendi ja nõukogu määrusele (EÜ) nr 1393/2007 kohtu- ja kohtuväliste dokumentide Euroopa Liidu liikmesriikides kättetoimetamise kohta tsiviil- ja kaubandusasjades.

Te võite keelduda dokumenti vastu võtmast, kui see ei ole koostatud Teile arusaadavas keeles või kättetoimetamiskoha ametlikus keeles või ühes ametlikest keeltest või kui dokumendile ei ole lisatud tõlget ühte nimetatud keeltest.

Kui Te soovite nimetatud õigust kasutada, peate keelduma dokumendi vastuvõtmisest vahetult selle kättetoimetamise ajal, tagastades dokumendi seda kättetoimetavale isikule, või tagastama dokumendi allpool esitatud aadressile ühe nädala jooksul, märkides, et Te keeldute selle vastuvõtmisest.

AADRESS:

1. Nimi:

2. Aadress:

2.1. Tänav ja maja number/postkast:

2.2. Linn/vald ja sihtnumber:

2.3. Riik:

3. Tel:

4. Faks(*):

5. E-post(*):

ADRESSAADI AVALDUS

Keeldun lisatud dokumendi vastuvõtmisest, kuna see ei ole kirjutatud ei mulle arusaadavas keeles ega kättetoimetamiskoha ametlikus keeles või ühes ametlikest keeltest ning dokumendile ei ole lisatud tõlget ühte nimetatud keeltest.

Saan aru järgmis(t)est keel(t)est:

bulgaaria	☐	leedu	☐
hispaania	☐	ungari	☐
tšehhi	☐	malta	☐
saksa	☐	hollandi	☐
eesti	☐	poola	☐
kreeka	☐	portugali	☐
inglise	☐	rumeenia	☐
prantsuse	☐	slovaki	☐
iiri	☐	sloveeni	☐
itaalia	☐	soome	☐
läti	☐	rootsi	☐
muu	☐	(palun täpsustada):	

Koht: ....

Kuupäev: ....

Allkiri ja/või pitser: ....

(*) Ei ole kohustuslik.

FI:

Oheinen asiakirja annetaan tiedoksi oikeudenkäynti- ja muiden asiakirjojen tiedoksiannosta jäsenvaltioissa siviili- tai kauppaoikeudellisissa asioissa annetun Euroopan parlamentin ja neuvoston asetuksen (EY) N:o 1393/2007 mukaisesti.

Voitte kieltäytyä vastaanottamasta asiakirjaa, jollei se ole kirjoitettu jollakin kielellä, jota ymmärrätte, tai tiedoksiantopaikan virallisella kielellä tai yhdellä niistä, tai jollei mukana ole käännöstä jollekin näistä kielistä.

Jos haluatte käyttää tätä oikeuttanne, teidän on kieltäydyttävä vastaanottamasta asiakirjaa tiedoksiannon yhteydessä ilmoittamalla tästä suoraan asiakirjan toimittavalle henkilölle tai palautettava asiakirja viikon kuluessa jäljempänä olevaan osoitteeseen todeten, että kieltäydytte vastaanottamisesta.

OSOITE:

1. Nimi:

2. Osoite:

2.1. Lähiosoite:

2.2. Postinumero ja postitoimipaikka:

2.3. Maa:

3. Puhelin:

4. Faksi (*):

5. Sähköpostiosoite (*):

VASTAANOTTAJAN ILMOITUS:

Kieltäydyn vastaanottamasta oheista asiakirjaa, koska sitä ei ole kirjoitettu ymmärtämälläni kielellä eikä tiedoksiantopaikan virallisella kielellä tai yhdellä niistä eikä mukana ole käännöstä jollekin näistä kielistä.

Ymmärrän seuraavaa kieltä / seuraavia kieliä:

bulgaria	☐	liettua	☐
espanja	☐	unkari	☐
tšekki	☐	malta	☐
saksa	☐	hollanti	☐
viro	☐	puola	☐
kreikka	☐	portugali	☐
englanti	☐	romania	☐
ranska	☐	slovakki	☐
iiri	☐	sloveeni	☐
italia	☐	suomi	☐
latvia	☐	ruotsi	☐
muu	☐	(tarkennetaan):	

Paikka: ....

Päivämäärä: ....

Allekirjoitus ja/tai leima: ....

(*) Vapaaehtoinen.

FR:

L'acte ci-joint est signifié ou notifié conformément au règlement (CE) nº 1393/2007 du Parlement européen et du Conseil du 13 novembre 2007 relatif à la signification et à la notification dans les États membres des actes judiciaires et extrajudiciaires en matière civile ou commerciale.

Vous pouvez refuser de recevoir l'acte s'il n'est pas rédigé ou accompagné d'une traduction dans une langue que vous comprenez ou dans la langue officielle ou l'une des langues officielles du lieu de signification ou de notification.

Si vous souhaitez exercer ce droit de refus, vous devez soit faire part de votre refus de recevoir l'acte au moment de la signification ou de la notification directement à la personne signifiant ou notifiant l'acte, soit le renvoyer à l'adresse indiquée ci-dessous dans un délai d'une semaine en indiquant que vous refusez de le recevoir.

ADRESSE:

1. Nom:

2. Adresse:

3. Téléphone:

2.1. Numéro/boîte postale et rue:

2.2. Localité et code postal

2.3. Pays:

4. Télécopieur (*):

5. Adresse électronique (*):

DÉCLARATION DU DESTINATAIRE

Je, soussigné, refuse de recevoir l'acte ci-joint parce qu'il n'est pas rédigé ou accompagné d'une traduction dans une langue que je comprends ou dans la langue officielle ou l'une des langues officielles du lieu de signification ou de notification.

Je comprends la ou les langues suivantes:

Bulgare	☐	Lituanien	☐
Espagnol	☐	Hongrois	☐
Tchèque	☐	Maltais	☐
Allemand	☐	Néerlandais	☐
Estonien	☐	Polonais	☐
Grec	☐	Portugais	☐
Anglais	☐	Roumain	☐
Français	☐	Slovaque	☐
Irlandais	☐	Slovène	☐
Italien	☐	Finnois	☐
Letton	☐	Suédois	☐
Autre	☐	(préciser):	

Fait à: ....

Date: ....

Signature et/ou cachet: ....

(*) Facultatif.

GA:

Tá an doiciméad atá faoi iamh á sheirbheáil i gcomhréir le Rialachán (CE) Uimh. 1393/2007 ó Pharlaimint na hEorpa agus ón gComhairle maidir le doiciméid bhreithiúnacha agus sheachbhreithiúnacha a sheirbheáil sna Ballstáit in ábhair shibhialta nó in ábhair tráchtála.

Féadfaidh tú diúltú glacadh leis an doiciméad mura mbeidh sé scríofa i dteanga a thuigeann tú nó i dteanga oifigiúil nó i gceann de theangacha oifigiúla áit na seirbheála nó mura mbeidh aistriúchán go teanga a thuigeann tú nó go teanga oifigiúil áit na seirbheála nó go ceann de theangacha oifigiúla áit na seirbheála ag gabháil leis.

Más mian leat an ceart seo a fheidhmiú, ní mór duit diúltú glacadh leis an doiciméad as láimh tráth na seirbheála ón duine a sheirbheálann é, nó é a chur ar ais laistigh de sheachtain chuig an seoladh a shonraítear thíos, mar aon le ráiteas go bhfuil tú ag diúltú glacadh leis.

SEOLADH:

1. Ainm:

2. Seoladh:

2.1. Sráid agus uimhir/bosca poist:

2.2. Áit agus cód poist:

2.3. Tír:

3. Teil:

4. Facs (*):

5. Seoladh r-phoist (*):

DEARBHÚ ÓN SEOLAÍ:

Diúltaím glacadh leis an doiciméad atá faoi cheangal leis seo de bharr nach bhfuil sé scríofa i dteanga a thuigim nó i dteanga oifigiúil nó i gceann de theangacha oifigiúla áit na seirbheála agus nach bhfuil aistriúchán go teanga a thuigim nó go teanga oifigiúil áit na seirbheála nó go ceann de theangacha oifigiúla áit na seirbheála ag gabháil leis.

Tuigim an teanga/na teangacha a leanas:

Bulgáiris	☐	Liotuáinis	☐
Spáinnis	☐	Ungáiris	☐
Seicis	☐	Máltais	☐
Gearmáinis	☐	Ollainnis	☐
Eastóinis	☐	Polainnis	☐
Gréigis	☐	Portaingéilis	☐
Béarla	☐	Rómáinis	☐
Fraincis	☐	Slóvaicis	☐
Gaeilge	☐	Slóivéinis	☐
Iodáilis	☐	Fionlainnis	☐
Laitvis	☐	Sualainnis	☐
Teanga eile	☐	(sonraigh an teanga, le do thoil):	

Arna dhéanamh i/sa: ....

Dáta: ....

Síniú agus/nó stampa: ....

(*) Tá an sonra seo roghnach.

HU:

A mellékelt iratot a tagállamokban a polgári és kereskedelmi ügyekben a bírósági és bíróságon kívüli iratok kézbesítéséről szóló 1393/2007/EK európai parlamenti és tanácsi rendelet szerint kézbesítik.

Önnek joga van megtagadni az irat átvételét, amennyiben az nem az Ön számára érthető nyelven vagy a kézbesítés helyének hivatalos nyelvén vagy hivatalos nyelvei egyikén készült, és nem mellékeltek hozzá ilyen nyelvű fordítást.

Amennyiben élni kíván ezzel a jogával, az irat átvételét a kézbesítéskor kell megtagadnia közvetlenül az iratot kézbesítő személynél, vagy egy héten belül vissza kell küldenie azt az alább megjelölt címre, jelezve, hogy megtagadja annak átvételét.

CÍM:

1. Név:

2. Cím:

2.1. Utca és házszám/postafiók:

2.2. Helység és irányítószám:

2.3. Ország:

3. Telefon:

4. Fax (*):

5. E-mail (*):

A CÍMZETT NYILATKOZATA:

Megtagadom a mellékelt dokumentum átvételét, mivel nem az általam értett nyelven vagy a kézbesítés helyének hivatalos nyelvén vagy hivatalos nyelvei egyikén készült, és nem mellékeltek hozzá ilyen nyelvű fordítást.

A következő nyelve(ke)t értem:

bolgár	☐	litván	☐
spanyol	☐	magyar	☐
cseh	☐	máltai	☐
német	☐	holland	☐
észt	☐	lengyel	☐
görög	☐	portugál	☐
angol	☐	román	☐
francia	☐	szlovák	☐
ír	☐	szlovén	☐
olasz	☐	finn	☐
lett	☐	svéd	☐
egyéb	☐	(kérjük, nevezze meg):	

Kelt: ....

Dátum: ....

Aláírás és/vagy bélyegző: ....

(*) Ezt a mezőt nem kötelező kitölteni.

IT:

L'atto accluso è notificato o comunicato in conformità del regolamento (CE) n. 1393/2007 del Parlamento europeo e del Consiglio relativo alla notificazione e alla comunicazione negli Stati membri degli atti giudiziari ed extragiudiziali in materia civile e commerciale.

È prevista la facoltà di rifiutare di ricevere l'atto se non è redatto o accompagnato da una traduzione in una lingua compresa dal destinatario oppure nella lingua ufficiale o in una delle lingue ufficiali del luogo di notificazione o di comunicazione.

Chi vuole avvalersi di tale diritto può dichiarare il proprio rifiuto al momento della notificazione o della comunicazione direttamente alla persona che la effettua, oppure può rispedire l'atto entro una settimana all'indirizzo sottoindicato, dichiarando il proprio rifiuto di riceverlo.

INDIRIZZO:

1. Nome:

2. Indirizzo:

2.1. Via e numero/C.P.:

2.2. Luogo e codice postale:

2.3. Paese:

3. Tel.

4. Fax (*)

5. E-mail (*):

DICHIARAZIONE DEL DESTINATARIO

Rifiuto di ricevere l'atto allegato in quanto non è redatto o accompagnato da una traduzione in una lingua da me compresa oppure nella lingua ufficiale o in una delle lingue ufficiali del luogo di notificazione o di comunicazione.

Comprendo le seguenti lingue:

Bulgaro	☐	Lituano	☐
Spagnolo	☐	Ungherese	☐
Ceco	☐	Maltese	☐
Tedesco	☐	Olandese	☐
Estone	☐	Polacco	☐
Greco	☐	Portoghese	☐
Inglese	☐	Rumeno	☐
Francese	☐	Slovacco	☐
Irlandese	☐	Sloveno	☐
Italiano	☐	Finlandese	☐
Lettone	☐	Svedese	☐
Altra	☐	(precisare):	

Fatto a: ....

Data: ....

Firma e/o timbro: ....

(*) Voce facoltativa.

LT:

Pridedamas dokumentas įteikiamas pagal Europos Parlamento ir Tarybos reglamentą (EB) Nr. 1393/2007 dėl teisminių ir neteisminių dokumentų civilinėse arba komercinėse bylose įteikimo valstybėse narėse.

Galite atsisakyti priimti šį dokumentą, jeigu jis nėra parengtas kalba, kurią suprantate, ar įteikimo vietos oficialia kalba arba viena iš oficialių kalbų, arba nėra pridėta vertimo į kalbą, kurią suprantate, ar į įteikimo vietos oficialią kalbą arba vieną iš oficialių kalbų.

Jei norite pasinaudoti šia teise, privalote atsisakyti priimti dokumentą jo įteikimo metu tiesiogiai pranešdami apie tai dokumentą įteikiančiam asmeniui arba per vieną savaitę grąžinti jį toliau nurodytu adresu, pareikšdami, kad atsisakote jį priimti.

ADRESAS:

1. Vardas ir pavardė:

2. Adresas:

2.1. Gatvė ir numeris/pašto dėžutė:

2.2. Vieta ir pašto indeksas:

2.3. Valstybė:

3. Telefonas:

4. Faksas (*):

5. El. paštas (*):

ADRESATO PAREIŠKIMAS:

Atsisakau priimti prie šio pareiškimo pridedamą dokumentą, kadangi jis nėra parengtas kalba, kurią suprantu, ar įteikimo vietos oficialia kalba arba viena iš oficialių kalbų, arba nėra pridėta vertimo į kalbą, kurią suprantu, ar į įteikimo vietos oficialią kalbą arba vieną iš oficialių kalbų.

Suprantu šią (-ias) kalbą (-as):

Bulgarų	☐	Lietuvių	☐
Ispanų	☐	Vengrų	☐
Čekų	☐	Maltiečių	☐
Vokiečių	☐	Olandų	☐
Estų	☐	Lenkų	☐
Graikų	☐	Portugalų	☐
Anglų	☐	Rumunų	☐
Prancūzų	☐	Slovakų	☐
Airių	☐	Slovėnų	☐
Italų	☐	Suomių	☐
Latvių	☐	Švedų	☐
Kitas	☐	(prašom nurodyti)	

Parengta: ....

Data: ....

Parašas ir (arba) antspaudas: ....

(*) Šis įrašas neprivalomas.

LV:

Pievienoto dokumentu izsniedz saskaņā ar Eiropas Parlamenta un Padomes Regulu (EK) Nr. 1393/2007 par tiesas un ārpustiesas civillietu vai komerclietu dokumentu izsniegšanu dalībvalstīs.

Jums ir tiesības atteikties pieņemt dokumentu, ja tas nav iesniegts rakstiski vai tam nav pievienots tulkojums valodā, ko jūs saprotat, vai dokumenta izsniegšanas vietas oficiālajā valodā, vai vienā no oficiālajām valodām.

Ja vēlaties īstenot šīs tiesības, Jums tieši dokumenta izsniedzējam izsniegšanas laikā ir jāatsakās pieņemt dokumentu vai tas jānosūta atpakaļ uz norādīto adresi vienas nedēļas laikā kopā ar paziņojumu, ka esat atteicies to pieņemt.

ADRESE:

1. Vārds, uzvārds vai nosaukums:

2. Adrese:

2.1. Ielas nosaukums un numurs/p.k. Nr.:

2.2. Vieta un pasta kods:

2.3. Valsts:

3. Tālr.:

4. Fakss (*):

5. E-pasta adrese (*):

ADRESĀTA PAZIŅOJUMS:

Es atsakos pieņemt pievienoto dokumentu, jo tas nav uzrakstīts vai tam nav pievienots tulkojums valodā, ko es saprotu, vai dokumenta izsniegšanas oficiālajā valodā, vai vienā no oficiālajām valodām.

Es saprotu šādu(-as) valodu(-as):

bulgāru	☐	lietuviešu	☐
spāņu	☐	ungāru	☐
čehu	☐	maltiešu	☐
vācu	☐	holandiešu	☐
igauņu	☐	poļu	☐
grieķu	☐	portugāļu	☐
angļu	☐	rumāņu	☐
franču	☐	slovāku	☐
īru	☐	slovēņu	☐
itāļu	☐	somu	☐
latviešu	☐	zviedru	☐
citu	☐	(lūdzu, norādiet):	

Sastādīts: ....

Datums: ....

Paraksts un/vai zīmogs: ....

(*) Nav obligāts.

MT:

Id-dokument mehmuż huwa nnotifikat f'konformità mar-Regolament (KE) Nru 1393/2007 tal-Parlament Ewropew u l-Kunsill dwar is-servizz fl-Istati Membri ta' dokumenti ġudizzjarji u *extra*-ġudizzjarji fi kwistjonijiet ċivili jew kummerċjali.

Inti tista' tirrifjuta li taċċetta d-dokument jekk dan mhux miktub bi jew m'għandux miegħu traduzzjoni f'waħda mil-lingwi li tifhem int jew bil-lingwa uffiċjali jew waħda mill-lingwi uffiċjali tal-post fejn qed issir in-notifika jew il-komunikazzjoni.

Jekk tixtieq teżerċita dan id-dritt, trid tirrifjuta li taċċetta d-dokument fil-mument li ssir in-notifika u dan trid tagħmlu mal-persuna li tikkunsinnalek id-dokument jew inkella billi tibagħtu lura fl-indirizz li jidher hawn taħt fi żmien ġimgħa u tistqarr li int qed tirrifjuta li taċċettah.

INDIRIZZ:

1. Identità:

2. Indirizz:

2.1. Triq u numru/Kaxxa Postali:

2.2. Lokalità u kodiċi postali

2.3. Pajjiż:

3. Tel.

4. Fax (*):

5. Indirizz elettroniku (*):

DIKJARAZZJONI TAD-DESTINATARJU:

Jien nirrifjuta li naċċetta d-dokument mehmuż għaliex mhux miktub bi jew m'għandux miegħu traduzzjoni f'waħda mil-lingwi li nifhem jien jew bil-lingwa uffiċjali tal-post fejn qed issir in-notifika.

Jien nifhem bil-lingwa/lingwi li ġejja/ġejjin:

Bulgaru	☐	Litwan	☐
Spanjol	☐	Ungeriż	☐
Ċek	☐	Malti	☐
Ġermaniż	☐	Olandiż	☐
Estonjan	☐	Pollakk	☐
Grieg	☐	Portugiż	☐
Ingliż	☐	Rumen	☐
Franċiż	☐	Slovakk	☐
Irlandiż	☐	Sloven	☐
Taljan	☐	Finlandiż	☐
Lavjan	☐	Svediż	☐
Oħrajn	☐	jekk jogħġbok speċifika:	

Magħmul fi: ....

Data: ....

Firma u/jew timbru: ....

(*) Dan il-punt mhux obbligatorju.

NL:

De betekening of kennisgeving van het bijgevoegde stuk is geschied overeenkomstig Verordening (EG) nr. 1393/2007 van het Europees Parlement en de Raad inzake de betekening en de kennisgeving in de lidstaten van gerechtelijke en buitengerechtelijke stukken in burgerlijke of in handelszaken.

U kunt weigeren het stuk in ontvangst te nemen indien het niet gesteld is in of vergezeld gaat van een vertaling, ofwel in een taal die u begrijpt ofwel in de officiële taal/een van de officiële talen van de plaats van betekening of kennisgeving.

Indien u dat recht wenst uit te oefenen, moet u onmiddellijk bij de betekening of kennisgeving van het stuk en rechtstreeks ten aanzien van de persoon die de betekening of kennisgeving verricht de ontvangst ervan weigeren of moet u het stuk binnen een week terugzenden naar het onderstaande adres en verklaren dat u de ontvangst ervan weigert.

ADRES:

1. Naam:

2. Adres:

2.1. Straat + nummer/postbus:

2.2. Postcode + plaats:

2.3. Land:

3. Telefoon:

4. Fax (*):

5. E-mail (*):

VERKLARING VAN DE GEADRESSEERDE:

Ik weiger de ontvangst van het hieraan gehechte stuk, omdat dit niet gesteld is in of vergezeld gaat van een vertaling, ofwel in een taal die ik begrijp ofwel in de officiële taal/een van de officiële talen van de plaats van betekening of kennisgeving.

Ik begrijp de volgende taal (talen):

Bulgaars	☐	Litouws	☐
Spaans	☐	Hongaars	☐
Tsjechisch	☐	Maltees	☐
Duits	☐	Nederlands	☐
Ests	☐	Pools	☐
Grieks	☐	Portugees	☐
Engels	☐	Roemeens	☐
Frans	☐	Slowaaks	☐
Iers	☐	Sloveens	☐
Italiaans	☐	Fins	☐
Lets	☐	Zweeds	☐
Overige	☐	gelieve te preciseren:	

Gedaan te: ....

Datum: ....

Ondertekening en/of stempel: ....

(*) Facultatief.

PL:

Załączony dokument jest doręczany zgodnie z rozporządzeniem (WE) nr 1393/2007 Parlamentu Europejskiego i Rady dotyczącym doręczania w państwach członkowskich dokumentów sądowych i pozasądowych w sprawach cywilnych i handlowych

Adresat może odmówić przyjęcia dokumentu, jeżeli nie został on sporządzony w języku, który rozumie, ani w języku urzędowym lub w jednym z języków urzędowych miejsca doręczenia lub jeżeli nie dołączono do niego tłumaczenia na taki język.

Jeżeli adresat chce skorzystać z tego prawa, musi odmówić przyjęcia dokumentu w momencie jego doręczenia bezpośrednio w obecności osoby doręczającej lub zwrócić dokument na niżej wskazany adres w terminie tygodnia wraz z oświadczeniem o odmowie przyjęcia.

ADRES:

1. Imię i nazwisko/nazwa:

2. Adres:

2.1. Ulica i numer domu/skrytka pocztowa:

2.2. Miejscowość i kod pocztowy:

2.3. Kraj:

3. Telefon:

4. Faks (*):

5. E-mail (*):

OŚWIADCZENIE ADRESATA

Niniejszym odmawiam przyjęcia załączonego dokumentu, ponieważ nie został on sporządzony w języku, który rozumiem, ani w języku urzędowym lub w jednym z języków urzędowych miejsca doręczenia, ani nie dołączono do niego tłumaczenia na taki język.

Rozumiem następujący(-e) język(-i):

bułgarski	☐	łotewski	☐
hiszpański	☐	węgierski	☐
czeski	☐	maltański	☐
niemiecki	☐	niderlandzki	☐
estoński	☐	polski	☐
grecki	☐	portugalski	☐
angielski	☐	rumuński	☐
francuski	☐	słowacki	☐
irlandzki	☐	słoweński	☐
włoski	☐	fiński	☐
inny	☐	proszę określić:	

Sporządzono w: ....

Data: ....

Podpis i/lub pieczęć: ....

(*) Nieobowiązkowo.

PT:

O acto em anexo é citado ou notificado nos termos do Regulamento (CE) n.º 1393/2007 do Parlamento Europeu e do Conselho relativo à citação e à notificação dos actos judiciais e extrajudiciais em matérias civil e comercial nos Estados-Membros.

Tem a possibilidade de recusar a recepção do acto se este não estiver redigido, ou acompanhado de uma tradução, numa língua que compreenda ou na língua oficial ou numa das línguas oficiais do local de citação ou notificação.

Se desejar exercer esse direito, deve recusar o acto no momento da citação ou notificação, directamente junto da pessoa que a ela procede, ou devolvê-lo ao endereço seguidamente indicado, no prazo de uma semana, declarando que recusa aceitá-lo.

ENDEREÇO:

1. Identificação:

2. Endereço:

2.1. Rua + número/caixa postal:

2.2. Localidade + código postal:

2.3. País:

3. Telefone:

4. Fax (*):

5. Correio electrónico (*e-mail*) (*):

DECLARAÇÃO DO DESTINATÁRIO:

Eu, abaixo assinado(a), recuso aceitar o acto em anexo porque o mesmo não está redigido nem acompanhado de uma tradução numa língua que eu compreenda ou na língua oficial ou numa das línguas oficiais do local de citação ou notificação.

Compreendo a(s) seguinte(s) língua(s):

Búlgaro	☐	Lituano	☐
Espanhol	☐	Húngaro	☐
Checo	☐	Maltês	☐
Alemão	☐	Neerlandês	☐
Estónio	☐	Polaco	☐
Grego	☐	Português	☐
Inglês	☐	Romeno	☐
Francês	☐	Eslovaco	☐
Irlandês	☐	Esloveno	☐
Italiano	☐	Finlandês	☐
Letão	☐	Sueco	☐
Outra	☐	queira precisar:	

Feito em: ....

Data: ....

Assinatura e/ou carimbo: ....

(*) Esta informação é facultativa.

RO:

Documentul anexat este notificat sau comunicat în conformitate cu Regulamentul (CE) nr. 1393/2007 al Parlamentului European și al Consiliului privind notificarea sau comunicarea în statele membre a actelor judiciare și extrajudiciare în materie civilă sau comercială.

Puteți refuza primirea actului în cazul în care acesta nu este redactat sau însoțit de o traducere într-una dintre limbile pe care le înțelegeți sau în limba oficială sau una dintre limbile oficiale ale locului de notificare sau comunicare.

Dacă doriți să exercitați acest drept, refuzați primirea actului în momentul notificării sau al comunicării, transmițând acest lucru direct persoanei care notifică sau comunică actul, ori returnați actul la adresa indicată mai jos, în termen de o săptămână, precizând că refuzați primirea acestuia.

ADRESĂ:

1. Nume:

2. Adresă:

2.1. Stradă și număr/C.P.:

2.2. Localitate și cod poștal:

2.3. Țara

3. Tel.:

4. Fax (*):

5. E-mail (*):

DECLARAȚIA DESTINATARULUI:

Refuz primirea actului anexat deoarece acesta nu este redactat sau însoțit de o traducere în una dintre limbile pe care le înțeleg sau în limba oficială sau una dintre limbile oficiale ale locului de notificare sau comunicare.

Înțeleg următoarea (următoarele) limbă (limbi):

Bulgară	☐	Lituaniană	☐
Spaniolă	☐	Maghiară	☐
Cehă	☐	Malteză	☐
Germană	☐	Olandeză	☐
Estonă	☐	Poloneză	☐
Greacă	☐	Portugheză	☐
Engleză	☐	Română	☐
Franceză	☐	Slovacă	☐
Irlandeză	☐	Slovenă	☐
Italiană	☐	Finlandeză	☐
Letonă	☐	Suedeză	☐
Altele	☐	vă rugăm, precizați:	

Întocmită la: ....

Data: ....

Semnătura și/sau ștampila: ....

(*) Element facultativ.

SK:

Priložená písomnosť sa doručuje v súlade s nariadením Európskeho parlamentu a Rady (ES) č. 1393/2007 o doručovaní súdnych a mimosúdnych písomností v občianskych a obchodných veciach v členských štátoch.

Túto písomnosť môžete odmietnuť prevziať, ak nie je vyhotovená ani v jazyku, ktorému rozumiete, ani v úradnom jazyku miesta doručenia alebo v jednom z úradných jazykov miesta doručenia, ani k nej nie je pripojený preklad do niektorého z týchto jazykov.

Ak si želáte využiť toto právo, prevzatie písomnosti musíte odmietnuť pri jej doručení priamo osobe, ktorá písomnosť doručuje, alebo písomnosť musíte do jedného týždňa vrátiť na nižšie uvedenú adresu s vyhlásením, že ju odmietate prevziať.

ADRESA:

1. Označenie:

2. Adresa:

2.1. Ulica a číslo/P. O. Box:

2.2. Miesto a PSČ:

2.3. Štát:

3. Tel.:

4. Fax (*):

5. E-mail (*):

VYHLÁSENIE ADRESÁTA:

Odmietam prevziať pripojenú písomnosť, pretože nie je vyhotovená ani v jazyku, ktorému rozumiem, ani v úradnom jazyku miesta doručenia alebo v jednom z úradných jazykov miesta doručenia, ani k nej nie je pripojený preklad do niektorého z týchto jazykov.

Rozumiem tomuto jazyku/týmto jazykom:

bulharčina	☐	litovčina	☐
španielčina	☐	maďarčina	☐
čeština	☐	maltčina	☐
nemčina	☐	holandčina	☐
estónčina	☐	poľština	☐
gréčtina	☐	portugalčina	☐
angličtina	☐	rumunčina	☐
francúzština	☐	slovenčina	☐
írčina	☐	slovinčina	☐
taliančina	☐	fínčina	☐
lotyština	☐	švédčina	☐
iný	☐	(uveďte):	

V: ....

Dňa: ....

Podpis a/alebo odtlačok pečiatky: ....

(*) Tento údaj je nepovinný.

SL:

Priloženo pisanje se vroča v skladu z Uredbo (ES) št. 1393/2007 Evropskega parlamenta in Sveta o vročanju sodnih in izvensodnih pisanj v civilnih ali gospodarskih zadevah v državah članicah.

Sprejem pisanja lahko zavrnete, če ni sestavljeno v jeziku, ki ga razumete, ali v uradnem jeziku ali v enem od uradnih jezikov kraja vročitve, oziroma mu ni priložen prevod v enega od teh jezikov.

Če želite uveljaviti to pravico, morate zavrniti sprejem pisanja v trenutku vročitve, in sicer neposredno pri osebi, ki pisanje vroča, ali pisanje vrniti na spodaj navedeni naslov v roku enega tedna z izjavo, da sprejem zavračate.

NASLOV:

1. Ime:

2. Naslov:

2.1 Ulica in številka/poštni predal:

2.2 Kraj in poštna številka:

2.3 Država:

3. Telefon:

4. Faks (*):

5. Elektronska pošta (*):

IZJAVA NASLOVNIKA:

Zavračam sprejem priloženega pisanja, ker ni sestavljeno v jeziku, ki ga razumem, ali v uradnem jeziku ali v enem od uradnih jezikov kraja vročitve, oziroma mu ni priložen prevod v enega od teh jezikov.

Razumem naslednje jezike:

bolgarščino	☐	litovščino	☐
španščino	☐	madžarščino	☐
češčino	☐	malteščino	☐
nemščino	☐	nizozemščino	☐
estonščino	☐	poljščino	☐
grščino	☐	portugalščino	☐
angleščino	☐	romunščino	☐
francoščino	☐	slovaščino	☐
irščino	☐	slovenščino	☐
italijanščino	☐	finščino	☐
latvijščino	☐	švedščino	☐
drugo	☐	prosimo, navedite:	

V: ....

Datum: ....

Podpis in/ali žig: ....

(*) Ni obvezno.

SV:

Den bifogade handlingen har delgetts i enlighet med Europaparlamentets och rådets förordning (EG) nr 1393/2007 av den 13 november 2007 om delgivning i medlemsstaterna av rättegångshandlingar och andra handlingar i mål och ärenden av civil eller kommersiell natur.

Ni får vägra att ta emot handlingen om den inte är avfattad på, eller åtföljs av en översättning till, antingen ett språk som ni förstår eller det officiella språket eller något av de officiella språken på delgivningsorten.

Om ni önskar utnyttja denna rättighet, måste ni vägra att emot handlingen vid delgivningen genom att vända er direkt till delgivningsmannen eller genom att återsända handling inom en vecka till nedanstående adress och ange att ni vägrar att ta emot den.

ADRESS

1. Namn:

2. Adress:

2.1 Gatuadress/box:

2.2 Postnummer och ort:

2.3 Land:

3. Tfn

4. Fax (*):

5. E-post (*):

ADRESSATENS FÖRKLARING

Jag vägrar att ta emot bifogade handling eftersom den inte är avfattad på, eller åtföljs av en översättning till, ett språk som jag förstår eller det officiella språket eller något av de officiella språken på delgivningsorten.

Jag förstår följande språk:

Bulgariska	☐	Litauiska	☐
Spanska	☐	Ungerska	☐
Tjeckiska	☐	Maltesiska	☐
Tyska	☐	Nederländska	☐
Estniska	☐	Polska	☐
Grekiska	☐	Portugisiska	☐
Engelska	☐	Rumänska	☐
Franska	☐	Slovakiska	☐
Irländska	☐	Slovenska	☐
Italienska	☐	Finska	☐
Lettiska	☐	Svenska	☐
Annat språk	☐	(ange vilket):	

(*) Ej obligatoriskt.

Ort: ....

Datum: ....

Underskrift och/eller stämpel: ....

(*)

(*) La información contenida en este anexo deberá leerse como sigue en danés si el Reglamento es aplicable en Dinamarca:

DA:

Vedlagte dokument forkyndes hermed i overensstemmelse med Europa-Parlamentets og Rådets forordning (EF) nr. 1393/2007 om forkyndelse i medlemsstaterne af retslige og udenretslige dokumenter i civile og kommercielle sager.

De kan nægte at modtage dokumentet, hvis det ikke er affattet på eller ledsaget af en oversættelse til enten et sprog, som De forstår, eller det officielle sprog eller et af de officielle sprog på forkyndelsesstedet.

Hvis De ønsker at gøre brug af denne ret, skal De nægte at modtage dokumentet ved forkyndelsen direkte over for den person, der forkynder det, eller returnere det til nedenstående adresse senest en uge efter forkyndelsen med angivelse af, at De nægter at modtage det.

ADRESSE:

1. Navn:

2. Adresse:

2.1. Gade og nummer/postboks:

2.2. Postnummer og bynavn:

2.3. Land:

3. Tlf.:

4. Fax (*):

5. E-mail (*):

ERKLÆRING FRA ADRESSATEN:

Jeg nægter at modtage vedlagte dokument, da det ikke er affattet på eller ledsaget af en oversættelse til et sprog, som jeg forstår, eller det officielle sprog eller et af de officielle sprog på forkyndelsesstedet.

Jeg forstår følgende sprog:

Bulgarsk	☐	Litauisk	☐
Spansk	☐	Ungarsk	☐
Tjekkisk	☐	Maltesisk	☐
Tysk	☐	Nederlandsk	☐
Estisk	☐	Polsk	☐
Græsk	☐	Portugisisk	☐
Engelsk	☐	Rumænsk	☐
Fransk	☐	Slovakisk	☐
Irsk	☐	Slovensk	☐
Italiensk	☐	Finsk	☐
Lettisk	☐	Svensk	☐
Andet:	☐	præciseres:	

Udfærdiget i: ....

Den: ....

Underskrift og/eller stempel: ....

(*) Fakultativt.

ANEXO III

TABLA DE CORRESPONDENCIAS

Reglamento (CE) nº 1348/2000	Presente Reglamento
Artículo 1, apartado 1	Artículo 1, apartado 1, primera frase
—	Artículo 1, apartado 1, segunda frase
Artículo 1, apartado 2	Artículo 1, apartado 2
—	Artículo 1, apartado 3
Artículo 2	Artículo 2
Artículo 3	Artículo 3
Artículo 4	Artículo 4
Artículo 5	Artículo 5
Artículo 6	Artículo 6
Artículo 7, apartado 1	Artículo 7, apartado 1
Artículo 7, apartado 2, primera frase	Artículo 7, apartado 2, primera frase
Artículo 7, apartado 2, segunda frase	Artículo 7, apartado 2, segunda frase (introducción) y letra a)
—	Artículo 7, apartado 2, letra b)
Artículo 7, apartado 2, tercera frase	—
Artículo 8, apartado 1, frase introductoria	Artículo 8, apartado 1, frase introductoria
Artículo 8, apartado 1, letra a)	Artículo 8, apartado 1, letra b)
Artículo 8, apartado 1, letra b)	Artículo 8, apartado 1, letra a)
Artículo 8, apartado 2	Artículo 8, apartado 2
—	Artículo 8, apartados 3 a 5
Artículo 9, apartados 1 y 2	Artículo 9, apartados 1 y 2
Artículo 9, apartado 3	—
—	Artículo 9, apartado 3
Artículo 10	Artículo 10
Artículo 11, apartado 1	Artículo 11, apartado 1
Artículo 11, apartado 2	Artículo 11, apartado 2, párrafo primero
—	Artículo 11, apartado 2, párrafo segundo
Artículo 12	Artículo 12
Artículo 13	Artículo 13
Artículo 14, apartado 1	Artículo 14
Artículo 14, apartado 2	—
Artículo 15, apartado 1	Artículo 15
Artículo 15, apartado 2	—
Artículo 16	Artículo 16
Artículo 17, frase introductoria	Artículo 17
Artículo 17, letras a), b) y c)	—
Artículo 18, apartados 1 y 2	Artículo 18, apartados 1 y 2

Reglamento (CE) nº 1348/2000	Presente Reglamento
Artículo 18, apartado 3	—
Artículo 19	Artículo 19
Artículo 20	Artículo 20
Artículo 21	Artículo 21
Artículo 22	Artículo 22
Artículo 23, apartado 1	Artículo 23, apartado 1, primera frase
—	Artículo 23, apartado 2, segunda frase
Artículo 23, apartado 2	Artículo 23, apartado 2
—	Artículo 23, apartado 3
Artículo 24	Artículo 24
Artículo 25	—
—	Artículo 25
—	Artículo 26
Anexo	Anexo I
—	Anexo II
—	Anexo III

14. ACUERDO ENTRE LA COMUNIDAD EUROPEA Y EL REINO DE DINAMARCA RELATIVO A LA NOTIFICACIÓN Y AL TRASLADO DE DOCUMENTOS JUDICIALES Y EXTRAJUDICIALES EN MATERIA CIVIL O MERCANTIL, HECHO EN BRUSELAS EL 19 DE OCTUBRE DE 2005*

(*DO* núm. L 300, de 17 de noviembre de 2005)

LA COMUNIDAD EUROPEA, en lo sucesivo, «la Comunidad», por una parte, y

EL REINO DE DINAMARCA, en lo sucesivo, «Dinamarca», por otra,

DESEOSOS de mejorar y acelerar la transmisión entre Dinamarca y los restantes Estados miembros de la Comunidad de documentos judiciales y extrajudiciales en materia civil o mercantil a efectos de su notificación o traslado;

CONSIDERANDO que la transmisión de estos documentos debe efectuarse directamente entre los organismos locales designados por las Partes contratantes;

CONSIDERANDO que la rapidez de la transmisión justifica la utilización de cualquier medio que sea adecuado siempre que se respeten determinadas condiciones en cuanto a la legibilidad y la fidelidad del documento recibido;

CONSIDERANDO que la seguridad de la transmisión exige que el documento que debe transmitirse vaya acompañado de un formulario que debe cumplimentarse en la lengua del lugar donde la notificación o el traslado tienen lugar o en otra lengua aceptada por el Estado miembro requerido;

CONSIDERANDO que con el fin de garantizar la eficacia del presente Acuerdo, la posibilidad de rechazar la notificación o el traslado de los documentos debería limitarse a situaciones excepcionales;

CONSIDERANDO que el Convenio relativo a la notificación o traslado en los Estados miembros de la Unión Europea de documentos judiciales y extrajudiciales en materia civil o mercantil estableci-

* Mediante el Acuerdo de 10 de diciembre de 2008 (*DO* L 331) se incorpora el Reglamento 1393/2007 del Parlamento y del Consejo, de 13 de noviembre de 2007, relativo a la notificación y al traslado en los Estados miembros de documentos judiciales y extrajudiciales en materia civil y mercantil, de conformidad con el artículo 3, apartado 2, del Acuerdo de 2005, Dinamarca, mediante carta de 20 de noviembre de 2007, notificó a la Comisión su decisión de aplicar el contenido del Reglamento (CE) núm. 1393/2007. De conformidad con el artículo 3, apartado 6, del Acuerdo de 2005, la notificación danesa crea obligaciones recíprocas entre Dinamarca y la Comunidad. Así pues, el Reglamento (CE) núm. 1393/2007 constituye la modificación del Acuerdo y se considera un anexo del mismo.

do por el Acto del Consejo de la Unión Europea de 26 de mayo de 1997[1] todavía no ha entrado en vigor, y que es conveniente garantizar la continuidad de los resultados de las negociaciones para la celebración del Convenio;

CONSIDERANDO que las principales disposiciones de dicho Convenio se han recogido en el Reglamento (CE) n.º 1348/2000 del Consejo, de 29 de mayo de 2000, relativo a la notificación y al traslado en los Estados miembros de documentos judiciales y extrajudiciales en materia civil o mercantil[2] (en lo sucesivo, «el Reglamento relativo a la notificación y al traslado de documentos»);

REFIRIÉNDOSE al Protocolo sobre la posición de Dinamarca anexo al Tratado de la Unión Europea y al Tratado constitutivo de la Comunidad Europea (en lo sucesivo, «el Protocolo sobre la posición de Dinamarca»), con arreglo al cual el Reglamento relativo a la notificación y al traslado de documentos no será vinculante ni aplicable en Dinamarca;

DESEOSOS de que tanto las disposiciones del Reglamento relativo a la notificación y al traslado de documentos como las futuras modificaciones de este Reglamento y las correspondientes normas de desarrollo se apliquen, en el marco del Derecho internacional, a las relaciones entre la Comunidad y Dinamarca, que es un Estado miembro con una posición especial por lo que se refiere al título IV del Tratado constitutivo de la Comunidad Europea;

DESTACANDO la importancia de una apropiada coordinación entre la Comunidad y Dinamarca por lo que se refiere a la negociación y celebración de acuerdos internacionales que puedan afectar o alterar al ámbito de aplicación del Reglamento relativo a la notificación y al traslado de documentos;

DESTACANDO que Dinamarca debería tratar de adherirse a acuerdos internacionales firmados por la Comunidad en los que la participación danesa sea relevante para la aplicación coherente del Reglamento relativo a la notificación y al traslado de documentos y del presente Acuerdo;

DECLARANDO que el Tribunal de Justicia de las Comunidades Europeas debería tener competencia para garantizar la aplicación e interpretación uniformes del presente Acuerdo, incluidas las disposiciones del Reglamento relativo a la notificación y al traslado de documentos y cualquier norma de desarrollo comunitaria que forme parte del presente Acuerdo;

REFIRIÉNDOSE a la competencia atribuida al Tribunal de Justicia de las Comunidades Europeas, de conformidad con el artículo 68, apartado 1, del Tratado constitutivo de la Comunidad Europea, para pro-

[1] *DO* C 261, de 27-8-1997, p. 1. En la misma fecha en que se estableció el Convenio, el Consejo tomó nota del Informe explicativo sobre el Convenio recogido en la página 26 del referido *Diario Oficial*.

[2] *DO* L 160, de 30-6-2000, p. 37.

nunciarse con carácter prejudicial sobre cuestiones relativas a la validez e interpretación de actos de las instituciones comunitarias basados en el título IV del Tratado, incluidas la validez e interpretación del presente Acuerdo, y a la circunstancia de que esta disposición no será vinculante ni aplicable en Dinamarca, como resultado del Protocolo sobre la posición de Dinamarca;

CONSIDERANDO que el Tribunal de Justicia de las Comunidades Europeas debería tener competencia en las mismas condiciones para pronunciarse con carácter prejudicial sobre cuestiones referentes a la validez e interpretación del presente Acuerdo planteadas por un órgano jurisdiccional danés, y que los órganos jurisdiccionales daneses deberían solicitar las decisiones prejudiciales en las mismas condiciones que los órganos jurisdiccionales de otros Estados miembros en lo referente a la interpretación del Reglamento relativo a la notificación y al traslado de documentos y sus normas de desarrollo;

REFIRIÉNDOSE a la disposición según la cual, con arreglo al artículo 68, apartado 3, del Tratado constitutivo de la Comunidad Europea, el Consejo de la Unión Europea, la Comisión Europea y los Estados miembros podrán pedir al Tribunal de Justicia de las Comunidades Europeas que se pronuncie sobre la interpretación de actos de las instituciones de la Comunidad basados en el título IV del Tratado, incluida la interpretación del presente Acuerdo, y a la circunstancia de que esta disposición no será vinculante ni aplicable en Dinamarca, como consecuencia del Protocolo sobre la posición de Dinamarca;

CONSIDERANDO que debería otorgarse a Dinamarca, por lo que se refiere al Reglamento relativo a la notificación y al traslado de documentos y a sus normas de desarrollo, la posibilidad de pedir al Tribunal de Justicia de las Comunidades Europeas que se pronuncie sobre cuestiones relativas a la interpretación del presente Acuerdo en las mismas condiciones que otros Estados miembros;

DESTACANDO que, de conformidad con la legislación danesa, los órganos jurisdiccionales de Dinamarca, al interpretar el presente Acuerdo —incluidas las disposiciones del Reglamento relativo a la notificación y al traslado de documentos y cualquier norma de desarrollo comunitaria que forme parte del presente Acuerdo—, deberían tener debidamente en cuenta la jurisprudencia del Tribunal de Justicia de las Comunidades Europeas y de los órganos jurisdiccionales de los Estados miembros de las Comunidades Europeas por lo que se refiere a las disposiciones del Reglamento relativo a la notificación y al traslado de documentos y de cualquier norma de desarrollo comunitaria;

CONSIDERANDO que debería ser posible pedir al Tribunal de Justicia de las Comunidades Europeas que se pronuncie sobre cuestiones relativas al cumplimiento de las obligaciones que impone el presente Acuerdo de conformidad con las disposiciones del Tratado constitutivo de la Comunidad Europea que regulan el procedimiento ante el Tribunal de Justicia;

CONSIDERANDO que, en virtud del artículo 300, apartado 7, del Tratado constitutivo de la Comunidad Europea, el presente Acuerdo vincula a los Estados miembros; que, por lo tanto, es oportuno que Dinamarca, en caso de incumplimiento por un Estado miembro, pueda acudir a la Comisión en su calidad de guardiana del Tratado,

HAN CONVENIDO EN LO SIGUIENTE:

Artículo 1.º *Objetivo.*—1. El objetivo del presente Acuerdo es aplicar las disposiciones del Reglamento relativo a la notificación y al traslado de documentos y sus normas de desarrollo a las relaciones entre la Comunidad y Dinamarca, de conformidad con lo dispuesto en el artículo 2, apartado 1, del presente Acuerdo.

2. El propósito de las Partes contratantes es lograr una aplicación e interpretación uniformes de las disposiciones del Reglamento relativo a la notificación y al traslado de documentos y de sus normas de desarrollo en todos los Estados miembros.

3. Lo dispuesto en el artícu-lo 3, apartado 1, en el artículo 4, apartado 1, y en el artículo 5, apartado 1, del presente Acuerdo se deriva del Protocolo sobre la posición de Dinamarca.

Art. 2.º *Cooperación en la notificación y traslado de documentos.*—1. Las disposiciones del Reglamento relativo a la notificación y al traslado de documentos, anexo al presente Acuerdo y parte integrante del mismo, así como sus normas de desarrollo adoptadas con arreglo a lo dispuesto en el artículo 17 de dicho Reglamento y —por lo que se refiere a las normas de desarrollo que se adopten tras la entrada en vigor del presente Acuerdo— aplicadas por Dinamarca con arreglo a lo dispuesto en el artículo 4 del presente Acuerdo, y la información comunicada por los Estados miembros de conformidad con el artículo 23 del Reglamento, se aplicarán, en el marco del Derecho internacional, a las relaciones entre la Comunidad y Dinamarca.

2. Se aplicará la fecha de entrada en vigor del presente Acuerdo en vez de la fecha de entrada en vigor a que se refiere el artículo 25 del Reglamento.

Art. 3.º *Modificaciones del Reglamento relativo a la notificación y al traslado de documentos.*—1. Dinamarca no participará en la adopción de las modificaciones introducidas en el Reglamento relativo a la notificación y al traslado de documentos y dichas modificaciones no serán vinculantes ni aplicables en Dinamarca.

2. Cuando se adopten modificaciones del Reglamento, Dinamarca notificará a la Comisión su decisión de aplicar o no el contenido de tales modificaciones. La notificación se hará en el momento de la adopción de las modificaciones o en el plazo de los treinta días subsiguientes.

3. Si Dinamarca decide aplicar el contenido de las modificaciones, la notificación indicará si la aplicación puede operarse por la vía administrativa o si requiere aprobación parlamentaria.

4. Si la notificación indica que la aplicación puede operarse por la vía administrativa, también establecerá que todas las medidas administrativas necesarias entran en vigor en la fecha de entrada en vigor de las modificaciones del Reglamento o han entrado en vigor en la fecha de la notificación, según cuál de estas fechas sea la última.

5. Si la notificación indica que la aplicación requiere aprobación parlamentaria en Dinamarca, se observarán las siguientes normas:

a) las medidas legislativas en Dinamarca entrarán en vigor en la fecha de entrada en vigor de las modificaciones del Reglamento o en el plazo de seis meses tras la notificación, según cuál de estas fechas sea la última;

b) Dinamarca notificará a la Comisión la fecha en que entren en vigor las normas legislativas de aplicación.

6. La notificación de Dinamarca comunicando la aplicación del contenido de las modificaciones en Dinamarca de conformidad con los apartados 4 y 5 creará obligaciones recíprocas en el marco del Derecho internacional entre Dinamarca y la Comunidad. Las modificaciones del Reglamento constituirán en tal caso modificaciones del presente Acuerdo y se considerarán anejas al mismo.

7. En caso de que:

a) Dinamarca notifique su decisión de no aplicar el contenido de las modificaciones, o

b) Dinamarca no haga ninguna notificación en el plazo de treinta días establecido en el apartado 2, o

c) las normas legislativas adoptadas en Dinamarca no entren en vigor en los plazos establecidos en el apartado 5,

el presente Acuerdo se considerará terminado a menos que las Partes decidan lo contrario en el plazo de noventa días o, en la situación mencionada en la letra *c*), las normas legislativas adoptadas en Dinamarca entren en vigor dentro del mismo plazo. La terminación surtirá efecto dentro de los tres meses siguientes a la expiración del plazo de noventa días.

8. Las peticiones transmitidas con anterioridad a la fecha de terminación del presente Acuerdo según lo establecido en el apartado 7 no se verán afectadas por ésta.

Art. 4.º *Normas de desarrollo.*—1. Dinamarca no participará en la adopción de dictámenes por el Comité mencionado en el artículo 18 del Reglamento relativo a la notificación y al traslado de documentos. Las normas de desarrollo que se adopten de conformidad con lo establecido en el artículo 17 de dicho Reglamento no serán vinculantes ni aplicables en Dinamarca.

2. Cuando se adopten normas de desarrollo de conformidad con lo dispuesto en el artículo 17 del Reglamento, las normas de desarrollo se comunicarán a Dinamarca. Dinamarca notificará a la Comisión si

aplica o no el contenido de las normas de desarrollo. La notificación tendrá lugar tras la recepción de las normas de desarrollo o en el plazo de los treinta días subsiguientes.

3. La notificación también establecerá que todas las medidas administrativas necesarias en Dinamarca entran en vigor en la fecha de entrada en vigor de las normas de desarrollo o que han entrado en vigor en la fecha de la notificación, según cuál de estas fechas sea la última.

4. La notificación de Dinamarca comunicando la aplicación del contenido de las normas de desarrollo en Dinamarca creará obligaciones recíprocas en el marco del Derecho internacional entre Dinamarca y la Comunidad. Las normas de desarrollo formarán en tal caso parte del presente Acuerdo.

5. En caso de que:

a) Dinamarca notifique su decisión de no aplicar el contenido de las modificaciones, o

b) Dinamarca no haga ninguna notificación en el plazo de treinta días establecido en el apartado 2,

el presente Acuerdo se considerará terminado a menos que las Partes decidan lo contrario en un plazo de noventa días. La terminación surtirá efecto dentro de los tres meses siguientes a la expiración del plazo de noventa días.

6. Las peticiones transmitidas con anterioridad a la fecha de terminación del presente Acuerdo según lo establecido en el apartado 5 no se verán afectadas por ésta.

7. Si, en casos excepcionales, la aplicación requiere aprobación parlamentaria en Dinamarca, la notificación de Dinamarca con arreglo al apartado 2 así lo indicará y se aplicará lo previsto en el artículo 3, apartados 5 a 8.

8. Dinamarca comunicará a la Comisión la información a que se refieren los artículos 2, 3, 4, 9, 10, 13, 14, 15, 17, letra *a*), y 19 del Reglamento relativo a la notificación y al traslado de documentos. La Comisión publicará esta información junto con la información pertinente relativa a los restantes Estados miembros. El manual y el léxico elaborados con arreglo a lo dispuesto en el artículo 17 de dicho Reglamento incluirán asimismo la información pertinente relativa a Dinamarca.

Art. 5.º *Acuerdos internacionales que afectan al Reglamento relativo a la notificación y al traslado de documentos.*—1. Los acuerdos internacionales celebrados por la Comunidad en el ejercicio de sus competencias exteriores con arreglo a las normas del Reglamento relativo a la notificación y al traslado de documentos no serán vinculantes ni aplicables en Dinamarca.

2. Dinamarca se abstendrá de celebrar acuerdos internacionales que puedan afectar o alterar el ámbito de aplicación del Reglamento relativo a la notificación y al traslado de documentos anexo al presente Acuerdo, a menos que se haga con el consentimiento de la Comunidad y se hayan tomado medidas satisfactorias sobre la relación entre el presente Acuerdo y los acuerdos internacionales en cuestión.

3. Cuando negocie acuerdos internacionales que puedan afectar o alterar el ámbito de aplicación del Reglamento relativo a la notificación y al traslado de documentos anexo al presente Acuerdo, Dinamarca coordinará su posición con la Comunidad y se abstendrá de toda acción que comprometa los objetivos de una posición coordinada de la Comunidad dentro de su esfera de competencia en tales negociaciones.

Art. 6.º *Competencia del Tribunal de Justicia de las Comunidades Europeas en relación con la interpretación del Acuerdo.*—1. Cuando en un asunto pendiente ante un órgano jurisdiccional danés se suscite una cuestión de validez o interpretación del presente Acuerdo, dicho órgano jurisdiccional solicitará al Tribunal de Justicia que se pronuncie al respecto siempre que en las mismas circunstancias un órgano jurisdiccional de otro Estado miembro de la Unión Europea debiera hacerlo con arreglo al Reglamento relativo a la notificación y al traslado de documentos y a sus normas de desarrollo mencionadas en el artículo 2, apartado 1, del presente Acuerdo.

2. De conformidad con la legislación danesa, cuando los órganos jurisdiccionales de Dinamarca interpreten el presente Acuerdo, tendrán debidamente en cuenta la jurisprudencia del Tribunal de Justicia de las Comunidades Europeas por lo que respecta a las disposiciones del Reglamento relativo a la notificación y al traslado de documentos y cualesquiera otras normas de desarrollo comunitarias.

3. Dinamarca podrá, al igual que el Consejo, la Comisión y cualquier Estado miembro, pedir al Tribunal de Justicia que se pronuncie sobre una cuestión de interpretación del presente Acuerdo. El fallo emitido por el Tribunal de Justicia en respuesta a tal petición no se aplicará a sentencias de órganos jurisdiccionales de los Estados miembros que tengan fuerza de cosa juzgada.

4. Dinamarca podrá formular observaciones al Tribunal de Justicia cuando un órgano jurisdiccional de un Estado miembro le haya remitido una cuestión prejudicial sobre la interpretación de cualquier disposición mencionada en el artículo 2, apartado 1.

5. Serán aplicables el Protocolo sobre el Estatuto del Tribunal de Justicia de las Comunidades Europeas y su Reglamento de procedimiento.

6. Si las disposiciones del Tratado constitutivo de la Comunidad Europea relativas a los fallos del Tribunal de Justicia se modifican con consecuencias para las resoluciones relativas al Reglamento relativo a la notificación y al traslado de documentos, Dinamarca podrá notificar a la Comisión su decisión de no aplicar las modificaciones relativas al presente Acuerdo. La notificación tendrá lugar en el momento de la entrada en vigor de las modificaciones o en el plazo de los sesenta días subsiguientes.

En tal caso, el presente Acuerdo se considerará terminado. La terminación surtirá efecto a los tres meses de la notificación.

7. Las peticiones transmitidas con anterioridad a la fecha de terminación del presente Acuerdo según lo establecido en el apartado 6 no se verán afectadas por ésta.

Art. 7.º *Competencia del Tribunal de Justicia de las Comunidades Europeas en relación con el cumplimiento del Acuerdo.*—1. La Comisión podrá someter al Tribunal de Justicia asuntos contra Dinamarca referentes al incumplimiento de cualquier obligación que le incumba en virtud del presente Acuerdo.

2. Dinamarca podrá denunciar ante la Comisión el incumplimiento por un Estado miembro de las obligaciones que le incumben en virtud del presente Acuerdo.

3. Se aplicarán las disposiciones pertinentes del Tratado constitutivo de la Comunidad Europea que regulan los procedimientos ante el Tribunal de Justicia, así como el Protocolo sobre el Estatuto del Tribunal de Justicia de las Comunidades Europeas y su Reglamento de Procedimiento.

Art. 8.º *Aplicación territorial.*—El presente Acuerdo se aplicará a los territorios mencionados en el artículo 299 del Tratado constitutivo de la Comunidad Europea.

Art. 9.º *Terminación del Acuerdo.*—1. El presente Acuerdo terminará si Dinamarca comunica a los otros Estados miembros que ya no desea invocar las disposiciones de la Parte I del Protocolo sobre la posición de Dinamarca, de conformidad con el artículo 7 de dicho Protocolo.

2. El presente Acuerdo podrá ser terminado por cualquier Parte contratante que lo notifique a la otra Parte contratante. La terminación será efectiva a los seis meses de la fecha de tal notificación.

3. Las peticiones transmitidas antes de la fecha de terminación del Acuerdo según lo establecido en los apartados 1 ó 2 no se verán afectadas por ésta.

Art. 10. *Entrada en vigor.*—1. El presente Acuerdo será adoptado por las Partes de conformidad con sus procedimientos respectivos.

2. El presente Acuerdo entrará en vigor el primer día del sexto mes siguiente a la notificación por las Partes contratantes de la culminación de sus respectivos procedimientos requeridos al efecto.

Art. 11. *Autenticidad de los textos.*—El presente Acuerdo está redactado por duplicado en lenguas alemana, checa, danesa, eslovaca, eslovena, española, estonia, finesa, francesa, griega, húngara, inglesa, italiana, letona, lituana, maltesa, neerlandesa, polaca, portuguesa, y sueca, siendo cada una de estas versiones igualmente auténtica.

Hecho en Bruselas, el diecinueve de octubre de dos mil cinco.

Art. 10: Entrada en vigor el 1.º de julio de 2007 (*DO* L 94, de 4-4-2007).

15. REGLAMENTO (CE) NÚMERO 1206/2001, DEL CONSEJO, DE 28 DE MAYO DE 2001, RELATIVO A LA COOPERACIÓN ENTRE LOS ÓRGANOS JURISDICCIONALES DE LOS ESTADOS MIEMBROS EN EL ÁMBITO DE LA OBTENCIÓN DE PRUEBAS EN MATERIA CIVIL O MERCANTIL*

(*DO* núm. L 174, de 27 de junio de 2001)

EL CONSEJO DE LA UNIÓN EUROPEA,

Visto el Tratado constitutivo de la Comunidad Europea y, en particular, la letra *c*) de su artículo 61 y el apartado 1 de su artículo 67,

Vista la iniciativa de la República Federal de Alemania[1],

Visto el dictamen del Parlamento Europeo[2],

Visto el dictamen del Comité Económico y Social[3],

Considerando lo siguiente:

(1) La Unión se ha fijado el objetivo de mantener y desarrollar la Unión como un espacio de libertad, seguridad y justicia en el que esté garantizada la libre circulación de personas. Para establecer progresivamente tal espacio, la Comunidad deberá adoptar, entre otras cosas, las medidas de cooperación judicial en materia civil necesarias para el buen funcionamiento del mercado interior.

(2) El buen funcionamiento del mercado interior deberá mejo*rar y,* especialmente, simplificar y acelerar la cooperación entre los órganos jurisdiccionales en el ámbito de la obtención de pruebas.

(3) El Consejo Europeo, reunido en Tampere los días 15 y 16 de octubre de 1999, recordó la necesidad de elaborar nuevas normas procesales para los asuntos transfronterizos, en particular en el ámbito de la obtención de pruebas.

(4) Esta materia entra en el ámbito del artículo 65 del Tratado.

(5) Los objetivos de la acción propuesta, concretamente la mejora de la cooperación entre los órganos jurisdiccionales en el ámbito de la obtención de pruebas en materia civil o mercantil, no pueden alcanzarse de manera suficiente por los Estados miembros y, por consiguiente, pueden lograrse mejor a nivel comunitario. Por ello la Comunidad puede adoptar medidas de conformidad con el principio de subsidiariedad contemplado en el artículo 5 del Tratado. De conformidad con el principio de proporcionalidad el presente Reglamento no excede de lo necesario para alcanzar dichos objetivos.

* Con relación a Gibraltar, véase la nota a la cabecera del Reglamento 44/2001 (vid. *supra* núm. 7), aplicable al presente Reglamento.

[1] *DO* C 314, de 3-11-2000, p. 2.

[2] Dictamen emitido el 14 de marzo de 2001 (aún no publicado en el *Diario Oficial*).

[3] Dictamen emitido el 28 de febrero de 2001 (aún no publicado en el *Diario Oficial*).

(6) Hasta ahora no ha existido en el ámbito de la obtención de pruebas ningún acto jurídico vinculante entre todos los Estados miembros. El Convenio de La Haya de 18 de marzo de 1970, relativo a la obtención de pruebas en el extranjero en materia civil o mercantil, sólo se halla en vigor entre once Estados miembros de la Unión Europea.

(7) Dado que para dictar una resolución en una causa civil o mercantil pendiente ante un órgano jurisdiccional de un Estado miembro se requiere con frecuencia realizar en otro Estado miembro la obtención de pruebas, la acción de la Comunidad no puede limitarse al ámbito de la transmisión de documentos judiciales y extrajudiciales en materia civil o mercantil cubierto por el Reglamento (CE) n.º 1348/2000 del Consejo, de 29 de mayo de 2000, relativo a la notificación y al traslado en los Estados miembros de documentos judiciales y extrajudiciales en materia civil o mercantil[4]. Se requiere por ello continuar mejorando la cooperación entre los órganos jurisdiccionales de los Estados miembros en el ámbito de la obtención de pruebas.

(8) La eficiencia de los procedimientos judiciales en materia civil o mercantil exige que la transmisión y la ejecución de las solicitudes de realización de diligencias de obtención de pruebas se efectúen directamente entre los órganos jurisdiccionales de los Estados miembros por la vía más rápida posible.

(9) La transmisión rápida de una solicitud de realización de diligencias de obtención de pruebas requiere la utilización de todos los medios adecuados a tal fin, siendo necesaria la observancia de determinadas condiciones en cuanto a la legibilidad y la fiabilidad del documento recibido. Para garantizar un máximo de claridad y de seguridad jurídica, las solicitudes de realización de diligencias de obtención de pruebas deben transmitirse por medio de un formulario que ha de ir cumplimentado en la lengua del Estado miembro del órgano jurisdiccional requerido o en otra lengua aceptada por dicho Estado miembro. Por las mismas razones, también conviene, en la medida de lo posible, utilizar formularios para las ulteriores comunicaciones entre los órganos jurisdiccionales de que se trate.

(10) La solicitud de realización de diligencias de obtención de pruebas debería ejecutarse con rapidez. Si no es posible efectuarla en un plazo de noventa días desde su recepción por el órgano jurisdiccional requerido, éste debería ponerlo en conocimiento del órgano jurisdiccional requirente, indicándole las razones que impiden que la solicitud sea ejecutada con rapidez.

(11) Con el fin de garantizar la eficacia del presente Reglamento, la posibilidad de denegar la ejecución de una solicitud de realización de diligencias de obtención de pruebas ha de circunscribirse a situacio-

---

[4] *DO* L 160, de 3-6-2000, p. 37.

nes excepcionales estrictamente delimitadas.

(12) El órgano jurisdiccional requerido debería ejecutar la solicitud de conformidad con la legislación de su Estado miembro.

(13) Debería permitirse que las partes y, en su caso, sus representantes, estuviesen presentes durante la realización de diligencias de obtención de pruebas, si así lo prevé la legislación del Estado miembro del órgano jurisdiccional requirente, para que puedan seguir los procedimientos de manera comparable al supuesto en que la prueba se hubiera obtenido en el Estado miembro del órgano jurisdiccional requirente. Asimismo, debería permitirse que soliciten la posibilidad de participar, para desempeñar un papel más activo en las diligencias de obtención de pruebas. Sin embargo, debería corresponder al órgano jurisdiccional requerido determinar, de conformidad con la legislación de su Estado miembro, las condiciones en las que puedan participar.

(14) Debería permitirse que los mandatarios del órgano jurisdiccional requirente estuviesen presentes durante la realización de las diligencias de obtención de pruebas, si ello es compatible con la legislación del Estado miembro del órgano jurisdiccional requirente, para que dispongan de mejores posibilidades de evaluación de las pruebas. Asimismo, debería permitirse que solicitaran la posibilidad de participar, en las condiciones establecidas por el órgano jurisdiccional requerido conforme a la legislación de su Estado miembro, para desempeñar un papel más activo en las diligencias de obtención de pruebas.

(15) Con el objeto de facilitar la obtención de pruebas, un órgano jurisdiccional de un Estado miembro, podrá, de conformidad con la legislación de su Estado miembro, obtener pruebas directamente en otro Estado miembro, si este último lo acepta, y de acuerdo con las condiciones establecidas por el organismo central o autoridad competente del Estado miembro requerido.

(16) La realización de la solicitud, conforme al artículo 10, no debería dar lugar a reclamaciones por reembolso de tasas o gastos. No obstante si el órgano jurisdiccional requerido pide el reembolso, los honorarios de expertos e intérpretes así como los gastos ocasionados por la aplicación de los apartados 3 y 4 del artículo 10, no deberían ser sufragados por dicho órgano. En tal caso corresponde al órgano jurisdiccional requirente adoptar las medidas necesarias para garantizar el reembolso sin demora. Cuando se solicite dictamen de expertos el órgano jurisdiccional requerido puede, previa a la ejecución del requerimiento, solicitar al órgano jurisdiccional requirente una provisión de fondos o adelanto de los gastos previstos.

(17) El presente Reglamento debería prevalecer sobre las disposiciones en vigor que figuran en su ámbito de aplicación en los convenios internacionales en la materia celebrados por los Estados miembros. Los Estados miembros deberían ser libres de celebrar acuerdos

o convenios para facilitar en mayor medida la cooperación en el ámbito de la obtención de pruebas.

(18) Los datos transmitidos en aplicación del presente Reglamento deben estar amparados por un régimen de protección. Puesto que son aplicables la Directiva 95/46/CE del Parlamento Europeo y del Consejo, de 24 de octubre de 1995, relativa a la protección de las personas físicas en lo que respecta al tratamiento de datos personales y a la libre circulación de estos datos[5] y la Directiva 97/66/ CE del Parlamento Europeo y del Consejo, de 15 de diciembre de 1997, relativa al tratamiento de los datos personales y a la protección de la intimidad en el sector de las telecomunicaciones[6], no es necesario incluir disposiciones específicas sobre protección de datos en el presente Reglamento.

(19) Las normas de desarrollo necesarias para la aplicación del presente Reglamento deberían adoptarse de conformidad con la Decisión 1999/468/CE del Consejo, de 28 de junio de 1999, por la que se establecen los procedimientos para el ejercicio de las competencias de ejecución atribuidas a la Comisión[7].

(20) Con vistas al funcionamiento adecuado del presente Reglamento, la Comisión examinará su aplicación y propondrá, en su caso, las modificaciones necesarias.

(21) El Reino Unido e Irlanda, de conformidad con lo dispuesto en el artículo 3 del Protocolo relativo a la posición del Reino Unido y de Irlanda, anejo al Tratado de la Unión Europea y al Tratado constitutivo de la Comunidad Europea, han notificado por escrito su deseo de participar en la adopción y aplicación del presente Reglamento. Se deberían adoptar disposiciones transitorias respecto a los organismos receptores y transmisores para Inglaterra y Gales.

(22) En virtud de los artículos 1 y 2 del Protocolo sobre la posición de Dinamarca anejo al Tratado de la Unión Europea y al Tratado constitutivo de la Comunidad Europea, este Estado miembro no participa en la adopción del presente Reglamento, el cual, por consiguiente, no le vincula ni le es aplicable.

HA ADOPTADO EL PRESENTE REGLAMENTO:

CAPÍTULO PRIMERO

DISPOSICIONES GENERALES

Artículo 1.º *Ámbito de aplicación.*—1. El presente Reglamento será de aplicación en materia civil o mercantil cuando un órgano jurisdiccional de un Estado miembro, de conformidad con su ordenamiento jurídico interno, solicite:

a) la práctica de diligencias de obtención de pruebas al órgano jurisdiccional competente de otro Estado miembro, o

---

[5] *DO* L 281, de 23-11-1995, p. 31.
[6] *DO* L 24, de 30-1-1998, p. 1.
[7] *DO* L 184, de 17-7-1999, p. 23.

b) la realización de diligencias de obtención de pruebas directamente en otro Estado miembro.

2. No se solicitará la obtención de pruebas que no estén destinadas a utilizarse en una causa iniciada o que se prevea incoar.

3. En el presente Reglamento, se entenderá por «Estado miembro» cualquiera de los Estados miembros con excepción de Dinamarca.

Art. 2.º *Comunicación directa entre los órganos jurisdiccionales.*—1. El órgano jurisdiccional ante el que se halle iniciada o se prevea incoar la causa (en lo sucesivo «el órgano jurisdiccional requirente»), remitirá directamente al órgano jurisdiccional competente de otro Estado miembro (en lo sucesivo «el órgano jurisdiccional requerido»), las solicitudes a que se refiere la letra *a*) del apartado 1 del artículo 1 (en lo sucesivo «las solicitudes»), a los efectos de la realización de diligencias de obtención de pruebas.

2. Cada Estado miembro elaborará una lista de los órganos jurisdiccionales competentes para la realización de las diligencias de obtención de pruebas de conformidad con el presente Reglamento. Esta lista mencionará asimismo el ámbito de competencia territorial y, en su caso, especial de dichos órganos jurisdiccionales.

Art. 3.º *Órgano central.*—1. Cada Estado miembro designará un órgano central encargado de:

a) facilitar información a los órganos jurisdiccionales;

b) buscar soluciones en caso de que una solicitud plantee dificultades;

c) a modo de excepción y a instancia de un órgano jurisdiccional requirente, trasladar una solicitud al órgano jurisdiccional requerido.

2. Los Estados federales, los Estados en los que rijan varios ordenamientos jurídicos y los Estados que cuenten con entes territoriales autónomos podrán designar varios órganos centrales.

3. Cada Estado miembro también designará el organismo central a que se refiere el apartado 1 o a una o varias autoridades competentes para resolver sobre las solicitudes de conformidad con el artículo 17.

CAPÍTULO II

NOTIFICACIÓN Y EJECUCIÓN DE LAS SOLICITUDES

SECCIÓN 1.ª

Notificación de la solicitud

Art. 4.º *Forma y contenido de la solicitud.*—1. La solicitud se presentará mediante el formulario A o, en su caso, el formulario I que figura en el anexo, y contendrá los siguientes datos:

a) el órgano jurisdiccional requirente y, en su caso, el órgano jurisdiccional requerido;

Art. 3.º: Ver *Atlas judicial europeo en materia civil*, http://www.europa.eu.int/comm/justice_home/judicialatlascivil.

b) el nombre y la dirección de las partes en la causa y, en su caso, de sus representantes;

c) el tipo de causa judicial y el objeto de la misma, así como una exposición sumaria de los hechos;

d) la descripción de las diligencias de obtención de pruebas solicitadas;

e) tratándose de una solicitud dirigida a tomar declaración a una persona:

— el nombre y la dirección de dicha persona,

— las preguntas que hayan de formularse a las personas que deban declarar o los hechos sobre los que vayan a prestar declaración,

— en su caso, la indicación sobre la existencia de un derecho de los testigos a no prestar declaración con arreglo al ordenamiento jurídico del Estado miembro del órgano jurisdiccional requirente,

— en su caso, la petición de recibir la declaración bajo juramento o promesa de decir la verdad y, en su caso, la fórmula que haya de emplearse,

— en su caso, cualquier otra información que el órgano jurisdiccional requirente estime necesaria;

f) tratándose de la solicitud de obtención de cualquier otra prueba, los documentos u otros objetos que deban examinarse;

g) en su caso, las solicitudes a tenor de los apartados 3 y 4 del artículo 10 y los artículos 11 y 12, así como las aclaraciones necesarias para la aplicación de dichas disposiciones.

2. No se exigirá la autenticación o cualquier otra formalidad equivalente de la solicitud ni de los documentos adjuntos a la misma.

3. Los documentos cuya aportación considere necesaria el órgano jurisdiccional requirente para la ejecución de la solicitud deberán proporcionarse acompañados de una traducción a la lengua en que se haya redactado la solicitud.

Art. 5.º *Lenguas.*—La solicitud y las comunicaciones previstas en el presente Reglamento se redactarán en la lengua oficial del Estado miembro requerido o, cuando haya varias lenguas oficiales en dicho Estado miembro, en la lengua oficial o en una de las lenguas oficiales del lugar en el que deba realizarse la obtención de pruebas solicitada, o en otra lengua que el Estado miembro requerido haya aceptado. Cada Estado miembro deberá indicar la lengua o las lenguas oficiales de las instituciones de la Comunidad Europea distintas de la suya o de las suyas en que aceptará que se cumplimenten los formularios.

Art. 6.º *Transmision de las solicitudes y de otras comunicaciones.*—Las solicitudes y las comunicaciones previstas en el presente Reglamento se transmitirán por la vía más rápida, que haya sido aceptada por el Estado miembro requerido. La transmisión podrá realizarse por cualquier medio adecuado siempre que el contenido del documento recibido sea fiel y conforme al del documento expedido y que todas las indicaciones que contenga sean legibles.

SECCIÓN 2.ª

Recepción de la solicitud

Art. 7.º *Recepción de la solicitud.*—1. El órgano jurisdiccional requerido competente expedirá al órgano jurisdiccional requirente, en un plazo de siete días tras la recepción de la solicitud, un acuse de recibo por medio del formulario B que figura en el anexo. Si la solicitud no cumple los requisitos establecidos en el artículo 5 y en el artículo 6, el órgano jurisdiccional requerido lo hará constar en el acuse de recibo.

2. En caso de que la ejecución de una solicitud, presentada mediante el formulario A que figura en el anexo y que cumpla los requisitos del artículo 5, no fuera de la competencia del órgano jurisdiccional al que se transmitió, este último trasladará la solicitud al órgano jurisdiccional competente de su Estado miembro e informará de ello al órgano jurisdiccional requirente mediante el formulario A que figura en el anexo.

Art. 8.º *Solicitudes incompletas.*—1. Si la solicitud no pudiera ejecutarse por no contener todos los datos necesarios con arreglo al artículo 4, el órgano jurisdiccional requerido informará de ello al órgano jurisdiccional requirente mediante el formulario C que figura en el anexo con la mayor brevedad y, a más tardar, en el plazo de treinta días tras la recepción de la solicitud, y le solicitará la transmisión de los datos que faltan, que habrán de indicarse del modo más preciso posible.

2. Si la solicitud no pudiera ejecutarse porque fuera necesaria la provisión de fondos o adelanto mencionada en el apartado 3 del artículo 18 el órgano jurisdiccional requerido informará de ello al órgano jurisdiccional requirente a la mayor brevedad y, a más tardar, en el plazo de treinta días tras la recepción de la solicitud, mediante el formulario C que figura en el anexo e informará al órgano jurisdiccional requirente de cómo debe hacerse la provisión de fondos o adelanto. El órgano jurisdiccional requerido dará recibo de la provisión de fondos o adelanto a más tardar en el plazo de diez días de la recepción de la provisión de fondos o adelanto mediante el formulario D.

Art. 9.º *Cumplimentación de la solicitud.*—1. Si el órgano jurisdiccional requerido, de conformidad con el apartado 1 del artículo 7, hubiese indicado en el acuse de recibo que la solicitud no cumple las condiciones establecidas en el artículo 5 y en el artículo 6, o si, de conformidad con el artículo 9, hubiese informado al órgano jurisdiccional requirente de que la solicitud no puede ejecutarse por no contener todos los datos necesarios con arreglo al artículo 4, el plazo fijado en el apartado 1 del artículo 10 comenzará a correr cuando el órgano jurisdiccional requerido haya recibido la solicitud debidamente cumplimentada.

2. Cuando el órgano jurisdiccional requerido haya pedido la provisión de fondos o adelanto conforme al apartado 3 del artículo 18 el plazo mencionado comenzará a correr a partir del día en que se haya efectuado la provisión o adelanto.

SECCIÓN 3.ª

Obtencion de pruebas por el órgano jurisdiccional requerido

Art. 10. *Disposiciones generales sobre la ejecución de la solicitud.*—1. El órgano jurisdiccional requerido ejecutará la solicitud con la mayor brevedad y, a más tardar, en los noventa días siguientes a la recepción de la solicitud.

2. El órgano jurisdiccional requerido ejecutará la solicitud aplicando el Derecho de su Estado miembro.

3. El órgano jurisdiccional requirente podrá pedir que la solicitud se ejecute de acuerdo con alguno de los procedimientos especiales previstos en el Derecho de su Estado miembro, mediante el formulario A que figura en el anexo. El órgano jurisdiccional requerido cumplirá dicha petición, a no ser que el procedimiento en cuestión sea incompatible con el Derecho del Estado miembro del órgano jurisdiccional requerido o que existan grandes dificultades de hecho. En caso de que el órgano jurisdiccional requerido no acceda a la petición por alguno de los motivos arriba citados, informará al órgano jurisdiccional requirente mediante el formulario E que figura en el anexo.

4. El órgano jurisdiccional requirente podrá solicitar al órgano jurisdiccional requerido que utilice los medios tecnológicos de comunicación en la realización de la obtención de pruebas, en particular la videoconferencia y la teleconferencia.

El órgano jurisdiccional requerido cumplirá dicha petición, a no ser que ésta sea incompatible con el Derecho del Estado miembro del órgano jurisdiccional requerido o que existan grandes dificultades de hecho.

En caso de que el órgano jurisdiccional requerido no acceda a la petición por alguno de los motivos arriba citados, informará al órgano jurisdiccional requirente mediante el formulario E que figura en el anexo.

Si en el órgano jurisdiccional requirente o requerido no se dispone de acceso a los medios técnicos mencionados anteriormente, los órganos jurisdiccionales podrán facilitarlos de mutuo acuerdo.

Art. 11. *Realización en presencia y con participación de las partes.*—1. En caso de que así lo prevea el Derecho del Estado miembro del órgano jurisdiccional requirente, las partes y, en su caso, sus representantes tendrán derecho a estar presentes cuando el órgano jurisdiccional requerido realice las diligencias de obtención de pruebas.

2. En su solicitud, el órgano jurisdiccional requirente informará al órgano jurisdiccional requerido de la presencia de las partes y, en su caso, de sus representantes y, si ha lugar, de que se solicita su participación, mediante el formulario A que figura en el anexo. Dicha información podrá transmitirse asimismo en cualquier otro momento conveniente.

3. Si se solicita la participación de las partes y, en su caso, de sus representantes, en la realización de las diligencias de obtención de pruebas, el órgano jurisdiccional requerido determinará, de acuerdo con el artículo 10, las condiciones en las que podrán participar.

4. El órgano jurisdiccional requerido notificará a las partes y, en su caso, a sus representantes, el momento y el lugar en que las diligencias tendrán lugar, y, si procede, las condiciones en las que podrán participar, mediante el formulario F que figura en el anexo.

5. Lo dispuesto en los apartados 1 al 4 no obstará a la posibilidad de que el órgano jurisdiccional requerido solicite a las partes y, en su caso, a sus representantes, que estén presentes o que participen en la realización de la obtención de pruebas si así lo prevé el Derecho de su Estado miembro.

Art. 12. *Realización en presencia y con la participación de mandatarios del órgano jurisdiccional requirente.*—1. En caso de que sea compatible con el Derecho del Estado miembro requirente, los mandatarios del órgano jurisdiccional requirente tendrán derecho a estar presentes cuando el órgano jurisdiccional requerido realice las diligencias de obtención de pruebas.

2. A los efectos del presente artículo, el término «mandatario» abarcará a los miembros del personal judicial designados por el órgano jurisdiccional requirente, con arreglo al Derecho de su Estado miembro. El órgano jurisdiccional requirente también podrá designar, de acuerdo con el Derecho de su Estado miembro, a cualquier otra persona, como, por ejemplo, un experto.

3. En su solicitud, el órgano jurisdiccional requirente informará al órgano jurisdiccional requerido de la presencia de sus mandatarios y, si ha lugar, de que se solicita su participación, mediante el formulario A que figura en el anexo. Dicha información podrá transmitirse asimismo en cualquier otro momento conveniente.

4. Si se solicita la participación de los mandatarios del órgano jurisdiccional requirente en la realización de las diligencias de obtención de pruebas, el órgano jurisdiccional requerido determinará, de acuerdo con el artículo 10, las condiciones en las que podrán participar.

5. El órgano jurisdiccional requerido notificará al órgano jurisdiccional requirente el momento y el lugar en los que las diligencias tendrán lugar, y, si procede, las condiciones en las que los mandatarios podrán participar, mediante el formulario F que figura en el anexo.

Art. 13. *Medidas coercitivas.*—Si fuera necesario, el órgano jurisdiccional requerido recurrirá para la ejecución de la solicitud a medidas coercitivas adecuadas en los casos y en la medida previstos por el Derecho del Estado miembro del órgano jurisdiccional requerido para la ejecución de solicitudes presentadas con el mismo fin por autoridades nacionales o por una de las partes.

Art. 14. *Denegación de la ejecucion.*—1. No se ejecutará la solicitud de tomar declaración a una persona cuando dicha persona alegue el derecho de negarse a declarar o la prohibición de declarar:

a) previstos por el Derecho del Estado miembro del órgano jurisdiccional requerido, o

b) previstos por el Derecho del Estado miembro del órgano jurisdiccional requirente e indicados en la solicitud o, si fuera preceptivo, confirmados por el órgano jurisdiccional requirente a petición del órgano jurisdiccional requerido.

2. Además de por los motivos citados en el apartado 1, la ejecución de una solicitud sólo podrá denegarse:

a) si la solicitud no se inscribe en el ámbito de aplicación del presente Reglamento a que se refiere el artículo 1;

b) si según el Derecho del Estado miembro del órgano jurisdiccional requerido la ejecución de la solicitud no entra en el ámbito de las competencias judiciales;

c) si el órgano jurisdiccional requirente no accede a la petición formulada por el órgano jurisdiccional requerido de completar la solicitud de acuerdo con lo dispuesto en el artículo 8 en un plazo de treinta días desde que el órgano jurisdiccional requerido haya pedido al órgano jurisdiccional requirente que la complete;

d) si la provisión de fondos o adelanto solicitado conforme al apartado 3 del artículo 18 no se efectuara en los sesenta días siguientes a la solicitud de provisión o adelanto del órgano jurisdiccional requerido.

3. La ejecución no podrá denegarse por el órgano jurisdiccional requerido únicamente por el hecho de que, de acuerdo con el Derecho de su Estado miembro, un órgano jurisdiccional de dicho Estado tenga competencia exclusiva en el asunto de que se trate o no disponga de un procedimiento equivalente a aquel para el que se cursó la solicitud.

4. Si se rechazara la ejecución de la solicitud por alguno de los motivos expuestos en el apartado 2, el órgano jurisdiccional requerido informará al órgano jurisdiccional requirente mediante el formulario H que figura en el anexo en un plazo de sesenta días contado desde la recepción de la solicitud por el órgano jurisdiccional requerido.

Art. 15. *Notificación del retraso.*—Si el órgano jurisdiccional requerido no está en condiciones de cumplir la solicitud dentro de los noventa días siguientes a su recepción, informará de ello al órgano jurisdiccional requirente mediante el formulario G que figura en el anexo. Cuando así sea, expondrá los motivos del retraso, así como el plazo estimado que el órgano jurisdiccional requerido considera necesario para cumplir la solicitud.

Art. 16. *Procedimiento tras la ejecución de la solicitud.*—El órgano jurisdiccional requerido transmitirá con la mayor brevedad al órgano jurisdiccional requirente los documentos que acrediten la ejecución de la solicitud, y, en su caso, devolverá los documentos recibidos del órgano jurisdiccional requirente. Junto a estos documentos se debería remitir, mediante el formulario H que figura en el anexo, una confirmación de ejecución de la solicitud.

SECCIÓN 4.ª

Obtención directa de pruebas por el órgano jurisdiccional requirente

Art. 17. 1. Si un órgano jurisdiccional solicita obtener pruebas directamente en otro Estado miembro, presentará la solicitud al órgano central o a la autoridad competente de dicho Estado a que se refiere el apartado 3 del artículo 3 mediante el formulario I que figura en el anexo.

2. Únicamente podrá efectuarse la obtención directa de pruebas en caso de que pueda llevarse a cabo de forma voluntaria, sin necesidad de aplicar medidas coercitivas.

Si la obtención directa de pruebas implica que debe tomarse declaración a una persona, el órgano jurisdiccional requirente informará a dicha persona de que las diligencias tendrán carácter voluntario.

3. La obtención de pruebas será efectuada por un miembro del personal judicial o por cualquier otra persona, como, por ejemplo, un experto, designados con arreglo al Derecho del Estado miembro del órgano jurisdiccional requirente.

4. En un plazo de treinta días tras la recepción de la solicitud, el órgano central o la autoridad competente del Estado miembro requerido informará al órgano jurisdiccional requirente si se ha aceptado la solicitud y, en su caso, en qué condiciones con arreglo al Derecho de su Estado miembro deben practicarse dichas diligencias, mediante el formulario J.

En particular, el órgano central o la autoridad competente podrán designar a un órgano jurisdiccional de su Estado miembro para que participe en las diligencias de obtención de pruebas a fin de garantizar la correcta aplicación del presente artículo y de las condiciones que se hayan establecido.

El órgano central o la autoridad competente fomentará la utilización de los medios tecnológicos de comunicación como videoconferencias y teleconferencias.

5. El órgano central o la autoridad competente podrá denegar la obtención directa de pruebas sólo si:

a) la solicitud no tiene cabida en el ámbito de aplicación del presente Reglamento con arreglo a lo dispuesto en el artículo 1;

b) la solicitud no contiene todos los datos necesarios con arreglo a lo dispuesto en el artículo 4, o

c) la obtención directa de pruebas solicitada es contraria a los principios fundamentales del Derecho de su Estado miembro.

6. Sin perjuicio de las condiciones establecidas con arreglo al apartado 4, el órgano jurisdiccional requirente ejecutará la solicitud de conformidad con el Derecho de su Estado miembro.

SECCIÓN 5.ª

Gastos

Art. 18. 1. La ejecución de una solicitud, conforme con el artículo 10, no dará lugar al abono de tasas o gastos.

2. No obstante, si el órgano jurisdiccional requerido así lo solicita, el órgano jurisdiccional requirente velará sin demora por el reembolso de:

— los honorarios abonados a los expertos e intérpretes, y

— los gastos ocasionados por la aplicación de los apartados 3 y 4 del artículo 10.

La obligación de las partes de sufragar los honorarios y gastos se regirá por la legislación del Estado miembro del órgano jurisdiccional requirente.

3. Cuando se solicite el dictamen de un experto, el órgano jurisdiccional requerido puede, antes de realizar la solicitud, recabar del órgano jurisdiccional requirente adecuada provisión de fondos o adelanto sobre los gastos estimados.

La provisión de fondos o adelanto será efectuada por las partes si así lo prevé la ley del Estado miembro del órgano jurisdiccional requirente.

CAPÍTULO III

DISPOSICIONES FINALES

Art. 19. *Normas de desarrollo.*—1. De conformidad con el artículo 21, la Comisión elaborará y actualizará periódicamente un manual, que también estará disponible electrónicamente, con la información facilitada por los Estados miembros con arreglo al artículo 22 y a los acuerdos en vigor.

2. La actualización o adaptación técnica de los formularios que figuran en el anexo se llevará a cabo con arreglo al procedimiento consultivo mencionado en el apartado 2 del artículo 20.

Art. 20. *Comité.*—1. La Comisión estará asistida por un Comité.

2. En los casos en que se haga referencia al presente apartado, serán de aplicación los artículos 3 y 7 de la Decisión 1999/468/CE.

3. El Comité aprobará su reglamento interno.

Art. 21. *Relación con los acuerdos o convenios existentes o futuros entre los Estados miembros.*—1. Por lo que se refiere a la materia de su ámbito de aplicación, el presente Reglamento prevalecerá sobre las disposiciones de los acuerdos o convenios bilaterales o multilaterales celebrados por los Estados miembros y en especial las del Convenio de La Haya, de 1 de marzo de 1954 relativo al procedimiento civil y del Convenio de La Haya, de 18 de marzo de 1970, relativo a la obtención de pruebas en el extranjero en materia civil o mercantil, en las relaciones entre los Estados miembros que sean parte de dichos convenios.

2. El presente Reglamento no se opone a que dos o más de los Estados miembros mantengan o

celebren acuerdos o convenios entre sí encaminados a facilitar en mayor medida la obtención de pruebas, siempre que sean compatibles con las disposiciones del presente Reglamento.

3. Los Estados miembros remitirán a la Comisión:

a) a más tardar el 1 de julio de 2003, una copia de los acuerdos o convenios mantenidos entre los Estados miembros a que se refiere el apartado 2;

b) una copia de los acuerdos o convenios a que se refiere el apartado 2 celebrados entre los Estados miembros, así como los proyectos de tales acuerdos o convenios que se propongan celebrar, y

c) cualquier denuncia o modificación de tales acuerdos o convenios.

Art. 22. *Comunicación.*—A más tardar el 1 de julio de 2003, cada Estado miembro comunicará a la Comisión la siguiente información:

a) la lista prevista en el apartado 2 del artículo 2, con indicación del ámbito de competencia territorial y, en su caso, especial de los órganos jurisdiccionales;

b) el nombre y la dirección de los organismos centrales y autoridades competentes previstos en el artículo 4, así como el ámbito territorial de su competencia;

c) los medios técnicos de los que dispongan los órganos jurisdiccionales enumerados en la lista incluida en el apartado 2 del artículo 2;

d) las lenguas admitidas para las solicitudes a que se refiere el artículo 5.

Los Estados miembros comunicarán a la Comisión toda modificación posterior que afecte a lo precedente.

Art. 23. *Revisión.*—A más tardar el 1 de enero de 2007, y posteriormente cada cinco años, la Comisión presentará al Parlamento Europeo, al Consejo y al Comité Económico y Social un informe relativo a su aplicación, con especial referencia a la aplicación práctica de la letra *c*) del apartado 1 y del apartado 3, ambos del artículo 3, así como de los artículos 17 y 18.

Art. 24. *Entrada en vigor.*—1. El presente Reglamento entrará en vigor el 1 de julio de 2001.

2. El presente Reglamento se aplicará desde el 1 de enero de 2004, salvo para los artículos 14, 19, 21 y 22 que se aplicarán desde el 1 de julio de 2001.

El presente Reglamento será obligatorio en todos sus elementos y directamente aplicable en los Estados miembros de conformidad con el Tratado constitutivo de la Comunidad Europea.

Hecho en Bruselas, el 28 de mayo de 2001.

ANEXO *

Formulario A

Solicitud de obtención de pruebas

a que se refiere el artículo 4 del Reglamento (CE) n.º 1206/2001 del Consejo, de 28 de mayo de 2001, relativo a la cooperación entre los órganos jurisdiccionales de los Estados miembros en el ámbito de la obtención de pruebas en materia civil o mercantil (*DO* núm. L 174, de 27-6-2001, p. 1).

1. Número de referencia del órgano jurisdiccional requirente:
2. Número de referencia del órgano jurisdiccional requerido:
3. Órgano jurisdiccional requirente
   - 3.1. Denominación:
   - 3.2. Dirección:
     - 3.2.1. Calle y número/apartado de correos:
     - 3.2.2. Localidad y código postal:
     - 3.2.3. País:
   - 3.3. Teléfono:
   - 3.4. Fax:
   - 3.5. Correo electrónico:
4. Órgano jurisdiccional requerido
   - 4.1. Denominación:
   - 4.2. Dirección:
     - 4.2.1. Calle y número/apartado de correos:
     - 4.2.2. Localidad y código postal:
     - 4.2.3. País:
   - 4.3. Teléfono:
   - 4.4. Fax:
   - 4.5. Correo electrónico:
5. Parte demandante
   - 5.1. Nombre o razón social:
   - 5.2. Dirección:
     - 5.2.1. Calle y número/apartado de correos:
     - 5.2.2. Localidad y código postal:
     - 5.2.3. País:
   - 5.3. Teléfono:
   - 5.4. Fax:
   - 5.5. Correo electrónico:
6. Representantes de la parte demandante
   - 6.1. Nombre:
   - 6.2. Dirección:
     - 6.2.1. Calle y número/apartado de correos:
     - 6.2.2. Localidad y código postal:
     - 6.2.3. País:
   - 6.3. Teléfono:
   - 6.4. Fax:
   - 6.5. Correo electrónico:
7. Parte demandada
   - 7.1. Nombre o razón social:
   - 7.2. Dirección:
     - 7.2.1. Calle y número/apartado de correos:

* Con relación a los formularios, ver *Atlas judicial europeo en materia civil*, http: //www.europa.eu.int/comm/justice_home/judicialatlascivil.

7.2.2. Localidad y código postal:
7.2.3. País:
7.3. Teléfono:
7.4. Fax:
7.5. Correo electrónico:
8. Representantes de la parte demandada
8.1. Nombre:
8.2. Dirección:
8.2.1. Calle y número/apartado de correos:
8.2.2. Localidad y código postal:
8.2.3. País:
8.3. Teléfono:
8.4. Fax:
8.5. Correo electrónico:
9. Presencia y participación de las partes
9.1. Las partes y, en su caso, sus representantes estarán presentes durante las diligencias: ❑
9.2. Se solicita la participación de las partes y, en su caso, de sus representantes: ❑
10. Presencia y participación de los mandatarios del órgano jurisdiccional requirente
10.1. Los mandatarios estarán presentes durante las diligencias: ❑
10.2. Se solicita la participación de los mandatarios: ❑
10.2.1. Nombre:
10.2.2. Cargo:
10.2.3. Función:
10.2.4. Cometido:
11. Tipo y objeto del procedimiento y breve exposición de los hechos (si procede, en forma de anexo):
12. Diligencias de obtención de pruebas que deberán practicarse
12.1. Descripción de las diligencias de prueba que deberán practicarse (si procede, en forma de anexo):
12.2. Examen de testigos
12.2.1. Nombre y apellidos:
12.2.2. Dirección:
12.2.3. Teléfono:
12.2.4. Fax:
12.2.5. Correo electrónico:
12.2.6. Preguntas que deberán formularse al testigo o exposición de los hechos en relación con los cuales se efectuará su examen (si procede, en forma de anexo):
12.2.7. Derecho de negarse a testificar según la legislación del Estado miembro del órgano jurisdiccional requirente (si procede, en forma de anexo):
12.2.8. Se ruega examinar al testigo:
12.2.8.1. bajo juramento: ❑
12.2.8.2. en forma de declaración: ❑
12.2.9. Cualquier otra información que el órgano jurisdiccional requirente estime necesaria (si procede, en forma de anexo):
12.3. Obtención de pruebas de otra índole
12.3.1. Documentos que deberán inspeccionarse y una descripción de la obtención de pruebas solicitada (si procede, en forma de anexo):
12.3.2. Objetos que deberán inspeccionarse y una descripción de la obtención de pruebas solicitada (si procede, en forma de anexo):
13. Se ruega ejecutar la diligencia solicitada
13.1. con arreglo a un procedimiento especial (apartado 3 del artículo 10) previsto por la legislación del Estado miembro del órgano jurisdiccional requirente o con utilización de los medios tecnológicos de comunicación (apartado 4 del artículo 10) que se describen en forma de anexo:

13.2. Las siguientes aclaraciones son necesarias para su aplicación:

Lugar:
Fecha:

Notificación de traslado de la solicitud

a que se refiere el apartado 2 del artículo 7 del Reglamento (CE) n.º 1206/2001 del Consejo, de 28 de mayo de 2001, relativo a la cooperación entre los órganos jurisdiccionales de los Estados miembros en el ámbito de la obtención de pruebas en materia civil o mercantil (*DO* núm. L 174, de 27-6-2001, p. 1).

14. El órgano jurisdiccional mencionado en el anterior punto 4 no es competente para ejecutar la solicitud, por lo que la misma se ha trasladado a:
    - 14.1. Denominación del órgano jurisdiccional competente:
    - 14.2. Dirección:
        - 14.2.1. Calle y número/apartado de correos:
        - 14.2.2. Localidad y código postal:
        - 14.2.3. País:
    - 14.3. Teléfono:
    - 14.4. Fax:
    - 14.5. Correo electrónico:

Lugar:
Fecha:

Formulario B

Acuse de recibo de una solicitud de diligencias de obtención de pruebas

a que se refiere el apartado 1 del artículo 7 del Reglamento (CE) n.º 1206/2001 del Consejo, de 28 de mayo de 2001, relativo a la cooperación entre los órganos jurisdiccionales de los Estados miembros en el ámbito de la obtención de pruebas en materia civil o mercantil (*DO* núm. L 174, de 27-6-2001, p. 1).

1. Número de referencia del órgano jurisdiccional requirente:
2. Número de referencia del órgano jurisdiccional requerido:
3. Denominación del órgano jurisdiccional requirente:
4. Órgano jurisdiccional requerido
    - 4.1. Denominación:
    - 4.2. Dirección:
        - 4.2.1. Calle y número/apartado de correos:
        - 4.2.2. Localidad y código postal:
        - 4.2.3. País:
    - 4.3. Teléfono:
    - 4.4. Fax:
    - 4.5. Correo electrónico:
5. La solicitud se ha recibido en el órgano jurisdiccional mencionado en el anterior punto 4 el ... (fecha de recepción).
6. No ha podido tramitarse la solicitud por uno de los siguientes motivos:
    - 6.1. La lengua en que se ha cumplimentado el formulario no es admisible (artículo 5): ❑
        - 6.1.1. Se ruega utilizar alguna de las siguientes lenguas: ❑
    - 6.2. El documento no es legible (artículo 6):

Lugar:
Fecha:

Formulario C

Petición de información complementaria para la diligencia de obtención de pruebas

a que se refiere el artículo 8 del Reglamento (CE) n.º 1206/2001 del Consejo, de 28 de mayo de 2001, relativo a la cooperación entre los órganos jurisdiccionales de los Estados miembros en el ámbito de la obtención de pruebas en materia civil o mercantil (*DO* núm. L 174, de 27-6-2001, p. 1).

1. Número de referencia del órgano jurisdiccional requerido:
2. Número de referencia del órgano jurisdiccional requirente:
3. Denominación del órgano jurisdiccional requirente:
4. Denominación del órgano jurisdiccional requerido:
5. Para la ejecución de las diligencias solicitadas se requiere la siguiente información complementaria:
6. La solicitud no puede ser realizada si la provisión de fondos o adelanto no ha sido efectuada conforme al apartado 3 del artículo 18. La provisión de fondos o adelanto debe efectuarse de la siguiente manera:

Lugar:
Fecha:

Formulario D

Acuse de recibo de la provisión de fondos o adelanto

a que se refiere el apartado 2 del artículo 8 del Reglamento (CE) n.º 1206/2001 del Consejo, de 28 de mayo de 2001, relativo a la cooperación entre los órganos jurisdiccionales de los Estados miembros en el ámbito de la obtención de pruebas en materia civil o mercantil (*DO* núm. L 174, de 27-6-2001, p. 1).

1. Número de referencia del órgano jurisdiccional requirente:
2. Número de referencia del órgano jurisdiccional requerido:
3. Denominación del órgano jurisdiccional requirente:
4. Denominación del órgano jurisdiccional requerido:
5. La provisión de fondos o adelanto fue recibida el … (fecha de recepción) por el órgano indicado en el punto 4 precedente.

Lugar:
Fecha:

Formulario E

Notificación relativa a la solicitud de procedimientos especiales o de recurso a los medios tecnológicos de comunicación

a que se refieren los apartados 3 y 4 del artículo 10 del Reglamento (CE) n.º 1206/2001 del Consejo, de 28 de mayo de 2001, relativo a la cooperación entre los órganos jurisdiccionales de los Estados miembros en el ámbito de la obtención de pruebas en materia civil o mercantil (*DO* núm. L 174, de 27-6-2001, p. 1).

1. Número de referencia del órgano jurisdiccional requerido:
2. Número de referencia del órgano jurisdiccional requirente:
3. Denominación del órgano jurisdiccional requirente:
4. Denominación del órgano jurisdiccional requerido:
5. No ha sido posible ejecutar las diligencias solicitadas con arreglo al procedimiento especial indicado en el punto 13.1 de la solicitud (formulario A) por el motivo siguiente:
   - 5.1. El procedimiento solicitado es incompatible con la legislación del Estado miembro del órgano jurisdiccional requerido: ☐
   - 5.2. La práctica del procedimiento solicitado no es posible por dificultades importantes de orden práctico: ☐
6. No ha sido posible ejecutar las diligencias solicitadas con utilización de tecnología de comunicaciones según lo indicado en el punto 13.1 de la solicitud (formulario A) por el motivo siguiente:
   - 6.1. La utilización de los medios tecnológicos de comunicación es incompatible con la legislación del Estado miembro del órgano jurisdiccional requerido:
   - 6.2. La utilización de los medios tecnológicos de comunicación no es posible por dificultades importantes de orden práctico: ☐

Lugar:
Fecha:

Formulario F

Notificación de la fecha, hora y lugar de ejecución de las diliciencias de obtención de pruebas y condiciones para la participación

a que se refiere el apartado 4 del artículo 11 y al apartado 5 del artículo 12 del Reglamento (CE) n.º 1206/2001 del Consejo, de 28 de mayo de 2001, relativo a la cooperación entre los órganos jurisdiccionales de los Estados miembros en el ámbito de la obtención de pruebas en materia civil o mercantil (*DO* núm. L 174, de 27-6-2001, p. 1).

1. Número de referencia del órgano jurisdiccional requirente:
2. Número de referencia del órgano jurisdiccional requerido:
3. Órgano jurisdiccional requirente
   - 3.1. Denominación:
   - 3.2. Dirección:
     - 3.2.1. Calle y número/apartado de correos:
     - 3.2.2. Localidad y código postal:
     - 3.2.3. País:
   - 3.3. Teléfono:
   - 3.4. Fax:
   - 3.5. Correo electrónico:
4. Órgano jurisdiccional requerido
   - 4.1. Denominación:
   - 4.2. Dirección:
     - 4.2.1. Calle y número/apartado de correos:
     - 4.2.2. Localidad y código postal:
     - 4.2.3. País:
   - 4.3. Teléfono:
   - 4.4. Fax:
   - 4.5. Correo electrónico:
5. Fecha y hora de la ejecución de las diligencias de obtención de pruebas:

6. Lugar de ejecución de las diligencias de obtención de pruebas, si difiere del mencionado en el anterior punto 4:
7. Si ha lugar, condiciones de la participación de las partes y, en su caso, de sus representantes:
8. Si procede, condiciones de la participación de los mandatarios del órgano jurisdiccional requirente:

Fecha:
Lugar:

Formulario G

Notificación de retraso

a que se refiere el artículo 15 del Reglamento (CE) n.º 1206/2001 del Consejo, de 28 de mayo de 2001, relativo a la cooperación entre los órganos jurisdiccionales de los Estados miembros en el ámbito de la obtención de pruebas en materia civil o mercantil (*DO* núm. L 174, de 24-6-2001, p. 1).

1. Número de referencia del órgano jurisdiccional requerido:
2. Número de referencia del órgano jurisdiccional requirente:
3. Denominación del órgano jurisdiccional requirente:
4. Denominación del órgano jurisdiccional requerido:
5. No se pueden realizar las diligencias en el plazo de noventa días desde la recepción de la solicitud por los motivos siguientes:
6. Se calcula que la ejecución de la solicitud se efectuará a más tardar el... (indíquese una estimación de fecha).

Lugar:
Fecha:

Formulario H

Información sobre el curso dado a la solicitud

a que se refieren los artículos 14 y 16 del Reglamento (CE) n.º 1206/2001 del Consejo, de 28 de mayo de 2001, relativo a la cooperación entre los órganos jurisdiccionales de los Estados miembros en el ámbito de la obtención de pruebas en materia civil o mercantil (*DO* núm. L 174, de 27-6-2001, p. 1).

1. Número de referencia del órgano jurisdiccional requerido:
2. Número de referencia del órgano jurisdiccional requirente:
3. Denominación del órgano jurisdiccional requirente:
4. Denominación del órgano jurisdiccional requerido:
5. La solicitud ha sido ejecutada:

Se adjunta la documentación acreditativa de la ejecución: ❑

6. Se ha denegado la ejecución de la solicitud por los motivos siguientes:
   - 6.1. La persona que debía ser examinada se ha acogido al derecho de negarse a prestar declaración o ha alegado la prohibición de prestar declaración:
     - 6.1.1. a tenor de la legislación del Estado miembro del órgano requerido: ❑
     - 6.1.2. a tenor de la legislación del Estado miembro del órgano requirente: ❑
   - 6.2. La solicitud no corresponde al ámbito de aplicación del Reglamento.

6.3. A tenor de la legislación del Estado miembro del órgano jurisdiccional requerido, la ejecución de la solicitud no es competencia del poder judicial. ❑
6.4. El órgano jurisdiccional requirente no ha respondido a la petición de información complementaria del órgano jurisdiccional requerido de fecha ... (fecha de la solicitud): ❑
6.5. No ha sido efectuada la provisión de fondos o adelanto solicitado conforme al apartado 3 del artículo 18. ❑

Lugar:
Fecha:

Formulario I

Solicitud de obtención de pruebas directa

a que se refiere el artículo 17 del Reglamento (CE) n.º 1206/2001 del Consejo, de 28 de mayo de 2001, relativo a la cooperación entre los órganos jurisdiccionales de los Estados miembros en el ámbito de la obtención de pruebas en materia civil o mercantil (*DO* núm. L 174, de 27-6-2001, p. 1).

1. Número de referencia del órgano jurisdiccional requirente:
2. Número de referencia del organismo central o autoridad competente:
3. Órgano jurisdiccional requirente
   3.1. Denominación:
   3.2. Dirección:
      3.2.1. Calle y número/apartado de correos:
      3.2.2. Localidad y código postal:
      3.2.3. País:
   3.3. Teléfono:
   3.4. Fax:
   3.5. Correo electrónico:
4. Organismo central o autoridad competente del Estado requerido
   4.1. Denominación:
   4.2. Dirección:
      4.2.1. Calle y número/apartado de correos:
      4.2.2. Localidad y código postal:
      4.2.3. País:
   4.3. Teléfono:
   4.4. Fax:
   4.5. Correo electrónico:
5. Parte demandante
   5.1. Nombre o razón social:
   5.2. Dirección:
      5.2.1. Calle y número/apartado de correos:
      5.2.2. Localidad y código postal:
      5.2.3. País:
   5.3. Teléfono:
   5.4. Fax:
   5.5. Correo electrónico:
6. Representantes de la parte demandante
   6.1. Nombre:
   6.2. Dirección:
      6.2.1. Calle y número/apartado de correos:
      6.2.2. Localidad y código postal:
      6.2.3. País:
   6.3. Teléfono:
   6.4. Fax:

6.5. Correo electrónico:
7. Parte demandada
 7.1. Nombre o razón social:
 7.2. Dirección:
  7.2.1. Calle y número/apartado de correos:
  7.2.2. Localidad y código postal:
  7.2.3. País:
 7.3. Teléfono:
 7.4. Fax:
 7.5. Correo electrónico:
8. Representantes de la parte demandada
 8.1. Nombre:
 8.2. Dirección:
  8.2.1. Calle y número/apartado de correos:
  8.2.2. Localidad y código postal:
  8.2.3. País:
 8.3. Teléfono:
 8.4. Fax:
 8.5. Correo electrónico:
9. La diligencia de obtención de pruebas será ejecutada por:
 9.1. Denominación:
 9.2. Cargo:
 9.3. Función:
 9.4. Cometido:
10. Tipo y objeto del procedimiento y breve exposición de los hechos (si procede, en forma de anexo):
11. Diligencias de obtención de pruebas que deberán practicarse:
 11.1. Descripción de las diligencias de prueba que deberán practicarse (si procede, en forma de anexo):
 11.2. Examen de testigos
  11.2.1. Nombre y apellidos:
  11.2.2. Dirección:
  11.2.3. Teléfono:
  11.2.4. Fax:
  11.2.5. Correo electrónico:
  11.2.6. Preguntas que deberán formularse al testigo o exposición de los hechos en relación con los cuales se efectuará su examen (si procede, en forma de anexo):
  11.2.7. Derecho de negarse a testificar según la legislación del Estado miembro del órgano jurisdiccional requirente (si procede, en forma de anexo):
 11.3. Obtención de pruebas de otra índole (si procede, en forma de anexo):
12. El órgano jurisdiccional requirente solicita la obtención de pruebas directa mediante los siguientes medios tecnológicos de comunicación (si procede, en anexo).

Lugar:
Fecha:

Formulario J

Información procedente del organismo o autoridad competente

a que se refiere el artículo 17 bis del Reglamento (CE) n.º 1206/2000 del Consejo, de 28 de mayo de 2001, relativo a la cooperación entre los órganos jurisdiccionales de los Estados miembros en el ámbito de la obtención de pruebas en materia civil y mercantil (*DO* núm. L 174, de 27-6-2001, p. 1).

1. Número de referencia del órgano jurisdiccional requirente:
2. Número de referencia del órgano central o autoridad competente:
3. Denominación del órgano jurisdiccional requirente:
4. Órgano central o autoridad competente:
   4.1. Denominación:
   4.2. Dirección:
      4.2.1. Calle y número/apartado de correos:
      4.2.2. Localidad y código postal:
      4.2.3. País:
   4.3. Teléfono:
   4.4. Fax:
   4.5. Correo electrónico:
5. Información del organismo central o autoridad competente:
   5.1. Se admite la obtención directa de pruebas conforme a la solicitud: ❑
   5.2. Se admite la obtención directa de pruebas conforme a la solicitud, supeditada a las siguientes condiciones (si procede, en forma de anexo): ❑
   5.3. Se deniega la obtención directa de pruebas conforme a la solicitud, por los motivos siguientes: ❑
      5.3.1. La solicitud no corresponde al ámbito de aplicación del Reglamento: ❑
      5.3.2. La solicitud no contiene toda la información necesaria a tenor del artículo 4: ❑
      5.3.3. La obtención directa de pruebas se opone a principios fundamentales de la legislación del Estado miembro del organismo o autoridad competente: ❑

Lugar:
Fecha:

16. CONVENIO RELATIVO AL PROCEDIMIENTO CIVIL, HECHO EN LA HAYA EL 1 DE MARZO DE 1954*

(*BOE* núm. 297, de 13 de diciembre de 1961)

Los Estados signatarios del presente Convenio;

Deseando introducir en el Convenio del 17 de julio de 1905, relativo al Procedimiento Civil las mejoras sugeridas por la experiencia;

Han resuelto concluir un nuevo Convenio a dicho efecto, conviniendo en las siguientes disposiciones:

* *Texto auténtico*: francés. *Estados parte*: Alemania, Argentina, Armenia, Austria, Bélgica, Bielorrusia, Bosnia-Herzegovina, China (Macao), Chipre, Croacia, Dinamarca, Egipto, Eslovaquia, Eslovenia, España, Ex-República Yugoslava de Macedonia, Finlandia, Francia, Hungría, Israel, Italia, Japón, Kirguizistán, Letonia, Líbano, Lituania, Luxemburgo, Marruecos, Montenegro, Noruega, Países Bajos, Polonia, Portugal, República Checa, República de Moldova, Rumania, Federación de Rusia, Serbia, Suecia, Suiza, Surinam, Turquía, Ucrania, Uzbequistán y Vaticano. Para los datos posteriores al cierre de la edición y otras informaciones relativas al Convenio véase http://www.hcch.net. Vid. el Acuerdo entre España y Francia adicional al Convenio de La Haya de 1 de marzo de 1954 relativo al procedimiento civil, hecho en Madrid el 19 de febrero de 1968 (*BOE* de 11-5-1968), el Convenio entre España y Austria complementario del Convenio de La Haya de 1 de marzo de

I. NOTIFICACIÓN DE ACTAS JUDICIALES Y EXTRAJUDICIALES*

Artículo 1.º En materia civil o mercantil las notificaciones de actas destinadas a personas que se encuentren en el extranjero se harán en los Estados contratantes a petición del Cónsul del Estado exhortante, dirigida a la autoridad que sea designada por el Estado exhortado.

La petición, que contendrá la indicación de la autoridad de quien emane el acta transmitida, el nombre y calidad de las partes, la dirección del destinatario y la naturaleza del acta de que se trate deberá ser redactada en la lengua de la Autoridad exhortada. Esta autoridad enviará al Cónsul el documento que acredite la notificación o que indique el hecho que la haya impedido.

Todas las dificultades que se suscitaren con motivo de la petición del Cónsul serán resueltas por la vía diplomática.

Cada Estado contratante podrá declarar, mediante una comunicación dirigida a los otros Estados contratantes que él entiende que la petición de notificación que deba hacerse en su territorio y que contenga las indicaciones mencionadas en el párrafo primero ha de ser dirigida por la vía diplomática.

Las disposiciones que anteceden no serán óbice a que dos Estados contratantes se pongan de acuerdo para admitir la comunicación directa entre sus autoridades respectivas.

Art. 2.º La notificación será hecha por conducto de la autoridad competente del Estado exhortado. Esta autoridad, salvo en los casos previstos en el artículo 3.º, podrá limitarse a hacer la notificación remitiendo el acta al destina-

---

1954 relativo al procedimiento civil, hecho en Viena el 14 de noviembre de 1979 (*BOE* de 8-8-1981), el título II (arts. 3 a 10) del Convenio entre España e Italia sobre asistencia judicial y reconocimiento y ejecución de sentencias en materia civil y mercantil de 22 de mayo de 1973 (*BOE* de 15-11-1977, *infra* núm. 32); el capítulo II (arts. 4 a 15) del Convenio entre España y *Checoslovaquia* sobre asistencia jurídica, reconocimiento y ejecución de sentencias en asuntos civiles, hecho en Madrid el 4 de mayo de 1987 (*infra* núm. 35), y el capítulo II del Convenio entre el Reino de España y la *Unión de Repúblicas Socialistas Soviéticas* sobre asistencia judicial en materia civil, hecho en Madrid el 26 de octubre de 1990 (*infra* núm. 41) y Convenio entre España y Rumania complementario del Convenio relativo al procedimiento civil, concluido en La Haya el 1 de marzo de 1954, hecho *ad referendum* en Bucarest el 17 de noviembre de 1997 (*BOE* de 7-5-1999). Convenio entre el Reino de España y la República Portuguesa relativo a la cooperación judicial en materia penal y civil, hecho en Madrid, el 19 de noviembre de 1997 (*BOE* de 21-1-1999).

* En las relaciones entre España y otros Estados parte en el Convenio relativo a la notificación o traslado en el extranjero de documentos judiciales y extrajudiciales en materia civil o comercial, hecho en La Haya el 15 de noviembre de 1965 (vid. *infra* núm. 17), de conformidad con el art. 22 sus disposiciones sustituyen los arts. 1 a 7 del Convenio relativo al procedimiento civil hecho en La Haya el 1 de marzo de 1954. Entre los Estados miembros de la Comunidad Europea, vid. *supra* Reglamento 1348/2000 (núm. 13).

tario que la acepte voluntariamente.

Art. 3.º La petición será acompañada del acta que haya de notificarse en doble ejemplar.

Si el acta que se ha de notificar está redactada ya en la lengua de la autoridad exhortada ya en la lengua convenida entre los Estados interesados o si va acompañada de una traducción en uno de estos idiomas, la autoridad exhortada, en el caso de que así se solicitare en la petición hará notificar el acta en la forma prescrita por su legislación interior para el cumplimiento de notificaciones análogas, o en una forma especial con tal que no sea contraria a dicha legislación. Si no se expresare tal deseo, la autoridad exhortada procederá desde luego a verificar la entrega en los términos del artículo 2.

Salvo acuerdo en contrario, la traducción prevista en el párrafo que antecede, será certificada conforme por el Agente diplomático o consular del Estado exhortante o por un traductor jurado del Estado exhortado.

Art. 4.º El cumplimiento de la notificación previsto en los artículos 1.º, 2.º y 3.º no podrá ser denegado, sino cuando el Estado en cuyo territorio haya aquélla de hacerse lo estime atentatorio a su soberanía o a su seguridad.

Art. 5.º La prueba de la notificación se hará por medio de un recibo fechado y legalizado del destinatario o por una certificación de la autoridad del Estado exhortado y en la que se haga constar el hecho, la forma y la fecha de la notificación.

El recibo o la certificación deberá consignarse en uno de los dos ejemplares del acta que se haya de notificar o unirse a él.

Art. 6.º Las disposiciones de los artículos que anteceden no serán óbice:

1.º A la facultad de dirigir directamente por vía postal las actas a los interesados que se encuentren en el extranjero;

2.º A la facultad de los interesados de hacer que las notificaciones sean hechas directamente por empleados públicos o funcionarios competentes del país de destino;

3.º A la facultad de cada Estado de hacer que se hagan directamente por sus Agentes diplomáticos o consulares, las notificaciones destinadas a personas que se encuentren en el extranjero.

En cada uno de estos casos, la facultad de que se trata no existirá mas que cuando la admitan los Convenios celebrados entre los Estados interesados o si a falta de Convenios el Estado en cuyo territorio debe hacerse la notificación no se opusiese a ello. Dicho Estado no podrá oponerse cuando en el caso del párrafo primero, número 3, haya de ser notificada el acta sin apremio a un súbdito del Estado exhortante.

Art. 7.º Las notificaciones no podrán dar lugar al reembolso de impuestos o gastos de cualquier naturaleza que sean.

Sin embargo, salvo acuerdo en contrario, el Estado exhortado tendrá el derecho de exigir al Estado exhortante el reembolso de los gastos ocasionados por la intervención de un funcionario público o por el empleo de una forma especial en el caso del artículo 3.º

II. COMISIONES ROGATORIAS*

Art. 8.º En materia civil o mercantil la autoridad judicial de un Estado contratante podrá, conforme a las disposiciones de su legislación, dirigirse por medio de comisiones rogatorias a la autoridad competente de otro Estado contratante, pidiéndole que ejecute, dentro de su jurisdicción ya un acto de instrucción ya otros actos judiciales.

Art. 9.º Las comisiones rogatorias serán remitidas por el Cónsul del Estado exhortante a la autoridad que designe el Estado exhortado. Esta autoridad enviará al Cónsul el documento que acredite el cumplimiento de la comisión rogatoria o en el que se indique el hecho que haya impedido su diligenciamiento.

Todas las dificultades que se susciten con ocasión de dicha remisión serán resueltas por la vía diplomática.

Cada Estado contratante podrá declarar mediante comunicación dirigida a los otros Estados contratantes, que él entiende que las comisiones rogatorias que hayan de cumplimentarse en su territorio le deberán ser remitidas por la vía diplomática.

Las disposiciones que preceden no serán óbice a que dos Estados contratantes se pongan de acuerdo para admitir la remisión directa de comisiones rogatorias entre sus autoridades respectivas.

Art. 10. Salvo acuerdo en contrario la comisión rogatoria deberá ser redactada o en la lengua de la autoridad exhortada o en la lengua convenida entre los dos Estados interesados, o bien deberá ir acompañada de una traducción hecha en una de esas lenguas y certificada conforme por un agente diplomático o consular del Estado exhortante, o por un traductor jurado del Estado exhortado.

Art. 11. La autoridad judicial a quien vaya dirigida la comisión rogatoria estará obligada a cumplimentarla empleando los mismos medios de compulsión que para el cumplimiento de una comisión de las autoridades del Estado exhor-

* En las relaciones entre España y otros Estados parte en el Convenio relativo a la obtención de pruebas en el extranjero, hecho en La Haya el 18 de marzo de 1970 (vid. *infra* núm. 18), de conformidad con su art. 29 sus disposiciones sustituyen a los arts. 8 a 16 del Convenio relativo al procedimento civil hecho en La Haya el 1 de marzo de 1954. Entre los Estados miembros de la Comunidad Europea, vid. *supra* Reglamento 1206/2001 (núm. 15).

tado o de una petición hecha formulada a dicho efecto por una parte interesada. Estos medios de apremio no serán empleados necesariamente si se trata de la comparecencia de litigantes.

La autoridad exhortante será informada si así lo solicitare, de la fecha y lugar en que se procederá a la diligencia solicitada a fin de que la parte interesada pueda asistir a ella.

El cumplimiento de la comisión rogatoria no podrá ser denegado más que:

1.º Si la autenticidad del documento no está comprobada.

2.º Si en el Estado exhortado el diligenciamiento de la comisión rogatoria no entra en las atribuciones del Poder judicial.

3.º Si el Estado en cuyo territorio haya de ser cumplimentada la juzga atentativa a su soberanía o a su seguridad.

Art. 12. En caso de incompetencia de la autoridad exhortada, la comisión rogatoria será remitida de oficio a la autoridad judicial competente del mismo Estado, según las reglas establecidas por su legislación.

Art. 13. En todos los casos en que la comisión rogatoria no sea cumplimentada por la autoridad exhortada, ésta se lo hará saber inmediatamente a la autoridad exhortante indicándole, en el caso del artículo 11, las razones por las cuales ha sido denegado el cumplimiento de la comisión rogatoria y, en el caso del artículo 12, la autoridad a quien la comisión rogatoria haya sido remitida.

Art. 14. La autoridad judicial que proceda al cumplimiento de una comisión rogatoria, aplicará las Leyes de su país en lo que se refiere a las formas que hayan de observarse.

Sin embargo, se accederá a la petición de la autoridad exhortante de que se proceda de acuerdo con una forma especial, siempre y cuando dicha forma no sea contraria a la legislación del Estado exhortado.

Art. 15. Las disposiciones de los artículos que preceden no excluyen la facultad para cada Estado, de hacer cumplimentar directamente por sus Agentes diplomáticos y consulares las comisiones rogatorias, si así lo permiten convenios concluidos entre los Estados interesados, o si el Estado en cuyo territorio haya de diligenciarse la comisión rogatoria no se opusiere a ello.

Art. 16. El cumplimiento de comisiones rogatorias no podrá dar lugar al reembolso de impuestos o gastos de cualquier clase que sean.

Sin embargo salvo acuerdo en contrario el Estado exhortado tendrá el derecho de exigir del Estado exhortante el reembolso de las indemnizaciones pagadas a testigos o peritos, así como de los gastos ocasionados por la intervención de un funcionario público, motivada por no haber comparecido voluntariamente los testigos, o de los gastos que resulten de la aplicación, en su caso, del artículo 14, párrafo segundo.

III. *CAUTIO JUDICATUM SOLVI**

Art. 17. Ninguna caución ni depósito, sea cual fuere su denominación, podrá imponerse —ya por razón de su condición de extranjeros, ya por falta de domicilio o residencia en el país— a los nacionales de uno de los Estados contratantes que tengan su domicilio en uno de dichos Estados y que fueren demandantes o intervinientes ante los Tribunales de otro de dichos Estados. La misma regla se aplicará a la fianza en metálico que se exigiere a los demandantes o a los intervinientes, para garantizar las costas del juicio.

Continuarán aplicándose los Convenios por los cuales los Estados contratantes hubieren estipulado en favor de sus súbditos la dispensa de la *cautio judicatum solvi* o de la fianza de pago de costas, sin condición de domicilio.

Art. 18. La ejecución de las condenas en costas y gastos del juicio, decretada en uno de los Estados contratantes contra el demandante o el interviniente dispensado de la caución, del depósito o de la fianza en virtud ya del artículo 17, párrafos primero y segundo, ya de la Ley del Estado, donde se dedujere la acción, será —previa petición cursada por via diplomática— despachada gratuitamente por la autoridad competente de los demás Estados contratantes.

La misma regla se aplicará a las resoluciones judiciales por las cuales se fije ulteriormente el importe de las costas procesales.

Las disposiciones que anteceden no serán óbice a que dos Estados contratantes convengan en permitir que la petición de exequátur sea también hecha directamente por la parte interesada.

Art. 19. Las resoluciones relativas a las costas y gastos se declaran ejecutorias sin audiencia de partes quedando a salvo al ulterior recurso de la parte condenada conforme a la legislación del país donde la ejecución se siga.

La autoridad competente para resolver sobre la petición de exequátur se limitará a examinar:

1.º Si con arreglo a la Ley del país donde se haya pronunciado la

---

* En las relaciones entre España y otros Estados parte en el Convenio tendente a facilitar el acceso internacional a la justicia, hecho en La Haya el 25 de octubre de 1980 (*infra* núm. *20), de conformidad* con su art. 22 sus disposiciones sustituyen a los arts. 17 a 26 del Convenio relativo al procedimiento civil hecho en La Haya en 1954. Vid. asimismo el Acuerdo europeo relativo a la transmisión de solicitudes de asistencia judicial gratuita, hecho en Estrasburgo el 27 de enero de 1977 (*BOE* de 21-12-1985; *Estados parte*: Austria, Bélgica, Dinamarca, España, Finlandia, Francia, Gran Bretaña, Grecia, Irlanda, Italia, Luxemburgo, Noruega, Países Bajos, Portugal, Suecia y Turquía).

Art. 19: Párrafo 2.º, pto. 3.º: Téngase en cuenta que en el texto auténtico del Convenio se utiliza la expresión «Agente diplomático o consular del Estado exhortante o por un traductor jurado del Estado exhortado» y no «Agente diplomático o consular del Estado exhortado».

condena reúne la copia de la resolución las condiciones necesarias para su autenticidad.

2.º Si, según la misma Ley, la resolución ha pasado en autoridad de cosa juzgada.

3.º Si, la parte dispositiva de la resolución está redactada bien en la lengua de la autoridad exhortada, bien en la lengua convenida entre los dos Estados interesados o si va acompañada de una traducción hecha en una de dichas lenguas y salvo acuerdo en contrario, certificada conforme por un Agente diplomático o consular del Estado exhortado.

Para cumplir las condiciones prescritas, en el párrafo segundo números primero y segundo, bastará o una declaración de la autoridad competente del Estado exhortante en la que se haga constar que la resolución ha pasado en cosa juzgada o la presentación de documentos debidamente legalizados en cuya virtud pueda probarse que la resolución ha pasado en cosa juzgada. La competencia de la autoridad susodicha será, salvo acuerdo en contrario, certificada por el más alto funcionario de la Administración de Justicia en el Estado exhortante. La declaración y la certificación de que se trata deberán redactarse o traducirse conforme a la regla contenida en el párrafo segundo, número 3.

La autoridad competente para resolver sobre la petición de exequátur fijará siempre y cuando la parte lo pida a un tiempo la cuantía de los gastos de certificación, traducción y legalización a que se refiere el párrafo segundo, número 3. Estos gastos serán considerados, como costas y gastos del juicio.

IV. DEFENSA GRATUITA*

Art. 20. En materia civil o mercantil, a los súbditos de cada uno de los Estados contratantes se les concederá en los demás Estados contratantes el beneficio de pobreza, al igual que a los nacionales mismos, conforme la legislación del Estado donde se solicitare la defensa gratuita.

En los Estados donde exista la defensa gratuita en materia administrativa se aplicarán igualmente a los asuntos de que conozcan los Tribunales competentes en dicha materia las disposiciones establecidas en el párrafo que antecede.

Art. 21. En todos los casos el certificado o la declaración de pobreza deberá expedirse o recibirse por las autoridades de la residencia habitual del extranjero o, a falta de éstos, por las autoridades de su residencia actual.

En el caso de que estas últimas autoridades no pertenecieran a un Estado contratante y no recibieran ni expidieren certificados o declaraciones de esta clase, bastará un certificado o una declaración expedido o recibida por un Agente

* Téngase en cuenta que en el texto auténtico del Convenio se emplean los términos «Asistencia judicial gratuita» y no «Defensa gratuita».

diplomático o consular del país a que el extranjero pertenezca.

Si el peticionario no residiera en el país en que la petición se formula, el certificado o la declaración de pobreza será legalizado gratuitamente por un Agente diplomático o consular del país en que tal documento haya de producirse.

Art. 22. La autoridad competente para expedir el certificado o recibir la declaración de pobreza podrá pedir informes sobre la situación pecuniaria del peticionario a las autoridades de los demás Estados contratantes.

La autoridad encargada de resolver sobre la petición de defensa gratuita conservará, dentro de los límites de sus atribuciones, el derecho de verificar los certificados, declaraciones e informes que le sean facilitados y de procurarse informaciones complementarias a fin de documentarse suficientemente.

Art. 23. Cuando el pobre se encuentre en un país que no sea aquel en el cual haya de solicitar la defensa gratuita, su petición tendente a obtener la defensa por pobre, acompañada de los certificados, declaraciones de pobreza y, en su caso, de otros documentos justificativos, útiles para la tramitación de la misma, podrá ser remitida por el Cónsul de su país a la autoridad competente para resolver sobre dicha petición, o a la autoridad designada por el Estado donde deba tramitarse la misma.

Las disposiciones contenidas en el artículo 9.º, párrafos segundo, tercero y cuarto, y en los artículos 10 y 12, relativos a las comisiones rogatorias, se aplicarán a la remisión de solicitudes para obtener la defensa gratuita a sus anexos.

Art. 24. Si el beneficio de pobreza se hubiere concedido a un súbdito de uno de los Estados contratantes, las notificaciones, cualquiera que sea su forma, relativas a su pleito, y que hubieren de hacerse en otro de dichos Estados, no causarán reembolso alguno de gastos por el Estado exhortante al Estado exhortado.

Lo mismo regirá para las comisiones rogatorias, con excepción de las indemnizaciones pagadas a los Peritos.

V. EXPEDICIÓN GRATUITA DE COPIAS DE ACTAS DEL ESTADO CIVIL

Art. 25. Los súbditos indigentes de uno de los Estados contratantes podrán en las mismas condiciones que los nacionales obtener gratuitamente el libramiento de copias de actas del estado civil. Los documentos necesarios para su matrimonio serán legalizados, sin gastos, por los Agentes diplomáticos o consulares de los Estados contratantes.

Art. 24: Vid. *supra* núm. 13, art. 21.

VI. PRISIÓN POR DEUDAS

Art. 26. La prisión por deudas, ya como medio de ejecución, ya como simple medida preventiva, no podrá aplicarse en materia civil o mercantil a los extranjeros súbditos de uno de los Estados contratantes, en los casos en que no fuere aplicable a los súbditos del país. Todo hecho que pueda ser invocado por un súbdito domiciliado en el país para obtener el levantamiento de la prisión por deudas producirá el mismo efecto en favor del súbdito de un Estado contratante, aun cuando dicho hecho haya ocurrido en el extranjero.

VII. DISPOSICIONES FINALES

Art. 27. El presente Convenio queda abierto a la firma de los Estados representados en la Séptima Reunión de la Conferencia de Derecho Internacional Privado.

Será ratificado y los correspondientes Instrumentos de Ratificación se depositarán en el Ministerio de Negocios Extranjeros de los Países Bajos.

De cada depósito de los Instrumentos de Ratificación se levantará acta y una copia de ésta, certificada conforme, se remitirá por vía diplomática a cada uno de los Estados signatarios.

Art. 28. El presente Convenio entrará en vigor el sexagésimo día a contar de la fecha del depósito del cuarto Instrumento de Ratificación previsto en el artículo 27, párrafo segundo.

Por cada Estado signatario que lo ratifique posteriormente, entrará en vigor el Convenio el sexagésimo día a contar de la fecha del depósito de su Instrumento de Ratificación.

Art. 29. El presente Convenio sustituirá en las relaciones entre los Estados que lo hayan ratificado, el Convenio de procedimiento civil, firmado en La Haya el 17 de julio de 1905.

Art. 30. El presente Convenio se aplicará de pleno derecho a los territorios metropolitanos de los Estados contratantes.

Si un Estado contratante deseara su entrada en vigor en los demás territorios o en aquellos territorios cuyas relaciones internacionales estu-

---

Art. 28: El instrumento de ratificación de España fue depositado en La Haya el 20 de septiembre de 1961.

Art. 29: España es parte en el Convenio sobre procedimiento civil hecho en La Haya el 17 de julio de 1905 (*Gaceta de Madrid* de 30-4-1911; corr. de errores, en *Gaceta de Madrid* de 4-6-1911); dicho Convenio permanece en vigor en las relaciones con Estonia y Letonia; vid. *BOE* de 18-11-1973 sobre la aplicación del Convenio de 1905 a la RDA a partir del 11-1-1973, situación que ha quedado sin efecto tras la unificación alemana de 1990. Éste sustituyó al Convenio estableciendo reglas comunes en materia de procedimiento civil hecho en La Haya el 14 de noviembre de 1896 y al Protocolo adicional de 22 de mayo de 1897 (*Gaceta de Madrid* de 14-5-1899).

vieran aseguradas por él notificará su intención a tal efecto, mediante un acta que se depositará en el Ministerio de Negocios Extranjeros de los Países Bajos. Éste remitirá por vía diplomática una copia de dicha acta certificada conforme, a cada uno de los Estados contrantes.

El Convenio entrará en vigor para las relaciones entre los Estados que no hayan formulado objeción alguna dentro de los seis meses siguientes a dicha comunicación, así como en el territorio o en los territorios cuyas relaciones están aseguradas por el Estado de que se trate y para el cual o los cuales se haya hecho la notificación.

Art. 31. A todo Estado no representado en la Séptima Reunión de la Conferencia se le permitirá adherirse al presente Convenio, a no ser que un Estado o varios Estados que hayan ratificado éste se opongan a ello, dentro del plazo de seis meses a partir de la comunicación, hecha por el Gobierno de los Países Bajos de dicha adhesión. La adhesión se hará en la forma prevista por el artículo 87, párrafo segundo.

Queda entendido que las adhesiones no podrán efectuarse sino después de la entrada en vigor del presente Convenio, en virtud del artículo 28, párrafo primero.

Art. 32. Cada Estado contratante, *al firmar o ratificar* el presente Convenio, o al adherirse al mismo, podrá reservarse la facultad de limitar la aplicación del artículo 17 a los nacionales de los Estados contratantes que tengan su residencia habitual en su territorio.

El Estado que hubiere hecho uso de la facultad prevista en el párrafo precedente no podrá pretender la aplicación del artículo 17 por los demás Estados contratantes sino en beneficio de sus nacionales que tengan su residencia habitual en el territorio del Estado contratante, ante cuyos Tribunales fueren éstos demandantes o intervinientes.

Art. 33. El presente Convenio estará en vigor durante cinco años, a partir de la fecha indicada en el artículo 28, párrafo primero, del presente Convenio.

Este plazo comenzará a correr desde dicha fecha aún para los Estados que lo hubieren ratificado o se hubieren adherido a él posteriormente.

El Convenio será renovado tácitamente de cinco en cinco años, salvo denuncia. La denuncia deberá notificarse, con seis meses de antelación cuando menos al vencimiento del plazo, al Ministerio de Negocios Extranjeros de los Países Bajos, el cual la pondrá en conocimiento de los demás Estados contratantes.

La denuncia podrá limitarse a los territorios o a algunos de los territorios indicados en una notificación hecha de acuerdo con el artículo 30, párrafo segundo.

La denuncia no surtirá efectos sino en orden al Estado que la hu-

---

Art. 32: Vid. las Declaraciones de otros Estados en *BOE* de 31-10-1973 y 30-1-1988.

biere notificado. El Convenio seguirá en vigor para los demás Estados contratantes.

En fe de lo cual, los infrascritos, debidamente autorizados por sus respectivos Gobiernos, firman el presente Convenio.

Hecho en La Haya el 1 de marzo de 1954, en un solo ejemplar, que será depositado en los archivos del Gobierno de los Países Bajos, y del cual una copia certificada conforme se remitirá por la vía diplomática a cada uno de los Estados representados en la Séptima Reunión de la Conferencia de Derecho Internacional Privado de La Haya.

17. CONVENIO RELATIVO A LA NOTIFICACIÓN O TRASLADO EN EL EXTRANJERO DE DOCUMENTOS JUDICIALES Y EXTRAJUDICIALES EN MATERIA CIVIL O COMERCIAL, HECHO EN LA HAYA EL 15 DE NOVIEMBRE DE 1965*

(*BOE* núm. 203, de 25 de agosto de 1987; corr. de errores, *BOE* núm. 88, de 13 de abril de 1989)

Los Estados signatarios del presente Convenio,

Deseando crear los medios necesarios para que los documentos judiciales y extrajudiciales que deben ser objeto de notificación o traslado en el extranjero sean conocidos por sus destinatarios en tiempo oportuno.

---

* *Texto auténtico*: francés e inglés. *Estados parte*: Albania, Alemania, Antigua y Barbuda, Argentina, Bahamas, Barbados, Bélgica, Bielorrusia, Bosnia-Herzegovina, Botswana, Bulgaria, Canadá, Canadá (Quebec), Corea, China (incluidas las regiones administrativas de Hong Kong y Macao), Chipre, Croacia, Dinamarca, Egipto, Eslovaquia, Eslovenia, España, Estados Unidos de América, Estonia, Finlandia, Francia, Grecia, Hungría, India, Irlanda, Islandia, Israel, Italia, Japón, Kuwait, Letonia, Lituania, Luxemburgo, Malawi, México, Mónaco, Noruega, Países Bajos, Pakistán, Polonia, Portugal, Reino Unido de Gran Bretaña e Irlanda del Norte, República Checa, Rumania, Rusia, San Marino, San Vicente y Granadinas, Seychelles, Sri Lanka, Suecia, Suiza, Turquía, Ucrania y Venezuela. Para los datos posteriores al cierre de la edición y otras informaciones relativas al Convenio véase http://www.hcch.net. En las relaciones entre España y otros Estados partes en el Convenio relativo al procedimiento civil, hecho en La Haya el 1 de marzo de 1954, los arts. 1 a 7 de este último quedan sustituidos por las disposiciones del presente convenio, de conformidad con su art. 22. Vid. Reglamento 44/2001, art. 26.4 (*supra* núm. 7) y Convenio de Lugano (*supra* núm. 9) que se remiten al presente Convenio. Téngase en cuenta entre los Estados miembros de la Unión Europea el Reglamento 1348/2000 del Consejo, de 29 de mayo de 2000, relativo a la notificación o traslado en los Estados miembros de la Unión Europea de documentos judiciales y extrajudiciales en materia civil y mercantil (*supra* núm. 13), y con relación a Dinamarca (*supra* núm. 14).

Con relación a Gibraltar, véase la nota a la cabecera del Reglamento 44/2001 (*supra* núm. 7), aplicable al presente Convenio.

Interesados en mejorar a tal fin la asistencia judicial, simplificando y acelerando el procedimiento,

Han resuelto concluir un Convenio a estos efectos y han acordado las disposiciones siguientes:

Artículo 1.º El presente Convenio se aplica, en materias civil o comercial, a todos los casos en que un documento judicial o extrajudicial deba ser remitido al extranjero para su notificación o traslado.

El Convenio no se aplicará cuando la dirección del destinatario del documento sea desconocida.

CAPÍTULO PRIMERO

DOCUMENTOS JUDICIALES

Art. 2.º Cada Estado contratante designará una autoridad central que asuma, conforme a los artículos 3.º al 6.º, la función de recibir las peticiones de notificación o traslado procedentes de otro Estado contratante y de darles curso ulterior.

Cada Estado organizará la autoridad central de conformidad a su propia ley.

Art. 3.º La autoridad o el funcionario ministerial o judicial competente según las leyes del Estado de origen dirigirá a la autoridad central del Estado requerido una petición conforme a la fórmula modelo anexa al presente Convenio, sin que sea necesaria la legalización de los documentos ni otra formalidad análoga.

La petición deberá acompañarse del documento judicial o de su copia, todo en doble ejemplar.

Art. 4.º Si la autoridad central, estima que las disposiciones del Convenio no han sido respetadas, informará inmediatamente al requirente precisando sus objeciones contra la petición.

Art. 5.º La autoridad central del Estado requerido procederá u ordenará proceder a la notificación o traslado del documento:

a) Ya según las formas prescritas por la legislación del Estado requerido para la notificación o traslado de los documentos otorgados en este país y que se destinen a personas que se encuentren en su territorio.

b) Ya según la forma particular solicitada por el requirente, siempre que no resulte incompatible con la ley del Estado requerido.

Salvo en el caso previsto en el párrafo primero, letra *b*), el documento podrá entregarse siempre al destinatario que lo acepte voluntariamente.

Si el documento debe ser objeto de comunicación o traslado

Art. 2.º: En España la Autoridad Central es la Subdirección General de Cooperación Jurídica Internacional, c/ San Bernardo, 62, 28015 Madrid, de conformidad a lo dispuesto en el Real Decreto 1.475/2004, de 18 de junio, por el que se desarrolla la estructura orgánica básica del Ministerio de Justicia (*BOE* de 19-6-2004).

Art. 3.º: Vid. art. 276 de la LOPJ (*supra* núm. 4).

conforme al párrafo primero, la autoridad central podrá solicitar que el documento sea redactado o traducido en la lengua o en una de las lenguas oficiales de su país.

La parte de la petición que, conforme a la fórmula modelo anexa al presente Convenio, contiene los elementos esenciales del documento se remitirá al destinatario.

Art. 6.º La autoridad central del Estado requerido o cualquier autoridad que se haya designado a este fin expedirá una certificación conforme a la fórmula modelo anexa al presente Convenio.

La certificación describirá el cumplimiento de la petición: Indicará la forma, el lugar y la fecha del cumplimiento así como la persona a la que el documento haya sido remitido. En su caso, precisará el hecho que haya impedido el cumplimiento.

El requirente podrá solicitar que la certificación que no esté expedida por la autoridad central o por una autoridad judicial sea visada por una de estas autoridades.

La certificación se dirigirá directamente al requirente.

Art. 7.º Las menciones impresas en la fórmula modelo anexa al presente Convenio estarán obligatoriamente redactadas ya en lengua francesa, ya en lengua inglesa. Podrán redactarse además en la lengua o en una de las lenguas oficiales del Estado de origen.

Los espacios en blanco correspondientes a tales menciones se cumplimentarán en la lengua del Estado requerido, en lengua francesa o en lengua inglesa.

Art. 8.º Cada Estado contratante tiene la facultad de realizar directamente, por medio de sus agentes diplomáticos o consulares, sin coacción alguna, las notificaciones o traslados de documentos judiciales a las personas que se encuentren en el extranjero.

Todo Estado podrá declarar que se opone a la utilización de esta facultad dentro de su territorio, salvo que el documento deba ser notificado, o dar traslado del mismo a un nacional del Estado de origen.

Art. 9.º Cada Estado contratante tiene además la facultad de utilizar la vía consular para remitir, a los fines de notificación o traslado, los documentos judiciales a las autoridades de otro Estado contratante que éste haya designado.

Si así lo exigen circunstancias excepcionales, cada Estado contratante tiene la facultad de utilizar, a los mismos fines, la vía diplomática.

Art. 10. Salvo que el Estado de destino declare oponerse a ello, el presente Convenio no impide:

Art. 6.º: Vid. nota al art. 2.º

Art. 8.º: Vid. art. 177 de la LEC (*supra* núm. 5) y el art. 276 de la LOPJ (*supra* núm. 4).

Art. 9.º: Vid. art. 177 de la LEC (*supra* núm. 5).

a) La facultad de remitir directamente, por vía postal, los documentos judiciales a las personas que se encuentren en el extranjero.

b) La facultad, respecto de funcionarios ministeriales o judiciales u otras personas competentes del Estado de origen, de proceder a las notificaciones o traslados de documentos judiciales directamente a través de funcionarios ministeriales o judiciales u otras personas competentes del Estado de destino.

c) La facultad, respecto de cualquier persona interesada en un procedimiento judicial, de proceder a las notificaciones o traslados de documentos judiciales directamente a través de funcionarios ministeriales o judiciales u otras personas competentes del Estado de destino.

Art. 11. El presente Convenio no se opone a que los Estados contratantes acuerden admitir, a los fines de notificación o traslado de documentos judiciales, otras vías de remisión distintas a las previstas en los artículos que preceden y, en particular, la comunicación directa entre sus autoridades respectivas.

Art. 12. Las notificaciones o traslados de documentos judiciales provenientes de un Estado contratante no podrán dar lugar al pago o reembolso de tasas o gastos por los servicios del Estado requerido.

El requirente está obligado a pagar o reembolsar los gastos ocasionados por:

a) La intervención de un funcionario judicial o ministerial o de una persona competente según la Ley del Estado de destino.

b) La utilización de una forma particular.

Art. 13. El cumplimiento de una petición de notificación o traslado conforme a las disposiciones del presente Convenio no podrá ser rehusado más que si el Estado requerido juzga que este cumplimiento es de tal naturaleza que implica un atentado a su soberanía o a su seguridad.

El cumplimiento no podrá rehusarse por el solo motivo de que el Estado requerido reivindique competencia judicial exclusiva para el procedimiento en cuestión o de que su derecho interno no admita la acción a que se refiere la petición.

En caso de denegación, la autoridad central informará inmediata-

---

Art. 10.b: España y Francia celebraron un acuerdo el 26 de noviembre de 1996 (*BOE* de 28-2-1997; corr. de errores de 20-6-1998) para simplificar el procedimiento de notificación de documentos judiciales y extrajudiciales en materia civil y comercial.

Según dispone su apartado 5.°, el «Acuerdo entrará en vigor para ambos Estados, el 1 de enero de 1997, permaneciendo vigente, salvo denuncia por escrito y por vía diplomática, hasta la entrada en vigor del Convenio relativo a la notificación o traslado de los documentos judiciales y extrajudiciales en materia civil y comercial que en la actualidad se está negociando en el seno de la Unión Europea» (*supra* núm. 13).

Art. 13: Cuando España sea el Estado requerido, en las relaciones con otros Estados partes en el Convenio su art. 13, párrafo 2.°, modifica lo dispuesto en el art. 278.1, núm. 1.°, de la LOPJ.

mente al requirente e indicará los motivos.

Art. 14. Las dificultades que surgieren con ocasión de la remisión, a los fines de notificación o traslado de documentos judiciales, serán resueltas por vía diplomática.

Art. 15. Cuando un escrito de demanda o un documento equivalente haya sido remitido al extranjero a efectos de notificación o traslado, según las disposiciones del presente Convenio, y el demandado no comparece, el Juez aguardará para proveer el tiempo que sea preciso hasta que se establezca que:

a) El documento ha sido notificado o se ha dado traslado del mismo según las formas prescritas por la legislación del Estado requerido para la notificación o traslado de los documentos otorgados en este país y que están destinados a las personas que se encuentran en su territorio, o bien

b) Que el documento ha sido efectivamente entregado al demandado o a su residencia, según otro procedimiento previsto por el presente Convenio, y que, en cualquiera de estos casos, sea notificación o traslado, sea entrega, la misma ha tenido lugar en tiempo oportuno para que el demandado haya podido defenderse.

Cada Estado contratante tiene la facultad de declarar que sus jueces, no obstante las disposiciones del párrafo primero, podrán proveer a pesar de no haberse recibido comunicación alguna acreditativa, bien de la notificación o traslado, bien de la entrega, si se dan los siguientes requisitos:

a) El documento ha sido remitido según alguno de los modos previstos por el presente convenio;

b) Ha transcurrido, desde la fecha de envío del documento, un plazo que el Juez apreciará en cada caso particular y que será, al menos, de seis meses, y

c) No obstante las diligencias oportunas ante las autoridades competentes del Estado requerido, no ha podido obtener certificación alguna.

El presente artículo no impide que, en caso de urgencia, el Juez ordene cualesquiera medidas provisionales o cautelares.

Art. 16. Cuando un escrito de demanda o un documento equivalente debió remitirse al extranjero a efectos de notificación o traslado, según las disposiciones del presente Convenio, y se ha dictado resolución contra el demandado que no haya comparecido, el Juez

---

Art. 15: Declaración de España al ratificar el Convenio: «El Estado español declara que sus jueces, no obstante las disposiciones del párrafo 1.º del artículo 15, podrán proveer a pesar de no haber recibido notificación alguna acreditativa de la notificación o de la remisión de documentos si se dan los requisitos previstos en el citado artículo 15, párrafo 2.º»

Art. 16: Declaración de España al ratificar el Convenio: «El Estado español declara que el plazo de preclusión a que se refiere el artículo 16 es de dieciséis meses, a computar desde la fecha de la resolución.»

tendrá la facultad de eximir a dicho demandado de la preclusión resultante de la expiración de los plazos del recurso, si se reúnen las condiciones siguientes:

a) El demandado, sin mediar culpa de su parte, no tuvo conocimiento en tiempo oportuno de dicho documento para defenderse o de la decisión para interponer recurso.

b) Las alegaciones del demandado aparecen provistas, en principio, de algún fundamento.

La demanda tendente a la exención de la preclusión sólo será admisible si se formula dentro de un plazo razonable a partir del momento en que el demandado tuvo conocimiento de la decisión.

Cada Estado contratante tendrá la facultad de declarar que tal demanda no será admisible si se formula después de la expiración de un plazo de tiempo que habrá de precisar en su declaración, siempre que dicho plazo no sea inferior a un año, a computar desde la fecha de la decisión.

El presente artículo no se aplicará a las decisiones relativas al estado o condición de las personas.

CAPÍTULO II

Documentos extrajudiciales

Art. 17. Los documentos extrajudiciales que emanen de autoridades o funcionarios ministeriales o judiciales de un Estado contratante podrán ser remitidos a efectos de notificación o traslado en otro Estado contratante según las modalidades y condiciones previstas por el presente Convenio.

CAPÍTULO III

Disposiciones generales

Art. 18. Todo Estado contratante podrá designar, además de la autoridad central, otras autoridades, determinando el alcance de sus competencias.

Sin embargo, el requirente tendrá siempre derecho a dirigirse a la autoridad central directamente.

Los Estados federales tendrán la facultad de designar varias autoridades centrales.

Art. 19. El presente Convenio no se opone a que la ley interna de un Estado contratante permita otras formas de remisión no previstas en los artículos precedentes, a efectos de notificación o traslado dentro de su territorio de documentos procedentes del extranjero.

Art. 20. El presente Convenio no se opone a la adopción de acuerdos entre los Estados contratantes para derogar:

a) El artículo 3.º, párrafo segundo, en lo relativo a la exigencia de doble ejemplar para los documentos remitidos.

b) El artículo 5.º, párrafo tercero, y el artículo 7.º, en lo relativo a la utilización de los idiomas.

c) El artículo 5.º, párrafo cuarto.

d) El artículo 12, párrafo segundo.

Art. 21. Cada Estado contratante, notificará al Ministerio de Asuntos Exteriores de los Países Bajos, bien en el momento del depósito de su instrumento de ratificación o adhesión, bien ulteriormente:

a) La designación de las autoridades previstas en los artículos 2.º y 18.

b) La designación de la autoridad competente para expedir la certificación prevista en el artículo 6.º

c) La designación de la autoridad competente para recibir los documentos remitidos por vía consular conforme al artículo 9.º

En su caso y en las mismas condiciones, notificará:

a) Su oposición al uso de las vías de remisión previstas en los artículos 8.º y 10.

b) Las declaraciones previstas en los artículos 15, párrafo segundo, y 16, párrafo tercero.

c) Cualquier modificación de las designaciones, oposición y declaraciones antes mencionadas.

Art. 22. El presente Convenio reemplazará en las relaciones entre los Estados que lo hayan ratificado los artículos 1.º a 7.º de los Convenios relativos al procedimiento civil, respectivamente firmados en La Haya el 17 de julio de 1905 y el 1 de marzo de 1954, en la medida en que dichos Estados sean parte en uno u otro de estos Convenios.

Art. 23. El presente Convenio no impide la aplicación del artículo 23 del Convenio relativo al procedimiento civil firmado en La Haya el 17 de julio de 1905, ni del artículo 24 del firmado en La Haya el 1 de marzo de 1954.

Sin embargo, estos artículos no serán aplicables más que si se hace uso de sistemas de comunicación idénticos a los previstos por dichos Convenios.

Art. 24. Los acuerdos adicionales a dichos Convenios de 1905 y 1954, concluidos por los Estados contratantes, se considerarán como

---

Art. 21: Vid. la designación de autoridades centrales y las declaraciones y notificaciones de otros Estados parte, de conformidad con esta disposición, en *BOE* de 25-8-1987 y, a partir de esta fecha, en las comunicaciones publicadas trimestralmente en el *BOE* por la Secretaría General Técnica del Ministerio de Asuntos Exteriores según lo establecido en el art. 32 del D. 801/1972, relativo a la ordenación de la actividad del Estado en materia de tratados internacionales.

Art. 22: Vid. el texto *supra* núm. 16.

Art. 23: Vid. el texto *supra* núm. 16.

Art. 24: Vid. el Acuerdo entre España y Francia adicional al Convenio de La Haya de 1954 relativo al procedimiento civil, hecho en Madrid el 19 de febrero de 1968 (*BOE* de 11-5-1968); el Convenio entre España y Austria complementario del Convenio de La Haya relativo al procedimiento civil, hecho en Viena el 14 de noviembre de 1979 (*BOE* de 8-8-1981); el Título II del Convenio entre España e Italia sobre asistencia judicial y reconocimiento y ejecución de sentencias en materia civil y mercantil, hecho en Madrid el 22 de mayo de 1973 (*infra* núm. 32); el Capítulo II del Convenio entre España y *Checoslovaquia* sobre asistencia jurídica, reconocimiento y ejecución de sentencias en asuntos civiles, hecho en Madrid el 4 de mayo de 1987 (*infra* núm. 35), y el Capítulo II del Convenio entre el Reino de España y la *Unión de Repúblicas Socialistas Soviéticas* sobre asistencia judicial en materia civil, hecho en Madrid el 26 de octubre de 1990 (*infra* núm. 41).

igualmente aplicables al presente Convenio, salvo que los Estados interesados convengan otra cosa.

Art. 25. Sin perjuicio de la aplicación de los artículos 22 y 24, el presente Convenio no deroga los Convenios en que los Estados contratantes sean o puedan llegar a ser partes y que contengan disposiciones sobre las materias reguladas por el presente Convenio.

Art. 26. El presente Convenio está abierto a la firma de los Estados representados en la décima sesión de la Conferencia de La Haya de Derecho internacional privado.

Será ratificado y los instrumentos de ratificación serán depositados en el Ministerio de Asuntos Exteriores de los Países Bajos.

Art. 27. El presente Convenio entrará en vigor el sexagésimo día siguiente al depósito del tercer instrumento de ratificación previsto por el artículo 26, párrafo segundo.

El Convenio entrará en vigor, para cada Estado signatario que lo ratifique posteriormente, el sexagésimo día siguiente al depósito de su instrumento de ratificación.

Art. 28. Todo Estado no representado en la décima sesión de la Conferencia de La Haya de Derecho internacional privado podrá adherirse al presente Convenio después de su entrada en vigor, conforme a lo dispuesto en el párrafo primero del artículo 27. El instrumento de adhesión será depositado en el Ministerio de Asuntos Exteriores de los Países Bajos.

El Convenio entrará en vigor para tal Estado sólo si no hay oposición por parte de un Estado que hubiera ratificado el Convenio antes de dicho depósito, notificada al Ministerio de Asuntos Exteriores de los Países Bajos en el plazo de seis meses a partir de la fecha en la que dicho Ministerio hubiera notificado esa adhesión.

Si no hubiera oposición, el Convenio entrará en vigor para el Estado adherido el primer día del mes que siga a la expiración del último de los plazos mencionados en el párrafo precedente.

Art. 29. Todo Estado, en el momento de la firma, la ratificación o adhesión, podrá declarar que el presente Convenio se extenderá al conjunto de los territorios que represente en el plano internacional o a uno o varios de esos territorios. Esta declaración surtirá efecto en el momento de la entrada en vigor del Convenio para dicho Estado.

Posteriormente, toda extensión de esa naturaleza será notificada al Ministerio de Asuntos Exteriores de los Países Bajos.

Art. 29: Vid. los Estados que han hecho declaraciones extendiendo la aplicación del Convenio en *BOE* de 25-8-1987 y, con posterioridad a esta fecha, en las comunicaciones trimestrales indicadas en la nota al art. 21.

El Convenio entrará en vigor para los territorios mencionados en dicha extensión el sexagésimo día siguiente a la notificación mencionada en el párrafo precedente.

Art. 30. El presente Convenio tendrá una duración de cinco años a partir de la fecha de su entrada en vigor conforme a las disposiciones del párrafo primero del artículo 27, incluso para los Estados que lo hubieran ratificado o se hubieran adherido a él posteriormente.

El Convenio será renovado tácitamente cada cinco años, salvo denuncia.

Toda denuncia será notificada al Ministerio de Asuntos Exteriores de los Países Bajos, por lo menos seis meses antes de la expiración del plazo de cinco años.

Podrá limitarse a algunos de los territorios a los que se aplique el Convenio.

La denuncia surtirá efecto sólo respecto del Estado que la hubiera notificado. El Convenio permanecerá en vigor para los demás Estados contratantes.

Art. 31. El Ministerio de Asuntos Exteriores de los Países Bajos notificará a los Estados a que hace referencia el artículo 26 y a los Estados que se hubieran adherido conforme a lo dispuesto en el artículo 28:

a) Las firmas y ratificaciones previstas en el artículo 26.

b) La fecha en que el presente Convenio entrará en vigor conforme a las disposiciones del artículo 27, párrafo primero.

c) Las adhesiones previstas en el artículo 28 y la fecha en que surtirán efecto.

d) Las extensiones previstas en el artículo 29 y la fecha en que surtirán efecto.

e) Las designaciones, oposiciones y declaraciones mencionadas en el artículo 21.

f) Las denuncias previstas en el artículo 30, párrafo tercero.

En fe de lo cual, los infrascritos, debidamente autorizados, han firmado el presente Convenio.

Hecho en La Haya el 15 de noviembre de 1965, en francés e inglés, siendo ambos textos igualmente auténticos, en un solo ejemplar, que será depositado en los archivos del Gobierno de los Países Bajos y del que una copia certificada conforme será remitida, por vía diplomática, a cada uno de los Estados representados en la décima sesión de la Conferencia de La Haya de Derecho internacional privado.

ANEXO AL CONVENIO

Modelos de petición y certificación

PETICIÓN

A los fines de notificación o traslado en el extranjero de documento judicial o extrajudicial

Convenio relativo a la notificación o traslado en el extranjero de documentos judiciales o extrajudiciales en materia civil o comercial, firmado en La Haya el 15 de noviembre de 1965.

Identidad y dirección del requirente:	Dirección de la autoridad destinataria:

El requirente infrascrito tiene el honor de remitir —en doble ejemplar— a la autoridad destinataria los documentos abajo enumerados, rogándole, conforme al artículo 5.º del Convenio precitado, haga remitir sin demora un ejemplar al destinatario, a saber:

(Identidad y dirección) ....

....

a) Según las formas legales (artículo 5.º, párrafo primero, letra *a*)*

b) Según la forma particular siguiente (artículo 5.º, párrafo primero, letra *b*)*

c) En su caso, por simple entrega al interesado, si acepta voluntariamente (artículo 5.º, párrafo segundo)*.

Se ruega a esa autoridad envíe o haga enviar al requirente un ejemplar del documento —y de sus anexos—* con la certificación que figura al dorso.

Enumeración de los documentos:

....

....

....

....

Hecho en .... el ..... de .... de ....

Firma y/o sello:

DORSO DE LA PETICIÓN

CERTIFICACIÓN

La autoridad infrascrita tiene el honor de certificar, conforme el artículo 6.º de dicho Convenio,

1. Que la petición ha sido ejecutada **

— El (fecha) ....

— *En (localidad*, calle, número) ....

....

— En una de las formas siguientes previstas en el artículo quinto:

* Tachar las menciones inútiles.

** Si ha lugar, identidad y dirección de la persona interesada en la remisión del documento.

a) Según las formas legales (artículo 5.º, párrafo primero, letra *a*).
b) Según la forma particular siguiente ** ....
c) Por simple entrega al destinatario que lo aceptó voluntariamente **

Los documentos mencionados en la petición han sido entregados a:
— (Identidad y calidad de la persona) ....
....
— (Vínculos de parentesco, subordinación y otros, con el destinatario del documento)
....
....

2. Que la petición no ha sido ejecutada en razón a los hechos siguientes ** ....
....
....

Conforme al artículo 12, párrafo segundo, de dicho Convenio, se ruega al requirente el pago o reembolso de los gastos cuyos detalles figuran en la declaración adjunta **
Anexos:
Documentos reenviados ....
....
....

En su caso, los documentos justificativos de la ejecución ....
....
....

Hecho en .... el ...... de .... de ....
Firma y/o sello:

ELEMENTOS ESENCIALES DEL DOCUMENTO

Convenio relativo a la notificación o traslado en el extranjero de documentos judiciales y extrajudiciales en materia civil o comercial, firmado en La Haya el 15 de noviembre de 1965

(Artículo 5.º, párrafo cuarto)

Nombre y dirección de la autoridad requirente ....
....
Identidad de las partes: * ....
....
....

DOCUMENTO JUDICIAL **

Naturaleza y objeto del documento: ....
....
....
Naturaleza y objeto del procedimiento y, en su caso, cuantía del litigio: ....
....
....

* Si ha lugar, identidad y dirección de la persona interesada en la remisión del documento.
** Tachar las menciones inútiles.

Fecha y lugar para verificar la comparecencia *: ....
....
Autoridad judicial que ha dictado la resolución *: ....
....
Fecha de resolución *: ....
Indicación de los plazos que figuran en el documento: ....
....
....

DOCUMENTO EXTRAJUDICIAL *

Naturaleza y objeto del documento: ....
....
Indicación de los plazos que figuran en el documento: ....
....

18. CONVENIO RELATIVO A LA OBTENCIÓN DE PRUEBAS EN EL EXTRANJERO EN MATERIA CIVIL O MERCANTIL, HECHO EN LA HAYA EL 18 DE MARZO DE 1970**

(*BOE* núm. 203, de 25 de agosto de 1987)

Los Estados signatarios del presente Convenio,

Deseando facilitar la remisión y ejecución de comisiones rogatorias

* Tachar las menciones inútiles.

** *Texto auténtico*: francés e inglés. *Estados parte:* Alemania, Argentina, Australia, Barbados, Bielorrusia, Bosnia Herzegovina, Bulgaria, China, Chipre, Dinamarca, Eslovaquia, Eslovenia, España, Estados Unidos de América, Estonia, Finlandia, Francia, Grecia, Hungría, India, Islandia, Israel, Italia, Kuwait, Letonia, Liechtenstein, Lituania, Luxemburgo, México, Mónaco, Noruega, *Países Bajos*, *Polonia*, Portugal, Reino Uido de Gran Bretaña e Irlanda del Norte, República de Belarús, República Checa, Rumania, Rusia, Seychelles, Singapur, Sri Lanka, Sudáfrica, Suecia, Suiza, Turquía, Ucrania y Venezuela. Para los datos posteriores al cierre de la edición y otras informaciones relativas al Convenio véase http://www.hcch.net. En las relaciones entre España y otros Estados partes en el Convenio relativo al procedimiento civil hecho en La Haya el 1 de marzo de 1954, los arts. 8.º a 16 de este último quedan sustituidos por las disposiciones del presente convenio de conformidad con su art. 29. Vid. arts. 276-278 de la LOPJ (*supra* núm. 4).

Entre los Estados miembros de la Comunidad Europea téngase en cuenta el Reglamento del Consejo núm. 1206/2001, relativo a la cooperación entre los órganos jurisdiccionales de los Estados miembros en el ámbito de la obtención de pruebas en materia civil o mercantil. Vid. *supra*, núm. 17.

Con relación a Gibraltar, véase la nota a la cabecera del Reglamento 44/2001 (vid. *supra* núm. 7), aplicable al presente Convenio.

y promover la concordancia entre los diferentes métodos que los mismos utilizan a estos efectos,

Deseando acrecentar la eficacia de la cooperación judicial mutua en materia civil o mercantil,

Han resuelto concertar un Convenio a dichos efectos y convenido en las disposiciones siguientes:

CAPÍTULO PRIMERO

COMISIONES ROGATORIAS

Artículo 1.º En materia civil o mercantil, la autoridad judicial de un Estado contratante podrá, en conformidad a las disposiciones de su legislación, solicitar, de la autoridad competente de otro Estado contratante, por comisión rogatoria, la obtención de pruebas, así como la realización de otras actuaciones judiciales.

No se empleará una comisión rogatoria para obtener pruebas que no estén destinadas a utilizarse en un procedimiento ya incoado o futuro.

La expresión «otras actuaciones judiciales» no comprenderá ni la notificación de documentos judiciales ni las medidas de conservación o de ejecución.

Art. 2.º Cada Estado contratante designará una Autoridad Central que estará encargada de recibir las comisiones rogatorias expedidas por una autoridad judicial de otro Estado contratante y de remitirlas a la autoridad competente para su ejecución. La Autoridad Central estará organizada según las modalidades preceptuadas por el Estado requerido.

Las comisiones rogatorias se remitirán a la Autoridad Central del Estado requerido sin intervención alguna de otra autoridad de dicho Estado.

Art. 3.º En la Comisión rogatoria, constarán los datos siguientes:

a) La autoridad requirente y, a ser posible, la autoridad requerida;

b) Identidad y dirección de las partes y, en su caso, de sus representantes;

c) La naturaleza y objeto de la instancia, así como una exposición sumaria de los hechos;

d) Las pruebas que hayan de obtenerse o cualesquiera actuaciones judiciales que hayan de realizarse.

Cuando proceda, en la comisión rogatoria se consignará también:

e) Los nombres y dirección de las personas que hayan de ser oídas;

f) Las preguntas que hayan de formularse a las personas a

Art. 2.º: En España, la Autoridad Central es la Subdirección General de Cooperación Jurídica Internacional, c/ San Bernardo, 62, 28015 Madrid, de conformidad a lo dispuesto en el Real Decreto 1475/2004, de 18 de junio, por el que se desarrolla la estructura orgánica básica del Ministerio de Justicia (*BOE* de 19-6-2004).

quienes se deba tomar declaración, o los hechos acerca de los cuales se les deba oír;

g) Los documentos u otros objetos que hayan de examinarse;

h) La solicitud de que la declaración se preste bajo juramento o por afirmación solemne sin juramento y, cuando proceda, la indicación de la fórmula que haya de utilizarse;

i) Las formas especiales cuya aplicación se solicite conforme a lo dispuesto en el artículo 9.º

Asimismo, en la comisión rogatoria se mencionará, si hubiere lugar a ello, la información necesaria para la aplicación del artículo 11.

No se podrá exigir legalización alguna ni otra formalidad análoga.

Art. 4.º La comisión rogatoria deberá estar redactada en la lengua de la autoridad requerida o ir acompañada de una traducción a dicha lengua.

Sin embargo, cada Estado contratante deberá aceptar la comisión rogatoria redactada en francés o inglés, o que vaya acompañada de una traducción a una de estas lenguas, salvo que hubiere formulado la reserva autorizada en el artículo 33.

Todo Estado contratante que tenga varias lenguas oficiales y no pudiere, por razones de derecho interno, aceptar las comisiones rogatorias en una de estas lenguas para la totalidad de su territorio, especificará, mediante una declaración, la lengua en que la comisión rogatoria deba estar redactada o traducida para su ejecución en las partes especificadas de su territorio. En caso de incumplimiento sin motivo justificado de la obligación derivada de esta declaración, los gastos de traducción a la lengua exigida serán sufragados por el Estado requirente.

Todo Estado contratante mediante una declaración, podrá especificar la lengua o lenguas en las que, aparte de las previstas en los párrafos precedentes, puede enviarse la comisión rogatoria a su Autoridad Central. La conformidad de toda traducción que acompañe a una comisión rogatoria, deberá estar certificada por un funcionario diplomático o consular, o por un traductor jurado, o por cualquier otra persona autorizada a tal efecto en uno de los dos Estados.

Art. 5.º Si la Autoridad Central estimare que no se han cumplido las disposiciones del presente Convenio, informará inmediatamente de ello a la autoridad del Estado requirente que le haya remitido la comisión rogatoria, y precisará sus objeciones al respecto.

Art. 4.º: Párrafo 2.º: Según la reserva formulada por España en el momento de la ratificación del Convenio: «De conformidad con el artículo 33 en relación con el artículo 4.º, párrafo 2.º, España no aceptará comisiones rogatorias que no estén redactadas en español o acompañadas de una traducción.»

Art. 6.º Si la autoridad requerida no tuviere competencia para su ejecución, la comisión rogatoria se remitirá, de oficio y sin demora, a la autoridad judicial competente del mismo Estado según las normas establecidas por la legislación de éste.

Art. 7.º Si la autoridad requirente lo pidiere, se le informará de la fecha y lugar en que se procederá a la actuación solicitada, a fin de que las partes interesadas y, en su caso, sus representantes puedan asistir a la misma. Esta información se remitirá directamente a las dichas partes o a sus representantes, cuando la autoridad requirente así lo pidiere.

Art. 8.º Todo Estado contratante podrá declarar que a la ejecución de una Comisión rogatoria podrán asistir miembros del personal judicial de la autoridad requirente de otro Estado contratante. Esta medida podrá estar sujeta a la previa autorización de la autoridad competente designada por el Estado declarante.

Art. 9.º La autoridad judicial que proceda a la ejecución de una Comisión rogatoria, aplicará en cuanto a la forma las leyes de su propio país.

Sin embargo, se accederá a la solicitud de la autoridad requirente de que se aplique un procedimiento especial, excepto si este procedimiento es incompatible con la Ley del Estado requerido o es imposible su aplicación debido a la práctica judicial del Estado requerido o por dificultades prácticas.

La Comisión rogatoria se ejecutará con carácter de urgencia.

Art. 10. Al ejecutar la Comisión rogatoria, la autoridad requerida aplicará los medios de compulsión apropiados previstos por su ley interna en los casos y en la misma medida en que estaría obligada a aplicar para ejecutar una Comisión de las autoridades de su propio Estado o una petición formulada a este efecto por una parte interesada.

Art. 11. La Comisión Rogatoria no se ejecutará cuando la persona designada en la misma alegare una exención o una prohibición de prestar declaración que haya establecido:

a) La Ley del Estado requerido, o

b) La Ley del Estado requirente, si se especifican en la Comisión Rogatoria o, en su caso, si así lo confirmare la autoridad requirente a instancias de la autoridad requerida.

Además, todo Estado contratante podrá declarar que reconoce las exenciones y prohibiciones establecidas por la ley de otros Esta-

---

Art. 8.º: Según la declaración formulada por España en el momento de la ratificación del Convenio: «Previa autorización del Ministerio de Justicia español, un Juez del Estado requirente podrá intervenir en el cumplimiento de una comisión rogatoria, de conformidad con el artículo 8.º»

dos distintos del Estado requirente y del Estado requerido, en la medida en que se especifique en tal declaración.

Art. 12. La ejecución de la Comisión Rogatoria sólo podrá denegarse en la medida en que:

a) En el Estado requerido la ejecución no correspondiere a las atribuciones del Poder Judicial; o

b) El Estado requerido estimare que podría causar perjuicio a su soberanía o seguridad.

No se podrá denegar la ejecución por el solo motivo de que la Ley del Estado requerido reivindique una competencia judicial exclusiva en el asunto de que se trate, o no admita vías de derecho correspondientes al objeto de la demanda deducida ante la autoridad requirente.

Art. 13. La autoridad requerida remitirá a la autoridad requirente, por la misma vía que esta última haya utilizado, los documentos en que se haga constar la ejecución de la Comisión Rogatoria.

Cuando la Comisión Rogatoria no fuere ejecutada en su totalidad o en parte, se informará inmediatamente de ello por la misma vía a la autoridad requirente y se le comunicarán las razones por las que no ha sido ejecutada.

Art. 14. La ejecución de la Comisión Rogatoria no dará lugar al reembolso de tasas o gastos de cualquier clase.

Sin embargo, el Estado requerido tiene derecho a exigir del Estado requirente el reembolso de los honorarios pagados a peritos e intérpretes y el de los gastos que ocasione la aplicación de un procedimiento especial solicitado por el Estado requirente conforme a lo dispuesto en el párrafo 2 del artículo 9.º

La autoridad requerida cuya legislación estableciere que son las partes las que deben aportar las pruebas y no pudiere ejecutar por sí misma la Comisión Rogatoria, podrá encargar de ello a una persona habilitada al efecto, una vez obtenido el consentimiento de la autoridad requirente. Al solicitar este consentimiento, la autoridad requerida indicará el importe aproximado de los gastos que resultarían de dicha intervención. El consentimiento implicará, para la autoridad requirente, la obligación de reembolsar dichos gastos. Si no se presta ese consentimiento, la autoridad requirente no tendrá que sufragarlos.

CAPÍTULO II

Obtención de pruebas por funcionarios diplomados o consulares y por Comisarios*

Art. 15. En materia civil o mercantil, un funcionario diplomático o consular de un Estado contratante podrá, en el territorio de otro Estado contratante y dentro de una

* Téngase en cuenta que el texto auténtico del Convenio se refiere a «Funcionarios Diplomáticos» y no a «Funcionarios Diplomados».

circunscripción en donde ejerza sus funciones, proceder, sin compulsión, a la obtención de pruebas de nacionales de un Estado que dicho funcionario represente y que se refieran a un procedimiento incoado ante un Tribunal de dicho Estado.

Todo Estado contratante podrá declarar que esta obtención de pruebas por un funcionario diplomático o consular, sólo podrá efectuarse mediante autorización, a petición de dicho funcionario, o en su nombre, por la autoridad competente que el Estado declarante designe.

Art. 16. Un funcionario diplomático o consular de un Estado contratante podrá también en el territorio de otro Estado contratante y dentro de la circunscripción en donde ejerza sus funciones, proceder, sin compulsión, a la obtención de pruebas de nacionales del Estado de residencia, o de un tercer Estado, y que se refieran a un procedimiento incoado ante un Tribunal de un Estado que dicho funcionario represente:

a) Si una autoridad competente designada por el Estado de residencia hubiere dado su autorización, en general o para cada caso particular, y

b) Si cumple las condiciones que la autoridad competente hubiere fijado en la autorización.

Todo Estado contratante podrá declarar que la obtención de pruebas previstas en el presente artículo, podrá realizarse sin previa autorización.

Art. 17. En materia civil o mercantil, toda persona designada en debida forma como Comisario podrá, en el territorio de un Estado contratante, proceder, sin compulsión, a la obtención de pruebas que se refieran a un procedimiento incoado ante un Tribunal de otro Estado contratante:

a) Si una autoridad competente designada por el Estado donde hayan de obtenerse las pruebas, hubiere dado su autorización, en general, o para cada caso particular, y

b) Si dicha persona cumple las condiciones que la autoridad competente hubiere fijado en la autorización.

Todo Estado contratante podrá declarar que la obtención de pruebas en la forma prevista en el presente artículo podrá realizarse sin su autorización previa.

Art. 18. Todo Estado contratante podrá declarar que un funcionario diplomático o consular o un Comisario, autorizados para la obtención de pruebas de conformidad a los artículos 15, 16 y 17, estará facultado para solicitar de la auto-

---

Art. 16: Según la declaración formulada por España en el momento de la ratificación del Convenio: «De conformidad con los artículos 16 y 17, la prueba podrá ser practicada, sin necesidad de autorización previa de la Autoridad española, en los locales de la representación diplomática o consular del Estado requirente.»

Art. 17: Vid. la declaración formulada por España en el momento de la ratificación del Convenio en la nota al art. 16.

ridad competente designada por dicho Estado la asistencia necesaria para obtener las pruebas por compulsión. La declaración podrá incluir las condiciones que el Estado declarante estime conveniente imponer.

Cuando la autoridad competente accediere a la solicitud aplicará las medidas de compulsión adecuadas y previstas por su ley interna.

Art. 19. La autoridad competente, al dar la autorización prevista en los artículos 15, 16 y 17 o al acceder a la solicitud prevista en el artículo 18, podrá fijar las condiciones que estime convenientes, en especial la hora, la fecha y el lugar de la práctica de la prueba. Asimismo, podrá pedir que se le notifiquen, con antelación razonable la hora, la fecha y el lugar mencionados; en este caso, un representante de la expresada autoridad podrá estar presente en la obtención de pruebas.

Art. 20. En la obtención de pruebas prevista en el presente capítulo, las personas a quienes concierna podrán recabar la asistencia de su Abogado.

Art. 21. Cuando un funcionario diplomático o consular o un Comisario estuvieren autorizados a proceder a la obtención de pruebas conforme a lo dispuesto en los artículos 15, 16 y 17:

a) Podrán proceder a la obtención de pruebas de toda clase, siempre que eso no sea incompatible con la Ley del Estado donde se realice o contrario a la autorización concedida, en virtud de dichos artículos, y recibir, en las mismas condiciones, una declaración bajo juramento o una declaración solemne sin juramento;

b) Salvo que la persona a la que concierna la obtención de pruebas fuere nacional del Estado donde se hubiere incoado procedimiento, toda citación para comparecer o aportar pruebas estará redactada en la lengua del lugar donde haya de obtenerse la prueba, o irá acompañada de una traducción a dicha lengua;

c) La citación indicará que la persona podrá estar asistida por un Abogado, y, en todo Estado que no hubiere formulado la declaración prevista en el artículo 18, que dicha persona no estará obligada a comparecer ni a aportar pruebas;

d) La obtención de pruebas podrá efectuarse según las modalidades previstas por la Ley aplicable al Tribunal ante el que se hubiere incoado el procedimiento, siempre que esas modalidades no estuvieren prohibidas por la Ley del Estado donde haya de practicarse la prueba;

e) La persona requerida para la obtención de pruebas podrá alegar las exenciones y prohibiciones previstas en el artículo 11.

Art. 22. El hecho de que no haya podido efectuarse la obtención de pruebas conforme a lo dispuesto en el presente capítulo, por haberse negado una persona a participar en dicho acto, no impedirá que posteriormente se expida Comisión Rogatoria para esa obtención de pruebas de conformidad con lo dispuesto en el capítulo primero.

CAPÍTULO III

DISPOSICIONES GENERALES

Art. 23. Todo Estado contratante podrá declarar en el momento de la firma, la ratificación o la adhesión, que no ejecutará las Comisiones Rogatorias que tengan por objeto el procedimiento conocido en los países de *Common Law* con el nombre de *pretrial discovery of documents*.

Art. 24. Todo Estado contratante podrá designar, además de la Autoridad Central, otras autoridades cuyas competencias habrá de determinar. No obstante, las Comisiones Rogatorias podrán remitirse en todo caso a la Autoridad Central.

Los Estados Federales estarán facultados para designar varias Autoridades Centrales.

Art. 25. Todo Estado contratante en donde estuvieren vigentes varios sistemas de derecho, podrán designar a las autoridades de uno de dichos sistemas, las cuales tendrán competencia exclusiva para la ejecución de Comisiones Rogatorias, en aplicación del presente Convenio.

Art. 26. Todo Estado contratante, si estuviere obligado a ello por razones de Derecho Constitucional, podrá pedir al Estado requirente el reembolso de los gastos de ejecución de la Comisión Rogatoria relativos a la notificación o citación de comparecencia, las indemnizaciones que hayan de pagarse a la persona que preste declaración, y los gastos del acta de la práctica de la prueba.

Cuando un Estado hubiere formulado una solicitud conforme a lo dispuesto en el párrafo precedente, cualquier otro Estado contratante podrá pedir a dicho Estado el reembolso de gastos similares.

Art. 27. Las disposiciones del presente Convenio no impedirán que un Estado contratante:

a) Declare que se podrán remitir Comisiones Rogatorias a sus autoridades judiciales por vías distintas de las previstas en el artículo 2.°;

b) Permita, de conformidad con su legislación o costumbres internas, ejecutar en condiciones menos restrictivas los actos a que dicho Convenio se aplique;

c) Permita, de conformidad con su legislación o costumbres internas, métodos de obtención de prueba distintos de los previstos por el presente Convenio.

Art. 28. El presente Convenio no impedirá un acuerdo entre dos o más Estados contratantes para derogar:

Art. 23: Según la declaración formulada por España en el momento de la ratificación del Convenio: «A tenor del artículo 23, España no acepta las comisiones rogatorias derivadas del procedimiento *pre-trial discovery of documents* conocido en los países del *Common law*.»

a) El artículo 2.º, en lo relativo a la vía de remisión de las Comisiones Rogatorias;

b) El artículo 4, en lo relativo a las lenguas que podrán utilizarse;

c) El artículo 8, en lo relativo a la presencia de personal judicial en la ejecución de las Comisiones Rogatorias;

d) El artículo 11, en lo relativo a las exenciones y prohibiciones de prestar declaración;

e) El artículo 13, en lo relativo a la remisión de los documentos en los que se haga constar la ejecución;

f) El artículo 14, en lo relativo al pago de los gastos;

g) Las disposiciones del capítulo II.

Art. 29. El presente Convenio sustituirá, en las relaciones entre Estados que lo hubieren ratificado, a los artículos 8 a 16 de los Convenios sobre Procedimiento Civil, suscritos en La Haya el 17 de julio de 1905 y el 1 de marzo de 1954, respectivamente, en tanto en cuanto los dichos Estados fueren Parte en uno u otro de estos Convenios.

Art. 30. El presente Convenio no afectará a la aplicación del artículo 23 del Convenio de 1905, ni a la del artículo 24 del Convenio de 1954.

Art. 31. Los acuerdos adicionales a los Convenios de 1905 y 1954, concluidos por los Estados contratantes, se reputarán igualmente aplicables al presente Convenio, a no ser que los Estados interesados acordaren lo contrario.

Art. 32. Sin perjuicio de la aplicación de los artículos 29 y 31, el presente Convenio no derogará los Convenios en que los Estados contratantes fueren Parte, actualmente o en el futuro, y que contengan disposiciones sobre materias reguladas por el presente Convenio.

Art. 33. Todo Estado, en el momento de la firma, de la ratificación o de la adhesión, podrá excluir,

---

Art. 29: Vid. el texto, *supra* núm. 16.

Art. 30: Vid. el texto, *supra* núm. 16.

Art. 31: Vid. el Acuerdo entre España y Francia adicional al Convenio de La Haya de 1954 relativo al procedimiento civil, hecho en Madrid el 19 de febrero de 1968 (*BOE* de 11-5-1968); el Convenio entre España y Austria complementario del Convenio de La Haya relativo al procedimiento civil, hecho en Viena el 14 de noviembre de 1979 (*BOE* de 8-8-1981); el Título II del Convenio entre España e Italia sobre asistencia judicial y reconocimiento y ejecución de sentencias en materia civil y mercantil, hecho en Madrid el 22 de mayo de 1973 (*infra* núm. 32); el Capítulo II del Convenio entre España y *Checoslovaquia* sobre asistencia jurídica, reconocimiento y ejecución de sentencias en asuntos civiles, hecho en Madrid el 4 de mayo de 1987 (*infra* núm. 35), y el Capítulo II del Convenio entre el Reino de España y la *Unión de Repúblicas Socialistas Soviéticas* sobre asistencia judicial en materia civil, hecho en Madrid el 26 de octubre de 1990 (*infra* núm. 41).

Art. 33: Vid. las reservas formuladas de conformidad con el art. 33 por otros Estados partes, y, en su caso, la retirada de las reservas, en *BOE* de 25-8-1987 y, con posterioridad a esta fecha, en las comunicaciones publicadas trimestralmente en el *BOE* por la Secretaría General Técnica del M. de Asuntos Exteriores según lo establecido en el art. 32 del D. 801/1972, de 24 de marzo, relativo a la ordenación de la ac-

en su totalidad o en parte, la aplicación de las disposiciones del párrafo 2 del artículo 4 y del capítulo II. No se admitirá ninguna otra reserva.

Todo Estado contratante podrá retirar en cualquier momento la reserva que hubiere formulado. El efecto de la reserva cesará a los sesenta días de la notificación de la retirada.

Cuando algún Estado hubiere formulado una reserva, cualquier otro Estado afectado por ésta podrá aplicar la misma norma, con respecto al primer Estado.

Art. 34. Todo Estado podrá, en cualquier momento, retirar o modificar una declaración.

Art. 35. Todo Estado contratante dará a conocer al Ministerio de Relaciones Exteriores de los Países Bajos, en el momento del depósito de su instrumento de ratificación o de adhesión, o con posterioridad, la designación de autoridades a que se hace referencia en los artículos 2, 8, 24 y 25.

Todo Estado Contratante notificará cuando proceda y en las mismas condiciones:

a) La designación de las autoridades a las cuales los agentes diplomáticos o consulares deberán dirigirse en virtud del artículo 16, así como de las autoridades que puedan conceder la autorización o asistencia previstas en los artículos 15, 16 y 18;

b) La designación de las autoridades que puedan conceder al Comisario la autorización prevista en el artículo 17 o la asistencia prevista en el artículo 18;

c) Las declaraciones previstas en los artículos 4, 8, 11, 15, 16, 17, 18, 23 y 27;

d) Toda retirada o modificación de las designaciones y declaraciones mencionadas *supra*;

e) Toda retirada de reservas.

Art. 36. Las dificultades que pudieran surgir entre los Estados contratantes, con ocasión de la aplicación del presente Convenio, se resolverán por vía diplomática.

Art. 37. El presente Convenio quedará abierto a la firma de los Estados representados en el 11.º Período de Sesiones de la Conferencia de La Haya sobre Derecho Internacional Privado.

Será ratificado y los instrumentos de ratificación se depositarán en el Ministerio de Relaciones Exteriores de los Países Bajos.

Art. 38. El presente Convenio entrará en vigor a los sesenta días del depósito del tercer instrumento de ratificación a que se hace referencia en el párrafo 2 del artículo 37.

El Convenio entrará en vigor, para cada Estado signatario que lo ratifique posteriormente, a los se-

---

tividad del Estado en materia de tratados internacionales.

Art. 34: Vid. la nota al art. 33.

Art. 35: Vid. la nota al art. 33 sobre notificaciones de otros Estados partes en el Convenio.

senta días del depósito de su instrumento de ratificación.

Art. 39. Todo Estado no representado en el 11.º Período de Sesiones de la Conferencia de La Haya sobre Derecho Internacional Privado, que fuere Miembro de la Conferencia, o de las Naciones Unidas o de un organismo especializado de las Naciones Unidas, o que fuere Parte en el Estatuto de la Corte Internacional de Justicia, podrá adherirse al presente Convenio después de su entrada en vigor, conforme a lo dispuesto en el párrafo primero del artículo 38.

El instrumento de adhesión se depositará en el Ministerio de Relaciones Exteriores de los Países Bajos.

El Convenio entrará en vigor para el Estado adherido, a los sesenta días del depósito de su instrumento de adhesión.

La adhesión sólo surtirá efecto en las relaciones entre el Estado adherido y los Estados contratantes que hubieren declarado aceptar dicha adhesión. Esta declaración se depositará en el Ministerio de Relaciones Exteriores de los Países Bajos, el cual enviará, por vía diplomática una copia certificada a cada uno de los Estados contratantes.

El Convenio entrará en vigor, entre el Estado adherido y el Estado que hubiere declarado aceptar la adhesión, a los sesenta días del depósito de la declaración de aceptación.

Art. 40. Todo Estado, en el momento de la firma, la ratificación o la adhesión, podrá declarar que el presente Convenio se extenderá al conjunto de los territorios que dicho Estado represente en el plano internacional, o a uno o varios de esos territorios. Esta declaración surtirá efecto en el momento de la entrada en vigor del Convenio para dicho Estado.

Con posterioridad, toda extensión de esa clase se notificará al Ministerio de Relaciones Exteriores de los Países Bajos.

Para los territorios mencionados en la extensión, el Convenio entrará en vigor a los sesenta días de la notificación mencionada en el párrafo precedente.

Art. 41. El presente Convenio tendrá una duración de cinco años a partir de la fecha de su entrada en vigor, conforme a lo dispuesto en el párrafo primero del artículo 38, incluso para los Estados que lo hubieren ratificado, o se hubieren adherido al mismo, posteriormente.

Salvo denuncia, el Convenio se renovará tácitamente cada cinco años.

La denuncia se notificará al Ministerio de Relaciones Exteriores de los Países Bajos, con un mínimo de seis meses de antelación, a la expiración del plazo de cinco años.

La denuncia se podrá limitar a ciertos territorios a los que se aplique el Convenio.

La denuncia solamente surtirá efecto con respecto al Estado que la hubiere notificado. El Convenio seguirá vigente para los demás Estados contratantes.

Art. 42. El Ministerio de Relaciones Exteriores de los Países

Bajos notificará a los Estados mencionados en el artículo 37, así como a los Estados que se hubieren adherido conforme a lo dispuesto en el artículo 39:

a) Las firmas y ratificaciones a que hace referencia el artículo 37;

b) La fecha en que el presente Convenio entre en vigor conforme a lo dispuesto en el artículo 38, párrafo primero;

c) Las adhesiones a que hace referencia el artículo 39 y las fechas en que surtan efecto;

d) Las extensiones a que hace referencia el artículo 40 y las fechas en que surtan efecto;

e) Las designaciones, reservas y declaraciones mencionadas en los artículos 33 y 35;

f) Las denuncias a que hace referencia el párrafo tercero del artículo 41.

En fe de lo cual, los infrascritos, debidamente autorizados han firmado el presente Convenio.

Hecho en La Haya, a 18 de marzo de 1970, en francés e inglés, siendo ambos textos igualmente auténticos, en un ejemplar único, que se depositará en los archivos del Gobierno de los Países Bajos, y del que se remitirá por vía diplomática una copia certificada a cada uno de los Estados representados en el 11.º Período de Sesiones de la Conferencia de La Haya sobre Derecho Internacional Privado.

19. CONVENCIÓN INTERAMERICANA SOBRE EXHORTOS O CARTAS ROGATORIAS, HECHA EN PANAMÁ EL 30 DE ENERO DE 1975*

(*BOE* núm. 195, de 15 de agosto de 1987)

Los Gobiernos de los Estados Miembros de la Organización de los Estados Americanos, deseosos de concertar una Convención sobre exhortos o cartas rogatorias, han acordado lo siguiente:

I. USO DE EXPRESIONES

Artículo 1.º Para los efectos de esta Convención las expresiones «exhortos» o «cartas rogatorias» se utilizan como sinónimos en el

* *Texto auténtico*: español, francés, inglés y portugués. *Estados parte*: Argentina, Bolivia, Brasil, Colombia, Costa Rica, Chile, Ecuador, El Salvador, España, Estados Unidos, Guatemala, Honduras, México, Panamá, Paraguay, Perú, Uruguay y Venezuela. España no es parte del Protocolo adicional de Montevideo de 1979. Para los datos posteriores al cierre de la edición y otras informaciones relativas al Convenio véase http://www.oas.org. Vid. arts. 276-278 de la LOPJ (*supra* núm. 4).

texto español. Las expresiones «commissions rogatoires», «letters rogatory» y «cartas rogatórias», empleadas en los textos francés, inglés y portugués, respectivamente, comprenden tanto los exhortos como las cartas rogatorias.

II. ALCANCE DE LA CONVENCIÓN

Art. 2.º La presente Convención se aplicará a los exhortos o cartas rogatorias expedidos en actuaciones y procesos en materia civil o comercial por los órganos jurisdiccionales de uno de los Estados Parte en esta Convención, y que tengan por objeto:

a) La realización de actos procesales de mero trámite, tales como notificaciones, citaciones o emplazamientos en el extranjero;

b) La recepción y obtención de pruebas e informes en el extranjero, salvo reserva expresa al respecto.

Art. 3.º La presente Convención no se aplicará a ningún exhorto o carta rogatoria referente a actos procesales distintos de los mencionados en el artículo anterior; en especial, no se aplicará a los actos que impliquen ejecución coactiva.

III. TRANSMISIÓN DE EXHORTOS O CARTAS ROGATORIAS

Art. 4.º Los exhortos o cartas rogatorias podrán ser transmitidos al órgano requerido por las propias partes interesadas, por vía judicial, por intermedio de los funcionarios consulares o agentes diplomáticos o por la autoridad central del Estado requirente o requerido según el caso.

Cada Estado Parte informará a la Secretaría General de la Organización de los Estados Americanos acerca de cuál es la autoridad central competente para recibir y distribuir exhortos o cartas rogatorias.

IV. REQUISITOS PARA EL CUMPLIMIENTO

Art. 5.º Los exhortos o cartas rogatorias se cumplirán en los Estados Parte siempre que reúnan los siguientes requisitos:

a) Que el exhorto o carta rogatoria se encuentre legalizado salvo lo dispuesto en los artículos 6.º y 7.º de esta Convención. Se presumirá que el exhorto o carta rogatoria se halla debidamente legalizado en el Estado requirente cuando lo hubiere sido por funcio-

---

Art. 4.º: En España, la Autoridad Central es la Subdirección General de Cooperación *Jurídica Internacional*, c/ San Bernardo, 62, 28015 Madrid, de conformidad a lo dispuesto en el Real Decreto 1475/2004, de 18 de junio, por el que se desarrolla la estructura orgánica básica del Ministerio de Justicia (*BOE* de 19-6-2004).

Art. 5.ºa: Vid. Canje de notas entre España y la R. del Uruguay suprimiendo la lrgalización de exhortos y comisiones rogatorias, hecho en Montevideo el 19 de septiembre de 1901 (*Gaceta de Madrid* de 19-9-1901) y el Convenio entre España y la R. Argentina sobre supresión de las legalizaciones de firmas en las Comisiones rogatorias, hecho en Buenos Aires el 17 de septiembre de 1902 (*Gaceta de Madrid* de 3-1-1907).

nario consular o agente diplomático competente;

b) Que el exhorto o carta rogatoria y la documentación anexa se encuentren debidamente traducidos al idioma oficial del Estado requerido.

Art. 6.º Cuando los exhortos o cartas rogatorias se transmitan por vía consular o diplomática o por intermedio de la autoridad central será innecesario el requisito de la legalización.

Art. 7.º Los Tribunales de las zonas fronterizas de los Estados Parte podrán dar cumplimiento a los exhortos o cartas rogatorias previstos en esta Convención en forma directa, sin necesidad de legalizaciones.

Art. 8.º Los exhortos o cartas rogatorias deberán ir acompañados de los documentos que se entregarán al citado, notificado o emplazado, y que serán:

a) Copia autenticada de la demanda y sus anexos, y de los escritos o resoluciones que sirvan de fundamento a la diligencia solicitada;

b) Información escrita acerca de cuál es el órgano jurisdiccional requirente, los términos de que dispusiere la persona afectada para actuar, y las advertencias que le hiciere dicho órgano sobre las consecuencias que entrañaría su inactividad;

c) En su caso, información acerca de la existencia y domicilio de la defensoría de oficio o de Sociedades de auxilio legal competentes en el Estado requirente.

Art. 9.º El cumplimiento de exhortos o cartas rogatorias no implicará en definitiva el conocimiento de la competencia del órgano jurisdiccional requirente ni el compromiso de reconocer la validez o de proceder a la ejecución de la sentencia que dictare.

V. TRAMITACIÓN

Art. 10. Los exhortos o cartas rogatorias se tramitarán de acuerdo con las leyes y normas procesales del Estado requerido.

A solicitud del órgano jurisdiccional requirente podrá otorgarse al exhorto o carta rogatoria una tramitación especial, o aceptarse la observancia de formalidades adicionales en la práctica de la diligencia solicitada, siempre que ello no fuere contrario a la legislación del Estado requerido.

Art. 11. El órgano jurisdiccional requerido tendrá competencia para conocer de las cuestiones que se susciten con motivo del cumplimiento de la diligencia solicitada.

Si el órgano jurisdiccional requerido se declarase incompetente para proceder a la tramitación del exhorto o carta rogatoria, transmitirá de oficio los documentos y antecedentes del caso a la autoridad judicial competente de su Estado.

Art. 12. En el trámite y cumplimiento de exhortos o cartas rogatorias las costas y demás gastos correrán por cuenta de los interesados.

Será facultativo del Estado requerido dar trámite al exhorto o carta rogatoria que carezca de indicación acerca del interesado que resultare responsable de los gastos y costas cuando se causaren. En los exhortos o cartas rogatorias o con ocasión de su trámite podrá indicarse la identidad del apoderado del interesado para los fines legales.

El beneficio de pobreza se regulará por las leyes del Estado requerido.

Art. 13. Los funcionarios consulares o agentes diplomáticos de los Estados Parte en esta Convención podrán dar cumplimiento a las diligencias indicadas en el artículo 2.º en el Estado en donde se encuentren acreditados, siempre que ello no se oponga a las leyes del mismo. En la ejecución de tales diligencias no podrán emplear medios que impliquen coerción.

VI. DISPOSICIONES GENERALES

Art. 14. Los Estados Parte que pertenezcan a sistemas de integración económica podrán acordar directamente entre sí procedimientos y trámites particulares más expeditos que los previstos en esta Convención. Estos acuerdos podrán ser extendidos a terceros Estados en la forma que resolvieren las partes.

Art. 15. Esta Convención no restringirá las disposiciones de convenciones que en materia de exhortos o cartas rogatorias hubieran sido suscritas o que se suscribieren en el futuro en forma bilateral o multilateral por los Estados Parte, o las prácticas más favorables que dichos Estados pudieran observar en la materia.

Art. 16. Los Estados Parte en esta Convención podrán declarar que extienden las normas de la misma a la tramitación de exhortos o cartas rogatorias que se refieran a materia criminal, laboral, contencioso-administrativa, juicios arbitrales u otras materias objeto de jurisdicción especial. Tales declaraciones se comunicarán a la Secretaría General de la Organización de los Estados Americanos.

Art. 17. El Estado requerido, podrá rehusar el cumplimiento de un exhorto o carta rogatoria cuando sea manifiestamente contrario a su orden público.

Art. 18. Los Estados Parte informarán a la Secretaría General de la Organización de los Estados Americanos acerca de los requisitos exigidos por sus leyes para la legalización y para la traducción de exhortos o cartas rogatorias.

VII. DISPOSICIONES FINALES

Art. 19. La presente Convención estará abierta a la firma de los Estados Miembros de la Organización de los Estados Americanos.

Art. 20. La presente Convención está sujeta a ratificación. Los instrumentos de ratificación se depositarán en la Secretaría General de la Organización de los Estados Americanos.

Art. 21. La presente Convención quedará abierta a la adhesión de cualquier otro Estado. Los instrumentos de adhesión se depositarán en la Secretaría General de la Organización de los Estados Americanos.

Art. 22. La presente Convención entrará en vigor el trigésimo día a partir de la fecha en que haya sido depositado el segundo instrumento de ratificación.

Para cada Estado que ratifique la Convención o se adhiera a ella después de haber sido depositado el segundo instrumento de ratificación, la Convención entrará en vigor el trigésimo día a partir de la fecha en que tal Estado haya depositado su instrumento de ratificación o adhesión.

Art. 23. Los Estados Parte que tengan dos o más unidades territoriales en las que rijan distintos sistemas jurídicos relacionados con cuestiones tratadas en la presente Convención, podrán declarar, en el momento de la firma, ratificación o adhesión, que la Convención se aplicará a todas sus unidades territoriales o solamente a una o más de ellas.

Tales declaraciones podrán ser modificadas mediante declaraciones ulteriores, que especificarán expresamente la o las unidades territoriales a las que se aplicará la presente Convención. Dichas declaraciones ulteriores se transmitirán a la Secretaría General de la Organización de los Estados Americanos y surtirán efecto treinta días después de recibidas.

Art. 24. La presente Convención regirá indefinidamente, pero cualquiera de los Estados Parte podrá denunciarla. El instrumento de denuncia será depositado en la Secretaría General de la Organización de los Estados Americanos. Transcurrido un año, contado a partir de la fecha de depósito del instrumento de denuncia, la Convención cesará en sus efectos para el Estado denunciante, quedando subsistente para los demás Estados Parte.

Art. 25. El instrumento original de la presente Convención, cuyos textos en español, francés, inglés y portugués son igualmente auténticos, será depositado en la Secretaría General de la Organización de los Estados Americanos. Dicha Secretaría notificará a los

---

Art. 25: Vid. las informaciones sobre designación de autoridades centrales, declaraciones y reservas de otros Estados parte en el *BOE* de 15-8-1987 y, con posterioridad a esta fecha, en las comunicaciones publicadas trimestralmente en el *BOE* por la Secretaría General Técnica del M. de Asuntos Exteriores según lo establecido en el art. 32 del D. 801/1972, de 2 de marzo, relativo a la ordenación de la actividad del Estado en materia de tratados internacionales.

Estados Miembros de la Organización de los Estados Americanos y a los Estados que se hayan adherido a la Convención, las firmas, los depósitos de instrumentos de ratificación, adhesión y denuncia, así como las reservas que hubiere. También les transmitirá la información a que se refieren el párrafo segundo del artículo 4 y el artículo 18, así como las declaraciones previstas en los artículos 16 y 23 de la presente Convención.

En fe de lo cual, los plenipotenciarios infrascritos, debidamente autorizados por sus respectivos Gobiernos, firman la presente Convención.

Hecho en la ciudad de Panamá, República de Panamá, el día 30 de enero de 1975.

20. CONVENIO TENDENTE A FACILITAR EL ACCESO INTERNACIONAL A LA JUSTICIA, HECHO EN LA HAYA EL 25 DE OCTUBRE DE 1980*

(*BOE* núm. 77, de 30 de marzo de 1988; corr. de errores, *BOE* núm. 86, de 11 de abril de 1989)

Los Estados signatarios del presente Convenio, deseando facilitar el acceso internacional a la justicia.

Resuelven celebrar un Convenio a ese efecto y convienen en las siguientes disposiciones:

CAPÍTULO PRIMERO

Asistencia judicial

Artículo 1.º Los nacionales de un Estado contratante, así como las personas que tengan residencia habitual en un Estado contratante, tendrán derecho a disfrutar de asistencia judicial en materia civil y comercial en cada uno de los Estados contratantes en las mismas condiciones que si ellos mismos fuesen nacionales de ese Estado y residiesen en él habitualmente.

Las personas a quienes no se apliquen las disposiciones del párrafo anterior, pero que hayan tenido su residencia habitual en un Estado contratante en el cual se haya iniciado, o se vaya a iniciar, un procedimiento judicial tendrán sin embargo derecho a disfrutar de asistencia judicial en las condiciones previstas en el párra-

* *Texto auténtico*: francés e inglés. *Estados parte*: Albania, Bielorrusia, Bosnia-Herzegovina, Bulgaria, Chipre, Croacia, Eslovaquia, Eslovenia, España, Estonia, Ex-República Yugoslava de Macedonia, Finlandia, Francia, Letonia, Lituania, Luxemburgo, Montenegro, Países Bajos, Polonia, República Checa, Rumania, Serbia, Suecia y Suiza. Para los datos posteriores al cierre de la edición y otras informaciones relativas al Convenio véase http://www.hcch.net.

fo anterior, si la causa de la acción tuviese su origen en esa residencia habitual anterior.

En los Estados en que exista la asistencia judicial en materia administrativa, social o fiscal, se aplicarán las disposiciones del presente artículo a los asuntos presentados ante los tribunales competentes en esas materias.

Art. 2.º El artículo primero se aplicará al asesoramiento jurídico a condición de que el requirente esté presente en el Estado en que se pide la consulta.

Art. 3.º Cada Estado contratante designará una Autoridad Central encargada de recibir las solicitudes de asistencia judicial que le sean presentadas de conformidad con el presente Convenio y de darles curso.

Los Estados Federales y los Estados en que estén en vigor varios sistemas de derecho estarán facultados para designar varias Autoridades Centrales. En caso de no ser competente la Autoridad Central a la que se haya sometido el caso, ésta transmitirá la solicitud a la Autoridad Central competente de su Estado contratante.

Art. 4.º Cada Estado contratante designará una o varias autoridades expedidoras encargadas de transmitir las solicitudes de asistencia judicial a la Autoridad Central competente del Estado al que se hace la petición.

Las solicitudes de asistencia judicial se transmitirán, sin intervención de ninguna otra autoridad, empleando el modelo de formulario anexo al presente Convenio.

Cada Estado contratante estará facultado para utilizar con estos mismos fines la vía diplomática.

Art. 5.º Cuando el solicitante de la asistencia judicial no esté presente en el Estado al que se hace la solicitud, podrá presentar su petición a una autoridad expedidora del Estado contratante donde tenga su residencia habitual, sin perjuicio de cualquier otra vía que pudiera utilizar para presentar su solicitud a la autoridad competente de aquel Estado.

La solicitud se hará de conformidad con el modelo de formulario anexo al presente Convenio. Irá acompañada de todos los documentos necesarios, reservándose el Estado al que se hace la solicitud el derecho de pedir información o documentos complementarios en los casos en que proceda.

Cada Estado contratante tendrá la facultad de hacer saber que se

---

Art. 3.º: En España, la Autoridad Central es la Subdirección General de Cooperación Jurídica Internacional, c/ San Bernardo, 62, 28015 Madrid, de conformidad a lo dispuesto en el Real Decreto 1475/2004, de 18 de junio, por el que se desarrolla la estructura orgánica básica del Ministerio de Justicia (*BOE* de 19-6-2004).

Art. 5.º: En el momento de la ratificación, España formuló la siguiente declaración: «En relación con el artículo 5, España declara que se podrán presentar solicitudes por vía consular.»

podrán presentar solicitudes a su Autoridad Central receptora por cualquier otra vía o medio.

Art. 6.º La autoridad expedidora asistirá al solicitante a fin de que queden incluidos todos los documentos e información que, al entender de dicha autoridad, sean necesarios para estudiar la petición. Dicha autoridad verificará si se han cumplido las formalidades.

Podrá negarse a transmitir la demanda en el caso de que la falta de fundamento de la misma le parezca manifiesta.

Asistirá, si procede, al demandante en la traducción gratuita de los documentos.

Responderá a las peticiones de información complementaria que provengan de la Autoridad Central receptora del Estado al que se hace la solicitud.

Art. 7.º Las solicitudes de asistencia judicial, los documentos en apoyo de las mismas, así como las comunicaciones de respuesta a las peticiones de información complementaria, deberán redactarse en la lengua oficial o en una de las lenguas oficiales del Estado al que se hace la solicitud o ir acompañadas de una traducción a una de dichas lenguas.

Sin embargo, cuando en el Estado solicitante sea difícil conseguir la traducción a la lengua del Estado al que se hace la solicitud, este último deberá aceptar que los documentos vayan redactados en las lenguas francesa o inglesa o acompañados de una traducción a una de dichas lenguas.

Las comunicaciones procedentes de la Autoridad Central receptora podrán estar redactadas en la lengua oficial o en una de las lenguas oficiales de ese Estado, o en inglés o en francés. Sin embargo, cuando la petición remitida por la autoridad expedidora esté redactada en francés o en inglés, o acompañada de una traducción a una de esas lenguas, las comunicaciones procedentes de la Autoridad Central receptora estarán asimismo redactadas en una de esas lenguas.

Los gastos de traducción originados por la aplicación de los párrafos anteriores correrán a cargo del Estado solicitante. Sin embargo, las traducciones realizadas, llegado el caso, por el Estado a quien se hace la solicitud corren por cuenta de éste.

Art. 8.º La Autoridad Central receptora resolverá acerca de la petición de asistencia judicial o tomará las medidas necesarias para que resuelva sobre la misma autoridad competente del Estado al que se hace la solicitud.

Aquella autoridad transmitirá las demandas de información complementaria a la autoridad expedidora e informará de cualquier dificultad que presente el estudio de la solicitud, así como de la decisión tomada.

Art. 9.º Cuando no resida en un Estado contratante, el solicitante de la asistencia judicial podrá transmitir la petición por la vía consular, sin perjuicio de cualquier otra vía que pudiera utilizar para presentar su solicitud a la autoridad competente del Estado a quien se solicita.

Cada Estado contratante tendrá la facultad de hacer saber que se podrán presentar solicitudes a su Autoridad Central receptora por cualquier otra vía o medio.

Art. 10. Los documentos remitidos en aplicación del presente capítulo quedan dispensados de cualquier legalización o formalidad análoga.

Art. 11. La intervención de las autoridades competentes para remitir, recibir o resolver sobre las solicitudes de asistencia judicial en virtud del presente capítulo será de carácter gratuito.

Art. 12. La instrucción de las solicitudes de asistencia judicial se efectuará con carácter de urgencia.

Art. 13. Cuando la asistencia judicial se haya concedido en aplicación del artículo 1, las notificaciones y comunicaciones de cualquier tipo relativas al proceso del beneficiario, y que habrían de hacerse en otro Estado contratante, no pueden dar lugar a reembolso alguno. Lo mismo sucede con las Comisiones Rogatorias y las encuestas sociales, con excepción de los emolumentos pagados a expertos e intérpretes.

Cuando, en aplicación del artículo 1, se conceda a una persona asistencia judicial en un Estado contratante con motivo de un procedimiento del que se haya derivado alguna decisión, aquélla se beneficiará, sin nuevo examen, de la asistencia judicial de cualquier otro Estado contratante en donde solicite el reconocimiento o la ejecución de dicha decisión.

CAPÍTULO II

Cautio judicatum solvi y exequátur de las condenas en costas

Art. 14. No podrá exigirse ninguna fianza ni depósito, bajo ningún concepto, por motivo únicamente de su calidad de extranjero o por no estar domiciliado o ser residente en el Estado en donde se pretende realizar la acción, de las personas físicas o jurídicas que tengan su residencia habitual en uno de los Estados contratantes y que sean demandantes o que intervengan ante los tribunales de otro Estado contratante.

La misma norma se aplicará a cualquier pago que pueda exigirse para garantizar las costas judiciales a los demandantes o a quienes intervengan.

Art. 15. Las condenas en costas de un proceso pronunciadas en uno de los Estados contratantes contra cualquier persona dispensada de fianza, de depósito o de pago, en virtud del artículo 14 o de la Ley del Estado en el que se emprende la acción, serán gratuitamente ejecuto-

---

Art. 13: Vid. *supra* núm. 13, art. 21.

rias en el otro Estado contratante, a petición del acreedor.

Art. 16. Cada Estado contratante designará una o varias autoridades expedidoras encargadas de remitir las solicitudes de exequátur de que se hace mérito en el artículo 15 a la Autoridad Central competente del Estado requerido.

Cada Estado contratante designará una Autoridad Central encargada de recibir las peticiones y de realizar las diligencias pertinentes para que se adopte una decisión definitiva al respecto.

Los Estados federales y los Estados en los que estén vigentes varios sistemas de derecho estarán facultados para designar varias Autoridades Centrales. En caso de que no sea competente la Autoridad Central a la que haya sido sometido un asunto, ésta remitirá la solicitud a la Autoridad Central competente del Estado requerido.

Las solicitudes se remitirán sin intervención de ninguna otra autoridad. Sin embargo, cada Estado contratante estará facultado para utilizar con los mismos fines la vía diplomática.

A menos que el Estado requerido haya declarado su oposición, las disposiciones anteriores no serán obstáculo para que el acreedor presente directamente la solicitud de exequátur.

Art. 17. Las solicitudes de exequátur deberán ir acompañadas de los siguientes documentos:

a) Una copia auténtica de la parte de la decisión en la que aparezcan los nombres y la capacidad de las partes, así como la parte dispositiva relativa a las costas.

b) Cualquier otro documento probatorio de que la decisión no puede ser ya objeto de recurso ordinario en el Estado de origen y que la misma es ejecutoria.

c) Una traducción certificada conforme a los documentos en la lengua del Estado requerido, cuando no estén redactados en dicha lengua.

La Autoridad competente del Estado requerido resolverá sobre las peticiones de exequátur sin oír a las partes, limitándose a verificar la aportación de las pruebas. A petición del demandante evaluará el importe de las costas de autenticación, traducción y certificación, que serán consideradas como costas del proceso. No podrá imponerse ninguna otra legalización o formalidad análoga.

Las partes no podrán interponer otros recursos contra la decisión adoptada por la autoridad competente que los previstos por la legislación del Estado requerido.

CAPÍTULO III

COPIAS DE AUTOS Y DE DECISIONES JUDICIALES

Art. 18. En materia civil o mercantil, los nacionales de un Es-

---

Art. 17.a): Téngase en cuenta que el texto auténtico del Convenio no se refiere a «la capacidad de las partes», sino a «la condición en que actúan las partes».

tado contratante, así como las personas que tengan su residencia habitual en un Estado contratante, en las mismas condiciones que los nacionales, pueden solicitar la expedición y, en su caso, la legalización de copias o certificaciones de registros públicos o de decisiones judiciales en otro Estado contratante.

CAPÍTULO IV

ARRESTO SUBSTITUTORIO Y SALVOCONDUCTOS

Art. 19. El arresto substitutorio, bien sea como medida ejecutoria o como medida simplemente precautoria, no podrá aplicarse, en materia civil o mercantil, a los nacionales de un Estado contratante o a las personas que tengan su residencia habitual en un Estado contratante en aquellos casos en que no sea aplicable a los nacionales de ese Estado. Cualquier hecho que pueda ser invocado por un nacional que tenga su residencia habitual en ese Estado para obtener el levantamiento del arresto deberá producir el mismo efecto a favor de un nacional de un Estado contratante o de una persona que tenga su residencia habitual en un Estado contratante, incluso si ese hecho ocurrió en el extranjero.

Art. 20. Cuando un testigo o un perito, nacional de un Estado contratante o que tenga su residencia habitual en un Estado contratante, sea citado específicamente por un tribunal, o por una parte que cuente con la autorización de un tribunal, para comparecer ante los tribunales de otro Estado contratante, no podrá ser perseguido, detenido, o sometido a cualquier restricción de su libertad individual en el territorio de dicho Estado por condenas o hechos anteriores a su entrada en el territorio del Estado requirente.

La inmunidad prevista en el párrafo anterior comenzará siete días antes de la fecha fijada para la declaración del testigo, o del perito, y terminará cuando el testigo o perito, habiendo tenido la posibilidad de abandonar el territorio durante los siete días consecutivos tras habérsele informado por las autoridades judiciales de que ya no era necesaria su presencia, hubiera permanecido sin embargo en ese territorio o hubiera regresado voluntariamente al mismo después de haberlo abandonado.

CAPÍTULO V

DISPOSICIONES GENERALES

Art. 21. Con reserva de lo dispuesto en el artículo 22, ninguna disposición del presente Convenio se interpretará en el sentido de restringir los derechos que pudieran reconocerse a una persona, relativos a las materias reguladas por dicho Convenio, de conformidad con las Leyes de un Estado contratante o de conformidad con cualquier otro Convenio en el que dicho Estado fuera o pudiera ser parte.

Art. 22. El presente Convenio sustituirá, en las relaciones entre los Estados que lo ratifiquen, a los artículos 17 a 24 del Convenio relativo al procedimiento civil, firmado en La Haya el 17 de julio de 1905, y a los artículos 17 a 26 del Convenio relativo al procedimiento civil, firmado en La Haya el 1 de marzo de 1954, para los Estados que fueran parte en uno u otro de esos Convenios, incluso si se hubiera hecho la reserva prevista en el segundo párrafo del artículo 28, apartado *c*).

Art. 23. Los acuerdos adicionales a los Convenios de 1905 y de 1954 que celebren los Estados contratantes se considerarán como igualmente aplicables al presente Convenio en la medida en que sean compatibles con éste, a menos que los Estados interesados acordaran otra cosa.

Art. 24. Cualquier Estado contratante podrá hacer saber, mediante una declaración, la lengua o las lenguas distintas de las previstas en los artículos 7 y 17, en las que podrán redactarse o a las que podrán traducirse los documentos que se dirijan a su Autoridad Central.

Art. 25. Los Estados contratantes que tengan varias lenguas oficiales y que no puedan, por motivos de derecho interno, aceptar para la totalidad de su territorio los documentos de que se hace mérito en los artículos 7 y 17 de asistencia judicial, redactados en una de dichas lenguas, deberán hacer saber, mediante una declaración, la lengua en la que aquéllos deberán estar redactados o a la que deberán estar traducidos a efectos de su presentación en las partes de su territorio que hubiera determinado.

Art. 26. Un Estado contratante constituido por dos o varias unidades territoriales en las que estén vigentes sistemas de derecho diferentes para las materias contenidas en este Convenio podrá declarar, en el momento de la firma, ratificación, aceptación, aprobación o adhesión, que el presente Convenio se aplicará a todas las unidades territoriales o sólo a una o a varias de ellas y que en todo momento podrá modificarse esta declaración mediante una nueva.

Las declaraciones se notificarán al Ministerio de Asuntos Exteriores del Reino de los Países Bajos y en ellas se indicarán expresamente las unidades territoriales a las que se aplicará el Convenio.

Art. 27. Cuando un Estado contratante tenga un sistema de gobierno en virtud del cual los poderes ejecutivo, judicial y legislativo estén divididos entre las Autoridades Centrales y otras autoridades de dicho Estado, la firma, ratificación, aceptación o aprobación del Convenio o la adhesión al mismo, o una declaración hecha en virtud del artículo 26, no tendrán consecuencia alguna en cuanto a la distribución interna de los poderes de dicho Estado.

Art. 28. Cualquier Estado, contratante, en el momento de la firma, ratificación, aceptación, aprobación o adhesión, podrá reservarse el derecho de excluir de la aplicación del artículo 1 a las personas que no sean nacionales de un Estado contratante, pero que tengan su residencia habitual en un Estado contratante distinto de aquel que hubiera hecho la reserva, o que hubieran tenido con anterioridad residencia habitual en el Estado que haga la reserva, si no existiera reciprocidad entre el Estado que haga la reserva y el Estado del cual sea nacional el solicitante de asistencia judicial.

Cualquier Estado contratante, en el momento de la firma, ratificación, aceptación, aprobación o adhesión, podrá reservarse el derecho de excluir lo siguiente:

a) El empleo del inglés, el francés o de ambas lenguas, según se prevé en el párrafo 2 del artículo 7.

b) La aplicación de las disposiciones del párrafo 2 del artículo 13.

c) La aplicación de las disposiciones del capítulo II.

d) La aplicación del artículo 20.

Cuando un Estado:

e) Haya excluido el empleo de las lenguas francesa e inglesa mediante la reserva prevista en el apartado *a*) del párrafo anterior, cualquier otro Estado afectado por el mismo podrá aplicar la misma regla con respecto al Estado que haya hecho la reserva.

f) Haya hecho la reserva prevista en el apartado *b*) del párrafo anterior, cualquier otro Estado podrá denegar la aplicación del apartado 2 del artículo 13 a los nacionales del Estado que haya hecho la reserva, así como a las personas que tengan su residencia habitual en ese Estado.

g) Haya hecho la reserva prevista en el apartado *c*) del párrafo anterior, cualquier otro Estado podrá denegar la aplicación de las disposiciones del capítulo II a los nacionales del Estado que haya hecho la reserva, así como a las personas que tengan en él su residencia habitual.

No se admitirá ninguna otra reserva.

Cualquier Estado contratante podrá retirar en todo momento una reserva hecha anteriormente. La retirada se notificará al Ministerio de Asuntos Exteriores del Reino de los Países Bajos, la reserva dejará de surtir efecto el primer día del tercer mes natural a partir de la notificación.

Art. 29. Cada uno de los Estados contratantes indicará al Ministerio de Asuntos Exteriores del Reino de los Países Bajos, en el momento de depositar el instrumento de ratificación, aceptación, aprobación o adhesión, o posteriormente a ello, las autoridades previstas en los artículos 3, 4 y 16.

Notificará, asimismo, si procediese, en las mismas condiciones, lo siguiente:

a) Las declaraciones de que se hace mérito en los artículos 5, 9, 16, 24, 25, 26 y 33.

b) Cualquier retirada o modificación de las designaciones y declaraciones que se acaban de citar.

c) La retirada de cualquier reserva.

Art. 30. Los modelos de formularios anexos al presente Convenio podrán ser enmendados por decisión de una Comisión especial en la que se invitará a participar a todos los Estados contratantes y a todos los Estados miembros de la Conferencia de La Haya y que será convocada por el Secretario general de la Conferencia de La Haya. La propuesta de enmienda de los formularios deberá incluirse en el orden del día de la convocatoria.

Las enmiendas serán adoptadas por la Comisión especial por mayoría de los Estados contratantes presentes y votantes. Entrarán en vigor para todos los Estados contratantes el primer día del séptimo mes natural a partir de la fecha en la que el Secretario general las haya comunicado a todos los Estados contratantes.

En el transcurso del plazo previsto en el párrafo anterior cualquier Estado contratante podrá notificar por escrito al Ministerio de Asuntos Exteriores del Reino de los Países Bajos que se propone hacer una reserva a la enmienda. El Estado que haya hecho dicha reserva será tratado como si no fuese parte en el presente Convenio, por lo que respecta a esa enmienda y hasta tanto la reserva no haya sido retirada.

CAPÍTULO VI

CLÁUSULAS FINALES

Art. 31. El Convenio queda abierto a la firma de los Estados que ya eran miembros de la Conferencia de Derecho Internacional Privado de La Haya en su decimocuarta sesión, así como a los Estados no miembros invitados en el momento de su preparación.

El Convenio será ratificado, aceptado o aprobado, y los instrumentos de ratificación, aceptación o aprobación serán depositados ante el Ministerio de Asuntos Exteriores del Reino de los Países Bajos.

Art. 32. Cualquier otro Estado podrá adherirse al Convenio.

El instrumento de adhesión se depositará ante el Ministerio de Asuntos Exteriores del Reino de los Países Bajos.

La Adhesión solamente surtirá efecto en las relaciones entre el Estado adherido y los Estados contratantes que no hayan presentado objeción con respecto a dicha adhesión en los doce meses siguientes a la recepción de la notificación prevista en el número 2 del artículo 36. Dicha objeción podrá, asimismo, ser elevada por cualquier Estado miembro en el momento en que se produzca una ratificación, aceptación o aprobación del Convenio con ulterioridad a la adhesión. Dichas objeciones serán notificadas al Ministerio de Asuntos Exteriores del Reino de los Países Bajos.

Art. 33. Cualquier Estado, en el momento de la firma, ratificación, aprobación o adhesión, podrá declarar que el Convenio abarcará el conjunto de los territorios a los que representa en el plano internacional o a uno o a varios de ellos. Dicha declaración surtirá efecto en el momento en que el Convenio entre en vigor con respecto a dicho Estado.

La declaración, así como cualquier ampliación ulterior, será notificada, al Ministerio de Asuntos Exteriores del Reino de los Países Bajos.

Art. 34. El Convenio entrará en vigor el primer día del tercer mes natural a partir del depósito del tercer instrumento de ratificación, aceptación, aprobación o adhesión previsto en los artículos 31 y 32.

A partir de ese momento el Convenio entrará en vigor:

1. Para cualquier Estado que ratifique, acepte, apruebe o se adhiera posteriormente, el primer día del tercer mes natural a partir del depósito del instrumento de ratificación, aceptación, aprobación o adhesión.

2. Para los territorios o las unidades territoriales a las que se haya ampliado el Convenio de conformidad con el artículo 26 ó 33, el primer día del tercer mes natural a partir de la notificación mencionada en dichos artículos.

Art. 35. El Convenio estará vigente durante cinco años a partir de la fecha de su entrada en vigor de conformidad con el artículo 34, párrafo primero incluso para los Estados que con posterioridad lo hayan ratificado, aceptado, aprobado o se hayan adherido al mismo.

El Convenio, si no se denuncia, se renovará tácitamente de cinco en cinco años.

La denuncia será notificada al Ministerio de Asuntos Exteriores del Reino de los Países Bajos por lo menos seis meses antes de que expire el plazo de cinco años. La denuncia podrá limitarse a determinados territorios o unidades territoriales a los que se aplique el Convenio.

La denuncia solamente tendrá efecto con respecto al Estado que la haya notificado. El Convenio seguirá en vigor para los otros Estados contratantes.

Art. 36. El Ministerio de Asuntos Exteriores del Reino de los Países Bajos notificará a los Estados miembros de la conferencia, así como a los Estados que se hayan adherido de conformidad con lo dispuesto en el artículo 32:

1. Las firmas, ratificaciones, aceptaciones y aprobaciones mencionadas en el artículo 31.

2. Las adhesiones y las objeciones a las adhesiones mencionadas en el artículo 32.

3. La fecha en que entrará en vigor el Convenio, de conformidad con lo dispuesto en el artículo 34.

4. Las declaraciones citadas en los artículos 26 y 33.

5. Las reservas y las retiradas de reservas previstas en los artículos 28 y 30.

6. Las comunicaciones notificadas en aplicación del artículo 29.

7. Las denuncias mencionadas en el artículo 35.

En fe de lo cual, los infrascritos, debidamente autorizados, firman el presente Convenio.

Hecho en La Haya el día 25 de octubre de 1980, en francés y en inglés, siendo ambos textos igualmente auténticos, en un solo ejemplar, que será depositado en los archivos del Gobierno del Reino de los Países Bajos y del que se enviarán sendas copias certificadas conforme por vía diplomática a los Estados miembros de la Conferencia de Derecho Internacional Privado de La Haya, en su decimocuarta sesión, así como a cualquier otro Estado participante en la preparación de este Convenio en la presente sesión.

ANEXO AL CONVENIO

FORMULARIO DE TRANSMISIÓN DE SOLICITUD DE ASISTENCIA JUDICIAL

Convenio de La Haya tendente a facilitar el acceso internacional a la justicia, firmado en La Haya el 25 de octubre de 1980

Nombre y dirección de la Autoridad expedidora	Dirección de la Autoridad central receptora

La autoridad expedidora infrascrita se honra en hacer llegar a la Autoridad Central receptora la solicitud de asistencia judicial, junto con su anexo (declaración relativa a la situación económica del solicitante), a los efectos previstos en el capítulo primero del citado Convenio.

Observaciones posibles en relación con la petición y la declaración:

Otras observaciones:

Hecho en .... el.........

Firma y/o sello

FORMULARIO DE SOLICITUD DE ASISTENCIA JUDICIAL

Convenio tendente a facilitar el acceso internacional a la justicia, firmado en La Haya el 25 de octubre de 1980

1. Nombre y dirección del solicitante de la asistencia judicial.
2. Juzgado o Tribunal ante el que se ha iniciado o se va a iniciar la acción (si se conoce).
3. *a*) Objeto(s) de la acción: cuantía de la misma, en su caso.
   b) En su caso, enumeración de las pruebas correspondientes a la acción iniciada o prevista*.
   c) Nombre y dirección de la parte contraria*.
4. Cualesquiera plazos o fechas relativas a la acción que puedan tener consecuencias de índole jurídica para el solicitante y que justifiquen un trato de urgencia de la solicitud*.
5. Cualquier otra información pertinente*.
6. Hecho en .... el ....
7. Firma del solicitante

Anexo a la solicitud de asistencia judicial

DECLARACIÓN RELATIVA A LA SITUACIÓN ECONÓMICA DEL SOLICITANTE

I. *Situación personal*

8. Apellidos (nombre de soltera, si procede)**
9. Nombre(s).
10. Lugar y fecha de nacimiento.
11. Nacionalidad.
12. *a*) Residencia habitual (fecha en que se inició la residencia).
 b) Residencia habitual anterior (fecha en que se inició y terminó la residencia).
13. Estado civil [soltero(a), casado(a), viudo(a), divorciado(a), separado(a)].
14. Nombre y apellidos del cónyuge.
15. Nombres, apellidos y fecha de nacimiento de los hijos a cargo del (la) interesado(a).
16. Otras personas a cargo del(la) interesado(a).
17. Información complementaria sobre la situación familiar.

II. *Situación económica*

18. Actividad profesional.
19. Nombre y dirección del patrono o del lugar en que se ejerce la actividad profesional.
20. Ingresos:

	Del(la) interesado(a)	Del cónyuge	De las personas a cargo del(la) interesado(a)
a) Haberes, sueldos (incluidas las percepciones en especie)			
b) Pensión de jubilación, pensión de invalidez, pensión alimentaria, rentas, rentas vitalicias .			
c) Subsidio de paro			
d) Ingresos de profesiones no asalariadas			
e) Ingresos de valores y capitales mobiliarios			
f) Ingresos de bienes raíces e inmobiliarios			
g) *Otras fuentes de ingresos*........................			
21. Bienes inmuebles. [Menciónese el(los) valor(es) y la(s) carga(s)]....................			
22. Otros bienes. (Títulos, participaciones, créditos, cuentas bancarias, fondos comerciales, etc.).............			

* Táchese lo que no interese.

** Téngase en cuenta que el texto auténtico se refiere a «apellido de soltera» y no a «nombre de soltera».

	Del(la) interesado(a)	Del cónyuge	De las personas a cargo del(la) interesado(a)
23. Deudas y otras cargas financieras:			
a) Préstamos (menciónese la índole, cuantía todavía pagadera y reembolsos anuales/mensuales) .			
b) Obligaciones alimentarias (menciónese la cuantía mensual)			
c) Alquileres (incluido el costo de la calefacción, electricidad, gas y agua)			
d) Otras cargas periódicas .			

24. Impuestos sobre la renta y contribuciones a la Seguridad social del año anterior.
25. Observaciones del(la) interesado(a).
26. En su caso, relación de los documentos aportados.
27. Yo, el(la) infrascrito(a) informado(a) de las consecuencias penales que puede acarrear una declaración falsa, certifico por mi honor que la presente declaración es completa y exacta.
28. Hecho en .... (lugar)
29. El .... (fecha)
30. .... [firma del(la) interesado(a)]

21. ACUERDO EUROPEO DE 27 DE ENERO DE 1977, SOBRE TRANSMISIÓN DE SOLICITUDES DE ASISTENCIA JURÍDICA GRATUITA, HECHO EN ESTRASBURGO EL 27 DE ENERO DE 1977*

(*DO* núm. 305, de 21 de diciembre de 1985)

Los Estados miembros del Consejo de Europa,

Considerando que la finalidad del Consejo de Europa es conse-

* Estados parte: Albania, Austria, Arzerbayán, Bélgica, Bosnia Herzegovina, Bulgaria, Dinamarca, España, Estonia, Ex-República Yugoslava de Macedonia, Finlandia, Francia, Georgia, Grecia, Holanda, Irlanda, Italia, Letonia, Lituania, Luxemburgo, Montenegro, Noruega, Polonia, Portugal, Reino Unido, República Checa, Rumania, Serbia, Suecia, Suiza y Turquía. Para datos posteriores al cierre de la edición y otras informaciones relativas al acuerdo véase: http://www.coe.int.

guir una mayor unidad entre sus Miembros;

Considerando que es conveniente eliminar los obstáculos económicos en los procesos civiles y permitir así un mejor ejercicio de sus derechos a las personas económicamente débiles en los Estados miembros;

Persuadidos de que la instauración de un sistema de transmisión de solicitudes de asistencia judicial contribuiría a lograr ese fin,

Han convenido en lo siguiente:

Artículo 1.º Cualquier persona que tenga su residencia habitual en el territorio de una de las Partes Contratantes y que desee solicitar asistencia judicial en materia civil, mercantil o administrativa en el territorio de la otra Parte Contratante, podrá presentar su solicitud en el Estado de su residencia habitual. Este Estado transmistirá la solicitud al otro Estado.

Art. 2.º 1. Cada una de la Partes Contratantes designará una o varias autoridades expedidoras que se encargarán de transmitir directamente las solicitudes de asistencia judicial a la autoridad extranjera designada *infra*.

2. Cada una de la Partes Contratantes designará asimismo una autoridad central receptora para recibir las solicitudes de asistencia judicial procedentes de otra Parte Contratante y darles la tramitación que proceda.

Los Estados federales y los Estados donde estén vigentes varios sistemas jurídicos estarán facultados para designar varias autoridades centrales.

Art. 3.º 1. La autoridad expedidora prestará asistencia al solicitante para que la solicitud pueda ir acompañada de todos los documentos que, según el criterio de dicha autoridad, sean necesarios para la admisión de la solicitud. Dicha autoridad prestará asimismo asistencia al solicitante para la traducción de los documentos, cuando sea necesaria.

La autoridad expedidora podrá denegar la transmisión de la solicitud si estima que es manifiestamente temeraria.

2. La autoridad central receptora remitirá el expediente a la autoridad competente que haya de resolver sobre la solicitud. Informará además a la autoridad expedidora de todas las dificultades que surjan en el examen de la solicitud y de la decisión que adopte la autoridad competente.

Art. 4.º Los documentos remitidos en aplicación del presente Acuerdo estarán exentos de las formalidades de legalización u otras análogas.

Art. 5.º Las Partes Contratantes no percibirán remuneración alguna por los servicios que presten en aplicación del presente Acuerdo.

Art. 6.º 1. A reserva de los arreglos particulares concertados entre las autoridades interesadas de las Partes Contratantes y de las disposiciones de los artículos 13 y 14:

a) La solicitud de asistencia judicial y los documentos anexos, así como cualesquiera otras comunicaciones, se redactarán en el idioma oficial o en uno de los idiomas oficiales de la autoridad receptora o se acompañarán de una traducción en dicho idioma.

b) No obstante, cada una de las Partes Contratantes aceptará la solicitud de ayuda judicial y sus documentos anexos, así como cualquiera otra comunicación, si están redactados en francés o en inglés o si van acompañados de una traducción a cualquiera de estos dos idiomas.

2. Las comunicaciones procedentes del Estado de la autoridad receptora podrán estar redactados en el idioma oficial o en uno de los idiomas oficiales de este Estado, o bien en francés o inglés.

Art. 7.º Con objeto de facilitar la aplicación del presente Acuerdo las autoridades centrales de las Partes Contratantes se mantendrán mutuamente informadas sobre el estado de su legislación en materia de asistencia judicial.

Art. 8.º Las autoridades mencionadas en el artículo 2 serán designadas mediante una declaración dirigida al Secretario General del Consejo de Europa cuando el Estado de que se trate llegue a ser Parte en el Acuerdo de conformidad con lo dispuesto en los artículos 9 y 11.

Cualquier cambio en la competencia de dichas autoridades habrá de ser comunicada asimismo al Secretario General del Consejo de Europa.

Art. 9.º 1. El presente Acuerdo queda abierto a la firma de los Estados miembros del Consejo de Europa, que pueden llegar a ser Partes del mismo por:

a) La firma sin reserva de ratificación, aceptación o aprobación,

b) La firma con reserva de ratificación, aceptación o aprobación, seguida de ratificación, aceptación o aprobación,

2. Los instrumentos de ratificación, aceptación o aprobación se depositarán en poder del Secretario General del Consejo de Europa.

Art. 6.º1.b): Según la reserva formulada por la República de Austria conforme al art. 13.1, declara que excluye enteramente la aplicación del párrafo 1.*b*) del artículo 6.º; la reserva formulada por Finlandia conforme *al art. 13.1 al párrafo 1.b*) del art. 6.º; según la cual no aceptará la petición de asistencia jurídica, ni los documentos adjuntos, así como todas las comunicaciones cuando estén redactadas en francés o cuando estén acompañadas de una traducción en ese idioma; la reserva formulada por el Gobierno francés conforme al art. 13.1 al párrafo 1.*b*) del art. 6.º, según la cual no tramitará más que las demandas de asistencia judicial redactadas en francés o acompañadas de una traducción en lengua francesa.

Art. 8.º: En España, la Autoridad Central es la Subdirección General de Cooperación Jurídica Internacional, c/ San Bernardo, 62, 28015 Madrid, de conformidad a lo dispuesto en el Real Decreto 1475/2004, de 18 de junio, por el que se desarrolla la estructura orgánica básica del Ministerio de Justicia (*BOE* de 19-6-2004).

Art. 10. 1. El presente Acuerdo entrará en vigor un mes después de la fecha en que dos Estados miembros del Consejo de Europa lleguen a ser Partes en el Acuerdo con arreglo a las disposiciones del artículo 9.

2. Para cualquier Estado miembro que ulteriormente firme el Acuerdo sin reserva de ratificación, aceptación o aprobación o lo ratifique, acepte o apruebe, el Acuerdo entrará en vigor un mes después de la fecha de la firma o del depósito del instrumento de ratificación, aceptación o aprobación.

Art. 11. 1. Después de la entrada en vigor del presente Acuerdo, el Comité de Ministros del Consejo de Europa podrá invitar a cualquier Estado no miembro del Consejo a adherirse al mismo.

2. La adhesión se efectuará mediante el depósito en poder del Secretario General del Consejo de Europa de un instrumento de adhesión, que surtirá efecto un mes después de la fecha del depósito de dicho instrumento.

Art. 12. 1. Todo Estado, en el momento de la firma o del depósito de su instrumento de ratificación, aceptación o adhesión, podrá designar el territorio o los territorios a los que aplicará el presente Acuerdo.

2. Todo Estado, en el momento del depósito de su instrumento de ratificación, aceptación o aprobación o en cualquier otro momento posterior, podrá extender la aplicación del presente Acuerdo, mediante declaración dirigida al Secretario General del Consejo de Europa, a cualquier otro territorio designado en la declaración de cuyas relaciones internacionales esté encargado o respecto del cual esté facultado para contraer compromisos. La extensión surtirá efecto un mes después de la fecha en que se reciba la declaración.

3. Toda declaración hecha en aplicación del párrafo precedente podrá ser retirada, con respecto a cualquier territorio mencionado en la declaración, mediante notificación dirigida al Secretario General del Consejo de Europa. Dicha retirada surtirá efecto un mes después de la fecha en que el Secretario General del Consejo de Europa haya recibido la notificación.

Art. 13. 1. Cada uno de los Estados, en el momento de la firma o del depósito de su instrumento de ratificación, aceptación, aprobación o adhesión, podrá declarar que queda excluida en su totalidad o en parte la aplicación de las disposiciones del apartado *b*) del párrafo 1 del artículo 6. No se admitirá ninguna otra reserva al presente Acuerdo.

2. Cada una de las Partes Contratantes podrá retirar en su totalidad o en parte la reserva que hubiere formulado, mediante declaración dirigida al Secretario General del Consejo de Europa. La reserva cesará de surtir efecto en la fecha en que se reciba la declaración.

3. Cuando una Parte Contratante formule una reserva, cualquier otra Parte podrá aplicar la misma reserva respecto de esa Parte.

Art. 14. 1. Toda Parte Contratante que tenga varios idiomas oficiales podrá especificar a los efectos de la aplicación del apartado *a*) del párrafo 1 del artículo 6, mediante una declaración, el idioma en que deberán ir redactados o al que deberán traducirse la solicitud y los documentos para su transmisión a las partes de su territorio que hubiere determinado.

2. La declaración mencionada en el párrafo procedente se dirigirá al Secretario General del Consejo de Europa en el momento de la firma del Acuerdo por el Estado interesado o en el momento del depósito de su instrumento de ratificación, aceptación, aprobación o adhesión. Posteriormente podrá retirarse o modificarse dicha declaración siguiendo el mismo procedimiento.

Art. 15. 1. Cualquiera de las Partes Contratantes podrá denunciar, en lo que le concierna, el presente Acuerdo mediante una notificación dirigida al Secretario General del Consejo de Europa.

2. La denuncia surtirá efecto seis meses después de que el Secretario General reciba la notificación.

Art. 16. El Secretario General del Consejo de Europa notificará a los Estados miembros del Consejo y a cualquier Estado que se haya adherido al presente Acuerdo:

a) Cualquier firma sin reserva de ratificación, aceptación o aprobación.

b) Cualquier firma con reserva de ratificación, aceptación o aprobación.

c) El depósito de cualquier instrumento de ratificación, aceptación, aprobación o adhesión.

d) Cualquier declaración que se reciba en aplicación de las disposiciones del artículo 8.

e) Cualquier fecha de entrada en vigor del presente Acuerdo, de conformidad con lo dispuesto en su artículo 10.

f) Cualquier declaración que se reciba en aplicación de las disposiciones de los párrafos 2 y 3 del artículo 12.

g) Cualquier reserva formulada en aplicación de las disposiciones del párrafo 1 del artículo 13.

h) La retirada de cualquier reserva efectuada en aplicación de las disposiciones del párrafo 2 del artículo 13.

i) Cualquier declaración que se reciba en aplicación de las disposiciones del artículo 14.

j) Cualquier notificación que se reciba en aplicación de las disposiciones del artículo 15 y la fecha en que surtirá efecto la denuncia.

En fe de lo cual, los infrascritos, debidamente autorizados al efecto, firman el presente Acuerdo.

Hecho en Estrasburgo, el 27 de enero de 1977, en francés y en inglés, siendo ambos textos igualmente fehacientes, en un solo ejemplar que será depositado en los Archivos del Consejo de Europa. El Secretario General del Consejo de Europa enviará copias certificadas a cada uno de los Estados signatarios y adheridos.

22. CONVENIO EUROPEO ACERCA DE LA INFORMACIÓN SOBRE EL DERECHO EXTRANJERO, HECHO EN LONDRES EL 7 DE JUNIO DE 1968*

(*BOE* núm. 240, de 7 de octubre de 1974)

Los Estados miembros del Consejo de Europa, signatarios del presente Convenio,

Considerando que el fin del Consejo de Europa es realizar una unión más estrecha entre sus miembros,

Convencidos de que el establecimiento de un sistema de auxilio judicial internacional con miras a facilitar la obtención por las autoridades judiciales de informaciones sobre el Derecho extranjero contribuirá a la realización de dicho fin,

Han convenido en lo que sigue.

Artículo 1.º *Campo de aplicación del presente Convenio.*—1.

---

* *Texto auténtico*: francés e inglés. *Estados parte*: Albania, Alemania, Austria, Azerbaiyán, Bélgica, Bielorrusia, Bulgaria, Costa Rica, Chipre, Dinamarca, Eslovaquia, Eslovenia, España, Estonia, Ex-República Yugoslava de Macedonia, Finlandia, Francia, Georgia, Grecia, Hungría, Islandia, Italia, Letonia, Liechtenstein, Lituania, Luxemburgo, Malta, México, Montenegro, Noruega, Países Bajos, Polonia, Portugal, Reino Unido de Gran Bretaña e Irlanda del Norte, República Checa, República de Moldova, Rumania, Rusia, Serbia, Suecia, Suiza, Turquía y Ucrania. Para los datos posteriores al cierre de la edición y otras informaciones relativas al Convenio véase http://www.coe.int. Vid. el Protocolo adicional al Convenio europeo acerca de la información sobre el derecho extranjero, hecho en Estrasburgo el 15 de marzo de 1978, que extiende la información al ámbito penal y amplía las autoridades habilitadas para solicitar la información (vid. *infra* nota al art. 1.º1).Vid. asimismo la Convención interamericana sobre prueba e información acerca del derecho extranjero, hecha en Montevideo el 8 de mayo de 1979 (*infra* núm. 23).

Art. 1.º1: Téngase en cuenta el Cap. II, arts. 3.º y 4.º, del Protocolo adicional de este Convenio, que establece:

«CAPÍTULO II:

Art. 3.º En el marco del compromiso incluido en el párrafo 1 del artículo 1 del Convenio, las Partes Contratantes convienen en que la petición de información podrá:

a) Formularla, no sólo una autoridad judicial, sino también cualquier otra autoridad o persona que actúe dentro de un sistema oficial de asistencia judicial o de asesoramiento jurídico por cuenta de personas económicamente débiles; y

b) Ser formulada, no sólo cuando se haya iniciado un procedimiento, sino también cuando se prevea la instrucción de un procedimiento.

Art. 4.º 1. Toda Parte Contratante que no haya establecido o designado uno o varios Organismos para la transmisión de información, conforme a lo dispuesto en el párrafo 2 del artículo 2 del Convenio, establecerá o designará uno o varios de esos Organismos para transmitir al Organismo extranjero de recepción la demanda de información formulada de conformidad con el artículo 3 del presente Protocolo.

2. Cada una de las Partes Contratantes comunicará al Secretario general del Consejo de Europa el nombre y la dirección del Organismo o de los Organismos de transmisión que se establezcan o designen en aplicación del párrafo precedente.»

Las Partes Contratantes se obligan a proporcionarse, según las disposiciones del presente Convenio, datos concernientes a su derecho dentro del ámbito civil y mercantil, así como dentro del ámbito del procedimiento civil y comercial y de la organización judicial.

2. No obstante dos o más Partes Contratantes podrán convenir extender, en lo que a las mismas concierne, el campo de aplicación del presente convenio a ámbitos distintos de los indicados en el parágrafo precedente. El texto del acuerdo celebrado será comunicado al Secretario general del Consejo de Europa.

Art. 2.º *Órganos nacionales de enlace.*—1. Para la aplicación del presente Convenio, cada Parte Contratante creará o designará un órgano único (denominado en lo que sigue «órgano de recepción»), que estará encargado:

a) De recibir las peticiones de datos contempladas en el parágrafo 1 del artículo 1.º, que provinieren de otra Parte Contratante;

b) De dar curso a dichas peticiones, de conformidad con el artículo 6.º

Dicho órgano deberá ser un servicio ministerial u otro órgano estatal.

2. Cada Parte Contratante tendrá la facultad de crear o designar uno o varios órganos (denominados en lo que sigue «órganos de transmisión») encargados de recibir las peticiones de datos provinientes de sus Autoridades judiciales, y de transmitirlas al órgano de recepción extranjero competente. La tarea encomendada al órgano de transmisión podrá ser confiada al órgano de recepción.

3. Cada Parte Contratante comunicará al Secretario general del Consejo de Europa la denominación y la dirección de su órgano de recepción, y si hubiere lugar, de sus órganos de transmisión.

Art. 3.º *Autoridades habilitadas para formular la petición de datos.*—1. La petición de datos deberá siempre emanar de una Autoridad judicial, incluso en el caso de que no hubiera sido formulada por ésta. No podrá ser deducida más que en ocasión de una instancia ya incoada.

2. Toda Parte Contratante podrá, si no hubiere creado o designado órganos de transmisión, indicar, por declaración dirigida al Secretario general del Consejo de Europa, aquellas de sus Autoridades que considerare como Autoridad judicial en el sentido del parágrafo precedente.

Para la aplicación de este precepto, téngase en cuenta lo dispuesto en el art. 5.1 del Protocolo, pues no es vinculante para alguno de los Estados parte.

Art. 2.º: En España, la Autoridad Central es la Subdirección General de Cooperación Jurídica Internacional, c/ San Bernardo, 62, 28015 Madrid, de conformidad a lo dispuesto en el Real Decreto 1475/2004, de 18 de junio, por el que se desarrolla la estructura orgánica básica del Ministerio de Justicia (*BOE* de 19-6-2004).

3. Dos o más Partes Contratantes podrán convenir en extender, en cuanto les concerniere, la aplicación del presente Convenio a peticiones emanantes de Autoridades distintas de las Autoridades judiciales. El texto del acuerdo celebrado será comunicado al Secretario general del Consejo de Europa.

Art. 4.º *Contenido de la petición de datos.*—1. La petición de datos deberá indicar la Autoridad judicial de la cual emanare, así como la naturaleza del asunto. Deberá precisar, de la manera más exacta posible, los puntos sobre los cuales se solicitare la información referente al Derecho del Estado requerido y, en caso de que existieren varios sistemas jurídicos en el país requerido, el sistema con respecto al cual fueren solicitados los datos.

2. La petición será acompañada de la exposición de los hechos, necesaria tanto para la buena comprensión como para la formulación de una respuesta exacta y precisa; podrán ser unidas copias de documentos en la medida en que las mismas fueren necesarias para precisar el alcance de la petición.

3. La petición podrá referirse, a título complementario, a puntos concernientes a ámbitos distintos de los contemplados en el artículo 1.º, parágrafo 1, cuando presentaren un vínculo de conexión con los puntos principales de la petición.

4. Cuando la petición no fuere formulada por una Autoridad judicial, será acompañada de la decisión de ésta que la hubiera autorizado.

Art. 5.º *Transmisión de la petición de datos.*—La petición de datos será elevada directamente al órgano de recepción del Estado requerido por un órgano de transmisión o, en defecto de tal órgano, por la Autoridad judicial de la cual la misma emanare.

Art. 6.º *Autoridades habilitadas para responder.*—1. El órgano de recepción cometido de una petición de datos podrá, bien formular por sí mismo la respuesta, bien transmitir la petición a otro órgano estatal u oficial que formulare la respuesta.

2. El órgano de recepción podrá, en los casos adecuados o por razones de organización administrativa, transmitir la petición a un Organismo privado o a un jurista cualificado el cual formulará la respuesta.

3. Cuando la aplicación del parágrafo precedente fuere capaz de entrañar gastos, el órgano de recepción, antes de efectuar la transmisión contemplada en dicho parágrafo, indicará a la Autoridad de la cual emanare la petición, el organismo privado o él o los juristas a quienes fuera transmitida la petición; en este caso informará, en la medida de lo posible, de la importancia de los gastos contemplados y solicitará su aprobación.

Art. 7.º *Contenido de la respuesta.*—La respuesta deberá tener por objeto informar de una manera objetiva e imparcial sobre el Derecho del Estado requerido, de cuya Autoridad emanare la petición. Llevará consigo según el caso, la facilitación de textos legislativos y reglamentarios y de decisiones jurisprudenciales. Estará provista, en la medida en que se juzgare necesario para la buena información del peticionario, de documentos complementarios tales como extractos de obras doctrinales y trabajos preparatorios. Podrá, en su caso, ser acompañada de comentarios explicativos.

Art. 8.º *Efectos de la respuesta.*—Los datos contenidos en una respuesta no vinculan a la Autoridad judicial de la cual emanare la petición.

Art. 9.º *Comunicación de la respuesta.*—La respuesta será dirigida por el órgano de recepción al órgano de transmisión, si la petición hubiera sido transmitida por éste, o a la Autoridad judicial, si ésta lo hubiere cometido directamente.

Art. 10. *Obligación de responder.*—1. El órgano de recepción cometido de una petición de datos tiene, a reserva de las disposiciones del artículo 11, la obligación de dar curso a la misma, de conformidad con las disposiciones del artículo 6.º

2. Cuando la respuesta no fuere formulada por el propio órgano de recepción, éste quedará obligado especialmente a velar por que sea facilitada una respuesta en las condiciones previstas en el artículo 12.

Art. 11. *Excepciones a la obligación de responder.*—El Estado requerido podrá negarse a dar curso a la petición de datos, cuando sus intereses estuvieren afectados por el litigio con ocasión del cual hubiere sido formulada la petición, o cuando estimare que la respuesta fuera capaz de atentar a su soberanía o a su seguridad.

Art. 12. *Plazo de la respuesta.*—La respuesta a una petición de datos deberá ser facilitada lo más rápidamente posible. No obstante, si la elaboración de la respuesta exigiere un plazo largo, el órgano de recepción informará al respecto a la Autoridad extranjera que le hubiere cometido, precisando, si fuera posible, la fecha en la cual la respuesta pudiere probablemente ser comunicada.

Art. 13. *Informaciones complementarias.*—1. El órgano de recepción, así como el órgano o la persona a que, conforme al artículo 6.º, hubiere encomendado responder, podrán solicitar de la Autoridad de la cual emanare la petición, las informaciones complementarias que estimaren necesarias para la elaboración de la respuesta.

2. La petición de informaciones complementarias será transmitida por el órgano de recepción por la vía prevista en el artículo 9 para la comunicación de la respuesta.

Art. 14. *Lenguas.*—1. La petición de datos y sus anejos serán redactados en la lengua oficial, o en una de las lenguas oficiales del Estado requerido, o serán acompañados de una traducción en dicha lengua. La respuesta será redactada en la lengua del Estado requerido.

2. No obstante, dos o varias Partes Contratantes podrán convenir en derogar entre ellas las disposiciones del parágrafo precedente.

Art. 15. *Gastos.*—1. La respuesta no podrá dar lugar al reembolso de impuestos o de gastos, cualquiera que fuere su naturaleza, a excepción de aquellos contemplados en el parágrafo 3 del artículo 6, que serán de cargo del Estado del cual emanare la petición.

2. No obstante, dos o varias Partes Contratantes podrán convenir en derogar entre ellas las disposiciones del parágrafo precedente.

Art. 16. *Estados federales.*—En un Estado federal, las funciones ejercidas por el órgano de recepción, distintas de las previstas en el parágrafo *a*) del parágrafo 1 del artículo 2, podrán, por razones de orden constitucional, ser atribuidas a otros órganos estatales.

Art. 17. *Entrada en vigor del Convenio.*—1. El presente Convenio está abierto a la firma de los Estados miembros del Consejo de Europa. Será ratificado o aceptado. Los instrumentos de ratificación o de aceptación serán depositados en poder del Secretario general del Consejo de Europa.

2. El Convenio entrará en vigor tres meses después de la fecha del depósito del tercer instrumento de ratificación o de aceptación.

3. Entrará en vigor con respecto a todo Estado signatario que lo ratificare o lo aceptare ulteriormente, tres meses después de la fecha del depósito de su instrumento de ratificación o de aceptación.

Art. 18. *Adhesión de un Estado no miembro del Consejo de Europa.*—1. Después de la entrada en vigor del presente Convenio, el Comité de Ministros del Consejo de Europa podrá invitar a todo Estado no miembro del Consejo de Europa a adherirse al presente Convenio.

2. La adhesión se efectuará por depósito, en poder del Secretario general del Consejo de Europa, de un instrumento de adhesión que surtirá efecto tres meses después de la fecha de su depósito.

Art. 19. *Alcance territorial del Convenio.*—1. Toda Parte Contratante podrá, en el momento de la firma, o en el momento del depósito de su instrumento de ratificación de aceptación o de adhesión, designar el o los territorios a los cuales se aplicare el presente Convenio.

2. Toda Parte Contratante podrá, en el momento del depósito de su instrumento de ratificación,

de aceptación o de adhesión, o en todo otro momento ulterior, extender la aplicación del presente Convenio, por declaración dirigida al Secretario general del Consejo de Europa, a todo otro territorio designado en la declaración y cuyas relaciones internacionales tuviere a su cargo o por el cual, la misma estuviere habilitada para contratar.

3. Toda declaración hecha en virtud del parágrafo precedente podrá ser retirada en lo que concierne a todo territorio designado en esta declaración, en las condiciones previstas por el artículo 20 del presente Convenio.

Art. 20. *Duración del Convenio y denuncia.*—1. El presente Convenio permanecerá en vigor sin limitación de plazo.

2. Toda Parte Contratante podrá, en lo que le concierne, denunciar el presente Convenio dirigiendo notificación al Secretario general del Consejo de Europa.

3. La denuncia surtirá efecto seis meses después de la fecha de la recepción de la notificación por el Secretario general.

Art. 21. *Funciones del Secretario general del Consejo de Europa.*—El Secretario general del Consejo de Europa notificará a los Estados miembros del Consejo y a todo Estado que se hubiere adherido al presente Convenio:

a) Toda firma;

b) El depósito de todo instrumento de ratificación, de aceptación o de adhesión;

c) Toda fecha de entrada en vigor del presente Convenio, conforme a su artículo 17;

d) Toda notificación recibida en aplicación de las disposiciones del parágrafo 2 del artículo 1.º; del parágrafo 3 del artículo 2.º; del parágrafo 2 del artículo 3.º, y de los parágrafos 2 y 3 del artículo 19;

e) Toda notificación recibida en aplicación de las disposiciones del artículo 20 y la fecha en la cual la denuncia surtiere efecto.

En fe de lo cual, los infrascritos debidamente autorizados a este efecto han firmado el presente Convenio.

Dado en Londres, el 7 de junio de 1968, en francés y en inglés, haciendo fe igualmente ambos textos, en un solo ejemplar que será depositado en los archivos del Consejo de Europa. El Secretario general del Consejo de Europa expedirá copia fehaciente a cada uno de los Estados signatarios y adherentes.

Art. 21: Sobre los actos indicados en este precepto, vid. *BOE* de 7-10-1974, 10-7-1975, 22-9-1981 y 22-9-1985 y, con posterioridad a esta fecha, las comunicaciones de la Secretaría General Técnica del Ministerio de Asuntos Exteriores publicadas trimestralmente en el *BOE* de conformidad con el art. 32 del D. 801/1972, de 24 de marzo, relativo a la ordenación de la actividad del Estado en materia de tratados internacionales.

23. CONVENCIÓN INTERAMERICANA SOBRE PRUEBA E INFORMACIÓN ACERCA DEL DERECHO EXTRANJERO, HECHA EN MONTEVIDEO EL 8 DE MAYO DE 1979*

(*BOE* núm. 11, de 13 de enero de 1988)

Los Gobiernos de los Estados Miembros de la Organización de los Estados Americanos, deseosos de concertar una convención sobre prueba e información acerca del derecho extranjero, han acordado lo siguiente:

Artículo 1.º La presente Convención tiene por objeto establecer normas sobre la cooperación internacional entre los Estados Parte para la obtención de elementos de prueba e información acerca del derecho de cada uno de ellos.

Art. 2.º Con arreglo a las disposiciones de esta Convención, las autoridades de cada uno de los Estados Parte proporcionarán a las autoridades de los demás que lo solicitaren, los elementos probatorios o informes sobre el texto, vigencia, sentido y alcance legal de su derecho.

Art. 3.º La cooperación internacional en la materia de que trata esta Convención se prestará por cualquiera de los medios de prueba idóneos previstos tanto por la Ley del Estado requirente como por la del Estado requerido.

Serán considerados medios idóneos a los efectos de esta Convención, entre otros, los siguientes:

a) La prueba documental, consistente en copias certificadas de textos legales con indicación de su vigencia, o precedentes judiciales.

b) La prueba pericial, consistente en dictámenes de Abogados o expertos en la materia.

c) Los informes del Estado requerido sobre el texto, vigencia, sentido y alcance legal de su derecho sobre determinados aspectos.

Art. 4.º Las autoridades jurisdiccionales de los Estados Parte

* *Texto auténtico*: español, francés, inglés y portugués. *Estados parte*: Argentina, Brasil, Colombia, Chile, Ecuador, España, Guatemala, México, Paraguay, Perú, Uruguay y Venezuela. Para los datos posteriores al cierre de la edición y otras informaciones relativas al Convenio véase http://www.oas.org. Vid. el Acuerdo de cooperación para el intercambio de información sobre los ordenamientos jurídicos, entre España y los Estados Unidos Mexicanos, hecho el 1 de diciembre de 1984 (*BOE* de 8-6-1985). Vid. asimismo el Convenio europeo acerca de la información sobre el derecho extranjero, hecho en Londres el 7 de junio de 1968 (*supra* núm. 22). Vid. asimismo el Convenio relativo al intercambio internacional de informaciones en materia civil, hecho en Estambul el 4 de septiembre de 1958, y Protocolo adicional, hecho en Patrás el 6 de septiembre de 1989 (*infra* núm. 52).

de esta Convención podrán solicitar los informes a que se refiere el inciso *c*) del artículo 3.º

Los Estados Parte podrán extender la aplicación de esta Convención a la petición de informes de otras autoridades.

Sin perjuicio de lo anterior, serán atendibles las solicitudes de otras autoridades que se refieran a los elementos probatorios indicados en los incisos *a*) y *b*) del artículo 3.º

Art. 5.º Las solicitudes a que se refiere esta Convención deberán contener lo siguiente:

a) Autoridad de la que provienen y naturaleza del asunto.

b) Indicación precisa de los elementos probatorios que se solicitan.

c) Determinación de cada uno de los puntos a que se refiera la consulta con indicación del sentido y alcance de la misma, acompañada de una exposición de los hechos pertinentes para su debida comprensión.

La autoridad requerida deberá responder a cada uno de los puntos consultados conforme a lo solicitado y en la forma más completa posible.

Las solicitudes serán redactadas en el idioma oficial del Estado requerido o serán acompañadas de una traducción a dicho idioma. La respuesta será redactada en el idioma del Estado requerido.

Art. 6.º Cada Estado Parte quedará obligado a responder las consultas de los demás Estados Parte conforme a esta Convención, a través de su autoridad central, la cual podrá transmitir dichas consultas a otros órganos del mismo Estado.

El Estado que rinda los informes a que alude el artículo 3.º*c*), no será responsable por la opinión emitida ni estará obligado a aplicar o hacer aplicar el derecho según el contenido de la respuesta proporcionada.

El Estado que recibe los informes a que alude el artículo 3.º*c*), no estará obligado a aplicar o hacer aplicar el derecho según el contenido de la respuesta recibida.

Art. 7.º Las solicitudes a que se refiere esta Convención podrán ser dirigidas directamente por las autoridades jurisdiccionales o a través de la autoridad central del Estado requirente, a la correspondiente autoridad central del Estado requerido, sin necesidad de legalización.

La autoridad central de cada Estado Parte recibirá las consultas formuladas por las autoridades de su Estado y las transmitirá a la autoridad central del Estado requerido.

Art. 8.º Esta Convención no restringirá las disposiciones de convenciones que en esta materia hubieren sido suscritas o que se suscribieren en el futuro en forma bilateral o multilateral por los Estados Parte, o las prácticas más favorables que dichos Estados pudieran observar.

Art. 9.º A los efectos de esta Convención cada Estado Parte designará una autoridad central.

La designación deberá ser comunicada a la Secretaría General de la Organización de los Estados Americanos en el momento del depósito del Instrumento de Ratificación o Adhesión para que sea comunicada a los demás Estados Parte.

Los Estados Parte podrán cambiar en cualquier momento la designación de su autoridad central.

Art. 10. Los Estados Parte no estarán obligados a responder las consultas de otro Estado Parte cuando los intereses de dichos Estados estuvieren afectados por la cuestión que diere origen a la petición de información o cuando la respuesta pudiere afectar su seguridad o soberanía.

Art. 11. La presente Convención estará abierta a la firma de los Estados Miembros de la Organización de los Estados Americanos.

Art. 12. La presente Convención está sujeta a ratificación. Los Instrumentos de ratificación se depositarán en la Secretaría General de la Organización de los Estados Americanos.

Art. 13. La presente Convención quedará abierta a la adhesión de cualquier otro Estado. Los Instrumentos de Adhesión se depositarán en la Secretaría General de la Organización de los Estados Americanos.

Art. 14. Cada Estado podrá formular reservas a la presente Convención al momento de firmarla, ratificarla o al adherirse a ella, siempre que la reserva verse sobre una o más disposiciones específicas y que no sea incompatible con el objeto y fin de la Convención.

Art. 15. La presente Convención entrará en vigor el trigésimo día a partir de la fecha en que haya sido depositado el segundo Instrumento de ratificación.

Para cada Estado que ratifique la Convención o se adhiera a ella después de haber sido depositado el segundo Instrumento de ratificación, la Convención entrará en vigor el trigésimo día a partir de la fecha en que tal Estado haya de-

---

Art. 9.º: En España, la Autoridad Central es la Subdirección General de Cooperación Jurídica Internacional, c/ San Bernardo, 62, 28015 Madrid, de conformidad a lo dispuesto en el Real Decreto 1475/2004, de 18 de junio, por el que se desarrolla la estructura orgánica básica del Ministerio de Justicia (*BOE* de 19-6-2004).

Art. 14: Vid. las declaraciones y reservas en *BOE* de 13-1-1988 y, con posterioridad a esta fecha, en las comunicaciones de la Secretaría General Técnica del M. de Asuntos Exteriores publicadas trimestralmente en el *BOE* de conformidad con el art. 32 del D. 801/1972, de 24 de marzo, relativo a la ordenación de la actividad del Estado en materia de tratados internacionales.

positado su Instrumento de ratificación o adhesión.

Art. 16. Los Estados Parte que tengan dos o más unidades territoriales en las que rijan distintos sistemas jurídicos relacionados con cuestiones tratadas en la presente Convención, podrán declarar, en el momento de la firma, ratificación o adhesión, que la Convención se aplicará a todas sus unidades territoriales o solamente a una o más de ellas.

Tales declaraciones podrán ser modificadas mediante declaraciones ulteriores que especificarán expresamente la o las unidades territoriales a las que se aplicará la presente Convención. Dichas declaraciones ulteriores se transmitirán a la Secretaría General de la Organización de los Estados Americanos y surtirán efecto treinta días después de recibidas.

Art. 17. La presente Convención regirá indefinidamente, pero cualquiera de los Estados Parte podrá denunciarla. El Instrumento de denuncia será depositado en la Secretaría General de la Organización de los Estados Americanos. Transcurrido un año, contado a partir de la fecha de depósito del Instrumento de denuncia, la Convención cesará en sus efectos para el Estado denunciante, quedando subsistente para los demás Estados Parte.

Art. 18. El Instrumento original de la presente Convención, cuyos textos en español, francés, inglés y portugués son igualmente auténticos, será depositado en la Secretaría General de la Organización de los Estados Americanos, la que enviará copia auténtica de su texto para su registro y publicación a la Secretaría de las Naciones Unidas, de conformidad con el artículo 102 de su Carta constitutiva. La Secretaría General de la Organización de los Estados Americanos notificará a los Estados Miembros de dicha Organización y a los Estados que se hayan adherido a la Convención, las firmas, los depósitos de Instrumentos de ratificación, adhesión y denuncia, así como las reservas que hubiere. También les transmitirá la información a que se refiere el artículo 9.º y las declaraciones previstas en el artículo 16 de la presente Convención.

En fe de lo cual, los plenipotenciarios infrascritos, debidamente autorizados por sus respectivos gobiernos, firman la presente Convención.

Hecha en la ciudad de Montevideo, República Oriental de Uruguay, el día 8 de mayo de 1979.

D) PROCEDIMIENTOS ESPECIALES

24. REGLAMENTO (CE) NÚMERO 805/2004 DEL PARLAMENTO EUROPEO Y DEL CONSEJO, DE 21 DE ABRIL DE 2004, POR EL QUE SE CREA UN TÍTULO EJECUTIVO EUROPEO PARA CRÉDITOS NO IMPUGNADOS*

(*DO* núm. 143, de 30 de abril de 2004)

EL PARLAMENTO EUROPEO Y EL CONSEJO DE LA UNIÓN EUROPEA,

Visto el Tratado constitutivo de la Comunidad Europea, y en particular la letra *c*) de su artículo 61 y el guión segundo del apartado 5 de su artículo 67,

Vista la propuesta de la Comisión[1],

Visto el dictamen del Comité Económico y Social Europeo[2],

De conformidad con el procedimiento establecido en el artículo 251 del Tratado[3],

Considerando lo siguiente:

(1) La Comunidad se ha fijado el objetivo de mantener y desarrollar un espacio de libertad, seguridad y justicia, en el que esté garantizada la libre circulación de personas. Con este fin la Comunidad debe, entre otras cosas, adoptar medidas en el ámbito de la cooperación judicial en materia civil, necesarias para el buen funcionamiento del mercado interior.

(2) El 3 de diciembre de 1998, el Consejo adoptó un Plan de acción del Consejo y de la Comisión sobre la mejor manera de aplicar las disposiciones del Tratado de Amsterdam relativas a la creación de un espacio de libertad, seguridad y justicia[4] (el Plan de acción de Viena).

(3) El Consejo Europeo, en la reunión celebrada en Tampere los días 15 y 16 de octubre de 1999, aprobó el principio de reconocimiento mutuo de resoluciones judiciales como la piedra angular para la creación de un verdadero espacio judicial.

(4) El 30 de noviembre de 2000, el Consejo adoptó un programa de medidas para la aplicación del principio de reconocimiento mutuo de las resoluciones judiciales en materia civil y mercantil[5]. Este programa

---

* En la aplicación del presente Reglamento en el ordenamiento español, téngase en cuenta la Disp. Final 21.ª de la Ley 1/2000, de Enjuiciamiento Civil (*supra* núm. 5).

[1] *DO* C 203 E, de 27-8-2002, p. 86.

[2] *DO* C 85, de 8-4-2003, p. 1.

[3] Dictamen del Parlamento Europeo de 8 de abril de 2003 (*DO* C 64 E, de 12-3-2004, p. 79), Posición Común del Consejo de 6 de febrero de 2004 [...] y Posición del Parlamento Europeo de 30 de marzo de 2004 [...].

[4] *DO* C 19, de 23-1-1999, p. 1.

[5] *DO* C 12, de 15-1-2001, p. 1.

incluye en su primera fase la supresión del exequátur, es decir, la creación de un título ejecutivo europeo para créditos no impugnados.

(5) El concepto de «créditos no impugnados» debe abarcar todas aquellas situaciones en que un acreedor, habida cuenta de la ausencia comprobada de oposición por parte del deudor sobre la naturaleza o el alcance de una demanda pecuniaria, ha obtenido una resolución judicial contra ese deudor o un documento ejecutivo que requiere el consentimiento expreso del deudor, ya sea una transacción judicial o un documento público con fuerza ejecutiva.

(6) La ausencia de impugnación por parte del deudor a que se refiere la letra *b*) del apartado 1 del artículo 3 puede consistir en la incomparecencia en la vista o en la omisión de respuesta a la invitación del órgano jurisdiccional a presentar alegaciones por escrito.

(7) El presente Reglamento debe aplicarse a las resoluciones, transacciones judiciales o documentos públicos con fuerza ejecutiva sobre créditos no impugnados y a las decisiones dictadas tras la impugnación de resoluciones, transacciones judiciales o documentos públicos con fuerza ejecutiva certificados como títulos ejecutivos europeos.

(8) En sus conclusiones de Tampere, el Consejo Europeo estimó que conviene acelerar y simplificar el acceso a la ejecución en un Estado miembro distinto de aquel en que se haya dictado la resolución, eliminando toda medida intermedia que deba tomarse antes de la ejecución en el Estado miembro en el que se persiga la misma. Una resolución que haya sido certificada como título ejecutivo europeo por el órgano jurisdiccional de origen debe considerarse, a los efectos de la ejecución, como si se hubiera dictado en el Estado miembro en el que se persigue la ejecución. Así, por ejemplo, en el Reino Unido, el registro de una resolución extranjera certificada seguirá las mismas normas que el registro de una resolución de otra parte del Reino Unido, y no implica el examen de la resolución extranjera en cuanto al fondo. Las condiciones de la ejecución de las resoluciones deben seguir rigiéndose por el Derecho nacional.

(9) Este procedimiento debe ofrecer importantes ventajas con respecto al procedimiento de exequátur contenido en el Reglamento (CE) número 44/2001 del Consejo, de 22 de diciembre de 2000, relativo a la competencia judicial, el reconocimiento y la ejecución de resoluciones judiciales en materia civil y mercantil [6], en el sentido de que no haya necesidad alguna de aprobación por parte de la judicatura en un segundo Estado miembro, con las consiguientes demoras y gastos.

(10) Cuando un órgano jurisdiccional de un Estado miembro haya dictado una resolución sobre un crédito no impugnado en ausencia del deudor en el procedimiento,

[6] *DO* L 12, de 16-1-2001, p. 1. Reglamento cuya última modificación la constituye el Reglamento (CE) núm. 1496/2002 de la Comisión (*DO* L 225, de 22-8-2002, p. 13).

la supresión de los controles en el Estado miembro de ejecución debe estar inseparablemente vinculada y sujeta a la existencia de una garantía suficiente de que se observen los derechos de la defensa.

(11) El presente Reglamento trata de promover los derechos fundamentales y tiene en cuenta los principios reconocidos, en particular, por la Carta de los Derechos Fundamentales de la Unión Europea. En especial, busca garantizar el pleno respeto del derecho a un juicio justo, reconocido en el artículo 47 de la Carta.

(12) Procede establecer normas mínimas para los procedimientos judiciales que conducen a la resolución, con objeto de que el deudor esté informado, con el tiempo suficiente y de manera tal que pueda preparar su defensa, de la acción judicial contra él, de los requisitos para su participación activa en los procedimientos para impugnar el crédito y de las consecuencias que acarree su no participación.

(13) Debido a las diferencias entre los Estados miembros en cuanto a las normas del procedimiento civil y especialmente las que regulan la notificación de escritos, es necesario establecer de manera específica y pormenorizada una definición de estas normas mínimas. En especial, ningún método de notificación que se base en una ficción legal del cumplimiento de estas normas mínimas puede considerarse suficiente para la certificación de una resolución como título ejecutivo europeo.

(14) Todos los métodos de notificación enumerados en los artículos 13 y 14 se caracterizan por ofrecer bien una certidumbre total (artículo 13) o bien un alto grado de probabilidad (artículo 14) de que el documento notificado ha sido recibido por su destinatario. En la segunda categoría, sólo debe certificarse una resolución como título ejecutivo europeo si el Estado miembro de origen dispone de un mecanismo adecuado para brindar al deudor el derecho a solicitar la revisión plena de la resolución en las condiciones contempladas en el artículo 19 en los casos excepcionales en que, no obstante el cumplimiento de lo dispuesto en el artículo 14, el documento no haya sido recibido por el destinatario.

(15) Sólo debe considerarse que la notificación personal a personas distintas del propio deudor con arreglo a las letras *a*) y *b*) del apartado 1 del artículo 14 cumple los requisitos previstos en ellas si dichas personas han recibido efectivamente el documento en cuestión.

(16) El artículo 15 debe aplicarse a las situaciones en que el deudor no pueda representarse a sí mismo ante un órgano jurisdiccional, como es el caso de las personas jurídicas, y cuando la persona que debe representarlo está determinada por ley, así como a las situaciones en que el deudor haya autorizado a otra persona, en especial a un abogado, para representarlo en el procedimiento judicial específico de que se trate.

(17) Los órganos jurisdiccionales competentes para comprobar el pleno cumplimiento de las normas mínimas procesales deben expedir, si ésas se cumplen, un certificado de título ejecutivo europeo

normalizado, que haga transparente este examen y su resultado.

(18) El principio de confianza recíproca en la Administración de justicia de los Estados miembros justifica que el órgano jurisdiccional de un Estado miembro considere que se cumplen todas las condiciones de la certificación como título ejecutivo europeo para permitir que una resolución resulte ejecutiva en todos los demás Estados miembros, sin que los órganos jurisdiccionales de aquél en que la resolución deba ejecutarse procedan a revisar si se han cumplido las normas mínimas procesales.

(19) El presente Reglamento no implica una obligación de los Estados miembros de adaptar su legislación nacional a las normas mínimas procesales establecidas en él. Ofrece un incentivo hacia esta finalidad facilitando una ejecución más eficaz y rápida de resoluciones en otros Estados miembros solamente si se cumplen estas normas mínimas.

(20) La solicitud de la certificación como título ejecutivo europeo para créditos no impugnados debe ser opcional para el acreedor, que puede elegir, en su lugar, el sistema de reconocimiento y ejecución con arreglo al Reglamento (CE) número 44/2001 u otros instrumentos comunitarios.

(21) Cuando un documento deba remitirse de un Estado miembro a otro para su notificación en este último, el presente Reglamento, y en particular las normas sobre notificación previstas en el mismo, debe aplicarse juntamente con el Reglamento (CE) número 1348/2000 del Consejo, de 29 de mayo de 2000, relativo a la notificación y al traslado en los Estados miembros de documentos judiciales y extrajudiciales en materia civil o mercantil[7], y en especial con su artículo 14 en conjunción con la información comunicada por los Estados miembros con arreglo a su artículo 23.

(22) Dado que los objetivos de la acción propuesta no pueden ser alcanzados de manera suficiente por los Estados miembros y, por consiguiente, pueden lograrse mejor, debido a las dimensiones o efectos de la acción, a nivel comunitario, la Comunidad puede adoptar medidas, de acuerdo con el principio de subsidiariedad consagrado en el artículo 5 del Tratado. De conformidad con el principio de proporcionalidad enunciado en dicho artículo, el presente Reglamento no excede de lo necesario para alcanzar estos objetivos.

(23) Las medidas necesarias para la ejecución del presente Reglamento, deben aprobarse con arreglo a la Decisión 1999/468/CE del Consejo, de 28 de junio de 1999, por la que se establecen los procedimientos para el ejercicio de las competencias de ejecución atribuidas a la Comisión[8].

(24) De conformidad con el artículo 3 del Protocolo sobre la posición del Reino Unido y de Irlanda anexo al Tratado de la Unión Europea y al Tratado constitutivo de la Comunidad Europea, el Reino Unido

---

[7] *DO* L 160, de 30-6-2000, p. 37.

[8] *DO* L 184, de 17-7-1999, p. 23.

e Irlanda han notificado su deseo de participar en la adopción y aplicación del presente Reglamento.

(25) De conformidad con los artículos 1 y 2 del Protocolo sobre la posición de Dinamarca anexo al Tratado de la Unión Europea y al Tratado constitutivo de la Comunidad Europea, Dinamarca no participa en la adopción del presente Reglamento y, por lo tanto, no está vinculada a él ni sujeta a su aplicación.

(26) En virtud del guión segundo del apartado 5 del artículo 67 del Tratado, el procedimiento de codecisión es aplicable desde el 1 de febrero de 2003 para las medidas establecidas en el presente Reglamento.

HAN ADOPTADO EL PRESENTE REGLAMENTO:

CAPÍTULO PRIMERO

OBJETO, ÁMBITO DE APLICACIÓN Y DEFINICIONES

Artículo 1.º *Objeto.*—La finalidad del presente Reglamento es crear un título ejecutivo europeo para créditos no impugnados, que permita, mediante la fijación de normas mínimas, la libre circulación en todos los Estados miembros de resoluciones, transacciones judiciales y documentos públicos con fuerza ejecutiva, sin que deba llevarse a cabo ningún procedimiento intermedio en el Estado miembro de ejecución para el reconocimiento y ejecución.

Art. 2.º *Ámbito de aplicación.*—1. El presente Reglamento se aplicará en materia civil y mercantil, con independencia de la naturaleza del órgano jurisdiccional. No incluirá, en particular, las materias fiscal, aduanera y administrativa ni los casos en que el Estado incurra en responsabilidad por acciones u omisiones en el ejercicio de su autoridad (*acta iure imperii*).

2. Se excluirá del ámbito de aplicación del presente Reglamento:

a) el estado y la capacidad de las personas físicas, los regímenes económicos matrimoniales, los testamentos y las sucesiones;

b) la quiebra, los procedimientos de liquidación de empresas o de otras personas jurídicas insolventes, los convenios entre quebrado y acreedores y demás procedimientos análogos;

c) la seguridad social;

d) el arbitraje.

3. En el presente Reglamento, se entenderá por «Estado miembro» cualquier Estado miembro, con excepción de Dinamarca.

Art. 3.º *Títulos ejecutivos que se certificarán como título ejecutivo europeo.*—1. El presente Reglamento se aplicará a las resoluciones, transacciones judiciales y documentos públicos con fuerza ejecutiva sobre créditos no impugnados

Se considerará no impugnado un crédito si:

a) el deudor ha manifestado expresamente su acuerdo sobre el mismo, mediante su admisión o mediante transacción aprobada por un órgano jurisdiccional o celebrada en el curso de un procedimiento judicial ante un órgano jurisdiccional; o bien *b*) el deudor nunca lo ha impugnado, con cumplimiento de los pertinentes requisitos procesales de la ley del Estado miembro de origen, en el marco de un procedimiento judicial; o bien

c) el deudor no ha comparecido ni ha sido representado en la vista relativa a dicho crédito después de haber impugnado inicialmente el crédito en el transcurso del procedimiento judicial, siempre que dicho comportamiento equivalga a una aceptación tácita del crédito o de los hechos alegados por el acreedor de acuerdo con la legislación del Estado miembro de origen; o bien

d) el deudor lo ha aceptado expresamente en un documento público con fuerza ejecutiva.

2. El presente Reglamento se aplicará también a las decisiones que resuelvan los recursos interpuestos contra resoluciones, transacciones judiciales o documentos públicos con fuerza ejecutiva certificados como títulos ejecutivos europeos.

Art. 4.º *Definiciones.*—A efectos del presente Reglamento se entenderá por:

1. «resolución», cualquier decisión adoptada por un tribunal de un Estado miembro con independencia de la denominación que recibiere, tal como auto, sentencia, providencia o mandamiento de ejecución, así como el acto por el cual el secretario judicial liquidare las costas del proceso;

2. «crédito», una reclamación referida al pago de un importe determinado de dinero que sea exigible o cuya fecha de exigibilidad se indique en la resolución, transacción judicial o documento público con fuerza ejecutiva;

3. «documento público con fuerza ejecutiva»:

a) un documento formalizado o registrado como documento público con fuerza ejecutiva, y cuya autenticidad:

i) se refiera a la firma y al contenido del instrumento, y

ii) haya sido establecida por un poder público u otra autoridad autorizada con este fin por el Estado miembro de donde provenga; o bien

b) un acuerdo en materia de obligaciones de prestar alimentos, celebrado ante las autoridades administrativas o formalizado por ellas;

4. «Estado miembro de origen», el Estado miembro en el que se haya dictado la resolución, se haya aprobado o celebrado la transacción judicial o se haya formalizado o registrado el documento público con fuerza ejecutiva, que debe certificarse como título ejecutivo europeo;

5. «Estado miembro de ejecución», el Estado miembro en el que se persiga la ejecución de la resolución, transacción judicial o documento público con fuerza ejecutiva que deba certificarse como título ejecutivo europeo;

6. «órgano jurisdiccional de origen», el órgano jurisdiccional o tribunal que conozca del asunto en el momento de cumplirse los requisitos previstos en las letras *a*), *b*) o *c*) del apartado 1 del artículo 3;

7. en Suecia, en los procedimientos sumarios de requerimiento de pago (*betalningsföreläggande*),

el término «órgano jurisdiccional» comprenderá el Servicio público sueco de ejecución forzosa (*kronofogdemyndighet*).

CAPÍTULO II

TÍTULO EJECUTIVO EUROPEO

Art. 5.º *Supresión del exequátur.*—Una resolución que se haya certificado como título ejecutivo europeo en el Estado miembro de origen será reconocida y ejecutada en los demás Estados miembros sin que se requiera ninguna declaración de ejecutividad y sin posibilidad alguna de impugnar su reconocimiento.

Art. 6.º *Requisitos para la certificación como título ejecutivo europeo.*—1. Una resolución sobre un crédito no impugnado dictada en un Estado miembro será certificada como título ejecutivo europeo, previa petición presentada ante el órgano jurisdiccional de origen en cualquier momento, cuando:

a) la resolución sea ejecutiva en el Estado miembro de origen; y

b) la resolución no sea incompatible con las normas en materia de competencia establecidas en las secciones 3 y 6 del capítulo II del Reglamento (CE) número 44/2001; y

c) en el caso de un crédito no impugnado a efectos de las letras *b*) o *c*) del apartado 1 del artículo 3, los procedimientos judiciales en el Estado miembro de origen cumplan los requisitos establecidos en el capítulo III; y

d) la resolución se haya dictado en el Estado miembro en que esté domiciliado el deudor con arreglo al artículo 59 del Reglamento (CE) número 44/2001, si:

— es un crédito no impugnado a efectos de las letras *b*) o *c*) del apartado 1 del artículo 3, y

— se refiere a un contrato celebrado por una persona, el consumidor, para un uso que pueda considerarse ajeno a su actividad profesional, y

— el deudor sea el consumidor.

2. Cuando una resolución certificada como título ejecutivo europeo haya cesado de ser ejecutiva o se haya suspendido o limitado su ejecutividad, se emitirá, previa solicitud presentada ante el órgano jurisdiccional de origen en cualquier momento, un certificado en el que se indique la falta o la limitación de ejecutividad, cumplimentando el formulario normalizado que figura en el Anexo IV.

3. Sin perjuicio del apartado 2 del artículo 12, cuando se dicte una decisión que resuelva un recurso interpuesto contra una resolución certificada como título ejecutivo europeo de conformidad con el apartado 1 del presente artículo, se emitirá, previa solicitud presentada en cualquier momento, un certificado sustitutorio cumplimentando el formulario normalizado que figura en el Anexo V, siempre que la decisión que resuelva el recurso sea ejecutiva en el Estado miembro de origen.

Art. 7.º *Costas procesales.*—Cuando una resolución incluya una decisión ejecutiva relativa al importe de las costas procesales, con inclusión de los tipos de interés aplicables, se certificará como título ejecutivo europeo también por lo que se refiere a las costas, a no ser que el deudor de forma expresa se haya opuesto en el curso de un procedimiento judicial a soportar dichas costas con arreglo al Derecho del Estado miembro de origen.

Art. 8.º *Certificado de título ejecutivo europeo parcial.*—Si sólo determinadas partes de la resolución cumplen los requisitos del presente Reglamento, se expedirá un certificado de título ejecutivo europeo parcial únicamente respecto de dichas partes.

Art. 9.º *Expedición del certificado de título ejecutivo europeo.*—1. El certificado de título ejecutivo europeo se expedirá cumplimentando el formulario normalizado que figura en el Anexo I.

2. El certificado de título ejecutivo europeo se cumplimentará en la misma lengua que la resolución.

Art. 10. *Rectificación o revocación del certificado de título ejecutivo europeo.*—1. Previa solicitud ante el órgano jurisdiccional de origen, el certificado de título ejecutivo europeo:

a) se rectificará cuando, debido a un error material, haya discrepancias entre la resolución y el certificado;

b) se revocará cuando la emisión del certificado sea manifiestamente indebida a tenor de los requisitos del presente Reglamento.

2. Se aplicará el Derecho del Estado miembro de origen a la rectificación y revocación del certificado de título ejecutivo europeo.

3. La solicitud de rectificación o de revocación de un certificado de título ejecutivo europeo podrá presentarse cumplimentando el formulario normalizado que figura en el Anexo VI.

4. No cabrá recurso alguno contra la expedición de un certificado de título ejecutivo europeo.

Art. 11. *Efecto del certificado de título ejecutivo europeo.*—El certificado de título ejecutivo europeo surtirá efecto únicamente dentro de los límites de la fuerza ejecutiva de la resolución.

CAPÍTULO III

NORMAS MÍNIMAS APLICABLES A LOS PROCEDIMIENTOS

Art. 12. *Ámbito de aplicación de las normas mínimas.*—1. Una resolución sobre un crédito no impugnado a efectos de las letras *b*) o *c*) del apartado 1 del artículo 3 podrá certificarse como título ejecutivo europeo únicamente si los procedimientos judiciales del Estado miembro de origen cumplen los requisitos procesales contemplados en el presente capítulo.

2. Se aplicarán los mismos requisitos a la expedición de un certificado de título ejecutivo europeo y al certificado sustitutorio en el sentido del apartado 3 del artículo 6 en el caso de una decisión que resuelva un recurso interpuesto contra una resolución cuando, en el momento de dictarse la decisión, se cumplan los requisitos de las letras *b*) o *c*) del apartado 1 del artículo 3.

Art. 13. *Notificación con acuse de recibo por parte del deudor.*—1. El escrito de incoación o documento equivalente podrán haberse notificado al deudor mediante alguna de las siguientes formas:

a) notificación personal acreditada por acuse de recibo, en el que conste la fecha de recepción, firmado por el deudor;

b) notificación personal acreditada por un documento firmado por la persona competente que la haya realizado en el que declare que el deudor recibió el documento o que se negó a recibirlo sin justificación legal y en el que conste la fecha de la notificación;

c) notificación por correo acreditada mediante acuse de recibo, en el que conste la fecha de recepción, firmado y reenviado por el deudor;

d) notificación por medios electrónicos como telecopia o correo electrónico, acreditada mediante acuse de recibo, en el que conste la fecha de recepción, firmado y reenviado por el deudor.

2. Toda citación para una vista podrá haberse notificado al deudor con arreglo al apartado 1 o verbalmente en una vista anterior sobre la misma demanda y constará en el acta de dicha vista previa.

Art. 14. *Notificación sin acuse de recibo por parte del deudor.*—1. La notificación al deudor del escrito de incoación o documento equivalente y, en su caso, la citación para una vista se podrá haber realizado asimismo de alguna de las siguientes formas:

a) notificación personal, en el domicilio del deudor, a personas que vivan en la misma dirección que éste, o estén empleadas en ese lugar;

b) en caso de un deudor que es trabajador por cuenta propia, o de una persona jurídica, notificación personal, en el establecimiento comercial del deudor a personas empleadas por él;

c) depósito del escrito en el buzón del deudor;

d) depósito del escrito en una oficina de correos o ante las autoridades públicas competentes y notificación escrita de dicho depósito en el buzón del deudor, si en la notificación escrita consta claramente el carácter judicial del escrito o el hecho de que tiene como efecto jurídico hacer efectiva la notificación y, por tanto, constituir la fecha de inicio del cómputo de los plazos pertinentes;

e) notificación por correo sin acuse de recibo con arreglo al apartado 3 cuando el deudor esté domiciliado en el Estado miembro de origen;

f) por medios electrónicos con acuse de recibo acreditado mediante una confirmación automática de entrega, siempre que el deudor haya aceptado expresamente con anterioridad este medio de notificación.

2. A efectos del presente Reglamento, no será admisible la notificación con arreglo al apartado 1 si no se conoce con certeza el domicilio del deudor.

3. Dará fe de la notificación realizada con arreglo a las letras *a*) a *d*) del apartado 1:

a) un documento firmado por la persona competente que haya efectuado la notificación en el que consten:

i) la forma utilizada para la notificación; y

ii) la fecha de la notificación, y

iii) cuando el escrito se haya notificado a una persona distinta del deudor, el nombre de dicha persona y su relación con el deudor; o bien

b) un acuse de recibo de la persona que haya recibido la notificación a efectos de las letras *a*) y *b*) del apartado 1.

Art. 15. *Notificación a los representantes del deudor.*—La notificación con arreglo a los artículos 13 ó 14 se podrá haber realizado asimismo al representante del deudor.

Art. 16. *Información debida del deudor acerca del crédito.*—Con el fin de garantizar la debida información del deudor en relación con el crédito, en el escrito de incoación o en el documento equivalente deberán constar las indicaciones siguientes:

a) los nombres y las direcciones de las partes;

b) el importe del crédito;

c) si se reclaman intereses sobre el crédito, el tipo de interés y el período respecto del cual se exijan dichos intereses, a menos que, en virtud de la legislación del Estado miembro de origen, se añada un interés legal al principal automáticamente;

d) una motivación de la acción.

Art. 17. *Información debida del deudor respecto de los requisitos procesales para impugnar el crédito.*—Deberán haberse especificado claramente en el escrito de incoación, el documento equivalente o, en su caso, la citación para una vista, o adjuntarse a éstos:

a) los requisitos procesales para impugnar el crédito, incluido el plazo para impugnar el crédito por escrito o la fecha para la vista, según proceda, el nombre y la dirección de la institución a la que deba responder o ante la que deba comparecer, según proceda, y, si es obligatoria, la presencia de un letrado;

b) las consecuencias de la ausencia de impugnación o de la incomparecencia, en particular, si procede, la posibilidad de una resolución contraria al deudor o de la ejecución de una resolución contra el deudor, así como la responsabilidad del pago de las costas procesales.

Art. 18. *Subsanación del incumplimiento de las normas mínimas.*—1. Si el procedimiento en el Estado miembro de origen no cumple los requisitos procesales establecidos en los artículos 13 a 17, este incumplimiento se subsanará y la resolución podrá ser certificada como título ejecutivo europeo siempre que:

a) la resolución haya sido notificada al deudor de conformidad con los requisitos establecidos en el artículo 13 o en el artículo 14; y

b) el deudor haya tenido la posibilidad de impugnar la resolución mediante un recurso que permita su revisión plena y el deudor haya sido debidamente informado en la resolución o junto con ella acerca de los requisitos procesales para la impugnación, incluido el nombre y la dirección de la institución ante la que hay que incoar el procedimiento de impugnación y, si procede, el plazo; y

c) el deudor no haya impugnado la resolución con arreglo a los requisitos procesales pertinentes.

2. Si el procedimiento en el Estado miembro de origen no cumple los requisitos procesales establecidos en el artículo 13 o en el artículo 14, este incumplimiento se subsanará si el comportamiento del deudor durante las actuaciones judiciales demuestra que ha recibido personalmente el documento que se le debía notificar con el tiempo suficiente para preparar su defensa.

Art. 19. *Normas mínimas para la revisión en casos excepcionales.*—1. Además de los artículos 13 a 18, sólo podrá certificarse una resolución como título ejecutivo europeo si el deudor puede solicitar, conforme a la legislación del Estado miembro de origen, la revisión de la resolución, cuando concurran las siguientes circunstancias:

a) i) que el documento por el que se incoa el procedimiento o un documento equivalente o, en su caso, la citación para una vista se hubiere notificado a través de uno de los métodos establecidos en el artículo 14, y

ii) la notificación no se hubiere efectuado con la suficiente antelación para permitirle organizar su defensa sin que pueda imputársele responsabilidad por ello, o

b) que el deudor no hubiere podido impugnar el crédito por razones de fuerza mayor o debido a circunstancias extraordinarias ajenas a su responsabilidad,

siempre, en ambos casos, que actuare con prontitud.

2. El presente artículo se entenderá sin perjuicio de la posibilidad de que los Estados miembros permitan el acceso a la revisión de la resolución en condiciones más ventajosas que las mencionadas en el apartado 1.

CAPÍTULO IV

EJECUCIÓN

Art. 20. *Procedimiento de ejecución.*—1. Sin perjuicio de las disposiciones del presente capítulo, los procedimientos de ejecución se regirán por la legislación del Estado miembro de ejecución.

Las resoluciones certificadas como títulos ejecutivos europeos se ejecutarán en las mismas condiciones que las resoluciones dictadas en el Estado miembro de ejecución.

2. Se requerirá al acreedor que facilite a las autoridades competentes para la ejecución del Estado miembro donde deba llevarse a efecto la misma:

a) una copia de la resolución que cumpla las condiciones necesarias de autenticidad; y

b) una copia del certificado de título ejecutivo europeo que cumpla las condiciones necesarias de autenticidad; y

c) en caso de que sea necesario, la transcripción del certificado de título ejecutivo europeo o una traducción del certificado de título ejecutivo europeo en la lengua oficial del Estado miembro de ejecución o, en caso de que dicho Estado miembro tenga varias lenguas oficiales, en la lengua oficial o en una de las lenguas oficiales de los procedimientos judiciales en el lugar en que deba ejecutarse, conforme al Derecho de dicho Estado miembro, o en otra lengua que el Estado miembro de ejecución haya indicado como aceptable. Cada Estado miembro podrá indicar la lengua o las lenguas oficiales de las instituciones de la Comunidad Europea distintas de las propias que pueda aceptar para cumplimentar el certificado; la traducción será certificada por una persona cualificada para ello en uno de los Estados miembros.

3. No podrá exigirse a la parte que solicite en un Estado miembro la ejecución de una resolución certificada como título ejecutivo europeo expedido en otro Estado miembro caución o depósito alguno, sea cual fuere su denominación, por su condición de extranjero o por no estar domiciliado o no ser residente en el Estado miembro de ejecución.

Art. 21. *Denegación de ejecución.*—1. A instancia del deudor, el órgano jurisdiccional competente del Estado miembro de ejecución denegará la ejecución si la resolución certificada como título ejecutivo europeo es incompatible con una resolución dictada con anterioridad en un Estado miembro o en un tercer país, siempre que:

a) la resolución anterior tenga el mismo objeto y se refiera a las mismas partes, y

b) la resolución anterior se haya dictado en el Estado miembro de ejecución o cumpla las condiciones necesarias para ser reconocida en el Estado miembro de ejecución, y

c) no se haya alegado y no haya podido alegarse la incompatibilidad para impugnar el crédito durante el procedimiento judicial en el Estado miembro de origen.

2. El título ejecutivo europeo y la resolución en que se base no podrán en ningún caso ser objeto de revisión en cuanto al fondo en el Estado miembro de ejecución.

Art. 22. *Acuerdos con terceros países.*—El presente Reglamento no afectará a los acuerdos en virtud de los cuales los Estados miembros se hayan comprometido, antes de la entrada en vigor del Reglamento (CE) número 44/2001, en virtud del artículo 59 del Convenio de Bruselas relativo a la competencia judicial, al reconocimiento y a la ejecución de resoluciones judiciales en materia civil y mercantil, a no reconocer una resolución dictada, concretamente, en otro Estado contratante de dicho Convenio contra un demandado que tuviere su domicilio o su residencia habitual en un Estado tercero cuando, en el caso previsto en el artículo 4 del Convenio, la resolución sólo hubiere podido fundamentarse en un criterio de competencia tal como se indica en el párrafo segundo del artículo 3 de dicho Convenio.

Art. 23. *Suspensión o limitación de la ejecución.*—Si el deudor hubiere:

— impugnado una resolución, certificada como título ejecutivo europeo, incluida una solicitud de revisión a tenor del artículo 19, o

— solicitado la rectificación o la revocación de un certificado de título ejecutivo europeo con arreglo al artículo 10, el órgano jurisdiccional o la autoridad competente en el Estado miembro de ejecución, podrán, a instancia del deudor:

a) limitar el procedimiento de ejecución a medidas cautelares, o bien

b) subordinar la ejecución a la constitución de una garantía que determinará dicho órgano jurisdiccional o autoridad competente, o bien

c) en circunstancias excepcionales, suspender el procedimiento de ejecución.

CAPÍTULO V

TRANSACCIONES JUDICIALES Y DOCUMENTOS PÚBLICOS CON FUERZA EJECUTIVA

Art. 24. *Transacciones judiciales.*—1. Las transacciones relativas a créditos en el sentido del apartado 2 del artículo 4 aprobadas por un órgano jurisdiccional o celebradas en el curso de un procedimiento judicial ante un órgano jurisdiccional, que sean ejecutorias en el Estado miembro en el que se hayan aprobado o celebrado, serán certificadas como título ejecutivo europeo, previa solicitud ante el órgano jurisdiccional que las haya aprobado o ante el cual se hayan celebrado, cumplimentando el formulario normalizado que figura en el Anexo II.

2. Una transacción judicial que se haya certificado como título ejecutivo europeo en el Estado miembro de origen será ejecutada en los demás Estados miembros sin que se requiera ninguna declaración de ejecutividad y sin posibilidad alguna de impugnar su ejecutividad.

3. Serán aplicables, según proceda, las disposiciones del capítulo II, con excepción del artículo 5, del apartado 1 del artículo 6, del apartado 1 del artículo 9 y del capítulo IV, con excepción del apartado 1 del artículo 21 y del artículo 22.

Art. 25. *Documento público con fuerza ejecutiva.*—1. Los documentos públicos con fuerza ejecutiva relativos a créditos en el sentido del apartado 2 del artículo 4, que sean ejecutivos en un Estado miembro, previa petición a la autoridad designada por el Estado miembro de origen, serán certificados como título ejecutivo europeo cumplimentando el formulario normalizado que figura en el Anexo III.

2. Un documento público con fuerza ejecutiva que se haya certificado como título ejecutivo europeo en el Estado miembro de origen será ejecutado en los demás Estados miembros sin que se requiera ninguna declaración de ejecutividad y sin posibilidad alguna de impugnar su ejecutividad.

3. Serán aplicables, según proceda, las disposiciones del capítulo II, con excepción del artículo 5, del apartado 1 del artículo 6, del apartado 1 del artículo 9 y del capítulo IV, con excepción del apartado 1 del artículo 21 y del artículo 22.

CAPÍTULO VI

DISPOSICIÓN TRANSITORIA

Art. 26. *Disposición transitoria.*—Las disposiciones del presente Reglamento solamente serán aplicables a las resoluciones dictadas, a las transacciones judiciales aprobadas o celebradas y a los documentos públicos con fuerza ejecutiva formalizados o registrados con posterioridad a la entrada en vigor del presente Reglamento.

CAPÍTULO VII

RELACIONES CON OTROS INSTRUMENTOS COMUNITARIOS

Art. 27. *Relación con el Reglamento (CE) número 44/2001.*—El presente Reglamento no afectará a la posibilidad de solicitar el reconocimiento y la ejecución de conformidad con el Reglamento (CE) número 44/2001, de una resolución, una transacción judicial o un documento público con fuerza ejecutiva sobre un crédito no impugnado.

Art. 28. *Relación con el Reglamento (CE) número 1348/2000.*—El presente Reglamento no afectará a la aplicación del Reglamento (CE) número 1348/2000.

CAPÍTULO VIII

DISPOSICIONES GENERALES Y FINALES

Art. 29. *Información sobre los procedimientos de ejecución y sobre las autoridades.*—Los Estados miembros colaborarán para proporcionar al público en general y a los sectores profesionales, información sobre:

a) los métodos y procedimientos de ejecución en los Estados miembros, y

b) las autoridades competentes de ejecución en los Estados miembros, en particular a través de la red judicial europea en materia civil y mercantil creada de conformidad con la Decisión 2001/470/CE[9].

Art. 30. *Información sobre los procedimientos de recurso, lenguas y autoridades.*—1. Los Estados miembros comunicarán a la Comisión:

a) los procedimientos de rectificación y revocación a que se refiere el apartado 2 del artículo 10 y de revisión a que se refiere el apartado 1 del artículo 19;

b) las lenguas aceptadas en virtud de la letra *c*) del apartado 2 del artículo 20;

c) las listas de las autoridades a que se refiere el artículo 25;

y sus posibles modificaciones.

2. La Comisión pondrá a disposición del público la información

[9] *DO* L 174, de 27-6-2001, p. 25.

comunicada de conformidad con el apartado 1 mediante su publicación en *el Diario Oficial de la Unión Europea*, así como por cualquier otro medio adecuado.

Art. 31. *Modificación de los Anexos.*—Cualquier modificación de los formularios normalizados que figuran en los Anexos se adoptará de conformidad con el procedimiento mencionado en el apartado 2 del artículo 32.

Art. 32. *Comité.*—1. La Comisión estará asistida por el Comité creado por el artículo 75 del Reglamento (CE) número 44/2001.

2. En los casos en que se haga referencia al presente apartado, serán de aplicación los artículos 3 y 7 de la Decisión 1999/468/CE, observando lo dispuesto en su artículo 8.

3. El Comité aprobará su Reglamento interno.

Art. 33. *Entrada en vigor.*—El presente Reglamento entrará en vigor el 21 de enero de 2005.

El Reglamento será aplicable a partir del 21 de octubre de 2005, con excepción de sus artículos 30, 31 y 32, que serán aplicables a partir del 21 de enero de 2005.

El presente Reglamento será obligatorio en todos sus elementos y directamente aplicable en cada Estado miembro, de conformidad con el Tratado constitutivo de la Comunidad Europea.

Hecho en Estrasburgo, el 21 de abril de 2004.

ANEXO I*

Certificado de título ejecutivo europeo — Resolución judicial

1. Estado miembro de origen: Bélgica ❑ República Checa ❑ Alemania ❑ Estonia ❑ Grecia ❑ España ❑ Francia ❑ Irlanda ❑ Italia ❑ Chipre ❑ Letonia ❑ Lituania ❑ Luxemburgo ❑ Hungría ❑ Malta ❑ Países Bajos ❑ Austria ❑ Polonia ❑ Portugal ❑ Eslovenia ❑ Eslovaquia ❑ Finlandia ❑ Suecia ❑ Reino Unido ❑
2. Órgano jurisdiccional que expide el certificado
2.1. Denominación:
2.2. Dirección:
2.3. Tel./fax/correo electrónico:
3. Si es diferente, órgano jurisdiccional que dicta la resolución
3.1. Denominación:
3.2. Dirección:
3.3. Tel./fax/correo electrónico:
4. Resolución
4.1. Fecha:
4.2. Número de referencia:
4.3. Las partes
4.3.1. Nombre y dirección del acreedor (o acreedores):

* **Anexos I, II, III, IV, V y VI:** Sustituidos por el Reglamento (CE) 1869/2005 de la Comisión, de 16 de noviembre de 2005 (*DO* L 300, de 17-11-2005).

4.3.2. Nombre y dirección del deudor (o deudores):
5. Crédito pecuniario certificado
5.1. Capital principal:
5.1.1. Divisas Euros ❑ Libra chipriota ❑ Corona checa ❑ Corona estonia ❑
Libra esterlina ❑ Forint húngaro ❑ Litas lituanas ❑ Lats letón ❑
Lira maltesa ❑ Złoty polaco ❑ Corona sueca ❑ Corona eslovaca ❑
Tolar esloveno ❑
Otra (precisar) ❑
5.1.2. Si el crédito es por un pago periódico
5.1.2.1. Importe de cada plazo:
5.1.2.2. Fecha de vencimiento del primer plazo:
5.1.2.3. Fecha de vencimiento de los plazos sucesivos
semanal ❑ mensual ❑ otra (precisar) ❑
5.1.2.4. Duración del crédito
5.1.2.4.1. Actualmente indefinida ❑ o
5.1.2.4.2. Fecha de vencimiento del último plazo:
5.2. Intereses
5.2.1. Tipo de interés
5.2.1.1. … % o
5.2.1.2. … % por encima del tipo base del BCE[1]
5.2.1.3. otros (precisar)
5.2.2. Intereses que deberán percibirse a partir de:
5.3. Importe de costes reembolsables si está especificado en la resolución:
6. La resolución es ejecutiva en el Estado miembro de origen ❑
7. Contra la resolución cabe interponer nuevo recurso
Sí ❑ No ❑
8. La resolución se refiere a un crédito no impugnado con arreglo al apartado 1 del artículo 3, apartado 1 ❑
9. La resolución se ajusta al artículo 6, apartado 1, letra *b*) ❑
10. La resolución se ha dictado en causas relativas a contratos celebrados con consumidores
Sí ❑ No ❑
10.1. En caso afirmativo:
El deudor es el consumidor
Sí ❑ No ❑
10.2. En caso afirmativo:
El deudor está domiciliado en el Estado miembro de origen [con arreglo al artículo 59 del Reglamento (CE) n.º 44/2001] ❑
11. Notificación del escrito de incoación según el capítulo III, en su caso
Sí ❑ No ❑
11.1. La notificación se efectuó con arreglo al artículo 13 ❑
o la notificación se efectuó con arreglo al artículo 14 ❑
o está probado de acuerdo con el artículo 18, apartado 2, que el deudor recibió el documento ❑
11.2. Información debida
El deudor ha sido informado con arreglo a los artículos 16 y 17 ❑
12. Notificación de la citación, en su caso
Sí ❑ No ❑
12.1. La notificación se efectuó con arreglo al artículo 13 ❑
o la notificación se efectuó con arreglo al artículo 14 ❑
o está probado de acuerdo con el artículo 18, apartado 2, que el deudor recibió la notificación ❑
12.2. Información debida

---

[1] Tipo de interés aplicado por el Banco Central Europeo a sus principales operaciones de refinanciación.

El deudor ha sido informado con arreglo al artículo 17 ❑
13. Subsanación del incumplimiento de las normas mínimas procesales según el artículo 18, apartado 1.
13.1. La notificación se efectuó con arreglo al artículo 13 ❑
o la notificación se efectuó con arreglo al artículo 14 ❑
o está probado de acuerdo con el artículo 18, apartado 2, que el deudor recibió la resolución ❑
13.2. Información debida
El deudor ha sido informado con arreglo al artículo 18, apartado 1, letra *b*) ❑
13.3. ¿Ha tenido el deudor la posibilidad de interponer recurso contra la resolución? ❑
Sí ❑ No ❑
13.4. El deudor no interpuso recurso contra la resolución con arreglo a los correspondientes requisitos procesales
Sí ❑ No ❑

Hecho en .... fecha ....

....
Firma y/o sello

ANEXO II

Certificado de título ejecutivo europeo — Transacción judicial

1. Estado miembro de origen: Bélgica ❑ República Checa ❑ Alemania ❑ Estonia ❑ Grecia ❑ España ❑ Francia ❑ Irlanda ❑ Italia ❑ Chipre ❑ Letonia ❑ Lituania ❑ Luxemburgo ❑ Hungría ❑ Malta ❑ Países Bajos ❑ Austria ❑ Polonia ❑ Portugal ❑ Eslovenia ❑ Eslovaquia ❑ Finlandia ❑ Suecia ❑ Reino Unido ❑
2. Órgano jurisdiccional que expide el certificado
2.1. Denominación:
2.2. Dirección:
2.3. Tel./fax/correo electrónico:
3. Si es diferente, órgano jurisdiccional que aprueba la transacción o ante el que se ha celebrado la misma
3.1. Denominación:
3.2. Dirección:
3.3. Tel./fax/correo electrónico:
4. Transacción judicial
4.1. Fecha:
4.2. Número de referencia:
4.3. Las partes
4.3.1. Nombre y dirección del acreedor (o acreedores):
4.3.2. Nombre y dirección del deudor (o deudores):
5. Crédito pecuniario certificado
5.1. Capital principal:
5.1.1. Divisa Euros ❑ Libra chipriota ❑ Corona checa ❑ Corona estonia ❑
Libra esterlina ❑ Forint húngaro ❑ Litas lituanas ❑ Lats letón ❑
Lira maltesa ❑ Zloty polaco ❑ Corona sueca ❑ Corona eslovaca ❑
Tolar esloveno ❑
Otra (precisar) ❑
5.1.2. Si el crédito es un pago periódico
5.1.2.1. Importe de cada plazo:
5.1.2.2. Fecha de vencimiento del primer plazo:

5.1.2.3. Fecha de vencimiento de los plazos sucesivos
semanal ❑ mensual ❑ otra (precisar) ❑
5.1.2.4. Duración del crédito
5.1.2.4.1. Actualmente indefinida ❑ o
5.1.2.4.2. Fecha de vencimiento del último plazo
5.2. Intereses
5.2.1. Tipo de interés
5.2.1.1. ... % o
5.2.1.2. ... % por encima del tipo base del BCE[1]
5.2.1.3. Otros (precisar)
5.2.2. Intereses que deberán percibirse a partir de:
5.3. Importe de costes reembolsables si está especificado en la transacción judicial:
6. La transacción judicial es ejecutiva en el Estado miembro de origen ❑

Hecho en ....fecha ....

....
Firma y/o sello

ANEXO III

Certificado de título ejecutivo europeo — Instrumento auténtico

1. Estado miembro de origen: Bélgica ❑ República Checa ❑ Alemania ❑ Estonia ❑ Grecia ❑ España ❑ Francia ❑ Irlanda ❑ Italia ❑ Chipre ❑ Letonia ❑ Lituania ❑ Luxemburgo ❑ Hungría ❑ Malta ❑ Países Bajos ❑ Austria ❑ Polonia ❑ Portugal ❑ Eslovenia ❑ Eslovaquia ❑ Finlandia ❑ Suecia ❑ Reino Unido ❑
2. Órgano jurisdiccional o autoridad que expide el certificado
2.1. Denominación:
2.2. Dirección:
2.3. Tel./fax/correo electrónico:
3. Si es diferente, órgano jurisdiccional/autoridad que ha formalizado o registrado el Instrumento auténtico
3.1. Denominación:
3.2. Dirección:
3.3. Tel./fax/correo electrónico:
4. Instrumento auténtico.
4.1. Fecha:
4.2. N.º de referencia:
4.3. Las partes
4.3.1. Nombre y dirección del acreedor (o acreedores):
4.3.2. Nombre y dirección del deudor (o deudores):
5. Crédito pecuniario certificado
5.1. Capital principal:
5.1.1. Divisas Euros ❑ Libra chipriota ❑ Corona checa ❑ Corona estonia ❑
Libra esterlina ❑ Forint húngaro ❑ Litas lituanas ❑ Lats letón ❑
Lira maltesa ❑ Zloty polaco ❑ Corona sueca ❑ Corona eslovaca ❑
Tolar esloveno ❑
Otra (precisar) ❑

[1] Tipo de interés aplicado por el Banco Central Europeo a sus principales operaciones de refinanciación.

5.1.2. Si el crédito es un pago periódico
5.1.2.1. Importe de cada plazo:
5.1.2.2. Fecha de vencimiento del primer plazo:
5.1.2.3. Fecha de vencimiento de los plazos sucesivos
semanal ❑ mensual ❑ otra (precisar) ❑
5.1.2.4. Duración del crédito
5.1.2.4.1. Actualmente indefinida ❑ o
5.1.2.4.2. Fecha de vencimiento del último plazo
5.2. Intereses
5.2.1. Tipo de interés
5.2.1.1. ... % o
5.2.1.2. ... % por encima del tipo base del BCE[1]
5.2.1.3. Otros (precisar)
5.2.2. Intereses que deberán percibirse a partir de:
5.3. Importe de costes reembolsables si está especificado en el documento auténtico:
6. El instrumento auténtico es ejecutivo en el Estado miembro de origen ❑

Hecho en .... fecha ....

....
Firma y/o sello

ANEXO IV

Certificado de falta o limitación de ejecutoriedad
(artículo 6, apartado 2)

1. Estado miembro de origen: Bélgica ❑ República Checa ❑ Alemania ❑ Estonia ❑ Grecia ❑ España ❑ Francia ❑ Irlanda ❑ Italia ❑ Chipre ❑ Letonia ❑ Lituania ❑ Luxemburgo ❑ Hungría ❑ Malta ❑ Países Bajos ❑ Austria ❑ Polonia ❑ Portugal ❑ Eslovenia ❑ Eslovaquia ❑ Finlandia ❑ Suecia ❑ Reino Unido ❑
2. Órgano jurisdiccional/autoridad que expide el certificado
2.1. Denominación:
2.2. Dirección:
2.3. Tel./fax/correo electrónico:
3. Si es diferente, órgano jurisdiccional/autoridad que expide la resolución/transacción judicial/instrumento auténtico*
3.1. Denominación:
3.2. Dirección:
3.3. Tel./fax/correo electrónico:
4. Resolución/transacción judicial/instrumento auténtico*
4.1. Fecha:
4.2. N.º de referencia:
4.3. Las partes
4.3.1. Nombre y dirección del acreedor (o acreedores):
4.3.2. Nombre y dirección del deudor (o deudores):
5. Esta resolución/transacción judicial/instrumento auténtico* se certificó como título ejecutivo europeo pero

---

[1] Tipo de interés aplicado por el Banco Central Europeo a sus principales operaciones de refinanciación.

* Táchese lo que no proceda.

5.1. La resolución/transacción judicial/instrumento auténtico* ya no es ejecutiva/o ❑
5.2. La ejecución queda temporalmente
5.2.1. suspendida ❑
5.2.2. limitada a las medidas cautelares ❑
5.2.3. condicionada a la constitución de una garantía todavía pendiente ❑
5.2.3.1. importe de la garantía
5.2.3.2. Divisas Euros ❑ Libra chipriota ❑ Corona checa ❑ Corona estonia ❑ Libra esterlina ❑ Forint húngaro ❑ Litas lituanas ❑ Lats letón ❑ Lira maltesa ❑ Zloty polaco ❑ Corona sueca ❑ Corona eslovaca ❑ Tolar esloveno ❑
Otra (precisar) ❑
5.2.4. Otra situación (precisar) ❑

Hecho en .... fecha ....

....
Firma y/o sello

ANEXO V

Certificado sustitutorio de título ejecutivo europeo emitido a raíz de un recurso
(artículo 6, apartado 3)

A. Se interpuso recurso contra la siguiente resolución/transacción judicial/instrumento auténtico*, certificada/o como título ejecutivo europeo
1. Estado miembro de origen: Bélgica ❑ República Checa ❑ Alemania ❑ Estonia ❑ Grecia ❑ España ❑ Francia ❑ Irlanda ❑ Italia ❑ Chipre ❑ Letonia ❑ Lituania ❑ Luxemburgo ❑ Hungría ❑ Malta ❑ Países Bajos ❑ Austria ❑ Polonia ❑ Portugal ❑ Eslovenia ❑ Eslovaquia ❑ Finlandia ❑ Suecia ❑ Reino Unido ❑
2. Órgano jurisdiccional/autoridad que expide el certificado
2.1. Denominación:
2.2. Dirección:
2.3. Tel./fax/correo electrónico:
3. Si es diferente, órgano jurisdiccional/autoridad que expide la resolución/transacción judicial/instrumento auténtico*
3.1. Denominación:
3.2. Dirección:
3.3. Tel./fax/correo electrónico:
4. Resolución/transacción judicial/instrumento auténtico*
4.1. Fecha:
4.2. N.º de referencia:
4.3. Las partes
4.3.1. Nombre y dirección del acreedor (o acreedores):
4.3.2. Nombre y dirección del deudor (o deudores):
B. A raíz del recurso se dictó la siguiente decisión que se certifica por la presente como título ejecutivo europeo en *sustitución* del título ejecutivo europeo original
1. Órgano jurisdiccional emisor
1.1. Denominación:
1.2. Dirección:
1.3. Tel./fax/correo electrónico:

* Táchese lo que no proceda.

2. Decisión
2.1. Fecha:
2.2. N.º de referencia:
3. Crédito pecuniario certificado
3.1. Capital principal
3.1.1. Divisas Euros ❑ Libra chipriota ❑ Corona checa ❑ Corona estonia ❑
Libra esterlina ❑ Forint húngaro ❑ Litas lituanas ❑ Lats letón ❑
Lira maltesa ❑ Zloty polaco ❑ Corona sueca ❑ Corona eslovaca ❑
Tolar esloveno ❑
Otra (precisar) ❑
3.1.2. Si el crédito es por un pago periódico
3.1.2.1. Importe de cada plazo:
3.1.2.2. Fecha de vencimiento del primer plazo:
3.1.2.3. Fecha de vencimiento de los plazos sucesivos
semanal ❑ mensual ❑ otra (precisar) ❑
3.1.2.4. Duración del crédito
3.1.2.4.1. Actualmente indefinida ❑ o
3.1.2.4.2. Fecha de vencimiento del último plazo:
3.2. Intereses
3.2.1. Tipo de interés
3.2.1.1. … % o
3.2.1.2. … % por encima del tipo base del BCE
3.2.1.3. Otros (precisar)
3.2.2. Intereses que deberán percibirse a partir de:
3.3. Importe de costes reembolsables si está especificado en la decisión:
4. La decisión es ejecutiva en el Estado miembro de origen ❑
5. Contra la decisión cabe interponer nuevo recurso
Sí ❑ No ❑
6. La decisión se ajusta al artículo 6, apartado 1, letra *b)* ❑
7. La decisión se ha dictado en causas relativas a contratos celebrados con consumidores
Sí ❑ No ❑
7.1. En caso afirmativo:
El deudor es el consumidor
Sí ❑ No ❑
7.2. En caso afirmativo:
El deudor está domiciliado en el Estado miembro de origen (con arreglo al artículo 59 del Reglamento (CE) núm. 44/2001) ❑
8. En el momento de la decisión adoptada a raíz del recurso, el crédito no está impugnado en el sentido del artículo 3, apartado 1, letras *b)* o *c)*
Sí ❑ No ❑
En caso afirmativo:
8.1. Notificación del escrito de incoación del recurso.
¿El acreedor presentó el recurso?
Sí ❑ No ❑
En caso afirmativo:
8.1.1. La notificación se efectuó con arreglo al artículo 13 ❑
o la notificación se efectuó con arreglo al artículo 14 ❑
o está probado de acuerdo con el artículo 18, apartado 2, que el deudor recibió el documento ❑
8.1.2. Información debida
El deudor ha sido informado con arreglo a los artículos 16 y 17 ❑
8.2. Notificación de la citación, en su caso
Sí ❑ No ❑
En caso afirmativo:
8.2.1. La notificación se efectuó con arreglo al artículo 13 ❑
o la notificación se efectuó con arreglo al artículo 14 ❑

o está probado de acuerdo con el artículo 18, apartado 2, que el deudor recibió la notificación ❑

8.2.2. Información debida

El deudor ha sido informado con arreglo al artículo 17 ❑

8.3. Subsanación del incumplimiento de las normas mínimas procesales según el artículo 18, apartado 1

8.3.1. La notificación se efectuó con arreglo al artículo 13 ❑

o la notificación se efectuó con arreglo al artículo 14 ❑

o está probado de acuerdo con el artículo 18, apartado 2, que el deudor recibió la decisión ❑

8.3.2. Información debida

El deudor ha sido informado con arreglo al artículo 18, apartado 1, letra *b*) ❑

Hecho en .... fecha ....

....

Firma y/o sello

ANEXO VI

Solicitud de rectificación o revocación del certificado del título ejecutivo europeo
(artículo 10, apartado 3)

EL SIGUIENTE DEL CERTIFICADO DEL TÍTULO EJECUTIVO EUROPEO

1. Estado miembro de origen: Bélgica ❑ República Checa ❑ Alemania ❑ Estonia ❑ Grecia ❑ España ❑ Francia ❑ Irlanda ❑ Italia ❑ Chipre ❑ Letonia ❑ Lituania ❑ Luxemburgo ❑ Hungría ❑ Malta ❑ Países Bajos ❑ Austria ❑ Polonia ❑ Portugal ❑ Eslovenia ❑ Eslovaquia ❑ Finlandia ❑ Suecia ❑ Reino Unido ❑

2. Órgano jurisdiccional/autoridad que expide el certificado

2.1. Denominación:

2.2. Dirección:

2.3. Tel./fax/correo electrónico:

3. Si es diferente, órgano jurisdiccional/autoridad que expide la resolución/transacción judicial/instrumento auténtico*

3.1. Denominación:

3.2. Dirección:

3.3. Tel./fax/correo electrónico:

4. Resolución/transacción judicial/instrumento auténtico

4.1. Fecha:

4.2. N.º de referencia:

4.3. Las partes

4.3.1. Nombre y dirección del acreedor (o acreedores):

4.3.2. Nombre y dirección del deudor (o deudores):

DEBERÁ SER

5. RECTIFICADO por cuanto, debido a un error material, existe la siguiente discrepancia entre el certificado de título ejecutivo europeo y la resolución/transacción judicial/instrumento auténtico en que se basa (explicar) ❑

6. REVOCADO por:

6.1. referirse la resolución certificada a un contrato celebrado con consumidores, pero haber sido dictada en un Estado miembro que no es el del domicilio del deudor en el sentido del artículo 59 del Reglamento (CE) número 44/2001 ❑

* Táchese lo que no proceda.

6.2. haberse emitido de forma manifiestamente indebida por cualquier otro motivo (explicar) ❑

Hecho en .... .fecha ....

....
Firma y/o sello

25. REGLAMENTO (CE) NÚMERO 1896/2006 DEL PARLAMENTO EUROPEO Y DEL CONSEJO, DE 12 DE DICIEMBRE DE 2006, POR EL QUE SE ESTABLECE UN PROCESO MONITORIO EUROPEO*

(*DO* núm. L 399, de 30 de diciembre de 2006)

EL PARLAMENTO EUROPEO Y EL CONSEJO DE LA UNIÓN EUROPEA,

Visto el Tratado constitutivo de la Comunidad Europea y, en particular, su artículo 61, letra *c*),

Vista la propuesta de la Comisión,

Visto el dictamen del Comité Económico y Social Europeo[1],

De conformidad con el procedimiento establecido en el artículo 251 del Tratado[2],

Considerando lo siguiente:

(1) La Comunidad se ha fijado el objetivo de mantener y desarrollar un espacio de libertad, seguridad y justicia en el que esté garantizada la libre circulación de personas. Con el fin de establecer paulatinamente dicho espacio, la Comunidad debe, entre otras cosas, adoptar medidas en el ámbito de la cooperación judicial en materia civil con repercusión transfronteriza que sean necesarias para el correcto funcionamiento del mercado interior.

(2) De conformidad con el artículo 65, letra *c*), del Tratado, dichas medidas deben incluir la eliminación de obstáculos al buen funcionamiento de los procedimientos civiles fomentando, si fuera

* Sobre entrada en vigor y aplicación, vid. art. 33.

[1] *DO* C 221, de 8-9-2005, p. 77.

[2] Dictamen del Parlamento Europeo de 13 de diciembre de 2005 [...], Posición Común del Consejo de 30 de junio de 2006 [...] y Posición del Parlamento Europeo de 25 de octubre de 2006. Decisión del Consejo de 11 de diciembre de 2006.

necesario, la compatibilidad de las normas procesales civiles aplicables en los Estados miembros.

(3) En la reunión del Consejo Europeo de Tampere del 15 y 16 de octubre de 1999 se invitó al Consejo y a la Comisión a elaborar nueva legislación en aspectos que son decisivos para allanar el camino a la cooperación judicial y para mejorar el acceso a la justicia y mencionó expresamente, en ese contexto, los requerimientos de pago.

(4) El 30 de noviembre de 2000, el Consejo adoptó un programa conjunto de la Comisión y del Consejo de medidas para la aplicación del principio de reconocimiento mutuo de las resoluciones judiciales en materia civil y mercantil[3]. El programa prevé la posibilidad de establecer un procedimiento específico, uniforme o armonizado para la Comunidad con el fin de obtener una resolución judicial en determinados ámbitos, incluido el de los créditos no impugnados. Esto se desarrolló mediante el Programa de La Haya, adoptado por el Consejo Europeo el 5 de noviembre de 2004, en el que se abogaba por que se prosiguieran activamente los trabajos relativos al proceso monitorio europeo.

(5) El 20 de diciembre de 2002, la Comisión aprobó el Libro Verde sobre el proceso monitorio europeo y las medidas para simplificar y acelerar los litigios de escasa cuantía. El Libro Verde dio lugar a una consulta sobre los posibles objetivos y características de un procedimiento europeo uniforme o armonizado para el cobro de créditos no impugnados.

(6) El cobro rápido y eficiente de créditos pendientes que no son objeto de controversia jurídica es de vital importancia para los operadores económicos de la Unión Europea, toda vez que la morosidad es una de las principales causas de la insolvencia que hace peligrar la supervivencia de empresas, particularmente pequeñas y medianas empresas, y provoca la pérdida de numerosos puestos de trabajo.

(7) Todos los Estados miembros intentan resolver el problema del cobro masivo de créditos no impugnados, la mayoría de ellos mediante un proceso monitorio simplificado, pero tanto el contenido de las normativas nacionales como los correspondientes procedimientos varían considerablemente. Además, los procedimientos existentes actualmente resultan a menudo inadmisibles o impracticables en asuntos transfronterizos.

(8) Los consiguientes impedimentos para acceder a una justicia eficaz en los asuntos transfronterizos y la distorsión de la competencia en el mercado interior debido a desequilibrios en el funcionamiento de los medios pro-

---

[3] *DO* C 12, de 15-1-2001, p. 1.

cesales puestos a disposición de los acreedores en diversos Estados miembros hacen necesaria una legislación comunitaria que garantice igualdad de condiciones en toda la Unión Europea para acreedores y deudores.

(9) El objeto del presente Reglamento consiste en simplificar, acelerar y reducir los costes de litigación en asuntos transfronterizos relativos a créditos pecuniarios no impugnados, mediante el establecimiento de un proceso monitorio europeo, y en permitir la libre circulación de los requerimientos europeos de pago a través de todos los Estados miembros, mediante el establecimiento de normas mínimas cuya observancia haga innecesario un proceso intermedio en el Estado miembro de ejecución con anterioridad al reconocimiento y a la ejecución.

(10) El proceso establecido mediante el presente Reglamento debe constituir un medio complementario y opcional para el demandante, que conserva plena libertad de recurrir a los procedimientos establecidos en el Derecho nacional. Por lo tanto, el presente Reglamento no sustituye ni armoniza los mecanismos de cobro de créditos no impugnados existentes en el Derecho nacional.

(11) El proceso debe basarse, en la mayor medida de lo posible, en el uso de formularios para cualquier comunicación entre los órganos jurisdiccionales y las partes, con el fin de facilitar su administración y permitir el procesamiento automático de datos.

(12) Cuando decidan cuáles son los órganos jurisdiccionales con competencia para expedir un requerimiento europeo de pago, los Estados miembros deben tener debidamente en cuenta la necesidad de garantizar el acceso a la justicia.

(13) En la petición de requerimiento europeo de pago, debe obligarse al demandante a que proporcione información suficiente para poder determinar y justificar claramente la deuda, de forma que el demandado pueda decidir con conocimiento de causa si la impugna o no.

(14) En este contexto, debe exigirse al demandante que aporte una descripción de los medios de prueba que acrediten la deuda. A tal efecto, el formulario de petición debe incluir una lista lo más exhaustiva posible de los distintos medios de prueba que se presentan habitualmente para acreditar deudas pecuniarias.

(15) La presentación de una petición de requerimiento europeo de pago debe implicar el pago de las posibles tasas judiciales aplicables.

(16) El órgano jurisdiccional debe examinar la petición, incluida la cuestión de la competencia y la descripción de los medios de prueba, sobre la base de la información contenida en el formulario de petición. De esta forma, el órgano jurisdiccional podría examinar *prima facie* los fundamentos de la petición y, entre otras cosas, excluir peticiones manifiestamente infundadas o inad-

misibles. No es necesario que sea un juez quien lleve a cabo dicho examen.

(17) No debe caber recurso alguno contra la desestimación de la petición. Ello no excluye, sin embargo, la posibilidad, de conformidad con el Derecho nacional, de recurrir la decisión de desestimación de la petición ante un órgano jurisdiccional del mismo nivel.

(18) En el requerimiento europeo de pago se debe informar al demandado de la posibilidad de pagar al demandante el importe fijado o de enviar un escrito de oposición en un plazo de treinta días si desea impugnar la deuda. Además de facilitar al demandado toda la información sobre el crédito facilitada por el demandante, se le debe advertir sobre la importancia jurídica del requerimiento europeo de pago y, en especial, las consecuencias de la no impugnación.

(19) Debido a las diferencias entre los Estados miembros en cuanto a las normas procesales civiles y especialmente las que regulan la notificación de documentos, es necesario establecer de manera específica y pormenorizada una definición de normas mínimas que serían de aplicación en el contexto del proceso monitorio europeo. En especial, para la notificación del requerimiento europeo de pago, ningún método de notificación que se base en una ficción legal del cumplimiento de estas normas mínimas debe considerarse suficiente.

(20) Todos los métodos de notificación enumerados en los artículos 13 y 14 se caracterizan por ofrecer bien una certidumbre total (artículo 13) o bien un alto grado de probabilidad (artículo 14) de que el documento notificado ha sido recibido por su destinatario.

(21) Sólo debe considerarse que la notificación personal a personas distintas del propio demandado con arreglo al artículo 14, apartado 1, letras *a*) y *b*), cumple los requisitos previstos en ellas si dichas personas han aceptado o recibido efectivamente el requerimiento europeo de pago.

(22) El artículo 15 debe aplicarse a las situaciones en que el demandado no pueda representarse a sí mismo ante un órgano jurisdiccional, como es el caso de las personas jurídicas, y cuando la persona autorizada para representarlo está determinada por ley, así como a las situaciones en que el demandado haya autorizado a otra persona, en especial a un abogado, para representarlo en el proceso judicial específico de que se trate.

(23) El demandado puede presentar su escrito de oposición valiéndose del formulario que figura en el presente Reglamento. No obstante, los órganos jurisdiccionales deben tener en cuenta cualquier otra forma escrita de oposición que se exprese claramente.

(24) El escrito de oposición presentado dentro de plazo debe poner fin al proceso monitorio europeo y suponer el traslado automático del asunto al proceso civil

ordinario, salvo que el demandante haya solicitado expresamente que, en dicho supuesto, se ponga fin al procedimiento. A efectos del presente Reglamento, el concepto de proceso civil ordinario no debe interpretarse necesariamente con arreglo al Derecho nacional.

(25) Tras la expiración del plazo de presentación del escrito de oposición, el demandado debe tener derecho, en casos excepcionales, a solicitar una revisión del requerimiento europeo de pago. La revisión en casos excepcionales no debe significar que el demandado tenga una segunda posibilidad de oponerse a la petición. Durante el proceso de revisión no deben evaluarse los fundamentos de la petición considerando otros motivos que no sean los resultantes de las circunstancias excepcionales invocadas por el demandado. Las demás circunstancias excepcionales a que se refiere el artículo 20, apartado 2, podrían incluir el hecho de que el requerimiento europeo de pago se hubiera basado en información falsa contenida en el formulario de petición.

(26) Las tasas judiciales contempladas en el artículo 25 no deben incluir, por ejemplo, los honorarios de los abogados ni los gastos de notificación de documentos por una entidad distinta de un órgano jurisdiccional.

(27) Un requerimiento europeo de pago expedido en un Estado miembro y que haya adquirido fuerza ejecutiva debe considerarse, a efectos de su ejecución, como si se hubiera expedido en el Estado miembro en el que se solicita la ejecución. El principio de confianza recíproca en la administración de justicia de los Estados miembros justifica que el órgano jurisdiccional de un Estado miembro considere que se cumplen todas las condiciones de la expedición de un requerimiento europeo de pago para que el requerimiento se ejecute en todos los demás Estados miembros sin revisión judicial de la correcta aplicación de normas mínimas procesales en el Estado miembro en que deba ejecutarse. Sin perjuicio de las disposiciones del presente Reglamento, en particular las normas mínimas establecidas en el artículo 22, apartados 1 y 2, y el artículo 23, los procedimientos de ejecución del requerimiento europeo de pago deben seguir rigiéndose por el Derecho nacional.

(28) A efectos del cálculo de los plazos, debe aplicarse el Reglamento (CEE, Euratom) n.º 1182/71 del Consejo, de 3 de junio de 1971, por el que se determinan las normas aplicables a los plazos, fechas y términos[4]. Debe advertirse de ello al demandado e informársele de que se tendrán en cuenta los días feriados del Estado miembro en que esté situado el ór-

[4] *DO* L 124, de 8-6-1971, p. 1.

gano jurisdiccional que expide el requerimiento europeo de pago.

(29) Dado que el objetivo del presente Reglamento, a saber, el establecimiento de un mecanismo uniforme, rápido y eficaz para el cobro de créditos pecuniario no impugnados, no puede ser alcanzado de manera suficiente por los Estados miembros y, por consiguiente, debido a las dimensiones y los efectos del Reglamento, puede lograrse mejor a nivel comunitario, la Comunidad puede adoptar medidas, de acuerdo con el principio de subsidiariedad consagrado en el artículo 5 del Tratado. De conformidad con el principio de proporcionalidad enunciado en dicho artículo, el presente Reglamento no excede de lo necesario para alcanzar dicho objetivo.

(30) Procede aprobar las medidas necesarias para la ejecución del presente Reglamento con arreglo a la Decisión 1999/468/CE del Consejo, de 28 de junio de 1999, por la que se establecen los procedimientos para el ejercicio de las competencias de ejecución atribuidas a la Comisión[5].

(31) De conformidad con el artículo 3 del Protocolo sobre la posición del Reino Unido e Irlanda anexo al Tratado de la Unión Europea y al Tratado constitutivo de la Comunidad Europea, el Reino Unido e Irlanda han notificado su deseo de participar en la adopción y aplicación del presente Reglamento.

(32) De conformidad con los artículos 1 y 2 del Protocolo sobre la posición de Dinamarca anexo al Tratado de la Unión Europea y al Tratado constitutivo de la Comunidad Europea, Dinamarca no participa en la adopción del presente Reglamento y no le es vinculante ni aplicable.

HAN ADOPTADO EL PRESENTE REGLAMENTO:

Artículo 1.º *Objeto.*—1. El presente Reglamento tiene por objeto:

a) simplificar, acelerar y reducir los costes de litigación en asuntos transfronterizos relativos a créditos pecuniarios no impugnados, mediante el establecimiento de un proceso monitorio europeo, y

b) permitir la libre circulación de requerimientos europeos de pago a través de todos los Estados miembros, mediante el establecimiento de normas mínimas cuya observancia haga innecesario un proceso intermedio en el Estado miembro de ejecución con anterioridad al reconocimiento y a la ejecución.

2. El presente Reglamento no obstará para que un demandante reclame un crédito, según la definición del artículo 4, mediante el recurso a otro proceso establecido con arreglo al Derecho de un Estado

[5] *DO* L 184, de 17-7-1999, p. 23. Decisión modificada por la Decisión 2006/512/CE (*DO* L 200, de 22-7-2006, p. 11).

miembro o con arreglo al Derecho comunitario.

Art. 2.º *Ámbito de aplicación.*—1. El presente Reglamento se aplicará en los asuntos transfronterizos en materia civil y mercantil, con independencia de la naturaleza del órgano jurisdiccional. No incluirá, en particular, las materias fiscal, aduanera y administrativa, ni los casos en que el Estado incurra en responsabilidad por acciones u omisiones en el ejercicio de su autoridad (*acta iure imperii*).

2. El presente Reglamento no se aplicará a:

a) los regímenes económicos matrimoniales, los testamentos y las sucesiones;

b) la quiebra, los procedimientos de liquidación de empresas o de otras personas jurídicas insolventes, los convenios entre quebrado y acreedores y demás procedimientos análogos;

c) la seguridad social;

d) los créditos derivados de obligaciones extracontractuales, a no ser que:

i) hayan sido objeto de un acuerdo entre las partes o haya habido un reconocimiento de deuda, o

ii) se refieran a deudas líquidas derivadas de una comunidad de propietarios.

3. En el presente Reglamento, se entenderá por «Estado miembro» cualquier Estado miembro, con excepción de Dinamarca.

Art. 3.º *Asuntos transfronterizos.*—1. A efectos del presente Reglamento, se entenderá por asuntos transfronterizos aquellos en los que al menos una de las partes esté domiciliada o tenga su residencia habitual en un Estado miembro distinto de aquel al que pertenezca el órgano jurisdiccional ante el que se haya presentado la petición.

2. El domicilio se determinará con arreglo a lo dispuesto en los artículos 59 y 60 del Reglamento (CE) n.º 44/2001 del Consejo, de 22 de diciembre de 2000, relativo a la com-

---

Art. 3.º Se incluye la Declaración de la Comisión realizada en el momento de la firma, no publicada en el *DO* y que consta en el Acta final:

«DECLARACIÓN DE LA COMISIÓN

»La Comisión declara que la definición del término "asuntos transfronterizos" en el marco del presente Reglamento no constituye una interpretación de la obligación prevista en el artículo 65 del Tratado de limitar la acción de la Comunidad a las cuestiones que tienen una incidencia transfronteriza, sino sólo una entre otras posibilidades para limitar el ámbito de aplicación del presente Reglamento en el contexto del artículo 65.

»No es necesario limitar el ámbito de aplicación haciendo referencia a una definición general del término "transfronterizo" en los instrumentos relativos al Derecho internacional privado.

»La necesidad o el interés de recurrir a una definición general del término "transfronterizo" en otros instrumentos no incluidos en el ámbito del Derecho internacional privado, tal como la propuesta de Directiva sobre la mediación, cuya naturaleza es diferente de la del presente Reglamento, debería examinarse atentamente caso por caso, teniendo en cuenta los objetivos de cada instrumento.»

petencia judicial, el reconocimiento y la ejecución de resoluciones judiciales en materia civil y mercantil[6].

3. El momento pertinente para determinar si existe un asunto transfronterizo será aquél en que se presente la petición de requerimiento europeo de pago de conformidad con el presente Reglamento.

Art. 4.º *Proceso monitorio europeo.*—Se establece el proceso monitorio europeo para el cobro de créditos pecuniarios, de importe determinado, vencidos y exigibles en la fecha en que se presenta la petición de requerimiento europeo de pago.

Art. 5.º *Definiciones.*—A efectos del presente Reglamento, serán de aplicación las siguientes definiciones:

1) «Estado miembro de origen»: el Estado miembro en el que se expide un requerimiento europeo de pago;

2) «Estado miembro de ejecución»: el Estado miembro en el que se solicita la ejecución de un requerimiento europeo de pago;

3) «órgano jurisdiccional»: cualquier autoridad de un Estado miembro con competencia para conocer de los requerimientos europeos de pago o para cualesquiera cuestiones afines;

4) «órgano jurisdiccional de origen»: el órgano jurisdiccional que expide un requerimiento europeo de pago.

Art. 6.º *Competencia judicial.*—1. A efectos de la aplicación del presente Reglamento, la competencia judicial se determinará con arreglo a las normas de Derecho comunitario aplicables en la materia, en particular el Reglamento (CE) n.º 44/2001.

2. No obstante, si el crédito se refiere a un contrato celebrado por una persona, el consumidor, para un fin que puede considerarse ajeno a su actividad profesional, y si el demandado es el consumidor, únicamente serán competentes los órganos jurisdiccionales del Estado miembro en el cual esté domiciliado el demandado, según la definición del artículo 59 del Reglamento (CE) n.º 44/2001.

Art. 7.º *Petición de requerimiento europeo de pago.*—1. La petición de requerimiento europeo de pago se presentará en el formulario A que figura en el anexo I.

2. En la petición deberán indicarse:

a) los nombres y direcciones de las partes y, si procede, de sus representantes, así como del órgano jurisdiccional ante el cual se ha presentado la petición;

b) el importe de la deuda, incluido el principal y, en su caso, los intereses, las penalizaciones contractuales y las costas;

c) si se reclaman intereses sobre la deuda, el tipo de interés y el

---

[6] *DO* L 12, de 16-1-2001, p. 1. Reglamento cuya última modificación la constituye el Reglamento (CE) núm. 2245/2004 de la Comisión (*DO* L 381, de 28-12-2004, p. 10).

período respecto del cual se reclaman dichos intereses, a menos que se añada de oficio un interés legal al principal en virtud del Derecho del Estado miembro de origen;

d) la causa de pedir, incluida una descripción de las circunstancias invocadas como fundamento de la deuda y, en su caso, de los intereses reclamados;

e) una descripción de los medios de prueba que acrediten la deuda;

f) los criterios de competencia judicial, y

g) el carácter transfronterizo del asunto en el sentido del artículo 3.

3. En la petición, el demandante declarará que la información suministrada es, a su leal saber y entender, verdadera y reconocerá que cualquier declaración falsa deliberada podría acarrearle las sanciones oportunas con arreglo al Derecho del Estado miembro de origen.

4. En un apéndice de la petición, el demandante podrá indicar al órgano jurisdiccional que se opone al traslado al proceso civil ordinario que corresponda, tal como dispone el artículo 17, en caso de oposición del demandado. Ello no obstará a que demandante informe ulteriormente de ello al órgano jurisdiccional, pero en todo caso antes de que se expida el requerimiento.

5. La petición se presentará en papel o mediante cualquier otro medio de comunicación, incluido el soporte electrónico, aceptado por el Estado miembro de origen y disponible en el órgano jurisdiccional de origen.

6. La petición deberá llevar la firma del demandante o, si procede, de su representante. Cuando la petición se haya presentado por medios electrónicos, en virtud del apartado 5, se firmará de conformidad con el artículo 2, apartado 2, de la Directiva 1999/93/CE del Parlamento Europeo y del Consejo, de 13 de diciembre de 1999, por la que se establece un marco comunitario para la firma electrónica[7]. Dicha firma será reconocida en el Estado miembro de origen sin que sea posible establecer condiciones suplementarias.

Sin embargo, no se requerirá dicha firma electrónica cuando exista un sistema electrónico de comunicación alternativo en el órgano jurisdiccional del Estado miembro de origen al que tenga acceso un determinado grupo de usuarios autentificados y prerregistrados, que permita la identificación de dichos usuarios de un modo seguro. Los Estados miembros informarán a la Comisión acerca de tales sistemas de comunicación.

Art. 8.º *Examen de la petición.*—El órgano jurisdiccional ante el que se haya presentado una petición de requerimiento europeo de pago deberá examinar, lo antes posible y basándose en el formulario de la petición, si se cumplen los requisitos establecidos en los artículos 2, 3, 4, 6 y 7 y si la peti-

[7] *DO* L 13, de 19-1-2000, p. 12.

ción resulta fundada. Este examen podrá revestir la forma de un procedimiento automatizado.

Art. 9.º *Posibilidad de completar o rectificar la petición.*—1. En caso de que no se cumplan los requisitos establecidos en el artículo 7, el órgano jurisdiccional concederá al demandante la posibilidad de completar o rectificar la petición, a no ser que ésta sea manifiestamente infundada o inadmisible. El órgano jurisdiccional utilizará al efecto el formulario B que figura en el anexo II.

2. Cuando el órgano jurisdiccional requiera al demandante que complete o rectifique la petición, especificará un plazo de tiempo adecuado a las circunstancias. El órgano jurisdiccional podrá prorrogar dicho plazo de manera discrecional.

Art. 10. *Modificación de la petición.*—1. Si los requisitos mencionados en el artículo 8 se cumplen sólo respecto de una parte de la petición, el órgano jurisdiccional informará de ello al demandante valiéndose del formulario C que figura en el anexo III. Se invitará al demandante a aceptar o rechazar una propuesta de requerimiento europeo de pago por el importe que especifique el órgano jurisdiccional y se le informará de las consecuencias de su decisión. El demandante responderá devolviendo el formulario C enviado por el órgano jurisdiccional en el plazo que éste haya especificado de conformidad con el artículo 9, apartado 2.

2. Si el demandante acepta la propuesta del órgano jurisdiccional, dicho órgano expedirá un requerimiento europeo de pago, de conformidad con el artículo 12, respecto de la parte de la petición aceptada por el demandante. Las consecuencias con respecto a la parte restante del crédito inicial se regularán con arreglo al Derecho nacional.

3. Si el demandante no envía su respuesta en el plazo especificado por el órgano jurisdiccional o rechaza la propuesta de éste, dicho órgano desestimará íntegramente la petición de requerimiento europeo de pago.

Art. 11. *Desestimación de la petición.*—1. El órgano jurisdiccional desestimará la petición si:

a) no se cumplen los requisitos establecidos en los artículos 2, 3, 4, 6 y 7, o

b) la petición es manifiestamente infundada, o

c) el demandante no envía su respuesta en el plazo especificado por el órgano jurisdiccional con arreglo al artículo 9, apartado 2, o

d) el demandante no envía su respuesta en el plazo especificado por el órgano jurisdiccional o rechaza la propuesta de dicho órgano, de conformidad con el artículo 10.

Se informará al demandante de los motivos de la desestimación mediante el formulario D que figura en el anexo IV.

2. Contra la desestimación de la petición no cabrá recurso alguno.

3. La desestimación de la petición no obstará para que el de-

mandante pueda reclamar su crédito mediante una nueva petición de requerimiento europeo de pago o por cualquier otro proceso establecido con arreglo al Derecho de un Estado miembro.

Art. 12. *Expedición de un requerimiento europeo de pago.*—1. Si se cumplen los requisitos mencionados en el artículo 8, el órgano jurisdiccional expedirá un requerimiento europeo de pago lo antes posible y, como regla general, en un plazo de treinta días a partir de la fecha de presentación de la petición, mediante el formulario E que figura en el anexo V.

El plazo de treinta días no comprenderá el tiempo empleado por el demandante para completar, rectificar o modificar la petición.

2. El requerimiento europeo de pago se expedirá junto con una copia del formulario de petición. No incluirá la información facilitada por el demandante en los apéndices I y II del formulario A.

3. En el requerimiento europeo de pago se comunicará al demandado que podrá optar por:

a) pagar al demandante el importe indicado en el requerimiento, o bien

b) oponerse al requerimiento mediante la presentación, ante el órgano jurisdiccional de origen, de un escrito de oposición, enviado en un plazo de treinta días desde que se le hubiera notificado el requerimiento.

4. En el requerimiento europeo de pago se informará al demandado de que:

a) el requerimiento fue expedido únicamente sobre la base de la información facilitada por el demandante, sin que la misma haya sido comprobada por el órgano jurisdiccional;

b) el requerimiento se hará ejecutivo a menos que se presente un escrito de oposición ante el órgano jurisdiccional de conformidad con lo establecido en el artículo 16;

c) en caso de que se presente escrito de oposición, el proceso continuará ante los órganos jurisdiccionales del Estado miembro de origen, de conformidad con las normas del proceso civil ordinario que corresponda, a no ser que el demandante haya solicitado expresamente que, en dicho supuesto, se ponga fin al proceso.

5. El órgano jurisdiccional se asegurará de que el requerimiento se notifica al demandado de conformidad con el Derecho nacional, mediante alguna forma que cumpla los requisitos mínimos establecidos en los artículos 13, 14 y 15.

Art. 13. *Notificación con acuse de recibo por parte del demandado.*—El requerimiento europeo de pago podrá notificarse al demandado de conformidad con el Derecho nacional del Estado en el que deba realizarse la notificación de alguna de las siguientes formas:

a) notificación personal acreditada por acuse de recibo, en el que conste la fecha de recepción, firmado por el demandado;

b) notificación personal acreditada por un documento, firmado por la persona competente que la haya realizado, en el que declare que el demandado recibió el documento o que se negó a recibirlo sin motivo legítimo y en el que conste la fecha de la notificación;

c) notificación por correo acreditada mediante acuse de recibo, en el que conste la fecha de recepción, firmado y reenviado por el demandado;

d) notificación por medios electrónicos como telecopia o correo electrónico, acreditada mediante acuse de recibo, en el que conste la fecha de recepción, firmado y reenviado por el demandado.

Art. 14. *Notificación sin acuse de recibo por parte del demandado.*—1. El requerimiento europeo de pago podrá asimismo notificarse al demandado de conformidad con el Derecho nacional del Estado en el que deba realizarse la notificación de alguna de las siguientes formas:

a) notificación personal, en el domicilio del demandado, a personas que vivan en la misma dirección que éste, o que estén empleadas en ese lugar;

b) en caso de un demandado que sea trabajador por cuenta propia, o de una persona jurídica, notificación personal, en el establecimiento comercial del demandado, a personas empleadas por él;

c) depósito del requerimiento en el buzón del demandado;

d) depósito del requerimiento en una oficina de correos o ante las autoridades públicas competentes y notificación escrita de dicho depósito en el buzón del demandado, si en la notificación escrita consta claramente el carácter judicial del escrito o el hecho de que tiene como efecto jurídico hacer efectiva la notificación y, por tanto, constituir la fecha de inicio del cómputo de los plazos pertinentes;

e) notificación por correo sin acuse de recibo con arreglo al apartado 3 cuando el demandado esté domiciliado en el Estado miembro de origen;

f) por medios electrónicos con acuse de recibo acreditado mediante una confirmación automática de entrega, siempre que el demandado haya aceptado expresamente con anterioridad este medio de notificación.

2. A efectos del presente Reglamento, no será admisible la notificación con arreglo al apartado 1 si no se conoce con certeza el domicilio del demandado.

3. Dará fe de la notificación realizada con arreglo al apartado 1, letras *a*), *b*), *c*) y *d*):

a) un documento firmado por la persona competente que haya efectuado la notificación, en el que consten:

i) la forma utilizada para la notificación, y

ii) la fecha de la notificación, y

iii) cuando el requerimiento se haya notificado a una persona distinta del demandado, el nombre de dicha persona y su relación con el demandado, o bien

b) un acuse de recibo de la persona que haya recibido la notificación a efectos del apartado 1, letras *a*) y *b*).

Art. 15. *Notificación a un representante.*—La notificación con arreglo a los artículos 13 ó 14 podrá realizarse asimismo a un representante del demandado.

Art. 16. *Oposición al requerimiento europeo de pago.*—1. El demandado podrá presentar escrito de oposición al requerimiento europeo de pago ante el órgano jurisdiccional de origen, valiéndose del formulario F que figura en el anexo VI, que se le remitirá adjunto al requerimiento europeo de pago.

2. El escrito de oposición se enviará en un plazo de treinta días desde la notificación al demandado del requerimiento.

3. El demandado deberá indicar en su escrito de oposición que impugna la deuda, sin que esté obligado a motivarlo.

4. El escrito de oposición se presentará en papel o por cualquier otro medio de comunicación, incluido el soporte electrónico, aceptado por el Estado miembro de origen y disponible en el órgano jurisdiccional de origen.

5. El escrito de oposición deberá llevar la firma del demandado o, si procede, de su representante. Cuando el escrito de oposición se haya presentado en soporte electrónico de conformidad con al apartado 4, deberá firmarse conforme al artículo 2, apartado 2, de la Directiva 1999/93/CE. Dicha firma será reconocida en el Estado miembro de origen sin que sea posible establecer requisitos adicionales.

Sin embargo, no se requerirá la firma electrónica cuando exista un sistema electrónico de comunicación alternativo en el órgano jurisdiccional del Estado miembro de origen al que tenga acceso un determinado grupo de usuarios autentificados y prerregistrados, que permita la identificación de dichos usuarios de un modo seguro. Los Estados miembros informarán a la Comisión acerca de tales sistemas de comunicación.

Art. 17. *Efectos de la presentación de un escrito de oposición.*—1. En caso de que se presente un escrito de oposición en el plazo señalado en el artículo 16, apartado 2, el proceso continuará ante los órganos jurisdiccionales competentes del Estado miembro de origen con arreglo a las normas del proceso civil ordinario que corresponda, a menos que el demandante haya solicitado expresamente que, en dicho supuesto, se ponga fin al proceso.

En caso de que el demandante haya reclamado su crédito por el proceso monitorio europeo, el Derecho nacional no perjudicará en ningún caso su posición en el proceso civil ordinario ulterior.

2. A efectos del apartado 1, el traslado al proceso civil ordinario se regirá por el Derecho del Estado miembro de origen.

3. El demandante será informado de la presentación del escrito de oposición por parte del demandado y de todo traslado al proceso civil ordinario.

Art. 18. *Ejecutividad.*—1. Si en el plazo establecido en el artículo 16, apartado 2, teniendo en cuenta un período de tiempo apropiado para que sea posible la recepción del escrito, no se ha presentado ningún escrito de oposición ante el órgano jurisdiccional de origen, éste declarará ejecutivo sin demora el requerimiento europeo de pago valiéndose del formulario G que figura en el anexo VII. El órgano jurisdiccional verificará la fecha de notificación.

2. Sin perjuicio del apartado 1, los requisitos formales de ejecutividad se regirán por el Derecho del Estado miembro de origen.

3. El órgano jurisdiccional enviará al demandante el requerimiento europeo de pago ejecutivo.

Art. 19. *Supresión del exequátur.*—Un requerimiento europeo de pago que haya adquirido fuerza ejecutiva en el Estado miembro de origen será reconocido y ejecutado en los demás Estados miembros sin que se requiera ninguna declaración de ejecutividad y sin posibilidad alguna de impugnar su reconocimiento.

Art. 20. *Revisión en casos excepcionales.*—1. Tras la expiración del plazo establecido en el artículo 16, apartado 2, el demandado tendrá derecho a solicitar al órgano jurisdiccional competente del Estado miembro de origen la revisión del requerimiento europeo de pago cuando concurran las siguientes circunstancias:

a) i) que el requerimiento de pago se hubiere notificado mediante una de las formas establecidas en el artículo 14, y

ii) que la notificación no se hubiere efectuado con la suficiente antelación para permitirle organizar su defensa, sin que pueda imputársele responsabilidad por ello, o

b) que el demandado no hubiere podido impugnar el crédito por razones de fuerza mayor o debido a circunstancias extraordinarias ajenas a su responsabilidad,

siempre que en ambos casos actuare con prontitud.

2. Tras la expiración del plazo establecido en el artículo 16, apartado 2, el demandado también tendrá derecho a solicitar al órgano jurisdiccional competente del Estado miembro de origen la revisión del requerimiento europeo de pago cuando sea evidente que dicho requerimiento se ha expedido de forma manifiestamente errónea, habida cuenta de los requisitos establecidos en el presente Reglamento, o por cualquier otra circunstancia de carácter excepcional.

3. Si el órgano jurisdiccional rechaza la petición del demandado aduciendo que no se aplica ninguno de los motivos de revisión contemplados en los apartados 1 y 2, seguirá en vigor el requerimiento europeo de pago.

Si el órgano jurisdiccional decide que la revisión está justificada por alguno de los motivos contemplados en los apartados 1 y 2, el requerimiento europeo de pago será declarado nulo y sin efecto.

Art. 21. *Ejecución.*—1. Sin perjuicio de las disposiciones del presente Reglamento, los procedimientos de ejecución se regirán por el Derecho del Estado miembro de ejecución.

Un requerimiento europeo de pago que haya adquirido fuerza ejecutiva se ejecutará en las mismas condiciones que una resolución ejecutiva dictada en el Estado miembro de ejecución.

2. Para la ejecución en otro Estado miembro, el demandante deberá presentar a las autoridades de ejecución competentes de dicho Estado miembro:

a) una copia del requerimiento europeo de pago, declarado ejecutivo por el órgano jurisdiccional de origen, que cumpla las condiciones necesarias para determinar su autenticidad, y

b) en caso de que sea necesario, una traducción del requerimiento europeo de pago a la lengua oficial del Estado miembro de ejecución o, en caso de que dicho Estado miembro tenga varias lenguas oficiales, a la lengua oficial o a una de las lenguas oficiales de los procedimientos judiciales en el lugar en que deba ejecutarse, conforme al Derecho de dicho Estado miembro, o a otra lengua que el Estado miembro de ejecución haya indicado como aceptable. Cada Estado miembro podrá indicar la lengua o lenguas oficiales de las instituciones de la Unión Europea distintas de las propias que pueda aceptar para el requerimiento europeo de pago. La traducción será certificada por una persona cualificada para ello en uno de los Estados miembros.

3. Al demandante que solicite en un Estado miembro la ejecución de un requerimiento europeo de pago expedido en otro Estado miembro no se le podrá exigir caución o depósito alguno, sea cual fuere su denominación, por su condición de extranjero o por no estar domiciliado o no ser residente en el Estado miembro de ejecución.

Art. 22. *Denegación de ejecución.*—1. A instancia del demandado, el órgano jurisdiccional competente del Estado miembro de ejecución denegará la ejecución si el requerimiento europeo de pago es incompatible con una resolución o requerimiento dictados con anterioridad en cualquier otro Estado miembro o en un tercer país, siempre que:

a) la resolución o requerimiento anterior tenga el mismo objeto y se refiera a las mismas partes, y

b) la resolución o requerimiento anterior cumpla las condiciones necesarias para ser reconocida en el Estado miembro de ejecución, y

c) la incompatibilidad no haya podido alegarse durante el procedimiento judicial en el Estado miembro de origen.

2. La ejecución se denegará asimismo, a instancia del demandado, cuando éste haya pagado al demandante el importe fijado en el requerimiento europeo de pago, y en la medida en que lo haya efectuado.

3. El requerimiento europeo de pago no podrá en ningún caso ser objeto de revisión en cuanto al fondo en el Estado miembro de ejecución.

Art. 23. *Suspensión o limitación de la ejecución.*—Si el demandado hubiere solicitado la revisión con arreglo al artículo 20, el órgano jurisdiccional competente del Estado miembro de ejecución podrá, a instancia del demandado:

a) limitar el procedimiento de ejecución a medidas cautelares, o bien

b) subordinar la ejecución a la constitución de una garantía que determinará dicho órgano jurisdiccional competente, o bien

c) en circunstancias excepcionales, suspender el procedimiento de ejecución.

Art. 24. *Representación.*—No se exigirá representación por un abogado u otro profesional del Derecho:

a) del demandante en relación con la petición de requerimiento europeo de pago;

b) del demandado en relación con la oposición a un requerimiento europeo de pago.

Art. 25. *Tasas judiciales.*—1. El total de las tasas judiciales de un proceso monitorio europeo y del subsiguiente proceso civil ordinario, en caso de oposición al requerimiento europeo de pago en un Estado miembro, no excederá de las tasas judiciales de un proceso civil ordinario sin proceso monitorio europeo previo en dicho Estado miembro.

2. A efectos del presente Reglamento, las tasas judiciales incluirán las tasas y derechos que hayan de pagarse al órgano jurisdiccional, cuyo importe se fijará con arreglo al Derecho nacional.

Art. 26. *Relación con el Derecho procesal nacional.*—Todas las cuestiones procesales no tratadas expresamente en el presente Reglamento se regirán por el Derecho nacional.

Art. 27. *Relación con el Reglamento (CE) n.º 1348/2000.*—El presente Reglamento se entenderá sin perjuicio de la aplicación del Reglamento (CE) n.º 1348/2000 del Consejo, de 29 de mayo de 2000, relativo a la notificación y al traslado en los Estados miembros de documentos judiciales y extrajudiciales en materia civil o mercantil[8].

Art. 28. *Información relativa a los gastos de notificación y la ejecución.*—Los Estados miembros colaborarán para proporcionar al público en general y a los sectores profesionales información sobre:

a) los gastos de notificación de documentos, y

b) las autoridades competentes para la ejecución, a los fines de la aplicación de los artículos 21, 22 y 23, en particular a través de la Red Judicial Europea en materia civil y mercantil creada de conformidad con la Decisión 2001/470/CE del Consejo[9].

Art. 29. *Información relativa a la competencia judicial, a los procedimientos de revisión, a los medios de comunicación y a las lenguas.*—1. A más tardar el 12 de

[8] *DO* L 160, de 30-6-2000, p. 37.

[9] *DO* L 174, de 27-6-2001, p. 25.

junio de 2008, los Estados miembros comunicarán a la Comisión:

a) los órganos jurisdiccionales competentes para expedir un requerimiento europeo de pago;

b) el procedimiento de revisión y los órganos jurisdiccionales competentes a efectos de la aplicación del artículo 20;

c) los medios de comunicación aceptados a los fines del proceso monitorio europeo y disponibles en los órganos jurisdiccionales;

d) las lenguas aceptadas conforme al artículo 21, apartado 2, letra *b*).

Los Estados miembros comunicarán a la Comisión cualquier modificación posterior que afecte a esta información.

2. La Comisión pondrá a disposición del público la información comunicada de conformidad con el apartado 1 mediante su publicación en el *Diario Oficial de la Unión Europea*, así como por cualquier otro medio adecuado.

Art. 30. *Modificaciones de los anexos.*—Los formularios que figuran en los anexos se actualizarán o adaptarán técnicamente, garantizando su plena conformidad con las disposiciones del presente Reglamento, con arreglo al procedimiento mencionado en el artículo 31, apartado 2.

Art. 31. *Comité.*—1. La Comisión estará asistida por el Comité creado por el artículo 75 del Reglamento (CE) n.º 44/2001.

2. En los casos en que se haga referencia al presente apartado, serán de aplicación el artículo 5 bis, apartados 1 a 4, y el artículo 7 de la Decisión 1999/468/CE, observando lo dispuesto en su artículo 8.

3. El Comité aprobará su reglamento interno.

Art. 32. *Revisión.*—A más tardar el 12 de diciembre de 2013, la Comisión presentará al Parlamento Europeo, al Consejo y al Comité Económico y Social un informe detallado en el que se pase revista al funcionamiento del proceso monitorio europeo. Dicho informe incluirá una evaluación del funcionamiento del procedimiento y una amplia evaluación de su impacto en cada Estado miembro.

A tal efecto y con el fin de garantizar que se toman debidamente en consideración las mejores prácticas ejercidas en la Unión Europea y que éstas reflejan los principios para legislar mejor, los Estados miembros facilitarán a la Comisión información en relación con el funcionamiento transfronterizo del proceso monitorio europeo. Dicha información incluirá datos sobre las tasas judiciales, la celeridad del proceso, la eficacia, la facilidad de uso y los procesos monitorios internos de los Estados miembros.

Si procede, el informe de la Comisión irá acompañado de propuestas de adaptación.

Art. 33. *Entrada en vigor.*—El presente Reglamento entrará en vigor al día siguiente de su publicación en el *Diario Oficial de la Unión Europea*.

El presente Reglamento será aplicable a partir del 12 de diciembre de 2008, con excepción de los artículos 28, 29, 30 y 31, que serán aplicables a partir del 12 de junio de 2008.

El presente Reglamento será obligatorio en todos sus elementos y directamente aplicable en todos los Estados miembros, de conformidad con el Tratado constitutivo de la Comunidad Europea.

Hecho en Estrasburgo, el 12 de diciembre de 2006.

ANEXO I

Petición de requerimiento europeo de pago

Formulario A — Artículo 7.1 del Reglamento (CE) n.º 1896/2006, del Parlamento Europeo y del Consejo por el que se establece un proceso monitorio europeo

Se ruega leer las indicaciones de la última página ¡Le serán útiles para la comprensión de este formulario!

Se ruega tomar nota, en particular, de que este formulario debe cumplimentarse en la lengua o en una de las lenguas empleadas por el órgano jurisdiccional al que se presente la petición. Obsérvese que el formulario está disponible en todas las lenguas oficiales de la Unión Europea; esto podrá serle útil para rellenarlo en la lengua exigida.

1. Órgano jurisdiccional

Órgano jurisdiccional

Dirección

Código postal	Población	País

Número de asunto (a rellenar por el órgano jurisdiccional)	
Recibido por el órgano jurisdiccional	

2. Partes y representantes de las mismas

Códigos: 01 Demandante; 02 Demandado; 03 Representante del demandante *; 04 Representante del demandado *; 05 Representante legal del demandante **; 06 Representante legal del demandado **

Códigos:	Apellidos, nombre/Razón o denominación social			Código de identificación (si procede)	
	Dirección		Código postal	Población	País
	Teléfono ***	Fax ***		E-Mail ***	
	Profesión ***		Otros datos ***		
Códigos:	Apellidos, nombre/Razón o denominación social			Código de identificación (si procede)	
	Dirección		Código postal	Población	País
	Teléfono ***	Fax ***		E-Mail ***	
	Profesión ***		Otros datos ***		
Códigos:	Apellidos, nombre/Razón o denominación social			Código de identificación (si procede)	
	Dirección		Código postal	Población	País
	Teléfono ***	Fax ***		E-Mail ***	
	Profesión ***		Otros datos ***		
Códigos:	Apellidos, nombre/Razón o denominación social			Código de identificación (si procede)	
	Dirección		Código postal	Población	País
	Teléfono ***	Fax ***		E-Mail ***	
	Profesión ***		Otros datos ***		

* p. ej. abogado ** p. ej. padre, tutor, director general *** facultativo

3. Criterios de competencia del órgano jurisdiccional

Códigos:

01 Domicilio del demandado o codemandado
02 Lugar de cumplimiento de la obligación reclamada
03 Lugar del hecho dañoso
04 Si se planteara un litigio relativo a la explotación de sucursales, agencias o cualquier otro establecimiento, lugar en que están situados la sucursal, la agencia o el otro establecimientot
06 Si se planteara un litigio relativo al pago de una remuneración reclamada por el salvamento de un cargamento o de un flete, lugar del órgano jurisdiccional en cuya jurisdicción se haya embargado o haya podido embargarse dicho cargamento o flete
07 Domicilio del titular de la póliza, el asegurado o el beneficiario en cuestiones de seguros
08 Domicilio del consumidor
09 Lugar de trabajo del trabajador por cuenta ajena
10 Lugar en que está situada la empresa que ha contratado al trabajador
11 Lugar en que está situado el inmueble
12 Acuerdo entre las partes de atribución de competencia
13 Domicilio del acreedor de alimentos
14 Otros (especifíquese)

Código	Especificación sólo para el Código 14

4. Carácter transfronterizo del asunto

Códigos:

01 Bélgica	06 España	11 Letonia	16 Países Bajos	21 Eslovaquia
02 República Checa	07 Francia	12 Lituania	17 Austria	22 Finlandia
03 Alemania	08 Irlanda	13 Luxemburgo	18 Polonia	23 Suecia
04 Estonia	09 Italia	14 Hungría	19 Portugal	24 Reino Unido
05 Grecia	10 Chipre	15 Malta	20 Eslovenia	25 Otro (especifíquese)

Domicilio o residencia habitual del demandante	Domicilio o residencia habitual del demandado	País del órgano jurisdiccional

5. Datos bancarios (facultativo)

5.1 Pago de tasas judiciales por el demandante

Códigos 01 Por transferencia bancaria; 02 Con tarjeta de crédito; 03 Cobro por el órgano jurisdiccional de la cuenta del demandante; 04 Justicia gratuita; 05 Otros (especifíquese)

Si elige usted los códigos 02 ó 03, por favor rellene los datos bancarios recogidos en el Apéndice 1.

Código	Especifíquese en caso de elegir el código 05

5.2 Pago por el demandado del importe ordenado judicialmente

Titular de la cuenta	Nombre del banco (BIC) u otro código bancario pertinente
Número de cuenta	Número internacional de cuenta bancaria (IBAN)

EUR	Euro	CYP	Libra chipriota	CZK	Corona checa	EEK	Corona estonia	GBP	Libra esterlina
HUF	Forint húngaro	LTL	Litas lituano	LVL	Lats letón	MTL	Lira maltesa	PLN	Zloty polaco
SEK	Corona sueca	SIT	Tólar esloveno	SKK	Corona eslovaca	Sonstige (gem. internationalem Bankcode)			

6. Principal

Moneda	Valor total del principal, excluidos intereses y costas

La deuda se refiere a (Código 1)

01 Contrato de compraventa
02 Contrato arrendamiento - bien mueble
03 Contrato arrendamiento - bien inmueble
04 Contrato arrendamiento - alquiler comercial
05 Contrato de servicios - electricidad, gas, agua, teléfono
06 Contrato de servicios - asistencia sanitaria
07 Contrato de servicios - transporte
08 Contrato de servicios - asesoría legal, fiscal, técnica
09 Contrato de servicios - hotel, restaurante
10 Contrato de servicios - reparación
11 Contrato de servicios - corretaje
12 Contrato de servicios - otros (especifíquese)
13 Contrato de obras
14 Contrato de seguros
15 Préstamo
16 Fianza u otro tipo de garantía(s)
17 Deudas derivadas de obligaciones extracontractuales si existe acuerdo entre las partes o un reconocimiento de deuda (p.ej. daños y perjuicios, enriquecimiento ilícito)
18 Deudas nacidas de la propiedad indivisa de un bien
19 Daños y perjuicios - contrato
20 Acuerdo de suscripción (periódico, revista)
21 Cuota de miembro
22 Contrato laboral
23 Avenencia extrajudicial
24 Acuerdo de alimentos
25 Otras (especifíquese))

Circunstancias alegadas (Código 2)

30 Impago
31 Lugar de entrega
32 Fecha de compra
33 Bienes o servicios no entregados
34 Entrega o prestación de bienes o servicios defectuosos
35 Bienes o servicios no conformes al pedido
36 Otras (especifíquese)

Otros datos (Código 3)

40 Lugar de compra
41 Ort der Leistung
42 Zeitpunkt des Vertragsabschlusses
43 Fecha de entrega
44 Tipo de bienes o servicios de que se trate
45 Dirección del inmueble
46 En caso de préstamo, finalidad: Crédito consumidor
47 En caso de préstamo, finalidad: Crédito hipotecario
48 Otros datos (especifíquese)

ID	Código 1	Código 2	Código 3	Exposición de motivos	Exposición de motivos	Importe
ID	Code 1	Code 2	Code 3	Exposición de motivos	Exposición de motivos	Importe
ID	Code 1	Code 2	Code 3	Exposición de motivos	Exposición de motivos	Importe
ID	Code 1	Code 2	Code 3	Exposición de motivos	Exposición de motivos	Importe

El importe reclamado fue asignado al demandante por (si procede)

Apellidos, nombre/Razón o denominación social			Código de identificación (si procede)
Calle y número, número de buzón, apartado de correos	Código postal	Población	País

Precisiones adicionales para las deudas relativas a contratos celebrados con consumidores (si procede)

La deuda se refiere a cuestiones relativas a contratos celebrados con consumidores	El demandado es un consumidor. En caso afirmativo:	El demandado está domiciliado en el Estado miembro cuyos órganos jurisdiccionales conocen del asunto a tenor del artículo 59 del Reglamento (CE) nº 44/2001 del Consejo. En caso afirmativo:
sí no		
	sí no	sí no

7. Intereses

Códigos (indíquese la combinación de número y letra):

01 Legal | 02 Contractual | 03 Capitalización de intereses | 04 Tipo de interés de préstamo ** | 05 Importe calculado por el demandante | 06 Otros ***

A Anual | B Semestral | C Trimestral | D Mensual | E Otros ***

ID *	Código	Tipo de interés (%)	% por encima del tipo de base (BCE)	sobre (importe)	Desde el	hasta el
ID *	Código	Tipo de interés (%)	% por encima del tipo de base (BCE)	sobre (importe)	Desde el	hasta el
ID *	Código	Tipo de interés (%)	% por encima del tipo de base (BCE)	sobre (importe)	Desde el	hasta el
ID *	Código	Tipo de interés (%)	% por encima del tipo de base (BCE)	sobre (importe)	Desde el	hasta el

ID * Bitte näher erläutern im Falle von Code 6 und/oder E

* Consígnese la identificación de la deuda correspondiente ** Obtenido por el demandante por un importe igual o superior al del principal *** Especifíquese

8. Penalizaciones contractuales (si procede)

Importe	Especifíquese

9. Costas (si procede)

Códigos: 01 Tasas judiciales 02 Otros (especifíquese)

Código	Especificación sólo para el código 02	Moneda	Importe
Código	Especificación sólo para el código 02	Moneda	Importe
Código	Especificación sólo para el código 02	Moneda	Importe
Código	Especificación sólo para el código 02	Moneda	Importe

10. Medios de prueba que acrediten la deuda

Códigos: 01 Documentales | 02 Testimoniales | 03 Periciales | 04 Inspección de objetos o locales | 05 Otros (especifíquese)

ID *	Código	Descripción de las pruebas	Fecha (día/mes/año)
ID *	Código	Descripción de las pruebas	Fecha (día/mes/año)
ID *	Código	Descripción de las pruebas	Fecha (día/mes/año)
ID *	Código	Descripción de las pruebas	Fecha (día/mes/año)

* Consígnese la identificación de la deuda correspondiente

11. Otras alegaciones e información complementaria (si procede)

Por la presente, solicito al órgano jurisdiccional que requiera del demandado (de los demandados) el pago al demandante (a los demandantes) del importe del principal indicada anteriormente, más los intereses, penalizaciones contractuales y costas. **Declaro que, a mi leal saber y entender, la información facilitada es correcta.** **Reconozco que cualquier declaración falsa podrá acarrear las sanciones oportunas con arreglo al Derecho del Estado miembro de origen.**		
Lugar	Fecha (día/mes/año)	Firma y/o sello

Apéndice 1 de la petición de requerimiento europeo de pago **Datos bancarios a efectos del pago de tasas judiciales por el demandante** Códigos 02 Con tarjeta de crédito 03 Cobro por el órgano jurisdiccional de la cuenta del demandante		
Código	Títular de la cuenta	Nombre del banco (BIC) u otro código bancario pertinente/ Compañía de la tarjeta de crédito
Número de cuenta/número de tarjeta de crédito		Número international de cuenta bancaria (IBAN)/Fecha de caducidad y código de seguridad de la tarjeta de crédito

Apéndice 2 de la petición de requerimiento europeo de pago **Oposición a un traslado al proceso civil ordinario** Número de asunto (deberá completarse si este Apéndice se envía al órgano jurisdiccional por separado del formulario)		
Lugar	Fecha (día/mes/año)	Firma y/o sello

INDICACIONES PARA CUMPLIMENTAR EL FORMULARIO DE PETICIÓN

Información importante

Este formulario debe cumplimentarse en la lengua o en una de las lenguas empleadas por el órgano jurisdiccional al que se presente la petición. Obsérvese que el formulario está disponible en todas las lenguas oficiales de la Unión Europea; esto podrá serle útil para rellenarlo en la lengua exigida..

En caso de que el demandado presente un escrito de oposición a su crédito, el proceso continuará ante los órganos jurisdiccionales competentes conforme a las normas del proceso civil ordinario. Si usted no deseara continuar el proceso en tal caso, debe cumplimentar además el Apéndice 2 del presente formulario. El órgano jurisdiccional debe recibir dicho anexo antes de que se expida el requerimiento europeo de pago..

Si la petición se refiere a un crédito contra un consumidor respecto de un contrato celebrado con consumidores, deberá presentarse ante el órgano jurisdiccional competente del Estado miembro del domicilio del consumidor. En los demás casos, deberá presentarse ante los órganos jurisdiccionales competentes del Estado miembro del domicilio del demandado o ante cualquier otro órgano jurisdiccional competente a tenor de las normas del Reglamento (CE) n.º 44/2001 del Consejo relativo a la competencia judicial, el reconocimiento y la ejecución de resoluciones judiciales en materia civil y mercantil. En el Atlas Judicial Europeo. (http://ec.europa.eu/justice_home/judicialatlascivil/html/index.htm) se da información sobre las normas de atribución de competencia.

Por favor, asegúrese de que ha firmado e indicado la fecha debidamente en la última página del formulario.

Indicaciones

Al principio de cada rúbrica encontrará códigos específicos que deberán insertarse, cuando proceda, en las casillas correspondientes.

1. Órgano jurisdiccional Al elegir qué órgano jurisdiccional, debe tener en cuenta los criterios de competencia del órgano jurisdiccional.

2. Partes y representantes de las mismas En este campo deben identificarse las partes y sus representantes, si los hubiere, con arreglo a los códigos indicados en el formulario. La casilla [Código de identificación] hace referencia al número especial de que disponen en algunos Estados miembros los letrados a efectos de comunicación electrónica con el órgano jurisdiccional (Véase el artículo 7, apartado 6, párrafo segundo, del Reglamento (CE) nº 1896/2006) al número de registro de las sociedades u organizaciones o a cualquier otro número de identificación aplicable a las personas físicas. La casilla [Otros datos] podrá completarse con cualquier otra información que permita identificar a la persona (p.ej. fecha de nacimiento, puesto de la persona nombrada en la sociedad u organización de que se trate...). Si hubiera más de cuatro partes o representantes, empléese el campo [11].

3. Criterios de competencia del órgano jurisdiccional Véase la información importante que figura más arriba.

4. Carácter transfronterizo del asunto Para poder acogerse al presente proceso monitorio europeo, al menos dos de las casillas de este campo deberán corresponder a distintos Estados miembros..

5. Datos bancarios (facultativo) En el apartado [5.1], indique de qué modo abonará las tasas judiciales. Le rogamos tenga en cuenta que, como el órgano jurisdiccional al que presente su petición no dispondrá necesariamente de todos los medios para el pago enumerados en este campo, deberá verificar qué medios de pago aceptará dicho órgano. Para ello, podrá ponerse en contacto con el órgano jurisdiccional de que se trate o consultar la página electrónica de la Red Judicial Europea en asuntos civiles y mercantiles (http://ec. europa.eu/civiljustice/). Si decide usted pagar mediante tarjeta de crédito o permite al órgano jurisdiccional percibir el cobro de su cuenta corriente, deberá incluir los correspondientes datos de su tarjeta de crédito o cuenta corriente en el Apéndice 1 de este formulario. En el apartado [5.2], consigne la información necesaria para que el demandado haga efectivo el pago de la deuda. Si desea que el pago se haga efectivo mediante transferencia bancaria, sírvase consignar los datos bancarios necesarios.

6. Principal En este campo debe consignarse la descripción del principal y las circunstancias en las que se fundamenta, conforme a los códigos indicados en el formulario. Deberá utilizar un número de identificación («ID») para cada deuda, numerándolas de 1 a 4. Cada deuda deberá especificarse en la línea de la casilla siguiente al número de identificación, rellenando los números correspondientes de los códigos 1, 2 y 3. Si necesitara más espacio, emplee el campo [11]. La casilla [Fecha (o período)] alude, por ejemplo, a la fecha del contrato o del hecho dañoso, o al período del arrendamiento.

7. Intereses Si se solicita el pago de intereses, esto debe especificarse para cada deuda, tal como se determina en el campo [6] con arreglo a los códigos indicados en el formulario. El código debe contener tanto el número (primera línea de códigos) como la letra (segunda línea de códigos) pertinentes. Por ejemplo, si se ha convenido por contrato en un tipo de interés y éste se calcula anualmente, el código será 02A. Si se solicita el pago de intereses hasta el momento de la resolución judicial, debe dejarse en blanco la última casilla. El código 01 se refiere a un tipo de interés fijado por ley. El código 02 se refiere a un tipo de interés acordado por las partes. Si utiliza el código 03 (capitalización de intereses), el importe indicado constituirá la base para el resto del período por cubrir. La capitalización de intereses se refiere a la situación en que los intereses devengados se añaden al principal y se tienen en cuenta a efectos del cálculo de futuros intereses. Obsérvese que en las operaciones comerciales a que se refiere la Directiva 2000/35/CE de 29 de junio de 2000, por la que se establecen medidas de lucha contra la morosidad, el tipo de interés legal será la suma del tipo de interés aplicado por el Banco Central Europeo a su más reciente operación principal de refinanciación efectuada antes del primer día natural del semestre de que se trate («tipo de referencia») más, como mínimo, siete puntos porcentuales. Respecto a los Estados miembros que no participen en la tercera fase de la unión económica y monetaria, el tipo de referencia mencionado anteriormente es el tipo equivalente establecido a escala nacional (por ejemplo por el banco central nacional). En ambos casos, se aplicará durante los siguientes seis meses el tipo de referencia del Banco Central Europeo vigente el primer día natural del *semestre de que se trate (véase el art. 3.1.d)* de la Directiva 2000/35/CE). El «tipo de base» (BCE) se refiere al tipo de interés aplicado por el Banco Central Europeo a sus operaciones principales de refinanciación.

8. Penalizaciones contractuales (si procede)

9. Costas (si procede) Si se reclama el reembolso de costas, deberán describirse éstas mediante los códigos indicados en el formulario. La casilla [especificación] sólo deberá completarse si se utiliza el código 02, por ejemplo si se reclama el reembolso de costas que no sean tasas judiciales. Entre estas costas podrían incluirse, por ejemplo, las del representante del demandante o las costas precontenciosas. Si usted reclama el reembolso de la tasa judicial pero desconoce su importe exacto, deberá cumplimentar la casilla [Código] 01 pero podrá dejar en blanco la casilla [Importe]; el órgano jurisdiccional hará constar en ella el importe.

10. Medios de prueba que acrediten la deuda Deberán especificarse en este campo los medios de prueba disponibles que acrediten cada deuda empleando los códigos indicados en el formulario. En la casilla [Descripción de las pruebas] figurará, por ejemplo, el título, denominación o número de referencia del documento en cuestión, la cuantía mencionada en el mismo, o el nombre del testigo o del perito.

11. Otras alegaciones e información complementaria (si procede) Podrá emplear este campo en caso de necesitar más espacio para cualesquiera de los campos anteriores o, si fuere necesario, para aportar información útil al órgano jurisdiccional. Por ejemplo, en caso de que varios demandados sean responsables, cada uno, de una parte de la deuda reclamada, deberá indicar aquí el importe debido individualmente por cada uno de los demandados.

Apéndice 1 En él podrá indicar los detalles de su tarjeta de crédito o cuenta corriente si opta por pagar su tasa judicial mediante tarjeta de crédito o permite al órgano jurisdiccional de que se trate percibir directamente el cobro de su cuenta corriente. Obsérvese que el órgano jurisdiccional al que presente su petición no dispondrá necesariamente de todos los medios para el pago enumerados en este campo. Tómese nota de que la información proporcionada en el Apéndice 1 no se enviará al demandado.

Apéndice 2 En él podrá informar al órgano jurisdiccional si no desea continuar con el proceso, en caso de que el demandado presente un escrito de oposición a su crédito. Si envía esta información al órgano jurisdiccional tras haber enviado el formulario, asegúrese de que rellena el número de asunto facilitado por dicho órgano. Tómese nota de que la información proporcionada en el Apéndice 2 no se enviará al demandado.

ANEXO II

Solicitud al demandante de que complete o rectifique una petición de requerimiento europeo de pago

Formulario B — Artículo 9.1 del Reglamento (CE) n.º 1896/2006 del Parlamento Europeo y del Consejo por el que se establece un proceso monitorio europeo

1. Órgano jurisdiccional

Órgano jurisdiccional		
Dirección		
Código postal	Población	País

Número de asunto	
Lugar	Fecha (día/mes/año)
Unterschrift und/oder Stempel	

2. Partes y representantes de las mismas

Códigos: 01 Demandante; 02 Demandado; 03 Representante del demandante *; 04 Representante del demandado *; 05 Representante legal del demandante **; 06 Representante legal del demandado **

Código	Apellidos, nombre/Razón o denominación social			(ggf.) Identifikationsnummer	
	Dirección		PLZ	Ort	Land
	Teléfono ***	Fax ***		e-mail ***	
	Profesión ***		Otros datos ***		
Código	Apellidos, nombre/Razón o denominación social			(ggf.) Identifikationsnummer	
	Dirección		PLZ	Ort	Land
	Teléfono ***	Fax ***		e-mail ***	
	Profesión ***		Otros datos ***		
Código	Apellidos, nombre/Razón o denominación social			(ggf.) Identifikationsnummer	
	Dirección		PLZ	Ort	Land
	Teléfono ***	Fax ***		e-mail ***	
	Profesión ***		Otros datos ***		
Código	Apellidos, nombre/Razón o denominación social			(ggf.) Identifikationsnummer	
	Dirección		PLZ	Ort	Land
	Teléfono ***	Fax ***		e-mail ***	
	Profesión ***		Otros datos ***		

* *p. ej. abogado* ** *p. ej. padre, tutor, director general* *** facultativo

A raíz del examen de su petición de requerimiento europeo de pago, le rogamos tenga a bien completar o rectificar cuanto antes la petición que se adjunta conforme a lo indicado a continuación, y en todo caso no más tarde del ___/___/____

Su petición inicial debe completarse o rectificarse en la lengua o en una de las lenguas empleadas por el órgano jurisdiccional al que se haya presentado.
El órgano jurisdiccional desestimará la petición en caso de que usted no la complete o rectifique en el plazo arriba indicado.

Su petición no ha sido cumplimentada en la lengua correcta. Debe cumplimentarla en una de las siguientes lenguas:

01 Checo	05 Griego	09 Lituano	13 Polaco	17 Finés
02 Alemán	06 Francés	10 Húngaro	14 Portugués	18 Sueco
03 Estonio	07 Italiano	11 Maltés	15 Eslovaco	19 Inglés
04 Castellano	08 Letón	12 Neerlandé	16 Esloveno	20 otra lengua (especifíquese)

Código de la lengua	Especificación de lengua (sólo para el código 20)

Debe completar o rectificar los apartados siguientes:

Códigos:

01 Partes y representantes de las mismas	04 Datos bancarios	07 Penalizaciones contractuales	10 Otras alegaciones e información complementaria
02 Criterios de competencia del órgano jurisdiccional	05 Principal	08 Costas	11 Firma
03 Carácter transfronterizo del asunto	06 Intereses	09 Medios de prueba que acrediten la deuda	

Código	Especifíquese
Código	Especifíquese
Código	Especifíquese
Código	Especifíquese
Código	Especifíquese

ANEXO III

Propuesta de que el demandante modifique una petición de requerimiento europeo de pago

Formulario C — Artículo 10.1 del Reglamento (CE) n.º 1896/2006 del Parlamento Europeo y del Consejo por el que se establece un proceso monitorio europeo

1. Órgano jurisdiccional		
Órgano jurisdiccional		
Dirección		
Código postal	Población	País

Número de asunto	
Lugar	Fecha
Firma y/o sello	

2. Partes y representantes de las mismas

Códigos: 01 Demandante; 02 Demandado; 03 Representante del demandante *; 04 Representante del demandado *; 05 Representante legal del demandante **; 06 Representante legal del demandado **

Código	Apellidos, nombre/Razón o denominación social			Código de identificación (si procede)	
	Dirección		Código postal	Población	País
	Teléfono ***	Fax ***		e-mail ***	
	Profesión ***		Otros datos ***		

Código	Apellidos, nombre/Razón o denominación social			Código de identificación (si procede)	
	Dirección		Código postal	Población	País
	Teléfono ***	Fax ***		e-mail ***	
	Profesión ***		Otros datos ***		

Código	Apellidos, nombre/Razón o denominación social			Código de identificación (si procede)	
	Dirección		Código postal	Población	País
	Teléfono ***	Fax ***		e-mail ***	
	Profesión ***		Otros datos ***		

Código	Apellidos, nombre/Razón o denominación social			Código de identificación (si procede)	
	Dirección		Código postal	Población	País
	Teléfono ***	Fax ***		e-mail ***	
	Profesión ***		Otros datos ***		

* p. ej. abogado ** p. ej. padre, tutor, director general *** facultativo

Tras examinar su petición de requerimiento europeo de pago, el órgano jurisdiccional estima que únicamente se cumplen los requisitos necesarios para una parte de la demanda. Por tal motivo, el órgano jurisdiccional le propone que efectúe la siguiente modificación de la petición:

Se ruega enviar su respuesta al órgano jurisdiccional lo antes posible, y en todo caso antes de la siguiente fecha: ____/____/____ **En caso de que el órgano jurisdiccional no reciba su respuesta dentro del plazo arriba indicado o de que usted se oponga a la presente propuesta, el órgano jurisdiccional desestimará la totalidad de su petición de requerimiento europeo de pago.** **En caso de que usted acepte la presente propuesta, el órgano jurisdiccional expedirá un requerimiento europeo de pago para esa parte de la demanda. La posibilidad de que usted recupere la parte restante del importe de su deuda inicial mediante un nuevo proceso estará supeditada al Derecho nacional del Estado miembro ante el que se haya presentado la petición.**

Acepto la propuesta del órgano jurisdiccional arriba indicada		**No acepto la propuesta del órgano jurisdiccional arriba indicada**
Lugar	Fecha (día/mes/año)	Apellidos, nombre Firma y/o sello

ANEXO IV

Decisión de desestimación de una petición de requerimiento europeo de pago

Formulario D Artículo 11.1 del Reglamento (CE) nº 1896/2006 del Parlamento Europeo y del Consejo por el que se establece un proceso monitorio europeo

1. Órgano jurisdiccional		
Órgano jurisdiccional		
Dirección		
Código postal	Población	País

Número de asunto	
Lugar	Fecha (día/mes/año)
Firma y/o sello	

2. Partes y representantes de las mismas

Códigos: 01 Demandante, 02 Demandado, 03 Representante del demandante *, 04 Representante del demandado *, 05 Representante legal del demandante **, 06 Representante legal del demandado **

Código	Apellidos, nombre/Razón o denominación social			Código de identificación (si procede)	
	Dirección		Código postal	Población	País
	Teléfono ***	Fax ***		E-mail ***	
	Profesión ***		Otros datos ***		
Código	Apellidos, nombre/Razón o denominación social			Código de identificación (si procede)	
	Dirección		Código postal	Población	País
	Teléfono ***	Fax ***		E-mail ***	
	Profesión ***		Otros datos ***		
Código	Apellidos, nombre/Razón o denominación social			Código de identificación (si procede)	
	Dirección		Código postal	Población	País
	Teléfono ***	Fax ***		E-mail ***	
	Profesión ***		Otros datos ***		
Código	Apellidos, nombre/Razón o denominación social			Código de identificación (si procede)	
	Dirección		Código postal	Población	País
	Teléfono ***	Fax ***		E-mail ***	
	Profesión ***		Otros datos ***		

* p. ej. abogado ** p. ej. padre, tutor, director general *** facultativo

El órgano jurisdiccional ha examinado su petición de requerimiento europeo de pago, de conformidad con el artículo 8 del Reglamento (CE) n.º 1896/2006, y ha resuelto desestimarla por los siguientes motivos:

01 La petición no se incluye en el ámbito de aplicación del artículo 2 del Reglamento (artículo 11.1 a)).
02 La petición no se refiere a un asunto transfronterizo de conformidad con el artículo 3 del Reglamento (artículo 11.1 a)).
03 La petición no se refiere a un crédito pecuniario de importe determinado, vencido y exigible a que se refiere el artículo 4 del Reglamento (artículo 11.1 a)).
04 El órgano jurisdiccional no es competente de conformidad con el artículo 6 del Reglamento (artículo 11.1 a)).
05 La petición no se ajusta a los requisitos establecidos en el artículo 7 del Reglamento (artículo 11.1 a)).
06 La petición es manifiestamente infundada (artículo 11.1 b)).
07 La petición no fue completada o rectificada en el plazo especificado por el órgano jurisdiccional (artículo 9(2) y artículo 11.1 c)).
08 La petición no fue modificada en el plazo especificado por el órgano jurisdiccional (artículo 10 y artículo 11.1 d)).

Motivos de desestimación (empléese el código)

Código

Información adicional, si fuere necesario

Código

Información adicional, si fuere necesario

Código

Información adicional, si fuere necesario

Código

Información adicional, si fuere necesario

Contra la presente resolución desestimatoria no cabe recurso. Ello no excluye, sin embargo, la posibilidad de presentar una nueva petición de requerimiento europeo de pago o de incoar cualquier otro proceso previsto por el Derecho de un Estado miembro.

ANEXO V

Requerimiento europeo de pago

Formulario E

Artículo 12.1 del Reglamento (CE) nº 1896/2006 del Parlamento Europeo y del Consejo por el que se establece un proceso monitorio europeo

1. Órgano jurisdiccional		
Órgano jurisdiccional		
Dirección		
Código postal	Población	País

Número de asunto	
Lugar	Fecha (día/mes/año)
Firma y/o sello	

2. Partes y representantes de las mismas

Códigos: 01 Demandante
02 Demandado
03 Representante del demandante *
04 Representante del demandado *
05 Representante legal del demandante **
06 Representante legal del demandado **

Código	Apellidos, nombre/Razón o denominación social			Código de identificación (si procede)	
	Dirección		Código postal	Población	País
	Teléfono ***	Fax ***		E-mail ***	
	Profesión ***		Otros datos ***		
Código	Apellidos, nombre/Razón o denominación social			Código de identificación (si procede)	
	Dirección		Código postal	Población	País
	Teléfono ***	Fax ***		E-mail ***	
	Profesión ***		Otros datos ***		
Código	Apellidos, nombre/Razón o denominación social			Código de identificación (si procede)	
	Dirección		Código postal	Población	País
	Teléfono ***	Fax ***		E-mail ***	
	Profesión ***		Otros datos ***		
Código	Apellidos, nombre/Razón o denominación social			Código de identificación (si procede)	
	Dirección		Código postal	Población	País
	Teléfono ***	Fax ***		E-mail ***	
	Profesión ***		Otros datos ***		

* p. ej. abogado ** p. ej. padre, tutor, director general *** facultativo

EUR	Euro	CYP	Libra chipriota	CZK	Corona checa	EEK	Corona estonia	GBP	Libra esterlina
HUF	Forint húngaro	LTL	Litas lituano	LVL	Lats letón	MTL	Lira maltesa	PLN	Zloty polaco
SEK	Corona sueca	SIT	Tólar esloveno	SKK	Corona eslovaca	Otras (con arreglo al código bancario internacional)			

En virtud del artículo 12 del Reglamento (CE) nº 1896/2006, el órgano jurisdiccional expide el presente requerimiento europeo de pago basado en la petición adjunta. Por la presente resolución se le requiere el pago al demandante del importe siguiente:

Demandado 1 Apellidos, nombre/Razón o denominación social	Moneda	Importe	Fecha (día/mes/año)
Principal			
Intereses (desde)			
Penalizaciones contractuales			
Costas			
Importe total			
Demandado 2 Apellidos, nombre/Razón o denominación social	Moneda	Importe	Fecha (día/mes/año)
Principal			
Intereses (desde)			
Penalizaciones contractuales			
Costas			
Importe total			

☐ **Responsabilidad conjunta**

INFORMACIÓN IMPORTANTE PARA EL DEMANDADO

Se le informa de lo siguiente:

a. Tiene usted la posibilidad de:
   i. pagar al demandante el importe indicado en el presente requerimiento; o bien
   ii. presentar oposición contra el presente requerimiento mediante presentación de escrito de oposición ante el órgano jurisdiccional que lo ha expedido, en el plazo indicado en la letra b).

b. El escrito de oposición deberá remitirse al órgano jurisdiccional en el plazo de 30 días a partir de la notificación que se le efectúa del presente requerimiento. Este plazo de 30 días comenzará a correr a partir del día siguiente a la notificación del presente requerimiento. Se incluyen en este plazo los sábados, domingos y feriados. Si el último día de un plazo es un sábado, un domingo o un feriado, el plazo concluirá al finalizar la ultima hora del día hábil siguiente (véase el Reglamento (CE, Euratom) n.º 1182/71 del Consejo de 3 de junio de 1971 *). Los feriados que se tendrán en cuenta serán los del Estado miembro en que esté situado el órgano jurisdiccional.

c. El presente requerimiento se expide atendiendo exclusivamente a la información facilitada por el demandante, que no ha sido verificada por el órgano jurisdiccional.

d. El presente requerimiento se hará ejecutivo, a menos que se presente ante el órgano jurisdiccional escrito de oposición dentro del plazo indicado en la letra b).

e. En caso de que se presente escrito de oposición, el proceso continuará ante los órganos jurisdiccionales competentes del Estado miembro en que se ha expedido el presente requerimiento, conforme a las normas del procedimiento civil ordinario, a menos que el demandante haya solicitado expresamente que en tales circunstancias se ponga fin al proceso.

* DO L 124 de 8.6.1971. (de, fr, it, nl).
Edición especial inglesa: Serie I Capítulo 1971(II), p. 354.
Edición especial griega: Capítulo 01 Volumen 1, p. 131.
Ediciones especiales española y portuguesa: Capítulo 01 Volumen 1, p. 149.
Edición especiales finesa y sueca: Capítulo 01 Volumen 1, p. 71.
Ediciones especiales checa, estonia, húngara, letona, lituana, maltesa, polaca, eslovaca y eslovena: Capítulo 01 Volumen 1, p. 51.

ANEXO VI

Oposición al requerimiento europeo de pago

Formulario F

Artículo 6.1 del Reglamento (CE) n.º 1896/2006 del Parlamento Europeo y del Consejo por el que se establece un proceso monitorio europeo

1. Órgano jurisdiccional

Órgano jurisdiccional

Dirección

Código postal	Población	País

Número de asunto (a rellenar por el órgano jurisdiccional)

Recibido por el órgano jurisdiccional

2. Partes y representantes de las mismas

Códigos: 01 Demandante
02 Demandado
03 Representante del demandante *
04 Representante del demandado *
05 Representante legal del demandante **
06 Representante legal del demandado **

Código	Apellidos, nombre / Razón o denominación social		Código de identificación (si procede)	
	Dirección	Código postal	Población	País
	Teléfono ***	Fax ***	E-mail ***	
	Profesión ***	Otros datos ***		
Código	Apellidos, nombre / Razón o denominación social		Código de identificación (si procede)	
	Dirección	Código postal	Población	País
	Teléfono ***	Fax ***	E-mail ***	
	Profesión ***	Otros datos ***		
Código	Apellidos, nombre / Razón o denominación social		Código de identificación (si procede)	
	Dirección	Código postal	Población	País
	Teléfono ***	Fax ***	E-mail ***	
	Profesión ***	Otros datos ***		
Código	Apellidos, nombre / Razón o denominación social		Código de identificación (si procede)	
	Dirección	Código postal	Población	País
	Teléfono ***	Fax ***	E-mail ***	
	Profesión ***	Otros datos ***		

* p. ej. abogado ** p. ej. padre, tutor, director general *** facultativo

Presento escrito de oposición al requerimiento europeo de pago expedido el ____/____/____.		
Lugar	Fecha (día/mes/año)	Apellidos, nombre
		Firma y/o sello

ANEXO VII

Declaración de ejecutividad

Formulario G

Artículo 18.1 del Reglamento (CE) n.º 1896/2006 del Parlamento Europeo y del Consejo por el que se establece un proceso monitorio europeo

1. Órgano jurisdiccional

Órgano jurisdiccional		
Dirección		
Código postal	Población	País

Número de asunto	
Lugar	Fecha (día/mes/año)
Firma y/o sello	

2. Partes y representantes de las mismas

Códigos: 01 Demandante
02 Demandado
03 Representante del demandante *
04 Representante del demandado *
05 Representante legal del demandante **
06 Representante legal del demandado **

Código	Apellidos, nombre/Razón o denominación social		Código de identificación (si procede)	
	Dirección	Código postal	Población	País
	Teléfono ***	Fax ***	e-mail ***	
	Profesión ***	Otros datos ***		
Código	Apellidos, nombre/Razón o denominación social		Código de identificación (si procede)	
	Dirección	Código postal	Población	País
	Teléfono ***	Fax ***	e-mail ***	
	Profesión ***	Otros datos ***		
Código	Apellidos, nombre/Razón o denominación social		Código de identificación (si procede)	
	Dirección	Código postal	Población	País
	Teléfono ***	Fax ***	e-mail ***	
	Profesión ***	Otros datos ***		
Código	Apellidos, nombre/Razón o denominación social		Código de identificación (si procede)	
	Dirección	Código postal	Población	País
	Teléfono ***	Fax ***	e-mail ***	
	Profesión ***	Otros datos ***		

* p. ej. abogado . ** p. ej. padre, tutor, director general *** facultativo

Por la presente el órgano jurisdiccional declara que el requerimiento europeo de pago adjunto, expedido el ______/______/______ y notificado el ______/______/______, tiene fuerza ejecutiva de conformidad con el artículo 18 del Reglamento (CE) nº 1896/2006.

Información importante

El presente requerimiento europeo de pago será ejecutivo automáticamente en todos los Estados miembros de la Unión Europea, con excepción de Dinamarca, sin necesidad de declaración adicional de ejecutividad en el Estado miembro en el que se solicita la ejecución y sin que sea posible oponerse a su reconocimiento. Los procedimientos de ejecución se regirán por el Derecho del Estado miembro de ejecución, salvo en los supuestos en que el Reglamento disponga otra cosa.

26. REGLAMENTO (CE) NÚMERO 861/2007 DEL PARLAMENTO EUROPEO Y DEL CONSEJO, DE 11 DE JULIO DE 2007, POR EL QUE SE ESTABLECE UN PROCESO EUROPEO DE ESCASA CUANTÍA

(*DO* núm. L 199/1, de 31 de julio de 2007)

EL PARLAMENTO EUROPEO Y EL CONSEJO DE LA UNIÓN EUROPEA,

Visto el Tratado constitutivo de la Comunidad Europea y, en particular, su artículo 61, letra *c*), y su artículo 67,

Vista la propuesta de la Comisión,

Visto el dictamen del Comité Económico y Social Europeo [1],

De conformidad con el procedimiento establecido en el artículo 251 del Tratado [2],

Considerando lo siguiente:

(1) La Comunidad se ha fijado el objetivo de mantener y desarrollar un espacio de libertad, seguridad y justicia en el que esté garantizada la libre circulación de personas. Con el fin de establecer paulatinamente dicho espacio, la Comunidad debe, entre otras cosas, adoptar las medidas en el ámbito de la cooperación judicial en materia civil con repercusión transfronteriza que sean necesarias para el correcto funcionamiento del mercado interior.

(2) De conformidad con el artículo 65, letra *c*), del Tratado, dichas medidas deben incluir la eliminación de obstáculos al buen funcionamiento de los procedimientos civiles, fomentando, si fuera necesario, la compatibilidad de las normas procesales civiles aplicables en los Estados miembros.

(3) A este respecto, la Comunidad ya ha adoptado, entre otras medidas, el Reglamento (CE) núm. 1348/2000 del Consejo, de 29 de mayo de 2000, relativo a la notificación y al traslado en los Estados miembros de documentos judiciales y extrajudiciales en materia civil o mercantil [3], el Reglamento (CE) núm. 44/2001 del Consejo, de 22 de diciembre de 2000, relativo a la competencia judicial, el reconocimiento y la ejecución de resoluciones judiciales en materia civil y mercantil [4], la Decisión núm. 2001/470/CE del Consejo, de 28 de mayo de 2001, por la que se crea una Red Judicial Eu-

---

[1] *DO* C 88, de 11-4-2006, p. 61.

[2] Dictamen del Parlamento Europeo de 14 de diciembre de 2006 (no publicado aún en el *Diario Oficial*) y Decisión del Consejo de 13-6-2007.

[3] *DO* L 160, de 30-6-2000, p. 37.

[4] *DO* L 12, de 16-1-2001, p. 1. Reglamento modificado por el Reglamento (CE) núm. 1791/2006 (*DO* L 363, de 20-12-2006, p. 1).

ropea en materia civil y mercantil[5], el Reglamento (CE) núm. 805/2004 del Parlamento Europeo y del Consejo, de 21 de abril de 2004, por el que se establece un título ejecutivo europeo para créditos no impugnados[6], y el Reglamento (CE) núm. 1896/2006 del Parlamento Europeo y del Consejo, de 12 de diciembre de 2006, por el que se establece un proceso monitorio europeo[7].

(4) El Consejo Europeo reunido en Tampere los días 15 y 16 de octubre de 1999 invitó al Consejo y a la Comisión a establecer unas normas de procedimiento comunes para la tramitación simplificada y acelerada de litigios transfronterizos relativos a demandas de escasa cuantía en materia de consumo o de índole mercantil.

(5) El 30 de noviembre de 2000, el Consejo adoptó un programa conjunto de la Comisión y del Consejo de medidas para la aplicación del principio de reconocimiento mutuo de las resoluciones judiciales en materia civil y mercantil[8]. El programa se refiere a la simplificación y aceleración de la solución de los litigios transfronterizos de escasa cuantía. Se desarrolló mediante el Programa de La Haya[9], adoptado por el Consejo Europeo el 5 de noviembre de 2004, en el que se abogaba por que se prosiguieran activamente los trabajos relativos al proceso de escasa cuantía.

(6) El 20 de diciembre de 2002, la Comisión aprobó el Libro Verde sobre el proceso monitorio europeo y las medidas para simplificar y acelerar los litigios de escasa cuantía. Dicho Libro Verde inició una consulta para la simplificación y aceleración de los litigios de escasa cuantía.

(7) Numerosos Estados miembros han introducido en su ordenamiento procesos civiles simplificados para las demandas de escasa cuantía, ya que los costes, retrasos y complicaciones relacionados con las acciones judiciales no disminuyen necesariamente de manera proporcional al valor de la demanda. Los obstáculos para la obtención de una sentencia rápida y poco costosa aumentan exageradamente en los asuntos transfronterizos. Por todo ello es necesario establecer un proceso europeo para demandas de escasa cuantía («proceso europeo de escasa cuantía»). El objetivo de dicho proceso debe consistir en facilitar el acceso a la justicia. La distorsión de la competencia en el mercado interior que generan los desequilibrios de los medios procesales de que disponen los acreedores en los distintos Estados miembros hace necesario adoptar una legislación comunitaria que establezca normas unifor-

[5] *DO* L 174, de 27-6-2001, p. 25.

[6] *DO* L 143, de 30-4-2004, p. 15. Reglamento modificado por el Reglamento (CE) núm. 1869/2005 de la Comisión (*DO* L 300 de 17-11-2005, p. 6).

[7] *DO* L 399, de 30-12-2006, p. 1.

[8] *DO* C 12, de 15-1-2001, p. 1.

[9] *DO* C 53, de 3-3-2005, p. 1.

mes en toda la Unión Europea para acreedores y deudores. Debe exigirse que se tengan en cuenta los principios de simplicidad, rapidez y proporcionalidad cuando se establezcan los costes de tramitación de una demanda con arreglo al proceso europeo de escasa cuantía. Es conveniente que se hagan públicos los pormenores de los costes que han de pagarse y que los medios para establecer dichos costes sean transparentes.

(8) El proceso europeo de escasa cuantía debe simplificar y acelerar los litigios de escasa cuantía en asuntos transfronterizos, reduciendo los costes mediante un instrumento opcional que se añade a las posibilidades ya existentes en la legislación de los Estados miembros, que deben seguir inalteradas. El presente Reglamento debe hacer, asimismo, más sencillo obtener el reconocimiento y la ejecución de una sentencia dictada en el proceso europeo de escasa cuantía en otro Estado miembro.

(9) El presente Reglamento trata de promover los derechos fundamentales y tiene en cuenta, en concreto, los principios reconocidos por la Carta de los Derechos Fundamentales de la Unión Europea. El órgano jurisdiccional debe respetar el derecho a un juicio justo y el principio contradictorio del proceso, especialmente cuando se pronuncie sobre la necesidad de una vista oral, sobre los medios de práctica de la prueba y sobre el alcance de la práctica de la prueba.

(10) Para facilitar el cálculo del valor de la demanda, no se deben tener en cuenta los intereses, los gastos y las costas. Ello no debe afectar a la facultad del órgano jurisdiccional de adjudicarlos en el fallo ni a la normativa nacional sobre el cálculo de los intereses.

(11) Para facilitar el inicio del proceso europeo de escasa cuantía, el demandante debe realizar una solicitud, cumplimentando un formulario de demanda y presentándolo ante el órgano jurisdiccional competente. El formulario de demanda solo debe enviarse a un órgano jurisdiccional que sea competente.

(12) El formulario de demanda debe ir acompañado, cuando proceda, de todo documento justificativo pertinente. No obstante, ello no impide al demandante presentar, cuando proceda, pruebas adicionales durante el proceso. Idéntico principio debe aplicarse a la respuesta por parte del demandado.

(13) Los conceptos de «manifiestamente infundada», en el contexto de la no admisión de una demanda, y de «inadmisible», en el contexto de la no admisión de una solicitud, deben determinarse de acuerdo con la legislación nacional.

(14) El proceso europeo de escasa cuantía debe ser un procedimiento escrito, a menos que el órgano jurisdiccional considere necesario celebrar una vista oral o una de las partes así lo solicite. El órgano jurisdiccional puede rechazar dicha pretensión. Esta decisión no puede impugnarse por separado.

(15) o debe obligarse a las partes a estar representadas por un abogado u otro profesional del Derecho.

(16) El concepto de «reconvención» debe interpretarse, según el sentido del artículo 6, apartado 3, del Reglamento (CE) núm. 44/2001 como derivado del mismo contrato o hecho en que se fundamentara la demanda inicial. A las reconvenciones deben aplicarse, mutatis mutandis, los artículos 2 y 4, así como el artículo 5, apartados 3, 4 y 5.

(17) En caso de que durante el procedimiento el demandado oponga una compensación, esta alegación no debe constituir una demanda reconvencional en el sentido del presente Reglamento. Por lo tanto, el demandado no está obligado a utilizar el formulario estándar A que figura en el Anexo I para invocar este derecho.

(18) El Estado miembro requerido a los efectos de la aplicación del artículo 6 debe ser aquel en el que haya de efectuarse la notificación o haya de enviarse el documento. Para reducir los costes y retrasos, los documentos deben notificarse a las partes, principalmente por correo con acuse de recibo que indique la fecha de recepción.

(19) Una parte puede negarse a aceptar un documento en el momento de la notificación o devolviendo el documento en el plazo de una semana, si no está redactado en la lengua oficial del Estado miembro requerido o va acompañado de una traducción en esta lengua, o, en caso de que existan varias lenguas oficiales en dicho Estado miembro, en la lengua oficial o en una de las lenguas oficiales del lugar en el que haya de efectuarse la notificación o haya de enviarse el documento, o en una lengua que el destinatario entienda.

(20) En el contexto de las vistas orales y la práctica de la prueba, los Estados miembros deben fomentar la utilización de las tecnologías de comunicación actuales, siempre que se respete el Derecho interno del Estado miembro del foro. El órgano jurisdiccional debe utilizar para la práctica de la prueba el método más sencillo y menos oneroso.

(21) La asistencia práctica que debe ponerse a disposición de las partes debe incluir información técnica sobre la disponibilidad y cumplimentación de los formularios.

(22) La información sobre cuestiones de procedimiento también puede ser proporcionada por el personal del órgano jurisdiccional de acuerdo con la legislación nacional.

(23) Dado que el objetivo del presente Reglamento es simplificar y acelerar de los litigios de escasa cuantía en asuntos transfronterizos, el órgano jurisdiccional debe actuar con la mayor brevedad incluso en aquellos casos en que el presente Reglamento no prescriba un plazo límite para una fase concreta del proceso.

(24) A efectos del cálculo de los plazos establecidos por el presente Reglamento, debe aplicarse lo dispuesto en el Reglamento (CEE, Euratom) núm. 1182/71 del Consejo, de 3 de junio de 1971, por el que se determinan las normas

aplicables a los plazos, fechas y términos [10].

(25) Para acelerar la recuperación de las deudas de escasa cuantía, la sentencia debe ser ejecutiva, sin perjuicio de cualquier posible recurso y sin la condición de constituir garantía, excepto si así lo establece el presente Reglamento.

(26) Toda referencia realizada en el presente Reglamento a un recurso debe incluir todas las posibles vías de recurso disponibles con arreglo a la legislación nacional.

(27) El órgano jurisdiccional debe contar con una persona cualificada para ejercer como juez de conformidad con la legislación nacional.

(28) Siempre que se requiera que el órgano jurisdiccional establezca un plazo, la parte afectada debe ser informada de las consecuencias del incumplimiento de dicho plazo.

(29) La parte perdedora debe soportar las costas del proceso. Las costas del proceso deben determinarse con arreglo a lo dispuesto por la legislación nacional correspondiente. Habida cuenta de los objetivos de simplicidad y rentabilidad, el órgano jurisdiccional debe ordenar que la parte perdedora quede obligada a pagar únicamente los costas procesales, en particular, por ejemplo, los gastos resultantes del hecho de que la otra parte haya sido representada por un abogado o por otro tipo de profesional del Derecho, o cualquier gasto resultante de la notificación y traducción de documentos, que sean proporcionados al valor de la demanda o que haya sido necesario realizar.

(30) Con el fin de facilitar su reconocimiento y ejecución, cualquier sentencia dictada en un Estado miembro en el proceso europeo de escasa cuantía debe reconocerse y ejecutarse en otro Estado miembro sin que se requiera ninguna declaración de ejecutabilidad y sin posibilidad alguna de oponerse a su reconocimiento.

(31) Deben existir normas mínimas para la revisión de una sentencia en aquellos casos en que el demandado no haya podido oponerse a la demanda.

(32) Habida cuenta de los objetivos de simplicidad y rentabilidad, a la parte que solicita la ejecución no se le debe exigir que cuente con un representante autorizado o una dirección postal en el Estado miembro de ejecución, salvo los agentes con competencia en el procedimiento de ejecución con arreglo a lo dispuesto por la legislación nacional de dicho Estado miembro.

(33) El Capítulo III del presente Reglamento también debe aplicarse a la liquidación de las costas por el secretario judicial a resultas de una sentencia dictada

---

[10] *DO* L 124, de 8-6-1971, p. 1.

con arreglo al procedimiento especificado en el presente Reglamento.

(34) Procede aprobar las medidas necesarias para la ejecución del presente Reglamento con arreglo a la Decisión 1999/468/CE del Consejo, de 28 de junio de 1999, por la que se establecen los procedimientos para el ejercicio de las competencias de ejecución atribuidas a la Comisión [11].

(35) Conviene, en particular, conferir competencias a la Comisión para que adopte las medidas necesarias para la ejecución del presente Reglamento relativas a actualizaciones o enmiendas técnicas a los formularios que figuran en los anexos. Dado que estas medidas son de alcance general y están destinadas a modificar elementos no esenciales del presente Reglamento o a completar el presente Reglamento añadiendo nuevos elementos no esenciales, deben adoptarse con arreglo al procedimiento de reglamentación con control previsto en el artículo 5 bis de la Decisión 1999/468/CE.

(36) Dado que el objetivo del presente Reglamento, a saber, el establecimiento de un proceso para simplificar y acelerar los litigios de escasa cuantía en asuntos transfronterizos y para reducir los costes, no puede ser alcanzado de manera suficiente por los Estados miembros y, por consiguiente, debido a las dimensiones y los efectos del presente Reglamento, puede lograrse mejor a escala comunitaria, la Comunidad puede adoptar medidas, de acuerdo con el principio de subsidiariedad consagrado en el artículo 5 del Tratado. De conformidad con el principio de proporcionalidad enunciado en dicho artículo, el presente Reglamento no excede de lo necesario para alcanzar dichos objetivos.

(37) De conformidad con lo dispuesto en el artículo 3 del Protocolo sobre la posición del Reino Unido y de Irlanda anejo al Tratado de la Unión Europea y al Tratado constitutivo de la Comunidad Europea, el Reino Unido e Irlanda participan en la adopción y aplicación del presente Reglamento.

(38) De conformidad con los artículos 1 y 2 del Protocolo sobre la posición de Dinamarca anejo al Tratado de la Unión Europea y al Tratado constitutivo de la Comunidad Europea, Dinamarca no participa en la aprobación del presente Reglamento y, por tanto, no queda vinculada por éste ni sujeta a su aplicación.

HAN ADOPTADO EL PRESENTE REGLAMENTO:

---

[11] *DO* L 184, de 17-7-1999, p. 23. Decisión modificada por la Decisión 2006/512/CE (*DO* L 200, de 22-7-2006, p. 11).

CAPÍTULO PRIMERO

OBJETO Y ÁMBITO DE APLICACIÓN

Art. 1.º *Objeto.*—El presente Reglamento establece un proceso europeo para demandas de escasa cuantía (en lo sucesivo, el «proceso europeo de escasa cuantía»), con el fin de simplificar y acelerar los litigios de escasa cuantía en asuntos transfronterizos y de reducir los costes. Los litigantes podrán recurrir al proceso europeo de escasa cuantía como alternativa a los procesos previstos por la legislación de los Estados miembros.

El presente Reglamento elimina, asimismo, los procedimientos intermedios necesarios para el reconocimiento y la ejecución en otros Estados miembros de una sentencia dictada en un Estado miembro en el proceso europeo de escasa cuantía.

Art. 2.º *Ámbito de aplicación.*—1. El presente Reglamento se aplicará a los asuntos transfronterizos en materia civil y mercantil, con independencia de la naturaleza del órgano jurisdiccional, cuando el valor de una demanda, excluidos los intereses, gastos y costas, no rebase los 2.000 euros en el momento en que el órgano jurisdiccional competente reciba el formulario de demanda. No incluirá, en particular, las materias fiscal, aduanera y administrativa, ni los casos en que el Estado incurra en responsabilidad por acciones u omisiones en el ejercicio de su autoridad (*acta iure imperii*).

2. El presente Reglamento no se aplicará a los asuntos relativos a:

a) el estado y la capacidad jurídica de las personas físicas;

b) los derechos de propiedad derivados de los regímenes matrimoniales, obligaciones de alimentos, testamentos y sucesiones;

c) la quiebra, los procedimientos de liquidación de empresas o de otras personas jurídicas insolventes, los convenios entre quebrado y acreedores y demás procedimientos análogos;

d) la seguridad social;

e) el arbitraje;

f) el derecho laboral;

g) los arrendamientos de bienes inmuebles, excepto las acciones sobre derechos pecuniarios, o

h) las violaciones del derecho a la intimidad y de otros derechos de la personalidad, incluida la difamación.

3. En el presente Reglamento se entenderá por «Estado miembro» cualquier Estado miembro, con excepción de Dinamarca.

Art. 3.º *Asuntos transfronterizos.*—1. A efectos del presente Reglamento, se entenderá por asuntos transfronterizos aquellos en los que al menos una de las partes esté domiciliada o tenga su residencia habitual en un Estado miembro distinto de aquel al que pertenezca el órgano jurisdiccional que conozca del asunto.

2. El domicilio se determinará de acuerdo con lo dispuesto en los

artículos 59 y 60 del Reglamento (CE) núm. 44/2001.

3. El momento pertinente para determinar si existe un asunto transfronterizo será la fecha en que el órgano jurisdiccional competente reciba el formulario de demanda.

CAPÍTULO II

PROCESO EUROPEO DE ESCASA CUANTÍA

Art. 4.º *Incoación del proceso.*—1. El demandante iniciará el proceso europeo de escasa cuantía cumplimentando el formulario estándar de demanda A, tal como figura en el Anexo I, y presentándolo directamente ante el órgano jurisdiccional competente o enviándolo por correo postal o por cualquier otro medio de comunicación (fax, correo electrónico, etc.) admitido por el Estado miembro en el que se inicie el proceso. El formulario de demanda incluirá una descripción de los elementos probatorios en que se fundamenta la demanda e irá acompañado, cuando proceda, de todo documento justificativo pertinente.

2. Los Estados miembros informarán a la Comisión de los medios de comunicación que consideran admisibles. La Comisión hará pública esta información.

3. Cuando una demanda no esté incluida en el ámbito de aplicación del presente Reglamento, el órgano jurisdiccional informará de ello al demandante. A no ser que el demandante desista de la demanda, el órgano jurisdiccional la tramitará de acuerdo con la legislación procesal aplicable en el Estado miembro en el que vaya a desarrollarse el proceso.

4. Cuando, en opinión del órgano jurisdiccional, la información proporcionada por el demandante no sea pertinente o suficientemente clara, o si el formulario de demanda no ha sido debidamente cumplimentado, el órgano jurisdiccional ofrecerá al demandante, salvo en el supuesto de que la demanda resulte ser manifiestamente infundada, o la solicitud no sea admisible, la posibilidad de completar o rectificar el formulario de demanda, o de proporcionar la información o documentos complementarios que precise, o de retirar la demanda, en el plazo que fije para ello. El órgano jurisdiccional utilizará a tal efecto el formulario estándar B, tal como figura en el Anexo II.

En el supuesto de que la demanda resulte ser manifiestamente infundada, de que la solicitud no sea admisible, o de que el demandante no complete o rectifique el formulario de demanda en el plazo fijado, se desestimará la demanda.

5. Los Estados miembros velarán por que todos los órganos jurisdiccionales ante los cuales pueda incoarse el proceso europeo de escasa cuantía dispongan del formulario de demanda.

Art. 5.º *Desarrollo del procedimiento.*—1. El proceso europeo de escasa cuantía será un procedimiento escrito. El órgano jurisdiccional celebrará una vista oral si lo considera necesario o si una de las partes así lo solicita. El órgano jurisdiccional podrá desestimar dicha solicitud si considera que, habida cuenta de las circunstancias del caso, la vista oral resulta a todas luces innecesaria para el correcto desarrollo del procedimiento. La denegación se motivará por escrito y no se podrá impugnar por separado.

2. Después de recibir el formulario de demanda debidamente cumplimentado, el órgano jurisdiccional cumplimentará la parte I del formulario estándar de contestación C, tal como figura en el Anexo III.

Se enviará al demandado, de conformidad con lo dispuesto en el artículo 13, una copia tanto del formulario de demanda y, en su caso, de los documentos justificativos pertinentes, como del formulario de contestación debidamente cumplimentado. Todos estos documentos se enviarán dentro de un plazo de 14 días tras la recepción del formulario de demanda debidamente cumplimentado.

3. Dentro de un plazo de 30 días a partir de la fecha en la que le hayan sido notificados los formularios de demanda y de contestación, el demandado deberá responder a esta notificación, bien cumplimentando la parte II del formulario estándar de contestación C, acompañada, en su caso, de los documentos justificativos pertinentes, y devolviéndola al órgano jurisdiccional, o bien por cualquier otro medio adecuado, sin hacer uso del formulario de contestación.

4. Dentro de un plazo de 14 días a partir de la fecha de recepción de la respuesta del demandado, el órgano jurisdiccional enviará una copia al demandante junto con los documentos justificativos pertinentes.

5. Si el demandado adujera en su respuesta que el valor de una demanda no pecuniaria supera el límite fijado en el artículo 2, apartado 1, el órgano jurisdiccional decidirá, en un plazo de 30 días tras el envío de la respuesta al demandante, si la demanda entra dentro del ámbito de aplicación del presente Reglamento. Esta decisión no podrá ser impugnada por separado.

6. Toda reconvención que se presente mediante el formulario estándar A y los documentos justificativos pertinentes se notificarán al demandante de conformidad con lo dispuesto en el artículo 13. Estos documentos se enviarán en un plazo de 14 días a partir de la fecha de recepción.

El demandante dispondrá de un plazo de 30 días desde el momento de la notificación para contestar a la reconvención.

7. Cuando la reconvención supere el límite indicado en el artículo 2, apartado 1, la demanda y la reconvención no se tramitarán con arreglo al proceso europeo de escasa cuantía, sino con arreglo a lo que disponga el Derecho procesal aplicable en el Estado miembro en el que se siga el proceso.

A la reconvención se aplicarán, *mutatis mutandis*, los artículos 2 y 4 así como los apartados 3, 4 y 5 del presente artículo.

Art. 6.º *Lenguas.*—1. El formulario de demanda, la contestación y las posibles reconvenciones y descripciones de los elementos probatorios pertinentes se presentarán en la lengua o una de las lenguas de procedimiento del órgano jurisdiccional.

2. Si algún otro documento recibido por el órgano jurisdiccional estuviera redactado en una lengua distinta de la lengua de procedimiento, dicho órgano jurisdiccional solo podrá exigir una traducción de este documento en la medida en que la necesite para dictar sentencia.

3. En caso de que una de las partes se negare a admitir un documento por no estar redactado en alguna de las siguientes lenguas:

a) la lengua oficial del Estado miembro requerido, o la lengua oficial o una de las lenguas oficiales del lugar en el que deba efectuarse la notificación o al que deba enviarse el documento si existen varias lenguas oficiales en dicho Estado miembro, o bien

b) una lengua que el destinatario entienda,

el órgano jurisdiccional informará de ello a la parte contraria para que facilite una traducción.

Art. 7.º *Conclusión del proceso.*—1. En un plazo de treinta días a partir de la fecha de recepción de la respuesta del demandado o de la contestación del demandante, presentadas dentro de los plazos máximos fijados en el artículo 5, apartados 3 y 6, el órgano jurisdiccional dictará su sentencia, o:

a) solicitará a las partes información complementaria en relación con la demanda, dentro de un determinado plazo que no será superior a treinta días,

b) recurrirá a la práctica de la prueba con arreglo al artículo 9, o

c) citará a las partes a una vista oral que se celebrará en un plazo de treinta días a partir de la fecha de recepción de la citación.

2. El órgano jurisdiccional dictará su sentencia en un plazo de treinta días tras la vista oral o bien tras la recepción de toda la información necesaria para dictar sentencia. La sentencia se notificará a las partes de acuerdo con lo dispuesto en el artículo 13.

3. En caso de no haber recibido una respuesta de la parte pertinente en el plazo fijado en el artículo 5, apartados 3 o 6, el órgano jurisdiccional dictará una sentencia sobre la demanda y sobre la reconvención.

Art. 8.º *Vista oral.*—El órgano jurisdiccional podrá celebrar una vista por videoconferencia u otros sistemas de comunicación, en la medida en que se disponga de los medios técnicos correspondientes.

Art. 9.º *Práctica de la prueba.*—1. El órgano jurisdiccional determinará los medios de la práctica de la prueba y las pruebas necesarias para dictar sentencia de conformidad con las normas aplicables en materia de admisibilidad de las pruebas. El órgano jurisdiccional podrá admitir la práctica de la prueba mediante declaraciones por escrito de los testigos, los expertos o las partes. El órgano jurisdiccional también podrá admitir la práctica de la prueba por medio de videoconferencia u otros sistemas de comunicación, en la medida en que se disponga de los medios técnicos correspondientes.

2. El órgano jurisdiccional podrá aceptar pruebas periciales o testimonios orales, únicamente en la medida en que los considere necesarios para dictar sentencia. El órgano jurisdiccional tendrá en cuenta el coste a la hora de tomar esa decisión.

3. El órgano jurisdiccional optará por el medio de práctica de la prueba más sencillo y menos gravoso.

Art. 10. *Representación de las partes.*—No se exigirá que las partes estén representadas por un abogado ni por cualquier otro profesional del Derecho.

Art. 11. *Asistencia a las partes.*—Los Estados miembros garantizarán que las partes reciban asistencia práctica para cumplimentar los formularios.

Art. 12. *Cometido del órgano jurisdiccional.*—1. El órgano jurisdiccional no exigirá a las partes que realicen una valoración jurídica en la demanda.

2. En caso necesario, el órgano jurisdiccional informará a las partes sobre las cuestiones procesales.

3. En el momento en el que proceda, el órgano jurisdiccional podrá tratar de conseguir una conciliación entre las partes.

Art. 13. *Notificación de documentos.*—1. Los documentos se notificarán por correo con acuse de recibo donde conste la fecha de recepción.

2. Cuando no sea posible proceder a la notificación de acuerdo con lo establecido en el apartado 1, la notificación podrá hacerse por cualquiera de los procedimientos establecidos en los artículos 13 o 14 del Reglamento (CE) núm. 805/2004.

Art. 14. *Plazos.*—1. Cuando el órgano jurisdiccional establezca un plazo, deberá informarse a la parte interesada de las consecuencias del incumplimiento de dicho plazo.

2. Si fuera necesario por circunstancias excepcionales, y con el fin de garantizar los derechos de las partes, el órgano jurisdiccional podrá prorrogar los plazos previstos en el artículo 4, apartado 4, el artículo 5, apartados 3 y 6, y el artículo 7, apartado 1.

3. Cuando, por circunstancias excepcionales, no le sea posible respetar los plazos contemplados en el artículo 5, apartados 2 a 6, y en el artículo 7, el órgano jurisdiccional

adoptará cuanto antes las medidas necesarias que establecen estas disposiciones.

Art. 15. *Fuerza ejecutiva de la sentencia.*—1. La sentencia será ejecutiva, sin perjuicio de un posible recurso. No será necesaria la constitución de una garantía.

2. También se aplicará el artículo 23 cuando la sentencia deba ejecutarse en el Estado miembro en que se haya dictado.

Art. 16. *Costas.*—La parte perdedora soportará las costas del proceso. No obstante, el órgano jurisdiccional no condenará a la parte perdedora a pagar a la parte ganadora costas generadas innecesariamente o que no guarden proporción con el valor de la demanda.

Art. 17. *Recurso.*—1. Los Estados miembros informarán a la Comisión sobre la posibilidad de recurso, en su Derecho procesal, contra una sentencia dictada en el proceso europeo de escasa cuantía y sobre el plazo en el que debe interponerse el recurso. La Comisión hará pública esta información.

2. El artículo 16 se aplicará a los recursos.

Art. 18. *Normas mínimas para la revisión de la sentencia.*—1. El demandado tendrá derecho a solicitar una revisión de la sentencia dictada en el proceso europeo de escasa cuantía ante el órgano jurisdiccional competente del Estado miembro en el que se haya dictado la sentencia en caso de que:

a) i) el formulario de demanda o la citación a una vista oral hayan sido notificados mediante un método que no garantice el acuse de recibo de los documentos por el propio demandado, según se establece en el artículo 14 del Reglamento (CE) núm. 805/2004, y que

ii) la notificación no se hubiere efectuado con la suficiente antelación para permitirle preparar su defensa, sin que pueda imputársele responsabilidad por ello, o

b) el demandado no haya tenido la posibilidad de oponerse a la demanda por causa de fuerza mayor o circunstancias extraordinarias ajenas a su responsabilidad, siempre que, en ambos casos, haya actuado con prontitud.

2. Si el órgano jurisdiccional rechaza la revisión por no considerar aplicables ninguno de los motivos a que se refiere el apartado1, la sentencia se considerará firme. Si el órgano jurisdiccional resuelve que está justificada la revisión por alguno de los motivos a que se refiere el apartado 1, la sentencia dictada en el proceso europeo de escasa cuantía será declarada nula y sin efecto.

Art. 19. *Legislación procesal aplicable.*—Sin perjuicio de las disposiciones del presente Reglamento, el proceso europeo de escasa cuantía se regirá por la legislación procesal del Estado miembro en el que se desarrolle el proceso.

CAPÍTULO III

RECONOCIMIENTO Y EJECUCIÓN EN OTRO ESTADO MIEMBRO

Art. 20. *Reconocimiento y ejecución.*—1. Cualquier sentencia dictada en un Estado miembro en el proceso europeo de escasa cuantía deberá reconocerse y ejecutarse en otro Estado miembro sin que se precise una declaración de ejecutabilidad y sin que exista la posibilidad de oponerse a su reconocimiento.

2. A petición de una de las partes, el órgano jurisdiccional extenderá sin costes adicionales el certificado relativo a una sentencia dictada en el proceso europeo de escasa cuantía utilizando el formulario estándar D, tal como figura en el Anexo IV.

Art. 21.—*Procedimiento de ejecución.*—1. Sin perjuicio de lo dispuesto en el presente capítulo, los procedimientos de ejecución se regirán por la legislación del Estado miembro de ejecución. Toda sentencia dictada en el proceso europeo de escasa cuantía se ejecutará en las mismas condiciones que una sentencia dictada en el Estado miembro de ejecución.

2. La parte que solicite la ejecución de una sentencia deberá presentar:

a) copia de la sentencia que cumpla las condiciones necesarias para establecer su autenticidad, y

b) copia del certificado a que se refiere el artículo 20, apartado 2, y, cuando proceda, la traducción del mismo en la lengua oficial del Estado miembro de ejecución o, si dicho Estado miembro tuviere varias lenguas oficiales, en la lengua oficial o en una de las lenguas oficiales de los procedimientos judiciales del lugar en que se haya solicitado la ejecución, conforme al Derecho de dicho Estado miembro, o en otra lengua que el Estado miembro de ejecución haya indicado como aceptable. Cada Estado miembro podrá indicar la lengua o lenguas oficiales de las instituciones de la Unión Europea distintas de las propias que pueda aceptar para el proceso europeo de escasa cuantía. El contenido del formulario D será traducido por una persona cualificada para realizar traducciones en uno de los Estados miembros.

3. La parte que solicite la ejecución de una sentencia dictada en otro Estado miembro en el proceso europeo de escasa cuantía no estará obligada a tener:

a) un representante autorizado, o bien

b) una dirección postal en el Estado miembro de ejecución, salvo los agentes con competencia en el procedimiento de ejecución.

4. No se exigirá a la parte que solicite la ejecución en un Estado miembro de una sentencia dictada en el proceso europeo de escasa cuantía en otro Estado miembro caución o depósito alguno, sea cual fuere su denominación, por su condición de extranjero o por no estar domiciliado o no ser residente en el Estado miembro de ejecución.

Art. 22. *Denegación de la ejecución.*—1. A instancia de la persona contra la que deba ejecutarse la sentencia, el órgano jurisdiccional competente del Estado miembro de ejecución denegará la ejecución si la sentencia dictada en el proceso europeo de escasa cuantía fuere incompatible con una sentencia judicial dictada con anterioridad en cualquier Estado miembro o en un tercer país, siempre que se cumplan todas las condiciones siguientes:

a) la sentencia anterior tenga el mismo objeto y se refiera a las mismas partes;

b) la sentencia anterior se haya dictado en el Estado miembro de ejecución o cumpla las condiciones necesarias para ser reconocida en el Estado miembro de ejecución, y

c) no se haya alegado y no haya podido alegarse la incompatibilidad durante el procedimiento judicial en el Estado miembro en que se haya dictado la sentencia.

2. La sentencia dictada en el proceso europeo de escasa cuantía no podrá en ningún caso ser objeto de revisión en cuanto al fondo en el Estado miembro de ejecución.

Art. 23. *Suspensión o limitación de la ejecución.*—Si una de las partes hubiere impugnado una sentencia dictada en el proceso europeo de escasa cuantía o dicha impugnación fuere todavía posible o hubiere presentado una solicitud de revisión en el sentido del artículo 18, el órgano jurisdiccional o la autoridad competente del Estado miembro de ejecución podrá, a instancia de la parte en la que deba ejecutarse la sentencia:

a) limitar el procedimiento de ejecución a medidas cautelares;

b) subordinar la ejecución a la constitución de una garantía que determinará dicho órgano jurisdiccional o autoridad, o bien

c) suspender, en circunstancias excepcionales, el procedimiento de ejecución.

CAPÍTULO IV

DISPOSICIONES FINALES

Art. 24. *Información.*—Los Estados miembros colaborarán en la transmisión a los ciudadanos y a los medios profesionales de la oportuna información sobre el proceso europeo de escasa cuantía, incluidas las costas judiciales, en particular a través de la Red Judicial Europea en materia civil y mercantil creada en virtud de la Decisión 2001/470/CE.

Art. 25. *Información relativa a la competencia de los órganos jurisdiccionales, a los medios de comunicación y a las vías de recurso.*—1 A más tardar el 1 de enero de 2008, los Estados miembros comunicarán a la Comisión:

a) los órganos jurisdiccionales competentes para dictar resoluciones en el proceso europeo de escasa cuantía;

b) los medios de comunicación aceptados a los fines del proceso europeo de escasa cuantía y disponibles en los órganos jurisdiccionales de conformidad con el artículo 4, apartado 1;

c) si su Derecho procesal prevé la posibilidad de recurso de conformidad con el artículo 17 y ante qué órgano jurisdiccional debe interponerse;

d) las lenguas aceptadas conforme al artículo 21, apartado 2, letra b), y

e) las autoridades competentes por lo que respecta a la ejecución y las autoridades competentes a efectos de la aplicación del artículo 23.

Los Estados miembros comunicarán a la Comisión cualquier modificación posterior que afecte a esta información.

2. La Comisión pondrá a disposición del público la información comunicada de conformidad con el apartado 1 mediante su publicación en el *Diario Oficial de la Unión Europea*, así como por cualquier otro medio adecuado.

Art. 26. *Medidas de ejecución.*—Las medidas destinadas a modificar los elementos no esenciales del presente Reglamento, completándolo, relativas a cualquier actualización o modificación de los formularios anejos se adoptarán con arreglo al procedimiento de reglamentación con control contemplado en el artículo 27, apartado 2.

Art. 27. *Comité.*—1. La Comisión estará asistida por un Comité.

2. En los casos en que se haga referencia al presente apartado, serán de aplicación el artículo 5 bis, apartados 1 a 4, y el artículo 7 de la Decisión 1999/468/CE, observando lo dispuesto en su artículo 8.

Art. 28. *Revisión.*—A más tardar el 1 de enero de 2014, la Comisión presentará al Parlamento Europeo, al Consejo y al Comité Económico y Social Europeo un informe detallado sobre el funcionamiento del proceso europeo de escasa cuantía, sin olvidar el límite del valor de la demanda a que se refiere el artículo 2, apartado 1. Dicho informe incluirá una evaluación del procedimiento y de su funcionamiento, así como una amplia evaluación de su impacto en cada Estado miembro. A tal efecto y con el fin de garantizar que se toman debidamente en consideración las mejores prácticas ejercidas en la Unión Europea y se recogen los principios para legislar mejor, los Estados miembros facilitarán a la Comisión información en relación con el funcionamiento transfronterizo del proceso europeo de escasa cuantía. Dicha información incluirá datos sobre las costas, la rapidez del proceso, la eficacia, la facilidad de uso y los procesos de escasa cuantía de los Estados miembros.

Si procede, el informe de la Comisión irá acompañado de propuestas de adaptación.

Art. 29. *Entrada en vigor.*— El presente Reglamento entrará en vigor al día siguiente de su publicación en el *Diario Oficial de la Unión Europea*.

Será aplicable a partir del 1 de enero de 2009 con excepción del artículo 25, que se aplicará a partir del 1 de enero de 2008.

El presente Reglamento será obligatorio en todos sus elementos y directamente aplicable en los Estados miembros, de conformidad con el Tratado constitutivo de la Comunidad Europea.

ANEXO I

PROCESO EUROPEO DE ESCASA CUANTÍA

FORMULARIO A

FORMULARIO DE DEMANDA

[Artículo 4, apartado 1, del Reglamento (CE) n° 861/2007 del Parlamento Europeo y del Consejo, por el que se establece un proceso europeo de escasa cuantía]

Número del asunto (*):
Recibido por el órgano jurisdiccional el: ___/___/_____ (*)
(*) A cumplimentar por el órgano jurisdiccional.

INFORMACIÓN IMPORTANTE

LE ROGAMOS QUE LEA LAS INSTRUCCIONES QUE FIGURAN AL COMIENZO DE CADA SECCIÓN: LE AYUDARÁN A CUMPLIMENTAR EL PRESENTE FORMULARIO

Lengua

Cumplimente el presente formulario en la lengua empleada por el órgano jurisdiccional al que se remite la solicitud. Recuerde que el formulario está disponible en todas las lenguas oficiales de las instituciones de la Unión Europea en el sitio Internet del Atlas Judicial Europeo:
http://ec.europa.eu/justice_homejudicialatlascivil/html/index_es.htm. Esto le ayudará a cumplimentar el formulario en la lengua adecuada.

Documentos justificativos

El formulario de demanda deberá ir acompañado, cuando proceda, de los documentos justificativos pertinentes. Ello no impide que usted pueda presentar, en su caso, otros medios de prueba durante el proceso.

Se entregará al demandado copia del formulario de demanda, así como, cuando proceda, de los documentos justificativos. El demandado tendrá la posibilidad de responder a los mismos.

1. *Órgano jurisdiccional*

En este campo, debe identificar el órgano jurisdiccional ante el cual usted presenta la demanda. A la hora de elegir el órgano jurisdiccional, debe tener en cuenta los criterios de competencia del mismo. En la sección 4 se presenta una lista no exhaustiva de posibles criterios en los que fundar la competencia jurisdiccional.

1.	*¿Ante qué órgano jurisdiccional presenta usted su demanda?*
1.1.	Nombre:
1.2.	Calle y número/Apartado de correos:
1.3.	Ciudad y código postal:
1.4.	País:

2. *Demandante*

En este campo debe identificarse como demandante usted o, en su caso, su representante. No es obligatorio estar representado por un abogado o por otro profesional del Derecho.

En algunos países puede no ser suficiente como dirección la de un apartado de correos, por lo que deberá incluir la calle, número y código postal. En caso de no hacerlo puede que no se entregue el documento.

En «Otros datos» debe constar la información que sea útil para identificarle, por ejemplo, su fecha de nacimiento, empleo, cargo en la empresa, número del documento de identidad y, en algunos Estados miembros, número de registro de la empresa.

En caso de varios demandantes, utilice hojas suplementarias.

2. *Datos del demandante*
2.1. Apellidos y nombre/Razón o denominación social:
2.2. Calle y número/Apartado de correos:
2.3. Ciudad y código postal:
2.4. País:
2.5. Teléfono (*):
2.6. Correo electrónico (*):
2.7. Representante del demandante, si lo tiene, e información de contacto (*):
2.8. Otros datos (*):

3. *Demandado*

En este campo debe identificar al demandado y, si sabe quién es, a su representante. Recuerde que no es obligatorio para el demandado estar representado por un abogado o por otro profesional del Derecho.

En algunos Estados miembros puede no ser suficiente como dirección la de un apartado de correos por lo que deberá incluir la calle, número y código postal. En caso de no hacerlo puede que no se entregue el documento.

En «Otros datos» puede constar información que sirva para identificar a la persona, por ejemplo, la fecha de nacimiento, empleo, cargo en la empresa, número del documento de identidad y, en algunos Estados miembros, número de registro de la empresa. En caso de varios demandados, utilice hojas suplementarias.

3. *Datos del demandado*
3.1. Apellidos y nombre/Razón o denominación social:
3.2. Calle y número/Apartado de correos:
3.3. Ciudad y código postal:
3.4. País:
3.5. Teléfono (*):
3.6. Correo electrónico (*):
3.7. Representante del demandado, si se conoce, e información de contacto (*):
3.8. Otros datos (*):

4. *Competencia*

El formulario de demanda deberá presentarse ante el órgano jurisdiccional competente para conocer de la misma. El órgano jurisdiccional debe tener competencia de conformidad con las normas del Reglamento (CE) n° 44/2001 relativo a la competencia judicial, el reconocimiento y la ejecución de resoluciones judiciales en materia civil y mercantil.

En esta sección se presenta una lista no exhaustiva de posibles criterios en los que fundar la competencia judicial.

En el sitio Internet del Atlas Judicial Europeo puede hallar información sobre las normas de atribución de competencia: http://ec.europa.eu/justice_homejudicalatlascivil/html/index_es.htm.

Para una explicación de los términos jurídicos utilizados, puede consultar también la página: http://ec.europa.eu/civiljustice/glossary/glossary_es.htm.

(*) Facultativo.

4. *¿En qué criterios se funda la competencia del órgano jurisdiccional?*

4.1. Domicilio del demandado ☐

4.2. Domicilio del consumidor ☐

4.3. Domicilio del titular de la póliza, el asegurado o el beneficiario en cuestiones de seguros ☐

4.4. Lugar de cumplimiento de la obligación reclamada ☐

4.5. Lugar del daño ☐

4.6. Lugar en que está situado el inmueble ☐

4.7. Elección de órgano jurisdiccional acordada entre las partes

4.8. Otros (indíquese) ____________________

5. *Carácter transfronterizo del asunto*

Para poder acogerse al proceso europeo de escasa cuantía, el asunto ha de tener carácter transfronterizo. El asunto tiene carácter transfronterizo si al menos una de las partes está domiciliada o reside habitualmente en un Estado miembro distinto del Estado miembro del órgano jurisdiccional ante el cual se presenta la demanda.

5. *Carácter transfronterizo del asunto*

5.1. País de domicilio o de residencia habitual del demandante: ____________________

5.2. País de domicilio o de residencia habitual del demandado: ____________________

5.3. Estado miembro del órgano jurisdiccional: ____________________

6. *Datos bancarios (facultativo)*

En el campo 6.1, puede informar al órgano jurisdiccional del modo en que piensa abonar la tasa de solicitud. Recuerde que el órgano jurisdiccional al que se dirija su solicitud puede no disponer necesariamente de todos los medios. Usted deberá comprobar cuáles son los modos de pago que el órgano jurisdiccional acepta. Para ello, podrá ponerse en contacto con el órgano jurisdiccional de que se trate o consultar la página Internet de la Red Judicial Europea en asuntos civiles y mercantiles: http://ec.europa.eu/civiljustice.

Si opta por pagar mediante tarjeta de crédito o permite al órgano jurisdiccional efectuar el cobro de su cuenta corriente, deberá consignar los correspondientes datos de su tarjeta de crédito o cuenta corriente en el apéndice del presente formulario. La información del apéndice está destinada exclusivamente al órgano jurisdiccional y no será transmitida al demandado.

En el campo 6.2 se le ofrece la posibilidad de indicar de qué manera desea que el demandado le haga efectivo el pago de la deuda, por ejemplo en caso de que el demandado desee hacer efectivo el pago inmediatamente, aun antes de que se dicte la sentencia. Si desea que el pago se haga efectivo mediante transferencia bancaria, consigne los datos bancarios necesarios.

6. *Datos bancarios* (*)

6.1. ¿De qué forma abonará la tasa de solicitud?

6.1.1. Por transferencia bancaria ☐

6.1.2. Con tarjeta de crédito ☐ (rellene los datos en el apéndice)

6.1.3. Cobro directo de su cuenta bancaria ☐ (rellene los datos en el apéndice)

6.1.4. Otros (indíquese):

6.2. ¿En qué cuenta desea que el demandado ingrese el importe reclamado u ordenado judicialmente?

6.2.1. Titular de la cuenta:

6.2.2. Nombre del banco, BIC u otro código bancario pertinente:

6.2.3. Número de cuenta/IBAN:

7. *Demanda*

Ámbito de aplicación: Tenga presente que el proceso europeo de escasa cuantía tiene un ámbito de aplicación limitado. No pueden tratarse mediante dicho proceso las demandas por valor superior a 2 000 EUR o que están enumeradas en el artículo 2 del Reglamento (CE) n° 861/2007 del Parlamento Europeo y del Consejo por el que se establece un proceso europeo de escasa cuantía. Si su demanda no guarda relación con un asunto que entre dentro del ámbito de aplicación de dicho Reglamento establecido por su artículo 2, el procedimiento proseguirá ante el órgano jurisdiccional competente de conformidad con las normas de procedimiento civil ordinario. Si en tal caso usted no desea proseguir el procedimiento, deberá retirar la demanda.

Demanda pecuniaria o de otro tipo: Deberá indicar si su demanda se refiere a dinero o a otra cosa (demanda no pecuniaria), por ejemplo, la entrega de bienes, y a continuación cumplimentar los campos 7.1 o 7.2 según corresponda. Si su demanda no es pecuniaria, deberá usted indicar el valor estimado de su demanda y también si presenta una demanda secundaria de indemnización para el caso de que no pueda darse curso favorable a la demanda original.

Si desea solicitar la condena en costas del proceso (por ejemplo, gastos de traducción, minutas de abogado, gastos de notificación de documentos, etc.), deberá indicarlo en el campo 7.3. Recuerde que las normas relativas a las costas a cuyo pago pueden condenar los órganos jurisdiccionales pueden variar entre los distintos Estados miembros. En el sitio Internet de la Red Judicial Europea en asuntos civiles y mercantiles hallará información sobre las categorías de costas en los diferentes Estados miembros (http://ec.europa.eu/civiljustice).

Si desea solicitar intereses contractuales, por ejemplo de un préstamo, indique el tipo de interés y la fecha a partir de la cual empieza a contar. En caso de sentencia favorable, el órgano jurisdiccional puede condenar al pago de los intereses legales sobre su demanda; indique si desea solicitarlo y la fecha a partir de la cual se deberían devengar intereses.

7. *Precise su demanda*

☐ 7.1. Por favor, indique el objeto de su demanda

7.1.1. Demanda pecuniaria: ______

7.1.2. Moneda:

☐ Euro (EUR)	☐ Lev Búlgaro (BGN)	☐ Libra chipriota (CYP)
☐ Corona checa (CZK)	☐ Corona estonia (EEK)	☐ Libra esterlina (GBP)
☐ Forint húngaro (HUF)	☐ Lats letón (LVL)	☐ Litas lituano (LVL)
☐ Lira maltesa (MTL)	☐ Zloty polaco (PLN)	☐ Leu rumano (RON)
☐ Corona sueca (SEK)	☐ Corona eslovaca (SKK)	

☐ Otros (indíquese): ______

☐ 7.2. Demanda no pecuniaria:

7.2.1. Indique a qué se refiere su demanda: ______

7.2.2. Valor estimado de la demanda: ______

Moneda:

☐ Euro (EUR)	☐ Lev Búlgaro (BGN)	☐ Libra chipriota (CYP)
☐ Corona checa (CZK)	☐ Corona estonia (EEK)	☐ Libra esterlina (GBP)
☐ Forint húngaro (HUF)	☐ Lats letón (LVL)	☐ Litas lituano (LVL)
☐ Lira maltesa (MTL)	☐ Zloty polaco (PLN)	☐ Leu rumano (RON)
☐ Corona sueca (SEK)	☐ Corona eslovaca (SKK)	

☐ Otros (indíquese): ______

7.3. ¿Solicita la condena en costas del proceso?

7.3.1. Sí ☐

7.3.2. No ☐

7.3.3. En caso afirmativo, indique qué tipo de costas y la cantidad reclamada o gastada hasta la fecha:

7.4. ¿Reclama los intereses?

Sí ☐

No ☐

En caso afirmativo, el interés es:

Contractual ☐ vaya al campo 7.4.1

Legal ☐ vaya al campo 7.4.2

7.4.1. En caso contractual

1) El tipo de interés es:

☐ _____ %

☐ _____ % por encima del tipo base del BCE

☐ otros: ______________________

2) Intereses a partir del: ___/___/_____ (fecha)

7.4.2. En caso legal,

Intereses a partir del: ___/___/_____ (fecha)

8. *Información sobre la demanda*

En el campo 8.1 describa sucintamente los motivos de su demanda.

En el campo 8.2 describa los elementos probatorios pertinentes que fundamentan su demanda. Estos pueden ser, por ejemplo, pruebas documentales (contratos, recibos, etc.), o testimonios orales o escritos de testigos. Indique en justificación de qué punto de su demanda se presenta cada uno de los elementos probatorios.

Si no tiene suficiente espacio, puede añadir hojas suplementarias.

8. *Información sobre la demanda*

8.1. Indique los motivos de su demanda, por ejemplo lo que ocurrió y el lugar y la fecha en que ocurrió

8.2. Describa los elementos probatorios que desea presentar en apoyo de su demanda, indicando los puntos de la misma a que se refieren. Si procede, deberá añadir los documentos justificativos correspondientes.

8.2.1. Pruebas documentales ☐ Indíquese abajo

8.2.2. Testigos ☐ Indíquese abajo

8.2.3. Otros ☐ Indíquese abajo

Vista oral: Recuerde que el proceso europeo de escasa cuantía es un procedimiento escrito. No obstante, usted puede solicitar, en este formulario o con posterioridad, que se celebre una vista oral. El órgano jurisdiccional podrá decidir celebrar una vista oral si lo considera necesario para el correcto tratamiento del asunto; o podrá denegarlo, habida cuenta de las circunstancias del asunto.

8.3. ¿Desea solicitar que se celebre una vista oral?

Sí ☐

No ☐

En caso afirmativo, indique los motivos (*):

9. *Certificado*

Una sentencia dictada en un Estado miembro en el proceso europeo de escasa cuantía puede ser reconocida y ejecutada en otro Estado miembro. Si quiere usted pedir que la sentencia sea reconocida y ejecutada en un Estado miembro que no sea el del órgano jurisdiccional, puede solicitar en el presente formulario que el órgano jurisdiccional, tras haber dictado resolución en su favor, expida un certificado relativo a dicha sentencia.

9. *Certificado*

Solicito al órgano jurisdiccional que expida un certificado relativo a la sentencia

Sí ☐

No ☐

10. *Fecha y firma*

No olvide escribir claramente su nombre y apellidos, firma y fecha en la última página del formulario.

10. *Fecha y firma*

Por la presente, solicito que el órgano jurisdiccional dicte sentencia contra el demandado de conformidad con mi demanda.

Declaro que la información facilitada es correcta por lo que me consta y se presenta de buena fe.

Hecho en: ______________________________

Fecha: ___/___/_____

Apellidos y nombre; firma:

Apéndice del formulario de demanda (Formulario A)

Datos bancarios a efectos del pago de la tasa de solicitud (*)

Titular de la cuenta/Titular de la tarjeta de crédito:
Nombre del banco, BIC u otro código bancario pertinente/Compañía de la tarjeta de crédito:
Número de cuenta o IBAN/Número de la tarjeta de crédito, fecha de caducidad y número de seguridad de la tarjeta de crédito:

(*) Facultativo.

ANEXO II

PROCESO EUROPEO DE ESCASA CUANTÍA

FORMULARIO B

SOLICITUD DEL ÓRGANO JURISDICCIONAL DE QUE SE COMPLETE O RECTIFIQUE EL FORMULARIO DE DEMANDA

[Artículo 4, apartado 4, del Reglamento (CE) nº 861/2007 del Parlamento Europeo y del Consejo, por el que se establece un proceso europeo de escasa cuantía]

A cumplimentar por el órgano jurisdiccional

Número del asunto:

Recibido por el órgano jurisdiccional el: ___/___/_____

1. *Órgano jurisdiccional*

1.1. Nombre:

1.2. Calle y número/Apartado de correos:

1.3. Ciudad y código postal:

1.4. País:

2. *Demandante*

2.1. Apellidos y nombre/Razón o denominación social:

2.2. Calle y número/Apartado de correos:

2.3. Ciudad y código postal:

2.4. País:

2.5. Teléfono (*):

2.6. Correo electrónico (*):

2.7. Representante del demandante, si lo tiene, e información de contacto (*):

2.8. Otros datos (*):

3. *Demandado*

3.1. Apellidos y nombre/Razón o denominación social:

3.2. Calle y número/Apartado de correos:

3.3. Ciudad y código postal:

3.4. País:

3.5. Teléfono (*):

3.6. Correo electrónico (*):

3.7. Representante del demandado, si lo tiene, e información de contacto (*):

3.8. Otros datos (*):

(*) Facultativo.

El órgano jurisdiccional ha examinado su formulario de demanda y considera que no está cumplimentado de manera pertinente o con suficiente claridad. Complete o rectifique su formulario, en la lengua del órgano jurisdiccional que se indica más abajo, a la mayor brevedad y, a más tardar, el ______________________________.

El órgano jurisdiccional desestimará su solicitud, con arreglo a las condiciones establecidas en el Reglamento (CE) n° 861/2007, en caso de que usted no la complete o rectifique en el plazo arriba indicado.

Su formulario de demanda no fue cumplimentado en la lengua correcta. Cumpliméntelo en una de las siguientes lenguas:

Búlgaro	☐	Checo	☐	Alemán	☐
Estonio	☐	Español	☐	Griego	☐
Francés	☐	Irlandés	☐	Italiano	☐
Letón	☐	Lituano	☐	Húngaro	☐
Maltés	☐	Neerlandés	☐	Polaco	☐
Portugués	☐	Rumano	☐	Eslovaco	☐
Esloveno	☐	Finés	☐	Sueco	☐
Inglés	☐	Otras (indíquese): ______________________			

Debe completar o rectificar los campos del formulario de demanda que se indican a continuación:

—

—

—

—

Hecho en: _________

Fecha: ___/___/_____

Firma y/o sello:

ANEXO III

PROCESO EUROPEO DE ESCASA CUANTÍA

FORMULARIO C

FORMULARIO DE CONTESTACIÓN

[Artículo 5, apartados 2 y 3, del Reglamento (CE) n° 861/2007 del Parlamento Europeo y del Consejo, por el que se establece un proceso europeo de escasa cuantía]

INFORMACIÓN E INSTRUCCIONES IMPORTANTES PARA EL DEMANDADO

Se ha presentado contra usted una demanda, tal como figura en el formulario de demanda adjunto, en el marco del proceso europeo de escasa cuantía.

Le rogamos responda a la demanda, bien rellenando la parte II del presente formulario y remitiéndola al órgano jurisdiccional, o bien de cualquier otra forma adecuada, en el plazo de 30 días a partir de la fecha de recepción del formulario de demanda junto con el formulario de contestación.

Le rogamos tenga en cuenta que, si no contesta en un plazo de 30 días, el órgano jurisdiccional dictará sentencia.

No olvide escribir con claridad su nombre y apellidos, firma y fecha al final del formulario de contestación.

Lea las instrucciones que figuran en el formulario de demanda, que pueden ayudarle a elaborar su respuesta.

Lengua: Cumplimente el presente formulario en la lengua empleada por el órgano jurisdiccional que se lo ha remitido.

Recuerde que el formulario está disponible, en todas las lenguas oficiales de las instituciones de la Unión Europea, en el sitio Internet del Atlas Europeo Judicial:
http://ec.europa.eu/justice_homejudicialatlascivil/html/index_es.htm. Esto le ayudará a cumplimentar el formulario en la lengua adecuada.

Vista oral: Recuerde que el proceso europeo de escasa cuantía es un procedimiento escrito. No obstante, usted puede solicitar que se celebre una vista oral. Tenga presente que el órgano jurisdiccional podrá denegar dicha solicitud habida cuenta de las circunstancias del asunto.

Documentos justificativos: Puede usted indicar posibles medios de prueba y añadir, si procede, documentos justificativos.

Demanda reconvencional: Si desea presentar una demanda contra el demandante (demanda reconvencional), cumplimente y adjunte un formulario A por separado. Puede obtenerlo en el sitio Internet (http://ec.europa.eu/justice_homejudicialatlascivil/html/index_es.htm) o pidiéndolo al órgano jurisdiccional que le ha enviado el presente formulario. Recuerde que, a efectos de la demanda reconvencional, usted será considerado el demandante.

Corrección de sus datos: Puede también corregir o completar la información relativa a usted (por ejemplo, información de contacto, representante, etc.) que figura en la sección 6 («Otra información»).

Espacio adicional: Si no tiene suficiente espacio, puede añadir hojas suplementarias.

Parte I (a cumplimentar por el órgano jurisdiccional)

Apellidos y nombre del demandante:

Apellidos y nombre del demandado:

Órgano jurisdiccional:

Demanda:

Número del asunto:

Parte II (a cumplimentar por el demandado)

1. ¿Se allana a la demanda?

   Sí ☐

   No ☐

   Parcialmente ☐

   Si ha respondido «No» o «Parcialmente», indique los motivos:

   La demanda queda fuera del ámbito de aplicación del proceso de escasa cuantía ☐

   (indíquese abajo)

   Otros ☐

   (indíquese abajo)

2. Si no se allana a la demanda, describa los elementos probatorios que desea presentar para oponerse a ella. Indique a qué puntos de su demanda se refieren. Cuando sea conveniente, añada los documentos justificativos correspondientes.

   2.1. Pruebas documentales ☐ indíquese abajo

   2.2. Testigos ☐ indíquese abajo

   2.3. Otros ☐ indíquese abajo

3. ¿Desea solicitar una vista oral?

   Sí ☐

   No ☐

   En caso afirmativo, indique los motivos (*):

4. ¿Solicita la condena en costas del proceso?

   4.1. Sí ☐

   4.2. No ☐

   4.3. En caso afirmativo, indique qué tipo de costas y, si es posible, la cantidad reclamada o gastada hasta la fecha:

5. ¿Desea presentar una demanda reconvencional?

   5.1. Sí ☐

   5.2. No ☐

   5.3. En caso afirmativo, cumplimente y adjunte un formulario A por separado.

6. Otra información (*)

7. Fecha y firma

   Declaro que la información facilitada es correcta por lo que me consta y se presenta de buena fe.

   Hecho en: _________

   Fecha: ___/___/_____

   Apellidos y nombre; firma:

(*) Facultativo.

ANEXO IV

PROCESO EUROPEO DE ESCASA CUANTÍA

FORMULARIO D

CERTIFICADO RELATIVO A UNA SENTENCIA DICTADA EN EL PROCESO EUROPEO DE ESCASA CUANTÍA

[Artículo 20, apartado 2, del Reglamento (CE) nº 861/2007 del Parlamento Europeo y del Consejo, por el que se establece un proceso europeo de escasa cuantía]

A cumplimentar por el órgano jurisdiccional

1. *Órgano jurisdiccional*

1.1. Nombre:

1.2. Calle y número/Apartado de correos:

1.3. Ciudad y código postal:

1.4. País:

2. *Demandante*

2.1. Apellidos y nombre/Razón o denominación social:

2.2. Calle y número/Apartado de correos:

2.3. Ciudad y código postal:

2.4. País:

2.5. Teléfono (*):

2.6. Correo electrónico (*):

2.7. Representante del demandante, si lo tiene, e información de contacto (*):

2.8. Otros datos (*):

3. *Demandado*

3.1. Apellidos y nombre/Razón o denominación social:

3.2. Calle y número/Apartado de correos:

3.3. Ciudad y código postal:

3.4. País:

3.5. Teléfono (*):

3.6. Correo electrónico (*):

3.7. Representante del demandado, si lo tiene, e información de contacto (*):

3.8. Otros datos (*):

(*) Facultativo.

4. *Sentencia*

4.1. Fecha:

4.2. Número del asunto:

4.3. Fondo de la sentencia:

4.3.1. El órgano jurisdiccional condena a __________ a pagar a __________

1) Principal:

2) Intereses:

3) Costas:

4.3.2. El órgano jurisdiccional condena a __________ a __________

(Si es un órgano de apelación el que dicta la sentencia, o en caso de revisión de la sentencia)

La presente sentencia reemplaza la sentencia dictada el ___/___/_____ en el asunto número __________, así como el certificado relativo a la misma.

LA SENTENCIA SERÁ RECONOCIDA Y EJECUTADA EN OTRO ESTADO MIEMBRO SIN NECESIDAD DE QUE MEDIE UNA DECLARACIÓN DE EJECUTABILIDAD Y SIN POSIBILIDAD DE OPONERSE A SU RECONOCIMIENTO.

Hecho en: ________________________

Fecha: ___/___/_____

Firma y/o sello

E) RECONOCIMIENTO Y EJECUCIÓN DE RESOLUCIONES, TRANSACCIONES Y DOCUMENTOS PÚBLICOS

27. CONVENIO SUPRIMIENDO LA EXIGENCIA DE LA LEGALIZACIÓN DE LOS DOCUMENTOS PÚBLICOS EXTRANJEROS, HECHO EN LA HAYA EL 5 DE OCTUBRE DE 1961*

(*BOE* núm. 229, de 25 de septiembre de 1978)

Los Estados signatarios del presente Convenio,

Deseando suprimir la exigencia de legalización diplomática o consular para los documentos públicos extranjeros,

Han resuelto concluir un Convenio a este efecto, y así conciertan las estipulaciones siguientes:

Artículo 1.º El presente Convenio se aplicará a los documentos públicos que hayan sido autorizados en el territorio de un Estado contratante y que deban ser presentados en el territorio de otro Estado contratante.

Se considerarán como documentos públicos en el sentido del presente Convenio:

---

* *Texto auténtico*: francés. *Estados parte*: Albania, Alemania, Andorra, Antigua y Barbuda, Argentina, Armenia, Australia, Austria, Azerbaiyán, Bahamas, Barbados, Bélgica, Belice, Bielorrusia, Bosnia-Herzegovina, Botswana, Brunei Darussalam, Bulgaria, Colombia, Corea, Croacia, China (regiones administrativas especiales de Hong Kong y Macao), Chipre, Dinamarca, Dominica, El Salvador, Ecuador, Eslovaquia, Eslovenia, España, Estados Unidos de América, Estonia, Ex-República Yugoslava de Macedonia, Fidji, Finlandia, Francia, Georgia, Granada, Grecia, Honduras, Hungría, India, Irlanda, Islandia, Islas Cook, Islas Marshall, Israel, Italia, Japón, Kazajstán, Lesotho, Letonia, Liberia, Liechtenstein, Lituania, Luxemburgo, Malawi, Malta, Mauricio, México, Moldovia, Mónaco, Mongolia, Montenegro, Namibia, Niue, Noruega, Nueva Zelanda, Países Bajos, Panamá, Polonia, Portugal, Rusia, Reino Unido de Gran Bretaña e Irlanda del Norte, República Checa, República Dominicana, Rumanía, San Cristóbal y Nieves, San Vicente y Granadinas, Samoa, San Marino, Santa Lucía, Santo Tomé y Príncipe, Serbia, Seychelles, Sudáfrica, Suecia, Suiza, Surinam, Swazilandia, Tonga, Trinidad y Tobago, Turquía, Ucrania, Venezuela y Vanuatu. Para los datos posteriores al cierre de la edición y otras informaciones relativas al Convenio véase http://www.hcch.net. Vid. el RD 2433/1978, de 2 de octubre, por el que se determinan los funcionarios competentes para realizar la apostilla del Convenio de 5 de octubre de 1961 (*BOE* de 17-10-1978) y la OM de 30 de diciembre de 1978 por la que se interpreta y desarrolla el RD 2433/1978, de 2 de octubre, sobre supresión de legalizaciones de documentos públicos extranjeros (*BOE* de 19-1-1979). Téngase en cuenta el Convenio europeo relativo a la supresión de la legalización de documentos extendidos por los agentes diplomáticos y consulares, de 7 de junio de 1968 (*BOE* de 28-8-1982). Vid. art. 323 de la LEC de 2000 (*supra* núm. 5).

a) Los documentos dimanantes de una autoridad o funcionario vinculado a una jurisdicción del Estado, incluyendo los provenientes del ministerio público, o de un secretario, oficial o agente judicial.

b) Los documentos administrativos.

c) Los documentos notariales.

d) Las certificaciones oficiales que hayan sido puestas sobre documentos privados, tales como menciones de registro, comprobaciones sobre la certeza de una fecha y autenticaciones de firmas.

Sin embargo, el presente Convenio no se aplicará:

a) A los documentos expedidos por agentes diplomáticos o consulares.

b) A los documentos administrativos que se refieran directamente a una operación mercantil o aduanera.

Art. 2.º Cada Estado contratante eximirá de legalización a los documentos a los que se aplique el presente Convenio y que deban ser presentados en su territorio. La legalización, en el sentido del presente Convenio, sólo cubrirá la formalidad por la que los agentes diplomáticos o consulares del país en cuyo territorio el documento deba surtir efecto certifiquen la autenticidad de la firma, la calidad en que el signatario del documento haya actuado y, en su caso, la identidad del sello o timbre que el documento ostente.

Art. 3.º La única formalidad que puede exigirse para certificar la autenticidad de la firma, la calidad en que el signatario del documento haya actuado y, en su caso, la identidad del sello o timbre del que el documento esté revestido, será la fijación de la apostilla descrita en el artículo 4.º, expedida por la autoridad competente del Estado del que dimane el documento.

Sin embargo, la formalidad mencionada en el párrafo precedente no podrá exigirse cuando las leyes, reglamentos o usos en vigor en el Estado en que el documento deba surtir efecto, o bien un acuerdo entre dos o más Estados contratantes, la rechacen, la simplifiquen o dispensen de legalización al propio documento.

Art. 4.º La apostilla prevista en el artículo 3.º, párrafo primero, se colocará sobre el propio documento o sobre una prolongación del mismo, y deberá acomodarse al modelo anejo al presente Convenio.

Sin embargo, la apostilla podrá redactarse en la lengua oficial de la autoridad que la expida. Las menciones que figuren en ella podrán también ser escritas en una segunda lengua. El título «Apostille (Convention de La Haye du 5 octobre 1961)» deberá mencionarse en lengua francesa.

Art. 5.º La apostilla se expedirá a petición del signatario o de cualquier portador del documento.

Debidamente cumplimentada, certificará la autenticidad de la firma, la calidad en que el signatario haya actuado y, en su caso, la identidad del sello o timbre que el documento lleve.

La firma, sello o timbre que figuren sobre la apostilla quedarán exentos de toda certificación.

Art. 6.º Cada Estado contratante designará las autoridades, consideradas en base al ejercicio de sus funciones como tales, a las que dicho Estado atribuye competencia para expedir la apostilla prevista en el artículo 3.º, párrafo primero.

Cada Estado contratante notificará esta designación al Ministerio de Asuntos Extranjeros de los Países Bajos en el momento del depósito de su instrumento de ratificación o de adhesión o de su declaración de extensión. Le notificará también a dicho Ministerio cualquier modificación en la designación de estas autoridades.

Art. 7.º Cada una de las autoridades designadas conforme al artículo 6.º deberá llevar un registro o fichero en el que queden anotadas las apostillas expedidas, indicando:

a) El número de orden y fecha de la apostilla.

b) El nombre del signatario del documento público y la calidad en que haya actuado o, para los documentos no firmados, la indicación de la autoridad que haya puesto el sello o timbre.

A instancias de cualquier interesado, la autoridad que haya ex-

---

Art. 6.º: Según la declaración hecha por España al ratificar el Convenio, el RD 2.433/1978, de 2 de octubre y la OM de 30 de diciembre de 1978, los funcionarios competentes para expedir la apostilla prevista en el art. 3.º, párrafo 1.º, del Convenio son: 1. Respecto de los documentos autorizados por las autoridades o funcionarios judiciales competentes, los Secretarios de Gobierno de las Audiencias o quienes les sustituyan legalmente. 2. Respecto de las certificaciones del Registro Civil, excepto las expedidas por el Registro Civil Central —que lo serán por el jefe de la Sección Central de la Subsecretaría, del Ministerio de Justicia—, serán apostilladas por los secretarios de Gobierno de las Audiencias o quienes legalmente les sustituyan, salvo que la firma del funcionario que expidió la certificación hubiera sido legitimada por notario, en cuyo caso la certificación podrá ser apostillada, como documento notarial, por los decanos de los Colegios Notariales respectivos o quienes hagan sus veces reglamentariamente. 3. Respecto de los documentos autorizados notarialmente y los documentos privados cuyas firmas hayan sido legitimadas por notario, los decanos de los Colegios Notariales respectivos o quienes hagan sus veces reglamentariamente. 4. Respecto de los demás documentos públicos, excepto los emanados de los órganos de la Administración Central, los interesados podrán determinar, indistintamente y a su elección, que la apostilla se expida bien por los Secretarios de Gobierno de las Audiencias o quienes les sustituyan legalmente, bien por los decanos de los Colegios Notariales o quienes hagan sus veces reglamentariamente. 5. Respecto a los documentos expedidos por las autoridades y funcionarios de la Administración Central, corresponde expedir la apostilla a la Subdirección General de Cooperación Jurídica Internacional. Se entenderá por Administración central únicamente los órganos centrales de la Administración del Estado, quedando, por tanto, excluidos los órganos de la Administración periférica y de los Entes y Organismos autónomos.

pedido la apostilla deberá comprobar si las anotaciones incluidas en la apostilla se ajustan a las del registro o fichero.

Art. 8.º Cuando entre dos o más Estados contratantes exista un tratado, convenio o acuerdo que contenga disposiciones que sometan la certificación de una firma, sello o timbre a ciertas formalidades, el presente Convenio sólo anulará dichas disposiciones si tales formalidades son más rigurosas que las prevenidas en los artículos 3.º y 4.º

Art. 9.º Cada Estado contratante adoptará las medidas necesarias para evitar que sus agentes diplomáticos o consulares procedan a legalizaciones, en los casos en que el presente Convenio prevea la exención de las mismas.

Art. 10. El presente Convenio estará abierto a la firma por los Estados representados en el noveno período de sesiones de la Conferencia de La Haya de Derecho Internacional Privado, así como por Irlanda, Islandia, Liechtenstein y Turquía.

Será ratificado y los instrumentos de ratificación serán depositados ante el Ministerio de Asuntos Extranjeros de los Países Bajos.

Art. 11. El presente Convenio entrará en vigor el sexagésimo día siguiente al depósito del tercer instrumento de ratificación de los previstos en el artículo 10, párrafo segundo.

Para cada Estado signatario que lo ratifique posteriormente, el Convenio entrará en vigor el sexagésimo día siguiente al depósito de su instrumento de ratificación.

Art. 12. Cualquier Estado al que no se haga referencia en el artículo 10 podrá adherirse al presente Convenio, una vez entrado éste en vigor en virtud del artículo 11, párrafo primero. El instrumento de adhesión será depositado ante el Ministerio de Asuntos Extranjeros de los Países Bajos.

La adhesión sólo surtirá efecto en las relaciones entre el Estado adherente y los Estados contratantes que no hayan formulado objeción en su contra dentro de los seis meses siguientes a la recepción de la notificación preceptuada en el artículo 15, letra *d*). Tal objeción será notificada al Ministerio de Asuntos Extranjeros de los Países Bajos.

El Convenio entrará en vigor entre el Estado adherente y los Estados que no hayan formulado objeción contra la adhesión el sexagésimo día siguiente a la expiración del plazo de seis meses mencionado en el párrafo precedente.

Art. 13. Todo Estado podrá declarar, en el momento de la firma, ratificación o adhesión,

---

Art. 13: Téngase en cuenta la notificación hecha por España, de 4 de agosto de 1997 (*BOE* de 22-10-1998) en relación con la falta de validez de las apostillas expedidas por Gibraltar.

que el presente Convenio se extenderá a todos los territorios de cuyas relaciones internacionales esté encargado, o a uno o más de ellos. Esta declaración surtirá efecto en el momento de la entrada en vigor del Convenio para dicho Estado.

Posteriormente, cualquier extensión de esta naturaleza será notificada al Ministerio de Asuntos Extranjeros de los Países Bajos.

Cuando la declaración de extensión sea hecha por un Estado que haya firmado y ratificado el Convenio, éste entrará en vigor para los territorios afectados conforme a lo previsto en el artículo 11. Cuando la declaración de extensión sea hecha por un Estado que se haya adherido al Convenio, éste entrará en vigor para los territorios afectados conforme a lo previsto en el artículo 12.

Art. 14. El presente Convenio tendrá una duración de cinco años a partir de la fecha de su entrada en vigor conforme al artículo 11, párrafo primero, incluso para los Estados que lo hayan ratificado o se hayan adherido posteriormente al mismo.

El Convenio se renovará tácitamente cada cinco años, salvo denuncia.

La denuncia se notificará al Ministerio de Asuntos Extranjeros de los Países Bajos con una antelación mínima de seis meses respecto a la expiración del plazo de cinco años.

Podrá limitarse a ciertos territorios a los que se aplique el Convenio.

La denuncia sólo tendrá efecto con respecto al Estado que la hubiere notificado. El Convenio continuará en vigor para los demás Estados contratantes.

Art. 15. El Ministerio de Asuntos Extranjeros de los Países Bajos notificará a los Estados a que se hace referencia en el artículo 10, así como a los Estados que se hayan adherido conforme al artículo 12:

a) Las notificaciones preceptuadas en el artículo 6.º, párrafo segundo.

b) Las firmas y ratificaciones previstas en el artículo 10.

c) La fecha en la que el presente Convenio haya de entrar en vigor conforme a lo prevenido en el artículo 11, párrafo primero.

d) Las adhesiones y objeciones mencionadas en el artículo 12 y la fecha en la que las adhesiones hayan de tener efecto.

e) Las extensiones previstas en el artículo 13 y la fecha en la que tendrán efecto.

f) Las denuncias reguladas en el artículo 14, párrafo tercero.

Art. 15: Sobre las notificaciones hechas por el Estado depositario en relación con los apartados *a*) a *f*), respecto a otros Estados partes en el Convenio, vid. las comunicaciones trimestrales publicadas en el *BOE* por la Secretaría General Técnica del M. de Asuntos Exteriores en cumplimiento del art. 32 del D. 801/1972, de 24 de marzo, relativo a la ordenación de la actividad del Estado en materia de tratados internacionales.

En fe de lo cual, los infrascritos, debidamente autorizados, firman el presente Convenio.

Extendido en la La Haya, el 5 de octubre de 1981, en francés e inglés, haciendo fe el texto francés en caso de divergencias entre ambos textos, en un solo ejemplar, que será depositado en los archivos del Gobierno de los Países Bajos y del que una copia, certificada conforme, será remitida, por vía diplomática, a cada uno de los Estados representados en el Noveno Período de Sesiones de la Conferencia.

ANEJO AL CONVENIO

Modelo de apostilla

La apostilla tendrá la forma de un cuadrado de nueve centímetros de lado como mínimo

APOSTILLE

(Convention de La Haye du 5 octobre 1961)

1. País ....
El presente documento público

2. ha sido firmado por..
3. quien actúa en calidad de ....
4. y está revestido del sello/timbre de ....

Certificado

5. en .... 6. el día ....
7. por ....
....
8. bajo el número ....
9. Sello/timbre: .... 10. Firma: ....

28. TRATADO SOBRE EJECUCIÓN DE SENTENCIAS EN MATERIA CIVIL Y COMERCIAL ENTRE ESPAÑA Y SUIZA, HECHO EN MADRID EL 10 DE NOVIEMBRE DE 1896*

(*Gaceta de Madrid* de 9 de julio de 1898)

Su Majestad la Reina Regente de España, en nombre de Su Augusto Hijo, Su Majestad el Rey Alfonso XIII, y el Consejo Federal de la Confederación Suiza, igualmente animados del deseo de facilitar la pronta ejecución de las sentencias o fallos dictados recíprocamente en sus Estados respectivos en materia civil o comercial, han convenido de común acuerdo ajustar un Tratado con dicho objeto, nombrando al efecto por sus Plenipotenciarios, a saber:

....

Quienes después de haberse comunicado sus respectivos plenos poderes hallados en buena y debida forma, han convenido en los artículos siguientes:

Artículo 1.º Las sentencias o fallos definitivos en materia civil o comercial dictados en uno de los dos Estados contratantes, ya por los Tribunales ordinarios, ya por árbitros o Tribunales comerciales («Tribunaux de prud'hommes») legalmente constituidos, serán ejecutorios en el otro Estado bajo las condiciones siguientes.

Art. 2.º La ejecución se pedirá directamente por la parte interesada al Tribunal o a la Autoridad del punto donde el cumplimiento deba efectuarse y a quien corresponde la competencia para conceder el exequátur.

A la demanda de ejecución acompañarán:

1) Una copia literal de la sentencia o fallo, debidamente legalizada por el Representante diplomático o consular del país en que se pide el cumplimiento;

---

* *Texto auténtico*: español y francés. Vid. art. 951 de la LEC. Vid. arts. 55 y 56 del Convenio de Lugano de 1988 (*supra* núm. 9).

Art. 2.º: Parrafo 1.º: En España, según jurisprudencia, los Juzgados de Primera Instancia e Instrucción. Vid. la excepción contenida en el art. 955, párrafo 2.º, de la LEC para lo dispuesto en los tratados internacionales (*supra* núm. 6).

Sobre la exigencia de legalización de los núms. 1) y 3). Vid. el Convenio sobre supresión de legalización de documentos públicos extranjeros, hecho en La Haya el 5 de octubre de 1961 (*BOE* de 25-9-1978) (*supra* núm. 27), en el que son Estados parte España y Suiza y el RD 2433/1978, de 2 de octubre, por el que se determinan los funcionarios competentes para realizar la apostilla de conformidad con el Convenio de 5 de octubre de 1961.

2) Un documento justificando que la parte contraria ha sido debidamente citada y que se le ha notificado la sentencia o fallo.

3) Una certificación expedida por el Escribano del Tribunal que ha dictado la sentencia, certificación, legalizada en la forma expresada en el párrafo primero, haciendo constar que la sentencia o fallo cuyo cumplimiento se pide es definitiva y ejecutoria por no existir apelación ni oposición.

Art. 3.º La Autoridad competente determinará sobre la demanda de cumplimiento en la forma prevista por la ley, después de oído el Ministerio fiscal, si la ley lo prescribe.

La misma concederá a la parte contra la cual se pide el cumplimiento, el plazo legal o de costumbre para defender sus derechos, y señalará a las dos partes el día en que haya de resolverse sobre la demanda.

Art. 4.º La decisión concediendo el cumplimiento se transcribirá por la Autoridad de quien emane la sentencia o fallo, surtiendo sus efectos en el procedimiento de ejecución ulterior.

Art. 5.º La Autoridad a cuyo poder vaya la demanda de ejecución no entrará a discutir el fondo del asunto.

La decisión que conceda o deniegue la ejecución no será susceptible de oposición por la no comparecencia de una parte; pero podrá ser objeto de un recurso ante la Autoridad competente en los plazos legales y según las formas que determine la ley del país en que se haya dictado, siempre que esta ley prevea semejante recurso.

Art. 6.º La ejecución no podrá negarse sino en los casos siguientes:

1.º Si la decisión emana de jurisdicción incompetente.

2.º Si ha sido dictada sin que las partes hayan sido debidamente citadas o legalmente representadas.

3.º Si las reglas de Derecho público del país a donde se pide la ejecución se oponen a que la decisión de la jurisdicción extranjera reciba en él su cumplimiento.

Art. 7.º Cuando la ejecución lleve aparejada «detención personal», esta parte de la sentencia o fallo no será ejecutoria si la legislación del país donde haya de efectuarse el cumplimiento no admite la «detención» en el caso de que se trata.

Art. 8.º Las actas judiciales, tales como citaciones, notificaciones, requerimiento, exhortos y demás diligencias de procedimiento, se transmitirán a quien corresponda por los Agentes diplomáticos o consulares de los Gobiernos respectivos.

El Gobierno del país requerido cuidará de su notificación o cumplimiento, a no ser que las reglas del Derecho público de éste se opongan a ello, los gastos serán de cuenta del país requerido.

Estas actas, citaciones, notificaciones, requerimientos, etc., deberán ir acompañadas de traducciones francesas debidamente certificadas si estuvieran redactadas en cualquier otro idioma.

Art. 9.º El presente Tratado será ratificado y sus ratificaciones, canjeadas en Madrid a la mayor brevedad posible.

PROTOCOLO ADICIONAL

Los infrascritos, debidamente autorizados por sus respectivos Gobiernos, han convenido, al proceder al canje de las ratificaciones del Tratado firmado el 19 de noviembre de 1896 para la ejecución recíproca de las sentencias o fallos en materia civil o comercial, que se verifica hoy, que desde este día entre en vigor dicho Tratado, y que seguirá siendo obligatorio mientras alguno de los dos Estados contratantes no haya manifestado, con seis meses de anticipación, su propósito de hacer cesar sus efectos.

Hecho por duplicado en Madrid, a seis de julio de mil ochocientos noventa y ocho.

29. CONVENIO SOBRE EJECUCIÓN DE SENTENCIAS CIVILES ENTRE ESPAÑA Y COLOMBIA, HECHO EN MADRID EL 30 DE MAYO DE 1908*

(*Gaceta de Madrid* de 18 de abril de 1909)

El Gobierno de S.M. el Rey de España y el de la República de Colombia, deseosos de estrechar, cada día más, las relaciones de amistad y buena correspondencia, felizmente existentes entre las dos Naciones, han resuelto celebrar un Convenio para el cumplimiento de las sentencias civiles dictadas por los Tribunales de ambos países, y al efecto nombrado para este fin:

....

Artículo 1.º Las sentencias civiles pronunciadas por los Tribunales comunes de una de las Altas Partes contratantes, serán ejecutadas en la otra, siempre que reúnan los requisitos siguientes:

---

* *Texto auténtico*: español. Vid. art. 951 en relación con los arts. 955 a 958 de la LEC (*supra* núm. 6).

1.º Que sean definitivas y que estén ejecutoriadas como en derecho se necesitaría para ejecutarlas en el país en que se hayan dictado.

2.º Que no se opongan a las leyes vigentes en el Estado en que se solicite su ejecución.

Art. 2.º La primera de las circunstancias a que se refiere el artículo anterior se comprobará por un certificado expedido por el Ministro de Gobierno o de Gracia y Justicia, siendo la firma de éstos legalizada por el correspondiente Ministro de Estado o de Relaciones Exteriores y la de éste, a su vez, por el Agente diplomático respectivo acreditado en el lugar de la legalización.

Art. 3.º Antes de ejecutarse la sentencia deberá oírse al Ministerio público o fiscal, de acuerdo con las leyes de cada uno de los dos países contratantes; y contra el auto o sentencia que dictare el Tribunal requerido no podrá interponerse apelación.

Art. 4.º El presente Convenio será ratificado conforme a las respectivas legislaciones, y las ratificaciones se canjearán en Madrid tan pronto como sea posible, permaneciendo en vigor hasta un año después del día en que una de las Altas Partes contratantes lo denunciare en todo o en parte.

En fe de lo cual los infrascritos han firmado el presente Convenio poniendo en él sus sellos.

Hecho por duplicado en Madrid a 30 de mayo de 1908.

30. CONVENIO ENTRE ESPAÑA Y GRAN BRETAÑA SOBRE MUTUA ASISTENCIA EN PROCEDIMIENTOS CIVILES Y COMERCIALES, DE 27 DE JUNIO DE 1929*

(*Gaceta de Madrid* de 10 de abril de 1930)

I. PRELIMINAR

Artículo 1.º *a*) Este Convenio se referirá exclusivamente a asuntos civiles y comerciales, incluso los no contenciosos.

b) Las palabras «territorio de una (o de la otra) Alta Parte Con-

* *Texto auténtico*: español e inglés.

La aplicación de este convenio se extendió a diversos territorios dependientes de Gran Bretaña y en el que son Estados parte, por sucesión, Lesotho (*BOE* de 3-4-1972) y Fidji (*BOE* de 3-4-1972). *Adde*: Acuerdo de 1991 para poner en vigor entre España y Dominica el citado Convenio (*BOE* de 5-6-1991). Vid. Reglamento 44/2001 (*supra* núm. 7), Reglamento 1346/2000 (*infra* núm. 147), Reglamento 2201/2003 (*infra* núm. 54) y Reglamento 4/2009 (*infra* núm. 62).

tratante» se interpretarán en el presente Convenio como significativas en todo momento de cualquiera de los territorios de la Alta Parte Contratante a que en tal momento se extienda el Convenio.

II. NOTIFICACIÓN Y ENTREGA DE LOS DOCUMENTOS JUDICIALES Y EXTRAJUDICIALES

Art. 2.º Cuando la autoridad judicial del territorio de una de las Altas Partes Contratantes requiera la notificación o entrega de documentos judiciales en su propio territorio a individuos, comunidades, sociedades, compañías y otras corporaciones en el territorio de la otra Alta Parte Contratante, dichos documentos pueden, sin perjuicio de lo dispuesto en el artículo 5.º, notificarse o entregarse al destinatario, sea cual fuere su nacionalidad, de alguno de los modos previstos en los artículos 3.º y 4.º

Art. 3.º *a*) El Agente Consular de la Alta Parte Contratante de cuyo territorio proceden los documentos que hayan de notificarse o entregarse, solicitará de la autoridad competente del territorio en que la diligencia de notificación o *entrega haya de efectuarse* que disponga su cumplimiento. La petición se dirigirá por el Agente Consular a la expresada autoridad.

b) La petición de notificación o entrega se redactará en el idioma del territorio en que haya de efectuarse la diligencia.

Indicará los nombres completos y circunstanciales de las partes, el nombre completo, señas y circunstancias del destinatario y la naturaleza del documento que haya de notificarse o entregarse, y acompañará los documentos (originales o en copia) de que se trata por duplicado.

c) El documento que haya de notificarse o entregarse deberá estar escrito en el idioma del territorio en que la diligencia se efectúe, o acompañarse de una traducción, por duplicado, del mismo, cuya fidelidad se certifique por el Agente Consular de la Alta Parte Contratante de donde los documentos procedan.

d) La petición habrá de dirigirse y remitirse:

En España, al Presidente de la Audiencia Territorial correspondiente.

En Inglaterra, al Presidente de la Corte Suprema de la Judicatura.

Si la autoridad requerida no fuere la competente para practicar la diligencia, deberá, de oficio, transmitir el documento a la que lo fuere en su propio territorio.

e) La diligencia se llevará a cabo por la autoridad competente del país en donde aquélla haya de verificarse, la cual procederá de la manera prescrita por la ley local de dicho país para la práctica de tales diligencias, salvo el caso en que en la petición se manifieste el deseo de que se adopte una forma especial, la cual deberá emplearse en cuanto no sea incompatible con las leyes del país.

f) No se rehusará el cumplimiento de una petición de este género, debidamente formulada, conforme a lo previsto en el artículo, a no ser que (1) no conste su autenticidad o (2) que la Alta Parte Contratante en cuyo territorio haya de producir efecto considere que podría ser atentatoria a su soberanía o a su seguridad.

g) La autoridad que dé cumplimiento a la petición expedirá un certificado en que conste la ejecución de la misma o se expliquen las causas que hayan impedido llevarla a cabo, y se indique el hecho, la forma y la fecha de la diligencia efectuada o intentada. Dicho certificado se enviará al Agente Consular que haya solicitado la diligencia, y se incluirá en uno de los duplicados o se unirá a él.

Art. 4.º *a*) La diligencia podrá practicarse sin requerimiento alguno a las autoridades del país o sin su intervención.

1. Por un Agente Consular de la Alta Parte Contratante de cuyo territorio procede el documento.

2. Por un Agente designado al efecto, bien por la Autoridad judicial que requiere la práctica de la diligencia, o bien por la parte a cuya instancia se haya expedido el documento sobre el que verse la diligencia.

Pero en estos casos no podrán emplearse medidas coercitivas.

b) Los documentos notificados o entregados en la forma prevista en el párrafo anterior deberán extenderse en el idioma del país en que se practica la diligencia o acompañarse de una traducción a dicho idioma, cuya fidelidad se certifique en la forma prescrita en el artículo 3.º*c*), a menos que se trate de un súbdito de la Alta Parte Contratante de cuyo territorio es el documento objeto de la diligencia.

Art. 5.º Lo dispuesto en este Convenio no afectará a la procedencia de la notificación o entrega en el territorio de una de las Altas Partes Contratantes de documentos expedidos en el territorio de la otra Alta Parte Contratante, por alguno de los procedimientos indicados a continuación, en los casos en que éstos se hallen reconocidos como válidos por las leyes del país de donde dichos documentos procedan.

a) Por los funcionarios o Autoridades del país en donde la diligencia haya de practicarse, actuando directamente a instancia de las partes interesadas en los casos en que la ley local no les prohíba tal actuación.

b) Por vía postal.

c) En cualquiera otra forma que no sea ilegal conforme a la legislación vigente en la fecha de la diligencia, en el país donde deba efectuarse.

Art. 6.º *a*) En el caso en que se hayan notificado o entregado documentos conforme a lo expuesto en el artículo 3.º, la Alta Parte Contratante por mediación de cuyo Agente Consular se haya formulado la petición relativa a la diligencia satisfará a la otra Alta Parte Contratante los gastos y desembolsos que sean abonables en virtud de las leyes o disposiciones de carácter reglamentario vigentes en el país en que la diligencia se realice, a las personas empleadas para este servicio y cualesquiera gastos o desembolsos hechos al efectuar la diligencia en alguna forma especial. Estos gastos y desembolsos no excederán de los que ordinariamente se satisfacen en los tribunales del país.

b) El reembolso de los expresados gastos y desembolsos se reclamará por la autoridad competente que haya realizado la diligencia de notificación o entrega al Agente Consular que la haya requerido en el acto de remitirles el certificado de que trata el artículo 3.º*g*).

c) Fuera de lo dicho no se satisfará derecho otro alguno, cualquiera que fuere su clase, por una Alta Parte Contratante a la otra a consecuencia de la notificación o entrega de documentos.

III. DILIGENCIAS DE PRUEBA

Art. 7.º Cuando la autoridad judicial del territorio de una Alta Parte Contratante requiera una diligencia de prueba en el territorio de la otra Alta Parte Contratante, se efectuará dicha diligencia en alguna de las formas que establecen los artículos 8, 9 y 10.

Art. 8.º *a*) La autoridad judicial que solicite una prueba podrá, conforme a lo prescrito por su legislación, dirigirse mediante exhorto a la autoridad competente del país en donde la diligencia haya de efectuarse, requiriéndola al efecto.

b) El exhorto se redactará en el idioma del país en donde haya de realizarse la diligencia o se presentará acompañado de una traducción de la misma. La fidelidad de dicha traducción se certificará por el Agente Consular por la Alta Parte Contratante cuya autoridad haya librado el exhorto. Éste indicará la naturaleza del asunto a que se refiere la prueba, los nombres completos y circunstancias de las partes que en él intervienen y los nombres completos, señas y circunstancias de los testigos. Se acompañará asimismo el pliego de preguntas que hayan de hacerse a los testigos y su traducción certificada del modo arriba expuesto, o bien si este procedimiento lo permitiese la ley del país de donde procede el exhorto, podrá requerir a la autoridad competente para que autorice que las preguntas se formulen de viva voz, si las partes o sus representantes lo desean.

c) Los exhortos se transmitirán:

En Inglaterra, por un Agente Consular español al presidente de la Corte Suprema de la Judicatura.

En España, por un Agente Consular británico al presidente de la Audiencia Territorial correspondiente.

En el caso en que la autoridad a quien se dirija el exhorto no sea la competente para cumplimentarlo, lo remitirá sin más requerimiento a la autoridad competente de su país.

d) La autoridad competente a quien se dirija o envíe el exhorto procederá a darle cumplimiento y a verificar la prueba empleando los mismos medios coercitivos y los mismos procedimientos que si se tratase de un exhorto o mandamiento procedente de las Autoridades de su propio país, a no ser que se haya expresado en el requerimiento el deseo de algún procedimiento especial, pues entonces se seguirá éste en cuanto no se opongan las leyes del país en donde la prueba haya de verificarse.

e) El Agente Consular que transmita el exhorto será informado, si lo solicita, de la fecha y el lugar en que hayan de efectuarse las diligencias, a fin de que puede comunicárselo a las partes interesadas, a quienes se permitirá presenciar las personalmente o por medio de representantes, si lo desean.

f) Sólo podrá declinarse el cumplimiento de los exhortos:

1. Si no está comprobada su autenticidad.
2. Si en el lugar en donde se haya de verificar la prueba no corresponde a las funciones de la autoridad judicial el cumplimiento del exhorto en cuestión.
3. Si la Alta Parte Contratante en cuyo territorio haya de efectuarse la prueba la considera atentatoria a su soberanía o seguridad.

g) En los casos en que los exhortos no se cumplimenten por la autoridad a quien se han dirigido, deberá ésta participarlo inmediatamente al agente consular que lo ha transmitido, indicando los motivos de su abstención o a qué autoridad judicial los ha remitido.

Art. 9.º *a*) Si la ley del país donde la prueba deba verificarse autoriza este procedimiento, la autoridad judicial que solicite la prueba podrá requerir, en el exhorto dirigido a la autoridad competente del país donde la diligencia haya de efectuarse, para que designe a los efectos de practicarla a la persona que especialmente indique el exhorto.

Dicha persona podrá ser un Agente Consular de la Alta Parte Contratante cuya Autoridad judicial requiere la prueba testifical, u otra cualquiera competente.

b) Si se adopta este procedimiento tendrán aplicación las disposiciones de los párrafos *b*), *c*), *f*) y *g*) del artículo 8.º, pero los párrafos *d*) y *e*) del mismo deberán reemplazarse por los siguientes.

c) La Autoridad competente a quien se dirija o envíe el exhorto deberá cumplimentarlo y nombrar a la persona designada para verificar la prueba, a no ser que dicha persona rehuse actuar. Además, y si fuese necesario, la expresada Autoridad hará uso de las facultades coercitivas que le confiera su legislación para obtener la comparecencia y las declaraciones de los testigos e individuos que hayan de ser interrogados y la presentación de documentos ante la persona que se designe.

d) La persona así designada tendrá facultades para tomar juramento, y quien ante ella incurra en falso testimonio quedará sujeto a la acción de los tribunales del país donde las declaraciones se presten y a la penalidad que las leyes impongan a tal delito.

e) La prueba se verificará en la forma que disponga la ley del país cuya Autoridad judicial la requiera, con tal de que dicha forma no sea contraria a la legislación del país en donde haya de verificarse, y las partes tendrán derecho a presenciarla, personalmente o representadas por abogados o procuradores, o por cualesquiera otras personas aptas para comparecer ante los tribunales de los respectivos países.

Art. 10. *a*) También podrán efectuarse las pruebas sin requerimiento o intervención de las Autoridades del país en donde la diligencia haya de realizarse, por mediación de una persona en el mismo, nombrada directamente al efecto por el tribunal que las solicite, la cual podrá ser un Agente Consular de la Alta Parte Contratante requirente o cualquiera otro individuo competente.

b) La persona así designada para efectuar la prueba podrá requerir a los individuos que indique el tribunal que lo nombró para que comparezcan ante ella a prestar declaración o a prestar algún documento; y asimismo podrá obtener cuantas pruebas no se opongan a lo dispuesto en las leyes del país donde la diligencia se efectúe y recibir juramento, pero carecería de facultades coercitivas.

c) Las citaciones para la declaración, hechas por la persona arriba indicada, estarán redactadas en el idioma del país en donde la diligencia haya de efectuarse, o acompañadas de una traducción del mismo, a menos que el citado sea súbdito de la Alta Parte Contratante cuya autoridad judicial requiera tal prueba.

d) La prueba podrá efectuarse conforme al procedimiento reconocido por la legislación del país para cuya Autoridad judicial haya de obtenerse, y las partes tendrán derecho a presenciarlas personalmente o representadas por abogados o procuradores de dicho país o por personas competentes para comparecer ante los tribunales de cualquiera de los países interesados.

Art. 11. El hecho de no haber podido verificar la prueba por el procedimiento expuesto en el artículo 10, debido a la negativa de alguno de los testigos a comparecer, a prestar declaración o presentar documentos, no será obstáculo para que posteriormente se haga un requerimiento en alguna de las formas que determinan los artículos 8.º y 9.º

Art. 12. *a*) Verificada la prueba en cualquiera de las formas expuestas en los artículos 8.º y 9.º la Alta Parte Contratante de cuya Autoridad judicial proceda al exhorto satisfará a la Alta Parte Contratante cualesquiera desembolsos hechos por la Autoridad competente de la misma para el cumplimiento de aquél, por razón de derechos y gastos abonables de testigos, peritos, intérpretes o traductores, para obtener la comparecencia de los testigos que no se presenten voluntariamente, y las costas y gastos que deban resarcirse a cualquier persona a quien la expresada autoridad hubiera comisionado para actuar, en los casos en que la ley de su propio país permita hacer esto, así como cualesquiera gastos y desembolsos realizados por el hecho de haber sido requerido y de haberse seguido un procedimiento especial. Estos gastos serán los mismos que de ordinario se utilizan en los tribunales del país en donde las diligencias se practiquen en casos análogos.

b) El reembolso de los gastos indicados se reclamará por la Autoridad competente que haya cumplimentado el exhorto al Agente Consular que lo haya transmitido al enviarle los documentos que prueben su cumplimiento.

c) Salvo lo anteriormente dispuesto, no se satisfará derecho alguno por una de las Altas Partes Contratantes a la otra por razón de dichas diligencias de prueba.

IV. BENEFICIO DE POBREZA, PRISIÓN POR DEUDAS Y GARANTÍAS DE COSTAS

Art. 13. Los súbditos de una de las Altas Partes Contratantes disfrutarán en el territorio de la otra de una absoluta igualdad de trato en relación con los súbditos de la misma, por lo que se refiere al beneficio de pobreza y a la prisión por deudas, y no podrán los que residieren en territorio de la otra ser obligados a prestar fianza por las costas si los súbditos de dicha otra Alta Parte Contratante no pudieran ser obligados a hacerlo.

V. DISPOSICIONES GENERALES

Art. 14. Las dificultades que pudieran surgir en la aplicación de este Convenio se solucionarán por la vía diplomática.

Art. 15. El presente Convenio, cuyos textos inglés y español son igualmente auténticos, estará sujeto a ratificación.

Las ratificaciones se canjearán en Madrid. Empezará el Convenio a regir un mes después de la fecha en que se hayan canjeado las ratificaciones y permanecerá en vigor durante tres años, contados desde la fecha en que haya comenzado su vigencia. Si ninguna de las Altas Partes Contratantes comunica a la otra por la vía diplomática, seis meses antes por lo menos de expirar el período de tres años, su intención de terminar el Convenio, continuará éste en vigor hasta transcurrir seis meses después de la fecha en que cualquiera de las Altas Partes Contratantes hubiese dado el aviso de terminarlo.

Art. 16. *a*) Este Convenio no será aplicable *ipso facto* a Escocia, ni a Irlanda del Norte, ni a ninguna de las colonias o protectorados de su Majestad Británica, ni a ninguno de los territorios sometidos a su soberanía, ni a ninguno de los territorios de mandato administrados por su Gobierno en el Reino Unido de la Gran Bretaña e Irlanda del Norte, pero su Majestad Británica podrá en cualquier tiempo, mientras permanezca en vigor este Convenio, conforme al artículo 15, notificando su resolución por medio de su embajador en Madrid, extender la aplicación del mismo a cualquiera de los territorios antes mencionados.

b) Tal notificación indicará a las autoridades del territorio en cuestión a quiénes habrán de transmitirse los exhortos en que se requieran las diligencias de que se ha hecho mérito, y el idioma en que las comunicaciones y traducciones hayan de hacerse. La fecha en que han de empezar a regir las ampliaciones expresadas será un mes después de la fecha de la notificación.

c) Cualquiera de las Altas Partes Contratantes podrá en todo tiempo, después de transcurridos tres años de la entrada en vigor de algunas de las ampliaciones de este Convenio a cualquiera de los territorios mencionados en el párrafo *a*) de este artículo, dar por terminada dicha ampliación, notificándolo seis meses antes por la vía diplomática.

d) La terminación del Convenio conforme al artículo 10 lo hará cesar *ipso facto*, a menos que otra cosa se acuerde expresamente por ambas Altas Partes Contratantes, en cambio a cualquiera de los territorios a que se haya extendido, conforme el párrafo *a*) de este artículo.

Art. 17. *a*) El presente convenio no será aplicable *ipso facto* a ninguna de las colonias o protectorados de Su Majestad Católica el Rey de España, pero su Majestad Católica podrá en cualquier tiempo extender los efectos de este Convenio a las colonias o protectorados en cuestión, notificándolo por medio de su Embajador en Londres.

b) Lo dispuesto en el párrafo *b*) del artículo 16 será aplicable a dichas notificaciones.

c) Lo dispuesto en los párrafos *c*) y *d*) del artículo 16 será aplicable a las colonias o protectorados de Su Majestad el Rey de España a las cuales se hayan extendido los efectos de este Convenio.

Art. 18. *a*) Su Majestad Británica podrá en cualquier tiempo, mientras se halle vigente este Convenio, bien ateniéndose al artículo 15 o bien en virtud de ampliación en los términos del presente artículo, y previa notificación hecha en Madrid por la vía diplomática, ampliar el presente Convenio a cualquiera de sus dominios autónomos o a la India, con tal de que la notificación de ampliación no se haga en fecha en que Su Majestad Católica el Rey de España haya anunciado la terminación con respecto a todos los territorios de Su Majestad Británica a que el Convenio se aplica. Lo dispuesto en el artículo 16.*b*) será aplicable a dicha notificación. La ampliación empezará en su caso a regir un mes después de la fecha de su notificación.

b) Transcurridos tres años de la fecha de entrada en vigor de una ampliación hecha en los términos del párrafo *a*) de este artículo, podrá cualquiera de ambas Altas Partes Contratantes dar por terminada, anunciándola por la vía diplomática con seis meses de anticipación, la aplicación del presente Convenio a cualquier país que haya sido objeto de notificación de ampliación.

La terminación del Convenio conforme al artículo 15, no afectará a su aplicación a dicho país.

En testimonio de lo cual los infrascritos firman el presente Convenio en inglés y en español y ponen sus sellos.

Dado por duplicado en Londres el 27 de junio de 1929.

31. CONVENIO SOBRE RECONOCIMIENTO DE DECISIONES JUDICIALES Y ARBITRALES Y ACTAS AUTÉNTICAS EN MATERIA CIVIL O MERCANTIL ENTRE ESPAÑA Y FRANCIA, HECHO EN PARÍS EL 28 DE MAYO DE 1969*

(*BOE* núm. 63, de 14 de marzo de 1970)

El Gobierno español y el Gobierno de la República francesa, en su deseo de garantizar, en el marco de sus relaciones, el reconocimiento y la ejecución de las decisiones judiciales y arbitrales y de las actas auténticas en materia civil y mercantil, han convenido las siguientes estipulaciones:

Artículo 1.º El presente Convenio es aplicable, en materia civil y mercantil, a las decisiones de los Tribunales de las Partes Contratantes, así como a las decisiones arbitrales dictadas y a las actas auténticas originadas en su territorio.

No se aplicará a las siguientes materias:

1.º Quiebra, convenios de acreedores y cualquier otro procedimiento análogo.

2.º Seguridad Social.

3.º Daños de origen nuclear.

* *Texto auténtico*: español y francés. Vid. el Canje de Notas sobre interpretación del Convenio de 28 de mayo de 1968, hecho en Madrid el 1 de abril de 1974 (*BOE* de 20-4-1974) en relación con los arts. 2.º, párrafo 1.º, y 17. Vid. Reglamento 44/2001 (*supra* núm. 7), Reglamento 1346/2000 (*infra* núm. 147), Reglamento 2201/2003 (*infra* núm. 54) y Reglamento 4/2009 (*infra* núm. 62). Vid. art. 951 en relación con los arts. 955 a 958 de la LEC (*supra*, núm. 6).

Art. 2.º A los efectos del presente Convenio se entenderá:

1.º Por «decisión», toda resolución recaída en procedimiento contencioso o voluntario, cualquiera que sea su nombre y la jurisdicción de que emane, así como las dictadas por los árbitros.

2.º Por «Tribunal de origen», aquel que ha dictado la resolución cuyo reconocimiento o ejecución se solicita.

3.º Por «Estado de origen», el Estado en cuyo territorio el Tribunal de origen tiene su sede, o se produce la decisión arbitral o el acta auténtica.

4.º Por «Tribunal requerido», el Tribunal de que se solicita el reconocimiento o la ejecución de las decisiones o actas.

5.º Por «Estado requerido», el Estado en cuyo territorio se solicita el reconocimiento o la ejecución.

6.º Por «acta auténtica», todos los documentos que, según la Ley del Estado de origen, tienen fuerza ejecutiva.

Art. 3.º Las resoluciones dictadas por los Tribunales de una de las Partes Contratantes serán reconocidas en el territorio de la otra:

1.º Si el Tribunal de origen es competente conforme a lo dispuesto en el artículo 7.º del presente Convenio.

2.º Si en el Estado de origen la decisión no puede ser objeto de un recurso ordinario y es susceptible de ejecución.

Art. 4.º El reconocimiento será denegado:

1.º Cuando no se cumplan las condiciones previstas en el artículo precedente.

2.º Cuando la decisión sea contraria al orden público del Estado requerido.

3.º Cuando la iniciación del proceso no ha sido notificada regularmente y en tiempo útil a la parte condenada, para defenderse.

4.º Cuando un litigio entre las mismas Partes, fundado en los mismos hechos y sobre el mismo objeto:

a) esté pendiente ante un Tribunal del Estado requerido, con anterioridad a la presentación de la demanda de cuya ejecución se trata;

b) haya originado una decisión en el Estado requerido;

c) haya dado lugar, en otro Estado, a una decisión que reúna las condiciones necesarias para su reconocimiento en el Estado requerido.

Art. 2.º: Párrafo 1.º: De conformidad con el núm. 1 del Canje de Notas entre España y Francia sobre interpretación del Convenio de 28 de mayo de 1969, hecho en Madrid el 1 de abril de 1974: «1. Las decisiones a que se refiere el artículo 2.º, párrafo primero, del Convenio, comprenden asimismo las decisiones de naturaleza puramente civil que hayan sido pronunciadas en un procedimiento penal. En su consecuencia, los Tribunales de Francia y España podrán hacer ejecutivas las decisiones de la jurisdicción penal relativas a la indemnización de daños y perjuicios en razón de la responsabilidad civil derivada de una infracción penal.»

Art. 5.º No podrá denegarse el reconocimiento por el solo motivo de que el Tribunal de origen haya aplicado una Ley distinta a la que correspondía según las reglas de Derecho internacional privado del Estado requerido, excepto en lo que se refiere al estado o capacidad de las personas. Aun en estos casos, no se denegará el reconocimiento cuando la aplicación de la Ley que corresponda, según dichas reglas, hubiese producido el mismo resultado.

Art. 6.º El Tribunal requerido no procederá a ningún examen del fondo de la resolución dictada en el Estado de origen, excepto en lo que sea necesario para la aplicación de los artículos precedentes.

Art. 7.º El Tribunal de origen se considerará competente, a efectos de este Convenio:

1.º Cuando, en el momento de la presentación de la demanda, el demandado tenga su domicilio o su residencia habitual en el Estado de origen.

2.º Cuando, en el momento de la presentación de la demanda, el demandado tuviera, en el Estado de origen, un establecimiento o una sucursal de carácter mercantil, industrial o de cualquier otra naturaleza, y haya sido citado, en dicho Estado, para un litigio relativo a la actividad de aquellos establecimientos o sucursales.

3.º Cuando el hecho dañoso sobre el cual se funda la acción indemnizatoria ha ocurrido en el Estado de origen.

4.º Cuando la acción tiene por objeto una controversia relativa a un inmueble situado en el Estado de origen.

5.º Cuando el demandado se ha sometido expresamente a la competencia del Tribunal del Estado de origen, bien por una elección de domicilio, bien por cualquier otra estipulación atributiva de la competencia.

6.º Cuando el demandado ha formulado su oposición al fondo del litigio, sin oponerse a la competencia del Tribunal de origen.

7.º Cuando en materia mercantil, por acuerdo expreso o tácito del demandante y demandado, la obligación contractual objeto del litigio ha sido o debía ser ejecutada en el territorio del Estado de origen.

8.º Cuando en materia de sucesión mobiliaria el causante tuvo su último domicilio en el territorio del Estado de origen o era nacional del mismo.

Art. 8.º El Tribunal requerido podrá no reconocer la competencia del Tribunal de origen, cuando con arreglo a su propia legislación, la competencia, por razón de la materia, esté atribuida, exclusivamente, a la jurisdicción de su propio Estado.

Art. 9.º En la apreciación de la competencia del Tribunal de origen la autoridad, requerida estará vinculada por las declaraciones de hecho en que dicho Tribunal fundó su competencia, excepto cuando se trate de una decisión dictada en rebeldía.

Art. 10. Los Tribunales de cada Parte Contratante podrán, según los casos, declarar la inadmisión o suspender temporalmente el curso de una demanda cuando fundada en la misma causa y entre las mismas Partes exista otra demanda ante un Tribunal del otro Estado y pueda producirse una decisión susceptible de ser reconocida en virtud del presente Convenio.

No obstante lo dispuesto en el párrafo anterior, los Tribunales de cada Parte Contratante podrán, en caso de urgencia, decretar medidas provisionales o cautelares, cualquiera que sea el Tribunal que entiende en el fondo del litigio.

Art. 11. Las decisiones dictadas por un Tribunal del Estado de origen serán declaradas ejecutivas en el Estado requerido, siempre que se cumplan las condiciones exigidas para su reconocimiento.

Art. 12. Las decisiones arbitrales dictadas válidamente en el territorio de una de las Partes Contratantes serán reconocidas en el territorio de la otra si cumplen las disposiciones de los artículos 3.º, 4.º y 15 en cuanto les sean aplicables.

Art. 13. El procedimiento para obtener la ejecución será el establecido por el ordenamiento del Estado requerido, en cuanto no se oponga a lo dispuesto en este Convenio.

La resolución concediendo el exequátur a una decisión judicial no podrá ser impugnada por vía de oposición.

Si la decisión contiene pronunciamientos sobre diferentes peticiones separables, contenidas en la demanda, la ejecución podrá ser concedida parcialmente.

Art. 14. Las «actas auténticas» ejecutables en el territorio de una de las Partes Contratantes serán declaradas ejecutivas en el territorio de la otra por la jurisdicción que sea competente según la Ley de la Parte Contratante en cuyo territorio se solicita la ejecución.

La jurisdicción se limitará a comprobar si las actas reúnen las condiciones necesarias de autenticidad en el territorio de la Parte Contratante donde han sido autorizadas y si las disposiciones cuya ejecución se solicita no se oponen al orden público de la Parte Contratante en cuyo territorio se solicita el exequátur.

Art. 15. La parte que pretenda el reconocimiento o solicitud de la ejecución deberá presentar:

Art. 12: Vid. Convenio sobre el reconocimiento y ejecución de las sentencias arbitrales extranjeras, hecho en Nueva York el 10 de junio de 1958 (*BOE* de 9-7-1977 y 11-7-1977, *infra* núm. 69), en el que España y Francia son Estados parte.

1.º Testimonio literal y completo de la decisión que reúna las condiciones necesarias para su autenticidad.

2.º El original de la cédula de notificación de la decisión o cualquier otro documento que la sustituya.

3.º En su caso, copia auténtica de la citación de la Parte que no se hubiera personado en las actuaciones y cuantos documentos sean necesarios para acreditar que aquélla fue recibida en tiempo útil.

4.º Cualquier documento que acredite que la decisión es ejecutiva en el territorio del Estado de origen y que no puede ser objeto de un recurso ordinario.

Estos documentos deberán acompañarse, salvo dispensa de la jurisdicción competente, de una traducción certificada conforme por un Agente diplomático o consular, por un traductor jurado o por cualquiera otra persona autorizada al efecto, en cualquiera de los dos Estados. Estos documentos están dispensados de su legalización.

Art. 16. La Parte que en el Estado de origen goce del beneficio de asistencia judicial gratuita disfrutará del mismo en todos los actos del procedimiento de reconocimiento o ejecución de la decisión de que se trate en el Estado requerido.

Art. 17. Las disposiciones del presente Convenio no serán aplicables a las decisiones judiciales que hubieren sido dictadas en rebeldía con anterioridad a la fecha de su entrada en vigor.

Art. 18. Las diferencias entre las Partes Contratantes relativas a la interpretación y aplicación del presente Convenio serán resueltas por la vía diplomática.

Art. 19. El presente Convenio no afectará a otros sobre materias especiales, suscritos o que puedan suscribir las Partes regulando el reconocimiento y la ejecución de decisiones.

Art. 20. El presente Convenio se aplicará, respecto a España, a su territorio nacional, y en lo que concierne a Francia, a sus Departamentos europeos y de ultramar.

Art. 21. Cada una de las Partes Contratantes notificará a la otra el cumplimiento de los requisitos constitucionales necesarios para la entrada en vigor del pre-

Art. 17: De conformidad con el núm. 2 del Canje de Notas entre España y Francia sobre interpretación del Convenio de 28 de mayo de 1969, hecho en Madrid el 1 de abril de 1974: «2. El artículo 17 del Convenio debe interpretarse en el sentido de que las disposiciones contenidas en dicho Convenio son aplicables a todas las decisiones judiciales dictadas con anterioridad a la fecha de entrada en vigor del citado Convenio por los Tribunales de cualquiera de ambas Partes contratantes, a excepción de las que hubieran sido dictadas en rebeldía también con anterioridad a la fecha citada.»

sente Convenio, que tendrá efecto sesenta días después de la fecha de la última notificación.

Art. 22. El presente Convenio tendrá una duración ilimitada. Podrá ser denunciado en cualquier momento por cada una de las Partes Contratantes y la denuncia surtirá efecto seis meses después de la fecha de su notificación al Ministerio de Asuntos Exteriores del otro Estado.

Hecho en París, el 28 de mayo de 1969, en dos ejemplares, en lengua española y francesa, haciendo fe los dos.

32. CONVENIO SOBRE ASISTENCIA JUDICIAL Y RECONOCIMIENTO Y EJECUCIÓN DE SENTENCIAS EN MATERIA CIVIL Y MERCANTIL ENTRE ESPAÑA E ITALIA, HECHO EN MADRID EL 22 DE MAYO DE 1973*

(*BOE* núm. 273, de 15 de noviembre de 1977)

El Jefe del Estado Español y el Presidente de la República Italiana animados por el deseo de regular las relaciones recíprocas entre los dos Estados, de facilitar el acceso de los propios nacionales a sus respectivos Tribunales y de reconocer recíprocamente eficacia a las decisiones emanadas y a las Actas formalizadas en ambos países, han decidido concluir un Convenio que regule la asistencia judicial y el reconocimiento y ejecución de las sentencias, de las decisiones arbitrales y de cualquier otro título provisto de fuerza ejecutiva en materia civil y mercantil.

A este fin han nombrado como Plenipotenciarios suyos:

....

Los cuales, después de haber cambiado entre sí sus plenos poderes hallados en buena y debida forma, han convenido lo siguiente:

---

* *Texto auténtico*: español e italiano. Vid. art. 951 en relación con los arts. 955 a 958 de la LEC (*supra* núm. 6). Vid. Reglamento 44/2001 (*supra* núm. 7), Reglamento 1346/2000 (*infra* núm. 147), Reglamento 2201/2003 (*infra* núm. 54) y Reglamento 4/2009 (*infra* núm. 62).

TÍTULO PRIMERO

Disposiciones preliminares

Artículo 1.º Los nacionales de cada una de las Partes Contratantes gozarán en el territorio de la otra Parte del mismo trato reservado a los nacionales de esta última en los procedimientos judiciales que se refieran a materias civiles y mercantiles. A tal fin, tendrán libre acceso a los Tribunales y podrán presentarse en juicio en las mismas condiciones y con las mismas formalidades que los nacionales de la otra Parte.

A efectos del presente Convenio, se entenderá por «nacional» cualquier sujeto de derecho, ya sea persona física o jurídica, al que reconozca personalidad el ordenamiento de su propio país.

Art. 2.º Los nacionales de una de las Partes Contratantes que sean parte en juicio en el territorio de la otra no podrán ser obligados a prestar caución ni depósito, bajo cualquier denominación, a causa de su condición de extranjeros o de la falta de domicilio en el territorio donde tuviese lugar el proceso.

TÍTULO II

Asistencia judicial

Art. 3.º En lo que respecta a la asistencia judicial, a la comunicación de las actas y a las comisiones rogatorias, las Partes contratantes se remiten a los artículos correspondientes del Convenio de La Haya de 1 de marzo de 1954, relativo al procedimiento civil, que está en vigor para ambas Partes.

Las Partes contratantes acuerdan además incluir en el presente Convenio las disposiciones adicionales contenidas en los artículos siguientes, con las cuales tratan de completar las normas relativas a las materias citadas, tal como autoriza el Convenio de La Haya.

Art. 4.º Las actas judiciales y extrajudiciales en materia civil y mercantil, procedentes de una de las Partes y destinadas a personas residentes en el territorio de la otra Parte, serán dirigidas por la autoridad interesada de la primera a la autoridad competente de la segunda, en cuya jurisdicción se encuentre su destinatario, a través del Ministerio de Justicia del Estado requerido.

Queda a salvo la facultad del Cónsul del Estado requirente para transmitir directamente dichas actas a la autoridad judicial que haya sido designada por el Estado requerido a tal fin.

Cuando al requerimiento no se adjunte una traducción del acta en la lengua del Estado al cual se dirige, la autoridad competente de dicho Estado podrá solicitar su envío si lo estima necesario.

Art. 5.º Las disposiciones del artículo anterior no excluyen para las Partes Contratantes la facultad de hacer que se notifiquen directamente, por sus respectivos Cónsules, las mencionadas actas judiciales y extrajudiciales destinadas a sus propios nacionales. En caso de duda, la nacionalidad del destinatario de las actas será determinada por Ley del Estado donde se deba realizar la notificación.

Art. 6.º Si la autoridad requerida fuese incompetente remitirá de oficio el acta o la comisión rogatoria a la autoridad judicial competente del mismo Estado, según las normas establecidas por la legislación de este último.

Art. 7.º Las comisiones rogatorias serán dirigidas por la autoridad judicial requirente a la requerida a través de los respectivos Ministerios de Justicia. Queda a salvo la facultad del Cónsul del Estado requirente para transmitir directamente las comisiones rogatorias a la autoridad judicial competente designada por el Estado requerido.

Art. 8.º Las disposiciones contenidas en los artículos anteriores no excluyen la facultad de cada una de las Partes Contratantes de hacer ejecutar por sus Agentes diplomáticos o consulares las comisiones rogatorias que tengan por finalidad tomar declaración a sus propios nacionales. En caso de duda, la nacionalidad de las personas cuya declaración se requiera se determinará de acuerdo con la legislación del Estado en que la comisión rogatoria deba ser cumplimentada.

Art. 9.º La comisión rogatoria deberá ser redactada en el idioma del Estado requerido o ser acompañada de una traducción a dicha lengua, certificada de acuerdo con lo dispuesto en el artículo 23 del presente Convenio.

Art. 10. La ejecución de las condenas en costas y gastos del juicio, decretada en uno de los Estados contratantes contra la persona dispensada de la caución, del depósito o de la fianza, será despachada gratuitamente por la autoridad competente del Estado requerido, previa petición cursada a través de los respectivos Ministerios de Justicia.

Sin embargo, la parte interesada podrá transmitir directamente la petición al Ministerio de Justicia del Estado requerido, para su curso a la autoridad judicial competente.

TÍTULO III

Reconocimiento y ejecución de sentencias

Art. 11. Las disposiciones del presente título se aplicarán, en materia civil y mercantil a las decisiones de las autoridades judiciales de las Partes Contratantes, así como a los laudos arbitrales y a cualquier otro acto provisto de fuerza ejecutiva, originados o formalizados en sus respectivos territorios.

Dichas disposiciones no se aplicarán, en las siguientes materias:

1. Quiebras, concursos de acreedores y cualquier otro procedimiento análogo.
2. Seguridad social.
3. Daños de origen nuclear.
4. Materias fiscales.
5. Materias administrativas.

Art. 12. A los efectos del presente Convenio, se entenderá:

1. Por «decisión»:

a) Toda sentencia definitiva recaída en un procedimiento contencioso, cualquiera que sea su nombre, dictada por órganos jurisdiccionales, así como las resoluciones acordadas por los árbitros.

b) Cualquier resolución de jurisdicción voluntaria.

c) Las medidas de urgencia y cautelares que sean ejecutivas en el Estado de origen.

2. Por «Tribunal de origen», aquel que ha dictado la decisión cuyo reconocimiento o ejecución se solicita.

3. Por «Estado de origen», el Estado en cuyo territorio el Tribunal de origen tiene su sede o en el que se pronuncia el laudo arbitral o se formaliza el documento con fuerza ejecutiva.

4. Por «Tribunal requerido», el Tribunal al que se solicita el reconocimiento o ejecución de la decisión o del documento con fuerza ejecutiva.

5. Por «Estado requerido», el Estado en cuyo territorio se solicita el reconocimiento o la ejecución.

6. Por «documento con fuerza ejecutiva», todos aquellos documentos que, según la Ley del Estado de origen, lleven aparejada ejecución.

Art. 13. Las decisiones dictadas por los Tribunales de una de las Partes Contratantes serán reconocidas en el territorio de la otra Parte:

1. Si el Tribunal de origen es competente, conforme a lo dispuesto en el artículo 17 del presente Convenio.
2. Si en el Estado de origen la decisión no puede ser objeto de recurso ordinario y tiene fuerza ejecutiva.

Art. 14. El reconocimiento será denegado:

1. Cuando no se cumplan las condiciones previstas en el artículo precedente.
2. Cuando la decisión sea contraria al orden público del Estado requerido.

3. Cuando la iniciación del proceso no haya sido notificada regularmente y en los plazos legales a las partes interesadas.

4. Cuando un litigio entre las mismas Partes, fundado en los mismos hechos y sobre el mismo objeto:

a) Esté pendiente ante un Tribunal del Estado requerido y el proceso haya sido incoado con anterioridad a aquel que ha dado lugar a la decisión cuyo reconocimiento se pide.

b) Haya sido resuelto por una decisión en el Estado requerido.

c) Haya dado lugar, en otro Estado, a una decisión que reúna las condiciones necesarias para su reconocimiento en el Estado requerido.

Art. 15. No podrá denegarse el reconocimiento por el solo motivo de que el Tribunal de origen haya aplicado una Ley distinta a la que habría correspondido según las reglas del Derecho internacional privado del Estado requerido, excepto en lo que se refiere al estado y la capacidad de las personas. Aun en estos casos, no se denegará el reconocimiento cuando la aplicación de la Ley antedicha hubiese producido el mismo resultado.

Art. 16. El Tribunal requerido no procederá a ningún examen del fondo de la decisión dictada en el Estado de origen, excepto en lo que sea necesario para la aplicación de las disposiciones del presente Convenio y para apreciar la competencia cuando se trate de decisiones que hayan sido dictadas en rebeldía.

Art. 17. A los efectos del presente Convenio, se considerará competente el Tribunal de origen:

1. Cuando, en el momento de la presentación de la demanda, el demandado tenga su domicilio o su residencia habitual en el Estado de origen.

2. Cuando, en el momento de la presentación de la demanda, el demandado tuviera en el Estado de origen un establecimiento o una sucursal de carácter mercantil, industrial o de cualquier otra naturaleza, y haya sido citado, en dicho Estado, para un litigio relativo a la actividad de aquellos establecimientos o sucursales.

3. Cuando el hecho dañoso sobre el que se funda la acción indemnizatoria haya ocurrido en el Estado de origen.

4. Cuando la acción tenga por objeto una controversia relativa a un inmueble situado en el Estado de origen.

5. Cuando, mediante un acuerdo escrito, las Partes se hayan sometido a la jurisdicción del Tribunal del Estado de origen para los litigios originados o que se originen a causa de una determinada relación jurídica, a menos que el derecho del Estado requerido considere inderogable su propia competencia en la materia de que se trate.

6. Cuando el demandante haya formulado su oposición al fondo del litigio, sin oponerse a la competencia del Tribunal de origen.

7. Cuando en materia de obligaciones contractuales, por acuerdo expreso entre el demandante y el demandado, la obligación objeto del litigio haya sido o deba ser ejecutada en el territorio del Estado de origen.

8. Cuando, en materia de sucesión mobiliaria e inmobiliaria, el *de cujus* fuera, en el momento de su muerte, nacional del Estado de origen.

Art. 18. El Tribunal requerido podrá no reconocer la competencia del Tribunal de origen cuando, según su legislación interna, la competencia, por razón de la materia, esté atribuida exclusivamente a la jurisdicción de su propio Estado.

Art. 19. Pueden ser reconocidas y ejecutadas las medidas de urgencia y cautelares dictadas por un Tribunal de una de las Partes Contratantes, aun cuando en el territorio de la otra Parte esté pendiente la causa principal entre las mismas Partes y sobre la misma materia, siempre que el Tribunal que haya decretado dichas medidas sea competente de acuerdo con las reglas del presente Convenio.

Art. 20. Las decisiones arbitrales pronunciadas válidamente en el territorio de una de las Partes Contratantes serán reconocidas en el territorio de la otra si cumplen las disposiciones de los artículos precedentes en cuanto les sean aplicables.

Art. 21. El procedimiento para obtener la ejecución será el establecido por el ordenamiento del Estado requerido, en cuanto no se oponga a lo dispuesto en este Convenio. Si la decisión contiene pronunciamientos sobre diferentes peticiones separables, contenidas en la demanda, la ejecución podrá ser concedida parcialmente.

Art. 22. Los documentos con fuerza ejecutiva en el territorio de una de las Partes Contratantes serán declarados igualmente ejecutivos en el territorio de la otra por la autoridad judicial que sea competente según la Ley de esta última.

La autoridad judicial se limitará a comprobar si los documentos mencionados reúnen las condiciones necesarias de autenticidad en el territorio de la Parte Contratante donde hayan sido autorizados y si el contenido de los mismos no se opone al orden público del Estado requerido.

Art. 23. La parte que pretenda el reconocimiento o solicite la ejecución deberá presentar:

1. Copia auténtica e íntegra de la decisión.

Art. 20: Vid. Convenio sobre el reconocimiento y ejecución de las sentencias arbitrales extranjeras, hecho en Nueva York, el 10 de junio de 1958 (*BOE* de 9-7-1977 y 11-7-1977, *infra* núm. 69), en el que España e Italia son Estados parte.

Art. 21: Vid. arts. 956 a 958 de la LEC (*supra* núm. 6).

2. El documento que acredite que se ha notificado la decisión.

3. En el procedimiento en ausencia de una de las Partes, la copia auténtica de la citación de aquella que no se haya personado en los autos y los documentos necesarios para probar que tal citación ha sido recibida en tiempo útil.

4. Cualquier documento que acredite que la decisión es ejecutiva en el territorio del Estado de origen, y cuando se trate de una sentencia, se deberá acreditar igualmente que no puede ser objeto de recurso ordinario.

Estos documentos deberán acompañarse, salvo dispensa de la autoridad judicial competente del Estado requerido, de una traducción certificada conforme por un Agente diplomático o consular. La traducción puede también ser certificada conforme por un traductor jurado o por otra persona autorizada al efecto en cualquiera de los dos Estados. Estos documentos serán dispensados de legalización.

Art. 24. Las disposiciones del presente título no serán aplicables a las decisiones judiciales que hubieren sido dictadas en rebeldía con anterioridad a la fecha de la entrada en vigor de este Convenio.

TÍTULO IV

Disposiciones finales

Art. 25. Las diferencias entre las Partes Contratantes relativas a la interpretación y aplicación del presente Convenio serán resueltas por la vía diplomática.

Art. 26. El presente Convenio sustituye al Convenio de 30 de junio de 1851, celebrado entre España y el Reino de Cerdeña, relativo al reconocimiento de las sentencias civiles y mercantiles.

Art. 27. El presente Convenio será sometido a ratificación y entrará en vigor sesenta días después del Canje de Instrumentos de Ratificación.

Art. 28. El presente Convenio tendrá una duración ilimitada. Podrá ser denunciado en cualquier momento por cada una de las Partes Contratantes, y la denuncia surtirá efecto seis meses después de la fecha de notificación al Ministerio de Asuntos Exteriores del otro Estado.

Hecho en Madrid, el 22 de mayo de 1973, en cuatro ejemplares, dos en idioma español y dos en italiano, haciendo fe igualmente ambos textos.

33. CONVENIO SOBRE RECONOCIMIENTO Y EJECUCIÓN DE RESOLUCIONES Y TRANSACCIONES JUDICIALES Y DOCUMENTOS PÚBLICOS CON FUERZA EJECUTIVA EN MATERIA CIVIL Y MERCANTIL ENTRE ESPAÑA Y LA REPÚBLICA FEDERAL DE ALEMANIA, HECHO EN BONN EL 14 DE NOVIEMBRE DE 1983*

(*BOE* núm. 40, de 16 de febrero de 1988; corr. de errores, *BOE* núm. 230, de 24 de septiembre de 1992)

España y la República Federal de Alemania, animados por el deseo de regular el recíproco reconocimiento y ejecución de las resoluciones judiciales y otros títulos ejecutivos en materia civil y mercantil, han convenido lo siguiente:

CAPÍTULO PRIMERO

ÁMBITO DE APLICACIÓN DEL CONVENIO

Artículo 1.º 1. Las resoluciones de los Tribunales de un Estado contratante, en materia civil o mercantil, que decidan sobre peticiones de las partes en un procedimiento contencioso o voluntario, se reconocerán y ejecutarán en el otro Estado con arreglo a las disposiciones del presente Convenio.

2. Se equiparán a las resoluciones judiciales las transacciones judiciales y los documentos públicos con fuerza ejecutiva.

3. Las resoluciones en materia civil o mercantil recaídas en un procedimiento penal se considerarán incluidas dentro del ámbito de aplicación del presente Convenio.

Art. 2.º A los efectos del presente Convenio, las siguientes expresiones se entenderán como se precisa a continuación:

1. Por «resolución»:

a) Toda decisión judicial, cualquiera que sea su denominación.

---

* *Texto auténtico*: español y alemán. Vid. Declaración conjunta consignada en el acta de canje de los instrumentos de ratificación, de 19 de enero de 1988 (*BOE* de 16-2-1988). Vid. art. 951 en relación con los arts. 955 a 958 de la LEC (*supra* núm. 6); Canje de Notas para subsanar determinados errores observados en el texto español del Convenio, hecho en Madrid el 25 de septiembre de 1989/9 de mayo de 1990 (*BOE* de 23-6-1990). Vid. Reglamento 44/2001 (*supra* núm. 7), Reglamento 1346/2000 (*infra* núm. 147), Reglamento 2201/2003 (*infra* núm. 54) y Reglamento 4/2009 (*infra* núm. 62).

b) Los acuerdos de un funcionario competente, judicial o coadyuvante por los Tribunales mediante los cuales se fije el importe de los alimentos, y las órdenes de ejecución ya firmes expedidas por el mismo.

c) Los acuerdos de los Tribunales u otras Autoridades competentes de cada Estado en virtud de los cuales se fije la cuantía de las costas del procedimiento, a condición de que desarrollen una decisión susceptible de ser reconocida o ejecutada en virtud de este Convenio y de que hubieran podido ser impugnados judicialmente.

2. Por «Estado de origen», el Estado en cuyo territorio el Tribunal o Autoridad de origen tenga su sede o ante cuyos Tribunales o Autoridades se formalice el documento con fuerza ejecutiva.

3. Por «Tribunal o Autoridad de origen», aquel que haya dictado la resolución o ante el que se haya verificado la transacción de cuyo reconocimiento o ejecución se trate.

4. Por «Estado requerido», aquel en cuyo territorio tenga lugar el reconocimiento o se solicite la ejecución.

5. Por «Tribunal o Autoridad requerida», aquel ante el que se solicite el reconocimiento o ejecución de la resolución, la transacción o el documento con fuerza ejecutiva.

Art. 3.º Las disposiciones del presente Convenio no se aplicarán:

1. A las resoluciones recaídas en un procedimiento de quiebra o concurso de acreedores, en un previo procedimiento conciliatorio, o en cualquier otro procedimiento análogo, incluidas las resoluciones que en dichos procedimientos decidan sobre la validez de actos jurídicos que afecten a los acreedores.
2. A las resoluciones en materia de seguridad social.
3. A las resoluciones en materia de responsabilidad nuclear.
4. Al arbitraje.
5. A las disposiciones cautelares, medidas provisionales y embargos preventivos.

Art. 2.º1.b: Según la declaración conjunta para alcanzar una interpretación común, consignada en el acta de canje de los instrumentos de ratificación del Convenio, hecha en Madrid el 19 de enero de 1988: «A los efectos del artículo 2.º, apartado 1, se entenderán por "Resoluciones judiciales", tanto las decisiones adoptadas por los jueces. como las decisiones adoptadas por los funcionarios competentes, judiciales o coadyuvantes de los Tribunales (*Rechtspfleger*). La referencia especial a los acuerdos de estos últimos contenida en el artículo 2.º, apartado 1, letra *b*), únicamente tiene por objeto prevenir los eventuales equívocos que podrían llegar a producirse por el hecho de que en España se desconoce la institución del *Rechtspfleger*, que reza en lengua española «funcionario de la administración judicial con determinadas funciones jurisdiccionales».

Art. 3.º4: Vid. el Convenio sobre el reconocimiento y ejecución de las sentencias arbitrales extranjeras, hecho en Nueva York el 10 de junio de 1958 (*BOE* de 11-7-1977) en el que son Estados parte España y la RF de Alemania (*infra* núm. 69).

Art. 3.º5: Texto corregido por el Canje de Notas hecho en Madrid el 25 de septiembre de 1989/9 de mayo de 1990 (*BOE* de 23-6-1990).

CAPÍTULO II

Reconocimiento de resoluciones judiciales

Art. 4.º Las resoluciones de los Tribunales de una de las Partes Contratantes serán reconocidas en el territorio de la otra:

1. Si el Tribunal del Estado de origen fuese competente conforme a lo dispuesto en los artículos 7.º y 8.º del presente Convenio; y

2. Si en el Estado de origen la resolución hubiera ganado firmeza.

Art. 5.º 1. El reconocimiento podrá ser denegado:

1) Si la resolución fuese manifiestamente contraria al orden público del Estado requerido.

2) Cuando un procedimiento entre las mismas partes, fundado en los mismos hechos, y con el mismo objeto estuviera pendiente ante un Tribunal del Estado requerido y el proceso se hubiera incoado con anterioridad ante dicho Tribunal.

3) Si la resolución estuviera en contradicción con otra resolución firme recaída entre las mismas partes en el Estado requerido.

2. Si el demandado no hubiese comparecido en el proceso, podrá también denegarse el reconocimiento de la resolución en los siguientes casos:

Cuando de la demanda o escrito inicial:

a) No se hubiese dado traslado al demandado conforme a las Leyes del Estado de origen, o

b) Se hubiese dado traslado al demandado sin respetar lo dispuesto en un Convenio internacional en vigor para ambas Partes, o

c) Se hubiese dado traslado al demandado conforme a las Leyes del Estado de origen, pero los Tribunales del Estado requerido considerasen insuficientes el plazo de comparecencia o de contestación.

Cuando el demandado demostrara que no ha podido defenderse porque, sin culpa suya, el escrito no hubiese llegado a su poder o no hubiese llegado con la debida antelación.

Art. 6.º 1. El reconocimiento no podrá ser denegado por el solo motivo de que el Tribunal que haya dictado la resolución hubiera aplicado una Ley distinta a la que hubiese correspondido de acuerdo con las normas de Derecho internacional privado del Estado requerido.

2. Sin embargo, el reconocimiento podrá ser denegado por dicho motivo si la resolución viene determinada por la valoración de la situación matrimonial, su régimen económico, relaciones familiares, capacidad, representación legal, derechos sucesorios y declaración de ausencia o de fallecimiento de un nacional del Estado requerido, salvo que se hubiese llegado a igual resultado de aplicar las normas de Derecho internacional privado del Estado requerido. Este mismo criterio regirá para las resoluciones relativas a la capacidad jurídica o de obrar de las per-

sonas jurídicas que tengan su domicilio o establecimiento principal en el Estado requerido.

Art. 7.º 1. Sin perjuicio de lo dispuesto en el artículo 8.º, la competencia de los Tribunales del Estado de origen será reconocida a los efectos del artículo 4.º, apartado 1.

1. Si, en el momento de la iniciación del procedimiento, el demandado tuviera su domicilio o residencia habitual en el Estado de origen, o, tratándose de personas jurídicas, su domicilio o establecimiento principal.

2. Si, en el momento de la iniciación del procedimiento, el demandado tuviese en el Estado de origen un establecimiento mercantil o una sucursal y hubiera sido demandado en dicho Estado en litigio relativo a la actividad de aquellos establecimientos o sucursales.

3. Si mediante acuerdo las partes se hubieran sometido a la competencia de los Tribunales del Estado de origen para la resolución de determinadas cuestiones litigiosas, a menos que tal acuerdo no estuviese permitido por las Leyes del Estado requerido. Sólo existirá acuerdo en el sentido de esta disposición, si la sumisión hubiere sido concertada por escrito, o confirmada de ese modo, en caso de haber sido verbal.

4. Si el demandado, sin estar fundada la competencia del Tribunal del Estado de origen, se hubiese opuesto al fondo del litigio sin oponerse a aquélla, a no ser que una sumisión convencional fuese improcedente según las Leyes del Estado requerido. No se considerará que la oposición a la demanda implica aceptación de la competencia en los casos en que el demandado, en el momento procesal oportuno, hubiese declarado que interviene en el procedimiento solamente en orden a los bienes situados en el Estado de origen, para oponerse al embargo de bienes o para obtener el alzamiento del mismo.

5. Si, tratándose de una reconvención, el Tribunal del Estado de origen hubiera sido competente, con arreglo a este artículo, para conocer de la demanda principal, y si la reconvención guardara relación con la acción ejercitada en la demanda principal o con los recursos u otros medios de defensa utilizados contra aquélla.

6. Si con la demanda se solicitase una indemnización o restitución como consecuencia de haber prosperado total o parcialmente en el Estado de origen un recurso de revisión contra una resolución de ese mismo Estado, ejecutada en el Estado requerido.

7. Si la demanda tuviera por objeto un contrato o una acción derivada de un contrato y la obligación litigiosa hubiera sido cumplida o hubiera de serlo en el Estado de origen, siempre que, según la Ley del Estado requerido, tal acuerdo pudiera ser determinante de la competencia. Sólo existe acuerdo en el sentido de esta disposición si hubiese sido concertado por escrito o confirmado de ese modo, en caso de haber sido verbal.

8. Cuando el lugar de la prestación de los servicios se encontrara en el Estado de origen, si el objeto de la demanda fuera la existencia o no de una relación de trabajo u otros conflictos jurídicos derivados de dicha relación.

9. En el supuesto de que la demanda se fundara en un acto ilícito o en un acto equiparado al ilícito por el Derecho del Estado de origen, si la acción hubiese ocurrido o el resultado se hubiera producido en dicho Estado de origen.

10. Si la demanda se fundara en una acción ilícita dentro del tráfico mercantil, o en el quebrantamiento de patente, modelo de utilidad, marca, garantía de calidad, dibujo, modelo, o derecho de autor, o en la lesión del derecho de patente, modelo de utilidad o garantía de calidad en el Estado de origen y el resultado dañoso se hubiese producido en dicho Estado.

11. Si en la demanda se hubiera ejercitado una acción relativa a un inmueble o a un derecho sobre un bien de esa clase, y el mismo estuviera situado en el Estado de origen.

12. Si el objeto de la demanda fuera una acción de alimentos y el presunto alimentista tuviese en el momento de la apertura del juicio su residencia o domicilio habitual en el Estado de origen.

13. Si, en cuestiones sucesorias, el causante hubiese sido nacional del Estado de origen o hubiese tenido en éste su último domicilio o residencia habitual, independientemente de que los bienes objeto de la sucesión sean muebles o inmuebles.

14. Si la persona contra la que se pide el reconocimiento hubiese sido demandante en el procedimiento ante un Tribunal del Estado de origen y hubiera sido desestimada la demanda, a menos que el Derecho del Estado requerido se oponga a esta competencia por razón de la materia.

2. Sin embargo, no se reconocerá la competencia de los Tribunales del Estado de origen en los casos en que, según el Derecho del Estado requerido, sus Tribunales o los de un tercer Estado tuviesen competencia exclusiva para conocer de la demanda origen de la resolución.

Art. 8.º 1. En todas las cuestiones relativas al matrimonio, a las relaciones familiares, a la capacidad jurídica o de obrar, a la representación legal, en las que participe un nacional de una de las Partes Contratantes, se considerarán competentes a los efectos del artículo 4.º, apartado 1, los Tribunales del Estado de origen, si el demandado al iniciarse el procedimiento era nacional del referido Estado o tenía en el mismo su domicilio o residencia habitual.

2. En cuestiones de matrimonio se reconocerá además la competencia de los Tribunales del Estado de origen, si una de las partes poseía, en el momento de iniciarse el procedimiento, la nacionalidad de uno de los Estados contratantes, si ambas partes han tenido su última residencia habitual común

en el Estado de origen y si el demandante al iniciarse el procedimiento tenía su residencia habitual en el mismo.

3. En cuestiones de matrimonio se reconocerá asimismo competencia a los Tribunales del Estado de origen cuando los cónyuges tengan su residencia habitual en un tercer Estado, siempre que el demandante, en el momento de la iniciación del procedimiento, sea nacional del Estado de origen y el demandado sea nacional de un Estado distinto al requerido.

Art. 9.º 1. Si la resolución dictada en una Parte Contratante se pretende reconocer en la otra, sólo se podrá comprobar si se reúnen las condiciones del artículo 4.º y si existe alguna de las razones de denegación mencionadas en los artículos 5.º y 6.º2. Excepto en lo señalado con anterioridad, la resolución no podrá ser sometida a ulterior control.

2. En la apreciación de la competencia del Tribunal de origen (artículo 4.º1), el Tribunal del Estado requerido estará vinculado por las declaraciones de hecho en que dicha autoridad fundó su competencia, excepto cuando se trate de una resolución en rebeldía.

Art. 10. 1. Las resoluciones *dictadas* en uno de los Estados contratantes serán reconocidas en el otro sin necesidad de procedimiento especial, sin perjuicio de lo dispuesto en los apartados siguientes.

2. Si se pidiese el reconocimiento en un litigio ante un Tribunal de un Estado contratante, cuya resolución dependiera de dicho reconocimiento, este Tribunal será competente para conocer del mismo.

3. Cuando el reconocimiento de una decisión constituye como tal el objeto del litigio, la parte que lo pretende puede solicitarlo siguiendo el procedimiento regulado en el capítulo tercero.

4. Sin perjuicio de lo dispuesto en los apartados 1 a 3, cada una de las Partes Contratantes podrá establecer un procedimiento especial simplificado de reconocimiento en cuestiones relativas al matrimonio y las relaciones familiares. En cualquier caso, el demandante no deberá encontrarse en situación menos favorable que la que le correspondería con arreglo a lo establecido en los artículos 13 y 14.

CAPÍTULO III

I. Ejecución de resoluciones judiciales

Art. 11. Las resoluciones de los Tribunales de una de las Partes Contratantes deberán ser

---

Art. 10.2: Esta disposición modifica, en la materia objeto de la misma, el art. 955 de la LEC (vid. *supra* núm. 6).

admitidas a ejecución en la otra por un procedimiento rápido y sencillo:

1. Si fuesen ejecutorias en el Estado de origen.

2. Si cumpliesen las condiciones exigidas para su reconocimiento en el Estado requerido.

Art. 12. El procedimiento para la admisión de la ejecución de resoluciones judiciales y la posterior ejecución se regirán por el Derecho del Estado requerido siempre que el presente Convenio no estipule otra cosa.

Art. 13. 1. Ninguna caución ni depósito, sea cual fuere su denominación, podrá ser exigido para garantizar el pago de costas, por razón de la nacionalidad o domicilio del solicitante, si éste tuviese su residencia habitual —o, tratándose de personas jurídicas, su establecimiento principal— en el Estado de origen.

2. Si la solicitud del exequátur fuera desestimada, esta resolución desestimatoria será reconocida y ejecutada en el otro Estado contratante sin entrar a examinar la competencia.

Art. 14. Si la parte que solicitara la ejecución hubiese disfrutado del beneficio de justicia gratuita en el Estado de origen, gozará igualmente del mismo, de acuerdo con la normativa del Estado requerido, tanto en el procedimiento de exequátur de la resolución como en la propia ejecución forzosa.

Art. 15. La solicitud de exequátur podrá ser presentada por toda persona que en el Estado de origen pueda deducir derechos de la resolución de que se trate.

Art. 16. 1. La parte que solicite la ejecución deberá presentar:

1) Testimonio literal de la resolución fundada.

2) Documento o documentos judiciales en los que conste que la resolución no puede ser objeto de recurso ordinario y es ejecutiva, conforme al Derecho del Estado de origen.

3) Original o copia auténtica del acta de notificación o de otro documento en el que conste que la resolución ha sido notificada a la parte contra la que deba llevarse a efecto la ejecución.

4) Original o copia auténtica del documento o documentos de los que resulte que el escrito, que sirva para iniciar el procedimiento, ha sido debidamente trasladado al demandado, en el supuesto de que el mismo no hubiese comparecido en el procedimiento en el que se hubiese dictado la resolución.

5) En caso necesario, documento o documentos mediante los cuales se pruebe que en el Estado

---

Art. 13.2: Texto corregido por el Canje de Notas de 31 de octubre de 1991 y 6 de abril de 1992 (*BOE* de 24-9-1992).

Art. 15: Texto corregido por el Canje de Notas hecho en Madrid el 25 de septiembre de 1989/9 de mayo de 1990 (*BOE* de 23-9-1990).

de origen el solicitante goza del beneficio de justicia gratuita.

6) Traducción de los documentos mencionados en los apartados precedentes, en la lengua del Estado requerido, certificada conforme por traductor jurado, por Agente diplomático o consular, o por cualquier otra persona autorizada al efecto, en cualquiera de los dos Estados.

2. Los documentos enumerados anteriormente están dispensados de legalización y de cualquier otra formalidad.

3. La solicitud no se admitirá a trámite en tanto no se aporten los documentos enumerados en el párrafo 1 del presente artículo.

Art. 17. Si la solicitud fuera admitida a trámite, el Tribunal requerido habrá de limitarse a examinar si se dan las condiciones del artículo 4.º y si existe alguna de las razones de denegación a las que se refieren los artículos 5.º y 6.º2.

Art. 18. El Tribunal requerido podrá admitir la ejecución parcial de una resolución.

1. Si la resolución se refiere a una o a varias peticiones y el solicitante pidiese su admisión sólo respecto a una o algunas de las peticiones o a una de sus partes.

2. Si la resolución se refiere a *una o varias* peticiones y la solicitud sólo estuviera fundada respecto a una o algunas de las peticiones o a una de sus partes.

Art. 19. Si se otorgara el exequátur a la resolución, el Tribunal, en caso necesario, tomará al mismo tiempo las medidas pertinentes para su ejecución.

II. Ejecución de transacciones judiciales y documentos públicos con fuerza ejecutiva

Art. 20. 1. Las transacciones judiciales y los documentos públicos mencionados en el artículo 1.º2 serán reconocidos y ejecutados en la otra Parte Contratante como resoluciones judiciales, si en el Estado de origen son ejecutivos.

2. Para la admisión de la ejecución y el procedimiento se aplicarán por analogía los artículos 11 a 16 y 18.

3. El Tribunal requerido deberá limitarse a comprobar:

1) Si se han presentado los documentos necesarios.

2) Si la ejecución es manifiestamente contraria al orden público del Estado requerido.

CAPÍTULO IV

Litispendencia y transferencia

Art. 21. 1. Los Tribunales de una de las Partes Contratantes declararán, en su caso, que no es admisible o, si lo consideran oportuno, suspenderán temporalmente la tramitación de una demanda, cuando exista otra demanda fundada en los mismos hechos, con el mismo objeto y entre las mismas partes ante un Tribunal del otro Estado y pueda dictarse una resolución susceptible de ser reconocida y ejecutada en virtud del presente Convenio.

2. Sin embargo, los Tribunales de una de las Partes Contratantes podrán, en caso de urgencia, decretar las medidas provisionales o cautelares previstas en su legislación, cualquiera que sea el Tribunal que conozca del fondo del litigio.

Art. 22. Las Partes Contratantes facilitarán, con arreglo a su legislación interna, las transferencias económicas, objeto de la ejecución, que puedan derivarse de la aplicación del presente Convenio.

CAPÍTULO V

DISPOSICIONES FINALES

Art. 23. 1. El presente Convenio no afectará a otros Acuerdos que regulan en sectores particulares el reconocimiento y ejecución de resoluciones judiciales y otros títulos ejecutivos, en vigor entre ambas Partes.

2. El presente Convenio no afectará a las normas más favorables de Derecho interno de las Partes Contratantes que faciliten el reconocimiento y ejecución de las resoluciones y transacciones judiciales y documentos públicos con fuerza ejecutiva.

Art. 24. 1. El presente Convenio solamente se aplicará a las resoluciones judiciales que adquieran firmeza después de la fecha de su entrada en vigor, y a las transacciones judiciales y documentos públicos con fuerza ejecutiva otorgados a partir de dicha fecha.

2. Sin perjuicio de lo dispuesto en el párrafo anterior, el presente Convenio se aplicará asimismo a las resoluciones en cuestiones de matrimonio y relaciones familiares que hubieran adquirido firmeza con anterioridad a su entrada en vigor, siempre que no se hayan pronunciado en rebeldía.

Art. 25. El presente Convenio se aplicará también al *Land* de Berlín en tanto que el Gobierno de la República Federal de Alemania no haga una declaración en contrario al Gobierno español, dentro de los tres meses siguientes a la entrada en vigor del presente Convenio.

Art. 26. Las dificultades derivadas de la aplicación e interpretación del presente Convenio se resolverán por vía diplomática.

Art. 27. 1. El presente Convenio está sujeto a ratificación. El

---

Art. 23.1: Vid. el Convenio referente al reconocimiento y ejecución de las resoluciones relativas a las obligaciones alimentarias, hecho en La Haya el 2 de octubre de 1973 (*BOE* de 12-8-1987; corr. de errores, *BOE* de 25-11-1987; *infra* núm. 64).

canje de los instrumentos de ratificación tendrá lugar en Madrid a la brevedad posible.

2. Este Convenio entrará en vigor noventa días después de la fecha del canje de los instrumentos de ratificación.

Art. 28. 1. El presente Convenio tendrá duración ilimitada. Podrá ser denunciado por escrito en cualquier momento. Sus efectos cesarán seis meses después del día de la recepción de la denuncia por el Ministerio de Asuntos Exteriores de la otra parte.

2. El Convenio continuará siendo aplicable a las solicitudes de reconocimiento o de ejecución presentadas antes de la fecha en que surta efectos la denuncia.

En fe de lo cual, los Plenipotenciarios firman el presente Convenio, hecho en dos originales, en español y en alemán, igualmente auténticos, en la ciudad de Bonn, el 14 de noviembre de 1983.

34. CONVENIO SOBRE RECONOCIMIENTO Y EJECUCIÓN DE RESOLUCIONES, TRANSACCIONES JUDICIALES Y DOCUMENTOS PÚBLICOS CON FUERZA EJECUTIVA EN MATERIA CIVIL Y MERCANTIL, ENTRE ESPAÑA Y AUSTRIA, HECHO EN VIENA EL 17 DE FEBRERO DE 1984*

(*BOE* núm. 207, de 29 de agosto de 1985)

El Rey de España, y el Presidente Federal de la República de Austria,

Animados por el deseo de regular el reconocimiento y ejecución de resoluciones y transacciones judiciales y otros títulos ejecutivos en materia civil y mercantil entre ambos Estados, han resuelto al efecto concluir un Convenio sobre esta materia y han designado como Plenipotenciarios:

....

Los Plenipotenciarios, después de haberse comunicado sus plenos poderes, hallados en buena y debida forma, han convenido las disposiciones siguientes:

Artículo 1.º 1. Las resolu-

---

* *Texto auténtico*: español y alemán. Vid. art. 951 en relación con los arts. 955 a 958 de la LEC (*supra* núm. 6). Vid. arts. 55 y 56 del Convenio de Lugano de 1988 (*supra* núm. 9). Vid. Reglamento 44/2001 (*supra* núm. 7), Reglamento 1346/2000 (*infra* núm. 147), Reglamento 2201/2003 (*infra* núm. 54) y Reglamento 4/2009 (*infra* núm. 62).

ciones de los tribunales de un Estado contratante, en materia civil o mercantil, en un procedimiento contencioso o voluntario, se reconocerán y ejecutarán en el otro Estado, con arreglo a las disposiciones del presente Convenio.

2. El presente Convenio es igualmente aplicable a las resoluciones en materia civil o mercantil, acordadas en un procedimiento penal sobre las pretensiones y derechos de la víctima.

Art. 2.º A los efectos del presente Convenio, las siguientes expresiones se entenderán como se precisa a continuación:

a) Por «resolución»: Toda resolución judicial cualquiera que sea su denominación.

b) Por «tribunal de origen»: La autoridad judicial que haya dictado la resolución cuyo reconocimiento o ejecución se solicite.

c) Por «Estado de origen»: Estado en cuyo territorio tenga su sede el tribunal de origen.

d) Por «tribunal requerido»: La autoridad judicial ante la que se solicite el reconocimiento o ejecución de la resolución.

e) Por «Estado requerido»: Aquel en cuyo territorio tenga lugar el reconocimiento o se solicite la ejecución.

Art. 3.º Las disposiciones del presente Convenio no se aplicarán:

1. A las resoluciones recaídas en un procedimiento de quiebra, concurso de acreedores o cualquier otro procedimiento análogo, incluidas las resoluciones que en dichos procedimientos decidan sobre la validez de actos jurídicos que afecten a los acreedores.

2. A las resoluciones en materia de responsabilidad por daños nucleares.

3. Las medidas provisionales, salvo las dictadas en procedimiento por alimentos, y los embargos preventivos.

4. A las resoluciones en materia de Seguridad Social.

5. A las resoluciones de arbitraje.

Art. 4.º Las resoluciones de los tribunales de una de las partes contratantes serán reconocidas en el territorio de la otra cuando:

1. En el Estado de origen la resolución hubiera ganado firmeza, y,

2. El tribunal del Estado de origen fuese competente conforme a lo dispuesto en los artículos 7.º a 10 del presente Convenio.

Art. 5.º 1. El reconocimiento únicamente podrá ser denegado:

a) Cuando la resolución fuese manifiestamente contraria al orden público del Estado requerido.

Art. 3.º5: Vid. el Convenio sobre el reconocimiento y ejecución de las sentencias arbitrales extranjeras, hecho en Nueva York el 10 de junio de 1958 (*BOE* de 11-7-1977), en el que son Estados partes España y Austria (*infra* núm. 69).

b) Cuando un procedimiento entre las mismas partes, fundado en los mismos hechos y con el mismo objeto, estuviera pendiente ante un tribunal del Estado requerido y el proceso se hubiera iniciado con anterioridad ante dicho tribunal.

c) Si la resolución estuviera en contradicción con otra resolución firme, recaída entre las mismas partes sobre el mismo objeto en el Estado requerido.

2. En el caso de que el demandado no haya tomado parte en el procedimiento, podrá ser también denegado el reconocimiento, si no hubiese sido citado en tiempo hábil para oponerse a la demanda.

Art. 6.º 1. El reconocimiento no podrá ser denegado por el solo motivo de que el tribunal que haya dictado la resolución hubiera aplicado una ley distinta a la que hubiese correspondido, de acuerdo con las normas de Derecho Internacional Privado del Estado requerido.

2. El reconocimiento podrá también ser denegado por dicho motivo si la resolución se basa en la situación matrimonial, relaciones familiares, régimen económico matrimonial, capacidad jurídica o de obrar, representación legal, declaración de ausencia o de fallecimiento de un nacional del Estado requerido o de los derechos sucesorios de un heredero de dicho nacional, o de la valoración de la capacidad jurídica de una persona jurídica o sociedad, que tenga su sede o su establecimiento principal en el Estado requerido.

Lo dispuesto en el párrafo anterior no será de aplicación cuando se hubiese llegado a igual resultado en el caso de aplicar las normas de Derecho Internacional Privado del Estado requerido.

Art. 7.º 1. Sin perjuicio de lo dispuesto en los artículos 8.º al 10, la competencia de los tribunales de los Estados de origen será reconocida a los efectos del artículo 4.º2:

1.1. Si, en el momento de la iniciación del procedimiento, el demandado tuviera su domicilio o residencia habitual en el Estado de origen, o tratándose de personas jurídicas o sociedades mercantiles, su domicilio o establecimiento principal.

1.2. Si, en el momento de la iniciación del procedimiento, el demandado tuviese en el Estado de origen un establecimiento mercantil o una sucursal, y hubiera sido demandado en dicho Estado en litigio relativo a la actividad de aquellos establecimientos o sucursales.

1.3. Si, mediante acuerdo las partes se hubieran sometido a la competencia de los tribunales del Estado de origen para la resolución de determinadas cuestiones litigiosas, a menos que tal acuerdo no estuviera permitido por las leyes del Estado requerido. Sólo existirá acuerdo en el sentido de esta disposición si la solución hubiera sido acordada por escrito o confirmada de este modo en caso de haber sido verbal.

1.4. Si el demandado, sin estar fundada la competencia, se hubiese opuesto al fondo del litigio, sin oponerse a aquélla, a no ser que una sumisión convencional fuese improcedente, según las leyes del Estado requerido; no se considerará que la oposición a la demanda implica aceptación de la competencia, en los casos en que el demandado declare que se somete al procedimiento solamente en orden a los bienes situados en el Estado de origen, o para oponerse al embargo o para solicitar el alzamiento del mismo.

1.5. Si, tratándose de una reconvención, el tribunal del Estado de origen hubiera sido competente con arreglo a este artículo para conocer de la demanda principal, y si la reconvención guardara relación con la acción ejercitada en la demanda principal o con los recursos u otros medios de defensa utilizados contra aquélla.

1.6. Si, con la demanda, se solicitase una indemnización o restitución como consecuencia de haber prosperado total o parcialmente en el Estado de origen un recurso de revisión contra una resolución de ese mismo Estado, ejecutada en el Estado requerido.

1.7. Si la demanda tuviera por objeto un contrato o una acción derivada de un contrato y la obligación litigiosa hubiera sido cumplida o hubiera de serlo en el Estado de origen. Sólo existe acuerdo en el sentido de esta disposición, si hubiese sido concertado por escrito o confirmado de este modo en caso de haber sido verbal.

1.8. Cuando el lugar de la prestación de los servicios se encontrara en el Estado de origen, si el objeto de la demanda fuera la existencia o no de un contrato de trabajo u otros conflictos jurídicos derivados de dicha relación.

1.9. En el supuesto de que la demanda se fundara en un acto ilícito o en un acto equiparado al ilícito por el Derecho del Estado de origen, si la acción hubiese ocurrido o el resultado se hubiese producido en dicho Estado de origen.

1.10. Si el demandado, en la fecha de la presentación de la demanda, posee bienes en el territorio de este Estado, y no tiene ni el domicilio ni la residencia habitual en el territorio del otro Estado, en la cuantía de lo demandado.

1.11. Si el objeto de la demanda fuera una acción de alimentos y el alimentista tuviese, en el momento de la apertura del juicio, su domicilio o residencia habitual en el Estado de origen, salvo que el demandante fuera mayor de edad, en cuyo caso la competencia del tribunal del Estado de origen será reconocida cuando ambas partes tuviesen su última residencia o domicilio habitual en el territorio de dicho Estado.

1.12. Si la persona contra la que se pide el reconocimiento hubiese sido demandante en el procedimiento ante un tribunal del Estado de origen y hubiera sido desestimada la demanda, o no admitida a trámite.

2. Sin embargo, no se reconocerá la competencia de los tribunales del Estado de origen en los casos en que, según el Derecho del Estado requerido, los tribunales de

un tercer Estado tuviesen competencia exclusiva para conocer de la demanda origen de la resolución.

Art. 8.º 1. En todas las cuestiones relativas al matrimonio, a las relaciones familiares, a la capacidad jurídica o de obrar, a la representación legal, en las que participe un nacional de una de las partes contratantes, se considerarán competentes, a los efectos del artículo 4.º, punto 1, los tribunales del Estado de origen si el demandado, al iniciarse el procedimiento, era nacional del referido Estado o tenía en el mismo su domicilio o residencia habitual.

2. En cuestiones de matrimonio se reconocerá, además, la competencia de los tribunales del Estado de origen, si una de las partes poseía, en el momento de iniciarse el procedimiento, la nacionalidad de uno de los Estados contratantes, si ambas partes han tenido su última residencia habitual común en el Estado de origen, y si el demandante, al iniciarse el procedimiento, tenía su residencia habitual en el mismo.

3. En cuestiones de matrimonio se reconocera, asimismo, competencia a los tribunales del Estado de origen, cuando los cónyuges tengan su residencia habitual en un tercer Estado, siempre que el demandante, en el momento de la iniciación del procedimiento, sea nacional del Estado de origen, y el demandado sea nacional de un Estado distinto al requerido.

Art. 9.º Los tribunales del Estado donde esté situado un inmueble son competentes, de acuerdo con el artículo 4.º, punto 2, para conocer las demandas que tengan por objeto un derecho real sobre ese inmueble. Son, asimismo, competentes en materia de Derecho hereditario sobre bienes inmuebles.

Art. 10. Los tribunales del Estado de origen son competentes, de acuerdo con el artículo 4.º, punto 2, en materia de derecho hereditario sobre bienes muebles cuando el difunto fuera nacional de este Estado, o hubiera tenido su último domicilio o residencia habitual sobre el territorio de éste.

Art. 11. 1. La resolución dictada en una parte contratante que se pretenda reconocer en la otra, sólo podrá ser comprobada en lo relativo al cumplimiento de las condiciones del artículo 4.º, o si existe alguna de las razones de denegación mencionadas en los artículos 5.º y 6.º, punto 2. Excepto en lo señalado con anterioridad la resolución no podrá ser sometida a ulterior control.

2. En la apreciación de la competencia del tribunal de origen, artículo 4.º, punto 2, el tribunal del Estado requerido estará vinculado por las declaraciones de hecho en que dicha autoridad fundó su competencia.

Art. 12. 1. Las resoluciones dictadas en uno de los Estados contratantes serán reconocidas en el otro sin necesidad de procedimiento especial, salvo lo dispuesto en el número siguiente.

2. Cada una de las partes contratantes podrá establecer un procedimiento de reconocimiento en cuestiones relativas al matrimonio y a las relaciones familiares. En cualquier caso, el demandante no deberá encontrarse en situación menos favorable que la que le correspondería con arreglo a lo establecido en los artículos 14 y 15.

Art. 13. 1. Las resoluciones de los tribunales de una de las Partes Contratantes deberán ser ejecutadas en la otra por un procedimiento rápido y sencillo:

1.1. Si cumpliesen las condiciones exigidas para su reconocimiento en el Estado requerido, y

1.2. Si fuesen ejecutorias en el Estado de origen.

2. El procedimiento para la admisión de la ejecución y la posterior ejecución se regirán por el Derecho del Estado requerido.

Art. 14. Ninguna caución o depósito, sea cual fuere su denominación, podrá ser exigido para garantizar el pago de las costas por razón de la nacionalidad o domicilio del solicitante, si éste tuviese su residencia habitual o tratándose de personas jurídicas o sociedades mercantiles su establecimiento principal, en el Estado de origen.

Art. 15. La parte que solicite la ejecución gozará del beneficio de justicia gratuita en el Estado requerido en los mismos casos que los nacionales de ese Estado que tengan en él su domicilio.

Art. 16. 1. La parte que solicite la ejecución deberá presentar:

a) Testimonio literal de la resolución.

b) Documento o documentos o testimonios judiciales en los que conste que la resolución ha ganado firmeza y es ejecutiva conforme al Derecho del Estado de origen.

c) Original o copia auténtica del acta de notificación o de otro documento en el que conste que la resolución ha sido notificada a la parte contra la que deba llevarse a efecto la ejecución.

d) En el caso de que el demandado no hubiera comparecido en el procedimiento en el que se hubiese dictado la resolución, original o copia auténtica del documento o documentos de los que resulte que el escrito que sirve para iniciar el procedimiento ha sido debidamente trasladado al demandado.

e) Traducción de los documentos mencionados en los apartados precedentes, en la lengua del Estado requerido, certificada conforme por traductor jurado, por agente diplomático o consular de cualquiera de los Estados contratantes.

2. Los documentos enumerados anteriormente están dispensados de legalización y de cualquier otra formalidad.

Art. 17. 1. Las transacciones judiciales, los documentos públicos y las actas notariales en materia civil y mercantil serán reconocidos y ejecutados en la otra parte contratante como resoluciones judiciales si en el Estado de origen son ejecutivos.

2. Lo mismo se aplica a las transacciones y acuerdos celebrados en materia de alimentos ante los organismos públicos austríacos encargados de la tutela de los menores, entre el propio organismo, como representante del alimentista y el obligado a prestar alimentos.

3. Para la admisión de la ejecución y el procedimiento se aplicarán por analogía los artículos 13 a 16.

4. El tribunal requerido deberá limitarse a comprobar:

a) Si se han presentado los documentos necesarios.

b) Si la ejecución no es manifiestamente contraria al orden público del Estado requerido.

Art. 18. 1. Los tribunales de una de las partes contratantes rechazarán la demanda cuando exista otra fundada en los mismos hechos, con el mismo objeto y entre las mismas partes ante un tribunal del otro Estado y pueda dictarse una resolución susceptible de ser reconocida y ejecutada en virtud del presente Convenio.

2. Sin embargo, los tribunales de cada una de las partes contratantes podrán decretar las medidas provisionales o cautelares previstas en su legislación, cualquiera que sea el tribunal que conozca del fondo del litigio.

Art. 19. 1. El presente Convenio no afectará a otros acuerdos que regulen en sectores particulares el reconocimiento y ejecución de resoluciones judiciales y otros títulos ejecutivos, en vigor entre ambas partes.

2. El presente Convenio no afectará a las normas más favorables de Derecho interno de las partes contratantes que faciliten el reconocimiento y ejecución de las resoluciones y transacciones judiciales y documentos públicos ejecutivos.

Art. 20. El presente Convenio solamente se aplicará a las resoluciones judiciales dictadas, a las transacciones judiciales concluidas y a los documentos públicos y actas notariales con fuerza ejecutiva otorgados a partir de la fecha de entrada en vigor.

Art. 21. Las dificultades derivadas de la aplicación e interpretación del presente Convenio se resolverán por vía diplomática.

Art. 22. 1. El presente Convenio está sujeto a ratificación. El Canje de los Instrumentos de Ratificación tendrá lugar en Madrid a la brevedad posible.

Art. 19.1: Vid. Convenio sobre reconocimiento y ejecución de sentencias en materia de obligaciones alimenticias respecto a menores, hecho en La Haya el 15 de abril de 1958 (*BOE* de 12-11-1973) y Convenio europeo relativo al reconocimiento y ejecución de decisiones en materia de custodia de menores, así como al restablecimiento de dicha custodia, hecho en Luxemburgo el 20 de mayo de 1980 (*BOE* de 1-9-1984, *infra* núm. 56).

2. Este Convenio entrará en vigor el primer día del tercer mes a contar desde la fecha en que haya tenido lugar el Canje de Instrumentos de Ratificación.

Art. 23. El presente Convenio tendrá duración ilimitada. Podrá ser denunciado por escrito en cualquier momento. Sus efectos cesarán seis meses después del día de la recepción de la denuncia por el Ministerio de Asuntos Exteriores del otro Estado.

En fe de lo cual los Plenipotenciarios han firmado el presente Convenio.

Hecho en Viena el 17 de febrero de 1984, en dos originales en español y en alemán, igualmente auténticos.

35. CONVENIO SOBRE ASISTENCIA JURÍDICA, RECONOCIMIENTO Y EJECUCIÓN DE SENTENCIAS EN ASUNTOS CIVILES, ENTRE ESPAÑA Y *CHECOSLOVAQUIA*, HECHO EN MADRID EL 4 DE MAYO DE 1987*

(*BOE* núm. 290, de 3 de diciembre de 1988; corr. de errores, *BOE* núm. 22, de 26 de enero de 1989)

El Reino de España y la República Socialista de Checoslovaquia, esforzándose por robustecer más las relaciones amistosas y la cooperación entre los dos Estados, de conformidad con el Acta Final de la Conferencia en Europa, y queriendo facilitar el acceso de sus ciudadanos a las autoridades judiciales del otro Estado, reconocer y hacer ejecutar cada una de las sentencias dictadas en el territorio del otro Estado y regular la asistencia jurídica en el campo del Derecho Civil;

Considerando la necesidad de profundizar y facilitar sus relaciones jurídicas reguladas por el Convenio sobre Procedimiento Civil, firmado en La Haya el 1 de

---

* *Texto auténtico*: español y checo. Téngase en cuenta la partición de Checoslovaquia en dos Estados independientes, la República Checa y la República Eslovaca, a partir del 1-1-1993, y por esta razón aparece en cursiva la palabra «Checoslovaquia». Como regla de principio, ambos Estados se consideran sucesores en las obligaciones derivadas de los Tratados internacionales suscritos antes de la partición. Además por intercambio de notas de 21 de marzo de 1994 y 2 de febrero de 1995, la República Checa y España han confirmado que este tratado mantiene su vigencia entre ambos Estados.

Téngase en cuenta que, a partir del 1 de mayo de 2004, ambos países pasan a integrarse en la Unión Europea. Vid. Reglamento 44/2001 (*supra* núm. 7), Reglamento 1346/2000 (*infra* núm. 147), Reglamento 2201/2003 (*infra* núm. 54) y Reglamento 4/2009 (*infra* núm. 62).

marzo de 1954, y otros Convenios internacionales multilaterales sobre asistencia jurídica en que los dos Estados son Partes;

Y deseando mejorar la cooperación judicial mutua regulada hasta ahora por el Acuerdo relativo a la Asistencia Judicial Recíproca en Materia Civil y Comercial, firmado en Madrid el 26 de noviembre de 1927, y el Convenio relativo al Reconocimiento y Ejecución de las Decisiones Judiciales, firmado en Madrid el 26 de noviembre de 1927,

Han decidido concluir el presente Convenio, y a este efecto han acordado lo siguiente:

CAPÍTULO PRIMERO

DISPOSICIONES GENERALES

Artículo 1.º 1. Los ciudadanos de una Parte Contratante gozarán en el territorio de la otra Parte Contratante de igual protección jurídica, en los asuntos referentes a su persona y propiedad, que los ciudadanos de la otra Parte Contratante.

2. Los ciudadanos de una Parte Contratante podrán comparecer ante las autoridades judiciales de la otra Parte Contratante y defender sus derechos, presentar peticiones, entablar acciones y solicitar formas de revisión en las mismas condiciones que los ciudadanos de la otra parte Contratante.

3. Las disposiciones de este Convenio concernientes a los ciudadanos de las Partes Contratantes se aplicarán, *mutatis mutandis*, a las personas jurídicas que tengan sede en el territorio de cualquiera de las Partes Contratantes y hayan sido establecidas en conformidad a las leyes de una de dichas Partes.

Art. 2.º 1. A efectos del presente Convenio, se entenderá que el término «asuntos civiles» incluye también los asuntos de familia y mercantiles.

2. A efectos del presente Convenio, el término «autoridad judicial» representa cualquier órgano estatal de cualquiera de las Partes Contratantes que tenga competencia en los asuntos regulados por el presente Convenio, conforme al Derecho de su Estado.

3. De surgir cualesquiera dudas en el cumplimiento del presente Convenio en lo relativo a la nacionalidad de una persona, cada Parte Contratante informará a la otra, a petición de ésta, de si la persona referida tiene o no la condición de ciudadano suyo.

Art. 3.º 1. Al ejecutar el presente Convenio, las autoridades judiciales de las Partes Contratantes mantendrán contactos por medio de las autoridades centrales competentes, a no ser que se disponga otra cosa en el presente Convenio.

2. A efectos del presente Convenio, las autoridades centrales serán las siguientes:

a) Por parte de España:

— El Ministerio de Justicia.

b) Por parte de la República Socialista Checoslovaca:

— La Fiscalía General de la República Socialista Checoslovaca.

— El Ministerio de Justicia de la República Socialista Checa.

— El Ministerio de Justicia de la República Socialista Eslovaca.

3. Al ejecutar el presente Convenio, las autoridades centrales de las Partes Contratantes utilizarán su lengua respectiva en su comunicación.

CAPÍTULO II

ASISTENCIA JURÍDICA EN MATERIA CIVIL

Art. 4.º *Modo de comunicación.*—1. A fin de facilitar el cumplimiento del Convenio sobre Procedimiento Civil, firmado en La Haya el 1 de marzo de 1954, las Partes Contratantes han acordado complementar el presente Convenio con las disposiciones adicionales contenidas en el presente capítulo.

2. Al complementar el Convenio sobre Procedimiento Civil, firmado en La Haya el 1 de marzo de 1954, las autoridades judiciales de las Partes Contratantes mantendrán contactos del modo a que se refiere el artículo 3 del presente Convenio.

Art. 5.º *Petición de asistencia jurídica.*—1. La petición de asistencia jurídica contendrá lo siguiente:

a) La designación de la autoridad competente;

b) La designación de la autoridad requerida;

c) La especificación del caso en que se pida la asistencia jurídica;

d) Los nombres y apellidos de las partes y sus representantes legales, si los hubiere, el lugar de su residencia permanente o temporal, su ciudadanía y ocupación, y también su lugar y fecha de nacimiento y los nombres y apellidos de los padres, si fuera posible, y, en el caso de personas jurídicas, su nombre y sede;

e) La naturaleza de la petición y los datos que den toda la información necesaria para la ejecución de la petición;

2. La petición incluirá la fecha de su expedición y la firma e irá provista de un sello oficial de la autoridad competente.

3. Si la dirección dada en la petición de asistencia jurídica no es exacta o la persona a que se refiere la petición no reside en la dirección dada, la autoridad requerida tomará las medidas necesarias para averiguar la dirección correcta.

4. Después de haber ejecutado la petición de asistencia jurídica, la autoridad requerida devolverá los documentos a la autoridad requirente. Si no se puede dar cumplimiento a la petición de asistencia jurídica, la autoridad requerida devolverá los documentos a la autoridad requirente y al

---

Art. 4.º: Vid. (*supra* núm. 16) el Convenio sobre procedimiento civil, hecho en La Haya el 1 de marzo de 1954 y las notas a dicho texto.

mismo tiempo dará las razones que han impedido la ejecución de la petición.

Art. 6.º *Notificación de documentos.*—1. El certificado de notificación será enviado inmediatamente a la Parte Contratante requirente.

2. Si no puede efectuarse la notificación, la Parte Contratante requerida comunicará inmediatamente las razones a la Parte Contratante requirente.

Art. 7.º *Ejecución de la petición de asistencia jurídica a través de las misiones diplomáticas u oficinas consulares.*—Las Partes Contratantes serán libres de efectuar la notificación de documentos a sus propios ciudadanos y de examinarlos también a través de sus misiones diplomáticas u oficinas consulares. En tales casos no se utilizará apremio alguno.

Art. 8.º *Protección de testigos y peritos.*—1. La persona que vaya a ser interrogada como testigo o perito ante la autoridad judicial civil de una de las Partes Contratantes y resida en el territorio de la otra Parte Contratante no está obligada a comparecer ante esa autoridad en virtud de citación; por tanto, la citación no contendrá la amenaza de apremio en caso de que deje de comparecer.

2. El testigo o perito, sea cual sea su nacionalidad, que tenga su residencia en el territorio de una de las Partes Contratantes y comparezca en virtud de citación ante la autoridad judicial de la otra Parte Contratante, no podrá ser procesado, o sujeto a restricción alguna de su libertad personal, en el territorio de esa Parte Contratante, con respecto a un acto o condena criminal anterior al cruce de la frontera de la Parte Contratante requirente en virtud de citación. Asimismo, no podrá ser procesado con motivo de dar su testimonio o prueba pericial.

3. El testigo o perito quedará privado de la protección dispuesta en el párrafo 2 del presente artículo si no abandonare el territorio de la Parte Contratante requirente en el plazo de siete días a partir de aquel en que fue informado por la autoridad judicial que le citó de que ya no se requiere su presencia, o si hubiere abandonado el territorio de la Parte Contratante requirente y hubiere vuelto al mismo voluntariamente. No se incluirá en el susodicho plazo el tiempo durante el cual el testigo o perito no pudo abandonar el territorio de tal Parte Contratante por razones no dependientes de su voluntad.

4. La persona que hubiere recibido citación tendrá derecho a indemnización por los costes de su viaje y estancia, así como por lucro cesante; el perito tendrá derecho además a honorarios de examen por prueba pericial. La clase de indemnización a que la persona citada tendrá derecho será establecida en la citación y, previa petición, se proveerá a dicha persona de un adelanto para cubrir tales gastos.

Art. 9.º *Costas de la asistencia jurídica.*—1. Las Partes Contratantes no exigirán el reembolso de las costas de la ejecución de la petición de asistencia jurídica, con excepción de los honorarios de examen y otros gastos surgidos con motivo de la ejecución de la prueba pericial.

2. El cumplimiento de la petición de la prueba pericial podrá condicionarse al depósito de un adelanto.

3. Previa solicitud, la autoridad requerida informará a la autoridad requirente del monto de las costas ocasionadas por el cumplimiento de la petición de asistencia jurídica.

Art. 10. *Información jurídica.*—Previa petición, las autoridades centrales de las Partes Contratantes relacionadas con el presente ámbito de este Convenio se proporcionarán información sobre las normas jurídicas que están o estaban en vigor en su territorio respectivo, así como el texto de tales normas jurídicas e información sobre la práctica de las autoridades judiciales.

Art. 11. *Validez y fuerza probatoria de los documentos.*—1. Los documentos expedidos o certificados en la forma prescrita y provistos del sello oficial de la autoridad estatal competente o funcionario previsto por la ley de una de las Partes Contratantes, no requerirán autenticación ulterior alguna en el territorio de la otra Parte Contratante. Lo mismo se aplicará a las firmas de los documentos y las firmas verificadas según las normas de una de las Partes Contratantes.

2. A efectos del presente Convenio, los documentos públicos expedidos en el territorio de una de las Partes Contratantes tendrán ante las autoridades del Estado de la otra Parte Contratante la misma fuerza probatoria que les otorgue el derecho de la Parte Contratante del territorio en que fueron expedidos.

Art. 12. *Averiguación de direcciones y otros datos.*—1. Las autoridades centrales de las Partes Contratantes se asistirán, previa petición, en la averiguación de las direcciones de personas residentes en su territorio en caso de que sea necesaria para la promoción de los derechos de sus ciudadanos.

2. Si se presenta una reclamación de alimentos ante una autoridad judicial de una Parte Contratante contra una persona residente en el territorio de la otra Parte Contratante, ésta proporcionará, previa petición, su asistencia en la averiguación de la fuente y monto de los ingresos de esa persona.

Art. 13. *Traslado de documentos de estado civil y otros documentos.*—1. Las Partes Contratantes se proporcionarán mutuamente certificaciones registrales relativas al nacimiento, matrimonio y fallecimiento de ciudadanos de la otra Parte Contratante, así como información sobre cualquier alteración de tales actas concernientes a los ciudadanos de la otra Parte Contratante. Las certificaciones serán enviadas inmediatamente después de haber sido extendida la partida en el registro.

2. Una Parte Contratante proporcionará, a petición de la otra Parte Contratante, tales certificaciones para necesidades oficiales.

3. Las certificaciones mencionadas en el presente artículo se proporcionarán gratuitamente a través de los canales diplomáticos.

Art. 14. Las solicitudes, por parte de ciudadanos de las Partes Contratantes de certificaciones registrales de estado civil o de otros documentos concernientes al estado civil pueden ser enviadas directamente a la autoridad competente del registro o a la autoridad judicial de la otra Parte Contratante. Los documentos pedidos serán enviadas al solicitante a través de la misión diplomática u oficina consular del Estado cuya autoridad expidió el documento. La misión diplomática u oficina consular cobrará en el acto de su otorgamiento al solicitante derechos por expedir el documento.

Las disposiciones del artículo 25 del Convenio sobre Procedimiento Civil, firmado en La Haya el 1 de marzo de 1954, no quedan afectadas por el presente artículo.

Art. 15. Las Partes Contratantes se enviarán copias de sentencias definitivas concernientes al estado civil de los ciudadanos de la otra Parte Contratante del modo mencionado en el párrafo 3 del artículo 13 del presente Convenio.

CAPÍTULO III

Reconocimiento y ejecución de sentencias

Art. 16. Las Partes Contratantes reconocerán y harán ejecutar en su territorio las siguientes sentencias dictadas en el territorio de la otra Parte Contratante:

a) Las sentencias de las autoridades judiciales en asuntos civiles.

b) Las sentencias de las autoridades judiciales en asuntos penales concernientes al pago de indemnizaciones y otras reclamaciones de Derecho Civil.

c) Los laudos de los tribunales arbitrales.

Art. 17. Las disposiciones del presente capítulo no se aplicarán:

a) A cuestiones de quiebra, composiciones o procesos análogos.

b) A las decisiones sobre cuestiones de seguridad social.

c) A las decisiones sobre resarcimiento de daños causados por la energía nuclear.

Art. 18. A los efectos del presente capítulo, se entenderá:

a) Por «sentencia», la sentencia de obligado cumplimiendo dada por las autoridades judiciales,

Tribunales arbitrales, así como las transacciones aprobadas por ellas.

b) Por «Tribunal de origen», la autoridad judicial que dictó la sentencia cuyo reconocimiento y ejecución se pretende.

c) Por «Estado de origen», la Parte Contratante en cuyo territorio esté la sede del Tribunal de origen o fue pronunciado el laudo arbitral.

d) Por «Tribunal requerido», la autoridad judicial por la que ha de ser dada la decisión sobre reconocimiento y ejecución de las sentencias.

e) Por «Estado requerido», la Parte Contratante en cuyo territorio se pretende el reconocimiento y ejecución de la sentencia.

Art. 19. 1. A los efectos del presente capítulo, se considerará que el Tribunal de origen tiene jurisdicción:

a) Si el demandado, en el tiempo en que se inició el proceso, tenía su residencia permanente o temporal en el Estado de origen.

b) Si el demandado, en el tiempo en que se inició el proceso, tenía en el Estado de origen un establecimiento comercial, industrial u otro, o una sucursal, y fue citado con motivo de una actividad de tal establecimiento o sucursal.

c) Si los hechos que ocasionaron el daño, cuyo resarcimiento se reclama por la demanda, ocurrieron en el Estado de origen.

d) Si el proceso fuera relativo a bienes inmuebles sitos en el Estado de origen.

e) Si, por acuerdo escrito, las Partes acordaran someter a la jurisdicción del Tribunal de origen las desavenencias que hayan surgido o puedan surgir respecto de una relación jurídica específica, a no ser que el Derecho del Estado requerido no permitiese tal acuerdo a causa de la materia litigiosa.

f) Si el proceso fuera relativo a la obligación surgida de un contrato y las Partes acordaran explícitamente que la obligación hubiera sido o pudiera ser satisfecha en el territorio del Estado de origen.

g) Si el proceso fuera relativo a la herencia de bienes muebles y el causante fuera ciudadano del Estado de origen al tiempo de su muerte.

2. En cuanto a las decisiones que se dictaren referentes a la

---

Art. 19.2: El art. 3 del Convenio sobre reconocimiento y ejecución de sentencias en materia de obligaciones alimenticias respecto a menores, hecho en La Haya el 15 de abril de 1958 (*BOE* de 12-11-1973), establece que: «De conformidad con el presente Convenio serán competentes para dictar decisiones en materia de alimentos las autoridades siguientes: 1. Las autoridades del Estado en cuyo territorio tenía su residencia habitual el deudor de alimentos en el momento en que se presentó la reclamación. 2. Las autoridades del Estado en cuyo territorio tenía su residencia habitual el acreedor de alimentos en el momento en que se presentó la reclamación. 3. La autoridad a cuya competencia se haya sometido el deudor de alimentos, bien expresamente, bien al formular alegaciones sobre el fondo sin hacer reservas respecto a la competencia.» Vid. asimismo los arts. 7.º y 8.º del Convenio referente al reconocimiento y a la ejecución

obligación de alimentos, se considerará que las autoridades de las Partes Contratantes tienen jurisdicción conforme al artículo 3 del Convenio sobre Reconocimiento y Ejecución de Decisiones en Materia de Obligaciones Alimenticias con respecto a Menores, concluido en La Haya el 15 de abril de 1958.

Art. 20. Se reconocerán y harán ejecutar las sentencias a que se refiere el artículo 16 del presente Convenio siempre y cuando:

a) Se considere que el Tribunal de origen tiene jurisdicción según el sentido de las disposiciones del artículo 19 del presente Convenio.

b) La sentencia sea definitiva y de obligado cumplimiento conforme al Derecho del Estado de origen.

c) El reconocimiento y ejecución de la sentencia no esté en conflicto con la competencia exclusiva de las autoridades del Estado requerido.

d) La Parte contra la que se dio la sentencia, aunque citada en tiempo y forma con arreglo al Derecho del Estado de origen, haya dejado de tomar parte en ese proceso y, en caso de incapacidad para litigar, haya sido adecuadamente representada.

e) La sentencia no esté en contradicción con una sentencia definitiva dictada anteriormente entre las mismas partes, sobre el mismo asunto, por la autoridad judicial del Estado requerido.

f) No haya pendiente un proceso entre las mismas partes, sobre el mismo asunto, ante una autoridad judicial del Estado requerido y que ese proceso fuera el primero en ser entablado.

g) No se reconociera o hiciera ejecutar en el territorio del Estado requerido la sentencia de una autoridad judicial de un tercer Estado dictada entre las mismas partes sobre el mismo asunto.

h) El Estado requerido considere que el reconocimiento o ejecución de la sentencia no sería contrario al orden público de esa Parte o no irrogaría perjuicio a su soberanía o seguridad.

Art. 21. Se reconocerán y harán ejecutar los fallos de los Tribunales de arbitraje en las condiciones previstas en el artículo 20 del presente Convenio siempre y cuando:

a) El laudo se basa en un acuerdo formulado por escrito concerniente a la competencia del Tribunal de arbitraje y haya sido pronunciado por el Tribunal de arbitraje a que se refiere el acuerdo

---

de las resoluciones relativas a las obligaciones alimentarias, hecho en La Haya el 2 de octubre de 1973 (*infra* núm. 64) —en el que son Estados parte, entre otros, España, la República Checa y Eslovaquia—, en relación con lo dispuesto en su art. 29.

Art. 21: Vid. asimismo el Convenio sobre el reconocimiento y ejecución de las sentencias arbitrales extranjeras, hecho en Nueva York el 10 de junio de 1958 (*infra* núm. 69), en el que son Estados parte, entre otros, España, la República Checa y Eslovaquia.

dentro del ámbito de la competencia otorgada por ese acuerdo, y

b) El acuerdo sobre la competencia del Tribunal de arbitraje sea válido en conformidad al Derecho elegido por las partes y, a falta de elección, con arreglo al Derecho del Estado requerido.

Art. 22. No podrá denegarse el reconocimiento o la ejecución de la sentencia por la sola razón de que el Tribunal de origen haya aplicado un Derecho distinto del que habría sido aplicable conforme a las reglas de Derecho Internacional Privado del Estado requerido. Sin embargo, podrá denegarse el reconocimiento o la ejecución de la sentencia si el Tribunal de origen hubiera decidido una cuestión referente al estado o la capacidad de una parte y hubiera llegado a un resultado diferente del que se habría seguido de la aplicación a esa cuestión de las reglas de Derecho Internacional Privado del Estado requerido.

Art. 23. 1. Las decisiones de ejecución provisional y las que ordenan medidas provisionales se reconocerán y harán ejecutar, aunque sujetas a las formas ordinarias de revisión, en el Estado requerido si decisiones similares se pudieran dictar y hacer ejecutar en ese Estado.

2. Las medidas provisionales ordenadas por las autoridades judiciales de una Parte Contratante se reconocerán y harán ejecutar en el territorio de esa otra Parte Contratante, aunque el proceso entre las mismas partes sobre el mismo asunto esté pendiente en el territorio de la otra Parte Contratante, si se considera que la autoridad judicial que ordenó la medida protectora tiene jurisdicción según el sentido del artículo 19 del presente Convenio.

Art. 24. 1. La solicitud de reconocimiento o ejecución de la sentencia puede ser sometida directamente al Tribunal o a la autoridad judicial competente requerida que dictó la sentencia como autoridad de primera instancia; ésta remitirá la solicitud a la autoridad judicial de la otra Parte Contratante de la manera dispuesta en el artículo 3 del presente Convenio.

2. La solicitud irá acompañada de la documentación siguiente:

a) Una copia autenticada, completa y conforme al Derecho de una u otra Parte Contratante, de la sentencia del Tribunal de origen, que contenga una cláusula que indique ser definitiva y de obligada ejecución, a no ser que esto resulte evidente de la sentencia misma.

b) Un documento que certifique que la sentencia fue debidamente notificada de conformidad con el Derecho del Estado de origen.

c) Un documento que certifique que la parte contra la que se dictó la sentencia y dejó de asistir al proceso fue citada en tiempo y forma para tomar parte en el proceso conforme al Derecho del Estado de origen y que, en caso de incapacidad para litigar, fue adecuadamente representada, a no ser que esto resulte evidente de la sentencia misma.

d) Una traducción legalizada, en la lengua del Estado requerido, de la solicitud y de los documentos mencionados en las letras *a*), *b*) y *c*) del presente párrafo.

Art. 25. 1. El Tribunal requerido se limitará a averiguar si las condiciones a que se refiere el presente Convenio han sido cumplidas.

Esta autoridad quedará vinculada por los fundamentos de hecho en que el Tribunal de origen basó su jurisdicción, a no ser que la decisión hubiera sido dictada en rebeldía.

2. Si la sentencia contiene disposiciones que pueden disociarse, una o más de éstas pueden reconocerse o hacerse ejecutar por separado.

3. El Tribunal requerido procederá en conformidad con el Derecho de su Estado, a no ser que otra cosa haya sido dispuesta en este Convenio.

CAPÍTULO IV

DISPOSICIONES FINALES

Art. 26. 1. El presente Convenio estará sujeto a ratificación. Los Instrumentos de Ratificación se canjearán en

2. El presente Convenio entrará en vigor a los sesenta días del Canje de los Instrumentos de Ratificación.

Art. 27. 1. El día de la entrada en vigor del presente Convenio dejarán de ser válidos el Acuerdo entre la República Checoslovaca y el Reino de España relativo a la Asistencia Judicial Recíproca en Materia Civil y Comercial, firmado en Madrid el 26 de noviembre de 1927, y el Convenio entre la República Checoslovaca y el Reino de España relativo al Reconocimiento y Ejecución de las Decisiones Judiciales, firmado en Madrid el 26 de noviembre de 1927.

2. No serán utilizados para el presente Convenio el Protocolo, firmado el 13 de agosto de 1928 en Madrid, al Convenio de Extradición y Asistencia Judicial en Materia Penal, al Acuerdo relativo a la Asistencia Judicial Recíproca en Materia Civil y Comercial y al Convenio relativo al Reconocimiento y Ejecución de las Decisiones Judiciales, concluidos y firmados el 26 de noviembre de 1927 en Madrid entre la República Checoslovaca y el Reino de España.

Art. 28. El presente Convenio se concluye por tiempo ilimi-

Art. 26.1: *Sic* en el texto publicado en el *BOE* sin subsanar por corrección de errores.

Art. 26.2: El Convenio entró en vigor el 10 de diciembre de 1988, al haberse efectuado el canje de los instrumentos de ratificación en Praga el 11 de octubre de 1988, según la información del *BOE* de 3-12-1988.

tado. Cada una de las Partes Contratantes podrá denunciar el Convenio por escrito a través de los canales diplomáticos. La denuncia surtirá efecto un año después de haber sido recibida.

En testimonio de lo cual, los Plenipotenciarios de ambas Partes han firmado el presente Convenio y puesto en él su sello respectivo.

Dado en Madrid el 4 de mayo de 1987, en dos ejemplares originales, redactados en las lenguas española y checa, siendo ambos textos igualmente auténticos.

36. CONVENIO SOBRE RECONOCIMIENTO Y EJECUCIÓN DE SENTENCIAS JUDICIALES Y LAUDOS ARBITRALES, EN MATERIA CIVIL Y MERCANTIL ENTRE ESPAÑA Y MÉXICO, HECHO EN MADRID EL 17 DE ABRIL DE 1989*

(*BOE* núm. 85, de 9 de abril de 1991; corr. de errores, *BOE* núm. 108, de 6 de mayo, y núm. 226, de 20 de septiembre)

El Reino de España y los Estados Unidos Mexicanos,

Conscientes de los estrechos vínculos históricos y jurídicos que unen a ambas naciones,

Deseando plasmar dichos vínculos en un instrumento de cooperación jurídica mutua para proveer a la mejor administración de la justicia en materia civil y mercantil,

Han decidido concluir el presente Convenio para regular el reconocimiento y ejecución de sentencias judiciales y laudos arbitrales, en materia civil y mercantil, a cuyo efecto adoptan las siguientes disposiciones:

TÍTULO PRIMERO

Definiciones

Artículo 1.º Para los efectos del presente Convenio, se entenderá:

1. Por «Estados Parte», el Reino de España y los Estados Unidos Mexicanos.

* *Texto auténtico*: español.

2. Por «sentencias», cualquier resolución firme dictada por un órgano jurisdiccional de los Estados Parte, sin perjuicio de que los mismos puedan acordar, mediante un Canje de Notas, su aplicación a otras resoluciones jurisdiccionales.

3. Por «laudo arbitral», las resoluciones dictadas en materia mercantil por árbitros nombrados para casos determinados, así como aquellas dictadas por órganos arbitrales permanentes a los que las partes se hubieren sometido, si el arbitraje hubiere tenido lugar en uno de los Estados Parte.

4. Por «reconocimiento», la eficacia de las sentencias y laudos arbitrales.

5. Por «ejecución», el procedimiento de homologación en los Tribunales del Estado requerido mediante el cual se otorga fuerza coactiva a las sentencias y a los laudos arbitrales.

6. Por «Tribunal de origen» o «Tribunal sentenciador», aquel en que se ha dictado la sentencia o el árbitro o Tribunal arbitral que ha emitido el laudo arbitral cuyo reconocimiento o ejecución se pida.

7. Por «Estado de origen», el Estado Parte en cuyo territorio tenga su sede el Tribunal de origen.

8. Por «Tribunal requerido», el Tribunal al que se solicita el reconocimiento o ejecución de la sentencia o laudo arbitral.

9. Por «Estado requerido», el Estado Parte en cuyo territorio se solicita el reconocimiento o la ejecución.

10. Por «Medidas provisionales o cautelares», las providencias que se dicten por el Tribunal de homologación para proteger a la parte interesada en la ejecución de la sentencia o del laudo arbitral, cuando se tema que el ejecutado puede ocultar o enajenar los bienes en que se trabara la ejecución.

TÍTULO II

Ámbito de aplicación

Art. 2.º El presente Convenio se aplicará a sentencias judiciales y laudos arbitrales dictados en uno de los Estados Parte en procesos civiles y mercantiles que cumplan con las condiciones previstas en los títulos IV y V de este Convenio.

Art. 3.º Quedan excluidas del ámbito de este Convenio:

1. Las materias fiscales, aduaneras y administrativas.

2. Las siguientes materias:

a) Estado civil y capacidad de las personas físicas.

b) Divorcio, nulidad de matrimonio y régimen de los bienes en el matrimonio.

c) Pensiones alimenticias.

d) Sucesión testamentaria o intestada.

e) Quiebras, concursos, concordatos u otros procedimientos análogos.

f) Liquidación de Sociedades.

g) Cuestiones laborales.

h) Seguridad Social.

i) Daños de origen nuclear.

j) Daños y perjuicios de naturaleza extracontractual, y

k) Cuestiones marítimas y aéreas.

TÍTULO III

Competencia del Juez o Tribunal sentenciador

Art. 4.º Para los efectos del artículo 11, inciso *d*), de este Convenio se considerará satisfecho el requisito de la competencia del Juez o Tribunal sentenciador cuando el último la hubiera tenido de acuerdo con las siguientes bases:

1. En materia de acciones personales de naturaleza patrimonial:

a) Que el demandado, al momento de entablarse la demanda, haya tenido su domicilio o residencia habitual en el territorio del Estado de origen, si se tratara de personas físicas, o que haya tenido su establecimiento principal en dicho territorio, en el caso de personas jurídicas;

b) En el caso de acciones contra Sociedades civiles o mercantiles de carácter privado, que éstas, al momento de entablar la demanda, hayan tenido su establecimiento principal en el Estado de origen o bien hubieren sido constituidas en dicho Estado de origen;

c) Respecto de acciones contra sucursales, agencias o filiales de Sociedades civiles o mercantiles de carácter privado, que las actividades que originaron las respectivas demandas se hayan realizado en el Estado de origen, o

d) En materia de fueros renunciables que el demandado haya aceptado por escrito la competencia del órgano jurisdiccional que pronunció la sentencia, o si a pesar de haber comparecido en el juicio no haya impugnado oportunamente la competencia del Tribunal de origen.

2. En materia de acciones reales sobre bienes muebles corporales:

a) Que en el momento de entablarse la demanda los bienes hayan estado situados en el territorio del Estado de origen, o

b) Que se diere cualquiera de los supuestos previstos en la base 1 de este artículo.

3. En materia de acciones reales sobre bienes inmuebles:

Que los bienes inmuebles estuvieren situados, al momento de entablarse la demanda, en el territorio del Estado de origen.

4. En materia de contratos mercantiles celebrados en la esfera internacional:

Que las partes en el litigio hayan acordado por escrito someterse a la jurisdicción del Estado de origen, siempre y cuando tal competencia no hayan sido establecida en forma abusiva y haya existido una conexión razonable con el objeto de la controversia.

Art. 5.º Se considerará también satisfecho el requisito de la competencia para los efectos del artículo 11, inciso *d*), de este Convenio si, a criterio del Tribunal requerido, el Tribunal de origen asumió competencia para evitar denegación de justicia por no existir órgano jurisdiccional competente.

Art. 6.º En el caso de una sentencia pronunciada para decidir una reconvención o contrademanda, se considerará satisfecho el requisito de la competencia a que se refiere el artículo 11, inciso *a*), de este Convenio:

a) Cuando se hubiere cumplido con las disposiciones previstas en los artículos anteriores, si se considerara la reconvención o contrademanda como una acción independiente.

b) Cuando la demanda principal hubiera cumplido con las disposiciones anteriores y la reconvención o contrademanda se hubiere fundamentado en el acto o hecho en que se basó la demanda principal.

Art. 7.º 1. El Tribunal requerido podrá negar eficacia y fuerza de ejecución de la sentencia cuando la última hubiera sido dictada invadiendo la competencia exclusiva del Estado requerido.

2. Por Canje de Notas, los Estados Parte podrán notificarse una relación de sus competencias exclusivas, así como las modificaciones que introdujese cualquiera de dichos Estados.

TÍTULO IV

Reconocimiento de sentencias y laudos arbitrales

Art. 8.º Las sentencias y laudos arbitrales de carácter declarativo dictadas en uno de los Estados Parte tendrán eficacia y serán reconocidos en el otro sin que sea necesario seguir un procedimiento de homologación; cuando sólo vayan a utilizarse como prueba ante Tribunales, será suficiente que las mismas llenen los requisitos necesarios para ser consideradas como documentos auténticos.

Art. 7.º: Vid. art. 22.1 de la LOPJ (*supra* núm. 4).

Art. 9.º Si la sentencia o laudo arbitral no pudiera ser reconocido en su totalidad, el Tribunal podrá admitir su eficacia parcial a petición de la parte interesada.

Art. 10. No serán reconocidas las sentencias o laudos arbitrales cuyo contenido sea contrario al orden público del Estado requerido.

TÍTULO V

Ejecución de sentencias y laudos arbitrales

Art. 11. Las sentencias y laudos arbitrales a que se refiere el título II de este Convenio tendrán eficacia y podrán ser ejecutados en el Estado requerido si el Tribunal requerido determina que concurren las condiciones siguientes:

a) Que vengan revestidos de las formalidades externas necesarias para que sean considerados como documentos auténticos en el Estado de origen.

b) Que las sentencias, laudos arbitrales y los documentos anexos a los mismos estén redactados o traducidos al idioma español.

c) Que se presenten debidamente legalizados de acuerdo con la Ley del Estado requerido, sin perjuicio de lo dispuesto por el artículo 25.

d) Que el Juez o Tribunal sentenciador haya tenido competencia de acuerdo con las bases previstas en el título III de este Convenio.

e) Que tratándose de sentencias las mismas sean de condena patrimonial.

f) Que el demandado haya sido notificado o emplazado en debida forma legal, de modo sustancialmente equivalente a la aceptada por la ley del Estado requerido.

g) Que se haya asegurado la defensa de las partes en el procedimiento que dio origen a la sentencia o laudo arbitral.

h) Que tengan el carácter de ejecutoriados o fuerza de cosa juzgada en el Estado de origen.

i) Que no sean contrarios al orden público del Estado requerido.

Art. 12. Sin perjuicio de las condiciones previstas en el artículo anterior, el Tribunal requerido podrá denegar la ejecución de la sentencia o laudo arbitral cuando entre las mismas partes se haya entablado otro litigio, fundado en los mismos hechos y sobre el mismo objeto, y que

---

Art. 11: Vid. el Convenio sobre el reconocimiento y ejecución de las sentencias arbitrales extranjeras, hecho en Nueva York el 10 de junio de 1958 (*BOE* de 11-7-1977), en el que son Estados partes España y México (*infra* núm. 69).

Art. 12: Vid. nota al art. 11.

a) esté pendiente ante un Tribunal del Estado requerido iniciado en éste con anterioridad a la presentación de la demanda ante el Tribunal de origen;

b) haya dado lugar, en el Estado requerido o en un tercer Estado, a una sentencia definitiva que fuera inconciliable con aquella dictada por el Tribunal de origen.

Art. 13. Serán documentos de comprobación indispensable para solicitar la ejecución de las sentencias y laudos arbitrales los siguientes:

a) Copia auténtica de la sentencia o del laudo arbitral.

b) Copia auténtica de los documentos necesarios para acreditar que se ha dado cumplimiento a los incisos *f*), *g*) y *h*) del artículo 11.

Será también necesario que la parte ejecutante haya señalado domicilio para recibir notificaciones en el lugar del Tribunal requerido.

Art. 14. Si una sentencia o laudo arbitral no pudiera ser ejecutado en su totalidad, el Tribunal requerido podrá admitir su eficacia parcial a petición de parte interesada.

Art. 15. El beneficio de pobreza o justicia gratuita reconocido en el Estado de origen será mantenido en el Estado requerido.

TÍTULO VI

Procedimiento de ejecución

Art. 16. La ejecución de sentencias podrá instarse, sea ante el Tribunal de origen o directamente ante el Tribunal requerido si su Ley lo permite, expidiéndose en el primer caso comisión rogatoria en la que conste la citación para que las partes comparezcan ante el Tribunal requerido.

Art. 17. Todos los procedimientos relativos a la ejecución de *sentencias* y laudos arbitrales, incluso la competencia de los respectivos órganos jurisdiccionales, serán regulados por la Ley del Estado requerido. Este último tendrá también competencia en todos los procedimientos relativos para asegurar la ejecución, incluyendo, entre otros, aquellos concernientes a embargos, depósitos, tercerías y remates.

Art. 18. Todas las cuestiones relativas a embargo, secuestro, depósitos, avalúo, remate y demás relacionadas con la liquidación y ejecución coactiva de la sentencia dictada por el Tribunal de origen, serán resueltas por el Tribunal requerido.

Art. 13: Vid. nota al art. 11.

Art. 14: Vid. nota al art. 11.

Los fondos resultantes de remate quedarán a disposición del Tribunal de origen.

Art. 19. 1. Será Tribunal competente para ejecutar una sentencia o laudo arbitral en el Estado requerido el del domicilio o residencia de la parte condenada o en su defecto el de la situación de sus bienes en el territorio del Estado requerido.

2. Cualquier modificación de la competencia de los Tribunales en un Estado Parte se comunicará por vía diplomática al otro Estado.

Art. 20. La parte contra la que se pida la ejecución deberá ser citada en forma y el Tribunal requerido le concederá un término razonable para ejercitar los derechos que le correspondieren con la intervención del Ministerio Público que requiera la Ley. La Ley del Estado requerido regulará la tramitación del procedimiento de ejecución, incluyendo los recursos que pudieran interponerse contra la resolución respectiva.

Art. 21. En el procedimiento de ejecución, el Tribunal requerido podrá ordenar medidas provisionales o cautelares a petición de parte interesada.

Art. 22. Ni el Tribunal de primera instancia, ni el de apelación, podrán examinar ni decidir sobre la justicia o injusticia de la sentencia o laudo arbitral, ni sobre las motivaciones o fundamentos de hecho o de derecho en que se apoye, limitándose a examinar su autenticidad y si debe o no ejecutarse conforme a lo previsto en este Convenio.

TÍTULO VII

Disposiciones generales

Art. 23. Las normas del presente Convenio no afectarán ni restringirán las disposiciones contenidas en otras convenciones bilaterales o multilaterales celebradas por los Estados Partes en materia de reconocimiento y ejecución de sentencias judiciales y de laudos arbitrales extranjeros, ni las prácticas más favorables que los Estados Partes puedan observar en su derecho interno con relación a la eficacia extraterritorial de unas y otros.

Art. 24. Las diferencias derivadas de la aplicación e interpretación de este Convenio serán resueltas por la vía diplomática.

Art. 25. Los documentos transmitidos en aplicación de este Convenio estarán dispensados de las formalidades de legalización cuando sean cursados por vía diplomática o por las autoridades judiciales.

TÍTULO VIII

Disposiciones finales

Art. 26. 1. El presente Convenio está sujeto a ratificación, entrando en vigor el último día del mes siguiente al canje de los respectivos instrumentos.

2. El presente Convenio tiene una duración indefinida. Cualquiera de las Partes podrá denunciarlo mediante un aviso escrito por vía diplomática. La denuncia será efectiva a partir del último día del siguiente sexto mes de haberse efectuado dicha notificación.

En testimonio de lo cual, los abajo firmantes, debidamente autorizados por sus respectivos Gobiernos, han firmado el presente Convenio.

Hecho en la ciudad de Madrid a los diecisiete días del mes de abril del año de mil novecientos ochenta y nueve, en dos ejemplares igualmente auténticos, e igualmente haciendo fe.

37. CONVENIO ENTRE ESPAÑA E ISRAEL PARA EL MUTUO RECONOCIMIENTO Y LA EJECUCIÓN DE SENTENCIAS EN MATERIA CIVIL Y MERCANTIL, HECHO EN JERUSALÉN EL 30 DE MAYO DE 1989*

(*BOE* núm. 3, de 3 de enero de 1991; corr. de errores, *BOE* núm. 20, de 23 de enero)

El Reino de España y el Estado de Israel, deseando el mutuo reconocimiento y la ejecución de sentencias en materia civil y mercantil, acuerdan lo siguiente:

Artículo 1.º 1. Las sentencias dictadas, en materia civil y mercantil, por los Tribunales de una de las Partes Contratantes, se reconocerán y ejecutarán en el territorio de la otra Parte Contratante, con independencia de la naturaleza del órgano jurisdiccional, con sujeción a las condiciones que se establecen en el presente Convenio.

2. A los efectos del presente Convenio, se entenderá por:

«Sentencia», cualquier resolución de los Tribunales, sea cual

* *Texto auténtico*: hebreo, español e inglés.

fuere su denominación, incluyendo decisiones, decretos, órdenes y transacciones judiciales.

«Tribunal de origen», el Tribunal que dictara, en uno de los Estados Contratantes, la sentencia cuyo reconocimiento o ejecución se solicita del otro Estado Contratante.

«Estado destinatario», el Estado de quien se solicita el reconocimiento o la ejecución de la sentencia dictada por el Tribunal de origen.

3. El presente Convenio no será de aplicación a las sentencias dictadas en cualquiera de las materias siguientes:

a) estado o capacidad jurídica de las personas físicas, derecho de familia, incluidas cuestiones de propiedad derivadas de matrimonio, testamento y sucesiones;

b) quiebra, procedimientos de liquidación de Sociedades u otras personas jurídicas insolventes, convenios entre el quebrado y los acreedores y procedimientos análogos,

c) seguridad social;

d) arbitraje;

e) resarcimiento de impuestos u otras cargas de naturaleza similar, o de multas u otras sanciones pecuniarias, o aspectos relacionados con la Administración Pública, y

f) indemnizaciones de daños y perjuicios causados por la energía nuclear.

4. No obstante lo establecido en el párrafo 3.*a*), el presente Convenio será de aplicación a las sentencias relativas a las obligaciones de prestación de alimentos.

Art. 2.º La sentencia dictada por un Tribunal de origen sólo podrá reconocerse o ejecutarse:

1) si el Tribunal de origen se considera competente de conformidad con lo establecido en el artículo 3.º;

2) si contra la sentencia no cabe ya recurso ordinario alguno en el país del Tribunal de origen; sin embargo, en asuntos de alimentos, también podrán ejecutarse las sentencias o resoluciones provisionales;

3) en el supuesto de solicitud de ejecución, si la sentencia es ejecutable en el Estado del Tribunal de origen.

Art. 3.º Se entenderá que el Tribunal de origen es competente a los efectos de reconocimiento o ejecución de una sentencia, en cualquiera de los supuestos siguientes:

a) cuando el demandado o, si hubiere varios, en el momento de la iniciación de litigio tuvieren su domicilio o residencia habitual en el Estado del Tribunal de origen, o tratándose de personas jurídicas, tuvieren en aquél su sede social, su lugar de constitución o su establecimiento principal;

b) cuando, en el momento de la iniciación del litigio, el demandado tuviere un establecimiento mercantil, industrial u otro tipo de negocio, o una filial o agencia, en el Estado del Tribunal de origen, y el litigio se refiriera a un conflicto derivado de las operaciones de tal establecimiento, filial o agencia;

c) cuando el litigio tuviera por objeto la solución de un conflicto relativo a derechos reales inmobiliarios y arrendamientos de inmuebles, situados en el territorio del Estado del Tribunal de origen;

d) cuando tratándose de un litigio relativo a una indemnización por muerte, lesiones o daños, el hecho dañoso causante o la conducta del demandado tuvieran lugar en el Estado del Tribunal de origen;

e) cuando en el momento de iniciación del litigio, en una acción de alimentos, el domicilio o la residencia habitual del acreedor de alimentos estuviese en el Estado del Tribunal de origen, o cuando el litigio de alimentos fuera subsidiario de otro que estuviera sustanciándose ante el Tribunal de origen en relación con el estado civil de una persona y en el que dicho Tribunal fuera jurisdiccionalmente competente;

f) cuando en un litigio incoado por persona asegurada o por un tercero contra un asegurador, el domicilio o residencia habitual de la persona asegurada o del tercero estuviera situado en el Estado del Tribunal de origen en el momento de la iniciación del litigio, o, en los casos de seguros de responsabilidad o seguros sobre propiedad inmobiliaria, cuando el hecho dañoso se hubiera producido en aquel Estado;

g) cuando, en un litigio relativo a un contrato de suministro de bienes o servicios para uso personal, familiar o doméstico o de crédito para la financiación de esos bienes o servicios, el domicilio o residencia habitual del consumidor estuviera, en el momento de la iniciación del litigio, en el Estado del Tribunal de origen;

h) cuando, en un litigio civil de indemnización, basado en un hecho que diera lugar a la incoación de procedimiento penal, el Tribunal competente penalmente lo fuera también para entender de la acción civil;

i) cuando, en un litigio reconvencional, el Tribunal de origen hubiera sido competente para entender de la causa como demanda principal, de conformidad con lo establecido en los párrafos anteriores, o cuando fuera competente para entender del litigio principal y la reconvención derivara del contrato o de los hechos en que se basara la demanda principal;

j) cuando el demandado ante el Tribunal de origen se sometiera a la jurisdicción de éste mediante comparecencia voluntaria en el litigio y por razones distintas de las de impugnar o negar la competencia jurisdiccional del Tribunal, para proteger o liberar la propiedad embargada o amenazada de embargo, o solicitar que el conflicto se someta a decisión arbitral o a la de los Tribunales de otro país;

k) cuando las partes acordaran por escrito, o en forma oral confirmada por escrito, someter a la jurisdicción del Tribunal de origen cualquier discrepancia surgida o que pudiera surgir en conexión con la relación jurídica de que se trate.

Art. 4.º Sólo podrá denegarse el reconocimiento o la ejecución en cualquiera de los siguientes supuestos:

1. Cuando el Tribunal de origen no resultara competente de conformidad con lo establecido en el artículo 3.º

2. Cuando el reconocimiento o la ejecución fuera contrario al orden público del Estado destinatario, o atentara contra la soberanía o la seguridad de ese Estado, o cuando la sentencia hubiera recaído en un litigio incompatible con las exigencias de un procedimiento judicial justo, o cuando cualquiera de las partes se hubiere encontrado en situación de indefensión.

3. Cuando la sentencia del Tribunal de origen resulta incompatible con una regla de competencia exclusiva del Estado destinatario.

4. Cuando la sentencia se hubiera obtenido fraudulentamente.

5. Cuando un litigio entre las mismas partes y basado en la misma causa:

a) estuviera pendiente de la resolución de un Tribunal del Estado destinatario y ese litigio se ha iniciado con anterioridad, o

b) se hubiera dictado una sentencia por un Tribunal del Estado destinatario, o

c) se hubiera dictado una sentencia por un Tribunal de otro Estado, que fuera competente para el reconocimiento o la ejecución según la legislación del Estado destinatario.

Art. 5.º 1. El procedimiento para la solicitud de ejecución o reconocimiento de una sentencia se regulará por la legislación del Estado destinatario.

2. La solicitud de ejecución o reconocimiento de una sentencia española en Israel se presentará en el Tribunal competente de Israel. La solicitud de ejecución o reconocimiento de una sentencia de Israel en España se presentará en el Juzgado de Primera Instancia competente.

Deberá ir acompañada de:

a) copia autentificada de la sentencia dictada por el Tribunal de origen;

b) declaración en la que se haga constar que la sentencia fue dictada por un Tribunal competente del Estado de origen, que ya no cabe posibilidad de recurso y que es ejecutable en el Estado de origen;

c) traducción de los documentos mencionados al hebreo o al español, según los casos, certificada por un traductor jurado o por un funcionario diplomático o consular de cualquiera de los Estados contratantes;

d) si se trata de una sentencia en rebeldía, el original o una

---

Art. 4.º3: Vid. art. 22.1 de la LOPJ (*supra* núm. 4).

Art. 5.º2: Vid. la excepción en favor de lo dispuesto en los tratados internacionales del art. 955, parrafo 2.º, de la LEC (*supra* núm. 5).

copia certificada conforme de los documentos en la que se acredite que la demanda ha sido notificada regularmente al demandado rebelde.

3. No se exigirá legalización ni formalidad análoga alguna.

Art. 6.º Sin perjuicio de lo que sea necesario para la aplicación de los artículos precedentes, el Tribunal del Estado destinatario no procederá a ningún examen del fondo de la sentencia dictada por el Tribunal de origen.

Art. 7.º El presente Convenio será aplicable a las sentencias dictadas con posterioridad a su entrada en vigor, incluso si la acción se hubiere ejercitado con anterioridad.

Art. 8.º Cualquier conflicto que pudiera suscitarse en relación con la interpretación o la aplicación del presente Convenio se resolverá por vía diplomática.

Art. 9.º El presente Convenio se someterá a la ratificación de los Estados Contratantes y entrará en vigor a los treinta días de haberse producido el intercambio de los instrumentos de ratificación.

Art. 10. Cualquiera de los Estados Contratantes podrá proceder a la resolución del presente Convenio mediante notificación por escrito y por vía diplomática al otro Estado Contratante de su voluntad de hacerlo. El Convenio quedará resuelto al término de seis meses a contar desde la fecha de la notificación. No obstante, las solicitudes de reconocimiento y ejecución ya presentadas se continuarán regulando por el presente Convenio.

Hecho en Jerusalén, el 30 de mayo de 1989, que corresponde al día 25 de Iyar de 5749, en doble ejemplar y en los idiomas hebreo, español e inglés, siendo los tres textos igualmente auténticos.

Art. 7.º: El convenio entró en vigor el 13 de enero de 1991, de conformidad con su art. 9. El canje de los instrumentos de ratificación tuvo lugar en Madrid el 14 de diciembre de 1990.

38. CONVENIO DE COOPERACIÓN JURÍDICA EN MATERIA CIVIL ENTRE EL REINO DE ESPAÑA Y LA REPÚBLICA FEDERATIVA DE BRASIL, HECHO EN MADRID EL 13 DE ABRIL DE 1989*

(*BOE* núm. 164, de 10 de julio de 1991; corr. de errores, *BOE* núm. 193, de 13 de agosto)

El Reino de España y la República Federativa de Brasil,

Conscientes de los profundos vínculos históricos que unen a ambas Naciones y

Deseando traducirlos en instrumentos jurídicos de cooperación en el ámbito civil,

Han resuelto concluir un Convenio de Cooperación Jurídica en materia civil, y a tal efecto han convenido las disposiciones siguientes:

CAPÍTULO PRIMERO

Cooperación jurisdiccional

Artículo 1.º 1. Los Estados contratantes se comprometen a concederse la más amplia cooperación jurisdiccional en materia civil, mercantil, laboral y contencioso-administrativa.

2. Los Ministerios de Justicia de los dos Estados, con el carácter de Autoridad Central, transmitirán y recibirán las solicitudes de cooperación jurisdiccional, remitiéndolas a los órganos competentes para su ejecución.

3. Los funcionarios consulares seguirán teniendo la competencia que les atribuyan los tratados internacionales en que ambos Estados sean Parte.

CAPÍTULO II

Comisiones rogatorias

Art. 2.º Cada Estado tendrá la facultad de transmitir en la forma prevista en el artículo 1.º las comisiones rogatorias dimanantes de procesos en las materias objeto de este Convenio a las autoridades judiciales encargadas de su ejecución en el otro Estado.

Art. 3.º Los documentos judiciales y extrajudiciales, relativos a las materias que son objeto de este Convenio podrán ser cursados:

a) Por comunicación entre los Ministerios de Justicia o

b) Por remisión directa de las autoridades y funcionarios del Estado requirente al Ministerio de Justicia del Estado requerido.

c) Por vía diplomática.

---

* *Texto auténtico*: español y portugués.

Art. 4.º 1. Las solicitudes de notificación se redactarán en formularios bilingües según los modelos anejos al presente Convenio. Las partes en blanco se redactarán en la lengua del Estado requirente.

2. Los documentos cuya notificación se solicite se redactarán en la lengua del Estado requirente; sin embargo, se traducirán a la lengua del Estado requerido, si lo solicitase el destinatario, corriendo a cargo del Estado requerido los gastos de traducción.

Art. 5.º 1. La notificación se llevará a efecto de acuerdo con la Ley del Estado requerido.

2. La prueba de la notificación se hará por medio de un formulario bilingüe, según el modelo anejo al presente Convenio. Las partes en blanco se redactarán en la lengua del Estado requerido.

3. La prueba de la notificación incluirá la forma, lugar, fecha y nombre de la persona notificada, así como, en su caso, la negativa a recibirla o el hecho que lo hubiere impedido.

Art. 6.º 1. Cuando una demanda o documento equivalente ha sido remitido al otro Estado contratante a efectos de notificación y no compareciere el demandado, el órgano jurisdiccional del Estado requirente suspenderá el procedimiento hasta que se acredite la notificación.

2. Se levantará la suspensión cuando concurrieren las circunstancias siguientes:

a) El documento ha sido remitido en alguna de las formas previstas en el Convenio.

b) Ha transcurrido desde la fecha del envío un plazo, que el órgano jurisdiccional fijará en función de las circunstancias del caso y que será al menos de seis meses.

c) No obstante, las diligencias oportunas ante las autoridades competentes del Estado requerido no se ha podido obtener certificación alguna.

El presente artículo no impedirá la adopción de medidas provisionales o cautelares.

Art. 7.º 1. En el caso de sentencia dictada en rebeldía, en un proceso en el que el emplazamiento se hubiere hecho por comisión rogatoria de acuerdo con el Convenio, el órgano jurisdiccional del Estado requirente tendrá facultad de eximir al demandado de la preclusión a efectos de interponer recurso, si concurren las condiciones siguientes:

a) El demandado, sin culpa por su parte, no tuvo conocimiento de la demanda ni tiempo oportuno para defenderse, o de la sentencia, a efectos de interponer recurso.

b) Las alegaciones del demandado aparecen provistas, en principio, de algún fundamento.

2. La petición del demandado para que se le exima de la preclusión habrá de formularse en el plazo de dos meses siguientes al día en que tuvo conocimiento de la sentencia en rebeldía.

Art. 8.º 1. La ejecución de las comisiones rogatorias no podrá ser rehusada más que si no entraren en las atribuciones de la autoridad judicial del Estado requerido o si fuese susceptible de atentar a la soberanía o a la seguridad del Estado requerido.

2. La ejecución no puede ser rehusada por el solo motivo de que la Ley del Estado requerido establezca una competencia internacional exclusiva en el asunto o no reconozca vías jurídicas comparables a las seguidas en el Estado requirente o porque produjese un resultado no admitido por la Ley del Estado requerido.

Art. 9.º Las comisiones rogatorias y los documentos que las acompañen, distintos de los previstos en el artículo 4.º, se redactarán en la lengua del Estado requerido o irán acompañados de una traducción a dicha lengua.

Art. 10. La autoridad requerida informará de la fecha y del lugar en que se practicará la diligencia solicitada, a fin de que las autoridades, las partes interesadas y sus representantes puedan asistir. Dicha comunicación puede ser hecha a través de las autoridades centrales o directamente a las personas citadas.

Art. 11. 1. La autoridad judicial que proceda a la ejecución de una comisión rogatoria aplicará su Ley interna. Las preguntas planteadas a Peritos y testigos deberán constar en la comisión rogatoria transcribiéndose las correspondientes respuestas, en la medida de lo posible, íntegramente.

2. También se dará curso a una solicitud de la autoridad requirente, que propusiese una forma especial si no se opusiere al orden público del Estado requerido.

3. Las comisiones rogatorias se ejecutarán con carácter urgente.

Art. 12. 1. Para la ejecución de la comisión rogatoria, la autoridad requerida utilizará los medios coactivos previstos por su Ley.

2. Los documentos que acrediten la ejecución de la comisión rogatoria se transmitirán por medio de las autoridades centrales.

3. Cuando la comisión no hubiese sido ejecutada en todo o en parte, la autoridad requirente será informada inmediatamente de la misma y con expresión de las razones de ello.

Art. 13. La ejecución de la comisión rogatoria no dará lugar al reembolso de gasto alguno, salvo las indemnizaciones a testigos, honorarios de Peritos, gastos de traducciones y los derivados de seguir una forma especial solicitada por el Estado requirente.

Art. 14. Cuando la dirección del destinatario del documento o de la persona que haya de ser oída es incompleta o inexacta, la autoridad requerida se esforzará, sin embargo, por localizarla. A este efecto, puede pedir al Estado requirente informaciones suplementarias que permitan su identificación y localización.

CAPÍTULO III

RECONOCIMIENTO Y EJECUCIÓN DE DECISIONES JUDICIALES, TRANSACCIONES, LAUDOS ARBITRALES Y DOCUMENTOS CON FUERZA EJECUTIVA

Art. 15. 1. Las decisiones judiciales dictadas por los Tribunales de un Estado contratante en materia civil, mercantil y laboral serán reconocidas y ejecutadas en el otro Estado, de acuerdo con las disposiciones de este Convenio.

2. Por decisiones judiciales se entienden las sentencias, transacciones judiciales que pongan fin al proceso, autos, mandamientos o cualquier otra resolución similar.

3. Se consideran incluidas las decisiones pronunciadas en actos de jurisdicción voluntaria.

4. Asimismo, se consideran comprendidas las sentencias penales en cuanto se refieran a las consecuencias civiles del delito.

Art. 16. Quedan excluidas del artículo 15 las siguientes materias, cuyo reconocimiento y ejecución se regulará de acuerdo con la Ley interna de cada Estado:

a) Estado y capacidad de las personas y derecho de familia, en cuanto se trate de sentencias constitutivas o declarativas de tales estados o derechos, sin comprender las decisiones sobre obligaciones pecuniarias que sean consecuencia de aquella declaración, de conformidad con lo previsto en el artículo siguiente.

b) Obligaciones alimenticias respecto a menores.

c) Sucesiones.

d) Quiebras, concursos y procedimientos análogos.

e) En materia de Seguridad Social.

f) Daños de origen nuclear.

Art. 17. Para los efectos del presente Convenio, se consideran Tribunales competentes:

1. En materia de obligaciones:

a) Aquellos a quienes se hubieran sometido las partes, siempre que pertenezcan al Estado contratante del domicilio de una de éstas, el acuerdo sumisorio conste por escrito en cuanto a los litigios que surjan con motivo de una relación jurídica concretamente determinada y tal competencia no haya sido establecida de manera abusiva.

b) Subsidiariamente, los del Estado contratante donde tuviese el demandado su domicilio o residencia habitual al iniciarse el litigio o, en caso de persona jurídica, los del lugar donde tuviese su sede o establecimiento principal.

Si al iniciarse el proceso el demandado tuviese establecimiento, sucursal o agencia con organización propia, podrá ser demandado en este lugar, cuando el litigio se refiera a la actividad desenvuelta en dicho establecimiento, sucursal o agencia.

2. En materia de obligaciones extracontractuales, los del Estado contratante donde se hubieren producido los hechos generadores de la obligación, o los del Estado contratante donde se produjeren los efectos dañosos, a opción del actor.

3. Para las acciones relativas a bienes, los del lugar en que se encuentran.

4. Para las obligaciones pecuniarias en materia de derecho de familia, los del Estado contratante del domicilio o residencia habitual del demandado.

Art. 18. 1. Las decisiones judiciales enumeradas en el artículo 15 serán reconocidas:

a) En España, sin necesidad de procedimiento alguno, salvo que deban producir efectos de cosa juzgada o ser ejecutadas o cuando se formulare oposición, en cuyos casos se seguirá el trámite previsto para la ejecución.

b) En Brasil, previa homologación ante el Supremo Tribunal Federal.

2. Habrá lugar a un reconocimiento parcial, siempre que fuera posible en vista del contenido de la decisión.

Art. 19. Para que la decisión dictada en un Estado pueda ser reconocida en el otro serán requisitos indispensables:

a) Que haya sido pronunciada por Tribunal competente, en los términos de este Convenio.

b) Que sea ejecutoria en el Estado de origen.

c) Que la iniciación del proceso haya sido notificada en legal forma de acuerdo con la Ley del Estado de origen de la sentencia.

Art. 20. La competencia del Tribunal del Estado de origen será reconocida para la petición reconvencional si, en cuanto a ésta, concurriese alguno de los motivos de competencia expresados en el artículo 17 o si tal petición derivara del mismo hecho en que se fundó la principal.

Art. 21. El reconocimiento y la consiguiente ejecución, en su caso, pueden ser denegados en cualquiera de los casos siguientes:

a) Si la obligación en cuya virtud se hubiere procedido fuese ilícita en el Estado requerido.

b) Si la decisión fuese manifiestamente incompatible con el orden público del Estado requerido.

c) Si estuviese pendiente ante un Tribunal de dicho Estado un litigio entre las mismas partes, con el mismo objeto y fundado en los mismos hechos, salvo que la acción se hubiere ejercitado primero en el Estado de origen.

d) Si en el Estado requerido o en el tercer Estado hubiera sido ya dictada decisión sobre el mismo litigio y la misma fuere susceptible de reconocimiento en el Estado requerido.

Art. 22. Son tribunales competentes para el reconocimiento y ejecución:

a) En España los Juzgados de Primera Instancia.

b) En Brasil, para el reconocimiento: El Supremo Tribunal Federal; y para la ejecución: Los Jueces federales.

Art. 23. El proceso de reconocimiento y ejecución se regirá por la Ley del Estado requerido, sin perjuicio de lo dispuesto en el presente Convenio y en especial en los artículos siguientes.

Art. 24. 1. En ningún caso se procederá al reexamen del mérito o fondo de la causa, sin perjuicio del control formal para comprobar la concurrencia de los requisitos establecidos en el artículo 19.

2. Al apreciar la competencia del Tribunal que dictó la decisión se tendrán como probados los hechos que le sirvieron para fundarla.

3. No podrán denegarse el reconocimiento o la ejecución por el hecho de que el Tribunal que dictó la decisión haya aplicado una Ley diferente de la que correspondería según las reglas del Derecho Internacional Privado del Estado requerido.

Art. 25. La parte que pretenda el reconocimiento o la ejecución deberá presentar copia literal, auténtica o autenticada de la decisión, así como certificación de ser ejecutoria y de que la citación al demandado se hizo en tiempo y forma.

Art. 26. Desde que se inicie el proceso pueden solicitarse medidas aseguratorias o cautelares ante el mismo Tribunal competente y con sujeción a la Ley del Estado requerido.

Art. 27. Los laudos arbitrales serán reconocidos y ejecutados de acuerdo con lo prevenido en este Convenio, en cuanto sea aplicable.

CAPÍTULO IV

FUERZA PROBATORIA Y EJECUCIÓN DE DOCUMENTOS CON FUERZA EJECUTIVA

Art. 28. Los documentos con fuerza ejecutiva, formalizados ante una autoridad de un Estado contratante, tendrán en el otro Estado la misma fuerza probatoria que los documentos formalizados en dicho Estado.

Art. 29. Los documentos enumerados en el artículo 28, ejecutivos en un Estado contratante, serán declarados ejecutivos en el otro Estado, de acuerdo con la Ley del Estado en que se solicita la

---

Art. 22: Vid. la excepción en favor de lo dispuesto en los tratados internacionales del art. 955, párrafo 2.º, de la LEC (*supra* núm. 6).

ejecución. La autoridad competente para despachar la ejecución comprobará únicamente si los documentos reúnen las condiciones necesarias para su ejecución en el Estado donde han sido recibidos y si la ejecución que se solicita no es contraria al orden público del Estado requerido.

CAPÍTULO V

Disposiciones generales

Art. 30. En lo relativo a este Convenio, los documentos que emanen de las autoridades judiciales u otras autoridades de uno de los Estados contratantes, así como los documentos en los que acrediten la certeza y la fecha, la autenticidad de la firma o la conformidad con el original estarán dispensados de legalización, apostilla o formalidad análoga, cuando deban ser presentadas en el otro Estado.

Art. 31. Las autoridades centrales, en el marco de la cooperación jurisdiccional, podrán, si no hay obstáculos de orden público solicitarse informaciones o investigaciones en relación a procesos de los que conozcan sus Tribunales y transmitirse gratuitamente copias de decisiones judiciales.

Art. 32. Las autoridades centrales se informarán previa petición sobre normas legales en vigor o derogadas de sus respectivos ordenamientos.

Art. 33. La prueba de las disposiciones legales o consuetudinarias de uno de los Estados podrá ser aportada ante los Tribunales del otro Estado, de acuerdo con las informaciones suministradas por los funcionarios consulares del Estado cuyo derecho se trata de probar.

Art. 34. 1. Los nacionales de un Estado contratante tendrán libre acceso a los Tribunales del otro Estado para la defensa de sus derechos e intereses, en las mismas condiciones que nacionales y se beneficiarán de la misma protección jurídica.

2. Los mismos beneficios se aplicarán a las personas jurídicas autorizadas o registradas según las Leyes de cualquiera de los Estados.

Art. 35. 1. Los nacionales de un Estado contratante están exentos de caución o depósito, cualquiera que sea su denominación, en el otro Estado, por razón de su cualidad de extranjeros o de su residencia habitual incluso en un tercer Estado. Igual regla se aplicará a los pagos que fuesen exigibles a demandantes o intervinientes para garantizar los gastos judiciales.

2. Los mismos beneficios se aplicarán a las personas jurídicas autorizadas o registradas según las Leyes de cualquiera de los Estados.

3. Si la persona dispensada de caución o depósito fuera condenada al pago de las costas del proceso mediante sentencia firme dictada por la autoridad judicial de una de las Partes, se ejecutará sin costas a petición del interesado en

el territorio de la otra Parte. La autoridad judicial competente para resolver la ejecución, se limitará a declarar que la sentencia sobre las costas es o no ejecutable.

Art. 36. 1. Los nacionales de un Estado contratante disfrutarán del beneficio de justicia gratuita igual que los nacionales de otro Estado, cualquiera que sea el lugar de su residencia habitual, incluso si estuviera situada en un tercer Estado.

2. Las solicitudes del beneficio de justicia gratuita y sus documentos, pueden ser transmitidas por intermedio de las autoridades centrales.

3. La persona que tuviese reconocido el beneficio de justicia gratuita en el Estado de origen, gozará de este beneficio en el Estado requerido, sin nuevo examen y dentro de los límites previstos por la legislación de este Estado, en lo referente a las notificaciones relativas a su litigio, ejecución de comisiones rogatorias, con excepción de las indemnizaciones satisfechas a los Peritos para las actuaciones y procedimientos encaminados a reconocer o ejecutar la decisión, así como para las actuaciones y procedimiento de ejecución de la decisión de exequátur que no darán lugar a reembolso alguno de los gastos por el Estado requirente al Estado requerido.

Art. 37. 1. Los Estados contratantes se comunicarán, previa petición y gratuitamente, certificados de actas del Registro Civil, relativas a sus nacionales. Esta transmisión se efectuará por vía diplomática o consular. Sin embargo los nacionales de cualquiera de los dos Estados pueden dirigirse directamente a la autoridad competente del otro Estado abonando los gastos exigidos por la Ley del Estado requerido.

2. Las actas de estado civil formalizadas o transcritas en las oficinas consulares en cada Estado se asimilarán a las actas de estado civil formalizadas en el otro Estado.

Art. 38. Ninguna disposición del presente Convenio puede ser interpretada de forma que obstaculice la aplicación del Convenio de Viena sobre Relaciones Consulares.

CAPÍTULO VI

DISPOSICIONES FINALES

Art. 39. Las dificultades que surgiesen en la aplicación del presente Convenio serán resueltas por vía diplomática.

Art. 40. 1. El presente Convenio está sujeto a ratificación, entrando en vigor el último día del mes siguiente al canje de los instrumentos de ratificación

---

Art. 40: En vigor desde el 31-7-1991 según la información en *BOE* de 10-7-1991.

que tendrá lugar en la ciudad de Brasilia.

2. El presente Convenio tendrá una duración indefinida. Cualquiera de los dos Estados podrá denunciarlo mediante notificación escrita por vía diplomática. La denuncia surtirá efectos a partir del último día del sexto mes siguiente al de la notificación.

Hecho en Madrid a trece de abril de mil novecientos ochenta y nueve, en dos ejemplares, en español y portugués, siendo los dos textos igualmente auténticos.

CONVENIO DE COOPERACIÓN JURÍDICA EN MATERIA CIVIL ENTRE ESPAÑA Y BRASIL, FIRMADO EN MADRID EL DÍA 13 DE ABRIL DE 1989

CONVENÇÃO DE COOPERAÇÃO JUDICIARIA EN MATERIA CIVIL ENTRE A ESPANHA E O BRASIL, ASSINADO EM MADRID NO DIA 13 DE ABRIL DE 1989

Elementos esenciales del documento (artículo 4) (1)
Elementos essenciais do ato (artigo 4) (1)

Autoridad solicitante: ...

Autoridade solicitante: ...

Identidad y dirección de la persona interesada en la transmisión del documento: ...

Identidade e endereço da pessoa interessada na transmissão do documento: ...

Identidad de las partes: ...

Identidade das partes: ...

Naturaleza y objeto del documento: ...

Natureza e objeto do ato: ...

Naturaleza y objeto del litigio y cuantía: ...

Natureza e objeto do processo e valor da causa: ...

Fecha y lugar de la comparecencia: ...

Data e lugar do comparecimento: ...

Autoridad que dictó la decisión: ...

Autoridade que proferieu a decisão: ...

Fecha de la decisión: ...

Data da decisão: ...

Indicación de los plazos que figuran en el documento: ...

Indição dos prazos que figuram no documento: ...

(1) Esta ficha se cumplimentará en la lengua del Estado requerido.
(1) Este atestado è preenchido na lingua do Estado requerido.

CONVENIO DE COOPERACIÓN JURÍDICA EN MATERIA CIVIL ENTRE ESPAÑA Y BRASIL, FIRMADO EN MADRID EL DÍA 13 DE ABRIL DE 1989

CONVENÇÃO DE COOPERAÇÃO JUDICIARIA EN MATERIA CIVIL ENTRE A ESPANHA E O BRASIL, ASSINADO EM MADRID NO DIA 13 DE ABRIL DE 1989

Autoridad solicitante: ....
....
Autoridad solicitante: ....
....

Certificación (artículo 5) (1)
Certidão (artigo 5) (1)

La Autoridad abajo firmante tiene la honra de certificar:
A Autoridade infra-assinada tem a honra de certificar:
QUE LA ENTREGA FUE HECHA,
QUE A ENTREGA FOI FEITA,

Fecha: ....
Data: ....
En (localidad, calle, número): ....
Em (localidade, rua, número): ....
En la siguiente forma:
Como se segue:

Los documentos mencionados en la solicitud fueron entregados a: ....
....
Os documentos mencionados no pedido foram entregues a: ....
....
Identidad de la persona: ....
....
Identidade da pessoa: ....
....
Relación con el destinatario del documento (pariente, dependiente y otra): ....
....
Relação com o destinatario do documento (parentesco, subordinação ou outra): ....
....
QUE NO SE HIZO LA ENTREGA, por los motivos siguientes: ....
....
QUE A ENTREGA NAO FOI FEITA, pelos motivos seguintes: ....

DOCUMENTOS:
DOCUMENTOS:

A ❑ Documentos probatorios en la ejecución.
Documentos comprobatorios de execução.

B ❑ Documentos devueltos, especialmente en el caso en que la entrega no ha sido hecha.
Documentos restituidos, especialmente caso a entrega não tenha sido feita.

Hecho en ....
Feito en ....

(Firma y sello de la Autoridad Central del Estado requerido.)
(Assinatura e selo da Autoridade Central do Estado requerido.)

(1) Esta ficha se cumplimentará en la lengua del Estado requerido.
(1) Este atestado è preenchido na lingua do Estado requerido.

39. TRATADO ENTRE EL REINO DE ESPAÑA Y LA REPÚBLICA POPULAR CHINA SOBRE ASISTENCIA JUDICIAL EN MATERIA CIVIL Y MERCANTIL, HECHO EN PEKÍN EL 2 DE MAYO DE 1992*

(*BOE* núm. 26, de 31 de enero de 1994; corr. de errores, *BOE* núm. 60, de 11 de marzo)

El Reino de España y la República Popular China (en adelante denominados las Partes), con el fin de promover la cooperación en los terrenos jurídicos y judicial sobre la base del respeto mutuo de la soberanía nacional, la igualdad y beneficio recíproco, han decidido concluir un Tratado de asistencia judicial en materia civil y mercantil y a tal efecto han designado como Plenipotenciarios,

....

Quienes, después de haber intercambiado y revisado sus plenos poderes, reconocidos en buena y debida forma, han convenido las disposiciones siguientes:

CAPÍTULO PRIMERO

DISPOSICIONES GENERALES

Artículo 1.º *Protección judicial.*—1. Los nacionales de una Parte contratante disfrutarán en el territorio de la otra Parte, de la misma protección judicial que tengan sus nacionales, teniendo acceso a los Tribunales, en litigios relativos a materias civiles y mercantiles, en las mismas condiciones que sus nacionales.

2. No se exigirá caución alguna a los nacionales de la otra Parte, por gastos procesales, en razón a su cualidad de extranjero.

3. Los dos párrafos precedentes se aplicarán igualmente a las personas jurídicas constituidas o autorizadas de acuerdo con las leyes de cualquiera de las Partes.

Art. 2.º *Ámbito de la asistencia judicial.*—A los efectos del presente Tratado, la asistencia judicial en materia civil y mercantil comprende:

1. La notificación y entrega de documentos judiciales y extrajudiciales.
2. La ejecución de comisiones rogatorias para práctica de pruebas y actos de instrucción.
3. El reconocimiento y ejecución de decisiones de Tribunales y de laudos arbitrales.
4. La información en materia jurídica, a petición de la otra Parte.

---

* *Texto auténtico*: chino y español.

Art. 3.º *Autoridades Centrales.*—1. La asistencia judicial se prestará a través de las Autoridades Centrales de ambas Partes, salvo que otra cosa se disponga en el presente Tratado.

2. Las Autoridades Centrales de ambas partes se transmitirán las solicitudes y documentos a que se refieren los párrafos 1, 2 y 4 del artículo 2, así como el resultado de la ejecución de la solicitud.

3. Las Autoridades Centrales de ambas Partes son sus respectivos Ministerios de Justicia.

Art. 4.º *Ley aplicable.*—La Ley aplicable para la ejecución de las solicitudes de asistencia judicial es la Ley interna de la Parte en que se ejecuten, salvo que otra cosa se dispusiere en este Tratado.

Art. 5.º *Denegación de la asistencia judicial.*—La Parte requerida puede denegar la ejecución de la solicitud de la asistencia judicial si a su juicio puede atentar a su soberanía, seguridad, orden público, intereses públicos y sociales o falta de competencia de las autoridades judiciales, debiendo informar a la Parte requirente de las razones de la denegación.

CAPÍTULO II

NOTIFICACIÓN Y ENTREGA DE DOCUMENTOS JUDICIALES Y EXTRAJUDICIALES

Art. 6.º *Formalidades de la solicitud.*—1. La solicitud será formulada por la autoridad central de la Parte requirente conforme al párrafo 2 de este artículo. La Autoridad Central de la Parte requerida remitirá el documento al destinatario.

2. Las solicitudes se formularán en el impreso previsto en el Convenio de La Haya de 15 de noviembre de 1965, relativo a la notificación o traslado en el extranjero de documentos judiciales y extrajudiciales en materia civil o comercial. Los documentos se remitirán en doble ejemplar acompañados de una traducción al idioma de la Parte requerida o al francés o al inglés.

Art. 7.º *Formalidades para la ejecución.*—1. La Autoridad Central de la Parte requerida cumplimentará las solicitudes de acuerdo con su propia ley, eligiendo la vía más apropiada.

2. Cada Parte puede hacerse notificaciones y entrega de documentos judiciales y extrajudiciales a sus propios nacionales, sin acto alguno de coacción, a través de su representación diplomática o consular.

3. Si la dirección del destinatario fuese incompleta, podrá pedirse ampliación de información a la Parte requirente, y si no fuese posible completarla se devolverá la solicitud a la Parte requirente.

Art. 8.º *Prueba de la ejecución.*—La prueba de la ejecución se hará por la Autoridad Central mediante la cumplimentación del acuse de recibo, según la fórmula modelo prevista en el Convenio citado en el artículo 6 de este Tratado, cuyas partes en blanco se redactarán en la lengua de la Parte requerida o en inglés o francés.

Art. 9.º *Gastos.*—La notificación y entrega de documentos judiciales y extrajudiciales no devengará gasto alguno.

CAPÍTULO III

COMISIONES ROGATORIAS

Art. 10. *Ámbito de aplicación.*—Los órganos judiciales de ambas Partes se auxiliarán para la práctica de comisiones rogatorias que tengan por objeto medidas de instrucción, tales como las encaminadas a la audiencia de los interesados, testigos, peritos, reconocimiento judicial u otras pruebas no prohibidas por la legislación de la Parte requerida.

Art. 11. *Formulario y lengua.*—Las solicitudes relativas a comisiones rogatorias se extenderán en los impresos conforme al formulario modelo anexo al presente Tratado; las partes en blanco se rellenarán en la lengua de la Parte requerida, o en francés o en inglés. Los documentos que las acompañen deberán ir acompañados de una traducción en la lengua de la Parte requerida o en francés o en inglés.

Art. 12. *Formalidades de la ejecución.*—1. El órgano judicial de la Parte requerida que proceda a la ejecución de una comisión rogatoria, aplicará la ley interna en cuanto al procedimiento a seguir, pudiendo aplicar, en su caso, las medidas de coacción apropiadas previstas por su ley interna. Sin embargo, puede darse curso a una petición de la autoridad requirente para que se siga una forma especial, a menos que sea incompatible con la ley de la Parte requerida.

2. Cada una de las Partes contratantes tendrá la facultad de proceder directamente, a través de su misión diplomática o consular, a realizar actos de instrucción en relación a sus propios nacionales que se encontrasen en el territorio de la otra Parte, respetando las leyes de esta última y absteniéndose de adoptar cualquier medida coactiva.

Art. 13. *Averiguación de la dirección.*—Cuando los actos de instrucción no puedan ser ejecutados, según la dirección indicada por la Parte requirente, el órgano judicial de la Parte requerida deberá adoptar las medidas necesarias para encontrar la dirección y cumplimentar la comisión que se le ha transmitido, pudiendo, en su caso, pedir a la Parte requirente informaciones complementarias. Si no se pudiese encontrar la dirección, a pesar de los esfuerzos realizados, el órgano judicial de la Parte requerida deberá, a través de su Autoridad Central, comunicarlo a la Parte requirente y enviarle todos los documentos que acompañen a la comisión rogatoria.

Art. 14. *Devolución de la comisión rogatoria.*—El órgano judicial de la Parte requerida transmitirá por medio de las Autoridades Centrales de las dos Partes los documentos que constaten la ejecución de la comisión rogatoria, así como, en su caso, las informaciones relativas a su ejecución.

Art. 15. *Gastos.*—La ejecución de una comisión rogatoria no devengará gasto alguno, salvo las remuneraciones pagadas a peritos e intérpretes. Los gastos de viaje, manutención, alojamiento y otras compensaciones a testigos y peritos para el cumplimiento de su misión en la Parte requirente serán pagados por esta Parte según las tarifas establecidas por su ley interna.

Art. 16. *Inmunidades.*—Las personas que se desplacen a la Parte requirente en calidad de peritos o testigos, independientemente de su nacionalidad, no podrán ser perseguidos penalmente ni ser detenidos por hechos, presuntamente delictivos, cometidos con anterioridad a su entrada en el territorio de la Parte requirente, ni por su testimonio ante los Tribunales del Estado requirente.

CAPÍTULO IV

RECONOCIMIENTO Y EJECUCIÓN DE LAS DECISIONES JUDICIALES Y LAUDOS ARBITRALES

Art. 17. *Ámbito de aplicación.*—1. Las decisiones judiciales en materia civil y mercantil dictadas por los Tribunales de una Parte (con excepción de las relativas a procedimientos de quiebra y concursales y daños derivados de la energía nuclear) se reconocerán y, en su caso, ejecutarán por los Tribunales de la otra Parte.

2. El Tratado será también aplicable en relación a decisiones civiles derivadas de hechos penales y a transacciones judiciales.

3. El presente Tratado será aplicable a las decisiones y transacciones judiciales o laudos dictados después de su entrada en vigor, aunque se hubiere iniciado con anterioridad el procedimiento.

Art. 18. *Tribunales competentes.*—Las solicitudes de reconocimiento o ejecución se presentarán:

En el Reino de España, ante los Juzgados de Primera Instancia. En la República Popular China, ante los Tribunales Populares de Media Instancia, de acuerdo con la Ley de Enjuiciamiento Civil de la República Popular China.

Art. 19. *Presentación de la solicitud.*—1. Las solicitudes de reconocimiento o ejecución de las decisiones de los Tribunales de una Parte se presentarán directamente por el interesado ante el órgano judicial competente de la Parte requerida.

2. Las Autoridades Centrales de ambas Partes se informarán recíprocamente sobre la autoridad judicial competente, las formalidades para la solicitud y cualquier

otra información pertinente, a petición de la otra Parte.

Art. 20. *Documentos requeridos.*—La parte interesada que solicite el reconocimiento o la ejecución deberá presentar:

1. Una copia auténtica de la decisión, acreditando que es firme y ejecutoria, salvo que conste en ella.
2. Original o copia de la notificación al interesado y, si hubiere sido dictada en rebeldía, certificación de que fue citado en forma, salvo que conste en la decisión.
3. En caso de que hubiere gozado del beneficio de justicia gratuita total o parcial, certificación de la concesión del beneficio.
4. Certificación de que la persona carente de capacidad procesal ha estado debidamente representada, salvo que ya constase en la decisión.
5. Copia certificada de la traducción de los documentos mencionados al idioma de la Parte requerida, o en francés o en inglés.

Art. 21. *Competencias.*—I. A los efectos del presente Convenio, se considerará competente el *Tribunal de origen* en uno de los siguientes casos:

1. Cuando, en el primer momento de la presentación de la demanda, el demandado tenga su domicilio o su residencia habitual en el territorio de la Parte de origen.
2. Cuando, en el momento en que el demandado haya sido citado para un litigio relativo a su actividad mercantil, éste tenga establecimiento representativo en la Parte de origen.
3. Cuando el demandado haya aceptado de manera expresa y escrita la jurisdicción del Tribunal de la Parte de origen.
4. Cuando el demandado haya formulado su defensa sobre el fondo del litigio sin oponerse a la competencia de la Parte de origen.
5. Cuando, en materia de obligaciones contractuales, el contrato haya sido firmado, ejecutado o deba ser ejecutado, o se encuentre el objeto directo del litigio en el territorio de la Parte de origen.
6. Cuando, en un litigio relativo a la responsabilidad extracontractual, el acto o el resultado dañoso haya tenido lugar en la Parte de origen.
7. Cuando en el momento de la presentación de una demanda sobre cuestiones relativas al estatuto personal, el demandante tenga su domicilio o residencia habitual en la Parte de origen, y no elija la competencia prevista en el párrafo 1 de este artículo.
8. Cuando, en materia de obligaciones alimenticias, el acreedor tenga su domicilio o residencia habitual en la Parte de origen, y no elija la competencia prevista en el párrafo 1 de este artículo.
9. Cuando, en el litigio por la sucesión, el fallecido hubiera tenido su domicilio o la mayor parte de su herencia en el territorio de la Parte de origen en el momento de su muerte.
10. Cuando el objeto de litigio se refiera a inmuebles, que se

hallen en el territorio de la Parte de origen.

II. 1. No obstante lo dispuesto en el párrafo 1, cada Parte aplicará sus reglas de competencia exclusiva, de acuerdo con su Ley interna.

2. Las Partes se comunicarán, por escrito y por vía diplomática, una lista de sus competencias exclusivas.

Art. 22. *Denegación del reconocimiento o ejecución.*—Las decisiones no serán reconocidas o ejecutadas en los siguientes casos:

1. Cuando hubieren sido dictadas, en la Parte de origen, por un Tribunal que no fuere competente de acuerdo con lo prevenido en el artículo 21.

2. Cuando en materia de estado o capacidad de las personas físicas la jurisdicción de origen hubiere aplicado una ley diferente de la procedente según las reglas de derecho internacional privado de la Parte requerida, salvo que la aplicación de esta regla hubiere conducido al mismo resultado.

3. Cuando no hubiere adquirido fuerza de cosa juzgada o no fuere ejecutoria, según la ley de la Parte de origen.

4. Cuando la persona condenada no hubiere sido citada en forma, y no hubiere comparecido ante el Tribunal.

5. Cuando la persona carente de capacidad procesal no ha estado debidamente representada.

6. Cuando, ante los Tribunales de la Parte requerida, existiese un litigio pendiente entre las mismas Partes, sobre los mismos hechos y teniendo el mismo objeto o ya se hubiere dictado una decisión con fuerza de cosa juzgada en dicha Parte o en un tercer Estado y aquélla hubiere sido reconocida en la Parte requerida.

Art. 23. *Procedimiento para el reconocimiento y la ejecución.*—1. El procedimiento para el reconocimiento y la ejecución de las decisiones judiciales se regirá por la ley de la Parte requerida.

2. El Tribunal competente para la ejecución de las decisiones judiciales verificará el cumplimiento de las reglas previstas en el presente capítulo, sin que pueda proceder a una revisión del fondo.

Art. 24. *Transacciones judiciales y laudos arbitrales.*—1. Para las transacciones judiciales se aplicarán las reglas de este Tratado, en lo que sea pertinente.

2. Cada una de las Partes reconocerán y ejecutarán los laudos arbitrales en el territorio de la otra parte, según las disposiciones de la Convención de Nueva York de 10 de junio de 1958 sobre reconocimiento y ejecución de laudos arbitrales extranjeros.

Art. 25. *Efectos.*—La sentencia reconocida o ejecutada produ-

---

Art. 24: Vid. *infra* núm. 69.

cirá en el territorio de la Parte requerida el mismo efecto que si hubiera sido dictada por los Tribunales de esta última.

CAPÍTULO V

Disposiciones varias

Art. 26. *Dispensa de legalización.*—Los documentos mencionados en el presente Tratado están dispensados de legalización.

Art. 27. *Suministro de información en materia jurídica.*—1. Las Autoridades Centrales de cada Parte podrán solicitarse informaciones sobre aspectos generales de su ordenamiento jurídico en la materia a que se aplica el Tratado.

2. Los Tribunales de las Partes, en el marco de un litigio concreto, podrán solicitar informaciones jurídicas sobre los hechos del litigio a través de las Autoridades Centrales.

Art. 28. *Solución de diferencias.*—Las diferencias que pudieran surgir en la aplicación o interpretación del Tratado, serán resueltas por vía diplomática.

CAPÍTULO VI

Disposiciones finales

Art. 29. *Entrada en vigor.*—El presente Tratado entrará en vigor a partir de los treinta días siguientes a la fecha en que se produzca la última notificación por nota diplomática del cumplimiento de sus respectivos requisitos constitucionales.

Art. 30. *Denuncia.*—Las partes podrán denunciar en cualquier momento el presente Tratado por escrito y por vía diplomática, cesando de surtir efectos a partir del año siguiente al día de la denuncia.

En fe de lo cual, los Plenipotenciarios de ambas Partes, han firmado el presente Tratado.

Hecho en Pekín el día 2 de mayo de 1992, en doble ejemplar, en lenguas española y china, siendo los dos textos igualmente auténticos y haciendo igualmente fe.

Art. 29: El presente Tratado entró en vigor el 1 de enero de 1994.

OBJETO

Solicitud de ejecución de una comisión rogatoria, en aplicación del Tratado entre el Reino de España y la República Popular China de asistencia judicial en materia civil y mercantil de ....

Tengo la honra de transmitirle una comisión rogatoria, acompañada de su traducción, expedida por ....con el fin de ....

Le ruego proceda a su ejecución y me devuelva los documentos que se hubieran producido con ocasión de ella, acompañada, en su caso, de una nota de gastos pagados a peritos, traductores e intérpretes.

40. CONVENIO DE ASISTENCIA JUDICIAL EN MATERIA CIVIL ENTRE EL REINO DE ESPAÑA Y LA REPÚBLICA DE BULGARIA, HECHO EN SOFÍA EL 23 DE MAYO DE 1993*

(*BOE* núm. 155, de 30 de junio de 1994)

EL REINO DE ESPAÑA Y LA REPÚBLICA DE BULGARIA,

Deseosos de establecer una cooperación más estrecha entre los dos países en el campo de las relaciones judiciales, han decidido concluir el presente Convenio.

Artículo 1.º 1. Cada una de los Partes Contratantes se compromete a conceder a la otra asistencia judicial en materia civil. Dentro de los objetivos del Convenio, la materia civil comprenderá el derecho civil, el derecho de familia y el derecho mercantil.

2. Se concederá asistencia judicial, a reserva de otras disposiciones previstas en el presente Convenio, a través de las autoridades centrales, es decir, los Ministerios de Justicia.

3. Las autoridades centrales se comunicarán directamente entre ellas en el idioma de la Parte demandante siendo gratuita su intervención.

* *Texto auténtico*: español y búlgaro. Expresiones que parecen incorrectas aparecen en la publicación del *BOE* y no han sido corregidas. Vid., en particular, rúbrica del Capítulo IV, art. 18.3, art. 22.1 y rúbrica del Capítulo V. Tengase en cuenta que a partir del 1 de enero de 2007 Bulgaria se integró en la Unión Europea. Vid. Reglamento 44/2001 (*supra* núm. 7), Reglamento 1346/2000 (*infra* núm. 147), Reglamento 2201/2003 (*infra* núm. 54) y Reglamento 4/2009 (*infra* núm. 62).

CAPÍTULO PRIMERO

ACCESO A LA JUSTICIA

Art. 2.º 1. Los nacionales de cada una de las Partes Contratantes gozarán en el territorio de la otra Parte de la misma protección de sus derechos personales y patrimoniales que gozan los nacionales de esta otra Parte Contratante.

Dichos nacionales tendrán, en el territorio de la otra Parte Contratante, libre acceso a la justicia para la prosecución y defensa de sus derechos.

2. Las personas jurídicas constituidas conforme a la ley de una de las dos Partes y que tengan su sede en su territorio, gozarán de la misma protección jurídica que los nacionales de las dos Partes.

Art. 3.º A los nacionales de cada una de las Partes Contratantes no se les podrá imponer en el territorio de la otra caución ni depósito bajo ningún concepto, bien con motivo de su condición de extranjero, o bien por falta de domicilio o de residencia en el país.

Art. 4.º Los nacionales de cada una de las Partes Contratantes gozarán en el territorio de la otra Parte de asistencia judicial gratuita como sus mismos nacionales conforme a la legislación en la materia, de la Parte Contratante en cuyo territorio se haya solicitado la asistencia judicial gratuita.

Art. 5.º Cuando se hubiere concedido a una persona asistencia judicial gratuita en el territorio de una de las dos partes con motivo de un procedimiento en el que se haya dictado una resolución, disfrutará, sin nuevo examen, de asistencia judicial gratuita en el territorio de la otra Parte para obtener el reconocimiento o ejecución de esta resolución.

Art. 6.º 1. La solicitud de asistencia judicial gratuita se dirigirá bien a la autoridad competente de la Parte requerida, bien a través de las autoridades centrales.

2. La solicitud irá acompañada de un documento oficial que certifique los recursos del demandante, a reserva de las disposiciones del artículo 5.

CAPÍTULO II

TRANSMISIÓN Y ENTREGA DE LOS DOCUMENTOS

Art. 7.º 1. Cuando un documento judicial o extrajudicial fuere destinado a una persona residente en el territorio de la otra Parte Contratante, la autoridad competente dirigirá la solicitud de notificación a la autoridad central de la Parte requerida.

2. La solicitud irá acompañada del documento no traducido en dos ejemplares y del formulario modelo bilingüe adjunto al pre-

sente Convenio identificando los elementos esenciales del documento.

3. El impreso modelo se rellenará en el idioma de la Parte requirente.

Art. 8.º 1. La autoridad central de la Parte requerida procederá o hará proceder a la entrega de la documentación por la vía que estime más apropiada.

2. Servirá como prueba de la entrega o de la tentativa de entrega un resguardo, un certificado o un acta. Estos documentos acompañados de un ejemplar de la documentación se devolverán directamente a la autoridad requirente.

3. Los servicios de la Parte requerida no podrán dar lugar al pago o al reembolso de tasas o de gastos.

Art. 9.º Cada una de las Partes tendrá facultad de hacer entregar directamente y sin coacción los documentos judiciales y extrajudiciales destinados a los propios nacionales que se encuentren en el territorio de la otra parte.

Art. 10. Los artículos anteriores no serán obstáculo:

Para poder mandar directamente los documentos a su destinatario por vía postal.

Para que toda persona interesada pueda hacer proceder a su costa a la notificación según el sistema en vigor en el territorio de la Parte Contratante de destino.

CAPÍTULO III

Transmisión y ejecución de comisiones rogatorias

Art. 11. 1. La Autoridad judicial de una de las Partes Contratantes podrá pedir, mediante comisión rogatoria, a la autoridad judicial de la otra Parte, que proceda a las diligencias que estime oportunas en el marco de un procedimiento en que esté contenido.

2. La comisión rogatoria contendrá las siguientes indicaciones:

a) La autoridad requirente y, si es posible, la autoridad requerida;

b) La identidad y la dirección de las Partes y, en su caso, de sus representantes;

c) La naturaleza y objeto de la solicitud y una breve exposición de los hechos;

d) Las diligencias a cumplir;

La comisión rogatoria llevará la firma y el sello de la autoridad requirente.

3. La comisión rogatoria deberá ir acompañada de su traducción en el idioma de la Parte requerida; la autoridad central de la Parte requirente la dirigirá a la autoridad central de la Parte requerida, que la hará llegar a la autoridad judicial competente.

Art. 12. La autoridad judicial requirente podrá solicitar que las partes interesadas y, en su caso, sus representantes sean informados directamente de la fecha y del lugar donde se lleve a cabo la diligencia solicitado con el fin de que puedan estar presentes.

Art. 13. 1. La autoridad judicial que preceda a la ejecución de una comisión rogatoria aplicará su ley interna en lo que concierne a las formas a seguir.

2. No obstante, se accederá a la solicitud de la autoridad requirente para que se proceda de una forma especial, a no ser que ésta sea incompatible con la ley de la Parte requerida, o que no fuera posible su aplicación, bien con motivo de las costumbres judiciales de la Parte requerida, bien con motivo de dificultades prácticas.

3. La comisión rogatoria deberá ser ejecutada urgentemente.

Art. 14. La ejecución de la comisión rogatoria sólo podrá ser denegada si no entra dentro de las atribuciones de la autoridad judicial de la Parte requerida o si esta última juzgare que podría atentar contra su soberanía o contra su seguridad.

Art. 15. Los documentos que hacen constar la ejecución de la comisión rogatoria se transmitirán *por la autoridad* judicial requerida a la autoridad judicial requirente por mediación de las autoridades centrales.

Art. 16. 1. La ejecución de la comisión rogatoria no podrá dar lugar al reembolso de tasas o de gastos cualquiera que sea su naturaleza.

2. No obstante, la Parte requerida tendrá derecho a exigir de la Parte requirente el reembolso de las indemnizaciones pagadas a peritos y los gastos que resultan de la aplicación de una forma especial solicitada por la Parte requirente.

Art. 17. Cada una de las Partes contratantes tendrá la facultad de hacer ejecutar sin coacción las comisiones rogatorias por sus agentes diplomáticos o consulares cuando conciernen a sus propios nacionales.

CAPÍTULO IV

Reconocimiento y ejecución de resoluciones judiciales arbitrales

Art. 18. 1. El presente capítulo será aplicable en materia civil, familiar y mercantil, a las resoluciones dictadas por los Tribunales de las Partes Contratantes, comprendiendo las resoluciones dictadas por las jurisdicciones penales que se pronuncien sobre la acción civil en reparación de daños.

2. Las disposiciones del presente capítulo son aplicables, *mutatis mutandis*, también a las transacciones judiciales.

3. Las disposiciones del presente capítulo no se aplicarán a las resoluciones y transacciones a sucesiones, quiebras, concursos, acuerdos con los acreedores y otros procedimientos análogos.

Art. 19. Las resoluciones dictadas por los Tribunales de una

Parte Contratante serán reconocidas y podrán ser declaradas ejecutorias en el territorio de la otra Parte si reúnen las siguientes condiciones:

1. Que fuere competente el Tribunal que hubiere dictado la resolución cuyo reconocimiento o ejecución fueron solicitados según el derecho de la Parte Contratante en el territorio donde fueron solicitados este reconocimiento o esta ejecución.

2. La ley aplicada al litigio haya sido la designada por las normas de conflicto de leyes admitidas en el territorio de la Parte requerida; no obstante la ley aplicada podrá ser diferente de la ley designada por las normas de conflicto de la Parte requerida si la aplicación de una u otra ley llevara al mismo resultado.

3. La resolución no pueda ser objeto de un recurso ordinario en el territorio de la Parte donde haya sido dictada y es ejecutoria; no obstante tratándose de la obligación de prestar alimentos, del derecho de guarda y custodia del menor o del derecho de visita, basta que la resolución sea ejecutoria en el territorio de la Parte donde haya sido dictada.

4. El documento de iniciación del procedimiento haya sido notificado regularmente y a su de*bido tiempo* a la parte ausente para que ésta pueda defenderse.

5. La resolución no contiene nada que fuere contrario a los principios fundamentales del ordenamiento jurídico de la Parte requerida.

6. Un litigio entre las mismas partes, fundado en los mismos hechos y que tenga el mismo objeto:

— no esté pendiente ante el Tribunal de la Parte requerida que hubiese actuado en primer lugar;

— no haya dado lugar a una resolución dictada en el territorio de la Parte requerida con fecha anterior a la de la resolución presentada a exequátur;

— no haya dado lugar a una resolución pronunciada en un tercer Estado con fecha anterior a la de la resolución presentada a exequátur y que reúna las condiciones necesarias para su reconocimiento en el territorio de la parte requerida.

Art. 20. 1. El procedimiento que tenga por objeto la ejecución de la resolución será regulado por el derecho de la Parte requerida.

2. La autoridad judicial requerida no procederá a ningún examen, en cuanto al fondo, de la resolución.

3. Si la resolución se pronunciara sobre varios puntos de la demanda, podrá ser concedida la ejecución de forma parcial.

4. Las peticiones de reconocimiento y ejecución se presentarán:

— En el Reino de España, ante los Juzgados de Primera Instancia.

— En la República de Bulgaria, ante el Tribunal Urbano de Sofía.

Las Partes se comunicarán por vía diplomática, las modificaciones de su legislación interna que afecten a la competencia de sus tribunales en relación al reconocimiento y ejecución de resoluciones y transacciones judiciales.

Art. 21. La persona que alegue el reconocimiento o que solicite la ejecución deberá presentar:

1. Copia completa de la resolución que reúna las condiciones necesarias para su autenticidad.
2. Cualquier documento que pruebe que se ha notificado la resolución.
3. En su caso, copia legalizada de la citación de la Parte que no ha estado presente y cualquier otro documento que pueda comprobar que esta citación le ha llegado a su debido tiempo.
4. Todo documento que pueda probar que la resolución es ejecutoria en el territorio de la Parte donde ha sido dictada, y que no puedan ser objeto de recurso, exceptuando la resolución referente a la obligación de prestar alimentos, a la guarda y custodia de un menor o al derecho de visita.

Art. 22. 1. Cada una de las dos Partes Contratantes reconocerá y ejecutará las sentencias arbitrales dictadas en el territorio de la otra Parte según disposiciones del Convenio de Nueva York de 10 de junio de 1958 sobre reconocimiento y ejecución de sentencias arbitrales extranjeras.

2. En lo que se refiere a los órganos competentes para reconocer y ejecutar las resoluciones arbitrales dictadas en el territorio de la otra Parte, serán aplicables las disposiciones del artículo 20, párrafo 4.

CAPÍTULO V

Dispensa de legalización, estado civil e intercambio de información

Art. 23. Los documentos públicos formalizados en el territorio de una de las Partes Contratantes serán dispensados de ser legalizados o de cualquier otra formalidad análoga cuando deban de ser presentados en el territorio de la otra Parte.

Se consideran documentos públicos, conforme al presente Convenio:

— los documentos que procedan de un Tribunal, del Ministerio de Justicia o de un secretario;

— los documentos administrativos;

— las actas notariales;

— los certificados oficiales tales como notas de registro, conformidad de fechas y de firmas en un documento privado.

Art. 24. 1. Cada una de las Partes comunicará sin gastos a la otra Parte que lo solicite basándose en un interés administrativo debidamente especificado, los documentos y las copias de las resoluciones judiciales referentes al estado civil de los nacionales de la Parte requirente.

2. Las solicitudes y los documentos del Registro Civil serán enviados por vía diplomática o consular; las solicitudes y las copias de las resoluciones judiciales, a través de las autoridades centrales.

Art. 25. Las autoridades centrales comunicarán, mediante petición, cualquier información sobre la legislación y la jurisprudencia en vigor en su territorio así como copias de las resoluciones judiciales dictadas por los Tribunales.

CAPÍTULO VI

DISPOSICIONES FINALES

Art. 26. Cada una de las dos Partes Contratantes notificará a la otra el cumplimiento de los procedimientos requeridos por su Constitución para la puesta en vigor del presente Convenio, que entrará en vigor el primer día del segundo mes siguiente a la fecha de la última de estas notificaciones.

Art. 27. El presente Convenio tendrá una duración ilimitada. Cada una de las dos Partes Contratantes podrá en cualquier momento denunciarlo y esta denuncia surtirá efecto seis meses después de haber recibido la notificación de la otra Parte.

Hecho en Sofía a 23 de mayo de 1993, en dos ejemplares, en idiomas español y búlgaro, siendo ambos textos igualmente auténticos.

ANEXO

Ficha descriptiva

Datos esenciales de los documentos judiciales o extrajudiciales en materia civil expedidos por el Reino de España y destinados a personas que se encuentren en el territorio de la República de Bulgaria o expedidos por la República de Bulgaria y destinados a personas que se encuentran en el territorio del Reino de España.

Datos esenciales de los documentos

En cumplimiento del Convenio de Asistencia Judicial en materia civil entre el Reino de España y la República de Bulgaria de fecha ....

Art. 7.

Autoridad requirente:

Identidad y dirección del destinatario:

Documento judicial (1).

Identidad de las partes.
Naturaleza y objeto del documento.
Naturaleza y objeto del proceso e importe del litigio.
Lugar y fecha de la comparecencia (1).
Juez o Tribunal que ha dictado la resolución (1).
Fecha de la resolución (1).
Indicación de los plazos que figuran en el documento (1).

Documento extrajudicial.

Naturaleza y objetos del documento (1).
Lugar y fecha de la comparecencia (1).
Autoridad que ha ordenado la entrega (1).
Fecha de la resolución que ordena la entrega (1).
Indicación del plazo que figura en el documento (1).

(1) Táchese lo que no proceda.

41. CONVENIO ENTRE EL REINO DE ESPAÑA Y LA *UNIÓN DE REPÚBLICAS SOCIALISTAS SOVIÉTICAS* SOBRE ASISTENCIA JUDICIAL EN MATERIA CIVIL, HECHO EN MADRID EL 26 DE OCTUBRE DE 1990*

(*BOE* núm. 151, de 25 de junio de 1997)

El Reino de España y la *Unión de Repúblicas Socialistas Soviéticas,* guiados por el deseo de robustecer las relaciones amistosas y la colaboración entre los dos Estados, con el propósito de facilitar el acceso de sus nacionales a los órganos judiciales del otro Estado, asegurar el reconocimiento y ejecución de las resoluciones judiciales dictadas en el territorio del otro Estado, así como regular la asistencia judicial en materia civil, conscientes de la necesidad de profundizar y facilitar sus relaciones judiciales, recogidas en la Convención de La Haya en materia de procedimiento civil firmada el 1 de marzo de 1954, han acordado celebrar el presente Convenio.

CAPÍTULO PRIMERO

DISPOSICIONES GENERALES

Artículo 1.º *Protección jurídica.*—1. Los nacionales de una Parte Contratante, gozarán en el territorio de la otra Parte Contratante, de la protección jurídica, tanto de su persona como de sus bienes, igual a la que gozan los nacionales de la otra Parte Contratante.

* Texto auténtico: español y ruso. La referencia a la Unión de Repúblicas Socialistas Soviéticas debe entenderse hecha a la Federación de Rusia y por esta razón aparece en cursiva.

Téngase en cuenta que, a partir del 1 de mayo de 2004, Estonia, Letonia y Lituania pasan a integrar la Unión Europea. Vid. Reglamento 44/2001 (*supra* núm. 7), Reglamento 1346/2000 (*infra* núm. 147), Reglamento 2201/2003 (*infra* núm. 54) y Reglamento 4/2009 (*infra* núm. 62).

2. Los nacionales de una Parte Contratante tendrán libre acceso a los Tribunales, así como a otros organismos de la otra Parte Contratante, cuya competencia comprenda los asuntos pertenecientes al derecho civil, incluidos los de la familia y mercantiles, en las mismas condiciones que los nacionales de esa Parte.

3. En caso de surgir cualquier duda al aplicarse este Convenio en relación con la nacionalidad de una persona cada Parte Contratante informará, previa solicitud, si la persona mencionada tiene la nacionalidad de esta Parte.

4. Las disposiciones de este Convenio se aplicarán por analogía también a las personas jurídicas, que hayan sido constituidas en el territorio de una de las Partes Contratantes conforme a las leyes vigentes en ese territorio.

Art. 2.º Los nacionales de una Parte Contratante que comparezcan ante los Tribunales de otra Parte Contratante no podrán ser obligados, a prestar fianza, caución u otra garantía, sólo por su cualidad de extranjero o por no tener su domicilio o residencia en dicho Estado.

Art. 3.º Los nacionales de una Parte Contratante, recibirán la asistencia jurídica gratuita en la otra Parte Contratante, en las mismas condiciones que sus nacionales.

Art. 4.º *Relaciones entre organismos.*—1. En el curso del cumplimiento de este Convenio los organismos de las Partes Contratantes mantendrán contactos entre sí a través de los organismos centrales competentes salvo que el presente Convenio no estipule otra cosa.

2. Para los fines de este Convenio, los organismos centrales serán los siguientes:

1) Por parte del Reino de España: El Ministerio de Justicia del Reino de España.

2) Por parte de la Unión de Repúblicas Socialistas Soviéticas: el Ministerio de Justicia de la Unión de Repúblicas Socialistas Soviéticas.

3. En el curso del cumplimiento de este Convenio, los organismos centrales de las Partes Contratantes utilizarán su idioma nacional en sus relaciones recíprocas.

CAPÍTULO II

Asistencia jurídica en asuntos civiles

Art. 5.º *Ámbito de la asistencia jurídica.*—La asistencia jurídica en asuntos civiles comprende la entrega y notificación de documentos, el facilitar información sobre el Derecho vigente y la práctica judicial, así como el cumplimiento de comisiones rogatorias previstas por la legislación de la Parte Contratante requerida, en particular, el interrogatorio de las Partes en el proceso, de testigos y peritos, el reconocimiento judicial y la entrega de pruebas materiales.

Los organismos centrales de las Partes Contratantes, previa solicitud y en los casos y por los procedimientos previstos en su propia legislación, se prestarán asistencia para localizar en su territorio respectivo, el domicilio de las personas que fueren demandadas, por residentes en el territorio de la otra Parte.

Art. 6.º *Solicitud de asistencia jurídica.*—1. La solicitud de asistencia jurídica se redactará en forma escrita y comprenderá los datos siguientes:

1) El nombre del órgano requirente.

2) El nombre del órgano requerido.

3) La denominación del asunto, respecto al cual se requiere la asistencia jurídica, y el contenido de la solicitud.

4) Los nombres y apellidos de las personas a las que se refiere la solicitud, datos sobre su nacionalidad, ocupación, domicilio o residencia, y en lo referente a las personas jurídicas, su denominación y lugar de residencia.

5) Los nombres y apellidos, y dirección, de los representantes de personas mencionadas en el párrafo 4, si tales existen.

6) En caso necesario, la lista de las preguntas a formular a testigos y peritos, así como la lista de los documentos reclamados u otras pruebas.

2. La solicitud de asistencia jurídica expresará la fecha, se firmará por la persona competente y se refrendará por sello.

3. Si la dirección indicada en la solicitud sobre asistencia jurídica es incorrecta o la persona de que se trate en la solicitud no tiene en la misma su domicilio, el órgano requerido tomará las medidas necesarias para averiguar la dirección correcta.

Art. 7.º *Cumplimiento de la solicitud de asistencia jurídica.*—1. La asistencia se prestará conforme a las normas de procedimiento de la Parte requerida. Sin embargo, se podrá seguir un procedimiento especial en caso de que no haya incompatibilidad con la legislación de la Parte requerida y no haya imposibilidad para aplicarla debido a dificultades prácticas.

2. Si dicha asistencia jurídica no es de competencia del órgano requerido, éste transferirá la solicitud al órgano competente.

3. A solicitud del órgano requirente, el órgano requerido comunicará en debido tiempo, a aquél, y a las partes interesadas, y en caso de necesidad a sus representantes, la fecha, el momento y el lugar del cumplimiento de la solicitud.

4. La solicitud de asistencia jurídica se cumplirá en el plazo mínimo posible. El órgano requerido comunicará en forma escrita al órgano requirente el cumplimiento de la solicitud y devolverá los documentos. Si la solicitud no pudiese ser cumplida se le comunicará inmediatamente por escrito al órgano requirente, indicando las causas que lo hayan impedido; la documentación se devolverá.

Art. 8.º *Entrega de documentos.*—1. El órgano requerido efectuará la entrega de la documentación conforme a las normas vigentes en su Estado, si están redactados en su idioma nacional o van acompañados de una traducción legalizada. Cuando los documentos no estén redactados en el idioma nacional de la Parte requerida o no vayan acompañados de la traducción, se entregarán al destinatario si está de acuerdo en recibirlos voluntariamente.

2. En la solicitud de entrega se indicará las señas completas del destinatario y la denominación del documento entregado. Si la dirección fuese incompleta o imprecisa, el órgano requerido tomará medidas para establecer sus señas completas, conforme a su legislación.

3. El acuse de recibo de documentos se redactará conforme a las normas de entrega de documentos vigentes en el territorio de la Parte requerida y se enviará al órgano requirente. En el acuse, se indicarán la fecha y el lugar de la entrega, así como la persona que recibió el documento. Caso de no haberse podido efectuar la entrega, deberán comunicarse las causas que la hayan impedido.

Art. 9.º *Entrega de documentos y cumplimiento de ciertos actos de procedimiento por las representaciones diplomáticas u organismos consulares.*—Las Partes Contratantes tendrán derecho a entregar documentos y a cumplir otros actos de procedimiento, respecto a sus nacionales, por conducto de sus representaciones diplomáticas o consulares. No podrán aplicarse en estos casos medidas de carácter coactivo.

Art. 10. *Inmunidad de testigo y perito.*—1. Si un testigo o perito, cualquiera que sea su nacionalidad, comparece ante el órgano requirente, mediante citación del órgano requerido, no se podrá proceder contra él en el territorio de la Parte Contratante requirente, ni detenerle ni condenarle por acciones anteriores a su entrada en dicho Estado. Tampoco se podrá proceder contra esas personas ni detenerlas ni condenarlas debido a sus declaraciones como testigo o dictamen en calidad de perito.

2. La protección concedida en el párrafo 1 cesará una vez transcurridos quince días después de que el órgano requirente comunique al testigo o al perito que su presencia ya no se requiere, excepto el período durante el cual no pudo abandonar el territorio de la parte requirente por causas ajenas a su voluntad.

3. No se aplicarán medidas de carácter coactivo ni otras sanciones contra el testigo o el perito que no hubiere comparecido ante el órgano de la parte requirente.

4. El órgano requirente deberá comunicar a las personas solicitadas en calidad de testigo o perito, que tendrán derecho a indemnización de gastos de viaje y estancia. El perito tendrá derecho además a la remuneración por haber realizado el peritaje. A solicitud de esas personas, el órgano mencionado les pagará por adelantado la suma suficiente para cubrir gastos de viajes y estancia.

Art. 11. *Denegación de asistencia jurídica.*—La asistencia jurídica podrá denegarse cuando la Parte requerida considere que dicho cumplimiento podría menoscabar su soberanía, poner en peligro su seguridad o infringir principios básicos de su ordenamiento jurídico.

Art. 12. *Gastos producidos por prestar asistencia jurídica.*—Las Partes Contratantes asumirán todos los gastos que se produzcan por prestar asistencia jurídica en sus territorios respectivos.

Art. 13. *Intercambio de información.*—Los organismos centrales de las Partes Contratantes, previa solicitud, se informarán, recíprocamente sobre la legislación vigente o derogada de sus Estados y práctica judicial en los asuntos que surjan en aplicación de las cláusulas del presente Convenio.

CAPÍTULO III

DOCUMENTACIÓN

Art. 14. 1. Los documentos que hayan sido expedidos o testificados conforme a las normas establecidas y refrendados con el sello oficial del órgano competente o del funcionario de una de las Partes Contratantes, no requerirán en el territorio de la otra Parte Contratante legalización alguna. Lo mismo se aplicará también en relación con firmas en los documentos y legalizadas según el procedimiento interno de las Partes Contratantes.

2. Los documentos que en el territorio de una de las Partes Contratantes se consideren como documentos oficiales, tendrán también en el territorio de la otra Parte Contratante la fuerza probatoria de un documento oficial.

Art. 15. Con el fin de aplicar el presente Convenio, a instancia de las Partes Contratantes se enviarán de conformidad con sus respectivas legislaciones, certificación del Registro Civil y otros documentos referentes a los derechos personales y patrimoniales de los nacionales de las Partes Contratantes. Dichos documentos se pondrán a disposición de la Parte Contratante requirente por la vía diplomática, libres de gastos y sin traducción.

Art. 16. Las Partes Contratantes se cursarán a petición previa, copias de las resoluciones judiciales firmes referentes al estado civil de los nacionales de la otra Parte Contratante, según el procedimiento previsto por el artículo 4 del presente Convenio.

CAPÍTULO IV

RECONOCIMIENTO Y EJECUCIÓN DE RESOLUCIONES JUDICIALES

Art. 17. 1. Las resoluciones de los órganos de una Parte Contratante indicados en el párrafo 2 del artículo 1 se reconocerán y si la índole de la resolución lo requiere, se ejecutarán en el territorio de la otra Parte Contratante en las condiciones previstas por este Convenio.

2. Las resoluciones judiciales mencionadas en el párrafo 1, serán:

1) Resoluciones en materia civil y mercantil.

2) Transacciones judiciales.

3) Sentencias penales en lo referente a la indemnización del daño causado por delito.

3. No se aplicarán las disposiciones del presente capítulo en caso:

1) De las resoluciones en materia de quiebras y procedimientos análogos.

2) De las resoluciones en materia de Seguridad Social.

3) De las resoluciones en materia de indemnización de daños causados por la energía nuclear.

4) De los laudos arbitrales.

CONDICIONES DEL RECONOCIMIENTO Y EJECUCIÓN DE RESOLUCIONES

Art. 18. Las resoluciones indicadas en el artículo 17, se reconocerán y ejecutarán cuando:

1) La resolución, según la legislación de la Parte Contratante en cuyo territorio se haya dictado, sea ejecutoria.

2) El demandado o su representante que no hubiere comparecido ante los Tribunales, hubieren sido debidamente y a tiempo emplazados según las leyes de la Parte Contratante en cuyo territorio se haya dictado la sentencia. No será válida la citación hecha mediante edictos.

3) En el Estado donde deba reconocerse y ejecutarse la resolución o en un tercer Estado, no se hubiese dictado sentencia ejecutoria entre las mismas Partes y sobre los mismos hechos o cuando en aquel Estado no se hubiese iniciado con anterioridad un proceso entre las mismas partes y sobre los mismos hechos.

4) El tribunal que haya dictado la resolución sea competente de conformidad con los artículos 19 y 20 del presente Convenio.

5) Conforme a la legislación de la Parte Contratante en cuyo territorio la resolución ha de ser reconocida y ejecutada, el asunto no sea de la exclusiva competencia de sus órganos.

6) El reconocimiento o la ejecución de la resolución no afecte a la soberanía, seguridad o principios básicos de la legislación de la Parte Contratante requerida.

Art. 19. *Competencia de los Tribunales.*—1. Para los fines de este capítulo, se considerará competente el Tribunal del Estado que haya dictado la resolución, cuando la persona demandada tuviere su domicilio en dicho Estado, cualquiera que sea su nacionalidad.

2. No obstante lo dispuesto en el párrafo anterior, será compe-

tente el Tribunal que haya dictado la resolución, sin consideración del domicilio, en cualquiera de los casos siguientes:

1) Cuando la obligación que sirviere de base a la demanda hubiese sido o debiere ser cumplida en dicho Estado.

2) En materia de alimentos, cuando el acreedor tuviere su domicilio o residencia en dicho Estado.

3) En materia delictual, si el hecho u otras circunstancias, que sirvieren de base para la reclamación de la indemnización del daño, hubiere tenido lugar en el territorio de dicho Estado.

4) En materia de indemnización de daños o perjuicios causados por un delito, que hubiere dado lugar a un procedimiento penal en dicho Estado, en la medida en que, de conformidad con su Ley, dicho Estado pudiera conocer de la acción civil en un procedimiento penal.

5) En materia relativa a la explotación de sucursales, agencias o cualquier otro establecimiento, que estuvieran sitos en el territorio de dicho Estado.

6) En materia de sucesión sobre bienes muebles, si el causante de la sucesión hubiere tenido su último domicilio en dicho Estado.

Art. 20. El Tribunal que haya dictado la resolución tendrá competencia exclusiva en los casos siguientes:

1) En materia de derechos reales inmobiliarios y de contratos de arrendamiento de bienes inmuebles, así como de sucesión en éstos, si el inmueble, estuviere sito en el territorio de dicho Estado.

2) En materia de validez o disolución de sociedades y personas jurídicas o de decisiones de sus órganos, cuando tuvieren su domicilio en el territorio de dicho Estado.

3) En materia de validez de las inscripciones en los Registros públicos que se hubieren efectuado en el territorio de dicho Estado.

Art. 21. 1. Las resoluciones se reconocerán y ejecutarán cuando se hubieran dictado después de la entrada en vigor del presente Convenio.

2. Las resoluciones que no deban ser ejecutadas según su naturaleza, se reconocerán aunque hubiesen sido dictadas antes de la entrada en vigor de este Convenio, siempre que se hubiesen fundado en una regla de competencia reconocida en el mismo.

PROCEDIMIENTO PARA EL RECONOCIMIENTO Y EJECUCIÓN

Art. 22. 1. La solicitud de otorgamiento de la ejecución y de cumplimiento de la misma, podrá hacerse a través de los órganos del Estado donde haya sido dictada, los cuales enviarán la solicitud al órgano competente de la otra Parte Contratante.

2. La solicitud podrá presentarse directamente en el órgano

competente de la otra Parte Contratante si la persona que solicita el otorgamiento de la ejecución tuviere el domicilio o la residencia en el territorio de la misma.

Art. 23. Se deberá acompañar a la solicitud indicada en el artículo 22:

1) Una copia auténtica de la resolución y una certificación en la que conste que es ejecutoria si esto no se desprende del texto de la misma resolución.

2) Una certificación en la que conste que la Parte que no hubiere comparecido ante el Tribunal o su representante, fueron emplazados de conformidad con el párrafo 2 del artículo 18.

3) Las traducciones legalizadas de los documentos indicados en los párrafos 1 y 2 del presente artículo así como la de la solicitud.

Art. 24. 1. Las resoluciones se reconocerán en los territorios de las dos Partes Contratantes sin procedimiento adicional alguno si no fueran impugnadas.

2. Los órganos competentes ante los que se presentaron las solicitudes de ejecución deberán ordenarlas.

3. A los efectos del presente artículo son competentes.

En España, los Juzgados de Primera Instancia.

En la *Unión de Repúblicas Socialistas Soviéticas*:

Los Tribunales Supremos de las Repúblicas (que no tienen división regional).

Los Tribunales Supremos de las Repúblicas Autónomas.

Los Tribunales Territoriales, Regionales o Municipales.

Los Tribunales de las Regiones Autónomas.

Los Tribunales de las Provincias Autónomas.

4. Se facilitará información sobre la resolución adoptada al órgano requirente.

5. Al permitir la ejecución de la resolución el Tribunal no la revisará en cuanto al fondo, sino que se limitará a determinar que se han cumplido las condiciones previstas en los artículos 18, 19, 20 y 23.

6. Si la resolución ha sido dictada sobre varias reclamaciones, podrá permitirse la ejecución parcial.

7. El procedimiento de ejecución se regulará por la legislación de la Parte Contratante en cuyo territorio tenga lugar la ejecución de dicha resolución.

Art. 25. *Transacciones judiciales.*—Las transacciones judiciales pueden ser ejecutadas, de conformidad con lo prevenido en este capítulo, en lo que sea aplicable.

Art. 26. *Salida de objetos y transferencia de dinero.*—Las disposiciones del presente Convenio no afectarán a la legislación de las Partes Contratantes sobre transferencia de dinero y de objetos adquiridos durante la ejecución.

CAPÍTULO V

DISPOSICIONES FINALES

Art. 27. El presente Convenio estará sujeto a ratificación y entrará en vigor pasados sesenta días del momento del intercambio de los Instrumentos de Ratificación que se efectuará en Moscú.

Art. 28. El presente Convenio se concluye por un plazo indefinido. Cada Parte Contratante podrá denunciarlo mediante notificación escrita por vía diplomática, terminando su vigencia a los seis meses de la fecha de la denuncia.

Hecho en Madrid el 26 de octubre de 1990, en dos originales, cada uno en español y ruso, siendo ambos textos igualmente idénticos.

42. CONVENIO DE COOPERACIÓN JUDICIAL EN MATERIA CIVIL, MERCANTIL Y ADMINISTRATIVA ENTRE EL REINO DE ESPAÑA Y EL REINO DE MARRUECOS, HECHO EN MADRID EL 30 DE MAYO DE 1997*

(*BOE* núm. 151, de 25 de junio de 1997)

El Reino de España y el Reino de Marruecos,

Animados por el deseo de promover y reforzar las tradicionales relaciones de amistad y de cooperación judicial entre ambos países;

Considerando que el establecimiento de un sistema de reconocimiento y de ejecución de resoluciones judiciales permitirá estimular la confianza recíproca en sus instituciones judiciales;

Convienen en concertar un Convenio de Cooperación Judicial en Materia Civil, Mercantil y Administrativa y adoptan a estos fines las disposiciones siguientes:

TÍTULO PRIMERO

Disposiciones generales

Artículo 1.º *Del acceso a los tribunales.*—Los nacionales de cada uno de ambos Estados disfrutarán en el territorio del otro

* *Texto auténtico*: español, francés y árabe.

Estado, de libre y fácil acceso a los tribunales, tanto judiciales como administrativos, para actuar en la defensa de sus derechos.

Art. 2.º *«Cautio Judicatum Solvi».*—Los nacionales de una de las dos Partes que sean demandantes o partes ante las autoridades judiciales de la otra Parte en materia civil, mercantil o administrativa, estarán dispensados de prestar caución o depósito alguno, cualquiera que sea su denominación, aun en el caso de que su domicilio o residencia habitual no se encuentre en territorio de una de ambas Partes.

Art. 3.º *Personas jurídicas.*—Lo dispuesto en el presente Convenio relativo a los nacionales de una de las Partes será aplicable, con sujeción a las disposiciones de orden público del Estado en que se promueva la acción, a las personas jurídicas constituidas conforme a la legislación de una de las Partes y que tengan su domicilio social en el territorio de la otra Parte.

Art. 4.º 1. El Ministerio de Justicia del Reino de España y el Ministerio de Justicia del Reino de Marruecos son designados autoridades centrales en el marco del presente Convenio.

2. Ambas Partes se comunicarán recíprocamente mediante Nota Verbal cualquier modificación en la designación de su autoridad central.

3. Dicha modificación surtirá efecto si no se formula oposición alguna por la otra Parte.

Art. 5.º *Asistencia judicial.*—Los nacionales de una de las Partes gozarán ante los tribunales de la otra Parte de la asistencia judicial, así como de la dispensa del pago adelantado de tasas y gastos judiciales concedida a los nacionales de esta última, teniendo en cuenta su situación personal, material y familiar y en iguales condiciones.

Las certificaciones relativas a los ingresos y a la situación personal, familiar y patrimonial del requirente deberán ser expedidas por la autoridad competente de la Parte en cuyo territorio aquél tuviera su domicilio o su residencia.

Dicha certificación será expedida por la autoridad diplomática o consultar territorialmente competente, si el interesado reside en un tercer Estado.

La autoridad judicial que deba resolver sobre la solicitud de asistencia judicial podrá solicitar información complementaria a la autoridad que haya expedido la certificación.

TÍTULO II

Asistencia judicial en materia civil, mercantil y administrativa

Art. 6.º *Documentos judiciales y extrajudiciales. Comisiones rogatorias.*—1. Los documentos judiciales y extrajudiciales en materia civil, mercantil y administrativa, así como las comisiones rogatorias, que provengan de una de las Partes, se enviarán, bien directamente por la autoridad central de la Parte requirente a la autoridad central de la Parte requerida, bien por conducto diplomático.

2. Las notificaciones y comisiones rogatorias deberán indicar:

a) La autoridad judicial de la que provengan;

b) La identidad, condición y profesión de las partes y, en la medida de lo posible, su nacionalidad, y la denominación social y su sede en el caso de personas jurídicas;

c) El domicilio, la residencia o la dirección exacta de cada Parte, así como la de sus representantes o defensores, si hubiere lugar;

d) La naturaleza de las notificaciones y de las comisiones rogatorias y su finalidad; y, en lo que respecta a las comisiones rogatorias, la naturaleza de los actos que deban llevarse a cabo y, cuando proceda, las preguntas que deban formularse a los testigos;

e) Si la dirección de la persona a que se refiere la solicitud de asistencia judicial no se indicara con precisión o fuera inexacta, la autoridad requerida intentará averiguar la dirección exacta en la medida de lo posible.

Si la autoridad requerida no fuera competente, transmitirá de oficio el documento a la autoridad competente e informará de ello a la autoridad requirente.

Art. 7.º *Comunicación de documentos judiciales y extrajudiciales.*—La solicitud de notificación de un documento judicial o extrajudicial irá acompañada de dicho documento. La notificación se efectuará por mediación de la autoridad competente, conforme a la legislación del Estado requerido.

Art. 8.º 1. Podrá igualmente solicitarse de forma subsidiaria la notificación en una de las formas especiales previstas en el apartado 2 del presente artículo en el caso de que no fuera posible proceder a la entrega simple, debido a que el destinatario no acepte voluntariamente el documento.

2. Si la parte requirente lo solicita expresamente, la autoridad requerida efectuará la notificación en la forma prevista por su legislación interna para notificaciones análogas, o en una forma especial compatible con dicha legislación.

3. Los gastos de dicha notificación correrán a cargo del solicitante.

Art. 9.º En el caso de que el Estado requirente no hubiera solicitado expresamente, tal como se prevé en el artículo 8 (apartado 2) de este Convenio, que el documento se comunique conforme a la formalidades prescritas en dicho artículo o si la notificación no hubiera podido hacerse por simple entrega conforme al artículo 7 del presente Convenio, el Estado requerido devolverá sin demora el documento al Estado requirente haciéndole saber el motivo por el cual la entrega simple no pudo tener lugar.

Art. 10. La prueba de la notificación se hará por medio de un recibo fechado y firmado por el destinatario o una declaración de la autoridad requerida haciendo constar el hecho, la forma y la fecha de la notificación.

El recibo o la declaración figurarán en una de las copias del documento que deba ser notificado, o se adjuntarán al mismo y serán remitidos a la autoridad central de la Parte requirente, conforme a lo dispuesto en el artículo 6 del presente Convenio.

Art. 11. Sin perjuicio de lo dispuesto en los artículos precedentes, cada Parte podrá transmitir directamente por mediación de sus agentes diplomáticos y consulares las notificaciones dirigidas a sus nacionales que se encuentren, en territorio de la otra Parte, sin necesidad de utilizar la vía coercitiva.

Art. 12. *Comisiones rogatorias.*—1. Lo dispuesto en los artículos 8, 9, 10 y 11 del presente Convenio será aplicable a la ejecución de comisiones rogatorias en materia civil, mercantil y administrativa.

2. Las comisiones rogatorias serán enviadas por la autoridad central de la Parte requerida a la autoridad competente. Si la autoridad requerida no fuera competente, transmitirá de oficio la comisión rogatoria a la autoridad competente e informará de ello a la parte requirente.

Art. 13. Cada una de ambas Partes podrá igualmente hacer que se ejecuten las comisiones rogatorias directamente por mediación de sus agentes consulares o diplomáticos y sin hacer uso de medios coercitivos, cuando las personas que deban prestar testimonio o presentar documentos posean únicamente la nacionalidad de la Parte requirente.

La nacionalidad de la persona objeto de la comisión rogatoria se determinará conforme al derecho de la Parte en cuyo territorio deba ejecutarse la comisión rogatoria.

Cualquier citación o notificación que tenga por finalidad la presentación de documentos, deberá indicar expresamente que no se utilizarán medios coercitivos para ejecutar la comisión rogatoria.

Art. 14. La autoridad requerida podrá denegar la ejecución de una comisión rogatoria, si la misma, según su legislación, no fuera de su competencia o si fuera de tal naturaleza que pudiera perjudicar su soberanía, su seguridad o su orden público. En ambos casos, la Parte requerida deberá informar de este hecho a la autoridad requirente, indicando los motivos.

Art. 15. La autoridad requerida deberá informar a la autoridad requirente, a solicitud expresa de esta última, de la fecha y del lugar de ejecución de la comisión, a fin de que la parte interesada pueda comparecer en persona si lo desea o hacerse representar conforme a la legislación vigente en el requerido.

Art. 16. La ejecución de comisiones rogatorias no podrá dar lugar al reembolso de gastos, cualquiera que sea la naturaleza de los mismos, salvo en el caso de los honorarios de peritos y gastos de peritación, cuyo importe y naturaleza se comunicarán a la Parte requirente. No obstante, la Parte requerida deberá poner en conocimiento del órgano de recepción de la Parte requirente el importe de los gastos en que se haya incurrido.

Art. 17. El procedimiento judicial a que dé lugar la ejecución de la comisión rogatoria conforme a las disposiciones precedentes producirá el mismo efecto jurídico que si aquélla se hubiera ejecutado ante la autoridad competente del Estado requirente.

Art. 18. Las comisiones rogatorias deberán ir acompañadas de una traducción auténtica en la lengua de la autoridad requerida.

Art. 19. *Exequátur: Costas y gastos.*—La solicitud de exequátur de una resolución relativa a los gastos de procedimiento, conforme a los artículos 18 y 19 del Convenio de La Haya de 1 de marzo de 1954, podrá también ser enviada directamente por la Parte interesada a la autoridad judicial competente.

Art. 20. La competencia de las autoridades que hayan entregado los documentos previstos en el artículo 19 del Convenio de La Haya anteriormente mencionada no habrá de ser certificada por una autoridad superior.

Art. 21. Para acreditar que las resoluciones relativas a los gastos de procedimiento tienen fuerza de cosa juzgada, deberán ir acompañadas de:

1. Un documento del que se desprenda que la resolución ha sido notificada a la parte contra la que se siga la ejecución;
2. Una certificación que haga constar que la resolución no ha sido objeto de recurso ordinario ni de recurso de casación o que no pueda ya ser objeto de dichos recursos.

TÍTULO III

Del reconocimiento y ejecución de resoluciones judiciales, sentencias arbitrales y documentos auténticos

Art. 22. 1. Las resoluciones judiciales en materia civil, mercantil y administrativa, comprendidas las que concedan indemnizaciones por daños y perjuicios por responsabilidad civil a las víctimas de infracciones penales, dictadas por órganos jurisdiccionales de alguno de ambos Estados contratantes, tendrán autoridad de cosa juzgada y fuerza ejecutiva en el otro Estado, en las condiciones y según las modalidades establecidas por el presente título.

2. El presente Convenio no será aplicable a las resoluciones dictadas en las materias y casos siguientes:

a) En materia testamentaria y sucesoria;

b) En materia de quiebra, procedimientos de liquidación de sociedades u otras personas jurídicas insolventes, conciertos y convenios análogos entre deudores y acreedores;

c) Resoluciones contenciosas en materia de seguridad social, tal como está definida en el Convenio hispano-marroquí relativo a la seguridad social de 8 de noviembre de 1979;

d) En caso de medidas cautelares y provisionales, salvo las dictadas en materia de alimentos.

Art. 23. Las resoluciones judiciales en materia civil, mercantil y administrativa, dictadas por los órganos jurisdiccionales competentes de España y Marruecos, respectivamente, tendrán autoridad de cosa juzgada en el territorio del otro Estado, si reúnen las condiciones siguientes:

1. La resolución emana de un órgano jurisdiccional competente según las normas aplicables en el país en que hubiera sido dictada;

2. Las partes han sido legalmente citadas, representadas o declaradas rebeldes;

3. La resolución ha adquirido autoridad de cosa juzgada y ha llegado a ser ejecutiva conforme a las leyes del Estado en que haya sido dictada;

4. La resolución no contiene disposiciones contrarias al orden público del Estado en que se solicite la ejecución, ni a los principios del derecho internacional que sean aplicables en el mismo. Tampoco deberá ser contraria a una resolución judicial dictada en ese mismo Estado y que haya adquirido autoridad de cosa juzgada;

5. Que no se encontrase pendiente ningún proceso entre las mismas partes y por el mismo objeto ante algún órgano jurisdiccional del Estado requerido antes de iniciarse la acción ante el tribunal que haya dictado la resolución que deba ejecutarse.

Art. 24. Las resoluciones a que se refiere el artículo precedente no podrán dar lugar a ninguna medida de ejecución forzosa o coercitiva por parte de las autoridades del otro Estado, ni ser objeto por parte de dichas autoridades de ninguna publicidad o formalidad, tales como el registro, la inscripción o la rectificación en registros públicos, hasta después de haber sido declaradas ejecutivas en el territorio del Estado requerido.

Art. 25. La autoridad competente (el tribunal de primera instancia de cada uno de ambos Estados) concederá el derecho de ejecución de la resolución, a solicitud de la parte interesada, conforme a la legislación del Estado en que se solicite dicha ejecución.

El procedimiento de solicitud de ejecución se regirá por la Ley del Estado en que se requiera la ejecución.

Art. 26. El tribunal competente se limitará a comprobar si la resolución cuya ejecución se solicita reúne todas las condiciones previstas en el artículo 23 para gozar de autoridad de cosa juzgada. Procederá de oficio a dicho examen y deberá hacer constar el resultado del mismo en su resolución.

Al aceptar la solicitud de ejecución, la autoridad competente ordenará, en su caso, las medidas necesarias para que la resolución dictada en el otro Estado reciba la misma publicidad que si hubiera sido dictada en el propio Estado en que haya sido declarada ejecutiva. La ejecución podrá concederse incluso parcialmente para alguna o algunas de las peticiones de la resolución invocada.

Art. 27. La decisión de ejecución producirá efecto contra todas las partes en el litigio que sean objeto de la resolución que deba ejecutarse y en toda la extensión del territorio en que sus disposiciones sean aplicables.

Igualmente permitirá que la sentencia declarada ejecutiva produzca los mismos efectos, en lo referente a las medidas de ejecución y a partir de la fecha de esa decisión, que si hubiera sido dictada por el tribunal que haya dictado la decisión de ejecución.

Art. 28. La Parte que invoque la autoridad de cosa juzgada de una resolución judicial o que reclame la ejecución de la misma, deberá presentar:

1. Una copia de la resolución que reúna todas las condiciones necesarias para su autenticidad;
2. El original del documento de notificación de la resolución;
3. Una certificación del Secretario del tribunal que haga constar que la resolución no ha sido objeto de recurso ni de apelación;
4. Una copia certificada conforme de la citación hecha a la parte que haya sido condenada en rebeldía.

Art. 29. Los laudos arbitrales dictados válidamente en uno de los dos Estados serán reconocidos en el otro Estado y podrán ser declarados ejecutivos en el mismo cuando reúnan las condiciones previstas en el artículo 23 que les sean aplicables y si se cumplen además las siguientes condiciones:

1. La legislación del Estado requerido para la ejecución permite resolver esa clase de litigio por vía arbitral;
2. El laudo arbitral se ha dictado en cumplimiento de una cláusula o un contrato de arbitraje válidos y ha llegado a ser definitivo;
3. El contrato o la cláusula de arbitraje reconocía la competencia

a los árbitros conforme a la legislación en cuya virtud se ha dictado el laudo.

Los laudos arbitrales deberán ser ejecutados en la misma forma indicada en los artículos precedentes.

Art. 30. Los documentos auténticos ejecutivos en uno de los dos Estados serán declarados ejecutivos en el otro, por el tribunal competente, según la legislación del Estado donde deba procederse la ejecución.

Dicho tribunal se limitará a comprobar que los documentos reúnen las condiciones necesarias para su autenticidad en el Estado que hayan sido extendidos y que las disposiciones cuya ejecución se insta no contienen nada contrario al orden público aplicable del Estado en que se solicita la ejecución, o a los principio de derecho aplicables en dicho Estado.

Art. 31. Las disposiciones previstas por los artículos del presente título no se aplicarán en ningún caso a las sentencias dictadas en uno de los dos Estados contra el gobierno del otro Estado o contra uno de sus funcionarios por actos cometidos únicamente en razón de sus funciones.

Tampoco podrán aplicarse a las sentencias cuya ejecución sea contraria a los tratados y convenios vigentes en el Estado en que se solicite.

Art. 32. No serán aplicables a los nacionales del otro Estado las normas por las que la legislación de uno de los dos Estados declara competentes a sus tribunales en razón únicamente de la nacionalidad del solicitante y sin otra causa de competencia en lo que se refiere a las impugnaciones relativas a obligaciones nacidas de un contrato o de un delito o de un cuasidelito, en los siguientes casos:

1. Cuando el demandante tenga su domicilio o su residencia en el Estado del que sea nacional;

2. Cuando la obligación haya nacido o deba ser ejecutada en el Estado del que sea nacional el demandante.

La presente disposición se aplicará de oficio por los órganos jurisdiccionales de cada uno de los dos Estados.

TÍTULO IV

Información jurídica

Art. 33. *Disposición general.*—Las Partes Contratantes se comprometen a proporcionarse mutuamente, conforme a lo dispuesto en este Convenio, información acerca de sus legislaciones, sus jurisprudencias respectivas en materia civil, mercantil y administrativa, así como acerca del marco del procedimiento civil y mercantil y de la organización judicial.

Se comprometen igualmente a comunicarse información sobre decisiones jurisprudenciales que conciernan a un punto determinado, así como cualquier otra información jurídica.

Art. 34. *Intercambio de información sobre las legislaciones respectivas.*—La autoridad central del Reino de España y la autoridad central del Reino de Marruecos se proporcionarán recíprocamente y previa solicitud, las informaciones relativas a sus legislaciones en los campos a que se refiere el artículo 33.

Art. 35. La solicitud de información deberá proceder, bien de una autoridad judicial, o bien, cuando se trate de la asistencia judicial, de la autoridad encargada de resolver sobre la concesión de dicha asistencia.

Art. 36. La solicitud de información deberá precisar la autoridad de la que proviene, así como la naturaleza del asunto. Deberá indicar de manera clara los asuntos sobre los que se solicita la información relativa a la legislación de la Parte requerida.

La solicitud deberá incluir una exposición de los hechos que permitan una buena comprensión y la elaboración de una respuesta clara y precisa. Podrán adjuntarse a la misma copias de documentos, en la medida en que los mismos sean necesarios para precisar el alcance de la solicitud.

La solicitud podrá referirse, de modo complementario, a temas relativos a ámbitos diferentes a los que se refiere el artículo 33, cuando tengan relación con los temas principales de la solicitud.

La Parte requerida podrá solicitar la información complementaria necesaria para elaborar su respuesta.

Art. 37. 1. La autoridad judicial de la que provenga la solicitud no se considerará obligada por la información contenida en la respuesta.

2. La respuesta a una solicitud de información deberá darse lo más rápidamente posible.

3. Dicha respuesta no dará lugar a ningún reembolso de tasas o gastos, cualquiera que sea su naturaleza.

TÍTULO V

De las certificaciones de actas del registro civil y documentos oficiales

Art. 38. A solicitud de las autoridades judiciales de una de las Partes, la otra Parte les transmitirá sin tasas ni gastos, las certificaciones de actas del registro civil y otros documentos referentes al mismo, en su caso, que conciernan a los nacionales de la Parte de que proceda la solicitud.

Art. 39. Las certificaciones de las actas del registro civil expedidas por una autoridad competente en el territorio de una de las Partes Contratantes y que estén provistas de su sello oficial no necesitarán ser legalizadas para ser válidas en el territorio de la otra Parte.

TÍTULO VI

Disposiciones comunes

Art. 40. *Dispensa de legalización.*—Los documentos que provengan de las autoridades judiciales o de otras autoridades de uno de ambos Estados, así como los documentos cuya fidelidad y fecha, veracidad de la firma o conformidad con el original certifiquen dichas autoridades, estarán dispensados de legalización o de cualquier otra formalidad equivalente cuando deban presentarse en territorio del otro Estado.

Los documentos deberán ir provistos de la firma y del sello oficial de la autoridad facultada para expedirlos, y en el caso de que se trate de copias, estar certificados conformes con el original por dicha autoridad. En cualquier caso, deberán estar extendidos materialmente de tal forma que resulte evidente su autenticidad.

En caso de existir serias dudas acerca de la autenticidad del documento, se efectuará una comprobación por mediación de la autoridad central de ambos Estados.

Art. 41. *Lenguas y traducciones.*—Las dos autoridades centrales podrán redactar sus comunicaciones en sus lenguas respectivas. Se adjuntará a las mismas una traducción en lengua francesa.

Art. 42. Los documentos que deban ser notificados, las comisiones rogatorias, las resoluciones relativas a condenas en costas y gastos del procedimiento, las solicitudes de asistencia judicial, al igual que los documentos y solicitudes de información necesaria que se adjunten a los mismos, así como sus anejos, deberán estar redactados en la lengua de la Parte de la autoridad requerida o ir acompañados de una traducción en lengua francesa.

Art. 43. Las traducciones serán legalizadas por la autoridad competente de ambos Estados.

La traducción de las comunicaciones previstas en el artículo 42 del presente Convenio no dará lugar a ningún reembolso de gastos.

TÍTULO VII*

Disposiciones finales

Art. 44. Cualquier controversia que surja de la aplicación o de la interpretación del presente Convenio se resolverá por vía diplomática.

Art. 45. El presente Convenio entrará en vigor provisionalmente a partir de la fecha de su firma y definitivamente el primer día del segundo mes siguiente a la fecha de la última notificación en que se haga constar el cumplimiento de las formalidades constitucionales requeridas en cada uno de los dos Estados.

Art. 46. El presente Convenio se concluye por un tiempo de duración ilimitada. Cada una de las Partes podrá denunciarlo por medio de una notificación por escrito enviada por conducto diplomático a la otra Parte. La denuncia surtirá efecto un año después de la fecha de su envío.

En fe de lo cual, los plenipotenciarios de ambos Estados contratantes firman el presente Convenio.

Hecho en Madrid, el 30 de mayo de 1997, en doble ejemplar, estando redactados los originales en español, en árabe y en francés, siendo igualmente auténticos los tres textos.

43. CONVENIO DE COOPERACIÓN JURÍDICA ENTRE EL REINO DE ESPAÑA Y LA REPÚBLICA ORIENTAL DEL URUGUAY, HECHO EN MONTEVIDEO EL 4 DE NOVIEMBRE DE 1987

(*BOE* núm. 103, de 30 de abril de 1998)

El Reino de España y la República Oriental del Uruguay.

Conscientes de los profundos vínculos históricos que unen a ambas Naciones.

Deseando traducirlos en instrumentos jurídicos de cooperación.

Han decidido concluir un convenio de cooperación jurídica y a tal efecto han convenido las siguientes disposiciones.

Art. 22: El acuerdo se aplica provisionalmente a partir del 30 de mayo de 1997, fecha de su firma.

TÍTULO PRIMERO

Ámbito del Convenio

Artículo 1.º El presente Convenio se aplica a las actuaciones procesales, a las decisiones judiciales y laudos arbitrales, con excepción de las siguientes materias:

a) Estado y capacidad de las personas y derechos de familia, en cuanto se trate de sentencias constitutivas o declarativas de tales estados o derechos, sin comprender las decisiones sobre obligaciones pecuniarias que sean consecuencia de aquella declaración, de conformidad con lo previsto en el artículo 5, ordinal 4, del presente Convenio.

b) Obligaciones alimenticias respecto a menores.

c) Quiebras, concursos y procedimientos análogos.

d) En materia de seguridad social.

e) Daños de origen nuclear.

Art. 2.º 1. El presente Convenio se aplica a los laudos arbitrales y a cualquier decisión dictada por los Tribunales de los Estados Partes, ya se trate de sentencias, transacciones judiciales que pongan fin al proceso, autos, despachos, mandamientos o cualquier otra resolución similar. Se consideran incluidas dentro de este Convenio las medidas cautelares firmes decretadas por los Tribunales de uno de los Estados Partes que deban cumplirse en el otro Estado Parte.

2. También se aplicará el Convenio a las decisiones pronunciadas en actos de jurisdicción voluntaria.

3. Igualmente, será de aplicación a las resoluciones de los Tribunales administrativos y contencioso-administrativos a los efectos del título V.

4. Asimismo, se consideran comprendidas dentro del Convenio las sentencias penales en cuanto se refieran a la indemnización de perjuicios derivados del delito.

TÍTULO II

Reconocimiento y ejecución

SECCIÓN 1.ª

Requisitos del reconocimiento

Art. 3.º 1. Las decisiones judiciales enumeradas en el artículo 2, serán reconocidas sin necesidad de procesamiento alguno, salvo que debieran producir efectos de cosa juzgada o ser ejecutadas.

2. En caso de disconformidad, cualquier parte interesada

que invoque el reconocimiento a título principal podrá obtener el reconocimiento según el procedimiento previsto, para la ejecución. Si el reconocimiento se invoca a título incidental ante un tribunal, éste será competente.

3. Habrá lugar a un reconocimiento parcial, siempre que fuera posible en vista del contenido de la decisión.

Art. 4.º Para que la decisión dictada en un Estado pueda ser reconocida en el otro, serán requisitos indispensables:

a) que haya sido pronunciada por Tribunal competente, en los términos de este Convenio;

b) que sea firme y ejecutoria;

c) que la iniciación del proceso haya sido notificada en legal forma de acuerdo con la ley del Estado de origen de la sentencia.

Art. 5.º Para los efectos del presente Convenio se considerarán Tribunales competentes:

1. En materia de obligaciones:

a) Aquellos a quienes se hubieran sometido las partes, siempre que pertenezcan al Estado Parte de domicilio de una de éstas, el acuerdo sumisorio conste por escrito en cuanto a los litigios que surjan con motivo de una relación jurídica concretamente determinada y tal competencia no haya sido establecida de manera abusiva.

b) Subsidiariamente, los del Estado Parte donde tuviese el demandado su domicilio o residencia habitual al iniciarse el litigio o en caso de persona jurídica, los del lugar donde tuviese su sede o establecimiento principal.

Si al iniciarse el proceso el demandado tuviese establecimiento, sucursal o agencia con organización propia, podrá ser demandado en este lugar, cuando el litigio se refiera a la actividad desenvuelta en dicho establecimiento, sucursal o agencia.

2. En materia de obligaciones extracontractuales, los del Estado parte donde se hubieren producido los hechos generadores de la obligación, o los del Estado Parte donde se produjeren los efectos dañosos a opción del actor.

3. Para las acciones relativas a bienes, los del lugar en que se encuentran.

4. Para las obligaciones pecuniarias en materia de derecho de familia los del Estado Parte del domicilio o residencia habitual del demandado.

Art. 6.º La competencia del Tribunal del Estado de origen, será reconocida para la petición reconvencional si, en cuanto a ésta, concurriese alguno de los motivos de competencia expresados en el artículo anterior o si tal petición derivara del mismo hecho en que se fundó la principal.

Art. 7.º La competencia del Tribunal del Estado de origen puede no ser reconocida en los siguientes casos:

a) si la ley del Estado requerido reserva a los Tribunales del mismo la competencia exclusiva para conocer de la acción, por razón de la materia;

b) si el Estado requerido se considera obligado a reconocer un acuerdo en el cual la competencia exclusiva haya sido sometida a arbitraje.

Art. 8.º El reconocimiento y la consiguiente ejecución, en su caso, pueden ser denegados en cualquiera de los casos siguientes:

a) si la obligación en cuya virtud se hubiere procedido fuese ilícita en el Estado requerido;

b) si la decisión fuese manifiestamente incompatible con el orden público del Estado requerido;

c) si estuviese pendiente ante un Tribunal de dicho Estado un litigio entre las mismas partes, con el mismo objeto y fundado en los mismos hechos, salvo que la acción se hubiere ejercitado primero en el Estado de origen;

d) si en el Estado requerido o en un tercer Estado, hubiera sido ya dictada decisión sobre el mismo litigio y la misma fuere susceptible de reconocimiento en el Estado requerido.

SECCIÓN 2.ª

Proceso de reconocimiento y ejecución

Art. 9.º Son tribunales competentes para el reconocimiento y ejecución:

a) en España, los Juzgados de Primera Instancia;

b) en Uruguay, los Juzgados Letrados competentes en primera instancia, que correspondieren por razón de materia, jurisdicción y turno.

Art. 10. El proceso de reconocimiento y ejecución se regirá por la ley del Estado requerido, sin perjuicio de lo dispuesto en el presente Convenio y en especial en los artículos siguientes.

Art. 11. 1. En ningún caso se procederá al reexamen del mérito o fondo de la causa, sin perjuicio del control formal para comprobar la concurrencia de los requisitos establecidos en el artículo 4.

2. Al apreciar la competencia del Tribunal que dictó la decisión, se tendrán como probados los hechos que le sirvieron para fundarla.

3. No podrá denegarse el reconocimiento o la ejecución por el hecho de que el Tribunal que dictó la decisión haya aplicado una ley diferente de la que correspondería según las reglas del Derecho Internacional Privado del Estado requerido.

Art. 12. La parte que pretenda el reconocimiento o la ejecución deberá presentar copia literal, auténtica o autenticada de la decisión, así como certificación de ser firme y ejecutoria y de que la citación al demandado se hizo en tiempo y forma. Los documentos están dispensados de legalización.

Art. 13. La parte vencida en la decisión cuya ejecución se pretenda, deberá ser citada luego de ordenada la misma.

De igual modo, se procederá en el caso de reconocimiento de la sentencia cuando éste se solicitara a fin de producir efecto de cosa juzgada.

Art. 14. Desde que se inicie el proceso, pueden solicitarse medidas aseguratorias o cautelares, ante el mismo Tribunal y con sujeción a la ley del Estado requerido.

TÍTULO III

Del reconocimiento y ejecución de los laudos arbitrales

Art. 15. Los laudos arbitrales serán reconocidos y ejecutados de acuerdo con lo prevenido en este Convenio, en cuanto sea aplicable.

TÍTULO IV

De la igualdad de trato procesal

Art. 16. Las personas físicas de nacionalidad española gozarán ante los tribunales de la República Oriental del Uruguay, del mismo trato procesal de que disfrutan las personas domiciliadas en el territorio de esta última.

Art. 17. Las personas físicas con residencia habitual en la República Oriental del Uruguay gozarán ante los tribunales del Reino de España del mismo trato procesal de que disfrutan los nacionales españoles domiciliados en España.

Art. 18. Las personas jurídicas constituidas en un Estado Parte gozarán ante los Tribunales del otro del mismo trato procesal de que disfrutan aquellas constituidas en él.

Se considerarán constituidas en un Estado Parte, aquellas personas jurídicas que hayan cumplido en él los requisitos de forma y fondo exigidos para su creación.

Art. 19. La igualdad de trato procesal consagrada en los artículos precedentes exime a los litigantes de la prestación de la fianza de arraigo (*Cautio judicatum solvi*).

TÍTULO V

Del auxilio judicial

Art. 20. Los Estados Partes regirán el auxilio judicial por la Convención Interamericana sobre Exhortos o Cartas Rogatorias, de 30 de enero de 1975, complementada por las disposiciones siguientes.

Art. 21. El presente título se aplicará a los exhortos o comisiones rogatorias expedidas en actuaciones y procesos en materia civil, mercantil, laboral, contencioso-administrativo, juicios arbitrales y materias que sean competencia de los tribunales administrativos, que tengan por objeto:

a) la realización de actos de comunicación como notificaciones, citaciones y emplazamientos en el otro Estado Parte;

b) la recepción u obtención de pruebas e informes;

c) actos procesales no contenciosos, tales como apertura de testamentos, inventarios, tasaciones y otros semejantes;

d) embargos.

2. Se reconoce el derecho de los funcionarios consulares de carrera acreditados en ambos países a:

a) notificar actos judiciales nacionales a personas que se encuentren en el extranjero;

b) ejecutar comisiones rogatorias en relación con sus propios nacionales.

En lo que se refiere a los nacionales de la otra Parte o de un tercer país, este derecho sólo podrá ser ejercido en el caso de que los interesados den su consentimiento expreso, y siempre que ello no se oponga a las leyes del Estado de acreditación del Cónsul.

En ningún caso podrá ejecutar las medidas previstas en el apartado *d*) del párrafo 1.

Art. 22. El auxilio judicial previsto en el artículo anterior sólo podrá denegarse cuando el Estado requerido estime que:

a) La actividad que se pretende es contraria al orden público.

b) El contenido del acto a practicar, por su naturaleza, no corresponda a las atribuciones propias de la autoridad requerida.

c) La autenticidad del documento no está acreditada.

Art. 23. Si se ruega la recepción u obtención de pruebas, el exhorto deberá también contener:

a) un resumen del juicio que facilite las diligencias probatorias;

b) nombre y dirección de los testigos, peritos, personas o instituciones que deban intervenir;

c) texto de los interrogatorios y documentos necesarios para su recepción;

d) nombre y dirección de la persona que, cuando correspondiera, se hará responsable en el país requerido de los gastos procesales que pudiera causar el diligenciamiento de la prueba solicitada, o bien un giro por el valor que estimativamente los pueda cubrir.

Art. 24. La procedencia de la medida de embargo se regirá y determinará por las leyes y jueces del Estado de origen.

La traba del embargo, su forma y la inembargabilidad de los bienes se regirán por las leyes, y se ordenarán por los jueces del Estado en donde dichos bienes estuvieren situados.

Art. 25. Las diligencias y trámites necesarios para hacer efectivo el cumplimiento del exhorto, no requerirán petición expresa ni la intervención de parte interesada, debiendo ser practicados de oficio por el órgano jurisdiccional requerido, lo que no obsta a que las partes intervengan por sí o por intermedio de apoderado.

Art. 26. La tramitación de los exhortos contemplada en el presente título será recíprocamente gratuita, excepto el diligenciamiento de los medios probatorios que ocasionen gastos en el Estado requerido. Lo precedente, sin perjuicio del beneficio o auxiliatoria de pobreza que pueda haberse concedido a la parte requirente, ya por las autoridades del Estado exhortante, ya por las del Estado requerido.

Art. 27. 1. La Secretaría General Técnica del Ministerio de Justicia del Reino de España en calidad de Autoridad Central y la Autoridad Central de Cooperación Jurídica Internacional del Ministerio de Educación y Cultura de la República Oriental del Uruguay en la misma calidad, podrán solicitarse información y documentación sobre aspectos generales de sus respectivos ordenamientos jurídicos. Los Estados Partes se comprometen a comunicarse, por vía diplomática, cualquier cambio de Autoridad Central.

2. Los órganos jurisdiccionales, de cualquier grado y orden, y el Ministerio Fiscal, podrán solicitar a través de las Autoridades Centrales, información sobre aspectos jurídicos precisos, en relación a procesos existentes. La solicitud irá acompañada de una relación de hechos relevantes y de preguntas precisas.

TÍTULO VI

Disposiciones finales

Art. 28. La denuncia por cualquiera de ambas Partes de la Convención Interamericana sobre Exhortos o Cartas Rogatorias de 1975, no comportará la denuncia del presente Convenio respecto de las disposiciones del mismo que hacen expresa remisión a la precitada Convención.

Art. 29. 1. El presente Convenio está sujeto a ratificación, entrando en vigor el último día del mes siguiente al canje de los respectivos instrumentos.

2. El presente Convenio tiene una duración indefinida. Cualquiera de las Partes podrá denunciarlo mediante un aviso escrito por vía diplomática. La denuncia será efectiva a partir del último día del siguiente sexto mes de haberse efectuado dicha notificación.

En testimonio de lo cual, los abajo firmantes, debidamente autorizados por sus respectivos Gobiernos, han firmado el presente Convenio.

Hecho en la ciudad de Montevideo a 4 de noviembre de 1987, en dos ejemplares igualmente idénticos, e igualmente haciendo fe.

El presente Convenio entrará en vigor el 30 de abril de 1998, último día del mes siguiente al canje de los respectivos Instrumentos de Ratificación, según se establece en su artículo 29.1.

44. CONVENIO ENTRE ESPAÑA Y RUMANÍA SOBRE COMPETENCIA JUDICIAL, RECONOCIMIENTO Y EJECUCIÓN DE DECISIONES EN MATERIA CIVIL Y MERCANTIL, HECHO EN BUCAREST EL 17 DE NOVIEMBRE DE 1997*

(*BOE* núm. 134, de 5 de junio de 1999; corr. de errores, *BOE* núm. 158, de 3 de julio)

España y Rumania, en lo sucesivo, los Estados contratantes,

Deseando establecer relaciones de cooperación jurídica, a nivel bilateral, que complementen las existentes a nivel multilateral en el marco del Consejo de Europa,

Considerando que el establecimiento de un sistema concordado de competencias jurídicas de sus

* *Texto auténtico*: español, rumano y francés. Téngase en cuenta que Rumanía se integró en la Unión Europea a partir del 1 de enero de 2007. Vid. Reglamento 44/2001 (*supra* núm. 7), Reglamento 1346/2000 (*infra* núm. 147), Reglamento 2201/2003 (*infra* núm. 54) y Reglamento 4/2009 (*infra* núm. 62).

tribunales en el orden internacional y un procedimiento ágil de ejecución de decisiones en materia civil y mercantil, no sólo redunda en beneficio de sus nacionales, sino que constituye a la vez un soporte para el desarrollo de sus relaciones económicas,

Han decidido adoptar un Convenio sobre competencia judicial, reconocimiento y ejecución de decisiones en materia civil y mercantil, y a tal efecto han convenido las disposiciones siguientes:

CAPÍTULO PRIMERO

Ámbito de aplicación

Artículo 1.º *Materias incluidas.*—El presente Convenio se aplicará en materia civil y mercantil, con independencia de la naturaleza o denominación del órgano jurisdiccional.

Art. 2.º *Materias excluidas.*—Quedan excluidas del ámbito de aplicación de este Convenio:

a) Las materias fiscal, aduanera y administrativa.

b) El estado y capacidad de las personas físicas, régimen matrimonial, sucesiones legítimas y testamentos.

c) Las quiebras, concursos y convenios entre el deudor y los acreedores.

d) La seguridad social.

e) Los seguros de derecho privado.

f) La navegación civil.

g) El arbitraje.

CAPÍTULO II

Competencia

Art. 3.º *Competencia general.*—Las personas físicas o jurídicas independientemente de la nacionalidad, domiciliadas o que tengan la sede en el territorio de uno de los Estados contratantes quedarán sometidas a la jurisdicción de dicho Estado contratante y no podrán ser demandadas ante los Tribunales del otro Estado contratante, salvo que concurriere alguna de las reglas de competencia establecidas en el presente Convenio.

Las personas físicas o jurídicas que no tengan la nacionalidad del Estado contratante donde tuvieren su domicilio o sede serán sometidas a las reglas de competencia aplicables a los nacionales de dicho Estado contratante.

Art. 4.º *Competencias exclusivas.*—Son exclusivamente competentes, sin consideración al domicilio o sede:

1. En materia de derechos reales inmobiliarios y de contratos de arrendamiento de bienes inmuebles, los tribunales del Estado contratante en que se hallaren sitos.

No obstante, en materia de contratos de arrendamientos de bienes inmuebles destinados a uso particular concluidos por un plazo máximo de seis meses consecutivos, son igualmente competentes los tribunales del Estado contratante donde estuviere domiciliado el demandado, siempre que arrendador y arrendatario fueren personas físicas y que ninguna de las partes estuviera domiciliada en el Estado contratante en el que el inmueble se hallare sito.

2. En materia de validez, nulidad o disolución de personas jurídicas que tuvieren su domicilio en un Estado contratante o de decisiones de los órganos directivos de las mismas, los tribunales del Estado contratante respectivo.

3. En materia de validez de las inscripciones en los Registros Públicos, los tribunales del Estado contratante en el que se encuentre dicho Registro.

4. En materia de inscripciones o validez de patentes, marcas, dibujos o modelos y demás análogos sometidos a depósito o registro, los tribunales del Estado contratante en que se hubiere solicitado, efectuado o tenido por efectuado el depósito o registro en virtud de lo dispuesto en un convenio internacional.

5. En materia de ejecución de decisiones, los tribunales del Estado contratante del lugar de ejecución.

Art. 5.º *Competencias especiales.*—No obstante, lo dispuesto en el artículo 3.º, las personas domiciliadas o que tengan su sede en uno de los Estados contratantes podrán ser demandadas ante los tribunales del otro Estado contratante.

1. En materia contractual, ante el tribunal del lugar en el que hubiere sido o debiere ser cumplida la obligación que sirviese de base a la demanda. En materia de contrato individual de trabajo, dicho lugar será aquel en el que el trabajador desempeñase habitualmente su trabajo, pudiendo demandarse también al empresario, ante el tribunal del lugar en que radicase el establecimiento en que fue contratado.

2. En materia de obligaciones alimenticias, ante el tribunal del lugar del domicilio o residencia habitual del acreedor de alimentos o, si se tratase de una demanda incidental a una acción relativa al estado de las personas, ante el tribunal del Estado contratante competente para juzgar la demanda principal.

3. En materia de responsabilidad delictual y cuasi delictual, ante el tribunal del lugar en el que se hubiere producido el hecho que genera los daños.

4. En materia de acciones civiles derivadas de un hecho que constituye el objeto de un juicio penal, ante el tribunal del lugar que conociere del proceso penal.

5. En los litigios relativos a la explotación de sucursales, agencias o cualquier otro establecimiento, ante el tribunal del lugar en que se hallare su sede.

6. Cuando hubiere varios demandados, ante el tribunal del domicilio de cualquiera de ellos.

7. Cuando se tratare de una demanda reconvencional derivada del hecho o contrato en que se fundamentase la demanda principal, de una solicitud de garantía o de una solicitud de intervención,

ante el tribunal que estuviere conociendo de la demanda original.

8. En materia contractual, si la acción pudiere acumularse con otra en materia de derechos reales inmobiliarios, ante el tribunal del Estado contratante en el que estuviere sito el inmueble.

Art. 6.º *Prórroga de la competencia.*—1. Será competente el tribunal del Estado contratante ante el que hubiere comparecido el demandado, salvo que tal comparecencia tuviere por objeto impugnar la competencia, o en los casos previstos en el apartado 3 del presente artículo.

2. Será igualmente competente el tribunal del Estado contratante al que se hubieren sometido los litigantes, para conocer de cualquier litigio surgido o que pueda surgir con ocasión de una determinada relación jurídica. Tal convenio atributivo de jurisdicción deberá celebrarse:

a) por escrito o verbalmente con confirmación escrita, o

b) en una forma que se ajuste a los hábitos que los litigantes hubieren establecido en sus relaciones.

3. La prórroga de competencia no será procedente, cuando con ella se excluyere la competencia exclusiva de los tribunales prevista en el artículo 4.º, o si se trata de contratos individuales de trabajo, cuando la renuncia al foro propio fuere anterior al nacimiento del litigio.

Art. 7.º *Apreciación de la competencia.*—1. El tribunal de un Estado contratante que conociere con carácter principal de un litigio, para el que fueran exclusivamente competentes los tribunales del otro Estado contratante, conforme al artículo 4.º se declarará, de oficio incompetente.

2. Cuando el demandado domiciliado en uno de los Estados contratantes fuese demandado ante un tribunal del otro Estado contratante y no compareciere, aquel tribunal se declarará de oficio incompetente, si su competencia no estuviese fundada en alguna regla de este Convenio.

Art. 8.º *Litispendencia y conexidad.*—1. Cuando se formularen demandas con el mismo objeto y la misma causa entre los mismos litigantes, ante dos tribunales de los Estados contratantes, el tribunal ante el que se formula la segunda demanda suspenderá de oficio el procedimiento, en tanto no se declare competente el tribunal ante el que se interpuso la primera demanda.

Cuando el tribunal ante el que se interpuso la primera demanda se declarase competente, el segundo tribunal declinará su competencia en favor del primero.

2. Si como consecuencia de un conflicto negativo de competencia se produjere una denegación de justicia, cualquier tribunal podrá conocer del litigio.

3. Cuando se presentaren demandas conexas en los tribunales de los dos Estados contratantes, y estuviesen pendientes en primera

instancia, el tribunal ante el que se hubiere presentado la demanda posterior, podrá suspender el procedimiento.

Este tribunal podrá también declinar su comeptencia, a instancia de un litigante, a condición de que su ley interna permita la acumulación de asuntos conexos y de que el tribunal que conociera de la primera demanda fuere competente para conocer de ambas.

4. Se considerarán conexas, a efectos del apartado 3 del presente artículo, las demandas vinculadas entre sí por una relación tan estrecha que sería oportuno tramitarlas y juzgarlas al mismo tiempo, con el fin de evitar resoluciones que podrían ser inconciliables si los asuntos se fallasen separadamente.

5. Cuando ambos tribunales se declarasen exclusivamente competentes, la declinatoria se hará en favor del tribunal ante el que se hubiere presentado la primera demanda.

Art. 9.º *Medidas provisionales y cautelares.*—Podrán solicitarse medidas provisionales o cautelares ante los tribunales de uno de los Estados contratantes, incluso, si en virtud del presente Convenio, fueren competentes en cuanto al fondo los tribunales del otro Estado contratante.

Dichas medidas deberán ajustarse a la ley interna del tribunal requerido y, en todo caso, quedarán sin efecto si el tribunal que conociere del litigio las declarase sin efecto.

CAPÍTULO III

Reconocimiento y ejecución

Art. 10. *Decisiones.*—Se entenderá por decisión, a los efectos de este Convenio, cualquier resolución adoptada por un tribunal de uno de los Estados contratantes, con independencia de la denominación que recibiere, así como el acto por el cual se liquidaren las costas del proceso.

Art. 11. *Reconocimiento.*—1. Las decisiones dictadas en un Estado contratante serán reconocidas en el otro Estado contratante, sin que fuere necesario recurrir a procedimiento alguno.

2. En caso de oposición, cualquier parte interesada que invocara el reconocimiento con carácter principal podrá solicitar, por el procedimiento previsto en el capítulo IV, que se reconozca la decisión.

3. Si el reconocimiento se invocare como cuestión incidental ante un tribunal de un Estado contratante, dicho tribunal será competente para entender del mismo.

Art. 12. *Causas de denegación del reconocimiento.*—1. Las decisiones no se reconocerán:

a) Si el reconocimiento fuere manifiestamente contrario al orden público del Estado contratante requerido.

b) Cuando se dictaren en ausencia del demandado, si no se hubiere entregado o notificado al mismo la cédula de emplazamiento, o documento equivalente, de forma regular y con tiempo suficiente para defenderse.

c) Si la decisión fuere inconciliable con una decisión dictada en un litigio, entre las mismas partes, en el Estado contratante requerido.

d) Si el tribunal del Estado contratante de origen, para dictar su decisión hubiere desconocido, al decidir de una cuestión relativa al estado o capacidad de las personas físicas, a los regímenes matrimoniales, a los testamentos o a las sucesiones legítimas, una regla de Derecho internacional privado del Estado contratante requerido, a menos que se hubiere llegado al mismo resultado mediante la aplicación de las normas de derecho internacional privado del Estado contratante requerido.

e) Si la decisión fuere inconciliable con una decisión dictada con anterioridad en un Estado no contratante entre las mismas partes en un litigio que tuviere el mismo objeto y la misma causa, cuando esta última decisión reuniere las condiciones necesarias para su reconocimiento en el Estado contratante requerido.

2. Asimismo, no se reconocerán las decisiones dictadas en el Estado contratante de origen si se hubieren desconocido las disposiciones de competencia del presente Convenio.

3. En la apreciación de las competencias mencionadas en el apartado anterior, el tribunal requerido quedará vinculado por las apreciaciones de hecho sobre las cuales el tribunal de origen del Estado contratante de origen hubiere fundamentado su competencia.

4. Sin perjuicio de las disposiciones del apartado 2 de este artículo, no podrá controlarse la competencia del tribunal del Estado contratante de origen; el orden público contemplado en el punto 1.*a*) del presente artículo no afectará a las reglas relativas a la competencia judicial.

Art. 13. *Prohibición de revisar el fondo.*—La decisión extranjera no podrá ser objeto de revisión en cuanto al fondo.

CAPÍTULO IV

EJECUCIÓN DE LAS DECISIONES

Art. 14. *Carácter de la decisión y órgano competente.*—1. Las decisiones dictadas por un tribunal de uno de los Estados contratantes que sean ejecutorias, se podrán ejecutar en territorio del otro Estado contratante, a solicitud de cualquiera de las partes interesadas.

2. La solicitud de ejecución se presentará:

— En España, ante el Juzgado de Primera Instancia en cuya demarcación residiere el demandado o en el que deba tener lugar la ejecución.

— En Rumania, ante el Juzgado en el que deba tener lugar la ejecución.

Art. 15. *Ley aplicable.*—1. La solicitud de ejecución se regirá por la ley del foro.

2. Dicha ley determinará las medidas cautelares que sean procedentes en relación al litigante contra el que se hubiere despachado ejecución, mientras se estuviere sustanciando algún recurso.

Art. 16. *Ejecución parcial.*—Cuando la decisión extranjera se hubiere pronunciado sobre varias pretensiones que sean disociables, el solicitante podrá pedir la ejecución parcial.

Art. 17. *Multas civiles y costas.*—Para que pueda despacharse la ejecución para el pago de multas civiles o costas, será preciso que la cantidad haya sido fijada, por resolución del tribunal de origen.

Art. 18. *Asistencia jurídica gratuita.*—El solicitante de la ejecución, que en el Estado contratante de origen hubiese gozado del beneficio de asistencia jurídica gratuita, total o parcial, gozará de un beneficio comparable ante el tribunal competente para la ejecución.

Art. 19. *Dispensa de caución o depósito.*—A la parte que instare en un Estado contratante la ejecución de una decisión dictada en el otro Estado contratante no podrá exigírsele caución o depósito alguno, sea cual fuere su denominación, por su condición de extranjero o por no estar domiciliado o no ser residente en el Estado contratante requerido.

Art. 20. *Documentación.*—1. El litigante que instare el reconocimiento o la ejecución deberá presentar:

a) Copia auténtica de la resolución acreditando, además, que es firme y ejecutoria y ha sido notificada.

b) Documento acreditativo, cuando la resolución ha sido dictada en rebeldía, de que la demanda fue notificada, en forma, de acuerdo con la ley del Estado contratante de origen.

c) En su caso y si se tratase de la ejecución, el documento justificativo del beneficio de asistencia jurídica gratuita.

2. Si no se presentasen los documentos previstos arriba mencionados, el tribunal podrá fijar un plazo para su presentación, que no excederá de sesenta días, aceptar documentos equivalentes o dispensar de ellos si se considerase suficientemente ilustrado.

3. Si el tribunal lo exigiere se presentará una traducción de los documentos. La traducción estará certificada por una persona autorizada a tal fin en uno de los Estados contratantes.

4. No se exigirá legalización o formalidad análoga de los anteriores documentos o del poder para pleitos, bastando con que no existan dudas acerca de su autenticidad.

CAPÍTULO V

DISPOSICIONES FINALES

Art. 21. *Entrada en vigor, duración y solución de controversias.*—1. El presente Convenio está sujeto a ratificación, entrando en vigor a los treinta días desde la fecha de la última notificación en la cual los Estados contratantes se informen del cumplimiento de los procecimientos internos necesarios a tal fin.

2. El Convenio tendrá una duración indefinida, pudiendo denunciarse mediante notificación escrita por vía diplomática. La denuncia producirá efecto seis meses después de la fecha de recepción de la notificación.

3. Las dificultades que puedan surgir en aplicación del presente Convenio serán resueltas por vía diplomática.

Hecho en Bucarest a 17 de noviembre de 1997, en dos ejemplares originales, cada uno en lengua española, rumana y francesa, siendo igualmente auténticos todos los textos.

45. CONVENIO ENTRE EL REINO DE ESPAÑA Y LA REPÚBLICA PORTUGUESA RELATIVO A LA COOPERACIÓN JUDICIAL EN MATERIA PENAL Y CIVIL, HECHO EN MADRID EL 19 DE NOVIEMBRE DE 1997*

(*BOE* núm. 18, de 21 de enero de 1999)

El Reino de España y la República portuguesa,

Conscientes de que las comunicaciones en el idioma de cada uno de los dos Estados representa una contribución significativa, para la simplificación de la cooperación entre ellos;

Igualmente conscientes de que la comunicación directa entre las respectivas autoridades judiciales es susceptible de contribuir a ese objetivo, permitiendo la rapidez en los procedimientos de cooperación, incluida la tramitación procesal;

* *Texto auténtico*: español y portugués. Entró en vigor el 19 de diciembre de 1998, sesenta días después del Canje de Notas por el que las Partes comunicaron el cumplimiento de los requisitos previstos en las respectivas legislaciones internas (art. 4.2 del Convenio). Vid. Reglamento 44/2001 (*supra* núm. 7), Reglamento 1346/2000 (*infra* núm. 147), Reglamento 2201/2003 (*infra* núm. 54) y Reglamento 4/2009 (*infra* núm. 62).

Recordando, en lo que concierne a la materia penal, las disposiciones del artículo 53 del Convenio de Aplicación del Acuerdo Schengen;

Considerando que la comunicación directa se presenta particularmente adecuada, en lo que se refiere a los Tribunales situados en la proximidad de las fronteras;

Persuadidos de que la cooperación en tales asuntos reforzará los tradicionales lazos de amistad y buena vecindad entre los dos Estados;

El Reino de España y la República portuguesa han decidido concluir el presente Convenio:

Artículo 1.º Las solicitudes y documentos relativos al auxilio judicial internacional en materia penal y civil, transmitidos entre los Ministerios de Asuntos Exteriores y de Justicia, así como entre autoridades judiciales, podrán estar redactados en el idioma del Estado requirente, renunciando ambas partes a hacer uso de las reservas que hubiesen formulado a este respecto en los Tratados multilaterales en que sean partes.

Art. 2.º Las solicitudes y documentos transmitidos entre las autoridades competentes estarán dispensados de legalización o apostilla.

Art. 3.º 1. Las autoridades judiciales de los Tribunales fronterizos se transmitirán directamente las solicitudes de auxilio judicial en materia civil o penal, sin perjuicio cuando sea necesario, de la utilización de las vías de transmisión previstas en los Convenios en vigor entre ambas partes.

2. Se entiende por «Tribunales fronterizos», los Tribunales de ambos Estados, cuyo territorio jurisdiccional corresponda a circunscripciones geográficamente contiguas o vecinas entre sí.

3. Las dos partes elaborarán una lista de los respectivos Tribunales fronterizos entre sí, a los efectos del presente Convenio. La referida lista se mantendrá permanentemente actualizada.

Art. 1.º: Vid. el art. 20.*c*) del Convenio relativo a la notificación o traslado en el extranjero de documentos judiciales y extrajudiciales en materia civil o comercial, hecho en La Haya el 15 de noviembre de 1965 (*supra* núm. 17), en el que son Partes España y Portugal, que permite la celebración de acuerdos entre los Estados contratantes derogando lo prescrito en el art. 7 «en lo relativo a la utilización de los idiomas». La renuncia al uso de reservas se ha acordado en atención a la formulada por España art. 4, párrafo 2.º, del Convenio relativo a la obtención de pruebas en el extranjero en materia civil y mercantil, hecho en La Haya el 18 de marzo de 1970 (*supra* núm. 18), por la que no acepta «comisiones rogatorias que no estén redactadas en español o acompañadas de una traducción».

Art. 2.º: Vid. el Convenio suprimiendo la exigencia de legalización de los documentos públicos extranjeros, hecho en La Haya el 5 de octubre de 1961 (*supra* núm. 27), sustituida por la fijación de una apostilla.

Art. 3.º: Vid. el art. 11 del Convenio de La Haya de 1965 citado en la nota al art. 1.º, que permite la celebración de acuerdos entre los Estados contratantes estableciendo otras vías de remisión y, en particular, la comunicación directa entre sus autoridades respectivas. En el mismo sentido, el art. 28.*a*) del Convenio de La Haya de 1970, también citado en dicha nota.

Art. 4.º 1. El presente Acuerdo permanecerá en vigor durante cinco años y se renovará tácitamente por períodos de cinco años, salvo que existiere denuncia de alguna de las partes, por escrito y por vía diplomática, con un año de antelación a la fecha de expiración.

2. El presente Convenio entrará en vigor sesenta días después del Canje de Notas por el que las partes se informan recíprocamente del cumplimiento de los requisitos previstos en su ley interna, siempre que estuviese concluida la lista referida en el número 3 del artículo 3.º

Art. 5.º A la entrada en vigor del presente Convenio quedará derogado el Canje de Notas entre España y Portugal de 7 de julio de 1903, suprimiendo la legalización consular y traducción de exhortos y comisiones rogatorias entre ambos países.

Hecho en Madrid a 19 de noviembre de 1997, en dos ejemplares en idioma español y portugués, siendo igualmente auténticos los dos textos y dando igualmente fe.

46. CONVENIO DE ASISTENCIA JUDICIAL EN MATERIA CIVIL Y MERCANTIL ENTRE EL REINO DE ESPAÑA Y EL REINO DE TAILANDIA, HECHO EN MADRID EL 15 DE JUNIO DE 1998*

(*BOE* núm. 108, de 7 de mayo de 1999; corr. de errores, *BOE* núm. 131, de 2 de junio de 1999)

El Reino de España y el Reino de Tailandia (en adelante denominados «las Partes»),

Con el fin de reforzar aún más los vínculos de amistad y cooperación entre sus países,

Deseosos de prestarse asistencia judicial en materia civil y mercantil, sobre la base del respeto mutuo por la soberanía y la igualdad y en beneficio mutuo,

Han convenido en lo siguiente:

* Entró en vigor el 2 de abril de 1999, fecha del canje de ratificaciones, según lo previsto en su art. 21. *Textos auténticos*: español y tailandés. Para apreciar la relevancia del presente Convenio téngase en cuenta que Tailandia no es Estado parte de los Convenios de La Haya de 1 de marzo de 1954 (*supra* núm. 16) ni en los relativos a la notificación o traslado en el extranjero de documentos judiciales y extrajudiciales de 15 de noviembre de 1965 (*supra* núm. 17), y a la obtención de pruebas en el extranjero en materia civil y mercantil (*supra* núm. 18).

CAPÍTULO PRIMERO

Disposiciones generales

Artículo 1.º *Ámbito de asistencia.*—Las Partes acuerdan cooperar entre sí en la notificación de documentos judiciales y la obtención de pruebas en materia civil y mercantil.

Art. 2.º *Protección judicial.*—1. Los nacionales de una Parte gozarán de la misma protección judicial que la otra Parte conceda a sus nacionales y tendrá libre acceso a los Tribunales en el territorio de la otra Parte, pudiendo comparecer ante ellos en las mismas condiciones que los nacionales de la otra Parte.

2. Ninguna de las partes exigirá una fianza o depósito para gastos procesales a los nacionales de la otra Parte únicamente por tratarse de extranjeros.

3. Las disposiciones del presente Convenio que hacen referencia a los nacionales de cualquiera de las Partes serán también de aplicación a las personas jurídicas constituidas con arreglo a la legislación de cualquiera de las Partes y con domicilio en su territorio.

Art. 3.º *Autoridades centrales.*—1. Cada Parte designará una Autoridad encargada de remitir y recibir solicitudes de notificación de documentos judiciales o comisiones rogatorias para la obtención de pruebas y de proceder conforme a lo dispuesto en el presente Convenio.

2. La Autoridad del Reino de España es el Ministerio de Justicia y la Autoridad del Reino de Tailandia es el Ministerio de Justicia.

Art. 4.º *Lenguas.*—1. Las solicitudes y comisiones rogatorias se redactarán en inglés o en la lengua oficial de la Parte requerida. Junto con la solicitud o comisión rogatoria, deberá remitirse a la Autoridad central de la Parte requerida una traducción al inglés o a la lengua oficial de la Parte requerida de los documentos que se acompañen.

2. Dicha traducción deberá estar debidamente certificada de conformidad con la legislación y la práctica de la Parte requiente. No se exigirá su legalización ni ninguna otra formalidad análoga.

Art. 5.º *Gastos.*—La ejecución de la solicitud y de la comisión rogatoria no supondrá ningún coste, salvo que se establezca otra cosa en el presente Convenio.

CAPÍTULO II

Notificación de documentos judiciales

Art. 6.º *Presentación de la solicitud.*—1. La Autoridad de la Parte en la que tengan su origen los documentos remitirá la solicitud a la Autoridad de la otra Parte sin necesidad de legalización u otra formalidad análoga.

2. Se adjuntarán a la solicitud los documentos que deban notificarse o una copia de los mismos.

3. La solicitud y los documentos se remitirán por duplicado.

Art. 7.º *Contenido de la solicitud.*—La solicitud se ajustará al modelo que figura como anexo al presente Convenio e irá acompañada de los documentos correspondientes, especificando los datos siguientes:

a) Nombre y dirección del Tribunal que formula la solicitud.

b) Naturaleza del procedimiento en el que se solicita la notificación.

c) Nombre y dirección de las partes en el procedimiento y de sus representantes, en su caso.

d) Nombre y dirección del destinatario.

e) Otros datos que sean necesarios en relación con la naturaleza de los documentos que han de notificarse y cualquier requisito o forma específica que deba utilizarse.

Art. 8.º *Ejecución de la solicitud.*—1. Se dará ejecución a toda solicitud debidamente presentada con arreglo a lo dispuesto en el presente convenio, a menos que:

a) Dicha ejecución resulte imposible por encontrarse ausente la persona respecto de la cual se solicita la notificación, por ser imposible su localización o por cualquier otra razón análoga.

b) La Parte requerida considere que la ejecución de la solicitud sería contraria al orden público o iría en detrimento de su soberanía o seguridad.

2. En caso de que no se ejecute una solicitud, la Autoridad designada por la Parte requerida informará lo antes posible a la Autoridad designada por la Parte requirente de la razón por la que no se procede a la ejecución.

3. La ejecución de una solicitud de notificación de documentos judiciales se efectuará con prontitud en la forma prescrita por la legislación de la Parte requerida o en la forma en que se solicite específicamente, siempre que no sea incompatible con la legislación nacional de la Parte requerida. La Parte requirente estará obligada a pagar o reembolsar los gastos realizados en caso de que se solicite una forma específica.

4. Constituirá prueba de la notificación de los documentos judiciales un recibo autenticado y fechado emitido por el destinatario o una certificación expedida por la Autoridad de la Parte requerida en la que se declare que los documentos han sido notificados y se especifique la forma y fecha de notificación.

Art. 9.º *Notificación de documentos por agentes diplomáticos o consulares.*—Cualquiera de las Partes podrá, a través de sus agentes diplomáticos o consulares, notificar directamente o entregar documentos judiciales a sus propios nacionales que se encuentren en el territorio de la otra Parte, siempre que no se emplee ninguna forma de coacción.

CAPÍTULO III

Obtención de pruebas

Art. 10. *Ámbito de la obtención de pruebas.*—1. En asuntos civiles o mercantiles, las autoridades judiciales de una Parte podrán, de conformidad con lo dispuesto en su legislación nacional, solicitar la obtención de pruebas a la autoridad competente de la otra Parte mediante una comisión rogatoria.

2. La comisión rogatoria no podrá utilizarse para obtener pruebas que no estén destinadas a un procedimiento judicial.

Art. 11. *Contenido de la comisión rogatoria.*—La comisión rogatoria irá acompañada de los documentos correspondientes, especificando los datos siguientes:

a) Nombre y dirección del Tribunal que expide la comisión rogatoria.

b) Naturaleza del procedimiento para el cual se solicitan las pruebas.

c) Nombre y dirección de las partes en el procedimiento y de sus representantes, en su caso.

d) Nombre y dirección de los testigos o destinatarios.

e) Documentos o bienes que han de ser objeto de inspección.

f) Cualquier otra información que resulte necesaria en relación con las circunstancias sobre las que deben obtenerse pruebas, las preguntas que han de formularse a las personas que deban ser examinadas y cualquier requisito de que se preste testimonio bajo juramento o promesa o de cualquier forma específica.

Art. 12. *Notificación de la obtención de pruebas.*—1. Cuando ejecute una comisión rogatoria el Tribunal de la Parte requerida o la Autoridad designada por dicha Parte informará, cuando así se solicite, con una antelación razonable, del lugar y fecha en que se procederá a la obtención de pruebas a cualquier persona designada a tal fin por el Tribunal que formuló la solicitud y a la Autoridad designada por la Parte requirente que remitió la comisión rogatoria.

2. Deberá permitirse que se encuentren presentes durante la obtención de pruebas las partes en el procedimiento de la Parte requirente o sus representantes.

Art. 13. *Ejecución de la comisión rogatoria.*—La ejecución de una comisión rogatoria se efectuará con prontitud en la forma prescrita por la legislación nacional de la Parte requerida o en la forma en que se solicite específicamente, siempre que no sea incompatible con la legislación nacional de la Parte requerida. La Parte requirente estará obligada a pagar o reembolsar los gastos realizados en caso de que se solicite una forma específica.

Art. 14. *Privilegios e inmunidades.*—Cuando se ejecute una comisión rogatoria, la persona afectada podrá negarse a prestar testimonio siempre que goce de privilegios e inmunidades o esté obligada a negarse a prestar testimonio:

a) Con arreglo a la legislación de la Parte requerido; o

b) Con arreglo a la legislación de la Parte requirente, cuando dichos privilegios e inmunidades u obligaciones se hubieran especificado en la comisión rogatoria o a instancia de la Autoridad requerida, hubieran sido confirmados a dicha Autoridad por la Autoridad requirente.

Art. 15. *Denegación de la ejecución.*—1. Deberá ejecutarse toda comisión rogatoria formulada de conformidad con lo dispuesto en el presente Convenio a menos que:

a) La ejecución de la comisión rogatoria no sea competencia del poder judicial de la Parte requerida; o

b) La ejecución resulte imposible por encontrarse ausente la persona que deba prestar testimonio, por no ser posible su localización o por cualquier otra razón análoga; o

c) La Parte requerida considere que la ejecución de la comisión rogatoria sería contraria al orden público o iría en detrimento de su soberanía o seguridad.

2. No podrá negarse la ejecución por la única razón de que, de conformidad con su legislación nacional, la Parte requerida reivindique su competencia exclusiva sobre el objeto de la acción o alegue que su legislación nacional no admite acción alguna al respecto.

Art. 16. *Certificación de la ejecución y traducción.*—1. La Autoridad designada por la Parte requerida remitirá a la Autoridad designada por la Parte requirente una certificación en la que se especifique la fecha y forma en que se procedió a la ejecución de la comisión rogatoria, junto con el acta de cualquier testimonio tomado.

2. La Autoridad designada por la Parte requerida traducirá la certificación de la ejecución al inglés o a la lengua oficial de la Parte requirente. Dicha traducción se remitirá junto con la certificación y el acta del testimonio de la Autoridad designada por la Parte requirente.

3. La traducción deberá estar debidamente certificada de conformidad con la legislación y la práctica de la Parte requerida. No se exigirá su legalización ni ninguna otra formalidad análoga.

Art. 17. *Intercambio de información jurídica.*—Las Partes se comunicarán mutuamente, previa solicitud, la legislación vigente en sus territorios o la jurisprudencia de sus Tribunales en materia civil o mercantil, así como cualquier otra información jurídica pertinente.

Art. 18. *Métodos alternativos de obtención de pruebas.*— Cualquiera de las Partes podrá con el consentimiento de la Autoridad de la otra Parte, obtener el testimonio de cualquier persona que resida en el territorio de la otra Parte a través de sus agentes diplomáticos o consulares o de una persona debidamente comisionada para el caso concreto, siempre que no se infrinja la legislación de la otra Parte ni se adopten medidas coactivas de ningún tipo.

CAPÍTULO IV

DISPOSICIONES FINALES

Art. 19. *Solución de controversias.*—Cualesquiera controversias que surjan entre las Partes por la interpretación o aplicación del presente Convenio se resolverán por vía diplomática.

Art. 20. *Disposición más favorable.*—1. Las disposiciones del presente Convenio no afectarán ni restringirán las disposiciones contenidas en otros Convenios bilaterales o multilaterales celebrados por las Partes sobre la misma materia.

2. Las disposiciones del presente Convenio no afectarán ni restringirán las prácticas más favorables que las Partes observen en la misma materia en su legislación nacional.

Art. 21. *Entrada en vigor.*—El presente Convenio será ratificado y entrará en vigor en la fecha del canje de los mismos instrumentos de ratificación.

Art. 22. *Denuncia.*—1. El presente Convenio se celebra por plazo indefinido. Podrá ser denunciado por escrito en cualquier momento por cualquiera de las Partes, por vía diplomática, siempre que se comunique a la otra Parte la intención de denunciar el Convenio con seis meses de antelación.

2. La expiración del presente Convenio no afectará a cualesquiera procedimientos iniciados con anterioridad a la fecha de expiración.

En fe de lo cual, los infrascritos, debidamente autorizados por sus respectivos Gobiernos, firman el presente Convenio.

Hecho por duplicado en Madrid, el día 15 de junio de 1998, en español y tailandés, siendo ambos textos igualmente auténticos.

ANEXO

Fecha:

Solicitud de notificación de documentos judiciales

Convenio de asistencia judicial en materia civil y mercantil entre el Reino de España y el Reino de Tailandia

Autoridad requirente: ....
Identidad de las partes: ....
Demandante: ....
Demandado: ....
Tribunal requirente: ....
Asunto número: ....
Naturaleza del procedimiento: ....
Tipo de documento: ....
Identidad y dirección del destinatario: ....
Otros datos: ....
....
....
....

....
Firma y/o sello

47. TRATADO ENTRE EL REINO DE ESPAÑA Y LA REPÚBLICA DE EL SALVADOR SOBRE COMPETENCIA JUDICIAL, RECONOCIMIENTO Y EJECUCIÓN DE SENTENCIAS EN MATERIA CIVIL Y MERCANTIL, HECHO EN MADRID EL 7 DE NOVIEMBRE DE 2000*

(*BOE* núm. 256, de 25 de octubre de 2001)

El Reino de España y la República de El Salvador, en lo sucesivo, las Partes.

Conscientes de los profundos vínculos históricos que unen a ambos países y deseando traducirlos en instrumentos jurídicos de cooperación.

Reconociendo que un sistema concordado de competencias judiciales y un procedimiento armonizado de ejecución de resoluciones judiciales constituyen un soporte para el desarrollo de relaciones económicas recíprocas.

Han decidido adoptar un Tratado sobre competencia judicial, reconocimiento y ejecución de sentencias civiles, y para tal efecto han convenido las disposiciones siguientes:

CAPÍTULO PRIMERO

ÁMBITO DE APLICACIÓN

Artículo 1.º 1. El presente Tratado se aplicará en materia civil y mercantil, con independencia de la naturaleza o denominación del órgano jurisdiccional.

2. Quedan excluidos del ámbito de aplicación de este Tratado:

a) Las materias fiscal, aduanera y administrativa.

b) El estado y capacidad de las personas físicas, regímenes matrimoniales, testamentos y sucesiones.

c) Las quiebras, concursos y convenios entre el deudor y los acreedores.

d) La Seguridad Social.

e) El arbitraje.

CAPÍTULO II

COMPETENCIA

Art. 2.º *Competencia general.*—Las personas físicas o jurídicas domiciliadas en el territorio de una de las Partes quedarán sometidas a los órganos jurisdiccionales de dicha Parte y no podrán ser demandadas ante los tribunales de la otra Parte, cualquiera que fuere su nacionalidad, salvo que concurriere alguna de las competencias que se establecen en los artículos siguientes.

---

* *Texto auténtico*: español.

Art. 3.º *Competencias exclusivas.*—Son exclusivamente competentes, sin consideración al domicilio:

1. En materia de derechos reales inmobiliarios y de contratos de arrendamiento de bienes inmuebles, los tribunales de la Parte en que se hallaren sitos.

No obstante, en materia de contratos de arrendamiento de bienes inmuebles celebrados para uso particular durante un plazo máximo de seis meses consecutivos, son igualmente competentes los tribunales de la Parte donde estuviere domiciliado el demandado, siempre que el arrendador y el arrendatario fueren personas jurídicas y estuvieren domiciliados en la misma Parte.

2. En materia de validez, nulidad o disolución de sociedades y personas jurídicas que tuvieren su domicilio en una Parte o de decisiones de los órganos sociales, los tribunales de dicha Parte.

3. En materia de validez de las inscripciones en los Registros Públicos, los tribunales de la Parte, en la que se encuentre el Registro.

4. En materia de inscripciones o validez de patentes, marcas, diseños, dibujos o modelos y demás análogos sometidos a depósito o registro, los tribunales de la Parte en que se hubiere solicitado, efectuado o tenido por efectuado el depósito o registro en virtud de lo dispuesto en un Convenio internacional.

5. En materia de ejecución de resoluciones judiciales los tribunales de la Parte del lugar de ejecución.

Art. 4.º *Competencias especiales.*—No obstante lo dispuesto en el artículo 2, las personas domiciliadas en una de las Partes, podrán ser demandadas ante los tribunales de la otra Parte.

1. En materia contractual, ante el tribunal del lugar en el que hubiere sido o debiere ser cumplida la obligación que sirviese de base a la demanda. En materia de contrato individual de trabajo, dicho lugar será aquel en el que el trabajador desempeñase habitualmente su trabajo, pudiendo demandarse también al empresario, ante el tribunal del lugar en que radicase el establecimiento en que fue contratado.

2. En materia de alimentos, ante el tribunal del lugar de domicilio o residencia habitual del acreedor de alimentos o si se tratase de una demanda incidental a una acción relativa al estado de las personas, ante el tribunal competente según la ley del foro para conocer ésta salvo que tal competencia se fundare únicamente en la nacionalidad de una de las Partes.

3. En materia de responsabilidad extracontractual, ante el tribunal del lugar del que se hubiere producido el hecho que la genera.

4. En materia de acciones civiles derivadas de un hecho punible, ante el tribunal del lugar que conociere del proceso penal.

5. En los litigios relativos a la explotación de sucursales, agencias o cualquier otro establecimiento, ante el tribunal del lugar en que se hallaren sitos.

6. Cuando hubiere varios demandados, ante el tribunal del domicilio de cualquiera de ellos.

7. Cuando se tratare de una demanda reconvencional derivada del hecho o contrato que se fundamentase la demanda principal, ante el tribunal que estuviere conociendo ésta.

8. En materia contractual, si la acción pudiere acumularse con otra en materia de derechos reales inmobiliarios, ante el tribunal de la Parte en el que estuviere sito el inmueble.

9. Cuando se trate de acciones relativas a la limitación de responsabilidad, en relación a las acciones de responsabilidad derivadas de la utilización o explotación de un buque, ante el tribunal de la Parte que estuviese conociendo de este litigio.

Art. 5.º *Sumisión.*—1. Será competente el tribunal de la Parte ante el que hubiere comparecido el demandado, salvo que tal comparecencia tuviere por objeto impugnar la competencia.

2. Será igualmente competente el tribunal de la Parte al que se hubieren sometido los litigantes, para conocer de cualquier litigio surgido o que pueda surgir con ocasión de una determinada relación jurídica. Tal convenio atributivo de competencia deberá celebrarse:

a) por escrito o verbalmente con confirmación escrita, o

b) en una forma que se ajuste a los hábitos que los litigantes hubieren establecido en sus relaciones.

3. La sumisión expresa o tácita no será procedente, cuando con ella se excluyere la competencia exclusiva de los tribunales prevista en el artículo 3, o si se trata de contratos individuales de trabajo, cuando la renuncia al foro propio fuere anterior al nacimiento del litigio.

Art. 6.º *Apreciación de la competencia.*—1. El tribunal de una Parte que conociere con carácter principal de un litigio, para el que fueran exclusivamente competentes los tribunales de la otra Parte, conforme al artículo 3 se declarará, de oficio, incompetente.

2. Cuando el demandado domiciliado en una de las Partes fuese demandado ante un tribunal de la otra Parte y no compareciere, aquel tribunal se declarará de oficio incompetente, si su competencia no estuviese fundada en alguna regla de este Tratado.

Art. 7.º *Litispendencia y conexidad.*—1. Cuando se formularen demandas con el mismo objeto y la misma causa entre los mismos litigantes ante dos tribunales de las Partes, el tribunal ante el que se formula la segunda demanda suspenderá de oficio el procedimiento en tanto no se declare competente el tribunal ante el que se interpuso la primera demanda.

Cuando el tribunal ante el que se interpuso la primera demanda se declarase competente, el segundo tribunal declinará su competencia.

2. Si como consecuencia de un conflicto negativo de competencias se produjere una denegación de justicia, cualquier tribunal podrá conocer del litigio.

3. Cuando se presentaren demandas conexas en los tribunales de las dos Partes y estuviesen pendientes en primera instancia, el tribunal ante el que se hubiere pre-

sentado la demanda posterior, podrá suspender el procedimiento.

4. Este tribunal podrá también declarar su competencia, a instancia de un litigante, a condición de que su ley interna permita la acumulación de asuntos conexos y de que el tribunal que conociera de la primera demanda fuere competente para conocer de ambas.

5. Se considerarán conexas, a efectos de este artículo, las demandas vinculadas entre sí por una relación tan estrecha que será oportuno tramitarlas y juzgarlas al mismo tiempo, con el fin de evitar resoluciones que podrían ser inconciliables si los asuntos se fallasen separadamente.

6. Cuando ambos tribunales se declarasen exclusivamente competentes, la declinatoria se hará en favor del tribunal ante el que se hubiere presentado la primera demanda.

Art. 8.º *Medidas provisionales y cautelares.*—1. Podrán solicitarse medidas provisionales o cautelares ante los tribunales de una de las Partes incluso si en virtud del presente Tratado, fueren competentes en cuanto al fondo, los tribunales de la otra Parte.

2. Dichas medidas deberán ajustarse a la ley interna del tribunal requerido y, en todo caso, quedarán sin efecto si el tribunal que conociere del litigio las dejare sin efectos.

CAPÍTULO III

RECONOCIMIENTO

Art. 9.º *Resoluciones judiciales.*—1. Se entenderá por resolución judicial, a los efectos de este Tratado, cualquier decisión adoptada por un tribunal de una de las Partes, con independencia de la denominación que recibiere, así como el acto por el cual se liquidaren las costas del proceso.

Art. 10. *Reconocimiento.*—Las resoluciones dictadas en un Estado contratante serán reconocidas en la otra Parte, sin que fuere necesario recurrir a procedimiento alguno.

En caso de oposición, cualquier Parte interesada que invocare el reconocimiento a título principal podrá solicitar, por el procedimiento previsto en el capítulo IV, que se reconozca la resolución.

Si el reconocimiento se invocare como cuestión incidental ante un tribunal de una Parte, dicho tribunal será competente para entender del mismo.

Art. 11. *Causas de denegación del reconocimiento.*—Las resoluciones no se reconocerán:

1. Si el reconocimiento fuere manifiestamente contrario al orden público de la Parte requerida.

2. Cuando se dictaren en rebeldía del demandado, si no se hubiere entregado o notificado al mismo la esquela o cédula de emplazamiento, o documento equivalente, de forma regular y con tiempo suficiente para defenderse.

3. Si la resolución fuere inconciliable con una resolución dictada en un litigio entre las mismas Partes en la Parte requerida.

4. Si el tribunal de la Parte de origen, para dictar su resolución

hubiere desconocido, al decidir de una cuestión relativa al estado o capacidad de las personas físicas, a los regímenes matrimoniales, a los testamentos o a las sucesiones, una regla de Derecho Internacional Privado de la Parte requerida, a menos que se hubiere llegado al mismo resultado mediante la aplicación de las normas de Derecho Internacional Privado de la Parte requerida.

5. Si la resolución fuere inconciliable con una resolución dictada con anterioridad en un Estado no contratante entre las mismas Partes en un litigio que tuviere el mismo objeto y la misma causa, cuando esta última resolución reuniere las condiciones necesarias para su reconocimiento en la Parte requerida.

Asimismo, no se reconocerán las resoluciones si se hubiere desconocido las disposiciones del artículo 3.

Tampoco se reconocerán las resoluciones si el tribunal de origen no tuviere competencia de acuerdo con el presente Tratado.

Sin perjuicio de las disposiciones del párrafo primero, no podrá procederse al control de la competencia del tribunal de la Parte de origen; el orden público contemplado en el punto 1 de artículo 11 no afectará a las reglas relativas a la competencia judicial.

Art. 12. *Prohibición de revisar el fondo.*—La resolución extranjera no podrá ser objeto de revisión, en cuanto al fondo.

CAPÍTULO IV

EJECUCIÓN

Art. 13. *Carácter de la resolución y órgano competente.*—1. Sólo se puede solicitar la ejecución de las resoluciones que sean ejecutorias en la Parte de origen, incluso si se tratase de resoluciones que no producirán efecto de cosa juzgada material.

2. La solicitud de ejecución se presentará:

En España, ante el Juzgado de Primera Instancia en cuya demarcación residiere el demandado o en el que deba tener lugar la ejecución.

En El Salvador, ante el Ministerio de Justicia, quien a su vez la trasladará a la Honorable Corte Suprema de Justicia.

Art. 14. *Ley aplicable.*—1. La ley del foro ante el que se inste la ejecución se aplicará para determinar los requisitos y procedimientos para la ejecución así como para la ejecución material.

2. Dicha ley determinará las medidas cautelares que sean procedentes en relación al litigante contra el que se hubiere despachado ejecución, mientras se estuviere sustanciando algún recurso.

Art. 15. *Ejecución parcial.*—Cuando la resolución extranjera se hubiere pronunciado sobre varias pretensiones y la ejecución no pudiera despacharse sobre la totalidad de ellas, el tribunal la despachará en relación a una o varias de aquéllas.

El solicitante podrá pedir la ejecución parcial.

Art. 16. *Multas y costas.*—Para que pueda despacharse la ejecución para el pago de multas coercitivas o costas, será preciso que la cantidad haya sido fijada, de manera líquida, por el tribunal de origen.

Art. 17. *Asistencia jurídica gratuita.*—El solicitante de la ejecución, que en la Parte de origen hubiese gozado del beneficio de asistencia jurídica gratuita, total o parcial, gozará de un beneficio comparable ante el tribunal competente para la ejecución.

Art. 18. *Dispensa de caución o depósito.*—Al litigante que solicitase la ejecución no podrá exigírsele caución o depósito alguno por su condición de extranjero o por no ser residente o estar domiciliado en la Parte requerida.

Art. 19. *Documentación.*—El litigante que instare al reconocimiento o la ejecución deberá presentar:

1. Copia autenticada de la resolución acreditando, además, que es firme y ejecutoria y ha sido notificada.

2. Documento acreditativo cuando la resolución ha sido dictada en rebeldía, de que la demanda fue notificada, en forma, de acuerdo con la ley de la Parte de origen.

3. En su caso y si se tratase de la ejecución, el documento justificativo del beneficio de asistencia jurídica gratuita.

4. Si no se presentasen los documentos previstos en los dos párrafos anteriores, el tribunal podrá fijar un plazo para su presentación, que no excederá de sesenta días, aceptar documentos equivalentes o dispensar de ellos si se considerasen suficientemente ilustrado.

5. No se exigirá alguno de los anteriores documentos o del poder para pleitos, bastando con que no existan dudas acerca de su autenticidad.

CAPÍTULO V

DISPOSICIONES FINALES

Art. 20. *Entrada en vigor, vigencia y terminación.*—1. El presente Tratado entrará en vigor el primer día del segundo mes siguiente al que tenga lugar el Canje de Instrumentos de ratificación.

2. El Tratado tendrá una duración indefinida, pudiendo denunciarse mediante Nota diplomática, con una antelación de seis meses contados desde la recepción de la Nota.

Hecho en Madrid, el 7 de noviembre de 2000, por duplicado, en idioma español, siendo ambos textos igualmente auténticos.

El presente Convenio entró en vigor el 1 de septiembre de 2001, primer día del segundo mes siguiente al del Canje de los Instrumentos de ratificación, según se establece en su artículo 20.1.

48. CONVENIO ENTRE EL REINO DE ESPAÑA Y LA REPÚBLICA DE TÚNEZ SOBRE ASISTENCIA JUDICIAL EN MATERIA CIVIL Y MERCANTIL Y RECONOCIMIENTO Y EJECUCIÓN DE RESOLUCIONES JUDICIALES, HECHO EN TÚNEZ EL 24 DE SEPTIEMBRE DE 2001*

(*BOE* núm. 52, de 1 de marzo de 2003)

El Reino de España y la República de Túnez, deseosos de mantener y reforzar la cooperación establecida entre los dos países, en particular en lo que respecta a la asistencia judicial, así como al reconocimiento y ejecución de resoluciones judiciales, han decidido celebrar el presente Convenio y han convenido en las siguientes disposiciones:

TÍTULO PRIMERO

Asistencia judicial

CAPÍTULO PRIMERO

DISPOSICIONES PRELIMINARES

Artículo 1.º Los nacionales de cada una de las Altas Partes Contratantes tendrán, en el territorio de la otra, libre y fácil acceso a los órganos jurisdiccionales para la promoción y defensa de sus derechos e intereses en las mismas condiciones de fondo y forma que sus propios nacionales.

Art. 2.º Las personas jurídicas que tengan su sede en uno de los Estados y estén constituidas conforme a la legislación de ese Estado, estarán sometidas a las disposiciones del presente Convenio en cuanto les sean aplicables.

CAPÍTULO II

CAUTIO IUDICATUM SOLVI

Art. 3.º No podrá imponerse a los nacionales de cada una de las Altas Partes Contratantes ningún tipo de fianza o depósito, sea cual fuere su denominación, por su condición de extranjeros o por su falta de domicilio o de residencia en el territorio del otro Estado.

CAPÍTULO III

ASISTENCIA JURÍDICA GRATUITA

Art. 4.º Los nacionales de cada una de las Altas Partes Contratantes

* *Textos auténticos*: español, árabe y francés.

gozarán, en el territorio de la otra, de asistencia jurídica gratuita en la misma medida que sus nacionales. siempre que se ajusten a la ley del Estado en que se solicite la asistencia.

Art. 5.º 1. El certificado en que se haga constar la insuficiencia de recursos será expedido al demandante por las autoridades de su residencia habitual si reside en el territorio de uno de los dos Estados. Este certificado será expedido por la autoridad diplomática o consular de su país territorialmente competente si el interesado reside en un tercer Estado.

2. Cuando el interesado resida en el Estado en que se presenta la solicitud, podrá pedirse información, con carácter complementario, a las autoridades del Estado del que sea nacional.

3. Los órganos jurisdiccionales o autoridades encargadas de pronunciarse sobre la solicitud de asistencia jurídica gratuita no estarán vinculados por ese certificado y podrán solicitar en todo caso información complementaria.

CAPÍTULO IV

TRANSMISIÓN Y ENTREGA DE DOCUMENTOS JUDICIALES Y EXTRAJUDICIALES

Art. 6.º 1. En materia civil o mercantil, los documentos judiciales y extrajudiciales que deban notificarse a personas residentes en el territorio de una de las Altas Partes Contratantes se transmitirán por vía diplomática.

2. Las disposiciones del apartado anterior no excluyen la facultad de las Altas Partes Contratantes de hacer llegar directamente, por mediación de sus respectivas autoridades diplomáticas o consulares, todo documento judicial o extrajudicial destinado a sus nacionales. En caso de duda, la nacionalidad del destinatario de los documentos se determinará conforme a la ley del Estado en cuyo territorio deba tener lugar la entrega.

3. Las disposiciones del apartado primero del presente artículo no serán obstáculo para que los nacionales de cada uno de los dos Estados que residan en el territorio del otro hagan llegar o entreguen cualquier documento a personas residentes en el mismo territorio, sin perjuicio de que la entrega tenga lugar según las formas establecidas en el país donde deba efectuarse.

Art. 7.º 1. Los documentos judiciales o extrajudiciales y, en su caso, la documentación adjunta irán acompañados de una relación detallada o de un escrito en que se especifique:

La autoridad de la que procede el documento.

La naturaleza del documento que debe entregarse.

El nombre y la condición de las partes.

Art. 5.º1: En el texto publicado en el *BOE* se dice, no obstante, «... en que haga se constar...».

Art. 6.º2: En el texto publicado en el *BOE* se dice, no obstante, «En caso la duda...»

El nombre y la dirección del destinatario.

2. La relación detallada o el escrito y los documentos y documentación adjunta mencionados en el apartado anterior se redactarán en el idioma del Estado requerido o irán acompañados de su traducción en ese idioma o en lengua francesa.

Art. 8.º 1. El Estado requerido se limitará a garantizar la entrega del documento a su destinatario; esta entrega se justificará bien por un recibo debidamente fechado y firmado por el interesado, o bien por cédula de notificación elaborada por la autoridad competente del Estado requerido, que deberá mencionar el hecho, la fecha y forma de entrega. El recibo o la cédula se transmitirá a la autoridad requirente.

2. A petición expresa del Estado requirente, el documento podrá notificarse en la forma especial establecida por la legislación del Estado requerido para la notificación de documentos análogos, a condición de que dicho documento y, en su caso, la documentación adjunta, se redacten en el idioma del Estado requerido o se acompañen de su traducción en este idioma o en lengua francesa, realizada conforme a la legislación del Estado requirente.

3. Cuando no haya podido entregarse el documento, el Estado requerido lo devolverá sin demora al Estado requirente indicando el motivo por el que no ha podido efectuarse la entrega.

Art. 9.º 1. Cada una de las Altas Partes Contratantes correrá con los gastos ocasionados por la entrega efectuada en su territorio.

2. No obstante, en el caso previsto en el apartado 2 del artículo anterior, estos gastos, si los hubiere, correrán a cargo del Estado requirente.

CAPÍTULO V

Transmisión y ejecución de comisiones rogatorias

Art. 10. En materia civil o mercantil, las comisiones rogatorias cuya ejecución deba tener lugar en el territorio de una de las Altas Partes Contratantes serán expedidas y ejecutadas por las autoridades judiciales. Serán remitidas y devueltas por vía diplomática.

2. Las comisiones rogatorias se redactarán en el idioma del Estado requirente. No obstante, deberán ir acompañadas de una traducción en el idioma del Estado requerido o en lengua francesa.

3. Las disposiciones de los apartados anteriores no excluirán la facultad de las Altas Partes Contratantes de hacer ejecutar directamente por sus respectivas autoridades diplomáticas o consulares las comisiones rogatorias en materia civil o mercantil referentes al interrogatorio de sus propios nacionales.

Art. 11. 1. La autoridad requerida podrá negarse a ejecutar una comisión rogatoria cuando ésta pueda atentar contra la soberanía, seguridad u orden público del Estado en que deba tener lugar la ejecución.

2. No podrá denegarse la ejecución por el solo motivo de que el Estado requerido reivindique la competencia exclusiva de sus órganos jurisdiccionales en el asunto por el que se solicite la comisión rogatoria o de que su legislación desconozca ese procedimiento.

Art. 12. 1. Para la ejecución de una comisión rogatoria, la autoridad competente del Estado requerido aplicará la ley de ese Estado por lo que respecta a las formas a seguir.

2. Las personas cuya declaración se solicite serán emplazadas por vía judicial. Si se niegan a comparecer, la autoridad competente del Estado requerido podrá emplear contra ellas los medios previstos en su legislación.

Art. 13. A petición expresa de la autoridad requirente, la autoridad requerida deberá:

a) Ejecutar la comisión rogatoria según un procedimiento especial, siempre que ese procedimiento no sea contrario a su legislación.

b) Informar, a su debido tiempo, a la autoridad requirente, de la fecha y el lugar de la ejecución de la comisión rogatoria, con objeto de que las partes interesadas puedan estar presentes en las condiciones previstas por la legislación del Estado en que debe tener lugar la ejecución.

Art. 14. La ejecución de las comisiones rogatorias no dará lugar, en lo que respecta al Estado requirente, al reintegro de ningún gasto, exceptuados los gastos periciales.

TÍTULO II

Reconocimiento y ejecución de resoluciones judiciales

CAPÍTULO PRIMERO

DEFINICIONES Y ÁMBITO DE APLICACIÓN

Art. 15. 1. En materia civil y mercantil, las resoluciones dictadas por los tribunales de una de las Partes Contratantes serán reconocidas y ejecutadas en el territorio de la otra Parte Contratante, independientemente de la naturaleza del órgano judicial, de conformidad con las disposiciones establecidas en el presente Convenio.

2. A los efectos del presente Convenio, por:

«Resolución» se entenderá toda resolución judicial cualquiera que sea su denominación.

«Tribunal de origen» se entenderá el tribunal que dicte, en uno de los Estados contratantes, la resolución cuyo reconocimiento y ejecución se solicite al otro Estado Contratante.

«Estado requerido» se entenderá el Estado al que se solicite el reconocimiento o ejecución de la resolución dictada por el Tribunal de origen.

Art. 16. El presente Convenio no se aplicará a las resoluciones dictadas en las materias y casos siguientes:

a) En materia testamentaria y sucesoria.

b) En materia de quiebra, procedimientos de liquidación de sociedades u otras personas jurídicas insolventes, convenios entre deudor y acreedores y procedimientos análogos.

c) En materia de Seguridad Social.

d) En caso de medidas cautelares y provisionales, salvo las dictadas en materia de alimentos y de embargos preventivos.

CAPÍTULO II

RECONOCIMIENTO Y EJECUCIÓN DE RESOLUCIONES JUDICIALES

Art. 17. En materia civil y mercantil, las resoluciones en materia de jurisdicción contenciosa o voluntaria dictadas por órganos jurisdiccionales que tengan su sede en España o en Túnez serán reconocidas de pleno derecho en el territorio del otro Estado cuando cumplan las siguientes condiciones:

a) Que la resolución emane de un órgano jurisdiccional competente conforme a lo establecido en el artículo 19 del presente Convenio;

b) que la parte vencida en juicio haya comparecido o haya sido citada regularmente;

c) que la resolución ya no pueda ser objeto de recurso ordinario conforme a la ley del Estado en que fue dictada y sea ejecutoría en ese Estado;

d) que la resolución no sea contraria al orden público el Estado en que se invoque o a los principios de derecho público aplicables en ese Estado;

e) que la resolución tampoco se oponga a una resolución judicial dictada en el Estado requerido y que tenga en él autoridad de cosa juzgada;

f) que antes de la presentación de la demanda ante el órgano jurisdiccional que haya dictado la resolución cuya ejecución se solicita no se haya incoado ante ningún órgano jurisdiccional del Estado requerido ningún procedimiento entre las mismas partes sobre los mismos hechos y con el mismo motivo;

g) que la resolución no sea fruto de maniobras fraudulentas;

h) cuando las Partes convengan someter a la jurisdicción del tribunal de origen todo litigio surgido o que pueda surgir con motivo de una relación jurídica determinada.

Art. 18. 1. El reconocimiento y ejecución no podrán denegarse por el solo motivo de que el tribunal que haya dictado la resolución haya aplicado una ley diferente de la que contenga las normas de derecho internacional privado del Estado requerido.

2. No obstante, el reconocimiento y ejecución podrán denegarse por dicho motivo cuando la resolución dictada en materia de derecho de familia, estado y capacidad de las personas sea notoriamente contraria al ordenamiento jurídico interno del Estado requerido.

Art. 19. Se reconocerá la competencia de la autoridad judicial del Estado en que se haya dictado la resolución, conforme al artículo 17, en los siguientes casos:

a) Cuando, tratándose de una acción personal o mobiliaria, el demandado o uno de los demandados, en caso de indivisibilidad de la acción, tuviera su domicilio o residencia habitual en ese Estado en el momento de la notificación del documento con que se inicia el procedimiento;

b) cuando el demandado que tenga un establecimiento comercial o industrial o una sucursal en el Estado en que se haya dictado la resolución, haya sido citado para un proceso relativo a la actividad, del establecimiento o de la sucursal;

c) cuando se trate de una demanda reconvencional que se derive de los mismos hechos o de los mismos actos jurídicos que la demanda principal;

d) en materia de relaciones matrimoniales, los órganos jurisdiccionales del Estado de origen en el sentido del presente Título serán competentes cuando los dos cónyuges no tengan la nacionalidad del Estado requerido; cuando los dos cónyuges sean nacionales de un tercer Estado, no se reconocerá la competencia jurisdiccional del Estado de origen en el caso de que la resolución tampoco sea reconocida en el tercer Estado. Cuando solamente uno de los dos cónyuges tenga la nacionalidad del Estado requerido, los órganos jurisdiccionales del Estado de origen en el sentido del presente Título serán competentes si el demandado, en el momento de la iniciación del procedimiento, tuviera su residencia habitual en el Estado de origen o cuando la última residencia habitual común de los cónyuges estuviera situada en el Estado de origen y sí uno de los dos cónyuges residiera en el Estado de origen en el momento del inicio del procedimiento;

e) cuando se trate de un litigio en materia de derechos reales relativo a bienes inmuebles situados en el Estado en que se haya dictado la resolución;

f) en materia mercantil, cuando por acuerdo expreso o tácito del demandante y del demandado, la obligación contractual objeto del litigio haya nacido, haya sido o deba ser ejecutada en el territorio de ese Estado;

g) cuando en materia de daños y perjuicios derivados de una responsabilidad extracontractual, el hecho perjudicial se haya cometido en el territorio de ese Estado;

h) cuando el demandado haya presentado su defensa en cuanto al fondo sin haber impugnado la competencia del tribunal de origen;

i) cuando la acción se refiera a un contrato de trabajo a derechos derivados de ese contrato y el establecimiento o el centro de trabajo esté situado en el Estado de origen, aun cuando el lugar de ejecución del contrato esté situado fuera del Estado de origen;

j) en cualquier otro caso en que se reconozca la competencia en virtud de las normas de competencia judicial internacional admitidas por la legislación del Estado en que se invoque la resolución;

k) cuando la acción tenga por objeto la obligación de prestar alimentos y el acreedor de alimentos tuviera, en el momento del inicio del procedimiento, su domicilio o su residencia habitual en el Estado de origen.

2. Las disposiciones del presente artículo no serán aplicables a las resoluciones referentes a los litigios para los que el derecho del Estado requerido reconozca como exclusivamente competentes, por razón de la materia, a sus propios órganos jurisdiccionales o a los de un tercer Estado.

Art. 20. Las resoluciones mencionadas en el artículo 17, que sean ejecutorias en uno de los dos Estados, sólo podrán dar lugar a ejecución forzosa por las autoridades del otro Estado, o ser objeto por parte de esas autoridades de una formalidad pública como la inscripción, la transcripción o la rectificación en los registros públicos, después de haber sido declaradas ejecutorias en él.

Art. 21. *El* exequátur se solicitará, por lo que respecta a España, ante el Juez de Primera Instancia, y, por lo que respecta a Túnez, ante la autoridad judicial competente según su ley interna.

2. El procedimiento de exequátur se regirá por la ley del Estado requerido.

Art. 22. 1. El órgano jurisdiccional competente se limitará a verificar si la resolución cuyo exequátur se solicita cumple las condiciones previstas en los artículos anteriores para su reconocimiento. Procederá de oficio a ese examen haciendo constar el resultado en la resolución.

2. Al conceder el exequátur, el órgano jurisdiccional competente ordenará, si procede, las medidas necesarias para que la resolución extranjera reciba la misma publicidad que si hubiera sido dictada en el Estado en que se haya declarado ejecutoria.

3. El exequátur podrá concederse parcialmente, para alguno de los puntos de la resolución extranjera.

Art. 23. 1. La resolución de exequátur surtirá efectos entre todas las partes en el procedimiento y en toda la extensión del territorio del Estado requerido.

2. La resolución de exequátur permitirá que la resolución declarada ejecutoria surta los mismos efectos que si hubiera sido dictada por un tribunal del Estado requerido.

Art. 24. La parte que inste el reconocimiento o que solicite la ejecución de una resolución judicial deberá presentar:

a) Copia de la resolución que reúna, según la legislación del Estado de origen, los requisitos necesarios para su autenticidad;

b) original de la cédula de notificación de la resolución o de cualquier otro documento que haga las veces de notificación;

c) un documento de la secretaría del órgano jurisdiccional en que se haga constar que no existe oposición ni recurso contra la resolución;

d) copia auténtica de la demanda, dirigida al demandado, cuando éste no haya comparecido;

e) traducción en el idioma del Estado requerido o en el idioma francés de todos los documentos enumerados anteriormente, certificada conforme según las normas establecidas por la legislación del Estado requerido.

TÍTULO III

Disposiciones diversas

Art. 25. Los plazos de comparecencia y de apelación no serán inferiores a tres meses para los nacionales de uno u otro Estado que no residan en el territorio del Estado en que tenga su sede el órgano jurisdiccional competente.

Art. 26. Las Altas Partes Contratantes se comunicarán recíprocamente, previa solicitud, cualquier información sobre la legislación vigente en su territorio o sobre las resoluciones jurisprudenciales en las materias que afecten al presente Convenio, así como cualquier otra información jurídica procedente.

TÍTULO IV

Disposiciones finales

Art. 27. El presente Convenio será aplicable a la totalidad del territorio de cada una de las Altas Partes Contratantes.

Art. 28. El presente Convenio será ratificado. Entrará en vigor el primer día del segundo mes después del canje de los instrumentos de ratificación, que tendrá lugar tan pronto como sea posible.

Art. 29. 1. El presente Convenio se suscribe por un plazo ilimitado.

2. Cada una de las Altas Partes Contratantes podrá denunciarlo en cualquier momento y esa denuncia surtirá efecto seis meses

después de la fecha de la recepción de su notificación por el otro Estado.

Hecho en Túnez, a 24 de septiembre de 2001, por duplicado, en español, árabe y francés, siendo los tres textos igualmente auténticos.

El presente Convenio entra en vigor el 1 de marzo de 2003, primer día del segundo mes siguiente al del canje de los instrumentos de ratificación, según se establece en su artículo 28.

49. CONVENIO DE ASISTENCIA JUDICIAL EN MATERIA CIVIL Y MERCANTIL ENTRE EL REINO DE ESPAÑA Y LA REPÚBLICA DOMINICANA, HECHO EN MADRID EL 15 DE SEPTIEMBRE DE 2003*

(*BOE* núm. 254, de 23 de octubre de 2003)

El Reino de España y la República Dominicana (en adelante denominados «las Partes»),

Con el fin de reforzar aún más los vínculos de amistad y cooperación entre sus países,

Deseosos de prestarse asistencia judicial en materia civil y mercantil, sobre la base del respeto mutuo por la soberanía y la igualdad y en beneficio mutuo,

Han convenido en lo siguiente:

CAPÍTULO PRIMERO

Disposiciones generales

Artículo 1.º *Ámbito de asistencia.*—Las Partes acuerdan cooperar entre sí en la notificación de documentos judiciales y la obtención de pruebas en materia civil y mercantil.

Art. 2.º *Protección judicial.*—1. Los nacionales de una Parte gozarán de la misma protección judicial que la otra Parte conceda a sus nacionales y tendrá libre acceso a los Tribunales en el territorio de la otra Parte, pudiendo comparecer ante ellos en las mismas condiciones que los nacionales de la otra Parte.

2. Ninguna de las partes exigirá una fianza o depósito para gastos procesales a los nacionales de la otra Parte únicamente por tratarse de extranjeros.

3. Las disposiciones del presente Convenio que hacen referencia a los nacionales de cualquiera de las Partes serán también de aplicación a las personas jurídicas cons-

* *Texto auténtico*: español.

tituidas con arreglo a la legislación de cualquiera de las Partes y con domicilio en su territorio.

Art. 3.º *Autoridades centrales.*—1. Cada Parte designará una Autoridad encargada de remitir y recibir solicitudes de notificación de documentos judiciales o comisiones rogatorias para la obtención de pruebas y de proceder conforme a lo dispuesto en el presente Convenio.

2. La Autoridad del Reino de España es el Ministerio de Justicia y la Autoridad de la República Dominicana es la Procuraduría General de la República, salvo para la remisión y recepción de solicitudes de notificación de documentos judiciales o comisiones rogatorias para la obtención de pruebas, de las que se encargará directamente la Suprema Corte de Justicia dominicana.

Art. 4.º *Gastos.*—La ejecución de la solicitud y de la comisión rogatoria no supondrá ningún coste, salvo que se establezca otra cosa en el presente Convenio.

CAPÍTULO II

NOTIFICACIÓN DE DOCUMENTOS JUDICIALES

Art. 5.º *Presentación de la solicitud.*—1. La Autoridad de la Parte en la que tengan su origen los documentos remitirá la solicitud a la Autoridad de la otra Parte sin necesidad de legalización u otra formalidad análoga.

2. Se adjuntarán a la solicitud el original de los documentos que deban notificarse o una copia de los mismos.

3. La solicitud y los documentos se remitirán por duplicado.

Art. 6.º *Contenido de la solicitud.*—La solicitud se ajustará al modelo que figura como anexo al presente Convenio e irá acompañada de los documentos correspondientes, especificando los datos siguientes:

a) Nombre y dirección del Tribunal que formula la solicitud.

b) Naturaleza del procedimiento en el que se solicita la notificación,

c) Nombre y dirección de las partes en el procedimiento y de sus representantes, en su caso.

d) Nombre y dirección del destinatario.

e) Otros datos que sean necesarios en relación con la naturaleza de los documentos que han de notificarse y cualquier requisito o forma específica que deba utilizarse.

Art. 7.º *Ejecución de la solicitud.*—1. Se dará ejecución a toda solicitud debidamente presentada con arreglo a lo dispuesto en el presente Convenio, a menos que:

a) Dicha ejecución resulte imposible por encontrarse ausente la persona respecto de la cual se solicita la notificación, por ser imposible su localización o por cualquier otra razón análoga.

b) La Parte requerida considere que la ejecución de la solicitud sería contraria al orden público o iría en detrimento de su soberanía o seguridad.

2. En caso de que no se ejecute una solicitud, la Autoridad designada por la Parte requerida informará lo antes posible a la Autoridad designada por la Parte requirente de la razón por la que no se procede a la ejecución.

3. La ejecución de una solicitud de notificación de documentos judiciales se efectuará con prontitud en la forma prescrita por la legislación de la Parte requerida o en la forma en que se solicite específicamente, siempre que no sea incompatible con la legislación nacional de la Parte requerida. La Parte requirente estará obligada a pagar o reembolsar los gastos realizados en caso de que se solicite una forma específica.

4. Constituirá prueba de la notificación de los documentos judiciales un recibo autenticado y fechado emitido por el destinatario o una certificación expedida por la Autoridad de la Parte requerida en la que se declare que los documentos han sido notificados y se especifique la forma y fecha de notificación.

Art. 8.º *Notificación de documentos por agentes diplomáticos o consulares.*—Cualquiera de las Partes podrá, a través de sus agentes diplomáticos o consulares, notificar directamente o entregar documentos judiciales a sus propios nacionales que se encuentren en el territorio de la otra Parte, siempre que no se emplee ninguna forma de coacción.

CAPÍTULO III

OBTENCIÓN DE PRUEBAS

Art. 9.º *Ámbito de la obtención de pruebas.*—1. En asuntos civiles o mercantiles, las autoridades judiciales de una Parte podrán, de conformidad con lo dispuesto en su legislación nacional, solicitar la obtención de pruebas a la autoridad competente de la otra Parte mediante una comisión rogatoria.

2. La comisión rogatoria no podrá utilizarse para obtener pruebas que no están destinadas a un procedimiento judicial.

Art. 10. *Contenido de la comisión rogatoria.*—La comisión rogatoria irá acompañada de los documentos correspondientes, especificando los datos siguientes:

a) Nombre y dirección del Tribunal que expide la comisión rogatoria.

b) Naturaleza del procedimiento para el cual se solicitan las pruebas.

c) Nombre y dirección de las partes en el procedimiento y de sus representantes, en su caso.

d) Nombre y dirección de los testigos o destinatarios.

e) Documentos o bienes objeto o contenido de la prueba a efectuar.

f) Cualquier otra información que resulte necesaria en relación con las circunstancias sobre las que deben obtenerse pruebas, tales como las preguntas que han de formularse a las personas que deban ser examinadas y cualquier requisito de que se preste testimonio bajo juramento o promesa o de cualquier forma específica.

Art. 11. *Notificación de la obtención de pruebas.*—1. Cuando ejecute una comisión rogatoria, el Tribunal de la Parte requerida o la Autoridad designada por dicha Parte informará, cuando así se solicite, con una antelación razonable, del lugar y fecha en que se procederá a la obtención de pruebas a cualquier persona designada a tal fin por el Tribunal que formuló la solicitud y a la Autoridad designada por la Parte requirente que remitió la comisión rogatoria.

2. Deberá permitirse que se encuentren presentes durante la obtención de pruebas las partes en el procedimiento de la Parte requirente o sus representantes, pudiendo recabar la presencia de su abogado.

Art. 12. *Ejecución de la comisión rogatoria.*—La ejecución de una comisión rogatoria se efectuará con prontitud en la forma prescrita por la legislación nacional de la Parte requerida o en la forma en que se solicite específicamente, siempre que no sea incompatible con la legislación nacional de la Parte requerida.

La Parte requirente estará obligada a pagar o reembolsar los gastos realizados en caso de que se solicite una forma específica.

Art. 13. *Privilegios e inmunidades.*—Cuando se ejecute una comisión rogatoria, la persona afectada podrá negarse a prestar testimonio siempre que goce de privilegios e inmunidades o esté obligada a negarse a prestar testimonio:

a) Con arreglo a la legislación de la Parte requerida; o

b) Con arreglo a la legislación de la Parte requirente, cuando dichos privilegios e inmunidades u obligaciones se hubieran especificado en la comisión rogatoria o a instancia de la Autoridad requerida, hubieran sido confirmados a dicha Autoridad por la Autoridad requirente.

Art. 14. *Denegación de la ejecución.*—1. Deberá ejecutarse toda comisión rogatoria formulada de conformidad con lo dispuesto en el presente Convenio, a menos que:

a) La ejecución de la comisión rogatoria no sea competencia del poder judicial de la Parte requerida; o

b) La ejecución resulte imposible por encontrarse ausente la persona que deba prestar testimonio, por no ser posible su localización, por desaparición o no localización del objeto o por cualquier otra razón análoga; o

c) La Parte requerida considere que la ejecución de la comisión rogatoria sería contraria al orden público o iría en detrimento de su soberanía o seguridad.

2. No podrá denegarse la ejecución por la única razón de que, de conformidad con su legislación nacional, la Parte requerida reivindique su competencia exclusiva sobre el objeto de la acción o alegue que su legislación nacional no admite acción alguna al respecto.

Art. 15. *Certificación de la ejecución.*—1. La Autoridad designada por la Parte requerida remitirá a la Autoridad designada por la Parte requirente una certificación en la que se especifique la fecha y forma en que se procedió a la ejecución de la comisión rogatoria, junto con el acta de cualquier testimonio tomado.

2. No se exigirá su legalización ni ninguna otra formalidad análoga.

Art. 16. *Intercambio de información jurídica.*—Las Partes se comunicarán mutuamente, previa solicitud, la legislación vigente en sus territorios o la jurisprudencia de sus Tribunales en materia civil o mercantil, así como cualquier otra información jurídica pertinente.

Art. 17. *Obtención de pruebas por funcionarios diplomáticos o consulares y por Comisarios.*—Cualquiera de las Partes podrá, con el consentimiento de la Autoridad de la otra Parte, obtener el testimonio de cualquier persona que resida en el territorio de la otra Parte a través de sus agentes diplomáticos o consulares o de una persona debidamente comisionada para el caso concreto, siempre que no se infrinja la legislación de la otra Parte ni se adopten medidas coactivas de ningún tipo.

CAPÍTULO IV

DISPOSICIONES FINALES

Art. 18. *Solución de controversias.*—Cualesquiera controversias que surjan entre las Partes por la interpretación o aplicación del presente Convenio se resolverán por vía diplomática.

Art. 19. *Disposición más favorable.*—1. Las disposiciones del presente Convenio no afectarán ni restringirán las disposiciones contenidas en otros Convenios bilaterales o multilaterales celebrados por las Partes sobre la misma materia.

2. Las disposiciones del presente Convenio no afectarán ni restringirán las prácticas más favorables que las Partes observen en la misma materia en su legislación nacional.

Art. 20. *Entrada en vigor.*—El presente Convenio se aplicará provisionalmente desde la fecha de su firma y entrará en vigor de forma definitiva el primer día del segundo mes siguiente a aquel en el que ambas Partes se comuniquen que han cumplido los trámites internos previstos en la legislación de ambos países para la celebración de Tratados internacionales.

Art. 21. *Denuncia.*—1. El presente Convenio se celebra por plazo indefinido.

Podrá ser denunciado por escrito en cualquier momento por cualquiera de las Partes, por vía diplomática, siempre que se comunique a la otra Parte la intención de denunciar el Convenio con seis meses de antelación.

2. La expiración del presente Convenio no afectará a cualesquie-

---

Art. 20: Entrada en vigor el 1.º de diciembre de 2006 (*BOE* de 22-11-2006).

ra procedimientos iniciados con anterioridad a la fecha de expiración.

En fe de lo cual, los infrascritos, debidamente autorizados por sus respectivos Gobiernos, firman el presente Convenio.

Hecho por duplicado en Madrid el día 15 de septiembre de 2003, en español, siendo ambos textos igualmente auténticos.

ANEXO

Fecha ....

Solicitud de notificación de documentos judiciales.

Convenio de asistencia judicial en materia civil y mercantil entre el Reino de España y la República Dominicana.

Autoridad requirente: ....

Identidad de las partes:

Demandante: ....

Demandado: ....

Tribunal requirente: ....

Asunto número: ....

Naturaleza del procedimiento: ....

Tipo de documento: ....

Identidad y dirección del destinatario: ....

Otros datos: ....

Firma y/o sello

50. CONVENIO RELATIVO A LA ASISTENCIA JUDICIAL EN EL ÁMBITO CIVIL Y MERCANTIL ENTRE LA REPÚBLICA ARGELINA DEMOCRÁTICA Y POPULAR Y EL REINO DE ESPAÑA, HECHO EN MADRID EL 24 DE FEBRERO DE 2005*

(*BOE* núm. 103, de 1 de mayo de 2006)

La República Argelina Democrática y Popular, por una parte,

Y el Reino de España, por otra, denominados en lo sucesivo «Partes contratantes»,

Teniendo en cuenta el ideal común de justicia y de libertad que guía a los dos Estados,

Preocupados por acrecentar la eficacia de la cooperación judicial mutua en el ámbito civil y mercantil,

Han convenido lo siguiente:

---

* *Texto auténtico*: árabe y español. De acuerdo con el art. 22.2, entró en vigor el 24 de abril de 2006.

TÍTULO PRIMERO

Disposiciones generales

Artículo 1.º *Protección jurídica.*—1. Los nacionales de cada Parte contratante podrán beneficiarse, en el territorio de la otra Parte, en cuanto a los derechos personales y patrimoniales, de la misma protección jurídica que ésta concede a sus nacionales. Tendrán, asimismo, libre acceso a las jurisdicciones de la otra Parte para la reivindicación y defensa de sus derechos.

2. El párrafo anterior se aplica a las personas jurídicas constituidas o autorizadas conforme a la legislación de cada una de las Partes.

Art. 2.º *De la* Cuatio Judicatum Solvi.—1. No se podrá imponer a los nacionales de una de las Partes que comparezcan ante la jurisdicción de la otra Parte, garantías ni depósitos, cualquiera que sea su denominación, en razón de su condición de extranjeros, o de su falta de domicilio o residencia en el país.

2. El párrafo anterior se aplica a las personas jurídicas constituidas o autorizadas de conformidad con las leyes de cada una de las Partes.

Art. 3.º *Asistencia jurídica y gratuidad de la defensa.*—1. Los nacionales de cada una de las Partes contratantes podrán beneficiarse en el territorio de la otra Parte, de la asistencia jurídica y de la gratuidad de la defensa, como los propios nacionales, siempre y cuando se sometan a la legislación de la Parte donde se solicite la asistencia jurídica.

2. El certificado que pruebe la insuficiencia de recursos será extendido al solicitante por las autoridades del lugar de su residencia habitual, si reside en el territorio de una de las Partes. Este certificado será extendido por el Cónsul de su país, territorialmente competente, si el interesado reside en un tercer país.

Art. 4.º *Exención de legalización.*—1. Los documentos transmitidos de conformidad con el presente Convenio estarán exentos de cualquier forma de legalización.

2. No obstante, estos documentos deberán llevar la firma y el sello oficial de la autoridad competente para extenderlos.

3. La autoridad judicial competente de una de las Partes podrá, en caso de duda, solicitar que la autoridad judicial competente de la otra Parte verifique la autenticidad del documento.

TÍTULO II

De la asistencia judicial

Art. 5.º *Ámbito de la asistencia.*—La asistencia judicial comprenderá, entre otras, la notificación y transmisión de documentos judiciales y extrajudiciales, la ejecución de actos procesales tales como la audición de testigos o de las partes, el peritaje o la obtención de pruebas, así como el intercambio de documentos sobre el estado civil a petición de una de las Partes, en el marco de un procedimiento judicial.

Art. 6.º *Denegación de la asistencia judicial.*—La asistencia judicial será rechazada si la Parte requerida considera que ésta puede atentar contra la soberanía, la seguridad o el orden público de su país, o no es de la competencia de sus autoridades judiciales.

Art. 7.º *Transmisión de la solicitud de asistencia.*—1. Las solicitudes de asistencia judicial serán transmitidas directamente de la autoridad central del Estado requirente a la autoridad central del Estado requerido.

2. Sin perjuicio de lo anterior, las dos Partes podrán recurrir a la vía diplomática en casos excepcionales.

Art. 8.º *Autoridades centrales.*—1. El Ministerio de Justicia de la República Argelina Democrática y Popular es designado como autoridad central.

2. El Ministerio de Justicia del Reino de España es designado como autoridad central.

Art. 9.º *Lengua de la transmisión.*—Todos los documentos relativos a la asistencia judicial deberán estar redactados en el idioma del Estado requirente y acompañados de una traducción a la lengua del Estado requerido o al francés.

Art. 10. *Gastos de la asistencia judicial.*—La ejecución de la asistencia judicial no dará lugar al reembolso de ningún tipo de gasto, excepto en lo que se refiere a los honorarios de peritos o expertos.

Art. 11. *Comisiones rogatorias.*—La solicitud para la ejecución de comisiones rogatorias deberá contener las siguientes indicaciones:

a) la autoridad judicial requirente,

b) la autoridad judicial requerida, en su caso,

c) los nombres y dirección de las partes y los testigos, así como la calidad en la que actúan,

d) el objeto de la solicitud y las diligencias solicitadas,

e) las preguntas que han de ser formuladas al testigo, en su caso,

f) cualquier otro dato que pueda resultar de utilidad para la ejecución de la solicitud de asistencia.

Art. 12. *Ejecución de las comisiones rogatorias.*—1. Las comisiones rogatorias que deban ser ejecutadas en el territorio de una de las Partes, serán ejecutadas por la autoridad judicial, de conformidad con el procedimiento previsto en cada una de ellas.

2. A petición expresa de la autoridad requirente, la autoridad requerida deberá:

a) Ejecutar la comisión rogatoria siguiendo un procedimiento especial, siempre que éste no resulte contrario a la legislación de su país.

b) Informar con la suficiente antelación a la autoridad requirente del lugar y la fecha en la que se procederá a la ejecución de la comisión rogatoria, con el fin de que las partes interesadas puedan asistir a ella en el marco de la legislación del Estado requerido.

3. En el caso de que la solicitud no haya podido ser ejecutada, los documentos serán devueltos. Los motivos por los cuales no haya podido ejecutarse o por los que la solicitud haya sido rechazada deberán ser comunicados al Estado requirente.

Art. 13. *Notificación de documentos.*—Los documentos judiciales y extrajudiciales serán enviados directamente por las autoridades centrales de cada una de las Partes. La prueba de la entrega se realizará mediante un resguardo fechado y firmado por el destinatario, o bien mediante una certificación de la autoridad requerida en la que conste el hecho, el modo y la fecha de la entrega.

Art. 14. *Notificación de documentos judiciales y extrajudiciales y ejecución de comisiones rogatorias por las representaciones diplomáticas o consulares.*—Las Partes podrán notificar documentos judiciales y extrajudiciales a sus propios nacionales, o tomarles declaración, directamente a través de sus representaciones diplomáticas o consulares, de conformidad con su propia legislación.

Art. 15. *Comparecencia de testigos y expertos.*—1. Cuando sea necesaria la comparecencia personal de un testigo o un experto ante las autoridades judiciales del Estado requirente, la autoridad requerida del país donde reside invitará a éste a responder a dicha convocatoria.

2. En ese caso, el testigo o el experto tendrá derecho al reembolso de los gastos de viaje y dietas desde su lugar de residencia, siguiendo las tarifas y la reglamentación vigentes en el país donde deba tener lugar la toma de declaración. Los gastos de viaje incluirán también el del billete de avión en trayecto de ida y vuelta entre el aeropuerto más próximo a la sede judicial donde el testigo o el experto deban comparecer. A petición de estos últimos, el Estado requirente entregará el título de viaje o adelantará los gastos correspondientes, por medio de sus autoridades consulares.

3. En caso de no comparecer, la autoridad requerida no podrá tomar ninguna medida coercitiva contra ellos.

TÍTULO III

Reconocimiento y ejecución de resoluciones judiciales

Art. 16. *Requisitos.*—1. En materia civil y mercantil, las decisiones dictadas por la jurisdicción de las Partes contratantes, incluidas las relativas a la reparación civil dictadas por la jurisdicción penal, serán reconocidas y ejecutadas por la jurisdicción competente de cada una de las Partes, en las siguientes condiciones:

a) Que la decisión proceda de una autoridad competente, de acuerdo con el artículo 17 del presente Convenio.

b) Que las Partes hayan sido legalmente citadas, representadas o declaradas en rebeldía, según la ley del Estado en el que la resolución haya sido dictada.

c) Que la resolución posea fuerza de cosa juzgada, según la ley del Estado donde ha sido pronunciada.

d) Que la resolución no sea contraria a una resolución judicial dictada por el Estado donde aquélla deba ser ejecutada.

e) Que no se haya presentado ninguna demanda ante la jurisdicción del Estado requerido entre las mismas Partes y sobre el mismo objeto, con anterioridad a la introducción de la solicitud ante la jurisdicción que haya dictado la resolución cuyo reconocimiento y ejecución se solicita.

f) Que la resolución no sea contraria al orden público del Estado donde haya sido invocada.

g) En materia de estado y capacidad de las personas, podrá denegarse el reconocimiento o la ejecución de la resolución por el hecho de que la jurisdicción de origen haya aplicado una ley distinta a la que hubiera resultado aplicable conforme a las normas de Derecho Internacional Privado del Estado requerido, salvo que se hubiera llegado a un resultado equivalente mediante la aplicación de dichas normas.

2. Quedan excluidas de la aplicación del presente artículo las resoluciones dictadas en las siguientes materias:

a) fiscal, aduanera y administrativa,

b) seguridad social,

c) las medidas cautelares y provisionales, salvo las dictadas en materia de alimentos,

d) los laudos arbitrales.

Art. 17. *Competencia.*—Las autoridades judiciales de la Parte que haya dictado la resolución se considerarán competentes en los siguientes casos:

a) Si el domicilio del demandado o su lugar de residencia se encuentra, en el momento de la presentación de la demanda, en el territorio de dicha Parte;

b) Si, en el momento de la presentación de la demanda, el demandado se encuentra ejerciendo una actividad mercantil en el territorio de esta Parte, y la demanda interpuesta contra él concierne a dicha actividad;

c) Si el demandado acepta expresamente someterse a la competencia de la jurisdicción de dicha Parte, siempre que la ley de la Parte que solicita el reconocimiento no se oponga a ello;

d) Si el demandado, para su defensa, aborda el fondo del asunto sin haber planteado previamente la excepción de competencia de jurisdicción;

e) Si, en materia contractual, la obligación objeto del litigio ha sido o debe ser ejecutada en el territorio de la Parte cuya autoridad judicial ha dictado la resolución;

f) Si, en materia de responsabilidad extracontractual, el hecho causante del daño se ha producido en el territorio de dicha Parte;

g) Si, en materia de obligaciones alimenticias, el domicilio o la residencia del acreedor se encuentra, en el momento de la presentación de la demanda, en el territorio de dicha Parte;

h) Si, en materia de sucesiones, el causante era, en el momento de su defunción, natural de la Parte cuya autoridad judicial ha dictado la resolución o tenía su último domicilio en dicha Parte;

i) Si el litigio tiene por objeto un derecho real sobre los bienes que se encuentran en el territorio de la Parte cuya autoridad judicial haya dictado la resolución.

Art. 18. *Documentación adjunta a la solicitud de reconocimiento y ejecución.*—La Parte que solicita el reconocimiento o ejecución de la resolución deberá presentar:

a) Copia oficial de la resolución, que reúna las condiciones necesarias para acreditar su autenticidad.

b) Certificado del Secretario Judicial competente, en el que conste que la decisión es definitiva.

c) El original de la cédula de notificación de la resolución, o cualquier otro documento que equivalga a la notificación.

d) Copia auténtica de la citación a la Parte que no compareció en el procedimiento, en caso de juicio en rebeldía, si en la resolución no consta que fue notificada en forma.

Art. 19. *Reconocimiento y ejecución de documentos públicos.*—1. Los documentos públicos, como por ejemplo las escrituras notariales, que sean ejecutorias en una de las Partes, serán declaradas ejecutorias en la otra Parte por la autoridad competente, de conformidad con la ley de la Parte en la que deba tener lugar la ejecución.

2. La autoridad competente sólo verificará que los documentos reúnen las condiciones necesarias de autenticidad en la Parte donde se hayan recibido, y que no son contrarias al orden público de la Parte donde se haya solicitado el reconocimiento o la ejecución.

Art. 20. *Procedimiento de reconocimiento y ejecución.*—Los procedimientos de reconocimiento y ejecución de resoluciones y documentos públicos se regirán por la legislación del Estado requerido.

Art. 21. *Intercambio de documentación.*—Los Ministerios de Justicia de las dos Partes contratantes se comprometen a proceder a un intercambio de información y documentación en materia de legislación y jurisprudencia.

TÍTULO IV

Disposiciones finales

Art. 22. *Ratificación y entrada en vigor.*—1. El presente Convenio será ratificado de acuerdo con los procedimientos constitucionales de cada una de las Partes.

2. Entrará en vigor treinta (30) días a partir de la fecha de la última notificación entre las Partes, por vía diplomática, en la que se comuniquen el cumplimiento de los requisitos legales internos.

3. El presente Convenio seguirá en vigor durante un período ilimitado. Cualquiera de las Partes podrá denunciarlo en todo momento a la otra Parte mediante un preaviso escrito de seis meses, por vía diplomática.

En fe de lo cual, los firmantes, debidamente designados, han firmado el presente Convenio.

En Madrid, a 24 de febrero de 2005, en dos ejemplares originales, en lengua árabe y en lengua española, siendo ambos textos igualmente auténticos.

51. CONVENIO RELATIVO A LA ASISTENCIA JUDICIAL EN EL ÁMBITO CIVIL Y MERCANTIL ENTRE EL REINO DE ESPAÑA Y LA REPÚBLICA ISLÁMICA DE MAURITANIA, HECHO EN MADRID, EL 12 DE SEPTIEMBRE DE 2006*

(*BOE* núm. 267, de 8 de noviembre de 2006)

El Reino de España, por una parte,

Y la República Islámica de Mauritania, por otra,

Denominados en lo sucesivo «Partes contratantes».

Teniendo en cuenta el ideal común de justicia y de libertad que guía a los dos Estados,

Preocupados por acrecentar la eficacia de la cooperación judicial mutua en el ámbito civil y mercantil,

Han convenido lo siguiente:

* *Textos auténticos*: español, árabe y francés. El convenio se aplica provisionalmente a partir de la fecha de su firma, según se establece en el art. 22.

TÍTULO PRIMERO
Disposiciones generales

Artículo 1.º *Protección jurídica.*—1. Los nacionales de cada Parte contratante podrán beneficiarse, en el territorio de la otra Parte, en cuanto a los derechos personales y patrimoniales, de la misma protección jurídica que ésta concede a sus nacionales. Tendrán, asimismo, libre acceso a las jurisdicciones de la otra Parte para la reivindicación y defensa de sus derechos.

2. El párrafo anterior se aplica a las personas jurídicas constituidas o autorizadas conforme a la legislación de cada una de las Partes.

Art. 2.º *De la* Cautio Judicatum Solvi.—1. No se podrá imponer a los nacionales de una de las Partes que comparezcan ante la jurisdicción de la otra Parte, garantías ni depósitos, cualquiera que sea su denominación, en razón de su condición de extranjeros, o de su falta de domicilio o residencia en el país.

2. El párrafo anterior se aplica a las personas jurídicas constituidas o autorizadas de conformidad con las leyes de cada una de las Partes.

Art. 3.º *Asistencia jurídica y gratuidad de la defensa.*—1. Los nacionales de cada una de las Partes contratantes podrán beneficiarse en el territorio de la otra Parte, de la asistencia jurídica y de la gratuidad de la defensa, como los propios nacionales, siempre y cuando se sometan a la legislación de la Parte donde se solicite la asistencia jurídica.

2. El certificado que pruebe la insuficiencia de recursos será extendido al solicitante por las autoridades del lugar de su residencia habitual, si reside en el territorio de una de las Partes. Este certificado será extendido por el Cónsul de su país, territorialmente competente, si el interesado reside en un tercer país.

Art. 4.º *Exención de legalización.*—1. Los documentos transmitidos de conformidad con el presente Convenio estarán exentos de cualquier forma de legalización.

2. No obstante, estos documentos deberán llevar la firma y el sello oficial de la autoridad competente para extenderlos.

3. La autoridad judicial competente de una de las Partes podrá, en caso de duda, solicitar que la autoridad judicial competente de la otra Parte verifique la autenticidad del documento.

TÍTULO II

De la asistencia judicial

Art. 5.º *Ámbito de la asistencia.*—La asistencia judicial comprenderá, entre otras, la notificación y transmisión de documentos judiciales y extrajudiciales, la ejecución de actos procesales tales como la audición de testigos o de las partes, el peritaje o la obtención de pruebas, así como el intercambio de documentos sobre el estado civil a petición de una las Partes, en el marco de un procedimiento judicial.

Art. 6.º *Denegación de la asistencia judicial.*—La asistencia judicial será rechazada si la Parte requerida considera que ésta puede atentar contra la soberanía, la seguridad o el orden público de su país, o no es de la competencia de sus autoridades judiciales.

Art. 7.º *Transmisión de la solicitud de asistencia.*—1. Las solicitudes de asistencia judicial serán transmitidas directamente de la autoridad central del Estado requirente a la autoridad central del Estado requerido.

2. Sin perjuicio de lo anterior, las dos Partes podrán recurrir a la vía diplomática en casos excepcionales.

Art. 8.º *Autoridades centrales.*—1. El Ministerio de Justicia del Reino de España es designado como autoridad central.

2. El Ministerio de Justicia de la República Islámica de Mauritania es designado como autoridad central.

Art. 9.º *Lengua de la transmisión.*—Todos los documentos relativos a la asistencia judicial deberán estar redactados en el idioma del Estado requirente y acompañados de una traducción a la lengua del Estado requerido o al francés.

Art. 10. *Gastos de la asistencia judicial.*—La ejecución de la asistencia judicial no dará lugar al reembolso de ningún tipo de gasto, excepto en lo que se refiere a los honorarios de peritos o expertos.

Art. 11. *Comisiones rogatorias.*—La solicitud para la ejecución de comisiones rogatorias deberá contener las siguientes indicaciones:

a) la autoridad judicial requirente,

b) la autoridad judicial requerida, en su caso,

c) los nombres y dirección de las partes y los testigos, así como la calidad en la que actúan,

d) el objeto de la solicitud y las diligencias solicitadas,

e) las preguntas que han de ser formuladas al testigo, en su caso, cualquier otro dato que pueda resultar de utilidad para la ejecución de la solicitud de asistencia.

Art. 12. *Ejecución de las comisiones rogatorias.*—1. Las comisiones rogatorias que deban ser ejecutadas en el territorio de una de las Partes, serán ejecutadas por la autoridad judicial, de conformidad con el procedimiento previsto en cada una de ellas.

2. A petición expresa de la autoridad requirente, la autoridad requerida deberá:

a) Ejecutar la comisión rogatoria siguiendo un procedimiento especial, siempre que éste no resulte contrario a la legislación de su país.

b) Informar con la suficiente antelación a la autoridad requirente del lugar y la fecha en la que se procederá a la ejecución de la comisión rogatoria, con el fin de que las partes interesadas puedan asistir a ella en el marco de la legislación del Estado requerido.

3. En el caso de que la solicitud no haya podido ser ejecutada, los documentos serán devueltos. Los motivos por los cuales no haya podido ejecutarse o por los que la solicitud haya sido rechazada deberán ser comunicados al Estado requirente.

Art. 13. *Notificación de documentos.*—Los documentos judiciales y extrajudiciales serán enviados directamente por las autoridades centrales de cada una de las Partes. La prueba de la entrega se realizará mediante un resguardo fechado y firmado por el destinatario, o bien mediante una certificación de la autoridad requerida en la que conste el hecho, el modo y la fecha de la entrega.

Art. 14. *Notificación de documentos judiciales y extrajudiciales y ejecución de Comisiones Rogatorias por las representaciones diplomáticas o consulares.*—Las Partes podrán notificar documentos judiciales y extrajudiciales a sus propios nacionales, o tomarles declaración, directamente a través de sus representaciones diplomáticas o consulares, de conformidad con su propia legislación.

Art. 15. *Comparecencia de testigos y expertos.*—1. Cuando sea necesaria la comparecencia personal de un testigo o un experto ante las autoridades judiciales del Estado requirente, la autoridad requerida del país donde reside invitará a éste a responder a dicha convocatoria.

2. En ese caso, el testigo o el experto tendrá derecho al reembolso de los gastos de viaje y dietas desde su lugar de residencia, siguiendo las tarifas y la reglamentación vigentes en el país donde deba tener lugar la toma de declaración. Los gastos de viaje incluirán también el del billete de avión en trayecto de ida y vuelta entre el aeropuerto más próximo a la sede judicial donde el testigo o el experto deban comparecer. A petición de estos últimos, el Estado requirente entregará el título de viaje o adelantará los gastos correspondientes, por medio de sus autoridades consulares.

3. En caso de no comparecer, la autoridad requerida no podrá tomar ninguna medida coercitiva contra ellos.

TÍTULO III
Reconocimiento y ejecución de resoluciones judiciales

Art. 16. *Requisitos.*—1. En materia civil y mercantil, las decisiones dictadas por la jurisdicción de las Partes contratantes, incluidas las relativas a la reparación civil dictadas por la jurisdicción penal, serán reconocidas y ejecutadas por la jurisdicción competente de cada una de las Partes, en las siguientes condiciones:

a) Que la decisión proceda de una autoridad competente, de acuerdo con el artículo 17 del presente Convenio,

b) Que las partes hayan sido legalmente citadas, representadas o declaradas en rebeldía, según la ley del Estado en el que la resolución haya sido dictada,

c) Que la resolución posea fuerza de cosa juzgada, según la ley del Estado donde ha sido pronunciada,

d) Que la resolución no sea contraria a una resolución judicial dictada por el Estado donde aquélla deba ser ejecutada,

e) Que no se haya presentado ninguna demanda ante la jurisdicción del Estado requerido entre las mismas partes y sobre el mismo objeto, con anterioridad a la introducción de la solicitud ante la jurisdicción que haya dictado la resolución cuyo reconocimiento y ejecución se solicita,

f) Que la resolución no sea contraria al orden público del Estado donde haya sido invocada,

g) En materia de estado y capacidad de las personas, podrá denegarse el reconocimiento o la ejecución de la resolución por el hecho de que la jurisdicción de origen haya aplicado una ley distinta a la que hubiera resultado aplicable conforme a las normas de Derecho Internacional Privado del Estado requerido, salvo que se hubiera llegado a un resultado equivalente mediante la aplicación de dichas normas.

2. Quedan excluidas de la aplicación del presente artículo las resoluciones dictadas en las siguientes materias:

a) fiscal, aduanera y administrativa,

b) seguridad social,

c) las medidas cautelares y provisionales, salvo las dictadas en materia de alimentos,

d) los laudos arbitrales.

Art. 17. *Competencia.*—Las autoridades judiciales de la Parte que haya dictado la resolución se considerarán competentes en los siguientes casos:

a) Si el domicilio del demandado o su lugar de residencia se encuentra, en el momento de la presentación de la demanda, en el territorio de dicha Parte;

b) Si, en el momento de la presentación de la demanda, el demandado se encuentra ejerciendo una actividad mercantil en el territorio de esta Parte, y la demanda interpuesta contra él concierne a dicha actividad;

c) Si el demandado acepta expresamente someterse a la competencia de la jurisdicción de dicha Parte, siempre que la ley de la Parte que solicita el reconocimiento no se oponga a ello;

d) Si el demandado, para su defensa, aborda el fondo del asunto sin haber planteado previamente la excepción de competencia de jurisdicción;

e) Si, en materia contractual, la obligación objeto del litigio ha sido o debe ser ejecutada en el territorio de la Parte cuya autoridad judicial ha dictado la resolución;

f) Si, en materia de responsabilidad extracontractual, el hecho causante del daño se ha producido en el territorio de dicha Parte;

g) Si, en materia de obligaciones alimenticias, el domicilio o la residencia del acreedor se encuentra, en el momento de la presentación de la demanda, en el territorio de dicha Parte;

h) Si, en materia de sucesiones, el causante era, en el momento de su defunción, natural de la Parte cuya autoridad judicial ha dictado la resolución o tenía su último domicilio en dicha Parte;

i) Si el litigio tiene por objeto un derecho real sobre los bienes que se encuentran en el territorio de la Parte cuya autoridad judicial haya dictado la resolución.

Art. 18. *Documentación adjunta a la solicitud de reconocimiento y ejecución.*—La Parte que solicita el reconocimiento o ejecución de la resolución deberá presentar:

a) Copia oficial de la resolución, que reúna las condiciones necesarias para acreditar su autenticidad;

b) Certificado del Secretario Judicial competente, en el que conste que la decisión es definitiva;

c) El original de la cédula de notificación de la resolución, o cualquier otro documento que equivalga a la notificación;

d) Copia auténtica de la citación a la parte que no compareció en el procedimiento, en caso de juicio en rebeldía, si en la resolución no consta que fue notificada en forma.

Art. 19. *Reconocimiento y ejecución de documentos públicos.*—1. Los documentos públicos, como por ejemplo las escrituras notariales, que sean ejecutorias en una de las Partes, serán declaradas ejecutorias en la otra Parte por la autoridad competente, de conformidad con la ley de la Parte en la que deba tener lugar la ejecución.

2. La autoridad competente sólo verificará que los documentos reúnen las condiciones necesarias de autenticidad en la Parte donde se hayan recibido, y que no son contrarias al orden público de la Parte donde se haya solicitado el reconocimiento o la ejecución.

Art. 20. *Procedimiento de reconocimiento y ejecución.*—Los procedimientos de reconocimiento y ejecución de resoluciones y documentos públicos se regirán por la legislación del Estado requerido.

Art. 21. *Intercambio de documentación.*—Los Ministerios de Justicia de las dos Partes contratantes se comprometen a proceder a un intercambio de información y documentación en materia de legislación y jurisprudencia.

TÍTULO IV

Disposiciones finales

Art. 22. *Entrada en vigor.*—El presente Convenio se aplicará provisionalmente a partir de la fecha de su firma y entrará en vigor de forma definitiva el primer día del segundo mes siguiente a la fecha de la última notificación en que se haga constar el cumplimiento de las formalidades constitucionales requeridas en cada una de las Partes.

Art. 23. *Vigencia y terminación.*—El presente Convenio se concluye por un tiempo de duración ilimitada. Cada una de las Partes podrá denunciarlo por medio de una notificación por escrito enviada a la otra Parte por vía diplomática. La denuncia tendrá efecto un año después de la fecha de su envío.

En fe de lo cual, los firmantes, debidamente designados, han firmado el presente Convenio.

Hecho en Madrid, el 12 de septiembre de 2006, por duplicado, en lenguas española, árabe y francesa, siendo ambos textos igualmente auténticos.

F) REGÍMENES ESPECIALES

a) Persona

52. CONVENIO RELATIVO AL INTERCAMBIO INTERNACIONAL DE INFORMACIONES EN MATERIA DE ESTADO CIVIL, HECHO EN ESTAMBUL EL 4 DE SEPTIEMBRE DE 1958, Y PROTOCOLO ADICIONAL, HECHO EN PATRÁS EL 6 DE SEPTIEMBRE DE 1989*

(*BOE* núm. 173, de 21 de julio de 1994, y *BOE* núm. 174, de 22 de julio de 1994, respectivamente)

Los Gobiernos de la República Federal de Alemania, del Reino de Bélgica, de la República Francesa, del Gran Ducado de Luxemburgo, del Reino de los Países Bajos, de la Confederación Suiza y de la República Turca, miembros de la Comisión Internacional del Estado Civil, deseosos de organizar de común acuerdo un intercambio internacional de informaciones en materia de estado civil han convenido las disposiciones siguientes:

Artículo 1.º Todos los encargados del Registro Civil que ejerzan sus funciones en territorio de uno de los Estados contratantes, cuando extiendan o transcriban un acta de matrimonio o de defunción, deberán comunicarlo al encargado del Registro Civil del lugar de nacimiento de cada uno de los cónyuges o del difunto, siempre que dicho lugar esté situado en territorio de uno de los demás Estados contratantes.

No obstante, cada Estado está facultado para subordinar el envío de esa comunicación a la condición de que se refiera a un nacional del Estado destinatario.

---

* *Texto auténtico*: francés. *Estados parte*: Alemania, Austria, Bélgica, España, Francia, Italia, Luxemburgo, Países Bajos, Polonia, Portugal y Turquía. Para los datos posteriores al cierre de la edición y otras informaciones relativas al convenio, véase: http://www.ciec1.org.

Art. 1.º: Instrucción de 17 de abril de 1995, de la Dirección General de los Registros y del Notariado, sobre comunicación a determinados Registros extranjeros de nacimiento de matrimonios y defunciones inscritos en España (*BOE* de 22-4-1995):

«El Estado español se ha adherido (*Boletín Oficial del Estado* de 21 y 22-7-1994) a los Convenios números 3 y 23 de la Comisión Internacional del Estado Civil, relativos al intercambio internacional de informaciones en materia de estado civil, hechos, respectivamente, en Estambul, el 4 de

Art. 2.º La comunicación queda establecida de conformidad con los modelos anejos al presente Convenio.

Las informaciones que han de darse se escribirán en los espacios reservados a este efecto en el modelo, consignando el texto en caracteres latinos, los nombres patronímicos y los nombres del lugar en letras mayúsculas, las fechas con cifras arábigas y los meses con numeración arábiga, según su orden en el año. Si la autoridad que redacte la comunicación no poseyera la información que haya de darse, se tachará el espacio correspondiente.

La comunicación deberá ser firmada y sellada por el encargado del Registro Civil.

Dentro de los ocho días siguientes a la extensión o a la transcripción del acta, dicha comunicación se enviará directamente por correo al encargado del Registro Civil destinatario.

Art. 3.º La comunicación será utilizada por el destinatario de conformidad con las Leyes y Reglamentos de su país.

Art. 4.º Lo dispuesto en los artículos precedentes no impedirá la transmisión a las autorida-

---

septiembre de 1958, y en Patrás el 6 de septiembre de 1989.

La entrada en vigor para España de estos Convenios requiere que este centro directivo, en uso de las atribuciones que tiene concedidas (arts. 9 de la Ley de Registro Civil y 41 del Reglamento del Registro Civil), dé ciertas directrices para unificar prácticas divergentes y para evitar errores de interpretación, una vez que el alcance de ésta ha sido precisado por el Bureau de la Comisión Internacional del Estado Civil, en sesión celebrada en Nantes el día 30 de marzo de 1995.

En su virtud, esta Dirección General ha acordado hacer públicas las siguientes reglas:

1.ª *Encargados obligados a transmitir la información.*—Son exclusivamente los encargados de los Registros municipales que inscriban un matrimonio o una defunción y uno de los cónyuges o el difunto haya nacido en Alemania, Austria, Bélgica, Francia, Italia, Luxemburgo, Países Bajos, Portugal o Turquía.

2.ª *Forma de envío de la comunicación.*—Se remitirá al Registro Civil de estos países en que haya acaecido el nacimiento una certificación plurilingüe, según los modelos aprobados por el Convenio número 16 de la Comisión Internacional del Estado Civil, hecho en Viena el 8 de septiembre de 1976 (*Boletín Oficial del Estado* de 22-8-1983), y ateniéndose a las instrucciones sobre su cumplimiento contenidas en la Resolución de 4 de octubre de 1983.

Las certificaciones se enviarán por correo ordinario, en sobre cerrado, añadiendo a la certificación, bien en esta misma, bien en una ficha adjunta a ella cosida, el texto plurilingüe que se acompaña a esta Instrucción. Dado lo amplio de este texto es recomendable que los Registros Civiles elijan el sistema de la ficha adjunta, fotocopiando el texto plurilingüe anejo.

3.ª *Recepción en los Registros municipales españoles de nacimiento, de comunicaciones del matrimonio o de la defunción del nacido.*—Conforme a lo previsto por el artículo 158 del Reglamento de Registro Civil, esta Dirección General ordena que, cuando se reciba en el Registro municipal español correspondiente al nacimiento, comunicación oficial de un Registro extranjero acreditativa del matrimonio o de la defunción del nacido, debe extenderse la oportuna nota marginal de referencia al matrimonio o defunción inscritos en Registro extranjero.»

des de un Estado contratante, por vía diplomática y otra vía prevista por algún Convenio en concreto, de cualquier acto o decisión relativos al estado civil de una persona nacida en el territorio de ese Estado.

Art. 5.º El presente Convenio será ratificado y los instrumentos de ratificación se depositarán en poder del Consejo Federal Suizo.

El mismo informará a los Estados contratantes de todo depósito de instrumentos de ratificación.

Art. 6.º El presente Convenio entrará en vigor el trigésimo día siguiente a la fecha del depósito del segundo instrumento de ratificación previsto en el artículo precente.

Para cada Estado signatario que ratifique posteriormente el Convenio, éste entrará en vigor el trigésimo día siguiente a la fecha del depósito de su intrumento de ratificación.

Art. 7.º El presente Convenio se aplicará de pleno derecho en toda la extensión del territorio metropolitano de cada Estado contratante.

Todo Estado contratante podrá declarar, en el momento de la firma, de la ratificación, de la adhesión o posteriormente mediante notificación enviada al Consejo Federal Suizo, que las disposiciones del presente Convenio serán aplicables a uno o a varios de sus territorios extrametropolitanos o a Estados o territorios cuyas relaciones internacionales tuviere a su cargo. El Consejo Federal Suizo comunicará dicha notificación a cada uno de los Estados contratantes. Las disposiciones del presente Convenio serán aplicables en el territorio o territorios designados en la notificación el sexagésimo día siguiente a la fecha en que el Consejo Federal Suizo hubiera recibido la mencionada notificación.

Todo Estado que hubiere formulado una declaración, de conformidad con lo dispuesto en el segundo párrafo del presente artículo, podrá declarar posteriormente, en cualquier momento y mediante notificación enviada al Consejo Federal Suizo, que el presente Convenio cesará de ser aplicable a uno o varios de los Estados o territorios designados en la declaración.

El Consejo Federal Suizo informará de la nueva notificación a cada uno de los Estados contratantes.

El Convenio cesará de ser aplicable al territorio correspondiente el sexagésimo día siguiente a la fecha en que el Consejo Federal Suizo hubiere recibido la mencionada notificación.

Art. 6.º: El presente Convenio entró en vigor para España el 14 de julio de 1994.

Art. 8.º Todo Estado miembro de la Comisión Internacional del Estado Civil podrá adherirse al presente Convenio. El Estado que desee adherirse notificará su intención mediante un acta que será depositada en poder del Consejo Federal Suizo. Éste informará a cada uno de los Estados contratantes de todo depósito de acta de adhesión. El Convenio entrará en vigor, para el Estado adherido, el trigésimo día siguiente a la fecha del depósito del acta de adhesión.

El depósito del acta de adhesión sólo podrá tener lugar después de la entrada en vigor del presente Convenio.

Art. 9.º El presente Convenio podrá ser sometido a revisiones.

La propuesta de revisión será presentada ante el Consejo Federal Suizo, el cual la notificará a los diversos Estados contratantes, así como al Secretario general de la Comisión Internacional del Estado Civil.

Art. 10. El presente Convenio tendrá una duración de diez años a partir de la fecha indicada en el artículo 6, párrafo primero.

El Convenio será prorrogado tácitamente cada diez años, salvo denuncia.

La denuncia deberá ser notificada, al menos seis meses antes de la expiración del plazo, al Consejo Federal Suizo, el cual la pondrá en conocimiento de todos los demás Estados contratantes.

La denuncia sólo surtirá efecto con respecto al Estado que la hubiere notificado. El Convenio permanecerá en vigor para los demás Estados contratantes.

En fe de lo cual, los infrascritos, debidamente autorizados a tales efectos, han firmado el presente Convenio.

Hecho en Estambul el 4 de septiembre de 1958, en un solo ejemplar, que será depositado en los archivos del Consejo Federal Suizo y del cual será remitida por vía diplomática una copia certificada conforme a cada uno de los Estados contratantes.

PROTOCOLO ADICIONAL
al Convenio relativo al intercambio internacional de informaciones en materia de estado civil (Estambul, 4 de septiembre de 1958)*

(Patrás, 6 de septiembre de 1989)

Los Estados signatarios del presente protocolo, miembros de la Comisión Internacional del Estado Civil y Partes contratantes en el Convenio de 4 de septiembre de 1958, relativo al intercambio internacional de informaciones en materia de estado civil;

Teniendo en cuenta la evolución operada en el campo de la información internacional en materia de estado civil, y deseosos de adaptar a ella las comunicaciones requeridas en virtud del artículo 1 del Convenio de 4 de septiembre de 1958;

Han convenido las disposiciones siguientes:

Artículo 1.º 1. Respecto de la transmisión de la información relativa a las actas contempladas en el artículo 1 del Convenio de 4 de septiembre de 1958, los Estados podrán utilizar bien los modelos previstos en el artículo 2 de este Convenio, bien los modelos de certificaciones en extracto plurilingües de los Convenios firmados en París el 27 de septiembre de *1956 y en Viena* el 8 de septiembre de 1976, bien otros modelos elaborados a tal efecto por la Comisión Internacional de Estado Civil.

2. En caso de utilización de la vía postal, las comunicaciones se transmiten en sobre cerrado.

Art. 2.º 1. Cuando se utilicen los modelos previstos en el artículo 2 del Convenio de 4 de septiembre de 1958, éstos deberán ser completados por las traducciones en las lenguas española, griega, inglesa y portuguesa en los modelos de comunicación, tal como figuran en el anejo al presente protocolo.

2. Cuando se utilicen los modelos de certificaciones en extracto plurilingües de los Convenios firmados en París el 27 de septiembre de 1956, y en Viena el 8 de septiembre de 1976, deberá hacerse consignar la siguiente anotación, redactada en las lenguas de los enunciados invariables de la certificación en extracto: «Esta certificación en extracto de acta de matrimonio/defunción se transmite con valor de comunicación en el sentido del artículo 1 del Convenio de 4 de septiembre de 1958, rela-

* *Texto auténtico*: francés. *Estados parte*: Alemania, Austria, Bélgica, España, Francia, Italia y Países Bajos.

tivo al intercambio international de informaciones en materia de estado civil.» La anotación podrá hacerse directamente en el modelo de certificación en extracto plurilingüe utilizado, o bien figurar en una ficha adjunta cosida a la certificación en extracto.

Art. 3.º El presente protocolo será ratificado, aceptado o aprobado, y los instrumentos de ratificación, aceptación o aprobación se depositarán en poder del Consejo Federal Suizo.

Art. 4.º 1. El presente protocolo estará en vigor el día 1 del tercer mes siguiente al depósito del segundo instrumento de ratificación, aceptación, aprobación o adhesión.

2. Con respecto al Estado que ratifique, acepte, apruebe o se adhiera a él tras su entrada en vigor, el protocolo surtirá efecto el primer día del tercer mes siguiente al del depósito por dicho Estado del instrumento de ratificación, aceptación, aprobación o adhesión.

Art. 5.º Todo Estado que haya ratificado, aceptado o aprobado el Convenio de 4 de septiembre de 1958 o que se haya adherido al mismo podrá adherirse al presente protocolo. El instrumento de adhesión se depositará en poder del Consejo Federal Suizo.

Art. 6.º Las disposiciones del artículo 7 del Convenio de 4 de septiembre de 1958 son aplicables, *mutatis mutandis*, a la determinación de la extensión territorial del presente protocolo.

Art. 7.º 1. El presente protocolo permanecerá en vigor sin limitación de tiempo.

2. Para el Estado que denuncie el Convenio de 4 de septiembre de 1958, el presente protocolo cesará de estar en vigor simultáneamente con el Convenio.

Art. 8.º 1. El Consejo Federal Suizo notificará a los Estados miembros de la Comisión Internacional del Estado Civil:

a) El depósito de cualquier instrumento de ratificación, de aceptación, de aprobación o de adhesión.

b) Cualquier fecha de entrada en vigor del protocolo.

c) Cualquier declaración relativa a la extensión territorial del protocolo o a su retirada, en la fecha en que la misma deba surtir efecto.

2. El Consejo Federal Suizo comunicará al Secretario general de la Comisión Internacional del Estado Civil cualquier notificación hecha en aplicación del párrafo 1.

3. Después de la entrada en vigor del presente protocolo, será

Art. 4.º: El presente Protocolo entró en vigor para España el 1 de septiembre de 1994.

enviada una copia certificada del mismo por el Consejo Federal Suizo al Secretario general de las Naciones Unidas para su registro y publicación, de conformidad con el artículo 102 de la Carta de las Naciones Unidas.

En fe de lo cual, los infrascritos, debidamente autorizados a tal efecto, han firmado el presente protocolo.

Hecho en Patrás, el 6 de septiembre de 1989, en un solo ejemplar en lengua francesa que se depositará en los archivos del Consejo Federal Suizo y del que será remitida una copia certificada conforme a cada uno de los Estados miembros de la Comisión Internacional del Estado Civil. Asimismo, se enviará una copia certificada conforme al Secretario general de la Comisión Internacional del Estado Civil.

53. CONVENIO SOBRE DISPENSA DE LEGALIZACIÓN DE CIERTOS DOCUMENTOS, HECHO EN ATENAS EL 15 DE SEPTIEMBRE DE 1977*

(*BOE* núm. 112, de 11 de mayo de 1981; corr. de errores, *BOE* núm. 145, de 18 de junio y núm. 169, de 16 de julio)

Los Estados firmantes del presente Convenio, miembros de la Comisión Internacional del Estado Civil, animados por el deseo de dispensar, entre los Estados Partes de este Convenio, a ciertos documentos de la legalización o de cualquier formalidad equivalente, han convenido las disposiciones siguientes:

Artículo 1.º La legalización en el sentido del presente Convenio, sólo comprende la formalidad destinada a comprobar la autenticidad de la firma puesta en un documento, la calidad en que ha obrado el firmante del documento y, en su caso, la identidad del sello que lleve el documento.

Art. 2.º Cada uno de los Estados contratantes aceptará sin legalización o formalidad equivalente, con la condición de que estén fechados y firmados, y, en su caso, sellados por la autoridad de otro Estado contratante que los haya expedido:

1. Los documentos que se refieran al Estado Civil, a la capacidad o a la situación familiar de las personas físicas, a su nacionalidad, domicilio o residencia, cualquiera que sea el uso al que estén destinados.
2. Cualquier otro documento que haya sido extendido para la celebración del matrimonio o para la formalización de un acto del estado civil.

Art. 3.º Cuando uno de los documentos contemplados en el artículo 2.º no haya sido transmitido por vía diplomática o por otra vía oficial, la autoridad a la cual se presenta aquél podrá, en caso de duda grave, relativa a la autenticidad de la firma, a la identidad del sello o a la competencia del firmante, proceder a su comprobación por la autoridad que lo ha expedido.

Art. 4.º La petición de comprobación podrá hacerse por medio de una fórmula plurilingüe, cuyo modelo figura como anejo al presente Convenio. Esta fórmula se enviará, en doble ejemplar directamente a la autoridad que expidió el documento que debe comprobarse, acompañada de éste.

---

* *Texto auténtico:* francés. *Estados parte:* Austria, España, Francia, Italia, Luxemburgo, Países Bajos, Polonia, Portugal y Turquía. Para los datos posteriores al cierre de la edición y otras informaciones relativas al Convenio, véase: http://www.ciecl.org.

Art. 2.º: Vid. *infra* núms. 80 y 82.

Art. 5.º La comprobación se realizará gratuitamente y la respuesta se devolverá con el documento lo más rápidamente posible, ya directamente, ya por vía diplomática.

Art. 6.º El presente Convenio será ratificado, aceptado o aprobado y los instrumentos de ratificación, aceptación o aprobación se depositarán en el Consejo Federal Suizo.

Art. 7.º El presente Convenio entrará en vigor el primer día del tercer mes siguiente al del depósito del segundo instrumento de ratificación, aceptación o aprobación.

Respecto del Estado firmante que lo haya ratificado, aceptado o aprobado después de su entrada en vigor, el Convenio surtirá efecto el primer día del tercer mes siguiente al del depósito por este Estado del Instrumento de ratificación, aceptación o aprobación.

Art. 8.º Todo Estado miembro de la Comisión Internacional del Estado Civil que no haya firmado el presente Convenio y todo Estado miembro del Consejo de Europa podrá adherirse al presente Convenio después de su entrada en vigor. El instrumento de adhesión se depositará en el Consejo Federal Suizo.

El Convenio surtirá efecto, para el Estado que se adhiera, el primer día del tercer mes siguiente al del depósito del instrumento de adhesión.

Art. 9.º No se admite ninguna reserva al presente Convenio.

Art. 10. Todo Estado, en el momento de la firma, de la ratificación, de la aceptación, de la aprobación, de la adhesión o en cualquier otro momento posterior podrá declarar que el presente Convenio se extenderá al conjunto de territorios cuyas relaciones aseguran en el plano internacional, o a uno o varios de entre ellos.

Esta declaración se notificará al Consejo Federal Suizo y la extensión surtirá efecto en el momento de la entrada en vigor del Convenio para dicho Estado o, posteriormente, el primer día del tercer mes siguiente al de la recepción de la notificación.

La declaración de extensión podrá ser retirada por notificación dirigida al Consejo Federal Suizo y el Convenio cesará de ser aplicable al territorio designado el primer día del tercer mes siguiente al de la recepción de dicha notificación.

Art. 11. El presente Convenio permanecerá en vigor, sin límite de duración.

Todo Estado Parte del presente Convenio tendrá, sin embargo, la facultad de denunciarlo en cualquier momento después de que expire el plazo de un año a contar desde la entrada en vigor del Convenio para él. La denuncia se notificará al Consejo Federal Suizo y surtirá efecto el primer día del sexto mes siguiente al de la recepción de esta notificación. El Convenio quedará en vigor entre los otros Estados.

Art. 12. El Consejo Federal Suizo notificará a los Estados miembros de la Comisión Internacional del Estado Civil o a cualquier otro Estado que se haya adherido al presente Convenio:

a) El depósito de todo instrumento de ratificación, aceptación, aprobación o adhesión.

b) Toda fecha de entrada en vigor del Convenio.

c) Toda declaración relativa a la extensión territorial del Convenio o su retirada, con la fecha en la cual surtirá efecto.

d) Toda denuncia del Convenio y la fecha en la que surtirá efecto.

El Consejo Federal Suizo comunicará al Secretario general de la Comisión Internacional del Estado Civil, cualquier notificación hecha en aplicación del primer párrafo.

Desde la entrada en vigor del presente Convenio, una copia certificada conforme se transmitirá por el Consejo Federal Suizo al Secretario general de las Naciones unidas con el fin de su registro y publicación, con arreglo al artículo 102 de la Carta de las Naciones Unidas.

En fe de lo cual, los abajo firmantes, debidamente autorizados a este efecto, han firmado el presente Convenio.

Hecho en Atenas el 15 de septiembre de 1977 en un solo ejemplar, en lengua francesa, que se depositará en los archivos del Consejo Federal Suizo, y una copia certificada conforme del mismo se remitirá, por la vía diplomática, a cada uno de los Estados miembros de la Comisión Internacional del Estado Civil y a los Estados que se adhieran. Igualmente una copia certificada conforme se dirigirá al Secretario general de la Comisión Internacional del Estado Civil.

Relación de países firmantes.

(1)

1. English — CIEC Convention for the dispensation from the requirement of legalisation of certain documents, signed in Athens on the 15th of September 1977.

2. Español — Convenio CIEC sobre dispensa de legalización de ciertos documentos, firmado en Atenas el 15 de septiembre de 1977.

3. 'Ελληνιχὰ — Σύμβαση τῆς Διεθνοῦς 'Επιτροπῆς Προσωπικῆς Καταστάδεως πού ἀπαλλάσσει ἀπὸ τῆ͂ν ἐπιχύρωση ὁρισμένες ποάξεις χαὶ ποὺ ἔχες ὑπογραφεῖ στὴν 'Αθήνα οτὶζ 15 Σεπτεμβρίου 1977.

4. Neederlands — Verdrag CIEC inzake vrijstelling van legalisatie van bepaalde akten en dokumenten, getekend te Athene, 15 september 1977.

5. Portugués — Convenção CIEC sobre a dispensa de legalização de certos documentos, assinada em Atenas, em 15 de Setembro de 1977.

6. Turkiye — CIEC (Uluslararasi Medeni Hal Komisyonu) nun bazi belgelerin onaydan muaf tutulmasina dair 15 Eylül 1977.

(2)

1. Verification of document in respect of
2. Comprobación del documento relativo a
3. 'Εξαχρίβωσηὲγγράφού που ἀφορᾶ
4. Verificatie van het dokument betreffende
5. Verificação do documento respeitante a
6. Ilgili belgelerin Incelenmesi

(3)

1. (Name and Forename)
2. (Apellidos y nombres propios)
3. ('Εχώνυμο και ὀνόματα)
4. (Familienaam en voornamen)
5. (Apelido e nome)
6. (Soyadi ve Adi)

(4)
1. Applying Authority
2. Autoridad requirente
3. 'Αρχή πού τή ζητάει
4. Varzoekende autoriteit
5. Autoridade requerente
6. Müracaat eden Makam

(5)
1. Authority to whom application is made
2. Autoridad requerida
3. 'Αρχή öπου άπευθύνεται ή αïηση
4. Aangezochte autoriteit
5. Autoridade requerida
6. Müracaat edilen Makam

(6)
1. (Denomination and address)
2. (Denominación y dirección)
3. ('Ονομασία χαί διεύθυνση)
4. (Aanduiding en adres)
5. (Denominação e endereço)
6. (Ünvan ve Adres)

(7)
1. Is the signature authentic?
2. ¿Es auténtica la firma?
3. Είναι γνησια ή ύπογραφή;
4. Is de handtekening echt?
5. A assinatura é auténtica?
6. Imza dogrumudur?

(8)
1. Was the signatory authorised to sign?
2. ¿Tenía competencia el firmante?
3. 'Ο ύπογράφων είχε δικαίωμα ύπογραφῆς;
4. Was de ondertekenaar bevoegd?
5. O signatario era competente?
6. Imza sahibi imza yetkisine sahip midir?

(9)
1. Is the seal or stamp authentic?
2. ¿Es auténtico el sello?
3. Είναι αύθεντική ή σφραγιδα;
4. Is het stempel of het zegel echt?
5. O selo ou carimbo é autēntico?
6. Mühür veya Damga dogrumudur?

(10)
1. YES
2. SI
3. NAI
4. JA
5. SIM
6. EVET

(11)
1. NO
2. NO
3. OXI
4. NEEN
5. NÃO
6. HAYIR

(12)
1. Remarks or observations
2. Observaciones
3. Παρατηρήσεις
4. Opmerkingen
5. Observações
6. Düsünceler

(13)
1. Date, signature, official seal or stamp
2. Fecha, firma, sello
3. 'Ημερομηνία, ύπογραφή σφράγιδα
4. Datum, handtekening, stempel of zegel
5. Data, assinatura, selo ou carimbo
6. Tarih, imza, mühür veya Damga

(14)
1. Mark appropriate box
2. Señalar con una cruz la casilla apropiada
3. Νά βάλετε ëνα σημάδι στό κατάλληλο τετράγωνο
4. Het betreffende vakje aankruisen
5. Assinalar o espaço apropriado
6. Ilgili Kareye carpi (x) koyunuz

(15)

1. The verification has to be carried out free of charge and as expeditiously as possible. The Authority to whom application is made should return the attached document together with this form to the applying Authority as soon as possible; either direct or through diplomatic channels.

2. La comprobación debe hacerse gratuitamente y lo más rápidamente posible; la autoridad requerida devolverá el documento adjunto y el presente modelo a la autoridad requirente, directamente o por la vía diplomática.

3. 'Η ἐξακριβίυση πρέπει νά γίνεται δωρεάν χι ὄσο τό δυνατόν πιό γρήγορα ή 'Αρχή ὄπου άπευθύνεται ή αιζηση θά έπιστρέψει τό συνημένο ἔγγραφο καθὼς και τό ἔντυπο αυτό οτήν' Αρχή πού ζητάει τήν έξακριβωση ή άπ' εύθειας ἤ μέ τή διπλωματική ὀδό.

4. De verificatie dient kosteloos en zo snel mogelijk te geschieden; de aangezochte autoriteit dient bijgaand dokument en het formulier aan de verzoekende autoriteit rechtstreeks of langs diplomatieke weg terug te zenden.

5. A verificação deve ser feita gratuitamente e o mais rapidamente possivel; a autoridade requerida devolvera o documento anexo e a presente formula a autoridade requerente, directamente ou por via diplomatica.

6. Inceleme parasiz ve mumkün oldugu kadar çabuk yapilacak; Müracaat edilen makam inceleme yapilmasi istenilen belgeyi ve bu formuleri dogrudan veya diplomatik yolla inceleme için müracaat eden makama geri gönderecektir.

(1) Übereinkommen über die Befreiung bestimmter Urkunden von der Beglaubigung/Legalisation, unterzeichnet in Athen am 15 September 1977. *Convention portant dispense de légalisation pour certains actes et documents, signée à Athènes le 15 septembre 1977.* Convezione sulla dispensa della legalizzazione per alcuni e documenti, firmata a Atene il 15 settembre 1977.	
(2) Überprüfung der Urkunde betreffend *Verification du document concernant* Verifica del documento concernente	(3) (Familienname und Vornamen *Non et prénoms* Cognome e nome)
(4) Ersuchende Behörde *Autorité requérente* Autorità richiedente	(5) Ersuchte Behörde *Autorité requise* Autorità richiesta

(6) (Bezeichnung und Anschrift
Dénomination et adresse
Denominazione e indirizzo)

(6) (Bezeichnung und Anschrift
Dénomination et adresse
Denominazione e indirizzo)

(7) Ist die Unterschrift echt?
La signatura est-elle vraie?
La firma è auténtica? ☐ *

(10) JA / *OUI* / SI ☐ *

(11) NEIN / *NON* / NO ☐ *

(8) War der Unterzeichner zu der Unterschrift berechtigt?
Le signataire avait-il qualité?
Il firmatario aveva la qualifica? ☐ *

(10) JA / *OUI* / SI ☐ *

(11) NEIN / *NON* / NO ☐ *

(9) Ist das Siegel oder der Stempel echt?
Le sceau ou le timbre est-il authentique?
Il sigillo o il timbro è autentico? ☐ *

(10) JA / *OUI* / SI ☐ *

(11) NEIN / *NON* / NO ☐ *

(12) Bemerkungen
Observations
Osservazioni

(13) Datum, Unterschrift, Siegel oder Stempel
Date, signature, sceau ou timbre
Data, firma, sigillo o timbro

(13) Datum, Unterschrift, Siegel oder Stemp
Date, signature, sceau ou timbre
Data, firma, sigillo o timbro

(14) * Zutreffendes Feld ankreuzen
Cocher la case appropriée
Segnare con una croce la casella re

(15) Die Überprüfung hat kostenfrei und so schnell wie möglich zu geschehen; die ersuchte Behörde hat die beigefügte Urkunde und dieses Formblatt/Formular an die ersuchende Behörde unmittelbar oder auf diplomatischem Weg zurückzusenden.
La vérification doit être faite gratuitement et le plus rapidement possible; l'autorité requise renverra le document ci-joint et la présente formule à l'autorité requérante, directement ou par la voie diplomatique.
La verifica deve essere eseguita gratuitamente e nel piú breve tempo possibile; l'autorità richiesta restuirà il documento allegato e il presente formulario all'autoritá richiedente, direttamente o per vía diplomatica.

b) Familia y protección de menores

54. REGLAMENTO (CE) NÚMERO 2201/2003 DEL CONSEJO, DE 27 DE NOVIEMBRE DE 2003, RELATIVO A LA COMPETENCIA, EL RECONOCIMIENTO Y LA EJECUCIÓNDE LAS RESOLUCIONES JUDICIALES EN MATERIA MATRIMONIAL Y DE RESPONSABILIDAD PARENTAL, POR EL QUE SE DEROGA EL REGLAMENTO (CE) NÚMERO 1347/2000*

(*DO* núm. L 338, de 23 de diciembre de 2003)

EL CONSEJO DE LA UNIÓN EUROPEA,

Visto el Tratado constitutivo de la Comunidad Europea, y en particular la letra *c*) de su artículo 61 y el apartado 1 del artículo 67,

Vista la propuesta de la Comisión[1],

Visto el dictamen del Parlamento Europeo[2],

Visto el dictamen del Comité Económico y Social Europeo[3],

Considerando lo siguiente:

(1) La Comunidad Europea se ha fijado el objetivo de crear un espacio de libertad, de seguridad y de justicia, en el que se garantiza la libre circulación de personas. Con este fin debe adoptar, entre otras cosas, las medidas de cooperación judicial en materia civil necesarias para el correcto funcionamiento del mercado interior.

(2) El Consejo Europeo de Tampere corroboró el principio del reconocimiento mutuo de las resoluciones judiciales como piedra angular de la creación de un verdadero espacio judicial, y destacó el derecho de visita como prioritario.

(3) El Reglamento (CE) número 1347/2000 del Consejo, de 29 de mayo de 2000[4], establece normas que regulan la competencia, el reconocimiento y la ejecución de resoluciones judiciales en materia matrimonial y de responsabilidad parental sobre los hijos comunes, dictadas con ocasión de acciones judiciales en materia matrimonial. El contenido de dicho Reglamento coincidía en gran medida con el del Convenio de 28 de mayo de 1998 sobre el mismo tema[5].

(4) El 3 de julio de 2000, Francia presentó una iniciativa con vis-

* Vid. arts. 71 y 72 sobre la entrada en vigor y sustitución del Reglamento 1347/2000. En la aplicación del presente Reglamento en el ordenamiento español, téngase en cuenta la Disp. Final 22.ª de la Ley 1/2000, de Enjuiciamiento Civil (*supra* núm. 5).

[1] *DO* C 203 E, de 27-8-2002, p. 155.

[2] Dictamen emitido el 20 de septiembre de 2002 [...].

[3] *DO* C 61, de 14-3-2003, p. 76.

[4] *DO* L 160, de 30-6-2000, p. 19.

[5] Cuando se adoptó el Reglamento (CE) núm. 1347/2000, el Consejo había tomado nota ya del informe explicativo del Convenio preparado por la catedrática Alegría Borrás (*DO* C 221, de 16-7-1998, p. 27).

tas a la adopción del Reglamento del Consejo relativo a la ejecución mutua de resoluciones judiciales en materia de derecho de visita de los hijos[6].

(5) Con ánimo de garantizar la igualdad de todos los hijos, el presente Reglamento se aplica a todas las resoluciones en materia de responsabilidad parental, incluidas las medidas de protección del menor, con independencia de que estén vinculadas o no a un procedimiento en materia matrimonial.

(6) Dado que la aplicación de las disposiciones en materia de responsabilidad parental se produce a menudo en el marco de acciones judiciales en materia matrimonial, resulta más apropiado tener un único instrumento en materia de divorcio y de responsabilidad parental.

(7) El presente Reglamento se aplica a las materias civiles, con independencia de cuál sea la naturaleza del órgano jurisdiccional.

(8) Por lo que se refiere a las resoluciones judiciales relativas al divorcio, la separación judicial o la nulidad matrimonial, el presente Reglamento sólo debe aplicarse a la disolución del matrimonio, sin ocuparse de problemas tales como las causas de divorcio, las consecuencias patrimoniales del matrimonio u otras posibles medidas accesorias.

(9) En lo que respecta a los bienes del menor, el presente Reglamento se aplica únicamente a las medidas de protección del menor, es decir: i) a la designación y las funciones de la persona u organismo encargado de administrar los bienes del menor, de representarlo y de prestarle asistencia, y ii) a las medidas relativas a la administración, conservación o disposición de los bienes del menor. En este contexto y a título de ejemplo, el presente Reglamento debe aplicarse a los casos en los que exista un litigio entre los progenitores a propósito de la administración de los bienes del menor. Las medidas relativas a los bienes del menor que no se refieran a la protección del mismo deben seguir rigiéndose por el Reglamento (CE) número 44/2001 del Consejo, de 22 de diciembre de 2000, relativo a la competencia judicial, el reconocimiento y la ejecución de resoluciones judiciales en materia civil y mercantil[7].

(10) No se pretende que el presente Reglamento se aplique a asuntos tales como los relativos a la seguridad social, a las medidas de Derecho público de carácter general en materia de educación y salud, ni a las resoluciones relativas al derecho de asilo y a la inmigración. No se aplica, por lo demás, al establecimiento de la filiación, que es una cuestión distinta de la atribución de la responsabilidad parental, ni a las demás cuestiones ligadas al estado de las personas. Tampoco se aplica a las medidas adoptadas a

---

[6] *DO* C 234, de 15-8-2000, p. 7.

[7] *DO* L 12, de 16-1-2001, p. 1; Reglamento cuya última modificación la constituye el Reglamento (CE) núm. 1496/ 2002 de la Comisión (*DO* L 225, de 22-8-2002, p. 13).

consecuencia de infracciones penales cometidas por menores.

(11) Las obligaciones alimentarias, al estar ya reguladas en el Reglamento (CE) número 44/2001, están excluidas del ámbito de aplicación del presente Reglamento. Los órganos jurisdiccionales competentes en virtud del presente Reglamento tendrán generalmente competencia para pronunciarse en materia de obligaciones alimentarias en aplicación de lo dispuesto en el apartado 2 del artículo 5 del Reglamento (CE) número 44/2001.

(12) Las normas de competencia que establece el presente Reglamento en materia de responsabilidad parental están concebidas en función del interés superior del menor, y en particular en función del criterio de proximidad. Esto significa por lo tanto que son los órganos jurisdiccionales del Estado miembro en el cual el menor tiene su residencia habitual los que deben ser competentes en primer lugar, excepto en ciertos casos de cambio de residencia del menor o en caso de acuerdo entre los titulares de la responsabilidad parental.

(13) Para atender al interés del menor, el presente Reglamento permite al órgano jurisdiccional competente, con carácter excepcional y en condiciones determinadas, remitir el asunto al órgano jurisdiccional de otro Estado miembro que esté mejor situado para conocer del asunto. Ahora bien, en este caso no se debe autorizar al órgano jurisdiccional al que se remitió el asunto a remitirlo a su vez a un tercer órgano jurisdiccional.

(14) Los efectos del presente Reglamento no deben afectar a la aplicación del Derecho internacional público en materia de inmunidad diplomática. Si el órgano jurisdiccional competente en virtud del presente Reglamento no puede ejercer su competencia debido a la existencia de una inmunidad diplomática con arreglo al Derecho internacional, la competencia debe determinarse en el Estado miembro en el que la persona de que se trate no goce de inmunidad, con arreglo a la legislación de ese Estado.

(15) El Reglamento (CE) número 1348/2000 del Consejo, de 29 de mayo de 2000, relativo a la notificación y al traslado en los Estados miembros de documentos judiciales y extrajudiciales en materia civil o mercantil[8] es de aplicación a la notificación o traslado de documentos en los procesos incoados en virtud del presente Reglamento.

(16) En caso de urgencia, las disposiciones del presente Reglamento no impedirán que los órganos jurisdiccionales de un Estado miembro adopten medidas provisionales, incluidas las protectoras, por lo que se refiere a las personas o a los bienes que se encuentren en ese Estado.

(17) En caso de traslado o retención ilícitos de un menor, es importante que su restitución se pro-

[8] *DO* L 160, de 30-6-2000, p. 37.

duzca sin demora y con este fin debe seguir aplicándose el Convenio de la Haya de 25 de octubre de 1980 tal y como queda completado mediante las disposiciones del presente Reglamento y, en particular, del artículo 11. Con todo, conviene que, en casos concretos y debidamente justificados, los órganos jurisdiccionales del Estado miembro al que haya sido trasladado o en el que esté siendo retenido ilícitamente el menor puedan oponerse a su restitución. Sin embargo, semejante resolución debe poder ser sustituida por otra posterior del órgano jurisdiccional del Estado miembro en el que el menor tenía su residencia habitual antes de su traslado o retención ilícitos. En caso de que esta última resolución implique la restitución del menor, ésta debería realizarse sin necesidad de procedimiento alguno para el reconocimiento y la ejecución de dicha resolución en el Estado miembro en el que se encuentra el menor sustraído.

(18) En caso de que se dicte una resolución de no restitución en virtud del artículo 13 del Convenio de la Haya de 1980, el órgano jurisdiccional debe informar de ello al órgano jurisdiccional competente o a la autoridad central del Estado miembro en el que el menor tenía su residencia habitual antes de su traslado o retención ilícitos. Este órgano jurisdiccional, si aún no se ha interpuesto demanda ante él, o la autoridad central deben dirigir una notificación a las partes. Esta obligación no debe impedir que la autoridad central dirija asimismo una notificación a las autoridades públicas pertinentes de conformidad con el Derecho nacional.

(19) La audiencia del menor desempeña un papel importante en la aplicación del presente Reglamento, sin que éste tenga por objeto modificar los procedimientos nacionales aplicables en la materia.

(20) La audiencia de un menor en otro Estado miembro puede realizarse por los procedimientos establecidos en el Reglamento (CE) número 1206/2001 del Consejo, de 28 de mayo de 2001, relativo a la cooperación entre los órganos jurisdiccionales de los Estados miembros en el ámbito de la obtención de pruebas en materia civil o mercantil[9].

(21) El reconocimiento y la ejecución de resoluciones judiciales dictadas en un Estado miembro deben basarse en el principio de confianza mutua, y los motivos del no reconocimiento deben limitarse al mínimo necesario.

(22) A efectos de la aplicación de las normas sobre reconocimiento y ejecución, los documentos públicos y los acuerdos entre las partes que sean ejecutivos en un Estado miembro deben asimilarse a «resoluciones judiciales».

(23) El Consejo Europeo de Tampere consideró en sus conclusiones (punto 34) que las resoluciones dictadas en el ámbito de los litigios familiares «se reconocerían automáticamente en toda la Unión sin que se interpusieran procedi-

[9] *DO* L 174, de 27-6-2001, p. 1.

mientos intermedios o motivos para denegar la ejecución». Por ello, las resoluciones relativas al derecho de visita y a la restitución del menor que hayan sido certificadas en el Estado miembro de origen de conformidad con las disposiciones del presente Reglamento deben ser reconocidas y gozar de fuerza ejecutiva en todos los demás Estados miembros, sin necesidad de procedimiento adicional alguno. Las modalidades de ejecución de estas resoluciones siguen rigiéndose por el Derecho nacional.

(24) El certificado que se expide para facilitar la ejecución de la resolución judicial no debe ser susceptible de recurso. Contra él sólo debe caber un procedimiento de rectificación en caso de error material, es decir, si el certificado no refleja correctamente el contenido de la resolución judicial.

(25) Las autoridades centrales deben cooperar, tanto en términos generales como en casos particulares, con ánimo, entre otras cosas, de facilitar la solución amistosa de conflictos familiares en el ámbito de la responsabilidad parental. Con este fin las autoridades centrales deben participar en la Red Judicial Europea en materia civil y mercantil creada por la Decisión 2001/470/CE del Consejo, de 28 de mayo de 2001, por la que se crea una Red Judicial Europea en materia civil y mercantil[10].

(26) La Comisión debe hacer públicas y actualizar las listas de órganos jurisdiccionales y de vías de recurso que le notifiquen los Estados miembros.

(27) Las medidas necesarias para la aplicación del presente Reglamento deben adoptarse con arreglo a la Decisión 1999/468/CE del Consejo, de 28 de junio de 1999, por la que se establecen los procedimientos para el ejercicio de las competencias de ejecución atribuidas a la Comisión[11].

(28) El presente Reglamento sustituye al Reglamento (CE) número 1347/2000, que, por consiguiente, queda derogado.

(29) Es importante para el buen funcionamiento del presente Reglamento que la Comisión examine su aplicación para proponer, si ha lugar, las modificaciones oportunas.

(30) El Reino Unido e Irlanda han manifestado, con arreglo al artículo 3 del Protocolo sobre la posición del Reino Unido e Irlanda anejo al Tratado de la Unión Europea y al Tratado constitutivo de la Comunidad Europea, su deseo de participar en la adopción y aplicación del presente Reglamento.

(31) De conformidad con los artículos 1 y 2 del Protocolo sobre la posición de Dinamarca anejo al Tratado de la Unión Europea y al Tratado constitutivo de la Comunidad Europea, este país no participa en la adopción del presente Reglamento, que por consiguiente no le vincula ni le es aplicable.

(32) Dado que los objetivos del presente Reglamento no pueden ser alcanzados de manera sufi-

[10] *DO* L 174, de 27-6-2001, p. 25.

[11] *DO* L 184, de 17-7-1999, p. 23.

ciente por los Estados miembros y, por consiguiente, pueden lograrse mejor a escala comunitaria, la Comunidad puede adoptar medidas, de acuerdo con el principio de subsidiariedad consagrado en el artículo 5 del Tratado. De conformidad con el principio de proporcionalidad enunciado en dicho artículo, el presente Reglamento no excede de lo necesario para alcanzar dichos objetivos.

(33) El presente Reglamento reconoce los derechos fundamentales y observa los principios consagrados en la Carta de los Derechos Fundamentales de la Unión Europea. Concretamente, pretende garantizar el respeto de los derechos fundamentales del menor enunciados en el artículo 24 de dicha Carta.

HA ADOPTADO EL PRESENTE REGLAMENTO:

CAPÍTULO PRIMERO

ÁMBITO DE APLICACIÓN Y DEFINICIONES

Artículo 1.º *Ámbito de aplicación.*—1. El presente Reglamento se aplicará, con independencia de la naturaleza del órgano jurisdiccional, a las materias civiles relativas:

a) al divorcio, la separación judicial y la nulidad matrimonial;

b) a la atribución, el ejercicio, la delegación, la restricción o la finalización de la responsabilidad parental.

2. Las materias consideradas en la letra *b*) del apartado 1 se refieren en particular:

a) al derecho de custodia y al derecho de visita;

b) a la tutela, la curatela y otras instituciones análogas;

c) a la designación y las funciones de toda persona u organismo encargado de ocuparse de la persona o de los bienes del menor, de representarlo o de prestarle asistencia;

d) al acogimiento del menor en una familia o en un establecimiento;

e) a las medidas de protección del menor ligadas a la administración, conservación o disposición de sus bienes.

3. El presente Reglamento no se aplicará:

a) a la determinación y a la impugnación de la filiación;

b) a las resoluciones sobre adopción y medidas que la preparan, ni a la anulación y revocación de la adopción;

c) al nombre y apellidos del menor;

d) a la emancipación;

e) a las obligaciones de alimentos;

f) a los fideicomisos y las sucesiones;

g) a las medidas adoptadas a consecuencia de infracciones penales cometidas por los menores.

Art. 1.º2.f): En las demás versiones lingüísticas dice *trusts.*

Art. 2.º *Definiciones.*—A los efectos del presente Reglamento, se entenderá por:

1) *órgano jurisdiccional*, todas las autoridades de los Estados miembros con competencia en las materias que entran en el ámbito de aplicación del presente Reglamento de conformidad con el artículo 1;

2) *juez*, el juez o la autoridad con competencias equivalentes a las del juez en las materias reguladas por el presente Reglamento;

3) *Estado miembro*, todos los Estados miembros a excepción de Dinamarca;

4) *resolución judicial*, las resoluciones de divorcio, separación judicial o nulidad matrimonial y las relativas a la responsabilidad parental dictadas por un órgano jurisdiccional de un Estado miembro, independientemente de cómo se denomine dicha resolución, incluidos los términos de sentencia o auto;

5) *Estado miembro de origen*, el Estado miembro en el que se dictó la resolución judicial que hay que ejecutar;

6) *Estado miembro de ejecución*, el Estado miembro en el que se solicita la ejecución de una resolución judicial;

7) *responsabilidad parental*, los derechos y obligaciones conferidos a una persona física o jurídica en virtud de una resolución judicial, por ministerio de la ley o por un acuerdo con efectos jurídicos, en relación con la persona o los bienes de un menor. El término incluye, en particular, los derechos de custodia y visita;

8) *titular de la responsabilidad parental*, cualquier persona que tenga la responsabilidad parental sobre un menor;

9) *derechos de custodia*, entre otros, los derechos y obligaciones relativos al cuidado de la persona de un menor y, en especial, el derecho a decidir sobre su lugar de residencia;

10) *derecho de visita*, en particular, el derecho de trasladar a un menor a un lugar distinto al de su residencia habitual durante un período de tiempo limitado;

11) *Traslado o retención ilícitos de un menor*, el traslado o retención de un menor cuando:

a) se haya producido con infracción de un derecho de custodia adquirido por resolución judicial, por ministerio de la ley o por un acuerdo con efectos jurídicos de conformidad con la legislación del Estado miembro en donde el menor tenía su residencia habitual inmediatamente antes de su traslado o retención, y

b) este derecho se ejercía, en el momento del traslado o de la retención, de forma efectiva, separada o conjuntamente, o se habría ejercido de no haberse producido dicho traslado o retención. Se considera que la custodia es ejercida de manera conjunta cuando, en virtud de una resolución judicial o por ministerio de la ley, uno de los titulares de la responsabilidad parental no pueda decidir sin el consentimiento del otro titular sobre el lugar de residencia del menor.

CAPÍTULO II

COMPETENCIA

SECCIÓN 1.ª

Divorcio, separación judicial y nulidad matrimonial

Art. 3.º *Competencia general.*—1. En los asuntos relativos al divorcio, la separación judicial y la nulidad matrimonial, la competencia recaerá en los órganos jurisdiccionales del Estado miembro:

a) en cuyo territorio se encuentre:

— la residencia habitual de los cónyuges, o

— el último lugar de residencia habitual de los cónyuges, siempre que uno de ellos aún resida allí, o

— la residencia habitual del demandado, o

— en caso de demanda conjunta, la residencia habitual de uno de los cónyuges, o

— la residencia habitual del demandante si ha residido allí durante al menos un año inmediatamente antes de la presentación de la demanda, o

— la residencia habitual del demandante en caso de que haya residido allí al menos los seis meses inmediatamente anteriores a la presentación de la demanda y de que sea nacional del Estado miembro en cuestión o, en el caso del Reino Unido e Irlanda, tenga allí su *domicile*;

b) de la nacionalidad de ambos cónyuges o, en el caso del Reino Unido y de Irlanda, del *domicile* común.

2. A efectos del presente Reglamento, el término *domicile* se entenderá en el mismo sentido que tiene dicho término con arreglo a los ordenamientos jurídicos del Reino Unido y de Irlanda.

Art. 4.º *Demanda reconvencional.*—El órgano jurisdiccional ante el que se sustancien los procedimientos con arreglo al artículo 3 también será competente para examinar la demanda reconvencional, en la medida en que ésta entre en el ámbito de aplicación del presente Reglamento.

Art. 5.º *Conversión de la separación judicial en divorcio.*—Sin perjuicio de lo dispuesto en el artículo 3, el órgano jurisdiccional del Estado miembro que hubiere dictado una resolución sobre la separación judicial será asimismo competente para la conversión de dicha resolución en divorcio, si la ley de dicho Estado miembro lo prevé.

Art. 6.º *Carácter exclusivo de las competencias definidas en los artículos 3, 4 y 5.*—Un cónyuge que:

a) tenga su residencia habitual en el territorio de un Estado miembro, o bien

b) sea nacional de un Estado miembro o, en el caso del Reino Unido y de Irlanda, tenga su *domicile* en el territorio de uno de estos dos Estados miembros,

sólo podrá ser requerido ante los órganos jurisdiccionales de otro Estado miembro en virtud de los artículos 3, 4 y 5.

Art. 7.º *Competencia residual.*—1. Si de los artículos 3, 4 y 5 no se deduce la competencia de ningún órgano jurisdiccional de un Estado miembro, la competencia se determinará, en cada Estado miembro, con arreglo a las leyes de dicho Estado.

2. Todo nacional de un Estado miembro que tenga su residencia habitual en el territorio de otro Estado miembro podrá, al igual que los nacionales de este último, invocar en dicho Estado las normas sobre competencia que sean aplicables en el mismo contra una parte demandada que no tenga su residencia habitual en el territorio de un Estado miembro y que no tenga la nacionalidad de un Estado miembro o, en lo que respecta al Reino Unido e Irlanda, no tenga su *domicile* en el territorio de uno de estos dos Estados.

SECCIÓN 2.ª

Responsabilidad parental

Art. 8.º *Competencia general.*—1. Los órganos jurisdiccionales de un Estado miembro serán competentes en materia de responsabilidad parental respecto de un menores que resida habitualmente en dicho Estado miembro en el momento en que se presenta el asunto ante el órgano jurisdiccional.

2. El apartado 1 estará sujeto a lo dispuesto en los artículos 9, 10 y 12.

Art. 8.º1: Dice «de un menores» cuando tendría que decir «de un menor», error en la versión española, no corregido.

Art. 9.º *Mantenimiento de la competencia del Estado miembro de la anterior residencia habitual del menor.*—1. Cuando un menor cambie legalmente de residencia de un Estado miembro a otro y adquiera una nueva residencia habitual en este último, los órganos jurisdiccionales del Estado miembro de la anterior residencia habitual del menor seguirán siendo competentes, como excepción al artículo 8, durante los tres meses siguientes al cambio de residencia, para modificar una resolución judicial sobre el derecho de visita dictada en dicho Estado miembro antes de que el menor hubiera cambiado de residencia, si el titular del derecho de visita con arreglo a la resolución judicial sobre el derecho de visita continúa residiendo habitualmente en el Estado miembro de la anterior residencia habitual del menor.

2. El apartado 1 no se aplicará si el titular del derecho de visita considerado en el apartado 1 ha aceptado la competencia de los órganos jurisdiccionales del Estado miembro de la nueva residencia habitual del menor al participar en un procedimiento ante dichos órganos sin impugnar su competencia.

Art. 10. *Competencia en caso de sustracción de menores.*—En caso de traslado o retención ilícitos de un menor, los órganos jurisdiccionales del Estado miembro en el que residía habitualmente el menor inmediatamente antes del traslado o retención ilícitos conservarán su competencia hasta que el menor haya adquirido una residencia habitual en otro Estado miembro y:

a) toda persona, institución u organismo que tenga el derecho de custodia haya dado su conformidad al traslado o a la retención, o bien

b) el menor, habiendo residido en ese otro Estado miembro durante un período mínimo de un año desde que la persona, institución u organismo que tenga el derecho de custodia haya tenido o hubiera debido tener conocimiento del paradero del menor, esté integrado en su nuevo entorno y se cumpla alguna de las condiciones siguientes:

i) que en el plazo de un año desde que el titular del derecho de custodia haya tenido o hubiera debido tener conocimiento del paradero del menor, no se haya presentado ninguna demanda de restitución ante las autoridades competentes del Estado miembro al que se haya trasladado o en el que esté retenido el menor,

ii) que se haya desistido de una demanda de restitución presentada por el titular del derecho de custodia sin que haya presentado ninguna nueva demanda en el plazo estipulado en el inciso i),

iii) que se haya archivado, a tenor de lo dispuesto en el apartado 7 del artículo 11, una demanda presentada ante un órgano jurisdiccional del Estado miembro en el que el menor tenía su residencia habitual inmediatamente antes de su traslado o retención ilícitos,

iv) que los órganos jurisdiccionales del Estado miembro en el que el menor tenía su residencia habitual inmediatamente antes de su traslado o retención ilícitos hayan dictado una resolución sobre la custodia que no implique la restitución del menor.

Art. 11. *Restitución del menor.*—1. Los apartados 2 a 8 será de aplicación cuando una persona, institución u organismo que tenga el derecho de custodia solicite a las autoridades competentes de un Estado miembro que se dicte una resolución con arreglo al Convenio de La Haya de 25 de octubre de 1980 sobre los aspectos civiles de la sustracción internacional de menores (denominado en lo sucesivo *Convenio de la Haya de 1980*), con objeto de conseguir la restitución de un menor que hubiera sido trasladado o retenido de forma ilícita en un Estado miembro distinto del Estado miembro en el que el menor tenía su residencia habitual inmediatamente antes de su traslado o retención ilícitos.

2. En caso de aplicarse los artículos 12 y 13 del Convenio de La Haya de 1980, se velará por que se dé al menor posibilidad de audiencia durante el proceso, a menos que esto no se considere conveniente habida cuenta de su edad o grado de madurez.

3. El órgano jurisdiccional ante el que se interponga la demanda de restitución de un menor contemplada en el apartado 1 actuará con urgencia en el marco del proceso en el que se sustancie la demanda, utilizando los procedimientos más expeditivos que prevea la legislación nacional.

Sin perjuicio del párrafo primero, y salvo que existan circunstancias excepcionales que lo hagan imposible, el órgano jurisdiccional dictará su resolución como máximo seis semanas después de la interposición de la demanda.

4. Los órganos jurisdiccionales no podrán denegar la restitución de un menor basándose en lo dispuesto en la letra *b*) del artículo 13 del Convenio de La Haya de 1980 si se demuestra que se han adoptado medidas adecuadas para garantizar la protección del menor tras su restitución.

5. Los órganos jurisdiccionales no podrán denegar la restitución de un menor sin que se haya dado posibilidad de audiencia a la persona que solicitó su restitución.

6. En caso de que un órgano jurisdiccional haya dictado un resolución de no restitución con arreglo al artículo 13 del Convenio de La Haya de 1980, transmitirá de inmediato al órgano jurisdiccional competente o a la autoridad central del Estado miembro en el que el menor tenía su residencia habitual inmediatamente antes de su traslado o retención ilícitos, bien directamente o bien por conducto de su autoridad central, copia de la resolución judicial de no restitución y de los documentos pertinentes, en particular el acta de la vista, de conformidad con lo previsto en la legislación nacional. El órgano jurisdiccional deberá recibir todos los documentos mencionados en el plazo de un mes a partir de la fecha de la resolución de no restitución.

7. Salvo que alguna de las partes haya presentado ya una demanda ante los órganos jurisdiccionales del Estado miembro en el que el menor tenía su residencia habitual inmediatamente antes de su traslado o retención ilícitos, el órgano jurisdiccional o la autoridad central que reciba la información mencionada en el apartado 6 deberá notificarla a las partes e invitarlas a presentar sus reclamaciones ante el órgano jurisdiccional, de conformidad con lo previsto en la legislación nacional, en un plazo de tres meses a partir de la fecha de la notificación, a fin de que el órgano jurisdiccional examine la cuestión de la custodia del menor.

Sin perjuicio de las normas de competencia establecidas en el presente Reglamento, en caso de que el órgano jurisdiccional no recibiera reclamación alguna en el plazo previsto, declarará archivado el asunto.

8. Aun cuando se haya dictado una resolución de no restitución con arreglo a lo dispuesto en el artículo 13 del Convenio de La Haya de 1980, cualquier resolución judicial posterior que ordene la restitución del menor, dictada por un órgano jurisdiccional competente en virtud del presente Reglamento será ejecutiva de acuerdo con la sección 4 del capítulo III, con el fin de garantizar la restitución del menor.

Art. 12. *Prórroga de la competencia.*—1. Los órganos jurisdiccionales del Estado miembro en

---

Art. 11.6: Dice «un resolución» cuando tendría que decir «una resolución», error en la versión española, no corregido.

que se ejerza la competencia con arreglo al artículo 3 en una demanda de divorcio, separación judicial o nulidad matrimonial tendrán competencia en las cuestiones relativas a la responsabilidad parental vinculadas a dicha demanda:

a) cuando al menos uno de los cónyuges ejerza la responsabilidad parental sobre el menor, y

b) cuando la competencia de dichos órganos jurisdiccionales haya sido aceptada expresamente o de cualquier otra forma inequívoca por los cónyuges o por los titulares de la responsabilidad parental en el momento de someter el asunto ante el órgano jurisdiccional y responda al interés superior del menor.

2. La competencia ejercida en virtud del apartado 1 cesará:

a) en cuanto sea firme la resolución estimatoria o desestimatoria de la demanda de divorcio, separación judicial o nulidad matrimonial, o

b) en cuanto sea firme una resolución sobre responsabilidad parental, en aquellos casos en que en el momento indicado en la letra *a*) aún estén en curso procedimientos relativos a la responsabilidad parental, o

c) en los casos considerados en las letras *a*) y *b*), en cuanto hayan concluido los procedimientos por otras razones.

3. Los órganos jurisdiccionales de un Estado miembro tendrán igualmente competencia en materia de responsabilidad parental en procedimientos distintos de los contemplados en el apartado 1:

a) cuando el menor esté estrechamente vinculado a ese Estado miembro, en especial por el hecho de que uno de los titulares de la responsabilidad parental tenga en él su residencia habitual o porque el menor es nacional de dicho Estado miembro, y

b) cuando su competencia haya sido aceptada expresamente o de cualquier otra forma inequívoca por todas las partes en el procedimiento en el momento de presentar el asunto ante el órgano jurisdiccional y la competencia responda al interés superior del menor.

4. Cuando el menor tenga su residencia habitual en el territorio de un tercer Estado que no sea parte contratante del Convenio de La Haya de 19 de octubre de 1996 relativo a la competencia, la ley aplicable, el reconocimiento, la ejecución y la cooperación en materia de responsabilidad parental y de medidas de protección de los niños, se presumirá que la competencia basada en el presente artículo es en beneficio del menor, en especial cuando un procedimiento resulte imposible en el tercer Estado de que se trate.

Art. 13. *Competencia basada en la presencia del menor.*—1. Cuando no pueda determinarse la residencia habitual del menor y no pueda determinarse la competencia sobre la base del artículo 12, serán competentes los órganos jurisdiccionales del Estado miembro en el que esté presente el menor.

2. El apartado 1 también se aplicará a los menores refugiados y a los menores desplazados interna-

cionalmente a causa de disturbios en su país.

Art. 14. *Competencia residual.*—Si de los artículos 8 a 13 no se deduce la competencia de ningún órgano jurisdiccional de un Estado miembro, la competencia se determinará, en cada Estado miembro, con arreglo a las leyes de dicho Estado.

Art. 15. *Remisión a un órgano jurisdiccional mejor situado para conocer del asunto.*—1. Excepcionalmente, los órganos jurisdiccionales de un Estado miembro competentes para conocer del fondo del asunto podrán, si consideran que un órgano jurisdiccional de otro Estado miembro con el que el menor tenga una vinculación especial está mejor situado para conocer del asunto o de una parte específica del mismo, y cuando ello responda al interés superior del menor:

a) suspender el conocimiento del asunto o de parte del mismo e invitar a las partes a presentar una demanda ante el órgano jurisdiccional de ese otro Estado miembro con arreglo al apartado 4, o

b) solicitar al órgano jurisdiccional del otro Estado miembro que ejerza su competencia con arreglo al apartado 5.

2. El apartado 1 se aplicará:

a) a instancia de parte, o

b) de oficio, o

c) a petición del órgano jurisdiccional de otro Estado miembro con el que el menor tenga una vinculación especial, a tenor del apartado 3.

No obstante, para que la remisión pueda efectuarse de oficio o a petición del órgano jurisdiccional de otro Estado miembro, será preciso el consentimiento de al menos una de las partes.

3. Se considerará que el menor tiene una vinculación especial con un Estado miembro, a los efectos del apartado 1, si:

a) dicho Estado miembro se ha convertido en el de residencia habitual del menor después de la presentación de la demanda ante el órgano jurisdiccional a que se refiere el apartado 1, o

b) el menor ha residido de manera habitual en dicho Estado miembro, o

c) el menor es nacional de dicho Estado miembro, o

d) dicho Estado miembro es el de residencia habitual de un titular de la responsabilidad parental, o

e) el asunto se refiere a las medidas de protección del menor ligadas a la administración, conservación o disposición de los bienes de éste que se encuentran en el territorio de dicho Estado miembro.

4. El órgano jurisdiccional del Estado miembro competente para conocer del fondo del asunto establecerá el plazo en el que deberá presentarse la demanda ante los órganos jurisdiccionales del otro Estado miembro, con arreglo al apartado 1.

Si no se presenta demanda ante los órganos jurisdiccionales en dicho plazo, el órgano jurisdiccional ante el que se presentó seguirá ejerciendo su competencia con arreglo a los artículos 8 a 14.

5. Los órganos jurisdiccionales de este otro Estado miembro podrán declararse competentes en

el plazo de seis semanas a partir de la fecha en que se les haya presentado la demanda en virtud de las letras *a*) o *b*) del apartado 1 si, por las circunstancias específicas del asunto, ello responde al interés superior del menor. En este caso, el órgano jurisdiccional ante el que se presentó inicialmente la demanda deberá inhibirse. De lo contrario, será competente el órgano jurisdiccional en el que primero se presentó la demanda, de conformidad con los artículos 8 a 14.

6. Los órganos jurisdiccionales cooperarán a efectos del presente artículo, directamente o a través de las autoridades centrales designadas de conformidad con el artículo 53.

SECCIÓN 3.ª

Disposiciones comunes

Art. 16. *Iniciación del procedimiento.*—1. Se considerará iniciado un procedimiento ante un órgano jurisdiccional:

a) desde el momento en que se le presente el escrito de demanda o documento equivalente, a condición de que posteriormente el demandante no haya dejado de realizar lo necesario para que la notificación o traslado de dicho escrito o documento al demandado, o bien

b) si dicho escrito o documento ha de ser objeto de notificación o traslado antes de su presentación al órgano jurisdiccional, en el momento en que lo reciba la autoridad encargada de la notificación o traslado, a condición de que posteriormente el demandante no haya dejado de realizar lo necesario para la presentación del documento al órgano jurisdiccional.

Art. 17. *Comprobación de la competencia.*—El órgano jurisdiccional de un Estado miembro ante el que se inicie un procedimiento respecto del cual el presente Reglamento no establezca su competencia y del que sea competente en virtud del mismo un órgano jurisdiccional de otro Estado miembro, se declarará de oficio incompetente.

Art. 18. *Comprobación de la admisibilidad.*—1. Cuando una parte demandada con residencia habitual en un Estado distinto del Estado miembro en el que se hubiera presentado la demanda no compareciere, el órgano jurisdiccional competente suspenderá el procedimiento hasta que se tenga constancia de que dicha parte demandada ha estado en condiciones de recibir, con suficiente antelación para defenderse, el escrito de demanda o documento equivalente o de que se han practicado todas las diligencias a tal fin.

2. Se aplicará el artículo 19 del Reglamento (CE) número 1348/2000 en lugar del apartado 1 del presente artículo, si el escrito de demanda o documento equivalente hubiera de transmitirse de un Estado miembro a otro de acuerdo con dicho Reglamento.

3. Cuando no sean aplicables las disposiciones del Reglamento

(CE) número 1348/2000, se aplicará el artículo 15 del Convenio de La Haya de 15 de noviembre de 1965 relativo a la notificación o traslado en el extranjero de documentos judiciales y extrajudiciales en materia civil o comercial, si el escrito de demanda o documento equivalente hubiera de transmitirse al extranjero de acuerdo con dicho Convenio.

Art. 19. *Litispendencia y acciones dependientes.*—1. Cuando se presentaren demandas de divorcio, separación judicial o nulidad matrimonial entre las mismas partes ante órganos jurisdiccionales de distintos Estados miembros, el órgano jurisdiccional ante el que se hubiere presentado la segunda demanda suspenderá de oficio el procedimiento en tanto no se establezca la competencia del órgano jurisdiccional ante el que se interpuso la primera.

2. Cuando se presentaren demandas relativas a la responsabilidad parental sobre un menor que tengan el mismo objeto y la misma causa ante órganos jurisdiccionales de distintos Estados miembros, el órgano jurisdiccional ante el que se hubiere presentado la segunda demanda suspenderá de oficio el procedimiento en tanto no se establezca la competencia del órgano jurisdiccional ante el que se interpuso la primera.

3. Cuando se establezca que es competente el primer órgano jurisdiccional, el segundo se inhibirá en favor de aquél.

En este caso, la parte actora ante el segundo órgano jurisdiccional podrá presentar la acción ante el primero.

Art. 20. *Medidas provisionales y cautelares.*—1. En caso de urgencia, las disposiciones del presente Reglamento no impedirán que los órganos jurisdiccionales de un Estado miembro adopten medidas provisionales o cautelares previstas en su propia legislación en relación con personas o bienes presentes en dicho Estado miembro, aun cuando, en virtud del presente Reglamento, un órgano jurisdiccional de otro Estado miembro fuere competente para conocer sobre el fondo.

2. Las medidas tomadas en virtud del apartado 1 dejarán de aplicarse cuando el órgano jurisdiccional del Estado miembro competente en virtud del presente Reglamento para conocer del fondo del asunto haya adoptado las medidas que considere apropiadas.

CAPÍTULO III

RECONOCIMIENTO Y EJECUCIÓN

SECCIÓN 1.ª

Reconocimiento

Art. 21. *Reconocimiento de una resolución.*—1. Las resoluciones dictadas en un Estado miembro serán reconocidas en los demás Estados miembros sin necesidad de recurrir a procedimiento alguno.

2. En particular, y sin perjuicio de lo dispuesto en el apartado 3, no se requerirá ningún procedi-

miento especial para la actualización de los datos del registro civil de un Estado miembro sobre la base de las resoluciones en materia de divorcio, separación judicial o nulidad matrimonial dictadas en otro Estado miembro y que ya no admitan recurso con arreglo a la legislación de este último.

3. Sin perjuicio de la sección 4, cualquiera de las partes interesadas podrá, de conformidad con los procedimientos previstos en la sección 2, solicitar que se resuelva sobre el reconocimiento o no reconocimiento de una resolución.

La competencia territorial del órgano jurisdiccional indicado en la lista que cada Estado miembro ha de comunicar a la Comisión de conformidad con el artículo 68 se determinará en virtud del Derecho interno del Estado miembro en el que se inicie el procedimiento de reconocimiento o de no reconocimiento.

4. Cuando el reconocimiento de una resolución se plantee de forma incidental ante un órgano jurisdiccional de un Estado miembro, dicho órgano jurisdiccional podrá pronunciarse al respecto.

Art. 22. *Motivos de denegación del reconocimiento de resoluciones en materia de divorcio, separación judicial o nulidad matrimonial.*—Las resoluciones en materia de divorcio, separación judicial o nulidad matrimonial no se reconocerán:

a) si el reconocimiento fuere manifiestamente contrario al orden público del Estado miembro requerido;

b) si, habiéndose dictado en rebeldía del demandado, no se hubiere notificado o trasladado al mismo el escrito de demanda o un documento equivalente de forma tal y con la suficiente antelación para que el demandado pueda organizar su defensa, a menos que conste de forma inequívoca que el demandado ha aceptado la resolución;

c) si la resolución fuere inconciliable con otra dictada en un litigio entre las mismas partes en el Estado miembro requerido, o bien

d) si la resolución fuere inconciliable con otra dictada con anterioridad en otro Estado miembro o en un Estado no miembro en un litigio entre las mismas partes, siempre y cuando la primera resolución reúna las condiciones necesarias para su reconocimiento en el Estado miembro requerido.

Art. 23. *Motivos de denegación del reconocimiento de resoluciones en materia de responsabilidad parental.*—Las resoluciones sobre responsabilidad parental no se reconocerán:

a) si el reconocimiento fuere manifiestamente contrario al orden público del Estado miembro requerido, teniendo en cuenta el interés superior del menor;

b) si se hubieren dictado, excepto en casos de urgencia, sin haber dado posibilidad de audiencia al menor, en violación de principios fundamentales de procedimiento del Estado miembro requerido;

c) si, habiéndose dictado en rebeldía de la persona en cuestión, no se hubiere notificado o trasladado a dicha persona el escrito de demanda o un documento equivalente de forma tal y con la suficiente antelación para que pueda organizar su defensa, a menos que conste de forma inequívoca que esa persona ha aceptado la resolución;

d) a petición de cualquier persona que alegue que la resolución menoscaba el ejercicio de su responsabilidad parental, si se hubiere dictado sin haber dado posibilidad de audiencia a dicha persona;

e) si la resolución fuere inconciliable con otra dictada posteriormente en relación con la responsabilidad parental en el Estado miembro requerido;

f) si la resolución fuere inconciliable con otra dictada posteriormente en relación con la responsabilidad parental en otro Estado miembro o en el Estado no miembro de residencia habitual del menor, siempre y cuando la resolución dictada con posterioridad reúna las condiciones necesarias para su reconocimiento en el Estado miembro requerido, o bien

g) si no se ha respetado el procedimiento previsto en el artículo 56.

Art. 24. *Prohibición del control de la competencia del órgano jurisdiccional de origen.*—No podrá procederse al control de la competencia del órgano jurisdiccional del Estado miembro de origen. El criterio de orden público a que se refieren la letra *a*) del artículo 22 y la letra *a*) del artículo 23 no podrá aplicarse a las normas de competencia establecidas en los artículos 3 a 14.

Art. 25. *Diferencias en el Derecho aplicable.*—No podrá negarse el reconocimiento de una resolución de divorcio, de separación judicial o de nulidad matrimonial alegando que el Derecho del Estado miembro requerido no autorizaría el divorcio, la separación judicial o la nulidad matrimonial basándose en los mismos hechos.

Art. 26. *No revisión en cuanto al fondo.*—La resolución no podrá en ningún caso ser objeto de una revisión en cuanto al fondo.

Art. 27. *Suspensión del procedimiento.*—1. El órgano jurisdiccional de un Estado miembro ante el que se hubiere solicitado el reconocimiento de una resolución dictada en otro Estado miembro podrá suspender el procedimiento si dicha resolución fuere objeto de un recurso ordinario.

2. El órgano jurisdiccional de un Estado miembro ante el que se hubiere solicitado el reconocimiento de una resolución dictada en Irlanda o en el Reino Unido podrá suspender el procedimiento si la ejecución estuviere suspendida en el Estado miembro de origen como consecuencia de la interposición de un recurso.

SECCIÓN 2.ª

Solicitud de declaración de ejecutoriedad

Art. 28. *Resoluciones ejecutivas.*—1. Las resoluciones dictadas en un Estado miembro sobre el ejercicio de la responsabilidad parental con respecto a un menor que fueren ejecutivas en dicho Estado miembro y hubieren sido notificadas o trasladadas se ejecutarán en otro Estado miembro cuando, a instancia de cualquier parte interesada, se hayan declarado ejecutivas en este último Estado.

2. No obstante, en el caso del Reino Unido estas resoluciones sólo se ejecutarán en Inglaterra y el País de Gales, en Escocia o en Irlanda del Norte cuando, a instancia de cualquier parte interesada, hayan sido registradas con vistas a su ejecución en una de estas partes del Reino Unido, según corresponda.

Art. 29. *Competencia territorial de los órganos jurisdiccionales.*—1. La solicitud de declaración de ejecutoriedad se presentará ante uno de los órganos jurisdiccionales indicados en la lista que cada Estado miembro ha de comunicar a la Comisión de conformidad con el artículo 68.

2. La competencia territorial se determinará por el lugar de residencia habitual de la persona contra la que se solicite la ejecución o por el lugar de residencia habitual del menor o menores a quienes se refiera la solicitud.

Cuando ninguno de los lugares de residencia a los que se refiere el párrafo primero se encuentre en el Estado miembro de ejecución, la competencia territorial se determinará por el lugar de ejecución.

Art. 30. *Procedimiento.*—1. Las modalidades de presentación de la solicitud se determinarán con arreglo a la legislación del Estado miembro requerido.

2. El solicitante deberá elegir domicilio para notificaciones en la circunscripción del órgano jurisdiccional que conozca de la solicitud de ejecución. No obstante, si la legislación del Estado miembro de ejecución no prevé la elección de domicilio, el solicitante designará un representante procesal.

3. Se adjuntarán a la solicitud de ejecución los documentos mencionados en los artículos 37 y 39.

Art. 31. *Resolución del órgano jurisdiccional.*—1. El órgano jurisdiccional ante el que se presente la solicitud se pronunciará en breve plazo. En esta fase del procedimiento, no podrán presentar alegaciones ni el menor ni la persona contra la cual se solicite la ejecución.

2. La solicitud sólo podrá ser denegada por alguno de los motivos previstos en los artículos 22, 23 y 24.

3. La resolución no podrá en ningún caso ser objeto de una revisión en cuanto al fondo.

Art. 32. *Notificación de la resolución.*—El funcionario público a quien corresponda notificará de inmediato la resolución al solicitante de la ejecución de conformidad con las modalidades determinadas por la legislación del Estado miembro requerido.

Art. 33. *Recurso.*—1. La resolución sobre la solicitud de declaración de ejecutoriedad podrá ser recurrida por cualquiera de las partes.

2. El recurso se presentará ante uno de los órganos jurisdiccionales indicados en la lista que cada Estado miembro ha de comunicar a la Comisión de conformidad con el artículo 68.

3. El recurso se substanciará según las normas que rigen el procedimiento contradictorio.

4. Si presentara el recurso el solicitante de la declaración de ejecutoriedad, la parte contra la que se solicitare la ejecución será citada a comparecer ante el órgano jurisdiccional que conociere del recurso. En caso de incomparecencia se aplicarán las disposiciones del artículo 18.

5. El recurso contra la declaración de ejecutoriedad deberá interponerse en el plazo de un mes a partir de la fecha de su notificación. Si la parte contra la que se solicitare la ejecución tuviera su residencia habitual en un Estado miembro distinto de aquel en el que se hubiere expedido la declaración de ejecutoriedad, el plazo será de dos meses y correrá a partir de la fecha de la notificación, tanto si ésta se hizo en persona como en su residencia. Dicho plazo no admitirá prórroga en razón de la distancia.

Art. 34. *Apelación y recurso ulterior.*—Sólo cabrá oponerse a la resolución dictada sobre el recurso mediante los procedimientos enumerados en la lista que cada Estado miembro ha de comunicar a la Comisión de conformidad con el artículo 68.

Art. 35. *Suspensión del procedimiento.*—1. El órgano jurisdiccional que conozca del recurso en virtud de los artículos 33 ó 34 podrá, a instancia de la parte contra la que se solicite la ejecución, suspender el procedimiento si la resolución extranjera es objeto de un recurso ordinario en el Estado miembro de origen o si el plazo para interponerlo no ha expirado. En este último caso, el órgano jurisdiccional podrá fijar un plazo para la interposición del recurso.

2. Si la resolución hubiere sido dictada en Irlanda o en el Reino Unido, todo recurso previsto en el Estado miembro de origen será considerado como un recurso ordinario a efectos del apartado 1.

Art. 36. *Ejecución parcial.*—1. Cuando la resolución se hubiere pronunciado sobre varias pretensiones de la demanda y la ejecución no pudiere otorgarse para la totalidad de ellas, el órgano jurisdiccional concederá la ejecución para una o varias.

2. El solicitante podrá instar una ejecución parcial de la resolución.

SECCIÓN 3.ª

Disposiciones comunes a las secciones 1 y 2

Art. 37. *Documentos.*—1. La parte que invocare o se opusiere al reconocimiento de una resolución o solicitare la expedición de una declaración de ejecutoriedad deberá presentar:

a) una copia de dicha resolución que reúna los requisitos necesarios para determinar su autenticidad, y

b) el certificado contemplado en el artículo 39.

2. Además, en el caso de las resoluciones dictadas en rebeldía, la parte que solicite el reconocimiento o la expedición de una declaración de ejecutoriedad deberá presentar:

a) el original o una copia auténtica del documento que acredite la notificación o traslado del escrito de demanda o documento equivalente a la parte rebelde, o bien

b) cualquier documento que acredite de forma inequívoca que el demandado ha aceptado la resolución.

Art. 38. *Ausencia de documentos.*—1. De no presentarse los documentos mencionados en la letra *b*) del apartado 1 o en el apartado 2 del artículo 37, el órgano jurisdiccional podrá fijar un plazo para la presentación de los mismos, aceptar documentos equivalentes o dispensar de ellos si considerase que dispone de suficiente información.

2. Si el órgano jurisdiccional lo exigiere se presentará una traducción de los documentos. La traducción estará certificada por una persona habilitada a tal fin en uno de los Estados miembros.

Art. 39. *Certificado relativo a resoluciones en materia matrimonial y a resoluciones en materia de responsabilidad parental.*—El órgano jurisdiccional o autoridad competente del Estado miembro de origen expedirá, a instancia de cualquier parte interesada, un certificado conforme al modelo de formulario que figura en el anexo I (resoluciones en materia matrimonial) o en el anexo II (resoluciones en materia de responsabilidad parental).

SECCIÓN 4.ª

Fuerza ejecutiva de determinadas resoluciones relativas al derecho de visita y de determinadas resoluciones que ordenan la restitución del menor

Art. 40. *Ámbito de aplicación.*—1. La presente sección se aplicará:

a) al derecho de visita, y

b) a la restitución de un menor consecuencia de una resolución judicial que ordene dicha restitución, con arreglo al apartado 8 del artículo 11.

2. Las disposiciones de la presente sección no impedirán que un titular de la responsabilidad parental procure el reconocimiento y la ejecución de una resolución judicial conforme a las disposiciones de las secciones 1 y 2 del presente capítulo.

Art. 41. *Derecho de visita.*—1. El derecho de visita contemplado en la letra *a*) del apartado 1 del artículo 40, concedido en virtud de una resolución judicial ejecutiva dictada en un Estado miembro, será reconocido y tendrá fuerza ejecutiva en otro Estado miembro sin que se requiera ninguna declaración que le reconozca fuerza ejecutiva y sin que quepa impugnar su reconocimiento si la resolución ha sido certificada en el Estado miembro de origen de conformidad con el apartado 2.

Aunque el Derecho nacional no estipule la fuerza ejecutiva por ministerio de la ley, sin perjuicio de eventuales recursos, de las resoluciones judiciales que reconocen un derecho de visita, el órgano jurisdiccional de origen podrá declarar ejecutiva la resolución.

2. El juez de origen sólo expedirá el certificado contemplado en el apartado 1, utilizando para ello el modelo de formulario que figura en el anexo III (certificado referente al derecho de visita):

a) si, por lo que respecta a los procedimientos en rebeldía, el escrito de demanda o documento equivalente ha sido notificado o trasladado a la parte rebelde con la suficiente antelación y de tal manera que ésta pueda defenderse, o, de haberse notificado o trasladado el mencionado escrito o documento sin respetar estas condiciones, si consta de forma inequívoca que ha aceptado la resolución;

b) si se ha dado posibilidad de audiencia a todas las partes afectadas, y

c) si se ha dado al menor posibilidad de audiencia, a menos que esto no se hubiere considerado conveniente habida cuenta de su edad o grado de madurez.

El certificado se redactará en la lengua de la resolución.

3. Si el derecho de visita se refiere a una situación que tuviera carácter transfronterizo al dictarse la resolución, el certificado se expedirá de oficio cuando la resolución adquiera fuerza ejecutiva, incluso con carácter provisional. Si la situación sólo adquiere carácter transfronterizo con posterioridad, el certificado se expedirá a instancia de parte.

Art. 42. *Restitución del menor.*—1. La restitución de un menor considerada en la letra *b*) del apartado 1 del artículo 40, concedida en virtud de una resolución judicial ejecutiva dictada en un Estado miembro, será reconocida y tendrá fuerza ejecutiva en los demás Estados miembros sin necesidad de declaración de ejecución y sin que pueda impugnarse su reconocimiento si ha sido certificada en el Estado miembro de origen de conformidad con el apartado 2.

Aunque el Derecho nacional no estipule la fuerza ejecutiva por ministerio de la ley, sin perjuicio de eventuales recursos, de las resoluciones judiciales que ordenan la restitución del menor a tenor del apartado 8 del artículo 11, el órgano jurisdiccional de origen podrá declarar ejecutiva la resolución.

2. El juez de origen que dictó la resolución mencionada en la letra *b*) del apartado 1 del artículo 40 emitirá el certificado previsto en el apartado 1 únicamente:

a) si se ha dado al menor posibilidad de audiencia, a menos que esto no se hubiere considerado conveniente habida cuenta de su edad o grado de madurez;

b) si se ha dado a las partes posibilidad de audiencia, y

c) si el órgano jurisdiccional ha tenido en cuenta, al dictar su resolución, las razones y las pruebas en las que se fundamenta la resolución emitida en virtud del artículo 13 del Convenio de La Haya de 1980.

En caso de que el órgano jurisdiccional o cualquier otra autoridad tome medidas para garantizar la protección del menor tras su restitución al Estado de su residencia habitual, el certificado precisará los pormenores de dichas medidas.

El juez de origen expedirá el certificado de oficio y utilizará para ello el modelo de formulario que figura en el anexo IV (certificado relativo a la restitución del menor).

El certificado se redactará en la lengua de la resolución.

Art. 43. *Procedimiento de rectificación.*—1. El Derecho del Estado miembro de origen será aplicable a cualquier rectificación del certificado.

2. Por lo demás, no se podrá interponer recurso contra la expedición de un certificado de conformidad con el apartado 1 del artículo 41 o el apartado 1 del artículo 42.

Art. 44. *Efectos del certificado.*—El certificado sólo surtirá efecto dentro de los límites del carácter ejecutivo de la sentencia.

Art. 45. *Documentos.*—1. La parte que invocare la ejecución de una resolución deberá presentar:

a) una copia de dicha resolución que reúna los requisitos necesarios para determinar su autenticidad, y

b) el certificado mencionado en el apartado 1 del artículo 41 o en el apartado 1 del artículo 42.

2. A los efectos del presente artículo:

— el certificado mencionado en el apartado 1 del artículo 41 se acompañará de una traducción del punto 12 relativo a las modalidades de ejercicio del derecho de visita,

— el certificado mencionado en el apartado 1 del artículo 42 se acompañará de una traducción del punto 14 relativo a los pormenores de las medidas adoptadas para garantizar la restitución del menor.

La traducción estará realizada en la lengua oficial o en una de las lenguas oficiales del Estado miembro de ejecución o en cualquier otra lengua que dicho Estado miembro haya indicado expresamente que puede aceptar. La traducción estará certificada por una persona habilitada a tal fin en uno de los Estados miembros.

SECCIÓN 5.ª

Documentos públicos y acuerdos

Art. 46. Los documentos públicos con fuerza ejecutiva formalizados o registrados en un Estado miembro, así como los acuerdos entre las partes que tengan fuerza ejecutiva en el Estado miembro de origen, serán reconocidos y se dotarán de fuerza ejecutiva en las mismas condiciones que las resoluciones judiciales.

SECCIÓN 6.ª

Otras disposiciones

Art. 47. *Procedimiento de ejecución.*—1. El procedimiento de ejecución se regirá por la ley del Estado miembro de ejecución.

2. Cualquier resolución dictada por el órgano jurisdiccional de otro Estado miembro y declarada ejecutiva de conformidad con la sección 2, o certificada con arreglo al apartado 1 del artículo 41 o al apartado 1 del artículo 42, deberá ejecutarse en el Estado miembro de ejecución en las mismas condiciones que si hubiese sido dictada en dicho Estado miembro.

En particular, no podrán ejecutarse las resoluciones certificadas de conformidad con el apartado 1 del artículo 41 o el apartado 1 del artículo 42 que sean incompatibles con una resolución ejecutiva dictada con posterioridad.

Art. 48. *Modalidades prácticas de ejercicio del derecho de visita.*—1. Los órganos jurisdiccionales del Estado miembro de ejecución podrán adoptar las modalidades prácticas para organizar el ejercicio del derecho de visita si la resolución dictada por los órganos jurisdiccionales del Estado miembro competentes para conocer del fondo del asunto no hubiera establecido las modalidades necesarias, o lo hubiera hecho de manera suficiente, y siempre y cuando se respeten los elementos esenciales de dicha resolución.

2. Las modalidades prácticas adoptadas de conformidad con el apartado 1 dejarán de ser aplicables una vez haya recaído una resolución posterior dictada por los órganos jurisdiccionales del Estado miembro competentes para conocer del fondo.

Art. 49. *Costas.*—Las disposiciones del presente capítulo, con la salvedad de las recogidas en la sección 4, se aplicarán asimismo a la fijación del importe de las costas de los procesos substanciados en virtud del presente Reglamento y a la ejecución de cualquier resolución relativa a dichas costas.

Art. 50. *Asistencia jurídica gratuita.*—El solicitante que, en el Estado miembro de origen, hubiere obtenido total o parcialmente el beneficio de asistencia jurídica gratuita o de una exención de costas judiciales gozará también, en el procedimiento previsto en los artículos 21, 28, 41, 42 y 48, del beneficio más favorable o de la exención más amplia prevista por el Derecho del Estado miembro de ejecución.

Art. 51. *Caución o depósito.*—No se podrá alegar ninguno de los motivos siguientes para exigirle caución o depósito alguno a la parte que instare en un Estado miembro la ejecución de una resolución dictada en otro Estado miembro:

a) el hecho de que no tenga su residencia habitual en el Estado miembro en el que se solicitare la ejecución, o bien

b) su condición de nacional de otro país o, si la ejecución se solicitare en el Reino Unido o en Irlanda, el no tener su *domicile* en uno de estos Estados.

Art. 52. *Legalización y formalidades análogas.*—No se exigirá legalización ni formalidad análoga alguna en lo que se refiere a los documentos mencionados en los artículos 37, 38 y 45, como tampoco para el poder para pleitos.

CAPÍTULO IV

COOPERACIÓN ENTRE AUTORIDADES CENTRALES EN MATERIA DE RESPONSABILIDAD PARENTAL

Art. 53. *Designación.*—Cada Estado miembro designará una o varias autoridades centrales encargadas de asistirlo en la aplicación del presente Reglamento y precisará sus competencias territoriales o materiales. En los Estados miembros que hayan designado varias autoridades centrales, las comunicaciones, en principio, se dirigirán directamente a la autoridad central competente. Si una comunicación ha sido dirigida a una autoridad central no competente, será ésta la encargada de transmitirla a la autoridad central competente y de informar de ello al remitente.

Art. 54. *Funciones generales.*—Las autoridades centrales proporcionarán información sobre las legislaciones y los procedimientos nacionales y adoptarán medidas destinadas a mejorar la aplicación del presente Reglamento y reforzar su cooperación. Con este fin se hará uso de la Red Judicial Europea en materia civil y mercantil creada por la Decisión número 2001/470/CE.

Art. 55. *Cooperación en casos específicamente relacionados con la responsabilidad parental.*—A petición de una autoridad central de otro Estado miembro o de un titular de la responsabilidad parental, las autoridades centrales cooperarán en asuntos concretos con el fin de cumplir los objetivos del presente Reglamento. A tal efecto, adoptarán, ya sea directamente o por conducto de las autoridades públicas u otros organismos, todas las medidas adecuadas, con arreglo a la legislación de dicho Estado miembro en materia de protección de datos personales, para:

a) recabar e intercambiar información:

i) sobre la situación del menor,

ii) sobre los procedimientos pendientes, o

iii) sobre las resoluciones adoptadas que conciernan al menor;

b) proporcionar información y ayuda a los titulares de la responsabilidad parental que soliciten el reconocimiento y la ejecución de resoluciones en su territorio, en especial en materia de derechos de visita y de restitución del menor;

c) facilitar las comunicaciones entre órganos jurisdiccionales, en especial para la aplicación de los apartados 6 y 7 del artículo 11 y del artículo 15;

d) proporcionar toda la información y la asistencia que puedan ser de utilidad para la aplicación por los órganos jurisdiccionales del artículo 56;

e) facilitar la celebración de acuerdos entre los titulares de la responsabilidad parental a través de la mediación o por otros medios, y facilitar con este fin la cooperación transfronteriza.

Art. 56. *Acogimiento del menor en otro Estado miembro.*— 1. Cuando el órgano jurisdiccional competente en virtud de los artículos 8 a 15 considere el acogimiento del menor en un establecimiento o una familia, y este acogimiento haya de tener lugar en otro Estado miembro, consultará previamente a la autoridad central o a otra autoridad competente de este último Estado miembro si estuviera prevista la intervención de una autoridad pública en dicho Estado miembro para los casos internos de acogimiento de menores.

2. La resolución sobre el acogimiento contemplado en el apartado 1 sólo podrá adoptarse en el Estado miembro requirente cuando la autoridad competente del Estado requerido haya aprobado dicho acogimiento.

3. Los procedimientos de consulta o de aprobación contemplados en los apartados 1 y 2 se regirán por el Derecho nacional del Estado miembro requerido.

4. Si el órgano jurisdiccional competente en virtud de los artículos 8 a 15 decide el acogimiento del menor en una familia y este acogimiento va a tener lugar en otro Estado miembro en el que no está prevista la intervención de una autoridad pública para los casos internos de acogimiento de menores, el órgano jurisdiccional informará de su decisión a la autoridad central u otra autoridad competente de ese Estado miembro.

Art. 57. *Método de trabajo.*— 1. Cualquier titular de la responsabilidad parental podrá enviar una solicitud de asistencia según lo indicado en el artículo 55 a la autoridad central del Estado miembro en el que resida habitualmente o a la autoridad central del Estado miembro en el que el menor tenga su residencia habitual o esté presente. De manera general, se adjuntará a la solicitud toda la información de que se disponga y que pueda facilitar su ejecución. Si la solicitud de asistencia se refiere al reconocimiento o ejecución de una resolución sobre responsabilidad parental que entra dentro del ámbito de aplicación del presente Reglamento, el titular de la responsabilidad parental deberá acompañar la solicitud de los certificados pertinentes, indicados en el artículo 39, el apartado 1 del artículo 41 o el apartado 1 del artículo 42.

2. Los Estados miembros notificarán a la Comisión la lengua o lenguas oficiales de las instituciones de la Comunidad distintas de la

suya o de las suyas que pueden aceptarse para las comunicaciones a las autoridades centrales.

3. La ayuda proporcionada por las autoridades centrales de conformidad con el artículo 55 será gratuita.

4. Cada autoridad central se hará cargo de sus propios gastos.

Art. 58. *Reuniones.*—1. Las autoridades centrales se reunirán regularmente para facilitar la aplicación del presente Reglamento.

2. La convocatoria de esas reuniones se hará de conformidad con la Decisión número 2001/470/CE por la que se crea la Red Judicial Europea en materia civil y mercantil.

CAPÍTULO V

RELACIONES CON OTROS ACTOS

Art. 59. *Relaciones con otros actos.*—1. Sin perjuicio de lo dispuesto en los artículos 60, 63 y 64 y en el apartado 2 del presente artículo, el presente Reglamento sustituirá para los Estados miembros a los convenios existentes en el momento de la entrada en vigor del mismo celebrados entre dos o más Estados miembros y relativos a materias que en él se regulan.

2. *a*) Finlandia y Suecia tendrán la facultad de declarar que el Acuerdo nórdico, de 6 de febrero de 1931, entre Dinamarca, Finlandia, Islandia, Noruega y Suecia, relativo a determinadas disposiciones de Derecho internacional privado en materia de matrimonio, adopción y custodia, junto con su Protocolo final, es de aplicación, total o parcialmente, en sus relaciones mutuas, en lugar de las normas del presente Reglamento. Estas declaraciones se publicarán en el *Diario Oficial de la Unión Europea* como anexo al presente Reglamento. Dichos Estados miembros podrán retirar sus declaraciones, total o parcialmente, en cualquier momento.

b) Se respetará el principio de no discriminación por razón de nacionalidad entre ciudadanos de la Unión.

c) En todo acuerdo que se celebre entre los Estados miembros mencionados en la letra *a*) que se refiera a las materias reguladas por el presente Reglamento, las normas sobre competencia se ajustarán a las establecidas en el presente Reglamento.

d) Las resoluciones adoptadas en uno de los Estados nórdicos que haya presentado la declaración mencionada en la letra *a*), en virtud de un foro de competencia que corresponda a alguno de los considerados del capítulo II del presente Reglamento, serán reconocidas y ejecutadas en los demás Estados miembros de conformidad con las normas previstas en el capítulo III del presente Reglamento.

3. Los Estados miembros transmitirán a la Comisión:

a) una copia de los acuerdos y de las leyes uniformes de aplicación de los acuerdos a que se refieren las letras *a*) y *c*) del apartado 2;

b) cualquier denuncia o modificación de dichos acuerdos o de dichas leyes uniformes.

Art. 60. *Relación con determinados convenios multilaterales.*—En las relaciones entre los Estados miembros, primará el presente Reglamento, en las materias reguladas por el mismo, frente a los Convenios siguientes:

a) Convenio de La Haya de 5 de octubre de 1961 sobre competencia de las autoridades y ley aplicable en materia de protección de menores;

b) Convenio de Luxemburgo de 8 de septiembre de 1967 sobre el reconocimiento de resoluciones relativas a la validez de los matrimonios;

c) Convenio de La Haya de 1 de junio de 1970 relativo al reconocimiento de divorcios y separaciones legales;

d) Convenio europeo de 20 de mayo de 1980 relativo al reconocimiento y ejecución de decisiones en materia de custodia de menores, así como al restablecimiento de dicha custodia, y

e) Convenio de La Haya de 25 de octubre de 1980 sobre los aspectos civiles de la sustracción internacional de menores.

Art. 61. *Relaciones con el Convenio de La Haya de 19 de octubre de 1996 relativo a la competencia, la ley aplicable, el reconocimiento, la ejecución y la cooperación en materia de responsabilidad parental y de medidas de protección de los niños.*—En las relaciones con el Convenio de La Haya de 19 de octubre de 1996 relativo a la competencia, la ley aplicable, el reconocimiento, la ejecución y la cooperación en materia de responsabilidad parental y de medidas de protección de los niños, el presente Reglamento se aplicará:

a) cuando el menor afectado tenga su residencia habitual en el territorio de un Estado miembro;

b) en lo que respecta al reconocimiento y ejecución en el territorio de un Estado miembro de una resolución dictada por el órgano jurisdiccional competente de otro Estado miembro, aun cuando el menor afectado tenga su residencia habitual en un Estado no miembro que sea parte contratante del citado Convenio.

Art. 62. *Alcance de los efectos.*—1. Los acuerdos y convenios mencionados en el apartado 1 del artículo 59 y en los artículos 60 y 61 seguirán surtiendo efectos en las materias que no estén reguladas en el presente Reglamento.

2. Los convenios mencionados en el artículo 60, y en particular el Convenio de La Haya de 1980, seguirán surtiendo efectos entre los Estados miembros que sean partes contratantes de los mismos, respetando el artículo 60.

Art. 63. *Tratados con la Santa Sede.*—1. El presente Reglamento será aplicable sin perjuicio del Tratado internacional (Concordato) celebrado entre la Santa Sede y Portugal, firmado en el Vaticano el 7 de mayo de 1940.

2. Cualquier resolución relativa a la nulidad de un matrimonio regulada por el Tratado indicado en el apartado 1 se reconocerá en los Estados miembros en las condicio-

nes previstas en la sección 1 del capítulo III.

3. Las disposiciones de los apartados 1 y 2 serán también aplicables a los siguientes Tratados (Concordatos) con la Santa Sede:

a) «Concordato lateranense» de 11 de febrero de 1929 entre Italia y la Santa Sede, modificado por el Acuerdo, y su Protocolo adicional, firmado en Roma el 18 de febrero de 1984;

b) Acuerdo de 3 de enero de 1979 entre la Santa Sede y España sobre asuntos jurídicos.

c) Acuerdo entre la Santa Sede y Malta sobre el reconocimiento de efectos civiles a los matrimonios canónicos y las resoluciones de las autoridades y tribunales eclesiásticos sobre dichos matrimonios, de 3 de febrero de 1993, incluido el Protocolo de aplicación de la misma fecha, junto con el segundo Protocolo adicional, de 6 de enero de 1995.

4. El reconocimiento de las resoluciones a las que se refiere el apartado 2 podrá someterse en Italia, en España o en Malta a los mismos procedimientos y comprobaciones aplicables a las resoluciones dictadas por los tribunales eclesiásticos con arreglo a los Tratados internacionales celebrados con la Santa Sede a los que se refiere el apartado 3.

5. Los Estados miembros transmitirán a la Comisión:

a) copia de los Tratados a los que se refieren los apartados 1 y 3;

b) toda denuncia o modificación de dichos Tratados.

CAPÍTULO VI

DISPOSICIONES TRANSITORIAS

Art. 64. 1. Lo dispuesto en el presente Reglamento sólo será aplicable a las acciones judiciales ejercitadas, a los documentos públicos con fuerza ejecutiva formalizados o registrados y a los acuerdos entre partes celebrados con posterioridad a la fecha de su entrada en vigor de conformidad con el artículo 72.

2. Las resoluciones judiciales dictadas después de la fecha de aplicación del presente Reglamento como consecuencia de acciones ejercitadas con anterioridad a esta fecha pero después de la entrada en vigor del Reglamento (CE) número 1347/2000 serán reconocidas y ejecutadas con arreglo a las disposiciones del capítulo III del presente Reglamento, si las normas de competencia aplicadas se ajustaren a las previstas en el capítulo II del presente Reglamento o del Reglamento (CE) número 1347/2000 o en un convenio en vigor entre el Estado miembro de origen y el Estado miembro requerido al ejercitarse la acción.

3. Las resoluciones judiciales dictadas antes de la fecha de aplicación del presente Reglamento como consecuencia de acciones ejercitadas con posterioridad a la entrada en vigor del Reglamento (CE) número 1347/2000 serán reconocidas y ejecutadas con arreglo a las disposiciones del capítulo III del presente Reglamento, a condición de que se trate de resoluciones relativas al

---

Art. 63.3.c) y 4: Redactados de conformidad con el Reglamento 2116/2004 del Consejo de 2 de diciembre de 2004 (*DO* L 367, de 14-12-2004).

divorcio, la separación judicial o la nulidad matrimonial o a la responsabilidad parental sobre los hijos comunes dictadas con motivo de estos procedimientos matrimoniales.

4. Las resoluciones judiciales dictadas antes de la fecha de aplicación del presente Reglamento, pero después de la fecha de la entrada en vigor del Reglamento (CE) número 1347/2000 como consecuencia de acciones ejercitadas con anterioridad a la fecha de entrada en vigor del Reglamento (CE) número 1347/2000 serán reconocidas y ejecutadas con arreglo a las disposiciones del capítulo III del presente Reglamento, a condición de que se trate de resoluciones relativas al divorcio, la separación judicial o la nulidad matrimonial o a la responsabilidad parental sobre los hijos comunes dictadas con motivo de estos procedimientos matrimoniales y de que las normas de competencia aplicadas se ajusten a las previstas en el capítulo II del presente Reglamento o del Reglamento (CE) número 1347/2000 o en un convenio en vigor entre el Estado miembro de origen y el Estado miembro requerido al ejercitarse la acción.

CAPÍTULO VII

DISPOSICIONES FINALES

Art. 65. *Revisión.*—A más tardar el 1 de enero de 2012, y a continuación cada cinco años, la Comisión presentará al Parlamento Europeo, al Consejo y al Comité Económico y Social Europeo un informe basado en la información proporcionada por los Estados miembros y relativo a la aplicación del presente Reglamento, acompañado, si ha lugar, de propuestas encaminadas a su adaptación.

Art. 66. *Estados miembros con dos o más ordenamientos jurídicos.*—Por lo que se refiere a un Estado miembro en el que se apliquen en entidades territoriales diferentes dos o más ordenamientos jurídicos o conjuntos de normas relativos a las cuestiones reguladas por el presente Reglamento:

a) toda referencia a la residencia habitual en ese Estado miembro se entenderá como una referencia a la residencia habitual en una unidad territorial;

b) toda referencia a la nacionalidad, o en el caso del Reino Unido al *domicile*, se entenderá como una referencia a la unidad territorial designada por la legislación de ese Estado;

c) toda referencia a la autoridad de un Estado miembro se entenderá como una referencia a la autoridad de la unidad territorial en cuestión de ese Estado;

d) toda referencia a las normas del Estado miembro requerido se entenderá como una referencia a las normas de la unidad territorial en la que se pretende la competencia, el reconocimiento o la ejecución.

Art. 67. *Información relativa a las autoridades centrales y lenguas.*—Los Estados miembros comunicarán a la Comisión en el plazo de tres meses a partir de la entrada en vigor del presente Reglamento:

a) los nombres, direcciones y medios técnicos para las comunicaciones de las autoridades centrales designadas de conformidad con el artículo 53;

b) las lenguas aceptadas en las comunicaciones dirigidas a las autoridades centrales de conformidad con el apartado 2 del artículo 57, y

c) las lenguas aceptadas para el certificado relativo al derecho de visita de conformidad con el apartado 2 del artículo 45.

Los Estados miembros comunicarán a la Comisión cualquier cambio de esta información.

La Comisión hará pública esta información.

Art. 68. *Información relativa a los órganos jurisdiccionales y a las vías de recurso.*—Los Estados miembros comunicarán a la Comisión las listas de los órganos jurisdiccionales y de las vías de recurso a que se hace referencia en los artículos 21, 29, 33 y 34, así como sus modificaciones.

La Comisión mantendrá actualizada esa información y la hará pública mediante su publicación en el *Diario Oficial de la Unión Europea* y por cualquier otro medio adecuado.

Art. 69. *Modificaciones de los anexos.*—Cualquier modificación de los modelos de formularios que figuran en los anexos I a IV será adoptada de conformidad con el procedimiento establecido en el apartado 2 del artículo 70.

Art. 68: Véase la Información relativa a los órganos jurisdiccionales y las vías de recurso de conformidad con el artículo 68 del Reglamento (CE) núm. 2201/2003 del Consejo, de 27 de noviembre de 2003, relativo a la competencia, el reconocimiento y la ejecución de resoluciones judiciales en materia matrimonial y de responsabilidad parental, por el que se deroga el Reglamento (CE) núm. 1347/2000 (*DO* C 40, de 17-2-2005) que dice:

«Los órganos jurisdiccionales y las vías de recurso notificadas a la Comisión por los Estados miembros después de la presente fecha, así como sus modificaciones, se publicarán posteriormente

»Lista 1

»Las solicitudes a que se refieren los artículos 21 y 29 se presentarán ante los siguientes órganos jurisdiccionales:

»—en Bélgica, *tribunal de première instance/rechtbank van eerste aanleg/erstinstanzliches Gericht,*

»—en la República Checa, *okresní soud* o *soudní exekutoř*

»—en Alemania:

»—en el distrito de *Kammergericht* (Berlín), *Familiengericht, Pankow/Weissensee*;

»—en los distritos de los restantes *Oberlandesgerichte, Familiengericht* de la sede del respectivo *Oberlandesgericht,*

»—en Estonia, *maakohus* o *linnakohus,*

»—en Grecia, Πρωτοδικείο,

»—en España, *Juzgado de Primera Instancia,*

»—en Francia, *juge aux affaires familiales du tribunal de grande instance,*

»—en Irlanda, *High Court,*

»—en Italia, *Corte d'appello,*

»—en Chipre, *ninguna información comunicada a la Comisión Europea,*

»—en Letonia, *rajona (pilsētas) tiesa,*

»—en Lituania, *Lietuvos apeliacinis teismas,*

»—en Luxemburgo, el juez presidente del *Tribunal d'arrondissement,*

»—en Hungría, *ninguna información comunicada a la Comisión Europea,*

»—en Malta, *Prim'Awla tal-Qorti Civili* o *il-Qorti tal Magistrati ta' Ghawdex filgurisdizzjoni superjuri taghha,*

»—en los Países Bajos, *voorzieningenrechter van de rechtbank,*

»—en Austria, *Bezirksgericht*,

»—en Polonia, *Sąd okręgwowy*,

»—en Portugal, *Tribunal de comarca* o *Tribunal de Família e Menores*,

»—en Eslovenia, *okrožno sodišče*,

»—en Eslovaquia:

»*a*) *krajský súd v Bratislave* respecto de una solicitud relativa al divorcio, la separación legal o la anulación del matrimonio;

»*b*) *Okresný súd* en caso de residencia habitual del menor o *Okresný súd Bratislava I* cuando el menor no tenga la residencia habitual en Eslovaquia respecto de una solicitud relativa a la responsabilidad parental.

»—en Finlandia, *Käräjäoikeus/tingsrätt*,

»—en Suecia, *Svea hovrätt*,

»—en el Reino Unido:

»*a*) en Inglaterra y País de Gales, *High Court of Justice - Principal Registry of the Family Division*;

»*b*) en Escocia, *Court of Session, Outer House*;

»*c*) en Irlanda del Norte, *High Court of Justice*.

»Lista 2

»Los recursos a que se refiere el artículo 33 se presentarán ante los órganos jurisdiccionales relacionados a continuación:

»en Bélgica:

»*a*) la persona que solicite una declaración de ejecutoriedad puede presentar el recurso ante la *court d'appel* o el *hof van beroep*;

»*b*) la persona contra la que se solicitare la ejecución puede oponerse ante el *tribunal de première instance/rechtbank van eerste aanleg/erstinstanzliches Gericht*,

»—en la República Checa, *okresní soud*,

»—en Alemania, *Oberlandesgericht*,

»—en Estonia, *ringkonnakohus*,

»—en Grecia, Εφετείο,

»—en España, *Audiencia Provincial*,

»—en Francia, *Cour d'appel*,

»—en Irlanda, *High Court*,

»—en Italia, *Corte d'appello*,

»—en Chipre, *ninguna información comunicada a la Comisión Europea*,

»—en Letonia, *apgabltiesā*,

»—en Lituania, *Lietuvos apeliacinis teismas*,

»—en Luxemburgo, *Cour d'appel*,

»—en Hungría, *ninguna información comunicada a la Comisión Europea*,

»—en Malta, *Qorti tal-Appell* de conformidad con el procedimiento establecido para los recursos en el *Kodici tal-Organizzazzjoni u Procedura Civili - Kap. 12*,

»—en los Países Bajos, *rechtbank*,

»—en Austria, *Bezirksgericht*,

»—en Polonia, *Sąd apelacyjny*,

»—en Portugal, *Tribunal da Relação*,

»—en Eslovaquia, *Okresný súd*,

»—en Eslovenia, *okrožno sodišče*,

»—en Finlandia, *Hovioikeus/hovrätt*,

»—en Suecia, *Svea hovrätt*,

»—en el Reino Unido:

»*a*) en Inglaterra y País de Gales, *High Court of Justice - Principal Registry of the Family Division*;

»*b*) en Escocia, *Court of Session, Outer House*;

»*c*) en Irlanda del Norte, *High Court of Justice*.

»Lista 3

»Los recursos a que se refiere el artículo 34 sólo podrán interponerse:

»en Bélgica, Grecia, España, Francia, Italia, Letonia, Luxemburgo, Países Bajos, mediante recurso de casación,

»—en la República Checa, mediante *žaloba pro zmatečnost* y *dovolaní*,

»—en Alemania, mediante *Rechtsbeschwerde*,

»—en Estonia, mediante *kasaatsioonkaebus*,

»—en Irlanda, mediante recurso sobre una cuestión de Derecho ante el *Supreme Court*,

»—en Chipre, *ninguna información comunicada a la Comisión Europea*,

»—en Lituania, mediante recurso de casación ante *Lietuvos Aukščiausiasis Teismas*,

»—en Hungría, *ninguna información comunicada a la Comisión Europea*,

»—en Austria, mediante *Revisionsrekurs*,

»—en Polonia, mediante recurso de casación ante *Sąd Najwyzszy*,

»—en Portugal, mediante *recurso restrito à matéria de direito, para o Supremo Tribunal de Justiça*,

»—en Eslovenia, mediante *pritožba na Vrhovno sodišče Republike Slovenije*,

»—en Eslovaquia, mediante *dovolanie*,

»—en Finlandia, mediante recurso ante *Korkein oikeus/högsta domstolen*,

»—en Suecia, mediante recurso ante *Högsta domstolen*,

»—en el Reino Unido, mediante recurso sobre una cuestión de Derecho:

»*a*) en Inglaterra y País de Gales, ante *Court of Appeal*;

»*b*) en Escocia, ante *Court of Session, Inner House*;

»*c*) en Irlanda del Norte, ante *Northern Ireland Court of Appeal*».

Art. 70. *Comité.*—1. La Comisión estará asistida por un comité (denominado en lo sucesivo el *Comité*).

2. En los casos en que se haga referencia al presente apartado, serán de aplicación los artículos 3 y 7 de la Decisión 1999/468/CE.

3. El Comité aprobará su reglamento interno.

Art. 71. *Derogación del Reglamento (CE) número 1347/2000.*—1. El Reglamento (CE) número 1347/2000 quedará derogado a partir de la fecha de aplicación del presente Reglamento.

2. Cualquier referencia al Reglamento (CE) número 1347/ 2000 será interpretada como referencia al presente Reglamento según el cuadro de correspondencias del anexo V.

Art. 72. *Entrada en vigor.*—El presente Reglamento entrará en vigor el 1 de agosto de 2004.

El presente Reglamento será aplicable a partir del 1 de marzo de 2005, a excepción de los artículos 67, 68, 69 y 70, que se aplicarán a partir del 1 de agosto de 2004.

El presente Reglamento será obligatorio en todos sus elementos y directamente aplicable en los Estados miembros de conformidad con el Tratado constitutivo de la Comunidad Europea.

Hecho en Bruselas, el 27 de noviembre de 2003.

ANEXO I

Certificado relativo a las resoluciones judiciales en materia matrimonial a que se refiere el artículo 39[12]

1. Estado miembro de origen
2. Órgano jurisdiccional o autoridad que expide el certificado
2.1. Denominación
2.2. Dirección
2.3. Teléfono/fax/correo electrónico
3. Matrimonio
3.1. Esposa
3.1.1. Nombre(s) y apellido(s)
3.1.2. Dirección
3.1.3. País y lugar de nacimiento
3.1.4. Fecha de nacimiento
3.2. Esposo
3.2.1. Nombre(s) y apellido(s)
3.2.2. Dirección
3.2.3. País y lugar de nacimiento
3.2.4. Fecha de nacimiento
3.3. País, lugar (cuando consten estos datos) y fecha del matrimonio

---

[12] Reglamento (CE) núm. 2201/2003 del Consejo, de 27 de noviembre de 2003, relativo a la competencia, el reconocimiento y la ejecución de resoluciones judiciales en materia matrimonial y de responsabilidad parental, por el que se deroga el Reglamento (CE) núm. 1347/2000.

3.3.1. País de celebración del matrimonio
3.3.2. Lugar de celebración del matrimonio (cuando consten estos datos)
3.3.3. Fecha de celebración del matrimonio
4. Órgano jurisdiccional que dictó la resolución
4.1. Denominación del órgano jurisdiccional
4.2. Sede del órgano jurisdiccional
5. Resolución
5.1. Fecha
5.2. Número de referencia
5.3. Tipo de resolución
5.3.1. Divorcio
5.3.2. Nulidad matrimonial
5.3.3. Separación judicial
5.4. ¿Se dictó en rebeldía la resolución?
5.4.1. No
5.4.2. Sí[13]
6. Nombre(s) y apellido(s) de las partes a las que se ha concedido el beneficio de asistencia jurídica gratuita
7. ¿Puede recurrirse la resolución con arreglo al Derecho del Estado miembro de origen?
7.1. No
7.2. Sí
8. Fecha en que la resolución surte efecto en el Estado miembro en que se dictó
8.1. Divorcio
8.2. Separación judicial

Hecho en ...., a ....

Firma y/o sello

ANEXO II

Certificado relativo a las resoluciones en materia de responsabilidad parental a que se refiere el artículo 39[14]

1. Estado miembro de origen
2. Órgano jurisdiccional o autoridad que expide el certificado
2.1. Denominación
2.2. Dirección
2.3. Teléfono/fax/correo electrónico
3. Titular(es) de un derecho de visita
3.1. Nombre(s) y apellido(s)
3.2. Dirección
3.3. Fecha y lugar de nacimiento (cuando consten estos datos)
4. Titular(es) de la responsabilidad parental distintos de los mencionados en el punto 3[15]
4.1.
4.1.1. Nombre(s) y apellido(s)
4.1.2. Dirección
4.1.3. Fecha y lugar de nacimiento (cuando consten estos datos)
4.2.

---

[13] Deben adjuntarse los documentos a que se refiere el apartado 2 del artículo 37.

[14] Reglamento (CE) núm. 2201/2003 del Consejo, de 27 de noviembre de 2003, relativo a la competencia, el reconocimiento y la ejecución de resoluciones judiciales en materia matrimonial y de responsabilidad parental, por el que se deroga el Reglamento (CE) núm. 1347/2000.

[15] En caso de custodia compartida, la persona mencionada en el punto 3 también puede mencionarse en el punto 4.

4.2.1. Nombre(s) y apellido(s)
4.2.2. Dirección
4.2.3. Fecha y lugar de nacimiento (cuando consten estos datos)
4.3.
4.3.1. Nombre(s) y apellido(s)
4.3.2. Dirección
4.3.3. Fecha y lugar de nacimiento (cuando consten estos datos)
5. Órgano jurisdiccional que dictó la resolución
5.1. Denominación del órgano jurisdiccional
5.2. Sede del órgano jurisdiccional
6. Resolución
6.1. Fecha
6.2. Número de referencia
6.3. ¿Se dictó la resolución en rebeldía?
6.3.1. No
6.3.2. Sí[16]
7. Hijos a los que afecta la resolución[17]
7.1. Nombre(s) y apellido(s) y fecha de nacimiento
7.2. Nombre(s) y apellido(s) y fecha de nacimiento
7.3. Nombre(s) y apellido(s) y fecha de nacimiento
7.4. Nombre(s) y apellido(s) y fecha de nacimiento
8. Nombre(s) y apellido(s) de las partes a las que se ha concedido el beneficio de asistencia jurídica gratuita
9. Certificación que acredite que la solicitud es ejecutiva y ha sido notificada o trasladada
9.1. ¿Es ejecutiva la resolución conforme al Derecho del Estado miembro de origen?
9.1.1. Sí
9.1.2. No
9.2. ¿Se ha notificado o trasladado la resolución a la parte contra la que se solicita la ejecución?
9.2.1. Sí
9.2.1.1. Nombre(s) y apellido(s) de la parte contra la que se solicita la ejecución
9.2.1.2. Dirección
9.2.1.3. Fecha de la notificación/traslado
9.2.2. No
10. Datos específicos para las resoluciones relativas al derecho de visita en caso de que se requiera el *exequatur* con arreglo al artículo 28. Esta posibilidad se encuentra contemplada en el apartado 2 del artículo 40:
10.1. Modalidades de ejercicio del derecho de visita (cuando en la resolución consten estas precisiones)
10.1.1. Fecha y hora
10.1.1.1. Comienzo
10.1.1.2. Fin
10.1.2. Lugar
10.1.3. Obligaciones particulares del titular de la responsabilidad parental
10.1.4. Obligaciones particulares del beneficiario del derecho de visita
10.1.5. Si ha lugar, restricciones aplicables al ejercicio del derecho de visita
11. Informaciones específicas para las resoluciones relativas a la restitución del menor en caso de que se requiera el *exequatur* con arreglo al artículo 28. Esta posibilidad se encuentra contemplada en el apartado 2 del artículo 40:
11.1. La resolución implica la restitución del menor
11.2. Persona a la que debe realizarse la restitución del menor (cuando en la resolución conste esta precisión)

---

[16] Deben adjuntarse los documentos a que se refiere el apartado 2 del artículo 37.

[17] Si son más de cuatro hijos, utilícese un segundo formulario.

11.2.1. Nombre(s) y apellido(s)
11.2.2. Dirección

Hecho en ...., a ....

Firma y/o sello

ANEXO III

Certificado relativo a las resoluciones en materia de derecho de visita a que se refiere el apartado 1 del artículo 41[18]

1. Estado miembro de origen
2. Órgano jurisdiccional o autoridad que expide el certificado
2.1. Denominación
2.2. Dirección
2.3. Teléfono/fax/correo electrónico
3. Titular(es) de un derecho de visita
3.1. Nombre(s) y apellido(s)
3.2. Dirección
3.3. Fecha y lugar de nacimiento (cuando consten estos datos)
4. Titular(es) de la responsabilidad parental distintos de los mencionados en el punto 3[19, 20]
4.1.
4.1.1. Nombre(s) y apellido(s)
4.1.2. Dirección
4.1.3. Fecha y lugar de nacimiento (cuando consten estos datos)
4.2.
4.2.1. Nombre(s) y apellido(s)
4.2.2. Dirección
4.2.3. Fecha y lugar de nacimiento (cuando consten estos datos)
4.3. Otros
4.3.1. Nombre(s) y apellido(s)
4.3.2. Dirección
4.3.3. Fecha y lugar de nacimiento (cuando consten estos datos)
5. Órgano jurisdiccional que dictó la resolución
5.1. Denominación del órgano jurisdiccional
5.2. Sede del órgano jurisdiccional
6. Resolución
6.1. Fecha
6.2. Número de referencia
7. Hijos a los que afecta la resolución[21]
7.1. Nombre(s) y apellido(s) y fecha de nacimiento

---

[18] Reglamento (CE) núm. 2201/2003 del *Consejo, de 27 de noviembre* de 2003, relativo a la competencia, el reconocimiento y la ejecución de resoluciones judiciales en materia matrimonial y de responsabilidad parental, por el que se deroga el Reglamento (CE) núm. 1347/2000.

[19] En caso de custodia compartida, la persona mencionada en el punto 3 también puede mencionarse en el punto 4.

[20] Marcar la casilla correspondiente a la persona respecto de la cual debería ejecutarse la resolución.

[21] Si son más de cuatro hijos, utilícese un segundo formulario.

7.2. Nombre(s) y apellido(s) y fecha de nacimiento
7.3. Nombre(s) y apellido(s) y fecha de nacimiento
7.4. Nombre(s) y apellido(s) y fecha de nacimiento
8. ¿Es recurrible la resolución conforme al Derecho del Estado miembro de origen?
8.1. Sí
8.2. No
9. En caso de procedimiento en rebeldía, el escrito de demanda o documento equivalente ha sido notificado o trasladado a la persona rebelde con la suficiente antelación y de tal manera que dicha persona ha podido defenderse, o bien, de haberse realizado la notificación o traslado sin respetar estas condiciones, consta de forma inequívoca que ha aceptado la resolución
10. Todas las partes afectadas han tenido oportunidad de ser oídas
11. Los menores han tenido oportunidad de ser oídos, a menos que se haya considerado que una audiencia no era oportuna teniendo en cuenta su edad o grado de madurez
12. Modalidades de ejercicio del derecho de visita (cuando en la resolución conste esta precisión)
12.1. Fecha y hora
12.1.1. Comienzo
12.1.2. Fin
12.2. Lugar
12.3. Obligaciones particulares del titular de la responsabilidad parental
12.4. Obligaciones particulares del beneficiario del derecho de visita
12.5. Si ha lugar, restricciones aplicables al ejercicio del derecho de visita
13. Nombre(s) y apellido(s) de las partes a las que se ha concedido el beneficio de asistencia jurídica gratuita

Hecho en ...., a ....

Firma y/o sello

ANEXO IV

Certificado relativo a la restitución del menor a que se refiere el apartado 1 del artículo 42[22]

1. Estado miembro de origen
2. Órgano jurisdiccional o autoridad que expide el certificado
2.1. Denominación
2.2. Dirección
2.3. Teléfono/fax/correo electrónico
3. Persona a la que debe realizarse la restitución del menor (cuando en la resolución conste esta precisión)
3.1. Nombre(s) y apellido(s)
3.2. Dirección
3.3. Fecha y lugar de nacimiento (cuando consten estos datos)
4. Titulares de la responsabilidad parental[23]
4.1. Madre
4.1.1. Nombre(s) y apellido(s)
4.1.2. Dirección (cuando consten estos datos)
4.1.3. Fecha y lugar de nacimiento (cuando consten estos datos)
4.2. Padre

[22] Reglamento (CE) núm. 2201/2003 del Consejo, de 27 de noviembre de 2003, relativo a la competencia, el reconocimiento y la ejecución de resoluciones judiciales en materia matrimonial y de responsabilidad parental, por el que se deroga el Reglamento (CE) núm. 1347/2000.

[23] Punto facultativo.

4.2.1. Nombre(s) y apellido(s)
4.2.2. Dirección (cuando consten estos datos)
4.2.3. Fecha y lugar de nacimiento (cuando consten estos datos)
4.3. Otros
4.3.1. Nombre(s) y apellido(s)
4.3.2. Dirección (cuando consten estos datos)
4.3.3. Fecha y lugar de nacimiento (cuando consten estos datos)
5. Demandado (cuando conste este dato)
5.1. Nombre(s) y apellido(s)
5.2. Dirección (cuando consten estos datos)
6. Órgano jurisdiccional que dictó la resolución
6.1. Denominación del órgano jurisdiccional
6.2. Sede del órgano jurisdiccional
7. Resolución
7.1. Fecha
7.2. Número de referencia
8. Hijos a los que afecta la resolución[24]
8.1. Nombre(s) y apellido(s) y fecha de nacimiento
8.2. Nombre(s) y apellido(s) y fecha de nacimiento
8.3. Nombre(s) y apellido(s) y fecha de nacimiento
8.4. Nombre(s) y apellido(s) y fecha de nacimiento
9. La resolución implica la restitución del menor
10. ¿Puede recurrirse la resolución con arreglo al Derecho del Estado miembro de origen?
10.1. Sí
10.2. No

11. Los menores han tenido la posibilidad de hacerse oír, a menos que se haya considerado que una audiencia no era oportuna habida cuenta de su edad o de su grado de madurez

12. Las partes han tenido la posibilidad de hacerse oír

13. La resolución dispone la restitución del menor y el órgano jurisdiccional ha tenido en cuenta al dictarla las razones y las pruebas en las que se fundamenta la resolución adoptada en virtud del artículo 13 del Convenio de La Haya de 25 de octubre de 1980 sobre los aspectos civiles de la sustracción internacional de menores

14. Si ha lugar, pormenores de las medidas adoptadas por el órgano jurisdiccional o por las autoridades para garantizar la protección del menor tras su restitución al Estado miembro de su residencia habitual

15. Nombre(s) y apellido(s) de las partes a las que se ha concedido el beneficio de asistencia jurídica gratuita

Hecho en ...., a ....

Firma y/o sello

[24] Si son más de cuatro hijos, utilícese un segundo formulario.

ANEXO V

Cuadro de correspondencias con el Reglamento (CE) número 1347/2000

Artículos derogados	Artículos correspondientes del nuevo texto
1	1, 2
2	3
3	12
4	
5	4
6	5
7	6
8	7
9	17
10	18
11	16, 19
12	20
13	2, 49, 46
14	21
15	22, 23
16	
17	24
18	25
19	26
20	27
21	28
22	21, 29
23	30
24	31
25	32
26	33
27	34
28	35
29	36
30	50
31	51
32	37
33	39
34	38
35	52
36	59
37	60, 61
38	62
39	
40	63
41	66
42	64
43	65
44	68, 69
45	70
46	72
Anexo I	68
Anexo II	68
Anexo III	68
Anexo IV	Anexo I
Anexo V	Anexo II

ANEXO VI

Declaraciones de Suecia y Finlandia con arreglo a la letra *a*) del apartado 2 del artículo 59 del Reglamento del Consejo relativo a la competencia, el reconocimiento y la ejecución de resoluciones judiciales en materia matrimonial y de responsabilidad parental, por el que se deroga el Reglamento (CE) número 1347/2000.

Declaración de Suecia

Suecia declara, con arreglo a la letra *a*) del apartado 2 del artículo 59 del Reglamento del Consejo relativo a la competencia, el reconocimiento y la ejecución de resoluciones judiciales en materia matrimonial y de responsabilidad parental, por el que se deroga el Reglamento (CE) número 1347/2000, que el Acuerdo nórdico, de 6 de febrero de 1931, entre Dinamarca, Finlandia, Islandia, Noruega y Suecia, relativo a determinadas disposiciones de Derecho internacional privado en materia de matrimonio, adopción y custodia, junto con su Protocolo final, es de aplicación total en las relaciones mutuas entre Suecia y Finlandia, en lugar de las normas del presente Reglamento.

Declaración de Finlandia

Finlandia declara, con arreglo a la letra *a*) del apartado 2 del artículo 59 del Reglamento del Consejo relativo a la competencia, el reconocimiento y la ejecución de resoluciones judiciales en materia matrimonial y de responsabilidad parental, por el que se deroga el Reglamento (CE) número 1347/2000, que el Acuerdo nórdico, de 6 de febrero de 1931, entre Dinamarca, Finlandia, Islandia, Noruega y Suecia, relativo a determinadas disposiciones de Derecho internacional privado en materia de matrimonio, adopción y custodia, junto con su Protocolo final, es de aplicación total en las relaciones mutuas entre Finlandia y Suecia, en lugar de las normas del presente Reglamento.

55. CONVENIO SOBRE LOS ASPECTOS CIVILES DE LA SUSTRACCIÓN INTERNACIONAL DE MENORES, HECHO EN LA HAYA EL 25 DE OCTUBRE DE 1980*

(*BOE* núm. 202, de 24 de agosto de 1987; corr. de errores, *BOE* núm. 155, de 30 de junio de 1989, y *BOE* núm. 21, de 24 de enero de 1996)

Los Estados signatarios del presente Convenio,

Profundamente convencidos de que los intereses del menor son de una importancia primordial para todas las cuestiones relativas a su custodia,

Deseosos de proteger al menor, en el plano internacional, de los efectos perjudiciales que podría

* *Texto auténtico*: francés e inglés. *Estados parte*: Albania, Alemania, Armenia, Argentina, Australia, Austria, Bahamas, Bélgica, Belice, Bielorrusia, Bosnia-Herzegovina, Brasil, Bulgaria, Burkina Faso, Canadá, Chile, China (regiones administrativas especiales de Hong Kong y Macao), Chipre, Colombia, Costa Rica, Croacia, Dinamarca, Ecuador, El Salvador, Eslovaquia, Eslovenia, España, Estados Unidos de América, Estonia, Ex-República Yugoslava de Macedonia, Fidji, Finlandia, Francia, Georgia, Grecia, Guatemala, Honduras, Hungría, Irlanda, Islandia, Israel, Italia, Letonia, Lituania, Luxemburgo, Malta, Mauricio, México, Mónaco, Montenegro, Nicaragua, Noruega, Nueva Zelanda, Panamá, Países Bajos, Paraguay, Perú, Polonia, Portugal, Reino Unido de Gran Bretaña e Irlanda del Norte (incluidas las islas de Man, las islas Caimán y las islas Falkland), República Checa, República Dominicana, República de Moldova, Rumania, San Marino, Saint Kitts and Nevis, Serbia, Seychelles, Sri Lanka, Sudáfrica, Suecia, Suiza, Tailandia, Trinidad y Tobago, Turkmenistán, Turquía, Ucrania, Uruguay, Uzbequistán, Venezuela y Zimbawe. Para los datos posteriores al cierre de la edición y otras informaciones relativas al Convenio véase http://www.hcch.net. Vid. el Convenio europeo relativo al reconocimiento y ejecución de decisiones en materia de custodia de menores, así como al establecimiento de dicha custodia, hecho en Luxemburgo el 20 de mayo de 1980 (*BOE* de 1-9-1984, *infra* núm. 56). Vid. el Convenio con Marruecos sobre asistencia judicial, reconocimiento y ejecución de resoluciones judiciales en materia de derecho de custodia y derecho de visita y devolución de menores (*BOE* 24-6-1997, *infra* núm. 57).

ocasionarle un traslado o una retención ilícita y de establecer los procedimientos que permitan garantizar la restitución inmediata del menor al Estado en que tenga su residencia habitual, así como de asegurar la protección del derecho de visita,

Han acordado concluir un Convenio a estos efectos y convienen en las siguientes disposiciones:

CAPÍTULO PRIMERO

Ámbito de aplicación del Convenio

Artículo 1.º La finalidad del presente Convenio será la siguiente:

a) Garantizar la restitución inmediata de los menores trasladados o retenidos de manera ilícita en cualquier Estado Contratante.

b) Velar por que los derechos de custodia y de visita vigentes en uno de los Estados contratantes se respeten en los demás Estados contratantes.

Art. 2.º Los Estados contratantes adoptarán todas las medidas apropiadas para garantizar que se cumplan en sus territorios respectivos los objetivos del Convenio. Para ello deberán recurrir a los procedimientos de urgencia de que dispongan.

Art. 3.º El traslado o la retención de un menor se considerarán ilícitos:

a) Cuando se hayan producido con infracción de un derecho de custodia atribuido, separada o conjuntamente, a una persona, a una institución o a cualquier otro organismo, con arreglo al Derecho vigente en el Estado en el que el menor tenía su residencia habitual inmediatamente antes de su traslado o retención; y

b) Cuando este derecho se ejercía de forma efectiva, separada o conjuntamente, en el momento del traslado o de la retención, o se habría ejercido de no haberse producido dicho traslado o retención.

El derecho de custodia mencionado en *a*) puede resultar, en particular, bien de una atribución de pleno derecho, bien de una decisión judicial o administrativa o de un acuerdo vigente según el Derecho de dicho Estado.

Art. 4.º El Convenio se aplicará a todo menor que haya tenido su residencia habitual en un Estado Contratante inmediatamente antes de la infracción de los derechos de custodia o de visita. El Convenio dejará de aplicarse cuando el menor alcance la edad de dieciséis años.

Art. 5.º A los efectos del presente Convenio:

a) El «derecho de custodia» comprenderá el derecho relativo al cuidado de la persona del menor y, en particular, el de decidir sobre su lugar de residencia;

Art. 1.º: Vid. *supra* núm. 54.

b) El «derecho de visita» comprenderá el derecho de llevar al menor por un período de tiempo limitado a otro lugar diferente a aquel en que tiene su residencia habitual.

CAPÍTULO II

AUTORIDADES CENTRALES

Art. 6.º Cada uno de los Estados contratantes designará una Autoridad central encargada del cumplimiento de las obligaciones que le impone el Convenio.

Los Estados Federales, los Estados en que esté vigente más de un sistema de Derecho o los Estados que cuenten con organizaciones territoriales autónomas tendrán libertad para designar más de una Autoridad central y para especificar la extensión territorial de los poderes de cada una de estas Autoridades. El Estado que haga uso de esta facultad designará la autoridad central a la que puedan dirigirse las solicitudes, con el fin de que las transmita a la Autoridad central competente en dicho Estado.

Art. 7.º Las Autoridades centrales deberán colaborar entre sí y promover la colaboración entre las Autoridades competentes en sus respectivos Estados, con el fin de garantizar la restitución inmediata de los menores y para conseguir el resto de los objetivos del presente Convenio.

Deberán adoptar, en particular, ya sea directamente o a través de un intermediario todas las medidas apropiadas que permitan:

a) Localizar a los menores trasladados o retenidos de manera ilícita;

b) Prevenir que el menor sufra mayores daños o que resulten perjudicadas las partes interesadas, para lo cual adoptarán o harán que se adopten medidas provisionales;

c) Garantizar la restitución voluntaria del menor o facilitar una solución amigable;

d) Intercambiar información relativa a la situación social del menor, si se estimase conveniente;

e) Facilitar información general sobre la legislación de su país relativa a la aplicación del Convenio;

f) Incoar o facilitar la apertura de un procedimiento judicial o administrativo, con objeto de conseguir la restitución del menor, y, en su caso, permitir que se regule o se ejerza de manera efectiva el derecho de visita;

g) Conceder, o, en su caso, facilitar la obtención de asistencia judicial y jurídica, incluida la participación de un Abogado;

h) Garantizar, desde el punto de vista administrativo, la restitu-

---

Art. 6.º: En España, la Autoridad Central es la Subdirección General de Cooperación Jurídica Internacional, c/ San Bernardo, 62, 28015 Madrid, de conformidad a lo dispuesto en el Real Decreto 1475/2004, de 18 de junio, por el que se desarrolla la estructura orgánica básica del Ministerio de Justicia (*BOE* de 19-6-2004).

ción del menor sin peligro, si ello fuese necesario y apropiado;

i) Mantenerse mutuamente informadas sobre la aplicación del presente Convenio y eliminar, en la medida de lo posible, los obstáculos que puedan oponerse a dicha aplicación.

CAPÍTULO III

Restitución del menor

Art. 8.º Toda persona, Institución u Organismo que sostenga que un menor ha sido objeto de traslado o retención con infracción del derecho de custodia, podrá dirigirse a la Autoridad central de la residencia habitual del menor, o a la de cualquier otro Estado Contratante, para que, con su asistencia, quede garantizada la restitución del menor.

La solicitud incluirá:

a) Información relativa a la identidad del demandante, del menor y de la persona de quien se alega que ha sustraído o retenido al menor;

b) La fecha de nacimiento del menor, cuando sea posible obtenerla;

c) Los motivos en que se basa el demandante para reclamar la restitución del menor;

d) Toda la información disponible relativa a la localización del menor y la identidad de la persona con la que se supone que está el menor;

La demanda podrá ir acompañada o complementada por:

e) Una copia auténtica de toda decisión o acuerdo pertinentes;

f) Una certificación o declaración jurada expedida por una Autoridad central o por otra autoridad competente del Estado donde el niño tenga su residencia habitual o por persona cualificada relativa al derecho vigente en esta materia de dicho Estado;

g) Cualquier otro documento pertinente.

Art. 9.º Si la Autoridad central que recibe una demanda en virtud de lo dispuesto en el artículo 8.º tiene razones para creer que el menor se encuentra en otro Estado Contratante, transmitirá la demanda directamente y sin demora a la Autoridad central de ese Estado Contratante e informará a la Autoridad central requirente o, en su caso, al demandante.

Art. 10. La Autoridad central del Estado donde se encuentre el menor adoptará o hará que se adopten todas las medidas adecuadas encaminadas a conseguir la restitución voluntaria del menor.

Art. 11. Las autoridades judiciales o administrativas de los Estados contratantes actuarán con

---

Art. 8.º: Vid. *supra* núm. 6, arts. 1.901 a 1.909 de la LEC redactados según la Ley orgánica 1/1996, de 15 de enero, de protección jurídica del menor (*BOE* de 17-1-1996).

urgencia en los procedimientos para la restitución de los menores.

Si la autoridad judicial o administrativa competente no hubiera llegado a una decisión en el plazo de seis semanas a partir de la fecha de iniciación de los procedimientos, el demandante o la Autoridad central del Estado requerido, por iniciativa propia o a instancias de la Autoridad central del Estado requirente, tendrá derecho a pedir una declaración sobre las razones de la demora.

Si la Autoridad central del Estado requerido recibiera una respuesta, dicha Autoridad la transmitirá a la Autoridad central del Estado requirente o, en su caso, al demandante.

Art. 12. Cuando un menor haya sido trasladado o retenido ilícitamente en el sentido previsto en el artículo 3 y, en la fecha de la iniciación del procedimiento ante la autoridad judicial o administrativa del Estado Contratante donde se halle el menor hubiera transcurrido un período inferior a un año desde el momento en que se produjo el traslado o retención ilícitos, la autoridad competente ordenará la restitución inmediata del menor.

La autoridad judicial o administrativa, aun en el caso de que se hubieren iniciado los procedimientos *después de* la expiración del plazo de un año a que se hace referencia en el párrafo precedente, ordenará asimismo la restitución del menor, salvo que quede demostrado que el menor ha quedado integrado en su nuevo medio.

Cuando la autoridad judicial o administrativa tenga razones para creer que el menor ha sido trasladado a otro Estado, podrá suspender el procedimiento o rechazar la demanda de restitución del menor.

Art. 13. No obstante lo dispuesto en el artículo precedente, la autoridad judicial o administrativa del Estado requerido no está obligada a ordenar la restitución del menor si la persona, Institución u otro Organismo que se opone a su restitución demuestra que:

a) La persona, Institución u Organismo que se hubiera hecho cargo de la persona del menor no ejercía de modo efectivo el derecho de custodia en el momento en que fue trasladado o retenido o había consentido o posteriormente aceptado el traslado o retención; o

b) Existe un grave riesgo de que la restitución del menor lo exponga a un peligro físico o psíquico o de cualquier otra manera ponga al menor en una situación intolerable.

La autoridad Judicial o administrativa podrá asimismo negarse a ordenar la restitución del menor si comprueba que el propio menor se opone a su restitución, cuando el menor haya alcanzado una edad y un grado de madurez en que resulta apropiado tener en cuenta sus opiniones.

Al examinar las circunstancias a que se hace referencia en el presente artículo, las autoridades judiciales y administrativas del Estado requerido, tendrán en cuenta la información que sobre la situación social del menor proporcione la Autoridad central u otra autoridad competente del lugar de residencia habitual del menor.

Art. 14. Para determinar la existencia de un traslado o de una retención ilícitos en el sentido del artículo 3.º, las autoridades judiciales o administrativas del Estado requerido podrán tener en cuenta directamente la legislación y las decisiones judiciales o administrativas, ya estén reconocidas oficialmente o no en el Estado de la residencia habitual del menor, sin tener que recurrir a procedimientos concretos para probar la vigencia de esa legislación o para el reconocimiento de las decisiones extranjeras que de lo contrario serían aplicables.

Art. 15. Las autoridades judiciales o administrativas de un Estado Contratante, antes de expedir una orden para la restitución del menor, podrán exigir que el demandante obtenga de las autoridades del Estado de residencia habitual del menor una decisión o una certificación que acrediten que el traslado o retención del menor era ilícito en el sentido previsto en el artículo 3.º del Convenio, siempre que pueda obtenerse en dicho Estado esa decisión o certificación.

Las Autoridades centrales de los Estados contratantes harán todo lo posible por prestar asistencia a los demandantes para que obtengan una decisión o certificación de esa clase.

Art. 16. Después de haber sido informadas de un traslado o retención ilícitos de un menor en el sentido previsto en el artículo 3, las autoridades judiciales o administrativas a donde haya sido trasladado el menor o donde esté retenido ilícitamente, no decidirán sobre la cuestión de fondo de los derechos de custodia hasta que se haya determinado que el menor no tiene que ser restituido de conformidad con lo dispuesto en el presente Convenio o hasta que haya transcurrido un período de tiempo razonable sin que se haya presentado una demanda en aplicación del Convenio.

Art. 17. El solo hecho de que se haya dictado una decisión relativa a la custodia del menor o que esa decisión pueda ser reconocida en el Estado requerido no podrá justificar la negativa para restituir a un menor conforme a lo dispuesto en el presente Convenio, pero las autoridades judiciales o administrativas del Estado requerido podrán tener en cuenta los motivos de dicha decisión al aplicar el presente Convenio.

Art. 18. Las disposiciones del presente capítulo no limitarán las facultades de una autoridad judicial o administrativa para ordenar la restitución del menor en cualquier momento.

Art. 19. Una decisión adoptada en el marco del presente Convenio sobre la restitución del menor no afectará a la cuestión de fondo de derecho de custodia.

Art. 20. La restitución del menor conforme a lo dispuesto en el artículo 12 podrá denegarse cuando no lo permitan los principios fundamentales del Estado requerido en materia de protección de los derechos humanos y de las libertades fundamentales.

CAPÍTULO IV

DERECHO DE VISITA

Art. 21. Una demanda que tenga como fin la organización o la garantía del ejercicio efectivo del derecho de visita podrá presentarse a las Autoridades centrales de los Estados contratantes, en la misma forma que la demanda para la restitución del menor.

Las Autoridades centrales estarán vinculadas por las obligaciones de cooperación establecidas en el artículo 7.º para asegurar el disfrute pacífico del derecho de visita y el cumplimiento de todas las condiciones a que pueda estar sometido el ejercicio de ese derecho. Las Autoridades centrales adoptarán las medidas necesarias para eliminar, en la medida de lo posible, todos los obstáculos para el ejercicio de ese derecho.

Las Autoridades centrales, directamente o por conducto de intermediarios, podrán incoar procedimientos o favorecer su incoación con el fin de organizar o proteger dicho derecho y asegurar el cumplimiento de las condiciones a que pudiera estar sometido el ejercicio de ese derecho.

CAPÍTULO V

DISPOSICIONES GENERALES

Art. 22. No podrá exigirse ninguna fianza ni depósito, cualquiera que sea la designación que se le dé, para garantizar el pago de las costas y gastos de los procedimientos judiciales o administrativos previstos en el Convenio.

Art. 23. No se exigirá, en el contexto del presente Convenio, ninguna legalización ni otras formalidades análogas.

Art. 24. Toda demanda, comunicación u otro documento que se envíe a la Autoridad central del Estado requerido se remitirá en el idioma de origen e irá acompañado de una traducción al idioma oficial o a uno de los idiomas oficiales del Estado requerido o, cuando esto no sea factible, de una traducción al francés o al inglés.

No obstante, un Estado Contratante podrá, mediante la formulación de una reserva conforme a lo dispuesto en el artículo 42, oponerse a la utilización del francés o

---

Art. 24, apdo. 2.º: Vid., sobre la utilización de lenguas en la solicitud, comunicaciones y otros documentos remitidos a las Autoridades Centrales, el Canje de Notas entre España y Gran Bretaña (*BOE* de 16-3-1994).

del inglés, pero no de ambos idiomas, en toda demanda, comunicación u otros documentos que se envíen a su Autoridad central.

Art. 25. Los nacionales de los Estados contratantes y las personas que residen habitualmente en esos Estados tendrán derecho en todo lo referente a la aplicación del presente Convenio, a la asistencia judicial y al asesoramiento jurídico en cualquier otro Estado Contratante en las mismas condiciones que si fueran nacionales y residieran habitualmente en este último Estado.

Art. 26. Cada autoridad central sufragará sus propios gastos en la aplicación del presente Convenio.

Las autoridades centrales y otros servicios públicos de los Estados contratantes no percibirán cantidad alguna en relación con las demandas presentadas en virtud de lo dispuesto en el presente Convenio ni exigirán al demandante ningún pago por las costas y gastos del proceso, ni en su caso, por los gastos derivados de la participación de un Abogado o asesor jurídico. No obstante, se les podrá exigir el pago de los gastos originados o que vayan a originarse por la restitución del menor.

Sin embargo, un Estado Contratante podrá, mediante la formulación de una reserva conforme a lo dispuesto en el artículo 42, declarar que no estará obligado a asumir ningún gasto de los mencionados en el párrafo precedente que se deriven de la participación de un Abogado o asesores jurídicos o del proceso judicial, excepto en la medida que dichos gastos puedan quedar cubiertos por un sistema de asistencia judicial y asesoramiento jurídico.

Al ordenar la restitución de un menor o al expedir una orden relativa a los derechos de visita conforme a lo dispuesto en el presente Convenio, las autoridades judiciales o administrativas podrán disponer, en su caso, que la persona que trasladó al menor o que impide el ejercicio del derecho de visita pague los gastos necesarios en que haya incurrido el demandante o en que se haya incurrido en su nombre, incluidos los gastos de viajes, todos los costes o pagos efectuados para localizar al menor, las costas de la representación judicial del demandante y los gastos de la restitución del menor.

Art. 27. Cuando se ponga de manifiesto que no se han cumplido las condiciones requeridas en el presente Convenio o que la demanda carece de fundamento, una Autoridad central no estará obligada a aceptar la demanda. En este caso, la Autoridad central informará inmediatamente al demandante de los motivos de su decisión o a la Autoridad central por conducto de la cual se haya presentado la demanda, según el caso.

Art. 28. Una Autoridad central podrá exigir que la demanda vaya acompañada de una autorización, por escrito, que le confiera poderes para actuar por cuenta del demandante o para designar un representante habilitado para actuar en su nombre.

Art. 29. El presente Convenio no excluirá que cualquier persona, Institución u Organismo que pretenda que ha habido una infracción del derecho de custodia o de los derechos de visita, en el sentido previsto en los artículos 3.º o 21, reclame directamente ante las autoridades judiciales o administrativas de un Estado Contratante, en aplicación o no de las disposiciones del presente Convenio.

Art. 30. Toda demanda presentada a las autoridades centrales o directamente a las autoridades judiciales o administrativas de un Estado Contratante, de conformidad con los términos del presente Convenio, junto con los documentos o cualquier otra información que la acompañe o que haya proporcionado una Autoridad central, será admisible en los Tribunales o ante las autoridades administrativas de los Estados contratantes.

Art. 31. Cuando se trate de un Estado que en materia de custodia de menores tenga dos o más sistemas de derecho aplicables en unidades territoriales diferentes:

a) Toda referencia a la residencia habitual en dicho Estado se interpretará que se refiere a la residencia habitual en una unidad territorial de ese Estado.

b) Toda referencia a la Ley del Estado de residencia habitual se interpretará que se refiere a la Ley de la unidad territorial de ese Estado donde resida habitualmente el menor.

Art. 32. Cuando se trate de un Estado que en materia de custodia de menores tenga dos o más sistemas de derecho aplicables a diferentes categorías de personas, toda referencia a la Ley de ese Estado se interpretará que se refiere al sistema de derecho especificado por la Ley de dicho Estado.

Art. 33. Un Estado en el que las diferentes unidades territoriales tengan sus propias normas jurídicas respecto a la custodia de menores, no estará obligado a aplicar el presente Convenio cuando no esté obligado a aplicarlo un Estado que tenga un sistema unificado de derecho.

Art. 34. El presente Convenio tendrá prioridad en las cuestiones incluidas en su ámbito de aplicación sobre el Convenio del 5 de octubre de 1961, relativo a la

---

Art. 34: Vid. *infra* núm. 92, el Convenio relativo a la competencia de autoridades y a la ley aplicable en materia de protección de menores, hecho en La Haya el 5 de octubre de 1961.

competencia de las autoridades y a la Ley aplicable en materia de protección de menores, entre los Estados Parte en ambos Convenios.

Por lo demás, el presente Convenio no restringirá que se aplique un instrumento internacional en vigor entre el Estado de origen y el Estado requerido ni que se invoquen otras normas jurídicas del Estado requerido para obtener la restitución de un menor que haya sido trasladado o esté retenido ilícitamente o para organizar el derecho de visita.

Art. 35. El presente convenio sólo se aplicará entre los Estados contratantes en los casos de traslados o retenciones ilícitos ocurridos después de su entrada en vigor entre esos Estados.

Si se hubiera formulado una declaración conforme a lo dispuesto en los artículos 39 ó 40, la referencia que figura en el párrafo precedente a un Estado Contratante se entenderá que se refiere a la unidad o unidades territoriales a las que se aplica el presente Convenio.

Art. 36. Nada de lo dispuesto en el presente Convenio impedirá a dos o más Estados contratantes que, con el fin de limitar las restricciones a las que podría estar sometido el regreso del niño, acuerden mutuamente la derogación de algunas de las disposiciones del presente Convenio que podrían originar esas restricciones.

CAPÍTULO VI

CLÁUSULAS FINALES

Art. 37. El Convenio estará abierto a la firma de los Estados que fueron miembros de la Conferencia de La Haya sobre el Derecho Internacional Privado en su decimocuarto período de sesiones. Será ratificado, aceptado o aprobado, y los instrumentos de ratificación, aceptación o aprobación se depositarán en poder del Ministerio de Asuntos Exteriores del Reino de los Países Bajos.

Art. 38. Cualquier otro Estado podrá adherirse al Convenio.

El instrumento de adhesión será depositado en poder del Ministerio de Asuntos Exteriores del Reino de los Países Bajos.

Para el Estado que se adhiera al Convenio, éste entrará en vigor el primer día del tercer mes de calendario después del depósito de su instrumento de adhesión.

La adhesión surtirá efecto sólo respecto de las relaciones entre el Estado adherido y aquellos Estados

Art. 35: El Convenio entró en vigor para España el 1 de septiembre de 1987. Respecto a la fecha de la entrada en vigor para otros Estados parte, vid. *BOE* de 24-8-1987, 30-1-1988 y 24-9-1988 y, con posterioridad a esta fecha, en las comunicaciones de la Secretaría General Técnica del Ministerio de Asuntos Exteriores publicadas trimestralmente en el *BOE* de conformidad con el art. 32 del D. 801/1972, de 24 de marzo, relativo a la ordenación de la actividad del Estado en materia de tratados internacionales.

contratantes que hayan declarado su aceptación de la adhesión. Esta declaración habrá de ser formulada asimismo por cualquier Estado miembro que ratifique, acepte o apruebe el Convenio después de una adhesión. Dicha declaración será depositada en poder del Ministerio de Asuntos Exteriores del Reino de los Países Bajos; este Ministerio enviará por vía diplomática una copia certificada a cada uno de los Estados contratantes.

El Convenio entrará en vigor entre el Estado adherido y el Estado que haya declarado que acepta esa adhesión el primer día del tercer mes de calendario después del depósito de la declaración de aceptación.

Art. 39. Todo Estado, en el momento de la firma, ratificación, aceptación, aprobación o adhesión, podrá declarar que el Convenio se extenderá al conjunto de los territorios de cuyas relaciones exteriores esté encargado, o sólo a uno o varios de esos territorios. Esta declaración surtirá efecto en el momento en que el Convenio entre en vigor para dicho Estado.

Esa declaración, así como toda extensión posterior, será notificada al Ministerio de Asuntos Exteriores de los Países Bajos.

Art. 40. Si un Estado Contratante tiene dos o más unidades territoriales en las que se aplican sistemas de derecho distintos en relación con las materias de que trata el presente Convenio, podrá, en el momento de la firma, ratificación, aceptación, aprobación o adhesión, declarar que el presente Convenio se extenderá a todas sus unidades territoriales o sólo a una o varias de ellas, y podrá modificar esta declaración en cualquier momento, para lo que habrá de formular una nueva declaración.

Las declaraciones de esta clase se notificarán al Ministerio de Relaciones Exteriores de los Países Bajos y se indicará en ellas expresamente las unidades territoriales a las que se aplica el presente Convenio.

Art. 41. Cuando un Estado Contratante tenga un sistema de gobierno en el cual los poderes ejecutivo, judicial y legislativo están distribuidos entre las autoridades centrales y otras autoridades dentro de dicho Estado, la firma o ratificación, aceptación, aprobación y adhesión del presente Convenio, o la formulación de cualquier declaración conforme a lo dispuesto en el artículo 40 no entrañará consecuencia alguna en cuanto a la distribución interna de los poderes en dicho Estado.

Art. 42. Cualquier Estado podrá, a más tardar en el momento de la ratificación, aceptación, aproba-

Art. 39: Vid. sobre la extensión del Convenio por otros Estados partes las referencias al *BOE* indicadas en la nota al art. 35.

Art. 42: Vid. sobre las declaraciones y reservas formuladas por otros Estados partes en el Convenio las referencias al *BOE* indicadas en la nota al art. 35.

ción o adhesión o en el momento de formular una declaración conforme a lo dispuesto en los artículos 39 ó 40, formular una de las reservas o las dos reservas previstas en el artículo 24 y en el tercer párrafo del artículo 26. No se permitirá ninguna otra reserva.

Cualquier Estado podrá retirar, en cualquier momento, una reserva que hubiera formulado. La retirada será notificada al Ministerio de Relaciones Exteriores del Reino de los Países Bajos.

La reserva dejará de surtir efecto el primer día del tercer mes de calendario después de las notificaciones a que se hace referencia en el párrafo precedente.

Art. 43. El Convenio entrará en vigor el primer día del tercer mes de calendario después del depósito del tercer instrumento de ratificación, aceptación, aprobación o adhesión a que se hace referencia en los artículos 37 y 38.

Después, el Convenio entrará en vigor:

1) Para cada Estado que lo ratifique, acepte, apruebe o se adhiera a él con posterioridad, el primer día del tercer mes de calendario después del depósito de su instrumento de ratificación, aceptación, aprobación o adhesión.

2) Para los territorios o unidades territoriales a los que se haya extendido el Convenio, de conformidad con el artículo 39 ó 40, el primer día del tercer mes de calendario después de la notificación a que se hace referencia en esos artículos.

Art. 44. El Convenio permanecerá en vigor durante cinco años a partir de la fecha de su entrada en vigor, de conformidad con lo dispuesto en el primer párrafo del artículo 43, incluso para los Estados que con posterioridad lo hubieran ratificado, aceptado o aprobado o se hubieran adherido a él. Si no hubiera denuncia, se renovará tácitamente cada cinco años.

Toda denuncia será notificada al Ministerio de Asuntos Exteriores del Reino de los Países Bajos seis meses antes, por lo menos, de la expiración del plazo de cinco años. La denuncia podrá limitarse a determinados territorios o unidades territoriales a los que se aplique el Convenio.

La denuncia surtirá efecto sólo respecto del Estado que la hubiera notificado. El Convenio permanecerá en vigor para los demás Estados contratantes.

Art. 45. El Ministerio de Asuntos Exteriores del Reino de los Países Bajos notificará a los Estados miembros de la Conferencia y a los Estados que se hayan adherido al Convenio de conformidad con lo dispuesto en el artículo 38 lo siguiente:

1) Las firmas y ratificaciones, aceptaciones y aprobaciones a que hace referencia el artículo 37.

2) Las adhesiones a que hace referencia al artículo 38.

3) La fecha en que el Convenio entre en vigor conforme a lo dispuesto en el artículo 43.

4) La extensión a que hace referencia el artículo 39.

5) Las declaraciones mencionadas en los artículos 38 y 40.

6) Las reservas previstas en el artículo 24 y en el tercer párrafo del artículo 26, y las retiradas previstas en el artículo 42.

7) Las denuncias previstas en el artículo 44.

En fe de lo cual, los infrascritos, debidamente autorizados para ello, han firmado el presente Convenio.

Hecho en La Haya el 25 de octubre de 1980, en francés y en inglés, siendo ambos textos igualmente fehacientes, en un ejemplar único que se depositará en los archivos del Gobierno del Reino de los Países Bajos y del cual se enviará, por vía diplomática, copia certificada a cada uno de los Estados miembros de la Conferencia de La Haya sobre el Derecho Internacional Privado en la fecha de su decimocuarto período de sesiones.

56. CONVENIO EUROPEO RELATIVO AL RECONOCIMIENTO Y EJECUCIÓN DE DECISIONES EN MATERIA DE CUSTODIA DE MENORES, ASÍ COMO AL RESTABLECIMIENTO DE DICHA CUSTODIA, HECHO EN LUXEMBURGO EL 20 DE MAYO DE 1980*

(*BOE* núm. 210, de 1 de septiembre de 1984)

Los Estados miembros del Consejo de Europa signatarios del presente Convenio,

Reconociendo que en los Estados Miembros del Consejo de Europa la consideración del interés del menor es de decisiva importancia para la adopción de resoluciones relativas a su custodia;

* *Texto auténtico*: francés e inglés. *Estados parte*: Alemania, Austria, Bélgica, Bulgaria, Chipre, Dinamarca, Eslovaquia, Eslovenia, España, Estonia, Ex-República Yugoslava de Macedonia, Finlandia, Francia, Grecia, Hungría, Irlanda, Islandia, Italia, Letonia, Liechtenstein, Lituania, Luxemburgo, Malta, Montenegro, Noruega, Países Bajos, Polonia, Portugal, Reino Unido de Gran Bretaña e Irlanda del Norte, República Checa, República de Moldova, Rumania, Serbia, Suecia, Suiza y Turquía. Para los datos posteriores al cierre de la edición y otras informaciones relativas al Convenio véase http://www.coe.int. Vid. el Convenio de La Haya de 1980 sobre los aspectos civiles de la sustracción de menores (*supra* núm. 55). Vid. Reglamento 2201/2003, art. 60 (*supra* núm. 54).

Considerando que la institución de medidas destinadas a facilitar el reconocimiento y la ejecución de resoluciones relativas a la custodia de menores asegurará una mejor protección de los intereses de estos últimos;

Estimando conveniente a este fin subrayar que el derecho de visita de los padres es corolario normal del derecho de custodia;

Enterados del número creciente de casos de menores que han sido trasladados ilícitamente a través de una frontera internacional, así como de las dificultades con que se tropieza para resolver de modo adecuado los problemas que tales casos plantean;

Deseosos de introducir las disposiciones apropiadas, que permitan restablecer la custodia de menores cuando esta custodia haya sido arbitrariamente interrumpida;

Convencidos de la oportunidad de adoptar al efecto medidas que se adapten a las diferentes necesidades y circunstancias;

Deseosos de establecer relaciones de cooperación judicial entre sus autoridades respectivas,

Convienen en lo siguiente:

Artículo 1.º A los efectos del presente Convenio se entenderá:

a) Por «menor»: Una persona, cualquiera que sea su nacionalidad, siempre que su edad sea inferior a los dieciséis años y que no tenga derecho a fijar su residencia, según la ley de su residencia habitual o de su nacionalidad o según la legislación interna del Estado requerido.

b) Por «autoridad»: Cualquier autoridad judicial o administrativa.

c) Por «resolución relativa a la custodia»: Cualquier resolución de una autoridad, en la medida en que se refiera al cuidado de la persona del menor —incluido el derecho de fijar su residencia—, así como al derecho de visita.

d) «Traslado ilícito»: El traslado de un menor a través de una frontera internacional, con infracción de una resolución relativa a su custodia dictada en un Estado contratante y ejecutoria en dicho Estado; se considerará asimismo como traslado ilícito:

i) El hecho de que un menor no regrese a través de una frontera internacional, al finalizar el período de ejercicio de un derecho de visita relativo a dicho menor o al término de cualquier otra estancia de carácter temporal en territorio distinto de aquel en el que se ejerza la custodia.

ii) El traslado que ulteriormente se declare ilícito en el sentido del artículo 12.

TÍTULO PRIMERO

Autoridades centrales

Art. 2.º 1. Cada uno de los Estados contratantes designará a una autoridad central que ejercerá las funciones previstas en el presente Convenio.

2. Los Estados federales y los Estados en donde rijan varios sistemas jurídicos, tendrán la facultad de designar varias autoridades centrales cuyas competencias determinarán.

3. Cualquier designación, efectuada en cumplimiento del presente artículo se notificará al Secretario General del Consejo de Europa.

Art. 3.º 1. Las autoridades centrales de los Estados contratantes cooperarán entre sí y promoverán la cooperación y la coordinación entre las autoridades competentes de sus países respectivos. Actuarán con toda la diligencia necesaria.

2. Con miras a facilitar la ejecución del presente Convenio las autoridades centrales de los países contratantes:

a) Asegurarán la remisión de las peticiones de información procedentes de las autoridades competentes y relativas a cuestiones de derecho o de hecho relativas a procedimientos pendientes.

b) Se comunicarán recíprocamente, previa petición al respecto, la información relativa a su legislación en materia de custodia de menores y a la evolución de la misma.

c) Se mantendrán mutuamente informados de las dificultades que puedan surgir con ocasión de la ejecución del Convenio y tratarán en la medida de lo posible, de eliminar los obstáculos que se opongan a la misma.

Art. 4.º 1. Cualquier persona que haya obtenido en un Estado contratante una resolución relativa a la custodia de un menor y que desee obtener en otro Estado contratante el reconocimiento o la ejecución de la misma, podrá dirigirse a tal efecto, mediante solicitud, a la autoridad central de cualquier Estado contratante.

2. La solicitud irá acompañada de los documentos mencionados en el artículo 13.

3. La autoridad central a quien vaya dirigida la solicitud, en el caso de que sea distinta de la autoridad central del Estado requerido remitirá a esta última los documentos, directamente y sin demora.

4. La autoridad central a quien se haya dirigido la solicitud podrá negarse a intervenir si resulta claramente manifiesto que no se cum-

---

Art. 2.º: En España, la Autoridad Central es la Subdirección General de Cooperación Jurídica Internacional, c/ San Bernardo, 62, 28015 Madrid, de conformidad a lo dispuesto en el Real Decreto 1475/2004, de 18 de junio, por el que se desarrolla la estructura orgánica básica del Ministerio de Justicia (*BOE* de 19-6-2004).

plieron las condiciones requeridas en virtud del presente Convenio.

5. La autoridad central destinataria de la solicitud mantendrá al solicitante informado, sin demora, de los resultados de su petición.

Art. 5.º 1. La autoridad central del Estado requerido adoptará o dispondrá que se adopten, dentro de los plazos más breves que sea posible, cuantas disposiciones estime apropiadas, e incoará, en su caso, procedimientos ante sus autoridades competentes, con el fin de:

a) Averiguar el paradero del menor.

b) Evitar, especialmente mediante la adopción de las medidas provisionales necesarias, que se perjudiquen los derechos del menor o del demandante.

c) Asegurar el reconocimiento o la ejecución de la resolución.

d) Asegurar la entrega del menor al demandante cuando se haya autorizado la ejecución de la resolución.

e) Informar al demandante de las medidas adoptadas para atender su instancia y de los resultados obtenidos.

2. Cuando la autoridad central del Estado requerido tenga razones para creer que el menor se halla en territorio de otro Estado contratante, remitirá los documentos a la autoridad central de dicho Estado directamente y sin demora.

3. Excepción hecha de los gastos de repatriación, cada uno de los Estados contratantes se compromete a no exigir del demandante pago alguno por las medidas adoptadas por cuenta de este último, en virtud del párrafo 1 del presente artículo, por la autoridad central de dicho Estado, incluidos los gastos y costas procesales y, dado el caso, los gastos originados por la intervención de un Abogado.

4. Si se deniega el reconocimiento o la ejecución y si la autoridad central del Estado requerido estima que debe dar curso a la petición del solicitante de que se entable en dicho Estado una acción en cuanto al fondo, dicha autoridad se esforzará, del mejor modo posible, por asegurar la representación del solicitante en dicho procedimiento en condiciones no menos favorables que aquellas de las que pueda beneficiarse una persona que sea residente en dicho Estado y nacional del mismo, y a tal efecto podrá especialmente incoar procedimientos ante sus autoridades competentes.

Art. 6.º 1. Sin perjuicio de los acuerdos particulares concerta-

---

Art. 6.º: De conformidad con el art. 27: «España hace uso de la facultad que concede el artículo 6.3 del Convenio y se reserva el derecho de excluir la aplicación de lo dispuesto en el artículo 6.º, párrafo 1.*b*), en el sentido de no aceptar las comunicaciones redactadas en lengua francesa o inglesa o que vayan acompañadas de una traducción a una de estas lenguas.» Téngase en cuenta el acuerdo particular con el Reino Unido para la no aplicación de esta reserva, mediante Canje de Notas de 12 de febrero de 1991 y 31 de mayo de 1993 (*BOE* de 26-6-1993). Para otros Estados, vid. nota al art. 17.

dos entre las autoridades centrales interesadas y de lo dispuesto en el párrafo 3 del presente artículo:

a) Las comunicaciones dirigidas a la autoridad central del Estado requerido se redactarán en la lengua oficial o en una de las lenguas oficiales de dicho Estado o irán acompañadas de una traducción a dicha lengua.

b) La autoridad central del Estado requerido deberá, sin embargo, aceptar las comunicaciones redactadas en lengua francesa o inglesa o que vayan acompañadas de una traducción a una de ellas.

2. Las comunicaciones procedentes de la autoridad central del Estado requerido, incluidos los resultados de las indagaciones efectuadas, podrán redactarse en la lengua oficial o en una de las lenguas oficiales de dicho Estado o en francés o en inglés.

3. Cualquier Estado contratante podrá excluir la aplicación total o parcial de lo dispuesto en el párrafo 1.*b*) del presente artículo. Cuando un Estado contratante haya formulado dicha reserva, cualquier otro Estado contratante podrá asimismo aplicarla con respecto a dicho Estado.

TÍTULO II

Reconocimiento y ejecución de las resoluciones y restablecimiento de la custodia de los menores

Art. 7.º Las resoluciones relativas a la custodia dictadas en un Estado contratante se reconocerán y, cuando sean ejecutorias en el Estado de origen, se ejecutarán en cualquier otro Estado contratante.

Art. 8.º 1. En caso de traslado sin derecho, la autoridad central del Estado requerido dispondrá que se proceda inmediatamente a restituir al menor:

a) Cuando en el momento de entablar el procedimiento en el Estado donde se dictó la resolución correspondiente o en la fecha del traslado sin derecho, si éste se produjo con anterioridad, el menor y sus padres no tengan más nacionalidad que la de dicho Estado y el menor tenga su residencia habitual en el territorio de dicho Estado.

b) Se haya dirigido a una autoridad central una solicitud de restitución, dentro de un plazo de seis meses a partir del traslado sin derecho.

Art. 8.º: España, de conformidad con el art. 17.1, se reservó inicialmente la facultad de denegar el reconocimiento y la ejecución de las resoluciones relativas a la custodia de menores en los casos previstos en los arts. 8.º y 9.º Esta reserva fue posteriormente retirada (vid. *BOE* de 17-10-1995), con efecto desde el 28-7-1995.

2. Si con arreglo a la ley del Estado requerido no pudiera cumplirse lo prescrito en el párrafo primero del presente artículo sin la intervención de una autoridad judicial, ninguno de los motivos de denegación previstos en el presente Convenio será de aplicación en el procedimiento judicial.

3. Si existiera algún acuerdo —homologado por una autoridad competente— entre la persona que tenga la custodia del menor y otra persona, por virtud del cual se conceda a ésta un derecho de visita, y al expirar el período convenido el menor a quien se llevó al extranjero no hubiera sido restituido a la persona que tenía su custodia, se procederá a restablecer el derecho de custodia conforme a los párrafos 1.*b*) y 2 del presente artículo. La misma norma se aplicará en el caso de que, en virtud de una resolución de la autoridad competente, ese mismo derecho se confiere a persona que no tenga la custodia del menor.

Art. 9.º 1. En los casos de traslado sin derecho distintos de los previstos en el artículo 8.º, en los que se haya presentado la correspondiente petición a una autoridad central dentro del plazo de seis meses a partir del traslado, únicamente podrán denegarse el reconocimiento y la ejecución:

a) Si cuando se trate de una resolución dictada en ausencia del demandado o de su representante legal, el escrito por el que se incoa el procedimiento o cualquier documento equivalente no se hubiera notificado al demandado en debida forma y con el tiempo suficiente para poder defenderse; no obstante, dicha falta de notificación no podrá ser causa de denegación del reconocimiento o de la ejecución si se debiera a que el demandado ocultó el lugar de su paradero a la persona que entabló el procedimiento correspondiente en el Estado de origen.

b) Si tratándose de una resolución dictada en ausencia del demandado o de su representante legal la competencia de la autoridad que la dictó no estuviera fundada:

i) En la residencia habitual del demandado, o

ii) En la última residencia habitual común de los padres del menor, siempre y cuando uno de ellos continúe residiendo habitualmente en la misma.

iii) En la residencia habitual del menor.

c) Si la resolución fuera incompatible con una resolución relativa a la custodia que ya era ejecutoria en el Estado requerido antes del traslado del menor, a menos que el menor hubiera tenido su residencia habitual en el territorio del Estado requirente en el año precedente a su traslado.

2. Si no se hubiera dirigido la solicitud correspondiente a ninguna autoridad central, lo dispuesto en el párrafo 1 del presente artículo tendrá asimismo aplica-

Art. 9.º: Vid. nota al art. 8.º

ción cuando el reconocimiento y la ejecución se solicitan dentro de un plazo de seis meses a partir del desplazamiento sin derecho.

3. En ningún caso podrá someterse la resolución a un examen en cuanto al fondo.

Art. 10. 1. En los demás casos distintos de los mencionados en los artículos 8.º y 9.º, el reconocimiento y la ejecución podrán denegarse no sólo por los motivos previstos en el artículo 9.º, sino además por uno de los motivos siguientes:

a) Si se comprueba que los efectos de la resolución son manifiestamente incompatibles con los principios fundamentales del derecho por el que se rigen la familia y los hijos en el Estado requerido.

b) Si se comprueba que, con motivo de modificaciones de las circunstancias, incluido el transcurso del tiempo, pero no el mero cambio de residencia del menor como consecuencia de un traslado efectuado sin derecho, los efectos de la resolución de origen no concuerdan ya, manifiestamente, con el interés del menor.

c) Si en el momento de entablarse el procedimiento en el Estado de origen:

i) El menor tuviera la nacionalidad del Estado requerido o su residencia habitual en dicho Estado, y no existiera ninguno de dichos vínculos con el Estado de origen.

ii) El menor tuviera a la vez la nacionalidad del Estado de origen y la del Estado requerido y su residencia habitual en el Estado requerido.

d) Si la resolución fuera incompatible con una resolución dictada, en el Estado requerido o en un tercer Estado, pero ejecutoria en el Estado requerido como consecuencia de un procedimiento entablado antes de presentarse la petición de reconocimiento o de ejecución y si la denegación concuerda con el interés del menor.

2. En los mismos casos, el procedimiento de reconocimiento, así como el procedimiento de ejecución, podrán suspenderse por uno de los motivos siguientes:

a) Si la resolución de origen fuera objeto de un recurso ordinario.

b) Si estuviera pendiente en el Estado requerido algún procedimiento relativo a la custodia del menor incoado antes de entablarse el procedimiento en el Estado de origen.

c) Si alguna otra resolución relativa a la custodia del menor fuera objeto de un procedimiento de ejecución o de cualquier otro procedimiento de dicha resolución.

Art. 11. 1. Las resoluciones relativas al derecho de visita y las disposiciones que contengan las resoluciones relativas a la custodia y se refieran al derecho de visita se reconocerán y ejecutarán en las mismas condiciones que las demás resoluciones relativas a la custodia.

2. Sin embargo, la autoridad competente del Estado requerido podrá fijar las modalidades del cumplimiento y del ejercicio del

derecho de visita, habida cuenta especialmente de los compromisos contraídos al efecto por las partes.

3. Cuando no se haya adoptado resolución alguna en cuanto al derecho de visita o cuando se deniegue el reconocimiento o la ejecución de la resolución relativa a la custodia, la autoridad central del Estado requerido podrá disponer que sus autoridades competentes resuelvan en cuanto al derecho de visita, a petición de la persona que invoque dicho derecho.

Art. 12. Cuando, en la fecha en la que se traslade al menor a través de una frontera internacional, no exista resolución ejecutoria dictada en un Estado contratante en cuanto a su custodia, lo dispuesto en el presente Convenio se aplicará a cualquier resolución ulterior, que se refiera a la custodia de dicho menor y que declare ilícito dicho traslado, dictada en un Estado contratante a petición de cualquier persona interesada.

TÍTULO III

Procedimiento

Art. 13. 1. La petición que tenga por objeto el reconocimiento o ejecución en otro Estado contratante de una resolución relativa a la custodia irá acompañada:

a) De un documento por el que se habilite a la autoridad del Estado requerido para actuar en nombre del requirente o para designar a tal efecto otro representante.

b) De un testimonio de la resolución, que reúna las condiciones necesarias para su autenticidad.

c) Cuando se trate de una resolución dictada en ausencia del demandado o de su representante legal, de cualquier documento por el que pueda acreditarse que el documento con el que se entabló el procedimiento u otro equivalente, se comunicó o notificó en debida forma al demandado.

d) Si el caso lo requiere, de cualquier otro documento por el que pueda establecerse que, según la ley del Estado de origen, la resolución es ejecutoria.

e) Si fuera posible de un escrito en el que se indique el lugar en el que pudiera hallarse el menor en el Estado requerido.

f) De propuestas relativas a las modalidades de restablecimiento de la custodia del menor.

2. Los documentos arriba mencionados se acompañarán, en su caso,

---

Art. 12: España, de conformidad con el art. 18, formuló inicialmente la reserva de no quedar vinculada por el art. 12 del Convenio. Esta reserva fue posteriormente retirada (vid. *BOE* de 3-4-1991), con efecto desde el 5-2-1991.

de una traducción, con arreglo a las normas del artículo 6.º

Art. 14. Todo Estado contratante aplicará un procedimiento simple y rápido para el reconocimiento y la ejecución de una resolución relativa a la custodia. Cuidará a tal efecto de que la petición de exequátur pueda efectuarse mediante simple instancia.

Art. 15. 1. Antes de resolver en cuanto a la aplicación del párrafo 1.*b*) del artículo 10, la autoridad competente correspondiente del Estado requerido:

a) Oirá al menor, a menos que exista alguna imposibilidad práctica para ello, habida cuenta especialmente de su edad e incapacidad de discernimiento.

b) Podrá solicitar que se practiquen las indagaciones adecuadas.

2. Los gastos de las indagaciones efectuadas en un Estado contratante correrán a cargo del Estado en el que se practicaron.

3. Las peticiones de indagación y sus resultados podrán enviarse a la autoridad competente por mediación de las autoridades centrales.

Art. 16. A los efectos del presente Convenio no podrán exigirse legalizaciones ni otras formalidades análogas.

TÍTULO IV

Reservas

Art. 17. 1. Cualquier Estado contratante podrá formular la reserva de que, en los casos previstos en los artículos 8.º y 9.º, o en uno de ellos, podrán denegarse el reconocimiento y la ejecución de las resoluciones relativas a la custodia por aquellos motivos, de entre los previstos en el artículo 10, que se indicarán en dicha reserva.

2. El reconocimiento y la ejecución de las resoluciones dictadas en un Estado contratante que haya formulado la reserva prevista en el párrafo primero del presente artículo, podrán denegarse en cualquier otro Estado contratante por alguno de los motivos adicionales indicados en dicha reserva.

Art. 18. Cualquier Estado contratante podrá formular la reserva de que no queda vinculado por lo dispuesto en el artículo 12.

Art. 17: Sobre las reservas y declaraciones formuladas por otros Estados parte en el Convenio, vid. las referencias contenidas en el *BOE* de 1-9-1984 y, con posterioridad a esa fecha, las contenidas en las comunicaciones de la Secretaría General Técnica del Ministerio de Asuntos Exteriores publicadas trimestralmente en el *BOE*, de conformidad con el art. 32 del D. 801/1972, de 24 de marzo, relativo a la ordenación de la actividad del Estado en materia de tratados internacionales.

Las disposiciones del presente Convenio no se aplicarán a las resoluciones a las que se refiere el artículo 12 dictadas en un Estado contratante que haya formulado dicha reserva.

TÍTULO V

Otros instrumentos

Art. 19. El presente Convenio no constituirá impedimento para invocar otro instrumento internacional que vincule al Estado de origen con el Estado requerido, o el derecho del Estado requerido, no derivado de un convenio internacional, para obtener el reconocimiento o la ejecución de una resolución.

Art. 20. 1. El presente Convenio no afectará a los compromisos que un Estado contratante pueda tener contraídos con respecto a un Estado no contratante en virtud de un instrumento internacional que trate de materias regidas por el presente Convenio.

2. En el caso de que dos o más Estados contratantes hayan ya establecido o establezcan más adelante una legislación uniforme, por lo que respecta a la custodia de menores o algún sistema particular de reconocimiento o de ejecución de las resoluciones dictadas en la materia, estarán facultados para aplicar entre ellos dicha legislación, o dicho sistema, en lugar del presente Convenio o de cualquier parte del mismo. Para beneficiarse de la presente disposición, dichos Estados notificarán su decisión al Secretario General del Consejo de Europa. Habrán de notificar igualmente cualquier modificación o revocación de la misma.

TÍTULO VI

Cláusulas finales

Art. 21. El presente Convenio queda abierto a la firma de los Estados miembros del Consejo de Europa. Se someterá a ratificación, aceptación o aprobación. Los instrumentos de ratificación, aceptación o aprobación se depositarán en poder del Secretario General del Consejo de Europa.

Art. 22. 1. El presente Convenio entrará en vigor el primer día

Art. 22: El Convenio entró en vigor para España el 1 de septiembre de 1984. Respecto de la entrada en vigor para otros Estados parte, vid. las referencias al *BOE* indicadas en nota al art. 17.

del mes siguiente a la expiración de un período de tres meses después de la fecha en la que tres Estados miembros del Consejo de Europa hayan expresado su consentimiento en quedar vinculados por el Convenio con arreglo a lo dispuesto en el artículo 21.

2. Para cualquier Estado miembro que exprese ulteriormente su consentimiento en quedar vinculado por el Convenio, éste entrará en vigor el día uno del mes siguiente de la expiración de un período de tres meses después de la fecha de depósito del instrumento de ratificación, aceptación o aprobación.

Art. 23. 1. Después de entrar en vigor el presente Convenio, el Comité de Ministros del Consejo de Europa podrá invitar a adherirse al presente Convenio a cualquier Estado que no sea miembro del Consejo, mediante un acuerdo adoptado por la mayoría prevista en el artículo 20 del Estatuto, y por unanimidad de los representantes de los Estados contratantes con derecho a formar parte de dicho Comité.

2. Para cualquier Estado que se adhiera al Convenio, éste entrará en vigor el primer día del mes que siga a la expiración de un período de tres meses después de la fecha de depósito del instrumento de adhesión en poder del Secretario general del Consejo de Europa.

Art. 24. 1. Cualquier Estado podrá, en el momento de la firma o en el del depósito de su instrumento de ratificación, aceptación o adhesión, designar el territorio o los territorios a los que se aplicará el presente Convenio.

2. Cualquier Estado podrá, después, en cualquier momento mediante declaración dirigida al Secretario general del Consejo de Europa, ampliar la aplicación del presente Convenio a cualquier otro territorio designado en la declaración. El Convenio entrará en vigor con respecto a dicho territorio el primer día del mes siguiente a la expiración de un período de tres meses después de la fecha de recepción de la declaración por parte del Secretario general.

3. Cualquier declaración efectuada en virtud de los dos párrafos que anteceden podrá retirarse, por lo que respecta a cualquier territorio designado en la misma, mediante notificación dirigida al Secretario general. La retirada tendrá efecto el día uno del mes siguiente a la expiración de un período de seis meses después de la fecha de recepción de la notificación por el Secretario general.

Art. 25. 1. Un Estado que comprenda dos o más unidades territoriales en las que se apliquen sistemas jurídicos diferentes en materia de custodia de menores y de reconocimiento y ejecución de las resoluciones relativas a la custodia, podrá, en el momento de depositar su instrumento de ratificación, aceptación, aprobación o adhesión declarar que el presente

Convenio se aplicará a todas esas unidades territoriales o a una o a varias de las mismas.

2. Podrá después, en cualquier momento y mediante declaración dirigida al Secretario general del Consejo de Europa, ampliar la aplicación del presente Convenio a cualquier otra unidad territorial designada en la declaración. El Convenio entrará en vigor con respecto a dicha unidad territorial el primer día del mes siguiente a la expiración de un período de tres meses después de la fecha de recepción de la notificación por parte del Secretario general.

3. Cualquier declaración hecha en virtud de los dos párrafos precedentes podrá retirarse por lo que respecta a cualquier unidad territorial designada en dicha declaración, mediante notificación dirigida al Secretario general. La retirada tendrá efecto el día uno del mes siguiente a la expiración de un período de seis meses después de la recepción de la notificación por el Secretario general.

Art. 26. 1. Con respecto a un Estado que, en materia de custodia de menores, tenga dos o más sistemas jurídicos de aplicación territorial:

a) La referencia a la Ley de residencia habitual o de la nacionalidad de una persona se entenderá como referencia al sistema jurídico determinado por las normas vigentes en dicho Estado o, a falta de tales normas, al sistema al que esté más vinculada la persona de que se trata.

b) La referencia al Estado de origen o al Estado requerido, se entenderá, según sea el caso, como referencia a la unidad territorial en la que se dictó la resolución o a la unidad territorial en la que se solicita el reconocimiento o la ejecución de la resolución o el restablecimiento de la custodia.

2. El párrafo 1.*a*) del presente artículo, se aplicará asimismo *mutatis mutandis* a los Estados que, en materia de custodia de menores, tengan dos o más sistemas jurídicos de aplicación personal.

Art. 27. 1. Cualquier Estado podrá, en el momento de la firma o en el momento de depositar su instrumento de ratificación, aceptación, aprobación o adhesión, declarar que alega una o más reservas de las que figuran en el párrafo 3 del artículo 6.º, en el artículo 17 y en el artículo 18 del presente Convenio. No se admitirá ninguna otra reserva.

2. Cualquier Estado contratante que haya formulado una reserva, en virtud del párrafo precedente, podrá retirarla en la totalidad o en parte, dirigiendo una notificación al respecto al Secretario general del Consejo de Europa. Dicha retirada tendrá efecto en la fecha de recibo de la notificación por parte del Secretario general.

Art. 28. 1. Al finalizar el tercer año siguiente a la fecha de entrada en vigor del presente Convenio, y en cualquier momento después de dicha fecha el

Secretario general del Consejo de Europa invitará, por iniciativa suya, a los representantes de las autoridades centrales designadas por los Estados contratantes a que se reúnan para estudiar y facilitar el funcionamiento del Convenio. Los Estados miembros del Consejo que no sean partes del Convenio podrán hacerse representar por un observador. Los trabajos de cada una de estas reuniones serán objeto de un informe que se enviará al Comité de Ministros del Consejo de Europa, para su conocimiento.

Art. 29. 1. Las partes podrán, en cualquier momento, denunciar el presente Convenio, a cuyo efecto dirigirán la correspondiente notificación al Secretario general del Consejo de Europa.

2. La denuncia tendrá efecto el día uno del mes siguiente a la expiración de un período de seis meses después de la fecha de recibo de la notificación por parte del Secretario general.

Art. 30. El Secretario general del Consejo de Europa notificará a los Estados miembros del Consejo y a cualquier Estado que se haya adherido al Convenio:

a) Las firmas.

b) El depósito de los instrumentos de ratificación, aceptación, aprobación o adhesión.

c) Las fechas de entrada en vigor del presente Convenio a tenor de sus artículos 22, 23, 24 y 25.

d) Cualquier otro documento, notificación o comunicación que se relacione con el presente Convenio.

Y para que conste, los infrascritos, debidamente autorizados al efecto, firman el presente Convenio.

Hecho en Luxemburgo, el 20 de mayo de 1980, en francés y en inglés, textos ambos igualmente fehacientes, en un solo ejemplar, que se depositará en el archivo del Consejo de Europa. El Secretario general del Consejo de Europa remitirá una copia certificada conforme del mismo a cada uno de los Estados miembros del Consejo de Europa y a cada Estado invitado a adherirse al presente Convenio.

57. CONVENIO ENTRE EL REINO DE ESPAÑA Y EL REINO DE MARRUECOS SOBRE ASISTENCIA JUDICIAL, RECONOCIMIENTO Y EJECUCIÓN DE RESOLUCIONES JUDICIALES EN MATERIA DE DERECHO DE CUSTODIA Y DERECHO DE VISITA Y DEVOLUCIÓN DE MENORES, HECHO EN MADRID EL 30 DE MAYO DE 1997*

(*BOE* núm. 150, de 24 de junio de 1997)

El Reino de España y el Reino de Marruecos, deseosos de reforzar las relaciones de cooperación entre ambos Estados, con la finalidad de asegurar una mejor protección de los menores.

Y convencidos de que es conveniente para los menores que no sean desplazados ni retenidos ilegalmente y mantener relaciones armoniosas y regulares con sus padres.

Han convenido en lo siguiente:

CAPÍTULO PRIMERO

Disposiciones generales

Artículo 1.º 1. El presente convenio tiene por objeto:

a) Garantizar la devolución de los menores desplazados o retenidos, ilegalmente, a uno de los dos Estados contratantes.

b) Hacer que se reconozcan y ejecuten las resoluciones judiciales relativas a la custodia y al derecho de visita, dictadas en uno de los dos Estados contratantes en el territorio del otro Estado.

c) Favorecer el libre ejercicio del derecho de visita en territorio de ambos Estados.

2. Los Estados contratantes tomarán todas las medidas apropiadas para garantizar la realización de los objetivos del Convenio. Para ello, recurrirán a los procedimientos de urgencia previstos por sus legislaciones internas.

Art. 2.º El Convenio se aplicará a todo menor de dieciséis años, no emancipado, que tenga la nacionalidad de uno de los dos Estados.

Art. 3.º 1. Se designa a los Ministerios de Justicia de ambos Estados como las Autoridades centrales, encargadas de satisfacer

* *Textos auténticos*: español, francés y árabe.

las obligaciones previstas por el presente Convenio. A estos fines, dichas Autoridades centrales, se comunicarán directamente entre sí y recurrirán, en su caso, a sus Autoridades competentes.

2. La Autoridad Central competente podrá denegar su intervención cuando no se reúnan las condiciones requeridas por el presente Convenio.

3. El presente Convenio no será obstáculo para la facultad de toda persona interesada de acudir directamente, en cualquier momento del procedimiento, a las Autoridades judiciales de los Estados contratantes.

Art. 4.º 1. Las solicitudes de devolución de menores desplazados o retenidos ilegalmente se dirigirán a la Autoridad Central del Estado de residencia habitual del menor, anterior a su desplazamiento o no devolución. Dicha Autoridad remitirá las solicitudes a la Autoridad Central del otro Estado.

2. La Autoridad Central, actuando directamente o por mediación del Ministerio Público o del Abogado del Estado, adoptará o hará tomar cualquier medida apropiada para:

a) Localizar a un menor desplazado ilícitamente.

b) Evitar nuevos peligros para el menor y, en particular, su desplazamiento hacia el territorio de un tercer Estado.

c) Facilitar una solución amistosa, supervisar la entrega voluntaria del menor y el ejercicio del derecho de visita.

d) Proporcionar información sobre la situación del menor.

e) Garantizar la repatriación del menor.

f) Proporcionar información sobre la legislación de su Estado, relativa a la aplicación del presente Convenio.

g) Promover, en su caso, por mediación del Ministerio Público o del Abogado del Estado, la apertura de un procedimiento judicial o administrativo ante la jurisdicción competente, con el fin de obtener la devolución del menor.

h) Velar por que se tomen, en todos los casos, todas las medidas provisionales, incluso sin procedimiento contradictorio, tendentes a evitar nuevos peligros para el menor o perjuicios para las partes implicadas.

Art. 5.º 1. Se crea una Comisión mixta consultiva, compuesta por representantes de los Ministerios de Asuntos Exteriores y de Justicia, con el fin de facilitar la solución de los casos que se planteen en la aplicación del presente Convenio.

2. La Comisión se reunirá, alternativamente, en Madrid y Rabat, al menos una vez al año y a solicitud de uno u otro Gobierno, en la fecha que se establezca de común acuerdo.

Art. 6.º 1. A excepción de los gastos de repatriación, no se exigirá al solicitante ningún pago por cualquier medida tomada en el Estado requerido, incluyendo los gastos y costas del procedimiento.

2. Para la aplicación del presente Convenio, se garantizará la gratuidad de los procedimientos y de la asistencia judicial, según la normativa vigente en cada uno de los dos Estados.

CAPÍTULO II

DEVOLUCIÓN INMEDIATA DEL MENOR

Art. 7.º 1. El desplazamiento de un menor, del territorio del Estado requirente hacia el territorio del Estado requerido, se considerará ilegal y la Autoridad judicial ordenará, por consiguiente, su devolución inmediata cuando:

a) El desplazamiento hubiere tenido lugar haciendo caso omiso de una resolución judicial dictada en juicio contradictorio y de carácter ejecutivo en territorio del Estado requirente, y que en el momento de la presentación de la solicitud de devolución del menor:

Éste tuviera su residencia habitual en territorio de dicho Estado.

El menor y sus padres, en el momento del desplazamiento, tuvieran, únicamente, la nacionalidad del Estado requirente.

b) Se hubiera producido la violación de un derecho de custodia atribuido, exclusivamente, al padre o a la madre, por el derecho del Estado del que fuera nacional.

c) El desplazamiento infrinja un acuerdo concertado entre las partes implicadas, refrendado por una Autoridad judicial de uno de los dos Estados contratantes.

Art. 8.º 1. Cuando la solicitud de devolución, una vez ocurrido el desplazamiento ilegal del menor, sea presentada ante las Autoridades centrales de uno de los Estados contratantes, antes de haber transcurrido un plazo de seis meses, la Autoridad judicial competente deberá ordenar su devolución inmediata.

2. No obstante, la Autoridad judicial no estará obligada a ordenar la devolución del menor cuando:

a) El menor sea nacional, exclusivamente, del Estado requerido y, según la ley interna de este Estado, el padre con el que se encuentra el menor sea el único titular de pleno derecho de la patria potestad.

b) Se alegue una resolución ejecutiva relativa a la custodia en el territorio del Estado requerido, con anterioridad al desplazamiento.

Art. 9.º Cuando se presente la solicitud de devolución después de transcurrido un plazo de seis meses, la Autoridad judicial ordenará la devolución del menor, en las mismas condiciones, a menos que quede demostrado que el menor se ha integrado en su nuevo entorno o que su devolución le puede exponer a algún peligro físico o psíquico o a una situación intolerable.

Al considerar las circunstancias, las Autoridades judiciales tendrán en cuenta:

Únicamente el interés del menor, sin ninguna otra restricción derivada de su derecho interno.

La información proporcionada por las Autoridades competentes del lugar de residencia anterior del menor.

Art. 10. 1. El ejercicio de la acción de devolución inmediata del menor no estará supeditado al reconocimiento y a la ejecución de una resolución judicial en el Estado requerido.

2. La resolución mediante la que se ordene la devolución inmediata del menor no prejuzgará el fondo del derecho de custodia.

3. Los órganos jurisdiccionales de los Estados requeridos estarán obligados a resolver sobre la solicitud de devolución inmediata, con prioridad respecto a cualquier otra solicitud, relativa al menor, que se les formule.

CAPÍTULO III

RECONOCIMIENTO Y EJECUCIÓN DE LAS RESOLUCIONES JUDICIALES OBJETO DEL PRESENTE CONVENIO

Art. 11. El reconocimiento y la ejecución de resoluciones judiciales *ejecutivas*, en territorio del Estado requirente, sólo podrán ser denegados por las Autoridades judiciales de dicho Estado por uno de los siguientes motivos:

a) Si, en el caso de que se trate de una resolución dictada en ausencia del demandado o de su representante legal, el acto por el que se abre el procedimiento o un acto equivalente no ha sido notificado o entregado, formalmente, al demandado dentro del plazo oportuno para que pueda defenderse; no obstante, esta falta de notificación o de entrega no podrá constituir una causa de denegación de reconocimiento o de ejecución, cuando la notificación no haya tenido lugar porque el demandado haya ocultado el lugar donde se encuentra a la persona que haya iniciado el procedimiento en el Estado requirente.

b) Si, en el caso de que se trate de una resolución dictada en ausencia del demandado o de su representante legal, la competencia de la autoridad que la hubiere dictado no está basada en la residencia habitual común de los padres del menor o, en su defecto, en la residencia habitual del demandado.

c) Si la resolución es incompatible con una resolución relativa a la custodia que haya adquirido fuerza ejecutiva en el Estado requerido, antes del desplazamiento del menor.

d) Si la solicitud de reconocimiento y ejecución de una resolución, relativa al derecho de custodia, se ha presentado una vez transcurrido un plazo de seis meses, a partir del momento del desplazamiento del menor y se comprueba que, al haber cambiado las circunstancias, incluyendo el transcurso del tiempo, pero con exclusión del cambio únicamente de residencia del menor, a resultas del desplazamiento, el menor se ha integrado en su nuevo medio.

Art. 12. Cuando la resolución, cuyo reconocimiento y ejecución se solicite, conste de varias disposiciones, sólo entrará en el campo de aplicación del presente Convenio la parte de dicha resolución que se refiera a los derechos de custodia y visita y sus modalidades de ejercicio.

CAPÍTULO IV

Derecho de visita

Art. 13. 1. La solicitud referente a la organización o la protección del ejercicio del derecho de visita podrá dirigirse a la Autoridad Central.

2. Las disposiciones de una resolución judicial, relativas al derecho de visita, serán reconocidas y se pondrán en práctica, en las mismas condiciones que las resoluciones relativas a la custodia.

3. La Autoridad Central, actuando directamente o por mediación del Ministerio Público o del Abogado del Estado:

a) Adoptará o hará tomar las medidas adecuadas para salvar, en la medida de lo posible, los obstáculos que se opongan al cumplimiento pacífico del derecho de visita.

b) Acudirá, si ha lugar, a la jurisdicción competente para que se organice o se proteja el derecho de visita. Dicha jurisdicción podrá establecer las modalidades de la puesta en práctica y del ejercicio del derecho de visita.

c) Acudirá, si ha lugar, a la jurisdicción competente, para que resuelva sobre el derecho de visita, a solicitud de la persona que invoque dicho derecho, cuando no se haya resuelto sobre el derecho de visita o cuando se haya denegado el reconocimiento o la ejecución de la resolución relativa a la custodia.

CAPÍTULO V

Disposiciones comunes

Art. 14. 1. Cada Estado contratante aplicará, tanto a la solicitud de devolución inmediata como el reconocimiento y a la ejecución de una resolución relativa a la custodia o el derecho de visita, un procedimiento sencillo y rápido.

Para ello, velará, en particular, por que el Ministerio Público o el Abogado del Estado puedan presentar la solicitud de exequátur.

2. Los Estados contratantes intercambiarán información sobre el procedimiento aplicable, en virtud del primer apartado e, inicialmente, en el momento del canje de los instrumentos de ratificación, previsto en el artículo 22.

Art. 15. La solicitud de devolución inmediata, prevista en el capítulo II, deberá incluir:

a) Información relativa a la identidad del solicitante, del menor y de la persona de que se alega que se ha llevado o retenido al menor.

b) Los motivos en que se basa el solicitante para reclamar la devolución del menor. En apoyo de dicha solicitud, se presentarán según los casos:

1. Copia de resolución dictada que reúna las condiciones necesarias para que se considere auténtica.

2. Cualquier documento que establezca que, según la ley del Estado requirente, la resolución es ejecutiva.

3. Cualquier acto o documento que establezca la nacionalidad del menor, en la fecha del desplazamiento ilegal.

4. Cualquier documento que pueda demostrar que el menor tenía su residencia en el territorio del Estado requirente, en el momento del desplazamiento ilegal.

c) Cualquier información disponible referente a la localización del menor y a la identidad de la persona con la que se supone que se encuentra el menor.

d) En caso de que se solicite la intervención de la Autoridad Central del Estado requerido, cualquier documento que habilite, a dicha Autoridad Central, para actuar en nombre del requirente o a designar para ello a otro representante.

Art. 16. La solicitud de reconocimiento o ejecución de una resolución relativa a la custodia, prevista en el capítulo III, o al derecho de visita, del capítulo IV, deberá ir acompañada por:

1. Copia de la resolución dictada, que reúna las condiciones necesarias para que se considere auténtica.

2. Si se trata de una resolución dictada en ausencia, el original o una copia certificada conforme del documento, que demuestre que el acto por el que se inicia el procedimiento o un acto equivalente ha sido notificado a la parte ausente, si la sentencia no hace mención de ello, de manera suficiente.

3. Cualquier documento que pueda demostrar, según la ley del Estado requirente, que la resolución es ejecutiva.

4. En caso de que se solicite la intervención de la Autoridad Central del Estado requerido, cualquier documento que habilite, a dicha Autoridad Central, para actuar en nombre del requirente o a designar para ello a otro representante.

Art. 17. A falta de presentación de los documentos mencionados en los anteriores artículos, la autoridad judicial del Estado requerido podrá establecer un plazo para su presentación o aceptar un documento equivalente si se considera suficientemente informada.

Art. 18. 1. Los documentos que deban transmitirse o presentarse en aplicación del presente Convenio deberán estar redactados en la lengua o una de las lenguas del Estado de la Autoridad requirente. Deberán acompañarse de una traducción auténtica en la lengua o una de las lenguas oficiales del Estado requerido.

2. En sus relaciones mutuas, las Autoridades se comunicarán cada una en la lengua o una de las lenguas oficiales de sus Estados respectivos y, si ha lugar, sus comunicaciones se acompañarán de una traducción en lengua francesa.

Art. 19. 1. Los documentos presentados o remitidos en aplicación del presente Convenio estarán exentos de cualquier legalización u otra formalidad análoga.

2. En caso de seria duda, acerca de la autenticidad de un documento, se efectuará la comprobación por mediación de la Autoridad Central.

Art. 20. No podrá imponerse *cautio judicatum solvi* alguna en razón, bien de la condición de extranjero o bien de ausencia del demandado o por falta de residencia en el Estado, a la parte que solicite la ejecución en el Estado requerido de una resolución del Estado requirente.

CAPÍTULO VI

Disposiciones finales

Art. 21. 1. Las disposiciones relativas a la devolución inmediata, sólo se aplicarán a los desplazamientos ilegales ocurridos después de la entrada en vigor del presente Convenio.

2. Los casos anteriores serán objeto de concertación, en el marco de la Comisión consultiva en materia civil, a que se refiere el artículo 5 del presente Convenio.

3. Las dificultades que puedan surgir, con ocasión de la aplicación del presente Convenio, serán resueltas por vía diplomática.

Art. 22. El presente Convenio entrará en vigor, provisionalmente, a partir de la firma y, definitivamente, el primer día del segundo mes siguiente a la fecha de la última notificación, en que se hace constar el cumplimiento de las formalidades constitucionales requeridas en cada uno de los dos Estados.

Art. 23. Se concluye el presente Convenio por un tiempo de duración indefinida. Cada una de las Partes podrá denunciarlo, mediante notificación por escrito enviada por vía diplomática a la otra Parte. La denuncia surtirá efecto un año después de la fecha de su envió.

En fe de lo cual, los Plenipotenciarios de ambos Estados contratantes firman el presente Convenio.

Hecho en Madrid, el 30 de mayo de 1997, en doble ejemplar, estando redactados los originales en lenguas española, árabe y francesa, siendo los tres textos igualmente auténticos.

58. CONVENIO RELATIVO A LA PROTECCIÓN DEL NIÑO Y A LA COOPERACIÓN EN MATERIA DE ADOPCIÓN INTERNACIONAL, HECHO EN LA HAYA EL 29 DE MAYO DE 1993*

(*BOE* núm. 182, de 1 de agosto de 1995)

Los Estados signatarios del presente Convenio,

Reconociendo que para el desarrollo armónico de su personalidad, el niño debe crecer en un medio familiar, en un clima de felicidad, amor y comprensión,

Recordando que cada Estado debería tomar, con carácter prioritario, medidas adecuadas que permitan mantener al niño en su familia de origen,

Reconociendo que la adopción internacional puede presentar la ventaja de dar una familia permanente a un niño que no puede encontrar una familia adecuada en su Estado de origen,

Convencidos de la necesidad de adoptar medidas que garanticen que las adopciones internacionales tengan lugar en consideración al interés superior del niño y al respeto a sus derechos fundamentales, así como para prevenir la sustracción, la venta o el tráfico de niños,

Deseando establecer a tal efecto disposiciones comunes que tomen en consideración los principios reconocidos por instrumentos internacionales, especialmente por el Convenio de las Naciones Unidas sobre los derechos del niño, de 20 de noviembre de 1989, y por la Declaración de Naciones Unidas sobre los principios sociales y jurídicos aplicables a la protección y al bienestar de los niños, considerados sobre todo desde el ángulo de las prácticas en materia de adopción y de colocación familiar en los planos nacional e internacional (Resolución de la Asamblea General 41/85, de 3 de diciembre de 1986),

Han acordado las disposiciones siguientes:

---

* *Texto auténtico*: francés e inglés. *Estados parte*: Albania, Alemania, Andorra, Antigua República Yugoslava de Macedonia, Armenia, Australia, Austria, Azerbaiyán, Bélgica, Belize, Bielorrusia, Bolivia, Brasil, Bulgaria, Burkina Faso, Burundi, Camboya, Canadá, *Colombia*, *Costa Rica*, Cuba, Chile, China, Chipre, Dinamarca, Ecuador, El Salvador, Eslovaquia, Eslovenia, España, Estados Unidos, Estonia, Filipinas, Finlandia, Francia, Georgia, Guinea, Hungría, India, Islandia, Israel, Italia, Kenia, Letonia, Liechtenstein, Lituania, Luxemburgo, Madagascar, Mali, Malta, Mauricio, México, Mónaco, Mongolia, Noruega, Nueva Zelanda, Países Bajos, Panamá, Paraguay, Perú, Polonia, Portugal, Reino Unido de Gran Bretaña e Irlanda del Norte, Rumania, República Checa, República de Moldova, República Dominicana, San Marino, Seychelles, Sri Lanka, Sudáfrica, Suecia, Suiza, Tailandia, Turquía, Uruguay y Venezuela. Para los datos posteriores al cierre de la edición y otras informaciones relativas al Convenio véase http://www.hcch.net.

A pesar de que Guatemala se ha adherido al Convenio, éste no se aplica en relación a España, Alemania, Canadá, Países Bajos y al Reino Unido de Gran Bretaña e Irlanda del Norte que han formulado la objeción a la adhesión prevista en el art. 44, apartado 3.

CAPÍTULO PRIMERO

ÁMBITO DE APLICACIÓN DEL CONVENIO

Artículo 1.º El presente Convenio tiene por objeto:

a) establecer garantías para que las adopciones internacionales tengan lugar en consideración al interés superior del niño y al respeto a los derechos fundamentales que le reconoce el Derecho internacional;

b) instaurar un sistema de cooperación entre los Estados contratantes que asegure el respeto a dichas garantías y, en consecuencia, prevenga la sustracción, la venta o el tráfico de niños;

c) asegurar el reconocimiento en los Estados contratantes de las adopciones realizadas de acuerdo con el Convenio.

Art. 2.º 1. El Convenio se aplica cuando un niño con residencia habitual en un Estado contratante («el Estado de origen») ha sido, es o va a ser desplazado a otro Estado contratante («el Estado de recepción»), bien después de su adopción en el Estado de origen por cónyuges o por una persona con residencia habitual en el Estado de recepción, bien con la finalidad de realizar tal adopción en el Estado de recepción o en el Estado de origen.

2. El Convenio sólo se refiere a las adopciones que establecen un vínculo de filiación.

Art. 3.º El Convenio deja de aplicarse si no se han otorgado las aceptaciones a las que se refiere el artículo 17, apartado *c*), antes de que el niño alcance la edad de dieciocho años.

CAPÍTULO II

CONDICIONES DE LAS ADOPCIONES INTERNACIONALES

Art. 4.º Las adopciones consideradas por el Convenio solo pueden tener lugar cuando las Autoridades competentes del Estado de origen:

a) han establecido que el niño es adoptable;

b) han constatado, después de haber examinado adecuadamente las posibilidades de colocación del niño en su Estado de origen, que una adopción internacional responde al interés superior del niño;

c) se han asegurado de que

1) las personas, instituciones y autoridades cuyo consentimiento se requiera para la adopción han sido convenientemente asesoradas y debidamente informadas de las consecuencias de su consentimiento, en particular en relación al mantenimiento o ruptura, en virtud de la adopción, de los vínculos jurídicos entre el niño y su familia de origen,

2) tales personas, instituciones y autoridades han dado su consentimiento libremente, en la forma legalmente prevista y que este consentimiento ha sido dado o constatado por escrito,

3) los consentimientos no se han obtenido mediante pago o

compensación de clase alguna y que tales consentimientos no han sido revocados, y

4) el consentimiento de la madre, cuando sea exigido, se ha dado únicamente después del nacimiento del niño; y

d) se han asegurado, teniendo en cuenta la edad y el grado de madurez del niño, de que

1) ha sido convenientemente asesorado y debidamente informado sobre las consecuencias de la adopción y de su consentimiento a la adopción, cuando éste sea necesario,

2) se han tomado en consideración los deseos y opiniones del niño,

3) el consentimiento del niño a la adopción, cuando sea necesario, ha sido libremente, en la forma legalmente prevista y que este consentimiento ha sido dado o constatado por escrito, y

4) el consentimiento no ha sido obtenido mediante pago o compensación de clase alguna.

Art. 5.º Las adopciones consideradas por el Convenio solo pueden tener lugar cuando las Autoridades competentes del Estado de recepción:

a) han constatado que los futuros padres adoptivos son adecuados y aptos para adoptar;

b) se han asegurado de que los futuros padres adoptivos han sido convenientemente asesorados; y

c) han constatado que el niño ha sido o será autorizado a entrar y residir permanentemente en dicho Estado.

CAPÍTULO III

AUTORIDADES CENTRALES Y ORGANISMOS ACREDITADOS

Art. 6.º 1. Todo Estado contratante designará una Autoridad central encargada de dar cum-

---

Art. 6.º: Las Autoridades Centrales son en las diecisiete Comunidades Autónomas las siguientes:

Comunidad Autónoma de Andalucía:

Dirección General de Atención al Niño. Consejería de Asuntos Sociales de la Junta de Andalucía. Avenida Héroes de Toledo, 14. 41071 Sevilla.

Comunidad Autónoma de Aragón:

Dirección General de Bienestar Social. Departamento de Bienestar Social y Trabajo de la *Diputación General* de Aragón. Paseo María Agustín, 36. 50071 Zaragoza.

Comunidad Autónoma del Principado de Asturias:

Dirección Regional de Acción Social. Consejería de Sanidad y Servicios Sociales del Principado de Asturias. Calle General Elorza, 35. 33071 Oviedo.

Comunidad Autónoma de Baleares:

1. Conselleria de Sanidad y Asuntos Sociales. Consell Insular d'Eivissa i Formentera. Edificio Servicios Sociales. Calle Cosme Vidal Lláser, s/n. 07800 Ibiza (Baleares).

2. Presidencia del Consell Insular de Menorca. Camí des Castells, 28. 07702 Mahón (Menorca).

3. Consell de Mallorca. Comissió de Benestar Social. Servei d'Acció Social i Sanitat-Menors. Carrer General Riera, 67. 07010 Palma de Mallorca.

Comunidad Autónoma de Canarias:

Dirección General de Protección del Menor y la Familia. Consejería de Empleo y Asuntos Sociales. Avenida San Sebastián, 53. 38071 Santa Cruz de Tenerife.

Comunidad Autónoma de Cantabria:

plimiento a las obligaciones que el Convenio le impone.

2. Un Estado federal, un Estado en el que están en vigor diversos sistemas jurídicos o un Estado con unidades territoriales autónomas puede designar más de una Autoridad central y especificar la extensión territorial o personal de sus funciones. El Estado que haga uso de esta facultad, designará la Autoridad central a la que puede dirigirse toda comunicación para su transmisión a la Autoridad central competente dentro de ese Estado.

Art. 7.º 1. Las Autoridades centrales deberán cooperar entre ellas y promover una colaboración entre las Autoridades competen-

---

Dirección Regional de Bienestar Social. Consejería de Sanidad, Consumo y Bienestar Social de la Diputación Regional de Cantabria. Calle Lealtad, 23. 39071 Santander.

Comunidad Autónoma de Castilla-La Mancha:

Dirección General de Servicios Sociales. Junta de Comunidades de Castilla-La Mancha. Avenida de Francia, 4. 45071 Toledo.

Comunidad Autónoma de Castilla y León:

Gerencia de Servicios Sociales. Consejería de Sanidad y Bienestar Social de la Junta de Castilla y León. Calle Padre Francisco Suárez, 2. 47071 Valladolid.

Comunidad Autónoma de Cataluña:

Instituto Catalán del Acogimiento y de la Adopción. Departamento de Bienestar y Familia. Generalidad de Cataluña. Plaza de Pau Vila, 1. 08039 Barcelona.

Comunidad Autónoma de Extremadura:

Dirección General de Servicios Sociales Especializados. Consejería de Bienestar Social de la Junta de Extremadura. Calle paseo de Roma, s/n. 06800 Mérida (Bádajoz).

Comunidad Autónoma de Galicia:

Dirección General de la Familia. Consejería de Familia, Mujer y Juventud. Edificio San Caetano, s/n. 15571 Santiago de Compostela.

Comunidad Autónoma de La Rioja:

Dirección General de Bienestar Social. Consejería de Salud, Consumo y Bienestar Social. Calle Villamediana, 17. 26071 Logroño.

Comunidad Autónoma de Madrid:

Instituto Madrileño del Menor y la Familia. Consejería de Sanidad y Servicios Sociales. Calle Gran Vía, 14. 28013 Madrid.

Comunidad Autónoma de la Región de Murcia:

Instituto de Servicios Sociales. Consejería de Sanidad y Política Social. Calle Alonso Espejo, s/n. 30071 Murcia.

Comunidad Autónoma de Navarra:

Instituto Navarro de Bienestar Social. Departamento de Bienestar Social, Deporte y Vivienda del Gobierno de Navarra. Calle González Tablas, s/n. 31071 Pamplona.

Comunidad Autónoma del País Vasco:

1. Departamento de Bienestar Social de la Diputación Foral de Álava. Calle General Álava, 10. 01071 Vitoria.

2. Departamento de Acción Social de la Diputación Foral de Vizcaya. Calle Gran Vía, 26. 48009 Bilbao.

3. Departamento de Servicios Sociales de la Diputación Foral de Gipuzkoa. Avenida de la Libertad, 17-19, 4.ª planta. 20071 San Sebastián.

Comunidad Autónoma de Valencia:

Conselleria de Bienestar Social. Dirección General de la Familia, Menor y Adopciones. Paseo de la Alameda, 16. 46010 Valencia.

Ciudad Autónoma de Ceuta:

Dirección General de Acción Social, del Menor y de la Familia. Calle José Abascal, 39. 28003 Madrid.

Ciudad Autónoma de Melilla:

Consejería de Bienestar Social y Sanidad. Avenida de la Marina Española, 12. 52004 Melilla.

La Autoridad Central que prevé el Convenio, artículo 6.2, para la transmisión de comunicaciones es: Dirección General de Acción Social, del Menor y de la Familia. Ministerio de Trabajo y Asuntos Sociales. Calle José Abascal, 39. 28003 Madrid.

tes de sus respectivos Estados para asegurar la protección de los niños y alcanzar los demás objetivos del Convenio.

2. Tomarán directamente todas las medidas adecuadas para:

a) proporcionar información sobre la legislación de sus Estados en materia de adopción y otras informaciones generales, tales como estadísticas y formularios;

b) informarse mutuamente sobre el funcionamiento del Convenio y, en la medida de lo posible, suprimir los obstáculos para su aplicación.

Art. 8.º Las Autoridades centrales tomarán, directamente o con la cooperación de autoridades públicas, todas las medidas apropiadas para prevenir beneficios materiales indebidos en relación a una adopción y para impedir toda práctica contraria a los objetivos del Convenio.

Art. 9.º Las Autoridades centrales tomarán, ya sea directamente o con la cooperación de autoridades públicas o de otros organismos debidamente acreditados en su Estado, todas las medidas apropiadas, en especial para:

a) reunir, conservar e intercambiar información relativa a la situación del niño y de los futuros padres adoptivos en la medida necesaria para realizar la adopción;

b) facilitar, seguir y activar el procedimiento de adopción;

c) promover, en sus respectivos Estados, el desarrollo de servicios de asesoramiento en materia de adopción y para el seguimiento de las adopciones;

d) intercambiar informes generales de evaluación sobre las experiencias en materia de adopción internacional.

e) responder, en la medida en que lo permita la ley de su Estado, a las solicitudes de información motivadas respecto a una situación particular de adopción formuladas por otras Autoridades centrales o por autoridades públicas.

Art. 10. Sólo pueden obtener y conservar la acreditación los organismos que demuestren su aptitud para cumplir correctamente las funciones que pudieran confiárseles.

Art. 11. Un organismo acreditado debe:

a) perseguir únicamente fines no lucrativos, en las condiciones y dentro de los límites fijados por las autoridades competentes del Estado que lo haya acreditado;

b) ser dirigido y administrado por personas cualificadas por su integridad moral y por su formación o experiencia para actuar en el ámbito de la adopción internacional; y

c) estar sometido al control de las autoridades competentes de dicho Estado en cuanto a su composición, funcionamiento y situación financiera.

Art. 12. Un organismo acreditado en un Estado contratante sólo podrá actuar en otro Estado contratante si ha sido autorizado por las autoridades competentes de ambos Estados.

Art. 13. La designación de las Autoridades centrales y, en su caso, el ámbito de sus funciones, así como el nombre y dirección de los organismos acreditados, serán comunicados por cada Estado contratante a la Oficina Permanente de la Conferencia de La Haya de Derecho internacional privado.

CAPÍTULO IV

CONDICIONES DE PROCEDIMIENTO RESPECTO A LAS ADOPCIONES INTERNACIONALES

Art. 14. Las personas con residencia habitual en un Estado contratante que deseen adoptar un niño cuya residencia habitual esté en otro Estado contratante, deberán dirigirse a la Autoridad central del Estado de su residencia habitual.

Art. 15. 1. Si la Autoridad central del Estado de recepción considera que los solicitantes son adecuados y aptos para adoptar, preparará un informe que contenga información sobre su identidad, capacidad jurídica y aptitud para adoptar, su situación personal, familiar y médica, su medio social, los motivos que les animan, su aptitud para asumir una adopción internacional así como sobre los niños que estarían en condiciones de tomar a su cargo.

2. Esta Autoridad central transmitirá el informe a la Autoridad central del Estado de origen.

Art. 16. 1. Si la Autoridad central del Estado de origen considera que el niño es adoptable,

a) preparará un informe, que contenga información sobre la identidad del niño, su adoptabilidad, su medio social, su evolución personal y familiar, su historia médica y la de su familia, así como sobre sus necesidades particulares;

b) se asegurará de que se han tenido debidamente en cuenta las condiciones de educación del niño así como su origen étnico, religioso y cultural;

c) se asegurará de que se han obtenido los consentimientos previstos en el artículo 4; y

d) constatará si, basándose especialmente en los informes relativos al niño y a los futuros padres adoptivos, la colocación prevista obedece al interés superior del niño.

2. Esta Autoridad central transmitirá a la Autoridad central del Estado de recepción su informe sobre el niño, la prueba de que se han obtenido los consentimientos requeridos y la motivación de la decisión relativa a la colocación, procurando no revelar la identidad de la madre y el padre, si en el Estado de ori-

gen no puede divulgarse su identidad.

Art. 17. En el Estado de origen sólo se podrá confiar al niño a los futuros padres adoptivos si

a) la Autoridad central del Estado de origen se ha asegurado de que los futuros padres adoptivos han manifestado su acuerdo;

b) la Autoridad Central del Estado de recepción ha aprobado tal decisión, si así lo requiere la ley de dicho Estado o la Autoridad Central del Estado de origen;

c) las Autoridades Centrales de ambos Estados están de acuerdo en que se siga el procedimiento de adopción; y

d) se ha constatado, de acuerdo con el artículo 5, que los futuros padres adoptivos son adecuados y aptos para adoptar y que el niño ha sido o será autorizado a entrar y a residir permanentemente en el Estado de recepción.

Art. 18. Las Autoridades centrales de ambos Estados tomarán todas las medidas necesarias para que el niño reciba la autorización de salida del Estado de origen así como de entrada y residencia permanente en el Estado de recepción.

Art. 19. 1. Sólo se podrá *desplazar al niño* al Estado de recepción si se han observado las exigencias del artículo 17.

2. Las Autoridades Centrales de ambos Estados se asegurarán de que el desplazamiento se realice con toda seguridad, en condiciones adecuadas y, cuando sea posible, en compañía de los padres adoptivos o de los futuros padres adoptivos.

3. Si no se produce el desplazamiento del niño, los informes a los que se refieren los artículos 15 y 16 serán devueltos a las autoridades que los hayan expedido.

Art. 20. Las Autoridades centrales se mantendrán informadas sobre el procedimiento de adopción y las medidas adoptadas para finalizarlo, así como sobre el desarrollo del período probatorio, si fuera requerido.

Art. 21. 1. Si la adopción debe tener lugar en el Estado de recepción tras el desplazamiento del niño y la Autoridad central de dicho Estado considera que el mantenimiento del niño en la familia de recepción ya no responde a su interés superior, esta autoridad central tomará las medidas necesarias para la protección del niño, especialmente para:

a) retirar al niño de las personas que deseaban adoptarlo y ocuparse de su cuidado provisional;

b) en consulta con la Autoridad central del Estado de origen, asegurar sin dilación una nueva colocación del niño en vistas a su adopción o, en su defecto, una colocación alternativa de carácter duradero; la adopción del niño sólo podrá tener lugar si la Autoridad central del Estado de origen ha sido debidamente informada sobre los nuevos padres adoptivos;

c) como último recurso, asegurar el retorno del niño al Estado de origen, si así lo exige su interés.

2. Teniendo en cuenta especialmente la edad y grado de madurez del niño, se le consultará y, en su caso, se obtendrá su consentimiento en relación a las medidas a tomar conforme al presente artículo.

Art. 22. 1. Las funciones atribuidas a la Autoridad central por el presente Capítulo pueden ser ejercidas por autoridades públicas o por organismos acreditados conforme al Capítulo III, en la medida prevista por la ley de este Estado.

2. Todo Estado contratante podrá declarar ante el depositario del Convenio que las funciones conferidas a la Autoridad central por los artículos 15 a 21 podrán también ser ejercidas en ese Estado, dentro de los límites permitidos por la ley y bajo el control de las autoridades competentes de dicho Estado, por personas u organismos que:

a) cumplan las condiciones de integridad, competencia profesional, experiencia y responsabilidad exigidas por dicho Estado; y

b) estén capacitadas por su calificación ética y por su formación o experiencia para trabajar en el ámbito de la adopción internacional.

3. El Estado contratante que efectúe la declaración prevista en el párrafo 2 informará con regularidad a la Oficina Permanente de la Conferencia de La Haya de Derecho internacional privado de los nombres y direcciones de estos organismos y personas.

4. Todo Estado contratante podrá declarar ante el depositario del Convenio que las adopciones de niños cuya residencia habitual esté situada en su territorio sólo podrán tener lugar si las funciones conferidas a las Autoridades centrales se ejercen de acuerdo con el párrafo primero.

5. A pesar de que se haya realizado la declaración prevista en el párrafo 2, los informes previstos en los artículos 15 y 16 se prepararán, en todo caso, bajo la responsabilidad de la Autoridad central o de otras autoridades u organismos de acuerdo con el párrafo primero.

CAPÍTULO V

RECONOCIMIENTO Y EFECTOS DE LA ADOPCIÓN

Art. 23. 1. Una adopción certificada como conforme al Convenio por la autoridad competente del Estado donde ha tenido lugar, será reconocida de pleno derecho en los demás Estados contratantes. La certificación es-

---

Art. 22.4: En el momento de la ratificación, España formuló la siguiente declaración: «Las adopciones de niños con residencia habitual en España, sólo podrán tener lugar por los residentes en aquellos Estados en los que las funciones conferidas a las Autoridades centrales son ejercidas por Autoridades Públicas o por Organismos reconocidos de acuerdo con lo previsto en el párrafo 1.º del artículo 22 del Convenio.»

Art. 23: En el momento de la ratificación, España formuló la siguiente declara-

pecificará cuándo y por quién han sido otorgadas las aceptaciones a las que se refiere el artículo 17, apartado *c*).

2. Todo Estado contratante, en el momento de la firma, la ratificación, aceptación, aprobación o adhesión, notificará al depositario del Convenio la identidad y las funciones de la autoridad o autoridades que, en dicho Estado, son competentes para expedir la certificación. Notificará asimismo cualquier modificación en la designación de estas autoridades.

Art. 24. Sólo podrá denegarse el reconocimiento de una adopción en un Estado contratante si dicha adopción es manifiestamente contraria a su orden público, teniendo en cuenta el interés superior del niño.

Art. 25. Todo Estado contratante puede declarar ante el depositario del Convenio que no reconocerá en virtud de las disposiciones del mismo las adopciones hechas conforme a un acuerdo concluido en aplicación del artículo 39, párrafo 2.

Art. 26. 1. El reconocimiento de la adopción comporta el reconocimiento

a) del vínculo de filiación entre el niño y sus padres adoptivos;

b) de la responsabilidad de los padres adoptivos respecto al hijo;

c) de la ruptura del vínculo de filiación preexistente entre el niño y su madre y su padre, si la adopción produce este efecto en el Estado contratante en que ha tenido lugar.

2. Si la adopción tiene como efecto la ruptura del vínculo preexistente de filiación, el niño gozará, en el Estado de recepción y en todo otro Estado contratante en que se reconozca la adopción, de derechos equivalentes a los que resultan de una adopción que produzca tal efecto en cada uno de esos Estados.

3. Los párrafos precedentes no impedirán la aplicación de disposiciones más favorables al niño que estén en vigor en el Estado contratante que reconozca la adopción.

Art. 27. 1. Si una adopción realizada en el Estado de origen no tiene por efecto la ruptura del vínculo de filiación preexistente, en el Estado de recepción que reconozca la adopción conforme al Convenio dicha adopción podrá ser convertida en una adopción que produzca tal efecto, si

a) la ley del Estado de recepción lo permite; y

b) los consentimientos exigidos en el artículo 4, apartados *c*) y

ción: «Cada una de las Comunidades Autónomas y la Dirección General de Acción Social, del Menor y de la Familia, con respecto a Ceuta y Melilla, designadas como Autoridades Centrales, serán las competentes para certificar la adopción conforme al Convenio.» Vid. nota al art. 6.º.

d), han sido o son otorgados para tal adopción.

2. El artículo 23 se aplicará a la decisión sobre la conversión de la adopción.

CAPÍTULO VI

DISPOSICIONES GENERALES

Art. 28. El Convenio no afecta a ley alguna de un Estado de origen que exija que la adopción de un niño con residencia habitual en ese Estado tenga lugar en ese Estado o que prohíba la colocación del niño en el Estado de recepción o su desplazamiento al Estado de recepción antes de la adopción.

Art. 29. No habrá contacto alguno entre los futuros padres adoptivos y los padres del niño u otras personas que tengan la guarda de éste hasta que se hayan cumplido las condiciones del artículo 4, apartados *a*) a *c*), y del artículo 5, apartado *a*), salvo cuando la adopción del niño tenga lugar entre familiares o salvo que se cumplan las condiciones que establezca la autoridad competente del Estado de origen.

Art. 30. 1. Las autoridades competentes de un Estado contratante asegurarán la conservación de la información de la que dispongan relativa a los orígenes del niño, en particular la información respecto a la identidad de sus padres así como la historia médica del niño y de su familia.

2. Dichas autoridades asegurarán el acceso, con el debido asesoramiento, del niño o de su representante a esta información en la medida en que lo permita la ley de dicho Estado.

Art. 31. Sin perjuicio de lo establecido en el artículo 30, los datos personales que se obtengan o transmitan conforme al Convenio, en particular aquellos a los que se refieren los artículos 15 y 16, no podrán utilizarse para fines distintos de aquellos para los que se obtuvieron o transmitieron.

Art. 32. 1. Nadie puede obtener beneficios materiales indebidos, como consecuencia de una intervención relativa a una adopción internacional.

2. Sólo se podrán reclamar y pagar costes y gastos directos, incluyendo los honorarios profesionales razonables de las personas que han intervenido en la adopción.

3. Los directores, administradores y empleados de organismos que intervengan en la adopción no podrán recibir remuneraciones desproporcionadas en relación a los servicios prestados.

Art. 32.2: Téngase en cuenta que en el texto auténtico del Convenio se dice «costes y gastos», y no «costes y gastos directos».

Art. 33. Toda autoridad competente que constate que no se ha respetado o que existe un riesgo manifiesto de que no sea respetada alguna de las disposiciones del Convenio, informará inmediatamente a la Autoridad central de su Estado. Dicha Autoridad central tendrá la responsabilidad de asegurar que se toman las medidas adecuadas.

Art. 34. Si la autoridad competente del Estado de destino de un documento así lo requiere, deberá proporcionarse una traducción auténtica. Salvo que se disponga lo contrario, los costes de tal traducción correrán a cargo de los futuros padres adoptivos.

Art. 35. Las autoridades competentes de los Estados contratantes actuarán con celeridad en los procedimientos de adopción.

Art. 36. En relación a un Estado que tenga, en materia de adopción, dos o más sistemas jurídicos aplicables en distintas unidades territoriales:

a) toda referencia a la residencia habitual en dicho Estado se entenderá referida a la residencia habitual en una unidad territorial de dicho Estado;

b) toda referencia a la ley de dicho Estado se entenderá referida a la ley vigente en la correspondiente unidad territorial;

c) toda referencia a las autoridades competentes o a las autoridades públicas de dicho Estado se entenderá referida a las autoridades autorizadas para actuar en la correspondiente unidad territorial;

d) toda referencia a los organismos acreditados de dicho Estado se entenderá referida a los organismos acreditados en la correspondiente unidad territorial.

Art. 37. En relación a un Estado que tenga, en materia de adopción, dos o más sistemas jurídicos aplicables a diferentes categorías de personas, toda referencia a la ley de ese Estado se entenderá referida al sistema jurídico determinado por la ley de dicho Estado.

Art. 38. Un Estado contratante en el que distintas unidades territoriales tengan sus propias normas en materia de adopción no estará obligado a aplicar las normas del Convenio cuando un Estado con un sistema jurídico unitario no estaría obligado a hacerlo.

Art. 39. El Convenio no derogará a los instrumentos internacionales en que los Estados contratantes sean partes y que contengan disposiciones sobre materias reguladas por el presente Convenio, salvo declaración en contrario de los Estados vinculados por dichos instrumentos.

2. Todo Estado contratante podrá concluir con uno o más Estados contratantes acuerdos para favorecer la aplicación del Convenio en sus relaciones recíprocas. Estos acuerdos sólo podrán derogar las disposiciones contenidas en los artículos 14 a 16 y 18 a 21. Los Estados que

concluyan tales acuerdos transmitirán una copia de los mismos al depositario del presente Convenio.

Art. 40. No se admitirá reserva alguna al Convenio.

Art. 41. El Convenio se aplicará siempre que una solicitud formulada conforme al artículo 14 sea recibida después de la entrada en vigor del Convenio en el Estado de origen y en el Estado de recepción.

Art. 42. El Secretario General de la Conferencia de La Haya de Derecho internacional privado convocará periódicamente una Comisión especial para examinar el funcionamiento práctico del Convenio.

CAPÍTULO VII

CLÁUSULAS FINALES

Art. 43. El Convenio estará abierto a la firma de los Estados que fueren miembros de la Conferencia de La Haya de Derecho internacional privado cuando se celebró su Decimoséptima Sesión y de los demás Estados participantes en dicha Sesión.

2. Será ratificado, aceptado o aprobado, y los instrumentos de ratificación, aceptación o aprobación se depositarán en el Ministerio de Asuntos Exteriores del Reino de los Países Bajos, depositario del Convenio.

Art. 44. 1. Cualquier otro Estado podrá adherirse al Convenio después de su entrada en vigor en virtud del párrafo 1 del artículo 46.

2. El instrumento de adhesión se depositará en poder del depositario.

3. La adhesión sólo surtirá efecto en las relaciones entre el Estado adherente y los Estados contratantes que no hubiesen formulado objeción a la adhesión en los seis meses siguientes a la recepción de la notificación a que se refiere el apartado *b*) del artículo 48. Podrá asimismo formular una objeción al respecto cualquier Estado en el momento de la ratificación, aceptación o aprobación del Convenio posterior a la adhesión. Dichas objeciones serán notificadas al depositario del Convenio.

Art. 45. Cuando un Estado comprenda dos o más unidades territoriales en las que se apliquen sistemas jurídicos diferentes en lo que se refiere a cuestiones reguladas por el presente Convenio, podrá declarar, en el momento de la firma, ratificación, aceptación, aprobación o adhesión, que el Convenio se aplicará a todas sus unidades territoriales o solamente a una o varias de

---

Art. 44.3: Téngase en cuenta que España ha formulado objeción a la adhesión de Guatemala.

ellas y podrá en cualquier momento modificar esta declaración haciendo otra nueva.

2. Toda declaración de esta naturaleza será notificada al depositario del Convenio y en ella se indicarán expresamente las unidades territoriales a las que el Convenio será aplicable.

3. En el caso de que un Estado no formule declaración alguna al amparo del presente artículo, el Convenio se aplicará a la totalidad del territorio de dicho Estado.

Art. 46. 1. El Convenio entrará en vigor el día primero del mes siguiente a la expiración de un período de tres meses después del depósito del tercer instrumento de ratificación, de aceptación o de aprobación previsto en el artículo 43.

2. En lo sucesivo, el Convenio entrará en vigor:

a) para cada Estado que lo ratifique, acepte o apruebe posteriormente, o se adhiera al mismo, el primer día del mes siguiente a la expiración de un período de tres meses después del depósito de su instrumento de ratificación, aceptación, aprobación o adhesión;

b) para las unidades territoriales a las que se haya hecho extensiva la aplicación del Convenio de conformidad con el artículo 45, el día primero del mes siguiente a la expiración de un período de tres meses después de la notificación prevista en dicho artículo.

Art. 47. 1. Todo Estado parte en el presente Convenio podrá denunciarlo mediante notificación por escrito dirigida al depositario.

2. La denuncia surtirá efecto el día primero del mes siguiente a la expiración de un período de doce meses después de la fecha de recepción de la notificación por el depositario del Convenio. En caso de que en la notificación se fije un período más largo para que la denuncia surta efecto, ésta tendrá efecto cuando transcurra dicho período, que se contará a partir de la fecha de recepción de la notificación.

Art. 48. El depositario del Convenio notificará a los Estados miembros de la Conferencia de La Haya de Derecho internacional privado así como a los demás Estados participantes en la Decimoséptima Sesión y a los Estados que se hayan adherido de conformidad con lo dispuesto en el artículo 44:

a) las firmas, ratificaciones, aceptaciones y aprobaciones a que se refiere el artículo 43;

b) las adhesiones y las objeciones a las mismas a que se refiere el artículo 44;

Art. 46.2.a): El Convenio entró en vigor para España el 1 de noviembre de 1995. Con posterioridad, en relación con otros Estados, vid. las comunicaciones publicadas en el *BOE* por la Secretaría General Técnica del Ministerio de Asuntos Exteriores en cumplimiento del art. 32 del Decreto 801/1972, de 24 de marzo, relativo a la ordenación de la actividad del Estado en materia de tratados internacionales.

c) la fecha en la que el Convenio entrará en vigor de conformidad con lo dispuesto en el artículo 46;

d) las declaraciones y designaciones a que se refieren los artículos 22, 23, 25 y 45;

e) los acuerdos a que se refiere el artículo 39;

f) las denuncias a que se refiere el artículo 41.

En fe de lo cual, los infrascritos, debidamente autorizados, han firmado el presente Convenio.

Hecho en La Haya, el 29 de mayo de 1993, en francés e inglés, siendo ambos textos igualmente auténticos, en un solo ejemplar, que será depositado en los archivos del Gobierno del Reino de los Países Bajos y del cual se remitirá por vía diplomática una copia auténtica a cada uno de los Estados miembros de la Conferencia de La Haya de Derecho Internacional Privado en el momento de celebrarse su Decimoséptima Sesión así como a cada uno de los demás Estados que han participado en dicha Sesión.

Art. 48.f): Téngase en cuenta que en el texto auténtico del Convenio se dice «artículo 47» y no «artículo 41».

59. ACUERDO BILATERAL ENTRE EL REINO DE ESPAÑA Y LA REPÚBLICA DE BOLIVIA EN MATERIA DE ADOPCIONES, HECHO EN MADRID EL 20 DE OCTUBRE DE 2001*

(*BOE* núm. 304, de 20 de diciembre de 2001)

Los Estados del Reino de España y de la República de Bolivia,

Reconociendo, que los principios de la Convención sobre los Derechos del Niño adoptada por la Asamblea General de las Naciones Unidas del 20 de noviembre de 1989, la cual señala que la adopción entre países puede ser considerada como una alternativa para el cuidado del niño, si es que no puede ser ubicado en una familia adoptiva ni puede ser cuidado de una manera efectiva en su país de origen;

Que el principio del interés superior del niño es el fundamento y la base interpretativa del presente Acuerdo;

Que es importante preservar y resguardar el derecho a la identidad cultural del Niño, Niña y Adolescente;

Que el Niño, Niña o Adolescente al que se refiere la adopción entre países debe tener seguridades equivalen-

* *Texto auténtico:* español.

tes a aquellas existentes en el caso de adopción nacional de estar declarados adoptables;

Que la colocación de un Niño, Niña o Adolescente debe ser llevada a cabo por autoridades competentes y no debe generar ningún beneficio indebido para aquellas personas involucradas en el proceso;

Que los firmantes aspiran brindar en su adopción de Niños, Niñas o Adolescentes, recíprocamente las mayores seguridades;

Que el presente Acuerdo pretende instaurar un sistema de cooperación entre los firmantes que asegure, en los procesos de adopción, la prevención y en su caso la total eliminación de la sustracción, tráfico y venta de Niños, Niñas y Adolescentes;

Convienen en suscribir el presente Acuerdo Bilateral sobre Adopción Internacional al tenor de las siguientes disposiciones:

Artículo 1.º *Ámbito de aplicación.*—El presente Acuerdo bilateral constituye el marco para el tratamiento y tramitación de las solicitudes dentro de las normas legales bolivianas y españolas y la conceptualización de la doctrina sobre la institución jurídica de la adopción legalmente reconocida en ambos países.

El presente Acuerdo es aplicable en el caso de que un Niño, Niña o Adolescente con residencia habitual en el territorio de la República de Bolivia o en España pueda ser adoptado plenamente por nacionales de uno u otro Estado, de acuerdo con las disposiciones constitucionales y legales vigentes en uno y otro país.

Art. 2.º *De las Autoridades Centrales.*—1. Las Autoridades Centrales competentes encargadas de los trámites previstos en el presente Acuerdo son:

En Bolivia: El Viceministro de Asuntos de Género, Generacionales y Familia, o la institución que por mandato de la Ley, asuma en el futuro dichas funciones y responsabilidades.

En España: Al tratarse de un Estado con varias Autoridades Centrales, el Ministerio de Trabajo y Asuntos Sociales, a través de su Dirección General de Acción Social, del Menor y la Familia, será la Autoridad Central a la que pueda dirigirse toda comunicación para su transmisión a la Autoridad Central competente dentro de ese Estado.

2. Dado que legalmente las Autoridades Centrales de ambos Estados pueden delegar parte de sus funciones a Organismos Acreditados debidamente autorizados y registrados en ambos Estados, estas autoridades ejercerán la vigilancia sobre los Organismos Acreditados a los que se hace referencia en el siguiente artículo y aplicarán o solicitarán que les sean aplicados a éstos por parte de las Autoridades competentes, las sanciones consiguientes a las omisiones o violaciones al procedimiento contenido en el presente Acuerdo, en las leyes que protegen a la infancia y en las Convenciones Internacionales.

3. Las Autoridades Centrales y los Organismos Acreditados coadyuvarán y promoverán la colaboración de las Autoridades competentes de ambos Estados para asegurar la protección de los Niños, Niñas y Adolescentes adoptados y lograr los otros objetivos del Acuerdo. En particular, en la fase previa a la adopción, de conformidad con sus competencias y procedimientos internos y el seguimiento de la fase posterior a la resolución judicial.

Se informarán recíprocamente sobre sus legislaciones nacionales y procedimientos internos en materia de adopción y sobre cualquier otro asunto de carácter general referente a la adopción. Mantendrán permanentes contactos con relación al funcionamiento del Acuerdo y procederán a eliminar los obstáculos que pudieran impedir su realización.

4. Las Autoridades Centrales, directamente o a través de los Organismos Acreditados tomarán medidas apropiadas:

a) Para conservar e intercambiar información acerca de la situación del Niño, Niña o Adolescente y de los futuros adoptantes sólo durante y en forma posterior al proceso de adopción, también con relación al éxito de la adaptación del Niño, Niña o Adolescente a los adoptantes.

b) Facilitar, seguir y activar el proceso de adopción.

c) Impedir beneficios indebidos relacionados con la adopción y cualquier ejercicio contrario a los objetivos del Acuerdo.

d) Realizar y promover las actividades de control en materia de adopciones en los Estados respectivos.

e) Proporcionarse mutuamente elementos de evaluación con relación a las Adopciones Internacionales efectuadas de acuerdo al presente Acuerdo, remitiendo informes de seguimiento debidamente legalizados por la representación diplomática y/o consular, cada seis meses, durante los dos primeros años siguientes a la adopción pronunciada judicialmente.

5. Las Autoridades competentes asegurarán la conservación de toda información relativa a los orígenes del Niño, Niña o Adolescente y a su familia, si fuera conocida, a la cual será posible acceder, con las autorizaciones necesarias, dentro de los límites establecidos por las leyes de ambos Estados.

Art. 3.º *Organismos acreditados y procedencia de la adopción con los Organismos Acreditados.*—1. Los Organismos Acreditados para realizar los trámites previstos en el presente Acuerdo son:

En Bolivia: Todos aquellos que se hallen registrados debidamente ante el Viceministerio de Asuntos de Género, Generacionales y Familia, y hayan suscrito los Acuerdos Marco a los que se hace referencia en el Reglamento al Código Niño, Niña y Adolescente.

En España: Cada uno de los Organismos Acreditados por las Autoridades Centrales españolas y autorizados por las Autoridades competentes bolivianas.

Art. 4.º *De la procedencia de la adopción.*—1. Las adopciones consideradas en el presente Acuerdo tendrán lugar cuando:

a) La Autoridad competente haya establecido la extinción de la autoridad de los padres, su calidad de huérfano y la inexistencia de vínculos familiares.

b) La Autoridad competente del Estado de origen de Niño, Niña o Adolescente haya verificado que la adopción internacional responde al interés superior del Niño, Niña o Adolescente en cuestión.

c) La Autoridad competente del Estado que recibirá al Niño, Niña o Adolescente garantice que los futuros adoptantes son declarados aptos para la adopción internacional.

d) El organismo competente del Estado que recibirá al Niño, Niña o Adolescente garantice que será autorizado a ingresar y residir permanentemente en ese Estado.

e) La Autoridad del Estado de origen, de acuerdo a su competencia, haya asignado a los futuros adoptantes al Niño, Niña o Adolescente, conforme lo establecido en Bolivia por el Código Niño, Niña y Adolescente en su artículo 65 y su Reglamento aprobado por Decreto Supremo número 26.086 de 2 de marzo de 2001, y la legislación española vigente.

Art. 5.º *Del procedimiento.*—Los Estados contratantes establecen por medio del presente Acuerdo el siguiente procedimiento de adopción de Niños, Niñas o Adolescentes, con residencia permanente en Bolivia y España, por nacionales de ambos países, dentro de las previsiones establecidas en Bolivia por la Ley 2.026 del Código Niño, Niña y Adolescente Boliviano y el Decreto Supremo número 26.086 de 2 de marzo de 2001 en todo lo que atañe a la adopción plena, y la legislación española vigente.

1. Las Autoridades Centrales de ambos Estados autorizan a los Organismos Acreditados para mediar en la tramitación de adopciones internacionales, los cuales en cumplimiento de las legislaciones de los respectivos Estados, designarán representantes legales para intervenir en la tramitación de procesos de adopciones internacionales.

2. Como efectos de la Ley 1788 de 16 de septiembre de 1997, DS número 24.855 artículo 34, inciso f y el DS 25.055 artículo 16, el Viceministerio de Asuntos de Género, Generacionales y Familia, dependiente del Ministerio de Desarrollo Sostenible y Planificación, en su calidad de Autoridad Central, es la institución que en Bolivia norma, regula, fiscaliza y supervisa las políticas dirigidas a la Niñez y Adolescencia para efectos del Acuerdo.

3. Las Autoridades competentes españolas harán llegar a través de los Organismos Acreditados debidamente autorizados para trabajar con adopciones en Bolivia, las solicitudes de adopciones de Niños, Niñas o Adolescentes bolivianos por ciudadanos residentes en España, al Juez de la Niñez y Adolescencia, de conformidad a lo previsto por el

Código Niño, Niña y Adolescente de Bolivia.

4. La entrega, en adopción de los Niños, Niñas o Adolescentes bolivianos es facultad jurisdiccional de los Jueces de la Niñez y Adolescencia de los nueve distritos judiciales departamentales, de conformidad con lo dispuesto por los artículos 298 y siguientes del Código Niño, Niña y Adolescente.

5. Los trámites de adopción en Bolivia presentados por el representante legal del Organismo Acreditado ante el Viceministerio de Asuntos de Género, Generacionales y Familia, tienen el carácter de tramitación oficial imprimiendo al efecto el procedimiento pertinente, no reconociéndose ninguna otra intermediación.

6. La tramitación de las solicitudes de adopción de Niños, Niñas o Adolescentes residentes en España por nacionales bolivianos que residen en Bolivia, tendrá lugar a través de los organismos competentes de ambos países, imprimiendo al efecto el procedimiento pertinente del Estado del adoptado.

Art. 6.º *De las comunicaciones.*—Para comunicaciones oficiales referidas al presente Acuerdo se fijan los domicilios siguientes:

En Bolivia: Las oficinas del Viceministerio de Asuntos de Género, Generacionales y Familia, o la Institución que por mandato de la Ley, asuma dichas funciones y responsabilidades.

En España: En virtud de la distribución de competencias en materia de protección de menores en España, la Dirección General de Acción Social, del Menor y de la Familia del Ministerio de Trabajo y Asuntos Sociales, será la Autoridad Central a efectos de comunicación, tal y como se recoge en el artículo 2, inciso 1, del presente Acuerdo y a efectos de tramitación de expedientes de solicitud de adopción intervendrán las diferentes Autoridades Centrales españolas, en tanto organismos públicos competentes en protección de menores en el territorio de sus respectivas Comunidades Autónomas.

En concordancia con el artículo 3 del presente Acuerdo, los representantes de los Organismos Acreditados en Bolivia, fijarán domicilio legal dentro del territorio de Bolivia, que oportunamente será comunicado a la Autoridad Central de Bolivia.

DISPOSICIONES FINALES

1.ª Una vez que Bolivia haya ratificado la Convención de La Haya relativa a la Protección del Niño y a la Cooperación en Materia de Adopción Internacional, y existiendo común acuerdo entre las Partes contratantes, los principios y preceptos de dicha Convención, regirán para la mejor aplicación del presente Acuerdo.

2.ª A los efectos del presente Acuerdo, se tienen como sinónimos los términos «Niño, Niña y Adolescente» y «Menor de edad».

3.ª El presente Acuerdo se aplicará provisionalmente desde la fecha de su firma y entrará en vigor de forma definitiva el primer día del segundo mes siguiente al de la última notificación por la que las Partes se comuniquen, por la vía diplomática, el cumplimiento de sus requisitos legales internos.

4.ª El presente Acuerdo tendrá vigencia indefinida y cualquiera de los Estados firmantes podrá denunciarlo previa comunicación por escrito, formulada por conducto diplomático con una antelación de seis meses.

5.ª El presente Acuerdo podrá ser modificado en el futuro, si cambia la normativa respecto a la institución jurídica de las adopciones, que implique una modificación en el procedimiento previsto en el presente Acuerdo, ajustándose en lo pertinente a las modificaciones e innovaciones actuales. Los Estados contratantes acordarán la forma y condiciones de su modificación.

6.ª Cada Autoridad competente, que verifique que no ha sido respetada alguna de las cláusulas contenidas en el presente Acuerdo o que exista el riesgo manifiesto de que no serán respetadas, informará inmediatamente a la Autoridad Central del Estado del cual depende, para que sean tomadas las medidas adecuadas.

Es suscrito en Madrid a veintinueve de octubre de dos mil uno, en dos originales en lengua española, siendo ambos textos igualmente auténticos.

El presente Acuerdo se aplica provisionalmente desde el 29 de octubre de 2001, fecha de su firma, según se establece en su disposición final tercera.

60. PROTOCOLO SOBRE ADOPCIÓN INTERNACIONAL ENTRE EL REINO DE ESPAÑA Y LA REPÚBLICA DE FILIPINAS, HECHO EN MANILA EL 12 DE NOVIEMBRE DE 2002

(*BOE* núm. 21, de 24 de enero de 2003)

El Reino de España y la República de Filipinas, en lo sucesivo denominados las Partes.

Han acordado lo siguiente, considerando que:

La Convención sobre los Derechos del Niño, adoptada por la Asamblea General de las Naciones Unidas el 20 de noviembre de 1989, establece que la adopción internacional puede con-

---

Disp. Final 3.ª: El Acuerdo entró en vigor el 1 de agosto de 2002 (*BOE* de 25-7-2002; corr. de errores, *BOE* de 15-8-2002).

siderarse como otro medio de cuidar del niño, en el caso de que éste no pueda ser entregado a una familia adoptiva o no pueda ser atendido de manera adecuada en su país de origen.

Las Partes han ratificado, de conformidad con sus legislaciones respectivas, el Convenio de La Haya relativo a la protección del niño y a la cooperación en materia de adopción internacional, hecho en La Haya el 29 de mayo de 1993, y que, por lo tanto, se compromete a cumplir sus disposiciones en aras del interés superior del niño.

El principio del interés superior del niño, a saber, que éste crezca en un medio familiar estable, será la esencia y la base para la interpretación del presente Protocolo.

En la colocación del niño es conveniente respetar su identidad étnico cultural.

El niño al que se refiera la adopción internacional deberá gozar de los derechos, salvaguardias y condiciones equivalentes a las que ya existan en el caso de la adopción nacional.

La colocación del niño deberá estar a cargo de las autoridades centrales y de las autoridades competentes de ambas Partes, y no deberá generar ningún beneficio indebido a favor de las personas que participen en el procedimiento; y

Ambas Partes pretenden ofrecerse las máximas garantías recíprocas para la adopción de niños en el otro país.

Por todo lo anterior, las Partes, en pleno ejercicio de sus poderes y en el desempeño de sus responsabilidades, otorgan el presente Protocolo.

TÍTULO PRIMERO

Ámbito de aplicación

Artículo 1.º El presente protocolo tiene la siguiente finalidad:

a) Instaurar un sistema de cooperación entre las Partes que garantice la plena eliminación y prevención de la sustracción, la venta y el tráfico ilegal de niños.

b) Conseguir el reconocimiento recíproco de las adopciones plenas realizadas en el marco del presente Protocolo, de conformidad con las legislaciones de ambos países.

Art. 2.º *a*) El Protocolo será aplicable en el caso de la adopción plena de un niño que tenga su residencia habitual en España o en Filipinas por personas habitualmente residentes en el otro Estado.

b) A efectos del presente Protocolo, por «el niño» se entenderá una persona menor de dieciocho años, salvo en los casos en que la ley del Estado prevea una edad inferior.

TÍTULO II

Autoridades centrales y organismos oficialmente autorizados

Art. 3.º *a*) Las Partes designan como «Autoridades Centrales» a las instituciones siguientes:

Por el Reino de España: Cada una de las instituciones españolas, con respecto a las personas residentes en sus territorios respectivos, que haya cumplido el requisito previsto en el artículo 6.2.*b*) del Convenio relativo a la protección del niño y a la cooperación en materia de adopción internacional, hecho en La Haya el 29 de mayo de 1993. Dichas instituciones se enumeran en el Apéndice A.

Por la República de Filipinas: La Junta de Adopción Internacional (*Inter-Country Adoption Board-ICAB*).

b) La Dirección General de Acción Social del Menor y de la Familia, dependiente del Ministerio de Trabajo y Asuntos Sociales, será la Autoridad Central para la transmisión de informes y para la comunicación con ICAB. No obstante, en el caso de que cualquiera de las Autoridades Centrales españolas designadas que figuran en el Apéndice A tramite las solicitudes directamente con ICAB, el Ministerio de Trabajo y Asuntos Sociales de España lo comunicará previamente a ICAB y dicho acuerdo surtirá efectos después de la recepción por la Autoridad Central de que se trate de una carta de ICAB acusando recibo a dicha comunicación.

c) Las Autoridades Centrales podrán delegar todas o parte de sus obligaciones en organismos públicos o privados debidamente autorizados por la Parte proponente y aprobados por la otra Parte.

d) Las Autoridades Centrales actuarán como supervisores de los organismos autorizados por ellas y aplicarán o requerirán la aplicación a aquéllos, por las autoridades competentes de las sanciones consiguientes a las omisiones o infracciones de las reglas establecidas en el presente Protocolo, en los convenios internacionales y en las leyes de protección del menor.

Art. 4.º *a*) Las Autoridades Centrales cooperarán entre ellas y promoverán la colaboración entre sus autoridades competentes respectivas para garantizar la protección de los menores adoptables y alcanzar los demás objetivos del Protocolo; en particular, dichas autoridades aplicarán y cumplirán, de conformidad con sus legislaciones respectivas, la fase de preadopción consistente en la asignación de un niño adoptable a las personas consideradas más idóneas para su adopción, y supervisarán la fase siguiente a la resolución judicial.

b) Las Autoridades Centrales se informarán recíprocamente sobre sus legislaciones nacionales en materia de adopción y sobre cualquier otra cuestión de carácter general relativa a la adopción, y mantendrán contactos permanentes en relación con la aplicación del Protocolo, eliminando cualquier posible obstáculo que pueda dificultar dicha aplicación.

Art. 5.º Las Autoridades Centrales adoptarán las medidas adecuadas para:

a) conservar e intercambiar información relativa a la historia y situación presente del niño y de los futuros padres adoptivos, y sobre el éxito de la adaptación del niño a estos últimos;

b) facilitar, seguir y activar el procedimiento de adopción;

c) impedir beneficios indebidos relacionados con la adopción, así como toda práctica contraria a los objetivos del Protocolo;

d) llevar a cabo y promover las actividades de control en materia de adopción en los Estados respectivos;

e) facilitarse mutuamente elementos de evaluación respecto de las adopciones internacionales realizadas al amparo del presente Protocolo.

Art. 6.º Las adopciones contempladas en el presente Protocolo se llevarán a cabo cuando:

a) la Autoridad Central del Estado de origen haya declarado que no existen obstáculos jurídicos para la adopción del niño;

b) la Autoridad Central del Estado de origen haya verificado que la adopción internacional obedece al interés superior del niño;

c) la Autoridad Central del Estado de recepción garantice que se ha declarado a los futuros padres adoptivos aptos y adecuados para la adopción internacional, de conformidad con el Apéndice B;

d) la Autoridad Central del Estado de origen haya asignado el niño a los futuros padres adoptivos;

e) la Autoridad Central del Estado de recepción garantice que se autorizará al niño a entrar y residir permanentemente en ese Estado.

Art. 7.º La Autoridad Central del Estado de recepción garantizará, de acuerdo con su legislación, el cumplimiento de todos los requisitos necesarios para el reconocimiento de la plena adopción, e informará de ello a la Autoridad Central del Estado de origen, enviándole la documentación pertinente.

Art. 8.º Cuando, en el curso del procedimiento de adopción, se compruebe la existencia de cualquier impedimento, como por ejemplo que, en consideración al interés superior del niño, no resulte apropiado reconocer la adopción, la Autoridad Central que aprecie dicho impedimento lo comunicará inmediatamente a la Autoridad Central del otro Estado con objeto de determinar de mutuo acuerdo las medidas más adecuadas para salvaguardar los derechos del niño. La Autoridad Central garantizará la protección total del niño, en estrecha coordinación con la Autoridad Central del otro Estado, hasta que se acuerden las medidas de protección definitivas.

TÍTULO III

Requisitos y procedimientos

Art. 9.º En la tramitación de los expedientes de adopción entre las Autoridades Centrales de ambos países se aplicarán los requisitos y se exigirá la documentación complementaria previstos en el Apéndice B, que forma parte integrante del presente Protocolo. El Apéndice C contiene los procedimientos para la tramitación de las solicitudes.

Art. 10. Las condiciones expresadas en el Apéndice B se adoptarán en cada momento a la legislación y/o a los criterios sobre procedimiento aplicables en ambos países, y podrán modificarse posteriormente mediante el simple canje de notificaciones entre el Ministerio de Trabajo y Asuntos Sociales y el Departamento de Bienestar Social y Desarrollo, previa aprobación por escrito por las Autoridades Centrales de las dos Partes.

Art. 11. Las Autoridades Centrales garantizarán la conservación de toda la información relativa a los orígenes del niño y su familia, en caso de conocerse, y será posible acceder a la misma, con las debidas autorizaciones, dentro de los límites establecidos por las legislaciones de ambos Estados.

Art. 12. *a*) Cuando una autoridad competente compruebe que no se ha respetado o que existe un riesgo manifiesto de que no se respete cualquiera de las fases del procedimiento de adopción internacional previstas en el presente Protocolo, lo comunicará inmediatamente a su Autoridad Central, la cual, a su vez, cooperará con la otra Autoridad Central para adoptar las medidas que se estimen necesarias.

b) Toda controversia entre las Autoridades Centrales relativa a la interpretación o aplicación del presente Protocolo se resolverá mediante consulta o negociación.

TÍTULO IV

Cláusulas finales

Art. 13. *a*) Toda modificación o revisión del texto del presente Protocolo se hará de mutuo acuerdo entre ambas Partes. Dicha modificación o revisión entrará en vigor de conformidad con la disposición relativa a esta materia. Las Autoridades Centrales, de mutuo acuerdo y mediante el canje de cartas, podrán modificar los puntos contenidos en el Apéndice B, siempre que dichos cambios no modifiquen de forma sustancial las disposiciones del presente Protocolo. No obstante, la modificación del Protocolo o del Apéndice B no afectará a la tramitación del procedimiento de solicitud.

b) El presente Protocolo seguirá estando plenamente vigente hasta que una de las Partes notifique oficialmente a la otra Parte, por conducto diplomático, su intención de dejar en suspenso o de denunciar el mismo. En tal caso, el presente Protocolo permanecerá en vigor noventa (90) días después de la fecha en que una de las Partes reciba una notificación oficial de la otra Parte manifestando su intención de dejar en suspenso o de denunciar la validez del Protocolo. No obstante, dicha suspensión o denuncia no será óbice para que se tramiten hasta el final las adopciones pendientes ni para que se cumplan los compromisos adquiridos respecto de los niños que hayan sido dados en adopción.

Art. 14. El presente Protocolo se aplicará provisionalmente pasados treinta días después de su firma y entrará en vigor en la fecha de la última notificación escrita de las Partes, por conducto diplomático, indicando que se han cumplido los requisitos internos para su entrada en vigor.

APÉNDICE A

Comunidad Autónoma de Andalucía: Dirección General de Infancia y Familia. Consejería de Asuntos Sociales. Avenida Hytasa, 14, 41071 Sevilla.

Comunidad Autónoma de Aragón: Instituto Aragonés de Servicios Sociales. Departamento de Sanidad, Consumo y Bienestar Social. Cesáreo Alierta, 9-11, 50071 Zaragoza.

Comunidad Autónoma del Principado de Asturias: Instituto Asturiano de Atención Social a la Infancia, Familia y Adolescencia. Consejería de Asuntos Sociales. General Elorza, 35, 33071 Oviedo.

Comunidad Autónoma de Baleares: Consejería de Bienestar Social, Sanidad y Cooperación. Consell Insular de Ibiza y Formentera. Edificio Servicios Sociales. Cosme Vidal Lláser, sin número, 07800 Ibiza.

Presidencia del Consell Insular de Menorca. Consell Insular de Menorca. Ciutadella, 89, 07702 Mahón (Menorca).

Consejería de Bienes y Servicios. Consell Insular de Mallorca. General Riera. 67, 2.º, 08071 Palma de Mallorca.

Comunidad Autónoma de Canarias: Dirección General de Protección del Menor y la Familia. Consejería de Empleo y Asuntos Sociales. Anselmo J. Benítez, 10-12, edif. Duque, 38071 Santa Cruz de Tenerife.

Comunidad Autónoma de Cantabria: Dirección General de Acción Social. Consejería de Sanidad, Consumo y Servicios Sociales. Hernán Cortés, 9, 3.ª planta, 39071 Santander.

Comunidad Autónoma de Castilla-La Mancha: Dirección General de Servicios Sociales. Consejería de Bienestar Social. Ronda de Buenavista, 47, 2.ª planta, 45071 Toledo.

Comunidad Autónoma de Castilla y León: Gerencia de Servicios Sociales. Consejería de Sanidad y Bienestar Social. Padre Francisco Suárez, 2. 47071 Valladolid.

Comunidad Autónoma de Cataluña: Instituto Catalán del Acogimiento y la Adopción. Generalitat de Catalunya. Gran Vía de les Corts Catalanes, 604,08071 Barcelona.

Comunidad Autónoma de Extremadura: Dirección General de Infancia y Familia. Consejería de Bienestar Social. Avenida Reina Victoria, sin número, 06800 Mérida (Badajoz).

Comunidad Autónoma de Galicia: Dirección General de la Familia. Consejería de Familia y Promoción del Empleo, Mujer y Juventud. Edificio San Caetano, sin número, 15771 Santiago de Compostela.

Comunidad Autónoma de La Rioja: Dirección General de Servicios Sociales. Consejería de Salud y Servicios Sociales. Villamediana, 17, 26071 Logroño.

Comunidad Autónoma de Madrid: Instituto Madrileño del Menor y la Familia. Consejería de Servicios Sociales. Gran Vía, 14, 28071 Madrid.

Comunidad Autónoma de la Región de Murcia: Instituto de Servicios Sociales de la Región de Murcia. Avenida de la Fama, 3, 30071 Murcia.

Comunidad Autónoma de Navarra: Instituto Navarro de Bienestar Social. Departamento de Bienestar Social, Deporte y Vivienda. González Tablas, sin número. 31071 Pamplona.

Comunidad Autónoma del País Vasco: Diputación Foral de Bienestar Social. Diputación 13, 1.º, 01071 Vitoria.

Diputación Foral de Acción Social. Ugasco, 3, 2.ª planta, 48071 Bilbao.

Diputación Foral de Servicios Sociales-Especializados. Paseo Zarategui, 99, 20015 San Sebastián.

Comunidad Autónoma de Valencia: Dirección General de la Familia, Menor y Adopción. Consejería de Bienestar Social. Paseo de la Alameda, 16, 46071 Valencia.

Ciudad Autónoma de Melilla: Dirección General de Bienestar Social. Consejería de Bienestar Social y Sanidad. Carlos Ramírez de Arellano, 10, 52071 Melilla.

Ciudad Autónoma de Ceuta: Consejería de Salud Pública, Bienestar Social y Mercados. Real, 116, bajo C y D, 51701 Ceuta.

Autoridad Central para la Transmisión de Comunicaciones: Dirección General de Acción Social, del Menor y la Familia. Ministerio de Trabajo y Asuntos Sociales, José Abascal, 39, 28071 Madrid.

APÉNDICE B

Requisitos y documentos complementarios exigidos

Requisitos

Padres adoptivos:

A. De conformidad con la sección 9 del artículo III de la Ley de Adopción Internacional filipina (RA 8043) y en virtud de acuerdo entre las Partes en el presente Protocolo, la persona o personas que deseen adoptar un niño filipino deberán cumplir los siguientes requisitos:

1. Haber cumplido, en el momento de formularse la solicitud, los veintisiete (27) años y tener, por lo menos, dieciséis (16) años más que el niño que vaya a adoptarse, salvo en el caso de que el adoptante sea el progenitor o el cónyuge del progenitor del niño.
2. En caso de estar casado, solicitud de la adopción de manera conjunta por el cónyuge.
3. Tener capacidad de obrar y de asumir los derechos y responsabilidades inherentes a la autoridad parental con arreglo a sus leyes nacionales, y haber recibido el asesoramiento adecuado de un asesor acreditado en su país.
4. No haber sido condenado por un delito que implique una conducta inmoral.
5. Reunir los requisitos necesarios para adoptar con arreglo a su legislación nacional.
6. Estar en condiciones de proporcionar la asistencia y la manutención adecuados y de transmitir los valores morales y el ejemplo necesarios a todos los hijos, incluido el que vaya a ser adoptado.

7. Estar decidido a defender los derechos básicos del niño consagrados en la legislación filipina, en la Convención de las Naciones Unidas sobre los Derechos del Niño y en el Convenio de La Haya, y cumplir las normas y reglamentos promulgados en aplicación de las disposiciones de la presente Ley.

8. Proceder de un país con el que Filipinas mantenga relaciones diplomáticas, cuya Administración Pública cuente con un organismo acreditado y autorizado similar, y cuya legislación nacional permita la adopción.

9. Cumplir todos los requisitos y no tener ninguno de los impedimentos previstos en el presente texto y en la demás legislación filipina aplicable.

B. De conformidad con la legislación española, la persona o personas que deseen adoptar un niño español deberán cumplir los siguientes requisitos:

1. Haber cumplido veinticinco (25) años. En caso de adopción por ambos cónyuges, basta con que uno de ellos haya alcanzado dicha edad.

2. Tener, por lo menos, catorce (14) años más que el niño adoptado.

Hijo adoptado:

A. De conformidad con la sección 3 del artículo I de la Ley de Adopción Internacional filipina (RA 8043):

Los niños menores de quince (15) años que, según la autoridad competente del Estado de origen, reúnan los requisitos para su adopción internacional.

Por tanto, sólo los niños menores de quince (15) años pueden ser considerados para adopción en Filipinas, y sólo los niños menores de quince años de edad pueden ser considerados por la Junta de Adopción Internacional (*Inter-Country Adoption Board-ICAD*) para adopción en España.

Excepción: Cabe considerar a personas de dieciocho años y menores de esa edad si forman parte de un grupo de hermanos.

B. De conformidad con la legislación española:

1. Únicamente podrán adoptarse los menores de dieciocho (18) años a los que no se les haya concedido el beneficio de la mayor edad. Sin embargo, los menores de dieciocho (18) años a los que se haya concedido el beneficio de la mayor edad, serán elegibles para la adopción si, antes de obtener el beneficio, residieron en una situación de acogida durante un período de tiempo ininterrumpido antes de cumplir catorce años.

2. No podrán adoptarse descendientes legales hasta el segundo grado de la línea colateral por consanguinidad o afinidad.

Documentos complementarios exigidos

Padres adoptivos:

A. De conformidad con la sección 28 del Reglamento de la RA 8043, toda solicitud de cualquier persona o personas que deseen adoptar un niño filipino deberá acompañarse de los siguientes documentos complementarios:

1. informes sobre el hogar y la familia del solicitante;
2. partida de nacimiento del solicitante;
3. contrato de matrimonio del solicitante o, en su caso, sentencia firme de divorcio;
4. consentimiento por escrito a la adopción de los hijos biológicos o adoptados mayores de diez (10) años, atestiguado por el asistente social y otorgado tras recibir el debido asesoramiento;
5. examen físico y médico por un médico debidamente habilitado y examen psicológico por un psicólogo;
6. última declaración de la renta, certificado tributario de renta u otro documento que acredite la solvencia del solicitante;
7. certificado de antecedentes expedido por la policía u otro organismo público competente del lugar de residencia del solicitante;
8. certificado de buena reputación expedido por la parroquia del interesado, por su empleador o por un miembro de su comunidad más próxima con el que no le unan vínculos de parentesco y que conozca al solicitante desde al menos cinco (5) años antes;

9. certificado expedido por el organismo público competente que acredite que el solicitante reúne los requisitos necesarios para adoptar con arreglo a su legislación nacional y que se autoriza al adoptado para que entre en el país con vistas a su custodia provisional y para que resida en él de forma permanente una vez formalizada la adopción; y

10. fotografías recientes, de tamaño postal, del solicitante y de su familia más próxima.

B. De conformidad con la legislación española, toda solicitud de cualquier persona o personas que deseen adoptar un niño español deberá ir acompañada de la siguiente documentación complementaria:

1. partida de nacimiento de los futuros padres adoptivos;
2. certificado de matrimonio;
3. certificado de antecedentes penales;
4. certificado médico;
5. declaración de la renta;
6. informe psicológico y social;
7. certificado de aptitud para la adopción.

Niño adoptado:

A. De conformidad con la sección 8 del artículo II del RA 8043, se entregará a la Autoridad Central española la siguiente documentación complementaria:

1. informe específico del caso;
2. partida de nacimiento/certificado de expósito;
3. escritura de consentimiento a la adopción/declaración judicial de abandono;
4. certificado de defunción de los padres, en su caso;
5. examen médico del niño;
6. examen psicológico, en caso de que sea necesario;
7. fotografía reciente del niño.

B. De conformidad con la legislación española, se entregará a la Autoridad Central del Estado de recepción la siguiente documentación complementaria:

1. informe social sobre el niño;
2. certificado de idoneidad del niño para su adopción internacional, expedido por la autoridad competente;
3. partida de nacimiento;
4. certificado de defunción de los padres, en su caso;
5. examen médico/historial del niño;
6. fotografía reciente del niño.

APÉNDICE C

Procedimiento relativo a la adopción de un niño filipino

1. Una vez que la Junta de Adopción Internacional (ICAB) haya aceptado la solicitud de adopción presentada por la Autoridad Central española, la primera expedirá una notificación concediendo o denegando las solicitudes de los posibles padres adoptivos (*prospective adoptive parents-PAP*). Además, ICAB enviará a la Autoridad Central española un informe motivando *su decisión*.

2. ICAB enviará a la Autoridad Central española las solicitudes de nacionales españoles que reciba por otras vías, con el fin de que todas las solicitudes se formalicen de conformidad con el presente Protocolo.

3. Todas las comunicaciones relacionadas con el presente Protocolo se cursarán a través de ICAB y de la Dirección General de Acción Social para los Menores y la Familia.

4. Una vez que se ofrezca un niño a los PAP, ICAB facilitará toda la información disponible sobre aquél.

5. La Autoridad Central española notificará lo antes posible a ICAB la decisión de los PAP aceptando la colocación del niño. En caso de que consideren inaceptable la adopción propuesta, la Autoridad Central española devolverá el expediente del niño y enviará informe a ICAB explicando las razones que hayan motivado la decisión de los PAP.

6. La Autoridad Central española ultimará con los PAP los planes necesarios para la colocación del niño.

7. Correrán por cuenta de los PAP los costes, tasas, cargas y exacciones derivados de la colocación en fase de preadopción, según se establece en la legislación filipina.

8. La Autoridad Central española notificará al ICAB la llegada del niño a España.

9. La Autoridad Central española supervisará la colocación del niño bajo la custodia de los PAP y se encargará de que se envíen informes a ICAB cada dos (2) meses, durante un período de seis meses, a partir de la fecha de llegada del niño a España.

10. En caso de que la colocación sufra algún contratiempo, la Autoridad Central española lo notificará inmediatamente a ICAB en un plazo máximo de setenta y dos (72) horas. Hará lo posible para prestar asistencia a la familia y al niño, incluida la búsqueda de otra familia apropiada para el niño. Cuando la única alternativa adecuada para el bienestar del niño sea la repatriación, la Autoridad Central española, previa consulta a ICAB, adoptará las medidas necesarias para la repatriación del niño a costa de los PAP.

11. La Autoridad Central española adoptará todas las medidas que sean razonables para que, una vez que el niño haya sido colocado bajo la custodia de los PAP, se dicte una resolución judicial de adopción a favor de éstos. La Autoridad Central española sólo emprenderá esta última acción si está convencida de que dicha adopción favorece el bienestar y el interés superior del niño y, a tal fin, la autoridad filipina competente (Departamento de Bienestar Social y Desarrollo) deberá extender un Acta de Aprobación de Adopción relativa a adopción internacional cursada a través de ICAB.

12. La Autoridad Central española notificará a ICAB la finalización del procedimiento de adopción del niño enviándole una copia autenticada de la resolución judicial de adopción.

13. La Autoridad Central española comunicará a la Embajada de Filipinas en España cualquier cambio en la nacionalidad y residencia del niño.

Fase posterior a la adopción:

La Autoridad Central española e ICAB implantarán y coordinarán un programa postadopción.

El presente Protocolo se aplicará provisionalmente desde el 12 de diciembre de 2002, treinta días después de su firma, según se establece en su artículo 14.

61. CONVENIO DE COOPERACIÓN EN MATERIA DE ADOPCIÓN ENTRE EL REINO DE ESPAÑA Y LA REPÚBLICA SOCIALISTA DE VIETNAM, HECHO EN HANOI EL 5 DE DICIEMBRE DE 2007*

(*BOE* núm. 16, de 18 de enero de 2008; corrección de errores, *BOE* núm. 39 de 14 de febrero de 2008)

El Reino de España y la República Socialista de Vietnam (en lo sucesivo denominados «los Estados contratantes»):

Reconociendo que la Convención sobre los Derechos del Niño, adoptada por la Asamblea General de las Naciones Unidas el 20 de noviembre de 1989, establece que la adopción internacional puede considerarse como otro medio de cuidar del niño, en el caso de que éste no pueda ser entregado a una familia adoptiva o no pueda ser atendido de manera adecuada en su país de origen;

Reconociendo que, para el desarrollo armonioso de su personalidad, el niño debe crecer en el seno de una familia, en un ambiente de felicidad, amor y comprensión;

Reconociendo que cada Estado debe adoptar las medidas apropiadas para permitir el mantenimiento del niño en su familia de origen y para garantizar la protección, en un medio familiar, de los niños privados de su familia;

Reconociendo que la adopción internacional presenta la ventaja de dar una familia permanente a los niños para quienes no es posible encontrar una familia apropiada en su país de origen;

Reconociendo que los niños adoptados, de acuerdo con el presente Convenio, tienen en el territorio de cada Estado contratante todos los derechos y obligaciones que les corresponden como ciudadanos o residentes permanentes en el territorio del Estado contratante;

Por todo lo anterior, las Partes, en pleno ejercicio de sus poderes y en el desempeño de sus responsabilidades, convienen en lo siguiente:

---

* Entrada en vigor el 7 de enero de 2009 (*BOE* de 20-2-2009).

TÍTULO PRIMERO

Consideraciones generales

Artículo 1.º *Objetivos.*—El presente Convenio tiene la siguiente finalidad:

a) Instaurar un sistema de cooperación entre las Partes que garantice la plena eliminación y prevención de la sustracción, la venta y el tráfico ilegal de niños.

b) Conseguir el reconocimiento recíproco de las adopciones plenas realizadas en el marco del presente Convenio, de conformidad con las legislaciones de ambos países.

Art. 2.º *Ámbito de aplicación.*—El presente Convenio será de aplicación cuando un niño en edad de ser adoptado de acuerdo con la legislación de cada Estado contratante y que es nacional de uno de los Estados contratantes y residente en el territorio de ese Estado, es adoptado por una persona o pareja con residencia habitual en el territorio del otro Estado Contratante (en lo sucesivo denominados «los adoptantes»).

Art. 3.º *Principios de la adopción.*—Los Estados contratantes tomarán todas las medidas de cooperación necesarias para garantizar que las adopciones por residentes en el territorio de un Estado contratante (en lo sucesivo denominado «el Estado de Recepción») de un niño residente en el territorio del otro Estado contratante (en lo sucesivo denominado «el Estado de origen») se lleva a cabo voluntariamente, por razones humanitarias y de acuerdo con la ley de cada Estado contratante, dentro del respeto a la Convención de las Naciones Unidas sobre los Derechos del Niño, de fecha 20 de noviembre de 1989, con el fin de asegurar el interés superior de los niños.

Art. 4.º *Protección de los niños.*—1. Los Estados contratantes tomarán las medidas necesarias, de acuerdo con su legislación, para prevenir y luchar contra los actos abusivos en relación con la adopción, las actividades dirigidas a obtener beneficios ilegales a través de la adopción y otras acciones que conculquen los derechos e intereses fundamentales de los niños.

2. No podrán derivarse ganancias indebidas, financieras o de otro tipo, de las actividades relacionadas con la adopción internacional. Sólo podrán cobrarse y pagarse los costes y gastos que se contraigan, incluidos los honorarios profesionales hasta un importe razonable de las personas que intervengan en la adopción.

Art. 5.º *Lengua y gastos derivados de la comunicación.*—Las Autoridades Centrales de cada Estado contratante se comunicarán entre ellas en inglés en todo lo que se refiera a la aplicación del presente Convenio, y los gastos originados por ese motivo en el territorio de cada Estado contratante correrán por cuenta de dicho Estado.

TÍTULO II

Autoridades competentes y organismos autorizados

Art. 6.º *Autoridades Centrales.*—Las Autoridades Centrales de los Estados contratantes designadas para la aplicación del presente Convenio son:

Por el Reino de España: cada una de las instituciones públicas españolas competentes en materia de adopción, con respecto a las personas residentes en sus territorios respectivos. Dichas instituciones se enumeran en el anejo.

La Dirección General de las Familias y la Infancia, dependiente del Ministerio de Trabajo y Asuntos Sociales, será la Autoridad Central para la transmisión de informes y para la comunicación con la Agencia de Adopción Internacional del Ministerio de Justicia de Vietnam. No obstante, en el caso de que cualquiera de las autoridades españolas competentes que figuran en el anejo tramite solicitudes directamente con la Agencia de Adopción Internacional de Vietnam, el Ministerio de Trabajo y Asuntos Sociales de España lo comunicará previamente a la Agencia de Adopción Internacional vietnamita y se entenderá su admisión después de la recepción, por la autoridad competente española de que se trate, de una carta de la Agencia de Adopción Internacional vietnamita acusando recibo de dicha comunicación.

Por la República Socialista de Vietnam: la Agencia de Adopción Internacional del Ministerio de Justicia.

Art. 7.º *Solicitud de asistencia para la aplicación del presente Acuerdo.*—Las Autoridades Centrales podrán solicitar o delegar en otras autoridades públicas y organizaciones de adopción el cumplimiento de los deberes impuestos a las Autoridades Centrales en virtud del presente Convenio, en la medida permitida por la ley de los Estados contratantes. Las organizaciones de adopción deben ser autorizadas de acuerdo con lo dispuesto en el artículo 8 del presente Convenio.

Art. 8.º *Organizaciones autorizadas.*—1. Las organizaciones autorizadas únicamente podrán operar cuando hayan sido autorizadas por la autoridad competente tanto del Estado de origen como del Estado de recepción.

2. De conformidad con los acuerdos de los Estados contratantes y la autorización escrita de la Autoridad Central del Estado de recepción, las organizaciones autorizadas podrán desempeñar algunas de las funciones previstas en los artículos 16, 17.2, 18.1, 18. 2 y 20 del presente Convenio.

3. La organización autorizada actuará bajo la supervisión y el control de los Estados de origen y de recepción.

TÍTULO III

Ley aplicable por la que se regirá la adopción

Art. 9.º *Requisitos de los adoptados.*—Los niños, para ser adoptados, deberán cumplir los requisitos establecidos en la ley del Estado de origen, en el artículo 17.1 del presente Convenio y en la ley del Estado de recepción.

En ningún caso será posible la tramitación de una solicitud de adopción a nombre de un niño identificado previamente, con las excepciones previstas en la ley de cualquiera de los Estados contratantes.

Art. 10. *Requisitos de los adoptantes.*—Los adoptantes deberán cumplir los requisitos establecidos en la ley del Estado de recepción, así como en la ley del Estado de origen, y las disposiciones el artículo 15 del presente Convenio.

Art. 11. *Autoridades que deciden sobre la adopción.*—La decisión sobre la adopción de un niño corresponderá a la autoridad competente del Estado de origen.

Art. 12. *Reconocimiento de una adopción.*—1. La decisión de una autoridad competente del Estado de origen sobre la adopción de un niño, de conformidad con la ley del Estado de origen y con el presente Convenio, será debidamente reconocida y tendrá efectos jurídicos plenos en el Estado de recepción.

2. El apartado 1 del presente artículo no afectará a la ley del Estado de recepción en el supuesto de que dicha ley exija que la adopción sea completada.

Art. 13. *Efectos jurídicos de la adopción.*—Si la ley del Estado de recepción establece que la adopción del niño realizada en el Estado de origen ha de ser completada en el Estado de recepción y obtener así la nacionalidad de dicho Estado, la

---

Art. 8.º2: Corrección de errores, *BOE* de 14-2-2008.

Autoridad Central del Estado de recepción informará a la Autoridad Central del Estado de origen de la fecha en la que el niño obtenga la nacionalidad del Estado de recepción.

Los efectos jurídicos de la adopción con arreglo al presente Convenio se determinarán de acuerdo con la ley del Estado de recepción.

TÍTULO IV

Procedimiento de adopcion

Art. 14. *Tramitación de un expediente de solicitud de adopción.*—1. La tramitación de los expedientes se hará sólo por las organizaciones autorizadas.

2. Los documentos de los adoptantes deberán presentarse de acuerdo con la ley del Estado de recepción y del Estado de origen y ser legalizados/certificados por la autoridad competente del Estado de recepción.

3. Los documentos de los adoptantes deberán traducirse a la lengua del Estado de origen y la versión traducida deberá ser certificada por un representante de la Misión Diplomática o Consular o por un Notario Público, en su caso, del Estado de origen. Los gastos de traducción y certificación correrán por cuenta de los adoptantes.

Art. 15. *Responsabilidades de la Autoridad Central del Estado de recepción.*—La Autoridad Central del Estado de recepción deberá asegurarse de que:

a) los adoptantes son idóneos para adoptar tal y como establece el artículo 10 del presente Convenio;

b) los adoptantes han sido debidamente asesorados y han recibido la información necesaria en relación con la adopción, especialmente sobre el medio social y familiar del Estado de origen;

c) el niño será autorizado a entrar y residir de forma permanente en el Estado de recepción.

Art. 16. *Documentación de los adoptantes.*—La Autoridad Central del Estado de recepción transmitirá a la Autoridad Central del Estado de origen, con nota oficial, los documentos de los adoptantes con la siguiente información:

a) nombre y apellidos, fecha de nacimiento, sexo, número de Pasaporte o DNI, lugar de residencia, ocupación, dirección;

b) estado y capacidad civil;

c) idoneidad para adoptar (situación económica, ingresos anuales, situación personal, situación familiar, estado de salud y medio social);

d) motivaciones para adoptar un niño;

e) características de los niños a quienes los adoptantes se consideran cualificados para cuidar.

Art. 17. *Responsabilidades de la Autoridad Central del Estado de origen.*—1. La Autoridad Central del Estado de origen deberá asegurarse de que:

a) el niño propuesto para adopción es adoptable de acuerdo con la ley del Estado de origen;

b) la adopción internacional es la medida mas adecuada para asegurar el interés del menor después de haber examinado las posibilidades de ser atendido en el Estado de origen;

c) las personas e instituciones cuyo consentimiento es necesario para la adopción, lo han otorgado libremente y por escrito, incluido el consentimiento por escrito del niño, si éste ha alcanzado la edad requerida por la ley para obtener su consentimiento para la adopción.

Asimismo:

— que esas personas e instituciones han sido asesoradas y debidamente informadas de las diferentes formas de adopción en el Estado de recepción, de acuerdo con la ley de dicho Estado, especialmente por lo que respecta a los efectos jurídicos de los diferentes tipos de adopción;

— que el consentimiento de la madre, cuando se requiera, ha sido dado únicamente después del nacimiento del niño;

— que los consentimientos necesarios no han sido inducidos mediante pago o compensación de cualquier clase.

2. La Autoridad Central del Estado de origen transmitirá el expediente de los adoptantes a la Autoridad competente interna del Estado de origen para que siga el procedimiento e informará a la Autoridad Central del Estado de recepción.

Art. 18. *Procedimiento de asignación de un niño para adopción.*—1. La Autoridad Central del Estado de origen, una vez que la asignación ha sido decidida por las autoridades competentes, transmitirá a través de la organización autorizada, a la Autoridad Central del Estado de recepción un informe escrito del niño propuesto para adopción con la siguiente información:

a) nombre completo, sexo, fecha de nacimiento, lugar de residencia;

b) requisitos para ser adoptado;

c) situación familiar y social;

d) estado de salud;

e) gustos, intereses y necesidades especiales, si se dispone de esta información.

El derecho a identificar al niño para adopción corresponderá, en todo caso, a la autoridad competente del Estado de origen, sin que los adoptantes puedan intervenir en modo alguno en este proceso.

Las organizaciones autorizadas deberán remitir a la Autoridad Central del Estado de recepción los documentos relativos a la asignación, así como los documentos emitidos por la autoridad local competente del Estado de origen, para que el menor pueda salir del país con los adoptantes.

2. La Autoridad Central del Estado de recepción deberá responder por escrito lo antes posible a la Autoridad Central del Estado de origen con la opinión de los adoptantes sobre el niño propuesto, así como con la opinión de la Autoridad Central del Estado de recepción.

3. No habrá contacto entre los adoptantes y los padres del niño o cualquier otra persona que haya cuidado al niño hasta que se hayan cumplido los requisitos de los artículos 15, 17.1, 18.1, y 18.2, a menos que la adopción sea intrafamiliar o a menos que el contacto sea acorde con las condiciones establecidas por las autoridades competentes de los Estados contratantes.

Art. 19. *Procedimiento de entrega.*—1. La entrega del niño a los adoptantes deberá hacerse de acuerdo con la ley del Estado de origen.

2. Si la Autoridad Central del Estado de recepción lo exige, la Autoridad Central del Estado de origen certificará que la adopción es acorde con la ley del Estado de origen y con el presente Convenio. En el caso de adopciones que requieran el consentimiento de los padres biológicos o tutores legales del niño, dicho consentimiento por escrito será incluido en el expediente de adopción que será entregado a los adoptantes en el momento de la entrega del niño.

3. Cualquier decisión respecto a la entrega de un niño a los adoptantes sólo podrá ser adoptada por las autoridades competentes del Estado de origen cuando se hayan asegurado de que:

a) los adoptantes son idóneos para adoptar y el niño ha sido o será autorizado a entrar y residir de forma permanente en el Estado de recepción;

b) los adoptantes han dado su consentimiento a la adopción;

c) la Autoridad Central del Estado de recepción ha aprobado esta decisión.

4. Las Autoridades Centrales de ambos Estados contratantes crearán las condiciones favorables para la salida del adoptado de su Estado de origen y su rápida entrada y residencia permanente en el territorio del Estado de recepción.

Art. 20. *Finalización del procedimiento de adopción en el Estado de recepción.*—Después de haberse completado el procedimiento de adopción de acuerdo con la ley del Estado de recepción, la Autoridad Central de dicho Estado informará por escrito a la Autoridad Central del Estado de origen de que se ha completado la adopción, tal y como se señala en el artículo 12.2 del presente Convenio.

TÍTULO V

Deber de cooperación

Art. 21. *Deber de cooperación en aras de la protección de los niños.*—1. Los Estados contratantes se comprometen a aplicar las medidas necesarias para proteger a los niños tras su adopción de conformidad con lo dispuesto en el presente Convenio.

2. Los Estados contratantes garantizan que los niños adoptados con arreglo al presente Convenio gozarán de protección y tendrán todos los derechos y obligaciones reservados a los niños que sean nacionales del Estado de recepción o residentes en el territorio de dicho Estado.

3. En el caso de que la permanencia en la familia adoptante no responda al interés del niño, el Estado de recepción deberá adoptar inmediatamente todas las medidas necesarias para proteger al niño. La Autoridad Central del Estado de recepción tendrá la responsabilidad de buscar para el niño otro medio en el que se le asegure un desarrollo estable e informará al efecto a la Autoridad Central del Estado de origen.

Art. 22. *Intercambio de información.*—1. Las Autoridades Centrales de los Estados contratantes intercambiarán sus textos legales en materia de adopción, especialmente aquellos referentes a los requisitos de adoptantes y adoptados, estadísticas y otra información necesaria sobre adopción.

2. Las Autoridades Centrales de los Estados contratantes se informarán mutuamente sobre la aplicación del presente Convenio y adoptarán las medidas necesarias para resolver las dificultades que surjan con motivo de la aplicación del mismo.

3. A solicitud de la Autoridad Central del Estado de origen y de acuerdo con su legislación, la Autoridad Central del Estado de recepción se compromete a facilitar a la Autoridad Central del Estado de origen información sobre el desarrollo de los niños adoptados. La Autoridad Central del Estado de origen se compromete a mantener la confidencialidad de la información facilitada, de acuerdo con la ley del Estado de origen, con objeto de proteger el interés superior del niño. Esta información sólo podrá utilizarse a los efectos previstos en la solicitud de información presentada por escrito.

4. Las Autoridades Centrales deberán informarse recíprocamente del nombre y la dirección de las entidades públicas u organizaciones autorizadas de acuerdo con el artículo 7 del presente Convenio y sobre el alcance de sus responsabilidades,

Art. 23. *Cooperación a efectos de la aplicación del Convenio.*—Con vistas al cumplimiento estricto del presente Convenio, los Estados contratantes se comprometen a cooperar entre sí mediante asistencia técnica y formación, asistencia a las autoridades competentes del Estado que intervengan en la adopción y a los centros de menores, e intercambio de experiencias en adopción internacional.

Art. 24. *Grupo de Trabajo Mixto.*—1. A efectos de la aplicación del presente Convenio, los Estados contratantes crearán un Grupo de Trabajo Mixto integrado por representantes de las Autoridades Centrales de ambos Estados y otras autoridades competentes en materia de adopción de cada Estado contratante.

2. De conformidad con el Convenio entre ambos Estados contratantes, siempre que se considere necesario se podrá permitir la asistencia a las reuniones del Grupo mixto de representantes de las organizaciones autorizadas, en calidad de observadores.

3. El Grupo de Trabajo Mixto será responsable de la revisión, debiendo evaluar la aplicación del presente Convenio y decidir sobre la asistencia técnica requerida, tal y como se establece en el artículo 23, así como examinar las soluciones a las dificultades que puedan surgir durante la aplicación del Convenio.

TÍTULO VI

Cláusulas finales

Art. 25. *Vigencia.*—1. El presente Convenio deberá ser ratificado de conformidad con la ley de cada Estado contratante. Se aplicará de manera provisional noventa días después de su firma y entrará en vigor treinta días después de la fecha de la recepción de la última notificación escrita de las Partes, por conducto diplomático, indicando que se han cumplido los requisitos internos para su entrada en vigor.

2. El presente Convenio tendrá una vigencia de cinco años y se prorrogará automáticamente por otros cinco si en los seis meses anteriores a la fecha prevista para su terminación ninguna de las Partes recibe una comunicación por escrito de la otra Parte, realizada por conducto diplomático, manifestando su intención de denunciarlo.

Art. 26. *Enmienda.*—El presente Convenio podrá enmendarse mediante acuerdo por escrito entre ambas Partes.

Los representantes de los Estados contratantes debidamente autorizados firman el presente Convenio.

Hecho en Hanoi (Vietnam) el 5 de diciembre de 2007, por duplicado, en español, vietnamita e inglés, siendo todos los textos igualmente auténticos.

ANEJO

Instituciones públicas españolas competentes en materia de adopción en las Comunidades Autónomas (art. 6 del Convenio)

Comunidad Autónoma de Andalucía: Dirección General de Infancia y Familias.
Comunidad Autónoma de Aragón: Instituto Aragonés de Servicios Sociales.
Comunidad Autónoma del Principado de Asturias: Instituto Asturiano de Atención Social a la Infancia, Familia y Adolescencia.
Comunidad Autónoma de Baleares:
Gobierno de las Islas Baleares: Dirección General de Menores y Familia.
Consejos Insulares de:
Mallorca: Dirección del Área de Protección al Menor y Atención a la Familia.
Menorca: Consejería de Ciudadanía y Familia.
Ibiza y Formentera: Consejería de Sanidad y Bienestar Social.
Comunidad Autónoma de Canarias: Dirección General de Protección del Menor y la Familia.
Comunidad Autónoma de Cantabria: Dirección General de Servicios Sociales.
Comunidad Autónoma de Castilla-La Mancha: Dirección General de la Familia.
Comunidad Autónoma de Castilla y León: Gerencia de Servicios Sociales.
Comunidad Autónoma de Cataluña: Instituto Catalán del Acogimiento y de la Adopción.
Comunidad Autónoma de Ceuta: Dirección General de Menores.
Comunidad Autónoma de Extremadura: Dirección General de Infancia y Familias.
Comunidad Autónoma de Galicia: Secretaría General de Bienestar.
Comunidad Autónoma de la Rioja: Dirección General de Familia y Acción Social.
Comunidad Autónoma de Madrid: Instituto Madrileño del Menor y la Familia.
Ciudad Autónoma de Melilla: Dirección General del Menor y la Familia.
Comunidad Autónoma de la Región de Murcia: Dirección General de Familia y Menor.
Comunidad Autónoma de Navarra: Dirección General de Familia.
Comunidad Autónoma del País Vasco:
Gobierno Vasco: Dirección de Bienestar Social.
Diputación Foral de Álava: Dirección General de Asuntos Sociales.
Diputación Foral de Guipúzcoa: Dirección de Atención a la Dependencia y Desprotección.
Diputación Foral de Vizcaya: Dirección General de Infancia, Mujer y Personas con Discapacidad.
Comunidad Autónoma de Valencia: Dirección General de Familia.
El presente Convenio se aplica provisionalmente a partir del 4 de marzo de 2008, noventa días después de la fecha de su firma, según se establece en su artículo 25.1.

c) Alimentos

62. REGLAMENTO (CE) NÚMERO 4/2009 DEL CONSEJO, DE 18 DE DICIEMBRE DE 2008, RELATIVO A LA COMPETENCIA, LA LEY APLICABLE, EL RECONOCIMIENTO Y LA EJECUCIÓN DE LAS RESOLUCIONES Y LA COOPERACIÓN EN MATERIA DE OBLIGACIONES DE ALIMENTOS

(*DO* núm. L 7, de 10 de enero de 2009)

EL CONSEJO DE LA UNIÓN EUROPEA,

Visto el Tratado constitutivo de la Comunidad Europea y, en particular, su artículo 61, letra *c*), y su artículo 67, apartado 2,

Vista la propuesta de la Comisión,

Visto el dictamen del Parlamento Europeo[1],

Visto el dictamen del Comité Económico y Social Europeo[2],

Considerando lo siguiente:

(1) La Comunidad se ha fijado el objetivo de mantener y desarrollar un espacio de libertad, seguridad y justicia dentro del cual esté garantizada la libre circulación de personas. Para instaurar progresivamente este espacio, la Comunidad debe adoptar, entre otras cosas, medidas en el ámbito de la cooperación judicial en materia civil que tienen incidencia transfronteriza, en la medida necesaria para el buen funcionamiento del mercado interior.

(2) De acuerdo con lo establecido en el artículo 63, letra *b*), del Tratado, entre esas medidas habrán de incluirse aquellas que fomenten la compatibilidad de las normas aplicables en los Estados miembros sobre conflictos de leyes y de jurisdicción.

(3) A este respecto, la Comunidad ya adoptó, entre otras medidas, el Reglamento (CE) núm. 44/2001 del Consejo, de 22 de diciembre de 2000, relativo a la competencia judicial, el reconocimiento y la ejecución de resoluciones judiciales en materia civil y mercantil[3], la Decisión 2001/470/CE del Consejo, de 28 de mayo de 2001, por la que se crea una Red Judicial Europea en materia

[1] Dictamen emitido el 13 de diciembre de 2007 (no publicado aún en el *Diario Oficial*) y dictamen emitido el 4 de diciembre de 2008 tras una nueva consulta (no publicado aún en el *Diario Oficial*).

[2] Dictamen emitido tras una consulta no obligatoria (*DO* C 185, de 8-8-2006).

[3] *DO* L 12, de 16-1-2001, p. 1.

civil y mercantil[4], el Reglamento (CE) núm. 1206/2001 del Consejo, de 28 de mayo de 2001, relativo a la cooperación entre los órganos jurisdiccionales de los Estados miembros en el ámbito de la obtención de pruebas en materia civil o mercantil[5], la Directiva 2003/8/CE del Consejo, de 27 de enero de 2003, destinada a mejorar el acceso a la justicia en los litigios transfronterizos mediante el establecimiento de reglas mínimas comunes relativas a la justicia gratuita para dichos litigios[6], el Reglamento (CE) núm. 2201/2003 del Consejo, de 27 de noviembre de 2003, relativo a la competencia, el reconocimiento y la ejecución de resoluciones judiciales en materia matrimonial y de responsabilidad parental[7], el Reglamento (CE) núm. 803/2004 del Parlamento Europeo y del Consejo, Reglamento de 21 de abril de 2004, por el que se establece un título ejecutivo europeo para créditos no impugnados[8], y el Reglamento (CE) núm. 1393/2007 del Parlamento Europeo y del Consejo, de 13 de noviembre de 2007, relativo a la notificación y al traslado en los Estados miembros de documentos judiciales y extrajudiciales en materia civil o mercantil (notificación y traslado de documentos)[9].

(4) El Consejo Europeo, reunido en Tampere los días 15 y 16 de octubre de 1999, invitó a la Comisión y al Consejo a establecer normas comunes de procedimiento especiales para simplificar y acelerar la solución de los litigios transfronterizos relativos, entre otras cosas, a las demandas de pensión alimenticia. También instó a que se suprimieran las medidas intermedias exigidas para permitir el reconocimiento y la ejecución en el Estado requerido de una resolución dictada en otro Estado miembro, en particular en el caso de las resoluciones relativas a pensiones alimentarias.

(5) El 30 de noviembre de 2000 se adoptó un programa, común a la Comisión y al Consejo, de medidas para la aplicación del principio de reconocimiento mutuo de las resoluciones judiciales en materia civil y mercantil[10]. Este programa prevé la supresión del procedimiento de exequátur para las pensiones alimenticias, con el fin de dar mayor eficacia a los medios de que disponen los acreedores de tales pensiones para hacer respetar sus derechos.

(6) El Consejo Europeo, reunido en Bruselas los días 4 y 5 de noviembre de 2004, adoptó un nuevo programa titulado «El Programa de La Haya: consolidación de la libertad, la seguridad y la justicia en la Unión Europea» (en lo sucesivo denominado el «Programa de La Haya»)[11].

[4] *DO* L 174, de 27-6-2001, p. 25.
[5] *DO* L 174, de 27-6-2001, p. 1.
[6] *DO* L 26, de 31-1-2003, p. 41.
[7] *DO* L 338, de 23-12-2003, p. 1.
[8] *DO* L 143, de 30-4-2004, p. 15.
[9] *DO* L 324, de 10-12-2007, p. 79.
[10] *DO* C 12, de 15-1-2001, p. 1
[11] *DO* C 53, de 3-3-2005, p. 1.

(7) El Consejo adoptó, en su sesión de los días 2 y 3 de junio de 2005, un Plan de Acción del Consejo y la Comisión[12] que traduce el Programa de La Haya en acciones concretas y menciona la necesidad de adoptar propuestas sobre las obligaciones de alimentos.

(8) En el marco de la Conferencia de La Haya de Derecho Internacional Privado, la Comunidad y sus Estados miembros participaron en unas negociaciones que culminaron, el 23 de noviembre de 2007, con la adopción del Convenio sobre Cobro Internacional de Alimentos para Niños y Otros Miembros de la Familia (en lo sucesivo denominado «el Convenio de La Haya de 2007») y del Protocolo sobre la ley aplicable a las obligaciones alimenticias (en lo sucesivo denominado «el Protocolo de La Haya de 2007»). Estos dos instrumentos, pues, deben tenerse en cuenta en el marco del presente Reglamento.

(9) El acreedor de alimentos debe contar con medios que le permitan obtener fácilmente en un Estado miembro una resolución que tenga automáticamente fuerza ejecutiva en otro Estado miembro sin ninguna otra formalidad.

(10) A fin de alcanzar este objetivo, procede crear un instrumento comunitario en materia de obligaciones alimenticias que aúne las disposiciones sobre los conflictos de jurisdicción, los conflictos de leyes, el reconocimiento y la fuerza ejecutiva, la ejecución, la asistencia jurídica gratuita y la cooperación entre autoridades centrales.

(11) El ámbito de aplicación del Reglamento debería extenderse a todas las obligaciones de alimentos derivadas de las relaciones familiares, de parentesco, matrimonio o afinidad, a fin de garantizar la igualdad de trato a todos los acreedores de alimentos. A los fines del presente Reglamento, el concepto de «obligación de alimentos» debería interpretarse de manera autónoma.

(12) A fin de tener en cuenta las diferentes formas de resolver las cuestiones relacionadas con las obligaciones de alimentos en los Estados miembros, el presente Reglamento debería aplicarse tanto a las resoluciones judiciales como a las resoluciones dictadas por las autoridades administrativas, siempre que estas autoridades ofrezcan garantías, en particular en lo que respecta a su imparcialidad y al derecho de las partes a ser oídas. Dichas autoridades administrativas deberán, en consecuencia, aplicar todas las normas del presente Reglamento.

(13) Por las razones antes enunciadas, también procede garantizar en el presente Reglamento el reconocimiento y la ejecución de las transacciones judiciales y de los documentos públicos con fuerza ejecutiva, sin que ello afecte al derecho de cualquiera de las partes en una determinada transacción o

---

[12] *DO* C 198, de 12-8-2005, p. 1.

acto a impugnar tales instrumentos ante un órgano jurisdiccional del Estado miembro de origen.

(14) En el presente Reglamento procede prever que el término «acreedor» englobe, a los efectos de una solicitud de reconocimiento y ejecución de una resolución dictada en materia de obligaciones de alimentos, a los organismos públicos que tengan el derecho a actuar en lugar de una persona a quien se deba el pago de alimentos o a solicitar un reembolso por las prestaciones suministradas al acreedor a título de alimentos. Cuando los organismos públicos actúan en esta calidad, deberán tener derecho a los mismos servicios y a la misma asistencia judicial que los acreedores.

(15) Con el fin de preservar los intereses de los acreedores de alimentos y de favorecer una buena administración de justicia en la Unión Europea, deberían adaptarse las reglas relativas a la competencia, tal como dimanan del Reglamento (CE) núm. 44/2001. El hecho de que el demandado tenga su residencia habitual en un Estado tercero debería dejar de ser causa de inaplicación de las reglas comunitarias de competencia, y, en adelante, debería excluirse toda remisión a las reglas de competencia del derecho nacional. Procede, pues, determinar en el presente Reglamento los casos en que un órgano jurisdiccional de un Estado miembro puede ejercer una competencia subsidiaria.

(16) A fin de remediar muy especialmente situaciones de denegación de justicia, procede también prever en el presente Reglamento un *forum necessitatis* que permita, en casos excepcionales, a un órgano jurisdiccional de un Estado miembro conocer de un litigio que guarde un estrecho vínculo con un Estado tercero. Uno de esos casos excepcionales podría darse cuando en el Estado tercero de que se trate resulte imposible un procedimiento, por ejemplo debido a una guerra civil, o cuando no quepa esperar razonablemente que el solicitante introduzca o conduzca un procedimiento en dicho Estado. Sin embargo, esta competencia fundada en el *forum necessitatis* sólo podrá ejercerse si el litigio guarda un vínculo suficiente con el Estado miembro del órgano jurisdiccional requerido, por ejemplo, la nacionalidad de una de las partes.

(17) Una norma de competencia adicional debería prever que salvo que se den condiciones particulares, el deudor sólo puede iniciar un procedimiento para que se modifique una resolución alimenticia existente o para obtener una nueva resolución en el Estado en el que el acreedor tenía su residencia habitual cuando se dictó la resolución y en el que siga residiendo habitualmente. Para garantizar que el Convenio de La Haya de 2007 y el presente Reglamento estén bien articulados, conviene aplicar también esta regla a las resoluciones de un Estado tercero que sea parte de dicho Convenio, en la medida en que este último esté en vigor entre el Estado

miembro de que se trate y la Comunidad y cubra las mismas obligaciones alimenticias en ambos.

(18) A los efectos de la aplicación del presente Reglamento, conviene prever que el concepto de «nacionalidad» se sustituya, en el caso de Irlanda, por el de «domicilio». Lo mismo vale para el Reino Unido, siempre que el presente Reglamento sea aplicable en este Estado miembro, en virtud del artículo 4 del Protocolo sobre la posición del Reino Unido y de Irlanda anejo al Tratado de la Unión Europea y al Tratado constitutivo de la Comunidad Europea.

(19) Para aumentar la seguridad jurídica, la previsibilidad y la autonomía de las partes, el presente Reglamento debería permitir a las partes elegir de común acuerdo el órgano jurisdiccional competente en función de factores de vinculación determinados. Sin embargo, a fin de garantizar la protección del más débil, tal elección de foro debe quedar excluida para las obligaciones de alimentos respecto de un menor de 18 años.

(20) En el presente Reglamento conviene prever que, para los Estados miembros que estén vinculados por el Protocolo de La Haya de 2007, las disposiciones relativas a las normas de conflicto de leyes aplicables son las previstas en dicho Protocolo. A tal fin, debería insertarse una disposición que remita a dicho Protocolo, que será celebrado por la Comunidad en el momento oportuno para permitir la aplicación del presente Reglamento. Para tener en cuenta la posibilidad de que el Protocolo de La Haya de 2007 no se aplique a todos los Estados miembros, es conveniente establecer, a efectos del reconocimiento, de la fuerza ejecutiva y de la ejecución de resoluciones, una distinción entre los Estados miembros que están vinculados por el Protocolo de La Haya de 2007 y los que no lo están.

(21) Conviene precisar, en el marco del presente Reglamento, que dichas normas de conflicto de leyes sólo determinan la ley aplicable a las obligaciones de alimentos, y no la ley aplicable al establecimiento de las relaciones familiares en las que se basan las obligaciones de alimentos. El establecimiento de relaciones familiares sigue estando regulado por el Derecho nacional de los Estados miembros, incluidas sus normas de Derecho internacional privado.

(22) Con el fin de garantizar el cobro rápido y eficaz de los créditos alimenticios y prevenir los recursos dilatorios, las resoluciones en materia de obligaciones de alimentos dictadas en un Estado miembro deberían en principio ir acompañadas de fuerza ejecutiva provisional. Por consiguiente, en el presente Reglamento conviene prever que el órgano jurisdiccional de origen debería poder declarar la resolución ejecutiva provisional, incluso cuando el derecho nacional no prevea la fuerza ejecutiva de pleno derecho, e incluso en el caso de que se haya interpuesto o

quepa interponer recurso contra ella con arreglo al Derecho nacional.

(23) Para limitar las costas vinculadas a los procedimientos regulados por el presente Reglamento, sería conveniente recurrir en la medida de lo posible a las tecnologías modernas de comunicación, en particular al proceder a la audiencia de las partes.

(24) Las garantías que aporta la aplicación de las normas de conflicto de leyes deberían justificar que las resoluciones en materia de obligaciones de alimentos dictadas en un Estado miembro vinculado por el Protocolo de La Haya de 2007 sean reconocidas y gocen de fuerza ejecutiva en todos los demás Estados miembros sin necesidad de procedimiento alguno y sin que en el Estado miembro de ejecución se controle en forma alguna el fondo de la resolución.

(25) El reconocimiento en un Estado miembro de una resolución en materia de obligaciones de alimentos tiene como único objeto permitir el cobro del crédito alimenticio determinado en la resolución. No implica, en cambio, que dicho Estado miembro deba reconocer las relaciones familiares, de parentesco, matrimonio o afinidad que sean la base de la obligación de alimentos que dio origen a la resolución.

(26) Por lo que respecta a las resoluciones dictadas en un Estado miembro no vinculado por el Protocolo de La Haya de 2007, debe preverse en el presente Reglamento un procedimiento de reconocimiento y de otorgamiento de la ejecución. Dicho procedimiento debería inspirarse en el procedimiento y en los motivos de denegación de reconocimiento previstos en el Reglamento (CE) núm. 44/2001. A fin de acelerar el procedimiento y para que el acreedor pueda cobrar rápidamente lo que se le adeuda, conviene disponer que el órgano jurisdiccional requerido debería dictar su resolución en plazos determinados, salvo circunstancias excepcionales.

(27) Asimismo, conviene limitar al máximo las formalidades de ejecución que puedan hacer aumentar los gastos a cargo del acreedor de alimentos. A tal fin, el presente Reglamento prevé que el acreedor de alimentos no estaría obligado a disponer de una dirección postal ni de un representante autorizado en el Estado miembro de ejecución, sin que, por otra parte, se vea afectada la organización interna de los Estados miembros en lo que se refiere a los procedimientos de ejecución.

(28) A fin de limitar los gastos vinculados a los procedimientos de ejecución, no deberá exigirse ninguna traducción, salvo si se presenta oposición a la ejecución y sin perjuicio de las normas aplicables a la notificación y al traslado de los actos.

(29) A fin de garantizar el respeto de las exigencias del Juicio justo, conviene prever en el presente Reglamento el derecho del demandado que no haya compare-

cido ante el órgano jurisdiccional de origen de un Estado miembro de origen vinculado por el Protocolo de La Haya de 2007 a pedir que se reexamine la resolución dictada contra él, en la fase de ejecución de ésta. No obstante, el demandado debería solicitar dicho reexamen en un plazo determinado que habría de empezar a correr a más tardar a partir del día en que, en la fase del procedimiento de ejecución, se hayan embargado total o parcialmente sus bienes por primera vez. Este derecho de reexamen debe entenderse como un recurso extraordinario, otorgado al demandado cuando la resolución se haya dictado en su ausencia, que no afecta al ejercicio de otras vías de recurso extraordinarias previstas por el Derecho del Estado miembro de origen, siempre que dichas vías de recurso no sean incompatibles con el derecho de reexamen previsto en el presente Reglamento.

(30) Para acelerar la ejecución de resoluciones de un Estado miembro vinculado por el Protocolo de La Haya de 2007 en otro Estado miembro, conviene limitar los motivos de denegación o suspensión de la ejecución que podría alegar el deudor debido al carácter transfronterizo de los créditos alimenticios. Esta limitación no debería afectar a los motivos de denegación o suspensión previstos por el derecho nacional que no sean incompatibles con los que se indican en el presente Reglamento, como la liquidación de una deuda por el deudor en el momento de la ejecución o el carácter inembargable de determinados bienes.

(31) Para facilitar el cobro transfronterizo de créditos alimenticios, es preciso instaurar un régimen de cooperación entre las autoridades centrales designadas por los Estados miembros. Estas autoridades deberían prestar ayuda a los acreedores y deudores de alimentos a fin de que puedan hacer valer sus derechos en otros Estados miembros mediante la presentación de solicitudes de reconocimiento, de carácter ejecutorio y de ejecución o de modificación de las resoluciones existentes, o para obtener una resolución. También deberían intercambiar información a efectos de localizar a los deudores y acreedores y de determinar sus ingresos y su patrimonio en la medida en que sea necesario. Por último, deberían cooperar entre sí intercambiando información general y fomentar la cooperación entre las autoridades competentes de sus respectivos países.

(32) Las autoridades centrales designadas en virtud del presente Reglamento deberían hacerse cargo de sus propios gastos, salvo excepciones expresamente determinadas, y prestar ayuda a todo solicitante que resida en su Estado miembro. El criterio para determinar si una persona tiene derecho a solicitar ayuda de una autoridad central debería ser menos estricto que el criterio de vinculación derivado de la «residencia habitual», empleado a otros efectos en el presente Reglamento. Ahora bien, el

criterio de «residencia» debería excluir la mera presencia.

(33) Con el fin de poder prestar plena asistencia a los acreedores y deudores de alimentos y de facilitar por los mejores medios el cobro transfronterizo de alimentos, las autoridades centrales deberían poder obtener ciertos datos de carácter personal. Por consiguiente, el presente Reglamento debería obligar a los Estados miembros a velar por que sus autoridades centrales tengan acceso a dichos datos ante las autoridades públicas o administraciones que dispongan de la información de que se trate en el marco de sus actividades habituales. No obstante, conviene confiar a cada Estado miembro la tarea de determinar las modalidades de dicho acceso. Así, los Estados miembros deberían poder designar a las autoridades públicas o administraciones que estén obligadas a facilitar la información a las autoridades centrales con arreglo al presente Reglamento, incluidas, llegado el caso, las autoridades públicas o las administraciones ya designadas en el marco de otros regímenes de acceso a la información. Cuando un Estado miembro designe a autoridades públicas o administraciones, debería velar por que su autoridad central esté en condiciones de acceder a la información requerida con arreglo al presente Reglamento que posean aquéllas. Los Estados miembros también deberían poder permitir que su autoridad central tenga acceso a la información requerida de cualquier otra persona jurídica que la posea y sea responsable de su tratamiento.

(34) En el marco del acceso a los datos de carácter personal, de la utilización y de la transmisión de éstos, deberán respetarse las exigencias de la Directiva 95/46/CE del Parlamento Europeo y del Consejo, de 24 de octubre de 1995, relativa a la protección de las personas físicas en lo que respecta al tratamiento de datos personales y a la libre circulación de estos datos[13], tal como la hayan incorporado los Estados miembros a su ordenamiento jurídico interno.

(35) Procede sin embargo definir las condiciones específicas de acceso a los datos de carácter personal, de la utilización y de la transmisión de los mismos a efectos de la aplicación del presente Reglamento. En ese contexto se ha tomado en consideración el dictamen del Supervisor Europeo de Protección de Datos[14]. Debería informarse a persona destinada a la recogida de datos de conformidad con su Derecho nacional. No obstante, conviene prever la posibilidad de diferir esa información para impedir que el deudor transfiera sus bienes y comprometa así el cobro del crédito alimenticio.

(36) Teniendo en cuenta los costes de procedimiento, conviene prever un régimen de asistencia

---

[13] *DO* L 281, de 23-11-1995, p. 31.

[14] *DO* C 242, de 7-10-2006, p. 20.

jurídica gratuita muy favorable, a saber, la asunción total de los costes ligados a los procedimientos iniciados a través de las autoridades centrales relacionados con las obligaciones de alimentos respecto de menores de veintiún años. Así, pues, las normas existentes en la Unión Europea en materia de justicia gratuita en virtud de la Directiva 2003/8/CE deberían completarse mediante normas específicas que creen un régimen especial de asistencia jurídica gratuita para las obligaciones de alimentos. En este marco, la autoridad competente del Estado miembro requerido debería poder, excepcionalmente, cobrar los gastos de un demandante beneficiario de la asistencia judicial gratuita que resultara vencido, siempre que su situación financiera lo permitiera. Sería el caso, en particular, de una persona acomodada que hubiera actuado de mala fe.

(37) Por otra parte, en lo referente a las obligaciones de alimentos distintas de las mencionadas en el considerando anterior, procede garantizar a todas las partes el mismo trato en términos de asistencia judicial en el momento de la ejecución de una resolución en otro Estado miembro. Así, debería entenderse que las disposiciones sobre la continuidad de la asistencia judicial del presente Reglamento conceden igualmente dicha asistencia a una parte que, aunque no hubiera gozado de asistencia judicial en un procedimiento para obtener o modificar una resolución en el Estado miembro de origen, sí la hubiese obtenido posteriormente en el mismo Estado en el marco de una solicitud de ejecución de la resolución. Asimismo, una parte que hubiera gozado de un procedimiento gratuito ante una de las autoridades administrativas enumeradas en el anexo X debería obtener, en el Estado miembro de ejecución, el beneficio de la asistencia judicial más favorable o de la exención de gastos y costas más amplia a condición de justificar que la había obtenido en el Estado miembro de origen.

(38) Con objeto de reducir los costes de traducción de los documentos justificativos, el órgano jurisdiccional requerido sólo debería exigir la traducción de dichos documentos cuando ésta sea necesaria, sin perjuicio de los derechos de la defensa y de las normas aplicables a la notificación y al traslado de los actos.

(39) Para facilitar la aplicación del presente Reglamento, es conveniente prever que los Estados miembros estén obligados a comunicar a la Comisión los nombres y datos de sus autoridades centrales, así como otras informaciones. Toda esta información debería ponerse a disposición de los profesionales en este ámbito y de la población en general, mediante publicación en el *Diario Oficial de la Unión Europea* o mediante acceso electrónico a través de la Red Judicial Europea en materia civil y mercantil creada por Decisión 2001/470/CE. Por otra parte, la utilización de los formularios

previstos en el presente Reglamento debería facilitar y acelerar la comunicación entre autoridades centrales y permitir la presentación de solicitudes por vía electrónica.

(40) Conviene regular la relación entre el presente Reglamento y los convenios y acuerdos bilaterales o multilaterales sobre obligaciones alimentarias de los que son partes los Estados miembros. En este contexto, procede prever que los Estados miembros partes en el Convenio del 23 de marzo de 1962 entre Suecia, Dinamarca, Finlandia, Islandia y Noruega sobre el cobro de los créditos alimentarios podrán seguir aplicándolo habida cuenta de que contiene normas en materia de reconocimiento y ejecución más favorables que las previstas en el presente Reglamento. Por lo que se refiere a los futuros acuerdos bilaterales en esta materia con terceros Estados, los procedimientos y las condiciones según los cuales los Estados miembros estarían facultados para negociar y celebrar en nombre propio dichos acuerdos deberían determinarse en el marco de los debates sobre la propuesta que va a presentar al respecto la Comisión.

(41) Para calcular los períodos y plazos previstos en el presente Reglamento, debería aplicarse lo dispuesto en el Reglamento (CEE, Euratom) núm. 1182/71 del Consejo, de 3 de junio de 1971, por el que se determinan las normas aplicables a los plazos, fechas y términos[15].

(42) Las medidas necesarias para la ejecución del presente Reglamento deben ser aprobadas con arreglo a la Decisión 1999/468/CE del Consejo, de 28 de junio de 1999, por la que se establecen los procedimientos para el ejercicio de las competencias de ejecución atribuidas a la Comisión[16].

(43) Es conveniente, en particular, facultar a la Comisión para que apruebe las modificaciones de los formularios previstos en el presente Reglamento por el procedimiento consultivo contemplado en el artículo 3 de la Decisión 1999/468/CE. Para la elaboración de la lista de las autoridades administrativas incluidas en el ámbito de aplicación del presente Reglamento, así como de la lista de las autoridades competentes en materia de certificación del derecho de asistencia judicial, conviene facultar a la Comisión a actuar con arreglo al procedimiento de gestión a que se refiere el artículo 4 de dicha Decisión.

(44) El presente Reglamento debería modificar el Reglamento (CE) núm. 44/2001 sustituyendo las disposiciones de éste aplicables en materia de obligaciones de alimentos. A reserva de las disposiciones transitorias del presente Reglamento, los Estados miembros deberían aplicar, en materia de obligaciones de alimentos, las dis-

[15] *DO* L 124, de 8-6-1971, p. 1.

[16] *DO* L 184, de 17-7-1999, p. 23.

posiciones del presente Reglamento sobre competencia, reconocimiento, fuerza ejecutiva y ejecución de las resoluciones y sobre la asistencia judicial, en lugar de las del Reglamento (CE) núm. 44/2001 a partir de la fecha de aplicación del presente Reglamento.

(45) Dado que los objetivos del presente Reglamento, a saber, la aplicación de una serie de medidas que permitan garantizar el cobro efectivo de los créditos alimenticios en casos transfronterizos y, por tanto, facilitar la libre circulación de personas, no pueden ser alcanzados de manera suficiente por los Estados miembros y, por consiguiente, pueden lograrse mejor, debido a la dimensión y a los efectos del Reglamento, a nivel comunitario, la Comunidad está facultada para adoptar medidas, de acuerdo con el principio de subsidiariedad consagrado en el artículo 5 del Tratado. De conformidad con el principio de proporcionalidad enunciado en dicho artículo, el presente Reglamento no excede de lo necesario para alcanzar estos objetivos.

(46) De conformidad con el artículo 3 del Protocolo sobre la posición del Reino Unido y de Irlanda anejo al Tratado de la Unión Europea y al Tratado constitutivo de la Comunidad Europea, Irlanda ha notificado su deseo de participar en la adopción y aplicación del presente Reglamento.

(47) De conformidad con los artículos 1 y 2 del Protocolo sobre la posición del Reino Unido y de Irlanda anejo al Tratado de la Unión Europea y al Tratado constitutivo de la Comunidad Europea, el Reino Unido no participa en la adopción del presente Reglamento y no queda vinculado por él ni sujeto a su aplicación. Ello, no obstante, se entiende sin perjuicio de que el Reino Unido pueda notificar su intención de aceptar el presente Reglamento tras su adopción de conformidad con el artículo 4 del Protocolo antes mencionado[17].

(48) De conformidad con los artículos 1 y 2 del Protocolo sobre la posición de Dinamarca anejo al Tratado de la Unión Europea y al Tratado constitutivo de la Comunidad Europea, Dinamarca no participa en la adopción del presente Reglamento, y no queda vinculada por él ni sujeta a su aplicación, sin perjuicio de que Dinamarca pueda aplicar el contenido de las modificaciones introducidas en el Reglamento (CE) núm. 44/2001 en virtud del artículo 3 del Acuerdo de 19 de octubre de 2005 entre la Comunidad Europea y el Reino de Dinamarca relativo a la competencia judicial, el reconocimiento y la ejecución de resoluciones en materia civil y mercantil[18].

---

[17] El Reglamento (CE) núm. 4/2009, se aplicará al Reino Unido desde el 1 de julio de 2009. Vid. Decisión de la Comisión de 8 de julio de 2009, relativa a la intención de Reino Unido de aceptar el Reglamento (CE) núm. 4/2009 (*DO* L 149, de 12-6-2009).

[18] *DO* L 299, de 16-11-2005, p. 62. Dinamarca ha decidido aplicar el Reglamento (*DO* L 149, de 12-6-2008). El Reglamento

HA ADOPTADO EL PRESENTE REGLAMENTO

CAPÍTULO PRIMERO

ÁMBITO DE APLICACIÓN Y DEFINICIONES

Artículo 1.º *Ámbito de aplicación.*—1. El presente Reglamento se aplicará a las obligaciones de alimentos derivadas de una relación familiar, de parentesco, matrimonio o afinidad.

2. En el presente Reglamento, se entenderá por «Estado miembro» todo Estado miembro al que se aplique el presente Reglamento

Art. 2.º *Definiciones.*—1. A efectos del presente reglamento, se entenderá por:

1) «resolución»: cualquier resolución en materia de obligaciones de alimentos dictada por un órgano jurisdiccional de un Estado miembro con independencia de la denominación que reciba, tal como auto, sentencia, providencia o mandamiento de ejecución, así como el acto por el cual el secretario judicial liquidare las costas del proceso. A efectos de los capítulos VII y VIII, se entenderá también por «resolución» cualquier resolución en materia de obligaciones de alimentos dictada en un Estado tercero;

2) «transacción judicial»: una transacción en materia de obligaciones de alimentos aprobada por un órgano jurisdiccional o celebrada en el curso de un proceso judicial ante un órgano jurisdiccional;

3) «documento público con fuerza ejecutiva»:

a) un documento en materia de obligaciones de alimentos formalizado o registrado como documento público con fuerza ejecutiva en el Estado miembro de origen y cuya autenticidad:

i) se refiera a la firma y al contenido del instrumento, y

ii) haya sido establecida por un poder público u otra autoridad autorizada a tal efecto, o bien

b) un acuerdo en materia de obligaciones de alimentos, celebrado ante las autoridades administrativas del Estado miembro de origen o formalizado por ellas;

4) «Estado miembro de origen»: el Estado miembro en el cual se haya dictado la resolución, se haya aprobado o celebrado la transacción judicial, o se haya otorgado el documento público con fuerza ejecutiva, según el caso;

5) «Estado miembro de ejecución»: el Estado miembro en el que se solicite la ejecución de la resolución, de la transacción judicial o del documento público con fuerza ejecutiva;

---

se aplicará a las relaciones entre Dinamarca y la Comunidad Europea con excepción de los Capítulos III y VII. Las disposiciones del art. 2 y el Capítulo IX son aplicables sólo en la medida en que se refieren a la competencia judicial, el reconocimiento, a la eficacia jurídica y a la ejecución de sentencias, y al acceso a la justicia. Vid. el Acuerdo entre la Comunidad y Dinamarca (*supra* núm. 8).

6) «Estado miembro requirente»: el Estado miembro cuya autoridad central transmita una solicitud con arreglo al capítulo VII;

7) «Estado miembro requerido»: el Estado miembro cuya autoridad central reciba una solicitud con arreglo al capítulo VII.

8) «Estado parte del Convenio de La Haya de 2007»: cualquier Estado que sea parte del Convenio de La Haya sobre Cobro Internacional de Alimentos para Niños y Otros Miembros de la Familia, de 23 de noviembre de 2007 (en lo sucesivo denominado «el Convenio de La Haya de 2007»), en la medida en que dicho Convenio sea aplicable entre la Comunidad y ese Estado;

9) «órgano jurisdiccional de origen»: el órgano jurisdiccional que haya dictado la resolución que debe ejecutarse;

10) «acreedor»: toda persona física a quien se deban o se alegue que se deben los alimentos;

11) «deudor»: toda persona física que deba o a quien se reclamen los alimentos.

2. A efectos del presente Reglamento, el concepto de «órgano jurisdiccional» incluye a las autoridades administrativas de los Estados miembros con competencias en materia de obligaciones de alimentos, siempre que dichas autoridades ofrezcan garantías en lo que respecta a su imparcialidad y al derecho de las partes a ser oídas, y que sus resoluciones, dictadas con arreglo al Derecho del Estado miembro en el que estén establecidas:

i) puedan ser objeto de recurso o revisión ante la autoridad judicial, y

ii) tengan fuerza y efectos similares a los de la resolución de una autoridad judicial sobre la misma materia.

Estas autoridades administrativas figurarán en una lista en el anexo IX. Dicho anexo se establecerá y modificará de acuerdo con el procedimiento de gestión contemplado en el artículo 73, apartado 2, a petición del Estado miembro en el que esté establecida la autoridad administrativa de que se trate.

3. A efectos de los artículos 3, 4 y 6 el concepto de «domicilio» sustituirá al de «nacionalidad» en aquellos Estados miembros que utilicen dicho concepto como criterio de vinculación en materia familiar.

A efectos del artículo 6, se considerará que las partes que tengan su «domicilio» en diferentes unidades territoriales de un mismo Estado miembro tienen su «domicilio» común en ese Estado miembro.

CAPÍTULO II

COMPETENCIA

Art. 3.º *Disposiciones generales.*—Serán competentes par resolver en materia de obligaciones de alimentos en los Estados miembros:

a) el órgano jurisdiccional del lugar donde el demandado tenga su residencia habitual, o *b*) el órgano jurisdiccional del lugar donde el acreedor tenga su residencia habitual, o

c) el órgano jurisdiccional competente en virtud de la ley del foro para conocer de una acción relativa al estado de las personas, cuando la demanda relativa a una obligación de alimentos sea accesoria de esta acción, salvo si esta competencia se basa únicamente en la nacionalidad de una de las partes, o

d) el órgano jurisdiccional competente en virtud de la ley del foro para conocer de una acción relativa a la responsabilidad parental, cuando la demanda relativa a una obligación de alimentos sea accesoria de esta acción, salvo si esta competencia se basa únicamente en la nacionalidad de una de las partes.

Art. 4.º *Elección del foro.*—1. Las partes podrán convenir en que el órgano u órganos jurisdiccionales siguientes de un Estado miembro sean competentes para resolver los litigios en materia de obligación de alimentos suscitados o que puedan suscitarse entre ellos:

a) el órgano u órganos jurisdiccionales del Estado miembro en que una de las partes tenga su residencia habitual;

b) el órgano u órganos jurisdiccionales del Estado miembro del que sea nacional una de las partes;

c) por lo que respecta a las obligaciones de alimentos entre cónyuges o excónyuges:

i) el órgano jurisdiccional competente para conocer de sus litigios en materia matrimonial, o

ii) el órgano u órganos jurisdiccionales del Estado miembro en cuyo territorio hayan tenido su última residencia habitual común los cónyuges durante al menos un año.

Las condiciones contempladas en las letras *a*), *b*) o *c*) tendrán que cumplirse en el momento de celebrarse el convenio relativo a la elección del foro o de presentarse la demanda.

La competencia atribuida por convenio será exclusiva, salvo pacto en contrario entre las partes.

2. El convenio relativo a la elección del foro se celebrará por escrito. Se considerará hecho por escrito toda transmisión efectuada por medios electrónicos que proporcione un registro duradero del acuerdo.

3. El presente artículo no es aplicable a los litigios relativos a la obligación de alimentos respecto de un menor de edad inferior a dieciocho años.

4. Si las partes hubieren acordado atribuir una competencia exclusiva a un órgano jurisdiccional o a los órganos jurisdiccionales de un Estado parte en el Convenio relativo a la competencia judicial, al reconocimiento y a la ejecución de resoluciones judiciales en materia civil y mercantil[19], firmado en Lugano el 30 de octubre de 2007 (denominado en lo sucesivo «el Convenio de Lugano»), y di-

[19] *DO* L 339, de 21-12-2007, p. 3.

cho Estado no fuere un Estado miembro, dicho Convenio será de aplicación excepto en lo referente a los litigios mencionados en el apartado 3.

Art. 5.º *Competencia basada en la comparecencia del demandado.*—Con independencia de los casos en los que su competencia resultare de otras disposiciones del presente Reglamento, será competente el órgano jurisdiccional del Estado miembro ante el que compareciere el demandado. Esta regla no será de aplicación si la comparecencia tuviere por objeto impugnar la competencia.

Art. 6.º *Competencia subsidiaria.*—Cuando ningún órgano jurisdiccional de un Estado miembro sea competente con arreglo a los artículos 3, 4 y 5 y ningún órgano jurisdiccional de un Estado parte en el Convenio de Lugano que no sea un Estado miembro sea competente con arreglo a lo dispuesto en dicho Convenio, serán competentes los órganos jurisdiccionales del Estado miembro del que las partes tengan nacionalidad común.

Art. 7.º *Forum necessitatis.*—Cuando ningún órgano jurisdiccional de un Estado miembro sea competente con arreglo a los artículos 3, 4 y 5, los órganos jurisdiccionales de un Estado miembro podrán, en casos excepcionales, conocer del litigio si un procedimiento no puede razonablemente introducirse o llevarse a cabo o resulta imposible en un Estado tercero con el cual el litigio tiene estrecha relación.

El litigio debe guardar una conexión suficiente con el Estado miembro del órgano jurisdiccional que vaya a conocer de él.

Art. 8.º *Límites de los procedimientos.*—1. Si se ha dictado una resolución en el Estado miembro o en el Estado parte del Convenio de La Haya de 2007 en el que el acreedor tiene su residencia habitual, el deudor no podrá iniciar en ningún otro Estado miembro un procedimiento para que se modifique la resolución o se adopte una nueva mientras el acreedor continúe residiendo habitualmente en el Estado en que se dictó la resolución.

2. El apartado 1 no será de aplicación:

a) cuando las partes hayan aceptado con arreglo al artículo 4 la competencia de los órganos jurisdiccionales de ese otro Estado miembro;

b) cuando el acreedor se someta a la competencia de los órganos jurisdiccionales de ese otro Estado miembro en virtud del artículo 5;

c) cuando la autoridad competente del Estado de origen parte del Convenio de La Haya de 2007 no pueda o no quiera ejercer su competencia para modificar la resolución o dictar una nueva, o

d) cuando la resolución dictada en el Estado de origen parte del Convenio de La Haya de 2007 no pueda ser reconocida o declarada ejecutiva en el Estado miembro en el que se esté considerando la posibilidad de un procedimiento para modificar la resolución o dictar una nueva.

Art. 9.º *Recurso a un órgano jurisdiccional.*—A efectos del presente capítulo, se considerará que un órgano jurisdiccional conoce de un litigio:

a) desde el momento en que se le hubiere presentado el escrito de demanda o documento equivalente, a condición de que posteriormente el demandante no hubiere dejado de tomar las medidas que se le exigieren para que se entregue al demandado la célula de emplazamiento, o

b) si dicho documento hubiere de notificarse al demandado antes de su presentación al órgano jurisdiccional, en el momento en que lo recibiere la autoridad encargada de la notificación, a condición de que posteriormente el demandante no hubiere dejado de tomar todas las medidas que se le exigieren para presentar el documento al órgano jurisdiccional.

Art. 10.º *Verificación de la competencia.*—El órgano jurisdiccional de un Estado miembro al que se haya recurrido para un asunto respecto del cual no sea competente en virtud del presente Reglamento se declarará de oficio incompetente.

Art. 11. *Verificación de la admisibilidad.*—1. Si un demandado con residencia habitual en el territorio de un Estado distinto del Estado miembro donde se ejercitó la acción no compareciera, el órgano jurisdiccional competente suspenderá el proceso hasta que se demuestre que al demandado se le notificó el escrito de interposición de la demanda o documento equivalente con antelación suficiente para que pudiera defenderse o que se tomaron todas las diligencias posibles a tal fin.

2. Se aplicará el artículo 19 del Reglamento (CE) núm. 1393/2007 en lugar del apartado 1 del presente artículo si el escrito de interposición de la demanda o documento equivalente ha tenido que ser transmitido de un Estado miembro a otro de acuerdo con dicho Reglamento.

3. Cuando no sean aplicables las disposiciones del Reglamento (CE) núm. 1393/2007, se aplicará el artículo 15 del Convenio de La Haya relativo a la notificación o traslado en el extranjero de documentos judiciales y extrajudiciales en materia civil o comercial, de 15 de noviembre de 1965, si el escrito de interposición de la demanda o documento equivalente ha tenido que ser transmitido al extranjero de acuerdo con dicho Convenio.

Art. 12. *Litispendencia.*—1. Si se formulasen demandas con el mismo objeto y la misma causa entre las mismas partes ante órganos jurisdiccionales de Estados miembros distintos, el órgano jurisdiccional ante el que se haya formulado la segunda demanda suspenderá de oficio el proceso hasta que se declare competente el órgano jurisdiccional ante el cual se interpuso la primera.

2. Cuando el tribunal ante el cual se interpuso la primera demanda se declare competente, el tribunal ante el que se interpuso la segunda se inhibirá en favor de aquél.

Art. 13. *Conexidad.*—1. Cuando demandas conexas estuvieran pendientes ante órganos jurisdiccionales de Estados miembros diferentes, el órgano jurisdiccional ante el que se haya presentado la demanda posterior podrá suspender el proceso.

2. Cuando tales demandas conexas estuvieran pendientes en primera instancia, cualquiera de los órganos jurisdiccionales a los que se hayan presentado las demandas posteriores podrá de igual modo inhibirse, a instancia de una de las partes, a condición de que el órgano jurisdiccional ante el que se haya presentado la primera demanda fuere competente para conocer de las demandas de que se trate y de que su ley permita su acumulación.

3. Se considerarán conexas, a los efectos del presente artículo, las demandas vinculadas entre sí por una relación tan estrecha que sería oportuno tramitarlas y juzgarlas al mismo tiempo a fin de evitar resoluciones que podrían ser inconciliables si los asuntos fueren juzgados separadamente.

Art. 14. *Medidas provisionales y cautelares.*—Podrán solicitarse las medidas provisionales o cautelares previstas por la ley de un Estado miembro a los órganos jurisdiccionales de dicho Estado, incluso si, en virtud del presente Reglamento, un órgano jurisdiccional de otro Estado miembro sea competente para conocer sobre el fondo.

CAPÍTULO III

Ley aplicable

Art. 15. *Determinación de la ley aplicable.*—La ley aplicable a las obligaciones de alimentos se determinará de acuerdo con el Protocolo de La Haya, de 23 de noviembre de 2007, sobre la ley aplicable a las obligaciones alimenticias (en lo sucesivo, «el Protocolo de La Haya de 2007») en los Estados miembros que estén vinculados por este instrumento.

CAPÍTULO IV

Reconocimiento, fuerza ejecutiva y ejecución de las resoluciones

Art. 16. *Ámbito de aplicación del presente capítulo.*—1. El presente capítulo regula el reconocimiento, la fuerza ejecutiva y la ejecución de las resoluciones contempladas en el presente Reglamento.

Art. 15: Vid. art. 76. Texto del convenio en español http://www.hcch.net.

2. La sección 1 se aplicará a las resoluciones dictadas en Estados miembros vinculados por el Protocolo de La Haya de 2007.

3. La sección 2 se aplicará a las resoluciones dictadas en Estados miembros no vinculados por el Protocolo de La Haya de 2007.

4. La sección 3 se aplicará a todas las resoluciones.

SECCIÓN 1.ª

Resoluciones dictadas en un Estado miembro vinculado por el Protocolo de La Haya de 2007

Art. 17. *Supresión del exequátur.*—1. Las resoluciones dictadas en un Estado miembro vinculado por el Protocolo de La Haya de 2007 serán reconocidas en los demás Estados miembros sin que sea necesario recurrir a proceso alguno y sin posibilidad alguna de impugnar su reconocimiento.

2. Las resoluciones dictadas en un Estado miembro vinculado por el Protocolo de La Haya de 2007 que sean ejecutivas en ese Estado gozarán de fuerza ejecutiva en los demás Estados miembros sin necesidad de otorgamiento de la ejecución.

Art. 18. *Medidas cautelares.*—Toda resolución ejecutiva implicará por ministerio de la ley la autorización para poner en marcha las medidas cautelares previstas en la legislación del Estado miembro de ejecución.

Art. 19. *Derecho a solicitar un reexamen.*—1. El demandado que no haya comparecido en el Estado miembro de origen tendrá derecho a solicitar reexamen de la resolución ante el órgano jurisdiccional competente de dicho Estado miembro cuando:

a) el escrito de interposición de la demanda o documento equivalente no se le haya notificado con antelación suficiente y de manera tal que haya podido organizar su defensa, o

b) no haya podido impugnar la reclamación de alimentos por causa de fuerza mayor o debido a circunstancias extraordinarias, ajenas a su responsabilidad, a menos que no hubiere recurrido contra dicha resolución, cuando hubiera podido hacerlo.

2. El plazo para solicitar el reexamen empezará a correr a partir del día en que el demandado haya tenido conocimiento efectivo del contenido de la resolución y haya estado en condiciones de actuar, es decir, a más tardar, a partir del día de la primera medida de ejecución que tenga por efecto inmovilizar total o parcialmente sus bienes. El demandado deberá actuar con prontitud, y en todo caso dentro de un plazo de cuarenta y cinco días. Dicho plazo no admitirá prórroga en razón de la distancia.

3. Si el órgano jurisdiccional rechaza la solicitud de reexamen prevista en el apartado 1 debido a que no se cumple ninguna de las condiciones de reexamen enunciadas en dicho apartado, la resolución seguirá en vigor.

Si el órgano jurisdiccional decide que el reexamen está justificado por alguno de los motivos contemplados en el apartado 1, la resolución será declarada nula y sin efecto. No obstante, el acreedor conservará las ventajas derivadas de la interrupción o suspensión de los plazos de prescripción o caducidad, así como el derecho de solicitar el pago retroactivo de alimentos que se le hubieren reconocido por el proceso inicial.

Art. 20. *Documentos a efectos de la ejecución.*—1. Para la ejecución de la resolución en otro Estado miembro el demandante deberá presentar a las autoridades de ejecución competentes:

a) una copia de la resolución que reúna las condiciones necesarias para establecer su autenticidad;

b) el extracto de la resolución expedido por el órgano jurisdiccional de origen mediante el formulario cuyo modelo figura en el anexo 1;

c) si ha lugar, un documento que establezca el estado de los atrasos y que indique la fecha en que se efectuó el cálculo;

d) si ha lugar, la trascripción o traducción del contenido del formulario mencionado en la letra *b*) en la lengua oficial del Estado miembro de ejecución o, si éste tuviera varias lenguas oficiales, en la lengua o en una de las lenguas oficiales de los procedimientos judiciales del lugar en que deba ejecutarse, conforme al Derecho de dicho Estado miembro, o en otra lengua que el Estado miembro de ejecución haya indicado que puede aceptar. Cada Estado miembro podrá indicar la lengua o lenguas oficiales de las instituciones de la Unión Europea, distintas de las propias, en las cuales acepta que se cumplimente el formulario.

2. Las autoridades competentes del Estado miembro de ejecución no podrán exigir al demandante que presente traducción de la resolución. No obstante, podrá exigirse una traducción si se impugna la ejecución de la resolución.

3. Las traducciones a que se refiere el presente artículo deberán ser realizadas por personas autorizadas para realizar traducciones en uno de los Estados miembros.

Art. 21. *Denegación o suspensión de la ejecución.*—1. Los motivos de denegación o suspensión de la ejecución previstos por el Derecho del Estado miembro de ejecución se aplicarán en la medida en que no sean incompatibles con la aplicación de los apartados 2 y 3.

2. A instancia del deudor, la autoridad competente del Estado miembro de ejecución denegará la ejecución total o parcial de la resolución del órgano jurisdiccional de origen cuando el derecho a obtener la ejecución de dicha resolución haya prescrito ya sea en virtud del Derecho del Estado miembro de origen o en virtud del Derecho del Estado miembro de ejecución, si éste estableciera un plazo de prescripción más largo.

Además, la autoridad competente del Estado miembro de ejecución podrá, a instancia del deudor, denegar la ejecución total o parcial de la resolución dictada por el órgano jurisdiccional de origen si ésta fuera incompatible con una resolución dictada en el Estado miembro de ejecución o con una resolución dictada en otro Estado miembro o en otro Estado que reúna las condiciones necesarias para ser reconocida en el Estado miembro de ejecución.

Una resolución que tenga por efecto modificar una resolución anterior de obligación de alimentos debido a un cambio de circunstancias no se considerará una resolución incompatible en el sentido de lo dispuesto en el párrafo segundo.

3. A instancia del deudor, la autoridad competente del Estado miembro de ejecución podrá suspender total o parcialmente la ejecución de la resolución del órgano jurisdiccional de origen en caso de que se haya interpuesto ante el órgano jurisdiccional competente del Estado miembro de origen una solicitud de reexamen de la resolución del órgano jurisdiccional de origen de conformidad con el artículo 19.

Además, la autoridad competente del Estado miembro de ejecución suspenderá, a instancia del deudor, la ejecución de la resolución del órgano jurisdiccional de origen en caso de que se suspenda su fuerza ejecutiva en el Estado miembro de origen.

Art. 22 *Falta de efectos respecto a la existencia de relaciones familiares.*—El reconocimiento y la ejecución de las resoluciones en materia de obligaciones de alimentos en virtud del presente Reglamento no implicarán en modo alguno el reconocimiento de las relaciones familiares, de parentesco, matrimonio o afinidad en que se basa la obligación de alimentos que dio origen a la resolución.

SECCIÓN 2

Resoluciones dictadas por un Estado miembro no vinculado por el Protocolo de La Haya de 2007

Art. 23. *Reconocimiento.*—1. Las resoluciones dictadas en un Estado miembro no vinculado por el Protocolo de La Haya de 2007 serán reconocidas en los demás Estados miembros sin que sea necesario recurrir a procedimiento alguno.

2. En caso de oposición, cualquier parte interesada que invoque el reconocimiento de una resolución a título principal podrá solicitar, por los procedimientos previstos en la presente sección, que se reconozca la resolución.

3. Si el reconocimiento se invoca como cuestión incidental ante un órgano jurisdiccional de un Estado miembro, dicho órgano jurisdiccional será competente para conocer del asunto.

Art. 24. *Motivos de denegación del reconocimiento.*—Se denegará el reconocimiento de una resolución:

a) si el reconocimiento es manifiestamente contrario al orden público del Estado miembro en el que se solicita el mismo. El criterio del orden público no podrá aplicarse a las reglas relativas a la competencia judicial;

b) por lo que respecta a las resoluciones dictadas en ausencia del demandado, si el escrito de interposición de la demanda o documento equivalente no se notificó al demandado con antelación suficiente y de manera tal que pudiera organizar su defensa, a menos que el demandado, habiendo podido recurrir la resolución, hubiera optado por no hacerlo;

c) si la resolución es incompatible con otra dictada en el Estado miembro en el que se solicita el reconocimiento;

d) si la resolución fuere inconciliable con una resolución dictada con anterioridad en otro Estado miembro o en un Estado tercero entre las mismas partes en un litigio que tuviere el mismo objeto y la misma causa, cuando esta última resolución reuniere las condiciones necesarias para su reconocimiento en el Estado miembro en el que se solicita el mismo.

Una decisión que tenga por efecto modificar, debido a un cambio de circunstancias, una decisión anterior relativa a alimentos no se considerará como una decisión incompatible según las letras *c*) o *d*).

Art. 25. *Suspensión del proceso.*—El órgano jurisdiccional del Estado miembro ante el que se haya solicitado el reconocimiento de una resolución dictada en un Estado miembro no vinculado por el Protocolo de La Haya de 2007 suspenderá el proceso si la fuerza ejecutiva de la resolución se suspende en el Estado miembro de origen por haberse interpuesto recurso.

Art. 26. *Fuerza ejecutiva.*—Las resoluciones dictadas en un Estado miembro que no esté vinculado por el Protocolo de La Haya de 2007 y que sean allí ejecutivas se ejecutarán en otro Estado miembro una vez que, a instancia de cualquier parte interesada, se haya otorgado su ejecución en este último.

Art. 27. *Competencia territorial.*—1. La solicitud de otorgamiento de ejecución se interpondrá ante el órgano jurisdiccional del Estado miembro de ejecución cuyo nombre haya sido notificado a la Comisión por dicho Estado de conformidad con lo dispuesto en el artículo 71.

2. La competencia territorial estará determinada por la residencia habitual de la parte contra la que se solicite la ejecución o bien por el lugar de ejecución.

Art. 28. *Procedimiento.*—1. La solicitud de otorgamiento de ejecución deberá ir acompañada de los documentos siguientes:

a) una copia de la resolución que reúna las condiciones necesarias para establecer su autenticidad;

b) un extracto de la resolución expedido por el órgano jurisdiccional de origen mediante el formulario cuyo modelo figura en el anexo II, sin perjuicio de lo dispuesto en el artículo 29;

c) si ha lugar, la trascripción o traducción del contenido del formulario a que se refiere la letra *b*) en la lengua oficial del Estado miembro de ejecución o, si éste tuviera varias lenguas oficiales, en la lengua o en una de las lenguas oficiales de los procedimientos judiciales del lugar en que se presenta la demanda, conforme al Derecho de dicho Estado miembro, o en otra lengua que el Estado miembro de ejecución haya indicado que puede aceptar. Cada Estado miembro podrá indicar la lengua o lenguas oficiales de las instituciones de la Unión Europea, distintas de las propias, en las cuales acepta que se cumplimente el formulario.

2. El órgano jurisdiccional o la autoridad competente ante los cuales se haya presentado la demanda no podrán exigir al demandante que presente traducción de la resolución. No obstante, podrá exigirse una traducción en el marco del recurso previsto en los artículos 32 o 33.

3. Las traducciones a que se refiere el presente artículo deberán ser realizadas por personas autorizadas para realizar traducciones en uno de los Estados miembros.

Art. 29. *Incumplimiento del requisito de presentación del extracto.*—1. De no presentarse el extracto a que se refiere el artículo 28, apartado 1, letra *b*), el órgano jurisdiccional o la autoridad competente podrá señalar un plazo para su presentación, o bien aceptar un documento equivalente o, si considera que dispone ya de suficiente información, otorgar una dispensa.

2. En el caso contemplado en el artículo 1, se presentará una traducción de los documentos si el órgano jurisdiccional o la autoridad competente así lo exigiese. La traducción deberá ser realizada por una persona autorizada para realizar traducciones en uno de los Estados miembros.

Art. 30. *Otorgamiento de ejecución.*—Se otorgará la ejecución de la resolución sin el examen previsto en el artículo 24, tras la conclusión de los trámites indicados en el artículo 28, o, a más tardar, en los treinta días siguientes a la conclusión de dichos trámites, salvo impedimento debido a circunstancias excepcionales. La parte contra la cual se solicite la ejecución no podrá, en esta fase del procedimiento, formular observaciones.

Art. 31. *Notificación de la resolución sobre la solicitud.*—1. La resolución dictada sobre la solicitud de otorgamiento de la ejecución se pondrá de inmediato en conocimiento del demandante por el procedimiento que determine la ley del Estado miembro de ejecución.

2. El otorgamiento de la ejecución se notificará a la parte contra la que se haya solicitado la ejecución, adjuntándose la resolución

si ésta no hubiera sido notificada aún a dicha parte.

Art. 32. *Recurso contra la resolución sobre la solicitud.*—1. La resolución sobre la solicitud de otorgamiento de la ejecución podrá ser recurrida por cualquiera de las partes.

2. El recurso se interpondrá ante el órgano jurisdiccional que se haya notificado a la Comisión por el Estado miembro interesado de conformidad con lo dispuesto en el artículo 71.

3. El recurso se sustanciará según las normas que rigen el proceso contradictorio.

4. En caso de incomparecencia de la parte contra la que se solicite la ejecución ante el órgano jurisdiccional que conozca del recurso interpuesto por el demandante, se aplicarán las disposiciones establecidas en el artículo 11, incluso si la parte contra la que se solicita la ejecución no está domiciliada en ninguno de los Estados miembros.

5. El recurso contra el otorgamiento de la ejecución se interpondrá dentro del plazo de treinta días a partir de la fecha de notificación o comunicación. Si la parte contra la que se solicite la ejecución tuviese su residencia habitual en un Estado miembro distinto de aquel en el que se haya otorgado la ejecución, el plazo será de cuarenta y cinco días y empezará a correr a partir de la fecha de notificación o comunicación, tanto si ésta se hizo en persona como en su domicilio. Dicho plazo no admitirá prórroga en razón de la distancia.

Art. 33. *Procedimientos para recurrir las resoluciones dictadas sobre el recurso.*—La resolución que resuelva el recurso sólo podrá ser objeto de los recursos que el Estado miembro interesado haya notificado a la Comisión de conformidad con lo dispuesto en el artículo 71.

Art. 34. *Desestimación o revocación del otorgamiento de ejecución.*—1. El órgano jurisdiccional que conozca del recurso previsto en los artículos 32 o 33 sólo podrá desestimar o revocar el otorgamiento de la ejecución por alguno de los motivos indicados en el artículo 24.

2. Sin perjuicio de lo dispuesto en el artículo 32, apartado 4, el órgano jurisdiccional que conozca de un recurso previsto en el artículo 32 decidirá dentro de un plazo de noventa días a partir del recurso, salvo impedimento debido a circunstancias excepcionales.

3. El órgano jurisdiccional que conozca de un recurso previsto en el artículo 33 se pronunciará sin demora.

Art. 35. *Suspensión del proceso.*—El órgano jurisdiccional que conozca del recurso previsto en los artículos 32 ó 33 suspenderá el proceso, a instancia de la parte contra la que se solicite la ejecución, si el carácter ejecutorio de la resolución se suspende en el Estado miembro de origen por haberse interpuesto recurso.

Art. 36. *Medidas provisionales y cautelares.*—1. Cuando una resolución deba ser reconocida con arreglo a la presente sección, nada impedirá al solicitante instar la adopción de medidas provisionales o cautelares, de conformidad con el Derecho del Estado miembro de ejecución, sin que sea necesario el otorgamiento de la ejecución conforme al artículo 30.

2. El otorgamiento de la ejecución implicará por ministerio de la ley la autorización para adoptar medidas cautelares.

3. Durante el plazo previsto en el artículo 32, apartado 5, para interponer recurso contra el otorgamiento de la ejecución y hasta que se resuelva sobre el mismo, sólo podrán adoptarse medidas cautelares sobre los bienes de la parte contra la que se haya solicitado la ejecución.

Art. 37. *Ejecución parcial.*—1. Cuando la resolución se pronuncie sobre varias pretensiones de la demanda y el otorgamiento de la ejecución no pueda concederse para la totalidad de ellas, el órgano jurisdiccional ola autoridad competente concederá la ejecución para una o varias de ellas.

2. El demandante podrá instar un otorgamiento de ejecución parcial.

Art. 38. *Exención de impuestos, derechos y tasas.*—El estado miembro de ejecución no percibirá impuesto, derecho ni tasa alguna proporcional al valor del litigio en los procedimientos encaminados al otorgamiento de la ejecución.

SECCIÓN 3.ª

Disposiciones comunes

Art. 39. *Fuerza ejecutiva provisional.*—El órgano jurisdiccional de origen podrá otorgar fuerza ejecutiva provisional a la resolución, no obstante la interposición de un eventual recurso, aunque el Derecho nacional no prevea la fuerza ejecutiva por ministerio de la ley.

Art. 40. *Invocación de una resolución reconocida.*—1. La parte que desee invocar en otro Estado miembro una resolución reconocida en el sentido del artículo 17, apartado 1, o en virtud de la sección 2, deberá presentar una copia de la resolución que reúna las condiciones necesarias para establecer su autenticidad.

2. Si ha lugar, el órgano jurisdiccional ante el que se invoque la resolución reconocida podrá pedir a la parte que desea invocarla que presente un extracto expedido por el órgano jurisdiccional de origen utilizando el formulario cuyo modelo figura, según el caso, en el anexo I o en el anexo II.

El órgano jurisdiccional de origen expedirá este extracto igualmente a instancia de cualquier parte interesada.

3. Si ha lugar, la parte que invoque la resolución reconocida presentará trascripción o traducción del contenido del formulario mencionado en el apartado 2 en la lengua oficial del Estado miembro interesado o, si éste tuviera

varias lenguas oficiales, en la lengua o en una de las lenguas oficiales de los procedimientos judiciales del lugar en que se invoque la resolución reconocida, conforme al Derecho de dicho Estado miembro, o en otra lengua que el estado miembro, o en otra lengua que el Estado miembro interesado haya indicado que puede aceptar. Cada Estado miembro podrá indicar la lengua o lenguas oficiales de las instituciones de la Unión Europea, distintas de las propias, en las cuales acepta que se cumplimente el formulario.

4. Las traducciones a que se refiere el presente artículo deberán ser realizadas por personas autorizadas para realizar traducciones en uno de los Estados miembros.

Art. 41. *Procedimiento y condiciones de ejecución y condiciones de la ejecución.*—1. A reserva de lo dispuesto en el presente Reglamento, el procedimiento de ejecución de las resoluciones dictadas en otro Estado miembro se regirá por el Derecho del Estado miembro de ejecución. Las resoluciones dictadas en un Estado miembro que tengan fuerza ejecutiva en el Estado miembro de ejecución serán ejecutadas en éste en las mismas condiciones que si se hubieran dictado en dicho Estado miembro de ejecución.

2. La parte que inste la ejecución de una resolución dictada en otro Estado miembro no tendrá obligación de tener en el Estado miembro de ejecución una dirección postal ni un representante autorizado, sin perjuicio de las personas con competencias en los procesos de ejecución.

Art. 42. *Imposibilidad de revisión en cuanto al fondo.*—Las resoluciones dictadas en un Estado miembro no podrán en ningún caso ser objeto de revisión en cuanto al fondo en el Estado miembro en que se solicite el reconocimiento, la fuerza ejecutiva o la ejecución.

Art. 43. *Cobro no prioritario de los costes.*—El cobro de los costes ocasionados por la aplicación del presente Reglamento no tendrá prioridad sobre el cobro de alimentos.

CAPÍTULO V

ACCESO A LA JUSTICIA

Art. 44. *Derecho a justicia gratuita.*—1. Las partes en un litigio contemplado en el presente Reglamento tendrán garantizado el acceso efectivo a la justicia en otro Estado miembro, también para los procedimientos de ejecución y recurso, en las condiciones establecidas en el presente capítulo.

En los casos contemplados en el capítulo VII, el acceso efectivo será garantizado por el Estado miembro requerido a todo solicitante que tenga su residencia en el Estado miembro requirente.

2. Con el fin de garantizar este acceso efectivo, los Estados miembros proporcionarán el be-

neficio de justicia gratuita de conformidad con el presente capítulo, salvo que sea de aplicación el apartado 3.

3. En los casos contemplados en el capítulo VII, los Estados miembros no estarán obligados a proporcionar el beneficio de justicia gratuita en la medida en que sus procedimientos permitan a las partes actuar ante los órganos jurisdiccionales sin necesidad del beneficio de justicia gratuita y la autoridad central proporcione gratuitamente los servicios necesarios.

4. Las condiciones de acceso a la justicia gratuita no serán más restrictivas que las fijadas en los asuntos internos equivalentes.

5. No se exigirá ninguna fianza ni depósito, sea cual fuere su denominación, para garantizar el pago de las costas y gastos de los procedimientos en materia de obligaciones de alimentos.

Art. 45. *Contenido de la justicia gratuita.*—La justicia gratuita concedida en virtud del presente capítulo designará la asistencia necesaria para permitir a las partes conocer y hacer valer sus derechos y para garantizar que sus solicitudes, presentadas a través de las autoridades centrales o directamente a las autoridades competentes, se traten de forma completa y eficaz. Abarcará, en función de la necesidad, los siguientes costes:

a) el asesoramiento previo a la demanda con vistas a llegar a un acuerdo antes de la presentación de la demanda;

b) la asistencia jurídica y la representación ante los órganos jurisdiccionales;

c) la exención de las costas procesales y los honorarios de las personas que actúen en el proceso a requerimiento del tribunal;

d) en los Estados miembros en que pueda condenarse a la parte que pierde el proceso al pago de las costas de la parte contraria, en caso de que el beneficiario de la justicia gratuita perdiera el proceso, las costas de la parte contraria, a condición de que la justicia gratuita las hubiera cubierto igualmente si el beneficiario hubiera tenido su domicilio o su residencia habitual en el Estado miembro del órgano jurisdiccional que haya conocido del asunto;

e) los servicios de interpretación;

f) la traducción de los documentos presentados por el beneficiario de la justicia gratuita a instancias del órgano jurisdiccional o de la autoridad competente que sean necesarios para resolver el asunto;

g) los gastos de desplazamiento que corran por cuenta del beneficiario de la justicia gratuita, cuando la ley o el órgano jurisdiccional del Estado miembro de que se trate requieran la comparecencia física, ante el órgano jurisdiccional, de las personas relacionadas con la defensa de las pretensiones del beneficiario, y el órgano jurisdiccional decida que no existen otros medios satisfactorios de tomar declaración a tales personas.

Art. 46. *Asistencia jurídica gratuita para las solicitudes de alimentos a favor de niños presentadas a través de las autoridades centrales.*—1. El Estado miembro requerido proporcionará asistencia jurídica gratuita para todas las demandas relativas a obligaciones de alimentos a favor de una persona menor de veintiún años que se deriven de una relación paterno-filial, que sean presentadas por un acreedor en virtud del artículo 56.

2. Sin perjuicio de lo dispuesto en el apartado 1, la autoridad competente del Estado miembro requerido podrá denegar la asistencia jurídica gratuita, para las solicitudes no contempladas en el artículo 56, apartado 1, letras *a*) y *b*), si considera que la demanda o cualquier recurso conexo resulta manifiestamente infundado.

Art. 47. *Casos no contemplados en el artículo 46.*—1. En los casos no contemplados en el artículo 46, a reserva de los artículos 44 y 45, podrá concederse la justicia gratuita de conformidad con el Derecho nacional, en particular por lo que respecta a las condiciones de evaluación de los recursos del solicitante o al fundamento de la solicitud.

2. Sin perjuicio de lo dispuesto en el apartado 1, la parte que en el Estado miembro de origen haya obtenido total o parcialmente el beneficio de justicia gratuita o de una exención de costas y gastos, tendrá derecho, en todo proceso de reconocimiento, fuerza ejecutiva o ejecución, a la justicia gratuita más favorable o a la exención más amplia prevista por el Derecho del Estado miembro de ejecución.

3. Sin perjuicio de lo dispuesto en el apartado 1, la parte que en el Estado miembro de origen haya obtenido el beneficio un procedimiento gratuito ante una de las autoridades administrativas enumeradas en el anexo X tendrá derecho, en el marco de todo procedimiento de reconocimiento, de fuerza ejecutiva o de ejecución, a la justicia gratuita con arreglo al apartado 2. A tal fin, deberá presentar un documento establecido por la autoridad competente del Estado miembro de origen, que certifique que reúne las condiciones económicas para poder acogerse total o parcialmente al beneficio de justicia gratuita o de una exención de costas y gastos.

Las autoridades competentes a los fines del presente apartado se enumeran en el anexo XI. Dicho anexo se establecerá y modificará de acuerdo con el procedimiento de gestión contemplado en el artículo 73, apartado 2.

CAPÍTULO VI

TRANSACCIONES JUDICIALES Y DOCUMENTOS PÚBLICOS CON FUERZA EJECUTIVA

Art. 48. *Aplicación del presente Reglamento a las transaccio-*

nes judiciales y documentos públicos con fuerza ejecutiva.—1. Las transacciones judiciales y los documentos públicos que tengan fuerza ejecutiva en el Estado miembro de origen serán reconocidos en los demás Estados miembros y tendrán en ellos la misma fuerza ejecutiva que las resoluciones, de conformidad con el capítulo IV.

2. Las disposiciones del presente Reglamento serán aplicables, en la medida necesaria, a las transacciones judiciales y a los documentos públicos con fuerza ejecutiva.

3. La autoridad competente del Estado miembro de origen expedirá, a instancia de cualquier parte interesada, un extracto de la transacción judicial o del documento público con fuerza ejecutiva mediante el formulario cuyo modelo figura, según el caso, en los anexos I y II o en los anexos III y IV.

CAPÍTULO VII

COOPERACIÓN ADMINISTRATIVA ENTRE AUTORIDADES CENTRALES

Art. 49. *Designación de las autoridades centrales.*—1. Cada Estado miembro designará una autoridad central encargada de dar cumplimiento a las obligaciones que el presente Reglamento le impone.

2. Los Estados miembros federales, los Estados miembros en que existan varios ordenamientos jurídicos y los Estados que tengan unidades territoriales autónomas podrán designar más de una autoridad central y especificarán el ámbito territorial o personal de sus atribuciones. El Estado miembro que haya hecho uso de esta posibilidad designará la autoridad central a la que pueda dirigirse toda comunicación para su transmisión a la autoridad central competente dentro de ese Estado. Si se envía una comunicación a una autoridad central que no sea competente, ésta será responsable de transmitirla a la autoridad central competente y de informar de ello al remitente.

3. Cada Estado miembro comunicará a la Comisión, de conformidad con el artículo 71, la designación de la autoridad o autoridades centrales, sus datos de contacto y, en su caso, el alcance de sus atribuciones con arreglo al apartado 2.

Art. 50 *Funciones generales de las autoridades centrales.*—1. Las autoridades centrales deberán:

a) cooperar entre si, en particular mediante el intercambio de información, y promover la cooperación entre las autoridades competentes de sus respectivos Estados miembros para alcanzar los objetivos del presente Reglamento;

b) tratar de resolver, en la medida de lo posible, las dificultades que pudieran surgir en la aplicación del presente Reglamento.

2. Las autoridades centrales adoptarán medidas destinadas a

mejorar la aplicación del presente Reglamento y reforzar su cooperación. Con este fin se hará uso de la Red Judicial Europea en materia civil y mercantil creada por la Decisión 2001/470/CE.

Art. 51 *Funciones específicas de las autoridades centrales.*—1. Las autoridades centrales prestarán asistencia en lo que respecta a las solicitudes contempladas en el artículo 56. En particular, deberán:

a) transmitir y recibir dichas solicitudes;

b) iniciar o facilitar la iniciación de procedimientos sobre esas solicitudes.

2. En lo que concierne a dichas solicitudes, las autoridades centrales tomarán todas las medidas apropiadas para:

a) conceder o facilitar la concesión del beneficio de justicia gratuita, cuando las circunstancias lo requieran;

b) ayudar a localizar al deudor o al acreedor, en particular en aplicación de los artículos 61, 62 y 63;

c) facilitar la obtención de información pertinente sobre los ingresos y, en caso necesario, sobre el patrimonio del deudor o del acreedor, incluida la localización de sus bienes, en particular en aplicación de los artículos 61, 62 y 63;

d) promover las soluciones amistosas a fin de obtener el pago voluntario de los alimentos, recurriendo cuando sea apropiado a la mediación, la conciliación o mecanismos análogos;

e) facilitar la ejecución continuada de las resoluciones en materia de alimentos, incluido el pago de atrasos;

f) facilitar el cobro y la transferencia rápida de los pagos de alimentos;

g) facilitar la obtención de pruebas documentales y de otros tipos, sin perjuicio del Reglamento (CE) núm. 1206/2001;

h) proporcionar asistencia para determinar la filiación cuando sea necesario para el cobro de los alimentos;

i) iniciar o facilitar la iniciación de procedimientos para obtener las medidas provisionales necesarias de carácter territorial cuya finalidad sea asegurar el resultado de una solicitud de alimentos pendiente;

j) facilitar la notificación y el traslado de documentos, sin perjuicio de lo dispuesto en el Reglamento (CE) núm. 1393/2007.

3. Las funciones de la autoridad central en virtud del presente artículo podrán ser desempeñadas, en la medida en que lo permita la ley del Estado miembro de que se trate, por organismos públicos u otras entidades sometidos al control de las autoridades competentes de ese Estado miembro. La designación de esos organismos públicos u otras entidades, así como los datos de contacto y el ámbito de sus funciones, serán comunicados por el Estado miembro a la Comisión de conformidad con el artículo 71.

4. El presente artículo y el artículo 53 no imponen en ningún

caso a las autoridades centrales la obligación de ejercer atribuciones que, con arreglo a la ley del Estado miembro requerido, sólo pueden ser ejercidas por autoridades judiciales.

Art. 52 *Poder.*—La autoridad central del Estado miembro requerido sólo podrá exigir un poder al solicitante cuando actúe en su representación en procedimientos judiciales o ante otras autoridades o con el fin de designar a un representante a tal efecto.

Art. 53 *Peticiones de medidas específicas.*—1. La autoridad central podrá dirigir una petición motivada a otra autoridad central para que ésta adopte las medidas específicas adecuadas previstas en el artículo 51, apartado 2, letras *b*), *c*), *g*), *h*), *i*) y *j*), cuando no esté pendiente ninguna solicitud prevista en el artículo 56. La autoridad central requerida adoptará las medidas que resulten adecuadas si las considera necesarias para ayudar a un solicitante potencial a presentar una solicitud prevista en el artículo 42 *ter* o a determinar si se debe presentar dicha solicitud.

2. Cuando se presente una petición a los fines de las medidas previstas en el artículo 51, apartado 2, letras *b*) y *c*), la autoridad central requerida buscará la información solicitada, si es preciso en aplicación del artículo 61. No obstante, la información contemplada en el artículo 61, apartado 2, letras *b*), *c*) y *d*), sólo podrá buscarse si el acreedor presenta copia de una resolución, una transacción judicial o un documento público con fuerza ejecutiva, acompañada en su caso del extracto previsto en los artículos 20, 28 ó 48.

La autoridad central requerida comunicará las informaciones obtenidas a la autoridad central requirente. Cuando dicha información se haya obtenido en aplicación del artículo 61, esa comunicación versará sólo sobre el domicilio del posible demandado en el Estado miembro requerido. Dentro del marco de una petición con vistas a un reconocimiento de una declaración que demuestre la fuerza ejecutiva o de una ejecución, la comunicación versará además sólo sobre la existencia de ingresos o de patrimonio del deudor en dicho Estado.

Si la autoridad central requerida no estuviere en condiciones de facilitar la información solicitada, informará de ello sin demora a la autoridad central requirente, precisándole las razones de tal imposibilidad.

3. La autoridad central también podrá tomar, a petición de otra autoridad central, medidas específicas respecto de un asunto de cobro de alimentos que esté pendiente en el Estado requirente y que tenga un elemento internacional.

4. Para las peticiones que presenten de conformidad con el presente artículo, las autoridades centrales emplearán el formulario cuyo modelo figura en el anexo V.

Art. 54. *Costes de la autoridad central.*—1. Cada autoridad central asumirá los costes que suponga para ella la aplicación del presente Reglamento.

2. Las autoridades centrales no podrán cargar al solicitante ningún gasto por los servicios que presten en virtud del presente Reglamento, salvo los costes excepcionales que se deriven de una petición de medidas específicas contemplada en el artículo 53.

A efectos del presente apartado, no se considerarán excepcionales los costes asociados a la localización del deudor.

3. La autoridad central requerida no podrá exigir el reembolso de los costes excepcionales mencionados en el apartado 2 si el solicitante no ha dado su consentimiento previo a la prestación de los servicios de que se trate a ese coste.

Art. 55. *Solicitud a través de las autoridades centrales.*—Las solicitudes previstas en el presente capítulo se remitirán a la autoridad central del Estado miembro requerido a través de la autoridad central del Estado miembro en que resida el solicitante.

Art. 56. *Solicitudes disponibles.*—1. El acreedor que pretenda el cobro de alimentos en virtud del presente Reglamento podrá presentar las solicitudes siguientes:

a) reconocimiento o reconocimiento y otorgamiento de ejecución de una resolución;

b) ejecución de una resolución dictada o reconocida en el Estado miembro requerido;

c) obtención de una resolución en el Estado miembro requerido cuando no exista resolución previa, incluida la determinación de la filiación en caso necesario;

d) obtención de una resolución en el Estado miembro requerido cuando no sea posible el reconocimiento y el otorgamiento de ejecución de una resolución dictada en un Estado que no sea el Estado miembro requerido;

e) modificación de una resolución dictada en el Estado miembro requerido;

f) modificación de una resolución dictada en un Estado distinto del Estado miembro requerido.

2. El deudor contra quien exista una resolución en materia de alimentos podrá presentar las solicitudes siguientes:

a) reconocimiento de una resolución que dé lugar a la suspensión o la limitación de la ejecución de una resolución anterior en el Estado miembro requerido;

b) modificación de una resolución dictada en el Estado miembro requerido;

c) modificación de una resolución dictada en un Estado distinto del Estado miembro requerido.

3. Respecto de las solicitudes contempladas en el presente artículo, la asistencia y la representación a que se refiere el artículo 45, letra *b*), serán prestadas por la autoridad central del Estado miembro requerido bien directamente, bien a través de autoridades públicas u otros organismos o personas.

4. Salvo disposición en contrario en el presente Reglamento, las solicitudes previstas en los apartados 1 y 2 se tramitarán con arreglo al Derecho del Estado miembro requerido y estarán sometidas a las normas de competencia aplicables en él.

Art. 57. *Contenido de la solicitud.*—1. Las solicitudes previstas en el artículo 56 deberán presentarse utilizando el formulario cuyo modelo figura en el anexo VI o en el anexo VII.

2. Toda solicitud que se presente en virtud del artículo 56 deberá contener, como mínimo:

a) una declaración relativa a la naturaleza de la solicitud o solicitudes;

b) el nombre y los datos de contacto del solicitante, incluidas su dirección y fecha de nacimiento;

c) el nombre del demandado y, cuando se conozca, su dirección y fecha de nacimiento;

d) el nombre y la fecha de nacimiento de toda persona para la que se reclamen alimentos;

e) los motivos en que se basa la solicitud;

f) si es el acreedor quien presenta la solicitud, información relativa al lugar al que deben enviarse o transmitirse electrónicamente los pagos;

g) el nombre y los datos de contacto de la persona o servicio de la autoridad central del Estado miembro requirente responsable de la tramitación de la solicitud.

3. A los efectos del apartado 2, letra *b*), la dirección personal del solicitante podrá sustituirse por otra en los casos de violencia doméstica, si el Derecho nacional del Estado miembro requerido no exige, a los fines de los procedimientos que hayan de incoarse, que el solicitante facilite su dirección personal.

4. Cuando proceda, y en la medida en que se conozca, la solicitud incluirá igualmente la información siguiente:

a) la situación económica del acreedor;

b) la situación económica del deudor, incluidos el nombre y la dirección de su empleador y la naturaleza y la localización de los bienes del deudor;

c) cualquier otra información que pueda facilitar la localización del demandado.

5. La solicitud deberá ir acompañada de toda la información o documentación de apoyo necesaria, incluida, en su caso, la documentación que demuestre el derecho del solicitante a recibir asistencia jurídica gratuita. Las solicitudes previstas en el artículo 56, apartado 1, letras *a*) y *b*), y en el apartado 2, letra *a*), sólo irán acompañadas, según los casos, de los documentos enumerados en los artículos 20, 28 ó 48 o del artículo 25 del Convenio de La Haya de 2007.

Art. 58. *Transmisión, recepción y tramitación de solicitudes y asuntos a través de las autoridades centrales.*—1. La autoridad central del Estado miembro requirente prestará ayuda al solicitante para asegurar que la solicitud vaya acompañada de toda la información y los documentos que, según le conste a dicha autoridad, sean necesarios para el examen de la solicitud.

2. La autoridad central del Estado miembro requirente, tras comprobar que la solicitud cumple los requisitos del presente Reglamento, la transmitirá a la autoridad central del Estado miembro requerido.

3. La autoridad central requerida acusará recibo de la solicitud en un plazo de treinta días a partir de la fecha de recepción, utilizando para ello el formulario cuyo modelo figura en el anexo VIII, informará a la autoridad central del Estado miembro requirente de las gestiones iniciales que se hayan efectuado o se vayan a efectuar para la tramitación de la solicitud y podrá solicitar cualesquiera otros documentos o información que estime necesarios. Dentro del mismo plazo de treinta días, la autoridad central requerida deberá comunicar a la autoridad central requirente el nombre y los datos de contacto de la persona o servicio encargado de responder a las consultas sobre la tramitación de la solicitud.

4. Dentro de los sesenta días siguientes al acuse de recibo, la autoridad central requerida informará a la autoridad central requirente del estado de tramitación de la solicitud.

5. Las autoridades centrales requerida y requirente se mantendrán informadas mutuamente:

a) del nombre de la persona o del servicio responsable de cada asunto concreto;

b) del estado de tramitación del asunto,

y contestarán puntualmente a las consultas.

6. Las autoridades centrales tramitarán los asuntos con toda la rapidez que permita el examen adecuado de las cuestiones planteadas.

7. Las autoridades centrales utilizarán los medios de comunicación más rápidos y eficaces de que dispongan.

8. La autoridad central requerida sólo podrá negarse a tramitar una solicitud cuando sea manifiesto que no se cumplen los requisitos exigidos por el presente Reglamento. En tal caso, dicha autoridad central informará con prontitud a la autoridad central requirente de los motivos de la denegación, utilizando el formulario cuyo modelo figura en el anexo IX.

9. La autoridad central requerida no podrá rechazar una solicitud por la única razón de que se necesite documentación o información adicional. Podrá, no obstante, pedir a la autoridad central requirente que presente dicha documentación o información adicional. Si la autoridad central requirente no las presenta en un plazo de noventa días o en un plazo más largo determinado por la autoridad central requerida, esta última podrá decidir que no tramitará la solicitud. En tal caso, informará de inmediato a la autoridad central requirente, utilizando el formulario cuyo modelo figura en el anexo IX.

Art. 59. *Lenguas.*—1. El formulario de petición o de solicitud deberá cumplimentarse en la lengua oficial del Estado miembro requerido o, si éste tuviere varias lenguas oficiales, en la lengua oficial o en una de las lenguas oficiales del lugar en que esté establecida la autoridad central pertinente, o en cualquier otra lengua oficial de las instituciones de la Unión Europea que el Estado miembro requerido haya indicado que puede aceptar, salvo dispensa de traducción por parte de la autoridad central de dicho Estado miembro.

2. Los documentos que acompañen el formulario de petición o de solicitud sólo se traducirán a la lengua determinada de conformidad con el apartado 1 si es necesaria una traducción para prestar la asistencia solicitada, sin perjuicio de lo dispuesto en los artículos 20, 28, 40 y 66.

3. Cualquier otra comunicación entre las autoridades centrales deberá estar redactada en la lengua determinada de conformidad con el apartado 1, salvo que las autoridades centrales convengan en otra cosa.

Art. 60. *Reuniones.*—1. Las autoridades centrales se reunirán regularmente para facilitar la aplicación del presente Reglamento.

2. La convocatoria de dichas reuniones se realizará de conformidad con la decisión 2001/470/CE.

Art. 61. *Acceso de las autoridades centrales a la información.*—1. En las condiciones previstas en el presente capítulo y como excepción a lo dispuesto en el artículo 51, apartado 4, la autoridad central requerida pondrá en práctica todos los medios adecuados y necesarios para obtener la información contemplada en el apartado 2 que sea necesaria para facilitar, en un determinado asunto, la obtención, la modificación, el reconocimiento, el otorgamiento de ejecución o la ejecución de una resolución.

Las autoridades públicas o las administraciones que, en el marco de sus actividades habituales, tengan en su poder, dentro del Estado miembro requerido, la información contemplada en el apartado 2 y que sean responsables de su tratamiento en el sentido de la Directiva 95/46/CE la proporcionarán, a reserva de las limitaciones justificadas por motivos de seguridad nacional o pública, a la autoridad central requerida, a petición suya, en los casos en que ésta no tenga acceso directo a dicha información.

Los Estados miembros podrán designar a las autoridades públicas o a las administraciones que puedan proporcionar a la autoridad central requerida las informaciones contempladas en el apartado 2. Cuando un Estado miembro proceda a dicha designación velará por que su elección de las autoridades y de las administraciones permita a su autoridad central tener acceso a las informaciones requeridas con arreglo al presente artículo.

Cualquier otra persona jurídica que tenga en su poder, dentro del Estado miembro requerido, la información contemplada en el apartado 2 y que sea responsable de su tratamiento en el sentido de la Directiva 95/46/CE la proporcionará a la autoridad central requerida, a petición suya, si está autorizada por el Derecho del Estado miembro requerido.

La autoridad central requerida transmitirá la información así obtenida, en la medida en que sea preciso, a la autoridad central requirente.

2. La información a que se refiere el presente artículo será la que se halle ya en poder de las autoridades, administraciones o personas contempladas en el apartado 1. Esta información deberá ser adecuada, pertinente y no excesiva, y se referirá a:

a) la dirección del deudor o del acreedor;

b) los ingresos del deudor;

c) la identificación del empleador del deudor y/o de la cuenta o cuentas bancarias de las que el deudor sea titular;

d) el patrimonio del deudor.

Para obtener o modificar una resolución, la autoridad central requerida sólo podrá solicitar la información contemplada en la letra *a*).

Para obtener el reconocimiento, el otorgamiento de ejecución o la ejecución de una resolución, la autoridad central requerida podrá solicitar toda la información contemplada en el párrafo primero. Sin embargo, la información contemplada en la letra *d*) sólo podrá solicitarse si la información contemplada en las letras *b*) y *c*) es insuficiente para hacer posible la ejecución de la resolución.

Art. 62. *Transmisión y utilización de la información.*—1. Las autoridades centrales trasmitirán dentro del Estado miembro, según el caso, la información contemplada en el artículo 61, apartado 2, a los órganos jurisdiccionales competentes, a las autoridades competentes encargadas del traslado y notificación de los documentos y a las autoridades competentes encargadas de la ejecución de la resolución.

2. Las autoridades u órganos jurisdiccionales a los que se transmita información en virtud del artículo 61 sólo podrán utilizarla para facilitar el cobro de créditos alimenticios.

Con excepción de las informaciones relativas a la propia existencia de un domicilio, de ingresos o de un patrimonio en el Estado miembro requerido, la información contemplada en el artículo 61, apartado 2, no podrá divulgarse a la persona que haya presentado solicitud ante la autoridad central requirente, sin perjuicio de la aplicación de las normas de procedimiento ante los órganos jurisdiccionales.

3. La autoridad que trate la información que le haya sido comunicada de conformidad con el artículo 61 no la conservará más tiempo del necesario para alcanzar los fines con que fue remitida.

4. La autoridad que trate la información que le haya sido comunicada de conformidad con el artículo 61 garantizará la confidencialidad de dicha información, de conformidad con su Derecho interno.

Art. 63. *Notificación a la persona a que se refiere la recogida de información.*—1. La notificación a la persona a que se refiere la recogida de la información de la comunicación de todo o parte de ella se llevará a cabo de conformidad con el Derecho nacional del Estado miembro requerido.

2. Si esta notificación pudiera comprometer el cobro efectivo del crédito alimentario, podrá aplazarse por un período máximo de noventa días a partir de la fecha en la cual se haya proporcionado la información a la autoridad central requerida.

CAPÍTULO VIII

ORGANISMOS PÚBLICOS

Art. 64. *Solicitudes de organismos públicos.*—1. A los efectos de una solicitud de reconocimiento y de otorgamiento de ejecución, o a efectos de la ejecución de resoluciones, el término «acreedor» comprende el organismo público que actúe en nombre de una persona física a la cual se deba el pago de alimentos, o el organismo al que se adeude un reembolso por prestaciones concedidas a título de alimentos.

2. El derecho de un organismo público de actuar en lugar de una persona física a quien se le deba el pago de alimentos o de solicitar el reembolso de prestaciones concedidas al acreedor a título de alimentos se regirá por la ley a que esté sujeto el organismo.

3. Un organismo público podrá solicitar el reconocimiento y el otorgamiento de ejecución o solicitar la ejecución:

a) de una la resolución dictada contra un deudor a petición de un organismo público que reclame el pago de prestaciones concedidas a título de alimentos;

b) de una resolución dictada entre deudor y acreedor, en la cuantía de las prestaciones concedidas al acreedor a título de alimentos.

4. El organismo público que solicite el reconocimiento y el otorgamiento de ejecución o requiera la ejecución de una resolución deberá facilitar, cuando se le solicite, todo documento necesario para probar su derecho en virtud del apartado 2 y el pago de las prestaciones al acreedor.

CAPÍTULO IX

DISPOSICIONES GENERALES Y FINALES

Art. 65. *Legalización y formalidades similares.*—No se exigirá legalización ni formalidad similar alguna en el contexto del presente Reglamento.

Art. 64.3.a): Es el texto que figura en el original, no corregido. Debe decir «*de una resolución* dictada…»

Art. 66. *Traducción de documentos justificativos.*—Si perjuicio de lo dispuesto en los artículos 20, 28 y 40, el órgano jurisdiccional ante el cual se haya presentado la demanda sólo podrá exigir a las partes que presenten traducción de los documentos justificativos en una lengua distinta de la lengua del procedimiento si considera que dicha traducción es necesaria para dictar su resolución o para respetar los derechos de defensa.

Art. 67. *Recuperación de los gastos.*—Sin perjuicio de lo dispuesto en el artículo 54, la autoridad competente del Estado miembro requerido podrá pedir el reembolso de los gastos, a la parte que haya perdido, de asistencia jurídica gratuita, en virtud del artículo 46 el proceso si su situación económica lo permite.

Art. 68. *Relaciones con otros instrumentos comunitarios.*—1. Sin perjuicio del artículo 75, apartado 2, el presente Reglamento modifica al Reglamento (CE) núm. 44/2001 sustituyendo las disposiciones de dicho reglamento aplicables en materia de obligaciones de alimentos.

2. El presente Reglamento sustituye, en materia de obligaciones de alimentos, al Reglamento (CE) núm. 805/2004, excepto en lo referente a los títulos ejecutivos europeos sobre obligaciones de alimentos expedidos en un Estado miembro no vinculado por el protocolo de La Haya de 2007.

3. En materia de obligaciones de alimentos, el presente Reglamento no afectará a la aplicación de la Directiva 2003/8/CE, a reserva de lo dispuesto en el capítulo V.

4. El presente Reglamento no afectará a la aplicación de la Directiva 95/46/CE.

Art. 69. *Relación con los convenios y acuerdos internacionales existentes.*—1. El presente Reglamento no afectará a la aplicación de los convenios y acuerdos bilaterales o multilaterales de los que sean parte uno o más Estados miembros en el momento de la adopción del presente Reglamento y que se refieran a materias reguladas por él, sin perjuicio de las obligaciones de los Estados miembros en virtud del artículo 307 del Tratado.

2. No obstante el apartado 1 y sin perjuicio de lo dispuesto en el apartado 3, el presente Reglamento prevalecerá, entre los Estados miembros, sobre los convenios y acuerdos que se refieran a materias reguladas por el presente Reglamento y de los que sean parte los Estados miembros.

3. El presente Reglamento no será óbice a la aplicación del Convenio de 23 de marzo de 1962 entre Suecia, Dinamarca, Finlandia, Islandia y Noruega sobre la cobertura de créditos de alimentos por

---

Art. 66: Es el texto que figura en el original, no corregido. Debería decir «*Sin perjuicio de*...».

los Estados miembros partes de dicho Convenio, habida cuenta de que prevé, en lo que se refiere al reconocimiento, la fuerza ejecutiva y la ejecución de las decisiones:

a) de los procedimientos simplificados y acelerados para la ejecución de decisiones en materia de alimentos, y

b) una asistencia jurídica más favorable que la prevista en el capítulo V del presente Reglamento.

Con todo, la aplicación de dicho convenio no habrá de privar al demandado de la protección que le ofrecen los artículos 19 y 21 del presente Reglamento.

Art. 70. *Información puesta a disposición del público.*—Los Estados miembros proporcionarán, a través de la Red Judicial Europea en materia civil y mercantil creada de conformidad con la Decisión 2001/470/CE del Consejo, la siguiente información para que se ponga a disposición del público:

a) una descripción de la legislación y los procedimientos nacionales en materia de obligaciones de alimentos;

b) una descripción de las medidas adoptadas para cumplir los requisitos establecidos en el artículo 51;

c) una descripción de la forma en que se garantiza el acceso efectivo a la justicia, según lo dispuesto en el artículo 44;

d) una descripción de las normas y procedimientos de ejecución nacionales, con información sobre toda limitación impuesta en este ámbito, en especial las normas sobre protección del deudor y sobre plazos y prescripción.

Los Estados miembros mantendrán siempre actualizada esa información.

Art. 71. *Información sobre datos y lenguas de contacto.*—1. A más tardar el 18 de septiembre de 2010, los Estados miembros comunicarán a la Comisión:

a) los nombres y datos de contacto de los órganos jurisdiccionales o autoridades competentes para tramitar las solicitudes de otorgamiento de ejecución de conformidad con el artículo 27, apartado 1, y los recursos contra las resoluciones dictadas sobre dichas solicitudes de conformidad con el artículo 32, apartado 2;

b) Los procedimientos de recurso contemplados en el artículo 33;

c) el procedimiento de reexamen a efectos de la aplicación del artículo 19 y los nombres y datos de contacto de los órganos jurisdiccionales competentes;

d) los nombres y datos de contacto de sus autoridades centrales y, si procede, el alcance de sus atribuciones con arreglo al artículo 49, apartado 3;

e) los nombres y datos de contacto de los organismos públicos y otras entidades y, si procede, el alcance de sus atribuciones con arreglo al artículo 51, apartado 3;

f) los nombres y datos de contacto de sus autoridades competentes en materia de ejecución a efectos del artículo 21;

g) las lenguas aceptadas para las traducciones de los documentos contemplados en los artículos 20 y 40;

h) las lenguas aceptadas por sus autoridades centrales para las comunicaciones, contempladas en el artículo 59, con las demás autoridades centrales.

Los Estados miembros comunicarán a la Comisión toda modificación posterior de esta información.

2. La Comisión publicará en el *Diario Oficial de la Unión Europea* la información comunicada de conformidad con el apartado 1, excepto las direcciones y otros datos de contacto de los órganos jurisdiccionales y autoridades contemplados en las letras *a*), *c*) y *f*).

3. La Comisión hará pública toda la información comunicada de conformidad con el apartado 1 por cualquier otro medio adecuado, en particular por medio de la Red Judicial Europea en materia civil y mercantil creada en virtud de la Decisión 2001/470/CE.

Art. 72. *Modificación de los formularios.*—Toda modificación de los formularios previstos por el presente Reglamento se adoptará por el procedimiento consultivo contemplado en el artículo 73, apartado 3.

Art. 73. *Comité.*—1. La Comisión estará asistida por el Comité creado en virtud del artículo 70 del Reglamento (CE) núm. 2201/2003.

2. En los casos en que se haga referencia al presente apartado, serán de aplicación los artículos 4 y 7 de la Decisión 1999/468/CE.

El plazo contemplado en el artículo 4, apartado 3, de la Decisión 1999/468/CE queda fijado en tres meses.

3. En los casos en que se haga referencia al presente apartado, serán de aplicación los artículos 3 y 7 de la Decisión 1999/468/ CE.

Art. 74. *Cláusula de revisión.*—A más tardar cinco años a partir de la fecha de aplicación indicada en el artículo 76, tercer párrafo, la Comisión presentará al Consejo, al Parlamento Europeo y al Comité Económico y Social Europeo un informe sobre la aplicación del presente Reglamento, con inclusión de una evaluación de las experiencias prácticas en materia de cooperación administrativa entre autoridades centrales, en particular por lo que se refiere al acceso de éstas a la información en posesión de las autoridades públicas y las administraciones, y una evaluación del funcionamiento del procedimiento de reconocimiento, de declaración de fuerza ejecutiva y de ejecución aplicable a las resoluciones dictadas en un Estado miembro no vinculado por el Protocolo de La Haya de 2007. En caso necesario el informe irá acompañado de propuestas de adaptación.

Art. 75. *Disposiciones transitorias.*—1. Las disposiciones del presente Reglamento sólo se aplicarán a los procedimientos incoados, a las transacciones judiciales aprobadas o celebradas y a los documentos públicos con fuerza ejecutiva formalizados o registrados como tales con posterioridad a su fecha de aplicación, sin perjuicio de los apartados 2 y 3.

2. Las secciones 2 y 3 del capítulo IV se aplicarán a:

a) las resoluciones dictadas en los Estados miembros antes de la fecha de aplicación del presente Reglamento para las que se soliciten después de dicha fecha el reconocimiento y la declaración que demuestre la fuerza ejecutiva;

b) las resoluciones dictadas tras la fecha de aplicación del presente Reglamento en procedimientos iniciados antes de dicha fecha, en la medida en que dichas resoluciones, a los fines del reconocimiento y la ejecución, entren dentro del ámbito de aplicación del Reglamento (CE) núm. 44/2001.

El Reglamento (CE) núm. 44/2001 seguirá siendo de aplicación a los procedimientos de reconocimiento y ejecución que estén en curso en la fecha de aplicación del presente Reglamento.

Los párrafos primero y segundo se aplicarán *mutatis mutandis* a las transacciones judiciales aprobadas o realizadas y a los documentos públicos de los Estados miembros.

3. El capítulo VIII sobre la cooperación administrativa entre autoridades centrales se aplicará a las peticiones y solicitudes recibidas por la autoridad central a partir de la fecha de aplicación del presente Reglamento.

Art. 76 *Entrada en vigor.*— El presente Reglamento entrará en vigor a los veinte días de su publicación en el *Diario Oficial de la Unión Europea*.

El artículo 2, apartado 2, el artículo 47, apartado 3, y los artículos 71, 72 y 73 se aplicarán a partir del 18 de septiembre de 2010.

El presente Reglamento se aplicará, con excepción de las disposiciones mencionadas en el párrafo segundo, a partir del 18 de junio de 2011, siempre y cuando el Protocolo de La Haya de 2007 sea aplicable en la Comunidad en esa fecha. De no darse esa circunstancia, el presente Reglamento se aplicará a partir de la fecha de aplicación de dicho Protocolo en la Comunidad.

El presente Reglamento será obligatorio en todos sus elementos y directamente aplicable en los Estados miembros de conformidad con el Tratado constitutivo de la Comunidad Europea.

Hecho en Bruselas, el 18 de diciembre de 2008.

ANEXO I

EXTRACTO DE UNA RESOLUCIÓN O TRANSACCIÓN JUDICIAL EN MATERIA DE OBLIGACIÓN DE ALIMENTOS NO SOMETIDO A UN PROCEDIMIENTO DE RECONOCIMIENTO Y DECLARACIÓN DE EXEQUÁTUR

[artículos 20 y 48 del Reglamento (CE) nº 4/2009 del Consejo, de 18 de diciembre de 2008, relativo a la competencia, la ley aplicable, el reconocimiento y la ejecución de las resoluciones y la cooperación en materia de obligaciones de alimentos (1)]

IMPORTANTE

La expedición la realizará el órgano jurisdiccional de origen

La expedición solo tendrá lugar si la resolución o transacción judicial tiene fuerza ejecutiva en el Estado miembro de origen

Solo se mencionarán los datos indicados en la resolución o transacción judicial o de los que tenga conocimiento el órgano jurisdiccional de origen

1. **Naturaleza del acto:**

☐ Resolución ☐ Transacción judicial

Fecha y número de referencia: ....

La resolución/transacción judicial está reconocida y tiene carácter ejecutivo en otro Estado miembro sin que sea posible oponerse a su reconocimiento y sin que sea necesaria una declaración de exequátur [artículos 17 y 48 del Reglamento (CE) nº 4/2009].

2. **Órgano jurisdiccional de origen**

2.1. Nombre: ....

2.2. Dirección:

2.2.1. Calle y número/apartado de correos: ....

2.2.2. Localidad y código postal: ....

2.2.3. Estado miembro:

☐ Bélgica ☐ Bulgaria ☐ República Checa ☐ Alemania ☐ Estonia ☐ Irlanda ☐ Grecia ☐ España ☐ Francia ☐ Italia ☐ Chipre ☐ Letonia ☐ Lituania ☐ Luxemburgo ☐ Hungría ☐ Malta ☐ Países Bajos ☐ Austria ☐ Polonia ☐ Portugal ☐ Rumanía ☐ Eslovenia ☐ Eslovaquia ☐ Finlandia ☐ Suecia

2.3. Tel./fax/correo electrónico: ....

3. **Solicitante(s) (*) (**)**

3.1. *Persona A*

3.1.1. Apellido(s) y nombre(s): ....

3.1.2. Fecha (dd/mm/aaaa) y lugar de nacimiento: ....

---

(1) *DO* L 7, de 10-1-2009, p. 1.

(*) Cuando no se haya establecido la cualidad de solicitante o de demandado de las partes en la resolución/transacción judicial, se les identificará indiferentemente como solicitante o demandado.

(**) Si la resolución o la transacción judicial se refiere a más de tres solicitantes o a más de tres demandados, adjuntar una hoja adicional.

3.1.3. Número de identidad o de seguridad social: ....

3.1.4. Dirección:

3.1.4.1. Calle y número/apartado de correos: ....

3.1.4.2. Localidad y código postal: ....

3.1.4.3. País: ....

3.1.5. Se ha beneficiado de:

3.1.5.1. asistencia judicial:

☐ Sí ☐ No

3.1.5.2. una exención de costas y gastos:

☐ Sí ☐ No

3.1.5.3. un procedimiento gratuito ante una autoridad administrativa contemplada en el anexo X del Reglamento (CE) nº 4/2009:

☐ Sí ☐ No

3.2. *Persona B*

3.2.1. Apellido(s) y nombre(s): ....

3.2.2. Fecha (dd/mm/aaaa) y lugar de nacimiento: ....

3.2.3. Número de identidad o de seguridad social: ....

3.2.4. Dirección:

3.2.4.1. Calle y número/apartado de correos: ....

3.2.4.2. Localidad y código postal: ....

3.2.4.3. País: ....

3.2.5. Se ha beneficiado de:

3.2.5.1. asistencia jurídica gratuita:

☐ Sí ☐ No

3.2.5.2. una exención de costas y gastos:

☐ Sí ☐ No

3.2.5.3. un procedimiento gratuito ante una autoridad administrativa contemplada en el anexo X del Reglamento (CE) nº 4/2009:

☐ Sí ☐ No

3.3. *Persona C*

3.3.1. Apellido(s) y nombre(s): ....

3.3.2. Fecha (dd/mm/aaaa) y lugar de nacimiento: ....

3.3.3. Número de identidad o de seguridad social: ....

3.3.4. Dirección:

3.3.4.1. Calle y número/apartado de correos: ....

3.3.4.2. Localidad y código postal: ....

3.3.4.3. País: ....

3.3.5. Se ha beneficiado de:

3.3.5.1. asistencia jurídica gratuita:

☐ Sí ☐ No

3.3.5.2. una exención de costas y gastos:

☐ Sí ☐ No

3.3.5.3. un procedimiento gratuito ante una autoridad administrativa contemplada en el anexo X del Reglamento (CE) nº 4/2009:

☐ Sí ☐ No

4. **Demandado(s)** (*) (**)

4.1. *Persona A*

4.1.1. Apellido(s) y nombre(s): ....

4.1.2. Fecha (dd/mm/aaaa) y lugar de nacimiento: ....

4.1.3. Número de identidad o de seguridad social: ....

4.1.4. Dirección:

4.1.4.1. Calle y número/apartado de correos: ....

4.1.4.2. Localidad y código postal: ....

4.1.4.3. País: ....

(*) Cuando no se haya establecido la cualidad de solicitante o de demandado de las partes en la resolución/transacción judicial, se les identificará indiferentemente como solicitante o demandado.

(**) Si la resolución o la transacción judicial se refiere a más de tres solicitantes o a más de tres demandados, adjuntar una hoja adicional.

4.1.5. Se ha beneficiado de:

4.1.5.1. asistencia jurídica gratuita:

☐ Sí ☐ No

4.1.5.2. una exención de costas y gastos:

☐ Sí ☐ No

4.1.5.3. un procedimiento gratuito ante una autoridad administrativa contemplada en el anexo X del Reglamento (CE) nº 4/2009:

☐ Sí ☐ No

4.2. *Persona B*

4.2.1. Apellido(s) y nombre(s): ....

4.2.2. Fecha (dd/mm/aaaa) y lugar de nacimiento: ....

4.2.3. Número de identidad o de seguridad social: ....

4.2.4. Dirección:

4.2.4.1. Calle y número/apartado de correos: ....

4.2.4.2. Localidad y código postal: ....

4.2.4.3. País: ....

4.2.5. Se ha beneficiado de:

4.2.5.1. asistencia jurídica gratuita:

☐ Sí ☐ No

4.2.5.2. una exención de costas y gastos:

☐ Sí ☐ No

4.2.5.3. un procedimiento gratuito ante una autoridad administrativa contemplada en el anexo X del Reglamento (CE) nº 4/2009:

☐ Sí ☐ No

4.3. *Persona C*

4.3.1. Apellido(s) y nombre(s): ....

4.3.2. Fecha (dd/mm/aaaa) y lugar de nacimiento: ....

4.3.3. Número de identidad o de seguridad social: ....

4.3.4. Dirección:

4.3.4.1. Calle y número/apartado de correos: ....

4.3.4.2. Localidad y código postal: ....

4.3.4.3. País: ....

4.3.5. Se ha beneficiado de:

4.3.5.1. asistencia jurídica gratuita:

☐ Sí ☐ No

4.3.5.2. una exención de costas y gastos:

☐ Sí ☐ No

4.3.5.3. un procedimiento gratuito ante una autoridad administrativa contemplada en el anexo X del Reglamento (CE) nº 4/2009:

☐ Sí ☐ No

5. **Parte dispositiva de la resolución/transacción judicial**

5.1. *Moneda*

☐ Euro (EUR) ☐ Lev búlgaro (BGU) ☐ Corona checa (CZK) ☐ Corona estonia (EEK)
☐ Forint húngaro (HUF) ☐ Litas lituano (LTU) ☐ Lats letón (LVL) ☐ Zloty polaco (PLN)
☐ Leu rumano (RON) ☐ Corona sueca (SEK) ☐ Otra (precisar el código ISO): ....

5.2. *Prestación de alimentos* (*)

5.2.1. ***Prestación de alimentos A***

5.2.1.1. La prestación de alimentos deberá ser abonada

por .... (nombre y apellido(s))

a .... (nombre y apellido(s) de la persona a la que se pagará efectivamente la suma)

Persona a la que se adeudan los alimentos:

.... (nombre y apellido(s))

5.2.1.2. ☐ Suma íntegramente pagada en una única vez

En su caso, período abarcado:

....

(de fecha (dd/mm/aaaa) a fecha (dd/mm/aaaa) o acontecimiento)

Fecha de vencimiento .... (dd/mm/aaaa)

Importe: ....

(*) Si la resolución o la transacción judicial se refiere a más de tres prestaciones de alimentos, adjuntar una hoja adicional.

5.2.1.3. ☐ Suma pagada en varias veces

Fecha de vencimiento (dd/mm/aaaa)	Importe

5.2.1.4. ☐ Suma pagada periódicamente

☐ Una vez a la semana

☐ Una vez al mes

☐ Otro (precisar la periodicidad): ....

Importe: ....

Desde el: .... (dd/mm/aaaa)

Día/Fecha de vencimiento: ....

☐ En su caso, hasta (dd/mm/aaaa) o acontecimiento): ....

Si el importe indicado de la prestación de alimentos es objeto de una indización, indicar el tipo de indización:

....

Indización aplicable a partir del .... (dd/mm/aaaa)

5.2.1.5. ☐ Suma adeudada con carácter retroactivo:

Período abarcado: .... del (dd/mm/aaaa) al (dd/mm/aaaa)

Importe: ....

Modalidades de pago: ....

....

....

5.2.1.6. ☐ Intereses (en caso de que se indiquen en la resolución/transacción judicial)

Si el importe indicado de la prestación de alimentos está sometido a intereses, indicar su tipo: ....

Intereses pagaderos a partir del .... (dd/mm/aaaa)

5.2.1.7. ☐ Pago en especie (precisar) ....

....

....

....

5.2.1.8. ☐ Otro tipo de pago (precisar): ....

....

....

....

5.2.2. ***Prestación de alimentos B***

5.2.2.1. La prestación de alimentos deberá ser abonada

por .... (nombre y apellido(s))

a .... (nombre y apellido(s) de la persona a la que se pagará efectivamente la suma)

Persona a la que se adeudan los alimentos:

.... (nombre y apellido(s))

5.2.2.2. ☐ Suma íntegramente pagada en una única vez

En su caso, período abarcado:

....

(de fecha (dd/mm/aaaa) a fecha (dd/mm/aaaa) o acontecimiento)

Fecha de vencimiento .... (dd/mm/aaaa)

Importe: ....

5.2.2.3. ☐ Suma pagada en varias veces

Fecha de vencimiento (dd/mm/aaaa)	Importe

5.2.2.4. ☐ Suma pagada periódicamente

☐ Una vez a la semana

☐ Una vez al mes

☐ Otro (precisar la periodicidad): ....

Importe: ....

Desde el: .... (dd/mm/aaaa)

Día/Fecha de vencimiento: ....

☐ En su caso, hasta (dd/mm/aaaa) o acontecimiento): ....

Si el importe indicado de la prestación de alimentos es objeto de una indización, indicar el tipo de indización: ....

Indización aplicable a partir del .... (dd/mm/aaaa)

5.2.2.5. ☐ Suma adeudada con carácter retroactivo:

Período abarcado: .... del (dd/mm/aaaa) al (dd/mm/aaaa)

Importe: ....

Modalidades de pago: ....

....

....

5.2.2.6. ☐ Intereses (en caso de que se indiquen en la resolución/transacción judicial)

Si el importe indicado de la prestación de alimentos está sometido a intereses, indicar su tipo: ....

Intereses pagaderos a partir del .... (dd/mm/aaaa)

5.2.2.7. ☐ Pago en especie (precisar) ....

....

....

....

5.2.2.8. ☐ Otro tipo de pago (precisar): ....

....

....

....

5.2.3. ***Prestación de alimentos C***

5.2.3.1. La prestación de alimentos deberá ser abonada

por .... (nombre y apellido(s))

a .... (nombre y apellido(s) de la persona a la que se pagará efectivamente la suma)

Persona a la que se adeudan los alimentos:

.... (nombre y apellido(s))

5.2.3.2. ☐ Suma íntegramente pagada en una única vez

En su caso, período abarcado:

....

(de fecha (dd/mm/aaaa) a fecha (dd/mm/aaaa) o acontecimiento)

Fecha de vencimiento .... (dd/mm/aaaa)

Importe: ....

5.2.3.3. ☐ Suma pagada en varias veces

Fecha de vencimiento (dd/mm/aaaa)	Importe

5.2.3.4. ☐ Suma pagada periódicamente

☐ Una vez a la semana

☐ Una vez al mes

☐ Otro (precisar la periodicidad): ....

Importe: ....

Desde el: .... (dd/mm/aaaa)

Día/Fecha de vencimiento: ....

☐ En su caso, hasta (fecha (dd/mm/aaaa) o acontecimiento):

....

Si el importe indicado de la prestación de alimentos es objeto de una indización, indicar el tipo de indización: .....

Indización aplicable a partir del .... (dd/mm/aaaa)

5.2.3.5. ☐ Suma adeudada con carácter retroactivo:

Período abarcado: .... del (dd/mm/aaaa) al (dd/mm/aaaa)

Importe: ....

Modalidades de pago: ....

....

....

5.2.3.6. ☐ Intereses (en caso de que se indiquen en la resolución/transacción judicial)

Si el importe indicado de la prestación de alimentos está sometido a intereses, indicar su tipo: ....

Intereses pagaderos a partir del: .... (dd/mm/aaaa)

5.2.3.7. ☐ Pago en especie (precisar) ....

....

....

....

5.2.3.8. ☐ Otro tipo de pago (precisar): ....

....

....

....

5.3. *Gastos y costas*

La resolución/transacción judicial establece que

.... (nombre y apellido(s))

deberá abonar el importe de ....

a .... (nombre y apellido(s))

En caso de adjuntarse hojas adicionales, número de páginas: ....
Hecho en: .... **el** .... **(dd/mm/aaaa)**
Firma y/o sello del órgano jurisdiccional de origen:
....

ANEXO II

EXTRACTO DE UNA RESOLUCIÓN O TRANSACCIÓN JUDICIAL EN MATERIA DE OBLIGACIÓN DE ALIMENTOS SOMETIDO A UN PROCEDIMIENTO DE RECONOCIMIENTO Y DECLARACIÓN DE EXEQUÁTUR

[artículos 28 y 75, apartado 2, del Reglamento (CE) nº 4/2009 del Consejo, de 18 de diciembre de 2008, relativo a la competencia, la ley aplicable, el reconocimiento y la ejecución de las resoluciones y la cooperación en materia de obligaciones de alimentos (1)]

IMPORTANTE

La expedición la realizará el órgano jurisdiccional de origen

La expedición solo tendrá lugar si la resolución o transacción judicial tiene fuerza ejecutiva en el Estado miembro de origen

Solo se mencionarán los datos indicados en la resolución o transacción judicial o de los que tenga conocimiento el órgano jurisdiccional de origen

1. **Naturaleza del acto:**

☐ Resolución ☐ Transacción judicial

Fecha y número de referencia: ....

2. **Órgano jurisdiccional de origen**

2.1. Nombre: ....

2.2. Dirección:

2.2.1. Calle y número/apartado de correos: ....

2.2.2. Localidad y código postal: ....

2.2.3. Estado miembro:

☐ Bélgica ☐ Bulgaria ☐ República Checa ☐ Alemania ☐ Estonia ☐ Irlanda ☐ Grecia ☐ España ☐ Francia ☐ Italia ☐ Chipre ☐ Letonia ☐ Lituania ☐ Luxemburgo ☐ Hungría ☐ Malta ☐ Países Bajos ☐ Austria ☐ Polonia ☐ Portugal ☐ Rumanía ☐ Eslovenia ☐ Eslovaquia ☐ Finlandia ☐ Suecia

2.3. Tel./fax/correo electrónico: ....

3. **Solicitante(s)** (*) (**)

3.1. *Persona A*

3.1.1. Apellido(s) y nombre(s): ....

3.1.2. Fecha (dd/mm/aaaa) y lugar de nacimiento: ....

---

(1) *DO* L 7, de 10-1-2009, p. 1.

(*) Cuando no se haya establecido la cualidad de solicitante o de demandado de las partes en la resolución/transacción judicial, se les identificará indiferentemente como solicitante o demandado.

(**) Si la resolución o la transacción judicial se refiere a más de tres solicitantes o a más de tres demandados, adjuntar una hoja adicional.

3.1.3. Número de identidad o de seguridad social: ....

3.1.4. Dirección:

3.1.4.1. Calle y número/apartado de correos: ....

3.1.4.2. Localidad y código postal: ....

3.1.4.3. País: ....

3.1.5. Se ha beneficiado de:

3.1.5.1. asistencia judicial:

☐ Sí ☐ No

3.1.5.2. una exención de costas y gastos:

☐ Sí ☐ No

3.1.5.3. un procedimiento gratuito ante una autoridad administrativa contemplada en el anexo X del Reglamento (CE) nº 4/2009:

☐ Sí ☐ No

3.2. *Persona B*

3.2.1. Apellido(s) y nombre(s): ....

3.2.2. Fecha (dd/mm/aaaa) y lugar de nacimiento: ....

3.2.3. Número de identidad o de seguridad social: ....

3.2.4. Dirección:

3.2.4.1. Calle y número/apartado de correos: ....

3.2.4.2. Localidad y código postal: ....

3.2.4.3. País: ....

3.2.5. Se ha beneficiado de:

3.2.5.1. asistencia jurídica gratuita:

☐ Sí ☐ No

3.2.5.2. una exención de costas y gastos:

☐ Sí ☐ No

3.2.5.3. un procedimiento gratuito ante una autoridad administrativa contemplada en el anexo X del Reglamento (CE) nº 4/2009:

☐ Sí ☐ No

3.3. *Persona C*

3.3.1. Apellido(s) y nombre(s): ....

3.3.2. Fecha (dd/mm/aaaa) y lugar de nacimiento: ....

3.3.3. Número de identidad o de seguridad social: ....

3.3.4. Dirección:

3.3.4.1. Calle y número/apartado de correos: ....

3.3.4.2. Localidad y código postal: ....

3.3.4.3. País: ....

3.3.5. Se ha beneficiado de:

3.3.5.1. asistencia jurídica gratuita:

☐ Sí ☐ No

3.3.5.2. una exención de costas y gastos:

☐ Sí ☐ No

3.3.5.3. un procedimiento gratuito ante una autoridad administrativa contemplada en el anexo X del Reglamento (CE) nº 4/2009:

☐ Sí ☐ No

4. **Demandado(s)** (*) (**)

4.1. *Persona A*

4.1.1. Apellido(s) y nombre(s): ....

4.1.2. Fecha (dd/mm/aaaa) y lugar de nacimiento: ....

4.1.3. Número de identidad o de seguridad social: ....

4.1.4. Dirección:

4.1.4.1. Calle y número/apartado de correos: ....

4.1.4.2. Localidad y código postal: ....

4.1.4.3. País: ....

(*) Cuando no se haya establecido la cualidad de solicitante o de demandado de las partes en la resolución/transacción judicial, se les identificará indiferentemente como solicitante o demandado.

(**) Si la resolución o la transacción judicial se refiere a más de tres solicitantes o a más de tres demandados, adjuntar una hoja adicional.

4.1.5. Se ha beneficiado de:

4.1.5.1. asistencia jurídica gratuita:

☐ Sí ☐ No

4.1.5.2. una exención de costas y gastos:

☐ Sí ☐ No

4.1.5.3. un procedimiento gratuito ante una autoridad administrativa contemplada en el anexo X del Reglamento (CE) nº 4/2009:

☐ Sí ☐ No

4.2. *Persona B*

4.2.1. Apellido(s) y nombre(s): ....

4.2.2. Fecha (dd/mm/aaaa) y lugar de nacimiento: ....

4.2.3. Número de identidad o de seguridad social: ....

4.2.4. Dirección:

4.2.4.1. Calle y número/apartado de correos: ....

4.2.4.2. Localidad y código postal: ....

4.2.4.3. País: ....

4.2.5. Se ha beneficiado de:

4.2.5.1. asistencia jurídica gratuita:

☐ Sí ☐ No

4.2.5.2. una exención de costas y gastos:

☐ Sí ☐ No

4.2.5.3. un procedimiento gratuito ante una autoridad administrativa contemplada en el anexo X del Reglamento (CE) nº 4/2009:

☐ Sí ☐ No

4.3. *Persona C*

4.3.1. Apellido(s) y nombre(s): ....

4.3.2. Fecha (dd/mm/aaaa) y lugar de nacimiento: ....

4.3.3. Número de identidad o de seguridad social: ....

4.3.4. Dirección:

4.3.4.1. Calle y número/apartado de correos: ....

4.3.4.2. Localidad y código postal: ....

4.3.4.3. País: ....

4.3.5. Se ha beneficiado de:

4.3.5.1. asistencia jurídica gratuita:

☐ Sí ☐ No

4.3.5.2. una exención de costas y gastos:

☐ Sí ☐ No

4.3.5.3. un procedimiento gratuito ante una autoridad administrativa contemplada en el anexo X del Reglamento (CE) nº 4/2009:

☐ Sí ☐ No

5. **Parte dispositiva de la resolución/transacción judicial**

5.1. *Moneda*

☐ Euro (EUR) ☐ Lev búlgaro (BGU) ☐ Corona checa (CZK) ☐ Corona estonia (EEK)
☐ Forint húngaro (HUF) ☐ Litas lituano (LTU) ☐ Lats letón (LVL) ☐ Zloty polaco (PLN)
☐ Leu rumano (RON) ☐ Corona sueca (SEK) ☐ Otra (precisar el código ISO): ....

5.2. *Prestación de alimentos* (*)

5.2.1. ***Prestación de alimentos A***

5.2.1.1. La prestación de alimentos deberá ser abonada

por .... (nombre y apellido(s))

a .... (nombre y apellido(s) de la persona a la que se pagará efectivamente la suma)

Persona a la que se adeudan los alimentos:

.... (nombre y apellido(s))

5.2.1.2. ☐ Suma íntegramente pagada en una única vez

En su caso, período abarcado:

....

(de fecha (dd/mm/aaaa) a fecha (dd/mm/aaaa) o acontecimiento)

Fecha de vencimiento .... (dd/mm/aaaa)

Importe: ....

(*) Si la resolución o la transacción judicial se refiere a más de tres solicitantes o a más de tres demandados, adjuntar una hoja adicional.

5.2.1.3. ☐ Suma pagada en varias veces

Fecha de vencimiento (dd/mm/aaaa)	Importe

5.2.1.4. ☐ Suma pagada periódicamente

☐ Una vez a la semana

☐ Una vez al mes

☐ Otro (precisar la periodicidad): ....

Importe: ....

Desde el: .... (dd/mm/aaaa)

Día/Fecha de vencimiento: ....

☐ En su caso, hasta ....(dd/mm/aaaa) o acontecimiento):

....

Si el importe indicado de la prestación de alimentos es objeto de una indización, indicar el tipo de indización:

....

Indización aplicable a partir del .... (dd/mm/aaaa)

5.2.1.5. ☐ Suma adeudada con carácter retroactivo:

Período abarcado: .... del (dd/mm/aaaa) al (dd/mm/aaaa)

Importe: ....

Modalidades de pago: ....

....

....

5.2.1.6. ☐ Intereses (en caso de que se indiquen en la resolución/transacción judicial)

Si el importe indicado de la prestación de alimentos está sometido a intereses, indicar su tipo: ....

Intereses pagaderos a partir del .... (dd/mm/aaaa)

5.2.1.7. ☐ Pago en especie (precisar) ....

....

....

....

5.2.1.8. ☐ Otro tipo de pago (precisar): ....

....

....

....

5.2.2. ***Prestación de alimentos B***

5.2.2.1. La prestación de alimentos deberá ser abonada

por .... (nombre y apellido(s))

a .... (nombre y apellido(s) de la persona a la que se pagará efectivamente la suma)

Persona a la que se adeudan los alimentos:

.... (nombre y apellido(s))

5.2.2.2. ☐ Suma íntegramente pagada en una única vez

En su caso, período abarcado:

....

(de fecha (dd/mm/aaaa) a fecha (dd/mm/aaaa) o acontecimiento)

Fecha de vencimiento .... (dd/mm/aaaa)

Importe: ....

5.2.2.3. ☐ Suma pagada en varias veces

Fecha de vencimiento (dd/mm/aaaa)	Importe

5.2.2.4. ☐ Suma pagada periódicamente

☐ Una vez a la semana

☐ Una vez al mes

☐ Otro (precisar la periodicidad): ....

Importe: ....

Desde el: .... (dd/mm/aaaa)

Día/Fecha de vencimiento: ....

☐ En su caso, hasta (dd/mm/aaaa) o acontecimiento):

....

Si el importe indicado de la prestación de alimentos es objeto de una indización, indicar el tipo de indización: ..

Indización aplicable a partir del .... (dd/mm/aaaa)

5.2.2.5. ☐ Suma adeudada con carácter retroactivo:

Período abarcado: .... del (dd/mm/aaaa) al (dd/mm/aaaa)

Importe: ....

Modalidades de pago: ....

....

....

5.2.2.6. ☐ Intereses (en caso de que se indiquen en la resolución/transacción judicial)

Si el importe indicado de la prestación de alimentos está sometido a intereses, indicar su tipo: ....

Intereses pagaderos a partir del .... (dd/mm/aaaa)

5.2.2.7. ☐ Pago en especie (precisar): ....

....

....

....

5.2.2.8. ☐ Otro tipo de pago (precisar): ....

....

....

....

5.2.3. ***Prestación de alimentos C***

5.2.3.1. La prestación de alimentos deberá ser abonada

por .... (nombre y apellido(s))

a .... (nombre y apellido(s) de la persona a la que se pagará efectivamente la suma)

Persona a la que se adeudan los alimentos:

.... (nombre y apellido(s))

5.2.3.2. ☐ Suma íntegramente pagada en una única vez

En su caso, período abarcado:

....

(de fecha (dd/mm/aaaa) a fecha (dd/mm/aaaa) o acontecimiento)

Fecha de vencimiento .... (dd/mm/aaaa)

Importe: ....

5.2.3.3. ☐ Suma pagada en varias veces

Fecha de vencimiento (dd/mm/aaaa)	Importe

5.2.3.4. ☐ Suma pagada periódicamente

☐ Una vez a la semana

☐ Una vez al mes

☐ Otro (precisar la periodicidad): ....

Importe: ....

Desde el: .... (dd/mm/aaaa)

Día/Fecha de vencimiento: ....

☐ En su caso, hasta (fecha (dd/mm/aaaa) o acontecimiento):

....

Si el importe indicado de la prestación de alimentos es objeto de una indización, indicar el tipo de indización: ..

Indización aplicable a partir del .... (dd/mm/aaaa)

5.2.3.5. ☐ Suma adeudada con carácter retroactivo:

Período abarcado: .... del (dd/mm/aaaa) al (dd/mm/aaaa)

Importe: ....

Modalidades de pago: ....

....

....

5.2.3.6. ☐ Intereses (en caso de que se indiquen en la resolución/transacción judicial)

Si el importe indicado de la prestación de alimentos está sometido a intereses, indicar su tipo: ....

Intereses pagaderos a partir del: .... (dd/mm/aaaa)

5.2.3.7. ☐ Pago en especie (precisar) ....

....

....

....

5.2.3.8. ☐ Otro tipo de pago (precisar): ....

....

....

....

5.3. *Gastos y costas*

La resolución/transacción judicial establece que

.... (nombre y apellido(s))

deberá abonar el importe de ....

a .... (nombre y apellido(s)).

En caso de adjuntarse hojas adicionales, número de páginas: ....
Hecho en: .... **el** .... **(dd/mm/aaaa)**
Firma y/o sello del órgano jurisdiccional de origen:
....

ANEXO III

EXTRACTO DE UN DOCUMENTO PÚBLICO CON FUERZA EJECUTIVA EN MATERIA DE OBLIGACIÓN DE ALIMENTOS NO SOMETIDO A UN PROCEDIMIENTO DE RECONOCIMIENTO Y DECLARACIÓN DE EXEQUÁTUR

[artículo 48 del Reglamento (CE) nº 4/2009 del Consejo, de 18 de diciembre de 2008, relativo a la competencia, la ley aplicable, el reconocimiento y la ejecución de las resoluciones y la cooperación en materia de obligaciones de alimentos (1)]

IMPORTANTE

La expedición la realizará la autoridad competente del Estado miembro de origen

La expedición solo tendrá lugar si el documento público tiene fuerza ejecutiva en el Estado miembro de origen

Solo se mencionarán los datos indicados en el documento público o de los que tenga conocimiento la autoridad competente

1. **Fecha y número de referencia del documento público:** ....

El documento público está reconocido y tiene fuerza ejecutiva en otro Estado miembro sin que sea posible oponerse a su reconocimiento y sin que sea necesaria una declaración de fuerza ejecutiva. (artículo 48 del Reglamento (CE) nº 4/2009).

2. **Tipo de documento público**

2.1. ☐ Acto establecido o registrado el: .... (dd/mm/aaaa)

☐ Convenio celebrado o autentificado el: .... (dd/mm/aaaa)

2.2. Autoridad competente:

2.2.1. Nombre: ....

2.2.2. Dirección:

2.2.2.1. Calle y número/apartado de correos: ....

2.2.2.2. Localidad y código postal: ....

2.2.2.3. Estado miembro:

☐ Bélgica ☐ Bulgaria ☐ República Checa ☐ Alemania ☐ Estonia ☐ Irlanda ☐ Grecia ☐ España ☐ Francia ☐ Italia ☐ Chipre ☐ Letonia ☐ Lituania ☐ Luxemburgo ☐ Hungría ☐ Malta ☐ Países Bajos ☐ Austria ☐ Polonia ☐ Portugal ☐ Rumanía ☐ Eslovenia ☐ Eslovaquia ☐ Finlandia ☐ Suecia

2.2.3. Tel./fax/correo electrónico: ....

3. **Acreedor(es)** (*)

3.1. *Persona A*

3.1.1. Apellido(s) y nombre(s): ....

3.1.2. Fecha (dd/mm/aaaa) y lugar de nacimiento: ....

---

(1) *DO* L 7, de 10-1-2009, p. 1.

(*) Si el documento público se refiere a más de tres acreedores o a más de tres deudores, adjuntar una hoja adicional.

3.1.3. Número de identidad o de seguridad social: ....

3.1.4. Dirección:

3.1.4.1. Calle y número/apartado de correos: ....

3.1.4.2. Localidad y código postal ....

3.1.4.3. País: ....

3.2. *Persona B*

3.2.1. Apellido(s) y nombre(s): ....

3.2.2. Fecha (dd/mm/aaaa) y lugar de nacimiento: ....

3.2.3. Número de identidad o de seguridad social: ....

3.2.4. Dirección:

3.2.4.1. Calle y número/apartado de correos: ....

3.2.4.2. Localidad y código postal ....

3.2.4.3. País: ....

3.3. *Persona C*

3.3.1. Apellido(s) y nombre(s): ....

3.3.2. Fecha (dd/mm/aaaa) y lugar de nacimiento: ....

3.3.3. Número de identidad o de seguridad social: ....

3.3.4. Dirección:

3.3.4.1. Calle y número/apartado de correos: ....

3.3.4.2. Localidad y código postal ....

3.3.4.3. País: ....

4. **Deudor(es)** (*)

4.1. *Persona A*

4.1.1. Apellido(s) y nombre(s): ....

4.1.2. Fecha (dd/mm/aaaa) y lugar de nacimiento ....

4.1.3. Número de identidad o de seguridad social: ....

4.1.4. Dirección

4.1.4.1. Calle y número/apartado de correos: ....

4.1.4.2. Localidad y código postal ....

4.1.4.3. País: ....

(*) Si el documento público se refiere a más de tres acreedores o a más de tres deudores, adjuntar una hoja adicional.

4.2. *Persona B*

4.2.1. Apellido(s) y nombre(s): ....

4.2.2. Fecha (dd/mm/aaaa) y lugar de nacimiento: ....

4.2.3. Número de identidad o de seguridad social: ....

4.2.4. Dirección:

4.2.4.1. Calle y número/apartado de correos: ....

4.2.4.2. Localidad y código postal ....

4.2.4.3. País: ....

4.3. *Persona C*

4.3.1. Apellido(s) y nombre(s): ....

4.3.2. Fecha (dd/mm/aaaa) y lugar de nacimiento: ....

4.3.3. Número de identidad o de seguridad social: ....

4.3.4. Dirección:

4.3.4.1. Calle y número/apartado de correos: ....

4.3.4.2. Localidad y código postal ....

4.3.4.3. País: ....

5. **Contenido del documento público**

5.1. *Moneda:*

☐ Euro (EUR) ☐ Lev búlgaro (BGL) ☐ Corona checa (CZK) ☐ Corona estonia (EEK)
☐ Forint húngaro (HUF) ☐ Litas lituano (LTL) ☐ Lats letón (LVL) ☐ Zloty polaco (PLN)
☐ Leu rumano (RON) ☐ Corona sueca (SEK) ☐ Otra (precisar el código ISO): ....

5.2. *Prestación de alimentos* (*)

5.2.1. ***Prestación de alimentos A***

5.2.1.1. La prestación de alimentos deberá ser abonada

por .... (nombre y apellido(s))

a .... (nombre y apellido(s) de la persona a la que se pagará efectivamente la suma)

Persona a la que se adeudan los alimentos:

.... (nombre y apellido(s))

5.2.1.2. ☐ Suma íntegramente pagada en una única vez

En su caso, período abarcado:

....

(de fecha (dd/mm/aaaa) a fecha (dd/mm/aaaa) o acontecimiento)

Fecha de vencimiento .... (dd/mm/aaaa)

Importe: ....

(*) Si la resolución o la transacción judicial se refiere a más de tres prestaciones de alimentos, adjuntar una hoja adicional.

5.2.1.3. ☐ Suma pagada en varias veces

Fecha de vencimiento (dd/mm/aaaa)	Importe

5.2.1.4. ☐ Suma pagada periódicamente

☐ Una vez a la semana

☐ Una vez al mes

☐ Otro (precisar la periodicidad): ....

Importe: ....

Desde el: .... (dd/mm/aaaa)

Día/Fecha de vencimiento: ....

☐ En su caso, hasta (fecha (dd/mm/aaaa) o acontecimiento): ....

....

Si el importe indicado de la prestación de alimentos es objeto de una indización, indicar el tipo de indización:

....

Indización aplicable a partir del .... (dd/mm/aaaa)

5.2.1.5. ☐ Suma adeudada con carácter retroactivo:

Período abarcado: .... del (dd/mm/aaaa) al (dd/mm/aaaa)

Importe: ....

Modalidades de pago: ....

....

....

5.2.1.6. ☐ Intereses (en caso de que se indiquen en el documento público)

Si el importe indicado de la prestación de alimentos está sometido a intereses, indicar su tipo: ....

Intereses pagaderos a partir del .... (dd/mm/aaaa)

5.2.1.7. ☐ Pago en especie (precisar) ....

....

....

....

5.2.1.8. ☐ Otro tipo de pago (precisar): ....

....

....

....

5.2.2. ***Prestación de alimentos B***

5.2.2.1. La prestación de alimentos deberá ser abonada

por .... (nombre y apellido(s))

a .... (nombre y apellido(s) de la persona a la que se pagará efectivamente la suma)

Persona a la que se adeudan los alimentos:

.... (nombre y apellido(s))

5.2.2.2. ☐ Suma íntegramente pagada en una única vez

En su caso, período abarcado:

....

(de fecha (dd/mm/aaaa) a fecha (dd/mm/aaaa) o acontecimiento)

Fecha de vencimiento .... (dd/mm/aaaa)

Importe: ....

5.2.2.3. ☐ Suma pagada en varias veces

Fecha de vencimiento (dd/mm/aaaa)	Importe

5.2.2.4. ☐ Suma pagada periódicamente

☐ Una vez a la semana

☐ Una vez al mes

☐ Otro (precisar la periodicidad): ....

Importe: ....

Desde el: .... (dd/mm/aaaa)

Día/Fecha de vencimiento: ....

☐ En su caso, hasta (fecha (dd/mm/aaaa) o acontecimiento):

....

Si el importe indicado de la prestación de alimentos es objeto de una indización, indicar el tipo de indización:

....

Indización aplicable a partir del .... (dd/mm/aaaa)

5.2.2.5. ☐ Suma adeudada con carácter retroactivo:

Período abarcado: .... del (dd/mm/aaaa) al (dd/mm/aaaa)

Importe: ....

Modalidades de pago: ....

....

....

5.2.2.6. ☐ Intereses (en caso de que se indiquen en el documento público)

Si el importe indicado de la prestación de alimentos está sometido a intereses, indicar su tipo: ....

Intereses pagaderos a partir del .... (dd/mm/aaaa)

5.2.2.7. ☐ Pago en especie (precisar) ....

....

....

....

5.2.2.8. ☐ Otro tipo de pago (precisar): ....

....

....

....

5.2.3. ***Prestación de alimentos C***

5.2.3.1. La prestación de alimentos deberá ser abonada

por .... (nombre y apellido(s))

a .... (nombre y apellido(s) de la persona a la que se pagará efectivamente la suma)

Persona a la que se adeudan los alimentos:

.... (nombre y apellido(s))

5.2.3.2. ☐ Suma íntegramente pagada en una única vez

En su caso, período abarcado:

....

(de fecha (dd/mm/aaaa) a fecha (dd/mm/aaaa) o acontecimiento)

Fecha de vencimiento .... (dd/mm/aaaa)

Importe: ....

5.2.3.3. ☐ Suma pagada en varias veces

Fecha de vencimiento (dd/mm/aaaa)	Importe

5.2.3.4. ☐ Suma pagada periódicamente

☐ Una vez a la semana

☐ Una vez al mes

☐ Otro (precisar la periodicidad): ....

Importe: ....

Desde el: .... (dd/mm/aaaa)

Día/Fecha de vencimiento: ....

☐ En su caso, hasta (fecha (dd/mm/aaaa) o acontecimiento):

....

Si el importe indicado de la prestación de alimentos es objeto de una indización, indicar el tipo de indización:

Indización aplicable a partir del .... (dd/mm/aaaa)

5.2.3.5. ☐ Suma adeudada con carácter retroactivo:

Período abarcado: .... del (dd/mm/aaaa) al (dd/mm/aaaa)

Importe: ....

Modalidades de pago: ....

....

....

5.2.3.6. ☐ Intereses (en caso de que se indiquen en el documento público)

Si el importe indicado de la prestación de alimentos está sometido a intereses, indicar su tipo: ....

Intereses pagaderos a partir del: .... (dd/mm/aaaa)

5.2.3.7. ☐ Pago en especie (precisar) ....

....

....

....

5.2.3.8. ☐ Otro tipo de pago (precisar): ....

....

....

....

5.3. *Costas*

El documento público establece que

.... (nombre y apellido(s))

deberá abonar el importe de ....

a .... (nombre y apellido(s)).

En caso de adjuntarse hojas adicionales, número de páginas: ....
Hecho en: .... **el** .... **(dd/mm/aaaa)**
Firma y/o sello de la autoridad competente:
....

ANEXO IV

EXTRACTO DE UN DOCUMENTO PÚBLICO CON FUERZA EJECUTIVA EN MATERIA DE OBLIGACIÓN DE ALIMENTOS SOMETIDO A UN PROCEDIMIENTO DE RECONOCIMIENTO Y DECLARACIÓN DE EXEQUÁTUR

[artículos 48 y 75, apartado 2 del Reglamento (CE) nº 4/2009 del Consejo, de 18 de diciembre de 2008, relativo a la competencia, la ley aplicable, el reconocimiento y la ejecución de las resoluciones y la cooperación en materia de obligaciones de alimentos (1)]

IMPORTANTE

La expedición la realizará la autoridad competente del Estado miembro de origen

La expedición solo tendrá lugar si el documento público tiene fuerza ejecutiva en el Estado miembro de origen

Solo se mencionarán los datos indicados en el documento público o de los que tenga conocimiento la autoridad competente

1. **Fecha y número de referencia del documento público:** ....

2. **Tipo de documento público**

2.1. ☐ Acto establecido o registrado el: .... (dd/mm/aaaa)

☐ Convenio celebrado o autentificado el: .... (dd/mm/aaaa)

2.2. Autoridad competente:

2.2.1. Nombre: ....

2.2.2. Dirección:

2.2.2.1. Calle y número/apartado de correos: ....

2.2.2.2. Localidad y código postal: ....

2.2.2.3. Estado miembro:

☐ Bélgica ☐ Bulgaria ☐ República Checa ☐ Alemania ☐ Estonia ☐ Irlanda ☐ Grecia ☐ España ☐ Francia ☐ Italia ☐ Chipre ☐ Letonia ☐ Lituania ☐ Luxemburgo ☐ Hungría ☐ Malta ☐ Países Bajos ☐ Austria ☐ Polonia ☐ Portugal ☐ Rumanía ☐ Eslovenia ☐ Eslovaquia ☐ Finlandia ☐ Suecia

2.2.3. Tel./fax/correo electrónico: ....

3. **Acreedor(es)** (*)

3.1. *Persona A*

3.1.1. Apellido(s) y nombre(s): ....

3.1.2. Fecha (dd/mm/aaaa) y lugar de nacimiento: ....

---

(1) *DO* L 7, de 10-1-2009, p. 1.

(*) Si el documento público se refiere a más de tres acreedores o a más de tres deudores, adjuntar una hoja adicional.

3.1.3. Número de identidad o de seguridad social: ....

3.1.4. Dirección:

3.1.4.1. Calle y número/apartado de correos: ....

3.1.4.2. Localidad y código postal ....

3.1.4.3. País: ....

3.2. *Persona B*

3.2.1. Apellido(s) y nombre(s): ....

3.2.2. Fecha (dd/mm/aaaa) y lugar de nacimiento: ....

3.2.3. Número de identidad o de seguridad social: ....

3.2.4. Dirección:

3.2.4.1. Calle y número/apartado de correos: ....

3.2.4.2. Localidad y código postal ....

3.2.4.3. País: ....

3.3. *Persona C*

3.3.1. Apellido(s) y nombre(s): ....

3.3.2. Fecha (dd/mm/aaaa) y lugar de nacimiento: ....

3.3.3. Número de identidad o de seguridad social: ....

3.3.4. Dirección:

3.3.4.1. Calle y número/apartado de correos: ....

3.3.4.2. Localidad y código postal ....

3.3.4.3. País: ....

4. **Deudor(es)** (*)

4.1. *Persona A*

4.1.1. Apellido(s) y nombre(s): ....

4.1.2. Fecha (dd/mm/aaaa) y lugar de nacimiento ....

4.1.3. Número de identidad o de seguridad social: ....

4.1.4. Dirección

4.1.4.1. Calle y número/apartado de correos: ....

4.1.4.2. Localidad y código postal ....

4.1.4.3. País: ....

(*) Si el documento público se refiere a más de tres acreedores o a más de tres deudores, adjuntar una hoja adicional.

4.2. *Persona B*

4.2.1. Apellido(s) y nombre(s): ....

4.2.2. Fecha (dd/mm/aaaa) y lugar de nacimiento: ....

4.2.3. Número de identidad o de seguridad social: ....

4.2.4. Dirección:

4.2.4.1. Calle y número/apartado de correos: ....

4.2.4.2. Localidad y código postal ....

4.2.4.3. País: ....

4.3. *Persona C*

4.3.1. Apellido(s) y nombre(s): ....

4.3.2. Fecha (dd/mm/aaaa) y lugar de nacimiento: ....

4.3.3. Número de identidad o de seguridad social: ....

4.3.4. Dirección:

4.3.4.1. Calle y número/apartado de correos: ....

4.3.4.2. Localidad y código postal ....

4.3.4.3. País: ....

5. **Contenido del documento público**

5.1. *Moneda:*

☐ Euro (EUR) ☐ Lev búlgaro (BGL) ☐ Corona checa (CZK) ☐ Corona estonia (EEK)
☐ Forint húngaro (HUF) ☐ Litas lituano (LTL) ☐ Lats letón (LVL) ☐ Zloty polaco (PLN)
☐ Leu rumano (RON) ☐ Corona sueca (SEK) ☐ Otra (precisar el código ISO): ....

5.2. *Prestación de alimentos* (*)

5.2.1. ***Prestación de alimentos A***

5.2.1.1. La prestación de alimentos deberá ser abonada

por .... (nombre y apellido(s))

a.............................. (nombre y apellido(s) de la persona a la que se pagará efectivamente la suma)

Persona a la que se adeudan los alimentos:

.... (nombre y apellido(s))

5.2.1.2. ☐ Suma íntegramente pagada en una única vez

En su caso, período abarcado:

....

(de fecha (dd/mm/aaaa) a fecha (dd/mm/aaaa) o acontecimiento)

Fecha de vencimiento .... (dd/mm/aaaa)

Importe: ....

(*) Si la resolución o la transacción judicial se refiere a más de tres prestaciones de alimentos, adjuntar una hoja adicional.

5.2.1.3. ☐ Suma pagada en varias veces

Fecha de vencimiento (dd/mm/aaaa)	Importe

5.2.1.4. ☐ Suma pagada periódicamente

☐ Una vez a la semana

☐ Una vez al mes

☐ Otro (precisar la periodicidad): ....

Importe: ....

Desde el: .... (dd/mm/aaaa)

Día/Fecha de vencimiento: ....

☐ En su caso, hasta ....(fecha (dd/mm/aaaa) o acontecimiento):

....

Si el importe indicado de la prestación de alimentos es objeto de una indización, indicar el tipo de indización:

....

Indización aplicable a partir del .... (dd/mm/aaaa)

5.2.1.5. ☐ Suma adeudada con carácter retroactivo:

Período abarcado: .... del (dd/mm/aaaa) al (dd/mm/aaaa)

Importe: ....

Modalidades de pago: ....

....

....

5.2.1.6. ☐ Intereses (en caso de que se indiquen en el documento público)

Si el importe indicado de la prestación de alimentos está sometido a intereses, indicar su tipo:

....

Intereses pagaderos a partir del .... (dd/mm/aaaa)

5.2.1.7. ☐ Pago en especie (precisar) ....

....

....

....

5.2.1.8. ☐ Otro tipo de pago (precisar): ....

....

....

....

5.2.2. ***Prestación de alimentos B***

5.2.2.1. La prestación de alimentos deberá ser abonada

por .... (nombre y apellido(s))

a.. (nombre y apellido(s) de la persona a la que se pagará efectivamente la suma)

Persona a la que se adeudan los alimentos:

.... (nombre y apellido(s))

5.2.2.2. ☐ Suma íntegramente pagada en una única vez

En su caso, período abarcado:

....

(de fecha (dd/mm/aaaa) a fecha (dd/mm/aaaa) o acontecimiento)

Fecha de vencimiento .... (dd/mm/aaaa)

Importe: ....

5.2.2.3. ☐ Suma pagada en varias veces

Fecha de vencimiento (dd/mm/aaaa)	Importe

5.2.2.4. ☐ Suma pagada periódicamente

☐ Una vez a la semana

☐ Una vez al mes

☐ Otro (precisar la periodicidad): ....

Importe: ....

Desde el: .... (dd/mm/aaaa)

Día/Fecha de vencimiento: ....

☐ En su caso, hasta .... (fecha (dd/mm/aaaa) o acontecimiento):

....

Si el importe indicado de la prestación de alimentos es objeto de una indización, indicar el tipo de indización:

Indización aplicable a partir del .... (dd/mm/aaaa)

5.2.2.5. ☐ Suma adeudada con carácter retroactivo:

Período abarcado: .... del (dd/mm/aaaa) al (dd/mm/aaaa)

Importe: ....

Modalidades de pago: ....

....

....

5.2.2.6. ☐ Intereses (en caso de que se indiquen en el documento público)

Si el importe indicado de la prestación de alimentos está sometido a intereses, indicar su tipo: ....

Intereses pagaderos a partir del .... (dd/mm/aaaa)

5.2.2.7. ☐ Pago en especie (precisar) ....

....

....

....

5.2.2.8. ☐ Otro tipo de pago (precisar): ....

....

....

....

5.2.3. ***Prestación de alimentos C***

5.2.3.1. La prestación de alimentos deberá ser abonada

por .... (nombre y apellido(s))

a.. (nombre y apellido(s) de la persona a la que se pagará efectivamente la suma)

Persona a la que se adeudan los alimentos:

.... (nombre y apellido(s))

5.2.3.2. ☐ Suma íntegramente pagada en una única vez

En su caso, período abarcado:

....

(de fecha (dd/mm/aaaa) a fecha (dd/mm/aaaa) o acontecimiento)

Fecha de vencimiento .... (dd/mm/aaaa)

Importe: ....

5.2.3.3. ☐ Suma pagada en varias veces

Fecha de vencimiento (dd/mm/aaaa)	Importe

5.2.3.4. ☐ Suma pagada periódicamente

☐ Una vez a la semana

☐ Una vez al mes

☐ Otro (precisar la periodicidad): ....

Importe: ....

Desde el: .... (dd/mm/aaaa)

Día/Fecha de vencimiento: ....

☐ En su caso, hasta ....(fecha (dd/mm/aaaa) o acontecimiento):

....

Si el importe indicado de la prestación de alimentos es objeto de una indización, indicar el tipo de indización:

....

Indización aplicable a partir del .... (dd/mm/aaaa)

5.2.3.5. ☐ Suma adeudada con carácter retroactivo:

Período abarcado: .... del (dd/mm/aaaa) al (dd/mm/aaaa)

Importe: ....

Modalidades de pago: ....

....

....

5.2.3.6. ☐ Intereses (en caso de que se indiquen en el documento público)

Si el importe indicado de la prestación de alimentos está sometido a intereses, indicar su tipo: ....

Intereses pagaderos a partir del: .... (dd/mm/aaaa)

5.2.3.7. ☐ Pago en especie (precisar) ....

....

....

....

5.2.3.8. ☐ Otro tipo de pago (precisar): ....

....

....

....

5.3. *Costas*

El documento público establece que

.... (nombre y apellido(s))

deberá abonar el importe de ....

a .... (nombre y apellido(s)).

En caso de adjuntarse hojas adicionales, número de páginas: ....
Hecho en: .... **el** .... **(dd/mm/aaaa)**
Firma y/o sello de la autoridad competente:
....

ANEXO V

SOLICITUD CON VISTAS A LA ADOPCIÓN DE MEDIDAS ESPECÍFICAS

[artículo 53 del Reglamento (CE) nº 4/2009 del Consejo, de 18 de diciembre de 2008, relativo a la competencia, la ley aplicable, el reconocimiento y la ejecución de resoluciones y la cooperación en materia de obligaciones de alimentos (1)]

PARTE A: a rellenar por la autoridad central requirente

1. **Autoridad central requirente**

1.1. Nombre: ....

1.2. Dirección

1.2.1. Calle y número/apartado de correos: ....

1.2.2. Localidad y código postal: ....

1.2.3. Estado miembro:

☐ Bélgica ☐ Bulgaria ☐ República Checa ☐ Alemania ☐ Estonia ☐ Irlanda ☐ Grecia ☐ España ☐ Francia ☐ Italia ☐ Chipre ☐ Letonia ☐ Lituania ☐ Luxemburgo ☐ Hungría ☐ Malta ☐ Países Bajos ☐ Austria ☐ Polonia ☐ Portugal ☐ Rumanía ☐ Eslovenia ☐ Eslovaquia ☐ Finlandia ☐ Suecia

1.3. Teléfono: ....

1.4. Fax ....

1.5. Correo electrónico: ....

1.6. Número de referencia: ....

1.7. Persona encargada del seguimiento de la solicitud:

1.7.1. Nombre y apellido(s): ....

1.7.2. Teléfono: ....

1.7.3. Correo electrónico: ....

2. **Autoridad central requerida**

2.1. Nombre: ....

2.2. Dirección

2.2.1. Calle y número/apartado de correos: ....

2.2.2. Localidad y código postal: ....

2.2.3. Estado miembro:

☐ Bélgica ☐ Bulgaria ☐ República Checa ☐ Alemania ☐ Estonia ☐ Irlanda ☐ Grecia ☐ España ☐ Francia ☐ Italia ☐ Chipre ☐ Letonia ☐ Lituania ☐ Luxemburgo ☐ Hungría ☐ Malta ☐ Países Bajos ☐ Austria ☐ Polonia ☐ Portugal ☐ Rumanía ☐ Eslovenia ☐ Eslovaquia ☐ Finlandia ☐ Suecia

---

(1) *DO* L 7, de 10-1-2009, p.1.

3. **Solicitud**

3.1. *La medida específica solicitada pretende:*

3.1.1. ☐ Ayudar a localizar al deudor o al acreedor (véanse los puntos 3.3 y 3.4)

3.1.2. ☐ Facilitar la búsqueda de datos sobre los ingresos o el patrimonio del deudor o del acreedor (véanse los puntos 3.3 y 3.4)

3.1.3. ☐ Facilitar la obtención de elementos de prueba documental o de otra naturaleza

3.1.4. ☐ Obtener asistencia para determinar la filiación

3.1.5. ☐ Introducir o facilitar la introducción de instancias con el fin de obtener una medida necesaria y provisional con carácter territorial

3.1.6. ☐ Facilitar la comunicación y notificación de un acto

3.2. *Motivación de la solicitud:*

....

....

....

....

....

3.3. *La información solicitada se refiere:*

3.3.1. ☐ ***al deudor siguiente:***

3.3.1.1. Apellido(s) y nombre(s): ....

3.3.1.2. Fecha (dd/mm/aaaa) y lugar de nacimiento (*): ....

3.3.1.3. Última dirección conocida: ....

3.3.1.4. Número de identidad o de seguridad social (*): ....

3.3.1.5. Cualquier otra información que puede resultar de utilidad (**):

....

....

3.3.2. ☐ ***al acreedor siguiente:***

3.3.2.1. Apellido(s) y nombre(s): ....

3.3.2.2. Fecha (dd/mm/aaaa) y lugar de nacimiento (*): ....

3.3.2.3. Última dirección conocida: ....

3.3.2.4. Número de identidad o de seguridad social (*): ....

3.3.2.5. Cualquier otra información que puede resultar de utilidad (**):

....

....

(*) Si estos datos están disponibles.
(**) Por ejemplo, nombre y apellido de un empleador anterior, nombres y apellidos y direcciones de miembros de la familia, referencias de un vehículo o de un edificio propiedad del deudor.

3.4. *Información solicitada*

3.4.1. ☐ Dirección actual del deudor/acreedor

3.4.2. ☐ Ingresos del deudor/acreedor

3.4.3. ☐ Patrimonio del deudor/acreedor, incluida la ubicación de los bienes del deudor/acreedor

El acreedor ha presentado una resolución, una transacción judicial o un documento público que deberá ejecutarse, en su caso acompañada del formulario pertinente

☐ Sí ☐ No

☐ **La notificación a la persona a que se refiere la petición de información puede perjudicar al cobro efectivo de la prestación de alimentos [artículo 63, apartado 2, del Reglamento (CE) nº 4/2009].**

Hecho en .... el: .... (dd/mm/aaaa)
Nombre y firma del funcionario autorizado por la autoridad central requirente:
....

PARTE B: A rellenar por la autoridad central requerida

4. **Número de referencia de la autoridad central requerida:** ....

5. **Persona encargada del seguimiento de la solicitud:**

5.1. Nombre y apellido(s): ....

5.2. Teléfono: ....

5.3. Fax ....

5.4. Correo electrónico: ....

6. **Medidas adoptadas y resultados obtenidos**

....

....

....

....

7. **Información obtenida**

7.1. *Sin recurrir a los artículos 61, 62 y 63 del Reglamento (CE) nº 4/2009:*

7.1.1. Dirección del deudor/acreedor:

☐ No ☐ Sí (precisar):

....

....

7.1.2. Ingresos del deudor/acreedor:

☐ No ☐ Sí (precisar):

....

....

7.1.3. Patrimonio del deudor/acreedor:

☐ No ☐ Sí (precisar)

....

....

7.2. *En aplicación de los artículos 61, 62 y 63 del Reglamento (CE) nº 4/2009:*

7.2.1. Dirección del deudor/acreedor:

☐ No ☐ Sí (precisar):

....

....

....

7.2.2. Existencia de ingresos del deudor:

☐ No ☐ Sí

7.2.3. Existencia de un patrimonio del deudor:

☐ No ☐ Sí

IMPORTANTE

(en caso de aplicación de los artículos 61, 62 y 63 del Reglamento)

Con excepción de las informaciones relativas a la existencia de un domicilio, de ingresos o de un patrimonio en el Estado miembro requerido, la información contemplada en el artículo 61, apartado 2, no podrá divulgarse a la persona que haya presentado solicitud ante la autoridad central requirente, sin perjuicio de la aplicación de las normas de procedimiento ante los órganos jurisdiccionales [artículo 62, apartado 2, párrafo segundo del Reglamento (CE) nº 4/2009].

8. **Imposibilidad de comunicar la información solicitada**

La autoridad central requerida no está en condiciones de proporcionar la información solicitada por las siguientes razones:

....

....

....

Hecho en .... **el:** .... **(dd/mm/aaaa)**
Nombre y firma del funcionario autorizado por la autoridad central requerida:
....

ANEXO VI

FORMULARIO DE SOLICITUD DE RECONOCIMIENTO, DE DECLARACIÓN DE EXEQUÁTUR O DE EJECUCIÓN DE UNA RESOLUCIÓN EN MATERIA DE OBLIGACIONES DE ALIMENTOS

[artículos 56 y 57 del Reglamento (CE) nº 4/2009 del Consejo, de 18 de diciembre de 2008, relativo a la competencia, la ley aplicable, el reconocimiento y la ejecución de las resoluciones y la cooperación en materia de obligación de alimentos (1)]

PARTE A: a rellenar por la autoridad central requirente

1. **Solicitud**

☐ Solicitud de reconocimiento o de reconocimiento y declaración de exequátur [artículo 56, apartado 1, letra a)]

☐ Solicitud de reconocimiento de una resolución [artículo 56, apartado 2, letra a)]

☐ Solicitud de ejecución de una resolución dictada o reconocida en el Estado miembro requerido [artículo 56, apartado 1, letra b)]

2. **Autoridad central requirente**

2.1. Nombre: ....

2.2. Dirección:

2.2.1. Calle y número/apartado de correos: ....

2.2.2. Localidad y código postal: ....

2.2.3. Estado miembro:

☐ Bélgica ☐ Bulgaria ☐ República Checa ☐ Alemania ☐ Estonia ☐ Irlanda ☐ Grecia
☐ España ☐ Francia ☐ Italia ☐ Chipre ☐ Letonia ☐ Lituania ☐ Luxemburgo ☐ Hungría ☐ Malta
☐ Países Bajos ☐ Austria ☐ Polonia ☐ Portugal ☐ Rumanía ☐ Eslovenia ☐ Eslovaquia ☐ Finlandia
☐ Suecia

2.3. Teléfono: ....

2.4. Fax ....

2.5. Correo electrónico: ....

2.6. Número de referencia de la solicitud: ....

Solicitud que debe tratarse con la solicitud o las solicitudes que llevan el (los) número(s) de referencia siguiente(s): ....

2.7. Persona encargada del seguimiento de la solicitud:

2.7.1. Apellido(s) y nombre(s): ....

2.7.2. Teléfono: ....

2.7.3. Correo electrónico: ....

---

(1) *DO* L 7, de 10-1-2009, p. 1.

3. **Autoridad central requerida**

3.1. Nombre: ....

3.2. Dirección:

3.2.1. Calle y número/apartado de correos: ....

3.2.2. Localidad y código postal ....

3.2.3. Estado miembro:

☐ Bélgica ☐ Bulgaria ☐ República Checa ☐ Alemania ☐ Estonia ☐ Irlanda ☐ Grecia ☐ España ☐ Francia ☐ Italia ☐ Chipre ☐ Letonia ☐ Lituania ☐ Luxemburgo ☐ Hungría ☐ Malta ☐ Países Bajos ☐ Austria ☐ Polonia ☐ Portugal ☐ Rumanía ☐ Eslovenia ☐ Eslovaquia ☐ Finlandia ☐ Suecia

4. **Documentos anexos (*) a la solicitud en caso de resoluciones dictadas en un Estado miembro**

☐ Copia de la resolución/la transacción judicial/el documento público

☐ Extracto de la resolución/la transacción judicial/el documento público mediante el formulario tipo que figura en el anexo I, el anexo II, el anexo III o el anexo IV

☐ Transcripción o traducción del contenido del formulario modelo que figura en el anexo I, el anexo II, el anexo III o el anexo IV

☐ En su caso, una copia del otorgamiento de ejecución

☐ Un documento por el que se establece el importe de los atrasos con indicación de la fecha en la que se efectuó el cálculo

☐ Un documento que acredite que el solicitante se ha beneficiado de asistencia jurídica gratuita o de una exención de costas y gastos

☐ Un documento que acredite que el solicitante se ha beneficiado de un procedimiento gratuito ante una autoridad administrativa en el Estado miembro de origen y que reúne las condiciones económicas para poder beneficiarse de la ayuda judicial o de una exención de costas y gastos.

☐ Un documento que acredite el derecho del organismo público a pedir el reembolso de prestaciones proporcionadas al acreedor y certifique el pago de tales prestaciones

☐ Otro (precisar): ....

....

....

....

5. **Documentos anexos (*) a la solicitud en caso de resoluciones dictadas en un tercer Estado**

☐ Texto completo de la resolución

☐ Resumen o extracto de la resolución establecido por la autoridad competente del Estado de origen

☐ Documento que acredite que la resolución es ejecutiva en el Estado de origen y, en el caso de una resolución de una autoridad administrativa, documento que acredite que se cumplen los requisitos contemplados en el artículo 19, apartado 3, del Convenio de La Haya de 2007

(*) Se marcarán las casillas que corresponda y se numerarán los documentos por orden de anexión.

☐ Si el demandado no compareció ni estuvo representado en los procedimientos en el Estado de origen, documento o documentos que acrediten, según el caso, que el demandado fue debidamente informado del procedimiento y tuvo la posibilidad de hacerse oír o que fue debidamente informado de la resolución y tuvo la posibilidad de impugnarla o de recurrirla en cuanto a los hechos y a los fundamentos

☐ Un documento por el que se establece el importe de los atrasos con indicación de la fecha en la que se efectuó el cálculo

☐ Un documento con información útil para la realización de los cálculos correspondientes en caso de una resolución que prevé un indización automática

☐ Documento que determine en qué medida el solicitante ha recibido asistencia jurídica gratuita en el Estado de origen

☐ Otro (precisar): ....

....

....

....

Número total de documentos que se adjuntan al formulario de solicitud: ....
Hecho en: .... **el** .... **(dd/mm/aaaa)**
Nombre y firma del funcionario autorizado de la autoridad central requirente: ....

PARTE B: A rellenar por el solicitante o, en su caso, por la persona/autoridad autorizada en el Estado miembro requirente para rellenar el formulario en nombre del solicitante

6. **Solicitud**

6.1. ☐ *Solicitud de reconocimiento o reconocimiento y otorgamiento de ejecución de una resolución*

La solicitud se funda en:

6.1.1. ☐ El capítulo VI, sección 2, del Reglamento (CE) n° 4/2009

6.1.2. ☐ El Convenio de La Haya de 2007

6.1.2.1. Indicar la base de reconocimiento y ejecución en virtud del artículo 20 del Convenio de La Haya de 2007:

6.1.2.2. El demandado compareció o estuvo representado en los procedimientos en el Estado de origen:

Sí ☐ No ☐

6.1.3. ☐ El Derecho nacional del Estado miembro requerido

6.1.4. ☐ Otro (precisar): ....

....

....

6.2. ☐ *Solicitud de ejecución de una resolución dictada o reconocida en el Estado miembro requerido*

7. **Resolución**

7.1. Fecha y número de referencia: ....

7.2. Nombre del órgano jurisdiccional de origen: ....

8. **Solicitante**

8.1. *Persona física:*

8.1.1. Apellido(s) y nombre(s): ....

8.1.2. Fecha (dd/mm/aaaa) y lugar de nacimiento: ....

8.1.3. Número de identidad o de seguridad social (*): ....

8.1.4. Nacionalidad: ....

8.1.5. Profesión: ....

8.1.6. Estado civil: ....

8.1.7. Dirección:

8.1.7.1. A cargo de: .... (nombre y apellido(s)) (**)

8.1.7.2. Calle y número/apartado de correos: ....

8.1.7.3. Localidad y código postal: ....

8.1.7.4. Estado miembro:

☐ Bélgica ☐ Bulgaria ☐ República Checa ☐ Alemania ☐ Estonia ☐ Irlanda ☐ Grecia ☐ España ☐ Francia ☐ Italia ☐ Chipre ☐ Letonia ☐ Lituania ☐ Luxemburgo ☐ Hungría ☐ Malta ☐ Países Bajos ☐ Austria ☐ Polonia ☐ Portugal ☐ Rumanía ☐ Eslovenia ☐ Eslovaquia ☐ Finlandia ☐ Suecia

8.1.8. Teléfono/Correo electrónico: ....

8.1.9. Se ha beneficiado de:

8.1.9.1. asistencia jurídica gratuita:

☐ Sí ☐ No

8.1.9.2. una exención de costas y gastos:

☐ Sí ☐ No

8.1.9.3. un procedimiento gratuito ante una autoridad administrativa contemplada en el anexo IX del Reglamento (CE) nº 4/2009:

☐ Sí ☐ No

8.1.10. En su caso, nombre, apellido(s) y datos de contacto del representante del solicitante (abogado ....): ....

....

(*) Si se dispone de estos datos.

(**) En los casos de violencia doméstica [véase el artículo 57, apartado 3, del Reglamento (CE) núm. 4/2009].

8.2. *Organismo público:*

8.2.1. Nombre: ....

8.2.2. Dirección:

8.2.2.1. Calle y número/apartado de correos: ....

8.2.2.2. Localidad y código postal: ....

8.2.2.3. Estado miembro:

☐ Bélgica ☐ Bulgaria ☐ República Checa ☐ Alemania ☐ Estonia ☐ Irlanda ☐ Grecia
☐ España ☐ Francia ☐ Italia ☐ Chipre ☐ Letonia ☐ Lituania ☐ Luxemburgo ☐ Hungría ☐ Malta
☐ Países Bajos ☐ Austria ☐ Polonia ☐ Portugal ☐ Rumanía ☐ Eslovenia ☐ Eslovaquia ☐ Finlandia
☐ Suecia

8.2.3. Tel./fax/correo electrónico: ....

8.2.4. Nombre de la persona que representa al organismo en los procedimientos (*):

....

8.2.5. Persona encargada del seguimiento de la solicitud:

8.2.5.1. Apellido(s) y nombre(s): ....

8.2.5.2. Teléfono: ....

8.2.5.3. Fax ....

8.2.5.4. Correo electrónico: ....

9. **Demandado**

9.1. Apellido(s) y nombre(s): ....

9.2. Fecha (dd/mm/aaaa) y lugar de nacimiento (**): ....

9.3. Número de identidad o de seguridad social (**): ....

9.4. Nacionalidad (**): ....

9.5. Profesión (**): ....

9.6. Estado civil (**): ....

9.7. Dirección (**):

9.7.1. Calle y número/apartado de correos: ....

9.7.2. Localidad y código postal ....

9.7.3. Estado miembro:

☐ Bélgica ☐ Bulgaria ☐ República Checa ☐ Alemania ☐ Estonia ☐ Irlanda ☐ Grecia
☐ España ☐ Francia ☐ Italia ☐ Chipre ☐ Letonia ☐ Lituania ☐ Luxemburgo ☐ Hungría ☐ Malta
☐ Países Bajos ☐ Austria ☐ Polonia ☐ Portugal ☐ Rumanía ☐ Eslovenia ☐ Eslovaquia ☐ Finlandia
☐ Suecia

10. **Cualquier otra información que pueda facilitar la localización del demandado:**

....

....

....

(*) Cuando este dato sea pertinente. (**) Si se dispone de estos datos.

11. **Persona o personas para quienes se piden o a quienes se adeudan alimentos (*)**

11.1. ☐ La persona es la misma que el solicitante identificado en el punto 8

11.2. ☐ La persona es la misma que el demandado identificado en el punto 9

11.3. ☐ El solicitante ☐ El demandado

es el representante legal (**) que defiende los intereses de la persona o las personas siguientes:

11.3.1. ***Persona A***

11.3.1.1. Apellido(s) y nombre(s): ....

11.3.1.2. Fecha (dd/mm/aaaa) y lugar de nacimiento: ....

11.3.1.3. Número de identidad o de seguridad social (***): ....

11.3.1.4. Nacionalidad (***): ....

11.3.1.5. Profesión (***): ....

11.3.1.6. Estado civil (***): ....

11.3.2. ***Persona B***

11.3.2.1. Apellido(s) y nombre(s): ....

11.3.2.2. Fecha (dd/mm/aaaa) y lugar de nacimiento: ....

11.3.2.3. Número de identidad o de seguridad social (***): ....

11.3.2.4. Nacionalidad (***): ....

11.3.2.5. Profesión (***): ....

11.3.2.6. Estado civil (***): ....

11.3.3. ***Persona C***

11.3.3.1. Apellido(s) y nombre(s): ....

11.3.3.2. Fecha (dd/mm/aaaa) y lugar de nacimiento: ....

11.3.3.3. Número de identidad o de seguridad social (***): ....

11.3.3.4. Nacionalidad (***): ....

11.3.3.5. Profesión (***): ....

11.3.3.6. Estado civil (***): ....

12. **Deudor**

12.1. ☐ La persona es la misma que el solicitante identificado en el punto 8

12.2. ☐ La persona es la misma que el demandado identificado en el punto 9

12.3. ☐ El solicitante ☐ El demandado

es el representante legal (**) que defiende los intereses de la siguiente persona:

12.3.1. Apellido(s) y nombre(s): ....

(*) Para más de tres personas, adjuntar una hoja adicional.

(**) Por ejemplo, la persona que ejerza la responsabilidad parental o el tutor de un mayor protegido.

(***) Si estos datos están disponibles y/o son pertinentes.

12.3.2. Fecha (dd/mm/aaaa) y lugar de nacimiento: ....

12.3.3. Número de identidad o de seguridad social (*): ....

12.3.4. Nacionalidad (*): ....

12.3.5. Profesión (*): ....

12.3.6. Estado civil (*): ....

13. **Información en cuanto al pago si es el acreedor quien presenta la solicitud**

13.1. *Pago por vía electrónica*

13.1.1. Nombre del banco: ....

13.1.2. BIC u otro código bancario pertinente: ....

13.1.3. Titular de la cuenta: ....

13.1.4. Número internacional de la cuenta bancaria (IBAN) ....

13.2. *Pago por cheque*

13.2.1. Cheque nominativo a favor de: ....

13.2.2. Cheque que debe dirigirse a

13.2.2.1. Apellido(s) y nombre(s): ....

13.2.2.2. Dirección

13.2.2.2.1. Calle y número/apartado de correos: ....

13.2.2.2.2. Localidad y código postal: ....

13.2.2.2.3. País: ....

14. **Información complementaria (si procede):**

....

....

....

Hecho en: .... **el** .... **(dd/mm/aaaa)**
Firma del solicitante: ....
y/o, si fuera necesario:
Nombre y apellido(s) de la persona/autoridad autorizada en el Estado miembro requirente para rellenar el formulario en nombre del solicitante:
....

(*) Si se dispone de estos datos.

ANEXO VII

FORMULARIO DE SOLICITUD PARA OBTENER O MODIFICAR UNA RESOLUCIÓN EN MATERIA DE OBLIGACIÓN DE ALIMENTOS

[artículos 56 y 57 del Reglamento (CE) nº 4/2009 del Consejo, de 18 de diciembre de 2008, relativo a la competencia, la ley aplicable, el reconocimiento y la ejecución de las resoluciones y la cooperación en materia de obligación de alimentos (1)]

PARTE A: a rellenar por la autoridad central requirente

1. **Solicitud**

☐ Solicitud de obtención de una resolución [artículo 56, apartado 1, letra c)]

☐ Solicitud de obtención de una resolución [artículo 56, apartado 1, letra d)]

☐ Solicitud de modificación de una resolución [artículo 56, apartado 1, letra e)]

☐ Solicitud de modificación de una resolución [artículo 56, apartado 1, letra f)]

☐ Solicitud de modificación de una resolución [artículo 56, apartado 2, letra b)]

☐ Solicitud de modificación de una resolución [artículo 56, apartado 2, letra c)]

2. **Autoridad central requirente**

2.1. Nombre: ....

2.2. Dirección:

2.2.1. Calle y número/apartado de correos: ....

2.2.2. Localidad y código postal: ....

2.2.3. Estado miembro:

☐ Bélgica ☐ Bulgaria ☐ República Checa ☐ Alemania ☐ Estonia ☐ Irlanda ☐ Grecia ☐ España ☐ Francia ☐ Italia ☐ Chipre ☐ Letonia ☐ Lituania ☐ Luxemburgo ☐ Hungría ☐ Malta ☐ Países Bajos ☐ Austria ☐ Polonia ☐ Portugal ☐ Rumanía ☐ Eslovenia ☐ Eslovaquia ☐ Finlandia ☐ Suecia

2.3. Teléfono: ....

2.4. Fax ....

2.5. Correo electrónico: ....

2.6. Número de referencia de la solicitud: ....

Solicitud que debe tratarse con la solicitud o las solicitudes que llevan el (los) número(s) de referencia siguiente(s): ....

2.7. Persona encargada del seguimiento de la solicitud:

2.7.1. Apellido(s) y nombre(s): ....

2.7.2. Teléfono: ....

2.7.3. Correo electrónico: ....

(1) *DO* L 7, de 10-1-2009, p. 1.

3. **Autoridad central requerida**

3.1. Nombre: ....

3.2. Dirección:

3.2.1. Calle y número/apartado de correos: ....

3.2.2. Localidad y código postal ....

3.2.3. Estado miembro:

☐ Bélgica ☐ Bulgaria ☐ República Checa ☐ Alemania ☐ Estonia ☐ Irlanda ☐ Grecia
☐ España ☐ Francia ☐ Italia ☐ Chipre ☐ Letonia ☐ Lituania ☐ Luxemburgo ☐ Hungría ☐ Malta
☐ Países Bajos ☐ Austria ☐ Polonia ☐ Portugal ☐ Rumania ☐ Eslovenia ☐ Eslovaquia ☐ Finlandia
☐ Suecia

4. **Documentos anexos (*) a la solicitud, si procede**

☐ Resolución del Estado miembro requerido que deniega el reconocimiento o la declaración de exequátur

☐ Copia de la resolución que debe modificarse

☐ Extracto de la resolución que debe modificarse

☐ Justificante de la modificación de los ingresos o cualquier otro cambio de circunstancias

☐ Partida(s) de nacimiento o equivalente

☐ Reconocimiento de filiación por el deudor

☐ Documento(s) que acredita(n) la filiación biológica

☐ Resolución de una autoridad competente relativa a la filiación

☐ Resultados de pruebas genéticas

☐ Certificado de adopción

☐ Certificado de matrimonio o relación equivalente

☐ Documento(s) que acredita(n) la fecha de divorcio/separación

☐ Documento(s) que acredita(n) la residencia común de las partes

☐ Certificado (s) de escolaridad

☐ Justificante de la situación financiera

☐ Otro (precisar): ....

....

....

....

Número total de documentos que se adjuntan al formulario de solicitud: ....
Hecho en: .... **el** .... **(dd/mm/aaaa)**
Nombre y firma del funcionario autorizado de la autoridad central requirente:
....

(*) Se marcarán las casillas que corresponda y se numerarán los documentos por orden de anexión.

PARTE B: A rellenar por el solicitante o, en su caso, por la persona/autoridad autorizada en el Estado miembro requirente para rellenar el formulario en nombre del solicitante

5. **Solicitud**

5.1. ☐ *Solicitud de obtención de una resolución*

5.1.1. ☐ La filiación no se ha acreditado

5.1.2. ☐ No existe ninguna resolución

5.1.3. ☐ El reconocimiento y la declaración de exequátur de una resolución existente no son posibles

5.1.4. ☐ Importe solicitado:

....

....

....

5.2. ☐ *Solicitud de modificación de una resolución*

5.2.1. ☐ La resolución se dictó en el Estado miembro requerido

5.2.2. ☐ La resolución se dictó en un Estado distinto del Estado miembro requerido

5.2.3. Fecha (dd/mm/aaaa) y número de referencia de la resolución: ....

5.2.4. Nombre del órgano jurisdiccional de origen: ....

5.2.5. Cambios de circunstancias producidos:

☐ Modificación de las rentas:

☐ de la persona/de las personas para quien(es) se piden o a las que se adeudan los alimentos

☐ de la persona que asuma con carácter principal la carga de la persona o personas para quienes se piden o a las que se adeudan los alimentos

☐ del deudor

☐ Modificación de los gastos y cargas:

☐ de la persona o personas para quienes se piden o a las que se adeudan los alimentos

☐ de la persona que asuma con carácter principal la carga de la persona o personas para quienes se piden o a las que se adeudan los alimentos

☐ del deudor

☐ Cambio de la situación del niño o de los niños

☐ Cambio del Estado civil:

☐ de la persona o personas para quienes se piden o a las que se adeudan los alimentos

☐ de la persona que asuma con carácter principal la carga de la persona o personas para quienes se piden o a las que se adeudan los alimentos

☐ del deudor

☐ Otro (precisar): ....

....

....

5.2.6. Modificación o modificaciones solicitadas:

☐ Aumento del importe de los alimentos (precisar): ....

☐ Disminución del importe de los alimentos (precisar): ....

☐ Modificación de la frecuencia de los pagos (precisar): ....

☐ Modificación de las modalidades de pago (precisar): ....

☐ Modificación de la naturaleza de los pagos (precisar): ....

☐ Cese de la obligación de alimentos (precisar): ....

☐ Otro (precisar): ....

....

6. **Solicitante**

6.1. Apellido(s) y nombre(s): ....

6.2. Dirección:

6.2.1. A cargo de: .... (nombre y apellido(s)) (*)

6.2.2. Calle y número/apartado de correos: ....

6.2.3. Localidad y código postal: ....

6.2.4. Estado miembro:

☐ Bélgica ☐ Bulgaria ☐ República Checa ☐ Alemania ☐ Estonia ☐ Irlanda ☐ Grecia ☐ España ☐ Francia ☐ Italia ☐ Chipre ☐ Letonia ☐ Lituania ☐ Luxemburgo ☐ Hungría ☐ Malta ☐ Países Bajos ☐ Austria ☐ Polonia ☐ Portugal ☐ Rumanía ☐ Eslovenia ☐ Eslovaquia ☐ Finlandia ☐ Suecia

6.3. Teléfono/Correo electrónico: ....

6.4. Fecha (dd/mm/aaaa) y lugar de nacimiento: ....

6.5. Número de identidad o de seguridad social (**): ....

6.6. Nacionalidad: ....

6.7. Profesión: ....

6.8. Estado civil: ....

6.9. En su caso, nombre, apellido(s) y datos de contacto del representante del solicitante (abogadop):

....

....

(*) En los casos de violencia doméstica [véase el artículo 57, apartado 3, del Reglamento (CE) núm. 4/2009].

(**) Si se dispone de estos datos.

7. **Demandado**

7.1. Apellido(s) y nombre(s): ....

7.2. Dirección (*):

7.2.1. Calle y número/apartado de correos: ....

7.2.2. Localidad y código postal: ....

7.2.3. Estado miembro:

☐ Bélgica ☐ Bulgaria ☐ República Checa ☐ Alemania ☐ Estonia ☐ Irlanda ☐ Grecia
☐ España ☐ Francia ☐ Italia ☐ Chipre ☐ Letonia ☐ Lituania ☐ Luxemburgo ☐ Hungría ☐ Malta
☐ Países Bajos ☐ Austria ☐ Polonia ☐ Portugal ☐ Rumanía ☐ Eslovenia ☐ Eslovaquia ☐ Finlandia
☐ Suecia

7.3. Fecha (dd/mm/aaaa) y lugar de nacimiento (*): ....

7.4. Número de identidad o de seguridad social (*): ....

7.5. Nacionalidad (*): ....

7.6. Profesión (*): ....

7.7. Estado civil (*): ....

8. **Cualquier otra información que pueda facilitar la localización del demandado:**

....

....

....

9. **Persona o personas para quienes se piden o a quienes se adeudan alimentos (**)**

9.1. ☐ La persona es la misma que el solicitante identificado en el punto 6

9.2. ☐ La persona es la misma que el demandado identificado en el punto 7

9.3. ☐ El solicitante ☐ El demandado

es el representante legal (***) que defiende los intereses de la persona o las personas siguientes:

9.3.1. ***Persona A***

9.3.1.1. Apellido(s) y nombre(s): ....

9.3.1.2. Fecha (dd/mm/aaaa) y lugar de nacimiento: ....

9.3.1.3. Número de identidad o de seguridad social (****): ....

(*) Si se dispone de estos datos.

(**) Para más de tres personas, adjuntar una hoja adicional.

(***) Por ejemplo, la persona que ejerza la responsabilidad parental o el tutor de un mayor protegido.

(****) Si estos datos están disponibles y/o son pertinentes.

9.3.1.4. Nacionalidad (*): ....

9.3.1.5. Profesión (*): ....

9.3.1.6. Estado civil (*): ....

9.3.1.7. Alimentos que se derivan de una relación de:

- ☐ Filiación (precisar el vínculo): ....
- ☐ Matrimonio
- ☐ Relación similar al matrimonio
- ☐ Afinidad (precisar el vínculo): ....
- ☐ Otro (precisar): ....

9.3.2. ***Persona B***

9.3.2.1. Apellido(s) y nombre(s): ....

9.3.2.2. Fecha (dd/mm/aaaa) y lugar de nacimiento: ....

9.3.2.3. Número de identidad o de seguridad social (*): ....

9.3.2.4. Nacionalidad (*): ....

9.3.2.5. Profesión (*): ....

9.3.2.6. Estado civil (*): ....

9.3.2.7. Alimentos que se derivan de una relación de:

- ☐ Filiación (precisar el vínculo): ....
- ☐ Matrimonio
- ☐ Relación similar al matrimonio
- ☐ Afinidad (precisar el vínculo): ....
- ☐ Otro (precisar): ....

9.3.3. ***Persona C***

9.3.3.1. Apellido(s) y nombre(s): ....

9.3.3.2. Fecha (dd/mm/aaaa) y lugar de nacimiento: ....

9.3.3.3. Número de identidad o de seguridad social (*): ....

9.3.3.4. Nacionalidad (*): ....

9.3.3.5. Profesión (*): ....

9.3.3.6. Estado civil (*): ....

(*) Si estos datos están disponibles y/o son pertinentes.

9.3.3.7. Alimentos que se derivan de una relación de:

☐ Filiación (precisar el vínculo): ....

☐ Matrimonio

☐ Relación similar al matrimonio

☐ Afinidad (precisar el vínculo): ....

☐ Otro (precisar): ....

10. **Deudor**

10.1. ☐ La persona es la misma que el solicitante identificado en el punto 6

10.2. ☐ La persona es la misma que el demandado identificado en el punto 7

10.3. ☐ El solicitante ☐ El demandado

es el representante legal (*) que defiende los intereses de la siguiente persona:

10.3.1. Apellido(s) y nombre(s): ....

10.3.2. Fecha (dd/mm/aaaa) y lugar de nacimiento: ....

10.3.3. Número de identidad o de seguridad social (**): ....

10.3.4. Nacionalidad (**): ....

10.3.5. Profesión (**): ....

10.3.6. Estado civil (**): ....

10.3.7. Alimentos que se derivan de una relación de:

☐ Filiación (precisar el vínculo): ....

☐ Matrimonio

☐ Relación similar al matrimonio

☐ Afinidad (precisar el vínculo): ....

☐ Otro (precisar): ....

11. **Información sobre la situación económica de las personas relacionadas con la solicitud (indíquense únicamente los datos pertinentes a efectos de la obtención o modificación de la resolución)**

11.1. *Moneda*

☐ Euro (EUR) ☐ Lev búlgaro (BGU) ☐ Corona checa (CZK) ☐ Corona estonia (EEK)
☐ Forint húngaro (HUF) ☐ Litas lituano (LTU) ☐ Lats letón (LVL) ☐ Zloty polaco (PLN)
☐ Leu rumano (RON) ☐ Corona sueca (SEK) ☐ Otra (precisar el código ISO): ....

(*) Por ejemplo, la persona que ejerza la responsabilidad parental o el tutor de un mayor protegido.

(**) Si se dispone de estos datos.

11.2. *Persona o las personas para quienes se piden o a las que se adeudan alimentos y persona que asume con carácter principal la carga de dicha persona o personas*

11.2.1. ***Recursos brutos***

☐ base mensual ☐ base anual	Persona que asume con carácter principal la carga de la persona o personas para quienes se piden o a las que se adeudan los alimentos	Cónyuge o pareja actual de la persona que asume con carácter principal la carga de la persona o personas para quienes se piden o a las que se adeudan los alimentos	Persona para quien se piden o a quien se adeudan alimentos (Persona A)	Persona para quien se piden o a quien se adeudan alimentos (Persona B)	Persona para quien se piden o a quien se adeudan alimentos (Persona C)
Salarios (incluidas ventajas en especie), pensiones de jubilación, incapacidad y alimentarias, ingresos, rentas vitalicias y subsidios de desempleo					
Rentas de trabajo por cuenta propia					
Rentas de valores/capitales mobiliarios/rentas inmobiliarias					
Otras fuentes de ingresos					
TOTAL					

11.2.2. ***Gastos y cargas***

☐ base mensual ☐ base anual	Persona que asume con carácter principal la carga de la persona o personas para quienes se piden o a las que se adeudan los alimentos	Cónyuge o pareja actual de la persona que asume con carácter principal la carga de la persona o personas para quienes se piden o a las que se adeudan los alimentos	Persona para quien se piden o a quien se adeudan alimentos (Persona A)	Persona para quien se piden o a quien se adeudan alimentos (Persona B)	Persona para quien se piden o a quien se adeudan alimentos (Persona C)
Impuestos y tasas					
Primas de seguro, cotizaciones sociales y profesionales obligatorias					
Alquiler/gastos de copropiedad, reembolso de préstamos inmobiliarios					
Gastos alimentarios y de vestimenta					
Gastos médicos					
Alimentos pagados a un tercero en virtud de una obligación legal y/o gastos para otras personas a cargo no contempladas por la solicitud					
Gastos escolares de los niños					
Reembolso de préstamos mobiliarios, otras deudas					
Otros gastos					
TOTAL					

11.2.3. ***Otros elementos patrimoniales***

....

....

....

11.3. *Deudor*

11.3.1. ***Recursos brutos***

☐ base mensual ☐ base anual	Deudor	Esposo (esposa) o compañero(a) actual del deudor
Salarios (incluidas ventajas en especie), pensiones de jubilación, incapacidad y alimentarias, ingresos, rentas vitalicias y subsidios de desempleo		
Rentas de trabajo por cuenta propia		
Rentas de valores/capitales mobiliarios/rentas inmobiliarias		
Otras fuentes de ingresos		
TOTAL		

11.3.2. ***Gastos y cargas***

☐ base mensual ☐ base anual	Deudor	Esposo (esposa) o compañero(a) actual del deudor
Impuestos y tasas		
Primas de seguro, cotizaciones sociales y profesionales obligatorias		
Alquiler/gastos de copropiedad, reembolso de préstamos inmobiliarios		
Gastos alimentarios y de vestimenta		
Gastos médicos		
Alimentos pagados a un tercero en virtud de una obligación legal y/o gastos para otras personas a cargo no contempladas por la solicitud		
Gastos escolares de los niños		
Reembolso de préstamos mobiliarios, otras deudas		
Otros gastos		
TOTAL		

11.3.3. ***Otros elementos patrimoniales***

....

....

....

12. **Información en cuanto al pago si es el acreedor quien presenta la solicitud**

12.1. Pago por vía electrónica

12.1.1. Nombre del banco: ....

12.1.2. BIC u otro código bancario pertinente: ....

12.1.3. Titular de la cuenta: ....

12.1.4. Número internacional de la cuenta bancaria (IBAN): ....

12.2. Pago por cheque

12.2.1. Cheque nominativo a favor de: ....

12.2.2. Cheque que debe dirigirse a

12.2.2.1. Apellido(s) y nombre(s): ....

12.2.2.2. Dirección:

12.2.2.2.1. Calle y número/apartado de correos: ....

12.2.2.2.2. Localidad y código postal: ....

12.2.2.2.3. País: ....

13. **Información complementaria (si procede):**

....

....

....

Hecho en: .... **el** .... **(dd/mm/aaaa)**
Firma del solicitante: ....
y/o, si fuera necesario:
Nombre y apellido(s) de la persona/autoridad autorizada en el Estado miembro requirente para rellenar el formulario en nombre del solicitante:
....

ANEXO VIII

ACUSE DE RECIBO DE UNA SOLICITUD

[artículo 58, apartado 3, del Reglamento (CE) nº 4/2009 del Consejo, de 18 de diciembre de 2008, relativo a la competencia, la ley aplicable, el reconocimiento y la ejecución de las resoluciones y la cooperación en materia de obligaciones de alimentos (1)]

El presente acuse de recibo debe enviarse en el plazo de 30 días a partir de la recepción de la solicitud.

1. **Autoridad central requirente**

1.1. Número de referencia de la autoridad central requirente: ....

1.2. Apellido(s) y nombre (s) de la persona encargada del seguimiento de la solicitud: ....

....

2. **Autoridad central requerida**

2.1. Número de referencia de la autoridad central requerida: ....

2.2. Persona encargada del seguimiento de la solicitud:

2.2.1. Apellido(s) y nombre(s): ....

2.2.2. Teléfono: ....

2.2.3. Fax ....

2.2.4. Correo electrónico: ....

3. **Fecha de recepción:** .... **(dd/mm/aaaa)**

4. **Primeras gestiones que se han emprendido o se emprenderán para tramitar la solicitud**

....

....

....

....

5. ☐ **Documento o información adicional necesario (precisar)**

....

....

....

En un plazo de 60 días se remitirá un informe sobre el estado de tramitación.

Hecho en: .... **el** .... **(dd/mm/aaaa)**
Nombre y firma del funcionario autorizado de la autoridad central requerida:
....

(1) *DO* L 7, de 10-1-2009, p. 1.

ANEXO IX

COMUNICACIÓN DE NO ADMISIÓN A TRÁMITE DE UNA SOLICITUD O DEL CESE DE LA TRAMITACIÓN

[artículo 58, apartados 8 y 9, del Reglamento (CE) nº 4/2009 del Consejo, de 18 de diciembre de 2008, relativo a la competencia, la ley aplicable, el reconocimiento y la ejecución de las resoluciones y la cooperación en materia de obligaciones de alimentos (¹)]

1. **Autoridad central requirente**

1.1. Número de referencia de la autoridad central requirente: ....

1.2. Apellido(s) y nombre (s) de la persona encargada del seguimiento de la solicitud:

....

2. **Autoridad central requerida**

2.1. Número de referencia de la autoridad central requerida: ....

2.2. Persona encargada del seguimiento de la solicitud:

2.2.1. Nombre y apellido(s): ....

2.2.2. Teléfono: ....

2.2.3. Fax: ....

2.2.4. Correo electrónico: ....

3. ☐ **La autoridad central requerida se niega a tramitar la solicitud porque es evidente que no se cumplen las condiciones requeridas**

Motivos (precisar):

....

....

....

....

....

....

....

4. ☐ **La autoridad central requerida cesa el trámite de la solicitud porque la autoridad central requirente no proporcionó los documentos o la información suplementaria solicitados por la autoridad central requerida en el plazo de 90 días o en un plazo más largo especificado por esta última**

Hecho en: .... **el** .... **(dd/mm/aaaa)**
Nombre y firma del funcionario autorizado de la autoridad central requerida:
....

(1) *DO* L 7, de 10-1-2009, p. 1.

ANEXO X

Las autoridades administrativas a que se hace referencia en el artículo 2, apartado 2, del Reglamento (CE) núm. 4/2009 con las siguientes:

....

ANEXO XI

Las autoridades competentes a que se hace referencia en el artículo 47, apartado 3, del Reglamento (CE) núm. 4/2009 con las siguientes:

....

63. CONVENIO SOBRE OBTENCIÓN DE ALIMENTOS EN EL EXTRANJERO, HECHO EN NUEVA YORK EL 20 DE JUNIO DE 1956*

(*BOE* núm. 281, de 24 de noviembre de 1966)

Considerando que es urgente la solución del problema humanitario originado por la situación de las personas sin recursos que tienen derecho a obtener alimentos de otras que se encuentran en el extranjero,

Considerando que el ejercicio en el extranjero de acciones sobre prestación de alimentos o la ejecución en el extranjero de decisiones relativas a la obligación de prestar alimentos suscita graves dificultades legales y de orden práctico,

Dispuestas a establecer los medios conducentes a resolver ese problema y a subsanar las mencionadas dificultades,

Las Partes Contratantes han convenido lo siguiente:

Artículo 1.º *Alcance de la Convención.*—1. La finalidad de la presente Convención es facilitar a una persona, llamada en lo sucesivo demandante, que se encuentra en el territorio de una de las Partes Contratantes, la obtención de los alimentos que pretende tener derecho a recibir de otra persona, llamada en lo sucesivo demandado, que está sujeta a la jurisdicción de otra Parte Contratante. Esta finalidad se perseguirá mediante los servicios de Organismos llamados en lo sucesivo Autoridades Remitentes e Instituciones Intermediarias.

2. Los medios jurídicos a que se refiere la presente Convención son adicionales a cualesquiera otros medios que puedan utilizarse conforme al Derecho interno o al

* *Texto auténtico*: español, chino, francés, inglés y ruso. *Estados parte:* Alemania, Argelia, Argentina, Australia, Austria, Barbados, Bélgica, Bielorrusia, Bolivia, Bosnia-Herzegovina, Brasil, Burkina Faso, Cabo Verde, Colombia, Croacia, Cuba, Chile, Chipre, Dinamarca, Ecuador, El Salvador, Eslovaquia, Eslovenia, España, Estonia, Ex-República Yugoslava de Macedonia, Filipinas, Finlandia, Francia, Grecia, Guatemala, Haití, Hungría, Irlanda, Israel, Italia, Kazajstán, Kirguizistán, Luxemburgo, Marruecos, México, Moldavia, Mónaco, Montenegro, Níger, Noruega, Nueva Zelanda, Países Bajos, Pakistán, Polonia, Portugal, Reino Unido de Gran Bretaña e Irlanda del Norte, R. Centroafricana, R. Checa, R. Dominicana, R. de Kampuchea, Rumania, Santa Sede, Sri Lanka, Serbia, Suecia, Surinam, Suiza, Túnez, Turquía, Ucrania y Uruguay. Vid. art. 27.4 del Convenio sobre los derechos del niño, hecho en Nueva York el 20 de noviembre de 1989 (*BOE* de 31-12-1990, *infra* núm. 104). Para los datos posterioes al cierre de la edición y otras informaciones relativas al Convenio véase http://www.un.org.

Derecho internacional y no sustitutivos de los mismos.

Art. 2.º *Designación de Organismos.*—1. En el momento de depositar el instrumento de ratificación o adhesión cada Parte Contratante designará una o más Autoridades judiciales o administrativas para que ejerzan en su territorio las funciones de Autoridades Remitentes.

2. En el momento de depositar el instrumento de ratificación o adhesión cada Parte Contratante designará un Organismo público o privado para que ejerza en su territorio las funciones de Institución Intermediaria.

3. Cada Parte Contratante comunicará sin demora al Secretario general de las Naciones Unidas las designaciones hechas conforme a lo dispuesto en los párrafos 1 y 2 y cualquier modificación al respecto.

4. Las Autoridades Remitentes y las Instituciones Intermediarias podrán comunicarse directamente con las Autoridades Remitentes y las Instituciones Intermediarias de las demás Partes Contratantes.

Art. 3.º *Solicitud a la Autoridad Remitente.*—1. Cuando el demandante se encuentre en el territorio de una de las Partes Contratantes, denominada en lo sucesivo Estado del demandante, y el demandado esté sujeto a la jurisdicción de otra Parte Contratante, que se denominará Estado del demandado, el primero podrá presentar una solicitud a la Autoridad Remitente de su Estado encaminada a obtener alimentos del demandado.

2. Cada Parte Contratante informará al Secretario General acerca de los elementos de prueba normalmente exigidos por la Ley del Estado de la Institución Intermediaria para justificar la demanda de prestación de alimentos, de la forma en que la prueba debe ser presentada para ser admisible y de cualquier otro requisito que haya de satisfacerse de conformidad con esa Ley.

3. La solicitud deberá ir acompañada de todos los documentos pertinentes, inclusive, en caso necesario, un poder que autorice a la Institución Intermediaria para actuar en nombre del demandante o para designar a un tercero con ese objeto. Se acompañará también una fotografía del demandante y, de ser posible, una fotografía del demandado.

4. La Autoridad Remitente adoptará las medidas a su alcance para asegurar el cumplimiento de los requisitos exigidos por la Ley del Estado de la Institución Intermediaria. Sin perjuicio de lo que disponga dicha Ley, la solicitud expresará:

a) El nombre y apellidos del demandante, su dirección, fecha de nacimiento, nacionalidad y ocupación, y en su caso, el nombre y dirección de su representante legal;

Art. 2.º: En España, la Autoridad Central es la Subdirección General de Cooperación Jurídica Internacional, c/ San Bernardo, 62, 28015 Madrid, de conformidad a lo dispuesto en el Real Decreto 1475/2004, de 18 de junio, por el que se desarrolla la estructura orgánica básica del Ministerio de Justicia (*BOE* de 19-6-2004).

b) El nombre y apellidos del demandado y, en la medida en que sean conocidas por el demandante, sus direcciones durante los últimos cinco años, su fecha de nacimiento, nacionalidad y ocupación;

c) Una exposición detallada de los motivos en que se funda la pretensión del demandante y del objeto de ésta y cualesquiera otros datos pertinentes, tales como los relativos a la situación económica y familiar del demandante y el demandado.

Art. 4.º *Transmisión de los documentos.*—1. La Autoridad Remitente transmitirá los documentos a la Institución Intermediaria del Estado del demandado, a menos que considere que la solicitud no ha sido formulada de buena fe.

2. Antes de transmitir estos documentos la Autoridad Remitente se cerciorará de que los mismos reúnen los requisitos de forma de acuerdo con la Ley del Estado del demandante.

3. La Autoridad Remitente podrá hacer saber a la Institución Intermediaria su opinión sobre los méritos de la pretensión del demandante y recomendar que se conceda a éste asistencia jurídica gratuita y exención de costas.

Art. 5.º *Transmisión de sentencias y otros actos judiciales.*—1. La Autoridad Remitente transmitirá, a solicitud del demandante y de conformidad con las disposiciones del artículo 4.º, cualquier decisión provisional o definitiva, o cualquier otro acto judicial que haya intervenido en materia de alimentos en favor del demandante en un Tribunal competente de cualquiera de las Partes Contratantes, y si fuera necesario y posible, copia de las actuaciones en que haya recaído esa decisión.

2. Las decisiones y actos judiciales a que se refiere el párrafo precedente podrán ser transmitidos para reemplazar o completar los documentos mencionados en el artículo 3.º

3. El procedimiento previsto en el artículo 6.º podrá incluir, conforme a la Ley del Estado del demandado, el exequátur o el registro o una nueva acción basada en la decisión transmitida en virtud de lo dispuesto en el párrafo 1.

Art. 6.º *Funciones de la Institución Intermediaria.*—1. La Institución Intermediaria, actuando siempre dentro de las facultades que le haya conferido el demandante, tomará todas las medidas apropiadas para obtener el pago de alimentos, inclusive por transacción, y podrá, en caso necesario, iniciar y proseguir una acción de alimentos y hacer ejecutar cualquier sentencia, decisión u otro acto judicial.

2. La Institución Intermediaria tendrá convenientemente informada a la Autoridad Remitente. Si no pudiere actuar, le hará saber los motivos de ello y le devolverá la documentación.

3. No obstante cualquier disposición de esta Convención, la Ley aplicable a la resolución de las ac-

ciones de alimentos y de toda cuestión que surja con ocasión de la misma será la Ley del Estado del demandado, inclusive el Derecho internacional privado de ese Estado.

Art. 7.º *Exhortos.*—Si las Leyes de las dos Partes Contratantes interesadas admiten exhortos, se aplicarán las disposiciones siguientes:

a) El Tribunal que conozca de la acción de alimentos podrá enviar exhortos para obtener más pruebas, documentales o de otra especie, al Tribunal competente de la otra Parte Contratante o a cualquier otra Autoridad o Institución designada por la Parte Contratante en cuyo territorio haya de diligenciarse el exhorto.

b) A fin de que las partes puedan asistir a este procedimiento o estar representadas en él, la Autoridad requerida deberá hacer saber a la Institución Intermediaria, a la Autoridad Remitente que corresponda y al demandado, la fecha y el lugar en que hayan de practicarse las diligencias solicitadas.

c) Los exhortos deberán cumplimentarse con la diligencia debida, y si a los cuatro meses de recibido un exhorto por la Autoridad requerida no se hubiere diligenciado deberán comunicarse a la Autoridad requirente las razones a que obedezca la demora o la falta de cumplimiento.

d) La tramitación del exhorto no dará lugar al reembolso de derechos o costas de ninguna clase.

e) Sólo podrá negarse la tramitación del exhorto:

1) Si no se hubiere establecido la autenticidad del documento;

2) Si la Parte Contratante en cuyo territorio ha de diligenciarse el exhorto juzga que la tramitación de éste menoscabaría su soberanía o su seguridad.

Art. 8.º *Modificación de decisiones judiciales.*—Las disposiciones de la presente Convención se aplicarán asimismo a las solicitudes de modificación de decisiones judiciales dictadas en materia de prestación de alimentos.

Art. 9.º *Exenciones y facilidades.*—1. En los procedimientos regidos por esta Convención los demandantes gozarán del mismo trato y de las mismas exenciones de gastos y costas otorgadas por la Ley del Estado en que se efectúe el procedimiento a sus nacionales o a sus residentes.

2. No podrá imponerse a los demandantes por su condición de extranjeros o por carecer de residencia, caución, pago o depósito alguno para garantizar el pago de costas o cualquier otro cargo.

3. Las Autoridades Remitentes y las Instituciones Intermedia-

---

Art. 6.º3: Vid. arts. 142 a 153 del Cc y Convenio sobre ley aplicable a las obligaciones alimenticias, hecho en La Haya el 2 de octubre de 1973 (*infra* núm. 86) que sustituye al art. 9.7 del Código civil.

rias no percibirán remuneración de ninguna clase por los servicios prestados de conformidad con esta Convención.

Art. 10. *Transferencias de fondos.*—La Parte Contratante cuya legislación imponga restricciones a la transferencia de fondos al extranjero concederá la máxima prioridad a la transferencia de fondos destinados al pago de alimentos o a cubrir los gastos a que den lugar los procedimientos previstos en esta Convención.

Art. 11. *Cláusula relativa a los Estados federales.*—Con respecto a los Estados federales o no unitarios, se aplicarán las disposiciones siguientes:

a) En lo concerniente a los artículos de esta Convención cuya aplicación dependa de la acción legislativa del poder legislativo federal, las obligaciones del gobierno federal serán, en esta medida, las mismas que las de las Partes que no son Estados federales.

b) En lo concerniente a los artículos de esta Convención cuya aplicación dependa de la acción legislativa de cada uno de los Estados, provincias o cantones constituyentes que, en virtud del régimen constitucional de la federación, no estén obligados a adoptar medidas legislativas, el gobierno federal, a la mayor brevedad posible y con recomendación favorable, comunicará el texto de dichos artículos a las autoridades competentes de los Estados, provincias o cantones.

c) Todo Estado federal que sea Parte en la presente Convención proporcionará, a solicitud de cualquiera otra Parte Contratante que le haya sido transmitida por el Secretario general, un resumen de la legislación y de las prácticas vigentes en la federación y en sus entidades constitutivas con respecto a determinada disposición de la Convención, indicando hasta qué punto, por acción legislativa o de otra índole, se ha aplicado tal disposición.

Art. 12. *Aplicación territorial.*—Las disposiciones de la presente Convención se aplicarán igualmente a todos los territorios no autónomos o en fideicomiso y a todos los demás territorios de cuyas relaciones internacionales sea responsable una Parte Contratante, a menos que dicha Parte Contratante al ratificar la Convención o adherirse a ella, haya declarado que no se aplicará a determinado territorio o territorios que estén en esas condiciones. Toda Parte Contratante que haya hecho esa declaración podrá en cualquier momento posterior extender la aplicación de la Convención al territorio o territorios así excluidos, o a cualquiera de ellos, mediante notificación al Secretario general.

Art. 12: Sobre las declaraciones relativas al ámbito territorial del Convenio formuladas por otros Estados parte, vid. las referencias al *BOE* de la nota al art. 17.

Art. 13. *Firma, ratificación y adhesión.*—1. La presente Convención quedará abierta hasta el 31 de diciembre de 1956 a la firma de todo Miembro de las Naciones Unidas, de todo Estado no Miembro que sea parte en el Estatuto de la Corte Internacional de Justicia o miembro de un organismo especializado, y de todo otro Estado no miembro que haya sido invitado por el Consejo Económico y Social a participar en la Convención.

2. La presente Convención será ratificada. Los instrumentos de ratificación serán depositados en poder del Secretario general.

3. Cualquiera de los Estados que se mencionan en el párrafo 1 de este artículo podrá adherirse a la presente Convención en cualquier momento. Los instrumentos de adhesión serán depositados en poder del Secretario general.

Art. 14. *Entrada en vigor.*—1. La presente Convención entrará en vigor el trigésimo día siguiente a la fecha en que se haya efectuado el depósito del tercer instrumento de ratificación o de adhesión con arreglo a lo previsto en el artículo 13.

2. Con respecto a cada uno de los Estados que la ratifiquen o se adhieran a ella después del depósito del tercer instrumento de ratificación o adhesión, la Convención entrará en vigor treinta días después de la fecha en que dicho Estado deposite su instrumento de ratificación o de adhesión.

Art. 15. *Denuncia.*—1. Cualquiera de las Partes Contratantes podrá denunciar la presente Convención mediante notificación al Secretario general. Dicha denuncia podrá referirse también a todos o a algunos de los territorios mencionados en el artículo 12.

2. La denuncia surtirá efecto un año después de la fecha en que el Secretario general reciba la notificación, excepto para los casos que se estén sustanciando en la fecha en que entre en vigencia dicha denuncia.

Art. 16. *Solución de controversias.*—Si surgiere entre Partes Contratantes una controversia respecto a la interpretación o aplicación de la presente Convención, y si tal controversia no pudiere ser resuelta por otros medios, será sometida a la Corte Internacional de Justicia. La controversia será planteada ante la Corte mediante la notificación del compromiso concertado por las Partes en la controversia, o unilateralmente a solicitud de una de ellas.

Art. 17. *Reservas.*—1. Si un Estado formula una reserva relativa

---

Art. 17: Vid. las reservas formuladas por otros Estados parte y, en su caso, las objeciones a las reservas en los *BOE* de 24-11-1966, 8-3-1974, 8-5-1974, 18-11-1974, 5-7-1978, 18-9-1985, 21-5-1986 y 17-9-1986. Con posterioridad a esta fecha, en las comunicaciones publicadas en el *BOE* por la Secretaría General Técnica del M. de Asuntos Exteriores según lo establecido en el art. 32 del D. 801/1972, de 24 de marzo, relativo

a cualquier artículo de la presente Convención en el momento de depositar el instrumento de ratificación o de adhesión el Secretario general comunicará el texto de la reserva a las demás Partes Contratantes y a todos los demás Estados mencionados en el artículo 13. Toda Parte Contratante que se oponga a la reserva podrá notificar al Secretario general, dentro del plazo de noventa días, contados a partir de la fecha de la comunicación, que no acepta dicha reserva, y en tal caso la Convención no entrará en vigor entre el Estado que haya objetado la reserva y el que la haya formulado. Todo Estado que se adhiera posteriormente a la Convención podrá hacer esta notificación en el momento de depositar su instrumento de adhesión.

2. Toda Parte Contratante podrá retirar en cualquier momento una reserva que haya formulado anteriormente y deberá notificar esa decisión al Secretario general.

Art. 18. *Reciprocidad.*—Una Parte Contratante no podrá invocar las disposiciones de la presente Convención respecto de otra Parte Contratante sino en la medida en que ella misma esté obligada.

Art. 19. *Notificaciones del Secretario general.*—1. El Secretario general notificará a todos los Estados Miembros de las Naciones Unidas y a los Estados no miembros mencionados en el artículo 13:

a) Las comunicaciones previstas en el párrafo 3 del artículo 2.º

b) Las informaciones recibidas conforme al párrafo 2 del artículo 3.º

c) Las declaraciones y notificaciones hechas conforme al artículo 12.

d) Las firmas, ratificaciones y adhesiones hechas conforme al artículo 13.

e) La fecha en que la Convención haya entrado en vigor, conforme a las disposiciones del párrafo 1 del artículo 14.

f) Las denuncias hechas conforme al artículo 1 del párrafo 15.

g) Las reservas y notificaciones hechas conforme al artículo 17.

2. El Secretario general notificará también a todas las Partes Contratantes las solicitudes de revisión y las respuestas a las mismas, hechas conforme a lo dispuesto en el artículo 20.

Art. 20. *Revisión.*—1. Toda Parte Contratante podrá pedir en cualquier momento la revisión de la presente Convención mediante notificación dirigida al Secretario general.

2. El Secretario general transmitirá dicha notificación a cada una de las Partes Contratantes y le pedirá que manifieste dentro de un plazo de cuatro meses si desea reunión de una conferencia para

---

a la ordenación de la actividad del Estado en materia de tratados internacionales.

Art. 19: Vid. las referencias al *BOE* de la nota al art. 17.

considerar la revisión propuesta. Si la mayoría de las Partes Contratantes responde en sentido afirmativo, dicha conferencia será convocada por el Secretario general.

Art. 21. *Idiomas y depósito de la Convención.*—El original de la presente Convención, cuyos textos español, chino, francés, inglés y ruso son igualmente auténticos, será depositado en poder del Secretario general, quien enviará copias certificadas conformes a todos los Estados a que se hace referencia en el artículo 13.

64. CONVENIO REFERENTE AL RECONOCIMIENTO Y A LA EJECUCIÓN DE LAS RESOLUCIONES RELATIVAS A LAS OBLIGACIONES ALIMENTARIAS, HECHO EN LA HAYA EL 2 DE OCTUBRE DE 1973*

(*BOE* núm. 192, de 12 de agosto de 1987; corr. de errores, *BOE* núm. 282, de 25 de noviembre)

Los Estados signatarios del presente Convenio,

Deseosos de establecer disposiciones comunes para regular el reconocimiento y la ejecución recíprocos de las resoluciones relativas a las obligaciones alimentarias para con los adultos,

Deseosos de coordinar dichas disposiciones y las del Convenio de 15 de abril de 1958 referente al reconocimiento y a la ejecución de las resoluciones en materia de obligaciones alimentarias para con los hijos**,

Han resuelto concluir un Convenio a este respecto y convienen en las disposiciones siguientes:

---

* *Texto auténtico*: francés e inglés. *Estados parte*: Alemania, Australia, Dinamarca, Eslovaquia, España, Estonia, Finlandia, Francia, Grecia, Italia, Lituania, Luxemburgo, Noruega, Países Bajos, Polonia, Portugal, Reino Unido de Gran Bretaña e Irlanda del Norte, República Checa, Suecia, Suiza, Turquía y Ucrania. Para los datos posterioress al cierre de la edición y otras informaciones relativas al Convenio véase http://www.hcch.net. Este Convenio sustituye, en las relaciones entre los Estados parte del mismo, al Convenio relativo al reconocimiento y a la ejecución de las decisiones en materia alimentaria hecho en La Haya el 15 de abril de 1958 (*BOE* de 12-9-1973). Vid. al respecto nota al art. 29.

** El título del Convenio de 15 de abril de 1958 sobre reconocimiento y ejecución de resoluciones en materia de obligaciones alimentarias se refiere a menores y no a los hijos.

CAPÍTULO PRIMERO

ÁMBITO DE APLICACIÓN DEL CONVENIO

Artículo 1.º El presente Convenio se aplicará a las resoluciones en materia de obligaciones alimentarias dimanantes de relaciones de familia, de parentesco, de matrimonio o de afinidad, incluidas las obligaciones alimentarias respecto de un hijo no legítimo, dictadas por las autoridades judiciales o administrativas de un Estado contratante entre:

1. Un acreedor y un deudor de alimentos; o
2. Un deudor de alimentos y una institución pública que persiga el reembolso de la prestación facilitada a un acreedor de alimentos.

Se aplicará a las transacciones concertadas en esta materia ante dichas autoridades y entre dichas personas.

Art. 2.º El Convenio se aplicará a las resoluciones y a las transacciones, cualquiera que fuere su denominación.

Se aplicará igualmente a las resoluciones o transacciones que modifiquen una resolución o una transacción anterior, incluso en el caso de que proceda de un Estado no contratante.

Se aplicará sin tener en cuenta el carácter internacional o interno de la reclamación de alimentos y cualquiera que fuere la nacionalidad o la residencia habitual de las partes.

Art. 3.º Si la resolución o la transacción no se refiriere únicamente a la obligación alimentaria, el efecto del Convenio quedará limitado a esta última.

CAPÍTULO II

CONDICIONES DEL RECONOCIMIENTO Y DE LA EJECUCIÓN DE LAS RESOLUCIONES

Art. 4.º La resolución recaída en un Estado contratante será reconocida o declarada ejecutoria en otro Estado contratante:

1. Si hubiere sido dictada por una autoridad considerada competente en el sentido de los artículos 7.º u 8.º; y
2. Si no pudiere ser objeto de un recurso ordinario en el Estado de origen.

Las resoluciones ejecutorias provisionales y las medidas provisionales, aun cuando sean susceptibles de recurso ordinario, se reconocerán o declararán ejecutorias en el Estado requerido si tales resoluciones pudieren ser dictadas y ejecutadas en el mismo.

Art. 5.º No obstante, el reconocimiento o la ejecución de la resolución podrá denegarse:

1. Si el reconocimiento o la ejecución de la resolución es manifiestamente incompatible con el orden público del Estado requerido; o
2. Si la resolución resultase de un fraude cometido en el procedimiento; o

3. Si está pendiente un litigio entre las mismas partes y que tenga el mismo objeto ante una autoridad del Estado requerido, primera en conocer en dichos litigios; o

4. Si la resolución es incompatible con una resolución dictada entre las mismas partes y sobre el mismo objeto, bien en el Estado requerido o bien en otro Estado cuando, en este último caso, reúna las condiciones necesarias para su reconocimiento y para su ejecución en el Estado requerido.

Art. 6.º Sin perjuicio de lo dispuesto en el artículo 5.º, una resolución en rebeldía únicamente se reconocerá o declarará ejecutiva si el escrito que contenga los elementos esenciales de la demanda se hubiere notificado o comunicado a la parte rebelde de acuerdo con el derecho del Estado de origen y si, teniendo en cuenta las circunstancias, dicha parte hubiere dispuesto de un plazo suficiente para presentar su defensa.

Art. 7.º La autoridad del Estado de origen será considerada competente en el sentido del Convenio:

1. Si el deudor o el acreedor de alimentos tuviere su residencia habitual en el Estado de origen en el momento de abrirse juicio formal; o

2. Si el deudor y el acreedor de alimentos tuvieran la nacionalidad del Estado de origen en el momento de abrirse juicio formal; o

3. Si el demandado se hubiere sometido a la competencia de dicha autoridad, bien expresamente, o bien manifestándose sobre el fondo sin reservas respecto de la competencia.

Art. 8.º Sin perjuicio de las disposiciones del artículo 7.º, las autoridades de un Estado contratante que hubieren resuelto sobre la reclamación de alimentos se considerarán competentes en el sentido del Convenio si dichos alimentos se adeudaren por razón de divorcio, de separación de cuerpos, de anulación o de nulidad de matrimonio obtenidos ante una autoridad de dicho Estado reconocida como competente en esa materia, según el derecho del Estado requerido.

Art. 9.º La autoridad del Estado requerido estará vinculada por las constataciones de hecho sobre las cuales la autoridad del Estado de origen hubiere fundamentado su competencia.

Art. 10. Cuando la resolución recayere sobre varios fundamentos de la demanda de alimentos y cuando el reconocimiento o la ejecución no pudiere acordarse para la totalidad, la autoridad del Estado requerido aplicará el Convenio a la parte de la resolución que pudiere reconocerse o declararse ejecutoria.

Art. 11. Cuando la resolución hubiere ordenado la prestación de alimentos por pagos periódicos, la ejecución se concederá tanto para los pagos vencidos como para los pagos por vencer.

Art. 12. La autoridad del Estado requerido no procederá a ningún examen del fondo de la resolución, a menos que el Convenio disponga lo contrario.

CAPÍTULO III

PROCEDIMIENTO DE RECONOCIMIENTO Y DE EJECUCIÓN DE LAS RESOLUCIONES

Art. 13. El procedimiento de reconocimiento o de ejecución de la resolución se regirá por el derecho del Estado requerido, a menos que el Convenio disponga lo contrario.

Art. 14. Podrá siempre solicitarse el reconocimiento o la ejecución parcial de una resolución.

Art. 15. El acreedor de alimentos que, en el Estado de origen, hubiere disfrutado en su totalidad o en parte de asistencia letrada gratuita o de una exención de gastos y costas, disfrutará de la asistencia más favorable o de la exención más amplia prevista por el derecho del Estado requerido, en todo procedimiento de reconocimiento o de ejecución.

Art. 16. No podrá imponerse ninguna caución ni depósito alguno bajo cualquier denominación que fuere, para garantizar el pago de los gastos y costas en los procedimientos previstos por el Convenio.

Art. 17. La parte que invocare el reconocimiento o que pidiere la ejecución de una resolución deberá presentar:

1. Una copia completa y conforme de la resolución.
2. Todo documento necesario para probar que la resolución ya no puede ser objeto de recurso ordinario en el Estado de origen, y, en su caso, que es ejecutiva en el mismo.
3. Si se tratare de una decisión en rebeldía, el original o una copia certificada conforme del documento requerido para probar que el escrito que contenga los elementos esenciales de la demanda fue regularmente notificado o comunicado a la parte rebelde según el derecho del Estado de origen.
4. En su caso, todo documento necesario para probar que ha obtenido asistencia letrada gratuita o una exención de gastos y costas en el Estado de origen.
5. Salvo dispensa de la autoridad del Estado requerido, la traducción certificada conforme de los documentos anteriormente mencionados.

A falta de presentación de los susodichos documentos o si el contenido de la resolución no permitiere a la autoridad del Estado requerido comprobar que se han cumplido las condiciones del Convenio, dicha autoridad señalará un plazo para presentar todos los documentos necesarios.

No podrá exigirse ninguna legalización ni formalidad análoga.

CAPÍTULO IV

DISPOSICIONES COMPLEMENTARIAS RELATIVAS A LAS INSTITUCIONES PÚBLICAS

Art. 18. La resolución dictada contra un deudor de alimentos a petición de una Institución pública que persiguiere el reembolso de prestaciones facilitadas al acreedor de alimentos se reconocerá y declarará ejecutoria conforme al Convenio:

1. Si dicho reembolso pudiere obtenerse por la Institución según la Ley por la que se rija, y
2. Si la existencia de una obligación alimentaria entre dicho acreedor y dicho deudor estuviere preceptuada por la Ley interna señalada por el Derecho Internacional Privado del Estado requerido.

Art. 19. Una Institución pública puede, hasta el límite de las prestaciones suministradas al acreedor solicitar el reconocimiento o la ejecución de una resolución recaída entre el acreedor y el deudor de alimentos si, según la Ley por la cual se rigiere dicha Institución, ésta se hallare de pleno derecho habilitada para invocar el reconocimiento o para solicitar la ejecución de la resolución en lugar del acreedor.

Art. 20. Sin perjuicio de las disposiciones del artículo 17, la Institución pública que invocare el reconocimiento o que solicitare la ejecución deberá presentar todo documento necesario para probar que cumple las condiciones previstas por el artículo 18, número l, o por el artículo 19, y que han sido facilitadas las prestaciones al acreedor de alimentos.

CAPÍTULO V

TRANSACCIONES

Art. 21. Las transacciones ejecutorias en el Estado de origen se reconocerán y declararán ejecutorias en las mismas condiciones que las decisiones, en tanto en cuanto dichas condiciones les fueren aplicables.

CAPÍTULO VI

DISPOSICIONES DIVERSAS

Art. 22. Los Estados contratantes cuya Ley imponga res-

Art. 22: Téngase en cuenta lo prevenido por la Ley 40/1979, de 10 de diciembre, sobre régimen jurídico de control de cambios (*BOE de 13-12-1979*), modificada por la Ley Orgánica 10/1983 de 16 de agosto (*BOE* de 18-8-1983; corr. de errores *BOE* de 5-12-1983), y por el RD 2402/1980, de 10 de octubre, sobre régimen jurídico de control de cambios (*BOE* de 8-11-1980).

Con posterioridad, el RD 1816/1991, de 20 de diciembre, de Transacciones con el exterior (*BOE* de 27-12-1991), fue modificado parcialmente por el Decreto 42/1993, de 15 de enero (*BOE* de 1-2-1993); desarrollado por Orden de 27 de diciembre de 1991 (*BOE* de 31-12-1991), fue sucesivamente modificado por Orden de 2 de febrero de 1993 (*BOE* de 11-2-1993) y por las Resoluciones de la DGTE de 7 de enero de 1992 (*BOE* de 14-1-1992), 12 de junio de 1992 (*BOE* de 9-6-1992) y de 3 de febrero de 1993 (*BOE* de 12-2-1993).

tricciones a las transferencias de fondos concederán la máxima preferencia a las transferencias de fondos destinados a ser entregados como alimentos o a cubrir gastos y costas causados por toda demanda regulada por el Convenio.

Art. 23. El Convenio no impedirá que otro Instrumento internacional que vinculare al Estado de origen y al Estado requerido o que el derecho no convencional del Estado requerido sean invocados para obtener el reconocimiento o la ejecución de una resolución o de una transacción.

Art. 24. El Convenio será aplicable cualquiera que fuere la fecha en que hubiere recaído la resolución.

Cuando la resolución hubiere recaído antes de la entrada en vigor del Convenio, en las relaciones entre el Estado de origen y el Estado requerido, únicamente se declarará ejecutiva en este último Estado para los pagos por vencer después de dicha entrada en vigor.

Art. 25. Todo Estado contratante podrá declarar, en todo momento, que las disposiciones del Convenio se extenderán, en sus relaciones con los Estados que hubieren hecho la misma declaración, a todo documento auténtico autorizado y ejecutivo en el Estado de origen, extendido ante una autoridad o un funcionario público, en la medida en que dichas disposiciones pudieren aplicarse a los mencionados documentos.

Art. 26. Todo Estado contratante, de conformidad con el artículo 34, podrá reservarse el derecho a no reconocer ni declarar ejecutorias:

1. Las resoluciones y las transacciones relativas a alimentos adecuados —para el período posterior al matrimonio del acreedor o al cumplimiento por el mismo de la edad de veintiún años— por un deudor que no sea el cónyuge o el ex cónyuge del acreedor.
2. Las resoluciones y las transacciones en materia de obligaciones alimentarias:

Art. 23: Vid. Reglamento 44/2001 (*supra* núm. 7); Convenio de Lugano de 1988 (*supra* núm. 9); Convenios bilaterales comprendidos *supra* en núms. 28-51, excepto el Convenio entre España y México de 1989 [*supra* núm. 36, vid. su art. 3.2.*c*) que excluye esta materia] y el Convenio entre España y Brasil de 1989 (*supra* núm. 38); vid. su art. 16.*b*), que excluye las obligaciones alimenticias respecto de menores, no así el resto; vid. arts. 16.*a*) y 17.4. Vid. arts. 951-958 LEC (*supra* núm. 6).

Art. 25: Sobre las declaraciones formuladas por otros Estados parte en el Convenio, vid. las referencias contenidas en *BOE* de 12-8-1987 y, con posterioridad a esa fecha, las contenidas en las comunicaciones de la Secretaría General Técnica del Ministerio de Asuntos Exteriores publicadas trimestralmente en el *BOE*, de conformidad con el art. 32 del D. 801/1972, de 24 de marzo, relativo a la ordenación de la actividad del Estado en materia de tratados internacionales.

Art. 26: Vid. nota al art. 25.

a) Entre colaterales.
b) Entre afines.
3. Las resoluciones y transacciones que no previeren la prestación de alimentos mediante pagos periódicos.

Ningún Estado contratante que hubiere hecho uso de una reserva podrá pretender la aplicación del Convenio a las resoluciones y a las transacciones excluidas en su reserva.

Art. 27. Si un Estado contratante admitiere, en materia de obligaciones alimentarias, dos o más sistemas de derecho aplicables a las diferentes categorías de personas, cualquier referencia a la Ley de dicho Estado indicará el sistema jurídico que su derecho señale como aplicable a una categoría particular de personas.

Art. 28. Si un Estado contratante comprende dos o más unidades territoriales en las cuales se aplicaren diferentes sistemas de derecho en lo que se refiere al reconocimiento y a la ejecución de resoluciones en materia de obligaciones alimentarias:

1. Toda referencia a la Ley, al procedimiento o a la autoridad del Estado de origen se entenderá que hace remisión a la Ley, al procedimiento o a la autoridad de la unidad territorial en la cual la resolución se hubiere dictado.

2. Toda referencia a la Ley, al procedimiento o a la autoridad del Estado requerido, señalará la Ley, el procedimiento o la autoridad de la unidad territorial en la que el reconocimiento o la ejecución se hubiere invocado.

3. Toda referencia hecha, en aplicación de los números 1 y 2, bien a la Ley o al procedimiento del Estado de origen, bien a la Ley o al procedimiento del Estado requerido, deberá interpretarse que comprende todas las reglas y principios legales adecuados del Estado contratante que rijan las unidades territoriales que lo forman.

4. Toda referencia a la residencia habitual del acreedor o del deudor de alimentos en el Estado de origen, señalará la residencia habitual en la unidad territorial en que hubiere recaído la resolución.

Todo Estado contratante podrá declarar, en cualquier momento, que no aplicará una o varias de dichas reglas a una o a varias disposiciones del Convenio.

Art. 29. El presente Convenio sustituye, en las relaciones entre los Estados que son Parte en el mismo, al Convenio relativo al reconocimiento y a la ejecución de las decisiones en materia de obligaciones alimentarias para con los hijos, concluido en La Haya a 15 de abril de 1958.

Art. 28.4: Vid. nota al art. 25.

Art. 29: El Convenio de La Haya de 1958 (*BOE* de 12-9-1973) está en vigor entre España y las Antillas Holandesas, Aruba, Austria, Bélgica, los Departamentos y Territorios de Ultramar franceses, Hungría, Liechtenstein y Surinam, en tanto no ratifiquen el presente Convenio de 1973.

CAPÍTULO VII

DISPOSICIONES FINALES

Art. 30. El Convenio estará abierto a la firma de los Estados que fueren miembros de la Conferencia de La Haya de Derecho Internacional Privado en el momento de su duodécimo período de sesiones.

Será objeto de ratificación, aceptación o aprobación y los instrumentos de la misma se depositarán en el Ministerio de Negocios Extranjeros de los Países Bajos.

Art. 31. Todo Estado que únicamente fuere miembro de la Conferencia después del duodécimo período de sesiones, o que perteneciere a la Organización de las Naciones Unidas o a una Institución especializada de la misma, o que fuere parte en el Estatuto del Tribunal Internacional de Justicia, podrá adherirse al presente Convenio después de su entrada en vigor en virtud del artículo 35, párrafo primero.

El Instrumento de adhesión se depositará en el Ministerio de Negocios Extranjeros de los Países Bajos.

La adhesión sólo surtirá efecto en las relaciones entre el Estado adherido y los Estados contratantes que no hubieren hecho objeción en contra, dentro de los doce meses siguientes a la recepción de la notificación prevista en el número 3 del artículo 37. Tal objeción podrá igualmente hacerse por cualquier Estado miembro en el momento de una ratificación, aceptación o aprobación del Convenio, ulterior a la adhesión. Dichas objeciones se notificarán al Ministerio de Negocios Extranjeros de los Países Bajos.

Art. 32. Todo Estado, en el momento de la firma, de la ratificación, de la aprobación, de la aceptación o de la adhesión, podrá declarar que el Convenio se extenderá al conjunto de los territorios que represente en el plano internacional, o a uno o varios de ellos.

Dicha declaración surtirá efecto en el momento de la entrada en vigor del Convenio para dicho Estado.

En adelante, toda extensión de dicha naturaleza se notificará al Ministerio de Negocios Extranjeros de los Países Bajos.

La extensión surtirá efecto en las relaciones entre los Estados contratantes que, dentro de los doce meses siguientes a la recepción de la notificación prevista en el artículo 37, número 4, no hubieren formulado objeción en contra de la misma, y el territorio o los territorios de cuyas relaciones internacionales estuviere encargado el susodicho Estado, y respecto del cual o de los cuales se hubiere hecho la notificación.

Podrá igualmente hacerse tal objeción por cualquier Estado

Art. 32: Vid. nota al art. 25.

miembro en el momento de la ratificación, aceptación o aprobación ulterior de la extensión.

Dichas objeciones se notificarán al Ministerio de Negocios Extranjeros de los Países Bajos.

Art. 33. Todo Estado contratante, que comprenda dos o varias unidades territoriales en las cuales se apliquen sistemas de derecho diferentes en lo que se refiere al reconocimiento y ejecución de resoluciones en materia de obligaciones alimentarias, podrá declarar, en el momento de la firma, de la ratificación, de la aceptación, de la aprobación o de la adhesión, que el presente Convenio se extenderá a todas esas unidades territoriales o solamente a una o varias de ellas y, en cualquier momento, podrá modificar dicha declaración haciendo una nueva.

Las declaraciones se notificarán al Ministerio de Negocios Extranjeros de los Países Bajos e indicarán expresamente la unidad territorial a la cual se aplicará el Convenio.

Los demás Estados contratantes podrán negarse a reconocer una resolución en materia de obligaciones alimentarias si, en la fecha en que el reconocimiento se hubiere invocado, el Convenio no fuere aplicable a la unidad territorial en que hubiere recaído la decisión.

Art. 34. Todo Estado podrá hacer una o varias reservas previstas en el artículo 26, lo más tarde en el momento de la ratificación, de la aceptación, de la aprobación o de la adhesión. No se admitirá ninguna otra reserva.

Igualmente, todo Estado podrá hacer una o varias de dichas reservas, con efecto limitado a los territorios o a alguno de los mismos señalados por la extensión, notificando la extensión del Convenio de conformidad con el artículo 32.

Todo Estado contratante podrá retirar una reserva que hubiere hecho, en todo momento. Dicha retirada se notificará al Ministerio de Negocios Extranjeros de los Países Bajos.

El efecto de la reserva cesará el primer día del tercer mes de calendario siguiente a la notificación mencionada en el párrafo precedente.

Art. 35. El Convenio entrará en vigor el primer día del tercer mes de calendario siguiente al depósito del tercer instrumento de ratificación, de aceptación o de aprobación previstos por el artículo 30.

Con posterioridad, el Convenio entrará en vigor:

Para cada Estado signatario que lo ratificare, aceptare o aprobare posteriormente, el primer día del

---

Art. 33: Vid. nota al art. 25.

Art. 34: Sobre las reservas formuladas por otros Estados parte en el Convenio, vid. las referencias al *BOE* indicadas en nota al art. 25.

Art. 35: El Convenio entró en vigor para España el 1 de septiembre de 1987. Respecto a la fecha de entrada en vigor para otros Estados partes, vid. las referencias al *BOE* indicadas en la nota al art. 25.

tercer mes de calendario siguiente al depósito de su Instrumento de ratificación, de aceptación o de aprobación.

Para cualquier Estado adherido, el primer día del tercer mes de calendario siguiente a la expiración del plazo señalado en el artículo 31.

Para los territorios a los cuales se hubiere extendido el Convenio de acuerdo con el artículo 32, el primer día del tercer mes de calendario siguiente a la expiración del plazo señalado en dicho artículo.

Art. 36. El Convenio tendrá una duración de cinco años a partir de su fecha de entrada en vigor, de conformidad con el artículo 35, párrafo primero, incluso para los Estados que lo hubieren ratificado, aceptado o aprobado o que se hubieren adherido al mismo, posteriormente.

El Convenio se renovará tácitamente de cinco en cinco años, salvo denuncia.

La denuncia se notificará al Ministerio de Negocios Extranjeros de los Países Bajos, con seis meses de antelación, por lo menos, al vencimiento del plazo de cinco años. Podrá quedar limitada a determinados territorios a los cuales se aplique el Convenio.

La denuncia sólo surtirá efecto respecto del Estado que la hubiere notificado. El Convenio permanecerá en vigor para los demás Estados contratantes.

Art. 37. El Ministerio de Negocios Extranjeros de los Países Bajos notificará a los Estados miembros de la Conferencia, así como a los Estados que se hubieren adherido de acuerdo con lo dispuesto en el artículo 31:

1. Las firmas, ratificaciones, aceptaciones y aprobaciones previstas en el artículo 30.
2. La fecha en que el Convenio entrará en vigor conforme a lo dispuesto en el artículo 35.
3. Las adhesiones previstas en el artículo 31 y la fecha en la que surtirán efecto.
4. Las extensiones previstas en el artículo 32 y la fecha en que surtirán efecto.
5. Las objeciones a las adhesiones y las extensiones previstas en los artículos 31 y 32.
6. Las declaraciones mencionadas en los artículos 25 y 32.
7. Las denuncias previstas en el artículo 36.
8. Las reservas previstas en los artículos 26 y 34 y la retirada de las reservas previstas en el artículo 34.

En fe de lo cual, los infrascritos, debidamente autorizados, han firmado el presente Convenio.

Hecho en La Haya, el 2 de octubre de 1973, en francés y en inglés, dando igualmente fe ambos textos, en un solo ejemplar, que se depositará en los archivos del Gobierno de los Países Bajos y sendas copias del cual, certificadas conformes, se remitirán por vía diplomática a los Estados miembros de la Conferencia de La Haya de Derecho Internacional Privado en el momento de su duodécimo período de sesiones.

65. CONVENIO ENTRE EL REINO DE ESPAÑA Y LA REPÚBLICA ORIENTAL DEL URUGUAY SOBRE CONFLICTOS DE LEYES EN MATERIA DE ALIMENTOS PARA MENORES Y RECONOCIMIENTO Y EJECUCIÓN DE DECISIONES Y TRANSACCIONES JUDICIALES RELATIVAS A ALIMENTOS, HECHO EN MONTEVIDEO EL 4 DE NOVIEMBRE DE 1987*

(*BOE* núm. 31, de 5 de febrero de 1992)

El Reino de España y la República Oriental del Uruguay,

Conscientes de los profundos vínculos históricos que unen a ambas Naciones,

Deseando traducirlos en instrumentos de cooperación jurídica,

Han decidido concluir un Convenio sobre conflictos de leyes en materia de alimentos para menores y reconocimiento y ejecución de decisiones judiciales relativas a alimentos y a tal efecto han convenido lo siguiente:

TÍTULO PRIMERO

Del ámbito y ley aplicable

Artículo 1.º 1. Cuando un menor tuviere su residencia habitual en el territorio de una de las Partes y el obligado a prestar alimentos residiere habitualmente o tuviere bienes o ingresos en el territorio de la otra Parte, la ley aplicable, en caso de conflicto, se determinará de acuerdo con el presente Convenio.

2. A los efectos de este Convenio, por el término menor se entiende aquella persona que sea calificada como tal por la ley de su residencia habitual.

Art. 2.º La Ley aplicable, a elección del acreedor, es la de su residencia habitual o la de la residencia habitual del deudor, en uno de los Estados Partes o la ley del Estado Parte donde el deudor tuviera bienes o ingresos.

Art. 3.º 1. Las normas de este Título sólo regulan los conflictos de leyes en materia de alimentos para menores.

2. Las decisiones adoptadas en aplicación de este Convenio

* *Texto auténtico*: español.

Art. 2.º: Vid. art. 9.7 del Código civil (*infra* núm. 72) y nota.

no prejuzgan acerca de las relaciones de filiación y de familia entre el menor y el deudor de alimentos aunque pueden servir como elemento probatorio, en cuanto fuere pertinente.

Art. 4.º En caso de cambio de la residencia habitual del menor, la ley del Estado de la nueva residencia es aplicable, a partir del momento en que se efectuase el cambio.

Art. 5.º La Ley aplicable al derecho alimentario regula también:

a) El monto del crédito alimentario y los plazos y condiciones para hacerlo efectivo.

b) La determinación de quienes pueden ejercer la acción alimentaria en nombre y representación del menor.

c) Quiénes son las personas y entidades obligadas a prestar las obligaciones alimentarias.

Art. 6.º No será aplicable la ley designada por este Convenio, cuando su aplicación fuese manifiestamente incompatible con el orden público del Estado en el que se ejercitase la acción de alimentos.

TÍTULO II

De la jurisdicción competente

Art. 7.º Serán Tribunales competentes para conocer de la acción de alimentos:

a) Los del Estado Parte de la residencia habitual del menor.

b) Los del Estado Parte de la residencia habitual del deudor.

c) Los del Estado Parte donde el deudor tuviere bienes o ingresos.

Los mismos Tribunales que hubieren conocido de la acción de fijación de alimentos serán competentes para conocer de las acciones de cese y reducción, así como para la adopción de medidas aseguratorias, lo serán en la acción de aumento de los alimentos, cualquiera de los Tribunales precitados.

Art. 8.º Sin perjuicio de lo dispuesto en el artículo precedente, también serán competentes para asignar alimentos provisionales a los menores, los Jueces que conozcan en los juicios de divorcio, separación de cuerpos e investigación de paternidad, cuando ello fuere impuesto por la respectiva ley aplicable.

Art. 7.º: Vid. art. 22.3 LOPJ (*supra* núm. 4).

TÍTULO III

De la cooperación jurídica

Art. 9.º Todo lo concerniente al libramiento y tramitación de las cartas rogatorias, así como el reconocimiento y ejecución de las decisiones y transacciones judiciales de fijación de alimentos, quedarán sometidos a lo previsto en el Convenio de Cooperación Jurídica entre el Reino de España y la República Oriental del Uruguay.

TÍTULO IV

De las Instituciones

Art. 10. 1. El derecho de una Institución de Protección de Menores pública o privada de interés público en un Estado Parte a obtener el reembolso de las prestaciones satisfechas por incumplimiento del deudor de alimentos, se regulará de acuerdo con la ley por la que se rige la Institución.

2. Las Instituciones, referidas en el párrafo anterior, podrán instar el reconocimiento y ejecución de la decisión, en representación del menor. A la solicitud se acompañarán los documentos acreditativos de la legitimación y de que se ha efectuado la prestación al menor.

TÍTULO V

Disposiciones diversas

Art. 11. Las Partes Contratantes se comprometen a facilitar las transferencias de los fondos que procedieren por aplicación de este Convenio.

Art. 12. Si el menor hubiera gozado del beneficio de justicia gratuita en el Estado donde hubiere ejercido la acción, gozará también de este beneficio en el procedimiento de reconocimiento y ejecución.

Art. 13. El reconocimiento y la ejecución procederán, cualquiera que sea la fecha de la decisión. Si ésta fuere anterior a la entrada en vigor del Convenio la ejecución sólo procederá en relación a los pagos no vencidos.

Art. 14. 1. El presente Convenio está sujeto a ratificación, entrando en vigor el último día del mes siguiente al canje de los respectivos instrumentos.

2. El presente Convenio tiene una duración indefinida. Cualquiera de las Partes podrá denunciarlo mediante un aviso escrito por vía diplomática. La denuncia será efectiva a partir del último día del siguiente sexto mes de haberse efectuado dicha notificación.

En testimonio de lo cual, los abajo firmantes, debidamente autorizados por sus respectivos Gobiernos, han firmado el presente Convenio.

Hecho en la ciudad de Montevideo a los cuatro días del mes de noviembre del año de mil novecientos ochenta y siete, en dos ejemplares igualmente auténticos e igualmente haciendo fe.

d) Sucesiones

66. CONVENIO CONSULAR ENTRE ESPAÑA Y EL REINO UNIDO DE GRAN BRETAÑA E IRLANDA DEL NORTE, DE 30 DE MAYO DE 1961*

(Arts. 33-42)

(*BOE* núm. 101, de 27 de abril de 1963)

....

Art. 33. 1. Cuando una persona fallecida dejare bienes en el territorio y un nacional del Estado mandante tuviere o reclamare un derecho, de cualquier naturaleza, sobre ellos, como albacea, heredero testamentario o abintestato, legatario, acreedor o por cualquier otro título y no residiere en el territorio, ni estuviere legalmente representado en el mismo, el Cónsul, en cuya demarcación se hubiere organizado la administración de la herencia del causante o, si no hubiere sido organizada, donde se hallaren los bienes, tendrá derecho a representar al nacional en lo concerniente a sus intereses en la herencia o en los bienes, como si

* La entrada en vigor se produjo a los treinta días del canje de los instrumentos de ratificación, que tuvo lugar el 12 marzo de 1963. *Texto auténtico*: español e inglés. Se transcribe únicamente el título VI, «Sucesiones», que comprende los arts. 33 a 43.

hubiera otorgado poder especial a su favor.

2. Lo dispuesto en el presente artículo será de aplicación cualquiera que fuere la nacionalidad del causante e independiente del lugar de su fallecimiento.

Art. 34. 1. El Cónsul, con el derecho de representación previsto en el párrafo 1 del artículo 33, podrá adoptar las medidas necesarias para la conservación y custodia de los intereses del nacional a quien represente. Tendrá, igualmente, derecho a entrar en posesión de la herencia o de los bienes, con las mismas facultades que tendría en el caso de haberle sido otorgado un poder especial para ello por el nacional cuyo interés representa, a no ser que otra persona, con derecho igual o preferente, hubiere realizado los actos precisos para entrar en posesión de la herencia o de los bienes.

2. Cuando la ley del territorio exija una autorización o un mandamiento judicial con el fin de habilitar al Cónsul para la custodia de los bienes o para entrar en posesión de ellos, se expedirá, a petición suya, la autorización o mandamiento correspondiente como si se tratara de un mandatario del nacional con poder especial otorgado en debida forma. A la vista de un principio de prueba de la necesidad y urgencia de asegurar la conservación y custodia de los bienes de la herencia y de la existencia de alguna o algunas personas con interés que el Cónsul tuviere derecho a representar, los Tribunales deberán, apreciada la existencia de dicha necesidad, otorgar provisionalmente al Cónsul una autorización o librar un mandamiento limitados a la conservación y custodia de la herencia hasta que se emita la autorización o mandamiento ulteriores.

Art. 35. 1. El Cónsul podrá también ejercer la plena administración de la herencia como si fuese el apoderado legal de la persona cuyos intereses representa.

2. Cuando las leyes territoriales exijan autorización o mandamiento judiciales para estos fines, el Cónsul tendrá igual derecho, salvo lo dispuesto en el párrafo 3 del presente artículo, a solicitar y obtener la autorización o mandamiento correspondientes, como si fuere el mandatario legal de la persona cuyos intereses representa.

3. Sin embargo, los Tribunales, cuando lo juzguen oportuno, podrán:

a) aplazar la expedición de la autorización o mandamiento solicitados por el Cónsul, durante el tiempo que estimen necesario, para que la persona representada por el Cónsul tenga la posibilidad de ser informada y pueda decidir si desea confiar su representación a persona distinta del Cónsul;

b) requerir del Cónsul la aportación de prueba suficiente sobre el hecho de la entrega de los bienes a los derechohabientes y, si no pudiera aportarla, la reintegración o restitución de los bienes a la autoridad o persona que aquéllos designen;

c) requerir del Cónsul cuando hubiera cumplido sus funciones de administrador de la herencia, la transmisión efectiva de los bienes a los derechohabientes de la manera que aquéllos decidan.

Art. 36. El Cónsul que actúe como representante de un nacional, de conformidad con el párrafo 1 del artículo 33, dejará de estar facultado para representarle:

a) a partir de la fecha en que hubiese sido informado de que el nacional se halla ya representado en el territorio en cualquier otra forma, en los casos en que los Tribunales no hubieran extendido la autorización o mandamiento a favor del Cónsul;

b) a partir de la fecha en que se hubiere expedido una nueva autorización o mandamiento judicial a instancia del nacional o de su representante legal, en los casos en que se hubiere extendido a favor del Cónsul una autorización o mandamiento.

En ambos casos, la situación del Cónsul, a partir de las fechas indicadas en los párrafos *a*) y *b*) del presente artículo, será similar a la que resultaría de haber tenido un poder del nacional, que hubiese sido revocado.

Art. 37. 1. Los Cónsules, sin necesidad de obtener previamente licencia especial, podrán también hacerse cargo y distribuir las herencias de pequeña cuantía de los nacionales del Estado mandante fallecidos, en la forma y condiciones permitidas por la Ley del territorio donde se encuentren los bienes.

2. Lo dispuesto en el presente artículo no modifica lo dispuesto en el artículo 51 del presente Convenio sobre las herencias de la gente de mar.

Art. 38. 1. Cuando un nacional del Estado mandante falleciese en viaje por un territorio, careciendo en él de domicilio o residencia, el Cónsul podrá tomar en custodia el dinero y los efectos personales en posesión del difunto, para su conservación, salvo el derecho de las autoridades competentes del territorio de tomar posesión de los mismos, si así lo exigieran el interés de la justicia o la averiguación de un delito.

2. La posesión y disposición de dicho dinero o efectos, estarán sometidos a lo establecido en los artículos 33 a 37 del presente Convenio y a la Ley del territorio.

Art. 39. 1. Sin perjuicio de lo dispuesto en los artículos 33 a 37, el Cónsul podrá recibir de la autoridad judicial o de personas físicas o jurídicas, para su envío a un nacional del Estado mandante que no se halle en el territorio, el dinero o los bienes que éste tuviere derecho a percibir por causa del fallecimiento de una persona. Este dinero o bienes podrán proceder, aunque no exclusivamente, de herencias, de pagos efectuados en aplicación de las leyes de accidente del trabajo o análogas, o en virtud de pólizas de seguros de vida. La autoridad judicial o las personas físicas o jurídicas que practicaran la partición no estarán obligadas a enviar el dinero de bienes por intermedio del Cónsul y éste tampoco estará obligado a hacerse cargo de ellos para su envío. No obstante, si los recibiere, habrá de atenerse a las condiciones impuestas por la autoridad judicial o las personas físicas o jurídicas, relativas a la prueba de la entrega de los referidos bienes a los interesados, o a su restitución en defecto de aquella prueba.

2. El dinero o los bienes sólo podrán ser entregados, remitidos o enviados al Cónsul, en la medida y condiciones en que la ley territorial permita la entrega, remisión o envío a la persona que el Cónsul representa o a aquellas en cuyo nombre los recibiere.

3. El Cónsul no tendrá sobre dicho dinero o bienes más derechos que los que hubiera tenido la persona a que represente o por cuenta de quien los reciba si hubieran sido entregados, remitidos o enviados directamente a ella.

Art. 40. Cuando en virtud de lo dispuesto en el presente Título, la autoridad judicial o cualquier persona física o jurídica entreguen al Cónsul dinero u otra clase de bienes, aquéllas podrán exigir a éste un recibo acreditativo de la entrega.

Art. 41. 1. Las autoridades territoriales competentes, tan pronto como tuvieren conocimiento, informarán a los Cónsules correspondientes:

a) de la apertura en el territorio de una sucesión respecto a la cual el Cónsul pueda tener derecho a tutelar intereses en virtud de lo dispuesto en los artículos 33 al 37, con independencia de la nacionalidad del causante;

b) del fallecimiento en el territorio de un nacional del Estado mandante cuando aparte de las autoridades del Estado de residencia, ninguna persona con derecho a reclamar la administración de la herencia se halle presente o representada.

2. El Cónsul deberá, igualmente, notificar a las autoridades competentes, cuando la mencionada información le llegare por cualquier otro conducto.

Art. 42. Los Cónsules que ejerzan los derechos que el presente Título les reconoce en materia de sucesiones, estarán sometidos a la jurisdicción de los Tribunales del territorio en cualquier clase de litigios que con tal motivo se susciten, no obstante lo dispuesto en el párrafo 2 del artículo 16 y en el párrafo 3 del artículo 18. En estos casos, los Cónsules comparecerán en juicio no a título personal, sino como representantes del nacional interesado en la sucesión en razón del ejercicio de sus funciones consulares.

67. CONVENIO SOBRE CONSTATACIÓN DE CIERTAS DEFUNCIONES, HECHO EN ATENAS EL 14 DE SEPTIEMBRE DE 1966*

(*BOE* núm. 71, de 22 de marzo de 1980; corr. de errores, *BOE* núm. 170, de 16 de julio)

La República Federal de Alemania, la República de Austria, el Reino de Bélgica, la República Francesa, el Reino de Grecia, la República Italiana, el Gran Ducado de Luxemburgo, el Reino de los Países Bajos, la Confederación Suiza, la República Turca, miembros de la Comisión Internacional del Estado Civil, animados por el deseo de permitir la constatación de ciertas defunciones, han convenido las disposiciones siguientes:

Artículo 1.º Cuando el cuerpo de una persona desaparecida no ha podido ser encontrado y, sin embargo, a la vista del conjunto de las circunstancias, la defunción puede ser estimada como cierta, la autoridad judicial o la autoridad administrativa habilitada a este efecto tiene competencia para declarar esa defunción:

Bien cuando la desaparición ha sobrevenido sobre el territorio del Estado del que depende aquella autoridad o en el curso del viaje de un buque o de una aeronave matriculados en este Estado.

Bien cuando el desaparecido era súbdito de ese Estado o tenía su domicilio o su residencia en el territorio de dicho Estado.

Art. 2.º En caso de defunción cierta sobrevenida fuera del territorio de los Estados contratantes, si no se ha practicado ninguna inscripción o no puede producirse, la autoridad judicial o la autoridad administrativa habilitada a este efecto tiene competencia para declarar esa defunción:

Bien cuando la defunción ha sobrevenido en el curso del viaje de un buque o de una aeronave matriculados en el Estado del que depende aquella autoridad.

Bien cuando el difunto era súbdito de este Estado o tenía su domicilio o su residencia en el territorio de dicho Estado.

Art. 3.º Las decisiones previstas en los artículos 1 y 2 serán adoptadas a instancia de la autoridad competente o de cualquier parte interesada. En defecto de conocimiento preciso de la fecha del fallecimiento, ésta deberá ser se-

* *Texto auténtico*: francés. *Estados parte*: España, Grecia, Países Bajos, Portugal y Turquía. Para los datos posteriores al cierre de la edición y otras informaciones relativas al Convenio véase: http://www.ciecl.org.

ñalada teniendo en cuenta todas las pruebas o indicios sobre las circunstancias o época de la muerte.

Art. 4.º La parte dispositiva de las decisiones previstas en los artículos 1 y 2 se transcribirá en el Registro Civil del Estado en el que han sido adoptadas.

La inscripción practicada tiene, de pleno derecho, valor de inscripción de defunción en los Estados contratantes.

Art. 5.º El presente Convenio no excluye la aplicación de disposiciones que faciliten más la constatación de la defunción.

Art. 6.º Los Estados contratantes notificarán al Consejo Federal Suizo el cumplimiento de los procedimientos requeridos por su Constitución para hacer aplicable en su territorio el presente Convenio. El Consejo Federal Suizo comunicará a los Estados contratantes y al Secretario general de la Comisión Internacional del Estado Civil cualquier notificación incluida en el párrafo anterior.

Art. 7.º El presente Convenio entrará en vigor a contar desde el trigésimo día siguiente a la fecha del depósito de la segunda notificación y producirá desde entonces efecto entre los dos Estados que hayan cumplido esta formalidad.

Para cada uno de los Estados firmantes que cumplan posteriormente la formalidad prevista en el artículo anterior, el presente Convenio producirá efecto a contar desde el trigésimo día siguiente a la fecha del depósito de su notificación.

Art. 8.º El presente Convenio se aplica de pleno derecho en toda la extensión del territorio metropolitano de cada uno de los Estados contratantes.

Todo Estado contratante podrá, en el momento de la firma de la notificación prevista en el artículo 6, de la adhesión o ulteriormente, declarar por notificación dirigida al Consejo Federal Suizo que las disposiciones del presente Convenio serán aplicables a uno o varios de sus territorios extrametropolitanos o a los Estados o territorios cuya responsabilidad internacional asume.

El Consejo Federal suizo comunicará esta última notificación a cada uno de los Estados contratantes y al Secretario general de la Comisión Internacional del Estado Civil. Las disposiciones del presente Convenio llegarán a ser aplicables en el territorio o territorios designados en la notificación al sexagésimo día siguiente a la fecha en la cual el Consejo Federal Siuzo haya recibido dicha notificación.

Todo Estado que haya hecho una declaración, conforme a las disposiciones del párrafo segundo del presente artículo, podrá declarar en cualquier momento posterior, por notificación dirigida al Consejo Federal Suizo, que el presente Convenio dejará de ser aplicable a uno o varios de los Estados o territorios designados en la declaración.

El Consejo Federal Suizo comunicará la nueva notificación a

cada uno de los Estados contratantes y al Secretario general de la Comisión Internacional del Estado Civil.

El Convenio cesará de ser aplicable a los territorios indicados el sexagésimo día siguiente a la fecha en la cual el Consejo Federal Suizo haya recibido dicha notificación.

Art. 9.º Todo Estado miembro del Consejo de Europa o de la Comisión Internacional del Estado Civil podrá adherirse al presente Convenio. El Estado que así lo desee notificará su intención por un acta que se depositará en el Consejo Federal Suizo. Éste comunicará a cada uno de los Estados contratantes y al Secretario general de la Comisión Internacional del Estadio Civil cualquier depósito del acta de adhesión. El Convenio entrará en vigor, para el Estado que se adhiera, el trigésimo día siguiente a la fecha del depósito del acta de adhesión.

El depósito del acta de adhesión no podrá tener lugar más que después de la entrada en vigor del presente Convenio.

Art. 10. El presente Convenio permanecerá en vigor sin límite de duración. Cada uno de los Estados contratantes tendrá, no obstante, la facultad de denunciarlo en cualquier tiempo por medio de una notificación dirigida por escrito al Consejo Federal Suizo, el cual informará de la misma a los otros Estados contratantes y al Secretario general de la Comisión Internacional del Estado Civil.

Esta facultad de denuncia no podrá ejercitarse antes de que expire un plazo de cinco años a contar desde la fecha de la notificación prevista en el artículo 6 o desde la adhesión.

La denuncia producirá efecto a contar desde un plazo de seis meses después de la fecha en la cual el Consejo Federal Suizo haya recibido la notificación prevista en el párrafo primero del presente artículo.

En fe de lo cual, los representantes abajo firmantes, debidamente autorizados a este efecto, han firmado el presente Convenio.

Hecho en Atenas el día 14 de septiembre de 1966, en un solo ejemplar, que será depositado en los archivos del Consejo Federal Suizo, y del cual una copia certificada conforme será remitida a cada uno de los Estados contratantes y al Secretario general de la Comisión Internacional del Estado Civil.

III. ARBITRAJE

68. LEY 60/2003, DE 23 DE DICIEMBRE, DE ARBITRAJE

(Arts. 1.º, 2.º, 3.º, 8.º, 9.º, 11, 23, 34 y 46)

(*BOE* núm. 309, de 26 de diciembre de 2003)

TÍTULO PRIMERO

Disposiciones generales

Artículo 1.º *Ámbito de aplicación.*—1. Esta ley se aplicará a los arbitrajes cuyo lugar se halle dentro del territorio español, sean de carácter interno o internacional, sin perjuicio de lo establecido en tratados de los que España sea parte o en leyes que contengan disposiciones especiales sobre arbitraje.

2. Las normas contenidas en los apartados 3, 4 y 6 del artículo 8, en el artículo 9, excepto el apartado 2, en los artículos 11 y 23 y en los títulos VIII y IX de esta ley se aplicarán aun cuando el lugar del arbitraje se encuentre fuera de España.

3. Esta ley será de aplicación supletoria a los arbitrajes previstos en otras leyes.

4. Quedan excluidos del ámbito de aplicación de esta ley los arbitrajes laborales.

Art. 2.º *Materias objeto de arbitraje.*—1. Son susceptibles de arbitraje las controversias sobre materias de libre disposición conforme a derecho.

2. Cuando el arbitraje sea internacional y una de las partes sea un Estado o una sociedad, organización o empresa controlada por un Estado, esa parte no podrá invocar las prerrogativas de su propio derecho para sustraerse a las obligaciones dimanantes del convenio arbitral.

Art. 3.º *Arbitraje internacional.*—1. El arbitraje tendrá carácter internacional cuando en él concurra alguna de las siguientes circunstancias:

a) Que, en el momento de celebración del convenio arbitral, las partes tengan sus domicilios en Estados diferentes.

b) Que el lugar del arbitraje, determinado en el convenio arbitral o con arreglo a éste, el lugar de cumplimiento de una parte sustancial de las obligaciones de la relación jurídica de la que dimane la controversia o el lugar con el que ésta tenga una relación más estrecha, esté situado fuera del Estado en que las partes tengan sus domicilios.

c) Que la relación jurídica de la que dimane la controversia afecte a intereses del comercio internacional.

2. A los efectos de lo dispuesto en el apartado anterior, si alguna de las partes tiene más de un domicilio, se estará al que guarde una relación más estrecha con el convenio arbitral; y si una parte no tiene ningún domicilio, se estará a su residencia habitual.

....

Art. 8.º *Tribunales competentes para las funciones de apoyo y control del arbitraje.*—1. Para el nombramiento judicial de árbitros será competente el Juzgado de Primera Instancia del lugar del arbitraje; de no estar éste aún determinado, el del domicilio o residencia habitual de cualquiera de los demandados; si ninguno de ellos tuviere domicilio o residencia habitual en España, el del domicilio o residencia habitual del actor, y si éste tampoco los tuviere en España, el de su elección.

2. Para la asistencia judicial en la práctica de pruebas será competente el Juzgado de Primera Instancia del lugar del arbitraje o el del lugar donde hubiere de prestarse la asistencia.

3. Para la adopción judicial de medidas cautelares será tribunal competente el del lugar en que el laudo deba ser ejecutado y, en su defecto, el del lugar donde las medidas deban producir su eficacia, de conformidad con lo previsto en el artículo 724 de la Ley de Enjuiciamiento Civil.

4. Para la ejecución forzosa del laudo será competente el Juzgado de Primera Instancia del lugar en que se haya dictado, de acuerdo con lo previsto en el apartado 2 del artículo 545 de la Ley de Enjuiciamiento Civil y, en su caso, el previsto en el artículo 958 de la Ley de Enjuiciamiento Civil de 1881.

5. Para conocer de la acción de anulación del laudo será competente la Audiencia Provincial del lugar donde aquél se hubiere dictado.

6. Para el exequátur de laudos extranjeros será competente el órgano jurisdiccional al que el ordenamiento procesal civil atribuya la ejecución de las sentencias dictadas por tribunales extranjeros.

TÍTULO II

Del convenio arbitral y sus efectos

Art. 9.º *Forma y contenido del convenio arbitral.*—1. El convenio arbitral, que podrá adoptar la forma de cláusula incorporada a un contrato o de acuerdo independiente, deberá expresar la voluntad de las partes de someter a arbitraje todas o algunas de las controversias que hayan surgido o puedan surgir respecto de una determinada relación jurídica, contractual o no contractual.

2. Si el convenio arbitral está contenido en un contrato de adhesión, la validez de dicho convenio y su interpretación se regirán por lo dispuesto en las normas aplicables a ese tipo de contrato.

3. El convenio arbitral deberá constar por escrito, en un documento firmado por las partes o en un intercambio de cartas, telegramas, télex, fax u otros medios de telecomunicación que dejen constancia del acuerdo.

Se considerará cumplido este requisito cuando el convenio arbitral conste y sea accesible para su ulterior consulta en soporte electrónico, óptico o de otro tipo.

4. Se considerará incorporado al acuerdo entre las partes el convenio arbitral que conste en un documento al que éstas se hayan remitido en cualquiera de las formas establecidas en el apartado anterior.

5. Se considerará que hay convenio arbitral cuando en un intercambio de escritos de demanda y contestación su existencia sea afirmada por una parte y no negada por la otra.

6. Cuando el arbitraje fuere internacional, el convenio arbitral será válido y la controversia será susceptible de arbitraje si cumplen los requisitos establecidos por las normas jurídicas elegidas por las partes para regir el convenio arbitral, o por las normas jurídicas aplicables al fondo de la controversia, o por el derecho español.

....

Art. 11. *Convenio arbitral y demanda en cuanto al fondo ante un Tribunal.*—1. El convenio arbitral obliga a las partes a cumplir lo estipulado e impide a los tribunales conocer de las controversias sometidas a arbitraje, siempre que la parte a quien interese lo invoque mediante declinatoria.

2. La declinatoria no impedirá la iniciación o prosecución de las actuaciones arbitrales.

3. El convenio arbitral no impedirá a ninguna de las partes, con anterioridad a las actuaciones arbitrales o durante su tramitación, solicitar de un tribunal la adopción de medidas cautelares ni a éste concederlas.

....

TÍTULO IV

De la competencia de los árbitros

....

Art. 23. *Potestad de los árbitros de adoptar medidas cautelares.*—1. Salvo acuerdo en contrario de las partes, los árbitros podrán, a instancia de cualquiera de ellas, adoptar las medidas cautelares que estimen necesarias respecto del objeto del litigio. Los árbitros podrán exigir caución suficiente al solicitante.

2. A las decisiones arbitrales sobre medidas cautelares, cualquiera que sea la forma que revistan, les serán de aplicación las normas sobre anulación y ejecución forzosa de laudos.

....

TÍTULO VI

Del pronunciamiento del laudo y de la terminación de las actuaciones

....

Art. 34. *Normas aplicables al fondo de la controversia.*—1. Los árbitros sólo decidirán en equidad si las partes les han autorizado expresamente para ello.

2. Sin perjuicio de lo dispuesto en el apartado anterior, cuando el arbitraje sea internacional, los árbitros decidirán la controversia de conformidad con las normas jurídicas elegidas por las partes. Se entenderá que toda indicación del derecho u ordenamiento jurídico de un Estado determinado se refiere, a menos que se exprese lo contrario, al derecho sustantivo de ese Estado y no a sus normas de conflicto de leyes.

Si las partes no indican las normas jurídicas aplicables, los árbitros aplicarán las que estimen apropiadas.

3. En todo caso, los árbitros decidirán con arreglo a las estipulaciones del contrato y tendrán en cuenta los usos aplicables.

....

TÍTULO IX

Del exequátur de laudos extranjeros

Art. 46. *Carácter extranjero del laudo. Normas aplicables.*—1. Se entiende por laudo extranjero el pronunciado fuera del territorio español.

2. El exequátur de laudos extranjeros se regirá por el Convenio sobre reconocimiento y ejecución de las sentencias arbitrales extranjeras, hecho en Nueva York, el 10 de junio de 1958, sin perjuicio de lo dispuesto en otros convenios internacionales más favorables a su concesión, y se sustanciará según el procedimiento establecido en el ordenamiento procesal civil para el de sentencias dictadas por tribunales extranjeros.

....

Art. 46.2: Vid. *infra* núm. 69.

69. CONVENIO SOBRE RECONOCIMIENTO Y EJECUCIÓN DE SENTENCIAS ARBITRALES EXTRANJERAS, HECHO EN NUEVA YORK EL 10 DE JUNIO DE 1958*

(*BOE* núm. 164, de 11 de julio de 1977)

Artículo I. 1. La presente Convención se aplicará al reconocimiento y la ejecución de las sentencias arbitrales dictadas en el territorio de un Estado distinto de aquel en que se pide el reconocimiento y la ejecución de dichas sentencias, y que tengan su origen en diferencias entre personas naturales o jurídicas. Se aplicará también a las sentencias arbitrales que no sean consideradas como sentencias nacionales en el Estado en el que se pide su reconocimiento y ejecución.

2. La expresión «sentencia arbitral» no sólo comprenderá las sentencias dictadas por los árbitros nombrados para casos determinados, sino también las sentencias dictadas por los órganos arbitrales permanentes a los que las partes se hayan sometido.

3. En el momento de firmar o de ratificar la presente Convención, de adherirse a ella o de hacer la notificación de su extensión prevista en el artículo 10, todo Estado podrá, a base de reciprocidad, de-

* *Textos auténticos*: chino, español, francés, inglés y ruso. *Estados parte*: Afganistán, Albania, Alemania, Antigua y Barbuda, Arabia Saudí, Argelia, Argentina, Armenia, Australia, Austria, Azerbaiyán, Bahamas, Bahrein, Bangladesh, Barbados, Bélgica, Benin, Bielorrusia, Bolivia, Bosnia-Herzegovina, Botswana, Brasil, Brunei Darussalam, Bulgaria, Burkina Faso, Camboya, Camerún, Canadá, Colombia, Costa de Marfil, Costa Rica, Croacia, Cuba, Chile, China (región administrativa especial de Hong Kong), Chipre, Dinamarca, Djibuti, Dominica, Egipto, Ecuador, El Salvador, Emiratos Árabes Unidos, Eslovaquia, Eslovenia, España, Estados Unidos, Estonia, Ex-República Yugoslava de Macedonia, Filipinas, Finlandia, Francia, Georgia, Ghana, Grecia, Guatemala, Guinea, Haití, Honduras, Hungría, India, Indonesia, Irán, Irlanda, Islandia, Islas Cook, Islas Marshall, Israel, Italia, Jamaica, Japón, Jordania, Kazajstán, Kenia, Kirguistán, Kiribati, Kuwait, Lesotho, Letonia, Líbano, Liberia, Lituania, Luxemburgo, Magadascar, Malasia, Maldivas, Mali, Malta, Marruecos, Mauricio, Mauritania, México, Mónaco, Mongolia, Montenegro, Mozambique, Nepal, Nicaragua, Níger, Nigeria, Noruega, Nueva Zelanda, Omán, Países Bajos, Pakistán, Panamá, Paraguay, Perú, Polonia, Portugal, Qatar, Reino Unido de Gran Bretaña e Irlanda del Norte, República Centroafricana, República de Corea, República Checa, República Democrática de Lao, República Dominicana, República de Moldova, Rumania, Federación de Rusia, San Marino, San Vicente y Granadinas, Santa Sede, Senegal, Serbia, Singapur, Siria, Sri Lanka, Sudáfrica, Suecia, Suiza, Tailandia, Tanzania, Trinidad y Tobago, Túnez, Turquía, Uganda, Ucrania, Uruguay, Uzbequistán, Venezuela, Vietnam, Zambia y Zimbabwe. Para España el Convenio opera *erga omnes*, pues se aplica sin exigir que la sentencia arbitral extranjera proceda de un Estado parte. Vid. nota introductoria al Convenio Europeo de 1961 (*infra* núm. 70).

clarar que aplicará la presente Convención al reconocimiento y a la ejecución de las sentencias arbitrales dictadas en el territorio de otro Estado contratante únicamente. Podrá también declarar que sólo aplicará la Convención a los litigios surgidos de relaciones jurídicas, sean o no contractuales, consideradas comerciales por su derecho interno.

Art. II. 1. Cada uno de los Estados contratantes reconocerá el acuerdo por escrito conforme al cual las partes se obliguen a someter a arbitraje todas las diferencias o ciertas diferencias que hayan surgido o puedan surgir entre ellas respecto a una determinada relación jurídica, contractual o no contractual, concerniente a un asunto que pueda ser resuelto por arbitraje.

2. La expresión «acuerdo por escrito» denotará una cláusula compromisoria incluida en un contrato o un compromiso, firmados por las partes o contenidos en un canje de cartas o telegramas.

3. El Tribunal de uno de los Estados contratantes al que se someta un litigio respecto del cual las partes hayan concluido un acuerdo en el sentido del presente artículo, remitirá a las partes al arbitraje, a instancia de una de ellas, a menos que compruebe que dicho acuerdo es nulo, ineficaz o inaplicable.

Art. III. Cada uno de los Estados contratantes reconocerá la autoridad de la sentencia arbitral y concederá su ejecución de conformidad con las normas de procedimiento vigentes en el territorio donde la sentencia sea invocada, con arreglo a las condiciones que se establecen en los artículos siguientes. Para el reconocimiento o la ejecución de las sentencias arbitrales a que se aplica la presente Convención, no se impondrán condiciones apreciablemente más rigurosas ni honorarios o costas más elevados que los aplicables al reconocimiento o a la ejecución de las sentencias arbitrales nacionales.

Art. IV. 1. Para obtener el reconocimiento y la ejecución previstos en el artículo anterior, la parte que pida el reconocimiento y la ejecución deberá presentar, junto con la demanda:

a) El original debidamente autenticado de la sentencia o una copia de ese original que reúna las condiciones requeridas para su autenticidad.

b) El original del acuerdo a que se refiere el artículo 2.º o una copia que reúna las condiciones requeridas para su autenticidad.

2. Si esa sentencia o ese acuerdo no estuvieran en un idioma oficial del país en que se invoca la sentencia, la parte que pida el reconocimiento y la ejecución de esta última deberá presentar una traducción a ese idioma de dichos documentos. La traducción deberá ser certificada por un traductor oficial o un traductor jurado, o por un agente diplomático o consular.

Art. V. 1. Sólo se podrá denegar el reconocimiento y la ejecución de la sentencia, a instancia de la parte contra la cual es invocada, si esta parte prueba ante la autoridad competente del país en que se pide el reconocimiento y la ejecución:

a) Que las partes en el acuerdo a que se refiere el artículo 2.º estaban sujetas a alguna incapacidad, en virtud de la Ley que le es aplicable o que dicho acuerdo no es válido en virtud de la Ley a que las partes lo han sometido, o si nada se hubiera indicado a este respecto, en virtud de la Ley del país en que se haya dictado la sentencia; o

b) Que la parte contra la cual se invoca la sentencia arbitral no ha sido debidamente notificada de la designación del árbitro o del procedimiento de arbitraje o no ha podido, por cualquier otra razón, hacer valer sus medios de defensa; o

c) Que la sentencia se refiere a una diferencia no prevista en el compromiso o no comprendida en las disposiciones de la cláusula compromisoria, o contiene decisiones que exceden de los términos del compromiso o de la cláusula compromisoria; no obstante, si las disposiciones de la sentencia que se refieren a las cuestiones sometidas al arbitraje pueden separarse de las que no han sido sometidas al arbitraje, se podrá dar reconocimiento y ejecución a las primeras; o

d) Que la constitución del Tribunal arbitral o el procedimiento arbitral no se han ajustado al acuerdo celebrado entre las partes o, en defecto de tal acuerdo, que la constitución del Tribunal arbitral o el procedimiento arbitral no se han ajustado a la Ley del país donde se ha efectuado el arbitraje; o

e) Que la sentencia no es aún obligatoria para las partes o ha sido anulada o suspendida por una autoridad competente del país en que, o conforme a cuya Ley, ha sido dictada esa sentencia.

2. También se podrá denegar el reconocimiento y la ejecución de una sentencia arbitral si la autoridad competente del país en que se pide el reconocimiento y la ejecución comprueba:

a) Que, según la Ley de ese país, el objeto de la diferencia no es susceptible de solución por vía de arbitraje; o

b) Que el reconocimiento o la ejecución de la sentencia serían contrarios al orden público de ese país.

Art. VI. Si se ha pedido a la autoridad competente, prevista en el artículo V, párrafo 1.*e*), la anulación o la suspensión de la sentencia, la autoridad ante la cual se invoca dicha sentencia podrá, si lo considera procedente, aplazar la decisión sobre la ejecución de la sentencia y, a instancia de la parte

---

Art. V.1.e): Vid. art. IX del Convenio europeo sobre arbitraje (*infra* núm. 70), que restringe, entre Estados que sean parte de ambos Convenios, la aplicación de esta causa de denegación del reconocimiento.

que pida la ejecución, podrá también ordenar a la otra parte que dé garantías apropiadas.

Art. VII. 1. Las disposiciones de la presente Convención no afectarán la validez de los acuerdos multilaterales o bilaterales relativos al reconocimiento y la ejecución de las sentencias arbitrales concertados por los Estados contratantes ni privará a ninguna de las partes interesadas de cualquier derecho que pudiera tener a hacer valer una sentencia arbitral en la forma y medida admitidas por la legislación o los tratados del país donde dicha sentencia se invoque.

2. El Protocolo de Ginebra de 1923, relativo a las cláusulas de arbitraje y la Convención de Ginebra de 1927 sobre la ejecución de las Sentencias Arbitrales Extranjeras, dejarán de surtir efectos entre los Estados contratantes a partir del momento y en la medida en que la presente Convención tenga fuerza obligatoria para ellos.

Art. VIII. 1. La presente Convención estará abierta hasta el 31 de diciembre de 1958 a la firma de todo Miembro de las Naciones Unidas, así como de cualquier otro Estado que sea o llegue a ser miembro de cualquier Organismo especializado de las Naciones Unidas, o sea, o llegue a ser parte en el Estatuto de la Corte Internacional de Justicia, o de todo otro Estado que haya sido invitado por la Asamblea General de las Naciones Unidas.

2. La presente Convención deberá ser ratificada, y los instrumentos de ratificación se depositarán en poder del Secretario general de las Naciones Unidas.

Art. IX. 1. Podrán adherirse a la presente Convención todos los Estados a que se refiere el artículo VIII.

2. La adhesión se efectuará mediante el depósito de un instrumento de adhesión en poder del Secretario general de las Naciones Unidas.

Art. X. 1. Todo Estado podrá declarar, en el momento de la firma, de la ratificación o de la adhesión, que la presente Convención se hará extensiva a todos los territorios cuyas relaciones internacionales tenga a su cargo o a uno o varios de ellos. Tal declara-

---

Art. VII.1: Vid. los convenios bilaterales con Suiza (núm. 28), Francia (núm. 31), Italia (núm. 32), Checoslovaquia (núm. 35), México (núm. 36), Brasil (núm. 38), China (núm. 39), Bulgaria (núm. 40), Marruecos (núm. 42) y Uruguay (núm. 43), pues comprenden el reconocimiento de laudos arbitrales. Vid. art. 46 de la Ley de Arbitraje de 2003 (*supra* núm. 68).

Art. VII.2: El Protocolo sobre cláusulas de arbitraje hecho en Ginebra el 24 de septiembre de 1923 (*Gaceta de Madrid* de 8-5-1926) está aún vigente con relación a Birmania e Irak. El Convenio sobre reconocimiento y ejecución de sentencias arbitrales hecho en Ginebra el 26 de septiembre de 1927 (*Gaceta de Madrid* de 29-5-1930) está aún vigente en relación con Bahamas y Birmania.

ción surtirá efecto a partir del momento en que la Convención entre en vigor para dicho Estado.

2. Posteriormente, esa extensión se hará en cualquier momento por notificación dirigida al Secretario general de las Naciones Unidas y surtirá efecto a partir del nonagésimo día siguiente a la fecha en que el Secretario general de las Naciones Unidas haya recibido tal notificación o en la fecha de entrada en vigor de la Convención para el Estado, si esta última fecha fuere posterior.

3. Con respecto a los territorios a los que no se haya hecho extensiva la presente Convención en el momento de la firma, de la ratificación o de la adhesión, cada Estado interesado examinará la posibilidad de adoptar las medidas necesarias para hacer extensiva la aplicación de la presente Convención a tales territorios, a reserva del consentimiento de sus Gobiernos cuando sea necesario por razones constitucionales.

Art. XI. Con respecto a los Estados federales o no unitarios, se aplicarán las disposiciones siguientes:

a) En lo concerniente a los artículos de esta Convención, cuya aplicación dependa de la competencia legislativa del poder federal, las obligaciones del Gobierno federal serán, en esta medida, las mismas que las de los Estados contratantes que no son Estados federales;

b) En lo concerniente a los artículos de esta Convención cuya aplicación dependa de la competencia legislativa de cada uno de los Estados o provincias constituyentes que, en virtud del régimen constitucional de la federación, no estén obligados a adoptar medidas legislativas el Gobierno federal, a la mayor brevedad posible y con su recomendación favorable, pondrá dichos artículos en conocimiento de las autoridades competentes de los Estados o provincias constituyentes;

c) Todo Estado federal que sea Parte en la presente Convención proporcionará, a solicitud de cualquier otro Estado contratante que le haya sido transmitida por conducto del Secretario general de las Naciones Unidas, una exposición de la legislación y de las prácticas vigentes en la Federación y en sus Entidades constituyentes con respecto a determinada disposición de la Convención, indicando la medida en que por acción legislativa o de otra índole se haya dado efecto a tal disposición.

Art. XII. 1. La presente Convención entrará en vigor el no-

Art. XII: El Convenio entró en vigor para España el 10 de agosto de 1977. Sobre la entrada en vigor para otros Estados, vid. *BOE* de 11-7-1977 y, con posterioridad a esa fecha, las contenidas en las comunicaciones de la Secretaría General Técnica del Ministerio de Asuntos Exteriores publicadas trimestralmente en el *BOE*, de conformidad con el art. 32 del Decreto 801/1972, de 24 de marzo, relativo a la ordenación de la actividad del Estado en materia de tratados internacionales.

nagésimo día siguiente a la fecha del depósito del tercer instrumento de ratificación o de adhesión.

2. Respecto a cada Estado que ratifique la presente Convención o se adhiera a ella después del depósito del tercer instrumento de ratificación o de adhesión, la presente Convención entrará en vigor el nonagésimo día siguiente a la fecha del depósito por tal Estado de su instrumento de ratificación o de adhesión.

Art. XIII. 1. Todo Estado contratante podrá denunciar la presente Convención mediante notificación escrita, dirigida al Secretario general de las Naciones Unidas. La denuncia surtirá efecto un año después de la fecha en que el Secretario general haya recibido la notificación.

2. Todo Estado que haya hecho una declaración o enviado una notificación, conforme a lo previsto en el artículo X, podrá declarar en cualquier momento posterior, mediante notificación dirigida al Secretario general de las Naciones Unidas, que la Convención dejará de aplicarse al territorio de que se trate un año después de la fecha en que el Secretario general haya recibido tal notificación.

3. La presente Convención seguirá siendo aplicable a las sentencias arbitrales respecto de las cuales se haya promovido un procedimiento para el reconocimiento o la ejecución antes de que entre en vigor la denuncia.

Art. XIV. Ningún Estado contratante podrá invocar las disposiciones de la presente Convención respecto de otros Estados contratantes más que en la medida en que él mismo esté obligado a aplicar esta Convención.

Art. XV. El Secretario general de las Naciones Unidas notificará a todos los Estados a que se refiere el artículo VIII:

a) Las firmas y ratificaciones previstas en el artículo VIII;

b) Las adhesiones previstas en el artículo IX;

c) Las declaraciones y notificaciones relativas a los artículos I, X y XI;

d) La fecha de entrada en vigor de la presente Convención, en conformidad con el artículo XII;

e) Las denuncias y notificaciones previstas en el artículo XIII.

Art. XVI. 1. La presente Convención, cuyos textos chino, español, francés, inglés y ruso serán igualmente auténticos, será depositada en los archivos de las Naciones Unidas.

2. El Secretario general de las Naciones Unidas transmitirá una copia certificada de la presente Convención a los Estados a que se refiere el artículo VIII.

Art. XV: Sobre las declaraciones formuladas por otros Estados partes en el Convenio, vid. las referencias contenidas en *BOE* cit. en nota al art. XII.

70. CONVENIO EUROPEO SOBRE ARBITRAJE COMERCIAL INTERNACIONAL, HECHO EN GINEBRA EL 21 DE ABRIL DE 1961*

(*BOE* núm. 238, de 4 de octubre de 1975)

Los infrascritos:

Debidamente autorizados,

Reunidos bajo los auspicios de la Comisión Económica Europea de la Organización de las Naciones Unidas;

Visto que el diez de junio de mil novecientos cincuenta y ocho, como resultado de la Conferencia de las Naciones Unidas sobre Arbitraje en Comercio Exterior, se firmó en Nueva York un Convenio sobre Reconocimiento y Ejecución de Sentencias Arbitrales Extranjeras;

Y estando deseosos de contribuir a la expansión del comercio europeo y de evitar a este fin, en lo posible, ciertas dificultades que entorpezcan la organización y el funcionamiento del arbitraje comercial internacional en las relaciones entre personas físicas o jurídicas de diferentes países europeos;

Convienen en las siguientes cláusulas:

Artículo I. *Campo de aplicación del Convenio.*—1. El presente Convenio se aplicará:

a) a aquellos acuerdos o compromisos de arbitraje que, para solventar controversias o contiendas surgidas o por surgir de operaciones de comercio internacional, hubieren sido concertados entre personas físicas o jurídicas que tengan, en el momento de estipular un acuerdo o compromiso de este tipo, su residencia habitual o su domicilio o sede social en Estados contratantes diferentes;

b) a los procedimientos y laudos arbitrales basados en los acuerdos o compromisos a que se alude más arriba en el párrafo 1.*a*) de este artículo.

2. A los fines de la aplicación del presente Convenio, se entenderá por:

a) «acuerdo o compromiso arbitral», bien sea una cláusula compromisoria incluida en un contrato, o bien un compromiso,

---

* *Textos auténticos*: francés, inglés y ruso. *Estados parte*: Albania, Alemania, Austria, Azerbayán, Bélgica, Bielorrusia, Bosnia-Herzegovina, Bulgaria, Burkina Faso, Croacia, Cuba, Dinamarca, Eslovaquia, Eslovenia, España, Ex-República Yugoslava de Macedonia, Francia, Hungría, Italia, Kazajstán, Letonia, Luxemburgo, Polonia, República Checa, República de Moldavia, Rumanía, Serbia y Montenegro, Turquía, Ucrania y Rusia. Téngase en cuenta que el Convenio europeo de 1961 opera *inter partes,* y con relación al Convenio de Nueva York de 1958 como convenio complementario; ambos pueden ser simultáneamente aplicados.

Art. I.2.a): Cfr. art. II Convenio de Nueva York de 1958 (*supra* núm. 69).

contrato o compromiso separado firmados por las partes o contenidos en un intercambio de cartas, telegramas o comunicaciones por teleimpresor y, en las relaciones entre Estados cuyas leyes no exijan la forma escrita para el acuerdo o contrato arbitral, todo acuerdo o compromiso estipulado en la forma permitida por dichas leyes;

b) «arbitraje», el arreglo de controversias entre partes no sólo mediante árbitros nombrados para cada caso determinado (arbitraje *ad hoc*), sino también por instituciones arbitrales permanentes;

c) «sede social», el lugar donde radica el establecimiento o persona jurídica que ha concertado el acuerdo o compromiso arbitral.

Art. II. *Facultad de las personas morales de derecho público de someterse al arbitraje.*—1. En los casos previstos en el artículo 1.º, párrafo 1, del presente Convenio, las personas morales consideradas por la ley a ellas aplicable como «personas morales de derecho público» estarán facultadas para concertar válidamente acuerdos o compromisos arbitrales.

2. Al firmar o al ratificar el presente Convenio o al adherirse al mismo, todo Estado contratante podrá declarar que limita dicha facultad según las condiciones concretadas en su declaración.

Art. III. *Derecho de los súbditos extranjeros a ser árbitros.*— En los arbitrajes amparados por el presente Convenio, los súbditos extranjeros podrán ser nombrados árbitros.

Art. IV. *Organización del arbitraje.*—1. Las partes en un acuerdo o compromiso arbitral podrán, según su libre criterio, prever:

a) que sus controversias o diferencias sean sometidas para su resolución a una institución arbitral permanente; en este caso, el procedimiento arbitral se desarrollará conforme al Reglamento de la institución designada;

b) que sus diferencias o contiendas sean sometidas para su resolución a un procedimiento arbitral *ad hoc*; en este caso, las partes tendrán, entre otras, las siguientes facultades:

i) nombrar los árbitros o establecer los modos o fórmulas conforme a los cuales se designarán los árbitros en el caso de una controversia;

ii) determinar el lugar de la sede o emplazamiento del tribunal arbitral;

iii) fijar las normas de procedimiento que deben seguir los árbitros.

2. Si las partes han estipulado someter el arreglo de las posibles controversias entre ellas a un arbitraje *ad hoc* y si en un plazo de treinta días desde la fecha de la

---

Art. IV: Vid. *infra* anexo al Convenio.

notificación de la demanda de arbitraje al demandado, una de las partes omitiere el nombrar su árbitro éste será designado, salvo que las partes hubieren previsto otra cosa en el acuerdo o compromiso arbitral a petición de la otra parte, por el Presidente de la Cámara de Comercio competente del país en el cual tenga su residencia habitual o su sede social la parte omitente en el momento de la presentación de la demanda de arbitraje. El presente párrafo se aplicará igualmente a la sustitución de un árbitro o árbitros nombrados por una de las partes o por el Presidente de la Cámara de Comercio a que se alude más arriba.

3. Si las partes hubieren acordado someter el arreglo de las posibles controversias o diferencias entre ellas a un arbitraje *ad hoc* por uno o varios árbitros sin que el acuerdo o compromiso arbitral contenga los datos indispensables para la realización del procedimiento arbitral, tales como los indicados en el párrafo 1 del presente artículo, se adoptarán las medidas necesarias por el árbitro o árbitros ya nombrados, salvo que las partes puedan llegar a un acuerdo al respecto y sin perjuicio del caso previsto en el precedente párrafo 2. Si no mediare acuerdo entre las partes en lo concerniente a la designación del árbitro único, o en caso de que no se llegara a un acuerdo entre los árbitros nombrados sobre las medidas que se deben adoptar, el demandante podrá, a su elección dirigirse, solicitando se tomen dichas medidas, si las partes hubieren convenido el lugar del arbitraje, al Presidente de la Cámara de Comercio competente del lugar de arbitraje convenido por las partes, o bien al Presidente de la Cámara de Comercio competente del lugar de residencia habitual o sede social del demandado, en el momento de la presentación de la demanda de arbitraje. Si las partes no hubieren convenido el lugar de arbitraje, el demandante podrá a su elección dirigirse solicitando la acción necesaria, bien sea al Presidente de la Cámara de Comercio competente del país donde tenga el demandado su habitual residencia o sede social en el momento de la presentación de la demanda de arbitraje, o al Comité Especial cuya composición y modo de funcionamiento se especifican en el anejo al presente Convenio. Si el demandante dejare de ejercitar los derechos a él conferidos por el presente párrafo, tales derechos podrán ser ejercitados por el demandado o por el árbitro o árbitros.

4. El Presidente o el Comité Especial a quien se hubiere dirigido la petición podrá proceder, según el caso:

a) a nombrar el árbitro único, el árbitro presidente, el superárbitro o el tercer árbitro;

b) a sustituir uno o varios árbitros designados conforme a un procedimiento distinto del previsto en el párrafo 2 del presente artículo;

c) a determinar el lugar de arbitraje, quedando entendido que el árbitro o árbitros podrán elegir otro lugar de arbitraje;

d) a fijar, bien sea de manera directa o remitiéndose al reglamento de una institución arbitral permanente, las normas procesales que deberán observarse por el árbitro o árbitros, si éste o éstos no hubiesen establecido sus reglas de procedimiento en caso de que no existiera acuerdo mutuo entre las partes a este respecto.

5. Si las partes hubieren estipulado someter el arreglo de las posibles controversias o contiendas entre ellas a una institución arbitral permanente sin designar esta institución y no llegaren a un entendimiento sobre dicha designación, el demandante podrá reclamar tal designación conforme al procedimiento previsto en el precedente párrafo 3.

6. Si el acuerdo o compromiso arbitral no especificare el modo o clase de arbitraje (arbitraje por una institución arbitral permanente o bien arbitraje *ad hoc*) conforme al cual estuvieren concordes las partes en dirimir su controversia y si las partes no llegaren a convenirse sobre dicho asunto, el demandante tendrá facultad de recurrir a este respecto al procedimiento previsto en el presente párrafo 3.º

El Presidente de la Cámara de Comercio competente o el Comité Especial podrán bien sea remitir a las partes a una institución arbitral permanente, o requerir a las partes a que nombren sus árbitros dentro de un plazo señalado por el Presidente o por el Comité Especial y que convengan dentro de dicho plazo las medidas necesarias para el desarrollo del procedimiento arbitral. En este último caso, serán aplicables los párrafos 2, 3 y 4 del presente artículo.

7. Si, dentro de un plazo de sesenta días desde el momento en que hubiere sido por él recibida la petición de desempeñar alguna de las funciones enumeradas en los párrafos 2, 3, 4, 5 y 6 de este artículo, el Presidente de la Cámara de Comercio a la cual se hubiere dirigido la petición, conforme a lo previsto en alguno de los mencionados párrafos, no hubiere dado curso a dicha petición, la parte solicitante podrá dirigirse al Comité Especial a fin de que asuma las funciones o cometidos que no hayan sido llevados a efecto.

Art. V. *Declinatoria del tribunal arbitral por incompetencia.*—1. La parte que pretenda promover una excepción o declinatoria por incompetencia del tribunal arbitral, deberá, cuando se trate de excepciones basadas en el hecho de inexistencia, nulidad o caducidad del acuerdo o compromiso arbitral, hacerlo durante el procedimiento arbitral no después del momento de presentar sus alegaciones sobre el fondo o sustancia de la controversia y, cuando se trate de una excepción basada en el hecho de que la cuestión controvertida excede de las facultades del árbitro, tal excepción será presentada tan pronto como surgiera, en el procedimiento arbitral, la cuestión que exceda de dichas facultades. Cuando las partes se retrasaren en presentar la excepción, debido a una causa que el árbitro estimare justificada, éste declarará la excepción como admisible.

2. Aquellas excepciones contra la competencia del tribunal arbitral aludidas en el precedente párrafo 1.º que no hubieren sido promovidas dentro de los plazos fijados en dicho párrafo, no podrán serlo durante el curso ulterior del procedimiento arbitral, salvo en el supuesto de que tales excepciones se refieran a cuestiones cuya presentación no queda reservada al libre criterio de las partes conforme a la Ley aplicada por el árbitro, no pudiendo tampoco dichas excepciones ser intentadas en el curso de un procedimiento posterior seguido ante un tribunal judicial estatal en el caso de que se hubiere acudido a él pidiéndole que examinara el asunto en cuanto al fondo o a la ejecución de la sentencia arbitral, salvo cuando las excepciones aludidas no queden confiadas al libre criterio de las partes con arreglo a la Ley determinada por la regla de conflicto del tribunal judicial que se ocupare del fondo o de la ejecución del laudo. Sin embargo, el tribunal estatal podrá reconsiderar judicialmente la decisión del árbitro sobre la demora en presentar la excepción.

3. A reserva de que se pueda ulteriormente apelar conforme a la *lex fori* contra el indicado laudo del tribunal de árbitro ante un tribunal estatal competente, el tribunal de arbitraje cuya competencia fuere impugnada no deberá renunciar al conocimiento del asunto y tendrá la facultad de fallar sobre su propia competencia y sobre la existencia o validez del acuerdo o compromiso arbitral o del contrato transacción u operación de la cual forme parte dicho acuerdo o compromiso.

Art. VI. *Competencia de los tribunales judiciales estatales.*— 1. Toda excepción o declinatoria por incompetencia de tribunal estatal basada en la existencia de un acuerdo o compromiso arbitral e intentada ante el tribunal estatal ante el cual se promovió el asunto por una de las partes del acuerdo o compromiso arbitral, deberá ser propuesta por el demandado, so pena de pérdida de derechos por vencimiento del plazo, antes o en el mismo momento de presentar sus pretensiones o alegaciones en cuanto al fondo según que la Ley del país del tribunal considere tal excepción o declinatoria como una cuestión de derecho procesal o sustantivo.

2. Al examinar y pronunciar resolución sobre la cuestión de la existencia o validez del acuerdo o compromiso arbitral, los tribunales nacionales de los Estados contratantes ante los cuales se hubiere promovido dicha cuestión, debe-

Art. VI: Vid. art. II Convenio de Nueva York de 1958 (*supra* núm. 63).

rán, en lo referente a la capacidad jurídica de las partes, atenerse a la Ley que les sea aplicable a éstas, y en lo concerniente a las restantes materias decidirán:

a) según la ley a que hayan sometido las partes el acuerdo o compromiso arbitral;

b) no existiendo una indicación al respecto, según la ley del país donde deba dictarse laudo;

c) careciéndose de indicación sobre la ley a la cual hayan sometido las partes el acuerdo o compromiso arbitral y, si en el momento en que la cuestión sea sometida a un tribunal judicial no hubiere posibilidad de determinar cuál será el país en que habrá de dictarse fallo arbitral, entonces según la ley aplicable en virtud de las reglas de conflicto del tribunal estatal conocedor del asunto.

El tribunal ante el cual se hubiere promovido el asunto podrá denegar el reconocimiento del acuerdo o compromiso arbitral si, conforme a la *lex fori*, la controversia no es por su objeto materia susceptible de arreglo mediante arbitraje.

3. Si una de las partes de un acuerdo o compromiso arbitral hubiere ya incoado un procedimiento arbitral antes de recurrirse ante un tribunal judicial, en tal caso el tribunal judicial de uno de los Estados contratantes, al cual se haya dirigido posteriormente otra de las partes con una demanda o pretensión referente al mismo objeto o diferencia entre las mismas partes o a la cuestión de la inexistencia, nulidad o caducidad del acuerdo o compromiso arbitral, deberá diferir toda resolución sobre la competencia del tribunal arbitral hasta el momento en que éste dicte su laudo sobre el fondo del asunto, siempre que el tribunal estatal no tenga motivos suficientemente graves para desviarse de esta norma.

4. Si una de las partes solicitase medidas provisionales o preventivas de conservación o seguridad ante una autoridad judicial, no debera ello estimarse como incompatible con el acuerdo o compromiso arbitral, ni como un sometimiento del asunto al tribunal judicial para que éste resuelva en cuanto al fondo.

Art. VII. *Derecho aplicable.*—1. Las partes podrán según su libre criterio determinar de común acuerdo la ley que los árbitros habrán de aplicar al fondo de la controversia. Si no existiere indicación por las partes en lo concerniente al derecho aplicable, los árbitros aplicarán la ley procedente de conformidad con la regla de conflicto que los árbitros estimaren apropiada en el caso en cuestión. En ambos casos, los árbitros tendrán en cuenta las estipulaciones del contrato y los usos mercantiles.

2. Los árbitros actuarán en calidad de «amigables componedores» si tal es la voluntad de las partes y se lo permite la ley aplicada al arbitraje.

Art. VIII. *Motivación de la sentencia arbitral.*—Se presumirá que las partes han convenido en el acuerdo o compromiso arbitral que el laudo deberá ser motivado, salvo:

a) si las partes hubieran estipulado expresamente que la sentencia arbitral no deberá ser fundada o,

b) si las partes hubieren elegido un procedimiento arbitral dentro de cuyo marco no esté aceptada la costumbre de motivar los fallos y siempre que, en tal caso, las partes o una de ellas no soliciten expresamente, antes de terminar la vista o audiencia, o si no hubiere habido vista antes de redactar el fallo, que éste sea fundado.

Art. IX. *Declaración como nula de la sentencia arbitral.*—1. La anulación en uno de los Estados contratantes de un laudo arbitral amparado por el presente Convenio constituirá causa de denegación en lo referente al reconocimiento o ejecución de dicho laudo en otro Estado contratante, sólo en el caso de que tal anulación se hubiere llevado a efecto en aquel Estado en el cual o conforme a cuya ley fue pronunciado el fallo arbitral y ello por una de las siguientes razones:

a) las partes en el acuerdo o compromiso arbitral estaban, con sujeción a la ley a ellas aplicable, afectadas de una incapacidad de obrar, o dicho acuerdo o compromiso no era válido con arreglo a la ley a la cual lo sometieron las partes o, en caso de no haber indicación al respecto, conforme a la ley del país en donde se dictó el laudo;

b) la parte que pide la anulación del laudo no había sido informada debidamente sobre el nombramiento del árbitro o sobre el desarrollo del procedimiento arbitral, o le había sido imposible, por cualquier otra causa, hacer valer sus alegaciones o recursos;

c) el laudo se refiere a una controversia no prevista en el compromiso arbitral o no incluida dentro de lo establecido en la cláusula compromisoria; o contiene decisiones sobre materias que sobrepasen los términos del compromiso arbitral o de la cláusula compromisoria, entendiéndose, empero, que si las resoluciones del laudo que versen sobre cuestiones sometidas al arbitraje, puedan ser separadas o disociadas de aquellas otras resoluciones concernientes a materias no sometidas al arbitraje, las primeras podrán no ser anuladas; o

d) la constitución o composición del tribunal de árbitros o el procedimiento arbitral no se ha ajustado al acuerdo o compromiso entre las partes o, no habiendo existido tal acuerdo o compromiso, a lo establecido en el artículo IV del presente Convenio.

2. En las relaciones entre aquellos Estados contratantes que sean al mismo tiempo Partes en el Convenio de Nueva York de 10 de junio de 1958 sobre Reconoci-

---

Art. IX: Vid. art. V.1 Convenio de Nueva York de 1958 (*supra* núm. 63).

miento y Ejecución de Sentencias Arbitrales Extranjeras, el párrafo 1.º del presente artículo viene a restringir la aplicación del artículo V, párrafo 1.*e*) del Convenio de Nueva York únicamente a los casos de anulación expuestos en dicho párrafo 1.º

Art. X. *Cláusulas finales.*— 1. El presente Convenio queda abierto para la firma o la adhesión por los países miembros de la Comisión Económica Europea y por los países admitidos a la Comisión con derecho de voto consultivo con arreglo al párrafo 8 del mandato o atribuciones de dicha Comisión.

2. Aquellos países que pudieren participar en ciertos trabajos de la Comisión Económica Europea de conformidad con el párrafo 11 del mandato o atribuciones de dicha Comisión, podrán venir a ser Partes contratantes en el presente Convenio mediante la adhesión al mismo tras su entrada en vigor.

3. El Convenio estará abierto para su firma hasta el treinta y uno de diciembre de mil novecientos sesenta y uno inclusive. Después de esta fecha, quedará abierto para la adhesión al mismo.

4. El presente Convenio estará sujeto a ratificación.

5. La ratificación del Convenio o la adhesión a él se efectuará entregando el correspondiente instrumento para su custodia al Secretario general de la Organización de las Naciones Unidas.

6. Al firmar el presente Convenio, ratificarlo o adherirse a él, cada una de las Partes contratantes remitirá al Secretario general de la Organización de las Naciones Unidas, una lista de las Cámaras de Comercio u otras instituciones de su país cuyos Presidentes habrán de desempeñar las funciones confiadas por el artículo IV del presente Convenio a los Presidentes de las Cámaras de Comercio competentes.

7. Lo estipulado en el presente Convenio no impedirá la vigencia de los acuerdos multilaterales o bilaterales concertados por los Estados contratantes, en lo tocante a arbitraje.

8. El presente Convenio entrará en vigor el nonagésimo día siguiente a aquel en que cinco de los países a que hace referencia el párrafo 1 del presente artículo, hayan entregado su instrumento de ratificación o adhesión. En lo referente a cada país que lo ratifique o se adhiera a él con posterioridad, el presente Convenio tendrá vigencia desde el nonagésimo día siguiente a la entrega por dicho país de su instrumento de ratificación o de adhesión.

9. Cualquiera de las Partes contratantes podrá denunciar el

Art. X.7: Vid. referencias contenidas en nota al art. 56 de la Ley del arbitraje (*supra* núm. 61).

presente Convenio mediante notificación dirigida al Secretario general de la Organización de las Naciones Unidas. Esta denuncia surtirá efecto al haber transcurrido un plazo de doce meses desde la fecha en que el Secretario general hubiere recibido la notificación correspondiente de denuncia.

10. Si, una vez entrado en vigor este Convenio, el número de Partes contratantes quedara, como consecuencia de denuncias, reducido a menos de cinco, el presente Convenio perderá su vigencia a partir de la fecha en que surtiere efectos la última de tales denuncias.

11. El Secretario general de la Organización de las Naciones Unidas notificará a los países aludidos en el párrafo 1, así como a los países que hubieren llegado a ser Partes contratantes por aplicación del párrafo 2 del presente artículo:

a) las declaraciones hechas conforme al párrafo 2 del artículo II;

b) las ratificaciones y adhesiones según los párrafos 1 y 2 del presente artículo;

c) las fechas en que entrare en vigor el presente Convenio con sujeción al párrafo 8 del presente artículo;

d) las denuncias según el párrafo 9 de este artículo;

e) La pérdida de vigencia del presente Convenio conforme al párrafo 10 de este artículo.

12. Después del treinta y uno de diciembre de mil novecientos sesenta y uno el original del presente Convenio será entregado para su custodia al Secretario general de la Organización de las Naciones Unidas, quien remitirá en debida forma copias certificadas conformes del mismo a cada uno de los países a que se hace referencia en los párrafos 1 y 2 de este artículo.

En fe de lo cual, los infrascritos, debidamente facultados al efecto, ponen su firma al pie del presente Convenio.

Hecho en Ginebra, el veintiuno de abril de mil novecientos sesenta y uno, en un solo ejemplar, en lenguas francesa, inglesa y rusa, siendo los tres textos igualmente auténticos.

ANEJO

Composición y modo de funcionamiento del Comité Especial a que hace referencia el artículo IV del Convenio

1. El Comité Especial a que se refiere el artículo IV del Convenio estará compuesto por dos miembros titulares y un Presidente. Uno de los miembros titulares lo elegirán las Cámaras de Comercio u otras instituciones que hayan sido designadas con arreglo al artículo X, parrafo 6, del Convenio, por aquellos Estados en los que, en el momento de la apertura del Convenio para su firma, existan Comités Nacionales de la Cámara de Comercio Internacional y que, en el momento de la elección, sean Partes en el Convenio.

2. Las personas llamadas a desempeñar, con sujeción a lo previsto más abajo en el parrafo 7, las funciones de Presidente del Comité Especial, serán de igual manera elegidas por las Cámaras de Comercio u otras instituciones a que se alude en el párrafo 1 de este anejo.

3. Al mismo tiempo y en las mismas condiciones que los Presidentes y los miembros titulares, se elegirán también sustitutos por las Cámaras de Comercio o por otras instituciones aludidas en el párrafo 1 del presente anejo, de suerte que tales sustitutos o suplentes puedan actuar en caso de impedimento temporal de dichos Presidentes o miembros titulares. En caso de impedimento permanente para desempeñar sus funciones o de dimisión de un Presidente o de un miembro titular, su suplente elegido para sustituirlo pasará a ser, en su caso Presidente o miembro titular y así el grupo de Cámaras de Comercio o de otras instituciones que hubiere elegido al suplente venido a ser Presidente o miembro titular, procederá a la elección de un nuevo sustituto.

4. Las primeras elecciones del Comité se efectuarán dentro de los noventa días siguientes a la entrega para su custodia del quinto instrumento de ratificación o de adhesión. Tendrán también derecho a participar en estas elecciones las Cámaras de Comercio u otras instituciones designadas por aquellos Estados que, siendo ya signatarios, no fueren aún Parte en el Convenio. Si no fuese, empero, posible celebrar elecciones dentro del plazo indicado, la entrada en vigor de los párrafos 3 a 7 del artículo IV del Convenio quedará suspendida hasta que se haya procedido a elecciones en las condiciones arriba establecidas.

5. Salvo lo previsto más abajo en el párrafo 7, los miembros del Comité Especial serán elegidos para un período de cuatro años. Deberán efectuarse nuevas elecciones dentro de los seis primeros meses del cuarto año a partir de las elecciones anteriores. Si en las elecciones de nuevos miembros del Comité Especial no se obtuviere empero resultado positivo, los miembros anteriormente elegidos proseguirán desempeñando sus funciones hasta la elección de nuevos miembros.

6. Los resultados de las elecciones para miembros del Comité Especial serán comunicados al Secretario general de la Organización de las Naciones Unidas, quien los notificará a los Estados a que se hace referencia en el párrafo 1 del artículo X de este Convenio, así como a los Estados que hubieren pasado a ser Partes contratantes de conformidad con el párrafo 2 del artículo X. El Secretario general notificará igualmente a estos mismos Estados la posible suspensión y la entrada en vigor de los párrafos 3 a 7 del artículo IV del Convenio con arreglo al párrafo 4 del presente anejo.

7. Las personas elegidas en calidad de Presidentes desempeñarán sus funciones, según turno de rotación, cada una de ellas durante un período de dos años. La atribución de las funciones de Presidente a una de las personas elegidas según las condiciones previstas en el párrafo 2 durante el primer período de dos años a partir de la vigencia del Convenio, será decidida por sorteo. La presidencia será después asignada cada vez, para un nuevo período de dos años, a la persona elegida en calidad de Presidente por un grupo de países distinto de aquel por el cual hubiere sido elegido el Presidente que haya ejercido sus funciones durante el período de dos años inmediatamente anterior.

8. Las peticiones al Comité Especial previstas en los párrafos 3 a 7 del artículo IV del Convenio serán dirigidas al Secretario Ejecutivo de la Comisión Económica Europea. El Secretario Ejecutivo enviará primeramente estas peticiones al miembro del Comité Especial elegido por un grupo de países distinto de aquel por el cual hubiere sido elegido el Presidente en funciones en el momento de presentar la petición. La solución propuesta por el miembro a quien se dirigió en primer lugar el Secretario Ejecutivo, será transmitida por el Secretario Ejecutivo a otro miembro del Comité y, si este otro miembro la acepta, dicha solución se considerará como resolución del Comité y será comunicada como tal por el Secretario Ejecutivo para conocimiento de la persona que cursó la petición.

9. Si los dos miembros del Comité Especial al cual se dirigió el Secretario Ejecutivo no pudieren ponerse de acuerdo sobre una solución por vía de correspondencia, el Secretario Ejecutivo de la Comisión Económica Europea convocará una reunión del mencionado Comité Especial en Ginebra con objeto de intentar conseguir una decisión unánime sobre la petición presentada. Si no hubiere unanimidad, la resolución del Comité será adoptada por mayoría de votos y comunicada por el Secretario Ejecutivo a la persona que cursó la petición.

10. Los gastos que estuvieren ligados a la intervención del Comité Especial a los fines de solventar una controversia incluida dentro del campo de aplicación del presente Convenio serán anticipados por la persona que cursó la petición, pero serán llevados por ella a la cuenta de gastos de procedimiento.

71. CONVENIO SOBRE ARREGLO DE DIFERENCIAS RELATIVAS A INVERSIONES ENTRE ESTADOS Y NACIONALES DE OTROS ESTADOS, HECHO EN WASHINGTON EL 18 DE MARZO DE 1965*

(*BOE* núm. 219, de 13 de septiembre de 1994)

Los Estados contratantes,

Considerando la necesidad de la cooperación internacional para el desarrollo económico y la función que en ese campo desempeñan las inversiones internacionales de carácter privado;

Teniendo en cuenta la posibilidad de que a veces surjan diferencias entre Estados contratantes y nacionales de otros Estdos Contratantes en relación con tales inversiones;

Reconociendo que aun cuando tales diferencias se someten corrientemente a sistemas procesales nacionales, en ciertos casos el empleo de métodos internacionales de arreglo puede ser apropiado para su solución;

Atribuyendo particular importancia a la disponibilidad de medios de conciliación o arbitraje internacionales a los que puedan los Estados contratantes y los nacionales de otros Estados contratantes, si lo desean, someter dichas diferencias;

Deseando crear tales medios bajo los auspicios del Banco Internacional de Reconstrucción y Fomento;

Reconociendo que el consentimiento mutuo de las partes en someter dichas diferencias a conciliación o a arbitraje a través de di-

* *Texto auténtico*: español, francés e inglés. *Estados parte*: Afganistán, Albania, Alemania, Arabia Saudita, Argelia, Argentina, Armenia, Australia, Austria, Azerbaiyán, Bahamas, Bahrein, Bangladesh, Barbados, Bélgica, Benin, Bielorrusia, Bolivia, Bosnia-Herzegovina, Botswana, Brunei Darussalam, Bulgaria, Burkina Faso, Burundi, Camboya, Camerún, Chad, Chile, China, Chipre, Colombia, Comoras, Congo, República Democrática de Congo, República de Corea, Costa Rica, Costa de Marfil, Croacia, Dinamarca, Ecuador, Egipto, El Salvador, Emiratos Árabes Unidos, Eslovenia, España, Estados Unidos de América, Estonia, Fiji, Filipinas, Finlandia, Francia, Gabón, Gambia, Georgia, Ghana, Granada, Grecia, Guatemala, Guinea, Guyana, Honduras, Hungría, Indonesia, Irlanda, Islandia, Islas Salomón, Israel, Italia, Jamaica, Japón, Jordania, Kazajstán, Kenya, Kuwait, Lesotho, Letonia, Líbano, Liberia, Lituania, Luxemburgo, Ex-República Yugoslava de Macedonia, Magadascar, Malasia, Malawi, Mali, Malta, Marruecos, Mauricio, Mauritania, Micronesia, Mongolia, Mozambique, Nepal, Nicaragua, Níger, Nigeria, Noruega, Nueva Zelanda, Omán, Países Bajos, Pakistán, Panamá, Papua Nueva Guinea, Paraguay, Perú, Portugal, Reino Unido de Gran Bretaña e Irlanda del Norte, República Centroafricana, República Checa, República Eslovaca, Rumania, Ruanda, San Cristóbal y Nieves, San Vicente y las Granadinas, Samoa, Santa Lucía, Senegal, Seychelles, Sierra Leona, Singapur, Somalia, Sri Lanka, Sudán, Suecia, Suiza, Swazilandia, Siria, Tanzania, Timor-Leste, Togo, Tonga, Trinidad y Tobago, Túnez, Turkmenistán, Turquía, Ucrania, Uganda, Uruguay, Uzbequistán, Venezuela, Yemen, Zambia y Zimbabwe. Para datos posteriores al cierre de la edición y otras informaciones relativas al Convenio véase http://www.worldbank.org/icsid/.

chos medios constituye un acuerdo obligatorio, lo que exige particularmente que se preste la debida consideración a las recomendaciones de los conciliadores y que se cumplan los laudos arbitrales; y

Declarando que la mera ratificación, aceptación o aprobación de este Convenio por parte del Estado Contratante, no se reputará que constituye una obligación de someter ninguna diferencia determinada a conciliación o arbitraje, a no ser que medie el consentimiento de dicho Estatado,

Han acordado lo siguiente:

CAPÍTULO PRIMERO

CENTRO INTERNACIONAL DE ARREGLO DE DIFERENCIAS RELATIVAS A INVERSIONES

SECCIÓN 1.ª

Creación y organización

Artículo 1.º 1. Por el presente Convenio se crea el Centro Internacional de Arreglo de Diferencias Relativas a Inversiones (en lo sucesivo llamado el Centro).

2. El Centro tendrá por objeto facilitar la sumisión de las diferencias relativas a inversiones entre Estados contratantes y nacionales de otros Estados contratantes a un procedimiento de conciliación y arbitraje de acuerdo con las disposiciones de este Convenio.

Art. 2.º La sede del Centro será la oficina principal del Banco Internacional de Reconstrucción y Fomento (en lo sucesivo llamado el Banco). La sede podrá trasladarse a otro lugar por decisión del Consejo Administrativo adoptada por una mayoría de dos terceras partes de sus miembros.

Art. 3.º El Centro estará compuesto por un Consejo Administrativo y un Secretariado y mantendrá una Lista de Conciliadores y una Lista de Árbitros.

SECCIÓN 2.ª

El Consejo Administrativo

Art. 4.º 1. El Consejo Administrativo estará compuesto por un representante de cada uno de los Estados contratantes. Un suplente podrá actuar con carácter de representante en caso de ausencia del titular de una reunión o de incapacidad del mismo.

2. Salvo en caso de designación distinta, el Gobernador y el Gobernador suplente del Banco nombrados por un Estado Contratante serán *ex officio* el representante y el suplente de ese Estado, respectivamente.

Art. 5.º El Presidente del Banco será *ex officio* Presidente del Consejo Administrativo (en lo sucesivo llamado el Presidente) pero sin derecho a voto. En caso de ausencia o incapacidad para actuar y en caso de vacancia del cargo de Presidente del Banco, la persona que lo sustituya en el Banco actuará como Presidente del Consejo Administrativo.

Art. 6.º 1. Sin perjuicio de las demás facultades y funciones que le confieren otras disposiciones de este Convenio, el Consejo Administrativo tendrá las siguientes:

a) adoptar los reglamentos administrativos y financieros del Centro;

b) adoptar las reglas de procedimiento a seguir para iniciar la conciliación y el arbitraje;

c) adoptar las reglas procesales aplicables a la conciliación y al arbitraje (en lo sucesivo llamadas Reglas de Conciliación y Reglas de Arbitraje);

d) aprobar los arreglos con el Banco sobre la utilización de sus servicios administrativos e instalaciones;

e) fijar las condiciones del desempeño de las funciones del Secretario general y de los Secretarios generales adjuntos;

f) adoptar el presupuesto anual de ingresos y gastos del Centro;

g) aprobar el informe anual de actividades del Centro.

Para la aprobación de lo dispuesto en los incisos *a*), *b*), *c*) y *f*) se requerirá una mayoría de dos tercios de los miembros del Consejo Administrativo.

2. El Consejo Administrativo podrá nombrar las Comisiones que considere necesarias.

3. Además, el Consejo Administrativo ejercerá todas las facultades y realizará todas las funciones que a su juicio sean necesarias para llevar a efecto las disposiciones del presente Convenio.

Art. 7.º 1. El Consejo Administrativo celebrará una reunión anual, y las demás que sean acordadas por el Consejo, o convocadas por el Presidente, o por el Secretario general cuando lo soliciten a este último no menos de cinco miembros del Consejo.

2. Cada miembro del Consejo Administrativo tendrá un voto y, salvo disposición expresa en contrario de este Convenio, todos los asuntos que se presenten ante el Consejo se decidirán por mayoría de votos emitidos.

3. Habrá quórum en las reuniones del Consejo Administrativo cuando esté presente la mayoría de sus miembros.

4. El Consejo Administrativo podrá establecer, por mayoría de dos tercios de sus miembros, un procedimiento mediante el cual el Presidente pueda pedir votación del Consejo sin convocar a una reunión del mismo. Sólo se considerará válida esta votación si la mayoría de los miembros del Consejo emiten el voto dentro del plazo fijado en dicho procedimiento.

Art. 8.º Los miembros del Consejo Administrativo y el Presidente desempeñarán sus funciones sin remuneración por parte del Centro.

SECCIÓN 3.ª

El Secretariado

Art. 9.º El Secretariado estará constituido por un Secretario general, por uno o más Secretarios generales adjuntos y por el personal del Centro.

Art. 10. 1. El Secretario general y los Secretarios generales adjuntos serán elegidos, a propuesta del Presidente, por el Consejo Administrativo por mayoría de dos tercios de sus miembros por un período de servicio no mayor de seis años, pudiendo ser reelegidos. Previa consulta a los miembros del Consejo Administrativo, el Presidente presentará uno o más candidatos para cada uno de esos cargos.

2. Los cargos de Secretario general y de Secretario general adjunto serán incompatibles con el ejercicio de toda función política. Ni el Secretario general ni ningún Secretario general adjunto podrán desempeñar cargo alguno o dedicarse a otra actividad sin la aprobación del Consejo Administrativo.

3. Durante la ausencia o incapacidad del Secretario general y durante la vacancia del cargo, el Secretrio general adjunto actuará como Secretario general. Si hubiere más de un Secretario general adjunto, el Consejo Administrativo determinará anticipadamente el orden en que deberán actuar como Secretario general.

Art. 11. El Secretario general será el representante legal y el funcionario principal del Centro y será responsable de su administración, incluyendo el nombramiento del personal, de acuerdo con las disposiciones de este Convenio y los reglamentos dictados por el Consejo Administrativo, desempeñará la función de registrador y tendrá facultades para autenticar los laudos arbitrales dictados conforme a este Convenio y para conferir copias certificadas de los mismos.

SECCIÓN 4.ª

Las Listas

Art. 12. Las Listas de Conciliadores y la Lista de Árbitros estarán integradas por los nombres de las personas calificadas, designadas tal como se dispone más adelante, y que estén dispuestas a desempeñar sus cargos.

Art. 13. 1. Cada Estado Contratante podrá designar cuatro personas para cada Lista, quienes podrán ser o no nacionales de ese Estado.

2. El Presidente podrá designar diez personas para cada Lista, cuidando que las personas así designadas sean de diferente nacionalidad.

Art. 14. 1. Las personas designadas para figurar en las Listas deberán gozar de amplia consideración moral, tener reconocida competencia en el campo del Derecho, del comercio, de la industria o de las finanzas e inspirar plena confianza en su imparcialidad de juicio. La competencia en el campo del Derecho será circunstancia particularmente relevante para las personas designadas en la Lista de Árbitros.

2. Al hacer la designación de las personas que han de figurar en las Listas, el Presidente deberá además tener presente la importancia de que en dichas Listas estén representados los principales sistemas jurídicos del mundo y los ramos más importantes de la actividad económica.

Art. 15. 1. La designación de los integrantes de las Listas se hará por períodos de seis años, renovables.

2. En caso de muerte o renuncia de un miembro de cualquiera de las Listas, la autoridad que lo hubiere designado tendrá derecho a nombrar otra persona que le reemplace en sus funciones por el resto del período para el que aquél fue nombrado.

3. Los componentes de las Listas continuarán en las mismas hasta que sus sucesores hayan sido designados.

Art. 16. 1. Una misma persona podrá figurar en ambas Listas.

2. Cuando alguna persona hubiere sido designada para integrar una Lista por más de un Estado Contratante o por uno o más Estados contratantes y el Presidente, se entenderá que lo fue por la autoridad que lo designó primero; pero si una de esas autoridades es el Estado de que es nacional, se entenderá designada por dicho Estado.

3. Todas las designaciones se notificarán al Secretario general y entrarán en vigor en la fecha en que la notificación fue recibida.

SECCIÓN 5.ª

Financiación del Centro

Art. 17. Si los gastos del Centro no pudieren ser cubiertos con los derechos percibidos por la utilización de sus servicios, o con otros ingresos, la diferencia será sufragada por los Estados contratantes miembros del Banco en proporción a sus respectivas suscripciones de capital del Banco, y por los Estados contratantes no miembros del Banco de acuerdo con las reglas que el Consejo Administrativo adopte.

SECCIÓN 6.ª

Status, *inmunidades y privilegios*

Art. 18. El Centro tendrá plena personalidad jurídica internacional. La capacidad legal del Centro comprende, entre otros, la de

a) contratar;

b) adquirir bienes muebles e inmuebles y disponer de ellos;

c) comparecer en juicio.

Art. 19. Para que el Centro pueda dar cumplimiento a sus fines gozará, en los territorios de cada Estado Contratante, de las inmunidades y privilegios que se señalan en esta Sección.

Art. 20. El Centro, sus bienes y derechos, gozarán de inmunidad frente a toda acción judicial, salvo que renuncie a ella.

Art. 21. El Presidente, los miembros del Consejo Administrativo, las personas que actúen como conciliadores o árbitros o como miembros de una Comisión designados de conformidad con lo dispuesto en el apartado 3 del artículo 52 y los funcionarios y empleados del Secretariado:

a) gozarán de inmunidad frente a toda acción judicial respecto de los actos realizados por ellos en el ejercicio de sus funciones, salvo que el Centro renuncie a dicha inmunidad;

b) cuando no sean nacionales del Estado donde ejerzan sus funciones gozarán de las mismas inmunidades en materia de inmigración, de registro de extranjeros y de obligaciones derivadas del servicio militar u otras prestaciones análogas, y asimismo gozarán de idénticas facilidades respecto a régimen de cambios de igual tratamiento respecto a facilidades de desplazamiento que los Estados contratantes concedan a los representantes, funcionarios y empleados de rango similar de otros Estados contratantes.

Art. 22. Las disposiciones del artículo 21 se aplicarán a las personas que comparezcan en los procedimientos promovidos conforme a este Convenio como partes, apoderados, consejeros, abogados, testigos o peritos, con excepción de las contenidas en el párrafo *b*) del mismo, que se aplicarán solamente en relación con su desplazamiento hacia y desde el lugar donde los procedimientos se tramiten y con su permanencia en dicho lugar.

Art. 23. 1. Los archivos del Centro, dondequiera que se encuentren, serán inviolables.

2. Respecto de sus comunicaciones oficiales, el Centro recibirá de cada Estado Contratante un trato no menos favorable que el acordado a otras organizaciones internacionales.

Art. 24. 1. El Centro, su patrimonio, sus bienes y sus ingresos y las operaciones y transacciones autorizadas por este Convenio estarán exentos de toda clase de impuestos y de derechos arancelarios. El Centro quedará también exento de toda responsabilidad respecto a la recaudación o pago de tales impuestos o derechos.

2. No estarán sujetas a impuestos las cantidades pagadas por el Centro al Presidente o a los miembros del Consejo Administrativo por razón de dietas, ni tampoco los sueldos, dietas y demás emolumentos pagados por el Centro a los funcionarios o empleados del Secretariado, salvo la facultad del Estado de gravar a sus propios nacionales.

3. No estarán sujetas a impuestos las cantidades recibidas a título de honorarios o dietas por las personas que actúen como conciliadores o árbitros o como miembros de una Comisión designados de conformidad con lo dispuesto en el apartado 3 del artículo 52, en los procedimientos promovidos conforme a este Conve-

nio, por razón de servicios prestados en dichos procedimientos, si la única base jurisdiccional de imposición es la ubicación del Centro, el lugar donde se desarrollen los procedimientos o el lugar de pago de los honorarios o dietas.

CAPÍTULO II

Jurisdicción del Centro

Art. 25. 1. La jurisdicción del Centro se extenderá a las diferencias de naturaleza jurídica que surjan directamente de una inversión entre un Estado Contratante (o cualquier subdivisión política u organismo público de un Estado Contratante acreditados ante el Centro por dicho Estado) y el nacional de otro Estado Contratante y que las partes hayan consentido por escrito en someter al Centro. El consentimiento dado por las partes no podrá ser unilateralmente retirado.

2. Se entenderá como «nacional de otro Estado Contante»:

a) toda persona natural que tenga en la fecha en que las partes consintieron someter la diferencia a conciliación o arbitraje y en la fecha en que fue registrada la solicitud prevista en el apartado 3 del artículo 28 o en el apartado 3 del artículo 36, la nacionalidad de un Estado Contratante distinto del Estado parte en la diferencia; pero en ningún caso comprenderá las personas que, en cualquiera de ambas fechas, también tenían la nacionalidad del Estado parte en la diferencia; y

b) toda persona jurídica que, en la fecha en que las partes prestaron su consentimiento a la jurisdicción del Centro para la diferencia en cuentión, tenga la nacionalidad de un Estado Contratrante distinto del Estado parte en la diferencia, y las personas jurídicas que, teniendo en la referida fecha la nacionalidad del Estado parte en la diferencia, las partes hubieren acordado atribuirle tal carácter, a los efectos de este Convenio, por estar sometidas a control extranjero.

3. El consentimiento de una subdivisión política u organismo público de un Estado Contratante requerirá la aprobación de dicho Estado, salvo que éste notifique al Centro que tal aprobación no es necesaria.

4. Los Estados contratantes podrán, al ratificar, aceptar o aprobar este Convenio o en cualquier momento ulterior, notificar al Centro la clase o clases de diferencias que aceptarían someter, o no, a su jurisdicción. El Secretario general transmitirá inmediatamente dicha notificación a todos los Estados contratantes. Esta notificación no se entenderá que constituye el consentimiento a que se refiere el apartado 1 anterior.

Art. 26. Salvo estipulación en contrario, el consentimiento de las partes al procedimiento de arbitraje conforme a este Convenio se considerará como consentimiento a dicho arbitraje con exclusión de cualquier otro recurso. Un Estado Contratante podrá exigir el agotamiento previo de sus vías administrativas o judiciales, como condición a su consentimiento al arbitraje conforme a este Convenio.

Art. 27. 1. Ningún Estado Contratante concederá protección diplomática ni promoverá reclamación internacional respecto de cualquier diferencia que uno de sus nacionales y otro Estado Contratante hayan consentido en someter o hayan sometido a arbitraje conforme a este Convenio, salvo que este último Estado Contratante no haya acatado el laudo dictado en tal diferencia o haya dejado de cumplirlo.

2. A los efectos de este artículo no se considerará como protección diplomática las gestiones diplomáticas informales que tengan como único fin facilitar la resolución de la diferencia.

CAPÍTULO III

LA CONCILIACIÓN

SECCIÓN 1.ª

Solicitud de conciliación

Art. 28. 1. Cualquier Estado Contratante o nacional de un Estado Contratante que quiera incoar un procedimiento de conciliación dirigirá, a tal efecto, una solicitud escrita al Secretario general, quien enviará copia de la misma a la otra parte.

2. La solicitud deberá contener los datos referentes al asunto objeto de la diferencia, a la identidad de las partes y al consentimiento de éstas a la conciliación, de conformidad con las reglas de procedimiento a seguir para iniciar la conciliación y el arbitraje.

3. El Secretario general registrará la solicitud, salvo que, de la información contenida en dicha solicitud, encuentre que la diferencia se halla manifiestamente fuera de la jurisdicción del Centro. Notificará inmediatamente a las partes el acto de registro de la solicitud o su denegación.

SECCIÓN 2.ª

Constitución de la Comisión de Conciliación

Art. 29. 1. Una vez registrada la solicitud de acuerdo con el artículo 28, se procederá lo antes posible a la constitución de la Comisión de Conciliación (en lo sucesivo llamada la Comisión).

2. *a*) La Comisión se compondrá de un conciliador único o de un número impar de conciliadores, nombrados según lo acuerden las partes.

b) Si las partes no se pusieren de acuerdo sobre el número de conciliadores y el modo de nombrarlos, la Comisión se constituirá con tres conciliadores designados, uno por cada parte y el tercero, que presidirá la Comisión, de común acuerdo.

Art. 30. Si la Comisión no llegare a constituirse dentro de los noventa días siguientes a la fecha del envío de la notificación del acto de registro, hecho por el Secretario general conforme al apartado 3 del artículo 28, o dentro de cualquier otro plazo que las partes acuerden, el Presidente, a petición de cualquiera de éstas y, en lo posible, previa consulta a ambas partes, deberá nombrar el conciliador o los conciliadores que aún no hubieren sido designados.

Art. 31. 1. Los conciliadores nombrados podrán no pertenecer a la Lista de Conciliadores, salvo en el caso de que los nombre el Presidente conforme al artículo 30.

2. Todo conciliador que no sea nombrado de la Lista de Conciliadores deberá reunir las cualidades expresadas en el apartado 1 del artículo 14.

SECCIÓN 3.ª

Procedimiento de conciliación

Art. 32. 1. La Comisión resolverá sobre su propia competencia.

2. Toda alegación de una parte que la diferencia cae fuera de los límites de la jurisdicción del Centro, o que por otras razones la Comisión no es competente para oírla, se considerará por la Comisión, la que determinará si ha de resolverla como cuestión previa o conjuntamente con el fondo de la cuestión.

Art. 33. Todo procedimento de conciliación deberá tramitarse según las disposiciones de esta Sección y, salvo acuerdo en contrario de las partes, de conformidad con las Reglas de Conciliación vigentes en la fecha en que las partes prestaron su consentimiento a la conciliación. Toda cuestión de procedimiento no prevista en esta Sección, en las Reglas de Conciliación o en las demás reglas acordadas por las partes, será resuelta por la Comisión.

Art. 34. 1. La Comisión deberá dilucidar los puntos controvertidos por las partes y esforzarse por lograr la avenencia entre ellas, en condiciones aceptables para ambas. A este fin, la Comisión podrá, en cualquier estado del procedimiento y tantas veces como sea oportuno, proponer a las partes fórmulas de avenencia. Las partes colaborarán de buena fe con la Comisión al objeto de posibilitarle el cumplimiento de sus fines y prestarán a sus recomendaciones, la máxima consideración.

2. Si las partes llegaren a un acuerdo, la Comisión levantará un acta haciéndolo constar y anotando los puntos controvertidos. Si en cualquier estado del procedimiento la Comisión estima que no hay probabilidades de lograr un acuerdo entre las partes, declarará concluso el procedimiento y redactará un acta, haciendo constar que la controversia fue sometida a conciliación sin lograrse la avenencia.

Si una parte no compareciere o no participare en el procedimiento, la Comisión lo hará constar así en el acta, declarando igualmente concluso el procedimiento.

Art. 35. Salvo que las partes acuerden otra cosa, ninguna de ellas podrá invocar, en cualquier otro procedimiento, ya sea arbitral o judicial o ante cualquier otra autoridad, las consideraciones, declaraciones, admisión de hechos u ofertas de avenencia, hechas por la otra parte dentro del procedimiento de conciliación, o el informe o las recomendaciones propuestas por la Comisión.

CAPÍTULO IV

EL ARBITRAJE

SECCIÓN 1.ª

Solicitud de arbitraje

Art. 36. 1. Cualquier Estado Contratante o nacional de un Estado Contratante que quiera incoar un procedimiento de arbitraje dirigirá, a tal efecto, una solicitud escrita al Secretario general, quien enviará copia de la misma a la otra parte.

2. La solicitud deberá contener los datos referentes al asunto objeto de la diferencia, a la identidad de las partes y al consentimiento de éstas al arbitraje, de conformidad con las reglas de procedimiento a seguir para iniciar la conciliación y el arbitraje.

3. El Secretario general registrará la solicitud, salvo que, de la información contenida en dicha solicitud, encuentre que la diferencia se halla manifiestamente fuera de la jurisdicción del Centro. Notificará inmediatamente a las partes el acto de registro de la solicitud, o su denegación.

SECCIÓN 2.ª

Constitución del Tribunal

Art. 37. 1. Una vez registrada la solicitud de acuerdo con el artículo 36, se procederá lo antes posible a la constitución del Tribunal de Arbitraje (en lo sucesivo llamado el Tribunal).

2. *a*) El Tribunal se compondrá de un árbitro único o de un número impar de árbitros, nombrados según lo acuerden las partes.

b) Si las partes no se pusieren de acuerdo sobre el número de árbitros y el modo de nombrarlos, el Tribunal se constituirá con tres árbitros designados, uno por cada parte y el tercero, que presidirá el Tribunal, de común acuerdo.

Art. 38. Si el Tribunal no llegare a constituirse dentro de los noventa días siguientes a la fecha del envío de la notificación del acto de registro, hecho por el Secretario general conforme al apartado 3 del artículo 36, o dentro de cualquier otro plazo que las partes acuerden, el Presidente, a petición de cualquiera de éstas y, en lo posible, previa consulta a ambas partes, deberá nombrar el árbitro o los árbitros que aún no hubieren sido designados. Los árbitros nombrados por el Presidente conforme a este artículo no podrán ser nacionales del Estado Contratante parte en la diferencia, o del Estado contratante cuyo nacional sea parte en la diferencia.

Art. 39. La mayoría de los árbitros no podrá tener la nacionalidad del Estado Contratante parte en la diferencia, ni la del Estado a que pertenezca el nacional del otro Estado Contratante. La limitación anterior no será aplicable cuando ambas partes, de común acuerdo, designen el árbitro único o cada uno de los miembros del Tribunal.

Art. 40. 1. Los árbitros nombrados podrán no pertenecer a la Lista de Árbitros, salvo en el caso de que los nombre el Presidente conforme el artículo 38.

2. Todo árbitro que no sea nombrado de la Lista de Árbitros deberá reunir las cualidades expresadas en el apartado 1 del artículo 14.

SECCIÓN 3.ª

Facultades y funciones del Tribunal

Art. 41. 1. El Tribunal resolverá sobre su propia competencia.

2. Toda alegación de una parte que la diferencia cae fuera de los límites de la jurisdicción del Centro, o que por otras razones el Tribunal no es competente para oírla, se considerará por el Tribunal, el que determinará si ha de resolverla como cuestión previa o conjuntamente con el fondo de la cuestión.

Art. 42. 1. El Tribunal decidirá la diferencia de acuerdo con las normas de derecho acordadas por las partes. A falta de acuerdo, el Tribunal aplicará la legislación del Estado que sea parte en la diferencia, incluyendo sus normas de derecho internacional privado, y aquellas normas de derecho internacional que pudieren ser aplicables.

2. El Tribunal no podrá eximirse de fallar so pretexto de silencio u oscuridad de la Ley.

3. Las disposiciones de los precedentes apartados de este artículo no impedirán al Tribunal, si las partes así lo acuerdan, decidir la diferencia *ex aequo et bono*.

Art. 43. Salvo que las partes acuerden otra cosa, el Tribunal, en cualquier momento del procedimiento, podrá, si lo estima necesario:

a) solicitar de las partes la aportación de documentos o de cualquier otro medio de prueba;

b) trasladarse al lugar en que se produjo la diferencia y practicar en él las diligencias de prueba que considere pertinentes.

Art. 44. Todo procedimiento de arbitraje deberá tramitarse según las disposiciones de esta Sección y, salvo acuerdo en contrario de las partes, de conformidad con las Reglas de Arbitraje vigentes en la fecha en que las partes prestaron su consentimiento al arbitraje. Cualquier cuestión de procedimiento no prevista en esta Sección, en las

Reglas de Arbitraje o en las demás reglas acordadas por las partes, será resuelta por el Tribunal.

Art. 45. 1. El que una parte no comparezca en el procedimiento o no haga uso de su derecho no supondrá la admisión de los hechos alegados por la otra parte ni allanamiento a sus pretensiones.

2. Si una parte dejare de comparecer o no hiciere uso de su derecho podrá la otra parte, en cualquier estado del procedimiento, instar del Tribunal que resuelva los puntos controvertidos y dicte el laudo. Antes de dictar el laudo el Tribunal, previa notificiación, concederá un período de gracia a la parte que no haya comparecido o no haya hecho uso de sus derechos, salvo que esté convencido que dicha parte no tiene intenciones de hacerlo.

Art. 46. Salvo acuerdo en contrario de las partes, el Tribunal deberá, a petición de una de ellas, resolver las demandas incidentales, adicionales o reconvencionales que se relacionen directamente con la diferencia, siempre que estén dentro de los límites del consentimiento de las partes y caigan además dentro de la jurisdicción del Centro.

Art. 47. Salvo acuerdo en contrario de las partes, el Tribunal, si considera que las cirscunstancias así lo requieren, podrá recomendar la adopción de aquellas medidas provisionales que considere necesarias para salvaguardar los respectivos derechos de las partes.

SECCIÓN 4.ª

El laudo

Art. 48. 1. El Tribunal decidirá todas las cuestiones por mayoría de votos de todos sus miembros.

2. El laudo deberá dictarse por escrito y llevará la firma de los miembros del Tribunal que hayan votado en su favor.

3. El laudo contendrá declaración sobre todas las pretensiones sometidas por las partes al Tribunal y será motivado.

4. Los árbitros podrán formular un voto particular, estén o no de acuerdo con la mayoría, o manifestar su voto contrario si disienten de ella.

5. El Centro no publicará el laudo sin consentimiento de las partes.

Art. 49. 1. El Secretario general procederá a la inmediata remisión a cada parte de una copia certificada del laudo. Éste se entenderá dictado en la fecha en que tenga lugar dicha remisión.

2. A requerimiento de una de las partes, instado dentro de los cuarenta y cinco días después de la fecha del laudo, el Tribunal podrá, previa notificación a la otra parte, decidir cualquier punto que haya omitido resolver en dicho laudo y rectificar los errores materiales, aritméticos o similares del mismo. La decisión constituirá parte del laudo y se notificará en igual forma que éste. Los plazos establecidos en el apartado 2 del artículo 51 y apartado 2 del artículo 52 se computarán desde la fecha en que se dicte la decisión.

SECCIÓN 5.ª

Aclaración, revisión y anulación del laudo

Art. 50. 1. Si surgiere una diferencia entre las partes acerca del sentido o alcance del laudo, cualquiera de ellas podrá solicitar su aclaración mediante escrito dirigido al Secretario general.

2. De ser posible, la solicitud deberá someterse al mismo Tribunal que dictó el laudo. Si no lo fuere, se constituirá un nuevo Tribunal de conformidad con lo dispuesto en la Sección 2 de este Capítulo. Si el Tribunal considera que las circusntancias lo exigen podrá suspender la ejecución del laudo hasta que decida sobre la aclaración.

Art. 51. 1. Cualquiera de las partes podrá pedir, mediante escrito dirigido al Secretario general, la revisión del laudo, fundada en el descubrimiento de algún hecho que hubiera podido influir decisivamente en el laudo, y siempre que, al tiempo de dictarse el laudo, hubiere sido desconocido por el Tribunal y por la parte que inste la revisión y que el desconocimiento de ésta no se deba a su propia negligencia.

2. La petición de revisión deberá presentarse dentro de los noventa días siguientes al día en que fue descubierto el hecho y, en todo caso, dentro de los tres años siguientes a la fecha de dictarse el laudo.

3. De ser posible, la solicitud deberá someterse al mismo Tribunal que dictó el laudo. Si no lo fuere, se constituirá un nuevo Tribunal de conformidad con lo dispuesto en la Sección 2 de este Capítulo.

4. Si el Tribunal considera que las circunstancias lo exigen, podrá suspender la ejecución del laudo hasta que decida sobre la revisión. Si la parte pidiere la suspensión de la ejecución del laudo en su solicitud, la ejecución se suspederá provisionalmente hasta que el Tribunal decida sobre dicha petición.

Art. 52. 1. Cualquiera de las partes podrá solicitar la anulación del laudo mediante escrito dirigido al Secretario general fundado en una o más de las siguientes causas:

a) que el Tribunal se hubiere constituido incorrectamente;

b) que el Tribunal se hubiere extralimitado manifiestamente en sus facultades;

c) que hubiere habido corrupción de algún miembro del Tribunal;

d) que hubiere quebrantamiento grave de una norma de procedimiento; o

e) que no se hubieren expresado en el laudo los motivos en que se funde.

2. Las solicitudes deberán presentarse dentro de los ciento veinte días a contar desde la fecha de dictarse el laudo. Si la causa alegada fuese la prevista en la letra *c*) del apartado 1 de este artículo, el referido plazo de ciento veinte días comenzará a computarse desde el descubrimiento del hecho pero, en todo caso, la solicitud deberá presentarse dentro de los tres años siguientes a la fecha de dictarse el laudo.

3. Al recibo de la petición, el Presidente procederá a la inmediata constitución de una comisión *ad hoc* integrada por tres personas seleccionadas de la Lista de Árbitros. Ninguno de los miembros de la Comisión podrá haber pertenecido al Tribunal que dictó el laudo, ni ser de la misma nacionalidad que cualquiera de los miembros de dicho Tribunal; no podrá tener la nacionalidad del Estado que sea parte en la diferencia ni la del Estado a que pertenezca el nacional que también sea parte en ella, ni haber sido designado para integrar la Lista de Árbitros por cualquiera de aquellos Estados ni haber actuado como conciliador en la misma diferencia. Esta Comisión tendrá facultad para resolver sobre la anulación total o parcial del laudo por alguna de las causas enumeradas en el apartado 1.

4. Las disposiciones de los artículos 41-45, 48, 49, 53 y 54 y de los Capítulos VI y VII se aplicarán, *mutatis mutandis*, al procedimiento que se tramite ante la Comisión.

5. Si la Comisión considera que las circunstancias lo exigen, podrá suspender la ejecución del laudo hasta que decida sobre la anulación. Si la parte pidiere la suspensión de la ejecución del laudo en su solicitud, la ejecución se suspenderá provisionalmente hasta que la Comisión dé su decisión respecto a tal petición.

6. Si el laudo fuere anulado, la diferencia será sometida, a petición de cualquiera de las partes, a la decisión de un nuevo Tribunal que deberá constituirse de conformidad con lo dispuesto en la Sección 2 de este Capítulo.

SECCIÓN 6.ª

Reconocimiento y ejecución del laudo

Art. 53. 1. El laudo será obligatorio para las partes y no podrá ser objeto de apelación ni de cualquier otro recurso, excepto en los casos previstos en este Convenio. Las partes lo acatarán y cumplirán en todos sus términos, salvo en la medida en que se suspenda su ejecución, de acuerdo con lo establecido en las correspondientes cláusulas de este Convenio.

2. A los fines previstos en esta Sección, al término «laudo» incluirá cualquier decisión que aclare, revise o anule el laudo, según los artículos 50, 51 ó 52.

Art. 54. 1. Todo Estado Contratante reconocerá al laudo dictado conforme a este Convenio carácter obligatorio y hará ejecutar dentro de sus territorios las obligaciones pecuniarias impuestas por el laudo como si se tratare de una sentencia firme dictada por un Tribunal existente en dicho Estado. El Estado Contratante que se rija por una constitución federal podrá hacer que se ajecuten los laudos a través de sus Tribunales federales y podrá disponer que dichos Tribunales reconozcan al laudo la misma eficacia que a las sentencias firmes dictadas por los Tribunales de cualquiera de los Estados que lo integran.

2. La parte que inste el reconocimiento o ejecución del laudo en los territorios de un Estado Contratante deberá presentar, ante los Tribunales competentes o ante cualquier otra autoridad designados por los Estados contratantes a este efecto, una copia del mismo, debidamente certificada por el Secretario general. La designación de tales Tribunales o autoridades y cualquier cambio ulterior que a este respecto se introduzca será notificada por los Estados contratantes al Secretario general.

3. El laudo se ejecutará de acuerdo con las normas que, sobre ejecución de sentencias, estuvieren en vigor en los territorios en que dicha ejecución se pretenda.

Art. 55. Nada de lo dispuesto en el artículo 54 se interpretará como derogatorio de las leyes vigentes en cualquier Estado Contratante relativas a la inmunidad en materia de ejecución de dicho Estado o de otro Estado extranjero.

CAPÍTULO V

SUSTITUCIÓN Y RECUSACIÓN DE CONCILIADORES Y ÁRBITROS

Art. 56. 1. Tan pronto quede constituida una Comisión o un Tribunal y se inicie el procedimiento, su composición permanecerá invariable. La vacante por muerte, incapacidad o renuncia de un conciliador o árbitro será cubierta en la forma prescrita en la Sección 2 del Capítulo III y Sección 2 del Capítulo IV.

2. Los miembros de una Comisión o un Tribunal continuarán en sus funciones aunque hayan dejado de figurar en las Listas.

3. Si un conciliador o árbitro, nombrado por una de las partes, renuncia sin el consentimiento de la Comisión o Tribunal de que forma parte, el Presidente nombrará, de entre los que integran la correspondiente Lista, la persona que deba sustituirle.

Art. 57. Cualquiera de las partes podrá proponer a la Comisión o Tribunal correspondiente la recusación de cualquiera de sus miembros por la carencia manifiesta de las cualidades exigidas por el apartado 1 del artículo 14. Las partes en el procedimiento de arbitraje podrán, asimismo, proponer la recusación por las causas establecidas en la Sección 2 del Capítulo IV.

Art. 58. La decisión sobre la recusación de un conciliador o árbitro se adoptará por los demás miembros de la Comisión o Tribunal, según los casos, pero, si hubiere empate de votos o se tratare de recusación de un conciliador o árbitro único, o de la mayoría de los miembros de una Comisión o Tribunal, corresponderá resolver al Presidente. Si la recusación fuere estimada, el conciliador o árbitro afectado deberá ser sustituido en la forma prescrita en la Sección 2 del Capítulo III y Sección 2 del Capítulo IV.

CAPÍTULO VI

COSTAS DEL PROCEDIMIENTO

Art. 59. Los derechos exigibles a las partes por la utilización del Centro serán fijados por el Secretario general de acuerdo con los aranceles adoptados por el Consejo Administrativo.

Art. 60. 1. Cada Comisión o Tribunal determinará, previa consulta al Secretario general, los honorarios y gastos de sus miembros, dentro de los límites que periódicamente establezcan el Consejo Administrativo.

2. Sin perjuicio de lo dispuesto en el apartado 1 de este artículo, las partes podrán acordar anticipadamente con la Comisión o el Tribunal la fijación de los honorarios y gastos de sus miembros.

Art. 61. 1. En el caso de procedimiento de conciliación, las partes sufragarán por partes iguales los honorarios y gastos de los miembros de la Comisión, así como los derechos devengados por la utilización del Centro. Cada parte soportará cualquier otro gasto en que incurra, en relación con el procedimiento.

2. En el caso de procedimiento de arbitraje el Tribunal determinará, salvo acuerdo contrario de las partes, los gastos en que éstas hubieren incurrido en el procedimiento, y decidirá la forma de pago y la manera de distribución de tales gastos, de los honorarios y gastos de los miembros del Tribunal y de los derechos devengados por la utilización del Centro. Tal fijación y distribución formarán parte del laudo.

CAPÍTULO VII

LUGAR DEL PROCEDIMIENTO

Art. 62. Los procedimientos de conciliación y arbitraje se tramitarán, sin perjuicio de lo dispuesto en el artículo siguiente, en la sede del Centro.

Art. 63. Si las partes se pusieren de acuerdo, los procedimientos de conciliación y arbitraje podrán tramitarse:

a) en la sede de la Corte Permanente de Arbitraje o en la de cualquier otra institución apropiada pública o privada, con la que el Centro hubiere llegado a un acuerdo a tal efecto; o

b) en cualquier otro lugar que la Comisión o Tribunal apruebe, previa consulta con el Secretario general.

CAPÍTULO VIII

Diferencias entre Estados Contratantes

Art. 64. Toda diferencia que surja entre Estados contratantes sobre la interpretación o aplicación de este Convenio y que no se resuelva mediante negociación se remitirá, a instancia de una u otra parte en la diferencia, a la Corte Internacional de Justicia, salvo que dichos Estados acuerden acudir a otro modo de arreglo.

CAPÍTULO IX

Enmiendas

Art. 65. Todo Estado Contratante podrá proponer enmiendas a este Convenio. El texto de la enmienda propuesta se comunicará al Secretario general con no menos de noventa días de antelación a la reunión del Consejo Administrativo a cuya consideración se ha de someter, y aquél la transmitirá inmediatemante a todos los miembros del Consejo Administrativo.

Art. 66. 1. Si el Consejo Administrativo lo aprueba por mayoría de dos terceras partes de sus miembros, la enmienda propuesta será circulada a todos los Estados contratantes para su ratificación, aceptación o aprobación. Las enmiendas entrarán en vigor treinta días después de la fecha en que el depositario de este Convenio despache una comunicación a los Estados contratantes notificándoles que todos los Estados contratantes han ratificado, aceptado o aprobado la enmienda.

2. Ninguna enmienda afectará los derechos y obligaciones, conforme a este Convenio, de los Estados contratantes, sus subdivisiones políticas u organismos públicos, o de los nacionales de dichos Estados nacidos del consentimiento a la jurísdicción del Centro dado con anterioridad a la fecha de su entrada en vigor.

CAPÍTULO X

Disposiciones finales

Art. 67. Este Convenio quedará abierto a la firma de los Estados miembros del Banco. Quedará también abierto a la firma de cualquier otro Estado signatario del Estatuto de la Corte Internacional de Justicia al que el Consejo Administrativo, por voto de dos tercios de sus miembros, hubiere invitado a firmar el Convenio.

Art. 68. 1. Este Convenio será ratificado, aceptado o aprobado por los Estados signatarios de acuerdo con sus respectivas normas constitucionales.

Art. 68.2: El Convenio entró en vigor de forma general el 14 de octubre de 1966 y para España el 17 de septiembre de 1994.

2. Este Convenio entrará en vigor treinta días después de la fecha del depósito del vigésimo instrumento de ratificación, aceptación o aprobación. Entrará en vigor respecto a cada Estado que con posterioridad deposite su instrumento de ratificación, aceptación o aprobación, treinta días después de la fecha de dicho depósito.

Art. 69. Los Estados contratantes tomarán las medidas legislativas y de otro orden que sean necesarias para que las disposiciones de este Convenio tengan vigencia en sus territorios.

Art. 70. Este Convenio se aplicará a todos los territorios de cuyas relaciones internacionales sea responsable un Estado Contratante, salvo aquellos que dicho Estado excluya mediante notificación escrita dirigida al depositario de este Convenio en la fecha de su ratificación, aceptación o aprobación, o con posterioridad.

Art. 71. Todo Estado Contratante podrá denunciar este Convenio mediante notificación escrita dirigida al depositario del mismo. La denuncia producirá efecto seis meses después del recibo de dicha notificación.

Art. 72. Las notificaciones de un Estado Contratante hechas al amparo de los artículos 70 y 71 no afectarán a los derechos y obligaciones, conforme a este Convenio, de dicho Estado, sus subdivisiones políticas u organismos públicos, o de los nacionales de dicho Estado nacidos del consentimiento a la jurisdicción del Centro dado por alguno de ellos con anterioridad al recibo de dicha notificación por el depositario.

Art. 73. Los instrumentos de ratificación, aceptación o aprobación de este Convenio y sus enmiendas se depositarán en el Banco, quien desempeñará la función de depositario de este Convenio. El depositario transmitirá copias certificadas del mismo a los Estados miembros del Banco y a cualquier otro Estado invitado a firmarlo.

Art. 74. El depositario registrará este Convenio en el Secretariado de las Naciones Unidas de acuerdo con el artículo 102 de la Carta de las Naciones Unidas y el Reglamento de la misma adoptado por la Asamblea General.

Art. 75. El depositario notificará a todos los Estados signatarios lo siguiente:

a) las firmas, conforme al artículo 67;

b) los depósitos de instrumentos de ratificación, aceptación y aprobación, conforme al artículo 73;

c) la fecha en que este Convenio entre en vigor, conforme al artículo 68;

d) las exclusiones de aplicación territorial, conforme al artículo 70;

e) la fecha en que las enmiendas de este Convenio entren en vigor, conforme al artículo 66; y

f) las denuncias, conforme al artículo 71.

Hecho en Washington en los idiomas español, francés e inglés, cuyos tres textos son igualmente auténticos, en un solo ejemplar que quedará despositado en los archivos del Banco Internacional de Reconstrucción y Fomento, el cual ha indicado con su firma su conformidad con el desempeño de las funciones que se le encomiendan en este Convenio.

IV. NORMAS DE CONFLICTO DE LEYES: DIMENSIÓN INTERNACIONAL Y DIMENSIÓN INTERNA

A) NORMAS BÁSICAS

72. CÓDIGO CIVIL

(Arts. 8.º a 28, 40, 41, 49-52, 56, 59-63, 65, 80, 103, 107, 109, 158, 684 y 732-736)

(*Gaceta de Madrid* de 25 de julio de 1889)

TÍTULO PRELIMINAR

De las normas jurídicas, su aplicación y eficacia

....

CAPÍTULO IV

NORMAS DE DERECHO INTERNACIONAL PRIVADO*

Art. 8.º 1. Las leyes penales, las de policía y las de seguridad pública obligan a todos los que se hallen en territorio español.

....

Art. 9.º 1. La Ley personal correspondiente a las personas físicas es la determinada por su nacionalidad. Dicha ley regirá la capacidad y el estado civil, los

* Según redacción dada por D. 1836/1974, de 31 de mayo (*BOE* de 2-7-1974). Téngase en cuenta que las normas de Derecho Internacional Privado del título preliminar reformado en 1974 derogan, en las materias que le son propias, los arts. 15 (vid. *infra* nota art. 9.11) y 55.2.º del C. de comercio de 1885.

Art. 52.2.º C. de comercio: «Se exceptúa de lo dispuesto en el artículo que precede: [...] 2.º Los contratos celebrados en país extranjero en que la Ley exija escrituras, formas o solemnidades determinadas, para su validez, aunque no las exija la Ley española. En uno y otro caso, los contratos que no llenen las circunstancias respectivamente requeridas no producirán obligación ni acción en juicio.»

Ténganse en cuenta, también, las normas sobre extranjería que se refieren a la adquisición o al goce de derechos por los extranjeros en España. Así, por ejemplo, el art. 27 C. civ. Vid. también nota al art. 10.1 C. civ. Con relación a los nacionales CE, vid. arts. 7.º y 52 del Tratado de la Comunidad Europea (*supra* núm. 3).

Art. 8.º1: Vid. art. 23 de la LOPJ (*supra* núm. 4).

Art. 9.º1.I: Las normas fundamentales están contenidas en los arts. 17-19 y 21 de la Ley 18/1990, de 17 de diciembre, sobre reforma de Código civil en materia de na-

derechos y deberes de familia y la sucesión por causa de muerte.

El cambio de ley personal no afectará a la mayoría de edad adquirida de conformidad con la ley personal anterior.

2. Los efectos del matrimonio se regirán por la ley personal común de los cónyuges al tiempo de contraerlo; en defecto de esta ley, por la ley personal o de la residencia habitual de cualquiera de ellos, elegida por ambos en documento auténtico otorgado antes de la celebración del matrimonio; a falta de esta elección, por la ley de la residencia habitual común inmediatamente posterior a la celebración, y, a falta de dicha residencia, por la del lugar de celebración del matrimonio.

La nulidad, la separación y el divorcio se regirán por la ley que determina el artículo 107.

3. Los pactos o capitulaciones por los que se estipule, modifique o sustituya el régimen económico del matrimonio serán válidos cuando sean conformes bien a la ley que rija los efectos del matrimonio, bien a la ley de la nacionalidad o de la residencia habitual de cualquiera de las partes al tiempo del otorgamiento.

4. El carácter y contenido de la filiación, incluida la adoptiva y las relaciones paterno-filiales, se regirán por la Ley personal del hijo y si no pudiera determinarse ésta, se estará a la de la residencia habitual del hijo.

5. La adopción internacional se regirá por las normas contenidas en la Ley de Adopción Internacional. Igualmente, las adopciones constituidas por autoridades extranjeras surtirán efectos en España con arreglo a las disposiciones de la citada Ley de Adopción Internacional.

6. La tutela y las demás instituciones de protección del incapaz se regularán por la ley nacional de

---

cionalidad (*BOE* de 18-12-1990), y los arts. 20 y 22-26, redactados conforme la Ley 36/2002, de 8 de octubre, de modificación del Código civil en materia de nacionalidad (*BOE* 9-10-2002). Al respecto, vid., en esta colección, *Legislación sobre nacionalidad*, edición de M.ª T. Echezarreta Ferrer, 4.ª ed., 2003.

Art. 9.º2.I: En caso de matrimonio de españoles con distinta vecindad civil, vid. art. 16.3 del Código civil.

Art. 9.º2.II: Redacción conforme a la Ley Orgánica 11/2003, de 29 de septiembre, de medidas concretas en materia de seguridad ciudadana, violencia e integración social de los extranjeros (*BOE* de 30-9-2003).

Art. 9.º3: Según la redacción del art. 9.º3 dada por la Ley 11/1990, de 5 de octubre (*BOE* de 18-10-1990).

Art. 9.º4: Según redacción conforme a la Ley Orgánica 1/1996, de 15 de enero, de protección jurídica del menor, de modificación parcial del Código civil y de la Ley de Enjuiciamiento civil (*BOE* de 17-1-1996; *infra* núm. 89).

Art. 9.º5: Según redacción conforme a Ley 54/2007, de 28 de diciembre (*BOE* de 29-12-2007) (*infra*, núm. 90).

Art. 9.º6.I: Vid. Convenio de La Haya sobre competencia de autoridades y ley aplicable en materia de protección de menores de 1961 (*infra* núm. 92).

Art. 9.º6.II: Sobre la competencia judicial internacional en materia de medidas de protección de la persona o de los bienes de los menores o incapacitados. Vid. art. 22.3.º LOPJ (*supra* núm. 4). Vid. Reglamento 2201/2003 (*supra* núm. 54).

Art. 9.º6.III: Téngase en cuenta la Ley orgánica 1/1996, de 15 de enero, de protec-

éste. Sin embargo, las medidas provisionales o urgentes de protección se regirán por la ley de su residencia habitual.

Las formalidades de constitución de la tutela y demás instituciones de protección en que intervengan autoridades judiciales o administrativas españolas se sustanciarán, en todo caso, con arreglo a la ley española.

Será aplicable la ley española para tomar medidas de carácter protector y educativo respecto de los menores o incapaces abandonados que se hallen en territorio español.

7. El derecho a la prestación de alimentos entre parientes habrá de regularse por la ley nacional común del alimentista y del alimentante. No obstante, se aplicará la ley de la residencia habitual de la persona que los reclame cuando ésta no pueda obtenerlos de acuerdo con la ley nacional común. En defecto de ambas leyes, o cuando ninguna de ellas permita la obtención de alimentos, se aplicará la ley interna de la autoridad que conoce de la reclamación.

En caso de cambio de la nacionalidad común o de la residencia habitual del alimentista, la nueva ley se aplicará a partir del momento del cambio.

8. La sucesión por causa de muerte se regirá por la ley nacional del causante en el momento de su fallecimiento, cualesquiera que sean la naturaleza de los bienes y el país donde se encuentren. Sin embargo, las disposiciones hechas en testamento y los pactos sucesorios ordenados conforme a la ley nacional del testador o del disponente en el momento de su otorgamiento conservarán su validez, aunque sea otra la ley que rija la sucesión, si bien las legítimas se ajustarán, en su caso, a esta última. Los derechos que por ministerio de la ley se atribuyan al cónyuge supérstite se regirán por la misma ley que regule los efectos del matrimonio, a salvo siempre las legítimas de los descendientes.

---

ción jurídica del menor, de modificación parcial del Código civil y de la Ley de Enjuiciamiento civil (*BOE* de 17-1-1996) (*infra* núm. 89).

Art. 9.º7: El art. 9.º7 ha sido sustituido por el Convenio de La Haya sobre ley aplicable a las obligaciones alimenticias de 2 de octubre de 1973, al operar dicho Convenio con carácter *erga omnes*. Vid. dicho convenio (*infra* núm. 86) y téngase en cuenta nota a su art. 18.

Respecto del procedimiento a seguir en las demandas de alimentos dirigidas a un deudor que se halle en el extranjero, vid. Convenio de Nueva York de 1956 sobre obtención de alimentos en el extranjero (*supra* núm. 63).

Art. 9.º8: Último inciso añadido por Ley 11/1990, de 15 de octubre (*BOE* de 18-10-1990).

Téngase en cuenta el Convenio europeo relativo al establecimiento de un sistema de inscripción de testamentos de 16-5-1972 (*BOE* de 5-10-1985) y el Convenio consular entre España y el Reino Unido de 1961 *supra* núm. 66).

In fine: Vid. art. 16.2 del Código civil en relación con los derechos de viudedad previstos en la Compilación del Derecho civil de Aragón.

9. A los efectos de este capítulo, respecto de las situaciones de doble nacionalidad previstas en las leyes españolas se estará a lo que determinen los tratados internacionales, y, si nada estableciesen, será preferida la nacionalidad coincidente con la última residencia habitual y, en su defecto, la última adquirida.

Prevalecerá en todo caso la nacionalidad española del que ostente además otra no prevista en nuestras leyes o en los tratados internacionales. Si ostentare dos o más nacionalidades y ninguna de ellas fuera la española, se estará a lo que establece el apartado siguiente.

10. Se considerará como ley personal de los que carecieren de nacionalidad o la tuvieren indeterminada, la ley del lugar de su residencia habitual.

11. La ley personal correspondiente a las personas jurídicas es la determinada por su nacionalidad, y regirá en todo lo relativo a capacidad, constitución, representación, funcionamiento, transformación, disolución y extinción.

En la fusión de sociedades de distinta nacionalidad se tendrán en cuenta las respectivas leyes personales.

Art. 10. 1. La posesión, la propiedad y los demás derechos sobre bienes inmuebles, así como su publicidad, se regirán por la ley del lugar donde se hallen.

Art. 9.º9.I: Vid. art. 11.3 Constitución (*supra* núm. 1) y art. 24.1.II del Código civil.

Art. 9.º10: El art. 12 del Convenio sobre el estatuto de los apátridas, hecho en Nueva York el 28 de septiembre de 1954, al que España se adhirió por instrumento de 24 de abril de 1997 (*BOE* de 4-7-1997), dispone que:

«1. El estatuto personal de todo apátrida se regirá por la ley del país de su domicilio o, a falta de domicilio, por la ley del país de su residencia.

2. Los derechos anteriormente adquiridos por el apátrida que dependan del estatuto personal, especialmente los que resultan del matrimonio, serán respetados por todo Estado Contratante, siempre que se cumplan, de ser necesario, las formalidades que exija la legislación de tal Estado, y siempre que el derecho de que se trate sea de los que hubiera reconocido la legislación de tal Estado, si el interesado no se hubiera convertido en apátrida.»

Art. 9.º11: Sobre la nacionalidad de las personas jurídicas, vid. art. 28 del Código civil. Vid también art. 15 del Código de comercio (*infra*, núm. 73).

Vid. también el art. 5.º Ley de Sociedades Anónimas de 1989 (*infra* núm. 93), y el art. 6.º de la Ley de Sociedades de Responsabilidad Limitada (*infra* núm. 94).

Ténganse en cuenta los arts. 2.º y 3.º de la Ley 27/1999, de 16 de julio, sobre normas reguladoras de las cooperativas (*BOE* de 17-7-1999), que disponen:

«*Art. 2.º Ámbito de aplicación.*—La presente Ley será de aplicación:

A) A las sociedades cooperativas que desarrollen su actividad cooperativizada en el territorio de varias Comunidades Autónomas, excepto cuando en una de ellas se desarrolle con carácter principal.

B) A las sociedades cooperativas que realicen principalmente su actividad cooperativizada en las ciudades de Ceuta y Melilla.

Art. 3.º Domicilio.—La sociedad cooperativa fijará su domicilio social dentro del territorio español, en el lugar donde realice principalmente su actividad o centralice su gestión administrativa y dirección.»

Art. 10.1: Respecto a la publicidad registral de los bienes inmuebles situados en España, vid. arts. 4.º de la Ley Hipotecaria de 1946 (*infra* núm. 121) y 36 a 38 del

La misma ley será aplicable a los bienes muebles.

A los efectos de la constitución o cesión de derechos sobre bienes en tránsito, éstos se considerarán situados en el lugar de su expedición, salvo que el remitente y el destinatario hayan convenido, expresa o tácitamente, que se consideren situados en el lugar de su destino.

2. Los buques, las aeronaves y los medios de transporte por ferrocarril, así como todos los derechos que se constituyan sobre ellos, quedarán sometidos a la ley del lugar de su abanderamiento, matrícula o registro. Los automóviles y otros medios de transporte por carretera quedarán sometidos a la ley del lugar donde se hallen.

3. La emisión de los títulos valores se atendrá a la ley del lugar en que se produzca.

4. Los derechos de propiedad intelectual e industrial se protegerán dentro del territorio español de

---

Reglamento hipotecario de 1947 (*infra* núm. 122).

Vid. arts. 5.3.º y 29 de la Ley 16/1985, de 25 de junio, del Patrimonio Histórico Español y art. 12 de la Directiva 93/7/CEE del Consejo, de 15 de marzo de 1993, relativa a la restitución de bienes culturales que hayan salido de forma ilegal del territorio de un Estado miembro (*DO* L 74, de 27-3-1993).

Adde: art. 14.2: Ley de arrendamientos rústicos de 1980, según la redacción dada por la Ley 5/1991 (*BOE* de 1-3-1991):

«No podrán ser arrendatarios las personas y sociedades extranjeras. Se exceptúan, no obstante:

a) Las personas y sociedades nacionales de los Estados miembros de la Comunidad Europea.

b) Las personas y sociedades nacionales de los demás Estados que apliquen a los españoles el principio de reciprocidad en esta materia.»

Con relación a los nacionales CE, vid. arts. 12 (párrafo 1.º) y 43 Tratado de Roma constitutivo de la CE (*supra* núm. 3). Téngase en cuenta, asimismo, las limitaciones de acceso a la propiedad inmueble que impone a los extranjeros (excepto a nacionales CE) la Ley 8/1975, de 12 de marzo, sobre Zonas e Instalaciones de interés para la Defensa Nacional (*BOE* de 14-3-1975), según redacción dada por la Ley 31/1990. Téngase en cuenta el Convenio Internacional sobre los privilegios marítimos y la hipoteca naval, 1993, hecho en Ginebra el 6 de mayo de 1993 (*BOE* 23-4-2004) (*infra* núm. 125).

Art. 10.2: Téngase en cuenta el Convenio de Bruselas sobre unificación de ciertas reglas relativas a los privilegios e hipotecas marítimos de 10 de abril de 1926 (*Gaceta de Madrid* de 31-6-1930).

El abanderamiento, matrícula y registro de buques se rige por los arts. 75-76 y la Disp. Adic. 15.ª de la Ley 27/1992, de 24 de noviembre, de Puertos del Estado y de la Marina Mercante (*BOE* de 25-11-1992); Real Decreto 1027/1989, de 28 de julio (*BOE* de 15-8-1989), y la matrícula y registro de aeronaves por el Decreto 416/1969, de 13 de marzo (*BOE* de 24-3-1969).

Art. 10.3: Cfr. arts. 98 a 105 y 162 a 167 de la Ley 19/1985 de 16 de julio, Cambiaria y del Cheque (*infra* núm. 137).

Art. 10.4: Vid. arts. 145 a 148 de la Ley de 1987 sobre propiedad intelectual (*infra* núm. 129); art. 2 Ley de 1986 sobre patentes (*infra* núm. 130); art. 3 de la Ley 17/2001 de marcas (*infra* núm. 132).

Téngase en cuenta la Ley 28/1995, de 11 de octubre (*BOE* de 13-10-1995), de incorporación al derecho español de la Directiva 93/83 CEE del Consejo, de 27 de septiembre de 1993, sobre coordinación de determinadas disposiciones relativas a los derechos de autor y derechos afines a los derechos de autor en el ámbito de la radiodifusión vía satélite y de la distribución por cable. Conforme a esta norma, la adquisición contractual del derecho exclusivo de radiodifusión deberá atenerse a la legisla-

acuerdo con la ley española, sin perjuicio de lo establecido por los convenios y tratados internacionales en los que España sea parte.

5. Se aplicará a las obligaciones contractuales la ley a que las partes se hayan sometido expresamente, siempre que tenga alguna

---

ción sobre derechos de autor y derechos afines del Estado miembro de la Unión Europea en el que tenga lugar la comunicación al público vía satélite. Por tal debe entenderse el Estado en el que las señales portadoras del programa se introduzcan en una cadena ininterrumpida de comunicación que se dirige al satélite y regresen a tierra.

Entre otros, los siguientes Convenios multilaterales. En el campo de la propiedad intelectual: el Convenio de Berna para la protección de las obras literarias y artísticas de 8 de septiembre de 1886, revisado en París el 24 de julio de 1971 (*BOE* de 4-4 y 30-10-1974); el Convenio Universal de Ginebra sobre derechos de autor de 6 de septiembre de 1952, revisado en París el 24 de julio de 1971 (*BOE* de 25-8-1955 y *BOE* de 15-1-1975), y el Convenio de Roma sobre la protección de los artistas intérpretes o ejecutantes, los productores de fonogramas y los organismos de radiodifusión, de 27 de octubre de 1961 (*BOE* de 14-11-1991). En el campo de la propiedad industrial: el Convenio de París para la protección de la propiedad industrial de 20 de marzo de 1883, revisado en Estocolmo el 14 de julio de 1967 (*BOE* de 1-2-1974); el Tratado de Washington de cooperación en materia de patentes de 19 de junio de 1970, enmendado el 2 de octubre de 1979 y modificado el 3 de febrero de 1984 (*BOE* de 7-11-1989), *adde* modificaciones del Reglamento del Tratado hechas el 29 de septiembre de 1993 (*BOE* de 15-12-1996); el Convenio de Múnich sobre concesión de patentes europeas de 5 de octubre de 1973 (*BOE* de 30-9-1986); el Arreglo de Madrid relativo al registro internacional de marcas de 14 de abril de 1891, revisado en Estocolmo el 14 de julio de 1967 (*BOE* de 20-7-1979); el Protocolo al Arreglo de Madrid relativo al registro internacional de marcas (*BOE* de 18-11-1995), *adde* Reglamento común de 18 de enero de 1996 (*BOE* de 8-3-1997); el Arreglo de Madrid de 1891 relativo a la Represión de las Indicaciones de Procedencia Falsa o Engañosa; el Arreglo de La Haya de 1925 sobre Depósito Internacional de Dibujos o Modelos Industriales; el Convenio Europeo de 1953 sobre Formalidades Prescritas para Solicitudes de Patentes; el Tratado de Budapest de 1977 sobre Reconocimiento Internacional del Depósito de Microorganismos; el Convenio de París de 1961 para la protección de las Obtenciones Vegetales, el Reglamento (CE) 40/94 del Consejo, de 20 de diciembre de 1993, sobre marca comunitaria (núm. 134), y también el Reglamento (CE) 2100/94, de 27 de julio de 1994, relativo a la protección comunitaria de obtenciones vegetales (*DO* L 227, de 1-9-1994) (*infra*. núm. 133). El Convenio de Luxemburgo de 1989 sobre Patente Comunitaria no está aún en vigor. Tampoco el Convenio de Washington de 1989 sobre propiedad intelectual de circuitos integrados.

Art. 10.5: Sustituido por el Convenio de Roma sobre ley aplicable a las obligaciones contractuales de 19 de julio de 1980 en las materias que le son propias, al operar dicho convenio con carácter *erga omnes*, que también tiene el Reglamento Roma I que lo sustituye (vid. *infra* núm. 113 y 113 bis).

Art. 10.5.I: Téngase en cuenta que una serie numerosa de Convenios internacionales regulan directa y materialmente contratos específicos y los aspectos con ellos vinculados. Así sobre la compraventa internacional de mercaderías, vid. *infra* nota al art. 10.5.II C. civil. En el campo de transporte internacional: Convenio internacional relativo al transporte de pasajeros y sus equipajes por mar, hecho en Atenas el 13 de diciembre de 1974 (*BOE* de 6-5-1987); Convenio para la unificación de ciertas reglas relativas al transporte aéreo internacional, hecho en Varsovia el 12 de octubre de 1929 (*Gaceta de Madrid* de 21-8-1931); Convenio relativo al transporte internacional de mercancías por carretera (CMR), hecho en Ginebra el 19 de mayo de 1956 (*BOE* de 7-5-1974); Convenio internacional sobre transporte de viajeros y equipajes por ferrocarril (CIV) hecho en Berna el 7 de febrero de 1970 (*BOE* de 24-1-1975); Convenio internacional sobre transporte de mercancías por ferrocarril (CIM), hecho en Berna el 7 de febrero de 1970 (*BOE* de 6-9 y 11-8-1975); Convenio internacional relativo a los

conexión con el negocio de que se trate; en su defecto, la ley nacional común a las partes; a falta de ella, la de la residencia habitual común, y, en último término, la ley del lugar de celebración del contrato.

No obstante lo dispuesto en el párrafo anterior, a falta de sometimiento expreso, se aplicará a los contratos relativos a bienes inmuebles la ley del lugar donde estén sitos, y a las compraventas de muebles corporales realizadas en establecimientos mercantiles, la ley del lugar en que éstos radiquen.

6. A las obligaciones derivadas del contrato de trabajo, en defecto de sometimiento expreso de las partes y sin perjuicio de lo dispuesto en el apartado 1 del artículo 8.º, les será de aplicación la ley del lugar donde se presten servicios.

7. Las donaciones se regirán, en todo caso, por la ley nacional del donante.

8. Serán válidos, a efectos del ordenamiento jurídico español, los contratos onerosos celebrados en España por extranjero incapaz se-

---

transportes internacionales por ferrocarril (COTIF), hecho en Berna el 9 de mayo de 1980 (*BOE* de 18-1-1986).

Art. 10.5.II: *In fine*: Téngase en cuenta el art. 1 del Convenio de Viena sobre los contratos de compraventa internacional de mercaderías de 11 de abril de 1980 (*BOE* de 30-1-1990, *infra* núm. 115).

Art. 10.6: Téngase en cuenta que, a partir de su entrada en vigor, el Convenio de Roma sobre ley aplicable a las obligaciones contractuales de 19 de julio de 1980 desplaza las normas anteriores al operar dicho Convenio con carácter *erga omnes*, que también tiene el Reglamento Roma I destinado a sustituirlo (*infra* núm. 113 y 113 bis).

En cuanto a contratos entre empresa española y trabajador español, vid. art. 1.4 del Real Decreto Legislativo 1/1995, de 24 de marzo, Texto refundido del Estatuto de los Trabajadores (*BOE* de 29- 3-1995): «*Art. 1.º Ámbito de aplicación.*—[...] 4. La legislación laboral española será de aplicación al trabajo que presten los trabajadores españoles contratados en España al servicio de empresas españolas en el extranjero, sin perjuicio de las normas de orden público aplicables en el lugar de trabajo. Dichos trabajadores tendrán, al menos, los derechos económicos que les corresponderían de trabajar en territorio español [...].»

Téngase en cuenta la Disp. Adic. 15.ª7 de la Ley 27/1992, de 24 de noviembre, de Puertos del Estado y de la Marina Mercante (*BOE* de 25-11-1992; corr. de errores, *BOE* de 12-12-1992), que, en relación con los buques inscritos en el Registro especial de buques y empresas navieras de Canarias, dispone:

«*Normativa laboral y de Seguridad Social aplicable a los trabajadores no nacionales.*—Las condiciones laborales y de Seguridad Social de los trabajadores no nacionales españoles, empleados a bordo de los buques matriculados en el Registro especial, se regularán por la legislación a la que libremente se sometan las partes, siempre que la misma respete la normativa emanada de la Organización Internacional del Trabajo o, en defecto de sometimiento expreso, por lo dispuesto en la normativa laboral y de Seguridad Social española, todo ello sin perjuicio de la aplicación de la normativa comunitaria y de los convenios internacionales suscritos por España.»

Vid. arts. 1.º y 3.º y Disp. Adic. 1.ª1 de la Ley 45/1999, de 29 de noviembre, sobre desplazamiento de trabajadores en el marco de una prestación de servicios transnacional (*infra* núm. 109).

Art. 10.8: Cfr. art. 11 del Convenio de Roma de 1980 (*infra* núm. 113), arts. 98.2 y 162.2 de la Ley Cambiaria y del Cheque de 1985 (*infra* núm. 137) y art. 168.4.4.º del Reglamento de la organización y régimen del Notariado de 1944 (*infra* núm. 116).

gún su ley nacional, si la causa de la incapacidad no estuviere reconocida en la legislación española. Esta regla no se aplicará a los contratos relativos a inmuebles situados en el extranjero.

9. Las obligaciones no contractuales se regirán por la ley del lugar donde hubiere ocurrido el hecho de que deriven.

La gestión de negocios se regulará por la ley del lugar donde el gestor realice la principal actividad.

En el enriquecimiento sin causa se aplicará la ley en virtud de la cual se produjo la transferencia del valor patrimonial en favor del enriquecido.

10. La ley reguladora de una obligación se extiende a los requisitos del cumplimiento y a las consecuencias del incumplimiento, así como a su extinción. Sin embargo, se aplicará la ley del lugar de cumplimiento a las modalidades de la ejecución que requieran intervención judicial o administrativa.

11. A la representación legal se aplicará la ley reguladora de la relación jurídica de la que nacen las facultades del representante, y a la voluntaria, de no mediar sometimiento expreso, la ley del país en donde se ejerciten las facultades conferidas.

Art. 11. 1. Las formas y solemnidades de los contratos, testamentos y demás actos jurídicos se regirán por la ley del país

---

Art. 10.9: Cfr. art. 4 Ley de competencia desleal de 1991 (*infra* núm. 143); Convenio de La Haya de 1971 sobre ley aplicable en materia de accidentes de carretera (*infra* núm. 119), y Convenio de La Haya de 1973 sobre ley aplicable a la responsabilidad por productos (*infra* núm. 120) y el Reglamento 864/2007 («Roma II») (*infra* núm. 118) y, en particular, sus arts. 28 y 29 para la relación con los anteriores Convenios. Todos ellos desplazan, en las materias que regulan, al art. 10.9 Código civil. Con alcance más puntual, una numerosa serie de Convenios internacionales regulan la responsabilidad extracontractual, o aspectos ligados con ella, en sectores muy heterogéneos. Entre otros: Convenio sobre daños causados a terceros en la superficie por aeronaves extranjeras, hecho en Roma el 7 de octubre de 1952 (*BOE* de 17-5-1957); Convenio sobre responsabilidad civil en materia nuclear, hecho en París el 29 de julio de 1960 (*BOE* de 2-2-1967), modificado por Protocolo de 16 de noviembre de 1982 (*BOE* de 26-10-1992); Convenio para la unificación de ciertas reglas en materias de abordaje, hecho en Bruselas el 23 de septiembre de 1910 (*Gaceta de Madrid* de 13-12-1923); Convenio internacional para la unificación de ciertas reglas sobre limitación de responsabilidad de propietarios de buques, hecho en Bruselas el 24 de agosto de 1924 (*Gaceta de Madrid* de 1-8-1930); Convenio internacional sobre limitación de responsabilidad de propietarios de buques que naveguen por alta mar, hecho en Bruselas el 10 de octubre de 1957 (*BOE* de 21-7-1970) y su Protocolo modificativo, hecho en Bruselas el 21 de diciembre de 1979 (*BOE* de 9-10-1984).

Art. 10.10: Cfr. art. 10.5.I del Código civil.

Art. 10.11: Téngase en cuenta la doble dimensión interna (relaciones entre representante y representado) y externa (relaciones entre representante y terceros) de la representación voluntaria y la aplicación del Convenio de Roma de 1980 únicamente a las relaciones internas (*infra* núm. 113).

Art. 11: Téngase en cuenta lo previsto por la Ley 59/2003, de 19 de diciembre, de firma electrónica.

Art. 11.1.I: La ley aplicable a la forma de los testamentos se determina de conformidad con lo previsto en el Convenio de La Haya sobre conflicto de leyes en materia de forma de las disposiciones testamentarias de

en que se otorguen. No obstante, serán también válidos los celebrados con las formas y solemnidades exigidas por la ley aplicable a su contenido, así como los celebrados conforme a la ley personal del disponente o la común de los otorgantes. Igualmente serán válidos los actos y contratos relativos a bienes inmuebles otorgados con arreglo a las formas y solemnidades del lugar en que éstos radiquen.

Si tales actos fuesen otorgados a bordo de buques o aeronaves durante su navegación, se entenderán celebrados en el país de su abanderamiento, matrícula o registro. Los navíos y las aeronaves militares se consideran como parte del territorio del Estado al que pertenezcan.

2. Si la ley reguladora del contenido de los actos y contratos exigiere para su validez una determinada forma o solemnidad, será siempre aplicada, incluso en el caso de otorgarse aquéllos en el extranjero.

3. Será de aplicación la ley española a los contratos, testamentos y demás actos jurídicos autorizados por funcionarios diplomáticos o consulares de España en el extranjero.

Art. 12. 1. La calificación para determinar la norma de conflicto aplicable se hará siempre con arreglo a la ley española.

2. La remisión al derecho extranjero se entenderá hecha a su ley material, sin tener en cuenta el reenvío que sus normas de conflicto puedan hacer a otra ley que no sea la española.

3. En ningún caso tendrá aplicación la ley extranjera cuando resulte contraria al orden público.

4. Se considerará como fraude de ley la utilización de una norma de conflicto con el fin de eludir una ley imperativa española.

5. Cuando una norma de conflicto remita a la legislación

1961 al operar dicho Convenio con carácter *erga omnes* (*infra* núm. 88). La ley aplicable a la forma de los contratos se determina de conformidad con lo previsto en el art. 9.º del Convenio de Roma de 1980 sobre ley aplicable a las obligaciones contractuales al operar dicho Convenio con carácter *erga omnes* (*infra* núm. 113).

Art. 11.3: Sobre el ejercicio de la fe pública de los agentes diplomáticos y consulares de España en el extranjero, vid. Anexo III del Reglamento notarial de 1944 (*infra* núm. 116).

Art. 12.2: Cfr. arts. 98.1 y 162.1 de la Ley Cambiaria y del Cheque de 1985 (*infra* núm. 137), y arts. 4.º y 8.º del Convenio sobre ley aplicable a las obligaciones alimenticias de 1973 (*infra* núm. 86); art. 1.º del Convenio sobre los conflictos de leyes en materia de forma de las disposiciones testamentarias de 1961 (*infra* núm. 88); art. 3.º del Convenio sobre ley aplicable en materia de accidentes de circulación por carretera de 1971 (*infra* núm. 119); art. 4.º del Convenio sobre ley aplicable a la responsabilidad por productos de 1973 (*infra* núm. 120), y art. 15 del Convenio sobre ley aplicable a las obligaciones contractuales de 1980 (*infra* núm. 113).

Art. 12.4: Vid. art. 6.º4 del Código civil y art. 11.2 de la Ley Orgánica del Poder Judicial.

Art. 12.5: Cfr. art. 14 del Convenio sobre competencia de autoridades y ley aplicable en materia de protección de menores (*infra* núm. 92); art. 1.º2 del Convenio sobre conflictos de leyes en materia de forma de las disposiciones testamentarias de 5 de octubre de 1961 (*infra* núm. 88); art. 16 del

de un Estado en el que coexistan diferentes sistemas legislativos, la determinación del que sea aplicable entre ellos se hará conforme a la legislación de dicho Estado.

6. Los Tribunales y autoridades aplicarán de oficio las normas de conflicto del derecho español.

CAPÍTULO V

ÁMBITO DE APLICACIÓN DE LOS REGÍMENES JURÍDICOS CIVILES COEXISTENTES EN EL TERRITORIO NACIONAL

Art. 13. 1. Las disposiciones de este título preliminar, en cuanto determinan los efectos de las leyes y las reglas generales para su aplicación, así como las del título IV del libro I, con excepción de las normas de este último relativas al régimen económico matrimonial, tendrán aplicación general y directa en toda España.

2. En lo demás, y con pleno respeto a los derechos especiales o forales de las provincias o territorios en que están vigentes regirá el Código Civil como derecho supletorio, en defecto del que lo sea en cada una de aquéllas según sus normas especiales.

Art. 14. 1. La sujeción al derecho civil común o al especial o foral se determina por la vecindad civil.

2. Tienen vecindad civil en territorio de derecho común, o en uno de los de derecho especial o foral, los nacidos de padres que tengan tal vecindad.

Por la adopción, el adoptado no emancipado adquiere la vecindad civil de los adoptantes.

3. Si al nacer el hijo, o al ser adoptado, los padres tuvieren distinta vecindad civil, el hijo tendrá la que corresponda a aquél de los dos respecto del cual la filiación haya sido determinada antes; en su defecto, tendrá la del lugar del nacimiento y, en último término, la vecindad de derecho común.

Sin embargo, los padres, o el que de ellos ejerza o le haya sido atribuida la patria potestad, podrán atribuir al hijo la vecindad civil de cualquiera de ellos en tanto no transcurran los seis meses siguientes al nacimiento o a la adopción.

La privación o suspensión en el ejercicio de la patria potestad, o el

---

Convenio sobre la ley aplicable a las obligaciones alimenticias de 2 de octubre de 1973 (*infra* núm. 86), y art. 12 del Convenio sobre ley aplicable a la responsabilidad por productos de 2 de octubre de 1973 (*infra* núm. 120).

Art. 13: Según redacción del Decreto 1.836/1974, de 31 de mayo (*BOE* de 2-7-1974).

Art. 14: Modificado por Ley 11/1990, de 15 de octubre (*BOE* de 18-10-1990), sobre reforma del Código civil en aplicación del principio de no discriminación por razón de sexo. Vid. Constitución española (*supra* núm. 1), art. 14.

cambio de vecindad de los padres, no afectarán a la vecindad civil de los hijos.

En todo caso, el hijo desde que cumpla catorce años y hasta que transcurra un año después de su emancipación, podrá optar bien por la vecindad civil del lugar de su nacimiento, bien por la última vecindad de cualquiera de sus padres. Si no estuviera emancipado, habrá de ser asistido en la opción por el representante legal.

4. El matrimonio no altera la vecindad civil. No obstante, cualquiera de los cónyuges no separados, ya sea legalmente o de hecho, podrá, en todo momento, optar por la vecindad civil del otro.

5. La vecindad civil se adquiere:

1.º Por residencia continuada durante dos años, siempre que el interesado manifieste ser ésa su voluntad.

2.º Por residencia continuada de diez años, sin declaración en contrario durante este plazo.

Ambas declaraciones se harán constar en el Registro Civil y no necesitan ser reiteradas.

6. En caso de duda prevalecerá la vecindad civil que corresponda al lugar de nacimiento.

Art. 15. 1. El extranjero que adquiera la nacionalidad española deberá optar, al inscribir la adquisición de la nacionalidad, por cualquiera de las vecindades siguientes:

a) La correspondiente al lugar de residencia.

b) La del lugar del nacimiento.

c) La última vecindad de cualquiera de sus progenitores o adoptantes.

d) La del cónyuge.

Esta declaración de opción se formulará, atendiendo a la capacidad del interesado para adquirir la nacionalidad, por el propio optante, por sí o asistido de su representante legal, o por este último. Cuando la adquisición de la nacionalidad se haga por declaración o a petición del representante legal, la autorización necesaria deberá determinar la vecindad civil por la que se ha de optar.

2. El extranjero que adquiera la nacionalidad por carta de naturaleza tendrá la vecindad civil que el Real Decreto de concesión determine, teniendo en cuenta la opción de aquél, de acuerdo con lo que dispone el apartado anterior u otras circunstancias que concurran en el peticionario.

3. La recuperación de la nacionalidad española lleva consigo la de aquella vecindad civil que ostentara el interesado al tiempo de su pérdida.

4. La dependencia personal respecto a una comarca o localidad con especialidad civil propia o

---

Art. 15: Modificado por Ley 18/1990, de 17 de diciembre (*BOE* de 18-12-1990), sobre reforma del Código civil en materia de nacionalidad. Vid. Estatuto de Autonomía de Cataluña, art. 7.2, y Estatuto de Autonomía de Baleares, art. 6.2. Cfr. art. 225, *in fine*, RRC (*supra* núm. 75).

distinta, dentro de la legislación especial o foral del territorio correspondiente, se regirá por las disposiciones de este artículo y las del anterior.

Art. 16. 1. Los conflictos de leyes que puedan surgir por la coexistencia de distintas legislaciones civiles en el territorio nacional se resolverán según las normas contenidas en el capítulo IV con las siguientes particularidades:

1.ª Será ley personal la determinada por la vecindad civil.

2.ª No será aplicable lo dispuesto en los apartados 1, 2 y 3 del artículo 12 sobre calificación, remisión y orden público.

2. El derecho de viudedad regulado en la Compilación aragonesa corresponde a los cónyuges sometidos al régimen económico matrimonial de dicha Compilación, aunque después cambie su vecindad civil, con exclusión en este caso de la legítima que establezca la ley sucesoria.

El derecho expectante de viudedad no podrá oponerse al adquirente a título oneroso y de buena fe de los bienes que no radiquen en territorio donde se reconozca tal derecho, si el contrato se hubiera celebrado fuera de dicho territorio, sin haber hecho constar el régimen económico matrimonial del transmitente.

El usufructo vidual corresponde también al cónyuge supérstite cuando el premuerto tuviese vecindad civil aragonesa en el momento de su muerte.

3. Los efectos del matrimonio entre españoles se regularán por la ley española que resulte aplicable según los criterios del artículo 9.º y, en su defecto, por el Código civil.

En este ultimo caso se aplicará el régimen de separación de bienes del Código civil si conforme a una y otra ley personal de los contrayentes hubiera de regir un sistema de separación.

Art. 16: Modificado por Ley 11/1990, de 15 de octubre (*BOE* de 18-10-1990), sobre reforma del Código civil en aplicación del principio de no discriminación por razón de sexo. Vid. art. 9.2 y 3 del Código civil.

TÍTULO PRIMERO

De los españoles y extranjeros*

Art. 17. Son españoles de origen:

a) Los nacidos de padre o madre españoles.

Arts. 17 a 26: Redactados según la Ley 36/2002, de 8 de octubre, de modificación del Código Civil en materia de nacionalidad (*BOE* 9 de octubre de 2002). Incluimos a continuación la Exposición de Motivos y las disposiciones adicionales 1.ª y 2.ª

EXPOSICIÓN DE MOTIVOS

I

Desde la promulgación del Código Civil en 1889, la regulación jurídica de la nacionalidad, concebida como vínculo político y jurídico que liga a una persona física con su Estado, ha sido objeto de sucesivas reformas, motivadas, unas veces, por la necesidad de adaptar la legislación a nuevas realidades que han ido surgiendo, y otras, a partir de 1978, por la exigencia de dar cumplimiento a los mandatos de la Constitución Española. En concreto, ha de tenerse bien presente el encargo que contiene el artículo 42 de la misma cuando encomienda al Estado la misión de velar por la salvaguardia de los derechos económicos y sociales de los trabajadores españoles en el extranjero, a la que añade la obligación de orientar su política hacia su retorno. Facilitar la conservación y transmisión de la nacionalidad española es, sin duda, una forma eficaz de cumplir este mandato y éste es el principal objetivo de la presente Ley.

II

En este sentido, se ha introducido en el artículo 20 la posibilidad de que las personas cuyo padre o madre hubiera sido originariamente español y nacido en España puedan optar por la nacionalidad española sin límite de edad. De este modo, se de cumplida respuesta, por un lado, a la recomendación contenida en el informe publicado en el *Boletín Oficial de las Cortes Generales* el 27 de febrero de 1998, elaborado por la Subcomisión del Congreso de los Diputados, creada para el estudio de la situación de los españoles que residen en el extranjero y, por otro, a las reclamaciones que éstos han hecho llegar al Consejo de la Emigración pidiendo se superara el sistema de plazos preclusivos de opción establecidos sucesivamente por las Leyes 18/1990, 15/1993 y 29/1995.

En el mismo orden de cosas, se ha modificado el artículo 24 para establecer un sistema que permitiera al que se hallara en alguno de los supuestos contemplados en el apartado 1 de ese artículo, y antes de que se cumpliera el plazo establecido en el 2, impedir la pérdida que, de otra forma, se producía automáticamente al transcurrir el plazo establecido. En coherencia con todo ello, se ha reformado igualmente el artículo 25, del que además ha desaparecido el supuesto de pérdida de la nacionalidad como pena, al no contemplarse ya la misma en el Código Penal.

En esta misma línea, se ha suprimido del artículo 26 el requisito de renunciar a la nacionalidad anterior, puesto que el mismo suponía en la práctica un obstáculo insuperable para la recuperación de la nacionalidad española. De esta forma, se atiende a la exigencia contenida en el punto seis de la moción aprobada por el Pleno del Congreso de los Diputados el 18 de octubre de 2000, sobre medidas para mejorar, jurídica y económicamente, la situación de los emigrantes españoles.

III

Por otro lado, se ha considerado conveniente hacer en los textos vigentes las mejoras técnicas que la experiencia acumulada en la aplicación de los mismos, la actividad legislativa acaecida desde su aprobación o

b) Los nacidos en España de padres extranjeros si, al menos, uno de ellos hubiera nacido también en España. Se exceptúan los hijos de funcionario diplomático o consular acreditado en España.

c) Los nacidos en España de padres extranjeros, si ambos carecieren de nacionalidad o si la legislación de ninguno de ellos atribuye al hijo una nacionalidad.

d) Los nacidos en España cuya filiación no resulte determinada. A estos efectos, se presumen nacidos en territorio español los menores de edad cuyo primer lugar conocido de estancia sea territorio español.

2. La filiación o el nacimiento en España, cuya determinación se produzca después de los dieciocho años de edad, no son por sí solos causa de adquisición de la nacionalidad española. El interesado tiene entonces derecho a optar por la nacionalidad española de origen en el plazo de dos años a contar desde aquella determinación.

Art. 18. La posesión y utilización continuada de la nacionalidad española durante diez años, con buena fe y basada en un título inscrito en el Registro Civil, es causa de consolidación de la nacionalidad, aunque se anule el título que la originó.

Art. 19. 1. El extranjero menor de dieciocho años adoptado

---

la jurisprudencia han hecho aconsejables y que tienen un desigual alcance.

Así, la modificación introducida en el artículo 22.3 tiene por objeto dejar sentado que la residencia, a efectos de servir de base para la adquisición de la nacionalidad española, ha de ser efectiva, resolviendo así las dudas acerca de cómo había de interpretarse la necesidad de que fuera legal y si ello comprendía o no la residencia física. Por otro lado, la reforma es acorde con los planteamientos de la sentencia del Tribunal Supremo de 19 de noviembre de 1998, que concibe el requisito de residir como la prueba de que existe, en el ánimo del interesado, la voluntad de integrarse en la comunidad española.

También ha desaparecido del artículo 26.2 el requisito previo de la habilitación del Gobierno para la recuperación de la nacionalidad española cuando no se ha cumplido el servicio militar o la prestación civil sustitutoria.

La disposición adicional 1.ª tiene por finalidad adecuar los procedimientos relativos a la nacionalidad española a la normativa de la Ley 30/1992, de 26 de noviembre, de Régimen Jurídico de las Administraciones Públicas y del Procedimiento Administrativo Común, señalándose un plazo máximo de un año para la resolución de los expedientes, habida cuenta de la complejidad que entraña su tramitación y resolviéndose el silencio administrativo en sentido negativo, en consideración a los efectos perjudiciales que la solución contraria habría de tener.

Por último, la presente Ley se dicta al amparo de la competencia que en exclusiva corresponde al Estado conforme a la regla 2. del artículo 149.1 de la Constitución Española.

....

DISPOSICIONES ADICIONALES

1.ª Las solicitudes de adquisición por residencia y de dispensa del requisito de residencia legal para recuperar la nacionalidad española habrán de ser resueltas en el plazo máximo de un año desde que hubieran tenido entrada en el órgano competente para resolver, transcurrido el cual, sin que hubiera recaído resolución expresa, habrán de entenderse desestimadas, de acuerdo con lo dispuesto en la disposición adicional 2.ª de la Ley de Registro Civil.

2.ª La causa de pérdida prevista en el artículo 24.3 del Código Civil sólo será de aplicación a quienes lleguen a la mayoría de edad o emancipación después de la entrada en vigor de la presente Ley.

por un español adquiere, desde la adopción, la nacionalidad española de origen.

2. Si el adoptado es mayor de dieciocho años, podrá optar por la nacionalidad española de origen en el plazo de dos años a partir de la constitución de la adopción.

Art. 20. 1. Tienen derecho a optar por la nacionalidad española:

a) Las personas que estén o hayan estado sujetas a la patria potestad de un español.

b) Aquellas cuyo padre o madre hubiera sido originariamente español y nacido en España.

c) Las que se hallen comprendidas en el segundo apartado de los artículos 17 y 19.

2. La declaración de opción se formulará:

a) Por el representante legal del optante, menor de catorce años o incapacitado. En este caso, la opción requiere autorización del encargado del Registro Civil del domicilio del declarante, previo dictamen del Ministerio Fiscal. Dicha autorización se concederá en interés del menor o incapaz.

b) Por el propio interesado, asistido por su representante legal, cuando aquél sea mayor de catorce años o cuando, aun estando incapacitado, así lo permita la sentencia de incapacitación.

c) Por el interesado, por sí solo, si está emancipado o es mayor de dieciocho años. La opción caducará a los veinte años de edad, pero si el optante no estuviera emancipado según su ley personal al llegar a los dieciocho años, el plazo para optar se prolongará hasta que transcurran dos años desde la emancipación.

d) Por el interesado, por sí solo, dentro de los dos años siguientes a la recuperación de la plena capacidad. Se exceptúa el caso en que haya caducado el derecho de opción conforme al párrafo *c*).

3. No obstante lo dispuesto en el apartado anterior, el ejercicio del derecho de opción previsto en el apartado 1.*b*) de este artículo no estará sujeto a límite alguno de edad.

Art. 21. 1. La nacionalidad española se adquiere por carta de naturaleza, otorgada discrecionalmente mediante Real Decreto, cuando en el interesado concurran circunstancias excepcionales.

2. La nacionalidad española también se adquiere por residencia en España, en las condiciones que señala el artículo siguiente y mediante la concesión otorgada por el Ministro de Justicia, que podrá denegarla por motivos razonados de orden público o interés nacional.

3. En uno y otro caso la solicitud podrá formularla:

Art. 20: Modificado por Ley 36/2002. La Ley 52/2007, de 26 de diciembre, conocida como Ley de Memoria Histórica, amplía la posibilidad de adquirir la nacionalidad española de origen a los hijos de padre o madre español de origen, aun cuando no hubiera nacido en España. Los interesados han de formalizar su declaración de opción en el plazo de dos años desde la entrada en vigor de la Disposición Adicional Séptima. El mismo derecho se reconoce a los nietos de quienes perdieron o tuvieron que renunciar a la nacionalidad española como consecuencia del exilio.

a) El interesado emancipado o mayor de dieciocho años.

b) El mayor de catorce años asistido por su representante legal.

c) El representante legal del menor de catorce años.

d) El representante legal del incapacitado o el incapacitado, por sí solo o debidamente asistido, según resulte de la sentencia de incapacitación. En este caso y en el anterior, el representante legal sólo podrá formular la solicitud si previamente ha obtenido autorización conforme a lo previsto en la letra *a*) del apartado 2 del artículo anterior.

4. Las concesiones por carta de naturaleza o por residencia caducan a los ciento ochenta días siguientes a su notificación, si en este plazo no comparece el interesado ante funcionario competente para cumplir los requisitos del artículo 23.

Art. 22. 1. Para la concesión de la nacionalidad por residencia se requiere que ésta haya durado diez años. Serán suficientes cinco años para los que hayan obtenido la condición de refugiado y dos años cuando se trate de nacionales de origen de países iberoamericanos, Andorra, Filipinas, Guinea Ecuatorial o Portugal o de sefardíes.

2. Bastará el tiempo de residencia de un año para:

a) El que haya nacido en territorio español.

b) *El que no haya* ejercitado oportunamente la facultad de optar.

c) El que haya estado sujeto legalmente a la tutela, guarda o acogimiento de un ciudadano o institución españoles durante dos años consecutivos, incluso si continuare en esta situación en el momento de la solicitud.

d) El que al tiempo de la solicitud llevare un año casado con español o española y no estuviere separado legalmente o de hecho.

e) El viudo o viuda de española o español, si a la muerte del cónyuge no existiera separación legal o de hecho.

f) El nacido fuera de España de padre o madre, abuelo o abuela, que originariamente hubieran sido españoles.

3. En todos los casos, la residencia habrá de ser legal, continuada e inmediatamente anterior a la petición.

A los efectos de lo previsto en el párrafo *d*) del apartado anterior, se entenderá que tiene residencia legal en España el cónyuge que conviva con funcionario diplomático o consular español acreditado en el extranjero.

4. El interesado deberá justificar, en el expediente regulado por la legislación del Registro Civil, buena conducta cívica y suficiente grado de integración en la sociedad española.

5. La concesión o denegación de la nacionalidad por residencia deja a salvo la vía judicial contencioso-administrativa.

Art. 23. Son requisitos comunes para la validez de la adquisición de la nacionalidad española por opción, carta de naturaleza o residencia:

Art. 22: Modificado por Ley 36/2002.

Art. 23: Modificado por Ley 36/2002.

a) Que el mayor de catorce años y capaz para prestar una declaración por sí, jure o prometa fidelidad al Rey y obediencia a la Constitución y a las Leyes.

b) Que la misma persona declare que renuncia a su anterior nacionalidad. Quedan a salvo de este requisito los naturales de países mencionados en el apartado 1 del artículo 24.

c) Que la adquisición se inscriba en el Registro Civil español.

Art. 24. 1. Pierden la nacionalidad española los emancipados que, residiendo habitualmente en el extranjero, adquieran voluntariamente otra nacionalidad o utilicen exclusivamente la nacionalidad extranjera que tuvieran atribuida antes de la emancipación. La pérdida se producirá una vez que transcurran tres años, a contar, respectivamente, desde la adquisición de la nacionalidad extranjera o desde la emancipación.

Art. 24: Modificado por Ley 36/2002.

Art. 24.1.2: España tiene concluidos los siguientes Convenios de doble nacionalidad: Convenio de doble nacionalidad entre España y Chile, de 24 de mayo de 1958, ratificado por instrumento de 28 de octubre de 1958 (*BOE* de 14-11-1958); Convenio de doble nacionalidad entre España y Perú, de 16 de mayo de 1959, ratificado por instrumento de 15 de diciembre de 1959 (*BOE* de 19-4-1960), modificado por Protocolo adicional de 8 de noviembre de 2000 (*BOE* de 24-11-2001); Convenio de doble nacionalidad entre España y Paraguay, de 25 de junio de 1959, ratificado por instrumento de 15 de diciembre de 1959 (*BOE* de 19-4-1960), modificado por Protocolo adicional de 25 de junio de 1999 (*BOE* de 13-4-2001); Convenio de doble nacionalidad entre España y Nicaragua, de 25 de julio de 1961, ratificado por instrumento de 25 de enero de 1962 (*BOE* de 2-5-1962), modificado por Protocolo adicional de 12 de noviembre de 1997 (*BOE* de 28-1-1999); Convenio de doble nacionalidad entre España y Guatemala, de 28 de julio de 1961, ratificado por instrumento de 25 de enero de 1962 (*BOE* de 10-3-1962), modificado por Protocolo de 10 de febrero de 1995 (*BOE* de 1-7-1996) y por un segundo Protocolo adicional de 19 de noviembre de 1999 (*BOE* de 12-4-2001); Convenio de doble nacionalidad entre España y Bolivia, de 12 de octubre de 1961, ratificado por instrumento de 25 de enero de 1962 (*BOE* de 14-4-1964), modificado por Protocolo adicional de 18 de octubre de 2000 (*BOE* de 22-2-2002; corr. de errores, *BOE* de 22-3-2002); Convenio de doble nacionalidad entre España y Ecuador, de 4 de marzo de 1964, ratificado por instrumento de 22 de diciembre de 1964 (*BOE* de 13-1-1965), modificado por Protocolo de 25 de agosto de 1995 (*BOE* de 16-8-2000); Convenio de doble nacionalidad entre España y Costa Rica, de 8 de junio de 1964, ratificado por instrumento de 21 de enero de 1965 (*BOE* de 25-6-1965; corr. de errores, *BOE* de 6-2-1981), modificado por Protocolo adicional de 23 de octubre de 1997 (*BOE* de 12-11-1998); Convenio de doble nacionalidad entre España y Honduras, de 15 de junio de 1966, ratificado por instrumento de 23 de febrero de 1967 (*BOE* de 18-5-1967), modificado por Canje de Notas de 10 de noviembre y de 8 de diciembre de 1993 (*BOE* de 3-12-2002) y por Protocolo adicional de 13 de noviembre de 1999 (*BOE* de 3-12-2002); Convenio de doble nacionalidad entre España y República Dominicana, de 15 de marzo de 1968, ratificado por instrumento de 16 de diciembre de 1968 (*BOE* de 8-2-1969), modificado por Protocolo adicional de 2 de octubre de 2002 (*BOE* de 14-11-2002); Convenio de doble nacionalidad entre España y Argentina, de 14 de abril de 1969, ratificado por instrumento de 2 de febrero de 1970 (*BOE* de 2-10-1971), modificado por Protocolo adicional de 6 de marzo de 2001 (*BOE* de 12-4-2002 y 16-10-2002); Convenio de doble nacionalidad entre España y Colombia, de 27 de junio de 1979, ratificado por instrumento de 7 de mayo de 1980 (*BOE* de 29-11-1980), modificado por Protocolo adicional de 14 de septiembre de 1998 (*BOE* de 4-11-2002).

No obstante, los interesados podrán evitar la pérdida si dentro del plazo indicado declaran su voluntad de conservar la nacionalidad española al encargado del Registro Civil.

La adquisición de la nacionalidad de países iberoamericanos, Andorra, Filipinas, Guinea Ecuatorial o Portugal no es bastante para producir, conforme a este apartado, la pérdida de la nacionalidad española de origen.

2. En todo caso, pierden la nacionalidad española los españoles emancipados que renuncien expresamente a ella, si tienen otra nacionalidad y residen habitualmente en el extranjero.

3. Los que habiendo nacido y residiendo en el extranjero ostenten la nacionalidad española por ser hijos de padre o madre españoles, también nacidos en el extranjero, cuando las leyes del país donde residan les atribuyan la nacionalidad del mismo, perderán, en todo caso, la nacionalidad española si no declaran su voluntad de conservarla ante el encargado del Registro Civil en el plazo de tres años, a contar desde su mayoría de edad o emancipación.

4. No se pierde la nacionalidad española, en virtud de lo dispuesto en este precepto, si España se hallare en guerra.

Art. 25. 1. Los españoles que no lo sean de origen perderán la nacionalidad:

a) Cuando durante un período de tres años utilicen exclusivamente la nacionalidad a la que hubieran declarado renunciar al adquirir la nacionalidad española.

b) Cuando entren voluntariamente al servicio de las armas o ejerzan cargo político en un Estado extranjero contra la prohibición expresa del Gobierno.

2. La sentencia firme que declare que el interesado ha incurrido en falsedad, ocultación o fraude en la adquisición de la nacionalidad española produce la nulidad de tal adquisición, si bien no se derivarán de ella efectos perjudiciales para terceros de buena fe. La acción de nulidad deberá ejercitarse por el Ministerio Fiscal de oficio o en virtud de denuncia, dentro del plazo de quince años.

Art. 26. 1. Quien haya perdido la nacionalidad española podrá recuperarla cumpliendo los siguientes requisitos:

a) Ser residente legal en España. Este requisito no será de aplicación a los emigrantes ni a los hijos de emigrantes. En los demás casos podrá ser dispensado por el Ministro de Justicia cuando concurran circunstancias excepcionales.

b) Declarar ante el encargado del Registro Civil su voluntad de recuperar la nacionalidad española.

c) Inscribir la recuperación en el Registro Civil.

2. No podrán recuperar o adquirir, en su caso, la nacionalidad

Art. 25: Modificado por Ley 36/2002.

Art. 26: Modificado por Ley 36/2002.

española sin previa habilitación concedida discrecionalmente por el Gobierno, los que se encuentren incursos en cualquiera de los supuestos previstos en el artículo anterior.

Art. 27. Los extranjeros gozan en España de los mismos derechos civiles que los españoles, salvo lo dispuesto en las leyes especiales y en los Tratados.

Art. 28. Las corporaciones, fundaciones y asociaciones, reconocidas por la ley y domiciliadas en España, gozarán de la nacionalidad española, siempre que tengan el concepto de personas jurídicas con arreglo a las disposiciones del presente Código.

Las asociaciones domiciliadas en el extranjero tendrán en España la consideración y los derechos que determinen los tratados o leyes especiales.

....

Art. 27: La legislación española relativa a extranjería e inmigración está contenida en la Ley Orgánica 4/2000, de 11 de enero, sobre derechos y libertades de los extranjeros en España y su integración social, reformada por la Ley Orgánica 14/2003, de 20 de noviembre. En cumplimiento de la Disposición Adicional 3.ª de la LO de 2003, por Real Decreto 2393/2004, de 30 de diciembre, se aprobó el Reglamento de ejecución de la Ley Orgánica 4/2000 (*BOE* de 7 de enero de 2005). Conviene tener presente la inconstitucionalidad de los siguientes artículos de la LO 4/2000: 7.1 (libertad de reunión y de manifestación), 8 (libertad de asociación), 11.1 (derecho de sindicación libre), según las Sentencias del Tribunal Constitucional: 236/2007, de 7 de noviembre de 2007; 265/2007, de 20 de diciembre de 2007.

LIBRO PRIMERO

De las personas

....

TÍTULO III

Del domicilio

Art. 40. Para el ejercicio de los derechos y el cumplimiento de las obligaciones civiles, el domicilio de las personas naturales es el lugar de su residencia habitual, y en su caso, el que determine la Ley de Enjuiciamiento Civil.

El domicilio de los diplomáticos residentes por razón de su cargo en el extranjero, que gocen del derecho de extraterritorialidad, será el último que hubieren tenido en territorio español.

Art. 41. Cuando ni la ley que las haya creado o reconocido, ni los estatutos o las reglas de fundación fijaren el domicilio de las personas jurídicas, se entenderá que lo tienen en el lugar en que se halle establecida su representación legal, o donde ejerzan las principales funciones de su instituto.

....

Art. 40: Vid., arts. 59 y 60 del Reglamento 44/2001 (*supra* núm. 7) y los arts. 50, 52 y 54 de la LEC de 2000 (*supra* núm. 5).

Art. 41: Cfr. art. 6.º de la Ley de Sociedades anónimas de 1989 (*infra* núm. 93), art. 7.º de la Ley sobre Sociedades de responsabilidad limitada (*infra* núm. 94) y art. 120.1 del Reglamento del Registro Mercantil de 1989. Vid. arts. 66 y 70 LEC (*supra* núm. 5).

TÍTULO IV

Del matrimonio

....

CAPÍTULO III

De la forma de celebración del matrimonio

SECCIÓN 1.ª

Disposiciones generales

Art. 49. Cualquier español podrá contraer matrimonio dentro o fuera de España:

1.º Ante el Juez, Alcalde o funcionario señalado por este Código.

2.º En la forma religiosa legalmente prevista.

También podrá contraer matrimonio fuera de España con arreglo a la forma establecida por la ley del lugar de celebración.

Art. 50. Si ambos contrayentes son extranjeros, podrá celebrarse el matrimonio en España con arreglo a la forma prescrita para los españoles o cumpliendo la establecida por la ley personal de cualquiera de ellos.

SECCIÓN 2.ª

De la celebración ante el Juez, Alcalde o funcionario que haga sus veces

Art. 51. Será competente para autorizar el matrimonio:

Art. 49: Redacción conforme a la Ley 35/1994, de 23 de diciembre, de modificación del Código Civil en materia de autorización del matrimonio civil por los alcaldes (*BOE* de 24-12-1994). Vid. Directrices sobre la autorización del matrimonio civil por los alcaldes en la Instrucción de la Dirección General de los Registros y del Notariado de 26 de enero de 1995 (*BOE* de 10-2-1995).

Art. 49.1.º: Vid. arts. 51.1.º, 2.º y 3.º del C. civil; Convenio de la Comisión internacional del estado civil de 1964 tendente a facilitar la celebración de los matrimonios en el extranjero (*infra* núm. 84) y Convenio de la Comisión internacional del estado civil de 1980 relativo a la expedición de un certificado de capacidad matrimonial (*infra* núm. 85).

Art. 49.1.2.º: Vid. art. 59 del C. civil y arts. 252 y 256 del RRC (*infra* núm. 75); téngase en cuenta el art. VI.1) de los Acuerdos entre la Santa Sede y el Estado español de 3 de enero de 1979 sobre asuntos jurídicos (*BOE* de 15-12-1979); art. 7.º de la Ley 24/1992, de 10 de noviembre, por la que se aprueba el Acuerdo de cooperación del Estado con la Federación de Entidades Religiosas Evangélicas; art. 7.º de la Ley 25/1992, de 10 de noviembre, por la que se aprueba el Acuerdo de cooperación del Es-tado con la federación de Comunidades Israelitas de España; y art. 7.º de la Ley 26/1992, de 10 de noviembre, por la que se aprueba el Acuerdo de cooperación del Estado con la Comisión Islámica de España (*BOE* de 12-11-1992).

Art. 50: Redacción conforme a la Ley 30/1981, de 7 de julio (*BOE* de 20-7-1981). Sobre la dispensa de impedimentos, vid. Convenio de la CIEC de 1964 tendente a facilitar la celebración de matrimonios extranjeros (*infra* núm. 84).

Art. 51: Redacción conforme a la Ley 35/1994, de 23 de diciembre, de modifica-

1.º El Juez encargado del Registro Civil y el Alcalde del municipio donde se celebre el matrimonio o concejal en quien éste delegue.

2.º En los municipios en que no resida dicho Juez, el delegado designado reglamentariamente.

3.º El funcionario diplomático o consular encargado del Registro Civil en el extranjero.

Art. 52. Podrá autorizar el matrimonio del que se halle en peligro de muerte:

1. El Juez encargado del Registro Civil, el delegado o el Alcalde, aunque los contrayentes no residan en la circunscripción respectiva.

2. En defecto de Juez, y respecto de los militares en campaña, el Oficial o Jefe superior inmediato.

3. Respecto de los matrimonios que se celebren a bordo de nave o aeronave, el Capitán o Comandante de la misma.

Este matrimonio no requerirá para su autorización la previa formación de expediente, pero sí la presencia, en su celebración, de dos testigos mayores de edad, salvo imposibilidad acreditada.

....

Art. 56. Quienes deseen contraer matrimonio acreditarán previamente, en expediente tramitado conforme a la legislación del Registro Civil, que reúnen los requisitos de capacidad establecidos en este Código.

Si alguno de los contrayentes estuviere afectado por deficiencias o anomalías psíquicas, se exigirá dictamen médico sobre su aptitud para prestar el consentimiento.

....

SECCIÓN 3.ª

De la celebración en forma religiosa

Art. 59. El consentimiento matrimonial podrá prestarse en la forma prevista por una confesión

---

ción del Código civil en materia de autorización del matrimonio civil por los alcaldes (*BOE* de 24-12-1994).

Art. 51.1.º: Vid. art. 57.I del Código civil («El matrimonio deberá celebrarse ante el Juez, Alcalde o funcionario correspondiente al domicilio de cualquiera de los contrayentes y dos testigos mayores de edad»), al que la DGRN viene atribuyendo valor para fijar la competencia internacional de nuestras autoridades en materia de celebración de matrimonio.

Art. 51.3.º: Vid. art. 49.1 del Código civil. Téngase en cuenta que, a pesar de que las facultades de los cónsules o funcionarios diplomáticos que ejercen funciones consulares en orden a la celebración del matrimonio se halla recogida en el art. 5.º, ap. *f*), del Convenio de Viena de 1963 (*supra* núm. 11), los cónsules españoles pueden sufrir alguna limitación cuando la legislación del Estado receptor prohíbe el ejercicio de dicha función en su territorio (Argentina, Austria o Suiza).

Art. 56: Sobre la capacidad para contraer matrimonio, vid. *supra* art. 9.º, apartado 1, del Código civil. En cuanto a los matrimonios de conveniencia, vid. art. 73 LRC (*infra* núm. 74) y art. 256 RRC (*infra* núm. 75) y nota a este último.

religiosa inscrita, en los términos acordados con el Estado o, en su defecto, autorizados por la legislación de éste.

Art. 60. El matrimonio celebrado según las normas del Derecho canónico o en cualquiera de las formas religiosas previstas en el artículo anterior produce efectos civiles. Para el pleno reconocimiento de los mismos se estará a lo dispuesto en el capítulo siguiente.

CAPÍTULO IV

DE LA INSCRIPCIÓN DEL MATRIMONIO EN EL REGISTRO CIVIL

Art. 61. El matrimonio produce efectos civiles desde su celebración.

Para el pleno reconocimiento de los mismos será necesaria su inscripción en el Registro Civil.

El matrimonio no inscrito no perjudicará los derechos adquiridos de buena fe por terceras personas.

Art. 62. El Juez, Alcalde o funcionario ante quien se celebre el matrimonio extenderá, inmediatamente después de celebrado, la *inscripción* o el acta correspondiente con su firma y la de los contrayentes y testigos.

Asimismo, practicada la inscripción o entendida el acta, el Juez, Alcande o funcionario entregará a cada uno de los contrayentes documento acreditativo de la celebración del matrimonio.

Art. 63. La inscripción del matrimonio celebrado en España en forma religiosa se practicará con la simple presentación de la certificación de la Iglesia o confesión respectiva, que habrá de expresar las circunstancias exigidas por la legislación del Registro Civil.

Se denegará la práctica del asiento cuando de los documentos presentados o de los asientos del Registro conste que el matrimonio no reúne los requisitos que para su validez se exigen en este título.

....

Art. 65. Salvo lo dispuesto en el artículo 63, en todos los demás casos en que el matrimonio se hubiese celebrado sin haberse tramitado el correspondiente expediente, el Juez o fucionario encargado del Registro, antes de practicar la inscripción, deberá comprobar si concurren los requisitos legales para su celebración.

....

CAPÍTULO VI

DE LA NULIDAD DEL MATRIMONIO

....

Art. 80. Las resoluciones dictadas por los Tribunales eclesiás-

---

Art. 80: Redactado según Ley 30/1981, de 7 de julio (*BOE* de 20-7-1981). La Disposición Adicional 2.ª de dicha Ley establece el procedimiento a seguir. Vid. art. VI del Acuerdo entre el Estado español y la Santa Sede sobre asuntos jurídicos de 3 de

ticos sobre nulidad de matrimonio canónico o las decisiones pontificias sobre matrimonio rato y no consumado tendrán eficacia en el orden civil, a solicitud de cualquiera de las partes, si se declaran ajustados al Derecho del Estado en resolución dictada por el Juez civil competente conforme a las condiciones a las que se refiere el artículo 954 de la Ley de Enjuiciamiento Civil.

....

CAPÍTULO X

DE LAS MEDIDAS PROVISIONALES POR DEMANDA DE NULIDAD, SEPARACIÓN Y DIVORCIO

....

Art. 103. Admitida la demanda, el Juez, a falta de acuerdo de ambos cónyuges aprobado judicialmente, adoptará, con audiencia de éstos, las medidas siguientes:

---

enero de 1979 (*BOE* de 15-12-1979) que se reproduce a continuación; art. 954 LEC (*supra* núm. 6); arts. 83-84 y 265 RRC (*infra* núm. 75).

Art. VI. 2 del Acuerdo entre el Estado español y la Santa Sede sobre asuntos jurídicos de 3 de enero de 1979:

«Los contrayentes a tenor de las disposiciones del Derecho Canónico, podrán acudir a los Tribunales eclesiásticos solicitando declaración de nulidad o pedir decisión pontificia sobre matrimonio rato y no consumado. A solicitud de cualquiera de las partes, dichas resoluciones eclesiásticas tendrán eficacia en el orden civil si se declaran ajustadas al Derecho del Estado en resolución dictada por el Tribunal civil competente.»

Vid. *supra* núm. 5, art. 778, e *infra* núm. 137, art. 63.

Art. 103.1: Redacción del último párrafo conforme a la Ley Orgánica 9/2002, de 10 de diciembre, por la que se modifica la Ley Orgánica 10/1995, de 23 de noviembre, de modificación del Código penal y del Código civil sobre sustracción de menores (*BOE de* 11-12-2002): se añade una nueva sección dentro del Capítulo III del Título XII del Libro II del Código penal, titulado «de la sustracción de menores» y cuyo *art. 225 bis dice:*

«*Art. 225 bis.* 1. El progenitor que sin causa justificada para ello sustrajere a su hijo menor será castigado con la pena de prisión de dos a cuatro años e inhabilitación especial para el ejercicio del derecho de patria potestad por tiempo de cuatro a diez años.

2. A los efectos de este artículo, se considera sustracción:

1.º El traslado de un menor de su lugar de residencia sin consentimiento del progenitor con quien conviva habitualmente o de las personas o instituciones a las cuales estuviese confiada su guarda o custodia.

2.º La retención de un menor incumpliendo gravemente el deber establecido por resolución judicial o administrativa.

3. Cuando el menor sea trasladado fuera de España o fuese exigida alguna condición para su restitución la pena señalada en el apartado 1 se impondrá en su mitad superior.

4. Cuando el sustractor haya comunicado el lugar de estancia al otro progenitor o a quien corresponda legalmente su cuidado dentro de las veinticuatro horas siguientes a la sustracción con el compromiso de devolución inmediata que efectivamente lleve a cabo, o la ausencia no hubiere sido superior a dicho plazo de veinticuatro horas, quedará exento de pena.

Si la restitución la hiciere, sin la comunicación a que se refiere el párrafo anterior, dentro de los quince días siguientes a la sustracción, le será impuesta la pena de prisión de seis meses a dos años.

Estos plazos se computarán desde la fecha de la denuncia de la sustracción.

5. Las penas señaladas en este artículo se impondrán igualmente a los ascendientes del menor y a los parientes del progenitor hasta el segundo grado de consanguinidad o afinidad que incurran en las conductas anteriormente descritas.»

Vid. *infra* art. 158.

1.ª Determinar, en interés de los hijos, con cuál de los cónyuges han de quedar los sujetos a la patria potestad de ambos y tomar las disposiciones apropiadas de acuerdo con lo establecido en este Código y en particular la forma en que el cónyuge apartado de los hijos podrá cumplir el deber de velar por éstos y el tiempo, modo y lugar en que podrá comunicar con ellos y tenerlos en su compañía.

Excepcionalmente, los hijos podrán ser encomendados a otra persona y, de no haberla, a una institución idónea, confiriéndoseles las funciones tutelares que ejercerán bajo la autoridad del Juez.

Cuando exista riesgo de sustracción del menor por alguno de los cónyuges o por terceras personas podrán adoptarse las medidas necesarias y, en particular, las siguientes:

a) Prohibición de salida del territorio nacional, salvo autorización judicial previa.

b) Prohibición de expedición del pasaporte al menor o retirada del mismo si ya se hubiere expedido.

c) Sometimiento a autorización judicial previa de cualquier cambio de domicilio del menor.

....

CAPÍTULO XI

LEY APLICABLE A LA NULIDAD, LA SEPARACIÓN Y EL DIVORCIO

Art. 107. 1. La nulidad del matrimonio y sus efectos se determinarán de conformidad con la ley aplicable a su celebración.

2. La separación y el divorcio se regirán por la ley nacional común de los cónyuges en el momento de la presentación de la demanda; a falta de nacionalidad común, por la ley de la residencia habitual común del matrimonio en dicho momento y, en defecto de ésta, por la ley de la última residencia habitual común del matrimonio si uno de los cónyuges aún reside habitualmente en dicho Estado.

En todo caso, se aplicará la ley española cuando uno de los cónyuges sea español o resida habitualmente en España:

a) Si no resultara aplicable ninguna de las leyes anteriormente mencionadas.

b) Si en la demanda presentada ante tribunal español la separación o el divorcio se pide por ambos cónyuges o por uno con el consentimiento del otro.

c) Si las leyes indicadas en el párrafo primero de este apartado no reconocieran la separación o el divorcio o lo hicieran de forma discriminatoria o contraria al orden público.

....

Art. 107: Redacción conforme a la Ley Orgánica 11/2003, de 29 de septiembre, de medidas concretas en materia de seguridad ciudadana, violencia doméstica e integración social de los extranjeros (*BOE* de 30-9-2003).

TÍTULO V

De la paternidad y filiación

CAPÍTULO PRIMERO

De la filiación y sus efectos

....

Art. 109. La filiación determina los apellidos con arreglo a lo dispuesto en la ley.

Si la filiación está determinada por ambas líneas, el padre y la madre de común acuerdo podrán decidir el orden de transmisión de su respectivo primer apellido, antes de la inscripción registral. Si no se ejercita esta opción, regirá lo dispuesto en la ley.

El orden de apellidos inscrito para el mayor de los hijos regirá en las inscripciones de nacimiento posteriores de sus hermanos del mismo vínculo.

El hijo, al alcanzar la mayor edad, podrá solicitar que se altere el orden de los apellidos.

....

TÍTULO VII

De las relaciones paterno-filiales

CAPÍTULO PRIMERO

Disposiciones generales

....

Art. 158. El Juez, de oficio o a instancia del propio hijo, de cualquier pariente o del Ministerio Fiscal, dictará:

1.º Las medidas convenientes para asegurar la prestación de alimentos y proveer a las futuras necesidades del hijo, en caso de incumplimiento de este deber por sus padres.

2.º Las disposiciones apropiadas a fin de evitar a los hijos perturbaciones dañosas en los casos de cambio de titular de la potestad de guarda.

3.º Las medidas necesarias para evitar la sustracción de los hijos menores por alguno de los progenitores o por terceras perso-

---

Art. 109: Redacción según la Ley 40/1999, de 5 de noviembre, sobre nombres y apellidos y orden de los mismos (*BOE* de 6-11-1999). En relación con este artículo, vid. Instrucción de 23 de mayo de 2007, de la DGRN, sobre apellidos de los extranjeros nacionalizados españoles y su consignación en el Registro Civil español (*BOE* de 4-7-2007). Vid. Ley del Registro Civil (*infra* núm. 74) y Reglamento del Registro Civil (*infra* núm. 75).

Art. 158.3.º: Redacción conforme a la Ley Orgánica 9/2002, de 10 de diciembre, por la que se modifica la Ley Orgánica 10/1995, de 23 de noviembre, de modificación del Código penal y del Código civil sobre sustracción de menores (*BOE* de 11-12-2002).

nas y, en particular, las siguientes:

a) Prohibición de salida del territorio nacional, salvo autorización judicial previa.

b) Prohibición de expedición del pasaporte al menor o retirada del mismo si ya se hubiere expedido.

c) Sometimiento a autorización judicial previa de cualquier cambio de domicilio del menor.

4.º En general, las demás disposiciones que considere oportunas, a fin de apartar al menor de un peligro o de evitarle perjuicios.

Todas estas medidas podrán adoptarse dentro de cualquier proceso civil o penal o bien en un procedimiento de jurisdicción voluntaria.

....

LIBRO III

De los diferentes modos de adquirir la propiedad

....

TÍTULO III

De las sucesiones

CAPÍTULO PRIMERO

DE LOS TESTAMENTOS

....

SECCIÓN 3.ª

De la forma de los testamentos

....

Art. 684. Cuando el testador exprese su voluntad en lengua que el Notario no conozca, se requerirá la presencia de un intérprete, elegido por aquél, que traduzca la disposición testamentaria a la oficial en el lugar del otorgamiento que emplee el Notario. El instrumento se escribirá en las dos lenguas con indicación de cuál ha sido la empleada por el testador.

El testamento abierto y el acta del cerrado se escribirán en la lengua extranjera en que se exprese el testador y en la oficial que emplee el Notario, aun cuando éste conozca aquélla.

....

Art. 158.4.º: El anterior núm. 3.º pasa a ser núm. 4.º, manteniendo la misma redacción.

Art. 684: Redacción según Ley 30/1991, de 20 de diciembre, de modificación del Código civil en materia de testamentos (*BOE* de 23-12-1991).

SECCIÓN 9.ª

Del testamento hecho en país extranjero

Art. 732. Los españoles podrán testar fuera del territorio nacional, sujetándose a las formas establecidas por las leyes del país en que se hallen.

También podrán testar en alta mar durante su navegación en un buque extranjero, con sujeción a las leyes de la nación a que el buque pertenezca.

Podrán asimismo hacer testamento ológrafo, con arreglo al artículo 688, aun en los países cuyas leyes no admitan dicho testamento.

Art. 733. No será válido en España el testamento mancomunado, prohibido por el artículo 669, que los españoles otorguen en país extranjero, aunque lo autoricen las leyes de la nación donde se hubiese otorgado.

Art. 734. También podrán los españoles que se encuentren en país extranjero otorgar su testamento, abierto o cerrado, ante el funcionario diplomático o consular de España que ejerza funciones notariales en el lugar del otorgamiento.

En estos casos se observarán respectivamente todas las formalidades establecidas en las secciones quinta y sexta de este capítulo.

Art. 735. El Agente diplomático o consular remitirá, autorizada con su firma y sello, copia del testamento abierto, o del acta de otorgamiento del cerrado, al Ministerio del Estado para que se deposite en su Archivo.

Art. 736. El Agente diplomático o consular, en cuyo poder hubiese depositado su testamento ológrafo o cerrado un español, lo remitirá al Ministerio de Estado cuando fallezca el testador, con el certificado de defunción.

El Ministerio de Estado hará publicar en la *Gaceta de Madrid* la noticia del fallecimiento, para que los interesados en la herencia puedan recoger el testamento y gestionar su protocolización en la forma prevenida.

....

Art. 732: Téngase en cuenta que tras la ratificación de España del Convenio de La Haya sobre conflicto de leyes en materia de forma de las disposiciones testamentarias de 5 de octubre de 1961, debe estarse a lo dispuesto en dicho Convenio respecto a la validez formal de las distintas clases de testamentos que otorguen los españoles en el extranjero al operar dicho Convenio con carácter *erga omnes* (vid. *infra* núm. 88).

Art. 733: Vid. art. 4.º del Convenio de La Haya sobre conflicto de leyes en materia de forma de las disposiciones testamentarias de 1961 (*infra* núm. 88).

Art. 734: Redacción según Ley 30/1991, de 20 de diciembre, de modificación del Código civil en materia de testamentos (*BOE* de 23-12-1991). Vid. Anexo III del Reglamento del Notariado de 1944, que regula el ejercicio de la fe pública de los agentes diplomáticos y consulares de España en el extranjero (*infra* núm. 116).

73. CÓDIGO DE COMERCIO

(Arts. 15, 28 y 578)

(*Gaceta de Madrid* de 24 de noviembre de 1885 núm. 289-328)

....

LIBRO I

De los comerciantes y del comercio en general

TÍTULO PRIMERO

De los comerciantes y de los actos de comercio

Art. 15. Los extranjeros y las compañías constituidas en el extranjero podrán ejercer el comercio en España con sujeción a las Leyes de su país, en lo que se refiera a su capacidad para contratar, y a las disposiciones de este Código, en todo cuanto concierna a la creación de sus establecimientos dentro del territorio español, a sus operaciones mercantiles y ala jurisdicción de los Tribunales de la nación.

Lo prescrito en este artículo se entenderá sin perjuicio de lo que en casos particulares pueda establecerse por los Tratados y Convenios con las demás potencias.

....

TÍTULO II

Del Registro Mercantil

Art. 28. *Libros obligatorios.*—1. El libro de Inventarios y Cuentas anuales se abrirá con el balance inicial detallado de la empresa. Al menos trimestralmente se transcribirán con sumas y saldos de balances de comprobación. Se transcribirán también el inventario de cierre de ejercicio y las cuentas anuales.

2. El libro Diario registrará día a día todas las operaciones relativas a la actividad de la empresa.

Será válida, sin embargo, la anotación conjunta de los totales de las operaciones por períodos no superiores al mes. a condición de que su detalle aparezca en otros libros o registros concordantes, de acuerdo con la naturaleza de la actividad que se trate.

....

LIBRO III

Del comercio marítimo

....

TÍTULO PRIMERO

De los buques

....

Art. 578. Si hallándose el buque en viaje o en puerto extranjero, su dueño o dueños lo enajenaren voluntariamente, bien a españoles o extranjeros con domicilio en capital o puerto de otra nación, la escritura de venta se otorgará ante el cónsul de España del puerto en que rinda el viaje, y dicha escritura no surtirá efectos respecto de tercero, si no se inscribe en el Registro del Consulado. El cónsul transmitirá inmediatamente copia auténtica de la escritura de compra y venta de la nave al Registro Mercantil del puerto en que se hallare inscrita y matriculada.

En todos los casos, la enajenación del buque debe hacerse constar, con la expresión de si el vendedor recibe en todo o en parte su precio, o si en parte o en todo conserva algún crédito sobre el mismo buque. Para el caso de que la venta se haga a súbdito español, se consignará el hecho en la patente de navegación.

Cuando, hallándose el buque en viaje, se inutilizare para navegar, acudirá el capitán al juez o Tribunal competente del puerto de arribada, si éste fuere español; y si fuere extranjero, al cónsul de España, si lo hubiere, al juez o Tribunal o a la autoridad local, donde aquél no exista, y el cónsul o el juez o Tribunal, o, en su defecto, la autoridad local, mandarán proceder al reconocimiento del buque.

Si residieren en aquel punto el consignatario o el asegurador, o tuvieren allí representantes, deberán ser citados para que intervengan en las diligencias por cuenta de quien corresponda.

....

Art. 578: Vid. art. 17 de la Ley de Hipoteca naval de 21 de agosto de 1893 (*Gaceta de Madrid* de 23-8-1893); Anexo III del Reglamento de la Organización y Régimen del Notariado de 2 de junio de 1944 (*infra* núm. 116); y art. 160 del Decreto de 14 de diciembre de 1956 por el que se aprobó el Reglamento del registro mercantil (*BOE* de 7-3-1957). Este artículo continúa transitoriamente en vigor en tanto no se publique el Reglamento del Registro de bienes muebles a que se refiere la Disp. Final 2.ª de la Ley 19/1989, de 25 de junio.

74. LEY DEL REGISTRO CIVIL DE 8 DE JUNIO DE 1957

(Arts. 10, 12, 15, 16, 18, 23, 38, 54, 55, 59.5.º, 63-68, 73 y 96)

(*BOE* núm. 151, de 10 de junio de 1957)

....

TÍTULO II

De los órganos del Registro

Art. 10. El Registro Civil está integrado:

1.º Por los Registros Municipales, a cargo del Juez municipal o comarcal, asistido del secretario, salvo lo dispuesto en el artículo siguiente.

2.º Por los Registros Consulares, a cargo de los Cónsules de España en el extranjero.

3.º Por el Registro Central, a cargo de un funcionario de la Dirección General.

....

Art. 12. Los cónsules extenderán por duplicado las inscripciones que abren folio en el Registro a su cargo, uno de cuyos ejemplares será remitido al Registro Central para su debida incorporación. En uno y otro Registro se extenderán, en virtud de parte, enviado por conducto reglamentario, todas las inscripciones marginales que se practiquen en cualquiera de ellos.

....

Art. 10.1.º: En la actualidad a cargo de los Jueces de Primera Instancia. Vid. Disp. Transitoria 3.ª1.1.ª de la LOPJ de 1985 (*BOE* de 2-7-1985; corr. de errores, *BOE* de 4-11-1985).

Art. 12: Vid. arts. 18.2 de la LRC y 66 del RRC. Téngase en cuenta la Instrucción del Ministerio de Justicia de 7 de enero de 1972 sobre traslados duplicados entre los Registros consulares y el Registro central (*BIMJ* núm. 903, de 25-1-1972).

TÍTULO III
Reglas generales de competencia

Art. 15. En el Registro constarán los hechos inscribibles que afectan a los españoles y los acaecidos en territorio español, aunque afecten a extranjeros.

En todo caso se inscribirán los hechos ocurridos fuera de España, cuando las correspondientes inscripciones deban servir de base a inscripciones exigidas por el derecho español.

Art. 16. 1. Los nacimientos, matrimonios y defunciones se inscribirán en el Registro Municipal o Consular del lugar en que acaecen.

Si se desconoce dicho lugar, la inscripción del nacimiento o defunción se hará en el Registro correspondiente a aquel en que se encuentre el niño abandonado o el cadáver.

Será Registro competente para la inscripción de los ocurridos en el curso de un viaje, el del lugar en que se dé término al mismo. Si se tratare de fallecimiento, el del lugar donde haya de efectuarse el enterramiento o, en su defecto, el de primera arribada.

En caso de naufragio, el Registro competente será el del lugar donde se instruyan las primeras diligencias.

2. No obstante lo dispuesto en el apartado anterior, los nacimientos acaecidos en territorio español, cuando su inscripción se solicite dentro del plazo, podrán inscribirse en el Registro Civil Municipal correspondiente al domicilio del progenitor o progenitores legalmente conocidos.

La solicitud se formulará, de común acuerdo, por los representantes legales del nacido o, en su caso, por el único representante legal de éste, acompañándose a la petición la documentación que reglamentariamente se establezca para justificar el domicilio común de los padres o del solo progenitor conocido.

En las inscripciones de nacimiento extendidas como consecuencia de lo establecido en este apartado, se considerará a todos los efectos legales que el lugar del nacimiento del inscrito es el municipio en el que se haya practicado el asiento. Las certificaciones en extracto sólo harán

---

Art. 15, párr. 2.º: Redactado de conformidad con la Disp. Final 2.ª de la Ley 3/2007, de 15 de marzo, reguladora de la rectificación registral de la mención relativa al sexo de las personas (*BOE* de 16-3-2007).

Art. 16: Los apartados 3, 4 y 5 son añadidos por la Disp. Adic. 7.ª de la Ley 24/2005, de 18 de noviembre, de reformas para el impulso de la productividad (*BOE* de 19-11-2005). Téngase en cuenta la Instrucción de 28 de febrero de 2006, de la Dirección General de los Registros y del Notariado, sobre competencia de los Registros Civiles Municipales en materia de adquisición de nacionalidad española y adopciones internacionales.

mención de este término municipal.

3. En los casos de adopción internacional, el adoptante o los adoptantes de común acuerdo, pueden solicitar directamente en el Registro Civil de su domicilio que se extienda la inscripción principal de nacimiento y la marginal de adopción, así como la extensión en el folio que entonces corresponda, de una nueva inscripción de nacimiento en la que constarán solamente, además de los datos del nacimiento y del nacido, las circunstancias personales de los padres adoptivos, la oportuna referencia al matrimonio de éstos y la constancia de su domicilio como lugar de nacimiento del adoptado.

4. Igualmente, en las inscripciones de nacimiento que sean consecuencia de la adquisición de la nacionalidad española por ciudadanos cuyo lugar de nacimiento sea un país extranjero, los interesados podrán solicitar, en el momento de levantarse el acta de juramento o promesa de fidelidad al Rey y obediencia a la Constitución y a las Leyes, que se extienda la inscripción de nacimiento en el Registro Civil Municipal correspondiente al domicilio en el que se haya instruido el oportuno expediente registral.

5. El Registro Civil en el que se practique la inscripción de nacimiento acaecido en el extranjero conforme a lo dispuesto en los apartados 3 y 4 de este artículo, comunicará dicha inscripción al Registro Central, que seguirá siendo competente para todos los demás actos de estado civil que afecten al inscrito.

....

Art. 18. En el Registro Central se inscribirán los hechos para cuya inscripción no resulte competente ningún otro Registro y aquellos que no puedan inscribirse por concurrir circunstancias excepcionales de guerra u otras cualesquiera que impidan el funcionamiento del Registro correspondiente.

Igualmente se llevarán en el Registro Central los libros formados con los duplicados de las inscripciones consulares y de las inscripciones de nacimiento practicadas en los Registros Municipales del domicilio conforme a lo dispuesto en el apartado 5 del artículo 16.

....

Art. 18: Vid. nota al art. 12 de la LRC. Modificado su segundo apartado por la Disp. Adic. 8.ª de la Ley 24/2005, de 18 de noviembre, de reformas para el impulso de la productividad (*BOE* de 19-11-2005).

TÍTULO IV

De los asientos en general y modos de practicarlos

Art. 23. Las inscripciones se practican en virtud de documento auténtico, o, en los casos señalados en la Ley, por declaración en la forma que ella prescribe.

También podrán practicarse, sin necesidad de previo expediente, por certificación de asientos extendidos en Registros extranjeros, siempre que no haya duda de la realidad del hecho inscrito y de su legalidad conforme a la Ley española.

....

Art. 38. A petición del Ministerio Fiscal o de cualquier interesado, se anotará, con valor simplemente informativo y con expresión de sus circunstancias:

1.º El procedimiento judicial o gubernativo entablado que pueda afectar al contenido del Registro.

2.º El hecho cuya inscripción no pueda extenderse por no resultar en alguno de sus extremos legalmente acreditado.

3.º El hecho relativo a españoles o acaecido en España que afecte al estado civil según la ley extranjera.

4.º La sentencia o resolución extranjera que afecte, también al estado civil, en tanto no se obtenga el exequátur.

5.º La sentencia o resolución canónica cuya ejecución en cuanto a efectos civiles no haya sido decretada aún por el Tribunal correspondiente.

6.º Y aquellos otros hechos cuya anotación permitan la Ley o el Reglamento.

En ningún caso las anotaciones constituirán la prueba que proporciona la inscripción.

....

Art. 23: Téngase en cuenta el Convenio sobre reconocimiento y actualización de los libros de estado civil hecho en Madrid el 5 de septiembre de 1990 (*BOE* de 27-5-1992). Vid. arts. 66, 81, 85, 88 a 91 del RRC. Téngase asimismo en cuenta la Instrucción de 20 de marzo de 2006, de la Dirección General de los Registros y del Notariado, sobre prevención del fraude documental en materia de estado civil (*BOE* de 24-4-2006).

Art. 38.1.3.º: Vid. art. 152 del RRC.

Art. 38.1.4.º: Vid. art. 153 del RRC.

TÍTULO V

De las Secciones del Registro

SECCIÓN 1.ª

De nacimientos y general

....

CAPÍTULO III

DEL NOMBRE Y APELLIDOS

....

Art. 54. En la inscripción se expresará el nombre que se da al nacido, si bien no podrá consignarse más de un nombre compuesto ni más de dos simples.

Quedan prohibidos los nombres que objetivamente perjudiquen a la persona, los que hagan confusa la identificación y los que induzcan a error en cuanto al sexo.

No puede imponerse al nacido el mismo nombre que ostente uno de sus hermanos, a no ser que hubiera fallecido, así como tampoco su traducción usual a otra lengua.

A petición del interesado o de su representante legal, el encargado del Registro sustituirá el nombre propio de aquél por su equivalente onomástico en cualquiera de las lenguas españolas.

Art. 55. La filiación determina los apellidos.

En los supuestos de nacimiento con una sola filiación reconocida, ésta determina los apellidos, pudiendo el progenitor que reconozca su condición de tal determinar, al tiempo de la inscripción, el orden de los apellidos.

El orden de los apellidos establecido para la primera inscripción de nacimiento determina el orden para la inscripción de los posteriores nacimientos con idéntica filiación.

Alcanzada la mayoría de edad, se podrá solicitar la alteración del orden de los apellidos.

El encargado del Registro impondrá un nombre y unos apellidos de uso corriente al nacido cuya filiación no pueda determinarlos.

El encargado del Registro, a petición del interesado o de su representante legal, procederá a regularizar ortográficamente los apellidos cuando la forma inscrita en el Registro no se adecue a la gramática y fonética de la lengua española correspondiente.

....

Art. 59. El Juez de Primera Instancia puede autorizar, previo expediente:

....

Art. 54: Redacción según Ley 40/1999, de 5 de noviembre, sobre nombres y apellidos y orden de los mismos (*BOE* de 6-11-1999).

Art. 54, párr. 2.º: Redactado de conformidad con la Disp. Final 2.ª de la Ley 3/2007, de 15 de marzo, reguladora de la rectificación registral de la mención relativa al sexo de las personas (*BOE* de 16-3-2007).

Art. 55: Redacción según la Ley 40/1999, de 5 de noviembre, sobre nombres y apellidos y orden de los mismos (*BOE* de 6-11-1999).

5.º La traducción de nombre extranjero o adecuación gráfica al español de la fonética de apellidos también extranjeros.

....

CAPÍTULO IV

De la nacionalidad y vecindad civil

Art. 63. La concesión de nacionalidad por residencia se hará, previo expediente, por el Ministerio de Justicia.

Las autoridades competentes para la tramitación y resolución de las solicitudes de adquisición de la nacionalidad por residencia, para la exclusiva finalidad de resolver la solicitud presentada por el interesado, recabarán de oficio de las Administraciones Públicas competentes cuantos informes sean necesarios para comprobar si los solicitantes reúnen los requisitos exigidos en el artículo 22 del Código Civil, sin que sea preciso el consentimiento de los interesados.

Art. 64. A falta de disposición especial, es funcionario competente para recibir las declaraciones de conservación o modificación de nacionalidad o vecindad, el mismo que determina las reglas sobre opción de nacionalidad.

Cuando dicho funcionario no sea el encargado del mismo Registro donde conste inscrito el nacimiento, levantará acta con las circunstancias exigidas para la inscripción y la remitirá al Registro competente para la práctica de la inscripción marginal correspondiente.

Se considera fecha de la inscripción, a partir de la cual surten sus efectos tales declaraciones, la del acta que constará en dicho asiento.

Art. 65. La declaración a que se refiere el artículo 26 del Código Civil sólo puede hacerse dentro de un año a contar de la fecha en que la Ley del país de residencia atribuya la nacionalidad extranjera o desde la mayor edad o emancipación del declarante, si la Ley extranjera la hubiere atribuido antes.

Una vez prestada la declaración de querer conservar la nacionalidad o vecindad civil, no es necesario reiterarla cualesquiera que sean el tiempo transcurrido o los cambios de residencia.

Tampoco necesita prestar declaración de conservarla quien haya declarado su voluntad de adquirir la misma nacionalidad o vecindad.

Art. 66. Se inscribirán en el Registro Civil español las declaraciones y demás hechos que afecten a la condición jurídica de es-

---

Art. 59.5.º: Vid. art. 2 del Convenio de Estambul relativo a los cambios de nombres y apellidos de 4 de septiembre de 1958 (*infra* núm. 52).

Art. 73: Vid. arts. 255 y 256.3.º del RRC. Téngase en cuenta la Instrucción de 31 de enero de 2006, de la Dirección General de los Registros y del Notariado, sobre los matrimonio de complacencia (*BOE* de 17-2-2006).

pañol o de nacional de país iberoamericano o de Filipinas de que, respectivamente, gocen conforme a los Convenios, los nacionales de estos países o los españoles.

El encargado del Registro está obligado a comunicar estas inscripciones a la Dirección General de los Registros y del Notariado.

Art. 67. La pérdida de la nacionalidad se produce siempre de pleno derecho, pero debe ser objeto de inscripción. Caso de no promover ésta el propio interesado, el encargado del Registro, previa su citación, practicará el asiento que proceda.

Art. 68. Sin perjuicio de lo dispuesto en el Título 1, Libro 1 del Código Civil y en tanto no conste la extranjería de los padres, se presumen españoles los nacidos en territorio español de padres también nacidos en España.

La misma presunción rige para la vecindad.

SECCIÓN 2.ª

De matrimonios

....

Art. 73. El funcionario que autoriza el matrimonio civil extenderá el acta, al mismo tiempo que se celebra, con los requisitos y circunstancias que determina esta Ley y con la firma de los contrayentes y testigos. Cuando el matrimonio se contrajera en país extranjero con arreglo a la forma del país o en cualquier otro supuesto en que no se hubiere levantado aquella acta, la inscripción sólo procederá en virtud de expediente.

....

TÍTULO VI

De la rectificación y otros procedimientos

Art. 96. En virtud de expediente gubernativo puede declararse con valor de simple presunción:

1.º Que no ha ocurrido hecho determinado que pudiera afectar al estado civil.

2.º La nacionalidad, vecindad o cualquier estado, si no consta en el Registro.

3.º El domicilio de los apátridas.

4.º La existencia de los hechos mientras por fuerza mayor sea imposible el acceso al Registro donde deben constar inscritos.

Estas declaraciones pueden ser objeto de anotación conforme a lo dispuesto en la Ley.

....

Art. 96.2.º: Téngase en cuenta la Instrucción de la Dirección General de los Registros y del Notariado, de 14 de abril de 1999, sobre certificado de nacionalidad española (*BOE* de 30-4-1999).

75. REGLAMENTO DEL REGISTRO CIVIL DE 14 DE NOVIEMBRE DE 1958*

(Arts. 21, 66, 68, 71, 81, 83-91, 96, 137.2.ª, 152, 153, 192, 194, 198-200, 213, 214, 219-237, 252, 256, 257, 265, 335-337 y 369)

(*BOE* núm. 296; de 11 de diciembre de 1958; corr. de errores, *BOE* núm. 18, de 21 de enero de 1959)

TÍTULO PRIMERO

Disposiciones generales

....

CAPÍTULO II

DE LA PUBLICIDAD DEL REGISTRO

SECCIÓN 1.ª

De las certificaciones

Art. 21. No se dará publicidad sin autorización especial:

1.º De la filiación adoptiva o desconocida o de circunstancias que descubran tal carácter y del cambio del apellido Expósito u otros análogos o inconvenientes.

2.º De la rectificación del sexo.

3.º De las causas de privación o suspensión de la patria potestad.

4.º De los documentos archivados, en cuanto a los extremos citados en los números anteriores o a circunstancias deshonrosas o que estén incorporados en expediente que tenga carácter reservado.

5.º Del legajo de abortos.

6.º De los cambios de apellido autorizados conforme a lo previsto en el párrafo tercero del artículo 208 de este Reglamento.

La autorización se concederá por el Juez Encargado y sólo a quienes justifiquen interés legítimo y razón fundada para pedirla. La certificación expresará el nombre del solicitante, los solos efectos para que se libra y la autorización expresa del encargado. Éste, en el registro directamente a su cargo, expedirá por sí mismo la certificación.

....

* Redacción originaria conforme al Decreto de 14 de noviembre de 1958. Modificado por Real Decreto 3455/1977, de 1 de diciembre (*BOE* de 25-1-1978); por Real Decreto 1917/1986, de 29 de agosto (*BOE* de 19-9-1986; corr. de errores, *BOE* de 6-10-1986), y por Real Decreto 170/2007, de 9 de febrero (*BOE* de 9-3-2007).

Art. 21: Téngase en cuenta la Resolución-Circular de 31 de octubre de 2005, de la Dirección General de los Registros y del Notariado, en materia de adopciones internacionales (*BOE* de 26-12-2005).

Art. 21, núms. 1.º, 3.º y 6.º: Redactados de conformidad con el Real Decreto 170/2007, de 9 de febrero (*BOE* de 9-3-2007).

TÍTULO III

Reglas generales de competencia

SECCIÓN 1.ª

De la competencia de los registros

Art. 66. En el Registro constarán los hechos que afecten a españoles, aunque determinen la pérdida de su condición de tales o hayan acaecido antes de adquirirla. También se inscribirán los que afecten mediatamente a su estado civil.

La duda sobre la nacionalidad del sujeto no es obstáculo para la inscripción de hecho. Tampoco lo es el no estar matriculado en el Consulado.

También constarán los acaecidos en el curso de un viaje a bordo de naves o aeronaves españolas.

En las inscripciones de nacimiento que hayan de practicarse en los Registros Consulares o Central, sin que esté acreditada conforme a Ley la nacionalidad española del nacido, se hará constar expresamente esta circunstancia.

....

Art. 68. Los nacimientos, matrimonios y defunciones se inscribirán en el Registro Municipal o Consular del sitio en que acaecen, cualquiera que sea el domicilio de los afectados, la incardinación de la parroquia o el lugar de enterramiento.

Cuando sea competente un Registro Consular, si el promotor está domiciliado en España, deberá practicarse antes la inscripción en el Registro Central, y después, por traslado, en el Consular correspondiente.

....

SECCIÓN 2.ª

De los nacimientos, matrimonios y defunciones ocurridos en circunstancias especiales

Art. 71. El acta en cuya virtud puede practicarse la inscripción de nacimiento, matrimonio o defunción, cualquiera que sea el tiempo transcurrido, será autorizada:

1.º Si los hechos ocurren en el curso de un viaje marítimo o aéreo, por el Contador del buque de

---

Art. 66: Vid. arts. 15 y 23 de la LRC (*supra* núm. 68).

Art. 68: Redacción según Real Decreto 3455/1977, de 1 de diciembre. No se reproducen los nuevos párrafos tercero, cuarto y quinto añadidos por el Real Decreto 1063/1991, de 5 de julio (*BOE* de 9-7-1991). Vid. art. 18 de la LRC.

Art. 71: Redacción de los arts. 71 y 81 conforme al Real Decreto 1917/1986, de 29 de agosto. Téngase en cuenta lo dispuesto en la Ley 4/2000, de 7 de enero, de modificación de la regulación de la declaración de fallecimiento de los desaparecidos con ocasión de naufragios y siniestros (*BOE* de 10-1-2000).

guerra, o, en las otras naves, por el Comandante, Capitán o Patrón.

2.º Ocurridos en campaña, por el Comandante de la unidad o por cualquier Oficial encargado.

3.º En cualesquiera circunstancias que impidan el funcionamiento del Registro correspondiente, por el Encargado del mismo, por el Delegado especial nombrado por la Dirección General y, en defecto de todos, por la autoridad gubernativa local.

4.º En lazareto, cárcel, cuartel, hospicio, hospital u otro establecimiento público análogo, ya ocurra el hecho en los inmuebles, ya en las ambulancias u otros móviles accesorios, por el funcionario a cuyo cargo esté la dirección o jefatura u otro formalmente encargado por éste.

5.º En los lugares desde los que no fuere posible durante más de un día el traslado a la oficina del Registro, por la autoridad gubernativa local.

6.º En los núcleos de población distantes de la oficina del Registro y determinados por la Dirección General, por el Delegado del Registro Civil, nombrado por el Juez de Primera Instancia.

7.º En los lugares en que sólo haya Agentes consulares honorarios de España, por éstos, aunque no sean de nacionalidad española.

....

TÍTULO IV

De los asientos y modo de practicarlos

CAPÍTULO PRIMERO

De los títulos de inscripción

SECCIÓN 1.ª

De las clases de títulos y sus requisitos

Art. 81. El documento auténtico, sea original o testimonio, sea judicial, administrativo o notarial, es título para inscribir el hecho de que da fe. También lo es el documento auténtico extranjero, con fuerza en España con arreglo a las leyes o a los Tratados internacionales.

....

Art. 83. No podrá practicarse inscripción en virtud de sentencia o resolución extranjera que no tenga fuerza en España; si para te-

---

Art. 81: Cfr. art. 323 de la LEC (*supra* núm. 5).

Vid. nota al art. 88 del RRC.

Art. 83.1: Cfr. arts. 951 a 958 de la LEC (*supra* núm. 6) y nota al art. 107.2 del Código civil (*supra* núm. 72).

Art. 83.2: Cfr. art. 80 del Código civil y art. VI.2) de los Acuerdos entre la Santa Sede y el Estado español de 3 de enero de 1979 sobre asuntos jurídicos (*BOE* de 15-12-1979).

nerla, requiere exequátur deberá ser previamente obtenido.

Las sentencias o resoluciones canónicas, para ser inscritas, requieren que su ejecución, en cuanto a efectos civiles, haya sido decretada por el Juez o Tribunal correspondiente.

Art. 84. No es necesario que tengan fuerza directa en España, excepto cuando lo impida el orden público:

1.º Las sentencias o resoluciones extranjeras que determinen o completen la capacidad para el acto inscribible.

2.º Las autorizaciones, aprobaciones o comprobaciones de autoridad extranjera en cuanto impliquen formas o solemnidades del acto en el país en que éste se otorga.

Art. 85. Para practicar inscripciones sin expediente en virtud de certificación de Registro extranjero, se requiere que éste sea regular y auténtico, de modo que el asiento de que se certifica, en cuanto a los hechos de que da fe, tenga garantías análogas a las exigidas para la inscripción por la Ley española. Se completarán por los medios legales los datos y circunstancias que no pueden obtenerse de la certificación o parte extranjero, por no contenerlos, por no merecer, en cuanto a ellos autenticidad o por ofrecer, por cualquier otro motivo, dudas sobre su realidad.

La falta de inscripción en el Registro extranjero no impide practicarla en el español mediante título suficiente.

Art. 86. Con los documentos no redactados en castellano ni en ninguna de las demás lenguas oficiales en las respectivas Comunidades Autónomas, o escritos en letra antigua o poco inteligible, se acompañará traducción o copia suficiente hecha por Notario, Cónsul, Traductor u otro órgano o funcionario competentes.

No será necesaria la traducción si al Encargado le consta su contenido.

Art. 87. Los documentos auténticos expedidos por autoridad o funcionario español competente no requieren legalización para surtir efectos en los Registros Civiles españoles.

Art. 88. A salvo lo dispuesto en los Tratados internacionales,

---

Art. 85: Cfr. art. 89 del RRC: supuestos en que el Encargado del Registro civil puede prescindir de la legalización del documento extranjero. Vid. art. 23 LRC (*supra* núm. 74).

Art. 86: Redacción según Real Decreto 628/1987, de 8 de mayo (*BOE* de 8-5-1987).

Art. 86.1: Téngase en cuenta el Convenio núm. 16 de la CIEC sobre expedición de certificaciones plurilingües de las actas del Registro civil, hecho en Viena el 8 de noviembre de 1976 (*BOE* de 22-8-1988) y Circular de 24 de septiembre de 1987 de la DGRN sobre exención de legalización y, en su caso, de traducción por aplicación de los Convenios núms. 16 y 17 de la Comisión Internacional del Estado civil (*BOE* de 2-10-1987). Vid. nota al art. 88 del RRC.

Art. 86.2: Cfr. con el art. 601 LEC (*supra* núm. 5).

Art. 87: Redacción según Real Decreto 1.917/1986, de 29 de agosto.

Art. 88: Cfr. art. 600 de la LEC (*supra* núm. 5). Vid. Convenio de La Haya por el que se suprime la exigencia de legalización

requieren legalización los documentos expedidos por funcionario extranjero y los expedidos en campaña o en el curso de un viaje marítimo o aéreo.

Art. 89. Aun siendo preceptiva la legalización, no se exigirá si consta al Encargado la autenticidad, directamente, o bien por haberle llegado el documento por vía oficial o por diligencia bastante. No se exigirá legalización ulterior si consta la autenticidad de la precedente.

El Encargado que dude fundadamente de la autenticidad de un documento, realizará las comprobaciones oportunas, sin dilatar el plazo o tiempo señalado para su actuación.

Art. 90. La legalización a efectos del Registro, se hará, tratándose de documentos extranjeros, por el Cónsul español del lugar en que se expidan o por el Cónsul del país en España.

Si se trata de documentos expedidos en campaña o en el curso de un viaje marítimo o aéreo, la legalización se practicará, a estos efectos, por el Subsecretario del Ministerio correspondiente, sin perjuicio de la competencia atribuida al Cuerpo Militar de Intervención de la Defensa.

Art. 91. La adecuación de un hecho o documento al Derecho extranjero no conocido por el Encargado se justificará por testimonio del Cónsul en España, del Cónsul de España en el país o de Notario español que conozca tal Derecho.

....

CAPÍTULO II

De quienes promueven la inscripción y del auxilio por conseguirlo

Art. 96. Los órganos del Registro prestarán auxilio a los Registros extranjeros, en régimen de reciprocidad.

....

de los documentos públicos extranjeros de 5 de octubre de 1961 (*supra* núm. 27). Téngase en cuenta el Real Decreto 2433/1978, de 2 de octubre, por el que se determinan los funcionarios competentes para realizar la legalización única o apostilla prevista en el Convenio de La Haya de 1961 (*BOE* de 17-10-1978); Orden de 30 de diciembre de 1978 por la que se interpreta y desarrolla el RD 2433/1978, de 2 de octubre, sobre supresión de legalización en relación con los países vinculados por el Convenio de La Haya de 1961 (*BOE* de 19-1-1979). *Add.* Convenio europeo relativo a la supresión de legalización de documentos extendidos por los agentes diplomáticos y consulares, hecho en Londres el 7 de junio de 1968 (*BOE* de 28-1-1982); Convenio sobre dispensa de legalización de ciertos documentos, hecho en Atenas el 15 de septiembre de 1977 (*supra* núm. 53); Convenio de la Comisión Internacional del Estado civil de 5 de septiembre de 1990 sobre reconocimiento y actualización de los libros del estado civil (*BOE* de 27-5-1992), y Circular de 24 de septiembre de 1987 de la DGRN sobre exención de legalización y, en su caso, de traducción por aplicación de los Convenios núms. 16 y 17 de la Comisión Internacional del Estado civil (*BOE* de 2-10-1987).

Art. 91: Cfr. art. 12.6 del Código civil (*supra* núm. 72).

Art. 96: Redacción según Real Decreto 1917/1986, de 29 de agosto.

CAPÍTULO V

De la extensión de los asientos

....

Art. 137. Las menciones de identidad se ajustarán a las siguientes reglas:

....

2.ª La mujer casada se designará con sus propios apellidos, aunque usare el de su marido. La extranjera que, con arreglo a su ley personal, ostente el apellido de su marido, será designada con éste, pero se hará referencia, además, al apellido de nacimiento.

....

CAPÍTULO VI

De las anotaciones

....

Art. 152. Para anotar el estado civil según la Ley extranjera o la existencia o inexistencia de hecho o resolución que le afecte, es suficiente:

1.º El título público correspondiente.

2.º La certificación o parte oficial del Registro extranjero, regular y auténtico.

3.º Si el hecho o situación no puede acreditarse mediante este Registro, la declaración oficial extranjera.

Art. 153. Son objeto de anotación las sentencias o resoluciones extranjeras sobre hechos inscribibles, aunque no puedan tener fuerza en España.

....

Cfr. art. 17 del Convenio de La Haya de 1965 relativo a la notificación o traslado en el extranjero de documentos judiciales y extrajudiciales en materia civil y mercantil (*supra* núm. 17).

Art. 137.1.2.ª: Vid. art. 14 de la Constitución española de 1978 (*supra* núm. 1): art. 9.1 del Código civil (*supra* núm. 72) y art. 219 del RRC; art. 4 del Convenio núm. 19 de la CIEC relativo a la ley aplicable a los nombres y apellidos, hecho en Múnich el 5 de septiembre de 1980 (*infra* núm. 79); téngase en cuenta el Convenio de la CIEC relativo a la expedición de certificados de diversidad de apellidos, hecho en La Haya el 8 de septiembre de 1982 (*infra* núm. 81).

TÍTULO V

De las Secciones del Registro

CAPÍTULO PRIMERO

DE LA SECCIÓN DE NACIMIENTOS Y GENERAL

....

SECCIÓN 5.ª

*Del nombre y apellidos**

Subsección 1.ª

Del nombre propio

Art. 192. No se podrán imponer más de dos nombres simples o de uno compuesto. Cuando se impongan dos nombres simples, éstos se unirán por un guión y ambos se escribirán con mayúscula inicial.

Se considera que perjudican objetivamente a la persona los nombres propios que, por sí o en combinación con los apellidos, resultan contrarios al decoro.

La sustitución del nombre propio por su equivalente onomástico en cualquiera de las lenguas españolas requerirá, si fuese notorio, que se acredite por los medios oportunos esta equivalencia y la grafía correcta del nombre solicitado.

....

Art. 194. Si la filiación está determinada por ambas líneas y a salvo la opción prevista en el artículo 109 del Código Civil, primer apellido de un español es el primero del padre y segundo apellido el primero de los personales de la madre, aunque sea extranjera.

....

Art. 198. La inversión de los apellidos de los mayores de edad podrá formalizarse mediante simple declaración ante el Encargado del Registro Civil del domicilio y no surte efecto mientras no se inscriba.

El mismo régimen rige para la regularización ortográfica de los apellidos para adecuarlos a la gramática y fonética de la lengua española correspondiente. Cuando no fuere un hecho notorio, deberá acreditarse por los medios oportu-

---

* *A los efectos de esta Sección*, téngase en cuenta la Instrucción de 23 de mayo de 2007, de la DGRN, sobre apellidos de los extranjeros nacionalizados españoles y su consignación en el Registro Civil español (*BOE* de 4-7-2007). Vid. Código Civil (*supra* núm. 72) y Ley del Registro Civil (*supra* núm. 74).

Art. 192: Redacción según Real Decreto 193/2000, de 11 de febrero (*BOE* de 26-2-2000). Vid. art. 54 de la Ley del Registro Civil (*supra* núm. 74).

Art. 194: Redacción según Real Decreto 193/2000, de 11 de febrero (*BOE* de 26-2-2000). Vid. art. 109 del Código Civil (*supra*, núm. 72).

nos que el apellido pertenece a una lengua vernácula y su grafía exacta en este idioma.

Art. 199. El que adquiere la nacionalidad española conservará los apellidos que ostente en forma distinta de la legal siempre que así lo declare en el acto de adquirirla, o dentro de los dos meses siguientes a la adquisición o a la mayoría de edad.

La declaración se ajustará a las reglas del artículo anterior.

Art. 200. En la inscripción de nacimiento constará la forma masculina o femenina del apellido de origen extranjero, cuando en el país de procedencia se admita la variante, acreditándose ésta, si no es conocida por el Encargado, en virtud de testimonio del Cónsul en España, del Cónsul de España en el país o de Notario español que la conozca. Los hijos de españoles fijarán tales apellidos en la forma que, en el uso, haya prevalecido.

Al margen se podrán anotar las versiones de apellidos extranjeros cuando se acredite igualmente que son usuales.

....

Subsección 5.ª

De otros casos de cambio o conservación de nombres y apellidos

Art. 213. Para el que adquiera la nacionalidad, el nacido no inscrito en plazo o el inscrito sin nombre o apellidos, rigen las siguientes reglas:

1.ª Se mantendrá el nombre y, cuando la filiación no determine otros, los apellidos que viniere usando, aunque no fueren, uno u otros, de uso corriente.

2.ª Serán completados o cambiados en cuanto infrinjan las demás normas establecidas.

El cambio o imposición se efectuará conforme a las reglas del artículo anterior, y tratándose de abandonados o expósitos, en cuando éstas lo consientan, se respetarán los nombres y apellidos de uso corriente indicados en escrito hallado con ellos.

Art. 214. Estas modificaciones o imposiciones de nombres y apellidos se efectuarán en los trámites previos a la inscripción de nacimiento o comple-

Art. 199: Vid. arts. 19, 20 y 21 del Código civil (*supra* nota al art. 9.1.1 del Código civil, núm. 72) y arts. 213.1, 219 y 369 del RRC. La instrucción de 23 de mayo de 2007 de la DGRN sobre apellidos de los extranjeros nacionalizados españoles y su consignación en el Registro Civil español (*BOE* de 4-7-2007) establece los criterios a seguir en la determinación de los apellidos de los españoles plurinacionales, en particular los ciudadanos comunitarios, de acuerdo con la Sentencia del TJCE de 2 de octubre de 2003 en el asunto «García Avello».

Art. 200: Vid. art. 91 del RRC.

Art. 213: Redacción de los arts. 213 y 214 conforme al Real Decreto 1917/1986, de 29 de agosto.

Vid. art. 1.º2 del Convenio núm. 19 de la CIEC relativo a la ley aplicable a los nombres y apellidos, hecho en Múnich el 5 de septiembre de 1980 (*infra* núm. 79), y Convenio de la CIEC relativo a la expedición de certificados de diversidad de apellidos, hecho en La Haya el 8 de septiembre de 1982 (*infra* núm. 81).

mentarios de sus circunstancias, o en el propio expediente de nacionalidad.

....

Subsección 7.ª

Nombre y apellidos extranjeros

Art. 219. El nombre y apellidos de un extranjero se rigen por su ley personal.

....

SECCIÓN 6.ª

De la nacionalidad y vecindad civil

Subsección 1.ª

Reglas especiales de los expedientes de nacionalidad

Art. 220. En la solicitud de carta de naturaleza, de habilitación del Gobierno para recuperar la nacionalidad española o de concesión de la nacionalidad por residencia, se indicará especialmente:

1. Menciones de identidad, lugar y fecha de nacimiento del solicitante, si tiene la capacidad exigida al efecto por la Ley española, y nacionalidad actual y anteriores de él y de sus padres.
2. Su estado civil; menciones de identidad y lugar y fecha de nacimiento del cónyuge y de los hijos sujetos a la patria potestad. Si hubiere contraído ulteriores nupcias se hará referencia a los matrimonios anteriores.
3. Si está procesado o tiene antecedentes penales. Si ha cumplido el servicio militar o prestación equivalente, exigidos por las leyes de su país, o situación al respecto.
4. La residencia en territorio español, con precisión de fechas y lugares y las circunstancias excepcionales que invoca para la obtención de la carta o de la habilitación.
5. Las circunstancias que reducen el tiempo exigido; si habla castellano u otra lengua española; cualquier circunstancia de adaptación a la cultura y estilo de vida españoles, como estudios, actividades benéficas o sociales, y las demás que estime conveniente.
6. Si se propone residir permanentemente en España y medios de vida con que cuenta.

En su caso, el compromiso de renunciar a la nacionalidad anterior y de prestar juramento o promesa de fidelidad al Rey y de obediencia a la Constitución y a las Leyes.

Art. 221. El peticionario probará los hechos a que se refieren

---

Art. 219: Vid. art. 9.1 del Código civil (*supra* núm. 72); Convenio núm. 19 de la CIEC relativo a la ley aplicable a los nombres y apellidos, hecho en Múnich el 5 de septiembre de 1980 (*infra* núm. 79); Convenio de la CIEC relativo a los cambios de apellidos y de nombres hecho en Estambul el 4 de septiembre de 1958 (*infra* núm. 80).

los cinco primeros números del artículo anterior.

Los referidos en los números primero y segundo se acreditarán por certificación del Registro español, en su defecto, por la expedida por el Cónsul o funcionario competente de su país, y de no ser esto posible, por cualquier otro medio.

La certificación consular, si es posible, hará referencia también a las circunstancias del número 3 y a la conducta, que se acreditará, además, por certificado de la autoridad gubernativa local y por el del Registro Central de Penados y Rebeldes.

Para la concesión de la nacionalidad por residencia, ésta se acreditará, de ser posible, por información del Gobierno Civil o de la Dirección General de la Policía del Ministerio del Interior.

Los demás hechos y circunstancias se acreditarán por cualquier medio de prueba adecuado admitido en derecho.

El Encargado, en el expediente de concesión de nacionalidad por residencia, oirá personalmente al peticionario, especialmente para comprobar el grado de adaptación a la cultura y estilo de vida españoles, y procurará oír también al cónyuge por separado y reservadamente sobre el cambio de nacionalidad y circunstancias que en ello concurren.

Art. 222. La Dirección recabará los informes oficiales que estime precisos y siempre el del Ministerio del Interior.

El informe de este Departamento comprenderá el juicio sobre la conducta y situación del extranjero respecto de las obligaciones que impone su entrada y residencia en España.

Art. 223. La concesión de carta de naturaleza revestirá la forma de Real Decreto, dictado a propuesta del Ministro de Justicia. La de habilitación para recuperar la nacionalidad española se formalizará, con la misma propuesta, por acuerdo de Consejo de Ministros.

En el *Boletín Oficial del Estado* se insertará, a efectos informativos, relación semestral de las concesiones de nacionalidad por residencia.

Podrán no motivarse las resoluciones denegatorias por razones de orden público o interés racional.

Art. 224. En los ciento ochenta días siguientes a la notificación, pasados los cuales caducará la concesión, el solicitante comparecerá ante el funcionario competente para, en su caso renunciar a la nacionalidad anterior, prestar la promesa o juramento exigidos e inscribirse como español en el Registro.

El Encargado que recibe las declaraciones velará por la práctica de toda clase de asientos que procedan por el cambio.

Subsección 2.ª

De las modificaciones de nacionalidad y vecindad

Art. 225. El cambio de vecindad civil se produce ipso iure por la residencia habitual durante diez años seguidos, en provincia o territorio de diferente legislación civil, a no ser que antes de terminar este plazo el interesado formule la declaración en contrario.

En el plazo de los diez años no se computa el tiempo en que el interesado no pueda legalmente regir su persona.

El extranjero que adquiera la nacionalidad española por naturaleza u opción y desee también optar por la vecindad civil correspondiente al territorio de Derecho especial o foral en que lleve al menos dos años de residencia, formulará esta segunda opción ante el Encargado del Registro Civil al mismo tiempo que las declaraciones previstas en el segundo párrafo del artículo 20 del Código Civil. Queda a salvo lo dispuesto, en su caso, por los Estatutos de Autonomía.

Art. 226. Las declaraciones de voluntad relativas a la nacionalidad o a la vecindad y la renuncia y el juramento o promesa exigidos serán admitidas por el Encargado del Registro aunque no se presente documento alguno, siempre que resulte de la declaración la concurrencia de los requisitos exigidos, pero sólo podrá practicarse la inscripción si se justifican previamente los requisitos para la adquisición, modificación o conservación.

Art. 227. *Si al prestarse* las declaraciones a que se refiere el artículo anterior no apareciesen los requisitos exigidos, el declarante, sin perjuicio de los recursos oportunos, estará obligado a completar la prueba en el plazo prudencial que le señale el Encargado. Este se limitará por el momento a levantar acta de la declaración y en su día, cuando por acreditarse los requisitos se practique la inscripción, se considerarán hora y fecha de ésta, a partir de la cual surtirá efecto la declaración, las del acta, que se harán constar en el asiento.

Art. 228. En las inscripciones de nacionalidad o vecindad practicadas en virtud de declaración constará especialmente el carácter de ésta y la hora en que se formula y, en los casos exigidos, la renuncia a la nacionalidad anterior y el juramento o promesa de fidelidad y obediencia.

Las inscripciones de adquisición de nacionalidad por concesión o de recuperación previa habilitación del Gobierno se practicarán en virtud del Real Decreto u Orden correspondientes y de la declaración del interesado.

Art. 229. Cuando por estar en otro término el Registro competente, o por cualquier obstáculo, de hecho no se practicare inmediatamente la inscripción, el Encargado ante el que se formule debidamente declaración de conservación o modificación de nacionalidad o vecindad levantará acta por duplicado con las circunstancias de la inscripción y las de identidad del sujeto; uno de los ejemplares, con los títulos en su caso, se remitirá al Registro competente para, en su virtud, practicarla.

Art. 230. En los países extranjeros en que no exista agente diplomático o consular español, la declaración de opción podrá formularse en documento debidamente autenticado, dirigido al Ministerio español de Asuntos Exteriores, quien, con informe sobre la fecha de remisión a dicho Ministerio, dará traslado, a través del Ministerio de Justicia, al Registro competente para la inscripción.

Se considerará fecha de la inscripción, a partir de la cual surte sus efectos la opción, la de remisión al Ministerio de Asuntos Exteriores, que constará en dicho asiento.

Art. 231. El mismo régimen establecido en el artículo anterior será aplicable a cualquier otra declaración de voluntad relativa a la nacionalidad o vecindad civil.

Art. 232. La pérdida de la nacionalidad sólo se inscribirá en virtud de documentos auténticos que la acrediten plenamente, previa citación del interesado o su representante legal y, en su caso, de sus herederos.

En defecto de documentos auténticos, será necesario expediente gubernativo, con la citación predicha.

Art. 233. Para inscribir la pérdida de la nacionalidad española por el que ostente desde su menor edad, además, una nacionalidad extranjera, se acreditará debidamente conforme a lo dispuesto en el artículo precedente, la nacionalidad extranjera que le venga atribuida al interesado desde su minoría y su renuncia expresa a la nacionalidad española.

Art. 234. En los países extranjeros en que no existan funcionarios consulares o diplomáticos españoles, las peticiones de dispensa o habilitación podrán hacerse en documento debidamente autenticado dirigido al Ministerio de Justicia.

Art. 235. En los traslados de la concesión de nacionalidad por residencia o por carta de naturaleza, o cuando se inscriba la opción o la recuperación, se advertirá expresamente que los hijos del interesado sometidos a la patria potestad tienen derecho a optar a la nacionalidad española conforme a los artículos 19 y 20 del Código Civil.

Art. 236. En las inscripciones de vecindad se hará referencia en su texto o en nota marginal complementaria al nacimiento de los demás afectados por la modificación de la vecindad civil, con indicación de nombres y apellidos.

Art. 237. En las inscripciones de nacimiento de estas personas afectadas se pondrá nota de referencia a la de la vecindad, con indicación del hecho inscrito y del carácter del titular.

CAPÍTULO II

DE LA SECCIÓN DE MATRIMONIOS

SECCIÓN 1.ª

De la celebración del matrimonio ante Juez o funcionario que haga sus veces

Art. 252. Si los contrayentes han manifestado su propósito de contraer matrimonio en el extranjero con arreglo a la forma establecida por la Ley del lugar de celebración y esta Ley exige la presentación de un certificado de capacidad matrimonial, una vez concluido el expediente con auto firme favorable, el instructor entregará a aquellos tal certificado. La validez de éste estará limitada a los seis meses de su fecha.

....

SECCIÓN 2.ª

De la inscripción del matrimonio en el Registro Civil

....

Art. 256. A salvo lo dispuesto en el artículo 63 del Código Civil y en los artículos 239, 252 y 255 de este Reglamento, se inscribirán, siempre que no haya dudas de la realidad del hecho y de su legalidad conforme a la Ley española, los matrimonios que consten por cualquiera de los documentos siguientes:

1.º Acta levantada por Encargado o funcionario competente para autorizar el matrimonio del que se halle en peligro de muerte.

2.º Certificación expedida por la Iglesia o confesión cuya forma de celebración esté legalmente prevista como suficiente por la Ley española.

Art. 252: Vid. art. 49.2 del Código civil (*supra* núm. 72); Convenio núm. 20 de la CIEC relativo a la expedición de un certificado de capacidad matrimonial, hecho en Múnich el 5 de septiembre de 1980 (*infra* núm. 85), y Orden de 26 de mayo de 1988, del Ministerio de Justicia, sobre aprobación de un modelo plurilingüe de certificado de capacidad matrimonial (*BOE* de 7-6-1988).

Vid. Orden del Ministerio de Justicia de 21 de enero de 1993, por la que se aprueba el modelo de certificado de capacidad matrimonial y celebración del matrimonio previsto en los arts. 7 de los Acuerdos aprobados por las Leyes 24/1992, 25/1992 y 26/1992, de 10 de noviembre (*supra* núm. 72, nota al art. 49.1.2.º del C. civil).

Art. 256: En cuanto al control *ex post* de los matrimonios de conveniencia, vid. Resolución del Consejo de 4 de diciembre de 1997 sobre las medidas que deberán adoptarse en materia de lucha contra los matrimonios fraudulentos (*DO* C 382, de 16-12-1997). Sobre el control *ex ante* para la celebración (art. 56 Código civil, *supra* núm. 72) o para la inscripción (art. 73 Ley Registro Civil, *supra* núm. 74), vid. Instrucciones de la Dirección General de los Registros y del Notariado de 9 de enero de 1995 sobre expediente previo al matrimonio cuando uno de los contrayentes esté domiciliado en el extranjero (*BOE* de 25-1-1995) y de 31 de enero de 2006 sobre los matrimonios de complacencia (*BOE* de 17-2-2006).

Art. 256.2.º: Vid. art. 49.1.2.º del Código civil (*supra* núm. 72); art. 63 del Código civil; art. VI.I) de los Acuerdos entre la Santa Sede y el Estado español de 3 de enero de 1979 sobre asuntos jurídicos (*BOE* de 15-12-1979), y Circular de la DGRN de 15 de febrero de 1980 para la inscripción en el Re-

3.º Certificación expedida por autoridad o funcionario del país de celebración.

4.º Certificación expedida por funcionario competente, acreditativa del matrimonio celebrado en España por dos extranjeros, cumpliendo la forma establecida por la Ley personal de cualquiera de ellos.

Art. 257. En cualquier otro supuesto el matrimonio sólo puede inscribirse en virtud de expediente, en el que se acreditará debidamente la celebración en forma del matrimonio y la inexistencia de impedimentos.

....

SECCIÓN 4.ª

De las sentencias y resoluciones

Art. 265. La inscripción de las resoluciones sobre nulidad de matrimonio canónico o de las decisiones pontificias sobre matrimonio rato requieren que previamente su ejecución haya sido acordada por Juez civil competente.

---

gistro de matrimonios canónicos (*BOE* de 23-2-1980). Vid. asimismo, la Orden de 21 de enero de 1993, que aprueba el modelo de certificado de capacidad matrimonial y de celebración del matrimonio religioso (*BOE* de 3-2-1993), y la Instrucción de la Dirección General de los Registros y del Notariado de 10 de febrero de 1993 (*BOE* de 24-2-1993) sobre inscripción de determinados matrimonios celebrados en forma religiosa que incluye las siguientes declaraciones:

«*Primera.* El régimen de inscripción en el Registro Civil de los matrimonios contemplados por las Leyes 24/1992, 25/1992 y 26/1992, de 10 de noviembre, sólo es de aplicación a los matrimonios que se celebren después de la entrada en vigor de estas leyes. Los matrimonios celebrados con anterioridad sólo serán inscribibles si surten efectos civiles conforme a la legislación anterior.

Segunda. El régimen indicado sólo alcanza a los matrimonios en las respectivas formas religiosas celebrados en España.

Tercera. Habrán de ajustarse a la nueva regulación los matrimonios que se celebren en España si uno o ambos contrayentes son españoles, o, incluso, si ambos contrayentes son extranjeros, pero en este último caso, siempre que la forma religiosa esté admitida por la ley personal de uno de ellos, la inscripción podrá efectuarse al amparo de las normas anteriores, que siguen vigentes, contenidas en los artículos 50 y 65 del Código Civil y concordantes del Reglamento del Registro Civil.

Cuarta. Como regla general, la inscripción en el Registro competente de los matrimonios previstos en los Acuerdos requerirá, previa la instrucción del oportuno expediente, la expedición de un certificado de capacidad matrimonial, para cuya expedición habrá de comprobarse por el encargado que los futuros contrayentes reúnen los requisitos exigidos por el Código Civil, entre los que estarán comprendidos, en su caso, los que deban ser apreciados por aplicación de las normas españolas de Derecho Internacional privado.

Quinta. Una vez expedido el certificado de capacidad matrimonial, la inscripción del matrimonio celebrado antes de que transcurran seis meses desde la expedición de aquél sólo requerirá que el encargado califique los requisitos formales de celebración exigidos por los Acuerdos.

Sexta. Tratándose de matrimonios celebrados en la forma religiosa islámica, si excepcionalmente los interesados prescinden bajo su responsabilidad del trámite previo de expedición del certificado de capacidad matrimonial, la calificación, con vistas a su inscripción, de la certificación del matrimonio celebrado habrá de abarcar no sólo los requisitos formales de esta certificación sino también la concurrencia de todos los requisitos de fondo exigidos para la validez civil del matrimonio.»

Art. 256.3.º y 4.º: Vid. art. 65 del Código civil (*supra* núm. 72).

La de las sentencias extranjeras sobre nulidad, separación o divorcio requiere su reconocimiento en España conforme a lo dispuesto en las leyes procesales.

....

TÍTULO VI

De la rectificación y otros procedimientos

....

CAPÍTULO IV

DE LOS EXPEDIENTES PARA DECLARACIONES CON VALOR DE SIMPLE PRESUNCIÓN

Art. 335. Respecto de los expedientes para declaraciones con valor de simple presunción, es competente el Encargado del Registro del domicilio del solicitante.

Para el expediente a que se refiere el artículo 339 es competente, a elección del solicitante, el Encargado del Registro correspondiente al lugar de celebración del matrimonio o el del domicilio de promotor.

Art. 336. Los hechos y la imposibilidad de acceso al Registro, cuando no sean notorios, se acreditarán por los peticionarios:

1.º Con los medios establecidos para la reconstitución de la inscripción.

2.º Con los documentos auténticos en cuya virtud puede practicarse o por las pruebas establecidas para el expediente previo a la inscripción.

3.º En último término, por los demás medios de prueba, teniendo en cuenta, en su caso, la posesión de estado. Cuando la Ley establece especiales medios de prueba se estará a lo en ella dispuesto.

El domicilio de los apátridas se acreditará por certificación municipal o información testifical; se recabará informe oficial al Ministerio del Interior sobre su entrada en territorio español y sobre su condición de apátrida.

Art. 337. También pueden ser declarados con valor de simple

Art. 265.II: Vid. arts. 80 y 107.2 del Código civil (*supra* núm. 54 y 72) y sus notas respectivas. Vid. también arts. 83 y 84 RRC.

Art. 335: Téngase en cuenta la Instrucción de la Dirección General de los Registros y del Notariado, de 14 de abril de 1999, sobre certificado de nacionalidad española (*BOE* de 30-4-1999).

Art. 336: Vid. art. 96.2.º y 3.º de la LRC (*supra* núm. 74).

Art. 337: Vid. nota al art. 336 del RRC. (*supra* núm. 75)

presunción los hechos relativos al estado civil de un extranjero, residente o domiciliado en España, en tanto que por su condición de refugiado o asilado o por cualquier razón de fuerza mayor no pueda conseguir las certificaciones o pruebas normalmente acreditativas de tales hechos.

Salvo petición del interesado, la anotación que en su virtud haya de extenderse en el Registro Civil Central no será objeto de asiento duplicado en el Registro Consular español del país del refugiado o asilado.

....

CAPÍTULO VII

DE LOS EXPEDIENTES DE LA COMPETENCIA DEL MINISTERIO O AUTORIDAD SUPERIOR Y DE NOMBRES Y APELLIDOS

....

Art. 369. El cambio de nombres y apellidos aprobados por el Ministerio al conceder la nacionalidad no podrá inscribirse, y así se advertirá en la resolución mientras que el sujeto afectado no se inscriba como español.

....

Art. 369: Vid. arts. 199, 209.5.º y 213 del RRC.

B) PERSONA FÍSICA

76. LEY 3/2007, DE 15 DE MARZO, REGULADORA DE LA RECTIFICACIÓN REGISTRAL DE LA MENCIÓN RELATIVA AL SEXO DE LAS PERSONAS

(Art. 1.º)

(*BOE* núm. 65, de 16 de marzo de 2007)

Artículo 1.º *Legitimación.*— 1. Toda persona de nacionalidad española, mayor de edad y con capacidad suficiente para ello, podrá solicitar la rectificación de la mención registral del sexo.

La rectificación del sexo conllevará el cambio del nombre propio de la persona, a efectos de que no resulte discordante con su sexo registral.

2. Asimismo, la persona interesada podrá incluir en la solicitud la petición del traslado total del folio registral.

....

77. LEY ORGÁNICA 15/1999, DE 13 DE DICIEMBRE, DE PROTECCIÓN DE DATOS DE CARÁCTER PERSONAL

(Arts. 1.º, 2.º, 19, 33, 34 y Disp. Trans. 1.ª)

(*BOE* núm. 298, de 14 de diciembre de 1999)

TÍTULO PRIMERO

Disposiciones generales

Artículo 1.º *Objeto.*—La *presente Ley Orgánica* tiene por objeto garantizar y proteger, en lo que concierne al tratamiento de

---

Art. 1.º: Véase el Reglamento (CE) núm. 45/2001 del Parlamento Europeo y del Consejo, de 18 de diciembre de 2000, relativo a la protección de las personas físi-

los datos personales, las libertades públicas y los derechos fundamentales de las personas físicas, y especialmente de su honor e intimidad personal y familiar.

Art. 2.º *Ámbito de aplicación.*—1. La presente Ley Orgánica será de aplicación a los datos de carácter personal registrados en soporte físico, que los haga susceptibles de tratamiento, y a toda modalidad de uso posterior de estos datos por los sectores público y privado.

Se regirá por la presente Ley Orgánica todo tratamiento de datos de carácter personal:

a) Cuando el tratamiento sea efectuado en territorio español en el marco de las actividades de un establecimiento del responsable del tratamiento.

b) Cuando el responsable del tratamiento no establecido en territorio español, le sea de aplicación la legislación española en aplicación de normas de Derecho internacional público.

c) Cuando el responsable del tratamiento no esté establecido en territorio de la Unión Europea y utilice en el tratamiento de datos medios situados en territorio español, salvo que tales medios se utilicen únicamente con fines de tránsito.

2. El régimen de protección de los datos de carácter personal que se establece en la presente Ley Orgánica no será de aplicación:

a) A los ficheros mantenidos por personas físicas en el ejercicio de actividades exclusivamente personales o domésticas.

b) A los ficheros sometidos a la normativa sobre protección de materias clasificadas.

c) A los ficheros establecidos para la investigación del terrorismo y de formas graves de delincuencia organizada. No obstante, en estos supuestos el responsable del fichero comunicará previamente la existencia del mismo, sus características generales y su finalidad a la Agencia de Protección de Datos.

3. Se regirán por sus disposiciones específicas, y por lo especialmente previsto, en su caso, por esta Ley Orgánica los siguientes tratamientos de datos personales:

a) Los ficheros regulados por la legislación de régimen electoral.

b) Los que sirvan a fines exclusivamente estadísticos, y estén amparados por la legislación estatal o autonómica sobre la función estadística pública.

c) Los que tengan por objeto el almacenamiento de los datos

---

cas en lo que respecta al tratamiento de datos personales por las instituciones y los organismos comunitarios y a la libre circulación de estos datos (*DO* L 8, de 12-1-2001) y la Decisión del Consejo, de 13 de septiembre de 2004, por la que se adoptan las normas de desarrollo del Reglamento (CE) núm. 45/2001 del Parlamento Europeo y del Consejo relativo a la protección de las personas físicas en lo que respecta al tratamiento de datos personales por las instituciones y los organismos comunitarios y a la libre circulación de estos datos (*DO* L 296, de 21-9-2004).

contenidos en los informes personales de calificación a que se refiere la legislación del régimen del personal de las Fuerzas Armadas.

d) Los derivados del Registro Civil y los Registro Central de penados y rebeldes.

e) Los procedentes de imágenes y sonidos obtenidos mediante la utilización de videocámaras por las Fuerzas y Cuerpos de Seguridad, de conformidad con la legislación sobre la materia.

....

TÍTULO III

Derechos de las personas

....

Art. 19. *Derecho a la indemnización.*—1. Los interesados que, como consecuencia del incumplimiento de lo dispuesto en la presente Ley por el responsable o el encargado del tratamiento, sufran daño o lesión en sus bienes o derechos tendrán derecho a ser indemnizados.

2. Cuando se trata de ficheros de titularidad pública, la responsabilidad se exigirá de acuerdo con la legislación reguladora del régimen de responsabilidad de las Administraciones públicas.

3. En el caso de los ficheros de titularidad privada, la acción se ejercitará ante los órganos de la jurisdicción ordinaria.

....

TÍTULO V

Movimiento internacional de datos

Art. 33. *Norma general.*—1. No podrán realizarse transferencias temporales ni definitivas de datos de carácter personal que hayan sido objeto de tratamiento o hayan sido recogidos para someterlos a dicho tratamiento con destino a países que no proporcionen un nivel de protección equiparable al que presta la presente Ley, salvo que, además de haberse observado lo dispuesto en ésta, se obtenga autorización previa del Director de la Agencia de Protección de Datos, que sólo podrá otorgarla si se obtienen garantías adecuadas.

2. El carácter adecuado del nivel de protección que ofrece el país de destino se evaluará por la Agencia de Protección de Datos

atendiendo a todas las circunstancias que concurran en la transferencia o categoría de transferencia de datos. En particular, se tomará en consideración la naturaleza de los datos, la finalidad y la duración de tratamiento o de los tratamientos previstos, el país de origen y el país de destino final, las normas de Derecho, generales o sectoriales, vigentes en el país tercero de que se trate, el contenido de los informes de la Comisión de la Unión Europea, así como las normas profesionales y las medidas de seguridad en vigor en dichos países.

Art. 34. *Excepciones.*—Lo dispuesto en el artículo anterior no será de aplicación:

a) Cuando la transferencia internacional de datos de carácter personal resulte de la aplicación de tratados o convenios en los que sea parte España.

b) Cuando la transferencia se haga a efectos de prestar o solicitar auxilio judicial internacional.

c) Cuando la transferencia sea necesaria para la prevención o para el diagnóstico médico, la prestación de asistencia sanitaria o tratamiento médico o la gestión de servicios sanitarios.

d) Cuando se refiera a transferencias dinerarias conforme a su legislación específica.

e) Cuando el afectado haya dado su consentimiento inequívoco a la transferencia prevista.

f) Cuando la transferencia sea necesaria para la ejecución de un contrato entre el afectado y el responsable del fichero o para la adopción de medidas precontractuales adoptadas a petición del afectado.

g) Cuando la transferencia sea necesaria para la celebración o ejecución de un contrato celebrado o por celebrar, en interés del afectado, por el responsable del fichero y un tercero.

h) Cuando la transferencia sea necesaria o legalmente exigida para la salvaguarda de un interés público. Tendrá esta consideración la transferencia solicitada por una Administración fiscal o aduanera para el cumplimiento de sus competencias.

i) Cuando la transferencia sea precisa para el reconocimiento, ejercicio o defensa de un derecho en un proceso judicial.

j) Cuando la transferencia se efectúe, a petición de person acon interés legítimo, desde un Registro público y aquélla sea acorde con la finalidad del mismo.

k) Cuando la transferencia tenga como destino un Estado

Art. 34.k): Téngase en cuenta que las recientes decisiones de la Comisión de las Comunidades Europeas núms. 2000/518/CE, 2000/519/CE y 2000/520/CE, de 26 de julio (*DO* de 25-8-2000), han considerado adecuado el nivel de protección de datos personales en Suiza, Hungría, así como «el conferido por los principios de Puerto Seguro para la protección de la vida privada y las correspondientes preguntas más frecuentes, publicadas por el Departamento de Comercio de los Estados Unidos».

miembro de la Unión Europea, o un Estado respecto del cual la Comisión de las Comunidades Europeas, en el ejercicio de sus competencias, haya declarado que garantiza un nivel de protección adecuado.

....

DISPOSICIONES TRANSITORIAS

1.ª *Tratamientos creados por Convenios internacionales.*—La Agencia de Protección de Datos será el organismo competente para la protección de las personas físicas en lo que respecta al tratamiento de datos de carácter personal respecto de los tratamientos establecido sen cualquier Convenio Internacional del que sea parte España que atribuya a una autoridad nacional de control esta competencia, mientras no se cree una autoridad diferente para este cometido en desarrollo del Convenio.

....

78. REAL DECRETO 1720/2007 DE 21 DE DICIEMBRE POR EL QUE SE APRUEBA EL REGLAMENTO DE DESARROLLO DE LA LEY ORGÁNICA 15/1999 DE 13 DE DICIEMBRE, DE PROTECCIÓN DE DATOS DE CARÁCTER PERSONAL

(Arts. 3, 5 y 65-70)

(*BOE* núm. 17, de 19 de enero de 2008)

TÍTULO PRIMERO

Disposiciones generales

Art. 3.º *Ámbito territorial de aplicación.*—1. Se regirá por el presente reglamento todo tratamiento de datos de carácter personal:

a) Cuando el tratamiento sea efectuado en el marco de las actividades de un establecimiento del responsable del tratamiento, siempre que dicho establecimiento se encuentre ubicado en territorio español.

Cuando no resulte de aplicación lo dispuesto en el párrafo anterior, pero exista un encargado del tratamiento ubicado en España, serán de aplicación al mismo las normas contenidas en el título VIII del presente reglamento.

b) Cuando al responsable del tratamiento no establecido en territorio español, le sea de aplicación la legislación española, según las normas de Derecho internacional público.

c) Cuando el responsable del tratamiento no esté establecido en territorio de la Unión Europea y utilice en el tratamiento de datos medios situados en territorio español, salvo que tales medios se utilicen únicamente con fines de tránsito.

En este supuesto, el responsable del tratamiento deberá designar un representante establecido en territorio español.

2. A los efectos previstos en los apartados anteriores, se entenderá por establecimiento, con independencia de su forma jurídica, cualquier instalación estable que permita el ejercicio efectivo y real de una actividad.

....

Art. 5.º *Definiciones.*—1. A los efectos previstos en este reglamento, se entenderá por:

a) Afectado o interesado: Persona física titular de los datos que sean objeto del tratamiento.

b) Cancelación: Procedimiento en virtud del cual el responsable cesa en el uso de los datos. La cancelación implicará el bloqueo de los datos, consistente en la identificación y reserva de los mismos con el fin de impedir su tratamiento excepto para su puesta a disposición de las Administraciones públicas, Jueces y Tribunales, para la atención de las posibles responsabilidades nacidas del tratamiento y sólo durante el plazo de prescripción de dichas responsabilidades. Transcurrido ese plazo deberá procederse a la supresión de los datos.

c) Cesión o comunicación de datos: Tratamiento de datos que supone su revelación a una persona distinta del interesado.

d) Consentimiento del interesado: Toda manifestación de voluntad, libre, inequívoca, específica e informada, mediante la que el interesado consienta el tratamiento de datos personales que le conciernen.

e) Dato disociado: aquél que no permite la identificación de un afectado o interesado.

f) Datos de carácter personal: Cualquier información numérica, alfabética, gráfica, fotográfica, acústica o de cualquier otro tipo concerniente a personas físicas identificadas o identificables.

g) Datos de carácter personal relacionados con la salud: las informaciones concernientes a la salud pasada, presente y futura, física o mental, de un individuo. En particular, se consideran datos relacionados con la salud de las personas los referidos a su porcentaje de discapacidad y a su información genética.

h) Destinatario o cesionario: la persona física o jurídica, pública o privada u órgano administrativo, al que se revelen los datos.

Podrán ser también destinatarios los entes sin personalidad jurídica que actúen en el tráfico como sujetos diferenciados.

i) Encargado del tratamiento: La persona física o jurídica, pública o privada, u órgano administrativo que, solo o conjuntamente con otros, trate datos personales por cuenta del responsable del tratamiento o del responsable del fichero, como consecuencia de la existencia de una relación jurídica que le vincula con el mismo y delimita el ámbito de su actuación para la prestación de un servicio.

Podrán ser también encargados del tratamiento los entes sin personalidad jurídica que actúen en el tráfico como sujetos diferenciados.

j) Exportador de datos personales: la persona física o jurídica, pública o privada, u órgano administrativo situado en territorio español que realice, conforme a lo dispuesto en el presente Reglamento, una transferencia de datos de carácter personal a un país tercero.

k) Fichero: Todo conjunto organizado de datos de carácter personal, que permita el acceso a los datos con arreglo a criterios determinados, cualquiera que fuere la forma o modalidad de su creación, almacenamiento, organización y acceso.

l) Ficheros de titularidad privada: los ficheros de los que sean responsables las personas, empresas o entidades de derecho privado, con independencia de quien ostente la titularidad de su capital o de la procedencia de sus recursos económicos, así como los ficheros de los que sean responsables las corporaciones de derecho público, en cuanto dichos ficheros no se encuentren estrictamente vinculados al ejercicio de potestades de derecho público que a las mismas atribuye su normativa específica.

m) Ficheros de titularidad pública: los ficheros de los que sean responsables los órganos constitucionales o con relevancia constitucional del Estado o las instituciones autonómicas con funciones análogas a los mismos, las Administraciones públicas territoriales, así como las entidades u organismos vinculados o dependientes de las mismas y las Corporaciones de derecho público siempre que su finalidad sea el ejercicio de potestades de derecho público.

n) Fichero no automatizado: todo conjunto de datos de carácter personal organizado de forma no automatizada y estructurado conforme a criterios específicos relativos a personas físicas, que permitan acceder sin esfuerzos desproporcionados a sus datos personales, ya sea aquél centralizado, descentralizado o repartido de forma funcional o geográfica.

ñ) Importador de datos personales: la persona física o jurídica, pública o privada, u órgano administrativo receptor de los datos en caso de transferencia internacional de los mismos a un tercer país, ya sea responsable del tratamiento, encargada del tratamiento o tercero.

o) Persona identificable: toda persona cuya identidad pueda determinarse, directa o indirectamente, mediante cualquier información referida a su identidad física, fisiológica, psíquica, económica, cultural o social. Una persona física no se considerará identificable si dicha identificación requiere plazos o actividades desproporcionados.

p) Procedimiento de disociación: Todo tratamiento de datos personales que permita la obtención de datos disociados.

q) Responsable del fichero o del tratamiento: Persona física o jurídica, de naturaleza pública o privada, u órgano administrativo, que sólo o conjuntamente con otros decida sobre la finalidad, contenido y uso del tratamiento, aunque no lo realizase materialmente.

Podrán ser también responsables del fichero o del tratamiento los entes sin personalidad jurídica que actúen en el tráfico como sujetos diferenciados.

r) Tercero: la persona física o jurídica, pública o privada u órgano administrativo distinta del afectado o interesado, del responsable del tratamiento, del responsable del fichero, del encargado del tratamiento y de las personas autorizadas para tratar los datos bajo la autoridad directa del responsable del tratamiento o del encargado del tratamiento.

Podrán ser también terceros los entes sin personalidad jurídica que actúen en el tráfico como sujetos diferenciados.

s) Transferencia internacional de datos: Tratamiento de datos que supone una transmisión de los mismos fuera del territorio del Espacio Económico Europeo, bien constituya una cesión o comunicación de datos, bien tenga por objeto la realización de un tratamiento de datos por cuenta del responsable del fichero establecido en territorio español.

t) Tratamiento de datos: cualquier operación o procedimiento técnico, sea o no automatizado, que permita la recogida, grabación, conservación, elaboración, modificación, consulta, utilización, modificación, cancelación, bloqueo o supresión, así como las cesiones de datos que resulten de comunicaciones, consultas, interconexiones y transferencias.

....

TÍTULO VI

Transferencias internacionales de datos

CAPÍTULO PRIMERO

Disposiciones generales

Art. 65. *Cumplimiento de las disposiciones de la Ley Orgánica 15/1999, de 13 de diciembre.*—La transferencia internacional de datos no excluye en ningún caso la aplicación de las disposiciones contenidas en la Ley Orgánica 15/1999, de 13 de diciembre, y en el presente reglamento.

Art. 66. *Autorización y notificación.*—1. Para que la transferencia internacional de datos pueda considerarse conforme a lo dispuesto en la Ley Orgánica 15/1999, de 13 de diciembre, y en el presente Reglamento será necesaria la autorización del Director de la Agencia Española de Protección de Datos, que se otorgará en caso de que el exportador aporte las garantías a las que se refiere el artículo 70 del presente reglamento.

La autorización se otorgará conforme al procedimiento establecido en la sección primera del capítulo V del título IX de este reglamento.

2. La autorización no será necesaria:

a) Cuando el Estado en el que se encontrase el importador ofrezca un nivel adecuado de protección conforme a lo previsto en el capítulo II de este título.

b) Cuando la transferencia se encuentre en uno de los supuestos contemplados en los apartados *a*) a *j*) del artículo 34 de la Ley Orgánica 15/1999, de 13 de diciembre.

3. En todo caso, la transferencia internacional de datos deberá ser notificada a fin de proceder a su inscripción en el Registro General de Protección de Datos, conforme al procedimiento establecido en la sección primera del capítulo IV del título IX del presente reglamento.

CAPÍTULO II

Transferencias a Estados que proporcionen un nivel adecuado de protección

Art. 67. *Nivel adecuado de protección acordado por la Agencia Española de Protección de Datos.*—1. No será precisa autorización del Director de la Agencia Española de Protección de Datos a una transferencia internacional de datos cuando las normas aplicables al Estado en que se encontrase el importador ofrezcan dicho nivel adecuado de protección a juicio del Director de la Agencia Española de Protección de Datos.

El carácter adecuado del nivel de protección que ofrece el país de destino se evaluará atendiendo a todas las circunstancias que concurran en la transferencia o categoría de transferencia de datos. En particular, se tomará en consideración la naturaleza de los datos, la finalidad y la duración del tratamiento o de los tratamientos previstos, el país de origen y el país de destino final, las normas de Derecho, generales o sectoriales, vigentes en el país tercero de que se trate, el contenido de los informes de la Comisión de la Unión Europea, así como las normas profesionales y las medidas de seguridad en vigor en dichos países.

Las resoluciones del Director de la Agencia Española de Protección de Datos por las que se acordase que un determinado país proporciona un nivel adecuado de protección de datos serán publicadas en el *Boletín Oficial del Estado*.

2. El Director de la Agencia Española de Protección de Datos acordará la publicación de la relación de países cuyo nivel de protección haya sido considerado equiparable conforme a lo dispuesto en el apartado anterior.

Esta lista se publicará y mantendrá actualizada asimismo a través de medios informáticos o telemáticos.

Art. 68. *Nivel adecuado de protección declarado por Decisión de la Comisión Europea.*— No será necesaria la autorización del Director de la Agencia Española de Protección de Datos para la realización de una transferencia internacional de datos que tuvieran por importador una persona o entidad, pública o privada, situada en el territorio de un Estado respecto del que se haya declarado por la Comisión Europea la existencia de un nivel adecuado de protección.

Art. 69. *Suspensión temporal de las transferencias.*—1. En los supuestos previstos en los artículos precedentes, el Director de la Agencia Española de Protección de Datos, en uso de la potestad que le otorga el artículo 37.1.*f*) de la Ley Orgánica 15/1999, de 13 de diciembre, podrá acordar, previa audiencia del exportador, la suspensión temporal de la transferencia de datos hacia un importador ubicado en un tercer Estado del que se haya declarado la existencia de un nivel adecuado de protección, cuando concurra alguna de las circunstancias siguientes:

a) Que las autoridades de Protección de Datos del Estado importador o cualquier otra competente, en caso de no existir las primeras, resuelvan que el importador ha vulnerado las normas de protección de datos establecidas en su derecho interno.

b) Que existan indicios racionales de que se estén vulnerando las normas o, en su caso, los principios de protección de datos por la entidad importadora de la transferencia y que las autoridades competentes en el Estado en que se encuentre el importador no han adoptado o no van a adoptar en el futuro las medidas oportunas para resolver el caso en cuestión, habiendo sido advertidas de la situación por la Agencia Española de Protección de Datos. En este caso se podrá suspender la transferencia cuando su continuación pudiera generar un riesgo inminente de grave perjuicio a los afectados.

2. La suspensión se acordará previa la tramitación del procedimiento establecido en la sección segunda del capítulo V del título IX del presente reglamento.

En estos casos, la decisión del Director de la Agencia Española de Protección de Datos será notificada a la Comisión Europea.

CAPÍTULO III

TRANSFERENCIAS A ESTADOS QUE NO PROPORCIONEN UN NIVEL ADECUADO DE PROTECCIÓN

Art. 70. *Transferencias sujetas a autorización del Director de la Agencia Española de Protección de Datos.*—1. Cuando la transferencia tenga por destino un Estado respecto del que no se haya declarado por la Comisión Europea o no se haya considerado por el Director de la Agencia Española de Protección de Datos que existe un nivel adecuado de protección, será necesario recabar la autorización del Director de la Agencia Española de Protección de Datos.

La autorización de la transferencia se tramitará conforme al procedimiento establecido en la sección primera del capítulo V del título IX del presente reglamento.

2. La autorización podrá ser otorgada en caso de que el responsable del fichero o tratamiento aporte un contrato escrito, celebrado entre el exportador y el importador, en el que consten las necesarias garantías de respeto a la protección de la vida privada de los afectados y a sus derechos y libertades fundamentales y se garantice el ejercicio de sus respectivos derechos.

A tal efecto, se considerará que establecen las adecuadas garantías los contratos que se celebren de acuerdo con lo previsto en las Decisiones de la Comisión Europea 2001/497/CE, de 15 de Junio de 2001, 2002/16/CE, de 27 de diciembre de 2001, y 2004/915/CE, de 27 de diciembre de 2004 o de lo que dispongan las Decisiones de la Comisión que den cumplimiento a lo establecido en el artículo 26.4 de la Directiva 95/46/CE.

3. En el supuesto contemplado en el apartado anterior, el Director de la Agencia Española de Protección de Datos podrá denegar o, en uso de la potestad que le otorga el artículo 37.1.*f*) de la Ley Orgánica 15/1999, de 13 de diciembre, suspender temporalmente, previa audiencia del exportador, la transferencia, cuando concurra alguna de las circunstancias siguientes:

a) Que la situación de protección de los derechos fundamentales y libertades públicas en el país de destino o su legislación impidan garantizar el íntegro cumplimiento del contrato y el ejercicio por los afectados de los derechos que el contrato garantiza.

b) Que la entidad destinataria haya incumplido previamente las garantías establecidas en cláusulas contractuales de este tipo.

c) Que existan indicios racionales de que las garantías ofrecidas por el contrato no están siendo o no serán respetadas por el importador.

d) Que existan indicios racionales de que los mecanismos de aplicación del contrato no son o no serán efectivos.

e) Que la transferencia, o su continuación, en caso de haberse iniciado, pudiera crear una situación de riesgo de daño efectivo a los afectados.

La suspensión se acordará previa la tramitación del procedimiento establecido en la sección segunda del capítulo V del título IX del presente reglamento.

Las resoluciones del Director de la Agencia Española de Protección de Datos por las que se deniegue o suspenda una transferencia internacional de datos en virtud de las causas a las que se refiere este apartado serán notificadas a la Comisión de las Comunidades Europeas cuando así sea exigible.

4. También podrá otorgarse la autorización para la transferencia internacional de datos en el seno de grupos multinacionales de empresas cuando hubiesen sido adoptados por los mismos normas o reglas internas en que consten las necesarias garantías de respeto a la protección de la vida privada y el derecho fundamental a la protección de datos de los afectados y se garantice asimismo el cumplimiento de los principios y el ejercicio de los derechos reconocidos en la Ley Orgánica 15/1999, de 13 de diciembre, y el presente reglamento.

En este caso, para que proceda la autorización del Director de la Agencia Española de Protección de Datos será preciso que las normas o reglas resulten vinculantes para las empresas del Grupo y exigibles conforme al ordenamiento jurídico español.

En todo caso, la autorización del Director de la Agencia Española de Protección de Datos implicará la exigibilidad de lo previsto en las normas o reglas internas tanto por la Agencia como por los afectados cuyos datos hubieran sido objeto de tratamiento.

79. CONVENIO RELATIVO A LA LEY APLICABLE A LOS NOMBRES Y APELLIDOS, HECHO EN MÚNICH EL 5 DE SEPTIEMBRE DE 1980*

(*BOE* núm. 303, de 19 de diciembre de 1989)

Los Estados signatarios del presente Convenio, miembros de la Comisión Internacional del Estado Civil, queriendo fomentar la unificación del derecho relativo a los nombres y apellidos, mediante normas comunes de Derecho Internacional Privado, convienen en lo siguiente:

Artículo 1.º 1. Los nombres y apellidos de una persona se determinarán por la ley del Estado del cual dicha persona sea nacional. Sólo a este efecto, las situaciones de que dependan los nombres y apellidos se apreciarán según la ley de dicho Estado.

2. En caso de cambio de nacionalidad, se aplicará la ley del Estado de la nueva nacionalidad.

Art. 2.º La ley indicada en el presente Convenio se aplicará incluso aunque se trate de la ley de un Estado no contratante.

Art. 3.º Las certificaciones en extracto de acta de nacimiento *deberán indicar* los nombres y apellidos de la criatura.

Art. 4.º La ley indicada por el presente Convenio solamente podrá dejar de aplicarse si fuera manifiestamente incompatible con el orden público.

Art. 5.º 1. Si el encargado del Registro Civil, se encontrare, al extender un acta en la imposibilidad de conocer el derecho aplicable para determinar los nombres y apellidos de la persona interesada, aplicará su ley interna e informará al respecto a la autoridad de la que dependa.

2. El acta así extendida deberá poder rectificarse mediante un procedimiento gratuito que cada Estado se obliga a establecer.

Art. 6.º 1. En el momento de la firma, de la ratificación, de la aprobación o de la adhesión, cualquier Estado podrá declarar que se reserva la aplicación de su ley interna si la persona interesada tiene su residencia habitual en su territorio.

2. La determinación de los nombres y apellidos con arreglo a dicha ley solamente será válida

* *Texto auténtico*: francés. *Estados parte*: España, Italia, Países Bajos y Portugal. Para los datos posteriores al cierre de la edición y otras informaciones relativas al Convenio véase: http://www.ciecl.org.

para el Estado contratante que haya hecho la reserva.

3. No se admitirá ninguna otra reserva.

4. Cualquier Estado parte en el presente Convenio podrá en cualquier momento retirar, en su totalidad o en parte, la reserva que haya hecho. La retirada se notificará al Consejo Federal Suizo y surtirá efecto el día primero del tercer mes siguiente al de la recepción de dicha notificación.

Art. 7.º El presente Convenio se ratificará, se aceptará o se aprobará y los instrumentos de ratificación, de aceptación o de aprobación se depositarán en poder del Consejo Federal Suizo.

Art. 8.º 1. El presente Convenio entrará en vigor el día primero del tercer mes siguiente al del depósito del tercer instrumento de ratificación, de aceptación, de aprobación o de adhesión.

2. Con respecto al Estado signatario que ratifique, acepte, apruebe o se adhiera después de su entrada en vigor, el Convenio surtirá efecto el día primero del tercer mes siguiente al del depósito, por dicho Estado, del instrumento de ratificación, de aceptación, de aprobación o de adhesión.

Art. 9.º Cualquier Estado podrá adherirse al presente Convenio después de su entrada en vigor. El instrumento se depositará en poder del Consejo Federal Suizo.

Art. 10. 1. Cualquier Estado en el momento de la firma, de la ratificación, de la aceptación, de la aprobación o de la adhesión, o en cualquier otro momento posterior, podrá declarar que el presente Convenio se extenderá al conjunto de los territorios de cuyas relaciones en el plano internacional sea responsable, o a uno o a varios de dichos territorios.

2. Dicha declaración se notificará al Consejo Federal Suizo y la extensión surtirá efecto en el momento de la entrada en vigor del Convenio para dicho Estado o, ulteriormente, el día primero del tercer mes siguiente al de la recepción de la notificación.

3. Cualquier declaración de ampliación podrá retirarse mediante notificación dirigida al Consejo Federal Suizo y el Convenio cesará de aplicarse al territorio designado el día primero del tercer mes siguiente al de la recepción de dicha notificación.

Art. 11. 1. El presente Convenio permanecerá en vigor sin limitación de tiempo.

Art. 8.º: La entrada en vigor se produjo el 1.º de enero de 1990. Con posterioridad, respecto a otros Estados, vid. comunicaciones publicadas trimestralmente en el *BOE* por la Secretaría General Técnica del Ministerio de Asuntos Exteriores en cumplimiento del art. 32 del D. 801/1972, de 24 de marzo, relativo a la ordenación de la actividad del Estado en materia de tratados internacionales.

2. Cualquier Estado parte en el presente Convenio tendrá sin embargo la facultad de denunciarlo en cualquier momento después de la expiración de un plazo de un año a partir de la fecha de entrada en vigor del Convenio para dicho Estado. La denuncia se notificará al Consejo Federal Suizo y surtirá efecto el día primero del sexto mes siguiente al de la recepción de dicha notificación. El Convenio continuará estando en vigor entre los demás Estados.

Art. 12. 1. El Consejo Federal Suizo notificará a los Estados miembros de la Comisión Internacional del Estado Civil y a cualquier otro Estado que se haya adherido al presente Convenio:

a) El depósito de cualquier instrumento de ratificación, de aceptación, de aprobación o de adhesión;

b) Cualquier fecha de entrada en vigor del Convenio;

c) Cualquier declaración relativa a las reservas o a su retirada;

d) Cualquier declaración referente a la ampliación territorial del Convenio o a su retirada, con la fecha en que la misma tenga efecto;

e) Cualquier denuncia del Convenio y la fecha en que la misma tenga efecto.

2. El Consejo Federal Suizo dará cuenta al Secretario General de la Comisión Internacional del Estado Civil de cualquier notificación hecha en aplicación del párrafo 1.

3. Desde la entrada en vigor del presente Convenio, el Consejo Federal Suizo enviará una copia certificada conforme al Secretario General de las Naciones Unidas para su registro y publicación, conforme al artículo 102 de la Carta de las Naciones Unidas.

En fe de lo cual los infrascritos, debidamente autorizados al efecto, firman el presente Convenio.

Hecho en Múnich el 5 de septiembre de 1980, en un ejemplar único, en lengua francesa, que se depositará en los archivos del Consejo Federal Suizo: una copia certificada conforme del mismo se enviará, por la vía diplomática, a cada uno de los Estados miembros de la Comisión Internacional del Estado Civil y a los Estados adheridos. Se dirigirá asimismo una copia certificada conforme al Secretario General de la Comisión Internacional del Estado Civil.

80. CONVENIO RELATIVO A LOS CAMBIOS DE APELLIDOS Y DE NOMBRES, HECHO EN ESTAMBUL EL 4 DE SEPTIEMBRE DE 1958*

(*BOE* núm. 15, de 18 de enero de 1977)

Los Gobiernos de la República Federal de Alemania, del Reino Unido de Bélgica, de la República Francesa, del Gran Ducado de Luxemburgo, del Reino de los Países Bajos, de la Confederación Suiza y de la República Turca, miembros de la Comisión Internacional del Estado Civil, deseosos de fijar de común acuerdo unas reglas relativas a los cambios de apellidos y de nombres, han convenido en las disposiciones siguientes:

Artículo 1.º El presente Convenio concierne a los cambios de apellidos y de nombres concedidos por la Autoridad pública competente, con exclusión de aquellos que resultaren de una modificación del estado de las personas o de la rectificación de un error.

Art. 2.º Cada Estado contratante se obliga a no conceder cambios de apellidos o de nombres a los súbditos de otro Estado contratante, salvo en el caso de que fueren igualmente súbditos suyos.

Art. 3.º Serán ejecutivas de pleno derecho en el territorio de cada uno de los Estados contratantes, a reserva de que las mismas atentaren contra el orden público respectivo, las resoluciones definitivas recaídas en uno de tales Estados y que concedieren un cambio de apellidos o de nombres, bien a sus súbditos, bien a apátridas o a refugiados en el sentido del Convenio de Ginebra de 28 de julio de 1951, cuando los mismos tuvieren su domicilio o, en defecto de domicilio, su residencia en su territorio.

Tales resoluciones serán, sin más formalidad, anotadas al margen de las actas de estado civil de las personas a las cuales concernieren.

Art. 4.º Las disposiciones del artículo precedente serán aplicables a las resoluciones que anularen o revocaren un cambio de apellidos o de nombres.

Art. 5.º Sin perjuicio de lo dispuesto en los artículos 3.º y 4.º, todo Estado contratante podrá subordinar a condiciones especiales de publicidad y a un derecho de

* *Texto auténtico*: francés. *Estados parte*: Alemania, Austria, España, Francia, Italia, Luxemburgo, Países Bajos, Portugal y Turquía. Para los datos posteriores al cierre de la edición y otras informaciones relativas al Convenio véase: http://www.ciecl.org.

oposición, cuyas modalidades determinará, los efectos que en su territorio surtieren las resoluciones recaídas en otro Estado contratante cuando las mismas concernieren a personas que fueran igualmente súbditos suyos en el momento en que tales resoluciones hubieran llegado a ser definitivas.

Art. 6.º El presente Convenio será ratificado, y los instrumentos de ratificación serán depositados en poder del Consejo Federal Suizo.

Éste informará a los Estados contratantes de todo depósito de instrumento de ratificación.

Art. 7.º El presente Convenio entrará en vigor el día trigésimo subsiguiente a la fecha del depósito del segundo instrumento de ratificación previsto en el artículo precedente.

Para cada Estado signatario que ratificare posteriormente el Convenio, éste entrará en vigor el día trigésimo subsiguiente a la fecha del depósito de su instrumento de ratificación.

Art. 8.º El presente Convenio se aplicará de pleno derecho en toda la extensión del territorio metropolitano de cada Estado contratante. Todo Estado contratante podrá, con ocasión de la firma, de la ratificación, de la adhesión o ulteriormente declarar por medio de comunicación dirigida al Consejo Federal Suizo, que las disposiciones del presente Convenio serán aplicables a uno o varios de sus territorios extrametropolitanos, a Estados o a territorios cuyas relaciones internacionales tuviere a su cargo. El Consejo Federal Suizo informará de tal comunicación a cada uno de los Estados contratantes. Las disposiciones del presente Convenio pasarán a ser aplicables en el territorio o territorios designados en la notificación el día sexagésimo subsiguiente a la fecha en la cual el Consejo Federal Suizo hubiera recibido dicha notificación.

Todo Estado que hubiere formulado una declaración, de conformidad con las disposiciones de la segunda proposición del presente artículo podrá con posterioridad declarar en todo momento, por medio de comunicación dirigida al Consejo Federal Suizo, que el presente Convenio cese de ser aplicable a uno o varios de los Estados o territorios designados en la declaración.

El Consejo Federal Suizo informará de la nueva notificación a cada uno de los Estados contratantes.

El Convenio cesará de ser aplicable al territorio contemplado el día sexagésimo subsiguiente a la fecha en la cual el Consejo Federal Suizo hubiere recibido dicha comunicación.

Art. 9.º Todo Estado miembro de la Comisión Internacional

Art. 9.º: La entrada en vigor para España se produjo el 15 de enero de 1977. Con posterioridad a esa fecha, respecto a otros Estados, vid. las comunicaciones publicadas

del Estado Civil podrá adherirse al presente Convenio. El Estado que deseare adherirse, comunicará su intención por medio de un acta, que será depositada en poder del Consejo Federal Suizo. Éste informará a cada uno de los Estados contratantes de todo depósito de acta de adhesión. El Convenio entrará en vigor, para el Estado adherido, el día trigésimo subsiguiente a la fecha del depósito del acta de adhesión.

El depósito del acta de adhesión no podrá tener lugar más que después de la entrada en vigor del presente Convenio.

Art. 10. El presente Convenio podrá ser sometido a revisiones.

La propuesta de revisión será presentada ante el Consejo Federal Suizo, el cual la comunicará a los diversos Estados contratantes, así como al Secretario general de la Comisión Internacional del Estado Civil.

Art. 11. El presente Convenio tendrá una duración de diez años, a partir de la fecha indicada en el artículo 7.º, primer párrafo.

El Convenio será prorrogado tácitamente de diez en diez años, salvo denuncia.

La denuncia deberá ser comunicada seis meses por lo menos antes de la expiración del plazo, al Consejo Federal Suizo, el cual la pondrá en conocimiento de todos los demás Estados contratantes.

La denuncia no surtirá efecto más que para con el Estado que la hubiere notificado. El Convenio permanecerá en vigor para los demás Estados contratantes.

En fe de lo cual, los representantes e infrascritos, debidamente autorizados a tal efecto, han firmado el presente Convenio.

Hecho en Estambul, el cuatro de septiembre de mil novecientos cincuenta y ocho, en un solo ejemplar, que será depositado en los archivos del Consejo Federal Suizo y del cual será remitida por vía diplomática una copia certificada a cada uno de los Estados contratantes.

---

trimestralmente en el *BOE* por la Secretaría General Técnica del Ministerio de Asuntos Exteriores en cumplimiento del art. 32 del D. 801/1972, de 24 de marzo, relativo a la ordenación de la actividad del Estado en materia de tratados internacionales.

81. CONVENIO RELATIVO A LA EXPEDICIÓN DE CERTIFICADOS DE DIVERSIDAD DE APELLIDOS, CONCLUIDO EN LA HAYA EL 8 DE SEPTIEMBRE DE 1982*

(*BOE* núm. 139, de 10 de junio de 1988)

Los Estados signatarios del presente Convenio, miembros de la Comisión Internacional del Estado Civil, deseosos de atenuar las dificultades encontradas por ciertas personas a las que, según la ley de un Estado, se les atribuye un apellido distinto de aquel que les reconoce otro Estado, convienen en lo siguiente:

Artículo 1.º 1. El certificado de diversidad de apellidos establecido en el presente Convenio estará destinado a facilitar la prueba de su identidad a las personas que, a consecuencia de las diferencias existentes entre las legislaciones de ciertos Estados, especialmente en lo referente a matrimonio, filiación o adopción, no son designados por un mismo apellido.

2. Dicho certificado tendrá como único objeto hacer constar que los diversos apellidos que en él figuran, designan, según legislaciones diferentes, a una persona. No podrá tener como objeto afectar a las disposiciones legales vigentes que rigen en materia de apellidos.

Art. 2.º El certificado definido en el artículo anterior deberá ser expedido a cualquier interesado, previa muestra de los documentos justificativos, bien por las autoridades competentes del Estado contratante del que es nacional, o bien por los autoridades competentes del Estado competente por cuyas leyes se le atribuye, aunque sea nacional de otro Estado, un apellido diferente del que resulta de la aplicación de su ley nacional.

Art. 3.º El certificado expedido de conformidad con el presente Convenio será admitido en cada uno de los Estados firmantes como fehaciente, salvo prueba en contrario, de la exactitud de los datos relativos a los distintos apellidos de la persona designada.

Art. 4.º Para la aplicación del presente Convenio quedan asimilados a los nacionales de un Estado contratante los refugiados y los apátridas, cuyo estatuto personal esté regulado por la ley de dicho Estado.

---

* *Texto auténtico*: francés. *Estados parte*: España, Francia, Italia y Países Bajos. Para los datos posteriores al cierre de la edición y otras informaciones relativas al Convenio véase: http://www.ciec1.org.

Art. 1.º1: Vid. Orden de 31 de agosto de 1988 sobre aprobación de un modelo plurilingüe de certificado de diversidad de apellidos (*BOE* de 8-9-1988).

Art. 5.º El certificado de diversidad de apellidos deberá conformarse al modelo que se adjunta al presente Convenio.

Los Estados contratantes no podrán añadir ninguna modificación a este modelo sin previa aprobación de la Comisión Internacional del Estado Civil.

Art. 6.º Todas las inscripciones que figuren en el certificado estarán escritas en caracteres latinos de imprenta; además, podrán escribirse en los caracteres del idioma que corresponda a la autoridad expedidora del certificado.

Art. 7.º 1. Las fechas se escribirán en cifras árabes, con indicación sucesiva del día, mes y año, en las casillas correspondientes a los símbolos JO, MO, AN. El día y el mes se indicarán con dos cifras, el año con cuatro cifras. Los nueve primeros días del mes y los nueve primeros meses del año se indicarán con las cifras 01 a 09.

2. Cualquier localidad mencionada en el certificado irá seguida del nombre del Estado en que ésta se encuentre, siempre que dicho Estado sea distinto de aquel que expida el certificado.

3. Se utilizarán exclusivamente los símbolos siguientes:

— Para indicar el sexo masculino, la letra M y para el sexo femenino, la letra F.

— Para indicar la nacionalidad, las letras utilizadas para designar el país en materia de matriculación de vehículos automóviles.

— Para indicar la condición de refugiado, las letras REF.

— Para indicar la condición de apátrida, las letras APA.

Art. 8.º Si la autoridad competente no está en condiciones de rellenar una casilla o parte de ella, dicha casilla se inutilizará en su totalidad o en parte mediante una tachadura.

Art. 9.º 1. En el anverso de cada certificado, y con exclusión de los símbolos mencionados en el artículo 7 en lo relativo a las fechas, las menciones invariables se imprimirán en dos lenguas como mínimo, de las que una será la lengua oficial o una de las lenguas oficiales del Estado que expide el certificado, y la otra la lengua francesa.

2. El significado de los símbolos se indicará al menos en la lengua oficial o en una de las lenguas oficiales de cada uno de los Estados que, en el momento de la firma del presente Convenio, sean miembros de la Comisión Internacional del Estado Civil, así como en la lengua inglesa.

3. En el reverso de cada certificado deberán figurar:

— Una referencia al Convenio, en las lenguas indicadas en el segundo párrafo del presente artículo.

— Una traducción de las menciones invariables en las lenguas indicadas en el segundo párrafo del presente artículo, si dichas lenguas no han sido utilizadas en el anverso.

— Un resumen de los artículos 5, 6, 7 y 8 del Convenio, al menos en la lengua oficial o en una de las lenguas oficiales del Estado, cuya autoridad expida el certificado.

4. Toda traducción contará con la aprobación de la Comisión Internacional del Estado Civil.

Art. 10. 1. Los certificados estarán fechados y exhibirán la firma y el sello de la autoridad que los expida.

2. Quedarán dispensados de legalización o de cualquier otra formalidad equivalente en el territorio de los Estados contratantes.

Art. 11. En el momento de la firma, de la ratificación, de la aceptación, de la aprobación o de la adhesión al presente Convenio, cada uno de los Estados contratantes deberá designar a las autoridades competentes encargadas de expedir el certificado.

2. Cualquier modificación introducida después de dicha designación será notificada al Consejo Federal Suizo.

Art. 12. El presente Convenio será ratificado, aceptado o aprobado, y los instrumentos de ratificación, aceptación o aprobación serán depositados en poder del Consejo Federal Suizo.

Art. 13. 1. El presente Convenio entrará en vigor el primer día del tercer mes siguiente al del depósito del segundo instrumento de ratificación, de aceptación, de aprobación o de adhesión.

2. Respecto al Estado que ratifique, acepte, apruebe o se adhiera después de su entrada en vigor, el Convenio se hará efectivo el primer día del tercer mes que siga al del depósito, por dicho Estado, del instrumento de ratificación, aceptación, aprobación o adhesión.

Art. 14. Cualquier Estado miembro de la Comisión Internacional del Estado Civil, de las Comunidades Europeas o del Consejo de Europa podrá adherirse al presente Convenio. El instrumento de adhesión será depositado en poder del Consejo Federal Suizo.

Art. 15. No se admitirá ninguna reserva al presente Convenio.

Art. 16. 1. Cualquier Estado, en el momento de la firma de la ratificación, de la aceptación, de la aprobación o de la adhesión, o en cualquier otro momento posterior, podrá declarar que el presente Convenio se ampliará al conjunto de los territorios de cuyas relaciones sea responsable en el plano internacional, o a uno o varios de dichos territorios.

2. Dicha declaración se notificará al Consejo Federal Suizo y la ampliación tendrá efecto en el momento de la entrada en vigor del Convenio para dicho Estado, o, ulteriormente, el primer día del tercer mes siguiente al de la recepción de la notificación.

3. Cualquier declaración de ampliación podrá retirarse mediante notificación dirigida al

Consejo Federal Suizo y el Convenio dejará de aplicarse al territorio designado el primer día del tercer mes siguiente al de la recepción de dicha notificación.

Art. 17. 1. El presente Convenio permanecerá en vigor sin limitación de tiempo.

2. Cualquier Estado parte en el presente Convenio estará facultado para denunciarlo en cualquier momento después de la expiración de un plazo de un año a partir de la fecha de entrada en vigor del Convenio para dicho Estado. La denuncia se notificará al Consejo Federal Suizo y surtirá efecto el primer día del sexto mes siguiente al de la recepción de dicha notificación. El Convenio seguirá estando en vigor entre los demás Estados.

Art. 18. 1. El Consejo Federal Suizo notificará a los Estados miembros de la Comisión Internacional del Estado Civil y a cualquier otro Estado que se haya adherido al presente Convenio:

a) El depósito de cualquier instrumento de ratificación, de aceptación, de aprobación o de adhesión.

b) Cualquier fecha de entrada en vigor del Convenio.

c) Cualquier declaración relativa a la ampliación territorial del Convenio, o a su retirada, con la fecha en que la misma surta efecto.

d) Cualquier denuncia del Convenio y la fecha en que la misma surta efecto.

e) Cualquier nombramiento de las autoridades competentes efectuado en aplicación del artículo 11, apartado 1, y cualquier modificación hecha en virtud del segundo apartado de dicho artículo.

2. El Consejo Federal Suizo pondrá en conocimiento del Secretario general de la Comisión Internacional del Estado Civil cualquier notificación hecha en aplicación del párrafo 1.

3. A partir de la entrada en vigor del presente Convenio, el Consejo Federal Suizo enviará una copia certificada al Secretario general de las Naciones Unidas para su registro y publicación, en conformidad con el artículo 102 de la Carta de las Naciones Unidas.

En fe de lo cual los infrascritos, debidamente autorizados a tal efecto, firman el presente Convenio.

Hecho en La Haya, el 8 de septiembre de 1982, en un ejemplar único, redactado en lengua francesa, que se depositará en los archivos del Consejo Federal Suizo, una copia certificada del mismo se enviará por vía diplomática a cada uno de los Estados miembros de la Comisión Internacional del Estado Civil y a los Estados adheridos. Asimismo, se dirigirá una copia certificada conforme al Secretario general de la Comisión Internacional del Estado Civil.

[1] Estado ....

[2] Autoridad que expide el certificado: ....

[3] Certificado de diversidad de apellidos.

[4] Este certificado no afecta a las disposiciones legales vigentes en materia de apellidos.

[5] La autoridad infrascrita certifica que:

6	Apellidos en el Estado precitado:
7	Nombre:
8	Sexo: [9] Lugar y número del Registro de familia:
10	Nacionalidad:
11	Fecha y lugar de nacimiento JO MO AN

[12] Según los justificantes obtenidos, es designado en:

[13] Estado que atribuye los otros apellidos:

[14] Por el apellido:

[15] Apellido diferente:

[16] Fecha de expedición firma y sello JO MO AN

Pónganse las letras que designan cada país en la matriculación de los vehículos automóviles.

Póngase REF por refugiados y APA por apátridas.

Symboles, Zeichen, Symbols, Símbolos, Σιμβολα, Simboli, Symbolen, Simbolos, Isaretler.

JO: Jour, Tag, Day, Día, Ημερα, Giorno, Dag, Día, Gün.

MO: Mois, Monat, Month, Mes, Μηνας, Mese, Maand, Mès, Ay.

AN: Année, Jahr, Year, Año, Ετος, Anno, Jaar, Ano, Yil.

M: Masculin, Mannlich, Masculine, Masculino, Ανδρας, Maschile, Mannelijk, Masculino, Erkek.

F: Féminin, Weiblich, Female, Femenino, Γυναικα, Femminile, Vrouwelijk, Femenino, Kadin.

REF: Réfugié, Fluchtling, Refugee, Refugiado, Προσφυγας, Rifugiato, Vluchteling, Refugiado, Multeci.

APA: Apatride, Staatenloser, Stateless, Apátrida, Χωρις ιυαγενεια, Apolide, Staatloze, Apátrida, Vatansiz.

Certificado expedido en aplicación del Convenio firmado en La Haya el 8 de septiembre de 1982.

1	
2	
3	
4	
5	
6	
7	
8	
9	
10	
11	
12	
13	
14	
15	
16	

— Las inscripciones que figuren en el certificado estarán escritas en caracteres latinos de imprenta. Además podrán escribirse en los caracteres del idioma que corresponda a la autoridad expedidora del certificado.

— Las fechas se escribirán en cifras árabes con indicación del día, mes y año en las casillas correspondientes a los símbolos JO, MO y AN. El día y el mes se indicarán con dos cifras; el año con cuatro cifras. Los nueve primeros días del mes y los nueve primeros meses del año se indicarán con las cifras 01 a 09.

— Cualquier localidad mencionada en el certificado irá seguida del nombre del Estado en que se encuentre la misma, siempre que dicho Estado sea distinto de aquel que expide el certificado.

— Si la autoridad que expide el certificado no está en condiciones de rellenar una casilla o parte de ella, dicha casilla quedará inutilizada en su totalidad o en parte mediante una tachadura.

— Cualquier modificación del modelo del presente certificado, así como cualquier traducción, se someterán a la aprobación de la Comisión Internacional del Estado *Civil*.

1	Estado ______________________ État

2	Funcionario que expide: ____________________ Autorité de délivrance:

3	Certificado de diversidad de apellidos Certificat de diversité de noms de famille

4	Este certificado no afecta a las disposiciones legales que regulan los apellidos Ce certificat ne fait pas échec aux dispositions légales régissant le nom

5	El funcionario que suscribe certifica que L'autorité soussignée certifie que

6	Apellidos en el Estado mencionado: Nom de familie dans l'État précite:			
7	Nombre propio: Prénoms:			
8	Sexo: Sexe: 9 Lugar y número del Registro de familia: Lieu et numéro du registre de famille:			
10	Nacionalidad: Nationalité:			
11	Fecha y lugar de nacimiento Date et lieu de naissance	Jo	Mo	An

12	Según los justificantes obtenidos, es designado(a) en Est, selon les pièces produites, désigné(a) en

13	Estado que atribuye los otros apellidos: État attribuant un autre nom de famille:

14	Por los apellidos de Par le nom de famille de

15	Otros apellidos: Autre nom de famille:

16	Fecha de expedición firma y sello Date de délivrance, signature, sceau	Jo	Mo	An

Poner las letras que designan cada país en la inmatriculación de vehículos automóviles

Mettre les lettres désignant la pays pour l'immatriculation des voitures

Poner REF para refugiados y APA para apátridas

Mettre REF pour réfugié et APA pour apatride

Símbolos - Symboles - Zeichen - Symbols - Συμβολα - Simboli - Symbolen - Simbolos - Isaretler

Jo: Día - Jour - Tag - Day - Ημερα - Giorno - Dag - Dia - Gun

Mo: Mes - Mois- Monat - Month - Μηνας - Mese - Maand - Més- Ay

An: Año - Année - Jahr - Year - Ετος - Jaar - Ano - Yil

M: Masculino - Masculin - Mannlich - Male - Ανδρας - Maschile - Mannelijk - Masculino - Erkek

F: Femenino - Feminin - Weiblich - Female - Γυαικα - Femminile - Vrouulijk - Feminino - Kadin

REF: Refugiado - Réfugié - Fluchting - Refugee - Προσφυγας - Rifugiato - Vluchteling - Refugiado - Multeci

APA: Apátrida - Apatride - Staatenloser - Stateless - Χωρις ιναγενεια - Apolide - Staatloze - Apátrida - Vatansinz.

(reverso)

Certificado expedido en aplicación del Convenio firmado en La Haya el 8 de Septiembre de 1982

Certificat délivré en application de la Convention signée à La Haye, le 8 Septembre 1982

Bescheinigung ausgestellt gemaβ dem Ubereinkommen von Den Haag vom 8. September 1982

Certificate issued in pursuance of the Convention signed at The Hague on September 8th, 1982

Πιστοποιητικό που εκδίδεται συμφωνα με τη συμβαση που υπογραφηκε στη Χαγη στις 8 Σεπτεμβριου 1982

Certificato rilasciato in applicazione della Convenzione firmata a l'Aja il 8 settembre 1982

Verklaring afgegeven krachtens de Overeenkomst ondertekend te's Gravenhage, de 8 september 1982

Certificado passado ao abrigo da Convenção assinada em Hain, aos 8 de Setembro de 1982

Bu belge 8 Eylül 1982 tarihinde Labey'de imza edilen sózlesme uyarinca verilmistir

1	Staat - Country - Κρατος - Staat - Estado - Devier
2	Austellende Behörde - Issuing Authority - Αρχη που εκδιδει - Autorità che rilascia il certificato - Autoriteit die de verklaring afgeeft - Entidade emitente - Belgeyi veren makam
3	Bescheinigung über die Fuhurung verschiedener Familiennamen - Certificate of diversity of surnames - Πιστσπσιηπυο διαφορας οτο επϖνυμο - Certificato di diversità di cognomi - Verklaring van versccheidenheid van familienamen - Certificado de diversidade de nome de familia - Soyadi farkliligina iliskin belge
4	Diese Beschenigung laβt die gesetzlichen Bestimmungen über die Familiennamen unberührt - This certificate does not affect legal provisions concerning names - Το πστοποιητικσ αυτσ δεν επηρεαζει την εφαρμογη τϖν διαταξεϖν ηα το επϖνυμο - Il presente certificato non modifica le disposizioni che regolano il cognome - Deze verklaring laat de vettelijke bepalingen betreffende de naam onverlet - Este certificato não prejudica as disposições legais reguladoras do nome - Is bu belge ismin tabi oldúgu kanuni hunkumleri ihlál etmez
5	Die Unterzeichnete Behörde bescheinig daβ - The undersigned authority certifies that - Ηαρχη που υπογραφει βεβαιϖνει σ τι - L' autorità che sottoscrive certifica che - De ondertekenende autoriteit verklaart dat - A entidade abaixo assinada certifica que - Imza eden makam asagidaki hususlarin dofrulugunu beyan eder
6	Familienname im oben angeführten Staat - Surname in the above metionned country - Επϖνυμο οτο προαναφερσμενο κρατος - Cognome nello Stato suindicato - Familiennaam in voormelde Staat - Nome de familia no Estado acima indicado - Yukarida adi gecen devletteki soyadi
7	Vornamen - Forenames - Ονσματα - Nomi - Voornamen - Nome proprio - Adi
8	Geschlecht - Sex - Φύλο - Sesso - Geslacht - Sexo - Cinsiyeti
9	Ort und Nummer des Familienregisters - Location and number of the family register - Τσπος και αριθμσς του οικογενειακου μητρϖου - Luogo e numero del registro di famiglia - Plaats en nummer van het familieregister - Lugar e número do registo de familia - Núfusta kayitli oldugu yer ve kútuk numarasi
10	Staatsangehörigkeit - Nationality - Ιθαγενεια - Cittadinanza - Nationaliteit - Nacionalidade - Vatandasligi
11	Tag und Ort der Geburt - Date and place of birth - Ημερομηνια και τσπος γεννησεϖς - Data e luogo di nascita - Datum en plaats van geboorte - Data e lugar do nascimento - Dogum tarihi ve yeri

12	gemäβ den vorgelegten Urkunden in - is according to the documents produced, designated in - Ονομαξεται συμφϖνα με τα προ–σαχθενια δικαιο–λογητικα εις - è, in base ai documenti prodotti, indicato (a) in - volgens de overgelegde stukken wordt aangeduid in - é, conforme os documentos apresentados, designado (a) emyukarida adi gecen kisiye ibraz edilen belgelere góre
13	Staat, der einen anderen Familiennamen zuerkennt - Country attributing another surname - Κρατος που απονεμει αλλο επϖνυμο - Stato nel quale è attribuito un altro cognome - Staat waar een andere familienaam wordt toegekend - Estado que atribui outro nome de familia - Baska bir soyadi veren devlet
14	mit dem Familiennamen - by the surname - Με το επϖνυμο - con il seguente cognome - met de familienaam - pelo nome de familia - bu devlette
15	andere Familienname: ... bezeichnet wird - other surname - 'Αλλο επϖνυμο - altro cognome - andere familienaam - outro nome de familia - bu kisiye verilen soyadi
16	Datum der Austellung, Unterschrift, Dienstiegel - Date of issue, signature, seal - Ημερομηνια εκδσσεϖς Υπογραφη, Σφραγιδα - Data di rilascio, firma, timbro - Datum van afgifte, ondertekening stempel - Data de emissão, assinatura, selo - Belgenin verilis tarihi, imza, muhür

Los datos deben escribirse en caracteres latinos de imprenta. Pueden, además, escribirse en los caracteres de la lengua de la autoridad que expide el certificado.

Las fechas deben escribirse en cifras árabes que indiquen sucesivamente, bajo los símbolos Jo, Mo y An, el día, el mes y el año. El día y el mes se indican con dos cifras y el año con cuatro cifras. Los nueve primeros días del mes y los nueve primeros meses del año se designan con las cifras comprendidas entre el 01 y el 09.

El nombre de cualquier lugar mencionado en el certificado debe ir seguido del nombre del Estado en el que ese lugar esté situado, siempre que este Estado no sea el de la autoridad que expide el certificado.

Si la autoridad que expida el certificado no está en condiciones de rellenar una casilla o parte de una casilla, una y otra se inutilizarán con una raya.

Cualquier modificación y traducción del presente certificado se someterán a la aprobación de la Comisión Internacional del Estado Civil.

82. CONVENIO RELATIVO A LA EXPEDICIÓN DE CERTIFICADOS DE VIDA, HECHO EN PARÍS EL 10 DE SEPTIEMBRE DE 1998*

(*BOE* núm. 194, de 12 de agosto de 2004)

Los Estados signatarios del presente Convenio, miembros de la Comisión Internacional del Estado Civil,

Deseosos de facilitar la prueba de la vida de las personas que no residan en el territorio del Estado Contratante en que deba proporcionarse la prueba,

Han convenido en las siguientes disposiciones:

Artículo 1.º 1. Los Estados contratantes se comprometen a expedir un certificado de vida cuando la existencia de una persona deba probarse en un Estado Contratante distinto de aquel en que resida dicha persona.

2. El certificado será expedido por la autoridad competente del Estado de residencia del solicitante, cualquiera que sea su nacionalidad.

Art. 2.º 1. Los certificados expedidos de conformidad con el presente Convenio serán reconocidos en todos los Estados contratantes.

2. Deberán ser aceptados cuando se presenten en los plazos previstos por la ley o los usos en vigor en el país en que se utilicen.

3. Darán fe salvo prueba en contrario.

Art. 3.º La autoridad competente expedirá el certificado de vida de conformidad con las disposiciones de su ley interna.

Art. 4.º 1. En el momento de la firma, ratificación, aceptación, aprobación o adhesión, cada Estado deberá designar las autoridades competentes para expedir el certificado previsto en el presente Convenio.

2. Cualquier modificación posterior de esa designación será notificada al Consejo Federal Suizo.

3. Las autoridades diplomáticas o consulares serán también competentes para expedir certificados de vida a sus nacionales que residan en el Estado en que dichas autoridades ejerzan sus funciones. Serán igualmente competentes, sea cual fuere la nacionalidad del interesado, si la ley del Estado de

---

* *Texto auténtico*: francés. *Estados parte*: España y Turquía. Para datos posteriores al cierre de la edición y otras informaciones relativas al Convenio véase: http://www.ciecl.org.

Art. 1.º1: La instrucción de 10 de febrero de 2005, de la Dirección General de los Registros y del Notariado aprueba el modelo plurilingüe de certificado de vida e introduce algunas precisiones prácticas para determinar su alcance en el ordenamiento jurídico español y facilitar su aplicación efectiva.

su residencia no se opone y si el certificado debe utilizarse en el territorio del Estado del que dependan.

Art. 5.º 1. El certificado se expedirá de conformidad con el modelo que figura en el Anexo 1 del presente Convenio. Se redactará en la lengua de la autoridad que lo expida y en lengua francesa.

2. Todas las inscripciones que deban consignarse en el certificado se escribirán en caracteres latinos de imprenta; podrán también escribirse en los caracteres de la lengua de la autoridad que lo expida.

3. Las fechas se inscribirán en cifras arábigas indicando sucesivamente, bajo los símbolos JO, MO y AN, el día, el mes y el año. El día y el mes se indicarán con dos cifras y el año con cuatro cifras. Los nueve primeros días del mes y los nueve primeros meses del año se indicarán con cifras que vayan de 01 a 09.

4. El nombre de cualquier lugar mencionado en el certificado irá seguido por el nombre del Estado en que esté situado ese lugar.

Art. 6.º En el reverso de cada certificado deberán figurar:

a) una referencia al Convenio, al menos en la lengua o una de las lenguas oficiales de cada uno de los Estados que, en el momento de la firma del presente Convenio, sean miembros de la Comisión Internacional del Estado Civil,

b) un resumen de los artículos 1, 2, 4, 5 y 10 del Convenio al menos en la lengua de la autoridad que expida el certificado.

Art. 7.º Los epígrafes invariables que figuran en el anverso del certificado estarán provistos de códigos numéricos cuya lista figura en el Anexo 2 del presente Convenio.

Art. 8.º 1. En el momento de la ratificación, aceptación o aprobación del presente Convenio o de la adhesión al mismo, cada Estado Contratante deberá depositar en poder de la Secretaría General de la Comisión Internacional del Estado Civil la traducción a su o sus lenguas oficiales de los términos incluidos en la lista que figura en el Anexo 2 del presente Convenio.

Dicha traducción deberá ser aprobada por la Mesa de la Comisión Internacional del Estado Civil.

2. Cualquier modificación introducida en dicha traducción deberá depositarse en poder de la Secretaría General de la Comisión Internacional del Estado Civil y ser aprobada por la Mesa de la Comisión Internacional del Estado Civil.

Art. 9.º 1. La codificación de los epígrafes contenidos en el

---

Art. 5.º: Vid. nota en art. 1.1.

certificado que figura en el Anexo 1 y la lista de códigos recogidos en el Anexo 2 podrán modificarse mediante resolución votada por mayoría simple por los representantes de los Estados miembros de la Comisión Internacional del Estado Civil y de los Estados contratantes no miembros. Cualquier modificación deberá tener en cuenta los códigos utilizados en los demás Convenios de la Comisión Internacional del Estado Civil.

2. La resolución a que se refiere el apartado 1 se depositará en poder del Consejo Federal Suizo.

Art. 10. 1. Si lo pide el solicitante, la autoridad que expida el certificado unirá la lista de los códigos que figuren en el certificado y su traducción en la lengua oficial o una de las lenguas oficiales del Estado en que será utilizado el certificado, o en las lenguas oficiales de los Estados contratantes. Esta misma autoridad podrá proceder también a la descodificación traduciendo el certificado en la lengua oficial o una de las lenguas oficiales del Estado en que será utilizado.

2. Cualquier interesado podrá solicitar de la autoridad competente del Estado en que se utilice el certificado que traduzca los códigos en la lengua oficial o una de las lenguas oficiales de ese Estado o que proceda a la descodificación del certificado.

3. En el momento de la firma, ratificación, aceptación o aprobación del presente Convenio o de la adhesión al mismo, cada Estado Contratante designará las autoridades competentes para traducir los códigos o proceder a la descodificación de conformidad con las disposiciones del apartado 2. Cualquier modificación posterior de esas autoridades será notificada al Consejo Federal Suizo.

Art. 11. 1. Los certificados indicarán el nombre y calidad de quien los haya expedido. Irán fechados y provistos de la firma y sello requeridos.

2. Estarán dispensados de traducción, legalización o de cualquier formalidad equivalente en el territorio de los Estados contratantes. No obstante, la autoridad o el organismo ante los que se presente podrán, en caso de duda grave sobre la veracidad de la firma, sobre la identidad del sello o del timbre o sobre la calidad del firmante, hacerlos comprobar por la autoridad que haya expedido el certificado, según el procedimiento establecido en el Convenio sobre dispensa de legalización de ciertos documentos, firmado en Atenas el 15 de diciembre de 1977.

Art. 12. Los instrumentos de ratificación, aceptación o aprobación del presente Convenio se depositarán en poder del Consejo Federal Suizo.

Art. 13. Cualquier Estado miembro de la Comisión Internacional del Estado Civil, de la Unión Europea o del Consejo de

Europa podrá adherirse al presente Convenio. El instrumento de adhesión se depositará en poder del Consejo Federal Suizo.

Art. 14. 1. El presente Convenio entrará en vigor el primer día del cuarto mes siguiente al del depósito del segundo instrumento de ratificación, aceptación, aprobación o adhesión por dos Estados miembros de la Comisión Internacional del Estado Civil.

2. Con respecto al Estado que lo ratifique, acepte, apruebe o se adhiera después de su entrada en vigor, el Convenio surtirá efecto el primer día del cuarto mes siguiente al del depósito por ese Estado del instrumento de ratificación, aceptación, aprobación o adhesión.

3. La resolución a que se refiere el artículo 9 surtirá efecto, en las relaciones entre los Estados contratantes, a partir del primer día del cuarto mes siguiente a su depósito.

Art. 15. No se admitirá ninguna reserva al presente Convenio.

Art. 16. 1. Cualquier Estado, en el momento de la firma, ratificación, aceptación, aprobación o adhesión o en cualquier otro momento posterior, podrá declarar que el presente Convenio será extensivo al conjunto de los territorios de cuyas relaciones internacionales sea responsable, o a uno o varios de ellos.

2. Esta declaración será notificada al Consejo Federal Suizo y la extensión surtirá efecto en el momento de la entrada en vigor del Convenio para el mencionado Estado o, posteriormente, el primer día del cuarto mes siguiente al de la recepción de la notificación.

3. Cualquier declaración de extensión podrá ser retirada mediante notificación dirigida al Consejo Federal Suizo y el Convenio dejará de ser aplicable al territorio designado el primer día del cuarto mes siguiente al de la recepción de la mencionada notificación.

Art. 17. 1. El presente Convenio permanecerá en vigor indefinidamente.

2. Cualquier Estado Parte en el presente Convenio tendrá no obstante la facultad de denunciarlo en cualquier momento una vez cumplido el plazo de un año a partir de la fecha de entrada en vigor del Convenio respecto de ese Estado. La denuncia será notificada al Consejo Federal Suizo y surtirá efecto el primer día del sexto mes siguiente al de la recepción de esa notificación.

Art. 18. 1. El Consejo Federal Suizo notificará a los Estados miembros de la Comisión Internacional del Estado Civil y a cualquier otro Estado que se haya adherido al presente Convenio:

a) el depósito de todo instrumento de ratificación, aceptación, aprobación o adhesión;

b) toda fecha de entrada en vigor del Convenio;

c) toda declaración referente a la extensión territorial del Convenio o su retirada, con la fecha en que surtirá efecto;

d) toda denuncia del Convenio y la fecha en que surtirá efecto;

e) toda declaración formulada en virtud de los artículos 4 y 10;

f) toda resolución tomada en aplicación del artículo 9 con la fecha en que surtirá efecto.

2. El Consejo Federal Suizo comunicará al Secretario General de la Comisión Internacional del Estado Civil toda notificación hecha en aplicación del apartado 1.

3. En el momento en que entre en vigor el presente Convenio, el Consejo Federal Suizo transmitirá una copia certificada conforme al Secretario General de las Naciones Unidas para su registro y publicación, de conformidad con el artículo 102 de la Carta de las Naciones Unidas.

En fe de lo cual, los infrascritos, debidamente autorizados al efecto, firman el presente Convenio.

Hecho en París, el 10 de septiembre de 1998, en un único ejemplar, en francés, que se depositará en los archivos del Consejo Federal Suizo, y del que se entregará, por vía diplomática, copia certificada conforme a cada uno de los Estados miembros de la Comisión Internacional del Estado Civil y a los Estados adheridos. Asimismo, se remitirá copia certificada conforme al Secretario General de la Comisión Internacional del Estado Civil.

ANEXO I

Anverso

ESTADO: 2-1-1:	

CERTIFICADO DE VIDA 1-6-1	
Autoridad expedidora 1-1-2:	Nombre del firmante 1-1-2-1: ....
Lugar de expedición 2-2-2:	Calidad del firmante 1-1-2-2-: ....
Certifica a fecha de hoy la vida de 1-6-1-1:	
Apellido(s) 7:	Nombre(s) 8: ....
☐ Sexo masculino 3-4-1	☐ Sexo femenino 3-4-2

Fecha de nacimiento 9-7: JO 9-4-3 ☐☐ MO 9-4-2 ☐☐ AN 9-4-1 ☐☐☐☐	Lugar de nacimiento 2-4: ....
Residencia 2-1-2-2:	
Comprobación efectuada 10-1	
☐ Documento nacional de identidad 10-1-1-1: ☐ Pasaporte 10-1-1-2: ☐ Permiso de conducción 10-1-1-3: ☐ Tarjeta de residencia 10-1-1-4: ☐ Registros municipales 1-2-5: ☐ Registros concursales 1-2-6: ☐ Otro(s) justificante(s) 10-1-9:	Número 9-2: ....
Fecha de expedición 9-5-2-9: Día 9-4-3 ☐☐ Mes 9-4-2 ☐☐ Año 9-4-1 ☐☐☐☐	Firma 9-3-1: Sello 9-3-3:

ANEXO I

Reverso

Certificado expedido en aplicación del convenio de la comisión internacional del estado civil firmado en .... el ....

Según los artículos 1, 2, 4, 5 y 10 del Convenio:

— El certificado de vida será expedido por la autoridad competente del Estado de residencia cualquiera que sea la nacionalidad de la persona interesada y, en ciertas condiciones, por las autoridades diplomáticas o consulares.

— Deberá ser aceptado cuando se presente en los plazos previstos por la ley o los usos en vigor en el país en que se utilice.

— Dará fe salvo prueba en contrario.

— El certificado se redactará en la lengua o una de las lenguas oficiales de la autoridad que lo expida y en lengua francesa.

— Las inscripciones que deban consignarse en el certificado se escribirán en caracteres latinos de imprenta; también podrán escribirse en los caracteres de la lengua de la autoridad que expida el certificado.

— Las fechas se inscribirán en cifras arábigas indicando sucesivamente, bajo los símbolos *JO, MO* y *AN*, el día, el mes y el año. El día y el mes se indicarán con dos cifras y el año con cuatro cifras. Los nueve primeros días del mes y los nueve primeros meses del año se indicarán con cifras que vayan del 01 al 09. El nombre de cualquier lugar mencionado en el certificado irá seguido por el nombre del Estado en que esté situado ese lugar.

— Si lo pide el solicitante, la autoridad que expida el certificado unirá la lista de los códigos que figuren en el certificado y su traducción en la lengua oficial o una de las lenguas oficiales del Estado en que será utilizado el certificado, o en las lenguas oficiales de los Estados contratantes. Esta misma autoridad podrá proceder también a la descodificación traduciendo el certificado en la lengua oficial o una de las lenguas oficiales del Estado en que será utilizado. Cualquier interesado podrá solicitar de la autoridad competente del Estado en que se utilice el certificado que traduzca los códigos en la lengua oficial o una de las lenguas oficiales de ese Estado o que proceda a la descodificación del certificado.

ANEXO II

Lista de epígrafes y sus códigos

1-1-2	Autoridad expedidora.
1-1-2-1	Nombre del firmante.
1-1-2-2	Calidad del firmante.
1-2-5	Registros municipales.
1-2-6	Registros consulares.
1-6-1	Certificado de vida.
1-6-1-1	Certifica a fecha de hoy la vida de.
2-1-1	Estado.
2-1-2-2	Residencia.
2-2-2-9	Lugar de expedición.
2-4	Lugar de nacimiento.
3-4-1	Sexo masculino.
3-4-2	Sexo femenino.
7	Apellido(s).
8	Nombre(s).
9-2	Número.
9-3-1	Firma.
9-3-3	Sello.
9-4-1	Año.
9-4-2	Mes.
9-4-3	Día.
9-5-2-9	Fecha de expedición.
9-7	Fecha de nacimiento.
10-1	Comprobación efectuada.
10-1-1-1	Documento nacional de identidad.
10-1-1-2	Pasaporte.
10-1-1-3	Permiso de conducción.
10-1-1-4	Tarjeta de residencia.
10-1-9	Otro(s) justificante(s).

C) FAMILIA Y SUCESIONES

83. CONVENCIÓN RELATIVA AL CONSENTIMIENTO PARA EL MATRIMONIO, EDAD MÍNIMA PARA CONTRAER MATRIMONIO Y REGISTRO DE LOS MISMOS, HECHA EN NUEVA YORK EL 10 DE DICIEMBRE DE 1962*

(*BOE* núm. 128, de 29 de mayo de 1969)

Los Estados contratantes,

Deseando, de conformidad con la Carta de las Naciones Unidas, promover el respeto y la observancia universales de los derechos humanos y las libertades fundamentales de todos, sin distinción de raza, sexo, idioma o religión,

Recordando que el artículo 16 de la Declaración Universal de Derechos Humanos dice que:

«1) Los hombres y las mujeres, a partir de la edad núbil, tienen derecho, sin restricción alguna por motivos de raza, nacionalidad o religión, a casarse y fundar una familia; y disfrutarán de iguales derechos en cuanto al matrimonio, durante el matrimonio y en caso de disolución del matrimonio.

2) Sólo mediante libre y pleno consentimiento de los futuros esposos podrá contraerse el matrimonio.»

Recordando asimismo que la Asamblea General de las Naciones Unidas, en su resolución 843 (IX), de 17 de diciembre de 1954, declaró que ciertas costumbres, antiguas leyes y prácticas referentes al matrimonio y a la familia son incompatibles con los

* *Texto auténtico*: chino, español, francés, inglés y ruso. *Estados parte*: Alemania, Antigua y Barbuda, Argentina, Austria, Azerbaiyán, Bangladesh, Barbados, Benín, Bosnia-Herzegovina, Brasil, Burkina Faso, Costa de Marfil, Croacia, Cuba, China (región administrativa especial de Hong Kong), Chipre, Dinamarca, Eslovaquia, España, Ex-República Yugoslava de Macedonia, Fiji, Filipinas, Finlandia, Guatemala, Guinea, Hungría, Islandia, Jordania, Kirguizistán, Liberia, Libia, Mali, México, Mongolia, Montenegro, Níger, Noruega, Nueva Zelanda, Países Bajos, Polonia, Reino Unido de Gran Bretaña e Irlanda del Norte, República Checa, República Dominicana, Ruanda, Rumania, Samoa, San Vicente y Granadinas, Serbia y Montenegro, Sudáfrica, Suecia, Trinidad y Tobago, Túnez, Venezuela, Yemen y Zimbabwe. Para los datos posteriores al cierre de la edición y otras informaciones relativas al Convenio véase http://www.un.org.

principios enunciados en la Carta de las Naciones Unidas y en la declaración Universal de Derechos Humanos,

Reafirmando que todos los Estados, incluso los que hubieren contraído o pudieren contraer la obligación de administrar territorios no autónomos o en fideicomiso hasta el momento en que éstos alcancen la independencia, deben adoptar todas las disposiciones adecuadas con objeto de abolir dichas costumbres, antiguas leyes y prácticas, entre otras cosas, asegurando la libertad completa en la elección del cónyuge, aboliendo totalmente el matrimonio de los niños y la práctica de los esponsales de las jóvenes antes de la edad núbil, estableciendo con tal fin las penas que fueren del caso y creando un registro civil o de otra clase para la inscripción de todos los matrimonios,

Convienen por la presente en las disposiciones siguientes:

Artículo 1.º 1. No podrá contraerse legalmente matrimonio sin el pleno y libre consentimiento de ambos contrayentes, expresado por éstos en persona, después de la debida publicidad, ante la autoridad competente para formalizar el matrimonio y testigos, de acuerdo con la ley.

2. Sin perjuicio de lo dispuesto en el párrafo 1 *supra*, no será necesario que una de las partes esté presente cuando la autoridad competente esté convencida de que las circunstancias son excepcionales y de que tal parte, ante una autoridad competente y del modo prescrito por la ley, ha expresado su consentimiento, sin haberlo retirado posteriormente.

Art. 2.º Los Estados parte en la presente Convención adoptarán las medidas legislativas necesarias para determinar la edad mínima para contraer matrimonio. No podrán contraer legalmente matrimonio las personas que no hayan cumplido esa edad, salvo que la autoridad competente, por causas justificadas y en interés de los contrayentes, dispense el requisito de la edad.

Art. 3.º Todo matrimonio deberá ser inscrito por la autoridad competente en un registro oficial destinado al efecto.

Art. 4.º 1. La presente Convención quedará abierta, hasta el 31 de diciembre de 1963, a la firma de todos los Estados Miembros de las Naciones Unidas o miembros de cualquiera de los organismos especializados, y de todo otro Estado que haya sido invitado por la Asamblea General de las Naciones Unidas a participar en la Convención.

2. La presente Convención estará sujeta a ratificación y los instrumentos de ratificación serán depositados en poder del Secretario general de las Naciones Unidas.

Art. 5.º 1. Todos los Estados a que se refiere el párrafo 1 del artículo 4.º podrán adherirse a la presente Convención.

2. La adhesión se efectuará depositando un instrumento de adhesión en poder del Secretario general de las Naciones Unidas.

Art. 6.º 1. La presente Convención entrará en vigor noventa días después de la fecha en que se haya depositado el octavo instrumento de ratificación o de adhesión.

2. Por cada uno de los Estados que ratifiquen la Convención o se adhieran a ella después de depositado el octavo instrumento de ratificación o de adhesión, la Convención entrará en vigor noventa días después de la fecha en que ese Estado haya depositado el respectivo instrumento de ratificación o de adhesión.

Art. 7.º 1. Todo Estado contratante podrá denunciar la presente Convención mediante notificación por escrito dirigida al Secretario general de las Naciones Unidas. La denuncia surtirá efecto un año después de la fecha en que el Secretario general haya recibido la notificación.

2. La presente Convención dejará de estar en vigor a partir de la fecha en que surta efecto la denuncia que reduzca a menos de ocho el número de los Estados parte.

Art. 8.º Toda cuestión que surja entre dos o más Estados contratantes sobre la interpretación o la aplicación de la presente Convención, que no sea resuelta por medio de negociaciones, será sometida a la Corte Internacional de Justicia para que la resuelva, a petición de todas las partes en conflicto, salvo que las partes interesadas convengan en otro modo de solucionarla.

Art. 9.º El Secretario general de las Naciones Unidas notificará a todos los Estados miembros de las Naciones Unidas y a los Estados no miembros a que se refiere el párrafo 1 del artículo 4.º de la presente Convención:

a) Las firmas y los instrumentos de ratificación recibidos en virtud del artículo 4.º

b) Los instrumentos de adhesión recibidos en virtud del artículo 5.º

c) La fecha en que entre en vigor la Convención, en virtud del artículo 6.º

d) Las notificaciones de denuncia recibidas en virtud del párrafo 1 del artículo 7.º

e) La extinción resultante de lo previsto en el párrafo 2 del artículo 7.º

Art. 10. 1. La presente Convención, cuyos textos chino, español, francés, inglés y ruso hacen fe por igual, quedará depositada en los archivos de las Naciones Unidas.

Art. 6.º: Adhesión de España del 15 de abril de 1969. Con posterioridad en relación a otros Estados, vid. en las comunicaciones publicadas trimestralmente en el *BOE* por la Secretaría General Técnica del Ministerio de Asuntos Exteriores en cumplimiento del art. 32 del D. 801/1972, de 24 de marzo, relativo a la ordenación de la actividad del Estado en materia de tratados internacionales.

2. El Secretario general de las Naciones Unidas enviará copia certificada de la Convención a todos los Estados miembros de las Naciones Unidas y a los Estados no miembros a que se refiere el párrafo 1 del artículo 4.º

84. CONVENIO TENDENTE A FACILITAR LA CELEBRACIÓN DE LOS MATRIMONIOS EN EL EXTRANJERO, HECHO EN PARÍS EL 10 DE SEPTIEMBRE DE 1964*

(*BOE* núm. 16, de 19 de enero de 1977)

La República Federal de Alemania, la República de Austria, el Reino de Bélgica, la República Francesa, el Reino de Grecia, la República Italiana, el Gran Ducado de Luxemburgo, el Reino de los Países Bajos, la Confederación Suiza, la República Turca, miembros de la Comisión Internacional del Estado Civil, deseosos de facilitar la celebración de los matrimonios de sus súbditos en el territorio de los demás Estados contratantes, en especial en lo que concierne a la remoción de impedimentos matrimoniales y a las publicaciones previas al matrimonio, han convenido en las disposiciones siguientes:

TÍTULO PRIMERO

Artículo 1.º Cuando el matrimonio de un súbdito de uno de los Estados contratantes fuere celebrado en el territorio de otro de tales Estados y el súbdito residiere en él habitualmente, las autoridades competentes del país de celebración podrán, en los casos y bajo las condiciones previstas por la Ley personal del futuro cónyuge, conceder a éste dispensa de los impedimentos matrimoniales establecidos por tal Ley.

Art. 2.º Las autoridades del país de celebración competentes

* *Texto auténtico*: francés. *Estados parte*: Alemania, España, Grecia, Países Bajos y Turquía. De acuerdo con lo previsto en el art. 9.º, Alemania y Países Bajos declaran excluir el título I del Convenio.

Para los datos posteriores al cierre de la edición y otras informaciones relativas al Convenio, véase: http://www.ciecl.org.

para conceder las dispensas contempladas en el artículo precedente serán las que en virtud de la legislación interna de dicho país tuvieren competencia para conceder las mismas dispensas a los súbditos de dicho país.

El país cuya legislación no previere tales dispensas para sus propios súbditos podrá atribuir a una de sus autoridades competentes para concederlas, de conformidad con el artículo primero, a los súbditos de los demás países contratantes.

Art. 3.º El presente Convenio no atenta a la potestad que a las autoridades del Estado del cual fuere súbdito el futuro cónyuge les correspondiere, de concederle dispensas de conformidad con las leyes de este Estado.

TÍTULO II

Art. 4.º Las publicaciones previas a los matrimonios celebrados en la forma local en el territorio de uno de los Estados contratantes se regirán exclusivamente por la ley interna de este Estado.

Art. 5.º Cuando la ley de uno de los Estados contratantes impusiera la celebración religiosa del matrimonio, los Agentes diplomáticos o Consulares de los demás Estados contratantes podrán, si su ley les autorizare a ello, celebrar el matrimonio en tal Estado, a condición de que al menos uno de los esposos fuere súbdito del Estado que hubiera designado al Agente diplomático o consular y que ninguno de los esposos poseyere la nacionalidad del país de celebración.

Las publicaciones previas al matrimonio se regirán entonces exclusivamente por la ley interna del país que hubiera designado al Agente diplomático o consular.

TÍTULO III

Art. 6.º A los efectos de la aplicación del presente Convenio los términos «súbditos de un Estado» comprenderán a las personas que tuvieren la nacionalidad de este Estado, así como a aquellas cuyo estatuto personal se rigiere por las leyes de dicho Estado.

Art. 7.º Los Estados contratantes comunicarán al Consejo federal Suizo el cumplimiento de los trámites exigidos por su constitución para hacer aplicable en su territorio el presente Convenio.

El Consejo federal Suizo informará a los Estados contratantes y al Secretario general de la Comisión Internacional del Estado Civil de toda comunicación efectuada en el sentido del párrafo precedente.

Art. 8.º El presente Convenio entrará en vigor a contar del día trigésimo subsiguiente a la fecha del depósito de la segunda comunicación y desde este momento surtirá efecto entre los dos Estados que hubieren cumplido tal formalidad.

Para cada Estado signatario que posteriormente cumpliere la formalidad prevista en el artículo precedente, el presente Convenio surtirá efecto a contar del día trigésimo subsiguiente a la fecha del depósito de su comunicación.

Art. 9.º Cada Estado contratante podrá, con ocasión de la firma, de la comunicación prevista en el artículo 7.º, o de la adhesión, declarar que excluye uno o dos de los tres primeros títulos del presente Convenio.

Todo Estado que hubiere formulado una declaración de conformidad con las disposiciones del párrafo primero del presente artículo, podrá con posterioridad declarar en todo momento, por medio de comunicación dirigida al Consejo Federal Suizo, que se adhiere igualmente al título que hubiera excluido.

El Consejo Federal Suizo informará de esta comunicación a cada uno de los Estados contratantes y al Secretario general de la Comisión Internacional del Estado Civil.

La declaración prevista en el párrafo dos del presente artículo surtirá efecto a contar del día trigésimo subsiguiente a la fecha en la cual el Consejo Federal Suizo hubiere recibido dicha comunicación.

Art. 10. El presente Convenio se aplicará de pleno derecho en toda extensión del territorio metropolitano de cada Estado contratante. Todo Estado contratante podrá, con ocasión de la firma, de la comunicación prevista en el artículo siete de la adhesión, o ulteriormente, declarar por medio de comunicación dirigida al Consejo Federal Suizo, que las disposiciones del presente Convenio sean aplicables a uno o varios de sus territorios extrametropolitanos, a Estados o a territorios cuya responsabilidad internacional asumiere. El Consejo Federal Suizo informará de esta última comunicación a cada uno de los Estados contratantes y al Secretario general de la Comisión Internacional del Estado Civil. Las disposiciones del presente Convenio pasarán a ser aplicables en el territorio o territorios designados en la comunicación, el día sexagésimo subsiguiente a la fecha en la cual el Consejo Federal Suizo hubiere recibido dicha comunicación.

Todo Estado que hubiere hecho una declaración de conformidad con las disposiciones del párrafo dos del presente artículo podrá, con posterioridad, declarar en todo momento, por medio de comunicación dirigida al Consejo Federal Suizo, que el presente Convenio cesará de ser aplicable a uno o varios de los Estados o territorios designados en la declaración.

El Consejo Federal Suizo informará de la nueva comunicación a cada uno de los Estados contratantes y al Secretario general de la Comisión Internacional del Estado Civil.

El Convenio cesará de ser aplicable al territorio contemplado el día sexagésimo subsiguiente a la fecha en la cual el Consejo Federal Suizo hubiere recibido dicha comunicación.

Art. 11. Todo Estado miembro del Consejo de Europa o de la Comisión Internacional del Estado Civil podrá adherirse al presente Convenio. El Estado que deseare adherirse comunicará su intención por medio de un acta que será depositada en poder del Consejo federal Suizo. Éste informará a cada uno de los Estados contratantes y al Secretario general de la Comisión Internacional del Estado Civil, de todo depósito de acta de adhesión. El Convenio entrará en vigor, para el Estado adherido, el día trigésimo subsiguiente a la fecha del depósito del acta de adhesión.

El depósito del acta de adhesión no podrá tener lugar más que después de la entrada en vigor del presente Convenio.

Art. 12. El presente Convenio permanecerá en vigor sin limitación de plazo. Cada uno de los Estados contratantes tendrá, sin embargo, la facultad de denunciar este Convenio o uno o dos de sus tres primeros títulos en todo tiempo por medio de comunicación dirigida por escrito al Consejo federal Suizo, el cual informará de ello a los demás Estados contratantes y al Secretario general de la Comisión Internacional del Estado Civil.

Esta facultad de denuncia no podrá ser ejercida antes de la expiración de un plazo de cinco años a contar de la comunicación prevista en el artículo siete o de la adhesión.

La denuncia surtirá efecto a contar de un plazo de seis meses después de la fecha en la cual el Consejo Federal Suizo hubiere recibido la comunicación prevista en el párrafo primero del presente artículo.

En fe de lo cual, los representantes infrascritos, debidamente autorizados a este efecto, han firmado el presente Convenio.

Hecho en París el 10 de septiembre de 1964 en un solo ejemplar, que será depositado en los archivos del Consejo Federal Suizo y del cual será remitida por vía diplomática una copia certificada a cada uno de los Estados contratantes y al Secretario general de la Comisión Internacional del Estado Civil.

Art. 11: Adhesión de España de 20 de julio de 1976. Con posterioridad, en relación a otros Estados ver las comunicaciones publicadas trimestralmente en el *BOE* por la Secretaría General Técnica del Ministerio de Asuntos Exteriores en cumplimiento del art. 32 del D. 801/1972, de 24 de marzo, relativo a la ordenación de la actividad del Estado en materia de tratados internacionales.

85. CONVENIO RELATIVO A LA EXPEDICIÓN DE UN CERTIFICADO DE CAPACIDAD MATRIMONIAL, HECHO EN MÚNICH EL 5 DE SEPTIEMBRE DE 1980*

(*BOE* núm. 117, de 16 de mayo de 1988)

Los Estados signatarios del presente Convenio, miembros de la Comisión Internacional del Estado Civil, queriendo establecer normas comunes relativas a la expedición de un certificado de capacidad matrimonial a sus nacionales para la celebración del matrimonio en el extranjero, teniendo en cuenta la Recomendación relativa al derecho matrimonial adoptada por la Asamblea General de la Comisión Internacional del Estado Civil en Viena el 8 de septiembre de 1976, convienen en lo siguiente:

Artículo 1.º Cada Estado contratante se obliga a expedir un certificado de capacidad matrimonial conforme al modelo anejo al presente Convenio, cuando uno de sus nacionales lo solicite para la celebración de su matrimonio en el extranjero y reúna, con respecto a la ley del Estado que expida el certificado, las condiciones necesarias para contraer dicho matrimonio.

Art. 2.º Para la aplicación del presente Convenio quedarán asimilados a los nacionales de un Estado contratante los refugiados y los apátridas cuyo estatuto personal se rija por la ley de dicho Estado.

Art. 3.º Todos los datos que figuren en el certificado se escribi-

---

* *Texto auténtico*: francés. *Estados parte*: Alemania, Austria, España, Italia, Luxemburgo, Países Bajos, Portugal, Suiza y Turquía. Para los datos posteriores al cierre de la edición y otras informaciones relativas al Convenio, véase: http://www.ciecl.org.

Art. 1.º: En España se dictó la Orden de 26 de mayo de 1988 (*BOE* de 7-6-1988) sobre aprobación de un modelo plurilingüe de certificado de capacidad matrimonial, que dispone lo siguiente:

«El Convenio número 20 de la Comisión Internacional del Estado Civil (CIEC), relativo a la expedición de un certificado de capacidad matrimonial, ha sido ratificado por España el día 10 de febrero de 1988 y publicado en el *Boletín Oficial del Estado* de 16 de mayo siguiente.

La puesta en práctica de este Convenio —que guarda perfecta armonía con lo establecido por el artículo 252 del Reglamento del Registro Civil— exige la aprobación y publicación del modelo plurilingüe previsto en el artículo 1.º de aquél.

En su virtud, a propuesta de la Dirección General de los Registros y del Notariado este Ministerio ha tenido a bien aprobar el modelo adjunto, anverso y reverso, del certificado plurilingüe de capacidad matrimonial, al cual deberán ajustarse los que se expidan por todos los encargados de los Registros Civiles en los casos previstos por el artículo 252 del Reglamento del Registro Civil.»

rán en caracteres latinos de imprenta; podrán, además, escribirse en los caracteres de la lengua de la autoridad que expida el certificado.

Art. 4.º 1. Las fechas se consignarán en números arábigos que indiquen sucesivamente, bajo los símbolos Jo, Mo y An, el día, el mes y el año. El día y el mes se indicarán con dos cifras, y el año con cuatro cifras. Los nueve primeros días del mes y los nueve primeros meses del año se indicarán con las cifras 01 al 09.

2. El nombre de cualquier lugar mencionado en el certificado irá seguido del nombre del Estado en que esté situado, cuando dicho Estado no sea aquel cuya autoridad expida el certificado.

3. Se utilizarán exclusivamente los símbolos siguientes:

Para indicar el sexo masculino, la letra M, y para el sexo femenino, la letra F.

Para indicar la nacionalidad, las letras que se empleen para designar el país de matrícula de sus vehículos automóviles.

Para indicar la condición de refugiado, las letras REF.

Para indicar la condición de apátrida, las letras APA.

4. Cuando haya quedado disuelto un matrimonio anterior, se mencionarán en la casilla 12 del certificado los apellidos y el nombre del último cónyuge, así como la fecha, el lugar y la causa de la disolución. Para indicar la causa de la disolución se utilizarán exclusivamente las abreviaturas siguientes:

En caso de defunción, la letra D.

En caso de divorcio, las letras DIV.

En caso de anulación, la letra A.

En caso de ausencia, las letras ABS.

Art. 5.º Si la autoridad competente no pudiera rellenar una casilla o parte de ella, dicha casilla o parte se tachará con un trazo.

Art. 6.º 1. En el anverso de cada certificado, los datos invariables, con exclusión de los símbolos previstos en el artículo 4.º en lo que respecta a las fechas, se imprimirán, al menos, en dos lenguas, una de las cuales será la lengua o una de las lenguas oficiales del Estado en que se expida el certificado, y la otra, el francés.

2. El significado de los símbolos deberá indicarse, al menos, en la lengua o en una de las lenguas oficiales de cada uno de los Estados que, en el momento de la firma del presente Convenio, sean miembros de la Comisión Internacional del Estado Civil, así como en inglés.

3. En el reverso de cada certificado deberán figurar:

Una referencia al Convenio, en las lenguas que se indican en el segundo párrafo del presente artículo.

La traducción de los datos invariables, en las lenguas que se indican en el segundo párrafo del presente artículo, si éstas no se han utilizado en el anverso.

Un resumen de los artículos 3.º, 4.º, 5.º y 9.º del Convenio, al menos, en la lengua o en una de las lenguas oficiales de la autoridad que expida el certificado.

4. Cualquier traducción deberá ser aprobada por la Oficina de la Comisión Internacional del Estado Civil.

Art. 7.º Los certificados se datarán y en ellos figurarán la firma y el sello de la autoridad que los haya expedido. Su validez se limitará a un período de tiempo de seis meses, a contar de su fecha de expedición.

Art. 8.º 1. En el momento de la firma, de la ratificación, de la aceptación, de la aprobación o de la adhesión, los Estados contratantes designarán las autoridades con competencia para expedir los certificados.

2. Cualquier modificación ulterior se notificará al Consejo Federal Suizo.

Art. 9.º Cualquier modificación del certificado por un Estado deberá ser aprobada por la Comisión Internacional del Estado Civil.

Art. 10. Los certificados quedarán dispensados de la legalización o de cualquier formalidad equivalente en el territorio de cada uno de los Estados vinculados por el presente Convenio.

Art. 11. El presente Convenio será ratificado, aceptado o aprobado, y los instrumentos de ratificación, de aceptación o de aprobación se depositarán en poder del Consejo Federal Suizo.

Art. 12. 1. El presente Convenio entrará en vigor el primer día del tercer mes siguiente al del depósito del tercer instrumento de ratificación, aceptación, aprobación o adhesión.

2. El Convenio surtirá efectos el primer día del tercer mes siguiente al del depósito por un Estado del instrumento de ratificación, aceptación, aprobación o adhesión, con respecto a dicho Estado que lo ratifique, acepte, apruebe o se adhiera a él después de su entrada en vigor.

Art. 13. Cualquier Estado podrá adherirse al presente Convenio. El instrumento de adhesión se depositará en poder del Consejo Federal Suizo.

Art. 14. No se admitirá reserva alguna al presente Convenio.

Art. 8.º1: En el momento de la ratificación, España declaró que «las autoridades competentes para expedir los certificados son los Cónsules o Jueces encargados de los Registros civiles y por delegación de estos últimos, los Jueces de Paz».

Art. 12: Ratificado por España el 10 de febrero de 1988. Con posterioridad, sobre la actividad de otros Estados, vid. las comunicaciones publicadas trimestralmente en el *BOE* por la Secretaría General Técnica del Ministerio de Asuntos Exteriores en cumplimiento del art. 32 del D. 801/1972, de 24 de marzo, relativo a la ordenación de la actividad del Estado en materia de tratados internacionales.

Art. 15. 1. Cualquier Estado —en el momento de la firma, ratificación, aceptación, aprobación o adhesión, o en cualquier otro momento posterior— podrá declarar que el presente Convenio se ampliará al conjunto de los territorios de cuyas relaciones sea responsable en el plano internacional, o a uno o a varios de esos territorios.

2. Dicha declaración se notificará al Consejo Federal Suizo, y la ampliación tendrá efecto en el momento de la entrada en vigor del Convenio para dicho Estado o, posteriormente, el primer día del tercer mes siguiente al de la recepción de la notificación.

3. Cualquier declaración de ampliación podrá revocarse mediante notificación dirigida al Consejo Federal Suizo, y el Convenio cesará de aplicarse al territorio designado el día primero del tercer mes siguiente al de la recepción de dicha notificación.

Art. 16. 1. El presente Convenio continuará en vigor sin limitación alguna de tiempo.

2. Cualquier Estado parte en el presente Convenio tendrá, sin embargo, la facultad de denunciarlo en cualquier momento después de la expiración de un plazo de un año a partir de la fecha de entrada en vigor del mismo, con respecto a dicho Estado. La denuncia se notificará al Consejo Federal Suizo y surtirá efectos el primer día del sexto mes siguiente al de la recepción de dicha notificación. El Convenio seguirá vigente entre los demás Estados.

Art. 17. 1. El Consejo Federal Suizo notificará a los Estados miembros de la Comisión Internacional del Estado Civil y a cualquier otro Estado que se haya adherido al presente Convenio:

a) El depósito de cualquier instrumento de ratificación, aceptación, aprobación o adhesión.

b) Cualquier fecha de entrada en vigor del Convenio.

c) Cualquier declaración relativa a la ampliación territorial del Convenio o su revocación, con la fecha en que surta efectos.

d) Cualquier denuncia del Convenio y la fecha en que tendrá efecto.

e) Cualquier declaración hecha en virtud del artículo 8.º

2. El Consejo Federal Suizo comunicará al Secretario general de la Comisión Internacional del Estado Civil cualquier notificación hecha en aplicación del párrafo 1.

3. Desde el momento en que entre en vigor el presente Convenio, el Consejo Federal Suizo enviará una copia certificada conforme al Secretario general de las Naciones Unidas, para su registro y publicación, con arreglo al artículo 102 de la Carta de las Naciones Unidas.

En fe de lo cual, los infrascritos, debidamente autorizados al efecto, firman el presente Convenio.

Hecho en Múnich el 5 de septiembre de 1980, en un solo ejemplar, en lengua francesa, que quedará depositado en los archivos del Consejo Federal Suizo, y del cual se enviará copia certificada conforme, por la vía diplomática, a cada uno de los Estados miembros de la Comisión Internacional del Estado Civil y a los Estados adheridos. Asimismo se enviará copia certificada conforme al Secretario general de la Comisión Internacional del Estado Civil.

....

(anverso)

1	ESTADO ÉTAT
2	REGISTRO CIVIL DE SERVICE DE L'ÉTAT CIVIL DE

3 CERTIFICADO DE CAPACIDAD MATRIMONIAL
CERTIFICAT DE CAPACITÉ MATRIMONIALE
Válido durante seis meses
Valable pendant six mois

4 SEGÚN LOS JUSTIFICANTES OBTENIDOS
SELON LES PIÈCES PRODUITES

5	APELLIDOS NOM DE FAMILLE	
6	NOMBRE PROPIO PRÉNOMS	
7	SEXO SEXE	
8	NACIONALIDAD NATIONALITÉ*	
9	FECHA Y LUGAR DE NACIMIENTO DATE ET LIEU DE NAISSANCE	Jo Mo An
10	RESIDENCIA HABITUAL RÉSIDENCE HABITUELLE	
11	LUGAR Y NÚMERO DEL REGISTRO DE FAMILIA LIEU ET NUMÉRO DU REGISTRE DE FAMILLE	
12	MATRIMONIO ANTERIOR CON MARIAGE PRÉCÉDENT AVEC DISUELTO POR DISSOUS PAR	Jo Mo An el/le en/à

13 PUEDE CONTRAER MATRIMONIO EN EL EXTRANJERO CON
PEUT CONTRACTER MARIAGE À L'ÉTRANGER AVEC

5	APELLIDOS NOM DE FAMILLE		
6	NOMBRE PROPIO PRÉNOMS		
7	SEXO SEXE		
8	NACIONALIDAD NATIONALITÉ*		
9	FECHA Y LUGAR DE NACIMIENTO DATE ET LIEU DE NAISSANCE	Jo Mo An	
10	RESIDENCIA HABITUAL RÉSIDENCE HABITUELLE		
11	LUGAR Y NÚMERO DEL REGISTRO DE FAMILIA LIEU ET NUMÉRO DU REGISTRE DE FAMILLE		
12	MATRIMONIO ANTERIOR CON MARIAGE PRÉCÉDENT AVEC DISUELTO POR DISSOUS PAR	el/le Jo Mo An	

15	FECHA DE EXPEDICIÓN DATE DE DÉLIVRANCE FIRMA, SELLO SIGNATURE, SCEAU	Jo Mo An
14	* PONER REF PARA REFUGIADOS Y APA PARA APÁTRIDAS METTRE REF POUR RÉFUGIÉ ET APA POUR APATRIDE	

Símbolos - Symboles - Zeichen - Symbols - Συμβολα - Simboli - Symbolen - Símbolos - Isaretler

Jo: Día - Jour - Tag - Day - Ημερα - Giorno - Dag - Dia - Gün
Mo: Mes - Mois - Monat - Month - Μηνας - Mese - Maand - Mês - Ay
An: Año - Année - Jahr - Year - Ετος - Anno - Jaar - Año - Yil
M: Masculino - Masculin - Männlich - Male - Ανδρας - Maschile - Mannelijk - Masculino - Erkek
F: Femenino - Féminin - Weiblich - Female - Γυναικα - Femminile - Vrouwlijk - Feminino - Kadin
D: Defunción - Décès - Tod - Death - Θανατος - Morte - Overlijden - Óbito - Ölüm
Div: Divorcio - Divorce - Scheidung - Divorce - Δταζύν - Divorzio - Echtscheiding - Divórcio - Bosanna
A: Anulación - Annulation - Nichtigerjlärung - Annulment - 'Ακνρϖσις - Annulamento - Nietigverklaring - Anulaçao - Jptal

Abs: Ausencia - Absence - Abwesenheit - Absence 'Απουσια - Assenza - Afwezigheid - Ausência - Gaiplik

REF: Refugiado - Réfugié - Flüchtling - Refugee - Πρόσφυγας - Rifugiatio - Vluchteling - Refugiado - Multeci

APA: Apátrida - Apatride - Staatenloser - Stateless - Χωρίς ὶθαγενεια - Apolide - Staatloze - Apátrida - Vatansinz

Certificado expedido en aplicación del Convenio firmado en Múnich el 5 de septiembre de 1980

Certificat délivré en application de la Convention signée à Munich, le 5 septembre 1980

Zeugnis ausgestellt gemaβ dem Ubereinkommen von München vom 5, September 1980

Certificate issued in pursuance of the Convention signed at Munich on September 5th, 1980

Πιστοποιητικσ που εκδίδεται συμφϖνα με τη Συμβαση που υπογράφηκε οτο Μσυαχο στις 5 Σεπτεηβριου 1980

Certificato rilasciato in applicazione della Convenzione firmata a Monaco il 5 settembre 1980

Verklaring afgegeven krachtens de Overeenkomst ondertekend te Munchen, de vijfde september 1980

Certificado passado ao abrigo da Convençao assinada en Munique, aos 5 de Setembro de 1980

Bu belge 5 eylül 1980 tarihinde Münich'de imza edilen sózlesme uyarinca verilmistir

1	Staat - Countri .... Κρατος - Stato - Staat - Estado - Deviet	
2	Personenstandsbehörde (A) - Standesamt (D) - Zivil - tandsmt (CH) - Civil Registry Office of - Αη ζιαρχειο - Servizio dello stato civile di - Dienst van de burgerlijke stand van - Serviços do registro civil de - Nú-fus Idaresi	
3	Ehefahigkeitszeugnis gültig 6 Monate - Certificate of capacity to contract marriage valid for six months - Πιστοποιητικο ταυτοτητας για γαμο ισχυος εϖη μηνϖν - Certificato di capacità matrimoniale valido sei mesi - Verklaring van huwelijksbevoegdheid geldig gedurende zes maanden - Certificado de capacidad matrimonial válido durante seis meses - Evlenme ehli yet belgesi, altj ay súreyle geçerligir	
4	Gemaβ den vorgelegten Urkunden kann - According to the documents produced, there is for - Sujvna me ta prosacqenta dikaiologhtika - In base ai documenti prodotti - Volgens de overgeleg de stukken is - Conforme os documentos apresen tados - Ibraz edilen belgelere gure	
5	Familienname - Surname	Επϖνυμο - Cognome - Familienaam - Apellidos - Soyadi
6	Vornamen - Forenames	Onomata - Nomi - Voornamen - Nome propio - Adi
7	Geschlecht - Sez	φύλο - Sesso - Gesslacht - Sexo - Cinsiyeti
8	Staatsangehörigkeit - Nationality	Ιθαγένεια - Cittadinanza - Nationaliteit - Nacionalidade - Vatandasligi

9	Tag und ort der Geburt - Date and place of birth - Ημερομηνια και τοπος γεννη-σεϖς - Data e luogo di nascita - Datum en plaats van geboorte - Data e lugar do nascimento - Dogum tarihi ve yeri
10	Wohnort - Habitual residence - Συνηθης διαμονη - Residenza abituale - Gewone verblifpolaats - Residéncia habitual - Mutat ikàmet yen
11	Ort und Nummer des Familienregisters - Location and number of the family register - Τοπος και αριθμος του οικογενιακου μητρϖου - Luogo e numero del registro di famiglia - Plaats en numer van het familieregister - Lugar e numero do registro de familia - Nufuska Kayitli oldugù yer vo kútúk numarasi
12	Vorhergende Ehe mit............... augelost durch............................... am........... in............ Former marriage with .... Dissolved by.................................. on............ in............ Προπηγουμευος γαμοϖ .... που λυθηκε με........................... την .... εις .... Precedente matrimonio con........ sciolto da.................................... il .... a............. Vorig huwelijk met.................. ontbonden door .... op........... te .... Casamento anterior con........... dissolvido por.............................. aos .... em .... Onceki esin adi........................ evlilingin sona eris nedeni .... yeri ....
13	die Ehe im Ausland schlieβen mit - no impediment to marry abroad - Μπορει να συ-ναψει γαμο οτο εζϖτερικο με - puó contrarre matrimonio all'estero con - bevoegdtot het aangaan een huwelijk in het buitenland met - pode contrair casamento no estrangeiro com - yabanci úlkede asaggidaki kisiyle evlenebilir
14	Einzutragen ist für einen Fluchtling REF und fur einen Staatenlosen APA - For refugees enter REF and for stateless persons APA - Να μπει REF για τον προσ-φυγα και APA για τοσ χϖρις ιθαγενεια - Scrivere REF per rifugicio e APA per apolide - Vluchteling wordt aangeduir met REF en staatloze met APA - Indicir REF para refugiado e APA para apátrida - Multeeis iein REF vatansiz için APA asareti kuilaniniz
15	Tag der Austellung. Unterschrift und Dienstesiegel - Day of issue, signature and seal - Ημερομηνιατης εκδορης. Ιποραφη. Σφ αγδα. - Data di rilascio timbro - Datum van afgifte, ondertekeningm stempel - Data emissao, assinatura selo - Rilgening verilis tarihi, imza, muhur

Los datos deben escribirse en caracteres latinos de imprenta. Pueden, además, escribirse en los caracteres de la lengua de la autoridad que expide el certificado.

Las fechas deben escribirse en cifras árabes que indique sucesivamente el día, el mes y el año.

El día y el mes se indican con dos cifras y el año con cuatro cifras. Los nueve primeros días del mes y los nueve primeros meses del año se designan con las cifras comprendidas entre el 01 y el 09.

El nombre de cualquier lugar debe ir seguido del nombre del Estado en el que ese lugar esté situado, siempre que este Estado no sea el de la autoridad que haya expedido el certificado. Si una casilla o parte de una casilla no pueden ser rellenadas una y otra se inutilizarán con una raya.

Cualquier modificación y traducción del presente certificado se someterán a la aprobación de la Comisión Internacional del Estado Civil.

86. CONVENIO SOBRE LA LEY APLICABLE A LAS OBLIGACIONES ALIMENTICIAS, HECHO EN LA HAYA EL 2 DE OCTUBRE DE 1973*

(*BOE* núm. 222, de 16 de septiembre de 1986)

Los Estados signatarios del presente Convenio,

Deseosos de establecer disposiciones comunes sobre la ley aplicable a las obligaciones alimenticias respecto a los adultos,

Deseosos de coordinar tales disposiciones y las del Convenio de 24 de octubre de 1956 sobre la ley aplicable a las obligaciones alimenticias respecto a menores.

Han resuelto concluir un Convenio a este efecto, acordando las siguientes disposiciones:

CAPÍTULO PRIMERO

ÁMBITO DE APLICACIÓN DEL CONVENIO

Artículo 1.º El presente Convenio se aplica a las obligaciones alimenticias que se derivan de las relaciones de familia, parentesco, afinidad o matrimonio, comprendidas las obligaciones alimenticias respecto de un hijo no legítimo.

Art. 2.º El Convenio sólo regula los conflictos de leyes en materia de obligaciones alimenticias.

Las decisiones dictadas en aplicación del Convenio no prejuzgan la existencia de una de las relaciones a que se refiere el artículo 1.º

Art. 3.º La ley designada por el Convenio se aplica con independencia de cualquier condición de reciprocidad, incluso si se trata de la ley de un Estado no contratante.

---

* *Texto auténtico*: francés e inglés, *Estados parte*: Alemania, España, Estonia, Francia, Grecia, Italia, Japón, Lituania, Luxemburgo, Países Bajos, Polonia, Portugal, Suiza y Turquía. Para los datos posteriores al cierre de la edición y otras informaciones relativas al Convenio véase http://www.hcch.net. No obstante, de acuerdo con lo establecido en el art. 3.º, la ley designada por el Convenio se aplica sea o no la de un Estado contratante. En consecuencia, sustituye al art. 9.º7 del Código civil (*supra* núm. 72).

Art. 1.º: Con relación a la obtención de alimentos en el extranjero, vid. el Convenio de Nueva York de 20 de junio de 1956 sobre obtención de alimentos en el extranjero (*supra* núm. 63) y el Convenio de La Haya relativo al reconocimiento y a la ejecución de las resoluciones relativas a las obligaciones alimenticias, de 2 de octubre de 1973 (*supra* núm. 64). Vid. art. 5.º2 del Reglamento (CE) 44/2001 (*supra* núm. 7) y del Convenio de Lugano (*supra* núm. 9) y el Reglamento 4/2009 (*supra* núm. 62).

CAPÍTULO II

LEY APLICABLE

Art. 4.º La ley interna de la residencia del acreedor de alimentos regirá las obligaciones alimenticias a que se refiere el artículo 1.º

En el caso de que cambiara la residencia habitual del acreedor será aplicable la ley interna de la nueva residencia habitual, a partir del momento en que se produzca el cambio.

Art. 5.º La ley nacional común se aplicará cuando el acreedor no pueda obtener alimentos del deudor, en virtud de la ley designada en el artículo 4.º

Art. 6.º La ley interna de la autoridad que conozca de la reclamación se aplicará cuando el acreedor no pueda obtener alimentos del deudor, en virtud de las leyes designadas en los artículos 4.º y 5.º

Art. 7.º En las relaciones alimenticias entre parientes por vía colateral o por afinidad, el deudor podrá oponerse a la pretensión del acreedor sobre la base de que no existe tal obligación en su ley nacional común o, a falta de nacionalidad común, en la ley interna de la residencia habitual del deudor.

Art. 8.º No obstante lo dispuesto en los artículos 4.º a 6.º, la ley aplicable al divorcio regirá las obligaciones alimenticias entre esposos divorciados y la revisión de las decisiones relativas a estas obligaciones, en el Estado contratante en que el divorcio haya sido declarado o reconocido.

El párrafo precedente se aplicará también a los supuestos de separación de cuerpos, nulidad o anulación del matrimonio.

Art. 9.º El derecho de una institución pública a obtener el reembolso de la prestación suministrada al acreedor se regirá por la misma ley a la que la institución esté sujeta.

Art. 10. La ley aplicable a la obligación alimenticia determinará, entre otros aspectos:

1. Si el acreedor puede reclamar alimentos, en qué medida y a quién.
2. Quién está legitimado para ejercitar la acción alimenticia y en qué plazos.
3. Los límites de la obligación del deudor, cuando la institución pública, que ha suministrado alimentos al acreedor, pida el reembolso de su prestación.

Art. 11. La aplicación de la ley designada por el Convenio

Art. 4.º: Téngase en cuenta que en el texto auténtico del Convenio, en inglés y francés, se utiliza el término «residencia habitual» y no «residencia». Vid. nota al art. 15 con el texto de la reserva formulada por España.

Art. 8.º: Téngase en cuenta que en el texto auténtico del Convenio se utiliza la expresión «ley aplicada al divorcio» y no «ley aplicable al divorcio».

sólo podrá eludirse cuando dicha ley sea manifiestamente incompatible con el orden público.

No obstante, e incluso si la ley aplicable dispone otra cosa, en la determinación del montante de la prestación alimenticia deberán tenerse en cuenta las necesidades del acreedor y los recursos del deudor.

CAPÍTULO III

Otras disposiciones

Art. 12. El Convenio no se aplicará a los alimentos reclamados en un Estado contratante cuando se refieran a un período de tiempo anterior a la entrada en vigor del Convenio en dicho Estado.

Art. 13. De conformidad con el artículo 24, todo Estado contratante podrá reservarse el derecho de aplicar el Convenio sólo a las obligaciones alimenticias:

1. Entre esposos y ex esposos.
2. Respecto de una persona menor de veintiún años que no haya estado casada.

Art. 14. De conformidad con el artículo 24, todo Estado contratante podrá reservarse el derecho de no aplicar el Convenio a las obligaciones alimenticias:

1. Entre colaterales.
2. Entre parientes por afinidad.
3. Entre esposos divorciados, separados o cuyo matrimonio haya sido declarado nulo o anulado, cuando la decisión de divorcio, separación, nulidad o anulación del matrimonio haya sido dictada en rebeldía en un Estado en que la parte rebelde no tenía su residencia habitual.

Art. 15. De conformidad con el artículo 24, todo Estado contratante podrá formular una reserva en virtud de la cual sus autoridades aplicarán su propia ley interna cuando el acreedor y el deudor tengan su nacionalidad, y siempre que el deudor tenga en él su residencia habitual.

Art. 16. Cuando deba tomarse en consideración la ley de un Estado que, en materia de obligaciones alimenticias, tenga dos o más sistemas jurídicos de aplicación territorial o personal —como pueden ser los supuestos en los que se hace referencia a la ley de la residencia habitual del acreedor o del deudor o a la ley nacional común—, se aplicará el sistema designado por las normas en vigor en dicho Estado o, en su defecto, el sistema con el cual los interesados estuvieran más estrechamente vinculados.

Art. 17. Un Estado contratante en el que diferentes unidades territoriales tengan sus propias re-

---

Art. 15: En el momento de la ratificación, España formuló la siguiente reserva: «El Estado español, de conformidad con el artículo 24, formula reserva en virtud de la cual sus autoridades aplicarán su propia Ley interna cuando el acreedor y deudor alimenticio tenga su nacionalidad y siempre que el deudor tenga en España su residencia habitual.»

glas jurídicas en materia de obligaciones alimenticias respecto a menores, no está obligado a aplicar el Convenio a los conflictos de leyes que interesen exclusivamente a sus unidades territoriales.

Art. 18. Este Convenio, en las relaciones entre los Estados Partes, sustituirá al Convenio sobre la ley aplicable a las obligaciones alimenticias respecto a menores, concluido en La Haya el 24 de octubre de 1956.

No obstante, el párrafo anterior no se aplicará al Estado que, por la reserva prevista en el artículo 13, haya excluido la aplicación del presente Convenio a las obligaciones alimenticias respecto de los menores de veintiún años que no hayan estado casados.

Art. 19. El Convenio no afectará a los instrumentos internacionales de los que un Estado contratante sea Parte, ahora o en el futuro, y que contengan disposiciones sobre las materias reguladas por el presente Convenio.

CAPÍTULO IV

DISPOSICIONES FINALES

Art. 20. El Convenio está abierto a la firma de los Estados que fueran Miembros de la Conferencia de La Haya de derecho internacional privado durante su duodécima sesión.

Será ratificado, aceptado o aprobado y los instrumentos de ratificación, aceptación o aprobación serán depositados en el Ministerio de Asuntos Exteriores de los Países Bajos.

Art. 21. Cualquier Estado que llegue a ser miembro de la Conferencia con posterioridad a la duodécima sesión, o que pertenezca a la Organización de las Naciones Unidas o a una de sus instituciones especializadas, o que sea Parte del Estatuto del Tribunal Internacional de Justicia, podrá adherirse al presente Convenio después de su entrada en vigor en virtud del artículo 25, párrafo primero.

El instrumento de adhesión será depositado en el Ministerio de Asuntos Exteriores de los Países Bajos.

Art. 22. Todo Estado podrá declarar, en el momento de la firma, la ratificación, la aprobación, la aceptación o la adhesión que el Convenio se extenderá al conjunto de territorios de cuyas relaciones internacionales esté encargado, o a uno o a varios de ellos. Esta declaración tendrá efecto desde el momento de la entrada en vigor del Convenio para dicho Estado.

Art. 18: Téngase en cuenta que Bélgica y Liechtenstein son parte del Convenio de La Haya de 1956 y no han ratificado el de 1973. Por consiguiente, España permanece obligada a la aplicación del Convenio de 1956 con relación a dichos Estados.

Con posterioridad, cualquier extensión de esta naturaleza será notificada al Ministerio de Asuntos Exteriores de los Países Bajos.

Art. 23. Todo Estado contratante que comprenda dos o varias unidades territoriales en las que se apliquen diferentes sistemas jurídicos en materia de obligaciones alimenticias podrá declarar, en el momento de la firma, la ratificación, la aceptación, la aprobación o la adhesión, que el presente Convenio se extiende a todas estas unidades territoriales o sólo a una o varias de ellas, y podrá modificar, en cualquier momento, esta declaración mediante una nueva declaración.

Estas declaraciones serán notificadas al Ministerio de Asuntos Exteriores de los Países Bajos indicando de forma expresa la unidad territorial a la que el Convenio se aplica.

Art. 24. Hasta el momento de la ratificación, aceptación, aprobación o adhesión, todo Estado podrá formular una o varias de las reservas previstas en los artículos 13 a 15. Ninguna otra reserva será admitida.

De igual modo, todo Estado, al notificar una extensión del Convenio conforme al artículo 22, podrá formular una o varias de tales reservas previstas en los artículos 13 a 15. Ninguna otra reserva será admitida. De igual modo, todo Estado, al notificar una extensión del Convenio conforme al artículo 22, podrá formular una o varias de tales reservas con efectos limitados a los territorios o a algunos de los territorios a que se refiera la extensión.

En cualquier momento, todo Estado contratante podrá retirar una reserva que hubiera hecho. Esta retirada será notificada al Ministerio de Asuntos Exteriores de los Países Bajos.

El efecto de la reserva cesará el día 1 del tercer mes siguiente a la notificación mencionada en el párrafo precedente.

Art. 25. El Convenio entrará en vigor el día 1 del tercer mes siguiente al depósito del tercer instrumento de ratificación, aceptación o aprobación, previsto en el artículo 20.

A partir de entonces, el Convenio entrará en vigor;

— Para cada Estado signatario que lo ratifique, acepte o apruebe con posterioridad, el día 1 del tercer mes siguiente al depósito de su instrumento de ratificación, aceptación o aprobación.

— Para todo Estado adherente, el día 1 del tercer mes siguiente al depósito de su instrumento de adhesión.

— Para los territorios a los que el Convenio se haya extendido de

Art. 25: La ratificación de España tuvo lugar el 16 de mayo de 1986. Con posterioridad, en relación a otros Estados ver en las comunicaciones publicadas trimestralmente en el *BOE* por la Secretaría General Técnica del Ministerio de Asuntos Exteriores en cumplimiento del art. 32 del D. 801/1972, de 24 de marzo, relativo a la ordenación de la actividad del Estado en materia de tratados internacionales.

conformidad con el artículo 22, el día 1 del tercer mes siguiente a la notificación a que se refiere dicho artículo.

Art. 26. El Convenio tendrá una duración de cinco años, a partir de la fecha de su entrada en vigor conforme al artículo 25, párrafo primero, incluso para los Estados que lo hayan ratificado, aceptado o aprobado, o que se hayan adherido a él, con posterioridad.

El Convenio se renovará tácitamente cada cinco años, salvo denuncia.

La denuncia será notificada al Ministerio de Asuntos Exteriores de los Países Bajos, al menos seis meses antes de la expiración del plazo de cinco años. Podrá limitarse a algunos de los territorios a los que se aplique el Convenio.

La denuncia sólo surtirá efecto respecto del Estado que la haya notificado. El Convenio continuará en vigor para los otros Estados contratantes.

Art. 27. El Ministerio de Asuntos Exteriores de los Países Bajos notificará a los Estados miembros de la Conferencia, así como a los que se hayan adherido al Convenio de conformidad con las disposiciones del artículo 21:

1. Las firmas, ratificaciones, aceptaciones y aprobaciones a que se refiere el artículo 20.
2. La fecha en la que el presente Convenio entre en vigor de acuerdo con las disposiciones del artículo 25.
3. Las adhesiones a que se refiere el artículo 21 y la fecha en la que surtan efecto.
4. Las extensiones a que se refiere el artículo 22 y la fecha en la que surtan efecto.
5. Las declaraciones mencionadas en el artículo 23, así como sus modificaciones y la fecha en la que surtan efecto tales declaraciones y modificaciones.
6. Las denuncias a que se refiere el artículo 26.
7. Las reservas previstas en los artículos 13 a 15 y en el artículo 24 y la retirada de las reservas prevista en el artículo 24.

En fe de lo cual, los infrascritos, debidamente autorizados, han firmado el presente Convenio.

Hecho en La Haya el 2 de octubre de 1973, en francés e inglés, siendo ambos textos igualmente auténticos, en un solo ejemplar, que será depositado en los archivos del Gobierno de los Países Bajos y del que una copia debidamente certificada será remitida, por vía diplomática, a cada uno de los Estados miembros de la Conferencia de La Haya de derecho internacional privado durante su duodécima sesión.

87. REAL DECRETO 1618/2007, DE 7 DE DICIEMBRE, SOBRE ORGANIZACIÓN Y FUNCIONAMIENTO DEL FONDO DE GARANTÍA DEL PAGO DE ALIMENTOS

(*BOE* núm. 299, de 14 de diciembre de 2007)

....

CAPÍTULO II

BENEFICIARIOS Y CONDICIONES DE ACCESO A LOS ANTICIPOS DEL FONDO DE GARANTÍA DEL PAGO DE ALIMENTOS

Art. 4.º *Beneficiarios de los anticipos.*—1. Serán beneficiarios de los anticipos del Fondo los españoles menores de edad, así como los menores nacionales de los demás Estados miembros de la Unión Europea residentes en España, titulares de un derecho de alimentos judicialmente reconocido e impagado, que formen parte de una unidad familiar cuyos recursos e ingresos económicos, computados anualmente y por todos sus conceptos, no superen los límites que se establecen en el artículo 6 de este Real Decreto.

2. También serán beneficiarios los menores de edad extranjeros no nacionales de un Estado miembro de la Unión Europea que, siendo titulares de un derecho de alimentos judicialmente reconocido e impagado, cumplan los siguientes requisitos:

a) Residir legalmente en España y haberlo hecho durante cinco años, de los cuales dos deberán ser inmediatamente anteriores a la fecha de solicitud del anticipo. Para los menores de cinco años estos periodos de residencia se exigirán a quien ejerza su guarda y custodia.

No obstante, si el titular de la guarda y custodia fuera español bastará con que el menor resida legalmente en España al tiempo de solicitar el anticipo, sin necesidad de acreditar ningún período previo de residencia.

b) Ser nacionales de otro Estado que, de acuerdo con lo que se disponga en los tratados, acuerdos o convenios internacionales o en virtud de reciprocidad tácita o expresa, reconozca anticipos análogos a los españoles en su territorio.

c) Formar parte de una unidad familiar cuyos recursos e ingresos económicos, computados anualmente y por todos sus conceptos, no superen los límites que se establecen en el artículo 6 de este Real Decreto.

3. A efectos de lo dispuesto en el apartado anterior, se entenderá que residen legalmente en España los extranjeros que permanezcan en su territorio en alguna de las situaciones de residencia legal previstas en la Ley Orgánica 4/2000, de 11 de enero, sobre derechos y libertades de los extranjeros en España y su integración social.

88. CONVENIO SOBRE LOS CONFLICTOS DE LEYES EN MATERIA DE FORMA DE LAS DISPOSICIONES TESTAMENTARIAS, HECHO EN LA HAYA EL 5 DE OCTUBRE DE 1961*

(*BOE* núm. 197, de 17 de agosto de 1988)

Los Estados signatarios del Presente Convenio,

Deseando establecer normas comunes para la solución de los conflictos de leyes en materia de forma de las disposiciones testamentarias, han resuelto concluir un Convenio a este efecto y han convenido en las disposiciones siguientes:

Artículo 1.º Una disposición testamentaria será válida en cuanto a la forma si ésta responde a la ley interna:

a) Del lugar en que el testador hizo la disposición, o

b) De la nacionalidad poseída por el testador, sea en el momento en que dispuso, sea en el momento de su fallecimiento, o

c) Del lugar en el cual el testador tenía su domicilio, sea en el momento en que dispuso, sea en el momento de su fallecimiento, o

d) Del lugar en el cual el testador tenía su residencia habitual,

* *Texto auténtico*: francés, ya que, aun existiendo texto inglés, se dice en la antefirma que ello es «haciendo fe el texto francés en caso de divergencia entre los textos». *Estados parte*: Alemania, Antigua y Barbuda, Armenia, Australia, Austria, Bélgica, Bosnia-Herzegovina, Botswana, Brunei Darussalam, Croacia, China (región administrativa especial de Hong Kong), Dinamarca, Eslovenia, España, Estonia, Ex-República Yugoslava de Macedonia, Fiji, Finlandia, Francia, Granada, Grecia, Irlanda, Israel, Japón, Lesotho, Luxemburgo, Mauricio, Montenegro, Noruega, Países Bajos, Polonia, Reino Unido de Gran Bretaña e Irlanda del Norte, Serbia, Swazilandia, Sudáfrica, Suecia, Suiza, Tonga y Turquía. Para los datos posteriores al cierre de la edición y otras informaciones relativas al Convenio véase http://www.hcch.net. No obstante, según el art. 6.º del Convenio, la ley designada por el art. 1.º se aplica sea o no la de un Estado contratante. En consecuencia, sustituye, respecto a los testamentos, la norma contenida en el art. 11 del Código civil. Ténganse en cuenta, además, las disposiciones contenidas en los arts. 732 a 736 del Código civil (vid. *supra* núm. 72).

Art. 1.ºb): Téngase en cuenta que en el texto auténtico del Convenio se emplea la expresión «De una nacionalidad» y no «De la nacionalidad».

Art. 1.ºc): Téngase en cuenta que en el texto auténtico del Convenio se emplea la expresión «De un lugar» y no «Del lugar».

sea en el momento en que dispuso, sea en el momento de su fallecimiento, o

e) Respecto a los inmuebles, del lugar en que estén situados.

A los fines del presente Convenio, si la ley nacional consiste en un sistema no unificado, la ley aplicable quedará determinada por las normas vigentes en dicho sistema y, en defecto de tales normas, por el vínculo más efectivo que tuviera el testador con una de las legislaciones que componen este sistema.

La cuestión de saber si el testador tenía un domicilio en un lugar determinado se regirá por la ley de este mismo lugar.

Art. 2.º El artículo primero será aplicable a las disposiciones testamentarias que revoquen una disposición testamentaria anterior.

La revocación también será válida en cuanto a la forma si responde a una de las leyes en virtud de la cual, de conformidad con el artículo primero, la disposición testamentaria revocada era válida.

Art. 3.º El presente Convenio no se opone a las normas actuales o futuras de los Estados contratantes que reconozcan disposiciones testamentarias hechas en forma de una ley no prevista en los artículos precedentes.

Art. 4.º El presente Convenio se aplicará igualmente a la forma de las disposiciones testamentarias otorgadas en un mismo documento por dos o más personas.

Art. 5.º A los efectos del presente Convenio, las prescripciones que limiten las formas admitidas de disposiciones testamentarias y que se refieren a la edad, la nacionalidad u otras circunstancias personales del testador, se considerarán como cuestiones de forma. Tendrán la misma consideración las circunstancias que deban poseer los testigos requeridos para la validez de una disposición testamentaria.

Art. 6.º La aplicación de las normas de conflicto establecidas por el presente Convenio será independiente de toda condición de reciprocidad. El Convenio se aplicará aunque la nacionalidad de los interesados o la ley aplicable en virtud de los artículos precedentes no sean las de un Estado contratante.

Art. 7.º No podrá eludirse la aplicación de cualquiera de las leyes declaradas competentes por el presente Convenio más que si es manifiestamente incompatible con el orden público.

Art. 8.º El presente Convenio se aplicará a todos los casos en

---

Art. 3.º: Téngase en cuenta que en el texto auténtico del Convenio se emplea la expresión «disposiciones testamentarias hechas según la forma exigida por una ley» y no «disposiciones testamentarias hechas en forma de ley».

que el testador haya fallecido después de su entrada en vigor.

Art. 9.º No obstante lo dispuesto en el párrafo 3 del artículo 1.º, cada Estado contratante podrá reservarse el derecho de determinar, según la ley de foro, el lugar en que el testador tenía su domicilio.

Art. 10. Cada Estado contratante podrá reservarse el derecho de no reconocer las disposiciones testamentarias otorgadas en forma oral, fuera de los casos en que concurran circunstancias extraordinarias, por uno de sus nacionales que no ostente ninguna otra nacionalidad.

Art. 11. Cada Estado contratante podrá reservarse el derecho de no reconocer, en virtud de lo prescrito al respecto en su propia ley, ciertas formas de disposiciones testamentarias otorgadas en el extranjero, cuando concurran las condiciones siguientes:

a) Que la disposición testamentaria no sea válida en cuanto a la forma más que según una ley competente únicamente por razón del lugar donde el testador hizo la disposición.

b) Que el testador tuviera la nacionalidad del Estado que haya formulado la reserva.

c) Que el testador estuviera domiciliado en dicho Estado o tuviera en el mismo su residencia habitual.

d) Que el testador haya fallecido en un Estado distinto de aquel en el que haya hecho la disposición.

Esta reserva surtirá efecto solamente por lo que respecta a los bienes que se encuentren en el Estado que la haya formulado.

Art. 12. Cada Estado contratante podrá reservarse el derecho de excluir la aplicación del presente Convenio a las cláusulas testamentarias que, según su derecho, no tengan carácter sucesorio.

Art. 13. Cada Estado contratante puede reservarse, no obstante lo dispuesto en el artículo 8.º, no aplicar el presente Convenio más que a las disposiciones testamentarias posteriores a su entrada en vigor.

Art. 14. El presente Convenio está abierto a la firma de los Estados representados en el noveno período de sesiones de la Conferencia de La Haya de Derecho Internacional Privado.

Será ratificado, y los instrumentos de ratificación se depositarán en el Ministerio de Asuntos Exteriores de los Países Bajos.

Art. 11: Téngase en cuenta que en el texto auténtico del Convenio los apartados *a*), *b*), *c*) y *d*) van separados por comas y no por puntos y aparte; entre los dos últimos apartados, además de una coma, aparece la conjunción «y».

Art. 15. El presente Convenio entrará en vigor el sexagésimo día siguiente al depósito del tercer instrumento de ratificación previsto en el párrafo 2 del artículo 14.

El Convenio entrará en vigor, para cada Estado signatario que lo ratifique posteriormente, el sexagésimo día siguiente al depósito de su instrumento de ratificación.

Art. 16. Todo Estado no representado en el noveno período de sesiones de la Conferencia de La Haya de Derecho Internacional Privado podrá adherirse al presente Convenio después de su entrada en vigor con arreglo al párrafo primero del artículo 15. El instrumento de adhesión será depositado en el Ministerio de Asuntos Exteriores de los Países Bajos. El Convenio entrará en vigor, para todo Estado que se adhiera, el sexagésimo día siguiente al depósito de su instrumento de adhesión.

Art. 17. Todo Estado, en el momento de la firma, de la ratificación o de la adhesión, podrá declarar que el presente Convenio se extenderá al conjunto de los territorios que represente en el plano internacional, o a uno o varios de ellos. Esta declaración surtirá efecto en el momento de la entrada en vigor del Convenio para dicho Estado. Posteriormente, toda extensión de esta naturaleza se notificará al Ministerio de Asuntos Exteriores de los Países Bajos.

El Convenio entrará en vigor, para los territorios a que se refiere la extensión, el sexagésimo día siguiente a la notificación mencionada en el párrafo precedente.

Art. 18. Todo Estado podrá, lo más tarde en el momento de la ratificación o de la adhesión, hacer una o varias de las reservas previstas en los artículos 9.º, 10, 11, 12 y 13 del presente Convenio. No será admitida ninguna otra reserva.

Cada Estado contratante podrá igualmente, al notificar una extensión del Convenio conforme al artículo 17, hacer una o varias de estas reservas con efecto limitado a los territorios o a ciertos territorios de los afectados por la extensión.

Cada Estado contratante podrá, en todo momento, retirar una reserva que haya formulado mediante notificación al Ministerio de Asuntos Exteriores de los Países Bajos.

El efecto de la reserva cesará el sexagésimo día después de la notificación mencionada en el párrafo precedente.

Art. 15: La ratificación por España tuvo lugar el 16 de marzo de 1988. Con posterioridad, en relación a otros Estados, en las comunicaciones publicadas trimestralmente en el *BOE* por la Secretaría General Técnica del Ministerio de Asuntos Exteriores en cumplimiento del art. 32 del D. 801/1972, de 24 de marzo, relativo a la ordenación de la actividad del Estado en materia de tratados internacionales.

Art. 19. El presente Convenio tendrá una duración de cinco años a partir de la fecha de su entrada en vigor, conforme al párrafo primero del artículo 15, incluso para los Estados que lo hayan ratificado o se hayan adherido posteriormente.

El Convenio se renovará tácitamente de cinco en cinco años, salvo denuncia.

La denuncia se notificará, al menos seis meses antes de la expiración del plazo de cinco años, al Ministerio de Asuntos Exteriores de los Países Bajos.

Podrá limitarse a ciertos territorios a los que se aplica el Convenio. La denuncia no tendrá efecto más que con respecto al Estado que la haya notificado. El Convenio continuará en vigor para los otros Estados contratantes.

Art. 20. El Ministerio de Asuntos Exteriores de los Países Bajos notificará a los Estados citados en el artículo 14, así como a los Estados que se hayan adherido conforme a las disposiciones del artículo 16:

a) Las firmas y ratificaciones a que se refiere el artículo 14.

b) La fecha en la cual el presente Convenio entrará en vigor conforme a las disposiciones del párrafo primero del artículo 15.

c) Las adhesiones previstas en el artículo 16 y la fecha en la que surtirán efecto.

d) Las extensiones previstas en el artículo 17 y la fecha en la que surtirán efecto.

e) Las reservas y retiradas de reservas previstas en el artículo 18.

f) Las denuncias previstas en el párrafo tercero del artículo 19.

En fe de lo cual, los infrascritos, debidamente autorizados, han firmado el presente Convenio.

Hecho en La Haya, el 5 de octubre de 1961, en francés e inglés, haciendo fe el texto francés en caso de divergencia entre los textos, en un solo ejemplar, que será depositado en los archivos del Gobierno de los Países Bajos y del que una copia, certificada conforme, será remitida por vía diplomática a cada uno de los Estados representados en el noveno período de sesiones de la Conferencia de La Haya de Derecho Internacional Privado.

D) PROTECCIÓN DE MENORES

89. LEY ORGÁNICA 1/1996, DE 15 DE ENERO, DE PROTECCIÓN JURÍDICA DEL MENOR, DE MODIFICACIÓN PARCIAL DEL CÓDIGO CIVIL Y DE LA LEY DE ENJUICIAMIENTO CIVIL*

(Arts. 1.º, 2.º, 3.º, 10.3 y 4, 11.2, 24 y Disp. Adic. 2.ª)

(*BOE* núm. 15, de 17 de enero de 1996)

TÍTULO PRIMERO

De los derechos de los menores

....

CAPÍTULO PRIMERO

ÁMBITO Y PRINCIPIOS GENERALES

Artículo 1.º *Ámbito de aplicación.*—La presente Ley y sus disposiciones de desarrollo son de aplicación a los menores de dieciocho años que se encuentren en territorio español, salvo que en virtud de la ley que les sea aplicable hayan alcanzado anteriormente la mayoría de edad.

Art. 2.º *Principios generales.*—En la aplicación de la presente Ley primará el interés superior de los menores sobre cualquier otro interés legítimo que pudiera concurrir. Asimismo, cuantas medidas se adop-

* Téngase en cuenta que la Ley 1/1996 modifica la redacción de los arts. 9.4 y 9.5 del Código civil (*supra* núm. 72) e introduce los arts. 1.901 a 1.909 de la LEC (*supra* núm. 6).

Arts. 1.º y 3.º: Cfr. arts. 12 a 15 del Real Decreto 155/1996, de 2 de febrero, por el que se aprueba el Reglamento de ejecución de la Ley orgánica sobre derechos y libertades de los extranjeros en España (*BOE* 23-2-1996), que dicen:

«*Art. 12. Menores extranjeros en general.*—Los menores extranjeros que se hallen en territorio español serán tratados conforme a lo previsto en la Convención de las Naciones Unidas sobre los Derechos del Niño de 1989, ratificada por España en 1990, y tendrán derecho a la educación conforme a lo dispuesto en la Ley Orgánica 1/1990, de 3 de octubre, sobre Ordenación General del Sistema Educativo, así como a la asistencia sanitaria y a las demás prestaciones sociales, conforme a lo dispuesto en la mencionada Convención y en el artículo 10.3 de la Ley Orgánica 1/1996, de 15 de enero, de Protección Jurídica del Menor.

ten al amparo de la presente Ley deberán tener un carácter educativo.

Las limitaciones a la capacidad de obrar de los menores se interpretarán de forma restrictiva.

CAPÍTULO II

DERECHOS DEL MENOR

Art. 3.º *Referencia a Instrumentos Internacionales.*—Los menores gozarán de los derechos que les reconoce la Constitución y los Tratados Internacionales de los que España sea parte, especialmente la Convención de Derechos del Niño de Naciones Unidas y los demás derechos garantizados en el ordenamiento jurídico, sin discriminación alguna por razón de nacimiento, nacionalidad, raza, sexo, deficiencia o enfermedad, religión, lengua, cultura, opinión o cualquier otra circunstancia personal, familiar o social.

Art. 13. Menores en situación de desamparo.—1. Cuando se trate de menores en situación de desamparo en los términos establecidos en la legislación civil, éstos serán encomendados a los servicios de protección de menores de la Comunidad Autónoma correspondiente, poniéndolo en conocimiento, asimismo, del Ministerio Fiscal. En ningún caso, estos menores podrán ser objeto de las medidas de expulsión previstas en el artículo 26.1 de la Ley Orgánica 7/1985 y en este Reglamento:

a) Si se trata de menores solicitantes de asilo, se estará a lo dispuesto en el párrafo cuarto del artículo 15 del Reglamento de ejecución de la Ley 5/1984, de 26 de marzo, reguladora del derecho de asilo y de la condición de refugiado, modificada por la Ley 9/1994, de 19 de mayo.

b) En los demás supuestos, los órganos públicos competentes colaborarán con los servicios de protección de menores para la reagrupación familiar del menor en su país de origen o aquel donde se encontrasen sus familiares. Asimismo, se podrá repatriar al menor cuando los servicios competentes de protección de menores de su país de origen se hiciesen responsables del mismo. En todo caso, las autoridades españolas velarán por que el retorno del menor no pueda suponer peligro para su integridad, o su persecución o la de sus familiares.

2. A instancias del órgano que ejerza la tutela se le otorgará un permiso de residencia, cuyos efectos se retrotraerán al momento en que el menor hubiere sido puesto a disposición de los servicios competentes de protección de menores de la Comunidad Autónoma correspondiente. Si el menor careciere de documentación y por cualquier causa no pueda ser documentado por las autoridades de ningún país, se le documentará de acuerdo con lo previsto en el artículo 63 de este Reglamento.

Art. 14. Traslado temporal a España de menores extranjeros.—La venida de menores extranjeros a España, para programas de acogida temporal, necesitará la autorización expresa de quien ostente la patria potestad o tutela, así como de las autoridades del país de origen, si circunstancias de conflicto bélico lo aconsejan. También será necesaria la conformidad del órgano de la Comunidad Autónoma con competencia en materia de menores. Los Ministerios de Asuntos Exteriores y de Justicia e Interior coordinarán y autorizarán la venida y la estancia de estos menores. Cuando el traslado implique la escolarización, los órganos competentes sobre menores solicitarán la colaboración de los órganos competentes en materia de educación.

Art. 15. Traslado a España con fines de adopción de menores extranjeros procedentes de zonas en conflicto.—Los menores que procedan de un país o región en conflicto bélico no podrán ser traídos a España con fines de adopción, salvo que conste de modo fehaciente que se han realizado sin éxito las gestiones oportunas para la localización de sus familiares, a través de los órganos competentes, y que se han cumplido las precauciones que exigen los compromisos internacionales asumidos por España, así como las recomendaciones de los organismos internacionales con competencia en la materia.»

La presente Ley, sus normas de desarrollo y demás disposiciones legales relativas a las personas menores de edad, se interpretarán de conformidad con los Tratados Internacionales de los que España sea parte y, especialmente, de acuerdo con la Convención de los Derechos del Niño de Naciones Unidas de 20 de noviembre de 1989.

Los poderes públicos garantizarán el respeto de los derechos de los menores y adecuarán sus actuaciones a la presente Ley y a la mencionada normativa internacional.

....

CAPÍTULO III

MEDIDAS Y PRINCIPIOS RECTORES DE LA ACCIÓN ADMINISTRATIVA

Art. 10. *Medidas para facilitar el ejercicio de los derechos.*—[...] 3. Los menores extranjeros que se encuentren en España tienen derecho a la educación. Tienen derecho a la asistencia sanitaria y a los demás servicios públicos los menores extranjeros que se hallen en situación de riesgo o bajo la tutela o guarda de la Administración pública competente, aun cuando no residieran legalmente en España.

4. Una vez constituida la guarda o tutela a que se refiere el apartado anterior de este artículo, la Administración pública competente facilitará a los menores extranjeros la documentación acreditativa de su situación, en los términos que reglamentariamente se determinen.

Art. 11. *Principios rectores de la acción administrativa.*—[...] 2. Serán principios rectores de la actuación de los poderes públicos los siguientes:

a) La supremacía del interés del menor.

b) El mantenimiento del menor en el medio familiar de origen salvo que no sea conveniente para su interés.

c) Su integración familiar y social.

d) La prevención de todas aquellas situaciones que puedan perjudicar su desarrollo personal.

e) Sensibilizar a la población ante situaciones de indefensión del menor.

f) Promover la participación y la solidaridad social.

g) La objetividad, imparcialidad y seguridad jurídica en la actuación protectora garantizando el carácter colegiado e interdisciplinar en la adopción de medidas.

....

TÍTULO II

Actuaciones en situación de desprotección social del menor e instituciones de protección de menores

....

CAPÍTULO III

DE LA ADOPCIÓN

Art. 24. *Adopción de menores.*—La adopción se ajustará a lo establecido por la legislación civil aplicable.

....

DISPOSICIONES ADICIONALES

....

2.ª Para la inscripción en el Registro español de las adopciones constituidas en el Extranjero, el encargado del Registro apreciará la concurrencia de los requisitos del artículo 9.5 del Código Civil.

....

90. LEY 54/2007, DE 28 DE DICIEMBRE, DE ADOPCIÓN INTERNACIONAL

(*BOE* núm. 312, de 29 de diciembre de 2007)

TÍTULO PRIMERO

Disposiciones generales

CAPÍTULO PRIMERO

ÁMBITO DE APLICACIÓN

Artículo 1.º *Ámbito de aplicación.*—1. La presente Ley regula la competencia de las autoridades judiciales y consulares españolas y la determinación de la ley aplicable a las adopciones internacionales, así como la validez en España de las adopciones constituidas por autoridades extranjeras.

2. Se entiende por «adopción internacional» el vínculo jurídico

Art. 24: En relación a la adopción internacional, el art. 25 ha sido derogado por la Disposición Derogatoria única de la Ley 54/2007, de 29 de diciembre, de Adopción internacional (vid. *Infra* núm. 90).

Art. 1.º: Vid art. 9.5 del Código civil (*supra* núm. 72).

de filiación que presenta un elemento extranjero derivado de la nacionalidad o de la residencia habitual de adoptantes o adoptandos.

Art. 2.º *Objeto y finalidad de la Ley.*—1. La presente Ley establece el marco jurídico y los instrumentos básicos para garantizar que todas las adopciones internacionales tengan lugar en consideración al interés superior del menor.

2. La finalidad de esta Ley es proteger los derechos de los menores a adoptar, teniendo en cuenta también los de los solicitantes de adopción y los de las demás personas implicadas en el proceso de adopción internacional.

Art. 3.º *Principios informadores de la adopción internacional.*—La adopción internacional de menores respetará los principios inspiradores de la Convención de Derechos del Niño de 20 de noviembre de 1989 y del Convenio de la Haya, de 29 de mayo de 1993, relativo a la protección de derechos del niño y a la cooperación en materia de adopción internacional.

A tal fin, la Entidad Pública competente, en la medida de lo posible, incluirá los estándares y salvaguardas del Convenio de La Haya, de 29 de mayo de 1993, en los acuerdos relativos a la adopción internacional que suscriba con Estados no contratantes del mismo.

Art. 4.º *Circunstancias que impiden o condicionan la adopción.*—1. No se tramitarán solicitudes de adopción de menores nacionales de otro país o con residencia habitual en otro Estado en las siguientes circunstancias:

a) Cuando el país en que el menor adoptando tenga su residencia habitual se encuentre en conflicto bélico o inmerso en un desastre natural.

b) Si no existe en el país una autoridad específica que controle y garantice la adopción.

c) Cuando en el país no se den las garantías adecuadas para la adopción y las prácticas y trámites de la adopción en el mismo no respeten el interés del menor o no cumplan los principios éticos y jurídicos internacionales referidos en el artículo 3.

2. Las Entidades Públicas de Protección de Menores españolas podrán establecer que, con respecto a un determinado Estado, únicamente se tramiten solicitudes de adopción internacional a través de Entidades Colaboradoras acreditadas o autorizadas por las autoridades de ambos Estados, cuando se constate que otra vía de tramitación presenta riesgos evidentes por la falta de garantías adecuadas.

3. La tramitación de solicitudes para la adopción de aquellos menores extranjeros que hayan sido acogidos en programas humanitarios de estancia temporal por motivo de vacaciones, estudios o tratamiento médico, requerirá que tales acogimientos hayan finalizado conforme a las condiciones para las que fueron constituidos y que en su país de origen participen en programas de adopción debidamente regulados.

4. A efectos de la decisión a adoptar por la Entidad Pública competente en cada Comunidad Autónoma en los supuestos previstos en los apartados 1 y 2 de este artículo, se procurará la correspondiente coordinación autonómica, pudiendo someterse dicha decisión a la consideración previa del correspondiente órgano de coordinación institucional de las Administraciones Públicas sobre adopción internacional, así como del Consejo Consultivo de Adopción Internacional.

5. La función de intermediación en la adopción internacional únicamente podrá efectuarse por las Entidades Públicas de Protección de Menores y por las Entidades de Colaboración, debidamente autorizadas por aquéllas y por la correspondiente autoridad del país de origen de los menores. Ninguna otra persona o entidad podrá intervenir en funciones de intermediación para adopciones internacionales.

6. En las adopciones internacionales nunca podrán producirse beneficios financieros distintos de aquellos que fueran precisos para cubrir estrictamente los gastos necesarios.

CAPÍTULO II

ENTIDADES PÚBLICAS Y ENTIDADES COLABORADORAS DE ADOPCIÓN INTERNACIONAL

Art. 5.º *Intervención de las Entidades Públicas de Protección de Menores.*—En materia de adopción internacional corresponde a las Entidades Públicas competentes en materia de protección de menores:

a) Organizar y facilitar la información sobre legislación, requisitos y trámites necesarios en España y en los países de origen de los menores, velando para que esa información sea lo más completa, veraz y actualizada posible y de libre acceso por los interesados.

b) Facilitar a las familias la formación previa necesaria que les permita comprender y afrontar las implicaciones de la adopción internacional, preparándolas para el adecuado ejercicio de sus funciones parentales una vez constituida aquélla. Podrán delegar esta función en instituciones o entidades debidamente autorizadas.

c) La recepción de las solicitudes, en todo caso, y su tramitación, ya sea directamente o a través de Entidades Colaboradoras de Adopción Internacional debidamente acreditadas.

d) La expedición, en todo caso, de los certificados de idoneidad, previa elaboración, bien directamente o a través de instituciones o entidades debidamente autorizadas, del informe psicosocial de los solicitantes de la adopción, y, cuando lo exija el país de origen del adoptando, la expedición del compromiso de seguimiento.

e) Recibir la asignación del menor, con información sobre su identidad, su adoptabilidad, su medio social y familiar, su historia médica y necesidades particulares; así como la información relativa al otorgamiento de los consentimientos de personas, instituciones y autoridades requeridas por la legislación del país de origen.

f) Dar la conformidad respecto a la adecuación de las características del niño asignado por el organismo competente del país de origen con las que figuren en el informe psicosocial que acompaña al certificado de idoneidad.

A lo largo del proceso de adopción internacional ofrecerán apoyo técnico dirigido a los adoptados y a los adoptantes, prestándose particular atención a las personas que hayan adoptado menores con características o necesidades especiales. Durante la estancia de los adoptantes en el extranjero podrán contar para ello con la colaboración del Servicio Exterior.

g) Los informes de los seguimientos requeridos por el país de origen del menor, que podrán encomendar a entidades como las previstas en el artículo 6 de esta Ley o a otras organizaciones sin ánimo de lucro.

h) El establecimiento de recursos cualificados de apoyo postadoptivo para la adecuada atención de adoptados y adoptantes en la problemática que les es específica.

i) La acreditación, control, inspección y elaboración de directrices de actuación de las Entidades Colaboradoras de Adopción Internacional que realicen funciones de intermediación en su ámbito territorial.

En sus actuaciones en materia de adopción internacional, las Entidades Públicas competentes promoverán medidas para lograr la máxima coordinación y colaboración entre ellas. En particular, procurarán la homogeneización de procedimientos, plazos y costes.

Art. 6.º *La actividad de intermediación en la adopción internacional.*—1. Se entiende por intermediación en adopción internacional toda actividad que tenga por objeto intervenir poniendo en contacto o en relación a los solicitantes de adopción con las autoridades, organizaciones e instituciones del país de origen o residencia del menor susceptible de ser adoptado y prestar la asistencia suficiente para que la adopción se pueda llevar a cabo.

2. Las funciones que deben realizar las entidades acreditadas para la intermediación serán las siguientes:

a) Información y asesoramiento a los interesados en materia de adopción internacional.

b) Intervención en la tramitación de expedientes de adopción ante las autoridades competentes, tanto españolas como extranjeras.

c) Asesoramiento y apoyo a los solicitantes de adopción en los trámites que necesariamente deben realizar en España y en los países de origen de los menores.

d) Intervenir en la tramitación y realizar las gestiones correspondientes para el cumplimiento de las obligaciones postadoptivas establecidas para los adoptantes en la legislación del país de origen del menor adoptado que le sean encomendadas, en los términos fijados por la Entidad Pública de Protección de Menores española que la haya acreditado.

3. Las Entidades Colaboradoras de Adopción Internacional intervendrán en los términos y con las condiciones establecidas en esta Ley y en las normas de las Comunidades Autónomas.

4. Las Entidades Colaboradoras de Adopción Internacional podrán establecer entre ellas acuerdos de cooperación para solventar situaciones sobrevenidas o para un mejor cumplimiento de sus fines.

Art. 7.º *Acreditación, seguimiento y control de las Entidades Colaboradoras de Adopción Internacional.*—1. Sólo podrán ser acreditadas como Entidades Colaboradoras de Adopción Internacional las entidades sin ánimo de lucro inscritas en el registro correspondiente, que tengan como finalidad en sus estatutos la protección de menores, dispongan de los medios materiales y equipos pluridisciplinares necesarios para el desarrollo de las funciones encomendadas y estén dirigidas y administradas por personas cualificadas por su integridad moral, por su formación y por su experiencia en el ámbito de la adopción internacional.

Las Entidades Públicas competentes procurarán la mayor homogeneidad posible en los requisitos básicos para la acreditación.

2. Existirá un registro público específico de las Entidades Colaboradoras de Adopción Internacional acreditadas.

3. En el supuesto de que el país extranjero para el que se prevé la acreditación de Entidades Colaboradoras de Adopción Internacional fije un límite en el número de las mismas, se establecerá la oportuna coordinación entre las Entidades Públicas competentes españolas a efectos de acreditar las que corresponda.

4. Podrá establecerse, mediante la correspondiente coordinación de todas las Entidades Públicas, un número máximo de Entidades Colaboradoras de Adopción Internacional españolas a acreditar para intermediación en un país concreto, en función de las necesidades de adopción internacional en ese país, las adopciones constituidas u otras cuestiones sobre la previsión de posibilidades de adopción internacional en el mismo.

5. Las Entidades Públicas podrán suspender o retirar, mediante expediente contradictorio, la acreditación concedida a aquellas entidades acreditadas para la intermediación que dejen de cumplir las condiciones que motivaron su concesión o que infrinjan en su actuación el ordenamiento jurídico. Esta suspensión o retirada de la acreditación podrá tener lugar con carácter general o sólo para algún país concreto.

En el supuesto de suspensión y retirada de la acreditación de una Entidad Colaboradora de Adopción Internacional por parte de la Entidad Pública competente de una Comunidad Autónoma, ésta facilitará la información más relevante que obre en la instrucción del expediente sancionador a las Entidades Públicas de las demás Comunidades Autónomas donde también esté acreditada, a efectos de que puedan iniciar la investigación que, en su caso, consideren oportuna.

6. Las Entidades Colaboradoras de Adopción Internacional designarán la persona que actuará como representante de la Entidad y de las familias ante la autoridad del país de origen del menor. Los profesionales empleados por las Entidades Colaboradoras de Adopción Internacional en los países de origen de los menores se considerarán personal adscrito a la Entidad, que será responsable de los actos de dichos profesionales en el ejercicio de sus funciones de intermediación. Estos profesionales deberán ser evaluados por el órgano competente para la acreditación de la Entidad Colaboradora.

7. Corresponderá a las Comunidades Autónomas competentes en la materia, la acreditación, seguimiento y control de las Entidades Colaboradoras de Adopción Internacional que actúen en su ámbito territorial, de acuerdo con la normativa autonómica aplicable.

8. Para el seguimiento y control de las Entidades Colaboradoras de Adopción Internacional se establecerá la correspondiente coordinación interautonómica con respecto a aquellas que estén acreditadas en más de una Comunidad Autónoma.

Art. 8.º *Relación de los solicitantes de adopción y las Entidades Colaboradoras de Adopción Internacional.*—1. La Entidad Colaboradora de Adopción Internacional y los solicitantes de adopción formalizarán un contrato referido exclusivamente a las funciones de intermediación que aquélla asume con respecto a la tramitación de la solicitud de adopción.

El modelo básico de contrato ha de ser previamente homologado por la Entidad Pública competente.

2. Para el exclusivo cumplimiento de las competencias establecidas en el artículo 5.i) de esta Ley, las Entidades Públicas competentes crearán un registro de las reclamaciones formuladas por las personas que acudan a las Entidades Colaboradoras de Adopción Internacional que hayan acreditado.

Art. 9.º *Comunicación entre autoridades competentes españolas y autoridades competentes de otros Estados.*—La comunicación entre las autoridades centrales españolas competentes y las autoridades competentes de otros Estados se coordinará de acuerdo con lo previsto en el Convenio relativo a la protección del niño y a la cooperación en materia de adopción internacional, hecho en La Haya el 29 de mayo de 1993 y ratificado por España mediante Instrumento de 30 de junio de 1995, si las autoridades extranjeras corresponden a Estados que forman parte del Convenio de la Haya o de otros tratados y convenios internacionales existentes en materia de adopción internacional.

Con respecto al resto de los Estados, se procurará seguir el mismo procedimiento.

CAPÍTULO III

Capacidad y requisitos para la adopción internacional

Art. 10. *Idoneidad de los adoptantes.*—1. Se entiende por idoneidad la capacidad, aptitud y motivación adecuadas para ejercer la patria potestad, atendiendo a las necesidades de los niños adoptados, y para asumir las peculiaridades, consecuencias y responsabilidades que conlleva la adopción internacional.

2. A tal efecto, la declaración de idoneidad requerirá una valoración psicosocial sobre la situación personal, familiar y relacional de los adoptantes, y su capacidad para establecer vínculos estables y seguros, sus habilidades educativas y su aptitud para atender a un menor en función de sus singulares circunstancias, así como cualquier otro elemento útil relacionado con la singularidad de la adopción internacional.

Las Entidades Públicas competentes procurarán la necesaria coordinación con el fin de homogeneizar los criterios de valoración de la idoneidad.

3. La declaración de idoneidad y los informes psicosociales referentes a la misma tendrán una vigencia máxima de tres años desde la fecha de su emisión por el órgano competente español, siempre que no se produzcan modificaciones sustanciales en la situación personal y familiar de los solicitantes que dieron lugar a dicha declaración, sujeta no obstante a las condiciones y a las limitaciones establecidas, en su caso, en la legislación autonómica aplicable en cada supuesto.

4. Corresponde a las Entidades Públicas competentes en materia de protección de menores la declaración de idoneidad de los adoptantes a través de los informes de idoneidad, que estarán sujetos a las condiciones, requisitos y limitaciones establecidos en la legislación correspondiente.

5. En el proceso de declaración de idoneidad, se prohíbe cualquier discriminación por razón de discapacidad o cualquier otra circunstancia.

Art. 11. *Obligaciones postadoptivas de los adoptantes.*—1. Los adoptantes deberán facilitar en el tiempo previsto la información, documentación y entrevistas que la Entidad Pública de Protección de Menores española competente, o Entidad Colaboradora por ella autorizada, precise para la emisión de los informes de seguimiento postadoptivo exigidos por la Entidad Pública de Protección de Menores competente en España o por la autoridad competente del país de origen.

2. Los adoptantes deberán cumplir en el tiempo previsto los

trámites postadoptivos establecidos por la legislación del país de origen del menor adoptado, recibiendo para ello la ayuda y asesoramiento preciso por parte de las Entidades Públicas de Protección de Menores y las Entidades de Colaboración de Adopción Internacional.

Art. 12. *Derecho a conocer los orígenes biológicos.*—Las personas adoptadas, alcanzada la mayoría de edad o durante su minoría de edad representadas por sus padres, tendrán derecho a conocer los datos que sobre sus orígenes obren en poder de las Entidades Públicas españolas, sin perjuicio de las limitaciones que pudieran derivarse de la legislación de los países de que provengan los menores. Este derecho se hará efectivo con el asesoramiento, la ayuda y mediación de los servicios especializados de la Entidad Pública de Protección de Menores u organizaciones autorizadas para tal fin.

Las Entidades Públicas competentes asegurarán la conservación de la información de que dispongan relativa a los orígenes del niño, en particular la información respecto a la identidad de sus padres, así como la historia médica del niño y de su familia.

Las Entidades colaboradoras que hubieran intermediado en la adopción deberán informar a las Entidades Públicas de los datos de los que dispongan sobre los orígenes del menor.

Art. 13. *Protección de datos de carácter personal.*—1. El tratamiento y cesión de datos derivado del cumplimiento de las previsiones de la presente Ley se encontrará sometido a lo dispuesto en la Ley Orgánica 15/1999, de 13 de diciembre, de Protección de Datos de Carácter Personal.

2. Los datos obtenidos por las Entidades Públicas o por las Entidades Colaboradoras de Adopción Internacional únicamente podrán ser tratados para las finalidades relacionadas con el desarrollo, en cada caso, de las funciones descritas para cada una de ellas en los artículos 5 y 6.2 de la presente Ley.

3. La transferencia internacional de los datos a autoridades extranjeras de adopción únicamente se efectuará en los supuestos expresamente previstos en esta Ley y en el Convenio de La Haya de 29 de mayo de 1993, relativo a la protección del niño y a la cooperación en materia de adopción internacional.

TÍTULO II

Normas de Derecho Internacional Privado relativas a la adopción internacional

CAPÍTULO PRIMERO

COMPETENCIA PARA LA CONSTITUCIÓN DE LA ADOPCIÓN INTERNACIONAL

Art. 14. *Competencia judicial internacional para la constitución de adopción en supuestos internacionales.*—1. Con carácter general, los Juzgados y Tribunales españoles serán competentes para la constitución de la adopción en los siguientes casos:

a) Cuando el adoptando sea español o tenga su residencia habitual en España.

b) Cuando el adoptante sea español o tenga su residencia habitual en España.

2. La nacionalidad española y la residencia habitual en España se apreciarán, en todo caso, en el momento de la presentación de la solicitud de adopción a la Entidad Pública competente.

Art.15. *Competencia judicial internacional para la modificación, revisión, declaración de nulidad o conversión en adopción plena de una adopción en supuestos internacionales.*—1. Los Juzgados y Tribunales españoles serán competentes para la declaración de nulidad de una adopción en los siguientes casos:

a) Cuando el adoptado sea español o tenga su residencia habitual en España en el momento de presentación de la solicitud.

b) Cuando el adoptante sea español o tenga su residencia habitual en España en el momento de presentación de la solicitud.

c) Cuando la adopción haya sido constituida por autoridad española.

2. Si la ley aplicada a la adopción prevé la posibilidad de adopción simple, los Juzgados y Tribunales españoles serán competentes para la conversión de adopción simple en adopción plena en los casos señalados en el apartado anterior.

3. Los Juzgados y Tribunales españoles serán también competentes para la modificación o revisión de una adopción en los mismos casos señalados en el apartado primero y también cuando, además, la adopción haya sido constituida por autoridad extranjera, siempre que dicha adopción haya sido reconocida en España.

4. A efectos de lo establecido en esta Ley, se entenderá por adopción simple o menos plena aquélla constituida por autoridad extranjera competente cuyos efectos no se correspondan sustancialmente con los previstos para la adopción en la legislación española.

Art. 16. *Competencia objetiva y territorial del órgano jurisdiccional.*—1. La determinación del concreto órgano jurisdiccional competente objetiva y territorialmente para la constitución de la adopción internacional se llevará a cabo con arreglo a las normas de la jurisdicción voluntaria.

2. En el caso de no poder determinarse la competencia territorial con arreglo al párrafo anterior, ésta corresponderá al órgano judicial que los adoptantes elijan.

Art. 17. *Competencia de los cónsules en la constitución de adopciones internacionales.*—Siempre que el Estado receptor no se oponga a ello, ni lo prohíba su legislación, de conformidad con los Tratados internacionales y otras normas internacionales de aplicación, los cónsules podrán constituir adopciones, en el caso de que el adoptante sea español y el adoptando tenga su residencia habitual en la demarcación consular correspondiente. La nacionalidad del adoptante y la residencia habitual del adoptando se determinarán en el momento de inicio del expediente administrativo de adopción.

CAPÍTULO II

LEY APLICABLE A LA ADOPCIÓN

SECCIÓN 1.ª

Adopción regida por la ley española

Art. 18. *Ley aplicable a la constitución de la adopción.*—1. La adopción constituida por la autoridad competente española se regirá por lo dispuesto en la ley material española en los siguientes casos:

a) Cuando el adoptando tenga su residencia habitual en España en el momento de constitución de la adopción.

b) Cuando el adoptando haya sido o vaya a ser trasladado a España con la finalidad de establecer su residencia habitual en España.

Art. 19. *Capacidad del adoptando y consentimientos necesarios.*—1. La capacidad del adoptando y los consentimientos necesarios de todos los sujetos intervinientes en la adopción, se regirán por la ley nacional del adoptando y no por la ley sustantiva española, en los siguientes casos:

a) Si el adoptando tuviera su residencia habitual fuera de España en el momento de la constitución de la adopción.

b) Si el adoptando no adquiere, en virtud de la adopción, la nacionalidad española, aunque resida en España.

2. La aplicación de la ley nacional del adoptando prevista en el párrafo primero de este artículo procederá, únicamente, cuando la autoridad española competente estime que con ello se facilita la validez de la adopción en el país correspondiente a la nacionalidad del adoptando.

3. No procederá la aplicación de la ley nacional del adoptando prevista en el párrafo primero de este artículo cuando se trate de adoptandos apátridas o con nacionalidad indeterminada.

Art. 20. *Consentimientos, audiencias y autorizaciones.*—Sin perjuicio de lo establecido en el artículo 18, la autoridad española competente para la constitución de la adopción podrá exigir, además, los consentimientos, audiencias o autorizaciones requeridas por la ley nacional o por la ley de la residencia habitual del adoptante o del adoptando, siempre que concurran estas circunstancias:

a) Que la exigencia de tales consentimientos, audiencias o autorizaciones repercuta en interés del adoptando. Se entenderá que concurre «interés del adoptando», particularmente, si la toma en consideración de las leyes extranjeras facilita, según criterio judicial, la validez de la adopción en otros países conectados con el supuesto y sólo en la medida en que ello sea así.

b) Que la exigencia de tales consentimientos, audiencias o autorizaciones sea solicitada por el adoptante o por el Ministerio Fiscal.

SECCIÓN 2.ª

Adopción regida por una ley extranjera

Art. 21. *Ley aplicable a la constitución de la adopción.*—1. Cuando el adoptando no tenga su residencia habitual en España, y además no haya sido o no vaya a ser trasladado a España con la finalidad de establecer su residencia habitual en España, la constitución de la adopción se regirá:

a) Por la ley del país al que ha sido o al que va a ser trasladado el adoptando con la finalidad de establecer su residencia habitual en dicho país.

b) En defecto del criterio anterior, por la ley del país de la residencia habitual del adoptando.

2. La autoridad española competente para la constitución de la adopción podrá tener en cuenta los requisitos de capacidad del adoptando y los consentimientos necesarios de todos los sujetos intervinientes en la adopción, previstos en la ley nacional del adoptando en el caso de que dicha autoridad considere que la observancia de tales requisitos facilita la validez de la adopción en el país correspondiente a la nacionalidad del adoptando.

3. La autoridad española podrá, igualmente, tener en cuenta los consentimientos, audiencias o autorizaciones requeridas por la ley nacional o por la ley de la residencia habitual del adoptante o del adoptando, en el caso de que dicha autoridad considere que la observancia de tales requisitos facilita la validez de la adopción en otros países conectados con el supuesto.

SECCIÓN 3.ª

Disposiciones comunes

Art. 22. *Ley aplicable a la conversión, nulidad y revisión de la adopción.*—Los criterios anteriores sobre determinación de la ley aplicable a la constitución de la adopción serán aplicables también para precisar la ley aplicable a la conversión, nulidad y revisión de la adopción.

Art. 23. *Orden público internacional español.*—En ningún caso procederá la aplicación de una ley extranjera cuando resulte manifiestamente contraria al orden público internacional español. A tal efecto se tendrá en cuenta el interés superior del menor y los vínculos sustanciales del supuesto con España. Los aspectos de la adopción que no puedan regirse por un Derecho extranjero al resultar éste contrario al orden público internacional español, se regirán por el Derecho sustantivo español.

Art. 24. *Propuesta previa de adopción.*—La Entidad Pública correspondiente al último lugar de residencia habitual del adoptante en España, será competente para formular la propuesta previa de adopción. Si el adoptante no tuvo residencia en España en los dos últimos años, no será necesaria propuesta previa, pero el cónsul recabará de las autoridades del lugar de residencia de aquél informes suficientes para valorar su idoneidad.

CAPÍTULO III

EFECTOS EN ESPAÑA DE LA ADOPCIÓN CONSTITUIDA POR AUTORIDADES EXTRANJERAS

Art. 25. *Normas internacionales.*—La adopción constituida por autoridades extranjeras será reconocida en España con arreglo a lo establecido en los Tratados y Convenios internacionales y otras normas de origen internacional en vigor para España, y, en especial, con arreglo al Convenio de La Haya de 29 de mayo de 1993, relativo a la protección del niño y a la cooperación en materia de adopción internacional. Tales normas prevalecerán, en todo caso, sobre las reglas contenidas en esta Ley.

Art. 26. *Requisitos para la validez en España de adopciones constituidas por autoridades extranjeras en defecto de normas internacionales.*—1. En defecto de Tratados y Convenios internacionales y otras normas de origen internacional en vigor para España que resulten aplicables, la adopción constituida por autoridades extranjeras será reconocida en España como adopción si se cumplen los siguientes requisitos:

1.º Que haya sido constituida por autoridad extranjera competente.

La adopción debe haberse constituido por autoridad pública extranjera, sea o no judicial. Se considera que la autoridad extranjera que constituyó la adopción es internacionalmente competente si se respetaron, en la constitución de la adopción, los foros recogidos en su propio Derecho.

No obstante lo establecido en la regla anterior, en el caso en que la adopción no presente conexiones razonables de origen, de antecedentes familiares o de otros órdenes similares con el país cuya autoridad haya constituido la adopción, se estimará que la autoridad extranjera carecía de competencia internacional.

2.º Que se haya constituido con arreglo a la ley o leyes estatales designadas por las normas de conflicto del país del que depende la autoridad extranjera que constituyó la adopción.

A tal efecto, si la autoridad española comprueba que no se ha prestado alguna declaración de voluntad o no se ha manifestado el consentimiento exigido por la ley extranjera reguladora de la constitución de la adopción, dicho requisito podrá ser completado en España, ante las autoridades competentes españolas con arreglo a los criterios contenidos en esta Ley, o ante cualquier otra autoridad extranjera competente.

2. Cuando el adoptante o el adoptado sea español, la adopción constituida por autoridad extranjera debe surtir los efectos jurídicos que se corresponden, de modo sustancial, con los efectos de la adopción regulada en Derecho español.

Será irrelevante el nombre legal de la institución en el Derecho extranjero.

En particular, las autoridades españolas controlarán que la adopción constituida por autoridad extranjera produzca la extinción de vínculos jurídicos sustanciales entre el adoptado y su familia anterior, que haga surgir los mismos vínculos de filiación que los de la filiación por naturaleza y que sea irrevocable por los adoptantes.

Cuando la ley extranjera admita que la adopción constituida a su amparo pueda ser revocada por el adoptante, será requisito indispensable que éste, antes del traslado del menor a España, renuncie al ejercicio de la facultad de revocarla. La renuncia deberá formalizarse en documento público o mediante comparecencia ante el Encargado del Registro Civil.

3. Cuando el adoptante sea español y residente en España, la Entidad Pública española competente deberá declarar su idoneidad previamente a la constitución de la adopción por el órgano competente extranjero. No se exigirá dicha declaración de idoneidad en los casos en los que de haberse constituido la adopción en España no se hubiera requerido la misma.

4. Si el adoptando fuera español en el momento de constitución de la adopción ante la autoridad extranjera competente, será necesario el consentimiento de la Entidad Pública correspondiente a la última residencia del adoptando en España.

5. El documento en el que conste la adopción constituida ante autoridad extranjera deberá reunir los requisitos formales de autenticidad consistentes en la legalización o apostilla y en la traducción a idioma oficial español. Se exceptúan los documentos eximidos de legalización o traducción en virtud de otras normas vigentes.

Art. 27. *Control de la validez de la adopción constituida por autoridad extranjera.*—La autoridad pública española ante la que se suscite la cuestión de la validez de una adopción constituida por autoridad extranjera, y en especial, el Encargado del Registro Civil en el que se inste la inscripción de la adopción constituida en el extranjero, controlará, incidentalmente, la validez de dicha adopción en España con arreglo a las normas contenidas en esta Ley.

Art. 28. *Requisitos para la validez en España de decisiones extranjeras de conversión, modificación o nulidad de una adopción.*—Las decisiones de la autoridad pública extranjera en cuya virtud se establezca la conversión, modificación o nulidad de una adopción surtirán efectos legales en España con arreglo a las exigencias recogidas en el artículo 26 de esta Ley.

Art. 29. *Inscripción de la adopción en el Registro Civil.*—Cuando la adopción internacional se haya constituido en el extranjero y los adoptantes tengan su domicilio en España podrán solicitar la inscripción de nacimiento del menor y la marginal de adopción conforme a las normas contenidas en los artículos 12 y 16.3 de la Ley del Registro Civil.

Art. 30. *Adopción simple o menos plena legalmente constituida por autoridad extranjera.*—

1. La adopción simple o menos plena constituida por autoridad extranjera surtirá efectos en España, como adopción simple o menos plena, si se ajusta a la ley nacional del adoptado con arreglo al artículo 9.4 del Código Civil.

2. La ley nacional del adoptado en forma simple o menos plena determinará la existencia, validez y efectos de tales adopciones, así como la atribución de la patria potestad.

3. Las adopciones simples o menos plenas no serán objeto de inscripción en el Registro Civil español como adopciones ni comportarán la adquisición de la nacionalidad española con arreglo al artículo 19 del Código Civil.

4. Las adopciones simples o menos plenas constituidas por autoridad extranjera competente podrán ser transformadas en la adopción regulada por el Derecho español cuando se den los requisitos previstos para ello. La conversión se regirá por la ley determinada con arreglo a las disposiciones de esta Ley. La adopción simple o menos plena será considerada como un acogimiento familiar.

Para instar el correspondiente expediente judicial no será necesaria la propuesta previa de la Entidad Pública competente.

En todo caso, para la conversión de una adopción simple o menos plena en una adopción plena, la autoridad española competente deberá examinar la concurrencia de los siguientes extremos:

a) Que las personas, instituciones y autoridades cuyo consentimiento se requiera para la adopción hayan sido convenientemente asesoradas e informadas sobre las consecuencias de su consentimiento, sobre los efectos de la adopción y, en concreto, sobre la extinción de los vínculos jurídicos entre el niño y su familia de origen.

b) Que tales personas hayan manifestado su consentimiento libremente, en la forma legalmente prevista y que este consentimiento haya sido prestado por escrito.

c) Que los consentimientos no se hayan obtenido mediante pago o compensación de clase alguna y que tales consentimientos no hayan sido revocados.

d) Que el consentimiento de la madre, cuando se exija, se haya prestado tras el nacimiento del niño.

e) Que, teniendo en cuenta la edad y el grado de madurez del niño, éste haya sido convenientemente asesorado e informado sobre los efectos de la adopción y, cuando se exija, de su consentimiento a la misma.

f) Que, teniendo en cuenta la edad y el grado de madurez del niño, éste haya sido oído.

g) Que, cuando haya de recabarse el consentimiento del menor en la adopción, se examine que éste lo manifestó libremente, en la forma y con las formalidades legalmente previstas, y sin que haya mediado precio o compensación de ninguna clase.

Art. 31. *Orden público internacional.*—En ningún caso procederá el reconocimiento de una decisión extranjera de adopción simple, o menos plena, si produce efectos manifiestamente contrarios al orden público internacional español. A tal efecto, se tendrá en cuenta el interés superior del menor.

TÍTULO III

Otras medidas de protección de menores

CAPÍTULO PRIMERO

Competencia y ley aplicable

Art. 32. *Competencia para la constitución de otras medidas de protección de menores.*—La competencia para la constitución de las demás medidas de protección de menores se regirá por los criterios recogidos en los Tratados y Convenios internacionales y otras normas de origen internacional en vigor para España. En su defecto, se observará lo previsto en el artículo 22.3 de la Ley Orgánica 6/1985, de 1 de julio, del Poder Judicial.

Art. 33. *Ley aplicable a otras medidas de protección de menores.*—La ley aplicable a las demás medidas de protección de los menores se determinará con arreglo a los Tratados y Convenios internacionales y otras normas de origen internacional en vigor para España. En su defecto, se observará lo previsto en el artículo 9.6 del Código Civil.

CAPÍTULO II

Efectos de las decisiones extranjeras en materia de protección de menores

Art. 34. *Efectos legales en España de las decisiones relativas a instituciones de protección de menores que no produzcan vínculos de filiación acordadas por autoridades extranjeras.*—1. Las instituciones de protección de menores constituidas por autoridad extranjera y que según la ley de su constitución no determinen ningún vínculo de filiación, se equipararán al acogimiento familiar o, en su caso, a una tutela, regulados en el Derecho español, si concurren los requisitos siguientes:

1.º Que los efectos sustanciales de la institución extranjera sean equivalentes a los del acogimiento familiar o, en su caso, a los de una tutela, previstos por la ley española.

2.º Que las instituciones de protección hayan sido acordadas por autoridad extranjera competente, sea judicial o administrativa. Se considerará que la autoridad extranjera que constituyó la medida de protección era internacionalmente competente si se respetaron los foros de competencia recogidos en su propio Derecho.

No obstante lo establecido en la regla anterior, en el caso de que la institución de protección no presentare conexiones razonables de origen, de antecedentes familiares o de otros órdenes similares, con el país cuya autoridad ha constituido esa institución se estimará que la autoridad extranjera carecía de competencia internacional.

3.º Que la institución de protección extranjera debe haberse constituido con arreglo a la ley o leyes estatales designadas por las normas de conflicto del país de la autoridad extranjera que acordó la institución.

4.º Que el documento en el que consta la institución constituida ante autoridad extranjera reúna los requisitos formales de autenticidad consistentes en la legalización o apostilla y en la traducción al idioma español oficial. Se exceptúan los documentos eximidos de legalización o traducción en virtud de otras normas vigentes.

2. En ningún caso procederá el reconocimiento de una decisión extranjera relativa a estas instituciones si produce efectos manifiestamente contrarios al orden público internacional español.

DISPOSICIÓN ADICIONAL

Única. *Entidades Públicas de Protección de Menores.*—Las Entidades Públicas de Protección de Menores mencionadas en esta Ley son las designadas por las Comunidades Autónomas y las Ciudades de Ceuta y Melilla, de acuerdo con sus respectivas normas de organización.

....

91. CONVENCIÓN SOBRE LOS DERECHOS DEL NIÑO, HECHA EN NUEVA YORK EL 20 DE NOVIEMBRE DE 1989*

(Arts. 1.º, 3.º, 7.º-11, 18, 20-22, 27, 35, 41 y 43)

(*BOE* núm. 313, de 1 de diciembre de 1990)

....

PARTE PRIMERA

Artículo 1.º Para los efectos de la presente Convención, se entiende por niño todo ser humano menor de dieciocho años de edad, salvo que en virtud de la ley que le sea aplicable, haya alcanzado antes la mayoría de edad.

....

Disp. Adic. única: Ténganse en cuenta las disposiciones de las Comunidades Autónomas que establecen y regulan la habilitación de entidades colaboradoras para funciones de mediación en adopción internacional: en *Andalucía*, Decreto 454/1996, de 1 de octubre (*BOJA* de 19-10-1996); en *Aragón*, Decreto 16/1997, de 25 de febrero (*BOA* de 5-3-1997); en *Asturias*, Decreto 5/1998, de 5 de febrero (*BOPA* de 19-2-1998); en *Cantabría*, Decreto 47/1998, de 15 de mayo (*BOC* de 27-5-1998); en *Castilla y León*, Decreto 207/1996, de 5 de septiembre (*BOCL* de 11-9-1996); en *Cataluña*, Decreto 337/1995, de 28 de diciembre (*DOGC* de 12-1-1996); en *Extremadura*, Decreto 142/1996, de 1 de octubre (*DOE* de 15-10-1996); en las *Islas Baleares*, Decreto 187/1996, de 11 de octubre (*BOCAIB* de 14-11-1996); en *La Rioja*, Decreto 29/1997, de 9 de mayo (*BOLR* de 15-5-1997); en *Madrid*, Decreto 192/1996, de 26 de diciembre (*BOCM* de 3-1-1997); en *Murcia*, Decreto 66/1997, de 12 de septiembre (*BORM* de 23-9-1997); en *Navarra*, Decreto foral 256/1996, de 24 de junio (*BON* de 24-7-1996), en la *Comunidad Valenciana*, Decreto 168/1996, de 10 de septiembre (*DOCV* de 20-9-1996), en el *País Vasco*, Decreto 302/1996, de 24 de diciembre (*BOPV* de 3-1-1997).

* *Texto auténtico*: árabe, chino, español, francés, inglés y ruso. *Estados parte*: Afganistán, Albania, Alemania, Andorra, Angola, Antigua y Barbuda, Arabia Saudí, Argelia, Argentina, Armenia, Australia, Austria, Azerbaiyán, Bahamas, Bahrein, Bangladesh, Barbados, Bélgica, Belice, Benin, Bielorrusia, Bosnia-Herzegovina, Bolivia,

Art. 3.º 1. En todas las medidas concernientes a los niños que tomen las instituciones públicas o privadas de bienestar social, los tribunales, las autoridades administrativas o los órganos legislativos, una consideración primordial a que se atenderá será el interés superior del niño.

2. Los Estados Partes se comprometen a asegurar al niño la protección y el cuidado que sean necesarios para su bienestar, teniendo en cuenta los derechos y deberes de sus padres, tutores u otras personas responsables de él ante la ley y, con ese fin, tomarán todas las medidas legislativas y administrativas adecuadas.

3. Los Estados Partes se asegurarán de que las instituciones, servicios y establecimientos encargados del cuidado o la protección de los niños cumplan las normas establecidas por las autoridades competentes, especialmente en materia de seguridad, sanidad, número y competencia de su personal, así como en relación con la existencia de una supervisión adecuada.

....

Art. 7.º 1. El niño será inscrito inmediatamente después de su nacimiento y tendrá derecho desde que nace a un nombre, a adquirir una nacionalidad y, en la medida de lo posible, a conocer a sus padres y a ser cuidado por ellos.

2. Los Estados Partes velarán por la aplicación de estos derechos de conformidad con su legislación nacional y las obligaciones que

---

Botswana, Brasil, Brunei Darvssalam, Bulgaria, Burkina Faso, Burundi, Bután, Cabo Verde, Camboya, Camerún, Canadá, Colombia, Comoras, Congo, Costa de Marfil, Costa Rica, Croacia, Cuba, Chad, Chile, China (incluidas las regiones administrativas de Hong Kong y Macao), Chipre, Dinamarca, Djibouti, Dominica, Ecuador, Egipto, El Salvador, Emiratos Árabes Unidos, Eritrea, Eslovaquia, Eslovenia, España, Estados Federados de Micronesia, Estonia, Etiopía, Ex-República Yugoslava de Macedonia, Fiji, Filipinas, Finlandia, Francia, Gabón, Gambia, Georgia, Ghana, Granada, Grecia, Guatemala, Guinea, Guinea Bissau, Guinea Ecuatorial, Guyana, Haití, Honduras, Hungría, India, Indonesia, Irak, Irán, Irlanda, Islandia, Islas Cook, Islas Marshall, Islas Salomón, Israel, Italia, Jamaica, Japón, Jordania, Kazajstán, Kenia, Kirguistán, Kiribati, Kuwait, Laos, Lesotho, Letonia, Líbano, Liberia, Libia, Liechtenstein, Lituania, Luxemburgo, Madagascar, Malasia, Maldivas, Malawi, Mali, Malta, Marruecos, Mauricio, Mauritania, México, Mónaco, Mongolia, Montenegro, Mozambique, Myanmar, Namibia, Nauru, Nepal, Nicaragua, Níger, Nigeria, Niue, Noruega, Nueva Zelanda, Omán, Países Bajos, Palau, Pakistán, Panamá, Papúa-Nueva Guinea, Paraguay, Perú, Polonia, Portugal, Qatar, Reino Unido de Gran Bretaña e Irlanda del Norte, República Centroafricana, República de Corea, República Checa, República Democrática del Congo, República Popular Democrática de Corea, República de Moldova, República Dominicana, Ruanda, Rumania, Rusia, Samoa, San Cristóbal y Nieves, San Marino, San Vicente y Granadinas, Santa Lucía, Santa Sede, Santo Tomé y Príncipe, Senegal, Serbia, Seychelles, Sierra Leona, Singapur, Siria, Sri Lanka, Sudáfrica, Sudán, Suecia, Suiza, Surinam, Swazilandia, Tailandia, Tajikistán, Tanzania, Timor-Leste, Togo, Tonga, Trinidad y Tobago, Túnez, Turkmenistán, Turquía, Tuvalu, Ucrania, Uganda, Uruguay, Uzbequistán, Vanuatu, Venezuela, Vietnam, Yemen, Zambia y Zimbabwe. Para los datos posteriores al cierre de la edición y otras informaciones relativas al Convenio véase http://www.un.org.

hayan contraído en virtud de los instrumentos internacionales pertinentes en esta esfera, sobre todo cuando el niño resultara de otro modo apátrida.

Art. 8.º 1. Los Estados Partes se comprometen a respetar el derecho del niño a preservar su identidad, incluidos la nacionalidad, el nombre y las relaciones familiares de conformidad con la ley sin injerencias ilícitas.

2. Cuando un niño sea privado ilegalmente de algunos de los elementos de su identidad o de todos ellos, los Estados Partes deberán prestar la asistencia y protección apropiadas con miras a restablecer rápidamente su identidad.

Art. 9.º 1. Los Estados Partes velarán porque el niño no sea separado de sus padres contra la voluntad de éstos, excepto cuando, a reserva de revisión judicial, las autoridades competentes determinen, de conformidad con la ley y los procedimientos aplicables, que tal separación es necesaria en el interés superior del niño. Tal determinación puede ser necesaria en casos particulares, por ejemplo, en los casos en que el niño sea objeto de maltrato o descuido por parte de sus padres o cuando éstos viven separados y debe adoptarse una decisión acerca del lugar de residencia del niño.

2. En cualquier procedimiento entablado de conformidad con el párrafo 1 del presente artículo, se ofrecerá a todas las partes interesadas la oportunidad de participar en él y de dar a conocer sus opiniones.

3. Los Estados Partes respetarán el derecho del niño que esté separado de uno o de ambos padres a mantener relaciones personales y contacto directo con ambos padres de modo regular, salvo si ello es contrario al interés superior del niño.

4. Cuando esa separación sea resultado de una medida adoptada por un Estado Parte, como la detención, el encarcelamiento, el exilio, la deportación o la muerte (incluido el fallecimiento debido a cualquier causa mientras la persona esté bajo la custodia del Estado) de uno de los padres del niño, o de ambos, o del niño, el Estado Parte proporcionará cuando se le pida, a los padres, al niño o, si procede, a otro familiar, información básica acerca del paradero del familiar o familiares ausentes, a no ser que ello resultase perjudicial para el bienestar del niño. Los Estados Partes se cerciorarán, además, de que la presentación de tal petición no entrañe por sí misma consecuencias desfavorables para la persona o personas interesadas.

Art. 10. 1. De conformidad con la obligación que incumbe a los Estados Partes a tenor de lo dispuesto en el párrafo 1 del artículo 9.º, toda solicitud hecha por un niño o por sus padres para entrar en un Estado Parte o para salir de él a los efectos de la reunión de la familia será atendida por los Estados Parte de manera positiva, humanitaria y expeditiva. Los Estados Parte garantizarán además que la presentación de tal petición no traerá consecuencias desfavorables para los peticionarios ni para sus familiares.

2. El niño cuyos padres residan en Estados diferentes tendrá derecho a mantener periódicamente, salvo en circunstancias excepcionales, relaciones personales y contactos directos con ambos padres. Con tal fin, y de conformidad con la obligación asumida por los Estados Partes en virtud del párrafo 1 del artículo 9.º, los Estados Partes respetarán el derecho del niño y de sus padres a salir de cualquier país, incluido el propio, y de entrar en su propio país. El derecho de salir de cualquier país estará sujeto solamente a las restricciones estipuladas por ley y que sean necesarias para proteger la seguridad nacional, el orden público, la salud o la moral públicas o los derechos y libertades de otras personas y que estén en consonancia con los demás derechos reconocidos por la presente Convención.

Art. 11. 1. Los Estados Partes adoptarán medidas para luchar contra los traslados ilícitos de niños al extranjero y la retención ilícita de niños en el extranjero.

2. Para este fin, los Estados Partes promoverán la concertación de acuerdos bilaterales o multilaterales o la adhesión a acuerdos existentes.

....

Art. 18. 1. Los Estados parte pondrán el máximo empeño en garantizar el reconocimiento del principio de que ambos padres tienen obligaciones comunes en lo que respecta a la crianza y el desarrollo del niño. Incumbirá a los padres o, en su caso, a los representantes legales la responsabilidad primordial de la crianza y el desarrollo del niño. Su preocupación fundamental será el interés superior del niño.

....

Art. 20. 1. Los niños temporal o permanentemente privados de su medio familiar o cuyo superior interés exija que no permanezcan en ese medio, tendrán derecho a la protección y asistencia especiales del Estado.

2. Los Estados Partes garantizarán, de conformidad con sus leyes nacionales, otros tipos de cuidado para esos niños.

3. Entre esos cuidados figurarán, entre otras cosas, la colocación en hogares de guarda, la *kafala* del derecho islámico, la adopción, o de ser necesario la colocación en instituciones adecuadas de protección de menores. Al considerar las soluciones, se prestará particular atención a la conveniencia de que haya continuidad en la educación del niño y a su origen étnico, religioso, cultural y lingüístico.

Art. 21. Los Estados Partes que reconocen o permiten el sistema de adopción cuidarán de que el interés superior del niño sea la consideración primordial y:

a) Velarán por que la adopción del niño sólo sea autorizada por las autoridades competentes, las que determinarán, con arreglo a las leyes y a los procedimientos aplicables y sobre la base de toda la información pertinente y fidedigna, que la adopción es admisible en vista de la situación jurídica del niño en relación con sus padres, parientes y representantes legales y que, cuando así se requiera, las personas interesadas hayan dado con conocimiento de causa su consentimiento a la adopción sobre la base del asesoramiento que pueda ser necesario;

b) Reconocerán que la adopción en otro país puede ser considerada como otro medio de cuidar del niño, en el caso de que éste no pueda ser colocado en un hogar de guarda o entregado a una familia adoptiva, o no pueda ser atendido de manera adecuada en el país de origen;

c) Velarán por que el niño que haya de ser adoptado en otro país goce de salvaguardias y normas equivalentes a las existentes respecto de la adopción en el país de origen;

d) Adoptarán todas las medidas apropiadas para garantizar que, en el caso de adopción en otro país, la colocación no dé lugar a beneficios financieros indebidos para quienes participan en ella;

e) Promoverán, cuando corresponda, los objetivos del presente artículo mediante la concertación de arreglos o acuerdos bilaterales o multilaterales y se esforzarán, dentro de este marco, por garantizar que la colocación del niño en otro país se efectúe por medio de las autoridades u organismos competentes.

Art. 22. 1. Los Estados Partes adoptarán medidas adecuadas para lograr que el niño que trate de obtener el estatuto de refugiado o que sea considerado refugiado de conformidad con el derecho y los procedimientos internacionales o internos aplicables reciba, tanto si está solo como si está acompañado de sus padres o de cualquier otra persona, la protección y la asistencia humanitaria adecuadas para el disfrute de los derechos pertinentes enunciados en la presente Convención y en otros instrumentos internacionales de derechos humanos o de carácter humanitario en que dichos Estados sean partes.

2. A tal efecto los Estados Partes cooperarán, en la forma que estimen apropiada, en todos los esfuerzos de las Naciones Unidas y demás organizaciones intergubernamentales competentes u organizaciones no gubernamentales que cooperen con las Naciones Unidas para proteger y ayudar a todo niño

---

Art. 21.d): Con relación a esta norma, en el momento de la ratificación, España hizo la siguiente declaración: «Con respecto al párrafo *d*) del artículo 21 de la Convención, España entiende que de la interpretación del mismo nunca podrán deducirse beneficios financieros distintos de aquellos que fueran precisos para cubrir los gastos estrictamente necesarios que puedan derivarse de la adopción en el supuesto de niños y niñas que residan en otro país.»

refugiado y localizar a sus padres o a otros miembros de su familia, a fin de obtener la información necesaria para que se reúna con su familia. En los casos en que no se pueda localizar a ninguno de los padres o miembros de la familia, se concederá al niño la misma protección que a cualquier otro niño privado permanente o temporalmente de su medio familiar, por cualquier motivo, como se dispone en la presente Convención.

....

Art. 27. 1. Los Estados Partes reconocen el derecho de todo niño a un nivel de vida adecuado para su desarrollo físico, mental, espiritual, moral y social.

2. A los padres u otras personas encargadas del niño les incumbe la responsabilidad primordial de proporcionar, dentro de sus posibilidades y medios económicos, las condiciones de vida que sean necesarias para el desarrollo del niño.

3. Los Estados Partes, de acuerdo con las condiciones nacionales y con arreglo a sus medios, adoptarán medidas apropiadas para ayudar a los padres y a otras personas responsables por el niño a dar efectividad a este derecho y, en caso necesario, proporcionarán asistencia material y programas de apoyo, particularmente con respecto a la nutrición, el vestuario y la vivienda.

4. Los Estados Partes tomarán todas las medidas apropiadas para asegurar el pago de la pensión alimenticia por parte de los padres u otras personas que tengan la responsabilidad financiera por el niño, tanto si viven en el Estado Parte como si viven en el extranjero. En particular, cuando la persona que tenga la responsabilidad financiera por el niño resida en un Estado diferente de aquel en que resida el niño, los Estados Partes promoverán la adhesión a los convenios internacionales o la concertación de dichos convenios, así como la concertación de cualesquiera otros arreglos apropiados.

....

Art. 35. Los Estados Partes tomarán todas las medidas de carácter nacional, bilateral y multilateral que sean necesarias para impedir el secuestro, la venta o la trata de niños para cualquier fin o en cualquier forma.

....

Art. 41. Nada de lo dispuesto en la presente Convención afectará a las disposiciones que sean más conducentes a la realización

---

Art. 41: Ratificada por España el 30 de noviembre de 1990. Con posterioridad, con relación a otros Estados, ver en las comunicaciones publicadas trimestralmente en el *BOE* por la Secretaría General Técnica del Ministerio de Asuntos Exteriores en cumplimiento del art. 32 del D. 801/1972, de 24 de marzo, relativo a la ordenación de la actividad del Estado en materia de tratados internacionales.

de los derechos del niño y que puedan estar recogidas en:

a) El derecho de un Estado Parte; o

b) El derecho internacional vigente con respecto a dicho Estado.

....

Art. 43. 1. Con la finalidad de examinar los progresos realizados en el cumplimiento de las obligaciones contraídas por los Estados Partes en la presente Convención, se establecerá un Comité de los Derechos del Niño que desempeñará las funciones que a continuación se estipulan.

2. El Comité estará integrado por dieciocho expertos de gran integridad moral y reconocida competencia en las esferas reguladas en la presente Convención. Los miembros del Comité serán elegidos por los Estados Partes entre sus nacionales y ejercerán sus funciones a título personal, teniéndose debidamente en cuenta la distribución geográfica, así como los principales sistemas jurídicos (enmienda).

....

92. CONVENIO SOBRE COMPETENCIA DE LAS AUTORIDADES Y LA LEY APLICABLE EN MATERIA DE PROTECCIÓN DE MENORES, HECHO EN LA HAYA EL 5 DE OCTUBRE DE 1961*

(*BOE* núm. 199, de 20 de agosto de 1987)

Los Estados signatarios del presente Convenio,

Deseando establecer disposiciones comunes sobre la competencia de las autoridades y la ley aplicable en materia de protección de menores,

Han resuelto concluir a tal efecto un Convenio y acuerdan las disposiciones siguientes:

Artículo 1.º Sin perjuicio de lo dispuesto en los artículos 3.º, 4.º y 5.º, párrafo 3, del presente

---

Art. 43.2: Aceptación por parte de España de la enmienda al párrafo 2 del art. 43, adoptada en la Conferencia de Estados Parte el 12 de diciembre de 1995, por la que se sustituye la palabra «diez» por la palabra «dieciocho».

* *Texto auténtico*: francés. *Estados parte*: Alemania, Austria, China (región administrativa especial de Macao), España, Francia, Italia, Letonia, Lituania, Luxemburgo, Países Bajos, Polonia, Portugal, Suiza y Turquía. Para los datos posteriores al cierre de la edición y otras informaciones relativas al Convenio véase http://www.hcch.net. Vid. Reglamento 2201/2003, art. 60 (*supra* núm. 54).

Art. 1.º: Vid. art. 9.º6 del Código civil (*supra* núm. 72).

Convenio, las autoridades tanto judiciales como administrativas, del Estado de residencia habitual de un menor, serán competentes para adoptar medidas encaminadas a proteger su persona o sus bienes.

Art. 2.º Las autoridades competentes de acuerdo con el artículo 1 adoptarán las medidas previstas por su ley interna.

En ésta se determinarán las condiciones para el establecimiento, modificación y cesación de dichas medidas. Por ella también se regirán los efectos de esas medidas, tanto en lo que concierne a las relaciones entre el menor y las personas o instituciones a cuyo cargo esté, como respecto de terceros.

Art. 3.º En todos los Estados contratantes se reconocerá una relación de autoridad resultante de pleno derecho de la ley interna del Estado del que es nacional el menor.

Art. 4.º Si las autoridades del Estado del que es nacional el menor consideran que el interés de éste lo exige, podrán adoptar, según su Ley interna, previa notificación a las autoridades del Estado de su residencia habitual, medidas para proteger a la persona o los bienes del menor.

En ésta se determinarán las condiciones para el establecimiento, modificación y cesación de dichas medidas. Por ella también se regirán los efectos de esas medidas, tanto en lo que concierne a las relaciones entre el menor y las personas o instituciones a cuyo cargo esté, como respecto de terceros.

Las autoridades del Estado del que es nacional el menor asegurarán la aplicación de las medidas adoptadas.

Las medidas adoptadas en virtud de los párrafos precedentes del presente artículo sustituirán a las que en su caso hubieren adoptado las autoridades del Estado donde el menor resida habitualmente.

Art. 5.º En caso de desplazamiento de la residencia habitual de un menor de un Estado contratante a otro, seguirán vigentes las medidas adoptadas por las autoridades del anterior Estado de residencia habitual hasta que las autoridades de la nueva residencia habitual las suspendan o sustituyan.

Las medidas adoptadas por las autoridades del anterior Estado de residencia habitual no podrán ser suspendidas o sustituidas sin previo aviso a las citadas autoridades.

En caso de desplazamiento de un menor que estuviera bajo la protección de las autoridades del Estado del que es nacional, las medidas por ellas adoptadas según su ley interna seguirán vigentes en el Estado de la nueva residencia habitual.

Art. 6.º Las autoridades del Estado del que es nacional el me-

---

Art. 5.º: Téngase en cuenta que en el texto auténtico del Convenio se emplean los términos «supriman» y «suprimidas» y no «suspendan» y «suspendidas».

nor podrán, de acuerdo con las del Estado donde tenga su residencia habitual o posea sus bienes, confiar a estas últimas la ejecución de las medidas adoptadas.

Las autoridades del Estado de residencia habitual del menor tendrán la misma facultad respecto a las autoridades del Estado donde el menor tenga sus bienes.

Art. 7.º Las medidas que adopten las autoridades competentes en virtud de los artículos precedentes de este Convenio serán reconocidas en todos los Estados contratantes. Sin embargo, si esas medidas llevaren consigo actos ejecutivos en un Estado distinto de aquel en que se adoptaron, el reconocimiento y ejecución de las mismas se regularán por el derecho interno del Estado donde se solicite la ejecución, o por los convenios internacionales.

Art. 8.º No obstante lo dispuesto en los artículos 3.º, 4.º y 5.º, párrafo 3, del presente Convenio, las autoridades del Estado de residencia habitual de un menor podrán adoptar medidas de protección en caso de que el menor esté amenazado por un peligro serio de su persona o sus bienes.

Las autoridades de los demás Estados contratantes no estarán obligadas a reconocer esas medidas.

Art. 9.º En todos los casos de urgencia adoptarán las medidas necesarias de protección las autoridades de todo Estado contratante en cuyo territorio se encuentren el menor o los bienes que le pertenezcan.

Las medidas adoptadas en aplicación del párrafo precedente cesarán sin perjuicio de sus efectos definitivos, tan pronto como las autoridades competentes, a tenor del presente Convenio, hayan adoptado las medidas que la situación exija.

Art. 10. En lo posible, y para asegurar la continuidad del régimen aplicado al menor, las autoridades de un Estado contratante no adoptarán medidas que le afecten sin antes haber intercambiado impresiones con las autoridades de los otros Estados contratantes, cuyas decisiones estén aún en vigor.

Art. 11. Todas las autoridades que hayan adoptado medidas en virtud de lo dispuesto en el presente Convenio las pondrán inmediatamente en conocimiento de las autoridades del Estado del que es nacional el menor, y, en su caso, de las autoridades del Estado donde éste tenga su residencia habitual.

Cada Estado contratante designará las autoridades que podrán dar y recibir directamente las in-

---

Art. 11: En España, la Autoridad competente para dar y recibir las informaciones previstas en el art. 11 es: Secretaría General Técnica del Ministerio de Justicia, c/ San Bernardo, 62, 28015 Madrid.

formaciones previstas en el párrafo precedente, y notificará dicha designación al Ministerio de Asuntos Extranjeros de los Países Bajos.

Art. 12. A los fines del presente Convenio, se entenderá por «menor» toda persona que tenga la calidad de tal, de acuerdo con la ley interna del Estado del que es nacional, o la ley interna del Estado de su residencia habitual.

Art. 13. El presente Convenio se aplicará a todos los menores que tengan su residencia habitual en uno de los Estados contratantes.

No obstante, las competencias atribuidas por el presente Convenio a las autoridades del Estado del que es nacional el menor quedarán reservadas a los Estados contratantes.

Todo Estado contratante podrá reservarse el limitar la aplicación del presente Convenio a los menores que posean la nacionalidad de uno de los Estados contratantes.

Art. 14. A los fines del presente Convenio, en el caso de que la ley interna del Estado del que es nacional el menor consista en un sistema no unificado, se entenderá por «ley interna del Estado del que es nacional el menor» y por «autoridades del Estado del que es nacional el menor» la ley y las autoridades determinadas por las normas vigentes en dicho sistema, y, en su defecto, por el vínculo más efectivo que tenga el menor con una de las legislaciones que compongan ese sistema.

Art. 15. Todo Estado contratante podrá reservarse la competencia de sus autoridades llamadas a dirimir demandas de anulación, disolución o atenuación del vínculo conyugal entre el padre y la madre de un menor con el fin de adoptar medidas de protección de su persona o de sus bienes.

Las autoridades de los demás Estados contratantes no estarán obligadas a reconocer esas medidas.

Art. 16. Las disposiciones del presente Convenio sólo podrán no tenerse en cuenta en los Estados contratantes cuando su aplicación sea manifiestamente incompatible con el orden público.

Art. 17. El presente Convenio sólo se aplicará a las medidas

Art. 12: Téngase en cuenta que en el texto auténtico del Convenio se utiliza la expresión «toda persona que tenga la calidad de tal, tanto según la ley interna del Estado del que es nacional como según la ley interna del Estado de su residencia habitual».

Art. 13: España, de conformidad con el art. 13, formuló la reserva limitando la aplicación del Convenio a los menores nacionales de un Estado contratante. Esta reserva fue posteriormente retirada (vid. *BOE* de 15-9-1995), con efecto desde el 19-8-1995.

Art. 15: España, de conformidad con el art. 15, formuló la reserva limitando la competencia de sus autoridades llamadas a dirimir demandas de anulación, divorcio o atenuación del vínculo conyugal. Esta reserva fue posteriormente retirada (vid. *BOE* de 15-9-1995), con efecto desde el 19-8-1995.

adoptadas después de su entrada en vigor.

Las relaciones de autoridad resultantes de pleno derecho de la ley interna del Estado del que es nacional el menor serán reconocidas a partir de la entrada en vigor del Convenio.

Art. 18. En las relaciones entre los Estados contratantes el presente Convenio sustituye al Convenio para regular la tutela de los menores, firmado en La Haya el 12 de junio de 1902.

El presente Convenio no afectará a lo dispuesto por otros convenios que en el momento de su entrada en vigor vinculen a los Estados contratantes.

Art. 19. El presente Convenio queda abierto a la firma de los Estados representados en la Novena Reunión de la Conferencia de La Haya sobre Derecho Internacional Privado.

El Convenio será objeto de ratificación y los instrumentos de ratificación se depositarán en el Ministerio de Asuntos Extranjeros de los Países Bajos.

Art. 20. El presente Convenio entrará en vigor el sexagésimo día siguiente al depósito del tercer instrumento de ratificación previsto en el artículo 19, párrafo 2.

El Convenio entrará en vigor, para cada Estado signatario que lo ratifique posteriormente, el sexagésimo día siguiente al depósito de su instrumento de ratificación.

Art. 21. Cualquier Estado no representado en la Novena Reunión de la Conferencia de La Haya sobre Derecho Internacional Privado podrá adherirse al presente Convenio después de su entrada en vigor, en virtud del artículo 20, párrafo primero. El instrumento de adhesión se depositará en el Ministerio de Asuntos Extranjeros de los Países Bajos.

La adhesión sólo tendrá efecto en las relaciones entre el Estado adherente y los Estados contratantes que hayan declarado aceptar su adhesión. La aceptación se notificará al Ministerio de Asuntos Extranjeros de los Países Bajos.

El Convenio entrará en vigor entre el Estado adherente y el Estado que haya declarado aceptar la adhesión, el sexagésimo día siguiente a la notificación mencionada en el párrafo precedente.

Art. 22. En el momento de la firma, de la ratificación o de la adhesión, todo Estado podrá declarar

---

Art. 18: El Convenio para regular la tutela de los menores, hecho en La Haya el 12 de junio de 1902 (*Gaceta de Madrid*, de 1 de junio de 1905), sigue en vigor en las relaciones con Bélgica y Rumania.

Art. 20: El Convenio entró en vigor para España el 21 de julio de 1987. Con posterioridad, en relación a otros Estados, ver en las comunicaciones publicadas en el *BOE* por la Secretaría General Técnica del Ministerio de Asuntos Exteriores en cumplimiento del art. 32 del D. 801/1972, de 24 de marzo, relativo a la ordenación de la actividad del Estado en materia de tratados internacionales.

que el presente Convenio se extenderá al conjunto de los territorios que representa en el plano internacional, o a uno o varios de los mismos. Esta declaración tendrá efecto desde el momento de la entrada en vigor del Convenio para ese Estado.

Después, cualquier extensión de esta naturaleza se notificará al Ministerio de Asuntos Extranjeros de los Países Bajos.

Cuando la declaración de extensión sea hecha por un Estado que haya firmado y ratificado el Convenio, éste entrará en vigor para los territorios de que se trate, de acuerdo con lo dispuesto en el artículo 20. Cuando la declaración de extensión sea hecha por un Estado que se haya adherido al Convenio, éste entrará en vigor para esos territorios de acuerdo con lo dispuesto en el artículo 21.

Art. 23. A más tardar, en el momento de la ratificación o de la adhesión, todo Estado podrá hacer las reservas previstas en los artículos 13, párrafo 3 y 15, párrafo primero, del presente Convenio. No se admitirá ninguna otra reserva.

Al notificar una extensión del Convenio, conforme al artículo 22, todo Estado contratante podrá también hacer sus reservas con efectos limitados a los territorios o a algunos de los territorios comprendidos en la extensión.

Todo Estado contratante podrá retirar en cualquier momento una reserva que hubiere hecho. La retirada se notificará al Ministerio de Asuntos Extranjeros de los Países Bajos.

Los efectos de la reserva cesarán el sexagésimo día siguiente a la notificación mencionada en el párrafo precedente.

Art. 24. El presente Convenio tendrá una duración de cinco años a partir de la fecha de su entrada en vigor, conforme al artículo 20, párrafo primero, incluso para los Estados que lo hubieren ratificado o se hubieren adherido con posterioridad.

El Convenio se renovará tácitamente de cinco en cinco años, salvo denuncia.

La denuncia deberá hacerse al menos seis meses antes de que expire el plazo de cinco años, y deberá notificarse al Ministerio de Asuntos Extranjeros de los Países Bajos.

Podrá limitarse a algunos de los territorios a los que se aplique el Convenio.

Sólo tendrá efectos para el Estado que la haya notificado. El Convenio seguirá vigente para los otros Estados contratantes.

Art. 25. El Ministerio de Asuntos Extranjeros de los Países Bajos notificará a los Estados a que se refiere el artículo 19, así como a los Estados que se hayan adherido, conforme a lo dispuesto en el artículo 21:

a) Las notificaciones a que se refiere el artículo 11, párrafo 2.

b) Las firmas y ratificaciones a que refiere el artículo 19.

c) La fecha en la cual entrará en vigor el presente Convenio, conforme a lo dispuesto en el artículo 20, párrafo primero.

d) Las adhesiones y aceptaciones a que refiere el artículo 21 y la fecha de su entrada en vigor.

e) Las extensiones a que se refiere el artículo 22 y la fecha de su entrada en vigor.

f) Las reservas y retiradas de reservas a que se refiere el artículo 23.

g) Las denuncias a que se refiere el artículo 24, párrafo 3.

En fe de lo cual los infrascritos, debidamente autorizados, firman el presente Convenio.

Hecho en La Haya a 5 de octubre de 1961, en un solo ejemplar, que se depositará en los archivos del Gobierno de los Países Bajos. A cada uno de los Estados representados en la Novena Reunión de la Conferencia de La Haya sobre Derecho Internacional Privado se enviará, por vía diplomática, una copia certificada conforme.

E) PERSONA JURÍDICA

93. REAL DECRETO LEGISLATIVO 1564/1989, DE 22 DE DICIEMBRE, POR EL QUE SE APRUEBA EL TEXTO REFUNDIDO DE LA LEY DE SOCIEDADES ANÓNIMAS

(Arts. 5.º, 6.º, 149 y 312-326)

(*BOE* núm. 310, de 27 de diciembre de 1989; corr. de errores, *BOE* núm. 28, de 1 de febrero de 1990)

CAPÍTULO PRIMERO

DISPOSICIONES GENERALES

....

Art. 5.º *Nacionalidad.*—1. Serán españolas y se regirán por la presente Ley todas las sociedades anónimas que tengan su domicilio en territorio español, cualquiera que sea el lugar en que se hubieren constituido.

2. Deberán tener su domicilio en España las sociedades anónimas cuyo principal establecimiento o explotación radique dentro de su territorio.

Art. 6.º *Domicilio.*—1. La sociedad fijará su domicilio dentro del territorio español en el lugar en que se halle el centro de su efectiva administración y dirección, o en que radique su principal establecimiento o explotación.

2. En caso de discordancia entre el domicilio registral y el que correspondería conforme al

Art. 5.º1: Cfr. art. 9.º11 del Código civil y nota al art. 9.º11 (*supra* núm. 72).

Art. 5.º2: Vid. art. 6 de la Ley sobre sociedades de responsabilidad limitada (*infra* núm. 94).

Art. 6.º: Cfr. art. 41 del Código civil (*supra* núm. 72) y art. 66 de la LEC (*supra* núm. 5).

Según el art. 3.º de la Ley 46/1984, de 26 de diciembre, reguladora de las Instituciones de Inversión Colectiva (*BOE* de 27-12-1984), redactado conforme a la Disp. adicional 6.ª de la Ley del Mercado de Valores de 28 de julio de 1988 (*BOE* de 29-7-1988): «Las Instituciones de Inversión colectiva reguladas en esta Ley, así como sus Gestores y depositarios, deberán estar domiciliados en territorio español y tener en éste su administración central.» Vid. art. 7 de la Ley sobre sociedades de responsabilidad limitada (*infra* núm. 94).

apartado anterior, los terceros podrán considerar como domicilio cualquiera de ellos.

....

CAPÍTULO VI

DE LA MODIFICACIÓN DE LOS ESTATUTOS Y DEL AUMENTO Y REDUCCIÓN DE CAPITAL

SECCIÓN 1.ª

Disposiciones generales

....

Art. 149. *Cambio de domicilio.*—1. Salvo disposición contraria de los Estatutos, el cambio de domicilio social consistente en su traslado dentro del mismo término municipal no exigirá el acuerdo de la Junta general, pudiendo acordarse por los Administradores de la sociedad.

Dicha modificación se hará constar en escritura pública, que se inscribirá en el Registro Mercantil, y estará sujeta a lo dispuesto en el artículo siguiente.

....

CAPÍTULO XII *

DE LA SOCIEDAD ANÓNIMA EUROPEA

SECCIÓN 1.ª

Disposiciones generales

Art. 312. *Régimen de la sociedad anónima europea.*—La sociedad anónima europea (SE) que tenga su domicilio en España se regirá por lo establecido en el Reglamento (CE) número 2157/2001 del Consejo, de 8 de octubre de 2001, por las disposiciones de este capítulo y por la Ley que regule la implicación de los trabajadores en las sociedades anónimas europeas. La sociedad anónima europea deberá fijar su domicilio en España cuando su administración central se halle dentro del territorio español.

Art. 313. *Regularización de la sociedad anónima europea.*—1. Cuando una sociedad anónima europea domiciliada en España deje de tener su administración central en España debe regularizar su situación en el plazo de un año, bien volviendo a implantar su administración central en España, bien trasladando su domicilio social al

---

Art. 149: Vid. art. 72 de la Ley sobre sociedades de responsabilidad limitada (*infra* núm. 94).

* Capítulo añadido por la Ley 19/2005, de 14 de noviembre, sobre la sociedad anónima europea domiciliada en España (*BOE* de 15-11-2005).

Estado miembro en el que tenga su administración central.

2. Las sociedades anónimas europeas que se encuentren en el supuesto descrito en el párrafo anterior que no regularicen la situación en el plazo de un año, se deberán disolver conforme al régimen general previsto en el capítulo IX de esta Ley, pudiendo el Gobierno designar a la persona que se encargue de intervenir y presidir la liquidación y de velar por el cumplimiento de las leyes y del estatuto social.

Art. 314. *Inscripción y publicación de los actos relativos a la sociedad anónima europea.*—1. En el Registro Mercantil se depositará el proyecto de constitución de una sociedad anónima europea que vaya a tener su domicilio en España.

2. La constitución y demás actos inscribibles de una sociedad anónima europea que tenga su domicilio en España se inscribirán en el Registro Mercantil conforme a lo dispuesto para las sociedades anónimas.

3. Los actos y datos de una sociedad anónima europea con domicilio en España deberán hacerse públicos en los casos y forma previstos en las disposiciones generales aplicables a las sociedades anónimas.

4. No se podrá inscribir en el Registro Mercantil una sociedad anónima europea que vaya a tener su domicilio en España cuya denominación sea idéntica a la de otra sociedad española preexistente.

Art. 315. *Traslado del domicilio a otro Estado miembro.*—1. En el caso de que una sociedad anónima europea con domicilio en España acuerde su traslado a otro Estado miembro de la Unión Europea:

a) Los accionistas que voten en contra del acuerdo de cambio de domicilio podrán separarse de la sociedad conforme a lo dispuesto en el artículo 149.

b) Los acreedores cuyo crédito haya nacido antes de la fecha de publicación del proyecto de traslado del domicilio social a otro Estado miembro tendrán el derecho de oponerse al traslado en los términos establecidos en el artículo 243.

2. El registrador mercantil del domicilio social, a la vista de los datos obrantes en el Registro y en la escritura pública de traslado presentada, certificará el cumplimiento de los actos y trámites que han de realizarse por la sociedad antes del traslado.

Art. 316. *Oposición al traslado del domicilio a otro Estado miembro.*—1. El traslado de domicilio de una sociedad anónima europea registrada en territorio español que suponga un cambio de la legislación aplicable no surtirá efecto si el Gobierno, a propuesta del Ministro de Justicia o de la Comunidad Autónoma donde la sociedad anónima tenga su domicilio social, se opone por razones de interés público.

Cuando la sociedad anónima europea esté sometida a la supervisión de una autoridad de vigilancia, la oposición podrá formularse también por dicha autoridad.

2. Una vez que tenga por efectuado el depósito, el registrador mercantil, en el plazo de cinco días, comunicará al Ministerio de Justicia, a la Comunidad Autónoma donde la sociedad anónima tenga su domicilio social y, en su caso, a la autoridad de vigilancia correspondiente la presentación de un proyecto de traslado de domicilio de una sociedad anónima europea.

3. El acuerdo de oposición al traslado de domicilio habrá de formularse dentro del plazo de los dos meses siguientes a la publicación del proyecto de traslado de domicilio. El acuerdo podrá recurrirse ante la autoridad judicial competente.

SECCIÓN 2.ª

Constitución

Art. 317. *Participación de otras sociedades en la constitución de una sociedad anónima europea.*—En la constitución de una sociedad anónima europea que se haya de domiciliar en España, además de las sociedades indicadas en el Reglamento (CE) número 2157/2001, podrán participar las sociedades que, aun cuando no tengan su administración central en la Unión Europea, estén constituidas con arreglo al ordenamiento jurídico de un Estado miembro, tengan en él su domicilio y una vinculación efectiva y continua con la economía de un Estado miembro.

Se presume que existe vinculación efectiva cuando la sociedad tenga un establecimiento en dicho Estado miembro desde el que dirija y realice sus operaciones.

Art. 318. *Oposición a la participación de una sociedad española en la constitución de una sociedad anónima europea mediante fusión.*—1. El Gobierno, a propuesta del Ministro de Justicia o de la Comunidad Autónoma donde la sociedad anónima tenga su domicilio social, podrá oponerse por razones de interés público a que una sociedad española participe en la constitución mediante fusión de una sociedad anónima europea en otro Estado miembro.

Cuando la sociedad española que participe en la constitución de una sociedad anónima europea mediante fusión esté sometida a la supervisión de una autoridad de vigilancia, la oposición a su participación podrá formularse también por dicha autoridad.

2. Una vez que tenga por efectuado el depósito del proyecto de fusión, el registrador mercantil, en el plazo de cinco días, comunicará al Ministerio de Justicia, a la Comunidad Autónoma donde la sociedad anónima tenga su domicilio social y, en su caso, a la autoridad de vigilancia correspondiente, dicho depósito, para que éstos puedan formular su oposición a la fusión.

3. La oposición habrá de formularse antes de la expedición del certificado a que se refiere el artículo 321. El acuerdo de oposición podrá recurrirse ante la autoridad judicial competente.

Art. 319. *Nombramiento de experto o expertos que han de informar sobre el proyecto de fusión.*—En el supuesto de que una o más sociedades españolas participen en la fusión o cuando la sociedad anónima europea vaya a fijar su domicilio en España, el registrador mercantil será la autoridad competente para, previa petición conjunta de las sociedades que se fusionan, designar uno o varios expertos independientes que elaboren el informe único previsto en el artículo 22 del Reglamento (CE) número 2157/2001.

Art. 320. *Derecho de separación de los accionistas en caso de fusión.*—Los accionistas de las sociedades españolas que voten en contra del acuerdo de una fusión que implique la constitución de una sociedad anónima europea domiciliada en otro Estado miembro podrán separarse de la sociedad conforme a lo dispuesto en el artículo 149. Igual derecho tendrán los accionistas de una sociedad española que sea absorbida por una sociedad anónima europea domiciliada en otro Estado miembro.

Art. 321. *Certificación relativa a la sociedad que se fusiona.*—El registrador mercantil del domicilio social, a la vista de los datos obrantes en el Registro y en la escritura pública de fusión presentada, certificará el cumplimiento por parte de la sociedad anónima española que se fusiona de todos los actos y trámites previos a la fusión.

Art. 322. *Inscripción de la sociedad resultante de la fusión.*—En el caso de que la sociedad anónima europea resultante de la fusión fije su domicilio en España, el registrador mercantil del domicilio social controlará la existencia de los certificados de las autoridades competentes de los países en los que tenían su domicilio las sociedades extranjeras participantes en la fusión y la legalidad del procedimiento en cuanto a la realización de la fusión y la constitución de la sociedad anónima europea.

Art. 323. *Publicidad del proyecto de constitución de una sociedad anónima europea* holding.—1. Los administradores de la sociedad o sociedades españolas que participen en la constitución de una sociedad anónima europea *holding* deberán depositar en el Registro Mercantil correspondiente el proyecto de constitución de esta sociedad. Una vez que tenga por efectuado el depósito, el registrador comunicará el hecho del depósito y la fecha en que hubiera tenido lugar al Registrador Mercantil Central, para su inmediata publicación en el *Boletín Oficial del Registro Mercantil.*

2. La junta general que deba pronunciarse sobre la operación no podrá reunirse antes de que haya transcurrido, al menos, el plazo de un mes desde la fecha de la publicación a que se refiere el apartado anterior.

Art. 324. *Nombramiento de experto o expertos que han de informar sobre el proyecto de constitución de una sociedad anónima europea* holding.—1. La autoridad competente para el nombramiento de experto o expertos independientes previstos en el apartado 4 del artículo 32 del Reglamento (CE) número 2157/2001 será el registrador mercantil del domicilio de cada sociedad española que promueva la constitución de una sociedad anónima europea *holding* o del domicilio de la futura sociedad anónima europea.

2. La solicitud de nombramiento de experto o expertos independientes se efectuará conforme a lo dispuesto en el Reglamento del Registro Mercantil.

Art. 325. *Protección de los socios de las sociedades participantes en la constitución de una sociedad anónima europea* holding.—Los socios de las sociedades promotoras de la constitución de una sociedad anónima europea *holding* que hubieran votado en contra del acuerdo de su constitución podrán separarse de la sociedad de la que formen parte conforme a lo previsto en el artículo 149.

Art. 326. *Transformación de una sociedad anónima existente en sociedad anónima europea.*—1. En el caso de constitución de una sociedad anónima europea mediante la transformación de una sociedad anónima española, sus administradores redactarán un proyecto de transformación de acuerdo con lo previsto en el Reglamento (CE) número 2157/2001 y un informe en el que se explicarán y justificarán los aspectos jurídicos y económicos de la transformación y se indicarán las consecuencias que supondrá para los accionistas y para los trabajadores la adopción de la forma de sociedad anónima europea. El proyecto de transformación será depositado en el Registro Mercantil y se publicará conforme a lo establecido en el artículo 323 de esta Ley.

2. Uno o más expertos independientes, designados por el registrador mercantil del domicilio de la sociedad que se transforma, certificarán, antes de que se convoque la junta general que ha de aprobar el proyecto de transformación y los estatutos de la sociedad anónima europea, que esa sociedad dispone de activos netos suficientes, al menos, para la cobertura del capital y de las reservas de la sociedad anónima europea.

....

94. LEY 2/1995, DE 23 DE MARZO, SOBRE SOCIEDADES DE RESPONSABILIDAD LIMITADA

(Arts. 6.º-8.º y 72)

(*BOE* núm. 71, de 24 de marzo de 1995)

CAPÍTULO PRIMERO

Disposiciones generales

....

Art. 6.º *Nacionalidad.*—1. Serán españolas y se regirán por la presente ley todas las sociedades de responsabilidad limitada que tengan su domicilio en territorio español, cualquiera que sea el lugar en que se hubieren constituido.

2. Deberán tener su domicilio en España las sociedades de responsabilidad limitada cuyo principal establecimiento o explotación radique dentro de su territorio.

Art. 7.º *Domicilio.*—1. La sociedad de responsabilidad limitada fijará su domicilio dentro del territorio español en el lugar en que se halle el centro de su efectiva administración y dirección, o en que radique su principal establecimiento o explotación.

2. En caso de discordancia entre el domicilio que conste en el Registro y el que correspondería conforme al apartado anterior, los terceros podrán considerar como domicilio cualquiera de ellos.

Art. 8.º *Sucursales.*—1. La sociedad de responsabilidad limitada podrá abrir sucursales en cualquier lugar del territorio nacional o del extranjero.

2. Salvo disposición contraria de los estatutos, el órgano de administración será competente para acordar la creación, la supresión o el traslado de las sucursales.

....

CAPÍTULO VI

Modificación de estatutos. Aumento y reducción del capital social

....

Art. 72. *Cambio de domicilio.*—1. No obstante lo dispuesto en el artículo anterior el órgano de administración será competente, salvo disposición contraria de los estatutos, para

---

Art. 6.º1: Cfr. art. 9.º11 del Código civil y su nota (*supra* núm. 72).

cambiar el domicilio social dentro del mismo término municipal.

2. El acuerdo de transferir al extranjero el domicilio de la sociedad sólo podrá adoptarse cuando exista un Convenio internacional vigente en España que lo permita con mantenimiento de la misma personalidad jurídica.

....

95. REGLAMENTO (CE) NÚMERO 2157/2001 DEL CONSEJO, DE 8 DE OCTUBRE DE 2001, POR EL QUE SE APRUEBA EL ESTATUTO DE LA SOCIEDAD ANÓNIMA EUROPEA (SE)*

(Arts. 1.º-15 y 63 y Anexos I y II)

(*DO* núm. L 294, de 10 de noviembre de 2001)

EL CONSEJO DE LA UNIÓN EUROPEA,

Visto el Tratado constitutivo de la Comunidad Europea, y en particular su artículo 308,

Vista la propuesta de la Comisión[1],

Visto el dictamen del Parlamento Europeo[2],

Visto el dictamen del Comité Económico y Social[3],

Considerando lo siguiente:

(1) La realización del mercado interior y la mejora de la situación económica y social que tal realización debe fomentar en el conjunto de la Comunidad implican, además de la eliminación de los obstáculos a los intercambios, una reestructuración a escala de la Comunidad de las estructuras de producción. A tal fin es indispensable que las empresas cuya actividad no se limite a satisfacer necesidades puramente locales puedan concebir y llevar a cabo la reorganización de sus actividades a escala comunitaria.

(2) Una reorganización de este tipo requiere que las empresas ya existentes de los distintos Estados miembros tengan la posibilidad de

---

* De acuerdo con el art. 70, entró en vigor el 8 de octubre de 2004. Téngase en cuenta que este Reglamento debe aplicarse concomitantemente con la Directiva 2001/86/CE del Congreso, por la que se completa el estatuto de la Sociedad Anónima Europea en lo que respecta a la implicación de los trabajadores (*DO* L 294, de 10-11-2001). En cumplimiento de lo dispuesto en el art. 68, el Estado español ha aprobado la Ley 19/2005, de 14 de noviembre, sobre la sociedad anónima europea domiciliada en España (*BOE* de 15-11-2005). A través de la citada Ley, se adiciona un Capítulo XII al Real Decreto Legislativo 1564/1989, de 22 de diciembre, por el que se aprueba el texto refundido de la Ley de sociedades anónimas (*infra* núm. 93).

[1] *DO* C 263, de 16-10-1989, p. 41, y *DO* C 176, de 8-7-1991, p. 1.

[2] Dictamen de 4 de septiembre de 2001 (no publicado aún en el *Diario Oficial*).

[3] *DO* C 124, de 21-5-1990, p. 34.

unir sus fuerzas mediante operaciones de concentración y fusión. Dichas operaciones sólo se pueden hacer respetando las normas de competencia del Tratado.

(3) La realización de operaciones de reestructuración y de cooperación en las que intervienen empresas de distintos Estados miembros tropieza con dificultades de orden jurídico, fiscal y psicológico. Las medidas de aproximación del Derecho de sociedades de los Estados miembros, canalizadas a través de Directivas basadas en el artículo 44 del Tratado, pueden solucionar algunas de esas dificultades. Sin embargo, dichas medidas no dispensan a las empresas sometidas a ordenamientos jurídicos diferentes de la obligación de escoger una forma de sociedad regulada por un ordenamiento jurídico nacional determinado.

(4) El marco jurídico de las empresas europeas en la Comunidad sigue siendo en gran parte nacional, y ya no se corresponde con el marco económico en el que deben desarrollar sus actividades para lograr los objetivos enunciados en el artículo 18 del Tratado. Esta situación puede entorpecer de manera considerable las operaciones de agrupamiento entre sociedades sometidas a las legislaciones de Estados miembros diferentes.

(5) Los Estados miembros tienen la obligación de garantizar que ninguna de las disposiciones aplicables a las Sociedades Europeas en virtud del presente Reglamento entrañe discriminaciones derivadas de un tratamiento injustificadamente distinto de una Sociedad Europea con respecto a las sociedades anónimas ni limitaciones desproporcionadas a la constitución de una Sociedad Europea o al cambio de su domicilio.

(6) Resulta esencial establecer, tanto como sea posible, una correspondencia entre la unidad económica y la unidad jurídica de la empresa en la Comunidad. A tal fin, es conveniente prever la constitución, junto a las sociedades de Derecho nacional, de sociedades cuya formación y funcionamiento estén regulados por un Reglamento de Derecho comunitario, directamente aplicable en todos los Estados miembros.

(7) Las disposiciones de un Reglamento de este tipo permitirán la creación y la gestión de sociedades de dimensión europea, sin que los obstáculos derivados de la disparidad y de la aplicación territorial limitada de las legislaciones nacionales aplicables a las sociedades mercantiles puedan impedir o dificultar tales operaciones.

(8) El Estatuto de la Sociedad Anónima Europea (denominada en lo sucesivo SE) es uno de los actos que el Consejo debió adoptar antes de 1992, según figura en la lista del Libro Blanco de la Comisión sobre la conclusión del mercado interior, aprobado por el Consejo Europeo celebrado en Milán en junio de 1985; con ocasión de su reunión de Bruselas, en 1987, el Consejo Europeo manifestó su deseo de que se creara rápidamente dicho Estatuto.

(9) Desde que la Comisión presentó en 1970 una propuesta de Reglamento «sobre el Estatuto de las

sociedades anónimas europeas», modificada en 1975, los trabajos de aproximación de los Derechos nacionales de sociedades han progresado considerablemente, de manera que puede hacerse una remisión a la legislación sobre sociedades anónimas del Estado miembro del domicilio social para todo aquello que afecte a la SE en los ámbitos en los que su funcionamiento no exija la existencia de normas comunitarias uniformes.

(10) El objetivo esencial que persigue el régimen jurídico de una SE requiere en todo caso, sin perjuicio de las necesidades de índole económica que puedan presentarse en el futuro, que pueda constituirse una SE tanto para permitir a sociedades de Estados miembros diferentes que se fusionen o creen una sociedad *holding*, como para ofrecer a sociedades y otras personas jurídicas que ejerzan una actividad económica y que estén sometidas a la legislación de Estados miembros diferentes la posibilidad de crear filiales comunes.

(11) Con este mismo espíritu, debe permitirse que una sociedad anónima pueda transformarse en SE sin pasar por la disolución, cuando esta sociedad tenga su domicilio y su administración central en la Comunidad y una filial en un Estado miembro distinto del de su domicilio.

(12) Las disposiciones nacionales aplicables a las sociedades anónimas que hacen ofertas públicas de títulos para obtener fondos y a las transacciones de títulos deben aplicarse también cuando la constitución de la SE se efectúe mediante una oferta pública de títulos, así como a las SE que deseen utilizar esos instrumentos financieros.

(13) El propio régimen de la SE debe ser el de una sociedad de capital por acciones, que es el régimen que mejor se adapta, tanto desde el punto de vista financiero como del de su gestión, a las necesidades de las empresas que lleven a cabo sus actividades a escala europea. Para garantizar una dimensión razonable a este tipo de empresas, es conveniente fijar un capital mínimo que garantice que las sociedades disponen de un patrimonio suficiente, sin que por ello se pongan trabas a la constitución de SE por parte de pequeñas y medianas empresas (PYME).

(14) Es preciso hacer posible una gestión eficaz de la SE al tiempo que se garantiza una vigilancia apropiada. Se debe tener en cuenta el hecho de que, por lo que respecta a la organización de la administración de las sociedades anónimas, existen actualmente dos sistemas diferentes en la Comunidad. No obstante, conviene, manteniendo la posibilidad de que la SE escoja entre los dos sistemas, llevar a cabo una delimitación clara entre las responsabilidades de las personas encargadas de la gestión y las de las personas encargadas de la vigilancia.

(15) Los derechos y las obligaciones relativos a la protección de los accionistas minoritarios y de terceros que incumben a una empresa por el hecho de ejercer un control sobre otra empresa sometida a una legislación diferente están regulados, en virtud de las normas y los principios generales del Derecho

internacional privado, por el ordenamiento jurídico al que esté sometida la empresa controlada, sin perjuicio de las obligaciones a las que esté sometida la empresa que ejerza el control en virtud de las disposiciones del ordenamiento jurídico que le sea aplicable, por ejemplo en materia de establecimiento de cuentas consolidadas.

(16) En la actualidad y sin perjuicio de las consecuencias que se deriven de una coordinación posterior de los ordenamientos jurídicos de los Estados miembros, no es necesaria una normativa específica para las SE en este campo. Por consiguiente, conviene limitarse a la aplicación de esas normas y principios generales tanto en el caso de que la SE ejerza el control como en el caso de que la SE sea la sociedad controlada.

(17) Hay que precisar el régimen aplicable en el caso de que la SE esté controlada por otra empresa y hay que remitirse, a tal fin, al ordenamiento jurídico aplicable a las sociedades anónimas sometidas a la legislación del Estado miembro del domicilio de la SE.

(18) Conviene garantizar que todos los Estados miembros apliquen a las infracciones de las disposiciones del presente Reglamento las sanciones aplicables a las sociedades anónimas sometidas a su legislación.

(19) La Directiva 2001/86/CE del Consejo, de 8 de octubre de 2001, por la que se completa el Estatuto de la Sociedad Anónima Europea en lo que respecta a la implicación de los trabajadores establece las normas relativas a la participación de los trabajadores en la SE, y dichas disposiciones, por consiguiente, constituyen un complemento indisociable al presente Reglamento y deben aplicarse concomitantemente.

(20) El presente Reglamento no cubre otros ámbitos del Derecho tales como el Derecho fiscal, el Derecho de la competencia, el Derecho de propiedad intelectual y el Derecho concursal y, por consiguiente, en dichos ámbitos y en otros ámbitos no cubiertos por el presente Reglamento serán aplicables las disposiciones del Derecho de los Estados miembros y del Derecho comunitario.

(21) La Directiva 2001/86/CE está destinada a garantizar que los trabajadores tengan el derecho de implicarse en las cuestiones y decisiones que afecten la vida de sus SE. Otras cuestiones objeto de la legislación social y laboral, en particular el derecho de los trabajadores a la información y consulta como se regula en los Estados miembros, se rigen por las disposiciones nacionales aplicables, en las mismas condiciones, a las sociedades anónimas.

(22) La entrada en vigor del presente Reglamento debe aplazarse hasta que todos los Estados miembros puedan incorporar en su Derecho nacional las disposiciones de la Directiva 2001/86/CE y establecer con anterioridad los mecanismos necesarios para la constitución y funcionamiento de las SE con domicilio social en su territorio de modo que el Reglamento y la Directiva puedan aplicarse concomitantemente.

(23) Debe permitirse que una sociedad cuya administración central no se encuentre en la Comunidad participe en la constitución de una SE siempre que dicha sociedad esté constituida con arreglo al ordenamiento jurídico de un Estado miembro, tenga su domicilio social en dicho Estado miembro y tenga una vinculación efectiva y continua con la economía de un Estado miembro; la expresión vinculación efectiva y continua debe interpretarse con arreglo a los principios establecidos en el Programa general de 1962 para la supresión de las restricciones a la libertad de establecimiento. Dicha vinculación existe en particular si una sociedad tiene un establecimiento en dicho Estado miembro y realiza operaciones desde el mismo.

(24) Debe contemplarse la posibilidad de que la SE traslade su domicilio social a otro Estado miembro. La debida protección de los intereses de los accionistas minoritarios que se opongan al traslado, así como de los acreedores y los titulares de otros derechos, deberá ser proporcionada. Dicho traslado no debería afectar a los derechos nacidos antes del traslado.

(25) El presente Reglamento no prejuzga disposición alguna que pueda incluirse en el Convenio de Bruselas de 1968 o en cualquier otro texto adoptado por los Estados *miembros* o por el Consejo en sustitución de dicho Convenio, en lo que se refiere a las normas de competencia aplicables en caso de traslado del domicilio social de una sociedad anónima de un Estado miembro a otro.

(26) Las actividades de las entidades financieras están reguladas en Directivas específicas. El Derecho nacional que traspone dichas Directivas, así como otras normas nacionales que regulan dichas actividades, son plenamente aplicables a la SE.

(27) Habida cuenta del carácter específico y comunitario de la SE, el régimen de la sede real que el presente Reglamento establece para la SE se entenderá sin perjuicio de lo dispuesto en las legislaciones de los Estados miembros y no prejuzga de las opciones que puedan adoptarse para otras normas comunitarias en materia de derecho de sociedades.

(28) El Tratado no prevé para la adopción del presente Reglamento más poderes que los del artículo 308.

(29) Habida cuenta de que los objetivos de la acción contemplada no pueden ser alcanzados de manera suficiente por los Estados miembros en la medida en que se trata de establecer la sociedad anónima europea de ámbito europeo, y, por consiguiente, pueden lograrse mejor, debido a la dimensión o a los efectos de la acción contemplada, a nivel comunitario, la Comunidad puede adoptar medidas, de conformidad con el principio de subsidiariedad enunciado en el artículo 5 del Tratado. De conformidad con el principio de proporcionalidad, tal y como se enuncia en el mismo artículo, el presente Reglamento no excede de lo necesario para alcanzar dichos objetivos.

HA ADOPTADO EL PRESENTE REGLAMENTO:

TÍTULO PRIMERO

Disposiciones generales

Artículo 1.º 1. Podrán constituirse sociedades en el territorio de la Comunidad en forma de sociedades anónimas europeas (Societas Europaea, denominada en lo sucesivo «SE») en las condiciones y con arreglo a las modalidades previstas en el presente Reglamento.

2. El capital de la SE estará dividido en acciones. Cada accionista sólo responderá hasta el límite del capital que haya suscrito.

3. La SE tendrá personalidad jurídica propia.

4. La implicación de los trabajadores en una SE estará regulada por la Directiva 2001/86/CE.

Art. 2.º 1. Las sociedades anónimas que figuran en el anexo I, constituidas con arreglo al ordenamiento jurídico de un Estado miembro, que tengan su domicilio social y su administración central en la Comunidad, podrán constituir una SE mediante fusión, siempre que al menos dos de ellas estén sujetas al ordenamiento jurídico de Estados miembros diferentes.

2. Las sociedades anónimas y las sociedades de responsabilidad limitada contempladas en el anexo II del presente Reglamento, constituidas con arreglo al ordenamiento jurídico de un Estado miembro y con domicilio social y administración central en la Comunidad podrán promover la constitución de una SE *holding,* siempre que al menos dos de ellas:

a) estén sujetas al ordenamiento jurídico de distintos Estados miembros; o

b) tengan una filial sujeta al ordenamiento jurídico de otro Estado miembro o una sucursal en otro Estado miembro desde, por lo menos, dos años antes.

3. Las sociedades a que se refiere el párrafo segundo del artículo 48 del Tratado, así como otras entidades jurídicas de Derecho público o privado constituidas con arreglo al ordenamiento jurídico de un Estado miembro y con domicilio social y administración central en la Comunidad podrán constituir una SE filial suscribiendo sus acciones, siempre que al menos dos de ellas:

a) estén sujetas al ordenamiento jurídico de distintos Estados miembros; o

b) tengan una filial sujeta al ordenamiento jurídico de otro Estado miembro o una sucursal en otro Estado miembro desde, por lo menos, dos años antes.

4. Una sociedad anónima constituida con arreglo al ordenamiento jurídico de un Estado miembro y con domicilio social y administración central en la Comunidad, podrá transformarse en una SE siempre que haya tenido una filial sujeta al ordenamiento jurídico de otro Estado miembro durante, al menos, dos años.

5. Los Estados miembros podrán disponer que una sociedad que no tenga su administración central

en la Comunidad pueda participar en la constitución de una SE siempre y cuando esa sociedad esté constituida con arreglo al ordenamiento jurídico de un Estado miembro, tenga su domicilio social en ese mismo Estado miembro y tenga una vinculación efectiva y continua con la economía de un Estado miembro.

Art. 3.º 1. A efectos de los apartados 1, 2 y 3 del artículo 2, se considerará que la SE es una sociedad anónima regulada por el ordenamiento jurídico del Estado miembro en el que tenga su domicilio social.

2. Una SE podrá constituir una o más filiales en forma de SE. No se aplicarán a la SE filial las disposiciones del Estado miembro del domicilio social de la SE filial que exijan que una sociedad anónima tenga más de un accionista. Las disposiciones nacionales adoptadas en virtud de la Duodécima Directiva 89/667/CEE del Consejo, de 21 de diciembre de 1989, en materia de derecho de sociedades, relativa a las sociedades de responsabilidad limitada de socio único [4], se aplicarán a la SE *mutatis mutandis*.

Art. 4.º 1. El capital de la SE se expresará en euros.

2. El capital suscrito no podrá ser inferior a 120.000 euros.

3. *Cuando* la legislación de un Estado miembro fije un capital suscrito superior para sociedades que ejerzan determinados tipos de actividad, dicha legislación se aplicará a las SE que tengan su domicilio social en dicho Estado miembro.

Art. 5.º Salvo lo dispuesto en los apartados 1 y 2 del artículo 4, el capital de la SE, su mantenimiento y sus modificaciones, así como sus acciones, obligaciones y demás títulos asimilables, estarán regulados por las disposiciones que se aplicarían a una sociedad anónima que tuviera el domicilio social en el Estado miembro en el que esté registrada la SE.

Art. 6.º A efectos del presente Reglamento, la expresión estatutos de la SE designará a la vez el acto constitutivo y, cuando constituyan un acto separado, los estatutos propiamente dichos de la SE.

Art. 7.º El domicilio social de la SE deberá estar situado dentro de la Comunidad, en el mismo Estado miembro que su administración central. Además, los Estados miembros podrán imponer a las SE registradas en su territorio la obligación de situar la administración central y el domicilio social en el mismo lugar.

Art. 8.º 1. Se podrá trasladar el domicilio social de la SE a otro Estado miembro con arreglo a lo dispuesto en los apartados 2 a 13. Dicho

---

[4] *DO* L 395, de 30-12-1989, p. 40. Directiva modificada por última vez por el Acta de adhesión de 1994.

traslado no dará lugar a la disolución de la SE ni a la creación de una nueva persona jurídica.

2. El órgano de dirección o de administración deberá elaborar un proyecto de traslado, que se dará a conocer conforme a lo dispuesto en el artículo 13, sin perjuicio de otras formas de publicidad previstas por el Estado miembro en que la SE tenga su domicilio social. Este proyecto mencionará la denominación social, el domicilio social y el número actuales de la SE e incluirá:

a) el domicilio social propuesto para la SE;

b) los estatutos propuestos para la SE, incluida, en su caso, la nueva denominación social;

c) cualquier repercusión que pueda tener el traslado en la implicación de los trabajadores en la SE;

d) las fechas propuestas para el traslado;

e) todo tipo de derechos previstos para la protección de accionistas y/o acreedores.

3. El órgano de dirección o de administración redactará un informe en el que se expliquen y justifiquen los aspectos jurídicos y económicos del traslado y se expongan las consecuencias de dicho traslado para los accionistas, los acreedores y los trabajadores.

4. Los accionistas y los acreedores de la SE tendrán, durante al menos un mes antes de la junta general que deba pronunciarse sobre el traslado, el derecho de examinar, en el domicilio social de la SE, la propuesta de traslado y el informe preparado con arreglo al apartado 3, así como el derecho de obtener gratuitamente, si así lo solicitaren, copias de dichos documentos.

5. Los Estados miembros podrán adoptar, respecto de las SE que estén registradas en sus territorios respectivos, disposiciones encaminadas a garantizar una protección adecuada a los accionistas minoritarios que se hayan pronunciado en contra del traslado de domicilio.

6. La decisión de traslado no podrá adoptarse hasta dos meses después de la publicación del proyecto. Deberá adoptarse de conformidad con el artículo 59.

7. Antes de que la autoridad competente expida el certificado a que se refiere el apartado 8, la SE deberá demostrar que, por lo que respecta a cualquier obligación contraída con anterioridad a la publicación del proyecto de traslado, los intereses de acreedores y titulares de otros derechos en relación con la SE (incluidos los de organismos públicos) han quedado debidamente protegidos de conformidad con lo estipulado por el Estado miembro en el que la SE tenga su domicilio social antes del traslado.

Los Estados miembros podrán hacer extensiva la aplicación de lo dispuesto en el párrafo primero a las obligaciones que hubiesen nacido (o que hubiesen podido nacer) antes del traslado.

Los párrafos primero y segundo no afectan a la aplicación a las SE de las legislaciones nacionales de los Estados miembros sobre liquidación o garantía de los pagos a organismos públicos.

8. En el Estado miembro del domicilio social de la SE, un tribu-

nal, un notario u otra autoridad competente expedirá un certificado que acredite de manera concluyente el cumplimiento de los actos y trámites que han de realizarse antes del traslado.

9. La nueva inscripción sólo podrá efectuarse previa presentación del certificado mencionado en el apartado 5 así como de la prueba del cumplimiento de los trámites requeridos para el registro en el país del nuevo domicilio.

10. El traslado del domicilio social de la SE, así como la correspondiente modificación de los estatutos, surtirán efecto en la fecha en que, con arreglo al artículo 12, la SE se haya inscrito en el registro del nuevo domicilio.

11. Cuando la SE se haya inscrito en el registro del nuevo domicilio, dicho registro enviará una notificación al registro del domicilio social anterior. Sólo se producirá la baja en el registro anterior al recibo de dicha notificación, pero en ningún caso con anterioridad a la misma.

12. En los Estados miembros correspondientes se publicarán, de conformidad con el artículo 13, la inscripción y la baja respectivas.

13. A partir de la publicación de la nueva inscripción de la SE, el nuevo domicilio surtirá efecto frente a terceros. No obstante, hasta que no se publique la baja en el registro del anterior domicilio, los terceros podrán seguir prevaliéndose del domicilio antiguo salvo en los casos en que la SE demuestre que los terceros tenían conocimiento del nuevo domicilio.

14. La legislación de un Estado miembro podrá establecer, en lo que respecta a las SE registradas en su territorio, que un traslado de domicilio que suponga un cambio de la legislación aplicable no surtirá efecto si, en el plazo de dos meses contemplado en el apartado 6, la autoridad competente de dicho Estado miembro se opusiere a ello. Sólo podrá producirse esta oposición por razones de interés público.

Cuando una SE sea supervisada por una autoridad nacional financiera de control con arreglo a directivas comunitarias, el derecho de oponerse al cambio de domicilio se aplicará asimismo a dicha autoridad.

Podrá recurrirse contra dicha oposición ante la autoridad judicial competente.

15. Una SE respecto de la cual se haya iniciado un procedimiento de disolución, liquidación, insolvencia, suspensión de pagos u otros procedimientos análogos no podrá trasladar su domicilio social.

16. Se considerará que una SE que haya trasladado su domicilio social a otro Estado miembro, con respecto a cualquier reclamación que se suscitara con anterioridad a dicho traslado, tal como se define en el apartado 10, tiene su administración central y su domicilio social en el Estado miembro donde dicha SE estuviera registrada con anterioridad al traslado, aun cuando la demanda interpuesta contra la SE sea posterior al traslado.

Art. 9.º 1. Las SE se regirán:

a) por lo dispuesto en el presente Reglamento;

b) cuando el presente Reglamento lo autorice expresamente, por las disposiciones de los estatutos de la SE; o

c) respecto de las materias no reguladas por el presente Reglamento o, si se trata de materias reguladas sólo en parte, respecto de los aspectos no cubiertos por el presente Reglamento;

i) por las disposiciones legales que adopten los Estados miembros en aplicación de medidas comunitarias que se refieran específicamente a las SE;

ii) por las disposiciones legales de los Estados miembros que fuesen de aplicación a una sociedad anónima constituida con arreglo a la legislación del Estado miembro en el que la SE tenga su domicilio social;

iii) por las disposiciones de los estatutos, en las mismas condiciones que rigen para las sociedades anónimas constituidas con arreglo a la legislación del Estado miembro en el que la SE tenga su domicilio social.

2. Las disposiciones legales que adopten los Estados miembros específicamente para las SE deberán ser conformes con las Directivas aplicables a las sociedades anónimas a que se refiere el anexo I.

3. Si el carácter de la actividad que desarrolle una SE estuviere regulado por disposiciones específicas de leyes nacionales, dichas leyes serán plenamente aplicables a la SE.

Art. 10. Sin perjuicio de las disposiciones del presente Reglamento, la SE recibirá en cada Estado miembro el mismo trato que una sociedad anónima constituida con arreglo a la legislación del Estado miembro en el que la SE tenga su domicilio social.

Art. 11. 1. La SE deberá hacer constar delante o detrás de su denominación social la sigla «SE».

2. Sólo las SE podrán llevar las siglas «SE» en su denominación social.

3. No obstante, las sociedades u otras entidades jurídicas registradas en un Estado miembro antes de la fecha de entrada en vigor del presente Reglamento en cuyas denominaciones sociales figuren las siglas «SE» no estarán obligadas a modificar su denominación social.

Art. 12. 1. Toda SE deberá estar registrada en el Estado miembro de su domicilio social en el registro que señale la legislación de ese Estado miembro a tenor del artículo 3 de la Primera Directiva 68/151/CEE del Consejo, de 9 de marzo de 1968, tendente a coordinar, para hacerlas equivalentes, las garantías exigidas en los Estados miembros a las sociedades definidas en el segundo párrafo del artículo 58 del Tratado, para proteger los intereses de socios y terceros [5].

---

[5] *DO* L 65, de 14-3-1968, p. 8. Directiva cuya última modificación la constituye el Acta de adhesión de 1994.

2. No podrá registrarse ninguna SE salvo que se haya celebrado un acuerdo de implicación de los trabajadores en virtud del artículo 4 de la Directiva 2001/86/CE, se haya tomado una decisión en virtud del apartado 6 del artículo 3 de la mencionada Directiva o haya expirado el período de negociaciones conforme al artículo 5 de la Directiva sin que se haya celebrado ningún acuerdo.

3. Para que una SE pueda registrarse en un Estado miembro que haya ejercido la potestad a que se refiere el apartado 3 del artículo 7 de la Directiva 2001/86/CE, o bien deberá haberse celebrado un acuerdo de implicación —incluida la participación— de los trabajadores en virtud del artículo 4 de la mencionada Directiva, o bien ninguna de las sociedades participantes deberá haber estado sujeta a las normas de participación antes de la inscripción de la SE.

4. Los estatutos de las SE en ningún caso podrán ser contrarios a las disposiciones relativas a la implicación de los trabajadores que se hayan fijado. Cuando en virtud de la Directiva 2001/86/CE se determinen nuevas disposiciones en materia de implicación que sean contrarias a los estatutos existentes, éstos habrán de ser modificados en la medida necesaria.

En ese caso, los Estados miembros podrán disponer que el órgano de dirección o el órgano de administración de la SE esté facultado para modificar los estatutos sin nuevo acuerdo de la junta general de accionistas.

Art. 13. Los actos y datos relativos a la SE que deban hacerse públicos en virtud del presente Reglamento se publicarán de acuerdo con la legislación del Estado miembro del domicilio social de la SE, de conformidad con la Directiva 68/151/CEE.

Art. 14. 1. La inscripción y la baja de una SE se publicarán a título informativo en el *Diario Oficial de las Comunidades Europeas*, tras la publicación efectuada de conformidad con el artículo 13. En el anuncio se indicará la denominación social, el número, la fecha y el lugar de la inscripción de la SE, la fecha, el lugar y el título de la publicación, el domicilio social de la SE y su sector de actividad.

2. El traslado del domicilio social de la SE en las condiciones previstas en el artículo 8 dará lugar a un anuncio con los datos contemplados en el apartado 1, además de los relativos a la nueva inscripción.

3. Los datos a que se refiere el apartado 1 se comunicarán a la Oficina de Publicaciones Oficiales de las Comunidades Europeas en el mes siguiente a la publicación a que se refiere el artículo 13.

TÍTULO II

Constitución

SECCIÓN 1.ª

Generalidades

Art. 15. 1. Salvo lo dispuesto en el presente Reglamento, la constitución de una SE se regirá por la legislación aplicable a las sociedades anónimas del Estado en que la SE fije su domicilio social.

2. La inscripción de una SE se hará pública con arreglo a lo dispuesto en el artículo 13.

....

TÍTULO V

Disolución, liquidación, insolvencia y suspensión de pagos

Art. 63. En lo referente a la disolución, liquidación, insolvencia, suspensión de pagos y procedimientos análogos, la SE estará sometida a las disposiciones legales aplicables a las sociedades anónimas constituidas con arreglo a la legislación del Estado miembro en el que tenga su domicilio social la SE, incluidas las disposiciones relativas a la adopción de decisiones por la junta general.

....

ANEXO I*

Sociedades anónimas contempladas en el apartado 1 del artículo 2

BÉLGICA:

la société anonyme/de naamloze vennootschap

BULGARIA:

акпонерно дружесгво

REPÚBLICA CHECA:

akciová společnost

* Modificado por el Reglamento (CE) 885/2004 del Consejo, de 26 de abril de 2004 (*DO* L 168, de 1-5-2004), y por el Reglamento (CE) 1791/2006 del Consejo, de 20 de noviembre de 2006 (*DO* L 363, de 20-12-2006).

DINAMARCA:

aktieselskaber

ALEMANIA:

die Aktiengesellschaft

ESTONIA:

aktsiaselts

GRECIA:

ανώνυμη εταιρία

ESPAÑA:

la sociedad anónima

FRANCIA:

la société anonyme

IRLANDA:

public companies limited by shares
public companies limited by guarantee having a share capital

ITALIA:

società per azioni

CHIPRE:

Δημόσια Εταιρεία περιορισμένης ευθύνης με μετοχές, Δημόσια Εταιρεία περιορισμένης ευθύνης με εγγύηση

LETONIA:

akciju sabiedrība

LITUANIA:

akcinės bendrovės

LUXEMBURGO:

la société anonyme

HUNGRÍA:

részvénytársaság

MALTA:

kumpaniji pubbliċi / public limited liability companies

PAÍSES BAJOS:

de naamloze vennootschap

AUSTRIA:

die Aktiengesellschaft

POLONIA:

spólka akcyjna

PORTUGAL:

a sociedade anónima de responsabilidade limitada

RUMANÍA:

societate pe acţiuni

ESLOVENIA:

delniška družba

ESLOVAQUIA:

akciová spoločnos

FINLANDIA:

julkinen osakeyhtiö/publikt aktiebolag

SUECIA:

publikt aktiebolag

REINO UNIDO:

public companies limited by shares
public companies limited by guarantee having a share capital.

ANEXO II*

Sociedades anónimas y sociedades de responsabilidad limitada comtempladas en el apartado 2 del artículo 2

BÉLGICA:

la société anonyme/de naamloze vennootschap
la société privée à responsabilité limitée/besloten vennootschap met beperkte aansprakelijkheid

---

* Modificado por el Reglamento (CE) 885/2004 del Consejo, de 26 de abril de 2004 (*DO* L 168, de 1-5-2004), y por el Reglamento (CE) 1791/2006 del Consejo, de 20 de noviembre de 2006 (*DO* L 363, de 20-12-2006).

BULGARIA:

акдионерно дружесґво, дружесґво с оґраничена отґоворносґ

REPÚBLICA CHECA:

akciová společnost

DINAMARCA:

aktieselskaber
anpartselskaber

ALEMANIA:

die Aktiengesellschaft
die Gesellschaft mit beschränkter Haftung

ESTONIA:

aktsiaselts ja osaühing

GRECIA:

ανώνυμη εταιρία
εταιρία περιορισμένης ευθύνης

ESPAÑA:

la sociedad anónima
la sociedad de responsabilidad limitada

FRANCIA:

la société anonyme
la société à responsabilité limitée

IRLANDA:

public companies limited by shares
public companies limited by guarantee having a share capital
private companies limited by shares
private companies limited by guarantee having a share capital

ITALIA:

società per azioni
società a responsabilità limitata

CHIPRE:

Δημόσια εταιρεία περιορισμένης ευθύνης με μετοχές,
δημόσια Εταιρεία περιορισμένης ευθύνης με εγγύηση,
ιδιωτική εταιρεία

LETONIA:

akciju sabiedrība,
un sabiedrība ar ierobežotu atbildību

LITUANIA:

aktinės bendrovės,
uždarosios aktinės bendrovės

LUXEMBURGO:

la société anonyme
la société à responsabilité limitée

HUNGRÍA:

részvénytársaság,
korlátolt felelõsségû társaság

MALTA:

kumpaniji pubbliċi / public limited liability companies
kumpaniji privati / private limited liability companies

PAÍSES BAJOS:

de naamloze vennootschap
de besloten vennootschap met beperkte aanspraketijkheid

AUSTRIA:

die Aktiengesellschaft
die Gesellschaft mit beschränkter Haftung

POLONIA:

spółka akcyjna,
spółka z ograniczoną odpowiedzialnością

PORTUGAL:

a sociedade anónima de responsabilidade limitada
a sociedade por quotas de responsabilidade limitada

RUMANÍA:

societate pe acțiuni', societate cu răspundere limitată

ESLOVENIA:

delniška družba,
družba z omejeno odgovornostjo

ESLOVAQUIA:

aktiová spoločnos',
spoločnosťs ručením obmedzeným

FINLANDIA:

osakeyhtiö
aktiebolag

SUECIA:

aktiebolag

REINO UNIDO:

public companies limited by shares
public companies limited by guarantee having a share capital
private companies limited by shares
private companies limited by guarantee having a share capital.

96. REGLAMENTO (CE) NÚMERO 1435/2003 DEL CONSEJO, DE 22 DE JULIO DE 2003, RELATIVO AL ESTATUTO DE LA SOCIEDAD COOPERATIVA EUROPEA (SCE)*

Arts. 1.º-13, 17-20, 28, 72 y 73)

(*DO* núm. L 207, de 18 de agosto de 2003)

EL CONSEJO DE LA UNIÓN EUROPEA,

Visto el Tratado constitutivo de la Comunidad Europea, y en particular su artículo 308,

Visto la propuesta de la Comisión[1],

Visto el dictamen del Parlamento Europeo[2],

Visto el dictamen del Comité Económico y Social Europeo[3],

Considerando lo siguiente:

(1) El Parlamento Europeo ha adoptado varias resoluciones relacionadas con las cooperativas, entre las que cabe mencionar la Resolución de 13 de abril de 1983 sobre el movimiento cooperativo en la Comunidad Europea[4], la de 9 de julio de 1987 sobre la contribución de las cooperativas al desarrollo regional[5], la de 26 de mayo de 1989 sobre el papel de la mujer en las cooperativas e iniciativas locales de creación de empleo[6], la de 11 de febrero de 1994 sobre la contribución de las cooperativas al desarrollo regional[7] y la de 18 de septiem-

* De acuerdo con el art. 80, entró en vigor a los tres días de su publicación en el *DO*. Se aplica a partir del 18 de agosto de 2006.

1 *DO* C 99, de 21-4-1992, p. 17 y *DO* C 236, de 31-8-1993, p. 17.

2 *DO* C 42, de 15-2-1993, p. 75, y Dictamen emitido el 14 de mayo de 2003 [...].

3 *DO* C 223, de 31-8-1992, p. 42.

4 *DO* C 128, de 16-5-1983, p. 51.

5 *DO* C 246, de 14-9-1987, p. 94.

6 *DO* C 158, de 26-6-1989, p. 380.

7 *DO* C 61, de 28-2-1994, p. 231.

bre de 1998 sobre el papel de las cooperativas en el crecimiento del empleo femenino [8].

(2) La realización del mercado interior y la mejora de la situación económica y social que tal realización debe fomentar en el conjunto de la Comunidad implican, además de la eliminación de los obstáculos a los intercambios, una reestructuración a escala de la Comunidad de las estructuras de producción. A tal fin es indispensable que las empresas de todo tipo cuya actividad no se limite a satisfacer necesidades puramente locales puedan concebir y llevar a cabo la reorganización de sus actividades a escala comunitaria.

(3) El marco jurídico aplicable a la actividad económica dentro de la Comunidad sigue basándose en gran medida en las legislaciones nacionales y no se ajusta, pues, al marco económico en que dicha actividad debe desarrollarse para lograr los objetivos enunciados en el artículo 18 del Tratado. Esta situación puede entorpecer de manera considerable las operaciones de agrupamiento entre sociedades sometidas a las legislaciones de los distintos Estados miembros.

(4) El Consejo ha adoptado el Reglamento (CE) número 2157/2001[9] en el que se establece la forma jurídica de la sociedad anónima europea (SE) con arreglo a los principios generales de la sociedad anónima. Dicho instrumento no se adapta a las características específicas de las cooperativas.

(5) La Agrupación Europea de Interés Económico (AEIE), establecida en el Reglamento (CEE) número 2137/85 del Consejo[10], si bien permite a las empresas fomentar determinadas actividades de manera conjunta, a la vez que preserva su autonomía, no satisface las necesidades específicas de las cooperativas.

(6) La Comunidad, en su afán de respetar la igualdad de condiciones de la competencia y de contribuir a su desarrollo económico, debe dotar a las cooperativas, entidades comúnmente reconocidas en todos los Estados miembros, de instrumentos jurídicos adecuados que permitan facilitar el desarrollo de sus actividades transfronterizas. Las Naciones Unidas han instado a todos los Estados a asegurar un entorno propicio en que las cooperativas puedan participar en igualdad de condiciones con otras formas de empresa[11].

(7) Las cooperativas son, ante todo, agrupaciones de personas o entidades jurídicas que se rigen por principios de funcionamiento específicos, distintos de los de otros agentes económicos. Entre esos principios cabe mencionar el de la estructura y gestión democráticas y

[8] *DO* C 313, de 12-10-1998, p. 234.
[9] *DO* L 294, de 10-11-2001, p. 1.
[10] *DO* L 199, de 31-7-1985, p. 1.
[11] Resolución aprobada por la Asamblea General de las Naciones Unidas en su 88.ª sesión plenaria, el 19 de diciembre de 2001 (A/RES/56/114).

el de la distribución equitativa del beneficio neto del ejercicio financiero.

(8) Estos principios particulares se refieren especialmente al principio de primacía de la persona, que se refleja en disposiciones específicas relativas a las condiciones de adhesión, renuncia y exclusión de los socios; dicho principio se traduce en la regla *un hombre, un voto*, que vincula el derecho de voto a la persona e implica la imposibilidad de que los miembros ejerzan un derecho sobre el activo de la sociedad cooperativa.

(9) Las cooperativas tienen un capital social y sus socios pueden ser tanto particulares como empresas. La cooperativa puede estar integrada, en su totalidad o en parte, por clientes, trabajadores o proveedores. Las cooperativas integradas por socios que son a su vez empresas cooperativas se denominan cooperativas secundarias o de segundo grado. En algunos casos, las cooperativas también pueden contar entre sus miembros con un porcentaje determinado de socios inversores no usuarios o de terceros que se benefician de su actividad o realizan trabajos por cuenta de la cooperativa.

(10) El objetivo principal de la sociedad cooperativa europea (denominada en lo sucesivo SCE) debe ser la satisfacción de las necesidades de sus socios o el desarrollo de sus actividades económicas o sociales, respetando los principios siguientes:

— sus actividades han de tener por objeto el beneficio mutuo de los socios de modo que todos ellos se beneficien de las actividades de la SCE en función de su participación,

— sus socios han de ser, además, clientes, trabajadores o proveedores o estar implicados de alguna forma en las actividades de la SCE,

— el control debe estar repartido equitativamente entre sus socios, aunque puede admitirse la ponderación de votos para reflejar la aportación de cada socio a la SCE,

— la remuneración del capital tomado en préstamo y de las participaciones debe ser limitada,

— los beneficios han de distribuirse en función de las actividades realizadas con la SCE o utilizarse para satisfacer las necesidades de sus socios,

— no deben existir obstáculos artificiales a la adhesión,

— el activo neto y las reservas se adjudicarán, en caso de disolución, con arreglo al principio de adjudicación desinteresada, es decir, a otra entidad cooperativa que persiga objetivos similares o fines de interés general.

(11) La cooperación transfronteriza entre cooperativas tropieza actualmente en la Comunidad con dificultades de orden jurídico y administrativo que conviene eliminar en un mercado sin fronteras.

(12) La creación de una forma jurídica de alcance europeo para las cooperativas, que se base en principios comunes pero que tenga en cuenta sus características específicas, debe permitirles actuar fuera de sus fronteras nacionales, en todo o en parte del territorio de la Comunidad.

(13) El objetivo esencial del presente Reglamento es permitir la constitución de SCE por particulares residentes en distintos Estados miembros o por entidades jurídicas sujetas a las legislaciones de Estados miembros distintos. Sus disposiciones permitirán, asimismo, que se constituya una SCE mediante la fusión de dos cooperativas existentes o mediante la transformación de una cooperativa nacional en SCE sin mediar disolución, siempre que dicha cooperativa tenga su domicilio social y su administración central en un Estado miembro y un establecimiento o filial en otro.

(14) Habida cuenta del carácter específicamente comunitario de la SCE, el régimen de la sede real que el presente Reglamento establece para las SCE se entenderá sin perjuicio de lo dispuesto en las legislaciones de los Estados miembros y no prejuzga de las opciones que puedan adoptarse para otras normas comunitarias en materia de derecho de sociedades.

(15) El término «capital» en el presente Reglamento se refiere únicamente al capital suscrito. No se aplica al capital social y activos comunes no distribuidos de la SCE.

(16) El ámbito de aplicación del Reglamento no incluye otros ámbitos legislativos como la fiscalidad, la competencia, la propiedad intelectual o la insolvencia. Por consiguiente, en los ámbitos antes mencionados y en otros ámbitos no cubiertos por el presente Reglamento serán aplicables las disposiciones del Derecho de los Estados miembros y del Derecho comunitario.

(17) Las normas relativas a la implicación de los trabajadores en la sociedad cooperativa europea se establecen en la Directiva 2003/72/CE, cuyas disposiciones constituyen, pues, un complemento indisociable del presente Reglamento y deben aplicarse concomitantemente.

(18) Los trabajos de aproximación del Derecho nacional de sociedades han avanzado considerablemente, lo cual permite que determinadas disposiciones del Estado miembro del domicilio social de la SCE adoptadas en aplicación de las directivas relativas a las sociedades mercantiles también puedan aplicarse *mutatis mutandis* a la SCE en aquellos ámbitos en que su funcionamiento no exija normas comunitarias uniformes, por ser apropiadas tales disposiciones para la regulación de la SCE, en particular:

— la primera Directiva 68/151/CEE del Consejo, de 9 de marzo de 1968, tendente a coordinar, para hacerlas equivalentes, las garantías exigidas en los Estados miembros a las sociedades definidas en el segundo párrafo del artículo 48 del Tratado, para proteger los intereses de socios y terceros[12],

— la cuarta Directiva 78/660/CEE del Consejo, de 25 de julio de 1978, relativa a las cuentas anua-

[12] *DO* L 65, de 31-7-1968, p. 8; Directiva cuya última modificación la constituye el Acta de Adhesión de España y de Portugal.

les de determinadas formas de sociedad[13],

— la séptima Directiva 83/349/CEE del Consejo, de 13 de junio de 1983, relativa a las cuentas consolidadas[14],

— la octava Directiva 84/253/CEE del Consejo, de 10 de abril de 1984, relativa a la autorización de las personas encargadas del control legal de documentos contables[15],

— la undécima Directiva 89/666/CEE del Consejo, de 21 de diciembre de 1989, relativa a la publicidad de las sucursales constituidas en un Estado miembro por determinadas formas de sociedades sometidas al Derecho de otro Estado[16].

(19) Las actividades en el sector de los servicios financieros, en especial en lo que se refiere a las entidades de crédito y las empresas de seguros, han sido objeto de medidas legislativas previstas en las siguientes Directivas:

— Directiva 86/635/CEE del Consejo, de 8 de diciembre de 1986, relativa a las cuentas anuales y consolidadas de los bancos y otras entidades financieras[17],

— Directiva 92/49/CEE del Consejo, de 18 de junio de 1992, sobre coordinación de las disposiciones legales, reglamentarias y administrativas relativas al seguro directo distinto del seguro de vida (tercera Directiva de seguros distintos del seguro de vida)[18].

(20) El recurso al presente Estatuto debe ser facultativo.

HA ADOPTADO EL PRESENTE REGLAMENTO:

CAPÍTULO PRIMERO

DISPOSICIONES GENERALES

Artículo 1.º *Naturaleza de la SCE.*—1. Podrán constituirse sociedades cooperativas en el territorio de la Comunidad en la forma de una sociedad cooperativa europea (denominada en lo sucesivo «SCE») en las condiciones y con arreglo a las modalidades establecidas en el presente Reglamento.

2. El capital suscrito de una SCE estará dividido en participaciones.

El número de socios y el capital de la SCE serán variables.

Salvo en los casos en que los estatutos de una SCE dispongan otra cosa cuando ésta se constituya, cada socio sólo responderá hasta el límite del capital que haya suscrito. Cuando los miembros de una SCE tengan una responsabilidad limitada, la denominación de dicha SCE deberá terminar con la mención «limitada».

[13] *DO* L 222, de 14-8-1978, p. 11; Directiva cuya última modificación la constituye la Directiva 2001/65/CE (*DO* L 283, de 27-10-2001, p. 28).

[14] *DO* L 193, de 18-7-1983, p. 1; Directiva cuya última modificación la constituyen la Directiva 2001/65/CE.

[15] *DO* L 126, de 12-5-1984, p. 20.

[16] *DO* L 395, de 30-12-1989, p. 36.

[17] *DO* L 372, de 31-12-1986; Directiva cuya última modificación la constituye la Directiva 2001/65/CE.

[18] *DO* L 228, de 11-8-1992, p. 1; Directiva cuya última modificación la constituye la Directiva 2002/13/CE (*DO* L 77, de 20-3-2002, p. 17).

3. La SCE tendrá por objeto principal la satisfacción de las necesidades y el fomento de las actividades económicas y sociales de sus socios, en particular mediante la conclusión de acuerdos con ellos para el suministro de bienes o servicios o la ejecución de obras en el desempeño de la actividad que ejerza o haga ejercer la SCE. La SCE podrá asimismo tener por objeto la satisfacción de las necesidades de sus socios mediante el fomento de su participación en actividades económicas, en el modo mencionado, en una o más SCE o sociedades cooperativas nacionales. La SCE podrá llevar a cabo sus actividades a través de una filial.

4. La SCE no podrá admitir que terceros no socios se beneficien de sus actividades o participen en sus operaciones, salvo disposición en contrario de los estatutos.

5. La SCE tendrá personalidad jurídica.

6. La implicación de los trabajadores en una SCE se regirá por lo dispuesto en la Directiva 2003/72/CE.

Art. 2.º *Constitución*.—1. La SCE podrá constituirse:

— por un mínimo de cinco personas físicas que residan en al menos dos Estados miembros,

— por un mínimo de cinco personas físicas y sociedades en la acepción del segundo párrafo del artículo 48 del Tratado, así como otras entidades jurídicas de Derecho público o privado constituidas con arreglo al ordenamiento jurídico de un Estado miembro, que residan o estén reguladas por el ordenamiento jurídico de al menos dos Estados miembros,

— por sociedades con arreglo al segundo párrafo del artículo 48 del Tratado y otras entidades jurídicas de Derecho público o privado constituidas con arreglo al ordenamiento jurídico de un Estado miembro, reguladas por el ordenamiento jurídico de al menos dos Estados miembros,

— por fusión de cooperativas constituidas con arreglo al ordenamiento jurídico de un Estado miembro y con domicilio social y administración central en la Comunidad, si al menos dos de ellas están reguladas por el ordenamiento jurídico de distintos Estados miembros,

— por transformación de una sociedad cooperativa constituida con arreglo al ordenamiento jurídico de un Estado miembro y con domicilio social y administración central en la Comunidad, siempre que haya tenido un establecimiento o una filial regulada por el ordenamiento jurídico de otro Estado miembro durante, al menos, dos años.

2. Los Estados miembros podrán disponer que una entidad jurídica que no tenga su administración central en la Comunidad pueda participar en la constitución de una SCE, siempre y cuando tal entidad jurídica esté constituida con arreglo al ordenamiento jurídico de un Estado miembro, tenga su domicilio social en ese mismo Estado miembro y tenga una vinculación efectiva y continua con la economía de un Estado miembro.

Art. 3.º *Capital mínimo*.—1. El capital de la SCE se expresará en la moneda nacional.

Una SCE cuyo domicilio social se encuentre fuera de la zona del euro también podrá expresar su capital en euros.

2. El capital suscrito no podrá ser inferior a 30.000 euros.

3. Cuando la legislación de un Estado miembro fije un capital suscrito superior para entidades jurídicas que ejerzan determinados tipos de actividad, dicha legislación se aplicará a las SCE que tengan su domicilio social en dicho Estado miembro.

4. Los estatutos fijarán una cantidad por debajo de la cual no podrá reducirse el capital suscrito debido al reembolso de las participaciones de los socios que dejen de formar parte de la SCE. Esta cantidad no podrá ser inferior al importe contemplado en el apartado 2. La fecha límite que fija el artículo 16 para el reembolso a que tienen derecho los socios que dejen de formar parte de la SCE quedará suspendida en la medida en que el reembolso entrañe la reducción del capital suscrito por debajo del límite prescrito.

5. El capital podrá aumentarse mediante aportaciones sucesivas de los socios o por admisión de nuevos socios y reducirse mediante reembolso total o parcial de las aportaciones, con arreglo a lo dispuesto en el apartado 4.

La variación del capital no requerirá modificación de los estatutos ni publicidad.

Art. 4.º *Capital de la SCE*.—1. El capital suscrito de la SCE estará representado por las participaciones de los socios expresadas en moneda nacional. Una SCE cuyo domicilio social se encuentre fuera de la zona del euro también podrá expresar sus participaciones en euros. Podrán emitirse distintas categorías de participaciones.

Los estatutos podrán prever que las distintas categorías de participaciones confieran distintos derechos en lo que respecta a la distribución de resultados. Las participaciones que confieran los mismos derechos constituirán una categoría.

2. El capital sólo podrá constituirse con activos susceptibles de valoración económica. Las participaciones de los socios no podrán emitirse en contrapartida de compromisos contraídos en relación con la ejecución de obras o la prestación de servicios.

3. Las participaciones serán obligatoriamente nominativas. El valor nominal de las participaciones de la misma categoría será idéntico. Dicho valor se fijará en los estatutos. No podrán emitirse participaciones por un importe inferior a su valor nominal.

4. Las participaciones emitidas como contrapartida de aportaciones dinerarias deberán hacerse efectivas como mínimo en un 25 por 100 de su valor nominal en el momento de la suscripción. El saldo restante se desembolsará en un plazo máximo de cinco años, salvo que los estatutos establezcan un plazo más breve.

5. Las participaciones emitidas en contrapartida de aportaciones no dinerarias deberán abonarse total-

mente en el momento de la suscripción.

6. La legislación aplicable a las sociedades anónimas en los Estados miembros donde la SCE tenga su domicilio social en lo que se refiere a la designación de expertos y la valoración de las participaciones no dinerarias se aplicará *mutatis mutandis* a las SCE.

7. Los estatutos fijarán el número mínimo de participaciones que deben suscribirse para acceder a la condición de socio. Si prevén que la mayoría en las asambleas generales se reserve a los socios que sean personas físicas y establecen una obligación de suscripción ligada a la participación de los socios en la actividad de la SCE, no podrán imponer para la adquisición de la condición de socio la suscripción de más de una participación.

8. Una resolución de la asamblea general anual, que se pronunciará sobre las cuentas del ejercicio, determinará el importe del capital al cierre del ejercicio y su variación en relación con el ejercicio anterior.

A propuesta de los órganos de administración o de dirección podrá aumentarse el capital suscrito por incorporación de todas o parte de las reservas distribuibles, en virtud de un acuerdo adoptado por la asamblea general con arreglo a las condiciones de quórum y de mayoría requeridas para la modificación de los estatutos. Las nuevas participaciones corresponderán a los socios prorrateadas por las participaciones de que ya disponían en el capital.

9. El valor nominal de las participaciones podrá aumentarse agrupando participaciones emitidas. Cuando este aumento precise aportaciones complementarias de los socios según las disposiciones establecidas en los estatutos, el acuerdo de la asamblea general deberá adoptarse con arreglo a las condiciones de quórum y de mayoría requeridas para la modificación de los estatutos.

10. El valor nominal de las participaciones podrá reducirse por división de las participaciones emitidas.

11. En las condiciones que fijen los estatutos y con el acuerdo de la asamblea general o del órgano de dirección o de administración, las participaciones podrán cederse o transmitirse a un socio o a quienquiera que adquiera la condición de socio.

12. Queda prohibida la suscripción, compra y aceptación en garantía por parte de la SCE de sus propias participaciones, ya sea directamente o por medio de una persona que actúe en nombre propio pero por cuenta de la SCE.

No obstante, estará autorizada la aceptación de participaciones en garantía para las operaciones corrientes de las SCE que sean entidades de crédito.

Art. 5.º *Estatutos.*—1. A efectos del presente Reglamento, la expresión «estatutos de la SCE» designará a la vez el acto constitutivo y, cuando constituyan un acto separado, los estatutos propiamente dichos de la SCE.

2. Los fundadores elaborarán los estatutos, de conformidad con las disposiciones previstas para la constitución de cooperativas sujetas a la legislación del Estado miembro del domicilio social de la SCE. Los estatutos deberán redactarse por escrito y llevar la firma de los fundadores.

3. La legislación en materia de control preventivo aplicable en los Estados miembros donde la SCE tenga su domicilio social a las sociedades anónimas durante la fase de constitución se aplicará *mutatis mutandis* al control de la constitución de la SCE.

4. En los estatutos se consignará por lo menos:

— la denominación social, precedida o seguida de las siglas «SCE», y, cuando proceda, la mención «limitada»,

— el objeto social,

— el nombre de las personas físicas y la denominación social de las entidades que sean socios fundadores de la SCE, con indicación en este último caso del objeto y del domicilio social,

— el domicilio social de la SCE,

— las condiciones y procedimientos de admisión, exclusión y renuncia de los socios,

— los derechos y obligaciones de los socios y, en su caso, sus diferentes categorías, así como los derechos y obligaciones de cada categoría,

— el valor nominal de las participaciones suscritas, el importe del capital suscrito, en su caso, y la indicación de que el capital es variable,

— las normas específicas relativas a los excedentes que deban destinarse, en su caso, a la reserva legal,

— los poderes y competencias de los miembros de cada órgano de gobierno,

— las condiciones de designación y revocación de los miembros de los órganos de gobierno,

— las reglas de mayoría y quórum,

— la duración de la sociedad, si se trata de una sociedad de duración limitada.

Art. 6.º *Domicilio social.*—El domicilio social de la SCE deberá estar situado dentro de la Comunidad, en el mismo Estado miembro que su administración central. Además, los Estados miembros podrán imponer a las SCE registradas en su territorio la obligación de situar la administración central y el domicilio social en el mismo lugar.

Art. 7.º *Traslado del domicilio social.*—1. El domicilio social de la SCE podrá trasladarse a otro Estado miembro con arreglo a lo dispuesto en los apartados 2 a 16. Dicho traslado no dará lugar a la disolución de la SCE ni a la creación de una nueva persona jurídica.

2. El órgano de dirección o de administración deberá elaborar un proyecto de traslado, que se dará a conocer conforme a lo dispuesto en el artículo 12, sin perjuicio de otras formas de publicidad previstas por el Estado miembro en que la SCE tenga su domicilio social. Este proyecto mencionará la denominación social, el domicilio social y el núme-

ro de inscripción en el registro actuales de la SCE e incluirá:

a) el domicilio social propuesto para la SCE;

b) los estatutos propuestos para la SCE, incluida, en su caso, la nueva denominación social;

c) las fechas propuestas para el traslado;

d) cualquier repercusión que pueda tener el traslado en la implicación de los trabajadores en la SCE;

e) todos los derechos previstos para la protección de los socios, los acreedores y los titulares de otros derechos.

3. El órgano de dirección o de administración redactará un informe en el que se expliquen y justifiquen los aspectos jurídicos y económicos del traslado así como sus efectos sobre el empleo y se expongan las consecuencias de dicho traslado para los socios, los acreedores, los trabajadores y los titulares de otros derechos.

4. Los socios, los acreedores de la SCE y los titulares de otros derechos, y cualquier entidad que, de conformidad con la legislación nacional, pueda ejercer este derecho tendrán, durante al menos un mes antes de la asamblea general que deba pronunciarse sobre el traslado, el derecho de examinar, en el domicilio social de la SCE, el proyecto de traslado y el informe preparado con arreglo al apartado 3, así como el derecho de obtener gratuitamente, si así lo solicitaren, copias de dichos documentos.

5. Cualquier socio que se haya pronunciado en la asamblea general o en una asamblea sectorial o de sección en contra del traslado del domicilio podrá presentar su renuncia en el plazo de dos meses a partir del acuerdo de la asamblea general. La pérdida de la condición de socio surtirá efecto al final del ejercicio financiero en el que se haya presentado la renuncia; el traslado no surtirá efectos respecto del socio que se encuentre en esta situación. La renuncia dará derecho al reembolso de participaciones en las condiciones previstas en el apartado 4 del artículo 4 y en el artículo 16.

6. La decisión de traslado no podrá adoptarse hasta dos meses después de la publicación del proyecto. Deberá adoptarse de conformidad con el apartado 4 del artículo 62.

7. Antes de que la autoridad competente expida el certificado a que se refiere el apartado 8, la SCE deberá demostrar que, por lo que respecta a cualquier obligación contraída con anterioridad a la publicación del proyecto de traslado, los intereses de acreedores y titulares de otros derechos en relación con la SCE (incluidos los de organismos públicos) han quedado debidamente protegidos de conformidad con lo estipulado por el Estado miembro en el que la SCE tenga su domicilio social antes del traslado.

Los Estados miembros podrán hacer extensiva la aplicación de lo dispuesto en el primer párrafo a las obligaciones nacidas o que pudieran nacer antes del traslado.

El primer y segundo párrafos no afectarán a la aplicación a las SCE de las legislaciones nacionales de los Estados miembros sobre liquidación o garantía de los pagos a organismos públicos.

8. En el Estado miembro del domicilio social de la SCE, un tribunal, un notario u otra autoridad competente expedirá un certificado que acredite de manera concluyente el cumplimiento de los actos y trámites que han de realizarse antes del traslado.

9. La nueva inscripción sólo podrá efectuarse previa presentación del certificado mencionado en el apartado 8, así como de la prueba del cumplimiento de los trámites requeridos para el registro en el país del nuevo domicilio.

10. El traslado del domicilio social de la SCE, así como la correspondiente modificación de los estatutos, surtirán efecto en la fecha en que, con arreglo el apartado 1 del artículo 11, la SCE se haya inscrito en el registro del nuevo domicilio.

11. Cuando la SCE se haya inscrito en el registro del nuevo domicilio, dicho registro enviará una notificación al registro del domicilio social anterior. La baja en el registro anterior se producirá al recibo de dicha notificación, y en ningún caso con anterioridad a la misma.

12. En los Estados miembros correspondientes se publicarán, de conformidad con el artículo 12, la inscripción y la baja respectivas.

13. A partir de la publicación de la nueva inscripción de la SCE, el nuevo domicilio surtirá efecto frente a terceros. No obstante, hasta que no se publique la baja en el registro del anterior domicilio, los terceros podrán seguir prevaliéndose del domicilio antiguo salvo en los casos en que la SCE demuestre que tenían conocimiento del nuevo domicilio.

14. La legislación de un Estado miembro podrá establecer, en lo que respecta a las SCE registradas en su territorio, que un traslado de domicilio social que suponga un cambio de la legislación aplicable no surtirá efecto si, en el plazo de dos meses indicado en el apartado 6, la autoridad competente de dicho Estado miembro se opusiere a ello. Sólo podrá producirse esta oposición por razones de interés público.

Cuando una SCE sea supervisada por una autoridad nacional financiera de control con arreglo a directivas comunitarias, el derecho de oponerse al cambio de domicilio social se aplicará asimismo a dicha autoridad.

Podrá recurrirse contra dicha oposición ante la autoridad judicial competente.

15. Una SCE respecto de la cual se haya iniciado un procedimiento de disolución, incluida la disolución voluntaria, liquidación, insolvencia, suspensión de pagos u otros procedimientos análogos, no podrá trasladar su domicilio social.

16. Se considerará que una SCE que haya trasladado su domicilio social a otro Estado miembro, con respecto a cualquier reclamación que se suscitara con anterioridad a dicho traslado tal como se define en el apartado 10, tiene su administración central y su domicilio social en el Estado miembro donde dicha SCE estuviera registrada con anterioridad al traslado,

aun cuando la demanda interpuesta contra la SCE sea posterior al traslado.

Art. 8.º *Legislación aplicable.*—1. Las SCE se regirán:

a) por lo dispuesto en el presente Reglamento;

b) cuando el presente Reglamento lo autorice expresamente, por las disposiciones de los estatutos de la SCE;

c) respecto de las materias no reguladas por el presente Reglamento o, si se trata de materias reguladas sólo en parte, respecto de los aspectos no cubiertos por el presente Reglamento:

i) por la legislación que adopten los Estados miembros en aplicación de medidas comunitarias que se refieran específicamente a las SCE,

ii) por las leyes de los Estados miembros que fuesen de aplicación a una sociedad cooperativa constituida con arreglo a la legislación del Estado miembro en el que la SCE tenga su domicilio social,

iii) por las disposiciones de los estatutos, en las mismas condiciones que rigen para las sociedades cooperativas constituidas con arreglo a la legislación del Estado miembro en el que la SCE tenga su domicilio social.

2. Si las leyes nacionales dispusieran reglas o restricciones específicas relacionadas con el carácter de la actividad que realice una SCE, o mecanismos de control a cargo de una autoridad supervisora, dichas leyes serán plenamente aplicables a la SCE.

Art. 9.º *Principio de no discriminación.*—Con sujeción a las disposiciones del presente Reglamento, la SCE recibirá en cada Estado miembro el mismo trato que una sociedad cooperativa constituida con arreglo a la legislación del Estado miembro en el que la SCE tenga su domicilio social.

Art. 10. *Datos que deberán figurar en los documentos de la SCE.*—1. La legislación aplicable a las sociedades anónimas en lo que se refiere al contenido de las cartas y documentos destinados a terceros se aplicará *mutatis mutandis* a las SCE. La denominación social de la SCE irá precedida o seguida de las siglas «SCE» y, cuando corresponda, de la mención «limitada».

2. Sólo las SCE podrán llevar las siglas «SCE» delante o detrás de su denominación social, con el fin de especificar su naturaleza jurídica.

3. No obstante, las sociedades u otras entidades jurídicas registradas en un Estado miembro antes de la fecha de entrada en vigor del presente Reglamento en cuyas denominaciones sociales figuren las siglas «SCE» no estarán obligadas a modificar su denominación social.

Art. 11. *Inscripción en el registro y contenido de la publicidad.*—1. Toda SCE deberá estar registrada en el Estado miembro de su domicilio social, en el registro que señale la legislación de ese Estado miembro de conformidad con la legislación aplicable a las sociedades anónimas.

2. No podrá registrarse ninguna SCE salvo que se haya celebrado un acuerdo de implicación de los trabajadores en virtud del artículo 4 de la Directiva 2003/72/CE, se haya tomado una decisión en virtud del apartado 6 del artículo 3 de la misma o haya expirado el período de negociaciones conforme a su artículo 5 sin que se haya celebrado ningún acuerdo.

3. Para que una SCE consituida mediante fusión pueda registrarse en un Estado miembro que haya ejercido la potestad a que se refiere el apartado 3 del artículo 7 de la Directiva 2003/72/CE, será preciso bien que se haya celebrado un acuerdo de implicación —incluida la participación— de los trabajadores en virtud del artículo 4 de la mencionada Directiva, o bien que ninguna de las cooperativas participantes haya estado sujeta a las normas de participación antes de la inscripción de la SCE.

4. Los estatutos de las SCE en ningún caso podrán ser contrarios a las disposiciones relativas a la implicación de los trabajadores que se hayan fijado. Cuando en virtud de la Directiva 2003/72/CE se determinen nuevas disposiciones en materia de implicación que sean contrarias a los estatutos existentes, éstos habrán de ser modificados en la medida necesaria.

En ese caso, los Estados miembros podrán disponer que el órgano de dirección o el órgano de administración de la SCE esté facultado para modificar los estatutos sin nuevo acuerdo de la asamblea general.

5. La legislación aplicable a las sociedades anónimas en materia de publicidad de los actos y datos se aplicará *mutatis mutandis* a las SCE.

Art. 12. *Publicidad en los Estados miembros.*—1. Los documentos y los datos de una SCE a los que deba darse publicidad en virtud del presente Reglamento se harán públicos del modo que estipule la legislación en materia de sociedades anónimas del Estado miembro en el que la SCE tiene su domicilio social.

2. Las disposiciones nacionales adoptadas en aplicación de la Directiva 89/666/CEE se aplicarán a las sucursales de la SCE creadas en un Estado miembro distinto del de su domicilio social. No obstante, los Estados miembros podrán establecer excepciones a las disposiciones nacionales de desarrollo de dicha Directiva a fin de reflejar las particularidades de las cooperativas.

Art. 13. *Publicación en el* Diario Oficial de la Unión Europea.—1. La inscripción y la baja de una SCE se publicarán a título informativo en el *Diario Oficial de la Unión Europea*, tras la publicación efectuada de conformidad con el artículo 12. En el anuncio se indicará la denominación social, el número, la fecha y el lugar de la inscripción de la SCE, la fecha, el lugar y el título de la publicación, el domicilio social de la SCE y su sector de actividad.

2. El traslado del domicilio social de la SCE en las condiciones previstas en el artículo 8 dará lugar

a un anuncio con los datos indicados en el apartado 1 además de los relativos a la nueva inscripción.

3. Los datos a que se refiere el apartado 1 se comunicarán a la Oficina de Publicaciones Oficiales de las Comunidades Europeas en el mes siguiente a la publicación a que se refiere el apartado 1 del artículo 12.

....

CAPÍTULO II

CONSTITUCIÓN

SECCIÓN 1.ª

Disposiciones generales

Art. 17. *Legislación aplicable durante la constitución.*—1. Salvo lo dispuesto en el presente Reglamento, la constitución de una SCE se regirá por la legislación aplicable a las cooperativas del Estado en que la SCE fije su domicilio social.

2. La inscripción de una SCE se hará pública con arreglo a lo dispuesto en el artículo 12.

Art. 18. *Adquisición de personalidad jurídica.*—1. La SCE adquirirá personalidad jurídica el día de su inscripción, en el Estado miembro de su domicilio social, en el registro señalado por dicho Estado con arreglo a lo dispuesto en el apartado 1 del artículo 11.

2. En el caso de que se hayan realizado actos en nombre de la SCE antes de su inscripción con arreglo al artículo 11 y de que, después de dicha inscripción, la SCE no asuma las obligaciones que se deriven de dichos actos, las personas físicas, sociedades u otras entidades jurídicas que los hayan realizado responderán solidariamente de los mismos, salvo acuerdo contrario.

SECCIÓN 2.ª

Constitución mediante fusión

Art. 19. *Procedimiento de constitución mediante fusión.*—Podrá constituirse una SCE mediante una fusión que se realice:

— bien con arreglo al procedimiento de fusión por absorción,

— bien con arreglo al procedimiento de fusión por constitución de una nueva persona jurídica.

En caso de fusión por absorción, la cooperativa absorbente adoptará la forma de SCE simultáneamente a la fusión. En caso de fusión por constitución de una nueva persona jurídica, esta última adoptará la forma de una SCE.

Art. 20. *Ley aplicable en caso de fusión.*—Para las materias no reguladas en la presente sección o, cuando una materia lo esté parcialmente, para los aspectos no cubiertos por ella, toda cooperativa que participe en la constitución de una SCE mediante fusión se regirá por las disposiciones del ordenamiento jurídico del Estado miembro a que esté sujeta que sean aplicables a las fusiones de cooperativas y, en su defecto, a las disposiciones aplicables a las fusiones internas de sociedades anónimas sujetas al ordenamiento jurídico de dicho Estado.

....

Art. 28. *Legislación aplicable a la constitución por fusión.*—1. El ordenamiento jurídico del Estado miembro donde esté registrada cada una de las cooperativas que se fusionen se aplicará como en los casos de fusión de sociedades anónimas, teniendo en cuenta el carácter transfronterizo de la fusión, en lo que se refiere a la protección de los intereses de:

— los acreedores de las cooperativas que se fusionen,

— los obligacionistas de las cooperativas que se fusionen.

2. Los Estados miembros podrán adoptar, respecto de las cooperativas participantes en una fusión constituidas con arreglo a su ordenamiento jurídico, disposiciones encaminadas a garantizar una protección adecuada a los socios que se hayan pronunciado en contra de la fusión.

....

CAPÍTULO VII

DISOLUCIÓN, LIQUIDACIÓN, INSOLVENCIA Y SUSPENSIÓN DE PAGOS

Art. 72. *Disolución, insolvencia y procedimientos análogos.*—En lo referente a la disolución, liquidación, insolvencia, suspensión de pagos y procedimientos análogos, la SCE estará sometida a las disposiciones legales aplicables a las cooperativas constituidas con arreglo a la legislación del Estado miembro en el que tenga su domicilio social la SCE, incluidas las disposiciones relativas a la adopción de decisiones por la asamblea general.

Art. 73. *Disolución por resolución judicial o de otra autoridad del Estado miembro del domicilio.*—1. A petición de cualquier persona que tenga un interés legítimo o de una autoridad competente, la autoridad judicial o cualquier autoridad administrativa competente del Estado miembro del domicilio social de la SCE deberá declarar la disolución de esta última cuando compruebe que se han infringido las disposiciones del apartado 1 del artículo 2 o del apartado 2 del artículo 3 y en los casos contemplados en el artículo 34.

La autoridad judicial o la autoridad administrativa competente podrá conceder un plazo a la SCE para que regularice su situación. Si no se efectúa la regularización dentro de este plazo, la autoridad judicial o la autoridad administrativa competente ordenará la disolución.

2. Cuando una SCE deje de cumplir la obligación a que se refiere el artículo 6, el Estado miembro en que tenga su domicilio social la SCE adoptará las medidas apropiadas para obligar a esta última a regularizar la situación en un plazo determinado:

— bien restableciendo su administración central en el Estado miembro del domicilio, bien

— trasladando el domicilio social mediante el procedimiento previsto en el artículo 7.

3. El Estado miembro del domicilio social de la SCE adoptará las medidas necesarias para garantizar que se proceda a liquidar aquellas SCE que no regularicen su situación de conformidad con lo dispuesto en el apartado 2.

4. El Estado miembro del domicilio social de la SCE establecerá un recurso jurisdiccional o de otro tipo adecuado contra cualquier acto de infracción del artículo 6. Dicho recurso tendrá un efecto suspensivo sobre los procedimientos previstos en los apartados 2 y 3.

5. Cuando se compruebe, bien por iniciativa de las autoridades, bien por iniciativa de cualquier parte interesada, que una SCE tiene su administración central en el territorio de un Estado miembro en infracción del artículo 6, las autoridades de dicho Estado miembro informarán de ello sin demora al Estado miembro en el que se encuentre el domicilio social.

....

97. REGLAMENTO (CE) NÚMERO 2137/85 DEL CONSEJO, DE 25 DE JULIO DE 1985, RELATIVO A LA AGRUPACIÓN EUROPEA DE INTERÉS ECONÓMICO*

(Arts. 1.º-3.º, 6.º, 12-14)

(*DO* núm. L 199, de 31 de julio de 1985)

Artículo 1.º 1. Las agrupaciones europeas de interés económico se constituirán en las condiciones, las modalidades y con los efectos previstos por el presente Reglamento.

A tal fin, quienes pretendan constituir una agrupación deberán celebrar un contrato y efectuar el registro previsto en el artículo 6.

2. La agrupación así constituida, a partir del registro previsto en el artículo 6, tendrá la capacidad, en nombre propio, de ser titular de derechos y obligaciones de toda especie, celebrar contratos o llevar a cabo otros actos jurídicos, y de litigar.

3. Los Estados miembros determinarán si las agrupaciones inscritas en sus registros en virtud

* De acuerdo con su art. 43, entró en vigor al tercer día siguiente al de su publicación en el *DO* y se aplica desde el 1 de julio de 1989, con excepción de los arts. 39, 41 y 42, que se aplican desde la entrada en vigor.

del artículo 6, tienen o no personalidad jurídica.

Art. 2.º 1. Sin perjuicio de las disposiciones del presente Reglamento, la ley aplicable, por una parte, al contrato de agrupación excepto para las cuestiones relativas al estado y a la capacidad de las personas jurídicas y, por otra parte, al funcionamiento interno de la agrupación, será la ley interna del Estado de la sede establecida por el contrato de agrupación.

2. Cuando un Estado englobe varias unidades territoriales, cada una de las cuales tiene sus propias normas aplicables a las materias a que se refiere el apartado 1, cada unidad territorial será considerada como un Estado para la determinación de la ley aplicable según el presente artículo.

Art. 3.º 1. La finalidad de la agrupación será facilitar o desarrollar la actividad económica de sus miembros, mejorar o incrementar los resultados de esta actividad; no es la de realizar beneficios para sí misma.

Su actividad debe vincularse con la actividad económica de sus miembros y sólo puede tener un carácter auxiliar con respecto a ésta.

....

Art. 6.º La agrupación se registrará en el Estado en que se encuentre la sede, en el registro designado en virtud del apartado 1 del artículo 39.

....

Art. 12. La sede mencionada en el contrato de agrupación deberá estar situada en la Comunidad.

Esta sede deberá fijarse:

a) bien en el lugar en que la agrupación tiene su administración central;

b) bien en el lugar en que uno de los miembros de la agrupación tiene su administración central o, cuando se trata de una persona física, su actividad principal, siempre que la agrupación tenga ahí una actividad real.

Art. 13. La sede de la agrupación podrá ser transferida dentro de la Comunidad.

Cuando esta transferencia no tenga por consecuencia un cambio de la ley aplicable en virtud del artículo 2, la decisión de transferencia será tomada en las condiciones previstas en el contrato de agrupación.

Art. 14. 1. Cuando la transferencia de sede tenga por consecuencia un cambio de la ley aplicable en virtud del artículo 2, deberá redactarse un proyecto de transferencia, depositarse y publicarse en las condiciones previstas en los artículos 7 y 8.

La decisión de transferencia sólo podrá tomarse dos meses después de la publicación del mencionado proyecto. Deberá adoptarse por unanimidad de los miembros de la agrupación. La transferencia surtirá efecto en la fecha en que se registre la agrupación, de acuerdo con el artículo 6, en el registro de la nueva sede. Esta inscripción sólo podrá realizarse previa prueba de la publicación del proyecto de transferencia de la sede.

2. La cancelación de la inscripción de la agrupación en el registro de la sede precedente, sólo podrá realizarse previa prueba de la inscripción de la agrupación en el registro de la nueva sede.

3. La publicación del nuevo registro de la agrupación hace la nueva sede oponible frente a terceros en las condiciones previstas en el apartado 1 del artículo 9; sin embargo, mientras no se haya publicado la cancelación de la inscripción en el registro de la sede precedente, los terceros podrán continuar haciendo uso de la antigua sede, a menos que la agrupación pruebe que los terceros tenían conocimiento de la nueva sede.

4. La legislación de un Estado miembro podrá prever, en lo que se refiere a las agrupaciones registradas en ese Estado, de acuerdo con el artículo 6, que una transferencia de sede de la que que resultaría un cambio de la ley aplicable, no surta efecto si, en el plazo de dos meses previsto en el apartado 1, se opone una autoridad competente de dicho Estado. Esta oposición únicamente puede producirse por razones de interés público. Debe poder recurrirse ante una autoridad judicial.

....

98. LEY 12/1991, DE 29 DE ABRIL, DE AGRUPACIONES DE INTERÉS ECONÓMICO

(Arts. 8.º1.7.º y 22)

(*BOE* núm. 103, de 30 de abril de 1991)

CAPÍTULO PRIMERO

RÉGIMEN SUSTANTIVO DE LAS AGRUPACIONES DE INTERÉS ECONÓMICO

....

Art. 8.º *Contenido de la escritura.*—1. En la escritura de constitución de la Agrupación de Interés Económico habrán de consignarse al menos:

....

7.º El domicilio social, que deberá establecerse en España y, en su caso, el de las sucursales.

....

Art. 8.º: Vid. art. 268 del RRM (*infra* núm. 99).

Art. 22. *Régimen sustantivo de las Agrupaciones Europeas de Interés Económico.*—1. Las Agrupaciones Europeas de Interés Económico, regidas por el Reglamento CEE 2137/1985, de 25 de julio, que tengan su domicilio en España, tendrán personalidad jurídica. Se les aplicará lo dispuesto en la presente Ley para las Agrupaciones de Interés Económico en aquellos aspectos en los que dicho Reglamento remita o habilite a la legislación interna.

2. El Gobierno, a propuesta del Ministro de Justicia, podrá dejar sin efecto, por razones de interés público, el cambio de domicilio de las Agrupaciones europeas de interés económico registradas en España del que resulte un cambio de Ley aplicable. El Acuerdo deberá adoptarse en el plazo de dos meses a partir de la publicación en el *Boletín Oficial del Registro Mercantil* del cambio de domicilio proyectado, pudiendo interponerse contra dicho Acuerdo los recursos jurisdiccionales legalmente previstos.

3. La Agrupación Europea de Interés Económico y los actos inscribibles relativos a la misma se inscribirán en el Registro Mercantil en virtud de escritura pública o de documento privado con firmas legitimadas notarialmente.

4. El Registro Mercantil Central, dentro del mes siguiente a la publicación en el *Boletín Oficial del Registro Mercantil* de la inscripción y cancelación de una Agrupación Europea de Interés Económico, enviará copia de la misma a la oficina de publicaciones oficiales de las Comunidades Europeas, con expresión de la fecha de publicación.

5. La infracción de las obligaciones establecidas en los artículos 7.º, 8.º, 10 y 25 del Reglamento CEE 2137/1985, de 25 de julio, será sancionada con multa que se impondrá a los administradores de la Agrupación infractora, previa instrucción de expediente, por el Ministerio de Justicia, con audiencia de los interesados y conforme a la Ley de Procedimiento Administrativo, por importe de hasta 2.000.000 de pesetas.

....

Art. 22.1: Vid. el Reglamento (*supra* núm. 97), especialmente arts. 1.º3, 2.º1, 13 y 14.1.º y 4.º

Art. 22.2: Vid. art. 269 del RRM (*infra* núm. 99).

99. REGLAMENTO DEL REGISTRO MERCANTIL DE 19 DE JULIO DE 1996

(Arts. 5.º, 20, 38, 81, 120, 160-162, 182, 268, 269, 295-309, 309 bis 375, 376, 379, 386 y 389)

(*BOE* núm. 184, de 31 de julio de 1996)

TÍTULO PRELIMINAR

Del Registro Mercantil en general

....

Art. 5.º *Titulación pública.*— 1. La inscripción en el Registro Mercantil se practicará en virtud de documento público.

2. La inscripción sólo podrá practicarse en virtud de documento privado en los casos expresamente prevenidos en las Leyes y en este Reglamento.

3. En caso de documentos extranjeros, se estará a lo establecido por la legislación hipotecaria. También podrá acreditarse la existencia y válida constitución de empresarios inscritos, así como la vigencia del cargo y la suficiencia de las facultades de quienes los representan, mediante certificación, debidamente apostillada o legalizada, expedida por el funcionario competente del Registro público a que se refiere la Directiva del Consejo 68/151/CEE o de oficina similar en países respecto de los cuales no exista equivalencia institucional.

....

TÍTULO PRIMERO

De la organización y funcionamiento del Registro Mercantil

CAPÍTULO PRIMERO

Disposiciones generales

....

Art. 20. *Cambio de domicilio al extranjero.*—1. Si el cambio de domicilio se efectuase al extranjero, en los supuestos previstos por las Leyes, se estará a lo dispuesto en los Convenios internacionales vigentes en España y a las normas europeas que resulten de aplicación. En tales supuestos, el Registrador competente en razón

Art. 20: Vid. arts. 6.º y 149.2 de la Ley de SA (*supra* núm. 93). Modificado su apartado 2 y añadido el 4 por el Real Decreto 659/2007, de 25 de mayo, por el que se modifica el Reglamento del Registro Mercantil aprobado por el Real Decreto 1784/1996, de 19 de julio, para su adaptación a las disposiciones de la Ley 19/2005, de 14 de noviembre, sobre la sociedad anónima europea domiciliada en España (*BOE* de 8-6-2007).

del domicilio de la sociedad que se traslada certificará el cumplimiento de los actos y trámites que han de realizarse por la entidad antes del traslado, y no cancelará la hoja de la sociedad hasta que reciba una comunicación del tribunal, notario u autoridad competente del nuevo domicilio acreditativa de la inscripción de la sociedad. Recibida ésta, cancelará la hoja de la sociedad y extenderá nota de referencia expresiva de los nuevos datos registrales.

2. Si en el Convenio se previese el mantenimiento de la nacionalidad española de la sociedad, las inscripciones se trasladarán, de conformidad con lo dispuesto en el artículo anterior, a la hoja que se le abra en el Registro Mercantil Central, en la que se practicarán en lo sucesivo los asientos correspondientes a dicha sociedad.

3. En la hoja abierta a la sociedad en el Registro correspondiente al antiguo domicilio, se extenderá la diligencia a que se refiere el apartado primero del artículo anterior.

4. Si el traslado fuera de una sociedad anónima europea domiciliada en España a otro estado miembro de la Unión Europea, el Registrador del domicilio social originario certificará el cumplimiento de los actos y trámites que han de realizarse por la entidad antes del traslado y extenderá en la hoja abierta a la entidad la diligencia a que se refiere el apartado primero del artículo anterior.

Cuando la sociedad anónima europea se haya inscrito en el Registro del nuevo domicilio, el Registrador español del anterior domicilio cancelará la hoja de la sociedad después de recibir la correspondiente notificación en la que la autoridad correspondiente del nuevo domicilio le dé cuenta de aquella inscripción. Todo ello de conformidad con lo dispuesto en los artículos 315 de la Ley de Sociedades Anónimas y 160.3 de este Reglamento.

....

CAPÍTULO III

De los asientos

SECCIÓN 1.ª

De los asientos en general

....

Art. 38. *Constancia de la identidad.*—1. Cuando haya de hacerse constar en la inscripción la identidad de una persona física, se consignarán los siguientes datos:

....

6.º Documento nacional de identidad. Tratándose de extranjeros, se expresará el número de identificación de extranjeros, el de su pasaporte, el de su tarjeta de residencia o de cualquier otro documento legal de identificación, con declaración de estar vigentes.

Igualmente se consignará el número de identificación fiscal, cuando se trate de personas que dispongan del mismo con arreglo a la normativa tributaria.

2. Tratándose de personas jurídicas se indicará:

....

3.º La nacionalidad, si fuesen extranjeras.

....

TÍTULO II

De las inscripciones de los empresarios y sus actos

CAPÍTULO PRIMERO

DISPOSICIONES GENERALES

Art. 81. *Sujetos y actos de inscripción obligatoria.*—1. Será obligatoria la inscripción en el Registro Mercantil de los siguientes sujetos:

a) El naviero empresario individual.

b) Las sociedades mercantiles.

c) Las sociedades de garantía recíproca.

d) Las cooperativas de crédito, las mutuas y cooperativas de seguros y las entidades de previsión social.

e) Las sociedades de inversión colectiva.

f) Las agrupaciones de interés económico.

g) Las cajas de ahorros.

h) Los fondos de inversión.

i) Los fondos de pensiones.

j) Las sucursales de cualquiera de los sujetos anteriormente indicados.

k) Las sucursales de sociedades extranjeras y de otras entidades extranjeras con personalidad jurídica y fin lucrativo.

l) Las sociedades extranjeras que trasladen su domicilio a territorio español.

m) Las demás personas o entidades que establezcan las leyes.

2. En la hoja abierta a cada uno de los sujetos mencionados en el apartado anterior se inscribirán necesariamente los actos o circunstancias establecidos en las leyes o en este Reglamento.

....

CAPÍTULO IV

DE LA INSCRIPCIÓN DE LAS SOCIEDADES ANÓNIMAS

SECCIÓN 1.ª

De la inquisición de la escritura de constitución

....

Art. 120. *Domicilio social.*—1. En los estatutos se consignará el domicilio de la sociedad, que habrá de radicar en el lugar del territorio español en que se prevea establecer el centro de su efectiva administración y dirección o su principal establecimiento o explotación.

2. Salvo disposición contraria de los estatutos el órgano de administración será competente para decidir la creación, supresión o traslado de sucursales.

....

Art. 81.k): Vid. arts. 300, 301 y 375 de este Reglamento.

SECCIÓN 9.ª

De la inscripción de la modificación de los estatutos sociales

Art. 160. *Inscripción de la sustitución del objeto y de la transferencia del domicilio social al extranjero.*—1. La inscripción de la sustitución del objeto o de la transferencia al extranjero del domicilio social, sólo podrá practicarse cuando, además de los requisitos señalados en los artículos 158 y 163, conste en la escritura pública la declaración de los administradores de que ningún accionista ha hecho uso del derecho de separación o, en su caso, de que han sido reembolsadas las acciones de quienes lo hubieren ejercitado o ha sido consignado su importe, con expresión del precio reembolsado por acción, previa reducción del capital social mediante amortización de las acciones.

2. En la inscripción de la transferencia al extranjero del domicilio social se harán constar, además, los datos relativos al convenio internacional en que se funda el acuerdo y a su ratificación, con expresión de la fecha y número del *Boletín Oficial del Estado* en que hubieren publicado el texto del convenio y el instrumento de ratificación.

Art. 160 bis. *Inscripción del traslado del domicilio de una sociedad anónima europea a otro Estado miembro.*—1. En el traslado de domicilio de una sociedad anónima europea domiciliada en España a otro Estado miembro de la Unión Europea, el Registrador del domicilio social, una vez que tenga por efectuado el depósito del proyecto de traslado, lo comunicará, en el plazo de cinco días, al Ministerio de Justicia, a la Comunidad Autónoma donde la sociedad anónima tenga su domicilio social y, en su caso, a la autoridad de vigilancia correspondiente. Dicha comunicación se hará constar por nota marginal en la hoja abierta a la sociedad.

2. El Gobierno, o en su caso la autoridad de vigilancia correspondiente, notificarán al Registrador la oposición en cuanto se haya aprobado dicho acuerdo y como máximo en el plazo de dos meses a que se refiere el artículo 316.3 de la Ley de Sociedades Anónimas. El Registrador hará constar esta circunstancia por nota marginal y denegará la expedición de la certificación a que se refiere el artículo 315 de dicha Ley.

3. En la escritura pública de traslado deberá constar la declaración de los administradores de que ningún accionista ha ejercitado su derecho de separación, ni ningún

---

Art. 160.2: Vid. arts. 6.º y 149.2 de la Ley de SA (*supra* núm. 93).

Art. 160 bis: Introducido por el Real Decreto 659/2007, de 25 de mayo, por el que se modifica el Reglamento del Registro Mercantil aprobado por el Real Decreto 1784/1996, de 19 de julio, para su adaptación a las disposiciones de la Ley 19/2005, de 14 de noviembre, sobre la sociedad anónima europea domiciliada en España (*BOE* de 8-6-2007).

acreedor su derecho de oposición. Caso contrario, el derecho de separación se recogerá mediante la declaración de los administradores de la que resulte el reembolso de las acciones correspondientes y los datos de identidad de los accionistas que ejercitaron tal derecho, previa amortización de aquellas y reducción del capital social. Y el derecho de oposición de los acreedores se recogerá mediante declaración de los administradores en la que conste la identidad de quienes se hubieren opuesto, el importe de su crédito y las garantías que hubiese prestado la sociedad. Todas estas circunstancias se harán constar en la inscripción.

4. El Registrador, a la vista de los datos obrantes en el Registro y en la escritura pública de traslado presentada, acreditado el cumplimiento de lo dispuesto en los párrafos anteriores y practicadas las correspondientes operaciones registrales, expedirá la certificación a que se refiere el artículo 315 de la Ley de Sociedades Anónimas, y extenderá la diligencia contemplada en el artículo 20.4 de este Reglamento.

5. Una vez recibida por el Registrador la certificación de haber quedado inscrita la sociedad anónima europea en el Registro correspondiente al nuevo domicilio social, extenderá la inscripción de cierre de la hoja registral.

Art. 161. *Reducción del capital a causa de sustitución del objeto o de la transferencia del domicilio social al extranjero.*—1. En el acuerdo de la Junta General de sustitución del objeto o de transferencia al extranjero del domicilio social, se entenderá comprendido el de reducción del capital social en la media necesaria para el reembolso de las acciones de quienes hubiesen ejercitado el derecho de separación de la sociedad.

2. Cuando algún accionista hubiere ejercitado el derecho de separación dentro del plazo legal, los administradores de la sociedad, una vez transcurrido dicho plazo, publicarán el acuerdo de reducción del capital social en el *Boletín Oficial del Registro Mercantil* y en un periódico de gran circulación en la provincia en que la sociedad tuviera su domicilio.

En el caso de que los acreedores hubieran ejercitado el derecho de oposición, no podrán reembolsarse las acciones hasta tanto la sociedad no preste las garantías oportunas.

Art. 162. *Inscripción de la reducción de capital derivado del derecho de separación.*—En los supuestos contemplados en el artículo anterior, si se ha ejercitado el derecho de separación y se ha producido el consiguiente reembolso de las acciones, la inscripción de la sustitución del objeto o

Art. 161.2: Modificado por el Real Decreto 659/2007, de 25 de mayo, por el que se modifica el Reglamento del Registro Mercantil aprobado por el Real Decreto 1784/1996, de 19 de julio, para su adaptación a las disposiciones de la Ley 19/2005, de 14 de noviembre, sobre la sociedad anónima europea domiciliada en España (*BOE* de 8-6-2007).

de la transferencia del domicilio al extranjero deberá practicarse simultáneamente a la de reducción del capital social, rigiéndose ésta por sus reglas específicas.

CAPÍTULO V

DE LA INSCRIPCIÓN DE SOCIEDADES DE RESPONSABILIDAD LIMITADA

SECCIÓN 1.ª

De la inscripción de la escritura de constitución

....

Art. 182. *Domicilio social.*— 1. En los estatutos se consignará el domicilio de la sociedad, que habrá de radicar en el lugar del territorio español en que se halle el centro de su efectiva administración y dirección, o en que radique su principal establecimiento o explotación.

2. Salvo disposición contraria de los estatutos, el órgano de administración será competente para decidir la creación, la supresión o el traslado de las sucursales.

....

CAPÍTULO IX

DE LA INSCRIPCIÓN DE LAS SOCIEDADES ESPECIALES

....

SECCIÓN 4.ª

De la inscripción de las Agrupaciones de Interés Económico

....

Art. 268. *Agrupaciones Europeas de Interés Económico.*— Las inscripciones relativas a las Agrupaciones Europeas de Interés Económico quedarán sujetas a las disposiciones que sobre titulación exigible y circunstancias que han de expresarse y, en general, sobre el régimen registral de estas entidades, están contenidas en el Reglamento de la Comunidad Europea 2137/1985, de 25 de julio, y en la Ley 12/1991, de 29 de abril, de Agupaciones de Interés Económico.

La denominación de estas Agrupaciones deberá ir precedida o seguida de la expresión «Agrupación Europea de Interés Económico» o de sus siglas «AEIE».

No serán inscibibles las emisiones de obligaciones.

Art. 268: Vid. art. 22.3 de la Ley 12/1991, de 29 de abril, de agrupaciones de interés económico (*supra* núm. 98).

Art. 269. *Cambio de domicilio.*—Cuando una agrupación europea de interés económica cuya sede radique en territorio español se proponga trasladar su domicilio al extranjero, deberá inscribirse en el Registro Mercantil el proyecto de traslado, aprobado por acuerdo unánime de todos sus socios.

Transcurridos dos meses desde su publicación en el *Boletín Oficial del Registro Mercantil* podrá cerrarse la hoja, siempre que no conste la oposición del Gobierno y se acredite la inscripción en el Registro del nuevo domicilio.

2. Cuando una agrupación europea de interés económico cuyo domicilio radique en el extranjero hubiese acordado el traslado de éste a territorio español, se le abrirá hoja en el Registro correspondiente al nuevo domicilio, haciéndose constar en la primera inscripción todas las circunstancias que figuren en el Registro extranjero y sean de inscripción obligatoria conforme a la legislación española.

....

CAPÍTULO XI

DE LA INSCRIPCIÓN DE LAS SUCURSALES Y DE LOS EMPRESARIOS EXTRANJEROS

SECCIÓN 1.ª

De las sucursales

Art. 295. *Noción de sucursal.*—A efectos de lo prevenido en este Reglamento, se entenderá por sucursal todo establecimiento secundario dotado de representación permanente y de cierta autonomía de gestión, a través del cual se desarrollan, total o parcialmente, las actividades de la sociedad.

Art. 296. *Registro competente.*—1. La apertura de sucursales deberá inscribirse primeramente en la hoja abierta a la sociedad. Posteriormente, será objeto de inscripción separada en el Registro Mercantil correspondiente al domicilio de la sucursal.

2. Cuando el domicilio de la sucursal radique en la misma provincia en que esté situado el domicilio de la sociedad la apertura de la sucursal sólo se inscribirá en la hoja abierta a la sociedad.

No obstante, cuando el Registrador lo considere necesario para mayor claridad de los asientos, podrá abrirse hoja propia en el mismo Registro a las diversas sucursales de la misma circunscripción registral.

Art. 297. *Circunstancias de las inscripciones.*—1. En la inscripción que se practique en la hoja abierta a la sociedad se hará constar el establecimiento de la sucursal, con indicación de:

1.º Cualquier mención que, en su caso, identifique a la sucursal.

2.º El domicilio de la misma.

3.º Las actividades que, en su caso, se le hubiesen encomendado.

4.º La identidad de los representantes nombrados con carácter permanente para la sucursal, con expresión de sus facultades.

2. En la primera inscripción de la hoja abierta a la sucursal se harán constar, además de las circunstancias anteriores, la identidad de la sociedad y el nombre y apellidos o denominación social de sus administradores, con indicación del cargo que ostenten.

Art. 298. *Sucesión de inscripciones.*—1. Una vez inscrita la apertura de la sucursal en la hoja de la sociedad, ésta solicitará una certificación de la inscripción practicada y de los administradores cuyo cargo estuviese vigente, y la presentará en el Registro en cuya circunscripción radique la sucursal, a fin de que se practique la primera inscripción de la sucursal.

2. El Registrador correspondiente al domicilio de la sucursal, una vez practicada la primera inscripción, remitirá al Registrador Mercantil Central los datos que hayan de publicarse en el *Boletín Oficial del Registro Mercantil* y se refieran exclusivamente a la sucursal.

Art. 299. *Actos posteriores.*—La disolución, el nombramiento de liquidadores, el término de la liquidación y la suspensión de pagos o la quiebra de la sociedad, así como la modificación de cualquiera de las circunstancias mencionadas en el artículo 297 y el cierre de la sucursal, una vez inscritos en la hoja de la sociedad, se harán constar en el Registro Mercantil del domicilio de la sucursal por medio de certificación. Éste remitirá los datos correspondientes al Registrador Mercantil Central cuando afecten exclusivamente a la sucursal.

Art. 300. *Inscripción de la primera sucursal establecida por sociedad extranjera.*—1. Las sociedades extranjeras que establezcan una sucursal en territorio español la inscribirán en el Registro Mercantil correspondiente al lugar de su domicilio, presentado a tal efecto y debidamente legalizados, los documentos que acrediten la existencia de la sociedad, sus estatutos vigentes y sus administradores, así como el documento por el que se establezca la sucursal.

2. En la primera inscripción de la sucursal, además de las circunstancias relativas a la sociedad que resulten de los documentos presentados, incluidos los datos registrales de la misma, así como el nombre, apellidos y cargo de sus administradores, se harán constar las circunstancias contenidas en el apartado primero del artículo 297.

Art. 301. *Inscripción de la segunda o posterior sucursal esta-*

Art. 300: Vid. art. 8.º de la Ley 2/1994, de 23 de marzo, sobre sociedades de responsabilidad limitada (*supra* núm. 94).

Art. 300.1: Vid. Convenio de La Haya de supresión de la exigencia de legalización de los documentos públicos extranjeros, de 5 de octubre de 1961 (*supra* núm. 27).

blecida por sociedad extranjera.—Cuando una sociedad extranjera estableciera segunda o posteriores sucursales en territorio español, la primera inscripción de éstas contendrá:

1.ª Las circunstancias mencionadas en el apartado primero del artículo 297, según figuren en el documento por el que se establezca la sucursal.

2.ª Los datos registrales y, en su caso, la denominación de la sucursal en cuya hoja consten los datos relativos a la sociedad.

3.ª La identidad de los administradores de la sociedad con indicación de sus cargos.

Art. 302. *Actos posteriores.*—1. El cambio de la denominación y domicilio de la sociedad, el cese, renovación o nombramiento de nuevos administradores, la disolución, el nombramiento de liquidadores, el término de la liquidación y la quiebra o suspensión de pagos de la sociedad se harán constar en las hojas de todas las sucursales que tenga establecidas en territorio español.

2. La modificación de las circunstancias a que se refiere el apartado primero del artículo 297 se hará constar en la hoja de la sucursal afectada.

3. La modificación de los estatutos de la sociedad extranjera se hará constar en la hoja abierta en la sucursal en que consten los datos relativos a la sociedad.

Art. 303. *Cierre de la primera sucursal de sociedad extranjera.*—1. No podrá cerrarse la hoja de la primera sucursal de sociedad extranjera, en el caso de que ésta tuviese otra u otras sucursales en España, sin que previamente se haya acreditado el traslado a la hoja de cualquiera de ellas de los datos relativos a la sociedad.

2. El traslado contemplado en el apartado anterior se regirá por las reglas sobre el traslado del domicilio.

Art. 304. *Publicación en el* Boletín Oficial del Registro Mercantil.—Practicada la inscripción, el Registrador en cuya circunscripción radique una sucursal de sociedad extranjera, remitirá al Registrador Mercantil Central los datos que hayan de publicarse en el *Boletín Oficial del Registro Mercantil.*

Art. 305. *Publicidad formal de los datos de la sociedad.*—1. La publicidad relativa a los datos de la sociedad podrá solicitarse y hacerse efectiva a través del Registro de la sucursal.

2. A tal efecto presentada la solicitud en el Registro de la sucursal, éste oficiará por medio de telecopia al de la sociedad o al de la sucursal donde consten los datos relativos a la sociedad extranjera, al objeto de que le remita la información correspondiente.

Art. 302.3: Vid. art. 81.2 de ese Reglamento.

3. El Registrador de destino hará la remisión por correo. No obstante, la nota simple habrá de remitirse por telecopia o procedimiento similar, cuando así se solicite.

Art. 306. *Eficacia frente a terceros.*—En caso de discrepancia, los datos contenidos en la hoja abierta a la sucursal prevalecerán respecto de terceros de buena fe sobre los que figuren en la hoja de la sociedad.

Art. 307. *Ámbito de aplicación.*—Lo dispuesto en esta sección respecto de las sucursales de sociedades será aplicable a las sucursales o establecimientos secundarios del empresario individual, a las de las demás entidades españolas inscribibles y a las de las entidades extranjeras con personalidad jurídica y fin lucrativo.

Art. 308. *Documentación de la sucursal.*—Los empresarios individuales, sociedades y entidades deberán hacer constar en toda la documentación, correspondencia, notas de pedido y facturas de su sucursal, además de las circunstancias establecidas en el artículo 24 del Código de Comercio, los datos de inscripción de la sucursal en el Registro Mercantil.

SECCIÓN 2.ª

De los empresarios extranjeros

Art. 309. *Traslado de domicilio a territorio nacional.*—1. Cuando un empresario o entidad extranjera inscribible con arreglo a la legislación española traslade su domicilio a territorio nacional, se harán constar en la primera inscripción todos los actos y circunstancias que sean de consignación obligatoria conforme a la normativa española y se hallen vigentes en el Registro extranjero.

Dicha inscripción se practicará en virtud de certificación literal o traslado de la hoja o expediente del Registro extranjero.

2. Será preciso, además, el depósito simultáneo en el Registro Mercantil de las cuentas correspondientes al último ejercicio terminado.

Art. 309 bis. *Inscripción de sociedad anónima europea filial.*—La constitución y demás actos inscribibles de una sociedad anónima europea filial se inscribirán en el Registro Mercantil de su domicilio conforme a lo dispuesto para las sociedades anónimas, identificando a las sociedades o entidades matrices conforme a lo dispuesto en el artículo 38 de este Reglamento.

....

Art. 309 bis: Introducido por el Real Decreto 659/2007, de 25 de mayo, por el que se modifica el Reglamento del Registro Mercantil aprobado por el Real Decreto 1784/1996, de 19 de julio, para su adaptación a las disposiciones de la Ley 19/2005, de 14 de noviembre, sobre la sociedad anónima europea domiciliada en España (*BOE* de 8-6-2007).

TÍTULO III

De otras funciones del Registro Mercantil

....

CAPÍTULO III

Del depósito y publicidad en las cuentas anuales

....

SECCIÓN 3.ª

De la presentación y depósito de las cuentas en el Registro de las sucursales de Entidades extranjeras

Art. 375. *Depósito de cuentas en el Registro de la sucursal.*—1. Las sociedades extranjeras que tengan abiertas sucursales en España habrán de depositar necesariamente en el Registro de la sucursal en que consten los datos relativos a la sociedad sus cuentas anuales y, en su caso, las cuentas consolidadas que hubieran sido elaboradas conforme a su legislación.

2. Dicho depósito se regirá por lo previsto en la sección 1.ª de este capítulo.

Si las cuentas ya estuvieran depositadas en el Registro de la sociedad extranjera, la calificación del Registrador se limitará a la comprobación de este extremo. Queda a salvo lo dispuesto en el artículo siguiente.

Art. 376. *Control de equivalencia.*—En el caso de que la legislación de la sociedad extranjera no preceptuase la elaboración de las cuentas a que se refiere el artículo anterior o la preceptuase en forma no equivalente a la legislación española, la sociedad habrá de elaborar dichas cuentas en relación con la actividad de la sucursal y depositarlas en el Registro Mercantil.

....

TÍTULO IV

Del Registro Mercantil Central

CAPÍTULO PRIMERO

Disposiciones generales

Art. 379. *Objeto.*—El Registro Mercantil Central tendrá por objeto:

a) La ordenación, tratamiento y publicidad meramente informativa de los datos que reciba de los Registros Mercantiles.

b) El archivo y publicidad de las denominaciones de sociedades y entidades jurídicas.

c) La publicación del *Boletín Oficial del Registro Mercantil*, en los términos establecidos en este Reglamento.

d) La llevanza del Registro relativo a las sociedades y entidades que hubieren trasladado su domicilio al extranjero sin pérdida de la nacionalidad española.

e) La comunicación a la Oficina de Publicaciones Oficiales de las Comunidades Europeas de los datos a que se refiere el artículo 14 del Reglamento CE 2157/2001 del Consejo, de 8 de octubre, por el que se aprueba el Estatuto de la Sociedad Anónima Europea.

....

CAPÍTULO II

De la remisión y tratamiento de datos en el Registro Mercantil Central

....

Art. 386. *Datos relativos a empresarios individuales.*—Los datos esenciales relativos a empresarios individuales que habrán de comunicarse al Registrador Mercantil Central por los Registros Mercantiles, serán los siguientes:

1.º Apellidos y nombre y estado civil, así como la fecha de nacimiento, si fuese menor y la nacionalidad, si no fuese la española. Se hará constar, asimismo, el documento nacional de identidad. Tratándose de extranjeros, se expresará el número de Identificación de Extranjeros, el del pasaporte, el de su tarjeta de residencia o de cualquier otro documento legal de identificación.

....

Art. 389. *Datos relativos a sucursales.*—Los datos esenciales relativos a las sucursales inscritas, que se comunicarán al Registrador Mercantil Central por el Registro Mercantil correspondiente a la sede de las mismas, serán los siguientes:

....

5.º Los actos relativos a la sociedad extranjera que se hayan inscrito en el Registro de su sucursal en España, expresando los datos correspondientes con arreglo al artículo anterior.

6.º En todo caso, se indicará la identidad del empresario individual o la denominación de la sociedad o entidad a que pertenezca la sucursal y su nacionalidad, cuando no sea la española, así como cualquier mención que, en su caso, identifique la sucursal y necesariamente, el domicilio de ésta.

....

Art. 379.e): Letra introducida por el Real Decreto 659/2007, de 25 de mayo, por el que se modifica el Reglamento del Registro Mercantil aprobado por el Real Decreto 1784/1996, de 19 de julio, para su adaptación a las disposiciones de la Ley 19/2005, de 14 de noviembre, sobre la sociedad anónima europea domiciliada en España (*BOE* de 8-6-2007).

100. LEY 50/2002, DE 26 DE DICIEMBRE, DE FUNDACIONES

(Arts. 6.º y 7.º)

(*BOE* núm. 310 de 27 de diciembre de 2002; corr. de errores *BOE* núm. 92, de 17 de abril de 2003)

....

CAPÍTULO PRIMERO

DISPOSICIONES GENERALES

....

Art. 6.º *Domicilio.*—1. Deberán estar domiciliadas en España las fundaciones que desarrollen principalmente su actividad dentro del territorio nacional.

2. Las fundaciones tendrán su domicilio estatutario en el lugar donde se encuentre la sede de su Patronato, o bien en el lugar en que desarrollen principalmente sus actividades.

Las fundaciones que se inscriban en España para desarrollar una actividad principal en el extranjero, tendrán su domicilio estatutario en la sede de su Patronato dentro del territorio nacional.

Art. 7.º *Fundaciones extranjeras.*—1. Las fundaciones extran-

---

Art. 7.º1: Conforme al art. 32 del Real Decreto 1611/2007, de 7 de diciembre, por el que se aprueba el Reglamento del Registro de fundaciones de competencia estatal (*BOE* de 19-1-2008):

«1. La primera inscripción de delegaciones de fundaciones extranjeras en territorio español se hará mediante los documentos, debidamente legalizados o apostillados, que acrediten la existencia de la fundación, sus Estatutos vigentes y la identidad de los titulares de sus órganos de gobierno, así como el documento por el que se establezca la delegación, de acuerdo con el principio de equivalencia de forma. Asimismo se aportará el informe del Protectorado sobre la idoneidad de los fines

El Protectorado remitirá, por propia iniciativa o a petición del Encargado del Registro, un informe no vinculante sobre la adecuación de los Estatutos a la normativa vigente, que podrá ser tenido en cuenta en la calificación de la inscripción de la delegación.

2. El Encargado del Registro únicamente podrá denegar la inscripción de la delegación de fundación extranjera en los siguientes supuestos:

a) Cuando la fundación no acredite estar válidamente constituida con arreglo a su ley personal.

b) Cuando el establecimiento de la delegación no haya sido acordado por los órganos competentes de la fundación extranjera.

c) Cuando la delegación de fundación extranjera no vaya a realizar sus actividades principalmente en todo el territorio español o en el territorio de más de una Comunidad Autónoma.

d) Cuando el Protectorado aporte un informe desfavorable sobre el interés general de sus fines.

3. La primera inscripción de la delegación de la fundación extranjera comprenderá, además de la denominación de la fundación y la identidad de los titulares de sus órganos de gobierno, las siguientes circunstancias relativas a la delegación:

a) Cualquier mención que, en su caso, la identifique, que deberá integrar la expresión "Delegación de la fundación".

jeras que pretendan ejercer sus actividades de forma estable en España, deberán mantener una delegación en territorio español que constituirá su domicilio a los efectos de esta Ley, e inscribirse en el Registro de Fundaciones competente en función del ámbito territorial en que desarrollen principalmente sus actividades.

2. La fundación extranjera que pretenda su inscripción deberá acreditar ante el Registro de Fundaciones correspondiente que ha sido válidamente constituida con arreglo a su Ley personal.

La inscripción podrá denegarse cuando no se acredite la circunstancia señalada en el párrafo anterior, así como cuando los fines no sean de interés general con arreglo al ordenamiento español.

3. Las fundaciones extranjeras que incumplan los requisitos establecidos en este artículo no podrán utilizar la denominación de «Fundación».

4. Las delegaciones en España de fundaciones extranjeras quedarán sometidas al Protectorado que corresponda en función del ámbito territorial en que desarrollen principalmente sus actividades, siéndoles de aplicación el régimen jurídico previsto para las fundaciones españolas.

....

---

b) El domicilio.

c) Las actividades que, en su caso, se le hubiesen encomendado.

d) La identidad de los representantes nombrados con carácter permanente para la delegación, con expresión de sus facultades.

e) La fecha de emisión del informe del Protectorado sobre fines.»

Art. 7.º4: Conforme al art. 2.º del Real Decreto 1337/2005, de 11 de noviembre, por el que se aprueba el Reglamento de fundaciones de competencia estatal (*BOE* de 22-11-2005):

«1. Este reglamento se aplica:

a) A las fundaciones que desarrollen su actividad en todo el territorio del Estado, o principalmente en el territorio de más de una comunidad autónoma, sin perjuicio de su posible actuación en el extranjero.

b) A las delegaciones de las fundaciones extranjeras que actúen principalmente en el territorio de más de una comunidad autónoma, respecto de los bienes situados en España y de todas las actividades que realicen en territorio nacional.

c) A las fundaciones del sector público estatal, con las especialidades previstas en el capítulo IX de la Ley 50/2002, de 26 de diciembre, de Fundaciones, y en su normativa específica.

d) A las fundaciones laborales de competencia estatal, según son definidas en la disposición adicional primera de este reglamento.

2. Quedan excluidas de la aplicación de este reglamento:

a) Las fundaciones a que se refiere la Ley 23/1982, de 16 de junio, reguladora del Patrimonio Nacional.

b) Las fundaciones públicas sanitarias a que se refiere el artículo 111 de la Ley 50/1998, de 30 de diciembre, de medidas fiscales, administrativas y del orden social, que se regirán por su normativa específica.

c) Las fundaciones constituidas al amparo de la Ley 15/1997, de 25 de abril, sobre habilitación de nuevas formas de gestión del Sistema Nacional de Salud, que se regirán por su normativa específica, sin perjuicio de la aplicación supletoria del capítulo XI de la Ley 50/2002, de 26 de diciembre, de Fundaciones.

3. Lo dispuesto en este reglamento se entiende sin perjuicio de lo establecido en los acuerdos con la Iglesia Católica y en los acuerdos y convenios de cooperación suscritos por el Estado con otras iglesias, confesiones y comunidades religiosas, así como en las normas dictadas para su aplicación en relación con las fundaciones creadas o fomentadas por éstas.»

101. LEY ORGÁNICA 1/2002, DE 22 DE MARZO, REGULADORA DEL DERECHO DE ASOCIACIÓN

(Arts. 5.º, 9.º y 25)

(*BOE* núm. 73, de 22 de marzo de 2002)

....

CAPÍTULO II

CONSTITUCIÓN DE LAS ASOCIACIONES

Art. 5.º *Acuerdo de constitución.*—1. Las asociaciones se constituyen mediante acuerdo de tres o más personas físicas o jurídicas legalmente constituidas, que se comprometen a poner en común conocimientos, medios y actividades para conseguir unas finalidades lícitas, comunes, de interés general o particular, y se dotan de los Estatutos que rigen el funcionamiento de la asociación.

2. El acuerdo de constitución, que incluirá la aprobación de los Estatutos, habrá de formalizarse mediante acta fundacional, en documento público o privado. Con el otorgamiento del acta adquirirá la asociación su personalidad jurídica y la plena capacidad de obrar, sin perjuicio de la necesidad de su inscripción a los efectos del artículo 10.

....

Art. 9.º *Domicilio.*—1. Las asociaciones que se constituyan con arreglo a la presente Ley tendrán su domicilio en España, en el lugar que establezcan sus Estatutos, que podrá ser el de la sede de su órgano de representación, o bien aquél donde desarrolle principalmente sus actividades.

2. Deberán tener domicilio en España, las asociaciones que desarrollen actividades principalmente dentro de su territorio.

3. Sin perjuicio de lo que disponga el ordenamiento comunitario, las asociaciones extranjeras para poder ejercer actividades en

---

Art. 5.º: Conforme al art. 10:

«1. Las asociaciones reguladas en la presente Ley deberán inscribirse en el correspondiente Registro, a los solos efectos de publicidad.

2. La inscripción registral hace pública la constitución y los Estatutos de las asociaciones y es garantía, tanto para los terceros que con ellas se relacionan, como para sus propios miembros.

3. Los promotores realizarán las actuaciones que sean precisas, a efectos de la inscripción, respondiendo en caso contrario de las consecuencias de la falta de la misma.

4. Sin perjuicio de la responsabilidad de la propia asociación, los promotores de asociaciones no inscritas responderán, personal y solidariamente, de las obligaciones contraídas con terceros. En tal caso, los asociados responderán solidariamente por las obligaciones contraídas por cualquiera de ellos frente a terceros, siempre que hubieran manifestado actuar en nombre de la asociación.»

España, de forma estable o duradera, deberán establecer una delegación en territorio español.

....

CAPÍTULO V

REGISTROS DE ASOCIACIONES

....

Art. 25. *Registro Nacional de Asociaciones.*—1. El Registro Nacional de Asociaciones, cuya dependencia orgánica se determinará reglamentariamente, tendrá por objeto la inscripción de las asociaciones, y demás actos inscribibles conforme al artículo 28, relativos a:

a) Asociaciones, federaciones, confederaciones y uniones de asociaciones de ámbito estatal y todas aquellas que no desarrollen principalmente sus funciones en el ámbito territorial de una Comunidad Autónoma.

b) Asociaciones extranjeras que desarrollen actividades en España, de forma estable o duradera, que deberán establecer una delegación en territorio español. Cuando el ámbito de actividad de la asociación extranjera sea principalmente el de una o varias Comunidades Autónomas, el Registro Nacional comunicará la inscripción a las referidas Comunidades Autónomas.

2. En el Registro Nacional de Asociaciones, además de las inscripciones a que se refiere el apartado 1, existirá constancia, mediante comunicación de la Administración competente, de los asientos de inscripción y disolución de las asociaciones, cuya inscripción o depósito de Estatutos en registros especiales sea legalmente obligatorio.

3. El Registro Nacional de Asociaciones llevará un fichero de denominaciones, para evitar la duplicidad o semejanza de éstas, que pueda inducir a error o confusión con la identificación de entidades u organismos preexistentes, incluidos los religiosos inscritos en su correpondiente registro.

4. Reglamentariamente se determinará la estructura y funcionamiento del Registro Nacional de Asociaciones.

....

101 BIS. LEY 3/2009, DE 3 DE ABRIL, SOBRE MODIFICACIONES ESTRUCTURALES DE LAS SOCIEDADES MERCANTILES

(Arts. 1-4, 6, 7, 22, 27, 31, 34, 49, 50, 54-67, 68, 73, 81, 84, 92-103, Disposición Transitoria, Disposiciones Finales 6.ª y 8.ª)

(*BOE* núm. 82, de 4 de abril de 2009)

TÍTULO PRELIMINAR

Disposiciones generales

Artículo 1.º *Ámbito objetivo.*—La presente Ley tiene por objeto la regulación de las modificaciones estructurales de las sociedades mercantiles, consistentes en la transformación, fusión, escisión o cesión global de activo y pasivo, incluido el traslado internacional del domicilio social.

Art. 2.º *Ámbito subjetivo.*—La presente Ley es aplicable a todas las sociedades que tengan la consideración de mercantiles, bien por la naturaleza de su objeto, bien por la forma de su constitución.

Las modificaciones estructurales de las sociedades cooperativas, así como el traslado internacional de su domicilio social, se regirán por su específico régimen legal.

TÍTULO PRIMERO

De la transformación

CAPÍTULO PRIMERO

DISPOSICIONES GENERALES

Art. 3.º *Concepto.*—En virtud de la transformación una sociedad adopta un tipo social distinto, conservando su personalidad jurídica.

Art. 4.º *Supuestos de posible transformación.*—1. Una sociedad mercantil inscrita podrá transformarse en cualquier otro tipo de sociedad mercantil.

2. Una sociedad mercantil inscrita, así como una agrupación europea de interés económico, podrán transformarse en agrupación de interés económico. Igualmente una agrupación de interés económico podrá transformarse en cualquier tipo de sociedad mercantil y en

agrupación europea de interés económico.

3. Una sociedad civil podrá transformarse en cualquier tipo de sociedad mercantil.

4. Una sociedad anónima podrá transformarse en sociedad anónima europea. Igualmente una sociedad anónima europea podrá transformarse en sociedad anónima.

5. Una sociedad cooperativa podrá transformarse en sociedad mercantil, y una sociedad mercantil inscrita en sociedad cooperativa.

6. Una sociedad cooperativa podrá transformarse en sociedad cooperativa europea y una sociedad cooperativa europea podrá transformarse en sociedad cooperativa.

....

Art. 6.º *Transformaciones entre sociedad anónima y sociedad anónima europea.*—La transformación de sociedades anónimas en sociedades anónimas europeas y viceversa se regirá por lo dispuesto en el Reglamento (CE) núm. 2157/2001 y por las normas que lo desarrollan, y por lo dispuesto en la Ley 31/2006, de 18 de octubre, sobre implicación de los trabajadores en las sociedades anónimas y cooperativas europeas.

Art. 7.º *Transformación de sociedad cooperativa.*—1. La transformación de una sociedad cooperativa en otro tipo social o de éste en aquélla, se regirá en lo referente a los requisitos y efectos de la transformación de la sociedad cooperativa por la legislación que le sea aplicable.

2. La transformación de sociedades cooperativas en sociedades cooperativas europeas y viceversa se regirá por lo dispuesto en el Reglamento (CE) núm. 1435/2003 y por las normas que lo desarrollan.

....

TÍTULO II

De la fusión

CAPÍTULO PRIMERO

De la fusión en general

SECCIÓN 1.ª

Disposiciones generales

Art. 22. *Concepto.*—En virtud de la fusión, dos o más sociedades mercantiles inscritas se integran en una única sociedad mediante la transmisión en bloque de sus patrimonios y la atribución a los socios de las sociedades que se extinguen de acciones, participaciones o cuotas de la sociedad resultante, que puede ser de nueva creación o una de las sociedades que se fusionan.

....

SECCIÓN 2.ª

Del proyecto de fusión

Art. 27. *Régimen jurídico de la fusión.*—1. La fusión de dos o más sociedades mercantiles inscritas sometidas a la ley española se regirá por lo establecido en esta Ley.

2. La fusión de sociedades mercantiles de distinta nacionalidad se regirá por lo establecido en las respectivas leyes personales, sin perjuicio de lo establecido en el Capítulo II sobre fusiones transfronterizas intracomunitarias y, en su caso, del régimen aplicable a las sociedades anónimas europeas.

....

Art. 31. *Contenido del proyecto común de fusión.*—El proyecto común de fusión contendrá, al menos, las menciones siguientes:

1.ª La denominación, el tipo social y el domicilio de las sociedades que se fusionan y de la sociedad resultante de la fusión, así como los datos identificadores de la inscripción de aquéllas en el Registro Mercantil.

2.ª El tipo de canje de las acciones, participaciones o cuotas, la compensación complementaria en dinero que se hubiera previsto y, en su caso, el procedimiento de canje.

3.ª La incidencia que la fusión haya de tener sobre las aportaciones de industria o en las prestaciones accesorias en las sociedades que se extinguen y las compensaciones que vayan a otorgarse, en su caso, a los socios afectados en la sociedad resultante.

4.ª Los derechos que vayan a otorgarse en la sociedad resultante a quienes tengan derechos especiales o a los tenedores de títulos distintos de los representativos de capital o las opciones que se les ofrezcan.

5.ª Las ventajas de cualquier clase que vayan a atribuirse en la sociedad resultante a los expertos independientes que hayan de intervenir, en su caso, en el proyecto de fusión, así como a los administradores de las sociedades que se fusionan, de la absorbente o de la nueva sociedad.

6.ª La fecha a partir de la cual los titulares de las nuevas acciones, participaciones o cuotas tendrán derecho a participar en las ganancias sociales y cualesquiera peculiaridades relativas a este derecho.

7.ª La fecha a partir de la cual la fusión tendrá efectos contables de acuerdo con lo dispuesto en el Plan General de Contabilidad.

8.ª Los estatutos de la sociedad resultante de la fusión.

9.ª La información sobre la valoración del activo y pasivo del patrimonio de cada sociedad que se transmita a la sociedad resultante.

10.ª Las fechas de las cuentas de las sociedades que se fusionan utilizadas para establecer las condiciones en que se realiza la fusión.

11.ª Las posibles consecuencias de la fusión sobre el empleo, así como su eventual impacto de género en los órganos de administración y la incidencia, en su caso, en la responsabilidad social de la empresa.

....

Art. 34. *Informe de expertos sobre el proyecto de fusión.*—1. Cuando la sociedad resultante de la fusión sea anónima o comanditaria por acciones, los administradores de cada una de las sociedades que se fusionan deberán solicitar del Registrador mercantil correspondiente al domicilio social, el nombramiento de uno o varios expertos independientes y distintos, para que, por separado, emitan informe sobre el proyecto común de fusión.

No obstante lo anterior, los administradores de todas las sociedades que se fusionan a que se refiere el apartado anterior podrán pedir al Registrador mercantil que designe uno o varios expertos para la elaboración de un único informe. La competencia para el nombramiento corresponderá al Registrador mercantil del domicilio social de la sociedad absorbente o del que figure en el proyecto común de fusión como domicilio de la nueva sociedad.

2. Los expertos nombrados podrán obtener de las sociedades que participan en la fusión, sin limitación alguna, todas las informaciones y documentos que crean útiles y proceder a todas las verificaciones que estimen necesarias.

3. En su informe deberán manifestar, en todo caso, si está o no justificado el tipo de canje de las acciones, participaciones o cuotas de los socios en las sociedades que se extinguen; cuáles han sido los métodos seguidos para establecerlo; si tales métodos son adecuados, mencionando los valores a los que conducen y las dificultades especiales de valoración, si existieren.

Los expertos deberán manifestar, asimismo, si el patrimonio aportado por las sociedades que se extinguen es igual, por lo menos, al capital de la nueva sociedad o al aumento del capital de la absorbente, según los casos.

4. La responsabilidad de los expertos se regirá por lo dispuesto para el auditor de cuentas de la sociedad, y quedará exonerado si acredita que ha aplicado la diligencia y los estándares propios de la actuación que le haya sido encomendada.

5. No será necesario el informe de expertos independientes sobre el proyecto común de fusión cuando así lo haya acordado la totalidad de los socios con derecho de voto y, en su caso, de quienes de acuerdo con la ley o los estatutos pudieran ejercer legítimamente el derecho de voto, de cada una de las sociedades que intervienen en la fusión o si se tratara de sociedades íntegramente participadas, conforme al artículo 49.1.2.º de esta Ley.

....

SECCIÓN 8.ª

De las fusiones especiales

Art. 49. *Absorción de sociedad íntegramente participada.*—1. Cuando la sociedad absorbente fuera titular de forma directa o indirecta de todas las acciones o participaciones sociales en que se divida el capital de la sociedad o sociedades absorbidas, la operación podrá realizarse sin necesidad de que concurran los siguientes requisitos:

1.º La inclusión en el proyecto de fusión de las menciones 2.ª y 6.ª del artículo 31 y, salvo que se trate de fusión transfronteriza intracomunitaria, las menciones 9.ª y 10.ª de ese mismo artículo.

2.º Los informes de administradores y expertos sobre el proyecto de fusión. No obstante, el informe de los administradores será necesario cuando se trate de una fusión transfronteriza intracomunitaria.

3.º El aumento de capital de la sociedad absorbente.

4.º La aprobación de la fusión por las juntas generales de la sociedad o sociedades absorbidas.

2. Cuando la sociedad absorbente fuese titular de forma indirecta de todas las acciones o participaciones sociales en que se divide el capital de la sociedad absorbida, además de tener en cuenta lo dispuesto en el apartado anterior, será siempre necesario el informe de expertos a que se refiere el artículo 34 y será exigible, en su caso, el aumento de capital de la sociedad absorbente. Cuando la fusión provoque una disminución del patrimonio neto de sociedades que no intervienen en la fusión por la participación que tienen en la sociedad absorbida, la sociedad absorbente deberá compensar a estas últimas sociedades por el valor razonable de esa participación.

Art. 50. *Absorción de sociedad participada al 90 por 100.*— 1. Cuando la sociedad absorbente fuera titular directa del 90 por 100 o más, pero no de la totalidad del capital de la sociedad o de las sociedades anónimas o de responsabilidad limitada que vayan a ser objeto de absorción, no serán necesarios los informes de administradores y de expertos sobre el proyecto de fusión, siempre que en éste se ofrezca por la sociedad absorbente a los socios de las sociedades absorbidas la adquisición de sus acciones o participaciones sociales, estimadas en su valor razonable, dentro de un plazo determinado que no podrá ser superior a un mes a contar desde la fecha de la inscripción de la absorción en el Registro Mercantil. No obstante, el informe de los administradores será necesario cuando se trate de una fusión transfronteriza comunitaria.

2. En el proyecto de fusión deberá constar el valor establecido para la adquisición de las acciones o participaciones sociales. Los socios que manifiesten la voluntad de transmitir las acciones o participaciones sociales a la sociedad absorbente, pero que no estuvieran de acuerdo con el valor que para las mismas se hubiera hecho constar en el proyecto, podrán ejercitar, dentro del plazo de seis meses desde que notificaron su voluntad de enajenar sus acciones o participaciones, las acciones judiciales correspondientes para exigir que la sociedad las adquiera por el valor razonable que se fije en el procedimiento.

3. Las acciones o participaciones de los socios de la sociedad absorbida que no fueran adquiridas deberán ser canjeadas por acciones o participaciones propias que la absorbente tuviera en cartera. En otro caso, y siempre que no tenga que

celebrarse la junta a solicitud de la minoría, los administradores están autorizados, si así lo prevé el proyecto de fusión, a elevar el capital en la medida estrictamente necesaria para el canje.

....

CAPÍTULO II

DE LAS FUSIONES TRANSFRONTERIZAS INTRACOMUNITARIAS

Art. 54. *Concepto.*—1. Se consideran fusiones transfronterizas intracomunitarias las fusiones de sociedades de capital constituidas de conformidad con la legislación de un Estado parte del Espacio Económico Europeo y cuyo domicilio social, administración central o centro de actividad principal se encuentre dentro del Espacio Económico Europeo, cuando, interviniendo al menos dos de ellas sometidas a la legislación de Estados miembros diferentes, una de las sociedades que se fusionen esté sujeta a la legislación española.

2. Las sociedades de capital sujetas a la legislación española que pueden participar en fusiones transfronterizas son las sociedades anónimas, comanditarias por acciones y de responsabilidad limitada.

Art. 55. *Régimen jurídico aplicable.*—Son aplicables a las fusiones transfronterizas intracomunitarias las disposiciones de este Capítulo y supletoriamente las disposiciones que rigen la fusión en general.

Art. 56. *Exclusiones del régimen de fusiones transfronterizas.*—1. Lo dispuesto en el presente Capítulo no será aplicable a las fusiones transfronterizas en las que participe una sociedad cooperativa.

2. Tampoco se aplicará lo dispuesto en el presente Capítulo a las fusiones transfronterizas en las que participe una sociedad cuyo objeto sea la inversión colectiva de capitales obtenidos del público y su funcionamiento esté sometido al principio de reparto de los riesgos, cuyas participaciones, a petición del tenedor de las mismas, se readquieran o se rescaten, directa o indirectamente, con cargo a los activos de dicha sociedad. A tales readquisiciones y reembolsos se equipara el hecho de que dicha sociedad de inversión colectiva actúe de manera que el valor de sus participaciones en bolsa no se aparte sensiblemente del valor de su inventario neto.

Art. 57. *Compensación en efectivo.*—El hecho de que la legislación de, al menos, uno de los Estados afectados permita que la compensación en efectivo, que forma parte del tipo de canje, supere el 10 por 100 del valor nominal o, en su defecto, del valor contable de las acciones o participaciones que se canjeen, no será obstáculo para la realización de una fusión transfronteriza intracomunitaria.

Art. 58. *Aplicación de la normativa nacional por razones de interés público.*—Las normas que permiten al Gobierno español imponer condiciones por razones de interés público a una fusión interna serán también de aplicación a las fusiones transfronterizas en las que, al menos, una de las sociedades que se fusionan esté sujeta a la ley española.

Art. 59. *Proyecto común de fusión transfronteriza.*—1. El proyecto común de fusión transfronteriza que habrán de redactar los administradores de cada una de las sociedades que participan en la fusión contendrá al menos las menciones establecidas con carácter general para el proyecto común de fusión de sociedades.

2. El proyecto deberá incluir, además, las menciones siguientes:

1.ª Las ventajas particulares atribuidas a los expertos que estudien el proyecto de fusión transfronteriza, así como a los miembros de los órganos de administración, dirección, vigilancia o control de las sociedades que se fusionen.

2.ª Si procede, la información sobre los procedimientos mediante los cuales se determinen las condiciones de implicación de los trabajadores en la definición de sus derechos de participación en la sociedad resultante de la fusión transfronteriza de conformidad con lo dispuesto en el artículo 67 de esta Ley.

Art. 60. *Informe de los órganos de dirección o administración.*—1. El informe de los administradores de cada una de las sociedades que participan en la fusión transfronteriza, que elaborarán conforme a lo dispuesto en el artículo 33, se pondrá a disposición de los socios y de los representantes de los trabajadores, o en su defecto de los propios trabajadores, en un plazo no inferior a un mes antes de la fecha de la junta de socios que ha de resolver sobre el proyecto común de fusión transfronteriza.

2. Cuando los administradores de la sociedad española reciban a tiempo una opinión de los representantes de los trabajadores, esa opinión se adjuntará al informe.

Art. 61. *Aprobación por la junta de socios.*—Al pronunciarse sobre el proyecto común de fusión transfronteriza, la junta de socios de cada una de las sociedades que se fusionen podrá condicionar la realización de la fusión a la ratificación expresa de las disposiciones decididas para la participación de los trabajadores en la sociedad resultante de la fusión transfronteriza.

Art. 62. *Derecho de separación de los socios.*—Los socios de las sociedades españolas participantes en una fusión transfronteriza intracomunitaria que voten en contra del acuerdo de una fusión cuya sociedad resultante tenga su domicilio en otro Estado miembro podrán separarse de la sociedad conforme a lo dispuesto para las sociedades de responsabilidad limitada.

Art. 63. *Fusión de una sociedad de responsabilidad limitada.*—Serán aplicables a las sociedades de responsabilidad limitada que participen en una fusión transfronteriza las normas que rigen con carácter general para las fusiones de sociedades anónimas y comanditarias por acciones.

Art. 64. *Certificación previa a la fusión.*—A la vista de los datos obrantes en el Registro y en la escritura pública de fusión presentada, el Registrador mercantil del domicilio social de la sociedad que se fusiona certificará la correcta realización de los actos y trámites previos a la fusión por parte de las sociedades sujetas a la legislación española, a las que entregará sin demora el correspondiente certificado.

Art. 65. *Control de legalidad.*—1. Cuando la sociedad resultante de la fusión esté sujeta a la legislación española, el Registrador mercantil, antes de proceder a la inscripción, controlará también la legalidad del procedimiento en lo relativo a la realización de la fusión y a la constitución de la nueva sociedad o a las modificaciones de la sociedad absorbente, así como la aprobación en los mismos términos del proyecto común por las sociedades que se fusionen y, en su caso, la adecuación de las disposiciones sobre participación de los trabajadores. A estos efectos, cada una de las sociedades participantes remitirá al Registrador mercantil el certificado a que se refiere el artículo anterior en el plazo de seis meses a partir de su expedición, así como el proyecto común de fusión aprobado por la junta de socios.

2. En los casos en que, de acuerdo con lo previsto en el artículo 67, deba existir participación de los trabajadores en el sentido de la Ley 31/2006, de 18 de octubre, sobre implicación de los trabajadores en las sociedades anónimas y cooperativas europeas, no podrá inscribirse la fusión salvo que se haya celebrado un acuerdo de participación de los trabajadores, haya expirado el período de negociaciones sin que se haya celebrado ningún acuerdo o los órganos competentes de las sociedades que participen en la fusión hayan optado por estar directamente sujetas a las disposiciones subsidiarias establecidas en la Ley 31/2006, de 18 de octubre. Asimismo, los estatutos de las sociedades resultantes de fusiones transfronterizas en ningún caso podrán ser contrarios a las disposiciones relativas a la participación de los trabajadores que se hayan fijado.

3. Si además de la sociedad resultante de la fusión también fuera española alguna de las sociedades que se extinguen, la legalidad del procedimiento de fusión en relación con la misma se realizará por el Registrador mercantil del domicilio de la sociedad resultante de la fusión, siendo suficiente que en el título presentado al Registro conste, debidamente acreditada por el Registrador del domicilio de la sociedad que se extingue, la inexistencia de obstáculos registrales para la fusión pretendida.

Art. 66. *Publicidad e inscripción de la fusión transfronteriza.*—1. Será aplicable a la sociedad o sociedades sujetas a la legislación española que participen en la fusión lo dispuesto sobre publicación de las fusiones con carácter general.

2. En el *Boletín Oficial del Registro Mercantil* deberá publicarse una indicación, para cada una de las sociedades que se fusionen,

de las condiciones de ejercicio de los derechos de los acreedores y, cuando proceda, de los socios de las sociedades que se fusionen, así como la dirección donde pueda obtenerse, sin gastos, una información exhaustiva sobre esas condiciones.

3. Cuando la sociedad resultante de la fusión esté sujeta a la legislación española, el Registro Mercantil que haya practicado la inscripción lo notificará de inmediato a los Registros donde estén inscritas las sociedades participantes para que se proceda a su cancelación.

Art. 67. *Derechos de implicación de los trabajadores en la sociedad resultante de la fusión.*—1. Cuando la sociedad resultante de la fusión tenga su domicilio en España, los derechos de implicación de los trabajadores en la sociedad se definirán con arreglo a la legislación laboral española.

En particular, los derechos de participación de los trabajadores en la sociedad se definirán con arreglo a lo dispuesto en el Título IV de la Ley 31/2006, de 18 de octubre.

2. Cuando al menos una de las sociedades que participan en la fusión esté gestionada en régimen de participación de los trabajadores y la sociedad resultante de la fusión transfronteriza se rija por dicho sistema, ésta deberá adoptar una forma jurídica que permita el ejercicio de los derechos de participación.

3. A efectos de lo previsto en esta Ley, los conceptos de implicación y de participación de los trabajadores serán los establecidos en el artículo 2 de la Ley 31/2006, de 18 de octubre.

4. Los derechos de información y consulta de los trabajadores de la sociedad resultante de la fusión que presten sus servicios en centros de trabajo situados en España se regirán por la legislación laboral española, al margen del lugar donde dicha sociedad tenga su domicilio.

TÍTULO III

De la escisión

CAPÍTULO PRIMERO

Disposiciones generales

Art. 68. *Clases y requisitos.*—1. La escisión de una sociedad mercantil inscrita podrá revestir cualquiera de las siguientes modalidades:

1.ª Escisión total.
2.ª Escisión parcial.
3.ª Segregación.

2. Las sociedades beneficiarias de la escisión podrán ser de un tipo mercantil diferente al de la sociedad que se escinde.

3. Sólo podrá acordarse la escisión si las acciones o las aportaciones de los socios a la sociedad que se escinde se encuentran íntegramente desembolsadas.

....

CAPÍTULO II

RÉGIMEN LEGAL DE LA ESCISIÓN

Art. 73. *Régimen jurídico de la escisión.*—1. La escisión se regirá por las normas establecidas para la fusión en esta Ley, con las salvedades contenidas en este Capítulo, entendiendo que las referencias a la sociedad resultante de la fusión equivalen a referencias a las sociedades beneficiarias de la escisión.

2. La escisión en la que participen o resulten sociedades mercantiles de distinta nacionalidad se regirá por lo establecido en las respectivas leyes personales. En las sociedades anónimas europeas se estará al régimen que en cada caso les fuere aplicable.

....

TÍTULO IV

De la cesión global de activo y pasivo

CAPÍTULO PRIMERO

DISPOSICIONES GENERALES

Art. 81. *Cesión global de activo y pasivo.*—1. Una sociedad inscrita podrá transmitir en bloque todo su patrimonio por sucesión universal, a uno o a varios socios o terceros, a cambio de una contraprestación que no podrá consistir en acciones, participaciones o cuotas de socio del cesionario.

2. La sociedad cedente quedará extinguida si la contraprestación fuese recibida total y directamente por los socios. En todo caso, la contraprestación que reciba cada socio deberá respetar las normas aplicables a la cuota de liquidación.

....

Art. 84. *Cesión global internacional.*—Cuando la sociedad cedente y el cesionario o cesionarios fueran de distinta nacionalidad, la cesión global de activo y pasivo se regirá por lo establecido en sus respectivas leyes personales. En las sociedades anónimas europeas se estará al régimen que en cada caso les fuere aplicable.

....

TÍTULO V

Del traslado internacional del domicilio social

CAPÍTULO PRIMERO

DISPOSICIONES GENERALES

Art. 92. *Régimen jurídico del traslado internacional del domicilio social.*—El traslado al extranjero del domicilio social de una sociedad mercantil española inscrita y el de una sociedad extranjera al territorio español se regirán por lo dispuesto en los Tratados o Convenios Internacionales vigentes en España y en este Título, sin perjuicio de lo establecido para la sociedad anónima europea.

Art. 93. *Traslado del domicilio social al extranjero.*—1. El traslado al extranjero del domicilio de una sociedad inscrita constituida conforme a la ley española sólo podrá realizarse si el Estado a cuyo territorio se traslada permite el mantenimiento de la personalidad jurídica de la sociedad.

2. No podrán trasladar el domicilio al extranjero las sociedades en liquidación ni aquellas que se encuentren en concurso de acreedores.

Art. 94. *Traslado a territorio español del domicilio social.*—1. El traslado al territorio español del domicilio de una sociedad constituida conforme a la ley de otro Estado parte del Espacio Económico Europeo no afectará a la personalidad jurídica de la sociedad. No obstante, deberá cumplir con lo exigido por la ley española para la constitución de la sociedad cuyo tipo ostente, salvo que dispongan otra cosa los Tratados o Convenios Internacionales vigentes en España.

En particular, las sociedades extranjeras de capital que pretendan trasladar su domicilio social a España desde un Estado que no forme parte del Espacio Económico Europeo deberán justificar con informe de experto independiente que su patrimonio neto cubre la cifra del capital social exigido por el Derecho español.

2. La misma regla se aplicará al traslado a España del domicilio de sociedades constituidas conforme a la ley de otros Estados, si su ley personal lo permite con mantenimiento de la personalidad jurídica.

CAPÍTULO II

RÉGIMEN LEGAL DEL TRASLADO

Art. 95. *Proyecto de traslado.*—1. Los administradores de la sociedad que pretenda trasladar el domicilio al extranjero habrán de redactar y suscribir un proyecto de traslado. Si falta la firma de alguno de ellos, se señalará al final del proyecto con indicación de la causa.

2. El proyecto de traslado contendrá, al menos, las menciones siguientes:

1.ª La denominación y domicilio de la sociedad, así como los datos identificadores de la inscripción en el Registro Mercantil.

2.ª El nuevo domicilio social propuesto.

3.ª Los estatutos que han de regir la sociedad después de su traslado, incluida, en su caso, la nueva denominación social.

4.ª El calendario previsto para el traslado.

5.ª Los derechos previstos para la protección de los socios y de los acreedores, así como de los trabajadores.

3. Los administradores están obligados a presentar, para su depósito en el Registro Mercantil correspondiente, un ejemplar del proyecto de traslado. Efectuados el depósito

y la calificación del Registrador, éste comunicará al Registrador mercantil central para su inmediata publicación en el *Boletín Oficial del Registro Mercantil* el hecho del depósito y la fecha en que hubiere tenido lugar. La publicación de la convocatoria de la junta de socios que haya de resolver sobre el traslado no podrá realizarse antes de que hubiese quedado efectuado el depósito.

En el anuncio en el *Boletín Oficial del Registro Mercantil* deberán constar la denominación, el tipo social y el domicilio de la sociedad que se traslada, los datos de su inscripción en el Registro Mercantil, así como una indicación de las condiciones de ejercicio de los derechos de los socios y de los acreedores y la dirección donde pueda obtenerse, sin gastos, información sobre esas condiciones.

Art. 96. *Informe de los administradores.*—Los administradores elaborarán un informe explicando y justificando detalladamente el proyecto de traslado en sus aspectos jurídicos y económicos, así como sus consecuencias para los socios, los acreedores y los trabajadores.

Art. 97. *Aprobación por la junta de socios.*—El traslado del domicilio a otro Estado habrá de ser acordado necesariamente por la junta de socios con los requisitos y formalidades establecidos en el régimen de la sociedad que se traslada.

Art. 98. *Convocatoria de la junta y derecho de información.*—1. La convocatoria de la junta deberá publicarse en el *Boletín Oficial del Registro Mercantil* y en uno de los diarios de gran circulación en la provincia en la que la sociedad tenga su domicilio, con dos meses de antelación como mínimo a la fecha prevista para la celebración de la junta.

2. Junto a la convocatoria deberán publicarse, además, las siguientes menciones:

1.ª El domicilio actual y el domicilio que en el extranjero pretende tener la sociedad.

2.ª El derecho que tienen los socios y los acreedores de examinar en el domicilio social el proyecto de traslado y el informe de los administradores, así como el derecho de obtener gratuitamente, si así lo solicitaren, copias de dichos documentos.

3.ª El derecho de separación de los socios y el derecho de oposición que corresponde a los acreedores y la forma de ejercitar esos derechos.

Art. 99. *Derecho de separación de los socios.*—Los socios que hubieran votado en contra del acuerdo de traslado del domicilio social al extranjero podrán separarse de la sociedad conforme a lo dispuesto para las sociedades de responsabilidad limitada.

Art. 100. *Derecho de oposición de los acreedores.*—Los acreedores de la sociedad cuyo crédito hubiera nacido antes de la fecha de la publicación del proyecto de traslado del domicilio social al extranjero tendrán el derecho de oponerse al traslado en los términos establecidos para la oposición a la fusión.

Art. 101. *Certificación previa al traslado.*—A la vista de los datos obrantes en el Registro Mercantil y en la escritura pública de traslado presentada, el Registrador mercantil del domicilio social de la sociedad certificará el cumplimiento de los actos y trámites que han de realizarse por la sociedad antes del traslado. Una vez expedida esa certificación quedará cerrado el Registro para nuevas inscripciones.

Art. 102. *Eficacia del traslado del domicilio de la sociedad al extranjero.*—El traslado del domicilio social, así como la correspondiente modificación de la escritura social o de los estatutos, surtirán efecto en la fecha en que la sociedad se haya inscrito en el Registro del nuevo domicilio.

Art. 103. *Cancelación de la inscripción.*—La cancelación de la inscripción de la sociedad en el Registro Mercantil tendrá lugar cuando se aporten el certificado que acredite la inscripción de la sociedad en el Registro de su nuevo domicilio social y los anuncios de esa inscripción en el *Boletín Oficial del Registro Mercantil* y en uno de los diarios de gran circulación en la provincia en que la sociedad hubiera tenido su domicilio.

....

DISPOSICIÓN TRANSITORIA

Régimen transitorio.—La presente Ley se aplicará a las modificaciones estructurales de sociedades mercantiles cuyos proyectos no hubieren sido aún aprobados por la sociedad o sociedades implicadas con anterioridad a la entrada en vigor de la Ley.

....

DISPOSICIONES FINALES

....

6.ª *Incorporación de Derecho comunitario.*—Mediante esta Ley se incorporan al Derecho español la Directiva 2005/56/CE del Parlamento Europeo y del Consejo, de 26 de octubre de 2005, relativa a las fusiones transfronterizas de las sociedades de capital y la Directiva 2006/68/CE, del Parlamento Europeo y del Consejo, de 6 de septiembre de 2006, por la que se modifica la Directiva 77/91/CEE del Consejo en lo relativo a la constitución de la sociedad anónima, así como al mantenimiento y modificaciones de su capital. Asimismo se incorpora la Directiva 2007/63/CE del Parlamento Europeo y del Consejo, de 13 de noviembre de 2007, por la que se modifican las Directivas 78/855/CEE y 82/891/CEE del Consejo por lo que respecta al requisito de presentación de un informe de un perito independiente en caso de fusión o escisión de sociedades anónimas.

....

8.ª *Entrada en vigor.*—La presente Ley entrará en vigor a los tres meses de su publicación en el *Boletín Oficial del Estado*, salvo las disposiciones del Capítulo II del Título II, relativas a las fusiones transfronterizas intracomunitarias, que entrarán en vigor el día siguiente al de su publicación en el *Boletín Oficial del Estado*.

F) OBLIGACIONES CONTRACTUALES

102. LEY 34/2002, DE 11 DE JULIO, DE SERVICIOS DE LA SOCIEDAD DE LA INFORMACIÓN Y DE COMERCIO ELECTRÓNICO *

(Arts. 1.º-4.º, 23, 24, 26 y 29-32)

(*BOE* núm. 166, de 12 de julio de 2002)

TÍTULO PRIMERO

Disposiciones generales

CAPÍTULO PRIMERO

OBJETO

Artículo 1.º *Objeto.*—1. Es objeto de la presente Ley la regulación del régimen jurídico de los servicios de la sociedad de la información y de la contratación por vía electrónica, en lo referente a las obligaciones de los prestadores de servicios incluidos los que actúan como intermediarios en la transmisión de contenidos por las redes de telecomunicaciones, las comunicaciones comerciales por vía electrónica, la información previa y posterior a la celebración de contratos electrónicos, las condiciones relativas a su validez y eficacia y el régimen sancionador aplicable a los prestadores de servicios de la sociedad de la información.

2. Las disposiciones contenidas en esta Ley se entenderán sin perjuicio de lo dispuesto en otras normas estatales o autonómicas ajenas al ámbito normativo coordinado, o que tengan como finalidad la protección de la salud y seguridad pública, incluida la salvaguarda de la defensa nacional, los intereses del consumidor, el régimen tributario aplicable a los servicios

* La presente Ley incorpora al ordenamiento español la Directiva 2000/31/CE del Parlamento Europeo y del Consejo, de 8 de junio, relativa a determinados aspectos de los servicios de la sociedad de la información, en particular el comercio electrónico en el mercado interior.

Téngase en cuenta la Ley 59/2003, de 19 de diciembre, de firma electrónica, que regula el uso de ésta, los servicios de certificación y el reconocimiento de certificados.

de la sociedad de la información, la protección de datos personales y la normativa reguladora de defensa de la competencia.

CAPÍTULO II

ÁMBITO DE APLICACIÓN

Art. 2.º *Prestadores de servicios establecidos en España.*—1. Esta Ley será de aplicación a los prestadores de servicios de la sociedad de la información establecidos en España y a los servicios prestados por ellos.

Se entenderá que un prestador de servicios está establecido en España cuando su residencia o domicilio social se encuentren en territorio español, siempre que éstos coincidan con el lugar en que esté efectivamente centralizada la gestión administrativa y la dirección de sus negocios. En otro caso, se atenderá al lugar en que se realice dicha gestión o dirección.

2. Asimismo, esta Ley será de aplicación a los servicios de la sociedad de la información que los prestadores residentes o domiciliados en otro Estado ofrezcan a través de un establecimiento permanente situado en España.

Se considerará que un prestador opera mediante un establecimiento permanente situado en territorio español cuando disponga en el mismo, de forma continuada o habitual, de instalaciones o lugares de trabajo, en los que realice toda o parte de su actividad.

3. A los efectos previstos en este artículo, se presumirá que el prestador de servicios está establecido en España cuando el prestador o alguna de sus sucursales se haya inscrito en el Registro Mercantil o en otro registro público español en el que fuera necesaria la inscripción para la adquisición de personalidad jurídica.

La utilización de medios tecnológicos situados en España, para la prestación o el acceso al servicio, no servirá como criterio para determinar la prestación, por sí solo, el establecimiento en España del prestador.

4. Los prestadores de servicios de la sociedad de la información establecidos en España estarán sujetos a las demás disposiciones del ordenamiento jurídico español que les sean de aplicación, en función de la actividad que desarrollen, con independencia de la utilización de medios electrónicos para su realización.

Art. 3.º *Prestadores de servicios establecidos en otro Estado miembro de la Unión Europea o del Espacio Económico Europeo.*—1. Sin perjuicio de lo dispuesto en los artículos 7.1 y 8, esta Ley se aplicará a los prestadores de servicios de la sociedad de la información establecidos en otro Estado miembro de la Unión Europea o del Espacio Económico Europeo cuando el destinatario de los servicios radique en España y los servicios afecten a las materias siguientes:

a) Derechos de propiedad intelectual o industrial.

b) Emisión de publicidad por instituciones de inversión colectiva.

c) Actividad de seguro directo realizada en régimen de derecho de establecimiento o en régimen de libre prestación de servicios.

d) Obligaciones nacidas de los contratos celebrados por personas físicas que tengan la condición de consumidores.

e) Régimen de elección por las partes contratantes de la legislación aplicable a su contrato.

f) Licitud de las comunicaciones comerciales por correo electrónico u otro medio de comunicación electrónica equivalente no solicitadas.

2. En todo caso, la constitución, transmisión, modificación y extinción de derechos reales sobre bienes inmuebles sitos en España se sujetará a los requisitos formales de validez y eficacia establecidos en el ordenamiento jurídico español.

3. Los prestadores de servicios a los que se refiere el apartado 1 quedarán igualmente sometidos a las normas del ordenamiento jurídico español que regulen las materias señaladas en dicho apartado.

4. No será aplicable lo dispuesto en los apartados anteriores a los supuestos en que, de conformidad con las normas reguladoras de las materias enumeradas en el apartado 1, no fuera de aplicación la ley del país en que resida o esté establecido el destinatario del servicio.

Art. 4.º *Prestadores establecidos en un Estado no perteneciente a la Unión Europea o al Espacio Económico Europeo.*—A los prestadores establecidos en países que no sean miembros de la Unión Europea o del Espacio Económico Europeo les será de aplicación lo dispuesto en los artículos 7.2 y 8.

Los prestadores que dirijan sus servicios específicamente al territorio español quedarán sujetos, además, a las obligaciones previstas en esta Ley, siempre que ello no contravenga lo establecido en tratados o convenios internacionales que sean aplicables.

....

TÍTULO IV

Contratación por vía electrónica

Art. 23. *Validez y eficacia de los contratos celebrados por vía electrónica.*—1. Los contratos celebrados por vía electrónica producirán todos los efectos previstos por el ordenamiento jurídico, cuando concurran el consentimiento y los demás requisitos necesarios para su validez.

Los contratos electrónicos se regirán por lo dispuesto en este Título, por los Códigos Civil y de Comercio y por las restantes normas civiles o mercantiles sobre contratos, en especial, las normas de protección de los consumidores y usuarios y de ordenación de la actividad comercial.

2. Para que sea válida la celebración de contratos por vía electrónica no será necesario el previo

acuerdo de las partes sobre la utilización de medios electrónicos.

3. Siempre que la Ley exija que el contrato o cualquier información relacionada con el mismo conste por escrito, este requisito se entenderá satisfecho si el contrato o la información se contiene en un soporte electrónico.

4. No será de aplicación lo dispuesto en el presente Título a los contratos relativos al Derecho de familia y sucesiones.

Los contratos, negocios o actos jurídicos en los que la Ley determine para su validez o para la producción de determinados efectos la forma documental pública, o que requieran por Ley la intervención de órganos jurisdiccionales, notarios, registradores de la propiedad y mercantiles o autoridades públicas, se regirán por su legislación específica.

Art. 24. *Prueba de los contratos celebrados por vía electrónica.*—1. La prueba de la celebración de un contrato por vía electrónica y la de las obligaciones que tienen su origen en él se sujetará a las reglas generales del ordenamiento jurídico y, en su caso, a lo establecido en la legislación sobre firma electrónica.

2. En todo caso, el soporte electrónico en que conste un contrato celebrado por vía electrónica será admisible en juicio como prueba documental.

....

Art. 26. *Ley aplicable.*—Para la determinación de la ley aplicable a los contratos electrónicos se estará a lo dispuesto en las normas de Derecho internacional privado del ordenamiento jurídico español, debiendo tomarse en consideración para su aplicación lo establecido en los artículos 2 y 3 de esta Ley.

....

Art. 29. *Lugar de celebración del contrato.*—Los contratos celebrados por vía electrónica en los que intervenga como parte un consumidor se presumirán celebrados en el lugar en que éste tenga su residencia habitual.

Los contratos electrónicos entre empresarios o profesionales, en defecto de pacto entre las partes, se presumirán celebrados en el lugar en que esté establecido el prestador de servicios.

Art. 29: Téngase en cuenta que la Disp. Adic. 4.ª modifica los arts. 1.262 del Código civil y 54 del Código de comercio, quedando ambos redactados de la siguiente forma:

«El consentimiento se manifiesta por el concurso de la oferta y de la aceptación sobre la cosa y la causa que han de constituir el contrato.

Hallándose en lugares distintos el que hizo la oferta y el que la aceptó, hay consentimiento desde que el oferente conoce la aceptación o desde que, habiéndosela remitido el aceptante, no puede ignorarla sin faltar a la buena fe. El contrato, en tal caso, se presume celebrado en el lugar en que se hizo la oferta.

En los contratos celebrados mediante dispositivos automáticos hay consentimiento desde que se manifiesta la aceptación.»

TÍTULO V

Solución judicial y extrajudicial de conflictos

CAPÍTULO PRIMERO

ACCIÓN DE CESACIÓN

Art. 30. *Acción de cesación.*—1. Contra las conductas contrarias a la presente Ley que lesionen intereses colectivos o difusos de los consumidores podrá interponerse acción de cesación.

2. La acción de cesación se dirige a obtener una sentencia que condene al demandado a cesar en la conducta contraria a la presente Ley y a prohibir su reiteración futura. Asimismo, la acción podrá ejercerse para prohibir la realización de una conducta cuando ésta haya finalizado al tiempo de ejercitar la acción, si existen indicios suficientes que hagan temer su reiteración de modo inminente.

3. La acción de cesación se ejercerá conforme a las prescripciones de la Ley de Enjuiciamiento Civil para esta clase de acciones.

Art. 31. *Legitimación activa.*—Están legitimados para interponer la acción de cesación:

a) Las personas físicas o jurídicas titulares de un derecho o interés legítimo.

b) Los grupos de consumidores o usuarios afectados, en los casos y condiciones previstos en la Ley de Enjuiciamiento Civil.

c) Las asociaciones de consumidores y usuarios que reúnan los requisitos establecidos en la Ley 26/1984, de 19 de julio, General para la Defensa de los Consumidores y Usuarios, o, en su caso, en la legislación autonómica en materia de defensa de los consumidores.

d) El Ministerio Fiscal.

e) El Instituto Nacional del Consumo y los órganos correspondientes de las Comunidades Autónomas y de las Corporaciones Locales competentes en materia de defensa de los consumidores.

f) Las entidades de otros Estados miembros de la Unión Europea constituidas para la protección de los intereses colectivos o difusos de los consumidores que estén habilitadas ante la Comisión Europea mediante su inclusión en la lista publicada a tal fin en el *Diario Oficial de las Comunidades Europeas*.

Los Jueces y Tribunales aceptarán dicha lista como prueba de la capacidad de la entidad habilitada para ser parte, sin perjuicio de examinar si la finalidad de la misma y los intereses afectados legitiman el ejercicio de la acción.

CAPÍTULO II

SOLUCIÓN EXTRAJUDICIAL DE CONFLICTOS

Art. 32. *Solución extrajudicial de conflictos.*—1. El prestador y el destinatario de servicios de la sociedad de la información podrán someter sus conflictos a los arbitrajes previstos en la legislación de arbitraje y de defensa de los consumidores y usuarios, y a los procedimientos de resolución extrajudiciales de conflictos que se instauren por medio de códigos de conducta u otros instrumentos de autorregulación.

2. En los procedimientos de resolución extrajudicial de conflictos a que hace referencia el apartado anterior, podrá hacerse uso de medios electrónicos, en los términos que establezca su normativa específica.

....

103. LEY 50/1980, DE 8 DE OCTUBRE, DEL CONTRATO DE SEGURO

(Arts. 107-109)

(*BOE* núm. 250, de 17 de octubre de 1980)

....

TÍTULO IV

Normas de Derecho internacional privado

....

Art. 107. 1. La Ley española sobre el contrato de seguro será de aplicación al seguro contra daños en los siguientes casos:

a) Cuando se refiera a riesgos que estén localizados en territorio español y el tomador del seguro tenga en él su residencia habitual, si se trata de persona física, o su domicilio social o sede

---

Art. 107: Redacción de los arts. 107 a 109 conforme a la Disposición adicional sexta («Modificaciones de la Ley de contrato de seguros») de la Ley 30/1995, de 8 de noviembre, de ordenación y supervisión de los seguros privados (*BOE* de 9-11-1995). En dicha Disposición adicional se introdujo también un nuevo art. 33.*a*) en el que se define la figura del *coaseguro comunitario.*

«*Art. 33.* 1. Un contrato de seguro tendrá la calificación de coaseguro comunitario a los efectos de esta Ley si reúne todas y cada una de las siguientes condiciones:

a) Que dé lugar a la cobertura de uno o más riesgos de los definidos en el artículo 107.2 de esta Ley.

b) Que participen en la cobertura del riesgo varias aseguradoras teniendo todas ellas su domicilio social en alguno de los Estados miembros del Espacio Económico Europeo, y siendo una de ellas abridora de la operación.

c) Que el coaseguro se haga mediante un único contrato, referente al mismo interés, riesgo y tiempo y con reparto de cuotas determinadas entre varias aseguradoras, sin que exista solidaridad entre ellas, de forma que cada una solamente estará obligada al pago de la indemnización en proporción a la cuota respectiva.

d) Que cubra riesgos situados en el Espacio Económico Europeo.

de gestión administrativa y dirección de los negocios, si se trata de persona jurídica.

b) Cuando el contrato se concluya en cumplimiento de una obligación de asegurarse impuesta por la ley española.

2. En los contratos de seguro por grandes riesgos las partes tendrán libre elección de la ley aplicable.

Se consideran grandes riesgos los siguientes:

a) Los de vehículos ferroviarios, vehículos aéreos, vehículos marítimos, lacustres y fluviales, mercancías transportadas (comprendidos los equipajes y demás bienes transportados), la responsabilidad civil en vehículos aéreos (comprendida la responsabilidad del transportista) y la responsabilidad civil de vehículos marítimos, lacustres y fluviales (comprendida la responsabilidad civil del transportista).

b) Los de crédito y de caución cuando el tomador ejerza a título profesional una actividad industrial, comercial o liberal y el riesgo se refiera a dicha actividad.

c) Los de vehículos terrestres (no ferroviarios), incendio y elementos naturales, otros daños a los bienes, responsabilidad civil en vehículos terrestres automóviles (comprendida la responsabilidad del transportista), responsabilidad civil en general, y pérdidas pecuniarias diversas, siempre que el tomador supere los límites de, al menos, dos de los tres criterios siguientes:

—Total del balance: 6.200.000 ecus.

—Importe neto del volumen de negocios: 12.800.000 ecus.

—Número medio de empleados durante el ejercicio: 250 empleados.

Si el tomador del seguro formara parte de un conjunto de empresas cuyo balance consolidado se establezca con arreglo a lo dispuesto en los artículos 42 a 49 del Código de Comercio, los criterios mencionados anteriormente se aplicarán sobre la base del balance consolidado.

3. Fuera de los casos previstos en los dos números anteriores, regirán las siguientes normas para determinar la ley aplicable al contrato de seguro contra daños:

a) Cuando se refiera a riesgos que estén localizados en territorio

---

e) Que la aseguradora abridora, esté o no domiciliada en España, se encuentre habilitada para cubrir la totalidad del riesgo conforme a las disposiciones que le sean aplicables.

f) Que al menos uno de los coaseguradores participe en el contrato por medio de su domicilio social o de una sucursal establecida en un Estado miembro del Espacio Económico Europeo distinto del Estado de la aseguradora abridora.

g) Que la abridora asuma plenamente las funciones que le corresponden en la práctica del coaseguro, determinando, de acuerdo con el tomador y de conformidad con lo dispuesto en las leyes, la ley aplicable al contrato de seguro, las condiciones de éste y las de tarificación.

2. Las aseguradoras que participen en España en una operación de coaseguro comunitario en calidad de abridoras, así como sus actividades como tales coaseguradoras, se regirán por las disposiciones aplicables al contrato de seguro por grandes riesgos.»

español y el tomador del seguro no tenga en él su residencia habitual, domicilio social o sede de gestión administrativa y dirección de los negocios, las partes podrán elegir entre la aplicación de la ley española o la ley del Estado en que el tomador del seguro tenga dicha residencia, domicilio social o dirección efectiva.

b) Cuando el tomador del seguro sea un empresario o un profesional y el contrato cubra riesgos relativos a sus actividades realizadas en distintos Estados del Espacio Económico Europeo, las partes podrán elegir entre la ley de cualquiera de los Estados en que los riesgos estén localizados o la de aquel en que el tomador tenga su residencia, domicilio social o sede de gestión administrativa y dirección de sus negocios.

c) Cuando la garantía de los riesgos que estén localizados en territorio español se limite a los siniestros que puedan ocurrir en un Estado miembro del Espacio Económico Europeo distinto de España, las partes pueden elegir la ley de dicho Estado.

4. A los efectos de lo previsto en los números precedentes, la localización del riesgo se determinará conforme a lo previsto en el artículo 1.3.*d*) de la Ley de Ordenación y Supervisión de los Seguros Privados.

5. La elección por las partes de la ley aplicable, cuando sea posible, deberá expresarse en el contrato o desprenderse claramente de su contenido. Si faltare la elección, el contrato se regirá por la ley del Estado de entre los mencionados en los números 2 y 3 de este artículo, con el que presente una relación más estrecha. Sin embargo, si una parte del contrato fuera separable del resto del mismo y presentara una relación más estrecha con algún otro Estado de los referidos en este número, podrá, excepcionalmente, aplicarse a esta parte del contrato la ley de ese Estado. Se presumirá que existe relación más estrecha con el Estado miembro del Espacio Económico Europeo en que esté localizado el riesgo.

6. Lo dispuesto en los números precedentes se entenderá sin perjuicio de las normas de orden público contenidas en la ley española, cualquiera que sea la ley aplicable al contrato de seguro contra daños. Sin embargo, si el contrato cubre riesgos localizados en varios Estados miembros del Espacio Económico Europeo se considerará que existen varios contratos a los efectos de lo previsto en este número y que corresponden cada uno de ellos únicamente a un Estado.

Art. 108. 1. La presente Ley será de aplicación a los contratos de seguro sobre la vida en los siguientes supuestos:

a) Cuando el tomador del seguro sea una persona física y tenga su domicilio o su residencia

---

Art. 108: El art. 4.º de la segunda Directiva sobre seguros de vida (90/619/CEE de 8-11-1990, *DO* L 330, de 29-11-1990) dispone:

habitual en territorio español. No obstante, si es nacional de otro Estado miembro del Espacio Económico Europeo distinto de España podrá acordar con el asegurador aplicar la ley de su nacionalidad.

b) Cuando el tomador del seguro sea una persona jurídica y tenga su domicilio, su efectiva administración y dirección o su principal establecimiento o explotación en territorio español.

c) Cuando el tomador del seguro sea una persona física de nacionalidad española con residencia habitual en otro Estado y así lo acuerde con el asegurador.

d) Cuando el contrato de seguro de grupo se celebre en cumplimiento o como consecuencia de un contrato de trabajo sometido a la ley española.

2. Los Juzgados y Tribunales españoles que hayan de resolver cuestiones sobre el cumplimiento de los contratos de seguro sobre la vida aplicarán las disposiciones imperativas vigentes en España sobre este contrato, cualquiera que sea la ley aplicable.

3. Se aplicarán las normas de Derecho internacional privado contenidas en el artículo 107 a los seguros de personas distintos al seguro sobre la vida.

Art. 109. Se aplicarán al contrato de seguro las normas generales de Derecho internacional privado en materia de obligaciones contractuales, en lo no previsto en los artículos 107 y 108.

....

«1. La legislación aplicable a los contratos relativos a las actividades contempladas en la Primera Directiva será la legislación del Estado miembro del compromiso. No obstante, cuando el Derecho de dicho Estado miembro lo permita, las partes podrán elegir la legislación de otro país.

2. Cuando el tomador sea una persona física y tenga su residencia habitual en un Estado miembro del Estado miembro del que sea nacional, las partes podrán elegir la legislación del Estado miembro del que sea nacional.

3. Cuando en un Estado miembro existan varias unidades territoriales con normas legales propias en materia de obligaciones contractuales, cada unidad será considerada como un país a efectos de determinación de la legislación aplicable en virtud de la presente Directiva.

Los Estados miembros donde existan diferentes unidades territoriales con normas legales propias en materia de obligaciones contractuales no estarán obligados a aplicar las disposiciones de la presente Directiva a los conflictos que surjan entre los Derechos de dichas unidades.

4. Lo dispuesto en el presente artículo no podrá menoscabar la aplicación de las normas legales del país del juez que regulen imperativamente la situación, sea cual fuere la ley aplicable al contrato.

Si el Derecho de un Estado miembro así lo estableciere, se podrá dar efecto a las disposiciones imperativas de la legislación del Estado miembro del compromiso, siempre y cuando, según el Derecho de dicho Estado miembro, dichas disposiciones sean aplicables sea cual fuere la legislación que regule el contrato.

5. Salvo lo dispuesto en los apartados anteriores, los Estados miembros aplicarán a los contratos de seguros contemplados en la presente Directiva sus normas generales de derecho internacional privado en materia de obligaciones contractuales.»

Art. 108.2: Cfr. art. 4.º4 de la Directiva 90/619/CEE.

Art. 109: Vid. Convenio de Roma de 1980 (*infra* núm. 113).

Además, téngase en cuenta el art. 10.3 de la Ley para la defensa de los consumidores y usuarios (*infra* núm. 107).

104. REAL DECRETO LEGISLATIVO 6/2004, DE 29 DE OCTUBRE, POR EL QUE SE APRUEBA EL TEXTO REFUNDIDO DE LA LEY DE ORDENACIÓN Y SUPERVISIÓN DE LOS SEGUROS PRIVADOS*

(Arts. 1.º, 3.º2, 4.º2, 28, 30, 36, 39, 53, 60, 61, 76, 80, 81 y Disp. Adic. 2.ª)

(*BOE* nún. 267, de 5 de noviembre de 2004; corr. de errores, *BOE* núm. 28, de 2 de febrero de 2005)

TÍTULO PRIMERO

Disposiciones generales

Artículo 1.º *Objeto de la ley y definiciones.*—1. Esta ley tiene por objeto establecer la ordenación y supervisión del seguro privado y demás operaciones enumeradas en el artículo 3.1, con la finalidad de tutelar los derechos de los asegurados, facilitar la transparencia y el desarrollo del mercado de seguros y fomentar la actividad aseguradora privada.

2. Quedan expresamente excluidos del ámbito de aplicación de esta ley el régimen general y los regímenes especiales que integran el sistema de Seguridad Social obligatoria.

3. A efectos de lo establecido en esta ley y en las demás disposiciones reguladoras de la ordenación y supervisión de los seguros y contratación de los seguros privados, se entenderá por:

a) Compromiso: todo acuerdo materializado en una de las formas de contrato de seguro sobre la vida, otras operaciones del ramo de vida u operaciones descritas en el artículo 3.1.*b*) y *c*).

b) Régimen de derecho de establecimiento: la actividad desarrollada en un Estado miembro del Espacio Económico Europeo por una sucursal establecida en él de una entidad aseguradora domiciliada en otro Estado miembro.

c) Régimen de libre prestación de servicios: la actividad desarrollada por una entidad aseguradora domiciliada en un Estado miembro del Espacio Económico Europeo desde su domicilio, o por

* En cumplimiento del mandato contenido en la disposición final cuarta de la Ley 44/2002, de 22 de noviembre, de medidas de reforma del sistema financiero y en la disposición final primera de la Ley 34/2003, de 4 de noviembre, de modificación y adaptación a la normativa comunitaria de la legislación de seguros privados, el Gobierno ha elaborado el presente texto refundido.

una sucursal de aquélla en otro Estado miembro, asumiendo un riesgo o contrayendo un compromiso en un Estado miembro distinto.

d) Estado miembro de localización del riesgo: se entiende por tal:

1.º Aquel en que se hallen los bienes, cuando el seguro se refiera a inmuebles, o bien a éstos y a su contenido, si este último está cubierto por la misma póliza de seguro.

Cuando el seguro se refiera a bienes muebles que se encuentren en un inmueble, y a efectos de los tributos y recargos legalmente exigibles, el Estado miembro en el que se encuentre situado el inmueble, incluso si éste y su contenido no estuvieran cubiertos por la misma póliza de seguro, con excepción de los bienes en tránsito comercial.

2.º El Estado miembro de matriculación, cuando el seguro se refiera a vehículos de cualquier naturaleza.

3.º Aquel en que el tomador del seguro haya firmado el contrato, si su duración es inferior o igual a cuatro meses y se refiere a riesgos que sobrevengan durante un viaje o fuera del domicilio habitual del tomador del seguro, cualquiera que sea el ramo afectado.

4.º Aquel en que el tomador del seguro tenga su residencia habitual o, si fuera una persona jurídica, aquel en el que se encuentre su domicilio social o sucursal a que se refiere el contrato, en todos los casos no explícitamente contemplados en los apartados anteriores.

e) Estado miembro del compromiso: el Estado miembro del Espacio Económico Europeo en el que el tomador del seguro tenga su residencia habitual, si es una persona física, o su domicilio social o una sucursal, en el caso de que el contrato se refiera a esta última, si es una persona jurídica. En todos los casos, siempre que se trate de un contrato de seguro sobre la vida, otras operaciones del ramo de vida u operaciones descritas en el artículo 3.1.*b*) y *c*).

f) Estado miembro de origen: el Estado miembro del Espacio Económico Europeo en el que tenga el domicilio social la entidad aseguradora que cubra el riesgo o contraiga el compromiso.

La gestión administrativa y la dirección de los negocios de la entidad aseguradora habrá de estar centralizada en el mismo Estado miembro en que se encuentre su domicilio social, competente para otorgar la autorización administrativa.

g) Estado miembro de la sucursal: el Estado miembro en que esté situada la sucursal que cubra el riesgo o contraiga el compromiso.

h) Estado miembro de prestación de servicios: el Estado miembro del Espacio Económico Europeo en que esté localizado el riesgo o se asuma el compromiso, cuando dicho riesgo esté cubierto o el compromiso sea asumido por alguna entidad aseguradora desde su domicilio o una sucursal de aquélla situadas en otro Estado miembro.

i) Reaseguro: la actividad consistente en aceptación de riesgos cedidos por una entidad aseguradora o por otra entidad reaseguradora.

j) Entidad reaseguradora cautiva: entidad reaseguradora propiedad de una entidad no financiera, o de una entidad financiera que no sea una entidad aseguradora o reaseguradora o forme parte de un grupo consolidable de entidades aseguradoras o reaseguradoras y que tiene por objeto ofrecer cobertura de reaseguro exclusivamente para los riesgos de la entidad o entidades a las que pertenece o de una o varias entidades del grupo del que forma parte.

k) Reaseguro limitado: reaseguro en el que el potencial máximo de pérdida explícito, expresa en términos de riesgo económico máximo transferido, derivado tanto de un riesgo de suscripción como de la transferencia de un riesgo de tiempo, supera la prima durante la totalidad del período de vigencia del contrato por una cuantía limitada pero significativa, junto, con al menos, una de las siguientes características:

1.ª Consideración explícita y material del valor temporal del dinero,

2.ª Disposiciones contractuales que moderen el equilibrio de la experiencia económica entre las partes en el tiempo, con el fin de lograr la transferencia de riesgo *prevista*.

l) Entidad con cometido especial: entidad, tenga o no responsabilidad jurídica, distinta de una empresa de seguros o reaseguros existente, que asuma riesgos de empresas de seguros o de reaseguros y financie plenamente su exposición a dichos riesgos a través de una emisión de deuda o de algún otro mecanismo de financiación en que los derechos de reembolso de los proveedores de dicha deuda u otro mecanismo de financiación estén subordinados a las obligaciones de reaseguro de dicha entidad.

....

Art. 3.º *Ámbito objetivo y territorial.*

....

2. Las actividades y operaciones definidas en el apartado 1 se ajustarán a lo dispuesto en esta ley:

a) Cuando sean realizadas por entidades aseguradoras españolas.

b) Cuando sean realizadas en España por entidades aseguradoras domiciliadas en el territorio de cualquiera de los restantes países miembros del Espacio Económico Europeo o en terceros países.

Art. 4.º *Operaciones prohibidas y sanción de nulidad.*

....

2. Serán nulos de pleno derecho los contratos de seguro y demás operaciones sometidas a esta ley ce-

---

Art. 1.º3: Añadidas letras *i*), *j*), *k*) y *l*) por Ley 13/2007, de 2 de julio (*BOE* de 3-7-2007). Entrada en vigor el 9-12-2007.

lebrados o realizados por entidad no autorizada, cuya autorización administrativa haya sido revocada, o que transgredan los límites de la autorización administrativa concedida. Quien hubiera contratado con ella no estará obligado a cumplir su obligación de pago de la prima y tendrá derecho a la devolución de la prima pagada, salvo que, con anterioridad, haya tenido lugar un siniestro; si antes de tal devolución acaece un siniestro, amparado por el contrato si hubiera sido válido, nacerá la obligación de la entidad que lo hubiese celebrado de satisfacer una indemnización cuya cuantía se fijará con arreglo a las normas que rigen el pago de la prestación conforme al contrato de seguro, sin perjuicio del deber de indemnizar los restantes daños y perjuicios que hubiera podido ocasionar.

Esta obligación y responsabilidad será solidaria de la entidad y de quienes desempeñando en la misma cargos de administración o dirección hubieren autorizado o permitido la celebración de tales contratos u operaciones.

TÍTULO II

De la actividad de entidades aseguradoras españolas

....

CAPÍTULO III

INTERVENCIÓN DE ENTIDADES ASEGURADORAS

....

SECCIÓN 2.ª

Disolución y liquidación de entidades aseguradoras

....

Art. 28. *Liquidación de entidades aseguradoras.*—1. La liquidación de una entidad aseguradora española comprenderá también la de todas sus sucursales. Durante el período de liquidación no podrán celebrarse las operaciones definidas en el artículo 3.1, pero los contratos de seguro vigentes en el momento de la disolución conservarán su eficacia hasta la conclusión del período del seguro en curso, y vencerán en dicho momento sin posibilidad de prórroga, sin perjuicio de la opción de vencimiento anticipado con arreglo a lo preceptuado en el apartado 2.*d*).

2. En la liquidación, y hasta la cancelación de la inscripción en el registro administrativo, el Ministerio de Economía y Hacienda conservará todas sus competencias de ordenación y supervisión sobre la entidad en liquidación y, además, podrá adoptar las siguientes medidas:

a) Acordar la intervención de la liquidación para salvaguardar los intereses de los asegurados, beneficiarios y perjudicados o de otras entidades aseguradoras. Decidida la intervención, estarán sujetas al control de la intervención del Estado las actuaciones de los liquidadores en los términos definidos en este artículo, en el artículo 39.3, y en sus disposiciones reglamentarias de desarrollo.

b) Designar liquidadores o encomendar la liquidación al Consorcio de Compensación de Seguros en los supuestos enumerados en el artículo 14 del Texto Refundido del Estatuto Legal del Consorcio de Compensación de Seguros, aprobado por el Real Decreto Legislativo 7/2004, de 29 de octubre.

c) Disponer, de oficio o a petición de los liquidadores, la cesión general o parcial de la cartera de contratos de seguro de la entidad para facilitar su liquidación.

d) Determinar la fecha de vencimiento anticipado del período de duración de los contratos de seguro que integren la cartera de la entidad en liquidación, para evitar mayores perjuicios a los asegurados, beneficiarios y terceros perjudicados amparados por dichos contratos. Tal determinación respetará el equilibrio económico de las prestaciones en los contratos afectados y deberá tener lugar con la necesaria publicidad, con una antelación de quince días naturales a la fecha en que haya de tener efecto y, salvo que concurran circunstancias excepcionales que aconsejen no demorar la fecha de vencimiento, simultáneamente al cumplimiento por los liquidadores del deber de informar que les impone el apartado 3.*c*).

3. El régimen jurídico del nombramiento, de la actuación y de la responsabilidad de los liquidadores se ajustará a las siguientes reglas:

a) Sólo podrán ser liquidadores quienes tengan reconocida honorabilidad y condiciones necesarias de cualificación o experiencia profesionales para ejercer sus funciones y estarán sujetos al mismo régimen de responsabilidad administrativa que los administradores de una entidad aseguradora.

b) Cuando la entidad no hubiese procedido al nombramiento de liquidadores antes de los quince días siguientes a la disolución, o cuando el nombramiento dentro de ese plazo lo fuese sin cumplir los requisitos legales y estatutarios, el Ministro de Economía y Hacienda podrá designar liquidadores o encomendar la liquidación al Consorcio de Compensación de Seguros.

c) Los liquidadores suscribirán, en unión de los administradores, el inventario y balance de la entidad y deberán someterlo, en un plazo no superior a un mes desde su nombramiento, a la Dirección General de Seguros y Fondos de Pensiones o, si la liquidación fuese intervenida, al interventor. Deberán informar a los acreedores sobre la situación de la entidad, en particular a los asegurados acerca de si la Dirección General de Seguros y Fondos de Pensiones ha determinado el vencimiento anticipado del período de duración de los contratos de seguro que integren la cartera de la entidad aseguradora y sobre su fecha, y la forma en que han de solicitar el reconocimiento de sus créditos, mediante notificación individual a los conocidos y llamamiento a los desconocidos a través de anuncios, aprobados en su caso por el interventor, que se publicarán en el *Boletín Oficial del Registro Mercantil*, y en dos diarios, al menos, de los de mayor circulación en el ámbito de actuación de la entidad aseguradora.

Cuando el acreedor conocido tenga su domicilio en un Estado miembro del Espacio Económico Europeo distinto a España, la información anterior se facilitará en castellano, si bien el escrito deberá llevar, en todas las lenguas oficiales de la Unión Europea, el encabezamiento «Convocatoria para la presentación de créditos. Plazos aplicables» o «Convocatoria para la presentación de observaciones sobre los créditos. Plazos aplicables», según proceda. No obstante, cuando el acreedor lo sea por un crédito de seguro, la información se facilitará en la lengua oficial o en una de las lenguas oficiales del Estado miembro donde radique su domicilio.

Los acreedores con domicilio en un Estado miembro del Espacio Económico Europeo distinto a España podrán presentar los escritos de reclamación de créditos o de observaciones a éstos en la lengua oficial o en una de las lenguas oficiales del Estado donde radique su domicilio, si bien el escrito deberá llevar el encabezamiento «Presentación de créditos» o, en su caso, «Presentación de observaciones sobre los créditos» en castellano.

d) Los liquidadores adoptarán las medidas necesarias para ultimar la liquidación en el plazo más breve posible, y podrán ceder general o parcialmente la cartera de contratos de seguro de la entidad con autorización del Ministro de Economía y Hacienda, así como pactar el rescate o resolución de los contratos de seguro. La enajenación de los inmuebles podrá tener lugar sin subasta pública cuando la liquidación sea intervenida o cuando, habiendo sido tasados a estos efectos por los servicios técnicos de la Dirección General de Seguros y Fondos de Pensiones o por sociedades de tasación, el precio de enajenación no sea inferior al de tasación. Requerirá, en uno y otro caso, la autorización previa de la Dirección General de Seguros y Fondos de Pensiones. La disposición de los restantes bienes y la realización de los pagos precisará la conformidad del interventor en las liquidaciones intervenidas por el Estado.

e) Cuando los liquidadores incumplan las normas que para la protección de los asegurados se establecen en esta ley o las que rigen la liquidación, la dificulten o se retrase, el Ministro de Economía y Hacienda podrá acordar su destitución y designar nuevos liquidadores o encomendar la liquidación al Consorcio de Compensación de Seguros.

f) En lo demás, los liquidadores sujetarán su actuación al texto refundido de la Ley de Sociedades Anónimas, aprobado por el Real Decreto Legislativo 1564/1989, de 22 de diciembre.

4. Durante el período de liquidación, la entidad podrá ofrecer al Ministro de Economía y Hacienda la remoción de la causa de disolución y solicitar de éste la rehabilitación de la autorización administrativa revocada. Dicha rehabilitación sólo podrá concederse cuando la entidad cumpla todos los requisitos exigidos durante el funcionamiento normal y garantice la totalidad de los derechos de asegurados y acreedores, incluso los de aquellos cuyos contratos de seguro hubieran sido declarados vencidos durante el período de liquidación. Si se acordase la rehabilitación de la autorización administrativa revocada, se entenderá removida de pleno derecho la causa de disolución, se cancelará la inscripción practicada en el Registro Mercantil con arreglo al artículo 263 del Texto Refundido de la Ley de Sociedades Anónimas, aprobado por el Real Decreto Legislativo 1564/1989, de 22 de diciembre, y se dará al acuerdo de rehabilitación la misma publicidad que dicho precepto impone para el acuerdo de disolución.

5. Una vez concluidas las operaciones de liquidación, el Ministro de Economía y Hacienda declarará extinguida la entidad y se procederá a cancelar los asientos en el registro administrativo. Por excepción, procederá la cancelación de los asientos en dicho registro sin declaración de extinción de la entidad, y en dicho momento podrá iniciar la actividad con arreglo al objeto social modificado, cuando tenga lugar la cesión general de la cartera o la revocación de la autorización, siempre que, en ambos casos, se haya procedido a modificar el objeto social de la entidad sin disolución de esta y previamente la Dirección General de Seguros y Fondos de Pensiones compruebe que se ha ejecutado la cesión de cartera o se han liquidado las operaciones de seguro, respectivamente.

La cancelación en el registro administrativo determinará, en los supuestos de declaración de extinción de la entidad, la cancelación a su vez en el Registro Mercantil.

6. La resolución administrativa correspondiente o el acuerdo del que traiga causa la liquidación será reconocido en el territorio de los demás Estados miembros del Espacio Económico Europeo, de conformidad con lo previsto en su legislación, y surtirá efectos en ellos tan pronto como lo haga en España.

A estos efectos, la Dirección General de Seguros y Fondos de Pensiones, en el plazo de diez días a contar desde el siguiente a la fecha en que se dicte dicha resolución o tenga conocimiento del acuerdo, informará a las autoridades supervisoras de los restantes Estados miembros del Espacio Económico Europeo sobre la existencia del procedimiento y sus efectos. Asimismo, el citado órgano publicará en el *Diario Oficial de la Unión Europea* un extracto de dicha resolución o acuerdo, que en todo caso indicará la competencia del Ministerio de Economía y Hacienda sobre el procedimiento, que la legislación aplicable a dicho procedimiento de liquidación es la contenida en esta ley y en sus normas de desarrollo, así como la identificación del liquidador o liquidadores nombrados.

Los liquidadores podrán desarrollar su actuación en el territorio de todos los Estados miembros del Espacio Económico Europeo, y podrán ejercer en ellos las mismas funciones y poderes que en España. A estos efectos, resultará título suficiente para acreditar la condición de liquidador una certificación de la resolución o una copia legalizada del acuerdo por el que se efectúe su nombramiento.

Asimismo, podrán otorgar poderes de representación o solicitar asistencia, cuando ello resulte necesario para llevar a cabo el proceso de liquidación en el territorio de otros Estados miembros del Espacio Económico Europeo y, en particular, para resolver las dificultades que pudieran encontrar los acreedores residentes en ellos. En todo caso, las personas que les asistan o representen han de tener reconocida honorabilidad y reunir las condiciones necesarias de cualificación o experiencia profesional para ejercer sus funciones, en los términos del artículo 15 de esta ley.

Resultará aplicable a la liquidación lo dispuesto en esta ley y en sus normas de desarrollo.

7. En todo lo no regulado expresamente en este artículo, la liquidación y extinción de entidades aseguradoras se regirá por lo dispuesto en los artículos 266 a 280 del Texto Refundido de la Ley de Sociedades Anónimas, aprobado por el Real Decreto Legislativo 1564/1989, de 22 de diciembre, con exclusión de los artículos 269 y 270.

....

Art. 30. *Procedimientos concursales.*—1. Dictado por el órgano jurisdiccional competente un auto de declaración de concurso respecto de una entidad aseguradora, dicho órgano procederá de inmediato a su notificación a la Dirección General de Seguros y Fondos de Pensiones, la cual en los diez días siguientes informará a las autoridades supervisoras de los restantes Estados miembros del Espacio Económico Europeo sobre la existencia del procedimiento y sus efectos. Asimismo, la Dirección General de Seguros y Fondos de Pensiones procederá a la publicación en el *Diario Oficial de la Unión Europea* de un extracto de las mencionadas resoluciones en el que se indicará, en todo caso, el órgano jurisdiccional competente y la aplicación al procedimiento de la legislación española.

2. Se deberán observar, en todo caso, las normas de derecho internacional privado previstas en la Ley 22/2003, de 9 de julio, Concursal.

Tratándose de acreedores conocidos que tengan su domicilio en un Estado miembro del Espacio Económico Europeo distinto a España, deberán ser informados sobre la forma en que han de solicitar el reconocimiento de sus créditos de conformidad con lo previsto en el artículo 28.3.*c*) de esta ley y podrán presentar los escritos de reclamación de créditos o de observaciones a éstos en la forma a que se refiere el mismo artículo.

3. La Dirección General de Seguros y Fondos de Pensiones podrá solicitar al juez del concurso información acerca del estado y evolución de los procedimientos concursales que afecten a entidades aseguradoras.

SECCIÓN 3.ª

Liquidación por el consorcio de compensación de seguros

....

Art. 36. *Junta general de acreedores.*—1. Simultáneamente a la formulación del plan de liquidación, el Consorcio convocará la junta general de acreedores con una antelación no inferior a un mes ni superior a dos. Los citará mediante notificación personal y dará a la convocatoria la publicidad que, con arreglo a las circunstancias del caso, estime pertinente. Será de aplicación lo previsto en el artículo 28.3.*c*) en cuanto a forma de comunicación y publicidad a los acreedores que tengan su domicilio en un Estado miembro del Espacio Económico Europeo distinto a España. Hasta el día señalado para la celebración de la junta, los acreedores o sus representantes podrán examinar el plan de liquidación. Hasta los quince días antes del señalado para la junta, se podrá solicitar la exclusión o inclusión de créditos, así como la impugnación de la cuantía de los incluidos mediante escrito dirigido al Consorcio, o por comparecencia ante este organismo, designando los documentos de la liquidación o presentando la documentación de que quiera valerse el solicitante en justificación de su derecho. El Consorcio resolverá sobre cada reclamación sin ulterior recurso, sin perjuicio del derecho de impugnación a que se refiere el apartado 4 de este artículo, y formulará la lista definitiva de acreedores.

2. La junta se celebrará en el día, hora y lugar señalados en la convocatoria, y podrá continuar en los días consecutivos que resulten necesarios, y será presidida por un delegado del Consorcio. Podrán concurrir, personalmente o por medio de representante, todos los acreedores incluidos en la lista definitiva. La junta de acreedores quedará legalmente constituida si los créditos de los concurrentes y representados suman, por lo menos, tres quintos del pasivo del deudor en primera convocatoria y cualquiera que sea el número de los créditos concurrentes y representados en segunda convocatoria; entre una y otra deberán mediar, al menos, veinticuatro horas. Declarada legalmente constituida la junta por el representante del Consorcio, comenzará la sesión por la lectura del plan de liquidación y se procederá al debate y ulterior votación sobre él. El plan de liquidación se entenderá aprobado siempre que voten a favor del plan acreedores cuyos créditos importen más de la mitad del montante de los créditos presentes y representados, tanto en primera como en segunda convocatoria, y quedarán obligados

todos los acreedores por aquél, sin que ninguno tenga derecho de abstención, y siendo de aplicación a la Hacienda pública acreedora lo dispuesto en el artículo 10.2 de la Ley 47/2003, de 26 de noviembre, General Presupuestaria. Se extinguirán los créditos en la parte que excedan de los importes reconocidos para ser satisfechos en dicho plan; tratándose de créditos tributarios, únicamente quedarán extinguidas las responsabilidades de la entidad aseguradora, y subsistirán en sus propios términos los créditos respecto de los restantes responsables tributarios.

3. Si el plan de liquidación no fuese aprobado en junta general de acreedores, el Consorcio deberá solicitar la declaración judicial de concurso. La misma solicitud se podrá formular en cualquier momento del período de liquidación anterior a la junta de acreedores cuando estimase que, dadas las circunstancias concurrentes en la entidad aseguradora cuya liquidación tiene encomendada, sufrirán grave perjuicio los créditos de los acreedores si no tuviera lugar dicha declaración judicial de concurso.

4. Dentro de los ocho días siguientes a la celebración de la junta, los acreedores que no hubiesen concurrido a ella o que, concurriendo, hubieran discordado del voto de la mayoría o que hubiesen sido eliminados por el Consorcio de la lista definitiva a que se refiere el apartado 1, podrán impugnar judicialmente el plan de liquidación. La impugnación únicamente podrá fundarse en las siguientes causas:

a) Defectos en las formas prescritas para la convocatoria, celebración, deliberación y adopción de acuerdos de la junta de acreedores.

b) Falta de personalidad o representación en alguno de los votantes, inclusión o exclusión indebida de créditos o figurar en la lista definitiva de acreedores con cantidad mayor o menor de la que se estimase justa, siempre que en cualquiera de estos casos la estimación de la pretensión influya decisivamente en la formación de la mayoría.

c) Error en la estimación del activo o en la prelación de créditos padecido por el Consorcio.

En todo lo demás, la impugnación del plan de liquidación se ajustará a lo dispuesto en la Ley 22/2003, de 9 de julio, Concursal, para la oposición a la aprobación del convenio.

5. Transcurrido el plazo señalado en el apartado anterior sin que se hubiese formulado oposición, o una vez dictada sentencia firme que la resuelva, y ajustado, en su caso, el plan de liquidación a ella, el Consorcio elevará el plan de liquidación a la Dirección General de Seguros y Fondos de Pensiones, que dictará resolución por la que se ratifica el plan. Tal ratificación surtirá los efectos previstos para la resolución judicial en los apartados 6 y 7 del artículo 33 del texto refundido de la Ley del Estatuto de los Trabajadores, aprobado por el Real Decreto Legislativo 1/1995, de 24 de marzo, si del citado plan se deduce la insolvencia de la aseguradora.

6. Por el Consorcio se procederá al pago de los créditos en ejecución del plan de liquidación ratificado. En su caso, procederá al reparto y división del haber social con arreglo a los estatutos y disposiciones específicas aplicables a la entidad aseguradora y, subsidiariamente, conforme a lo dispuesto en los artículos 276 y 277 del texto refundido de la Ley de Sociedades Anónimas, aprobado por el Real Decreto Legislativo 1564/1989, de 22 de diciembre, pero la consignación en depósito de las cuotas no reclamadas tendrá lugar en el propio Consorcio, a disposición de sus legítimos dueños durante un plazo de cinco años, transcurrido el cual sin haber sido reclamadas se ingresarán en el Tesoro Público.

7. Si, como consecuencia del desfase temporal entre la aprobación en junta general de acreedores del plan de liquidación y el efectivo pago de los créditos a los acreedores, y en su caso, la división del haber social entre los socios, resultase un remanente, éste se incorporará al patrimonio del Consorcio a los efectos previstos en el apartado siguiente.

8. Los créditos reconocidos por sentencia firme notificada al acreedor en fecha posterior a la celebración de la junta general de acreedores serán satisfechos por el Consorcio con el remanente a que se refiere el apartado anterior y, en su defecto, con sus propios recursos en los mismos términos que le hubieran correspondido de haber estado incluido en el plan de liquidación.

....

SECCIÓN 4.ª

Medidas de control especial

....

Art. 39. *Medidas de control especial.*—1. La Dirección General de Seguros y Fondos de Pensiones podrá adoptar las medidas de control especial contenidas en este artículo cuando las entidades aseguradoras se hallen en alguna de las siguientes situaciones:

a) Déficit superior al cinco por ciento en el cálculo de cada una de las provisiones técnicas individualmente consideradas, salvo en la provisión técnica de prestaciones, que será del 15 por 100; asimismo, déficit superior al 10 por 100 en la cobertura de las provisiones técnicas.

b) Insuficiencia del margen de solvencia.

c) Que el margen de solvencia no alcance el fondo de garantía mínimo.

d) Pérdidas acumuladas en cuantía superior al 25 por 100 de su capital social o fondo mutual desembolsados.

e) Dificultades financieras o de liquidez que hayan determinado demora o incumplimiento en sus pagos.

f) Imposibilidad manifiesta de realizar el fin social o paralización de los órganos sociales, de modo que resulte imposible su funcionamiento.

g) Situaciones de hecho, deducidas de comprobaciones efectuadas por la Administración, que pongan en peligro su solvencia, los intereses de los asegurados o el cumplimiento de las obligaciones contraídas, así como la falta de adecuación de su contabilidad al plan de contabilidad de las entidades aseguradoras o irregularidad de la contabilidad o administración en términos tales que impidan o dificulten notablemente conocer la verdadera situación patrimonial de la entidad aseguradora.

Las mismas medidas de control especial podrán adoptarse sobre las entidades dominantes de grupos consolidables de entidades aseguradoras y sobre las propias entidades aseguradoras que formen parte del grupo cuando éste se encuentre en alguna de las situaciones descritas en los párrafos *a*), *b*), *c*), *e*), *f*) y *g*).

2. Con independencia de la sanción administrativa que, en su caso, proceda imponer, las medidas de control especial podrán consistir en:

a) Prohibir la disposición de los bienes que se determinen de la entidad aseguradora. Esta medida podrá adoptarse cuando la entidad incurra en cualquiera de las situaciones descritas en los párrafos *a*) y *c*) a *g*) del apartado 1 anterior y también, si la Dirección General de Seguros y Fondos de Pensiones considera que la posición financiera de la entidad aseguradora va a seguir deteriorándose, en los supuestos del párrafo *b*) de dicho apartado 1. Podrá completarse esta medida con las siguientes:

1.ª El depósito de los valores y demás bienes muebles o la administración de los bienes inmuebles por persona aceptada por la Dirección General de Seguros y Fondos de Pensiones.

2.ª Las precisas para que la prohibición de disponer tenga eficacia frente a terceros mediante la notificación a las entidades de crédito depositarias de efectivo o de valores y la anotación preventiva de la prohibición de disponer en los registros públicos correspondientes; a dichos efectos, será título la resolución de la Dirección General de Seguros y Fondos de Pensiones en la que se acuerde la referida prohibición de disponer. Durante la vigencia de la anotación preventiva no podrán inscribirse en los registros públicos derechos reales de garantía ni anotarse mandamientos judiciales o providencias administrativas de embargo.

3.ª La solicitud a las autoridades supervisoras de los restantes Estados miembros del Espacio Económico Europeo de que adopten sobre los bienes de la entidad aseguradora situados en su territorio las mismas medidas que la Dirección General de Seguros y Fondos de Pensiones hubiese adoptado.

b) Exigir a la entidad aseguradora un plan de saneamiento para restablecer su situación financiera, en el supuesto previsto en el párrafo *b*) del apartado 1, que deberá ser sometido a la aprobación de la Dirección General de Seguros y Fondos de Pensiones.

c) Exigir a la entidad aseguradora un plan de financiación a corto plazo, que también deberá ser sometido a la aprobación de la Dirección General de Seguros y Fondos de Pensiones, en el supuesto del párrafo *c*) de dicho apartado 1.

d) Además, en todos los supuestos de adopción de medidas de control especial y con objeto de salvaguardar los intereses de los asegurados, podrá adoptar conjunta o separadamente cualquiera de las siguientes medidas:

1.ª Suspender la contratación de nuevos seguros o la aceptación de reaseguro.

2.ª Prohibir la prórroga de los contratos de seguro celebrados por la entidad aseguradora en todos o en algunos de los ramos. A estos efectos, la entidad aseguradora deberá comunicar por escrito a los asegurados la prohibición de la prórroga del contrato en el plazo de quince días naturales desde que reciba la notificación de esta medida de control especial; en este caso, el plazo previsto en el párrafo segundo del artículo 22 de la Ley 50/1980, de 8 de octubre, de contrato de seguro, quedará reducido a quince días naturales. Con independencia de la comunicación por escrito a los asegurados, la resolución por la que se adopte tal medida se publicará en el *Boletín Oficial del Estado* y en el *Diario Oficial de la Unión Europea*.

3.ª Prohibir a la entidad aseguradora que, sin autorización previa de la Dirección General de Seguros y Fondos de Pensiones, pueda realizar los actos de gestión y disposición que se determinen, distribuir dividendos, derramas activas y retornos, contratar nuevos seguros o admitir nuevos socios.

4.ª Prohibir el ejercicio de la actividad aseguradora en el extranjero, cuando tal actividad contribuya a que la entidad aseguradora se encuentre en alguna de las situaciones descritas en el apartado 1 anterior.

5.ª Exigir a la entidad aseguradora un plan de rehabilitación en el que proponga las adecuadas medidas administrativas, financieras o de otro orden, formule previsión de los resultados y fije los plazos para su ejecución, a fin de superar la situación que dio origen a dicha exigencia, que deberá ser sometido a la aprobación de la Dirección General de Seguros y Fondos de Pensiones.

6.ª Ordenar al consejero delegado o cargo similar de administración que dé a conocer a los demás órganos de administración la resolución administrativa adoptada y, en su caso, el acta de inspección.

7.ª Convocar los órganos de administración o a la junta o asamblea general de la entidad aseguradora, y designar a la persona que deba presidir la reunión y dar cuenta de la situación.

8.ª Sustituir provisionalmente los órganos de administración de la entidad.

3. Como medida de control especial complementaria de las anteriores, la Dirección General de Seguros y Fondos de Pensiones podrá acordar la intervención de la entidad aseguradora para garantizar su correcto cumplimiento.

Los actos y acuerdos de cualquier órgano de la entidad aseguradora que se adopten a partir de la fecha de la notificación de la resolución que acuerde la intervención administrativa y que afecten o guarden relación con las medidas de control especial citadas anteriormente no serán válidos ni podrán llevarse a efecto sin la aprobación expresa de los interventores designados. Se exceptúa de esta aprobación el ejercicio de acciones o recursos por la entidad intervenida contra los actos administrativos de ordenación y supervisión o en relación con la actuación de los interventores.

Los interventores designados estarán facultados para revocar cuantos poderes o delegaciones hubieran sido conferidos por el órgano de administración de la entidad aseguradora o por sus apoderados con anterioridad a la fecha de publicación del acuerdo. Adoptada tal medida, los interventores procederán a exigir la devolución de los documentos donde constasen los apoderamientos, así como a promover la inscripción de su revocación en los registros públicos correspondientes.

4. La sustitución provisional de los órganos de administración de la entidad aseguradora se ajustará a lo siguiente:

a) La resolución administrativa designará a la persona o a las personas que hayan de actuar como administradores provisionales e indicará si deben hacerlo mancomunada o solidariamente. Dicha resolución, de carácter inmediatamente ejecutivo, se publicará en el *Boletín Oficial del Estado* y se inscribirá en los registros públicos correspondientes, incluidos, en su caso, los existentes en el resto de Estados miembros del Espacio Económico Europeo, publicación que determinará la eficacia de la resolución frente a terceros. A idénticos requisitos y efectos se sujetará la sustitución de administradores provisionales cuando fuera preciso proceder a ella.

b) Los administradores provisionales habrán de reunir los requisitos exigidos por el artículo 15.

c) Los administradores provisionales tendrán el carácter de interventores, con las facultades expuestas en el apartado 3, respecto de los actos y acuerdos de la junta o la asamblea generales de la entidad aseguradora.

d) La obligación de formular las cuentas anuales de la entidad aseguradora y la aprobación de éstas y de la gestión social podrán quedar en suspenso, por plazo no superior a un año a contar desde el vencimiento del plazo legalmente establecido al efecto, si la Dirección General de Seguros y Fondos de Pensiones estimase, a solicitud de los administradores provisionales, que no existen datos o documentos fiables y completos para ello.

e) Acordado por la Dirección General de Seguros y Fondos de Pensiones el cese de la medida de sustitución provisional de los órganos de administración de la entidad, los administradores provisionales procederán a convocar inmediatamente la junta o asamblea general de la entidad aseguradora, en la que se nombrará el nuevo órgano de administración. Hasta la toma de posesión de éste, los administradores provisionales seguirán ejerciendo sus funciones.

f) Los administradores provisionales podrán desarrollar su actuación en el territorio de todos los Estados miembros del Espacio Económico Europeo, y podrán ejercer en ellos las mismas funciones y poderes que en España. A estos efectos, resultará título suficiente para acreditar la condición de administrador una certificación de la resolución por la que se acuerde su nombramiento. Asimismo, podrán otorgar poderes de representación o solicitar asistencia, cuando ello resulte necesario para llevar a cabo la ejecución en el territorio de otros Estados miembros del Espacio Económico Europeo de las medidas adoptadas y, en particular, para resolver las dificultades que pudieran encontrar los acreedores residentes en ellos. En todo caso, las personas que les asistan o representen han de tener reconocida honorabilidad y reunir las condiciones necesarias de cualificación o experiencia profesional para ejercer sus funciones, en los términos del artículo 15 de esta ley.

5. La adopción de medidas de control especial se hará en un procedimiento administrativo tramitado con arreglo a las normas comunes o a las del procedimiento de ordenación y supervisión por inspección, según proceda, con las siguientes peculiaridades en ambos casos:

a) Sólo se tramitará un procedimiento por cada entidad aseguradora de modo que, si se han adoptado medidas de control especial sobre una entidad aseguradora y es preciso, en virtud de comprobaciones o inspecciones ulteriores, acordar nuevas medidas, sustituir o dejar sin efecto, total o parcialmente, las ya adoptadas, la ratificación o cesación de estas últimas, según proceda, serán incorporadas a la resolución en la que se adopten las nuevas medidas de control especial.

b) Iniciado el procedimiento de adopción de medidas de control especial, la Dirección General de Seguros y Fondos de Pensiones podrá adoptar, como medidas provisionales, las referidas en los párrafos *a*) y *d*) del apartado 2 de este artículo, siempre que concurran los requisitos del artículo 72 de la Ley 30/1992, de 26 de noviembre, de Régimen Jurídico de las Administraciones Públicas y del Procedimiento Administrativo Común.

c) Excepcionalmente, podrá prescindirse de la audiencia de la entidad aseguradora afectada cuando tal trámite origine un retraso tal que comprometa gravemente la efectividad de la medida adoptada, los derechos de los asegurados o los intereses económicos afectados. En este supuesto, la resolución que adopte la medida de control especial deberá expresar las razones que motivaron la urgencia de su adopción y dicha medida deberá ser ratificada o dejada sin efecto en un procedimiento tramitado con audiencia del interesado.

6. Las medidas de control especial se dejarán sin efecto por resolución de la Dirección General de Seguros y Fondos de Pensiones cuando hayan cesado las situaciones que con arreglo al apartado 1

de este artículo determinaron su adopción y queden, además, debidamente garantizados los derechos de los asegurados, beneficiarios y terceros perjudicados.

7. En los casos de incumplimiento de las medidas de control especial y sin perjuicio de lo dispuesto en el apartado 4 de este artículo, la Dirección General de Seguros y Fondos de Pensiones podrá darles publicidad, previa audiencia de la entidad interesada.

Además, a los actos de la entidad aseguradora con vulneración de las medidas de control especial será de aplicación lo dispuesto en el apartado 2 del artículo 4.

8. En todos los casos en los que, al amparo de lo dispuesto en esta ley, se proceda por la Dirección General de Seguros y Fondos de Pensiones a la designación de administradores provisionales o interventores, podrá llegarse a la compulsión directa sobre las personas para la toma de posesión de las oficinas, libros y documentos correspondientes o para el examen de estos últimos.

9. Adoptada por la Dirección General de Seguros y Fondos de Pensiones, conforme a lo previsto en los apartados anteriores, alguna de las medidas contempladas en los párrafos *a*), *b*) y *c*) del apartado 2 o en el apartado 2.*d*).2.ª, 5.ª y 8.ª, la prevista en el apartado 3, así como la relativa a la prohibición de distribuir dividendos, derramas activas o retornos, aquella surtirá efectos, de conformidad con lo previsto en su legislación, en todos los Estados miembros del Espacio Económico Europeo. A estos efectos y sin perjuicio de lo previsto en el párrafo *a*) del apartado 2 anterior y en el apartado 3 del artículo 51, la Dirección General de Seguros y Fondos de Pensiones informará a las autoridades supervisoras de los restantes Estados miembros del Espacio Económico Europeo del acuerdo por el que se adopte la medida y sus efectos en el plazo de diez días a contar desde su adopción.

Tales medidas se regirán por lo dispuesto en esta ley y sus normas de desarrollo.

....

CAPÍTULO IV

DE LA ACTIVIDAD EN RÉGIMEN DE DERECHO DE ESTABLECIMIENTO Y EN RÉGIMEN DE LIBRE PRESTACIÓN DE SERVICIOS EN EL ESPACIO ECONÓMICO EUROPEO

SECCIÓN 1.ª

Disposiciones comunes

....

Art. 53. *Deber de información al tomador del seguro.*—1. Antes de la celebración por una entidad aseguradora española de un contrato de seguro, distinto al contrato de seguro por grandes riesgos, en régimen de derecho de establecimiento o en régimen de libre prestación de servicios, deberá informar al tomador del seguro de que está domiciliada en España o, si es el caso, la sucursal con la que vaya a celebrarse el contrato, lo que también deberá constar en los documentos que a estos efectos se entreguen, en su caso, al tomador del seguro o a los asegurados.

2. La póliza y cualquier otro documento en que se formalice todo contrato de seguro en régimen de derecho de establecimiento o en régimen de libre prestación de servicios, incluidos los contratos de seguro por grandes riesgos, deberán indicar la dirección del domicilio social o, en su caso, de la sucursal de la entidad aseguradora española que proporcione la cobertura; y, tratándose de contratos de seguro de responsabilidad civil en vehículos terrestres automóviles, excluida la responsabilidad del transportista, celebrados en régimen de libre prestación de servicios, deberá hacerse constar también el nombre y la dirección del representante a que se refiere el artículo 86.2, cuando lo exija el Estado miembro de localización del riesgo.

....

CAPÍTULO VI

PROTECCIÓN DEL ASEGURADO

....

Art. 60. *Deber de información al tomador.*—1. Antes de celebrar un contrato de seguro, la entidad aseguradora deberá informar al tomador sobre el Estado miembro y la autoridad a los que corresponde el control de la actividad de la propia entidad aseguradora, extremo que deberá, asimismo, figurar en la póliza y en cualquier otro documento en que se formalice todo contrato de seguro.

2. Antes de celebrar un contrato de seguro distinto al seguro de vida, si el tomador es una persona física, o cualquier contrato de seguro de vida, la entidad aseguradora deberá informar al tomador sobre la legislación aplicable al contrato, sobre las disposiciones relativas a las reclamaciones que puedan formularse y sobre los demás extremos que se determinen reglamentariamente.

3. Cuando el contrato de seguro vaya a celebrarse en el marco de un sistema de prestación de servicios a distancia organizado por el asegurador que utilice exclusivamente una o varias técnicas de comunicación a distancia hasta la celebración de ese contrato, y el tomador sea una persona física que actúe con un propósito ajeno a una actividad comercial o profesional propia, además de la información prevista en los apartados anteriores, deberá informarse sobre la existencia, en su caso, del derecho de rescisión a que se refieren los artículos 6 bis y 83.*a*) de la Ley 50/1980, de 8 de octubre, de contrato de seguro, y su

---

Art. 60: Los apartados 3 párrafo 1.º, 4 y 5 quedan derogados por la Disp. Derog. *e*) de la Ley 22/2007, de 11 de julio (*BOE* de 12-7-2007) que entra en vigor el 12-10-2007.

forma de ejercicio, así como acerca del procedimiento que se vaya a seguir para la celebración del contrato y demás extremos que reglamentariamente se establezcan.

En todo caso, en los seguros de vida en que el tomador asume el riesgo de la inversión se informará de forma clara y precisa acerca de que el importe que se va a percibir depende de fluctuaciones en los mercados financieros, ajenos al control del asegurador y cuyos resultados históricos no son indicadores de resultados futuros.

4. Toda la información a que se refiere el apartado anterior, así como las condiciones contractuales, deberán ser puestas por el asegurador a disposición del tomador en soporte duradero accesible al tomador con antelación suficiente al momento en que éste asuma cualquier obligación derivada del contrato de seguro.

Cuando el contrato se haya celebrado a petición del tomador utilizando una técnica de comunicación a distancia que no permita transmitir las condiciones contractuales y la información previa a la celebración del contrato en un soporte duradero accesible al tomador, el asegurador cumplirá inmediatamente después de la celebración del contrato de seguro las obligaciones a que se refiere el párrafo anterior.

En cualquier momento de la relación contractual el tomador tendrá derecho a obtener las condiciones contractuales en papel y a cambiar las técnicas de comunicación a distancia utilizadas.

5. A efectos de lo previsto en los apartados 3 y 4 anteriores, se entenderá por:

a) Técnica de comunicación a distancia: todo medio que pueda utilizarse para la celebración de un contrato de seguro entre el asegurador y el tomador sin que exista una presencia física simultánea de las partes.

b) Soporte duradero: todo instrumento que permita almacenar la información de modo que pueda recuperarse fácilmente durante un período de tiempo adecuado para los fines para los que tal información está destinada y permita su reproducción sin cambios.

6. Durante todo el período de vigencia del contrato de seguro sobre la vida, la entidad aseguradora deberá informar al tomador de las modificaciones de la información inicialmente suministrada y, asimismo, sobre la situación de su participación en beneficios, en los términos y plazos que reglamentariamente se determinen.

Art. 61. *Mecanismos de solución de conflictos.*—1. Los conflictos que puedan surgir entre tomadores de seguro, asegurados, beneficiarios, terceros perjudicados o derechohabientes de cualesquiera de ellos con entidades aseguradoras se resolverán por los jueces y tribunales competentes.

2. Asimismo, podrán someter voluntariamente sus divergencias a decisión arbitral en los términos

del artículo 31 de la Ley 26/1984, de 19 de julio, General para la Defensa de los Consumidores y Usuarios, y sus normas de desarrollo.

3. En cualquier caso, y salvo aquellos supuestos en que la legislación de protección de los consumidores y usuarios lo impida, también podrán someter a arbitraje las cuestiones litigiosas, surgidas o que puedan surgir, en materia de libre disposición conforme a derecho, en los términos de la Ley 60/2003, de 23 de diciembre, de Arbitraje.

....

CAPÍTULO VIII

COMPETENCIAS DE ORDENACIÓN Y SUPERVISIÓN

....

SECCIÓN 3.ª

Normas generales

....

Art. 76. *Aseguramiento en terceros países.*—1. No podrán asegurarse en terceros países ajenos al Espacio Económico Europeo los buques, aeronaves y vehículos con estacionamiento habitual en España y los bienes de cualquier clase situados en territorio español, con la única excepción de las mercancías en régimen de transporte internacional. Tampoco podrán asegurarse en dichos países los españoles residentes en España en cuanto a sus personas o sus responsabilidades, salvo que se encuentren en viaje internacional y por el período de duración de éste. No obstante, el Ministro de Economía y Hacienda podrá autorizar este aseguramiento con carácter excepcional y para operaciones concretas.

2. Queda igualmente prohibido concertar en España operaciones de seguro directo con entidades aseguradoras de terceros países ajenos al Espacio Económico Europeo o hacerlo a través de mediadores de seguros privados que realicen su actividad para aquéllas. De lo anterior se exceptúa el supuesto en que dichas entidades aseguradoras contraten a través de sucursales legalmente establecidas en España.

....

Art. 61.3: Modificado por la Disp. Final 1.ª de la Ley 44/2006, de 29 de diciembre, de mejora de la protección de consumidores y usuarios (*BOE* de 30-12-2006).

TÍTULO III

De la actividad en España de entidades aseguradoras extranjeras

CAPÍTULO PRIMERO

DE LA ACTIVIDAD EN ESPAÑA DE ENTIDADES ASEGURADORAS DOMICILIADAS EN OTROS PAÍSES MIEMBROS DEL ESPACIO ECONÓMICO EUROPEO

SECCIÓN 1.ª

Disposiciones comunes

....

Art. 80. *Medidas de intervención.*—1. Cuando la autoridad supervisora de una entidad aseguradora domiciliada en un Estado miembro del Espacio Económico Europeo distinto de España, que opere en ella en régimen de derecho de establecimiento o en régimen de libre prestación de servicios, le revoque la autorización administrativa, la Dirección General de Seguros y Fondos de Pensiones prohibirá a dicha entidad aseguradora la contratación de nuevos seguros en ambos regímenes. En este caso, y con el objeto de salvaguardar los intereses de los asegurados, la Dirección General de Seguros y Fondos de Pensiones podrá adoptar, en colaboración con la referida autoridad, las medidas de control especial reguladas en el artículo 39 de esta ley.

2. Las entidades aseguradoras domiciliadas en otro Estado miembro del Espacio Económico Europeo que operen en España en régimen de derecho de establecimiento o en régimen de libre prestación de servicios están sujetas a la potestad sancionadora del Ministerio de Economía y Hacienda en los términos de los artículos 40 y siguientes de esta ley, en lo que sea de aplicación y con las siguientes precisiones:

a) La sanción de revocación de la autorización se entenderá sustituida por la prohibición de que inicie nuevas operaciones en el territorio español.

b) La iniciación del procedimiento se comunicará a las autoridades supervisoras del Estado miembro de origen para que, sin perjuicio de las sanciones que procedan con arreglo a esta ley, adopten las medidas que consideren apropiadas para que, en su caso, la entidad ponga fin a su actuación infractora o evite su reiteración en el futuro. Ultimado el procedimiento, el Ministerio de Economía y Hacienda notificará la decisión adoptada a las citadas autoridades.

c) Se consideran cargos de administración o dirección de las sucursales el apoderado general y las demás personas que dirijan dicha sucursal.

3. Si sobre una entidad aseguradora domiciliada en otro Es-

tado miembro se hubiera adoptado por la autoridad supervisora de dicho Estado miembro la medida de control especial de prohibición de disponer y solicitase de la Dirección General de Seguros y Fondos de Pensiones que adopte idéntica medida sobre los bienes de la entidad aseguradora situados en territorio español, con indicación de aquellos que deban ser objeto de ella, la citada Dirección General adoptará tal medida.

4. Cuando respecto a una entidad aseguradora domiciliada en un Estado miembro del Espacio Económico Europeo distinto a España, incluidas sus sucursales en España o en otros Estados miembros del Espacio Económico Europeo, se haya adoptado una medida de saneamiento o un procedimiento de liquidación, dicha medida o procedimiento surtirá efectos en España tan pronto como lo haga en el Estado miembro del Espacio Económico Europeo en el que se haya adoptado la medida o incoado el procedimiento.

A los efectos del párrafo anterior, se entiende por medida de saneamiento aquella que implique la intervención de órganos administrativos o autoridades judiciales, esté destinada a mantener o restablecer la situación financiera de la entidad aseguradora y afecte a los derechos preexistentes de terceros ajenos a la propia entidad. Se entiende por procedimiento de liquidación el procedimiento colectivo que suponga la liquidación de los activos y la distribución del producto de la liquidación entre los acreedores, accionistas o socios, según proceda, y que necesariamente implique algún tipo de intervención de la autoridad administrativa o judicial, esté o no fundamentado en la insolvencia y tengan carácter voluntario u obligatorio.

Una vez sea notificada a la Dirección General de Seguros y Fondos de Pensiones la adopción de la medida o la incoación del procedimiento, ésta publicará en el *Boletín Oficial del Estado* un extracto del acuerdo o resolución del que traiga causa la medida o procedimiento; en todo caso, en dicho extracto constará la autoridad competente del Estado miembro que haya adoptado la medida o procedimiento, la legislación que resulte de aplicación, así como, en su caso, la identificación del liquidador o liquidadores designados.

Los administradores y liquidadores designados por la autoridad competente de otro Estado miembro del Espacio Económico Europeo podrán desempeñar su función en España; a tales efectos, resultará título suficiente para acreditar su condición una certificación de la resolución o copia legalizada del acuerdo por el que se efectúe su nombramiento o designación, traducida al castellano.

Tales medidas y procedimientos se regirán por la legislación del Estado miembro del Espacio Económico Europeo de adopción de la medida o procedimiento sin perjuicio de que para los supuestos que a continuación se mencionan deban observarse las siguientes normas y dejando a salvo lo que pueda preverse en los tratados internacionales:

1.º Los efectos de las referidas medidas y procedimientos en los contratos de trabajo sometidos a la legislación española se regirán por ésta.

2.º Los derechos de la entidad aseguradora sobre un inmueble, buque o aeronave que estén sujetos a inscripción en un registro público español se regirán por la legislación española.

3.º Sin perjuicio de lo establecido en el apartado 3 de este artículo, la adopción de medidas de saneamiento o la incoación del procedimiento de liquidación no afectará a los derechos reales de los acreedores o de terceros respecto de activos materiales o inmateriales, muebles o inmuebles, tanto activos específicos como conjuntos de activos indeterminados, cuya composición está sujeta a modificación, pertenecientes a la entidad aseguradora que se hallaran situados en España en el momento de adopción de dichas medidas o incoación de dicho procedimiento, ni al derecho exclusivo a cobrar un crédito, en particular, el derecho garantizado por una prenda de la que sea objeto el crédito o por la cesión de dicho crédito a título de garantía, cuando dichas garantías se rijan por la ley española.

4.º La adopción de medidas de saneamiento o la incoación de un procedimiento de liquidación sobre una entidad aseguradora compradora de un bien no afectará a los derechos del vendedor basados en una reserva de dominio cuando dicho bien se encuentre, en el momento de la adopción de la medida o de la incoación del procedimiento, en territorio español.

La adopción de medidas de saneamiento o la incoación de un procedimiento de liquidación sobre una entidad aseguradora vendedora de un bien, después de que éste haya sido entregado, no constituirá causa de resolución o rescisión de la venta y no impedirá al comprador la adquisición de la propiedad del bien vendido cuando éste se encuentre, en el momento de la adopción de las medidas o la incoación del procedimiento, en territorio español.

5.º La adopción de medidas de saneamiento o la incoación de un procedimiento de liquidación no afectará al derecho de un acreedor a reclamar la compensación de su crédito con el crédito de la entidad aseguradora cuando la ley que rija la liquidación permita la compensación.

6.º Los efectos de una medida de saneamiento o de un procedimiento de liquidación en los derechos y obligaciones de los participantes en un mercado regulado español se regirán exclusivamente por la ley española.

7.º La nulidad, anulación o inoponibilidad de los actos jurídicos perjudiciales para el conjunto de los acreedores se regirá por la legislación del Estado miembro del Espacio Económico Europeo de origen, salvo que la persona que se benefició del acto perjudicial para el conjunto de los acreedores pruebe que el citado acto está sujeto a la legislación española y que esta legislación no permite de ningún modo su impugnación.

8.º La validez de la transmisión a título oneroso por parte de una entidad aseguradora efectuada con posterioridad a la adopción de una medida de saneamiento o incoación de un procedimiento de liquidación, de un inmueble situado en España, buque o aeronave sujetos a inscripción en un registro público español o de valores negociables u otros títulos cuya existencia y transferencia suponga una inscripción en un registro o en una cuenta prevista por la legislación española o estén colocados en un sistema de depósito central regulado por la legislación española, se regirá por la legislación española.

9.º Los efectos de una medida de saneamiento o de un procedimiento de liquidación en una causa pendiente seguida en España relativa a un bien o un derecho del que se ha desposeído a la aseguradora se regirán exclusivamente por la legislación española.

5. La Dirección General de Seguros y Fondos de Pensiones podrá requerir a las autoridades supervisoras de otros Estados miembros del Espacio Económico Europeo información acerca del estado y desarrollo de los procedimientos de liquidación que se lleven a cabo respecto a las entidades sometidas a la supervisión de dichas autoridades.

Art. 81. *Deber de información al tomador del seguro.*—1. Las entidades aseguradoras domiciliadas en otro Estado miembro del Espacio Económico Europeo que operen en España en régimen de derecho de establecimiento o en régimen de libre prestación de servicios estarán sujetas en los contratos que celebren en ambos regímenes al mismo deber de información al tomador del seguro que a las entidades aseguradoras españolas imponen los artículos 53 y 60 de esta ley. La información será suministrada en lengua española oficial del domicilio o residencia habitual del tomador del seguro.

2. Tratándose de contratos de seguro de responsabilidad civil en vehículos terrestres automóviles, excluida la responsabilidad del transportista, celebrados en régimen de libre prestación de servicios, en la información deberá constar también el nombre y la dirección del representante a que se refiere el artículo 86.2 de esta ley.

....

DISPOSICIONES ADICIONALES

....

2.ª *Moneda exigible en compromisos y riesgos.*—1. La moneda en que serán exigibles los riesgos asumidos por el asegurador se determinará con arreglo a las siguientes normas:

a) Cuando las garantías de un contrato se expresen en una moneda determinada, las prestaciones del asegurador se considerarán exigibles en dicha moneda.

b) Cuando las garantías de un contrato no se expresen en una moneda determinada, las prestaciones del asegurador se considerarán exigibles en la moneda del país en que se localice el riesgo. Sin embargo, el asegurador podrá elegir la moneda en la que se exprese la prima, cuando haya circunstancias que así lo justifiquen.

c) El asegurador podrá considerar que la moneda en que sus prestaciones son exigibles sea la que habrá de utilizar según su propia experiencia o, en defecto de ésta, la moneda del país en que esté establecido:

1.º Para los contratos que garanticen los riesgos clasificados en los ramos de vehículos ferroviarios, vehículos aéreos, vehículos marítimos, lacustres y fluviales, mercancías transportadas, responsabilidad civil en vehículos aéreos, responsabilidad civil en vehículos marítimos, lacustres y fluviales y responsabilidad civil de los productos.

2.º Para los contratos que garanticen los riesgos clasificados en los demás ramos cuando, según el tipo de riesgo, se deban ejecutar las garantías en otra moneda diferente a la que resultaría de la aplicación de las normas precedentes.

d) Cuando se haya declarado un siniestro y las prestaciones sean pagaderas en una moneda diferente a la que resulte de la aplicación de las normas anteriores, los riesgos asumidos por el asegurador se considerarán exigibles en dicha moneda, en particular aquella en la cual la indemnización que deba pagar el asegurador hubiese sido fijada bien mediante una decisión judicial o bien mediante un acuerdo entre el asegurador y el asegurado.

e) Cuando la valoración firme de los daños se haya realizado en moneda distinta de la resultante de aplicar las normas anteriores, el asegurador podrá considerar que sus prestaciones son exigibles en dicha moneda.

2. En los seguros de vida será de aplicación la norma prevista en el apartado 1.*a*) para determinar la moneda en que se considerarán exigibles los compromisos del asegurador.

....

105. LEY 26/2006, DE 17 DE JULIO, DE MEDIACIÓN DE SEGUROS Y REASEGUROS PRIVADOS

(Arts. 2.º, 3.º, 4.º, 40 y 41)

(*BOE* núm. 170, de 18 de julio de 2006)

TÍTULO PRIMERO

Disposiciones generales

....

Art. 2.º *Ámbito de aplicación y definiciones.*—1. Las actividades a que se refiere el artículo 1 comprenderán la mediación entre los tomadores de seguros o de reaseguros y asegurados, de una parte, y las entidades aseguradoras o reaseguradoras autorizadas para ejercer la actividad aseguradora o reaseguradora privadas, de otra. A tales efectos, se entenderá por mediación aquellas actividades consistentes en la presentación, propuesta o realización de trabajos previos a la celebración de un contrato de seguro o de reaseguro, o de celebración de estos contratos, así como la asistencia en la gestión y ejecución de dichos contratos, en particular en caso de siniestro.

Igualmente, quedan sometidas a esta Ley, en aquello que les sea de aplicación, las actividades mercantiles de distribución de seguros que las entidades aseguradoras realicen a través de otros canales distintos de los mediadores de seguros.

2. Los preceptos de esta Ley serán de aplicación a:

a) Las personas físicas y jurídicas que, a cambio de una remuneración, emprendan o realicen las actividades de mediación de seguros o de reaseguros definidas en el apartado anterior.

b) Quienes bajo cualquier título desempeñen cargos de administración o de dirección de personas jurídicas que desarrollen las actividades de mediación de seguros o de reaseguros; las entidades aseguradoras y reaseguradoras, las entidades que suscriban los documentos previstos en esta Ley o en sus disposiciones complementarias de desarrollo y aquellas personas para quienes legalmente se establezca alguna prohibición o mandato en relación con su ámbito de aplicación.

3. Las actividades y operaciones definidas en el apartado 1 se ajustarán a lo dispuesto en esta Ley:

a) Cuando sean realizadas por mediadores de seguros y corredores de reaseguros residentes o domiciliados en España.

b) Cuando sean realizadas en España por mediadores de seguros y de reaseguros domiciliados en el territorio de cualquiera de los restantes países miembros del Espacio Económico Europeo.

4. A los efectos de lo previsto en esta Ley, se considerará:

a) Estado miembro de origen: el Estado del Espacio Económico Europeo en el que el mediador de seguros o de reaseguros tenga su residencia y ejerza sus actividades, si es una persona física, o su domicilio social, si el mediador es una persona jurídica. En este último caso, si conforme a su derecho nacional no tiene domicilio social, el Estado miembro del Espacio Económico Europeo en el que tenga su oficina principal.

b) Estado miembro de acogida: el Estado miembro del Espacio Económico Europeo en el que un mediador de seguros o reaseguros tenga una sucursal o suministre servicios.

Art. 3.º *Exclusiones.*—1. No se considerarán actividades de mediación de seguros o reaseguros privados:

a) La actuación de las entidades aseguradoras como abridoras en las operaciones de coaseguro.

b) Las actividades de presentación, propuesta o realización de trabajo previo a la celebración de un contrato de seguro o de reaseguros, o de celebración de estos contratos, o bien la asistencia en gestión y ejecución de dichos contratos, en particular en caso de siniestro, cuando dichas actividades las lleve a cabo una entidad aseguradora o reaseguradora, o un empleado de éstas que actúe bajo la responsabilidad de esa entidad, sin perjuicio de lo dispuesto en el artículo 2.1, párrafo segundo, de esta Ley.

c) La información prestada con carácter accesorio en el contexto de otra actividad profesional, siempre que esta actividad no tenga como objetivo ni ayudar al cliente a celebrar o a suscribir un contrato de seguro o de reaseguro, ni tenga como finalidad la gestión de siniestros de una entidad aseguradora o reaseguradora a título profesional, o la realización de actividades de peritaje y liquidación de siniestros.

2. Esta Ley no se aplicará a las personas que realicen la actividad de mediación de seguros cuando concurran todas las circunstancias siguientes:

a) Que la actividad profesional principal de la persona en cuestión sea distinta de la de mediación de seguros.

b) Que el contrato de seguro sólo exija que se conozca la cobertura del seguro que se ofrece.

c) Que el contrato de seguro no sea un contrato de seguro de vida, no cubra ningún riesgo de responsabilidad civil y que el seguro sea complementario del bien o del servicio prestado por algún proveedor, cuando dicho seguro cubra:

1.º El riesgo de avería, pérdida o daño a las mercancías suministradas por dicho proveedor.

2.º Los daños al equipaje o pérdida de éste y demás riesgos relacionados con un viaje contratado con dicho proveedor, incluso cuando el seguro cubra los riesgos de accidentes o enfermedad, o los de responsabilidad civil, siempre que dicha cobertura sea accesoria a la cobertura principal relativa a los riesgos relacionados con dicho viaje.

d) El importe de la prima anual no sea superior a 500 euros y la duración total del contrato de seguro, incluidas las posibles prórrogas, no sea superior a cinco años.

3. Quedan expresamente excluidos del ámbito de aplicación de esta Ley:

a) Los servicios de mediación en seguros y reaseguros y de distribución de seguros suministrados en relación con riesgos y compromisos localizados fuera del Espacio Económico Europeo.

b) Las actividades de mediación en seguros o reaseguros ejercidas en países terceros y las ejercidas por las entidades aseguradoras o reaseguradoras a través de mediadores establecidos en países terceros.

Art. 4.º *Distribución de productos de seguro a través de las redes de las entidades aseguradoras.*—1. Las entidades aseguradoras podrán aceptar la cobertura de riesgos, sin intervención de mediador de seguros privados.

Sin perjuicio de los contratos de agencia celebrados con arreglo a esta Ley, las entidades aseguradoras que cumplan los requisitos legalmente exigidos para operar en España también podrán celebrar contratos consistentes en la prestación de servicios para la distribución, bajo su responsabilidad civil y administrativa, de sus pólizas de seguro por medio de las redes de distribución de otras entidades aseguradoras.

Dichos contratos deberán ser presentados por las entidades que los celebren en la Dirección General de Seguros y Fondos de Pensiones para su toma de razón en el Registro previsto en el artículo 52 de esta Ley, y deberán indicar, al menos, las entidades aseguradoras suscribientes, el ámbito, la duración, los ramos o contratos de seguro o clase de operaciones que comprende, las obligaciones de las partes, los movimientos económicos y financieros de las operaciones y las menciones que deben incluirse en los documentos contractuales y publicitarios.

2. Sin necesidad de contrato de agencia y sin perjuicio de la posibilidad de celebrarlo, los empleados que formen parte de las plantillas de las entidades aseguradoras podrán promover la contratación de seguros a favor de la entidad de que dependan, bien en las oficinas de ésta, bien mediante técnicas de comunicación a distancia o contratos a distancia. Estos seguros se entenderán realizados por dicha entidad aseguradora a todos los efectos, y esta actividad no alterará la relación existente entre empresa y empleado por razón del contrato de trabajo.

3. Cualquier otra actividad de distribución de seguros o de reaseguros que no sea la de mediación

de seguros o de reaseguros definidas en esta Ley se entenderá, a todos los efectos, realizada directamente por las entidades aseguradoras o reaseguradoras.

....

TÍTULO II

De las actividades de los mediadores de seguros y de los corredores de reaseguros privados residentes o domiciliados en España

....

CAPÍTULO IV

De la actividad de los mediadores de seguros y de los corredores de reaseguros residentes o domiciliados en España en régimen de derecho de establecimiento y en régimen de libre prestación de servicios en el Espacio Económico Europeo

Art. 40. *Actividades en régimen de derecho de establecimiento o en régimen de libre prestación de servicios.*—1. Todo mediador de seguros o corredor de reaseguros residente o domiciliado en España que se proponga ejercer por primera vez en uno o más Estados miembros del Espacio Económico Europeo actividades en régimen de derecho de establecimiento o en régimen de libre prestación de servicios deberá informar previamente de su proyecto a la Dirección General de Seguros y Fondos de Pensiones y aportará la documentación que acredite el mantenimiento de los requisitos que le fueron exigidos para ejercer la actividad de mediación.

2. En el plazo de un mes, a partir de la recepción de la información a que se refiere el apartado anterior, la Dirección General de Seguros y Fondos de Pensiones lo comunicará al Estado o Estados miembros en cuyo territorio el mediador de seguros o corredor de reaseguros residente o domiciliado en España manifieste la intención de desarrollar sus actividades en régimen de derecho de establecimiento o en régimen de libre prestación de servicios.

La Dirección General de Seguros y Fondos de Pensiones informará al mediador de seguros o corredor de reaseguros residente o domiciliado en España de dicha comunicación, y el mediador podrá iniciar su actividad un mes después de la recepción de aquélla. En el supuesto de que el Estado miembro de acogida no desee ser informado, la Dirección General de Seguros y Fondos de Pensiones comunicará al mediador dicha circunstancia, y el mediador podrá iniciar su actividad inmediatamente a partir de la recepción de dicha comunicación.

3. La Dirección General de Seguros y Fondos de Pensiones informará a la autoridad competente del Estado miembro de acogida sobre la cancelación de la inscripción de un mediador de seguros o de reaseguros residente o domiciliado en España que opere en régimen de derecho de establecimiento o en régimen de libre prestación de servicios, así como de si ha sido objeto de una sanción firme o cualquier medida que suponga la cancelación de la inscripción en el Registro administrativo especial de mediadores de seguros, de corredores de reaseguros y de sus altos cargos. Además, la Dirección General de Seguros y Fondos de Pensiones podrá facilitar la información que considere pertinente a petición de cualquiera de las autoridades de control de los Estados miembros del Espacio Económico Europeo.

Art. 41. *Remisión general.*—En todo lo demás, los mediadores de seguros y corredores de reaseguros residentes o domiciliados en España que operen en régimen de derecho de establecimiento o en régimen de libre prestación de servicios se ajustarán a las disposiciones de este Título II.

....

106. LEY 7/1998, DE 13 DE ABRIL, SOBRE CONDICIONES GENERALES DE LA CONTRATACIÓN*

(Arts. 1.º-4.º)

(*BOE* núm. 89, de 14 de abril de 1998)

CAPÍTULO PRIMERO

DISPOSICIONES GENERALES

Artículo 1.º *Ámbito objetivo.*—1. Son condiciones generales de la contratación las cláusulas predispuestas cuya incorporación al contrato sea impuesta por una de las partes, con independencia de la autoría material de las mismas, de su apariencia externa, de su extensión y de cualesquiera otras circunstancias, habiendo sido redactadas con

* Esta Ley ha sido adoptada en transposición de la Directiva 93/13/CEE del Consejo, de 5 de abril de 1993, sobre cláusulas abusivas en los contratos celebrados con consumidores (*DO* L 95, de 21-3-1993).

la finalidad de ser incorporadas a una pluralidad de contratos.

2. El hecho de que ciertos elementos de una cláusula o que una o varias cláusulas aisladas se hayan negociado individualmente no excluirá la aplicación de esta Ley al resto del contrato si la apreciación global lleva a la conclusión de que se trata de un contrato de adhesión.

Art. 2.º *Ámbito subjetivo.*—1. La presente Ley será de aplicación a los contratos que contengan condiciones generales celebrados entre un profesional —predisponente— y cualquier persona física o jurídica —adherente—.

2. A los efectos de esta Ley se entiende por profesional a toda persona física o jurídica que actúe dentro del marco de su actividad profesional o empresarial, ya sea pública o privada.

3. El adherente podrá ser también un profesional, sin necesidad de que actúe en el marco de su actividad.

Art. 3.º *Ámbito territorial. Disposiciones imperativas.*—La presente Ley se aplicará a las cláusulas de condiciones generales que formen parte de contratos sujetos a la legislación española.

También se aplicará a los contratos sometidos a legislación extranjera cuando el adherente haya emitido su declaración negocial en territorio español y tenga en éste su

---

Art. 3.º: Modificado su párr. 2.º por la Ley 44/2006, de 29 de diciembre, de mejora de la protección de consumidores y usuarios (*BOE* de 30-12-2006). Téngase en cuenta el art. 1.º4 del Real Decreto 1906/1999, de 17 de diciembre, por el que se regula la contratación telefónica o electrónica con condiciones generales en desarrollo del art. 5.º3 de la Ley 7/1998, de 13 de abril de 1998 (*BOE* de 31-12-1999).

El Real Decreto 1906/1999, de 17 de diciembre, sobre contratación telefónica o electrónica con condiciones generales (*BOE* de 31-12-1999), contiene la siguiente norma delimitadora de su ámbito de aplicación:

«*Art. 1.º* 1. El presente Real Decreto se aplicará a los contratos a distancia, o sin presencia física simultánea de los contratantes, realizados por vía telefónica, electrónica o telemática, que contengan condiciones generales de la contratación, entendiendo por tales las definidas por la Ley 7/1998, de 13 de abril, y se entiende sin perjuicio de la aplicación de las normas vigentes en materia de firma electrónica contenida en el Real Decreto-ley 14/1999, de 17 de diciembre.

2. El presente Real Decreto no será aplicable a los contratos administrativos, los contratos de trabajo, los de constitución de sociedades, los que regulan relaciones familiares y los contratos sucesorios, como tampoco a los contratos relativos a condiciones generales, que reflejen las disposiciones a los principios de los Convenios internacionales en que el Reino de España sea parte, y los que se refieren a condiciones reguladas específicamente por una disposición legal o administrativa de carácter general, que sean de aplicación obligatoria para los contratantes.

3. Igualmente quedan excluidos los contratos referidos a servicios financieros consistentes en servicios de inversión, instituciones de inversión colectiva, seguro y reaseguro, bancarios a prestados por entidades sujetas a supervisión prudencial, relativos a fondos de pensiones y a operaciones a plazo y de opción, los celebrados mediante máquinas o locales automáticos, en subasta y los relativos a la construcción y venta de bienes inmuebles y demás relativos a derechos reales sobre los mismos, así como los de arrendamiento de bienes inmuebles regulados por leyes especiales, excepto los arrendamientos de temporada, a los cuales será de aplicación la presente norma.

residencia habitual, sin perjuicio de lo establecido en los tratados o convenios internacionales. Cuando el adherente sea un consumidor se aplicará lo dispuesto en el apartado 3 del artículo 10 bis de la Ley General para la Defensa de Consumidores y Usuarios.

Art. 4.º *Contratos excluidos.*—La presente Ley no se aplicará a los contratos administrativos, a los contratos de trabajo, a los de constitución de sociedades, a los que regulan relaciones familiares y a los contratos sucesorios.

Tampoco será de aplicación esta Ley a las condiciones generales que reflejen las disposiciones o los principios de los Convenios internacionales en que el Reino de España sea parte, ni las que vengan reguladas específicamente por una disposición legal o administrativa de carácter general y que sean de aplicación obligatoria para los contratantes.

....

No obstante, en estos supuestos, deberá quedar constancia documental de la contratación efectuada, ya sea en forma escrita o en *registros magnéticos o informáticos*, de acuerdo con la normativa específica aplicable en cada caso. A falta de ésta, se enviará inmediatamente al consumidor justificación escrita de la contratación efectuada, donde constatarán todos los términos de la misma.

4. Las normas contenidas en este Real Decreto son de aplicación siempre que la adhesión a las condiciones generales se haya efectuado en España, cualquiera que sea la ley aplicable al contrato.

[...]

Disp. Final 1.ª Título competencial.—El presente Real Decreto se dicta al amparo del artículo 149.1.6.ª y 8.ª de la Constitución y será de aplicación en toda España; sin perjuicio de las normas sobre interpretación de los contratos recogidas en la Compilación de Derecho Civil Foral o Fuero Nuevo de Navarra.»

107. REAL DECRETO LEGISLATIVO 1/2007, DE 16 DE NOVIEMBRE, POR EL QUE SE APRUEBA EL TEXTO REFUNDIDO DE LA LEY GENERAL PARA LA DEFENSA DE LOS CONSUMIDORES Y USUARIOS Y OTRAS LEYES COMPLEMENTARIAS*

(Arts. 5.º, 10, 53-55, 67, 82, 90, 114, 115 y 129)

(*BOE* núm. 287, de 30 de noviembre de 2007, corr. de errores *BOE* núm. 38, de 13 de febero de 2008)

LIBRO PRIMERO

Disposiciones generales

TÍTULO PRIMERO

Ámbito de aplicación y derechos básicos de los consumidores y usuarios

CAPÍTULO PRIMERO

ÁMBITO DE APLICACIÓN

....

Art. 5.º *Concepto de productor.*—Sin perjuicio de lo dispuesto en el artículo 138, a efectos de lo dispuesto en esta norma se considera productor al fabricante del bien o al prestador del servicio o su intermediario, o al importador del bien o servicio en el territorio de la Unión Europea, así como a cualquier persona que se presente como tal al indicar en el bien, ya sea en el envase, el envoltorio o cualquier otro elemento de protección o presentación, o servicio su nombre, marca u otro signo distintivo.

....

* Vid. art. 3.2 de la Ley 2/2009, de 31 de marzo, por la que se regula la contratación con los consumidores de préstamos o créditos hipotecarios y de servicios de intermediación para la celebración de contratos de préstamo o crédito (*BOE* de 1-4-2009):

«*Artículo 3. Registros públicos de empresas.*—[…]

2. Las empresas que desarrollan sus actividades en territorio español domiciliadas fuera de España deberán inscribirse en el Registro estatal que se cree en el Instituto Nacional del Consumo.

En el Registro estatal, accesible por medios electrónicos, figurarán los datos identificativos de la empresa, el ámbito territorial en el que desarrolla su actividad, la actividad desarrolldda y los demás extremos que reglamentariamente se establezcan. También figurarán los datos identificativos de la entidad aseguradora o bancaria con la que se haya contratado el seguro de responsabilidad civil o el aval bancario previsto en el articulo 7 y cuantos datos referidos a dicho seguro o aval que se establezcan en el mencionado desarrollo reglamentario.»

Art. 10. *Irrenunciabilidad de los derechos reconocidos al consumidor y usuario.*—La renuncia previa a los derechos que esta norma reconoce a los consumidores y usuarios es nula, siendo, asimismo, nulos los actos realizados en fraude de ley de conformidad con lo previsto en el artículo 6 del Código Civil.

....

TÍTULO V

Procedimientos judiciales y extrajudiciales de protección de los consumidores y usuarios

CAPÍTULO PRMERO

Acciones de cesación

Art. 53. *Acciones de cesación.*—La acción de cesación se dirige a obtener una sentencia que condene al demandado a cesar en la conducta y a prohibir su reiteración futura. Asimismo, la acción podrá ejercerse para prohibir la realización de una conducta cuando esta haya finalizado al tiempo de ejercitar la acción, si existen indicios suficientes que hagan temer su reiteración de modo inmediato.

A efectos de lo dispuesto en este capítulo, también se considera conducta contraria a esta norma en materia de cláusulas abusivas la recomendación de utilización de cláusulas abusivas.

Art. 54. *Legitimación.*—1. Frente a las conductas contrarias a lo dispuesto en la presente norma en materia de cláusulas abusivas, contratos celebrados fuera de establecimiento mercantil, venta a distancia, garantías en la venta de productos y viajes combinados, estarán legitimados para ejercitar la acción de cesación:

a) El Instituto Nacional del Consumo y los órganos o entidades correspondientes de las comunidades autónomas y de las corporaciones locales competentes en materia de defensa de los consumidores y usuarios.

b) Las asociaciones de consumidores y usuarios que reúnan los requisitos establecidos en esta norma o, en su caso, en la legislación autonómica en materia de defensa de los consumidores y usuarios.

c) El Ministerio Fiscal.

d) Las entidades de otros Estados miembros de la Comunidad Europea constituidas para la protección de los intereses colectivos y de los intereses difusos de los consumidores y usuarios que estén habilitadas mediante su inclusión en la lista publicada a tal fin en el *Diario Oficial de las Comunidades Europeas*.

Los Jueces y Tribunales aceptarán dicha lista como prueba de la capacidad de la entidad habilitada para ser parte, sin perjuicio de examinar si la finalidad de la misma y los intereses afectados legitiman el ejercicio de la acción.

2. Todas las entidades citadas en el apartado anterior podrán personarse en los procesos promovidos por otra cualquiera de ellas, si lo estiman oportuno para la defensa de los intereses que representan.

3. La legitimación para el ejercicio de la acción de cesación frente al resto de conductas de empresarios contrarias a la presente norma que lesionen intereses colectivos o intereses difusos de los consumidores y usuarios, se regirá por lo dispuesto en el artículo 11, apartados 2 y 3, de la Ley 1/2000, de 7 de enero, de Enjuiciamiento Civil.

Asimismo, estarán legitimados para el ejercicio de esta acción:

a) El Instituto Nacional del Consumo y los órganos o entidades correspondientes de las comunidades autónomas y de las corporaciones locales competentes en materia de defensa de los consumidores.

b) El Ministerio Fiscal.

Art. 55. *Acciones de cesación en otro Estado miembro de la Unión Europea.*—1. El Instituto Nacional del Consumo y los órganos o entidades correspondientes de las comunidades autónomas y de las corporaciones locales competentes en materia de defensa de los consumidores y usuarios podrán ejercitar acciones de cesación en otro Estado miembro de la Comunidad Europea, cuando estén incluidos en la lista publicada en el *Diario Oficial de las Comunidades Europeas*.

El Ministerio de Justicia notificará a la Comisión Europea cada una de dichas entidades, con su denominación y finalidad, previa solicitud de dichos órganos o entidades, y dará traslado de esa notificación al Instituto Nacional del Consumo.

2. Las asociaciones de consumidores y usuarios presentes en el Consejo de Consumidores y Usuarios podrán ejercitar acciones de cesación en otro Estado miembro de la Comunidad Europea cuando estén incluidas en la lista publicada en el *Diario Oficial de las Comunidades Europeas*, debiendo solicitar del Instituto Nacional del Consumo la incorporación a dicha lista.

El Ministerio de Justicia notificará a la Comisión Europea cada una de dichas entidades, con su denominación y finalidad, a instancia del Instituto Nacional del Consumo.

....

LIBRO SEGUNDO

Contratos y garantías

TÍTULO PRIMERO

Contratos con los consumidores y usuarios

CAPÍTULO PRMERO

DISPOSICIONES GENERALES

....

Art. 67. *Puntos de conexión.*— 1. Las normas de protección frente a las cláusulas abusivas contenidas en los artículos 82 a 91, ambos inclusive, serán aplicables a los consumidores y usuarios, cualquiera que sea la ley elegida por las partes para regir el contrato, cuando éste mantenga una estrecha relación con el territorio de un Estado miembro del Espacio Económico Europeo.

Se entenderá, en particular, que existe un vínculo estrecho cuando el empresario ejerciere sus actividades en uno o varios Estados miembros del Espacio Económico Europeo, o por cualquier medio de publicidad o comunicación dirigiere tales actividades a uno o varios Estados miembros y el contrato estuviere comprendido en el marco de esas actividades. En los contratos relativos a inmuebles se entenderá, asimismo, que existe un vínculo estrecho cuando se encuentren situados en el territorio de un Estado miembro.

2. Las normas de protección en materia de contratos a distancia y de garantías, contenidas respectivamente en los artículos 92 a 106, ambos inclusive y en los artículos 114 a 126, ambos inclusive, serán aplicables a los consumidores y usuarios, cualquiera que sea la ley elegida por las partes para regir el contrato, cuando éste mantenga una estrecha relación con el territorio de un Estado miembro del Espacio Económico Europeo.

Se entenderá, en particular, que existe un vínculo estrecho cuando el bien haya de utilizarse, ejercitarse el derecho o realizarse la prestación en alguno de los Estados miembros de la Unión Europea, o el contrato se hubiera celebrado total o parcialmente en cualquiera de ellos, o una de las partes sea ciudadano de un Estado miembro de la Unión Europea o presente el negocio jurídico cualquier otra conexión análoga o vínculo estrecho con el territorio de la Unión Europea.

....

Art. 67: Corrección de errores, *BOE* de 13-2-2008.

TÍTULO II

Condiciones generales y cláusulas abusivas

CAPÍTULO PRIMERO

CLÁUSULAS NO NEGOCIADAS INDIVIDUALMENTE

....

CAPÍTULO II

CLÁUSULAS ABUSIVAS

Art. 82. *Concepto de cláusulas abusivas.*—1. Se considerarán cláusulas abusivas todas aquellas estipulaciones no negociadas individualmente y todas aquellas prácticas no consentidas expresamente que, en contra de las exigencias de la buena fe causen, en perjuicio del consumidor y usuario, un desequilibrio importante de los derechos y obligaciones de las partes que se deriven del contrato.

2. El hecho de que ciertos elementos de una cláusula o que una cláusula aislada se hayan negociado individualmente no excluirá la aplicación de las normas sobre cláusulas abusivas al resto del contrato.

El empresario que afirme que una determinada cláusula ha sido negociada individualmente, asumirá la carga de la prueba.

3. El carácter abusivo de una cláusula se apreciará teniendo en cuenta la naturaleza de los bienes o servicios objeto del contrato y considerando todas las circunstancias concurrentes en el momento de su celebración, así como todas las demás cláusulas del contrato o de otro del que éste dependa.

4. No obstante lo previsto en los apartados precedentes, en todo caso son abusivas las cláusulas que, conforme a lo dispuesto en los artículos 85 a 90, ambos inclusive:

a) vinculen el contrato a la voluntad del empresario,

b) limiten los derechos del consumidor y usuario,

c) determinen la falta de reciprocidad en el contrato,

d) impongan al consumidor y usuario garantías desproporcionadas o le impongan indebidamente la carga de la prueba,

e) resulten desproporcionadas en relación con el perfeccionamiento y ejecución del contrato, o

f) contravengan las reglas sobre competencia y derecho aplicable.

....

Art. 90. *Cláusulas abusivas sobre competencia y derecho aplicable.*—Son, asimismo, abusivas las cláusulas que establezcan:

1. La sumisión a arbitrajes distintos del arbitraje de consumo, salvo que se trate de órganos de arbitraje institucionales creados por normas legales para un sector o un supuesto específico.

2. La previsión de pactos de sumisión expresa a Juez o Tribunal distinto del que corresponda al domicilio del consumidor y usuario, al lugar del cumplimiento de la obligación o aquél en que se encuentre el bien si éste fuera inmueble.

3. La sumisión del contrato a un Derecho extranjero con respecto al lugar donde el consumidor y usuario emita su declaración negocial o donde el empresario desarrolle la actividad dirigida a la promoción de contratos de igual o similar naturaleza.

....

TÍTULO V

Garantías y servicios posventa

CAPÍTULO PRIMERO

Disposiciones generales sobre garantía de los productos de consumo

Art. 114. *Principios generales.*—El vendedor está obligado a entregar al consumidor y usuario productos que sean conformes con el contrato, respondiendo frente a él de cualquier falta de conformidad que exista en el momento de la entrega del producto.

Art. 115. *Ámbito de aplicación.*—1. Están incluidos en el ámbito de aplicación de este título los contratos de compraventa de productos y los contratos de suministro de productos que hayan de producirse o fabricarse.

2. Lo previsto en este título no será de aplicación a los productos adquiridos mediante venta judicial, al agua o al gas, cuando no estén envasados para la venta en volumen delimitado o cantidades determinadas, y a la electricidad. Tampoco será aplicable a los productos de segunda mano adquiridos en subasta administrativa a la que los consumidores y usuarios puedan asistir personalmente.

....

LIBRO TERCERO

Responsabilidad civil por bienes o servicios defectuosos

TÍTULO PRIMERO

Disposiciones comunes en materia de responsabilidad

CAPÍTULO PRIMERO

DISPOSICIONES GENERALES

....

Art. 129. *Ámbito de protección.*—1. El régimen de responsabilidad previsto en este libro comprende los daños personales, incluida la muerte, y los daños materiales, siempre que éstos afecten a bienes o servicios objetivamente destinados al uso o consumo privados y en tal concepto hayan sido utilizados principalmente por el perjudicado.

2. El presente libro no será de aplicación para la reparación de los daños causados por accidentes nucleares, siempre que tales daños se encuentren cubiertos por convenios internacionales ratificados por los Estados miembros de la Unión Europea.

108. LEY 7/1996, DE 15 DE ENERO, DE ORDENACIÓN DEL COMERCIO MINORISTA*

(Art. 48)

(*BOE* núm. 15, de 17 de enero de 1996; corr. de errores, *BOE* núm. 42, de 17 de febrero de 1996)

....

TÍTULO III

Ventas especiales

....

CAPÍTULO II

VENTAS A DISTANCIA

....

Art. 48. *Derechos del consumidor.*—1. Cuando el comprador sea un consumidor, entendiendo por tal el definido en los apartados 2 y 3 del artículo 1 de la Ley 26/1984, de 19 de julio, General para la Defensa de los Consumidores y Usuarios, los derechos que el presente capítulo le reconoce serán irrenunciables y podrán ser ejercidos por los mismos aunque la legislación aplicable al contrato sea otra distinta de la española, si el contrato presenta un vínculo estrecho con el territorio de cualquier Estado miembro de la Unión Europea.

2. Los operadores de las técnicas de comunicación a distancia, entendiendo por tales a las personas físicas o jurídicas, públicas o privadas, que sean titulares de las técnicas de comunicación a distancia utilizadas por los proveedores, están obligados a procurar, en la medida de sus posibilidades, que los comerciantes respeten los derechos que el presente capítulo reconoce a los consumidores y cumplan las obligaciones que en él se les imponen.

3. Contra las conductas contrarias a lo dispuesto en el presen-

* Modificada por Ley 47/2002, de 19 de diciembre (*BOE* de 20-12-2002), para la transposición de la Directiva 97/7/CE en materia de contratos a distancia (*DO* L 144, de 4-6-1997) y para la adaptación a diversas Directivas comunitarias (*BOE* de 20-12-2002).

Art. 48: Redactado por Ley 47/2002, de 19 de diciembre, de reforma de la Ley 47/1996, de ordenación del comercio minorista (*BOE* de 20-12-2002).

Cfr. con el art. 12 de la Directiva 97/7/CE en materia de contratos a distancia (*DO* L 144, de 4-6-1997).

te capítulo que lesionen intereses colectivos e intereses difusos de los consumidores y usuarios. podrá ejercitarse la acción de cesación dirigida a obtener una sentencia que condene al demandado a cesar en dichas conductas y a prohibir su reiteración futura. Asimismo. la acción podrá ejercerse para prohibir la realización de una conducta cuando ésta haya finalizado al tiempo de ejercitar la acción, si existen indicios suficientes que hagan temer su reiteración de modo inmediato.

La acción de cesación se ejercerá conforme a las prescripciones que para esta clase de acciones se contienen en la Ley 1/2000, de 7 de enero, de Enjuiciamiento Civil, y la Ley 26/1984, de 19 de julio, General para la Defensa de los Consumidores y Usuarios.

109. LEY 45/1999, DE 29 DE NOVIEMBRE, SOBRE DESPLAZAMIENTO DE TRABAJADORES EN EL MARCO DE UNA PRESTACIÓN DE SERVICIOS TRANSNACIONAL*

(Arts. 1.º-3.º y Disps. Adics. 1.ª-5.ª)

(*BOE* núm. 286, de 30 de noviembre de 1999)

....

CAPÍTULO PRIMERO

OBJETO, ÁMBITO DE APLICACIÓN Y DEFINICIONES

Artículo 1.º *Objeto y ámbito de aplicación.*—1. La presente Ley tiene por objeto establecer las condiciones mínimas de trabajo que los empresarios deben garantizar a sus trabajadores desplazados temporalmente a España en el marco de una prestación de servicios transnacional, cualquiera que sea la legislación aplicable al contrato de trabajo.

---

* Esta Ley ha sido adoptada en transposición de la Directiva 96/71/CE del Parlamento Europeo y del Consejo, de 16 de diciembre, sobre desplazamiento de trabajadores efectuado en el marco de una prestación de servicios (*DO* L 18, de 21-1-1997). Téngase en cuenta la Ley 14/1994, de 1 de junio, por la que se regulan las empresas de carácter temporal (*BOE* de 2-6-1994).

Art. 1.º: Cfr. art. 8.º del Reglamento 593/2008 sobre ley aplicable a las obligaciones contractuales (*infra* núm. 113 bis).

2. Esta Ley será de aplicación a las empresas establecidas en un Estado miembro de la Unión Europea o en un Estado signatario del Acuerdo sobre el Espacio Económico Europeo que desplacen temporalmente a sus trabajadores a España en el marco de una prestación de servicios transnacional, con exclusión de las empresas de la marina mercante respecto de su personal navegante.

3. Esta Ley no será de aplicación a los desplazamientos realizados con motivo del desarrollo de actividades formativas que no respondan a una prestación de servicios de carácter transnacional.

Art. 2.º *Definiciones*.— 1. A los efectos de esta Ley se entiende por:

1.º «Desplazamiento en el marco de una prestación de servicios transnacional», el efectuado a España por las empresas incluidas en el ámbito de aplicación de la presente Ley durante un período limitado de tiempo en cualquiera de los siguientes supuestos:

a) El desplazamiento de un trabajador por cuenta y bajo la dirección de su empresa en ejecución de un contrato celebrado entre la misma y el destinatario de la *prestación* de servicios, que esté establecido o que ejerza su actividad en España.

b) El desplazamiento de un trabajador a un centro de trabajo de la propia empresa o de otra empresa del grupo del que forme parte.

A los efectos del párrafo anterior, se entiende por grupo de empresas el formado por una empresa que ejerce el control y las empresas controladas en los términos del artículo 4 de la Ley 10/1997, de 24 de abril, sobre derecho sde información y consulta de los trabajadores en las empresas y grupos de empresas de dimensión comunitaria.

c) El desplazamiento de un trabajador por parte de una empresa de trabajo temporal para su puesta a disposición de una empresa usuaria que esté establecida o que ejerza su actividad en España.

2.º «Trabajador desplazado», el trabajador, cualquiera que sea su nacionalidad, de las empresas incluidas en el ámbito de aplicación de la presente Ley desplazado a España durante un período limitado de tiempo en el marco de una prestación de servicios transnacional, siempre que exista una relación laboral entre tales empresas y el trabajador durante el período de desplazamiento.

2. A efectos de las definiciones del apartado anterior, se entiende incluido el trabajador de una empresa de trabajo temporal puesto a disposición de una empresa usuaria en el extranjero y desplazado temporalmente por ésta a España en el marco de una prestación de servicios transnacional.

CAPÍTULO II

OBLIGACIONES DE LOS EMPRESARIOS QUE DESPLACEN A ESPAÑA A SUS TRABAJADORES EN EL MARCO DE UNA PRESTACIÓN DE SERVICIOS TRANSNACIONALES

Art. 3.º *Condiciones de trabajo de los trabajadores desplazados.*—1. Los empresarios incluidos en el ámbito de aplicación de la presente Ley que desplacen a España a sus trabajadores en el marco de una prestación de servicios transnacional deberán garantizar a éstos, cualquiera que sea la legislación aplicable al contrato de trabajo, las condiciones de trabajo previstas por la legislación laboral española relativas a:

a) El tiempo de trabajo, en los términos previstos en los artículos 34 a 38 de la Ley del Estatuto de los Trabajadores, texto refundido aprobado por Real Decreto legislativo 1/1995, de 24 de marzo.

b) La cuantía del salario, en los términos a que se refiere el artículo 4 de esta Ley.

c) La igualdad de trato y la no discriminación por razón de sexo, origen, estado civil, edad dentro de los límites legalmente marcados, raza, condición social, ideas religiosas o políticas, afiliación o no a un sindicato y a sus acuerdos, vínculos de parentesco con otros trabajadores en la empresa, lengua o disminuciones físicas, psíquicas o sensoriales siempre que los trabajadores se hallasen en condiciones de aptitud para desempeñar el trabajo o empleo de que se trate.

d) El trabajo de menores, de acuerdo con lo establecido en el artículo 6 del Estatuto de los Trabajadores.

e) La prevención de riesgos laborales, incluidas las normas sobre protección de la maternidad y de los menores.

f) La no discriminación de los trabajadores temporales y a tiempo parcial.

g) El respeto de la intimidad y la consideración debida a la dignidad de los trabajadores, comprendida la protección frente a ofensas verbales o físicas de naturaleza sexual.

h) La libre sindicación y los derechos de huelga y de reunión.

2. En los desplazamientos definidos en la letra *c*) del artículo 2.1.1.º, las empresas de trabajo temporal, además de garantizar a sus trabajadores desplazados, cualquiera que sea la legislación aplicable al contrato de trabajo, las condiciones de trabajo a que se refiere el apartado anterior previstas por la legislación laboral española, deberán cumplir las condiciones que establece la Ley 14/1994, de 1 de junio, por la que se regulan las empresas de trabajo temporal, para la cesión de trabajadores a empresas usuarias.

3. Las condiciones de trabajo establecidas en la legislación laboral española relativas a las vacaciones anuales retribuidas y a la

cuantía del salario no serán de aplicación en los desplazamientos definidos en la letras *a*) y *b*) del artículo 2.1.1.º cuya duración no exceda de ocho días.

4. A los efectos de esta Ley, las condiciones de trabajo previstas en la legislación laboral española serán las contenidas en las disposiciones legales o reglamentarias del Estado y en los convenios colectivos y laudos arbitrales aplicables en el lugar y en el sector o rama de actividad de que se trate.

5. Lo dispuesto en este artículo se entiende sin perjuicio de la aplicación a los trabajadores desplazados de condiciones de trabajo más favorables derivadas de lo dispuesto en la legislación aplicable a su contrato de trabajo, en los convenios colectivos o en los contratos individuales de trabajo.

6. A efectos de lo dispuesto en este artículo, la duración del desplazamiento se calculará en un período de referencia de un año a contar desde su comienzo, incluyendo, en su caso, la duración del desplazamiento de otro trabajador desplazado anteriormente al que se hubiera sustituido.

....

CAPÍTULO IV

TUTELA ADMINISTRATIVA Y JUDICIAL

....

SECCIÓN 2.ª

Procedimientos judiciales

Art. 15. *Ejercicio de la potestad jurisdiccional.*—Los órganos jurisdiccionales del orden social conocerán de cuantas cuestiones litigiosas se susciten en aplicación de la presente Ley, de conformidad con lo establecido en los artículos 2.*p*) y 3.2 del texto refundido de la Ley de Procedimiento Laboral, aprobado por Real Decreto legislativo 2/1995, de 7 de abril.

Art. 16. *Competencia.*—1. Los órganos jurisdiccionales españoles del orden social serán competentes para conocer de los litigios a los que se refiere el artículo anterior cuando el trabajador esté o haya estado desplazado temporalmente en España, de acuerdo con el artículo 25 de la Ley Orgánica 6/1985, de 1 de julio, del Poder Judicial, y sin perjuicio de la plena vigencia de los criterios de competencia que establecen el artículo 5.1 del Convenio relativo a la competencia judicial y a la ejecución de resoluciones judiciales en materia civil y mercantil, firmado en Bruselas el 27 de septiembre de 1968, y el artículo 5.1 del Convenio relativo a la competencia judicial y a la ejecución de resoluciones judiciales en materia civil y mercantil, firmado en Lugano el 16 de septiembre de 1988.

Art. 16.1: La referencia al Convenio de Bruselas puede ahora entenderse hecha al Reglamento 44/2001 (*supra* núm. 7).

2. La competencia de los órganos jurisdiccionales españoles del orden social se determinará de acuerdo con las reglas contenidas en los artículos 6 a 10 de la Ley de Procedimiento Laboral.

....

DISPOSICIONES ADICIONALES

1.ª *Desplazamiento de trabajadores en el marco de una prestación de servicios transnacional efectuados por empresas establecidas en España.*—1. Las empresas establecidas en España que desplacen temporalmente a sus trabajadores al territorio de Estados miembros de la Unión Europea o de Estados signatarios del Acuerdo sobre el Espacio Económico Europeo en el marco de una prestación de servicios transnacional deberán garantizar a éstos las condiciones de trabajo previstas en el lugar de desplazamiento por las normas nacionales de transposición de la Directiva 96/71/CE, del Parlamento Europeo y del Consejo, de 16 de diciembre, sobre el desplazamiento de trabajadores efectuado en el marco de una prestación de servicios, sin perjuicio de la aplicación a los mismos de condiciones de trabajo más favorables derivadas de lo dispuesto en la legislación aplicable a su contrato de trabajo, en los convenios colectivos o en los contratos individuales.

2. Los interesados en un desplazamiento temporal de trabajadores a uno de los Estados a que se refiere el apartado anterior podrán informarse de las condiciones de trabajo que deben garantizarse en el mismo dirigiéndose bien a los órganos competentes en materia de información de tales Estados, bien a los de la Administración laboral española, que dará traslado a tales

---

Disp. Adic. 1.ª: Téngase en cuenta que mediante RD 1659/1998, de 24 de julio (*BOE* de 12-8-1998), de desarrolla el art. 8.º, apartado 5, de la Ley del Estatuto de los Trabajadores, en materia de información al trabajador sobre los elementos esenciales del contrato de trabajo, que en su art. 3.º dispone:

«*Art. 3.º Información adicional en los supuestos de prestación de servicios en el extranjero.*—1. Cuando un trabajador tenga que prestar normalmente sus servicios en el extranjero, la información a que se refiere el artículo 2 de este Real Decreto deberá ser completada con los siguientes extremos:

a) La duración del trabajo que vaya a prestarse en el extranjero.

b) La moneda en que se pagará el salario.

c) Las retribuciones en dinero o en especie, tales como dietas, compensaciones por gastos o gastos de viaje, y las ventajas vinculadas a la circunstancia de la prestación de servicios en el extranjero.

d) En su caso, las condiciones de repatriación del trabajador.

2. La información sobre los extremos a que se refieren los párrafos *b*) y *c*) del apartado anterior podrá derivarse de una referencia a las disposiciones legales o reglamentarias o a los convenios colectivos de aplicación que regulen dichos extremos, siempre que tal referencia sea precisa y concreta para permitir al trabajador el acceso a la información correspondiente.

3. Lo dispuesto en los apartados anteriores no será de aplicación en caso de que la duración del trabajo en el extranjero no rebase las cuatro semanas.»

órganos de las peticiones de información recibidas, informando de ello al solicitante. Cuando la Administración laboral reciba esta información directamente de los órganos competentes de otros Estados la pondrá, asimismo, en conocimiento de los solicitantes.

3. Son infracciones administrativas las acciones u omisiones de los empresarios a que se refiere el apartado 1 por las que se incumplan las condiciones de trabajo previstas en el lugar de desplazamiento por las normas nacionales de transposición de la Directiva 96/71/CE, del Parlamento Europeo y del Consejo, de 16 de diciembre, sobre el desplazamiento de trabajadores efectuado en el marco de una prestación de servicios, tipificadas y sancionadas según la legislación laboral española.

4. Lo dispuesto en el apartado anterior no podrá dar lugar a que se sancionen las acciones u omisiones de los sujetos responsables que hayan sido ya sancionadas penal o administrativamente en el país de desplazamiento en los casos en que se aprecie identidad de sujeto, hecho y fundamento.

5. A efectos de lo dispuesto en el artículo 13 de la Ley 42/1997, de 14 de noviembre, ordenadora de la Inspección de Trabajo y Seguridad Social, la Inspección de Trabajo y Seguridad Social podrá también iniciar de oficio el procedimiento sancionador en los supuestos previstos en los apartados anteriores en virtud de comunicaciones de las Administraciones públicas a las que corresponda en el lugar de desplazamiento la vigilancia del cumplimiento de las condiciones de trabajo.

6. De acuerdo con la Ley Orgánica 61/1985, de 1 de julio, del Poder Judicial, los órganos jurisdiccionales españoles del orden social serán competentes para conocer de los litigios a que se refiere esta disposición adicional producidos con ocasión del desplazamiento, sin perjuicio de la posibilidad de entablar una acción judicial en el territorio del Estado miembro en el que esté o haya estado desplazado el trabajador, de conformidad con lo que dispongan al respecto las legislaciones nacionales por las que se dé aplicación a lo establecido en el artículo 6 de la Directiva 96/71/CE, del Parlamento Europeo y del Consejo, de 16 de diciembre, sobre el desplazamiento de trabajadores efectuado en el marco de una prestación de servicios.

2.ª *Obligaciones y responsabilidades de las empresas usuarias y*

Disp. Adic. 1.ª6: El art. 6.º de la Directiva 96/71/CE del Parlamento Europeo y del Consejo, de 16 de diciembre de 1996, sobre el desplazamiento de trabajadores efectuado en el marco de una prestación de servicios (*DO* L 18, de 21-1-1997), dispone que: «A fin de salvaguardar el derecho a las condiciones de trabajo y de empleo garantizadas en el artículo 3, se podrá entablar una acción judicial en el Estado miembro en cuyo territorio esté o haya estado desplazado el trabajador, sin perjuicio, en su caso, de la facultad de entablar una acción judicial en otro Estado, de conformidad con los convenios internacionales vigentes en materia de competencia judicial.»

de las empresas que reciban en España la prestación de servicios de los trabajadores desplazados.—Las empresas usuarias y las empresas que reciban en España la prestación de servicios de los trabajadores desplazados al amparo de lo dispuesto en la presente Ley asumirán respecto de dichos trabajadores las obligaciones y responsabilidades previstas en la legislación española para tales supuestos, con independencia del lugar en que radique la empresa de trabajo temporal o la empresa prestataria de los servicios.

3.ª *Representantes de los trabajadores desplazados.*—1. Los representantes de los trabajadores desplazados a España, que ostenten tal condición de conformidad con las legislaciones o prácticas nacionales, podrán ejercer acciones administrativas o judiciales en los términos reconocidos a los representantes de los trabajadores por la legislación española.

2. Los representantes de los trabajadores de las empresas usuarias y de las empresas que reciban en España la prestación de servicios de los trabajadores desplazados al amparo de lo dispuesto en la presente Ley tendrán respecto de dichos trabajadores las competencias que les reconoce la legislación española, con independencia del lugar en que radique la empresa de trabajo temporal o la empresa prestataria de los servicios.

4.ª *Aplicación a empresas de otros Estados.*—Las disposiciones de la presente Ley serán de aplicación a las empresas establecidas en Estados distintos de los previstos en el artículo 1.2 de la presente Ley en la medida en que tales empresas puedan prestar servicios en España en virtud de lo establecido en los Convenios internacionales que sean de aplicación.

5.ª *No afectación de la legislación de extranjería.*—Lo dispuesto en la presente Ley se entiende sin perjuicio del cumplimiento de la normativa sobre entrada, permanencia, trabajo y establecimiento de los extranjeros en España.

....

110. REAL DECRETO LEGISLATIVO 8/2004, DE 29 DE OCTUBRE, POR EL QUE SE APRUEBA EL TEXTO REFUNDIDO DE LA LEY SOBRE RESPONSABILIDAD CIVIL Y SEGURO EN LA CIRCULACIÓN DE VEHÍCULOS A MOTOR*

(Arts. 2.º, 4.º, 11, 20-31)

(*BOE* núm. 267, de 5 de noviembre de 2004)

....

CAPÍTULO II

DEL ASEGURAMIENTO OBLIGATORIO

SECCIÓN 1.ª

Del deber de suscripción del seguro obligatorio

Art. 2.º *De la obligación de asegurarse.*—1. Todo propietario de vehículos a motor que tenga su estacionamiento habitual en España estará obligado a suscribir y mantener en vigor un contrato de seguro por cada vehículo de que sea titular, que cubra, hasta la cuantía de los límites del aseguramiento obligatorio, la responsabilidad civil a que se refiere el artículo 1. No obstante, el propietario quedará relevado de tal obligación cuando el seguro sea concertado por cualquier persona que tenga interés en el aseguramiento, quien deberá expresar el concepto en que contrata.

Se entiende que el vehículo tiene su estacionamiento habitual en España:

a) Cuando tiene matrícula española, independientemente de si dicha matrícula es definitiva o temporal.

b) Cuando se trate de un tipo de vehículo para el que no exista matrícula, pero lleve placa de seguro o signo distintivo análogo a la matrícula y España sea el Estado donde se ha expedido esta placa o signo.

* Según la redacción dada por la Ley 21/2007, de 11 de julio, por la que se modifica el texto refundido de la Ley sobre responsabilidad civil y seguro en la circulación de vehículos a motor, aprobado por el Real Decreto Legislativo 8/2004, de 29 de octubre, y el texto refundido de la Ley de ordenación y supervisión de los seguros privados, aprobado por el Real Decreto Legislativo 6/2004, de 29 de octubre (*BOE* núm. 166, de 11-5-2005). La Ley 21/2007 incorpora al Derecho interno la Directiva 2005/14/CE del Parlamento Europeo y del Consejo, de 11 de mayo de 2005, por la que se modifican las Directivas 72/166/CEE, 84/5/CEE, 88/357/ CEE y 90/232/CEE del Consejo y la Directiva 2000/26/CE del Parlamento Europeo y del Consejo relativas al seguro de responsabilidad civil derivada de la circulación de vehículos automóviles (*DO* L 149, de 11-6-2005).

Art. 2.º: Redacción según la Ley 21/2007, de 11 de julio (*BOE* de 12-7-2007).

c) Cuando se trate de un tipo de vehículo para el que no exista matrícula, placa de seguro o signo distintitivo y España sea el Estado del domicilio del usuario.

d) A efectos de la liquidación del siniestro, en el caso de accidentes ocasionados en territorio español por vehículos sin matrícula o con una matrícula que no corresponda o haya dejado de corresponder al vehículo. Reglamentariamente se determinará cuando se entiende que una matrícula no corresponde o ha dejado de corresponder al vehículo.

e) Cuando se trate de un vehículo importado desde otro Estado miembro del Espacio Económico Europeo, durante un período máximo de 30 días, a contar desde que el comprador aceptó la entrega del vehículo, aunque éste no ostente matrícula española. A tal efecto dichos vehículos podrán ser asegurados temporalmente mediante un seguro de frontera.

2. Con el objeto de controlar el efectivo cumplimiento de la obligación a que se refiere el apartado 1 y de que las personas implicadas en un accidente de circulación puedan averiguar con la mayor brevedad posible las circunstancias relativas a la entidad aseguradora que cubre la responsabilidad civil de cada uno de los vehículos implicados en el accidente, las entidades aseguradoras remitirán al Ministerio de Economía y Hacienda, a través del Consorcio de Compensación de Seguros, la información sobre los contratos de seguro que sea necesaria con los requisitos, en la forma y con la periodicidad que se determine reglamentariamente. El incumplimiento de esta obligación constituirá infracción administrativa muy grave o grave de acuerdo con lo dispuesto, respectivamente, en los artículos 40.3.*s*) y 40.4.*u*) del Texto Refundido de la Ley de Ordenación y Supervisión de los Seguros Privados, aprobado por el Real Decreto Legislativo 6/2004, de 29 de octubre. El Ministerio de Economía y Hacienda coordinará sus actuaciones con el Ministerio del Interior para el adecuado ejercicio de sus respectivas competencias en este ámbito.

Quien, con arreglo al apartado 1, haya suscrito el contrato de seguro deberá acreditar su vigencia para que las personas implicadas en un accidente de circulación puedan averiguar con la mayor brevedad posible las circunstancias relativas al contrato y a la entidad aseguradora, sin perjuicio de las medidas administrativas que se adopten al indicado fin. Todo ello en la forma que se determine reglamentariamente.

3. Las autoridades aduaneras españolas serán competentes para comprobar la existencia y, en su caso, exigir a los vehículos extranjeros de países no miembros del Espacio Económico Europeo que no estén adheridos al Acuerdo entre las oficinas nacionales de seguros de los Estados miembros del Espacio Económico Europeo y de otros Estados asociados, y que pretendan acceder al territorio nacional, la suscripción de un seguro obligatorio que reúna, al menos,

las condiciones y garantías establecidas en la legislación española. En su defecto, deberán denegarles dicho acceso.

4. En el caso de vehículos con estacionamiento habitual en el territorio de un Estado miembro del Espacio Económico Europeo o vehículos que teniendo su estacionamiento habitual en el territorio de un tercer país entren en España desde el territorio de otro Estado miembro, se podrán realizar controles no sistemáticos del seguro siempre que no sean discriminatorios y se efectúen como parte de un control que no vaya dirigido exclusivamente a la comprobación del seguro.

5. Además de la cobertura indicada en el apartado 1, la póliza en que se formalice el contrato de seguro de responsabilidad civil de suscripción obligatoria podrá incluir, con carácter potestativo, las coberturas que libremente se pacten entre el tomador y la entidad aseguradora con arreglo a la legislación vigente.

6. En todo lo no previsto expresamente en esta Ley y en sus normas reglamentarias de desarrollo, el contrato de seguro de responsabilidad civil derivada de la circulación de vehículos de motor se regirá por la Ley 50/1980, de 8 de octubre, de Contrato de Seguro.

7. Las entidades aseguradoras deberán expedir a favor del propietario del vehículo y del tomador del seguro del vehículo asegurado, en caso de ser persona distinta de aquél, previa petición de cualquiera de ellos, y en el plazo de quince días hábiles la certificación acreditativa de los siniestros de los que se derive responsabilidad frente a terceros, correspondientes a los cinco últimos años de seguro, si los hubiere o, en su caso, una certificación de ausencias de siniestros.

....

SECCIÓN 2.ª

Ámbito del aseguramiento obligatorio

Art. 4.º *Ámbito territorial y límites cuantitativos.*—1. El seguro obligatorio previsto en esta Ley garantizará la cobertura de la responsabilidad civil en vehículos terrestres automóviles con estacionamiento habitual en España, mediante el pago de una sola prima, en todo el territorio del Espacio Económico Europeo y de los Estados adheridos al Acuerdo entre las oficinas nacionales de seguros de los Estados miembros del Espacio Económico Europeo y de otros Estados asociados.

Dicha cobertura incluirá cualquier tipo de estancia del vehículo asegurado en el territorio de otro

---

Art. 4.º: Redacción según la Ley 21/2007, de 11 de julio (*BOE* de 12-7-2007).

Estado miembro del Espacio Económico Europeo durante la vigencia del contrato.

2. Los importes de la cobertura del seguro obligatorio serán:

a) en los daños a las personas, 70 millones de euros por siniestro, cualquiera que sea el número de víctimas.

b) en los daños en los bienes, 15 millones de euros por siniestro.

Los importes anteriores se actualizarán en función del índice de precios de consumo europeo, en el mismo porcentaje que comunique la Comisión Europea para la revisión de los importes mínimos recogidos en el apartado 2 del artículo 1 de la Directiva 84/5/CEE del Consejo, de 30 de diciembre de 1983, relativa a la aproximación de las legislaciones de los Estados miembros sobre el seguro de responsabilidad civil que resulta de la circulación de vehículos automóviles. A estos efectos, mediante resolución de la Dirección General de Seguros y Fondos de Pensiones se dará publicidad al importe actualizado.

3. La cuantía de la indemnización cubierta por el seguro obligatorio en los daños causados a las personas se determinará con arreglo a lo dispuesto en el apartado 2 del artículo 1 de esta Ley.

Si la cuantía de las indemnizaciones resultase superior al importe de la cobertura del seguro obligatorio, se satisfará, con cargo a éste, dicho importe máximo, y el resto hasta el montante total de la indemnización quedará a cargo del seguro voluntario o del responsable del siniestro, según proceda.

4. Cuando el siniestro sea ocasionado en un Estado adherido al Acuerdo entre las oficinas nacionales de seguros de los Estados miembros del Espacio Económico Europeo y de otros Estados asociados, distinto de España, por un vehículo que tenga su estacionamiento habitual en España, se aplicarán los límites de cobertura fijados por el Estado miembro en el que tenga lugar el siniestro. No obstante, si el siniestro se produce en un Estado miembro del Espacio Económico Europeo, se aplicarán los límites de cobertura previstos en el apartado 2, siempre que estos sean superiores a los establecidos en el Estado donde se haya producido el siniestro.

....

CAPÍTULO III

SATISFACCIÓN DE LA INDEMNIZACIÓN EN EL ÁMBITO DEL SEGURO OBLIGATORIO

....

Art. 11. *Funciones del Consorcio de Compensación de Segu-*

Art. 11: Redacción según la Ley 21/2007, de 11 de julio (*BOE* de 12-7-2007).

ros.—1. Corresponde al Consorcio de Compensación de Seguros, dentro del ámbito territorial y hasta el límite cuantitativo del aseguramiento obligatorio:

a) Indemnizar a quienes hubieran sufrido daños en sus personas, por siniestros ocurridos en España, en aquellos casos en que el vehículo causante sea desconocido.

No obstante, si como consecuencia de un accidente causado por un vehículo desconocido se hubieran derivado daños personales significativos, el Consorcio de Compensación de Seguros habrá de indemnizar también los eventuales daños en los bienes derivados del mismo accidente. En este último caso, podrá fijarse reglamentariamente una franquicia no superior a 500 euros.

Se considerarán daños personales significativos la muerte, la incapacidad permanente o la incapacidad temporal que requiera, al menos, una estancia hospitalaria superior a siete días.

b) Indemnizar los daños en las personas y en los bienes, ocasionados con un vehículo que tenga su estacionamiento habitual en España, así como los ocasionados dentro del territorio español a personas con residencia habitual en España o a bienes de su propiedad situados en España con un vehículo con estacionamiento habitual en un tercer país no firmante del Acuerdo entre las oficinas nacionales de seguros de los Estados miembros del Espacio Económico Europeo y de otros Estados asociados, en ambos casos cuando dicho vehículo no esté asegurado.

c) Indemnizar los daños a las personas y en los bienes ocasionados por un vehículo con estacionamiento habitual en España que esté asegurado y haya sido objeto de robo o robo de uso.

d) Indemnizar los daños a las personas y en los bienes cuando, en supuestos incluidos dentro del ámbito del aseguramiento de suscripción obligatoria o en los párrafos precedentes de este artículo, surgiera controversia entre el Consorcio de Compensación de Seguros y la entidad aseguradora acerca de quién debe indemnizar al perjudicado. No obstante lo anterior, si ulteriormente se resuelve o acuerda que corresponde indemnizar a la entidad aseguradora, ésta reembolsará al Consorcio de Compensación de Seguros la cantidad indemnizada más los intereses legales, incrementados en un 25 por 100, desde la fecha en que abonó la indemnización.

e) Indemnizar los daños a las personas y en los bienes cuando la entidad española aseguradora del vehículo con estacionamiento habitual en España hubiera sido declarada judicialmente en concurso o, habiendo sido disuelta y encontrándose en situación de insolvencia, estuviera sujeta a un procedimiento de liquidación intervenida o ésta hubiera sido asumida por el propio Consorcio de Compensación de Seguros.

f) Reembolsar las indemnizaciones satisfechas a los perjudicados residentes en otros Estados del

Espacio Económico Europeo por los organismos de indemnización, en los siguientes supuestos:

1.º Cuando el vehículo causante del accidente tenga su estacionamiento habitual en España, en el caso de que no pueda identificarse a la entidad aseguradora.

2.º Cuando el accidente haya ocurrido en España, en el caso de que no pueda identificarse al vehículo causante.

3.º Cuando el accidente haya ocurrido en España, en el caso de vehículos con estacionamiento habitual en terceros países adheridos al sistema de certificado internacional del seguro del automóvil (en adelante, carta verde) y no pueda identificarse a la entidad aseguradora.

g) Indemnizar los daños a las personas y en los bienes derivados de accidentes ocasionados por un vehículo importado a España desde otro Estado miembro del Espacio Económico Europeo, siempre que el vehículo no esté asegurado y el accidente haya ocurrido dentro del plazo de 30 días a contar desde que el comprador aceptó la entrega del vehículo.

En los supuestos previstos en los párrafos *b*) y *c*), quedarán excluidos de la indemnización por el Consorcio los daños a las personas y en los bienes sufridos por quienes ocuparan voluntariamente el vehículo causante del siniestro, conociendo que éste no estaba asegurado o que había sido robado, siempre que el Consorcio probase que aquellos conocían tales circunstancias.

2. El Consorcio de Compensación de Seguros asumirá las funciones que como organismo de información le atribuyen los artículos 24 y 25 de esta Ley.

3. El perjudicado tendrá acción directa contra el Consorcio de Compensación de Seguros en los casos señalados en este artículo, y éste podrá repetir en los supuestos definidos en el artículo 10 de esta Ley, así como contra el propietario y el responsable del accidente cuando se trate de vehículo no asegurado, o contra los autores, cómplices o encubridores del robo o robo de uso del vehículo causante del siniestro, así como contra el responsable del accidente que conoció de la sustracción de aquél.

4. En los casos de repetición por el Consorcio de Compensación de Seguros será de aplicación el plazo de prescripción establecido en el artículo 10 de esta Ley.

5. El Consorcio no podrá condicionar el pago de la indemnización a la prueba por parte del perjudicado de que la persona responsable no puede pagar o se niega a hacerlo.

6. Corresponde al Consorcio de Compensación de Seguros el fomento del aseguramiento de suscripción obligatoria de los vehículos a motor.

....

TÍTULO III

De los siniestros ocurridos en un Estado distinto al de residencia del perjudicado, en relación con el aseguramiento obligatorio

CAPÍTULO PRIMERO

ÁMBITO DE APLICACIÓN

Art. 20. *Ámbito de aplicación.*—1. Las disposiciones de este título resultarán de aplicación a los siniestros causados por vehículos que tengan su estacionamiento habitual y estén asegurados en un Estado miembro del Espacio Económico Europeo, siempre que:

a) El lugar en que ocurra el siniestro sea España y el perjudicado tenga su residencia en otro Estado miembro del Espacio Económico Europeo.

b) El lugar en que ocurra el siniestro sea un Estado miembro del Espacio Económico Europeo distinto a España y el perjudicado tenga su residencia en España.

c) Los siniestros ocurran en terceros países adheridos al sistema de la carta verde cuando el perjudicado tenga su residencia habitual en España, o cuando el vehículo causante tenga su estacionamiento habitual y esté asegurado en España.

2. Lo dispuesto en los artícu*los 21*, *22*, *26 y 27* no será de aplicación cuando el siniestro haya sido causado por un vehículo que tenga su estacionamiento habitual y esté asegurado en el Estado de residencia del perjudicado.

3. Lo dispuesto en el artículo 29 resultará también aplicable a los accidentes causados por vehículos de terceros países adheridos al Acuerdo entre las oficinas nacionales de seguros de los Estados miembros del Espacio Económico y de otros Estados asociados.

CAPÍTULO II

REPRESENTANTE ENCARGADO DE LA TRAMITACIÓN Y LIQUIDACIÓN EN EL PAÍS DE RESIDENCIA DEL PERJUDICADO DE LOS SINIESTROS OCURRIDOS EN UN ESTADO DISTINTO AL DE RESIDENCIA DE ESTE ÚLTIMO

Art. 21. *Elección, poderes y funciones del representante para la tramitación y liquidación de siniestros designado por las entidades aseguradoras autorizadas en España en cada uno de los Estados miembros del Espacio Económico Europeo.*—1. Las entidades aseguradoras domiciliadas en España y las sucursales de terceros países establecidas en territorio español deberán designar, en los restantes Estados miembros del Espacio Económico Europeo, un representante para la tramitación y liquidación, en el Estado de residencia del perjudicado, de los siniestros contemplados en el artículo 20.1.

2. El representante deberá residir o estar establecido en el Estado miembro en el que vaya a ejercer sus funciones y disponer de poderes suficientes para representar a la entidad aseguradora y satisfacer, en su integridad, las indemnizaciones a los perjudicados. A este efecto, deberá recabar toda la información necesaria y adoptar las medidas oportunas para la negociación de la liquidación en el idioma o idiomas oficiales del Estado de residencia del perjudicado.

3. Las entidades aseguradoras dispondrán de plena libertad para designar a estos representantes, que podrán actuar por cuenta de una o varias entidades. Así mismo, deberán comunicar su designación, nombre y dirección a los organismos de información de los distintos Estados miembros del Espacio Económico Europeo.

4. Lo dispuesto en los apartados anteriores no resultará de aplicación cuando el perjudicado tenga su residencia en España.

Art. 22. *Procedimiento de reclamación de los perjudicados no residentes en España ante las entidades aseguradoras autorizadas en España o los representantes para tramitación y liquidación de siniestros por éstas designados en el resto de los Estados del Espacio Económico Europeo.*—1. El perjudicado podrá presentar la reclamación ante la entidad aseguradora establecida en España o ante el representante designado por esta en su país de residencia.

La entidad aseguradora o su representante contestarán a la reclamación en un plazo de tres meses desde su presentación, y deberá presentarse una oferta motivada si se ha determinado la responsabilidad y cuantificado el daño. En caso contrario, o si la reclamación hubiera sido rechazada, dará respuesta motivada a lo planteado en la reclamación.

2. Transcurrido el plazo mencionado en el apartado anterior sin que se haya presentado una oferta motivada, se devengarán intereses de demora de acuerdo con lo previsto en la legislación que en cada caso resulte de aplicación, en atención al lugar de ocurrencia del siniestro.

3. El incumplimiento de lo dispuesto en el apartado 1 constituirá infracción administrativa grave o leve de acuerdo con lo dispuesto en los artículos 40.4.*t*) y 40.5.*d*) del Texto Refundido de la Ley de Ordenación y Supervisión de los Seguros Privados, aprobado por el Real Decreto Legislativo 6/2004, de 29 de octubre.

4. La acción del representante para la tramitación y liquidación de siniestros no será suficiente para modificar el derecho material que se haya de aplicar en el caso concreto, ni para atribuir la competencia a los órganos jurisdiccionales del Estado miembro

---

Art. 22.3: Nueva redacción según la Ley 21/2007, de 11 de julio (*BOE* núm. 166, de 12-7-2007).

de residencia del perjudicado, salvo lo previsto en las normas de derecho internacional público y privado sobre la ley aplicable a los accidentes de circulación y sobre la atribución de competencias jurisdiccionales.

Art. 23. *Procedimiento de reclamación del perjudicado con residencia en España ante las entidades aseguradoras autorizadas en otro Estado miembro del Espacio Económico Europeo o ante los representantes para tramitación y liquidación de siniestros por estas designados en España.*—1. El perjudicado con residencia en España, en los supuestos previstos en el artículo 20.1, podrá dirigirse directamente a la entidad aseguradora del vehículo causante del accidente o al representante en España para la tramitación y liquidación de siniestros por ésta designado.

2. La acción del representante para la tramitación y liquidación de siniestros no será suficiente para atribuir la competencia a órganos jurisdiccionales del Estado miembro de residencia del perjudicado, salvo en lo previsto en las normas de derecho internacional privado sobre atribución de competencias jurisdiccionales.

CAPÍTULO III

ORGANISMO DE INFORMACIÓN

Art. 24. *Designación y funciones del organismo de información.*—1. El Consorcio de Compensación de Seguros actuará como organismo de información, en los supuestos previstos en el artículo 20.1, para suministrar al perjudicado la información necesaria para que pueda reclamar a la entidad aseguradora o a su representante para la tramitación y liquidación de siniestros. A estos efectos, asumirá las siguientes funciones:

a) Facilitar información relativa al número de matrícula de los vehículos con estacionamiento habitual en España; número de la póliza de seguro de responsabilidad civil en la circulación de vehículos de motor de suscripción obligatoria que cubra al vehículo, con estacionamiento habitual en España, con indicación de la fecha de inicio y fin de vigencia de la cobertura; entidad aseguradora que cubre la responsabilidad civil en la circulación de vehículos de motor de suscripción obligatoria, así como nombre y dirección del representante para la tramitación y liquidación de siniestros designados por las entidades aseguradoras.

Dicha información deberá conservarse durante siete años a partir de la fecha de la expiración del registro del vehículo o de la expiración de la póliza de seguro.

b) Coordinar la recogida de la información y su difusión.

c) Prestar asistencia a las personas que tengan derecho a conocer la información.

2. A los efectos de la información prevista en el apartado

1.*a*), se estará a lo dispuesto en el artículo 2.2 y en sus normas reglamentarias de desarrollo.

Art. 25. *Obtención de información del Consorcio de Compensación de Seguros.*—1. El Consorcio de Compensación de Seguros prestará asistencia y facilitará la información a la que se refiere el artículo 24.1.*a*) a los perjudicados de accidentes de circulación ocurridos en un país distinto al de su residencia habitual, siempre que se cumpla alguna de las condiciones siguientes:

a) Que el perjudicado tenga su residencia en España.

b) Que el vehículo causante del siniestro tenga su estacionamiento habitual en España.

c) Que el siniestro se haya producido en España.

2. El Consorcio de Compensación de Seguros facilitará, asimismo, al perjudicado el nombre y la dirección del propietario, del conductor habitual o del titular legal del vehículo con estacionamiento habitual en España, si aquel tuviera un interés legítimo en obtener dicha información. A estos efectos, la Dirección General de Tráfico o la entidad aseguradora proporcionará estos datos al Consorcio de Compensación de Seguros, y se establecerán, en todo caso, las medidas técnicas y organizativas necesarias para asegurar la confidencialidad, seguridad e integridad de los datos y las garantías, obligaciones y derechos reconocidos en la Ley Orgánica 15/1999, de 13 de diciembre, de Protección de Datos de Carácter Personal.

A la información de que disponga el Consorcio de Compensación de Seguros tendrán acceso, además de los perjudicados, los aseguradores de éstos, los organismos de información de otros Estados miembros del Espacio Económico Europeo, la Oficina Española de Aseguradores de Automóviles, en su calidad de organismo de indemnización, y los organismos de indemnización de otros Estados miembros del Espacio Económico Europeo, así como los fondos de garantía de otros Estados miembros del Espacio Económico Europeo. Tendrán también acceso a dicha información los centros sanitarios y servicios de emergencias médicas que suscriban convenios con el Consorcio de Compensación de Seguros y las entidades aseguradoras para la asistencia a lesionados de tráfico.

CAPÍTULO IV

ORGANISMO DE INDEMNIZACIÓN

Art. 26. *Designación.*—En los supuestos previstos por el artículo 20.1, la Oficina Española de Aseguradores de Automóviles (en adelante, Ofesauto) tendrá la consideración de organismo de in-

---

Art. 25.2: Nueva redacción según la Ley 21/2007, de 11 de julio (*BOE* de 12-7-2007).

demnización ante el que los perjudicados con residencia en España podrán presentar reclamación de indemnización en los supuestos previstos en el artículo 27.

Art. 27. *Reclamaciones ante Ofesauto en su condición de organismo de indemnización español.*—1. Los perjudicados con residencia en España podrán presentar ante Ofesauto, en su condición de organismo de indemnización español, reclamación en los siguientes supuestos:

a) Si en el plazo de tres meses, a partir de la fecha en que el perjudicado haya presentado su reclamación de indemnización a la entidad aseguradora del vehículo causante del accidente o a su representante para la tramitación y liquidación de siniestros designado en España, ninguno de los dos ha formulado respuesta motivada a lo planteado en la reclamación; o

b) Si la entidad aseguradora no hubiera designado representante para la tramitación y liquidación de siniestros en España, salvo que el perjudicado haya presentado una reclamación de indemnización directamente a la entidad aseguradora del vehículo causante del accidente y haya recibido de esta una respuesta motivada en los tres meses siguientes a la presentación de la reclamación.

No obstante, el perjudicado no podrá presentar una reclamación a Ofesauto, en su condición de organismo de indemnización, si ha ejercitado el derecho de acción directa contra la aseguradora.

2. Ofesauto, en su condición de organismo de indemnización, dará respuesta a la reclamación de indemnización en un plazo de dos meses, a contar desde la fecha en que le sea presentada por el perjudicado residente en España, sin que pueda condicionar el pago de la indemnización a la prueba por parte del perjudicado residente en España de que la persona responsable no puede pagar o se niega a hacerlo. No obstante, pondrá término a su intervención si la entidad aseguradora o su representante para la tramitación y liquidación de siniestros designado en España da, con posterioridad, una respuesta motivada a la reclamación, o si tiene conocimiento con posterioridad de que el perjudicado ha ejercitado el derecho de acción directa contra la aseguradora del vehículo responsable.

3. Ofesauto, en su condición de organismo de indemnización español, informará inmediatamente a la entidad aseguradora del vehículo causante del accidente o a su representante para la tramitación y liquidación de siniestros designado en España, al organismo de indemnización del Estado en que esté ubicado el establecimiento de la entidad aseguradora que emitió la póliza y, de conocerse su identidad, a la persona causante del accidente de que ha recibido una reclamación del perjudicado y de que dará respuesta a dicha reclamación en un plazo de dos meses a contar desde la fecha de su presentación.

4. La intervención de Ofesauto, en su condición de organismo de indemnización español, se limita a los supuestos en los que la entidad aseguradora no cumpla sus obligaciones, y será subsidiaria de esta.

Art. 28. *Derecho de repetición entre organismos de indemnización, subrogación y reembolso.*—Ofesauto, en su calidad de organismo de indemnización español, una vez haya indemnizado al perjudicado residente en España, tendrá derecho a reclamar del organismo de indemnización del Estado miembro en que se encuentre el establecimiento de la entidad aseguradora que emitió la póliza el reembolso del importe satisfecho en concepto de indemnización.

Ofesauto, en su calidad de organismo de indemnización del Estado miembro en que se encuentra el establecimiento de la aseguradora que emitió la póliza, una vez que haya reembolsado al organismo de indemnización del Estado de residencia del perjudicado el importe por éste abonado al perjudicado en concepto de indemnización, se subrogará en los derechos del perjudicado.

Art. 29. *No identificación del vehículo o de la entidad aseguradora.*—Si no fuera posible identificar al vehículo o si, transcurridos dos meses desde el accidente, no fuera posible identificar a la entidad aseguradora, el perjudicado residente en España podrá solicitar una indemnización a Ofesauto, en su calidad de organismo de indemnización, por los límites del aseguramiento de suscripción obligatoria vigentes en el país de ocurrencia del siniestro. Dicho organismo de indemnización, una vez pagada la indemnización y por el importe satisfecho, pasará a ser acreedor:

a) Del fondo de garantía del Estado miembro en el que el vehículo tenga su estacionamiento habitual, en caso de que no pueda identificarse la entidad aseguradora.

b) Del fondo de garantía del Estado miembro en que haya ocurrido el accidente, en caso de que no pueda identificarse el vehículo.

c) Del fondo de garantía del Estado miembro en que haya ocurrido el accidente, en caso de vehículos de terceros países adheridos al sistema de carta verde.

CAPÍTULO V

Colaboración y acuerdos entre organismos. Ley aplicable y jurisdicción competente

Art. 30. *Colaboración y acuerdos entre organismos.*—1. El Consorcio de Compensación de Seguros colaborará con el resto de organismos de información del Espacio Económico Europeo para facilitar el acceso a su información a los residentes en otros países distintos a España.

Para el adecuado cumplimiento de las funciones que se atribuyen en esta ley, el Consorcio podrá celebrar acuerdos con organismos de información, con organismos de indemnización y con aquellas organizaciones e instituciones creadas o designadas para la gestión de los siniestros a que se refiere el artículo 20 en otros Estados miembros del Espacio Económico Europeo.

2. Ofesauto podrá celebrar acuerdos con los organismos de indemnización, con organismos de información o con otras instituciones creadas o designadas para la gestión de los siniestros a que se refiere el artículo 20 en otros Estados miembros del Espacio Económico Europeo.

Art. 31. *Ley aplicable y jurisdicción competente.*—Sin perjuicio de lo dispuesto por las normas de derecho internacional privado, a los siniestros a que se refiere este título les será de aplicación la legislación del Estado en cuyo territorio haya ocurrido el accidente, y serán competentes los jueces y tribunales de dicho Estado.

111. LEY 43/2007, DE 13 DE DICIEMBRE, DE PROTECCIÓN DE LOS CONSUMIDORES EN LA CONTRATACIÓN DE BIENES CON OFERTA DE RESTITUCIÓN DEL PRECIO

(Art. 1.º)

(*BOE* núm. 299, de 14 de diciembre de 2007)

....

Artículo 1.º *Ámbito de aplicación.*—1. Esta Ley es de aplicación a las relaciones jurídicas con los consumidores y usuarios de las personas físicas o jurídicas que, en el ejercicio de una actividad empresarial o profesional no regulada por la legislación financiera, comercializan bienes con oferta de restitución posterior, en uno o varios pagos, de todo o parte del precio pagado por el consumidor o una cantidad equivalente, con o sin promesa de revalorización de este importe.

En particular, quedan sometidos al ámbito de aplicación de esta Ley las relaciones jurídicas con los consumidores y usuarios de las personas físicas o jurídicas que, en el ejercicio de una actividad empresarial o profesional:

a) Comercializan bienes mediante contratos de mandato de compra y venta de bienes y otros contratos que permitan realizar esta actividad, percibiendo el precio de adquisición de los mismos o una comisión y comprometiéndose a enajenarlos por cuenta del consumidor entregando a éste, en varios o en un único pago, el importe de su venta o una cantidad para el supuesto de que no halle un tercero adquirente de los bienes en la fecha pactada.

b) Comercializan bienes mediante los contratos indicados en el párrafo anterior con ofrecimiento de revalorización, o en su caso, con garantía de restitución del precio de adquisición o cualquier otro importe.

2. Los bienes a que se refiere el apartado anterior son sellos, obras de arte, antigüedades, joyas, árboles, bosques naturales, animales en todo caso y asimismo aquellos otros bienes susceptibles de ser objeto de la actividad descrita en el apartado anterior.

3. A los efectos de esta Ley, son consumidores o usuarios las personas físicas o jurídicas que adquieren, utilizan o disfrutan como destinatarios finales, bienes muebles o inmuebles, productos, servicios, actividades o funciones, cualquiera que sea la naturaleza pública o privada, individual o colectiva de quienes los producen, facilitan, suministran o expiden.

No tendrán la consideración de consumidores o usuarios quienes sin constituirse en destinatarios finales, adquieran, almacenen, utilicen o consuman bienes o servicios, con el fin de integrarlos en procesos de producción, transformación, comercialización o prestación a terceros.

4. Lo dispuesto en esta Ley será de aplicación a los empresarios o profesionales que operen mediante establecimiento permanente situado en territorio español o establecidos en España, así como a los empresarios o profesionales establecidos en otro Estado, cuando el consumidor con el que se entabla la relación esté domiciliado en España.

....

112. LEY 22/2007, DE 11 DE JULIO, SOBRE COMERCIALIZACIÓN A DISTANCIA DE SERVICIOS FINANCIEROS DESTINADOS A LOS CONSUMIDORES*

(Art. 3.º)

(*BOE* núm. 166, de 12 de julio de 2007)

....

Artículo 3. *Carácter imperativo*—. Los consumidores de los servicios financieros prestados a distancia no podrán renunciar a los derechos que se les reconocen en esta Ley.

La renuncia a los derechos reconocidos por esta Ley a los consumidores es nula, siendo asimismo nulos los actos realizados en fraude de esta Ley, conforme a lo previsto en el artículo 6 del Código Civil.

Las normas de protección a los consumidores contenidas en esta Ley serán de aplicación cuando la ley elegida por las partes para regir el contrato sea la de un Estado no comunitario, siempre que el contrato tenga un vínculo estrecho con el territorio de un Estado miembro del Espacio Económico Europeo.

Se entenderá, en particular, que existe un vínculo estrecho cuando el proveedor ejerciere sus actividades en uno o varios Estados miembros del Espacio Económico Europeo o por cualquier medio de publicidad o comunicación dirigiere tales actividades a uno o varios Estados miembros y el contrato estuviere comprendido en el marco de esas actividades. En los contratos relativos a inmuebles se entenderá, asimismo, que existe un vínculo estrecho cuando se encuentren situados en el territorio de un Estado miembro.

....

* Texto que transpone parcialmente la Directiva 2002/65/CE del Parlamento Europeo y del Consejo, de 23 de septiembre de 2002, relativa a la comercialización a distancia de servicios financieros destinados a los consumidores, y por la que se modifican la Directiva 90/619/CEE del Consejo y las Directivas 97/7/CE y 98/27/CE (*DO* L 271, de 9-10-2002).

113. CONVENIO SOBRE LA LEY APLICABLE A LAS OBLIGACIONES CONTRACTUALES, HECHO EN ROMA EL 19 DE JUNIO DE 1980* Y PROTOCOLOS DE INTERPRETACIÓN

(*BOE* núm. 171, de 19 de julio de 1993; corr. de errores, *BOE* núm. 189, de 9 de agosto de 1993)

PREÁMBULO

LAS ALTAS PARTES CONTRATANTES del Tratado constitutivo de la Comunidad Económica Europea,

PREOCUPADAS por proseguir, en el ámbito del Derecho internacional privado, la obra de unificación jurídica ya emprendida en la Comunidad, especialmente en materia de competencia

---

* Tengase en cuenta que el Reglamento (CE) núm. 593/2008, sobre la ley aplicable a las obligaciones contractuales (ROMA I) sustituye al Convenio de Roma (vid. art. 24.1, *infra* núm. 113 bis) y se aplica a los contratos celebrados después del 17 de diciembre de 2009.

Recogemos la «versión consolidada» del Convenio publicado en el *DO* C 334, de 30 de diciembre de 2005. Aunque carece de valor legal presenta la ventaja de integrar en un solo texto las modificaciones de la versión inicial del Convenio de Roma de 19 de junio de 1980. *Texto auténtico*: alemán, checo, danés, eslovaco, esloveno, español, estonio, finés, francés, griego, húngaro, inglés, irlandés, italiano, letón, lituano, maltés, neerlandés, polaco, portugués, sueco. El Convenio de adhesión de Grecia se firmó el 10-4-1984 (*DO* L 146, de 31-5-1984). El Convenio de adhesión de España y Portugal fue firmado en Funchal el 18-5-1992 (*DO* L 333, de 18-11-1992); el Convenio de adhesión de Austria, Finlandia y Suecia firmado el 29 de noviembre de 1996 (*DO* C 15, de 15-1-1997) el Convenio relativo a la adhesión de la República Checa, de la República de Estonia, de la República de Chipre, de la República de Letonia, de la República de Lituania, de la República de Hungría, de la República de Malta, de la República de Polonia, de la República de Eslovenia y de la República Eslovaca (*DO* C 168, de 8-7-2005, fue firmado el 14 de abril de 2005) y el Convenio de Adhesión de la República de Bulgaria y Rumanía (*DO* L 347, de 29-12-2007). *Estados parte*: Los quince antiguos Estados miembros son parte en la versión modificada de 1996. Por lo que se refiere a la versión modificada en 2005, el 1-5-2006 entró en vigor entre Letonia, Países Bajos, Suecia y Eslovenia; con posterioridad, el Convenio de Adhesión ha sido ratificado por la República Checa, Alemania, Estonia, Grecia, Chipre, Luxemburgo, Hungría, Malta, Austria, Finlandia, Eslovaquia, Bélgica, Italia, Lituania, Polonia, Portugal y España (donde entró en vigor el 1-9-2007: *BOE* núm. 193, de 13-8-2007). De acuerdo con lo establecido en el art. 2.º, la ley designada por este convenio se aplica sea o no la de un Estado contratante. En consecuencia, sustituye a los arts. 10.5, 10.6 y 11.1 del C. civil (este último artículo, en lo referente a contratos vid. *supra* núm. 72), en las materias que le son propias. La ratificación por Bélgica de los dos Protocolos relativos a la interpretación del Convenio el 5 de mayo de 2004, permitió su entrada en vigor el 1 de agosto de 2004 en Bélgica, Dinamarca, Alemania, Grecia, España, Francia, Italia, Luxemburgo, Holanda, Portugal y Reino Unido. En Irlanda, únicamente el segundo Protocolo. El Protocolo de interpretación, pese a incorporarlo aquí, no aparece publicado en el *BOE*. Téngase en cuenta la siguiente Declaración Común que acompaña al Convenio de 1980:

judicial y de ejecución de resoluciones judiciales,

DESEANDO establecer unas normas uniformes relativas a la ley aplicable a las obligaciones contractuales,

HAN CONVENIDO LAS DISPOSICIONES SIGUIENTES:

TÍTULO PRIMERO

Ámbito de aplicación

Artículo 1.º *Ámbito de aplicación.*—1. Las disposiciones del presente Convenio serán aplicables, en las situaciones que impliquen un conflicto de leyes, a las obligaciones contractuales.

2. No se aplicarán:

a) al estado civil y a la capacidad de las personas físicas, sin perjuicio de lo dispuesto en el artículo 11;

b) a las obligaciones contractuales relativas a:

— los testamentos y sucesiones;

— los regímenes matrimoniales;

— los derechos y deberes derivados de relaciones de familia, de parentesco, de matrimonio o de afinidad, incluidas las obligaciones de dar alimentos respecto a los hijos no matrimoniales;

c) a las obligaciones derivadas de letras de cambio, cheques y pagarés, así como de otros instrumentos negociables en la medida en que las obligaciones surgidas de estos otros instrumentos se deriven de su carácter negociable;

d) a los convenios de arbitraje y de elección de foro;

«En el momento de proceder a la firma del Convenio sobre la Ley aplicable a las obligaciones contractuales, los gobiernos del Reino de Bélgica, del Reino de Dinamarca, de la República Federal de Alemania, de la República Francesa, de Irlanda, de la República Italiana, del gran Ducado de Luxemburgo, del Reino de los Países Bajos, del Reino de Gran Bretaña e Irlanda del Norte.

I. Preocupados por evitar, en toda la *medida de lo posible*, la dispersión de las normas de conflictos de leyes en una multiplicidad de instrumentos y las divergencias entre tales reglas, desean que las instituciones de las Comunidades Europeas, en el ejercicio de sus competencias sobre la base de los Tratados que las han constituido se esfuercen, cuando proceda, por adoptar normas de conflictos que, en lo posible, estén en armonía con las del Convenio;

II. declaran su intención de proceder, desde la firma del Convenio y a la espera de quedar vinculados por el artículo 24 del Convenio, a consultas recíprocas en el caso de que uno de los Estados firmantes desease formar parte de un convenio a que debiera aplicarse el procedimiento previsto en el citado artículo;

III. considerando la contribución del Convenio sobre la ley aplicable a las obligaciones contractuales a la unificación de las normas de conflictos en el seno de las Comunidades Europeas, expresan la opinión de que cualquier Estado que se convierta en miembro de las Comunidades Europeas debería adherirse a este Convenio.

Hecho en Roma el 19 de junio de 1980.»

e) a las cuestiones pertenecientes al Derecho de sociedades, asociaciones y personas jurídicas, tales como la constitución, la capacidad jurídica, el funcionamiento interno y la disolución de las sociedades, asociaciones y personas jurídicas, así como la responsabilidad personal legal de los socios y de los órganos por las deudas de la sociedad, asociación o persona jurídica;

f) a la cuestión de saber si un intermediario puede obligar frente a terceros a la persona por cuya cuenta pretende actuar, o si un órgano de una sociedad, de una asociación o una persona jurídica puede obligar frente a terceros a esta sociedad, asociación o persona jurídica;

g) a la constitución de *trusts*, a las relaciones que se creen entre quienes lo constituyen, los *trusts* y los beneficiarios;

h) a la prueba y al proceso, sin perjuicio del artículo 14.

3. Las disposiciones del presente Convenio no se aplicarán a los contratos de seguros que cubran riesgos situados en los territorios de los Estados miembros de la Comunidad Económica Europea. Para determinar si un riesgo está situado en estos territorios, el juez aplicará su ley interna.

4. El apartado precedente no se refiere a los contratos de reaseguro.

Art. 2.º *Carácter universal.*—La ley designada por el presente Convenio se aplicará incluso si tal ley es la de un Estado no contratante.

TÍTULO II

Normas uniformes

Art. 3.º *Libertad de elección.*—1. Los contratos se regirán por la ley elegida por las partes. Esta elección deberá ser expresa o resultar de manera cierta de los términos del contrato o de las circunstancias del caso. Para esta elección, las partes podrán designar la ley aplicable a la totalidad o solamente a una parte del contrato.

2. Las partes podrán, en cualquier momento, convenir que se rija el contrato por una ley distinta de la que lo regía con anterioridad bien sea en virtud de una elección anterior según el presente artículo, o bien en virtud de otras disposi-

---

Art. 2.º: Vid. nota al art. 10.5 del Código civil (*supra* núm. 72).

ciones del presente Convenio. Toda modificación relativa a la determinación de la ley aplicable, posterior a la celebración del contrato, no obstará a la validez formal del contrato a efectos del artículo 9 y no afectará a los derechos de terceros.

3. La elección por las partes de una ley extranjera, acompañada o no de la de un tribunal extranjero, no podrá afectar, cuando todos los demás elementos de la situación estén localizados en el momento de esta elección en un solo país, a las disposiciones que la ley de ese país no permita derogar por contrato, denominadas en lo sucesivo «disposiciones imperativas».

4. La existencia y la validez del consentimiento de las partes en cuanto a la elección de la ley aplicable se regirán por las disposiciones establecidas en los artículos 8, 9 y 11.

Art. 4.º *Ley aplicable a falta de elección.*—1. En la medida en que la ley aplicable al contrato no hubiera sido elegida conforme a las disposiciones del artículo 3, el contrato se regirá por la ley del país con el que presente los vínculos más estrechos. No obstante, si una parte del contrato fuera separable del resto del contrato y presenta una vinculación más estrecha con otro país, podrá aplicarse, con carácter excepcional, a esta parte del contrato la ley de este otro país.

2. Sin perjuicio del apartado 5, se presumirá que el contrato presenta los vínculos más estrechos con el país en que la parte que deba realizar la prestación característica tenga, en el momento de la celebración del contrato, su residencia habitual o, si se tratare de una sociedad, asociación o persona jurídica, su administración central. No obstante, si el contrato se celebrare en el ejercicio de la actividad profesional de esta parte, este país será aquel en que esté situado su establecimiento principal o si, según el contrato, la prestación tuviera que ser realizada por un establecimiento distinto del establecimiento principal, aquel en que esté situado este otro establecimiento.

3. No obstante lo dispuesto en el apartado 2, en la medida en que el contrato tenga por objeto un derecho real inmobiliario o un derecho de utilización de un inmueble, se presumirá que el contrato presenta los vínculos más estrechos con el país en que estuviera situado el inmueble.

4. El contrato de transporte de mercancías no estará sometido a la presunción del apartado 2. En este contrato, si el país en el que el transportista tiene su establecimiento principal en el momento de la celebración del contrato fuere también aquel en que esté si-

---

Art. 4.º3: Vid. *supra* núm. 123, Disp. Adic. 2.ª

tuado el lugar de carga o de descarga o el establecimiento principal del expedidor, se presumirá que el contrato tiene sus vínculos más estrechos con este país. Para la aplicación del presente apartado, se considerarán como contratos de transporte de mercancías los contratos de fletamento para un solo viaje u otros contratos cuyo objeto principal sea el de realizar un transporte de mercancías.

5. No se aplicará el apartado 2 cuando no pueda determinarse la prestación característica. Las presunciones de los apartados 2, 3 y 4 quedan excluidas cuando resulte del conjunto de circunstancias que el contrato presenta vínculos más estrechos con otro país.

Art. 5.º *Contratos celebrados por los consumidores.*—1. El presente artículo se aplicará a los contratos que tengan por objeto el suministro de bienes muebles corporales o de servicios a una persona, el consumidor, para un uso que pueda ser considerado como ajeno a su actividad profesional, así como a los contratos destinados a la financiación de tales suministros.

2. Sin perjuicio de lo dispuesto en el artículo 3, la elección por las partes de la ley aplicable no podrá producir el resultado de privar al consumidor de la protección que le aseguren las disposiciones imperativas de la ley del país en que tenga su residencia habitual:

— si la celebración del contrato hubiera sido precedida, en ese país, por una oferta que le haya sido especialmente dirigida o por publicidad, y si el consumidor hubiera realizado en ese país los actos necesarios para la celebración del contrato, o

— si la otra parte contratante o su representante hubiera recibido el encargo del consumidor en ese país, o

Art. 5.º: Téngase en cuenta el art. 6.2 de la Directiva 93/13/CEE, de 5 de abril de 1993, sobre cláusulas abusivas en los contratos celebrados con consumidores, que dice: «Los Estados miembros adoptarán las medidas necesarias para que el consumidor no se vea privado de la protección que ofrece la presente Directiva por el hecho de haber elegido el derecho de un Estado tercero como derecho aplicable al contrato cuando el contrato mantenga una estrecha relación con el territorio de un Estado miembro de la Comunidad.» Precepto que también se contiene, en términos similares, en el art. 12.2 de la Directiva 97/7/CE, de 20 de mayo de 1997, sobre protección de los consumidores en materia de contratos a distancia, en el art. 7.º2 de la Directiva 1999/44/CE, de 25 de mayo de 1999, sobre determinados aspectos de la venta y de las garantías de los bienes de consumo, y en el art. 12 de la Directiva 2002/65/CE, de 23 de septiembre de 2002, relativa a la comercialización a distancia de servicios financieros destinados a los consumidores. También la Directiva 2008/122/CE, sobre protección de los consumidores con respecto a determinados aspectos de los contratos de aprovechamiento por turnos de bienes de uso turístico, de adquisición de productos vacacionales de larga duración, de reventa e intercembio.

— si el contrato fuera una venta de mercancías y el consumidor se hubiera desplazado de este país a un país extranjero y allí hubiera realizado el encargo, siempre que el viaje hubiera sido organizado por el vendedor con la finalidad de incitar al consumidor a concluir una venta.

3. No obstante lo dispuesto en el artículo 4, y en defecto de elección realizada conforme al artículo 3, estos contratos se regirán por la ley del país en que el consumidor tenga su residencia habitual, si concurrieran las circunstancias descritas en el apartado 2 del presente artículo.

4. El presente artículo no se aplicará:

a) a los contratos de transporte;

b) a los contratos de suministro de servicios cuando los servicios deban prestarse al consumidor, exclusivamente, en un país distinto de aquel en que tenga su residencia habitual.

5. No obstante lo dispuesto en el apartado 4, el presente artículo se aplicará a los contratos que, por un precio global, comprendan prestaciones combinadas de transporte y alojamiento.

Art. 6.º *Contracto individual de trabajo.*—1. No obstante lo dispuesto en el artículo 3, en el contrato de trabajo, la elección por las partes de la ley aplicable no podrá tener por resultado el privar al trabajador de la protección que le proporcionen las disposiciones imperativas de la ley que sería aplicable, a falta de elección, en virtud del apartado 2 del presente artículo.

2. No obstante lo dispuesto en el artículo 4 y a falta de elección realizada de conformidad con el artículo 3, el contrato de trabajo se regirá:

a) por la ley del país en que el trabajador, en ejecución del contrato, realice habitualmente su trabajo, aun cuando, con carácter temporal, haya sido enviado a otro país, o

b) si el trabajador no realiza habitualmente su trabajo en un mismo país, por la ley del país en que se encuentre el establecimiento que haya contratado al trabajador,

a menos que, del conjunto de circunstancias, resulte que el contrato de trabajo tenga vínculos más estrechos con otro país, en cuyo caso será aplicable la ley de este otro país.

Art. 7.º *Leyes de policía.*—1. Al aplicar, en virtud del presente Convenio, la ley de un país determinado, podrá darse efecto a las disposiciones imperativas de la ley de otro país con el que la situación presente un vínculo estrecho, si y en la medida en que, tales disposi-

---

Art. 6.º: Vid. nota al art. 10.6 del Código civil (*supra* núm. 72).

Art. 7.º1: Dice «presente en vínculo estrecho», error en la versión española no co-

ciones, según el derecho de este último país, son aplicables cualquiera que sea la ley que rija el contrato. Para decidir si se debe dar efecto a estas disposiciones imperativas, se tendrá en cuenta su naturaleza y su objeto, así como las consecuencias que se derivarían de su aplicación o de su inaplicación.

2. Las disposiciones del presente Convenio no podrán afectar a la aplicación de las normas de la ley del país del juez que rijan imperativamente la situación, cualquiera que sea la ley aplicable al contrato.

Art. 8.º *Consentimiento y validez de fondo.*—1. La existencia y la validez del contrato, o de cualquiera de sus disposiciones, estarán sometidas a la ley que sería aplicable en virtud del presente Convenio si el contrato o la disposición fueran válidos.

2. Sin embargo, para establecer que no ha dado su consentimiento, cualquiera de las partes podrá referirse a la ley del país en que tenga su residencia habitual si de las circunstancias resulta que no sería razonable determinar el efecto del comportamiento de tal parte según la ley prevista en el apartado precedente.

Art. 9.º *Forma.*—1. Un contrato celebrado entre personas que se encuentren en un mismo país será válido en cuanto a la forma si reúne las condiciones de forma de la ley que lo rija en cuanto al fondo en virtud del presente Convenio o de la ley del país en el que se haya celebrado.

2. Un contrato celebrado entre personas que se encuentren en países diferentes será válido en cuanto a la forma si reúne las condiciones de forma de la ley que lo rija en cuanto al fondo en virtud del presente Convenio o de la ley de uno de estos países.

3. Cuando se celebre el contrato por medio de un representante, el país en el que se encuentre el representante en el momento de actuar será el que se considere para la aplicación de los apartados 1 y 2.

4. Un acto jurídico unilateral relativo a un contrato celebrado o por celebrar será válido en cuanto a la forma si reúne las condiciones de forma de la ley que rija o regirá el fondo del contrato en virtud del presente Convenio o de la ley del país en el que se efectúe dicho acto.

5. Las disposiciones de los apartados precedentes no se aplicarán a los contratos que entren en el ámbito de aplicación del artículo 5 celebrados en las circunstancias descritas en su apartado 2. La forma de estos contratos se re-

---

rregido, debiendo decir «presente un vínculo estrecho». Según lo previsto en el art. 22, Alemania, Gran Bretaña, Eslovenia, Irlanda, Letonia, Luxemburgo y Portugal se reservaron el derecho de no aplicar el apartado 1 del art. 7.º

girá por la ley del país en el que tenga su residencia habitual el consumidor.

6. No obstante lo dispuesto en los cuatro primeros apartados del presente artículo, todo contrato que tenga por objeto un derecho real inmobiliario o un derecho de utilización de un inmueble estará sometido, en cuanto a la forma, a las normas imperativas de la ley del país en que el inmueble esté sito, siempre que según esta ley sean aplicables independientemente del lugar de celebración del contrato y de la ley que lo rija en cuanto al fondo.

Art. 10. *Ámbito de la ley del contrato.*—1. La ley aplicable al contrato en virtud de los artículos 3 a 6 y del artículo 12 del presente Convenio regirá en particular:

a) su interpretación;

b) el cumplimiento de las obligaciones que genere;

c) dentro de los límites de los poderes atribuidos al tribunal por sus leyes procesales, las consecuencias del incumplimiento total o parcial de estas obligaciones, incluida la evaluación del daño en la medida en que la gobiernen normas jurídicas;

d) los diversos modos de extinción de las obligaciones, así como la prescripción y la caducidad basadas en la expiración de un plazo;

e) las consecuencias de la nulidad del contrato.

2. En lo que se refiere a las modalidades del cumplimiento y a las medidas que debe tomar al acreedor en caso de cumplimiento defectuoso, se tendrá en cuenta la ley del país donde tenga lugar el cumplimiento.

Art. 11. *Incapacidad.*—En los contratos celebrados entre personas que se encuentren en un mismo país, las personas físicas que gocen de capacidad de conformidad con la ley de ese país sólo podrán invocar su incapacidad resultante de otra ley si, en el momento de la celebración del contrato, la otra parte hubiera conocido tal incapacidad o la hubiera ignorado en virtud de imprudencia por su parte.

Art. 12. *Cesión de crédito.*—1. Las obligaciones entre el cedente y el cesionario de un crédito se regirán por la ley que, en virtud del presente Convenio, se aplique al contrato que les ligue.

2. La ley que rija el crédito cedido determinará el carácter transferible del mismo, las relaciones entre el cesionario y el deudor, las condiciones de oponibilidad de

---

Art. 10.1.e): Según lo previsto en el art. 22, Italia y el Reino Unido se reservaron el derecho de no aplicar el art. 10.1.*e*).

Art. 10.2: Dice «debe tomar al acreedor», error en la versión española no corregido, debiendo decir «debe tomar el acreedor».

la cesión al deudor y el carácter liberatorio de la prestación hecha por el deudor.

Art. 13. *Subrogación.*—1. Cuando, en virtud de un contrato, una persona, el acreedor, tenga derechos con respecto a otra persona, el deudor, y un tercero tenga la obligación de satisfacer al acreedor o haya satisfecho, de hecho, al acreedor en ejecución de esa obligación, la ley aplicable a esta obligación del tercero determinará si éste puede ejercer en su totalidad o en parte los derechos que el acreedor tenía contra el deudor según la ley que rija sus relaciones.

2. La misma regla se aplicará cuando varias personas estén obligadas por la misma obligación contractual y el acreedor haya sido satisfecho por una de ellas.

Art. 14. *Prueba.*—1. La ley que rija el contrato en virtud del presente Convenio se aplicará en la medida en que, en materia de obligaciones contractuales, establezca presunciones legales o reparta la carga de la prueba.

2. Los actos jurídicos podrán ser acreditados por cualquier medio de prueba admitido bien por la ley del foro, o bien por cualquiera de las leyes contempladas en el artículo 9, conforme a la cual el acto sea válido en cuanto a la forma, siempre que tal medio de prueba pueda ser empleado ante el tribunal que esté en conocimiento del asunto.

Art. 15. *Exclusión del reenvío.*—Cuando el presente Convenio prescriba la aplicación de la ley de un país, se entenderá por tal las normas jurídicas en vigor en ese país, con exclusión de las normas de Derecho internacional privado.

Art. 16. *Orden público.*—No podrá excluirse la aplicación de una disposición de la ley designada por el presente Convenio salvo cuando sea manifiestamente incompatible con el orden público del foro.

Art. 17. *Aplicación en el tiempo.*—El Convenio se aplicará en cada Estado contratante a los contratos celebrados después de su entrada en vigor en tal Estado.

Art. 18. *Interpretación uniforme.*—Para la interpretación y la aplicación de las reglas uniformes que preceden, se tendrán en cuenta su carácter internacional y la conveniencia de conseguir que se interpreten y apliquen de manera uniforme.

Art. 19. *Sistemas no unificados.*—1. Cuando un Estado comprenda varias unidades territoriales y cada una de ellas tenga sus propias normas en materia de obligaciones contractuales, cada unidad territorial se considerará como un país para la determinación de la ley aplicable según el presente Convenio.

2. Un Estado cuyas diferentes unidades territoriales tengan sus

propias normas jurídicas en materia de obligaciones contractuales no estará obligado a aplicar el presente Convenio a los conflictos de leyes que interesen únicamente a esas unidades territoriales.

Art. 20. *Prioridad del Derecho comunitario.*—El presente Convenio se entiende sin perjuicio de la aplicación de las disposiciones que, en materias específicas, regulen los conflictos de leyes en materia de obligaciones contractuales y que estén o estarán contenidas en los actos derivados de las instituciones de las Comunidades Europeas o en las legislaciones nacionales armonizadas en ejecución de estos actos.

Art. 21. *Relaciones con otros convenios.*—El presente Convenio no afectará a la aplicación de los convenios internacionales de los que un Estado contratante sea o pase a ser parte.

Art. 22. *Reservas.*—1. Cualquier Estado contratante, en el momento de la firma, de la ratificación, de la aceptación o de la aprobación, podrá reservarse el derecho de no aplicar:

a) el apartado 1 del artículo 7;

b) la letra *e*) del apartado 1 del artículo 10.

2. [...]

3. Cualquier Estado contratante podrá retirar, en cualquier momento, una reserva que hubiera efectuado; el efecto de la reserva cesará el primer día del tercer mes natural siguiente a la notificación de la retirada.

TÍTULO III

Cláusulas finales

Art. 23. 1. Si un Estado contratante, después de la fecha de entrada en vigor del presente Convenio con respecto a él, desease

---

Art. 22: Vid. las reservas formuladas en las notas a los arts. 7.º1 y 10.1.*e*).

Art. 22.2: Suprimido por el art. 2.º del *Convenio de* 18 de mayo de 1992 relativo a la adhesión de España y Portugal al Convenio de Roma de 1980.

Art. 23: Téngase en cuenta el anexo al Convenio introducido por el Convenio de adhesión de 1996 por el que se establece:

«Sin perjuicio de lo dispuesto en el Convenio, Dinamarca, Suecia y Finlandia podrán mantener las disposiciones nacionales en relación con la ley aplicable a los asuntos relacionados con el transporte de mercancías por vía marítima y podrán modificar dichas disposiciones *sin* seguir el procedimiento previsto en el artículo 23 del Convenio de Roma. Las disposiciones aplicables en dicha materia son las siguientes:

— en Dinamarca, los apartados 252 y 321, subsecciones 3 y 4 de la "Sølov" (ley marítima),

adoptar una nueva norma de conflicto de leyes para una categoría específica de contratos que entren en el ámbito de aplicación del convenio, comunicará su intención a los demás Estados signatarios por medio del Secretario General del Consejo de las Comunidades Europeas.

2. En un plazo de seis meses a partir de la comunicación hecha al secretario general, cualquier Estado signatario podrá solicitar a éste que organice unas consultas entre Estados signatarios con el fin de llegar a un acuerdo.

3. Si, en este plazo, ningún Estado signatario hubiera solicitado la consulta, o si, en los dos años siguientes a la comunicación hecha al secretario general, no se hubiere llegado a ningún acuerdo como consecuencia de las consultas, el Estado contratante podrá modificar su derecho. La medida tomada por este Estado se pondrá en conocimiento de los demás Estados signatarios por mediación del Secretario General del Consejo de las Comunidades Europeas.

Art. 24. 1. Si un Estado contratante, después de la fecha de entrada en vigor del presente Convenio con respecto a él, deseare formar parte de un convenio multilateral cuyo objeto principal, o uno de los objetos principales, fuera una regulación de Derecho internacional privado en una de las materias regidas por el presente Convenio, se aplicará el procedimiento previsto en el artículo 23. No obstante, el plazo de dos años, previsto en el apartado 3 del artículo 23, se reducirá a un año.

2. No se seguirá el procedimiento previsto en el apartado precedente si un Estado contratante o una de las Comunidades Europeas ya fueran parte del convenio multilateral o si el objeto de éste fuera revisar un convenio del que fuera ya parte el Estado interesado o si se tratase de un convenio celebrado en el marco de los Tratados constitutivos de las Comunidades Europeas.

Art. 25. Cuando un Estado contratante considere que la unificación realizada por el presente Convenio se ve comprometida por la celebración de acuerdos no previstos en el apartado 1 del artículo 24, este Estado podrá solicitar al Secretario General del Consejo de las Comunidades Europeas que organice una consulta entre los Es-

— en Suecia, el capítulo 13, artículo 2, apartados 1 y 2, y el capítulo 14, artículo 1, apartado 3 de "sjölagen" (ley marítima),

— en Finlandia, el capítulo 13, artículo 2, apartados 1 y 2, y el capítulo 14, artículo 1, punto 3 de "merilaki/sjölagen" (ley marítima).»

Art. 23.2: Frase suprimida por el Convenio de adhesión de 1992.

tados signatarios del presente Convenio.

Art. 26. Cualquier Estado contratante podrá solicitar la revisión del presente Convenio. En tal caso, el presidente del Consejo de las Comunidades Europeas convocará una conferencia de revisión.

Art. 27. [...]

Art. 28. 1. El presente Convenio estará abierto a partir del 19 de junio de 1980 a la firma de los Estados partes del Tratado constitutivo de la Comunidad Económica Europea.

2. El presente Convenio será ratificado, aceptado o aprobado por los Estados signatarios. Los instrumentos de ratificación, de aceptación o de aprobación se depositarán ante la Secretaría General del Consejo de las Comunidades Europeas.

Art. 29. 1. El presente Convenio entrará en vigor el primer día del tercer mes siguiente al depósito del séptimo instrumento de ratificación, de aceptación o de aprobación.

2. El Convenio entrará en vigor, para cada Estado signatario que lo ratifique, acepte o apruebe con posterioridad, el primer día del tercer mes siguiente al depósito de su instrumento de ratificación, de aceptación o de aprobación.

Art. 30. 1. El Convenio tendrá una vigencia de diez años a partir de la fecha de su entrada en vigor conforme al apartado 1 del artículo 29, incluso para los Estados para los que entrase en vigor con posterioridad.

Art. 27: Suprimido por el art. 2.º del Convenio de 18 de mayo de 1992 relativo a la adhesión de España y Portugal al Convenio de Roma de 1980. En la versión anterior, este artículo se refería a la extensión territorial y, en su virtud, Dinamarca lo extendía a las Islas Feroe y el Reino Unido lo extendía a Gibraltar. El *BOE* de 8-7-95 publica el siguiente Anuncio de 29 de junio de 1995 de la Secretaría General Técnica del Ministerio de Asuntos Exteriores: «En relación con la declaración del Reino Unido de *18 de julio de* 1994 por la que se extiende a Gibraltar la aplicación del Convenio sobre Ley aplicable a las obligaciones contractuales, abierto a la firma en Roma el 19 de junio de 1980, el Reino de España declara que tal aplicación se entiende sin perjuicio de su posición acerca de la soberanía del istmo que separa la ciudad, puerto y peñón de Gibraltar del resto de la península Ibérica.»

Art. 29: Téngase en cuenta el art. 5.º del Convenio de 1992 de adhesión de España y Portugal.

«El presente Convenio entrará en vigor, entre los Estados que lo hayan ratificado, el primer día del tercer mes siguiente a la fecha en que se haya realizado el depósito del último instrumento de ratificación por parte del Reino de España o de la República Portuguesa y por parte de un Estado que haya ratificado el Convenio sobre la ley aplicable a las obligaciones contractuales.

El presente Convenio entrará en vigor en cada Estado contratante que lo ratifique ulteriormente el primer día, del tercer mes siguiente al del depósito de sus instrumentos de ratificación.»

2. El Convenio será renovado tácitamente por períodos de cinco años, salvo denuncia.

3. La denuncia será notificada, al menos seis meses antes de la expiración del plazo de diez años o de cinco años, según los casos, al Secretario General del Consejo de las Comunidades Europeas.

4. La denuncia sólo tendrá efectos para el Estado que la hubiere notificado. El Convenio permanecerá vigente para los demás Estados contratantes.

Art. 31. El Secretario General del Consejo de las Comunidades Europeas notificará a los Estados Partes del Tratado constitutivo de la Comunidad Económica Europea:

a) las firmas;

b) el depósito de cualquier instrumento de ratificación, aceptación o aprobación;

c) la fecha de entrada en vigor del presente Convenio;

d) las comunicaciones realizadas en aplicación de los artículos 23, 24, 25, 26 y 30;

e) las reservas y retiradas de reservas mencionadas en el artículo 22.

Art. 32. El Protocolo anexo al presente Convenio forma parte integrante del mismo.

Art. 33. El presente Convenio, redactado en un ejemplar único en lenguas alemana, danesa, francesa, inglesa, irlandesa, italiana y neerlandesa, dando fe por igual todos los textos, se depositará en los archivos de la Secretaría General del Consejo de las Comunidades Europeas. El Secretario General remitirá una copia autenticada conforme a cada uno de los Gobiernos de los Estados signatarios.

En fe de lo cual, los abajo firmantes debidamente autorizados a este fin, suscriben el presente Convenio.

Art. 30.3: Redactado según art. 2.º del Convenio de 18 de mayo de 1992 de adhesión de España y Portugal al Convenio de Roma de 1980.

Art. 31.d): Redactado según art. 2.º del Convenio de 18 de mayo de 1992 de adhesión de España y Portugal al Convenio de Roma de 1980.

Art. 32: El Protocolo reza así:

«Las Altas Partes Contratantes han acordado la disposición que sigue, que se incorporará como anexo al Convenio:

No obstante lo dispuesto en el Convenio, Dinamarca podrá conservar la disposición incluida en el artículo 169 de la *Sólov* (legislación marítima) relativo a la ley aplicable a las cuestiones sobre transporte marítimo de mercancías y podrá modificar esta disposición sin atenerse al procedimiento previsto en el artículo 23 del Convenio.»

Art. 33: De conformidad con el art. 7.º del Convenio de adhesión de los diez nuevos Estados miembros, «El presente Convenio, redactado en un ejemplar único, en lengua española, checa, danesa, alemana, estonia, griega, inglesa, francesa, irlandesa, italiana, letona, lituana, húngara, maltesa, neerlandesa, polaca, portuguesa, eslovaca, eslovena, finesa y sueca, cuyos textos en cada una de estas veintiuna lenguas son igualmente auténticos, será depositado en los archivos de la Secretaría General del Consejo de la Unión Europea, que hará llegar una copia certificada a cada uno de los Gobiernos de los Estados signatarios».

PROTOCOLO*

Las Altas Partes contratantes han acordado la disposición que sigue, que se incorporará como anexo al Convenio:

«Sin perjuicio de lo dispuesto en el Convenio, Dinamarca, Suecia y Finlandia podrán mantener las disposiciones nacionales en relación con la ley aplicable a los asuntos relacionados con el transporte de mercancías por vía marítima y podrán modificar dichas disposiciones sin seguir el procedimiento previsto en el artículo 23 del Convenio de Roma. Las disposiciones aplicables en dicha materia son las siguientes:

— en Dinamarca, los apartados 252 y 321, subsecciones 3 y 4 de la "Sølov" (ley marítima),
— en Suecia, el capítulo 13, artículo 2, apartados 1 y 2, y el capítulo 14, artículo 1, apartado 3 de "sjölagen" (Ley marítima),
— en Finlandia, el capítulo 13, artículo 2, apartados 1 y 2, y el capítulo 14, artículo 1, punto 3 de "merilaki/sjölagen" (ley marítima).».

En fe de lo cual, los abajo firmantes debidamente autorizados a este fin, suscriben el presente Protocolo.

Hecho en Roma, el diecinueve de junio de mil novecientos ochenta.

[Firmas de los plenipotenciarios]

DECLARACIÓN COMÚN

En el momento de proceder a la forma del Convenio sobre la ley aplicable a las obligaciones contractuales, los Gobiernos del Reino de Bélgica, del Reino de Dinamarca, de la República Federal de Alemania, de la República Francesa, de Irlanda, de la República Italiana, del Gran Ducado de Luxemburgo, del Reino de los Países Bajos, del Reino Unido de Gran Bretaña e Irlanda del Norte,

I. preocupados por evitar, en toda la medida de lo posible la dispersión de las normas de conflictos de leyes en una multiplicidad de instrumentos y las divergencias entre tales reglas, desean que las instituciones de las Comunidades Europeas, en el ejercicio de sus competencias sobre la base de los Tratados que las han constituido, se esfuercen, cuando proceda, por adoptar normas conflictuales que, en lo posible, estén en armonía con las del Convenio;

II. declaran su intención de proceder, desde la forma del Convenio y a la espera de quedar vinculadas por el artículo 24 del Convenio, a consultas recíprocas en el caso de que uno de los Estados firmantes desease formar parte de un convenio a que debiera aplicarse el procedimiento previsto en el citado artículo;

III. considerando la contribución del Convenio sobre la ley aplicable a las obligaciones contractuales a la unificación de las normas conflictuales en el seno de las Comunidades Europeas, expresan la opinión de que todo Estado que son convierta en miembro de las Comunidades Europeas debería adherirse a este Convenio.

En fe de lo cual, los abajo firmantes debidamente autorizados a este fin, suscriben la presente Declaración común.

Hecho en Roma, el diecinueve de junio de mil novecientos ochenta.

[Firmas de los plenipotenciarios]

DECLARACIÓN COMÚN

Los Gobiernos del Reino de Bélgica, del Reino de Dinamarca, de la República Federal *de Alemania, de la* República Francesa, de Irlanda, de la República Italiana, del Gran Ducado de Luxemburgo, del Reino de los Países Bajos y del Reino Unido de Gran Bretaña e Irlanda del Norte,

---

* Texto modificado por el Convenio de Adhesión de 1996.

En el momento de la firma del Convenio sobre la ley aplicable a las obligaciones contractuales,

Deseando asegurar una aplicación lo más eficaz posible a sus disposiciones,

Preocupados por evitar que las divergencias en la interpretación del Convenio perjudiquen su carácter unitario,

Se declaran dispuestos:

1. a examinar la posibilidad de atribuir ciertas competencias al Tribunal de Justicia de las Comunidades Europeas y a negociar, en su caso, un acuerdo a este fin;
2. a establecer contactos periódicos entre sus representantes.

En fe de lo cual, los abajo firmantes debidamente autorizados a este fin, suscriben la presente Declaración común.

Hecho en Roma, el diecinueve de junio de mil novecientos ochenta.

[Firmas de los plenipotenciarios]

Declaración conjunta de las Altas Partes Contratantes relativa a los plazos previstos para la ratificación del Convenio de Adhesión

«Las Altas Partes Contratantes, reunidas en el seno del Consejo con motivo de la firma del Convenio relativo a la adhesión de la República Checa, la República de Estonia, la República de Chipre, la República de Letonia, la República de Lituania, la República de Hungría, la República de Malta, la República de Polonia, la República de Eslovenia y la República Eslovaca al Convenio de Roma de 1980 sobre la ley aplicable a las obligaciones contractuales, declaran que tomarán las medidas necesarias para ratificar el presente Convenio dentro de un plazo razonable y, en lo posible, antes de diciembre de 2005.»

Declaración de los Estados miembros relativa al momento de la presentación de una propuesta de Reglamento sobre la ley aplicable a las obligaciones contractuales

«Los Estados miembros solicitan a la Comisión que presente cuanto antes, y a más tardar al final de 2005, una propuesta de Reglamento sobre la ley aplicable a las obligaciones contractuales.»

Declaración conjunta de los Estados miembros sobre el intercambio de información

«Los Gobiernos del Reino de Bélgica, de la República Checa, del Reino de Dinamarca, de la República Federal de Alemania, de la República de Estonia, de la República Helénica, del Reino de España, de la República Francesa, de Irlanda, de la República Italiana, de la República de Chipre, de la República de Letonia, de la República de Lituania, del Gran Ducado de Luxemburgo, de la República de Hungría, de la República de Malta, del Reino de los Países Bajos, de la República de Austria, de la República de Polonia, de la República Portuguesa, de la República de Eslovenia, de la República Eslovaca, de la República de Finlandia, del Reino de Suecia y del Reino Unido de Gran Bretaña e Irlanda del Norte,

En el momento de la firma del Convenio de adhesión de 2005 al Convenio sobre la ley aplicable a las obligaciones contractuales, abierto a la firma en Roma el 19 de junio de 1980, así como a los Protocolos Primero y Segundo relativos a su interpretación por el Tribunal de Justicia de las Comunidades Europeas en sus últimas versiones modificadas,

Deseosos de garantizar una aplicación tan eficaz y uniforme como sea posible de las disposiciones del Protocolo Primero antes mencionado,

Se declaran dispuestos a organizar, conjuntamente con el Tribunal de Justicia de las Comunidades Europeas, un intercambio de información sobre las sentencias firmes, dictadas en aplicación del Convenio sobre la ley aplicable a las obligaciones contractuales por los órganos jurisdiccionales mencionados en el artículo 2 del mencionado Protocolo. El intercambio de información abarcará:

— la transmisión al Tribunal de Justicia, por parte de las autoridades nacionales competentes, de las sentencias dictadas por los órganos jurisdiccionales mencionados en la letra *a*) del artículo 2 del Protocolo Primero, y de las sentencias más importantes dictadas por los órganos jurisdiccionales contemplados en la letra *b*) del artículo 2 de dicho Protocolo,

— la clasificación y la utilización documental de dichas sentencias por el Tribunal de Justicia, incluidos, si fueren necesarios, compendios y traducciones, así como la publicación de las sentencias especialmente importantes,

— la comunicación por el Tribunal de Justicia de la documentación a las autoridades nacionales competentes de los Estados que forman parte del Protocolo, así como al Consejo y a la Comisión de las Comunidades Europeas.»

PRIMER PROTOCOLO RELATIVO A LA INTERPRETACIÓN POR EL TRIBUNAL DE JUSTICIA DEL CONVENIO SOBRE LA LEY APLICABLE A LAS OBLIGACIONES CONTRACTUALES, ABIERTO A LA FIRMA EN ROMA EL 19 DE JUNIO DE 1980, HECHO EN BRUSELAS, EL 19 DE DICIEMBRE DE 1988*

LAS ALTAS PARTES CONTRATANTES DEL TRATADO CONSTITUTIVO DE LA COMUNIDAD ECONÓMICA EUROPEA,

REFIRIÉNDOSE a la Declaración común anexa al Convenio sobre la ley aplicable a las obligaciones contractuales, abierto a la firma en Roma el 19 de junio de 1980,

HAN DECIDIDO celebrar un Protocolo que atribuya competencia al Tribunal de Justicia de las Comunidades Europeas para la interpretación de dicho Convenio y han designado con tal fin como plenipotenciarios:

[Plenipotenciarios designados por los Estados miembros]

QUIENES, reunidos en el seno del Consejo de las Comunidades Europeas, después de haber intercambiado sus plenos poderes, reconocidos en buena y debida forma,

HAN CONVENIDO EN LAS DISPOSICIONES SIGUIENTES:

Artículo 1.º El Tribunal de Justicia de las Comunidades Europeas será competente para pronunciarse sobre la interpretación:

a) del Convenio sobre la ley aplicable a las obligaciones contractuales, abierto a la firma en

* Publicado en *DO* L 48, de 20-2-1989, pp. 1 ss. Recogemos la «versión consolidada» del Protocolo publicado en el *DO* C 334, de 30-12-2005. Vid. nota introductoria al Convenio de Roma de 1980. Texto modificado por el Convenio de Adhesión de 2005.

Roma el 19 de junio de 1980, en lo sucesivo denominado «el Convenio de Roma»;

b) de los Convenios relativos a la adhesión al Convenio de Roma de los Estados que hayan pasado a ser miembros de las Comunidades Europeas después de la fecha de su apertura a la firma;

c) del presente Protocolo.

Art. 2.º Cualquiera de los órganos jurisdiccionales contemplados a continuación podrá solicitar al Tribunal de Justicia que se pronuncie con carácter prejudicial sobre una cuestión planteada en un asunto pendiente ante él, relativa a la interpretación de las disposiciones de los instrumentos mencionados en el artículo 1, cuando dicho órgano jurisdiccional considere necesaria una decisión al respecto para poder emitir su fallo:

a) — en Bélgica: la «Cour de cassation» («het Hof van Cassatie») y «le Conseil d'État» («de Raad van State»),

— en la República Checa: «Nejvyšší soud České republiky» y «Nejvyšší správní soud»,

— en Dinamarca: «Højesteret»,

— en la República Federal de Alemania: «die obersten Gerichtshöfe des Bundes»,

— en Estonia: «Riigikohus»,

— en Grecia: «Τα ανώτατα Δικαστήρια»,

— en España: el Tribunal Supremo,

— en Francia: «la Cour de cassation» y «le Conseil d'État»,

— en Irlanda: «the Supreme Court»,

— en Italia: «la Corte suprema di cassazione» y el «Consiglio di Stato»,

— en Chipre: «Ανώτατο Δικαστήριο»,

— en Letonia: «Augstakas Tiesas Senats»,

— en Lituania: «Lietuvos Aukščiausiasis Teismas» y «Lietuvos vyriausiasis administracinis teismas»,

— en Luxemburgo: la «Cour Supérieure de Justice» actuando como Tribunal de Casación,

— en Hungría: «Legfelsõbb Bíróság»,

— en Malta: «Qorti ta' l-Appell»,

— en los Países Bajos: «de Hoge Raad»,

— en Austria: el «Oberste Gerichtshof», el «Verwaltungsgerichtshof» y el «Verfassungsgerichtshof»,

— en Polonia: «Sąd Najwyższy» y «Naczelny Sąd Administracyjny»,

— en Portugal: «o Supremo Tribunal de Justiça» y «o Supremo Tribunal Administrativo»,

— en Eslovenia: «Ustavno sodišče Republike Slovenije», «Vrhovno sodišče Republike Slovenije»,

— en Eslovaquia: «Najvyšší súd Slovenskej republiky»,

— en Finlandia: «korkein oikeus/högsta domstolen», «korkein hallinto-oikeus/högsta förvaltningsdomstolen», «markkinatuomioistuin/marknadsdomstolen», y el «työtuomioistuin/arbetsdomstolen»,

— en Suecia: «Högsta domstolen», «Regeringsrätten», «Arbetsdomstolen» y «Marknadsdomstolen»,

— en el Reino Unido: «the House of Lords» y las demás jurisdicciones cuyas decisiones no sean susceptibles de recurso;

b) los órganos jurisdiccionales de los Estados contratantes cuando decidan en apelación.

Art. 3.º 1. La autoridad competente de un Estado contratante podrá solicitar al Tribunal de Justicia que se pronuncie sobre una cuestión de interpretación de las disposiciones de los instrumentos mencionados en el artículo 1 si los órganos jurisdiccionales de dicho Estado miembro hubiesen dictado sentencias que estuvieren en contradicción con la interpretación dada por el Tribunal de Justicia o con la sentencia de un órgano jurisdiccional de otro Estado contratante mencionado en el artículo 2. Lo dispuesto en el presente apartado solamente se aplicará a las sentencias firmes.

2. La interpretación que dé el Tribunal de Justicia como consecuencia de una solicitud de esta índole no afectará a las sentencias que dieron lugar a que le fuese solicitada dicha interpretación.

3. Serán competentes para presentar al Tribunal de Justicia una solicitud de interpretación con arreglo al apartado 1 los Fiscales Generales de los Tribunales de Casación de los Estados contratantes o cualquier otra autoridad designada por un Estado contratante.

4. El Secretario del Tribunal de Justicia notificará la solicitud a los Estados contratantes, al Consejo y a la Comisión de las Comunidades Europeas quienes, en un plazo de dos meses a partir de dicha notificación, podrán presentar ante el Tribunal de Justicia memorias y observaciones escritas.

5. El procedimiento contemplado en el presente artículo no dará lugar a la percepción o al reembolso de costas ni de gastos procesales.

Art. 4.º 1. En la medida en que el presente Protocolo no disponga otra cosa, las disposiciones del Tratado constitutivo de la Comunidad Económica Europea y las del Protocolo sobre el Estatuto del Tribunal de Justicia anexo al mismo, que son aplicables cuando el Tribunal de Justicia debe pronunciarse con carácter prejudicial, se aplicarán asimismo al procedimiento de interpretación de los instrumentos mencionados en el artículo 1.

2. El Reglamento de procedimiento del Tribunal de Justicia será adaptado y completado, si fuere necesario, de conformidad con el artículo 188 del Tratado constitutivo de la Comunidad Económica Europea.

Art. 5.º El presente Protocolo será sometido a ratificación de los Estados signatarios. Los instrumentos de ratificación serán depositados en poder del Secretario General del Consejo de las Comunidades Europeas.

Art. 6.º 1. Para entrar en vigor, el presente Protocolo deberá ser ratificado por siete Estados para los que esté en vigor el Convenio de Roma. El presente Protocolo entrará en vigor el primer día del tercer mes siguiente al de depósito del instrumento de ratificación por parte del Estado que proceda en último término a dicha formalidad. No obstante, si el Segundo Protocolo por el que se atribuyen al Tribunal de Justicia de las Comunidades Europeas determinadas competencias en materia de interpretación del Convenio sobre la ley aplicable a las obligaciones contractuales, abierto a la firma en Roma el 19 de junio de 1980, celebrado en Bruselas, el 19 de diciembre de 1988, entrare en vigor en una fecha posterior, el presente Protocolo también entrará en vigor en la fecha de entrada en vigor del Segundo Protocolo.

2. Toda ratificación posterior a la entrada en vigor del presente Protocolo surtirá efecto el primer día del tercer mes siguiente al depósito del instrumento de ratificación, siempre que la ratificación, la aceptación o la aprobación del Convenio de Roma por parte del Estado en cuestión haya pasado a ser efectiva.

Art. 7.º El Secretario General del Consejo de las Comunidades Europeas notificará a los Estados signatarios:

a) el depósito de cualquier instrumento de ratificación;

b) la fecha de entrada en vigor del presente Protocolo;

c) las designaciones comunicadas en aplicación del apartado 3 del artículo 3;

d) las comunicaciones efectuadas en aplicación del artículo 8.

Art. 8.º Los Estados contratantes comunicarán al Secretario General del Consejo de las Comunidades Europeas los textos de sus disposiciones legales que impliquen modificación de la lista de órganos jurisdiccionales designados en la letra *a*) del artículo 2.

Art. 9.º El presente Protocolo surtirá efecto mientras esté en vigor el Convenio de Roma, en las condiciones contempladas en su artículo 30.

Art. 10. Cada Estado contratante podrá solicitar la revisión del presente Protocolo. En tal caso, el Presidente del Consejo de las Comunidades Europeas convocará una conferencia de revisión.

Art. 11. El presente Protocolo, redactado como un ejemplar único en lenguas alemana, danesa, española, francesa, griega, inglesa, irlandesa, italiana, neerlandesa y portu-

---

Art. 6.º1: El presente Protocolo entró en vigor de forma general y para España el 1 de agosto de 2004 (*BOE* de 8-10-2004).

guesa, cuyos diez textos son igualmente auténticos, se depositará en los archivos de la Secretaría General del Consejo de las Comunidades Europeas. El Secretario General remitirá una copia certificada conforme a cada uno de los contratos de los Estados signatarios.

En fe de lo cual, los plenipotenciarios abajo firmantes suscriben el presente Protocolo.

Hecho en Bruselas, el diecinueve de diciembre de mil novecientos ochenta y ocho.

[Firmas de los plenipotenciarios]

DECLARACIONES COMUNES

Declaración común

Los Gobiernos del Reino de Bélgica, del Reino de Dinamarca, de la República Federal de Alemania, de la República Helénica, del Reino de España, de la República Francesa, de Irlanda, de la República Italiana, del Gran Ducado de Luxemburgo, del Reino de los Países Bajos, de la República Portuguesa y del Reino Unido de Gran Bretaña e Irlanda del Norte

En el momento de la firma del Primer Protocolo relativo a la interpretación por el Tribunal de Justicia de las Comunidades Europeas del Convenio sobre la ley aplicable a las obligaciones contractuales, abierto a la firma en Roma el día 19 de junio de 1980,

Deseosos de garantizar una aplicación tan eficaz y uniforme como sea posible de sus disposiciones,

Se declaran dispuestos a organizar, conjuntamente con el Tribunal de Justicia de las Comunidades Europeas, un intercambio de informaciones sobre las sentencias firmes, dictadas en aplicación del Convenio sobre la ley aplicable a las obligaciones contractuales por los órganos jurisdiccionales mencionados en el artículo 2 del mencionado Protocolo. El intercambio de informaciones abarcará:

— la transmisión al Tribunal de Justicia, por parte de las autoridades nacionales competentes, de las sentencias dictadas por los órganos jurisdiccionales mencionados en la letra *a*) del artículo 2, y de las sentencias más importantes dictadas por los órganos jurisdiccionales contemplados en la letra *b*) del artículo 2;

— la clasificación y la utilización documental de dichas sentencias por el Tribunal de Justicia, incluidos, si fueren necesarios, compendios y traducciones, así como la publicación de las sentencias especialmente importantes;

— la comunicación por el Tribunal de Justicia de la documentación a las autoridades nacionales competentes de los Estados que forman parte del Protocolo, así como al Consejo y a la Comisión de las Comunidades Europeas.

En fe de lo cual, los plenipotenciarios abajo firmantes suscriben la presente Declaración común.

Hecho en Bruselas, el diecinueve de diciembre de mil novecientos ochenta y ocho.

[Firmas de los plenipotenciarios]

Declaración común

Los Gobiernos del Reino de Bélgica, del Reino de Dinamarca, de la República Federal de Alemania, de la República Helénica, del Reino de España, de la República Francesa, de Irlanda, de la República Italiana, del Gran Ducado de Luxemburgo, del Reino de los Países Bajos, de la República Portuguesa y del Reino Unido de Gran Bretaña e Irlanda del Norte

En el momento de la firma del primer Protocolo relativo a la interpretación por el Tribunal de Justicia de las Comunidades Europeas del Convenio sobre la ley aplicable a las obligaciones contractuales, abierto a la firma en Roma el 19 de junio de 1980,

Refiriéndose a la Declaración común anexa al Convenio sobre la ley aplicable a las obligaciones contractuales,

Deseosos de garantizar una aplicación tan eficaz y uniforme como sea posible de sus disposiciones,

Preocupados por evitar que las divergencias de interpretación del Convenio perjudiquen su carácter unitario,

Consideran que cualquier Estado que se convierta en miembro de las Comunidades Europeas debería adherirse al presente Protocolo.

En fe de lo cual, los plenipotenciarios infrascritos han estampado sus firmas en la presente Declaración común.

Hecho en Bruselas, el diecinueve de diciembre de mil novecientos ochenta y ocho.

[Firmas de los plenipotenciarios]

SEGUNDO PROTOCOLO POR EL QUE SE ATRIBUYEN AL TRIBUNAL DE JUSTICIA DE LAS COMUNIDADES EUROPEAS DETERMINADAS COMPETENCIAS EN MATERIA DE INTERPRETACIÓN DEL CONVENIO SOBRE LA LEY APLICABLE A LAS OBLIGACIONES CONTRACTUALES, ABIERTO A LA FIRMA EN ROMA EL 19 DE JUNIO DE 1980, HECHO EN BRUSELAS EL 19 DE DICIEMBRE DE 1988

LAS ALTAS PARTES CONTRATANTES DEL TRATADO CONSTITUTIVO DE LA COMUNIDAD ECONÓMICA EUROPEA,

CONSIDERANDO que el Convenio sobre la ley aplicable a las obligaciones contractuales, abierto a la firma en Roma el 19 de junio de 1980, denominado en adelante «el Convenio de Roma», entrará en vigor una vez depositado el séptimo instrumento de ratificación, de aceptación o de aprobación;

CONSIDERANDO que la aplicación uniforme de las normas fijadas por el Convenio de Roma requiere el establecimiento de un mecanismo que garantice la uniformidad de su interpretación y que, a tal efecto, conviene atribuir competencias adecuadas al Tribunal de Justicia de las Comunidades Europeas, aun antes de que el Convenio de Roma entre en vigor con respecto a la totalidad de los Estados miembros de la Comunidad Económica Europea;

HAN DECIDIDO celebrar el presente Protocolo y han designado con tal fin como plenipotenciarios:

[Plenipotenciarios designados por los Estados miembros]

QUIENES, reunidos en el seno del Consejo de las Comunidades Europeas, después de haber intercambiado sus plenos poderes, reconocidos en buena y debida forma,

HAN CONVENIDO EN LO SIGUIENTE:

Artículo 1.º 1. El Tribunal de Justicia de las Comunidades Europeas tendrá, con respecto al Convenio de Roma, las competencias que le confiere el Primer Protocolo relativo a la interpretación por el Tribunal de Justicia de las Comunidades Europeas del Convenio sobre la ley aplicable a las obligaciones contractuales, abierto a la firma en Roma el 19 de junio de 1980, celebrado en Bruselas el 19 de diciembre de 1988. El Protocolo sobre el Estatuto del trabajador de las Comunidades Europeas y el Reglamento de procedimiento del Tribunal de Justicia serán aplicables.

2. El Reglamento de procedimiento del Tribunal de Justicia se adaptará y completará, si fuere necesario, con arreglo al artículo 188 del Tratado constitutivo de la Comunidad Económica Europea.

Art. 2.º El presente Protocolo será sometido a ratificación de los Estados signatarios. Los instrumentos de ratificación serán depositados en poder del Secretario General del Consejo de las Comunidades Europeas.

Art. 3.º El presente Protocolo entrará en vigor el primer día del tercer mes siguiente al depósito del instrumento de ratificación del Estado signatario que proceda a dicha formalidad en último lugar.

Art. 4.º El presente Protocolo, redactado en un ejemplar único en lenguas alemana, danesa, española, francesa, griega, inglesa, irlandesa, italiana, neerlandesa y portuguesa, cuyos diez textos son igualmente auténticos, se depositará en los archivos de la Secretaría General del Consejo de las Comunidades Europeas. El Secretario General remitirá una copia certificada conforme a cada uno de los Gobiernos de los Estados signatarios.

En fe de lo cual, los plenipotenciarios infrascritos han estampado sus firmas en el presente Protocolo.

Hecho en Bruselas, el diecinueve de diciembre de mil novecientos ochenta y ocho.

[Firmas de los plenipotenciarios]

Art. 3.º: El presente Protocolo entró en vigor de forma general y para España el 1 de agosto de 2004 (*BOE* de 8-10-2004).

Art. 4.º: Modificado conforme a los arts. 4.º y 8.º del Convenio de Adhesión de 1996.

113 bis. REGLAMENTO (CE) NÚMERO 593/2008 DEL PARLAMENTO EUROPEO Y DEL CONSEJO, DE 17 DE JUNIO DE 2008, SOBRE LA LEY APLICABLE A LAS OBLIGACIONES CONTRACTUALES (ROMA I)

(*DO* núm. L 177, de 4 de julio de 2008)

EL PARLAMENTO EUROPEO Y EL CONSEJO DE LA UNIÓN EUROPEA,

Visto el Tratado constitutivo de la Comunidad Europea y, en particular, su artículo 61, letra c), y su artículo 67, apartado 5, segundo guión,

Vista la propuesta de la Comisión,

Visto el dictamen del Comité Económico y Social Europeo[1],

De conformidad con el procedimiento establecido en el artículo 251 del Tratado[2],

Considerando lo siguiente:

(1) La Comunidad se ha fijado el objetivo de mantener y desarrollar un espacio de libertad, seguridad y justicia. Para el establecimiento progresivo de ese espacio, la Comunidad ha de adoptar medidas en el ámbito de la cooperación judicial en materia civil con repercusión transfronteriza, en la medida necesaria para el correcto funcionamiento del mercado interior.

(2) De acuerdo con lo establecido en el artículo 65, letra *b*), del Tratado, esas medidas habrán de incluir las que fomenten la compatibilidad de las normas aplicables en los Estados miembros sobre conflictos de leyes y de jurisdicción.

(3) El Consejo Europeo, en su reunión celebrada en Tampere los días 15 y 16 de octubre de 1999, secundó el principio de reconocimiento mutuo de las resoluciones judiciales y otras decisiones de las autoridades judiciales como piedra angular de la cooperación judicial en materia civil e invitó al Consejo y a la Comisión a que adoptaran un programa de medidas para aplicar dicho principio.

(4) El 30 de noviembre de 2000, el Consejo adoptó un programa común de la Comisión y del Consejo de medidas para la aplicación del principio de reconocimiento mutuo de las resoluciones judiciales en materia civil y

---

[1] *DO* C 318, de 23-12-2006, p. 56.

[2] Dictamen del Parlamento Europeo de 29 de noviembre de 2007 (no publicado aún en el *Diario Oficial*) y Decisión del Consejo de 5 de junio de 2008.

mercantil[3]. El programa define las medidas relativas a la armonización de las normas de conflicto de leyes como las que facilitan el reconocimiento mutuo de resoluciones judiciales.

(5) El programa de La Haya[4], adoptado por el Consejo Europeo el 5 de noviembre de 2004, instaba a seguir trabajando activamente sobre las normas de conflicto de leyes relativas a obligaciones contractuales (Roma I).

(6) El correcto funcionamiento del mercado interior exige, con el fin de favorecer la previsibilidad del resultado de los litigios, la seguridad en cuanto a la ley aplicable y la libre circulación de resoluciones judiciales, que las normas de conflicto de leyes vigentes en los Estados miembros designen la misma ley nacional con independencia del país del tribunal ante el que se haya planteado el litigio.

(7) El ámbito de aplicación material y las disposiciones del presente Reglamento deben garantizar la coherencia con el Reglamento (CE) núm. 44/2001 del Consejo, de 22 de diciembre de 2000, relativo a la competencia judicial, el reconocimiento y la ejecución de resoluciones judiciales en materia civil y mercantil[5] (Bruselas I), y el Reglamento (CE) núm. 864/2007 del Parlamento Europeo y del Consejo, de 11 de julio de 2007, sobre la ley aplicable a las obligaciones extracontractuales (Roma II)[6].

(8) Las relaciones familiares deben abarcar parentesco, matrimonio, afinidad y familia colateral. La referencia en el artículo 1, apartado 2, a las relaciones con efectos análogos al matrimonio y otras relaciones familiares debe interpretarse de acuerdo con la legislación del Estado miembro en que se somete el asunto al tribunal.

(9) Las obligaciones derivadas de letras de cambio, cheques y pagarés, así como de otros instrumentos negociables deben cubrir asimismo los conocimientos de embarque en la medida en que las obligaciones surgidas de estos últimos instrumentos se deriven de su carácter negociable.

(10) Las obligaciones que se derivan de los tratos previos a la celebración de un contrato están reguladas por el artículo 12 del Reglamento (CE) núm. 864/2007. Por consiguiente, dichas obligaciones deben excluirse del ámbito de aplicación del presente Reglamento.

(11) La libertad de las partes de elegir la ley aplicable debe

[3] *DO* C 12, de 15-1-2001, p. 1.

[4] *DO* C 53, de 3-3-2005, p. 1.

[5] *DO* L 12, de 16-1-2001, p. 1. Reglamento modificado en último lugar por el Reglamento (CE) núm. 1791/2006 (*DO* L 363, de 20-12-2006, p. 1).

[6] *DO* L 199, de 31-7-2007, p. 40.

constituir una de las claves del sistema de normas de conflicto de leyes en materia de obligaciones contractuales.

(12) Un acuerdo entre las partes para conferir a uno o más órganos jurisdiccionales de un Estado miembro jurisdicción exclusiva para resolver los litigios ligados a un contrato es uno de los factores que deben tenerse en cuenta a la hora de determinar si la elección de la ley se desprende claramente de los términos del contrato.

(13) El presente Reglamento no impide a las partes incorporar por referencia a su contrato un Derecho no estatal o un convenio internacional.

(14) En caso de que la Comunidad adopte, en un instrumento jurídico oportuno, normas del Derecho material de los contratos, incluidas las condiciones generales, este instrumento podrá prever que las partes puedan elegir aplicar dichas normas.

(15) Cuando, en el momento de elegir la ley, todos los demás elementos relevantes de la situación se encuentren localizados en un país distinto de aquel cuya ley se elige, la elección de la ley no debe impedir la aplicación de las disposiciones de la ley de ese país que no puedan excluirse mediante acuerdo. Esta norma debe aplicarse independientemente de que la elección de la ley vaya acompañada de la elección de un órgano jurisdiccional. Si bien no se pretende realizar cambios sustanciales con respecto al artículo 3, apartado 3, del Convenio de 1980 sobre la ley aplicable a las obligaciones contractuales[7] («Convenio de Roma»), la formulación del presente Reglamento se ajusta en la medida de lo posible al artículo 14 del Reglamento (CE) núm. 864/ 2007.

(16) Con el fin de contribuir al objetivo general del presente Reglamento que es la seguridad jurídica en el espacio judicial europeo, las normas de conflicto de leyes deben presentar un alto grado de previsibilidad. No obstante, el juez debe disponer de un margen de apreciación con el fin de determinar la ley que presenta los vínculos más estrechos con la situación.

(17) Por lo que se refiere a la ley aplicable a falta de elección, los conceptos de «prestación de servicios» y de «venta de mercaderías» deben interpretarse del mismo modo que al aplicar el artículo 5 del Reglamento (CE) núm. 44/2001, en cuanto la venta de mercaderías y la prestación de servicios están cubiertos por dicho Reglamento. Aunque los contratos de franquicias y de distribución son contratos de servicios, están sujetos a normas específicas.

[7] *DO* C 334, de 30-12-2005, p. 1.

(18) Por lo que se refiere a la ley aplicable a falta de elección, los sistemas multilaterales deben ser aquellos en que se realizan negociaciones, como los mercados regulados o los sistemas de negociación multilateral mencionados en el artículo 4 de la Directiva 2004/39/CE del Parlamento Europeo y del Consejo, de 21 de abril de 2004, relativa a los mercados de instrumentos financieros[8], independientemente de que se basen o no en una contraparte central.

(19) En defecto de elección de ley, la ley aplicable debe determinarse con arreglo a la norma especificada para el tipo particular de contrato. En caso de que el contrato no pueda catalogarse como uno de los tipos específicos, o de que sus elementos correspondan a más de uno de los tipos especificados, debe regirse por la ley del país donde tenga su residencia habitual la parte que deba realizar la prestación característica del contrato. En el caso de un contrato cuyo objeto sea un conjunto de derechos y obligaciones que pueda catalogarse como correspondiente a más de uno de los tipos especificados de contrato, la prestación característica del contrato debe determinarse en función de su centro de gravedad.

(20) Si el contrato presenta vínculos manifiestamente más estrechos con un país distinto del indicado en el artículo 4, apartados 1 o 2, una cláusula de escape debe establecer que ha de aplicarse la ley de ese otro país. Para determinar dicho país debe tenerse en cuenta, entre otros aspectos, si el contrato en cuestión tiene una relación muy estrecha con otro contrato o contratos.

(21) A falta de elección, cuando la ley aplicable no pueda determinarse sobre la base de que el contrato pueda catalogarse como uno de los tipos especificados o como la ley del país donde tenga su residencia habitual la parte que deba realizar la prestación característica del contrato, el contrato debe regirse por la ley del país con el cual presente unos vínculos más estrechos. Para determinar ese país debe tenerse en cuenta, entre otros aspectos, si el contrato en cuestión tiene una relación muy estrecha con otro contrato o contratos.

(22) Por lo que se refiere a la interpretación de los contratos de transporte de mercancías, no se pretende ninguna modificación sustantiva con respecto al artículo 4, apartado 4, frase tercera, del Convenio de Roma. Por lo tanto, se considerarán como contratos de transporte de mercancías los contratos de fletamento para un solo trayecto u otros contratos cuyo ob-

[8] *DO* L 145, de 30-4-2004, p. 1. Directiva modificada en último lugar por la Directiva 2008/10/CE (*DO* L 76, de 19-3-2008, p. 33).

jeto principal sea el de realizar un transporte de mercancías. A los efectos del presente Reglamento, el término «remitente» debe referirse a cualquier persona que haya concluido un contrato de transporte con el transportista y el término «transportista» debe referirse a la parte del contrato que se compromete a llevar a cabo el transporte de mercancías, independientemente de que realice él mismo o no el transporte.

(23) En cuanto a los contratos celebrados con partes consideradas más débiles, es conveniente protegerlas por medio de normas de conflicto de leyes más favorables a sus intereses que las normas generales.

(24) Tratándose más concretamente de contratos de consumo, la norma de conflicto de leyes debe permitir reducir los gastos para la resolución de los litigios que son, a menudo de escasa cuantía, y tener en cuenta la evolución de las técnicas de comercialización a distancia. La coherencia con el Reglamento (CE) núm. 44/2001 exige, por una parte, que se haga referencia a la «actividad dirigida» como condición para aplicar la norma protectora del consumidor y, por otra parte, que este concepto sea objeto de una interpretación armoniosa en el Reglamento (CE) núm. 44/2001 y en el presente Reglamento, precisándose que una declaración conjunta del Consejo y la Comisión relativa al artículo 15 del Reglamento (CE) núm. 44/2001 especifica que para que el artículo 15, apartado 1, letra *c*), sea aplicable «no basta que una empresa dirija sus actividades hacia el Estado miembro del domicilio del consumidor, o hacia varios Estados miembros entre los que se encuentre este último, sino que además debe haberse celebrado un contrato en el marco de tales actividades». Esta declaración recuerda también que «el mero hecho de que un sitio Internet sea accesible no basta para que el artículo 15 resulte aplicable, aunque se dé el hecho de que dicho sitio invite a la celebración de contratos a distancia y que se haya celebrado efectivamente uno de estos contratos a distancia, por el medio que fuere. A este respecto, la lengua o la divisa utilizada por un sitio Internet no constituye un elemento pertinente».

(25) Los consumidores deben quedar protegidos por las disposiciones del país de su residencia habitual que no puedan excluirse mediante acuerdo, siempre que el contrato se haya celebrado en el marco de las actividades comerciales o profesionales ejercidas por el profesional en el país de que se trata. Debe garantizarse la misma protección en caso de que el profesional, aun no ejerciendo sus actividades comerciales o profesionales en el país de la residencia habitual del consumidor, dirija por cualquier medio sus actividades hacia este país o hacia varios países, incluido el del consumidor, celebrándose el contrato en el marco de estas actividades.

(26) A efectos del presente Reglamento, los servicios financieros como servicios y actividades de inversión y servicios accesorios prestados por un profesional a un consumidor, según se menciona en las secciones A y B del anexo I de la Directiva 2004/39/CE y los contratos de venta de participaciones en organismos de inversión colectiva, tengan o no cabida dentro del ámbito de aplicación de la Directiva 85/611/CEE del Consejo, de 20 de diciembre de 1985, por la que se coordinan las disposiciones legales, reglamentarias y administrativas sobre determinados organismos de inversión colectiva en valores mobiliarios (OICVM)[9], deben estar sujetos al artículo 6 del presente Reglamento. En consecuencia, cuando se haga referencia a los términos y condiciones que regulan la emisión, la oferta al público o las ofertas públicas de emisión de valores negociables, y a la suscripción y el reembolso de participaciones en organismos de inversión colectiva, estas referencias deben incluir todos los aspectos que sean vinculantes para el emisor o el oferente, pero no aquellos aspectos relacionados con la prestación de servicios financieros.

(27) Se deben hacer varias excepciones a la norma general de conflicto de leyes aplicable para los contratos de consumo. Con arreglo a una de estas excepciones, la norma general no debe aplicarse a los contratos que tengan por objeto un derecho real inmobiliario o el arrendamiento de un bien inmueble, excepto los contratos relativos al derecho de utilización de inmuebles en régimen de tiempo compartido con arreglo a la definición de la Directiva 94/47/CE del Parlamento Europeo y del Consejo, de 26 de octubre de 1994, relativa a la protección de los adquirentes en lo relativo a determinados aspectos de los contratos de adquisición de un derecho de utilización de inmuebles en régimen de tiempo compartido[10].

(28) Es importante velar por que los derechos y obligaciones que constituyan un instrumento financiero no tengan cabida dentro del ámbito de aplicación de la norma general aplicable a los contratos de consumo, ya que ello podría dar lugar a que hubieran de aplicarse leyes diferentes a cada uno de los instrumentos emitidos, lo que modificaría, en consecuencia, su naturaleza e impediría una negociación y oferta fungibles. Asimismo, siempre que estos instrumentos se emitan u oferten, la relación contractual establecida entre el emisor o el oferente y el consumidor no debe estar sujeta

[9] *DO* L 375, de 31-12-1985, p. 3. Directiva modificada en último lugar por la Directiva 2008/18/CE del Parlamento Europeo y del Consejo (*DO* L 76, de 19-3-2008, p. 42).

[10] *DO* L 280, de 29-10-1994, p. 83.

necesariamente a la aplicación obligatoria de la ley del país de residencia habitual del consumidor, ya que es necesario garantizar la uniformidad en los términos y condiciones de una emisión o de una oferta. El mismo principio debe aplicarse a los sistemas multilaterales a que se refiere el artículo 4, apartado 1, letra *h*), a fin de asegurar que la ley del país de residencia habitual del consumidor no interfiera con las normas aplicables a los contratos concluidos en el marco de esos sistemas o con el operador de dichos sistemas.

(29) A efectos del presente Reglamento, las referencias a los derechos y obligaciones que constituyan las condiciones generales que regulan la emisión, las ofertas al público de venta o las ofertas públicas de adquisición de valores negociables, y las referencias a la suscripción y el reembolso de participaciones en organismos de inversión colectiva deben incluir las condiciones que regulan, entre otros, la asignación de valores negociables o de las participaciones, los derechos en caso de exceso de suscripciones, los derechos de revocación y asuntos similares en el contexto de la oferta, así como aquellos asuntos mencionados en los artículos 10, 11, 12 y 13, asegurando de esta forma que todos los aspectos contractuales importantes de una oferta que sean vinculantes para el emisor o el oferente estén regidos por una ley única.

(30) A efectos del presente Reglamento, se entenderá por instrumentos financieros y por valores negociables aquellos instrumentos mencionados en el artículo 4 de la Directiva 2004/39/CE.

(31) Las disposiciones del presente Reglamento deben entenderse sin perjuicio del funcionamiento de un acuerdo formal concebido como un sistema en virtud del artículo 2, letra *a*), de la Directiva 98/26/CE del Parlamento Europeo y del Consejo, de 19 de mayo de 1998, sobre la firmeza de la liquidación en los sistemas de pagos y de liquidación de valores[11].

(32) Debido a las características especiales de los contratos de transporte y de los contratos de seguro, deberá garantizarse mediante disposiciones específicas un nivel adecuado de protección de los pasajeros y de los titulares de las pólizas. Por consiguiente, el artículo 6 no debe aplicarse en el contexto de estos contratos específicos.

(33) Cuando un contrato de seguro que no cubre un gran riesgo cubra varios riesgos de los que uno como mínimo está situado en un Estado miembro y uno como mínimo está situado en un tercer país, las disposiciones especiales del

[11] *DO* L 166, de 11-6-1998, p. 45.

presente Reglamento relativas a los contratos de seguro únicamente deben aplicarse al riesgo o riesgos en el Estado miembro o en los Estados miembros de que se trata.

(34) La norma sobre el contrato individual de trabajo no debe ir en detrimento de la aplicación de las normas imperativas del país de desplazamiento del trabajador, de conformidad con la Directiva 96/71/CE del Parlamento Europeo y del Consejo, de 16 de diciembre de 1996, sobre el desplazamiento de trabajadores efectuado en el marco de una prestación de servicios[12].

(35) Los trabajadores no deben verse privados de la protección que les proporcionen disposiciones que no puedan excluirse mediante acuerdo o que solo puedan excluirse en su beneficio.

(36) Por lo que respecta a los contratos individuales de trabajo, la realización del trabajo en otro país se considera temporal cuando se supone que el trabajador va a reanudar su trabajo en el país de origen tras realizar su tarea en el extranjero. La celebración de un nuevo contrato de trabajo con el empleador original o con un empleador que pertenezca al mismo grupo de empresas que el empleador originario no debe excluir que se considere que el trabajador realiza su trabajo en otro país de manera temporal.

(37) Consideraciones de interés público justifican, en circunstancias excepcionales, el recurso por los tribunales de los Estados miembros a excepciones basadas en el orden público y en leyes de policía. El concepto de «leyes de policía» debe distinguirse de la expresión «disposiciones que no pueden excluirse mediante acuerdo» y debe interpretarse de manera más restrictiva.

(38) En el contexto de una cesión de créditos voluntaria, el término «relaciones» debe aclarar que el artículo 14, apartado 1, se aplica también a los aspectos jurídico reales de una cesión de crédito entre cedente y cesionario en aquellos ordenamientos jurídicos en que dichos aspectos se tratan separadamente de los aspectos relativos al Derecho de obligaciones. No obstante, el término «relaciones» no debe entenderse como referido a cualquier relación entre cedente y cesionario que pueda existir. En particular, no debe abarcar cuestiones preliminares relativas a una cesión de créditos voluntaria o a una subrogación convencional. El término debe limitarse estrictamente a aquellos aspectos directamente pertinentes a la cesión de créditos voluntaria o a la subrogación convencional de que se trate.

(39) La seguridad jurídica exige que se establezca una definición clara de residencia habitual, en particular para las sociedades y aso-

[12] *DO* L 18, de 21-1-1997, p. 1.

ciaciones o personas jurídicas. Contrariamente al artículo 60, apartado 1, del Reglamento (CE) n.º 44/2001, que propone tres criterios, la norma de conflicto de leyes debe limitarse a un criterio único; en caso contrario, las partes no podrían prever la ley aplicable a su situación.

(40) Deben evitarse situaciones en que haya dispersión de las normas de conflicto de leyes entre varios instrumentos, así como las diferencias entre esas normas. El presente Reglamento, sin embargo, no debe excluir la posibilidad de incluir normas de conflicto de leyes relativas a obligaciones contractuales en disposiciones de Derecho comunitario en relación con materias específicas.

El presente Reglamento se entiende sin perjuicio de la aplicación de otros instrumentos que establezcan disposiciones destinadas a contribuir al correcto funcionamiento del mercado interior, en la medida en que no puedan aplicarse junto con la ley designada por el presente Reglamento. La aplicación de las disposiciones de ley aplicable determinadas por el presente Reglamento no debe afectar a la libertad de circulación de bienes y servicios regulada por los instrumentos comunitarios, como la Directiva 2000/31/CE del Parlamento Europeo y del Consejo, de 8 de junio de 2000, relativa a determinados aspectos jurídicos de los servicios de la sociedad de la información, en particular el comercio electrónico en el mercado interior (Directiva sobre el comercio electrónico)[13].

(41) El respeto de los compromisos internacionales contraídos por los Estados miembros implica que el presente Reglamento se entiende sin perjuicio de los convenios internacionales de los que son parte uno o varios Estados miembros en el momento de la adopción del presente Reglamento. Con el fin de hacer las normas más accesibles, la Comisión debe publicar una lista de los convenios correspondientes en el *Diario Oficial de la Unión Europea* basándose en la información transmitida por los Estados miembros.

(42) La Comisión presentará una propuesta al Parlamento Europeo y al Consejo sobre los procedimientos y condiciones bajo los que los Estados miembros estarían autorizados, en casos particulares y excepcionales, a negociar y celebrar, en nombre propio, acuerdos con terceros países relativos a materias sectoriales, que incluyan disposiciones sobre la legislación aplicable a las obligaciones contractuales.

(43) Dado que el objetivo del presente Reglamento no puede ser alcanzado de manera suficiente por los Estados miembros y por consiguiente, debido a las dimensiones y efectos del presente Reglamento,

[13] *DO* L 178, de 17-7-2000, p. 1.

puede lograrse mejor a nivel comunitario, la Comunidad puede adoptar medidas, de acuerdo con el principio de subsidiariedad consagrado en el artículo 5 del Tratado. De conformidad con el principio de proporcionalidad enunciado en dicho artículo, el presente Reglamento no excede de lo necesario para alcanzar dicho objetivo.

(44) De conformidad con el artículo 3 del Protocolo sobre la posición del Reino Unido y de Irlanda anejo al Tratado de la Unión Europea y al Tratado constitutivo de la Comunidad Europea, Irlanda ha notificado su deseo de participar en la adopción y aplicación del presente Reglamento.

(45) De conformidad con los artículos 1 y 2 del Protocolo sobre la posición del Reino Unido y de Irlanda anejo al Tratado de la Unión Europea y al Tratado constitutivo de la Comunidad Europea, y sin perjuicio del artículo 4 del mismo, el Reino Unido no participa en la adopción del presente Reglamento y, por tanto, no está vinculado por el mismo ni sujeto a su aplicación.

(46) De conformidad con los artículos 1 y 2 del Protocolo sobre la posición de Dinamarca anejo al Tratado de la Unión Europea y al Tratado constitutivo de la Comunidad Europea, Dinamarca no participa en la adopción del presente Reglamento y, por tanto, no está vinculada por el mismo ni sujeta a su aplicación.

HAN ADOPTADO EL PRESENTE REGLAMENTO:

CAPÍTULO PRIMERO

ÁMBITO DE APLICACIÓN

Artículo 1.º *Ámbito de aplicación material.*—1. El presente Reglamento se aplicará a las obligaciones contractuales en materia civil y mercantil en las situaciones que impliquen un conflicto de leyes.

No se aplicará, en particular, a las materias fiscales, aduaneras y administrativas.

2. Se excluirán del ámbito de aplicación del presente Reglamento:

a) el estado civil y la capacidad de las personas físicas, sin perjuicio de lo dispuesto en el artículo 13;

b) las obligaciones que se deriven de relaciones familiares y de relaciones que la legislación aplicable a las mismas considere que tienen efectos comparables, incluida la obligación de alimentos;

c) las obligaciones que se deriven de regímenes económicos

Considerando 45: Téngase en cuenta la Decisión de la Comisión de 22 de diciembre de 2008, sobre la petición del Reino Unido de aceptar el Reglamento (CE) núm. 593/2008 del Parlamento Europeo y del Consejo sobre la ley aplicable de las obligaciones contractuales (Roma I), *DO* L 10, de 15-1-2008).

matrimoniales, de regímenes económicos resultantes de relaciones que la legislación aplicable a las mismas considere que tienen efectos comparables al matrimonio, y de testamentos y sucesiones;

d) las obligaciones que se deriven de letras de cambio, cheques y pagarés, así como de otros instrumentos negociables en la medida en que las obligaciones nacidas de estos últimos instrumentos se deriven de su carácter negociable;

e) los convenios de arbitraje y de elección del tribunal competente;

f) las cuestiones pertenecientes al Derecho de sociedades, asociaciones y otras personas jurídicas, relativas a cuestiones como la constitución, mediante registro o de otro modo, la capacidad jurídica, el funcionamiento interno y la disolución de sociedades, asociaciones y otras personas jurídicas, así como la responsabilidad personal de los socios y administradores como tales con respecto a las obligaciones de la sociedad u otras personas jurídicas;

g) la posibilidad para un intermediario de obligar frente a terceros a la persona por cuya cuenta pretende actuar, o para un órgano de obligar a una sociedad, asociación o persona jurídica;

h) la constitución de *trusts,* las relaciones entre los fundadores, administradores y beneficiarios;

i) las obligaciones que se derivan de los tratos previos a la celebración de un contrato;

j) los contratos de seguros que se derivan de operaciones realizadas por organizaciones que no sean las empresas a las que se hace referencia en el artículo 2 de la Directiva 2002/83/CE del Parlamento Europeo y del Consejo, de 5 de noviembre de 2002, sobre el seguro de vida[14], y que tengan como objetivo la concesión de prestaciones a favor de trabajadores por cuenta ajena o por cuenta propia que sean parte de una empresa o grupo de empresas, actividad profesional o conjunto de actividades profesionales, en caso de fallecimiento, supervivencia, cesación o reducción de actividades, enfermedad relacionada con el trabajo o accidentes laborales.

3. El presente Reglamento no se aplicará a la prueba ni al proceso, sin perjuicio del artículo 18.

4. A los efectos del presente Reglamento, se entenderá por «Estado miembro» todos los Estados miembros a los que se aplica el presente Reglamento. No obstante, en el artículo 3, apartado 4, yen el artículo 7, el término «Estado miembro» designará a todos los Estados miembros.

Art. 2.º *Aplicación universal.*—La ley designada por el presente Reglamento se aplicará aunque no sea la de un Estado miembro.

---

[14] *DO* L 345, de 19-12-2002, p. 1. Directiva modificada en último lugar por la Directiva 2008/19/CE (*DO* L 76, de 19-3-2008, p. 44).

CAPÍTULO II

Normas uniformes

Art. 3.º *Libertad de elección.*—1. El contrato se regirá por la ley elegida por las partes. Esta elección deberá manifestarse expresamente o resultar de manera inequívoca de los términos del contrato o de las circunstancias del caso. Por esta elección, las partes podrán designar la ley aplicable a la totalidad o solamente a una parte del contrato.

2. Las partes podrán, en cualquier momento, convenir que el contrato se rija por una ley distinta de la que lo regía con anterioridad, bien sea en virtud de una elección anterior efectuada con arreglo al presente artículo o de otras disposiciones del presente Reglamento. Toda modificación relativa a la determinación de la ley aplicable, posterior a la celebración del contrato, no obstará a la validez formal del contrato a efectos del artículo 11 y no afectará a los derechos de terceros.

3. Cuando todos los demás elementos pertinentes de la situación estén localizados en el momento de la elección en un país distinto de aquel cuya ley se elige, la elección de las partes no impedirá la aplicación de las disposiciones de la ley de ese otro país que no puedan excluirse mediante acuerdo.

4. Cuando todos los demás elementos pertinentes de la situación en el momento de la elección se encuentren localizados en uno o varios Estados miembros, la elección por las partes de una ley que no sea la de un Estado miembro se entenderá sin perjuicio de la aplicación de las disposiciones del Derecho comunitario, en su caso, tal como se apliquen en el Estado miembro del foro, que no puedan excluirse mediante acuerdo.

5. La existencia y la validez del consentimiento de las partes en cuanto a la elección de la ley aplicable se regirán por las disposiciones establecidas en los artículos 10, 11 y 13.

Art. 4.º *Ley aplicable a falta de elección.*—1. A falta de elección realizada de conformidad con lo dispuesto en el artículo 3, y sin perjuicio de lo dispuesto en los artículos 5 a 8, la ley aplicable al contrato se determinará de este modo:

a) el contrato de compraventa de mercaderías se regirá por la ley del país donde el vendedor tenga su residencia habitual;

b) el contrato de prestación de servicios se regirá por la ley del país donde el prestador del servicio tenga su residencia habitual;

c) el contrato que tenga por objeto un derecho real inmobiliario o el arrendamiento de un bien inmueble se regirá por la ley del país donde esté sito el bien inmueble;

d) no obstante lo dispuesto en de la letra *c*), el arrendamiento de un bien inmueble celebrado con fines de uso personal temporal para un período máximo de seis meses consecutivos se regirá por la ley del país donde el propietario tenga su residencia habitual, siempre que el arrendatario sea una persona física y tenga su residencia habitual en ese mismo país;

e) el contrato de franquicia se regirá por la ley del país donde el franquiciado tenga su residencia habitual;

f) el contrato de distribución se regirá por la ley del país donde el distribuidor tenga su residencia habitual;

g) el contrato de venta de bienes mediante subasta se regirá por la ley del país donde tenga lugar la subasta, si dicho lugar puede determinarse;

h) el contrato celebrado en un sistema multilateral que reúna o permita reunir, según normas no discrecionales y regidas por una única ley, los diversos intereses de compra y de venta sobre instrumentos financieros de múltiples terceros, tal como estipula el artículo 4, apartado 1, punto 17, de la Directiva 2004/39/CE, se regirá por dicha ley.

2. Cuando el contrato no esté cubierto por el apartado 1 o cuando los elementos del contrato correspondan a más de una de las letras *a*) a *h*) del apartado 1, el contrato se regirá por la ley del país donde tenga su residencia habitual la parte que deba realizar la prestación característica del contrato.

3. Si del conjunto de circunstancias se desprende claramente que el contrato presenta vínculos manifiestamente más estrechos con otro país distinto del indicado en los apartados 1 o 2, se aplicará la ley de este otro país.

4. Cuando la ley aplicable no pueda determinarse con arreglo a los apartados 1 o 2, el contrato se regirá por la ley del país con el que presente los vínculos más estrechos.

Art. 5.º *Contratos de transporte.*—1. En defecto de elección de la ley aplicable al contrato para el transporte de mercancías de conformidad con el artículo 3, la ley aplicable será la ley del país donde el transportista tenga su residencia habitual, siempre y cuando el lugar de recepción o el lugar de entrega, o la residencia habitual del remitente, también estén situados en ese país. Si no se cumplen estos requisitos, se aplicará la ley del país donde esté situado el lugar de entrega convenido por las partes.

2. En defecto de elección por las partes de la ley aplicable al contrato para el transporte de pasajeros de conformidad con el párrafo segundo, el contrato se regirá por la ley del país donde el pasajero tenga su residencia habitual, siempre y cuando el lugar de origen o el lugar de destino también estén situados en ese país. Si no se cumplen estos requisitos, se aplicará la ley del país donde el transportista tenga su residencia habitual.

Las partes podrán elegir como ley aplicable a un contrato para el transporte de pasajeros, de conformidad con el artículo 3, únicamente la ley del país donde:

a) el pasajero tenga su residencia habitual, o

b) el transportista tenga su residencia habitual, o

c) el transportista tenga el lugar de su administración central, o

d) se encuentre el lugar de origen, o

e) se encuentre el lugar de destino.

3. Si del conjunto de circunstancias se desprende que el contrato, a falta de elección de la ley, presenta vínculos manifiestamente más estrechos con un país distinto del indicado en los apartados 1 o 2, se aplicará la ley de ese otro país.

Art. 6.º *Contratos de consumo.*—1. Sin perjuicio de los artículos 5 y 7, el contrato celebrado por una persona física para un uso que pueda considerarse ajeno a su actividad comercial o profesional («el consumidor») con otra persona («el profesional») que actúe en ejercicio de su actividad comercial o profesional, se regirá por la ley del país en que el consumidor tenga su residencia habitual, siempre que el profesional:

a) ejerza sus actividades comerciales o profesionales en el país donde el consumidor tenga su residencia habitual, o

b) por cualquier medio dirija estas actividades a ese país o a distintos países, incluido ese país, y el contrato estuviera comprendido en el ámbito de dichas actividades.

2. No obstante lo dispuesto en el apartado 1, las partes podrán elegir la ley aplicable a un contrato que cumple los requisitos del apartado 1, de conformidad con el artículo 3. Sin embargo, dicha elección no podrá acarrear, para el consumidor, la pérdida de la protección que le proporcionen aquellas disposiciones que no puedan excluirse mediante acuerdo en virtud de la ley que, a falta de elección, habría sido aplicable de conformidad con el apartado 1.

3. Si no se reúnen los requisitos señalados en las letras *a*) y *b*) del apartado 1, la ley aplicable a un contrato entre un consumidor y un profesional se determinará de conformidad con los artículos 3 y 4.

4. Los apartados 1 y 2 no se aplicarán a los siguientes contratos:

a) contratos de prestación de servicios, cuando los servicios deban prestarse al consumidor, exclusivamente, en un país distinto de aquel en que el mismo tenga su residencia habitual;

b) contratos de transporte distintos de los contratos relativos a un viaje combinado con arreglo a la definición de la Directiva 90/314/CEE del Consejo, de 13 de junio de 1990, relativa a los viajes combinados, las vacaciones combinadas y los circuitos combinados[15];

c) contratos que tengan por objeto un derecho real inmobiliario o contratos de arrendamiento de un bien inmueble distintos de los contratos relativos al

---

[15] *DO* L 158, de 23-6-1990, p. 59.

derecho de utilización de inmuebles en régimen de tiempo compartido con arreglo a la definición de la Directiva 94/47/CE;

d) derechos y obligaciones que constituyan un instrumento financiero y derechos y obligaciones que constituyan los términos y condiciones que regulan la emisión, la oferta de venta al público o las ofertas públicas de adquisición de valores negociables, y la suscripción y el reembolso de participaciones en organismos de inversión colectiva, siempre y cuando no constituyan la prestación de un servicio financiero;

e) los contratos celebrados dentro de un sistema que entre en el ámbito de aplicación del artículo 4, apartado 1, letra *h*).

Art. 7.º *Contratos de seguro.*—1. El presente artículo se aplicará a los contratos a que se refiere el apartado 2, independientemente de que el riesgo que cubran se localice o no en un Estado miembro, y a todos los demás contratos de seguro que cubran riesgos localizados en el territorio de los Estados miembros. No se aplicará a los contratos de reaseguro.

2. Todo contrato de seguro que cubra un gran riesgo con arreglo al artículo 5, letra *d*), de la primera Directiva 73/239/CEE del Consejo, de 24 de julio de 1973, sobre coordinación de las disposiciones legales, reglamentarias y administrativas relativas al acceso a la actividad del seguro directo distinto del seguro de vida, ya su ejercicio[16], se regirá por la ley elegida por las partes de conformidad con el artículo 3 del presente Reglamento.

En la medida en que la ley aplicable no haya sido elegida por las partes, el contrato de seguro se regirá por la ley del país en el que el asegurador tenga su residencia habitual. Si del conjunto de circunstancias se desprende que el contrato presenta vínculos manifiestamente más estrechos con otro país, se aplicará la ley de ese otro país.

3. En el caso de un contrato de seguro distinto de un contrato contemplado en el apartado 2, las partes solo podrán elegir, de conformidad con el artículo 3, las siguientes leyes:

a) la ley del Estado miembro en que se localice el riesgo en el momento de la celebración del contrato;

b) la ley del país donde el tomador del seguro tenga su residencia habitual;

c) en el caso de un seguro de vida, la ley del Estado miembro del que sea nacional el tomador del seguro;

d) por lo que respecta a los contratos de seguro que cubran riesgos limitados a siniestros que ocurran en un Estado miembro

---

[16] *DO* L 228, de 16-8-1973, p. 3. Directiva modificada en último lugar por la Directiva 2005/68/CE del Parlamento Europeo y del Consejo (*DO* L 323, de 9-12-2005, p. 1).

distinto del Estado miembro en que se sitúe el riesgo, la ley de dicho Estado miembro;

e) cuando el tomador de un contrato de seguro cubierto por el presente apartado ejerza una actividad comercial o industrial o una profesión liberal y el contrato de seguro cubra dos o más riesgos que estén relacionados con dichas actividades y estén situados en Estados miembros diferentes, la ley de cualquiera de los Estados miembros en cuestión o la ley del país en el que el tomador del seguro tenga su residencia habitual.

En los supuestos previstos en las letras *a*), *b*) o *e*), si los Estados miembros a los que dichos apartados se refieren conceden mayor libertad de elección en cuanto a la ley aplicable al contrato de seguro, las partes podrán hacer uso de tal libertad.

En la medida en que la ley aplicable no haya sido elegida por las partes de conformidad con el presente apartado, el contrato se regirá por la ley del Estado miembro en el que se localice el riesgo en el momento de la celebración del contrato.

4. Se aplicarán las siguientes normas adicionales a los contratos de seguros que cubran riesgos para los que un Estado miembro imponga la obligación de suscribir un seguro:

a) el contrato de seguro sólo cumplirá dicha obligación si es conforme a las disposiciones específicas relativas a dicho seguro previstas por el Estado miembro que impone la obligación. Cuando, en caso de seguro obligatorio, exista una contradicción entre la ley del Estado miembro en el que se localice el riesgo y la del Estado miembro que imponga la obligación de suscribir un seguro, prevalecerá esta última;

b) no obstante lo dispuesto en los apartados 2 y 3, un Estado miembro podrá establecer que el contrato de seguro se regirá por la ley del Estado miembro que imponga la obligación de suscribir un seguro.

5. A efectos del apartado 3, párrafo tercero, y del apartado 4, cuando el contrato cubra riesgos situados en más de un Estado miembro, el contrato se considerará constituido por diversos contratos, cada uno de los cuales se refiere únicamente a un Estado miembro.

6. A los efectos del presente artículo, el país en el que se localice el riesgo se determinará de conformidad con el artículo 2, letra *d*), de la segunda Directiva 88/357/CEE del Consejo, de 22 de junio de 1988, sobre coordinación de las disposiciones legales, reglamentarias y administrativas relativas al seguro directo, distinto del seguro de vida, por la que se establecen las disposiciones destinadas a facilitar el ejercicio efectivo de la libre prestación de servicios[17], y, en

[17] *DO* L 172, de 4-7-1988, p. 1. Directiva modificada en último lugar por la Directiva 2005/14/CE del Parlamento Europeo y del Consejo (*DO* L 149, de 11-6-2005, p. 14).

el caso de un seguro de vida, el país en el que se localice el riesgo será el país del compromiso en el sentido del artículo 1, apartado 1, letra g), de la Directiva 2002/83/CE.

Art. 8.º *Contratos individuales de trabajo.*—1. El contrato individual de trabajo se regirá por la ley que elijan las partes de conformidad con el artículo 3. No obstante, dicha elección no podrá tener por resultado el privar al trabajador de la protección que le aseguren las disposiciones que no pueden excluirse mediante acuerdo en virtud de la ley que, a falta de elección, habrían sido aplicables en virtud de los apartados 2, 3 y 4 del presente artículo.

2. En la medida en que la ley aplicable al contrato individual de trabajo no haya sido elegida por las partes, el contrato se regirá por la ley del país en el cual o, en su defecto, a partir del cual el trabajador, en ejecución del contrato, realice su trabajo habitualmente. No se considerará que cambia el país de realización habitual del trabajo cuando el trabajador realice con carácter temporal su trabajo en otro país.

3. Cuando no pueda determinarse, en virtud del apartado 2, la ley aplicable, el contrato se regirá por la ley del país donde esté situado el establecimiento a través del cual haya sido contratado el trabajador.

4. Si del conjunto de circunstancias se desprende que el contrato presenta vínculos más estrechos con un país distinto del indicado en los apartados 2 o 3, se aplicará la ley de ese otro país.

Art. 9.º *Leyes de policía.*—1. Una ley de policía es una disposición cuya observancia un país considera esencial para la salvaguardia de sus intereses públicos, tales como su organización política, social o económica, hasta el punto de exigir su aplicación a toda situación comprendida dentro de su ámbito de aplicación, cualquiera que fuese la ley aplicable al contrato según el presente Reglamento.

2. Las disposiciones del presente Reglamento no restringirán la aplicación de las leyes de policía de la ley del foro.

3. También podrá darse efecto a las leyes de policía del país en que las obligaciones derivadas del contrato tienen que ejecutarse o han sido ejecutadas en la medida en que dichas leyes de policía hagan la ejecución del contrato ilegal. Para decidir si debe darse efecto a estas disposiciones imperativas, se tendrá en cuenta su naturaleza y su objeto, así como las consecuencias que se derivarían de su aplicación o de su inaplicación.

Art. 10. *Consentimiento y validez material.*—1. La existencia y la validez del contrato, o de cualquiera de sus disposiciones, estarán sometidas a la ley que sería aplicable en virtud del presente Reglamento si el contrato o la disposición fueran válidos.

2. Sin embargo, para establecer que no ha dado su consenti-

miento, cualquiera de las partes podrá referirse a la ley del país en que tenga su residencia habitual si de las circunstancias resulta que no sería razonable determinar el efecto del comportamiento de tal parte según la ley prevista en el apartado 1.

Art. 11. *Validez formal.*—1. Un contrato celebrado entre personas, o sus representantes, que se encuentren en el mismo país en el momento de su celebración será válido en cuanto a la forma si reúne los requisitos de forma de la ley que lo rija en cuanto al fondo en virtud del presente Reglamento, o de la ley del país donde se haya celebrado.

2. Un contrato celebrado entre personas que se encuentren en distintos países, o por medio de representantes que estén en distintos países, en el momento de su celebración será válido en cuanto a la forma si reúne las condiciones de forma de la ley que lo rija en cuanto al fondo en virtud del presente Reglamento, o de la ley de los países en que se encuentren cualquiera de las partes, o cualquiera de sus representantes, en el momento de la celebración, o de la ley del país en que cualquiera de las partes tuviera su residencia habitual en ese momento.

3. Un acto jurídico unilateral relativo a un contrato celebrado o por celebrar será válido en cuanto a la forma si reúne las condiciones formales de la ley que rija o regirá el fondo del contrato en virtud del presente Reglamento, o de la ley del país en el que se realizó dicho acto, o de la ley del país en que la persona que lo realizó tuviera su residencia habitual en ese momento.

4. Las disposiciones de los apartados 1, 2 y 3 del presente artículo no se aplicarán a los contratos que entren en el ámbito de aplicación del artículo 6. La forma de estos contratos se regirá por la ley del país en que tenga su residencia habitual el consumidor.

5. No obstante lo dispuesto en los apartados 1 a 4, todo contrato que tenga por objeto un derecho real sobre un bien inmueble o el arrendamiento de un bien inmueble estará sometido, en cuanto a la forma, a las normas de la ley del país en que el inmueble esté sito, siempre y cuando, en virtud de dicha ley:

a) la aplicación de dichas normas sea independiente del país donde se celebre el contrato y de la ley que rija el contrato, y

b) dichas normas no puedan excluirse mediante acuerdo.

Art. 12. *Ámbito de la ley aplicable.*—1. La ley aplicable al contrato en virtud del presente Reglamento regirá en particular:

a) su interpretación;

b) el cumplimiento de las obligaciones que genere;

c) dentro de los límites de los poderes conferidos al tribunal por su Derecho procesal, las consecuencias de un incumplimiento total o parcial de estas obligaciones, incluida la evaluación del daño en la medida en que la gobiernen normas jurídicas;

d) los diversos modos de extinción de las obligaciones, así como la prescripción y la caducidad basadas en la expiración de un plazo;

e) las consecuencias de la nulidad del contrato.

2. En lo que se refiere a las modalidades del cumplimiento y a las medidas que se deben tomar en caso de cumplimiento defectuoso, se tendrá en cuenta la ley del país donde tenga lugar el cumplimiento.

Art. 13. *Incapacidad.*—En los contratos celebrados entre personas que se encuentren en un mismo país, las personas físicas que gocen de capacidad de conformidad con la ley de ese país sólo podrán invocar su incapacidad resultante de la ley de otro país si, en el momento de la celebración del contrato, la otra parte hubiera conocido tal incapacidad o la hubiera ignorado en virtud de negligencia por su parte.

Art. 14. *Cesión de créditos y subrogación convencional.*—1. Las relaciones entre el cedente y el cesionario, o entre el subrogante y el subrogado de un derecho contra otra persona («el deudor»), se regirán por la ley que, en virtud del presente Reglamento, se aplique al contrato que les ligue.

2. La ley que rija el crédito objeto de cesión o subrogación determinará su transmisibilidad, las relaciones entre el cesionario o subrogado y el deudor, las condiciones de oponibilidad de la cesión o subrogación al deudor y el carácter liberatorio de la prestación hecha por el deudor.

3. El concepto de cesión en el presente artículo incluye las transferencias plenas de derechos, las transferencias de derechos a título de garantía, así como las prendas u otros derechos de garantía sobre los derechos.

Art. 15. *Subrogación legal.*—Cuando, en virtud de una obligación contractual, una persona («el acreedor») tenga derechos frente a otra persona («el deudor»), y un tercero esté obligado a satisfacer al acreedor o haya, de hecho, satisfecho al acreedor en ejecución de esa obligación, la ley aplicable a esta obligación del tercero determinará si, yen qué medida, éste puede ejercer los derechos que el acreedor tenía frente al deudor en virtud de la ley que rige su relación.

Art. 16. *Responsabilidad múltiple.*—Cuando un acreedor tenga un derecho de reclamación contra varios deudores responsables respecto de la misma reclamación, y uno de los deudores ya haya satisfecho la reclamación total o parcialmente, el derecho de ese deudor a reclamar resarcimiento a los otros deudores se regirá por la ley aplicable a la obligación que tenga dicho deudor respecto del acreedor. Los demás deudores podrán invocar las excepciones que tuvieran contra el acreedor en la medida en que lo permita la ley que rija sus obligaciones frente al acreedor.

Art. 17. *Compensación legal.*—Cuando el derecho a la compensación no se base en el acuerdo entre las partes, la compensación se regirá por la ley aplicable al crédito contra el cual se alega el derecho a la compensación.

Art. 18. *Carga de la prueba.*—1. La ley que rija la obligación contractual en virtud del presente Reglamento se aplicará en la medida en que, en materia de obligaciones contractuales, contenga normas que establezcan presunciones legales o determinen la carga de la prueba.

2. Los contratos o los actos jurídicos podrán ser acreditados por cualquier medio de prueba admitido bien por la ley del foro, bien por cualquiera de las leyes contempladas en el artículo 11, conforme a la cual el acto o contrato sea válido en cuanto a la forma, siempre que tal medio de prueba pueda emplearse ante el tribunal que conozca del asunto.

CAPÍTULO III

OTRAS DISPOSICIONES

Art. 19. *Residencia habitual.*—1. A efectos del presente Reglamento, la residencia habitual de una sociedad, asociación o persona jurídica será el lugar de su administración central.

La residencia habitual de una persona física que esté ejerciendo su actividad profesional será el lugar del establecimiento principal de dicha persona.

2. Cuando el contrato se celebre en el curso de las operaciones de una sucursal, agencia o cualquier otro establecimiento, o si según el contrato, la prestación debe ser realizada por tal sucursal, agencia o establecimiento, se considerará residencia habitual el lugar en el que dicha sucursal, agencia u otro establecimiento esté situado.

3. La residencia habitual será la determinada en el momento de la celebración del contrato.

Art. 20. *Exclusión del reenvío.*—Cuando el presente Reglamento establezca la aplicación de la ley de un país, se entenderá por tal las normas jurídicas materiales en vigor en ese país, con exclusión de las normas de Derecho internacional privado, salvo que el presente Reglamento disponga otra cosa.

Art. 21. *Orden público del foro.*—Sólo podrá excluirse la aplicación de una disposición de la ley de cualquier país designada por el presente Reglamento si esta aplicación es manifiestamente incompatible con el orden público del foro.

Art. 22. *Estados con más de un sistema jurídico.*—1. Cuando un Estado se componga de varias unidades territoriales cada una de las cuales tenga sus propias normas jurídicas en materia de obligaciones contractuales, cada unidad territorial se considerará como un país a efectos de la determinación de la ley aplicable en virtud del presente Reglamento.

2. Un Estado miembro en el que las distintas unidades territoriales tengan sus propias normas jurídicas en materia de obligaciones contractuales no estará obligado a aplicar el presente Reglamento a los conflictos de leyes que afecten únicamente a dichas unidades territoriales.

Art. 23. *Relaciones con otras disposiciones de Derecho comunitario.*—Con excepción del artículo 7.º, el presente Reglamento se entenderá sin perjuicio de la aplicación de disposiciones del Derecho comunitario que, en materias concretas, regulen las normas de conflicto de leyes relativas a las obligaciones contractuales.

Art. 24. *Relación con el Convenio de Roma.*—1. El presente Reglamento sustituirá al Convenio de Roma de 1980 en los Estados miembros, salvo en lo que respecta a los territorios de los Estados miembros comprendidos en el ámbito de aplicación territorial de dicho Convenio y a los que no se aplica el presente Reglamento en virtud del artículo 299 del Tratado.

2. En la medida en que el presente Reglamento sustituye a las disposiciones del Convenio de Roma, se entenderá que toda remisión a dicho Convenio se refiere al presente Reglamento.

Art. 25. *Relación con los convenios internacionales existentes.*—1. El presente Reglamento no afectará a la aplicación de los convenios internacionales en que sean parte uno o más Estados miembros en el momento de la adopción del presente Reglamento y que regulen los conflictos de leyes en materia de obligaciones contractuales.

2. No obstante, por lo que respecta a las relaciones entre Estados miembros, el presente Reglamento primará frente a los convenios celebrados exclusivamente entre dos o más Estados miembros en la medida en que dichos convenios versen sobre las materias reguladas por el mismo.

Art. 26. *Lista de los convenios.*—1. A más tardar el 17 de junio de 2009, los Estados miembros notificarán a la Comisión, los convenios a que se refiere el artículo 25, apartado 1. Tras esta fecha, los Estados miembros notificarán a la Comisión toda denuncia de estos convenios.

2. La Comisión publicará en el *Diario Oficial de la Unión Europea,* en el plazo de seis meses después de la recepción de las mortificaciones a que se refiere el apartado 1:

a) una lista de los convenios a que se refiere el apartado 1;

Art. 24: Vid. *supra* núm. 113.

b) las denuncias a que se refiere el apartado 1.

Art. 27. *Cláusula de revisión.*—1. A más tardar el 17 de junio de 2013, la Comisión presentará al Parlamento Europeo, al Consejo y al Comité Económico y Social Europeo un informe relativo a la aplicación del presente Reglamento. En caso necesario, el informe irá acompañado de propuestas de modificación del presente Reglamento. Dicho informe incluirá los siguientes aspectos:

a) un estudio sobre la legislación aplicable a los contratos de seguros y una evaluación del impacto de las disposiciones que, en su caso, habrán de introducirse, y

b) una evaluación de la aplicación del artículo 6, en particular por lo que respecta a la coherencia del Derecho comunitario en el ámbito de la protección de los consumidores.

2. A más tardar el 17 de junio de 2010, la Comisión presentará al Parlamento Europeo, al Consejo y al Comité Económico y Social Europeo un informe sobre la eficacia frente a terceros de una cesión o subrogación de un derecho y la prioridad del derecho cedido o subrogado sobre un derecho de otra persona. El informe estará acompañado, en su caso, de una propuesta de modificación del presente Reglamento y de una evaluación del impacto de las disposiciones que habrán de introducirse.

Art. 28. *Aplicación en el tiempo.*—El presente Reglamento se aplicará a los contratos celebrados después del 17 de diciembre de 2009.

CAPÍTULO IV

Disposiciones finales

Art. 29. *Entrada en vigor y aplicación.*—El presente Reglamento entrará en vigor a los veinte días de su publicación en el *Diario Oficial de la Unión Europea.*

Se aplicará a partir del 17 de diciembre de 2009, excepto el artículo 26, que se aplicará a partir del 17 de junio de 2009.

El presente Reglamento será obligatorio en todos sus elementos y directamente aplicable en cada Estado miembro, de conformidad con el Tratado constitutivo de la Comunidad Europea.

Hecho en Estrasburgo, el 17 de junio de 2008.

114. CONVENIO CONSTITUTIVO DEL FONDO MONETARIO INTERNACIONAL, APROBADO EN LA CONFERENCIA DE BRETTON WOODS, DEL 1 AL 22 DE JULIO DE 1944*

(Art. VIII)

(*BOE* núm. 220, de 13 de septiembre de 1958)

....

ARTÍCULO VIII

OBLIGACIONES GENERALES DE LOS MIEMBROS

Sección 1.ª *Introducción.*—Además de las obligaciones asumidas conforme a otros artículos de este Convenio, todo miembro se compromete a cumplir las impuestas por este artículo.

Sección 2.ª *Prohibición de restricciones en los pagos corrientes.—a*) Sin perjuicio de lo dispuesto por el artículo VII, sección *3.b*), y el artículo XIV, sección 2, ningún miembro podrá imponer restricciones, sin la aprobación del Fondo, a la realización de pagos y transferencias por transacciones internacionales corrientes.

b) Los contratos de cambio que, afectando a la moneda de un miembro, fueren contrarios a las normas sobre control de cambios de dicho miembro mantenidas o establecidas de conformidad con este Convenio, no tendrán fuerza de obligar en los territorios de ningún miembro. Además, los miembros podrán, por mutuo acuerdo, cooperar en la adopción de medidas destinadas a hacer más efectivas las normas sobre control de cambios de cualquiera de ellos, siempre que dichas medidas y normas sean compatibles con este Convenio.

....

* *Texto auténtico*: inglés. Con carácter general, los Estados del Fondo entraron en vigor el 27 de diciembre de 1945 y el Fondo comenzó sus operaciones el día 1 de marzo de 1947.

115. CONVENCIÓN DE LAS NACIONES UNIDAS SOBRE LOS CONTRATOS DE COMPRAVENTA INTERNACIONAL DE MERCADERÍAS, HECHA EN VIENA EL 11 DE ABRIL DE 1980*

(*BOE* núm. 26, de 30 de enero de 1991; corr. de errores, *BOE* núm. 282, de 22 de noviembre de 1996)

Los Estados partes en la presente Convención,

Teniendo en cuenta los amplios objetivos de las resoluciones aprobadas en el sexto período extraordinario de sesiones de la Asamblea General de las Naciones Unidas sobre el establecimiento de un nuevo orden económico internacional,

Considerando que el desarrollo del comercio internacional sobre la base de la igualdad y del beneficio mutuo constituye un importante elemento para el fomento de las relaciones amistosas entre los Estados,

Estimando que la adopción de normas uniformes aplicables a los contratos de compraventa internacional de mercaderías en las que se tengan en cuenta los diferentes sistemas sociales, económicos y jurídicos contribuiría a la supresión de los obstáculos jurídicos con que tropieza el comercio internacional y promovería el desarrollo del comercio internacional,

Han convenido en lo siguiente:

* *Texto auténtico*: árabe, chino, español, francés, inglés y ruso. *Estados parte*: Alemania, Argentina, Australia, Austria, Bélgica, Bielorrusia, Bosnia-Herzegovina, Bulgaria, Burundi, Canadá, Colombia, Corea, Croacia, Cuba, Chile, China, Chipre, Dinamarca, Ecuador, Egipto, El Salvador, Eslovaquia, Eslovenia, España, Estados Unidos de América, Estonia, Ex República Yugoslava de Macedonia, Finlandia, Francia, Gabón, Georgia, Grecia, Guinea, Honduras, Hungría, Irak, Islandia, Israel, Italia, Japón (desde el 1 de agosto de 2009), Kirguizistán, Lesotho, Letonia, Líbano (desde el 1 de diciembre de 2009), Liberia, Lituania, Luxemburgo, Mauritania, México, Mongolia, Montenegro, Noruega, Nueva Zelanda, Países Bajos, Paraguay, Perú, Polonia, República Checa, República de Moldova, Rumania, Federación de Rusia, San Vicente y Granadinas, Serbia, Singapur, Siria, Suecia, Suiza, Ucrania, Uganda, Uruguay, Uzbequistán y Zambia. Para los datos posteriores al cierre de la edición y otras informaciones relativas al Convenio véase http://www.uncitral.org.

PARTE PRIMERA

Ámbito de aplicación y disposiciones generales

CAPÍTULO PRIMERO

ÁMBITO DE APLICACIÓN

Artículo 1.º 1. La presente Convención se aplicará a los contratos de compraventa de mercaderías entre partes que tengan sus establecimientos en Estados diferentes:

a) Cuando esos Estados sean Estados contratantes; o

b) Cuando las normas de derecho internacional privado prevean la aplicación de la Ley de un Estado contratante.

2. No se tendrá en cuenta el hecho de que las partes tengan sus establecimientos en Estados diferentes cuando ello no resulte del contrato, ni de los tratos entre ellas ni de información revelada por las partes en cualquier momento antes de la celebración del contrato o en el momento de su celebración.

3. A los efectos de determinar la aplicación de la presente Convención no se tendrán en cuenta ni la nacionalidad de las partes ni el carácter civil o comercial de las partes o del contrato.

Art. 2.º La presente Convención no se aplicará a las compraventas:

a) De mercaderías compradas para uso personal, familiar o doméstico, salvo que el vendedor, en cualquier momento antes de la celebración del contrato o en el momento de su celebración, no hubiera tenido ni debiera haber tenido conocimiento de que las mercaderías se compraban para ese uso.

b) En subastas.

c) Judiciales.

d) De valores mobiliarios, títulos o efectos de comercio y dinero.

e) De buques, embarcaciones, aerodeslizadores y aeronaves.

f) De electricidad.

Art. 3.º 1. Se considerarán compraventas los contratos de suministro de mercaderías que hayan de ser manufacturadas o producidas, a menos que la parte que las encargue asuma la obligación de proporcionar una parte sustancial de los materiales necesarios para esa manufactura o producción.

2. La presente Convención no se aplicará a los contratos en los que la parte principal de las obligaciones de la parte que proporcione las mercaderías consista en suministrar mano de obra o prestar otros servicios.

Art. 4.º La presente Convención regula exclusivamente la formación del contrato de compraventa y los derechos y obligaciones del vendedor y del comprador dimanantes de ese contrato. Salvo disposición expresa en contrario de la presente Convención, ésta no concierne, en particular:

a) A la validez del contrato ni a la de ninguna de sus estipulaciones, ni tampoco a la de cualquier uso.

b) A los efectos que el contrato pueda producir sobre la propiedad de las mercaderías vendidas.

Art. 5.º La presente Convención no se aplicará a la responsabilidad del vendedor por la muerte o las lesiones corporales causadas a una persona por las mercaderías.

Art. 6.º Las partes podrán excluir la aplicación de la presente Convención, o, sin perjuicio de lo dispuesto en el artículo 12, establecer excepciones a cualquiera de sus disposiciones o modificar sus efectos.

CAPÍTULO II

Disposiciones generales

Art. 7.º 1. En la interpretación de la presente Convención se tendrán en cuenta su carácter internacional y la necesidad de promover la uniformidad en su aplicación y de asegurar la observancia de la buena fe en el comercio internacional.

2. Las cuestiones relativas a las materias que se rigen por la presente Convención que no estén expresamente resueltas en ella se dirimirán de conformidad con los principios generales en los que se basa la presente Convención o, a falta de tales principios, de conformidad con la Ley aplicable en virtud de las normas de derecho internacional privado.

Art. 8.º 1. A los efectos de la presente Convención, las declaraciones y otros actos de una parte deberán interpretarse conforme a su intención cuando la otra parte haya conocido o no haya podido ignorar cuál era esa intención.

2. Si el párrafo precedente no fuere aplicable, las declaraciones y otros actos de una parte deberán interpretarse conforme al sentido que les habría dado en igual situación una persona razonable de la misma condición que la otra parte.

3. Para determinar la intención de una parte o el sentido que habría dado una persona razonable deberán tenerse debidamente en cuenta todas las circunstancias pertinentes del caso, en particular las negociaciones, cualesquiera prácticas que las partes hubieran establecido entre ellas, los usos y el comportamiento ulterior de las partes.

Art. 9.º 1. Las partes quedarán obligadas por cualquier uso en que hayan convenido y por cualquier práctica que hayan establecido entre ellas.

2. Salvo pacto en contrario se considerará que las partes han hecho tácitamente aplicable al contrato o a su formación un uso del que tenían o debían haber tenido conocimiento y que, en el comercio internacional, sea ampliamente conocido y regularmente observado por las partes en contratos del mismo tipo en el tráfico mercantil de que se trate.

Art. 10. A los efectos de la presente Convención:

a) Si una de las partes tiene más de un establecimiento, su establecimiento será el que guarde la relación más estrecha con el contrato y su cumplimiento, habida cuenta de las circunstancias conocidas o previstas por las partes en cualquier momento antes de la celebración del contrato o en el momento de su celebración.

b) Si una de las partes no tiene establecimiento, se tendrá en cuenta su residencia habitual.

Art. 11. El contrato de compraventa no tendrá que celebrarse ni probarse por escrito ni estará sujeto a ningún otro requisito de forma. Podrá probarse por cualquier medio, incluso por testigos.

Art. 12. No se aplicará ninguna disposición del artículo 11, del artículo 29 ni de la parte II de la presente Convención que permita que la celebración, la modificación o la extinción por mutuo acuerdo del contrato de compraventa o la oferta, la aceptación o cualquier otra manifestación de intención se hagan por un procedimiento que no sea por escrito, en el caso de que cualquiera de las partes tenga su establecimiento en un Estado contratante que haya hecho una declaración con arreglo al artículo 96 de la presente Convención. Las partes no podrán establecer excepciones a este artículo ni modificar sus efectos.

Art. 13. A los efectos de la presente Convención, la expresión «por escrito» comprende el telegrama y el télex.

PARTE II

Formación del contrato

Art. 14. 1. La propuesta de celebrar un contrato, dirigida a una o varias personas determinadas, constituirá oferta si es suficientemente precisa e indica la intención del oferente de quedar obligado en caso de aceptación. Una propuesta es suficientemente precisa si indica las mercaderías y expresa o tácitamente señala la cantidad y el precio o prevé un medio para determinarlas.

2. Toda propuesta no dirigida a una o varias personas determinadas será considerada como una simple invitación a hacer ofertas, a menos que la persona que haga la propuesta indique claramente lo contrario.

Art. 15. 1. La oferta surtirá efecto cuando llegue al destinatario.

2. La oferta, aun cuando sea irrevocable, podrá ser retirada si

su retiro llega al destinatario antes o al mismo tiempo que la oferta.

Art. 16. 1. La oferta podrá ser revocada hasta que se perfeccione el contrato si la revocación llega al destinatario antes que éste haya enviado la aceptación.

2. Sin embargo, la oferta no podrá revocarse:

a) Si indica, al señalar un plazo fijo para la aceptación o de otro modo, que es irrevocable; o

b) Si el destinatario podía razonablemente considerar que la oferta era irrevocable y ha actuado basándose en esa oferta.

Art. 17. La oferta, aun cuando sea irrevocable, quedará extinguida cuando su rechazo llegue al oferente.

Art. 18. 1. Toda declaración u otro acto del destinatario que indique asentimiento a una oferta constituirá aceptación. El silencio o la inacción, por sí solos, no constituirán aceptación.

2. La aceptación de la oferta surtirá efecto en el momento en que la indicación de asentimiento llegue al oferente. La aceptación no surtirá efecto si la indicación de asentimiento no llega al oferente dentro del plazo que éste haya fijado o, si no se ha fijado plazo, dentro de un plazo razonable, habida cuenta de las circunstancias de la transacción y, en particular, de la rapidez de los medios de comunicación empleados por el oferente. La aceptación de las ofertas verbales tendrá que ser inmediata, a menos que de las circunstancias resulte otra cosa.

3. No obstante, si en virtud de prácticas que las partes hayan establecido entre ellas o de lo usos, el destinatario puede indicar su asentimiento ejecutando un acto relativo, por ejemplo, a la expedición de las mercaderías o al pago del precio, sin comunicación al oferente, la aceptación surtirá efecto en el momento en que se ejecute ese acto, siempre que esa ejecución tenga lugar dentro del plazo establecido en el párrafo precedente.

Art. 19. 1. La respuesta a una oferta que pretenda ser una aceptación y que contenga adiciones, limitaciones u otras modificaciones, se considerará como rechazo de la oferta y constituirá una contraoferta.

2. No obstante, la respuesta a una oferta que pretenda ser una aceptación y que contenga elementos adicionales o diferentes que no alteren sustancialmente los de la oferta constituirá aceptación a menos que el oferente, sin demora injustificada, objete verbalmente la discrepancia o envíe una comunicación en tal sentido. De no hacerlo así, los términos del contrato serán los de la oferta con las modificaciones contenidas en la aceptación.

3. Se considerará que los elementos adicionales o diferentes relativos, en particular, al precio, al pago, a la calidad y la cantidad de las mercaderías, al lugar y la fecha de la entrega, al grado de responsa-

bilidad de una parte con respecto a la otra o a la solución de las controversias alteran sustancialmente los elementos de la oferta.

Art. 20. 1. El plazo de aceptación fijado por el oferente en un telegrama o en una carta comenzará a correr desde el momento en que el telegrama sea entregado para su expedición o desde la fecha de la carta o, si no se hubiere indicado ninguna, desde la fecha que figure en el sobre. El plazo de aceptación fijado por el oferente por teléfono, télex u otros medios de comunicación instantánea comenzará a correr desde el momento en que la oferta llegue al destinatario.

2. Los días feriados oficiales o no laborales no se excluirán del cómputo del plazo de aceptación. Sin embargo, si la comunicación de aceptación no pudiere ser entregada en la dirección del oferente el día del vencimiento del plazo, por ser ese día feriado oficial o no laborable en el lugar del establecimiento del oferente, el plazo se prorrogará hasta el primer día laborable siguiente.

Art. 21. 1. La aceptación tardía surtirá, sin embargo, efecto como aceptación si el oferente, sin demora, informa verbalmente de ello al destinatario o le envía una comunicación en tal sentido.

2. Si la carta u otra comunicación por escrito que contenga una aceptación tardía indica que ha sido enviada en circunstancias tales que si su transmisión hubiera sido normal habría llegado al oferente en el plazo debido, la aceptación tardía surtirá efecto como aceptación a menos que, sin demora, el oferente informe verbalmente al destinatario de que considera su oferta caducada o le envíe una comunicación en tal sentido.

Art. 22. La aceptación podrá ser retirada si su retiro llega al oferente antes que la aceptación haya surtido efecto o en ese momento.

Art. 23. El contrato se perfeccionará en el momento de surtir efecto la aceptación de la oferta conforme a lo dispuesto en la presente Convención.

Art. 24. A los efectos de esta parte de la presente Convención, la oferta, la declaración de aceptación o cualquier otra manifestación de intención «llega» al destinatario cuando se le comunica verbalmente o se entrega por cualquier otro medio al destinatario personalmente, o en su establecimiento o dirección postal, o si no tiene establecimiento ni dirección postal, en su residencia habitual.

PARTE III

Compraventa de mercaderías

CAPÍTULO PRIMERO

DISPOSICIONES GENERALES

Art. 25. El incumplimiento del contrato por una de las partes será esencial cuando cause a la otra parte un perjuicio tal que la prive sustancialmente de lo que tenía derecho a esperar en virtud del contrato, salvo que la parte que haya incumplido no hubiera previsto tal resultado y que una persona razonable de la misma condición no lo hubiera previsto en igual situación.

Art. 26. La declaración de resolución del contrato surtirá efecto sólo si se comunica a la otra parte.

Art. 27. Salvo disposición expresa en contrario de esta parte de la presente Convención, si una de las partes hace cualquier notificación, petición u otra comunicación conforme a dicha parte y por medios adecuados a las circunstancias, las demoras o los errores que puedan producirse en la transmisión de esa comunicación o el hecho de que no llegue a su destino no privarán a esa parte del derecho a invocar tal comunicación.

Art. 28. Si conforme a lo dispuesto en la presente Convención, una parte tiene derecho a exigir de la otra el cumplimiento de una obligación, el Tribunal no estará obligado a ordenar el cumplimiento específico a menos que lo hiciere, en virtud de su propio derecho, respecto de contratos de compraventa similares no regidos por la presente Convención.

Art. 29. 1. El contrato podrá modificarse o extinguirse por mero acuerdo entre las partes.

2. Un contrato por escrito que contenga una estipulación que exija que toda modificación o extinción por mutuo acuerdo se haga por escrito no podrá modificarse ni extinguirse por mutuo acuerdo de otra forma. No obstante, cualquiera de las partes quedará vinculada por sus propios actos y no podrá alegar esa estipulación en la medida en que la otra parte se haya basado en tales actos.

CAPÍTULO II

OBLIGACIONES DEL VENDEDOR

Art. 30. El vendedor deberá entregar las mercaderías, transmitir su propiedad y entregar cualesquiera documentos relacionados con ellas en las condiciones establecidas en el contrato y en la presente Convención.

SECCIÓN 1.ª

Entrega de las mercaderías y de los documentos

Art. 31. Si el vendedor no estuviere obligado a entregar las mercaderías en otro lugar determinado, su obligación de entrega consistirá:

a) Cuando el contrato de compraventa implique el transporte de las mercaderías, en ponerlas en poder del primer porteador para que las traslade al comprador.

b) Cuando, en los casos no comprendidos en el apartado precedente, el contrato verse sobre mercaderías ciertas o sobre mercaderías no identificadas que hayan de extraerse de una masa determinada o que deban ser manufacturadas o producidas y cuando, en el momento de la celebración del contrato, las partes sepan que las mercaderías se encuentran o deben ser manufacturadas o producidas en un lugar determinado, en ponerlas a disposición del comprador en ese lugar.

c) En los demás casos, en poner las mercaderías a disposición del comprador en el lugar donde el vendedor tenga su establecimiento en el momento de la celebración del contrato.

Art. 32. 1. Si el vendedor, conforme al contrato o a la presente Convención, pusiere las mercaderías en poder de un porteador y éstas no estuvieren claramente identificadas a los efectos del contrato mediante señales en ellas, mediante los documentos de expedición o de otro modo, el vendedor deberá enviar al comprador un aviso de expedición en el que se especifiquen las mercaderías.

2. El vendedor, si estuviere obligado a disponer el transporte de las mercaderías, deberá concertar los contratos necesarios para que éste se efectúe hasta el lugar señalado por los medios de transporte adecuados a las circunstancias y en las condiciones usuales para tal transporte.

3. El vendedor, si no estuviere obligado a contratar el seguro de transporte, deberá proporcionar al comprador, a petición de éste, toda la información disponible que sea necesaria para contratar ese seguro.

Art. 33. El vendedor deberá entregar las mercaderías:

a) Cuando, con arreglo al contrato, se haya fijado o pueda determinarse una fecha, en esa fecha, o

b) Cuando, con arreglo al contrato, se haya fijado o pueda determinarse un plazo, en cualquier momento dentro de ese plazo, a menos que de las circunstancias resulte que corresponde al comprador elegir la fecha; o

c) En cualquier otro caso, dentro de un plazo razonable a partir de la celebración del contrato.

Art. 34. El vendedor, si estuviere obligado a entregar documentos relacionados con las mercaderías, deberá entregarlos en el momento, en el lugar y en la forma fijados por el contrato. En caso de entrega anticipada de documentos, el vendedor podrá, hasta el momento fijado para la entrega, subsanar cualquier falta de conformidad de los documentos, si el ejercicio de ese derecho no ocasiona al comprador inconvenientes ni gastos excesivos. No obstante, el comprador conservará el derecho a exigir la indemnización de los daños y perjuicios conforme a la presente Convención.

SECCIÓN 2.ª

Conformidad de las mercaderías y pretensiones de terceros

Art. 35. 1. El vendedor deberá entregar mercaderías cuya cantidad, calidad y tipo correspondan a los estipulados en el contrato y que estén envasadas o embaladas en la forma fijada por el contrato.

2. Salvo que las partes hayan pactado otra cosa, las mercaderías no serán conformes al contrato a menos:

a) Que sean aptas para los usos a que ordinariamente se destinen mercaderías del mismo tipo.

b) Que sean aptas para cualquier uso especial que expresa o tácitamente se haya hecho saber al vendedor en el momento de la celebración del contrato, salvo que de las circunstancias resulte que el comprador no confió, o no sea razonable que confiara, en la competencia y el juicio del vendedor.

c) Que posean las cualidades de la muestra o modelo que el vendedor haya presentado al comprador.

d) Que estén envasadas o embaladas en la forma habitual para tales mercaderías o, si no existe tal forma, de una forma adecuada para conservarlas y protegerlas.

3. El vendedor no será responsable, en virtud de los apartados *a*) a *d*) del párrafo precedente, de ninguna falta de conformidad de las mercaderías que el comprador conociera o no hubiera podido ignorar en el momento de la celebración del contrato.

Art. 36. 1. El vendedor será responsable, conforme al contrato y a la presente Convención, de toda falta de conformidad que exista en el momento de la transmisión del riesgo al comprador, aun cuando esta falta sólo sea manifiesta después de ese momento.

2. El vendedor también será responsable de toda falta de conformidad ocurrida después del momento indicado en el párrafo precedente que sea imputable al incumplimiento de cualquiera de sus obligaciones incluido el incumplimiento de cualquier garantía de que, durante determinado período, las mercaderías seguirán siendo aptas para su uso ordinario o para un uso especial o conservarán las cualidades y características especificadas.

Art. 37. En caso de entrega anticipada, el vendedor podrá, hasta la fecha fijada para la entrega de las mercaderías, bien entregar la parte o cantidad que falte de las mercaderías o entregar otras mercaderías en sustitución de las entregadas que no sean conformes, bien subsanando cualquier falta de conformidad de las mercaderías entregadas, siempre que el ejercicio de ese derecho no ocasione al comprador inconvenientes ni gastos excesivos. No obstante, el comprador conservará el derecho a exigir la indemnización de los daños y perjuicios conforme a la presente Convención.

Art. 38. 1. El comprador deberá examinar o hacer examinar las mercaderías en el plazo más breve posible atendidas las circunstancias.

2. Si el contrato implica el transporte de las mercaderías, el examen podrá aplazarse hasta que éstas hayan llegado a su destino.

3. Si el comprador cambia en tránsito el destino de las mercaderías o las reexpide sin haber tenido una oportunidad razonable de examinarlas y si en el momento de la celebración del contrato el vendedor tenía o debía haber tenido conocimiento de la posibilidad de tal cambio de destino o reexpedición, el examen podrá aplazarse hasta que las mercaderías hayan llegado a su nuevo destino.

Art. 39. 1. El comprador perderá el derecho a invocar la falta de conformidad de las mercaderías si no lo comunica al vendedor, especificando su naturaleza, dentro de un plazo razonable a partir del momento en que la haya o debiera haberla descubierto.

2. En todo caso, el comprador perderá el derecho a invocar la falta de conformidad de las mercaderías si no lo comunica al vendedor en un plazo máximo de dos años contados desde la fecha en que las mercaderías se pusieron efectivamente en poder del comprador, a menos que ese plazo sea incompatible con un período de garantía contractual.

Art. 40. El vendedor no podrá invocar las disposiciones de los artículos 38 y 39 si la falta de conformidad se refiere a hechos que conocía o no podía ignorar y que no haya revelado al comprador.

Art. 41. El vendedor deberá entregar las mercaderías libres de cualesquiera derechos o pretensiones de un tercero, a menos que el comprador convenga en aceptarlas sujetas a tales derechos o pretensiones. No obstante, si tales derechos o pretensiones se basan en la propiedad industrial u otros tipos de propiedad intelectual, la obligación del vendedor se regirá por el artículo 42.

Art. 42. 1. El vendedor deberá entregar las mercaderías libres de cualesquiera derechos o pretensiones de un tercero basados en la propiedad industrial u otros tipos de propiedad intelectual que conociera o no hubiera podido ignorar en el momento de la celebración del contrato, siempre que los derechos o pretensiones se basen en la propiedad industrial u otros tipos de propiedad intelectual:

a) En virtud de la Ley del Estado en que hayan de revenderse o utilizarse las mercaderías, si las partes hubieren previsto en el momento de la celebración del contrato que las mercaderías se revenderían o utilizarían en ese Estado; o

b) En cualquier otro caso en virtud de la Ley del Estado en que el comprador tenga su establecimiento.

2. La obligación del vendedor conforme al párrafo precedente no se extenderá a los casos en que:

a) En el momento de la celebración del contrato, el comprador conociera o no hubiera podido ignorar la existencia del derecho o de la pretensión, o

b) El derecho a la pretensión resulte de haberse ajustado el vendedor a fórmulas, diseños y dibujos técnicos o a otras especificaciones análogas proporcionadas por el comprador.

Art. 43. 1. El comprador perderá el derecho a invocar las disposiciones del artículo 41 o del artículo 42 si no comunica al vendedor la existencia del derecho o la pretensión del tercero, especificando su naturaleza dentro de un plazo razonable a partir del momento en que haya tenido o debiera haber tenido conocimiento de ella.

2. El vendedor no tendrá derecho a invocar las disposiciones del párrafo precedente si conocía el derecho o la pretensión del tercero y su naturaleza.

Art. 44. No obstante lo dispuesto en el párrafo 1 del artículo 39 y en el párrafo 1 del artículo 43, el comprador podrá rebajar el precio conforme al artículo 50 o exigir la indemnización de los daños y perjuicios excepto el lucro cesante, si puede aducir una excusa razonable por haber omitido la comunicación requerida.

SECCIÓN 2.ª

Derechos y acciones en caso de incumplimiento del contrato por el vendedor

Art. 45. 1. Si el vendedor no cumple cualquiera de las obligaciones que le incumben conforme al contrato o a la presente Convención, el comprador podrá:

a) Ejercer los derechos establecidos en los artículos 46 a 52.

b) Exigir la indemnización de los daños y perjuicios conforme a los artículos 74 a 77.

2. El comprador no perderá el derecho a exigir la indemnización de los daños y perjuicios aunque ejercite cualquier otra acción conforme a su derecho.

3. Cuando el comprador ejercite una acción por incumplimiento del contrato, el juez o el

árbitro no podrán conceder al vendedor ningún plazo de gracia.

Art. 46. 1. El comprador podrá exigir al vendedor el cumplimiento de sus obligaciones, a menos que haya ejercitado un derecho o acción incompatible con esa exigencia.

2. Si las mercaderías no fueren conformes al contrato, el comprador podrá exigir la entrega de otras mercaderías en sustitución de aquéllas sólo si la falta de conformidad constituye un incumplimiento esencial del contrato y la petición de sustitución de las mercaderías se formula al hacer la comunicación a que se refiere el artículo 39 o dentro de un plazo razonable a partir de ese momento.

3. Si las mercaderías no fueron conformes al contrato, el comprador podrá exigir al vendedor que las repare para subsanar la falta de conformidad, a menos que esto no sea razonable habida cuenta de todas las circunstancias. La petición de que se reparen las mercaderías deberá formularse al hacer la comunicación a que se refiere el artículo 39 o dentro de un plazo razonable a partir de ese momento.

Art. 47. 1. El comprador podrá fijar un plazo suplementario de duración razonable para el cumplimiento por el vendedor de las obligaciones que le incumban.

2. El comprador, a menos que haya recibido la comunicación del vendedor de que no cumplirá lo que le incumbe en el plazo fijado conforme al párrafo precedente, no podrá, durante ese plazo, ejercitar acción alguna por incumplimiento del contrato. Sin embargo, el comprador no perderá por ello el derecho a exigir la indemnización de los daños y perjuicios por demora en el cumplimiento.

Art. 48. 1. Sin perjuicio de lo dispuesto en el artículo 49, el vendedor podrá, incluso después de la fecha de entrega, subsanar a su propia costa todo incumplimiento de sus obligaciones, si puede hacerlo sin una demora excesiva y sin causar al comprador inconvenientes excesivos o incertidumbre en cuanto al reembolso por el vendedor de los gastos anticipados por el comprador. No obstante, el comprador conservará el derecho a exigir la indemnización de los daños y perjuicios conforme a la presente Convención.

2. Si el vendedor pide al comprador que le haga saber si acepta el cumplimiento y el comprador no atiende la petición en un plazo razonable, el vendedor podrá cumplir sus obligaciones en el plazo indicado en su petición. El comprador no podrá, antes del vencimiento de ese plazo, ejercitar ningún derecho o acción incompatible con el cumplimiento por el vendedor de las obligaciones que le incumban.

3. Cuando el vendedor comunique que cumplirá sus obligaciones en un plazo determinado, se presumirá que pide al comprador que le haga saber su decisión conforme al párrafo precedente.

4. La petición o comunicación hecha por el vendedor conforme al párrafo 2 o al párrafo 3 de este artículo no surtirá efecto a menos que sea recibida por el comprador.

Art. 49. 1. El comprador podrá declarar resuelto el contrato:

a) si el incumplimiento por el vendedor de cualquiera de las obligaciones que le incumban conforme al contrato o a la presente Convención constituye un incumplimiento esencial del contrato; o

b) en caso de falta de entrega, si el vendedor no entrega las mercaderías dentro del plazo suplementario fijado por el comprador conforme al párrafo 1 del artículo 47 o si declara que no efectuará la entrega dentro del plazo así fijado.

2. No obstante, en los casos en que el vendedor haya entregado las mercaderías, el comprador perderá el derecho a declarar resuelto el contrato si no lo hace:

a) En caso de entrega tardía, dentro de un plazo razonable después de que haya tenido conocimiento de que se ha efectuado la entrega.

b) En caso de incumplimiento distinto de la entrega tardía, dentro de un plazo razonable:

i) Después de que haya tenido o debiera haber tenido conocimiento del incumplimiento; o

ii) Después del vencimiento del plazo suplementario fijado por el comprador conforme al párrafo 1 del artículo 47, o después de que el vendedor haya declarado que no cumplirá sus obligaciones dentro de ese plazo suplementario; o

iii) Después del vencimiento del plazo suplementario indicado por el vendedor conforme al párrafo 2 del artículo 48, o después de que el comprador haya declarado que no aceptará el cumplimiento.

Art. 50. Si las mercaderías no fueren conformes al contrato, háyase pagado o no el precio, el comprador podrá rebajar el precio proporcionalmente a la diferencia existente entre el valor que las mercaderías efectivamente entregadas tenían en el momento de la entrega y el valor que habrían tenido en ese momento mercaderías conformes al contrato. Sin embargo, el comprador no podrá rebajar el precio si el vendedor subsana cualquier incumplimiento de sus obligaciones conforme al artículo 37 o al artículo 48 o si el comprador se niega a aceptar el cumplimiento por el vendedor conforme a esos artículos.

Art. 51. 1. Si el vendedor sólo entrega una parte de las mercaderías o si sólo una parte de las mercaderías entregadas es conforme al contrato, se aplicarán los artículos 46 a 50 respecto de la parte que falta o que no sea conforme.

2. El comprador podrá declarar resuelto el contrato en su totalidad sólo si la entrega parcial o no conforme al contrato constituye un incumplimiento esencial de éste.

Art. 52. 1. Si el vendedor entrega las mercaderías antes de la fecha fijada, el comprador podrá aceptar o rehusar su recepción.

2. Si el vendedor entrega una cantidad de mercaderías mayor que la expresada en el contrato, el comprador podrá aceptar o rehusar la recepción de la cantidad excedente. Si el comprador acepta la recepción de la totalidad o de parte de la cantidad excedente, deberá pagarla al precio del contrato.

CAPÍTULO III

OBLIGACIONES DEL COMPRADOR

Art. 53. El comprador deberá pagar el precio de las mercaderías y recibirlas en las condiciones establecidas en el contrato y en la presente Convención.

SECCIÓN 1.ª

Pago del precio

Art. 54. La obligación del comprador de pagar el precio comprende la de adoptar medidas y cumplir los requisitos fijados por el contrato o por las leyes o los reglamentos pertinentes para que sea posible el pago.

Art. 55. Cuando el contrato haya sido válidamente celebrado pero en él ni expresa ni tácitamente se haya señalado el precio o estipulado un medio para determinarlo, se considerará, salvo indicación en contrario, que las partes han hecho referencia implícitamente al precio generalmente cobrado en el momento de la celebración del contrato por tales mercaderías, vendidas en circunstancias semejantes, en el tráfico mercantil de que se trate.

Art. 56. Cuando el precio se señale en función del peso de las mercaderías será el peso neto, en caso de duda, el que determine dicho precio.

Art. 57. 1. El comprador, si no estuviere obligado a pagar el precio en otro lugar determinado, deberá pagarlo al vendedor:

a) En el establecimiento del vendedor, o

b) Si el pago debe hacerse contra entrega de las mercaderías o de documentos en el lugar en que se efectúe la entrega.

2. El vendedor deberá soportar todo aumento de los gastos relativos al pago ocasionado por un cambio de su establecimiento acaecido después de la celebración del contrato.

Art. 58. 1. El comprador, si no estuviere obligado a pagar el precio en otro momento determinado, deberá pagarlo cuando el vendedor ponga a su disposición las mercaderías o los correspondientes documentos representativos conforme al contrato y a la presente Convención. El vendedor podrá hacer del pago una condición para la entrega de las mercaderías o los documentos.

2. Si el contrato implica el transporte de las mercaderías, el vendedor podrá expedirlas estableciendo que las mercaderías o los correspondientes documentos representativos no se pondrán en poder del comprador más que contra el pago del precio.

3. El comprador no estará obligado a pagar el precio mientras no haya tenido la posibilidad de examinar las mercaderías, a menos que las modalidades de entrega o de pago pactadas por las partes sean incompatibles con esa posibilidad.

Art. 59. El comprador deberá pagar el precio en la fecha fijada o que pueda determinarse con arreglo al contrato y a la presente Convención, sin necesidad de requerimiento ni de ninguna otra formalidad por parte del vendedor.

SECCIÓN 2.ª

Recepción

Art. 60. La obligación del comprador de proceder a la recepción consiste:

a) En realizar todos los actos que razonablemente quepa esperar de él para que el vendedor pueda efectuar la entrega; y

b) En hacerse cargo de las mercaderías.

SECCIÓN 3.ª

Derechos y acciones en caso de incumplimiento del contrato por el comprador

Art. 61. 1. Si el comprador no cumple cualquiera de las obligaciones que le incumben conforme al contrato o a la presente Convención, el vendedor podrá:

a) Ejercer los derechos establecidos en los artículos 62 a 65.

b) Exigir la indemnización de los daños y perjuicios conforme a los artículos 74 a 77.

2. El vendedor no perderá el derecho a exigir la indemnización de los daños y perjuicios aunque ejercite cualquier otra acción conforme a su derecho.

3. Cuando el vendedor ejercite una acción por incumplimiento del contrato, el juez o el árbitro no podrán conceder al comprador ningún plazo de gracia.

Art. 62. El vendedor podrá exigir al comprador que pague el precio, que reciba las mercaderías o que cumpla las demás obligaciones que le incumban, a menos que el vendedor haya ejercitado un derecho o acción incompatible con esa exigencia.

Art. 63. 1. El vendedor podrá fijar un plazo suplementario de duración razonable para el cumplimiento por el comprador de las obligaciones que le incumban.

2. El vendedor, a menos que haya recibido comunicación del

comprador de que no cumplirá lo que le incumbe en el plazo fijado conforme al párrafo precedente, no podrá, durante ese plazo, ejercitar acción alguna por incumplimiento del contrato. Sin embargo el vendedor no perderá por ello el derecho que pueda tener a exigir la indemnización de los daños y perjuicios por demora en el cumplimiento.

Art. 64. 1. El vendedor podrá declarar resuelto el contrato:

a) Si el incumplimiento por el comprador de cualquiera de las obligaciones que le incumben conforme al contrato o a la presente Convención constituye un incumplimiento esencial del contrato, o

b) Si el comprador no cumple su obligación de pagar el precio o no recibe las mercaderías dentro del plazo suplementario fijado por el vendedor conforme al párrafo 1 del artículo 63 o si declara que no lo hará dentro del plazo así fijado.

2. No obstante, en los casos en que el comprador haya pagado el precio, el vendedor perderá el derecho a declarar resuelto el contrato si no lo hace:

a) En caso de cumplimiento tardío por el comprador, antes de que el vendedor tenga conocimiento de que se ha efectuado el cumplimiento; o

b) En caso de incumplimiento distinto del cumplimiento tardío por el comprador dentro de un plazo razonable:

i) Después de que el vendedor haya tenido o debiera haber tenido conocimiento del incumplimiento; o

ii) Después del vencimiento del plazo suplementario fijado por el vendedor conforme al párrafo 1 del artículo 63, o después de que el comprador haya declarado que no cumplirá sus obligaciones dentro de ese plazo suplementario.

Art. 65. 1. Si conforme al contrato correspondiere al comprador especificar la forma, las dimensiones u otras características de las mercaderías y el comprador no hiciere tal especificación en la fecha convenida o en un plazo razonable después de haber recibido un requerimiento del vendedor, éste podrá, sin perjuicio de cualesquiera otros derechos que le correspondan, hacer la especificación él mismo de acuerdo con las necesidades del comprador que le sean conocidas.

2. El vendedor, si hiciere la especificación él mismo, deberá informar de sus detalles al comprador y fijar un plazo razonable para que éste pueda hacer una especificación diferente. Si, después de recibir esa comunicación, el comprador no hiciere uso de esta posibilidad dentro del plazo así fijado, la especificación hecha por el vendedor tendrá fuerza vinculante.

CAPÍTULO IV

Transmisión del riesgo

Art. 66. La pérdida o el deterioro de las mercaderías sobrevenidos después de la transmisión del riesgo al comprador no liberarán a éste de su obligación de pagar el precio, a menos que se deban a un acto u omisión del vendedor.

Art. 67. 1. Cuando el contrato de compraventa implique el transporte de las mercaderías y el vendedor no esté obligado a entregarlas en un lugar determinado, el riesgo se transmitirá al comprador en el momento en que las mercaderías se pongan en poder del primer porteador para que las traslade al comprador conforme al contrato de compraventa. Cuando el vendedor esté obligado a poner las mercaderías en poder de un porteador en un lugar determinado, el riesgo no se transmitirá al comprador hasta que las mercaderías se pongan en poder del porteador en ese lugar. El hecho de que el vendedor esté autorizado a retener los documentos representativos de las mercaderías no afectará a la transmisión del riesgo.

2. Sin embargo, el riesgo no se transmitirá al comprador hasta que las mercaderías estén claramente identificadas a los efectos del contrato mediante señales en ellas, mediante los documentos de expedición, mediante comunicación enviada al comprador o de otro modo.

Art. 68. El riesgo respecto de las mercaderías vendidas en tránsito se transmitirá al comprador desde el momento de la celebración del contrato. No obstante, si así resultare de las circunstancias, el riesgo será asumido por el comprador desde el momento en que las mercaderías se hayan puesto en poder del porteador que haya expedido los documentos acreditativos del transporte. Sin embargo, si en el momento de la celebración del contrato de compraventa el vendedor tuviera o debiera haber tenido conocimiento de que las mercaderías habían sufrido pérdida o deterioro y no lo hubiera revelado al comprador, el riesgo de la pérdida o deterioro será de cuenta del vendedor.

Art. 69. 1. En los casos no comprendidos en los artículos 67 y 68, el riesgo se transmitirá al comprador cuando éste se haga cargo de las mercaderías, se pongan a su disposición e incurra en incumplimiento del contrato al rehusar su recepción.

2. No obstante, si el comprador estuviere obligado a hacerse cargo de las mercaderías en un lugar distinto de un establecimiento del vendedor, el riesgo se transmitirá cuando deba efectuarse la entrega y el comprador tenga cono-

---

Art. 69: Cfr. con el art. 69 de la versión auténtica del Convenio, pues el texto publicado en el *BOE* suprime por error una parte del precepto: «1. En los casos no comprendidos en los artículos 67 y 68, el riesgo se transmitirá al comprador cuando éste se haga cargo de las mercaderías *o, si no lo hace a su debido tiempo, desde el momento en que las mercaderías* se pongan a su disposición e incurra en incumplimiento del contrato al rehusar su recepción.»

cimiento de que las mercaderías están a su disposición en ese lugar.

3. Si el contrato versa sobre mercaderías aún sin identificar, no se considerará que las mercaderías se han puesto a disposición del comprador hasta que estén claramente identificadas a los efectos del contrato.

Art. 70. Si el vendedor ha incurrido en incumplimiento esencial del contrato, las disposiciones de los artículos 67, 68 y 69 no afectarán a los derechos y acciones de que disponga el comprador como consecuencia del incumplimiento.

CAPÍTULO V

DISPOSICIONES COMUNES A LAS OBLIGACIONES DEL VENDEDOR Y DEL COMPRADOR

SECCIÓN 1.ª

Incumplimiento previsible y contratos con entregas sucesivas

Art. 71. 1. Cualquiera de las partes podrá diferir el cumplimiento de sus obligaciones si, después de la celebración del contrato, resulta manifiesto que la otra parte no cumplirá una parte sustancial de sus obligaciones a causa de:

a) Un grave menoscabo de su capacidad para cumplirlas o de su solvencia, o

b) Su comportamiento al disponerse a cumplir o al cumplir el contrato.

2. El vendedor, si ya hubiere expedido las mercaderías antes de que resulten evidentes los motivos a que se refiere el párrafo precedente, podrá oponerse a que las mercaderías se pongan en poder del comprador, aun cuando éste sea tenedor de un documento que le permita obtenerlas. Este párrafo concierne sólo a los derechos respectivos del comprador y del vendedor sobre las mercaderías.

3. La parte que difiera el cumplimiento de lo que le incumbe, antes o después de la expedición de las mercaderías, deberá comunicarlo inmediatamente a la otra parte y deberá proceder al cumplimiento si esa otra parte da seguridades suficientes de que cumplirá sus obligaciones.

Art. 72. 1. Si antes de la fecha de cumplimiento fuere patente que una de las partes incurrirá en incumplimiento esencial del contrato, la otra parte podrá declararlo resuelto.

2. Si hubiere tiempo para ello, la parte que tuviere la intención de declarar resuelto el contrato deberá comunicarlo con antelación razonable a la otra parte para que ésta pueda dar seguridades suficientes de que cumplirá sus obligaciones.

3. Los requisitos del párrafo precedente no se aplicarán si la otra parte hubiere declarado que no cumplirá sus obligaciones.

Art. 73. 1. En los contratos que estipulen entregas sucesivas de mercaderías, si el incumplimiento por una de las partes de cualquiera de sus obligaciones relativas a cualquiera de las entregas constituye un incumplimiento esencial del contrato en relación con esa entrega, la otra parte podrá declarar resuelto el contrato en lo que respecta a esa entrega.

2. Si el incumplimiento por una de las partes de cualquiera de sus obligaciones relativas a cualquiera de las entregas da a la otra parte fundados motivos para inferir que se producirá un incumplimiento esencial del contrato en relación con futuras entregas, esa otra parte podrá declarar resuelto el contrato para el futuro, siempre que lo haga dentro de un plazo razonable.

3. El comprador que declara resuelto el contrato respecto de cualquier entrega podrá, al mismo tiempo, declararlo resuelto respecto de entregas ya efectuadas o de futuras entregas si, por razón de su interdependencia, tales entregas no pudieren destinarse al uso previsto por las partes en el momento de la celebración del contrato.

SECCIÓN 2.ª

Indemnización de daños y perjuicios

Art. 74. La indemnización de daños y perjuicios por el incumplimiento del contrato en que haya incurrido una de las partes comprenderá el valor de la pérdida sufrida y el de la ganancia dejada de obtener por la otra parte como consecuencia del incumplimiento. Esa indemnización no podrá exceder de la pérdida que la parte que haya incurrido en incumplimiento hubiera previsto o debiera haber previsto en el momento de la celebración del contrato, tomando en consideración los hechos de que tuvo o debió haber tenido conocimiento en ese momento, como consecuencia posible del incumplimiento del contrato.

Art. 75. Si se resuelve el contrato y si, de manera razonable y dentro de un plazo razonable después de la resolución, el comprador procede a una compra de reemplazo o el vendedor a una venta de reemplazo, la parte que exija la indemnización podrá obtener la diferencia entre el precio del contrato y el precio estipulado en la operación de reemplazo, así como cualesquiera otros danos y perjuicios exigibles conforme al artículo 74.

Art. 76. 1. Si se resuelve el contrato y existe un precio corriente de las mercaderías, la parte que exija la indemnización podrá obtener, si no ha procedido a una compra de reemplazo o a una venta de reemplazo conforme al artículo 75, la diferencia entre el precio señalado en el contrato y el precio corriente en el momento de la resolución, así como cualesquiera otros daños y perjuicios exigibles conforme al artículo 74. No obstante, si la parte que exija la indemnización ha resuelto el contrato después de haberse hecho cargo de las mercaderías, se aplicará el precio corriente en el momento en que se haya hecho cargo de ellas en vez del precio corriente en el momento de la resolución.

2. A los efectos del párrafo precedente, el precio corriente es el del lugar en que debiera haberse efectuado la entrega de las mercaderías o, si no hubiere precio corriente en ese lugar, el precio en otra plaza que pueda razonablemente sustituir ese lugar, habida cuenta de las diferencias de costo del transporte de las mercaderías.

Art. 77. La parte que invoque el incumplimiento del contrato deberá adoptar las medidas que sean razonables, atendidas las circunstancias, para reducir la pérdida, incluido el lucro cesante, resultante del incumplimiento. Si no adopta tales medidas, la otra parte podrá pedir que se reduzca la indemnización de los daños y perjuicios en la cuantía en que debía haberse reducido la pérdida.

SECCIÓN 3.ª

Intereses

Art. 78. Si una parte no paga el precio o cualquier otra suma adeudada, la otra parte tendrá derecho a percibir los intereses correspondientes, sin perjuicio de toda acción de indemnización de los daños y perjuicios exigibles conforme al artículo 74.

SECCIÓN 4.ª

Exoneración

Art. 79. 1. Una parte no será responsable de la falta de cumplimiento de cualquiera de sus obligaciones si prueba que esa falta de cumplimiento se debe a un impedimento ajeno a su voluntad y si no cabía razonablemente esperar que tuviese en cuenta el impedimento en el momento de la celebración del contrato, que lo evitase o superase o que evitase o superase sus consecuencias.

2. Si la falta de cumplimiento de una de las partes se debe a la falta de cumplimiento de un tercero al que haya encargado la ejecución total o parcial del contrato, esa parte sólo quedará exonerada de responsabilidad:

a) Si está exonerada conforme al párrafo precedente, y

b) Si el tercero encargado de la ejecución también estuviera exonerado en el caso de que se le aplicaran las disposiciones de ese párrafo.

3. La exoneración prevista en este artículo surtirá efecto mientras dure el impedimento.

4. La parte que no haya cumplido sus obligaciones deberá comunicar a la otra parte el impedimento y sus efectos sobre su capacidad para cumplirlas. Si la otra parte no recibiera la comunicación dentro de un plazo razona-

ble después de que la parte que no haya cumplido tuviera o debiera haber tenido conocimiento del impedimento, esta última parte será responsable de los daños y perjuicios causados por esa falta de recepción.

5. Nada de lo dispuesto en este artículo impedirá a una u otra de las partes ejercer cualquier derecho distinto del derecho a exigir la indemnización de los daños y perjuicios conforme a la presente Convención.

Art. 80. Una parte no podrá invocar el incumplimiento de la otra en la medida en que tal incumplimiento haya sido causado por acción u omisión de aquélla.

SECCIÓN 5.ª

Efectos de la resolución

Art. 81. 1. La resolución del contrato liberará a las dos partes de sus obligaciones, salvo la indemnización de daños y perjuicios que pueda ser debida. La resolución no afectará a las estipulaciones del contrato relativas a la solución de controversias ni a ninguna otra estipulación del contrato que regule los derechos y obligaciones de las partes en caso de resolución.

2. La parte que haya cumplido total o parcialmente el contrato podrá reclamar a la otra parte la restitución de lo que haya suministrado o pagado conforme al contrato. Si las dos partes están obligadas a restituir, la restitución deberá realizarse simultáneamente.

Art. 82. 1. El comprador perderá el derecho a declarar resuelto el contrato o a exigir al vendedor la entrega de otras mercaderías en sustitución de las recibidas cuando le sea imposible restituir éstas en un estado sustancialmente idéntico a aquel en que las hubiera recibido.

2. El párrafo precedente no se aplicará:

a) Si la imposibilidad de restituir las mercaderías o de restituirlas en un estado sustancialmente idéntico a aquel en que el comprador las hubiera recibido no fuere imputable a un acto u omisión de éste.

b) Si las mercaderías o una parte de ellas hubieren perecido o se hubieren deteriorado como consecuencia del examen prescrito en el artículo 38; o

c) Si el comprador, antes de que descubriera o debiera haber descubierto la falta de conformidad, hubiere vendido las mercaderías o una parte de ellas en el curso normal de sus negocios o las hubiere consumido o transformado conforme a un uso normal.

Art. 83. El comprador que haya perdido el derecho a declarar resuelto el contrato o a exigir al vendedor la entrega de otras mercaderías en sustitución de las recibidas, conforme al artículo 82, conservará todos los demás derechos y acciones que le correspondan conforme al contrato y a la presente Convención.

Art. 84. 1. El vendedor, si estuviere obligado a restituir el precio, deberá abonar también los intereses correspondientes a partir de la fecha en que se haya efectuado el pago.

2. El comprador deberá abonar al vendedor el importe de todos los beneficios que haya obtenido de las mercaderías o de una parte de ellas:

a) Cuando deba restituir las mercaderías o una parte de ellas; o

b) Cuando le sea imposible restituir la totalidad o una parte de las mercaderías o restituir la totalidad o una parte de las mercaderías en un estado sustancialmente idéntico a aquel en que las hubiera recibido, pero haya declarado resuelto el contrato o haya exigido al vendedor la entrega de otras mercaderías en sustitución de las recibidas.

SECCIÓN 6.ª

Conservación de las mercaderías

Art. 85. Si el comprador se demora en la recepción de las mercaderías o, cuando el pago del precio y la entrega de las mercaderías deban hacerse simultáneamente, no paga el precio, el vendedor, si está en posesión de las mercaderías o tiene de otro modo poder de disposición sobre ellas, deberá adoptar las medidas que sean razonables, atendidas las circunstancias, para su conservación. El vendedor tendrá derecho a retener las mercaderías hasta que haya obtenido del comprador el reembolso de los gastos razonables que haya realizado.

Art. 86. 1. El comprador, si ha recibido las mercaderías y tiene la intención de ejercer cualquier derecho a rechazarlas que le corresponda conforme al contrato o a la presente Convención, deberá adoptar las medidas que sean razonables, atendidas las circunstancias, para su conservación. El comprador tendrá derecho a retener las mercaderías hasta que haya obtenido del vendedor el reembolso de los gastos razonables que haya realizado.

2. Si las mercaderías expedidas al comprador han sido puestas a disposición de éste en el lugar de destino y el comprador ejerce el derecho a rechazarlas, deberá tomar posesión de ellas por cuenta del vendedor, siempre que ello pueda hacerse sin pago del precio y sin inconvenientes ni gastos excesivos. Esta disposición no se aplicará cuando el vendedor o una persona facultada para hacerse cargo de las mercaderías por cuenta de aquél está presente en el lugar de destino. Si el comprador toma posesión de las mercaderías conforme a este párrafo sus derechos y obligaciones se regirán por el párrafo precedente.

Art. 87. La parte que esté obligada a adoptar medidas para la conservación de las mercaderías podrá depositarlas en los almacenes de un tercero a expensas de la otra parte siempre que los gastos resultantes no sean excesivos.

Art. 88. 1. La parte que esté obligada a conservar las mercaderías conforme a los artículos 85 u 86 podrá venderlas por cualquier medio apropiado si la otra parte se ha demorado excesivamente en tomar posesión de ellas, en aceptar su devolución o en pagar el precio o los gastos de su conservación, siempre que comunique con antelación razonable a esa otra parte su intención de vender.

2. Si las mercaderías están expuestas a deterioro rápido, o si su conservación entraña gastos excesivos, la parte que esté obligada a conservarlas conforme a los artículos 85 u 86 deberá adoptar medidas razonables para venderlas. En la medida de lo posible deberá comunicar a la otra parte su intención de vender.

3. La parte que venda las mercaderías tendrá derecho a retener del producto de la venta una suma igual a los gastos razonables de su conservación y venta. Esta parte deberá abonar el saldo a la otra parte.

PARTE IV

Disposiciones finales

Art. 89. El Secretario general de las Naciones Unidas queda designado depositario de la presente Convención.

Art. 90. La presente Convención no prevalecerá sobre ningún acuerdo internacional ya celebrado o que se celebre que contenga disposiciones relativas a las materias que se rigen por la presente Convención, siempre que las partes tengan sus establecimientos en Estados partes en ese acuerdo.

Art. 91. 1. La presente Convención estará abierta a la firma en la sesión de clausura de la Conferencia de las Naciones Unidas sobre los Contratos de Compraventa Internacional de Mercaderías y permanecerá abierta a la firma de todos los Estados en la sede de las Naciones Unidas, Nueva York, hasta el 30 de septiembre de 1981.

2. La presente Convención estará sujeta a ratificación, aceptación o aprobación por los Estados signatarios.

3. La presente Convención estará abierta a la adhesión de todos los Estados que no sean Estados signatarios desde la fecha en que quede abierta a la firma.

4. Los instrumentos de ratificación, aceptación, aprobación y adhesión se depositarán en poder del Secretario General de las Naciones Unidas.

Art. 92. 1. Todo Estado contratante podrá declarar en el momento de la firma, la ratificación, la aceptación, la aprobación o la adhesión que no quedará obligado por la parte II de la presente Convención o que no quedará obligado por la parte III de la presente Convención.

2. Todo Estado contratante que haga una declaración conforme al párrafo precedente respecto de la parte II o de la parte III de la presente Convención no será considerado Estado contratante a los efectos del párrafo 1 del artículo 1 de la presente Convención respecto de las materias que se rijan por la parte a la que se aplique la declaración.

Art. 93. 1. Todo Estado contratante integrado por dos o más unidades territoriales en las que, con arreglo a su constitución, sean aplicables distintos sistemas jurídicos en relación con las materias objeto de la presente Convención podrá declarar en el momento de la firma, la ratificación, la aceptación, la aprobación o la adhesión que la presente Convención se aplicará a todas sus unidades territoriales o sólo a una o varias de ellas y podrá modificar en cualquier momento su declaración mediante otra declaración.

2. Estas declaraciones serán notificadas al depositario y en ellas se hará constar expresamente a qué unidades territoriales se aplica la Convención.

3. Si, en virtud de una declaración hecha conforme a este artículo, la presente Convención se aplica a una o varias de las unidades territoriales de un Estado contratante pero no a todas ellas, y si el establecimiento de una de las partes está situado en ese Estado, se considerará que, a los efectos de la presente Convención, ese establecimiento no está en un Estado contratante, a menos que se encuentre en una unidad territorial a la que se aplique la Convención.

4. Si el Estado contratante no hace ninguna declaración conforme al párrafo 1 de este artículo, la Convención se aplicará a todas las unidades territoriales de ese Estado.

Art. 94. 1. Dos o más Estados contratantes que, en las materias que se rigen por la presente Convención, tengan normas jurídicas idénticas o similares podrán declarar, en cualquier momento, que la Convención no se aplicará a los contratos de compraventa ni a su formación cuando las partes tengan sus establecimientos en esos Estados. Tales declaraciones podrán hacerse conjuntamente o mediante declaraciones unilaterales recíprocas.

2. Todo Estado contratante que, en las materias que se rigen por la presente Convención, tenga normas jurídicas idénticas o similares a las de uno o varios Estados no contratantes podrá declarar, en cualquier momento, que la Convención no se aplicará a los contratos de compraventa ni a su formación cuando las partes tengan sus establecimientos en esos Estados.

3. Si un Estado respecto del cual se haya hecho una declaración

conforme al párrafo precedente llega a ser ulteriormente Estado contratante, la declaración surtirá los efectos de una declaración hecha con arreglo al párrafo 1 desde la fecha en que la Convención entre en vigor respecto del nuevo Estado contratante, siempre que el nuevo Estado contratante suscriba esa declaración o haga una declaración unilateral de carácter recíproco.

Art. 95. Todo Estado podrá declarar en el momento del depósito de su instrumento de ratificación, aceptación, aprobación o adhesión que no quedará obligado por el apartado *b*) del párrafo 1 del artículo 1.º de la presente Convención.

Art. 96. El Estado contratante cuya legislación exija que los contratos de compraventa se celebren o se aprueben por escrito podrá hacer en cualquier momento una declaración conforme al artículo 12 en el sentido de que cualquier disposición del artículo 11, del artículo 29 o de la parte II de la presente Convención que permita que la celebración, la modificación o la extinción, por mutuo acuerdo del contrato de compraventa, o la oferta, la aceptación o cualquier otra manifestación de intención se hagan por un procedimiento que no sea por escrito no se aplicará en el caso de que cualquiera de las partes tenga su establecimiento en ese Estado.

Art. 97. 1. Las declaraciones hechas conforme a la presente Convención en el momento de la firma estarán sujetas a confirmación cuando se proceda a la ratificación, la aceptación o la aprobación.

2. Las declaraciones y las confirmaciones de declaración se harán constar por escrito y se notificarán formalmente al depositario.

3. Toda declaración surtirá efecto en el momento de la entrada en vigor de la presente Convención respecto del Estado de que se trate. No obstante, toda declaración de la que el depositario reciba notificación formal después de tal entrada en vigor surtirá efecto el primer día del mes siguiente a la expiración de un plazo de seis meses contados desde la fecha en que haya sido recibida por el depositario. Las declaraciones unilaterales recíprocas hechas conforme al artículo 94 surtirán efecto el primer día del mes siguiente a la expiración de un plazo de seis meses contados desde la fecha en que el depositario haya recibido la última declaración.

4. Todo Estado que haga una declaración conforme a la presente Convención podrá retirarla en cualquier momento mediante notificación formal hecha por escrito al depositario. Este retiro surtirá efecto el primer día del mes siguiente a la expiración de un plazo de seis meses contados desde la fecha en que el depositario haya recibido la notificación.

5. El retiro de una declaración hecha conforme al artículo 94 hará ineficaz, a partir de la fecha en que surta efecto el retiro, cualquier declaración de carácter recíproco hecha por otro Estado conforme a ese artículo.

Art. 98. No se podrán hacer más reservas que las expresamente autorizadas por la presente Convención.

Art. 99. 1. La presente Convención entrará en vigor, sin perjuicio de lo dispuesto en el párrafo 6 de este artículo, el primer día del mes siguiente a la expiración de un plazo de doce meses, contados desde la fecha en que haya sido depositado el décimo instrumento de ratificación, aceptación, aprobación o adhesión, incluido todo instrumento que contenga una declaración hecha conforme al artículo 92.

2. Cuando un Estado ratifique, acepte o apruebe la presente Convención, o se adhiera a ella, después de haber sido depositado el décimo instrumento de ratificación, aceptación, aprobación o adhesión, la Convención, salvo la parte excluida, entrará en vigor respecto de ese Estado, sin perjuicio de lo dispuesto en el párrafo 6 de este artículo, el primer día del mes siguiente a la expiración de un plazo de doce meses, contados desde la fecha en que haya depositado su instrumento de ratificación, aceptación, aprobación o adhesión.

3. Todo Estado que ratifique, acepte o apruebe la presente Convención, o se adhiera a ella, y que sea parte en la Convención relativa a una Ley uniforme sobre la formación de contratos para la venta internacional de mercaderías, hecha en La Haya el 1 de julio de 1964 (Convención de La Haya sobre la formación, de 1964), o en la Convención relativa a una Ley uniforme sobre la venta internacional de mercaderías, hecha en La Haya el 1 de julio de 1964 (Convención de La Haya sobre la venta, de 1964), o en ambas Convenciones, deberá denunciar al mismo tiempo, según el caso, la Convención de La Haya sobre la venta, de 1964, la Convención de La Haya sobre la formación de 1964, o ambas Convenciones, mediante notificación al efecto al Gobierno de los Países Bajos.

4. Todo Estado parte en la Convención de La Haya sobre la venta, de 1964, que ratifique, acepte o apruebe la presente Convención, o se adhiera a ella, y que declare o haya declarado, conforme al artículo 92, que no quedará obligado por la parte II de la presente Convención denunciará en el momento de la ratificación, la aceptación, la aprobación o la adhesión la Convención de La Haya sobre la venta, de 1964, mediante notificación al efecto al Gobierno de los Países Bajos.

Art. 99: Habiéndose producido la adhesión de España el 24 de julio de 1990, entró en vigor para nuestro país el 1 de agosto de 1991. Con posterioridad, en relación a otros Estados, en las comunicaciones publicadas trimestralmente en el *BOE* por la Secretaría General Técnica del Ministerio de Asuntos Exteriores en cumplimiento del art. 32 del D. 801/1972, de 24 de marzo, relativo a la ordenación de la actividad del Estado en materia de tratados internacionales.

5. Todo Estado parte en la Convención de La Haya sobre la formación, de 1964, que ratifique, acepte o apruebe la presente Convención, o se adhiera a ella, y que declare o haya declarado, conforme al artículo 92, que no quedará obligado por la parte III de la presente Convención denunciará en el momento de la ratificación, la aceptación, la aprobación o la adhesión la Convención de La Haya sobre la formación, de 1964, mediante notificación al efecto al Gobierno de los Países Bajos.

6. A los efectos de este artículo, las ratificaciones, aceptaciones, aprobaciones y adhesiones formuladas respecto de la presente Convención por Estados parte en la Convención de La Haya sobre la formación, de 1964, o en la Convención de La Haya sobre la venta, de 1964, no surtirán efecto hasta que las denuncias que esos Estados deban hacer, en su caso, respecto de estas dos últimas Convenciones hayan surtido a su vez efecto. El depositario de la presente Convención consultará con el Gobierno de los Países Bajos, como depositario de las Convenciones de 1964, a fin de lograr la necesaria coordinación a este respecto.

Art. 100. 1. La presente Convención se aplicará a la formación del contrato sólo cuando la propuesta de celebración del contrato se haga en la fecha de entrada en vigor de la Convención respecto de los Estados contratantes a que se refiere el apartado *a*) del párrafo 1 del artículo 1.º, o respecto del Estado contratante a que se refiere el apartado *b*) del párrafo 1 del artículo 1.º, o después de esa fecha.

2. La presente Convención se aplicará a los contratos celebrados en la fecha de entrada en vigor de la presente Convención respecto de los Estados contratantes a que se refiere el apartado *a*) del párrafo 1 del artículo 1.º, o respecto del Estado contratante a que se refiere el apartado *b*) del párrafo 1 del artículo 1.º, o después de esa fecha.

Art. 101. 1. Todo Estado contratante podrá denunciar la presente Convención, o su parte II o su parte III, mediante notificación formal hecha por escrito al depositario.

2. La denuncia surtirá efecto el primer día del mes siguiente a la expiración de un plazo de doce meses, contados desde la fecha en que la notificación haya sido recibida por el depositario. Cuando en la notificación se establezca un plazo más largo para que la denuncia surta efecto, la denuncia surtirá efecto a la expiración de ese plazo, contado desde la fecha en que la notificación haya sido recibida por el depositario.

Hecha en Viena el día 11 de abril de 1980, en un solo original, cuyos textos en árabe, chino, español, francés, inglés y ruso son igualmente auténticos.

En testimonio de lo cual, los Plenipotenciarios infrascritos, debidamente autorizados por sus respectivos Gobiernos, han firmado la presente Convención.

G) FORMA DE LOS ACTOS Y NEGOCIOS JURÍDICOS

116. REGLAMENTO SOBRE ORGANIZACIÓN Y RÉGIMEN DEL NOTARIADO, APROBADO POR DECRETO DE 2 DE JUNIO DE 1944

(Arts. 149, 150, 156.4.º, 161, 162, 168, 177, 181, 207, 209 bis, 212, 251, 255, 266-269 y Anexo III)

(*BOE* núm. 189, de 7 de julio de 1944; corr. de errores, *BOE* núm. 217, de 4 de agosto)

....

TÍTULO IV

Del instrumento público

....

CAPÍTULO II

DEL INSTRUMENTO PÚBLICO

SECCIÓN 1.ª

Requisitos generales

....

Art. 149. Los instrumentos públicos se redactarán en el idioma oficial del lugar del otorgamiento que los otorgantes hayan convenido. En caso de discrepancia entre los otorgantes respecto de la utilización de una sola de las lenguas oficiales el instrumento público deberá redactarse en las lenguas oficiales existentes. Las copias se expedirán en el idioma oficial del lugar pedido por el solicitante.

Art. 150. Cuando se trate de extranjeros que no entiendan el idioma español, el Notario autorizará el instrumento público si

Art. 149: Redactado según Real Decreto 45/2007, de 19 de enero, por el que se modifica el Reglamento de la organización y régimen del Notariado, aprobado por Decreto de 2 de junio de 1944 (*BOE* de 29-1-2007). Por Sentencia del Tribunal Supremo de 20 de mayo de 2008 (*BOE* de 16-6-2008) se declaró la nulidad de diversas normas introducidas por este Real Decreto y, en consecuencia, no aparecen transitorias en lo pertinente a esta obra.

Art. 150: Redactado según Real Decreto 45/2007, de 19 de enero, por el que se modifica el Reglamento de la organización y régimen del Notariado, aprobado por Decreto de 2 de junio de 1944 (*BOE* de 29-1-2007). Cfr. art. 144 de la LEC (*supra* núm. 5), art. 86 del RRC (*supra* núm. 75) y art. 37 del RH (*infra* núm. 122).

conoce el de aquéllos, haciendo constar que les ha traducido verbalmente su contenido y que su voluntad queda reflejada fielmente en el instrumento público.

También podrá en este caso autorizar el documento a doble columna en ambos idiomas, si así lo solicitare el otorgante extranjero, que podrá hacer uso de este derecho aun en la hipótesis de que conozca perfectamente el idioma español. Podrá sustituirse la utilización de la doble columna por la incorporación de la traducción en idioma oficial al instrumento público.

Los notarios podrán intervenir pólizas redactadas en lengua o idioma extranjero a requerimiento de las partes, si todas ellas y el notario conocen dicho idioma. En estos casos, la diligencia de intervención y las restantes manifestaciones del notario se redactarán en el idioma oficial del lugar del otorgamiento.

Cuando los otorgantes, o alguno de ellos, no conocieren suficientemente el idioma en que se haya redactado el instrumento público, y el Notario no pudiere por sí comunicar su contenido, se precisará la intervención, en calidad de intérprete, de una persona designada al efecto por el otorgante que no conozca el idioma, extremo que se expresará en la comparecencia y la autorización del documento, que hará las traducciones necesarias, declarando la conformidad del original con la traducción y que suscribirá, asimismo, el instrumento público.

De acuerdo con lo que antecede, el Notario que conozca un idioma extranjero podrá traducir los documentos escritos en el mencionado idioma, que precise insertar o relacionar en el instrumento público.

Cuando en un instrumento público hubiere que insertar documento, párrafo, frase o palabra de otro idioma o dialecto, se extenderá inmediatamente su traducción o se explicará lo que el otorgante entienda por la frase, palabra o nombre exótico. Están fuera de esta prescripción las palabras latinas que tanto en el foro como en el lenguaje común son usuales y de conocida significación.

....

SECCIÓN 2.ª

De las escrituras matrices

a) Comparecencia
y capacidad de los otorgantes

....

Art. 156. La comparecencia de toda escritura indicará:

....

4.º El nombre, apellidos, edad, estado civil y domicilio de los otorgantes, salvo si se tratare de funcionarios públicos que intervengan en el ejercicio de sus cargos, en cuyo caso bastará con la indicación de éste y el nombre y apellidos.

Art. 156.4.º: Redactado según Real Decreto 45/2007, de 19 de enero, por el que se modifica el Reglamento de la organización y régimen del Notariado, aprobado por Decreto de 2 de junio de 1944 (*BOE* de 29-1-2007).

Se expresará la vecindad civil de las partes cuando lo pidan los otorgantes o cuando afecte a la validez o eficacia del acto o contrato que se formaliza, así como en el supuesto del artículo 161.

....

Art. 161. Respecto de españoles la nacionalidad y su identidad se acreditarán por el pasaporte o el documento nacional de identidad. Respecto de extranjeros residentes en territorio nacional, su nacionalidad e identidad se acreditará mediante pasaporte o permiso de residencia expedido por autoridad española. Por último, respecto de extranjeros no residentes su nacionalidad e identidad se acreditará mediante pasaporte o mediante cualquier otro documento oficial expedido por autoridad competente de su país de origen que sirva a efectos de identificación, lo que se certificará en caso de duda por la autoridad consular correspondiente.

En todo caso, el documento utilizado deberá contener fotografía y firma del otorgante.

Art. 162. Los que tengan su vecindad en un punto y su residencia o domicilio en otro deberán consignar expresamente uno de ellos para las notificaciones y diligencias a que pueda dar lugar el cumplimiento del negocio o acto documentado.

....

Art. 168. Constituyen reglas especiales en orden a la comparecencia en las escrituras públicas las siguientes:

1.ª Cuando se trate de ausentes deberá comparecer en representación de los mismos la persona a quien corresponda, de acuerdo con lo preceptuado en el Código Civil.

2.ª Los menores de edad podrán comparecer por sí mismos, esto es, por su propio derecho, cuando de acuerdo con los preceptos del Derecho Civil puedan realizar por sí solos el acto de que se trate o hayan de consentir el que verifique su representante legal, también podrán comparecer al efecto de ser oídos.

3.ª Las autoridades y funcionarios públicos no precisarán presentar ante el Notario documentos que justifiquen su cargo cuando al Notario le conste por notoriedad.

De igual modo podrá éste hacer constar la intervención por paren-

---

Art. 161: Redactado según Real Decreto 45/2007, de 19 de enero, por el que se modifica el Reglamento de la organización y régimen del Notariado, aprobado por Decreto de 2 de junio de 1944 (*BOE* de 29-1-2007) por STS de 20-6-2008 se declaró la nulidad del inciso «y la vecindad por el lugar de otorgamiento, salvo que manifieste el interesado otra cosa».

Art. 162: Redactado según Real Decreto 45/2007, de 19 de enero, por el que se modifica el Reglamento de la organización y régimen del Notariado, aprobado por Decreto de 2 de junio de 1944 (*BOE* de 29-1-2007).

Art. 168: Redactado conforme al RD 1.209/1984, de 8 de junio (*BOE* de 25-6-1984; corr. de errores, *BOE* de 1-8-1984).

Vid. arts. 9.º1, 10.8, 11.1 y 12.6 del CC (*supra* núm. 72) y 91 del RRC (*supra* núm. 75).

tesco o por otro motivo al efecto de completar la capacidad.

4.ª La capacidad legal de los extranjeros que otorguen documentos ante Notario español, si éste no la conociere, se acreditará por certificación del Cónsul general o, en su defecto, del representante diplomático de su país en España. Cuando se den los supuestos del número 8 del artículo 10 del Código Civil la capacidad de los extranjeros se calificará por el Notario con arreglo a la Ley española.

Si en el Estado de que el extranjero otorgante fuese ciudadano no se usare más que el nombre y el primer apellido, el Notario se abstendrá de exigirle la declaración del segundo, aunque se trate de documentos inscribibles en el Registro de la Propiedad.

....

c) Estipulación

....

Art. 177. El precio o valor de los derechos se determinará en efectivo, con arreglo al sistema monetario oficial de España, pudiendo también expresarse las cantidades en moneda o valores extranjeros, pero reduciéndolos simultáneamente a moneda española. De igual modo, los valores públicos o industriales se estimarán en efectivo metálico, con arreglo a los tipos oficiales o contractuales.

En las escrituras públicas relativas a actos o contratos por los que se declaren, constituyan, transmitan, graven, modifiquen o extingan a título oneroso el dominio y los demás derechos reales sobre bienes inmuebles, se identificarán, cuando la contraprestación consistiera, en todo o en parte, en dinero o signo que lo represente, los medios de pago empleados por las partes, en los términos previstos en el artículo 24 de la Ley del Notariado, de acuerdo con las siguientes reglas:

1.ª Se expresarán por los comparecientes los importes satisfechos en metálico, quedando constancia en la escritura de dichas manifestaciones.

2.ª El Notario incorporará testimonio de los cheques y demás instrumentos de giro que se entreguen en el momento del otorgamiento de la escritura.

Los comparecientes deberán, asimismo, manifestar los datos a que se refiere el artículo 24 de la

---

Art. 168.4.º: Vid. art. 11 del Convenio sobre la ley aplicable a las obligaciones contractuales, hecho en Roma el 19 de julio de 1980 (*infra* núm. 113).

Art. 168, párr. último: Redactado según Real Decreto 45/2007, de 19 de enero, por el que se modifica el Reglamento de la organización y régimen del Notariado, aprobado por Decreto de 2 de junio de 1944 (*BOE* de 29-1-2007). Por STS de 20-5-2008 se declaró la nulidad de este párrafo, que dice: «Cuando en la redacción de alguna escritura el notario tenga que calificar la legalidad de documentos otorgados en territorio extranjero, podrá exigir a su satisfacción que se le acredite la capacidad legal de los otorgantes y la observancia de las formas y solemnidades establecidas en el país de que se trate. En otro caso, el notario deberá denegar su función conforme al artículo 145 de este Reglamento.»

Art. 177: Redactado según Real Decreto 1804/2008, de 3 de noviembre (*BOE* núm. 278, de 18-11-2008).

Ley del Notariado, correspondientes a los cheques y demás instrumentos de giro que hubieran sido entregados con anterioridad al momento del otorgamiento, expresando además su numeración y el código de la cuenta de cargo. En caso de cheques bancarios u otros instrumentos de giro librados por una entidad de crédito, entregados con anterioridad o en el momento del otorgamiento de la escritura, el compareciente que efectúe el pago deberá manifestar el código de la cuenta con cargo a la cual se aportaron los fondos para el libramiento o, en su caso, la circunstancia de que se libraron contra la entrega del importe en metálico. De todas estas manifestaciones quedará constancia en la escritura.

3.ª En caso de pago por transferencia o domiciliación, los comparecientes deberán manifestar los datos correspondientes a los códigos de las cuentas de cargo y abono, quedando constancia en la escritura de dichas manifestaciones.

En caso de que los comparecientes se negasen a aportar alguno de los datos o documentos citados anteriormente, el Notario hará constar en la escritura esta circunstancia, y advertirá verbalmente a aquéllos de lo dispuesto en el apartado 3 del artículo 254 de la Ley Hipotecaria, de 8 de febrero de 1946, dejando constancia, asimismo, de dicha advertencia.

Igualmente, en las escrituras citadas el Notario deberá incorporar la declaración previa del movimiento de los medios de pago aportada por los comparecientes cuando proceda presentar ésta en los términos previstos en la normativa de prevención del blanqueo de capitales. Si no se aportase dicha declaración por el obligado a ello, el Notario hará constar dicha circunstancia en la escritura y lo comunicará al órgano correspondiente del Consejo General del Notariado.

....

d) Testigos

....

Art. 181. Para ser testigo instrumental en los documentos intervivos se requiere ser español, hombre o mujer, mayor de edad o emancipado o habilitado legalmente y no estar comprendido en los casos de incapacidad que establece el artículo siguiente.

Las personas sujetas a régimen foral podrán ser testigos, si son mayores de edad, por su legislación.

También podrán ser testigos los extranjeros domiciliados en España que comprendan y hablen suficientemente el idioma español.

....

SECCIÓN 3.ª

Actas notariales

....

Subsección 1.ª

Actas de presencia

....

c') Actas de exhibición de cosas o documentos

Art. 207. En las actas de exhibición de cosas, el Notario describirá o relacionará las circunstancias que las identifiquen, diferenciando lo que resulte de su percepción de lo que manifiesten peritos u otras personas presentes en el acto, y podrá completar la descripción mediante planos, diseños, certificaciones, fotografías o fotocopias que incorporará a la matriz. En las actas de exhibición de documentos, además, transcribirá o relacionará aquéllos o concretará su narración a determinados extremos de los mismos, indicados por el requirente, observando en este caso, si a su parecer procede, lo dispuesto en el párrafo último del artículo 237.

Este tipo de acta será utilizable, entre otros supuestos.

1.º Para dejar constancia en el protocolo de la existencia de cosas o documentos en poder de una persona o en un determinado lugar.

2.º Para hacer constar la existencia de un documento no notarial cuyas firmas legitime el propio Notario autorizante, que vaya a surtir efectos solamente fuera de España en país que prevea o exija dicha forma documental.

En estas actas, el Notario identificará a los interesados, quienes comparecerán ante él, y en el mismo acto firmarán el documento no notarial o declararán que las firmas estampadas son las suyas, y, en todo caso, que conocen el contenido del documento y que, libre y voluntariamente, quieren que produzca los efectos que le sean aplicables conforme a lo previsto por las leyes extranjeras. El Notario, además, deberá emitir en cuanto le sea posible el juicio de capacidad legal o civil a que se refiere el artículo 156.8.º de este Reglamento y cumplir lo dispuesto en el mismo respecto de la intervención y representación de los otorgantes.

El documento, o un ejemplar del mismo, original o por fotocopia, quedará incorporado a la matriz del acta en la que se expresará, literalmente o en relación, el texto del testimonio de legitimación.

En dicho texto, a continuación de las firmas legitimadas, se consignarán, abreviadamente, los particulares contenidos en el acta que sean pertinentes.

3.º Para efectuar, conforme al artículo 262 de este Reglamento, el reconocimiento de la propia firma puesta con anterioridad en un documento que, a juicio del Notario, quedará suficientemente reseñado en el acta, o unido a ésta, original o por fotocopia.

4.º Para fijar el saldo líquido exigible en los préstamos o créditos en cuenta corriente concedidos por entidades de crédito, ahorro o financiación, siempre que tales ope-

---

Art. 207: Redacción según RD 1209/1984, de 8 de junio, por el que se modifican diversos artículos del Reglamento Notarial (*BOE* de 25-6-1984; corr. de errores, *BOE* de 1-8-1984).

raciones y esta modalidad de fijación hayan sido pactadas en escritura pública. En virtud de la documentación exhibida por la entidad acreedora y de su concordancia con certificación de ésta, que se unirá a la matriz, el Notario levantará el acta en la que quede determinado el saldo de la cuenta.

....

Subsección 2.ª

Actas de notoriedad

....

Art. 209 bis. En la tramitación de las actas de notoriedad a que se refiere el artículo 979 de la Ley de Enjuiciamiento Civil se observarán las siguientes reglas:

Art. 209 bis: Introducido por RD 1368/1992, de 13 de noviembre (*BOE* de 18-12-1992).

Téngase en cuenta, además, la Instrucción sobre autorización de actas de notoriedad para la declaración de herederos abintestato por los cónsules de España en el extranjero (*BIMJ* núm. 1.750, de 25-11-1995):

«Ha tenido conocimiento este Centro Directivo de que en alguna ocasión los funcionarios diplomáticos a quienes corresponde el ejercicio de la fe pública en el extranjero han autorizado actas de notoriedad para la declaración de herederos abintestato.

Estos casos aislados no deben repetirse a la vista de que, según las disposiciones vigentes, los funcionarios diplomáticos españoles en el extranjero nunca tienen competencia para la autorización de dichas actas. A esta conclusión se llega de acuerdo con los siguientes argumentos:

1.° La atribución en el extranjero de la fe pública a los Jefes de las Misiones Diplomáticas y a los Cónsules de España de carrera (cfr. artículo 1.° del Anexo tercero del Reglamento Notarial) ha de *quedar supeditada*, como es obvio, a lo dispuesto en las leyes que, en ciertas ocasiones, atribuyen la competencia notarial exclusiva a los Notarios atendiendo a criterios de territorialidad, como sucede, por ejemplo, en la reanudación del tracto sucesivo (artículo 203 de la Ley Hipotecaria) y en la ejecución extrajudicial de hipotecas (artículo 236 del Reglamento Hipotecario).

2.° Este mismo criterio es el que ha adoptado el artículo 979 de la Ley de Enjuiciamiento Civil, redactado por la Ley 10/1992, de 30 de abril, puesto que la declaración de que determinadas personas, que sean descendientes, ascendientes o cónyuge del finado, son los únicos herederos abintestato, ha de obtenerse mediante acta de notoriedad tramitada por Notario hábil para actuar en el lugar en que hubiera tenido el causante su último domicilio en España.

3.° Esta competencia territorial que, por definición, excluye al Cónsul, se mantiene en el desarrollo de la Ley llevado a cabo por el artículo 209 bis del Reglamento Notarial, redactado en la forma que estableció el artículo 2.° del Real Decreto 1368/1992, de 13 de noviembre. Este artículo 209 prevé el caso de que el causante no hubiera tenido nunca domicilio en España, y entonces, declara competente al Notario correspondiente al lugar del fallecimiento de aquél, y si hubiere fallecido fuera de España, al lugar donde estuviere parte considerable de los bienes o de las cuentas bancarias.

4.° Las previsiones legales y reglamentarias señalan, pues, siempre que es competente un Notario y, si queda aún por prever el supuesto de que el fallecido en el extranjero no hubiera tenido nunca domicilio en España y no tenga en ésta parte considerable de los bienes o cuentas bancarias, no puede interpretarse este criterio como un supuesto residual en el que la competencia, por exclusión, corresponde al Cónsul, sino como un caso extremo en el que no hay legalmente ningún órgano español con competencia para autorizar la declaración notarial de herederos abintestato, lo que no impide que esta declaración pueda ser obtenida del órgano extranjero competente, atendiendo al lugar del fallecimiento o al de la situación de los bienes. No se compagina con el carácter procesal y de orden público de esta materia estimar atribuida una competencia al Cónsul al margen de la letra de la ley.

Atendiendo a estas consideraciones,

1.ª Será Notario hábil para autorizarla cualquiera que sea competente para actuar en la población donde el causante hubiera tenido su último domicilio en España. A tal efecto, dicho domicilio se acreditará preferentemente, y sin perjuicio de otros medios de prueba, mediante el Documento Nacional de Identidad del causante.

De no haber tenido nunca domicilio en España será competente el Notario correspondiente al lugar de su fallecimiento y, si hubiere fallecido fuera de España, al lugar donde estuviere parte considerable de los bienes o de las cuentas bancarias.

2.ª Está legitimada para formular el requerimiento inicial del acta cualquier persona con interés legítimo.

3.ª Requerido uno de los notarios competentes, quedara excluida la competencia de los demás. El Notario requerido habrá de poner en conocimiento del Decanato del respectivo Colegio Notarial, en el mismo día que hubiese admitido el requerimiento, la iniciación de la tramitación del acta, especificando el nombre del causante y demás datos de identificación consignados en el artículo 4.º del anexo segundo del Reglamento Notarial, a fin de que de tal iniciación quede constancia en el Registro Particular del Decanato y en el General de Actos de Última Voluntad, conforme a lo previsto en los artículos 12 y 13 del anexo segundo.

Si, recibida una comunicación, se recibieren posteriormente otras relativas a la sucesión del mismo causante, el Decano, o el Jefe del Registro si los Notarios pertenecieren a distinto Colegio, lo comunicará inmediatamente a los Notarios, que hubiesen iniciado el acta en segundo o posterior lugar para que suspendan la tramitación de la misma.

Hasta que hayan transcurrido veinte días hábiles desde la comunicación al Decanato, el Notario no podrá expedir ningún tipo de copias del acta.

4.ª El interesado habrá de aseverar la certeza de los hechos positivos y negativos en que se deba fundar el acta, y acreditar documentalmente:

a) La apertura de la sucesión intestada mediante la presentación de las certificaciones de fallecimiento y del Registro General de Actos de Última Voluntad del causante y, en su caso, el documento auténtico del que, a pesar del testamento o del contrato sucesorio, procede la sucesión *ab intestato* o la sentencia firme que declare la invalidez de las instituciones de herederos.

b) La relación de parentesco de las personas que el requirente designe como herederos del causante.

---

esta Dirección General, en uso de las facultades que tiene atribuidas (cfr. artículos 309 y 313 del Reglamento Notarial), ha acordado encarecer a los funcionarios diplomáticos a quienes corresponde la fe pública en el extranjero que en lo sucesivo se abstengan de autorizar actas de notoriedad de declaración de herederos abintestato.»

Habrá de presentar el libro de familia del causante o las certificaciones correspondientes del Registro Civil acreditativas del matrimonio y filiaciones. Los documentos presentados o testimonio de los mismos quedarán incorporados al acta.

5.ª En el acta habrá de constar necesariamente, al menos, la declaración de dos testigos que aseveren que de ciencia propia o por notoriedad les constan los hechos positivos y negativos cuya declaración de notoriedad se pretende. Dichos testigos podrán ser, en su caso, parientes del fallecido, sea por consanguinidad o afinidad, cuando no tengan interés directo en la declaración. Se practicarán, también, las pruebas propuestas por el requirente así como las que se estimen oportunas, en especial las dirigidas a acreditar la nacionalidad y vecindad civil y, en su caso, la ley extranjera aplicable.

6.ª Ultimadas las anteriores diligencias, y transcurrido el plazo previsto en la regla 3.ª, hará constar el notario su juicio de conjunto sobre si quedan acreditados por notoriedad los hechos en que se funda la declaración de herederos.

En caso afirmativo declarará qué parientes del causante son los herederos *abintestato*, siempre que todos ellos sean de aquellos en que la declaración corresponde al notario. En la declaración se expresarán las circunstancias de identidad de cada uno y los derechos que por Ley le corresponden en la herencia.

....

Subsección 4.ª

Actas de protocolización

....

Art. 212. Los documentos públicos autorizados en el extranjero, una vez legalizados en forma, podrán ser protocolizados en España mediante acta que suscribirá el interesado, si se hallare presente.

En otro caso, bastará la afirmación del Notario de haberle sido entregado el documento a tales efectos.

....

CAPÍTULO III

DE OTROS DOCUMENTOS NOTARIALES

SECCIÓN 1.ª

Testimonios por exhibición

Art. 251. Además de las facultades que con relación al proto-

Art. 209 bis, reglas 5.ª y 6.ª: Redactados según Real Decreto 45/2007, de 19 de enero, por el que se modifica el Reglamento de la organización y régimen del Notariado, aprobado por Decreto de 2 de junio de 1944 (*BOE* de 29-1-2007).

Art. 251: Redacción según RD 1209/1984, de 8 de junio (*BOE* de 25-6-1984; corr. de errores, *BOE* de 1-8-1984).

colo otorga a los Notarios el artículo 17 de la Ley, y de las que se expresan en los artículos anteriores, tienen aquéllos las de expedir en relación o copia, total o parcial, testimonios de documentos que no sean matrices autorizadas por ellos o sus antecesores, ya estén anexos a matrices o se les presenten por los interesados, certificar de existencia y autenticar firmas de otros Notarios, autoridades, empleados públicos y toda clase de personas.

Sin embargo, no se podrán testimoniar los documentos privados, salvo aquéllos cuyas firmas puedan ser legitimadas conforme a este Reglamento.

Podrán también los Notarios expedir testimonios cuyo objeto sea acreditar en el extranjero la legislación vigente en España y el estatuto personal del requirente. En los testimonios se observarán las reglas dadas para las copias.

Asimismo podrán testimoniar al pie o al dorso de fotografías, fotocopias, u otras reproducciones gráficas análogas, que éstas corresponden a personas, cosas o documentos identificados por el Notario, si bien, en cuanto a los privados, con las limitaciones establecidas en el párrafo segundo de este artículo.

....

SECCIÓN 2.ª

Testimonio por vigencia de leyes

Art. 255. Los notarios podrán expedir testimonios cuyo objeto sea acreditar en el extranjero la legislación vigente en España o el estatuto personal del requirente.

....

SECCIÓN 5.ª

Legalizaciones

....

Art. 266. Para la legalización se utilizarán las fórmulas previstas en los Tratados internacionales o la siguiente: «El Decano del Ilustre Colegio Notarial legalizó el signo, firma y rúbrica que anteceden, del notario. N.N. (Aquí la fecha)».

Esta fórmula se empleará siempre que la firma legalizada sea igual, al parecer, a la que el notario acostumbra a usar, y que a la fecha del documento se halle en ejercicio del cargo, sin que le conste nada en contrario.

Cuando la legalización se ponga o concluya en pliego o folio distinto, se hará en ella sucinta relación del documento, cuyo signo, firma y rúbrica se haya legalizado, y, en su caso, el número del pliego o folio en que aparezcan las firmas legalizadas.

....

Art. 255: Redactado según Real Decreto 45/2007, de 19 de enero, por el que se modifica el Reglamento de la organización y régimen del Notariado, aprobado por Decreto de 2 de junio de 1944 (*BOE* de 29-1-2007).

Art. 266: Redactado según Real Decreto 45/2007, de 19 de enero, por el que se modifica el Reglamento de la organización y régimen del Notariado, aprobado por Decreto de 2 de junio de 1944 (*BOE* de 29-1-2007).

Art. 268. Cuando se trate de documentos que hayan de surtir efecto en el extranjero y el Cónsul del país respectivo no legalice directamente la firma del notario autorizante, el Decano del Colegio Notarial, o quien le sustituya, haciendo constar necesariamente, en este caso, su cualidad de Decano accidental, legalizará la firma del notario.

La firma de los Decanos será legalizada por la Dirección General.

A este efecto, las Juntas Directivas remitirán a la Dirección General la firma del Decano y de quien legalmente le sustituya, para que puedan ser comprobadas.

Art. 269. Lo dispuesto en el artículo anterior se entiende sin perjuicio de la legalización realizada mediante la apostilla establecida en el Real Decreto 2433/1978, de 2 de octubre, dictada en aplicación del Convenio Internacional de La Haya de 5 de octubre de 1961.

....

ANEXO III

Del ejercicio de la fe pública por los agentes diplomáticos y consulares de España en el extranjero

Artículo 1.º Los Jefes de las Misiones diplomáticas y los Cónsules de España de carrera tendrán a su cargo el ejercicio de la fe pública en el extranjero con arreglo a lo dispuesto en los artículos 11 y 734 del Código Civil y a las estipulaciones de los Tratados internacionales. Los Jefes de misión podrán delegar esas funciones en el Secretario de Embajada de mayor categoría que forme parte de aquélla, y los Cónsules, en los Vicecónsules. Cuando en una misma localidad exista Misión diplomática y Consulado de carrera, corresponderá a este último el ejercicio de la fe pública.

Art. 2.º En los países en que los Cónsules ejerzan la jurisdicción contenciosa y en aquellos en que por existir una numerosa población

---

Art. 268: Redactado según Real Decreto 45/2007, de 19 de enero, por el que se modifica el Reglamento de la organización y régimen del Notariado, aprobado por Decreto de 2 de junio de 1944 (*BOE* de 29-1-2007).

Art. 269: Redactado según Real Decreto 45/2007, de 19 de enero, por el que se modifica el Reglamento de la organización y régimen del Notariado, aprobado por Decreto de 2 de junio de 1944 (*BOE* de 29-1-2007).

Art. 2.º: Cfr. Real Decreto 1390/2007, de 29 de octubre, por el que se aprueba el Reglamento de los Agentes Consulares Honorarios de España en el extranjero (*BOE* núm. 272, de 13-11-2007), y su artículo 14.5: «Los agentes consulares honorarios no podrán actuar en calidad de funcionarios encargados del Registro civil ni ejercer la fe pública salvo en las condiciones previstas en los arts. 2 y 4 del Anexo III del Reglamento de la Organización y Régimen del Notariado.»

española lo juzgue necesario el Ministerio de Asuntos Exteriores, los Cónsules de carrera o, en su defecto, las Misiones diplomáticas, podrán autorizar, previa aprobación de dicho Ministerio, para el ejercicio de la fe pública, a determinados Agentes consulares honorarios, teniendo en cuenta en todo caso sus condiciones personales de aptitud.

Art. 3.º Para que los instrumentos públicos autorizados por los funcionarios a que se refiere el artículo anterior tengan validez en España, deberán ser calificadas sus copias por los Cónsules de carrera de que tales funcionarios dependan con la siguiente fórmula:

«El Cónsul de España en ... Certifica: Que don ... (Cónsul, Vicecónsul honorario o Agente consular de España), en ..., está autorizado para el ejercicio de la fe pública, y que este instrumento reúne las condiciones intrínsecas y extrínsecas exigidas para su validez por la legislación española» (Fecha, firma y sello).

Esta diligencia se practicará de oficio y no devengará derechos.

Art. 4.º Los Agentes consulares honorarios conservarán en todo caso y en todos los países la facultad de legalizar firmas, dar certificados de existencia, de consentimiento para contraer matrimonio, extender y autorizar protestas de averías y de naufragios y expedir, en general, toda clase de certificados que, no teniendo carácter notarial, estén comprendidos dentro de las atribuciones ordinarias de los Cónsules, a menos que éstas les sean limitadas por sus Jefes inmediatos.

Art. 5.º Los Agentes diplomáticos y consulares observarán en la redacción de las escrituras y actas matrices, expedición de copias y testimonios, formación y conservación de protocolos y en todos aquellos actos en que intervengan con carácter notarial, todas las prescripciones contenidas en la Ley del Notariado y en el título IV de su Reglamento y su Anexo II, en la parte que sea aplicable y con las excepciones que se consignan en los artículos siguientes.

....

Art. 15. La capacidad legal de los extranjeros que otorguen documentos ante los Agentes diplomáticos y consulares y que pertenezcan a país distinto de aquel en que dichos Agentes se hallen acreditados se justificará, en el caso a que se refiere el número 5.º del artículo 168 del Reglamento del Notariado, por certificación expedida por el Cónsul y, en su defecto, por

Art. 4.º: Cfr Real Decreto 1390/2007, de 29 de octubre, por el que se prueba el Reglamento de los Agentes Consulares Honorarios de España en el extranjero (*BOE* de 13-11-2007), y su artículo 14.5: «Los agentes consulares honorarios no podrán actuar en calidad de funcionarios encargados del Registro civil ni ejercer la fe pública salvo en la condiciones previstas en los art. 2 y 4 del Anexo III del Reglamento de Organización y Régimen del Notariado.

el Agente diplomático del país a que el extranjero pertenezca.

Art. 16. Podrán ser testigos instrumentales en los documentos intervivos los que reúnan las condiciones señaladas en el artículo 181 del Reglamento del Notariado, no siendo necesaria, sin embargo, la condición del domicilio en España para los extranjeros, pero sí en el país del otorgamiento cuando aquéllos no sean ciudadanos del mismo.

Sólo podrán ser testigos en los testamentos los que tengan la capacidad exigida por el Código Civil, pero no será necesaria la condición del domicilio, conforme a lo dispuesto en el artículo 734 del mismo Código.

Art. 17. Las escrituras autorizadas por los Agentes diplomáticos y consulares harán fe en todo el territorio español y en sus Colonias y Protectorados, una vez legalizada la firma de aquellos funcionarios en el Ministerio de Asuntos Exteriores.

....

117. LEY 59/2003, DE 19 DE DICIEMBRE, DE FIRMA ELECTRÓNICA

(Arts. 1.º, 2.º y 14)

(*BOE* núm. 304, de 20 de diciembre de 2003)

TÍTULO PRIMERO

Disposiciones generales

Artículo 1.º *Objeto.*—1. Esta ley regula la firma electrónica, su eficacia jurídica y la prestación de servicios de certificación.

2. Las disposiciones contenidas en esta ley no alteran las normas relativas a la celebración, formalización, validez y eficacia de

---

Art. 17: Redactado conforme al RD 1209/1984, de 8 de junio (*BOE* de 25-7-1984, corr. de errores, *BOE* de 1-8-1984).

los contratos y cualesquiera otros actos jurídicos ni las relativas a los documentos en que unos y otros consten.

Art. 2.º *Prestadores de servicios de certificación sujetos a la ley.*—1. Esta ley se aplicará a los prestadores de servicios de certificación establecidos en España y a los servicios de certificación que los prestadores residentes o domiciliados en otro Estado ofrezcan a través de un establecimiento permanente situado en España.

2. Se denomina prestador de servicios de certificación la persona física o jurídica que expide certificados electrónicos o presta otros servicios en relación con la firma electrónica.

3. Se entenderá que un prestador de servicios de certificación está establecido en España cuando su residencia o domicilio social se halle en territorio español, siempre que éstos coincidan con el lugar en que esté efectivamente centralizada la gestión administrativa y la dirección de sus negocios. En otro caso, se atenderá al lugar en que se realice dicha gestión o dirección.

4. Se considerará que un prestador opera mediante un establecimiento permanente situado en territorio español cuando disponga en él, de forma continuada o habitual, de instalaciones o lugares de trabajo en los que realice toda o parte de su actividad.

5. Se presumirá que un prestador de servicios de certificación está establecido en España cuando dicho prestador o alguna de sus sucursales se haya inscrito en el Registro Mercantil o en otro registro público español en el que fuera necesaria la inscripción para la adquisición de personalidad jurídica.

La mera utilización de medios tecnológicos situados en España para la prestación o el acceso al servicio no implicará, por sí sola, el establecimiento del prestador en España.

....

TÍTULO II

Certificados electrónicos

....

CAPÍTULO II

Certificados reconocidos

....

Art. 14. *Equivalencia internacional de certificados reconocidos.*—Los certificados electrónicos que los prestadores de servicios de certificación establecidos en un Estado que no sea miembro del Espacio Económico Europeo expidan al público como certificados reconocidos de acuerdo con la legislación aplicable en dicho Estado se considerarán equivalentes a los expedidos por los establecidos en España, siempre que se cumpla alguna de las siguientes condiciones:

a) Que el prestador de servicios de certificación reúna los requisitos establecidos en la normativa comunitaria sobre firma electrónica para la expedición de certificados reconocidos y haya sido certificado conforme a un sistema voluntario de certificación establecido en un Estado miembro del Espacio Económico Europeo.

b) Que el certificado esté garantizado por un prestador de servicios de certificación establecido en el Espacio Económico Europeo que cumpla los requisitos establecidos en la normativa comunitaria sobre firma electrónica para la expedición de certificados reconocidos.

c) Que el certificado o el prestador de servicios de certificación estén reconocidos en virtud de un acuerdo bilateral o multilateral entre la Comunidad Europea y terceros países u organizaciones internacionales.

....

H) OBLIGACIONES EXTRACONTRACTUALES

118. REGLAMENTO (CE) NÚMERO 864/2007 DEL PARLAMENTO EUROPEO Y DEL CONSEJO DE 11 DE JULIO DE 2007, RELATIVO A LA LEY APLICABLE A LAS OBLIGACIONES EXTRACONTRACTUALES («ROMA II»)*

(*DO* núm. L 199, de 31 de julio de 2007)

EL PARLAMENTO EUROPEO Y EL CONSEJO DE LA UNIÓN EUROPEA,

Visto el Tratado constitutivo de la Comunidad Europea y, en particular, su artículo 61, letra *c*), y su artículo 67,

Vista la propuesta de la Comisión,

Visto el dictamen del Comité Económico y Social Europeo[1],

De conformidad con el procedimiento establecido en el artículo 251 del Tratado a la vista del texto conjunto aprobado el 25 de junio de 2007 por el Comité de Conciliación[2], Considerando lo siguiente:

(1) La Comunidad se ha puesto como objetivo mantener y desarrollar un espacio de libertad,

---

* El Reglamento tiene su fundamento en el art. 65 letra *b*) del Tratado CE. Dinamarca no se considera Estado miembro a los efectos del Reglamento por la posición especial que ocupa con relación a las materias del Título IV del Tratado (vid. Art. 69 Tratado CE y Protocolo anejo). El Tribunal de Justicia tiene competencia interpretativa en las condiciones establecidas en el art. 68 Tratado CE. El Reglamento tiene carácter universal y se aplica aunque la ley desginada sea la de un Estado no miembro. En consecuencia, dentro de su ámbito de aplicación, sustituye el art. 10.9 del Código civil (*supra* núm. 72). El Reglamento sin embargo no afecta a la posibilidad de seguir aplicando el Convenio sobre ley aplicable en materia de accidentes de circulación por carretera, hecho en La Haya el 4 de mayo de 1971 (*infra* núm. 119), y el Convenio sobre ley aplicable a la responsabilidad por productos, hecho en la Haya el 2 de octubre de 1973 (*infra* núm. 120), según lo previsto en el art. 28.1.

[1] *DO* C 241, de 28-9-2004, p. 1.

[2] Dictamen del Parlamento Europeo de 6 de julio de 2005 (*DO* C 157, E de 6-7-2006, p. 371), Posición Común del Consejo de 25 de septiembre de 2006 (*DO* C 289 E, de 28-11-2006, p. 68) y Posición del Parlamento Europeo de 18 de enero de 2007 (no publicada aún en el *Diario Oficial*). Resolución legislativa del Parlamento Europeo de 10 de julio de 2007 y Decisión del Consejo de 28 de junio de 2007.

seguridad y justicia. Para el establecimiento progresivo de ese espacio, la Comunidad habrá de adoptar medidas en el ámbito de la cooperación judicial en materia civil con repercusión transfronteriza en la medida necesaria para el correcto funcionamiento del mercado interior.

(2) De acuerdo con lo establecido en el artículo 65, letra b), del Tratado, esas medidas habrán de incluir las que fomenten la compatibilidad de las normas aplicables en los Estados miembros en materia de conflictos de leyes y jurisdicción.

(3) El Consejo Europeo, en su reunión celebrada en Tampere los días 15 y 16 de octubre de 1999, secundó el principio de reconocimiento mutuo de las resoluciones judiciales y otras decisiones de las autoridades judiciales como piedra angular de la cooperación judicial en asuntos civiles e invitó al Consejo y a la Comisión a que adoptaran un programa de medidas para aplicar dicho principio.

(4) El 30 de noviembre de 2000, el Consejo adoptó un programa común de la Comisión y del Consejo de medidas para la aplicación del principio de reconocimiento mutuo de las resoluciones judiciales en materia civil y mercantil[3]. El programa define las medidas relativas a la armonización de las normas de conflicto de leyes como las que facilitan el reconocimiento mutuo de sentencias.

(5) El programa de La Haya[4], adoptado por el Consejo Europeo de 5 de noviembre de 2004, instaba a seguir trabajando activamente sobre las normas de conflicto de leyes relativas a obligaciones extracontractuales («Roma II»).

(6) El correcto funcionamiento del mercado interior exige, con el fin de favorecer la previsibilidad del resultado de los litigios, la seguridad jurídica y la libre circulación de resoluciones judiciales que las normas de conflictos de leyes vigentes en los Estados miembros designen la misma ley nacional con independencia del país del tribunal ante el que se haya planteado el litigio.

(7) El ámbito de aplicación material y las disposiciones del presente Reglamento deben garantizar la coherencia con el Reglamento (CE) núm. 44/2001 del Consejo, de 22 de diciembre de 2000, relativo a la competencia judicial, el reconocimiento y la ejecución de resoluciones judiciales en materia civil y mercantil[5] (Bruselas I), y con los instrumentos que tratan sobre la

[3] *DO* C 12, de 15-1-2001, p. 1.
[4] *DO* C 53, de 3-3-2005, p. 1.
[5] *DO* L 12, de 16-1-2001, p. 1. Reglamento modificado en último lugar por el Reglamento (CE) 1791/2006 (*DO* L 363, de 20-12-2006, p. 1).

ley aplicable a las obligaciones contractuales.

(8) El Reglamento debe aplicarse con independencia de la naturaleza del órgano jurisdiccional que conozca de la demanda.

(9) Las reclamaciones derivadas del ejercicio de la autoridad soberana (*acta iure imperii*) deben incluir reclamaciones contra el personal que actúe en nombre del Estado y la responsabilidad por actos de los poderes públicos, incluida la responsabilidad de los cargos públicos. Por ello, estos asuntos deben quedar excluidos del ámbito de aplicación del presente Reglamento.

(10) Las relaciones familiares deben abarcar parentesco, matrimonio, afinidad y familia colateral. La referencia en el artículo 1, apartado 2, a las relaciones con efectos comparables al matrimonio y otras relaciones familiares deben interpretarse de acuerdo con la legislación del Estado miembro en que se somete el asunto al tribunal.

(11) El concepto de obligación extracontractual varía de un Estado miembro a otro. Por ello, a efectos del presente Reglamento, la noción de obligación extracontractual deberá entenderse como un concepto autónomo. Las normas de conflicto de leyes contenidas en el presente Reglamento deben aplicarse también a las obligaciones extracontractuales basadas en la responsabilidad objetiva.

(12) La ley aplicable debe regular también la cuestión de la capacidad de incurrir en responsabilidad por un hecho dañoso.

(13) Unas normas uniformes que se apliquen cualquiera que sea la ley que designen podrán permitir evitar distorsiones de la competencia entre los litigantes comunitarios.

(14) La exigencia de seguridad jurídica y la necesidad de hacer justicia en casos individuales son elementos esenciales en un área de justicia. El presente Reglamento establece los factores de conexión más apropiados para conseguir dichos objetivos. Por ello, el presente Reglamento establece una regla general pero también reglas específicas y, en algunas disposiciones, una «cláusula de escape» que permite apartarse de estas reglas cuando se desprenda claramente de todas las circunstancias del caso que el hecho dañoso está manifiestamente más vinculado con otro país. Este conjunto de reglas crea de esta manera un marco flexible de normas de conflicto de ley. Del mismo modo, permite al órgano jurisdiccional competente tratar los casos individuales de forma adecuada.

(15) Si bien el principio de *lex loci delicti* commissi constituye la solución básica en cuanto a obligaciones extracontractuales en

la casi totalidad de los Estados miembros, la aplicación práctica de este principio en caso de dispersión de elementos en varios países varía. Esta situación es fuente de inseguridad jurídica.

(16) Unas normas uniformes deben incrementar la previsibilidad de las resoluciones judiciales y garantizar un equilibrio razonable entre los intereses de la persona cuya responsabilidad se alega y los de la persona perjudicada. La conexión con el país donde se produzca el daño directo (*lex loci damni*) crea un justo equilibrio entre los intereses de la persona cuya responsabilidad se alega y la persona perjudicada, y corresponde también a la concepción moderna del Derecho de responsabilidad civil y al desarrollo de los regímenes de responsabilidad objetiva.

(17) La legislación aplicable debe determinarse sobre la base del lugar en el que se produzca el daño, independientemente del país o países en los que pudiera haber consecuencias indirectas. En consecuencia, en casos de lesiones personales o daño a la propiedad, el país en el que se produce el daño debe ser el país en el que se haya sufrido la lesión o se haya dañado la propiedad, respectivamente.

(18) La norma general en el presente Reglamento deberá ser la del *lex loci damni* mencionada en el artículo 4, apartado 1. El artículo 4, apartado 2, debe considerarse como una excepción a este principio general, creándose una conexión especial cuando las partes tengan su residencia habitual en el mismo país. El artículo 4, apartado 3, debe entenderse como una «cláusula de escape» respecto al artículo 4, apartados 1 y 2, cuando quede claro, a partir de todas las circunstancias del caso, que el daño está manifiestamente más vinculado con otro país.

(19) Conviene prever normas específicas para ciertos daños para los que la norma general no permite lograr un equilibrio razonable entre los intereses en juego.

(20) En cuanto a la responsabilidad por productos defectuosos, la norma de conflicto de leyes debe responder a los objetivos que son el justo reparto de los riesgos inherentes a una sociedad moderna caracterizada por un alto grado de tecnicidad, la protección de la salud de los consumidores, el incentivo a la innovación, la garantía de una competencia no falseada y la simplificación de los intercambios comerciales. La creación de un sistema de cascada de factores conexos, combinada con una cláusula de previsibilidad, constituye una solución equilibrada habida cuenta de estos objetivos. El primer elemento que debe tenerse en cuenta es la legislación del país de residencia habitual de la persona perjudicada en el momento de producirse el daño, si el producto se comercializó en ese

país. Los otros elementos de la cascada se pondrán en marcha si el producto no se hubiera comercializado en ese país, sin perjuicio del artículo 4, apartado 2, y la posibilidad de una conexión manifiestamente más estrecha con otro país.

(21) La norma especial del artículo 6 no constituye una excepción a la norma general del artículo 4, apartado 1, sino más bien una aclaración de esta. En materia de competencia desleal, la norma de conflicto de leyes debe proteger a los competidores, los consumidores y al público en general, así como garantizar el buen funcionamiento de la economía de mercado. La conexión con la legislación del país donde se vean o puedan verse afectadas las relaciones de competencia o los intereses colectivos de los consumidores permite por lo general alcanzar estos objetivos.

(22) Las obligaciones extracontractuales que se derivan de las restricciones a la competencia en el artículo 6, apartado 3, deberán cubrir las infracciones tanto del Derecho nacional como del Derecho comunitario en materia de competencia. La legislación aplicable a esas obligaciones extracontractuales debe ser la del país cuyo mercado se vea o pueda verse afectado. Cuando el mercado resulte o pueda resultar afectado en más de un país, el demandante debe poder, en determinadas circunstancias, optar por basar su demanda en la legislación del órgano jurisdiccional ante el que presenta la demanda.

(23) A los efectos del presente Reglamento, el concepto de restricción de la competencia debe cubrir las prohibiciones de acuerdos entre empresas, las decisiones adoptadas por asociaciones de empresas y las prácticas concertadas que tengan por objeto o efecto evitar, restringir o distorsionar la competencia dentro de un Estado miembro o dentro del mercado interior, así como las prohibiciones relativas al abuso de posición dominante dentro de un Estado miembro o dentro del mercado interior, cuando dichos acuerdos, decisiones, prácticas concertadas o abusos estén prohibidos por los artículos 81 y 82 del Tratado CE o por la legislación de un Estado miembro.

(24) Por «daño medioambiental» debe entenderse el cambio adverso de un recurso natural, como el agua, el suelo o el aire, el perjuicio a una función que desempeña ese recurso natural en beneficio de otro recurso natural o del público, o un perjuicio a la variabilidad entre los organismos vivos.

(25) En cuanto a los daños medioambientales, el artículo 174 del Tratado, que contempla un elevado nivel de protección, basado en los principios de cautela y acción preventiva, en el principio de corrección en la fuente misma y en el principio de quien contamina

paga, justifica plenamente el recurso al principio de favorecer a la víctima. La cuestión de cuándo la persona que reclama el resarcimiento de los daños podrá elegir el Derecho aplicable debe determinarse de conformidad con la legislación del Estado miembro en que se somete el asunto al órgano jurisdiccional.

(26) En cuanto a las infracciones de los derechos de propiedad intelectual, conviene preservar el principio lex loci protectionis que se reconoce universalmente. A efectos del presente Reglamento, la expresión «derechos de propiedad intelectual» debe ser interpretada como referencia a, por ejemplo, los derechos de autor, los derechos afines, el derecho sui generis de la protección de bases de datos y los derechos de propiedad industrial.

(27) El concepto exacto de acción de conflicto colectivo, ya sea huelga o cierre patronal, varía de un Estado miembro a otro y se rige por las normas internas de cada Estado miembro. Por ello, el presente Reglamento adopta como principio general el de aplicar la legislación del país en el que se lleve a cabo la acción de conflicto colectivo a fin de proteger los derechos y obligaciones de los trabajadores y empresarios.

(28) La norma especial sobre acción colectiva del artículo 9 se entenderá sin perjuicio de las condiciones relativas al ejercicio de esa acción de acuerdo con la legislación nacional y sin perjuicio de la situación legal o de los sindicatos de las organizaciones representativas de los trabajadores, según prevea la legislación nacional respectiva de los Estados miembros.

(29) Conviene establecer normas especiales para los casos de daños causados por un hecho distinto de un hecho dañoso, como el enriquecimiento sin causa, la gestión de negocios y la culpa in contrahendo.

(30) La *culpa in contrahendo* a efectos del presente Reglamento es un concepto autónomo y no debe interpretarse necesariamente dentro del sentido de la legislación nacional. Debe incluir la violación del deber de información y la ruptura de los tratos contractuales. El artículo 12 cubre únicamente las obligaciones extracontractuales con vínculo directo con los tratos previos a la celebración de un contrato. Esto quiere decir que si durante las negociaciones de un contrato una persona sufriera una lesión personal, se aplicaría el artículo 4 o cualquier otra disposición pertinente del Reglamento.

(31) Para respetar el principio de autonomia de las partes y reforzar la seguridad jurídica, éstas deben poder elegir la ley aplicable a una obligación extracontractual. Dicha elección debe ser expresa o las circunstancias del

caso deben mostrarla con una certeza razonable. A la hora de establecer la existencia de un acuerdo, el órgano jurisdiccional debe respetar la voluntad de las partes. Es conveniente proteger a las partes más débiles imponiendo algunas condiciones a esta elección.

(32) Consideraciones de interés público justifican, en circunstancias excepcionales, el recurso por los tribunales de los Estados miembros a excepciones basadas en el orden público y en leyes de policía. En particular, la aplicación de una disposición de la ley designada por el presente Reglamento que condujera a la asignación de daños e intereses ejemplares o punitivos de naturaleza excesiva, puede, según las circunstancias del caso y el ordenamiento jurídico del Estado miembro del órgano jurisdiccional competente, considerarse contraria al orden público del foro.

(33) En virtud de las normas actuales sobre la compensación que se concede a las víctimas de accidentes de tráfico, al calcular los daños relativos a lesiones personales cuando el accidente se produce en un Estado distinto del de la residencia habitual de la víctima, el órgano jurisdiccional que conozca del caso debe tener en cuenta todas las circunstancias de hecho pertinentes de la víctima en cuestión. Ello debe incluir, en particular, las pérdidas y los costes efectivos de la convalecencia y atención médica.

(34) Para obtener un equilibrio razonable entre las partes deben tenerse en cuenta, en la medida de lo posible, las normas de seguridad y comportamiento vigentes en el país en el cual el acto perjudicial se produjo, incluso cuando la obligación extracontractual esté regulada por la ley de otro país. Los términos «normas de seguridad y comportamiento» deben interpretarse como referidos a todas las normas relacionadas de algún modo con la seguridad y el comportamiento, incluso, por ejemplo, las de seguridad vial en caso de accidente.

(35) Debe evitarse la dispersión de las normas de conflicto de leyes entre varios instrumentos, así como las diferencias entre esas normas. El presente Reglamento, con todo, no debe excluir la posibilidad de incluir normas de conflicto de leyes relativas a obligaciones extracontractuales en disposiciones de la legislación de la Comunidad en relación con materias específicas.

El presente Reglamento no debe perjudicar la aplicación de otros instrumentos que establezcan disposiciones destinadas a contribuir al correcto funcionamiento del mercado interior, en la medida en que no puedan aplicarse junto con la ley designada por las normas del presente Reglamento. La aplicación de las disposiciones de ley aplicable determinadas por las normas del presente Reglamento no debe afectar a la libertad de circulación de bienes y servicios regulada por los instrumentos comunitarios, como la Directiva 2000/31/CE del Parlamento Europeo y del Consejo, de 8 de junio 2000, relativa a determinados aspectos jurídicos de los servicios de la sociedad de la información, en particular el comercio electrónico en el mercado interior (Directiva sobre el comercio electrónico)[6].

(36) El respeto de los compromisos internacionales contraídos por los Estados miembros implica que el presente Reglamento se entiende sin perjuicio de los convenios internacionales de los que son parte uno o varios Estados miembros en el momento de la adopción del presente Reglamento. Con el fin de garantizar una mayor accesibilidad de las normas vigentes sobre esta materia, la Comisión debe publicar, basándose en la información transmitida por los Estados miembros, la lista de los convenios pertinentes en el *Diario Oficial de la Unión Europea*.

(37) La Comisión presentará una propuesta al Parlamento Europeo y al Consejo sobre los procedimientos y condiciones bajo los que los Estados miembros estarán autorizados, en casos particulares y excepcionales, a negociar y celebrar en nombre propio acuerdos con terceros países relativos a materias sectoriales, con disposiciones sobre la legislación aplicable a las obligaciones extracontractuales.

(38) Dado que el objetivo del presente Reglamento no puede ser alcanzado de manera suficiente por los Estados miembros y por consiguiente, debido a las dimensiones y efectos del presente Reglamento, puede lograrse mejor a nivel comunitario, la Comunidad puede adoptar medidas, de acuerdo con el principio de subsidiariedad consagrado en el artículo 5 del Tratado. De conformidad con el principio de proporcionalidad enunciado en dicho artículo, el presente Reglamento no excede de lo necesario para lograr ese objetivo.

(39) De conformidad con el artículo 3 del Protocolo sobre la posición del Reino Unido y de Irlanda anejo al Tratado de la Unión Europea y al Tratado constitutivo de la Comunidad Europea, el Reino Unido e Irlanda participan en la adopción y aplicación del presente Reglamento.

(40) De conformidad con los artículos 1 y 2 del Protocolo sobre la posición de Dinamarca anejo al Tratado de la Unión Europea y al Tratado constitutivo de la Comunidad Europea, Dinamarca no participa en la adopción del presente Reglamento y, por tanto, no está vinculada por este ni sujeta a su aplicación.

---

[6] *DO* L 178, de 17-7-2000, p. 1.

HAN ADOPTADO EL PRESENTE REGLAMENTO:

CAPÍTULO PRIMERO

ÁMBITO DE APLICACIÓN

Art. 1.º *Ámbito de aplicación.*—1. El presente Reglamento se aplicará a las obligaciones extracontractuales en materia civil y mercantil, en las situaciones que comportan un conflicto de leyes. No se aplicará, en particular, a las materias fiscales, aduaneras y administrativas ni a los casos en que el Estado incurra en responsabilidad por acciones u omisiones en el ejercicio de su autoridad (*acta iure imperii*).

2. Se excluirán del ámbito de aplicación del presente Reglamento:

a) las obligaciones extracontractuales que se deriven de relaciones familiares y de relaciones que la legislación aplicable a las mismas considere que tienen efectos comparables, incluida la obligación de alimentos;

b) las obligaciones extracontractuales que se deriven de regímenes económicos matrimoniales, de regímenes económicos resultantes de relaciones que la legislación aplicable a las mismas considere que tienen efectos comparables al matrimonio, y de testamentos y sucesiones;

c) las obligaciones extracontractuales que se deriven de letras de cambio, cheques y pagarés, así como de otros instrumentos negociables en la medida en que las obligaciones nacidas de estos últimos instrumentos se deriven de su carácter negociable;

d) las obligaciones extracontractuales que se deriven del Derecho de sociedades, asociaciones y otras personas jurídicas, relativas a cuestiones como la constitución, mediante registro o de otro modo, la capacidad jurídica, el funcionamiento interno y la disolución de sociedades, asociaciones y otras personas jurídicas, de la responsabilidad personal de los socios y de los administradores como tales con respecto a las obligaciones de la sociedad u otras personas jurídicas y de la responsabilidad personal de los auditores frente a una sociedad o sus socios en el control legal de los documentos contables;

e) las obligaciones extracontractuales que se deriven de las relaciones entre los fundadores, administradores y beneficiaros de un trust creado de manera voluntaria;

f) las obligaciones extracontractuales que se deriven de un daño nuclear;

g) las obligaciones extracontractuales que se deriven de la violación de la intimidad o de los derechos relacionados con la personalidad; en particular, la difamación.

3. El presente Reglamento no se aplicará a la prueba y el proceso, sin perjuicio de los artículos 21 y 22.

4. A los efectos del presente Reglamento, se entenderá por «Estado miembro» todos los Estados miembros excepto Dinamarca.

Art. 2.º *Obligaciones extracontractuales.*—1. A los efectos del presente Reglamento, se entenderá por «daños» todas las consecuencias resultantes de un hecho dañoso, el enriquecimiento injusto, la gestión de negocios o la *culpa in contrahendo*.

2. El presente Reglamento se aplicará asimismo a cualquier obligación extracontractual que pueda surgir.

3. Toda referencia que en el presente Reglamento se haga a:

a) un hecho generador del daño, incluirá los hechos que puedan producirse que den lugar a cualquier daño, y

b) el daño, incluirá cualquier daño que pueda producirse.

Art. 3.º *Carácter universal.*—La ley designada por el presente Reglamento se aplicará aunque no sea la de un Estado miembro.

CAPÍTULO II

HECHOS DAÑOSOS

Art. 4.º *Norma general.*—1. Salvo disposición en contrario del presente Reglamento, la ley aplicable a una obligación extracontractual que se derive de un hecho dañoso es la del país donde se produce el daño, independientemente del país donde se haya producido el hecho generador del daño y cualesquiera que sean el país o los países en que se producen las consecuencias indirectas del hecho en cuestión.

2. No obstante, cuando la persona cuya responsabilidad se alega y la persona perjudicada tengan su residencia habitual en el mismo país en el momento en que se produzca el daño, se aplicará la ley de dicho país.

3. Si del conjunto de circunstancias se desprende que el hecho dañoso presenta vínculos manifiestamente más estrechos con otro país distinto del indicado en los apartados 1 o 2, se aplicará la ley de este otro país. Un vínculo manifiestamente más estrecho con otro país podría estar basado en una relación preexistente entre las partes, como por ejemplo un contrato, que esté estrechamente vinculada con el hecho dañoso en cuestión.

Art. 5.º *Responsabilidad por los daños causados por productos defectuosos.*—1. Sin perjuicio del artículo 4, apartado 2, la ley aplicable a la obligación extracontractual que se derive en caso de daño causado por un producto será:

a) la ley del país en el cual la persona perjudicada tuviera su residencia habitual en el momento de producirse el daño, si el producto se comercializó en dicho país, o, en su defecto;

b) la ley del país en el que se adquirió el producto, si el producto se comercializó en dicho país, o, en su defecto;

c) la ley del país en que se produjo el daño, si el producto se comercializó en dicho país.

No obstante, la ley aplicable será la del país en el que tenga su residencia habitual la persona cuya responsabilidad se alega si no podía prever razonablemente la comercialización del producto o de un producto del mismo tipo en el país cuya ley sea aplicable con arreglo a las letras *a*), *b*) o *c*).

2. Si del conjunto de circunstancias se desprende que el hecho dañoso presenta vínculos manifiestamente más estrechos con otro país distinto del indicado en el apartado 1, se aplicará la ley de este otro país. Un vínculo manifiestamente más estrecho con otro país podría estar basado en una relación preexistente entre las partes, como por ejemplo un contrato, que esté estrechamente vinculada con el hecho dañoso en cuestión.

Art. 6.º *Competencia desleal y actos que restrinjan la libre competencia.*—1. La ley aplicable a una obligación extracontractual que se derive de un acto de competencia desleal será la ley del país en cuyo territorio las relaciones de competencia o los intereses colectivos de los consumidores resulten o puedan resultar afectados.

2. Cuando un acto de competencia desleal afecte exclusivamente a los intereses de un competidor en particular, se aplicará el artículo 4.

3. *a*) La ley aplicable a una obligación extracontractual que se derive de una restricción de la competencia será la ley del país en el que el mercado resulte o pueda resultar afectado.

b) Cuando el mercado resulte o pueda resultar afectado en más de un país, la persona que reclama la indemnización por el daño y que presenta una demanda ante el tribunal del domicilio del demandado puede optar por basar su demanda en la legislación del foro, siempre que el mercado de dicho Estado miembro figure entre los que se ven afectados de manera directa y sustancial por la restricción de la competencia de la que se deriva la obligación extracontractual en que se basa la demanda; cuando el demandante, de acuerdo con las normas aplicables en materia de competencia judicial, presente una demanda contra más de un demandado ante ese tribunal, podrá optar por basar su demanda en la legislación del foro únicamente si la restricción de la competencia en que se basa la demanda presentada contra cada uno de los demandados afecta también de manera directa y esencial al mercado del Estado miembro de ese tribunal.

4. La ley aplicable con arreglo al presente artículo no podrá excluirse mediante un acuerdo adoptado en virtud del artículo 14.

Art. 7.º *Daño medioambiental.*—La ley aplicable a la obligación extracontractual que se derive de un daño medioambiental o de un daño sufrido por personas o bienes como consecuencia de dicho daño, será la ley determinada en virtud del artículo 4, apartado 1, a menos que la persona que reclama el resarcimiento de los daños elija basar sus pretensiones en la ley del país en el cual se produjo el hecho generador del daño.

Art. 8.º *Infracción de los derechos de propiedad intelectual.*—1. La ley aplicable a la obligación extracontractual que se derive de una infracción de un derecho de propiedad intelectual será la del país para cuyo territorio se reclama la protección.

2. En caso de una obligación extracontractual que se derive de una infracción de un derecho de propiedad intelectual comunitario de carácter unitario, la ley aplicable será la ley del país en el que se haya cometido la infracción para toda cuestión que no esté regulada por el respectivo instrumento comunitario.

3. La ley aplicable con arreglo al presente artículo no podrá excluirse mediante un acuerdo adoptado en virtud del artículo 14.

Art. 9.º *Acción de conflicto colectivo.*—Sin perjuicio de lo dispuesto en el artículo 4, apartado 2, la ley aplicable a una obligación extracontractual respecto de la responsabilidad de una persona en calidad de trabajador o de empresario o de las organizaciones que representen sus intereses profesionales por los daños causados por una acción de conflicto colectivo futura o realizada, será la ley del país en el que se haya emprendido la acción o vaya a emprenderse.

CAPÍTULO III

ENRIQUECIMIENTO INJUSTO, GESTIÓN DE NEGOCIOS Y *CULPA IN CONTRAHENDO*

Art. 10. *Enriquecimiento injusto.*—1. Cuando una obligación extracontractual que se derive de un enriquecimiento injusto, incluido el pago de sumas indebidamente percibidas, concierna a una relación existente entre las partes, como por ejemplo la derivada de un contrato o un hecho dañoso, estrechamente vinculada a ese enriquecimiento injusto, la ley aplicable será la ley que regule dicha relación.

2. Cuando la ley aplicable no pueda ser determinada sobre la base del apartado 1 y las partes tengan su residencia habitual en el mismo país en el momento en que se produce el hecho que da lugar al enriquecimiento injusto, se aplicará la ley de dicho país.

3. Cuando la ley aplicable no pueda ser determinada sobre la base de los apartados 1 o 2, será aplicable la ley del país en que se produjo el enriquecimiento injusto.

4. Si del conjunto de circunstancias se desprende que la obligación extracontractual que se derive de un enriquecimiento injusto presenta vínculos manifiestamente más estrechos con otro país distinto del indicado en los apartados 1, 2 y 3, se aplicará la ley de este otro país.

Art. 11. *Gestión de negocios.*—1. Cuando una obligación extracontractual que se derive de un acto realizado sin la debida autorización en relación con los negocios de otra persona concierna a una relación existente entre las partes, como por ejemplo la derivada de un contrato o un hecho dañoso, estrechamente vinculada con esa obligación extracontractual, la ley aplicable será la ley que regule dicha relación.

2. Cuando la ley aplicable no pueda ser determinada sobre la base del apartado 1 y las partes tengan su residencia habitual en el mismo país en el momento en que se produce el hecho generador del daño, se aplicará la ley de dicho país.

3. Cuando la ley aplicable no pueda ser determinada sobre la base de los apartados 1 o 2, será aplicable la del país en que se haya realizado el acto.

4. Si del conjunto de las circunstancias se desprende que la obligación extracontractual que se derive de un acto realizado sin la debida autorización en relación con los negocios de otra persona presenta vínculos manifiestamente más estrechos con otro país distinto del indicado en los apartados 1, 2 y 3, se aplicará la ley de este otro país.

Art. 12. *Culpa in contrahendo.*—1. La ley aplicable a una obligación extracontractual que se derive de los tratos previos a la celebración de un contrato, con independencia de que el contrato llegue o no a celebrarse realmente, será la ley aplicable al contrato o la que se habría aplicado al contrato si este se hubiera celebrado.

2. Cuando la ley aplicable no pueda determinarse mediante el apartado 1, la ley aplicable será:

a) la ley del país en el que se haya producido el daño, independientemente del país en el que se haya producido el hecho generador del daño e independientemente del país o países en los que se hayan producido las consecuencias indirectas del hecho en cuestión, o

b) cuando las partes tengan su residencia habitual en el mismo país en el momento en el que se produjo el hecho generador del daño, la ley de ese país, o

c) si del conjunto de las circunstancias se desprende que la obligación extracontractual que se derive de los tratos previos a la celebración de un contrato presenta vínculos manifiestamente más estrechos con otro país distinto del indicado en las letras *a*) y *b*), se aplicará la ley de este otro país.

Art. 13. *Aplicabilidad del artículo 8.*—A efectos del presente capítulo, el artículo 8 se aplicará a las obligaciones extracontractuales que se deriven de una infracción de un derecho de propiedad intelectual.

CAPÍTULO IV

LIBERTAD DE ELECCIÓN

Art. 14. *Libertad de elección.*—1. Las partes podrán convenir someter la obligación extracontractual a la ley que elijan:

a) mediante un acuerdo posterior al hecho generador del daño, o bien *b*) cuando todas las partes desarrollen una actividad comercial, también mediante un acuerdo negociado libremente antes del hecho generador del daño.

La elección deberá manifestarse expresamente o resultar de manera inequívoca de las circunstancias del caso y no perjudicará los derechos de terceros.

2. Cuando en el momento en que ocurre el hecho generador del daño, todos los elementos pertinentes de la situación estén localizados en un país distinto de aquel cuya ley se elige, la elección de las partes no impedirá la aplicación de las disposiciones de la ley de ese otro país cuya aplicación no pueda excluirse mediante acuerdo.

3. Cuando, en el momento en que ocurre el hecho generador del daño, todos los elementos pertinentes de la situación se encuentren localizados en uno o varios Estados miembros, la elección por las partes de una ley que no sea la de un Estado miembro no impedirá la aplicación de las disposiciones del Derecho comunitario, en su caso tal como se apliquen en el Estado miembro del foro, que no puedan excluirse mediante acuerdo.

CAPÍTULO V

NORMAS COMUNES

Art. 15. *Ámbito de la ley aplicable.*—La ley aplicable a la obligación extracontractual con arreglo al presente Reglamento regula, en particular:

a) el fundamento y el alcance de la responsabilidad, incluida la determinación de las personas que puedan considerarse responsables por sus propios actos;

b) las causas de exoneración, así como toda limitación y reparto de la responsabilidad;

c) la existencia, la naturaleza y la evaluación de los daños o la indemnización solicitada;

d) dentro de los límites de los poderes conferidos al tribunal por su Derecho procesal, las medidas que puede adoptar un tribunal para garantizar la prevención, el cese y la reparación del daño;

e) la transmisibilidad, incluida por herencia, del derecho a reclamar por daños o a solicitar indemnización;

f) las personas que tienen derecho a la reparación del daño sufrido personalmente;

g) la responsabilidad por actos de terceros;

h) el modo de extinción de las obligaciones, así como las normas de prescripción y caducidad, incluidas las relativas al inicio, interrupción y suspensión de los plazos de prescripción y caducidad.

Art. 16. *Leyes de policía.*—Las disposiciones del presente Reglamento no afectarán a la aplicación de las disposiciones de la ley del foro en aquellas situaciones en que tengan carácter imperativo, cualquiera que sea la ley aplicable a la obligación extracontractual.

Art. 17. *Normas de seguridad y comportamiento.*—Para

valorar el comportamiento de la persona cuya responsabilidad se alega, habrán de tenerse en cuenta, como una cuestión de hecho y en la medida en que sea procedente, las normas de seguridad y comportamiento vigentes en el lugar y el momento del hecho que da lugar a la responsabilidad.

Art. 18. *Acción directa contra el asegurador del responsable.*—La persona perjudicada podrá actuar directamente contra el asegurador de la persona responsable para reclamarle resarcimiento si así lo dispone la ley aplicable a la obligación extracontractual o la ley aplicable al contrato de seguro.

Art. 19. *Subrogación.*—Cuando en virtud de una obligación extracontractual, una persona («el acreedor») tenga derechos respecto a otra persona («el deudor») y un tercero esté obligado a satisfacer al acreedor o haya, de hecho, satisfecho al acreedor en ejecución de esa obligación, la ley aplicable a esta obligación del tercero determinará si, y en qué medida, este puede ejercer los derechos que el *acreedor tenía contra* el deudor según la ley que rige sus relaciones.

Art. 20. *Responsabilidad múltiple.*—Cuando un acreedor tenga un derecho de reclamación contra varios deudores responsables respecto de la misma reclamación y uno de los deudores ya haya satisfecho la reclamación, total o parcialmente, el derecho de ese deudor a reclamar resarcimiento a los otros deudores se regirá por la ley aplicable a la obligación extracontractual que tenga dicho deudor respecto del acreedor.

Art. 21. *Validez formal.*—Un acto jurídico unilateral relativo a una obligación extracontractual será válido en cuanto a la forma si reúne las condiciones formales de la ley que rige la obligación extracontractual o de la ley del país donde se haya celebrado el acto.

Art. 22. *Carga de la prueba.*—1. La ley que rija la obligación extracontractual en virtud del presente Reglamento se aplicará en la medida en que, en materia de obligaciones extracontractuales, establezca presunciones legales o reparta la carga de la prueba.

2. Los actos jurídicos podrán ser acreditados por cualquier medio de prueba admitido bien por la ley del foro, bien por cualquiera de las leyes contempladas en el artículo 21, conforme a la cual el acto sea válido en cuanto a la forma, siempre que tal medio de prueba pueda emplearse ante el tribunal que conozca del asunto.

CAPÍTULO VI

OTRAS DISPOSICIONES

Art. 23. *Residencia habitual.*—1. A efectos del presente Reglamento, la residencia habitual de una sociedad, asociación o persona jurídica será el lugar de su administración central.

Cuando el hecho generador del daño o el daño se produzca en el curso de las operaciones de una sucursal, agencia o cualquier otro establecimiento, se considerará residencia habitual el lugar en el que dicha sucursal, agencia u otro establecimiento está situado.

2. A efectos del presente Reglamento, la residencia habitual de una persona física que esté ejerciendo su actividad profesional será el establecimiento principal de dicha persona.

Art. 24. *Exclusión del reenvío.*—Cuando el presente Reglamento establezca la aplicación de la ley de un país, se entenderá por tal las normas jurídicas vigentes en ese país con exclusión de las normas de Derecho internacional privado.

Art. 25. *Sistemas no unificados.*—1. Cuando un Estado se componga de varias unidades territoriales con sus propias normas en materia de obligaciones extracontractuales, cada unidad territorial se considerará como un país a efectos de la determinación de la ley aplicable según el presente Reglamento.

2. Un Estado miembro en el que las distintas unidades territoriales tengan sus propias normas jurídicas en materia de obligaciones extracontractuales no estará *obligado* a aplicar el presente Reglamento a los conflictos de leyes que afecten únicamente a dichas unidades territoriales.

Art. 26. *Orden público del foro.*—Sólo podrá excluirse la aplicación de una disposición de la ley designada por el presente Reglamento si esta aplicación es manifiestamente incompatible con el orden público del foro.

Art. 27. *Relaciones con otras disposiciones de Derecho comunitario.*—El presente Reglamento no afectará a la aplicación de disposiciones del Derecho comunitario que, en materias concretas, regulen los conflictos de leyes relativos a las obligaciones extracontractuales.

Art. 28. *Relación con los convenios internacionales existentes.*—1. El presente Reglamento no afectará a la aplicación de los convenios internacionales en que sean parte uno o más Estados miembros en el momento de la adopción del presente Reglamento y que regulen los conflictos de leyes en materia de obligaciones extracontractuales.

2. No obstante, por lo que respecta a las relaciones entre Estados miembros, el presente Reglamento, en la medida en que afecte a las materias reguladas por el mismo, primará frente a los convenios celebrados exclusivamente entre dos o más Estados miembros.

CAPÍTULO VII

DISPOSICIONES FINALES

Art. 29. *Lista de los convenios.*—1. Los Estados miembros comunicarán a la Comisión, a más tardar el 11 de julio de 2008, los convenios contemplados en el artículo 28, apartado 1. Tras esta fecha, los Estados miembros comunicarán a la Comisión toda denuncia de estos convenios.

2. La Comisión publicará en el *Diario Oficial de la Unión Europea* en el plazo de seis meses después de su recepción:

i) una lista de los convenios a que se refiere el apartado 1,

ii) las denuncias a que se refiere el apartado 1.

Art. 30. *Cláusula de revisión.*—1. A más tardar el 20 de agosto de 2011, la Comisión presentará al Parlamento Europeo, al Consejo y al Comité Económico y Social Europeo un informe relativo a la aplicación del presente Reglamento. Dicho informe deberá ir acompañado, en su caso, de propuestas de adaptación del Reglamento. El informe incluirá:

i) un estudio sobre los efectos de la forma de tratar a la ley extranjera en las diferentes jurisdicciones y sobre la medida en que los órganos jurisdiccionales de los Estados miembros aplican en la práctica la ley extranjera en cumplimiento del presente Reglamento,

ii) un estudio sobre los efectos del artículo 28 del presente Reglamento respecto del Convenio de La Haya de 4 de mayo de 1971 sobre el Derecho aplicable a los accidentes de tráfico.

2. A más tardar el 31 de diciembre de 2008, la Comisión presentará al Parlamento Europeo, al Consejo y al Comité Económico y Social Europeo un estudio sobre la situación en el ámbito de la ley aplicable a las obligaciones extracontractuales derivadas de la violación de la intimidad y de los derechos relacionados con la personalidad, teniendo en cuenta las normas sobre la libertad de prensa y la libertad de expresión en los medios de comunicación, y las cuestiones sobre conflicto de ley relacionadas con la Directiva 95/46/CE del Parlamento Europeo y del Consejo, de 24 de octubre de 1995, relativa a la protección de las personas físicas en lo que respecta al tratamiento de datos personales y a la libre circulación de estos datos [7].

Art. 31. *Aplicabilidad.*—El presente Reglamento se aplicará a los hechos generadores de daño que se produzcan después de su entrada en vigor.

Art. 32. *Entrada en vigor.*—El presente Reglamento se aplicará a partir del 11 de enero de 2009, excepto por lo que respecta al artículo 29, que se aplicará a partir del 11 de julio de 2008.

El presente Reglamento será obligatorio en todos sus elementos y directamente aplicable en los Estados miembros de conformidad con el Tratado constitutivo de la Comunidad Europea.

---

[7] *DO* L 281, de 23-11-1995, p. 31.

DECLARACIÓN DE LA COMISIÓN SOBRE LA CLÁUSULA DE REVISIÓN (ART. 30)

Tras la invitación del Parlamento Europeo y del Consejo en el marco del artículo 30 del Reglamento «Roma II», la Comisión, a más tardar en diciembre de 2008, presentará un estudio sobre la situación del Derecho aplicable a las obligaciones extracontractuales derivadas de la violación de la intimidad y de los derechos relativos a la personalidad. La Comisión tomará en consideración todos los aspectos de la situación y adoptará, en su caso, las medidas adecuadas.

DECLARACIÓN DE LA COMISIÓN SOBRE LOS ACCIDENTES DE TRÁFICO

Consciente de las diversas prácticas existentes en los Estados miembros en lo que respecta al nivel de la indemnización concedida a las víctimas de accidentes de tráfico, la Comisión está dispuesta a estudiar los problemas específicos de los residentes de la UE afectados por accidentes de tráfico en un Estado miembro distinto del Estado miembro de su residencia habitual. A tal fin, la Comisión pondrá a disposición del Parlamento Europeo y del Consejo, antes de finales de 2008, un estudio sobre todas las opciones para mejorar la situación de las víctimas transfronterizas, incluidos los aspectos del seguro, que preparará el terreno para un Libro Verde.

DECLARACIÓN DE LA COMISIÓN SOBRE EL TRATAMIENTO DE LA LEY EXTRANJERA

Consciente de las diversas prácticas existentes en los Estados miembros en lo que respecta al tratamiento de la ley extranjera, la Comisión publicará a más tardar *cuatro años después* de la entrada en vigor del Reglamento «Roma II», y en todo caso en cuanto se disponga de él, un estudio horizontal sobre la aplicación del Derecho extranjero en asuntos civiles y mercantiles por los tribunales de los Estados miembros, teniendo en consideración los objetivos del Programa de La Haya. También está dispuesta a adoptar, en su caso, las medidas adecuadas.

119. CONVENIO SOBRE LA LEY APLICABLE EN MATERIA DE ACCIDENTES DE CIRCULACIÓN POR CARRETERA, HECHO EN LA HAYA EL 4 DE MAYO DE 1971*

(*BOE* núm. 264, de 4 de noviembre de 1987; corr. de errores, *BOE* núm. 307, de 24 de diciembre)

Los Estados signatarios del presente Convenio,

Deseando establecer disposiciones comunes respecto de la ley aplicable a la responsabilidad civil extracontractual en materia de accidentes de circulación por carretera,

Han resuelto concluir un Convenio a tal efecto y acuerdan las disposiciones siguientes:

Artículo 1.º El presente Convenio determina la ley aplicable a la responsabilidad civil extracontractual resultante de los accidentes de circulación por carretera, sea cual fuere la clase de jurisdicción encargada de conocer el asunto.

Por accidente de circulación a los fines del presente Convenio se entenderá todo accidente en que intervengan uno o más vehículos, automotores o no, y que esté ligado a la circulación por la vía pública, en un espacio abierto al publico o en un espacio no público, pero abierto a un determinado número de personas con derecho de acceso al mismo.

Art. 2.º El presente Convenio no será de aplicación:

1. a la responsabilidad de fabricantes, vendedores y reparadores de vehículos;
2. a la responsabilidad del propietario de la vía de circulación o de cualquier otra persona encargada de asegurar el mantenimiento de la vía o la seguridad de los usuarios;
3. a las responsabilidades por acciones de terceros, excepto la responsabilidad del propietario del vehículo o la del comitente;
4. a las reclamaciones entre personas responsables;
5. a las reclamaciones y subrogaciones relativas a compañías de seguros;
6. a las acciones y reclamaciones ejercitadas por o contra los Organismos de la Seguridad Social, de seguros sociales o instituciones análogas y los fondos públicos de garantía automovilística, así como a los casos de exclusión de responsabilidad previstos por las normas que regulen estos Organismos.

---

* *Texto auténtico*: francés e inglés. *Estados parte*: Austria, Bélgica, Bielorrusia, Bosnia-Herzegovina, Croacia, Eslovaquia, Eslovenia, España, Ex-República Yugoslava de Macedonia, Francia, Letonia, Lituania, Luxemburgo, Montenegro, Países Bajos, Polonia, República Checa, Serbia y Suiza. Para los datos posteriores al cierre de la edición y otras informaciones relativas al Convenio véase http://www.hcch.net. Vid *supra* núm. 118.

Art. 3.º La Ley aplicable será la ley interna del Estado en cuyo territorio haya ocurrido el accidente.

Art. 4.º Sin perjuicio de lo dispuesto en el artículo 5.º, se hacen las siguientes excepciones al artículo 3.º:

a) Cuando en el accidente intervenga un solo vehículo, matriculado en un Estado distinto de aquel en cuyo territorio haya ocurrido el accidente, la ley interna del Estado en que el vehículo esté matriculado, será aplicable para determinar la responsabilidad:

— respecto del conductor, el poseedor, el propietario o cualquier otra persona que tenga un derecho sobre el vehículo, independientemente de su lugar de residencia habitual,

— respecto de una víctima que viajaba como pasajero, si tenía su residencia habitual en un Estado distinto de aquél en cuyo territorio haya ocurrido el accidente,

— respecto de una víctima que se encontraba en el lugar del accidente fuera del vehículo, si tenía su residencia habitual en el Estado en que dicho vehículo estuviere matriculado.

En caso de ser varias las víctimas, la ley aplicable se determinará por separado con respecto a cada una de ellas.

b) Cuando estuvieren implicados varios vehículos en el accidente, lo dispuesto en *a*) sólo será de aplicación si todos los vehículos estuvieren matriculados en el mismo Estado.

c) Cuando estuvieren implicadas en el accidente una o más personas que se encontraren fuera del o de los vehículos en el lugar del accidente, lo dispuesto en *a*) y *b*) sólo será de aplicación si todas esas personas tuvieren su residencia habitual en el Estado en el cual el o los vehículos estuvieren matriculados. Lo mismo procederá, incluso cuando esas personas fueren también víctimas del accidente.

Art. 5.º La ley aplicable en virtud de los artículos 3.º y 4.º a la responsabilidad con respecto al pasajero regirá también la responsabilidad por los daños producidos en los bienes transportados por el vehículo que pertenezcan al pasajero o hayan sido confiados a su cuidado.

La ley aplicable en virtud de los artículos 3.º y 4.º a la responsabilidad con respecto al propietario del vehículo regirá la responsabilidad por los daños producidos en bienes transportados por el vehículo distintos de los previstos en el párrafo precedente.

La ley aplicable a la responsabilidad por los daños producidos en los bienes que se encontraren fuera del o de los vehículos será la ley del Estado en cuyo territorio hubiere ocurrido el accidente. Sin embargo, la responsabilidad por los daños en los efectos personales de la víctima que se encontrare fuera del o de los vehículos se regirá por la ley interna del Estado en el cual el o los vehículos estén matriculados, cuando dicha ley sea aplicable a la responsabilidad con respecto a la víctima en virtud del artículo 4.º

Art. 6.º En el caso de los vehículos no matriculados o de los matriculados en varios Estados, la ley interna del Estado donde estén habitualmente estacionados sustituirá a la del Estado de matrícula. La misma regla se aplicará cuando ni el propietario, ni el poseedor ni el conductor del vehículo tuvieren, en el momento de ocurrir el accidente, su residencia habitual en el Estado donde estuviere matriculado el vehículo.

Art. 7.º Cualquiera que sea la ley aplicable, para determinar la responsabilidad se deberán tener en cuenta las normas sobre circulación y seguridad que estuvieren en vigor en el lugar y momento del accidente.

Art. 8.º La ley que resulte aplicable regirá especialmente para determinar:

1. las condiciones y el alcance de la responsabilidad;
2. las causas de exoneración, así como toda limitación y distribución de responsabilidad;
3. la existencia y la índole de los daños indemnizables;
4. las modalidades y la cuantía de la indemnización;
5. la transmisibilidad del derecho a indemnización;
6. las personas que tengan derecho a indemnización por daños que hayan sufrido personalmente;
7. la responsabilidad del comitente por causa de su encargado;
8. las prescripciones y caducidades por expiración de un plazo, con inclusión del comienzo, la interrupción y la suspensión de los plazos.

Art. 9.º Las personas perjudicadas tendrán derecho a actuar directamente contra el asegurador del responsable, si ese derecho les es reconocido por la ley aplicable conforme a lo dispuesto en los artículos 3.º, 4.º o 5.º

Si la ley del Estado en que estuviere matriculado el vehículo, aplicable conforme a los artículos 4.º o 5.º, no reconociera este derecho, podría no obstante ser ejercitado siempre que estuviere admitido por la ley interna del Estado en cuyo territorio hubiere ocurrido el accidente.

Si ninguna de estas leyes reconociera este derecho, podría ejercitarse caso de estar admitido por la ley del contrato de seguro.

Art. 10. La aplicación de alguna de las leyes cuya competencia declara el presente Convenio no podrá ser rechazada salvo que sea manifiestamente contraria al orden público.

Art. 11. La aplicación de los artículos 1.º al 10 del presente Convenio no depende de condición alguna de reciprocidad. El Convenio se aplicará aun cuando la ley aplicable no sea la de un Estado contratante.

Art. 12. Cualquier unidad territorial que forme parte de un Estado con sistema jurídico no unificado se considerará como un Estado a los efectos de aplicación de los artículos 2.º a 11, cuando tenga su propio sistema jurídico en lo relativo a la responsabilidad civil extracontractual en materia de accidentes de circulación por carretera.

Art. 13. Un Estado con sistema jurídico no unificado no estará obligado a aplicar el presente Convenio a los accidentes que ocurran en su territorio cuando intervengan solamente vehículos matriculados en las unidades territoriales de dicho Estado.

Art. 14. Un Estado con sistema jurídico no unificado podrá declarar, en el momento de la firma, de la ratificación o de la adhesión, que el presente Convenio se extenderá a todos sus sistemas jurídicos o solamente a uno o a varios de ellos, y podrá modificar en todo momento esta declaración mediante otra nueva.

Estas declaraciones se notificarán al Ministerio de Asuntos Exteriores de los Países Bajos e indicarán expresamente los sistemas jurídicos a los que se aplicará el Convenio.

Art. 15. El presente Convenio no afectará a lo dispuesto por otros Convenios en los que sean o puedan ser parte en el futuro los Estados contratantes y que, en materias específicas, contengan disposiciones relativas a la responsabilidad civil extracontractual derivada de accidentes de circulación por carretera.

Art. 16. El presente Convenio queda abierto a la firma de los Estados representados en la Undécima Reunión de la Conferencia de La Haya sobre Derecho Internacional Privado.

El Convenio será objeto de ratificación y los instrumentos de ratificación se depositarán en el Ministerio de Asuntos Extranjeros de los Países Bajos.

Art. 17. El presente Convenio entrará en vigor el sexagésimo día siguiente al depósito del tercer instrumento de ratificación previsto en el artículo 16, párrafo 2.

El Convenio entrará en vigor, para cada Estado signatario que lo ratifique posteriormente, el sexagésimo día siguiente al depósito de su instrumento de ratificación.

Art. 18. Cualquier Estado no representado en la Undécima Reunión de la Conferencia de La Haya sobre Derecho Internacional Privado que sea miembro de esta Conferencia o de las Naciones Unidas o de uno de sus organismos especializados o sea parte en el Estatuto de la Corte Internacional de Justicia podrá adherirse al presente Convenio después de su entrada en vigor en virtud del artículo 17, párrafo primero.

El instrumento de adhesión quedará depositado en el Ministe-

Art. 15: Vid. *supra* núm. 118, art. 28.

Art. 17: La ratificación por España tuvo lugar el 4 de septiembre de 1987. Con posterioridad, en relación con otros Estados, en las comunicaciones publicadas trimestralmente en el *BOE* por la Secretaría General Técnica del Ministerio de Asuntos Exteriores en cumplimiento del art. 32 del D. 801/1972, de 24 de marzo, relativo a la ordenación de la actividad del Estado en materia de tratados internacionales.

rio de Asuntos Extranjeros de los Países Bajos.

El Convenio entrará en vigor, para el Estado que se adhiera, el sexagésimo día siguiente al depósito del correspondiente instrumento de adhesión.

La adhesión sólo tendrá efecto en las relaciones entre el Estado que se adhiere y los Estados contratantes que hayan declarado aceptar su adhesión. Esta declaración se depositará en el Ministerio de Asuntos Extranjeros de los Países Bajos, el cual enviará por vía diplomática copia certificada conforme a cada uno de los Estados contratantes.

El Convenio entrará en vigor, entre el Estado que se adhiere y el Estado que haya declarado aceptar la adhesión, sesenta días después del depósito de la declaración de aceptación.

Art. 19. En el momento de la firma, ratificación o adhesión, cualquier Estado podrá declarar que el presente Convenio se extenderá al conjunto de los territorios que representa en el plano internacional, o a uno o a varios de ellos. Esta declaración surtirá efecto desde el momento de la entrada en vigor del Convenio en lo que respecta a ese Estado.

Después, cualquier extensión de esta naturaleza se notificará al Ministerio de Asuntos Extranjeros de los Países Bajos.

El Convenio entrará en vigor, para los territorios previstos en la extensión, el sexagésimo día siguiente a la notificación mencionada en el párrafo precedente.

Art. 20. El presente Convenio tendrá una duración de cinco años a partir de la fecha de su entrada en vigor conforme al artículo 17, párrafo primero, incluso para los Estados que lo hubieren ratificado o se hubieren adherido con posterioridad.

El Convenio se renovará tácitamente de cinco en cinco años, salvo denuncia.

La denuncia deberá hacerse al menos seis meses antes de que expire el plazo de cinco años y deberá notificarse al Ministerio de Asuntos Extranjeros de los Países Bajos.

Podrá limitarse a algunos de los territorios a los que se aplique el Convenio.

La denuncia sólo tendrá efectos para el Estado que la haya notificado. El Convenio seguirá vigente para los demás Estados contratantes.

Art. 21. El Ministerio de Asuntos Extranjeros de los Países Bajos notificará a los Estados a que se refiere el artículo 16, así como a los Estados que se hayan adherido conforme a lo dispuesto en el artículo 18:

a) las firmas y ratificaciones a que se refiere el artículo 16;

b) la fecha en la cual entrará en vigor el presente Convenio, conforme a lo dispuesto en el artículo 17, párrafo primero;

c) las adhesiones a que se refiere el artículo 18 y la fecha de su entrada en vigor;

d) las declaraciones mencionadas en los artículos 14 y 19;

e) las denuncias a que se refiere el artículo 20, párrafo tercero.

En fe de lo cual, los infrascritos, debidamente autorizados firman el presente Convenio.

Hecho en La Haya a 4 de mayo de 1971, en francés y en inglés, siendo ambos textos igualmente auténticos, en un solo ejemplar que se depositará en los archivos del Gobierno de los Países Bajos y del cual se remitirá por vía diplomática copia certificada conforme a cada uno de los Estados representados en la Undécima Reunión de la Conferencia de La Haya sobre Derecho Internacional Privado.

120. CONVENIO SOBRE LA LEY APLICABLE A LA RESPONSABILIDAD POR PRODUCTOS, HECHO EN LA HAYA EL 2 DE OCTUBRE DE 1973*

(*BOE* núm. 21, de 25 de enero de 1989)

Los Estados signatarios del presente Convenio,

Deseando establecer disposiciones comunes relativas a legislación acerca de responsabilidad por productos en las relaciones internacionales,

Han decidido redactar un Convenio a estos fines y han acordado las siguientes disposiciones:

Artículo 1.º El presente Convenio determinará la legislación aplicable a la responsabilidad de los fabricantes y otras personas señaladas en el artículo 3.º por los daños causados por un producto, comprendidos los derivados de la descripción inexacta del producto *o la falta de indicación* adecuada de sus cualidades, características o modo de empleo.

Cuando hubiere sido transferida la propiedad o el disfrute de un producto a la persona que sufra el daño por aquella a quien se imputa la responsabilidad, no se aplicará el Convenio a las relaciones entre las mismas.

El presente Convenio será de aplicación independientemente de la jurisdicción o de la autoridad que haya de conocer del litigio.

Art. 2.º A efectos del presente Convenio:

a) la palabra «producto» comprenderá los productos naturales y los productos industriales, bien

* *Texto auténtico*: francés e inglés. *Estados parte*: Croacia, Eslovenia, España, Ex-República Yugoslava de Macedonia, Finlandia, Francia, Luxemburgo, Montenegro, Noruega, Países Bajos y Serbia. Para los datos posteriores al cierre de la edición y otras informaciones relativas al Convenio, véase http://www.hcch.net. Vid. *supra* núm. 118.

sean en bruto o manufacturados, muebles o inmuebles;

b) la palabra «daño» comprenderá cualquier daño a las personas o bienes, así como la pérdida económica; sin embargo, se excluirán el daño al producto en sí y la consiguiente pérdida económica a menos que vayan unidos a otros daños;

c) la palabra «persona» expresará tanto las personas jurídicas como las personas físicas.

Art. 3.º El presente Convenio será aplicable a la responsabilidad de las siguientes personas:

1. fabricantes de productos acabados o de componentes;
2. productores de productos naturales;
3. proveedores de productos;
4. otras personas, comprendidos los reparadores y almacenistas, la cadena comercial de preparación y de distribución de un producto.

También se aplicará el presente Convenio a la responsabilidad de los agentes o empleados de las personas arriba señaladas.

Art. 4.º La legislación aplicable será el derecho interno del Estado en cuyo territorio se haya producido el daño, en el caso de que dicho Estado sea también:

a) el Estado de residencia habitual de la persona directamente perjudicada, o

b) el Estado en el que se encuentre el establecimiento principal de la persona a quien se le imputa la responsabilidad, o

c) el Estado en cuyo territorio el producto ha sido adquirido por la persona directamente perjudicada.

Art. 5.º No obstante las disposiciones del artículo 4.º, la legislación aplicable será el derecho interno del Estado de residencia habitual de la persona directamente perjudicada en el caso de que dicho Estado sea también:

a) el Estado en el que se encuentra el establecimiento principal de la persona a quien se le imputa la responsabilidad, o

b) el Estado en cuyo territorio, hubiese sido adquirido el producto por la persona directamente perjudicada.

Art. 6.º En el caso de que no fuere aplicable alguna de las legislaciones señaladas en los artículos 4.º y 5.º, será aplicable el derecho interno del Estado en donde se halle el establecimiento principal de la persona a quien se le imputa la responsabilidad, a menos que el demandante base su reclamación en el derecho interno del Estado en cuyo territorio se hubiere producido el daño.

Art. 7.º No será aplicable la legislación del Estado en cuyo te-

---

Art. 3.º4: Téngase en cuenta que el texto auténtico del Convenio se refiere a «otras personas, comprendidos los reparadores y almacenistas, que intervienen en la cadena comercial de preparación y distribución de productos».

rritorio se hubiere producido el daño ni la legislación del Estado de residencia habitual de la persona directamente perjudicada, previstas en los artículos 4.º, 5.º y 6.º, si la persona a quien se le imputa la responsabilidad demuestra que no pudo razonablemente prever que el producto o sus propios productos del mismo tipo habrían de comercializarse en el Estado de que se trate.

Art. 8.º La Ley aplicable determinará en especial lo siguiente:

1. Los requisitos y la extensión de la responsabilidad;
2. Las causas de exención, así como cualquier limitación o partición de responsabilidad;
3. La índole de los daños que puedan dar lugar a indemnización;
4. Las modalidades y alcance de la indemnización;
5. La transmisibilidad del derecho a indemnización;
6. Las personas con derecho a indemnización por el daño que hayan personalmente sufrido;
7. La responsabilidad principal por hechos de sus empleados;
8. La carga de la prueba, en la medida en que las normas de la legislación aplicable al respecto pertenezcan al derecho de responsabilidad;
9. Las normas de prescripción y caducidad, fundamentadas en la expiración de un plazo, comprendido el inicio, la interrupción y la suspensión de los plazos.

Art. 9.º La aplicación de los artículos 4.º, 5.º y 6.º no obstará para que se tomen en consideración las normas de seguridad vigentes en el Estado en cuyo territorio se hubiere introducido el producto en el mercado.

Art. 10. Sólo podrá dejarse de aplicar alguna de las legislaciones declaradas competentes en el presente Convenio cuando fuere manifiestamente incompatible con el orden público.

Art. 11. La aplicación de los artículos precedentes del presente Convenio se hará con independencia de cualquier condición de reciprocidad. El Convenio se aplicará incluso cuando la legislación aplicable no sea la de un Estado contratante.

Art. 12. Cuando un Estado conste de varias unidades territo-

Art. 8.º7: Téngase en cuenta que en el texto auténtico del Convenio se emplea la expresión «responsabilidad del principal por hechos de sus empleados» y no «responsabilidad principal por hechos de sus empleados».

Art. 8.º9: Téngase en cuenta que en el texto auténtico del Convenio se emplea la expresión «comprendido el inicio, la interrupción y la suspensión de los plazos» y no «comprendido en el inicio, la interrupción y la suspensión de los plazos».

Art. 9.º: Téngase en cuenta la Directiva 2001/95/CE del Parlamento Europeo y del Consejo, de 3 de diciembre de 2001, relativa a la seguridad general de los productos (*DO* L 11, de 15-1-2002), transpuesta por Real Decreto 1801/2003, de 26 de diciembre, sobre seguridad general de los productos (*BOE* de 10-1-2004).

riales en que cada una tenga sus propias normas legales acerca de la responsabilidad por productos, cada unidad territorial será considerada como un Estado a efectos de la determinación de la legislación aplicable según el Convenio.

Art. 13. Un Estado en el que diversas unidades territoriales tengan sus propias normas legales acerca de la responsabilidad por productos no estará tampoco obligado a aplicar el presente Convenio cuando un Estado con un sistema unificado de Derecho no estuviere obligado a aplicar la legislación de otro Estado en virtud de los artículos 4.º y 5.º del presente Convenio.

Art. 14. Cualquier Estado contratante que comprenda dos o más unidades territoriales que posean sus propias normas legales en materia de responsabilidad por productos podrá declarar en el momento de la firma, ratificación, aceptación o adhesión que el presente Convenio se extenderá a todas sus unidades territoriales o solamente a una o varias de ellas, y podrá en todo momento modificar esta declaración mediante una nueva.

Dichas declaraciones se notificarán al Ministerio de Asuntos Exteriores de los Países Bajos y en ellas se indicarán expresamente las unidades territoriales a las que se aplicará el Convenio.

Art. 15. El presente Convenio no deroga los Convenios relativos a materias específicas en que sean o vayan a ser partes los Estados contratantes y que se refieran a la responsabilidad de productos.

Art. 16. Cualquier Estado contratante, en el momento de la firma, ratificación, aceptación, aprobación o adhesión, podrá reservarse el derecho de:

1. No aplicar las disposiciones del artículo 8.º, número 9;
2. No aplicar el Convenio a los productos agrícolas brutos.

No se admitirá ninguna otra reserva.

Asimismo, al notificar una ampliación del Convenio de conformidad con el artículo 19, cualquier Estado contratante podrá hacer una o varias de dichas reservas con efecto limitado a todos o algunos de los territorios mencionados en la ampliación.

Cualquier Estado contratante podrá retirar en cualquier momento una reserva que hubiese hecho; la reserva quedará sin efecto el primer día del tercer mes civil posterior a la notificación de la retirada.

Art. 17. El presente Convenio quedará abierto a la firma de los Estados que fueron miembros

---

Art. 15: Vid. *supra* núm. 118, art. 28.

Art. 16.2: En el momento de la ratificación, España formuló la siguiente reserva: «España declara reservarse el derecho a no aplicar el Convenio a los productos agrícolas brutos».

de la Conferencia de La Haya de Derecho Internacional Privado en su duodécima reunión.

Será ratificada, aceptada o aprobada y los instrumentos de ratificación, aceptación o aprobación serán depositados ante el Ministerio de Asuntos Exteriores de los Países Bajos.

Art. 18. Cualquier Estado que se haya convertido en Miembro de la Conferencia únicamente después de su duodécima reunión, o que pertenezca a la Organización de las Naciones Unidas o a un organismo especializado de la misma, o que sea Parte en el Estatuto del Tribunal Internacional de Justicia, podrá adherirse al presente Convenio después de su entrada en vigor en virtud del artículo 20.

El instrumento de adhesión será depositado ante el Ministerio de Asuntos Exteriores de los Países Bajos.

Art. 19. Cualquier Estado podrá declarar en el momento de la firma, ratificación, aceptación, aprobación o adhesión, que el presente Convenio se extenderá a la totalidad de los territorios cuya representación internacional ostente o a alguno o varios de ellos. Esta declaración surtirá efectos en el momento de la entrada en vigor del Convenio con respecto a dicho Estado.

Posteriormente, cualquier ampliación de esta índole será notificada al Ministerio de Asuntos Exteriores de los Países Bajos.

Art. 20. El presente Convenio entrará en vigor el primer día del tercer mes civil siguiente al depósito del tercer instrumento de ratificación, aceptación o aprobación previsto en el artículo 17, párrafo 2.

Con posterioridad, el Convenio entrará en vigor:

Para cada Estado signatario que lo ratifique, acepte o apruebe, después, el primer día del tercer mes civil después del depósito del instrumento de ratificación, aceptación o aprobación.

Para el Estado que se adhiera, el primer día del tercer mes civil después del depósito de su instrumento de adhesión.

Para los territorios a los que se hubiere extendido el Convenio de conformidad con el artículo 19, el primer día del tercer mes civil después de la notificación contemplada en el presente artículo.

Art. 21. El presente Convenio tendrá una duración de cinco años a partir de la fecha de su entrada en vigor de conformidad con el artículo 20, párrafo primero, in-

---

Art. 20: España ratificó el Convenio el 7 de noviembre de 1998. Con posterioridad a esta fecha, en relación a otros Estados, ver en las comunicaciones publicadas trimestralmente en el *BOE* por la Secretaría General Técnica del Ministerio de Asuntos Exteriores en cumplimiento del art. 32 del D. 801/1972, de 24 de marzo, relativo a la ordenación de la actividad del Estado en materia de tratados internacionales.

cluso para los Estados que lo hayan ratificado, aceptado o aprobado o que se hubieren adherido al mismo posteriormente.

El Convenio se renovará tácitamente de cinco en cinco años, a menos que se denuncie el mismo.

La denuncia será notificada, por lo menos, seis meses antes de la expiración del plazo de cinco años, al Ministerio de Asuntos Exteriores de los Países Bajos. Dicha denuncia podrá limitarse a determinados territorios a los que se aplique el Convenio.

La denuncia no tendrá efecto más que con respecto al Estado que la haya notificado. El Convenio continuará vigente para los demás Estados contratantes.

Art. 22. El Ministerio de Asuntos Exteriores de los Países Bajos notificará a los Estados Miembros de la Conferencia, así como a los Estados que se hubieren adherido de conformidad con lo dispuesto en el artículo 18, lo siguiente:

1. Las firmas, ratificaciones, aceptaciones y aprobaciones mencionadas en el artículo 17;
2. La fecha en la que entrará en vigor el Convenio de conformidad con lo dispuesto en el artículo 20;
3. Las adhesiones mencionadas en el artículo 18 y la fecha en la que surtirán efecto;
4. Las extensiones mencionadas en el artículo 19 y la fecha en la que surtirán efecto;
5. Las reservas, la retirada de reservas y las declaraciones mencionadas en los artículos 14, 16 y 19;
6. Las denuncias mencionadas en el artículo 21.

En fe de lo cual los infrascritos, debidamente autorizados, firman el presente Convenio.

Hecho en La Haya el 2 de octubre de 1973, en francés e inglés, siendo los dos textos igualmente auténticos, en un solo ejemplar, que se ha depositado en los archivos del Gobierno de los Países Bajos y del que se remitirá copia certificada conforme por vía diplomática a cada uno de los Estados Miembros de la Conferencia de La Haya de Derecho Internacional Privado en su duodécima reunión.

I) DERECHOS REALES Y GARANTÍAS

121. LEY HIPOTECARIA DE 8 DE FEBRERO DE 1946

(Art. 4.º)

(*BOE* núm. 149, de 27 de febrero de 1946)

TÍTULO PRIMERO

Del Registro de la propiedad y de los títulos sujetos a inscripción

....

Art. 4.º También se inscribirán en el Registro los títulos expresados en el artículo segundo, otorgados en país extranjero, que tenga fuerza en España con arreglo a las leyes, y las ejecutorias pronunciadas por Tribunales extranjeros a que debe darse cumplimiento en España, con arreglo a la Ley de Enjuiciamiento Civil.

Art. 4.º: Cfr. arts. 36 a 38 del RH (*infra* núm. 122).

122. REGLAMENTO HIPOTECARIO DE 14 DE FEBRERO DE 1947

(Arts. 36-38, 91 y 92)

(*BOE* núm. 106, de 16 de abril de 1947)

TÍTULO PRIMERO

Registro de la propiedad y de los títulos sujetos a inscripción

....

Documentos auténticos

....

Art. 36. Los documentos otorgados en territorios extranjeros podrán ser inscritos si reúnen los requisitos exigidos por las normas de Derecho Internacional Privado, siempre que contengan la legalización y demás requisitos necesarios para su autenticidad en España.

La observancia de las formas y solemnidades extranjeras y la aptitud y capacidad legal necesarias para el acto podrán acreditarse, entre otros medios, mediante aseveración o informe de un Notario o Cónsul español o de Diplomático, Cónsul o funcionario competente del país de la legislación que sea aplicable. Por los mismos medios podrá acreditarse la capacidad civil de los extranjeros que otorguen en territorio español documentos inscribibles.

El Registrador podrá, bajo su responsabilidad, prescindir de dichos medios si conociere suficientemente la legislación extranjera de que se trate, haciéndolo así constar en el asiento correspondiente.

Art. 37. Los documentos no redactados en idioma español podrán ser traducidos, para los efectos del Registro, por la Oficina de Interpretación de Lenguas o por funcionarios competentes autorizados en virtud de leyes o convenios internacionales, y, en su caso, por un Notario, quien responderá de la fidelidad de la traducción.

Los extendidos en latín y dialectos de España o en letra antigua, o que sean ininteligibles para el Registrador, se presentarán acompañados de su traducción o copia suficiente hecha por un titu-

---

Art. 36: Redacción según Real Decreto 2556/1977, de 27 de agosto.

Art. 36.I: Cfr. art. 323 de la LEC (*supra* núm. 5).

Art. 36.II: Cfr. arts. 9.1, 11.1 y 2 y 12.6 del Código civil (*supra* núm. 72).

Art. 36.III: Cfr. art. 12.6 del Código civil (*supra* núm. 72).

lar del Cuerpo de Archiveros y Bibliotecarios o por funcionario competente, salvo lo dispuesto en el artículo treinta y cinco.

El Registrador podrá, bajo su responsabilidad, prescindir del documento oficial de traducción, cuando conociera el idioma, el dialecto o la letra antigua de que se trate.

Art. 38. Las resoluciones judiciales o laudos arbitrales dados en el extranjero serán inscribibles cuando hayan sido reconocidos por Tribunal o Autoridad competente, con arreglo a las leyes y convenios internacionales.

....

TÍTULO II

De la forma y efectos de la inscripción

....

Inscripción de bienes de ausentes, de los cónyuges y de la sociedad conyugal *

Art. 91. 1. Cuando la Ley aplicable exija el consentimiento de ambos cónyuges para disponer de derechos sobre la vivienda habitual de la familia será necesario para la inscripción de actos dispositivos sobre una vivienda perteneciente a uno sólo de los cónyuges que el disponente manifieste en la escritura que la vivienda no tiene aquel carácter.

....

Art. 92. Cuando el régimen económico-matrimonial del adquirente o adquirentes casados estuviere sometido a legislación extranjera, la inscripción se practicará a favor de aquél o aquéllos haciéndose constar en ella que se verifica con sujeción a su régimen matrimonial, con indicación de éste, si constare.

....

Art. 37.III: Cfr. art. 601 de la LEC (*supra* núm. 5).

Art. 38: Cfr. arts. 954 a 958 LEC (*supra* núm. 6); Capítulo III Reglamento 44/2001 relativo a la competencia judicial el reconocimiento y la ejecución de resoluciones judiciales en materia civil y mercantil (*supra* núm. 7), y Título III del Convenio de Lugano relativo a la competencia y a la ejecución de resoluciones judiciales en materia civil y mercantil (*supra* núm. 9); art. 46 Ley 60/2003 de 23 de diciembre de arbitraje (*supra* núm. 68); y Convenio de Nueva York sobre reconocimiento y ejecución de sentencias arbitrales extranjeras de 10 de junio de 1958 (*supra* núm. 69).

* Redacción dada por Real Decreto 3215/1982, de 12 de noviembre.

Art. 92: Vid. art. 9.2 y 3 del Código civil (*supra* núm. 72).

123. LEY 42/1998, DE 15 DE DICIEMBRE, SOBRE DERECHOS DE APROVECHAMIENTO POR TURNO DE BIENES INMUEBLES DE USO TURÍSTICO Y NORMAS TRIBUTARIAS*

(Art. 9.º3 y Disp. Adic. 2.ª)

(*BOE* núm. 300, de 15 de diciembre de 1998)

TÍTULO PRIMERO

Normas civiles y mercantiles

....

CAPÍTULO II

RÉGIMEN JURÍDICO

....

SECCIÓN 2.ª

Condiciones de promoción y transmisión

Art. 9.º *Contenido mínimo del contrato.*—[...]

3. El contrato y los documentos informativos prevenidos por

* Adoptada en transposición de la Directiva 94/47/CE del Parlamento Europeo y del Consejo, de 26 de octubre de 1994, relativa a la protección de los adquirentes en lo relativo a determinados aspectos de los contratos de adquisición de un derecho de utilización de inmuebles en régimen de tiempo compartido (*DO* L 280, de 29-10-1994). La Directiva 2008/122/CE del Parlamento Europeo y del Consejo de 14 de enero de 2009, relativa a la protección de los consumidores con respecto a determinados aspectos de los contratos de aprovechamiento por turnos de bienes de uso turísticos, de adquisición de productos vacacionales de larga duración, de reventa o intercambio (*DO* núm. L 33, de 3-2-2009) deroga la Directiva 94/47/CE. Vid. el artículo 12:

«*Art. 12. Carácter imperativo de la Directiva y aplicación en casos internacionales.*—1. Los Estados miembros velarán por que, si la legislación aplicable al contrato es la de un Estado miembro, el consumidor no pueda renunciar a los derechos que le confiere la presente Directiva.

2. Si la normativa aplicable fuera la de un tercer país, el consumidor no quedará privado de la protección que le otorga la presente Directiva, tal como la aplique el Estado miembro del foro:

— si alguno de los bienes inmuebles en cuestión está situado en el territorio de un Estado miembro, o

— en el caso de un contrato no directamente relacionado con un bien inmueble, si el comerciante ejerce sus actividades comerciales o profesionales en un Estado miembro o por cualquier medio dirige estas actividades a un Estado miembro y el contrato está comprendido en el marco de dichas actividades.»

Art. 9.º3: Respecto de la naturaleza jurídica del derecho de aprovechamiento por turno el art. 1.º dispone:

«1. Es objeto de esta Ley la regulación de la constitución, ejercicio, transmisión y

esta Ley se redactarán en la lengua o en una de las lenguas elegida por el adquirente, del Estado miembro de la Unión Europea en que resida. Además se redactarán en castellano o en cualquiera de las otras lenguas españolas oficiales en el lugar de celebración, a elección del adquirente.

Los adquirentes extranjeros que no sean nacionales de algún Estado miembro de la Unión Europea ni residentes en los mismos podrán exigir que el contrato y los demás documentos se les entreguen traducidos a la lengua de un Estado miembro de la Unión Europea que ellos elijan.

Los propietarios, promotores o cualquier persona física o jurídica que se dedique profesionalmente a la transmisión de derechos de aprovechamiento por turno deberán conservar, a disposición de las organizaciones de consumidores previstas en la disposición adicional primera de esta Ley y, en su caso, de las autoridades turísticas, las traducciones de los documentos que deben entregar a cualquier adquirente y de las cláusulas que tengan la consideración de condiciones generales.

Sin perjuicio de las responsabilidades a que haya lugar, en caso de existir alguna divergencia entre las distintas versiones, se aplicarán la más favorable al adquirente.

....

---

extinción del derecho de aprovechamiento por turno de bienes inmuebles, que atribuye a su titular la facultad de disfrutar, con carácter exclusivo, durante un período específico de cada año, un alojamiento susceptible de utilización independiente por tener salida propia a la vía pública o a un elemento común del edificio en el que estuviera integrado, y que esté dotado, de modo permanente, con el mobiliario adecuado al efecto, y el derecho a la prestación de los servicios complementarios. La facultad de disfrute no comprende las alteraciones del alojamiento ni de su mobiliario. El derecho de aprovechamiento por turno para constituirse como derecho real limitado o de conformidad con lo dispuesto en el apartado 6 de este artículo.

[...]

4. El derecho real de aprovechamiento por turno no podrá en ningún caso vincularse a una cuota indivisa de la propiedad, ni denominarse multipropiedad ni de cualquier otra manera que contenga la palabra propiedad.

[...]

El propietario del inmueble, sin perjuicio de las limitaciones que resultan del régimen y de las facultades de los titulares de los derechos de aprovechamiento por turno, podrá libremente disponer de su derecho de propiedad con arreglo a las normas del Derecho privado.

[...]

5. Los contratos de arrendamiento de bienes inmuebles vacacionales por temporada, que tengan por objeto más de tres de ellas, hasta un máximo de cincuenta años, y en los que se anticipen, las rentas correspondientes a algunas o a todas las temporadas contratadas, quedarán sujetos a lo dispuesto en la presente Ley, si perjuicio de lo prevenido en la Ley de Arrendamientos Urbanos. Tales contratos, deberán referirse necesariamente a una temporada anual determinada que se corresponda con un período determinado o determinable de esa temporada y a un alojamiento determinado o determinable por sus condiciones genéricas, siempre que esté especificado el edificio o conjunto inmobiliario donde se va a disfrutar del derecho.

[...]»

DISPOSICIONES ADICIONALES

....

2.ª *Imperatividad de la Ley.*—Todos los contratos que se refieran a derechos relativos a la utilización de uno o más inmuebles situados en España durante un período determinado o determinable del año quedan sujetos a las disposiciones de esta Ley, cualquiera que sea el lugar y la fecha de su celebración.

Los contratos que, habiendo sido celebrados en España, se refieran a inmuebles situados fuera de ella quedarán sujetos a los artículos 1.3, 2 y 8 a 12 de la presente Ley. En tales casos el adquirente podrá exigir, además, que el contrato se le entregue redactado en alguna de las lenguas oficiales del Estado en que radique cuando éste sea miembro de la Unión Europea.

....

124. REAL DECRETO LEY 5/2005, DE 11 DE MARZO, DE REFORMAS URGENTES PARA EL IMPULSO A LA PRODUCTIVIDAD Y PARA LA MEJORA DE LA CONTRATACIÓN PÚBLICA

(Arts. 2.º, 3.º, 4.º, 14 y 17)

(*BOE* núm. 62, de 14 de marzo de 2005)

....

TÍTULO PRIMERO

Reformas en los mercados financieros

....

CAPÍTULO II

SOBRE ACUERDOS DE COMPENSACIÓN CONTRACTUAL Y GARANTÍAS FINANCIERAS

SECCIÓN 1.ª

Objeto y ámbito de aplicación

Art. 2.º *Objeto.*—El objeto de este capítulo es incorporar al ordenamiento jurídico español las

---

Disp. Adic. 2.ª: El art. 9.º de la Directiva 94/47/CE, de 26 de octubre de 1994, relativa a la protección de los adquirentes en lo relativo a determinados aspectos de los contratos de adquisición de un derecho de utilización de inmuebles en régimen de tiempo compartido (*DO* L 280, de 29-10-1994), dispone que: «Los Estados miembros adoptarán las medidas necesarias a fin de que, sea cual fuere la normativa aplicable, el adquirente no quede privado de la protección que otorga la presente Directiva, en caso de que el bien inmueble esté situado en el territorio de un Estado miembro.»

disposiciones de la Directiva 2002/47/CE del Parlamento Europeo y del Consejo, de 6 de junio de 2002, sobre acuerdos de garantía financiera, así como ordenar y sistematizar la normativa vigente aplicable a los acuerdos de compensación contractual y a las garantías de carácter financiero. Se establecen, además, los efectos derivados de la apertura de un procedimiento concursal o de un procedimiento de liquidación administrativa sobre dichos acuerdos y garantías.

Art. 3.º *Ámbito de aplicación.*—Este capítulo será aplicable exclusivamente, siempre que reúnan los requisitos en él exigidos, a:

a) Los acuerdos de compensación contractual financieros.

b) Los acuerdos de garantías financieras, tanto de carácter singular como si forman parte de un acuerdo marco, o resultan de las normas de ordenación y disciplina de los mercados secundarios o de los sistemas de registro, compensación y liquidación o entidades de contrapartida central.

c) Las propias garantías financieras.

Art. 4.º *Sujetos.*—1. Este capítulo será aplicable a los acuerdos de compensación contractual financieros y a los acuerdos de garantías financieras cuando las partes intervinientes estén incluidas en una de las categorías siguientes:

a) Entidades públicas.

b) El Banco Central Europeo, el Banco de España, los bancos centrales de los Estados miembros de la Unión Europea, los bancos centrales de terceros Estados, el Banco de Pagos Internacionales, los bancos multilaterales de desarrollo, el Fondo Monetario Internacional y el Banco Europeo de Inversiones.

c) Las entidades de crédito; las empresas de servicios de inversión; las entidades aseguradoras; las instituciones de inversión colectiva en valores mobiliarios y sus sociedades gestoras; los fondos de titulización hipotecaria, los fondos de titulización de activos y las sociedades gestoras de fondos de titulización; los fondos de pensiones, y otras entidades financieras, de conformidad con el artículo 1.5) de la Directiva 2000/12/CE del Parlamento Europeo y del Consejo, de 20 de marzo de 2000, relativa al acceso a la actividad de las entidades de crédito y a su ejercicio.

d) Los organismos rectores de los mercados secundarios y las sociedades que gestionan sistemas de registro, compensación y liquidación, así como las entidades de contrapartida central, agentes de liquidación o cámaras de compensación a que se refiere la Ley 41/1999, de 12 de noviembre, sobre sistemas de pagos y de liquidación de valores, y las entidades similares que actúen en los mercados de futuros, opciones y derivados.

2. Este capítulo también se aplicará a los acuerdos de compensación contractual financieros y de garantías financieras en los que una de las partes sea una persona jurídica no incluida en ninguna de las categorías relacionadas en el apartado 1, siempre que la otra parte pertenezca a alguna de dichas categorías.

3. Por lo que concierne a los acuerdos de compensación contractual, cabe que una de las partes pueda ser persona física.

4. Este capítulo no será aplicable a los acuerdos de garantías financieras cuando alguna de las partes contractuales sea una persona física, excepto cuando tales acuerdos de garantías financieras se celebren por alguna de las entidades a que se refiere el apartado 1.*d*); en tal caso, podrán celebrarse cualquiera que sea la contrapartida.

....

SECCIÓN 3.ª

Efectos de las disposiciones de insolvencia

Art. 14. *Medidas de saneamiento y procedimiento de liquidación.*—1. Las medidas de saneamiento y liquidación podrán consistir en la apertura de un procedimiento concursal o de un procedimiento de liquidación administrativa.

2. En caso de apertura de un procedimiento concursal, se considerarán:

a) Medidas de saneamiento en España, la apertura del concurso en los términos previstos en la Ley 22/2003, de 9 de julio, Concursal.

b) Procedimiento de liquidación en España, la apertura de la fase de liquidación del concurso, de conformidad con lo establecido en la Ley 22/2003, de 9 de julio, Concursal.

....

SECCIÓN 4.ª

Normas de conflicto

Art. 17. *Determinación de la ley aplicable.*—1. La ley aplicable a las garantías financieras cuyo objeto consiste en valores representados mediante anotaciones en cuenta será la del Estado en el que esté situada la cuenta principal, entendiendo por cuenta principal aquella en la que se realicen las anotaciones por las cuales se presta al beneficiario dicha garantía pignoraticia de anotaciones en cuenta. La referencia a la legislación de un Estado es una referencia a su legislación material, por lo que se desestimará toda norma en virtud de la cual, para decidir la cuestión relevante, se tenga que hacer referencia a la legislación de otro Estado.

2. Dicha ley será aplicable en todo lo relacionado con las materias siguientes:

a) La naturaleza jurídica y los efectos sobre la propiedad del objeto de la garantía.

b) Los requisitos para perfeccionar un acuerdo de garantía financiera, así como el cumplimiento de los requisitos necesarios para hacer que el acuerdo y la aportación de garantías surtan efectos frente a terceros.

c) El rango del título o derecho de una persona sobre la garantía, en relación con otros títulos o derechos reivindicados o si ha tenido lugar una adquisición de buena fe.

d) El procedimiento para la realización de la garantía tras un supuesto de ejecución.

125. CONVENIO INTERNACIONAL SOBRE PRIVILEGIOS MARÍTIMOS Y LA HIPOTECA NAVAL, HECHO EN GINEBRA EL 6 DE MAYO DE 1993

(*BOE* núm. 99, de 23 de abril de 2004)

Los Estados Partes en el presente Convenio,

Conscientes de la necesidad de mejorar las condiciones de financiación de los buques y el desarrollo de las flotas mercantes nacionales,

Reconociendo la conveniencia de uniformidad internacional en la esfera de los privilegios marítimos y la hipoteca naval, y por ende

Convencidos de la necesidad de un instrumento jurídico internacional que regule los privilegios marítimos y la hipoteca naval,

Han decidido celebrar un Convenio a esos efectos y, en consecuencia, han convenido en lo siguiente:

Artículo 1.º *Reconocimiento y ejecución de hipotecas, mortgages y gravámenes.*—Las hipotecas y *mortgages*, y los gravámenes reales inscribibles del mismo género, que en lo sucesivo se denominarán «gravámenes», constituidos sobre buques de navegación marítima, serán reconocidos y ejecutables en los Estados Partes, a condición de *que:*

a) tales hipotecas, *mortgages* y gravámenes hayan sido constituidos e inscritos en un registro, de conformidad con la legislación del Estado en que esté matriculado el buque;

b) el registro y los documentos que se hayan de presentar al registrador, de conformidad con las leyes del Estado en que esté matriculado el buque puedan ser libremente consultados por el público y de que se pueda solicitar al registrador el libramiento de extractos del registro y copias de esos documentos; y

c) el registro o alguno de los documentos mencionados en el apartado *b*) especifique, por lo menos, el nombre y la dirección de la persona a favor de la cual se haya constituido la hipoteca, el *mortgage* o el gravamen, o el hecho de que esa garantía ha sido constituida al portador, el importe máximo garantizado, si la legislación del Estado de matrícula estableciere ese requisito o si ese importe se especificare en el documento de constitución de la hipoteca, el *mortgage* o el gra-

* *Textos auténticos*: árabe, chino, español, francés, inglés y ruso. *Estados parte*: Ecuador, España, Estonia, Lituania, Mónaco, Nigeria, Perú, Federación Rusa, San Vicente y las Granadinas, España, República Árabe, Siria, Túnez, Ucrania, Vanuatu (una actualización de los Estados parte posterior al cierre de esta edición puede verse en: http://untreaty.un.org).

vamen, y la fecha y otras circunstancias que, de conformidad con la legislación del Estado de matrícula, determinen su rango respecto de otras hipotecas, *mortgages* y gravámenes inscritos.

Art. 2.º *Rango y efectos de hipotecas,* mortgages *y gravámenes.*—La prelación de las hipotecas, *mortgages* o gravámenes inscritos entre sí y, sin perjuicio de lo dispuesto en el presente Convenio, sus efectos respecto de terceros serán los que determine la legislación del Estado de matrícula; no obstante, sin perjuicio de lo dispuesto en el presente Convenio, todas las cuestiones relativas al procedimiento de ejecución se regirán por la legislación del Estado donde ésta tenga lugar.

Art. 3.º *Cambio de propiedad o de matrícula.*—1. Con excepción de los casos a que se refieren los artículos 11 y 12, en todos los demás casos que impliquen la baja del buque en el Registro de un Estado Parte, ese Estado Parte no autorizará al propietario a cancelar la inscripción del buque a no ser que se hayan cancelado previamente todas las hipotecas, *mortgages* o gravámenes inscritos o que se haya obtenido el consentimiento por escrito de todos los beneficiarios de esas hipotecas, *mortgages* o gravámenes. No obstante, cuando la cancelación de la inscripción del buque sea obligatoria de conformidad con la legislación de un Estado Parte, por una causa distinta de la venta voluntaria, se notificará a los beneficiarios de hipotecas, *mortgages* o gravámenes inscritos esa inminente cancelación a fin de que puedan adoptar las medidas apropiadas para proteger sus intereses; salvo que los beneficiarios consientan en ello, la cancelación de la inscripción no se practicará hasta que haya transcurrido un plazo razonable que no será inferior a tres meses, contados desde la correspondiente notificación a esos beneficiarios.

2. Sin perjuicio de lo dispuesto en el párrafo 5 del artículo 12, el buque que esté o haya estado matriculado en un Estado Parte no podrá ser admitido para su inscripción en el registro de matrícula de otro Estado Parte a menos que aquel Estado:

a) haya liberado un certificado que acredite la baja del buque en el registro de matrícula; o

b) haya librado un certificado que acredite que el buque causará baja en el registro de matrícula con efecto inmediato en el momento en que se practique la nueva matriculación. La fecha de la baja será la fecha de la nueva matriculación del buque.

Art. 4.º *Privilegios marítimos.*—1. Los siguientes créditos contra el propietario, el arrendatario a casco desnudo, el gestor o el naviero del buque estarán garantizados con un privilegio marítimo sobre el buque:

a) los créditos por los sueldos y otras cantidades debidos al capitán, los oficiales y demás miembros de la dotación del buque en virtud de su enrolamiento a bordo del buque, incluidos los gastos de repatriación y las cuotas de la seguridad social pagaderas en su nombre;

b) los créditos por causa de muerte o lesiones corporales sobrevenidas, en tierra o en el agua, en relación directa con la explotación del buque;

c) los créditos por la recompensa pagadera por el salvamento del buque;

d) los créditos por derechos de puerto, de canal y de otras vías navegables y practicaje;

e) los créditos nacidos de culpa extracontractual por razón de la pérdida o el daño materiales causados por la explotación del buque distintos de la pérdida o el daño ocasionados al cargamento, los contenedores y los efectos del pasaje transportados a bordo del buque.

2. Ningún privilegio marítimo gravará un buque en garantía de los créditos a que se refieren los apartados *b*) y *e*) del párrafo 1 que nazcan o resulten:

a) de daños relacionados con el transporte marítimo de hidrocarburos u otras sustancias nocivas o peligrosas, por los que sea pagadera una indemnización a los acreedores con arreglo a los convenios internacionales o las leyes nacionales que establezcan un régimen de responsabilidad objetiva y un seguro obligatorio u otros medios de garantía de los créditos; o

b) de las propiedades radiactivas o de su combinación con las propiedades tóxicas, explosivas u otras propiedades peligrosas del combustible nuclear o de los productos o desechos radiactivos.

Art. 5.º *Prelación de los privilegios marítimos.*—1. Los privilegios marítimos enumerados en el artículo 4 tendrán preferencia sobre las hipotecas, *mortgages* y gravámenes inscritos y ningún otro crédito tendrá preferencia sobre tales privilegios marítimos ni sobre tales hipotecas, *mortgages* o gravámenes que se ajusten a lo prevenido en el artículo 1, sin perjuicio de lo dispuesto en los párrafos 3 y 4 del artículo 12.

2. Los privilegios marítimos tendrán prelación por el orden en que se enumeran en el artículo 4; no obstante, los privilegios marítimos que garanticen créditos por la recompensa pagadera por el salvamento del buque tendrán preferencia sobre todos los demás privilegios marítimos a que se halle afecto el buque antes de efectuarse las operaciones que dieron origen a aquellos privilegios.

3. Los privilegios marítimos enumerados en cada uno de los apartados *a*), *b*), *d*) y *e*) del párrafo 1 del artículo 4 concurrirán entre ellos a prorrata.

4. Los privilegios marítimos que garanticen los créditos por la recompensa pagadera por el salvamento del buque tendrán prelación entre sí por el orden inverso al de la fecha de nacimiento de los créditos garantizados con esos privilegios. Esos créditos se tendrán por nacidos en la fecha en que concluyó cada operación de salvamento.

Art. 6.º *Otros privilegios marítimos.*—Todo Estado Parte podrá conceder, en virtud de su legislación, otros privilegios marítimos sobre un buque para garantizar créditos, distintos de los mencionados en el artículo 4, contra el propietario, el arrendatario a casco desnudo, el gestor o el naviero del buque, a condición de que esos privilegios:

a) estén sujetos a lo dispuesto en los artículos 8, 10 y 12;

b) se extingan

i) a la expiración de un plazo de seis meses contados desde el nacimiento de los créditos garantizados, a menos que, antes del vencimiento de ese plazo, el buque haya sido objeto de embargo preventivo o ejecución conducentes a una venta forzosa; o

ii) al final de un plazo de sesenta días después de la venta del buque a un comprador de buena fe, que empezará a correr desde el día en que se inscriba la venta en el registro, de conformidad con la legislación del Estado en que esté matriculado el buque después de la venta, si este plazo venciere antes que el señalado en el inciso anterior; y

c) se pospongan a los privilegios marítimos enumerados en el artículo 4, así como a las hipotecas, *mortgages* o gravámenes inscritos que se ajusten a lo prevenido en el artículo 1.

Art. 7.º *Derechos de retención.*—1. Todo Estado Parte podrá conceder con arreglo a su legislación un derecho de retención respecto de un buque que se halle en posesión:

a) de un constructor de buques, para garantizar créditos por la construcción del buque; o

b) de un reparador de buques, para garantizar créditos por la reparación del buque, incluida su reconstrucción, efectuada durante el período en que esté en su posesión.

2. Ese derecho de retención se extinguirá cuando el buque deje de estar en posesión del constructor o reparador de buques de otra manera que como consecuencia de embargo preventivo o ejecución.

Art. 8.º *Características de los privilegios marítimos.*—Sin perjuicio de lo dispuesto en el artículo 12, los privilegios marítimos siguen al buque no obstante cualquier cambio de propiedad, matrícula o pabellón.

Art. 9.º *Extinción de los privilegios marítimos por el transcurso del tiempo.*—1. Los privilegios marítimos enumerados en el artículo 4 se extinguirán por el transcurso de un año a menos que, antes del vencimiento de ese plazo, el buque haya sido objeto de embargo preventivo o ejecución conducentes a una venta forzosa.

2. El plazo de un año fijado en el párrafo 1 empezará a correr:

a) con respecto al privilegio marítimo a que se refiere el apartado *a*) del párrafo 1 del artículo 4, desde el momento en que haya terminado el enrolamiento del acreedor a bordo del buque;

b) con respecto a los privilegios marítimos a que se refieren los apartados *b*) a *e*) del párrafo 1 del artículo 4, desde la fecha de nacimiento de los créditos que esos privilegios garanticen; y no podrá ser objeto de ninguna suspensión ni interrupción. No obstante, ese plazo no correrá durante el tiempo que, por ministerio de la ley, no se pueda proceder al embargo preventivo o a la ejecución del buque.

Art. 10. *Cesión y subrogación.*—1. La cesión de un crédito garantizado con un privilegio marítimo o la subrogación en los derechos del titular del crédito entraña simultáneamente la cesión de ese privilegio marítimo o la subrogación en los derechos que éste lleva aparejados.

2. Los acreedores marítimos privilegiados no podrán subrogarse en los derechos del propietario del buque a la indemnización debida en virtud de un contrato de seguro.

Art. 11. *Notificación de la venta forzosa.*—1. Antes de la venta forzosa de un buque en un Estado Parte, la autoridad competente de ese Estado Parte velará por que sea notificada conforme a lo dispuesto en el presente artículo:

a) a la autoridad encargada del registro en el Estado de matrícula;

b) a todos los beneficiarios de las hipotecas, *mortgages* o gravámenes inscritos que no hayan sido constituidos al portador;

c) a todos los beneficiarios de las hipotecas, *mortgages* o gravámenes inscritos constituidos al portador y a todos los titulares de los privilegios marítimos enumerados en el artículo 4, a condición de que la autoridad competente encargada de proceder a la venta forzosa reciba notificación de sus créditos respectivos; y

d) a la persona que tenga inscrita a su favor la propiedad del buque,

2. Esa notificación, que deberá hacerse por lo menos treinta días antes de la venta forzosa, expresará:

a) la fecha y el lugar de la venta forzosa y las circunstancias relativas a la venta forzosa o al proceso conducente a la venta forzosa que la autoridad del Estado Parte que sustancie el proceso estime suficientes para proteger los intereses de las personas que deban ser notificadas; o

b) si la fecha y el lugar de la venta forzosa no pudieren determinarse con certeza, la fecha aproximada y el lugar previsto de la venta forzosa y las circunstancias relativas a la venta forzosa que la autoridad del Estado Parte que sustancie el proceso estime suficientes para proteger los intereses de las personas que deban ser notificadas.

Si la notificación se hace de conformidad con el apartado *b*), se notificarán asimismo la fecha y el lugar efectivos de la venta forzosa cuando fueren conocidos pero, en cualquier caso, como mínimo siete días antes de la venta forzosa.

3. La notificación a que se refiere el párrafo 2 de este artículo se hará por escrito y se practicará, bien por correo certificado, bien por cualquier medio de comunicación electrónica u otro medio idóneo que dé lugar a un acuse de recibo, a las personas interesadas que se indican en el párrafo 1, si fueren conocidas.

Asimismo, la notificación se practicará por edictos publicados en los periódicos del Estado en que se realice la venta forzosa y, si la autoridad que proceda a la venta forzosa lo estimare conveniente, en otras publicaciones.

Art. 12. *Efectos de la venta forzosa.*—1. En caso de venta forzosa del buque en un Estado Parte, todas las hipotecas, *mortgages* o gravámenes inscritos, salvo los que el comprador haya tomado a su cargo con el consentimiento de los beneficiarios, y todos los privilegios y otras cargas de cualquier género dejarán de gravar el buque a condición de que:

a) en el momento de la venta el buque se encuentre dentro del ámbito de la jurisdicción de ese Estado; y

b) la venta se haya efectuado de conformidad con la legislación de ese Estado y con lo dispuesto en el artículo 11 y en el presente artículo.

2. Las costas y gastos causados en el embargo preventivo o la ejecución y subsiguiente venta del buque se pagarán en primer lugar con el producto de la venta.

Tales costas y gastos incluyen, entre otros, el costo de la conservación del buque y la manutención de la tripulación, así como los sueldos y otras cantidades y los gastos a que se refiere al apartado *a*) del párrafo 1 del artículo 4, realizados desde el momento del embargo preventivo o de la ejecución. El remanente se repartirá de conformidad con lo dispuesto en el presente Convenio, en la cuantía necesaria para satisfacer los créditos respectivos. Satisfechos todos los créditos, el saldo, si lo hubiere, se entregará al propietario y será libremente transferible.

3. Todo Estado Parte podrá establecer en su legislación que, en caso de venta forzosa de un buque varado o hundido tras su remoción por una autoridad pública en interés de la seguridad de la navegación o de la protección del medio ambiente marino, los gastos de esa remoción se pagarán con el producto de la venta antes que todos los demás créditos que estén garantizados con un privilegio marítimo sobre el buque.

4. Si en el momento de la venta forzosa el buque se halla en posesión de un constructor o de un reparador de buques que, con arreglo a la legislación del Estado Parte en que se realiza la venta, goza de un derecho de retención, el constructor o reparador de buques deberá entregar al comprador la posesión del buque, pero podrá obtener el pago de su crédito con el producto de la venta una vez satisfechos los créditos de los titulares de los privilegios marítimos mencionados en el artículo 4.

5. Cuando un buque matriculado en un Estado Parte haya sido objeto de venta forzosa en un Estado Parte, la autoridad competente librará, a instancia del comprador, un certificado que acredite que se vende libre de toda hipoteca, *mortgage* o gravamen inscrito, salvo los que el comprador haya tomado a su cargo, y de todo privilegio y otras

cargas, a condición de que se den los requisitos establecidos en los apartados *a*) y *b*) del párrafo 1. A la presentación de ese certificado, el registrador estará obligado a cancelar todas las hipotecas, *mortgages* o gravámenes inscritos salvo los que el comprador haya tomado a su cargo, y a inscribir el buque a nombre del comprador o a librar certificación de baja en el registro a los efectos de la nueva matriculación, según el caso.

6. Los Estados Partes velarán por que todo producto de una venta forzosa esté efectivamente disponible y sea libremente transferible.

Art. 13. *Ámbito de aplicación.*—1. Las disposiciones del presente Convenio se aplicarán, salvo que en él se disponga otra cosa, a todos los buques de navegación marítima matriculados en un Estado Parte o en un Estado que no sea parte en el Convenio, a condición de que los buques de este último estén sujetos a la jurisdicción del Estado Parte.

2. Ninguna disposición del presente Convenio creará ningún derecho sobre los buques pertenecientes a un Estado o explotados por él y utilizados únicamente para un servicio oficial no comercial, ni autorizará la ejecución de ningún derecho contra tales buques.

Art. 14. *Comunicaciones entre los Estados Partes.*—A los efectos de los artículos 3, 11 y 12, las autoridades competentes de los Estados Partes estarán facultadas para comunicarse directamente entre ellas.

Art. 15. *Conflicto de convenios.*—Las disposiciones del presente Convenio no afectarán a la aplicación de ningún convenio internacional que establezca una limitación de responsabilidad ni a la de ninguna ley nacional dictada para darle efecto.

Art. 16. *Cambio temporal de pabellón.*—Cuando un buque de navegación marítima matriculado en un Estado esté autorizado a enarbolar temporalmente el pabellón de otro Estado se aplicarán las disposiciones siguientes:

a) A los efectos de este artículo en el presente Convenio se entenderá por «Estado en que esté matriculado el buque» o «Estado de matrícula» el Estado en que estaba matriculado el buque inmediatamente antes del cambio de pabellón, y por «autoridad encargada del registro» la autoridad encargada del registro en ese Estado.

b) La legislación del Estado de matrícula será determinante a los efectos del reconocimiento de las hipotecas, *mortgages* y gravámenes inscritos.

c) El Estado de matrícula hará constar en su registro por nota de referencia el Estado cuyo pabellón el buque esté autorizado a enarbolar temporalmente; del mismo modo, el Estado cuyo pabellón el buque esté autorizado a enarbolar temporalmente requerirá a la autoridad encargada de la inscripción del buque que haga constar en su registro por nota de referencia el Estado de matrícula.

d) Ningún Estado Parte autorizará a un buque matriculado en ese

Estado a enarbolar temporalmente el pabellón de otro Estado a menos que previamente se hayan cancelado todas las hipotecas, *mortgages* o gravámenes inscritos o que se haya obtenido el consentimiento por escrito de los beneficiarios de todas esas hipotecas, *mortgages* o gravámenes.

e) La notificación a que se refiere el artículo 11 se hará también a la autoridad competente encargada de la inscripción del buque en el Estado cuyo pabellón el buque esté autorizado a enarbolar temporalmente.

f) A la presentación del certificado de baja en el registro mencionado en el párrafo 5 del artículo 12, la autoridad competente encargada de la inscripción del buque en el Estado cuyo pabellón el buque esté autorizado a enarbolar temporalmente librará, a petición del comprador, un certificado que acredite la revocación del derecho a enarbolar el pabellón de ese Estado.

g) En ningún caso se entenderá que las disposiciones del presente Convenio obligan a los Estados Partes a autorizar a buques extranjeros a enarbolar temporalmente su pabellón ni a buques nacionales a enarbolar temporalmente un pabellón extranjero.

Art. 17. *Depositario.*—El presente Convenio quedará depositado en poder del Secretario General de las Naciones Unidas.

Art. 18. *Firma, ratificación, aceptación, aprobación y adhesión.*—1. El presente Convenio estará abierto a la firma de todos los Estados en la Sede de las Naciones Unidas en Nueva York desde el 1 de septiembre de 1993 hasta el 31 de agosto de 1994 y después permanecerá abierto a la adhesión.

2. Los Estados podrán manifestar su consentimiento en obligarse por el presente Convenio mediante:

a) firma, sin reserva de ratificación, aceptación o aprobación;

b) firma, con reserva de ratificación, aceptación o aprobación, seguida de ratificación, aceptación o aprobación; o

c) adhesión.

3. La ratificación, aceptación, aprobación o adhesión se efectuarán mediante el depósito de un instrumento a tal efecto en poder del depositario.

Art. 19. *Entrada en vigor.*—1. El presente Convenio entrará en vigor seis meses después de la fecha en que diez Estados hayan manifestado su consentimiento en obligarse por él.

2. Respecto de un Estado que manifieste su consentimiento en obligarse por el presente Convenio después de que se hayan cumplido los requisitos para su entrada en vigor, ese consentimiento surtirá efecto tres meses después de la fecha en que haya sido manifestado.

Art. 20. *Revisión y enmienda.*—1. El Secretario General de las Naciones Unidas convocará una conferencia de los Estados Partes para revisar o enmendar el presente Convenio, si lo solicita un tercio de los Estados Partes.

2. Todo consentimiento en obligarse por el presente Convenio manifestado después de la fecha de la entrada en vigor de una enmienda al presente Convenio se entenderá que se aplica al Convenio en su forma enmendada.

Art. 21. *Denuncia.*—1. El presente Convenio podrá ser denunciado por cualquier Estado Parte en cualquier momento después de la fecha en que el presente Convenio haya entrado en vigor respecto de ese Estado.

2. La denuncia se efectuará mediante el depósito de un instrumento de denuncia en poder del depositario.

3. La denuncia surtirá efecto un año después de la fecha en que el depositario haya recibido el instrumento de denuncia, o a la expiración de cualquier plazo más largo que se señale en ese instrumento.

Art. 22. *Idiomas.*—El presente Convenio se consigna en un solo original, cuyos textos en árabe, chino, español, francés, inglés y ruso son igualmente auténticos.

Hecho en Ginebra el día seis de mayo de mil novecientos noventa y tres.

En testimonio de lo cual los infrascritos, debidamente autorizados al efecto por sus respectivos gobiernos, han firmado el presente Convenio.

J) BIENES CULTURALES

126. LEY 16/1985, DE 25 DE JUNIO, DEL PATRIMONIO HISTÓRICO

(Arts. 5.º y 29)

(*BOE* núm. 155, de 29 de junio de 1985; corr. de errores, *BOE* núm. 296, de 11 de diciembre)

TÍTULO PRELIMINAR

Disposiciones generales

....

Art. 5.º 1. A los efectos de la presente Ley se entiende por exportación la salida del territorio español de cualquiera de los bienes que integran el Patrimonio Histórico Español.

2. Los propietarios o poseedores de tales bienes con más de cien años de antigüedad y, en todo caso, de los inscritos en el Inventario General previsto en el artículo 26 de esta Ley precisarán para su exportación autorización expresa y previa de la Administración del Estado en la forma y condiciones que se establezcan por vía reglamentaria.

3. No obstante lo dispuesto en el apartado anterior, y sin perjuicio de lo que establecen los ar-

---

Art. 5.º: Cfr. art. 1.º del Real Decreto 1631/1992, de 29 de diciembre, sobre restricciones a la libertad de circulación de ciertos bienes y mercancías (*BOE* de 1-1-1993); arts. 45 a 57 del Real Decreto 111/1986, de 10 de enero, por el que se desarrolla parcialmente la Ley 16/1985, de 25 de junio, modificado parcialmente por Real Decreto 64/1994, de 21 de enero (*BOE* de 2-3-1994).

Art. 5.2: Con objeto de garantizar un control uniforme de las exportaciones de bienes culturales en las fronteras exteriores de la Comunidad se ha adoptado el Reglamento (CE) núm. 116/2009 del Consejo, de 18 de diciembre de 2008, relativo a la exportación de bienes culturales (*DO* L 39, de 10-2-2009). El Reglamento (CEE) núm. 752/93 de la Comisión, de 30 de marzo de 1993, relativo a las disposiciones de aplicación del Reglamento 3911/92 (*DO* L 77, de 31-3-1993): modificado por el Reglamento (CE) 1526/98 de la Comisión, de 16 de julio de 1998 (*DO* L 201, de 17-7-1998); y modificado por el Reglamento (CE) núm. 656/2004 de la Comisión, de 7 de abril de 2004 (*DO* L 104, de 8-4-2004).

tículos 31 y 34 de esta Ley, queda prohibida la exportación de los bienes declarados de interés cultural, así como la de aquellos otros que, por su pertenencia al Patrimonio Histórico Español, la Administración del Estado declare expresamente inexportables, como medida cautelar hasta que se incoe expediente para incluir el bien en alguna de las categorías de protección especial previstas en esta Ley.

....

TÍTULO III

De los bienes muebles

....

Art. 29. 1. Pertenecen al Estado los bienes muebles integrantes del Patrimonio Histórico Español que sean exportados sin la autorización requerida por el artículo 5.º de esta Ley. Dichos bienes son inalienables e imprescriptibles.

2. Corresponde a la Administración del Estado realizar los actos conducentes a la total recuperación de los bienes ilegalmente exportados.

3. Cuando el anterior titular acreditase la pérdida o sustracción previa del bien ilegalmente exportado, podrá solicitar su cesión del Estado, obligándose a abonar el importe de los gastos derivados de su recuperación, y, en su caso, el reembolso del precio que hubiere satisfecho el Estado al adquirente de buena fe. Se presumirá la pérdida o sustracción del bien ilegalmente exportado cuando el anterior titular fuera una Entidad de derecho público.

4. Los bienes recuperados y no cedidos serán destinados a un centro público previo informe del Consejo del Patrimonio Histórico.

....

Art. 29.3: *Téngase en cuenta* la Directiva 93/7/CE del Consejo, de 15 de marzo de 1993, relativa a la restitución de bienes culturales que hayan salido de forma ilegal del territorio de un Estado miembro (*DO* L 74, de 27-3-1993) (vid. *infra* núm. 127), cuyo art. 12 dispone: «La propiedad del bien cultural tras su restitución se regirá por la legislación interna del Estado miembro requirente»: modificada por la Directiva 96/100/CE del Parlamento Europeo y del Consejo, de 17 de febrero de 1997 (*DO* L 60, de 1-3-1997); modificada también por la Directiva 2001/38/CE del Parllamento Europeo y del Consejo, de 5 de junio de 2001 (*DO* L 187, de 10-07-2001).

127. LEY 36/1994, DE 23 DE DICIEMBRE, DE INCORPORACIÓN AL ORDENAMIENTO JURÍDICO ESPAÑOL DE LA DIRECTIVA 93/7/CE DEL CONSEJO, DE 15 DE MARZO, RELATIVA A LA RESTITUCIÓN DE BIENES CULTURALES QUE HAYAN SALIDO DE FORMA ILEGAL DEL TERRITORIO DE UN ESTADO MIEMBRO DE LA UNIÓN EUROPEA*

(Arts. 2.º-6.º y Disps. Adics. 1.ª y 2.ª)

(*BOE* núm. 307, de 24 de diciembre de 1994)

....

Art. 2.º *Órganos jurisdiccionales competentes.*—Los órganos del orden jurisdiccional civil serán competentes para conocer de la acción de restitución de bienes culturales que hayan salido de forma ilegal de un Estado miembro de la Unión Europea y que se hallen en territorio español.

Art. 3.º *Proceso aplicable.*—Los procesos derivados del ejercicio de la acción a que se refiere el artículo anterior se tramitarán conforme a lo establecido en la Ley de Enjuiciamiento Civil para los juicios verbales, con las especialidades que se contienen en los artículos siguientes.

Art. 4.º *Legitimación activa.*—Estarán legitimados para el ejercicio de la acción de restitución los Estados miembros de la Unión Europea de cuyo territorio haya salido de forma ilegal el bien cultural.

Art. 5.º *Legitimación pasiva.*—Estarán legitimados pasivamente únicamente quienes tuvieren la posesión o la simple tenencia del bien reclamado.

Art. 6.º 1. *Ejercicio de la acción de restitución.*—El ejercicio de la acción de restitución prescribirá en el plazo de un año, contado a partir de la fecha en que el Estado miembro requirente haya tenido conocimiento del lugar en que se encontraba el bien cultural y de la identidad de su poseedor o de su tenedor.

---

* Téngase en cuenta que el art. 12 de la citada Directiva, que no fue recogida en la Ley 36/1994, de 23 de diciembre, establece lo siguiente:

«*Art. 12.* La propiedad del bien cultural tras su restitución se regirá por la legislación interna del Estado miembro requirente.»

Esta Ley ha sido modificada por la Ley 18/1998, de 15 de junio. Dicha modificación, sin embargo, sólo afecta al art. 1.º

En cualquier caso, la acción de restitución prescribirá en un plazo de treinta años, a partir de la fecha en que el bien cultural haya salido de forma ilegal del territorio del Estado miembro requirente.

No obstante lo dispuesto en el párrafo anterior, en el supuesto de bienes pertenecientes a colecciones públicas y bienes eclesiásticos, que en determinados Estados estén sometidos a un régimen especial de protección según su legislación nacional, la acción de restitución prescribirá en un plazo de setenta y cinco años, salvo en aquellos Estados miembros donde la acción sea imprescriptible o que hubiesen establecido, en el marco de convenios bilaterales, un plazo superior.

2. El ejercicio de la acción de restitución no obstará al de cuantas acciones civiles, penales o de otra naturaleza reconozcan las legislaciones nacionales de los Estados miembros de la Unión Europea.

....

DISPOSICIONES ADICIONALES

1.ª *Cooperación y concertación.*—1. La cooperación y concertación con los Estados miembros requirentes para la restitución de los bienes culturales se realizará a través de los órganos de la Administración General del Estado, designados según lo previsto en el artículo 3 de la Directiva 93/7/CEE del Consejo.

2. Las Comunidades Autónomas colaborarán con la Administración General del Estado a los efectos descritos en el artículo 4 de la citada Directiva. El Consejo del Patrimonio Histórico será el órgano que facilitará la colaboración de las Comunidades Autónomas con los órganos competentes de la Administración General del Estado.

2.ª *Aplicación al espacio económico europeo.*—En el supuesto y momento en que se atengan al cumplimiento de la Directiva 93/7/CEE del Consejo, de 15 de marzo de 1993, relativa a la restitución de bienes culturales, la presente Ley será de aplicación a los países miembros del Espacio Económico Europeo no integrados en la Unión Europea, teniendo a todos los efectos la condición de Estados requirentes.

....

Disp. Adic. 1.ª: La Autoridad central designada por España para encargarse de la restitución de bienes culturales que hayan salido ilegalmente del territorio es el Ministerio de Educación, Cultura y Deporte. Secretaría de Estado de Cultura. Dirección General de Bellas Artes y Bienes Culturales.

128. CONVENIO DEL UNIDROIT SOBRE BIENES CULTURALES ROBADOS O EXPORTADOS ILEGALMENTE, HECHO EN ROMA EL 25 DE JUNIO DE 1995*

(*BOE* núm. 248, de 16 de octubre de 2002)

Los Estados partes en el presente Convenio,

Reunidos en Roma a invitación del Gobierno de la República Italiana del 7 al 24 de junio de 1995 para una Conferencia Diplomática para la adopción del proyecto de Convenio de Unidroit sobre la devolución internacional de los bienes robados o exportados ilegalmente,

Convencidos de la importancia fundamental de la protección del patrimonio cultural y de los intercambios culturales para promover la comprensión entre los pueblos, y de la difusión de la cultura para el bienestar de la humanidad y el progreso de la civilización,

Profundamente preocupados por el tráfico ilegal de bienes culturales y los daños irreparables que suele tener como resultado, tanto para los propios bienes corno para el patrimonio cultural de las comunidades nacionales, tribales, autóctonas o de otra índole, y para el patrimonio común de todos los pueblos, y deplorando en particular el pillaje de los yacimientos arqueológicos y la consiguiente pérdida de informaciones arqueológicas, históricas y científicas irreemplazable,

Decididos a contribuir de forma a la lucha contra el tráfico ilícito de bienes culturales mediante el importante paso que supone establecer unas reglas jurídicas mínimas comunes relativas a la restitución y devolución de bienes culturales entre los Estados Contratantes, con el fin de favorecer la preservación y la protección del patrimonio cultural en interés de todos.

Subrayando que el presente Convenio tiene por objeto facilitar la restitución y la devolución de los bienes culturales y que la creación de cualesquiera mecanismos, tales como la indemnización, necesarios para efectuar la restitución y devolución en algunos Estados no significa que dichas medidas deban ser adoptadas en otros Estados,

* *Texto auténtico*: francés e inglés. *Estados parte*: Afganistán, Argentina, Arzebaiyán, Bolivia, Brasil, Burkina Faso, Camboya, China, Chipre, Croacia, Ecuador, El Salvador, Eslovaquia, Eslovenia, España, Federación Rusa, Finlandia, Francia, Gabón, Georgia, Grecia, Guatemala, Guinea, Hungría, Irán, Italia, Lituania, Nigeria, Noruega, Nueva Zelanda, Países Bajos, Pakistan, Paraguay, Perú, Portugal, Rumania, Senegal, Suiza, Zambia. Para los datos posteriores al cierre de la edición y otra informaciones relativas al Convenio, véase http//www.unidroit.org.

Afirmando que la adopción de las disposiciones del presente Convenio en el futuro no constituye de modo alguno una aprobación o legitimación de cualesquiera de las transacciones ilegales que hayan podido producirse antes de la entrada en vigor del Convenio,

Conscientes de que el presente Convenio no proporcionará por sí solo una solución a los problemas que plantea el tráfico ilícito, pero de que inicia un proceso encaminado a reforzar la cooperación cultural internacional y a otorgar un espacio adecuado al comercio legal y a los acuerdos interestatales de intercambio cultural,

Reconociendo que la aplicación del presente Convenio debería ir acompañada de otras medidas efectivas para la protección de los bienes culturales, tales como la creación y utilización de registros, la protección material de los yacimientos arqueológicos y la cooperación técnica,

Expresando su reconocimiento al trabajo llevado a cabo por diferentes organismos para proteger los bienes culturales, y, en particular, el Convenio de la UNESCO de 1970 relativo al tráfico ilegal y a la elaboración de códigos de conducta del sector privado,

Han convenido en lo siguiente:

CAPÍTULO PRIMERO

ÁMBITO DE APLICACIÓN Y DEFINICIÓN

Artículo 1.º El presente Convenio será aplicable a las solicitudes de carácter internacional de:

a) Restitución de bienes culturales robados;

b) devolución de bienes culturales desplazados del territorio de un Estado Contratante en contravención de las normas de su derecho que regulan la exportación de los bienes culturales con el fin de proteger su patrimonio cultural (en adelante denominados «bienes culturales exportados ilegalmente»).

Art. 2.º A los efectos del presente Convenio, por bienes culturales se entenderán aquellos que, por razones religiosas o seculares, revistan importancia para la arqueología, la prehistoria, la historia, la literatura, el arte y la ciencia y que pertenezcan a una de las categorías enumeradas en el anexo al presente Convenio.

CAPÍTULO II

RESTITUCIÓN DE BIENES CULTURALES ROBADOS

Art. 3.º 1. El poseedor de un bien cultural robado deberá restituirlo.

2. A los efectos del presente Convenio, los bienes culturales procedentes de excavaciones ilegales o los procedentes de excavaciones legales que sean retenidos ilegalmente se considerarán robados cuando ello sea compatible con el derecho del Estado en que se realizó la excavación.

3. Toda solicitud de restitución deberá presentarse en el plazo de

tres años a partir del momento del que el solicitante tuvo conocimiento del paradero del bien cultural y de la identidad de su poseedor y, en todo caso, en el plazo de cincuenta años a partir del momento del robo.

4. No obstante, la acción para solicitar la restitución de un bien cultural que forme parte integrante de un monumento o de un yacimiento arqueológico identificado, o que pertenezca a una colección pública, estará sometida únicamente a un plazo de prescripción de tres años a partir del momento en que el solicitante tuvo conocimiento del paradero del bien cultural y de la identidad de su poseedor.

5. No obstante lo dispuesto en el apartado anterior, cualquier Estado Contratante podrá declarar que la acción está sujeta a un plazo de prescripción de setenta y cinco años o a otro plazo superior previsto por su legislación. Toda acción entablada en otro Estado Contratante para obtener la devolución de un bien cultural retirado de un monumento, un yacimiento arqueológico o una colección pública situado en un Estado Contratante que haya realizado una declaración al efecto estará sometida también a dicho plazo de prescripción.

6. La declaración prevista en el apartado anterior se realizará en el momento de la firma, ratificación, aceptación o adhesión.

7. A los efectos del presente Convenio por «colección pública» se entenderá un grupo de bienes culturales inventariados o identificados de otro modo que sean propiedad de:

a) Un Estado Contratante,

b) una entidad regional o local de un Estado Contratante,

c) una institución religiosa situada en un Estado Contratante; o

d) una institución creada para fines esencialmente culturales, pedagógicos o científicos en un Estado Contratante y reconocida en dicho Estado como institución de interés público.

8. Asimismo, la acción para solicitar la restitución de un bien cultural sagrado o de importancia comunitaria que pertenezca a una comunidad tribal o autóctona de un Estado Contratante y sea utilizado por ésta como parte de las costumbres tradicionales o rituales de dicha comunidad, estará sometida al plazo de prescripción aplicable a las colecciones públicas.

Art. 4.º El poseedor de un bien cultural robado que deba restituirlo tendrá derecho, en el momento de la restitución, al pago de una indemnización justa y razonable, siempre que el poseedor no supiera ni hubiera debido razonablemente saber que

---

Art. 3.º, apdos. 5 y 6: En el momento de la adhesión, España formuló la siguiente declaración: «La acción para solicitar la restitución de un bien cultural que forme parte del Patrimonio Histórico Español será imprescindible, de acuerdo con lo previsto en la legislación española. Fundamento de derecho: artículos 28 y 29 de la Ley 16/1985, de 25 de junio, del Patrimonio Histórico Español.»

el bien era robado y siempre que pueda probar que actuó con la diligencia debida cuando adquirió dicho bien.

2. Sin perjuicio del derecho del poseedor a la indemnización mencionada en el apartado anterior, se harán esfuerzos razonables para conseguir que la persona que transfirió el bien cultural al poseedor, o cualquier cedente anterior, pague la indemnización cuando ello sea conforme con el derecho del Estado en que se presentó la solicitud.

3. El pago de la indemnización al poseedor por el solicitante, cuando así se exija, no afectará al derecho del solicitante a reclamar el reembolso de la misma a cualquier otra persona.

4. Al determinar si el poseedor actuó con la debida diligencia, se tendrán en cuenta todas las circunstancias relativas a la adquisición, entre ellas la condición de las partes, el precio pagado, si el poseedor consultó cualquier registro de bienes culturales robados razonablemente accesible y cualquier otra información o documentación pertinentes que hubiera podido razonablemente obtener, y si el poseedor consultó a organismos accesibles o realizó cualquier otra gestión que una persona razonable habría realizado en las mismas circunstancias.

5. El poseedor no gozará de una posición más favorable que la persona de la que haya adquirido el bien cultural por herencia u otro modo de adquisición a título gratuito.

CAPÍTULO III

DEVOLUCIÓN DE BIENES CULTURALES EXPORTADOS ILEGALMENTE

Art. 5.º 1. Un Estado Contratante podrá solicitar al tribunal o a otra autoridad competente de otro Estado Contratante que ordene la devolución de un bien cultural exportado ilegalmente del territorio del Estado requirente.

2. Se considerará exportado ilegalmente todo bien cultural que haya sido exportado temporalmente del territorio del Estado requirente para los fines de su exposición, investigación o restauración, con arreglo a un permiso expedido de conformidad con las normas de su derecho que regulan la exportación de los bienes culturales con el fin de proteger su patrimonio cultural, y que no sea devuelto de conformidad con las condiciones de dicho permiso.

3. El tribunal u otra autoridad competente del Estado requerido ordenará la devolución de un bien cultural exportado ilegalmente si el Estado requirente prueba que la exportación del bien menoscaba de forma significativa uno o varios de los intereses siguientes:

a) La conservación material del bien o de su contexto;

b) la integridad de un bien complejo;

c) la conservación de información de carácter científico o histórico, entre otros, relativa al bien;

d) la utilización tradicional o ritual del bien por una comunidad tribal o autóctona o acreditar que el bien reviste una importancia cultural significativa para el Estado requirente.

4. Toda solicitud presentada en virtud del apartado 1 del presente artículo irá acompañada de cualquier información de hecho o de derecho que pueda resultar de utilidad al tribunal u otra autoridad competente del Estado requerido para determinar si se cumplen los requisitos establecidos en los apartados 1 a 3.

5. Toda solicitud de devolución se presentará en el plazo de tres años a partir del momento en que el Estado requirente tuvo conocimiento del paradero del bien cultural y de la identidad de su poseedor y, en todo caso, dentro del plazo de cincuenta años a partir de la fecha de la exportación o de la fecha en que debería haberse devuelto el bien conforme al permiso a que se refiere el apartado 2 del presente artículo.

Art. 6.º 1. El poseedor de un bien cultural que haya adquirido dicho bien después de que hubiera sido exportado ilegalmente tendrá derecho, en el momento de su devolución, al pago por el Estado requirente de una indemnización justa y razonable, siempre que el poseedor no supiera ni hubiera debido razonablemente saber en el momento de la adquisición que el bien había sido exportado ilegalmente.

2. Al determinar si el poseedor supo o debió razonablemente saber que el bien cultural había sido exportado ilegalmente, se tendrán en cuenta las circunstancias relativas a la adquisición, incluida la ausencia de un certificado de exportación exigido con arreglo al derecho del Estado requirente.

3. En lugar de la indemnización y de acuerdo con el Estado requirente, el poseedor que deba devolver el bien cultural a dicho Estado podrá decidir:

a) Conservar la propiedad del bien; o

b) transferir la propiedad a título oneroso o gratuito a una persona de su elección que resida en el Estado requirente y que ofrezca las garantías necesarias.

4. Los costes derivados de la devolución del bien cultural de conformidad con el presente artículo serán sufragados por el Estado requirente, sin perjuicio del derecho de dicho Estado a obtener el reembolso de dichos costes de cualquier otra persona.

5. El poseedor no gozará de una situación más favorable que la persona de la que haya adquirido el bien cultural por herencia u otro modo de adquisición a título gratuito.

Art. 7.º 1. Las disposiciones del presente capítulo no serán de aplicación cuando:

a) La exportación de un bien cultural no sea ya ilegal en el momento en que se solicite la devolución; o

b) el bien haya sido exportado en vida de la persona que lo creó o durante los cincuenta años siguientes al fallecimiento de dicha persona.

2. No obstante lo dispuesto en la letra *b*) del anterior apartado, las

disposiciones del presente capítulo serán de aplicación cuando el bien cultural hubiera sido creado por uno o varios miembros de una comunidad autóctona o tribal para su uso tradicional o ritual por dicha comunidad y el bien deba ser devuelto a dicha comunidad.

CAPÍTULO IV

Disposiciones generales

Art. 8.º 1. Toda solicitud fundada en los capítulos II o III podrá presentarse ante los tribunales u otras autoridades competentes del Estado Contratante en que se encuentre el bien cultural, además de los tribunales u otras autoridades competentes que puedan conocer del litigio en virtud de las normas vigentes en los Estados Contratantes.

2. Las partes podrán convenir en someter el litigio a cualquier tribunal u otra autoridad competente, o a arbitraje.

3. Podrán imponerse las medidas provisionales o cautelares previstas por la Ley del Estado Contratante en que se encuentre el bien aun cuando la solicitud de restitución o de devolución del bien se presente ante los tribunales u otras autoridades competentes de otro Estado Contratante.

Art. 9.º 1. Nada de lo dispuesto en el presente Convenio impedirá a un Estado Contratante aplicar cualesquiera normas que sean más favorables a la restitución o a la devolución de bienes culturales robados o exportados ilegalmente que las establecidas en el presente Convenio.

2. No podrá interpretarse que del presente artículo nazca la obligación de reconocer o de dar fuerza ejecutiva a la resolución de un tribunal o de otra autoridad competente de otro Estado Contratante que se aparte de lo dispuesto en el presente Convenio.

Art. 10. 1. Las disposiciones del capítulo II únicamente se aplicarán respecto de un bien cultural que haya sido robado con posterioridad a la entrada en vigor del presente Convenio respecto del Estado en que se presentó la solicitud, siempre que:

a) El bien hubiera sido robado del territorio de un Estado Contratante tras la entrada en vigor del Convenio para dicho Estado; o

b) el bien se encuentre en un Estado Contratante después de la entrada en vigor del Convenio para dicho Estado.

2. Las disposiciones del capítulo III únicamente se aplicarán respecto de un bien cultural que haya sido exportado ilegalmente con posterioridad a la entrada en vigor del presente Convenio tanto para el Estado requirente como para el Estado en que se presente la solicitud.

3. El presente Convenio no legitima en modo alguno ninguna transacción ilegal que haya tenido lugar antes de la entrada en vigor del presente Convenio o que se encuentre excluida de la aplicación del

mismo en virtud de lo dispuesto en los apartados 1 ó 2 del presente artículo, ni limita el derecho de un Estado o de otra persona a entablar, fuera del marco del presente Convenio una acción para obtener la restitución o la devolución de un bien cultural robado o exportado ilegalmente antes de la entrada en vigor del presente Convenio.

CAPÍTULO V

DISPOSICIONES FINALES

Art. 11. 1. El presente Convenio quedará abierto a la firma en la reunión de clausura de la Conferencia Diplomática para la adopción del proyecto de Convenio de Unidroit sobre la devolución internacional de los bienes culturales robados o exportados ilegalmente y permanecerá abierto a la firma por todos los Estados en Roma hasta el 30 de junio de 1996.

2. El presente Convenio está sujeto a ratificación, aceptación o aprobación por los Estados que lo hayan firmado.

3. El presente Convenio quedará abierto a la adhesión de todos los Estados que no sean signatarios a partir de la fecha en que quede abierto a la firma.

4. La ratificación, aceptación, aprobación o adhesión estará sujeta al depósito de un instrumento formal a dicho efecto en poder del depositario.

Art. 12. 1. El presente Convenio entrará en vigor el primer día del sexto mes siguiente a la fecha del depósito del quinto instrumento de ratificación, aceptación, aprobación o adhesión.

2. Respecto de cada Estado que ratifique, acepte, apruebe o se adhiera al presente Convenio después del depósito del quinto instrumento de ratificación, aceptación, aprobación o adhesión, el presente Convenio entrará en vigor el primer día del sexto mes siguiente a la fecha del depósito de su instrumento de ratificación, aceptación, aprobación o adhesión.

Art. 13. 1. El presente Convenio no afectará a ningún instrumento internacional que vincule jurídicamente a cualquier Estado Contratante y que contenga disposiciones relativas a las materias reguladas por el presente Convenio, a menos que los Estados vinculados por dicho instrumento realicen una declaración en contrario.

2. Cualquier Estado Contratante podrá celebrar con uno o varios Estados Contratantes acuerdos encaminados a mejorar la aplicación del presente Convenio en sus relaciones mutuas. Los Estados que celebren un acuerdo de esta índole,

---

Art. 12: El Convenio entró en vigor de forma general el 1 de julio de 1998 y para España el 1 de noviembre de 2002.

transmitirán una copia del mismo al depositario.

3. En sus relaciones mutuas, los Estados Contratantes que sean miembros de otras organizaciones de integración económica o de organismos regionales podrán declarar que aplicarán las normas internas de dichas organizaciones u organismos y que, por consiguiente, no aplicarán en dichas relaciones las disposiciones del presente Convenio cuyo ámbito de aplicación coincida con el de dichas normas.

Art. 14. 1. Todo Estado Contratante que esté formado por dos o más unidades territoriales, con independencia de que éstas tengan o no diferentes ordenamientos jurídicos aplicables a las materias reguladas por el presente Convenio, podrá declarar, en el momento de la firma o del depósito de su instrumento de ratificación, aceptación, aprobación o adhesión, que el presente Convenio se aplicará a todas sus unidades territoriales o únicamente a una o varias de ellas, y podrá en cualquier momento sustituir dicha declaración por otra.

2. Estas declaraciones deberán notificarse al depositario y designar expresamente las unidades territoriales a las que se aplicará el Convenio.

3. Si, en virtud de una declaración realizada al amparo del presente artículo, el Convenio se aplica a una o varias unidades territoriales de un Estado Contratante, pero no a todas, la referencia:

a) Al territorio de un Estado Contratante contenida en el artículo 1 se entenderá hecha al territorio de una unidad territorial de dicho Estado;

b) a un tribunal o a otra autoridad competente del Estado Contratante o del Estado requerido se entenderá hecha al tribunal o a otra autoridad competente de una unidad territorial de dicho Estado;

c) al Estado Contratante en que se encuentre el bien cultural contenida en el apartado 1 del artículo 8 se entenderá hecha a la unidad territorial de dicho Estado en que se encuentre el bien;

d) a la Ley del Estado Contratante en que se encuentre el bien contenida en el apartado 3 del artículo 8 se entenderá hecha a la Ley de la unidad territorial de dicho Estado en que se encuentre el bien, y

e) a un Estado Contratante contenida en el artículo 9 se entenderá hecha a una unidad territorial de dicho Estado.

4. Si un Estado Contratante no realiza declaración alguna con arreglo al apartado 1 del presente artículo, el presente Convenio se apli-

---

Art. 13, apdo. 3: En el momento de la adhesión, España formuló la siguiente declaración: «Por ser España Estado miembro de la Unión Europea, se declara expresamente que en las relaciones con los Estados Contratantes que sean, así mismo, miembros de aquélla, se aplicarán exclusivamente las normas internas de la UE, no aplicándose, por tanto, en dichas relaciones las disposiciones del presente Convenio, cuyo ámbito de aplicación coincida con el de dichas normas.»

cará a todas las unidades territoriales de dicho Estado.

Art. 15. 1. Las declaraciones realizadas en virtud del presente Convenio en el momento de la firma estarán sometidas a confirmación en el momento de la ratificación, aceptación o aprobación.

2. Las declaraciones y la confirmación de las mismas se consignarán por escrito y se notificarán formalmente al depositario.

3. Toda declaración surtirá efecto a la entrada en vigor del presente Convenio respecto del Estado declarante. No obstante, cuando el depositario reciba la notificación formal de una declaración después de dicha entrada en vigor, la declaración surtirá efecto el primer día del sexto mes siguiente a la fecha de su depósito en poder del depositario.

4. Todo Estado que realice una declaración en virtud del presente Convenio podrá retirarla en cualquier momento mediante notificación por escrito dirigida al depositario. Dicha retirada surtirá efecto el primer día del sexto mes siguiente a la fecha de su depósito en poder del depositario.

Art. 16. 1. Cada Estado Contratante declarará, en el momento de la firma, aceptación, aprobación o adhesión, que las solicitudes de restitución o de devolución de bienes culturales presentada por un Estado con arreglo al artículo 8 podrán ser presentadas con arreglo a uno o varios de los procedimientos siguientes:

a) Directamente ante los tribunales u otras autoridades competentes del Estado declarante;

b) por medio de una o varias autoridades designadas por dicho Estado para recibir tales solicitudes y para transmitirlas a los tribunales u otras autoridades competentes de dicho Estado;

c) por conducto diplomático o consular.

2. Cada Estado Contratante podrá designar también los tribunales u otras autoridades competentes para ordenar la restitución o la devolución de bienes culturales con arreglo a las disposiciones de los capítulos II y III.

3. Las declaraciones realizadas en virtud de los apartados 1 y 2 del presente artículo podrán ser modificadas en cualquier momento por una nueva declaración.

4. Las disposiciones de los apartados 1 a 3 del presente artículo no afectarán a otros acuerdos bilaterales o multilaterales sobre asistencia judicial en materia civil y mercantil que puedan existir entre los Estados Contratantes.

Art. 16: Las solicitudes de restitución o devolución de bienes culturales, presentadas por un Estado con arreglo al artículo 8 del Convenio, podrán ser presentadas con arreglo al procedimiento previsto en el art. 16, apdo. *b*), del mismo.

Se entenderá autoridad competente a estos efectos el Ministerio de Educación, Cultura y Deporte (Dirección General de Bellas Artes y Bienes Culturales).

Art. 17. En el plazo de seis meses a partir de la fecha del depósito de su instrumento de ratificación, aceptación, aprobación o adhesión, cada Estado Contratante facilitará al depositario información escrita en una de las lenguas oficiales del Convenio acerca de la legislación por la que se rige la exportación de sus bienes culturales. Dicha información será actualizada periódicamente cuando proceda.

Art. 18. No se admitirán otras reservas que las expresamente autorizadas en el presente Convenio.

Art. 19. 1. El presente Convenio podrá ser denunciado por cualquier Estado Parte en cualquier momento posterior a la fecha en que entre en vigor para dicho Estado, mediante el depósito de un instrumento a tal efecto en poder del depositario.

2. La denuncia surtirá efecto el primer día del sexto mes siguiente al depósito del instrumento de denuncia en poder del depositario. Cuando en el instrumento de denuncia se establezca un plazo superior para que surta efecto dicha denuncia, ésta surtirá efecto a la expiración de dicho plazo superior a partir del depósito del instrumento de denuncia en poder del depositario.

3. No obstante dicha denuncia, el presente Convenio seguirá siendo aplicable a toda solicitud de restitución o de devolución de un bien cultural presentada antes de la fecha en que la denuncia surta efecto.

Art. 20. El Presidente del Instituto Internacional para la Unificación del Derecho Privado (Unidroit) podrá convocar periódicamente, o en cualquier momento a petición de cinco Estados Contratantes, a un comité especial con objeto de examinar el funcionamiento práctico del presente Convenio.

Art. 21. 1. El presente Convenio quedará depositado en poder del Gobierno de la República Italiana.

2. El Gobierno de la República Italiana:

a) Informará a todos los Estados que hayan firmado o se hayan adherido al presente Convenio y al Presidente del Instituto Internacional para la Unificación del Derecho Privado (Unidroit) de:

i) Cualquier nueva firma o depósito de un instrumento de ratificación, aceptación, aprobación o adhesión, junto con su fecha;

ii) cualquier declaración realizada de conformidad con el presente Convenio;

iii) la retirada de cualquier declaración;

iv) la fecha de entrada en vigor del presente Convenio;

v) los acuerdos mencionados en el artículo 13;

vi) el depósito de un instrumento de denuncia del presente Convenio junto con la fecha de su depósito y la fecha en que la denuncia surtirá efecto.

b) Transmitirá copias certificadas del presente Convenio a todos los Estados signatarios, a todos los Estados que se adhieran al Convenio y al Presidente del Instituto Internacional para la Unificación del Derecho Privado (Unidroit).

c) Desempeñará cualesquiera otras funciones que incumban habitualmente a los depositarios.

En fe de lo cual los plenipotenciarios infrascritos, debidamente autorizados, firman el presente Convenio.

Hecho en Roma, el veinticuatro de junio de mil novecientos noventa y cinco, en un original único, en inglés y en francés, siendo ambos textos igualmente auténticos.

ANEXO

a) Colecciones y especímenes raros de zoología, botánica, mineralogía y anatomía, objetos de interés paleontológico.

b) Bienes relacionados con la historia, incluidas la historia de la ciencia y la técnica, la historia militar y social y la vida de los dirigentes, pensadores, sabios y artistas nacionales, así como los acontecimientos de importancia nacional.

c) El producto de excavaciones arqueológicas (legales y clandestinas) y de hallazgos arqueológicos.

d) Elementos procedentes de monumentos artísticos o históricos o de yacimientos arqueológicos que hayan sido disgregados.

e) Antigüedades de más de cien años, como inscripciones, monedas y sellos grabados.

f) Objetos de interés etnológico.

g) Bienes de interés artístico, tales como:

i) Cuadros, pinturas y dibujos realizados enteramente a mano sobre cualquier soporte y con cualquier material (a excepción de los dibujos industriales y de los artículos manufacturados decorados a mano);

ii) obras originales de la estatuaria y la escultura en cualquier material;

iii) grabados, estampas y litografías originales;

iv) construcciones y montajes artísticos originales en cualquier material.

h) Manuscritos raros e incunables, libros, documentos y publicaciones antiguos de especial interés (histórico, artístico, científico, literario, etc.), por separado o en colecciones.

i) Sellos de correos, timbres fiscales y similares, por separado o en colecciones.

j) Archivos, incluidos los fonográficos, fotográficos y cinematográficos.

k) Muebles con más de cien años e instrumentos de música antiguos.

K) PROPIEDAD INTELECTUAL E INDUSTRIAL

129. REAL DECRETO LEGISLATIVO 1/1996, DE 12 DE ABRIL, POR EL QUE SE APRUEBA EL TEXTO REFUNDIDO DE LA LEY DE PROPIEDAD INTELECTUAL REGULARIZANDO, ACLARANDO Y ARMONIZANDO LAS DISPOSICIONES LEGALES SOBRE LA MATERIA*

(Arts. 163-167)

(*BOE* núm. 97, de 22 de abril de 1996)

....

LIBRO IV

Del ámbito de aplicación de la Ley

Art. 163. *Autores.*—1. Se protegerán, con arreglo a esta Ley, los derechos de propiedad intelectual de los autores españoles así como de los autores nacionales de otros Estados miembros de la Unión Europea.

Gozarán, asimismo, de estos derechos:

a) Los nacionales de terceros países con residencia habitual en España.

b) Los nacionales de terceros países que no tengan su residencia habitual en España, respecto de sus obras publicadas por primera vez en territorio español o dentro de los treinta días siguientes a que lo hayan sido en otro país. No obstante, el Gobierno podrá restringir el alcance de este principio en el caso de extranjeros que sean nacionales de Estados que no protejan suficientemente las obras de autores españoles en supuestos análogos.

2. Todos los autores de obras audiovisuales, cualquiera que sea su nacionalidad, tienen derecho a percibir una remuneración proporcional por la proyección de sus obras en los términos del artículo 90, apartados 3 y 4. No obstante, cuando se trate de nacionales de

---

* Modificado por Ley 23/2006, de 7 de julio (*BOE* de 8-7-2006).

Art. 163.1: Vid. art. 10.4 del Código civil (*supra* núm. 72). Ténganse en cuenta los arts. 30, 36, 59 ss., 85 y 86, que condicionan el *ejercicio* de los derechos de propiedad intelectual: recuérdese la doctrina del «agotamiento comunitario» en estos derechos.

Estados que no garanticen un derecho equivalente a los autores españoles, el Gobierno podrá determinar que las cantidades satisfechas por los exhibidores a las entidades de gestión por este concepto sean destinadas a los fines de interés cultural que se establezcan reglamentariamente.

3. En todo caso los nacionales de terceros países gozarán de la protección que les corresponda en

---

Art. 163.3: Los Convenios y Tratados internacionales a los que alude el inciso final son fundamentalmente:

El *Convenio de Berna para la protección de las obras literarias y artísticas* de 9 de septiembre de 1886, revisado por última vez en París el 24 de junio de 1971 (*BOE* de 10-10-1974):

«*Art. 3.º* 1. Estarán protegidos en virtud del presente Convenio:

a) los autores nacionales de alguno de los países de la Unión, por sus obras, publicadas o no;

b) los autores que no sean nacionales de alguno de los países de la Unión, por las obras que hayan publicado por primera vez en alguno de estos países o simultáneamente en un país que no pertenezca a la Unión y en un país de la Unión.

2. Los autores no nacionales de alguno de los países de la Unión, pero que tengan su residencia habitual en alguno de ellos, están asimilados a los nacionales de dicho país en lo que se refiere a la aplicación del presente Convenio.

3. Se entiende por "obras publicadas" las que han sido editadas con el consentimiento de sus autores, cualquiera que sea el modo de fabricación de los ejemplares, siempre que la cantidad de éstos puesta a disposición del público satisfaga razonablemente sus necesidades, estimadas de acuerdo con la índole de la obra. No constituyen publicación la representación de una obra dramática, dramático-musical o cinematográfica, la ejecución de una obra musical, la recitación pública de una obra literaria, la transmisión o radiodifusión de las obras literarias o artísticas, la exposición de una obra de arte ni la construcción de una obra arquitectónica.

4. Será considerada como publicada simultáneamente en varios países toda obra aparecida en dos o más de ellos dentro de los treinta días siguientes a su primera publicación.

Art. 4.º Estarán protegidos en virtud del presente Convenio, aunque no concurran las condiciones previstas en el artículo:

a) los autores de las obras cinematográficas cuyo productor tenga su sede o residencia habitual en alguno de los países de la Unión;

b) los autores de obras arquitectónicas edificadas en un país de la Unión o de obras de artes gráficas y plásticas incorporadas a un inmueble sito en un país de la Unión.

Art. 5.º 1. Los autores gozarán, en lo que concierne a las obras protegidas en virtud del presente Convenio, en los países de la Unión que no sean el país de origen de la obra, de los derechos que las leyes respectivas conceden en la actualidad o concedan en lo sucesivo a los nacionales, así como de los derechos especialmente establecidos por el presente Convenio.

2. El goce y el ejercicio de estos derechos no estarán subordinados a ninguna formalidad y ambos son independientes de la existencia de protección en el país de origen de la obra. Por lo demás, sin perjuicio de las estipulaciones del presente Convenio, la extensión de la protección, así como los medios procesales acordados al autor para la defensa de sus derechos, se regirán exclusivamente por la legislación del país en que se reclama la protección.

3. La protección en el país de origen se regirá por la legislación nacional. Sin embargo, aun cuando el autor no sea nacional del país de origen de la obra protegida por el presente Convenio, tendrá en ese país los mismos derechos que los autores nacionales.

4. Se considera país de origen:

a) para las obras publicadas por primera vez en alguno de los países de la Unión, este país; sin embargo, cuando se trate de obras publicadas simultáneamente en varios países de la Unión que admitan términos de protección diferentes, aquél de entre ellos que conceda el término de protección más corto;

virtud de los Convenios y Tratados internacionales en los que España sea parte y, en su defecto, estarán equiparados a los autores españoles cuando éstos, a su vez, lo estén a los nacionales en el país respectivo.

4. Para las obras cuyo país de origen sea con arreglo al Convenio de Berna un país tercero y cuyo autor no sea nacional de un Estado miembro de la Unión Europea, el plazo de protección será el mismo que el otorgado en el país de origen de la obra sin que en ningún caso pueda exceder del previsto en esta Ley para las obras de los autores.

---

b) para las obras publicadas simultáneamente en un país que no pertenezcan a la Unión y en un país de la Unión, este último país;

c) para las obras no publicadas o para las obras publicadas por primera vez en un país que no pertenezca a la Unión, sin publicación simultánea en un país de la Unión, el país de la Unión a que pertenezca el autor, sin embargo:

i) si se trata de obras cinematográficas cuyo productor tenga su sede o su residencia habitual en un país de la Unión, éste será el país de origen, y

ii) si se trata de obras arquitectónicas edificadas en un país de la Unión o de obras de artes gráficas y plásticas incorporadas a un inmueble sito en un país de la Unión, éste será el país de origen.»

El Convenio universal sobre derechos de autor, hecho en Ginebra el 6 de septiembre de 1952 (*BOE* de 10 y 15-1-1975):

«*Art. II.* 1. Las obras publicadas de los nacionales de cualquier Estado contratante, así como las obras publicadas por primera vez en el territorio de tal Estado, gozarán en cada uno de los otros Estados contratantes de la protección que cada uno de esos Estados conceda a las obras de sus nacionales publicadas por primera vez en su propio territorio, así como de la protección especial que garantiza la presente Convención.

2. Las obras no publicadas de los nacionales de cada Estado contratante, gozarán, en cada uno de los demás Estados contratantes de toda la protección que cada uno de estos Estados conceda a las obras no publicadas de sus nacionales, así como de la protección especial que garantiza la presente Convención.

3. Para la aplicación de la presente Convención todo Estado contratante puede, mediante disposiciones de su legislación interna, asimilar a sus propios nacionales toda persona domiciliada en ese Estado.»

También téngase en cuenta, en el marco del Acuerdo de la Organización Mundial del Comercio, de Marrakech, de 15 de abril de 1994 (*BOE* de 24-1-1995), el Acuerdo sobre los aspectos de los derechos de propiedad intelectual relacionados con el comercio, Anexo 1.C, que cubre los derechos de autor y los derechos conexos:

«*Art. 1.º* […] 3. Los Miembros concederán a los nacionales de los demás miembros el trato previsto en el presente Acuerdo. Respecto del derecho de propiedad intelectual pertinente, se entenderá por nacionales de los demás Miembros las personas físicas o jurídicas que cumplirían los criterios establecidos para poder beneficiarse de la protección en el Convenio de París (1967), el Convenio de Berna (1971), la Convención de Roma y el Tratado sobre la Propiedad Intelectual respecto de los Circuitos Integrados, si todos los Miembros de la OMC fueran miembros de esos convenios. Todo Miembro que se valga de las posibilidades estipuladas en el párrafo 3 del artículo 5 o en el párrafo 2 del artículo 6 de la Convención de Roma lo notificará según lo previsto en esas disposiciones al Consejo de los Aspectos de los Derechos de Propiedad Intelectual relacionados con el Comercio (el "Consejo de los ADPIC").

Art. 3.º Trato nacional.—1. Cada Miembro concederá a los nacionales de los demás Miembros un trato no menos favorable que el que otorgue a sus propios nacionales con respecto a la protección de la propiedad intelectual, a reserva de las excepciones ya previstas en, respectivamente, el Convenio de París (1967), el Convenio de Berna (1971), la Convención de Roma o el Tratado sobre la Propiedad Intelectual respecto de los Circuitos Integrados. En lo que concierne a los artistas intérpretes o ejecutantes, los productores de fonogramas y los organismos de radiodifusión, esta obligación sólo se aplica a los derechos previstos

5. Se reconoce el derecho moral del autor, cualquiera que sea su nacionalidad.

Art. 164. *Artistas intérpretes o ejecutantes.*—1. Se protegerán los derechos reconocidos en esta Ley a los artistas intérpretes o ejecutantes españoles cualquiera que sea el lugar de su interpretación o ejecución, así como los correspondientes a los artistas intérpretes o ejecutantes nacionales de otros Estados miembros de la Unión Europea.

2. Los artistas intérpretes o ejecutantes nacionales de terceros países gozarán de los mismos derechos reconocidos en esta Ley en cualquiera de los siguientes casos:

a) Cuando tengan su residencia habitual en España.

b) Cuando la interpretación o ejecución se efectúe en territorio español.

c) Cuando la interpretación o ejecución sea grabada en un fonograma o en un soporte audiovisual protegidos conforme a lo dispuesto en esta Ley.

d) Cuando la interpretación o ejecución, aunque no haya sido grabada, se incorpore a una emisión de radiodifusión protegida conforme a lo dispuesto en esta Ley.

3. En todo caso, los artistas intérpretes o ejecutantes nacionales de terceros países gozarán de

---

en el presente Acuerdo. Todo Miembro que se valga de las posibilidades estipuladas en el artículo 6 del Convenio de Berna (1971) o en párrafo 1.*b*) del artículo 16 de la Convención de Roma lo notificará según lo previsto en esas disposiciones al Consejo de los ADPIC.

2. Los Miembros podrán recurrir a las excepciones permitidas en el párrafo 1 en relación con los procedimientos judiciales y administrativos, incluida la designación de un domicilio legal o el nombramiento de un agente dentro de la jurisdicción de un Miembro, solamente cuando tales excepciones sean necesarias para conseguir el cumplimiento de leyes y reglamentos que son sean incompatibles con las disposiciones del presente Acuerdo, y cuando tales prácticas no se apliquen de manera que constituya una restricción encubierta del comercio.»

Asimismo debe tenerse presente que por el término «nacionales», utilizado en el presente Acuerdo, se entenderán, en el caso de un territorio aduanero distinto miembro de la OMC, las personas físicas o jurídicas que tengan domicilio o un establecimiento industrial o comercial, real y efectivo, en ese territorio aduanero.

Art. 163.5: Ténganse en cuenta sección 1.ª del cap. III (arts. 14 a 16) de la LPI y art. 6.º bis del Convenio de Berna de 1886.

Art. 164.1: Vid. nota al art. 10.4 del Código civil (*supra* núm. 72).

Cfr. título I del libro II (arts. 105-113) de la LPI.

Art. 164.3: Téngase en cuenta la Convención de Roma de 26 de octubre de 1961 (*BOE* de 14-11-1991):

«*Art. 2.º* 1. A los efectos de la presente Convención, se entenderá por "mismo trato que los nacionales" el que conceda el Estado Contratante en que se pida la protección, en virtud de su derecho interno:

a) A los artistas intérpretes o ejecutantes que sean nacionales de dicho Estado, con respecto a las interpretaciones o ejecuciones realizadas, fijadas por primera vez o radiodifundidas en su territorio;

b) a los productores de fonogramas que sean nacionales de dicho Estado, con respecto a los fonogramas publicados o fijados por primera vez en su territorio;

c) a los Organismos de radiodifusión que tengan su domicilio legal en el territorio de dicho Estado, con respecto a las emisiones difundidas desde emisoras situadas en su territorio.

la protección que corresponda en virtud de los Convenios y Tratados internacionales en los que España sea parte y, en su defecto, estarán equiparados a los artistas intérpretes o ejecutantes españoles cuando éstos, a su vez, lo estén a los nacionales en el país respectivo.

4. Los plazos de protección previstos en el artículo 112 de esta Ley serán igualmente aplicables a los mencionados titulares que no sean nacionales de la Unión Europea siempre que tengan garantizada su protección en España mediante algún Convenio internacional. No obstante, sin perjuicio de las obligaciones internacionales que correspondan, el plazo de protección expirará en la fecha prevista en el país del que sea nacional el titular sin que,

---

2. El "mismo trato que a los nacionales" estará sujeto a la protección expresamente concedida y a las limitaciones concretamente previstas en la presente Convención.

[...]

Art. 4.º Cada uno de los Estados Contratantes otorgará a los artistas intérpretes o ejecutantes el mismo trato que a sus nacionales, siempre que se produzca una de las siguientes condiciones:

a) que la ejecución se realice en otro Estado Contratante;

b) que se haya fijado la ejecución o interpretación sobre un fonograma protegido en virtud del artículo 5;

c) que la ejecución o interpretación no fijada en un fonograma sea radiodifundida en una emisión protegida en virtud del artículo 6.

Art. 5.º 1. Cada uno de los Estados Contratantes concederá el mismo trato que a los nacionales a los productores de fonogramas, siempre que se produzca cualquiera de las siguientes condiciones:

a) que el productor del fonograma sea nacional de otro Estado Contratante (criterio de la nacionalidad);

b) que la primera fijación sonora se hubiere efectuado en otro Estado Contratante (criterio de la fijación);

c) *que* el fonograma se hubiere publicado por primera vez en otro Estado Contratante (criterio de la publicación).

2. Cuando un fonograma hubiere sido publicado por primera vez en un Estado no Contratante pero lo hubiere sido también, dentro de los treinta días subsiguientes, en un Estado Contratante (publicación simultánea), se considerará como publicado por primera vez en el Estado Contratante.

3. Cualquier Estado Contratante podrá declarar, mediante notificación depositada en poder del Secretario general de las Naciones Unidas, que no aplicará el criterio de la publicación o el criterio de la fijación. La notificación podrá depositarse en el momento de la ratificación, de la aceptación o de la adhesión, o en cualquier otro momento; en este último caso sólo surtirá efecto a los seis meses de la fecha de depósito.

Art. 6.º 1. Cada uno de los Estados Contratantes concederá igual trato que a los nacionales a los Organismos de radiodifusión, siempre que se produzca alguna de las siguientes condiciones:

a) que el domicilio legal del Organismo de radiodifusión esté situado en otro Estado Contratante;

b) que la emisión haya sido transmitida desde una emisora situada en el territorio de otro Estado Contratante;

2. Todo Estado Contratante podrá, mediante notificación depositada en poder del Secretario general de las Naciones Unidas, declarar que sólo protegerá las emisiones en el caso de que el domicilio legal del Organismo de radiodifusión esté situado en el territorio de otro Estado Contratante y de que la emisión haya sido transmitida desde una emisora situada en el territorio del mismo Estado Contratante. La notificación podrá hacerse en el momento de la ratificación, de la aceptación o de la adhesión, o en cualquier otro momento; en este último caso sólo surtirá efecto a los seis meses de la fecha de depósito.»

en ningún caso, la duración pueda exceder de la establecida en el artículo anteriormente mencionado.

Art. 165. *Productores, realizadores de meras fotografías y editores.*—1. Los productores de fonogramas y los de obra o grabaciones audiovisuales, los realizadores de meras fotografías y los editores de las obras mencionadas en el artículo 129 serán protegidos con arreglo a esta Ley en los siguientes casos:

a) Cuando sean ciudadanos españoles o empresas domiciliadas en España así como cuando sean ciudadanos de otro Estado miembro de la Unión Europea o empresas domiciliadas en otro Estado miembro de la Unión Europea.

b) Cuando sean nacionales de terceros países y publiquen en España por primera vez o dentro de los treinta días siguientes a que lo hayan sido en otro país las obras mencionadas. No obstante, el Gobierno podrá restringir el alcance de este principio en el caso de nacionales de Estados que no protejan suficientemente las obras o publicaciones de españoles en supuestos análogos.

2. En todo caso, los titulares a que se refiere el párrafo *b*) del apartado anterior gozarán de la protección que les corresponde en virtud de los Convenios y Tratados internacionales en los que España sea parte y en su defecto estarán equiparados a los productores de fonogramas y a los de obras o grabaciones audiovisuales, a los realizadores de meras fotografías y a los editores de las obras mencionadas en el artículo 129 cuando éstos, a su vez, lo estén a los nacionales en el país respectivo.

3. Los plazos de protección previstos en los artículos 119 y 125 de esta Ley serán igualmente

---

Art. 165.1: Vid. nota al art. 10.4 del Código civil (*supra* núm. 72).

Cfr. títulos II y III del libro II (arts. 114 a 125) de la LPI.

El art. 129 se refiere a las obras inéditas en dominio público y obras no protegidas y dispone lo siguiente:

«1. Toda persona que divulgue lícitamente una obra inédita que esté en dominio público tendrá sobre ella los mismos derechos de explotación que hubieran correspondido a su autor.

2. Del mismo modo, los editores de obras no protegidas por las disposiciones del Libro I de la presente Ley, gozarán del derecho exclusivo de autorizar la reproducción, distribución y comunicación pública de dichas ediciones siempre que puedan ser individualizadas por su composición tipográfica, presentación y demás características editoriales.»

Art. 165.2: Téngase en cuenta el Convenio de Ginebra para la protección de los productores de fonogramas contra la reproducción no autorizada de sus fonogramas, de 29 de octubre de 1971 (*BOE* de 7-9-1974), que establece:

«*Art. 2.º* Todo Estado contratante se compromete a proteger a los productores de fonogramas que sean nacionales de los otros Estados contratantes contra la producción de copias sin el consentimiento del productor, así como contra la importación de tales copias, cuando la producción o la importación se hagan con miras a una distribución al público, e igualmente contra la distribución de esas copias al público.»

aplicables a los mencionados titulares que no sean nacionales de la Unión Europea siempre que tengan garantizada su protección en España mediante algún Convenio internacional. No obstante, sin perjuicio de las obligaciones internacionales que correspondan, el plazo de protección expirará en la fecha prevista en el país del que sea nacional el titular sin que, en ningún caso, la duración pueda exceder de la establecida en los artículos anteriormente mencionados.

Art. 166. *Entidades de radiodifusión.*—1. Las entidades de radiodifusión domiciliadas en España, o en otro Estado miembro de la Unión Europea disfrutarán respecto de sus emisiones y transmisiones de la protección establecida en esta Ley.

2. En todo caso, las entidades de radiodifusión domiciliadas en terceros países gozarán de la protección que les corresponda en virtud de los Convenios y Tratados internacionales en los que España sea parte.

3. Los plazos de protección previstos en el artículo 127 de esta Ley serán igualmente aplicables a los mencionados titulares que no sean nacionales de la Unión Europea siempre que tengan garantizada su protección en España mediante algún Convenio internacional. No obstante, sin perjuicio de las obligaciones internacionales que correspondan, el plazo de protección expirará en la fecha prevista en el país del que sea nacional el titular sin que, en ningún caso, la duración pueda exceder de la establecida en el artículo anteriormente mencionado.

Art. 167. *Beneficiarios de la protección del derecho* sui generis.—1. El derecho contemplado en el artículo 133 se aplicará a las bases de datos cuyos fabricantes o

---

Art. 166.1: Vid. nota al art. 10.4 del Código civil (*supra* núm. 72).

Cfr. Título IV del libro II (arts. 126 y 127) de la LPI.

Respecto a las Entidades de radiodifusión domiciliadas en España hay que tener en cuenta que tanto la Disp. Adicional 6.ª, apdos. *a*) y *b*), de la Ley 31/1987, de 18 de diciembre, de ordenación de las telecomunicaciones (*BOE* de 19-12-1987), como los arts. 18 y 19 de la Ley 10/1984, de 3 de mayo, de regulación de la televisión privada (*BOE* de 5-5-1988), exigen que las sociedades concesionarias tengan la nacionalidad española y sin perjuicio de lo previsto en el Derecho comunitario europeo.

En el marco de la Comunidad Europea, la adquisición contractual del derecho exclusivo de radiodifusión deberá atenerse a la regulación que, sobre derechos de autor y derechos afines, exista en el Estado miembro en el que tenga lugar la comunicación al público vía satélite.

Art. 166.2: Acuerdo europeo contra las emisiones de radiodifusión efectuadas por estaciones situadas fuera de los territorios nacionales, hecho en Estrasburgo el 22 de enero de 1965 (*BOE* de 5-5-1988).

Art. 167: Introducido por la Ley 5/1998, de 6 de marzo, de incorporación al Derecho español de la Directiva 96/9/CE del Parlamento Europeo y del Consejo, de 11 de marzo de 1996, sobre protección jurídica de las bases de datos (*BOE* núm. 57, de 7-3-1998). Conforme al art. 133, el objeto de protección del Derecho *sui generis* sobre una base de datos es el siguiente:

derechohabientes sean nacionales de un Estado miembro o tengan su residencia habitual en el territorio de la Unión Europea.

2. El apartado 1 del presente artículo se aplicará también a las sociedades y empresas constituidas con arreglo a la legislación de un Estado miembro y que tengan su sede oficial, administración central o centro principal de actividades en la Unión Europea; no obstante, si la sociedad o empresa tiene en el mencionado territorio únicamente su domicilio social, sus operaciones deberán estar vinculadas de forma efectiva y continua con la economía de un Estado miembro.

....

«1. El derecho *sui generis* sobre una base de datos protege la inversión sustancial, evaluada cualitativa o cuantitativamente, que realiza su fabricante, ya sea de medios financieros, empleo de tiempo, esfuerzo, energía u otros de similar naturaleza, para la obtención, verificación o presentación de su contenido.

Mediante el derecho al que se refiere el párrafo anterior, el fabricante de una base de datos, definida en el artículo 12.2 del presente texto refundido de la Ley de Propiedad Intelectual, puede prohibir la extracción y/o reutilización de la totalidad o de una parte sustancial del contenido de ésta, evaluada cualitativa o cuantitativamente, siempre que la obtención, la verificación o la presentacion de dicho contenido representen una inversión sustancial desde el punto de vista cuantitativo o cualitativo. Este derecho podrá transferirse, cederse o darse en licencia contractual.

2. No obstante lo dispuesto en el párrafo segundo del apartado anterior, no estarán autorizadas la extracción y/o reutilización repetidas o sistemáticas de partes no sustanciales del contenido de una base de datos que supongan actos contrarios a una explotación normal de dicha base o que causen un perjuicio injustificado a los intereses legítimos del fabricante de la base.

3. A los efectos del presente Título se entenderá por:

a) Fabricante de la base de datos, la persona natural o jurídica que toma la iniciativa y asume el riesgo de efectuar las inversiones sustanciales orientadas a la obtención, verificación o presentación de su contenido.

b) Extracción, la transferencia permanente o temporal de la totalidad o de una parte sustancial del contenido de una base de datos a otro soporte en que se realice.

c) Reutilización, toda forma de puesta a disposición del público de la totalidad o de una parte sustancial del contenido de la base mediante la distribución de copias en forma de venta u otra transferencia de su propiedad o por alquiler, o mediante transmisión en línea o en otras formas. A la distribución de copias en forma de venta en el ámbito de la Unión Europea le será de aplicación lo dispuesto en el apartado 2 del artículo 19 de la presente Ley.

4. El derecho contemplado en el párrafo segundo del anterior apartado 1 se aplicará con independencia de la posibilidad de que dicha base de datos o su contenido esté protegida por el derecho de autor o por otros derechos. La protección de las bases de datos por el derecho contemplado en el párrafo segundo del anterior apartado 1 se entenderá sin perjuicio de los derechos existentes sobre su contenido.»

130. LEY 11/1986, DE 20 DE MARZO, DE PATENTES*

(Arts. 2.º, 6.º, 10, 25, 28, 29, 52, 61, 116, 145, 155 y 157)

(*BOE* núm. 73, de 26 de marzo de 1986)

TÍTULO PRIMERO

Disposiciones generales**

....

Art. 2.º 1. Podrán obtener los títulos de propiedad industrial regulados en la presente Ley las personas naturales o jurídicas de nacionalidad española y las personas naturales o jurídicas extranjeras que residan habitualmente o tengan un establecimiento industrial o comercial efectivo y real en territorio español, o que gocen de

---

* Téngase en cuenta el Reglamento de Ejecución de la Ley de Petentes, RD 2245/1986, de 10 de octubre, modificado por el RD 1431/2008, de 29 de agosto, por el que se modifican determinadas disposiciones reglamentarias en materia de propiedad industrial.

** Téngase en cuenta lo dispuesto por el Convenio recogido en nota al art. 2.º1.

Art. 2.º1: Vid. nota al art. 10.4 del Código civil.

El Convenio de la Unión de París para la protección de la propiedad industrial de 20 de marzo de 1883 (*BOE* de 1-2-1974), establece:

«*Art. 2.º (Trato nacional a los nacionales de los países de la Unión)*.—1) Los nacionales de cada uno de los países de la Unión gozarán en todos los demás países de la Unión, en lo que se refiere a la protección de la propiedad industrial, de las ventajas que las leyes respectivas concedan actualmente o en el futuro a sus nacionales, todo ello sin perjuicio de los derechos, especialmente previstos por el presente Convenio. En consecuencia, aquéllos tendrán la misma protección que éstos y el mismo recurso legal contra cualquier ataque a sus derechos, siempre y cuando cumplan las condiciones y formalidades impuestas a los nacionales.

2) Ello no obstante, ninguna condición de domicilio o de establecimiento en el país donde la protección se reclame podrá ser exigida a los nacionales de los países de la Unión para gozar de alguno de los derechos de la propiedad industrial.

3) Quedan expresamente reservadas las disposiciones de la legislación de cada uno de los países de la Unión relativas al procedimiento judicial y administrativo y a la competencia, así como a la elección de domicilio o a la constitución de un mandatario, que sean exigidas por las leyes de propiedad industrial.

Art. 3.º (Asimilación de determinadas categorías de personas a los nacionales de los países de la Unión).—Quedan asimilados a los nacionales de los países de la Unión aquéllos nacionales de países que no forman parte de la Unión que estén domiciliados o tengan establecimientos industriales o comerciales efectivos y serios en el territorio de alguno de los países de la Unión.»

Téngase en cuenta también el art. 12 del TCE (*supra* núm. 3), que obliga, en el ámbito de aplicación del tratado, a extender a los nacionales de otros Estados CE la protección contenida a los nacionales, así como los arts. 28 ss., 30, 49 ss., 81 y 82, que condicionan el *ejercicio* de los derechos de patente: recuérdese la doctrina del «agotamiento comunitario» de estos derechos. Ver, asimismo, el Reglamento (CE) 2100/94, de 24 de julio, relativo a la protección comunitaria de obtenciones vegetales (*DO* L 227, de 1-9-1994), así como la Ley 3/2000, de 7 de enero, sobre régimen jurídico de la protección de las obtenciones vegetales (*BOE* de 10-1-2000).

los beneficios del Convenio de la Unión de París para la protección de la Propiedad Industrial.

2. También podrán obtener los títulos de propiedad industrial regulados en la presente Ley las personas naturales o jurídicas extranjeras no comprendidas en el apartado anterior, siempre que en el Estado del que sean nacionales se permita a las personas naturales o jurídicas de nacionalidad española la obtención de títulos equivalentes.

3. Las personas naturales o jurídicas de nacionalidad española y los extranjeros, que sean nacionales de alguno de los países de la Unión de París o que, sin serlo, estén domiciliados o tengan un establecimiento industrial o comercial efectivo y serio en el territorio de alguno de los países de la Unión, podrán invocar en su beneficio la

---

También téngase en cuenta, en el marco del Acuerdo de la Organización Mundial del Comercio, de Marrakech, de 15 de abril de 1994 (*BOE* de 24-1-1995), el Acuerdo sobre los aspectos de los derechos de propiedad intelectual relacionados con el comercio. Anexo 1.C, que cubre marcas e indicaciones geográficas.

«Art. 1.º [...] 3. Los Miembros concederán a los nacionales de los demás miembros el trato previsto en el presente Acuerdo. Respecto del derecho de propiedad intelectual pertinente, se entenderá por nacionales de los demás Miembros las personas físicas o jurídicas que cumplirían los criterios establecidos para poder beneficiarse de la protección en el Convenio de París (1967), el Convenio de Berna (1971), la Convención de Roma y el Tratado sobre la Propiedad Intelectual respecto de los Circuitos Integrados, si todos los Miembros de la OMC fueran miembros de esos convenios. Todo Miembro que se valga de las posibilidades estipuladas en el párrafo 3 del artículo 5 o en el párrafo 2 del artículo 6 de la Convención de Roma lo notificará según lo previsto en esas disposiciones al Consejo de los Aspectos de los Derechos de Propiedad Intelectual relacionados con el Comercio el "Consejo de los ADPIC").

Art. 3.º Trato nacional.—1. Cada Miembro concederá a los nacionales de los demás Miembros un trato no menos favorable que el que otorgue a sus propios nacionales con respecto a la protección de la propiedad intelectual, a reserva de las excepciones ya previstas en, respectivamente, el Convenio de París (1967), el Convenio de Berna (1971), la Convención de Roma o el Tratado sobre la Propiedad Intelectual respecto de los Circuitos Integrados. En lo que concierne a los artistas intérpretes o ejecutantes, los productores de Fonogramas y los organismos de radiodifusión, esta obligación sólo se aplica a los derechos previstos en el presente Acuerdo. Todo Miembro que se valga de las posibilidades estipuladas en el artículo 6 del Convenio de Berna (1971) o en el párrafo 1.*b*) del artículo 16 de la Convención de Roma lo notificará según lo previsto en esas disposiciones al Consejo de los ADPIC.

2. Los Miembros podrán recurrir a las excepciones permitidas en el párrafo 1 en relación con los procedimientos judiciales y administrativos, incluida la designación de un domicilio legal o el nombramiento de un agente dentro de la jurisdicción de un Miembro, solamente cuando tales excepciones sean necesarias para conseguir el cumplimiento de leyes y reglamentos que no sean incompatibles con las disposiciones del presente Acuerdo, y cuando tales prácticas no se apliquen de manera que constituya una restricción encubierta del comercio.»

Debe tenerse presente que por el término «nacionales», utilizado en el presente Acuerdo, se entenderán, en el caso de un territorio aduanero distinto miembro de la OMC, las personas físicas o jurídicas que tengan domicilio o un establecimiento industrial o comercial, real y efectivo, en ese territorio aduanero.

Art. 2.º3: Principio del tratamiento unionista o del *minimum standard.* Cfr. art. 14 de la Ley 17/2001 de marcas (*infra* núm. 132).

aplicación de las disposiciones contenidas en el texto del Convenio de la Unión de París para la protección de la propiedad industrial que esté vigente en España, en todos aquellos casos en que esas disposiciones les sean más favorables que las normas establecidas en la presente Ley.

....

TÍTULO II

Patentabilidad

....

Art. 6.º 1. Se considera que una invención es nueva cuando no está comprendida en el estado de la técnica.

2. El estado de la técnica está constituido por todo lo que antes de la fecha de presentación de la solicitud de patente se ha hecho accesible al público en España o en el extranjero por una descripción escrita u oral, por una utilización o por cualquier otro medio.

3. Se entiende igualmente comprendido en el estado de la técnica el contenido de las solicitudes españolas de patentes o de modelos de utilidad, tal como hubieren sido originariamente presentadas, cuya fecha de presentación sea anterior a la que se menciona en el apartado precedente y que hubieren sido publicadas en aquella fecha o lo sean en otra fecha posterior.

....

Art. 6.º1: Cfr. Disposición transitoria cuarta de la L. Patentes. En el marco convencional, la búsqueda internacional e informe del estado de la técnica está contemplado en el art. 92 del Convenio de Múnich sobre concesión de patentes europeas de 5 de octubre de 1973 (*BOE* de 30-9-1986) y en los arts. 15 a 18 del Tratado de cooperación en materia de patentes, *hecho en Washington* el 19 de junio de 1970, enmendado el 2 de octubre de 1979 y modificado el 3 de febrero de 1984 (*BOE* de 7-11-1989) el 19 de septiembre de 1999 (*BOE* de 12-7-2004), el 17 de marzo de 2000 (*BOE* de 13-7-2004), el 3 de octubre de 2001 (*BOE* de 14-7-2004) y el 1-10-2002 (*BOE* de 30-3-2007 y de 4-4-2007). En aplicación de este Tratado se ha adoptado el Real Decreto 1.123/1995, de 3 de julio (*BOE* de 7-9-1995). Téngase en cuenta, también, el Acuerdo suscrito en Madrid el 10-2-1999 entre la Organización Europea de Patentes (OEP), la Oficina Española de Patentes y Marcas (OEPM) y la Oficina Sueca de Patentes y Registros (PRV) sobre el establecimiento de una cooperación en materia de búsquedas internacionales (*BOE* de 28-4-1999).

Art. 6.º2 y 3: Vid. art. 28.3 Ley de Patentes. Téngase en cuenta el art. 54 del Convenio de Múnich de 1973 sobre concesión de patentes europeas (*BOE* de 30-9-1986). Revisado por Acta de 29 de noviembre de 2000 (*BOE* de 25-1-2003).

TÍTULO III

Derecho a la patente y designación del inventor

Art. 10. 1. El derecho a la patente pertenece al inventor o a sus causahabientes y es transmisible por todos los medios que el Derecho reconoce.

2. Si la invención hubiere sido realizada por varias personas conjuntamente, el derecho a obtener la patente pertenecerá en común a todas ellas.

3. Cuando una misma invención hubiere sido realizada por distintas personas de forma independiente, el derecho a la patente pertenecerá a aquel cuya solicitud tenga una fecha anterior de presentación en España, siempre que dicha solicitud se publique con arreglo a lo dispuesto en el artículo 32.

4. En el procedimiento ante el Registro de la Propiedad Industrial se presume que el solicitante está legitimado para ejercer el derecho a la patente.

....

TÍTULO V

Concesión de la patente

CAPÍTULO PRIMERO

PRESENTACIÓN Y REQUISITOS DE LA SOLICITUD DE PATENTE

Art. 25. 1. La invención debe ser descrita en la solicitud de patente de manera suficientemente clara y completa para que un experto sobre la materia pueda ejecutarla.

2. Cuando la invención se refiera a una materia biológica no accesible al público, o a su utilización, y cuando la materia biológica no pueda ser descrita en la solicitud de patente de manera tal que un experto

---

Art. 10.3: El art. 32 establece:

«1. Transcurridos dieciocho meses desde la fecha de presentación de la solicitud o desde la fecha de prioridad que se hubiera reivindicado, una vez superado el examen de oficio y hecha por el solicitante la petición del informe sobre el estado de la técnica a que se refiere el artículo 33, el Registro procederá a poner a disposición del público la solicitud de patente, haciendo la correspondiente publicación en el *Boletín Oficial de la Propiedad Industrial* de los elementos de la misma que se determinen reglamentariamente.

2. Al mismo tiempo se publicará un folleto de la solicitud de patente que contendrá la descripción, las reivindicaciones y, en su caso, los dibujos y los demás elementos que se determinen reglamentariamente.

3. A petición del solicitante podrá publicarse la solicitud de patente, en los términos establecidos en el presente artículo, aun cuando no hubiera transcurrido el plazo de dieciocho meses mencionado en el apartado 1.»

Art. 25: Redactado conforme a la Ley 10/2002, de 29 de abril, por la que se modifi-

pueda reproducir la invención, sólo se considerará que la descripción cumple con lo dispuesto en el apartado anterior si concurren los siguientes requisitos:

a) Que la materia biológica haya sido depositada no más tarde de la fecha de presentación de la solicitud de patente en una institución reconocida legalmente para ello. En todo caso, se considerarán reconocidas las autoridades internacionales de depósito que hayan adquirido dicho rango de conformidad con el artículo 7 del Tratado de Budapest, de 28 de abril de 1977, sobre el reconocimiento internacional del depósito de microorganismos a los fines del procedimiento de patentes, en lo sucesivo denominado el Tratado de Budapest.

b) Que la solicitud, tal como ha sido presentada, contenga la información relevante de que disponga el solicitante sobre las características de la materia biológica depositada.

c) Que en la solicitud de patente se indique el nombre de la institución de depósito y el número del mismo.

3. Si la materia biológica depositada de acuerdo con lo previsto en el apartado anterior dejase de estar disponible en la institución de depósito reconocida, se autorizará un nuevo depósito de esa materia, en condiciones análogas a las previstas en el Tratado de Budapest.

4. Todo nuevo depósito deberá ir acompañado de una declaración firmada por el depositante que certifique que la materia biológica objeto del nuevo depósito es la misma que se depositó inicialmente.

....

---

ca la Ley 11/1986, de 20 de marzo, de Patentes, para la incorporación al Derecho español de la Directiva 98/44/CE del Parlamento Europeo y del Consejo, de 6 de julio, relativa a la protección jurídica de las invenciones biotecnológicas (*BOE* de 30-4-2002).

Art. 25.2.a): El art. 7 del Tratado de Budapest de 28 de abril de 1977 sobre reconocimiento internacional del depósito de microorganismos a los fines del procedimiento de patentes, ratificado por España por Instrumento de 2 de junio de 1980 (*BOE* de 13-4-1981; correc. de errores, *BOE* de 3-6-1981), se refiere a la adquisición del estatuto de autoridad internacional de depósito:

«1) *a*) Una institución de depósito adquiere el estatuto de autoridad internacional de depósito en virtud de una comunicación escrita dirigida al Director general por el Estado contratante en cuyo territorio esté domiciliada la institución de depósito, y que deberá incluir una declaración comprensiva de las seguridades de que dicha institución reúne y continuará reuniendo las condiciones enumeradas en el artículo 6.2). Dicho estatuto podrá adquirirse igualmente en virtud de una comunicación escrita dirigida al Director general por una organización intergubernamental de propiedad industrial que incluya la declaración mencionada.

b) La comunicación también contendrá informaciones sobre la institución de depósito, conforme al Reglamento, y podrá indicar la fecha en la que deberá entrar en vigor el estatuto de autoridad internacional de depósito.

2) *a*) Si el Director general comprueba que la comunicación comprende la declaración requerida y que todas las informaciones exigidas se han recibido, dicha comunicación se publicará por la Oficina Internacional lo antes posible.

b) El estatuto de autoridad internacional de depósito será adquirido a partir de la fecha de publicación de la comunicación o, cuando se indique otra fecha en virtud del apartado 1)*b*) y esta fecha sea posterior a la de publicación de la comunicación a partir de esa fecha.

3) El Reglamento establecerá los detalles del procedimiento previsto en los párrafos 1) y 2).»

Art. 28. 1. Quien hubiere presentado regularmente una solicitud de patente de invención, de modelo de utilidad, de certificado de utilidad o de certificado de inventor en alguno de los países de la Unión para la Protección de la Propiedad Industrial o sus causahabitantes gozarán, para la presentación de una solicitud de patente en España para la misma invención, del derecho de prioridad establecido en el Convenio de la Unión de París para la Protección de la Propiedad Industrial.

2. Tendrá el mismo derecho de prioridad mencionado en el apartado anterior quien hubiere presentado una primera solicitud de protección en un país que, sin pertenecer a la Unión para la Protección de la Propiedad Industrial, reconozca a las solicitudes presentadas en España un derecho de prioridad con efectos equivalentes a los previstos en el Convenio de la Unión.

3. En virtud del ejercicio del derecho de prioridad se considerará como fecha de presentación de la solicitud, a los efectos de lo dispuesto en los artículos 6, apartados 2 y 3; 10, apartado 3, 109 y 145, apartados 1 y 2, la fecha de presentación de la solicitud anterior cuya prioridad hubiere sido válidamente reivindicada.

Art. 29. 1. El solicitante que desee reivindicar la prioridad de una solicitud anterior deberá presentar, en la forma y plazos que reglamentariamente se establezcan, una declaración de prioridad y una copia certificada por la Oficina de origen de la solicitud anterior acompañada de su traducción al castellano, cuando esa solicitud esté redactada en otro idioma.

2. Para una misma solicitud y, en su caso, para una misma reivindicación podrán reivindicarse prioridades múltiples, aunque tengan su origen en Estados diversos. Si se reivindican prioridades múltiples, los plazos que hayan de computarse a partir de la fecha de prioridad se contarán desde la fecha de prioridad más antigua.

3. Cuando se reivindiquen una o varias prioridades, el derecho de prioridad sólo amparará a los elementos de la solicitud que estuvieren contenidos en la solicitud o solicitudes cuya prioridad hubiere sido reivindicada.

4. Aun cuando determinados elementos de la invención para los

---

Art. 28: Cfr. art. 4 del Convenio de la Unión de París para la protección de la propiedad industrial de 20 de marzo de 1883 (*BOE* de 1-2-1974).

Art. 28.3: El art. 109 de la Ley prescribe:

«1. Las adiciones tendrán la fecha de prioridad que corresponda a sus respectivas solicitudes, su duración será la misma que le quede a la patente y no estarán sujetas al pago de anualidades.

2. Las adiciones se considerarán parte integrante de la patente principal, salvo para aquellos efectos en que la presente Ley disponga lo contrario.»

Art. 29.1: Téngase en cuenta que conforme al art. 4.ºD.3) del Convenio de la Unión de París para la protección de la propiedad industrial de 20 de marzo de 1883 (*BOE* de 1-2-1974), la copia certificada por la Oficina de origen de la solicitud anterior queda dispensada de toda legalización.

que se reivindique la prioridad no figuren entre las reivindicaciones formuladas en la solicitud anterior, podrá otorgarse la prioridad para los mismos si el conjunto de los documentos de aquella solicitud anterior revela de manera suficientemente clara y precisa tales elementos.

....

TÍTULO VI

Efectos de la patente y de la solicitud de la patente

....

Art. 52. 1. Los derechos contenidos por la patente no se extienden:

a) A los actos realizados en su ámbito privado y con fines no comerciales.

b) A los actos realizados con fines experimentales que se refieran al objeto de la invención patentada, en particular los estudios y ensayos realizados para la autorización de medicamentos genéricos, en España o fuera de España, y los consiguientes requisistos prácticos, incluidos la preparación, obtención y utilización del principio activo para estos fines.

c) A la preparación de medicamentos realizada en las farmacias extemporáneamente y por unidad en ejecución de una receta médica ni a los actos relativos a los medicamentos así preparados.

d) Al empleo del objeto de la invención patentada a bordo de buques de países de la Unión de París para la protección de la propiedad industrial, en el cuerpo del buque, en las máquinas, en los aparejos, en los aparatos y en los restantes accesorios, cuando esos buques penetren temporal o accidentalmente en las aguas españolas, siempre que el objeto de la invención sea utilizado exclusivamente para las necesidades del buque.

e) Al empleo del objeto de la invención patentada en la construcción o el funcionamiento de medios de locomoción, aérea o terrestre, que pertenezcan a países miembros de la Unión de París para la protección de la propiedad industrial o de

Art. 52: Modificado por art. 3.º2 de Ley 10/2002, de 29 abril, por la que se modifica la Ley 11/1986, de 20 de marzo, de Patentes, para la incorporación al Derecho español de la Directiva 98/44/CE del Parlamento Europeo y del Consejo, de 6 de julio, relativa a la protección jurídica de las invenciones biotecnológicas (*BOE* de 30-4-2002).

Art. 52.1.b): Nueva redacción dada por la Ley 29/2006, de 26 de julio, de garantías y uso racional de los medicamentos y productos sanitarios (*BOE* de 27-7-2006).

Art. 52.d), e), y f): Cfr. art. 5.º ter, núm. 1 y núm. 2, del Convenio de la Unión de París para la protección de la propiedad industrial de 20 de marzo de 1883 (*BOE* de 1-2-1974).

los accesorios de los mismos, cuando esos medios de locomoción penetren temporal o accidentalmente en el territorio español.

f) A los actos previstos por el artículo 27 del Convenio de 7 de diciembre de 1944 relativo a la aviación civil internacional, cuando tales actos se refieran a aeronaves de un Estado al cual sean aplicables las disposiciones del mencionado artículo.

2. Los derechos conferidos por la patente no se extienden a los actos relativos a un producto protegido por ella después de que ese producto haya sido puesto en el comercio en el territorio de un Estado miembro de la Unión Europea por el titular de la patente o con su consentimiento.

3. Los derechos conferidos por la patente no se extenderán a los actos relativos a la materia biológica por reproducción o multiplicación de una materia biológica protegida objeto de la patente, depués de que ésta haya sido puesta en el mercado en el territorio de un Estado miembro de la Unión Europea por el titular de la patente o con su consentimiento, cuando la reproducción o multiplicación sea el resultado necesario de la utilización para la que haya sido comercializada dicha materia biológica, y a condición de que la materia obtenida no se utilice posteriormente para nuevas reproducciones o multiplicaciones.

....

Art. 61. 1. Cuando se introduzca en España un producto con relación al cual exista una patente de procedimiento para la fabricación de dicho producto, el titular de la patente tendrá con respecto al producto introducido los mismos derechos que la presente Ley le concede en relación con los productos fabricados en España.

2. Si una patente tiene por objeto un procedimiento para la fabricación de productos o sustancias nuevos, se presume, salvo prueba en contrario, que todo producto o sustancia de las mismas características ha sido obtenido por el procedimiento patentado.

3. En la práctica de las diligencias para la prueba en contrario prevista en el apartado anterior se tomarán en consideración los legítimos intereses del demandado para la protección de sus secretos de fabricación o de negocios.

....

Art. 52.3: Téngase en cuenta que en el marco de la Comunidad Económica Europea el principio de la libre circulación de mercancías (arts. 28 y 30 del TCEE) impide que el titular de la patente pueda prohibir, recurriendo a la legislación nacional, la importación o comercialización de un producto que ha sido lícitamente introducido en el comercio de otro Estado miembro por él mismo o por otra persona con su consentimiento o bajo su dependencia (doctrina del denominado «agotamiento comunitario» del derecho de patente).

Art. 61.1: Cfr. art. 50.*a*) y *c*) de la LP y art. 5 quáter del Convenio de la Unión de París para la protección de la propiedad industrial de 20 de marzo de 1883 (*BOE* de 1-2-1974).

TÍTULO XI
Nulidad y caducidad de las patentes

....

CAPÍTULO II

CADUCIDAD

Art. 116. 1. Las patentes caducan:

a) Por la expiración del plazo para el que hubieren sido concedidas.

b) Por renuncia del titular.

c) Por la falta de pago en tiempo oportuno de una anualidad y, en su caso, de la sobretasa correspondiente.

d) Si la invención no es explotada en los dos años siguientes a la concesión de la primera licencia obligatoria.

e) Por incumplimiento de la obligación de explotar prevista en el título IX, capítulo primero, cuando el titular de la patente no pueda beneficiarse de las disposiciones del Convenio de la Unión de París y resida habitualmente o tenga su establecimiento industrial o comercial en un país cuya legislación admita la adopción de una medida similar. En este caso no serán aplicables las disposiciones relativas al otorgamiento de licencias contenidas en el título VIII, capítulo III, y en el título IX, capítulos II, III y IV.

2. Sin perjuicio de su declaración por el Registro de la Propiedad Industrial y su publicación en el *Boletín Oficial de la Propiedad Industrial*, la caducidad de una patente incorpora el objeto patentado al dominio público desde el momento en que se produjeron los hechos u omisiones que dieron lugar a ella, salvo en la parte en que ese mismo objeto estuviere amparado por otra patente anterior y vigente.

3. En los supuestos de falta de pago de una anualidad, se entiende que la omisión que da lugar a la caducidad se produce al comienzo del año de la vida de la patente para el cual no hubiere sido abonada la anualidad.

4. En el supuesto del número 1, letra *d*), la caducidad será declarada previa instrucción por el Registro de la Propiedad Industrial del correspondiente expediente administrativo.

TÍTULO XIV

Modelos de utilidad

....

Art. 145. 1. El estado de la técnica con referencia al cual debe juzgarse la novedad y la actividad inventiva de las invenciones protegibles como modelos de utilidad, está constituido por todo aquello que antes de la fecha de presentación de la solicitud de protección como modelo ha sido divulgado en España, por una descripción escrita u oral, por una utilización o por cualquier otro medio.

2. Se entiende igualmente comprendido en el estado de la técnica el contenido de las solicitudes españolas de patentes o de modelos de utilidad tal como hubieren sido originariamente presentadas, cuya fecha de presentación sea anterior a la fecha que se menciona en el apartado precedente y que hubieren sido publicadas en aquella fecha o en otra posterior.

....

TÍTULO XV

Agentes y mandatarios

Art. 155. 1. Podrán actuar ante el Registro de la Propiedad Industrial:

a) Los interesados con capacidad de obrar, de conformidad con lo previsto en el Título III de la Ley 30/1992, de 26 de noviembre, de Régimen Jurídico de las Administraciones Públicas y del Procedimiento Administrativo Común.

b) Los Agentes de la Propiedad Industrial.

2. Los residentes en el extranjero deberán actuar, en todo caso, mediante Agente de la Propiedad Industrial.

....

Art. 157. Para obtener la inscripción en el Registro especial de Agentes de la Propiedad Industrial, cuyo número será ilimitado, deberán cumplirse los siguientes requisitos:

a) Ser español, mayor de edad y tener domicilio permanente en España.

b) No estar procesado ni haber sido condenado por delitos dolosos, excepto si se hubiera obtenido la rehabilitación.

c) Estar en posesión de un título oficial expedido por la Universidad en grado de licenciado, Escuela Técnica Superior u otro

---

Art. 145: Cfr. art. 6.º2 de la LP.

Art. 155.1: Redactado de conformidad con la Disp. Adic. 3.ª de la Ley 17/2001, de 7 de diciembre, de Marcas (*BOE* de 8-12-2001).

título de carácter oficial que esté legalmente equiparado a éstos.

d) Constituir fianza a disposición del Registro de la Propiedad Industrial y concertar un seguro de responsabilidad civil hasta los límites que se determinen en el Reglamento.

....

131. LEY 20/2003, DE 7 DE JULIO, DE PROTECCIÓN JURÍDICA DEL DISEÑO INDUSTRIAL

(Arts. 1.º-4.º, 24-26, 47-50 y 75 y 76)

(*BOE* núm. 162, de 8 de julio de 2003)

TÍTULO PRIMERO

Disposiciones generales

Artículo 1.º *Objeto de la Ley.*— 1. Esta Ley tiene por objeto establecer el régimen jurídico de la protección de la propiedad industrial del diseño.

2. A los efectos de esta Ley se entenderá por:

a) Diseño: la apariencia de la totalidad o de una parte de un producto, que se derive de las características de, en particular, las líneas, contornos, colores, forma, textura o materiales del producto en sí o de su ornamentación.

b) Producto: todo artículo industrial o artesanal, incluidas, entre otras cosas, las piezas destinadas a su montaje en un producto complejo, el embalaje, la presentación, los símbolos gráficos y los caracteres tipográficos, con exclusión de los programas informáticos.

c) Producto complejo: un producto constituido por múltiples componentes reemplazables que permiten desmontar y volver a montar el producto.

Art. 2.º *Protección registral.*— Todo diseño que cumpla los requisitos establecidos en esta Ley podrá ser protegido como diseño registrado mediante su inscripción, válidamente efectuada, en el Registro de Diseños.

Art. 3.º *Registro de diseños.*— 1. La solicitud, la concesión y los demás actos o negocios jurídicos que afecten al derecho sobre el diseño solicitado o registrado se inscribirán en el Registro de Diseños, según lo previsto en esta Ley y en su Reglamento.

2. El Registro de Diseños tendrá carácter único en todo el territorio nacional y su llevanza corresponderá a la Oficina Española de

Patentes y Marcas, sin perjuicio de las competencias que en materia de ejecución de la legislación de propiedad industrial corresponden a las Comunidades Autónomas, según se establece en esta Ley.

Art. 4.º *Legitimación.*—1. Podrán obtener el registro de diseños las personas naturales o jurídicas de nacionalidad española y las personas naturales o jurídicas extranjeras que residan habitualmente o tengan un establecimiento industrial o comercial efectivo y serio en territorio español o que gocen de los beneficios del Convenio de la Unión de París para la protección de la Propiedad Industrial de 20 de marzo de 1883, de conformidad con lo establecido en el Acta vigente en España de este convenio, denominado en lo sucesivo «Convenio de París», así como los nacionales de los Estados miembros de la Organización Mundial del Comercio.

2. También podrán obtener el registro de diseños, conforme a lo dispuesto en esta Ley, las personas naturales o jurídicas extranjeras no comprendidas en el apartado anterior, siempre que en el Estado del que sean nacionales se permita a las personas naturales o jurídicas de nacionalidad española el registro de sus diseños de acuerdo con la legislación de ese país.

3. Las personas mencionadas en el apartado 1 podrán invocar la aplicación en su beneficio de las disposiciones del Convenio de París y las de cualquier otro Tratado internacional ratificado por España, en cuanto les fuere de aplicación directa, en todo lo que les sea más favorable respecto de lo dispuesto en esta Ley.

....

TÍTULO IV

Solicitud y procedimientos de registro y oposición

CAPÍTULO PRIMERO

SOLICITUD DE REGISTRO Y FECHA DE PRESENTACIÓN

....

Art. 24. *Derecho de prioridad unionista.*—1. Quienes hayan presentado regularmente una primera solicitud de registro del diseño en o para alguno de los Estados miembros del Convenio de París o del Acuerdo por el que se crea la Organización Mundial del Comercio, o sus causahabientes, gozarán, para la presentación en España de una solicitud de registro del mismo diseño, de un derecho de prioridad de seis meses en las condiciones establecidas en el artículo 4 del Convenio de París. El mismo plazo regirá cuando se invoque un derecho de prioridad basado en una solicitud de modelo de utilidad anterior.

2. Tendrán el mismo derecho de prioridad quienes hubieren presenta-

do una primera solicitud de protección del mismo diseño en un Estado u organización internacional no mencionado en el apartado 1, que reconozca a las solicitudes de registro de diseños presentadas en España un derecho de prioridad en condiciones y con efectos equivalentes a los previstos en el Convenio de París.

3. El solicitante que reivindique la prioridad de una solicitud anterior deberá presentar, en la forma y plazos que reglamentariamente se establezcan, una declaración de prioridad y una copia, certificada por la oficina de origen, de la solicitud anterior, acompañada de su traducción al castellano, cuando esa solicitud esté redactada en otro idioma. La reivindicación de prioridad implicará el pago de la tasa correspondiente.

Art. 25. *Prioridad de exposición.*—1. El solicitante del registro de un diseño que hubiera exhibido productos que incorporen el diseño en una exposición oficial o reconocida oficialmente podrá reivindicar la prioridad de la fecha de la primera presentación de dichos productos en la exposición, siempre que la solicitud de registro del diseño se presente en el plazo de seis meses a partir de aquella fecha.

2. El solicitante que desee reivindicar la prioridad prevista en el apartado 1 deberá justificar, en el plazo reglamentariamente establecido, que los productos que incorporen el diseño se presentaron en la exposición en la fecha invocada. La reivindicación de prioridad implica el pago de la tasa correspondiente.

3. En ningún caso la prioridad de exposición prolongará el plazo de prioridad previsto en el artículo 4.C.1) del Convenio de París.

Art. 26. *Efectos del derecho de prioridad.*—En virtud del derecho de prioridad se considerará como fecha de presentación en España de la solicitud de registro, a los efectos de lo dispuesto en los artículos 6, 7, 9; párrafo *d*) del artículo 13, apartado 3 del artículo 14 y del apartado 1 del artículo 50, la fecha de presentación de la solicitud anterior cuya prioridad haya sido válidamente reivindicada.

....

TÍTULO VI

Contenido de la protección jurídica del diseño industrial

CAPÍTULO PRIMERO

CONTENIDO, EXTENSIÓN Y LÍMITES DE LA PROTECCIÓN

Art. 47. *Alcance de la protección.*—1. La protección conferida por el diseño registrado se extenderá a cualquier diseño que no produzca en el usuario informado una impresión general diferente.

2. Para determinar el alcance de la protección se tendrá en cuen-

ta el margen de libertad del autor al realizar el diseño.

Art. 48. *Excepciones a los derechos conferidos por el diseño registrado.*—Los derechos conferidos por el diseño registrado no se extienden a:

a) Los actos realizados en un ámbito privado y con fines no comerciales.

b) Los actos realizados con fines experimentales.

c) Los actos de reproducción del diseño realizados con fines ilustrativos o docentes, siempre que dichos actos no sean contrarios a los usos comerciales leales, no perjudiquen indebidamente la explotación normal del diseño y se mencione la fuente de éstos.

d) El equipamiento y labores de reparación de buques y aeronaves matriculados en otro país cuando entren temporalmente en España o la importación de piezas de recambio y accesorios destinados a su reparación.

Art. 49. *Agotamiento del derecho.*—Los derechos conferidos por el diseño registrado no se extienden a los actos relativos a un producto que incorpore un diseño comprendido en el ámbito de protección de aquél cuando dicho producto haya sido puesto en el comercio en el Espacio Económico Europeo por el titular del diseño registrado o con su consentimiento.

Art. 50. *Derechos derivados de la utilización anterior.*—1. El titular de un diseño registrado no tiene derecho a impedir que quienes con anterioridad a la fecha de presentación o, en su caso, de prioridad de la solicitud de registro, demuestren que han comenzado a explotar de buena fe en España un diseño que esté comprendido en el ámbito de protección del registrado y no sea copia del mismo, o que han efectuado preparativos serios y efectivos para ello, prosigan o inicien dicha explotación en la misma forma y con la misma finalidad para la que hubieran empezado a utilizarlo o realizado los preparativos.

2. El derecho basado en el uso anterior no habilitará a conceder licencias de explotación sobre el diseño, y sólo podrá ser transferido con la empresa o sección de la empresa en cuyo marco se haya iniciado la explotación o realizado los preparativos.

3. Los derechos conferidos por el diseño registrado no se extienden a los actos relativos al producto que incorpore un diseño comprendido dentro del ámbito de protección de aquél cuando dicho producto haya sido lícitamente comercializado en el Espacio Económico Europeo por la persona que disfruta del derecho reconocido en este artículo.

....

TÍTULO IX

Registro internacional de diseños

Art. 75. *Régimen general.*— El registro internacional de diseños realizado conforme al Arreglo de La Haya de 6 de noviembre de 1925, sobre el depósito internacional de dibujos o modelos industriales, producirá los efectos previstos en el texto del Acta de revisión de dicho convenio que esté vigente en España y sea aplicable al solicitante en el momento de presentarse la solicitud de depósito internacional.

Art. 76. *Denegación y concesión de la protección en España.*— 1. La Oficina Española de Patentes y Marcas podrá denegar, en parte o totalmente, los efectos en España del registro internacional de aquellos diseños que acogiéndose al Acta de Ginebra de 2 de julio de 1999, del Arreglo de La Haya sobre el depósito internacional de modelos y dibujos industriales estén incursos en alguna de las causas previstas en el artículo 13 de esta Ley como motivos de denegación de registro.

2. La publicación del registro internacional por la Oficina Internacional reemplazará a la publicación del diseño prevista en los artículos 31 y 32 de esta Ley. La Oficina Española de Patentes y Marcas publicará en el *Boletín Oficial de la Propiedad Industrial* una mención de la referida publicación de la Oficina Internacional.

3. A los efectos previstos en el apartado 1 de este artículo será de aplicación al registro internacional de diseños el apartado 1 del artículo 29 por lo que se refiere al examen de oficio y los artículos 33, 34 y 35 relativos al procedimiento de oposición. El plazo para presentar oposiciones previsto en el artículo 33.1 se computará desde la fecha en la que el *Boletín Oficial de la Propiedad Industrial* se inserte la mención de la publicación, por la Oficina internacional, del registro internacional.

4. La Oficina Española de Patentes y Marcas notificará a la Oficina Internacional, en la forma y plazo establecido en la mencionada Acta de Ginebra, los motivos que justifiquen la denegación de los efectos del registro internacional en España. El titular del registro internacional tendrá los mismos derechos y vías de recurso que el solicitante o titular de un registro nacional.

5. La protección conferida por el diseño registrado se reconocerá al registro internacional desde la fecha de su publicación en la medida en que dicho registro no sea objeto de denegación de protección en España, de conformidad con lo establecido en en la mencionada Acta de Ginebra y en su Reglamento de Ejecución.

....

132. LEY 17/2001, DE 7 DE DICIEMBRE, DE MARCAS*

(Arts. 1.º, 2.º, 3.º, 5.º, 6.º, 9.º, 10, 14, 34, 36, 39, 48 y 79-86)

(*BOE* núm. 294, de 8 de diciembre de 2001)

TÍTULO PRIMERO

Disposiciones generales**

Artículo 1.º *Ámbito de aplicación.*—1. Para la protección de los signos distintivos se concederán, de acuerdo con la presente Ley, los siguientes derechos de propiedad industrial:

a) Las marcas.

b) Los nombres comerciales.

2. La solicitud, la concesión y los demás actos o negocios jurídicos que afecten a los derechos señalados en el apartado anterior se inscribirán en el Registro de Marcas, según lo previsto en esta Ley y en su Reglamento.

3. El Registro de Marcas tendrá carácter único en todo el territorio nacional y su llevanza corresponderá a la Oficina Española de Patentes y Marcas, sin perjuicio de las competencias que en materia de ejecución de la legislación de propiedad industrial corresponden a las Comunidades Autónomas, según se desarrolla en esta Ley.

Art. 2.º *Adquisición del derecho.*—1. El derecho de propiedad sobre la marca y el nombre comercial se adquiere por el registro válidamente efectuado de conformidad con las disposiciones de la presente Ley.

2. Cuando el registro de una marca hubiera sido solicitado con fraude de los derechos de un tercero o con violación de una obligación legal o contractual, la persona

* Téngase en cuenta el Reglamento de Ejecución de la Ley de Marcas, RD 687/2002, de 12 de julio, modificado por el RD 1431/2008, de 29 de agosto, por el que se modifican determinadas disposiciones reglamentarias en materia de propiedad industrial.

** Ténganse en cuenta los convenios citados en nota al art. 3.ª

Art. 1.º: Véase el Reglamento (CE) núm. 355/2009, de Marcas (*supra* núm. 134) y el Reglamento (CE) núm. 6/2002 del Consejo, de 12 de diciembre de 2001, sobre dibujos y modelos comunitarios (*DO* L 3, de 5-1-2002).

Art. 2.º1: El Tratado sobre el Derecho de Marcas y Reglamento, hecho en Ginebra el 27 de octubre de 1994 (*BOE* de 17-2-1999) establece las indicaciones y elementos que deben acompañar la solicitud de Registro de las marcas de productos y de servicios contempladas en su art. 2.º, así como los procedimientos a seguir y los formularios internacionales tipo a utilizar ante la Oficina de marcas de cada Estado.

Art. 2.º2: Vid. art. 39 de la LM y téngase en cuenta el art. 6.º bis del Convenio de la Unión de París para la protección de la propiedad industrial de 20 de marzo de 1883 (*BOE* de 1-2-1974).

perjudicada podrá reivindicar ante los tribunales la propiedad de la marca, si ejercita la oportuna acción reivindicatoria con anterioridad a la fecha de registro o en el plazo de cinco años a contar desde la publicación de éste o desde el momento en que la marca registrada hubiera comenzado a ser utilizada conforme a lo previsto en el artículo 39. Presentada la demanda reivindicatoria, el Tribunal notificará la presentación de la misma a la Oficina Española de Patentes y Marcas para su anotación en el Registro de Marcas y decretará, si procediera, la suspensión del procedimiento de registro de la marca.

3. Si como consecuencia de la sentencia que resuelva la acción reivindicatoria se produjera un cambio en la titularidad de la marca, las licencias y demás derechos de terceros sobre la misma se extinguirán por la inscripción del nuevo titular en el Registro de Marcas, sin perjuicio del derecho que les asista a reclamar de su transmitente.

Art. 3.º *Legitimación.*—1. Podrán obtener el registro de marcas

---

Art. 3.º: Vid. nota al art. 10.4 del Código civil (*supra* núm. 72); Convenio de París para la protección de la propiedad industrial de 20 de marzo de 1883 (*BOE* de 1-2-1974):

«*Art. 2.º (Trato nacional a los nacionales de los países de la Unión).*—1) Los nacionales de cada uno de los países de la Unión gozarán en todos los demás países de la Unión, en lo que se refiere a la protección de la propiedad industrial, de las ventajas que las leyes respectivas concedan actualmente o en el futuro a sus nacionales, todo ello sin perjuicio de los derechos, especialmente previstos por el presente Convenio. En consecuencia, aquéllos tendrán la misma protección que éstos y el mismo recurso legal contra cualquier ataque a sus derechos, siempre y cuando cumplan las condiciones y formalidades impuestas a los nacionales.

2) Ello no obstante, ninguna condición de domicilio o de establecimiento en el país donde la protección se reclame podrá ser exigida a los nacionales de los países de la Unión para gozar de alguno de los derechos de propiedad industrial.

3) Quedan expresamente reservadas las disposiciones de la legislación de cada uno de los países de la Unión relativas al procedimiento judicial y administrativo y a la competencia, así como a la elección de domicilio o a la constitución de un mandatario, que sean exigidas por las leyes de propiedad industrial.

Art. 3.º (Asimilación de determinadas categorías de personas a los nacionales de los países de la Unión).—Quedan asimilados a los nacionales de los países de la Unión aquellos nacionales de países que no forman parte de la Unión que estén domiciliados o tengan establecimientos industriales o comerciales efectivos y serios en el territorio de alguno de los países de la Unión.»

Téngase en cuenta también el art. 12 del TCE (*supra* núm. 3), que obliga, en el ámbito de aplicación del Tratado, a extender a los nacionales de otros Estados CE la protección conferida a los nacionales, y los arts. 28, 30, 49, 81 y 82, que condicionan el *ejercicio* de los derechos de propiedad industrial. Recuérdese la doctrina del «agotamiento comunitario de estos derechos». Vid. art. 13 del Reglamento (CE) 40/94, de 20 de diciembre de 1993, sobre la marca comunitaria (*supra* núm. 134).

También téngase en cuenta, en el marco del Acuerdo de la Organización Mundial del Comercio de Marrakech, de 15 de abril de 1994 (*BOE* de 24-1-1995), el Acuerdo sobre los aspectos de los derechos de propiedad intelectual relacionados con el comercio, Anexo 1.C que cubre patentes, dibujos y modelos industriales y topografía de circuitos integrados:

o nombres comerciales las personas naturales o jurídicas de nacionalidad española y las personas naturales o jurídicas extranjeras que residan habitualmente o tengan un establecimiento industrial o comercial efectivo y serio en territorio español o que gocen de los beneficios del Convenio de la Unión de París para la Protección de la Propiedad Industrial de 20 de marzo de 1883, de conformidad con lo establecido en el Acta vigente en España de este Convenio, denominado en lo sucesivo «Convenio de París», así como los nacionales de los miembros de la Organización Mundial del Comercio.

2. También podrán obtener el registro de marcas o nombres comerciales, con arreglo a lo dispuesto en la presente Ley, las personas naturales o jurídicas extranjeras no comprendidas en el apartado anterior, siempre que la legislación del Estado del que sean nacionales permita a las personas naturales o jurídicas de nacionalidad española el registro de estos signos.

3. Las personas mencionadas en el apartado 1 podrán invocar la

---

«*Art. 1.º* [...] 3. Los Miembros concederán a los nacionales de los demás miembros el trato previsto en el presente Acuerdo. Respecto del derecho de propiedad intelectual pertinente, se entenderá por nacionales de los demás Miembros las personas físicas o jurídicas que cumplirían los criterios establecidos para poder beneficiarse de la protección en el Convenio de París (1967), el Convenio de Berna (1971), la Convención de Roma y el Tratado sobre la Propiedad Intelectual respecto de los Circuitos Integrados, si todos los Miembros de la OMC fueran miembros de esos convenios. Todo Miembro que se valga de las posibilidades estipuladas en el párrafo 3 del artículo 5 o en el párrafo 2 del artículo 6 de la Convención de Roma lo notificará según lo previsto en esas disposiciones al Consejo de los Aspectos de los Derechos de Propiedad Intelectual relacionados con el Comercio (el "Consejo de los ADPIC").

Art. 3.º Trato nacional.—1. Cada Miembro concederá a los nacionales de los demás Miembros un trato no menos favorable que el que otorgue a sus propios nacionales con respecto a la protección de la propiedad intelectual, a reserva de las excepciones ya previstas en, respectivamente, el Convenio de París (1967), el Convenio de Berna (1971), la Convención de Roma o el Tratado sobre la Propiedad Intelectual respecto de los Circuitos Integrados. En lo que concierne a los artistas intérpretes o ejecutantes, los productores de Fonogramas y los organismos de radiodifusión, esta obligación sólo se aplica a los derechos previstos en el presente Acuerdo. Todo Miembro que se valga de las posibilidades estipuladas en el artículo 6 del Convenio de Berna (1971) o el párrafo 1.*b*) del artículo 16 de la Convención de Roma lo notificará según lo previsto en esas disposiciones al Consejo de los ADPIC.

2. Los Miembros podrán recurrir a las excepciones permitidas en el párrafo 1 en relación con los procedimientos judiciales y administrativos, incluida la designación de un domicilio legal o el nombramiento de un agente dentro de la jurisdicción de un Miembro, solamente cuando tales excepciones sean necesarias para conseguir el cumplimiento de leyes y reglamentos que no sean incompatibles con las disposiciones del presente Acuerdo, y cuando tales prácticas no se apliquen de manera que constituya una restricción encubierta del comercio.»

Debe tenerse presente que por el término «nacionales», utilizado en el presente Acuerdo, se entenderán, en el caso de un territorio aduanero distinto miembro de la OMC, las personas físicas o jurídicas que tengan domicilio o un establecimiento industrial o comercial, real y efectivo, en ese territorio aduanero.

Asimismo, téngase en cuenta el Tratado sobre el Derecho de Marcas y Reglamento, hecho en Ginebra el 27 de octubre de 1994 (*BOE* de 17-2-1999). También el Tratado de Singapur sobre el Derecho de Marcas, hecho en Singapur el 27 de marzo de 2006 (*BOE* 108, de 4-5-2009).

aplicación en su beneficio de las disposiciones del Convenio de París y las de cualquier otro Tratado Internacional ratificado por España, en cuanto les fuere de aplicación directa, en todo lo que les sea más favorable respecto de lo dispuesto en la presente Ley.

TÍTULO II

Concepto de marca y prohibiciones de registro

....

CAPÍTULO II

Prohibiciones absolutas

Art. 5.º *Prohibiciones absolutas.*—1. No podrán registrarse como marca los signos siguientes:

a) Los que no puedan constituir marca por no ser conformes al artículo 4.1 de la presente Ley.

....

j) Los que no hayan sido autorizados por las autoridades competentes y deban ser denegados en virtud del artículo 6 ter del Convenio de París.

k) Los que incluyan insignias, emblemas o escudos distintos de los contemplados en el artículo 6 ter del Convenio de París y que sean de interés público, salvo que su registro sea autorizado por la autoridad competente.

CAPÍTULO III

Prohibiciones relativas

Art. 6.º *Marcas anteriores.*—1. No podrán registrarse como marcas los signos:

a) Que sean idénticos a una marca anterior que designe productos o servicios idénticos.

b) Que, por ser idénticos o semejantes a una marca anterior y por ser idénticos o similares los productos o servicios que designan, exista un riesgo de confusión en el público; el riesgo de confusión incluye el riesgo de asociación con la marca anterior.

2. Por marcas anteriores se entenderá a los efectos del apartado 1:

a) Las marcas registradas cuya solicitud de registro tenga una fecha de presentación o de priori-

---

Art. 5.º1: Según el art. 4.º1: «Se entiende por marca todo signo susceptible de representación gráfica que sirva para distinguir en el mercado los productos o servicios de una empresa de los de otras.»

dad anterior a la de la solicitud objeto de examen, y que pertenezcan a las siguientes categorías: i) marcas españolas; ii) marcas que hayan sido objeto de un registro internacional que surta efectos en España; iii) marcas comunitarias.

b) Las marcas comunitarias registradas que, con arreglo a su Reglamento, reivindiquen válidamente la antigüedad de una de las marcas mencionadas en los puntos i) y ii) de la letra *a*), aun cuando esta última marca haya sido objeto de renuncia o se haya extinguido.

c) Las solicitudes de marca a las que hacen referencia las letras *a*) y *b*), a condición de que sean finalmente registradas.

d) Las marcas no registradas que en la fecha de presentación o prioridad de la solicitud de la marca en examen sean «notoriamente conocidas» en España en el sentido del artículo 6 bis del Convenio de París.

....

Art. 9.º *Otros derechos anteriores.*—1. Sin la debida autorización, no podrán registrarse como marcas:

a) El nombre civil o la imagen que identifique a una persona distinta del solicitante de la marca.

b) El nombre, apellido, seudónimo o cualquier otro signo que para la generalidad del público identifique a una persona distinta del solicitante.

c) Los signos que reproduzcan, imiten o transformen creaciones protegidas por un derecho de autor o por otro derecho de propiedad industrial distinto de los contemplados en los artículos 6 y 7.

d) El nombre comercial, denominación o razón social de una persona jurídica que antes de la fecha de presentación o prioridad de la marca solicitada identifique en el tráfico económico a una persona distinta del solicitante, si, por ser idéntica o semejante a estos signos y por ser idéntico o similar su ámbito de aplicación, existe un riesgo de confusión en el público. A estos efectos, el titular de esos signos habrá de probar el uso o conocimiento notorio de dichos signos en el conjunto del territorio nacional. Cumpliéndose estas condiciones, de igual protección gozarán los extranjeros que de acuerdo con el artículo 3 de esta Ley puedan invocar el artículo 8 del Convenio de París o el principio de reciprocidad, siempre que acrediten el uso o conocimiento notorio en España de su nombre comercial no registrado.

2. No podrán registrarse como marcas el nombre, apellidos, seudónimo o cualquier otro signo que identifique al solicitante del registro si los mismos incurren en alguna de las prohibiciones de registro contenidas en el presente Título.

Art. 10. *Marcas de agentes o representantes.*—1. A menos que justifique su actuación, el agente o representante de un tercero que sea titular de una marca en otro miembro del Convenio de París o de la Organización Mundial del Comercio no podrá registrar esta marca a su nombre sin el consentimiento de dicho titular.

2. El titular perjudicado tendrá derecho a oponerse al registro de la marca o a formular contra la misma las correspondientes acciones de nulidad, reivindicatoria o de cesación, conforme a lo previsto en esta Ley y en el artículo 6 septies del Convenio de París. En particular, serán de aplicación a la acción reivindicatoria las previsiones contenidas en los apartados 2 y 3 del artículo 2.

TÍTULO III

Solicitud y procedimiento de registro

CAPÍTULO PRIMERO

SOLICITUD DE REGISTRO

....

Art. 14. *Derecho de prioridad unionista.*—1. Quienes hubieran presentado regularmente una solicitud de registro de marca en alguno de los Estados miembros del Convenio de París o en algún miembro de la Organización Mundial del Comercio o sus causahabientes gozarán, para la presentación en España de una solicitad de registro de la misma marca, del derecho de prioridad establecido en el artículo 4 del Convenio de París.

2. Tendrán el mismo derecho de prioridad quienes hubieren presentado una primera solicitud de protección de la misma marca en un Estado u Organización internacional no mencionados en el apartado anterior, que reconozca a las solicitudes de registro de marcas presentadas en España un derecho de prioridad en condiciones y con efectos equivalentes a los previstos en el Convenio de París.

3. El solicitante que desee reivindicar la prioridad de una solicitud anterior deberá presentar, en la forma y plazos que reglamentariamente se establezcan, una declaración de prioridad y una copia certificada por la oficina de origen de la solicitud anterior acompañada de su traducción al castellano, cuando esa solicitud esté redactada en otro idioma. La reivindicación de prioridad implica el pago de la tasa correspondiente.

....

Art. 14.1: Cfr. art. 4.º del Convenio de la Unión de París para la protección de la propiedad industrial de 20 de marzo de 1883 (*BOE* de 1-2-1974).

Art. 14.3: Vid. nota al art. 29.1 de la Ley de patentes de 1986 (*supra* núm. 130).

TÍTULO IV

Contenido del derecho de marca

CAPÍTULO PRIMERO

EFECTOS DEL REGISTRO DE LA MARCA Y DE SU SOLICITUD

Art. 34. *Derechos conferidos por la marca.*—1. El registro de la marca confiere a su titular el derecho exclusivo a utilizarla en el tráfico económico.

2. El titular de la marca registrada podrá prohibir que los terceros, sin su consentimiento, utilicen en el tráfico económico:

a) Cualquier signo idéntico a la marca para productos o servicios idénticos a aquellos para los que la marca esté registrada.

b) Cualquier signo que por ser idéntico o semejante a la marca y por ser idénticos o similares los productos o servicios implique un riesgo de confusión del público; el riesgo de confusión incluye el riesgo de asociación entre el signo y la marca.

c) Cualquier signo idéntico o semejante para productos o servicios que no sean similares a aquellos para los que esté registrada la marca, cuando ésta sea notoria o renombrada en España y con la utilización del signo realizada sin justa causa se pueda indicar una conexión entre dichos bienes o servicios y el titular de la marca o, en general, cuando ese uso pueda implicar un aprovechamiento indebido o un menoscabo del carácter distintivo o de la notoriedad o renombre de dicha marca registrada.

3. Cuando se cumplan las condiciones enumeradas en el apartado anterior podrá prohibirse, en especial:

a) Poner el signo en los productos o en su presentación.

b) Ofrecer los productos, comercializarlos o almacenarlos con esos fines u ofrecer o prestar servicios con el signo.

c) Importar o exportar los productos con el signo.

d) Utilizar el signo en los documentos mercantiles y la publicidad.

e) Usar el signo en redes de comunicación telemáticas y como nombre de dominio.

f) Poner el signo en envoltorios, embalajes, etiquetas u otros medios de identificación u ornamentación del producto o servicio, elaborarlos o prestarlos, o fabricar, confeccionar, ofrecer, comercializar, importar, exportar o almacenar cualquiera de esos medios incorporando el signo, si existe la posibilidad de que dichos medios puedan ser utilizados para realizar algún acto que conforme a las letras anteriores estaría prohibido.

Art. 34: Cfr. art. 61 de la Ley de patentes de 1986 (*supra* núm. 130).

4. El titular de una marca registrada podrá impedir que los comerciantes o distribuidores supriman dicha marca sin su expreso consentimiento, si bien no podrá impedir que añadan por separado marcas o signos distintivos propios, siempre que ello no menoscabe la distintividad de la marca principal.

5. Las disposiciones de este artículo se aplicarán a la marca no registrada «notoriamente conocida» en España en el sentido del artículo 6 bis del Convenio de París, salvo lo previsto en la letra *c*) del apartado 2.

....

Art. 36. *Agotamiento del derecho de marca.*—1. El derecho conferido por el registro de marca no permitirá a su titular prohibir a terceros el uso de la misma para productos comercializados en el Espacio Económico Europeo con dicha marca por el titular o con su consentimiento.

2. El apanado 1 no se aplicará cuando existan motivos legítimos que justifiquen que el titular se oponga a la comercialización ulterior de los productos, en especial cuando el estado de los mismos se haya modificado o alterado tras su comercialización.

....

CAPÍTULO II

OBLIGACIÓN DE USO DE LA MARCA

Art. 39. *Uso de la marca.*—1. Si en el plazo de cinco años contados desde la fecha de publicación de su concesión, la marca no hubiera sido objeto de un uso efectivo y real en España para los productos o servicios para los cuales esté registrada, o si tal uso hubiera sido suspendido durante un plazo ininterrumpido de cinco años, la marca quedará sometida a las sanciones previstas en la presente Ley, a menos que existan causas justificativas de la falta de uso.

2. A los efectos del apartado 1 también tendrá la consideración de uso:

a) El empleo de la marca en una forma que difiera en elementos que no alteren de manera significativa el carácter distintivo de la marca en la forma bajo la cual se halla registrada.

b) La utilización de la marca en España, aplicándola a los productos o servicios o a su presentación, con fines exclusivamente de exportación.

3. La marca se reputará usada por su titular cuando sea utilizada por un tercero con su consentimiento.

4. Se reconocerán como causas justificativas de la falta de uso de la marca las circunstancias obs-

---

Art. 36: Vid. nota al art. 53 de la Ley de patentes de 1986 (*supra* núm. 130).

tativas que sean independientes de la voluntad de su titular, como las restricciones a la importación u otros requisitos oficiales impuestos a los productos o servicios para los que esté registrada.

....

CAPÍTULO IV

LA MARCA COMO OBJETO DE DERECHO DE PROPIEDAD

....

Art. 48. *Licencia.*—1. Tanto la solicitud como la marca podrán ser objeto de licencias sobre la totalidad o una parte de los productos y servicios para los cuales esté registrada y para todo o parte del territorio español. Las licencias podrán ser exclusivas o no exclusivas.

2. Los derechos conferidos por el registro de la marca o por su solicitud podrán ser ejercitados frente a cualquier licenciatario que viole alguna de las disposiciones del contrato de licencia relativas a su duración, a la forma protegida por el registro, a la naturaleza de los productos o servicios, al territorio en el cual pueda ponerse la marca o a la calidad de los productos fabricados o de los servicios prestados por el licenciatario.

3. El titular de una licencia no podrá cederla a terceros, ni conceder sublicencias, a no ser que se hubiere convenido lo contrario.

4. Salvo pacto en contrario, el titular de una licencia tendrá derecho a utilizar la marca durante toda la duración del registro, incluidas las renovaciones, en todo el territorio nacional y en relación con todos los productos o servicios para los cuales la marca esté registrada.

5. Se entenderá, salvo pacto en contrario, que la licencia no es exclusiva y que el licenciante podrá conceder otras licencias y utilizar por sí mismo la marca.

6. Cuando la licencia sea exclusiva el licenciante sólo podrá utilizar la marca si en el contrato se hubiera reservado expresamente ese derecho.

....

Art. 48: Respecto al concepto de licencia exclusiva vid. art. 75.6 de la Ley de patentes de 1986 (*supra* núm. 130).

TÍTULO VIII

Marcas internacionales

Art. 79. *Solicitud de extensión territorial a España.*—Siempre que el titular lo solicite expresamente, el registro internacional de una marca efectuado al amparo del Acta vigente en España del Arreglo de Madrid de 14 de abril de 1891, relativo al Registro Internacional de Marcas (llamado en lo sucesivo «Arreglo de Madrid»), del Protocolo concerniente al Arreglo de Madrid de 27 de junio de 1989 (llamado en lo sucesivo «Protocolo») o de ambos, extenderá sus efectos en España.

Art. 80. *Denegación y concesión de la protección.*—1. Se podrá denegar la protección de la marca internacional en España, de acuerdo con el artículo 5 del Arreglo de Madrid o el artículo 5 del Protocolo.

2. A efectos de la concesión o denegación serán aplicables al registro de la marca internacional, en lo que proceda, los artículos 19, 20, 21, 22, 25, 26, 27 y 28 y el apartado 4 del artículo 29.

3. La publicación de la solicitud a que se refiere el artículo 18, queda reemplazada, para las marcas internacionales, por la publicación que la Oficina Internacional efectúa en su gaceta periódica conforme a lo previsto en el artículo 3.4) del Arreglo de Madrid o en el artículo 3.4) del Protocolo. La Oficina Española de Patentes y Marcas publicará en el *Boletín Oficial de la Propiedad Industrial* una mención de la referida publicación de la Oficina Internacional.

4. El plazo de oposición establecido en el artículo 19.2 empezará a contar a partir de la publicación en el *Boletín Oficial de la Propiedad Industrial* de la mención a que se refiere el apartado anterior.

5. La denegación de la protección provisional, en el supuesto previsto por el artículo 21.1, o definitiva, en el supuesto previsto por el artículo 22.1, serán notificadas a la Oficina Internacional en la forma y plazo establecidos por el Reglamento común del Arreglo de Madrid relativo al Registro Internacional de Marcas y del Protocolo concerniente a ese Arreglo (llamado en lo sucesivo «Reglamento común al Arreglo y al Protocolo»).

Art. 81. *Presentación de la solicitud de registro internacional.*—1. La solicitud se presenta-

---

Art. 79: Arreglo de Madrid relativo al registro internacional de marcas de fábrica o de comercio de 14 de abril de 1891 (*BOE* de 20-6-1979), Protocolo relativo a este arreglo (*BOE* de 18-11-1995) y Reglamento de ejecución común, adoptado en Ginebra del 15 al 18 de enero de 1996, hecho público el 25 de febrero de 1997 (*BOE* de 8-3-1997).

Art. 81.1: Ténganse en cuenta los arts. 1.º, 2.º y 3.º del Arreglo de Madrid de 1891 citado en nota al art. 73:

«*Art. 1.º (Constitución de una Unión particular. Depósito de marcas de la Oficina Internacional. Definición de país de origen).*—1) Los países a los que se aplica el presente Arreglo se constituyen en Unión particular para el registro internacional de marcas.

rá por el titular de una marca registrada en España, al amparo del Arreglo de Madrid, o por el titular o el mero solicitante de una marca, al amparo del Protocolo, en el órgano que resulte competente, de acuerdo con lo previsto en los apartados 1, 2, 3 y 4 del artículo 11.

2. Al solicitarse el registro internacional, su renovación, o la inscripción de cualquier modificación se satisfará una tasa nacional, sin cuyo pago no será tramitada.

Art. 82. *Examen preliminar de la solicitud internacional.*—1. Recibida la solicitud de registro internacional, el órgano competente examinará:

a) Si la solicitud ha sido presentada en el formulario oficial previsto por el Reglamento común al Arreglo y al Protocolo.

b) Si la tasa nacional ha sido pagada.

2. Si la solicitud presentada no cumpliera estos requisitos, se notificará al solicitante los defectos observados, para que, en el plazo que reglamentariamente se determine, los subsane. Si no se subsanasen, se resolverá teniendo por desistida la solicitud. Si la solicitud no presentan ninguno de estos defectos o los mismos hubieran sido subsanados, el órgano competente otorgará como fecha de la solicitud de registro internacional la fecha en que recibió la solicitud o la subsanación de ésta, según proceda, y la transmitirá, con todo lo actuado, a la Oficina Española de Patentes y Marcas dentro de los cinco días siguientes.

3. Recibida la solicitud, la Oficina Española de Patentes y Marcas, como Oficina de origen, examinará si:

a) El solicitante tiene derecho a pedir el registro internacional de

---

2) Los nacionales de cada uno de los países contratantes podrán obtener en todos los demás países parte en el presente Arreglo, la protección de sus marcas, aplicables a los productos o servicios, registradas en el país de origen, mediante el depósito de las citadas marcas en la Oficina Internacional de la Propiedad Intelectual (llamada en lo sucesivo la "Oficina Internacional") a la que se hace referencia en el Convenio que establece la Organización Mundial de la Propiedad Intelectual (llamada en lo sucesivo la "Organización"), hecho por mediación de la Administración del citado país de origen.

3) Se considerará como país de origen aquel país de la Unión particular donde el depositante tenga un establecimiento industrial o comercial efectivo y real; si no tuviera un establecimiento semejante en un país de la Unión particular, el país de la Unión particular donde tenga su domicilio; si no tuviere domicilio en la Unión particular, el país de su nacionalidad cuando sea nacional de un país de la Unión particular.

Art. 2.º (Referencia al artículo 3.º del Convenio de París [Asimilación de determinadas categorías de personas a los nacionales de los países de la Unión]).—Se asimilan a los nacionales de los países contratantes los nacionales de los países no adheridos al presente Arreglo que, dentro del territorio de la Unión particular establecida por éste, cumplan las condiciones establecidas en el artículo 3.º del Convenio de París para la Protección de la Propiedad Industrial.»

Téngase en cuenta el Protocolo concerniente al Arreglo de Madrid relativo al registro internacional de marcas (*BOE* de 18-11-1995).

También, el art. 40 del Reglamento aprobado por RD 687/2002, de 12 de julio (*BOE* de 13-7-2002).

acuerdo con los artículos 1 y 2 del Arreglo de Madrid o, en su caso, del artículo 2 del Protocolo.

b) Las indicaciones que figuran en la solicitud internacional se corresponden con las del registro nacional o, en su caso, con las de la solicitud de registro nacional, a los efectos de certificar esa conformidad según establece el artículo 3.1) del Arreglo de Madrid o, en su caso, el artículo 3.1) del Protocolo.

4. En el caso de que la solicitud internacional carezca de alguno de los requisitos examinados, la Oficina Española de Patentes y Marcas notificará los defectos al solicitante requiriéndole para que los subsane en el plazo reglamentariamente establecido. Si no se subsanasen, se resolverá teniendo por desistida la solicitud.

5. Si el solicitante subsana los defectos oportunamente, la Oficina Española de Patentes y Marcas indicará como fecha de la solicitud de registro internacional la fecha en que recibió la subsanación.

Art. 83. *Transformación de un registro internacional.*—1. Un registro internacional cancelado en virtud del artículo 6.4 del Protocolo podrá ser transformado en una solicitud de marca nacional para productos o ser vicios cubiertos en España por dicho registro internacional si dicha solicitad se dirige a la Oficina Española de Patentes y Marcas en el plazo de tres meses a contar desde la fecha de cancelación de dicho registro internacional.

2. El peticionario de la transformación deberá presentar una solicitud de registro nacional conforme a lo dispuesto en el artículo 12 de la presente Ley. Esta solicitud incluirá, además, los siguientes datos:

a) Indicación de que se trata de una solicitud de transformación.

b) Número y fecha del registro internacional en que se basa.

c) Indicación de si dicho registro está concedido o pendiente de concesión en España.

d) Domicilio en España a efectos de notificaciones, de conformidad con el artículo 29.4.

A la solicitud de registro deberá adjuntarse una certificación de la Oficina Internacional en la que se indique la marca y los productos o servicios para los cuales la protección del registro internacional había tenido efectos en España antes de su cancelación. Esta certificación se acompañará de su traducción al castellano.

3. La solicitud de transformación se considerará presentada en la fecha del registro internacional o de la extensión posterior para España, según proceda, y, si tenía prioridad, gozará de este derecho. En lo demás, la solicitud de transformación se tramitará como una solicitud de marca nacional. No obstante, si la solicitud de transformación se refiriera a una marca internacional ya concedida en España, se acordará sin más trámite su concesión como marca nacional, aplicándosele las disposiciones del artículo 22.4. Contra este acuerdo no podrá formularse recurso basado en la concurrencia

de prohibiciones absolutas o relativas, pero sí podrá fundarse en el incumplimiento de los requisitos exigidos para la válida transformación o concesión directa del registro internacional solicitado.

4. A los efectos de lo previsto en los artículos 31 y 32 de la presente Ley, se considerará como fecha de presentación la del día en que la solicitud de transformación hubiere sido recibida por la Oficina Española de Patentes y Marcas o, en su caso, la prevista en el artículo 16.3 de esta Ley.

TÍTULO IX

Marcas comunitarias

Art. 84. *Presentación de una solicitud de marca comunitaria ante la Oficina Española de Patentes y Marcas.*—La presentación de una solicitud de marca comunitaria en la Oficina Española de Patentes y Marcas, al amparo del artículo 25.1.*b*) del Reglamento (CE) 40/94 del Consejo, de 20 de diciembre de 1993, sobre la marca comunitaria, dará lugar al pago de la tasa correspondiente. La Oficina Española de Patentes y Marcas indicará la fecha de recepción de la solicitud y el número de páginas que la compongan, transmitiéndola a la Oficina de Armonización del Mercado Interior, si la tasa anteriormente señalada hubiera sido satisfecha.

Art. 85. *Declaración posterior de la caducidad o nulidad.*—Cuando una marca comunitaria se beneficie de la antigüedad de una marca anterior con efectos en España, se podrá declarar la caducidad o nulidad de esta marca anterior, aunque la misma ya estuviera extinguida por la falta de renovación, renuncia del titular o impago de las tasas de mantenimiento, en su caso.

Art. 86. *Transformación de la marca comunitaria.*—1. El procedimiento de transformación de una solicitud o de una marca comunitaria en solicitud de marca nacional se iniciará con la recepción por la Oficina Española de Patentes y Marcas de la petición de transformación que le transmita la Oficina de Armonización del Mercado Interior.

2. En el plazo que reglamentariamente se establezca desde la recepción de la petición de transformación por la Oficina Española de Patentes y Marcas, el solicitante deberá cumplir los siguientes requisitos:

Art. 84: Véase el Reglamento (CE) núm. 40/94 del Consejo, de 20 de diciembre de 1993, sobre marca comunitaria (*DO* L 11, de 14-1-1994).

a) Abonar las tasas establecidas en el artículo 12.2 de esta Ley.

b) Presentar una traducción al castellano de la petición de transformación y de los documentos que la acompañan cuando no estén redactados en este idioma.

c) Designar un domicilio en España a efectos de notificaciones, de conformidad con el artículo 29.4.

d) Suministrar cuatro reproducciones de la marca si la misma fuere gráfica o contuviere elementos gráficos.

3. Si en el plazo previsto en el apartado anterior no se cumplieran los requisitos exigidos en el mismo, la solicitud de transformación se tendrá por desistida. Si los requisitos fueran cumplidos, la Oficina Española de Patentes y Marcas resolverá sobre la admisibilidad de la transformación solicitada conforme a lo previsto en los artículos 108.2 y 110.1 del Reglamento (CE) 40/94 del Consejo, de 20 de diciembre de 1993, sobre la marca comunitaria.

4. La solicitud de transformación se considerará presentada en la fecha de presentación que se le hubiere otorgado como solicitud de marca comunitaria y, si tenía prioridad o antigüedad reivindicada, gozará de estos derechos. Por lo demás, la solicitud de transformación se tramitará como una solicitud de marca nacional. No obstante, si la solicitud de transformación se refiriera a una marca comunitaria ya registrada, se acordará sin más trámite su concesión como marca nacional, aplicándosele las disposiciones del artículo 22.4, salvo que, debido a la renuncia, falta de renovación o a cualquier otra causa provocada por su titular, hubiera quedado pendiente de pronunciamiento en cuanto al fondo algún motivo de nulidad o caducidad capaz de afectar a la protección de la marca en España, en cuyo caso se tramitará como una solicitud de marca nacional. Contra el acuerdo de concesión directa previsto en este apartado no podrá formularse recurso basado en la concurrencia de prohibiciones absolutas o relativas, pero sí podrá fundarse en el incumplimiento de los requisitos exigidos para la válida transformación o concesión directa de la marca comunitaria solicitada.

5. A los efectos de lo previsto en los artículos 31 y 32 de la presente Ley, se considerará como fecha de presentación la del día en que la solicitud de transformación hubiere sido recibida por la Oficina Española de Patentes y Marcas.

....

133. LEY 3/2000, DE 7 DE ENERO, DE RÉGIMEN JURÍDICO DE LA PROTECCIÓN DE LAS OBTENCIONES VEGETALES*

(Arts. 1.º, 6.º, 11, 38 y Disps. Adics. 2.ª-5.ª)

(*BOE* núm. 8, de 10 de enero de 2000; corr. de errores, *BOE* núm. 33, de 8 de febrero)

TÍTULO PRELIMINAR

Disposiciones generales

Artículo 1.º *Objeto de la Ley.*—1. La presente Ley tiene por objeto establecer el régimen jurídico de la protección de las obtenciones vegetales.

2. Para el reconocimiento y protección del derecho de obtentor de una variedad vegetal nueva se concederá un título de obtención vegetal.

....

TÍTULO PRIMERO

Derecho material

CAPÍTULO PRIMERO

REQUISITOS DE LA VARIEDAD VEGETAL

....

Art. 6.º *Novedad.*—1. La variedad será considerada nueva si, en la fecha de presentación de la solicitud del título de obtención vegetal, el material de reproducción o de multiplicación

* El Convenio Internacional para la Protección de las Obtenciones Vegetales de 2 de diciembre de 1961, revisado en Ginebra el 10 de noviembre de 1972, el 23 de octubre de 1978 y el 19 de marzo de 1991, hecho en Ginebra el 19 de marzo de 1991, ha sido ratificado por España, entrando en vigor esta última versión el 18 de julio de 2007 (*BOE* de 20-07-2002). Por otro lado, a pesar de que la Unión Europea se ha dotado de un sistema de protección propio mediante el Reglamento (CE) 2100/94 del Consejo, de 27 de julio (*DO* L 227, de 1-9-1994), España ha hecho uso de la opción que el art. 3.º del mencionado Reglamento otorga a los Estados miembros de «conceder derechos de propiedad nacional sobre obtenciones vegetales» aunque con la prohibición de la doble titularidad de derechos nacionales y comunitarios (art. 92).

vegetativa o un producto de cosecha de la variedad no ha sido vendido o entregado a terceros por el obtentor o con su consentimiento para la explotación de la variedad o, habiéndolo sido, no han transcurrido los siguiente plazos:

a) Un año, si la venta o entrega se realizó en España.

b) Cuatro años, si la venta o entrega se realizó fuera de España y su objeto no fueron árboles o vides.

c) Seis años, si la venta o entrega se realizó fuera de España y su objeto fueron árboles o vides.

2. No se considerará perdida la condición de novedad por una venta o entrega a terceros en los siguientes casos:

a) Si es consecuencia de un abuso cometido en perjuicio del obtentor.

b) Si es resultado de la transferencia de los derechos sobre la variedad.

c) Si, através de una tercera persona y por cuenta del obtentor, se ha producido material de reproducción o multiplicación de la variedad, siempre y cuando dicho material pase a estar bajo el control del obtentor.

d) Si ha sido utilizada por una tercera persona para llevar a cabo ensayos de campo o laboratorio o incluso ensayos de transformación a pequeña escala para hacer evaluaciones sobre la misma.

3. No se perderá tampoco la condición de novedad por el solo hecho de la inscripción en un Registro Oficial de Variedades admitidas para la comercialización o en cumplimiento de otras obligaciones jurídicas relacionadas con la bioseguridad.

4. Cuando la producción de una variedad requiera el empleo repetido de otra u otras variedades distintas, la venta o la entrega a terceros de material de reproducción o de multiplicación o del producto de la cosecha de la primera variedad mencionada, en las condiciones establecidas en el apartado 1, determinan la pérdida de la condición de novedad de la variedad o variedades empleadas en dicha producción.

....

CAPÍTULO II

REQUISITOS DEL SOLICITANTE

....

Art. 11. *Nacionalidad del solicitante.*—Podrán solicitar los títulos de obtención vegetal regulados en la presente Ley, las siguientes personas, naturales o jurídicas:

a) Las que posean la nacionalidad española, o que tengan su domicilio o su sede en España.

b) Los nacionales de un Estado miembro de la Unión Europea o de la Unión Internacional para la Protección de Obtenciones Vegetales (UPOV) o de un Estado que sea miembro de una organización intergubernamental que sea miembro de dicha Unión, o que tengan su domicilio o su sede en uno de dichos Estados.

c) Los extranjeros no comprendidos en los apartados anteriores, siempre que en el Estado del que sean nacionales se permita a las personas naturales o jurídicas de nacionalidad española la obtención de títulos equivalentes.

....

TÍTULO IV

Procedimiento

CAPÍTULO PRIMERO

Solicitud

....

Art. 38. *Derecho de prioridad.*—1. El solicitante de un «Título de Obtención Vegetal» podrá beneficiarse de la prioridad de una solicitud de protección de la misma variedad que haya presentado con anterioridad en:

a) Cualquier Estado miembro de la Unión Europea.

b) La Oficina Comunitaria de Variedades Vegetales de la Unión Europea.

c) Cualquier Estado miembro de la UPOV o de una organización intergubernamental miembro de ella.

d) Cualquier Estado que, sin pertenecer a la UPOV, reconozca a las solicitudes presentadas en España un derecho de prioridad con efectos equivalentes.

2. El reconocimiento de la prioridad de una solicitud deberá pedirse en el plazo de doce meses, contados a partir de la fecha de la presentación de aquélla, y acreditarse debidamente. En el caso de que fuesen varias las solicitudes anteriores presentadas conforme a lo dispuesto en el apartado 1, la prioridad deberá referirse a la solicitud más antigua.

3. Reconocida la prioridad de una solicitud anterior, se considerará como fecha de presentación de la solicitud de concesión del título de obtención vegetal, a los efectos de lo previsto en los artículos 6 y 7, la fecha de presentación de aquélla.

4. El solicitante que reinvidique la prioridad deberá proporcionar una copia de los documentos que constituyan la primera solicitud, certificado por la autoridad ante la cual haya sido presentada, así como cualquier otra prueba de que la variedad objeto de las dos solicitudes es la misma. El solicitante gozará para ello de un plazo mínimo de tres meses contados a partir de la fecha de reivindicación de la prioridad.

Art. 38.4: Redacción de acuerdo con la Ley 3/2002, de 12 de marzo, de modificación de la Ley 3/2000, de 7 de enero, de régimen jurídico de la protección de las obtenciones vegetales (*BOE* de 13-3-2002).

5. El obtentor dispondrá de un plazo de dos años desde la expiración del plazo para la petición de la prioridad, o desde que se haya rechazado o retirado la primera solicitud para proporcionar al Ministerio de Agricultura, Pesca y Alimentación, cualquier información, documento o material exigidos para la realización del examen previsto en el artículo 40.

6. Los hechos que tengan lugar en el plazo fijado en el apartado 2, tales como la presentación de otra solicitud, o la publicación o utilización de la variedad objeto de la primera solicitud, no constituirán un motivo de rechazo de la solicitud posterior. Estos hechos tampoco podrán crear derechos en favor de terceros.

....

DISPOSICIONES ADICIONALES

....

2.ª *Criterios de interpretación.*—Esta Ley se interpretará de comformidad con los Tratados y Convenios internacionales sobre la materia aplicables en España.

3.ª *Limitación del derecho del obtentor.*—El libre ejercicio de un derecho de obtentor no podrá limitarse salvo lo establecido en el apartado 1 del artículo 17 o en virtud de disposición expresa prevista en los Tratados y Convenios aludidos en la disposición anterior.

4.ª *Respeto a los Tratados y Acuerdos internacionales.*—Las medidas adoptadas por el Estado para reglamentar la producción, el control y la comercialización del material de las variedades, o de la importación y exportación de ese material, no deberán obstaculizar la aplicación de las disposiciones de los Tratados y Convenios mencionados en la Disposición Adicional 3.ª

5.ª *Protección comunitaria.*—En el caso de concesión de la protección comunitaria de obtención vegetal sobre una variedad que fuere objeto con anterioridad a dicha concesión de un título de obtención vegetal, el titular del mismo no podrá invocar los derechos conferidos por tal título de obtención vegetal mientras siga vigente para esa variedad la protección comunitaria de obtención vegetal.

A la finalización de la vigencia de la protección comunitaria, el titular del título de obtención vegetal podrá volver a invocar los derechos derivados del mismo, siempre que no hubieren transcurrido los plazos previstos en el artículo 18 desde la concesión de dicho título de obtención vegetal.

Durante el tiempo que subsista la protección comunitaria de obtención vegetal, el titular del título de obtención vegetal quedará exonerado de la obligación de abonar las tasas y anualidades correspondientes al mantenimiento anual de los derechos de obtentor previstas en el Título V de esta Ley, en un 70 por 100 de la cuantía establecida.

....

134. REGLAMENTO (CE) NÚMERO 207/2009 DEL CONSEJO, DE 26 DE FEBRERO DE 2009, SOBRE LA MARCA COMUNITARIA (VERSIÓN CODIFICADA)

(Arts. 1.º-6.º, 13, 14, 16, 20, 21, 22.1.º, 23.4.º, 25, 27, 29, 31, 32, 33.1.º, 34, 35, 56-58, 65, 85, 86, 94-114, 145-161)

(*DO* núm. 78, de 24 de marzo de 2009)

EL CONSEJO DE LA UNIÓN EUROPEA,

Visto el Tratado constitutivo de la Comunidad Europea y, en particular, su artículo 308,

Vista la propuesta de la Comisión,

Visto el dictamen del Parlamento Europeo[1],

Considerando lo siguiente:

(1) El Reglamento (CE) núm. 40/94 del Consejo, de 20 de diciembre de 1993, sobre la marca comunitaria[2] ha sido modificado en diversas ocasiones[3] y de forma sustancial. Conviene, en aras de una mayor racionalidad y claridad, proceder a la codificación de dicho Reglamento.

(2) Debe promoverse un desarrollo armonioso de las actividades económicas en el conjunto de la Comunidad y una expansión continua y equilibrada mediante la plena realización y el buen funcionamiento de un mercado interior que ofrezca condiciones análogas a las existentes en un mercado nacional. La realización de tal mercado y el fortalecimiento de su unidad implican no sólo la eliminación de los obstáculos a la libre circulación de mercancías y a la libre prestación de servicios, así como el establecimiento de un régimen que garantice que no se falsee la

[1] *DO* C 146 E, de 12-6-2008, p. 79.

[2] *DO* L 11, de 14-1-1994, p. 1.

[3] Véase el anexo I.

competencia, sino también la creación de condiciones jurídicas que permitan a las empresas adaptar de entrada sus actividades de fabricación y de distribución de bienes o de prestación de servicios a las dimensiones de la Comunidad. Entre los instrumentos jurídicos de que deberían disponer las empresas para estos fines, son particularmente apropiadas las marcas que les permitan identificar sus productos o sus servicios de manera idéntica en toda la Comunidad, sin consideración de fronteras.

(3) Para proseguir los objetivos comunitarios mencionados, resulta necesario prever un régimen comunitario de marcas que confiera a las empresas el derecho de adquirir, de acuerdo con un procedimiento único, marcas comunitarias que gocen de una protección uniforme y que produzcan sus efectos en todo el territorio de la Comunidad. El principio de la unicidad de la marca comunitaria así expresado debe aplicarse salvo disposición en contrario del presente Reglamento.

(4) La aproximación de las legislaciones nacionales no puede eliminar el obstáculo de la territorialidad de los derechos que las legislaciones de los Estados miembros confieren a los titulares de marcas. Para permitir a las empresas ejercer sin trabas una actividad económica en el conjunto del mercado interior, son necesarias marcas reguladas por un derecho comunitario único, directamente aplicable en cada Estado miembro.

(5) Al no haber establecido el Tratado poderes de acción específicos para la creación de un instrumento jurídico de tales características, resulta conveniente recurrir al artículo 308 del Tratado.

(6) El derecho comunitario de marcas, no obstante, no sustituye a los derechos de marcas de los Estados miembros. En efecto, no parece justificado obligar a las empresas a que registren sus marcas como marcas comunitarias, ya que las marcas nacionales siguen siendo necesarias para las empresas que no deseen una protección de sus marcas a escala comunitaria.

(7) El derecho sobre la marca comunitaria sólo puede adquirirse por el registro, y éste será denegado, en particular, en caso de que la marca carezca de carácter distintivo, en caso de que sea ilícita o en caso de que se opongan a ella derechos anteriores.

(8) La protección otorgada por la marca comunitaria, cuyo fin es primordialmente garantizar la función de origen de la marca, debe ser absoluta en caso de identidad entre la marca y el signo y entre los productos o servicios. La protección debe cubrir igualmente los casos de similitud entre la marca y el signo y entre los productoso servicios. Procede interpretar la noción de similitud en relación con el riesgo de confusión. El riesgo de confusión, cuya apreciación depende de numerosos

factores y, en particular, del conocimiento de la marca en el mercado, de la asociación que pueda hacerse entre ella y el signo utilizado o registrado, del grado de similitud entre la marca y el signo y entre los productos o servicios designados, debe constituir la condición específica de protección.

(9) Del principio de libre circulación de mercancías se desprende que el titular de una marca comunitaria no puede prohibir su uso a un tercero, en el caso de productos que hayan sido comercializados en la Comunidad con dicha marca por él mismo o con su consentimiento, a no ser que existan motivos legítimos que justifiquen que el titular se oponga a la comercialización ulterior de los productos.

(10) Sólo está justificado proteger las marcas comunitarias y, contra éstas, cualquier marca registrada que sea anterior a ellas, en la medida en que dichas marcas sean utilizadas efectivamente.

(11) La marca comunitaria debe tratarse como un objeto de propiedad independiente de la empresa cuyos productos o servicios designe. La marca debe poderse ceder, siempre que esté a salvo la necesidad superior de no inducir a error al público debido a la cesión. Además, debe poder darse como garantía a un tercero o ser objeto de licencias.

(12) El derecho de marcas creado por el presente Reglamento requiere, para cada marca, medidas administrativas de ejecución a nivel comunitario. Por consiguiente, y conservando al mismo tiempo la estructura institucional existente en la Comunidad y el equilibrio de poderes, es indispensable prever una Oficina de armonización del mercado interior (marcas, diseños y modelos) independiente en el plano técnico y dotada de autonomía jurídica, administrativa y financiera suficiente. Para ello resulta necesario y apropiado que dicha Oficina tenga la forma de un organismo de la Comunidad con personalidad jurídica que ejerza los poderes de ejecución que le confiere el presente Reglamento, en el marco del derecho comunitario y sin menoscabo de las competencias ejercidas por las instituciones comunitarias.

(13) Conviene garantizar a las partes afectadas por las resoluciones de la Oficina una protección jurídica adaptada a la particularidad del derecho de marcas. A este efecto se establece que podrá interponerse recurso contra las resoluciones de los examinadores y de las diferentes divisiones de la Oficina. Cuando la instancia cuya resolución sea impugnada desestime el recurso, deberá remitirlo a una sala de recurso de la Oficina, que se pronunciará al respecto. Contra las resoluciones de las salas de recurso podrá, a su vez, interponerse recurso ante el Tribunal de Justicia de las Comunidades Europeas, que será competente tanto para anular como para modificar la resolución impugnada.

(14) En virtud del artículo 225, apartado 1, párrafo primero, del Tratado CE, el Tribunal de Pri-

mera Instancia de las Comunidades Europeas será competente para conocer en primera instancia de los recursos contemplados, en particular, en el artículo 230 del Tratado CE, con excepción de los que se atribuyan a una sala jurisdiccional y de los que el Estatuto reserve al Tribunal de Justicia. En consecuencia, las competencias atribuidas por el presente Reglamento al Tribunal de Justicia para anular y reformar las resoluciones de las salas de recurso se ejercerán, en primera instancia, por el Tribunal.

(15) Para reforzar la protección de las marcas comunitarias, resulta conveniente que los Estados miembros designen, teniendo en cuenta su propio sistema nacional, un número lo más limitado posible de tribunales nacionales de primera y de segunda instancia competentes en materia de violación y de validez de marcas comunitarias.

(16) Es indispensable que las resoluciones sobre validez y violación de marcas comunitarias produzcan efecto y se extiendan al conjunto de la Comunidad, único medio de evitar resoluciones contradictorias de los tribunales y de la Oficina y perjuicios al carácter unitario de las marcas comunitarias. Salvo disposición en contrario del presente Reglamento, las disposiciones que deben aplicarse a todas las acciones legales relativas a las marcas comunitarias serán las del Reglamento (CE) núm. 44/2001 del Consejo, de 22 de diciembre de 2000, relativo a la competencia judicial, el reconocimiento y la ejecución de resoluciones judiciales en materia civil y mercantil[4].

(17) Conviene evitar que se dicten sentencias contradictorias a raíz de acciones en las que estén implicadas las mismas partes y que hayan sido incoadas por los mismos hechos basándose en una marca comunitaria y en marcas nacionales paralelas. A tal fin, cuando las acciones hayan sido incoadas en el mismo Estado miembro, los medios para llegar a dicho objetivo deberán buscarse en las normas procesales nacionales, a las que no afecta el presente Reglamento, mientras que cuando las acciones se incoen en Estados miembros diferentes, parece apropiado utilizar disposiciones inspiradas en las normas en materia de litispendencia y de conexión de causas del Reglamento (CE) núm. 44/2001.

(18) Para asegurar la plena autonomía e independencia de la Oficina, se considera necesario dotarla de un presupuesto autónomo, cuyos ingresos estarán compuestos principalmente por el producto de las tasas percibidas de los usuarios del sistema. No obstante, el procedimiento presupuestario comunitario continúa aplicándose en lo referente a las posibles subvenciones con cargo al presupuesto general de las Comunidades Europeas. Por otra

---

[4] *DO* L 12, de 16-1-2001, p. 1.

parte, conviene que la verificación de cuentas sea realizada por el Tribunal de Cuentas.

(19) Las medidas necesarias para la ejecución del presente Reglamento y, en particular, en lo que se refiere a un Reglamento relativo a las tasas y a un Reglamento de ejecución, deben ser aprobadas con arreglo a la Decisión 1999/468/CE del Consejo, de 28 de junio de 1999, por la que se establecen los procedimientos para el ejercicio de las competencias de ejecución atribuidas a la Comisión[5].

HA ADOPTADO EL PRESENTE REGLAMENTO:

TÍTULO PRIMERO

Disposiciones generales

Artículo 1.º *Marca comunitaria.*—1. Las marcas de productos o de servicios registradas en las condiciones y según las disposiciones establecidas en el presente Reglamento se denominarán «marcas comunitarias».

2. La marca comunitaria tendrá carácter unitario. Producirá los mismos efectos en el conjunto de la Comunidad: sólo podrá ser registrada, cedida, ser objeto de renuncia, de resolución de caducidad o de nulidad, y sólo podrá prohibirse su uso, para el conjunto de la Comunidad. Este principio se aplicará salvo disposición contraria del presente Reglamento.

Art. 2.º *Oficina.*—Se crea una Oficina de armonización del mercado interior (marcas, diseños y modelos), denominada en lo sucesivo «Oficina».

Art. 3.º *Capacidad jurídica.*—A fines de la aplicación del presente Reglamento, se asimilarán a las personas jurídicas las sociedades y demás entidades jurídicas que, con arreglo a la legislación que les sea aplicable, tengan la capacidad, en nombre propio, de ser titulares de derechos y obligaciones de cualquier naturaleza, de celebrar contratos o de llevar a cabo otros actos jurídicos y que tengan capacidad procesal.

---

[5] *DO* L 184, de 17-7-1999, p. 23.

TÍTULO II
Derecho de marcas

SECCIÓN 1.ª

Definición y adquisición de la marca comunitaria

Art. 4.º *Signos que pueden constituir una marca comunitaria.*—Podrán constituir marcas comunitarias todos los signos que puedan ser objeto de una representación gráfica y, en particular, las palabras, incluidos los nombres de personas, los dibujos, las letras, las cifras, la forma del producto o de su presentación, con la condición de que tales signos sean apropiados para distinguir los productos o los servicios de una empresa de los de otras empresas.

Art. 5.º *Titulares de marcas comunitarias.*—Podrán ser titulares de marcas comunitarias las personas físicas o jurídicas, incluidas las entidades de derecho público.

Art. 6.º *Modo de adquisición de la marca comunitaria.*—La marca comunitaria se adquirirá por el registro.

....

SECCIÓN 2.ª

Efectos de la marca comunitaria

....

Art. 13. *Agotamiento del derecho conferido por la marca comunitaria.*—1. El derecho conferido por la marca comunitaria no permitirá a su titular prohibir el uso de la misma para productos comercializados en la Comunidad bajo esa marca por el titular o con su consentimiento.

2. El apartado 1 no se aplicará cuando existan motivos legítimos que justifiquen que el titular se oponga a la comercialización ulterior de los productos, en especial cuando el estado de los productos se haya modificado o alterado tras su comercialización.

Art. 14. *Aplicación complementaria del derecho nacional en materia de violación de marcas.*—1. Los efectos de la marca comunitaria se determinarán exclusivamente por las disposiciones del presente Reglamento. Por otra parte, las infracciones contra las marcas comunitarias se regirán por el derecho nacional sobre infracciones contra marcas nacionales con arreglo a las disposiciones del título X.

2. El presente Reglamento no excluye que se ejerzan acciones relativas a una marca comunitaria sobre la base del derecho de los Estados miembros relativo, en particular, a la responsabilidad civil y a la competencia desleal.

3. Las normas de procedimiento aplicables se determinarán con arreglo a las disposiciones del título X.

....

SECCIÓN 4.ª

La marca comunitaria como objeto de propiedad

Art. 16. *Asimilación de la marca comunitaria a la marca nacional.*—1. Salvo disposición en contrario de los artículos 17 a 24, la marca comunitaria en cuanto objeto de propiedad se considerará en su totalidad y para el conjunto del territorio de la Comunidad como una marca nacional registrada en el Estado miembro en el cual, según el Registro de marcas comunitarias:

a) el titular tenga su sede o su domicilio en la fecha considerada;

b) si no fuere aplicable la letra *a*), el titular tenga un establecimiento en la fecha considerada.

2. En los casos no contemplados en el apartado 1, el Estado miembro al que se refiere dicho apartado será el Estado miembro en el que tenga su sede la Oficina.

3. Si en el Registro de marcas comunitarias estuvieren inscritas varias personas como cotitulares, se aplicará el apartado 1 al primer inscrito; en su defecto, se aplicará en el orden de su inscripción a los cotitulares siguientes. Cuando el apartado1 no se aplique a ninguno de los cotitulares, se aplicará el apartado 2.

....

Art. 20. *Ejecución forzosa.*—1. La marca comunitaria podrá ser objeto de medidas de ejecución forzosa.

2. En materia de procedimiento de ejecución forzosa sobre una marca comunitaria, la competencia exclusiva pertenecerá a los tribunales y a las autoridades del Estado miembro determinado en aplicación del artículo 16.

3. A instancia de parte, la ejecución forzosa se inscribirá en el Registro y se publicará.

Art. 21. *Procedimiento de insolvencia.*—1. El único procedimiento de insolvencia en el que podrá ser incluida una marca comunitaria será el que haya sido abierto en el Estado miembro en cuyo territorio esté situado el centro de los intereses principales del deudor.

Sin embargo, cuando el deudor sea una compañía de seguros o una entidad de crédito a tenor de la Directiva 2001/17/CE del Parlamento Europeo y del Consejo, de 19 de marzo de 2001, relativa al saneamiento y a la liquidación de las compañías de seguros[6] y de la Directiva 2001/24/CE del Parlamento Europeo y del Consejo, de 4 de abril de 2001, relativa al saneamiento y a la liquidación de las entidades de crédito[7], respectivamente, el único procedimiento de insolvencia en el que podrá ser incluida una marca comunitaria será el abierto en el Estado miembro en el que hayan sido autorizadas dichas compañías o entidades.

2. En caso de copropiedad de una marca comunitaria, el apartado 1 se aplicará a la parte del copropietario.

3. Cuando una marca comunitaria quede incluida en un procedimiento de insolvencia, este hecho, a petición de la autoridad nacional competente, se hará constar este hecho en el registro y se publicará en el Boletín de marcas comunitarias a que se refiere el artículo 89.

Art. 22. *Licencia.*—1. La marca comunitaria podrá ser objeto de licencias para la totalidad o para una parte de los productos o de los servicios para los cuales esté registrada y para la totalidad o parte de la Comunidad. Las licencias podrán ser exclusivas o no exclusivas.

....

Art. 23. *Oponibilidad frente a terceros.*—[...]

....

4. Hasta la entrada en vigor entre los Estados miembros de disposiciones comunes en materia de quiebras, la oponibilidad frente a terceros de un procedimiento de quiebra o de procedimientos análogos se regirá por el derecho del Estado miembro donde haya sido incoado en primer lugar tal procedimiento a tenor de la ley nacional o de los convenios aplicables al respecto.

....

TÍTULO III

La solicitud de marca comunitaria

SECCIÓN 1.ª

Presentación de la solicitud y condiciones que deberá cumplir

Art. 25. *Presentación de la solicitud.*—1. La solicitud de marca comunitaria se presentará, a elección del solicitante:

a) ante la Oficina;

b) ante el servicio central de la propiedad industrial de un Estado miembro o ante la Oficina de propiedad intelectual del Benelux.

---

[6] *DO* L 110, de 20-4-2001, p. 28.

[7] *DO* L 125, de 5-5-2001, p. 15.

La solicitud así presentada surtirá los mismos efectos que si se hubiera presentado en la misma fecha ante la Oficina.

2. Cuando la solicitud se presente ante el servicio central de la propiedad industrial de un Estado miembro o ante la Oficina de propiedad intelectual del Benelux, dicho servicio o dicha oficina adoptarán todas las medidas necesarias para transmitir la solicitud a la Oficina en un plazo de dos semanas a partir de la presentación de la solicitud. Podrán exigir al solicitante una tasa cuya cuantía no podrá superar la del coste administrativo de recepción y transmisión de la solicitud.

3. Las solicitudes mencionadas en el apartado 2 que lleguen a la Oficina una vez transcurrido un plazo de dos meses después de su presentación, se considerarán presentadas en la fecha en que la solicitud llegue a la Oficina.

4. Diez años después de la entrada en vigor del Reglamento (CE) núm. 40/94, la Comisión elaborará un informe acerca del funcionamiento del sistema de presentación de solicitudes de marca comunitaria, acompañado, si hubiere lugar, de propuestas de modificación de dicho sistema.

....

Art. 27. *Fecha de presentación.*—La fecha de presentación de la solicitud de marca comunitaria será aquella en que el solicitante haya presentado en la Oficina o, si la solicitud se presenta ante el servicio central de la propiedad industrial de un Estado miembro, en éste, o, si la solicitud se presenta ante la Oficina de propiedad intelectual del Benelux, en ésta, los documentos que contengan los elementos contemplados en el artículo 26, apartado 1, siempre que en el plazo de un mes a partir de la presentación de dichos documentos se abone la tasa de depósito.

....

SECCIÓN 2.ª

Prioridad

Art. 29. *Derecho de prioridad.*—1. Quien haya presentado regularmente la solicitud relativa a una marca comercial en uno o para uno de los Estados que son partes en el Convenio de París o en el Acuerdo por el que se crea la Organización Mundial del Comercio, o su causa habiente, si quisiera efectuar la presentación de una solicitud de marca comunitaria para la misma marca y para productos o servicios idénticos a aquellos para los que se presentó esa marca, o que estén contenidos en estos productos o servicios, gozará de un derecho de prioridad durante un plazo de seis meses a partir de la fecha de presentación de la primera solicitud.

2. Se reconocerá que da origen al derecho de prioridad cualquier presentación que tenga el valor de una presentación nacional regular con arreglo a la legislación nacional del Estado en que se haya

efectuado o con arreglo a acuerdos bilaterales o multilaterales.

3. Por presentación nacional regular se entiende cualquier presentación que sea suficiente para determinar la fecha en la cual la solicitud fue presentada, cualquiera que sea la suerte posterior de esta solicitud.

4. Tendrá la consideración de primera solicitud, cuya fecha de presentación será el punto de partida del plazo de prioridad, la solicitud ulterior presentada para la misma marca, para productos o servicios idénticos y en el mismo o para el mismo Estado que una primera solicitud anterior, a condición de que esta solicitud anterior, en la fecha de la presentación de la solicitud ulterior, haya sido retirada, abandonada o denegada, sin haber sido sometida a inspección pública y sin dejar derechos subsistentes, y de que aún no haya servido de base para la reivindicación del derecho de prioridad. Entonces la solicitud anterior ya no podrá servir de base para la reivindicación del derecho de prioridad.

5. Si la primera presentación se hubiere efectuado en un Estado que no sea parte en el Convenio de París o en el Acuerdo por el que se establece la Organización Mundial del Comercio, las disposiciones de los apartados 1 a 4 únicamente se aplicarán en la medida en que dicho Estado, según comprobaciones publicadas, otorgue, sobre la base de una primera presentación efectuada ante la Oficina, un derecho de prioridad sometido a condiciones y con efectos equivalentes a los establecidos por el presente Reglamento.

....

Art. 31. *Efecto del derecho de prioridad.*—En virtud del derecho de prioridad, a efectos de la determinación de la anterioridad de los derechos, la fecha de prioridad tendrá la consideración de fecha de la presentación de la solicitud de marca comunitaria.

Art. 32. *Valor de la presentación nacional de la solicitud.*—La solicitud de marca comunitaria a la que se haya otorgado una fecha de presentación tendrá, en los Estados miembros, el valor de una presentación nacional regular, habida cuenta, en su caso, del derecho de prioridad que se alegue en apoyo de la solicitud de marca comunitaria.

SECCIÓN 3.ª

Prioridad de exposición

Art. 33. *Prioridad de exposición.*—1. El solicitante del registro de una marca comunitaria que hubiera presentado con esa marca productos o servicios en una exposición internacional oficial u oficialmente reconocida con arreglo al Convenio relativo a las exposiciones internacionales, firmado en París el 22 de noviembre de 1928 y revisado por última vez el 30 de noviembre de 1972, siempre que presente la solicitud en un plazo de seis meses a partir de la fecha de la primera presentación de los productos o servicios con la marca solicitada, podrá prevalerse, a partir de esta fecha, de un derecho de prioridad con arreglo al artículo 31.

[...]

SECCIÓN 4.ª

Reivindicación de la antigüedad de marcas nacionales

Art. 34. *Reivindicación de la antigüedad de marcas nacionales.*—1. El titular de una marca anterior registrada en un Estado miembro, incluidas las marcas registradas en el territorio del Benelux, o de una marca anterior que haya sido objeto de un registro internacional con efecto en un Estado miembro, que presente una solicitud de marca idéntica para registrarla como marca comunitaria para productos o servicios idénticos a aquellos para los que está registrada la marca anterior o que estén incluidos en estos productos o servicios, podrá prevalerse, para la marca comunitaria, de la antigüedad de la marca anterior en lo que respecta al Estado miembro en el cual o para el cual esté registrada.

2. El único efecto de la antigüedad, en virtud del presente Reglamento, será que, en caso de que el titular de la marca comunitaria renuncie a la marca anterior o la deje extinguirse, se considerará que continúa disfrutando de los mismos derechos que tendría si la marca anterior hubiera continuado registrada.

3. La antigüedad reivindicada para la marca comunitaria se extinguirá cuando se declare la caducidad de los derechos del titular de la marca anterior cuya antigüedad se haya reivindicado, o la nulidad de dicha marca, o cuando se renuncie a la misma antes de que la marca comunitaria sea registrada.

Art. 35. *Reivindicación de la antigüedad después de registrada la marca comunitaria.*—1. El titular de una marca comunitaria que sea titular de una marca anterior idéntica registrada en un Estado miembro, incluidas las marcas registradas en el territorio del Benelux, o de una marca idéntica anterior que haya sido objeto de un registro internacional con efecto en un Estado miembro, para productos o servicios idénticos a aquellos para los que está registrada la marca anterior o que estén incluidos en ellos, podrá prevalerse de la antigüedad de la marca anterior por lo que respecta al Estado miembro en el cual o para el cual esté registrada.

2. Será aplicable el artículo 34, apartados 2 y 3.

....

TÍTULO VI

Renuncia, caducidad y nulidad

....

SECCIÓN 5.ª

Procedimiento de caducidad y de nulidad ante la Oficina

Art. 56. *Solicitud de caducidad o de nulidad.*—1. Podrá presentarse ante la Oficina una solicitud de caducidad o de nulidad de la marca comunitaria:

a) en los casos definidos en los artículos 51 y 52, por cualquier persona física o jurídica, así como por cualquier agrupación constituida para la representación de los intereses de fabricantes, productores, prestadores de servicios, comerciantes o consumidores que, a tenor de la legislación que le sea aplicable, tenga capacidad procesal;

b) en los casos definidos en el artículo 53, apartado 1, por las personas contempladas en el artículo 41, apartado 1;

c) en los casos definidos en el artículo 53, apartado 2, por los titulares de los derechos anteriores a los que se refiere dicha disposición o por las personas facultadas a ejercer los derechos en cuestión en virtud de la legislación del Estado miembro correspondiente.

2. La solicitud se presentará en escrito motivado. Sólo se tendrá por presentada una vez se haya pagado la tasa.

3. La solicitud de caducidad o de nulidad no será admisible cuando un tribunal de un Estado miembro hubiera resuelto entre las mismas partes sobre una solicitud con el mismo objeto y la misma causa y cuando esa resolución hubiera adquirido fuerza de cosa juzgada.

Art. 57. *Examen de la solicitud.*—1. En el curso del examen de la solicitud de caducidad o de nulidad, la Oficina invitará a las partes, cuantas veces sea necesario, a que le presenten, en un plazo que ella misma les fijará, sus observaciones sobre las notificaciones que les haya dirigido o sobre las comunicaciones que emanen de las otras partes.

2. A instancia del titular de la marca comunitaria, el titular de una marca comunitaria anterior que sea parte en el procedimiento de nulidad, aportará la prueba de que, en el curso de los cinco años anteriores a la fecha de la solicitud de nulidad, la marca comunitaria anterior ha sido objeto de un uso efectivo en la Comunidad para los productos o los servicios para los cuales esté registrada y en los que se basa la solicitud de nulidad, o de que existen causas justificativas de la falta de uso, con tal de que en esa fecha la marca comunitaria anterior esté registrada desde hace al menos cinco años. Además, si la marca comunitaria anterior estuviera registrada desde hace al menos cinco años en la fecha de publicación de la solicitud de marca comunitaria, el titular de la marca

comunitaria anterior aportará también la prueba de que las condiciones enunciadas en el artículo 42, apartado 2, se cumplían en esa fecha. A falta de esa prueba, se desestimará la solicitud de nulidad. Si la marca comunitaria anterior solamente hubiera sido utilizada para una parte de los productos o de los servicios para los cuales esté registrada, a los fines del examen de la solicitud de nulidad sólo se considerará registrada para esa parte de los productos o servicios.

3. El apartado 2 se aplicará a las marcas nacionales anteriores contempladas en el artículo 8, apartado 2, letra *a*), entendiéndose que el uso en la Comunidad queda sustituido por el uso en el Estado miembro en el que esté protegida la marca nacional anterior.

4. Si lo juzgara útil, la Oficina podrá invitar a las partes a una conciliación.

5. Si del examen de la solicitud de caducidad o de nulidad resultara que hubiera tenido que denegarse el registro de la marca para la totalidad o para parte de los productos o de los servicios para los cuales esté registrada, se declararán caducados los derechos del titular de la marca comunitaria o se declarará la nulidad de la marca para los productos o los servicios de que se trate. En caso contrario, se desestimará la solicitud de caducidad o de nulidad.

6. Se inscribirá en el Registro una mención de la resolución de la Oficina sobre la solicitud de caducidad o de nulidad cuando sea definitiva.

TÍTULO VII

Procedimiento de recurso

Art. 58. *Resoluciones que admiten recurso.*—1. Las resoluciones de los examinadores, de las divisiones de oposición, de la división de administración de marcas y de cuestiones jurídicas y de las divisiones de anulación admitirán recurso. El recurso tendrá efecto suspensivo.

2. Una resolución que no ponga fin a un procedimiento con respecto a una de las partes sólo podrá recurrirse con la resolución final, a no ser que la propia resolución contemple la posibilidad de un recurso independiente.

....

Art. 65. *Recurso ante el Tribunal de Justicia.*—1. Contra las resoluciones de las salas de recurso que recaigan en asuntos recurridos cabrá recurso ante el Tribunal de Justicia.

2. El recurso se fundará en incompetencia, en quebrantamiento sustancial de forma, en violación de Tratado, del presente Reglamento o de cualquier norma

jurídica relativa a su aplicación, o en desviación de poder.

3. El Tribunal de Justicia será competente tanto para anular como para modificar la resolución impugnada.

4. Podrán interponer recurso todas las partes en el procedimiento ante la sala de recurso, en tanto en cuanto la resolución de ésta no haya estimado sus pretensiones.

5. El recurso ante el Tribunal de Justicia se interpondrá en un plazo de dos meses a partir de la notificación de la resolución de la sala de recurso.

6. La Oficina estará obligada a adoptar las medidas necesarias para dar cumplimiento a la sentencia del Tribunal de Justicia.

....

TÍTULO IX

Disposiciones de procedimiento

....

SECCIÓN 2.ª

Costas

Art. 85. *Reparto de gastos.*— 1. Recaerán en la parte vencida en un procedimiento de oposición, de caducidad, de nulidad o de recurso las tasas sufragadas por la otra parte, así como, sin perjuicio de lo dispuesto en el artículo 119, apartado 6, todos los gastos sufragados por la misma que hayan sido imprescindibles para los procedimientos, incluidos los gastos de desplazamiento y estancia y la remuneración de un agente, asesor o abogado, sin exceder las tarifas fijadas para cada tipo de gastos de acuerdo con las condiciones estipuladas en el reglamento de ejecución.

2. No obstante, en la medida en que las partes pierdan respectivamente en uno o varios de los elementos del litigio o en la medida en que la equidad lo exija, la división de oposición, la división de anulación o la sala de recurso dispondrá que los gastos se repartan de otro modo.

3. Recaerán en la parte que, retirando la solicitud de marca comunitaria, la oposición, la solicitud de caducidad o de nulidad o el recurso, o no renovando el registro de la marca comunitaria o renunciando a ella, ponga fin al procedimiento, las tasas así como los gastos sufragados por la otra parte en las condiciones previstas en los apartados 1 y 2.

4. En caso de sobreseimiento, la división de oposición, la división de anulación o la sala de recurso fijará libremente los gastos.

5. Cuando las partes convengan ante la división de oposición, la división de anulación o la sala de recurso, en un acuerdo de liquidación de gastos distinto del que se dispone en los apartados preceden-

tes, la sala o la división correspondiente tomarán nota de tal acuerdo.

6. La división de oposición o la división de anulación o la sala de recurso fijarán la cuantía de los gastos que deban devolverse en virtud de los apartados anteriores cuando éstos consistan únicamente en las tasas pagadas a la Oficina y los gastos de representación. En todos los demás casos, el secretario de la sala de recurso o un miembro del personal de la división de oposición o de la división de anulación fijará la cuantía de los gastos que deban reembolsarse previa solicitud. La petición sólo será admisible en el plazo de dos meses a partir de la fecha en que la decisión para la que se solicita la fijación de los gastos sea definitiva. A instancia presentada en el plazo establecido, esta cuantía podrá modificarse por resolución de la división de oposición o de la división de anulación o de la sala de recurso.

Art. 86. *Ejecución de las resoluciones que fijen la cuantía de los gastos.*—1. Toda resolución definitiva de la Oficina por la que se fije la cuantía de los gastos tendrá carácter ejecutivo.

2. La ejecución forzosa se regirá por las normas de enjuiciamiento civil vigentes en el Estado en cuyo territorio tenga lugar. Se consignará la orden de ejecución, sin más control que el de la verificación de la autenticidad del título, por la autoridad nacional que designe a tal efecto el Gobierno de cada uno de los Estados miembros, el cual dará conocimiento de dicha autoridad a la Oficina y al Tribunal de Justicia.

3. Cumplidos estos trámites a instancia de la parte interesada, ésta podrá perseguir la ejecución forzosa pidiendo directamente la intervención del órgano competente, según la legislación nacional.

4. La ejecución forzosa sólo podrá suspenderse en virtud de resolución del Tribunal de Justicia. Sin embargo, el control de la validez de las medidas de ejecución será competencia de los tribunales del país de que se trate.

....

TÍTULO X

Competencia y procedimiento en materia de acciones judiciales relativas a marcas comunitarias

SECCIÓN 1.ª

Aplicación del Reglamento (CE) núm. 44/2001

Art. 94. *Aplicación del Reglamento (CE) núm. 44/2001.*—1. Salvo disposición en contrario del presente Reglamento, serán aplicables a los procedimientos en materia de marcas comunitarias y de solicitudes de marca comunitaria, así como a los procedimientos relativos a acciones simultáneas o sucesivas emprendidas sobre la base de marcas comunitarias y de marcas nacionales, las disposiciones del Reglamento (CE) núm. 44/2001.

2. En lo que se refiere a los procedimientos que resultan de las acciones y demandas contempladas en el artículo 96:

a) no serán aplicables el artículo 2, el artículo 4, el artículo 5, puntos 1, 3, 4 y 5, ni el artículo 31 del Reglamento (CE) núm. 44/2001;

b) los artículos 23 y 24 del Reglamento (CE) núm. 44/2001 serán aplicables dentro de los límites previstos en el artículo 97, apartado 4, del presente Reglamento;

c) las disposiciones del capítulo II del Reglamento (CE) núm. 44/2001 que se apliquen a las personas domiciliadas en un Estado miembro se aplicarán también a las personas que, sin estar domiciliadas en un Estado miembro, tengan en él un establecimiento.

SECCIÓN 2.ª

Litigios en materia de violación y de validez de las marcas comunitarias

Art. 95. *Tribunales de marcas comunitarias.*—1. Los Estados miembros designarán en sus territorios un número tan limitado como sea posible de tribunales nacionales de primera y de segunda instancia, en lo sucesivo denominados «tribunales de marcas comunitarias», encargados de desempeñar las funciones que les atribuya el presente Reglamento.

2. Cada Estado miembro comunicará a la Comisión, en un plazo de tres años a partir de la entrada en vigor del Reglamento (CE) núm. 40/94, una lista de tribunales de marcas comunitarias con indicación de su denominación y de su competencia territorial.

3. El Estado miembro afectado comunicará sin demora a la Comisión cualquier cambio que se produzca después de la comunicación de la lista contemplada en el apartado 2 y relativo al número, a la denominación o a la competencia territorial de dichos tribunales.

4. La Comisión notificará a los Estados miembros las informaciones contempladas en los apartados 2 y 3, que se publicarán en el *Diario Oficial de la Unión Europea.*

5. Mientras un Estado miembro no haya realizado la comunicación mencionada en el apartado 2, todo procedimiento que resulte de una acción o demanda de las contempladas en el artículo 96, que, en virtud del artículo 97, sea competencia de los tribunales de aquel Estado, se llevará ante el tribunal del Estado que tendría competencia territorial y de atribución si se tratara de un procedimiento relativo a una marca nacional registrada en el Estado de que se trate.

Art. 96. *Competencia en materia de violación y de validez.*—Los tribunales de marcas comunitarias tendrán competencia exclusiva:

a) para cualquier acción por violación y —si la legislación nacional la admite— por intento de violación de una marca comunitaria;

b) para las acciones de comprobación de inexistencia de violación si la legislación nacional las admite;

c) para cualquier acción entablada a raíz de hechos contemplados en el artículo 9, apartado 3, segunda frase;

d) para las demandas de reconvención por caducidad o por nulidad de la marca comunitaria contempladas en el artículo 100.

Art. 97. *Competencia internacional.*—1. Sin perjuicio de las disposiciones del presente Reglamento así como de las disposiciones del Reglamento (CE) núm. 44/2001 aplicables en virtud del artículo 94, los procedimientos resultantes de las acciones y demandas contempladas en el artículo 96 se llevarán ante los tribunales del Estado miembro en cuyo territorio tenga su domicilio el demandado o, si éste no estuviera domiciliado en uno de los Estados miembros, del Estado miembro en cuyo territorio tenga un establecimiento.

2. Si el demandado no estuviera domiciliado ni establecido en el territorio de un Estado miembro, estos procedimientos se llevarán ante los tribunales del Estado miembro en cuyo territorio tenga su domicilio el demandante o, si este último no estuviera domiciliado en uno de los Estados miembros, del Estado miembro en cuyo territorio tenga un establecimiento.

3. Si ni el demandado ni el demandante estuvieran así domiciliados ni establecidos, los procedimientos se llevarán ante los tribunales del Estado miembro en que radique la sede de la Oficina.

4. No obstante lo dispuesto en los apartados 1, 2 y 3:

a) se aplicará el artículo 23 del Reglamento (CE) núm 44/2001 si las partes acuerdan que sea competente otro tribunal de marcas comunitarias;

b) se aplicará el artículo 24 del Reglamento (CE) núm. 44/2001 si el demandado compareciera ante otro tribunal de marcas comunitarias.

5. Los procedimientos resultantes de las acciones y demandas contempladas en el artículo 96, con excepción de las acciones de declaración de inexistencia de violación de marca comunitaria, podrán también llevarse ante los tribunales del Estado miembro en cuyo territorio se hubiere cometido el hecho o el intento de violación o en cuyo territorio se hubiera cometido un hecho de los contemplados en el artículo 9, apartado 3, segunda frase.

Art. 98. *Alcance de la competencia.*—1. El tribunal de marcas comunitarias cuya competencia se fundamente en el artículo 97, apartados 1 a 4, será competente para pronunciarse sobre:

a) los hechos de violación cometidos o que intenten cometerse en el territorio de cualquier Estado miembro;

b) los hechos contemplados en el artículo 9, apartado 3, segunda frase, cometidos en el territorio de cualquier Estado miembro.

2. El tribunal de marcas comunitarias cuya competencia se fundamente en el artículo 97, apartado 5, será competente únicamente para pronunciarse sobre los hechos cometidos o que intenten cometerse en el territorio del Estado miembro en que radique ese tribunal.

Art. 99. *Presunción de validez. Defensas en cuanto al fondo.*—1. Los tribunales de marcas comunitarias reputarán válida la marca comunitaria a no ser que el demandado impugne la validez de la misma mediante demanda de reconvención por caducidad o por nulidad.

2. La validez de una marca comunitaria no podrá impugnarse mediante una acción de comprobación de inexistencia de violación.

3. En las acciones citadas en el artículo 96, letras *a*) y *c*), la excepción de caducidad o de nulidad de la marca comunitaria, presentada por una vía que no sea la de demanda de reconvención, será admisible en la medida en que el demandado alegue que el titular de la marca comunitaria podría ser desposeído de sus derechos por uso insuficiente o que la marca podría ser declarada nula por existir un derecho anterior del demandado.

Art. 100. *Demanda de reconvención.*—1. La demanda de reconvención por caducidad o por nulidad únicamente podrá fundamentarse en las causas de caducidad o de nulidad previstas por el presente Reglamento.

2. Los tribunales de marcas comunitarias desestimarán toda demanda de reconvención por caducidad o por nulidad si la Oficina ya hubiere dirimido con anterioridad entre las mismas partes, mediante resolución ya definitiva, una demanda con el mismo objeto y con la misma causa.

3. Si la demanda de reconvención se interpusiere en un litigio en que el titular de la marca no fuera parte, se le informará de ello y podrá intervenir en el litigio en las condiciones que marque la ley nacional.

4. El tribunal de marcas comunitarias ante el que se haya presentado una demanda de reconvención por caducidad o por nulidad de la marca comunitaria, comunicará a la Oficina la fecha en que se haya presentado esa demanda de reconvención. La Oficina inscribirá el hecho en el Registro de marcas comunitarias.

5. Serán aplicables las disposiciones del artículo 57, apartados 2 a 5.

6. Cuando un tribunal de marcas comunitarias haya dictado una resolución que haya adquirido fuerza de cosa juzgada sobre una demanda de reconvención por caducidad o por nulidad de una marca comunitaria, se remitirá copia de la resolución a la Oficina. Cualquiera de las partes podrá solicitar información con respecto a ese envío. La Oficina inscribirá en el Registro de marcas comunitarias la mención de la resolución en las condiciones que señala el reglamento de ejecución.

7. El tribunal de marcas comunitarias ante el que se presente una demanda de reconvención por caducidad o por nulidad, podrá suspender su fallo a petición del titular de la marca comunitaria y previa audiencia de las demás partes, e invitar al demandado a que presente demanda por caducidad o por nulidad ante la Oficina en un plazo que dicho tribunal le fijará. De no presentarse la demanda en ese plazo, se reanudará el procedimiento; se tendrá por retirada la demanda de reconvención. Se aplicará el artículo 104, apartado 3.

Art. 101. *Derecho aplicable.*—1. Los tribunales de marcas comunitarias aplicarán lo dispuesto en el presente Reglamento.

2. Para todas las cuestiones que no entren en el ámbito de aplicación del presente Reglamento, el tribunal de marcas comunitarias aplicará su ordenamiento jurídico nacional, incluido su Derecho internacional privado.

3. Salvo que el presente Reglamento disponga otra cosa, el tribunal de marcas comunitarias aplicará las normas procesales que sean aplicables al mismo tipo de acciones en materia de marca nacional en el Estado miembro en cuyo territorio radique ese tribunal.

Art. 102. *Sanciones.*—1. No habiendo razones especiales que lo desaconsejen, el tribunal de marcas comunitarias que compruebe que el demandado ha violado o intentado violar una marca comunitaria, dictará providencia para prohibirle que continúe sus actos de violación, o de intento de violación. Asimismo, con arreglo a la ley nacional, adoptará las medidas idóneas para garantizar el cumplimiento de esta prohibición.

2. Por otra parte, el tribunal de marcas comunitarias aplicará la legislación del Estado miembro, incluido su Derecho internacional privado, en el que se hubieran cometido los actos de violación o de intento de violación.

Art. 103. *Medidas provisionales y cautelares.*—1. Las medidas provisionales y cautelares previstas por la legislación de un Estado miembro respecto de las marcas nacionales podrán solicitarse, respecto de las marcas comunitarias o de las solicitudes de marca comunitaria, de las autoridades judiciales, incluidos los tribunales de marcas comunitarias, de dicho Estado, incluso cuando, en virtud del presente Reglamento, el competente para conocer en cuanto al fondo sea un tribunal de marcas comunitarias de otro Estado miembro.

2. Los tribunales de marcas comunitarias cuya competencia se fundamente en el artículo 97, apartados 1, 2, 3 ó 4, tendrán competencia para dictar medidas provisionales y cautelares que, condicionadas al cumplimiento de las formalidades preceptivas a efectos de reconocimiento y de ejecución de conformidad con el título III del Reglamento (CE) núm. 44/2001 sean aplicables en el territorio de cualquier Estado miembro.

Ninguna otra jurisdicción poseerá dicha competencia.

Art. 104. *Normas específicas en materia de conexión de causas.*—1. A no ser que existan razones especiales para proseguir el procedimiento, el tribunal de marcas comunitarias ante el que se hubiere promovido alguna de las acciones contempladas en el artículo 96, con excepción de las acciones de comprobación de inexistencia de violación, suspenderá su fallo, de oficio, previa audiencia de las partes, o a instancia de parte y previa audiencia de las demás, si la validez de la marca comunitaria ya se hallara impugnada mediante demanda de reconvención ante otro tribunal de marcas comunitarias o si ante la Oficina ya se hubiera presentado demanda por caducidad o por nulidad.

2. A no ser que existan razones especiales para proseguir el procedimiento, la Oficina, si recibiere demanda por caducidad o nulidad, suspenderá su fallo, de oficio, previa audiencia de las partes, o a instancia de parte y previa audiencia de las demás, si la validez de la marca comunitaria se hallara ya impugnada mediante demanda de reconvención ante un tribunal de marcas comunitarias. Sin embargo, si una de las partes lo solicitara en el procedimiento ante el tribunal de marcas comunitarias, el tribunal, previa audiencia de las otras partes en dicho procedimiento, podrá suspender el procedimiento. En tal caso, la Oficina reanudará el procedimiento pendiente ante ella.

3. El tribunal de marcas comunitarias que suspenda el fallo podrá dictar medidas provisionales y cautelares para el tiempo que dure la suspensión.

Art. 105. *Competencia de los tribunales de marcas comunitarias de segunda instancia. Recurso de casación.*—1. Las resoluciones de los tribunales de marcas comunitarias de primera instancia dictadas en los procedimientos que resulten de acciones y demandas contempladas en el artículo 96, podrán recurrirse ante los tribunales de marcas comunitarias de segunda instancia.

2. Las condiciones en las que se podrá interponer recurso ante un tribunal de marcas comunitarias de segunda instancia, serán las fijadas en la legislación nacional del Estado miembro en cuyo territorio radique ese tribunal.

3. A las resoluciones de los tribunales de marcas comunitarias de segunda instancia se aplicarán las disposiciones nacionales relativas al recurso de casación.

SECCIÓN 3.ª

Otros litigios relativos a marcas comunitarias

Art. 106. *Disposiciones adicionales sobre la competencia de los tribunales nacionales distintos de los tribunales de marcas comunitarias.*—1. En el Estado miembro cuyos tribunales sean competentes de conformidad con el artículo 94, apartado 1, las acciones que no sean las contempladas en el artículo 96 se llevarán ante los tribunales que tendrían competencia territorial y de atribución si se tratara de acciones relativas a una marca nacional registrada en el Estado de que se trate.

2. Cuando, en virtud del artículo 94, apartado 1, y del apartado 1 del presente artículo, ningún tribunal tuviere competencia para conocer de una acción distinta de las contempladas en el artículo 96 y relativa a una marca comunitaria, dicha acción podrá llevarse ante los tribunales del Estado miembro en el que tenga su sede la Oficina.

Art. 107. *Obligación del tribunal nacional.*—El tribunal nacional que hubiere de conocer de una acción distinta de las contempladas en el artículo 96 y relativa a una marca comunitaria, deberá considerar válida esa marca.

SECCIÓN 4.ª

Disposición transitoria

Art. 108. *Disposición transitoria sobre la aplicación del Reglamento (CE) núm. 44/2001.*—Las disposiciones del Reglamento (CE) núm. 44/2001, aplicables en virtud de los artículos precedentes, únicamente surtirán efecto respecto a un Estado miembro de acuerdo con el texto de dicho Reglamento vigente en un determinado momento respecto a ese Estado.

TÍTULO XI

Incidencias sobre el derecho de los Estados miembros

SECCIÓN 1.ª

Acciones civiles sobre la base de varias marcas

Art. 109. *Acciones civiles simultáneas y sucesivas sobre la base de marcas comunitarias y de marcas nacionales.*—1. Cuando se promuevan acciones por violación de marca, por los mismos hechos y entre las mismas partes, ante tribunales de Estados miembros diferentes, ante uno de ellos sobre la base de una marca comunitaria y ante el otro sobre la base de una marca nacional:

a) el tribunal al que se haya acudido en segundo lugar deberá, incluso de oficio, inhibirse a favor de la jurisdicción a la que se haya acudido en primer lugar cuando las marcas de que se trate sean idénticas y válidas para productos o servicios idénticos. El tribunal que deba inhibirse podrá suspender el juicio cuando medie impugnación de la competencia del otro tribunal;

b) el tribunal al que se haya acudido en segundo lugar podrá suspender el juicio cuando las marcas de que se trate sean idénticas y válidas para productos o servicios similares, así como cuando las marcas de que se trate sean similares y válidas para productos o servicios idénticos o similares.

2. El tribunal ante el que se promueva una acción por violación de marca sobre la base de una marca comunitaria, no admitirá a trámite la acción si, sobre esos mismos hechos, se hubiere dictado sentencia definitiva sobre el fondo entre las mismas partes sobre la base de una marca nacional idéntica, válida para productos o servicios idénticos.

3. El tribunal ante el que se promueva una acción por violación de marca sobre la base de una marca nacional no admitirá a trámite la acción si, sobre esos mismos hechos, se hubiere dictado sentencia definitiva sobre el fondo entre las mismas partes sobre la base de una marca comunitaria idéntica, válida para productos o servicios idénticos.

4. Los apartados 1, 2 y 3 no se aplicarán a las medidas provisionales y cautelares.

SECCIÓN 2.ª

Aplicación del derecho nacional para la prohibición del uso de marcas comunitarias

Art. 110. *Prohibición del uso de marcas comunitarias.*—1. Salvo disposición en contrario, el presente Reglamento no afectará al derecho que exista en virtud de la legislación de los Estados miembros a ejercitar acciones por violación de derechos anteriores con arreglo al artículo 8 o al artículo 53, apartado 2, contra el uso de una marca comunitaria posterior. Ahora bien, no podrán entablarse ya acciones por violación de derechos anteriores con arreglo al artículo 8, apartados 2 y 4, cuando, en virtud del artículo 54, apartado 2, el titular del derecho anterior hubiere perdido la posibilidad de solicitar la nulidad de la marca comunitaria.

2. Salvo disposición en contrario, el presente Reglamento no afectará al derecho a ejercitar, sobre la base del Derecho civil, administrativo o penal de un Estado miembro o sobre la base de disposiciones de Derecho comunitario, acciones que tengan por objeto prohibir el uso de una marca comunitaria, en la medida en que el Derecho de ese Estado miembro o el Derecho comunitario pueda ser invocado para prohibir el uso de una marca nacional.

Art. 111. *Derechos anteriores de alcance local.*—1. El titular de un derecho anterior de alcance local podrá oponerse al uso de la marca comunitaria en el territorio en el que ese derecho esté protegido, en la medida en que lo permita el derecho del Estado miembro de que se trate.

2. El apartado 1 dejará de ser aplicable si el titular del derecho anterior hubiere tolerado, teniendo conocimiento de ello, el uso de la marca comunitaria en el territorio en el que ese derecho esté protegido, durante cinco años consecutivos, a no ser que la presentación de la solicitud de la marca comunitaria se hubiere efectuado de mala fe.

3. El titular de la marca comunitaria no podrá oponerse al uso del derecho contemplado en el apartado 1, incluso si ese derecho no pudiera ya alegarse contra la marca comunitaria.

SECCIÓN 3.ª

Transformación en solicitud de marca nacional

Art. 112. *Petición de apertura del procedimiento nacional.*—1. El solicitante o el titular de una marca comunitaria podrá pedir que se transforme su solicitud o su marca comunitaria en solicitud de marca nacional:

a) si la solicitud de marca comunitaria fuere desestimada, retirada o tenida por retirada;

b) si la marca comunitaria dejare de producir efectos.

2. No habrá transformación:

a) cuando el titular de la marca comunitaria haya sido privado de sus derechos por falta de uso de esa marca, a no ser que, en el Estado miembro para el que se solicite la transformación de la marca comunitaria, ésta se haya utilizado en condiciones que constituyan un uso efectivo en el sentido de la legislación de dicho Estado miembro;

b) cuando lo que se pretende sea la protección en un Estado miembro en el que, según resolución de la Oficina o del tribunal nacional, pese sobre la solicitud o la marca comunitaria un motivo de denegación de registro, de revocación o de nulidad.

3. A la solicitud de marca nacional que nazca de la transformación de una solicitud o de una marca comunitaria, le corresponderá, en el Estado miembro de que se trate, la fecha de presentación o la fecha de prioridad de esa solicitud o de esa marca y, en su caso, la antigüedad de una marca de dicho Estado reivindicada con arreglo al artículo 34 o al artículo 35.

4. En los casos en que la solicitud de marca comunitaria se tuviera por retirada, la Oficina dirigirá al solicitante una comunicación señalándole un plazo de tres meses a partir de esta comunicación para cursar una petición de transformación.

5. Cuando se retire la solicitud de marca comunitaria o cuando, por haberse inscrito una renuncia o no renovarse el registro, la marca comunitaria deje de producir efectos, la petición de transformación se presentará en un plazo de tres meses a partir de la fecha en que se hubiere retirado la solicitud de marca comunitaria o en que hubiere dejado de producir efectos el registro de la marca comunitaria.

6. En caso de que la solicitud de la marca comunitaria sea rechazada mediante resolución de la Oficina o la marca comunitaria deje de producir efectos a consecuencia de una resolución de la Oficina o de un tribunal de marcas comunitarias, la petición de transformación deberá presentarse en un plazo de tres meses a partir de la fecha en la que dicha resolución hubiere adquirido fuerza de cosa juzgada.

7. De no presentarse la solicitud en el plazo señalado, la disposición contenida en el artículo 32 dejará de surtir efecto.

Art. 113. *Presentación, publicación y transmisión de la petición de transformación.*—1. La petición de transformación se presentará a la Oficina. Los Estados miembros en los que el peticionario desee que se abra el procedimiento de registro de una marca nacional, se mencionarán en la petición. No se tendrá por presentada la petición hasta tanto no se haya abonado la tasa de transformación.

2. Si la solicitud de marca comunitaria estuviere publicada, se mencionará, en su caso, en el Registro de marcas comunitarias, la entrada de la petición de transformación y se publicará esta petición de transformación.

3. La Oficina comprobará si la transformación solicitada cumple las condiciones del presente Reglamento y, en particular, del artículo 112, apartados 1, 2, 4, 5 y 6, y del apartado 1 del presente artículo, así como las condiciones formales previstas por el reglamento de ejecución. Cumplidas estas condiciones, la Oficina transmitirá la petición a los servicios de la propiedad industrial de los Estados mencionados en la misma.

Art. 114. *Requisitos formales de la transformación.*—1. El servicio central de la propiedad industrial al que se transmita la petición de transformación, podrá recabar de la Oficina toda la información adicional relativa a esta petición que permita a dicho servicio adoptar una decisión sobre la marca nacional resultante de la transformación.

2. La solicitud o la marca comunitaria, transmitida con arreglo al artículo 113, no podrá someterse, en cuanto a su forma, por la legislación nacional a requisitos diferentes de los señalados en el presente Reglamento o en el reglamento de ejecución ni a requisitos adicionales.

3. El servicio central de la propiedad industrial al que se transmita la petición, podrá exigir que, en un plazo que no podrá ser inferior a dos meses, el solicitante:

a) abone la tasa nacional de depósito;

b) presente, en una de las lenguas oficiales del Estado de que se trate, una traducción de la petición y de los documentos que la acompañan;

c) elija domicilio en el Estado en cuestión;

d) suministre una reproducción de la marca en el número de ejemplares que señale el Estado en cuestión.

....

....

TÍTULO XIII

Registro internacional de marcas

SECCIÓN 1.ª

Disposiciones generales

Art. 145. *Aplicación de las disposiciones.*—Salvo disposición en contrario del presente título, el presente Reglamento y sus reglamentos de ejecución se aplicarán a las solicitudes de registro internacional efectuadas en virtud del Protocolo concerniente al Arreglo de Madrid relativo al Registro Internacional de Marcas, adoptado en Madrid el 27 de junio de 1989 (denominados en lo sucesivo «las solicitudes internacionales» y «el Protocolo de Madrid», respectivamente) basadas en una solicitud de marca comunitaria o en una marca comunitaria, y a los registros de marcas en el registro internacional gestionado por la Oficina Internacional de la Organización Mundial de la Propiedad Intelectual (denominados en lo sucesivo «los registros internacionales» y «la Oficina Internacional», respectivamente) que designen a la Comunidad Europea.

SECCIÓN 2.ª

Registro internacional basado en solicitudes de marca comunitaria y en marcas comunitarias

Art. 146. *Presentación de una solicitud internacional.*—1. Se deberán presentar ante la Oficina las solicitudes internacionales efectuadas con arreglo a lo dispuesto en el artículo 3 del Protocolo de Madrid que se basen en solicitudes de marca comunitaria o en marcas comunitarias.

2. Cuando una solicitud internacional sea presentada antes de que la marca en la que se base el registro internacional haya sido registrada como marca comunitaria, el solicitante del registro internacional deberá indicar si éste ha de basarse en una solicitud o en un registro de marca comunitaria. Si el registro internacional ha de basarse en una marca comunitaria una vez que ésta haya sido registrada, se considerará que la solicitud internacional se ha recibido en la Oficina en la fecha de registro de la marca comunitaria.

Art. 147. *Forma y contenido de la solicitud internacional.*—1. La solicitud internacional se presentará en una de las lenguas oficiales de la Comunidad Europea por medio de un formulario suministrado por la Oficina. Salvo que el solicitante especifique lo contrario en dicho formulario al presentar la solicitud internacional, la Oficina se comunicará con el solicitante en la lengua de la solicitud mediante formularios normalizados.

2. Cuando la solicitud internacional se presente en una lengua

distinta de las lenguas autorizadas por el Protocolo de Madrid, el solicitante deberá indicar una segunda lengua entre estas últimas. En esta segunda lengua, la Oficina presentará la solicitud internacional a la Oficina Internacional.

3. Cuando la solicitud internacional se presente en una lengua distinta de las lenguas autorizadas por el Protocolo de Madrid para la presentación de solicitudes internacionales, el solicitante podrá proporcionar una traducción de la lista de productos o de servicios en la lengua en la que deba presentarse la solicitud internacional a la Oficina Internacional con arreglo al apartado 2.

4. La Oficina remitirá lo antes posible a la Oficina Internacional la solicitud internacional.

5. La presentación de una solicitud internacional estará sujeta al pago de una tasa a la Oficina. En el caso al que se hace referencia en el artículo 146, apartado 2, segunda frase, la tasa deberá abonarse en la fecha de registro de la marca comunitaria. La solicitud no se considerará presentada hasta que no se haya abonado la tasa.

6. La solicitud internacional habrá de cumplir las condiciones relativas a la misma previstas en el reglamento de ejecución.

Art. 148. *Inscripción en los expedientes y en el registro.*—1. La fecha y número de un registro internacional basado en una solicitud de marca comunitaria se deberán inscribir en el expediente de dicha solicitud. En el caso de que la solicitud dé lugar a una marca comunitaria, se deberán inscribir en el registro la fecha y el número del registro internacional.

2. La fecha y número de un registro internacional basado en una marca comunitaria se deberán inscribir en el registro.

Art. 149. *Solicitud de extensión territorial posterior al registro internacional.*—Toda solicitud de extensión territorial presentada con posterioridad al registro internacional de conformidad con el artículo 3 *ter*, apartado 2, del Protocolo de Madrid se podrá presentar a través de la Oficina. La solicitud deberá presentarse en la lengua en la que se haya presentado la solicitud internacional en aplicación del artículo 147.

Art. 150. *Tasas internacionales.*—Cualquier tasa que se haya de abonar a la Oficina Internacional en virtud del Protocolo de Madrid deberá abonarse directamente a la misma.

SECCIÓN 3.ª

Registros internacionales que designan a la Comunidad Europea

Art. 151. *Efectos de los registros internacionales que designan a la Comunidad Europea.*—1. Los registros internacionales que designen a la Comunidad Europea producirán, a partir de la fecha de registro a que se refiere el artículo

3, apartado 4, del Protocolo de Madrid o de la fecha de la posterior designación de la Comunidad Europea dispuesta en el artículo 3 *ter*, apartado 2, de dicho Protocolo, el mismo efecto que las solicitudes de marca comunitaria.

2. En caso de que no se haya notificado denegación alguna de conformidad con lo dispuesto en el artículo 5, apartados 1 y 2, del Protocolo de Madrid o de que dicha denegación se haya retirado, el registro internacional de una marca que designe a la Comunidad Europea producirá, a partir de la fecha contemplada en el apartado 1, el mismo efecto que el registro de una marca como marca comunitaria.

3. A efectos de la aplicación del artículo 9, apartado 3, la publicación de las indicaciones del registro internacional que designa a la Comunidad Europea con arreglo al artículo 152, apartado 1, sustituirá a la publicación de una solicitud de marca comunitaria, y la publicación a que se refiere el artículo 152, apartado 2, sustituirá a la publicación del registro de una marca comunitaria.

Art. 152. *Publicación.*—1. La Oficina publicará la fecha de registro de una marca que designe a la Comunidad Europea de conformidad con lo dispuesto en el artículo 3, apartado 4, del Protocolo de Madrid o la fecha de la posterior extensión a la Comunidad Europea con arreglo al artículo 3 *ter*, apartado 2, del Protocolo de Madrid, la lengua de presentación de la solicitud internacional y la segunda lengua indicada por el solicitante, el número del registro internacional y la fecha de publicación de este registro en la gaceta periódica de la Oficina Internacional, y una reproducción de la marca y de los números de las clases de bienes o de servicios respecto de los que se solicita la protección.

2. En caso de que no se haya notificado denegación alguna de protección de un registro internacional que designe a la Comunidad Europea con arreglo al artículo 5, apartados 1 y 2, del Protocolo de Madrid o de que se haya retirado dicha denegación, la Oficina publicará este extremo, junto con el número del registro internacional, y, cuando proceda, la fecha de publicación del mismo en la gaceta de la Oficina Internacional.

Art. 153. *Antigüedad.*—1. El solicitante de un registro internacional que designe a la Comunidad Europea podrá reivindicar, en la solicitud internacional, la antigüedad de una marca anterior registrada en un Estado miembro, incluidas las marcas registradas en los países del Benelux, o registrada con arreglo a acuerdos internacionales con efecto en un Estado miembro, como se establece en el artículo 34.

2. A partir de la fecha de publicación de los efectos de un registro internacional que designe a la Comunidad Europea, con arreglo al artículo 152, apartado 2, el titular de dicho registro podrá reivindicar ante la Oficina la antigüedad de una marca anterior re-

gistrada en un Estado miembro, incluidas las marcas registradas en los países del Benelux, o registrada con arreglo a acuerdos internacionales con efecto en un Estado miembro, como se establece en el artículo 35. La Oficina informará de ello a la Oficina Internacional.

Art. 154. *Examen relativo a los motivos de denegación absolutos.*—1. Los registros internacionales que designen a la Comunidad Europea estarán sujetos a examen de los motivos de denegación absolutos, siguiendo el mismo procedimiento que las solicitudes de marcas comunitarias.

2. No se denegará la protección de un registro internacional sin haber ofrecido a su titular la posibilidad de renunciar o limitar la protección respecto de la Comunidad Europea o de presentar sus observaciones.

3. La denegación de protección sustituirá a la denegación de una solicitud de marca comunitaria.

4. En caso de que se deniegue la protección de un registro internacional mediante una decisión definitiva con arreglo al presente artículo o de que el titular del registro internacional haya renunciado a la protección respecto de la Comunidad Europea con arreglo a lo dispuesto en el apartado 2, la Oficina deberá devolver al titular del registro internacional una parte de la tasa individual que se establezca en el reglamento de ejecución.

Art. 155. *Búsqueda.*—1. Una vez que la Oficina haya recibido la notificación de un registro internacional que designe a la Comunidad Europea, redactará un informe de búsqueda comunitaria, como se establece en el artículo 38, apartado 1.

2. Tan pronto como la Oficina haya recibido la notificación de un registro internacional que designe a la Comunidad Europea, remitirá copia de la misma al servicio central de la propiedad industrial de los Estados miembros que hayan comunicado a la Oficina su decisión de llevar a cabo una búsqueda en su propio registro de marcas, como se establece en el artículo 38, apartado 2.

3. El artículo 38, apartados 3 a 6, se aplicarán por analogía.

4. La Oficina informará a los titulares de cualesquiera marcas comunitarias anteriores o solicitudes de marca comunitaria mencionadas en el informe de búsqueda comunitaria de la publicación del registro internacional que designe a la Comunidad Europea, como se establece en el artículo 152, apartado 1.

Art. 156. *Oposición.*—1. Los registros internacionales que designen a la Comunidad Europea estarán sujetos a oposición de la misma forma que las solicitudes de marca comunitaria publicadas.

2. El escrito de oposición se presentará dentro de un plazo de tres meses que empezará a contar a los seis meses de la fecha de la publicación efectuada con arreglo

a lo establecido en el artículo 152, apartado 1. Hasta que no se haya abonado la tasa de oposición no se considerará debidamente presentada la oposición.

3. La denegación de protección sustituirá a la denegación de una solicitud de marca comunitaria.

4. En caso de que se deniegue la protección de un registro internacional mediante una decisión definitiva con arreglo al presente artículo o de que el titular del registro internacional haya renunciado a la protección respecto de la Comunidad Europea antes de que se haya adoptado una decisión definitiva con arreglo a lo dispuesto en el presente artículo, la Oficina deberá devolver al titular del registro internacional una parte de la tasa individual que se establezca en el reglamento de ejecución.

Art. 157. *Sustitución de un registro de marca comunitaria por un registro internacional.*—Previa petición, la Oficina anotará en el Registro que se considera que una marca comunitaria ha sido sustituida por un registro internacional de conformidad con lo dispuesto en el artículo 4 *bis* del Protocolo de Madrid.

Art. 158. *Anulación de los efectos del registro internacional.*—1. Los efectos de los registros internacionales que designa la Comunidad Europea podrán ser declarados nulos.

2. La solicitud de anulación de los efectos de los registros internacionales que designen a la Comunidad Europea, sustituirán a las solicitudes de declaración de caducidad a que se refiere el artículo 51 o de nulidad a que se refiere el artículo 52 o el artículo 53.

Art. 159. *Transformación de una designación de la Comunidad Europea efectuada mediante un registro internacional en una solicitud de marca nacional o en una designación de Estados miembros.*—1. Cuando se haya denegado o deje de surtir efecto una designación de la Comunidad Europea efectuada mediante un registro internacional, el titular del registro internacional podrá solicitar la transformación de la designación de la Comunidad Europea:

a) en solicitud de marca nacional con arreglo a los artículos 112, 113 y 114, o

b) en designación de un Estado miembro parte del Protocolo de Madrid o del Arreglo de Madrid relativo al registro internacional de marcas, adoptado en Madrid el 14 de abril de 1891, revisado y modificado (denominado en lo sucesivo «el Arreglo de Madrid»), siempre que en la fecha en que se solicitó la transformación haya sido posible designar a dicho Estado miembro directamente con arreglo al Protocolo de Madrid o al Arreglo de Madrid. Se aplicarán los artículos 112 a 114.

2. A la solicitud de marca nacional o a la designación de un Estado miembro parte del Protocolo de Madrid o del Arreglo de Madrid resultantes de la transforma-

ción de la designación de la Comunidad Europea efectuada mediante un registro internacional, le corresponderá, en el Estado miembro de que se trate, la fecha del registro internacional a que se refiere el artículo 3, apartado 4, del Protocolo de Madrid o la fecha de la extensión a la Comunidad Europea con arreglo al artículo 3 *ter*, apartado 2, del Protocolo de Madrid, si esta última se llevó a efecto después del registro internacional, o la fecha de prioridad de dicho registro y, en su caso, la antigüedad de una marca de dicho Estado reivindicada con arreglo al artículo 153.

3. Se deberá publicar la solicitud de transformación.

Art. 160. *Utilización de una marca objeto de un registro internacional.*—A efectos de la aplicación del artículo 15, apartado 1, del artículo 42, apartado 2, del artículo 51, apartado 1, letra *a*), y del artículo 57, apartado 2, la fecha de publicación a que se refiere el artículo 152, apartado 2, sustituirá a la fecha de registro con miras al establecimiento de la fecha a partir de la cual la marca objeto de un registro internacional que designe a la Comunidad Europea deba ser puesta genuinamente en uso en la Comunidad.

Art. 161. *Transformación.*—1. Sin perjuicio del apartado 2, las disposiciones aplicables a las solicitudes de marca comunitaria se aplicarán *mutatis mutandis* a las solicitudes de transformación de un registro internacional en solicitud de marca comunitaria con arreglo a lo dispuesto en el artículo 9 *quinquies* del Protocolo de Madrid.

2. Cuando la solicitud de transformación se refiera a un registro internacional que designe a la Comunidad Europea cuyas indicaciones hayan sido publicadas con arreglo a lo dispuesto en el artículo 152, apartado 2, no serán de aplicación los artículos 37 a 42.

....

135. REGLAMENTO (CE) NÚMERO 2100/94 DEL CONSEJO, DE 27 DE JULIO DE 1994, RELATIVO A LA PROTECCIÓN COMUNITARIA DE LAS OBTENCIONES VEGETALES*

(Arts. 1-25, 27-29, 49-57, 59-82, 85, 86, 91-107 y 116)

(*DO* núm. L 227, de 1 de septiembre de 1994)

EL CONSEJO DE LA UNIÓN EUROPEA,

Visto el Tratado constitutivo de la Comunidad Europea y, en particular, su artículo 235,

Vista la propuesta de la Comisión[1],

Visto el dictamen del Parlamento Europeo[2],

Visto el dictamen del Comité Económico y Social[3],

Considerando que las variedades vegetales plantean problemas específicos por lo que respecta al régimen de propiedad industrial que ha de aplicarse;

Considerando que los regímenes de propiedad industrial aplicables a las obtenciones vegetales no están armonizados en el ámbito comunitario, por lo que siguen estando regulados por la legislación de los Estados miembros, cuyo contenido no es uniforme;

Considerando que, en tales circunstancias, resulta conveniente un régimen comunitario que, coexistiendo con los nacionales, permita la concesión de derechos de propiedad industrial que sean válidos en toda la Comunidad;

Considerando que es conveniente que no sean las autoridades de los Estados miembros quienes se encarguen de la aplicación de este régimen comunitario, sino una oficina comunitaria con personalidad jurídica, la «Oficina comunitaria de variedades vegetales»;

Considerando que el sistema debe tener en cuenta también los avances de las técnicas de mejora vegetal, incluida la biotecnología; que, con objeto de fomentar la mejora y el desarrollo de nuevas variedades, es conveniente mejorar la protección de todos los obtentores, en comparación con la situación actual, sin perjudicar por ello injustificadamente el acceso a la protección, bien de manera general o en el caso de determinadas técnicas de mejora;

---

* Según el art. 118, el Reglamento entró en vigor el día de su publicación en el *DO*, aplicándose sus arts. 1, 2, 3, 5 a 29 a 106 a partir de 27 de abril de 1995.

[1] *DO* C 244, de 28-9-1990 y *DO* C 113, de 23-4-1993.

[2] *DO* C 305, de 23-11-1992 y *DO* C 67, de 16-3-1992.

[3] *DO* C 60, de 8-3-1991.

Considerando que deben poder protegerse las variedades de todos los géneros y especies botánicos;

Considerando que las variedades merecedoras de protección deben reunir determinados requisitos reconocidos internacionalmente, a saber, carácter distintivo, uniformidad, estabilidad y novedad, y que deberán designarse también con una denominación de variedad establecida;

Considerando que es importante prever una definición de variedad vegetal con objeto de garantizar el correcto funcionamiento del sistema;

Considerando que esta definición no está destinada a modificar definiciones que puedan haber sido establecidas en el ámbito de otras formas de protección de la propiedad intelectual, especialmente en el sector de las patentes, ni a obstaculizar ni a evitar la aplicación de leyes que regulen la protección de productos, incluidos los vegetales y los materiales vegetales, o procedimientos en el marco de otros derechos de propiedad industrial;

Considerando, no obstante, que es muy conveniente disponer de una definición común en ambos ámbitos; que, por consiguiente, deberían apoyarse los esfuerzos apropiados a escala internacional para lograr tal definición común;

Considerando que la concesión de la protección comunitaria de las obtenciones vegetales requiere un examen de las características importantes relacionadas con la variedad; que, no obstante, estas características no tienen que estar necesariamente relacionadas con su importancia económica;

Considerando que el sistema debe aclarar también a quién pertenece el derecho a la protección comunitaria de la obtención vegetal; que, en algunos casos, corresponde a varias personas conjuntamente y no sólo a una; que debe regularse la cuestión formal de legitimación para presentar solicitudes;

Considerando que el sistema debe también definir el término «titular» utilizado en este Reglamento; que siempre que se utilice el término «titular» sin más especificación en este Reglamento, inclusive en el apartado 5 del artículo 29, se entenderá con el sentido que se establece en el apartado 1 del artículo 13;

Considerando que, para garantizar el efecto uniforme de la protección comunitaria de la obtención vegetal en toda la Comunidad, deben delimitarse con precisión las transacciones comerciales que están sujetas al consentimiento del titular; que, en comparación con la mayoría de los sistemas nacionales, es conveniente que el alcance de la protección se haga extensivo a determinados materiales de la variedad a fin de tener en cuenta el comercio a través de terceros países sin protección; que, no obstante, la introducción del principio de agotamiento de los derechos debe garantizar que la protección no sea excesiva;

Considerando que, con objeto de fomentar la obtención de vegetales, el sistema confirma básicamente la regla, internacionalmente aceptada, de libre acceso a las variedades protegidas para la obtención y explotación de nuevas variedades a partir de las mismas;

Considerando que, en algunos casos, en que la nueva variedad, aunque distinta, constituya fundamentalmente un derivado de la variedad inicial sería conveniente establecer una cierta forma de dependencia respecto del titular de ésta;

Considerando que el ejercicio de los derechos conferidos por la protección comunitaria de obtención vegetal debe supeditarse a restricciones previstas en disposiciones adoptadas en interés público;

Considerando que la protección de la producción agrícola responde a dicho interés público; que a tal fin, debe autorizarse a los agricultores a utilizar el producto de su cosecha para la siembra, y ello bajo ciertas condiciones;

Considerando que debe garantizarse que las condiciones se establezcan a escala comunitaria;

Considerando que, en algunas circunstancias, debe preverse la concesión de licencias obligatorias por causa de interés público, que puede incluir la necesidad de abastecer el mercado con materiales que ofrezcan características determinadas o mantener el incentivo de la obtención de variedades mejoradas;

Considerando que la utilización de la denominación de la variedad atribuida debe ser obligatoria;

Considerando que la protección comunitaria de obtención vegetal debe tener en principio una duración de al menos veinticinco años y, tratándose de la vid y las variedades arbóreas, al menos treinta años; que deberán especificarse otros motivos de extinción del derecho;

Considerando que el derecho conferido por la protección comunitaria de obtención vegetal es propiedad del titular y que, por consiguiente, debe precisarse su función respecto de las disposiciones legales no armonizadas de los Estados miembros, en particular el Derecho civil; que ello se aplica también a las consecuencias de las infracciones y al ejercicio de los derechos conferidos por la protección comunitaria de la obtención vegetal;

Considerando que es necesario garantizar que la aplicación total de los principios del sistema de protección comunitaria de las obtenciones vegetales no resultará perjudicada por los efectos de otros sistemas; que, con este fin, y de conformidad con los actuales compromisos internacionales de los Estados miembros, se requieren ciertas normas sobre las relaciones con otros derechos de propiedad industrial;

Considerando que es indispensable examinar si y en qué medida deben adaptarse o modificarse las condiciones de la protección concedida por otros derechos de propiedad industrial, como las patentes, para que sean coherentes con el sistema de protección comunitaria de las obtenciones vegetales; que, en caso de ser necesaria, tal adaptación o modificación ha de establecerse en disposiciones equilibradas de Derecho comunitario;

Considerando que las funciones y facultades de la Oficina comunitaria de variedades vegetales, incluidas sus salas de recurso, respecto de la concesión, extinción y verificación de la protección comunitaria de la obtención vegetal, así como de las publicaciones deberán inspirarse, en la medida de lo posible, en las normas creadas para otros sistemas; que lo mismo cabe decir de la estructura y el reglamento interior de la Oficina, la colaboración con la Comisión y los Estados miembros, especialmente mediante el consejo de administración, la intervención de las Oficinas de examen encargadas de los exámenes técnicos y las medidas presupuestarias necesarias;

Considerando que es conveniente que la Oficina sea asesorada y supervisada por el consejo de administración anteriormente mencionado, compuesto por representantes de los Estados miembros y de la Comisión;

Considerando que el Tratado no prevé, para la adopción del presente Reglamento, más poderes de acción que los del artículo 235;

Considerando que el presente Reglamento tiene en cuenta convenios internacionales actuales, tales como el Convenio internacional para la protección de obtenciones vegetales (Convenio UPOV), el Convenio sobre la concesión de patentes europeas (Convenio sobre la patente europea) o el Convenio sobre los aspectos de los derechos de propiedad intelectual relacionados con el comercio, incluido el comercio de productos falsificados; que, en consecuencia únicamente aplica la prohibición de patentar variedades vegetales en la medida en que lo hace el Convenio sobre la patente europea a saber, a las variedades vegetales como tales;

Considerando que el presente Reglamento debe ser revisado con el fin de introducir las modificaciones que puedan resultar necesarias debido a evolución futura de los convenios anteriormente mencionados,

HA ADOPTADO EL PRESENTE REGLAMENTO:

PARTE PRIMERA

Disposiciones generales

Artículo 1.º *Protección comunitaria de las obtenciones vegetales.*—El presente Reglamento establece un sistema de protección comunitaria de las obtenciones vegetales como única y exclusiva forma de protección comunitaria de la propiedad industrial para las variedades vegetales.

Art. 2.º *Efecto uniforme de la protección comunitaria de las obtenciones vegetales.*—La protección comunitaria de las obtenciones vegetales producirá efectos uniformes dentro del territorio de la Comunidad y los derechos sólo podrán concederse, transmitirse o extinguirse en dicho territorio de modo uniforme.

Art. 3.º *Derechos de propiedad nacionales sobre las variedades vegetales.*—Las disposiciones del presente Reglamento se entienden sin perjuicio del derecho de los Estados miembros de conceder derechos de propiedad nacionales sobre las variedades vegetales, condicionado a lo dispuesto en el apartado 1 del artículo 92.

Art. 4.º *Oficina de la Comunidad.*—A los efectos de la aplicación del presente Reglamento, se establece una Oficina comunitaria de variedades vegetales, en lo sucesivo denominada «la Oficina».

PARTE II

Derecho material

CAPÍTULO PRIMERO

CONDICIONES QUE REGIRÁN LA CONCESIÓN DE LA PROTECCIÓN COMUNITARIA DE LAS OBTENCIONES VEGETALES

Art. 5.º *Objeto de la protección comunitaria de las obtenciones vegetales.*—1. Podrán ser objeto de la protección comunitaria de las obtenciones vegetales las variedades de todos los géneros y especies botánicos, incluidos, entre otros, los híbridos de géneros o de especies.

2. A los efectos del presente Reglamento, se entenderá por «variedad» un conjunto de plantas de un solo taxón botánico del rango más bajo conocido que, con independencia de si responde o no plenamente a las condiciones para la concesión de un derecho de obtentor, pueda:

— definirse por la expresión de los caracteres resultantes de un cierto genotipo o de una cierta combinación de genotipos,

— distinguirse de cualquier otro conjunto de plantas por la expresión de uno de dichos caracteres por lo menos,

— considerarse como una unidad, habida cuenta de su aptitud a propagarse sin alteración.

3. Un conjunto de plantas está formado por plantas enteras o por partes de plantas, siempre que dichas partes puedan generar plantas enteras, y ambas se denominarán en lo sucesivo «componentes de una variedad».

4. La expresión de las características a que se refiere el primer guión del apartado 2 podrá ser invariable, o podrá variar de unos componentes del mismo tipo de una variedad a otros siempre que el grado de variación sea asi-

mismo resultado del genotipo o de la combinación de genotipos.

Art. 6.º *Variedades que podrán protegerse.*—Podrá concederse la protección comunitaria de obtención vegetal a las variedades que sean:

a) distintas;
b) homogéneas;
c) estables; y
d) nuevas.

Además, se deberá dar una denominación a la variedad con arreglo a las disposiciones del artículo 63.

Art. 7.º *Carácter distintivo.*—1. Se considerará que una variedad presenta un carácter distintivo si es posible diferenciarla claramente, por la expresión de las características resultantes de un genotipo en particular o de una combinación de genotipos, de cualquier otra variedad cuya existencia sea notoria en la fecha del depósito de la solicitud determinada de conformidad con el artículo 51.

2. La existencia de otra variedad se considerará notoria, en particular, si en la fecha de depósito de la solicitud determinada de conformidad con el artículo 51:

a) dicha variedad es ya objeto de la protección comunitaria de las obtenciones vegetales o está inscrita en un registro oficial de variedades vegetales, en la Comunidad o en cualquier Estado, o en cualquier organización intergubernamental con competencias al respecto;

b) ya se ha cursado una solicitud para que se le conceda la protección comunitaria de las obtenciones vegetales o para su inscripción en un registro oficial de variedades, siempre y cuando, entretanto, dicha solicitud haya dado lugar a la concesión o a inscripción.

Las normas de desarrollo establecidas de acuerdo con el artículo 114 podrán poner como ejemplo otros casos que se considerarán notorios.

Art. 8.º *Uniformidad.*—Una variedad se considerará uniforme cuando, abstracción hecha de las variaciones que cabe esperar de las características específicas de su propagación, presente una uniformidad suficiente en la expresión de las características de la misma incluidas en el examen de su carácter distintivo así como en aquellas que se utilicen en la descripción de variedad.

Art. 9.º *Estabilidad.*—Se considerará que una variedad es estable cuando la expresión de las características de la misma incluidas en el examen de su carácter distintivo así como aquellas que se utilizan en la descripción de variedad no sufre alteración alguna tras una propagación reiterada o, cuando se dé un ciclo de propagación particular, al final de cada uno de dichos ciclos.

Art. 10. *Novedad.*—1. Para que una variedad se considere nueva, es preciso que, en la fecha de presentación de la solicitud determinada con arreglo al artículo 51, los componentes de la variedad o el material cosechado de dicha variedad no hayan sido vendidos o cedidos a terceros por el obtentor o con su consentimiento con arreglo al artículo 11, para fines de explotación de la variedad, con anterioridad a los siguientes períodos:

a) un año antes de la fecha anteriormente mencionada, en el territorio de la Comunidad;

b) cuatro años o, tratándose de árboles o vides, seis años antes de la fecha anteriormente mencionada, fuera del territorio de la Comunidad.

2. La cesión de componentes de una variedad a un organismo oficial con fines reglamentarios, o a otros sobre la base de un contrato o de cualquier otra relación jurídica cuando se haga exclusivamente para fines de producción, reproducción, multiplicación, acondicionamiento o almacenamiento de dicha variedad, no tendrá la consideración de cesión a terceros en el sentido contemplado en el apartado 1, siempre que el obtentor se reserve el derecho de uso exclusivo de esos o de otros componentes de la variedad y no medie ningún otro tipo de cesión. No obstante, esta cesión de componentes de una variedad se considerará cesión en el sentido contemplado en el apartado 1 si tales componentes se utilizan reiteradamente en la producción de una variedad híbrida y si se procede a la cesión de componentes de la variedad o material cosechado de la variedad híbrida.

Análogamente, la cesión de componentes de una variedad por parte de una sociedad o empresa, definida con arreglo al párrafo segundo del artículo 58 del Tratado, a otra sociedad o empresa del mismo tipo tampoco se considerará cesión a terceros cuando una de las dos pertenezcan íntegramente a la otra o cuando ambas pertenezcan íntegramente a una tercera sociedad o empresa del mismo tipo, siempre que el adquirente no realice ninguna otra cesión. Esta disposición no se aplicará a las sociedades cooperativas.

3. La cesión de componentes de la variedad o de material cosecha de dicha variedad producida a partir de plantas cultivadas con los fines a que se refieren las letras *b*) y *c*) del artículo 15 que no vuelva a utilizarse con fines de reproducción o multiplicación, no se considerará explotación de la variedad, salvo en caso de que se haga referencia a la variedad a efectos de dicha cesión.

Análogamente, no se tendrá en cuenta ninguna cesión a terceros, si ésta se debe o resulta de hecho de que el obtentor haya exhibido la variedad en una muestra oficial u oficialmente reconocida de conformidad con la definición del Convenio sobre exposiciones internacionales, o en una muestra realizada en un Estado miembro, reconocida oficialmente como equivalente por dicho Estado miembro.

CAPÍTULO II

Personas con derecho a la protección comunitaria

Art. 11. *Derecho a la protección comunitaria de las obtenciones vegetales.*—1. El derecho a la protección comunitaria de las obtenciones vegetales pertenece a la persona que haya obtenido, o descubierto y desarrollado la variedad o a sus derechohabientes o causahabientes denominados ambos (la persona y sus derechohabientes) en lo sucesivo «el obtentor».

2. Cuando la variedad haya sido obtenida, o descubierta y desarrollada en común por varias personas, el citado derecho pertenecerá conjuntamente a dichas personas o a sus respectivos derechohabientes o causahabientes. Lo mismo ocurrirá en caso de que una o más personas hayan descubierto la variedad y otra u otras la hayan desarrollado.

3. El derecho a la protección comunitaria también corresponderá de forma conjunta al obtentor y a cualquier otra persona o a cualesquiera otras personas en caso de que el obtentor y la otra persona o las otras personas hayan acordado mediante declaración por escrito compartir dicho derecho.

4. Si el obtentor fuere un trabajador por cuenta ajena, el derecho a la protección comunitaria de las obtenciones vegetales quedará definido según el Derecho nacional aplicable al contrato de trabajo en cuyo marco se haya obtenido, o descubierto y desarrollado, la variedad.

5. Si en virtud de los apartados 2 a 4 el derecho a la protección comunitaria de las obtenciones vegetales perteneciera conjuntamente a dos o más personas, una o varias de ellas podrán, mediante poderes delegados por escrito, otorgar a las demás el mandato para invocar el mencionado derecho.

Art. 12. *Capacidad para presentar la solicitud de protección comunitaria de obtenciones vegetales.*—Tendrán capacidad para solicitar la protección comunitaria de obtenciones vegetales las personas físicas o jurídicas y los organismos asimilados a personas jurídicas en virtud de la legislación por la que se rijan. Asimismo, la solicitud podrá ser presentada conjuntamente por dos o más personas de las anteriormente mencionadas.

Art. 12: Modificado por Reglamento (CE) núm. 15/2008 del Consejo, de 20 de diciembre de 2007 (*DO* L 8, de 11-1-2008).

CAPÍTULO III

EFECTOS DE LA PROTECCIÓN COMUNITARIA DE OBTENCIONES VEGETALES

Art. 13. *Derechos del titular de una protección comunitaria de obtención vegetal y limitaciones.*—1. La protección comunitaria de las obtenciones vegetales tiene el efecto de reservar al titular o a los titulares de una protección comunitaria de obtención vegetal, denominados en lo sucesivo «el titular», el derecho de llevar a cabo respecto de la variedad las operaciones a que se refiere el apartado 2.

2. Sin perjuicio de lo dispuesto en los artículos 15 y 16, se requerirá la autorización del titular para la ejecución de las operaciones siguientes con componentes de una variedad o material cosechado de la variedad en cuestión, todo ello, denominado en lo sucesivo «material»:

a) producción o reproducción (multiplicación);

b) acondicionamiento con vistas a la propagación;

c) puesta en venta;

d) venta u otro tipo de comercialización;

e) exportación de la Comunidad;

f) importación a la Comunidad;

g) almacenamiento con vista a cualquiera de los objetivos anteriores [letras *a*) a *f*)].

El titular podrá condicionar o restringir su autorización.

3. Lo dispuesto en el apartado 2 se aplicará al material cosechado sólo si éste se ha obtenido mediante el empleo no autorizado de componentes de la variedad protegida, y siempre y cuando el titular no haya tenido una oportunidad razonable para ejercer sus derechos sobre dichos componentes de la variedad.

4. En las normas de desarrollo que se adopten en virtud del artículo 114 podrá disponerse que en casos específicos lo dispuesto en el apartado 2 del presente artículo, también se aplique en relación con productos obtenidos directamente de material de la variedad protegida. Únicamente se podrán aplicar las citadas disposiciones si dichos productos se han obtenido mediante el empleo no autorizado de material de la variedad protegida, y siempre y cuando el titular no haya tenido una oportunidad razonable para ejercer sus derechos sobre dicho material. En la medida en que se aplique lo dispuesto en el apartado 2 a productos obtenidos directamente, se considerará que dichos productos constituyen «material».

5. Lo dispuesto en los apartados 1 a 4 se aplicará asimismo a:

a) las variedades que sean esencialmente derivadas de la variedad objeto de la protección comunitaria de obtenciones vegetales, siempre que ésta no sea a su vez una variedad esencialmente derivada;

b) las variedades que no presenten un carácter distintivo, con arreglo al artículo 7, respecto de la variedad protegida; y

c) las variedades cuya producción requiera el uso reiterado de la variedad protegida.

6. A los efectos de la letra *a*) del apartado 5, se considerará que una variedad es esencialmente derivada de otra, denominada en lo sucesivo «variedad inicial», cuando:

a) deriva predominantemente de la variedad inicial o de otra que a su vez deriva de ésta predominantemente;

b) presenta carácter distintivo con arreglo al artículo 7, respecto de la variedad inicial; y

c) abstracción hecha de las diferencias resultantes de la operación de derivación, coincide esencialmente con la variedad inicial en la expresión de las características resultante del genotipo o combinación de genotipos de la variedad inicial.

7. Las normas de desarrollo que se adopten en virtud del artículo 114 podrán especificar las posibles operaciones de derivación a las que se aplicará, como mínimo, lo dispuesto en el apartado 6.

8. Sin perjuicio de lo dispuesto en el artículo 14 y en el artículo 29, el ejercicio de los derechos conferidos por la protección comunitaria de las obtenciones vegetales no podrá infringir ninguna de las disposiciones dictadas por motivos de moralidad pública, orden público, seguridad pública, protección de la salud y de la vida de las personas y de los animales o vegetales, protección del medio ambiente, protección de la propiedad industrial o comercial o con vistas a preservar la competencia o el comercio o la producción agrícola.

Art. 14. *Excepción a la protección comunitaria de las obtenciones vegetales.*—1. No obstante lo dispuesto en el apartado 2 del artículo 13 y con objeto de salvaguardar la producción agrícola, los agricultores estarán autorizados a emplear, en sus propias explotaciones, con fines de propagación en el campo, el producto de la cosecha que hayan obtenido de haber plantado en sus propias explotaciones material de propagación de una variedad que, no siendo híbrida ni sintética, esté acogida a un derecho de protección comunitaria de las obtenciones vegetales.

2. Las disposiciones del apartado 1 se aplicarán únicamente a las especies vegetales agrícolas de:

a) especies forrajeras:

Cicer arietinum L. - garbanzo

Lupinus luteus L. - altramuz amarillo

Medicago sativa L. - alfalfa

Pisum sativum L. (*partim*) - guisantes

Trifolium alexandrium L. - Bersim/trébol de Alejandría

Trifolium resupinatum L. - trébol persa

Vicia faba - habas

Vicia sativa L. - veza común

y, en el caso de Portugal, *Lolium multiflorum lam* - Ray-grass italiano

b) cereales:
Avena sativa - avena común
Hordeum vulgare L. - cebada común
Oryza sativa L. - arroz
Phalaris canariensis L. - alpiste
Secale cereale L. - centeno
X Triticosecale Wittm. - triticale
Triticum aestivum L. emend. Fiori et Paol. - trigo
Triticum durum Desf. - trigo duro
Triticum spelta L. - escaña mayor
c) patatas:
Solanum tuberosum - patata
d) especies oleaginosas y textiles:
Brassica napus L. (*partim*) - colza
Brassica rapa L. (*partim*) - nabina
Linum usitatissimum - linaza, excluido el lino textil.

3. Las condiciones para hacer efectiva la excepción del apartado 1 y proteger los intereses legítimos del obtentor y del agricultor se establecerán antes de la entrada en vigor del presente Reglamento mediante normas de desarrollo, de conformidad con el artículo 114, sujetas a los criterios siguientes:

— no habrá restricciones cuantitativas en la explotación del agricultor cuando así lo requieran las necesidades de la explotación;

— el producto de la cosecha podrá ser sometido a tratamiento para su plantación, por el propio agricultor o por medio de servicios a los que éste recurra, sin perjuicio de las restricciones que puedan establecer los Estados miembros con respecto a la organización del tratamiento del mencionado producto de la cosecha, en particular para garantizar la identidad del producto que se va a someter a tratamiento y del resultante del procesamiento;

— no se exigirá de los pequeños agricultores que paguen remuneraciones al titular; se considerará que son pequeños agricultores:

— en el caso de aquellas especies vegetales mencionadas en el apartado 2 del presente artículo y a las cuales se aplica el Reglamento (CEE) núm. 1765/92 del Consejo, de 30 de junio de 1992, por el que se establece un sistema de ayudas para productores de determinados cultivos herbáceos[4], los agricultores que no cultiven plantas en una superficie superior a la que sería necesaria para producir 92 toneladas de cereales; para el cálculo de la superficie se aplicará el apartado 2 del artículo 8 del citado Reglamento,

— en el caso de otras especies vegetales mencionadas en el apartado 2, los agricultores que respondan a criterios comparables adecuados;

— los demás agricultores estarán obligados a pagar al titular una remuneración justa, que será apre-

[4] *DO* L 181, de 1-7-1992, p. 12. Reglamento cuya última modificación la constituye el Reglamento (CEE) núm. 1552/93 (*DO* L 154, de 25-6-1993, p. 19).

ciablemente menor que la cantidad que se cobre por la producción bajo licencia de material de propagación de la misma variedad en la misma zona; el nivel efectivo de dicha remuneración equitativa podrá ser modificado con el tiempo, teniendo en cuenta en qué medida se va a hacer uso de la excepción contemplada en el apartado 1 con respecto a la variedad de que se trate;

— el control de la observancia de las disposiciones del presente artículo o de las disposiciones que se adopten de conformidad con el mismo será responsabilidad exclusiva de los titulares; al organizar dicho control no podrán solicitar asistencia de organismos oficiales;

— los agricultores y los prestadores de servicios de tratamiento facilitarán al titular, a instancia de éste, información pertinente; los organismos oficiales que intervengan en el control de la producción agrícola podrán facilitar asimismo información pertinente, si han obtenido dicha información en el cumplimiento ordinario de sus tareas, sin que esto represente nuevas cargas o costes. Estas disposiciones se entienden sin perjuicio, por lo que respecta a los datos personales, de las disposiciones nacionales o comunitarias sobre la protección de las personas en materia de tratamiento y libre circulación de datos personales.

Art. 15. *Limitación de los efectos de la protección comunitaria de las obtenciones vegetales.*—La protección comunitaria de las obtenciones vegetales no se extenderá a:

a) los actos llevados a cabo con carácter privado y con fines no comerciales;

b) los actos con fines experimentales;

c) los actos que tengan por finalidad la obtención de otras variedades, o su descubrimiento y desarrollo;

d) los actos contemplados en los apartados 2 a 4 del artículo 13, en relación con las otras variedades citadas, salvo en los casos en que sea aplicable lo dispuesto en el apartado 5 del artículo 13 o en que la otra variedad o el material de la misma estén amparados por un derecho de propiedad que no contemple una disposición equivalente; y

e) los actos cuya prohibición conculcaría lo dispuesto en al apartado 8 del artículo 13, en el artículo 14 o en el artículo 29.

Art. 16. *Agotamiento de los derechos de protección comunitaria de obtención vegetal.*—La protección comunitaria de obtención vegetal no se extenderá a los actos concernientes a ningún material de la variedad amparada por dicha protección, o de una variedad contemplada en las disposiciones del apartado 5 del artículo 13, que haya sido cedido a terceros en cualquier parte de la Comunidad por el propio titular o con su consentimiento, ni a ningún material derivado del mismo, a no ser que dichos actos:

a) impliquen seguir propagando la variedad en cuestión,

salvo que la propagación estuviera prevista en el momento de ceder el material, o

b) impliquen exportar componentes de la variedad a terceros países en los que no se protejan las variedades del género o de la especie vegetal a los que pertenezca la variedad, excepto cuando el material exportado vaya a ser consumido.

Art. 17. *Utilización de la denominación varietal.*—1. Quienquiera que, en territorio de la Comunidad, ofrezca o ceda a terceros con fines comerciales componentes de variedad de una variedad amparada por la protección comunitaria, o de una variedad regulada según las disposiciones del apartado 5 del artículo 13, deberá utilizar la denominación varietal asignada en virtud del artículo 63; cuando la denominación varietal se utilice por escrito, deberá ser fácilmente reconocible y claramente legible. En caso de que con la denominación asignada vayan asociados una marca, un nombre comercial u otra indicación similar, dicha denominación deberá ser fácilmente reconocible como tal.

2. Quienquiera que lleve a cabo los actos mencionados respecto de cualquier otro material de la variedad deberá informar de la citada denominación con arreglo a otras disposiciones legales o a petición de las autoridades, del comprador o de cualquier otra persona que tuviere un interés legítimo en ello.

3. Las disposiciones de los apartados 1 y 2 seguirán siendo aplicables incluso después de extinguida la protección comunitaria de la obtención vegetal.

Art. 18. *Limitación de la utilización de la denominación varietal.*—1. El titular no podrá obstaculizar la libre utilización de la denominación varietal en relación con la variedad invocando un derecho que se le hubiere concedido relativo a una designación idéntica a dicha denominación varietal, incluso después de extinguida la protección comunitaria de la obtención vegetal.

2. Un tercero únicamente podrá obstaculizar la libre utilización de la denominación varietal invocando un derecho que se le hubiere concedido relativo a una designación idéntica a dicha denominación varietal si el citado derecho le fue concedido con anterioridad a la asignación de la denominación varietal en virtud del artículo 63.

3. Ni la denominación asignada a una variedad amparada por la protección comunitaria de las obtenciones vegetales o por un derecho de propiedad nacional en un Estado miembro o en un miembro de la Unión internacional para la protección de las obtenciones vegetales, ni ninguna designación que pueda confundirse con ella podrán utilizarse en territorio de la Comunidad en relación con otra variedad de la misma especie botánica o de otra especie que deba considerarse relacionada con ella en virtud de la publicación con-

templada en el apartado 5 del artículo 63, ni en relación con material del tal variedad.

CAPÍTULO IV

DURACIÓN Y EXTINCIÓN DE LA PROTECCIÓN COMUNITARIA DE LAS OBTENCIONES VEGETALES

Art. 19. *Duración de la protección comunitaria de las obtenciones vegetales.*—1. La duración de la protección de las obtenciones vegetales se extenderá hasta el final del vigésimo quinto año natural o, en caso de variedades de vid y de especies arbóreas, hasta el final del trigésimo año natural después del año de concesión de la protección.

2. El Consejo, por mayoría cualificada, a propuesta de la Comisión, podrá prever, en el caso de géneros o especies dadas, la ampliación de dicho plazo por cinco años más como máximo.

3. La protección comunitaria de obtención vegetal se extinguirá antes de que finalice el período de vigencia establecido en el apartado 1 o según el apartado 2 si el titular renunciase a la misma mediante declaración escrita dirigida a la Oficina; la extinción surtirá efecto a partir del día siguiente al de la entrada de la declaración en la Oficina.

Art. 20. *Nulidad de la protección comunitaria de las obtenciones vegetales.*—1. La Oficina declarará la nulidad de la protección comunitaria de una obtención vegetal:

a) si se demostrare que en el momento de la concesión de la protección no se reunían las condiciones establecidas en los artículos 7 ó 10; o

b) en los casos en que la concesión de la protección comunitaria de la obtención vegetal se hubiere concedido principalmente basada en datos y documentos facilitados por el solicitante, si se demostrare que en el momento de la concesión de la protección, no se reunían las condiciones establecidas en los artículos 8 y 9; o

c) si se demostrare que la protección se concedió a persona sin derecho a ello, a no ser que dicha protección se hubiere transferido a persona con derecho a ello.

2. Cuando se declare la nulidad de la protección comunitaria de una obtención vegetal, se considerará carente desde el principio de los efectos estipulados en el presente Reglamento.

Art. 21. *Anulación de la protección comunitaria de obtención vegetal.*—1. La Oficina anulará la protección comunitaria de obtención vegetal con efecto *in futurum* si se demostrare que han dejado de cumplirse las condiciones establecidas en el artículo 8 o en el artículo 9. Si hubiere constancia de que dichas condiciones dejaron de cumplirse en fecha anterior a la de la declaración de anulación, se podrá declarar que la anulación surte efecto a partir de esa fecha anterior.

2. La Oficina podrá anular con efectos *in futurum* la protección comunitaria de una obtención vegetal si el titular, después de haber sido requerido para ello, y dentro de un plazo fijado por la Oficina:

a) no hubiere cumplido alguna de las obligaciones que le incumben con arreglo a lo dispuesto en el apartado 3 del artículo 64; o

b) en el caso contemplado en el artículo 66, no propusiere otra denominación varietal adecuada; o

c) no abonare dentro de los plazos previstos las tasas devengadas por el mantenimiento de la protección comunitaria de la obtención vegetal; o

d) ya sea como primer titular, ya como derechohabiente o causahabiente en virtud de transmisión con arreglo al artículo 23, dejare de cumplir las condiciones establecidas en el artículo 12 y en el artículo 82.

CAPÍTULO V

LA PROTECCIÓN COMUNITARIA DE LAS OBTENCIONES VEGETALES COMO OBJETO DE PROPIEDAD

Art. 22. *Asimilación al Derecho nacional.*—1. Salvo disposición en contrario de los artículos 23 a 29, la protección comunitaria de las obtenciones vegetales como objeto de propiedad será considerada en su totalidad y en todo el territorio de la Comunidad como un derecho de propiedad equivalente del Estado miembro en cuyo territorio:

a) de conformidad con la inscripción en el Registro de protección comunitaria de obtenciones vegetales, el titular tenía en la fecha de que se trate su domicilio o su sede o un establecimiento; o

b) de no cumplirse las condiciones establecidas en la letra *a*), tenía su domicilio o su sede o un establecimiento, el día de la inscripción, el primer representante legal del titular indicado en el mencionado Registro.

2. Cuando no se cumplan las condiciones del apartado 1, el Estado miembro mencionado en el apartado 1 será el Estado miembro en el que la Oficina tenga su sede.

3. Cuando en el Registro mencionado en el apartado 1 figuren inscritos más de un domicilio o sede o establecimiento del titular o de sus representantes legales en diferentes Estados miembros, para los efectos del apartado 1 será aplicable el domicilio o sede indicado en primer lugar.

4. En el caso de que dos o más personas figuren inscritas como cotitulares en el Registro mencionado en el apartado 1, se aplicará la letra *a*) del apartado 1 al cotitular que figure en primer término de los que cumplan las condiciones. En caso de que ninguno de los cotitulares cumpla las condiciones de la letra *a*) del apartado 1, será de aplicación el apartado 2.

Art. 23. *Transmisión.*—1. El título de protección comunitaria de una obtención vegetal podrá ser transmitido a uno o más derechohabientes o causahabientes.

2. La transmisión por cesión de un título de protección comunitaria de una obtención vegetal sólo podrá efectuarse a los derechohabientes o causahabientes que cumplan las condiciones del artículo 12 y del artículo 82. Dicha cesión se hará por escrito y requerirá la firma de las partes contratantes, excepto cuando se produzca como resultado de una sentencia o de cualquier otro acto que ponga fin a un procedimiento judicial; de lo contrario será nula.

3. Sin perjuicio de lo dispuesto en el artículo 100, la transmisión no afectará a los derechos adquiridos por terceros antes de la fecha de la transmisión.

4. La transmisión no surtirá efecto para la Oficina ni podrá ser utilizada frente a terceros en tanto no se presenten las pruebas documentales prescritas a tal fin en las normas de desarrollo y hasta tanto no se hayan inscrito en el Registro de protección comunitaria de obtenciones vegetales. No obstante, una transmisión podrá ser utilizada antes de su inscripción frente a terceros que hubieren adquirido derechos con posterioridad a la transmisión, pero que en la fecha de la adquisición de dichos derechos tuvieran conocimiento de la transmisión.

Art. 24. *Ejecución forzosa.*—El título de protección comunitaria de una obtención vegetal podrá ser objeto de medidas de ejecución forzosa y motivar medidas provisionales y cautelares a tenor de lo dispuesto en el artículo 24 del Convenio relativo a la competencia judicial y a la ejecución de resoluciones judiciales en materia civil y mercantil, celebrado en Lugano el 16 de septiembre de 1988, en lo sucesivo denominado «Convenio de Lugano».

Art. 25. *Procedimiento de quiebra o procedimientos similares.*—Hasta la entrada en vigor de disposiciones comunes al respecto en los Estados miembros, un título de protección comunitaria de una obtención vegetal sólo podrá ser objeto de un procedimiento de quiebra o similar en el primer Estado miembro en que se incoen tales procedimientos con arreglo a la legislación nacional o a convenios aplicables en este ámbito.

....

Art. 27. *Licencias contractuales.*—1. La protección comunitaria de una obtención vegetal podrá ser objeto total o parcialmente de licencias contractuales de explotación. Las licencias podrán ser exclusivas o no exclusivas.

Art. 24: Vid. *supra*, núm. 9.

2. El titular podrá alegar los derechos conferidos por la protección comunitaria de una obtención vegetal frente a una persona que ostente una licencia de explotación y que infrinja alguna de las condiciones o restricciones inherentes a su licencia con arreglo al apartado 1.

Art. 28. *Cotitularidad.*—En caso de cotitularidad de la protección comunitaria de una obtención vegetal, las disposiciones de los artículos 22 a 27 se aplicarán *mutatis mutandis* en proporción a las respectivas participaciones, si éstas están determinadas.

Art. 29. *Licencias obligatorias.*—1. Será la Oficina la que, previa petición del interesado o de los interesados, conceda a una o más personas las licencias obligatorias, pero sólo cuando lo justifique el interés público y previa consulta al consejo de administración mencionado en el artículo 36.

2. Podrán concederse licencias obligatorias a petición de un Estado miembro, de la Comisión o de una organización creada a nivel comunitario y registrada por la Comisión, bien a una categoría de personas que reúnan una serie de requisitos específicos, bien a cualquier persona en uno o más Estados miembros o en toda la Comunidad. Estas licencias sólo podrán concederse cuando lo justifique el interés público y con la aprobación del consejo de administración.

3. Al conceder la licencia obligatoria con arreglo a los apartados 1, 2, 5 ó 5 bis, la Oficina concretará el tipo de actos que cubre y determinará las condiciones razonables al efecto así como los requisitos específicos mencionados en el apartado 2. Estas condiciones razonables tomarán en cuenta los intereses de los titulares de protección comunitaria de las obtenciones vegetales a los que afecte la concesión de licencias obligatorias. Las condiciones razonables podrán incluir una posible limitación temporal, el pago de los correspondientes derechos en concepto de justa retribución a los titulares y podrán imponer a los titulares determinadas obligaciones cuyo cumplimiento será necesario para garantizar el uso de las licencias obligatorias.

4. Al término de cada año siguiente a la concesión de la licencia obligatoria con arreglo a los apartados 1, 2, 5 ó 5 bis, y dentro de los posibles límites temporales previstos en el apartado 3, la parte del procedimiento que así lo desee podrá solicitar la anulación o la revisión de la concesión de la licencia

Art. 29: Redactado conforme al art. 1.º del Reglamento (CE) núm. 873/2004 del Consejo, de 29 de abril de 2004, por el que se modifica el Reglamento (CE) núm. 2100/94 relativo a la protección comunitaria de las obtenciones vegetales (*DO* L 162, de 30-4-2004).

obligatoria. Tal solicitud sólo podrá basarse en el hecho de que las circunstancias que determinaron la decisión hayan experimentado cambios en el tiempo transcurrido.

5. A instancia del interesado, la licencia obligatoria se concederá al titular respecto de una variedad esencialmente derivada si cumple los criterios establecidos en el apartado 1. Las condiciones razonables que se mencionan en el apartado 3 incluirán el pago de los correspondientes derechos en concepto de justa retribución al titular de la variedad inicial.

5 bis. A instancia del interesado, una licencia obligatoria para la explotación no exclusiva de una variedad vegetal protegida de conformidad con el apartado 2 del artículo 12 de la Directiva 98/44/CE, se concederá al titular de la patente de invención biotecnológica previo pago de un canon adecuado en concepto de justa retribución, siempre y cuando el titular de la patente demuestre que:

i) se ha dirigido en vano al titular del derecho de obtención vegetal para obtener una licencia contractual, y

ii) la invención constituye un avance técnico significativo de considerable importancia económica en relación con la variedad vegetal protegida.

Cuando se haya concedido a un titular una licencia obligatoria en virtud del apartado 1 del artículo 12 de la Directiva 98/44/CE para la explotación no exclusiva de una invención patentada, con el fin de permitirle adquirir o explotar su derecho de obtención vegetal, se podrá conceder al mismo, a petición del titular de la patente correspondiente a dicha invención, una licencia obligatoria por dependencia no exclusiva en condiciones razonables para poder utilizar la variedad en cuestión.

Se restringirá el ámbito de aplicación territorial de la licencia o la licencia por dependencia a aquellas partes de la Comunidad cubiertas por la patente.

6. Las normas de desarrollo establecidas de acuerdo con el artículo 114 podrán especificar otros casos determinados como ejemplos de interés público a tenor de los apartados 1, 2, y 5 bis, y fijar además pormenores para la puesta en práctica de lo dispuesto en los apartados 1 a 5 bis.

7. Los Estados miembros no podrán conceder licencias obligatorias respecto de la protección comunitaria de una obtención vegetal.

....

PARTE IV

Procedimiento ante la Oficina

CAPÍTULO PRIMERO

SOLICITUDES

Art. 49. *Presentación de solicitudes.*—1. Una solicitud de protección comunitaria de obtención vegetal será presentada, a elección del solicitante:

a) directamente en la Oficina; o

b) en algunos de los servicios u organismos nacionales, establecidos o encargados, con arreglo al apartado 5 del artículo 30, siempre que el solicitante envíe notificación de dicha presentación a la Oficina directamente dentro de las dos semanas siguientes a la presentación.

En las normas de desarrollo contempladas en el artículo 114 podrán establecerse los detalles sobre la manera en que la notificación a la que se hace referencia en la letra *b*) debe enviarse. La omisión del envío de la notificación de una solicitud a la Oficina con arreglo a la anterior letra *b*), *no afectará* a la validez de la solicitud si ésta llegare a la Oficina dentro de un mes siguiente a la presentación en el servicio u organismo nacional.

2. En el caso de que la solicitud se presente en uno de los organismos nacionales contemplados en la letra *b*) del apartado 1, dicho organismo nacional adoptará todas las medidas necesarias para que la solicitud sea transmitida a la Oficina en el plazo de dos semanas a partir de su presentación. Los organismos nacionales podrán exigir a los solicitantes el pago de una tasa que no deberá exceder del importe de los gastos administrativos ocasionados por la recepción y transmisión de la solicitud.

Art. 50. *Condiciones aplicables a las solicitudes.*—1. La solicitud de protección comunitaria de obtención vegetal deberá contener por lo menos:

a) una petición de concesión de protección comunitaria de obtención vegetal;

b) la identificación del taxón botánico;

c) datos que identifiquen al solicitante o, en su caso, a los solicitantes conjuntos;

d) el nombre del obtentor y la garantía de que, según el leal saber del solicitante, ninguna otra persona ha intervenido en la obtención o descubrimiento y desarrollo de la variedad; si el solicitante no fuere el obtentor o no fuere el único obtentor, deberá justificar cómo ha adquirido el derecho a la protección comunitaria de obtención vegetal, suministrando la documentación complementaria que sea necesaria;

e) una denominación provisional de la variedad;

f) una descripción técnica de la variedad;

g) el origen geográfico de la variedad;

h) los poderes del representante legal, si lo hubiere;

i) precisiones sobre cualquier comercialización anterior de la variedad;

j) precisiones sobre cualesquiera otras solicitudes que se hubieren causado con relación a la variedad.

2. En las normas de desarrollo que se adopten conforme a lo dispuesto en el artículo 114, se podrán establecer precisiones relativas a las condiciones a que se refiere el apartado 1, pudiéndose exigir información adicional.

3. El solicitante propondrá una denominación de la variedad que podrá acompañar a la solicitud.

Art. 51. *Fecha de presentación de la solicitud.*—La fecha de presentación de una solicitud de protección comunitaria de obtención vegetal será aquella en la que una solicitud válida haya tenido entrada en la Oficina, según lo dispuesto en la letra *a*) del apartado 1 del artículo 49, o en un servicio u organismo nacional, con arreglo a la letra *b*) del apartado 1 del artículo 49, siempre que cumpla lo dispuesto en el apartado 1 del artículo 50 y se hayan abonado las tasas a que se refiere el artículo 83 dentro de un plazo especificado por la Oficina.

Art. 52. *Derecho de prioridad.*—1. La anterioridad de una solicitud vendrá determinada por la fecha de recepción de la misma. Cuando se trate de solicitudes con la misma fecha, la anterioridad se determinará conforme al orden en que hayan sido recibidas, si es posible establecerlo. Si ello no es posible tendrán la misma anterioridad.

2. Si el solicitante o su causante hubiere solicitado ya un derecho de propiedad para la variedad en un Estado miembro o en un Estado miembro de la Unión internacional para la protección de las obtenciones vegetales, y la fecha de presentación se sitúe en un período de doce meses siguientes a la presentación de la primera solicitud, el solicitante gozará de un derecho de prioridad por la primera solicitud en cuanto a protección comunitaria de obtención vegetal, siempre que la primera solicitud subsista en la fecha de presentación.

3. El derecho de prioridad significará que la fecha de presentación de la primera solicitud se considerará como fecha de solicitud de la protección comunitaria de obtención vegetal a efectos de los artículos 7, 10 y 11.

4. Los apartados 2 y 3 se aplicarán también respecto de las solicitudes anteriores presentadas en otro Estado.

5. Todo derecho de prioridad anterior al establecido en el apartado 2 se extinguirá si el solicitante no presenta en la Oficina, dentro de los tres meses siguientes a la fecha

---

Art. 52.4: Redacción según Reglamento (CE) núm. 15/2008 del Consejo, de 20 de diciembre de 2007 (*DO* L 8, de 11-1-2008).

de solicitud, copias de la solicitud anterior certificadas por las autoridades responsables de la misma. Si la solicitud anterior no se hubiere redactado en una de las lenguas oficiales de las Comunidades Europeas, la Oficina podrá exigir, además, la traducción de la solicitud anterior a una de dichas lenguas.

CAPÍTULO II

EXAMEN

Art. 53. *Examen formal de la solicitud.*—1. La Oficina examinará:

a) si la solicitud ha sido presentada efectivamente con arreglo al artículo 49;

b) si la solicitud cumple las condiciones establecidas en el artículo 50 y las condiciones establecidas en las normas de desarrollo con arreglo a este artículo;

c) en su caso, si la reivindicación de un derecho de prioridad se ajusta a lo dispuesto en los apartados 2, 4 y 5 del artículo 52; y

d) si se han pagado dentro del plazo señalado por la Oficina las tasas devengadas con arreglo al artículo 83.

2. Si la solicitud, aunque cumpliendo las condiciones a que se refiere el artículo 51, no cumpliere las fijadas en el artículo 50, la Oficina ofrecerá al solicitante la oportunidad de subsanar cualquier irregularidad que puede haberse observado.

3. Si la solicitud no cumpliere las condiciones del artículo 51, la Oficina informará de ello al solicitante o, cuando esto no resulte posible, procederá a la publicación de dicha información de acuerdo con el artículo 89.

Art. 54. *Examen de fondo.*— 1. La Oficina examinará si la variedad puede acogerse a la protección comunitaria de obtención vegetal con arreglo al artículo 5, si la variedad es nueva conforme al artículo 10, si el solicitante tiene derecho a presentar una solicitud con arreglo al artículo 12 y si se cumplen las condiciones establecidas en el artículo 82. La Oficina comprobará también si la denominación de variedad propuesta es admisible con arreglo al artículo 63. A tal fin, podrá recurrir a los servicios de otros organismos.

2. Se presumirá que el primer solicitante tiene derecho a la protección comunitaria de obtención vegetal con arreglo al artículo 11. No habrá tal presunción si antes de resolver sobre la solicitud le consta a la Oficina, o se desprende de una resolución definitiva respecto de una reivindicación de titularidad con arreglo al apartado 4 del artículo 98, que el derecho a la titularidad no asiste, o no asiste exclusivamente, al primer solicitante. Si está determinada la identidad de la persona con derecho exclusivo o de la otra persona con derecho a la titularidad, dicha persona o dichas personas podrán intervenir en el procedimiento como solicitante o solicitantes.

Art. 55. *Examen técnico.*—1. Si tras el examen realizado de conformidad con los artículos 53 y 54, la Oficina no advierte ningún impedimento para la concesión de la protección comunitaria de obtención vegetal, dispondrá lo necesario para que se realice el examen técnico relativo al cumplimiento de las condiciones establecidas en los artículos 7, 8 y 9 por la oficina u oficinas competentes en adelante denominadas «Oficinas de examen», por lo menos en uno de los Estados miembros, facultadas por el consejo de administración para el examen técnico de variedades de las especies de que se trate.

2. Cuando no exista ninguna de las Oficinas de examen la Oficina podrá, con el consentimiento del consejo de administración, confiar a otros organismos apropiados la realización de dicho examen o crear sus propios servicios para ello. A efectos de lo dispuesto en este capítulo, dichos organismos o servicios se considerarán oficinas de examen. Podrán utilizar instalaciones puestas a su disposición por el solicitante.

3. La Oficina remitirá a las Oficinas de examen copias de la solicitud tal como establezcan las normas de desarrollo contempladas en el artículo 114.

4. La Oficina determinará, a través de normas generales o por *vía de requerimiento* en casos individuales, la fecha y el lugar donde ha de presentarse el material para el examen técnico y las muestras de referencia, así como su cantidad y calidad.

5. Cuando el solicitante reivindique un derecho de prioridad con arreglo a los apartados 2 ó 4 del artículo 52, presentará el material necesario y los demás documentos exigidos en un plazo de dos años contados desde la fecha de solicitud de acuerdo con el artículo 51. Si antes de finalizar ese plazo la primera solicitud fuere retirada o denegada, la Oficina podrá requerir al solicitante que presente en un plazo especificado el material o cualquier otro documento exigido.

Art. 56. *Realización de los exámenes técnicos.*—1. Salvo que se disponga un sistema diferente de examen técnico relativo al cumplimiento de las condiciones establecidas en los artículos 7 a 9, las Oficinas de examen cultivarán la variedad o emprenderán cualquier otra investigación que sea necesaria, a efectos del examen técnico.

2. La realización de los exámenes técnicos deberá ajustarse a las directrices para las pruebas que hubiere dictado el consejo de administración y a las instrucciones dadas por la Oficina.

3. A efectos del examen técnico, las Oficinas de examen, con la aprobación de la Oficina, podrán utilizar los servicios de otros organismos técnicamente cualificados y tener en cuenta los resultados obtenidos por éstos.

4. A menos que la Oficina disponga lo contrario, cada Oficina de examen iniciará el examen técnico, a más tardar, en la fecha en

que habría dado comienzo un examen técnico motivado por una solicitud de un título nacional de propiedad presentada en la fecha en que la Oficina de examen recibió la solicitud enviada por la Oficina.

5. En el caso del apartado 5 del artículo 55, cada Oficina de examen iniciará el examen técnico, a menos que la Oficina disponga lo contrario, a más tardar, en la fecha en que habría dado comienzo un examen técnico de acuerdo con una solicitud de un título nacional de propiedad, siempre que se hayan presentado en esa fecha el material necesario y los demás documentos exigidos.

6. El consejo de administración podrá decidir que el examen técnico de las variedades de vides y especies arbóreas dé comienzo en una fecha posterior.

Art. 57. *Informe sobre el examen.*—1. La Oficina de examen, a petición de la Oficina o si considerare que los resultados del examen técnico son suficientes para valorar la variedad, enviará a la Oficina un informe sobre el examen y, cuando estime que se cumplen las condiciones establecidas en los artículos 7, 8 y 9, una descripción de la variedad.

2. La Oficina comunicará al solicitante los resultados del examen técnico y la descripción de la variedad y le brindará la oportunidad de formular sus observaciones.

3. Cuando la Oficina considere que el informe sobre el examen no constituye una base suficiente para dictar resolución, podrá disponer por su propia iniciativa, previa consulta con el solicitante, o a petición de éste, que se realice un examen complementario. A efectos de la evaluación de los resultados, todo examen complementario efectuado hasta el momento en que sea firme la resolución dictada con arreglo a los artículos 61 y 62, se considerará parte integrante del examen a que se refiere el apartado 1 del artículo 56.

4. Los resultados del examen técnico estarán reservados al uso exclusivo de la Oficina y únicamente podrán ser utilizados por las Oficinas de examen para otros fines previa aprobación de aquélla.

....

Art. 59. *Oposición a la concesión de protección.*—1. Cualquier persona podrá presentar por escrito a la Oficina oposición a la concesión de una protección comunitaria de obtención vegetal.

2. Los opositores serán parte en el procedimiento de concesión de la protección comunitaria de obtención vegetal, además del solicitante. Sin perjuicio de lo dispuesto en el artículo 88, los opositores tendrán acceso a los documentos, incluidos los resultados del examen técnico y la descripción de la variedad a que se refiere el apartado 2 del artículo 57.

3. Las oposiciones únicamente podrán fundarse en:

a) el incumplimiento de las condiciones establecidas en los artículos 7 a 11;

b) la existencia de uno de los impedimentos previstos en los apartados 3 ó 4 del artículo 63 en relación con una denominación propuesta de variedad.

4. Las oposiciones podrán presentarse:

a) en cualquier momento posterior a la solicitud y anterior a la resolución con arreglo a los artículos 61 ó 62, en el caso contemplado en la letra *a*) del apartado 3 del presente artículo;

b) dentro de los tres meses siguientes a la publicación de la denominación propuesta de variedad de acuerdo con la letra *c*) del artículo 89, en el caso contemplado en la letra *b*) del apartado 3 del presente artículo.

5. Las resoluciones sobre oposiciones podrán dictarse conjuntamente con las contempladas en los artículos 61, 62 ó 63.

Art. 60. *Prioridad de una nueva solicitud en caso de oposición.*—Cuando una oposición basada en el incumplimiento de las condiciones establecidas en el artículo 11 lleve a la retirada o denegación de la solicitud de protección comunitaria de obtención vegetal y si el opositor presentare una solicitud de protección comunitaria de obtención vegetal dentro del mes siguiente a la retirada o dentro de un mes a partir de la fecha en que la denegación sea definitiva respecto de la misma variedad, dicha parte podrá pedir que sea considerada como fecha de presentación de su solicitud la de la solicitud retirada o denegada.

CAPÍTULO III

Resoluciones

Art. 61. *Denegación.*—1. La Oficina denegará las solicitudes de protección comunitaria de obtención vegetal tan pronto como compruebe que el solicitante:

a) no ha subsanado las irregularidades contempladas en el artículo 53, para lo cual se le ofreció la oportunidad de hacerlo en el plazo que le fue notificado;

b) no ha cumplido alguna norma o requerimiento con arreglo a lo previsto en los apartados 4 ó 5 del artículo 55 dentro del plazo establecido, salvo con el consentimiento de la Oficina;

c) no ha propuesto una denominación varietal admisible de conformidad con el artículo 63.

2. La Oficina denegará asimismo las solicitudes de protección comunitaria de obtención vegetal si:

a) comprueba que no se han cumplido las condiciones cuya verificación se le exige con arreglo al artículo 54, o

b) llega a la conclusión, basándose en los informes sobre el examen previstos en el artículo 57, de que no se han cumplido las condiciones establecidas en los artículos 7, 8 y 9.

Art. 62. *Concesión.*—Si la Oficina considera que los resultados del examen son suficientes para resolver sobre la solicitud y no existen impedimentos con arreglo a los artículos 59 y 61, concederá el título de protección comunitaria de obtención vegetal. La resolución al respecto incluirá una descripción oficial de la variedad.

Art. 63. *Denominación de variedad.*—1. Cuando se conceda una protección comunitaria de obtención vegetal, la Oficina aprobará para la variedad de que se trate la denominación de variedad propuesta por el solicitante de acuerdo con el apartado 3 del artículo 50 si sobre la base del examen efectuado en cumplimiento de la segunda frase del apartado 1 del artículo 54 la considera admisible.

2. Una denominación de variedad se considerará admisible cuando no exista ningún impedimento de conformidad con los apartados 3 ó 4 del presente artículo.

3. Se considerará que existe un impedimento para la aceptación de una denominación de variedad cuando:

a) su utilización en el territorio de la Comunidad quede excluida por la existencia de un derecho anterior de un tercero;

b) normalmente pueda causar a los usuarios dificultades en materia de reconocimiento o reproducción;

c) coincida o pueda confundirse con una denominación de variedad bajo la cual figure en un registro oficial de variedades vegetales otra variedad de la misma especie o estrechamente relacionada con ella, o bajo la cual se haya comercializado material de otra variedad en un Estado miembro o en un Estado miembro de la Unión internacional para la protección de las obtenciones vegetales, a menos que esa otra variedad haya dejado de existir y su denominación no haya adquirido especial relevancia;

d) coincida o pueda confundirse con otras denominaciones que se utilicen habitualmente para la comercialización de mercancías o hayan de reservarse en virtud de otra legislación;

e) pueda ser ofensiva en uno de los Estados miembros o sea contraria al orden público;

f) pueda inducir a error o producir confusión respecto de las características, el valor o la identidad de la variedad o a la identidad del obtentor o de cualquier otra parte en el procedimiento.

4. Existirá también impedimento en el caso de una variedad que ya haya sido registrada:

a) en un Estado miembro; o

b) en un Estado miembro de la Unión internacional para la protección de las obtenciones vegetales; o

c) en otro Estado para el que se haya establecido en una disposición comunitaria que las variedades se valoran de conformidad con normas equivalentes a las establecidas en las Directivas sobre catálogos comunes, en un registro oficial de variedades o material vegetales y haya sido comercializada allí, si la denominación de variedad propuesta difiere de la ya registrada o utilizada en esos países, a no ser que esta última presente uno de los impedimentos establecidos en el apartado 3.

5. La Oficina publicará las especies que considere «estrechamente relacionadas» a que se refiere la letra *c*) del apartado 3.

CAPÍTULO IV

MANTENIMIENTO DE LA PROTECCIÓN COMUNITARIA DE OBTENCIÓN VEGETAL

Art. 64. *Verificación técnica.*—1. La Oficina verificará si las variedades protegidas permanecen inalteradas.

2. A tal fin, se llevará a cabo una verificación técnica con arreglo a los artículos 55 y 56.

3. El titular deberá facilitar, a la Oficina y las Oficinas de examen que tengan encomendada la verificación técnica de la variedad, toda la información necesaria para determinar si la variedad permanece inalterada. De acuerdo con las instrucciones de la Oficina, deberá también facilitar material de la variedad y permitir que se verifique si se han tomado las medidas pertinentes para garantizar la permanencia inalterada de la variedad.

Art. 65. *Informe sobre la verificación técnica.*—1. A petición de la Oficina, o si comprueba que la variedad no es uniforme o estable, la Oficina de examen encargada de la verificación técnica enviará a aquélla un informe de los resultados obtenidos.

2. Si durante la verificación técnica se aprecia cualquier irregularidad con arreglo al apartado 1, la Oficina informará al titular de los resultados de la verificación técnica y le brindará la oportunidad de formular sus observaciones.

Art. 66. *Modificación de la denominación de variedad.*—1. La Oficina modificará la denominación de variedad aprobada con arreglo al artículo 63 si comprueba que ésta no cumple o ha dejado de cumplir las condiciones establecidas en el artículo 63, y, en el supuesto de existir un derecho anterior oponible de un tercero, si el titular acepta la modificación o si en virtud de sentencia firme el titular u otra persona interesada en utilizar la denominación de variedad tiene prohibido por tal motivo el utilizarla.

2. La Oficina ofrecerá al titular la oportunidad de proponer una denominación de variedad modificada y procederá de conformidad con el artículo 63.

3. La denominación modificada de variedad propuesta podrá impugnarse con arreglo a la letra *b*) del apartado 3 del artículo 59.

CAPÍTULO V

RECURSOS

Art. 67. *Resoluciones recurribles.*—1. Serán recurribles las resoluciones dictadas por la Oficina en virtud de los artículos 20, 21, 59, 61, 62, 63 y 66, así como las resoluciones sobre tasas dictadas en virtud del artículo 83, sobre el reparto de los gastos en virtud del artículo 85, sobre la inscripción o supresión de datos en el registro en virtud del artículo 87 y sobre inspección pública en virtud del artículo 88.

2. El recurso presentado de conformidad con lo dispuesto en el apartado 1 tendrá efecto suspensivo. No obstante, si considera que las circunstancias lo requieren, la Oficina podrá ordenar que la resolución impugnada no se suspenda.

3. Serán recurribles las resoluciones de la Oficina con arreglo a lo dispuesto en el artículo 29 y en el apartado 2 del artículo 100, a no ser que se interponga un recurso directo con arreglo a lo dispuesto en el artículo 74. Dicho recurso no tendrá efecto suspensivo.

4. Contra las resoluciones que no pongan fin a un procedimiento respecto de una de las partes sólo cabrá recurso si se recurre al mismo tiempo la resolución definitiva, salvo que la resolución prevea la interposición de recursos independientes.

Art. 68. *Personas que pueden recurrir y ser parte en el procedimiento de recurso.*—Sin perjuicio de lo dispuesto en el artículo 82, cualquier persona física o jurídica podrá recurrir las resoluciones a ella dirigidas o las resoluciones que, aunque formalmente dirigidas a otra persona, afecten directa y personalmente a la primera. Las partes en un procedimiento podrán ser parte en los recursos y la Oficina lo será preceptivamente.

Art. 69. *Plazo y forma.*—El recurso se interpondrá por escrito ante la Oficina dentro de los dos meses siguientes a la notificación de la resolución recurrida cuando ésta vaya dirigida a la persona recurrente, o, en ausencia de la misma, en un plazo de dos meses contados desde la publicación de la resolución, debiéndose presentar un escrito de motivación del recurso dentro de los cuatro meses siguientes a dicha notificación o publicación.

Art. 70. *Examen prejudicial.*—1. Si el servicio de la Oficina que ha preparado la resolución considera el recurso admisible y fundado, la Oficina rectificará su resolución. No podrá procederse así cuando se oponga al recurrente otra de las partes en el procedimiento de recurso.

2. Si no se rectifica la resolución dentro del mes siguiente a la recepción del escrito de motivación, por lo que respecta al recurso, la Oficina:

— decidirá inmediatamente si toma medidas de conformidad con lo dispuesto en la segunda frase del apartado 2 del artículo 67,

— someterá inmediatamente el recurso a la sala de recurso.

Art. 71. *Examen de los recursos.*—1. Si el recurso es admisible, la sala de recurso estudiará si está fundado.

2. Al examinar el recurso, la sala de recurso invitará a las partes en el procedimiento de recurso, cuantas veces sea necesario, a presentar observaciones sobre las notificaciones que les haya cursado o sobre las comunicaciones de las otras partes en el procedimiento de recurso dentro de un plazo determinado. Las partes en el procedimiento de recurso podrán intervenir oralmente.

Art. 72. *Resolución de recursos.*—Cuando tenga que resolver sobre un recurso, la sala de recurso se basará en el examen efectuado de acuerdo con el artículo 71. La sala de recurso podrá ejercer las competencias de la Oficina o podrá remitir el asunto al servicio competente de la Oficina para nuevas actuaciones. Este último, siempre y cuando se trate de los mismos hechos, estará vinculado por la *ratio decidendi* de la sala de recurso.

Art. 73. *Recurso de segunda instancia.*—1. Las resoluciones de la sala de recurso admitirán recurso ante el Tribunal de Justicia de las Comunidades Europeas.

2. El recurso de segunda instancia podrá interponerse por incompetencia, vicios sustanciales de forma, violación del Tratado, del presente Reglamento o de cualquier norma jurídica relativa a la ejecución de los mismos, o desviación de poder.

3. Están legitimados para interponer dicho recurso las partes en el procedimiento de recurso para las que la resolución haya sido desfavorable, así como la Comisión y la Oficina.

4. El recurso de segunda instancia deberá interponerse ante el Tribunal de Justicia en un plazo de dos meses contados desde la notificación de la resolución de la sala de recurso.

5. Si el Tribunal de Justicia remite el asunto a la sala de recurso para nuevas actuaciones, ésta quedará vinculada por la *ratio decidendi* del Tribunal de Justicia, siempre que se trate de los mismos hechos.

Art. 74. *Recurso directo.*—1. Contra las resoluciones de la Oficina dictadas con arreglo al artículo 29 y al apartado 2 del artículo 100 podrá interponerse recurso directo ante el Tribunal de Justicia de las Comunidades Europeas.

2. Las disposiciones del artículo 73 se aplicarán *mutatis mutandis*.

CAPÍTULO VI

OTRAS DISPOSICIONES DE CARÁCTER PROCESAL

Art. 75. *Motivación de las resoluciones y derecho a ser oído.*—Las resoluciones de la Oficina deberán ser motivadas. Deberán basarse únicamente en los motivos o elementos de prueba sobre los que las partes en el recurso hayan tenido oportunidad de formular observaciones oralmente o por escrito.

Art. 76. *Examen de oficio de los hechos por la Oficina.*—En el procedimiento incoado ante la Oficina, ésta investigará los hechos por iniciativa propia, en la medida en que sean objeto de examen de conformidad con los artículos 54 y 55. No tendrá en cuenta los hechos o elementos de prueba presentados fuera del plazo fijado por la Oficina.

Art. 77. *Procedimiento oral.*—1. Se recurrirá al procedimiento oral a iniciativa de la Oficina o a instancia de cualquiera de las partes en el recurso.

2. Sin perjuicio de lo dispuesto en el apartado 3, el procedimiento oral ante la Oficina no será público.

3. El procedimiento oral ante la sala de recurso, incluido el pronunciamiento de la resolución, será público, salvo decisión en contrario de la sala de recurso que conozca del asunto en casos en que de la publicidad del procedimiento pudieran derivarse consecuencias graves e injustificadas, especialmente para una de las partes en el procedimiento de recurso.

Art. 78. *Medios de prueba.*—1. En los procedimientos incoados ante la Oficina se podrán admitir los siguientes medios de prueba:

a) audiencia de las partes en el procedimiento;

b) solicitud de información;

c) presentación de documentos y otros elementos de prueba;

d) audiencia de testigos;

e) dictamen pericial;

f) inspección ocular;

g) declaración bajo juramento.

2. Cuando la Oficina haya de resolver a través de un órgano colegiado, éste podrá encargar a uno de sus miembros la apreciación de las pruebas presentadas.

3. En caso de que la Oficina considere necesaria la declaración oral de una parte en el procedimiento, testigo o perito:

a) citará al interesado para que comparezca ante la Oficina; o

b) instará a la autoridad judicial u otra autoridad competente del Estado en el que el interesado tenga su domicilio para que le tome declaración con arreglo al apartado 2 del artículo 91.

4. Las partes en el procedimiento, testigos o peritos citados ante la Oficina podrán solicitar a ésta autorización para ser oídos por una autoridad judicial competente u otra autoridad del Estado en el que tengan su domicilio. Ante una solicitud en tal sentido, o en caso de que no hubiere habido respuesta a la citación, la Oficina, al amparo del apartado 2 del artículo 91, podrá requerir a la autoridad judicial competente o a otra autoridad para que oigan al interesado.

5. Si las partes en el procedimiento, testigos o peritos prestan declaración ante la Oficina, ésta, si considera conveniente que se preste declaración bajo juramento u otra forma solemne, podrá solicitar a la autoridad judicial competente o a otra autoridad del Estado en que tenga su domicilio que

se oiga al interesado en las mencionadas condiciones.

6. Cuando la Oficina solicite a la autoridad judicial u otra autoridad competente que tome declaración, podrá solicitar que tome la declaración en forma solemne y que permita a un agente de la Oficina asistir a la audiencia de la parte en el procedimiento, testigo o perito, y a interrogarlo bien a través de la autoridad judicial u otra autoridad, bien directamente.

Art. 79. *Notificación.*—La Oficina notificará por iniciativa propia todas las resoluciones y citaciones, así como las notificaciones y comunicaciones respecto de las cuales empiece a correr un plazo, o que deban notificarse en virtud de otras disposiciones del presente Reglamento o en virtud de disposiciones adoptadas de conformidad con el presente Reglamento o a requerimiento del presidente de la Oficina. Las notificaciones podrán cursarse a través de las oficinas competentes en materia de variedades vegetales de los Estados miembros.

CAPÍTULO VI

OTRAS DISPOSICIONES DE CARÁCTER PROCESAL

Art. 80. Restitutio in integrum.—1. El solicitante de protección comunitaria de obtención vegetal, el titular o cualquier otra parte en el procedimiento ante la Oficina que, a pesar de haber puesto el debido cuidado en atención a las circunstancias, no haya podido observar un plazo con respecto a la Oficina, será restablecido, previa solicitud, en sus derechos, si la inobservancia del plazo ha tenido como consecuencia directa, en virtud del presente Reglamento, la pérdida de un derecho o de un medio de recurso.

2. Las solicitudes deberán presentarse por escrito en el plazo de dos meses a partir del cese del impedimento. El trámite omitido se completará dentro de este plazo. Las solicitudes sólo serán admisibles si se presentan dentro del período de un año siguiente a la expiración del plazo que no se haya observado.

3. La solicitud deberá motivarse, indicándose los hechos en que se basa.

4. Las disposiciones de este artículo no se aplicarán a los plazos mencionados en el apartado 2 ni a los plazos especificados en los apartados 2, 4 y 5 del artículo 52.

5. Quienquiera que, durante el período comprendido entre la pérdida de un derecho con arreglo al apartado 1 respecto de una solicitud de protección comunitaria de obtención vegetal o respecto de una protección comunitaria de obtención vegetal ya concedida y el restablecimiento de dicho derecho, haya explotado de buena fe en un Estado miembro, o haya hecho preparativos efectivos y reales para explotar, una variedad objeto de una solicitud publicada de concesión de una protección comunitaria de obtención vegetal u objeto de una protección ya concedida,

podrá continuar gratuitamente dicha explotación en su negocio o en beneficio del mismo.

Art. 81. *Principios generales.*—1. Cuando el presente Reglamento o las disposiciones adoptadas en virtud del mismo no contengan disposiciones de procedimiento, la Oficina aplicará los principios de Derecho procesal generalmente reconocidos en los Estados miembros.

Art. 82. *Representante legal.*—Quienes no tengan su domicilio o su sede o un establecimiento en territorio de la Comunidad, únicamente podrán intervenir como parte en los procedimientos ante la Oficina previa designación de un representante legal que tenga su domicilio o su sede o un establecimiento en territorio de la Comunidad.

CAPÍTULO VII

TASAS Y LIQUIDACIÓN DE LOS GASTOS

....

Art. 85. *Reparto de los gastos.*—1. En los procedimientos de nulidad y anulación de la protección comunitaria de obtención vegetal, así como en los procedimientos de recurso, la parte perdedora sufragará los gastos esenciales que haya ocasionado el proceso tanto a la otra parte en el procedimiento como a sí misma, incluidos los gastos de desplazamiento y de estancia y la remuneración de un agente, consejero o abogado, a tenor de los límites fijados para cada categoría de gastos, con arreglo a las condiciones establecidas en las normas de desarrollo de conformidad con el artículo 114.

2. Sin embargo, si cada parte en los procedimientos tiene razón en algunos aspectos y no en otros, o si razones de equidad lo aconsejan, la Oficina o la sala de recurso decidirá un reparto diferente de los gastos.

3. La parte en los procedimientos que concluya los procedimientos al retirar la solicitud de protección comunitaria de obtención vegetal, la solicitud de nulidad o anulación, o el recurso, o al renunciar a la protección comunitaria de obtención vegetal, sufragará los gastos que haya ocasionado el proceso a la otra parte tal y como se establece en los apartados 1 y 2.

4. Cuando las partes en el procedimiento acuerden ante la Oficina o la sala de recurso un reparto de los gastos diferente al establecido en los apartados anteriores, se tomará nota de dicho acuerdo.

5. Previa solicitud, la Oficina o la sala de recurso determinará el importe de los gastos que deban pagarse con arreglo a los apartados anteriores.

Art. 86. *Ejecución de las resoluciones que determinen el importe de los gastos.*—1. Todas las resoluciones definitivas de la Oficina que determinen la cuantía de los gastos serán títulos ejecutivos.

2. La ejecución forzosa se regirá por las normas de procedimiento civil vigentes en el Estado miembro en cuyo territorio se lleve a cabo. La orden de ejecución será consignada, sin otro control que el de la comprobación de la autenticidad del título, por la autoridad nacional que el Gobierno de cada uno de los Estados miembros habrá de designar al respecto y cuyo nombre deberá comunicar a la Oficina y al Tribunal de Justicia de las Comunidades Europeas.

3. Cuando se hayan cumplido estas formalidades a instancia de la parte que promueva la ejecución, ésta podrá solicitar la ejecución forzosa con arreglo al Derecho nacional acudiendo directamente al organismo competente.

4. La ejecución forzosa sólo podrá suspenderse por resolución del Tribunal de Justicia de las Comunidades Europeas. Sin embargo, competerá a los órganos jurisdiccionales nacionales velar por la regularidad de las medidas de ejecución.

....

CAPÍTULO VIII

REGISTROS

....

Art. 91. *Cooperación administrativa y judicial.*—1. Salvo disposición en contrario del presente Reglamento o de las legislaciones nacionales, la Oficina, las Oficinas de examen con arreglo al apartado 1 del artículo 55 y los tribunales o las autoridades competentes de los Estados miembros se prestarán asistencia mutua, previa solicitud, facilitándose información o permitiendo el acceso a la documentación referente a la variedad, y muestras o cultivos de variedades para su inspección. Los documentos, muestras o cultivos que la Oficina y las citadas Oficinas de examen faciliten a los tribunales o al ministerio fiscal para su inspección no estarán sometidos a las restricciones previstas en el artículo 88, y la inspección realizada por las citadas Oficinas de examen no estará sometida a decisión de la Oficina con arreglo a dicho artículo.

2. Mediante comisión rogatoria de la Oficina, los tribunales u otras autoridades competentes de los Estados miembros adoptarán, en nombre de aquélla y dentro de los límites de su competencia, las medidas de instrucción o cualquier otra medida judicial relacionada que resulten necesarias.

....

PARTE V

Repercusiones sobre otras legislaciones

Art. 92. *Prohibición de la doble titularidad.*—1. Ninguna variedad que sea objeto de una protección comunitaria de obtención vegetal podrá ser objeto de una protección nacional de obtención vegetal ni de patente alguna para tal variedad. No surtirá efecto alguno ningún derecho que se conceda en contravención de esta disposición.

2. Si, antes de la concesión de la protección comunitaria de obtención vegetal, el titular se hubiere beneficiado de otro derecho en el sentido del apartado 1 para la misma variedad, dicho titular no podrá invocar los derechos conferidos por tal protección mientras siga vigente para esa variedad la protección comunitaria de obtención vegetal.

Art. 93. *Aplicación de la ley nacional.*—El ejercicio de los derechos conferidos por la protección comunitaria de obtención vegetal estará sometido a las restricciones impuestas por el Derecho nacional de los Estados miembros únicamente en la medida en que así lo disponga expresamente el presente Reglamento.

PARTE VI

Acciones civiles, infracciones y jurisdicción

Art. 94. *Infracción.*—1. Toda persona que:

a) sin estar legitimada para ello realice alguna de las operaciones mencionadas en el apartado 2 del artículo 13 en relación con una variedad para la que ya se haya concedido una protección comunitaria de obtención vegetal; u

b) omita utilizar correctamente la denominación de una variedad según se menciona en el apartado 1 del artículo 17 u omita la información pertinente a que se refiere el apartado 2 del artículo 17; o

c) en contra de lo dispuesto en el apartado 3 del artículo 18 utilice la denominación asignada a una variedad para la que ya se haya concedido una protección comunitaria de obtención vegetal, u otra designación que pueda confundirse con esta denominación, podrá ser demandada por el titular a fin de que ponga fin a la infracción o pague una indemnización razonable o con ambos fines.

2. Toda persona que cometa infracción deliberadamente o por negligencia estará obligada además a indemnizar al titular por el per-

juicio resultante. En caso de negligencia leve, el derecho de reparación podrá reducirse en consecuencia, sin que pueda no obstante ser inferior a la ventaja obtenida por la persona que cometió la infracción.

Art. 95. *Actos anteriores a la concesión de la protección comunitaria de obtención vegetal.*—El titular podrá exigir una indemnización razonable a la persona que, durante el tiempo transcurrido entre la publicación de la solicitud de una protección comunitaria de obtención vegetal y su concesión, haya realizado un acto que, transcurrido este período, le habría sido prohibido en virtud de la protección comunitaria de obtención vegetal.

Art. 96. *Prescripción.*—El derecho a emprender las acciones contempladas en los artículos 94 y 95 prescribirá transcurridos tres años a partir de la fecha en la que se haya concedido finalmente la protección comunitaria de obtención vegetal y el titular haya tenido conocimiento del acto y de la identidad del infractor o, a falta de dicho conocimiento, transcurridos treinta años a partir de la fecha de la última realización del acto.

Art. 97. *Aplicación subsidiaria de la legislación nacional en materia de infracción.*—1. Si el autor de una de las infracciones a que se refiere el artículo 94 hubiese obtenido, como resultado de la infracción, un beneficio en detrimento del titular o de la persona que goce de los derechos de explotación, los tribunales competentes en virtud de los artículos 101 y 102 aplicarán su legislación nacional, incluido su Derecho internacional privado, en lo que respecta a la restitución.

2. El apartado 1 también será de aplicación a las demás acciones que pueden derivarse de la comisión u omisión de actos con arreglo al artículo 95 durante el período comprendido entre la publicación de la solicitud de protección comunitaria de obtención vegetal y la decisión sobre la solicitud.

3. En todos los demás casos, los efectos de la protección comunitaria de obtención vegetal se determinarán únicamente de conformidad con lo dispuesto en el presente Reglamento.

Art. 98. *Reivindicación del derecho a la protección comunitaria de obtención vegetal.*—1. Si se hubiera concedido la protección comunitaria de obtención vegetal a una persona que no esté legitimada para ello con arreglo al artículo 11, la persona legitimada podrá exigir que se le transfiera la protección comunitaria de obtención vegetal, sin perjuicio de cualquier otra acción o derecho que pueda reclamar en virtud de la legislación de los Estados miembros.

2. Cuando una persona esté legitimada únicamente con respecto a una parte de la protección comunitaria de obtención vegetal, podrá exigir, con arreglo al apartado 1, que se le reconozca la cotitularidad.

3. Los derechos contemplados en los apartados 1 y 2 sólo podrán

invocarse dentro de un plazo de cinco años a partir de la publicación de la concesión de la protección comunitaria de obtención vegetal. Esta disposición no será aplicable si el titular, en el momento de la concesión o de la adquisición, sabía que no tenía derecho o que no era el único en tener derecho a la protección comunitaria de obtención vegetal.

Art. 99. *Reivindicación del derecho a identificar una variedad.*—El titular de una variedad inicial y el obtentor de una variedad esencialmente derivada de la variedad inicial estarán legitimados para obtener recíprocamente el reconocimiento de la identificación de las variedades inicial y esencialmente derivada de que se trate, en calidad de tales.

Art. 100. *Consecuencias del cambio de titularidad de una protección comunitaria de obtención vegetal.*—1. Cuando se produzca un cambio completo en la titularidad de una protección comunitaria de obtención vegetal como consecuencia de una sentencia firme, dictada de conformidad con los artículos 101 y 102 sobre la base de una acción en reivindicación de los derechos con arreglo al apartado 1 del artículo 98, la correspondiente inscripción del titular en el Registro de protección comunitaria de obtenciones vegetales producirá la extinción de los derechos de explotación y los demás derechos.

2. Si antes de iniciarse el procedimiento previsto en los artículos 101 ó 102, el titular o la persona que goce en ese momento del derecho de explotación hubieren emprendido una de las operaciones mencionadas en el apartado 2 del artículo 13 o iniciado de forma auténtica y efectiva los preparativos a tal efecto, podrá continuar o realizar dichas operaciones siempre que solicite al nuevo titular inscrito en el Registro de protección comunitaria de obtenciones vegetales la concesión de una licencia de explotación no exclusiva. La solicitud deberá presentarse en el plazo prescrito en las normas de desarrollo. A falta de acuerdo entre las partes, corresponderá a la Oficina la facultad de conceder la licencia de explotación. Los apartados 3 a 7 del artículo 29 serán de aplicación *mutatis mutandis*.

3. El apartado 2 no se aplicará cuando el titular o la persona que goce de una licencia de explotación hayan actuado de mala fe en el momento en que hayan realizado las operaciones o iniciado los preparativos.

Art. 101. *Competencia y procedimiento en el ejercicio de acciones civiles.*—1. El Convenio de Lugano así como las disposiciones complementarias del presente artículo y de los artículos 102 a 106 del presente Regla-

---

Art. 101.1: Vid. *supra,* núm. 9.

mento se aplicarán a los procedimientos que se incoen al ejercer las acciones a que hacen referencia los artículos 94 a 100.

2. Los procedimientos a que se refiere el apartado 1 se incoarán ante los tribunales:

a) del Estado miembro, o de otro Estado que sea Parte contratante del Convenio de Lugano, en el que el demandado tenga su domicilio o su sede, o en su defecto, un establecimiento; o

b) si esta condición no se cumpliere en ninguno de los Estados miembros o Estados que sean Partes contratantes, del Estado miembro en el que el demandante tenga su domicilio o su sede, o, en su defecto, un establecimiento; o

c) si esta condición tampoco se cumpliere en ninguno de los Estados miembros, del Estado miembro en que la Oficina tenga su sede.

Los tribunales competentes conocerán de las infracciones presuntamente cometidas en cualquier Estado miembro.

3. Los procedimientos en el ejercicio de acciones por infracción podrán incoarse también ante los tribunales del lugar en el que se haya cometido la infracción. En estos casos, los tribunales sólo serán competentes para conocer de infracciones presuntamente cometidas en el territorio del Estado miembro al que pertenezcan.

4. Los procedimientos legales y los tribunales competentes serán los contemplados en la legislación del Estado determinado en virtud de los apartados 2 ó 3.

Art. 102. *Disposiciones adicionales.*—1. Las acciones para la reivindicación de un derecho de conformidad con el artículo 98 del presente Reglamento no se considerarán comprendidas en el ámbito de aplicación de las disposiciones de los apartados 3 y 4 del artículo 5 del Convenio de Lugano.

2. No obstante lo dispuesto en el artículo 101 del presente Reglamento, serán de aplicación las disposiciones del apartado 1 del artículo 5 y de los artículos 17 y 18 del Convenio de Lugano.

3. A efectos de la aplicación de los artículos 101 y 102 del presente Reglamento, el domicilio o la sede de una parte se determinarán con arreglo a lo dispuesto en los artículos 52 y 53 del Convenio.

Art. 103. *Normas de procedimiento aplicables.*—Cuando un órgano jurisdiccional nacional sea competente en virtud de los artículos 101 y 102, se aplicarán las normas de procedimiento del Estado de que se trate aplicables al mismo tipo de acción relativa a los derechos nacionales de propiedad correspondientes, sin perjuicio de lo dispuesto en los artículos 104 y 105.

Art. 102: Vid. *supra,* núm. 9.

Art. 104. *Personas legitimadas para ejercitar una acción por infracción.*—1. Las acciones por infracción podrán ser ejercidas por el titular. Las personas que gocen de licencia de explotación podrán ejercer la acción a menos que lo haya excluido explícitamente un acuerdo con el titular, en el caso de licencia de explotación exclusiva, o bien la Oficina, de conformidad con el artículo 29 o con el apartado 2 del artículo 100.

2. Las personas que gocen de una licencia de explotación estarán asimismo legitimadas para intervenir en una acción por infracción ejercida por el titular, con el fin de reivindicar una indemnización por el perjuicio sufrido.

Art. 105. *Obligación de los tribunales nacionales o de otros órganos.*—El tribunal nacional o cualesquiera otros órganos que conozcan de una demanda relativa a una protección comunitaria de obtención vegetal considerarán esta protección como válida.

Art. 106. *Suspensión del procedimiento.*—1. Cuando una acción se refiera a los derechos contemplados en el apartado 4 del artículo 98 y la decisión dependa de la aptitud de la variedad para ser protegida con arreglo al artículo 6, no podrá emitirse aquélla hasta que la Oficina se haya pronunciado sobre la solicitud de protección comunitaria de obtención vegetal.

2. Cuando una acción se refiera a una protección comunitaria de obtención vegetal ya concedida, y con respecto a la cual se haya incoado un procedimiento de nulidad o anulación al amparo de los artículos 20 ó 21, dicho procedimiento podrá suspenderse en la medida en que la decisión dependa de la validez del título de protección comunitaria de obtención vegetal.

Art. 107. *Sanciones aplicables en caso de infracción de la protección comunitaria de obtención vegetal.*—Los Estados miembros adoptarán todas las medidas oportunas para garantizar que las disposiciones destinadas a sancionar las infracciones de los derechos nacionales de propiedad correspondientes sean aplicables igualmente a las infracciones de la protección comunitaria de obtención vegetal.

....

PARTE VIII

Disposiciones transitorias y finales

Art. 116. *Excepciones.*—1. No obstante lo dispuesto en la letra *a*) del apartado 1 del artículo 10 y sin perjuicio de lo dispuesto en los apartados 2 y 3 del artículo 10, una variedad se considerará también nueva cuando los componentes o material cosechado de la misma no se hayan vendido ni cedido a terceros, por parte del obtentor o con su consentimiento, en el territorio de la Comunidad para fines de explotación de la variedad antes de cuatro años, y en el caso de las variedades de vid y arbóreas antes de seis años, anteriores a la entrada en vigor del presente Reglamento, si la fecha de solicitud se sitúa dentro del año siguiente a aquella fecha.

2. Lo dispuesto en el apartado 1 se aplicará a dichas variedades también cuando se haya concedido protección nacional en uno o más Estados miembros con anterioridad a la entrada en vigor del presente Reglamento.

3. No obstante lo dispuesto en los artículos 55 y 56, la Oficina realizará en la medida de lo posible el examen técnico de dichas variedades basándose en las averiguaciones disponibles derivadas de las gestiones para la concesión de una protección nacional de la obtención vegetal, previo acuerdo con la autoridad ante la cual se llevaron a cabo dichas gestiones.

4. En caso de que se conceda la protección comunitaria a una obtención vegetal en virtud de los apartados 1 ó 2 del presente artículo:

— la letra *a*) del apartado 5 del artículo 13 no se aplicará con respecto a las variedades esencialmente derivadas cuya existencia fuese de conocimiento público en la Comunidad con anterioridad a la fecha de entrada en vigor del presente Reglamento,

— no se aplicará el cuarto guión del apartado 3 del artículo 14 a los agricultores que sigan utilizando una variedad establecida con arreglo a la autorización contemplada en el apartado 1 del artículo 14 en caso de que, antes de la entrada en vigor del presente Reglamento, hayan utilizado ya dicha variedad con los fines descritos en el apartado 1 del artículo 14 sin pago de remuneración; esta disposición se aplicará hasta el 30 de junio del séptimo año siguiente al año de entrada en vigor del presente Reglamento. Antes de esa fecha, la Comisión presentará un informe, variedad por variedad, sobre la situación de las variedades establecidas. En las normas de desarrollo adoptados con arreglo al artículo 114 podrá prorrogarse el período previsto anteriormente en caso de que el informe presentado por la Comisión así lo justifique,

— sin perjuicio de los derechos que confiera la protección nacional, las disposiciones del artículo 16 se aplicarán, *mutatis mutandis*, a los actos relativos a material cedido a otros por el obtentor o con su consentimiento antes de la fecha de entrada en vigor del presente Reglamento y efectuados por personas que, antes de esa fecha, hayan efectuado ya tales actos o hayan adoptado disposiciones efectivas y auténticas con ese propósito.

En caso de que tales actos anteriores hubieren implicado seguir propagando la variedad con arreglo a la letra *a*) del artículo 16, se requerirá la autorización del titular para cualquier propagación ulterior a partir del término del segundo año y, para las variedades vitícolas y de especies arbóreas, del término del cuarto año desde la fecha de entrada en vigor del presente Reglamento,

— no obstante lo dispuesto en el artículo 19, la duración de la protección comunitaria de la obtención vegetal se reducirá en un plazo equivalente al período más largo:

— en el que los componentes de la obtención o el material cosechado de la misma se hayan vendido o cedido a terceros, por parte del obtentor o con su consentimiento, en el territorio de la Comunidad para fines de explotación de la variedad, establecidos en las averiguaciones derivadas del procedimiento para la concesión de la protección comunitaria de la obtención vegetal, en el caso del apartado 1,

— en que haya estado en vigor cualquier protección nacional de la obtención vegetal, en el caso del apartado 2,

pero no se reducirá en más de cinco años.

....

136. REGLAMENTO (CE) NÚMERO 6/2002 DEL CONSEJO, DE 12 DE DICIEMBRE DE 2001, SOBRE LOS DIBUJOS Y MODELOS COMUNITARIOS

(Arts. 24-26, 30-33, 51-71 y 78 a 96)

(*DO* núm. L 3, de 5 de enero de 2002)

....

TÍTULO II

Normativa sobre dibujos y modelos

....

SECCIÓN 5.ª

Nulidad

Art. 24. *Declaración de nulidad.*—1. Un dibujo o modelo comunitario registrado podrá declararse nulo previa solicitud presentada en la Oficina con arreglo al procedimiento previsto en los títulos VI y VII o por un tribunal de dibujos y modelos comunitarios como consecuencia de una demanda de reconvención en una acción de infracción.

2. Un dibujo o modelo comunitario podrá declararse nulo incluso después de su caducidad o de la renuncia al mismo.

3. Un dibujo o modelo comunitario no registrado podrá declararse nulo por un tribunal de dibujos y modelos comunitarios a partir de una solicitud recibida con este objeto o con arreglo a una demanda de reconvención en acciones de infracción.

Art. 25. *Causas de nulidad.*—1. El dibujo o modelo comunitario sólo podrá declararse nulo en los casos siguientes:

a) si el dibujo o modelo no se ajusta a la definición de la letra *a*) del artículo 3;

b) si no cumple los requisitos previstos en los artículos 4 a 9;

c) si, por resolución judicial, el titular del derecho carece de legitimación sobre el dibujo o modelo comunitario conforme a lo dispuesto en el artículo 14;

d) si el dibujo o modelo comunitario entra en conflicto con un dibujo o modelo anterior que haya sido hecho público después del día de presentación de la solicitud o, si se reivindica prioridad, después de la fecha de prioridad, y que esté protegido desde una fecha anterior a la mencionada:

i) por un dibujo o modelo comunitario registrado o por una solicitud de registro, o

---

Art. 25.1.d): Redacción según el Reglamento (CE) núm. 1891/2006 del Consejo, de 18 de diciembre de 2006 (*DO* L 386, de 29-12-2006).

ii) por un dibujo o modelo registrado en uno o varios Estados miembros, o por una solicitud de registro, o

iii) por un dibujo o modelo registrado con arreglo al Acta de Ginebra del Arreglo de La Haya relativo al Registro internacional de dibujos y modelos industriales adoptada el 2 de julio de 1999 (en lo sucesivo, «el Acta de Ginebra»), aprobada mediante la Decisión 954 del Consejo, y que tenga efectos en la Comunidad, o por una solicitud de este derecho;

e) si se utiliza un signo distintivo en un dibujo o modelo posterior, y el Derecho comunitario o la legislación del Estado miembro de que se trate por la que se rige dicho signo confiere al titular del signo el derecho a prohibir tal uso;

f) si el dibujo o modelo constituye un uso no autorizado de una obra protegida en virtud de la normativa sobre derechos de autor de un Estado miembro;

g) si el dibujo o modelo constituye un uso indebido de cualquiera de los objetos que figuran en el artículo 6 ter del Convenio de París para la Protección de la Propiedad Industrial denominado en lo sucesivo Convenio de ejecución, o de distintivos, emblemas y blasones distintos de los incluidos en el mencionado artículo 6 ter y que tengan un interés público especial en un Estado miembro.

2. La causa prevista en la letra *c*) del apartado 1 podrá ser invocada únicamente por el titular del dibujo o modelo comunitario con arreglo al artículo 14.

3. Las causas previstas en las letras *d*), *e*) y *f*) del apartado 1 podrán ser invocadas únicamente por el solicitante o el titular del derecho anterior.

4. La causa prevista en la letra *g*) del apartado 1 podrá ser invocada únicamente por la persona o entidad afectada por el uso indebido.

5. Los apartados 3 y 4 se aplicarán sin perjuicio de la libertad de los Estados miembros para disponer que las causas previstas en las letras *d*) y *g*) del apartado 1 puedan ser invocadas asimismo por una autoridad competente designada por dicho Estado miembro por propia iniciativa.

6. Un dibujo o modelo comunitario registrado que haya sido declarado nulo con arreglo a las letras *b*), *e*), *f*) o *g*) del apartado 1 podrá mantenerse en forma modificada, siempre que de esa forma cumpla los requisitos de protección y que el dibujo o modelo mantenga su identidad. El *mantenimiento* en *forma modificada* podrá consistir en el registro acompañado de una renuncia parcial por parte del titular del dibujo o modelo comunitario registrado, o de la inscripción en el Registro de una resolución judicial o de una decisión de la Oficina por la que se declare parcialmente nulo el dibujo o modelo comunitario registrado.

Art. 26. *Efectos de la nulidad.*—1. Se considerará que el dibujo o modelo comunitario no ha producido nunca los efectos previstos en el presente Reglamento, si es declarado nulo.

2. Sin perjuicio de las disposiciones nacionales sobre acciones por daños y perjuicios causados por negligencia o mala fe por parte del titular del dibujo o modelo comunitario, o por enriquecimiento injusto, el efecto retroactivo de la declaración de nulidad del dibujo o modelo comunitario no afectará:

a) las resoluciones sobre infracción que hayan adquirido fuerza de cosa juzgada y que se hayan ejecutado con anterioridad a la resolución de nulidad;

b) a cualesquiera contratos suscritos con anterioridad a la declaración de nulidad, siempre que hayan sido ejecutados antes de la misma: sin embargo, por motivos de equidad, podrá reclamarse el reembolso de las cantidades abonadas con arreglo al contrato de que se trate, en la medida en que lo justifiquen, las circunstancias del caso.

TÍTULO III

Del dibujo o modelo comunitario como objeto de la propiedad

....

Art. 30. *Ejecución forzosa.*—1. Un dibujo o modelo comunitario registrado podrá ser objeto de ejecución forzosa.

2. En materia de procedimiento de ejecución forzosa de un dibujo o modelo comunitario registrado, los tribunales y autoridades del Estado miembro determinado de conformidad con lo dispuesto en el artículo 27 gozarán de competencia exclusiva.

3. A instancia de parte, la ejecución forzosa se inscribirá en el Registro y se publicará.

Art. 31. *Procedimiento de insolvencia.*—1. El único procedimiento de insolvencia que pueda afectar a un dibujo o modelo comunitario será el que haya sido abierto en el Estado miembro en cuyo territorio estén situados los intereses principales del deudor.

2. En caso de cotitularidad de un dibujo o modelo comunitario, se aplicará el apartado 1 a la parte del cotitular.

3. Cuando un dibujo o modelo comunitario se vea afectado por un procedimiento de insolvencia, a instancia de las autoridades nacionales competentes se efectuará al efecto una inscripción en el Registro, que se publicará en el *Boletín de Dibujos y Modelos Comunitarios* contemplado en el apartado 1 del artículo 73.

Art. 32. *Concesión de licencia.*—1. Un dibujo o modelo comunitario podrá ser objeto de licencia para la totalidad o parte de la Comunidad. Las licencias podrán ser exclusivas o no exclusivas.

2. Sin perjuicio de posibles acciones fundamentadas en el derecho del contrato, el titular podrá alegar los derechos conferidos por el dibujo o modelo comunitario

frente a un licenciatario que infrinja cualquier cláusula del contrato de licencia con respecto a su duración, el modo de utilizar el dibujo o modelo, la gama de productos para los que se le concedió la licencia y la calidad de los productos fabricados con arreglo a dicha licencia.

3. Sin perjuicio de lo estipulado en el contrato de licencia, el licenciatario sólo podrá interponer una acción por infracción de los derechos sobre el dibujo o modelo comunitario previo consentimiento del titular. Sin embargo, el titular de una licencia exclusiva podrá interponer acciones si el titular del dibujo o modelo no lo hace dentro de un plazo razonable pese a habérsele instado a hacerlo.

4. A fin de obtener una indemnización por los daños y perjuicios sufridos, el licenciatario estará facultado para participar en la acción por infracción interpuesta por el titular del dibujo o modelo comunitario.

5. Cuando se trate de un dibujo o modelo comunitario registrado, la concesión o cesión de una licencia sobre tal derecho se inscribirá, a instancia de parte, en el Registro y se publicará.

Art. 33. *Efectos frente a terceros.*—1. Los efectos frente a terceros de los actos jurídicos a que se refieren los artículos 28, 29, 30 y 32 se regirán por la legislación del Estado miembro determinado de conformidad con el artículo 27.

2. No obstante, por lo que respecta a los dibujos y modelos comunitarios registrados, los actos jurídicos indicados en los artículos 28, 29 y 32 sólo surtirán efectos frente a terceros en todos los Estados miembros tras la inscripción en el Registro. Antes de su inscripción, dichos actos surtirán efectos frente a terceros que hubieran adquirido derechos sobre el dibujo o modelo comunitario registrado antes de la fecha de realización del acto pero que conocieran su existencia en la fecha en que adquirieron tales derechos.

3. Lo dispuesto en el apartado 2 no será de aplicación con respecto a las personas que adquieran dibujos o modelos comunitarios registrados o derechos sobre dibujos o modelos comunitarios registrados mediante cesión de toda una empresa o por cualquier otro medio de sucesión universal.

4. Hasta la entrada en vigor de normas comunes para los Estados miembros en el ámbito de la insolvencia, los efectos frente a terceros de los procedimientos de insolvencia se regirán por la legislación del Estado miembro en el que se haya iniciado dicho procedimiento a efectos de la legislación nacional o normativa aplicables al respecto.

....

TÍTULO VI
Renuncia y nulidad del dibujo o modelo comunitario registrado

Art. 51. *Renuncia.*—1. El titular de un dibujo o modelo comunitario registrado notificará por escrito a la Oficina su renuncia al mismo. Sólo tendrá efectos una vez inscrita en el Registro.

2. Si se renuncia a un dibujo o modelo comunitario sujeto a aplazamiento de publicación, se considerará que desde el principio ha carecido de los efectos previstos en el presente Reglamento.

3. Podrá renunciarse parcialmente a un dibujo o modelo comunitario registrado siempre que su forma modificada cumpla los requisitos de protección y mantengan su identidad.

4. La renuncia sólo se registrará con el consentimiento del titular de los derechos inscritos en el Registro. Si figura inscrita una licencia, sólo podrá inscribirse la renuncia en el Registro si el titular del dibujo o modelo comunitario registrado acredita haber informado al licenciatario de su intención de renunciar al derecho sobre el dibujo modelo. La inscripción en el Registro se efectuará al término del plazo previsto en el Reglamento de ejecución.

5. Si se interpusiera una acción, al amparo del artículo 14 sobre la titularidad de un dibujo o modelo comunitario registrado, ante un tribunal de dibujos y modelos comunitarios, la Oficina no inscribirá la renuncia en el registro sin el acuerdo del reclamante.

Art. 52. *Solicitud de declaración de nulidad.*—1. Salvo lo dispuesto en los apartados 2 a 5 del artículo 25, cualquier persona física o jurídica, así como las autoridades públicas con competencia para ello, podrán presentar ante la Oficina una solicitud de declaración de nulidad de un dibujo o modelo comunitario registrado.

2. La solicitud se presentará por escrito y debidamente motivada. No se dará por presentada hasta que no se haya abonado la tasa correspondiente a la declaración de nulidad.

3. La solicitud de declaración de nulidad no será admisible cuando un tribunal de dibujos y modelos comunitarios haya resuelto en sentencia firme entre las mismas partes una solicitud relativa a la misma materia y con idéntica causa.

Art. 53. *Examen de la solicitud.*—1. Si la Oficina considera que la solicitud de declaración de nulidad puede admitirse a trámite, examinará si las causas de nulidad a que se refiere el artículo 25 impiden el mantenimiento en el Registro del dibujo o modelo comunitario registrado.

2. Durante el examen de la solicitud, que se llevará a cabo con arreglo a lo dispuesto en el Reglamento de ejecución, la Oficina invitará a las partes, cuantas veces sea necesario, a que le remitan sus observa-

ciones propias o hechas por las otras partes.

3. En cuanto haya adquirido firmeza, la resolución por la que se declare la nulidad del dibujo o modelo comunitario registrado se inscribirá en el Registro.

Art. 54. *Intervención en el procedimiento del presunto infractor.*—1. Si se hubiera presentado una solicitud para obtener la declaración de nulidad de un dibujo o modelo comunitario registrado, y mientras la Oficina no hubiere dictado resolución al respecto, podrá intervenir en el procedimiento de nulidad cualquier tercero que demuestre que se ha iniciado en contra suya un procedimiento de infracción del mismo derecho, siempre que anuncie su intervención en los tres meses siguientes a la fecha en que se inició el procedimiento por infracción.

Lo mismo se aplicará a cualquier tercero que demuestre que el titular del derecho sobre el dibujo o modelo comunitario ha solicitado que cese en su supuesta infracción de dicho derecho y que haya iniciado un procedimiento para obtener una declaración judicial de que no está infringiendo el derecho sobre el dibujo o modelo comunitario.

2. La solicitud se presentará por escrito en una declaración motivada. No se tendrá por presentada hasta que no se haya abonado la tasa correspondiente a la solicitud de declaración de nulidad a que se refiere el apartado 2 del artículo 52. A partir de ese momento y sin perjuicio de las excepciones que se establezcan en el Reglamento de ejecución, la intervención o la solicitud se considerarán equivalentes a una solicitud de declaración de nulidad.

TÍTULO VII

Recurso

Art. 55. *Resoluciones recurribles.*—1. Podrán recurrirse las resoluciones de los Examinadores, de la División de administración de marcas, dibujos y modelos y de cuestiones jurídicas y de las Divisiones de anulación. El recurso producirá efectos suspensivos.

2. Las resoluciones que no pongan fin al procedimiento con respecto a una de las partes sólo podrán recurrirse junto con la resolución final, salvo que la propia resolución permita un recurso independiente.

Art. 56. *Personas legitimadas para recurrir y ser partes en los procedimientos de recurso.*—Estará legitimada para recurrir cualquier parte en el procedimiento cuyas pretensiones no hayan sido estimadas. Las demás partes en el procedimiento pasarán de oficio a serlo del recurso.

Art. 57. *Plazo y forma del recurso.*—El escrito de recurso deberá interponerse ante la Oficina en el plazo de dos meses desde la fecha de notificación de la resolución recurrida. El recurso se tendrá por interpuesto sólo cuando se haya abonado la tasa correspondiente. En el plazo de cuatro meses desde la ficha de notificación de la resolución, deberá presentarse un escrito donde se expongan los motivos de la impugnación.

Art. 58. *Revisión prejudicial.*—1. Si el departamento cuya resolución se haya impugnado tiene el recurso por admisible y fundado, deberá rectificar su resolución. Ello no será de aplicación cuando otra parte en el procedimiento formule oposición a la pretensión del recurrente.

2. Si la resolución no fuere rectificada en el plazo de un mes desde la recepción del escrito de motivación del recurso, éste será remitido sin dilación a la sala de recursos y sin pronunciamiento alguno en cuanto al fondo.

Art. 59. *Examen de los recursos.*—1. Si el recurso fuere admisible, la sala de recursos examinará el fondo del mismo.

2. Durante el examen del recurso, la sala de recursos invitará a las partes, cuantas veces sea necesario, a que presenten sus observaciones, en el plazo que aquella establezca, sobre sus propias alegaciones o las de terceras partes.

Art. 60. *Resolución del recurso.*—1. Examinado el fondo del recurso, la sala decidirá en cuanto al mismo. La sala podrá asimismo ejercer cualesquiera facultades reconocidas al departamento responsable de la resolución recurrida o bien remitir el caso a dicho departamento para que dé cumplimiento al fallo.

2. Si la sala de recursos remite el caso al departamento responsable de la resolución recurrida para que dé cumplimiento al fallo, dicho departamento quedará vinculado por los motivos aducidos por la sala de recursos, siempre que los hechos sean los mismos.

3. Las resoluciones de las salas de recursos surtirán efectos a partir de la fecha en que expire el plazo previsto en el apartado 5 del artículo 61 o, cuando se haya interpuesto un recurso ante el Tribunal de Justicia dentro de ese plazo, a partir de la fecha en que se rechace dicho recurso.

Art. 61. *Recurso ante el Tribunal de Justicia.*—1. Contra las resoluciones de la sala de recursos que recaigan en asuntos recurridos podrá interponerse recurso ante el Tribunal de Justicia.

2. El recurso podrá fundarse en motivos de incompetencia, de quebrantamiento sustancial de forma, de infracción del Tratado, del presente Reglamento y de cualquier norma jurídica relativa a su aplicación o de desviación de poder.

3. El Tribunal de Justicia estará facultado para anular o modificar la resolución recurrida.

4. Podrán intervenir en el recurso todas las partes en el procedi-

miento ante la sala de recursos que se consideren adversamente afectadas por el fallo.

5. El recurso deberá interponerse ante el Tribunal de Justicia en el plazo de dos meses desde la notificación del fallo de la sala de recursos.

6. La Oficina deberá tomar las medidas necesarias para dar cumplimiento a la sentencia del Tribunal de Justicia.

TÍTULO VIII

Procedimiento ante la Oficina

SECCIÓN 1.ª

Disposiciones generales

Art. 62. *Motivación de las resoluciones*.—Las resoluciones de la Oficina serán motivadas. Dichas resoluciones sólo podrán fundarse en motivos o pruebas respecto a los cuales las partes hayan podido presentar sus alegaciones.

Art. 63. *Examen de oficio de los hechos*.—1. En el curso del procedimiento, la Oficina examinará de oficio los hechos. No obstante, cuando se trate de un procedimiento para instar una declaración de nulidad, el examen de la Oficina se circunscribirá a los hechos; pruebas o argumentos de las partes y a las pretensiones de éstas.

2. La Oficina podrá declarar inadmisibles hechos o pruebas que las partes no hayan alegado a su debido tiempo.

Art. 64. *Procedimiento oral*.—1. Si 1a Oficina lo juzga oportuno se abrirá un procedimiento oral, bien de oficio, bien a instancia de alguna de las partes.

2. El procedimiento oral, incluida la lectura del fallo, será público salvo decisión en contrario del departamento ante el que se incoe dicho procedimiento cuando la publicidad pudiera entrañar un perjuicio grave e injustificado, sobre todo para alguna de las partes del procedimiento.

Art. 65. *Práctica de la prueba*.—1. En cualquier procedimiento entablado ante la Oficina, podrán utilizarse los siguientes medios de prueba:

a) audiencia de las partes;
b) solicitud de información;
c) presentación de documentos y demás medios de prueba;
d) audiencia de testigos;
e) dictamen pericial;
f) declaraciones escritas bajo juramento o, solemnes o que produzcan efectos similares según la legislación del Estado en el que se efectúe la declaración.

2. El departamento de la Oficina ante el que se presente el caso podrá encomendar a alguno de sus integrantes el examen de las pruebas aducidas.

3. Si la Oficina estima oportuna la deposición oral de una de las

partes, un testigo o un perito invitará a la persona de que se trate a que comparezca ante ella.

4. Se informará a las partes de la audiencia de testigos o peritos ante la Oficina. Las partes podrán estar presentes y formular preguntas al testigo o perito.

Art. 66. *Notificación.*—La Oficina notificará de oficio a todas las partes interesadas las resoluciones e invitaciones a comparecer y cualquier notificación o comunicación que dé lugar a un plazo o que los interesados deban recibir conforme a lo dispuesto en este Reglamento, o en el Reglamento de ejecución, o cuya notificación haya sido dispuesta por el presidente de la Oficina.

Art. 67. *Restitución de derechos.*—1. El solicitante o titular de un dibujo o modelo comunitario registrado, o cualesquiera de las partes de un procedimiento entablado ante la Oficina, que, pese a haber obrado con toda la diligencia exigida por las circunstancias, no hubiere podido observar un plazo con respecto a aquélla, será restituido en sus derechos, a instancia suya, si la imposibilidad hubiere producido como consecuencia directa, en virtud de lo previsto en el presente Reglamento, la pérdida de un derecho o de un medio de recurso.

2. La petición deberá presentarse por escrito en el plazo de dos meses a partir de la desaparición de la causa de imposibilidad de observar el plazo y el acto omitido se realizará en el mismo plazo. La petición sólo será admisible en el plazo de un año a partir de la expiración del plazo incumplido. Si no se presentaré la solicitud de prórroga del registro o no hiciere efectiva la tasa de renovación, el plazo de seis meses previsto en la segunda frase del apartado 3 del artículo 13 se deducirá del período de un año.

3. La solicitud estará motivada y en ella se indicarán los hechos que la fundamenten. La solicitud no se tendrá por presentada a menos que se haya hecho efectiva la tasa de restitución.

4. El departamento competente para pronunciarse sobre el acto omitido resolverá sobre la solicitud.

5. Lo dispuesto en el presente artículo no será aplicable a los plazos a que se refiere su apartado 2 y el apartado 1 del artículo 41.

6. Cuando se restablezca en sus derechos al solicitante o titular de un dibujo o modelo comunitario registrado, éste no podrá aducir sus derechos frente a un tercero que, de buena fe y en el período comprendido entre la pérdida de los derechos sobre la solicitud o registro del dibujo o modelo comunitario registrado y la publicación de la mención de restitución en los mismos, hubiere comercializado productos a los que se hubiere incorporado o aplicado un dibujo o modelo comprendido en el ámbito de protección del dibujo o modelo comunitario registrado.

7. El tercero que pueda acogerse a lo dispuesto en el apartado 6 podrá oponerse a la decisión de restablecimiento en sus derechos del soli-

citante o titular de un dibujo o modelo comunitario registrado en el plazo de dos meses desde la fecha de publicación de la mención de restitución.

8. Lo dispuesto en el presente artículo no afectará a la facultad de los Estados miembros de otorgar la restitución de derechos con respecto a los plazos previstos en el presente Reglamento que deban observarse frente al Estado miembro de que se trate.

Art. 68. *Normativa supletoria.*—Para suplir las lagunas procesales del presente Reglamento, del Reglamento de ejecución, del reglamento sobre tasas o de las normas de procedimiento de la sala de recursos, la Oficina tendrá en cuenta los principios de Derecho procesal generalmente admitidos en los Estados miembros.

Art. 69. *Prescripción de las obligaciones económicas.*—1. La potestad de la Oficina de requerir el pago de las tasas prescribirá transcurridos cuatro años desde el término del año natural en el que se hubiera devengado la tasa correspondiente.

2. Las acciones contra la Oficina en materia de reembolso de tasas o cantidades percibidas en exceso con ocasión del cobro de una tasa prescribirán a los cuatro años desde el término del año en el que se generaron los derechos.

3. El plazo fijado en los apartados 1 y 2 quedará interrumpido, en el primer caso por la presentación de una solicitud de pago de la tasa y en el segundo por la presentación de un escrito razonado de reclamación. Tras la interrupción, el plazo volverá a contar de inmediato y expirará en un plazo máximo de seis años desde el término del año en el que comenzó a contar por primera vez a menos que, mientras tanto, se haya interpuesto una acción ante los tribunales para hacer valer el derecho. En este caso, el plazo expirará en fecha no anterior al término de un año a partir de la fecha en que la resolución haya adquirido fuerza de cosa juzgada.

SECCIÓN 2.ª

Costas

Art. 70. *Imposición de costas.*—1. La parte vencida en el procedimiento de declaración de nulidad de un dibujo o modelo comunitario registrado o de recurso sufragará las tasas abonadas por la otra parte, así como todos los gastos realizados inherentes al procedimiento, incluidos los de desplazamiento y estancia y la remuneración de un representante asesor o abogado, dentro de los límites y de las tarifas fijadas para cada tipo de gasto en el Reglamento de ejecución.

2. No obstante, en la medida en que cada una de las partes resulten vencidas o vencedoras en las diversas pretensiones del litigio, o si consideraciones de equidad así lo exigen, la división de anulación o la sala de recursos podrán decidir que las costas se repartan de otro modo.

3. La parte que ponga fin al procedimiento por renuncia al dibujo o modelo comunitario registrado, no renovación del registro o abandono de la acción de declaración de nulidad o del recurso pagará las tasas y costas de la otra parte, con arreglo a lo dispuesto en los apartados 1 y 2.

4. En caso de que no se dicte resolución, la división de anulación o la sala de recursos fijará discrecionalmente el reparto de las costas.

5. Si las partes convienen ante la división de anulación o la sala de recursos en un reparto de las costas distinto del previsto en los apartados 1 a 4, el departamento de que se trate tomará nota de dicho acuerdo.

6. A instancia de parte, el secretario de la división de anulación o la sala de recursos fijará el importe de las costas que deban abonarse según lo dispuesto en los apartados 1 a 5. Previa solicitud presentada en el plazo establecido en el Reglamento de ejecución, la división de anulación o la sala de recursos podrán modificar la cantidad así establecida.

Art. 71. *Ejecución de las resoluciones que fijen el importe de las costas.*—1. Toda resolución definitiva de la Oficina por la que se fije el importe de las costas tendrá carácter ejecutivo.

2. La ejecución se regirá por las normas de Derecho procesal civil vigentes en el Estado en cuyo territorio tenga lugar. La orden de ejecución se adjuntará a la resolución sin otro trámite que el de verificación de la autenticidad del título por parte del órgano nacional que el Gobierno de cada Estado miembro designe al efecto, de lo que aquél dará conocimiento a la Oficina y al Tribunal de Justicia.

3. Cumplidos estos trámites a instancia del interesado, éste podrá instar la ejecución forzosa, conforme a la legislación nacional, planteando la acción directamente ante el órgano competente.

4. La ejecución forzosa tan sólo podrá suspenderse mediante resolución del Tribunal de Justicia. No obstante, los tribunales del Estado miembro afectado conocerán de las acciones interpuestas por irregularidad del cumplimiento de las resoluciones de ejecución.

....

SECCIÓN 3.ª

Representación

Art. 78. *Representación profesional.*—1. La representación de personas físicas o jurídicas en procedimientos entablados ante la Oficina con arreglo al presente Reglamento sólo podrá ser asumida:

a) por un abogado facultado para ejercer en uno de los Estados miembros y cuyo domicilio profesional se encuentre en la Comunidad, siempre que pueda actuar en dicho Estado miembro en calidad de representante para asuntos de propiedad industrial; o

b) por los representantes autorizados inscritos en la lista de representantes autorizados contemplada en la letra *b*) del apartado 1 del artículo 89 del Reglamento sobre la marca comunitaria; o

c) por personas inscritas en la lista especial de mandatarios profesionales en materia de propiedad industrial, mencionada en el apartado 4.

2. Las personas mencionadas en la letra *c*) del apartado 1 sólo podrán inscribirse como representantes de terceros en los procedimientos en materia de propiedad industrial ante la Oficina.

3. El Reglamento de ejecución especificará cuando y en que forma los representantes que puedan actuar ante la Oficina deberán depositar ante ella un poder firmado.

4. Las personas físicas que cumplan los siguientes requisitos podrán inscribirse en la lista especial de representantes profesionales en materia de propiedad industrial:

a) tener la nacionalidad de uno de los Estados miembros;

b) tener un domicilio profesional o centro de trabajo dentro de la Comunidad;

c) estar facultado para representar a personas físicas o jurídicas en materia de propiedad industrial, ante el registro central de propiedad industrial de un Estado miembro o ante la Oficina de Dibujos y Modelos del Benelux. Cuando, en dicho Estado, la facultad para representar en materia de propiedad industrial no esté subordinada a la posesión de una titulación profesional específica, las personas que soliciten su inscripción en la lista deberán haber ejercido habitualmente una actividad en materia de propiedad industrial ante el registro central de dicho Estado miembro durante al menos cinco años. No obstante, se dispensará del requisito del ejercicio habitual de esta actividad a las personas cuya facultad para representar a personas físicas y jurídicas en materia de propiedad industrial, incluidos los derechos sobre dibujos y modelos, ante el registro central de un Estado miembro esté oficialmente reconocida con arreglo a la normativa vigente en dicho Estado.

5. La inscripción en la lista mencionada en el apartado 4 se hará a instancia de parte acompañada de un certificado emitido por el registro central de propiedad industrial del Estado miembro de que se trate, que indique que se cumplen las condiciones establecidas en dicho apartado.

6. El presidente de la Oficina podrá eximir del cumplimiento de:

a) el requisito establecido en la letra *a*) del apartado 4 en circunstancias especiales;

b) el requisito establecido en la segunda frase de la letra *c*) del apartado 4 si el solicitante probaré haber adquirido de otro modo la calidad requerida.

7. El Reglamento de ejecución fijará las condiciones en las que podrá procederse a dar de baja a una persona de la lista de representantes profesionales.

TÍTULO IX

Competencia y procedimiento en materia de acciones legales relativas a dibujos y modelos comunitarios

SECCIÓN 1.ª

Competencia y ejecución

Art. 79. *Aplicación del Convenio de Bruselas.*—1. Salvo disposición contraria del presente Reglamento, será aplicable a los procedimientos en materia de dibujos y modelos comunitarios y solicitudes de registro de dibujos y modelos comunitarios, así como a los procedimientos relativos a acciones derivadas de dibujos y modelos comunitarios y de dibujos y modelos nacionales que gocen de protección simultánea, el Convenio de competencia judicial y ejecución de sentencias en materia civil y mercantil, firmado en Bruselas el 27 de septiembre de 1968[1] denominados en lo sucesivo conjuntamente «Convenio de ejecución».

2. Las disposiciones del Convenio de competencia y ejecución aplicables en virtud del apartado 1 únicamente surtirán efecto respecto a un Estado miembro de acuerdo con el texto vigente en un determinado momento respecto a ese Estado.

3. Cuando se trate de procedimientos relativos a las acciones y demandas a que se refiere el artículo 81:

a) no serán aplicables los artículos 2 y 4, los puntos 1), 3), 4) y 5) del artículo 5, el apartado 4 del artículo 16 y el artículo 24 del Convenio de ejecución;

b) se aplicarán los artículos 17 y 18 del Convenio de ejecución dentro de los límites impuestos por el apartado 4 del artículo 82 del presente Reglamento;

c) las disposiciones del título II del Convenio de ejecución aplicables a las personas domiciliadas en un Estado miembro se entenderán asimismo aplicables a aquellas personas no domiciliadas en ningún Estado miembro pero que tengan un establecimiento en alguno de ellos.

4. Las disposiciones del Convenio de ejecución no serán aplicables a ningún Estado miembro en el que el Convenio de ejecución no haya entrado en vigor. Hasta tal entrada en vigor, los procedimientos mencionados en el apartado 1 del presente

---

[1] *DO* L 299, de 31-2-1972, p. 32. Convenio modificado por los Convenios de adhesión a dicho Convenio por parte de los Estados adheridos a las Comunidades Europeas.

Art. 79: Téngase en cuenta que el Convenio de Bruselas ha sido sustituido entre los Estados miembros por el Reglamento 44/2001 (*supra* núm. 7), también aplicable a Dinamarca desde el 1.º de julio de 2007 en virtud del Acuerdo entre la Comunidad Europea y el Reino de Dinamarca relativo a la competencia judicial, el reconocimiento y la ejecución de resoluciones en materia civil y mercantil, hecho en Bruselas el 19 de octubre de 2005 (*supra* núm. 8). Con relación a Gibraltar, véase la nota a la cabecera del citado Reglamento, aplicable al presente Reglamento.

artículo se regirán en ese Estado miembro por cualquier convenio bilateral o multilateral que rija sus relaciones con los otros Estados miembros afectados, o, a falta de tales convenios, por su legislación interna sobre competencia, reconocimiento y ejecución de resoluciones.

SECCIÓN 2.ª

Litigios en materia de infracción y validez de los derechos sobre dibujos y modelos comunitarios

Art. 80. *Tribunales de dibujos y modelos comunitarios.*—1. Los Estados miembros designarán en sus territorios respectivos un número tan limitado como sea posible de tribunales nacionales y de primera y segunda instancia («tribunales de dibujos y modelos comunitarios»), que desempeñarán las funciones que les atribuya el presente Reglamento.

2. A más tardar el 6 de marzo de 2005 los Estados miembros enviarán a la Comisión una relación de tribunales de dibujos y modelos comunitarios, con mención expresa de su denominación y de su competencia territorial.

3. Una vez enviada la relación referida en el apartado anterior, los Estados miembros comunicarán con la mayor brevedad a la Comisión cualquier cambio que se produzca en el número, denominación o competencia territorial de los tribunales de dibujos y modelos comunitarios.

4. La Comisión notificará a los Estados miembros la información a que se refieren los apartados 2 y 3 y la publicará en el *Diario Oficial de las Comunidades Europeas*.

5. Hasta tanto el Estado miembro no haya remitido la relación prevista en el apartado 2, la competencia sobre los procedimientos derivados de las acciones a que se refiere el artículo 81, y sobre las que sean competentes los tribunales de dicho Estado a tenor del artículo 82, corresponderá al tribunal de ese Estado que resultaría competente por razón del territorio y de la materia si se tratara de un procedimiento relativo a un derecho nacional sobre un dibujo o modelo en dicho Estado.

Art. 81. *Competencia en materia de infracciones, de nulidad.*—Los tribunales de dibujos y modelos comunitarios tendrán competencia exclusiva:

a) sobre las acciones por infracción y, si están contempladas en la legislación nacional, sobre las acciones por posible infracción de dibujos y modelos comunitarios;

b) sobre las acciones de declaración de inexistencia de infracción con relación a dibujos y modelos comunitarios, si están contempladas en la legislación nacional;

c) sobre las acciones de declaración de nulidad de un dibujo o modelo comunitario no registrado;

d) sobre las demandas de reconvención para la declaración de nulidad de un dibujo o modelo comunitario interpuestas a raíz de las demandas contempladas en la letra *a*).

Art. 82. *Competencia internacional.*—1. Sin perjuicio de lo dispuesto en el presente Reglamento y de cualesquiera otras disposiciones del Convenio de ejecución aplicables en virtud del artículo 79, los procedimientos resultantes de las acciones y demandas a que se refiere el artículo 81 se entablarán ante los tribunales del Estado miembro en cuyo territorio tuviere su domicilio el demandado o, si éste careciera de domicilio en alguno de los Estados miembros, del Estado miembro en el que tuviere su establecimiento.

2. Si el demandado careciera de domicilio o establecimiento en alguno de los Estados miembros, tales procedimientos se entablarán ante los tribunales del Estado miembro en el que tuviere su domicilio el demandante o, si éste careciera de domicilio en alguno de los Estados miembros, en el que tuviere su establecimiento.

3. Si ni el demandado ni el demandante tuvieren allí su domicilio o establecimiento, los procedimientos se entablarán ante los tribunales del Estado miembro en que tenga su sede la Oficina.

4. No obstante lo dispuesto en los apartados 1, 2 y 3:

a) se estará a lo dispuesto en el artículo 17 del Convenio de ejecución si las partes convienen en reconocer competente a otro tribunal de dibujos y modelos comunitarios;

b) estará a lo dispuesto en el artículo 18 del Convenio de ejecución si el demandado comparece ante otro tribunal de dibujos y modelos comunitarios.

5. Los procedimientos resultantes de las acciones y demandas a que se refieren las letras *a*) y *b*) del artículo 81 podrán entablarse ante los tribunales del Estado miembro en el que se hubiere cometido o pudiere cometerse la infracción.

Art. 83. *Alcance de la competencia sobre infracciones.*—1. El tribunal de dibujos y modelos comunitarios cuya competencia se fundamente en lo dispuesto en los apartados 1, 2, 3 ó 4 del artículo 82 será competente en materia de violaciones cometidas o que puedan cometerse en el territorio de cualquier Estado miembro.

2. El tribunal de dibujos y modelos comunitarios cuya competencia se fundamente en lo dispuesto en el apartado 5 del artículo 82 será competente tan sólo sobre las violaciones cometidas o que puedan cometerse en el territorio del Estado miembro en el que se encuentre dicho Tribunal.

Art. 84. *Acción o reconvención para la declaración de nulidad de un dibujo o modelo comunitario.*—1. La acción o demanda de reconvención para la declaración de nulidad de un dibujo o modelo comunitario sólo podrá basarse en las causas de nulidad enumeradas en el artículo 25.

2. En los supuestos específicos de los apartados 2 a 5 del artículo 25, la acción o demanda de reconvención sólo podrá ser interpuesta por la persona legitimada a tenor de esas disposiciones.

3. Si la demanda de reconvención fuere interpuesta en un litigio del que el titular del dibujo o mode-

lo comunitario no fuere ya parte, se le informará de ello y podrá personarse en el litigio en las condiciones que prescriba la legislación nacional del Estado miembro en el que se encuentre el tribunal.

4. No podrá impugnarse la validez de un dibujo o modelo comunitario mediante una acción de declaración de la inexistencia de infracción.

Art. 85. *Presunción de validez. Defensa en cuanto al fondo.*—1. En los litigios derivados de una acción por infracción o de una acción por intento de infracción de un dibujo o modelo comunitario registrado, el tribunal de dibujos y modelos comunitarios considerará válido el dibujo o modelo comunitario. La validez sólo podrá impugnarse mediante una demanda de reconvención para obtener la declaración de nulidad. No obstante, la excepción de nulidad de un dibujo o modelo comunitario propuesta por vía distinta de la reconvención sólo se admitirá si el demandado alega que ha de declararse nulo el dibujo o modelo comunitario por asistirle un derecho nacional previo a tenor de la letra *b*) del apartado 1 del artículo 25.

2. En los litigios derivados de una acción por infracción o de una acción por intento de infracción de un dibujo o modelo comunitario no registrado, el tribunal de dibujos y modelos comunitarios considerará que el dibujo o modelo es válido si su titular demuestra que se cumplen las condiciones previstas en el artículo 11 y si indica en qué posee un carácter singular su dibujo o modelo comunitario. No obstante, el demandado podrá impugnar su validez por vía de excepción o mediante una demanda de reconvención para obtener la declaración de nulidad.

Art. 86. *Resoluciones sobre la nulidad.*—1. En caso de que se impugne un dibujo o modelo comunitario mediante demanda de reconvención por nulidad en un litigio ante un tribunal de dibujos y modelos comunitarios, dicho tribunal:

a) declarará nulo el dibujo o modelo comunitario si considera que, por alguna de las causas contempladas en el artículo 25, no procede mantener el dibujo o modelo comunitario;

b) desestimará la demanda de reconvención si no se da ninguna de las causas contempladas en el artículo 25 en contra del mantenimiento del dibujo o modelo.

2. El tribunal de dibujos y modelos comunitarios ante el que se haya presentado una demanda de reconvención por nulidad de un dibujo o modelo comunitario registrado informará a la Oficina de la fecha de presentación de aquélla. La Oficina hará constar este hecho en el Registro de dibujos y modelos comunitarios.

3. El tribunal de dibujos y modelos comunitarios ante el que se presente una demanda de reconvención por nulidad de un dibujo o modelo comunitario registrado podrá suspender el procedimiento a instancia del titular de aquél y previa audiencia a las demás partes, invitando al demandado a presentar demanda de declaración de nulidad ante la Ofi-

cina en el plazo que el tribunal determine. De no presentarse la demanda en dicho plazo, se reanudará el procedimiento y la demanda de reconvención se tendrá por retirada. Se estará asimismo a lo dispuesto en el apartado 3 del artículo 91.

4. Cuando un tribunal de dibujos y modelos comunitarios haya dictado una resolución que tenga fuerza de cosa juzgada sobre una demanda de reconvención por nulidad de un dibujo o modelo comunitario registrado, se enviará a la oficina copia de la sentencia. Cualquiera de las partes podrá recabar información con respecto a este traslado. La Oficina inscribirá en el Registro una mención de la sentencia, según disponga el Reglamento de ejecución.

5. No podrá interponerse demanda de reconvención por nulidad de un dibujo o modelo comunitario registrado si la Oficina hubiere ya dirimido mediante resolución firme una demanda con el mismo objeto y la misma causa.

Art. 87. *Efectos de las resoluciones sobre validez.*—Cuando adquiera fuerza de cosa juzgada, toda resolución de un tribunal de dibujos y modelos comunitarios por la que se declare la nulidad de un dibujo o modelo comunitario surtirá en todos los Estados miembros los efectos establecidos en el artículo 26.

Art. 88. *Derecho aplicable.*—1. Los tribunales de dibujos y modelos comunitarios aplicarán las disposiciones del presente Reglamento.

2. En todas las cuestiones no previstas por el presente Reglamento, los tribunales de dibujos y modelos comunitarios aplicarán su legislación nacional, incluidas las normas de Derecho internacional privado.

3. Salvo disposición expresa en contrario del presente Reglamento, los tribunales de dibujos y modelos comunitarios aplicarán las normas procesales que rijan los procedimientos similares sobre dibujos y modelos nacionales vigentes en el Estado miembro en el que se encuentren.

Art. 89. *Sanciones por infracción.*—1. Si en una acción de infracción o intento de infracción, un tribunal de dibujos y modelos comunitarios hallare que el demandado ha infringido o amenazado con violar un dibujo o modelo comunitario, dictará las resoluciones siguientes, salvo que existan motivos especiales que lo desaconsejen:

a) interdicto por el que se prohíba al demandado continuar realizar los actos que infringen o pudieran infringir el dibujo o modelo comunitario;

b) orden de embargo de los productos infractores;

c) una orden de embargo de los materiales y aplicaciones especialmente utilizados para fabricar los bienes infractores, en el caso de que su propietario conociera los fines a que su empleo se destinaba o si tales fines fueran obvios en esas circunstancias;

d) cualquier orden que imponga otras sanciones apropiadas en las circunstancias previstas por la legislación vigente en el Estado miembro en el que se hayan cometido los actos de infracción o de amenaza de infracción, incluidas las normas de Derecho internacional privado.

2. El tribunal de dibujos y modelos comunitarios tomará medidas con arreglo a su legislación nacional destinadas a garantizar el cumplimiento de las resoluciones contempladas en el apartado 1.

Art. 90. *Medidas provisionales y cautelares.*—1. Las medidas provisionales y cautelares previstas por la legislación de un Estado miembro respecto de los dibujos y modelos nacionales podrán solicitarse respecto de los dibujos y modelos comunitarios a los tribunales de los Estados miembros, incluidos los de dibujos y modelos comunitarios, aun cuando, en virtud del presente Reglamento, el competente para conocer del fondo fuere un tribunal de dibujos y modelos comunitarios de otro Estado miembro.

2. En los litigios relativos a medidas provisionales y cautelares se admitirá la demanda de nulidad de un dibujo o modelo comunitario presentada por el demandado por vía distinta de la reconvención. Se aplicará, *mutatis mutandis*, lo dispuesto en el apartado 2 del artículo 85.

3. Los tribunales de dibujos y modelos comunitarios cuya competencia se fundamente en lo dispuesto en los apartados 1, 2, 3 ó 4 del artículo 82 podrán dictar medidas provisionales y cautelares que, condicionadas al cumplimiento de las formalidades preceptivas a efectos de reconocimiento y ejecución del título III del Convenio de ejecución, serán aplicables en el territorio de cualquier Estado miembro. Ningún otro tribunal gozará de tal competencia.

Art. 91. *Normas específicas sobre conexión de causas.*—1. A menos que existan razones especiales para proseguir la causa, el tribunal de dibujos y modelos comunitarios ante el que se hubiera interpuesto una acción de las previstas en el artículo 81, salvo las de declaración de inexistencia de infracción, podrá suspender el procedimiento de oficio o a instancia de parte previa audiencia a las partes, si la validez del dibujo o modelo comunitario ya se hubiere impugnado ante otro tribunal de dibujos y modelos comunitarios por la vía de la reconvención o, en el caso de un dibujo o modelo comunitario registrado, si se hubiere presentado ante la Oficina una demanda de nulidad.

2. A menos que hubiere razones especiales para proseguir la causa, si recibiere una demanda de nulidad de un dibujo o modelo comunitario registrado, la Oficina suspenderá el procedimiento, de oficio o a instancia de parte, previa audiencia a las partes, si la validez del dibujo o modelo comunitario registrado se hubiere ya impugnado por la vía de la reconvención ante un tribunal de dibu-

jos y modelos comunitarios. No obstante, a instancia de una de las partes del procedimiento entablado ante tal tribunal, éste podrá suspender el procedimiento, previa audiencia a las demás partes del mismo. En tal caso, la Oficina reanudará el procedimiento pendiente ante ella.

3. El tribunal de dibujos y modelos comunitarios que suspenda el procedimiento podrá dictar medidas provisionales y cautelares durante el plazo de la suspensión.

Art. 92. *Competencia de los tribunales de dibujos y modelos comunitarios de segunda instancia. Recurso de casación.*—1. Contra las resoluciones de los tribunales de dibujos y modelos comunitarios de primera instancia podrá interponerse recurso de casación ante los tribunales de dibujos y modelos comunitarios de segunda instancia cuando se trate de procedimientos derivados de las acciones y demandas previstas en el artículo 81.

2. La legislación nacional del Estado miembro en el que se encuentre el tribunal de dibujos y modelos comunitarios de segunda instancia determinará las condiciones en que podrá interponerse el correspondiente recurso de casación.

3. Las disposiciones nacionales, en materia de apelación se aplicarán a las resoluciones de los tribunales de dibujos y modelos comunitarios.

SECCIÓN 3.ª

Otros conflictos relativos a dibujos y modelos comunitarios

Art. 93. *Disposiciones adicionales sobre competencia de los tribunales nacionales distintos de los tribunales de dibujos y modelos comunitarios.*—1. En el Estado miembro cuyos tribunales sean competentes según lo dispuesto en los apartados 1 y 4 del artículo 79, los tribunales que tendrán competencia en las acciones sobre dibujos y modelos comunitarios distintas de las previstas en el artículo 81 serán aquellos que tendrían competencia territorial y material si se tratase de acciones relativas a un dibujo o modelo nacional de dicho Estado.

2. Las acciones relativas a dibujos y modelos comunitarios distintas de las mencionadas en el artículo 81 y sobre las que no haya tribunal competente con arreglo a los apartados 1 y 4 del artículo 79 y al apartado 1 del presente artículo se interpondrán, ante los tribunales del país en el que tenga su sede la Oficina.

Art. 94. *Obligación del tribunal nacional.*—El tribunal nacional que conociere de una acción relativa a un dibujo o modelo comunitario distinta de las mencionadas en el artículo 81 tendrá el dibujo o modelo por válido. Ello no obstante, será de aplicación, *mutatis mutandis*, lo previsto en el apartado 2 del artículo 85 y el apartado 2 del artículo 90.

TÍTULO X

Efectos sobre la legislación de los Estados miembros

Art. 95. *Acciones paralelas basadas en dibujos y, modelos comunitarios y dibujos y modelos nacionales.*—1. Cuando se interpongan acciones por infracción o intento de infracción derivadas de la misma actuación entre las mismas partes ante tribunales de distintos Estados miembros, una de ellas basada en un dibujo o modelo comunitario y la otra basada en un dibujo o modelo nacional que otorgue protección simultánea, el tribunal ante el que se hubiere iniciado el segundo litigio se inhibirá en favor del tribunal ante el que se hubiere instado la primera acción. El tribunal que hubiere de inhibirse podrá suspender la causa si se hubiere impugnado la competencia del otro tribunal.

2. El tribunal de dibujos y modelos comunitarios que conociere de una acción de infracción o intento de infracción basada en un dibujo o modelo comunitario desestimará la demanda si se hubiere dictado sentencia firme en cuanto al fondo por la misma acción y entre las mismas partes basada en un dibujo o modelo que otorgue protección simultánea.

3. El tribunal que conociere de una acción por infracción o posible infracción basada en un derecho sobre un dibujo o modelo nacional desestimará la demanda si se hubiere dictado sentencia firme en cuanto al fondo por la misma acción y entre las mismas partes basada en un dibujo o modelo comunitario que otorgue protección simultánea.

4. Lo dispuesto en los apartados 1, 2 y 3 no será de aplicación a las medidas provisionales y cautelares.

Art. 96. *Relaciones con otros mecanismos de protección previstos en la legislación nacional.*—1. Lo dispuesto en el presente Reglamento se entenderá sin perjuicio de cualquier acción que pueda interponerse a tenor de lo dispuesto en el Derecho comunitario o en la legislación de un Estado miembro en materia de dibujos y modelos no registrados, marcas comerciales u otros signos distintivos, patentes, modelos de utilidad, caracteres tipográficos, responsabilidad civil o competencia desleal.

2. Los dibujos y modelos protegidos por un dibujo o modelo comunitario podrán acogerse asimismo a la protección conferida por las normas sobre derechos de autor de los Estados miembros a partir de la fecha en que el dibujo o modelo hubiere sido creado o fijado sobre cualquier soporte. Los Estados miembros determinarán el alcance y las condiciones en que se concederá dicha protección, incluido el grado de originalidad exigido.

....

L) TÍTULOS VALORES

137. LEY 19/1985, DE 16 DE JULIO, CAMBIARIA Y DEL CHEQUE

(Arts. 98-105 y 162-167)

(*BOE* núm. 172, de 19 de julio de 1985)

TÍTULO PRIMERO

De la letra de cambio y del pagaré

....

CAPÍTULO XV

DEL CONFLICTO DE LEYES

Art. 98. La capacidad de una persona para obligarse por letra de cambio o pagaré a la orden se determina por su Ley nacional. Si esta Ley declara competente la Ley de otro país, se aplicará esta última.

La persona incapaz, según la Ley indicada en el párrafo anterior, quedará, sin embargo, válidamente obligada si hubiere firmado en el territorio de un país conforme a cuya legislación esa persona habría sido capaz de obligarse cambiariamente.

Art. 99. La forma de las obligaciones asumidas en materia de letra de cambio y pagaré a la orden se rige por la Ley del país en cuyo territorio se han suscrito.

No obstante, si las obligaciones asumidas en una letra de cambio o en un pagaré a la orden no son válidas según las disposiciones del párrafo precedente, pero sí lo son conforme a la legislación del Estado donde una obligación posterior ha sido suscrita, los defectos de forma de la primera obligación no afectarán a la validez de la obligación posterior.

Art. 98.1: Cfr. arts. 9.º y 12.2 del Código civil (*supra* núm. 72).

Art. 98.2: Cfr. art. 10.8 del Código civil (*supra* núm. 72).

Art. 99: Cfr. art. 164.1 de esta misma Ley; art. 11 del Código civil (*supra* núm. 72).

Las declaraciones cambiarias otorgadas en el extranjero serán válidas entre las personas nacionales o con residencia habitual en un mismo país cuando aquéllas hubieren respetado la forma impuesta por la Ley del mismo y se ejercite en él las acciones que de ellas resulten.

Art. 100. Los efectos de las obligaciones del aceptante de una letra de cambio y del firmante de un pagaré se determinan por la ley del lugar en que estos títulos deban pagarse.

Los efectos que producen las firmas de las otras personas obligadas por la letra de cambio o pagaré a la orden se regirán por la Ley del país en cuyo territorio las firmas se hayan otorgado.

Art. 101. Los plazos para el ejercicio de las acciones de regreso se determinan para todos los firmantes por la Ley del lugar en que se emitió la letra.

Art. 102. La Ley del lugar donde se emitió el título determina si el tenedor de una letra de cambio adquiere el crédito que deriva de la relación causal que dio lugar a la emisión del título.

Art. 103. La Ley del país donde la letra de cambio ha de pagarse regula si la aceptación puede limitarse a una parte de su importe y si el tenedor está obligado o no a recibir un pago parcial.

La misma regla se aplica al pago del pagaré.

Art. 104. La forma y los plazos del protesto, así como la forma de los otros actos necesarios para el ejercicio o la conservación de los derechos en materia de letra de cambio y pagaré, se regirán por las Leyes del país en cuyo territorio deba efectuarse el protesto o el acto.

Art. 105. La Ley del país en que la letra de cambio o el pagaré han de pagarse rige las medidas a adoptar en caso de pérdida o de robo de la letra de cambio o del pagaré.

....

Art. 101: Cfr. art. 103 de esta misma Ley.

Art. 102: Cfr. art. 167.6.º de esta misma Ley.

Art. 103: Para las cuestiones relativas al pago de letras de cambio libradas en moneda extranjera, téngase en cuenta el art. 47.

TÍTULO II

Del cheque

....

CAPÍTULO XI

DEL CONFLICTO DE LEYES

Art. 162. La capacidad de una persona para obligarse por cheque se determina por su Ley nacional. Si esta Ley declara competente la Ley de otro país, se aplicará esta última.

La persona incapaz, según la Ley indicada en el párrafo anterior, quedará, sin embargo, válidamente obligada, si hubiere otorgado su firma en el territorio de un país conforme a cuya legislación esa persona habría sido capaz de obligarse cambiariamente.

Art. 163. La Ley del país en que el cheque es pagadero determina las personas contra las que puede ser librado.

Cuando el título sea nulo como cheque, según la Ley mencionada en el párrafo anterior, por razón de la persona contra la cual hubiere sido librado, serán, sin embargo, válidas las obligaciones resultantes de las firmas puestas en él, en otros países cuyas Leyes no contengan la misma disposición.

Art. 164. La forma de las obligaciones asumidas en materia de cheque se rige por la Ley del país en que hubieren sido suscritas. Será, sin embargo, suficiente el cumplimiento de las formas prescritas por la Ley del lugar de pago.

No obstante lo dispuesto en el párrafo anterior, si las obligaciones asumidas en un cheque no fueran válidas en virtud de las disposiciones establecidas en dicho párrafo, pero si fueran conformes a la legislación del Estado donde una obligación posterior ha sido suscrita, los defectos de forma de la primera obligación no afectarán a la validez de la obligación posterior.

Las obligaciones asumidas en materia de cheque en el extranjero serán válidas entre las personas nacionales o con residencia habitual en un país cuando se hubiere respetado la forma impuesta por la Ley del mismo y se ejerciten en su territorio las acciones derivadas de aquéllas.

Art. 165. Los efectos de las obligaciones derivadas del cheque se rigen por la Ley del país en que estas obligaciones hubieren sido suscritas.

Art. 166. Los plazos para el ejercicio de las acciones se determinan para todos los firmantes

---

Art. 162: Vid. nota al art. 98.1 y 2.

Art. 164.1: Vid. nota al art. 99.

por la Ley del lugar donde el título hubiera sido creado.

Art. 167. La Ley del país en que el cheque ha de pagarse será la aplicable para determinar:

1.º Si el cheque es necesariamente a la vista o si puede ser librado a un cierto plazo contado desde la vista e igualmente cuáles son los efectos de su posdata.

2.º El plazo de presentación.

3.º Si el cheque puede ser aceptado, certificado, confirmado o visado y cuáles son los efectos de tales menciones.

4.º Si el tenedor puede exigir y si está obligado a recibir un pago parcial.

5.º Si el cheque puede ser cruzado o provisto de la mención «para abonar en cuenta» o de una expresión equivalente y cuáles son los efectos del cruzamiento o de esa mención o expresión equivalente.

6.º Si el tenedor tiene derechos especiales sobre la provisión y cuál es la naturaleza de éstos.

7.º Si el librador puede revocar el cheque y oponerse a su pago.

8.º Las medidas a tomar en caso de pérdidas o robo del cheque.

9.º Si es necesario un protesto o declaración equivalente para conservar el derecho de regreso contra los endosantes, el librador y los demás obligados.

10. La forma y los plazos del protesto, así como la forma de los otros actos necesarios para el ejercicio o la conservación de los derechos.

....

Art. 167: Para las cuestiones relativas al pago de cheques librados en moneda extranjera, téngase en cuenta el art. 142.

M) MERCADO Y COMPETENCIA

138. LEY 24/1988, DE 28 DE JULIO, DEL MERCADO DE VALORES*

[Arts. 3.º, 25, 29, 30, 34, 35, 35 bis, 35 ter, 36, 38, 44 bis, 44 ter, 53, 53 bis, 53 ter, 60, 60 bis, 60 ter, 60 quáter, 61, 82 y 85]

(*BOE* núm. 181, de 29 de julio de 1988; corr. de errores, *BOE* núm. 122, de 23 de mayo de 1989, y núm. 185, de 4 de agosto de 1989)

TÍTULO PRIMERO

Disposiciones generales

CAPÍTULO PRIMERO

ÁMBITO DE LA LEY

....

Art. 3.º Las disposiciones de la presente Ley serán de aplicación a todos los valores cuya emisión, negociación o comercialización tenga lugar en el territorio nacional.

....

* Modificada por la Ley 47/2007, de 19 de diciembre, por la que se modifica la Ley 24/1988, de 28 de julio, del Mercado de Valores (*BOE* de 20-12-2007), que incorpora al ordenamiento jurídico español: la Directiva 2004/39 del Parlamento Europeo y del Consejo, de 21 de abril de 2004, relativa a los mercados de instrumentos financieros (*DO* L 145, de 30-4-2004); la Directiva 2006/73/CE de la Comisión, de 10 de agosto de 2006, por la que se aplica la Directiva 2004/39/CE del Parlamento Europeo y del Consejo en lo relativo a los requisitos organizativos y las condiciones de funcionamiento de las empresas de inversión y términos definidos a efectos de dicha Directiva (*DO* L 241, de 2-9-2006); y la Directiva 2006/49/CE del Parlamento Europeo y del Consejo de 14 de junio de 2006, sobre la adecuación del capital de las empresas de inversión y las entidades de crédito (*DO* L 177, de 30-6-2006). La Ley 24/1988 de Mercado de Valores ha sido modificada también por la Ley 6/2007, de 12 de abril, de reforma de la Ley 24/1988, de 28 de julio, del Mercado de Valores, para la modificación del régimen de las ofertas públicas de adquisición y de la transparencia de los emisores (*BOE* de 13-4-2007), que transpone al ordenamiento jurídico español la Directiva 2004/25/CE del Parlamento Europeo y del Consejo, de 21 de abril de 2004, relativa a las ofertas públicas de adquisición (*DO* L 142, de 30-4-2004) y la Directiva 2004/109/CE del Parlamento Europeo y del Consejo, de 15 de diciembre de 2004, sobre armonización de los requisitos de transparencia relativos a la información sobre los emisores cuyos valores se admiten a negociación en un mercado regulado (*DO* L 390, de 31-12-2004); además hay que tener en cuenta las Disps. Adic. y Trans. de dicha Ley.

Art. 3.º: Respecto del ámbito de aplicación de las normas de actuación en el mer-

TÍTULO III

Mercado primario de valores

CAPÍTULO PRIMERO

DISPOSICIONES GENERALES

Art. 25. *Libertad de emisión, colocación de emisiones y requisitos de elegibilidad para la admisión a negociación en un mercado secundario oficial.*—1. Las emisiones de valores no requerirán autorización administrativa previa.

2. Para la colocación de emisiones podrá recurrirse a cualquier técnica adecuada a elección del emisor. En el caso de que el emisor esté obligado a elaborar un folleto, la colocación deberá ajustarse a las condiciones recogidas en él.

3. El emisor deberá estar válidamente constituido de acuerdo con la legislación del país en el que esté domiciliado y deberá estar operando de conformidad con su escritura de constitución y estatutos o documentos equivalentes.

4. Los valores deberán respetar el régimen jurídico al que estén sometidos.

5. Los valores serán libremente transmisibles.

....

Art. 29. *Validez transfronteriza del folleto.*—Sin perjuicio de lo dispuesto en el artículo 30, el folleto aprobado por la Comisión Nacional del Mercado de Valores, así como sus suplementos serán válidos para la admisión a negociación en cualesquiera Estados miembros de acogida, siempre que la Comi-

---

cado de valores: en particular las relativas a la publicidad e información a los clientes de las tarifas, las operaciones y servicios que la entidad realiza habitualmente y los contratos tipo, el art. 1.º de la Circular 1/1996, de 27 de marzo, de la Comisión Nacional del Mercado de Valores (*BOE* de 9-4-1995), dispone que:

«La presente Circular será de aplicación a las operaciones y actividades comprendidas en el ámbito de la Ley 24/1988, de 28 de julio, del Mercado de Valores (en adelante Ley del Mercado de Valores), que hayan sido iniciadas o realizadas en España por las siguientes entidades:

a) Las sociedades y agencias de valores y las sociedades gestoras de carteras.

b) Las demás entidades sujetas a la Ley del Mercado de Valores, sin perjuicio de la aplicación a tales entidades de su normativa específica cuando realicen operaciones y actividades fuera del ámbito de dicha Ley.»

Asimismo, la Orden de 7-10-1999 sobre desarrollo del código general de conducta y normas de actuación en la gestión de carteras de inversión (*BOE* de 16-10-1999) dispone en su punto 1.º:

«*1.º Ámbito de aplicación.*—La presente Orden será de aplicación a las Empresas de Servicios de Inversión y Entidades de Crédito tanto españolas como extranjeras (en adelante, las entidades), que lleven a cabo en territorio nacional actividades de gestión discrecional e individualizada de carteras de inversión con arreglo a los mandatos conferidos por inversores residentes en España.»

Arts. 25, 29 y 30: Redactados de conformidad con el Real Decreto Ley 5/2005, de 11 de marzo, de reformas urgentes para el impulso a la productividad y para la mejora de la contratación pública (*BOE* de 14-3-2005).

sión Nacional del Mercado de Valores lo notifique a la autoridad competente de cada Estado miembro de acogida de conformidad con lo establecido reglamentariamente.

Asimismo, sin perjuicio de lo dispuesto en el mencionado artículo 30, el folleto aprobado por la autoridad competente del Estado de origen, así como sus suplementos, serán válidos para la admisión a negociación en España, siempre que dicha autoridad competente lo notifique a la Comisión Nacional del Mercado de Valores. En este caso, la Comisión Nacional del Mercado de Valores se abstendrá de aprobar dicho folleto o de realizar procedimiento administrativo alguno en relación con él.

Art. 30. *Medidas preventivas.*—1. Cuando España sea Estado miembro de acogida, la Comisión Nacional del Mercado de Valores deberá informar a la autoridad competente del Estado miembro de origen si observa que el emisor o las entidades financieras encargadas de la oferta pública han cometido irregularidades, o si observa violación de las obligaciones del emisor derivadas de la admisión a cotización en un mercado secundario oficial.

2. En el caso de que, pese a las medidas adoptadas por la autoridad competente del Estado miembro de origen o debido a que dichas medidas hayan resultado inadecuadas, el emisor o la entidad financiera encargada de la oferta pública persista en la violación de las oportunas disposiciones legales o reglamentarias, la Comisión Nacional del Mercado de Valores, tras informar a la autoridad competente del Estado miembro de origen, adoptará todas las medidas pertinentes para proteger a los inversores. La Comisión Nacional del Mercado de Valores informará inmediatamente a la Comisión Europea sobre las medidas adoptadas.

....

TÍTULO IV

Mercados secundarios oficiales de valores

CAPÍTULO PRIMERO

DISPOSICIONES GENERALES

....

Art. 34. *Exclusión de negociación.*—1. La Comisión Nacional del Mercado de Valores podrá acordar la exclusión de la negociación de aquellos instru-

---

Art. 34: Los arts. 34, 36, 38, 44 bis, 11, y 85 han sido redactados, y el art. 44 bis apartado 12 ha sido añadido, de acuerdo con la Ley 47/2007, de 19 de diciembre, por la que se modifica la Ley 24/1988, de 28 de julio, del Mercado de Valores (*BOE* de 20-12-2007), que incorpora al ordenamiento jurídico español: la Directiva

mentos financieros que no alcancen los requisitos de difusión, frecuencia o volumen de contratación que reglamentariamente se establezcan, y de aquellos otros cuyo emisor no cumpla las obligaciones que le incumban, en especial en materia de remisión y publicación de información. Sin perjuicio de las medidas cautelares que puedan adoptarse, tales acuerdos se tomarán siempre previa audiencia de la entidad emisora. Dicha competencia corresponderá a la Comunidad Autónoma con competencias en la materia, respecto a los instrumentos financieros negociados exclusivamente en mercados de su ámbito autonómico.

2. La Comisión Nacional del Mercado de Valores deberá hacer público inmediatamente el acuerdo de exclusión e informar a las autoridades competentes de los demás Estados miembros en los que se negocie ese instrumento, para que acuerden la exclusión de su negociación en sus mercados regulados, sistemas multilaterales de negociación e internalizadores sistemáticos bajo su supervisión, salvo cuando pudiera causarse perjuicio grave a los intereses de los inversores o al funcionamiento ordenado del mercado.

Asimismo, la Comisión Nacional del Mercado de Valores, cuando lo estime procedente, comunicará el acuerdo de exclusión a las autoridades de terceros Estados a cuyos mercados pudiera afectar la decisión.

Del mismo modo, cuando la autoridad competente de otro Estado miembro le comunique a la Comisión Nacional del Mercado de Valores un acuerdo de exclusión, ésta excluirá de la negociación a dicho instrumento financiero en los mercados secundarios oficiales, los sistemas multilaterales de negociación españoles y en los internalizadores sistemáticos bajo su supervisión, salvo que pudiera causarse perjuicio grave a los intereses de los inversores o al funcionamiento ordenado del mercado.

2004/39 relativa a los mercados de instrumentos financieros (*DO* L 145, de 30-4-2004); la Directiva 2006/73/CE por la que se aplica la Directiva 2004/39/CE del Parlamento Europeo y del Consejo en lo relativo a los requisitos organizativos y las condiciones de funcionamiento de las empresas de inversión y términos definidos a efectos de dicha Directiva (*DO* L 241, de 2-9-06); y la Directiva 2006/49/CE sobre la adecuación del capital de las empresas de inversión y las entidades de crédito (*DO* L 177, de 30-6-2006). Los arts. 34, 35, 36, 53, 60, 61, 82 han sido redactados, y los artículos 35 bis, 35 ter, 53 bis, 53 ter, 60 bis, 60 quáter han sido añadidos, de acuerdo con la Ley 6/2007, de 12 de abril, de reforma de la Ley 24/1988, de 28 de julio, del Mercado de Valores, para la modificación del régimen de las ofertas públicas de adquisición y de la transparencia de los emisores (*BOE* de 13-4-2007), que transpone al ordenamiento jurídico español la Directiva 2004/25/CE relativa a las ofertas públicas de adquisición (*DO* L 142, de 30-4-2004) y la Directiva 2004/109/CE sobre armonización de los requisitos de transparencia relativos a la información sobre los emisores cuyos valores se admiten a negociación en un mercado regulado (*DO* L 390, de 31-12-2004).

3. Asimismo, la sociedad rectora de un mercado secundario oficial podrá excluir de la negociación a un instrumento financiero que deje de cumplir las normas del mercado de acuerdo con las condiciones previstas en el reglamento del mercado, salvo en el caso de que tal decisión pudiera causar perjuicio grave a los intereses de los inversores o al funcionamiento ordenado del mercado. En todo caso, inmediatamente después de adoptar la decisión deberá comunicarla a la Comisión Nacional del Mercado de Valores y hacerla pública. De conformidad con lo señalado en el apartado anterior, la Comisión Nacional del Mercado de Valores informará debidamente de ello a las autoridades competentes de los demás Estados miembros.

4. Las entidades rectoras de los sistemas multilaterales de negociación y las demás entidades a las que se refiere el Capítulo III del Título XI estarán obligadas a excluir de la negociación el instrumento financiero desde el momento en que se haga público el acuerdo de exclusión.

5. Asimismo, la exclusión de la negociación de un instrumento financiero en un mercado secundario oficial podrá también ser solicitada por la entidad emisora. Así, cuando una sociedad acuerde la exclusión de negociación de sus acciones en los mercados secundarios oficiales, deberá promover una oferta pública de adquisición dirigida a todos los valores afectados por la exclusión. Se asimilarán a la exclusión de negociación aquellas operaciones societarias en virtud de las cuales los accionistas de la sociedad cotizada puedan convertirse, total o parcialmente, en socios de otra entidad no cotizada.

Reglamentariamente se establecerán las condiciones para la fijación del precio y demás requisitos de las ofertas públicas previstas en este apartado.

La Comisión Nacional del Mercado de Valores podrá dispensar de la obligación de formular una oferta pública de adquisición en aquellos supuestos en los que mediante otro procedimiento equivalente se asegure la protección de los legítimos intereses de los titulares de acciones afectadas por la exclusión, así como de los correspondientes a los titulares de las obligaciones convertibles y demás valores que den derecho a su suscripción.

En caso de oferta previa a la exclusión de negociación, el límite de adquisición de acciones propias establecido en el Real Decreto Legislativo 1.564/1989, de 22 de diciembre, por el que se aprueba el Texto Refundido de la Ley de Sociedades Anónimas para las acciones cotizadas en un mercado secundario oficial será el 10 por 100 del capital social. Si como consecuencia de la realización de la oferta, las acciones propias superasen este límite, deberán ser amortizadas o enajenadas en el plazo de un año.

El acuerdo de exclusión y los relativos a la oferta y al precio ofrecido deberán ser aprobados por la Junta General de Accionistas.

Al tiempo de la convocatoria de los órganos sociales que deban aprobar la oferta, se pondrá a disposición de los titulares de los valores afectados un informe de los administradores en el que se justifique detalladamente la propuesta y el precio ofrecido.

Art. 35. *Obligaciones de información periódica de los emisores.*—1. Cuando España sea Estado miembro de origen, los emisores cuyos valores estén admitidos a negociación en un mercado secundario oficial o en otro mercado regulado domiciliado en la Unión Europea, harán público y difundirán su informe financiero anual en el plazo máximo de cuatro meses desde la finalización de cada ejercicio, debiendo asegurarse de que se mantiene a disposición del público durante al menos cinco años. Asimismo, someterán sus cuentas anuales a auditoría de cuentas. El informe de auditoría se hará público junto con el informe financiero anual.

El informe financiero anual comprenderá las cuentas anuales y el informe de gestión revisados por el auditor con el alcance definido en el artículo 208 del Texto Refundido de la Ley de Sociedades Anónimas, aprobado por Real Decreto Legislativo 1564/1989, de 22 de diciembre, así como las declaraciones de responsabilidad de su contenido.

2. Cuando España sea Estado miembro de origen, los emisores cuyas acciones o valores de deuda estén admitidos a negociación en un mercado secundario oficial o en otro mercado regulado domiciliado en la Unión Europea, harán público y difundirán un informe financiero semestral relativo a los seis primeros meses del ejercicio, en el plazo máximo de dos meses desde la finalización del período correspondiente. Los emisores deberán asegurarse de que el informe se mantiene a disposición del público durante al menos cinco años.

Cuando España sea Estado miembro de origen, los emisores cuyas acciones estén admitidas a negociación en un mercado secundario oficial o en otro mercado regulado domiciliado en la Unión Europea, estarán obligados además a hacer público y difundir un segundo informe financiero semestral referido a los doce meses del ejercicio en el plazo máximo de dos meses desde la finalización del período correspondiente. Esta obligación no será de aplicación cuando el informe financiero anual se haya hecho público en los dos meses siguientes a la finalización del ejercicio a que se refiere.

El informe financiero semestral comprenderá: las cuentas anuales resumidas, un informe de gestión intermedio y las declaraciones de responsabilidad sobre su contenido.

A los efectos de lo dispuesto en este artículo y en el siguiente, se entenderá por valores de deuda las obligaciones y aquellos otros valores negociables que reconozcan o creen una deuda, salvo los valores que sean equivalentes a las acciones o que, por su conversión o por el ejercicio de los derechos que confieren, den derecho a adquirir acciones o valores equivalentes a las acciones.

3. Sin perjuicio de lo dispuesto en el artículo 82 de la presente Ley, cuando España sea Estado miembro de origen, los emisores cuyas acciones estén admitidas a negociación en un mercado secundario oficial o en otro mercado regulado domiciliado en la Unión Europea harán público y difundirán con carácter trimestral durante el primero y segundo semestre del ejercicio una declaración intermedia de gestión que contenga, al menos:

a) Una explicación de los hechos y operaciones significativos que hayan tenido lugar durante el período correspondiente y su incidencia en la situación financiera del emisor y de sus empresas controladas, y

b) Una descripción general de la situación financiera y de los resultados del emisor y sus empresas controladas durante el período correspondiente.

No se exigirá la declaración intermedia de gestión a los emisores que publiquen informes financieros trimestrales.

4. La información periódica a la que se refieren los apartados anteriores deberá remitirse a la Comisión Nacional del Mercado de Valores, cuando España sea Estado miembro de origen en los términos que se establezcan reglamentariamente, para su incorporación al registro oficial regulado en el artículo 92 de esta Ley.

La Comisión Nacional del Mercado de Valores comprobará que la información periódica se ha elaborado de conformidad con la normativa aplicable, o procederá, en caso contrario, a requerir su cumplimiento.

5. No estarán sujetos al cumplimiento de lo dispuesto en los apartados anteriores de este artículo:

a) Los Estados miembros de la Unión Europea, las Comunidades Autónomas, los entes locales y las demás entidades análogas de los Estados miembros de la Unión Europea, los organismos públicos internacionales de los que sea miembro al menos un Estado miembro de la Unión Europea, el Banco Central Europeo, y los Bancos Centrales nacionales de los Estados miembros de la Unión Europea, emitan o no acciones u otros valores; y

b) Los emisores que tengan únicamente emisiones vivas de valores de deuda admitidas a negociación en un mercado secundario oficial u otro mercado regulado domiciliado en la Unión Europea cuyo valor nominal unitario sea al menos 50.000 euros.

6. Cuando España sea Estado miembro de origen, no estarán sujetos al cumplimiento de lo dispuesto en el apartado 2, los emisores constituidos antes del 31 de diciembre de 2003 que tengan exclusivamente valores de deuda admitidos a negociación en un mercado secundario oficial o en otro mercado regulado domiciliado en la Unión Europea cuando dichos

valores cuenten con la garantía incondicional e irrevocable del Estado, sus Comunidades Autónomas o entes locales.

7. Reglamentariamente se establecerán:

a) Los plazos y demás requisitos para la remisión a la CNMV de la información financiera.

b) Los requisitos para la publicación y difusión de la información periódica.

c) Los plazos para la publicación de la información trimestral.

d) El contenido de la declaración de responsabilidad, así como los órganos o personas del emisor que deberán realizarla.

e) El contenido de la información financiera semestral y trimestral, y en su caso, las adaptaciones y excepciones que correspondan para determinadas categorías de valores, mercados o emisores.

f) Los principios contables aceptables para emisores de Estados no miembros de la Unión Europea.

g) Cualquier otro aspecto que sea necesario para la aplicación de este artículo y en particular el contenido de la información que se precise para la publicación de estadísticas por la Comisión Nacional del Mercado de Valores.

8. Lo dispuesto en este artículo y en el artículo siguiente no será de aplicación a los fondos de inversión y sociedades de inversión colectiva de capital variable a que se refiere la Ley 35/2003, de 4 de noviembre, de Instituciones de Inversión Colectiva.

Art. 35 bis. *Otras obligaciones de información.*—1. Los emisores cuyos valores estén admitidos a negociación en un mercado secundario oficial o en otro mercado regulado domiciliado en la Unión Europea, cuando España sea Estado miembro de origen, harán público y difundirán todo cambio en los derechos inherentes a dichos valores. Igualmente harán pública y difundirán información sobre las nuevas emisiones de deuda. Los emisores remitirán a la Comisión Nacional del Mercado de Valores dicha información para su incorporación al registro oficial regulado en el artículo 92 de esta Ley.

Reglamentariamente se establecerán las excepciones a la obligación establecida en el párrafo anterior, los requisitos para la publicación y difusión de esta información así como para su remisión a la Comisión Nacional del Mercado de Valores.

2. Los emisores cuyas acciones u obligaciones estén admitidos a negociación en un mercado secundario oficial o en otro mercado regulado domiciliado en la Unión Europea se asegurarán de que todos los mecanismos y la información necesarios para permitir que los accionistas y los tenedores de obligaciones ejerzan sus derechos estén disponibles en España cuando sea el Estado miembro de origen y de que se preserve la integridad de los datos. A tales efectos, para los emisores de acciones que cotizan en un mercado secundario oficial dicha obliga-

ción se entenderá cumplida mediante la aplicación de lo dispuesto en el artículo 117 de esta Ley y sus normas de desarrollo. Reglamentariamente se establecerán los requisitos aplicables al resto de los emisores. Lo dispuesto en este apartado no será de aplicación a los valores emitidos por los Estados miembros de la Unión Europea, las Comunidades Autónomas, los entes locales y las demás entidades análogas de los Estados miembros.

3. Cuando España sea Estado miembro de origen, los emisores cuyos valores estén admitidos a negociación en un mercado secundario oficial o en otro mercado regulado domiciliado en la Unión Europea que propongan modificar su documento de constitución o sus estatutos, comunicarán, a la Comisión Nacional del Mercado de Valores y al mercado o mercados donde estén admitidos a negociación sus valores, el proyecto de modificación, en los términos que se establezcan. Esta comunicación se efectuará sin demora y, en todo caso, en la fecha de convocatoria de la junta general que debe votar la modificación o ser informada de la misma.

Art. 35 ter. *Responsabilidad de los emisores.*—1. La responsabilidad por la elaboración y publicación de la información a la que se hace referencia en los apartados 1 y 2 del artículo 35 de esta Ley deberá recaer, al menos, sobre el emisor y sus administradores de acuerdo con las condiciones que se establezcan reglamentariamente.

2. De acuerdo con las condiciones que se determinen reglamentariamente, el emisor y sus administradores, serán responsables de todos los daños y perjuicios que hubiesen ocasionado a los titulares de los valores como consecuencia de que la información no proporcione una imagen fiel del emisor.

La acción para exigir la responsabilidad prescribirá a los tres años desde que el reclamante hubiera podido tener conocimiento de que la información no proporciona una imagen fiel del emisor.

Art. 36. 1. Tendrán la consideración de operaciones de un mercado secundario oficial de valores las transmisiones por título de compraventa, u otros negocios onerosos de cada mercado, cuando se realicen sobre valores negociables u otros instrumentos financie-

---

Art. 36: Nueva redacción según la Ley 47/2007, de 19 de diciembre, por la que se modifica la Ley 24/1988 de 28 de julio, del Mercado de Valores (*BOE* de 20-12-2007), que incorpora al ordenamiento jurídico español la Directiva 2004/39 relativa a los mercados de instrumentos financieros (*DO* L 145, de 30-4-2004), la Directiva 2006/73/CE por la que se aplica la Directiva 2004/39/CE del Parlamento Europeo y del Consejo en lo relativo a los requisitos organizativos y las condiciones de funcionamiento de las empresas de inversión y términos definidos a efectos de dicha Directiva (*DO* L 241, de 2-9-2006), y la Directiva 2006/49/CE sobre la adecuación del capital de las empresas de inversión y las entidades de crédito (*DO* L 177, de 30-6-2006).

ros admitidos a negociación en el mismo y se efectúen en ese mercado con sujeción a sus reglas de funcionamiento.

2. Las transmisiones a título oneroso diferentes de las previstas en el apartado anterior y las transmisiones a título lucrativo de valores o instrumentos financieros admitidos a negociación en un mercado secundario oficial no tendrán la consideración de operaciones del mismo.

3. Sin perjuicio de otras modalidades de préstamo, se podrá llevar a cabo el préstamo de valores negociados en un mercado secundario oficial cuya finalidad sea la disposición de los mismos para su enajenación posterior, para ser objeto de préstamo o para servir como garantía en una operación financiera. En cualquier caso, el prestatario deberá asegurar la devolución del préstamo mediante la constitución de las garantías suficientes. En su caso, la Comisión Nacional del Mercado de Valores determinará cuáles deberán de ser dichas garantías. La regla de exigencia de garantías no resultará aplicable a los préstamos de valores resultantes de operaciones de política monetaria, ni a los que se hagan con ocasión de una oferta pública de venta de valores.

El Ministro de Economía y Hacienda y, con su habilitación expresa, la Comisión Nacional del Mercado de Valores podrá:

a) Fijar límites al volumen de operaciones de préstamo o a las condiciones de los mismos, atendiendo a circunstancias del mercado.

b) Establecer obligaciones específicas de información sobre las operaciones.

....

Art. 38. *Acceso remoto.*—1. El mercado secundario oficial español que pretenda establecer mecanismos en otro Estado miembro de la Unión Europea para el acceso remoto de miembros desde ese Estado, deberá comunicarlo a la Comisión Nacional del Mercado de Valores quien, en el plazo de un mes desde la recepción de la comunicación, la remitirá a la autoridad competente de ese Estado miembro. Asimismo, a petición de dicha autoridad competente, la Comisión Nacional del Mercado de Valores comunicará en un plazo de tiempo razonable, la identidad

---

Art. 38: Nueva redacción según la Ley 47/2007, de 19 de diciembre, por la que se modifica la Ley 24/1988 de 28 de julio, del Mercado de Valores (*BOE* de 20-12-2007), que incorpora al ordenamiento jurídico español la Directiva 2004/39 relativa a los mercados de instrumentos financieros (*DO* L 145, de 30-4-2004), la Directiva 2006/73/CE por la que se aplica la Directiva 2004/39/CE del Parlamento Europeo y del Consejo en lo relativo a los requisitos organizativos y las condiciones de funcionamiento de las empresas de inversión y términos definidos a efectos de dicha Directiva (*DO* L 241, de 2-9-2006), y la Directiva 2006/49/CE sobre la adecuación del capital de las empresas de inversión y las entidades de crédito (*DO* L 177, de 30-6-2006).

de los miembros del mercado secundario oficial establecido en aquel Estado.

2. Los mercados regulados de otros Estados miembros de la Unión Europea podrán establecer en España los mecanismos apropiados para facilitar el acceso y la negociación remota por parte de miembros españoles, previa remisión por la autoridad competente de ese Estado miembro a la Comisión Nacional del Mercado de Valores, de la comunicación del mercado. Asimismo, la Comisión Nacional del Mercado de Valores podrá solicitar a la autoridad competente del Estado de origen del mercado regulado la remisión, en un plazo razonable, de la identidad de los miembros del mercado regulado.

....

Art. 44 bis. 1. Se constituirá una sociedad anónima que, con la denominación de «Sociedad de Gestión de los Sistemas de Registro, Compensación y Liquidación de Valores» (en adelante, la «Sociedad de Sistemas»), tendrá por funciones:

a) Llevar, en los términos previstos en el Capítulo II del Título I de la presente Ley, el registro contable correspondiente a valores representados por medio de anotaciones en cuenta, admitidos a negociación en las Bolsas de Valores o en el Mercado de Deuda Pública en Anotaciones, así como a los valores admitidos a negociación en otros mercados secundarios oficiales u otros mercados regulados y en sistemas multilaterales de negociación, cuando sus órganos rectores así lo soliciten.

b) Gestionar la liquidación y, en su caso, la compensación de valores y efectivo derivada de las operaciones realizadas sobre valores.

c) Prestar servicios técnicos y operativos directamente relacionados con los de registro, compensación y liquidación de valores, y cualesquiera otros requeridos para que la Sociedad de Sistemas colabore y coordine sus actuaciones con otros ámbitos y sistemas de registro, compensación y liquidación de valores y pueda participar en estos últimos. En particular, podrán desarrollar funciones re-

---

Art. 44 bis: Introducido por Ley 44/2002, de 22 de noviembre, de Medidas de Reforma del Sistema Financiero (*BOE* de 23-11-2002).

Art. 44 bis 1: Nueva redacción que añade las letras *a*) *b*) y *c*) al art. 44 bis 1, según la Ley 47/2007, de 19 de diciembre, por la que se modifica la Ley 24/1988, de 28 de julio, del Mercado de Valores (*BOE* de 20-12-2007), que incorpora al ordenamiento jurídico español la Directiva 2004/39 relativa a los mercados de instrumentos financieros (*DO* L 145, de 30-4-2004), la Directiva 2006/73/CE por la que se aplica la Directiva 2004/39/CE del Parlamento Europeo y del Consejo en lo relativo a los requisitos organizativos y las condiciones de funcionamiento de las empresas de inversión y términos definidos a efectos de dicha Directiva (*DO* L 241, de 2-9-06), y la Directiva 2006/49/CE sobre la adecuación del capital de las empresas de inversión y las entidades de crédito (*DO* L 177, de 30-6-2006).

gistrales relativas a los valores admitidos a negociación en mercados secundarios oficiales u otros mercados regulados y en sistemas multilaterales de negociación, cuando sea necesario para facilitar la liquidación de operaciones sobre los mismos.

....

3. El Gobierno establecerá los criterios para determinar las condiciones de acceso y permanencia en el capital de la Sociedad de Sistemas y para distribuir el capital de ésta entre sus accionistas. Entre dichos accionistas podrán figurar las instituciones no residentes que desarrollen en el extranjero actividades análogas a las de la Sociedad de Sistemas, siempre que estén sujetas en el Estado de origen a un régimen de supervisión de sus actividades de registro, compensación y liquidación de valores al menos equivalente al de la Sociedad de Sistemas, pudiendo esta última, a su vez, participar en el capital de aquéllas, en ambos casos, previa autorización de la Comisión Nacional del Mercado de Valores. Las condiciones de las adquisiciones de participaciones y los derechos a que las mismas den lugar, se concretarán en los correspondientes acuerdos societarios, que estarán sujetos a previa aprobación por la Comisión Nacional del Mercado de Valores. Siempre que la junta general así lo hubiera autorizado, para los aumentos, reducciones y enajenaciones de participaciones accionariales que sean precisos a esos efectos bastará con el acuerdo del Consejo de Administración, no siendo de aplicación a los mismos lo dispuesto en los artículos 75 a 79, 158 y 164 a 166 de la Ley de Sociedades Anónimas. Los estatutos sociales y sus modificaciones, así como la suscripción y transmisión de las acciones, requerirán la previa aprobación de la Comisión Nacional del Mercado de Valores.

....

8. Declarado el concurso de una entidad participante en los sistemas gestionados por la sociedad de sistemas, esta última gozará de derecho absoluto de separación respecto de los bienes o derechos en que se materialicen las garantías constituidas por dichas entidades participantes en los sistemas gestionados por aquélla. Sin perjuicio de lo anterior, el sobrante que reste después de la liquidación de las operaciones garantizadas se incorporará a la masa activa del concurso del participante.

Art. 44 bis.3: Vid. Real Decreto 361/2007, de 16 de marzo, por el que se desarrolla la Ley 24/1988, de 28 de julio, del Mercado de Valores, en materia de la participación en el capital de las sociedades que gestionan mercados secundarios de valores y sociedades que administren sistemas de registro, compensación y liquidación de valores (*BOE* de 17-3-2007).

Art. 44 bis.8 y 9: Redacción conforme a la Disp. final 18.ª de la Ley 2/2003, de 9 de julio, Concursal (*BOE* de 10-7-2003). Vid. *supra* núm. 111.

9. Declarado el concurso de una entidad participante en los sistemas a que se refiere este artículo, la Comisión Nacional del Mercado de Valores, sin perjuicio de las competencias del Banco de España, podrá disponer, de forma inmediata y sin coste para el inversor, el traslado de sus registros contables de valores a otra entidad habilitada para desarrollar esta actividad. De igual forma, los titulares de tales valores podrán solicitar el traslado de los mismos a otra entidad. Si ninguna entidad estuviese en condiciones de hacerse cargo de los registros señalados, esta actividad será asumida por la sociedad de sistemas de modo provisional, hasta que los titulares soliciten el traslado del registro de sus valores. A estos efectos, tanto el juez del concurso como la administración concursal facilitarán el acceso de la entidad a la que vayan a traspasarle los valores a la documentación y registros contables de informáticos necesario para hacer efectivo el traspaso. La existencia del procedimiento concursal no impedirá que se haga llegar a los titulares de los valores el efectivo procedente del ejercicio de sus derechos económicos o de su venta.

....

11. El Gobierno, previo informe de la Comisión Nacional del Mercado de Valores y del Banco de España, podrá autorizar a otras entidades financieras la realización de todas o algunas de las funciones a que se refiere el apartado 1 del presente artículo. Dichas entidades se someterán a lo dispuesto en los apartados 8 y 9 de este artículo, y deberán cumplir en todo caso con los requisitos mínimos que se establezcan reglamentariamente, los cuales incluirán necesariamente el régimen de acceso a la condición de participantes en los sistemas, recursos propios mínimos, honorabilidad y profesionalidad de los directivos responsables de la entidad, estructura organizativa y operativa, procedimientos operativos y contables, establecimiento de medidas de limitación y control de riesgos y conexión a los sistemas de pagos. Asimismo, les será de aplicación el mismo régimen de supervisión y disciplina que a la Sociedad de Sistemas, con las especificaciones que reglamentariamente se establezcan.

12. El Gobierno o, con su habilitación expresa el Ministro de Economía y Hacienda, podrá establecer las normas a que habrán de

---

Art. 44 bis 11: Nueva redacción según la Ley 47/2007, de 19 de diciembre, por la que se modifica la Ley 24/1988, de 28 de julio, del Mercado de Valores (*BOE* de 20-12-2007), que incorpora al ordenamiento jurídico español la Directiva 2004/39/CE relativa a los mercados de instrumentos financieros (*DO* L 145, de 30-4-2004), la Directiva 2006/73/CE por la que se aplica la Directiva 2004/39/CE del Parlamento Europeo y del Consejo en lo relativo a los requisitos organizativos y las condiciones de funcionamiento de las empresas de inversión y términos definidos a efectos de dicha Directiva (*DO* L 241, de 2-9-06), y la Directiva 2006/49/CE sobre la adecuación del capital de las empresas de inversión y las entidades de crédito (*DO* L 177, de 30-6-2006).

Art. 44 bis 12: El apartado 12 del art. 44 bis es introducido por la Ley 47/2007, de 19 de diciembre, por la que se modifica la Ley

ajustarse los sistemas de compensación y liquidación relacionados con la negociación de valores y la actuación de las entidades financieras que intervengan en aquéllos.

Art. 44 ter. 1. El Ministro de Economía, a propuesta de la Comisión Nacional del Mercado de Valores, previo informe del Banco de España, podrá autorizar que una o varias entidades de contrapartida central realicen funciones de interposición por cuenta propia respecto de los procesos de compensación y liquidación de las obligaciones derivadas de la participación de las entidades miembros en los sistemas de compensación y liquidación de valores o instrumentos financieros reconocidos de conformidad con la Ley 41/1999, de 12 de noviembre, sobre Sistemas de Pagos y de Liquidación de Valores, así como respecto de operaciones no realizadas en mercados oficiales. La entidad o entidades así autorizadas desarrollarán sus actividades con sujeción a lo que al respecto establezca el correspondiente Reglamento, que deberá ser aprobado por el Ministro de Economía previo informe de la Comisión Nacional del Mercado de Valores, del Banco de España y de las Comunidades Autónomas cuyos Estatutos de Autonomía les reconozcan competencias en materia de regulación de centros de contratación de valores.

Dicho Reglamento determinará, como mínimo, los requisitos de acceso a la condición de participante en la misma y establecerá las condiciones técnicas, operativas y normativas de acceso a los servicios prestados, las garantías exigidas a las entidades miembros y la información que deberán facilitar las mismas en relación con las operaciones que comuniquen a aquélla, así como el régimen económico de la entidad de contrapartida central.

2. La entidad de contrapartida central podrá ejecutar, en nombre y por cuenta de las entidades contratantes, las obligaciones derivadas de contratos marco de operaciones realizadas sobre valores negociables o instrumentos financieros derivados, con sujeción a lo dispuesto en ésta o en otras leyes aplicables, así como en la normativa de desarrollo.

3. La entidad de contrapartida central estará sujeta a la supervisión de la Comisión Nacional del Mercado de Valores y del Banco de España-

---

24/1988, de 28 de julio, del Mercado de Valores (*BOE* de 20-12-2007), que incorpora al ordenamiento jurídico español la Directiva 2004/39/CE relativa a los mercados de instrumentos financieros (*DO* L 145, de 30-4-2004), la Directiva 2006/73/CE por la que se aplica la Directiva 2004/39/CE del Parlamento Europeo y del Consejo en lo relativo a los requisitos organizativos y las condiciones de funcionamiento de las empresas de inversión y términos definidos a efectos de dicha Directiva (*DO* L 241, de 2-9-06), y la Directiva 2006/49/CE sobre la adecuación del capital de las empresas de inversión y las entidades de crédito (*DO* L 177, de 30-6-2006).

Art. 44 ter: Introducido por Ley 44/2002, de 22 de noviembre, de medidas de reforma del sistema financiero (*BOE* de 23-11-2002).

ña, en sus respectivos ámbitos de competencia, y en los términos establecidos en el artículo 88 de esta Ley.

4. Asimismo, a dicha entidad de contrapartida central le será de aplicación lo previsto para la Sociedad de Sistemas en los apartados 8 y 9 del artículo 44 bis de la presente Ley, así como lo dispuesto en la Ley 41/1999, de 12 de noviembre, sobre Sistemas de Pagos y de Liquidación de Valores, para los sistemas regulados en la misma.

5. Con sujeción a lo dispuesto en ésta y otras leyes, así como a lo establecido en las disposiciones de desarrollo de la presente Ley, la entidad de contrapartida central podrá establecer acuerdos con otras entidades residentes y no residentes, cuyas funciones sean análogas o que gestionen sistemas de compensación y liquidación de valores, participar en el accionariado de dichas entidades o admitir a las mismas como accionistas. Dichos acuerdos requerirán la aprobación de la Comisión Nacional del Mercado de Valores.

....

CAPÍTULO II

DE LAS BOLSAS DE VALORES

....

Art. 53. *Obligaciones del accionista y de los titulares de otros valores e instrumentos financieros.*—1. El accionista que, directa o indirectamente, adquiera o transmita acciones de un emisor para el que España sea Estado de origen, en los términos que se establezcan reglamentariamente, cuyas acciones estén admitidas a negociación en un mercado secundario oficial o en cualquier otro mercado regulado domiciliado en la Unión Europea, y que atribuyan derechos de voto, y como resultado de dichas operaciones, la proporción de derechos de voto que quede en su poder alcance, supere o se reduzca por debajo de los porcentajes que se establezcan, deberá notificar al emisor y a la Comisión Nacional del Mercado de Valores, en las condiciones que se señalen, la proporción de derechos de voto resultante.

La obligación contenida en el párrafo anterior se aplicará también cuando la proporción de derechos de voto supere, alcance o se reduzca por debajo de los porcentajes a los que se refiere el párrafo anterior a consecuencia de un cambio en el número total de derechos de voto de un emisor sobre la base de la información comunicada a la Comisión Nacional del Mercado de Valores y hecha pública.

2. Las obligaciones establecidas en el apartado anterior serán también aplicables a cualquier persona que, con independencia de la titularidad de las acciones, tenga derecho a adquirir, transmitir o ejercer los derechos de voto atribuidos por las mismas, en los casos que se determinen reglamentariamente.

3. Igualmente se aplicará lo dispuesto en los apartados anteriores a quien posea, adquiera o

transmita, directa o indirectamente, otros valores e instrumentos financieros que confieran derecho a adquirir acciones que atribuyan derechos de voto, en los términos que se determinen reglamentariamente.

4. Las obligaciones establecidas en los apartados anteriores también serán de aplicación cuando se produzca la admisión a negociación por primera vez en un mercado secundario oficial o en otro mercado regulado domiciliado en la Unión Europea de las acciones de un emisor para el que España sea Estado de origen.

5. Cuando quien se encuentre en los casos previstos en los apartados anteriores sea administrador del emisor, además de cumplir con la obligación de comunicar cualesquiera operaciones realizadas sobre acciones del emisor o sobre valores u otros instrumentos financieros referenciados a dichas acciones, deberá comunicar a la Comisión Nacional del Mercado de Valores la participación que tuvieran en el momento de su nombramiento y cese.

Los directivos del emisor estarán obligados a notificar aquellas operaciones a las que se refiere el artículo 83.bis.4 de esta Ley.

6. El emisor deberá hacer pública y difundir la información a que se refieren los apartados anteriores.

7. Reglamentariamente se determinarán la forma, plazo y demás condiciones para el cumplimiento de las obligaciones establecidas en este artículo así como, en su caso, los supuestos excepcionados del cumplimiento de estas obligaciones.

8. Lo dispuesto en este artículo no será de aplicación a los partícipes y accionistas en fondos y sociedades de inversión colectiva de capital variable a que se refiere la Ley 35/2003, de 4 de noviembre, de Instituciones de Inversión Colectiva.

Art. 53 bis. *Obligaciones del emisor en relación a la autocartera.*—Cuando España sea Estado miembro de origen, los emisores cuyas acciones estén admitidas a negociación en un mercado secundario oficial o en otro mercado regulado domiciliado en la Unión Europea deberán comunicar a la Comisión Nacional del Mercado de Valores, hacer pública y difundir las operaciones sobre sus propias acciones, en los términos que se establezcan reglamentariamente, cuando la proporción alcance, supere o se reduzca en los porcentajes que se determinen. Esta información se incorporará al registro oficial regulado en el artículo 92 de esta Ley.

Lo dispuesto en este artículo no será de aplicación a las sociedades de inversión colectiva de capital variable a que se refiere la Ley 35/2003, de 4 de noviembre, de Instituciones de Inversión Colectiva.

Art. 53 ter. *Medidas preventivas.*—1. Cuando España sea Estado miembro de acogida en los términos que se establezcan reglamentariamente, la Comisión Nacional del Mercado de Valores deberá informar a la autoridad competente del Estado miembro de origen si observa que el emisor, el tenedor de acciones u otros instrumentos financieros o la persona física o jurídica aludida en el apartado 2 del artículo 53, ha cometido irregularidades o incumplido las obligaciones a que se refieren los artículos 35, 35 bis, 53 y 53 bis de esta Ley.

2. En el caso de que, bien porque la autoridad del Estado miembro de origen no haya adoptado medidas, bien porque pese a las medidas adoptadas por la autoridad competente del Estado miembro de origen o debido a que dichas medidas hayan resultado inadecuadas, la persona indicada en el apartado anterior persista en la violación de las oportunas disposiciones legales o reglamentarias, la Comisión Nacional del Mercado de Valores, tras informar a la autoridad competente del Estado miembro de origen, adoptará todas las medidas pertinentes para proteger a los inversores. La Comisión Nacional del Mercado de Valores informará inmediatamente a la Comisión Europea sobre las medidas adoptadas.

....

CAPÍTULO V

DE LAS OFERTAS PÚBLICAS DE ADQUISICIÓN

Art. 60. *Oferta pública de adquisición obligatoria.*—1. Quedará obligado a formular una oferta pública de adquisición por la totalidad de las acciones u otros valores que directa o indirectamente puedan dar derecho a su suscripción o adquisición y dirigida a todos sus titulares a un precio equitativo quien alcance el control de una sociedad cotizada, ya lo consiga:

a) Mediante la adquisición de acciones u otros valores que confieran, directa o indirectamente, el derecho a la suscripción o adquisición de acciones con derechos de voto en dicha sociedad;

b) Mediante pactos parasociales con otros titulares de valores; o

c) Como consecuencia de los demás supuestos de naturaleza análoga que reglamentariamente se establezcan.

Las obligaciones a que se refiere este Capítulo se entenderán referidas a aquellas sociedades cuyas acciones estén, en todo o en parte, admitidas a negociación en un mercado secundario oficial español y tengan su domicilio social en España.

Las obligaciones a que se refiere este Capítulo se aplicarán también, en los términos que reglamentariamente se establezcan, a las sociedades que no tengan su domicilio social en España y cuyos valores no estén admitidos a negociación en un mercado regulado en el Estado miembro de la Unión Europea en el que la sociedad tenga su domicilio social, en los siguientes casos:

a) Cuando los valores de la sociedad sólo estén admitidos a negociación en un mercado secundario oficial español.

b) Cuando la primera admisión a negociación de los valores en un mercado regulado lo haya sido en un mercado secundario oficial español.

c) Cuando los valores de la sociedad sean admitidos a negociación simultáneamente en mercados regulados de más de un Estado miembro y en un mercado secundario oficial español, y la sociedad así lo decida mediante notificación a dichos mercados y a sus autoridades competentes el primer día de la negociación de los valores.

d) Cuando el 20 de mayo de 2006 los valores de la sociedad ya estuvieran admitidos a negociación simultáneamente en mercados regulados de más de un Estado miembro y en un mercado secundario oficial español y la Comisión Nacional del Mercado de Valores así lo hubiera acordado con las autoridades competentes de los demás mercados en los que se hubieran admitido a negociación o, a falta de acuerdo, así lo hubiera decidido la sociedad.

Asimismo, les será de aplicación lo dispuesto en el presente Capítulo, en los términos que se determinen reglamentariamente, a las sociedades que tengan su domicilio social en España y cuyos valores no estén admitidos a negociación en un mercado secundario oficial español.

Se entenderá que el precio es equitativo cuando, como mínimo, sea igual al precio más elevado que haya pagado el obligado a formular la oferta o las personas que actúen en concierto con él por los mismos valores durante un período de tiempo anterior a la oferta determinado reglamentariamente y en los términos que se establezcan. No obstante, la Comisión Nacional del Mercado de Valores podrá modificar el precio así calculado en las circunstancias y según los criterios que se establezcan reglamentariamente. Entre las mencionadas circunstancias se podrán incluir, entre otras, las siguientes: que el precio más elevado se haya fijado por acuerdo entre el comprador y el vendedor; que los precios de mercado de los valores en cuestión hayan sido manipulados; que los precios de mercado, en general, o determinados precios, en particular, se hayan visto afectados por acontecimientos excepcionales; que se pretenda favorecer el saneamiento de la sociedad. Entre los referidos criterios podrán incluirse, entre otros, el valor medio del mercado en un determinado período; el valor liquidativo de la sociedad u otros criterios de valoración objetivos generalmente utilizados.

En el supuesto de modificación del precio a que se refiere el párrafo anterior, la Comisión Nacional del Mercado de Valores publicará en su página web la decisión de que la oferta se formule a un precio distinto del equitativo. Dicha decisión deberá ser motivada.

2. A los efectos del presente Capítulo, se entenderá que una persona física o jurídica tiene in-

dividualmente o de forma conjunta con las personas que actúen en concierto con ella, el control de una sociedad cuando alcance, directa o indirectamente, un porcentaje de derechos de voto igual o superior al 30 por 100; o bien, cuando haya alcanzado una participación inferior y designe, en los términos que se establezcan reglamentariamente, un número de consejeros que, unidos, en su caso, a los que ya se hubieran designado, representen más de la mitad de los miembros del órgano de administración de la sociedad.

La Comisión Nacional del Mercado de Valores dispensará condicionalmente, en los términos que establezcan reglamentariamente, de la obligación de formular la oferta pública de adquisición establecida en este artículo, cuando otra persona o entidad, directa o indirectamente, tuviera un porcentaje de voto igual o superior al que tenga el obligado a formular la oferta.

3. Quien incumpla la obligación de formular una oferta pública de adquisición, no podrá ejercer los derechos políticos derivados de ninguno de los valores de la sociedad cotizada cuyo ejercicio le corresponda por cualquier título, sin perjuicio de las sanciones previstas en el Título VIII de esta Ley. Esta prohibición será también aplicable a los valores poseídos indirectamente por el obligado a presentar la oferta pública y a aquellos que correspondan a quienes actúen concertadamente con él.

A los efectos de este apartado se entenderá que incumple la obligación de formular una oferta pública de adquisición quien no la presente, la presente fuera del plazo máximo establecido o con irregularidades esenciales.

Serán nulos los acuerdos adoptados por los órganos de una sociedad cuando para la constitución de éstos o la adopción de aquéllos hubiera sido necesario computar los valores cuyos derechos políticos estén suspendidos con arreglo a lo dispuesto en el presente apartado.

La Comisión Nacional del Mercado de Valores estará legitimada para el ejercicio de las correspondientes acciones de impugnación, en el plazo de un año a contar desde que tenga conocimiento del acuerdo, sin perjuicio de la legitimación que pueda corresponder a otras personas.

La Comisión Nacional del Mercado de Valores podrá impugnar los acuerdos del Consejo de Administración de la sociedad cotizada, en el plazo de un año a contar desde que tenga conocimiento de los mismos.

4. Cuando la contraprestación ofrecida consista en valores a emitir por la sociedad obligada a formular la oferta se entenderá que no existe el derecho de suscripción preferente contemplado en el artículo 158 del Real Decreto Legislativo 1564/1989, de 22 de diciembre, por el que se aprueba el Texto Refundido de la Ley de Sociedades Anónimas para los antiguos accionistas y titulares de obligaciones convertibles.

5. Reglamentariamente se establecerán:

a) Los valores a los que habrá de dirigirse la oferta;

b) Las reglas y plazos para el cómputo del porcentaje de votos que brinda el control de una sociedad, tomando en consideración las participaciones directas e indirectas, así como los convenios, acuerdos o situaciones de control conjunto;

c) La persona que estará obligada a presentar la oferta pública de adquisición en los supuestos de pactos parasociales y situaciones de control sobrevenido en los que exista obligación de presentarla;

d) Los términos en que la oferta será irrevocable o en que podrá someterse a condición o ser modificada;

e) Las garantías exigibles según que la contraprestación ofrecida sea en dinero, valores ya emitidos o valores cuya emisión aún no haya sido acordada por la sociedad o entidad oferente;

f) La modalidad de control administrativo a cargo de la Comisión Nacional del Mercado de Valores y, en general, el procedimiento de las ofertas públicas de adquisición;

g) El régimen de las posibles ofertas competidoras;

h) Las reglas de prorrateo;

i) Las operaciones exceptuadas de este régimen;

j) El precio equitativo, las formas de contraprestación y las excepciones, en su caso, aplicables;

k) La información que habrá de hacerse pública antes de la presentación de una oferta, una vez adoptada la decisión de presentarla, en el transcurso de la misma y una vez finalizada;

l) El plazo en que deberá presentarse una oferta pública de adquisición desde su anuncio público;

m) Las reglas sobre la caducidad de las ofertas;

n) Las reglas aplicables a la publicación de los resultados de las ofertas;

o) La información que habrá de suministrarse por los órganos de administración o dirección de la sociedad afectada y del oferente a los representantes de sus respectivos trabajadores o, en su defecto, a los propios trabajadores, así como el procedimiento aplicable a dicha obligación, ello sin perjuicio de lo establecido en la legislación laboral, y

p) Los demás extremos cuya regulación se juzgue necesaria.

Art. 60 bis. *Obligaciones de los órganos de administración y dirección.*—1. Durante el plazo y en los términos que se determinen reglamentariamente, los órganos de administración y dirección de la sociedad afectada o de las sociedades pertenecientes a su mismo grupo deberán obtener la autorización previa de la junta general de accionistas según lo dispuesto en el artículo 103 del Texto Refundido de la Ley de Sociedades Anónimas, aprobado por Real Decreto Legislativo 1564/1989, de

22 de diciembre, antes de emprender cualquier actuación que pueda impedir el éxito de la oferta, con excepción de la búsqueda de otras ofertas, y en particular antes de iniciar cualquier emisión de valores que pueda impedir que el oferente obtenga el control de la sociedad afectada.

Respecto de las decisiones adoptadas antes de iniciarse el plazo contemplado en el párrafo anterior y aún no aplicadas total o parcialmente, la junta general de accionistas deberá aprobar o confirmar según lo dispuesto en el artículo 103 del Texto Refundido de la Ley de Sociedades Anónimas, aprobado por Real Decreto Legislativo 1564/1989, de 22 de diciembre, toda decisión que no se inscriba en el curso normal de actividades de la sociedad y cuya aplicación pueda frustrar el éxito de la oferta.

En el caso de que la sociedad afectada cuente con un sistema de administración dual, lo dispuesto en los párrafos anteriores se entenderá también aplicable al consejo de control.

La junta general de accionistas a que se refiere el presente apartado podrá ser convocada quince días antes de la fecha fijada para su celebración, mediante anuncio publicado en el *Boletín Oficial del Registro Mercantil* y en uno de los diarios de mayor circulación en la provincia, con expresión de la fecha de la reunión en primera convocatoria y todos los asuntos que han de tratarse.

El *Boletín Oficial del Registro Mercantil* publicará la convocatoria de forma inmediata a su recepción.

2. Las sociedades podrán no aplicar lo dispuesto en el apartado anterior cuando sean objeto de una oferta pública de adquisición formulada por un entidad que no tenga su domicilio social en España y que no esté sujeta a tales normas o equivalentes, incluidas las referidas a las reglas necesarias para la adopción de decisiones por la Junta General, o bien, por una entidad controlada por aquélla, directa o indirectamente, de acuerdo con lo dispuesto en el artículo 4 de la presente Ley.

Cualquier decisión que se adopte en virtud de lo dispuesto en el párrafo anterior requerirá autorización de la junta general de accionistas, según lo dispuesto en el artículo 103 del Texto Refundido de la Ley de Sociedades Anónimas, aprobado por Real Decreto Legislativo 1564/1989, de 22 de diciembre, adoptada, como máximo, dieciocho meses antes de que la oferta pública de adquisición se haya hecho pública.

3. El órgano de administración de la sociedad afectada deberá publicar un informe detallado sobre la oferta en los términos y plazos que se establezcan reglamentariamente.

Art. 60 ter. *Medidas de neutralización opcionales*.—1. Las sociedades podrán decidir que se apliquen las siguientes medidas de neutralización:

a) La ineficacia, durante el plazo de aceptación de la oferta, de las restricciones a la transmisibilidad de valores previstas en los pactos parasociales referidos a dicha sociedad.

b) La ineficacia, en la junta general de accionistas que decida sobre las posibles medidas de defensa a que se refiere el artículo 60 bis.1 de esta Ley, de las restricciones al derecho de voto previstas en los estatutos de la sociedad afectada y en los pactos parasociales referidos a dicha sociedad.

c) La ineficacia de las restricciones contempladas en las letras anteriores, cuando tras una oferta pública de adquisición, el oferente haya alcanzado un porcentaje igual o superior al 75 por 100 del capital que confiera derechos de voto.

2. La decisión de aplicar este artículo deberá adoptarse por la junta general de accionistas de la sociedad, según lo dispuesto en el artículo 103 del Texto Refundido de la Ley de Sociedades Anónimas, aprobado por Real Decreto Legislativo 1564/1989, de 22 de diciembre, y se comunicará a la Comisión Nacional del Mercado de Valores y a los supervisores de los Estados miembros en los que las acciones de la sociedad estén admitidas a negociación, o se haya solicitado la admisión. La Comisión Nacional del Mercado de Valores deberá hacer pública esta comunicación en los términos y el plazo que se fije reglamentariamente.

En cualquier momento la junta general de accionistas de la sociedad podrá revocar la decisión de aplicar este artículo según lo dispuesto en el artículo 103 del Texto Refundido de la Ley de Sociedades Anónimas, aprobado por Real Decreto Legislativo 1564/1989, de 22 de diciembre. La mayoría exigida en virtud del presente párrafo ha de coincidir con la exigida en virtud del párrafo anterior.

3. Cuando la sociedad decida aplicar las medidas descritas en el apartado 1 deberá prever una compensación adecuada por la pérdida sufrida por los titulares de los derechos allí mencionados.

4. Las sociedades podrán dejar de aplicar las medidas de neutralización que tuvieran en vigor al amparo de lo dispuesto en los apartados precedentes, cuando sean objeto de una oferta pública de adquisición formulada por una entidad o grupo que no hubieran adoptado medidas de neutralización equivalentes.

Cualquier medida que se adopte en virtud de lo dispuesto en el párrafo anterior requerirá autorización de la junta general de accionistas, según lo dispuesto en el artículo 103 del Texto Refundido de la Ley de Sociedades Anónimas, aprobado por Real Decreto Legislativo 1564/1989, de 22 de diciembre, adoptada, como máximo, dieciocho meses antes de que la oferta pública de adquisición se haya hecho pública.

5. Reglamentariamente se podrán establecer los demás extremos cuya regulación se juzgue necesaria para el desarrollo de lo dispuesto en este artículo.

Art. 60 quáter. *Compraventas forzosas.*—1. Cuando, a resultas de una oferta pública de adquisición por la totalidad de los valores, en los términos de los artículos 60 y 61 de esta Ley, el oferente posea valores que representen al menos el 90 por 100 del capital que confiere derechos de voto y la oferta haya sido aceptada por titulares de valores que representen al menos el 90 por 100 de los derechos de voto, distintos de los que ya obraran en poder del oferente:

a) El oferente podrá exigir a los restantes titulares de valores que le vendan dichos valores a un precio equitativo.

b) Los titulares de valores de la sociedad afectada podrán exigir del oferente la compra de sus valores a un precio equitativo.

2. Reglamentariamente se establecerá el procedimiento y los requisitos aplicables a la compraventa forzosa a que se refiere el apartado anterior.

Art. 61. *Ofertas públicas de adquisición voluntarias.*—Las ofertas públicas de adquisición de acciones, o de otros valores que confieran directa o indirectamente derechos de voto en una sociedad cotizada, formuladas de modo voluntario, deberán dirigirse a todos sus titulares, estarán sujetas a las mismas reglas de procedimiento que las ofertas contempladas en este Capítulo y podrán realizarse, en las condiciones que se establezcan reglamentariamente, por un número de valores inferior al total.

La oferta obligatoria contemplada en el artículo 60 de esta Ley no será exigible cuando el control se haya adquirido tras una oferta voluntaria por la totalidad de los valores, dirigida a todos sus titulares y que haya cumplido todos los requisitos recogidos en el presente Capítulo.

TÍTULO VII

Normas de conducta

....

Art. 82. *Consideración de información relevante, obligados a difundirla y publicidad.*—1. Se considerará información relevante toda aquella cuyo conocimiento pueda afectar a un inversor razonablemente para adquirir o transmitir valores o instrumentos financieros y por tanto pueda influir de forma sensible en su cotización en un mercado secundario.

2. Los emisores de valores están obligados a hacer pública y difundir, en los términos que reglamentariamente se establezcan, inmediatamente al mercado toda información relevante. Asimismo

remitirán a la Comisión Nacional del Mercado de Valores esa información para su incorporación al registro oficial regulado en el artículo 92 de esta Ley.

3. La comunicación a la Comisión Nacional del Mercado de Valores deberá hacerse simultáneamente a su difusión por cualquier otro medio y tan pronto como sea conocido el hecho, se haya adoptado la decisión o firmado el acuerdo o contrato con terceros de que se trate. El contenido de la comunicación deberá ser veraz, claro, completo y, cuando así lo exija la naturaleza de la información, cuantificado, de manera que no induzca a confusión o engaño. Los emisores de valores difundirán también esta información en sus páginas de Internet. No obstante, cuando la información relevante pueda perturbar el normal desarrollo de las operaciones sobre los valores del emisor o poner en peligro la protección de los inversores, el emisor deberá comunicar la información relevante, con carácter previo a su publicación, a la Comisión Nacional del Mercado de Valores, que la difundirá inmediatamente.

4. Un emisor podrá, bajo su propia responsabilidad retrasar la publicación y difusión de la información relevante cuando considere que la información perjudica sus intereses legítimos, siempre que tal omisión no sea susceptible de confundir al público y que el emisor pueda garantizar la confidencialidad de dicha información. El emisor informará inmediatamente a la Comisión Nacional del Mercado de Valores.

5. Se faculta al Ministro de Economía y Hacienda y, con su habilitación expresa, a la Comisión Nacional del Mercado de Valores, para desarrollar, respecto a las obligaciones establecidas en el presente artículo, los procedimientos y formas de efectuar las comunicaciones anteriores, determinar el plazo durante el cual se publicará en las páginas de Internet de los emisores la información relevante, así como para precisar los demás extremos a los que éste se refiere.

....

TÍTULO VIII

Régimen de supervisión, inspección y sanción

CAPÍTULO PRIMERO

Disposiciones generales

....

Art. 85. *Facultades de la Comisión Nacional del Mercado de Valores. Supervisión e inspección.*—1. La Comisión Nacional del Mercado de Valores dispondrá de todas las facultades de supervisión e inspección necesarias para el ejercicio de sus funciones. Estas facultades las podrá ejercer:

a) directamente;

b) en colaboración con otras autoridades, nacionales o extranjeras, en los términos previstos en esta Ley y sus normas de desarrollo;

c) mediante solicitud a las autoridades judiciales competentes. En particular podrá solicitar el embargo o la congelación de activos.

2. En la forma y con las limitaciones establecidas en el ordenamiento jurídico, las facultades de supervisión e inspección de la Comisión Nacional del Mercado de Valores incluirán al menos el derecho a:

a) acceder a cualquier documento bajo cualquier forma y recibir una copia del mismo;

b) requerir información de cualquier persona y, si es necesario, citar y tomar declaración a una persona para obtener información;

c) realizar inspecciones con presencia física en cualquier oficina o dependencia de las entidades y empresas;

d) requerir los registros telefónicos y de tráfico de datos de que dispongan;

e) requerir el cese de toda práctica que sea contraria a las disposiciones establecidas en esta Ley y sus normas de desarrollo;

f) solicitar el embargo o la congelación de activos;

g) exigir la prohibición temporal para ejercer actividad profesional;

h) recabar de los auditores de las empresas de servicios de inversión y de las sociedades rectoras de los mercados secundarios ofi-

---

Art. 85: Según la redacción dada por la Ley 47/2007, de 19 de diciembre, por la que se modifica la Ley 24/1988, de 28 de julio, del Mercado de Valores (*BOE* de 20-12-2007), que incorpora al ordenamiento jurídico español la Directiva 2004/39/CE relativa a los mercados de instrumentos financieros (*DO* L 145, de 30-4-2004), la Directiva 2006/73/CE por la que se aplica la Directiva 2004/39/CE del Parlamento Europeo y del Consejo en lo relativo a los requisitos organizativos y las condiciones de funcionamiento de las empresas de inversión y términos definidos a efectos de dicha Directiva (*DO* L 241, de 2-9-2006), y la Directiva 2006/49/CE sobre la adecuación del capital de las empresas de inversión y las entidades de crédito (*DO* L 177, de 30-6-2006).

ciales cualquier información que hayan obtenido en el ejercicio de su función;

i) adoptar cualquier tipo de medida para asegurarse que las empresas de servicios de inversión y los mercados secundarios oficiales sigan cumpliendo los requisitos legales;

j) acordar la suspensión o limitación del tipo o volumen de las operaciones o actividades que las personas físicas o jurídicas puedan hacer en el mercado de valores;

k) acordar la suspensión o exclusión de la negociación de un instrumento financiero ya sea en un mercado secundario oficial o en un sistema multilateral de negociación;

l) remitir asuntos para su procesamiento penal;

m) autorizar a auditores o expertos a llevar a cabo verificaciones o investigaciones, de acuerdo con lo previsto en la letra c del apartado 4 del artículo 91;

n) en el ejercicio de la función de comprobación de la información periódica a que se refiere el artículo 35.4 de esta Ley, la Comisión Nacional del Mercado de Valores podrá:

i) Recabar de los auditores de cuentas de los emisores cuyos valores estén admitidos a negociación en un mercado secundario oficial o en otro mercado regulado domiciliado en la Unión Europa, mediante requerimiento escrito, cuantas informaciones o documentos sean necesarios, de conformidad con lo establecido en la Ley 19/1988, de 11 de julio, de Auditoría de Cuentas.

La revelación por los auditores de cuentas de las informaciones requeridas por la Comisión Nacional del Mercado de Valores con arreglo a lo dispuesto en este artículo no constituirá incumplimiento del deber de secreto.

ii) Exigir a los emisores cuyos valores estén admitidos a negociación en un mercado secundario oficial o en otro mercado regulado domiciliado en la Unión Europea la publicación de informaciones adicionales, conciliaciones, correcciones o, en su caso, reformulaciones de la información periódica.

Las medidas a que se refieren las letras *e*), *i*), *j*) y *k*) podrán adoptarse como medida provisional en el transcurso de un expediente sancionador o al margen del ejercicio de la potestad sancionadora, de acuerdo con las previsiones establecidas en los artículos 71 ter, 91, 91 bis, 91 ter y 127 de esta Ley, siempre que sea necesario para la eficaz protección de los inversores o el correcto funcionamiento de los mercados, y se mantendrán mientras permanezca la causa que las hubieren motivado.

La Comisión Nacional del Mercado de Valores podrá hacer pública cualquier medida adoptada como consecuencia del incumplimiento de las normas aplicables, a menos que su divulgación pudiera poner en grave riesgo los mercados de valores o causar un perjuicio desproporcionado a las personas afectadas.

Cuando las medidas contempladas en las letras *e*), *g*), *j*) y *n*) se ejerzan sobre entidades sujetas a la supervisión del Banco de España, ya sea con carácter cautelar en un procedimiento sancionador, ya sea al margen del ejercicio de la potestad sancionadora, deberán ser notificadas con carácter previo al citado organismo. Asimismo, cuando se trate de las medidas contempladas en la letra *f*) será preceptivo el informe previo de dicho organismo.

3. En virtud de lo dispuesto en el apartado anterior, las personas físicas y jurídicas enumeradas en el artículo 84 quedan obligadas a poner a disposición de la Comisión cuantos libros, registros y documentos, sea cual fuere su soporte, ésta considere precisos, incluidos los programas informáticos y los archivos magnéticos, ópticos o de cualquiera otra clase.

Las personas físicas están obligadas a comparecer ante citaciones de la Comisión para la toma de declaración.

En la medida que sea necesario para el eficaz ejercicio por la Comisión de sus funciones de supervisión e inspección, las personas o entidades que presten cualquier tipo de servicio profesional a las personas comprendidas en el párrafo anterior están obligadas a facilitar cuantos datos e informaciones les sean requeridos por ésta, de conformidad con lo dispuesto, en su caso, en la normativa específica que regule su profesión o actividad.

Asimismo, las actuaciones de comprobación e investigación, incluidas las tomas de declaración, podrán desarrollarse, a elección de los servicios de la Comisión Nacional del Mercado de Valores:

a) En cualquier despacho, oficina o dependencia de la entidad o persona inspeccionada o de su representante.

b) En los propios locales de la Comisión Nacional del Mercado de Valores o de otros organismos de la Administración.

Cuando las actuaciones de comprobación e investigación se desarrollen en los lugares señalados en la letra a, anterior, se observará la jornada laboral de los mismos, sin perjuicio de que pueda actuarse de común acuerdo en otras horas y días.

4. Los auditores de empresas de servicios de inversión están obligados al deber de comunicación a la Comisión Nacional del Mercado de Valores a que se refiere la disposición final 1.ª de la Ley 19/1988, de 12 de julio, de Auditoría de Cuentas.

5. La Comisión Nacional del Mercado de Valores podrá requerir, por escrito o verbalmente, a las personas y entidades enumeradas en el artículo 84 a que hagan pública de manera inmediata la información que aquélla estime pertinente sobre sus actividades relacionadas con el mercado de valores o que puedan influir en éste. De no hacerlo directamente los obligados, lo hará la propia Comisión Nacional del Mercado de Valores.

....

139. REAL DECRETO 1310/2005, DE 4 DE NOVIEMBRE, POR EL QUE SE DESARROLLA PARCIALMENTE LA LEY 24/1988, DE 28 DE JULIO, DEL MERCADO DE VALORES, EN MATERIA DE ADMISIÓN A NEGOCIACIÓN DE VALORES EN MERCADOS SECUNDARIOS OFICIALES, DE OFERTAS PÚBLICAS DE VENTA O SUSCRIPCIÓN Y DEL FOLLETO EXIGIBLE A TALES EFECTOS*

(Arts. 1.º-5.º, 8.º-9.º y 29-31)

(*BOE* núm. 274, de 16 de noviembre de 2005)

TÍTULO PRELIMINAR

Disposiciones generales

Artículo 1.º *Objeto y ámbito de aplicación objetivo.*—1. Este real decreto tiene por objeto la regulación de los requisitos y del procedimiento aplicables a las admisiones a negociación de valores negociables en los mercados secundarios oficiales españoles, así como a las ofertas públicas de venta o suscripción de valores negociables y el establecimiento de las condiciones para la elaboración, aprobación y distribución de los folletos que hayan de publicarse en estos supuestos.

2. Quedarán excluidas del ámbito de aplicación de este real decreto las operaciones relativas a los contratos de futuros y opciones negociados en mercados secundarios oficiales, que se regularán por su normativa específica.

3. Asimismo, este real decreto se aplicará con las excepciones y adaptaciones que la Comisión Nacional del Mercado de Valores (en adelante, CNMV) determine, a las ofertas públicas de venta o suscripción y a las admisiones a negociación en mercados secundarios oficiales españoles de pagarés con plazo de vencimiento inferior a doce meses y a las ofertas públicas de venta o suscripción de los contratos financieros a los que se re-

* Mediante este Real Decreto se incorpora parcialmente al derecho español la Directiva 2003/71/CE del Parlamento Europeo y del Consejo, de 4 de noviembre de 2003, sobre el folleto que debe publicarse en caso de oferta pública o admisión a cotización de valores y por la que se modifica la Directiva 2001/34/CE (Directiva de folletos). De acuerdo con su Disp. Derog. única, deroga el Real Decreto 291/1992, de 27 de marzo, sobre emisiones y ofertas públicas de venta de valores, y casi todo el Capítulo V del Reglamento de las Bolsas Oficiales de Comercio, aprobado por el Decreto 1506/1967, de 30 de junio, así como cuantas normas de igual o inferior rango se opongan a lo dispuesto en este Real Decreto.

fiere el artículo 2.*b*) de la Ley 24/1988, de 28 de julio, del Mercado de Valores.

No obstante lo anterior, no les serán de aplicación el capítulo V del título I, el artículo 17, ni el capítulo III del título II de este real decreto.

Art. 2.º *Ámbito territorial.*—Este real decreto resultará de aplicación:

a) A las admisiones a negociación de valores en un mercado secundario oficial español.

b) A las ofertas públicas de venta o suscripción de valores y a los folletos de admisión o de oferta pública de venta o suscripción, cuando España sea Estado miembro de origen por darse alguna de las siguientes circunstancias:

1.ª Cuando se trate de valores no participativos cuyo valor nominal unitario sea de al menos 1.000 euros, y de valores no participativos que den derecho a adquirir cualquier valor negociable o a recibir un importe en efectivo como consecuencia de su conversión o del ejercicio de los derechos que confieren, siempre que el emisor de los valores no participativos no sea el emisor de los valores subyacentes o una entidad perteneciente al grupo de dicho emisor, si el emisor, el oferente o la persona que solicita la admisión designa a España como Estado miembro de origen.

Para que España pueda ser designada como Estado miembro de origen de acuerdo con lo indicado en este párrafo 1.º será necesario bien que el emisor tenga su domicilio social en territorio español, bien que los valores hayan sido admitidos a negociación o vayan a serlo en mercados secundarios oficiales españoles, bien que los valores se ofrezcan al público en territorio español.

2.ª Cuando se trate de valores no mencionados en el párrafo 1.º anterior, si el emisor tiene su domicilio social en territorio español.

3.ª Cuando se trate de valores no incluidos en el párrafo 1.º anterior y el emisor esté domiciliado en un Estado no miembro de la Unión Europea, si el emisor, el oferente o la persona que solicita la admisión designa a España como Estado miembro de origen.

Para que España pueda ser designada como Estado miembro de origen de acuerdo con lo indicado en este párrafo 3.º será necesario bien que los valores se hayan ofertado al público por primera vez en territorio español después del 31 de diciembre de 2003, bien que se haya solicitado su admisión a negociación en un mercado secundario oficial español por primera vez.

Si la persona que solicitó la admisión a negociación y, consiguientemente, designó al Estado miembro de origen no fue el emisor, dicho emisor podrá elegir a España como Estado miembro de origen, con arreglo a las reglas señaladas en el párrafo anterior.

Art. 3.º *Valores negociables.*—1. A los efectos de este real decreto, tendrá la consideración de valor negociable cualquier derecho de contenido patrimonial, cualquiera que sea su denominación, que, por su configuración jurídica propia y régimen de transmisión, sea susceptible de tráfico generalizado e impersonal en un mercado de índole financiera.

2. En particular, son valores negociables:

a) Las acciones de sociedades y los valores negociables equivalentes a las acciones, así como cualquier otro tipo de valores negociables que den derecho a adquirir acciones o valores equivalentes a las acciones, por su conversión o por el ejercicio de los derechos que confieren.

b) Las cuotas participativas de las cajas de ahorros y las cuotas participativas de asociación de la Confederación Española de Cajas de Ahorros.

c) Las obligaciones, incluidas las obligaciones convertibles y canjeables, y otros valores análogos, representativos de parte de un empréstito.

d) Las cédulas, bonos y participaciones hipotecarias.

e) Los valores de titulización, entendiendo por tales todos los valores que representan un interés en activos, incluido todo derecho destinado a asegurar a los tenedores de activos el servicio, el pago o la puntualidad de los importes pagaderos en virtud de aquéllos; y todos los valores que están garantizados por activos cuyos términos prevén pagos relacionados con pagos o previsiones razonables de pagos calculados por referencia a activos identificados o identificables.

f) Las participaciones preferentes.

g) Las cédulas territoriales.

h) Los *warrants* y demás valores derivados que confieran el derecho a adquirir o vender cualquier valor negociable o que den derecho a una liquidación en efectivo determinada por referencia, entre otros, a valores negociables, divisas, tipos de interés o rendimientos, materias primas, riesgo de crédito u otros índices o medidas.

i) Las acciones y participaciones emitidas por instituciones de inversión colectiva.

j) Los certificados que representen acciones o bonos.

k) Los instrumentos del mercado monetario como pagarés, certificados de depósito y otros valores análogos, salvo que sean librados singularmente, excluyéndose los instrumentos de pago que deriven de operaciones comerciales antecedentes que no impliquen captación de fondos reembolsables.

l) Certificados de transmisión de hipoteca.

m) Aportaciones financieras subordinadas de las cooperativas de crédito.

3. A los efectos de este real decreto, no se considerarán valores negociables, entre otros:

a) Las participaciones en sociedades de responsabilidad limitada.

b) Las cuotas de los socios de sociedades colectivas y comanditarias simples.

c) Las aportaciones al capital de las sociedades cooperativas de cualquier clase, salvo las que por su régimen jurídico específico tengan la consideración de valores negociables.

d) Las cuotas que integran el capital de las sociedades de garantía recíproca.

4. No obstante lo dispuesto en el apartado 2.*i*), este real decreto no será de aplicación a las acciones y participaciones emitidas por instituciones de inversión colectiva de tipo abierto cuyo régimen de admisión a negociación en mercados secundarios oficiales y folletos exigibles para ello se ajustará a las previsiones contenidas en la Ley 35/2003, de 4 de noviembre, de instituciones de inversión colectiva, y en sus normas de desarrollo.

Art. 4.º *Definiciones.*—A los efectos de este real decreto, se entenderá por:

a) Emisor: quien emita o se proponga emitir cualquier valor o cuyos valores sean objeto de una solicitud de admisión a negociación en un mercado secundario oficial o en otro mercado regulado domiciliado en la Unión Europea. En ningún caso tendrán la consideración de emisor, a los efectos de este real decreto, las personas físicas.

b) Estado miembro de origen:

1.º Para valores no participativos cuyo valor nominal unitario sea de, al menos, 1.000 euros, y valores no participativos que den derecho a adquirir cualquier valor negociable o a recibir un importe en efectivo como consecuencia de su conversión o del ejercicio de los derechos que confieren, siempre que el emisor de los valores no participativos no sea el emisor de los valores subyacentes o una entidad perteneciente al grupo de dicho emisor, el Estado miembro de origen será a elección del emisor, del oferente o de la persona que solicite la admisión, cualquiera de los siguientes Estados miembros:

Aquél donde el emisor tenga su domicilio social.

Aquél donde los valores hayan sido admitidos o vayan a admitirse a negociación en un mercado regulado.

Aquél donde los valores se ofrezcan al público.

2.º Para emisores, domiciliados en la Unión Europea, de valores no mencionados en el párrafo 1.º, el Estado miembro de origen será el Estado miembro donde el emisor tenga su domicilio social.

3.º Para todos los emisores, domiciliados en un Estado que no sea miembro de la Unión Europea, de valores no mencionados en el párrafo 1.º, el Estado miembro de origen será el Estado miembro en el que los valores se ofrezcan al público por primera vez después del 31 de diciembre de 2003 o en el que se solicite su admisión a negociación en un mercado regulado por primera vez, a elección del emisor, el oferente o la persona que solicita la admisión.

En el caso de que se hubiese producido una admisión de dichos valores sin solicitud del emisor y, por lo tanto, el Estado miembro de origen hubiese quedado determinado sin su voluntad, dicho emisor podrá elegir un Estado miembro de origen diferente, de conformidad con lo dispuesto en el párrafo anterior.

c) Estado miembro de acogida: el Estado miembro de la

Unión Europea donde se hace una oferta pública de venta o suscripción de valores negociables, o se solicita su admisión a negociación, cuando sea diferente del Estado miembro de origen.

d) Pequeña y mediana empresa: las empresas que, según sus últimas cuentas anuales, cumplan por lo menos dos de los tres requisitos siguientes:

1.º Un número medio de empleados inferior a 250 a lo largo del ejercicio.

2.º Un activo total que no supere los 43 millones de euros.

3.º Un importe neto de su cifra anual de negocios no superior a 50 millones de euros.

e) Institución de inversión colectiva de tipo abierto: los fondos de inversión y sociedades de inversión cuyo objeto sea la inversión colectiva de los fondos captados entre el público y cuyo funcionamiento esté sometido al principio del reparto de riesgos, y cuyas acciones o participaciones sean, a petición del tenedor, recompradas o reembolsadas, directa o indirectamente, con cargo a los activos de estas instituciones. Se equipara a estas recompras o reembolsos el hecho de que una institución de inversión colectiva actúe a fin de que el valor de sus participaciones en un mercado secundario oficial o en cualquier otro mercado regulado domiciliado en la Unión Europea no se desvíe sensiblemente de su valor liquidativo.

f) Institución de inversión colectiva de tipo cerrado: institución de inversión colectiva que no sea de tipo abierto.

g) Información regulada: toda la información que el emisor, o cualquier otra persona que haya solicitado la admisión de valores sin el consentimiento del emisor, a un mercado secundario oficial español, u otro mercado regulado domiciliado en la Unión Europea, debe difundir en virtud de las normas aprobadas por los Estados miembros para la trasposición de la Directiva 2004/109/CE del Parlamento Europeo y del Consejo, de 15 de diciembre de 2004, sobre la armonización de los requisitos de transparencia relativos a la información sobre los emisores cuyos valores se admiten a negociación en un mercado regulado, incluidas las aprobadas de conformidad con lo dispuesto en su artículo 3.1, así como las aprobadas para la transposición del artículo 6 de la Directiva 2003/6/CE del Parlamento Europeo y del Consejo, de 28 de enero de 2003, sobre las operaciones con información privilegiada y la manipulación del mercado.

h) Oferente: quien ofrece valores al público.

i) Mercado regulado: todo mercado notificado por los Estados miembros de la Unión Europea a la Comisión Europea como tal mercado regulado, de conformidad con la normativa comunitaria.

j) Valores participativos: acciones y valores negociables equivalentes a las acciones, así como cualquier otro tipo de valores negociables que den derecho a adquirir acciones o valores equivalentes a las acciones, por su conversión o por el ejercicio de los derechos que confieren, a condición de que esos valores sean emitidos por el emisor de las acciones subyacentes o por una entidad que pertenezca al grupo del emisor.

k) Valores no participativos: valores que no son participativos.

TÍTULO PRIMERO

Admisión de valores a negociación en mercados secundarios oficiales

CAPÍTULO PRIMERO

Disposiciones generales

Art. 5.º *Requisitos de admisión.*—La admisión de valores a negociación en un mercado secundario oficial español estará sujeta al cumplimiento de los requisitos de idoneidad relativos al emisor y a los valores y los requisitos de información que se establecen en los siguientes capítulos de este título.

....

CAPÍTULO II

Requisitos de idoneidad relativos al emisor y a los valores

Art. 8.º *Requisitos de idoneidad relativos al emisor.*—1. El emisor que solicite la admisión a negociación en un mercado secundario oficial español de sus valores deberá cumplir los requisitos señalados en los apartados siguientes.

2. El emisor deberá estar válidamente constituido, de acuerdo con la normativa del país en el que esté domiciliado, y deberá estar operando, de conformidad con su escritura pública de constitución y estatutos, o documentos equivalentes.

3. Las acciones de un emisor admitidas a negociación no podrán establecer desventajas o diferencias en los derechos que correspondan a los accionistas que se encuentren en condiciones idénticas.

Asimismo, el emisor de valores de deuda se asegurará de que todos los tenedores de valores de deuda con las mismas características y, por ello, fungibles entre sí, admitidos a negociación reciban el mismo trato por lo que respecta a todos los derechos inherentes a esos valores.

Art. 9.º *Requisitos de idoneidad relativos a los valores.*—1. Los valores que sean objeto de una solicitud de admisión a negociación en un mercado secundario oficial español deberán cumplir los requisitos señalados en los apartados siguientes.

2. Los valores deben respetar el régimen jurídico al que estén sometidos.

3. Los valores que sean objeto de una solicitud de admisión a negociación habrán de representarse por medio de anotaciones en cuenta, sin perjuicio de lo dispuesto con respecto a los valores extranjeros en el artículo 35.1 del Real Decreto 116/1992, de 14 de febrero, sobre representación de valores por medio de anotaciones en cuenta y compensación y liquidación de operaciones bursátiles.

4. Los valores deben ser libremente transmisibles. Se considerará que los valores son libremente transmisibles siempre que no existan restricciones en los estatutos del emisor o en el acuerdo de emisión de los valores. Se considerará que los valores parcialmente desembolsados cumplen dicha condición si, a juicio de la CNMV, la transmisibilidad de dichos valores no está restringida y los inversores disponen de toda la información necesaria para que su negociación se realice de una manera transparente.

5. Cuando se realice una oferta pública con carácter previo a la admisión de los valores, la primera admisión no podrá realizarse antes de que finalice el período de suscripción, salvo en el caso de valores no participativos para los que no exista un período cerrado de suscripción de modo que las sucesivas emisiones y admisiones de los valores se realicen de manera continuada durante el plazo de vigencia del folleto informativo.

6. El importe total de los valores cuya admisión a negociación se solicite será, como mínimo:

a) En el caso de acciones, seis millones de euros, calculado como el valor esperado de mercado. Para estimar si se cumple este requisito, se tendrá en cuenta el precio que hayan pagado los inversores en la oferta pública previa a la admisión, si hubiera existido dicha oferta.

b) En el caso de valores de deuda, 200.000 euros, calculado como valor nominal de la emisión.

c) No se exigirá importe mínimo para el resto de valores.

Los importes señalados en los párrafos anteriores no se aplicarán cuando ya estén admitidos a negociación valores de la misma clase. En el caso de emisiones continuadas de valores de deuda, se calculará respecto del importe global del programa.

La CNMV podrá admitir acciones y valores de deuda que no alcancen los importes mínimos indicados con anterioridad, cuando considere que queda garantizada la existencia de un mercado suficientemente líquido para la negociación de dichos valores.

7. Cuando se solicite la admisión a negociación de acciones en una bolsa de valores, será necesario que, con carácter previo o, como más tarde, en la fecha de admisión a negociación, exista una distribución suficiente de tales acciones en uno o más Estados miembros de la Unión Europea, o en Estados no miembros de la Unión Europea, si las acciones cotizan en estos últimos.

Este requisito no resultará de aplicación cuando las acciones vayan a distribuirse al público a través de una bolsa de valores y siempre que la CNMV considere que se realizará la distribución a corto plazo en la bolsa.

Se considerará que existe una distribución suficiente si, al menos, el 25 por 100 de las acciones respecto de las cuales se solicita la admisión están repartidas entre el público, o si el mercado puede operar adecuadamente con un porcentaje menor debido al gran número de acciones de la misma clase y a su grado de distribución entre el público.

8. La solicitud de admisión a negociación de acciones de una clase deberá comprender todas las acciones de esa clase. Si ya hay acciones de esa clase admitidas, deberá comprender todas las nuevas acciones de esa clase emitidas o que se vayan a emitir.

La solicitud de admisión a negociación de valores de deuda deberá comprender todos los valores de una misma emisión.

9. La admisión a negociación de obligaciones convertibles o canjeables y de obligaciones con *warrants* exigirá que las acciones a las que se refieren hayan sido anteriormente admitidas a negociación, o vayan a admitirse simultáneamente, en una bolsa de valores española, en otro mercado regulado domiciliado en la Unión Europea, en otros mercados similares domiciliados en países de la OCDE o en aquellos otros que la CNMV estime equivalentes.

Lo dispuesto en el párrafo anterior no resultará de aplicación cuando la CNMV considere que los tenedores de las obligaciones tienen a su disposición toda la información necesaria para formarse un juicio sobre el valor de las acciones a que hagan referencia dichas obligaciones.

....

TÍTULO II

El folleto informativo

....

CAPÍTULO III

RÉGIMEN TRANSFRONTERIZO DEL FOLLETO

Art. 29. *Eficacia transfronteriza de los folletos aprobados por la CNMV.*—1. De conformidad con lo dispuesto en el primer párrafo del artículo 29 de la Ley 24/1988, de 28 de julio, el folleto aprobado por la CNMV, así como sus suplementos, será válido para la admisión a negociación en cualesquiera mercados regulados de los Estados miembros de acogida, siempre que la CNMV lo notifique a la autoridad competente del Estado miembro de acogida, de acuerdo con lo dispuesto en el siguiente apartado.

2. A instancia de la persona que solicita la admisión o de la persona responsable de la elaboración del folleto, la CNMV, dentro del plazo de tres días hábiles a partir de esa petición o, si la petición se presenta conjuntamente con el proyecto de folleto, en el siguiente día hábil a la aprobación de éste, facilitará a la autoridad competente del Estado o de los Estados miembros de acogida un certificado de aprobación que atestigüe que el folleto se ha elaborado de conformidad con las normas aprobadas por los Estados miembros para la trasposición de la Directiva 2003/71/CE y una copia de dicho folleto. Si procede, esta notificación irá acompañada por la traducción del resumen elaborado bajo la responsabilidad de la persona que solicita la admisión o de la persona responsable de la elaboración del folleto. Se seguirá el mismo procedimiento para cualquier suplemento del folleto.

3. Cuando se haya excepcionado la inclusión de determinada información de conformidad con lo que se establezca en la orden ministerial que desarrolle el artículo 27.4 de la Ley 24/1988, de 28 de julio, deberá declararse en el certificado, así como su justificación.

Art. 30. *Eficacia en España de los folletos aprobados en otros Estados miembros de la Unión Europea.*—De conformidad con lo dispuesto en el segundo párrafo del artículo 29 de la Ley 24/1988, de 28 de julio, el folleto aprobado por la autoridad competente del Estado miembro de origen, así como sus suplementos, será válido para la admisión a negociación en los mercados secundarios oficiales españoles, siempre que dicha autoridad competente remita a la CNMV la documentación señalada en el apartado 2 del artículo anterior de este real decreto. En este caso, la CNMV se abstendrá de aprobar dicho folleto o de realizar procedimiento administrativo alguno en relación con él. En su caso, la CNMV podrá llamar la atención de la autoridad competente del Estado miembro de origen cuando advirtiese la necesidad de publicar un suplemento al folleto, si sobrevinieran nuevos factores significativos, inexactitudes o errores que sean relevantes.

Art. 31. *Emisores domiciliados en Estados no miembros de la Unión Europea.*—1. En el caso de un emisor que tenga su domicilio social en un Estado que no sea miembro de la Unión Europea, la CNMV, cuando España sea Estado miembro de origen, podrá aprobar un folleto para la admisión a negociación en un mercado secundario oficial español o en otro mercado regulado domiciliado en la Unión Europea, elaborado según la legislación del Estado del emisor, siempre que se cumplan las dos condiciones siguientes:

a) Que el folleto se haya elaborado con arreglo a estándares internacionales establecidos por organizaciones internacionales de comisiones de valores, como los estándares de información de la Organización Internacional de Comisiones de Valores.

b) Que los requisitos de información, incluida la información de carácter financiero, sean equivalentes a los requeridos por este real decreto y su normativa de desarrollo.

El orden de los distintos apartados de información contenidos en el folleto quedará a la libre elección de la persona que solicite la admisión.

El folleto se redactará a elección de la persona que solicite la admisión, en castellano, en una lengua habitual en el ámbito de las finanzas internacionales o en otro idioma distinto de los anteriores que acepte la CNMV.

El folleto aprobado de conformidad con lo dispuesto en este apartado será válido para la admisión a negociación en cualesquiera Estado miembro de acogida. En este caso, serán de aplicación los artículos 23 y 29.

2. En ausencia de medidas de ejecución adoptadas por la Comisión Europea por las que se declare que un Estado que no sea miembro de la Unión Europea garantiza la equivalencia de los folletos elaborados en dicho país con la Directiva 2003/71/CE, la CNMV podrá declarar dicha equivalencia teniendo en cuenta la legislación nacional y las prácticas o procedimientos de ese tercer país basados en los estándares internacionales establecidos por organizaciones internacionales, como los estándares de información de la Organización Internacional de Comisiones de Valores. En particular, se considerará que cumplen lo previsto en el párrafo *b*) del apartado anterior los siguientes documentos:

a) Las cuentas anuales elaboradas de acuerdo con, entre otros, los estándares internacionales de contabilidad o con principios generales de contabilidad internacionalmente aceptados.

b) Las cuentas anuales auditadas de acuerdo con, entre otros, los estándares internacionales de auditoría o con principios generales de auditoría internacionalmente aceptados.

3. Cuando un emisor tenga su domicilio social en un Estado que no sea miembro de la Unión Europea, el folleto aprobado por la autoridad competente de otro Estado miembro de la Unión Europea será válido para la admisión a negociación en España, siempre que se cumpla lo dispuesto en el artículo 30.

....

140. REAL DECRETO 1066/2007, DE 27 DE JULIO, SOBRE EL RÉGIMEN DE LAS OFERTAS PÚBLICAS DE ADQUISICIÓN DE VALORES

(Arts. 1.º y 2.º)

(*BOE* núm. 180, de 28 de julio de 2007)

Artículo 1.º *Ámbito de aplicación subjetivo.*—1. Quedará sujeta a lo dispuesto en este Real Decreto toda persona física o jurídica que formule o deba formular una oferta pública de adquisición de acciones de una sociedad cotizada u otros valores que den derecho a su adquisición o suscripción.

Se considerarán sociedades cotizadas aquellas cuyas acciones estén, en todo o en parte, admitidas a negociación en un mercado secundario oficial español y tengan su domicilio social en España. Cuando dichas sociedades no tengan domicilio social en España, se estará a lo establecido en los apartados 2, 3 y 4 siguientes.

El presente Real Decreto no se aplicará a las ofertas públicas de adquisición de acciones de sociedades de inversión de capital variable ni a las ofertas públicas de adquisición de acciones de los bancos centrales de los Estados miembros de la Unión Europea.

2. Se aplicarán las reglas contenidas en el apartado siguiente a las sociedades que no tengan su domicilio social en España y cuyas acciones no estén admitidas a negociación en un mercado regulado en el Estado miembro de la Unión Europea en el que la sociedad tenga su domicilio social en cualquiera de los siguientes casos:

a) Cuando las acciones de la sociedad sólo estén admitidas a negociación en un mercado secundario oficial español.

b) Cuando la primera admisión a negociación de las acciones en un mercado regulado lo haya sido en un mercado secundario oficial español.

c) Cuando las acciones de la sociedad sean admitidas a negociación simultáneamente en mercados regulados de más de un Estado miembro y en un mercado secundario oficial español, y la sociedad así lo decida mediante notificación a dichos mercados y a sus autoridades competentes el primer día de negociación de sus acciones.

d) Cuando el 20 de mayo de 2006, las acciones de la sociedad ya hubieran sido admitidas a negociación simultáneamente en mercados regulados de más de un Estado miembro y en un mercado secundario oficial español y la Comisión Nacional del Mercado de Valores así lo hubiera acordado con las autoridades competentes de los demás mercados en los que se hubieran admitido a negociación o, a falta de acuerdo, así lo hubiera decidido la sociedad.

La Comisión Nacional del Mercado de Valores publicará en su página web su designación como autoridad competente para la autorización de las ofertas públicas de adquisición formuladas sobre las sociedades a que se refieren las letras *c*) y *d*) anteriores, el siguiente día hábil a la notificación o a la adopción del acuerdo a que se refieren dichas letras.

3. En los casos contemplados en el apartado anterior se aplicarán las siguientes reglas:

a) La decisión sobre la autorización de la oferta corresponderá a la Comisión Nacional del Mercado de Valores.

b) Los asuntos relativos a la contraprestación o precio ofrecido en el procedimiento de oferta, en particular, la información sobre la decisión del oferente de presentar una oferta, el contenido del folleto explicativo y la difusión de la oferta; y a las ofertas competidoras estarán sujetos a lo dispuesto en este Real Decreto.

c) En cuanto a la información que debe facilitarse al personal de la sociedad afectada y en los aspectos relativos al Derecho de Sociedades, en particular el porcentaje de derechos de voto que confiere el control y las excepciones a la obligación de formular una oferta así como las condiciones en las que el órgano de administración o dirección de la sociedad afectada puede emprender una acción que pueda perturbar el desarrollo de la oferta, las normas aplicables y la autoridad competente serán las del Estado miembro de la Unión Europea en el que la sociedad afectada tenga su domicilio social.

4. Cuando la sociedad afectada no tenga su domicilio social en España ni en ningún otro Estado miembro de la Unión Europea y sus acciones estén admitidas a negociación en un mercado secundario oficial español, será de aplicación lo previsto en las letras *a*) y *b*) del apartado 3.

5. En el caso de que la sociedad afectada tenga domicilio social en España pero sus valores no estén admitidos a negociación en un mercado secundario oficial español, será de aplicación lo previsto en la letra *c*) del apartado 3.

Art. 2.º *Ámbito de aplicación objetivo*.—El presente Real Decreto se aplicará tanto a las ofertas públicas de adquisición obligatorias, a las que hacen referencia los artículos 3, 7, 10 y 12 como a las ofertas voluntarias a que se refiere el artículo 13.

141. REAL DECRETO 1362/2007, DE 19 DE OCTUBRE, POR EL QUE SE DESARROLLA LA LEY 24/1988, DE 28 DE JULIO, DE MERCADO DE VALORES, EN RELACIÓN CON LOS REQUISITOS DE TRANSPARENCIA RELATIVOS A LA INFORMACIÓN SOBRE LOS EMISORES CUYOS VALORES ESTÉN ADMITIDOS A NEGOCIACIÓN EN UN MERCADO SECUNDARIO OFICIAL O EN OTRO MERCADO REGULADO DE LA UNIÓN EUROPEA

(Arts. 1.º y 3.º)

(*BOE* núm. 252, de 20 de octubre de 2007)

Artículo 1.º *Ámbito de aplicación.*—1. El presente Real Decreto regula los requisitos relativos al contenido, publicación y difusión de la información regulada sobre los emisores de valores admitidos a negociación en un mercado secundario oficial o en otro mercado regulado domiciliado en la Unión Europea cuando España sea Estado miembro de origen.

2. La información regulada incluye:

a) La información periódica regulada en los artículos 35 y 35 bis, de la Ley 24/1988, de 28 de junio, del Mercado de Valores.

b) La relativa a las participaciones significativas y a las operaciones de los emisores sobre sus propias acciones en los términos de los artículos 53 y 53 bis de la Ley 24/1988 de 28 de julio, del Mercado de Valores.

c) La relativa al número total de derechos de voto y de capital al término de cada mes natural durante el cual se haya producido un incremento o disminución, como resultado de los cambios del número total de derechos de voto a los que se refiere el segundo párrafo del apartado 1 del artículo 53 de la Ley 24/1988, de 28 de julio, del Mercado de Valores, y de acuerdo con lo establecido en dicho párrafo.

d) La información relevante a la que se refiere el artículo 82 de la Ley 24/1988, de 28 de julio, del Mercado de Valores.

3. A los efectos de este Real Decreto tendrán la consideración de valor negociable los establecidos en el artículo 3.2 del Real Decreto 1310/2005, de 4 de noviembre, por el que se desarrolla parcialmente la Ley 24/1988, de 28 de julio, del Mercado de Valores, en materia de admisión a negociación de valores en mercados secundarios oficiales, de ofertas públicas de venta o suscripción y del folleto exigible a tales efectos.

4. No obstante lo establecido en los párrafos anteriores, este Real Decreto no será de aplicación a las instituciones de inversión colectiva de tipo abierto, a sus partícipes o accionistas, ni a los emisores de pagarés con plazo de vencimiento inferior a doce meses.

Art. 2.º *Definición de Estado miembro de origen.*—1. A los efectos de la aplicación de este Real Decreto se entenderá que España es Estado miembro de origen en los siguientes supuestos:

a) Para emisores de valores negociables domiciliados en un Estado miembro de la Unión Europea:

1.º Cuando tengan su domicilio social en España, y sean emisores o bien de acciones o bien de valores de deuda cuyo valor nominal unitario sea inferior a 1.000 euros.

2.º En los supuestos de valores diferentes a los mencionados en el apartado anterior, cuando el emisor elija a España como Estado miembro de origen, siempre que tenga su domicilio social en España o sus valores hayan sido admitidos a negociación en un mercado secundario oficial español.

b) Para emisores de valores negociables no domiciliados en un Estado miembro de la Unión Europea:

1.º Cuando España sea Estado miembro de origen de conformidad con el artículo 2.*b* 3 del Real Decreto 1310/2005, de 4 de noviembre, por el que se desarrolla parcialmente la Ley 24/1988, de 28 de julio, del Mercado de Valores, en materia de admisión a negociación de valores en mercados secundarios oficiales, de ofertas públicas de venta o suscripción y del folleto exigible a tales efectos, y sean emisores o bien de acciones o bien de valores de deuda cuyo valor nominal unitario sea inferior a 1.000 euros.

2.º Para el resto de valores, cuando el emisor elija a España como Estado miembro de origen siempre que los valores hayan sido admitidos a negociación en un mercado secundario oficial español.

2. A los efectos de lo dispuesto en este Real Decreto, la elección por parte del emisor de España como Estado miembro de origen, será única y válida durante al menos tres años, salvo que sus valores dejen de admitirse a negociación en los mercados regulados de la Unión Europea. Dicha elección deberá difundirse conforme a lo establecido en el artículo 4.

Art. 3.º *Estado miembro de acogida.*—A los efectos de la aplicación de este Real Decreto, se entenderá que España es Estado miembro de acogida, cuando los valores estén admitidos a negociación en un mercado secundario oficial español y, de conformidad con el artículo anterior, España no sea Estado miembro de origen.

142. LEY 2/1981, DE 25 DE MARZO DE REGULACIÓN DEL MERCADO HIPOTECARIO*

(Arts. 1.º y 5.º)

(*BOE* núm. 90, de 15 de abril de 1981)

Artículo 1.º [...]

La presente Ley, así como su normativa de desarrollo, será de aplicación a todos los títulos que en ella se regulan y que se emitan en territorio español.

Art. 5.º [...]

Dentro de los préstamos y créditos a que se refiere este artículo podrán incluirse aquellos otros que estén garantizados por inmuebles situados dentro de la Unión Europea mediante garantías de naturaleza equivalente a las que se definen en esta Ley.

[...]

5. La forma en que se apreciará la equivalencia de las garantías reales que graven inmuebles situados en otros Estados miembros de la Unión Europea y las condiciones de la emisión de títulos que se emitan tomándolos como garantía.

143. LEY 3/1991, DE 10 DE ENERO, DE COMPETENCIA DESLEAL

(Arts. 1.º, 2.º y 4.º)

(*BOE* núm. 10, de 11 de enero de 1991)

CAPÍTULO PRIMERO

DISPOSICIONES GENERALES

Artículo 1.º *Finalidad.*—La presente Ley tiene por objeto la protección de la competencia en interés de todos los que participan en el mercado, y a tal fin establece la prohibición de los actos de competencia desleal.

Art. 2.º *Ámbito objetivo.*—1. Los comportamientos previstos en

---

* Modificada por la Ley 41/2007, de 7 de diciembre, por la que se modifica la Ley 2/1981, de 25 de marzo, de Regulación del Mercado Hipotecario y otras normas del sistema hipotecario y financiero, de regulación de las hipotecas inversas y el seguro de dependencia por la que establece determinada norma tributaria (*BOE* de 8-12-2007).

Véase el Real Decreto 716/2009, de 24 de abril, por el que se desarrollan determinados aspectos de la Ley 2/1981, de 25 de marzo, de regulación del mercado hipotecario y otras normas del sistema hipotecario o financiero (*BOE* de 2-5-2009). A continuación se reproducen los arts. 2.º2 y 6.º y la Disposición Adicional 1.ª:

esta Ley tendrán la consideración de actos de competencia desleal siempre que se realicen en el mercado y con fines concurrenciales.

«*Art. 2. Entidades que pueden participar en el mercado hipotecario.*—1. [...]

2. Las sucursales en España de entidades de crédito autorizadas en otro Estado miembro de la Unión Europea podrán hacer participar a terceros en los préstamos y créditos garantizados por hipoteca sobre inmuebles situados en España concedidos por ellas mediante la emisión de participaciones hipotecarias, en los términos establecidos en este real decreto.»

Art. 6. Préstamos y créditos garantizados por inmuebles situados en otros países de la Unión Europea. —1. Los préstamos y créditos que estén garantizados por inmuebles situados dentro de la Unión Europea podrán ser considerados préstamos y créditos elegibles para el cálculo del límite de emisión de las cédulas hipotecarias y para servir de cobertura a la emisión de bonos hipotecarios siempre que, a juicio del Banco de España, dichas garantías sean de naturaleza y características equivalentes a las previstas en este real decreto.

2. La equivalencia de las garantías se apreciará atendiendo a los siguientes requisitos a cumplir por dicha garantía o por el régimen jurídico que la regule:

a) que la hipoteca o derecho dado en garantía sea jurídicamente válido y eficaz en todas las jurisdicciones relevantes en el momento de la conclusión del contrato de préstamo o crédito y haya sido documentado por escrito en tiempo y forma;

b) que el régimen jurídico que regule la garantía establezca la obligación de valoración previa del inmueble que sirve de garantía por un tasador independiente de la entidad de crédito prestamista, entendido como una persona que posea las calificaciones, capacidades y experiencia necesarias para efectuar una tasación y que sea independiente del procedimiento de decisión crediticia;

c) que el acuerdo de garantía y el procedimiento jurídico en que se sustenta permita a la entidad de crédito acreedora liquidar el valor de la garantía por su propia cuenta en un plazo razonable ante una situación de impago; y,

d) que el régimen jurídico que regule la garantía contemple la existencia de mecanismos suficientes para garantizar la obtención de un precio justo en la ejecución de la garantía.

A efectos de apreciar la equivalencia de los regímenes y garantías correspondientes, el Banco de España podrá requerir a las entidades cuanta información y documentación adicional estime oportuna, incluidos dictámenes jurídicos suficientes, elaborados de forma independiente por expertos ajenos a la entidad, así como acreditación del tratamiento que dichas garantías han recibido de la autoridad supervisora del país afectado como instrumento de mitigación de riesgos, a efectos de los requerimientos de solvencia de las entidades de crédito.

3. A los préstamos y créditos garantizados por inmuebles situados dentro de la Unión Europea que se considere, de acuerdo con el apartado anterior, que cuentan con garantías equivalentes a las previstas en este real decreto, se les aplicarán los artículos 3, 4.1, 4.2, 4.3, 4.4, 5, 7, 10, 11 y 12 de este Capítulo y los artículos 4 a 9 de la Ley 2/1981, de 25 de marzo, para determinar si resultan elegibles para el cálculo del límite de emisión de las cédulas hipotecarias y para servir de cobertura a la emisión de bonos hipotecarios.

4. En ningún caso los préstamos y créditos regulados en este artículo podrán ser objeto de participaciones hipotecarias.»

Disp. Adic. 1.ª Certificados de transmisión de hipoteca.—1. De acuerdo con la disposición adicional quinta de la Ley 3/1994, de 14 de abril, por la que se adapta la legislación española en materia de entidades de crédito a la Segunda Directiva de Coordinación Bancaria, las entidades a que se refiere el artículo 2 de la Ley 2/1981, de 25 de marzo, podrán hacer participar a terceros en todo o parte de uno o varios préstamos o créditos hipotecarios de su cartera, aunque estos préstamos o créditos no reúnan los requisitos establecidos en la Sección 2.ª de dicha ley. Estos valores se denominarán "certificados de transmisión de hipoteca".

Las sucursales en España de entidades de crédito autorizadas en otro Estado

2. Se presume la finalidad concurrencial del acto cuando, por las circunstancias en que se realice, se revele objetivamente idóneo para promover o asegurar la difusión en el mercado de las prestaciones propias o de un tercero.

....

Art. 4.º *Ámbito territorial.*— La presente Ley será de aplicación a los actos de competencia desleal que produzcan o puedan producir efectos sustanciales en el mercado español.

....

---

miembro de la Unión Europea podrán hacer participar a terceros en los préstamos y créditos garantizados por hipoteca sobre inmuebles situados en España concedidos por ellas mediante la emisión de certificados de transmisión de hipoteca, en los términos establecidos en esta disposición adicional.

2. Los certificados podrán emitirse exclusivamente para su colocación entre inversores profesionales, tal y como se definen el artículo 78bis.3 de la Ley 24/1988, de 28 de julio, del mercado de valores o para su agrupación en fondos de titulización de activos.

3. No podrá hacerse participar a terceros mediante certificados de transmisión de hipoteca de los préstamos y créditos hipotecarios que resulten elegibles de acuerdo con el artículo 3.

4. No podrá hacerse participar a terceros mediante certificados de transmisión de hipoteca de los préstamos y créditos hipotecarios garantizados por inmuebles situados en otros países de la Unión Europea regulados en el artículo 6.

5. No podrá hacerse participar a terceros mediante certificados de transmisión de hipoteca de los préstamos y créditos hipotecarios recogidos en las letras *a*), *c*), *d*) y *f*) del artículo 12.1.

6. En ningún caso podrá resultar perjudicado el deudor hipotecario por la emisión de certificados de transmisión de hipoteca.

7. A estos certificados les serán de aplicación las normas que para las participaciones hipotecarias se establecen en la Ley 2/1981, de 25 de marzo, y en el presente real decreto, salvo lo previsto en esta disposición adicional.»

Art. 4.º: Cfr. Reglamento (CE) núm. 864/2007 del Parlamento Europeo y del Consejo, de 11 de julio de 2007, relativo a la ley aplicable a las obligaciones extracontractuales («Roma II»), *supra* núm. 118. Vid *supra* núm. 3, arts. 81 y 82.

144. LEY 15/2007, DE 3 DE JULIO, DE DEFENSA DE LA COMPETENCIA*

(Arts. 1.º, 2.º, 3.º, 4.º, 5.º, 7.º, 8.º y 10)

(*BOE* núm. 159, de 4 de julio de 2007)

TÍTULO PRIMERO

De la defensa de la competencia

CAPÍTULO PRIMERO

DE LAS CONDUCTAS PROHIBIDAS

Artículo 1.º *Conductas colusorias.*—1. Se prohíbe todo acuerdo, decisión o recomendación colectiva, o práctica concertada o conscientemente paralela, que tenga por objeto, produzca o pueda producir el efecto de impedir, restringir o falsear la competencia en todo o parte del mercado nacional y, en particular, los que consistan en:

a) La fijación, de forma directa o indirecta, de precios o de otras condiciones comerciales o de servicio.

b) La limitación o el control de la producción, la distribución, el desarrollo técnico o las inversiones.

c) El reparto del mercado o de las fuentes de aprovisionamiento.

d) La aplicación, en las relaciones comerciales o de servicio, de condiciones desiguales para prestaciones equivalentes que coloquen a unos competidores en situación desventajosa frente a otros.

e) La subordinación de la celebración de contratos a la aceptación de prestaciones suplementarias que, por su naturaleza o con arreglo a los usos de comercio, no guarden relación con el objeto de tales contratos.

2. Son nulos de pleno derecho los acuerdos, decisiones y recomendaciones que, estando prohibidos en virtud de lo dispuesto en el apartado 1, no estén amparados por las exenciones previstas en la presente Ley.

3. La prohibición del apartado 1 no se aplicará a los acuerdos, decisiones, recomendaciones y prácticas que contribuyan a mejorar la producción o la co-

* Téngase en cuenta RD 261/2008, de 22 de febrero, por el que se aprueba el Reglamento de Defensa de la Competencia (*BOE* de 27-2-2008).

mercialización y distribución de bienes y servicios o a promover el progreso técnico o económico, sin que sea necesaria decisión previa alguna a tal efecto, siempre que:

a) Permitan a los consumidores o usuarios participar de forma equitativa de sus ventajas.

b) No impongan a las empresas interesadas restricciones que no sean indispensables para la consecución de aquellos objetivos, y

c) No consientan a las empresas partícipes la posibilidad de eliminar la competencia respecto de una parte sustancial de los productos o servicios contemplados.

4. La prohibición del apartado 1 no se aplicará a los acuerdos, decisiones o recomendaciones colectivas, o prácticas concertadas o conscientemente paralelas que cumplan las disposiciones establecidas en los Reglamentos Comunitarios relativos a la aplicación del apartado 3 del artículo 81 del Tratado CE a determinadas categorías de acuerdos, decisiones de asociaciones de empresa y prácticas concertadas, incluso cuando las correspondientes conductas no puedan afectar al comercio entre los Estados miembros de la UE.

5. Asimismo, el Gobierno podrá declarar mediante Real Decreto la aplicación del apartado 3 del presente artículo a determinadas categorías de conductas, previo informe del Consejo de Defensa de la Competencia y de la Comisión Nacional de la Competencia.

Art. 2.º *Abuso de posición dominante.*—1. Queda prohibida la explotación abusiva por una o varias empresas de su disposición de dominio en todo o en parte del mercado nacional.

2. El abuso podrá consistir, en paticular, en:

a) La imposición, de forma directa o indirecta, de precios u otras condiciones comerciales o de servicios no equitativos.

b) La limitación de la producción, la distribución o el desarrollo técnico en perjuicio injustificado de las empresas o de los consumidores.

c) La negativa injustificada a satisfacer las demandas de compra de productos o de prestación de servicios.

d) La aplicación, en las relaciones comerciales o servicios, de condiciones desiguales para prestaciones equivalentes, que coloque a unos competidores en situación desventajosa frente a otros.

e) La subordinación de la celebración de contratos a la aceptación de prestaciones suplementarias que, por su naturaleza o con arreglo a los usos de comercio no guarden relación con el objeto de dichos contratos.

3. La prohibición prevista en el presente artículo se aplicará en los casos en los que la posición de dominio en el mercado de una o varias empresas haya sido establecida por disposición legal.

Art. 3.º *Falseamiento de la libre competencia por actos desleales.*—La Comisión Nacional de la Competencia o los órganos competentes de las Comunidades Autónomas conocerán en los términos que la presente Ley establece para las conductas prohibidas, de los actos de competencia desleal que por falsear la libre competencia afecten al interés público.

Art. 4.º *Conductas exentas por ley.*—1. Sin perjuicio de la eventual aplicación de las disposiciones comunitarias en materia de defensa de la competencia, las prohibiciones del presente capítulo no se aplicarán a las conductas que resulten de la aplicación de una ley.

2. Las prohibiciones del presente capítulo se aplicarán a las situaciones de restricción de competencia que se deriven del ejercicio de otras potestades administrativas o sean causadas por la actuación de los poderes públicos o las empresas públicas sin dicho amparo legal.

Art. 5.º *Conductas de menor importancia.*—Las prohibiciones recogidas en los artículos 1 a 3 de la presente Ley no se aplicarán a aquellas conductas que, por su escasa importancia, no sean capaces de afectar de manera significativa a la competencia. Reglamentariamente se determinarán los criterios para la delimitación de las conductas de menor importancia, atendiendo, entre otros, a la cuota de mercado.

....

CAPÍTULO II

DE LAS CONCENTRACIONES ECONÓMICAS

Art. 7.º *Definición de concentración económica.*—1. A los efectos previstos en esta Ley se entenderá que se produce una concentración económica cuando tenga lugar un cambio estable del control de la totalidad o parte de una o varias empresas como consecuencia de:

a) La fusión de dos o más empresas anteriormente independientes, o

b) La adquisición por una empresa del control sobre la totalidad o parte de una o varias empresas.

c) La creación de una empresa en participación y, en general, la adquisición del control conjunto sobre una o varias empresas, cuando éstas desempeñen de forma permanente las funciones de una entidad económica autónoma.

2. A los efectos anteriores, el control resultará de los contratos, derechos o cualquier otro medio que, teniendo en cuenta las circunstancias de hecho y de derecho, confieran la posibilidad de ejercer una influencia decisiva sobre una empresa y, en particular, mediante:

a) Derechos de propiedad o de uso de la totalidad o de parte de los activos de una empresa,

b) contratos, derechos o cualquier otro medio que permitan influir decisivamente sobre la composición, las deliberaciones o las decisiones de los órganos de la empresa.

En todo caso, se considerará que ese control existe cuando se den los supuestos previstos en el artículo 4 de la Ley 24/1988, de 28 de julio, del Mercado de Valores.

3. No tendrán la consideración de concentración:

a) La mera redistribución de valores o activos que empresas de un mismo grupo.

b) La tenencia con carácter temporal de participaciones que hayan adquirido en una empresa para su reventa por parte de una entidad de crédito u otra entidad financiera o compañía de seguros cuya actividad normal incluya la transacción y negociación de títulos por cuenta propia o por cuenta de terceros, siempre y cuando los derechos de voto inherentes a esas participaciones no se ejerzan con objeto de determinar el comportamiento competitivo de dicha empresa o sólo se ejerzan con el fin de preparar la realización de la totalidad o de parte de la empresa o de sus activos o la realización de las participaciones, y siempre que dicha realización se produzca en el plazo de un año desde la fecha de adquisición. Con carácter excepcional, la Comisión Nacional de la Competencia podrá ampliar ese plazo previa solicitud cuando dichas entidades o sociedades justifiquen que no ha sido razonablemente posible proceder a la realización en el plazo establecido.

c) Las operaciones realizadas por sociedades de participación financiera en el sentido del apartado 3 del artículo 5 de la cuarta Directiva 78/660/CEE del Consejo, de 25 de julio de 1978, que adquieran con carácter temporal participaciones en otras empresas, siempre que los derechos de voto inherentes a las participaciones sólo sean ejercidos para mantener el pleno valor de tales inversiones y no para determinar el comportamiento competitivo de dichas empresas.

d) La adquisición de control por una persona en virtud de un mandato conferido por autoridad pública con arreglo a la normativa concursal.

Art. 8.º *Ámbito de aplicación.*—1. El procedimiento de control previsto en la presente Ley se aplicará a las concentraciones económicas cuando concurra al menos una de las dos circunstancias siguientes:

a) Que como consecuencia de la concentración se adquiera o se incremente una cuota igual o superior al 30 por 100 del mercado relevante de producto o servicio en el ámbito nacional o en un mercado geográfico definido dentro del mismo.

b) Que el volumen de negocios global en España del conjunto de los partícipes supere en el último ejercicio contable la cantidad de 240 millones de euros, siempre que al menos dos de los partícipes realicen individualmente en España un volumen de negocios superior a 60 millones de euros.

2. Las obligaciones previstas en la presente Ley no afectan a aquellas concentraciones de di-

mensión comunitaria tal como se definen en el Reglamento (CE) núm. 139/2004 del Consejo, de 20 de enero, sobre el control de las concentraciones entre empresas, salvo que la concentración haya sido objeto de una decisión de remisión por la Comisión Europea a España conforme a lo establecido en el citado Reglamento.

....

Art. 10. *Criterios de valoración sustantiva.*—1. La Comisión Nacional de la Competencia valorará las concentraciones económicas atendiendo a la posible obstaculización del mantenimiento de una competencia efectiva en todo o en parte del mercado nacional.

En concreto, la Comisión Nacional de la Competencia adoptará su decisión atendiendo, entre otros, a los siguientes elementos:

a) La estructura de todos los mercados relevantes,

b) la posición en los mercados de las empresas afectadas, su fortaleza económica y financiera,

c) la competencia real o potencial de empresas situadas dentro o fuera del territorio nacional,

d) las posibilidades de elección de proveedores y consumidores, su acceso a las fuentes de suministro o a los mercados,

e) la existencia de barreras para el acceso a dichos mercados,

f) la evolución de la oferta y de la demanda de los productos y servicios de que se trate,

g) el poder de negociación de la demanda o de la oferta y su capacidad para compensar la posición en el mercado de las empresas afectadas,

h) las eficiencias económicas derivadas de la operación de concentración y, en particular, la contribución que la concentración pueda aportar a la mejora de los sistemas de producción o comercialización así como a la competitividad empresarial, y la medida en que dichas eficiencias sean trasladadas a los consumidores intermedios y finales, en concreto, en la forma de una mayor o mejor oferta y de menores precios.

2. En la medida en que la creación de una empresa en participación sujeta al control de concentraciones tenga por objeto o efecto coordinar el comportamiento competitivo de empresas que continúen siendo independientes, dicha coordinación se valorará en función de lo establecido en los artículos 1 y 2 de la presente Ley.

3. En su caso, en la valoración de una concentración económica podrán entenderse comprendidas determinadas restricciones a la competencia accesorias, directamente vinculadas a la operación y necesarias para su realización.

4. El Consejo de Ministros, a efectos de lo previsto en el artículo 60 de esta Ley, podrá valorar las concentraciones económicas atendiendo a criterios de interés general distintos de la defensa de la competencia.

En particular, se entenderá como tales los siguientes:

a) Defensa y seguridad nacional,

b) protección de la seguridad o salud públicas,

c) libre circulación de bienes y servicios dentro del territorio nacional,

d) protección del medio ambiente,

e) promoción de la investigación y el desarrollo tecnológicos,

f) garantía de un adecuado mantenimiento de los objetivos de la regulación sectorial.

....

N) DERECHO CONCURSAL

145. LEY 22/2003, DE 9 DE JULIO, CONCURSAL*

(Arts. 8.º-12 y 199-230)

(*BOE* núm. 164, de 10 de julio 2003)

....

CAPÍTULO II

DEL PROCEDIMIENTO DE DECLARACIÓN

SECCIÓN 1.ª

Jurisdicción y competencia

Art. 8.º *Juez del concurso.*— Son competentes para conocer del concurso los jueces de lo mercantil. La jurisdicción del juez del concurso es exclusiva y excluyente en las siguientes materias:

1.º Las acciones civiles con trascendencia patrimonial que se dirijan contra el patrimonio del concursado con excepción de las que se ejerciten en los procesos sobre capacidad, filiación, matrimonio y menores a las que se refiere el título I del libro IV de la Ley de Enjuiciamiento Civil. También conocerá de la acción a que se refiere el artículo 17.1 de esta Ley.

2.º Las acciones sociales que tengan por objeto la extinción, modificación o suspensión colectivas de los contratos de trabajo en los que sea empleador el concursado, así como la suspensión o extinción de contratos de alta dirección, sin perjuicio de que cuando estas medidas supongan modificar las condiciones establecidas en convenio colectivo aplicable a estos contratos se requerirá el acuerdo de los representantes de los trabajadores. En el enjuiciamiento de estas materias, y sin perjuicio de la aplicación de las normas específicas de esta ley, deberán tenerse en cuenta los principios inspiradores de la ordenación normativa estatutaria y del proceso laboral.

* Téngase en cuenta la Ley 6/2005, sobre saneamiento y liquidación de entidades de crédito (*BOE* de 23-4-2005; *infra* núm. 146), y la Ley 34/2003, de modificación y adaptación a la normativa comunitaria de la legislación de seguros privados (*BOE* de 5-11-2003), actualmente contenida en el Decreto Legislativo 6/2004, por el que se aprueba el texto refundido de la Ley de ordenación y supervisión de los seguros privados (*BOE* de 5-11-2004; *supra* núm. 104).

3.º Toda ejecución frente a los bienes y derechos de contenido patrimonial del concursado, cualquiera que sea el órgano que la hubiera ordenado.

4.º Toda medida cautelar que afecte al patrimonio del concursado excepto las que se adopten en los procesos civiles que quedan excluidos de su jurisdicción en el párrafo 1.º

5.º Las que en el procedimiento concursal debe adoptar en relación con la asistencia jurídica gratuita y, en concreto, las que le atribuye la Ley 1/1996, de 10 de enero, de Asistencia Jurídica Gratuita.

6.º Las acciones tendentes a exigir responsabilidad civil a los administradores sociales, a los auditores o, en su caso, a los liquidadores, por los perjuicios causados al concursado durante el procedimiento.

Art. 9.º *Extensión de la jurisdicción.*—La jurisdicción del juez se extiende a todas las cuestiones prejudiciales administrativas o sociales directamente relacionadas con el concurso o cuya resolución sea necesaria para el buen desarrollo del procedimiento concursal.

Art. 10. *Competencia internacional y territorial.*—1. La competencia para declarar y tramitar el concurso corresponde al juez de lo mercantil en cuyo territorio tenga el deudor el centro de sus intereses principales. Si el deudor tuviese además en España su domicilio y el lugar de éste no coincidiese con el centro de sus intereses principales, será también competente, a elección del acreedor solicitante, el juez de lo mercantil en cuyo territorio radique aquél.

Por centro de los intereses principales se entenderá el lugar donde el deudor ejerce de modo habitual y reconocible por terceros la administración de tales intereses. En caso de deudor persona jurídica, se presume que el centro de sus intereses principales se halla en el lugar del domicilio social. Será ineficaz a estos efectos el cambio de domicilio efectuado en los seis meses anteriores a la solicitud del concurso.

Los efectos de este concurso, que en el ámbito internacional se considerará «concurso principal», tendrán alcance universal, comprendiendo todos los bienes del deudor, estén situados dentro o fuera de España. En el caso de que sobre los bienes situados en un Estado extranjero se abra un procedimiento de insolvencia, se tendrán en cuenta las reglas de coordinación previstas en el capítulo III del título IX de esta Ley.

2. Si se hubieran presentado solicitudes de declaración del concurso ante dos o más juzgados competentes, será preferente aquel ante el que se hubiera presentado la primera solicitud.

3. Si el centro de los intereses principales no se hallase en territorio español, pero el deudor tuviese en éste un establecimiento, será competente el juez de lo mercantil en cuyo territorio radique y, de existir varios, donde se encuentre cualquiera de ellos, a elección del solicitante.

Por establecimiento se entenderá todo lugar de operaciones en el que el deudor ejerza de forma no transitoria una actividad económica con medios humanos y bienes.

Los efectos de este concurso, que en el ámbito internacional se considerará «concurso territorial», se limitarán a los bienes del deudor, afectos o no a su actividad, que estén situados en España. En el caso de que en el Estado donde el deudor tiene el centro de sus intereses principales se abra un procedimiento de insolvencia, se tendrán en cuenta las reglas de coordinación previstas en el capítulo IV del título IX de esta Ley.

4. En los casos de solicitud de declaración conjunta de concurso de varios deudores, será juez competente para declararlo el del lugar donde tenga el centro de sus intereses principales el deudor con mayor pasivo, y si se trata de un grupo de sociedades, el de la sociedad dominante.

La misma regla se aplicará para determinar el juez competente para la tramitación de concursos acumulados.

5. El juez examinará de oficio su competencia y determinará si ésta se basa en el apartado 1 o en el apartado 3 de este artículo.

Art. 11. *Alcance internacional de la jurisdicción.*—En el ámbito internacional, la jurisdicción del juez del concurso comprende únicamente el conocimiento de aquellas acciones que tengan su fundamento jurídico en la legislación concursal y guarden una relación inmediata con el concurso.

Art. 12. *Declinatoria.*—1. El deudor podrá plantear cuestión de competencia territorial por declinatoria dentro de los cinco días siguientes a aquel en que se le hubiera emplazado. También podrán plantearla los demás legitimados para solicitar la declaración de concurso, en el plazo de diez dias desde la publicación ordenada en el párrafo segundo del apartado 1 del articulo 23.

2. La interposición de declinatoria, en la que el promotor estará obligado a indicar cuál es el órgano competente para conocer el concurso, no suspenderá el procedimiento concursal. En ningún caso se pronunciará el juez sobre la oposición del concursado sin que previa audiencia del Ministerio Fiscal haya resuelto la cuestión de competencia planteada. En caso de que estime la cuestión de competencia, deberá inhibirse a favor del órgano al que corresponda la competencia, con emplazamiento de las partes y remisión de lo actuado.

3. Todo lo actuado en el concurso será válido aunque se estime la declinatoria.

....

Art. 12.1: Modificado por Real Decreto Ley 3/2009, de 27 de marzo (*BOE* de 31-3-2009).

TÍTULO IX

De las Normas de Derecho Internacional Privado

CAPÍTULO PRIMERO

Aspectos generales

Art. 199. *De las relaciones entre ordenamientos.*—Las normas de este título se aplicarán sin perjuicio de lo establecido en el Reglamento (CE) 1346/2000 sobre procedimientos de insolvencia y demás normas comunitarias o convencionales que regulen la materia.

A falta de reciprocidad o cuando se produzca una falta sistemática a la cooperación por las autoridades de un Estado extranjero, no se aplicarán respecto de los procedimientos seguidos en dicho Estado, los capítulos III y IV de este título.

Art. 200. *Regla general.*—Sin perjuicio de lo dispuesto en los artículos siguientes, la ley española determinará los presupuestos y efectos del concurso declarado en España, su desarrollo y su conclusión.

CAPÍTULO II

De la ley aplicable

SECCIÓN 1.ª

Del procedimiento principal

Art. 201. *Derechos reales y reservas de dominio.*—1. Los efectos del concurso sobre derechos reales de un acreedor o de un tercero que recaigan en bienes o derechos de cualquier clase pertenecientes al deudor, comprendidos los conjuntos de bienes cuya composición pueda variar en el tiempo, y que en el momento de declaración del concurso se encuentren en el territorio de otro Estado se regirán exclusivamente por ley de éste.

La misma regla se aplicará a los derechos del vendedor respecto de los bienes vendidos al concursado con reserva de dominio.

2. La declaración de concurso del vendedor de un bien con reserva de dominio que ya haya sido entregado y que al momento de la declaración se encuentre en el territorio de otro Estado no constituye, por sí sola, causa de resolución ni de rescisión de la venta y no impedirá al comprador la adquisición de su propiedad.

3. Lo dispuesto en los apartados anteriores se entiende sin perjuicio de las acciones de reintegración que en su caso procedan.

Art. 202. *Derechos del deudor sometidos a registro.*—Los efectos del concurso sobre derechos del deudor que recaigan en bienes inmuebles, buques o aeronaves sujetos a inscripción en registro público se acomodarán a lo dispuesto en la ley del Estado bajo cuya autoridad se lleve el registro.

Art. 203. *Terceros adquirentes.*—La validez de los actos de disposición a título oneroso del deudor sobre bienes inmuebles o sobre buques o aeronaves que estén sujetos a inscripción en registro público, realizados con posterioridad a la declaración de concurso, se regirán, respectivamente, por la ley del Estado en cuyo territorio se encuentre el bien inmueble o por la de aquel bajo cuya autoridad se lleve el Registro de buques o aeronaves.

Art. 204. *Derechos sobre valores y sistemas de pagos y mercados financieros.*—Los efectos del concurso sobre derechos que recaigan en valores negociables representados mediante anotaciones en cuenta se regirán por la ley del Estado del registro donde dichos valores estuvieren anotados. Esta norma comprende cualquier registro de valores legalmente reconocido, incluidos los llevados por entidades financieras sujetas a supervisión legal.

Sin perjuicio de lo dispuesto en el artículo 201, los efectos del concurso sobre los derechos y obligaciones de los participantes en un sistema de pago o compensación o en un mercado financiero se regirán exclusivamente por la ley del Estado aplicable a dicho sistema o mercado.

Art. 205. *Compensación.*—1. La declaración de concurso no afectará al derecho de un acreedor a compensar su crédito cuando la ley que rija el crédito recíproco del concursado lo permita en situaciones de insolvencia.

2. Lo dispuesto en el apartado anterior se entiende sin perjuicio de las acciones de reintegración que en su caso procedan.

Art. 206. *Contratos sobre inmuebles.*—Los efectos del concurso sobre los contratos que tengan por objeto la atribución de un derecho al uso o a la adquisición de un bien inmueble se regirán exclusivamente por la ley del Estado donde se halle.

Art. 207. *Contratos de trabajo.*—Los efectos del concurso sobre el contrato de trabajo y sobre las relaciones laborales se regirán exclusivamente por la ley del Estado aplicable al contrato.

Art. 208. *Acciones de reintegración.*—No procederá el ejercicio de acciones de reintegración al amparo de esta ley cuando el beneficiado por el acto perjudicial para la masa activa pruebe que dicho acto está sujeto a la ley de otro Estado que no permite en ningún caso su impugnación.

Art. 209. *Juicios declarativos pendientes.*—Los efectos del concurso sobre los juicios declarativos pendientes que se refieran a un bien o a un derecho de la masa se regirán exclusivamente por la ley del Estado en el que estén en curso.

SECCIÓN 2.ª

Del procedimiento territorial

Art. 210. *Regla general.*—Excepto en lo previsto en esta sección, el concurso territorial se regirá por las mismas normas que el concurso principal.

Art. 211. *Presupuestos del concurso.*—El reconocimiento de un procedimiento extranjero principal permitirá abrir en España un concurso territorial sin necesidad de examinar la insolvencia del deudor.

Art. 212. *Legitimación.*—Podrá solicitar la declaración de un concurso territorial:

1.º Cualquier persona legitimada para solicitar la declaración de concurso con arreglo a esta ley.

2.º El representante del procedimiento extranjero principal.

Art. 213. *Alcance de un convenio con los acreedores.*—Las limitaciones de los derechos de los acreedores derivadas de un convenio aprobado en el concurso territorial, tales como la quita y la espera, sólo producirán efectos con respecto a los bienes del deudor no comprendidos en este concurso si hay conformidad de todos los acreedores interesados.

SECCIÓN 3.ª

De las reglas comunes a ambos tipos de procedimientos

Art. 214. *Información a los acreedores en el extranjero.*—1. Declarado el concurso, la administración concursal informará sin demora a los acreedores conocidos que tengan su residencia habitual, domicilio o sede en el extranjero, si así resultare de los libros y documentos del deudor o por cualquier otra razón constare en el concurso.

2. La información comprenderá la identificación del procedimiento, la fecha del auto de declaración, el carácter principal o territorial del concurso, las circunstancias personales del deudor, los efectos acordados sobre las facultades de administración y disposición respecto de su patrimonio, el llamamiento a los acreedores, incluso a aquéllos garantizados con derecho real, el plazo para la comunicación de los créditos a la administración concursal y la dirección postal del juzgado.

3. La información se realizará por escrito y mediante envío individualizado, salvo que el juez disponga cualquier otra forma por estimarla más adecuada a las circunstancias del caso.

Art. 215. *Publicidad y registro en el extranjero.*—1. El juez, de oficio o a instancia de interesado, podrá acordar que se publique el contenido esencial del auto de declaración del concurso en cualquier Estado extranjero donde convenga a los intereses del concurso, con arreglo a las modalidades de publicación previstas en dicho Estado para los procedimientos de insolvencia.

2. La administración concursal podrá solicitar la publicidad registral en el extranjero del auto de declaración y de otros actos del procedimiento cuando así convenga a los intereses del concurso.

Art. 216. *Pago al concursado en el extranjero.*—1. El pago hecho al concursado en el extranjero por un deudor con residencia habitual, domicilio o sede en el extranjero, sólo liberará a quien lo hiciere ignorando la apertura del concurso en España.

2. Salvo prueba en contrario, se presumirá que ignoraba la existencia del procedimiento quien realizó el pago antes de haberse dado a la apertura del concurso la publicidad a que se refiere el apartado 1 del artículo anterior.

Art. 217. *Comunicación de créditos.*—1. Los acreedores que tengan su residencia habitual, domicilio o sede en el extranjero comunicarán sus créditos a la administración concursal conforme a lo dispuesto en el artículo 85.

2. Todo acreedor podrá comunicar su crédito en el procedimiento principal o territorial abierto en España, con independencia de que también lo haya presentado en un procedimiento de insolvencia abierto en el extranjero.

Esta regla incluye, sujetos a condición de reciprocidad, los créditos tributarios y de la Seguridad Social de otros Estados, que en este caso serán admitidos como créditos ordinarios.

Art. 218. *Restitución e imputación.*—1. El acreedor que, tras la apertura de un concurso principal en España, obtuviera un pago total o parcial de su crédito con cargo a bienes del deudor situados en el extranjero o por la realización o ejecución de los mismos deberá restituir a la masa lo que hubiera obtenido, sin perjuicio de lo dispuesto en el artículo 201.

En el caso de que dicho pago se obtuviera en un procedimiento de insolvencia abierto en el extranjero, se aplicará la regla de imputación de pagos del artículo 229.

2. Cuando el Estado donde se hallaren los bienes no reconociera el concurso declarado en España o las dificultades de localización y realización de esos bienes así lo justificaren, el juez podrá autorizar a los acreedores a instar en el extranjero la ejecución individual, con aplicación, en todo caso, de la regla de imputación prevista en el artículo 229.

Art. 219. *Lenguas.*—1. La información prevista en el artículo 214 se dará en castellano y, en su caso, en cualquiera de las lenguas oficiales, pero en el encabezamiento de su texto figurarán también en inglés y francés los términos «Convocatoria para la presentación de créditos. Plazos aplicables».

2. Los acreedores con residencia habitual, domicilio o sede en el extranjero presentarán el escrito de comunicación de sus créditos en lengua castellana o en otra oficial propia de la comunidad autónoma en la que tenga su sede el juez del concurso. Si lo hicieren en lengua distinta, la administración concursal podrá exigir posteriormente una traducción al castellano.

CAPÍTULO III

DEL RECONOCIMIENTO DE PROCEDIMIENTOS EXTRANJEROS DE INSOLVENCIA

Art. 220. *Reconocimiento de la resolución de apertura.*—1. Las resoluciones extranjeras que declaren la apertura de un procedimiento de insolvencia se reconocerán en

España mediante el procedimiento de exequátur regulado en la Ley de Enjuiciamiento Civil, si reúnen los requisitos siguientes:

1.º Que la resolución se refiera a un procedimiento colectivo fundado en la insolvencia del deudor, en virtud del cual sus bienes y actividades queden sujetos al control o a la supervisión de un tribunal o una autoridad extranjera a los efectos de su reorganización o liquidación.

2.º Que la resolución sea definitiva según la ley del Estado de apertura.

3.º Que la competencia del tribunal o de la autoridad que haya abierto el procedimiento de insolvencia esté basada en alguno de los criterios contenidos en el artículo 10 de esta ley o en una conexión razonable de naturaleza equivalente.

4.º Que la resolución no haya sido pronunciada en rebeldía del deudor o, en otro caso, que haya sido precedida de entrega o notificación de cédula de emplazamiento o documento equivalente, en forma y con tiempo suficiente para oponerse.

5.º Que la resolución no sea contraria al orden público español.

2. El procedimiento de insolvencia extranjero se reconocerá:

1.º Como procedimiento extranjero principal, si se está tramitando en el Estado donde el deudor tenga el centro de sus intereses principales.

2.º Como procedimiento extranjero territorial, si se está tramitando en un Estado donde el deudor tenga un establecimiento o con cuyo territorio exista una conexión razonable de naturaleza equivalente, como la presencia de bienes afectos a una actividad económica.

3. El reconocimiento de un procedimiento extranjero principal no impedirá la apertura en España de un concurso territorial.

4. Podrá suspenderse la tramitación del exequátur cuando la resolución de apertura del procedimiento de insolvencia hubiera sido objeto, en su Estado de origen, de un recurso ordinario o cuando el plazo para interponerlo no hubiera expirado.

5. Lo dispuesto en este artículo no impedirá la modificación o revocación del reconocimiento si se demostrase la alteración relevante o la desaparición de los motivos por los que se otorga.

Art. 221. *Administrador o representante extranjero.*—1. Tendrá la condición de administrador o representante del procedimiento extranjero la persona u órgano, incluso designado a título provisional, que esté facultado para administrar o supervisar la reorganización o la liquidación de los bienes o actividades del deudor o para actuar como representante del procedimiento.

2. El nombramiento del administrador o representante se acreditará mediante copia autenticada del original de la resolución por la que se le designe o mediante certificado expedido por el tribunal o la autoridad competente, con los requisitos necesarios para hacer fe en España.

3. Una vez reconocido un procedimiento extranjero principal, el administrador o representante estará obligado a:

1.º Dar al procedimiento una publicidad equivalente a la ordenada en el artículo 23 de esta ley, cuando el deudor tenga un establecimiento en España.

2.º Solicitar de los registros públicos correspondientes las inscripciones que procedan conforme al artículo 24 de esta ley.

Los gastos ocasionados por las medidas de publicidad y registro serán satisfechos por el administrador o representante con cargo al procedimiento principal.

4. Una vez reconocido un procedimiento extranjero principal, su administrador o representante podrá ejercer las facultades que le correspondan conforme a la ley del Estado de apertura, salvo que resulten incompatibles con los efectos de un concurso territorial declarado en España o con las medidas cautelares adoptadas en virtud de una solicitud de concurso y, en todo caso, cuando su contenido sea contrario al orden público.

En el ejercicio de sus facultades, el administrador o representante deberá respetar la ley española, en particular en lo que respecta a las modalidades de realización de los bienes y derechos del deudor.

Art. 222. *Reconocimiento de otras resoluciones.*—1. Una vez obtenido el exequátur de la resolución de apertura, cualquier otra resolución dictada en ese procedimiento de insolvencia y que tenga su fundamento en la legislación concursal se reconocerá en España sin necesidad de procedimiento alguno, siempre que reúna los requisitos previstos en el artículo 220. El requisito de la previa entrega o notificación de cédula de emplazamiento o documento equivalente será exigible, además, respecto de cualquier persona distinta del deudor que hubiera sido demandada en el procedimiento extranjero de insolvencia y en relación con las resoluciones que le afecten.

2. En caso de oposición al reconocimiento, cualquier persona interesada podrá solicitar que éste sea declarado a título principal por el procedimiento de exequátur regulado en la Ley de Enjuiciamiento Civil.

Si el reconocimiento de la resolución extranjera se invocare como cuestión incidental en un proceso en curso, será competente para resolver la cuestión el juez o tribunal que conozca del fondo del asunto.

Art. 223. *Efectos del reconocimiento.*—1. Salvo en los supuestos previstos en los artículos 201 a 209, las resoluciones extranjeras reconocidas producirán en España los efectos que les atribuya la ley del Estado de apertura del procedimiento.

2. Los efectos de un procedimiento territorial extranjero se limitarán a los bienes y derechos que en el momento de su declaración estén situados en el Estado de apertura.

3. En el caso de declaración de un concurso territorial en España, los efectos del procedimiento extranjero se regirán por lo dispuesto en el capítulo IV de este título.

Art. 224. *Ejecución.*—Las resoluciones extranjeras que tengan carácter ejecutorio según la ley del Estado de apertura del procedimiento en el que se hubieren dictado necesitarán previo exequátur para su ejecución en España.

Art. 225. *Cumplimiento a favor del deudor.*—1. El pago hecho en España a un deudor sometido a procedimiento de insolvencia abierto en otro Estado y conforme al cual deberá hacerse al administrador o representante en él designado sólo liberará a quien lo hiciere ignorando la existencia del procedimiento.

2. Salvo prueba en contrario, se presumirá que ignoraba la existencia del procedimiento quien realizó el pago antes de haberse dado a la apertura del procedimiento de insolvencia extranjero la publicidad ordenada en el apartado 3 del artículo 221.

Art. 226. *Medidas cautelares.*—1. Las medidas cautelares adoptadas antes de la apertura de un procedimiento principal de insolvencia en el extranjero por el tribunal competente para abrirlo podrán ser reconocidas y ejecutadas en España previo el correspondiente exequátur.

2. Antes del reconocimiento de un procedimiento extranjero de insolvencia y a instancia de su administrador o representante, podrán adoptarse conforme a la ley española medidas cautelares, incluidas las siguientes:

1.ª Paralizar cualquier medida de ejecución contra bienes y derechos del deudor.

2.ª Encomendar al administrador o representante extranjero, o a la persona que se designe al adoptar la medida, la administración o la realización de aquellos bienes o derechos situados en España que, por su naturaleza o por circunstancias concurrentes, sean perecederos, susceptibles de sufrir grave deterioro o de disminuir considerablemente su valor.

3.ª Suspender el ejercicio de las facultades de disposición, enajenación y gravamen de bienes y derechos del deudor.

Si la solicitud de medidas cautelares hubiere precedido a la de reconocimiento de la resolución de apertura del procedimiento de insolvencia, la resolución que las adopte condicionará su subsistencia a la presentación de esta última solicitud en el plazo de veinte días.

CAPÍTULO IV

DE LA COORDINACIÓN ENTRE PROCEDIMIENTOS PARALELOS DE INSOLVENCIA

Art. 227. *Obligaciones de cooperación.*—1. Sin perjuicio del respeto de las normas aplicables en cada uno de los procedimientos, la administración concursal del concurso declarado en España y el administrador o representante de un procedimiento extranjero de insolvencia relativo al mismo deudor y reconocido en España están sometidos a un deber de cooperación recíproca en el ejercicio de sus funciones, bajo la supervisión de sus respectivos jueces, tribunales o autoridades competentes. La negativa a cooperar por parte del administrador o representante, o del tribunal o autoridad extranjeros, liberará de este deber a los correspondientes órganos españoles.

2. La cooperación podrá consistir, en particular, en:

1.º El intercambio, por cualquier medio que se considere oportuno, de informaciones que puedan ser útiles para el otro procedimiento, sin perjuicio del obligado respeto de las normas que amparen el secreto o la confidencialidad de los datos objeto de la información o que de cualquier modo los protejan.

En todo caso, existirá la obligación de informar de cualquier cambio relevante en la situación del procedimiento respectivo, incluido el nombramiento del administrador o representante, y de la apertura en otro Estado de un procedimiento de insolvencia respecto del mismo deudor.

2.º La coordinación de la administración y del control o supervisión de los bienes y actividades del deudor.

3.º La aprobación y aplicación por los tribunales o autoridades competentes de acuerdos relativos a la coordinación de los procedimientos.

3. La administración concursal del concurso territorial declarado en España deberá permitir al administrador o representante del procedimiento extranjero principal la presentación, en tiempo oportuno, de propuestas de convenio, de planes de liquidación o de cualquier otra forma de realización de bienes y derechos de la masa activa o de pago de los créditos.

La administración concursal del concurso principal declarado en España reclamará iguales medidas en cualquier otro procedimiento abierto en el extranjero.

Art. 228. *Ejercicio de los derechos de los acreedores.*—1. En la medida que así lo permita la ley aplicable al procedimiento extranjero de insolvencia, su administrador o representante podrá comunicar en el concurso declarado en España, y conforme a lo establecido en esta ley, los créditos reconocidos en aquél. Bajo las mismas condiciones, el administrador o representante estará facultado para participar en el concurso en nombre de los acreedores cuyos créditos hubiera comunicado.

2. La administración concursal de un concurso declarado en España podrá presentar en un procedimiento extranjero de insolvencia, principal o territorial, los créditos reconocidos en la lista definitiva de acreedores, siempre que así lo permita la ley aplicable a ese procedimiento. Bajo las mismas condiciones estará facultada la administración concursal, o la persona que ella designe, para participar en aquel procedimiento en nombre de los acreedores cuyos créditos hubiere presentado.

Art. 229. *Regla de pago.*—El acreedor que obtenga en un procedimiento extranjero de insolvencia pago parcial de su crédito no podrá pretender en el concurso declarado en España ningún pago adicional hasta que los restantes acreedores de la misma clase y rango hayan obtenido en éste una cantidad porcentualmente equivalente.

Art. 230. *Excedente del activo del procedimiento territorial.*—A condición de reciprocidad, el activo remanente a la conclusión de un concurso o procedimiento territorial se pondrá a disposición del administrador o representante del procedimiento extranjero principal reconocido en España. La administración concursal del concurso principal declarado en España reclamará igual medida en cualquier otro procedimiento abierto en el extranjero.

....

146. LEY 6/2005, DE 22 DE ABRIL, SOBRE SANEAMIENTO Y LIQUIDACIÓN DE LAS ENTIDADES DE CRÉDITO

(Arts. 1.º, 2.º, 5.º-8.º, 11-14, 16, 18-21 y Disps. Adics. 1.ª y 2.ª)

(*BOE* núm. 97, de 23 de abril de 2005)

CAPÍTULO PRIMERO

DISPOSICIONES GENERALES

Artículo 1.º *Objeto.*—El objeto de esta Ley es incorporar al ordenamiento jurídico español las disposiciones de la Directiva 2001/24/CE del Parlamento Europeo y del Consejo, de 4 de abril de 2001, relativa al saneamiento y liquidación de las entidades de crédito, regulando los efectos y especialidades de las medidas de saneamiento y los procedimientos de liquidación que afecten a las entidades de crédito y sucursales a que se refiere el artículo 2.

Art. 2.º *Ámbito de aplicación.*—Esta ley será aplicable a:

a) Las entidades de crédito autorizadas en España que tengan al menos una sucursal o presten servicios sin establecimiento permanente en otro Estado miembro, entendiendo por tales aquéllas contempladas en las letras *b*) a *f*) del artículo 1.2 del Real Decreto Legislativo 1298/1986, de 28 de junio, sobre adaptación del Derecho vigente en materia de entidades de crédito al de las Comunidades Europeas.

b) Las entidades de crédito autorizadas en otro Estado miembro que tengan al menos una sucursal o presten servicios sin establecimiento permanente en España en los términos previstos en los artículos 9 y 11 del Real Decreto 1245/1995, de 14 de julio, sobre creación de bancos, actividad transfronteriza y otras cuestiones relativas al régimen jurídico de las entidades de crédito.

c) Las sucursales en España de entidades de crédito extranjeras no autorizadas en un Estado miembro de la Unión Europea, cuando tales entidades de crédito tengan al menos una sucursal en otro Estado miembro.

....

CAPÍTULO II

MEDIDAS DE SANEAMIENTO Y PROCEDIMIENTOS DE LIQUIDACIÓN SOBRE ENTIDADES DE CRÉDITO AUTORIZADAS EN ESPAÑA QUE TENGAN SUCURSALES O PRESTEN SERVICIOS SIN ESTABLECIMIENTO PERMANENTE EN OTROS ESTADOS MIEMBROS DE LA UNIÓN EUROPEA

SECCIÓN 1.ª

Definición, competencia y ley aplicable

Art. 5.º *Medidas de saneamiento y procedimientos de liquidación.*—1. A los efectos de lo dispuesto en esta Ley, tendrá la consideración de medida de saneamiento en España la apertura del concurso en los términos previstos en la Ley 22/2003, de 9 de julio, Concursal, sin perjuicio de que, en el caso de que se acuerde la apertura de la fase de liquidación, se apliquen desde ese momento las normas correspondientes a los procedimientos de liquidación, conforme a lo establecido en esta Ley.

2. A los efectos de esta Ley, tendrá la consideración de procedimiento de liquidación en España la apertura de la fase de liquidación del concurso de conformidad con lo establecido en la Ley 22/2003, de 9 de julio, Concursal.

Art. 6.º *Competencia e información a las autoridades supervisoras competentes de los Estados miembros.*—1. Las autoridades judiciales españolas serán las únicas competentes para decidir la aplicación a una entidad de crédito autorizada en España, incluidas las sucursales en otros Estados miembros de la Unión Europea, de una medida de saneamiento o de un procedimiento de liquidación.

2. Las autoridades judiciales españolas informarán, sin demora, a través del Banco de España, a las autoridades supervisoras competentes de los diferentes Estados miembros de acogida, sobre su decisión de adoptar una medida de saneamiento o incoar un procedimiento de liquidación y sus repercusiones. Si no fuera posible proporcionar dicha información antes de su adopción, será facilitada inmediatamente después.

3. Si las autoridades judiciales españolas considerasen necesario que se tenga que aplicar sobre las sucursales de entidades de crédito autorizadas en otro Estado miembro alguna medida de saneamiento, tendrán la obligación de informar de ello, a través del Banco de España, a las autoridades supervisoras competentes del Estado miembro de origen.

Art. 7.º *Ley aplicable. Regla general.*—Sin perjuicio de lo establecido en el artículo siguiente, la ley española determinará:

a) El régimen y aplicación de las medidas de saneamiento que afecten a las entidades de crédito autorizadas en España, incluidas las sucursales establecidas en otros Estados miembros.

b) El régimen y aplicación del procedimiento de liquidación que afecte a las entidades de crédito autorizadas en España, incluidas sus sucursales en otros Estados miembros, en particular:

1.º Los bienes y derechos que son objeto del procedimiento de liquidación y el tratamiento de los bienes adquiridos por la entidad de crédito después de incoado el procedimiento de liquidación.

2.º Las facultades respectivas de la entidad de crédito y el liquidador.

3.º Las condiciones de oponibilidad de una compensación.

4.º Los efectos del procedimiento de liquidación sobre los contratos vigentes en los que la entidad de crédito sea parte.

5.º Los efectos del procedimiento de liquidación sobre los procedimientos judiciales particulares, salvo los procesos en curso.

6.º Los créditos que deban reconocerse en el pasivo de la entidad de crédito y el tratamiento de los créditos nacidos después de incoado el procedimiento de liquidación.

7.º Las normas relativas a la presentación, examen y reconocimiento de los créditos.

8.º Las normas de reparto del producto de la realización de los bienes, la prelación de los créditos y los derechos de los acreedores que hayan sido parcialmente satisfechos después de la incoación del procedimiento de liquidación en virtud de un derecho real o por el efecto de una compensación.

9.º Las condiciones y los efectos de la clausura del procedimiento de liquidación, en particular, mediante convenio.

10.º Los derechos de los acreedores una vez terminado el procedimiento de liquidación.

11.º La determinación de los obligados al pago y de los gastos del procedimiento de liquidación.

12.º Las normas relativas al régimen de impugnación de los actos perjudiciales para el conjunto de los acreedores.

Art. 8.º *Ley aplicable. Reglas especiales.*—1. En los supuestos que a continuación se relacionan, la ley aplicable será la que corresponda, según se especifica en cada caso:

a) Los efectos de la adopción de medidas de saneamiento o de la incoación de procedimientos de liquidación sobre los contratos de trabajo y las relaciones laborales se regirán exclusivamente por la ley del Estado miembro aplicable a dichos contratos.

b) Los efectos sobre los contratos que tengan por objeto la atribución de un derecho de uso o de adquisición de un bien inmueble se regirán exclusivamente por la ley del Estado miembro donde este se halle. Esta ley será la que determine la naturaleza mueble o inmueble del bien.

c) Los efectos sobre los derechos de la entidad de crédito sobre bienes inmuebles, buques o aeronaves que estén sujetos a inscripción en un registro público se regirán exclusivamente por la ley del

Estado miembro bajo cuya autoridad se lleve el registro.

d) El ejercicio de los derechos de propiedad o de otros derechos sobre instrumentos financieros cuya existencia o transferencia suponga una inscripción en un registro, en una cuenta o en un sistema de depósito centralizado mantenidos o situados en un Estado miembro de la Unión Europea, se regirá por la legislación del Estado miembro en el que se establezca o se sitúe el registro, la cuenta o el sistema de depósito centralizado en el que estén inscritos dichos derechos. A estos efectos, se entiende por instrumentos financieros todos aquellos indicados en la sección C del anexo I de la Directiva 2004/39/CE del Parlamento y del Consejo, de 21 de abril de 2004, relativa a los mercados de instrumentos financieros.

Sin perjuicio de lo anterior, las operaciones con pacto de recompra y las transacciones realizadas dentro de un mercado regulado o de un sistema organizado multilateral de negociación se regirán exclusivamente por la ley aplicable al contrato que rija dichos pactos o transacciones. A estos efectos, se entenderán por mercados regulados y por sistemas organizados de negociación los definidos con arreglo a los puntos 14 y 15 del apartado 1 del artículo 4 de la Directiva 2004/39/CE, respectivamente.

e) Los acuerdos de compensación contractual y de novación se regirán exclusivamente por la ley aplicable al contrato que rija dichos acuerdos.

f) Los efectos de una medida de saneamiento o de un procedimiento de liquidación sobre un procedimiento en curso relativo a un bien o un derecho del que se ha desposeído a la entidad de crédito se regirán exclusivamente por la legislación del Estado miembro en el que esté en curso dicho procedimiento.

g) Las normas relativas al régimen de impugnación de los actos jurídicos perjudiciales para el conjunto de los acreedores serán las que establezca la legislación del Estado miembro de origen, salvo que el beneficiario por dicho acto pruebe que tal acto está sujeto a la ley de otro Estado miembro que no permite en ningún caso su impugnación.

h) La validez de los actos de disposición a título oneroso de la entidad de crédito realizados con posterioridad a la adopción de una medida de saneamiento o a la incoación de un procedimiento de liquidación sobre bienes inmuebles, buques o aeronaves sujetas a inscripción en un registro público, o instrumentos financieros, derechos sobre tales instrumentos u otros títulos cuya existencia y transferencia suponga una inscripción en un registro, en una cuenta o en un sistema de depósito centralizado mantenido o situado en un Estado miembro de la Unión Europea, se regirá por la legislación del Estado miembro de la Unión Europea en cuyo territorio se encuentre el inmueble o bajo cuya autoridad se lleven los referidos registros, cuentas o sistemas de depósitos.

2. En todo caso, la adopción de medidas de saneamiento o la

incoación de procedimientos de liquidación no afectará:

a) A los derechos reales de los acreedores o de terceros sobre bienes materiales o inmateriales, muebles o inmuebles, de cualquier clase pertenecientes a la entidad de crédito, comprendidos los conjuntos de activos indeterminados cuya composición pueda variar en el tiempo, y que en el momento de la adopción de las referidas medidas o incoación de procedimientos se encuentren en el territorio de otro Estado miembro. Los derechos anteriores comprenderán:

1.º Los derechos a poder ser pagados con el producto de la enajenación o con los rendimientos de un bien, en particular en virtud de prenda o hipoteca.

2.º Los derechos exclusivos a cobrar un crédito, en particular los garantizados por una prenda de la que sea objeto el crédito o por la cesión de dicho crédito a título de garantía.

3.º Los derechos a reivindicar el bien y reclamar su restitución a cualquiera que lo posea o utilice en contra de la voluntad de su titular.

4.º Los derechos reales a percibir los frutos de un bien.

Se asimilará a un derecho real el derecho, inscrito en un registro público y oponible frente a terceros, que permita obtener un derecho real en los términos establecidos en esta letra *a*).

b) A los derechos del vendedor respecto de los bienes vendidos a la entidad de crédito con reserva de dominio, legalmente constituida, siempre que tales bienes se encuentren, en el momento de adoptar las medidas o incoar los procedimientos, dentro del territorio de otro Estado miembro. De ser la entidad de crédito la vendedora de un bien con reserva de dominio que ya haya sido entregado y que en el momento de la adopción de las referidas medidas o procedimientos se encuentre en el territorio de otro Estado miembro, esa adopción no constituye, por sí sola, causa de resolución ni de rescisión de la venta y no impedirá al comprador la adquisición de su propiedad.

c) Al derecho de un acreedor a reclamar la compensación de su crédito con el de la entidad de crédito cuando la ley aplicable al crédito de esta última permita la compensación.

Lo dispuesto en este apartado 2 se entiende sin perjuicio de las acciones de impugnación que, en su caso, procedan.

SECCIÓN 2.ª

Publicidad de la adopción de las medidas de saneamiento y de incoación de los procedimientos de liquidación y acreditación del nombramiento de administradores concursales

Art. 11. *Publicidad registral en los Estados miembros.*—1. Las autoridades judiciales españolas podrán solicitar la publicidad registral de la adopción de una medida de saneamiento o la incoación de un procedimiento de liquidación en los demás Estados miembros de acogida, además de hacerlo en los registros españoles que corresponda, según previene la Ley 22/2003, de 9 de julio, Concursal. En cualquier caso, deberán requerirla cuando dicha publicidad sea preceptiva en el Estado de acogida.

2. Los gastos de inscripción se considerarán gastos y costas del procedimiento.

Art. 12. *Prueba del nombramiento de la administración concursal.*—1. El nombramiento de la administración concursal quedará acreditado mediante copia autenticada del original de la resolución por la que se le designe o mediante certificado expedido por el juez del concurso. Podrá exigirse la traducción de estas certificaciones a la lengua o lenguas oficiales del Estado miembro en cuyo territorio vaya a actuar la administración concursal.

2. La administración concursal, a fin de desarrollar las facultades que le encomienda la ley española, podrá designar a personas que le asistan o, en su caso, le representen en el transcurso de una medida de saneamiento o del procedimiento de liquidación en los Estados de acogida, para facilitar la solución de las dificultades que pudieran encontrar los acreedores de tales Estados. La administración concursal deberá respetar, en todo caso, la legislación de los Estados miembros en cuyo territorio quiera actuar, en concreto, lo referente a las modalidades de realización de los bienes y derechos, y todo lo relativo a la información de los trabajadores asalariados. Dichas facultades de la administración concursal no podrán incluir el uso de la fuerza ni la facultad de pronunciarse sobre un litigio o una controversia.

SECCIÓN 3.ª

Información y derechos de los acreedores

Art. 13. *Información a los acreedores de los Estados miembros.*—1. Una vez adoptada la medida o incoado el procedimiento, la administración concursal informará sin demora a los acreedores conocidos que tengan su residencia habitual, domicilio o domicilio social en los demás Estados miembros, si así consta en los libros y documentos de la entidad de crédito o se conozca por cualquier otra razón.

2. La información comprenderá la identificación del procedimiento, la fecha del auto de declaración, las circunstancias personales del deudor, los efectos acordados sobre las facultades de administración y disposición sobre su patrimonio, el llamamiento a los acreedores para que comuniquen sus créditos a la administración concursal, incluso aquellos garantizados con derecho real, el plazo para dicha comunicación y la dirección postal del juzgado.

3. La información se realizará por escrito y mediante envío individualizado.

Art. 14. *Comunicación de los créditos.*—1. Los acreedores que tengan su residencia habitual, domicilio o domicilio social en otro Estado miembro, incluidas las autoridades públicas, tendrán derecho a comunicar sus créditos o a presentar por escrito las observaciones relativas a estos a la administración concursal conforme a lo dispuesto en el artículo 85 de la Ley 22/2003, de 9 de julio, Concursal.

2. Los títulos de crédito de los acreedores que tengan su residencia habitual, domicilio o domicilio social en otro Estado miembro tendrán el mismo trato y la misma prelación que aquellos títulos con rango equivalente presentados por los acreedores con residencia habitual, domicilio o domicilio social en España.

....

Art. 16. *Información periódica de la liquidación a los acreedores.*—La administración concursal deberá informar a los acreedores en otros Estados miembros con regularidad y de forma adecuada, sobre la marcha de la correspondiente liquidación de la entidad de crédito.

....

CAPÍTULO III

MEDIDAS DE SANEAMIENTO Y PROCEDIMIENTOS DE LIQUIDACIÓN SOBRE SUCURSALES DE ENTIDADES DE CRÉDITO NO AUTORIZADAS EN UN ESTADO MIEMBRO DE LA UNIÓN EUROPEA

Art. 18. *Información sobre la adopción de medidas de saneamiento y procedimientos de liquidación.*—1. Las autoridades judiciales españolas informarán, a través del Banco de España, sin demora y por todos los medios posibles a las autoridades supervisoras competentes de los diferentes Estados miembros de acogida, en relación con su decisión de adoptar una medida de saneamiento o incoar un procedimiento de liquidación y sus repercusiones, sobre las sucursales de entidades de crédito extranjeras no autorizadas en un Estado miembro de la Unión Europea. Si no fuera posible proporcionar dicha información antes de su adopción, será facilitada inmediatamente después.

2. Las autoridades judiciales españolas deberán coordinar su actuación con las autoridades administrativas o judiciales de los diferentes Estados de acogida. Igualmente los liquidadores, si los hubiera, se esforzarán por coordinar sus actuaciones.

CAPÍTULO IV

EFECTOS DE LAS MEDIDAS DE SANEAMIENTO Y DE LOS PROCEDIMIENTOS DE LIQUIDACIÓN ADOPTADOS EN OTROS ESTADOS MIEMBROS DE LA UNIÓN EUROPEA

Art. 19. *Efectos y publicidad en España de la adopción de medidas de saneamiento y procedimientos de liquidación.*—1. Cuando respecto a una entidad de crédito autorizada en un Estado miembro de la Unión Europea que tenga al menos una sucursal o preste servicios en España se haya adoptado una medida de saneamiento o incoado un procedimiento de liquidación, dicha medida o procedimiento surtirá, sin más formalidades, todos sus efectos en España tan pronto como lo haga en el Estado miembro en el que se haya adoptado la medida o incoado el procedimiento.

2. El Banco de España, una vez haya recibido la correspondiente notificación de la autoridad supervisora competente, informará mediante la publicación en el *Boletín Oficial del Estado*, de la decisión de adopción de la medida de saneamiento o de la incoación del procedimiento de liquidación.

3. La adopción de una medida de saneamiento o la incoación de un procedimiento de liquidación deberán inscribirse en la hoja abierta a la sucursal en el Registro Mercantil, a petición del administrador, liquidador o de las autoridades administrativas o judiciales competentes del Estado miembro de origen.

Art. 20. *Acreditación del nombramiento de las personas y órganos de gestión y administración de las medidas de saneamiento y procedimientos de liquidación.*—1. Toda persona u órgano nombrado por las autoridades administrativas o judiciales de otros Estados miembros de la Unión Europea con competencia sobre medidas de saneamiento o procedimientos de liquidación cuya función sea administrar o gestionar dichas medidas o procedimientos podrán desarrollar en España su actuación y ejercer las mismas funciones y poderes que en el Estado miembro de origen. A estos efectos, se acreditará la referida condición mediante la presentación de una copia legalizada de la decisión de nombramiento o de una certificación expedida por la autoridad administrativa o judicial correspondiente, a las que se acompañará su traducción al castellano y, potestativamente, a las lenguas oficiales propias de las Comunidades Autónomas en las que los acreedores tengan su residencia habitual, domicilio o domicilio social. Asimismo, podrán otorgar poderes de representación o solicitar personas que les asistan en España, cuando ello resulte necesario para el pleno desenvolvimiento de la medida de saneamiento o del procedimiento de liquidación, y, en particular, para resolver las dificultades que pudieran encontrar los acreedores residentes en España.

2. Tales personas y órganos deberán respetar en el ejercicio de sus facultades, en todo caso, la legislación española, en concreto, todo lo referente a las modalidades de realización de los bienes y derechos, y lo relativo a la información de los trabajadores asalariados. Dichas facultades y poderes no podrán incluir el uso de la fuerza ni la facultad de pronunciarse sobre un litigio o una controversia.

Art. 21. *Reglas especiales de aplicación de la ley española.*—Sin perjuicio de que la ley aplicable a la adopción de las medidas de saneamiento o a la incoación de los procedimientos de liquidación sobre una entidad de crédito autorizada en otro Estado miembro con sucursal o que preste libremente servicios en España sea la del Estado miembro de origen, la ley española será la que rija cuando corresponda según lo dispuesto en el artículo 8.

DISPOSICIONES ADICIONALES

1.ª *Reconocimiento de la adopción de medidas de saneamiento y procedimientos de liquidación sobre sucursales en España de entidades de crédito no autorizadas en un Estado miembro de la Unión Europea.*—El Banco de España informará cuando lo solicite el órgano jurisdiccional competente sobre las solicitudes de reconocimiento en España de resoluciones extranjeras que declaren la apertura de un procedimiento de insolvencia, conforme a lo establecido en el capítulo III del título IX de la Ley 22/2003, de 9 de julio, Concursal, cuando aquellas se refieran a entidades de crédito no autorizadas en un Estado miembro de la Unión Europea. A estos efectos, el Banco de España podrá consultar y recabar cuanta información sea necesaria de las autoridades supervisoras competentes del Estado del que emane la solicitud.

2.ª *Espacio Económico Europeo.*—En virtud de lo establecido en la Decisión del Comité Mixto del EEE núm. 167/2002, de 6 de diciembre de 2002, por la que se modifica el anexo XI del Acuerdo del Espacio Económico Europeo, esta ley resultará de aplicación a aquellas entidades de crédito ubicadas en el Espacio Económico Europeo.

....

147. REGLAMENTO (CE) NÚMERO 1346/2000 DEL CONSEJO, DE 29 DE MAYO DE 2000, SOBRE PROCEDIMIENTOS DE INSOLVENCIA*

(*DO* núm. L 160, de 30 de junio de 2000; *DO* núm. L 176, de 5 de julio de 2002; *DO* núm. L 236, de 23 de septiembre de 2003)

EL CONSEJO DE LA UNIÓN EUROPEA,

Visto el Tratado constitutivo de la Comunidad Europea y, en particular, la letra *c*) de su artículo 61 y el apartado 1 de su artículo 67,

Vista la iniciativa de la República Federal de Alemania y de la República de Finlandia,

Visto el dictamen del Parlamento Europeo[1],

Visto el dictamen del Comité Económico y Social[2],

Considerando lo siguiente:

(1) La Unión Europea persigue el objetivo de crear una zona de libertad, seguridad y justicia.

(2) El buen funcionamiento del mercado interior exige que los procedimientos transfronterizos de insolvencia se desarrollen de forma eficaz y efectiva, y la adopción del presente Reglamento es necesaria para alcanzar dicho objetivo. Corresponde al ámbito de cooperación judicial en materia civil con arreglo al artículo 65 del Tratado.

(3) Las actividades empresariales tiene cada vez más repercusiones transfronterizas por lo que cada vez con mayor frecuencia están siendo reguladas por la legislación comunitaria. Comoquiera que la insolvencia de dichas empresas afecta al buen funcionamiento del mercado interior, es necesario un acto comunitario que exija la coordinación de las medidas que deberán adoptarse respecto del activo del deudor insolvente.

(4) Para el buen funcionamiento del mercado interior, es necesario evitar que las partes encuentren incentivos para transferir bienes o litigios de un Estado miembro a otro, en busca de una posición jurídica más favorable («*forum shopping*»).

(5) Esos objetivos no pueden alcanzarse de forma suficiente a

* Con relación a Gibraltar, véase la nota a la cabecera del Reglamento 44/2001 (vid. *supra* núm. 7), aplicable al presente Reglamento.

Modificado por el Acta relativa a las condiciones de adhesión de la República Checa, la República de Estonia, la República de Chipre, la República de Letonia, la República de Lituania, la República de Hungría, la República de Malta, la República de Polonia, la República de Eslovenia y la República Eslovaca, y a las adaptaciones de los Tratados en los que se fundamenta la Unión [Anexo II: Lista contemplada en el artículo 20 del Acta de adhesión; 18. Cooperación en los ámbitos de la justicia y de los asuntos de interior; A. Cooperación judicial en materia civil y mercantil (*DO* L 236, de 23-9-2003)].

[1] Dictamen emitido el 2 de marzo de 2000 (no publicado aún en el *Diario Oficial*).

[2] Dictamen emitido el 26 de enero de 2000 (no publicado aún en el *Diario Oficial*).

nivel nacional, por lo que está justificada una acción a nivel comunitario.

(6) Con arreglo al principio de proporcionalidad, el presente Reglamento debería limitarse a unas disposiciones que regulen la competencia para la apertura de procedimientos de insolvencia y para decisiones emanadas directamente de dichos procedimientos, con los que están en estrecha relación. Asimismo, el presente Reglamento debería contener disposiciones relativas al reconocimiento de esas decisiones y al derecho aplicable, que satisfagan igualmente dicho principio.

(7) Los procedimientos de insolvencia relativos a la liquidación de empresas insolventes u otras personas jurídicas, los convenios entre quebrados y acreedores y los demás procedimientos análogos están excluidos del ámbito de aplicación del Convenio relativo a la competencia judicial y a la ejecución de resoluciones judiciales en materia civil y mercantil[3] modificado por los Convenios de adhesión a dicho Convenio[4].

(8) Para alcanzar el objetivo de alcanzar una mayor eficacia y efectividad en los procedimientos de insolvencia con repercusiones transfronterizas es necesario y oportuno que las disposiciones sobre competencia judicial, reconocimiento y derecho aplicable en este ámbito se recojan en un instrumento legal comunitario vinculante y directamente aplicable en los Estados miembros.

(9) El presente Reglamento debería ser aplicable a los procedimientos de insolvencia, independientemente de que el deudor sea una persona física o jurídica, un comerciante o un particular. La lista de los precedimientos de insolvencia para los que el presente Reglamento es de aplicación figura en los anexos. Los procedimientos de insolvencia relativos a empresas de seguros, entidades de credito, organismos de inversión que posean fondos o valores negociables de terceros y organismos de inversión colectiva deberían estar excluidos del ámbito de aplicación del presente Reglamento. Dichos organismos no deberían estar contemplados en el presente Reglamento dado que están sujetos a regímenes especiales y que, en parte, las autoridades nacionales de control disponen de amplias competencias de intervención.

(10) Los procedimientos de insolvencia no implican necesariamente la intervención de una autoridad judicial; el concepto de «tribunal» en el presente Reglamento debe entenderse en un sentido amplio y abarcar a la persona

---

[3] *DO* L 299, de 31-12-1972, p. 32.

Considerando 7: Téngase en cuenta que el citado Covenio ha sido sustituido entre los Estados miembros por el Reglamento 44/2001 (*supra* núm. 7), también aplicable a Dinamarca desde el 1.º de julio de 2007 en cirtud del Acuerdo entre la Comunidad Europea y el Reino de Dinamarca relativo a la competencia judicial, el reconocimeinto y la ejecución de resoluciones en materia civil y mercantil, hecho en Bruselas el 19 de octubre de 2005 (núm. 8).

[4] *DO* L 204, de 2-8-1975, p. 28; *DO* L 304, de 30-10-1978, p. 1; *DO* L 388, de 31-12-1982, p. 1; *DO* L 285, de 3-10-1989, p. 1; *DO* C 15, de 15-1-1997, p. 1.

u órgano al que la Ley nacional confiera competencias para abrir procedimientos de insolvencia. Para la aplicación del presente Reglamento, los precedimientos (que abarcan actos y formalidades estipulados por ley) también deben estar reconocidos oficialmente y ser legalmente eficaces en el Estado miembro en el que se abra el procedimiento de insolvencia y debería ser un procedimiento colectivo de insolvenica que lleve consigo el desapoderamiento total o parcial del deudor y el nombramiento de un liquidador.

(11) El presente Reglamento acepta el hecho de que, para una amplia serie muy diferenciada de casos de derecho material, no resulta práctico un procedimiento único de insolvencia con validez universal para toda la Comunidad. La aplicación sin excepciones del Derecho del Estado en que se incoa el procedimiento llevaría con frecuencia, dada esta circunstancia, a situaciones difíciles; esto puede aplicarse por ejemplo a las muy diferentes normativas en materia de intereses de seguridad que pueden encontrarse en la Comunidad. Pero también los privilegios de que gozan algunos acreedores en el procedimento de insolvencia tienen en gran parte una configuración totalmente diferente. El presente Reglamento debe tenerlo en cuenta mediante dos vías: por una parte, deberían aplicarse normas especiales de Derecho aplicable para derechos de especial importancia y vínculos jurídicos (por ejemplo, derechos reales y contratos de trabajo); por otra parte, también deberían autorizarse, junto a un procedimiento principal de insolvencia con validez universal, procedimientos nacionales que abarquen exclusivamente los bienes situados en el país en el que se incoa el procedimiento.

(12) El presente Reglamento permite, que los procedimientos principales de insolvencia se incoen en el Estado miembro en que el deudor tenga su centro de intereses principales. Dichos procedimientos tienen alcance universal y su objetivo es abarcar todos los bienes del deudor. Con objeto de proteger la diversidad de intereses el presente Reglamento permite que se incoen procedimientos secundarios paralelamente al procedimiento principal; podrán incoarse procedimientos secundarios en el Estado miembro en que el deudor tenga un establecimiento. Los efectos de los procedimientos secundarios están limitados a los bienes situados en dicho Estado; unas disposiciones imperativas de coordinación con el procedimiento principal satisfacen la necesidad de unidad dentro de la Comunidad.

(13) El centro principal de intereses debería corresponder al lugar donde el deudor lleve a cabo de manera habitual la administración de sus intereses y que, por consiguiente, puede ser averiguado por terceros.

(14) El presente Reglamento se aplica solamente a los procedimientos en que el centro de intereses principal del deudor esté situado en la Comunidad.

(15) Las normas de competencia del presente Reglamento

sólo fijan la competencia internacional, es decir, designan al Estado miembro contratante cuyos tribunales puden abrir un procedimiento de insolvencia. La competencia territorial interna dentro de ese Estado debe ser determinada por su Derecho nacional.

(16) El tribunal competente para abrir el procedimento principal de insolvencia debería estar facultado para ordenar medidas provisionales y cautelares desde el momento mismo de solicitud de apertura del procedimiento. Las medidas cautelares y provisionales, ya sean anteriores o posteriores al inicio del procedimiento de insolvencia, son muy importantes para garantizar la eficacia del mismo. El presente Reglamento contempla a este respecto diversas posibilidades; por una parte, el tribunal competente para el procedimiento principal de insolvencia debería también estar facultado para disponer acerca de los bienes situados en el territorio de otros Estados miembros; por otra parte, el síndico provisional de insolvencia designado con anterioridad al procedimiento principal debería estar facultado para solicitar, en los Estados miembros en que se encuentre un establecimiento del deudor, las medidas de seguridad posibles con arreglo al Derecho de dichos Estados.

(17) Antes de la apertura del procedimiento principal de insolvencia, el derecho a solicitar la apertura de procedimientos de insolvencia en el Estado miembro en que el deudor tenga un establecimiento está limitado a los acreedores locales y a los acreedores del establecimiento local o, a los casos en que el procedimiento principal no pueda incoarse con arreglo al Derecho del Estado miembro en que el deudor tenga su centro de intereses principales. El motivo de esta restricción es limitar a lo estrictamente indispensable las solicitudes de procedimientos territoriales de insolvencia previas al procedimiento principal de insolvencia; si se incoan procedimientos principales de insolvencia, el procedimiento territorial pasa a ser secundario.

(18) El presente Reglamento no restringe el derecho a solicitar, en el Estado miembro en que el deudor tenga un establecimiento, la apertura de procedimientos de insolvencia. El síndico del procedimiento principal o cualquier otra persona autorizada por la Ley de dicho Estado miembro puede solicitar la apertura de un procedimiento de insolvencia secundario.

(19) Los procedimientos secundarios de insolvencia pueden tener distintos objetivos, además de la protección de intereses locales. Pueden darse casos en que los bienes del deudor sean demasiado complejos para ser administrados unitariamente, o en que las diferencias entre los sistemas jurídicos en cuestión sean tan grandes que puedan surgir dificultades por el hecho de que los efectos emanados de la legislación del Estado de apertura se extiendan a los demás Estados en que estén situados los activos; por este motivo, el síndico del procedi-

miento principal puede solicitar la apertura de procedimientos secundarios cuando así lo requiera la administración eficaz de los bienes.

(20) Sin embargo, el procedimiento principal y los procedimientos secundarios de insolvencia sólo podrán contribuir a una liquidación eficiente de la masa de insolvencia si los procedimientos paralelos pendientes están coordinados. A este respecto, una condición esencial es la estrecha colaboración de los diferentes síndicos, que en particular debe suponer un intercambio suficiente de información. Para asegurar el papel predominante del procedimiento principal de insolvencia deberían ofrecerse al síndico de dicho procedimiento varias posibilidades de intervención en procedimientos simultáneos secundarios; por ejemplo, debería poder proponer un plan de saneamiento o convenio, o bien solicitar el aplazamiento de la liquidación de la masa en el procedimiento secundario de insolvencia.

(21) Cualquier acreedor, independientemente de dónde tenga su domicilio, su residencia habitual o su sede dentro de la Comunidad, debería tener el derecho de hacer valer sus pretensiones sobre el patrimonio del deudor en todos los procedimientos de insolvencia pendientes en la Comunidad. Esto debería también ser válido para las autoridades fiscales y para los organismos de seguridad social; no obstante, en interés de la igualdad de trato de los acreedores, debe coordinarse la distribución del activo liquidado. Cada acreedor debería poder conservar lo que haya recibido en el marco de un procedimiento de insolvencia, pero sólo debería estar autorizado a participar en el reparto de la masa en otro procedimiento cuando los acreedores del mismo rango hayan obtenido el mismo porcentaje de sus pretensiones.

(22) El presente Reglamento debería establecer un reconocimiento inmediato de las decisiones relativas a la apertura, desarrollo y terminación de los procedimientos de insolvencia que entran en su ámbito de aplicación y de las decisiones pronunciadas en relación directa con dicho procedimiento de insolvencia. Por esta razón, el reconocimiento automático debería tener por consecuencia que los efectos que el Derecho del Estado de apertura del procedimiento produce en el procedimiento se extendieran a todos los demás Estados. El reconocimiento de las decisiones pronunciadas por los órganos jurisdiccionales de los Estados miembros debería reposar en el principio de la confianza mutua: a este respecto, los motivos de no reconocimiento deberían reducirse al mínimo necesario. También debería solventarse con arreglo a este principio cualquier conflicto que se produzca cuando los tribunales de dos Estados miembros se consideren competentes para incoar un procedimiento principal de insolvencia; la decisión del tribunal que lo inicie en primer lugar debería ser reconocida en los demás Estados miembros, que no estarán autorizados a someter a control la decisión de dicho tribunal.

(23) El presente Reglamento debería establecer, para las materias que entran en su ámbito de aplicación, normas uniformes de conflicto sobre la Ley aplicable que sustituyen a las normas de Derecho internacional privado nacionales. Salvo disposición en contrario, debería ser de aplicación la Ley del Estado miembro contratante de apertura del procedimiento (*lex concursus*). Esta norma de conflicto debería operar tanto en los procedimientos principales como en los territoriales. La *lex concursus* determina todos los efectos del procedimiento de insolvencia, tanto procesales como materiales, sobre las personas y las relaciones jurídicas implicadas, y regula todas las condiciones para la apertura, desarrollo y terminación del procedimiento de insolvencia.

(24) El reconocimiento automático de un procedimiento de insolvencia, en el que por lo general es de aplicación la Ley del Estado de apertura de dicho procedimiento, puede interferir en las normas con arreglo a las que se realizan las operaciones mercantiles en dichos Estados miembros. Con el fin de proteger las expectativas legítimas y la seguridad de las operaciones en Estados miembros distintos a aquel en el que se inicia el procedimiento, debería establecerse una serie de excepciones a la norma general.

(25) Hay una necesidad particular de una referencia especial divergente de la Ley del Estado en la que se abre procedimiento existe para los derechos reales, puesto que éstos son de considerable importancia para la concesión de créditos. El fundamento, la validez y el alcance de dichos derechos reales deberían determinarse por ello con arreglo al derecho del lugar de establecimiento y no verse afectados por la incoación del procedimiento de insolvencia. El titular del derecho real debería poder así seguir haciendo valer su derecho a la detracción y separación del objeto de garantía. Cuando con arreglo a la Ley del Estado de establecimiento los bienes estén sujetos a derechos reales, pero el procedimiento principal se esté llevando a cabo en otro Estado miembro, el síndico en el procedimiento principal debería poder solicitar la apertura de un procedimiento en la jurisdicción en que existen los derechos reales, siempre que el deudor tenga allí un establecimiento. Si no se abre un procedimiento secundario, el excedente correspondiente a la venta de los activos cubiertos por derechos reales debe pagarse al síndico en el procedimento principal.

(26) Si con arreglo al Derecho del Estado de apertura no está autorizada la compensación, el acreedor debería tener igualmente derecho a dicha compensación, si ésta es posible según la Ley aplicable al crédito del deudor insolvente. De esta forma, la compensación adquirirá una función de garantía sobre la base de disposiciones legales en las que el acreedor puede confiar en la fecha de la aparición del crédito.

(27) Existe también una necesidad especial de protección en el caso de los sistemas de pago y de los mercados financieros; esto

es aplicable, por ejemplo, a los contratos de liquidación y a los acuerdos de compensacion, así como a las cesiones de valores y a las garantías ofrecidas como compensación de estas operaciones, tal como establece la Directiva 98/26/CE del Parlamento Europeo y del Consejo, de 19 de mayo de 1998, sobre la firmeza de la liquidación en los sistemas de pago y de liquidación de valores[5]. Para estas operaciones sólo deberá ser determinante el Derecho aplicable al sistema o al mercado en cuestión; con esta disposición podrá evitarse que en caso de insolvencia de un socio puedan modificarse los mecanismos previstos para los sistemas de pagos y liquidaciones de operaciones y para los mercados financieros regulados de los Estados miembros. La Directiva 98/26/CE debería contener disposiciones especiales que prevalezcan sobre la normativa general del presente Reglamento.

(28) En lo que se refiere a la protección de los trabajadores y de las relaciones laborales, los efectos del procedimiento de insolvencia sobre la continuación o conclusión de dichas relaciones, así como sobre los derechos y obligaciones de todas las partes implicadas en dichas relaciones, deberán regularse mediante el Derecho aplicable a los contratos con arreglo a las normas generales de conflicto. Otras cuestiones del derecho relativo a la insolvencia, como la posible protección de los derechos de los trabajadores mediante privilegios, o la de cuál ha de ser el rango de dichos privilegios en su caso, debería determinarse con arreglo al Derecho del Estado de apertura del procedimiento.

(29) En interés de los flujos comerciales, el contenido esencial de la decisión relativa a la apertura de un procedimiento debería publicarse en los demás Estados miembros, a petición del síndico; si en el Estado de que se trate se encuentra un establecimiento, podrá disponerse la publicación obligatoria. La publicación no debería ser, sin embargo, en ninguno de ambos casos, condición para el reconocimiento del procedimiento en otro país.

(30) Puede darse el caso de que algunas de las personas afectada no tengan efectivamente conocimiento de la apertura del procedimiento y actúen de buena fe en contradicción con la nueva situación de hecho. En protección de esas personas que, en desconocimiento de la apertura del proceso en otro país, satisfacen prestaciones al deudor, cuando en realidad deberían haberlas satisfecho al síndico del otro país, debería etablecerse que dicho pago tenga un efecto liberador de la deuda.

(31) El presente Reglamento debería contener unos anexos relativos a la organización del procedimiento de insolvencia; dado que dichos anexos se refieren exclusivamente a la legislación de los Estados miembros, existen razones espe-

---

[5] *DO* L 166, de 11-6-1998, p. 45.

cíficas y justificadas para que el Consejo se reserve el derecho de modificar dichos anexos, a fin de poder tener en cuenta las posibles modificaciones del Derecho interno de los Estados miembros.

(32) El Reino Unido e Irlanda, de conformidad con el artículo 3 del Protocolo sobre la posición del Reino Unido e Irlanda, anejo al Tratado de la Unión Europea y al Tratado constitutivo de la Comunidad Europea han notificado su deseo de tomar parte en la adopción y la aplicación del presente Reglamento.

(33) De conformidad con los artículos 1 y 2 del Protocolo sobre la posición de Dinamarca, Dinamarca no participa en la adopción del presente Reglamento, por lo que no está vinculada por el mismo ni obligada a aplicarlo.

HA ADOPTADO EL PRESENTE REGLAMENTO:

CAPÍTULO PRIMERO

DISPOSICIONES GENERALES

Artículo 1.º *Ámbito de aplicación.*—1. El presente Reglamentos se aplicará a los procedimientos colectivos fundados en la insolvencia del deudor que impliquen el desapoderamiento parcial o total de este último y el nombramiento de un síndico.

2. El presente Reglamento no se aplicará a los procedimientos de insolvencia relativos a las empresas de seguros y a las entidades de crédito, ni a las empresas de inversión que presten servicios que impliquen la posesión de fondos o de valores negociables de terceros, ni a los organismos de inversión colectiva.

Art. 2.º *Definiciones.*—A efectos del presente Reglamento se entenderá por:

a) «procedimiento de insolvencia»: uno de los procedimientos colectivos contemplados en el apartado 1 del artículo 1. La lista de dichos procedimientos figura en el anexo A;

b) «síndico»: cualquier persona u órgano cuya función consista en administrar o liquidar la masa o supervisar la gestión de los negocios del deudor. En el anexo C figura la lista de dichas personas u órganos;

c) «procedimiento de liquidación»: el procedimiento de insolvencia contemplado en la letra *a*) que implica la liquidación de los bienes del deudor, incluidos casos

---

Art. 1.º2: Los sectores excluidos han sido dearrollados por la Directiva 2001/24/CE, relativa al saneamiento y a la liquidación de las entidades de crédito, y por la Directiva 2001/17/CE, relativa al saneamiento y la liquidación de las compañías de seguros. Dichas Directivas han sido transpuestas respectivamente pr la Ley 6/2005, sobre saneamiento y liquidación de entidades de crédito (*BOE* de 23-3-2005; *supra* núm. 146), y por la Ley 34/2003, de modificación y adaptación de la normativa comunitaria de la legislación de seguros privados (*BOE* de 5-11-2003), actualmente contenida en el Real Decreto Legislativo 6/2004, por el que se aprueba el texto refundido de la Ley de ordenación y supervisión de los seguros privados (*BOE* de 5-11-2004; *supra* núm. 104).

en los que el procedimiento se termina, bien a consecuencia de un convenio o de otras medidas, que pongan fin a la insolvencia del deudor, bien a causa de la insuficiencia del activo. Estos procedimientos se enumeran en el anexo B;

d) «tribunal»: el órgano judicial o cualquier otra autoridad competente de un Estado miembro habilitado para abrir un procedimiento de insolvencia o para adoptar decisiones en el curso del procedimiento;

e) «decisión»: en relación con la apertura de un procedimiento de insolvencia o el nombramiento de un síndico, la decisión de cualquier tribunal competente para abrir un procedimiento o para nombrar a un síndico;

f) «momento de apertura del procedimiento»: el momento a partir del cual la decisión de apertura produce efectos, independientemente de que la decisión sea o no definitiva;

g) «Estado miembro en el que se encuentre un bien»:

— para los bienes materiales, el Estado miembro en cuyo territorio se encuentre el bien,

— para los bienes y derechos cuya propiedad o titularidad deba inscribirse en un registro público: el Estado miembro bajo cuya autoridad se lleve dicho registro,

— para los créditos: el Estado miembro en cuyo territorio se encuentre el centro de los intereses principales de su deudor, tal como se determina en el apartado 1 del artículo 3;

h) «establecimiento»: todo lugar de operaciones en el que el deudor ejerza de forma no transitoria una actividad económica con medios humanos y bienes.

Art. 3.º *Competencia internacional.*—1. Tendrán competencia para abrir el procedimiento de insolvencia los tribunales del Estado miembro en cuyo territorio se sitúe el centro de los intereses principales del deudor. Respecto de las sociedades y personas jurídicas, se presumirá que el centro de los intereses principales es, salvo prueba en contrario, el lugar de su domicilio social.

2. Cuando el centro de los intereses principales del deudor se encuentre en el territorio de un Estado miembro, los tribunales de otro Estado miembro sólo serán competentes para abrir un procedimiento de insolvencia con respecto a ese deudor si éste posee un establecimiento en el territorio de este último Estado. Los efectos de dichos procedimientos se limitarán a los bienes del deudor situados en el territorio de dicho Estado miembro.

3. Cuando se haya abierto un procedimiento de insolvencia en aplicación del apartado 1 cualquier otro procedimiento de insolvencia que se abra con posterioridad en aplicación del apartado 2 será un procedimiento secundario. Dicho procedimiento deberá ser un procedimiento de liquidación.

4. Con anterioridad a un procedimiento principal de insolvencia en aplicación del apartado 1, un procedimiento territorial de insolvencia basado en el apartado 2 sólo puede abrirse en uno de los casos siguientes:

a) si no puede obtenerse la apertura de un procedimiento principal de insolvencia a tenor de las condiciones establecidas por la Ley del Estado miembro en cuyo territorio esté situado el centro de intereses principales del deudor;

b) si la apertura del procedimiento territorial de insolvencia ha sido solicitada por un acreedor cuyo domicilio, residencia habitual o sede se encuentre en el Estado miembro en cuyo territorio se encuentra el establecimiento en cuestión, o cuyo crédito tenga su origen en la explotación de dicho establecimiento.

Art. 4.º *Legislación aplicable.*—1. Salvo disposición en contrario del presente Reglamento, la Ley aplicable al procedimiento de insolvencia y a sus efectos será la del Estado miembro en cuyo territorio se abra dicho procedimiento, denominado en lo sucesivo «el Estado de apertura».

2. La Ley del Estado de apertura determinará las condiciones de apertura, desarrollo y terminación del procedimiento de insolvencia. Dicha Ley determinará en particular:

a) los deudores que puedan ser sometidos a un procedimiento de insolvencia en calidad de tales;

b) los bienes que forman parte de la masa y la suerte de los bienes adquiridos por el deudor después de la apertura del procedimiento de insolvencia;

c) las facultades respectivas del deudor y del síndico;

d) las condiciones de oponibilidad de una compensación;

e) los efectos del procedimiento de insolvencia sobre los contratos en vigor en los que el deudor sea parte;

f) los efectos de la apertura de un procedimiento de insolvencia sobre las ejecuciones individuales con excepción de los procesos en curso;

g) los créditos que deban cargarse al pasivo deudor y la suerte de los créditos nacidos después de la apertura del procedimiento insolvencia;

h) las normas relativas a la presentación, examen y reconocimiento de los créditos;

i) las normas del reparto del producto de la realización de los bienes, la graduación de los créditos y los derechos de los acreedores que hayan sido parcialmente indemnizados después de la apertura del procedimiento de insolvencia en virtud de un derecho real o por el efecto de una compensación;

j) las condiciones y los efectos de la conclusión del procedimiento de insolvencia, en particular, mediante convenio;

k) los derechos de los acreedores después de terminado el procedimiento de insolvencia;

l) la imposición de las costas y gastos del procedimiento de insolvencia;

m) las normas relativas a la nulidad, anulación o inoponibilidad de los actos perjudiciales al conjunto de los acreedores.

Art. 5.º *Derechos reales de terceros.*—1. La apertura del procedimiento de insolvencia no afectará al derecho real de un acreedor o de un tercero sobre los bienes, materiales o inmateriales, muebles o inmuebles

—tanto bienes determinados como conjuntos constituidos por colecciones de bienes indefinidos que varían de tanto en tanto— que pertenezcan al deudor y que, en el momento de apertura del procedimiento, se encuentren en el territorio de otro Estado miembro.

2. Los derechos contemplados en el apartado 1 son, en particular:

a) el derecho a realizar o hacer realizar el bien y a ser pagado con el producto o los rendimientos de dicho bien, en particular, en virtud de prenda o hipoteca;

b) el derecho exclusivo a cobrar un crédito, en particular, el derecho garantizado por una prenda de la que sea objeto el crédito o por la cesión de dicho crédito a título de garantía;

c) el derecho a reivindicar el bien y reclamar su restitución a cualquiera que lo posea o utilice en contra de la voluntad de su titular;

d) el derecho real a percibir los frutos de un bien.

3. Se asimilará a un derecho real el derecho, inscrito en un registro público y oponible frente a terceros, que permita obtener un derecho real en el sentido del apartado 1.

4. Lo dispuesto en el apartado 1 no impide el ejercicio de las acciones de nulidad, anulación o inoponibilidad contempadas en la letra *m*) del apartado 2 del artículo 4.

Art. 6.º *Compensación.*—1. La apertura del procedimiento de insolvencia no afectará al derecho de un acreedor a reclamar la compensación de su crédito con el crédito del deudor, cuando la Ley aplicable al crédito del deudor insolvente permita dicha compensación.

2. Lo dispuesto en el apartado 1 no impide el ejercicio de las acciones de nulidad, anulación o inoponibilidad contempladas en la letra *m*) del apartado 2 del artículo 4.

Art. 7.º *Reserva de propiedad.*—1. La apertura de un procedimiento de insolvencia contra el comprador de un bien no afectará a los derechos del vendedor basados en una reserva de propiedad cuando dicho bien se encuentre, en el momento de apertura del procedimiento, en el territorio de un Estado miembro distinto del Estado de apertura.

2. La apertura de un procedimiento de insolvencia contra el vendedor de un bien después de que éste haya sido entregado no constituye una causa de resolución o de rescisión de la venta y no impedirá al comprador la adquisición de la propiedad del bien vendido cuando dicho bien se encuentre en el momento de apertura del procedimiento en el territorio de un Estado miembro distinto del Estado de apertura.

3. Lo dispuesto en los apartados 1 y 2 no impide el ejercicio de las acciones de nulidad, anulación o inoponibilidad contempladas en la letra *m*) del apartado 2 del artículo 4.

Art. 7.º2: El texto que se incluye es la versión revisada después de la corrección de errores, publicada en *DO* L 176, de 5-7-2002, ya que la versión española, a diferencia de otras versiones lingüísticas, decía «insolvencia contra el *deudor* de un bien después de que...».

Art. 8.º *Contratos sobre bienes inmuebles.*—Los efectos del procedimiento de insolvencia sobre un contrato que otorgue un derecho de uso o de adquisición de un bien inmueble se regularán exclusivamente por la Ley del Estado miembro en cuyo territorio esté situado el inmueble.

Art. 9.º *Sistemas de pago y mercados financieros.*—1. Sin perjuicio de lo dispuesto en el artículo 5, los efectos del procedimiento de insolvencia sobre los derechos y obligaciones de los participantes en un sistema de pago o compensación o en un mercado financiero se regirán exclusivamente por la Ley del Estado miembro aplicable a dicho sistema o mercado.

2. Lo dispuesto en el apartado 1 no impedirá el ejercicio de una acción de nulidad, anulación o inoponibilidad de los pagos o de las transacciones, en virtud de la Ley aplicable al sistema de pago o al mercado financiero de que se trate.

Art. 10. *Contratos de trabajo.*—Los efectos del procedimiento de insolvencia sobre el contrato de trabajo y sobre la relación laboral se regularán exclusivamente por la Ley del Estado miembro aplicable al contrato de trabajo.

Art. 11. *Efectos sobre los derechos sometidos a registro.*—Los efectos del procedimiento de insolvencia sobre los derechos del deudor sobre un bien inmueble, un buque o una aeronave que estén sujetos a la inscripción en un registro público se regularán de acuerdo con la Ley del Estado miembro bajo cuya autoridad se lleve el registro.

Art. 12. *Patentes y marcas comunitarias.*—A efectos del presente Reglamento una patente comunitaria, una marca comunitaria o cualquier otro derecho análogo establecido por disposiciones comunitarias únicamente podrá

Art. 9.º: Téngase en cuenta la Directiva 98/26/CE, sobre firmeza de la liquidación en los sistemas de pagos y de liquidación de valores, y la Ley 41/1999, sobre sistemas de pagos y liquidación de valores. En relación con el art. 5.º, téngase en cuenta el art. 15, apartados 2 y 3, de la Ley 41/1999:

«2. La legislación española será aplicable, en cuanto a sus efectos jurídicos reales, a las garantías legalmente inscritas en un registro con sede en España a favor de un sistema español o extranjero, de sus participantes o del Banco de España, del Banco Central Europeo o de otros Bancos Centrales de los Estados miembros de la Unión Europea, vinculadas a sus operaciones de política monetaria o asociadas a la liquidación de aquellos sistemas. Las garantías legalmente constituidas e inscritas en un registro con sede en otro Estado miembro a favor de un sistema español, de sus participantes o del Banco de España vinculadas a operaciones de política monetaria o asociadas con la liquidación de los sistemas, se regirán por la legislación del correspondiente Estado miembro, por lo que concierne a sus efectos jurídicos reales.

3. Lo establecido en los apartados precedentes regirá incluso en relación con las garantías constituidas con valores emitidos con arreglo a la ley española, siempre y cuando unas y otros se inscriban legalmente en un registro con sede en otro Estado miembro, si bien, en este caso, cuando se trate de valores representados por medio de anotaciones en cuenta, el Ministerio de Economía y Hacienda, a propuesta de las autoridades de supervisión de las entidades gestoras de los sistemas españoles, establecerá procedimientos adecuados de enlace y conciliación que aseguren la adecuada correspondencia entre las anotaciones de dichos registros extranjeros y las de correspondiente registro español de dichos valores y la eficacia jurídica de las garantías constituidas sobre los mismos.»

incluirse en un procedimiento del apartado 1 del artículo 3.

Art. 13. *Actos perjudiciales.*—No se aplicará lo dispuesto en la letra *m)* del apartado 2 del artículo 4 cuando el que se haya beneficiado de un acto perjudicial para los intereses de los acreedores pruebe que:

— dicho acto está sujeto a la Ley de un Estado miembro distinto del Estado de apertura, y que

— en ese caso concreto, dicha Ley no permite en ningún caso que se impugne dicho acto.

Art. 14. *Protección de los terceros adquirentes.*—Cuando el deudor, por un acto celebrado después de la apertura de un procedimiento de insolvencia, dispusiere a título oneroso:

— de un bien inmueble,

— de un buque o de un aeronave sujetos a inscripción en un registro público, o

— de valores negociables cuya existencia suponga una inscripción en un registro determinado por ley,

la validez de dicho acto se regirá por la Ley del Estado en cuyo territorio se encuentre el bien inmueble, o bajo cuya autoridad se lleve el registro.

Art. 15. *Efectos del procedimiento de insolvencia sobre procedimientos en curso.*—Los efectos del procedimiento de insolvencia con respecto a otros procedimientos en curso en relación con un bien o un derecho de la masa se regirán exclusivamente por la Ley del Estado miembro en el que esté en curso dicho procedimiento.

CAPÍTULO II

RECONOCIMIENTO DEL PROCEDIMIENTO DE INSOLVENCIA

Art. 16. *Principio.*—1. Toda resolución de apertura de un procedimiento de insolvencia, adoptada por el tribunal competente de un Estado miembro en virtud del artículo 3, será reconocida en todos los demás Estados miembros desde el momento en que la resolución produzca efectos en el Estado de apertura.

Esta norma se aplicará también cuando el deudor, por sus circunstancias personales, no pueda ser sometido a un procedimiento de insolvencia en los demás Estados miembros.

2. El reconocimiento de un procedimiento de insolvencia abierto por el tribunal de un Estado miembro, competente en virtud del apartado 1 del artículo 3, no impedirá la apertura de otro procedimiento de insolvencia por parte del tribunal competente de otro Estado miembro en virtud del apartado 2 del artículo 3. Este otro procedimiento se considerará procedimiento secundario de insolvencia conforme al capítulo III.

Art. 17. *Efectos del reconocimiento.*—1. La resolución de apertura de un procedimiento del apartado 1 del artículo 3 producirá, sin ningún otro trámite, en cualquier otro Estado miembro, los efectos que le atribuya la Ley del Estado en que se haya abierto el procedimiento, salvo disposición en contrario del presente Reglamento y en tanto en cuanto ningún otro procedimiento de los contemplados en el apartado 2 del artículo 3 sea abierto en ese Estado miembro.

2. Los efectos de un procedimiento de insolvencia abierto por un tribunal competente en virtud del apartado 2 del artículo 3 no podrán ser recurridos en los demás Estados miembros. Cualquier limitación de los derechos de los acreedores, en particular, un aplazamiento de pago o una condonación de deuda resultante de dicho procedimiento, sólo podrá oponerse, por lo que respecta a los bienes situados en el territorio de otro Estado miembro, a los acreedores que hayan manifestado su consentimiento.

Art. 18. *Poderes del síndico.*—1. El síndico designado por un tribunal competente en virtud del apartado 1 del artículo 3 podrá ejercer en el territorio de otro Estado miembro todos los poderes que le hayan sido conferidos por la Ley del Estado en el que se haya abierto el procedimiento en la medida en que no haya sido abierto ningún otro procedimiento de insolvencia o adoptada ninguna medida cautelar contraria como consecuencia de una solicitud de apertura de un procedimiento de insolvencia en dicho Estado. En especial, podrá trasladar los bienes del deudor fuera del territorio del Estado miembro en que se encuentren, sin perjuicio de lo dispuesto en los artículos 5 y 7.

2. El síndico designado por un tribunal competente en virtud del apartado 2 del artículo 3 podrá hacer valer por vía judicial o extrajudicial en cualquier otro Estado miembro que un bien mueble ha sido trasladado del territorio del Estado de apertura al territorio de ese otro Estado miembro tras la apertura del procedimiento de insolvencia. Podrá también ejercitar cualquier acción revocatoria conveniente para los intereses de los acreedores.

3. El síndico deberá respetar, en el ejercicio de sus poderes, la Ley del Estado miembro en cuyo territorio quiera actuar, en particular, en lo que respecta a las modalidades de realización de los bienes. Dichos poderes no incluyen el uso de medios de apremio ni la facultad de pronunciarse sobre litigios o controversias.

Art. 19. *Prueba del nombramiento del síndico.*—El nombramiento del síndico se acreditará mediante la presentación de una copia certificada conforme al original de la decisión por la que se le nombre o por cualquier otro certificado expedido por el tribunal competente.

Podrá exigirse su traducción en la lengua o en una de las lenguas oficiales del Estado miembro en cuyo territorio pretenda actuar. No se exigirá ninguna otra legalización o formalidad análoga.

Art. 20. *Restitución e imputación.*—1. El acreedor que, tras la apertura de un procedimiento del apartado 1 del artículo 3, obtenga por cualquier medio, en particular por vía ejecutiva, un pago total o parcial de su crédito sobre los bienes del deudor situados en el territorio de otro Estado miembro, deberá restituir lo que haya obtenido al síndico, sin perjuicio de lo dispuesto en los artículos 5 y 7.

2. Para garantizar la igualdad de trato de los acreedores, el acreedor que haya obtenido en un procedimiento de insolvencia un dividendo sobre su crédito, sólo participará en el reparto abierto en otro procedimiento cuando los acreedores del mismo rango o de la misma categoría hayan obtenido, en este otro procedimiento, un dividendo equivalente.

Art. 21. *Publicación.*—1. El síndico podrá pedir que se publique el contenido esencial de la decisión por la que se abra el procedimiento de insolvencia y, en su caso, la decisión de su nombramiento, en todo Estado miembro con arreglo a las modalidades de publicación previstas en dicho Estado. En estas publicaciones se especificará el síndico designado y se precisará si la norma de competencia aplicada es la del apartado 1 del artículo 3 o la del apartado 2 de dicho artículo.

2. No obstante, cualquier Estado miembro en el que el deudor tenga un establecimiento podrá prever la publicación obligatoria. En ese caso, el síndico o cualquier autoridad habilitada a tal fin en el Estado miembro en que se haya abierto el procedimiento de insolvenica en virtud del apartado 1 del artículo 3, deberá adoptar las medidas necesarias para garantizar dicha publicación.

Art. 22. *Inscripción en un registro público.*—1. El síndico podrá solicitar que la decisión por la que se abra el procedimiento previsto en el apartado 1 del artículo 3 se inscriba en el registro de la Propiedad, en el Registro Mercantil o en cualquier otro registro público llevado en los demás Estados miembros.

2. No obstante, cualquier Estado miembro podrá prever la inscripción obligatoria. En ese caso, el síndico o cualquier otra autoridad habilitada a tal fin en el Estado miembro en que se haya abierto el procedimiento de insolvencia en virtud del apartado 1 del artículo 3 deberá tomar las medidas necesarias para garantizar dicho registro.

Art. 23. *Gastos.*—Los gastos ocasionados por las medidas de publicación y de registro previstas en los artículos 21 y 22 se considerarán gastos del procedimiento.

Art. 24. *Ejecución a favor del deudor.*—1. Quien ejecute en un Estado miembro una obligación a favor de un deudor sometido a un procedimiento de insolvencia abierto en otro Estado miembro, cuando debería haberlo hecho a favor del síndico de este procedimiento, quedará liberado si ignoraba la apertura del procedimiento.

2. Salvo prueba en contrario, se presumirá que quien haya ejecu-

---

Art. 24: Téngase en cuenta la Directiva 98/26/CE, sobre la firmeza de la liquidación en los sistemas de pagos y de liquidación de valores y la Ley 41/1999 que la transpone así como la Directiva 2002/47/CE relativa a la supervisión adicional de las entidades de crédito, empresas de seguros y empresas de servicios de inversión y el capítulo II del título I del Real Decreto-Ley 5/2005, de 11 de marzo (*BOE* de 14-3-2005; *supra* núm. 124).

Art. 32. *Ejercicio de los derechos de los acreedores.*—1. Todo acreedor podrá presentar su crédito en el procedimiento principal y en todo procedimiento secundario.

2. Los síndicos del procedimiento principal y de los procedimientos secundarios presentarán en otros procedimientos los créditos ya presentados en el procedimiento para el que se les haya nombrado, en la medida en que sea útil para los acreedores cuyos intereses representen y sin perjuicio del derecho de estos últimos a oponerse a ello y a retirar su presentación, cuando así lo contemple la ley aplicable.

3. El síndico de un procedimiento principal o secundario estará habilitado para participar en otro procedimiento en las mismas condiciones que cualquier acreedor, en particular formando parte de una junta de acreedores.

Art. 33. *Suspensión de la liquidación.*—1. El tribunal que haya abierto el procedimiento secundario suspenderá total o parcialmente las operaciones de liquidación a petición del síndico del procedimiento principal, sin perjuicio de la facultad del tribunal de exigir en tal caso al síndico del procedimiento principal cualquier medida adecuada para garantizar los intereses de los acreedores del procedimiento secundario y de determinados grupos de acreedores. La petición del síndico del procedimiento principal únicamente podrá ser rechazada si, manifiestamente, no tiene interés para el procedimiento principal. Dicha suspensión de la liquidación podrá ser ordenada por un período máximo de tres meses. Podrá prolongarse o renovarse por períodos de la misma duración.

2. El tribunal contemplado en el apartado 1 pondrá fin a la suspensión de las operaciones de liquidación:

— a petición del síndico del procedimiento principal,

— de oficio, a petición de un acreedor o a petición del síndico del procedimiento secundario cuando dicha medida no parezca ya justificada, en particular, por el interés de los acreedores del procedimiento principal o del procedimiento secundario.

Art. 34. *Terminación del procedimiento secundario de insolvencia.*—1. Cuando, de conformidad con la Ley aplicable al procedimiento secundario, sea posible terminar dicho procedimiento sin liquidación mediante un plan de recuperación, un convenio o una medida similar, dicha medida podrá ser propuesta por el síndico del procedimiento principal.

La terminación del procedimiento secundario mediante una medida contemplada en el párrafo primero sólo pasará a ser definitiva si cuenta con la conformidad del síndico del procedimiento principal, o, en ausencia de conformidad de éste, cuando la medida propuesta no afecte a los intereses financieros de los acreedores del procedimiento principal.

2. Las limitaciones de los derechos de los acreedores, tales como un aplazamiento de pagos o una condonación de la deuda, derivadas de una medida de las que se contemplan

en el apartado 1 propuesta en un procedimiento secundario, sólo podrán producir efectos con respecto a los bienes del deudor que no formen parte de dicho procedimiento si hay conformidad de todos los acreedores interesados.

3. Durante la suspensión de las operaciones de liquidación ordenada en virtud del artículo 33, solamente el síndico del procedimiento principal, o el deudor con su consentimiento, podrá proponer una medida de las que se contemplan en el apartado 1 del presente artículo en el procedimiento secundario; no se podrá someter a votación ni aprobar ninguna otra propuesta de medida similar.

Art. 35. *Excedente del activo del procedimiento secundario.*—Si la liquidación de activos del procedimiento secundario permitiere satisfacer todos los créditos admitidos en dicho procedimiento, el síndico designado en dicho procedimiento remitirá de inmediato el excedente del activo al síndico del procedimiento principal.

Art. 36. *Apertura posterior del procedimiento principal.*—Cuando se abra un procedimiento del apartado 1 del artículo 3 después de que se haya abierto otro procedimiento del apartado 2 del artículo 3 en otro Estado miembro se aplicarán los artículos 31 a 35 al procedimiento abierto en primer lugar, en la medida en que la situación de dicho procedimiento lo permita.

Art. 37.[7] *Conversión del procedimiento anterior.*—El síndico del procedimiento principal podrá pedir la conversión de un procedimiento mencionado en el anexo A, abierto anteriormente en otro Estado miembro, en un procedimiento de liquidación, si ello resulta útil para los intereses de los acreedores del procedimiento principal.

El tribunal competente en virtud del apartado 2 del artículo 3 ordenará la conversión en uno de los procedimientos mencionados en el anexo B.

Art. 38. *Medidas cautelares.*—Cuando el tribunal de un Estado miembro, competente en virtud del apartado 1 del artículo 3, nombrare a un síndico provisional con el fin de asegurar la conservación de los bienes del deudor, dicho síndico provisional estará habilitado para solicitar cualquier medida de conservación o protección sobre los bienes del deu-

---

Art. 36: Vid. nota al art. 37.

[7] Véase la Declaración de la República Portuguesa relativa a la aplicación de los artículos 26 y 37 (*DO* C 183, de 30-6-2000, p. 1).

Art. 37: Téngase en cuenta la declaración formulada por Portugal (*DO* C 183, de 30-6-2000): «El artículo 37 del Reglamento (CE) 1346/2000 sobre procedimiento e insolvencia, que menciona la posibilidad de transformar en procedimientos de liquidación los procedimientos territoriales abiertos con anterioridad al procedimiento principal, debe interpretarse en el sentido de que dicha conversión no excluye la apreciación judicial sobre la situación del procedimiento local (como sucede en el artículo 36) o sobre la aplicación de los intereses de orden público citados en el artículo 26.»

dor situados en otro Estado miembro, prevista por la Ley de dicho Estado para el período comprendido entre la solicitud de apertura de un procedimiento de insolvencia y la resolución de apertura.

CAPÍTULO IV

INFORMACIÓN A LOS ACREEDORES Y PRESENTACIÓN DE SUS CRÉDITOS

Art. 39. *Derechos a presentar los créditos.*—Los acreedores que tengan su residencia habitual, su domicilio o su sede en un Estado miembro distinto de aquel en el que se haya abierto el procedimiento, incluidos las autoridades fiscales y los organismos de la seguridad social de los Estados miembros, tendrán derecho a presentar sus créditos por escrito en el procedimiento de insolvencia.

Art. 40. *Obligación de informar a los acreedores.*—1. Desde el momento en el que se efectúe la apertura de un procedimiento de insolvencia en un Estado miembro, el tribunal competente de dicho Estado o el síndico que haya sido nombrado por el mismo informará sin demora a los acreedores conocidos que tengan su residencia habitual, su domicilio o su sede en los demás Estados miembros.

2. Esta información, garantizada mediante el envío individualizado de una nota, se referirá, en especial, a los plazos que deberán respetarse, a las sanciones previstas en relación con dichos plazos, al órgano o autoridad habilitada para recibir la presentación de los créditos, y otras medidas prescritas. Dicha nota indicará asimismo si los acreedores cuyo crédito estuviere garantizado por un privilegio o por una garantía real deben presentar su crédito.

Art. 41. *Contenido de la presentación de un crédito.*—El acreedor enviará una copia de los justificantes que obren en su poder, e indicará la naturaleza del crédito, la fecha de su nacimiento y su importe; también indicará si reivindica para el crédito un carácter privilegiado, una garantía real o una reserva del derecho de propiedad, y cuáles son los bienes a que se refiere la garantía que invoca.

Art. 42. *Lenguas.*—1. La información prevista en el artículo 40 se dará en la lengua o en una de las lenguas oficiales del Estado en que se haya abierto el procedimiento de insolvencia. Para ello se utilizará un impreso en cuyo encabezamiento podrán leerse, en todas las lenguas oficiales de las instituciones de la Unión Europea los términos «Convocatoria para la presentación de créditos. Plazos aplicables».

2. Todo acreedor que tenga su residencia habitual, su domicilio o su sede en un Estado miembro distinto de aquel en que se haya abierto el procedimiento de insolvencia podrá presentar su crédito en la lengua o en una de las lenguas oficiales del primer Estado. En tal caso, la presentación de su crédito deberá sin embargo llevar el encabezamiento «Presentación de crédito» en la lengua oficial o en una de las lenguas

oficiales del Estado en que se haya abierto el procedimiento. Además, se le podrá exigir una traducción en la lengua oficial o en una de las lenguas oficiales del Estado de apertura.

CAPÍTULO V

DISPOSICIONES TRANSITORIAS Y FINALES

Art. 43. *Ámbito temporal de aplicación.*—Las disposiciones del presente Reglamento se aplicarán únicamente a los procedimientos de insolvencia que se abran después de la fecha de su entrada en vigor. Los actos jurídicos que el deudor haya llevado a cabo antes de la entrada en vigor del presente Reglamento continuarán sujetos a la ley que les fuese aplicable en el momento de su celebración.

Art. 44. *Relación con los Convenios.*—1. Tras su entrada en vigor, el presente Reglamento, en las relaciones entre los Estados miembros sustituirá, respecto de las materias a que se refiere, a los Convenios suscritos entre dos o más Estados miembros, en particular:

a) Convenio entre Bélgica y Francia relativo a la competencia judicial, y sobre valor y ejecución de las resoluciones judiciales, laudos arbitrales y documentos públicos con fuerza ejecutiva, firmado en París el 8 de julio de 1899;

b) Convenio entre Bélgica y Austria sobre la quiebra, el convenio de acreedores y la suspensión de pagos (con protocolo adicional de 13 de junio de 1973), firmado en Bruselas el 16 de julio de 1969;

c) Convenio entre Bélgica y los Países Bajos relativo a la competencia judicial territorial, quiebra, y sobre valor y ejecución de resoluciones judiciales, laudos arbitrales y documentos públicos con fuerza ejecutiva, firmado en Bruselas el 28 de marzo de 1925;

d) Tratado entre Alemania y Austria sobre quiebra y convenio de acreedores, firmado en Viena el 25 de mayo de 1979;

e) Convenio entre Francia y Austria sobre la competencia judicial, el reconocimiento y la ejecución de resoluciones sobre quiebra, firmado en Viena el 27 de febrero de 1979;

f) Convenio entre Francia e Italia sobre ejecución de sentencias en materia civil y mercantil, firmado en Roma el 3 de junio de 1930;

g) Convenio entre Italia y Austria sobre quiebra y convenio de acreedores, firmado en Roma el 12 de julio de 1977;

h) Convenio entre el Reino de los Países Bajos y la República Federal de Alemania sobre reconocimiento y ejecución mutuos de resoluciones judiciales y otros títulos ejecutivos en materia civil y mercantil, firmado en La Haya el 30 de agosto de 1962;

i) Convenio entre el Reino Unido y el Reino de Bélgica sobre la ejecución recíproca de sentencias en materia civil y mercantil, acompañado de un Protocolo, firmado en Bruselas el 2 de mayo de 1934;

j) Convenio entre Dinamarca, Finlandia, Noruega, Suecia e Islandia, relativo a la quiebra, firmado en Copenhague el 7 de noviembre de 1993;

k) Convenio europeo relativo a determinados aspectos internacionales de los procedimientos de insolvencia, firmado en Estambul el 5 de junio de 1990.

l) Convenio entre la República Popular Federativa de Yugoslavia y el Reino de Grecia sobre reconocimiento mutuo y ejecución de resoluciones judiciales, firmado en Atenas el 18 de junio de 1959;

m) Acuerdo entre la República Popular Federativa de Yugoslavia y la República de Austria sobre reconocimiento mutuo y ejecución de laudos arbitrales y convenios arbitrales en materia mercantil, firmado en Belgrado el 18 de marzo de 1960;

n) Convenio entre la República Popular Federativa de Yugoslavia y la República Italiana sobre cooperación judicial mutua en materia civil y administrativa, firmado en Roma el 3 de diciembre de 1960;

o) Acuerdo entre la República Federativa Socialista de Yugoslavia y el Reino de Bélgica sobre cooperación judicial en materia civil y mercantil, firmado en Belgrado el 24 de septiembre de 1971;

p) Convenio entre los Gobiernos de Yugoslavia y Francia sobre reconocimiento y ejecución de resoluciones judiciales en materia civil y mercantil, firmado en París el 18 de mayo de 1971;

q) Acuerdo entre la República Socialista de Checoslovaquia y la República Helénica sobre asistencia judicial en materia civil y penal, firmado en Atenas el 22 de octubre de 1980, aún en vigor entre la República Checa y Grecia;

r) Acuerdo entre la República Socialista de Checoslovaquia y la República de Chipre sobre asistencia judicial en materia civil y penal, firmado en Nicosia el 23 de abril de 1982, aún en vigor entre la República Checa y Chipre;

s) Tratado entre el Gobierno de la República Socialista de Checoslovaquia y el Gobierno de la República Francesa sobre asistencia judicial y el reconocimiento y ejecución de sentencias en materia civil, familiar y mercantil, firmado en París el 10 de mayo de 1984, aún en vigor entre la República Checa y Francia;

t) Tratado entre la República Socialista de Checoslovaquia y la República Italiana sobre asistencia judicial en materia civil y penal, firmado en Praga el 6 de diciembre de 1985, aún en vigor entre la República Checa e Italia;

u) Acuerdo entre la República de Letonia, la República de Estonia y la República de Lituania sobre asistencia judicial y relaciones jurídicas, firmado en Tallin el 11 de noviembre de 1992;

v) Acuerdo entre Estonia y Polonia sobre prestación de asistencia judicial y relaciones jurídicas en materia civil, laboral y penal, firmado en Tallin el 27 de noviembre de 1998;

w) Acuerdo entre la República de Lituania y la República de Polonia sobre asistencia judicial y relaciones jurídicas en materia civil, familiar, laboral y penal, firmado en Varsovia el 26 de enero de 1993;

x) Convenio entre la República Socialista de Rumanía y la República Helénica sobre asistencia judicial en materia civil y penal y su Protocolo, firmados en Bucarest el 19 de octubre de 1972;

y) Convenio entre la República Socialista de Rumanía y la República Francesa sobre asistencia judicial en materia civil y mercantil, firmado en París el 5 de noviembre de 1974;

z) Acuerdo entre la República Popular de Bulgaria y la República Helénica sobre asistencia judicial en materia civil y penal, firmado en Atenas el 10 de abril de 1976;

aa) Acuerdo entre la República Popular de Bulgaria y la República de Chipre sobre asistencia judicial en materia civil y penal, firmado en Nicosia el 29 de abril de 1983;

ab) Acuerdo entre el Gobierno de la República Popular de Bulgaria y el Gobierno de la República Francesa sobre asistencia judicial en materia civil, firmado en Sofía el 18 de enero de 1989;

ac) Tratado entre Rumanía y la República Checa sobre asistencia judicial en materia civil, firmado en Bucarest el 11 de julio de 1994;

ad) Tratado entre Rumanía y Polonia sobre asistencia judicial y relaciones jurídicas en materia civil, firmado en Bucarest el 15 de mayo de 1999.

2. Los Convenios mencionados en el apartado 1 seguirán surtiendo efecto cuando se trate de procedimientos abiertos antes de la entrada en vigor del presente Reglamento.

3. El presente Reglamento no será aplicable:

a) en cualquier Estado miembro, cuando lo dispuesto en el mismo sea incompatible con las obligaciones en materia de quiebra resultantes de un Convenio celebrado antes de la entrada en vigor del presente Reglamento por dicho Estado y uno o varios terceros Estados;

b) en el Reino Unido de Gran Bretaña e Irlanda del Norte, en la medida en que sea incompatible con las obligaciones en materia de quiebra y liquidación de empresas insolventes resultantes de cualquier acuerdo adoptado en el marco de la Commonwealth vigente en el momento de la entrada en vigor del presente Reglamento.

Art. 45. *Modificición de los anexos.*—El Consejo, por mayoría cualificada y a iniciativa de uno de sus miembros o a propuesta de la Comisión, podrá modificar los anexos.

Art. 46. *Informes.*—A más tardar el 1 de junio de 2012, y posteriormente cada cinco años, la Comisión presentará al Parlamento Europeo, al Consejo y al Comité Económico y Social un informe sobre la aplicación del presente Reglamento. Dicho informe irá acompañado, en su caso, de una propuesta de modificación del presente Reglamento.

Art. 44.3.a): Téngase en cuenta la declaración formulada por el Consejo (*DO* C 183, de 30-6-2000), según la cual «El Reglamento (CE) número 1346/2000 no impedirá que un Estado miembro celebre acuerdos con terceros países que se refieran a los mismos asuntos que el presente. Reglamento, cuando el acuerdo en cuestión no interfiera en el funcionamiento del presente Reglamento.»

Art. 47. *Entrada en vigor.*— El presente Reglamento entrará en vigor el 31 de mayo de 2002.

El presente Reglamento será obligatorio en todos sus elementos y directamente aplicable en cada Estado miembro.

Hecho en Bruselas, el 29 de mayo de 2000.

ANEXO A*

Procedimientos de insolvencia contemplados en el artículo 2, letra *a*)

BELGIË-BELGIQUE

— Het faillissement/La faillite
— Het gerechtelijk akkoord/Le concordat judiciaire
— De collectieve schuldenregeling/Le règlement collectif de dettes
— De vrijwillige vereffening/La liquidation volontaire
— De gerechtelijke vereffening/La liquidation judiciaire
— De voorlopige ontneming van beheer, bepaald in artikel 8 van de faillissementswet/Le dessaisissement provisoire, visé à l'article 8 de la loi sur les faillites

БЪЛГАРИЯ

— Производство по несъстоятелност

ČESKÁ REPUBLIKA

— Konkurs
— Reorganizace
— Oddlužení

DEUTSCHLAND

— Das Konkursverfahren
— Das gerichtliche Vergleichsverfahren
— Das Gesamtvollstreckungsverfahren
— Das Insolvenzverfahren

EESTI

— Pankrotimenetlus

ΕΛΛΑΔΑ

— Η πτώχευση
— Η ειδική εκκαθάριση
— Η προσωρινή διαχείριση εταιρείας. Η διοίκηση και διαχείριση των πιστωτών
— Η υπαγωγή επιχείρησης υπό επίτροπο με σκοπό τη σύναψη συμβιβασμού με τους πιστωτές

* **Anexos A, B y C:** Redacción según el Reglamento CE núm. 788/2008 del Consejo, de 24 de julio de 2008 (*DO* L 213, de 8-8-2008).

ESPAÑA

— Concurso

FRANCE

— Sauvegarde
— Redressement judiciaire
— Liquidation judiciaire

IRELAND

— Compulsory winding-up by the court
— Bankruptcy
— The administration in bankruptcy of the estate of persons dying insolvent
— Winding-up in bankruptcy of partnerships
— Creditors' voluntary winding-gup (with confirmation of a court)
— Arrangements under the control of the court which involve the vesting of all or part of the property of the debtor in the Official Assignee for realisation and distribution
— Company examinership

ITALIA

— Fallimento
— Concordato preventivo
— Liquidazione coatta amministrativa
— Amministrazione straordinaria

ΚΥΠΡΟΣ

— Υποχρεωτική εκκαθάριση από το Δικαστήριο
— Εκούσια εκκαθάριση από πιστωτές κατόπιν Δικαστικού Διατάγματος
— Εκούσια εκκαθάριση από μέλη
— Εκκαθάριση με την εποπτεία του Δικαστηρίου
— Πτώχευση κατόπιν Δικαστικού Διατάγματος
— Διαχείριση της περιουσίας προσώπων που απεβίωσαν αφερέγγυα

LATVIJA

— Tiesiskās aizsardzības process
— Sanācija juridiskās personas maksātnespējas procesā
— Izlīgums juridiskās personas maksātnespējas procesā
— Izlīgums fiziskās personas maksātnespējas procesā
— Bankrota procedūra juridiskās personas maksātnespējas procesā
— Bankrota procedūra fiziskās personas maksātnespējas procesā

LIETUVA

— įmonės restruktūrizavimo byla
— įmonės bankroto byla
— įmonės bankroto procesas ne teismo tvarka

LUXEMBOURG

— Faillite
— Gestion contrôlée

— Concordat préventif de faillite (par abandon d'actif)
— Régime spécial de liquidation du notariat

MAGYARORSZÁG

— Csödeljárás
— Felszámolási eljárás

MALTA

— Xoljiment
— Amministrazzjoni
— Stralċ voluntarju mill-membri jew mill-kredituri
— Stralċ mill-Qorti
— Falliment fkaż ta' neogozjant

NEDERLAND

— Het faillissement
— De surséance van betaling
— De schuldsaneringsregeling natuurlijke personen

ÖSTERREICH

— Das Konkursverfahren
— Das Ausgleichsverfahren

POLSKA

— Postępowanie upadłościowe
— Postępowanie układowe
— Upadłość obejmująca likwidację
— Upadłość z możliwością zawarcia układu

PORTUGAL

— Processo de insolvência
— Processo de falência
— Processos especiais de recuperação de empresa, ou seja:
— Concordata
— Reconstituição empresarial
— Reestruturação financeira
— Gestão controlada

ROMÂNIA

— Procedura insolvenţei
— Reorganizarea judiciară
— Procedura falimentului

SLOVENIJA

— Stečajni postopek
— Skarajšani stečajni postopek
— Postopek prisilne poravnave
— Prisilna poravnava v stečaju

SLOVENSKO

— Konkurzné konanie
— Rěstrukturalizačné konanie

SUOMI/FINLAND

— Konkurssi/konkurs
— Yrityssaneeraus/företagssanering

SVERIGE

— Konkurs
— Företagsekonstruktion

UNITED KINGDOM

— Winding-up by or subject to the supervision of the court
— Creditors' voluntary winding-up (with confirmation by the court)
— Administration, including appointments made by filing prescribed documents with the court
— Voluntary arrangements under insolvency legislation
— Bankruptcy or sequestration

ANEXO B

Procedimientos de liquidación contemplados en el artículo 2, letra *c*)

BELGIË-BELGIQUE

— Het faillissement/La faillite
— De vrijwillige vereffening/La liquidation volontaire
— De gerechtelijke vereffening/La liquidation judiciaire

БЪЛГАРИЯ

— Производство по несъстоятелност

ČESKÁ REPUBLIKA

— Konkurs

DEUTSCHLAND

— Das Konkursverfahren
— Das Gesamtvollstreckungsverfahren
— Das Insolvenzverfahren

EESTI

— Pankrotimenetlus

ΕΛΛΑΔΑ

— Η πτώχευση
— Η ειδική εκκαθάριση

ESPAÑA

— Concurso

FRANCE

— Liquidation judiciaire

IRELAND

— Compulsory winding-up
— Bankruptcy
— The administration in bankruptcy of the estate of persons dying insolvent
— Winding-up in bankruptcy of partnerships
— Creditors' voluntary winding-up (with confirmation of a court)
— Arrangements under the control of the court which involve the vesting of all or part of the property of the debtor in the Official Assignee for realisation and distribution

ITALIA

— Fallimento
— Concordato preventivo con cessione dei beni
— Liquidazione coatta amministrativa
— Amministrazione straordinaria con programma di cessione dei complessi aziendali
— Amministrazione straordinaria con programma di ristrutturazione di cui sia parte integrante un concordato con cessione dei beni

ΚΥΠΡΟΣ

— Υποχρεωτική εκκαθάριση από το Δικαστήριο
— Εκκαθάριση με την εποπτεία του Δικαστηρίου
— Εκούσια εκκαθάριση από πιστωτές (με την επικύρωση του Δικαστηρίου)
— Πτώχευση
— Διαχείριση της περιουσίας προσώπων που απεβίωσαν αφερέγγυα

LATVIJA

— Bankrota procedūra juridiskās personas maksātnespējas procesā
— Bankrota procedūra fiziskās personas maksātnespējas procesā

LIETUVA

— įmonės bankroto byla
— įmonės bankroto procesas ne teismo tvarka

LUXEMBOURG

— Faillite
— Régime spécial de liquidation du notariat

MAGYARORSZÁG

— Felszámolási eljárás

MALTA

— Stralċ volontarju
— Stralċ mill-Qorti
— Falliment inkluż il-ħruġ ta' mandat ta' qbid mill-Kuratur f'każ ta' negozjant fallut

NEDERLAND

—Het faillissement
—De schuldsaneringsregeling natuurlijke personen

ÖSTERREICH

— Das Konkursverfahren

POLSKA

— Postępowanie upadłościowe
— Upadłość obejmująca likwidację

PORTUGAL

— Processo de insolvência
— Processo de falência

ROMÂNIA

— Procedura falimentului

SLOVENIJA

— Stečajni postopek
— Skarajšani stečajni postopek

SLOVENSKO

— Konkurzné konanie

SUOMI/FINLAND

— Konkurssi/konkurs

SVERIGE

— Konkurs

UNITED KINGDOM

— Winding-up by or subject to the supervision of the court
— Winding-up through administration, including appointments made by filing prescribed documents with the court
— Creditors' voluntary winding-up (with confirmation by the court)
— Bankruptcy or sequestration

ANEXO C

Síndicos contemplados en el artículo 2, letra *b*)

BELGIË/BELGIQUE

— De curator/Le curateur
— De commissaris inzake opschorting/Le commissaire au sursis
— De schuldbemiddelaar/Le médiateur de dettes
— De vereffenaar/Le liquidateur
— De voorlopige bewindvoerder/L'administrateur provisoire

БЪЛГАРИЯ

— Назначен предварително временен синдик
— Временен синдик
— (Постоянен) синдик
— Служебен синдик

ČESKÁ REPUBLIKA

— Insolvenční správce
— Předběžný insolvenční správce
— Oddělený insolvenční správce
— Zvláštní insolvenční správce
— Zástupce insolvenční správce

DEUTSCHLAND

— Konkursverwalter
— Vergleichsverwalter
— Sachwalter (nach der Vergleichsordnung)
— Verwalter
— Insolvenzverwalter
— Sachwalter (nach der Insolvenzordnung)
— Treuhänder
— Vorläufiger Insolvenzverwalter

EESTI

— Pankrotihaldur
— Ajutine pankrotihaldur
— Usaldusisik

ΕΛΛΑΔΑ

— Ο σύνδικος
— Ο προσωρινός διαχειριστής. Η διοικούσα επιτροπή των πιστωτών
— Ο ειδικός εκκαθαριστής
— Ο επίτροπος

ESPAÑA

— Administradores concursales

FRANCE

— Mandataire judiciaire
— Liquidateur
— Administrateur judiciaire
— Commissaire à l'exécution du plan

IRELAND

— Liquidator
— Official Assignee
— Trustee in bankruptcy
— Provisional Liquidator
— Examiner

ITALIA

— Curatore
— Commissario giudiziale
— Commissario straordinario
— Comissario liquidatore
— Liquidatore giudiziale

ΚΥΠΡΟΣ

— Εκκαθαριστής και Προσωρινός Εκκαθαριστής
— Επίσημος Παραλήπτης
— Διαχειριστής της Πτώχευσης
— Εξεταστής

LATVIJA

— Maksātnespējas procesa administrators

LIETUVA

— Bankrutuojančių įmonių administratorius
— Restruktūrizuojamų įmonių administratorius

LUXEMBOURG

— Le curateur
— Le commissaire
— Le liquidateur
— Le conseil de gérance de la section d'assainissement du notariat

MAGYARORSZÁG

— *Vagyon*felügyelö
— Felszámoló

MALTA

— Amministratur Provižorju
— Riċevitur Uffiċjali
— Stralċjarju

— Manager Speċjali
— Kuraturi fkaż ta' proċeduri ta' falliment

NEDERLAND

— De curator in het faillissement
— De bewindvoerder in de surseance van betaling
— De bewindvoerder in de schuldsaneringsregeling natuurlijke personen

ÖSTERREICH

— Masseverwalter
— Ausgleichsverwalter
— Sachwalter
— Treuhänder
— Besondere Verwalter
— Konkursgericht

POLSKA

— Syndyk
— Nadzorca sądowy
— Zarządca

PORTUGAL

— Administrador da insolvência
— Gestor judicial
— Liquidatário judicial
— Comissão de credores

ROMÂNIA

— Practician în insolvență
— Administrator judiciar
— Lichidator

SLOVENIJA

— Upravitelj prisilne poravnave
— Stečajni upravitelj
— Sodišče, pristojno za postopek prisilne poravnave
— Sodišče, pristojno za stečajni postopek

SLOVENSKO

— Predbežný správca
— Správca

SUOMI/FINLAND

— Pesänhoitaja/boförvaltare
— Selvittäjä/utredare

SVERIGE

— Förvaltare
— Rekonstruktör

UNITED KINGDOM

— Liquidator
— Supervisor of a voluntary arrangement
— Administrator
— Official receiver
— Trustee
— Provisional liquidator
— Judicial factor

ÍNDICE CRONOLÓGICO DE DISPOSICIONES

—Convenio sobre los conflictos de leyes en materia de forma de las disposiciones testamentarias, hecho en La Haya el 5 de octubre de 1961: *núm. 88*.

—Convenio sobre competencia de las autoridades y la ley aplicable en materia de protección de menores, hecho en La Haya el 5 de octubre de 1961: *núm. 92*.

1962

—Convención relativa al consentimiento para el matrimonio, edad mínima para contraer matrimonio y registro de los mismos, hecha en Nueva York el 10 de diciembre de 1962: *núm. 83*.

1963

—Convenio sobre relaciones consulares, hecho en Viena el 24 de abril de 1963: *núm. 11*.

1964

—Convenio tendente a facilitar la celebración de los matrimonios en el extranjero, hecho en París el 10 de septiembre de 1964: *núm. 84*.

1965

—Convenio sobre arreglo de diferencias relativas a inversiones entre Estados y nacionales de otros Estados, hecho en Washington el 18 de marzo de 1965: *núm. 71*.

—Convenio relativo a la notificación o traslado en el extranjero de documentos judiciales y extrajudiciales en materia civil o comercial, hecho en La Haya el 15 de noviembre de 1965: *núm. 17*.

1966

—Convenio sobre constatación de ciertas defunciones, hecho en Atenas el 14 de septiembre de 1966: *núm. 67*.

1968

—Convenio Europeo acerca de la información sobre el Derecho extranjero, hecho en Londres el 7 de junio de 1968: *núm. 22*.

1969

—Convenio sobre reconocimiento de decisiones judiciales y arbitrales y actas auténticas en materia civil o mercantil entre España y Francia, hecho en París el 28 de mayo de 1969: *núm. 31*.

1970

—Convenio relativo a la obtención de pruebas en el extranjero en materia civil o mercantil, hecho en La Haya el 18 de marzo de 1970: *núm. 18*.

1971

—Convenio sobre la ley aplicable en materia de accidentes de circulación por carretera, hecho en La Haya el 4 de mayo de 1971: *núm. 119*.

1973

—Convenio sobre asistencia judicial y reconocimiento y ejecución de sentencias en materia civil y mercantil entre España e Italia, hecho en Madrid el 22 de mayo de 1973: *núm. 32*.

—Convenio sobre la ley aplicable a las obligaciones alimenticias, hecho en La Haya el 2 de octubre de 1973: *núm. 86*.

—Convenio sobre la ley aplicable a la responsabilidad de productos, hecho en La Haya el 2 de octubre de 1973: *núm. 120*.

—Convenio referente al reconocimiento y a la ejecución de las resoluciones relativas a las obligaciones alimentarias, hecho en La Haya el 2 de octubre de 1973: *núm. 64*.

1975

—Convención Interamericana sobre exhortos o cartas rogatorias, hecha en Panamá el 30 de enero de 1975: *núm. 19*.

1977

—Acuerdo Europeo de 27 de enero de 1977, sobre transmisión de solicitudes de asistencia jurídica gratuita, hecho en Estrasburgo el 27 de enero de 1977: *núm. 21*.

—Convenio sobre dispensa de legalización de ciertos documentos, hecho en Atenas el 15 de septiembre de 1977: *núm. 53*.

1978

—Constitución española de 1978: *núm. 1*.

1979

—Convención Interamericana sobre prueba e información acerca del Derecho extranjero, hecha en Montevideo el 8 de mayo de 1979: *núm. 23*.

—Convenio entre España e Israel, para el mutuo reconocimiento y la ejecución de sentencias en materia civil y mercantil, hecho en Jerusalén el 30 de mayo de 1989: *núm. 37.*
—Convención sobre los Derechos del Niño, hecha en Nueva York el 20 de noviembre de 1989: *núm. 91.*
—Real Decreto legislativo 1.564/1989, de 22 de diciembre, por el que se aprueba el texto refundido de la Ley de sociedades anónimas: *núm. 93.*

1990

—Convenio entre el Reino de España y la Unión de Repúblicas Socialistas Soviéticas sobre asistencia jurídica en materia civil, hecho en Madrid el 26 de octubre de 1990: *núm. 41.*

1991

—Ley 3/1991, de 10 de enero, de competencia desleal: *núm. 143.*
—Ley 12/1991, de 29 de abril, de agrupaciones de interés económico: *núm. 98.*

1992

—Tratado entre el Reino de España y la República Popular China sobre asistencia judicial en materia civil y mercantil, hecho en Pekín el 2 de mayo de 1992: *núm. 39.*

1993

—Convenio internacional sobre privilegios marítimos y la hipoteca naval, hecho en Ginebra el 6 de mayo de 1993: *núm. 125.*
—Convenio de asistencia judicial en materia civil entre el Reino de España y la República de Bulgaria, hecho en Sofía el 23 de mayo de 1993: *núm. 40.*
—Convenio relativo a la protección del niño y a la cooperación en materia de adopción internacional, hecho en La Haya el 29 de mayo de 1993: *núm. 58.*
—Reglamento (CE) núm. 40/94 del Consejo, de 20 de diciembre de 1993, sobre marca comunitaria: *núm. 134.*

1994

—Reglamento (CE) núm. 2100/94 del Consejo, de 27 de julio de 1994, relativo a la protección comunitaria de las obtenciones vegetales: *núms. 135.*
—Ley 36/1994, de 23 de diciembre, de incorporación al ordenamiento jurídico español de la Directiva 93/7/CE del Consejo, de 15 de marzo, relativa a la restitución de bienes culturales que hayan salido de forma ilegal del territorio de un Estado miembro de la Unión Europea: *núm. 127.*

1995

—Ley 2/1995, de 23 de marzo, sobre sociedades de responsabilidad limitada: *núm. 94.*
—Convenio de UNIDROIT sobre bienes culturales robados o exportados ilegalmente, hecho en Roma el 25 de junio de 1995: *núm. 128.*

1996

—Ley 1/1996, de 10 de enero, de asistencia jurídica gratuita, modificada por Ley 16/2005, de 18 de julio, para regular las especialidades de los litigios transfonterizos civiles y mercantiles en la Unión Europea: *núm. 12.*
—Ley Orgánica 1/1996, de 15 de enero, de protección jurídica del menor, de modificación parcial del Código Civil y de la Ley de Enjuiciamiento Civil: *núm. 89.*
—Ley 7/1996, de 15 de enero, de ordenación del comercio minorista: *núm. 108.*
—Real Decreto Legislativo 1/1996, de 12 de abril, por el que se aprueba el texto refundido de la Ley de propiedad intelectual regularizando, aclarando y armonizando las disposiciones legales sobre la materia: *núm. 129.*
—Reglamento del Registro Mercantil de 19 de julio de 1996: *núm. 99.*

1997

—Convenio de cooperación judicial en materia civil, mercantil y administrativa entre el Reino de España y el Reino de Marruecos, hecho en Madrid el 30 de mayo de 1997: *núm. 42.*
—Convenio entre el Reino de España y el Reino de Marruecos sobre asistencia judicial, reconocimiento y ejecución de resoluciones judiciales en materia de derecho de custodia y derecho de visita y devolución de menores, hecho en Madrid el 30 de mayo de 1997: *núm. 57.*
—Convenio entre España y Rumanía sobre competencia judicial, reconocimiento y ejecución de decisiones en materia civil y mercantil, hecho en Bucarest el 17 de noviembre de 1997: *núm. 44.*

1998

1999

2000

2001

2002

2003

—Convenio de asistencia judicial en materia civil y mercantil entre el Reino de España y la República Dominicana, hecho en Madrid el 15 de septiembre de 2003: *núm. 49*.
—Reglamento (CE) núm. 2201/2003 del Consejo, de 27 de noviembre de 2003, relativo a la competencia, el reconocimiento y la ejecución de resoluciones judiciales en materia matrimonial y de responsabilidad parental, por el que se deroga el Reglamento (CE) núm. 1347/2000: *núm. 54*.
—Ley 59/2003, de 19 de diciembre, de firma electrónica: *núm. 117*.
—Ley 60/2003, de 23 de diciembre, de Arbitraje: *núm. 68*.

2004

—Reglamento (CE) núm. 805/2004 del Parlamento Europeo y del Consejo, de 21 de abril de 2004, por el que se crea un título ejecutivo europeo para créditos no impugnados: *núm. 24*.
—Real Decreto Legislativo 6/2004, de 29 de octubre, por el que se aprueba el texto refundido de la Ley de Ordenación y supervisión de los seguros privados: *núm. 104*.
—Real Decreto Legislativo 8/2004, de 29 de octubre, por el que se aprueba el texto refundido de la Ley sobre responsabilidad civil y seguro en la circulación de vehículos a motor: *núm. 110*.

2005

—Real Decreto Ley 5/2005, de 11 de marzo, de reformas urgentes para el impulso a la productividad y para la mejora de la contratación: *núm. 124*.
—Ley 6/2005, de 22 de abril, sobre saneamiento y liquidación de las entidades de crédito: *núm. 146*.
—Convenio relativo a la asistencia judicial en el ámbito civil y mercantil entre la República Argelina Democrática y popular y el Reino de España, hecho en Madrid el 24 de febrero de 2005: *núm. 50*.
—Acuerdo entre la Comunidad Europea y el Reino de Dinamarca relativo a la competencia judicial, el reconocimiento y la ejecución de las resoluciones en materia civil y mercantil, hecho en Bruselas el 19 de octubre de 2005: *núm. 8*.
—Acuerdo entre la Comunidad Europea y el Reino de Dinamarca relativo a la notificación y al traslado de documentos judiciales y extrajudiciales en materia civil o mercantil, hecho en Bruselas el 19 de octubre de 2005: *núm. 14*.
—Real Decreto 1310/2005, de 4 de noviembre, por el que se desarrolla parcialmente la Ley 24/1988, de 28 de julio, del Mercado de Valores, en materia de admisión a negociación de valores en mercados secundarios oficiales, de ofertas públicas de venta o suscripción y del folleto exigible a tales efectos: *núm. 139*.

2006

—Ley 26/2006, de 17 de julio, de mediación de seguros y reaseguros privados: *núm. 105*.
—Convenio relativo a la asistencia judicial en el ámbito civil y mercantil entre el Reino de España y la República Islámica de Mauritania, hecho en Madrid el 12 de septiembre de 2006: *núm. 51*.
—Reglamento (CE) núm. 1896/2006 del Parlamento Europeo y del Consejo, de 12 de diciembre de 2006, por el que se establece el proceso monitorio europeo: *núm. 25*.

2007

—Ley 3/2007, de 15 de marzo, reguladora de la rectificación registral de la mención relativa al sexo de las personas: *núm. 76*.
—Ley 15/2007, de 3 de julio, de defensa de la competencia: *núm. 144*.
—Ley 22/2007 de 11 de julio sobre comercialización a distancia de servicios financieros destinados a los consumidores (art. 3): *núm. 112*.
—Reglamento (CE) núm. 861/2007 del Parlamento Europeo y del Consejo, de 11 de julio de 2007, por el que se establece un proceso europeo de escasa cuantía: *núm. 26*
—Reglamento (CE) núm. 864/2007 del Parlamento Europeo y del Consejo, de 11 de julio de 2007, relativo a la ley aplicable a las obligaciones extracontractuales («Roma II»): *núm. 118*.
—Real Decreto 1066/2007, de 27 de julio, sobre el régimen de las ofertas públicas de adquisición de valores (arts. 1.º y 2.º): *núm. 140*.
—Real Decreto 1362/2007, de 19 de octu-

2008

2009

Ley 43/2007, de 13 de diciembre, de protección de los consumidores en la contratación de bienes con oferta de restitución del precio ([illegible]).

Real Decreto 1720/2007, de 21 de diciembre, por el que se aprueba el Reglamento de desarrollo de la Ley Orgánica 15/1999, de 13 de diciembre, de protección de datos de carácter personal ([illegible]).

Ley 54/2007, de 28 de diciembre, de adopción internacional ([illegible]).

2008

Reglamento (CE) número 593/2008 del Parlamento Europeo y del Consejo, de 17 de junio de 2008, sobre la ley aplicable a las obligaciones contractuales (Roma I) ([illegible]).

2009

Reglamento (CE) núm. 4/2009, de 18 de diciembre de 2008, relativo a la competencia, la ley aplicable, el reconocimiento y la ejecución de las resoluciones y la cooperación en materia de obligaciones de alimentos ([illegible]).

Reglamento (CE) número 207/2009, del Consejo, de 26 de febrero de 2009, sobre la marca comunitaria ([illegible]).

Ley 3/2009, de 3 de abril, sobre modificaciones estructurales de las sociedades mercantiles ([illegible]).

ÍNDICE DE DISPOSICIONES EN ATENCIÓN A SU FUENTE DE ORIGEN

1. DERECHO INTERNACIONAL PRIVADO AUTÓNOMO

—Ley de Enjuiciamiento Civil de 3 de octubre de 1881: *núm. 6*.
—Ley 2/1981, de 25 de marzo, de Regularización del Mercado Hipotecario (arts. 1.º y 5.º) *núm. 142*.
—Código de Comercio de 22 de agosto de 1885: *núm. 73*.
—Código civil de 24 de julio de 1989: *núm. 72*.
—Reglamento sobre organización y régimen del Notariado, aprobado por Decreto de 2 de junio de 1944: *núm. 116*.
—Ley Hipotecaria de 8 de febrero de 1946: *núm. 121*.
—Reglamento hipotecario de 14 de febrero de 1947: *núm. 122*.
—Ley del Registro Civil de 8 de junio de 1957: *núm. 74*.
—Reglamento del Registro Civil de 14 de noviembre de 1958: *núm. 75*.
—Constitución española de 1978: *núm. 1*.
—Ley 50/1980, de 8 de octubre, del contrato de seguro: *núm. 103*.
—Ley 16/1985, de 25 de junio, del Patrimonio Histórico: *núm. 126*.
—Ley Orgánica 6/1985, de 1 de julio, del Poder Judicial: *núm. 4*.
—Ley 19/1985, de 16 de julio, cambiaria y del cheque: *núm. 137*.
—Ley 11/1986, de 20 de marzo, de Patentes: *núm. 130*.
—Ley 24/1988, de 28 de julio, del mercado de valores: *núm. 138*.
—Real Decreto legislativo 1.564/1989, de 22 de diciembre, por el que se aprueba el texto refundido de la Ley de sociedades anónimas: *núm. 93*.
—Ley 3/1991, de 10 de enero, de competencia desleal: *núm. 143*.
—Ley 12/1991, de 29 de abril, de agrupaciones de interés económico: *núm. 98*.
—Ley 36/1994, de 23 de diciembre, de incorporación al ordenamiento jurídico español de la Directiva 93/7/CE del Consejo, de 15 de marzo, relativa a la restitución de bienes culturales que hayan salido de forma ilegal del territorio de un Estado miembro de la Unión Europea: *núm. 127*.
—Ley 2/1995, de 23 de marzo, sobre sociedades de responsabilidad limitada: *núm. 94*.
—Ley Orgánica 1/1996, de 15 de enero, de protección jurídica del menor, de modificación parcial del Código Civil y de la Ley de Enjuiciamiento Civil: *núm. 89*.
—Ley 7/1996, de 15 de enero, de ordenación del comercio minorista: *núm. 108*.
—Real Decreto Legislativo 1/1996, de 12 de abril, por el que se aprueba el texto refundido de la Ley de propiedad intelectual regularizando, aclarando y armonizando las disposiciones legales sobre la materia: *núm. 129*.
—Reglamento del Registro Mercantil de 19 de julio de 1996: *núm. 99*.
—Ley 7/1998, de 13 de abril, sobre condiciones generales de la contratación: *núm. 106*.
—Ley 42/1998, de 15 de diciembre, sobre derechos de aprovechamiento por turno de bienes inmuebles de uso turístico y normas tributarias: *núm. 123*.
—Ley 45/1999, de 29 de noviembre, sobre desplazamiento de trabajadores en el marco de una prestación de servicios transnacional: *núm. 109*.
—Ley Orgánica 15/1999, de 13 de diciembre, de protección de datos de carácter personal: *núm. 77*.
—Ley 1/2000, de 7 de enero, de Enjuiciamiento Civil: *núm. 5*.
—Ley 3/2000, de 7 de enero, de régimen jurídico de la protección de las obtenciones vegetales: *núm. 133*.
—Ley 17/2001, de 7 de diciembre, de Marcas: *núm. 132*.

—Ley Orgánica 1/2002, de 22 de marzo, reguladora del derecho de asociación: *núm. 101*.

—Ley 34/2002, de 11 de julio, de servicios de la sociedad de la información y de comercio electrónico: *núm. 102*.

—Ley 50/2002, de 26 de diciembre, de Fundaciones: *núm. 100*.

—Ley 20/2003, de 7 de julio, de protección jurídica del diseño industrial: *núm. 131*.

—Ley 22/2003, de 9 de julio, Concursal: *núm. 145*.

—Ley 59/2003, de 19 de diciembre, de firma electrónica: *núm. 117*.

—Ley 60/2003, de 23 de diciembre, de Arbitraje: *núm. 68*.

—Real Decreto Legislativo 6/2004, de 29 de octubre, por el que se aprueba el texto refundido de la Ley de ordenación y supervisión de los seguros privados: *núm. 104*.

—Real Decreto Legislativo 8/2004, de 29 de octubre, por el que se aprueba el texto refundido de la Ley sobre responsabilidad civil y seguro en la circulación de vehículos a motor: *núm. 110*.

—Real Decreto Ley 5/2005, de 11 de marzo, de formas urgentes para el impulso a la productividad y para la mejora de la contratación: *núm. 124*.

—Ley 1/2005, de 22 de abril, sobre saneamiento y liquidación de las entidades de crédito: *núm. 146*.

—Ley 1/1996, de 10 de enero de asistencia jurídica gratuita, modificada por Ley 16/2005, de 18 de julio, para regular las especialidades de los litigios transfronterizos civiles y mercantiles en la Unión Europea: *núm. 12*.

—Real Decreto 1310/2005, de 4 de noviembre, por el que se desarrolla parcialmente la Ley 24/1988, de 28 de julio, del Mercado de Valores, en materia de admisión a negociación de valores en mercados secundarios oficiales, de ofertas públicas de venta o suscripción y del folleto exigible a tales efectos: *núm. 139*.

—Ley 26/2006, de 17 de julio, de mediación de seguros y reaseguros privados: *núm. 105*.

—Ley 3/2007, de 15 de marzo, reguladora de la rectificación registral de la mención relativa al sexo de las personas: *núm. 76*.

—Ley 15/2007, de 3 de julio, de defensa de la competencia: *núm. 112*.

—Ley 22/2007 de 11 de julio sobre comercialización a distancia de servicios financieros destinados a los consumidores (art. 3): *núm. 112*.

—Real Decreto 1066/2007, de 27 de julio, sobre el régimen de las ofertas públicas de adquisición de valores (arts. 1.º y 2.º): *núm. 140*.

—Real Decreto 1362/2007, de 19 de octubre, por el que se desarrolla la Ley 24/1988, de 28 de julio, de Mercado de Valores, en relación con los requisitos de transparencia relativos a la información sobre los emisores cuyos valores estén admitidos a negociación en un mercado secundario oficial o en otro mercado regulado de la Unión Europea (arts. 1.º, 2.º y 3.º): *núm. 141*.

—Real Decreto Legislativo 1/2007, de 16 de noviembre, por el que se aprueba el texto refundido de la Ley General para la Defensa de los Consumidores y Usuarios y otras leyes complementarias (arts. 5, 10, 53-55, 67, 82, 90, 114, 115 y 129): *núm. 107*.

—Real Decreto 1.618/2007 de 7 de diciembre, sobre organización y funcionamiento del Fondo de Garantía del pago de alimentos (art. 4): *núm. 87*.

—Ley 43/2007, de 13 de diciembre, de protección de los consumidores en la contratación de bienes con oferta de restitución del precio (art. 1): *núm. 111*.

—Real Decreto 1720/2007 de 21 diciembre por el que se aprueba el Reglamento de desarrollo de la Ley Orgánica 15/1999 de 13 de diciembre, de protección de datos de carácter personal (arts. 3, 5 y 65-70): *núm. 78*.

—Ley 54/2007, de 28 de diciembre, de adopción internacional: *núm. 90*.

—Ley 3/2009, de 3 de abril, sobre modificaciones de las sociedades mercantiles: *núm. 101 bis*.

2. DERECHO INTERNACIONAL PRIVADO COMUNITARIO

3. DERECHO INTERNACIONAL PRIVADO CONVENCIONAL

A) Convenios multilaterales

—Convenio constitutivo del Fondo Monetario Internacional, aprobado en la conferencia de Bretton Woods, del 1 al 22 de julio de 1944: *núm. 114*.
—Convenio relativo al procedimiento civil, hecho en La Haya el 1 de marzo de 1954: *núm. 16*.
—Convenio sobre obtención de alimentos en el extranjero, hecho en Nueva York el 20 de junio de 1956: *núm. 63*.
—Convenio sobre el reconocimiento y ejecución de sentencias arbitrales extranjeras, hecho en Nueva York el 10 de junio de 1958: *núm. 69*.
—Convenio relativo al intercambio internacional de informaciones en materia de estado civil, hecho en Estambul el 4 de septiembre de 1958, y el Protocolo adicional, hecho en Patrás el 6 de septiembre de 1989: *núm. 52*.
—Convenio relativo a los cambios de apellidos y de nombres, hecho en Estambul el 4 de septiembre de 1958: *núm. 80*.
—Convenio sobre relaciones diplomáticas, hecho en Viena el 16 de abril de 1961: *núm. 10*.
—Convenio europeo sobre arbitraje comercial internacional, hecho en Ginebra el 21 de abril de 1961: *núm. 70*.
—Convenio sobre competencia de las autoridades y la ley aplicable en materia de protección de menores, hecho en La Haya el 5 de octubre de 1961: *núm. 92*.
—Convenio sobre los conflictos de leyes en materia de forma de las disposiciones testamentarias, hecho en La Haya el 5 de octubre de 1961: *núm. 88*.
—Convenio suprimiendo la exigencia de la legalización de los documentos públicos extranjeros, hecho en La Haya el 5 de octubre de 1961: *núm. 27*.
—Convención relativa al consentimiento para el matrimonio, edad mínima para contraer matrimonio y registro de los mismos, hecha en Nueva York el 10 de diciembre de 1962: *núm. 83*.
—Convenio sobre relaciones consulares, hecho en Viena el 24 de abril de 1963: *núm. 11*.
—Convenio tendente a facilitar la celebración de los matrimonios en el extranjero, hecho en París el 10 de septiembre de 1964: *núm. 84*.
—Convenio sobre arreglo de diferencias relativas a inversiones entre Estados y nacionales de otros Estados, hecho en Washington el 18 de marzo de 1965: *núm. 71*.
—Convenio relativo a la notificación o traslado en el extranjero de documentos judiciales y extrajudiciales en materia civil o comercial, hecho en La Haya el 15 de noviembre de 1965: *núm. 17*.
—Convenio sobre constatación de ciertas defunciones, hecho en Atenas el 14 de septiembre de 1966: *núm. 67*.
—Convenio Europeo acerca de la información sobre el Derecho extranjero, hecho en Londres el 7 de junio de 1968: *núm. 22*.
—Convenio relativo a la obtención de pruebas en el extranjero en materia civil o mercantil, hecho en La Haya el 18 de marzo de 1970: *núm. 18*.
—Convenio sobre la ley aplicable en materia de accidentes de circulación por carretera, hecho en La Haya el 4 de mayo de 1971: *núm. 119*.
—Convenio sobre la ley aplicable a las obligaciones alimenticias, hecho en La Haya el 2 de octubre de 1973: *núm. 86*.
—Convenio sobre la ley aplicable a la responsabilidad por productos, hecho en La Haya el 2 de octubre de 1973: *núm. 120*.
—Convenio referente al reconocimiento y a la ejecución de las resoluciones relativas a las obligaciones alimentarias, hecho en La Haya el 2 de octubre de 1973: *núm. 64*.
—Convención Interamericana sobre exhortos o cartas rogatorias, hecha en Panamá el 30 de enero de 1975: *núm. 19*.
—Acuerdo Europeo de 27 de enero de 1977, sobre transmisión de solicitudes de asistencia jurídica gratuita, hecho en Estrasburgo el 27 de enero de 1977: *núm. 21*.
—Convenio sobre dispensa de legalización de ciertos documentos, hecho en Atenas el 15 de septiembre de 1977: *núm. 53*.
—Convención Interamericana sobre prueba e información acerca del Derecho extranjero, hecha en Montevideo el 8 de mayo de 1979: *núm. 23*.
—Convención de las Naciones Unidas sobre los contratos de compraventa internacional de mercaderías, hecha en Viena el 11 de abril de 1980: *núm. 115*.
—Convenio Europeo relativo al reconocimiento y ejecución de decisiones en materia de custodia de menores, así como al restablecimiento de dicha custodia, hecho en Luxemburgo el 20 de mayo de 1980: *núm. 56*.

B) Convenios bilaterales

—Convenio entre España e Israel, para el mutuo reconocimiento y la ejecución de sentencias en materia civil y mercantil, hecho en Jerusalén el 30 de mayo de 1989: *núm. 37*.
—Convenio entre el Reino de España y la Unión de Repúblicas Socialistas Soviéticas sobre asistencia judicial en materia civil, hecho en Madrid el 26 de octubre de 1990: *núm. 41*.
—Tratado entre el Reino de España y la República Popular China sobre asistencia judicial en materia civil y mercantil, hecho en Pekín el 2 de mayo de 1992: *núm. 39*.
—Convenio de asistencia judicial en materia civil entre el Reino de España y la República de Bulgaria, hecho en Sofía el 23 de mayo de 1993: *núm. 40*.
—Convenio de cooperación judicial en materia civil, mercantil y administrativa entre el Reino de España y el Reino de Marruecos, hecho en Madrid el 30 de mayo de 1997: *núm. 42*.
—Convenio entre el Reino de España y el Reino de Marruecos sobre asistencia judicial, reconocimiento y ejecución de resoluciones judiciales en materia de derecho de custodia y derecho de visita y devolución de menores, hecho en Madrid el 30 de mayo de 1997: *núm. 57*.
—Convenio entre España y Rumania sobre competencia judicial, reconocimiento y ejecución de decisiones en materia civil y mercantil, hecho en Bucarest el 17 de noviembre de 1997: *núm. 44*.
—Convenio entre el Reino de España y la República Portuguesa relativo a la cooperación judicial en materia penal y civil, hecho en Madrid el 19 de noviembre de 1997: *núm. 45*.
—Convenio de Asistencia Judicial en materia civil y mercantil entre el Reino de España y el Reino de Tailandia, hecho en Madrid el 15 de junio de 1998: *núm. 46*.
—Tratado entre el Reino de España y la República de El Salvador sobre competencia judicial, reconocimiento y ejecución de sentencias en materia civil y mercantil, hecho en Madrid el 7 de noviembre de 2000: *núm. 47*.
—Convenio sobre el Reino de España y la República de Túnez sobre asistencia judicial en materia civil y mercantil y reconocimiento y ejecución de resoluciones judiciales, hecho en Túnez el 24 de septiembre de 2001: *núm. 48*.
—Acuerdo bilateral entre el Reino de España y la República de Bolivia en materia de adopciones, hecho en Madrid el 20 de octubre de 2001: *núm. 59*.
—Protocolo sobre adopción internacional entre el Reino de España y la República de Filipinas, hecho en Manila el 12 de noviembre de 2002: *núm. 60*.
—Convenio de asistencia judicial en materia civil y mercantil entre el Reino de España y la República Dominicana, hecho en Madrid el 15 de septiembre de 2003: *núm. 49*.
—Convenio relativo a la asistencia judicial en el ámbito civil y mercantil entre la República Argelina Democrática y Popular y el Reino de España, hecho en Madrid el 24 de febrero de 2005: *núm. 50*.
—Convenio relativo a la asistencia judicial en el ámbito civil y mercantil entre el Reino de España y la República Islámica de Mauritania, hecho en Madrid el 12 de septiembre de 2006: *núm. 51*.
—Convenio relativo a la competencia judicial y a la ejecución de resoluciones judiciales en materia civil y mercantil, hecho en Lugano el 30 de octubre de 2007: *núm. 9 bis*.
—Convenio de Cooperación en materia de adopción entre el Reino de España y la República Socialista de Vietnam, hecho en Hanoi el 5 de diciembre de 2007: *núm. 61*.

ÍNDICE ANALÍTICO

A

B

C

D

E

F

G

H

I

J

L

M

N

O

P

R

S

T

U

V

NOTAS

NOTAS

NOTAS

NOTAS

NOTAS

NOTAS

NOTAS

NOTAS

NOTAS

NOTAS